PEQUENA

ENCICLOPÉDIA BÍBLICA

Quanto Amo a Tua Lei!
É a Minha Meditação
Todo o Dia

Orlando Boyer

PEQUENA ENCICLOPÉDIA BÍBLICA

Dicionário - Concordância
Chave Bíblica - Atlas Bíblico

27ª Impressão
2010
Rio de Janeiro

CPAD

INSTITUTO BÍBLICO DAS ASSEMBLÉIAS DE DEUS
Rua São João Bosco, 1.114
Pindamonhangaba - SP
12403-010

Preparação de originais: Daniele Pereira, Elaine Arsenio,
César Moisés e Anderson Granjeão
Revisão: Zenira Curty
Capa, projeto gráfico e diagramação: Flamir Ambrósio

CDD: 220.3
ISBN: 978-85-263-0801-7

As citações bíblicas foram extraídas da versão Almeida Revista e Corrigida, edição de 1995, da Sociedade Bíblica do Brasil, salvo indicação em contrário.

Para maiores informações sobre livros, revistas, periódicos e os últimos lançamentos da CPAD, visite nosso site: http://www.cpad.com.br

SAC - Serviço de Atendimento ao Cliente: 0800-21-7373

Casa Publicadora das Assembléias de Deus
Caixa Postal 331
20001-970, Rio de Janeiro, RJ, Brasil

27ª Impressão/2010

"Habite ricamente em vós a palavra de Cristo."

COLOSSENSES 3.16.

Pequena Enciclopédia Bíblica

CINCO OBRAS COMBINADAS EM UMA SÓ

Dicionário - definindo, aproximadamente, todos os vocábulos da Bíblia.

Concordância - localizando, instantaneamente, quase qualquer citação das Escrituras Sagradas.

Chave bíblica - abrindo para nós os tesouros fabulosos de cada um dos 66 livros da Palavra de Deus. Ler a Bíblia cuidadosa e dedicadamente, capa a capa, consultando a P. E. B. aberta ao lado, é cursar um instituto bíblico.

Atlas bíblico - conheça a geografia dos cristãos primitivos.

Enciclopédia bíblica - informando-nos, até certo ponto, de todos os ramos do saber bíblico.

A PEQUENA ENCICLOPÉDIA BÍBLICA,
como seu nome indica, é pequena, é concisa. Para a sua informação sobre assuntos bíblicos não precisa ler 5.000 páginas grandes, de uma encliclopédia bíblica. Nem precisa pagar um preço astronômico, mas apenas o preço módico da **Pequena Enciclopédia Bíblica**. É de formato para guardar ao lado da sua Bíblia. Tudo atualizado. Novos mapas. Ilustrada.

INSTITUTO BÍBLICO DAS ASSEMBLÉIAS DE DEUS
Rua São João, 1.114
12.403-010 - Pindamonhangaba - SP

Novíssimo Dicionário Bíblico

Para exprimir em português, com exatidão e precisão, o que Deus tem falado ao nosso coração, convém escolher as palavras que os tradutores da Bíblia empregaram para exprimir os mesmos pensamentos em português.

Para a exemplificação que justifica ou autoriza o emprego de cada verbo, com a aplicação dada na sua obra, **Dicionário de Verbos e Regimes**, Francisco Fernandes cita mais de duzentas obras de literatura portuguesa e brasileira.

Podemos ver logo o grande valor da P.E.B., não tanto nas definições necessariamente resumidas para inumeráveis leigos que nem possuem um simples dicionário, mas nas abonações abundantes, isto é, exemplos do uso dos vocábulos das Escrituras.

Cento e Dez Dicionários Bíblicos

Temos em mãos uma lista de 110 dicionários bíblicos, inclusive a obra magnífica de Migne, de 109 tomos. De sete destes dicionários, mais recentes, dicionários esses que aproveitavam da grande e rica massa de matéria compilada antes deles, é que colhemos os fatos bíblicos para a **Pequena Enciclopédia Bíblica**.

Cumpre acrescentar que um dos sete dicionários bíblicos, de que nos utilizamos, é o **The New Bible Dictionary**, de Douglas, uma preciosa obra de 1.375 páginas, editada em 1962.

Queira o Senhor soprar sobre estes fatos secos e frios da **Pequena Enciclopédia Bíblica**, como soprou sobre os seus discípulos, João 20.22. Que entre o Espírito nesses fatos, como a vida entrou nos ossos secos da visão de Ezequiel, para que estudantes se convertam em obreiros ardentes e sobrenaturalmente frutíferos em toda a boa obra.

O. S. Boyer.

Julho de 1966

Abreviaturas

ARC = Versão Almeida e Corrigida.
a.C. = antes de Cristo.
A.D. = **Ano Domini** = Ano do Senhor, portanto, depois de Cristo.
Ag = Ageu.
Am = Amós.
Ap = Apocalipse.
At = Atos.
AT = Antigo Testamento.
B = Versão Brasileira.
cal. = caldaico.
cap. = capítulo.
Cl = Colossenses.
Co = Coríntios.
cp. = comparar.
Cr = Crônicas.
Ct = Cantares.
Dn = Daniel.
Dt = Deuteronômio.
Ec = Eclesiastes.
Ed = Esdras.
Ef = Efésios.
Et = Ester.
Êx = Êxodo.
Ez = Ezequiel.
F = Versão Figueiredo.
Fm = Filemom.
Fp = Filipenses.
Gl = Gálatas.
Gn = Gênesis.
gr. = grego.
hb. = hebraico.
Hb = Hebreus.
Hb = Habacuque.
i. e. = isto é.
Is = Isaías.
Jd = Judas.
Jl = Joel.
Jn = Jonas.
Jo = João.
Jr = Jeremias.
Js = Josué.
Jz = Juízes.
lat. = latim.
Lc = Lucas.
Lm = Lamentações.
Lv = Levítico.
Mac. = Macabeus.
Mc = Marcos.
Ml = Malaquias.
Mq = Miquéias.
Mt = Mateus.
Na = Naum.
Ne = Neemias.
Nm = Números.
N T = Novo Testamento.
Ob = Obadias.
Os = Oséias.
Par. = Paralipômenos.
Pe = Pedro.
Pv = Provérbios.
ARA = Versão Revista e Atualizada.
Rm = Romanos.
Rs = Reis.
Rt = Rute.
Sf = Sofonias.
Sl = Salmos.
Sm = Samuel.
Tg = Tiago.
Tm = Timóteo.
Ts = Tessalonicenses.
Tt = Tito.
v. = versículo.
vv. = versículos.
Zc = Zacarias.

Exemplos de Citações da Bíblia:

Jó 1.21 = Jó, cap. 1, v. 21.
Jn 4. 6, 9, 11 = Jonas, cap. 4, vv. 6, 9 e 11.
Jo 10.1-18 = João, cap. 10, vv. 1 a 18.
Ed 4.1-4, 24 = Esdras, cap. 4, vv. 1 a 4 e v. 24.
Ez 3.18; 33.14 = Ezequiel, cap. 3, v. 18 e cap. 33, v. 14.

Exemplo de Citações dos Mapas:

Aparece no verbete, **JERUSALÉM**, a agenda: **Ver mapa 2,C-5**. O mapa **2** se encontra entre os que estão no fim da presente obra. A letra **C** e o número **5** se acham às margens deste mapa e designam o local de Jerusalém no mapa.

AVESTRUZ
Os animais do campo me glorificarão, os chacais e os filhotes de avestruzes, Js 43.20 (ver p.77).

A

AARÁ: Filho de Benjamim, 1 Cr 8.1.

AARÃO. Ver **Arão.**

AAREL: Filho de Harum, da tribo de Judá, 1 Cr 4.8.

AASBAI: Um maocatita, pai de Elifelete, 2 Sm 23.34.

AAVA, hb. **Água:** Rio de Babilônia, onde Esdras reuniu a segunda expedição, que voltou com ele para Jerusalém, Ed 8.15,31.

ABA: Vocábulo hebraico-caldaico, que significa **pai**, ou **meu pai**, e é usado junto com a palavra **Pai**, para exprimir invocação filial a Deus, Mc 14.36; Rm 8.15; Gl 4.6. Esta palavra tem cor divina no Novo Testamento. Foi proibido aos servos usá-la ao dirigem-se ao pai de família, porquanto tal palavra era privativa dos filhos.

ABÃ: Filho de Abisur da tribo de Judá, 1 Cr 2.29.

ABADOM, hb. **Destruição, perdição, ruína, morte**. // 1. Traduzido **perdição**, ou **abismo**. Jó 26.6; 28.22; 31.12; Sl 88.11; Pv 15.11 // 2. O anjo do abismo, em gr. **Apoliom**, Ap 9.11.

ABAGTA: Um dos sete camareiros do rei Assuero, Et 1.10.

ABAIXAR: Aquele que se abaixar de joelhos a beber, Jz 7.5.

ABAIXO: Deitareis **a** os seus altares, Dt 12.3.

ABALAR: Diminuir a solidez de (alguma coisa). // Jamais serei abalado, Sl 30.6. Deus está no meio dela jamais será abalada, Sl 46.5. Sinai se abalou na presença de Deus, Sl 68.8. O homem que se compadece... não será jamais abalado, Sl 112.6. O justo jamais será abalado, Pv 10.30. Em pouco, farei abalar o céu. Ag 2.6. Poderes dos céus serão abalados, Mt 24.29. Contra aquela casa, e não a pôde abalar, Lc 6 48. Está a minha direita, para que eu não seja abalado. At 2.25. Farei abalar não só a terra, Hb 12.26. Para que as coisas que não são abaladas permaneçam, Hb 12.27. Ver **Estremecer**.

ABANA, pers. **Rochoso** (?): O principal rio de Damasco, 2 Rs 5.12. Chama-se, atualmente, **Barada**. Nasce nas altas planícies entre o Líbano e o Antilíbano, dando vida e prosperidade a Damasco, "a mais antiga cidade do mundo." Ver mapa 2, E-1; mapa 3, C-1.

ABANDONAR: Deixar, desamparar, desprezar. // Abandonou a Deus, que o fez, Dt 32.15. Abandonaram o Senhor, Is 1.4. Muitos dos seus discípulos o abandonaram, Jo 6.66. Demas... me abandonou, 2 Tm 4.10. Todos me abandonaram, 2 Tm 4.16. Não abandonemos a nossa própria congregação, Hb 10.25. Não abandoneis.. a vossa confiança, Hb 10.35. Pela fé ele abandonou o Egito, Hb 11.27. Nunca jamais te abandonarei, Hb 13.5. Abandonando o reto caminho, 2 Pe 2.15. Ver **Deixar, Desamparar.**

ABARIM, hb. Regiões de além: Cordilheira ao oriente do Jordão, na terra de Moabe, onde os israelitas acamparam, Nm 33.47. Monte Nebo, o cume do Pisga, de onde Moisés viu a Terra da Promissão, e onde morreu, é a sua mais alta elevação, Dt 3.27; 32.49. Mencionam-se, também, estes montes em Jr 22.20. Ver mapa 2, D-5, mapa 5, C-1.

ABASTADO: Cheio de víveres, do necessário. // Estou rico e abastado, Ap 3.17. Ver **Rico.**

ABASTANÇA. Fartura, riqueza. // Na plenitude da sua **a**, ver-se-á angustiado, Jó 20.22. Ver **Fartura, Riqueza.**

ABASTECER: Prover do bastante. // Para abastecer a terra nos sete anos. Gn 41.36. A sua terra se abastecia do país do rei, At 12.20. Ver **Prover.**

ABATER: Prostrar, humilhar. // Eu... lhe abateria o inimigo, Sl 81.14. A ansiedade no coração do homem o abate, Pv 12.25. A soberba do homem o abaterá, Pv 29.23. Os olhos altivos dos homens serão abatidos, Is 2.11. Ver **Abatido, Desanimar.**

ABATIDO: Prostrado, enfraquecido, deprimido. // Por que estás **a**, ó minha alma? Sl 42.5; 43.5. O espírito **a** faz secar os ossos, Pv 17.22. Habito também com o contrito e **a**, Is 57.15. **A**, porém não destruídos, 2 Co 4.9. Deus que conforta os **a**, 2 Co 7.6.

ABATIMENTO: Depressão, diminuição. // Clamo... no **a** do meu coração, Sl 61.2. O seu **a** em riqueza, Rm 11.12.

ABDA, aram., **Servo de Jeová:** 1. O pai de Adonirão, 1 Rs 4.6. // 2. Filho de Samúa, Ne 11.17.

ABDEEL, hb. **Servo de Deus:** O pai de Selamias, Jr 36.26.

ABDI, hb. **Meu servo:** 1. Avô de Etã, cantor, 1 Cr 6.44. // 2. Pai de Quis, 2 Cr 29.12. // 3. Judeu casado com mulher estrangeira, Ed 10.26.

ABDIEL, hb. **Servo de Deus:** Um descendente de Gade, 1 Cr 5.15.

ABDOM, heb. **Servil:** 1. O décimo-segundo dos juízes, Jz 12.13-15. // 2. Filho de Sasaque, 1 Cr 8.23. // 3. Primogênito de Jeiel, 1 Cr 8.30; 9.35,36 // 4. Filho de Mica, contemporâneo do rei Josias, 2 Cr 34.20. Chama-se Acbor em 2 Rs 22.12. 5. Cidade da tribo de Aser, Js 21.30; 1 Cr 6.74. Chama-se Ebrom em Js 19.28. Ver mapa 2, C-2; mapa 3, A-1.

Abelha

ABE: O quinto mês do ano. Não se menciona na Bíblia, mas o historiador Josefo o dá como o mês em que Aarão morreu. Ver **Ano.**

ABEDE-NEGO, - **Servo de Nego** ou **Nebo**, um deus de sabedoria, da Babilônia: Nome dado a Azarias, um dos três companheiros de Daniel, Dn 1.7. Junto com seus três companheiros é constituído sobre os negócios de Babilônia, Dn 2.49. É salvo milagrosamente da fornalha de fogo, Dn 3.12-30. Ver Hb 11.33,34.

ABEIRAR: Chegar à beira. // Minha vida já se abeira da morte, Sl 88.3.

ABEL, hb. **Transitório** (?): Filho de Adão e Eva, mais novo que Caim, Gn 4.2. "Abel foi pastor de ovelhas, e Caim lavrador", assim representam as duas primeiras profissões dos homens civilizados, Gn 4.2. No fim de algum tempo, os dois irmãos, para manifestarem sua gratidão a Deus, como arrendatários da sua terra, ofereceram sacrifícios ao Senhor; Abel ofereceu ao Senhor a principal rêz do seu rebanho. Caim dos frutos da terra, Gn 4.4,5. Deus não olhou tanto para a qualidade dos seus sacrifícios como para o motivo de os oferecerem. Na análise final, Abel foi aceito por Deus na base do sangue de Cristo; era justo; Mt 23.35; 1 Jo 3.12. "Pela fé Abel ofereceu melhor sacrifício do que Caim", Hb 11.4. Foi assassinado por seu irmão Caim (Gn 4.8), tornando-se o primeiro mártir, Mt 23.35; Hb 12.24. Deus disse a Caim: "A voz do sangue do teu irmão clama a mim..." Gn 4.10. (Comp. Ap 6.9,10). Mas, acentuando o contraste glorioso entre o Antigo e o Novo Concerto, Ele nos diz: "Não chegastes ao monte... mas chegaste ao monte Sião... e a Jesus, o Mediador duma Nova Aliança; e ao sangue da aspersão, que fala melhor do que o de Abel", Hb 12.18-25.

ABEL-BETE-MAACA, hb. **Prado da casa de Maaca:** Cidade muralhada no extremo norte da Palestina (2 Sm 20.15; 1 Rs 15.20), ocupando, talvez, o mesmo lugar da vila atual de Abil, na fértil planície regada pelo rio Dardara. Foi cercada por Joabe para matar a Seba, na sedição deste, contra Davi, 2 Sm 20. Foi uma "mulher sábia" da cidade que tratou com Joabe, induziu o povo a cortar a cabeça de Seba e a lançar a Joabe, salvando a cidade, 2 Sm 20.16-22. Foi depois conquistada por Bene-Hadade da Síria, e outra vez por Tiglate-Pileser, rei da Assíria, 1 Rs 15.20; 2 Rs 15.29. Ver mapa 2, D-2; mapa 3, B-1.

ABELHA: Não se sabe, por certo, se a espécie de abelhas que conhecemos em nosso país, a **apis mellifica,** se encontrava na Palestina. A frase, contudo, muitas vezes repetida, "mana leite e mel", indica que o mel tanto como o leite, foi um dos produtos domésticos. Sansão encontrou um enxame de abelhas com mel na carcaça do leão, Jz 14.8. Não se pense que foi em um cadáver putrefato e pútrido. É fato bem conhecido que, nestes países, o calor é tal que deixa o corpo de um animal morto, seco como uma múmia e sem qualquer mau cheiro. Aluda-se nas outras três passagens onde se encontra a palavra "abelha", Dt 1.44; Sl 118.12 e Is 7.18, a conhecida natureza belicosa das abelhas.

ABEL-MAIM, hb. **Prado das águas:** Uma das cidades assoladas pelos exércitos de Bene-Hadade, 2 Cr 16.4. É outro nome de Abel-Bete-Maaca.

ABEL-MEOLÁ, heb. **Prado da dança:** Vila perto de Bete-Sita , Jz 7.22; 1 Rs 4.12. Terra natal de Eliseu e onde Elias o encontrou a lavrar com doze juntas de bois, 1 Rs 19.16,19. Ver mapa2, D-4; mapa 4, B-1.

ABEL-MIZRAIM, hb. **Pranto do Egito:** A eira de Atade, onde José, seus irmãos e os egípcios choraram a morte de Jacó, Gn 50.9-13.

ABEL-QUERAMIM, hb. **Prado de vinhas:** Jefté feriu aos amonitas com grande mortandade até chegar a esta cidade perto de Minite em Moabe, Jz 11.33.

ABEL-SITIM, hb. **Prado de sitim,** isto é, **de acácias:** Lugar do último acampamento dos israelitas antes de atravessarem o rio Jordão, Nm 33.49. Chama-se simplesmente **Sitim**, Nm 25.1; Js 2.1; 3.1; Mq 6.5. Ver mapa 4. B-2.

ABENÇOAR: Esta palavra tem vários sentidos nas Escrituras: 1. Dar benefícios divinos, Gn 1.22; etc. // 2. Separar e consagrar, Gn 2.3, etc. // 3. Adorar a Deus, Gn 24.48; etc. // 4. Desejar favores para o próximo, Gn 24.60; etc. // 5. Profetizar, Gn 27.4, 27; etc. // 6. Dar graças, Mt 14.19; 15.36; 1 Co 11.24.

ABERTAMENTE: Claramente. // És o Cristo, dize-no-lo **a**, Jo 10.24 (ARC). Eis que agora falas **a**, Jo 16.29 (ARC).

ABERTO: Não fechado. // Ouvidos **a**, nada ouves, Is 42.20. Céu **a**, At 10.11; Ap 19.11. Uma porta **a** no céu, Ap 4.1.

ABERTURA: Fenda, brecha. // O Senhor tinha feito **a** nas tribos, Jr 21.15. Ver **Brecha**.

ABI, ABIA (F): Ver **Abias**.

ABIAIL, hb. **Pai de força:** 1. Nm 3.35. // 2. 1 Cr 2.29. // 3. 1 Cr 5.14. // 4. 2 Cr 11.18. // 5. Et 2.15.

ABI-ALBOM: Um valente de Davi, 2 Sm 23.31.

ABIAS, heb. **Jeová é meu Pai:** 1. Filho de Jeroboão, 1 Rs 14.1. // 2. Filho de Reoboão, 1 Cr 3.10 // 3. Filho de Samuel, 1 Cr 6.28. // 4. Filho de Bequer, 1 Cr 7.8. // 5. Descendente de Aarão, 1 Cr 24.10. // 6. Um dos sacerdotes que selaram o concerto, Ne 10.7.

ABIASAFE: Filho de Corá, Êx 6.24.

ABIATAR, hb. **Pai da abundância:** O décimo-primeiro sumo sacerdote. Filho de Aimeleque, 1 Sm 22.20. Nasceu em Anatote, 1 Rs 2.26. Escapou da morte da mão de Doegue, quando foram mortos seu pai e oitenta e cinco sacerdotes, e ajuntou-se com Davi em Adulão, 1 Sm 22.20-23. Era sumo sacerdote com Zadoque, 1 Cr 15.11; 1 Rs 4.4. Permaneceu fiel a Davi na rebelião de Absalão (2 Sm 15.24), mas conspirou para que Adonias fosse o sucessor de Davi, 1 Rs 1.7. Desterrado para a sua terra natal, Anatote, e afastado do seu cargo por Salomão, 1 Rs 2.26-35. Mencionado por Cristo, Mc 2.26.

ABIBE, Mês de espigas novas: O primeiro mês do ano, dos israelitas, Êx 13.4; 23.15; 34.18; Dt 16.1. Chamado, depois do exílio, **nisã**, Ne 2.1; Et 3.7. Corresponde mais ou menos, ao nosso mês de março. Ver **Ano.**

ABIDA, Pai de ciência: Um neto de Abraão, Gn 25.4.

ABIDÃ, hb. **Meu pai é juiz:** Capitão da tribo de Benjamim no deserto, Nm 1.11.

ABIEL, hb. **Deus é meu pai:** 1. Pai de Quis e de Ner, e avô de Saul e Abner, 1 Sm 9. 1; 14.51 // 2. Valente de Daví, 1 Cr 11. 32.

ABIEZER, hb. **Meu pai é auxílio:** 1. Bisneto de Manassés, Js 17.2. // 2. Um valente de Davi, 2 Sm 23.27.

ABIEZRITA: Um da família de Abiezer, Jz 6.11, 24, 34; 8.2.

ABIGAIL, hb. **Meu pai é alegria:** 1. Irmã de Davi e mãe de Amasa, capitão do exército de Davi, 1 Cr 2.16,17; 2 Sm 17.25. // 2. Mulher "sensata e formosa", esposa de Nabal, depois de Davi, 1 Sm 25.3. 40-42. Levada cativa em Ziclague, 1 Sm 30.5. A mãe do segundo filho de Davi, Quileabe, 2 Sm 3.3.

ABIJAH (B): Ver **Abias.**

ABILENE, gr. **Planície:** A tetraquia de Lisânias no tempo de João Batista, Lc 3.1. O nome deste distrito derivou-se da sua cidade principal, Abila, que distava de Damasco quinze quilômetros.

ABIMAEL, hb. **Pai de Mael:** Gn 10.28.

ABIMELEQUE, heb. **Pai dum rei:** 1. Rei de Gerar no tempo de Abraão, Gn 20.1-18. Fez aliança de paz com Abraão en Berseba. Gn 21.22-34. // 2. Rei de Gerar no tempo de Isaque, Gn 26.1-31. // 3. Abimeleque, Sl 34, título. O mesmo, talvez, que Aquis, rei de Gate, 1 Sm 21.10. Parece que o nome **Abimeleque** era um título dos reis dos filisteus, como Faraó o era dos monarcas do Egito. O Abimeleque no tempo de Isaque era, talvez filho do outro no tempo de Abraão. Foi quase um século depois de Abimeleque querer tomar Sara por mulher (Gn 20) que o outro Abimeleque procedeu da mesma maneira para com Rebeca, Gn 26. // 4. Filho de Gideão e o sexto juiz de Israel Jz 8.31,31. Assassinou seus setenta irmãos, menos Jotão, Jz 9.5. Ferido por um pedaço de mó, arremessado à cabeça por uma mulher, foi morto por seu escudeiro, Jz 9.35, 54. // 5. Sacerdote no tempo de Davi; descendente de Itamar e Eli e filho de Abiatar, 1 Cr 18.16. Chama-se **Aimeleque** em 1 Cr 24.6,31, mas não se deve confundi-lo com seu avô, Aimeleque, pai de Abiatar.

ABINADABE, hb. **Meu pai é nobre:** 1. Israelita de Quiriate-Jearim que guardou em casa a arca, durante vinte anos, depois de restituída pelos filisteus, 1 Sm 7.1. // 2. Segundo filho de Jessé e irmão de Davi, 1 Sm 16.8; 17.13 // 3. Filho de Saul, morto com seu pai, em Gilboa, 1 Sm 31.2.

ABINOÃO, Pai de doçura: Pai de Baraque vencedor de Jabim, Jz 4. 6; 5.1.

ABIRÃ, ABIRÃO, hb. **Meu pai é elevação:** 1. Conspirou, com Coré e Datã, contra Moisés e Aarão, Nm 16.1; 26.5-11; Dt 11.6; Sl 106.17. // 2. Filho de Heil que reedificou a Jericó, 1 Rs 16.34. Comp. Js 6.26.

ABISAGUE, hb. **Meu pai foi homem errante:** A jovem sunamita, "sobremaneira formosa", que servia ao idoso Davi, 1 Rs 1.1-4. A causa da morte de Adonias, 1 Rs 2.13-25.

ABISAI, hb. **Meu pai é Jessé:** Filho de Zeruia, irmã de avi, e irmão de Joabe, comandante e chefe do exército de Davi, 2 Sm 2.18. Davi não o deixou atravessar o rei Saul com a sua lança, 1 Sm 26.5-9. Matou o gigante filisteu, 2 Sm 21.17. Assistiu no encontro dos homens de Is-Bosete com os de Davi, no qual Abner matou a Asael, 2 Sm 2.18-24. Ajudou Joabe no cruel e injusto assassínio de Abner, para se vingar da morte de seu irmão, Asael, 2 Sm 3.30. Como comandante do exército, venceu na batalha contra os amonitas, 2 Sm 10.10-14. Era chefe do segundo grupo de três homens valorosos, do exército de Davi, matando trezentos homens com a sua lança, 2 Sm 23.18. Era precipitado e valente, nunca se desviou da sua fidelidade ao seu parente, o rei Davi.

ABISMO: Lugar profundíssimo, sem fundo. // Grande abismo.. os que querem passar... não podem, Lc 16.26. Em Gn 1.2 a palavra representa as águas primitivas; em Gn 7.11, o reservatório subterrâneo das águas (comp. Êx 20.4). Em Is 51.10 quer dizer o mar. Em Rm 10.7 refere-se ao lugar dos mortos. Em Lc 8.31, Ap 9.1, 2, 11; 11.7, 8; 20.1,3 significa a prisão dos espíritos maus. Deve-se distinguir esta do lugar onde se lançarão, por fim, a besta, o falso profeta e o diabo, "o ardente lago de fogo e enxofre", Ap. 19.20; 20.10.

ABISSÍNIA: Ver **Etiópia**.

ABISUA, hb. **Pai de felicidade:** 1. Cr 6.4. // 2. 1 Cr 8.4.

ABISUR, hb. **Meu pai é uma parede:** 1 Cr 2.28.

ABITAL, hb. **Meu pai é orvalho:** Uma das mulheres de Davi, 2 Sm 3.4.

ABITUBE, hb. **Pai de benignidade:** Um benjamita, 1 Cr 8.11.

ABIÚ, hb. **Meu Pai é Deus:** O segundo filho do sumo sacerdote, Aarão, Êx 6.23. Subiu e viu, com os setenta anciãos, o Deus de Israel, Êx 24.1-11. Morreu, com seu irmão Nadabe, quando ofereceram um fogo estranho perante Deus, Lv 10.1,2. Dá a entender que os dois, quando ofereceram o fogo estranho, cumpriam suas funções sacerdotais diante de Deus em estado de embriaguez, Lv 10.8-11.

ABIÚDE, hb. **Pai de majestade.** 1. Primogênito de Benjamim, 1 Cr 8.3. // 2. Na genealogia de Jesus, Mt 1.13.

ABJETO: Desprezado, vil, baixo, miserável, // Os **a**... dilaceraram-me, Sl 35.15.

ABLUÇÃO: Purificação religiosa, que consiste em lavar o corpo total ou parcialmente. Rito praticado de várias formas em todas as terras e em todos os tempos. Ninguém podia entrar na presença de Deus, em oração ou com sacrifício, sem primeiro executar este rito, Êx 19.10; comp. 1 Sm 16.5. Os sacerdotes lavavam as mãos e os pés antes de entrarem no santuário, Êx 30.19,20. Lavavam-se as mãos antes de comer, Mt 15.20; Mc 7.5; Lc 11.38. Compare Sl 26.6; 73.13. Em certos casos foi necessário lavar todo o corpo, Lv 15.5, 16, 18, 21; 22.6. // Lava-te sete vezes no Jordão, 2 Rs 5.10. Ainda que me lave com água de neve, Jó 9.30. Lava-me completamente da minha iniqüidade, Sl 51.2. Lava-me e ficarei mais alvo que, Sl 51.7. Lavados da sua imundícia, Pv 30.12. Lavai-vos, purificai-vos, Is 1.16. Ainda que te laves com salitre, Jr 2.22. Lava o teu coração da malícia, Jr 4.14. Pilatos lava as mãos, Mt 27.24. Lavagem de copos, jarros e vasos, Mc 7.4. Recebe o batismo e lava os teus pecados, At 22.16. Vós vos lavastes, 1 Co 6.11. Purificado por meio da lavagem de água pela palavra, Ef 5.26. O lavar regenerador, Tt 3.5. Ensinavam-se "diversas abluções", Hb 9.10. Lavado o corpo com água pura, Hb 10.22. A porca lavada voltou, 2 Pe 2.22. Lavavam suas vestiduras, Ap 7.14. Ver **Banho, Lavapés.**

ABNEGAÇÃO: Desprendimento do interresse próprio; renúncia. // Da **a** de vosso amor, 1 Ts 1.3.

ABNER, hb. **Meu pai é uma lâmpada:** Filho de Ner, primo de Saul e comandante em chefe do exército, 1 Sm 14.51; 2 Sm 2.8. Abner era para Saul o que Joabe era para Davi. Comia à mesa ao lado de Saul, 1 Sm 20.25. Apresentou Davi, trazendo a cabeça de Golias na mão, ao rei Saul, 1 Sm 17.57. Acampava a Saul em perseguir a Davi, 1 Sm 26.5. Constituiu rei a Is-Bosete, filho de Saul, 2 Sm 2.8,9. Passou ao lado de Davi, 2 Sm 3.12. Foi morto por Joabe, 2 Sm 3.27. Foi pranteado por Davi, como "um príncipe e um grande", 2 Sm 3.33-38. Com a sua morte cessou a luta contra Davi, o qual foi logo proclamado rei sobre toda a nação.

ABOBOREIRA: É impossível saber, com certeza, qual a planta indicada pelo hebraico ou pelo grego, que Deus fez crescer e fazer sombra para Jonas.A Almeida Revista e Atualizada diz simplesmente: "Então fez o Senhor Deus nascer uma planta", Jn 4.6. Foi, conforme a Almeida, uma aboboreira. Segundo a Figueiredo, foi uma hera. E na

Brasileira consta que foi um palma-cristi, isto é, um mamoneiro.

ABOLIR: Anular. // Aboliu na sua carne a lei, Ef 2.15.

ABOMINAÇÃO: Há três palavras no hebraico traduzidas **abominação** no português, cada uma exprimindo um grau diferente da aversão de Deus a certos atos e objetos. // 1. **Toebhah,** o que se refere à crença religiosa dum povo. Nas Escrituras hebraicas esta palavra se refere a aversão de Deus, a não ser no caso da aversão dos egípcios. Os egípcios não comiam com os israelitas, "porquanto é isso abominação para os egípcios", Gn 43.32. Ver, também, Gn 46.34 e Êx 8.26. Essa palavra, indicando o maior grau de abominação, é usada para exprimir a grande repugnância de Deus à altivez: Pv 6.16,17; 16.5; ao engano: Pv 11.1; 3.32; 17.15; 20.10,23; aos espíritos advinhantes, mágicos, feiticeiros, Dt 18.12; à idolatria, Dt 7.25,26; 27.15; Is 44.19; Ml 2.11; aos pecados sexuais: Lv 18.22; 20.13; Dt 24.4; ao oferecer animais defeituosos: Dt 17.1; ao sacrifício do perverso: Pv 15.8; Pv 28.9; Is 1.13; 41.24; aos deuses: Astarote, a abominação dos sidônios, 2 Rs 23.13; Milcom, a abominação dos amonitas, 1 Rs 11.5; Quemós (Camos R), a abominação dos moabitas, 1 Rs 11.7. // 2. **Shekeç** exprime, também, horror e grande aversão, mas geralmente em menor grau que **toebhah.** É usada especialmente no que diz respeito aos animais imundos: Lv 11.10-42; Is 66.17; Ez 8.10. // 3. **Piggui,** também exprime aversão, mas se emprega na Bíblia hebraica para indicar aversão à carne para o sacrifício, depois de tronar velha: Lv 7.18; 19.7; Ez 4.14.

ABOMINAR: Repelir com horror. // Por isso me abomino e me arrependo, Jó 42.6. O Senhor abomina ao sanguinário, Sl 5.6. Ver **Aborrecer, Detestar, Odiar.**

ABOMINÁVEL DA DESOLAÇÃO, ABOMINAÇÃO DE DESOLAÇÃO (A): "Abominável" quer dizer "imundo", "repugnante", "detestável". A idolatria, com seu efeito mortal para a humanidade e sua degradação dos ideais divinos, é "abominação ao Senhor", Dt 7.25,26; Is 44.19. Refere-se a Astarote, a Camos, a Milcom e a Moloque, os deuses das nações, como "abominação", 1 Rs 11.7; 2 Rs 23.13. Jesus, no seu sermão profético no monte das Oliveiras, disse aos seus discípulos: "Quando, pois, virdes o abominável da desolação de que falou o profeta Daniel...," Mt 24.15; Mc 13.14. Daniel falou três vezes desta abominação: Dn 9.27; 11.31 e 12.11. Muitos comentadores acham que essa profecia de Daniel se cumpriu em Antíoco Epifanes, em, 168 a.C. quando fez cessar o sacrifício diário e colocou um ídolo em cima do altar no Templo, e sobre esse altar ofereceram sacrifícios a Júpiter Olímpico, 1 Macabeus 6.7; 2 Macabeus 6.1,2. Mas não se cumpriu plenamente a profecia de Daniel nesta atrocidade de Antíoco Epifanes. Um estudo dos capítulos 9, 11 e 12 de Daniel revelará que no tempo do fim, se levantará um poderoso rei com domínio quase universal; esse rei desafiará a Deus, exaltar-se-á como Deus, oprimirá o povo de Deus, e por fim cairá sem intervir mão de homem. Os exércitos desse rei erguerão a abominação que assola. Haverá tribulação como nunca houve e não haverá jamais, Mt 24.21. Miguel se levantará a favor de Israel. Os verdadeiros santos serão libertos.

ABORRECER: Sentir horror por, enfastiar-se. // Há um ainda... porém eu o aborreço, 1 Rs 22.8. O que retém a vara aborrce, Pv 13.24. Se o que te aborrece tiver fome, Pv 25.21. Aborreço, desprezo as vossas festas, Am 5.21. Há de aborrecer-se de um, e amar ao outro, Mt 6.24. Vem a mim, e não aborrece a seu pai, Lc 14.26. Aquele que pratica o mal, aborrece a luz, Jo 3.20. Amei a Jacó, porém me aborreci de Esaú, Rm 9.13. Ver **Detestar, Odiar.**

ABORRECIDO: desprezado, // Sendo... **a** de Deus, Rm 1.30.

ABORTAR: Dar à luz antes do termo da gestação. // Suas novilhas... não abortam, Jó 21.10.

ABORTIVO: Apareceu também a mim, como a um **a**, 1 Co 15.8 (ARC).

ABORTO: Animal que nasceu antes de ter adquirido as condições necessárias para a vida exterior. // Como **a** oculto, eu não existiria, Jó 3.16. Como **a** de mulher, não vejam nunca o sol, Sl 58.8. Um **a** é mais feliz do que ele, Ec 6.3.

ABRAÃO, Pai duma multidão: Patriarca, descendente de Sem. É um dos maiores vultos da Bíblia e um nome célebre em todo o Oriente. Dele descendem o povo judeu e, por Ismael, os árabes. Progenitor dos hebreus, Js 24.2; Is 51.2; Mt 1.1; 3.9; Gl 3.7-9; etc. Nasceu em Ur dos Caldeus; filho de Terá; casou com Sarai, Gn 11.27-31. Chamado por Deus (At 7.2-4), mudou-se para Harã, Gn 11.31. Depois da morte de seu pai, saiu de Harã com Ló, Gn 12.4,5; Hb 11.8. Edificou um altar em Siquem, onde o Senhor lhe prometeu que essa terra seria dos seus descendentes, Gn 12.6,7. Armou sua tenda e edificou um altar entre Betel e Ai, nas faldas dos dois famosos montes Ebal e Gerazim, Gn 12.8. Havendo fome em Canaã, desceu ao Egito, Gn 12.10. Era muito rico em gado, em prata, em ouro, em servos e em servas, Gn 12.16; 13.2, 6; 24.35. Levou 318 homens, nascidos em sua casa, para libertar Ló, Gn 14.14. Em Betel separou-se de Ló, Gn 13.11-13. Venceu Quedorlaomer e libertou Ló, Gn 14.1-17., Melquizedeque recebeu seu dízimo e o abençoou, Gn 14.18-20; Hb 7.1-7. Deus prometeu-lhe um filho, quando "a Sara havia cessado o costume das mulheres", Gn 15; 18.11. O pacto de Deus de lhe dar toda a terra "desde o rio Egito até ao grande rio Eufrates", Gn 15.7-21; Ne 9.7,8. Era pai de Ismael, Gn 16. A tentativa dos homens não modifica o plano de Deus; não o filho da escrava, mas o da livre; não o filho da carne, mas o da promessa, Gl 4.21-31. Deus mudou seu nome em Abraão, Gn 17.5. Recebeu o pacto da circuncisão, Gn 17.9-14. Hospedou três anjos, Gn 18.1-16. Intercedeu por Sodoma, Gn 18.23-32; 19.29. Quando tinha 100 anos de idade, nasceu seu filho prometido, Isaque, Gn 21.5. Ofereceu Isaque em holocausto, Gn 22. (Sacrifícios humanos eram comuns entre as nações pagãs circunvizinhas.) Na morte de Sara, com 127 anos de idade, comprou Macpela para sepultá-la, Gn 23. Mandou um servo, à sua terra e a sua parentela, buscar uma esposa para Isaque, Gn 24. Casou com Quetura e lhe nasceram seis filhos que se tornaram os pais das tribos nômades que habitam o território ao sul da Palestina, Gn 25.1,2. Com a idade de 175 anos "foi congregado ao seu povo" e sepultado ao lado de Sara, na cova de Macpela, Gn 25.7-9. Seus progenitores serviam outros deuses (Js 24.2), mas ele foi chamado: **o amigo de Deus**, 2 Cr 20.7; Is 41.8; Tg 2.23; **o fiel Abraão**, Gl 3.9; **o pai de todos nós**, Rm 4.16. Menciona-se a sua fé: Gn 15.6; Jo 8.39; Rm 4.3; Gl 3.6; Hb 11.8-10; Tg 2.23.

ABRAÃO, O LIVRO DE: Obra apocalíptica. Ver **Apocalíptico.**

ABRAÃO, O Seio de: Lc 16.22,23. Expressão figurada. Compare João reclinado no seio de Cristo, Jo 13.25. Abraão, como em uma festa, recebe Lázaro na maior intimidade. Compare Lc 23.43.

ABRAÇAR: Cingir com os braços; adotar. // Se a abraçares, ela te honrará, Pv 4.8. Correndo, o abraçou, Lc 15.20. Abraçando afetuosamente a Paulo, At 20.37.

ABRANDAR: Moderar. // A compaixão... abrandaria a vossa dor, Jó 16.5.

ABRÃO, Pai exaltado: Gn 11.26. Seu nome mudado para Abraão, Gn 17.5.

ABRASADOR: Que abrasa. // Serpentes, Nm 21.6-9. Ver **Arder, Intenso.**

ABRASAR: Converter em brasas, queimar. // Por causa da ira do Senhor... a terra está abrasada, Is 9.19. Abrasais na concupiscência, Is 57.5. Viver abrasado, 1 Co 7.9. Os elementos se desfarão abrasados, 2 Pe 3.10.

ABREVIAR: Tornar breve. // Os anos dos perversos serão abreviados, Pv 10.27. Não tivessem aqueles dias sido abreviados, Mt 24.22. O tempo se abrevia, 1 Co 7.29. Ver **Resumir.**

ABRIGAR: Dar abrigo a; proteger; pôr a salvo. // Dar-me-ia pressa em abrigar-me, Sl 55.8. Das tuas asas eu me abrigo, Sl 64.4. O rochedo em que me abrigo, Sl 94.22. Ver **proteger, Refugiar.**

ABRIR: Desunir, descerrar. // Comerdes se vos abrirão os olhos, Gn 3.5. Abre, Senhor, os meus lábios, Sl 51.15. Mas não abriu a boca, Is 53.7. Se eu não vos abriri as janelas, Ml 3.10. Batizado Jesus... lhe abriram os céus, Mt 3.16. Batei e abrir-se-vos-á, Mt 7.7. Néscias, clamando:... Abre-nos a porta! Mt 25.11. Abriram-se os sepulcros, Mt 27.52. Efatá, que quer dizer: Abre-te, Mc 7.34. Então lhes abriu o entendimento, Lc 24.45. Viu o céu aberto, At 10.11. Abrira aos gentios a porta, At 14.27. O Senhor lhe abriu o coração, At 16.14. Para lhes abrir os olhos, At 26.18. Num abrir e fechar de olhos, 1 Co 15.52. Porta grande... se me abriu, 1 Co 16.9. Deus nos abra porta à palavra, Cl 4.3. Que abre e ninguém fechará, Ap 3.7. Ninguém foi achado digno de abrir o livro, Ap 5.4. O Cordeiro abriu um dos sete selos, Ap 6.1.

ABROGAR: Abolir, anular, invalidar. // Não a pode abrogar, Gl 3.17.

ABROLHO: Nome comum de várias plantas rasteiras e espinhosas. // Produzirá também cardos e **a**, Gn 3.18. Colhem-se... figos dos **a**, Mt 7.16. Se produz espinhos e **a**, é rejeitada, Hb 6.8. Ver **Cardo, Espinho.**

ABSALÃO, hb. **Meu pai é paz:** Terceiro filho de Davi; nasceu em Hebrom; sua mãe foi Maaca, filha de Talmai, rei de Gesus, 2 Sm 3.2,3. Assassinou seu irmão mais velho, Amnon, que violara sua irmã, Tamar, 2 Sm 13.23-36. Fugiu para a corte de Talmai, seu avô materno, em Gesur, 2 Sm 13.37,38. Celebrado por sua beleza; no fim de cada ano, cortava seu cabelo, que pesava 200 siclos, 2 Sm 14.26. Nasceram-lhe quatro filhos (2 Sm 14.27), mas parece que morreram cedo, 2 Sm 18.18. Foi o mais belo e aprazível de Israel, 2 Sm 14.25,26. O predileto tanto do povo como de seu pai; vivia no maior luxo; usava um carro pomposo adiante do qual corriam 50 homens; deliberadamente furtava o coração dos homens de Israel, 2 Sm 15.1-6. Com o plano de apoderar-se do trono, revoltou-se contra seu pai, Davi, 2 Sm 15.7. Seu exército foi vencido na batalha nas matas de Efraim, 2 Sm 18.6-8. Preso pela cabeça, nos ramos de uma árvore, foi morto por Joabe, 2 Sm

18.9-15. Seu corpo, conforme faziam para desonrar rebeldes e grandes criminosos (Js 7.26; 8.29), foi lançado em uma cova e coberto de "um mui grande montão de pedras", 2 Sm 18.17. Construiu um pilar que chamou pelo seu próprio nome, **Pilar de Absalão** (2 Sm 18.18), mas não se conhece atualmente o lugar. O Salmo 3 foi escrito por Davi durante a revolta de Absalão. O pranto de Davi, em Manaim (2 Sm 17.27; 18.33) através dos séculos, exprime em linguagem comovente as saudades profundas dos pais, verdadeiramente crentes, pelos filhos desviados de Deus. Ver p. 536.

ABSINTO, ALOSNA: Família de plantas compostas, amargas e aromáticas. "Fel" e "abismo" são figuras de uma vida amargurada pela aflição, pelo remorso, pelo sofrimento punitivo, Pv 5.4; Jr 9.15; 23.15; Lm 3.15,19; Am 5.7; 6.12. Os homens da terra, ao soar a terceira trombeta, ceifarão o amarguíssimo fruto do pecado, Ap 8.10,11.

ABSOLVER: Isentar de pena correspondente a uma culpa. // Será absolvido aquele que o feriu, Êx 21.19. Absolve-me das que são ocultas, Sl 19.12. Ver **Perdoar.**

ABSOLVIÇÃO: Termo eclesiástico para designar o ato oficial de perdoar os pecados àquele que os confessou com contrição. Ver Mt 18.18; Jo 20.23. Esta promessa é dada à assembléia de crentes, para executá-la por intermédio do ministério da igreja. Ver **Perdão, Remissão.**

ABSORVER: Embeber-se de. // Para que o mortal seja absorvido, 2 Co 5.4.

ABSTER: Privar-se de, conter-se. // Que se abstenham das coisas sagradas, Lv 22.2. Que se abstenham das contaminações dos ídolos, At 15.20; 21.25. Se eu vier a gloriar-me... mas abstenho-me, 2 Co 12.6. Que vos abstenhais da prostituição, 1 Ts 4.3. Abstende-vos de toda forma de mal, 1 Ts 5.22. A vos absterdes das paixões carnais, 1 Pe 2.11.

ABSTINÊNCIA: Privação voluntária; jejum. // Obrigar-se a alguma **a**, Nm 30.2. Exigem **a** de alimentos, 1 Tm 4.3.

ABSURDO: Contrário a razão, ao bom-senso. // Repele as questões insensatas e absurdas, 2 Tm 2.23.

ABUNDAR, ABUNDÂNCIA: A palavra **abundar**, ou **abundância**, é traduzida de várias palavras do hebraico e do grego, que significam **aumentar, ser pesado, transbordar, multiplicar, saciar,** etc. // Abundar em ação de graças, 2 Co 4.15; Cl 2.7; amor, 2 Co 8.7; 1 Ts 3.12; bênçãos, Pv 28.20; cereal, Gn 41.49; ciência, 2 Co 8.7; dons, 1 Co 14.12; entrada no reino eterno, 2 Pe 1.11; esperança, Rm 15.13; Espírito Santo, Tt 3.6; fé, 2 Co 8.7; glória, 2 Cr 17.5; 32.27; Is 66.11; gozo, 2 Co 8.2; graça, At 4.33; Rm 5.17,20; 6.1; 2 Co 9.8; Ef 1.8; 1 Tm 1.14; as graças, 2 Pe 1.8; misericórdia, Nm 14.18; na obra do Senhor, 1 Co 15.58; ouro, 2 Cr 9.1; palavra, 2 Co 8.7; pão, Êx 16.12; Pv 28.19; Lc 15.17; Paz, Sl 37.11, 72.7; pedras preciosas, 1 Rs 10.10; 2 Cr 32.27; riquezas, 2 Cr 32.37; Sl 52.7; Zc 14.14; 2 Co 8.2; sacrifícios, 1 Cr 29.21; salvação, Is 33.6; trabalhadores, 1 Cr 22.15; vida, Jo 10.10. Àquele que tem, se dará, e terá abundância, Mt 13.12; 25.29. Abundar cada vez mais, 1 Ts 4.1,10.

Abutre-fouverio

ABUSAR: Usar mal de; ultrajar o pudor. // Eles a forçaram e abusaram delas, Jz 19.25.

ABUTRE: Ave de rapina que se ceva de animais insepultos. Vê-se no grifo, a maior dessas aves, dominando majestosamente os ares a imensa altura, em toda a Palestina. Encontram-se grandes colônias de abutres, onde se aninham nos penhascos, em toda a parte. Esta ave foi posta, pela lei, entre as aves imundas, Lv 11.14 (ARC).

Ver, também, Is 34.15; Mt 24.28 (ARA); Lc 17.37 (ARA).

ACÃ, hb. **Perturbador:** 1. Descendente de Esaú, Gn 36.27. // 2. Na conquista de Jericó, tomou do anátema, em desobediência flagrante da expressa ordem de Deus, Js 7.1; 6.18. Seu pecado resultou na morte de 36 israelitas, Js 7.5. O nome "Acã" significa a mais grave perturbação, 1 Cr 2.7; Js 6.18; 7.24 - como no caso de Jacó, Gn 34.30; de Saul, 1 Sm 14.29; de Elias e de Acabe, 1 Rs 18.17,18; de Jonas, Jn 1.12. Ensina-se que a família inteira de Acã foi morta, mas isso não é bem certo nas Escrituras. Ver Js 7.24-26 na Figueiredo. Ver, também, Dt 24.16. O pecado de Acã ilustra a unidade do povo de Deus: quando Acã pecou, Israel pecou, Js 7.11. Se um membro do corpo de Cristo pecar, toda a causa de Cristo sofrerá, 1 Co 5.6,7; 12.26.

ACABAR: Concluir; por termo a. // Acabado: os céus e a terra, Gn 2.1; a água do odre, Gn 21.15: o muro, Ne 6.15; os nossos anos, Sl 90.9; o vinho, Jo 2.3. A farinha não se acabará, 1 Rs 17.14. O amor jamais acaba, 1 Co 13.8. Ver **Cessar, Encerrar, Findar, Terminar.**

ACABE, AHAB (B), heb. **Irmão do pai**; isto é, talvez, um muito parecido com seu pai: 1. Filho de Onri e o sétimo rei de Israel, 1 Rs 16.29. Casou-se com Jezabel e serviu a Baal, 1 Rs 16.31,33. Reprovado por Elias, 1 Rs 17.1; 18.17. Foi completamente vitorioso nas duas primeiras campanhas contra Bene-Hadade, rei da Síria, 1 Rs 20. Construiu uma casa de marfim, 1 Rs 22.39. Mandou matar a Nabote e tomou posse da sua vinha, 1 Rs 21. A sentença de Deus contra Acabe foi adiada, em vista de seu arrependimento, 1 Rs 21.29. Sem a bênção de Deus na terceira campanha contra Bene-Hadade, foi morto em Ramote de Gileade, 1 Rs 22. Como fora predito, os cães lamberam-lhe o sangue no mesmo lugar onde lamberam o sangue de Nabote, 1 Rs 21.19; 22.38; A sentença contra a casa de Acabe foi executada por Jeú, 1 Rs 19.16; 2 Rs 10.11. // 2. Acabe, filho de Colaías. Assado no fogo, junto com Zedequias, por Nabucodonosor, Jr 29.21-23.

ACÁCIA: Árvore que produz a goma arábica vendida no comércio. O tabernáculo e seus móveis foram feitos desta maneria, que é resistente aos insetos e de uma cor bonita, Êx 25.10,23; 26.15; 27.1.

ACABE: Gn 10.10. Uma das principais cidades de Babilônia.

AÇAFRÃO: Ct 4.14. Os estigmas das flores da açafroeira, o açafrão do comércio, são empregados como tempero em certas iguarias, para fazer a tinta amarela alaranjada, para perfumar ungüento, etc.

ACAIA: Província romana que incluía toda a antiga Grécia, menos a Macedônia. É a Grécia moderna. At 18.27; Rm 15.26; 1 Co 16.15; 2 Co 1.1; 9.2; 11.10; 1 Ts 1.7,8. Ver mapa 6, C-2.

ACALENTAR: Aconchegar ao peito, embalando. // Sobre os joelhos vos acalentarão, Is 66.2.

ACALMAR: Serenar, pacificar. // Clamaram... as ondas se acalmaram, Sl 107.29. A mansidão acalma grandes ofensas, Ec 10.4. Para que o mar se nos acalme? Jn 1.11. Disse ao mar: Acalma-te, Mc 4.39.

ACAMADO: Doente de cama. // A sogra de Simão achava-se **a**, Mc 1.30.

ACAMPAMENTO: 1 Os lugares planos, onde os israelitas pararam, na peregrinação do Egito a Canaã. Nesses acampamentos não havia regulamentos militares. Havia, contudo, para fins higiênicos, ordens restritas. Dt 23.9-14; Lv 10.4; 13.4; 13.46. Conforme a numeração dos israelitas, no deserto de Sinai, todos os homens de guerra contados foram 603.550, Nm 1.46. Calcula-se que o número total de pessoas foi ao menos 2.100.000. Todo este corpo de pessoas foi dividido em quatro divisões, cada divisão sendo formada de três tribos. Assim, no acampamento, o tabernáculo ficava encerrado num quadrado. No centro, em redor do tabernáculo, onde não havia bandeira, senão a coluna de fogo que pairava sobre o tabernáculo, foram armadas as tendas dos sacerdotes e dos levitas, Nm 1.53. Cada uma das divisões tinha uma bandeira, bem como da tribo, Nm 1.52; 2.2. Todas as tribos tinham a sua ordem no acampamento e a conservavam nas suas viagens, Nm caps. 2 e 3. Os quarenta e um acampamentos dos israelitas na sua viagem pelo deserto, do Egito à terra da Promissão, acham-se registrados em Nm 33.2-37. O arraial, o centro de operações do exército, 1 Sm 13.16; 2 Cr 32.1. Ver **Arraial.** // 3. Simbólico acampamento do Senhor, Gn 32.2, Sl 34.7.

ACAMPAR: Estabelecer em campo. // Os filhos de Israel se acamparão, junto ao seu estandarte, Nm 2.2. Ainda que um exército se acampe contra mim, Sl 27.3. O anjo do Senhor acampa-se ao redor, Sl 34.7. Acampei ao derredor de ti, Is 29.3.

AÇÃO: Ato, feito, obra. // Aborreço as **a** daqueles que se desviam, Sl 101.3 (ARC).

AÇÃO DE GRAÇAS: Ao cantar, Sl 30.12; 92.1; 147.7; ao comer, At 27.35; Rm 14.6; 1 Co 11.24; 1 Tm 4.3-5; ao orar, Ne 11.17; Fp 4.6; Cl 4.2; sempre, Cl 3.17; 1 Ts 2.13; 5.18; Hb 13.15, nos sacrifícios, Lv 7.12,13,15; 22.29; Sl 107.22; 116.17; Am 4.5; Jn 2.9; abundando em, Cl 2.7. // É pecado não dar graças, Rm 1.21. // Exemplos de dar graças: Ana, Lc 2.38; Simeão, Lc 2.28. Os vinte quatro anciãos, Ap 4.10; 11.17. As quatro criaturas, Ap 4.9, Daniel, Dn 2.23; 6.10. Davi, 1 Cr 29.13. Elieser, Gn 24.26. Filhos de Jedutum, 1 Cr 25.3. Jesus, Mt 11.25; 15.36; 26.27; Jo 11.41 O leproso curado, Lc 17.16. Os levitas, 1 Cr 16.4,7; 23.30. A multidão, Ap 7.12. Paulo, At 28.15; Ef 1.16; 5.20; Cl 1.3; 1 Ts 1.2; 2 Ts 2.13. Ver **Louvor.**

ACARICIAR: Acarinhar. // Isaque acariciava Rebeca, Gn 26.8. Qual ama que acaricia os próprios filhos, 1 Ts 2.7.

ACASO: Casualidade. // Saberemos... que isto nos sucedeu por **a**, 1 Sm 6.9 (ARC).

ACATADO: Respeitado, venerado. // Gamaliel... **a** por todo o povo, At 5.34.

ACAUTELAR: Usar de cuidado, evitar o mal, // Acautelai-vos: dos falsos profetas, Mt 7.15; dos homens, Mt 10.17; do fermento; Mt 16.6; dos cães, dos maus obreiros, da falsa circuncisão, Fp 3.2; para não perderdes aquilo que temos realizado, 2 Jo 8.

ACAZ, AHAZ (B), hb. **Possuidor:** 1. O undécimo rei de Judá.. Filho do rei Jotão, 2 Rs 16.1. Durante seu reinado foi advertido por Isaías, Is 1.1; 7.1-16; por Oséias, Os 1.1; por Malaquias, Ml 1.1. Contudo, pediu auxílio de Tiglate-Pileser, rei da Assíria, 2 Rs 16.7; despojou o Templo do ouro, da prata e dos tesouros, 2 Rs 16.8; abraçou a idolatria dos assírios, 2 Cr 28.23-25; queimou a seus próprios filhos no fogo, segundo as abominações das nações, 2 Cr 28.3. Construiu um relógio do sol que consistia, parece, de uma série de degraus em redor duma coluna, que indicava a hora pela sombra sobre os degraus, 2 Rs 20.9-11. Reinou 16 anos, foi sepultado em Jerusalém, mas não nos sepulcros dos reis, 2 Cr 28.27. Um dos antepassados na genealogia de Jesus Cristo, Mt 1.9. // Bisneto de Jônatas, 1 Cr 8.35.

ACAZIAS, hb. **De quem Jeová é Senhor:** 1. O oitavo rei de Israel. Filho de Acabe e Jezabel, 1 Rs 22.40. Adorava a Baal, 2 Rs 1.16,17. Sua expedição, aliado com Josafá de Judá, para fazer navios e buscar ouro de Társis, fracassou, 2 Cr 20.35-37. Caiu pelas grades dum quarto alto e adoeceu, 1 Rs 1.2. Sua morte predita por Elias, 2 Rs 1.16,17. // 2. O sexto rei de Judá; sobrinho de Acazias, rei de Israel; neto de Acabe e Jezabel, 2 Rs 8.26; 8.18. Andou nos caminhos da casa de Acabe, porque sua mãe era sua conselheira, 2 Cr 22.3. Morto por Jeú, 2 Cr 22.7-9. Reinou apenas um ano, 2 Rs 8.26.

ACBOR, hb. **Camundongo:** 1. Pai de Baal-Hanã, Gn 36.39. // 2. Mensageiro no tempo do rei Josias, 2 Rs 22.12.

ACEITAÇÃO: Aprovação, aquiescência, // Tribunal daqueles que não têm nenhuma **a** na igreja, 1 Co 6.4. Fiel é a palavra e digna de toda **a**, 1 Tm 1.15.

ACEITAR: Acolher, receber. // Aceitaria eu isso da vossa mão? Ml 1.13. Que ouviram a palavra a aceitaram, At 4.4. Que este meu serviço... seja bem aceito, Rm 15.31. O homem natural não aceita as coisas do Espírito, 1 Co 2.14. Ou se aceitais espírito diferente, 2 Co 11.4. Deus não aceita a aparência do homem, Gl 2.6. Ver **Receber**.

ACEITÁVEL: Que se pode aceitar. // Apregoar o ano **a** do Senhor, Lc 4.19. Aquele que o teme e faz o que é justo lhe é **a**, At 10.35. Eis aquimo tempo **a**, 2 Cr 6.2 (ARC).

ACÉLDAMA, cal. **Campo de sangue:** Atos 1.19. O campo do oleiro, em Jerusalém, comprado com as trinta moedas de prata, que Judas recebera por ter entregado Jesus, Mt 27.6-8.

ACENAR: Fazer gesto com a cabeça, olhos ou mãos. Acena com os olhos, Pv. 6.13; 1.10. Ver **Piscar.**

ACENDER: Fazer arder por fogo, inflamar, animar, irritar. // Acendeu a ira do Senhor contra Moisés, Êx 4.14. Aquele que acendeu o fogo pagará, Êx 22.6. A ira do Senhor se acendeu contra Israel, Jz 2.14,20; 3.8. Por que se acende a tua ira? Sl 74.1. Eu, o Senhor, o acendi; não se apagará, Ez 20.48. Que se acendesse a fornalha sete vezes mais, Dn 3.19. Nem se acende uma candeia para colocá-la, Mt 5.15. E acesas as vossas candeias, Lc 12.35. Acendendo uma fogueira, acolheram-nos, At 28.2. Que tornes a acender o dom de Deus, 2 Tm 1.6 (B). Ver **Animar, Avivar.**

ACEPÇÃO DE PESSOAS. Preferência de pessoa ou pessoas, em atenção à classe, qualidade, títulos ou privilégios. // Que Deus não faz acepção de pessoas, At 10.34. Se fazeis acepção de pessoas, cometeis pecado, Tg 2.9. Ver **Parcialidade.**

ACERBAMENTE: Asperamente, cruelmente. // **A** vos repreenderá, Jó 13.10.

ACERTAR: Dar no alvo. Ajustar. // Que o comprou acertará contas, Lv 25.50. São poucos os que acertam com ela, Mt 7.14. Ver **Atingir.**

ACESSO: Entrada. // Direitos de todos os filhos de Deus: Dt 4.7; Sl 23.6; 24.3,4; Ef 2.18; 3.12. É por Cristo: Jo 10.7,9; Rm 5.2; Hb 7.19,25; 1 Pe 3.18. A felicidade dos que entram: Sl 16.11; Mt 6.6. Exemplos: Enoque, Gn 5.22. Abraão, Gn 17.1; Jacó, Gn 32.30; Moisés, Êx 24.2; 34.4-7.

ACHAR: Encontrar, descobrir, verificar, supor. // O vosso pecado vos há de achar, Nm 32.23. Achei o Livro da Lei, 2 Cr 34.15. Os que me procuram me acham, Pv 8.17. Porque o que me acha, acha a vida, Pv 8.35. O que acha uma esposa acha o bem, Pv 18.22. O teu pão... depois de muitos dias o acharás, Ec 11.1. Buscai, e achareis, Mt 10.39. Tendo achado uma pérola Mt 13.46. Haveis de procurar-me, e não me achareis, Jo 7.34. Alguém não foi achado inscrito no livro, Ap 20.15. Ver **Deparar, Encontrar, Obter.**

ACHEGAR: Aproximar-se, acolher-se. // Andareis após o Senhor... a ele vos achegareis, Dt 13.4. Que ameis ao Senhor... e vos achegueis a ele, Js 22.5. Acheguemo-nos, portanto, confiadamente, junto ao trono da graça, Hb 4.16. Ver **Aproximar.**

ACIMA: Em lugar precedente. // O discípulo não está **a** do seu mestre, Mt 10.24.

ACLAMAÇÃO: Ovação, aplauso geral. // No meio dele se ouvem **a** ao seu Rei, Nm 23.21. Cidade que estavas cheia de **a**... cidade alegre! Is 22.2. Ver **Brado.**

ACLAMAR: Aplaudir ou aprovar por meio de brados. // Aclamai a Deus, toda a terra, Sl 66.1. Ver **Bradar.**

ACLARAR: Desanuviar. // Pelo seu sopro aclara os céus, Jó 26.13. Ver **Clarear.**

ACMETA: Capital da Média, onde acharam o rolo com o decreto de construir o Templo, Ed 6.2. Atualmente chamada Hamadã, uma importante cidade de Irã.

ACO: Cidade que pertencia a herança de Aser, mas da qual não conseguiram expulsar os habitantes, Jz 1.31. Chamado depois **Ptolemaida**, At 21.7. Ver mapa 2, C-3; mapa 3, A-2; mapa 6, F-3.

AÇO: Ferro combinado com pequena quantidade de carbono e endurecido pela têmpera. // Armas de aço se encontram nos túmulos dos Faraós. A palavra traduzida **aço** (ARC) em Jó 20.24 e em Jr 15.22, deve ser **ferro** (ARA). Há, contudo, uma palavra hebraica, **paldâh**, somente em Na 2.3, traduzida tochas (ARC), que significa **aço** (ARA). Ver **Ferro.**

AÇOITAR: Dar com açoites em. // Foram açoitados os capatazes, Êx 5.14. Tomarão o homem e o açoitarão, Dt 22.18. Vos açoitarão nas suas sinagogas, Mt 10.17. Açoitado pelas ondas, Mt 14.24. Após haver açoitado a Jesus, Mt 27.26. Sem... processo formal contra nós nos açoitaram, At 16.37. Açoitados... pela tormenta, At 27.18. Açoita a todo filho a quem recebe, Hb 12.6.

AÇOITE: A lei mosaica ordenava, por certos crimes, uma pena de **quarenta açoites**, por **conta certa**, Dt 25.2,3. Administrava-se por varas, e por ser exata, nunca excedia trinta e nove açoites. Ver 2 Co 11.24. A lei romana prescrevia que fustigasse com azorragues. Esses foram feitos de tiras de couro, guarnecidas de pedaços de osso ou de chumbo. A vítima com o corpo em posição curvada e seguramente amarrado ou pelourinho, recebia os açoites nas costas nuas e rígidas. O número de chicotadas era sem limite. O sofrimento era atroz até, em muitos casos, produzir morte. Cristo açoitado: Mt 27.26; comp. Sl 129.3. Os apóstolos açoitados, At 5.40. Paulo açoitado, At 16.23, 37; 2 Co 11.24, e três vezes fustigado com varas, 2 Co 11.25.

ACOLHER: Receber, hospedar. // Cidades... nelas se acolha o homicida, Nm 35.6. Se meu pai e minha mãe me desampararem, o Senhor me acolherá, Sl 27.10. Busquei o Senhor e ele me acolheu, Sl 34.4. Por isso... homens se acolhem à sombra das tuas asas, Sl 36.7. Rochas... em que sempre me acolha, Sl 71.3. Acolhei ao que é débil na fé, Rm 14.1. Não julgue... porque Deus o acolheu, Rm 14.3. Acolhei-vos uns aos outros, como também Cristo nos acolheu, Rm 15.7. Acolhei-vos em vosso coração, 2 Co 7.2. Acolhestes não como palavra de homens, 1 Ts 2.13. Sem o saber acolheram anjos, Hb 13.2. Devemos acolher esses irmãos, para nos tornarmos cooperadores, 3 Jo 8. Ver **Hospedar.**

ACOLHIDA: Aceitação. // Diótrefes, que gosta de exercer a primazia... não nos dá **a**, 3 Jo 9.

ACOMETER: Investir, atacar, // A emboscada arremeteu contra ela, Jz 20.37 (ARC).

ACOMODAR: Adaptar-se. // Mas acomodai-vos às humildes, Rm 12.16 (ARC).

ACOMPANHAR: Fazer companhia a; seguir. // Alguém o acompanhasse, senão Pedro... Tiago e João, Mc 5.37. Que nos acompanharam todo o tempo que o Senhor, At 1.21. Aproxima-te desse carro, e acompanha-o, At 8.29. Acompanharam-no até ao navio, At 20.38. Não lhes aproveitou, visto não ter sido acompanhada pela fé, Hb 4.2. As suas obras os acompanham, Ap 14.13. Ver **seguir.**

ACONSELHAR: Dar parecer, opinião sobre o que convém fazer. // Como aconselhais que se responda a este povo? 1 Rs 12.6. Alegria têm os que aconselham a paz, Pv 12.20. Com os que se aconselham se acha a sabedoria, Pv 13.10. Instruí-vos e aconselhai-vos mutuamente, Cl 3.16. Aconselho-te que de mim compres ouro, Ap 3.18. Ver **Conselho.**

ACONTECER: Realizar-se, suceder, sobrevir. // Acontecerá nos útimos dias, At 2.17. Não sabendo o que ali me acontecerá, At 20.22. Como se alguma coisa extraordinária vos estivesse acontecendo, 1 Pe 4.12. As coisas que em breve devem acontecer, Ap 1.1, 22.6; Mostrarei o que deve acontecer, Ap 4.1. Ver **Realizar, Sobrevir, Suceder.**

ACOR, hb. **Perturbação:** A palavra significa perturbação grave e em excesso. Lugar onde Acã foi apedrejado, Js 7.24,26; Is 65.10; Os 2.15.

ACORDAR: Despertar; tirar do sono. // Acordo, porque o Senhor me sustenta, Sl 3.5. Quando acordar eu me satisfarei com a tua semelhança, Sl 17.15. Quero acordar a alva, Sl 108.2. Que não acordeis nem desperteis o amor, Ct 2.7. Os discípulos vieram acordá-lo, Mt 8.25. Ver **Animar, Avivar, Despertar, Estimular, Reavivar.**

ACORDO: Conformidade de idéias ou de sentimentos. // Andarão dois juntos, se não houver entre eles **a**? Am 3.3. Entre em **a** sem demora, Mt 5.25. Em **a** para tentar o Espírito, At 5.9. Chegados a pleno **a**, At 15.25. Andemos de **a** com o que já alcançamos, Fp 3.16. Ver **Aliança.**

ACORRER: Acudir, ir ou vir em socorro de alguém. // No lugar em que ouvirdes o som da trombeta para ali acorrei, Ne 4.20. Ver **acudir, Socorrer.**

AÇOUGUE: Loja em que se vendem carnes frescas. // De tudo quanto se vende no **a**, 1 Co 10.25 (ARC).

ACRABIM: Desfiladeiro entre a extremidade sul do mar Morto e o deserto de Zim, Js 15.3. Ver mapa 5, B-2.

ACREDITAR: Dar crédito a.. Crer. // Se dissermos... Então por que não acreditastes nele? Mt 21.25. João veio... e não acreditastes nele, Mt 21.32. Se alguém vos disser:... não acrediteis, Mt 24.23. Não puser a minha mão no seu lado, de modo algum acreditarei, Jo 20.25. Não acreditando que ele fosse discípulo, At 9.26. Que destinou e acreditou diante de todos, At 17.31. Acreditando em todas as coisas que estejam de acordo, At 24.14. Acreditais, ó rei Agripa, nos profetas? At 26.27. Quem acreditou na nossa pregação? Rm 10.16. Ver **Confiar, Crer, Fiar.**

ACRESCENTAR: Tornar maior. Aumentar. Adicionar. // Nada acrescentareis à palavra que vos mando, Dt 4.2. Perversidade... para acrescentar à sede a bebedice, Dt 29.19. E te acrescentarão anos de vida e paz, Pv 3.2. A quem dá liberalmente... lhe acrescenta mais e mais, Pv 11.24. Pode acrecentar um côvado, Mt 6.27. E todas estas coisas vos serão acrescentadas, Mt 6.33. Acrescentava-lhes o Senhor, dia a dia, os que iam sendo salvos, At 2.47. Qualquer acréscimo, Deus lhe acrescentará os flagelos, Ap 22.18. Ver **Acumular, Ajuntar.**

ACRÉSCIMO: Acrescimento. // Havendo um **a** naquele dia de quase três mil, At 2.41. Se alguém fizer qualquer **a**, Deus lhe acrescentará os flagelos, Ap 22.18.

ACRISOLADOR: Purificador. // Qual **a** te (Jeremias) estabeleci, Jr 6.27.

ACRISOLAR: Purificar no crisol (o ouro e outros metais preciosos). // Acrisolaste-nos como se acrisola a prata, Sl 66.10. Eis que acrisolei... provei-te na fornalha de aflição, Is 48.10. Eu os acrisolarei e os provarei, Jr 9.7. Ver **Embranquecer, Purificar, Refinar.**

ACRÓPOLE: A parte mais alta das cidades gregas. Mas esta palavra, empregada em absoluto com A maiúsculo (a Acrópole) designa sempre a Acrópole de Atenas. Ver **Areópago.**

ACSA, hb. **Tornozeleira:** Filha de Cabele, Js 15.16.

ACSAFE, hb. **Fascinação:** Uma das cidades nas fronteiras de Aser, Js 11.1.

ACUBE: 1. Descendente de Zorobabel, 1 Cr 3.24. // 2. Porteiro no templo, 1 Cr 9.17.

AÇUCENA (B): Ver **Lírio.**

AÇUDE: Construção para represar a água dos rios ou das levadas. // Tornarei o deserto em açude de águas, Is 41.18.

ACUDIR: Ir em socorro. // Acode ao meu gemido, Sl 5.1. Gritaram... mas ninguém lhes acudiu, Sl 18.41. Ele acode ao necessitado, Sl 72.12. Tenha com que acudir o necessitado, Ef 4.28. Ver **Ajudar, Amparar, Auxiliar, Socorrer.**

AÇULAR: Incitar (os cães) para que mordam: Provocar. // O açular a ira produz contendas, Pv 30.33.

ACUMULAR: Amontoar. // Não acumuleis... tesouros sobre a terra, Mt 6.19. Aculmulas contra ti mesmo ira para o dia da ira, Rm 2.5. Tesouros acumulastes nos últimos dias, Tg 5.3. Ver **Ajuntar, Aumentar.**

ACÚMULO: Amontoamento. Acumulação. // Despojando-vos de toda... **a** de maldade, Tg 1.21.

ACUSAÇÃO: Imputação de falta ou crime. // Uma **a** contra os habitantes de Jerusalém, Ed 4.6. Por cima da sua cabeça, puseram escrita a sua **a**, Mt 27.37. Muitas e graves **a**, At 25.7. Quem atentará **a** contra os eleitos? Rm 8.33.

ACUSADOR: O que acusa. // Onde estão aqueles teus **a**? Jo 8.10. O **a** de nossos irmãos, Ap 12.10.

ACUSAR: Imputar falta ou crime a. // Testemunha falsa... para o acusar, Dt 19.16. Homens caldeus, e acusaram os judeus, Dn 3.8. Acusado pelos principais sacerdotes, Mt 27.12. Dia de sábado, a fim de o acusarem, Mc 3.2. Eu vos acusarei perante o Pai, Jo 5.45. Acusados pela própria consciência, Jo 8.9. Passou Tértulo a acusá-lo, At 24.2. Os seus pensamentos mutuamente acusando-se, Rm 2.15. Não são acusados de dissolução, Tt 1.6. Se o nosso coração nos acusar, 1 Jo 3.20. Que os acusa de dia e de noite, Ap 12.10. Ver **Condenar, Culpar, Julgar.**

ACZIBE, hb. **Enganoso:** 1. Cidade de Judá, Js 15.44. // 2. Cidade de Aser, Js 19.29. Ver mapa 2, C-2; mapa 3, A-1.

ADA, hb. **Beleza:** 1. Uma das mulheres de Lameque, Gn 4.19 // 2. Uma das mulheres de Esaú, Gn 36.2.

ADÃ: Quando os israelitas passaram o rio Jordão a pé enxuto, as águas de cima "levantaram-se num montão, mui longe da cidade de Adão," Js 3.16. Ver mapa 4, B-2.

ADADA: Uma cidade na extremidade meridional de Judá, Js 15.22. Ver mapa 2, C-6.

ADÁGIO: Ditado moral. // Certo **a** verdadeiro: O cão voltou ao seu próprio vômito, 2 Pe 2.22. Ver **Ditado, Provérbio.**

ADAÍAS, hb. **O Senhor adornou:** 1. Filho de Simei, 1 Cr 8.21. // 2. Um cantor, levita, 1 Cr 6.41. // 3. Pai de um capitão, 2 Cr 23.1. // 4. Avô do rei Josias, 2 Rs 22.1. // 5. Filho de Perez, Ne 11.5. // 6. Um dos que prometeram despedir sua mulher estrangeira, Ed 10.29. // 7. Outro filho de Bani, Ed 10.39. // 8. Um sacerdote, Ne 11.12.

ADALIA: Um dos dez filhos de Hamã, que foram enforcados com seu pai, Et 9.8.

ADAMÃ: Cidade de Naftali, Js 19.36.

ADÃO, hb. **Vermelho:** Filho de Deus, Lc 3.38. Criado à imagem e à semelhança de Deus, Gn 1.26, Ef 4.24; Cl 3.9,10. Dado domínio sobre todos os animais, Gn 1.26. Formado do pó da terra, Gn 2.7. Colocado no jardim do Éden, Gn 2.15. Deu os nomes a todos os animais, Gn 2.20. Recebeu Eva como esposa, Gn 2.23. Tentado, pecou, Gn 3.6. A promessa dum Libertador, Gn 3.15. Lançado fora do jardim, Gn 3.23. Pai de Caim, de Abel, de Sete, de filhos e filhas, Gn 4.1,2,25; 5.4. Morreu com 930 anos de idade, Gn 5.5. Deus fez , de um só, toda a geração dos homens, At 17.26. O primeiro Adão e o último Adão, 1 Co 15.45; 15.21,22; Rm 5.12-21. Primeiro foi formado Adão, depois Eva, 1 Tm 2.13. Adão não foi enganado, 1 Tm 2.14.

ADÃO, LIVROS DE: Vários livros apócrifos aparentando ser histórias de Adão e outros dos patriarcas.

ADAR: 1. Nome babilônico dado ao décimo-segundo mês (fevereiro-março) do ano judaico, Ed 6.15; Et 3.7. Ver **Ano.** // 2. Cidade de Judá, Js 15.4. // 3. Neto de Banjamim, 1 Cr 8.3.

ADBEEL, hb. **Servo de Deus:** O terceiro dos doze filhos de Ismael, Gn 25.13.

ADEREÇO: Adorno, ornamento, enfeite. // Não... adereços de ouro aparato de vestuário, 1 Pe 3.3. Ver **Adorno, Enfeite.**

ADESTRAR: Tornar destro, perito, ágil, sagaz. // Que me adestra as mãos para a batalha, Sl 144.1. Ver **Habilitar**.

ADEUS: Despedida. // Quanto ao mais, irmãos, **a**! 2 Co 13.11.

ADI: Filho de Casã, na genealogia de Cristo, Lc 3.28.

ADIANTAR-SE: Avançar, marchar à frente. // A obra se vai fazendo... e se adiante, Ed 5.8.

ADIAR: Deixar para outro dia, procrastinar. // A esperança que se adia faz adoecer o coração, Pv 13.12. Então Felix... adiou a causa, At 24.22. Ver **Demorar.**

ADIEL, hb. **Ornamento de Deus:** 1. Um "príncipe" da tribo de Simeão, 1 Cr 4.36. // 2. Um sacerdote, 1 Cr 9.12. // 3. Pai de Azmabete, que estava sobre os tesouros do rei, 1 Cr 27.25.

ADIM, hb. **Delicado:** Antepassado de 454 homens que voltaram de Babilônia, Ed 2.15.

ADINA, hb. **Delicado:** Um capitão rubenita, 1 Cr 11.42.

ADINO: O principal de três valentes de Davi, 2 Sm 23.8 (ARA).

ADITAIM, hb. **Dupla passagem:** Cidade da herança de Judá, Js 15.36.

ADIVINHAÇÃO: Arte de conhecer por meios sobrenaturais: A adivinhação é comum entre todos os povos em todos os tempos. A idéia é quase universal que certos deuses, ou certos espíritos, tem conhecimento, escondido aos homens, mas que, sob certas condições, esses espíritos ficam prontos a revelar.

Refere-se a Bíblia a várias maneiras de adivinhar, por meio de:

1. **Astromancia,** ou **astrologia:** Arte de adivinhar por meio dos astros, Is 47.13; 2 Rs 17.16; 21.3; 23.5; Dn 2.27. Os livros dos que seguiam artes mágicas (At 19.19) naturalmente incluiam os almanaques e as tábuas de astrologia. Entre as nações somente os judeus foram ensinados a não seguir artes mágicas nem temer aqueles que as exerciam, Is 44.25; Jr 10.2.

2. **Belomancia:** Arte de adivinhar por meio de flechas. Depois de marcar as flechas, escolhiam uma, ou sacudiam todas até uma cair fora, de modo que satisfazia a informação almejada. Ou ainda julgavam pela maneira de cair a flecha quando lançada para cima. "Pois o rei da Babilônia parará na encruzilhada, para usar de adivinhações, sacode as setas..." Ez 21.21 (ARA).

3. **Hepatoscopia:** Arte de adivinhar por meio de inspeção do fígado das vítimas, Ez 21.21. Cada parte do fígado tinha sua própria significação. A idéia baseava-se em que o deus, a quem ofereciam o animal em sacrifício, revelasse sua vontade pela forma que dera ao fígado, órgão que consideravam como o centro da vida da vítima.

4. **Hidromancia:** Arte de adivinhar por meio da água. Deixava-se um objeto de ouro, de prata, ou uma pedra preciosa, cair em uma vasilha d'água. O movimento da água ou as figuras resultantes do movimento, que resultavam, eram interpretadas por regras fixas. Ver Gn 44.5.

5. **Necromancia:** Arte de adivinhar por meio de evocação dos mortos, Dt 18.11. Por meio de espíritos familiares, isto é, espíritos que se podem fazer aparecer por meio de esconjuros, invocações ou exorcismos, Is 8.19; Dt 18.11 (ARA); 2 Rs 21.6 (B); 1 Cr 10.13 (B); 1 Sm 28.3,7,8,9 (B); Is 19.3 (B); 29.4 (B). Em vez de necromante, é traduzido, também, **pitão** (F), ou na forma feminina, **pitonisa** (F).

6. **Rabdomancia:** Adivinhação por meio de varinha mágica, Os 4.12.

7. **Sonhos:** Refere-se em Is 65.4 ao costume de adivinhar, dormindo junto às sepulturas dos antepassados, os quais consideravam como deificados. Julgavam o que sonhavam como revelações desses mortos. Ver Dt 13.1-4.

8. **Sortilégio:** Adivinhação por meio de lançar sortes, Ez 21.21; Mt 27.35. Ver 2. **Belomancia.**

9. **Terafim:** Imagem de escultura, Gn 31.19 (B); Jz 17.5 (B); 1 Sm 15.23 (B); 19.13,16 (B). O terafim usado para adivinhar, 2 Rs 23.24; Ez 21.21; Zc 10.2. Jacó mandou que seu povo os lançasse fora, Gn 35.2-4. Josias os aboliu, 2 Rs 23.24.

10. **Filhos oferecidos em holocausto:** 2 Rs 3.27. É provável que Dt 18.10 se refere à adivinhação por meio do sacrifício dos filhos em holocausto, como era costume entre os fenícios e os cartagineses. Proibido por Deus, Lv 18.21; 20.3; Dt 18.10. Deus revela por meios sobrenaturais: Sonhos. Gn 20.3; 37.5-9; Mt 1.20; 2.19; At 2.17; etc. Sinais, Jz 6.36-40; Mc 16.17,20; At 2.19; etc Profecia, At 11.28; etc. Visões, Gn 15.1; 1 Sm 3.15; Dn 2.19; At 2.17; 9.10; etc. Lançar sortes, Lv 16.10; Nm 26.55; Js 7.16-18; 1 Cr 24.5; At 1.26; etc. A sorte decidida por Deus, Pv 16.33.

Os desviados, fora da comunhão com Deus, recorrem a Satanás para conhecer por meios sobrenaturais; Saul, 1 Sm 28.6,7; 1 Cr 10.13; etc. Deus previne repetida, implícita e explicitamente contra o perigo de procurar, de fontes duvidosas e satânicas, conhecer por meios sobrenaturias: CONTRA OS ADIVINHADORES, os que desvendam o passado, informam sobre o presente e predizem o futuro: Lv 19.26,31; 1 Sm 28.3-9 com 1 Cr 10.13; etc. // CONTRA OS AGOUREIROS. Os que profetizam pela observação de coisas ou por meio de cerimônias supersticiosas: Dt 18.10; 2 Cr 33.6; etc. // CONTRA OS ASTRÓLOGOS. Os que predizem o futuro pela observação dos astros, Is 47.13; Jr 10.2; At 7.42,43. // CONTRA OS ENCANTADORES. Os que seduzem por artes mágicas; Lv 19.26; 20.6,27; Dt 18.11; etc. // CONTRA OS FEITICEIROS: ÊX 22.18; Ap 22.15; etc. // CONTRA OS MÁGICOS: Os que evocam ou conjuram espíritos por meio de feitiços ou sortilégios: 2 Cr 33.6; At 19.19; etc. // CONTRA OS NECROMANTES. Os que evocam os mortos para os consultar: Dt 18.11; Lv 19.31; 20.6; 20.27; etc. // CONTRA OS QUE INVOCAM ESPÍRITOS FAMILIARES: Dt 18.11; 1 Sm 28.3-9 com 1 Cr 10.13; 2 Rs 21.6; Is 8.19; etc. // CONTRA OS PROGNOSTICADORES: Os que consultam os astros, as entranhas de animais sacrificados, etc., para predizer o futuro: Dt 18.10; Is 44.25; 47.13 // CONTRA OS PITÕES (pitonisas, forma feminina): A palavra **Pitão** aparece apenas uma vez no original, At 16.16. "Uma jovem que tinha um espírito de adivinhação"- **que tinha um Pitão**, a monstruosa serpente da mitologia, que tinha cem cabeças que vomitavam chamas. As manifestações do espírito que possuía esta jovem eram as mesmas das profetizas, ou pitonisas, em Delfos, inspiradas por Pitão. Lv 20.27 (F); Dt 18.11 (F): 1 Rs 28.3-9 com 1 Par (1 Cr) 10.13 (F); Is 8.19 (F); 19.3 (F); 29.4 (F); At 16.16 (F).

ADIVINHADOR: O que pretende desvendar o passado, informar sobre o presente e predizer o futuro. Dt 18.10; Mq 5.12; At 16.16. Ver **Adivinho.**

ADIVINHAR: Prever e predizer o futuro por meio de sortilégios. // Disse-lhes José: ...homem como eu é capaz de adivinhar? Gn 44.15. Não agourareis nem adivinhareis, Lv 19.26. Peço-te que me adivinhes pela necromancia, 1 Sm 28.8. A qual, adivinhando, dava grande lucro, At 16.16. Ver **Agourar.**

ADIVINHO: O mesmo que adivinhador. Lv 19.31; Is 8.19; Jr 27.9.

ADJUTOR: O que ajuda. // Far-lhe-ei uma **a**, Gn 2.18 (ARC).

ADLAI, hb. **Justo:** Um dos pastores dos gados de Davi, 1 Cr 27.29.

ADMÁ, hb. **Terra:** Uma cidade destruída junta com Sodoma e Gomorra, Dt 29.23. Ver Gn 10.19; 14.2.

ADMATA: Um dos sete príncipes dos persas e dos medos, Et 1.14.

ADMINISTRADOR: O que dirige ou superintende estabelecimento público oiu particular. // Faça isso Faraó, e ponha **a** sobre a terra, Gn 41.34. Disse o senhor da vinha ao seu **a**, Mt 20.8. Homem rico que tinha um **a**, Lc 16.1. Ver **Despenseiro, Mordomo.**

ADMIRAÇÃO: Sentimento suscitado pelo que é belo, grande, sublime. // Causará **a** às nações, Is 52.15. A vista da pesca... a **a** apoderou dele, Is 5.9. E se encheram de **a** e assombro, At 3.10. O povo lhes tributava grande **a**, At 5.13. Ver **Assombro.**

ADMIRAR: Considerar com admiração. // Olhei... e admirei-me de não haver quem me sustivesse, Is 63.5. Admirou-se Jesus, Mt 8.10. Ouvindo isto, se admiraram, Mt 22.22. Vindo com isto a admirar-se grandemente o governador, Mt 27.14. A ponto de se admirarem todos e darem glória, Mc 2.12. Imediatamente a menina... ficaram todos sobremaneira admirados Mc 5.42. Admirou-se da incredulidade, Mc 6.6. Muito se admiraram dele, Mc 12.17. Estavam atônitos, e se admiravam, At 2.7. Sabendo que eram... incultos, admiraram-se, At 4.13. Admiro-me que estejais passando tão depressa, Gl 1.6. Quando vier para ser... admirado por todos, 2 Ts 1.10. Vi a mulher embriagada... admirei-me com grande espanto, Ap 17.6. Ver **Maravilhar.**

ADMIRÁVEL. Que merece admiração. // **A** são os teus testemunhos, Sl 119.129. As tuas obras são **a**, Sl 139.14. Grandes e **a** são as tuas obras. Ap 15.3. Ver **Maravilhoso.**

ADMITIR: Receber, deixar aceitar, concordar com. // Ele não admite a minha oração, Lm 3.8. Deixa... cumprir toda a justiça. Então ele o admitiu, Mt 3.15. Quem é apto para o admitir, admita, Mt 19.12.

ADMOESTAÇÃO: Advertir benévola ou amigavelmente de alguma coisa. // Criai-os na disciplina e na **a** do Senhor, Ef 6.4. O intuito da presente **a**, e tanto mais quanto vedes que o dia se aproxima, Hb 10.25. Ver **Advertência, Exortação.**

ADMOESTAR: Repreender brandamente. // Por eles se admoesta o teu servo, Sl 19.11. Não cessei de admoestar, com lágrimas, At 20.31. Já passado o tempo de jejum, admoestava-os Paulo, At 27.9. Aptos para vos admoestardes uns aos outros, Rm 15.14. Para vos admoestar como a filhos, 1 Co 4.14. Admoesto-vos, portanto, a que sejais meus imitadores, 1 Co 4.16. Exortamos, consolamos e admoestamos, para viverdes, 1 Ts 2.12. Admoesteis os insubmissos, 1 Ts 5.14. Admoestares a certas pessoas, 1 Tm 1.3. Depois de admoestá-lo primeira e segunda vez, Tt 3.10. Ver **Advertir, Exortar.**

ADNA, hb. **Prazer:** 1. Um guerreiro de Davi, 1 Cr 12.20. // 2. Um capitão, no exército de Josafá, 2 Cr 17.14. // 3. Um dos que se divorciaram de suas esposas estrangeiras, Ed 10.30. // 4. Um sacerdote, Ne 12.15.

ADOÇÃO: Perfilhamento, aceitação legal como filho. // Três exemplos: Moisés, Êx 2.10; Genubate, 1 Rs 11.20; Ester, 2.7. // Adoção espiritual, 1 Cr 28.6; Jo 1.12,13; Rm 8.15-21; 9.4; 2 Co 6.18; Gl 4.6; Ef 1.5,11; 2 Pe 1.4. // As bênçãos da adoção espiritual, Nm 6.27; Is 62.2; Mt 13.43; At 15.17; Gl 3.29; Ef 3.8. // O fruto da adoção, Mt 5.44-48; 6.25-34; 7.7-11; Lc 6.35; 6. // A adoção de Israel, Êx 4.22; Os 11.1; Rm 9.4. // A adoção dos gentios, Is 66.18-20; Gl 4.5.

ADOECER: Enfermar, tornar doente. // A criança adoeceu gravemente, 2 Sm 12.15. Adoeceu o filho da mulher... ele morreu, 1 Rs 17.17. Caiu Acazias... e adoeceu, 2 Rs 1.2. Naqueles dias adoeceu Ezequias, 2 Cr 32.24. A esperança que se adia faz adoecer o coração, Pv 13.12. Adoeceu mortalmente, Fp 2.27. Ver **Enfermar.**

ADOLESCÊNCIA: Idade que sucede a infância e precede a virilidade. // A **a** e a juventude são vaidade, Ec 11.10 (ARC).

ADONIAS, heb. Jeová é meu Senhor: 1. O quarto filho de Davi, 2 Sm 3.4. Proclamado rei, refugiou-se no altar, 1 Rs 1.5,50. Salomão o perdoou (1 Rs 1.52), depois o matou, 1 Rs 2.25. // 2. Levita, 2 Cr 17.8 // 3. Selou o concerto com Neemias, cap. 10.16.

ADONI-BEZEQUE, heb. Senhor de Bezeque: Filisteu derrotado e preso, cortaram-lhe os polegares das mãos e dos pés; como ele tinha feito, foi-lhe feito, Jz 1.5-7.

ADONICÃO, hb. O meu Senhor se levantou: Chefe de uma família, de 666 pessoas que voltaram de Babilônia, Ed 2.13.

ADONIRÃO, hb. O meu Senhor é engrandecido: Recebedor dos tributos no reinado de Davi (chamado Adorão), 2 Sm 20.24. no reinado de Salomão, 1 Rs 4.6, no reinado de Reobão, 1 Rs 12.18. Parece que a mesma pessoa desempenhava o mesmo ofício durante os três reinados. Apedrejado, 1 Rs 12.18.

ADONI-ZEDEQUE, hb. Senhor da justiça: Rei de Jerusalém no tempo da conquista de Canaã. Derrotado, com seus quatro aliados, escondeu-se com eles em uma cova de onde Josué ordenou retirá-los e matá-los, Js 10.3-27.

ADORAÇÃO: Culto ou veneração que se presta a divindade. // A maneira, Êx 4.31; 34.8; Lv 10.3; 1 Cr 16.29; 2 Cr 7.3; Ne 8.6; Ec 5.1; Mt 15.9; Jo 4.24; 1 Co 11; 14.25; // Ordenada, 1 Cr 16.29; Sl 95.6; 99.5. // Somente à Deus, Êx 20.1; Dt 6.13; Mt 4.10; Lc 4.8; Cl 2.18; 2 Ts 2.4; Ap 19.10. // Deus procura adoradores, Jo 4.23. // Exemplos de adoração: Eliezer, Gn 24.26; Jacó, Hb 11.21; Josué, Js 5.14; Elcana, 1 Sm 1.3; o menino Samuel, 1 Sm 1.28; Saul, 1 Sm 15.31; Davi, 2 Sm 12.20; Jeosafá, 2 Cr 20.18; Jó, Jó 1.20; os magos, Mt 2.11; o chefe da sinagoga, Mt 9.18; a mulher cananéia, Mt 15.25; os discípulos, Mt 28.9,17; o endemoninhado gadareno, Mc 5.6; Ana, Lc 2.37; o eunuco, At 8.27; os anjos de Deus, Hb 1.6; Ap 5.11-14; 7.11. // Adoraram a Baal, 2 Rs 10.22,23; ao bezerro de ouro, Êx 32.8; aos deuses dos moabitas, Nm 25.2; a Astarote, 1 Rs 12.33; aos dois bezerros de ouro, 1 Rs 12.26-30; a todo o exército do céu, 2 Rs 17.16; 21.3; 2 Cr 33.3; Sf 1.5; At 7.42,43; às obras das suas mãos, Is 2.8; Jr 1.16; ao sol, Ez 8.16; à imagem de ouro, Dn 3; a Daniel, Dn 2.46; a Diana, At 19.27; a criatura, Rm 1.25; ao dragão, Ap 13.4; a Pedro, At 10.25; ao anjo, Ap 22.8,9.

ADORADOR: O que adora. // Os verdadeiros a adorarão o Pai, Jo 4.23.

ADORAIM, hb. Dois montes: Uma das cidades de Judá, fortificada por Roboão, 2 Cr 11.9. Ver mapa 5, B-1.

ADORAR: Render (culto) à divindade. // Vinde, adoremos e prostremo-nos, Sl 95.6. Se, prostrado, me adorares, Mt 4.9. Nossos pais adoravam neste monte, Jo 4.20. Adorais o que não conheceis, Jo 4.22. O adorem em espírito, Jo 4.24. Anjos de Deus o adorem, Hb 1.6. E adorem prostrados a teus pés, Ap 3.9 (ARC). Adoravam o que vive, Ap 4.10 (ARC). Prostraram-se, e adoraram, Ap 5.14 (ARC).

ADORMECER: Dormir, cair em sono. // E este adormeceu, Gn 2.21. Todas tomadas de sono, e adormeceram, Mt 25.5. Enquanto navegavam, ele adormeceu, Lc 8.23. Lázaro adormeceu, Jo 11.11. Com estas palavras adormeceu, At 7.60. Sentado numa janela, adormecendo, profundamente, At 20.9. Ver **Dormir**.

ADORNAR: Enfeitar, ornar. // E de salvação adorna os humildes, Sl 149.4. Desocupada, varrida e adornada, Mt 12.44 (ARC). Adornais os túmulos dos justos, Mt 23.29. Assim se adornavam... as santas mulheres, 1 Pe 3.5 (ARC).

ADORNO: Ornato, atavio, enfeite, // O Templo, no tempo de Cristo, estava ornado de belas pedras. Calcula-se que o Templo, construído por Salomão, foi enfeitado de 100 mil talentos de ouro e um milhão de talentos de prata, além das pedras preciosas em abundância. A história desse templo demonstra cabalmente que não se alcançam os objetos espirituais por meio de ostentação de grandeza terrestre. // Babilônia é vestida de linho finíssimo, de púrpura e de escarlate, adornada de ouro e pedras preciosas, Ap 18.16. // A Nova Jerusalém é ataviada como noiva, Ap 21.2. // Despojar-se dos atavios é sinal de humilhação, Êx 33.4-6; Is 3.18. // O enfeite da própria pessoa foi um assunto vital na Igreja no tempo dos apóstolos, 1 Tm 2.9; 1 Pe 3.3-5. // Figuradamente, deve-se adornar a doutrina (Tt 2.10), enfeitar "o homem escondido no coração" (1 Pe 3.4; ver Is 61.10), ornar-se de excelência e grandeza (Jó 40.10), ornar-se com amor (Ct 3.10). O homem, depois de sair o espírito imundo, é casa varrida e ornamentada, Mt 12.44. O ensino do pai e a instrução da mãe é diadema de graça para a cabeça e colares para o pescoço, Pv 1.9. O entendimento dará diadema de graça e coroa de glória, Pv 4.9. O Senhor adorna os humildes de salvação, Sl 149.4. A Igreja é recatada de ouro, Sl 45.13. Ver **Adereço**, **Atavios**, **Enfeite**.

ADQUIRIR: Alcançar posse de; vir a Ter. // Adquiri um varão com o auxílio, Gn 4.1. O povo que adquiriste, Êx 15.16. Adquire a sabedoria, adquire o entendimento, Pv 4.5. Com tudo o que possuís adquire entendimento, Pv 4.7. Como os poderosos adquirem riquezas, Pv 11.16. Adquiriu um campo com o preço da iniqüidade, At 1.18. Julgaste adquirir por meio dele (de dinheiro) o dom de Deus, At 8.20. Ver **Comprar**, **Possuir**.

ADRAMELEQUE: hb. O deus Adar é rei: 1. Deus, ou deuses, que os sefarvitas introduziram em Samaria, quando colonizavam esse país abandonado pelas dez tribos, tiradas da sua terra pela mão de Deus, 2 Rs 17.31. Sacrificavam no fogo seus filhos a Adrameleque, mesmo como faziam a Moloque. // 2. Um dos dois filhos de Senaqueribe, rei da Assíria, que mataram seu pai, quando adorava prostado perante seu deus, Nisroque, 2 Rs 19.37; Is 37.38.

ADRAMITINO: Paulo embarcou num navio adramitino, num navio de Adramito, cidade da Misia, At 27.2. Ver mapa 6, D-2.

ADRIÁTICO: No tempo de Paulo, o termo mar Adriático (At 27.27), incluia a parte do mar Mediterrâneo entre a Sicília e a Grécia.

ADRIEL, heb. Rebanho de Deus: Filho de Barzilai, meolatita, 2 Sm 21.8. Saul deu sua filha, Merabe, a Adriel, ainda que a tinha prometido a Davi, 1 Sm 18.19.

ADUBAR: Temperar, condimentar. Com que o adubareis? Mc 9.50 (ARC).

ADUFE: Ver **Música**.

ADULADOR: Aquele que gaba por interesse próprio. // São **a** dos outros, Jd 16.

ADULAMITA: Gn 38.1. Habitante de Adulão.

ADULÃO: Lugar da antiguidade, Gn 38.1,12,20. Conquistada por Josué, Js 12.15. Cidade de Judá, Js 15.35. A caverna de Adulão, perto da cidade, servia de refúgio para Davi e seus parentes, 1 Sm 22.1. No mesmo local, os três valentes arriscaram sua vida, buscando água em Belém para Davi, 2 Sm 23.13-17. Fortificada por Reobão, 2 Cr 11.7. Reocupada depois do cativeiro pelos filhos de Judá, Ne 11.30. Ainda existia no tempo do profeta Miquéias, Mq 1.15. Ver mapa 2, B-5; mapa 5, B-1.

ADULAR: Gabar por interesse próprio. // Ao generoso muitos o adulam, Pv 19.6. Ver **Lisonjear**.

ADULTERAR: Cometer adultério. // Não adulterarás, Êx 20.14; Dt 5.18; Mt 5.27; 19.18; Rm 13.19; Tg 2.11. Se um homem adulterar... será morto, Lv 20.10. O que adultera... está fora de si, Pv 6.32. Ver **Corromper**.

ADULTÉRIO: Relação sexual de pessoa casada com outra que não seja seu cônjuge. // É explicitamente proibido: Êx 20.14; Dt 5.18; Mt 5.27; 19.18; Mc 10.19 Rm 13.9; Tg 2.11. // O castigo é a morte: Lv 20.10; Jo 8.5; 1 Co 6.9; Hb 13.4. // No coração: Mt 5.28; 15.19; Mc 7.21. // O adultério espiritual, heresia: Jr 3.8; 13.27; Ez 16.32; Os 2.2; Ap 2.22. // Exemplos de adultério: Tamar, Gn 38.24. Davi, 2 Sm 11.4. Herodes, Mc 6.18. A mulher apanhada em adultério: Jo 8.3. Nem adúlteros não herdarão o reino de Deus, 1 Co 6.9,10. Ver **Divórcio**, **Fornicação**, **Prostituição**.

ADULTÉRIO: Que pratica adultério. // Será morto o **a**, Lv 20.10. Aguardam o crepúsculo os olhos do **a**, Jó 24.15. Para te livrar da mulher **a**, Pv 2.16. Afaste o teu caminho da mulher **a**, Pv 5.8. Geração má e **a**, Mt 12.39; Como os demais homens... **a**, Lc 18.11. Considerada a se, vivendo ainda o marido, Rm 7.3. Nem **a**...

herdarão o reino, 1 Co 6.9,10. Deus julgará os impuros e **a**, Hb 13.4. Ver **Meretriz**.

ADULTO: Homem ou mulher que chegou à maioridade. // Alimento sólido é para os **a**, Hb 5.14.

ADUMIM, hb. A subida de sangue: Js 15.7. A subida de Adumim, na fronteira de Judá, é o lugar da história do bom samaritano. Ver mapa 4, B-2.

ADVENTO: Chegada, vinda. Ver Vinda de Cristo.

ADVERSÁRIO: Aquele que é de um partido oposto, de uma opinião contraria, que quer impedir ou frustrar. // Então serei... **a** dos teus **a**, Êx 23.22. O anjo... pôs-se-lhe no caminho por **a** Nm 22.22. Tomarei vingança contra os meus **a**, Dt 32.41. Levantou... contra Salomão um **a**, 1 Rs 11.14. Ouvindo os **a**... edificavam o Templo, Ed 4.1. Que o meu **a**, escreva a sua acusação, Jó 31.35. Os que pagam o mal pelo bem são meus **a** Sl 38.20. Todos os meus **a** estão à tua vista, Sl 69.19. E nos libertou dos nossos **a**, Sl 136.24. Os **a** de Judá serão eliminados, Is 11.13. Entra em acordo... com o teu **a**, Mt 5.25. Há muito **a**, 1 Co 16.9. Que em nada estais intimidados pelos **a**, Fp 1.28. Não dêem ao **a** ocasião favorável de maledicência, 1 Tm 5.14. O diabo, vosso **a**, anda em derredor, 1 Pe 5.8. Ver **Inimigo**, **Satanás**.

ADVERSIDADE: Infelicidade. // O dia da **a**, Sl 27.5; 49.5; 94.13; Pv 24.10; Ec 7.14. // Pão de **a**, Is 30.20. // Exemplos: os israelitas, Jz 2.14,15; Noemi, Rt 1.1-5; Jerobão, 1 Rs 14.10-12; Jeosafá, 2 Rs 3.9,10; Paulo e Silas, At 16.25. Ver **Inimizade**.

ADVERTÊNCIA: Ato de avisar, de admoestar. // Quando o fogo consumiu... que serviam de **a**, Nm 26.10. E foram escritas para **a**, nossa, 1 Co 10.11. Ver **Admoestação**, **Exortação**.

ADVERTIR: Avisar, admoestar. // O Senhor advertiu a Israel, 2 Rs 17.13. Sede prudentes; deixai-vos advertir, Sl 2.10. Jesus, porém, os advertiu severamente, Mt 9.30. Advertiu os discípulos... disseram ser ele o Cristo, Mt 16.20. Advertindo a todo homem, Cl 1.20. Mas adverti-lo como irmão, 2 Ts 3.15. Ver **Admoestar**, **Exortar**.

ADVOGADO: Aquele que advoga em juizo, Protetor. // 1 Jo 2.1: Cristo, no céu, pleiteia a nossa causa perante Deus e intercede por nós. A mesma palavra grega, parakletos, é traduzida Consolador em Jo 14.16,26; 15.26 e 16.7, e refere-se ao Espírito Santo. Temos, portanto, ou em Jesus Cristo, ou no Espírito Santo, quem defenda a nossa causa e nos dê conforto.

ADVOGAR: Exercer a profissão de advogado. Defender em juízo. Interceder a favor de. // Está no céu... quem advoga a minha causa, Jó 16.19.

AER, heb. Outro: Pai de Husim, da tribo de Benjamim, 1 Cr 7.12.

AFADIGAR: Cansar-se, afligir-se, apressar-se. // E nos afadigamos, trabalhando com as nossas próprias mãos, 1 Co 4.12. Para isso... me afadigo, esforçando-me o mais possível, Cl 1.29. Os que se afadigam na palavra e no ensino, 1 Tm 5.17. Ver **Cansar**.

AFAGAR: Acariciar, animar. // O que afaga com seus lábios, Pv 20.19 (ARC). E sobre os joelhos vos afagarão, Is 66.12 (ARC).

AFAMADO: Que tem fama. Célebre. Famoso. // Seja a em Israel o nome deste, Rt 4.14. E a cidade, que foste forte no mar, Ez 26.17. Ver **Famoso**, **Notório**.

AFARSAQUITAS: Tribo de Samaria que reclamou contra a reconstrução do Templo no reinado de Dario, Ed 4.9.

AFASTAR: Desviar, afastar. // ...Afastai-vos... do homem cujo fôlego, Is 2.22. Provocam divisões e escândalos... afastai-vos deles, Rm 16.17. Coração de incredulidade que vos afaste do Deus vivo, Hb 3.12. Ver **Separar**.

AFÁVEL: Delicado no trato, // Entranhavelmente misericordiosos e **a**, 1 Pe 3.8 (ARC).

AFEIÇÃO: Sentimento de inclinação para alguém. // Da tua afeição quando eras jovem, Jr 2.2. Sem afeição natural, Rm 1.31. Ver **Amor**, **Compaixão**, **Misericórdia**.

AFEIÇOAR: Tomar afeição a alguém. Amoldar, formar. // O Senhor se afeiçoou a teus pais para os amar, Dt 10.15. As tuas mãos me fizeram e se afeiçoaram, Sl 119.73. Ver **Amar**.

AFEQUE, hb. Fortaleza: 1. Cidade real de Canaã, cujo rei foi morto por Josué, Js 12.18. Ver mapa 4, A-2. Foi, talvez, o mesmo lugar em que os filisteus se acamparam, na peleja contra Israel, 1 Sm 4.1. // 2. Uma cidade de Aser, Js 13.4. // 3. Outro lugar onde os filisteus se acamparam, 1 Sm 29.1. // 4. Cidade ao leste do Jordão, onde Ben-Hadade e seu exército foram desbaratados, 1 Rs 20.26,30. É, talvez, o mesmo lugar mencionado em 2 Rs 13.17. Ver mapa 2, D-3; mapa 3, B-2.

AFETO: Sentimento de inclinação para alguém, sentimento de afeição. // O seu entranhável a cresce mais e mais, 2 Co 7.15. Oram eles a vosso favor, com grande **a**, 2 Co 9.14. Se há entranhados **a** e misericórdias, Fp 2.1. Revesti-vos... de ternos **a**, Cl 3.12. Ver **Amor**.

ÁFIA: 1. Uma crente de Colosso, talvez a esposa de Filemom, Fm 2. A história diz que morreu apedrejada, com Filemom, Onésimo e Arquipo, no reinado de Nero, // 2. Um antecessor do rei Saul, 1 Sm 9.1.

AFIADO: Com gume bem cortante. // A espada está **a** e polida; **a** para a matança, Ez 21.9,10. Foice **a**, Ap 14.14,17,18. Espada **a**, Ap 19.15.

AFIAR: Tornar cortante. // Se eu afiar a minha espada, Dt 32.41. Afiam a língua como espada, Sl 64.3. O ferro com o ferro se afia, Pv 27.17. E não lhe afia o corte, é preciso redobrar a força, Ec 10.10. Ver **Aguçar**.

AFINAL: Por fim, // Mas **a** são caminhos de morte, Pv 16.25. Ver **Fim**.

AFINAR: Apurar (metais). // Tu nos afinaste como se afina a prata, Sl 66.10 (ARC). Assentar-se-á, afinando, Ml 3.3 (ARC). E os afinará como ouro, Ml 3.3 (ARC).

AFIRMAR, AFIRMAÇÃO: No sentido de declarar. Outro afirmava dizendo: Também este estava com Ele. Lc 22.59. Persistia em afirmar que assim era, At 12.15. A quem Paulo afirmava estar vivo, At 25.19. Pelo Espírito... afirma, 1 Co 12.3. O Espírito afirma expressamente, 1 Tm 4.1. Note o uso de afirmativo com o negativo, para dar ênfase: Não morrerei; antes viverei, Sl 118.17. Ele confessou e não negou: Eu não sou o Cristo, Jo 1.20. Ver **confirmar**, **Declarar**, **Ratificar**.

AFIXAR: Pregar em lugar público. // O seu corpo o afixaram no muro, 1 Sm 31.10.

AFLIÇÃO: Grande sofrimento, tristeza pungente. // O Senhor te acudiu na tua aflição, Gn 16.11. Certamente vi a aflição do meu povo, Êx 3.7. Senhor olhará para a minha aflição, 2 Sm 16.12. Suporta as aflições, 2 Tm 4.5. // Água de aflição: 1 Rs 22.27. // Alvo e resultado da: 1 Co 11.32; 1 Pe 5.10; 2 Co 4.17; // Arrependimento na: Sl 78.34; Os 6.1; Lc 15.17. // Confissão de pecado na: Jó 7.20; Sl 32.5; Is 64.5,6; Mq 7.9; Conforto na: Sl 27.5; 119.50; Is 61.2; Lc 7.13; Jo 16.33; At 16.25; 1 Pe 4.13. // Exortação na: Ne 1.8; Jó 5.17; Sl 22.24; Pv 3.11; Jo 5.14; Hb 12.5-13; 1 Pe 4.12 // Fornalha da: Is 48.10. // Glória de Deus na: 2 Co 12.7-10; 1 Pe 4.14. // Libertação da: Sl 40.2; Pv 12.13; Is 63.9; 2 Tm 3.11; 4.17,18. // Manifesta o amor de Deus: Dt 8.5; Pv 3.12; Hb 12.6,7; Ap 3.19. // Oração na: 2 Rs 19.16; Sl 10.1; 51.11; Mc 9.24; Tg 5.13. // Pão de aflição: Dt 16.3; 1 Rs 22.27. // Perseverança na: 2 Sm 12.16; Jó 1.21; 2.10; Sl 18.6; 50.15; Lc 21.19; 2 Co 1.9; Hb 12.1; 1 Pe 2.20. // Pertence a todos: Jó 5.6,7. // Predita: Gn 15.13; Is 10.12; Jr 29.17. // Promessa na: Sl 9.9; 46.1; 94.12; Is 25.4; 48.10; 49.13; Jr 16.19; Mt 11.28; At 14.22; 2 Co 4.16; Ap 3.10. // Proveito da: Jó 23.10; Is 1.25; Jo 15.2; Rm 5.3; Hb 12.10. Ver **Agonia**, **Angústia**, **Ansiedade**, **Sofrimento**, **Tribulações**.

AFLIGIR: Causar aflição, angustiar. // Será afligida por quatrocentos anos, Gn 15.13. Afligireis as vossas almas, Lv 16.29. O Todo-Poderoso me tem afligido, Rt 1.21. Eu afligia a minha alma com jejum, Sl 35.13. Não te aflijas por causa dos malfeitores, Pv 24.19. Eu te afligi, mas não te afligirei mais, Na 1.12 Andaram... afligidos, maltratados, Hb 11.37. Afligí-vos, lamentai e chorai, Tg 4.9. O justo Ló afligido pelo procedimento libertino, 2 Pe 2.7. Ver **Aflito**, **castigar**, **Oprimir**, **Perseguir**.

AFLITÍSSIMO: Angustiado. // Estou **a**, vivifica-me, Senhor, Sl 119.107.

AFLITO: Que revela grande apreensão ou perseguição. // Clamou este **a**, Sl 34.6. Vejam isto os **a**, e se alegrem Sl 69.32. Estou **a** e necessitado, Sl 86.1; 109.22. Nem oprimas em juízo ao **a**, Pv 22.22. Abre a mão ao **a**, Pv 31.20. Reputávamos por **a**, ferido de Deus, Is 53.4. Compadeceu-se delas, porque estavam **a**, Mt 9.36. Teu pai e eu, **a**, estamos à tua procura, Lc 2.48. Ver **Afligir**, **Angustiado**.

AFLUIR: Vir em grande quantidade, concorrer. // Para ele afluirão todos os povos, Is 2.2; Mq 4.1. Afluiu grande multidão, Mc 2.2; 3.20; 5.21; At 5.16.

AFOGAR: Abafar, não deixar respirar, sufocar. Matar por submersão. // Seus capitães afogaram-se no Mar, Êx 15.4. Nem os rios afogá-los, Ct 8.7. E fosse afogado na profundeza do mar, Mt 18.6. A manada... para dentro do mar, onde se afogaram, Mc 5.13. Afogam os homens na ruína, 1 Tm 6.9. A perecer o mundo... afogado em água, 2 Pe 3.6.

AFOGUEAR: Pôr fogo a. Avermelhar, enrubescer, tornar corado, pôr como em fogo. // O meu rosto está todo afogueado, Jó 16.16.

AFOITAMENTE: Ousadamente. // Porém os filhos de Israel sairam **a**, Êx 14.8.

AFORMOSEAR: Tornar formoso. // O coração alegre aformoseia o rosto, Pv 15.13.

AFORTUNAR: Fazer ou tornar feliz. // Disse Lia: Afortunada! e lhe chamou Gade, Gn 30.11.

ÁFRICA: Um dos cinco continentes do mundo. A palavra não está na Bíblia mas se mencionam a Líbia (Ludim, Gn 10.13), a Etiópia, o Egito e outras partes da África. Ver mapa 1, B-4; mapa 6, A-4.

AFRONTAR, AFRONTA: Desprezar, insultar, ofender. // Afronto as tropas de Israel, 1 Sm 17.10. Rabsaqué para afrontar o Deus vivo, 2 Rs 19.4,22. Não é inimigo que me afronta, Sl 55.12. Suportado afrontas por amor de ti, Sl 69.7; Jr 15 15. O ímpio te afronta todos os dias, Sl 74.22. O que repreende o escarnecedor, traz afronta sobre si, Pv 9.7. O prudente oculta a afronta, Pv 12.16. Pobreza e afronta sobrevêm ao que rejeita a instrução, Pv 13.18. Em lugar de afronta exultareis, Is 61.7. Considerados dignos de sofrerem afrontas, At 5.41. Ver **Injuriar**, **Ofender**, **Ultrajar**.

AFROUXAR: Tornar frouxo, brando ou flexível. Alargar ou soltar (o que está apertado). // E afrouxa o cinto dos fortes, Jó 12.21. Ao ouvir a sua fama afrouxaram-se as nossas mãos, Jr 6.24. A lei se afrouxa, e a justiça nunca se manifesta, Hc 1.4. Não temas... não se afrouxem os teus braços, Sf 3.16.

AFUGUENTAR: Pôr em fuga. // Que afuguentaram os moradores de Gate, 1 Cr 8.13. Sambalá... pelo que o afugentei de mim, Ne 13.28. As nações... serão afugentadas como a palha, Is 17.13.

AFUNDAR: Pôr no fundo, mergulhar. Meter a pique. // Afundaram-se como chumbo, Êx 15.10. Afundaram-se as nações na cova que fizeram, Sl 9.15. Assim será afundada Babilônia, Jr 51.64. A ponto de começarem elas a afundar, Lc 5.7 (B).

ÁGABO: Profeta de Jerusalém. Predisse a grande fome nos dias de Cláudio, At 11.27,28. Profetizou a prisão de Paulo, At 21.10,11. Compare a maneira de ele profetizar por gestos simbólicos com a dos profetas do Antigo Testamento, Jr 13.1-9; Ez 4.

AGAGITA: Título de opróbrio dado a Hamã, Et 3.1,10; 8.3,5; 9.24. Que era descendente de Agague, segundo a tradição dos judeus e conforme a tradução de Figueiredo, Nm 24.7; 1 Sm 15, não é certo. É mais provável que a palavra tenha sua origem no fato de ele ser poderoso ou violento. Ver **Agague**.

AGAGUE, hb. Chama: Nm 24.7; 1 Sm 15.8-33. Título dos reis de Amaleque, como Abimeleque na Filístia e Faraó no Egito.

ÁGAPE (B), FESTA DE FRATERNIDADE: Judas 12. Refeição em comum, celebrada entre os primeiros cristãos. Comp. At 2.46; 1 Co 11.20-22,33,34.

AGAR, hb. Emigração ou Fuga: Uma serva egípcia de Sara, Gn 16.3. Faraó, parece, presenteou Abraão com esta escrava, Gn 12.16. Sara, sem esperança de ter filho deu-a, por mulher, a Abraão, Gn 16.3. Se nascesse filho a Agar, ela sendo propriedade pessoal de Sara, e não apenas uma escrava da família, o filho seria contado como filho de Sara (cf. Gn 30.3-9). Na contenda que resultou, entre Sara e Agar, esta fugiu para o deserto onde o anjo do Senhor mandou que voltasse para sua senhora e lhe deu a promessa de multiplicar sobremaneira sua descendência, Gn 16.10. A fonte de água, onde o anjo lhe falou, foi chamada Beer-Laai-Roi, isto é, O poço do que vive e me vê, Gn 16.13,14. Quando celebravam, com grande banquete, o ato de desmamar Isaque, Agar novamente insultou a sua senhora e Abraão despediu a Agar definitivamente, Gn 21.14. No deserto o menino foi salvo, milagrosamente, Gn 21.15-21. Os árabes, descendentes do filho de Agar, Ismael, chamam a Agar A mãe Agar e sustentam que ela era esposa legítima de Abraão. Agar é símbolo do antigo pacto e seus descendentes, segundo a lei, escravos como era ela. Mas Sara era livre. Assim somos avisados para que não fiquemos presos a lei de Moisés, correndo o perigo de sermos, também, banidos com Agar e Ismael, Gl 4.21-31.

AGASTAR: Excitar por leves provocações; irritar. // Muito me agastei contra o meu povo, Is 47.6.

ÁGATA: Variedade de quartzo muito duro, de cores vivas e variadas. Uma das doze pedras preciosas no peitoral do sumo sacerdote, Êx 28.19.

AGÉ, hb. Fugitivo: Pai de Samá, um dos três valentes de Davi, 2 Sm 23.11.

AGEU, hb. Festivo: O décimo dos doze profetas menores.

O tema do livro de Ageu é a reedificação do Templo, já começada com grande zelo, mas suspensa durante 14 anos, pela oposição dos samaritanos.

O autor do livro: Muito pouco se conhece do profeta Ageu. Deus suscitou os três, Ageu, Zacarias e Malaquias, para profetizarem entre os 43.260 israelitas que voltaram depois dos 70 anos do cativeiro em Babilônia. As circunstâncias são registradas nos livros de Esdras e Neemias. Se Ageu viu o primeiro templo antes de destruído, como se subentende de Ag 2.3, era velho quando profetizou. Era homem de tremenda fé, Ag 2.1-5. Jamais houve quem profetizasse em tempo mais crítico. Foi movido por Deus para despertar a consciência do povo, para repreendê-lo, e para estimulá-lo a reconstruir a Casa de Deus. Seu ardor produziu efeito, prosseguindo os judeus a reedificação do templo no mesmo ano de 520 a.C., Ag 1.14,15. Foram relançados os alicerces, Ag 2.18. Quatro anos depois, no sexto ano do reinado de Dario, o Templo foi acabado e consagrado, Ed 6.15.

A data: Ageu, contemporâneo a Zacarias, profetizou nos meses de setembro a dezembro do segundo ano de Dario Histaspe, rei da Pérsia, isto é, no ano 520 a.C. Ag 1.1; Zc 1.1; Ed 1.5.

As divisões: O livro de Ageu encerra cinco mensagens proféticas, cada uma datada em cada uma introduzida pelas palavras: "Veio a palavra do Senhor pelo ministério de Ageu". I. A ocasião e o tema, 1.1,2. II. O primeiro discurso, 1.3-15. Repreendeu a apatia do povo, declarando que a demora em reedificar o Templo não foi por falta de recursos, 1.4. Por causa dessa indiferença a terra retinha seus frutos, 1.10. O resultado: 24 dias depois, o povo começou a obra de reedificação, 1.14,15. III. O segundo discurso, 2.1-9. Animou o povo na construção referindo-se ao Templo de Salomão, ao templo reedificado e ao Templo ainda para ser construído depois. Comp. Ag 2.6. com Hb 12.26. IV. O terceiro discurso. Anima-os a se santificarem e receberem as bênçãos do Senhor, 2.10-19. V. O quarto discurso, 2.20-23. A vitória final. Comp. Hb 12.26; Ap 19.17; 14.19,20; Zc 14.1-3.

AGIR: Obrar, atuar, proceder. // O meu Espírito não agirá para sempre, Gn 6.3. Sê forte, e age, Ed 10.4. Age por mim por amor do teu nome, Sl 109.21. Pai de todos... age por meio de todos, Ef 4.6. Ver **Fazer**.

AGITADO: Perturbado, abalado. // Então ficou **a** o coração de Acaz, Is 7.2. O primeiro... uma vez agitada a água, sarava, Jo 5.4. Como meninos **a** de um lado, Ef 4.14. O que duvida... impelida e agitada pelo vento, Tg 1.6. Ver **Inquieto**, **Perturbado**.

AGITADOR: Que agita. // O principal **a** da seita dos nazarenos, At 24.5.

AGITAR: Mover com violência e frequëntemente. Abalar. // O espírito imundo, agitando-o violentamente, Mc 1.26. Marta agitava-se de um lado, Lc 10.40. Um anjo descia em certo tempo, agitando-a, Jo 5.4. Jesus, agitando-se, Jo 11.38. Agitou-se toda a cidade, At 21.30. Ver **Excitar**, **Inquietar**, **Perturbar**.

AGONIA: Período de transição que precede a morte. O vocábulo, no original, aparece somente uma vez nas Escrituras: Estando em agonia, orava mais intensamente, Lc 22.44. Sua agonia produziu: 1. Sofrimento no corpo, até o suor tornar em gotas de sangue, caindo sobre a terra, Lc 22.44. 2. Sofrimento mental. Aquele que era a personificação da inocência, foi preso, processado, condenado e crucificado como um malfeitor. Aquele que não conheceu pecado, Ele o fez pecado por nós, 2 Co 5.21. A agonia mental e moral que sofreu disto, levou-o a exclamar: "A Minha alma está profundamente triste até a morte", Mt 26.38. 3. Sofrimento espiritual. A agonia que o Filho sofreu, quando tomou o pecado que separa a alma humana do Pai, foi tal que O levou a suplicar que passasse dEle o cálice. Sem dúvida, a agonia do Getsêmane era mais do que o sofrimento do Calvário. Padeceu até o ponto de ser necessário que um anjo o fortalecesse, Lc 22.43.

AGOURAR: Profetizar pela observação de coisas ou por meio de cerimônias agoureiras. // Não agourareis nem adivinhareis, Lv 19.26.

AGOUREIRO: Pessoa que pretende predizer o futuro, valendo-se de augúrio, presságio ou vaticínio, observando o vôo ou canto das aves. // Adivinhava pelas nuvens, era **a** e tratava com médiuns, 2 Rs 21.6. São **a** como os filisteus, Is 2.6. Vós os filhos da **a**, descendência da adúltera, Is 57.3. Não deis ouvidos... aos vossos **a**, Jr 27.9. Ver **Adivinhação**, **Adivinhador**.

AGRADAR: Satisfazer. Sentir prazer. // Agradou-se o Senhor de Abel, Gn 4.4. Agrada-me fazer a tua vontade, Sl 40.8. Não te agradas de holocaustos, Sl 51.16. Não me agrado do sangue de novilhos, Is 1.11. Nenhuma beleza havia que nos agradasse, Is 53.2. Ao Senhor agradou moê-lo, Is 53.10. Agradar-se-á o Senhor de milhares de carneiros? Mq 6.7. Pai se agradou em dar-vos, Lc 12.32. Faço sempre o que lhe agrada, Jo 8.29. Na carne não podem agradar a Deus, Rm 8.8. Cada um de nós agrade ao próximo, Rm 15.2. De como agradar ao Senhor, 1 Co 7.32. Deus não se agradou da maioria, 1 Co 10.5. Não servindo à vista, como para agradar a homens, Ef 6.6. E não agradam a Deus, e são adversários, 1 Ts 2.15. Sem fé é impossível agradar a Deus, Hb 11.6. Ver **Aprazer**.

AGRADÁVEL: Que agrada. Que satisfaz. // Árvores **a** a vista, Gn 2.9. Vendo a mulher... **a** aos olhos, e árvore desejável, Gn 3.6. Seja-lhe **a** a minha meditação, Sl 104.34. Bom e **a** viverem unidos, Sl 133.1: Cantai louvores... porque é **a**, Sl 135.3. Palavras **a** são como favo de mel, Pv 16.24. Sacrifício vivo, santo e **a** a Deus, Rm 12.1. Qual seja a boa, **a** e perfeita vontade de Deus, Rm 12.2. Aquele... serve a Cristo, é **a** a Deus e aprovado pelos homens, Rm 14.18. Eu procuro em tudo ser **a** a todos, 1 Co 10.33. Provando sempre o que é **a** ao Senhor, Ef 5.10. A vossa palavra seja sempre **a**, temperada com sal, Cl 4.6. Operando em vós o que é **a** diante dele, Hb 13.21. Porque ... fazemos diante dele o que lhe é **a**, 1 Jo 3.22. Ver **Aprazível**.

AGRADAVELMENTE: De modo agradável. // Sirvamos a Deus **a** com reverência, Hb 12.28 (ARC).

AGRADECER: Mostrar-se grato por (benefício recebido). Recompensar, retribuir favores. // Terá de agradecer ao servo por ter este feito, Lc 17.9. Aos pés de Jesus, agradecendo-lhe, e este era samaritano, Lc 17.16.

AGRADECENDO: Que demonstra gratidão. // E sede **a**, Cl 3.15.

AGRADO: Satisfação. // Terá ele **a** em ti? Ml 1.8 (ARC).

AGRÁRIA: Ver **Leis Agrárias**.

AGRAVAR: Ofender. Magoar. // Agravaram o Santo de Israel, Sl 78.41.

AGRAVO: Ofensa, injúria, afronta. // Nenhum **a** sobrevirá ao justo, Pv 12.21. Nenhum **a** pratiquei, At 25.10.

AGREGAR: Ajuntar, anexar. // Crescia mais e mais a multidão... Agregados ao Senhor, At 5.14. Alguns... agregaram a ele... Dionísio, At 17.34. Ver **Congregar**, **Reunir**.

AGRESSIVO: Propenso a ofender. // As vossas palavras foram **a**, Ml 3.13 (ARC).

AGRICULTOR: Aquele que lavra ou cultiva a terra. // Meu Pai é o **a**, Jo 15.1. Ver **Lavrador**.

AGRICULTURA: Lavoura do campo. Cultivo da terra. // O bom e próspero rei Uzias "era amigo da agricultura", 2 Cr 26.10. Havia três ramos importantes da arte de fazer o solo produzir alimentação: a produção de cereais, a cultura de vinhas (Nm 18.30) e a criação de gado, Gn 4.20; 13.2. Os homens lavraram a terra desde o início, Gn 2.5,15; 3.23; 4.2. Depois do dilúvio, Noé era lavrador e plantou uma vinha, Gn 9.20. A maior parte das famílias possuíam campos cultivados e vinhas. Cultivavam, também, azeitonas, figos, romãs, pepinos, melões, porros, cebolas, alhos, endro, cominho, "hortelã, arruda, e toda a hortaliça". As famílias melhor abastecidas, além de cultivar a terra, criavam manadas de gado. É evidente que Jó e Ezequias se ocupavam em todos os três ramos da **a**, Jó 1; 2 Cr 32.27-29. Isaque semeou e Deus deu abundante safra, Gn 26.12. Usavam-se arados (Êx 34.21; 1 Rs 19.19), enxados sachos (1 Sm 13.20 (ARC), foices, Jl 3.13; Mc 4.29; Ap 14.15. Entre os cereais se mencionam trigo, cevada, centeio, milho, aveia, Ez 4.9 (ARC).
Fravas e lentilhas eram comuns, 2 Sm 23.11, Ez 4.9. Havia grandes colheitas de linho, Êx 9.31. O Egito produzia grandes safras de cereais, Gn 41.48,49; 42.1. A Fenícia importava trigo de Judá, Ez 27.17. Compare At 12.20; Tiro e Sidom eram importantes cidades da Fenícia. Espiritualmente, o que proclama a Palavra é lavrador, 2 Tm 2.6. A Igreja é a lavoura de Deus, 1 Co 3.9.

AGRIPA: At 25.13 a 26.32. Ver **Herodes**.

ÁGUA: Líquido incolor, inodoro, insípido, encontrado nos mares, rios, lagos; em estado sólido, constituindo o gelo e a neve; em estado de vapor visível formando a neblina e as nuvens; e em estado de vapor invisível no ar. // O Espírito... pairava por sobre as **á**, Gn 1.2. Toda a **á**... se tornou em sangue, Êx 7.20. E não acharam **á**, Êx 15.22. Rocha, e dela sairá **á**, Êx 17.6. Assim diz o Senhor: Tornei saudáveis a estas **á**, 2 Rs 2.21. As **á** gastam as pedras, Jó 14.19. Passamos pelo fogo e pela **á**, Sl 66.12. As **á** me sobem até a alma, Sl 69.1. Converteu a rocha em lençol de **á**, Sl 114.8. Como **á** profundas são os propósitos do coração, Pv 20.5. Como **á** fria para o sedento, Pv 25.25. Como na **á** o rosto corresponde ao rosto, Pv 27.19. Lança o teu pão sobre as **á**, Ec 11.1. Semeais junto a todas as **á**, Is 32.20. Pois **á** arrebentarão no deserto, Is 35.6. Quando passares pelas **á**, Is 43.2. Que tendes sede, vinde às **á**, Is 55.1. Deixaram, o manancial de **á** vivas, Jr 2.13. Saíam **á** debaixo do limiar, Ez 47.1. E me fez passar pelas **á**, **á** que me davam pelos artelhos, Ez 47.3. Com as **á** cobrem o mar, Hc 2.14. Um copo de **á** fria, Mt 10.42. Não nascer da **á** e do Espírito, Jo 3.5. Porque havia ali muitas **á**, Jo 3.23. Do seu interior fluirão rios de **á**, Jo 7.38. Saiu sangue e **á**, Jo 19.34. Salvos, através da **á**, 1 Pe 3.20. Com fonte sem **á**, 2 Pe 2.17. A qual surgiu da **á** e através da **á**, 2 Pe 3.5. O Espírito, e **á** e o sangue, 1 Jo 5.8. Darei de graça da fonte da **á**, Ap 21.6. // A água viva, Jr 2.13; Zc 14.8; Jo 4.10; 7.38. // A água da vida, Ap 21.6; 22.1,17. // A água santa, Nm 5.17. // A água amarga, Nm 5.18. // A água purificadora, Nm 19. // Água no batismo, Mt 3.11; At 8.36; 10.47. // Cristo anda por sobre as águas, Mt 14.25. // Milagres nas águas, Gn 21.19; Êx 15.23; 17.6; Nm 20.7; Js 3.16; 2 Rs 2.21; 3.20; Jo 2.9. // A palavra usada figuradamente, Sl 65.9; Is 41.17; Jr 2.13; Zc 13.1; Jo 3.5; 7.38; Hb 10.22; Ap 7.17; 21.6.

AGUACEIRO: Chuva forte, repentina e passageira. // Ele diz... à chuva e ao **a**, Jó 37.6. Derramam **a** sobre a terra, Ec 11.3. Ao Senhor, que... dá aos homens **a**, Zc 10.1. Ver **Chuva**, **Chuvisco**.

AGUARDAR, ESPERAR, PERMANECER: A atitude de uma alma com os ouvidos abertos para com Deus, com o coração atento ao seu apelo, com uma concentração das faculdades espirituais nas coisas celestiais: Gememos em nosso íntimo aguardando a adoção de filhos, Rm 8.23. Esperamos novos céus e nova terra, 2 Pe 3.13. Aguardamos a cidade que tem fundamentos, Hb 11.10. Simeão esperava a consolação de Israel, Lc 2.25. Esperamos em Cristo, Ef 1.12. Em Deus, Sl 42.5,11; 43.5; 62.1,5; 1 Tm 5.5; 1 Pe 3.5. Na sua Palavra, Sl 119.74,81,114,147. Aguardamos seu Filho, 1 Ts 1.10. Os ricos do presente século depositam a sua esperança na instabilidade da riqueza, 1 Tm 6.17. Esperamos a vinda do dia de Deus, 2 Pe 3.12. Cristo exortou os discípulos a esperarem em Jerusalém até que do alto fossem revestidos de poder, que esperassem a promessa do Pai, Lc 24.49; At 1.4,8; 2.1-4,38,39. Os profetas e mestres em Antioquia esperavam ministrando perante o Senhor, At 13.1-4.

AGUÇAR: Tornar mais agudo, perspicaz, picante, pugente. // Meu adversário, aguça os olhos, Jó 16.9. Aguçam a língua como a serpente, Sl 140.3. Ver **Afiar**.

AGUDO: Ponteagudo, aguçado, afiado. // As tuas setas são agudas, penetram o coração,

Sl 45.5. O fim dela é... agudo como a espada de dois gumes, Pv 5.4.

ÁGUIA: Grande e vigorosa ave de rapina. As águias vivem acasaladas e fazem o ninho nos rochedos escarpados. A grande corpulência (chegam a atingir 3 metros de envergadura), a vista penetrante, o Vôo rápido, as garras potentes e aguçadas, tornam estas aves perigosas para os carneiros, os gamos, etc., e mesmo para as crianças. Há cerca de 8 espécies de águias na Palestina. // Ave imunda, Lv 11.13. Nutre os filhos, Dt 32.11,12. Voa de longe, Dt 28.49; Pv 23.5. Ligeira, 2 Sm 1.23; Lm 4.19; Jr 4.13. Longevidade e aparente rejuvenescimento, Sl 103.5; Is 40.31. Os quatro seres viventes, da visão de Ezequiel, tinham rosto de águia, Ez 1.10; 10.14. Hábito de pousar nas mais altas elevações dos penhascos, Jr 49.16; Jó 39.27,30. A palavra heb., nesher, isto é, que dilacera com o bico, é quase sempre traduzida águia. Parece-se, contudo, que se refere, às vezes, ao abutre: Mq 1.16; Mt 24.28; Lc 17.37. O quarto ser vivente semelhante a águia, Ap 4.7. A águia anunciando os três "ais", Ap 8.13. À mulher foram dadas as asas da grande águia, Ap 12.14.

Águia

ÁGUIA MARINHA (ARA): Lv 11.13. Águia pescadora. Xofrango (ARC), águia pesqueira quando nova.

AGUILHADA: Vara comprida com ferrão na ponta para picar os bois na lavoura. // Sangar feriu 600 filisteus com uma aguilhada, Jz 3.31. Não se achava em todo o Israel um ferreiro para aguçar uma aguilhada, 1 Sm 13.21. Ver **Aguilhão**.

AGUILHÃO: Ferrão com que picam a abelha e outros insetos. Aguilhada curta usada para tanger os bois. // Ser-vos-ão... como **a** nas vossas ilhargas, Nm 33.55. As palavras dos sábios são como **a**, Ec 12.11. Recalcitrares contra os **a**, At 26.14. Ó morte, o teu **a**? 1 Co 15.55. O **a** da morte é o pecado, 1 Co 15.56. Semelhantes às dos escorpiões, e **a**, Ap 9.10 (B). Ver **Aguilhada**.

AGULHA: Encontra-se a palavra agulha apenas em Mt 19.24; Mc 10.25 e Lc 18.25. Não há prova de existir uma porta pequena, chamada agulha (rhaphís) no muro da cidade de Jerusalém. Nem há razão para pensar que Cristo se referia a tal. O fundo duma agulha representava a menor abertura que se podia fazer. Cristo referia-se ao instrumento comum, usado para bordar ou coser, Êx 26.36; Ez 3.7; Ez 13.18; Mc 2.21. Não é mais difícil um camelo passar pelo fundo de um desses pequenos instrumentos, do que um homem, que confia nas suas riquezas, entrar no reino de Deus. Compare com uma outra parábola de Cristo, usada para a ilustrar outro absurdo: "Condutores cegos! que coais um mosquito e engulis um camelo", Mt 23.24.

AGUR, hb. Cobrador ou colecionador: Sábio hebraico, filho de Joque, que escreveu ou colecionou, as máximas de Provérbios 30.

AH! Interjeição que exprime admiração, dor, alegria, etc. // Disse eu: Ah! Senhor Deus! Eis que não sei falar, Jr 1.6.

AHAB (B): Ver Acabe, 1 Rs 16.29 a 22.40.

AHAZ: Ver Acaz, 2 Rs 16.1-20.

AI: exclamação de censura ou de ralho. Contra a perversidade, etc., Is 10.1; 31.1; 45.9; Jr 22.13; Am 6.1; Mc 2.1; Hc 2.6; Zc 11.17; Mt 23.13; 26.24; Jd 11; Ap 8.13; 9.12; 18.10. Ver **Anátema**.

AI, hb. A ruína: 1. Cidade da tribo de Benjamim, ao leste de Betel, Gn 12.8; 13.3. Josué, por causa do pecado de Acã, fracassou no primeiro atentado de vencê-la, Js 7.2-5. Foi a Segunda cidade conquistada e totalmente destruída por Israel, depois de atravessar o Jordão, Js 8.9-28. A queda de Ai proporcionou a entrada de Israel para o coração de Canaã; parece que Betel e outras cidades se renderam sem dar batalha. Foi reconstruída, sendo mencionada depois, Ed 2.28; Ne 7.32. Aijah (ou Aia) e Aiate são formas da mesma palavra, Ne 11.31; Is 10.28. Ver mapa 2, C-5; mapa 4, B-2; // 2. Cidade dos amonitas, ao oriente do Jordão, Jr 49.3. // 3. Homem da tribo de Gade, 1 Cr 5,15. // 4. Homem da tribo de Aser, 1 Cr 7.34.

Aí: Nesse lugar. // Está **a** um rapaz que tem cinco pães, Jo 6.9.

AIÁ: 1. Descendente de Seir e irmão de Aná, Gn 36.24; 1 Cr 1.40. // 2. Pai de Rispa, concubina de Saul, 2 Sm 3.7; 21.8.

AIÃ: Homem da tribo de Manassés, 1 Cr 7.19.

AIÃO: Um dos 30 valentes de Davi, 1 Cr 11.35.

AIÁS, hb. Irmão de Jeová: 1. Sacerdote do Senhor em Siló, 1 Sm 14.3,18 (ARC). // 2. Um trineto de Judá. 1 Cr 2.25. // 3. Um descendente de Benjamim, 1 Cr 8.7. // 4. Um dos valentes de Davi, 1 Cr 11.36. // 5. Um dos secretários de Salomão, 1 Rs 4.3. // 6. Profeta silonita 1 Rs 11.29. Profetizou contra Salomão, 1 Rs 11.30,31. Profetizou contra Jerobão, 1 Reis 14.1-18. // 7. Pai de Baasa, rei de Israel, 1 Rs 15.27. // 8. Um dos que selaram o concerto com Neemias, Ne 10.26.

AICÃO, hb. **Meu irmão se levantou**: Enviado pelo rei Josias, com outros delegados, a consultar a profetiza Hulda, 2 Rs 22.12,14. Poupou a vida a Jeremias, Jr 26.24.

AIEZER: 1. Um chefe de família da tribo de Dã, Nm 1.12. // 2. Um chefe no exército de Davi, 1 Cr 12.3.

AIJA: 1 Sm 14.3,18. O mesmo que Aías.

AIJALOM, hb. **Lugar das gazelas**: 1. Aldeia da tribo de Dã, Js 19.42. Designada aos levitas, Js 21.24. Caiu a sorte dos coatitas, 1 Cr 6.69. Lugar da batalha de Josué, quando a lua se deteve, Js 10.12. Os danitas não conseguiram tirá-la dos amorreus, Jz 1.35. Onde Saul e Jônatas feriram os filisteus, 1 Sm 14.31. Por algum tempo pertencia à tribo de Benjamim, 1 Cr 8.13. Reoboão a fortificou, 2 Cr 11.10. Conquistada pelos filisteus, 2 Cr 28.18. Atualmente se chama Yalo, uma aldeia dezoito quilômetros ao noroeste de Jerusalém. Ver mapa 2, C-5; mapa 4, A-2. // 2. Cidade de Zebulom, onde foi sepultado Elom, um dos juízes, Jz 12.12.

AILUDE: Pai de Josafá, cronista de Davi, 2 Sm 8.16.

AIM: 1. Cidade na fronteira noroeste e Canaã, Nm 34.11. // 2. Cidade de Judá, Js 15.32. Depois passou para a herança de Simeão, Js 19.7. Por fim, dada aos levitas, Js 21.16.

AIMÃ: 1. Um dos três filhos de Enaque, Nm 13.22; Js 15.14. // 2. Levita, um dos porteiros depois do cativeiro, 1 Cr 9.17.

AIMAÁS, hb. **Meu irmão está irado**: 1. Sogro de Saul, 1 Sm 14.50. // 2. Filho do sumo sacerdote, Zadoque, 1 Cr 6.8,9,53. Permaneceu fiel a Davi na rebelião de Absalão, 2 Sm 15.27,36; 17.17,20. Foi levar as notícias da morte de Absalão, 2 Sm 18.19-29. // 3. Um genro de Salomão, 1 Rs 4.15.

AIMELEQUE, hb. **Meu irmão é rei**: 1. Sumo sacerdote, pai de Abiatar, 1 Sm 22.20. Deu pães da proposição a Davi, 1 Sm 21.1-9. Morto cruelmente por Doegue, 1 Sm 2.9-23. // 2. Filho de Abiatar, 2 Sm 8.17. // 3. Um heteu, amigo de Davi, 1 Sm 26.6.

AIMOTE, hb. **Irmão da morte**: Um levita, 1 Cr 6.25.

AINADABE, hb. **É nobre o meu irmão:** Um dos doze intendentes que forneciam mantimento a Salomão e a sua casa, 1 Rs 4.14.

AINOÃ, hb. **Meu irmão é gracioso**: 1. Filha de Aimaás e mulher de Saul, 1 Sm 14.50. // 2. Da cidade de Jezreel, mulher de Davi, mãe de Amnom, seu primogênito, 1 Sm 25.43.

AIO: "A lei nos serviu de **aio** para nos conduzir a Cristo", Gl 3.24,25. A mesma palavra grega é traduzida **preceptores** (ARA), ou **instrutores** (B), em 1 Co 4.15. Um aio entre os gregos e os romanos foi um criado de confiança, encarregado de acompanhar e educar uma criança ilustre até que esta chegasse a maioridade. Assim é a lei que como aio no revelou a justiça de Deus, nos convenceu de nossa injustiça, nos ameaçou com o castigo divino, nos revelou a futilidade de nos esforçar para ganhar nossa salvação por meio de boas obras – tudo até nos conduzir ao Salvador. A lição em Gl 3.24,25 não está sobre a responsabilidade do aio quanto a segurança da criança. O contraste está entre a tutela da lei e a liberdade que se alcança em Cristo.

AIÔ, hb. **Seu irmão**: 1. Filho de Abinadabe que ia diante da arca, quando Deus feriu a Uzá e este morreu, 2 Sm 6.3. // 2. Benjamita da família de Berias, 1 Cr 8.14. // 3. Benjamita da família de Gibeão, 1 Cr 8.31.

AIRA, hb. **Irmão do mal**: Ajudou a Moisés levantar o censo, Nm 1.15.

AIRÃ, hb. **Irmão engradecido**: Um filho de Benjamim, Nm 26.38.

AIROSAMENTE: Elegantemente. // Quatro que andam **a**, Pv 30.29.

AISAAR, hb. **Irmão da aurora**: Um neto de Benjamim, 1 Cr 7.10.

AISAMAQUE, hb. **Irmão de apoio**: Um homem da tribo de Dã, artífice na obra da tenda da congregação, Êx 31.6.

AISAR, hb. **Irmão de canto:** Um oficial de Salomão, 1 Rs 4.6.

AITOFEL, hb. **Irmão de loucura**: Conselheiro de Davi, que se aliou a Absalão, 2 Sm 15.12. Frustrado por Husai, enforcou-se, 2 Sm 15.31-37, 17.1-23. Era tipo de Judas Iscariotes, Sl 41.9; Mt 27.5.

AITUBE, hb. **Meu irmão é bondade**: 1. Neto de Eli, 1 Sm 14.3; 22.9,11,12,20. // 2. Pai (ou avô, Ne 11.11; 1 Cr 9.11) de Zadoque, sumo sacerdote, 2 Sm 8.17. // 3. Outro sacerdote, pai de outro Zadoque, 1 Cr 6.11.

AIÚDE, hb. **Irmão de majestade**: 1. Escolhido da tribo de Aser, para repartir a terra, Nm 34.27. // 2. Homem da tribo de Banjamim, 1 Cr 8.7.

AJOELHAR: Pôr o joelho ou os joelhos no chão. Fazer dobrar os joelhos. // Fez ajoelhar os camelos, Gn 24.11. Ajoelhemos diante do Senhor, Sl 95.6. Que se ajoelhou e disse, Mt 17.14. Ajoelhando-se diante dele, o escarneciam, Mt 27.29. Ajoelhando-se, clamou em alta voz, At 7.60. Ajoelhando-se, orou com eles, At 20.36. Ajoelhados na praia, oramos, At 21.5. Ver **Joelho**, **Prostrar**.

AJUDA: Auxílio. // E sê tu **a** contra os seus inimigos, Dt 33.7.

AJUDADOR: Eis que Deus é o meu **a**, Sl 54.4.

AJUDAR: Auxiliar. // Até aqui nos ajudou o Senhor, 1 Sm 7.12. O Senhor os ajuda e os livra, Sl 37.40. Tem compaixão de nós, e ajuda-nos, Mc 9.22. Passa à Macedônia, e ajuda-nos, At 16.9. Ajudando-nos com as vossas orações, 2 Co 1.11. Ver **Acudir**, **Amparar**, **Auxiliar**, **Socorrer**.

AJUNTAMENTO: Numerosa reunião de pessoas. // Todo o **a** da congregação de Israel, Êx 12.6. Não posso suportar iniqüidade associada ao **a** solene, Is 1.13. Ver **Assembléia**.

AJUNTAR: Convocar. Reunir. Acumular. // Ajuntem para si a palha, Êx 5.7. Na sega ajunta o seu mantimento, Pv 6.8. O que ajunta no verão é filho entendido, Pv 10.5. Ai dos que ajuntam casa a casa, Is 5.8. As aves... nem ajuntam em celeiros, Mt 6.26. Quem comigo não ajunta, espalha, Mt 12.30. Anjos que ajuntarão, Mt 13.41. O que Deus ajuntou não o separe o homem, Mt 19.6. Como a galinha ajunta os seus pintinhos, Mt 23.37. Aí se ajuntarão também os abutres, Lc 17.37. Ninguém ousava ajuntar-se a eles, At 5.13. É proibido a um judeu ajuntar-se... a alguém de outra raça, At 10.28. Ajunta os cachos, Ap 14.18. Ver **Acrescentar**, **Acumular**.

AJURAMENTAR: Fazer prestar juramento. // Ajuramentou-os na casa do Senhor, 2 Rs 11.4. Ver **Jurar**.

AJUSTAR: Tornar exato, justo. // Tendo ajustado... **a** um denário, Mt 20.2. Voltou o senhor... e ajustou contas, Mt 25.19. No qual todo edifício, bem ajustado cresce, Ef 2.21. De quem todo o corpo, bem ajustado e consolidado, Ef 4.16.

ALABASTRO: Espécie de mármore branco, translúcido e suscetível dum belo polido. Sendo pouco duro, foi torneado na fabricação de tacas, vasos, colunas, estatuetas, etc. Uma variedade inferior é moido para fazer gesso. Os antigos preferiam vasos de fino alabastro para guardar perfumes. Menciona-se alabastro em Mt 26.7; Mc 14.3; Lc 7.37 – acerca de ungir a Jesus. Ver, também, Et 1.6.

Vasos de Alabastro

ALABE, hb. **Gordo**: Cidade de Aser, Jz 1.31. Ver mapa 3, A-1.

ALAGAR: Converter em lago. // De minhas lágrimas o alago, Sl 6.6.

ALAI, hb. **Oh! isso!**: 1. Descendente de Judá, 1 Cr 2.31. // 2. Soldado no exército de Davi, 1 Cr 11.41.

ALAMELEQUE: hb. **Carvalho de rei**: Cidade de Aser, Js 19.26.

ÁLAMO: Árvore grande apreciada pela rapidez do seu crescimento, dá uma madeira utilizada na marcenaria. Seus gomos entram na formação do ungüento populeão. Mencionada duas vezes Jacó pôs varas de álamo descascadas diante do rebanho, Gn 30.37. A sua sombra é boa, Os 4.13 (ARC). O original refere-se, talvez, a uma espécie de choupo.

ALARGAR: Tornar largo, mais largo, mais folgado. // Alargarei o teu território, Êx 34.24. Alarga o espaço da tua tenda, Is 54.2. Alargam os seus filactérios, Mt 23.5. Abrem-se os nossos lábios, e alarga-se o nosso coração, 2 Co 6.11.

ALARIDO: Gritaria, clamor, // Alarido de guerra, Êx 32.17; Jr 4.19

ALARMAR: Pôr em alarme. // O meu espírito foi alarmado dentro de mim, Dn 7.15. Alarmou-se o rei Herodes, Mt 2.3. Com as suas ameaças. Nem fiqueis alarmados, 1 Pe 3.14.

ALAÚDE: 1 Cr 16.5. Antigo instrumento de cordas. Ver **Música**.

ALBARDAR: Pôr sela grosseira em besta de carga, Gn 22.3 (ARC); Nm 22.21; Jz 19.10.

ALCANÇAR: Chegar a. Conseguir. // Que alcancemos coração sábio, Sl 90.12. A mulher graciosa alcança honra, Pv. 11.16. Para de algum modo alcançar a ressurreição, Fp 3.11. Alcançam para si mesmos justa preeminência, 1 Tm 3.13. Não suponha... que alcançará do Senhor, Tg 1.7.

ALCANCE: Possibilidade de alcançar. // Põe-me acima do **a** dos meus adversários, Sl 59.1.

ALÇAR: Altear, levantar. // Os irmãos de José o alçaram, Gn 37.28.

ALCOFA: Cesto flexível de vime. // Que sobejaram, doze a cheias, Mt 14.20 (ARC).

ALDEIA: Pequena povoação, que não tem categoria de vila ou cidade. // Das **a** que não têm muro, Lv 25.31. As cidades com suas **a**, Js 13.23. Pelas **a**, comprem para si o que comer, Mt 14.15 Percorria as **a** circunvizinhas, Mc 6.6. Vindos de todas as **a**, Lc 5.17. Uma **a**, chamada Emaús, Lc 24.13. De Betânia, da **a** de Maria, Jo 11.1. Evangelizavam muitas **a** dos samaritanos, At 8.25. Ver **Cidade**, **Povoação**.

ALEGORIA: Obra artística ou literária, que representa uma coisa, para dar idéia de outra. // Sara e Agar, alegoria das duas alianças, Gl 4.21-31. Ver **Parábola**.

ALEGÓRICO: Que encerra alegoria. // São **a**, porque estas mulheres são duas alianças, Gl 4.24.

ALEGRAR: Além da alegria, causada por acontecimentos que agradam, veja por exemplo, Et 8.17, as Escrituras se referem repetidamente a alegria como um sentimento religioso. A religião alcança as fontes mais profundas das emoções do coração humano, induzindo o povo a saltar, a clamar e a cantar. Orou Ana... porquanto me alegro na tua salvação, 1 Sm 2.1. Todo o povo, tocando gaitas e alegrando-se com grande alegria, 1 Rs 1.40. Alegre-se o coração dos que buscam o Senhor, 1 Cr 16.10. O rei Davi se alegrou com grande júbilo, 1 Cr 29.9. Alegrar-me-ei e exultarei em ti, Sl 9.2. Na presença de Deus há plenitude de alegria, Sl 16.11. Os preceitos do Senhor... alegram o coração, Sl 19.8. Eu me alegrarei e regozijarei na tua benignidade, Sl 31.7. Alegrai-vos no Senhor, Sl 32.11.; 97.12. Cujas correntes alegram a cidade de Deus, Sl 46.4. O vinho que alegra, Sl 104.15; Ec 10.19. Regozijemo-nos e alegremo-nos nele, Sl 118.24. Alegrei-me quando me disseram, Sl 122.1. Alegra-te com a mulher da tua mocidade, Pv 5.18. O filho sábio alegra a seu pai, Pv 10.1. O deserto e a terra se alegrarão, Is 35.1. Vendo a estrela alegraram-se, Mt 2.10. Alegrai-vos com os que se alegram, Rm 12.15. Não se alegra com a injustiça, 1 Co 13.6. Alegra-te, ó estéril, Gl 4.27. Alegrai-vos no Senhor, Fp 3.1. Alegrai-vos sempre no Senhor, Fp 4.4. Alegrai-vos na medida em que sois co-participantes dos sofrimentos, 1 Pe 4.13. Os que habitam sobre a terra se alegram, Ap 11.10. Alegremo-nos, exultemos, Ap 19.7. Ver **Deleitar**, **Exultar**, **Jubilar**, **Gozo**, **Regozijar**.

ALEGRE: Que sente alegria, contente, jubiloso, prazenteiro. // Grandes coisas... por isso estamos **a**, Sl 126.3. Os nossos opressores que fôssemos **a**, Sl 137.3. O coração **a**, aformoseia o rosto, Pv 15.13. O coração **a** é bom remédio, Pv 17.22. Tão **a** ficou, que nem o fez entrar, At 12.14. Está alguém **a**? Cante, Tg 5.13. Sobremodo **a** em Ter encontrado dentre os teus filhos, 2 Jo 4. Ver **Contente**, **Jubiloso**, **Radiante**, **Satisfeito**.

ALEGRIA: Contentamento, júbilo, prazer moral. // Não serviste ao Senhor com **a**, Dt 28.47. Levantaram as vozes com gritos **a**, Ed 3.12. A **a** do Senhor é a vossa força, Ne 8.10. Fizeram cabanas... e houve mui grande **a**, Ne 8.17. Fizessem a dedicação com **a**, Ne 12.27. O mês que se lhes mudou de tristeza em **a**, Et 9.22. A **a**, dos ímpios momentânea? Jó 20.5. Mais **a** me puseste no coração do que **a** deles, Sl 4.7. Na tua presença há plenitude de **a**, Sl 16.11. A **a** vem pela manhã, Sl 30.5. E me cingiste de **a**, Sl 30.11. Deus que é a minha grande **a**, Sl 43.4. Te ungiu com o óleo de **a**, Sl 45.7. Seu santo nome... é a **a** de toda a terra, Sl 48.2. Faze-me ouvir júbilo e **a**, Sl 51.8. Restitui-me a **a** da tua salvação, Sl 51.12. Servi ao Senhor com **a**, Sl 100.2. Se não preferir eu Jerusalém à minha maior **a**, Sl 137.6. A **a** do coração é banquete contínuo, Pv 15.15. Praticar a justiça é **a** para o justo, Pv 21.15. Tempo de saltar de **a**, Ec 3.4. O coração dos... insensatos na casa da **a**, Ec 7.4. Com **a** tirareis águas das fontes, Is 12.3. **A** eterna coroará as suas cabeças, Is 35.10; 51.11. Gozo e **a** alcançarão, Is 35.10. Regozijo e **a** se acharão nela, Is 51.3. As tuas palavras me foram gozo e **a**, Jr 15.16. E a recebe logo, com **a**, Mt 13.20. E, transbordante de **a**, vai, vende tudo, Mt 13.44. Tomadas de medo e grande **a**, Mt 28.8. Trago boa nova de grande **a**, Lc 2.10. Regressaram possuídos de **a**, Lc 10.17. Esta **a** já se cumpriu em mim, Jo 3.29. A vossa tristeza se converterá em **a**, Jo 16.20 A vossa **a** ninguém poderá tirar, Jo 16.22. Para que a vossa **a** seja completa, Jo 16.24. Tomavam as suas refeições com **a**, At 2.46. Houve grande **a** naquela cidade, At 8.8. Os discípulos transbordavam de **a** e do Espírito Santo, At 13.52. Enchendo os vossos corações de fartura e de **a**, At 14.17. Manifestavam grande **a**, por terem crido, At 16.34. Exerce misericórdia com **a**, Rm 12.8. O reino...é **a** no Espírito Santo, Rm 14.17. Somos cooperadores de vossa **a**, 2 Co 1.24. A minha **a** é também a vossa, 2 Co 2.3. No meio de muita prova de tribulação, manifestaram abundância de **a**, 2 Co 8.2. Quem dá com **a**, 2 Co 9.7. O fruto do Espírito é... **a**, Gl 5.22. Fazendo com **a**, súplicas, Fp 1.4. Completai a minha **a**, Fp 2.2. Minha **a** e coroa, Fp 4.1. Em toda a perseverança... com **a**, Gl 1.11. Tendo recebido a palavra... com **a** do Espírito Santo, 1 Ts 1.6. Para que eu transborde de **a**, 2 Tm 1.4. Aceitastes com **a** o espólio, Hb 10.34. Em troca da **a**... suportou a cruz, Hb 12.2. Disciplina... não parece ser motivo de **a**, Hb 12.11. Façam isto com **a** e não gemendo, Hb 13.17. Motivo de toda **a** o passardes, Tg 1.2. Converta-se... a vossa **a** em tristeza, Tg 4.9. Exultais com **a** indizível, 1 Pe 1.8. A nossa **a** seja completa, 1 Jo 1.4. Não tenho maior **a** do que esta, 3 Jo 4. Ver **Delícia**, **Gozo**, **Júbilo**, **Prazer**.

ALEIJADO: Que tem algum membro mutilado, deforme e incapaz do seu uso natural. //

O cego, ou **a**... não os ofereceis ao Senhor, Lv 22.22. **A**... seu nome era Mefibosete, 2 Sm 4.4. Os **a** recobravam a saúde, Mt 15.31. Entrares na vida manco ou **a**, Mt 18.8. Convida os **a**, Lc 14.13. Traze para aqui os pobres, os **a**, Lc 14.21. **A**, paralítico desde o seu nascimento, At 14.8. Ver **Coxo**, **Manco**.

ALEIVOSAMENTE: Traiçoeiramente. // Meus irmãos **a** me trataram, Jó 6.15. **A** se houveram contra o Senhor, Os 5.7. Mas... se portaram **a** contra mim, Os 6.7.

ALEIVOSO: Calunioso, traidor. // Os **a** serão dela desarraigados, Pv 2.22.

ALELUIA: Louvado seja Deus. Como se vê no Ap 19.1, 3, 4, 6, é exclamação de júbilo e de vitória. Encontra-se também, em Sl 104.35; 105.45; 106.48; 111.1; 112.1; 113.1,9; 115.18; 116.19; 117.2; 135.1,21; 146.1,10; 147.1,20; 148.1,14; 149.1,9; 150.1,6. Entoavam-se, em algumas das igrejas primitivas, os "Salmos de Aleluia". Cantavam-se os Salmos 113 a 118 nos cultos domésticos durante a páscoa, o pentecoste, a festa dos tabernáculos e a festa da dedicação do Templo. Foi, provavelmente o Salmo 113 que Jesus cantou, com os seus discípulos na Ceia do Senhor, Mt 26.30. **Aleluia** é a mais sublime aclamação de culto e adoração. Anselmo considerava-a como palavra angelical; Agostinho dizia: "A palavra 'aleluia' exprime o sentimento que abrange toda a bem-aventurança, ou o estado bendito, do céu".

ALÉM: Lugar distante. O outro mundo. // O **a** está desnudo perante ele, Jó 26.6. O **a** e o abismo estão descobertos, Pv 15.11. No **a** para onde tu vais, Ec 9.10. O **a** desde o profundo se turba. Is 14.9. Os mais poderosos... gritarão do **a**. Ez 32.21. Ver **Eternidade**, **Inferno**, **Morte**.

ALEMETE, hb. Cobertura: 1. Neto de Benjamim, 1 Co 7.8. // 2. Cidade perto de Anadote, 1 Cr 6.60. // 3. Descendente de Saul, 1 Cr 8.36.

ALENTAR: Dar alento, ânimo a. Encorajar. // O expresso propósito... de alentar os vossos corações, Cl 4.8. Ver **Animar**.

ALENTO: Respiração, fôlego, bafo. Esforço, coragem, valentia. // Ao sétimo dia descansarás... para que tome **a**, Êx 23.12. Ao sétimo dia descansou e tomou **a**, Êx 31.17. Para que por um pouco eu tome **a**, Jó 10.20. Forte **a** tenhamos nós que já corremos, Hb 6.18. Ver **Ânimo**, **Coragem**.

ALERTA: Vigilante, atento. // Estejam **a** os teus ouvidos, Sl 130.2.

ALEXANDRE, gr. **Auxiliar dos homens**: 1. Alexandre Magno. Seu nome não se menciona nas Escrituras, mas refere-se a, ele em Dn 2.39; 7.6; 8.5-7; 11.3,4; etc. Nasceu em Pela, capital da Macedônia, em 356 a.C. Educado por Aristóteles, célebre filósofo grego. Sucedeu a seu pai, Felipe de Olímpia, rei da Macedônia, em 336 a.C. Depois de submeter a Grécia ao seu domínio, venceu os exércitos dos persas, conquistou o Egito e fundou a cidade de Alexandria. Ganhou contra os persas a batalha de Arbelas (331) e o domínio mundial da Pérsia passou para a Grécia, da Ásia para a Europa. Tomou Babilônia, Susa, incendiou Persépolis e venceu Porus. Ainda jovem, voltou a Babilônia. Sem mais reino para vencer, diz-se que se sentou e chorou. Mas não conseguindo vencer o mundo no seu próprio coração, caiu no maior vício desenfreado e morreu com apenas 33 anos. Depois da sua morte, seu império, dividido entre quatro de seus generais, desintegrou-se até passar para o domínio de Roma, em 146 a.C. Ainda no século XX, contudo, foi dito dele: "Nunca houve vulto sequer, a não ser o Filho do Carpinteiro de Nazaré, que fez tanto, como Alexandre Mago, para o mundo em que vivemos". // 2. Alexandre, o filho de Simão Cirineu que foi obrigado a carregar a cruz de Jesus, Mc 15.21. // 3. Alexandre, parente do sumo sacerdote, Anás, At 4.6. // 4. Alexandre, judeu que seus patrícios impeliram para frente para falar ao povo amotinado por Demétrio, At 19.33. // 5. Alexandre, crente em Éfeso, que abandonara a sua fé e que foi entregue a Satanás por Paulo, 1 Tm 1.19,20. É provável que Alexandre, o latoeiro, que causou a Paulo muitos males, seja o mesmo, 2 Tm 4.14.

ALEXANDRIA: Cidade fundada por Alexandre Magno em 331 a.C., para ser a metrópole do seu império ocidental. Situada no litoral norte do Egito, 23 quilômetros ao oeste da foz do Nilo. Seu farol, o primeiro, é uma das Sete Maravilhas do Mundo, era uma torre de mármore de 135 metros. Desmoronou-se em 1302. No tempo do Império Romano, Alexandria ocupava o segundo lugar das cidades do mundo, com uma população mixta de 800 mil habitantes. Filo calculou, no seu tempo, que havia 1.000.000 de judeus morando na cidade e acrescentou que duas das cinco zonas da cidade se chamavam setores judaicos. A cidade tornou-se o maior centro intelectual. Sua biblioteca era a maior do mundo, com 700 mil rolos ou tomos. Foi nesta cidade que se fez a tradução do Antigo Testamento, do hebraico para o grego, chamada a Septuaginta, ou Versão dos Setenta, 280 a 50 a.C. Alexandria foi um dos maiores centros comerciais, especialmente na exportação de trigo. Foi um navio carregado de trigo de Alexandria, com o apóstolo Paulo a bordo, que naufragou em Malta, At 27.6. Outro navio alexandrino, com o emblema de "Castor

A safra de algodão em Israel, graças aos métodos moderníssimos, é de 30 mil toneladas anualmente

e Polux", levou o resto da viagem a Roma, At 28.11. Havia em Jerusalém uma sinagoga dos judeus de Alexandria, At 6.9. Alexandria atualmente, é um porto movimentado mas quase sem vestígio do seu esplendor antigo. Ver mapa 6. E-4.

ALEXANDRINOS: Judeus de Alexandria que, com outros, tinham uma sinagoga em Jerusalém, At 6.9.

ALFA E ÔMEGA: A primeira e a última letra do alfabeto grego. A frase "Eu sou o Alfa e o Ômega" quer dizer "Eu sou o Princípio e o Fim", ou "Eu sou Aquele que é eterno". Esta frase em Ap 1.8 e 21.6 refere-se a Deus: em Ap 22.13, a Jesus Cristo. Comp Is 41.4; 44.6; Hb 2.10.

ALFABETO, gr. Alpha e beta, primeiras letras do alfabeto grego: Um alfabeto é um conjunto de letras que representam os sons elementares duma língua. A escritura dos egípcios consistia em figuras gravadas e esculpidas, chamadas hieróglifos. Esses caracteres ou letras representavam parcialmente idéias em vez de representar exclusivamente sons. Os fenícios, os sírios e hebreus foram obrigados, pelas necessidades comerciais, a originar um sistema mais simples, a escrita alfabética. Todos os alfabetos derivaram do alfabeto fenício. Do alfabeto grego saiu o alfabeto latim, empregado não somente pelas línguas derivadas do latim, mas também, pelas línguas escandinavas, alemãs, eslavas, etc.

ALFÂNDEGA: Repartição pública onde se cobram os direitos de entrada e saída de mercadorias. // Assentado na **a** um homem, chamado Mateus, Mt 9.9 (ARC).

ALFARROBA: Refere-se à casca deste fruto na parábola do filho pródigo, Lc 15.16. A alfarroba é vagem de polpa assucarada e agradável ao paladar. Utiliza-se para a alimentação do gado. A alfarrobeira cresce em todo o litoral do mediterrâneo. Atinge doze metros de altura e o seu tronco chega a ter dois metros de circunferência.

ALFEU: Passageiro, transitório: 1. Pai de Levi, isto é, de Mateus, Mc 2.14; cf. Mt 9.9. // 2. Pai de Tiago, o Menor, Mt 10.3; Mc 15.40.

ALFORJE: Sacola, feita geralmente de couro, para conduzir dinheiro e mantimento durante a jornada, 1 Sm 17.40; Mt 10.10. Ver **Bolsa**, **Saco**, **Saquitel**.

ALGA: Jn 2.5. Planta que vive no fundo, ou na superfície das águas doces ou salgadas.

ALGEMA: Cadeia, grilheta. // Lembrai-vos das minhas **a**, Cl 4.18. Não se envergonhou das minhas **a**, 2 Tm 1.16. Sofrendo até **a** como malfeitor, 2 Tm 2.9. Até de **a** e prisões, Hb 11.36. Em **a** eternas, Jd 6. Ver **Cadeia**, **Grilhão**.

ALGEMAR: Prender com algemas. Prender moralmente. // Pelo qual também estou algemado, Cl 4.3. Estou sofrendo até algemas... contudo, a palavra... não está algemada, 2 Tm 2.9. Ver **Amarrar**.

ALGODÃO: Tecido que se fabrica com a penugem do algodoeiro. Cultiva-se algodão atualmente na Palestina. Mas não há prova certa de que foi conhecido, entre os hebreus nos tempos da Bíblia, como tecido distinto do de linho. A palavra traduzida "linho" em Et 1.6, traduz-se, em algumas versões, "algodão".

ALGUÉM: Alguma pessoa. // Se **a** está em Cristo, 2 Co 5.17.

ALGUM: Um entre dois ou mais. Plural; Mais de um. // Sete e **a** peixinhos, Mt 15.34.

ALHEIO: Que é de outrem. Estrangeiro. Estranho. // Edificar sobre fundamento **a**, Rm 15.20. Obscurecidos de entendimento, **a** a vida de Deus, Ef 4.18. Intrometem na vida **a**, 2 Ts 3.11. Peregrinou... como em terra **a**, Hb 11.9.

ALHO: O gênero alho compreende a cebola, o alho bravo, a cebolinha, etc. Os israelitas no deserto suspiravam pelos pepinos, melões, alhos, porros e cebolas do Egito, Nm 11.5.

ALIÁ, hb. **Sublime**: Um príncipe de Edom, 1 Cr 1.51. Alva em Gn 36.40.

ALIÃ, hb. **Sublime**: Descendente de Seir, 1 Cr 1.4c.

ALIADO: Povo ligado a outro por tratado. // Os quais eram **a** de Abrão, Gn 14.13. A Síria está **a** com Efraim, Is 7.2.

ALIANÇA: Nas Escrituras, um contrato, um pacto, um ajuste que solenemente se realizava entre duas ou mais pessoas: A **aliança** entre Abraão e Abimeleque, Gn 21.27; entre Labão e Jacó, Gn 31.44; entre Israel e Gibeão, Js 9.6,15; entre Davi e Jônatas, 1 Sm 18.3; entre Acabe e Ben-Hadade, 1 Rs 20.34. Observavam-se vários ritos religiosos quando se realizava uma aliança. A vítima do sacrifício era morta e dividida em duas partes, entre as quais as pessoas interessadas, pedindo nessa ocasião a maldição de semelhante despedaçamento para aquele que quebrasse condições da aliança. Ver Gn 15.9,10. Celebrava-se o acontecimento com uma festa, Êx 24.11; 2 Sm 3.12-20 Sal, como símbolo de fidelidade era usado nestas ocasiões, aplicado aos sacrifícios. Vem desse uso a expressão "aliança de sal", Nm 18.19; 2 Cr 13.5. Uma coluna foi levantada em memória da aliança entre Labão e Jacó, Gn 31.52. Os judeus davam grande importância a serem fiéis aos seus compromissos, Js 9.18. A ira de Deus caía sobre aqueles que os violavam, 2 Sm 21.1; Ez 17.16. As **alianças** que Deus estabelece com os homens são livres promessas da sua parte, baseadas em várias condições que os homens têm de cumprir. A **aliança** que Deus fez com o homem no Éden, Gn 1.28; com o homem depois da sua queda, Gn 3.14; com Noé e seus filhos, depois do dilúvio, Gn 9.1; com Abraão, Gn 15.18; 17.1,14; Lc 1.72; At 3.25; com Jacó, Gn 28.13,14; 1 Cr 16.16,17; com Israel, Êx 6.4; Jz 2.1; com Davi, 2 Sm 7.8-16; a nova aliança, Hb 8.8; 12.18-24. Quando participamos do cálice, na Ceia do Senhor, participamos da nova aliança, 1 Co 11.25; comp. Hb 10.29. As palavras da aliança eram os Dez Mandamentos, Êx 34.28; Dt 4.13; Chamavam-se as duas tábuas, em que foram gravados os Dez Mandamentos, as tábuas da aliança, e a arca em que as guardavam, a arca da aliança, Dt 9.11; 2 Cr 6.11; Nm 10.33. O Novo Concerto, o Novo Testamento, era uma aliança de graça; o Velho Concerto, o Antigo Testamento, era uma aliança de lei, 2 Co 3.6,14; Êx 24.7. Ver **Acordo**.

ALICERÇADO: Fundamento. // Arraigados e alicerçados em amor, Ef 3.17. Alicerçados e firmes, Cl 1.23.

ALICERCE: Maciço de alvenaria que serve de base às paredes de um edifício. Base, principal sustentáculo de alguma coisa. // Da casa de Deus, 2 Cr 3.3; Ed 3.10. Lançou os **a** sobre a rocha, Lc 6.48. Lançado os **a** e não a podendo acabar, Lc 14.29. Sacudiu os **a** da prisão, At 16.26. Ver **Fundamento**.

ALICIAR: Atrair a si, seduzir. // O homem violento alicia o seu companheiro, Pv 16.29.

ALIENAR-SE: Retirar-se de alguém. // Que se alienar de mim e levantar os seus ídolos, Ez 14.7.

ALIMÁRIA: Animal irracional. // Mais astuta que todas as **a**, Gn 3.1 (ARC). Meu é... e as **a** sobre milhares de montanhas, Sl 50.10 (ARC).

ALIMENTAR: Nutrir, sustentar. // Alimentava de gafanhotos e mel, Mc 1.6. Quem de mim se alimenta, Jo 6.57. Jamais odiou a sua própria carne, antes e alimenta, Ef 5.29. Alimentado com as palavras de fé, 1 Tm 4.6.

ALIMENTO: Toda a substância que serve para a nutrição. // Parece que os homens no início se alimentavam exclusivamente de produtos vegetais, Gn 1.29; 2.16; 3.2. Depois do dilúvio Deus deu-lhes permissão para comerem dos produtos alimentícios de origem animal, Gn 9.3,4. Os hebreus, durante seu estado nômade, além de comerem pão, alimentavam-se dos produtos dos rebanhos, da caça, e de mel silvestre, Gn 18.5-8; 27.3; 43.11. O povo, estabelecido na Terra da Promissão, comiam também, das hortas, das vinhas, dos olivais. Supõe-se que tinham os mesmos alimentos que eram usados entre os egípcios: peixes, pepinos, melões, alhos, cebolas, Nm 11.5. As refeições simples consistiam de pão e cozinhado de lentilhas, de pão molhado em vinho, ou de grãos tostados, Gn 25.34; Rt 2.14. Matar um cordeiro, um novilho, ou boi cevado, em honra dum hóspede era ato elevado de hospitalidade, 1 Sm 25.18; 1 Rs 1.19; Lc 15.23; Pv 15.17. Mencionam-se, também, trigo (Lv 23.14); cevada (Rt 2.17); favas (2 Sm 17.28); espelta (Is 28.25); legumes (Dn 1.12); gafanhotos, locustas e grilos (Lv 11.22); aves (Dt 14.11; 1 Rs 4.23); pardais (Mt 10.29); cordonizes (Êx 16.13); perdizes (1 Sm 26.20); ovos (Lc 11.12); veados, gazelas, corços (1 Rs 4.23); coalhada e queijo (2 Sm 17.29); manteiga (Pv 30.33); leite de cabra (Pv 27.27); coalhada de vacas e leite de ovelhas (Dt 32.14); de "árvores de comer" (Lv 19.23), figos (Jz 9.11), romãs (Dt 8.8); amêndoas (Gn 43.11), maçãs (Ct 2.3). O mar da Galiléia era grande centro da pescaria. Guardava-se leite em odres, Jz 4.19. Podia-se comer a carne somente de certos animais declarados "limpos", Lv 11.2,3; Dt 14.4-20; At 10.10-15. Na Nova Aliança declara-se que "tudo é bom... nada é recusável, porque pela palavra de Deus, e pela oração, é santificado", 1 Tm 4.1-5.

ALIMPAR: O mesmo que limpar. // alimpará a cevada, Rt 3.2.

ALISTAMENTO (ARC): Ver Recenseamento.

ALISTAR: Pôr em lista; arrolar: // Todos iam alistar-se, Lc 2.3. Agradar àquele que o alistou, 2 Tm 2.4 (ARC).

ALIVIAR: Tornar leve ou mais leve. Mitigar, suavizar, minorar. // Alivia tu a dura servidão de teu pai, 1 Rs 12.4. Na angústia me tens aliviado, Sl 4.1. Vinde... e eu vos aliviarei, Mt 11.28. Aliviavam o navio, At 27.18. Ver **Consolar**, **Descansar**.

ALÍVIO: Diminuição de fadiga, de trabalho, de sofrimento. // Davi tomava a harpa... então Saul sentia **a**, 1 Sm 16.23. Nenhum **a** tivemos... em tudo fomos atribulados, 2 Co 7.5. Que os outros tenham **a**, e vós, sobrecarga, 2 Co 8.13. **A** juntamente conosco, quando do céu, 2 Ts 1.7. Ver **Descanso**, **Refrigério**.

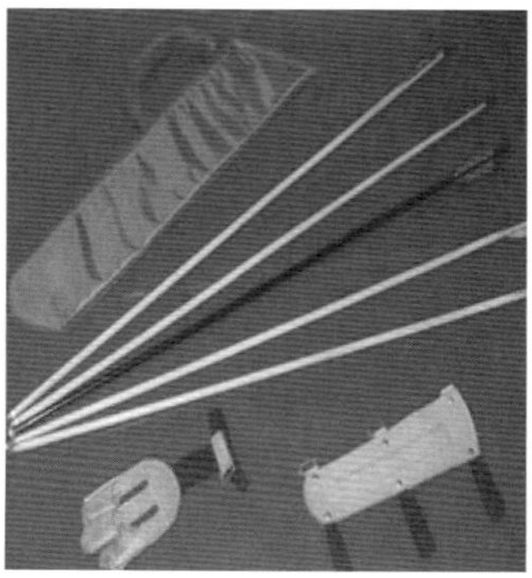

Carro de guerra com aljava

ALJAVA: O estojo em que se levavam as setas. // A **a** foi uma parte do armamento tanto do soldado de infantaria como o de carro de guerra, Jó 39.23; Is 22.6. Usava-se, também, pelo caçador, Gn 27.3. Usa-se a palavra metaforicamente acerca de filhos, Sl 127.5. Refere-se aos profetas como setas, Js 49.2. A **a** é como um sepulcro aberto, Jr 5.16.

ALMA: O vocábulo **nephesh** (hb.) é traduzido "alma" mais de 500 vezes no Antigo Testamento e **psyche** (gr) mais de 30 vezes no Novo Testamento. Muitas outras vezes as duas palavras são traduzidas "vida". "Alma" se refere a animais em Gn 2.19. Significa homens ou pessoas em Gn 2.7; 1 Cr 5.21; At 2.41; etc. Mas a palavra quer dizer, geralmente a "substância incorpórea, imaterial, invisível, criada por Deus à sua semelhança, fonte e motor de todos os atos humanos". É a parte imortal do homem em contraste ao corpo, Is 10.18; Ap 6.9; 20.4; etc. Pode existir dentro de um corpo ou fora dele, Ap 6.9. Alguns teólogos sustentam a opinião do homem se compor de duas partes; Deus o formou do pó da terra (a parte material. Soprou... e ele passou a ser alma vivente, a parte espiritual do homem, Gn 2.7. Outros teólogos defendem a opinião que o homem é composto de três: corpo, alma e espírito, 1 Ts 5.23; Hb 4.12. Insistem em afirmar que Paulo fazia distinção entre os três elementos: 1) O corpo, a parte material do homem. 2) A alma, a parte que o homem possui em comum com os brutos, que inclui o entendimento e a emoção e que terminam com a morte. 3) O espírito, a parte do homem, que inclui a razão, a vontade e a consciência e que é imortal. Ambas as doutrinas são certas, se se reconhece que alma e espírito representam um lado e o corpo o outro. Espírito e alma são tão ligados e inseparáveis que muitas vezes se confundem. Por exemplo: em Ec 12.7 é o espírito que volta a Deus, em Ap 6.9 é a alma. Em Mt 10.28 a parte que não morre é a alma; em Tg 2.26 é o espírito. // A alma sente sede (Sl 42.2), fome (Sl 107.9), cansaço, Jr 31.25. A alma pode buscar ao Senhor (1 Cr 22.19); humilhar-se por meio de jejum, Sl 35.13. Pode ficar magra (Sl 106.15) ou ser como jardim regado (Jr 31.12); prosperar, Pv 11.25; 3 Jo 2. Pode aborrecer (Lv 26.11); angustiar-se (Jó 30.25; Mt 26.38); amar (Dt 6.5; 1 Sm 18.1); gloriar-se (Sl 34.2); engrandecer ao Senhor (Lc 1.46); regalar-se (Lc 12.19); suspirar (Sl 42.1); ficar abatida (Sl 42.5); estar restaurada ou refrigerada (Sl 19.7; 23.3); pode-se derramar a alma (1 Sm 1.15; Is 53.12); salvar a alma (Ez 3.19; Lc 21.19; Hb 10.39; 1 Pe 1.9); perdê-la (Mt 16.26; Mc 8.36); purificá-la, 1 Pe 1.22. Ganha-se almas, Pv 11.30; Tg 5.20. O valor da alma, Mt 16.26; Mc 8.37. O que guarda o mandamento guarda a sua alma, Pv 19.6. Não se pode matar a alma, Mt 10.28. Paulo exorta a lutar juntos como uma só alma, Fp 1.27. Há uma âncora da alma, Hb 6.19. Nossos guias velam por nossas almas (Hb 13.17); fortalecendo-as, At 14.22. Cristo é o Pastor e Bispo de nossas almas, 1 Pe 2.25. Ver **Coração**, **Pessoa**.

ALMEJAR: Desejar com ânsia. // Ao episcopado, excelente obra almeja, 1 Tm 3.1.

ALMODÁ, hb. **Imenso**: Descendente de Sem e fundador de uma tribo árabe, Gn 10.26; 1 Cr 1.20.

ALMOFADA: Em Am 3.12 (B) refere-se, provavelmente, a uma espécie de almofada que servia de divã, o único móvel na sala de recepção, dos orientais. Ver **Travesseiro**.

ALMOM, hb. **Retiro**: Cidade de Benjamim, dada aos levitas, Js 21.18.

ALMOM-DIBLATAIM: Um dos acampamentos de Israel no deserto, não muito antes de chegar ao Jordão, Nm 33.46,47.

ALMUDE: Jo 2.6 (ARC). Equivalente a um bato, 36 litros. Ver **Medidas de capacidade**.

ALMUGUE: Madeira trazida de Ofir, por via marítima, para fazer balaústres, harpas, alaúdes, etc, para o Templo, 1 Rs 10.11,12 (ARC); conforme a tradição foi a famosa e preciosa madeira de sândalo, procurada por sua bela cor, dureza, aroma e fino aspecto. A árvore é frondosa, alcançando altura de oito a dez metros.

ALOÉS: O alóes mencionado nas Escrituras não tem relação com a planta, cultivada em jardins hoje, de cujas folhas se extrai uma resina amarga e purgativa. Refere-se a uma madeira preciosa e odorífera, da árvore aquilaria agallocha, da qual se extrai uma resina usada para perfumar roupa e camas, Sl 45.8; Pv 7.17. Menciona-se como uma das especiarias mais preciosas, Ct 4.14. O uso mais memorável dessa especiaria foi no sepultamento de Jesus, Jo 19.39. Se o composto de 50 quilos que Nicodemos usou tinha considerável proporção de aloés, foi preciosíssimo.

ALOM-BACUTE: hb. Carvalho de lágrimas: Lugar do enterro de Débora, a ama de Rebeca, Gn 35.8.

ALONGAR: Fazer longo ou mais longo; estender. // Alonga as tuas cordas e firma bem as tuas estacas, Is 54.2. E alongam as suas franjas, Mt 23.5.

ALOSNA: Am 6.12 (ARC). Designação de diversas plantas da família das Compostas. Ver **Abismo**.

ALOTE, Que produz leite: Cidade do norte da Palestina. 1 Rs 4.16.

ALPENDRE: Telheiro; teto suspenso por colunas ou pilastras, pelo menos dum lado, cobrindo a entrada dum edifício. // Saindo para o **a**, Mt 26.71. Betesda, o qual tem cinco **a**, Jo 5.2 (ARC). Jesus andava... **a** de Salomão, Jo 10.23 (ARC). No **a** chamado de Salomão, At 3.11 (ARC). Unanimemente no **a** de Salomão, At 5.12 (ARC). Ver **Pavilhão**, **Pórtico**.

ALQUEIRE: Medida de cerca de 9 litros. Em Mt 5.15; Mc 4.21 e Lc 11.33, refere-se, não **a** sua capacidade, mas apenas a uma coisa para esconder a luz.

ALTA: Demora, paragem. // Nem há **a** nesta peleja, Ec 8.8.

ALTAR, lat. **Altus**: Lugar elevado para oferecer sacrifícios. Havia dois tipos de altares. Um consistia de terra (Êx 20.24), ou de uma rocha (Jz 13.19), ou de uma só pedra grande (1 Sm 14.33-35), ou de várias pedras não lavradas, Êx 20.25; 1 Rs 18.31,32. O outro tipo tinha pontas (1 Rs 1.50), foi de medidas certas, de modelo designado e de bronze. // O altar levantado por Noé, Gn 8.20; por Abraão, Gn 12.7,8; por Isaque, Gn 26.25; por Jacó, Gn 33.20; por Moisés, Êx 17.15; por Balaão, Nm 23.1; por Josué, Js 8.30; pelos Rubenitas, Js 22.10; por Gideão, Jz 6.26,27; pelo povo de Israel, Jz 21.4; por Samuel, 1 Sm 7.17; por Saul, 1 Sm 14.35; por Davi, 2 Sm 24.21,25; por Jerobão, 1 Rs 12.33; por Elias, 1 Rs 18.30,32; por Acaz, 2 Rs 16.10-12; por Salomão, 2 Cr 4.1; "ao deus desconhecido", At 17.23. // O altar do holocausto, Êx 27.1-8; de incenso, Êx 30.1-6. // "Possuímos um altar...", Hb 13.10. Nossos sacrifícios são nossos corpos, nosso louvor, sacrifícios espirituais, etc. Rm 12.1; Hb 13.15; 1 Pe 2.5; etc. "Ao trazeres ao altar a tua oferta...", Mt 5.23.

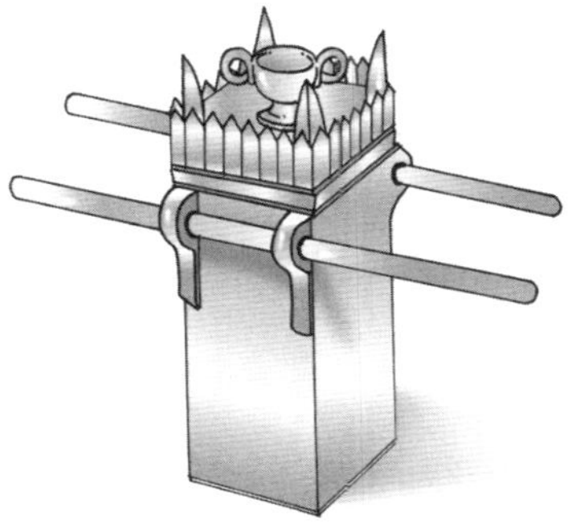

Altar

ALTEAR: Elevar ou elevar mais. // Alteiam os seus próprios símbolos, Sl 74.4. O céu se alteia acima da terra, Sl 103.11.

ALTERCAÇÃO: Disputa, contenda, debate em termos algo acrimoniosos. // **A** sem fim, 1 Tm 6.5.

ALTERCADOR: O que alteram, disputa ou contenda com outrem. // Não difamem a ninguém: nem sejam **a**, Tt 3.2.

ALTERCAR: Disputar, argumentar. // Irou-se Jacó e altercou com Labão, Gn 31.36.

ALTÍSSIMO: Muito alto. Deus. // Palavra daquele que... sabe a ciência do **A**, Nm 24.16. O **A** levantou a sua voz, Sl 18.13. A fim de que conheçam... que o **A** tem domínio, Dn 4.17. Será chamado Filho do **A**, Lc 1.32. O poder do **A** te envolverá, Lc 1.35. Serás chamado profeta do **A**, Lc 1.76. Sereis filhos do **A**, Lc 6.35. Não habita o **A** em casas feitas por mãos, At 7.48. Melquizedeque... sacerdote do Deus **A**, Hb 7.1. Ver **Deus**, **Excelso**, **Soberano**, **Supremo**.

ALTIVEZ: Arrogância. // A **a** do espírito, a queda, Pv 16.18. Sua **a** será humilhada, Is 2.11. E toda **a** que se levante contra o conhecimento, 2 Co 10.5. Ver **Arrogância**, **Orgulho**.

ALTIVO: Orgulhoso, arrogante. // Com um lance de vista abates os **a**, 2 Sm 22.28. Destruirei; o que tem olhar **a**, Sl 101.5. Senhor não é... **a** o meu olhar, Sl 131.1. Olhos **a**, língua mentirosa, mãos, Pv 6.17. Os olhos **a**... serão abatidos, Is 2.11.

ALTO: Ponto mais elevado. Desde os tempos mais antigos e entre todas as nações foi costume levantar altares e realizar cultos nos altos e lugares mais visíveis. Abraão, Gideão, Manoá, Samuel, Davi, Elias e outros levantaram altares nos altos, Gn 22.2-4; Jz 6.25,26; 13.19; 1 Cr 21.26; 1 Rs 18.30. Contudo, os cananeus haviam estabelecidos lugares altos para o culto aos seus deuses e foi terminantemente proibido por Deus, Dt 12.11-14. Foi ordenado a destruí-los por completo, Dt 12.2,3. Mas reapareciam e eram destruídos repetidamente, até o cativeiro.

ALTURA: Dimensão vertical dum corpo, a partir da base para cima; eminência; posição de um corpo acima duma superfície; firmamento, estatura. // Não atentes para a sua aparência... a sua **a**, 1 Sm 16.7. Olha para as estrelas mais altas. Que **a**! Jó 22.12. Como a **a** dos céus e a profundeza da terra, Pv 25.3. Hosana nas maiores **a**, Mt 21.9. Glória a Deus nas maiores **a**, Lc 2.14. Nem **a**... separar-nos do amor, Rm 8.39. Poderdes compreender... a **a** e a profundidade, Ef 3.18. Subiu às **a**, Ef 4.8.

ALUGAR: Dar ou tomar alguma coisa por preço certo e tempo determinado. Assalariar. // Eu te aluguei, Gn 30.16. Se foi alugado, o preço do aluguel será o pagamento, Êx 22.15. Alugaram contra ti a Balaão, Dt 23.4. Com uma navalha alugada, Is 7.20. Na sua própria casa que alugara, At 28.30.

ALUMIAR: Dar luz a: esclarecer. // Alumia os meus olhos, Sl 13.3 (ARC). O mandamento... alumia os olhos, Sl 19.8 (ARC). A verdadeira luz alumia, 1 Jo 2.8 (ARC). A glória de Deus a tem alumiado, Ap 21.23 (ARC).

ALUNO: Discípulo, aprendiz. // Estava com ele e era seu **a**, Pv 8.30 (ARC).

ALUS, hb. Tumultos de homens: O lugar do nono acampamento de Israel no deserto, Nm 33.13.

ALVA, hb. Alto: Um dos príncipes de Edom, Gn 36.40.

ALVA: Primeiro alvor da manhã. // Revolver na cama até à **a**, Jó 7.4. Se tomar as asas da **a**, Sl 139.9 (ARC). Se eles não falarem desta maneira, jamais verão a **a**, Is 8.20. Romperá a tua luz com a **a**, Is 58.8. A estrela da **a**, nasça em vossos corações, 2 Pe 1.19.

ALVÃ, hb. Grande, Alto: Filho de Sobal, Gn 36.23.

ALVO: Branco. Ponto a que se dirige o tiro. Ponto a que se deseja chegar. // Por que fizeste de mim um **a**, Jó 7.20. Ficarei mais **a** que a neve, Sl 57.7. A sabedoria é o **a** do inteligente, Pv 17.24. Sua veste **a** como a neve, Mt 28.3. Para ser **a** de contradição, Lc 2.34. Prossigo para o **a**, Fp 3.14. Ver **Branco**.

ALVOROÇADOR: Que cause susto ou alegria repentina por efeito de acontecimento inesperado. // A bebida forte **a**, Pv 20.1.

ALVOROÇAR: Agitar, assustar. // Escarnecedores alvoraçam a cidade, Pv 29.8. Cidade se alvoroçou... Quem é este? Mt 21.10. Ele alvoraça o povo, Lc 23.5. Ajuntando a turba alvoroçaram, At 17.5. Alvoroçaram todo o povo e o agarraram, At 21.27.

ALVOROÇO: Agitação, perturbação. // Que **a** é esse? 1 Sm 4.14. Dia de **a** de atropelamento... da parte do Senhor, Is 22.5. Aquele dia é dia de indignação..., de **a**, Sf 1.15. Jesus... vendo... o povo em **a**, Mt 9.23. Não pouco **a** entre os soldados, At 12.18. Grande **a** acerca do caminho, At 19.23.

AMA: Mulher que amamenta criança alheia. // Débora, a ama de leite de Rebeca, permaneceu criada honrada mesmo depois do casamento de Rebeca, Gn 24.59; 35.8. A mãe adotiva de Moisés, a filha de Faraó, empregou a mãe de Moisés, para servir de mãe de leite para ele, Êx 2.7,9. Joás com sua ama de leite escaparam da morte, quando Jeoseba os escondeu numa câmara interior, 2 Rs 11.2. Metibosete, filho de Jônatas, ficou manco, quando sua ama, a fugir, deixou-o cair, 2 Sm 4.4. Noemi servia como ama a seu neto, Obede, Rt 4.16. Moisés comparou a si mesmo como uma ama para Israel, Nm 11.12. Ver Is 49.23. Paulo foi, para os Tessalonicenses, "qual ama que acaricia os próprios filhos", 1 Ts 2.7.

AMÁ, hb. Côvado: Outeiro junto ao caminho do deserto de Gibeão, 2 Sm 2.24.

AMÃ, hb. Conjunção: Cidade do sul de Judá, Js 15.26. Ver mapa 4, C-2.

AMABILÍSSIMO: Muito amável. // Jônatas; tu eras **a** para comigo! 2 Sm 1.26.

AMADE: Cidade na herança de Aser, Js 19.26.

AMADO: Querido, dileto. // O **a** do Senhor habitará seguro, Dt 33.12. Os teus **a** sejam livres, Sl 60.5; 108.6 O meu **a**, Ct 1.14; 2.3; 4.16. Eu sou do meu **a**, e o meu **a** é meu, Ct 6.3. O cântico do meu **a**, Is 5.1. Este é o meu Filho **a**, Mt 3.17. Nossos **a** Barnabé e Paulo, At 15.25. E, **a** a que não era **a**, Rm 9.25. Quanto, porém, à eleição, **a** por causa dos patriarcas, Rm 11.28. Que ele nos concedeu gratuitamente no **A**, Ef 1.6. Lucas, o médico **a**, Cl 4.14. Tornastes muito **a** de nós, 1 Ts 2.8. Ao **a** filho, Timóteo, 2 Tm 1.2; Amados, 1 Pe 2.11; 1 Jó 3.2; 4.1; 3 Jo 11; Jd 20.

AMAINAR: Abrandar, acalmar. // Quando as suas ondas se levantam, tu as amainas, Sl 89.9.

AMAL, hb. Tristeza: Descendente de Aser, 1 Cr 7.35.

AMALDIÇOAR: Lançar maldição sobre. // Nesta terra que o Senhor amaldiçoou, Gn 5.29. Não tornarei a amaldiçoar a terra, Gn 8.21. Amaldiçoarei os que te amaldiçoarem, Gn 12.3. Quem amaldiçoar a seu pai, Lv 20.9; Pv 20.20. Simei ia amaldiçoando, 2 Sm 16.5. Eliseu os amaldiçoou no nome do Senhor, 2 Rs 2.24. Amaldiçoa a Deus e morre, Jó 2.9. Com maldição sois amaldiçoados, Ml 3.9. Figueira que amaldiçoaste, Mc 11.21. Abençoai e não amaldiçoeis, Rm 12.14. Com ela amaldiçoamos, Tg 3.9.

AMALEQUE, AMALEQUITAS: Tribo nômade, descendentes de Amaleque, neto de Esaú, e um dos príncipes (duques) de Edom, Gn 36.12-16. A terra dos amalequitas, Gn 14.7. A primeira das nações, Nm 24.20. Derrotados por Josué na batalha em Refidim, Êx 17.8-13. Para apagar a memória de Amaleque de debaixo do céu, Êx 17.14; Dt 25.19. Derrotaram a Israel na primeira tentativa de entrar na Terra da Promissão, Nm 14.43-45. Invadiram o território de Israel, Jz 3.13; 6.3,33. Saul, ordenado a exterminar totalmente os amalequitas, perdoou ao rei Agague, 1 Sm 15.1-33. Davi feriu-os, 1 Sm 27.9. Levaram as mulheres de Davi, 1 Sm 30.1,2. Davi os feriu a segunda vez, 1 Sm 30.17. Um dos amalequitas, acusando-se de ter assassinado Saul, foi por Davi condenado à morte, 2 Sm 1.1-16. O ouro e a prata dos amalequitas consagrados a Deus, 2 Sm 8.11,12. Derrotados por 500 homens no reinado de Ezequias, ficando os 500 a habitar na sua terra, 1 Cr 4.39-43. Ver mapa 1, H-4.

AMAMENTAR: Criar ao peito; dar de mamar. // As que amamentam, ele guiará mansamente, Is 40.11. Ai das... que amamentarem, Mt 24.19. E os seios que te amamentaram! Lc 11.27.

AMANA: Ct 4.8. Sítio no Anti-Líbano, onde nasce o rio Amana, ou Abana.

AMANHÃ: O dia seguinte. O futuro. // Não te glories do dia de **a**, Pv 27.1. Não vos inquieteis com o dia de **a**, pois o **a**, Mt 6.34. Comamos... **a** morreremos, 1 Co 15.32. Não sabeis o que sucederá **a**, Tg 4.14.

AMANHECER: Romper o dia. // Ao amanhecer, apertaram os anjos, Gn 19.15.

AMANTE: O que têm relações ilícitas. // Os **a** te desprezam, Jr 4.30.

AMAR: Sentir ternura por; querer bem **a**; sentir prazer em. // Amarás o teu próximo, Lv 19.18; Mt 19.19; 22.39; Mc 12.31; Ef 5.2; Cl 3.14; 1 Jo 3.17,18. Amarás o Senhor teu Deus, Dt 6.5; 10.12; 11.1; 19.9; Mt 22.37. Jônatas o amou como à sua própria alma, 1 Sm 18.1; 20.17. Salomão amava ao Senhor, 1 Rs 3.3. Amar aqueles que aborrecem o Senhor, 2 Cr 19.2 Eu te amo, ó Senhor, Sl 18.1. Eu amo a habitação de tua casa, Sl 26.8. Amai o Senhor, vós todos os santos, Sl 31.23. Quem é o homem que ama a vida, Sl 34.12. O Senhor ama a justiça, Sl 37.28. Vós que amais o Senhor, Sl 97.10. Amou a maldição, Sl 109.17. Quanto amo a tua lei, Sl 119.97. Paz têm os que amam a tua lei, Sl 119.165. Sejam prósperos os que te amam, Sl 122.6. Em todo tempo ama o amigo, Pv 17.17. Tempo de amar, Ec 3.8. Com amor eterno eu te amei, Jr 31.3. Aborrecei o mal e amai o bem, Am 5.15. Amai os vossos inimigos, Mt 5.44. Se amardes os que vos amam, Mt 5.46. Qual deles o amará mais, Lc 7.42. Deus amou o mundo, Jo 3.16. Está enfermo aquele a quem amas, Jo 11.3. Amou-os até o fim, Jo 13.1. Se me amais guardareis os meus mandamentos, Jo 14.15. Eu amo o Pai, Jo 14.31. Que vos ameis uns aos outros, Jo 15.12,17. Amas-me? Jo 21.15-17. Amei a Jacó... aborreci a Esaú, Rm 9.13. Amai-vos... com amor fraternal, Rm 12.10. A Graça seja com todos os que amam sinceramente a nosso Senhor, Ef 6.24. Não havendo visto, amais, 1 Pe 1.8. Amamos porque ele nos amou primeiro, 1 Jo 4.19. Repreendo e disciplino, 1 Jo 4.19. Repreendo e disciplino a quantos amo, Ap 3.19. Em face da morte, não amaram a própria vida, Ap 12.11.

AMARELO: Que tem a cor de ouro ou de enxofre. // Suas penas de ouro **a**, Sl 68.13 (ARC). Penas maiores têm o brilho flavo (louro, cor de ouro) do ouro, Sl 68.13 (ARA).

AMARGAMENTE: Tristemente, dolorosamente. // Pedro... chorou **a**, Mt 26.75.

AMARGAR: Tornar penoso. // Fizeram amargar a vida com dura servidão, Êx 1.14.

AMARGO: Que tem sabor acre, desagradável como o fel, o quinino. Doloroso, triste, // Pães asmos e ervas **a**, Êx 12.8. Água **a**, Nm 5.18,19. Quais frechas, palavras **a**, Sl 64.3. À alma faminta todo **a** é doce, Pv 27.7. Põem o **a**, por doce, e o doce por **a**, Is 5.20. A bebida forte é **a**, Is 24.9. Jorrar o que é doce e o que é **a**? Tg 3.11. Águas se tornaram **a**, Ap 8.11. Ver **Amargoso**, **Penoso**, **Triste**.

AMARGOR: Qualidade de que é amargo ou penoso. // Esaú bradou com profundo **a**, Gn 27.34. Ver **Amargura**.

AMARGOSO: Que tem sabor acre, desagradável como o fel, **a** quássia, etc.; doloroso, triste, penoso. // Com ervas **a** a comerão, Êx 12.8 (ARC). E o vinho aos **a** de espírito, Pv 31.6 (ARC).

AMÁVEL: Angústia desgosto. // As mulheres hetéas de Esaú tornaram-se **a** de espírito para Isaque e Rebeca, Gn 26.35. Grande **a** me tem dado o Todo-poderoso, Rt 1.20. Ana com **a** de alma orou, 1 Sm 1.10. O coração conhece a sua própria **a**, Pv 14.10. O filho insensato é... **a** para quem o deu à luz, Pv 17.25. Estás em fel de **a**, e laço de iniqüidade, At 8.23. Boca cheia de maldição e de Rm 3.14. Longe de vós toda a **a**, Ef 4.31. Não as trateis com **a**, Cl 3.19. Alguma raiz de **a**, que brotando, Hb 12.15.

AMARGURADO: Cheio de amargura; triste; angustioso. // E vida aos **a** de ânimo, Jó 3.20.

AMARIAS, hb. Jeová prometeu: 1. Levita, avô de Zadoque, 1 Cr 6.7,52. // 2. Levita, filho de Azarias, 1 Cr 6.11. // 3. Levita, filho de Hebrom, 1 Cr 23.19. // 4. Sumo sacerdote, 2 Cr 19.11. // 5. Levita assistente de Coré, 2 Cr 31.15. // 6. Um dos que se casaram com estrangeiros, Ed 10.42. // 7. Sacerdote que assinou o pacto, Ne 10.3. // 8. Filho de Sefatias, Ne 11.4. // 9. Antepassado do profeta Sofonias, Sf 1.1.

AMARRAR: Atar, ligar fortemente. // Amarraram-no com duas cordas, Jz 15.13. Se me amarrarem com sete tendões, Jz 16.7. Sem primeiro amarrá-lo? Mt 12.29. Amarrando-o... entregaram ao governador Pilatos, Mt 27.2. Amarrando com correias, disse Paulo, At 22.25. Ver **Algemar**.

AMASA, hb. **Fardo**: Sobrinho de Davi e primo de Absalão e de Joabe, 1 Cr 2.16,17; 2 Sm 17.25. Absalão nomeou-o para comandante do seu exército, em lugar de Joabe, por quem foi derrotado na batalha do bosque de Efraim, 2 Sm 18.6-17. Davi o perdoou e o nomeou para ocupar o lugar de Joabe, que tinha incorrido no desagrado do rei pelo fato de ter morto a Absalão, 2 Sm 19.13. Joabe, matou traiçoeiramente Amasa quando fingia saudá-lo, 2 Sm 20.8-12; 1 Rs 2.5.

AMASAI, hb. **Penoso**: 1. Levita na linhagem de Coate, 1 Cr 6.25. // 2. Cabeça de trinta no exército de Davi, 1 Cr 12.18. // 3. Sacerdote que tocava trombeta perante a arca, 1 Cr 15.24.

AMASIAS, hb. **Fortaleza de Deus**: Um dos capitães de Josafá, 2 Cr 17.16.

AMASSADEIRA, Pequena gamela de madeira em que se amassava farinha para fazer pão. Êx 8.3. Quando os israelitas partiam do Egito, levavam a sua massa, antes que levedasse, nas **a** atadas em trouxas com sua roupa, sobre as ombras, Êx 12.34.

AMASSAI, hb. **Pesado**: Sacerdote, Ne 11.13.

AMASSAR: Converter em massa. // Amassa depressa três medidas de flor de farinha, Gn 18.6.

AMÁVEL: Digno de ser amado. // Saul e Jônatas, queridos e **a**, 2 Sm 1.23. Quão **a** são os Teus tabernáculos, Sl 84.1. Amado meu, como és **a**, Ct 1.16. Tudo o que é **a**, Fp 4.8. Ver **Agradável**.

AMAZIAS, hb. **Jeová fortalece**: O décimo rei de Judá. Filho de Joás. Começou a reinar em um tempo de crise financeira e de grande desânimo entre o povo, resultados da derrota que seu pai sofrera na guerra contra a Síria. Não deixou impunes os que assassinaram seu pai. Contudo poupou os filhos dos criminosos, como ordena a lei de Moisés, Dt 24.16. Querendo restaurar a grandeza do seu reino, formou grande exército e pagou a mais 100 mil israelitas para ir contra os edomitas. Seguindo o conselho de "certo homem de Deus", entrou na batalha sem os soldados de Israel, e feriu os edomitas. Estes, ressentidos, invadiram a Judá. A ira de Deus se acendeu contra Amazias por causa dos deuses que trouxe de Edom, adorou e lhes queimou incenso. Assim Deus o deu às mãos de Joás, rei de Israel, na batalha de Bete-semes. O rei de Israel rompeu o muro de Jerusalém, e tomou todo o ouro, prata e utensílios que se achavam na casa de Deus. "Depois que Amazias deixou de seguir o Senhor, conspiraram contra ele em Jerusalém, e ele fugiu para Laquis", onde foi assassinado. Reinou 29 anos em Jerusalém. 2 Reis 14.1-20.

ÂMBAR: "Cor de âmbar", Ez 1.4,27; 8.2. (ARC); "eletro" (B e F); "metal brilhante" (ARC). O âmbar amarelo (gr. **elektron**) é uma resina fóssil, quase transparente, de uma cor que varia de amarela pálido ao vermelho jacinto. Ver **Pedras preciosas**.

AMBIÇÃO: Desejo ardente (do poder, glória, riqueza). // As demais **a**... sufocam a palavra, Mc 4.19. Ver **Cobiça**, **Concupiscência**, **Paixão**.

AMBOS: Um e outro. // Abriram-se, então, os olhos de **a**, Gn 3.7. Reconciliasse **a** em um só corpo. Ef 2.16.

AMBULANTE: Que não tem local fixo. // Alguns judeus, exorcistas **a**, At 19.13.

AMEAÇA: Pronúncio de mal ou desgraça. // Mil homens fugirão pela **a** de apenas um, Is 30.17. Olha para as suas **a**, At 4.29. Respirando ainda **a** e morte, At 9.1. Deixando as **a**, Ef 6.9. Quando maltratado não fazia **a**, 1 Pe 2.23. Não vos amedronteis, portanto, com as suas **a**, 1 Pe 3.14.

AMEAÇAR: Anunciar castigo ou malefício **a**. Estar próximo a chegar, a aparecer, a acontecer. // Pois ela ameaça ruir, Sl 60.2. Ameacemo-los para não mais falarem, At 4.17.

AMEDRONTAR: Meter medo a. Assustar. // Amedronta-os com o teu vendaval, Sl 83.15. Ficou Félix amedrontado, At 24.25. Não ficaram amedrontados pelo decreto do rei, Hb 11.23. Ver **Atemorizar**, **Aterrorizar**.

AMÉM: Isto é, "assim seja." Interjeição, usada para confirmar a mensagem, a oração ou ação de graças. // Toda a congregação dizia amém: Dt 27.16-26; 1 Cr 16.36; Ne 5.13; 8.6; Sl 106.48; Ap 5.14. Dizer "amém" a ação de graça, 1 Co 14.16. Ao findar a Oração Dominical, Mt 6.13. Para tornar enfática uma declaração. Rm 1.25; 9.15; 11.36; Gl 6.18; Ap 1.6,7. Repetia-se para dar ênfase, Nm 5.22. Amém, também, quer dizer verdade. Jesus empregava o termo "em verdade, em verdade," literalmente, "amém, amém." (Jo 1.51; etc.) para chamar a atenção para assuntos de especial solenidade. O próprio Salvador se chama "o Amém" no Ap 3.14.

AMENDOEIRA, AMÊNDOA: A amendoeira tem na média 8 metros de altura; é da família da pessegueira, a que se assemelha. Há duas qualidades: as doces que dão flores rosadas e as amargas que dão flores brancas. As amargas são apreciadas pela sua beleza e com paladar do azeite. // Jacó pôs varas de amendoeira em frente do rebanho, Gn 30.37 (F). Jacó mandou ao Egito, pelo filhos, "do mais precioso da terra," inclusive amêndoas (Gn 43.11), indicando que não haviam sido introduzidas no Egito. O candelabro de ouro tinha sete cálices com formato de amêndoas, Êx 25.33,34. A vara que floresceu, de Aarão, produziu amêndoas, Nm 17.8. "E te embranqueceres, como floresce a amendoeira" (Ec 12.5), refere-se, talvez, a nívea alvura de uma amendoeira coberta de flores, como símbolo de avançada idade. Há trocadilho de palavras em Jr 1.11,12. A palavra hebraica traduzida "amêndoa" vem duma raiz que significa "velar". Quando Jeremias disse "Vejo uma vara de amendoeira," o Senhor respondeu: "Viste bem: porque Eu velo sobre a minha palavra para a cumprir".

AMENO: Suave, deleitoso. // Caem-me as divisas em lugares amenos, Sl 16.6.

AMETISTA, gr. **Que não está ébrio**: Os antigos atribuíam a esta pedra preciosa a propriedade de preservar da embriaguez, daí o seu nome. É uma variedade de quartzo, cor de violeta, muito brilhante e inferior ao diamante somente em dureza. Menciona-se três vezes nas Escrituras. Colocada no fim da terceira ordem das gemas no peitoral do juízo do sumo sacerdote, Êx 28.19; 39.12. Forma o duodécimo fundamento da Nova Jerusalém, Ap 21.20. Ver **pedras preciosas.**

AMÍ (ARC), hb. **Meu povo:** Nome simbólico dado a Israel, Os 2.1. Ver **Lo-Ami** (ARC) Os 1.9 e Rm 9.25,26.

AMIEL, hb. **Povo de Deus**: 1. Um dos 12 enviados para espiar a terra de Canaã, da tribo de Dã e filho de Gemali, Nm 13.12. // 2. Bejamita, pai de Maquir, 2 Sm 9.4. // 3. Avô de Salomão, 1 Cr 3.5. // 4. Porteiro levita, 1 Cr 26.5.

AMIGO: Pessoa que quer bem a outra. // Falava o Senhor a Moisés face a face, como qualquer fala a seu **a**, Êx 33.11. Três **a** de Jó, Jó 2.11. Orava pelos três **a**, Jó 42.10. Até meu **a** íntimo, Sl 41.9. O rico tem muitos **a**, Pv 14.20. Em todo tempo ama o **a**, Pv 17.17. Há **a** mais chegado do que um irmão, Pv 18.24. **A** de publicanos, Mt 11.19. A própria vida em favor dos **a**, Jo 15.13. Antes **a** dos prazeres que **a** de Deus, 2 Tm 3.4. Hospitaleiro, **a** do bem, Tt 1.8. Abraão foi chamado **a** de Deus, Tg 2.23; 2 Cr 20.7; Is 41.8. Ser **a** do mundo, constitue-se inimigo de Deus, Tg 4.4. Cristo chama seus discípulos **a**, Lc 12.4. Jo 15.14; 3 Jo 14. Ver **Companheiro**.

AMINADABE, hb. **Meu povo é nobre**: 1. Antepassado de Davi, Rt 4.19; 1 Cr 2.10. // 2. Filho de Coate da tribo de Levi, 1 Cr 6.22. // 3. Levita designado para levar a arca, 1 Cr 15.10.

AMISADAI, hb. **O Todo-poderoso é meu parente**: Pai de Aieser, cabeça de família danita, Nm 1.12.

AMITAI, hb. **Fiel**: Pai do profeta Jonas, 2 Rs 14.25; Jn 1.1.

AMIÚDE, hb. **Povo glorioso:** Pai de Elisama, cabeça da tribo de Efraim, Nm 1.10.

AMIZABADE, hb. **O meu povo deu:** Um dos capitães de Davi, 1 Cr 27.6.

AMIZADE: Sentimento que afeiçoa ou liga duas pessoas. // 1 Sm 18.1; 19.4-7; 20.1-42; 2 Sm 1.26; 9.1-11; 15.37. Amizade ao mundo: 2 Co 6.17; Tg 4.4; 1 Jo 2.15; Rm 12.2.

AMNOM, hb. **Fiel:** Filho primogênito de Davi e Ainoã, a jezreelita, 2 Sm 3.2. Absalão, seu irmão, o odiava porque era o príncipe herdeiro, e o matou, depois de ele deshonrar sua irmã, Tamar, 2 Sm 13.

AMOLAR: Tornar cortante. // Descer aos filisteus para amolar, 1 Sm 13.20. Ver **Afiar**.

AMOLDAR: Conformar-se. // Não vos amoldeis às paixões, 1 Pe 1.14.

AMOLECER: Tornar mole. // Tu a amoleces com chuviscos, Sl 65.10. Nem amolecidas com óleo, Is 1.6.

AMOM, hb. **Artezão**: Rei de Judá, filho e sucessor de Manassés. Seu reinado de apenas dois anos foi uma continuação do reinado idólatra de seu pai. Seu nome, "Amom", é um dos dois ou três nomes de reis de Judá, não combinados com o nome de Jeová. É idêntico ao nome do deus, Amom de Nô. Isto é, Amom da cidade de Tebas, do Egito. Ver Jr 46.25. Parece que seu assassinato deu origem a uma revolução. Se foi assim "o povo da terra" mataram os assassinos, constituíram o bom Josias, seu filho, rei em seu lugar, evitando assim a revolução, 2 Reis 21.19-26. Para conhecimento da deplorável condição de Jerusalém durante o reinado de Amom, ver o **livro de Sofonias**.

AMOM, AMONITAS: Povo descendente de Ben-Ami, filho de Ló por sua filha mais nova, Gn 19.38. Habitavam uma região, ao norte dos moabitas, no lado oriental do Jordão, Nm 21.21-31. Ver mapa 2, D-5; mapa 4, C-2. Moabe (Gn 19.37) foi a parte mais pacífica e civilizada da "nação de Ló"; Amom a parte mais predatória. Os amonitas foram violentos e cruéis nas suas guerras, vasando os olhos aos seus inimigos e rasgando o ventre das grávidas, 1 Sm 11.2; Am 1.13. Sua religião foi uma superstição impiedosa e degradante. Ofereciam sacrifícios humanos ao seu deus Moloque, contra o qual Deus admoestou que não o fizesse, Lv 20.1-5; 1 Rs 11.7. "Ben-Ami" (Gn 19.38) quer dizer "filho de meu povo", isto é, parente. Os amonitas sendo descendentes de Ló, sobrinho de Abraão, os israelitas sempre os consideravam como parentes. Ver Dt 2.19. Contudo os amonitas sempre se constituíam inimigos deles desde o dia em que recusaram dar a Israel passagem para entrar em Canaã, Dt 23.4; Ne 13.1,2. Esta hostilidade continuava no tempo de Jefté, Jz 11; no tempo de Saul, 1 Sm 11; e de Davi, 2 Sm 10. Rabá foi sua cidade principal, 2 Sm 11.1; Jr 49.2; Am 1.14; seu governante, um rei, e príncipes, Jz 11.12; 1 Sm 12.12; 2 Sm 10.3; seus deuses, Milcom, Moloque e Camos, 1 Rs 11.7,33; Jz 11.24. Parece que os amonitas foram inteiramente subjugados por Davi, 2 Sm 12.26-31. Depois, o amonita, Sobi, juntamente com outros mostraram grande benificência a Davi, quando fugitivo, 2 Sm 17.27-29. Os amonitas conseguiram corromper a pureza da fé de Israel, não só no tempo de Balaão, mas também, no tempo de Salomão, 1 Rs 11.5,7. Uniram-se com os moabitas para atacar Josafá, rei de Judá, mas foram rechaçados, 2 Cr 20. Pagaram tributo a Jotão, rei de Judá, 2 Cr 27.5. Tobias, o amonita, uniu-se com Sambalá opondo-se a construção do muro de Jerusalém, Ne 4.307. Junto com os siros guerrearam contra os Macabeus, mas foram derrotados, 1 Mc 5.6. Jeremias, Ezequiel e Amós profetizaram a destruição dos amonitas, Jr 49.1-6, Ez 25.5; Am 1.13-15.

Deus Amom

AMONTOAR: Pôr em montão; juntar em grande quantidade e sem ordem. // Amontoarei males sobre eles, Dt 32.23. Águas do Jordão... se amontoarão, Js 3.13. Amontoa tesouros e não sabe quem os levará, Sl 39.6. Amontoei também para mim prata e ouro, Ec 2.8. Amontoarás brasas vivas, Rm 12.20. Ver **Acumular**, **Cumular**.

AMOR: Afeição profunda. // Excepcional, ultrapassando o **a** de mulheres, 2 Sm 1.26. O **a** cobre todas as transgressões, Pv 10.12. Melhor é um prato de hortaliças onde há **a**, Pv 15.17. O seu estandarte sobre mim é o **a**, Ct 2.4. O **a** é forte como a morte, Ct 8.6. Com **a** eterno eu te amei, Jr 31.3. Com laços de **a**, Os 11.4. O **a** se esfriará de quase todos, Mt 24.12. Não tendes em vós o **a** de Deus, Jo 5.42. Se tiverdes **a** uns aos outros, Jo 13.35. Ninguém tem maior **a** do que este, Jo 15.13. O **a** não pratica o mal, Rm 13.10. O **a** de Cristo nos constrange, 2 Co 5.14. O Deus de **a** estará convosco, 2 Co 13.11. O fruto do Espírito é **a**, Gl 5.22. O **a** de Cristo que excede todo entendimento, Ef 3.19. A abnegação de vosso **a**, 1 Ts 1.3. O **a** do dinheiro é raiz de todos os males, 1 Tm 6.10. Seja constante o **a** fraternal, Hb 13.1. O **a** procede de Deus, 1 Jo 4.7. Deus é a, 1 Jo 4.7. Deus é **a**, 1 Jo 4.8,16. Nisto consiste o **a**, não em que nós tenhamos amado **a** Deus, 1 Jo 4.10. No **a** não existe medo, 1 Jo 4.18. Abandonaste o teu primeiro **a**, Ap 2.4. // O amor de Deus, Pai: 1 Jo 4.8,9,10. O amor de Deus, Filho: Jo 15.19; Gl 2.20; Ef 5.2. O amor de Deus, o Espírito Santo, Rm 15.30. // O amor de Deus: Dt 6.5; 10.12; 11.1; 19.9; Js 22.5; Sl 31.23; 69.36; Dn 9.4; Ml 3.16; Mt 22.37,39. // As bênçãos que provêm do amor: Ne 1.5; Sl 145.20; 1 Co 2.9; 8.3; 13. 1 Jo 3.14. // O amor fraternal: Jo 13.34,35; Rm 12.9,10; 1 Co 13.4-8; Fp 2.2; 1 Pe 1.22; 2 Pe 1.7 (ARC); 1 Jo 3.14; 4.10,11. // O amor ao próximo: Lv 19.18; Mt 19.19; 22.39; Mc 12.31; Ef 5.2; Cl 3.14; 1 Ts 3.12; 1 Jo 3.17,18. // O amor dos esposos: Gn 29.20; 2 Sm 1.26; Ef 5.25; Cl 3.19; Tt 2.4. // O amor ao mundo: Jo 15.19; 1 Jo 2.15. // O amor de Cristo: Jo 13.34; 15.12; 2 Co 5.14; Gl 2.20; Ef 3.19; 5.2,25; 1 Jo 3.16; 4.19; Ap 1.5. O amor a Cristo: Mt 10.37; Ap 2.4. // Exemplos de amor: Rute, Rt 1.16; Jônatas, 1 Sm 18.1; Itai, 2 Sm 15.21; Jesus, Jo 11.5; 13.23; Crentes, At 4.32; Gálatas, Gl 4.15; Paulo, 1 Ts 2.17. ver **Afeição**, **Afeto**, **Compaixão**.

AMORDAÇAR: Pôr mordaça em. Impedir de falar, de emitir opinião. // Não amordaces o boi, 1 Tm 5.18.

AMOREIRA: Árvore, ou arbusto, do mesmo gênero da figueira, cultivada na Palestina. Das suas frutas, faziam-se, e ainda fazem bebida refrigerante, expremendo-as e adoçando o suco com mel aromatizado com especiarias. Não é a mesma amoreira cultivada na Síria e no Líbano, cujas folhas serviam para alimentar os bichos da seda. Em Lc 17.6 (B) é traduzida sicômoro. E em 2 Sm 5.23,24 e 1 Cr 14.14,15 (B), é traduzida **balsamária**.

AMORREUS: Uma das principais nações que habitavam Canaã, antes da conquista pelos israelitas, Gn 15.18-21; Êx 3.8. No tempo de Abraão, "não se encheu ainda a medida da iniqüidade dos amorreus", Gn 15.16. Jacó tomou um declive montanhoso da mão dos amorreus, Gn 48.22. No tempo do êxodo ocupavam ainda a terra montanhosa, Nm 13.29. Mas já possuíram a terra "desde o rio de Arnom até ao monte Hermom", Dt 3.8. Moisés derrotou Seom, rei dos amorreus, e Israel tomou suas cidades e ficou habitando nelas, Nm 21.21-32. Josué feriu os cinco reis dos amorreus com grande matança, quando mandou parar o sol, e "mais foram os que morreram pela chuva de pedra do que os mortos à espada", Js 10.5-14. Por causa da sua iniqüidade, foram designados a serem exterminados, mas um grande número permanecia na terra depois da conquista, Dt 20.17; Jz 1.35; 3.5; 6.10. Houve paz entre eles e Israel, no tempo de Samuel, 1 Sm 7.14. Salomão fez dos amorreus, e de outros, "trabalhadores forçados", 1 Rs 9.21. Ver mapa 1. H-3.

AMORTECIMENTO: Enfraquecimento, desfalecimento. // O **a** do ventre de Sara, Rm 4.19 (ARC).

AMÓS, LIVRO DE: O terceiro livro da coleção dos "Profetas Menores", isto é, dos doze profetas, de Oséias a Malaquias. Encontram-se no NT duas citações deste livro: por Estêvão, At 7.42,43; por Tiago, At 15.16-18. // O autor: Amor, heb. Carregador de fardos. Natural, provavelmente, de Tecoa, vila cerca de 10 km ao sul de Belém, a cidade natal de Davi. Apesar de não ser educado para ser profeta, ou como ele disse, de não ser "profeta, nem discípulo de profeta, mas boieiro e colhedor de sicômoros", foi chamado por Deus para profetizar ao povo de Israel, Am 3.8; 7.14,15. Natural do reino do sul, profetizava no reino do norte. Ainda entre os pastores, no desolado deserto, que estendia de Tecoa ao mar Morto, vivia com Deus, como se vê pelo fato de ele responder logo à chamada de ir proclamar a mensagem de Deus na idólatra e corrupta capital do reino do norte. Falava com clareza e convicção: Seu Deus tem domínio ilimitado, Am 9.2-6. Seu poder é infinito, Am 8.9,10. Ele governa a natureza, Am 4.7-13; 5.8. Determina o destino das nações, 6.1,2; 9.7. Este ardente pregador apareceu em Betel, o santuário do rei Jeroboão (Am 7.13), onde havia um dos bezerros de ouro (Am 8.14; 1 Rs 12.28,29) e falou tão fiel e ousadamente que o sacerdote mandou dizer ao rei que Amós conspirava contra ele, Am 7.10-13. As convicções de Amós eram tão diferentes das dos seus contemporâneos como as de Lutero eram dos monges de seu tempo. Ver Am 7.10-13. Amós, quando menino, conhecia, talvez, Jonas e Eliseu, já velhos. Era contemporâneo ao profeta Oséias, Os 1.1 e Am 1.1. Antes de contemplar a sua carreira, Isaías e Miquéias haviam iniciado os seus ministérios. Amós exerceu seu ministério nos reinados de Uzias, rei de Judá, e de Jeroboão II, rei de Israel, Am 1.1. // A data: Amós escreveu cerca do ano 752 a.C. Vieram ao profeta, em visão, as palavras desta profecia, "dois anos antes do terremoto", Am 1.1. O historiador, Josefo, nos informa que este terremoto ocorreu no tempo de Uzias ficar leproso. E isto foi um pouco antes do fim do reinado de Jeroboão. Este terremoto foi tão grande que se menciona 200 anos depois, Zc 14.5. // As dez tribos no reinado de Jeroboão II, achavam-se no apogeu de sua prosperidade. Mas viviam em flagrante idolatria e a maior corrupção. Amós, chamado por Deus, cumpriu fielmente sua missão, indo a Betel, a capital das dez tribos,e clamando contra a apostasia do povo. Foi pregador eloqüente, pregando em toda parte. Escreveu suas mensagens para, sem dúvida, colocá-las nas mãos de muitas pessoas. E Deus guardou estas mensagens para nós hoje. // O livro divide-se em quatro partes: I. Julgamento das cidades em redor da Palestina, 1.1 a 2.3. II. Julgamento de Judá e de Israel, 2.4-16. III. Advertência a "toda a família de Jacó", 3.1 a 9.10. IV. A glória que havia de vir no reino de Davi, 9.11-15. // Nada podia ser mais improvável do que a sentença de Deus profetizada por Amós, naquele tempo de grandes bênçãos. Contudo, dentro de 50 anos, o reino foi completamente destruído. A visão de Amós abrangia, não somente as dez tribos, mas toda "a família de Jacó", Am 3.1.

AMPARAR: Sustentar, proteger, defender. // O Senhor ampara o órfão, Sl 146.9. O Senhor ampara os humildes, Sl 147.6. Ampareis os fracos, 1 Ts 5.14. Ver **Acudir**, **Ajudar**, **Auxiliar**, **Socorrer**.

AMPARO: Proteção, Refúgio. // Mas o Senhor me serviu de **a**, 2 Sm 22.19. Tu és o meu **a** e o meu libertador, Sl 40.17. No temor do Senhor tem o homem forte **a**, Pv 14.26. Viúva, e não tem **a**, 1 Tm 5.5. Ver **Auxílio**, **Socorro**.

AMPLÍSSIMO: Muito abundante; muito rico. // O teu mandamento é **a**, Sl 119.96 (ARC).

AMULETO: Is 3.20. Objeto considerado como possuidor de poder para desviar malefícios, evitar doenças, desastres, etc. Servia, ao mesmo tempo, como enfeite. Compare Gn 35.4.; Pv 17.8.

ANA, hb. Graça: 1. Esposa predileta de Elcana, 1 Sm 1.1-8. Depois de anos de súplicas ao Senhor, deu à luz, conforme a promessa de Deus, aquele que ia socorrer Israel, a saber o profeta Samuel, 1 Sm 1.9-20. Ana levou a criança e o apresentou à casa do Senhor, por todos os dias que vivesse, 1 Sm 1.21-28. Seu belo cântico de louvor a Deus tem reflexo no cântico da Virgem Maria ao saber que ia dar à luz o Messias, 1 Sm 2.1-10; Lc 1.46-55. Comp. Sl 113. Depois de Ana dar a criança, Samuel, ao Senhor, Ele lhe deu 3 filhos e 2 filhas, 1 Sm 2.20,21. // 2. Profetiza em Jerusalém, no tempo do nascimento de Jesus, Lc 2.36-38. "Avançada em dias", tinha mais que 100 anos de idade. Pois era viúva 84 anos, depois de viver com seu marido sete anos. "Não deixava o templo" não quer dizer que morava lá. Sendo profetiza reconheceu, como Simeão cheio do Espírito Santo, o menino Jesus como o Salvador prometido, vs. 25-28.

ANÁ, hb. **Que ouve, que concede**: 1. Uma das mulheres de Esaú, Gn 36.2. // 2. Um filho de Seir, o horeu, Gn 36.20. // 3. Um filho de Zibeão, Gn 36.24.

ANÃ, hb. **Nuvem**: Um dos que, com Neemias, selaram a aliança, Ne 10.26.

ANAARATE, hb. **Passagem**: Local na herança de Isaacar, Js 19.19.

ANABE, hb. **Uvas**: Cidade tirada dos enaquins e da herança de Judá, Js 11.21; 15.50. Ver mapa 5, B-2.

ANAMELEQUE: hb. **O deus Anu é príncipe**: Um deus de Sefarvaim, a quem o povo queimava seus filhos, 2 Rs 17.31.

ANAMIM: Um descendente de Mizraim, Gn 10.13.

ANANIAS: forma grega de Hananias, **Jeová tem sido clemente**: 1. Discípulo em Jerusalém. Combinou com sua esposa, Safira reter parte do dinheiro da venda duma propriedade, contribuindo o resto como se fosse toda a quantia. Nisto mentiu ao Espírito Santo e expirou, At 5.1-10. // 2. Discípulo em Damasco. Piedoso e tendo bom testemunho de todos, At 22.12. Enviado por Deus a Saulo de Tarso, para que recuperasse a vista e ficasse cheio do Espírito Santo, At 9.10-19. Conforme a tradição, era um dos 70 discípulos de Jesus, bispo de Damasco e morreu como mártir. // 3. Sumo sacerdote, 47 a 59 a.D., quando Paulo apareceu perante o sinédrio, At 23 e 24. Era saduceu, rico, orgulhoso, e sem escrúpulos. Foi assassinado na revolta de 66 a.C., cumprindo-se a profecia de Paulo: "Deus há de ferir-te, parede branqueada". // 4. Avô de Azarias, Ne 3.23. // 5. Uma cidade de Benjamim, Ne 11.32. // 6. Levita que ajudou a Esdras, tendo a lei para o povo, Ne 8.4.

ANÃO: Que tem estatura inferior à dos homens em geral. // Nenhum homem anão ou em quem houvesse defeito poderia oferecer as ofertas queimadas, Lv 21.20.

ANÁS, gr. **Jeová tem sido gracioso**: Sumo sacerdote no tempo do ministério de João Batista, Lc 3.2. Ainda que deposto de seu cargo, era astuto, ambicioso e muito rico, conservando seu título de sumo sacerdote e continuando a exercer grande influência. Jesus, quando preso, foi conduzido primeiramente a ele, e depois a Caifás, seu genro que era o sumo sacerdote, Jo 18.13. Fez parte do conselho, perante qual Pedro e João tinham de comparecer, At 4.6.

ANATE, hb. **Anate (uma deusa)**: Pai de Sangar, que feriu 600 filisteus com uma aguilhada, Jz 3.31.

ANÁTEMA: O vocábulo traduzido anátema, no AT, nas versões A e B, e traduzido na Revisão, amaldiçoado, condenado, destruição, maldição, Dt 7.26; 13.17; Js 6.18; etc. No NT encontra-se esta palavra em At 23.12,21 (ARA); Rm 9.3; 1 Co 12,3; 16.22 e Gl 1.8,9. É expressão acentuada de maldição.

ANATOTE, hb. **Orações respondidas**: Cidade no território de Benjamim, dada aos levitas, Js 21.18. Onde morava o sacerdote Abiatar, 1 Rs 2.26. Terra natal de Abiezer, um valente de Davi, 2 Sm 23.27. Onde nasceu Jeú, outro dos valentes de Davi, 1 Cr 12.3. Terra do profeta Jeremias, Jr 1.1. Repovoada depois do exílio, Ed 2.23; Ne 11.32. Atualmente a vila de Anata ocupa o mesmo lugar. Seus campos estão bem cultivados de trigo, oliveiras e figueiras. Existem ainda as ruínas de suas muralhas feitas de grandes pedras aparelhadas. As suas pedreiras ainda fornecem pedras a Jerusalém. Fica uma caminhada de poucos minutos ao nordeste da cidade de Jerusalém. Ver mapa 2, C-5; mapa 4, B-2.

ANCIÃO: Magistrado escolhido dentre os mais velhos da tribo ou nação. Anciãos, em geral, eram somente homens de idade madura, por isso mesmo eram chamados anciãos. Não apenas os israelitas mas, também, os egípcios, os moabitas e outras nações tinham seus anciãos, Gn 50.7 (ARC); Nm 22.7. Os israelitas no Egito tinham anciãos, Êx 3.16. Todos os anciãos de Israel comeram pão com o sogro de Moisés diante de Deus, no deserto, Êx 18.12. Setenta anciãos foram escolhidos por Moisés, Nm 11.16,24; dentre, talvez, os cabeças sobre o povo, Êx 18.25. Setenta dos anciãos subiram o monte Sinai com Moisés, Êx 24.1,9. Mencionam-se 77 anciãos no tempo dos juízes, Jz 8.14. Pode ser que este número incluía 7 príncipes; ou pode ser que o número variava. Menciona-se **anciãos**, também, nos tempos dos reis, 1 Sm 15.30; 2 Sm 17.15; etc; de depois do exílio, Ed 5.5,9; etc. No NT encontra-se o vocábulo **ancião** muitas vezes, Mt 26.57; 27.1; At 4.23. Na Igreja do NT os anciãos, ou presbíteros, eram os mesmos que os bispos. João, arrebatado em espírito, viu em redor do trono de Deus, 24 anciãos, ou presbíteros, Ap 4.4. Ver **Presbítero**.

ANCIÃO DE DIAS: Termo que se refere a Deus, Dn 7.9,13,22.

ÂNCORA: Instrumento, que lançado no fundo da água, segura as embarcações por um cabo. // Durante a viagem de Paulo a Roma, para que o navio não fosse atirado contra a rocha, lançaram quatro âncoras, At 27.29. À semelhança de uma âncora, a esperança, nas tempestades de tribulação, segura-nos o coração no que está "além do véu", Hb 6.19.

ANDAR (subst.): Modo de caminhar; cada um dos pavimentos de um edifício. // Há três que têm um bom **a**, Pv 30.29 (ARC). O **a** eterno e seu, Hc 3.6 (ARC).

ANDAR: Passar de um lugar para outro, dando passos. Proceder. // Andou Enoque com Deus, Gn 5.24. Noé andava com Deus, Gn 6.9. Deus anda no meio, Dt 23.14. O homem que não anda no conselho, Sl 1.1. Que eu ande pelo vale, Sl 23.4. Ensina a criança... deve andar, Pv 22.6. Andávamos desgarrados, Is 53.6. Andarão dois juntos...? Am 3.3. Os coxos andam, Mt 11.5; 15.31; Lc 7.22. Andamos por fé, 2 Co 5.7. Andai no Espírito, Gl 5.16. Andemos também no Espírito, Gl 5.25. Para que andássemos nelas, Ef 2.10. Andeis de modo digno da vocação, Ef 4.1. Não andeis como gentios, Ef 4.17. Andai em amor, Ef 5.2. Andai como filhos da luz, Ef 5.8. Como andais, não como néscios, Ef 5.15. Andam segundo o modelo, Fp 3.17. Andaram peregrinos, Hb 11.37. Andar assim como ele andou, 1 Jo 2.6. Andemos segundo os seus mandamentos, 2 Jo 6. As nações andarão mediante a sua luz, Ap 21.24. Ver **Caminhar**, **Viver**.

ANDORINHA: Gênero de pássaros fusirrostros, de tarsos curtos e asas compridas, de vôo fácil, rápidos e extenso. Há diversas espécies de andorinhas na Palestina. Construíam seus ninhos no Templo, Sl 84.3. É pássaro de arribação, Jr 8.7. Não se engana quanto ao tempo de arrihar, criando duas ninhadas anualmente. Menciona-se, também, em Pv 26.2; Is 38.14.

ANDRAJOSO: Esfarrapado. // Entrar algum pobre **a**, Tg 2.2.

ANDRÉ, gr. **Varonil**, ou **Vencedor**: O primeiro apóstolo chamado por Jesus, Jo 1. Natural de Betsaida, Jo 1.44. Pescador e irmão de Simão Pedro, Mt 4.18. Chamava-se seu pai, João, Jo 1.42. Conduzido ao Salvador por João Batista, Jo 1.40. Levou Simão Pedro a Jesus, Jo 1.41,42. Chamado a pescar homens, Mc 1.16,17. Um dos doze apóstolos Mt 10.2; Mc 3.18; Lc 6.14. Depois de At 1.13, o nome deste apóstolo não aparece na Bíblia. Quantas obras fizeram os apóstolos que não se registraram nas Escrituras?! Conforme a tradição André foi crucificado em Atáia, segundo a ordem do procônsul Eges, cuja esposa se convertera ao ouvir sua pregação. Conforme a informação tradicional foi crucificado em uma *crux decussata* (X), depois conhecida como a cruz de Santo André. Diz-se que foi atado, e não cravado, à cruz, para assim prolongar seus sofrimentos. As Igrejas Gregas e Romanas festejam o seu dia aos 30 de novembro. Na Igreja da Inglaterra este dia foi designado para se pregar sobre o assunto das missões – assunto inspirado pelo exemplo do apóstolo André.

ANDRÔNICO, gr. **Conquistador de homens**: Parente de Paulo, seu companheiro de prisão, converteu-se antes de Paulo e "assinalado" (B) ou "notável entre os apóstolos", Rm 16.7. Pode-se interpretar "notável entre os apóstolos", porque era um dos apóstolos, como Barnabé e outros, At 14.14. Tudo indica que era um dos missionários mais destacados e felizes da Igreja primitiva.

ANEL: Círculo de metal ou de outra substância que se usa no dedo. Adornavam-se os dedos de anéis, Tg 2.2; Lc 15.22. Enfeitavam-se, também, os artelhos de argolas de vidro ou de metal, Is 3.18. Usavam-se anéis de sinete, isto é, anéis gravados para imprimir em lacre, em cera, etc., o nome ou o selo do possuidor. A marca de uma pessoa, impressa num documento, servia como a assinatura do seu nome. Faraó entregou a José o seu anel de sinete, assim lhe autorizando a agir em seu lugar, Gn 41.41-43. O rei Assuero deu o seu anel de sinete a Hamã, e depois a Mordecai, Et 3.10; 8.2.

ANELANTE: Que deseja ardentemente. // Alma está **a**... pelos átrios, Sl 84.2(ARC). O meu coração está **a**, Is 21.4(ARC).

ANELAR: Desejar ardentemente. // Que Deus me concedesse o que anelo! Jó 6.8. Que anjos anelam perscrutar, 1 Pe 1.12.

ANÉM, hb. **Duas fontes**: Cidade de Issacar, 1 Cr 6.73.

ANER, hb. **Menino**: Um dos "aliados" de Abraão, Gn 14.13.

ANFÍPOLIS, gr. **A cingida cidade**: Importante cidade da Macedônia, pela qual passaram Paulo e Silas, At 17.1. Recebeu seu nome do fato de correr o rio Stryman quase em toda a volta da cidade. Foi situada, não somente perto da boca do rio, mas também, na grande estrada romana, a Via Egnatia e em um centro fértil, que produzia vinho, azeite, figos e madeira em abundância. Ver mapa 6, C-1.

ÂNGULO: Esquina. // Pedra... por cabeça do **â**, Mt 21.42 (ARC).

ANGÚSTIA: Aflição demasiada do corpo, da mente ou do espírito. Tristeza, remorso ou desespero excessivos. A agonia do corpo no parto: Jr 4.31; 6.24; 50.43; Jo 16.21. A aflição da alma por causa do pecado. Jó 15.24; Pv 1.27; Rm 2.9. A angústia de espírito sob a opressão ou a escravidão, Is 8.22. O sofrimento do amor fraterno por causa dos pecados dum irmão, 2 Co 2.4. // Vimos a **a** da alma, Gn 42.21. Remiu a minha alma de toda a **a**, 2 Sm 4.9. Na minha **a** invoquei, 2 Sm 22.7. Estou em grande **a**, 1 Cr 21.13. Quando na sua **a** eles voltaram, 2 Cr 15.4. Estamos em grande **a**, Ne 9.37. Invoca-me no dia da **a**, Sl 50.15: Presta-nos auxílio na **a**, Sl 60.11. No dia da minha **a** clamo a ti, Sl 86.7; Jn 2.2. O justo é libertado da **a**, Pv 11.8. Haverá tempo de **a**, Dn 12.1. Em lhe chegando a **a**... se escandaliza, Mt 13.21. Sobre a terra, **a** entre as nações, Lc 21.25. Tribulação e **a** virão sobre a alma... que faz o mal, Rm 2.9. A criação... geme e suporta **a**, Rm 8.22. Quem nos separará... Será... **a**? Rm 8.35. Podermos consolar... em qualquer **a**, 2 Co 1.4. No meio de muitos sofrimentos e **a**, 2 Co 2.4. Nas privações, nas **a**, 1 Co 6.4. Pelo que sinto prazer nas... **a**, 2 Co 12.10. Ver **Aflição**, **Agonia**, **Ansiedade**.

ANGUSTIADO: Ele **a** suplicou, 2 Cr 33.12. Olhou-os quando... **a**, Sl 106.44. Senhor, porque estou **a**, Lm 1.20. Está **a** a minha alma, Jo 12.27. Somos atribulados, porém não **a**, 2 Co 4.8. Neste tabernáculo gememos **a**, 2 Co 5.4. Estava **a** porque ouvistes que adoeceu, Fp 2.26. Ver **Aflito**, **Angustiar**, **Oprimido**.

ANGUSTIADOR: O que angustia ou aflige. // Temes... o furor do **a**, Is 51.13(ARC).

ANGUSTIAR: Afligir, atormentar. // Tremerão diante de ti e se angustiarão, Dt 2.25. Angustiai com escassez de pão, 2 Cr 18.26. Começou a entristecer-se e a angustiar-se, Mt 26.37. Hei de ser batizado; e quanto me angustio, Lc 12.50. Ver **Afligir**, **Angustiado**.

ANGUSTIOSO: Aflito. // Reedificação, mas em tempos **a**, Dn 9.25. Por causa da **a** situação presente, 1 Co 7.26.

ANIM, hb. **Fontes**: Uma cidade de Judá, Js 15.50.

ANIMAL: Ser organizado, dotado de sensibilidade e movimento próprio. // Deus fez "todos os animais da terra e todas as aves dos céus e todos os répteis", Gn 1.30. Ver **Répteis**. Ver **Aves**. A seguinte lista compreende a maior parte dos animais, mencionados nas Escrituras: Antílope, Dt 14.5. Da família dos veados. // Arganaz (ARA), coelho (ARC), Dt 14.7. Rato silvestre. // Asno (B), Dt 22.10. Burro, jumento. // Baleia (ARC), Gn 1.21. Mamífero aquático. // Beemote (ARC), Jó 40.15. Hipopótamo (ARA). // Bode, Dn 8.5. O macho da cabra. // Boi, Is 1.3. Da família dos bovídeos. // Bugio, 1 Rs 10.22. Espécie de macaco. // Cabra, Nm 15.27. A fêmea do bode. // Cabra montêz, Dt 14.5. Da família dos veados. // Cabrito, Êx 12.5. O filho da cabra. // Camelo, Lv 11.4. Mamífero ruminante. // Cão, Êx 11.7. Mamífero carnívoro. // Carneiro, Gn 22.13. Macho da ovelha. // Cavalo, Jó 39.19. Da família dos eqüídeos. // Cervo, Sl 42.1 (ARC) Da família dos veados. // Chacal, Jó 30.29. Do gênero cão // Coelho, Pv 30.26 (ARC). Do gênero lebre. // Corça, 2 Sm 22.34. Da família dos veados. // Cordeiro, Êx 29.38. Filho de ovelha, ainda novo. // Dragão (F), Jó 30.29. Chacal (ARC). // Dromedário, Jr 2.23. Camelo de duas corcovas. // Gado, Gn 2.20. Animais domésticos (ARA). // Gamo, Dt 14.5. Da família dos veados. // Garanhão, Jr 8.16. Ver **Cavalo**. // Gazela (ARA), 2 Sm 2.18. Cabra montêz (ARC). // Ginete, Et 8.10. Cavalo de boa raça. // Hiena, 1 Sm 13.18. Vale de Zeboim, de hienas. // Hipopótamo, Jó 40.15. Behomoth (B), beemote (ARC). // Javali, Sl 80.13. Porco bravo. // jumento, Jz 5.10. O pai do mulo. // Leão, Dn 6.16. Mamífero carniceiro. // Lebre, Dt 14.7. Mamífero roedor. // Leopardo, Jr 13.23. Mamífero carniceiro. // Lobo, Is 11.6. Do gênero cão. // Morcego, Lv 11.19. Mamífero de azas membranosas. // Mulo, 1 Cr 12.40. Filho de cavalo e jumenta. // Novilho, Gn 18.7. Touro ou boi novo. // Ouriço (ARA), Is 14.23, Mamífero de espinhos. // Ovelha, Gn 4.2. Fêmea do carneiro. // Porco, Lv 11.7. Mamífero paquiderme. // Querogrilo, Dt 14.7. Arganaz (ARA), Coelha (ARC). // Rã, Êx 8.2-7. Animal anfíbio. // Raposa, Mt 8.20. Do gênero cão. // Rato, Is 66.17. Mamífero roedor. // Texugo (ARC), Êx 25.5. Mamífero onívoro. // Toupeira, Is 2.20. Mamífero insetívoro. // Touro, Gn 32.15. O macho da vaca. // Unicórnio, Dt 33.17. Boi selvagem (ARA). // Urso, 1 Sm 17.34. Mamífero principalmente carnívoro. // Vaca, Dt 7.13. A fêmea do touro. // Veado, Dt 14.5. Mamífero ruminante.

ANIMAL: Próprio dos irracionais. // Sabedoria... terrena, a e demoníaca, Tg 3.15.

ANIMAR: Dar ânimo, ação, vida a. // Josué... anima-o, porque ele fará, Dt 1.38; 3.28. Por isso o teu servo se animou, 2 Sm 7.27. E os animou a servirem na casa do Senhor, 2 Cr 35.2. Animaram-no os irmãos, At 18.27. Pelo bom alguém se anime a morrer, Rm 5.7. A fim de que eu me sinta animado, Fp 2.19. Ver **Avivar**, **Despertar**, **Estimular**, **revaivar.**

ÂNIMO: Espírito, coragem, intenção. // O povo tinha **â** para trabalhar, Ne 4.6. O de **â** precipitado exalta a loucura, Pv 14.29. Disse ao paralítico: Tem bom **â**, filho, Mt 9.2. Tem bom **â**, filha, Mt 9.22. Tem bom **â**! sou eu, Mt 14.27. Tende bom **â**, eu venci o mundo, Jo 16.33. Temos, portanto, sempre bom **â**, 2 Co 5.6. Sede todos de igual **â**, 1 Pe 3.8. Ver **Alento**, **Coragem**.

ANIMOSAMENTE: Com ânimo; corajosamente. // Agague veio a ele **a**, 1 Sm 15.32.

ANIMOSIDADE: Aversão persistente, rancor. // Tem **a** contra mim, Jó 16.9. Levantando mãos santas, sem ira e sem **a**, 1 Tm 2.8. Ver **Ódio**, **Rancor**.

ANINHAR: Fazer ninho; agasalhar-se. // Todas as aves do céu se aninhavam nos seus ramos, Ez 31.6. As aves do céu vêm aninhar-se nos seus ramos, Mt 13.32.

ANIQUILAR: Reduzir a nada; anular, exterminar. // Para que se destruíssem, matassem e aniquilassem de vez a todos os judeus, Et 3.13. O Senhor... aniquilará todos os deuses, Sf 2.11. Aniquilarei a inteligência dos entendidos, 1 Co 1.19. Profecias, serão aniquiladas, 1 Co 13.8 (ARC). Para aniquilar pelo sacrifício de si mesmo o pecado, Hb 9.26. Ver **Destruir**, **Eliminar**.

ANIVERSÁRIO: Dia em que faz anos que se deu certo acontecimento. // De Faraó, Gn 40.20. De Herodes, Mc 6.21.

ANJO, gr. **Mensageiro**: Personagem sobrenatural e celestial enviado por Deus como mensageiro aos homens, para executar sua vontade. "São todos eles espíritos ministradores enviados para serviço, a favor dos que hão de herdar a salvação, Hb 1.14; Dn 7.10; Sl 91.11. // A palavra no original, tanto no grego como no hebraico, refere-se, às vezes, a mensageiros humanos, como em 1 Rs 19.2; Lc 7.24; Ag 1.13. // Os anjos geralmente aparecem na figura de homens, Gn 18; At 1.10. Às vezes revestidos de glória, Dn 10.5,6; Lc 24.4. Os serafins e os querubins têm asas, Is 6.2; Ez 1.6. Gabriel semelhantemente as tem, Dn 9.21. E o anjo de Ap 14.6 tem asas. // Cada pessoa tem seu anjo da guarda, Mt 18.10. Cada igreja o tem, Ap 2.1,8,12,18; 3.1,7,14. E cada nação o tem, Êx 23.20; Dn 10.13,20. Miguel é o anjo da guarda de Israel, Dn 12.1. // Os anjos são mais elevados em dignidade que os homens, Hb 2.7. Não se casam nem se dão em casamento, Mt 22.30. Os santos hão de julgar anjos, 1 Co 6.3. // Há várias ordens de anjos: Querubins e serafins, Gn 3.24; Ez 10.3 Is 6.2. As Escrituras dão o nome de apenas um arcanjo, Miguel, Jd 9. Os livros apócrifos acrescentam os nomes de Rafael e Uriel. Considera-se Gabriel um arcanjo. // Os anjos são, em geral, considerados bons, 1 Sm 29.9. Contudo há anjos caídos, Jd 6; 2 Pe 2.4. Satanás tem os seus anjos, Ap 12.9. // Há grandes multidões de anjos, Gn 28.12; 32.1; Lc 2.13; Hb 12.22; Ap 5.11. // **Aparecimentos e comunicações de anjos**: A Agar, Gn 16.7. A Abraão, Gn 18.2; 22.11-18. A Ló, Gn 19.1-17. A Jacó, Gn 28.12; 32.1. A Moisés, Êx 3.2. Aos israelitas, Êx 14.19; Jz 2.1. A Balaão, Nm 22.31. A Josué, Js 5.15. A Gideão, Jz 6.11-22. A Manoá, 13.6, 15-20. A Davi, 2 Sm 24 16,17. A Elias, 1 Rs 19.5. A Ezequiel, Ez 1. A Daniel, Dn 6.22. A Sadraque, Mesaque e Abede-Nego, Dn 3.25. A Zacarias, Zc 2.3 A José, Mt 1.20. A Zacarias, Lc 1.11. Aos pastores, Lc 2.9,13. A Cristo, Mt 4.11. Aos enfermos do tanque de Betesda, Jo 5.4. Às mulheres no sepulcro, Mt 28.2-5. Aos discípulos na ascensão, At 1.10. A Pedro e João, At 5.19. A Felipe, At 8.26. A Pedro, At 12.7. A Cornélio, At 10.3. A Paulo, At 27.23. A João, Ap 1.1.

ANO: O tempo que a terra gasta numa translação completa à volta do sol. Tem 365 dias, 6 horas, 48 minutos e 45,51 segundos. Entre os hebreus o ano era solar e também lunário. O ano solar consistia de 360 dias e o lunário de somente 354 dias, 8 horas, 48 minutos e 32,4 segundos. Para que o ano usado concordasse com o ano exato, os hebreus faziam, talvez, como os babilônios; intercalavam um mês, o décimo terceiro, nos anos em que o décimo segundo ficava tão longe do equinócio, que não se podia fazer a oferta das primícias da colheita (Lv 2.14; 23.10,11) no tempo fixado.

ANO NOVO: A lua nova era celebrada no princípio de cada mês. Mas no princípio do sétimo mês, o mês de tisri, que corresponde ao nosso mês de outubro, havia uma celebração especial como o ano novo do calendário civil. Ver **Trombetas, Festa das**.

ANRAFEL, hb. **Guarda de deuses**: Rei de Sinear, isto é, de Babilônia. Um dos quatro reis que travaram batalha contra os cinco, Gn 14.1-9. Considerado geralmente, o mesmo que Hamurabi, rei de Babilônia, século 23 a.C. Promulgou um célebre código de leis, gravadas numa grande pedra, descoberta em 1902.

ANRAMITAS: Descendentes de Anrão (Ver Êx 6.18) e subdivisão dos levitas, Nm 3.27; 1 Cr 26.23.

ANRÃO, hb . **Povo engrandecido**, Levita, filho de Coate, marido de Joquebede e pai de Miriã, Aarão e Moisés, Êx 6.16-18,20.

ÂNSIA: Aflição, agonia. // Não atenderam a Moisés, por causa da **â**, Êx 6.9. Ver **Aflição**.

ANSIAR: Desejar ardentemente, com ânsia. // A minha alma anseia pelo Senhor, Sl 130.6.

ANSIEDADE: Angústia, incerteza aflitiva. Desejo ardente. // Vimos a angústia... por isso nos vem esta **a**, Gn 42.21. Meterei no coração tal **a**... que o ruído duma folha, Lv 26.36. A minha **a** não te é oculta, Sl 38.9. A **a** no coração do homem o abate, Pv 12.25. A tua água beberás com estremecimento e **a**, Ez 12.18. Lançando sobre ele toda a vossa **a**, 1 Pe 5.7. Ver **Aflição**, **Agonia**, **Angústia**.

ANSIOSAMENTE: Com ânsia. // Eu te busco **a**, Sl 63.1.

ANSIOSO: Aflito, inquieto. // Não andeis **a**, Mt 6.25; Lc 12.22; Fp 4.6.

ANTECIPADO: Que sucede antes do tempo próprio. // A posse **a** de uma herança, Pv 20.21.

ANTECIPAR: Fazer, dizer, gozar antes. // Os meus olhos antecipam as vigílias, Sl 119.148. Jesus se lhe antecipou, dizendo: Mt 17.25.

ANTEDILUVIANO: Que é anterior ao dilúvio. // Os dez patriarcas antediluvianos: Adão, Sete, Enos, Cainã, Maalelel, Jerede, Enoque, Matusalém, Lemeque e Noé, Gn 5.

ANTEMÃO: Previamente. // Nós, os que de antemão esperamos em Cristo, Ef 1.12.

ANTEMUROS: Obra exterior de fortificação, baluarte. // Notai bem os seus **a**, Sl 48.13 (ARC). Pôs a salvação por muros e **a**, Is 26.1 (ARC). Ver **Baluarte**.

ANTEPASSADO: Ascendente, antecessor. // Desde os meus **a**, sirvo, 2 Tm 1.3.

ANTERIOR: Que vem ou fica antes. // Dos dias **a** em que... sustentastes grande luta, Hb 10.32.

ANTES: Em tempo anterior; de preferência. // Já existia **a** de mim, Jo 1.15. Que vem após mim, que foi **a** de mim, Jo 1.27 (ARC). **A** importa obedecer a Deus, At 5.29. Por que não sofreis **a** a injustiça? 1 Co 6.7. Escolhendo **a** ser maltratado, Hb 11.25 (ARC).

ANTICRISTO: Um rival, um que é contra, usurpando o nome e as prerrogativas que pertencem unicamente a Cristo. Apesar da palavra aparecer somente em 1 Jo 2.18,22; 4.3; 2 Jo 7, as Escrituras ensinam muito sobre o Anticristo. O povo de Deus, no tempo dos Apóstolos esperavam a vinda do Anticristo, 1 Jo 2.18. Ele não confessará que Jesus Cristo veio em carne, 2 Jo 7. // Identificam-se com o Anticristo: **O chifre pequeno**, Dn 7.8; **o rei feroz de cara**, Dn 8.23-25; **o príncipe que há de vir**, Dn 9.26, **o rei que fará segundo a sua própria vontade**, Dn 11.36; **o homem da iniqüidade**, **filho da perdição**, **e o iníquo**, 2 Ts 2.3-12; **a besta**, Ap 13 e 17.

ANTIGAMENTE: Em tempos passados, outrora. // Edificarão os lugares **a** assolados, Is 61.4.

ANTIGO: De tempo remoto. // Mais excelente dos montes **a**, Dt 33.15. Não removas os marcos **a**, Pv 22.28. Edificarão as **a** ruínas, Is 58.12. Perguntai pelas veredas **a**, Jr 6.16. Foi dito aos **a**, Mt 5.21. A leitura da **a** aliança, 2 Co 3.14. Em Cristo... as coisas **a** já passaram, 2 Co 5.17. Pela fé, os **a** obtiveram, Hb 11.2. Não poupou o mundo **a**, 2 Pe 2.5. Mandamento **a**, 1 Jo 2.7. O grande dragão, a **a** serpente, Ap 12.9; 20.2.

ANTIGO TESTAMENTO: Conjunto dos livros bíblicos anteriores aos Evangelhos. Tertuliano e Orígenes, no século II, deram esse título (baseado sobre 2 Co 3.14) ao primeiro e maior das duas grandes divisões da Bíblia. É a Antiga Aliança, ou pacto, entre Deus e os homens, antes da vinda de Cristo.

ANTIGÜIDADE: O tempo remoto. // Redentor é o teu nome desde a **a**, Is 63.16.

ANTI-LÍBANO: Cordilheira da Síria, paralela ao Líbano e dele separada pelo "vale do Líbano". Ver **Líbano**.

ANTÍLOPE: Da mesma família das cabras monteses, das corças, dos gamos, das gazelas e dos veados. Na lista dos animais limpos, Dt 14.5. Ver **Animais**.

ANTÍOCO: Este nome não se encontra nas Escrituras, mas há referências em Daniel, capítulo 11, aos monarcas desta designação. Esses reis reinaram na Síria, nos tempos entre o Antigo e o Novo Testamentos. Refere-se a eles na Apócrifa, especialmente nos livros dos Macabeus.

ANTIOQUIA DA PISÍDIA: Uma das 16 cidades fundadas por Seleuco Nicanor e denominadas Antioquia (pertencente a Antíoco) em honra de seu pai. Foi situada na Frígia, quase nos limites da Pisídia. Havia uma colônia de judeus nesta cidade, At 13.14. A pregação de Paulo produziu a conversão de um grande número de gentios em Antioquia, e Paulo ficou obrigado, pela perseguição que resultou da parte dos judeus, a sair dali para Icônio, At 13.50,51. Esses judeus, juntos com os de Icônio, apedrejaram a Paulo e arrastaram-no até fora da cidade, dando-o por morto, At 14.19,20. Depois de fazerem muitos discípulos em Derbe, Paulo e Barnabé voltaram a Antioquia, fortalecendo as almas dos convertidos que deixaram lá, At 14.21,22. Timóteo estava bem informado acerca de todos esses acontecimentos. É provável que a Epístola de Paulo aos Gálatas foi dirigida a todas as quatro cidades da província da Galácia: à Antioquia, à Icônio, à Listra e à Derbe. Ver mapa 6, E-2.

ANTIOQUIA DA SÍRIA: Situada na margem do Oronte, 50 quilômetros distante do mar,

Ano | Ano

Sagrado	Civil	Calendário	Estações
1º Mês	7º Mês	ABIBE, Êx 23.15; Dt 16.1 Ou NISÃ, Ne 2.1; Et 3.7 (Março-Abril) Dia 1. Lua Nova 14. Preparação para a Páscoa À noite come-se o cordeiro pascoal. 15. Sábado, Santa Convocação. 15-21. Festa dos Pães Asmos. 16. Apresentação do molho das Primícias. 21. Santa Convocação	As chuvas primaveras. Colheita de linho, Js 2.6. Transbordamento do Jordão, Js 3.15 Começo da sega das cevadas, Rt 1.22.
2º Mês	8º Mês	ZIVE, 1 Rs 6.1,37. (Abril-Maio) Dia 1. Lua Nova 14. Segunda Páscoa, Nm 9.10,11.	Sega das cevadas, Rt 1.22.
3º Mês	9º Mês	SIVÃ, Et 8.9. Dia 1. Lua Nova. 6, 7. Pentecoste, ou Festa das Semanas, Lv 23.15-21.	Colheita do trigo.
4º Mês	10º Mês	TAMUZ, Ez 8.14. (Junho-Julho) Dia 1. Luz Nova. 15. Jejum comemorativo do arrombamento dos muros de Jerusalém, Jr 52.5-7	
5º Mês	11º Mês	ABE. (Julho-Agosto) Dia 1. Lua Nova. 9. Jejum comemorativo da destruição do Templo por Nebuzaradã, 2 Rs 25.8,9.	Amadurecimento das uvas, figos, azeitonas e tâmaras.
6º Mês	12º Mês	ELUL, Ne 6.15 (Agosto-Setembro) Dia 1. Lua Nova 7. Festa comemorativa da dedicação dos muros por Neemias.	Vindimas. As romãs amadurecem.
7º Mês	1º Mês	ETANIM ou TISRI, 1 Rs 8.2. (Setembro-Outubro) Dia 1. Lua Nova. Ano Novo. Festa das Trombetas, Nm 29.1. 10. Dia da Expiação, Lv 16.29. 15 a 22. Festa dos Tabernáculos, Dt 16.13.	

Ano

8º Mês	2º Mês	BUL ou MARCHESVÃ, 1 Rs 6.38 (Outubro-Novembro) Dia 1. Lua Nova.	Começo do inverno. Aramento e sementeira.
9º Mês	3º Mês	QUISLEU, Ne 1.1; Zc 7.1. (Novembro-Dezembro) Dia 1. Lua Nova. 25. Festa da Dedicação, Jo 10.22.	
10º Mês	4º Mês	TEBETE, Et 2.16. (Dezembro-Janeiro) Dia 1. Lua Nova.	
11º Mês	5º Mês	SEBATE, Zc 1.7. (Janeiro-Fevereiro) Dia 1. Lua Nova.	
12º Mês	6º Mês	ADAR, Ed 6.15; Et 3.7. (Fevereiro-Março) Dia 1. Lua Nova. 14, 15. Festa de Purim, Et 9.21-28.	As amendoeiras florescem.
13º Mês		VEADAR (Mês intercalar).	

e 500 quilômetros de Jerusalém. Fundada por Seleuco Nicanor, 300 a.C. e chamada Antioquia em honra de seu pai, Antíoco. Foi a capital, durante quase 1000 anos, dos governadores gregos e romanos da Síria. O famoso santuário de Apolo estava situado em um dos subúrbios, chamado a Dafné. Seu bosque sagrado, de ribeiros e sombra fresca, extendia-se cerca de 15 km fora da cidade, era um paraíso de sensualidade sob o nome de religião. Foi em Antioquia que Paulo repreendeu a Pedro, Gl 2.11,12. O Evangelho, depois da perseguição em Jerusalém, foi levado a Antioquia, e ali foi fundada a primeira igreja gentílica, At 11.19-26. Foi aí, pela primeira vez, que os discípulos foram chamados cristãos, At 11.26. Nicolau, prosélito de Antioquia, foi um dos seus primeiros diáconos, At 6.5. Paulo saiu de Antioquia para todas as suas três viagens missionárias, At 13.1-3; 15.35,36; 18.22,23. A história da Igreja em Antioquia, a Igreja mãe entre os gentios, tinha uma distinção de que ela desfrutava durante muitos anos. Um dos seus filhos mais notáveis foi João Crisóstomo, que morreu no exílio em 407. Ver mapa 6, G-2.

ANTIPAS: Contração de **Antípatro**. 1. Filho de Herodes, o Grande, mencionado em Mt 14.1; Lc 3.1; At 13.1. // 2. Um mártir de Pérgamo, Ap 2.13. Conforme a tradição, era bispo deste lugar.

ANTIPÁTRIDE, ANTIPATRIS (ARC), gr. **Que pertence a Antípatro**: Cidade situada na estrada militar entre Jerusalém e Cesaréia, na distância de 65 km de Jerusalém e de 40 km de Cesaréia. Herodes, ao reconstruir a cidade, deu-lhe o nome de Antipátride, em honra ao seu pai. Foi à Antipátride que Paulo foi conduzido pelos soldados, At 23.31. Ver mapa 4, A-2.

ANTÔNIA, TORRE DE: Parte da fortaleza Birá, unida ao Templo de Jerusalém. Tinha corredores subterrâneos para a fuga de governantes, e torrinhas para as guardas. Um dos eventos mais importantes na longa história dessa torre foi a defesa de Paulo, feita por ele em pé na escada deste edifício, At 21.40.

ANTRO: Hb 11.38. Caverna. Habitação escura e miserável.

ANUBE, hb. **Reunidos**: Um descendente de Judá, 1 Cr 4.8.

ANUIR: Estar de acordo. // Todos... anuiram a esta aliança, 2 Cr 34.32. Deixa por agora... Então ele anuiu, Mt 3.15 (B).

ANULAR: Invalidar, destruir, eliminar. // Anulamos, pois, a lei, pela fé? Rm 3.31. Para que se não anule a cruz de Cristo, 1 Co 1.17. As armas da nossa milícia... anulando sofismas, 2 Co 10.4. Não anulo a graça de Deus, Gl 2.21. Por anularem o seu primeiro compromisso, 1 Tm 5.12.

ANUNCIAR: Noticiar, publicar. // O firmamento anuncia as obras das suas mãos, Sl 19.1. Os céus anunciam a sua justiça, Sl 50.6. Anunciar-te-ei coisas grandes e ocultas, Jr 33.3. Com intrepidez anunciavam a palavra, At 4.31. Felipe... anunciava-lhes a Cristo, At 8.5. Felipe... anunciou-lhe a Jesus, At 8.35. Quão formosos são os pés dos que anunciam, Rm 10.15. Não onde Cristo já fora anunciado, Rm 15.20. Anunciais a morte do Senhor, 1 Co 11.26. A nós foram anunciadas as boas novas, Hb 4.2. O que temos visto e ouvido anunciamos, 1 Jo 1.3. Ver **Declarar, Manifestar**, **Pregar**, **Proclamar**.

ANZOL: Pequeno gancho, terminado em farpa, para pescar. // Porei o meu **a** no teu nariz, 2 Rs 19.28. Com **a**, apanhar o crocodilo, Jó 41.1. Em que vos levarão com **a**, Am 4.2. **Lança** o **a**, e o primeiro peixe, Mt 17.27. Ver **Gancho**.

AOÁ, hb. **Calor**: Descendente de Benjamim, 1 Cr 8.4.

AOITA: 1 Cr 11.12: Descendente de Aoá.

AOLIABE, hb. **Tenda de meu pai**: Um dos artifíces que trabalhou na feitura dos ornamentos do tabernáculo, Êx 31.6.

APAGAR: Extinguir, destruir. // Apague o seu nome de debaixo dos céus, Dt 9.14; 29.20. Apagarão a última brasa que me ficou, 2 Sm 14.7. Para que não apagues a lâmpada de Israel, 2 Sm 21.17. Nem apagará a torcida que fumega, Is 42.3; Mt 12.20. Sejam apagados os vossos pecados, At 3.19 (ARC). Nem o fogo

O Antigo Testamento compõem-se de 39 livros. Esses se dividem em três classes, tanto em nossa Bíblia, como na Septuaginta:

17 Históricos	5 Poéticos	17 Proféticos
Gênesis	Jó	Isaías
Êxodo	Salmos	Jeremias
Levítico	Provérbios	Lamentações
Números	Eclesiastes	Ezequiel
Deuteronômio	Cantares	Daniel
Josué		Oséias
Juízes		Joel
Rute		Amós
1 Samuel		Obadias
II Samuel		Jonas
I Reis		Miquéias
II Reis		Naum
I Crônicas		Habacuque
II Crônicas		Sofonias
Esdras		Ageu
Neemias		Zacarias
Ester		Malaquias

Os judeus dividiram o Antigo Testamento em três classes, também, mas da seguinte maneira:

A Lei	Os Profetas	O Hagiógrafo
Gênesis	Josué	Salmos
Êxodo	Juízes	Provérbios
Levítico	I Samuel	Jó
Números	II Samuel	Cantares
Deuteronômio	I Reis	Rute
	II Reis	Lamentações
	Isaías	Eclesiastes
	Jeremias	Ester
	Ezequiel	Daniel
	Os 12 Profetas Menores	Esdras
		Neemias

O Antigo Testamento foi escrito em hebraico, a não ser Ed 4.8 a 6.18; 7.12-26; Jr 10.11; Dn 2.4 a 7.8, que foram lavrados em aramaico. A primeira grande divisão de nossa Bíblia é a Bíblia dos judeus. Esses, contudo, não a chamam o Antigo Testamento, porque isso daria a entender que aceitam o Novo Testamento, que proclama Jesus como o Messias.

se apaga, Jr 18.23. Todos os dardos, Ef 6.16. Não apagueis o Espírito, 1 Ts 5.19. De modo nenhum apagarei o seu nome, Ap 3.5.

APAIM, hb. **As narinas**: Filho de Nadabe, 1 Cr 2.30.

APAIXONADO: Dominado por paixão, namorado. // A loucura é mulher **a**, Pv 9.13.

APALPADELA: Ação de apalpar. // Como de noite, às **a**, Jó 5.14. Andam às **a** sem terem luz, Jó 12.25.

APALPAR: Tocar com a mão para examinar por meio de tato. // Isaque, seu pai, que apalpou, Gn 27.22. Apalparás ao meio-dia, como o cego apalpa, Dt 28.29. Deixa-me para que apalpe as colunas, Jz 16.26. Suas mãos não apalpam, Sl 115.7. Apalpai-me e verificai, Lc 24.39. E as nossas mãos apalparam, 1 Jo 1.1.

APANHAR: Colher, alcançar, obter, pescar com rede. // Receio que o mal me apanhe, Gn 19.19. Esaú... apanhar a caça, Gn 27.5. Apanhando lenha, Nm 15.32. Com anzol, apanhar o crocodilo, Jó 41.1. Para que o apanhassem em alguma palavra, Mc 12.13. Apanhada em flagrante adultério, Jo 8.4. // Naquela noite nada apanharam, Jo 21.3. Esse dia como ladrão vos apanhe de surpresa, 1 Ts 5.4.

APARATO, APARATOSO: Pompa, esplendor. // Um macho **a**, Lc 23.11. Berenice com muito **a**, At 25.23 (ARC). **A** de vestuário, 1 Pe 3.3. Ver **Luxo**, **Pompa**.

APARECER: Começar a ser visto. // Aparece a terra seca, Gn 1.9. Aos teus servos apareçam as tuas obras, Sl 90.16. Quem subsistir quando ele aparecer? Ml 3.2. Eis que lhes aparecem Moisés e Elias, Mt 17.3. Aparecerá no céu o sinal do Filho do homem, Mt 24.30. Cristo... aparecerá segunda vez, sem pecado, Hb 9.27. O visível veio a existir das coisas que não aparecem, Hb 11.13. // **O Senhor apareceu**: a Adão, Gn 3.8,9; a Abraão, Gn 12.7; 17.1; 18.1; At 7.1; a Isaque, Gn 26.2,24; a Jacó, Gn 35.1,7,9; 48.3; na coluna de nuvem, Dt 31.15; a Samuel, 1 Sm 3.21; a Salomão, 1 Rs 3.5; 9.2; 11.9; a Davi, 2 Cr 3.1; a Simão, Lc 24.34; a Paulo, At 9.17; 23.11; 26.16. // **O Anjo do Senhor apareceu**: a Moisés, Êx 3.2; a Gideão, Jz 6.12; à mãe de Sansão, Jz 3.13. // **Um anjo apareceu**: a José, Mt 1.20; 2.13,19; a Zacarias, Lc 1.11; a Cristo, Lc 22.43; a Moisés, At 7.30. // **A glória do Senhor apareceu**: na nuvem, Êx 16.10; Nm 16.42; a todo o povo, Lv 9.23; Nm 16.19; na tenda, Nm 14.10; a Moisés e Aarão, Nm 20.6. Ver **Comparecer**.

APARECIMENTO: Ato de tornar visível. // O **a** do iníquo... com todo poder, e sinais, 2 Ts 2.9. Pelo **a** de nosso Salvador Cristo Jesus, 2 Tm 1.10. Ver **Manifestação**, **Revelação**.

APARELHAR: Preparar, arrear (cavalgadura). // Pela fé Noé... aparelhou uma arca, Hb 11.7.

APARELHO: Conjunto de utensílios náuticos. // Arriaram os **a** e foram ao léu, At 27.17.

APARÊNCIA: Aspecto. // Sobre o tabernáculo uma **a**, de fogo, Nm 9.15. A sua **a** semelhante **a** de bdélio, Nm 11.7. Além da voz, não vistes **a**, Dt 4.12. Não atentes para a sua **a**, 1 Sm 16.7. Davi era de boa **a**, 1 Sm 17.42. Não tinha **a** nem formosura, Is 53.2. **A** como a do bronze, Ez 40.3. Como **a** de homem, Dn 8.15. Sua **a** é como **a** de cavalos, Jl 2.4. Não julgueis segundo a **a**, Jo 7.24. Aos que se gloriam na **a**, 2 Co 5.12. Ver **Semelhança**.

APARENTAR: Fazer-se parente de. // Salomão aparentou-se com Faraó, 1 Rs 3.1. Josafá aparentou-se com Acabe, 2 Cr 18.1. Aparentar-nos com os povos destas abominações, Ed 9.14.

APARENTE: Que se vê. // Foi feito do que é **a**, Hb 11.3 (ARC).

APARIÇÃO: Manifestação súbita de. // Até a **a** de nosso Senhor, 1 Tm 6.14 (ARC). Manifesta agora pela **a** de nosso Salvador, 2 Tm 1.10 (ARC).

APARTAMENTO: Separação. // E conhecereis o meu **a**, Nm 14.34 (ARC).

APARTAR: Pôr a parte. // Apartai-vos do meio desta congregação, Nm 16.21. // Apartaram de Israel todo elemento misto, Ne 13.3. Aparta-te do mal, Sl 34.14; 37.27; Pv 3.7; 1 Pe 3.11. Apartai-vos de mim, Mt 7.23; 25.41. Aparteis de todo irmão que, 2 Ts 3.6. Ver **Afastar**, **Separar**.

APASCENTAR: Levar ao pasto. Sustentar-se, nutrir-se. // Dai de beber às ovelhas e ide apascentá-las, Gn 29.7. Apascentava Moisés o rebanho de Jetro, Êx 3.1. Tu apascentarás o meu povo de Israel, 2 Sm 5.2. Apascenta-os e exalta-os para sempre, Sl 28.9. Os lábios do justo apascentam a muitos, Pv 10.21. Tal homem se apascenta de cinza, Is 44.20. Dai-vos-ei pastores... que vos apascentem com conhecimento, Jo 3.15 (?). O Guia que há de apascentar a meu povo, Mt 2.6. Apascenta os meus cordeiros, Jo 21.15. Pastores que a si mesmos se apascentam, Jd 12. O Cordeiro... os apascentará, Ap 7.17. Ver **pastorear**.

APAVORAR: Causar terror. // Todas as minhas dores me apavoram, Jó 9.28. O desprezo das famílias me apavora, Jó 31.34.

APAZIGUAR: Pôr em paz; sossegar; aplacar. // Apaziguando já o furor do rei, Et 2.1. O longânimo apazigua a luta, Pv 15.18. O homem sábio o apazigua, Pv 16.14. O escrivão... tendo apaziguado o povo, At 19.35. Ver **Conciliar**, **Reconciliar**.

APEAR: Desmontar. // Rebeca... apeou do camelo, Gn 24.64.

APEDREJAR: Atirar pedras contra. Supliciar a pedradas. // Será apedrejado, o boi, Êx 21.29; que der seus filhos a Moloque, Lv 20.2; blasfemador, Lv 24.16; necromante ou feiticeiro, Lv

20.27; que incitar a servir a outros deuses, Dt 13.10; filho contumaz, Dt 21.21; adúltero, Dt 22.22; Jo 8.5. // O povo ameaçou apedrejar, a Moisés, Nm 14.10; a Davi, 1 Sm 30.6; a Cristo, Jo 10.32; ao capitão e os guardas, At 5.26. // Foi apedrejado, o homem que apanhou lenha no sábado, Nm 15.36; Acã, Js 7.25; Adorão, 1 Rs 12.18; Nabote, 1 Rs 21.13; Estêvão, At 7.59; Paulo, At 14.19; 2 Co 11.25; que tocasse o monte, Hb 12.20.

APEGADO: Unido, agarrado. // Minha alma está a ao pó, Sl 119.25. Apegado à palavra, Tt 1.9.

APEGAR: Afeiçoar, enredar-se, segurar-se. // Sua alma se apegou a Diná, Gn 34.3. Amando ao Senhor... e apegando-te a ele, Dt 30.20. Ao Senhor vosso Deus vos apegareis, Js 23.8. Rute se apegou a ela, Rt 1.14. A minha alma apega-se a ti, Sl 63.8. Aos teus testemunhos me apego, Sl 119.31. Detestai o mal, apegando-vos ao bem, Rm 12.9. Que nos apeguemos, com mais firmeza, Hb 2.1.

APELAÇÃO: Recurso interposto da sentença de um juiz ou tribunal inferior para o de superior instância. No tempo de Moisés os juízes "julgaram o povo em todo o tempo; a causa grave trouxeram a Moisés, e toda causa simples julgaram eles", Êx 18.26. Não havia, contudo, o recurso de recorrer por apelação a juiz superior. Quando uma causa era difícil demais em juizo, podia-se recorrer a um juiz superior para receber instruções, mas a decisão final era dada pelo juiz inferior, Dt 17.8-13. No tempo do Novo Testamento havia entre os romanos, o recurso de apelação de um tribunal inferior para um tribunal superior. Ver o caso de Paulo apelar a César, At 25.10,11. Ver **Apelar**, **Apelo**.

APELAR: Recorrer por apelação. Invocar socorro de. // Apelo para César, At 25.11. Senti-me compelido a apelar para César, At 28.19. Ver **Apelação**.

APELES: Um discípulo em Roma, a quem Paulo mandou saudações, Rm 16.10. Segundo a tradição, era bispo de Esmirna.

APELO: Convite ou sugestão para se prestar auxílio. // Atendeu ao nosso a, 2 Co 8.17.

APENAS: Unicamente. // Servos inúteis, porque fizemos apenas, Lc 17.10.

APENHORAR: Obrigar-se por promessa. // O que despreza a palavra a ela se apenhora, Pv 13.13.

APERCEBIDO: Prevenido, acautelado. // Ficai também vós a, Mt 24.44. As que estavam a entraram com ele, Mt 25.10.

APERFEIÇOADO: Que se tornou perfeito. // Espíritos dos justos a, Hb 12.23.

APERFEIÇOAMENTO: Último demão, retoque. // Pedimos, o vosso **a**, 2 Co 13.9. Com vistas ao **a** dos santos, Ef 4.12.

APERFEIÇOAR: Acabar com perfeição. // Ó Deus que.. aperfeiçoou o meu caminho, Sl 18.32. Que sejam aperfeiçoados na unidade, Jo 17.23. Aperfeiçoando a nossa santidade, 2 Co 7.1. O poder se aperfeiçoa na fraqueza, 2 Co 12.9. Aperfeiçoai-vos, 2 Co 13.11. Insensatos... vos aperfeiçoando na carne? Gl 3.3. Nele estais aperfeiçoados, Cl 2.10. Aperfeiçoasse por meio de sofrimentos o Autor, Hb 2.10. A lei nunca aperfeiçoou coisa alguma, Hb 7.19. Para aperfeiçoar aquele que preste culto, Hb 9.9. Aperfeiçoou sempre quantos estão sendo santificados, Hb 10.14. Eles, sem nós, não fossem aperfeiçoados, Hb 11.40. Vos aperfeiçoe em todo bem, Hb 13.21. Ele mesmo vos há de aperfeiçoar, 1 Pe 5.10. Nele... tem sido aperfeiçoado o amor, 1 Jo 2.5. O seu amor é em nós aperfeiçoado, 1 Jo 4.12.

APERTADO: Estreito, que tem pouca largura. // Estreita é a porta e **a** o caminho, Mt 7.14.

APERTAR: Comprimir, estreitar. // Os superintendentes os apertavam, Êx 5.13. Os egípcios apertavam com o povo, Êx 12.33. Apertaram com ele, até que, constrangido, lhes disse, 2 Rs 2.17. As multidões o apertavam, Lc 8.42. E... te apertarão o cerco, Lc 19.43.

APERTO: Situação difícil ou perigosa. // Aos deuses... que vos livrem no tempo de vosso **a**, Jz 10.14. Por que... vindes... quando estais em **a**? Jz 11.7. Ajuntaram-se a ele... que se achavam em **a**, 1 Sm 22.2. Zombarei... quando vos chegar o **a**, Pv 1.26,27. Ver **Apuro**, **Necessidade**.

APETECER: Ter apetite de. Desejar muito. // Que a tua alma tanto apeteceu, Ap 18.14.

APETECÍVEL: Desejável. // E a sua alma a comida **a**, Jó 33.20.

APETITE: Desejo de comer. Impulso veemente que nos leva a satisfazer desejos ou necessidades. // Nunca se satisfaz o seu **a**, Ec 6.7.

APIEDAR: Mover à piedade, à compaixão. // Tornará a apiedar-se de nós, Mq 7.19 (ARC). E apiedai-vos de alguns, Jd 22 (ARC).

ÁPIO: Os irmãos de Roma foram a esta cidade, pela formosa Via Ápia, ao encontro de Paulo, quando era conduzido a Roma como prisioneiro. At 28.15 Ver mapa 6, A-1.

APLACAR: Tranqüilizar, acalmar. // Jacó aplacou, isto é, abrandou, a ira de Esaú com o presente, Gn 32.20. Seus filhos procurarão aplacar aos pobres Jó 20.10.

APLANAR: Tornar plano, nivelar. // Aplanar a vereda do justo, Is 26.7. Os lugares escabrosos, aplanados, Is 40.4; Lc 3.5.

APLAUDIR: Dar aplauso a louvar. // Aplaudí com as mãos, Sl 47.1 (ARC).

APLICAR: Adaptar. Pôr em prática. Sobrepor. Empregar. // Aplica o teu coração ao meu conhecimento, Pv 22.17. Aplicou-o aos olhos do cego, Jo 9.6.

APOCALIPSE DE JOÃO: O último livro do Novo Testamento; o livro que encerra o cânon das Sagradas Escrituras, Ap 22.18. // Ao passo que o Gênesis é o livro de origens, o Apocalipse é o livro de consumações. O primeiro livro trata da origem dos céus e da terra, do mar, da noite, do sol e a da lua, da morte, da dor, da maldição. O último livro da Bíblia revela que haverá novos céus e nova terra, que não haverá mais mar, nem noite, que não haverá necessidade de sol nem de lua, que não haverá mais morte nem dor e nem maldição. Inicia-se o Gênesis com as palavras: "No princípio Deus"; finda-se com: "num caixão no Egito". Mas o **Apocalipse** é a grande consumação das profecias do Antigo Testamento, o grande final da história divina, o maravilhoso peã do pleno triunfo de Cristo. Há bênçãos extraordinárias para aqueles que lêem e aqueles que ouvem as palavras deste livro, Ap 1.3. // Note que "apocalipse", vocábulo grego, quer dizer "revelação", ou ato de fazer conhecido. Todos os livros da Bíblia são uma revelação, mas especialmente esse, o derradeiro de todos. Logo, o **Apocalipse** não é "uma obra muito escura" como muitos crentes declaram. Essa idéia é tão geral que a palavra "apocalíptico" adquiriu este sentido: "De difícil compreensão, obscuro". Vede a palavra nos dicionários. Certamente o **Apocalipse** não é um enigma, sem solução, para a Igreja desprezar, mas é a Revelação de Jesus Cristo, em que Ele nos revela muitas coisas práticas e indispensáveis. // O escritor: O apóstolo João (1.1,4,9; 22.8), desterrado para a rochosa e solitária ilha de Patmos, 1.9. Foi no tempo em que o apóstolo Pedro foi crucificado e o apóstolo Paulo decapitado. O **Apocalipse** é a mensagem de Deus aos seus filhos nas trevas mais densas de todos os séculos, quando parecia certo o fracasso completo e irremediável da Igreja de Cristo. // **A chave**: Há quatro interpretações do Apocalipse. 1. A *preterista*. Todas as suas profecias já se cumpriram, uma grande parte nos tempos das perseguições do Império Romano. Deste ponto de vista as profecias do livro não são mais profecias. // 2. A *histórica*. As profecias do livro serão todas cumpridas no passar dos tempos, desde os dias de João até a consumação dos séculos. Mas os expositores não podem concordar nas suas interpretações históricas. // 3. A *simbólica* ou *espiritual*. As visões são consideradas como figuradas de certas verdades. // 4. A *futurista*. A maior parte da série de profecias pertence aos últimos dias. Vê-se, no cap. 1.19 que o próprio Espírito Santo divide o Apocalipse em três: 1. As coisas que vistes; as que João presenciou antes de escrever o primeiro capítulo. 2. As que são; as coisas nas sete igrejas no tempo em que João escrevia o livro, Caps. 2 e 3. 3. As que hão de acontecer depois destas; os eventos ainda futuros, para o tempo em que João a relatou, Caps. 4 a 22. // O versículo-chave: "Eis que vem com as nuvens, e todo o olho O verá, até quantos o traspassaram. E todas as tribos da terra se lamentarão sobre Ele. Certamente. Amém", 1.7. // O livro do Apocalipse trata dos tremendos eventos no tempo do apocalipse de Cristo, isto é, ao manifestar-se nas nuvens, ao voltar à terra, na segunda vinda. O livro, se nos lembrarmos da chave, não é mais um mistério inexplicável, mas uma obra clara e certa. É enfaticamente um livro fecundo, de lições compreensíveis e práticas, de bênçãos incalculáveis e eternas, para os que guardam a vinda novamente de Cristo à terra. // **As divisões**: Divide-se, também, a matéria em sete partes: I. As sete epístolas, às sete igrejas, 1 a 3. II. Os sete selos, 4.1 a 8.1. III. As sete trombetas, 8.2 a 11. IV. As sete figuras místicas: a mulher vestida de sol; o dragão vermelho; o Filho da mulher; a primeira besta, que emerge do mar; a segunda besta, que se levanta da terra; o Cordeiro no monte Sião; o Filho do Homem sobre a nuvem, 12 a 14. V. O derramamento das sete taças, 15 e 16. VI. A aniquilação dos inimigos da Igreja, 17 a 20. VII. As glórias da Nova Jerusalém, 21 e 22.

APOCALÍPTICO, OS ESCRITOS: Uma série de obras apócrifas que apareceu entre 210 a.C. e 200 a.D. Todos se assemelham ao livro de Daniel. Eram populares durante os primeiros séculos, desapareceram no início da Idade Média e reapareceram no século XIX. Não são considerados de confiança Entre eles são: **O Livro de Enoque**. **O Apocalipse de Baruque. A Assunção de Moisés**. **A Ascensão de Isaías**. **O Livro de Jubileus**. **Os Salmos de Salomão**, escritos por certo fariseu, na era dos Macabeus. **Os Testamentos dos Doze Patriarcas**.

APÓCRIFO: A palavra apócrifo, originalmente, significava oculto, mas passou a significar espúrio. Os livros apócrifos do Antigo Testamento são: **I Esdras**, (Na Vulgata III Esdras): Uma versão grega escrita cerca de 100 a.C. de partes de II Crônicas, Esdras, Neemias. // **II Esdras**, (Na Vulgata IV Esdras): Escrito no segundo século a.C. As visões de uma nova era. // **Tobias**: Um romance no tempo do cativeiro de Israel pela Assíria. // **Judite**: Um romance no tempo de Nabucodonosor. Escrito cerca de 100 a.D. // **A parte restante de Ester**: Acréscimo ao livro de Ester, feito no segundo século a.C. // **A Sabedoria de Salomão**: Obra sapiencial, escrito por um judeu de Alexandria, cerca de 100 a.C. // **Eclesiástico**: Parecido com o livro de Provérbios. Chama-se, também, A sabedoria de Jesus, Filho de Siraque. Escrito cerca de 180 a.C. //**Baruque**: obra escrita cerca de 300 a.C. e que dá entender ser da autoria de Baruque, o escriba de Jeremias. // **O Cântico dos Três Mancebos**: Um acréscimo ao livro de Daniel. // **A História de Suzana**: Outro acréscimo a Daniel. // **Bel e o Dragão**. // Ainda outro acréscimo a Daniel. // **A Oração de Manassés**: Dá a entender que é a oração de Manassés, quando preso em Babilônia. // **I e II Macabeus**: Obras históricas de grande valor sobre a era dos Macabeus. Escritas cerca de 100 a.C. // Estes 16 livros são genuínos, mas não de inspiração divina e de autoridade igual a da Bíblia. Nunca fizeram parte do sagrado cânon, jamais foram citados por Cristo nem pelos apóstolos. // Servem-nos "para exemplo de vida e instrução de costumes, ainda que sem autoridade em matéria de fé". Os livros apócrifos do Antigo Testamento foram acrescentados às Sagradas Escrituras, pela primeira vez e contra a vontade dos judeus, na tradução do Antigo Testamento pelos Setenta, em Alexandria no Egito, 282 a.C. E deve-se lembrar que o apóstolo Paulo afirmou depois: "Aos judeus foram confiados os oráculos de Deus", Rm 3.2. Há, também, alguns livros apócrifos do Novo Testamento: O Evangelho Segundo os Hebreus. O Evangelho Segundo São Tiago, Os Atos de Pilatos, etc. É tão raro que se encontre um livro, não canônico, anexo a manuscritos do Novo Testamento que nunca se tratou seriamente de incluir qualquer deles no Cânon.

APODERAR: Meter-se na posse de. Assenhorear-se. // Agonias apoderaram-se dos habitantes, Êx 15.14. O tremor se apodera dos ímpios, Is 33.14. Os que se esforçam se apoderam dele, Mt 11.12. Apoderemo-nos da sua herança, Mt 21.38. Um espírito se apodera dele, Lc 9.39.

APODRECER: Tornar pobre. // O cinto se tinha apodrecido, Jr 13.7. Farei também apodrecer a soberba Jr 13.9.

APOIAR: Dar apoio a. Firmar, encostar. // Saul estava apoiado sobre a sua lança, 2 Sm 1.6. Em ti me tenho apoiado, Sl 71.6. A vossa fé não se apoiasse em sabedoria, 1 Co 2.5. Jacó... apoiado sobre a extremidade do seu bordão, adorou, Hb 11.21.

APOIO: Auxílio. Aprovação. // Querendo assegurar o **a** dos judeus, At 25.9.

APOLIOM: Ap 9.11. Ver **Abadom**.

APOLO: Este nome é uma forma abreviada da palavra Apolônio ou Apolodoro. Judeu criado na famosa cultura de Alexandria, At 18.24. Fez-se discípulo de João Batista, conhecendo apenas o batismo de João, At 18.25. Fervoroso de espírito, falava e ensinava com precisão a respeito de Jesus, At 18.25. Em viagem missionária, encontrou-se com Áquila e Priscila, os quais, com mais exatidão, lhe expuseram o Caminho de Deus, At 18.26. Tornou-se pregador do Evangelho, primeiro em Acaia e, depois, em Corinto, At 18.27; 19.1. Paulo o recomendou aos coríntios, e a Tito, 1 Co 16.12; Tt 3.13. Alguns opinam, inclusive Martinho Lutero, que Apolo era o escritor da **Epístola aos Hebreus**. Segundo a tradição era bispo de Cesaréia.

APOLÔNIA: gr. **Cidade de Apolo**: Cidade da Macedônia, onde passaram Paulo e Silas em viagem, de Filipos a Tessalônica, At 17.1. Ver mapa 6, C-1.

APONTAR: Mostrar. Fazer a ponta **a**. // O Senhor... aponta o caminho aos pecadores, Sl 25.8. E apontam, quais flechas, palavras amargas, Sl 64.3.

APÓS: Atrás de. // O Senhor me tirou de **a** o gado, Am 7.15. Se alguém quer vir **a** mim, Mt 16.24. Seguindo **a** outra carne, Jd 7.

APOSENTO: Casa de residência, quarto. // Como noivo que sai dos seus **a**, Sl 19.5. Saia o noivo da sua recâmara, e a noiva do seu **a**, Jl 2.16. Ver **Câmara**, **Quarto**.

APOSSAR: Tomar posse. Apoderar-se. // O Espírito... de tal maneira se apossou dele, Jz 14.6. Eles se apossaram do trabalho, Sl 105.44.

APOSTASIA, APOSTATAR: Aparece, repetidamente, nas Escrituras, referindo-se ao pecado de desviar-se da fé: Dizendo: Sirvamos outros deuses Dt 13.33. Os que deixam de seguir ao Senhor, Sf 1.4-6. Muitos falsos profetas enganarão a muitos, Mt 24.11. Que ensinas todos os judeus a apostatarem de Moisés, At 21.21. Da graça decaístes, Gl 5.4 A que não vos demovais da vossa mente... quer por espírito, 2 Ts 2.2. Sem que primeiro venha a apostasia, 2 Ts 2.3. Nos últimos tempos alguns apostarão da fé, 1 Tm 4.1-3. Entregando-se a fábulas, 2 Tm 4.4. E caíram, sim, é impossível outra vez renová-los, Hb 6.4-6. Descaiais da vossa própria firmeza, 2 Pe 3.17. Eles se foram para que ficasse manifesto que nenhum deles é de nossos, 1 Jo 2.19. A apostasia dos anjos, Jd 6 // Exemplos de apostasia: Israel, Jz 2.11-15; 10.6; 1 Sm 12.10; Saul, 1 Sm 15.11; Jeroboão, 1 Rs 12.28-32; Acabe, 1 Rs 16.30-33; Acazias, 1 Rs 22.52,53; Jeorão, 2 Cr 21.6.10; Amazias, 2 Cr 25.14,27; Acaz, 2 Cr 28.1-4; Manassés, 2 Cr 33.1-9; Amom, 2 Cr 33.22; Muitos discípulos, Jo 6.66; Himeneu e Alexandre, 1 Tm 1.19,20; Demas, 2 Tm 4.10.

APOSTOLADO: Grupo dos apóstolos. // Preencher a vaga neste... **a**, At 1.25. Viemos receber graça e **a**, Rm 1.5. Vós sois o selo do meu **a**, 1 Co 9.2. Operou eficazmente em Pedro para o **a**, Gl 2.8.

APÓSTOLO, gr. **Apóstolos**, "embaixador", "mensageiro", "enviado extraordinário", "Pessoa que representa a pessoa que manda": Apóstolos Paulo e Barnabé, At 14.14. Os quais são notáveis entre os apóstolos, Rm 16.7. Edificados sobre o fundamento dos apóstolos, Ef 2.20. Agora foi revelado aos... santos apóstolos, Ef 3.5. Concedeu uns para apóstolos, Ef 4.11. Apóstolo e Sumo Sacerdote... Jesus, Hb 3.1. Declaram-se apóstolos e não são, Ap 2.2. Doze fundamentos, e estavam sobre estes os doze nomes dos doze apóstolos, Ap 21.14. // Autoridade dos apóstolos: Mt 10.16,19; 18.18; Mc 16.15; Lc 6.13; 24.47; Jo 20.23; At 9.15,17; 1 Co 5.3; 2 Tm 1.11. // Milagres dos apóstolos: Mt 10.1,8; Mc 16.20; Lc 9.1; At 2.43. // Obra dos apóstolos: At 6.4; 20.27. // Qualificações: At 1.21,22; 1 Co 9.1. // Sofrimentos dos apóstolos: Mt 10.16; Lc 21.16; Jo 15.20; 1 Co 4.9; 2 Co 1.4; 11.23; Ap 1.9. // Testemunhas: Lc

Os Doze Apóstolos

Nome	Sobrenome	Terra Natal	Ofício	Escreveu	Morreu
1. Simão	Pedro Cefas	Betsaida; Cafarnaum	Pescador	1 e 2 Pedro	Crucificado, cabeça para baixo (tradição)
2. André			Pescador		Crucificado em cruz de S. André (X) (tradição)
3. Tiago, o maior	Boanerges, filhos de trovão	Betsaida; Jerusalém	Pescador		Decapitado, At 12.2
4. João, o amado			Pescador	Evangelho 3 Epístolas Apocalipse	Morte natural (tradição)
5. Tiago, o menor		Galiléia		Epístola de Tiago	Crucificação Egito (tradição)
6. Judas	Tadeu Lebeu	Galiléia		Epístola de Judas	Martirizado na Pérsia (tradição)
7. Felipe		Betsaida			Morreu na Frigia (tradição)
8. Bartolomeu	Natanael	Caná da Galiléia			Esfolado (tradição)
9. Mateus	Levi	Cafarnaum	Cobrador de impostos	Evangelho	Martirizado na Etiópia (tradição)
10. Tomé	Dídimo	Galiléia			Traspassado por flechas enquanto orava (tradição)
11. Simão	Cananeu Zelote	Galiléia			Crucificado (tradição)
12. Judas	Iscariotes	Queriote			Suicidou-se, Mt 27.5.

1.2; 24.33,48; At 1.2,22; 10.41; 1 Co 9.1; 2 Pe 1.16; 1 Jo 1.1; 1 Co 15.5.

APRAZER: Causar prazer. // A palavra... fará o que me apraz, Is 55.11. Terei misericórdia de quem me aprouver ter misericórdia, Rm 9.15. Aprouve a Deus salvar aos que crêem, 1 Co 1.21. Distribuindo-as, como lhe apraz, 1 Co 12.11. Colocando... como lhe aprouve, 1 Co 12.18. Aprouve a Deus que nele residisse, Cl 1.19. Ver **Agradar**.

APRAZIMENTO: Agrado, deleite. // Deus que tudo nos proporciona ricamente para nosso **a**, 1 Tm 6.17.

APRAZÍVEL: Que causa prazer. // Desprezaram a terra **a**, Sl 106.24. As palavras bondosas lhe são **a**, Pv 15.26. Querida minha... **a** como Jerusalém, Ct 6.4. Dizei-nos coisas **a**, Is 30.10. Como sacrifício aceitável e **a** a Deus, Fp 4.18.

APRECIAR: Estimar, avaliar. // Muito apreciam as saudações nas praças, Lc 20.46.

APREENSIVO: Preocupado, receoso. // Não estejais **a** pela vossa vida. Lc 12.22 (ARC).

APREGOAR: Anunciar em pregão. Proclamar. // Apregoa... Quem for tímido, Jz 7.3. Apregoar o ano aceitável do Senhor, Is 61.2. Apregoa estas palavras para a banda do norte, Jr 3.12. Ver **Anunciar**, **Pregoar**, **Proclamar**.

APRENDER: Ficar sabendo. Reter na memória. // Que aprendam a temer-me, Dt 4.10. Que aprendesse os teus decretos, Sl 119.71. Aprendei a fazer o bem, Is 1.17. Nem aprenderão mais a guerra, Is 2.4. Aprendei o que significa: Misericórdia quero, Mt 9.13. Aprendei de mim, Mt 11.29. Do pai tem ouvido e aprendido, Jo 6.45. Aprendeis isto: Não ultrapasseis, 1 Co 4.6. Não aprendeu ainda como convém, 1 Co 8.2. Para todos aprenderem e serem consolados, 1 Co 14.31. Aprendestes... e vistes em mim, Fp 4.9. Que aprendam também a distinguir-se nas boas obras, Tt 3.14. Embora sendo Filho aprendeu a obediência, Hb 5.8.

APRESENTAR: Expor, mostrar. Oferecer para ser visto ou recebido. José... se barbeou... foi apresentar-se a Faraó, Gn 41.14. Ao monte Sinai, e ali te apresentes a mim, Êx 34.2. Apresentai-vos... com cântico, Sl 100.2. Para o apresentarem ao Senhor, Lc 2.22. Que apresenteis os vossos corpos, Rm 12.1 Vos apresentar como virgem pura, 2 Co 11.2. Para a apresentar a si mesmo igreja gloriosa, Ef 5.27. Para apresentar-vos perante ele santos, Cl 1.22. Apresentemos todo homem perfeito, Cl 1.28. Procura apresentar-te a Deus, 2 Tm 2.15. Para vos apresentar com exultação, Jd 24.

APRESSADAMENTE: Precipitadamente, rapidamente. // Não saireis **a**... o Senhor irá diante de vós, Is 52.12. Foram **a** e acharam... a criança, Lc 2.16.

APRESSAR: Dar pressa a, acelerar. // Apressa-te, refugia-te nela, Gn 19.22. Senhor... força minha, apresse-te em socorrer-me, Sl 22.19. Não te apresses a litigar, Pv 25.8. O que se apressa a enriquecer, Pv 28.20. Não te apresses em irar-te, Ec 7.9. Esperando e apressando a vinda do dia de Deus, 2 Pe 3.12.

APRISCO: Redil, curral onde se recolhem as ovelhas. // Recolheria. . minhas ovelhas... as farei voltar aos seus **a**, Jr 23.3. O que não entra pela porta no **a**, Jo 10.1. Outras ovelhas, não desde **a**, Jo 10.16. Ver **Curral**, **Redil**.

APRONTAR: Preparar-se. // Aquele servo, porém, que... não se aprontou, Lc 12.47.

APROVAR: Julgar bom; consentir em; sancionar // Aprovais com cumplicidade as obras dos vossos pais, Lc 11.48. Jesus... aprovado por Deus diante de vós, At 2.22. Não somente as fazem, mas também aprovam, Rm 1.32.

Aprisco

Aprovas as coisas excelentes. Rm 2.18. Agradável a Deus e aprovado pelos homens, Rm 14.18. Para aprovardes as coisas excelentes, Fp 1.10. Apresentar-te a Deus, aprovado, 2 Tm 2.15. Depois de ter sido aprovado, receberá a coroa, Tg 1.12.

APROVEITAMENTO: Melhoramento. // Para que o teu **a** seja manifesto, 1 Tm 4.15 (ARC).

APROVEITAR: Tirar proveito de, tornar proveitoso. // Que aproveitará o homem se ganhar, Mt 16.26. Tendo despendido tudo... nada aproveitar, Mc 5.26. A carne para nada aproveita, Jo 6.63. Se não tiver amor, nada disso me aproveitará, 1 Co 13.3. Cristo de nada vos aproveitará, Gl 5.2. Contendas de palavras que para nada aproveitam, 2 Tm 2.14. Mas a palavra... não lhes aproveitou, Hb 4.2.

APROXIMAR: Chegar para perto. Pôr ao pé de. // Bem-aventurado... aproximas de ti, para que assista teus átrios, Sl 65.4. Aproxima-te de minha alma, Sl 69.18. A vossa redenção se aproxima, Lc 21.28. Estáveis longe, fostes aproximados pelo sangue, Ef 2.13. Aproximemo-nos com sincero coração, Hb 10.22. Tanto mais quanto vedes que o dia se aproxima, Hb 10.25. É necessário que aquele que se aproxima, Hb 11.6. Ver **Achegar**.

APRUMAR: Pôr vertical. // Aprumou as águas como num dique, Sl 78.13. O Senhor.. apruma todos os prostrados, Sl 145.14.

APTO: Idôneo, hábil, capaz. // Ninguém... olha para trás é **a** para o reino, Lc 9.62. **A** para ensinar, 1 Tm 3.2; 2 Tm 2.24.

APURO: Situação angustiosa. // Vendo... que estavam em **a** (porque o povo estava apertado), 1 Sm 13.6. Quando o teu próximo te puser em **a**, Pv 25.8. Ver **Aperto**.

AQUECER: Tornar quente. // Davi já velho... não aquecia, 1 Rs 1.1. A carne do menino aqueceu, 2 Rs 4.34. Vestis-vos mas ninguém se aquece, Ag 1.6. Ide em paz, aquecei-vos, Tg 2.16. Ver **Aquentar**, **Esquentar**.

AQUEDUTO: Canal, galeria ou encanamento de água. // Do **a** do açude superior, 2 Rs 18.17.

AQUELE: O (ser ou objeto) que está ali ou além. // Bem-aventurados **a** que lêem e **a** que ouvem, Ap 1.3.

AQUENTAR: Tornar quente. // Se dois dormirem juntos, eles se aquentarão; mas um só como se aquentará? Ec 4.11.

AQUI: Neste lugar. // Eis-me aqui, Gn 22.1; 1 Sm 3.4; Is 6.8. Até **a** nos ajudou o Senhor, 1 Sm 7.12. Bom é estarmos **a**, Mt 17.4. Não está **a**, ressuscitou, Mt 28.6. Senhor, se estiveras **a**, Jo 11.21,32. Não temos a cidade permanente, Hb 13.14.

AQUIETAR: Ficar tranqüilo, acalmar-se. // Aquietai-vos e vede o livramento do Senhor, Êx 14.13. Aquietai-vos, e sabei, Sl 46.10. Tremeu a terra e se aquietou, Sl 76.8. O vento se aquietou, Mc 4.39. Ver **Tranqüilizar**.

ÁQUILA, lat. **Águia**: Judeu, que, por causa dum edito de Cláudio, foi obrigado a sair de Roma, com sua mulher Priscila, At 18.2. Em Corinto, Paulo passou a morar e a trabalhar com eles na profissão de fazer tendas, At 18.3. O apóstolo os levou consigo e os deixou em Éfeso, At 18.19. Não sabemos, por certo, se eram convertidos antes de se encontrarem com Paulo, mas eles mesmos depois se tornaram hábeis em ensinar o caminho de Deus, At 18.26. Mostraram-se amigos íntimos e fiéis ao apóstolo Paulo, Rm 16.3,4. Realizavam os cultos na casa de Áquila e Priscila em Corinto, 1 Co 16.19. Quando Paulo escrevia a segunda Epístola a Timóteo, eles estavam novamente em Éfeso, 2 Tm 4.19.

AQUIS, hb. **Irado**: Rei filisteu de Gate, com quem Davi se refugiou, 1 Sm 21.10-15. Davi outra vez com Aquis, 1 Sm 27.1-12; 29.1-11. Chamado **Abimeleque**, no título do Salmo 34.

AQUISIÇÃO: Ato de adquirir. // Mas para a **a** da salvação, 1 Ts 5.9 (ARC).

AR: Fluido transparente e invisível que constitui a atmosfera terrestre. Espaço para além da terra. // As escamas do crocodilo se chegam uma a outra a tal ponto, que entre elas não entra o ar, Jó 41.16. Desferindo golpes no ar (1 Co 9.26), refere-se a golpes que não acertam o alvo. Como se falasse ao ar (1 Co 14.9), quer dizer as enunciações, incompreensíveis dos que falavam línguas. "O príncipe da potestade do ar" (Ef 2.2) indica que os espíritos habitam o ar. Compare Ef 6.12; Cl 1.13; Lc 22.53. Para o encontro do Senhor nos ares (1 Ts 4.17), no espaço além da terra.

AR, hb. **Cidade**: A principal cidade dos moabitas, sobre uma pequena elevação, na distância de alguns quilômetros para o oriente do mar Morto. Num 21.15,28. Ver mapa 2, D-6.

ARA: 1 Filho de Jeter, da tribo de Aser, 1 Cr 7.38. // 2. Pai de uma das famílias que voltaram do exílio, Ed 2.5.

ARÁ, hb. **Viajante**: // 1. Filho de Ula, 1 Cr 7.39. // 2. Cabeça de família que voltou do exílio, Ed 2.5; Ne 7.10.

ARÃ, hb. Região montanhosa: // 1. Filho de Sem, Gn 10.22. Ver **Síria**. Ver também, mapa 1, D-3. // 2. Filho de Disã, Gn 36.28. // 3. Neto de Naor, Gn 22.21. // 4. Homem da tribo de Aser, 1 Cr 7.34. // 5. Arã, "dos montes do Oriente", Nm 23.7. Na Mesopotâmia ou oriente de Moabe.

ARABÁ, hb. **Planície** deserto: Compreende toda a extensão da baixa que se estendia do mar da Galiléia, para o sul, além do mar Morto até o golfo de Acaba. Mas se referia estritamente ao deserto seco que se estende do mar Morto ao mar Vermelho. Refere-se a esta planície repetidamente. Ver Dt 1.1; Js 18.18; 2 Rs 14.25. Ver também, mapa 2, C-7.

ÁRABE, **ARÁBIO**: Habitante ou originário da Arábia. // Contra Jeorão o ânimo dos... arábios, 2 Cr 21.16. Gesém, o arábio, Ne 6.1. O árabe não armará a sua tenda, Is 13.20. Como o árabe no deserto, Jr 3.2. Cretenses e árabes, At 2.11. Ver **Agar**.

ARÁBIA, gr. **Região deserta**: Limitado pelo mar Vermelho, pelo golfo Pérsico e pelo oceano Índico, este país é a maior península do mundo. A parte árida é igual, em tamanho, à terça parte do território do Brasil. Os mais antigos habitantes eram os horeus, os amalequitas, os edomitas, os ismaelitas, os midianitas, os maobitas e os amomitas. As frases, "a terra oriental" e "o povo do Oriente" (Gn 29.1; Jz 6.3; 7.12; 1 Rs 4.30; Is 11.14; Jr 49.28; Ez 25.4) referem-se as tribos da Arábia. Algumas dessas eram descendentes de Ismael e de Quetura. O árabe é a mais desenvolvida e a mais rica de todas as línguas semíticas e, portanto, de grande importância no estudo do hebraico. Os reis da Arábia traziam ouro a Salomão, 1 Rs 10.15. Os árabes trouxeram a Josafá 7.700 carneiros e 7.700 bodes, 2 Cr 17.11. Subiram a Judá, no reinado de Jeorão, e levaram as suas mulheres e os seus filhos, mas Uzias os derrotou, 2 Cr 26.7; 21.16,17. A sentença contra a Arábia, Is 21.13. Árabes assistiram ao derramamento do Espírito no Pentecoste, At 2.11. Paulo, depois de convertido, retirou-se para a solidão da Arábia, como fizera Moisés, Gl 1.17; Êx 3 e 4. Agar, na alegoria das duas alianças, é o monte Sinai na Arábia, Gl 4.25. Ver mapa 1, E-4; mapa 6, G-3.

ARADE, hb. **Asno montanhês**: Cidade dos cananeus, derrotada por Israel, Nm 21.1. Ver mapa 2, C-6; mapa 5, B-2.

ARADO: Instrumento agrícola usado para lavrar a terra. // Suas espadas em relhas de **a**, Is 2.4. Forjai espadas das vossas relhas de **a**, Jl 3.10. Posto a mão no **a**, olha para trás, Lc 9.62.

ARAMAICO: Idioma semítico, mas diferente do hebraico, como se vê em 2 Rs 18.26. O aramaico era falado pelos judeus, após o cativeiro. Era a língua falada por Cristo e seus discípulos. Foram escritos nesse idioma importantes trechos do Antigo Testamento — Ed 4.8 a 6.18; 7.12-26; Dn 2.4 a 7.28; Jr 10.11 e os Targuns. O arameu ocidental era a língua dos sírios. A língua **aramaica** em 2 Rs 18.26 é a língua **siríaca** em Is 36.11. Encontram-se no Novo Testamento várias palavras e frases em aramaico.

Arado

ARAMEU: A forma hebraica da palavra grega, **sírio**. Betuel, o arameu, Gn 25.20; 28.5; Labão, o arameu Gn 31.20-24. Ver **Aramaico**.

ARANHA: Animal articulado, de oito patas e sem asas. O original, em Pv 30.28, indica uma lagartixa — traduzido **geco** na Revisão — que "contudo está nos palácios dos reis." A confiança dos que se esquecem de Deus comparada à fraqueza da teia de aranha, Jó 8.14. Praticar a injustiça é como tecer teia de aranha; as suas teias, não se prestam para vestes, Is 59.5,6.

ARÃO, heb. **Serrano**, ou **Brilhante**: O primeiro sumo sacerdote dos hebreus. Da tribo de Levi, Êx 6.16-20. Filho de Anrão e Joquebede e irmão mais velho de Moisés e Miriã, Nm 26.59. Nasceu no Egito, três anos antes de Moisés, Êx 7.7. Em virtude de seu dom da palavra, servia de **boca** por Moisés, Êx 4.14-16. Casou-se com Eliseba, filha de Aminadabe de Judá, Êx 6.23; 1 Cr 2.10. Tinha quatro filhos, Nadabe, Abiú, Eleazar e Itamar, Êx 6.23; Fez milagres, 7.10,20; 8.6,17; 9.10; 11.10. Sustentou, juntamente com Hur, as mãos de Moisés, no cume do outeiro, na batalha de Israel contra Amaleque, em Refidim, Êx 17.8-13. Subiu o monte Sinai, Êx 19.24; 24.9-11. Fez um bezerro de ouro, Êx 32.4. Foi reprovado, Êx 32.19-34. Foi perdoado, Dt 9.20. Foi consagrado com seus filhos, ao sacerdócio, Lv 8.1-9. Falou, com Miriã, contra Moisés, Nm 12.1-16. A conspiração de Coré, Datã, e Abirão contra ele e Moisés, Nm 16. Sua vara floresceu, confirmando seu direito ao sacerdócio, Nm 17.1-10; Hb 9.4. Pecou, junto com Moisés, em Meribá, os dois sofrendo o mesmo castigo, Nm 20.7-13. Suas vestes sacerdotais foram transferidas a Eleazar, seu filho, Nm 20.23-28. Morreu, com 123 anos, no monte Hor. Nm 33.39; Dt 32.50; Nm 20.28. A casa de Israel chorou a sua morte durante trinta dias, Nm 20.29.

ARAR: Lavrar; sulcar; fazer regos com o arado, na terra. // Ver 1 Rs 19.19; Jó 1.14; Pv 20.4; Am 9.13; 1 Co 9.10. Arastes a malícia, colhestes a perversidade, Os 10.13. Ver **Cultivar**; **Lavrar**.

ARARATE, hb. **Terra sagrada**: A arca repousou sobre as montanhas de Ararate, Gn 8.4. O planalto chamado, antigamente, Ararate, é uma parte do país chamado, atualmente, Armênia, na Ásia ocidental. É o lugar das nascentes dos rios Eufrates, Tigre e Aras. Há um pico chamado **Ararate**, toucado perpetuamente de neve, que se eleva 5.180 metros em relação ao nível do mar. Mas os armênios continuam a chamá-lo Massis. Crêem, porém, que Noé foi enterrado em Nachitchevan, ao pé desta montanha. A vila **Arguri**, situada na encosta, conforme a tradição, é o lugar onde Noé plantou

Monte Ararate

sua vinha. É mais provável que a arca repousou sobre um monte mais baixo. Foi para a terra de Ararate que os filhos de Senaqueribe fugiram depois de matarem seu pai, 2 Rs 19.37. Jeremias chama o reino de Ararate para pelejar contra Babilônia, Jr 51.27. Ver mapa 1, E-3.

ARAÚNA, hb. **Ágil**: Chamava-se, também, Ornã, 1 Cr 21.15. Um Jebuseu, a quem Davi comprou uma eira, para edificar um altar do Senhor, 2 Sm 24.18. Onde Salomão depois edificou o Templo, 2 Cr 3.1.

ARAUTO: Antigo funcionário que fazia as proclamações. Pregoeiro. O **a** apregoava em alta voz, Dn 3.4.

ARBA, hb. **Quatro**: O maior homem entre os enaquins, o pai de Enaque, e talvez o fundador da cidade onde Hebrom foi edificado, Gn 35.27; Js 14.15; 15.13. Ver **Gigantes**.

ARBATITA: Natural, talvez, do Arabá, 2 Sm 23.31.

ARBÍTRIO: Opinião, resolução dependente só da vontade. // Domínio sobre o seu próprio **a**, 1 Co 7.37.

ÁRBITRO: Aquele que resolve questões, por escolha de um tribunal, ou por consenso das partes litigantes. // Pecando o homem contra o próximo, Deus lhe será o **á**, 1 Sm 2.25. Ninguém se faça **á** contra vós. Cl 2.18. Seja a paz de Cristo o **á** em vossos corações, Cl 3.15. Ver **Arbítrio**, **Juiz**.

AUGUSTO: Vegetal lenhoso, de pequeno porte, que se ramifica desde a base. // Colocou o menino debaixo de um dos **a**, Gn 21.15. Preso pelos chifres entre os **a**, Gn 22.13. Ver **Sarça**.

ARCA DE MOISÉS: Cesto feito de junco (papiro) e calafetado com betume, no qual a mãe do menino Moisés o colocou, e o largou no carriçal, à beira do rio Nilo, Êx 2.3.

ARCA DE NOÉ: Uma embarcação, construída por ordem divina, na qual Noé, sua família, e todos os animais, répteis e aves, segundo as suas espécies, se mantiveram em segurança, durante os 150 dias que as águas predominaram sobre a terra, Gn 6.14-20. Foi construída de tábuas de cipreste e calafetada com betume, Gn 6.14. Compare Gn 11.3; Êx 2.3. O comprimento foi de 300 côvados, a largura, de 50 côvados, e a altura, de 30 côvados, Gn 6.15. Isto é, na base de um côvado correspondente a unidade de 57.15 cm (segundo Petrie), o comprimento foi de 171 metros; a largura, de 28,5 metros; e altura de 17 metros. Foi pela fé, e divinamente instruído, que Noé a aparelhou, Hb 11.7. Ver p. 567.

ARCA DO TESTEMUNHO: Êx 25.22; 30.6; Nm 7.89. Chamava-se, também: **A Arca da Aliança**, Nm 10.33; Js 3.6; **A Arca de Deus**, 1 Sm 3.3 (ARC) Moisés ordenou a fazer uma arca, Êx 25.10. Tamanho: 2,5 côvados (cerca de um metro) de comprimento, 1,5 côvados de largura, e 1,5 côvados de altura, Êx 25.10. Guarnecida de lâminas de ouro puro, Êx 25.11. Para a transportar, passavam-se dois varais dourados em argolas de ouro fixadas nas extremidades, Êx 25.12-15. A tampa da arca, denominada propiciatório, formava uma espécie de coroa de ouro, servindo de pedestal a dois querubins também de ouro, tendo as asas abertas, Êx 25.17-21. A Arca do Testemunho fabricada no monte Sinai, Dt 10.3. Guardados na arca: as tábuas da Aliança; a vara de Aarão, que floresceu; uma urna de ouro, contendo o maná; e ao lado, um exemplar do livro da lei; Êx 16.33,34; 25.16,21; Nm 17.10; Dt 31.26; Hb 9.4. A arca introduzida no Santo dos Santos, do Tabernáculo, Êx 26.33; 40.21; Hb 9.3,4. Ia adiante do povo no deserto, Nm 10.33. Partindo a arca, Moisés dizia: Levanta-te,

Senhor... e quando pousava, dizia: Volta, ó Senhor... Nm 10.35,36. Sua guarda confiada aos levitas, Dt 31.9. Levada diante do povo passando o Jordão, quando transbordava sobre todas as suas ribanceiras, Js 3.15. Levada após os sete sacerdotes que, tocando trombetas, rodeavam a cidade de Jericó, Js 6.8. Josué orou, prostrado em terra perante a arca do Senhor, Js 7.6. Na renovação da aliança, metade do povo ficava em frente do monte Ebal e a outra metade em frente do monte Gerizim, e a arca entre os dois grupos, Js 8.33. No tempo de Eli, a arca estava em Silo, 1 Sm 3.3. Levada à batalha os dois filhos de Eli foram mortos e a arca caiu nas mãos dos filisteus, 1 Sm 4.11. Guardada na casa de Dagom, os filisteus encontraram a cabeça e as duas mãos deste deus, cortadas, 1 Sm 5.4. Os filisteus restituíram-na a Israel, 1 Sm 6. O Senhor feriu os de Bete-Semes que olharam para dentro da arca, 1 Sm 6.19. Permaneceu 20 anos em Quiriate-Jearim, 1 Sm 7.2. Uzá estendeu a mão à arca e morreu junto a ela, 2 Sm 6.7. Puseram-na no seu lugar na tenda que lhe armara Davi no monte Sião, em Jerusalém, 2 Sm 6.17. Levada à batalha, no tempo de Davi, 2 Sm 11.11. Levavam consigo a arca quando Davi fugia de Absalão, o rei, porém, mandou que fosse levada de volta, para Jerusalém, 2 Sm 15.24,25. Passou para o Templo de Salomão, debaixo das asas dos querubins, no Santo dos Santos, 1 Rs 8.6. Nada havia na arca senão só as duas tábuas, 1 Rs 8.9. A Arca símbolo da presença onipotente de Deus, Sl 132.8. Nunca mais se exclamará: A arca da aliança, Jr 3.16. Menciona-se no Novo Testamento, apenas uma vez, Hb 9.4.

Arca do Testemunho

ARCANJO: Jd 9. O primeiro entre os anjos. Ver **Anjo.**

ARCANO: Segredo, mistério. // Desvendarás os **a** de Deus? Jó 11.7.

ARCO: Haste flexível, com que se desprendem flechas. // Gn 48.22; 1 Sm 18.4; 2 Sm 1.22; Sl 44.6; Ap 6.2. O Hino do Arco, 2 Sm 1.18. Ver **Flecheiro**.

ARCO-ÍRIS: Meteoro luminoso, em forma de arco, apresentando as sete cores do espectro solar, e determinado pela refração e reflexão dos raios solares sobre as nuvens. // Porei nas nuvens o meu arco, Gn 9.13. O **a** que aparece na nuvem, Ez 1.28. Ao redor do trono há um **a**, Ap 4.3. Envolto em nuvem, com o **a** por cima de sua cabeça, Ap 10.1.

ARDE, hb. **Fugitivo**: Um filho de Bela, Nm 26.40.

ARDENTE, **ARDENTEMENTE**, **ARDER**: A sarça ardia no fogo, Êx 3.2. A febre ardente, Lv 26.16. O fogo do Senhor ardeu entre eles, Nm 11.1. O monte ardia em fogo, Dt 4.11. Arderá até ao mais profundo do inferno, Dt 32.22. Perante Ele arde um fogo devorador, Sl 50.3. Nos seus lábios há como que fogo ardente, Pv 16.27. Como fogo ardente, encerrado nos meus ossos, Jr 20.9. A fornalha de fogo ardente, Dn 3. Vem o dia, e arde como fornalha, Ml 4.1. Não nos ardia o coração, Lc 24.32. Ele era a lâmpada que ardia, Jo 5.35. Uma sarça que ardia, At 7.30,35; Mc 12.26; Êx 3.2. A ardente expectativa da criação, Rm 8.19. O amor não arde em ciúmes, 1 Co 13.4. A minha ardente expectativa e esperança de que em nada serei envergonhado, Fp 1.20. Não tendes chegado a fogo palpável e ardente, Hb 12.18. Amai-vos de coração uns aos outros ardentemente, 1 Pe 1.22; 4.8. O fogo ardente que surge no meio de vós, 1 Pe 4.12. Diante do trono ardem sete tochas de fogo, Ap 4.5. Grande montanha ardendo em chamas, Ap 8.8. Lago de fogo que arde com enxofre, Ap 19.20; 21.8. Ver **Abrasador**, **Intenso**.

ARDER: Estar em chama. Consumir-se pelo fogo. Sentir grande calor. // A sarça ardia, Êx 3.2. Arderá até ao mais profundo do inferno, Dt 32.22. Ardem-me os lombos, Sl 38.7. Perante ele arde um fogo devorador, Sl 50.3. Arderá a tua ira como fogo? Sl 89.46. Vem o dia, e arde como fornalha, Ml 4.1. Quisera que já estivesse a arder, Lc 12.49. Não nos ardia o coração, Lc 24.32. O amor... não arde em ciúmes, 1 Co 13.4. Que arde com enxofre, Ap 19.20. Ver **Queimar**.

ARDIL: Artimanha, estratagema. // Jesus, percebendo-lhes o **a**, Lc 20.23. Ver **Astúcia**, **Dolo**.

ARDOM, hb. **Fugitivo**: Um dos filhos de Calebe, 1 Cr 2.18.

ARDOR: Vivacidade, calor forte. // O Senhor se aparte do **a** da sua ira, Dt 13.17. O sol, nem **a** algum, Ap 7.16. Ver **Zelo**.

ARDÓSIA: Pedra, separável em lâminas, que servem para cobrir casas e fazer quadros para escrever. // Toma uma ardósia grande, e escreve nela, Is 8.1.

ÁRDUO: Difícil, trabalhoso, custoso. // Nem saiam coisas **a** da vossa boca, 1 Sm 2.3 (ARC).

AREIA: Substância mineral, granulosa ou em pó, proveniente de erosões rochosas. // O termo usado para designar a multidão inumerável dos filhos de Israel, Gn 22.17; 32.12; 2 Sm 17.11; Rm 9.27; Hb 11.12; dos inimigos de Israel, Js 11.4; Jz 7.12;1 Sm 13.5; Ap 20.8. Ajuntou José... cereal, como a **a** do mar, Gn 41.49. Deu a Salomão... inteligência como a **a**, 1 Rs 4.29. Multiplicarei os meus dias como a **a**, Jó 29.18. Voláteis como **a**, Sl 78.27. Os teus pensamentos... excedem os grãos de **a**, Sl 139.18. Pesada é... a **a**, Pv 27.3. Suas viúvas se multiplicaram mais do que as **a**, Jr 15.8. Edificou a sua casa sobre a **a**, Mt 7.26.

ARELI: Um filho de Gade, Gn 46.16.

AREOPAGITA: At 17.34. Um juiz pertencente à corte do Areópago.

AREÓPAGO: Chamava-se, também, **A colina de Marte**, visto como conforme os gregos, foi ali que Neptuno chamou este deus a juízo. Estava situado em um alto rochoso de Atenas, em frente da Acrópole. O nome Areópago foi dado, também, ao tribunal supremo de Atenas. Seus 31 membros, como juízes, sentavam-se ao ar livre, em bancos de pedra, escavados na rocha. Foi a este lugar que o apóstolo Paulo foi levado e onde pregou aos atenienses, At 17.22. A direita do apóstolo, enquanto pregava, estava a Acrópole com o Partenão, templo dedicado a Minerva. Em todo o canto, em redor do pregador, havia altares, templos, imagens e estátuas. Na colina do Areópago conservam-se ainda hoje algumas ruínas interessantes.

ARETAS, gr. **Virtude**: Nome de vários príncipes da Arábia, mencionados na literatura bíblica e pelo historiador Josefo. A única menção porém, da Bíblia, é de Aretas, o Governador preposto de Damasco, que se esforçava para prender Paulo, 2 Co 11.32. Este Aretas foi o sogro de Herodes Antipas, que divorciou sua esposa para casar-se com Herodias, mulher de Filipe, seu irmão, Mt 14.3.

ARFAXADE, hb. **Brotando**: Neto de Noé, Gn 10.22. Progenitor, segundo a tradição, dos caldeus. Ver mapa 1, D-4.

ARGAMASSA: Reboco, emboço. Mistura de cal, areia e água, com que se ligam as paredes de um edifício. Argamassa de betume (Alm. o betume por cal) usada na construção da Torre de Babel, Gn 11.3. Tomar-se-á outra argamassa e se rebocará a casa, Lv 14.42.

ARGANAZ (ARA), COELHO (ARC), QUEROGRILO (B): O arganaz é uma espécie de rato silvestre, maior que a ratazana; é encontrado em toda a Europa e na região circunmediterrânea. São sábios; sem força, habitam nas rochas, Pv 30.26; Sl 104.18. Na lista dos animais **imundos**, Lv 11.5.

ARGOBE, hb. **Pedregoso**: Uma região no reino de Ogue, em Basã, com 60 grandes cidades, Dt 3.4; 1 Rs 4.13.

ARGOLA: Anel metálico para prender ou puxar qualquer coisa; arrecada em forma de anel. // As **a**... das orelhas, Gn 35.4; Êx 32.2. Quatro **a** de ouro, Êx 25.12. As **a** de seu despojo, Jz 8.24. Levaram-no com **a** à terra do Egito, Ez 19.4 (B).

ARGUEIRO: Palhinha, aresta. Coisa insignificante. // Por que vês tu o **a** no olho, Mt 7.3.

ARGÜIR: Repreender, condenar com razões, argumentar. // Arguindo de palavras que de nada servem, Jó 15.3. Quem assim argúi a Deus que responda, Jó 40.2. Vai argüi-lo entre ti e ele só, Mt 18.15. Escribas e fariseus e argüi-lo com veemência, Lc 11.53. Não serem argüidas as suas obras, Jo 3.20. Da circuncisão o argüiram, At 11.2. De nada me argúi a consciência, 1 Co 4.4.

O Areópago, situado em cima do alto rochoso, em frente da Acrópole com o templo, o Partenão

ARGUMENTAR: Discutir. // Para argumentar com ele, Jó 9.14. Ver **Alterar**, **Discutir**.
ARGUMENTO: Raciocínio pelo qual se chega a uma conclusão. // Atentai para os **a**, Jó 13.6. Encheria a minha boca de **a**, Jó 23.4. Ainda tenho **a** a favor de Deus, Jó 36.2.
ARIDAI: O nono filho de Hamã, Et 9.9.
ARIDATA: O sexto filho de Hamã, Et 9.8.
ÁRIDO: Seco, fastidioso. // Sêde de ti... numa terra **á**, Sl 63.1. Vale **á**, faz dele um manancial, Sl 84.6. Nilo... se tornará seco e **á**, Is 19.5. Fartará a tua alma até em lugares **á**, Is 58.11. Espírito imundo... anda por lugares **á**, Mt 12.43. Ver **Seco**.
ARIEL, hb. **Leão de Deus**: 1. Um dos homens enviados para buscarem levitas, Ed 8.16. // 2. Nome dado a Jerusalém, Lareira (ARA), Is 29.1,2,7.
ARÍETE, lat. **Aries**, **Arietes**, carneiro: Ez 4.2; 21.22; 26.9. Antiga máquina de guerra para derrubar muralhas das cidades sitiadas. Compunha-se de uma trave forte que terminava em uma das extremidades por uma cabeça de carneiro de ferro. Ver **Máquina**. Ver p. 446.
ARIMATÉIA: Forma grega de **Ramá - altura**, cujo local é ignorado. Cidade de José, que sepultou o corpo de Jesus, Mt 27.57. Ver mapa 4, A-2.
ARIOQUE, hb. **Servo do Deus lua**: 1. Um dos quatro reis que fizeram guerra contra cinco, Gn 14.1. // 2. Chefe da guarda do rei Nabucodonosor, Dn 2.14.
ARISAI: O oitavo filho de Hamã, Et 9.9.
ARISTARCO, lat. **Que governa muito bem**: Um macedônio de Tessalônica, At 19.29; 27.2. Companheiro de Paulo, At 19.29; 20.4. Com ele nas prisões, At 27.2; Fm 24; Cl 4.10.
ARISTÓBULO, lat. **Que aconselha bem**: Cidadão de Roma, Rm 16.10. Saudai os da casa de Aristóbulo, isto é, talvez: Saudai os escravos de Aristóbulo.
ARMA: Instrumento de ataque ou defesa. // Revistamo-nos das **a** da luz, Rm 13.12. Pelas **a** da justiça, 2 Co 6.7. As **a** da nossa milícia, 2 Co 10.4.
ARMADILHA: Artifício para apanhar caça; cilada. // Tu nos deixaste cair na **a**, Sl 66.11. Torne-se-lhes... a prosperidade em **a**, Sl 69.22. Os soberbos ocultaram **a**, Sl 140.5. Guarda-me... das **a** dos que praticam iniqüidade, Sl 141.9. Ver **Cilada, Laço**.

Armadura

ARMADURA: As armas ofensivas; ver **Arco**, **Dardo**, **Espada**, **Funda**, **Lança**, **Punhal**, **Vara**. As armas defensivas; ver **Caneleira**, **Capacete**, **Cinto**, **Couraça**, **Escudo**, **Pavês**. // Pelas armas da justiça, quer ofensivas, 2 Co 6.7. As armas de nossa milícia não são carnais, 2 Co 10.4. Revesti-vos de toda a armadura de Deus, Ef 6 11. Pelejarei com a espada da minha boca, Ap 2.16. Compare o bom combate, 1 Tm 1.18; 6.12; 2 Tm 4.7.
ARMAGEDOM, hb. **Monte de Megido**: Os exércitos de Israel venceram ao exército de Sísera em Megido, Jz 5.19. O rei Josias, morreu na batalha contra Faraó-Neco, em Megido, 2 Rs 23.29. A última e decisiva rebelião contra Deus culminará em uma guerra mundial, que findará na batalha de Armagedom, Ap 16.16. Ver **Esdrelom**.
ARMAR: Munir de armas. // Quando o valente, bem armado, Lc 11.21. Armai-vos também vós do mesmo pensamento, 1 Pe 4.1.
ARMÊNIA: 1 RS 19.37 (F). Ver **Ararate**.
ARMONI, hb. **Nascido do palácio**: Um dos filhos de Saul e Rispa, os quais Davi entregou aos Gibeonitas, 2 Sm 21.8.
ARNÃ, hb. **Ágil**: Descendente de Salomão, 1 Cr 3.21.
ARNOM, hb. **Rápido**, **fragoroso**: Rio que deságua no mar Morto. Formava o limite entre Moabe e os amorreus, Nm 21.13; depois, entre a tribo de Rubem e Moabe, Dt 3.8,16; Js 13.16. Atravessava-se por vários vaus, Is 16.2. Ver mapa 2, D-6; mapa 5, C-2.
ARODI, hb. **Asno montês**: O sexto filho de Gade, Nm 26.17.
AROER, hb. **Ruínas**: 1. Cidade dos amorreus, situada à borda do vale de Arnom; Dt 2.36. Ver mapa 5, C-2. // 2. Cidade de Gileade, na divisa entre Gade e os amorreus, Js 13.25. // 3. Cidade de Judá, 1 Sm 30.28. Ver mapa 2, B-6; mapa 5, B-2.
AROMA: Perfume agradável, essência aromática. Aromas: Arbusto ornamental cujas flores servem para perfumaria. // Não aspirarei o vosso **a** agradável, Lv 26.31. O **a** dos teus ungüentos, Ct 1.3; 4.10. Exalam o seu **a**, Ct 2.13; 4.16. **A**... para embalsamá-lo, Mc 16.1. Ao túmulo levando os **a**, Lc 24.1. Em lençóis com **a**, Jo 19.40. Sacrifício a Deus em **a** suave, como sacrifício aceitável, Fp 4.18. Ver **Cheiro**, **Fragância**, **Perfume**.

ARÔMATA: Goma, bálsamo, óleo, pau ou erva de grande fragrância. // Caravana de israelitas... traziam arômatas... para o Egito, Gn 37.25.

ARPADE, hb. **Lugar de descanso**: Cidade da Síria, mencionada junto com Hamate, por Rabsaqué, quando afrontava a Ezequias, 2 Rs 18.34.

ARQUELAU, lat. **Governante do povo**: Filho de Herodes o Grande e rei da Judéia, Mt 2.22.

ARQUEOLOGIA BÍBLICA: Estudo científico, por meio de escavações e pesquisas, dos restos materiais da vida e costumes dos homens da época da Bíblia. Os esforços de arqueologistas, centenas de engenheiros, agrimensores, químicos, filósofos, ceramistas, epigrafistas, paleontologistas, etc. desde o ano 1824, tem esclarecido grandemente a vida humana dos tempos de Abraão, Moisés, Davi, de Jeremias, etc. Os arqueologistas tem encontrado ruínas de habitações, objetos feitos por homens, inscrições em rocha, pergaminhos e documentos dos tempos bíblicos, que esclarecem muitas passagens das Escrituras. Entre todos os descobrimentos, não há um de maior vulto do que o dos rolos encontrados em 1947 em uma caverna das margens do mar Morto. Antes disto os manuscritos mais antigos que possuímos datavam do século X a.D. Agora temos manuscritos das Sagradas Escrituras mil anos mais velhos. Ver **Manuscritos**.

ARQUEUS: 1. Habitantes de Arca. Descendentes de Canaã, Gn 10.17. // 2. Uma tribo na fronteira sul da herança de José, Js 16.2.

ARQUEVITAS: Habitantes de Ereque, uma das quatro cidades de Ninrode. Ver Gn 10.10. Asnapar os transportou, com outros, para aumentar a multidão mista em Samaria, Ed 4.9.

ARQUIPO: lat. **Domador do Cavalo**: Um cristão de Colosso, Cl 4.17. É provável que Filemom, Áfia e Arquipo fossem respectivamente, marido, mulher e filho. Ver Fm 2.

ARQUITA: hb. **Tolerância**: A designação usual de Husai, amigo de Davi, 2 Sm 15.32; 16.16; 17.5,14. Pertencia, provavelmente, à tribo dos arqueus, ou era natural da aldeia de Arca, ou Ereque, nos limites entre Efraim e Benjamim.

ARQUITETO: O que projeta ou idealiza planos. // Então eu estava com ele e era seu **a**, Pv 8.30. A cidade... da qual Deus é o **a**, Hb 11.10. Ver **Construtor**.

ARQUITETURA: A arte de construir edifícios. Caim, filho de Adão, edificou uma cidade, Gn 4.17. Mas Jabal, descendente de Caim, foi o pai dos que habitam em tendas, Gn 4.20. Há uma descrição detalhada da arquitetura da arca, Gn 6.14-16. Ninrode, da linhagem de Cão, um dos filhos de Noé, edificou Nínive e outras cidades, Gn 10.11. A torre de Babel foi edificada de tijolos e de betume, Gn 11.3. Os israelitas, no início eram pastores e habitavam em tendas, porque aguardavam a cidade que tem fundamentos, Hb 11.8-10. Mas depois de entrarem em Canaã, habitavam em casas, Lv 14.34,35,45. Parece que eram construídas sem planta, mas o Tabernáculo foi construído segundo **o modelo**, Êx 25.9. Davi deu a Salomão a planta para o Templo, 1 Cr 28.11-19. A descrição mais detalhada de construção arquitetural é a do Templo e do palácio de Salomão, 1 Rs cap. 6 e 7. No reinado de Salomão houve grande progresso na arquitetura. Sabemos atualmente muito pouco da glória e do esplendor da arquitetura dos romanos e dos gregos. Os reinados dos Herodes foram destacados por suas grandes obras arquiteturais. Ver Mc 13.1. Os filhos de Deus são como pedras vivas, são edificados casa espiritual, 1 Pe 2.5. Deus é o Arquiteto e Edificador da cidade que tem fundamentos, Hb 11.10.

ARRAIAL: Acampamento de militares. Festa campestre. // Subiram cordornizes, e cobriram o **a**, Êx 16.13. Será imundo... a sua habitação será fora do **a**, Lv 13.46. Quando partir o **a**, Nm 4.5. Repousou sobre eles o Espírito... e profetizavam no **a**, Nm 11.26. Grande júbilo é esta no **a** dos hebreus? 1 Sm 4.6. Feriu no **a** dos assírios a cento e oitenta e cinco mil, Is 37.36. Saiamos... fora do **a**, Hb 13.13. Ver **Acampamento**.

ARRAIGAR: Enraizar, permanecer. // Arraigados e alicerçados em amor, Ef 3.17. Arraigados e sobreedificados nele, Cl 2.7 (ARC).

ARRANCAR: Tirar por força e com violência. // Arrancarás as espigas... não lhe meterás a foice, Dt 23.25. Arrancará a Israel desta boa terra, 1 Rs 14.15. Os ímpios arrancam da espada, Sl 37.14. E arranquei os cabelos, Ed 9.3. Se o teu olho... arranca-o, Mt 5.29. Arranquemos o joio? Mt 13.29. Toda planta que meu pai... será arrancada, Mt 15.13. Se um dos teus olhos... arranca-o, Mt 18.8. Arranca-te e transplanta-te, Lc 17.6. Arrancado os vossos próprios olhos para mos dar, Gl 4.15. Ver **Arrebatar**, **Desarraigar**.

ARRASAR: Demolir, tornar razo. // Arrasaram as cidades, 2 Rs 3.25. Teu santuário... arrasando-o até ao chão, Sl 74.7. Diziam: Arrasai, arrasai-a, até aos fundamentos, Sl 137.7. E te arrasarão e aos teus filhos, Lc 19.44. Ver **Arruinar**, **Destruir**.

ARRASTAR: Levar a força, puxar. // O ribeiro Quisom os arrastou, Jz 5.21. Cordas àquela cidade: e arrastá-la-emos até o ribeiro, 2 Sm 17.13. Tu o arrastas na torrente, Sl 90.5. Com as lisonjas dos seus lábios o arrastou, Pv 7.21. Não suceda que ele te arraste ao juiz, Lc 12.58.

Saulo... arrastando homens e mulheres, encerrava-os, At 8.3. Apedrejando a Paulo, arrastaram-no, At 14.19. Coisas pervertidas para arrastar os discípulos, At 20.30. Não são os ricos que... vos arrastam, Tg 2.6. Acautelai-vos... arrastados pelo erro, 2 Pe 3.17. Arrasta a terça parte das estrelas, Ap 12.4. Ver **Rastejar**.

ARRATEL: 1 Rs 10.17. Ver **Pesos**.

ARRAZOAR: Expor ou defender alegando razões. Raciocinar. // Vinde... arrazoemos, Is 1.18. Por que arrazoais... em vossos corações, Mc 2.8. Arrazoavam... Se dissermos, Lc 20.5.

ARREAR: Aparelhar, baixar. // Arriaram os aparelhos e foram ao léu, At 27.17. Tendo arreado o bote no mar, At 27.30. Ver **Baixar**.

ARREBATAMENTO DE SENTIDOS: Êxtase. At 10.10; 11.5 (ARC).

ARREBATAR: Tirar com violência. // Arrebatai dentre elas, cada um sua mulher, Jz 21.21. Ninguém, como leão, me arrebate, Sl 7.2. Há de arrebatar-te e arrancar-te da tua tenda, Sl 52.5. Serão arrebatados como por um remoinho, Sl 58.9. A violência dos perversos os arrebata, Pv 21.7. Arrebataste-me o coração, Ct 4.9. Como um tição arrebatado da fogueira, Am 4.11. Arrebate o que lhes foi semeado, Mt 13.19. Ninguém as arrebatará da minha mão, Jo 10.28. Escribas... o arrebataram, At 6.12. Senhor arrebatou a Felipe, At 8.39. Arrebatado até ao terceiro céu, 2 Co 12.2. Seremos arrebatados juntamente com eles, 1 Ts 4.17. Salvai-os arrebatando-os do fogo, Jd 23. O seu filho foi arrebatado para Deus, Ap 12.5. Ver **Arrancar**.

ARREBENTAR: Quebrar com violência, estourar. // Tumores que se arrebentem em úlceras, Êx 9.9. Odres novos, prestes a arrebentar-se, Jó 32.19. Ver **Quebrar**, **Romper**.

ARREDAR: Remover para trás, afastar. // O cetro não se arredará de Judá, Gn 49.10. Disse a Pedro: Arreda! Satanás, Mt 16.23.

ARREEIRO: Indivíduo que dirige bestas de aluguel. // Não ouve os muitos gritos do arreeiro, Jó 39.7.

ARREGIMENTAR: Enfileirar. // Arregimentados, subiram os filhos de Israel, Êx 13.18.

ARREMESSAR: Lançar para longe de si. // Não me arremesses com os ímpios, Sl 28.3 (ARC). O que arremessa para longe de si o ganho, Is 33.15 (ARC). E os seus mortos serão arremessados, Is 34.3 (ARC).

ARREMETER: Arrojar-se contra. // Adiantar-se impetuosamente. Doegue... Arremeteu contra os sacerdotes, e matou, 1 Sm 22.18. Arremete contra mim como um guerreiro, Jó 16.14. Unânimes arremeteram contra ele, At 7.57. Todos à uma arremeteram para o teatro, At 19.29.

ARREMETIDA: Investida. // Não temas... a arremetida dos perversos, Pv 3.25. Ver **Investida**.

ARRENDAR: Dar ou tomar (um prédio) de renda. // E arrendou-a a uns lavradores, Mt 21.33.

ARREPENDER: Ter pesar de (faltas ou delitos cometidos). // E me arrependo no pó e na cinza, Jó 42.6. Arrependei-vos, Mt 3.2; 4.17; At 3.19. Increpar... pelo fato de não se terem arrependido, Mt 11.20. Arrepende-te... da tua maldade, At 8.22. Em toda parte se arrependam, At 17.30. Não se arrependeram, Ap 9.20; 16.9.

ARREPENDIMENTO: Pesar sincero de algum ato ou omissão; contrição. Desistência de causa feita ou empreendida. // Fruto digno do **a**, Mt 3.8. Batizo com água para **a**, Mt 3.11. Que não necessitam de **a**, Lc 15.7. Pregasse **a** para remissão de pecados, Lc 24.47. Concedido o **a** para vida, At 11.18. Testificando... o **a** para com Deus, At 20.21. Praticando obras dignas de **a**, At 26.20. A bondade de Deus é que te conduz ao **a**, Rm 2.4. A tristeza segundo Deus produz **a**, 2 Co 7.10. Não lançando de novo a base do **a**, Hb 6 1. Renová-los para **a**, Hb 6.6. Não achou lugar de **a**, Hb 12.17. Querendo que... todos cheguem ao **a**, 2 Pe 3.9. // **Arrependimento** é o sentimento de pesar por faltas cometidas, ou por um ato praticado. Neste último sentido se diz que Deus se arrependeu, Gn 6.6; 1 Sm 15.11. O que o arrependimento é, Is 45.22; Mt 6.19-21; At 14.15; 2 Co 5.17; Cl 3.2; 1 Ts 1.9; Hb 12.1,2. // **A chamada ao arrependimento**, Jó 11.13; Jr 4.14; Ez 14.6; 18.30; Jl 2.12; Lc 3.3,8; At 2.38; 8.22; Rm 13.11-14; Tg 5.1-6; Ap 2.5; 3.3,19. // **Pregado por Jesus Cristo**, Mt 4.17; Mc 6.12; Lc 13.3; 24.47; At 2.38; 3.19; 17.30. // **Exemplos de arrependimento**, os filhos de Jacó, Gn 42.21,22; Saul, 1 Sm 24.16-22; 26.21-25; Davi, 2 Sm 12.13; 24.10; Nínive, Jn 3.5-8; Pedro, Mt 26.75; Zaqueu, Lc 19.8; o malfeitor na cruz, Lc 23.40,41; os coríntios, 2 Co 7.9,10. Ver **Remorso**.

ARREPIAR-SE: Causar calafrios em. // Causar horror. // Arrepiar os cabelos do meu corpo, Jó 4.15. Arrepiar-se-me a carne com temor de ti, Sl 119.120.

ARRIBAÇÃO: Migração de animais em busca de lugar propício à postura. // Observam o tempo da sua **a**, Jr 8.7.

ARRIMO: Amparo, proteção. // Tu és o **a** da minha sorte, Sl 16.5.

ARRISCAR: Pôr em risco, sujeitar-se. // Arrisquei a minha vida, Jz 12.3. Arriscando ele a sua vida, feriu os filisteus, 1 Sm 19.5. Que não se arriscasse indo ao teatro, At 19.31.

ARROGÂNCIA: Orgulho insolente. Modos altivos e insultantes. // A tua **a** subiu até aos meus ouvidos, 2 Rs 19.28. Ele não responde por causa da **a**, Jó 35.12. A soberba, a **a**...

eu os aborreço, Pv 8.13. A **a** do homem será abatida, Is 2.17. farei cessar a **a** dos atrevidos, Is 13.11; Ez 7.24. Ver **Orgulho**.

ARROGANTE: Altivo, soberbo, insolente. Os **a** não permanecerão, Sl 5.5. Bem-aventurado o homem que... não pende para os **a**, Sl 40.4. Eu invejava os **a**, Sl 73.3. Abominável é ao Senhor todo **a** de coração, Pv 16.5. Os homens serão jactanciosos, **a**, 2 Tm 3.2. Jactais das vossas **a** pretensões, Tg 4.16. Atrevidos, **a**, não temem difamar, 2 Pe 2.10. Ver **Orgulhoso**.

ARROGANTEMENTE: Com altivez, orgulho, insolência. // Dos egípcios, quando agiram **a** contra o povo, Êx 18.11. Porque se houve **a** contra o Senhor, Jr 50.29.

ARROJADO: Destemido. // Para que o banido não permaneça **a** da sua presença, 2 Sm 14.14.

ARROJAR: Lançar com força e ímpeto. // Arrojou das mãos as tábuas, Êx 32.19. Tem arrojado por terra a minha vida, Sl 143.3. Trinta moedas de prata, e as arrojei ao oleiro, Zc 11.13. Os que padeciam... se arrojavam a ele para o tocar, Mc 3.10. Arrojou-se o rio contra aquela casa, Lc 6.48. Como grande pedra de moinho, e arrojou-a para dentro do mar, Ap 18.21. Ver **Atirar**, **Lançar**.

ARROLAR: Inscrever em uma lista. // Prata dos arrolados da congregação, Êx 38.25. Primogênitos arrolados nos céus, Hb 12.23.

ARROMBAR: Abrir à força. // E se chegaram para arrombar a porta, Gn 19.9. Então a cidade foi arrombada, 2 Rs 25.4; Jr 52.7. Arrombou as portas de bronze, Sl 107.16. Não deixaria que fosse arrombada a sua casa, Mt 24.43.

ARRUDA: Planta da família das rutáceas. A escrupulosidade hipócrita dos fariseus em pagar o dízimo das pequenas plantas dos seus jardins, Lc 11.42.

ARRUINAR: Causar ruína em; destruir; estragar; demolir. // Arruinou-me de todos os lados, Jó 19.10. Arruinam a minha vereda, Jó 30.13. O insensato de lábios vem a arruinar-se, Pv 10.8. Sobre outro homem, para arruiná-lo, Ec 8.9. Jerusalém está arruinada, Is 3.8. Hoje te constituo... para destruíres e arruinares, Jr 1.10.

ARSA, hb. **Terra**: Mordomo do rei Elá, 1 Rs 16.9.

ARTAXERXES, gr. e lat. **O grande rei**: Um rei, ou mais, da Pérsia mencionados no Antigo Testamento. Mandou suspender as obras do Templo, Ed 4. Permitiu a reedificação dos muros de Jerusalém, Ed 6.14.

ARTE MÁGICA: Arte de produzir por meio de certos atos ou palavras efeitos contrário às leis naturais. At 19.19.

ARTELHO: Extremidade inferior, saliente e arredondada, dos ossos da perna na sua articulação com o pé. Tornozelo. // Enfeite dos anéis dos **a**, Is 3.18. Águas que me davam pelos **a**, Ez 47.3. Os seus pés e **a** se firmaram, At 3.7.

ÁRTEMAS, gr. **Presente de Artemia**: Um dos companheiros de Paulo, Tt 3.12.

ARTEMIS: Deusa grega; chamada Diana pelos romanos. Ver At 19.24.

ARTÍFICE: Aquele que exerce uma arte mecânica. Disse o rabi Jeuda: "Aquele que não ensine a seu filho uma profissão, tem muito em comum com aquele que o ensine a ser ladrão". // Tubalcaim era **a** de todo instrumento cortante, Gn 4.22. Imagem, obra de **a**, Dt 27.15. Nabucodonosor transportou a todos os, 2 Rs 24.14. O Vale dos **A**, 1 Cr 4.14. Davi deu para toda obra de mão os **a**, 1 Cr 29.5. O hábil entre os **a**, Is 3.3. A obra dissesse do seu **a**, Is 29.16. O **a** anima ao ourives, Is 41.7. O **a** em madeira estende o cordel, Is 44.13. Dava muito lucro aos **a**, At 19.24. Nem **a** algum de qualquer arte, Ap 18.22. Ver **Carpinteiro**, **Curtidor**, **Escultor**, **Frabricante de tendas**, **Ferreiro**, **Latoeiro**, **Oleiro**, **Ourives**, **Pedreiro**. **Tecelão**, **Tijoleiro**, **Tintureiro**.

ARTIMANHA: Ardil, astúcia. // Levados... pela **a** dos homens, Ef 4.14.

ARUBOTE: Uma das dez regiões que forneciam mantimentos a Salomão, 1 Rs 4.10.

ARUMÁ, hb. **Alto**: Cidade onde residia Abimeleque, quando expulso de Siquém, Jz 9.41.

ARVADE: Ilha perto da costa da Fenícia. Mencionam-se os arvadeus em Gn 10.18. Fornecia marinheiros e valentes defensores para Tiro, Ez 27.8,11.

ÁRVORE: E **á** que davam fruto, Gn 1.12. Vendo a mulher que a **á** era boa, Gn 3.6. As **á** a ungir para si um rei, Jz 9.8. Há esperança para a **á**, pois mesmo cortada, Jó 14.7. Como **á** plantada, Sl 1.3. Avigoram-se as **á** do Senhor, Sl 104.16. Caindo a **á**.... aí ficará, Ec 11.3. As **á** do campo baterão palmas, Is 55.12. Eu sou uma **á** seca, Is 56.3. Saberão todas as **á** do campo, Ez 17.24. Nenhuma **á** no jardim de Deus, Ez 31.8. Uma **á**... cuja altura era grande, Dn 4.10. Toda **á** que não produz bom fruto, Mt 3.10. A **á** má produz frutos maus, Mt 7.17. Pelo seu fruto se conhece a **á**, Mt 12.33.// No princípio criou Deus a relva, as ervas e as **á**, Gn 1.10,11. Mencionam-se as seguintes árvores: Alfarrobeira, Lc 15.16. Amendoeira, Ec 12.5. Amoreira, Lc 17.6. Azinheira (B), Is 44.14. Balsamaria, 2 Sm 5.23 (B). Bruxo, Is 60.13. Carvalho, Gn 35.8. Castanheiro (ARC), Gn 30.37. Cedro, 1 Rs 5.8. Choupo (ARA), Os 4.13. Cipreste, 1 Rs 5.10. Ébano, Ez 27.15. Espinheiro, Jz 9.14. Faia, 2 Sm 6.5. Figueira, Mc 11.13. Macieira, Ct 2.3. Nogueira, Ct 6.11. Oliveira, Dt 28.40. Olmeiro, Os 4.13 (ARC), Is 60.13 (ARA). Palmeira, Sl 92.12. Pinheiro (ARC),

Is 60.13. Pistácia (ARA), Gn 43.11. Plátano (ARA), Ez 31.8. Romeira, Dt 8.8. Salgueiro, Sl 137.2. Sicômoro, Lc 19.4. Tamargueira (ARC), Jr 17.6. Terebinto, Os 4.13. Zambujeiro, Rm 11.17 (ARC). // **A árvore da vida**: Gn 2.9; 3.22; Pv 3.18; 11.30; 15.4; Ap 2.7; 22.2,14. // **A árvore do conhecimento do bem e do mal**: Gn 2.17; 3.1-19. // **Leis acerca das árvores**: Lv 19.23; 27.30; Dt 16.21; 20.19. // **Os justos como árvores**: Nm 24.6; Jó 8.16; Sl 1.3; 92.12; Is 61.3; Jr 17.8; Mt 7.17. Ver **Lenha**.

ASA: Membros empenados das aves. Expansões membranosas do tórax dos insetos. // A águia... extende as suas **a**, Dt 32.11. Deus de Israel, sob cujas **a** vieste buscar refúgio, Rt 2.12. Foi visto sobre as **a** do vento, 2 Sm 22.11. À sombra das tuas **a**, Sl 17.8; 57.1. No esconderijo das tuas **a**, Sl 61.4. Se tomo as **a** da alvorada, Sl 139.9. A riqueza fará para si **a**, Pv 23.5. Cada um tinha seis **a**, Is 6.2. Os que esperam no Senhor... sobem com **a** como águias, Is 40.31. Sobre a **a** das abominações virá o assolador, Dn 9.27. Trazendo salvação nas suas **a**, Ml 4.2. Como a galinha... seus pintinhos debaixo das **a**, Mt 23.37. À mulher das duas **a** da grande água, Ap 12.14.

ASA, hb. **Médico**: 1. O terceiro rei de Judá, 1 Rs 15.8. Pai do rei Josafá, 1 Rs 15.24. Servia a Deus fielmente durante 41 anos, 1 Rs 15.10,11. Os primeiros 10 anos a terra esteve em paz, 2 Cr 14.1. Venceu aos etíopes, 2 Cr 14.9-15. Avivado por Azarias, houve grande avivamento entre o povo, 2 Cr 15.1-7. Repreendido por Hanani, 2 Cr 16.7-10. Gravemente enfermo, não recorreu ao Senhor, mas confiou nos médicos, 2 Cr 16.12. Morreu grandemente honrado, 2 Cr 16.14. // 2. Nome de um levita, 1 Cr 9.16.

ASÃ, hb. **Fumaça**: Cidade de Judá, coube à tribo de Simeão e cedida aos sacerdotes, Js 15.42; 19.7; 1 Cr 6.59. Ver mapa 5, A-2.

ASAEL, hb. **Deus o fez**: 1. Sobrinho de Davi, irmão de Joabe e Abisai. Os três irmãos foram filhos de Zeruia, irmã de Davi, 2 Sm 2.18. Ligeiro de pés, como gazela, 2 Sm 2.18. Morto por Abner, 2 Sm 2.23. // 2. Um dos levitas enviados com o livro da lei para percorrer todas as cidades de Judá, ensinando o povo, 2 Cr 17.9. // 3. Levita que tinha ao seu cargo as ofertas e dízimos, 2 Cr 31.13. // 4. Pai de certo Jônatas, Ed 10.15.

ASAFE, hb. **Cobrador**: 1. Um dos principais músicos de Davi, 1 Cr 6.31,39; vidente, 2 Cr 29.30, escritor dos Salmos 50, 73 a 83; seus filhos tomaram parte na purificação do Templo, 2 Cr 29.13. // 2. Cronistas de Ezequias, 2 Rs 18.18. // 3. Guarda das matas reais de Artaxerxes; Ne 2.8.

ASAÍAS, hb. **Jeová fez**: 1. Um dos servos de Josias, enviado a consultar o Senhor acerca das palavras do livro achado no Templo, 2 Rs 22.12. // 2. Descendente de Simeão, 1 Cr 4.36. // 3. Levita, 1 Cr 6.30. // 4. Silonita, 1 Cr 9.5.

ASAREEL, hb. **Deus limitou**: Descendente de Judá, 1 Cr 4.16.

ASARELA, hb. **Reto com Deus**: Um dos filhos de Asafe separados para profetizar com harpas, alaúdes e címbalos 1 Cr 25.1,2.

ASBÉIA, hb. **Casa de juramento**: Obreiros em linho em casa de Asbéia, 1 Cr 4.21.

ASBEL, hb. **Homem de Baal**: O segundo filho de Benjamim, Nm 26.38.

ASCALOM: Uma das cinco cidades principais dos filisteus, Jz 1.18; 1 Sm 6.17.

ASCALONITA: Jz 14.19. Habitante de Ascalom.

ASCENSÃO: A ascensão de Jesus Cristo foi o auge de sua última manifestação depois da sua ressurreição. Predita: Sl 68.18 com Ef 4.8; Jo 6.62; 7.33; 14.28; 20.17. Do monte das Oliveiras, Lc 24.50,51; At 1.9,12. No céu assentou-se à destra de Deus, cooperando com os discípulos na terra, Mc 16.19,20. Foi preparar-nos lugar, Jo 14.2; enviar-nos o Consolador, Jo 16.7; At 2.33; interceder por nós, Rm 8.34; Hb 6.20; 9.24; conceder dons aos homens, Ef 4.8. Depois de ir ao céu, ficam-lhe subordinados anjos, e potestades, e poderes, 1 Pe 3.22. A ascensão tipificada por Enoque e por Elias, Gn 5.24; 2 Rs 2.11.

ASCÉTICO: Dedicado inteiramente a exercícios espirituais, mortificando o corpo. // Falsa humildade, e rigor **a**, Cl 2.23.

ASDODE, hb. **Fortaleza**: Uma das cinco cidades dos Filisteus. Lugar de enaquins, Js 11.22. Pertencia a Judá, mas não foi possuída, Js 13.3; 15.46. A arca levada à casa de Dagom em Asdode, 1 Sm 5.1,2. Conquistada por Uzias, 2 Cr 26.6. Judeus haviam casado com mulheres asdoditas, Ne 13.23. Tomada por Sargom, rei da Assíria, Is 20.1. No Novo Testamento chama-se Azôto, At 8.40. Ver mapa 5, A-1.

ASER, hb. **Felicidade**: Quando nasceu, exclamou Lia: "É a minha felicidade! porque as filhas me terão por venturosa; e lhe chamou **Aser**", Gn 30.13. O oitavo filho de Jacó, Gn 35.26. A bênção profética de Jacó, quanto a Aser, Gn 49.20; a de Moisés, Dt 33.24. O território da herança da tribo de Aser, Js 19.24; Jz 1.31. Ver mapa 2, B-5. A profetiza Ana era da tribo de Aser. Lc 2.36. A tribo de Aser mencionada em Ap 7.6.

ASER: Cidade na fronteira de Manassés, Js 17.7.

ASERÁ: Uma deusa da Síria e de Canaã, que representava a fertilidade. **Aserins** é a forma plural. Mencionam-se suas imagens em 1 Rs 15.13 (B); seus profetas em 1 Rs 18.19 (B); os utensílios usados nos seus cultos, em 2 Rs 23.4 (B). Ver **Bosque**, **Poste-ídolo**.

ASERINS: Cortareis os seus **A**, Êx 34.13 (B). Ver **Aserá**.

ASERITAS: Jz 1.32. Descendentes de Aser, o oitavo filho de Jacó.

ÁSIA: Uma das cinco partes do mundo e o berço de nossa civilização. Mas no Novo Testamento a palavra se refere à província romana que abrangia a parte ocidental da península da Ásia Menor, da qual Éfeso era a capital. Ver At 2.9; 6.9; 16.6; 19.10; 20.4,16,18; 21.27; 24.18; 1 Co 16.19; 2 Co 1.8; 2 Tm 1.15; Ap 1.4. Ver também mapa 5. E-2

ASIARCA: Magistrado que presidia aos combates e espetáculos na província romana da Ásia. Os asiarcas de Éfeso eram amigos de Paulo, At 19.31.

ASIEL, hb. **Deus fez**: Simeonita, avô de Jeú, 1 Cr 4.35.

ASÍNCRITO, gr. **Incomparável**: Cristão residente em Roma, Rm 16.14.

ASMAVETE, hb. **A morte é forte**: 1. Um dos trinta valentes de Davi, 2 Sm 23.31. // 2. Um descendente de Saul, 1 Cr 8.36. // 3. O pai de dois soldados do exército de Davi, 1 Cr 12.3. // 4. Homem sobre os tesouros de Davi, 1 Cr 27.25.

ASMO: Sem fermento (pão). // Fez assar uns pães **a**, Gn 19.3. A festa dos pães **a**, Êx Dt 16.8,16; Mt 26.17; At 12.3; 20.6. Cozeram bolos **a**... pois não se tinha levedado, Êx 12.39. Com os **a** da sinceridade, 1 Co 5.8. Ver **Fermento**, **Levedar**.

ASNA, hb. **Espinheiro**: Um dos netinins que voltaram do cativeiro, Ed 2.50.

ASNÁ, hb. **Forte**: 1. Cidade de Judá, Js 15.33. // 2. Lugar mais para o sul, Js 15.43.

ASNAPAR: Ed 4.10. O mesmo, talvez, que Assurbanipal, neto de Senaqueribe e rei da Assíria.

ASNO: Dt 22.10 (B). Ver **Jumento**.

ASPATA, pers. **Cavalo**: Um dos dez filhos de Hamã, Et 9.7.

ASPECTO: Aparência, semblante. // O seu **a** continuava ruim, Gn 41.21. Seu **a** como o Líbano, Ct 5.15. Seu **a** estava mui desfigurado, Is 52.14. O **a** do quarto é semelhante a um, Dn 3.25. Discernir o **a** do céu, Mt 16.3. O seu **a** era como um relâmpago, Mt 28.3. Ver **Aparência**.

ASPENAZ: Chefe dos eunucos de Nabucodonosor, Dn 1.3.

ASPERGIR: Borrifar; espalhar líquido em forma de chuva sobre. // Tomou... sangue e o aspergiu sobre o povo, Êx 24.8. Aspergirei água pura sobre vós, Ez 36.25. Moisés... aspergiu não só o próprio livro, como... o povo, Hb 9.19.

ÁSPERO: Severo. // Para que eu não seja demasiadamente áspero, 2 Co 2.5. Ver **Duro**.

ASPERSÃO: Ato de espalhar líquido em forma de chuva. // A obediência e a **a** do sangue de Jesus Cristo, 1 Pe 1.2.

ÁSPIDE: Serpente muito venenosa, Sl 91.13; Sl 140.3; Is 11.8; 14.29; 59.5. Ver **Serpente**.

ASPIRAR: Atrair o ar aos pulmões. // Desejar ardentemente. // O Senhor aspirou o suave cheiro, Gn 8.21. Aspirou o cheiro da roupa dele, e o abençoou, Gn 27.27. E aspiro; porque anelo os teus mandamentos, Sl 119.131. Neste tabernáculo gememos, aspirando, 2 Co 5.2. Se alguém aspira ao episcopado, 1 Tm 3.1. Aspiram a uma pátria superior, Hb 11.16. Ver **Almejar**, **Anelar**, **Desejar**.

ASQUENAZ: 1. Filho de Gômer, Gn 10.3. // 2. Lugar perto da Armênia, Jr 51.27. Ver mapa 1, E-3.

ASRIEL, hb. **Promessa de Deus**: Um homem de Manassés, Nm 26.31; Js 17.2.

ASSALARIAR: Contratar por salário os serviços de. // Assim é o que assalaria os insensatos, Pv 26.10. Assalariar trabalhadores para a sua vinha, Mt 20.1. Ver **Galardoar**.

ASSAR: Cozer-se sob a ação direta do fogo. // O preguiçoso não assará a sua caça, Pv 12.27. Assa-a, e farta-se, Is 44.16.

ASSASSINAR: Matar (gente) traiçoeiramente. // Aos órfãos assassinam, Sl 94.6. Caim assassinou a seu irmão, 1 Jo 3.12. Ver **Ferir**, **Matar**.

ASSASSÍNIO: O ato de matar um ser humano traiçoeiramente, com premeditação. // Arrependeram dos seus **a**, Ap 9.21. Ver **Homicídio**.

ASSASSINO: Aquele que mata traiçoeiramente. // Exterminou aqueles **a**, Mt 22.7. Agora vos tornastes traidores e **a**, At 7.52. Não sofra... como **a**, 1 Pe 4.15. Que odeia a seu irmão é **a**, 1 Jo 3.15. Todo **a** não tem a vida eterna, 1 Jo 3.15. Quanto... aos **a**... no lago que arde, Ap 21.8. Ver **Homicida**.

ASSE: Mt 10.29. Ver **Dinheiro**.

ASSEDIAR: Molestar com perguntas ou pretensões insistentes. // Do pecado que tenazmente nos assedia, Hb 12.1.

ASSEGURAR: Garantir. Afirmar com certeza. Firmar-se. // O Espírito Santo... me assegura que, At 20.23. Querendo Félix assegurar o apoio dos judeus, At 24.27.

ASSEMBLÉIA: Reunião de muitas pessoas, para fim determinado. Sociedade, corporação. // Haverá... santa **a**, Êx 12.16. Consagrai uma **a** solene a Baal, 2 Rs 10.20. Na **a** dos santos, Sl 89.7. Exaltem-no na **a** do povo, Sl 107.32. Convocai uma **a** solene, Jl 1.14. Será decidida em **a** regular, At 19.39. À universal **a** e igreja dos primogênitos, Hb 12.22. Ver **Congregação**, **Igreja**, **Reunião**.

ASSEMELHAR: Imitar. Comparar. // A que assemelharemos o reino? Mc 4.30

ASSENHOREAR: Tornar-se senhor. Entrar no domínio de. // Não vos assenhoreareis com tirania, Lv 25.46. Assenhorear-se-ão de vós e fugireis, Lv 26.17. Os inimigos dos judeus contavam assenhorear-se deles, Et 9.1. Ver **Dominar**.

ASSENTAR: Sentar-se, assegurar, determinar. // Conheço o teu assentar, e o teu sair, 2 Rs 19.27; Is 37.28. Nem se assenta na roda dos, Sl 1.1; Assenta-te a minha direita, Sl 110.1; Mt 22.44; At 2.34; Hb 1.13. De Babilônia nós nos assentávamos e chorávamos, Sl 137.1. Sabes quando me assento e quando, Sl 139.2. Assentei em Sião uma pedra, Is 28.16. Sete dias assentei-me ali atônito, Ez 3.15. Assentou-se o tribunal, Dn 7.10.

ASSETEAR: Ferir ou matar com seta. // Nós os asseteamos, Nm 21.30.

ASSENTO: Objeto em que a gente se senta. // E dos primeiros **a** nas ceias, Mc 12.39 (ARC). Amais os primeiros **a** nas sinagogas, Lc 11.43 (ARC).

ASSEVERAÇÃO: Afirmação. // Sobre os quais fazem ousadas **a**, 1 Tm 1.7.

ASSEVERAR: Afirmar, assegurar. // Asseverado... que ele ressuscitou a Cristo, 1 Co 15.15. Ver **Afirmar**.

ASSIR, hb. **Cativo**: Filho de Corá, Êx 6.24.

ASSÍRIA: Império grande e poderoso. No território do alto Tigre, Gn 2.14. Sua capital era Nínive, Gn 10.11. Adquiriu, parece, o nome **Assíria**, da cidade de Assur, cujas ruínas se encontram nas margens do Tigre, cento e onze quilômetros abaixo de Nínive. E a cidade de Assur recebeu seu nome, talvez, de Assur, filho de Sem e neto de Noé (Gn 10.22), a quem a idolatria tinha elevado a posição dum deus. A Assíria era "a terra do deus Assur." As escavações recentes, nas ruínas dos palácios assírios, revelam que este povo partilhava em alto grau da civilização de Babilônia, de onde havia emigrado. Ver Gn 10.11. Os babilônicos eram agricultores, mas os assírios eram um povo militar e comercial, simples nos seus costumes, mas cruéis e ferozes, empalando, e queimando vivos os habitantes das cidades conquistadas. Os assírios eram sempre um povo de receio e de horror para o povo de Israel. Pul invadiu a Israel no reinado de Manaém, 2 Rs 15.19. Nos dias de Peca, Tiglate-Pileser levou para a Assíria, os habitantes de Ijom, Abel-Bete-Maaca, Janoa, Quedes, Hazor, Gileade, Galiléia e Naftali, 2 Rs 15.29. Salmaneser subjugou a Oséias rei de Iarael, e levou o povo para a Assíria, 2 Rs 17.6,23. Senaqueribe invadiu a Judá no reinado de Ezequias, 2 Rs 18.13; O anjo do Senhor feriu no arraial dos assírios 85 mil durante a noite, 2 Rs 19.35. Faraó-Neco, rei do Egito, subiu contra o rei da Assíria, 2 Rs 23.29. O Senhor mudou o coração do Rei da Assíria a favor de Israel, Ed 6.22. A aflição que sobreveio a todo o povo, dos reis da Assíria, Ne 9.32. Profecia contra a Assíria, Is 10.5; Sf 2.13. A Assíria levará os presos do Egito e os exilados da Etiópia, Is 20.4. Deus enviou Jonas a Nínive, cidade da Assíria, Jn 1.2. Ver **Assur**, mapa 1, D-3.

ASSISTÊNCIA: Auxílio, socorro. // Pedindo... participarem da **a** aos santos, 2 Co 8.4. A **a** a favor dos santos, 2 Co 9.1. Desta **a** não só supre a necessidade, 2 Co 9.12. Ver **Auxílio**.

ASSISTENTE: Que ajuda alguém nas suas funções. // Tendo fechado o livro, devolveu-o ao **a**, Lc 4.20.

ASSISTIR: Acompanhar. Estar presente. Ajudar. // O Senhor o assiste no leito da enfermidade, Sl 41.3. Para que assista nos teus átrios, Sl 65.4. Preso e não te assistimos; Mt 25.44. Rabi onde assistes? Jo 1.38. O Espírito nos assiste em nossa fraqueza, Rm 8.26. Ver **Ajudar**, **Morar**.

ASSOBIAR: 1. Produzir um som agudo com a boca. Assobiará para que venham das extremidades da terra Is 5.26. Assobiará o Senhor às moscas, Is 7.18. Eu lhes assobiarei, e os ajuntarei, Zc 10.8. // 2. Exprimir desagrado, apupar. Quem por ela passar pasmará e assobiará, 1 Rs 9.8; Jr 19.8. Qualquer que passar por Babilônia se espantará, e assobiará, Jr 50.13.

ASSOBIO: Apupo, vaia. // Os entregou ao terror, ao espanto e aos **a**, 2 Cr 29.8. A saída o apupam com **a**, Jó 27.23.

ASSOCIAR: Agregar, ajuntar, tomar como sócio. // Não associar com o iracundo, Pv 22.24; os revoltados, Pv 24.21; com o impuro, ou avarento, ou idólatra, ou maldizente, ou beberrão, ou roubador, 1 Co 5.11; com demônios, 1 Co 10.20. Nenhuma igreja se associou comigo no tocante de dar, Fp 4.15. Não preste obediência à nossa palavra... nem vos associes com ele, 2 Ts 3.14. Associai com a vossa fé a virtude, 2 Pe 1.5. Ver **Ajuntar**.

ASSOLAÇÃO: Devastação. // O dia do Senhor... como **a**, Is 13.6. Eu não te torne em **a** e terra não habitada, Jr 6.8. Durar as **a** de Jerusalém, era de setenta anos, Dn 9.2. Fez da minha vinha uma **a**, Jl 1.7. Ver **Destruição**.

ASSOLADOR: Que arrasa, que destrói. // Na prosperidade lhe sobrevém o **a**, Jo 15.21. Visão... da transgressão **a**, Dn 8.13.

ASSOLAR: Devastar, arruinar, destruir. // Assolarei os vossos santuários, Lv 26.31. Assolou-a e a semeou de sal, Jz 9.45. Da mortandade que assola ao meio-dia. Sl 91.6. Saulo assolava a igreja, At 8.3.

ASSOMBRAR: Assustar. Aterrar. Causar admiração. // Com visões me assombras, Jó 7.14. Assombrar-se-ão, e apoderar-se-ão deles dores, Is 13.8. Os que me perseguem... assombrem-se eles, e não me assombre eu, Jr 17.18. Ver **Espantar**.

ASSOMBRO. Admiração excessiva. // Os **a** o espantarão, Jó 18.11. O castigo de Deus seria para mim um **a**, Jó 31.23. E se encheram de admiração e **a**, At 3.10. Ver **Espanto**, **Terror**.

ASSOMBROSAMENTE: Espantosamente. // Por modo **a** maravilhoso me formaste, Sl 139.14.

ASSOPRAR: O mesmo que soprar. // Assopra no meu jardim, Ct 4.16. Vem... ó espírito, e assopra sobre estes mortos, Ez 37.9. Ver **Soprar**.

ASSOPRO: Ação ou efeito de assoprar. // Com o **a** da sua ira se consomem, Jó 4.9 (ARC). O Senhor desfará pelo **a** da sua boca, 2 Ts 2.8 (ARC). Ver **Sopro**.

ASSÓS: At 20.13. Cidade da Mísia, não muito distante de Trôade. Ver mapa 6, D-2.

ASSUERO: 1. No livro de Ester: Rei dos persas e esposo de Ester, Et 1.2,19; 2.16,17. É o mesmo Xerxes dos gregos. // 2. No livro de Esdras (cap. 4.6), é, talvez, Xerxes. // 3. No livro de Daniel: outro Assuero, pai de Dario e rei dos medos, Dn 9.1.

ASSUMIR: Tomar sobre si ou para si. // Esvaziou, assumindo a forma de servo, Fp 2.7.

ASSUNTO: Matéria de que se trata. // Contigo está quem é senhor do **a**, Jó 36.4.

ASSUR: Um dos filhos de Sem, Gn 10.22. Ver **Assíria**. Ver, também, mapa 1, D-3.

ASSURIM: Um bisneto de Abraão e Quetura, Gn 25.3.

ASSURITAS: 2 Sm 2.9. Um povo pertencente ao reino de Isbosete, filho de Saul.

ASSUSTAR: Encher-se de susto, de medo, de receio. // Não temas, e não te assustes, Dt 1.21. Não te assustarás do terror noturno, Sl 91.5. Não te assustes com os seus rostos, Ez 2.6. Não vos assusteis, porque é necessário assim acontecer, Mt 24.6. Ver **Assombrar**.

ASTAROTE: 1. Jz 10.6; 1 Sm 7.4; 12.10. A principal divindade feminina, como Baal era o principal deus. Era a deusa do poder produtivo, do amor, e da guerra. O seu culto era acompanhado de grande licenciosidade. Ver **Abominação**. // 2. Dt 1.4; Js 9.10. Cidade no lado oriental do Jordão, em Basã, no reino de Ogue; assim chamada, talvez, porque era sede dos cultos à deusa do mesmo nome. Ver mapa 3, C-2.

ASTERATITA: 1 Cr 11.44. Habitante de Asterote, além do Jordão.

ASTEROTE: Deusa dos sidônios. // Ver **Astarote**.

ASTEROTE-CARNAIM: O lugar muito antigo, onde Quedorlaomer feriu os refains, Gn 14.5.

ASTRO: Designação comum a todos os corpos celestes. Corpo celeste. // Os que dissecam os céus e fitam os **a**, Is 47.13. Resplandeceis como **a** no mundo, Fp 2.15 (ARC). Ver **Astronomia**, **Estrela**, **Luzeiros**.

ASTRÓLOGO: Dn 2.27. Ver **Adivinhação**.

ASTROMANCIA: Ver **Adivinhação**.

ASTRONOMIA: O estudo dos astros, isto é, das estrelas, dos planetas, dos cometas, começou muito cedo na história do mundo. As referências do Antigo Testamento fazem ver que nesses tempos os corpos celestiais causavam espanto e temor. Vieram de Deus, estão sob o seu império, e só Ele as pode contar, Gn 1.16; Jó 9.7; Sl 8.3; 136.9; Jr 31.35; Is 40.26. O escurecer e a confusão dos corpos celestes são fenômenos associados com calamidades, Is 13.10; Ez 32.7; Jl 2.10; 3.15; Mt 24.29; At 2.19,20; Ap 6.12,13. A adoração dos astros era uma das formas de idolatria que desviou os hebreus do caminho da Lei, Dt 4.19; 2 Rs 17.16; Jr 19.13; At 7.43; Jesus é a Estrela da Manhã, Ap 2.28; 22.16. Há uma referência aos cometas na expressão "estrelas errantes", Jd 13. Ver **Estrela**.

ASTÚCIA: Sagacidade para enganar. // Eia, usemos de **a** ... para que não se multiplique, Ex 1.10. Falsidade é a **a** deles, Sl 119.118. Deus fez o homem reto, mas ele se meteu em muitas **a**, Ec 7.29. Apanha os sábios na própria **a**, 1 Co 3.19. Não... com **a**, nem adulterando a palavra, 2 Co 4.2. Enganou a Eva com sua **a**, 2 Co 11.3. Levados... pela **a**, Ef 4.14. Ver **Ardil**, **Dolo**.

ASTUCIOSAMENTE: Com habilidade para enganar. // Veio teu irmão **a**, Gn 27.35.

ASTUTAMENTE: Ardilosamente, sutilmente. // Tramam **a** contra o teu povo, Sl 83.3. Para que tratassem **a** aos seus servos, Sl 105.25 (ARC).

ASTUTÍSSIMO: Foi dito que é **a**, 1 Sm 23.22.

ASTUTO: Astucioso, ardiloso. // A serpente era mais **a**, Gn 3.1 (ARC). Frusta as maquinações dos **a**, Jó 5.12. Com vestes de prostituta, e **a** de coração, Pv 7.10. Sendo **a**, vos prendi com dolo, 2 Co 12.16. Ver **Sagaz**.

ASUR: hb. **Escuridão**: Pai de Tecoa, 1 Cr 2.24.

ASVATE: Homem de Aser, da família de Jaflete, 1 Cr 7.33.

ATACAR: Assaltar, investir, agredir. // Veio apressadamente... e os atacaram, Js 11.7. Como ursa, roubada de seus filhos, eu os atacarei, Os 13.8.

ATACE, hb. **Hospedaria**: Uma cidade de Judá, 1 Sm 30.30.

ATADE, hb. **Espinheiro**: Grande e intensa lamentação, pranteando Jacó, na eira de Atade, Gn 50.10,11. Ver **Abelmizraim**.

ATADURA: Aquilo com que se ata. // Rompamos as suas **a**, Sl 2.3 (ARC).

ATAI, hb. **Oportuno**: 1. Filho de Jará, 1 Cr 2.35. // 2. Soldado do exército de Davi, 1 Cr 12.11. // 3. Filho de Roboão, 2 Cr 11.20.

ATAÍAS: Filho de Uzias, Ne 11.4.

ATALAIA: Sentinela, vigia. // O **a** estava na torre de Jezreel, 2 Rs 9.17. Desde as **a** dos vigias, 2 Rs 17.9. Seus **a** são cegos, Is 56.10.

Eu te dei por **a** sobre a casa de Israel, Ez 3.17; 33.7. Ver **Guarda**, **Sentinela**, **Vigia**.

ATALHO: Caminho para fora da estrada comum para encurtar distância. // Sai pelos caminhos e **a** e obriga, Lc 14.23.

ATALIA, hb. **Jeová aflige**: Filha de Jezabel, mulher de Jorão, 2 Rs 8.18,26. Mãe do rei Acazias, 2 Rs 8.26. Reinou sobre Judá seis anos, 2 Rs 11.3. Morta em uma insurreição dos sacerdotes, em favor de Joás, 2 Rs 11.4-16.

ATÁLIA, Que pertence a Atalo: Uma cidade importante na costa da Panfília, onde Paulo pregou na sua primeira viagem missionária, At 14.25. Ver mapa 6, E-2.

ATALIAS: 1. Um benjamita que habitava em Jerusalém 1 Cr 8.26. // 2. Chefe de família que voltou de Babilônia com Esdras, Ed 8.7.

ATAR: Apertar com laçada ou nó, ligar, prender. // Também as atarás como sinal na tua mão, Dt 6.8. A benignidade e a fidelidade; ata-as ao teu pescoço, Pv 3.3. Mandamentos... ata-os aos teus dedos, Pv 7.3. Atam fardos pesados, Mt 23.4. Não atarás a boca do boi, 1 Co 9.9; 1 Tm 5.18; Dt 25.4.

ATARA: hb. **Coroas**: Esposa de Jerameel, 1 Cr 2.2.6.

ATAROTE, hb. **Coroas**: 1. Cidade da Transjordânia, Nm 32.3. Ver mapa 2. D-5; mapa 5, C-1. // 2. Cidade, na divisa entre Efraim e Benjamim, Js 16.5. Atarote-Adar, Js 16.5. Ver mapa 4, B-2. // 3. Outra cidade na fronteira de Efraim, Js 16.7.

ATAVIAR: Adornar, aformosear. // Ataviem com modéstia e bom senso, 1 Tm 2.9. Cordeiro, cuja esposa a si mesma já se ataviou, Ap 19.7. Ver **Adornar**.

ATAVIO: Enfeite, adorno. // E nenhum deles vestiu seus **a**, Êx 33.4. Tira, pois, de ti os **a**, Êx 33.5. Tiraram de si os seus **a** desde o monte de Horebe, Êx 33.6. Ver **Adereço**, **Adorno**, **Enfeite**.

ATÉ: Partícula que designa o termo de distância, tempo, ação, etc. // Até aqui nos ajudou o Senhor, 1 Sm 7.12. Até que os tempos dos gentios se completem, Lc 21.24.

ATEAR: Lançar fogo a; avivar fogo. // Enquanto eu meditava ateou-se o fogo, Sl 39.3. Ateou-se um fogo contra o seu grupo, Sl 106.18.

ATEÍSMO: Doutrina dos que não crêem na existência de Deus; o contrário ao teísmo. // Há várias formas de ateísmo, ou melhor, maneiras de usar o termo. Os pagãos denominavam os Cristãos **ateus**, porque não davam crédito aos seus deuses. Os filósofos são ateus, não no sentido que deixam de crer na causa primordial, a força que produziu a vida; mas no sentido que não afirmam que Deus é uma pessoa, um Ser consciente, o originador da força. Existiram, em todas as épocas, alguns que afirmavam dogmaticamente que não existe Deus — geralmente por causa de um espírito de jactância. Mas o ateísmo mais comum é o de viver como se não existisse um Deus. Tais "ateus" não dizem **abertamente** que não há Deus, mas seguem os seus próprios caminhos (Is 53.6), **dizendo nos seus corações**: Não há Deus, Sl 14.1. Confiam em carros, porque são muitos, e em cavaleiros, porque são muito fortes, mas não atentam para o Santo de Israel, nem buscam ao Senhor, Is 31.1.

ATEMORIZAR: Causar temor ou susto a, intimidar. // Nem vos atemorizeis diante deles, Dt 31.6. Não temas, não te atemorizes, Js 8.1. A mulher, atemorizada e tremendo, Mc 5.33. Viram... e ficaram surpreendidas e atemorizadas, Mc 16.5. Não se turbe o vosso coração, nem se atemorize, Jo 14 27. Não recebestes o espírito de escravidão para viverdes... atemorizados, Rm 8.15. Ver **Amedrontar**, **Aterrorizar**.

ATENAS: A famosa metrópole da antiga Ática, atualmente uma das mais belas cidades do Oriente, a capital da Grécia. Continuou durante séculos um dos centros da cultura literária. Emprega-se seu nome para designar qualquer cidade onde floresce as letras e as artes. Era uma cidade acentuadamente religiosa (At 17.22); em todas as direções havia grande número de templos, altares e outras construções sagradas. O apóstolo Paulo dissertava na sinagoga e na praça dessa cidade, At 17.17. O famoso sermão de Paulo no Areópago, At 17.22-31. Nas Escrituras, não há qualquer referência a uma igreja fundada por Paulo em Atenas. Mas, segundo a tradição, foi fundada igreja lá, da qual Dionísio, um juiz pertencente à corte do Areópago (At 17.34), foi o primeiro bispo. Ver mapa 6, C-2.

ATENÇÃO: Ação de aplicar o espírito a alguma coisa. (Interjeição): Acautelai-vos. // Se o governador dá **a** a palavras mentirosas, Pv 29.12. **A**! o dia do Senhor é amargo, Sf 1.14.

ATENDER: Prestar atenção tomar em consideração. // Dá ouvidos, ó Deus... atende-me, Sl 55.1,2. Atendeu à oração do desamparado, Sl 102.17. Não houve quem atendesse, Pv 1.24. Filho meu, atende à minha sabedoria, Pv 5.1. O dinheiro atende a tudo, Ec 10.19. Ó Senhor, atende-nos e age, Dn 9.19. Deus não atende a pecadores, Jo 9.31. Se alguém teme a Deus... a este atende, Jo 9.31.

ATENIENSE: O natural de Atenas. // Senhores atenienses! At 17.22.

ATENTAMENTE: Com atenção. // **A** ouvi o movimento de sua voz, Jó 37.2 (ARC).

ATENTAR: Dar atenção, atender. // Viu Deus os filhos de Israel, e atentou para a sua condição, Êx 2.25. O Senhor... atenta para os humildes, Sl 138.6. O prudente atenta para os seus passos, Pv 14.15. Não atentando nós nas coisas que se vêem, 2 Co 4.18. Atenta para o ministério que recebeste, Cl 4.17. Atentando diligentemente por que ninguém seja faltoso, Hb 12.15.

ATENTO: Que atende. // Os teus ouvidos **a** à oração, 2 Cr 6.40. Os seus olhos estão **a**, Sl 11.4. Para fazeres **a** à sabedoria o teu ouvido, Pv 2.2.

ATER, hb. Fechado: 1. Chefe de uma família que voltou do exílio, Ed 2.16. // 2. Chefe de família de porteiros que voltou, Ed 2.42.

ATERRAR: Causar terror. Encher de terra. // Com grande estampido sobre os filisteus, e os aterrou, 1 Sm 7.10. Aterrai, aterrai, preparai o caminho, Is 57.14. Todo o vale será aterrado, Lc 3.5. Ver **Apavorar.**

ATERRORIZAR: Causar terror a, apavorar. // Nem vos aterrorizeis diante deles, Dt 20.3. Os sábios serão... aterrorizados, Jr 8.9 . Ficaram sobremodo aterrorizados, Ap 11.13. Ver **Amedrontado, Atemorizar**.

ATILADAMENTE: Com exatidão. Com discrição. // Elogiou... o administrador infiel porque se houvera **a**, Lc 16.8.

ATILHO: Cordão, barbante ou fita que serve para atar. // Soltar os **a** do Órion? Jó 38.31 (ARC).

ATINAR: Acertar com. Descobrir pelo tino. // Faze-me atinar com o caminho, Sl 119.27. Mas não atinaram que eu os curava, Os 11.3. Ver **Acertar**.

ATINGIR: Tocar de longe. Alcançar. // A mão de Deus me atingiu, Jó 19.21. Palavras amargas, para... atingirem o íntegro, Sl 64.4. Caiam mil... tu não serás atingido, Sl 91.7. É sobremodo elevado, não o posso atingir, Sl 139.6. Buscava lei de justiça não chegou a atingir essa lei, Rm 9.31. As obras que nela existem serão atingidas, 2 Pe 3.10. Ver **Alcançar**.

ATIRAR: Lançar. // Como o que atira pedra preciosa num montão de ruínas, Pv. 26.8. Se és Filho de Deus, atira-te abaixo, Mt 4.6. Um espírito... o atira por terra, Lc 9.39. Seja o primeiro que lhe atire pedra, Jo 8.7. Atirando poeira para os ares, At 22.23. Ver **Lançar.**

ATLAI, hb. Jeová afligiu: Um dos filhos de Bebai que se apartou de sua mulher por ordem de Esdras, Ed 10.28.

ATLETA: Aquele que se exercitava na luta para combater nos jogos solenes. Todo **a** em tudo se domina, 1 Co 9.25. O **a** não é coroado, 2 Tm 2.5.

ATO: Aquilo que se fez. // Falei dos **a** de justiça do Senhor, Jz 5.11. Castigo que os nossos **a** merecem, Lc 23.41. O linho finíssimo são os **a** da justiça, Ap 19.8. Ver **Feito, Obra**.

ATOLAR: Meter em lamaçal. // Atolado em profundo lamaçal, Sl 69.2. Jeremias se atolou na lama, Jr 38.6.

ATÔNITO: Espantado, estupefato. // Ouvindo... me assentei **a**, Ed 9.3. Permaneci **a** até o sacrifício da tarde, Ed 9.4. Por sete dias assentei-me ali **a**, Ez 3.15. Daniel... esteve **a** por algum tempo, Dn 4.19. Todos ficaram **a**, davam glória a Deus, Lc 5.26. Estavam **a**, e diziam: Não é este o que exterminava, At 9.21. Pedro continuava... viram-no e ficaram **a**, At 12.16.

ATORDOAR: Estontear. // Vinho que **a**, Sl 60.3.

ATORMENTADOR: O que atormenta ou tortura. // Seus caminhos são sempre **a**, Sl 10.5 (ARC). O seu senhor o entregou aos **a**, Mt 18.34 (ARC). Ver **Verdugo**.

ATORMENTAR: Torturar, afligir, agitar. // Um espírito maligno o atormentava, 1 Sm 16.14. Vieste aqui atormentar-nos antes do tempo? Mt 8.29. E a si mesmos se atormentaram com muitas dores, 1 Tm 6.10. Que os atormentassem durante cinco meses, Ap 9.5. Será atormentado com fogo e enxofre, Ap 14.10. Serão atormentados dia e noite, Ap 20.10. Ver **Torturar**.

ATOS DOS APÓSTOLOS: O quinto livro do Novo Testamento. É a história do cristianismo desde a ascensão de Cristo (ano 29) até o início do ministério de Paulo em Roma, no ano 63. O escritor, Lucas relata, no Evangelho segundo Lucas, o que "Jesus começou a fazer e a ensinar." No livro de Atos relata o que Jesus continua a fazer e a ensinar, como Diretor sempre vivo no céu, com presença pessoal na terra, por intermédio do Espírito Santo. // Parece que foi escrito logo após a chegada de Paulo a Roma, talvez no ano 65. // Atos é "a Igreja de Deus em Ação". É um livro de atividades missionárias, isto é, de estabelecer igrejas em regiões não evangelizadas. É um livro das maiores vitórias registradas em toda a história. Atos relata a ascensão de Jesus; a promessa da sua volta à terra; a chegada do Espírito Santo no pentecoste; como Pedro, com as chaves do reino de Deus (Mt 16.19), abriu a porta aos judeus, no dia de pentecoste, e aos gentios na casa de Cornélio; o início da Igreja de Cristo; a conversão e ministério de Paulo. Tudo isso é a obra do Espírito Santo. Como a presença do Filho, engrandecendo e revelando o Pai, é o fato dos quatro Evangelhos, assim a presença do Espírito Santo, exaltando e descobrindo o Filho, é o grande fato do livro de Atos. // O livro divide-se em duas partes. Na primeira (caps. 1 a 9), o apóstolo Pedro é o vulto principal, Jerusalém é o centro, e o ministério visava os judeus. Contudo, às vezes, relata a obra de todos os apóstolos, cap. 1.23-26; 2.42; 4.33; 5.12,29; 6.2; 8.1,14; 15.6,23. Na perseguição aos apóstolos e, por fim, no martírio de Estêvão, os judeus cumpriram a parábola: "Não queremos que este reine sobre nós", Lc 19.11-27. Na segunda parte dos Atos (caps.10 a 28), Paulo está à frente, um novo centro está estabelecido em Antioquia e o ministério é dedicado principalmente aos gentios. Ver Ef 2.12. // Os eventos registrados nos Atos abrangem um período de cerca de 33 anos, ou uma geração. Os acontecimentos nos levam à maior parte do Império Romano, começando em Jerusalém e findando em Roma.

ATRAIR: Fazer aproximar a si. // Com amor eterno eu te amei... com benignidade te atraí, Jr 31.3. Atraí-os com cordas humanas, com laços de amor. Os 11.4. Atrairei todos a mim mesmo, Jo 12.32. Pela sua própria cobiça, quando esta o atrai, Tg 1.14.

ATRÁS: Após, detrás. // Tornem **a** e cubram-se de ignomínia, Sl 70.2. Que corre **a** do mal, este lhe sobrevirá, Pv 11.27. O que corre **a** de coisas vãs é falto de senso, Pv 12.11.

ATRAVESSAR: Passar para o outro lado. Passar de lado a lado (com espada, etc.) // Dividiste o mar... que o atravessaram em seco, Ne 9.11. Até que a flecha lhe atravesse o coração, Pv 7.23. Em Jericó, atravessava Jesus a cidade, Lc 19.1. Atravessar a província de Samaria, Jo 4.4. Pela fé atravessaram o mar Vermelho, Hb 11.29.

ATREVER: Ousar. // Ninguém há tão ousado que se atreva a despertá-lo, Jó 41.10. Ver **Ousar**.

ATREVIDAMENTE: Ousadamente, insolentemente. // Que fizer alguma coisa **a**... será eliminada, Nm 15.30. Ver **Ousadamente**.

ATREVIDO: Insolente, descarado. // Alugou Abimeleque uns homens levianos e **a**, Jz 9.4. Não verás aquele povo **a**, Is 33.19. Atrevidos arrogantes, não temem difamar, 2 Pe 2.10.

ATRIBUIR: Imputar. // Jó... nem atribuiu a Deus falta alguma, Jó 1.22. A quem Deus atribui justiça, Rm 4.6; Sl 32.2. Ver **Imputar**.

ATRIBULADO: Aflito, magoado. // Compadece-te... me sinto **a**, Sl 31.9. Lavado os pés aos santos, socorrido a **a**, 1 Tm 5.10. Ver **Aflito**.

ATRIBULAR: Angustiar, atormentar. // Destrói todos os que me atribulam a alma, Sl 143.12. Sereis atribulados, e vos matarão, Mt 24.9. Somos atribulados é para o vosso conforto, 2 Co 1.6. Somos atribulados, porém, não angustiados, 2 Co 4.8. Atribulados; lutas por fora, temores por dentro, 2 Co 7.5. Que ele dê em paga tribulação aos que vos atribulam, 2 Ts 1.6.

ÁTRIO: Espaço que, nos palácios, vai desde a entrada principal à escadaria. Pátio. O espaço em redor do próprio Tabernáculo, chamava-se o átrio, Êx 38.9-19. O átrio interior do Templo, 1 Rs 6.36. O grande átrio, 1 Rs 7.12. Os átrios do Senhor, Sl 84.2; 100.4; 116.19; 135.2; Is 62.9. O átrio exterior do santuário, Ap 11.2. Ver **Pórtico**.

ATROPELAR: Calcar, passando por cima. // Uns aos outros se atropelam, Lc 12.1.

ATROTE-BETE-JOABE, hb. Coroas da casa de Joabe: Uma família, talvez, de Judá, 1 Cr 2.54.

ATURAR: Suportar, tolerar. // No entanto os aturaste por muitos anos, Ne 9.30.

AUGUSTO: Lc 2.1. Ver **César Augusto**.

AUMENTAR: Fazer maior, amplificar, melhorar. // Aumenta-nos a fé, Lc 17.5. Igrejas eram fortalecidas... e aumentavam em número, At 16.5. Suprirá e aumentará a vossa sementeira, 2 Co 9.10. Crescer, e aumentar no amor, 1 Ts 3.12. Em vós aumentando, fazem que não sejais... infrutuosos, 2 Pe 1.8. Ver **Adicionar, Crescer**.

AUMENTO: Ação de aumentar. // Efetua o seu próprio **a** para a edificação, Ef 4.16. Vai crescendo em **a** de Deus Cl 2.19 (ARC).

ÁUREO: Da cor de ouro. // Do norte vem o **a** esplendor, Jó 37.22.

AURICULAR: Testemunha auricular: A que ouviu contra o fato. // Mas a **a** falará sem ser contestada, Pv 21.28.

AURORA: Claridade que precede o nascer do sol. // Como o orvalho emergindo da **a**, Sl 110.3. Como a luz da **a** que vai brilhando mais, Pv 4.18. Ver **Alva**.

AUSATE, hb. Possessão: Comandante do exército de Abimeleque, Gn 26.26.

AUSÊNCIA: Falta de assistência ou comparência. // Muito mais agora na minha **a**, Fp 2.12.

AUSENTAR: Afastar, apartar. // Senhor, não te ausentes de mim, Sl 35.22. Para onde me ausentarei do teu Espírito? Sl 139.7 Ausentou-se do país, Mt 21.33; 25.14.

AUSENTE: Não presente. // **A** em pessoa, mas presente em espírito, 1 Co 5.3. Enquanto no corpo, estamos **a** do Senhor, 2 Co 5.6. Quando **a**, ousado para convosco, 2 Co 10.1. **A** quanto ao corpo, contudo em espírito estou convosco, Cl 2.5.

AUTOR: Inventor, criador. // Ó Deus. **A** e Conservador de toda vida, Nm 16.22. Matastes o **A** da vida, At 3.15. Aperfeiçoasse por meio dos sofrimentos o **A** da salvação, Hb 2.10. Tornou-se o **A** da salvação, Hb 5.9. Olhando firmemente para o **A** e Consumador da fé, Hb 12.2.

AUTORIDADE: Direito ou poder de mandar. Agente ou delegado do poder público. // Ensinava como quem tem **a**, Mt 7.29. O Filho do homem tem sobre a terra **a**, Mt 9.6. Deu-lhes Jesus **a** sobre espíritos, Mt 10.1. Com que **a** fazes estas coisas? Mt 21.23. Toda a **a** foi me dada, Mt 28.18. Dar-te-ei toda esta **a**, Lc 4.6. Não falarás mal de uma **a**, At 23.5. Esteja sujeito às **a** superiores, Rm 13.1. Não há **a** que não proceda de Deus, Rm 13.1. Que se sujeitem... às **a**, Tt 3.1. Difamam a superiores, Jd 8. Eu lhe darei **a** sobre as nações, Ap 2.26. Ver **Poder**.

AUTORIZAÇÃO: Consentimento expresso. // Trouxe **a** dos principais sacerdotes para prender, At 9.14.

AUTORIZADO: Que tem autorização. // Nos lábios do rei... decisões a, Pv 16.10.

AUXILIADOR: Que auxilia. // Far-lhe-ei uma **a**, Gn 2.18. Cairão por terra tanto o **a** como o ajudado, Is 31.3. Ver **Ajudador**.

AUXILIAR: Que auxilia; dar auxílio a, socorrer. // João como auxiliar, At 13.5. Epafrodito... vosso auxiliar, Fp 2.25. Peço que as auxilies, Fp 4.3. Ver **Acudir, Ajudar, Amparar, Socorrer**.

AUXÍLIO: Socorro, ajuda, subsídio, amparo. // Tu és o meu **a**, Sl 27.9. Sê tu, Senhor, o meu **a**, Sl 30.10. Presta-nos **a** na angústia, Sl 60.11; 108.12. Consolidado pelo **a** de toda junta, Ef 4.16. O senhor é o meu **a**, Hb 13.6. Ver **Ajuda, Amparo, Socorro**.

AUZÃO, hb. Possessão: Homem de Judá, 1 Cr 4.6.

AUZÃO, hb. **Possessão:** Homem de Judá, 1 Cr 4.6.

AVA: Província da Assíria, cujos habitantes foram transportados para Samaria, 2 Rs 17.24.

AVALIAÇÃO: Ato de determinar o valor de. // Carneiro... conforme a tua **a** em siclos de prata, Lv 5.15. O resgate... segundo a sua **a**, 2 Rs 12.4.

AVALIAR: Determinar o valor de. // Um ômer pleno de cevada será avaliado por cinqüenta siclos, Lv 27.16.

AVANÇAR: Andar para frente. // Esquecendo-me das coisas que para trás ficam e avançando, Fp 3.13.

AVANTAJAR: Exceder. // Avantajava-me a muitos da minha idade, sendo extremamente zeloso, Gl 1.14.

AVANTE: Para a frente. // Avante, ó minha alma, firme! Jz 5.21. Não irão avante; porque a sua insensatez, 2 Tm 3.9.

AVARENTO: Que não dá, mesquinho. // O **a** maldiz o seu Senhor, Sl 10.3. Os fariseus, que eram **a**, o ridiculizavam, Lc 16.14. Refiro-me... não propriamente... aos **a**, 1 Co 5.10. Não vos associeis com... **a**, 1 Co 5.11. Nem **a**... herdarão o reino, 1 Co 6.10. Nenhum... **a**... tem herança no reino, Ef 5.5. Inimigo de contendas, não **a**, 1 Tm 3.3. Nos últimos dias... **a**, 2 Tm 3.1,2.

AVAREZA: Desejo demasiado e sórdido de adquirir e acumular riquezas. // Procura... homens de verdade, que aborreçam a **a**, Êx 18.21. Do coração... é que procedem... os adultérios, a **a**, Mc 7.21,22. Guardai-vos de toda e qualquer **a**, Lc 12.15. Cheios de toda **a** e maldade, Rm 1.29. De generosidade, e não de **a**, 2 Co 9.5. A **a** que é idolatria, Cl 3.5. Seja a vossa vida sem **a**, Hb 13.5. Tendo coração exercitado na **a**, 2 Pe 2.14.

AVARO: Que pratica a avareza. // Havendo sido avaro, Jó 27.8 (ARC).

AVE: Animal vertebrado com o corpo coberto de penas e bico córneo. // Deus criou as aves, Gn 1.20,21. Entraram na arca, segundo as suas espécies, Gn 6.20. // Classificadas em duas listas pela lei de Moisés, as limpas e as imundas. Da carne das imundas foi proibido comer; só da carne das limpas podiam alimentar-se, Lv 11.13-19; Dt 14.11-20. // Caçavam-se aves silvestres, Sl 91.3; 124.7; Am 3.5. // Jesus as mencionou, Mt 6.26; 13.4; 23.37; Lc 9.58; 13.19. // As aves chamadas para comer carne de reis, de comandantes, etc., Ap 19.17,18,21. // Encontra-se cerca de 350 espécies de aves na Palestina. Nas Escrituras mencionam-se: O abutre, Mt 24.28 (ARA). A águia, Sl 103.5. A águia marinha (ARA), Lv 11.13. O avestruz, Jó 39.13. O bufo (corujão), Is 34.11. A cegonha, Jr 8.7. O cisne (ARC), Lv 11.18. A codorniz, Êx 16.13. A coruja (ARA), Lv 11.16. O corvo, Gn 8.7. O corvo marinho, Lv 11.17. O cuco (ARC), Lv 11.16. O falcão (ARA), Jó 39.26. A gaivota, Lv 11.16. O galo, Mt 26.34. A galinha, Mt 23.37. O gavião, Lv 11.16. A garça, Lv 11.19. O grou, Is 38.14. A íbis, Lv 11.17 (ARA). O milhano (ARA), Dt

Jerusalém, Jerusalém! que matas os profetas e apedrejas os que te foram enviados! quantas vezes quis eu reunir os teus filhos, como a galinha ajunta os seus pintinhos... e vós não o quisestes!

14.13. O mocho (ARC), Lv 11.16. O pardal, Mt 10.29. O pavão, 1 Rs 10.22. O pelicano, Is 34.11. A pega (ARC), Dt 14.13. A perdiz, 1 Sm 26.20. A pomba, Mt 3.16. A poupa, Lv 11.19. O quebrantosso, Lv 11.13. A rola, Lc 2.24. O xofrango (ARC), Lv 11.13.

AVELEIRA: Gn 30.37. Gênero de cupulíferas, arbusto que produz avelãs.

ÁVEN, hb. **Vaidade**: Ez 30.17; Os 10.8. Cidade do Egito. O mesmo que Om. Ver Gn 41.45. Chamada Áven pelos profetas para exprimir seu desprezo da cidade dada à idolatria.

AVENTAL: Peça de pano ou de couro que se põe diante da roupa para protegê-la. // Adão e Eva fizeram aventais (**cintas, ARA**) para si, Gn 3.7. O avental do sacerdote foi o éfode, ou estola sacerdotal. Lenços ou aventais foram levados aos enfermos, At 19.12. A mesma palavra do original traduzida avental, é traduzida lenço em Lc 19.20; Jo 11.44 e 20.7.

Avestruz

AVENTURA: Risco, acaso. // E se tais riquezas se perdem por qualquer má **a**, Ec 5.14.

AVENTURAR: Arriscar. Dizer ou fazer ao acaso. // Aventura-se algum de vós, 1 Co 6.1.

AVERIGUAR: Investigar, informar-se de. // E averiguares o meu pecado? Jó 10.6.

AVERSÃO: Ódio, repulsão. // Um espírito de **a** entre Abimeleque e os cidadãos, Jz 9.23. Amnom sentiu por ela grande **a**, 2 Sm 13.15. Ver **Nojo**.

AVESTRUZ: A maior das aves e talvez a mais veloz de todos os corredores. As asas são curtas e impróprias para o vôo. Chega a medir 2,5 m de altura. Os ovos, que igualam, cada um, o peso de 24 ovos de galinha, são chocados pelo macho. Caça-se o avestruz perseguindo-o a cavalo. Ave imunda, Lv 11.16. Habita na desolação do deserto, Jó 30.29; Is 13.21; 34.13; 43.20; Jr 50.39. Solta triste prantos, Mq 1.8. Cruel, Lm 4.3. O notório descuido em deixar os ovos para um pé pisá-los, Jó 39.14,15. Perseguido, ri-se do cavalo e do cavaleiro, Jó 39.18.

AVIDEZ: Desejo veemente. // O Senhor... rechaça a **a** dos perversos, Pv 10.3. Receberam a palavra com toda a **a**, At 17.11. Com **a**, cometeram toda sorte de impureza, Ef 4.19. Ver **Cobiça, Concupiscência, Ganância**.

ÁVIDO: Que deseja ardentemente. // O leão, **á** por sua presa, Sl 17.12. **Á** por lucro desonesto, Pv 15.27. Ver **Cobiçoso, Ganancioso, Sequioso**.

AVILTADO: Desonrado. // Para que... teu irmão não fique **a**, Dt 25.3.

AVILTAR: Tornar vil, abjeto; desonrar. // Está escrito... que sofresse muito e fosse aviltado? Mc 9.12.

AVINS: Povo que ocupara a terra depois ocupada pelos filisteus, Dt 2.23. Ver mapa 1, H-3.

AVISADO: Que recebeu aviso. Ajuizado. // Ouviu o som da trombeta, e não se deu por **a**, Ez 33.5. Daniel falou **a** e prudentemente **a** Arioque, Dn 2.14.

AVISAR: Prevenir, admoestar. // Avisar-te-ei do que fará este povo, Nm 24.14. E tu não falares, para avisar o perverso, Ez 33.8. Como antes vos avisamos e testificamos, 1 Ts 4.6.

AVISO: Notícia, comunicação, anúncio. // Escritas para **a** nosso, 1 Co 10.11 (ARC).

AVISTAR: Ver ao longe. Ter entrevista. // Subi a Jerusalém para avistar-me com Cefas, Gl 1.18.

AVITE: Cidade real de Hadade, rei de Edom, Gn 36.35.

AVIVAR: Tornar mais vivo; excitar, despertar; animar, estimular. // Aviva-me a memória, Is 43.26 (B). Aviva a tua obra, ó Senhor, Hc 3.2. Ver **Acordar, Animar, Despertar, Estimular, Reavivar**.

AVÓ: A mãe do pai ou da mãe. // Tua fé... que habitou em tua **a**, 2 Tm 1.5.

AZÃ, hb. Forte: Pai de um dos homens apontados para repartirem a terra entre as tribos, Nm 34.26.

AZAI: Sacerdote que residia em Jerusalém, Ne 11.13.

AZALIAS, hb. Jeová pôs de parte: Pai do escrivão Safã, no reinado de Josias, quando acharam o Livro da Lei, 2 Rs 22.3.

AZANIAS, hb. Deus ouviu: Um dos que assinaram a aliança, Ne 10.9.

AZAREL: 1. Um coraíta do exército de Davi, 1 Cr 12.6. // 2. Um músico do Templo, 1 Cr 25.18. // 3. Chefe da tribo de Dã 1 Cr 27.22. // 4. Um dos que tinham mulher estrangeira, Ed 10.41. // 5. Um que morava em Jerusalém depois do exílio, Ne 11.13. // 6. Um que tocou trombeta na dedicação dos muros, Ne 12.36.

AZARIAS, hb. A quem Jeová ajudou: 1. Chamado também Uzias, o décimo-primeiro rei de Judá, 2 Rs 15.1. // 2. Um dos três hebreus lançados na fornalha de fogo, Dn 1.6. Havia 25 outras pessoas mencionadas no Antigo Testamento, chamadas **Azarias**.

AZAZ, hb. Forte: Rubenita da linhagem Joel, 1 Cr 5.8.

AZAZEL: Deitará sortes sobre os dois bodes; uma "para Jeová", e outra "para Azazel" (B), para o bode emissário (ARA), Lv 16.8. Isto é, que serve para emitir. No dia da Expiação os filhos de Israel tomavam dois bodes, Lv 16.5. Lançavam-se sortes para determinar qual seria para o Senhor e qual o bode emissário. O bode para o Senhor foi oferecido como oferta pelo pecado; o outro enviado vivo ao deserto, levando, simbolicamente, o pecado do povo.

AZAZIAS, hb. A quem Jeová fortalece; Um dos músicos do Templo, 1 Cr 15.21.

AZBUQUE, hb. Perdão: Pai de Neemias, não o governador do mesmo nome, Ne 3.16.

AZECA, hb. Campo cavado: Uma cidade de Judá, Js 15.35.

AZEITE: Óleo extraído da azeitona, de outras frutas ou da gordura de certos animais. // Jacó... tomou a pedra... sobre cujo topo entornou **a**, Gn 28.18. Chupar mel da rocha e **a** da dura pederneira, Dt 32.13. Banhe em **a** o seu pé, Dt 33.24. Vaso de **a**, e lho derramou sobre a cabeça, 1 Sm 10.1. Tomou Samuel o chifre de **a**, 1 Sm 16.13. O **a** da tua botija não faltará, 1 Rs 17.14. Deita o teu **a** em todas aquelas vasilhas, 2 Rs 4.4. Ribeiros de **a**, Jó 29.6; Mq 6.7. Palavras... mais brandas que o **a**, Sl 55.21. O **a** que lhe dá brilho ao rosto, Sl 104.15. As néscias... não levaram **a**, Mt 25.3. Não danifiques o **a**, Ap 6.6. Ver **Óleo**.

AZEITONA: Fruto da oliveira, Dt 28.40; Is 17.6; Tg 3.12. Ver **Oliveira**.

AZEL, hb. Nobre: 1. Um descendente do rei Saul, 1 Cr 8.37. // 2. Lugar perto de Jerusalém, Zc 14.5.

AZENATE: Filha de Potífera, mulher de José e mãe de Manassés e de Efraim, Gn 41.45,50.

AZGADE, hb. Forte: Chefe de uma família de 1.222, que voltou do exílio, Ed 2.12.

AZIEL, hb. Deus é poder: Um dos músicos do Templo, 1 Cr 15.20.

AZINHEIRA: Is 44.14 (B). Espécie de carvalho de dimensões medíocres.

AZIZA, hb. Robusto: Um dos que tinham mulher estrangeira, Ed 10.27.

AZMAVETE: Ed 2.24. Uma vila ao norte de Anatote.

AZMOM, hb. Forte: Na fronteira ao sudoeste de Israel, Nm 34.4.

AZNOTE-TABOR, hb. Picos de Tabor: Dois montes na fronteira de Naftali, Js 19.34.

AZOR, gr. Auxiliador: Um antepassado de José, marido de Maria, da qual nasceu Jesus Cristo, Mt 1.13.

AZORRAGUE: Chicote. Jo 2.15. Ver **Açoite**.

AZÔTO: A forma grega de Asdode. Felipe veio a achar-se em Azôto, At 8.40. Ver **Asdode**. Ver também, mapa 5, A-1.

AZRICÃO, hb. Auxílio: 1. Um descendente de Salomão, 1 Cr 3.23. // 2. Um benjamita, 1 Cr 8.38. // 3. Um levita em Jerusalém, 1 Cr 9.14. // 4. Alto oficial de Acaz, 2 Cr 28.7.

AZRIEL, hb. Auxiliador de Deus: 1. O cabeça de uma das famílias levadas cativas pelo rei da Assíria, 1 Cr 5.24. // 2. O pai de Jerimote, 1 Cr 27.19. // 3. O pai de Seraias, um dos oficiais enviados pra prender Jeremias, Jr 36.26.

AZUBA, hb. Desolado: 1. Uma mulher de Calebe, 1 Cr 2.18. // 2. A mãe de Josafá, 1 Rs 22.42.

AZUL: Da cor do céu sem nuvens. // O véu de estojo **a**, púrpura e carmesim, Êx 26.31. Para a porta um reposteiro de estofo **a**, Êx 26.36. A estola sacerdotal de estofo **a**, Êx 28.6. Vestes reais de **a**, Et 8.15; Jr 10.9; Ez 23.6.

AZUR, hb. Auxiliador: 1. Um dos que assinaram a aliança, Ne 10.17. // 2. O pai do falso profeta, Hananias, Jr 28.1. // 3. Pai de Jaazanias, um dos cinco homens que aconselhavam perversamente, Ez 11.1.

Óleo extraído da azeitona, de outras frutas ou da gordura de certos animais

RUÍNAS DO TEMPLO DE BAAL EM BAALBEQUE, antiga Heliópolis, cidade da Turquia asiática, na Síria, a 80 km de Damasco. Na construção deste templo, seis gerações de escravos trabalhavam durante dois séculos

B

BAAL, hb. **Senhor**: O supremo deus dos cananeus, correspondendo a Bel, Senhor, dos babilônios. O título por extenso, do Baal cananeu, era **Baal-Semaim**, isto é, **Senhor do céu. Baalins** (Jz 2.11) é a forma plural; cada lugar tinha seu próprio Baal, **Senhor divino**. Assim havia Baal-Hazor, Baal-Hermom, Baal-Peor, etc. Baal era o deus do sol, responsável pela germinação e crescimento da lavoura, o aumento dos rebanhos e a fecundidade das famílias. Em tempos de seca e de peste, sacrificavam-lhe vítimas humanas para apaziguar a sua ira, 2 Rs 16.3; 21.6; Jr 19.5. Nesses holocaustos, a família geralmente oferecia o primogênito, a vítima sendo queimada viva. Baal era a divindade masculina e Astarote a feminina entre os fenícios e os cananeus. A adoração a Baal, no tempo de Moisés, passara para os amonitas e os moabitas, Nm 22.41. Os cultos não exigiam a santidade e o povo de Deus se deixou seduzir, especialmente, pela licenciosidade dos seus ritos, entre os moabitas, Nm 25.3-18; Dt 4.3. No tempo de Acabe e Jezabel, o culto a Baal permeou a maior parte da nação, 1 Rs 18.22; Rm 11.4. Os altares de Baal foram derribados, Jz 6.28; 2 Rs 10.28; 23.4. Mencionam-se templos de Baal em Israel, 1 Rs 16.32; 2 Rs 11.18. Os 450 profetas de Baal mortos por Elias, 1 Rs 18.19,40. Jeú exterminou de Israel, o culto a Baal matando os seus adoradores reunidos no seu templo, 2 Rs 10.18-28. Jônatas, seguindo o costume dos hebreus, deu o nome **Meribe-Baal** (Deus de Israel) a um filho, e Davi chamou um filho **Beeliada** (conhecido por Baal, isto é, por Deus), 1 Cr 8.34; 14.7. Mas depois de Acabe e Jezabel introduzirem o culto ao deus Baal, esse costume tornou-se desonroso entre os israelitas, Os 2.16. Levantaram altares a Baal nos terraços das casas, nas ruas de Jerusalém e em todas as cidades de Judá, Jr 7.9; 11.13; 32.29. A resposta divina a Elias, quando parecia que todo Israel servia a Baal, foi: Reservei para mim 7.000 homens, que não dobraram joelhos diante de Baal, Rm 11.4.

BAAL: 1. Um descendente de Ruben, 1 Cr 5.5. // 2. Um filho de Jeiel, fundador de Gibeom, 1 Cr 8.30. // 3. Aldeia da tribo de Simeão, 1 Cr 4.33.

BAALÁ, hb. **Senhora**: 1 Quiriate-Jearim, Is 15.9. // 2. Uma cidade de Judá, Js 15.29. // 3. Monte Baalá, entre Ecrom e Jabneel, Js 15.11.

BAALATE, hb. **Senhora** 1. Uma cidade de Dã, Js 19.44. // 2. Uma cidade-armazém, de Salomão, 1 Rs 9.18.

BAALATE-BER, hb. **Possuidor de um poço**: Uma cidade da herança de Simeão, Js 19.8.

BAAL-BERITE, hb. **Senhor de aliança**: Baal era adorado com esse nome, no seu Templo em Siquém, Jz 8.33.

BAAL-GADE, **Fortuna** (ARC), hb, **Senhor de fortuna**: Uma cidade no vale do Líbano, onde adoravam Baal da fortuna, Js 11.17; Is 65.11.

BAAL-HAMOM, hb. **Senhor de multidão**: Um lugar onde Salomão teve uma vinha, Ct 8.11.

BAAL-HANÃ, hb. **Senhor de gentileza**: 1. Um rei de Edom, Gn 36.38. // Um horticultor à serviço do rei Davi, 1 Cr 27.28.

RUÍNAS DE BABILÔNIA. As paredes enfeitadas de figuras de touros, de leões e de criaturas compostas, símbolos dos deuses da cidade

BAAL-HAZOR, hb. **Senhor de Hazor**: Lugar onde Absalão tosquiava, 2 Sm 13.23.

BAAL-HERMOM, heb. **Senhor do Hermom**: Um monte situado ao sudoeste do monte Hermom, 1 Cr 5.23.

BAALINS: 1 Sm 7.4. O plural de Baal.

BAALIS: Um rei dos amonitas, Jr 40.14.

BAAL-MEOM, hb. **Senhor de Meom**: Uma das cidades edificadas pelos rubenitas, Nm 32.38. Ver mapa 5. C-1.

BAAL-PEOR, hb. **Senhor de Peor**: Divindade moabita adorada no monte Peor, o último dos três altos ao qual Balaque levou Balaão, a fim de amaldiçoar Israel, Nm 23.28; 25.3. Ver **Peor**.

BAAL-PERAZIM, hb. **Senhor de Perazim**: Um lugar no vale de Refaim onde Davi ganhou vitória insigne sobre os filisteus, 2 Sm 5.20.

BAAL-SALISA, hb. **Senhor de Salisa**: Uma aldeia de onde trouxeram a Eliseu pães e cevada, 2 Rs 4.42.

BAAL-TAMAR, hb. **Senhor de palmas**: Um centro de ritos pagãos, Jz 20.33.

BAAL-ZEBUBE, hb. **Senhor da mosca**: Baal adorado em Ecrom, 2 Rs 1.2.

BAAL-ZEFOM, hb. **Senhor de Zefom**: Um lugar onde os filhos de Israel acamparam, Êx 14.2.

BAANÁ, hb. **Filho de aflição**: 1. Capitão de exército de Is-Bosete, 2 Sm 4.2. // 2. Pai de Helebe, um dos valentes de Davi, 2 Sm 23.29. // 3 e 4. Dois oficiais de Salomão, 1 Rs 4.12,16. // 5. Um dos que voltaram com Zorobabel, Ed 2.2. // 6. Filho de Zadoque, um que trabalhou na reedificação dos muros, Ne 3.4.

BAARA, hb. **Estupidez**: Uma das mulheres de Saaraim, 1 Cr 8.8.

BAARUMITA: Habitante de Baurim, 1 Cr 11.33.

BAASA: Filho de Aías, conspirou contra Nadabe, Rei de Israel, e o matou, 1 Rs 15.27,28. Ocupou o trono de Israel, fixou sua capital em Tirza, 1 Rs 15.33. A profecia de Jeú contra ele, 1 Rs 16.1-7.

BAASÉIAS, hb. **Obra de Jeová**: Um cantor levita, 1 Cr 6.40.

BABEL, hb. **Porta de Deus**: A primeira cidade mencionada depois do dilúvio, edificada na planície de Sinear, Gn 11.2-9. Foi a sede do governo de Ninrode, Gn 10.8-10. Talvez lembrados do dilúvio, tencionavam construir uma torre altíssima e estabelecer nela centro do império do mundo, Gn 10.4. O castigo divino foi a confusão de línguas e o fracasso da obra, Gn 11.7,8. **Babel** se torna sinônimo de **algazarra, balbúrdia, confusão**; porque ali confundiu o Senhor a linguagem de toda a terra, Gn 11.9. Apesar de ter sido dispersado o povo, por toda a superfície da terra, existiu ali depois uma grande comunidade. Ver **Babilônia**. Ver, também, mapa 1, D-3.

BABILÔNIA, gr. **Porta de Deus**: Sinear era o nome antigo, do império de Babilônia. Chamava-se, depois, **Caldéia**, Jr 50.10. Babilônia, a capital, ocupava o mesmo local da torre de Babel, Gn 10.10. Essa torre foi edificada vinte e oito séculos antes de Nabucodonosor nascer, mas foi destruída pelos assírios em 689 a.C. Então, sob Nabucodonosor, reviveu seus dias mais gloriosos. Na Babilônia havia muitas maravilhas. Não se sabe como foram transportadas as enormes pedras de muitas léguas de distância para as construções, nem como foram cortadas tão justas que não se pode meter a folha fina de um canivete entre elas. Os Jardins Suspensos eram uma das Sete Maravilhas do Mundo. O templo de Bel (a palavra quer dizer **senhor**) tinha a altura de duzentos metros. Até hoje no mundo inteiro não há catedral tão alta. Era nesse templo que Nabucodonosor guardava os vasos sagrados que levara no templo de Jerusalém, Ed 1.7; Dn 1.2. Diz-se que quarenta e dois reis tinham receado reedificar esse templo depois de sua destruição, que se deu na primeira edificação, mas que Nabucodonosor sentia muito orgulho em dizer que o tinha feito sem demora. A própria cidade, situada no meio de planícies férteis, 80 quilômetros ao sul da cidade moderna de Bagdade, perto do Golfo Pérsico, foi o centro do comércio do mundo antigo. As suas muralhas tinham mais de cem metros de altura e a largura era tal que dois carros de guerra, cada um puxado por dois cavalos, podiam andar lado a lado em cima. Cada lado da cidade tinha vinte e cinco portas de metal. De cada porta partia uma rua, cuja distância era de seis quilômetros da outra extremidade. Vê-se a importância de Babilônia na história de Israel, pelo fato das Escrituras mencionarem esse povo mais de 200 vezes. Babilônia famosa pelos produtos manufaturados, Js 7.21. Merodaque-Baladã, rei de Babilônia, envia homens para espiar Jerusalém, 2 Rs 20.12. Nabucodonosor, levou os judeus para o cativeiro em Babilônia, 2 Rs 25; 2 Cr 36; Jr 39. A volta do cativeiro, Ed 1; Ne 2. Os judeus se assentam e choram nas margens dos rios de Babilônia, Sl 137.1. Babilônia o centro da sabedoria, Dn 2.12; 4.6. Dario, o medo, apodera-se do reino, Dn 5.31. Belsazar, rei de Babilônia, Dn 7.1. Grande centro comercial, Ez 17.4. Babilônia era para os profetas do Antigo Testamento o que Roma era para João no Apocalipse — o berço da vaidade, da ostentação e da impiedade do mundo. Profecias contra Babilônia: Is 13; 14; 21.1-10; 47.1-3; Jr 50. Aquela que se encontra em Babilônia, 1 Pe 5.13. Um anjo anuncia a queda de Babilônia, Ap 14.8. No flagelo da sétima taça, Deus se lembra da grande Babilônia para dar-lhe o cálice do vinho do furor da sua ira, Ap 16.19. A visão de Babilônia Mística, Ap 17. A queda final de Babilônia, Ap 18. Ver **Babel**, mapa 1, D-3.

BABILÔNICOS: Habitantes, não só da cidade de Babilônia, como de todo o país, Ed 4.9.

BABUJAR: Sujar com baba. Lisonjear servilmente. // Não babujeis tais coisas, Mq 2.6.

BACBUQUE, hb. **Frasco**: O chefe de uma família que voltou do cativeiro, Ne 7.53.

BACBUQUIAS, hb. **Jeová torna vazios**: Um levita que habitou em Jerusalém depois do cativeiro, Ne 11.17.

BACIA: Vaso redondo e largo, onde se punha o sangue dos sacrifícios, Êx 12.22; para uso em casa, 2 Sm 17.28. Bacias de bronze, Êx 27.3; de prata, Nm 7.13; de bronze polido, 1 Rs 7.45; de ouro finíssimo para o templo, 1 Rs 7.50; 1 Cr 28.17; Jr 51.19. A bacia de bronze, Êx 30.18. Jesus deitou água na bacia e passou a lavar os pés aos discípulos, Jo 13.5.

BAÇO: Sem brilho. // Lia tinha os olhos **b**, Gn 29.17.

BACTRIANA: País da Ásia antiga, onde residiram os iranianos, hoje compreendido no Turquestão e na Pérsia. Ver mapa 1, F-3.

BAGAGEM: Objetos de uso individual que geralmente acompanham seu dono, 1 Sm 10.22.

BAGO: Cada fruto do cacho de uvas. // Os **b** caídos da tua vinha, Lv 19.10.

BAILA: **Vir à baila**, vir a propósito, ser citado. // O que encobre a transgressão... mas o que traz o assunto à **b**, Pv 17.9.

BAINHA: Estojo em que se mete a folha de arma cortante e ponte aguda. // Mete a espada na **b**, Jo 18.11.

BAIXAR: Descer de lugar alto para outro inferior. Pôr em baixo. // Baixaram as águas, Gn 8.1. Baixando o cântaro do ombro, Gn 24.18.

Bacia de Bronze

Baixou ele os céus e desceu, Sl 18.9. Baixaram o leito em que jazia, Mc 2.4. Como se fosse um grande lençol... baixado à terra, At 10.11.

BAIXEZA: Inferioridade, indignidade, vileza. // Atentou na **b** de sua serva, Lc 1.48 (ARC).

BAIXO: Com pouca altura; inferior; vil e grosseiro. // Vós sois cá de **b**, Jo 8.23.

BAJULAÇÃO: Ação de lisonjear servilmente. // Nunca usamos de linguagem de **b**, 1 Ts 2.5. Ver **Adular**, **Lisonjas**.

BAJULADOR: O que adula. // Falam com lábios bajuladores, Sl 12.2. Ver **Lisonjeiro**.

BALÁ: Um lugar na herança de Simeão, Js 19.3.

BALAÃO, hb. Devorador: Um adivinho, ou profeta, filho de Beor, de Petor, no rio Eufrates, na Mesopotâmia, Dt 23.4; Nm 22.5. Balaque, rei de Moabe, o chamou para amaldiçoar os israelitas, Nm 22.5. Fiel a Deus, abençoou três vezes os israelitas, em vez de amaldiçoá-los, Nm 24.10. Mas amava o prêmio da injustiça, 2 Pe 2.15. Sua jumenta falou, refreando a insensatez do profeta, Nm 22.30; 2 Pe 2.16. Ensinou Balaque a armar ciladas diante dos filhos de Israel, para comerem coisas sacrificadas aos ídolos e a se prostituírem com as filhas dos moabitas, em Baal-Peor, Ap 2.14; Nm 24.1,2. Assim, levando os israelitas ao pecado, Balaque conseguiu, por fim, a vitória sobre eles, Nm 31.16. A morte de Balaão, Nm 31.8; Js 13.22.

Baleia

BALADÃO, hb. **Ele deu um filho**: O pai de Berodaque, ou Merodaque-Baladã; Fei de Babilônia, 2 Rs 20.12.

BALANÇA: Instrumento que determina o peso dos corpos. Constava, antigamente, de uma simples barra a prumo, tendo no alto uma travessa, de cujas extremidades pendiam, às vezes em sacos, os pesos e as mercadorias. Os pesos foram, geralmente, de pedra e, às vezes, em forma de um pato, de um porco, ou de outro animal. Havia muitos abusos, tal como agora, de pesos falsos e de balanças falsas, isto é, de braços desiguais. Deus ordenou que seu povo usasse balanças justas e pesos justos, Lv 19.36; Pv 11.1; 16.11; 20.23; Am 8,5; Mq 6.11. Às vezes, se usa a palavra figuradamente como no caso de Jó, cap. 6.2; dos de fina estirpe, Sl 62.9; de Belsazar, Dn 5.27. "As nações são consideradas... como um grão de pó na balança", Is 40.15, isto é, são coisas inteiramente, insignificantes. A balança em Ap 6.5,6 fala de um tempo de fome.

BALAQUE, hb. **Devastador**: O rei de Moabe que chamou Balaão para amaldiçoar Israel, Nm 22 a 24.

BALDAQUINO: Espécie de cobertura ornamental sustentado por colunas. // Nabucodonosor... estenderá o seu **b** real sobre elas, Jr 43.10.

BALDE: Vaso de folha para tirar água de poços, e outros usos domésticos. // Águas manarão de seus baldes, Nm 24.7. As nações como um pingo que cai dum balde, Is 40.15.

BALEIA: O maior animal conhecido; não raro atinge o comprimento de 25 metros e o peso de 150.000 quilogramas. Da família dos cetáceos, que inclui o cachalote, o golfinho, a toninha, etc. São exclusivamente aquáticos e quase todos habitam o mar. Respiram por pulmões e amamentam os filhos. Onde aparece baleia na versão Figueiredo (Jó 7.12; Mt 12.40), e na Almeida (Gn 1.21; Jó 7.12; Mt 12.40), sempre se traduz monstros marinhos, grande peixe, grandes animais marinhos, etc. na Brasileira e na Almeida Revista. Entre estes monstros marinhos, muitos podem tragar um homem: o tubarão, o cachalote, etc. Ver Jn 1.17. O tubarão atinge oito metros de comprimento. O cachalote, semelhante à baleia, atinge 25 metros. Ver **Monstro**, **Peixe**.

BALIDO: Grito de ovelha ou cordeiro. // Que **b**, pois, de ovelhas é este, 1 Sm 15.14. Ver **Mugido**.

BALSAMÁRIA: 2 Sm 5.23 (B). Árvore da família das terebintháceas. Ver **Amoreira**.

BÁLSAMO: Resina aromática, que ressuma de certos vegetais. Exportado de Gileade, Gn 37.25. Presente enviado por Jacó a José, Gn 43.11. Usado na medicina, Jr 8.22; 46.11; 51.8. Judá o exportava, Ez 27.17. Jesus ungido com bálsamo, Mt 26.7; Jo 12.3. Usado para o embalsamar, Lc 23.56. Mercadoria importante da Babilônia, Ap 18.13. Ver p. 442.

BALUARTE: Construção alta, sustentada por muralha. Aquilo que serve de defesa. // O meu **b** e o meu refúgio, 2 Sm 22.3. A força da minha salvação, o meu **b**, Sl 18.2. Notai bem os seus **b**, Sl 48.13. O Senhor é o meu **b**, Sl 94.22. Deus lhe põe a salvação por muros e **b**, Is 26.1. Igreja... coluna e **b** da verdade, 1 Tm 3.15. Ver **Fortaleza**.

BAMBO: Frouxo. // As pernas do coxo pendem **b**, Pv 26.7. Ver **Frouxo**.

BAMOTE: Bamote-Baal, hb. Lugares altos de Baal: Um dos lugares do acampamento dos israelitas, Nm 21.19. Uma cidade da herança de Rúben, Js 13.17.

BANCO: Estabelecimento de crédito para transações de letras e outros valores. // Jesus derribou as mesas dos cambistas, Mt 21.12. O câmbio consistia em trocar moedas de um país para outro. A lei de Moisés proibia cobrar juros dos judeus, Êx 22.25; Lv 25.35,37;

Ne 5.10,12. Cumpria que entregasses o meu dinheiro aos banqueiros, Mt 25.27. Por que não puseste o meu dinheiro no banco? Lc 19.23.

BANDEIRA: Pano, que preso no alto de uma haste, serve de distintivo de uma nação ou corporação. // O Senhor é minha **b**, Êx 17.15. Formidável como um exército com **b**, Ct 6.4. Arvorar a **b**, Is 18.3; 49.22; 62.10; Jr 4.6. Ver **Estandarte, Pendão**.

BANDO: Ajuntamento de pessoas ou de animais. // Jacó... dividiu em dois **b** o povo, Gn 32.7. Os gafanhotos... em **b**, Pv 30.27. São um **b** de traidores, Jr 9.2.

BANHO: Ação de banhar. Nas Escrituras encontram-se poucas referências ao banho, senão as abluções religiosas. A filha de Faraó banhou-se no Nilo, Êx 2.5. Bate-Seba tomava banho, 2 Sm 11.2. As prostitutas banharam-se nas águas, onde lavaram o sangue de Acabe, do fundo de seu carro, 1 Rs 22.38. Lavavam-se, freqüentemente, os pés, Gn 18.4; 19.2; 24.32; 43.24; Jz 19.21; 1 Sm 25.41; 2 Sm 11.8; Ct 5.3; Lc 7.44; Jo 13.1-16. 1 Tm 5.10. Banhavam-se, ungiam-se e vestiam-se da melhor roupa para ocasiões especiais e depois de passar aflição ou tristeza, Êx 40.12,13; Rt 3.3; 2 Sm 12.20; Mt 6.17. Ver **Ablução, Lavapés**.

BANI, hb. **Edificado**: 1. Um dos trinta valentes de Davi, 2 Sm 23.36. // 2. Um cantor levita, 1 Cr 6.46. // 3. Um habitante de Jerusalém, que voltara do cativeiro, 1 Cr 9.4. // 4. Um chefe de família que voltou do cativeiro, Ed 2.10. // 5. Um dos que tinham mulher estrangeira, Ed 10.29. // 6. O pai de Reum, que trabalhou nos muros, Ne 3.17. // 7. Um que ensinava o povo na lei, Ne 8.7. // 8. Um levita que clamava ao Senhor, Ne 9.4. // 9. Levita que assinou a aliança, Ne 10.13. // 10. Outro que assinou a aliança, Ne 10.14. // 11. Pai do superintendente dos levitas, Ne 11.22.

BANIR: Desterrar; expulsar da pátria; eliminar. // Que o banido não permaneça arrojado de sua presença, 2 Sm 14.14. Foi banido da terra o prazer, Is 24.11. Ver **Desterrar**.

BANQUEIRO: O que executa operações bancárias. // Que entregasses o meu dinheiro aos **b**, Mt 25.27.

BANQUETE: Grande repasto. // Havia banquete tanto de natureza religiosa como social. Nas três grandes festas, as famílias tinham, também, os seus banquetes particulares, Dt 16.11. Banqueteavam-se nas ocasiões de sacrifícios, Êx 34.15; Jz 16.23; de aniversários, Gn 40.20; Mt 14.6; de casamentos, Jo 2.2; Ap 19.9. Ver 2 Pe 2.13; Jd 12; 1 Co 11.20-22. Deram banquetes: Ló, Gn 19.3. Sansão, Jz 14.10. Assuero, Et 1.3. Ester, Et 5.8. Belsazar, Dn 5.1. Levi, Lc 5.29. Banqueteiam-se na festa de Purim, Et 9.17. A alegria do coração é **b** contínuo, Pv 15.15. Leva-me à sala do **b**, Ct 2.4. Melhor é ir a casa onde há luto do que ir à casa onde há **b**, Ec 7.2. Cessarão os festins dos regalos, Am 6.7. Ao dares um **b**, convida os pobres, Lc 14.13. A parábola da grande ceia, Lc 14.15. Os primeiros lugares nos **b**, Lc 14.8-11; 20.46.

BAR, eram. **Filho:** Prefixo de nomes de pessoas: Barjesus, Filho de Jesus; Barjonas, Filho de Jonas; Barnabé, Filho da Consolação; Barsabás, Filho de Sabá. Em hebraico, **Ben:** Ben-Hadade, Filho de Hadade. Benjamim, Filho da mão direita.

BARAQUE, hb. **Relâmpago:** Derrotou Sísera, comandante do exército de Jabim, rei de Canaã, que oprimia os filhos de Israel, Jz 4.1-24; Hb 11.32.

BARAQUEL, hb. **Abençoado de Deus:** Pai de Eliú, amigo de Jó, Jó 32.2.

BARAQUIAS, Jeová abençoou: Pai de Zacarias, Mt 23.35; Zc 1.7.

BARBA: Cabelos do rosto do homem. // Entre os egípcios rapava-se, geralmente, a barba. Ao contrário os judeus deixavam crescer a barba como sinal de varonilidade. A lei proibia que se cortasse os cantos da barba, Lv 19.27; 21.5. Descuidar da barba era sinal de aflição, 2 Sm 19.24. Hanum insultou os servos de Davi, raspando-lhes metade da barba, 2 Sm 10.4. Joabe, para saudar Amasa, pegou-lhe a barba para o beijar, 2 Sm 20.9. Rapar ou arrancar os cabelos da cabeça e da barba era manifestação de luto, Ed 9.3; Is 15.2; Jr 48.37. O óleo de unção desceu da cabeça de Aarão para a barba, Sl 133.2. Ver **Cabelo**. Ver p. 99.

BÁRBARO: Pessoa fora da cultura grega-romana: Os **b** trataram-nos com singular humanidade, At 28.2. Quando os **b** viram a bicha, At 28.4. Sou devedor tanto a gregos como a **b**, Rm 1.14. Onde não pode haver **b**, cita, Cl 3.11. De língua **b**, ininteligível, Is 33.19. Se eu ignorar o sentido da voz, serei **b**, estrangeiro (ARA), 1 Co 14.11.

BARBATANA: Membro exterior do peixe que lhe serve para nadar. // Comereis... todo que tem **b**, Lv 11.9.

BARBEAR: Rapar os cabelos do rosto. // José... se barbeou, mudou de roupa, Gn 41.14. Ver **Cabelo, Rapar**.

BARBEIRO: O que tem por ofício rapar ou aparar barba e cortar cabelos. // A Bíblia fala em navalha de barbeiro, Ez 5.1. José e Mefibosete barbeavam-se, Gn 41.14; 2 Sm 19.24. Ver **Cabelo.**

BARCO: Embarcação pequena sem coberta. // Como **b** de junco, Jó 9.26. Deixando o **b** e seu pai, Mt 4.22. O **b**... açoitado pelas ondas, Mt 14.24. Encheram ambos os **b**, Lc

5.7. Lançai a rede a direita do **b**, Jo 21.6. Ver **Bote**.

BARCOS, hb. **Pintor:** Chefe de uma família que voltou de Babilônia, Ed 2.53.

BARGANHA: Troca; transação cavilosa. // Do lucro de sua **b** não tirará prazer, Jó 20.18.

BARIÁ, hb. **Fugitivo:** Descendente de Salomão, 1 Cr 3.22.

BARJESUS, gr. **Filho de Jesus:** Um judeu, mágico, falso profeta, que se opôs a Paulo e Barnabé em Pafos, At 13.6.

BARJONAS, gr. **Filho de Jonas:** Nome patronímico de Simão Pedro, Mt 16.17. Mas em Jo 1.42; 21.15-17 é chamado filho de João. É provável que seu pai era chamado tanto Jonas como João.

BARNABÉ, aram. **Filho de consolação:** Tinha, primeiramente, o nome de José, At 4.36. Seu nome Barnabé significa, também, exortação, At 4.36. Era levita, da ilha de Chipre e primo de Marcos, At 4.36; Cl 4.10. Homem abastado, vendeu um campo, At 4.37. Levou Saulo aos apóstolos, At 9.26,27. Era homem bom, cheio do Espírito Santo e de fé, At 11.24. Foi a Tarso procurar Saulo, At 11.25. Levou, com Saulo, contribuições para os flagelados da fome, At 11.30. Separado, com Saulo, para a obra entre os gentios, At 13.2. Acompanhou Paulo na primeira viagem missionária, At 13.4 a 14.28. Chamado Júpiter, At 14.12. Chamado apóstolo, At 14.14. Assistiu à reunião em Jerusalém, com Paulo, e falou, At 15.2,12. Separação entre ele e Paulo, At 15.39. Censurado por Paulo, Gl 2.13. Esta divergência não alterou a mútua amizade, Gl 2.1,9. Como Paulo, não aceitava sustento daqueles entre os quais servia, 1 Co 9.6. É provável que o irmão, mencionado em 2 Co 8.18,19, seja Barnabé.

BARRA: Peça grossa de metal, antes de aplicação a qualquer obra. // Vi entre os despojos... uma **b** de ouro, Js 7.21.

BARRABÁS, gr. **Filho do rabbi:** Mencionado por todos os quatro Evangelistas: como "um preso muito conhecido", Mt 27.16; "preso com amotinadores, os quais em um tumulto haviam cometido homicídio", Mc 15.7; "no cárcere por causa de uma sedição na cidade, e também por homicídio", Lc 23.19; "salteador", Jo 18.40.

BARRANCO: Lugar cavado. // Cairão ambos no **b**, Mt 15.14. Ver **Buraco**.

BARRAR: Atravessar com barras; impedir; frustrar. // Contudo Satanás nos barrou o caminho, 1 Ts 2.18.

BARRO: Argila. Terra própria para o trabalho de olaria. // Eu sou formado de **b**, Jó 33.6. Secou-se o meu vigor, como um caco de **b**, Sl 22.15; Como o oleiro pisa o **b**, Is 41.25. Não passa de um caco de **b**, Is 45.9. Nós somos o **b** e tu o nosso oleiro, Is 64.8. Os pés em parte de ferro, em parte de **b**, Dn 2.33. Do mesmo **b** fazer um vaso, Rm 9.21. Este tesouro em vasos de **b**, 2 Co 4.7. Reduzirá a pedaços como se fossem objetos de **b**, Ap 2.27.

BARSABÁS, aram. **Filho de Sabá:** 1. Um dos dois, propostos para suceder a Judas no Apostolado, At 1.23. // 2. Um membro da igreja em Jerusalém, At 15.22.

BARTIMEU, aram. **Filho de Timeu**: Um cego mendigo a quem Jesus restaurou a vista, Mc 10.46.

BARTOLOMEU, aram. **Filho de Tolmai**: Um dos doze apóstolos, Mt 10.3.

BARULHO: Ruído, estrondo, motim. // Um **b** de ossos que batiam, Ez 37.7. O **b** que as suas asas faziam era como o **b** de carros, Ap 9.9. Ver **Alvoroço**, **Tumulto**.

BARUQUE, hb. **Abençoado**: 1. Fiel amigo de Jeremias, Jr 32.12. Seu escrevente, Jr 36.4,32. Seu companheiro, Jr 36.10. Levado ao Egito, Jr 43.6. A mensagem de Jeremias a Baruque, Jr 45.1. // 2. Filho de Zebai, trabalhou na reedificação dos muros, Ne 3.20. // 3. Um dos que assinaram a aliança, Ne 10. 6. // 4. Filho de Col-Hose, Ne 11.5.

BARUQUE: Um livro apócrifo.

BARZILAI, hb. **Feito de ferro**: 1. Um gileadita abastado que forneceu mantimentos e outras coisas a Davi, e ao povo que estava com ele, quando este fugia de Absalão, 2 Sm 17.27. Davi convida-o a ficar com ele em Jerusalém, 2 Sm 19.31. Davi, quando velho, não se esqueceu da sua benevolência, 1 Rs 2.7. // 2. O pai de uma família de sacerdotes, Ed 2.61. // 3. Meolatita, pai de Adriel, um genro de Saul, 2 Sm 21.8.

BASÃ, hb. **Solo fértil**: 1. País fértil e cheio de interesse, Dt 3.4-11. Estendia de Gileade no sul até Hermom no norte; desde o vale do Jordão no oeste até a terra dos gesereus e dos maacateus no leste, Js 12.3-5. Habitada por gigantes, Js 13.12. Eram proverbiais "os fortes touros de Basã", Sl 22.12. Famosa por seu gado, Ez 39.18; Am 4.1; por suas ovelhas, Dt 32.14; por seus carvalhos, Is 2.13; Ez 27.6; Zc 11.2. Ogue, rei de Basã, derrotado por Israel, Nm 21.33,35. Tinha sessenta cidades muralhadas, Dt 3.4; 1 Rs 4.13. Sua fértil terra coube a meia tribo de Manassés, Js 13.29. Ver mapa 2, E-2. // O monte de Basã, Sl 68.15.

BASE: Tudo que serve de fundamento ou apoio. // Justiça e juízo são a **b** do teu trono, Sl 89.14; 97.2 (ARC).

BASEAR: Apoiar-se. // Baseando-se em visões, enfatuado, Cl 2.18. Ver **Fundamentar**.

BASEMATE, hb. **Fragância**: 1. Mulher de Esaú e filha de Elom, heteu, Gn 26.34.

// 2. Outra mulher de Esaú e filha de Ismael, Gn 36.3. // 3. Filha de Salomão e esposa de Aimaás, 1 Rs 4.15.

BASILISCO: Is 11.8. Serpente venenosa. Ver **Serpente**.

BASTANTE: Que satisfaz; suficiente. // O justo tem o bastante... mas o estômago dos perversos, Pv 13.25.

BASTÃO: Pau que serve de arma ou insígnia de comando. // O cetro não se arredará de Judá, nem o **b**, Gn 49.10. Como se... o **b** levantasse a quem não é pau, Is 10.15. Ver **Bordão**, **Cajado**.

BASTAR: Ser suficiente; satisfazer. Basta-vos! pois que toda a congregação é santa, Nm 16.3. Quatro que não dizem: Basta, Pv 30.15. Basta ao dia o seu próprio mal, Mt 6.34. Basta ao discípulo ser como o seu mestre, Mt 10.25. Eis aqui duas espadas. Respondeu-lhes: Basta, Lc 22.38. Não lhes bastariam duzentos denários de pão, Jo 6.7. Mostra-nos o Pai, e isso nos basta, Jo 14.8. A minha graça te basta, 2 Co 12.9. Basta o tempo decorrido para terdes executado, 1 Pe 4.3.

BASTARDO: Que nasceu fora de matrimônio, ou os filhos dos que eram casados dentro dos proibidos graus de parentesco. // Nenhum **b** entrará na assembléia, Dt 23.2. Povo **b** habitará em Asdode, Zc 9.6. Se estais sem correção, logo sois **b**, e não filhos, Hb 12.8.

BATALHA: Peleja entre dois exércitos ou armadas; combate qualquer. // A batalha de quatro reis contra cinco, Gn 14.8; de Ogue contra Israel, Nm 21.33; de Seom contra Israel, Dt 2.32; de Amaleque contra Israel, Êx 17.8; do rei de Arade contra Israel, Nm 21.1; dos midianitas contra Israel, Nm 31.7. A batalha de Israel contra Jericó, Js 6.20; contra Ai, Js 7.4; contra cinco reis dos amorreus, Js 10.5,7. A batalha de Baraque contra Sísera, Jz 4.14,15; de Gideão contra os midianitas, Jz 7.19-25; de Israel contra os filisteus, 1 Sm 4.1; 14.23; 17.52. A batalha de Gilboa, 1 Sm 31. Vitórias de Davi, 2 Sm 8; contra Absalão, 2 Sm 18. O Senhor poderoso nas batalhas, Sl 24.8. As armas da nossa milícia não são carnais, 2 Co 10.4. Combate o bom combate, 1 Tm 1.18; 6.12; Combati o bom combate, 2 Tm 4.7. A batalhardes diligentemente pela fé, Jd 3. O segundo selo, guerra e carnificina, Ap 6.3,4. A batalha de Armagedom, Ap 16.14; 19.11-21. A batalha de Gogue e Magogue, Ap 20.7-10. Ver **Combate**, **Peleja**.

BATALHAR: Combater, pelejar. // Que batalha contra a lei, Rm 7.23 (ARC). Exortando-vos a batalhardes, Jd 3. Ver **Guerrear**.

BATER: Dar pancadas em; agitar fortemente; vibrar; dar com (o pé, as palmas das mãos, etc.). // Sentiu Davi bater-lhe o coração, por ter cortado a orla, 1 Sm 24.5. Bate-me excitado o coração, Sl 38.10. Batei palmas, todos os povos, Sl 47.1. Os rios batam palmas, Sl 98.8. Árvores do campo baterão palmas, Is 55.12. Batei e abrir-se-vos-á, Mt 7.7. Batia no peito, dizendo, Lc 18.13. Mulheres que batiam no peito, Lc 23.27. Pedro continuava batendo, At 12.16. Eis que estou à porta e bato, Ap 3.20.

BATE-SEBA, hb. **A sétima filha**, ou **Filha de juramento**: Chamada, também, **Batsua**, **Filha de opulência**, Filha de Eliã e mulher de Urias, o heteu, 2 Sm 11.3. Davi comete adultério com ela, 2 Sm 11.1-4. Seu marido, Urias, traiçoeiramente morto pela ordem de Davi, 2 Sm 11.6-25. Davi se casou com a viúva, 2 Sm 11.27. A repreensão de Natã, 2 Sm 12.1-23. Vê-se a profunda contricção de Davi no Salmo 51. Os quatro filhos de Bate-Seba, fora do primeiro que morreu, 1 Cr 3.5. Com o auxílio de Natã, ela frustrou o plano de Adonias de usurpar o trono e Salomão foi constituído rei, 1 Rs 1.

BATE-SUA, hb. **Filha de opulência**: 1. Em Gn 38.2. traduzida **filha de Sua**, mulher de Judá. // 2. Mulher de Salomão e filha de Amiel, 1 Cr 3.5. Ver **Bate-Seba**.

BATISMO: Quanto a unidade do corpo de Cristo, a Igreja, há um só batismo; todos os membros em Cristo foram batizados em um corpo, quer judeus, quer gregos, quer escravos, quer livres, Ef 4.5; 1 Co 12.13. Contudo, nas Escrituras mencionam-se: **Batismo de sofrimento**: Uma provação muito severa, como quando "mergulhado" em sofrimento; "recebereis o batismo com que eu sou batizado", Mc 10.38,39. // **Batismo no Antigo Testamento**: Que os judeus praticavam o batismo em água, antes de Cristo, é claro em tais passagens como Jo 1.25; não perguntaram: "Que novo rito é este?" mas: "Por que o administras tu?" O batismo de Israel; "todos batizados, assim na nuvem, como no mar, com respeito a Moisés" 1 Co 10.2; Êx 14. // **Batismo de João**: Mt 21.25; Lc 7.29; At 18.25; 19.3. João batizava no Jordão, Mt 3.5,6. Batizava em Enom porque havia ali muitas águas, Jo 3.23. O batismo de arrependimento: Mc 1.4; Lc 3.3; At 13.24. // **Batismo cristão**: Mt 28.19,20; Mc 16.15,16; Jo 3.5,26; 4.1,2; At 2.38,41. Jesus mesmo não batizava, e, sim, os seus discípulos, Jo 4.2. Batizados na sua morte, Rm 6.3. Sepultados com Ele pelo batismo, Rm 6.4; Cl 2.12. Batizados em nome de Paulo? 1 Co 1.13. Não me enviou Cristo para batizar, 1 Co 1.17. Todos batizados em Cristo, revestidos de Cristo, Gl 3.27; Rm 6.4. O ensino de batismo, Hb 6.2. O batismo, agora vos salva, 1 Pe 3.21. // Exemplos: Jesus, Mt 3.13-17; Os

3.000 no pentecoste, At 3.41. Samaritanos, At 8.12. Eunuco, At 8.38. Saulo, At 9.17,18; 22.16. Casa de Cornélio, At 10.47. Lídia, At 16.15. Carcereiro, At 16.33. Doze homens em Éfeso, At 19.5. // **Batismo pelos mortos**: 1 Co 15.29. Alusão, talvez, à prática (nem geral nem permanente) de batizar pessoas em lugar daqueles convertidos, que morriam antes do batismo. Não há, nas Escrituras, outra menção desse costume. Muitos costumes, não de Deus, entraram desapercebidos na Igreja Primitiva. E neste versículo, Paulo não dá apoio a essa doutrina, mas, ao contrário, afasta-se da prática, dizendo: "Que farão os (não: faremos nós) que se batizam pelos mortos". // **Batismo no Espírito Santo**: Prometido: Jl 2.28-32; Mt 3.11; Jo 7.38,39; 14.15-17; 16.7; At 1.5,8; 2.38,39; 11.16. Ordenado: Lc 24.49; At 1.4; Ef 4.18. Recebestes o Espírito Santo quando crestes? At 19.2. Exemplos: No pentecoste, At 2.4,16. Samaritanos, At 8.17. Na casa de Cornélio, At 10.44-46. Em Éfeso, At 19.6. Ver **Ablução**.

Foi aproximadamente neste ponto do rio Jordão que Jesus foi batizado

BATIZAR: Administrar o batismo. // Por ele batizados no rio Jordão, Mt 3.6. Discípulos de todas as nações, batizando-os, Mt 28.19. Receber o batismo com que eu sou batizado? Mc 10.38. Quem crer e for batizado, Mc 16.16. Vos batizo com água, mas, Lc 3.16. Ao ser todo o povo batizado, Lc 3.21. Batizando em Enom... ali muitas águas, Jo 3.23. Jesus, fazia e batizava mais discípulos, Jo 4.1. João... batizou... mas vós sereis batizados com o Espírito, At 1.5. Cada um de vós seja batizado, At 2.38. Batizados, assim homens como mulheres, At 8.12. Que impede que seja eu batizado? At 8.36. Filipe batizou o eunuco, At 8.38. Levantou-se e foi batizado, At 9.18. Que não sejam batizados? At 10.47. Ordenou que fossem batizados, At 10.48. Batizada, ela e toda a sua casa, At 16.15. Foi ele batizado e todos, At 16.33. Coríntios... eram batizados, At 18.8. Em que, pois, fostes batizados? At 19.3. Fomos batizados em Cristo, Rm 6.3. Batizados em nome de Paulo? 1 Co 1.13. Não me enviou Cristo para batizar, 1 Co 1.17. Todos batizados, assim na nuvem, 1 Co 10.2. Fomos batizados em um corpo, 1 Co 12.13. Que se batizam por causa dos mortos, 1 Co 15.29. Batizados... de Cristo vos revestistes, Gl 3.27.

BATO: Is 5.10, Ez 45.10-14. Medida de capacidade; 36 litros. Ver **Medidas de capacidade**.

BAURIM, hb. **Vila de Jovens**: Lugar no território de Benjamim, na estrada de Jerusalém a Jericó, 2 Sm 16.5. Ver mapa 5, B-1.

BDÉLIO: Não é certo se esta palavra se refere a uma pedra preciosa ou a goma resina e aromática da Arábia e da Índia. Encontravam-se bdélio e a pedra de ônix na terra de Havilá, Gn 2.12. A aparência do Maná era semelhante à de bdélio, Nm 11.7.

BEALÍAS, hb. **Jeová é Senhor**: Um homem de guerra que se ajuntou a Davi em Ziclague, 1 Cr 12.5.

BEALOTE, hb. **Senhora**: Uma cidade de Judá, Js 15.24.

BÊBADO: Homem dado ao vício da embriaguez. // Como galho de espinhos na mão do **b**, Is 24.20. Ai da soberba coroa dos **b** de Efraim, Is 28.1. **B** estão, mas não de vinho, Is 29.9. Nem **b**... herdarão o reino, 1 Co 6.10. Ver **Bebedor**, **Beberrão**, **Ébrio**.

BEBAI, hb. **Pai**: 1. Voltou a Jerusalém, com Esdras, Ed 8.11. // 2. Um chefe do povo, assinou a aliança. Ne 10.15.

BEBEDEIRA: Embriaguez. // Andemos honestamente... nem em **b**, Rm 13.13 (ARC). Ver **Bebedice**.

BEBEDICE: Vício da embriaguez. // Para acrescentar à sede a **b**, Dt 29.19. Ai dos que... seguem a **b**, Is 5.11. Não em orgias e **b**, Rm 13.13. Obras da carne... invejas, **b**, Gl 5.19,21. Tendo andado em... **b**, 1 Pe 4.3. Ver **Bebedeira**.

BEBEDOR: Aquele que bebe muito. // Não estejas entre os **b** de vinho, Pv 23.20. Eis aí um glutão e **b** de vinho, Mt 11.19. Ver **Bêbado**, **Beberrão**, **Ébrio**.

BEBER: Engolir líquidos, especialmente vinho. // Bebendo do vinho, embriagou-se, Gn 9.21. Bebe a água da tua própria cisterna, Pv 5.15; Is 36.16. Beberam o vinho, e deram louvores aos deuses, Dn 5.4. Ai daquele que dá de beber ao seu companheiro, Hc 2.15. Der a beber... um copo de água, Mt 10.42. João, que não comia nem bebia, Mt 11.18. Dias anteriores ao dilúvio, comiam e bebiam, Mt 24.38. Quer beber da água que eu lhe der, Jo 4.14. Venha a mim e beba, Jo 7.37. Se tiver sede, dá-lhe de beber, Rm 12.20. Beberam da mesma fonte espiritual, 1 Co 10.4. Quer comais, quer bebais, 1 Co 10.31. Todas as vezes que o beberdes, em memória, 1 Co 11.25. Dado a beber de um só Espírito, 1 Co 12.13.

Comamos e bebamos que amanhã morreremos, 1 Co 15.32. Ver **Embriagar**.

BÊBERA: Figo temporão, grande, preto e alongado. // Como a **b** antes do verão, Is 28.4 (ARC).

BEBERAGEM: Bebida desagradável. // Nem tomará **b** de uvas, Nm 6.3.

BEBERRÃO: O que bebe muito. // Este nosso filho é... dissoluto e **b**, Dt 21.20. O **b** e o comilão caem em pobreza, Pv 23.21. Não vos associeis com... **b**, 1 Co 5.11. Ver **Bêbado**, **Bebedor**, **Ébrio**.

BEBIDA: Qualquer líquido que se bebe. // Vinho nem **b** forte, Lv 10.9. Abster-se-á de vinho e de **b** forte, Nm 6.3. Não bebestes vinho nem **b** forte, Dt 29.6. Ana respondeu: Não bebi nem vinho nem **b** forte, 1 Sm 1.15. Comei carnes gordas, tomai **b** doces, Ne 8.10. Misturado com lágrimas a minha **b**, Sl 102.9. A **b** forte alvoroçadora, Pv 20.1. Andam buscando **b** misturada, Pv 23.30. Não beberá vinho, Lc 1.15. O meu sangue é verdadeira **b**, Jo 6.55. O reino de Deus não é comida nem **b**, Rm 14.17. Ninguém vos julgue por causa de comida e **b** Cl 2.16. Ver **Vinho**.

BECA: Meio siclo, Êx 38.26. Ver **Dinheiro**, **Pesos**.

BECO: Rua estreita e curta. // Sai depressa para as ruas e **b**, Lc 14.21.

BECORATE, hb. **Primogenitura**: Trisavô de Saul, 1 Sm 9.1.

BEDÃ, hb. **Filho de Dã:** Descendente de Manassés, 1 Cr 7.17.

BEDADE, hb. **Sozinho**: Pai de Hadade, rei de Edom, Gn 36.35.

BEDIAS, hb. **Servo de Jeová**: Um dos que tinham mulher estrangeira, Ed 10.35.

BEELIADA, hb. **Conhecido por Baal**: Um filho de Davi, 1 Cr 14.7.

BEEMOTE (ARC): Jó 40.15. Ver **Hipopótamo**.

BEER, hb. **Poço**: 1. Lugar onde acamparam os filhos de Israel, Nm 21.16. // 2. Lugar para onde Jotão fugiu, Jz 9.21.

BEERA, hb. **Poço**: um descendente de Aser, 1 Cr 7.37.

BEER-ELIM, hb. **Poço de Elim**: Is 15.8.

BEERI, hb. **Meu poço**: 1. Sogro de Esaú, Gn 26.34. // 2. Pai do profeta Oséias, Os 1.1.

BEER-LAAI-ROI, hb. **Poço daquele que me vê**: Lugar onde o anjo falou a Hagar, Gn 16.7-14. Onde Isaque habitava, Gn 24.62; 25.11.

BEEROTE, hb. **Poços**: Uma cidade dos gibeonitas, Js 9.17.

BEEROTE-BENE-JACÃ, hb. **Poços dos filhos de Jacã**: Um dos lugares onde acamparam os filhos de Israel no deserto, Dt 10.6.

BEIÇO: Lábio. // Só se moviam os seus **b**, 1 Sm 1.13 (ARC). Os **b** são nossos, Sl 12.4 (ARC).

BEIJAR: Dar beijo em: oscular. // A justiça e a paz se beijaram, Sl 85.10. Abraçando afetuosamente a Paulo, o beijavam, At 20.37.

BEIJO: O ato de chegar os lábios fechados a alguém ou a alguma coisa e em seguida abri-los com pequeno ruído. // O beijo de carinho, Gn 27.26.27; Lc 7.38; de reconciliação, Gn 33.4; 2 Sm 14.33; de despedida, Gn 31.28; Rt 1.14; de homenagem, Sl 2.12; 1 Sm 10.1; de amor fraterno, Rm 16.16; 1 Co 16.20; 2 Co 13.12; 1 Ts 5.26; 1 Pe 5.14; de traição, 2 Sm 15.5; Mt 26.48; Pv 27 6; de idolatria, 1 Rs 19.18; Jó 31.27; Os 13.2. Ver **Ósculo**.

BEIRA: Margem. // Cesto de junco... à **b** do rio, Êx 2.3. Ao semear, uma parte caiu à **b** do caminho, Mt 13.4. Ver **Costa**, **Margem**, **Praia**.

BEL, hb. **Senhor**: Divindade padroeira de Babilônia, Is 46.1; Jr 51.44.

BEL E O DRAGÃO: Suplemento apócrifo ao livro de Daniel.

BELÃ, hb. **Destruição**: 1. O primeiro rei

***Belém**, onde nasceu Jesus. O lugar é marcado, conforme a tradição, pela torre alta*

de Edom, Gn 36.32. // 2. Primogênito de Benjamim, Gn 46.21. // 3. Filho de Azaz, 1 Cr 5.8.

BELÉM, hb. **Casa de pão**: 1. Cidade na parte montanhosa de Judá, 9 km, ao sul de Jerusalém. Salma foi o pai dos belemitas, 1 Cr 2.51. Chamava-se Efrata para distingui-la de outra com igual nome da tribo de Zebulom, Gn 35.19; 48.7; Rt 4.11; Mq 5.2. Já existia nos tempos de Jacó. Nas suas vizinhanças deu-se sepultura a Raquel, Gn 35.19; 48.7; Chamada **Belém de Judá**, Jz 17.7; 19.1. O livro de Rute é uma história da vida cotidiana de Belém. Servia de residência a Elimeleque e Noemi, a Boaz, a Rute, a Obede e a Jessé, Rt 1.1,2,19; 4.9-11,21,22, 1 Sm 16.1,4. A cidade de Davi, Lc 2.4,11; 1 Sm 16.1,18; 17.12,15; 20.6,28. Caiu por algum tempo em poder dos filisteus, 2 Sm 23.14. Suspirou Davi, e disse: Quem me dera beber água do poço de Belém, 2 Sm 23.15. Roboão fortificou Belém, 2 Cr 11.6. Alguns de seus habitantes voltaram do cativeiro em Babilônia, Ed 2.21; Ne 7.26. O lugar onde ia nascer o Messias, Mq 5.2; Mt 2.6. Jesus, como Davi, nasceu lá, Mt 2.1; Lc 2.4-7. Herodes mandou matar os meninos de Belém, Mt 2.16. Cristo veio da descendência de Davi e da aldeia de Belém, donde era Davi, Jo 7.42. Belém chama-se, atualmente, **Beit Lahm**, isto é em árabe, **Casa de pão**. É cidade de cerca de 10 mil habitantes, cercada de uma profusão de figueiras, oliveiras e vinhas. Ver mapa 2, C-5; mapa 5, B-1. // 2. Belém da tribo de Zebulom, Js 19.15. Ibsã, que julgou Israel sete anos, era, talvez, desta cidade, Jz 12.8-10.

BELEZA: Qualidade do que é belo ou muito agradável. // Adorai ao Senhor na **b** da sua santidade, 1 Cr 16.29. Para contemplar a **b** do Senhor, Sl 27.4. Adorai ao Senhor na **b** da sua santidade, Sl 96.9. A **b** dos velhos são as suas cãs, Pv 20.29. O Renovo do Senhor será de **b** e de glória, Is 4.2. Nenhuma **b** havia que nos agradasse, Is 53.2.

BELIAL, hb. **Indignidade**, **Perversidade**: Filhos de **B** cercaram a casa, Jz 19.22. Filhos de **B**, para que os matemos, Jz 20.13. Não tenhas a tua serva por filha de **B**, 1 Sm 1.16. Os filhos de **B** disseram: Como poderá este homem salvar-nos? 1 Sm 10.27. Os filhos de **B** serão todos lançados fora, 2 Sm 23.6. Que harmonia entre Cristo e **B**? 2 Co 6.15.

BELIDA: Lv 21.20. Mancha esbranquiçada na córnea do olho.

BELO: Que tem forma agradável e proporções harmônicas. Agradável ao ouvido. // Saul... tão **b** que entre os filhos de Israel, 1 Sm 9.2. Ruivo, de **b** olhos... unge-o, 1 Sm 16.12. Que **b** figura fez o rei de Israel, 2 Sm 6.20. Ester... era jovem **b**, de boa aparência, Et 2.7. Seu santo monte, **b** e sobranceiro, Sl 48.2. Templo... ornado de **b** pedras, Lc 21.5. Ver **Formoso**.

BELOMANCIA: Ver **adivinhação**.

BELSAZAR, Bel, proteje o rei: O último rei de Babilônia, Dn 5.1,30; 7.1; 8.1.

BELTESSAZAR, nome babilônico, Bel, **protege a sua vida**: Nome dado a Daniel, Dn 1.7; 2.26; 5.12.

BELZEBU: Satanás, o diabo, maioral dos demônios, Mt 12.24. Se chamaram **B** ao dono da casa, Mt 10.25. Se eu expulso os demônios por **B**, Mt 12.27. Ele está possesso de **B**, Mc 3.22.

BEM: Tudo o que é bom ou conforme é moral; virtude, felicidade. // Árvore do conhecimento do **b**, Gn 2.9,17. Quer longevidade para ver o **b**? Sl 34.12. Quem procura o **b** alcança favor, Pv 11.27. Ai dos que ao mal chamam **b**, Is 5.20. Aborreceis o **b**, e amais o mal, Mq 3.2. Os que tiveram feito o **b**, para a ressurreição, Jo 5.29. Por toda parte, fazendo o **b**, At 10.38. A todo aquele que pratica o **b**, Rm 2.10. Não há quem faça o **b**, Rm 3.12. Na minha carne não habita **b**, Rm 7.18. Não faço o **b** que prefiro, Rm 7.19. Todas as coisas cooperam para o **b**, Rm 8.28. Detestai o mal, apegando-vos ao **b**, Rm 12.9. Esforçai-vos por fazer o **b**, Rm 12.17. Vence o mal com o **b**, Rm 12.21. Para temor quando se faz o **b**, Rm 13.3. Não... vituperado o vosso **b**, Rm 14.16. Cada um receba segundo o **b**, 2 Co 5.10. Não nos cansemos de fazer o **b**, Gl 6.9; 2 Ts 3.3. Que maneja **b** a palavra, 2 Tm 2.15. Inimigos do **b**, 2 Tm 3.3. Amigo do **b**, Tt 1.8. Aquele que pratica o **b** procede de Deus, 3 Jo 11.

BEM-AVENTURANÇAS: "Bem-aventurados" quer dizer "felizes" ou "alegres", indicando o transcendente alvo do reino dos céus; o de chamar os homens para uma vida verdadeiramente feliz. Não é uma vida de alegria superficial mas de gozo profundo e que perdura. As beatitudes ou felicidades, registradas em Mt 5.3-10, são oito em número, com a última repetida. Porém há outras: Sl 32.1,2; 41.1; Mt 11.6; 13.16; 24.46; Jo 20.29; Rm 4.7,8; Tg 1.12; Ap 1.3; 14.13; 16.15; 19.9; 20.6; 22.7,14... Cristo ensinava, nas bem-aventuranças, que a felicidade não depende do que possuamos, nem do que façamos, mas do que somos. Tal felicidade não é importada de fora mas nasce na alma de todos os verdadeiros filhos de Deus. Todas as bem-aventuranças de Cristo são paradoxos; todas são contrárias à opinião comum. O conceito dos homens é que são felizes os ricos, os honrados no mundo; os que passam sua vida aqui alegres; os que comem gulodices e se vestem bem. Mas o Senhor veio corrigir esse erro fundamental; veio para chamar os homens à felicidade que é permanente e verdadeira.

BEM-ESTAR: Estado em que se sente bem do corpo ou do espírito. // Perguntou pelo seu **b**, Gn 43.27. Tendo procurado o **b** do seu povo, Et 10.3. A sua impressão de **b** os leva à perdição, Pv 1.32. Ver **Prosperidade**.

BEN, hb. **Filho de**: Ver **Bar**.

BEN-ABINADABE, hb. **Filho de Abinadabe**: Um oficial de Salomão, 1 Rs 4.11.

BEN-AMI, hb. **Filho do meu povo**: Neto de Ló e pai dos amonitas, Gn 19.38.

BÊNÇÃO: Favor divino. Meio de felicidade. // Sê tu uma **b**, Gn 12.2. Chuvas de **b**, Ez 34.26. Derramar sobre vós **b** sem medida, Ml 3.10. Irei na plenitude da **b** de Cristo, Rm 15.29. Para a **b** de Abraão chegasse aos gentios, Gl 3.14. Toda sorte de **b** espiritual nas regiões, Ef 1.3. Posteriormente, querendo herdar a **b**, foi rejeitado, Hb 12.17. De uma só boca procede **b** e maldição, Tg 3.10.

BÊNÇÃO, Vale de: Entre Hebrom e Jerusalém, onde Josafá e o povo se ajuntaram para louvar a Deus, depois da vitória completa sobre os moabitas e amonitas, quando invadiram a Judá, 2 Cr 20.26.

BEN-DEQUER, hb. **Filho de Dequer**: Um dos doze intendentes que forneciam mantimentos ao rei Salomão e a sua casa, 1 Rs 4.9.

BENDITO: Abençoado. // Em ti serão **b** todas as famílias, Gn 12.3. **B** seja o Deus de Sadraque, Dn 3.28. **B** o que vem em nome do Senhor! Mt 21.9; 23.39. Vinde, **b** de meu Pai! Mt 25.34. És tu o Cristo, o Filho do Deus **B**, Mc 14.61. **B** és tu entre as mulheres, Lc 1.42. **B** seja o Deus e Pai, 2 Co 1.3. Revelada pelo **b** e único Soberano, 2 Tm 6.15. Ver **Bem-aventuranças, Bendizer**, **Ditoso**, **Feliz**.

BENDIZER: Glorificar, louvar. // Esdras bendisse ao Senhor, Ne 8.6. Bendizei ao Senhor, Sl 103.20; 134.1; 135.19. Bendirei o teu nome para todo o sempre, Sl 145.1. Daniel bendisse o Deus do céu, Dn 2.19. Bendizei aos que vos maldizem, Lc 6.28. Quando somos injuriados, bendizemos, 1 Co 4.12. Bendizendo, pois para isto mesmo fostes chamados, 1 Pe 3.9. Ver **Abençoar**.

BENE, hb. **Filho**: Um músico do templo, 1 Cr 15.18.

BENE-BERAQUE, hb. **Filho de Beraque**: Uma cidade da herança de Dã, Js 19.45. Ver mapa 2, B-4; mapa 4, A-2.

BENEFICÊNCIA: Ato de fazer bem. // Com a tua **b** guiaste o povo, Êx 15.13. As **b** que eu fiz à casa de meu Deus, Ne 13.14.

BENEFICIAR: Melhorar. // Beneficiando-vos lá do céu, At 14.17 (ARC).

BENEFÍCIO: Favor; serviço que se faz gratuitamente. // Não te esqueças de nem um dos seus **b**, Sl 103.2. Que darei ao Senhor por todos os seus **b**, Sl 116.12. **B** feito a um homem enfermo, At 4.9. Pelo **b** que nos foi concedido, 2 Co 1.11. Para que tivéssemos um segundo **b**, 2 Co 1.15. Ver **Favor**, **Graça**, **Recompensa**.

BENE-GEDER, hb. **Filho de um herói**: Um dos doze intendentes de Salomão, 1 Rs 4.13.

BENE-HAIL, hb. **Filho de força**: Um dos príncipes enviados por Josafá para ensinar nas cidades de Judá, 2 Cr 17.7.

BENE-HANÃ, hb. **Filho de graça**: Descendente de Judá, 1 Cr 4.20.

BENE-JAACÃ, hb. **Filhos da inteligência**: Um dos acampamentos dos filhos de Israel, Nm 33.31.

BENEPLÁCITO: Aprovação, consentimento. // Segundo o **b** da sua vontade, Ef 1.5,9. Ver Fp 2.13.

BENEVOLÊNCIA: Bondade, disposição favorável para com alguém. // Usar de **b** e de verdade, Gn 24.49. **B** daquele que apareceu na sarça, Dt 33.16. O Senhor use convosco de **b**, como vós usastes, Rt 1.8. Melhor fizeste a tua última **b** que a primeira, Rt 3.10. Ainda não obtive a **b** do Senhor, 1 Sm 13.12. Como escudo, o cercas da tua **b**, Sl 5.12. A sua **b** é como a nuvem que traz chuva, Pv 16.15. O que acha uma esposa... alcançou a **b** do Senhor, Pv 18.22. Ver **Bondade**, **Misericórdia**.

BENE-ZOETE, hb. **Filho de Zoete**: Filho de Isi, da tribo de Judá, 1 Cr 4.20.

BENFEITOR: O que faz bem. // Os que exercem autoridade são chamados **b**, Lc 22.25.

BEN-HADADE, hb. **Filho de Hadade**: Hadade era o deus da tempestade, na Síria; Ben-Hadade, o título religioso dos reis de Damasco. Ben-Hadade I, 1 Rs 15.18; 2 Rs 8.7-15. Ben-Hadade II, 1 Rs 20.1-43. Ben Hadade III, 2 Rs 13.3-25.

BEN-HESEDE, hb. **Filho de benevolência**: Um intendente de Salomão, 1 Rs 4.10.

BEN-HUR, hb. **Filho de Hur**: Um dos doze intendentes de Salomão, 1 Rs 4.8.

BENIGNAMENTE: Com benignidade; benevolamente. // O qual nos recebeu e hospedou **b**, At 28.7.

BENIGNIDADE: Qualidade de benigno. // Pois a sua **b** dura perpetuamente, 1 Cr 16.34, 41 (ARC); 2 Cr 7.3 (ARC). A sua **b** é para sempre, Sl 136.1 a 26 (ARC). A **b** de Deus te leva ao arrependimento? Rm 2.4 (ARC). Na **b**, no Espírito, 2 Co 6.6 (ARC). Rogo, pela mansidão e **b** de Cristo, 2 Co 10.1 (ARC). O fruto do Espírito é... **b**, Gl 5.22. Revesti-vos... de **b**, Cl 3.12 (ARC). Quando apareceu a **b**... de Deus, Tt 3.4 (ARC). Ver **Bondade**, **Misericórdia**.

BENIGNO: Indulgente, bom, condescente. // Se te fizeres **b** para com este povo, 2 Cr

10.7. Para com o **b**, **b** te mostras, Sl 18.25. Esqueceu-se Deus de ser **b**? Sl 77.9. O Senhor é... longânimo e assaz **b**, Sl 103.8. **B** e misericordioso é o Senhor, Sl 145.8. Ele é **b** até para com os ingratos e maus, Lc 6.35. O amor é paciente, é **b**, 1 Co 13.4. Sede uns para com os outros **b**, Ef 4.32. Ver **Bondoso**, **Longânimo**, **Misericordioso**, **Propício**.

BENINU, hb. **Nosso filho**: Um dos que assinaram a aliança com Neemias, Ne 10.13.

BENJAMIM, hb. **Filho da mão direita**: 1. Filho de Jacó, filho mais novo de Raquel, Gn 35.24. Nasceu no caminho de Betel a Efrata, Gn 35.16-19. Sua mãe deu-lhe o nome de Benoni, isto é, Filho da minha aflição, Gn 35.18. Seu pai lhe chamou Benjamim, Gn 35.18. Ficava em casa com seu pai, Gn 42.13. Levado ao Egito, Gn 43.15. José o reconheceu, Gn 43.16; 45.14. Sua bênção profética proferida por seu pai, Gn 49.27. A porta de Benjamim, uma das portas de Jerusalém, Jr 20.2; Zc 14.10. No tempo do Êxodo do Egito o número dos homens, capazes de sair à guerra, foi 35.400; no segundo censo, foi 45.600, Nm 1.37; 26.41. A herança de Benjamim, Js 18.11-28. Ver mapa 2, C-5. O exército de Benjamim foi quase exterminado no tempo dos juízes, restando apenas 600 guerreiros, Jz 20.47. Mas durante o reinado de Asa, chegou o seu número a 280.000, todos armados e adestrados, 2 Cr 14.8. Famosos como flecheiros, usavam tanto da mão direita como da esquerda, 1 Cr 8.40; 12.2; 2 Cr 17.17; Jz 20.16. Depois da morte de Salomão, as duas tribos, Judá e Benjamim, permaneceram fiéis, e formaram um reino à parte (1 Rs 12.21) que simplesmente tinha o nome de Judá. O rei Saul e o apóstolo Paulo eram da tribo de Benjamim, 1 Sm 9.1,2; Rm 11.1. // 2. Um bisneto de Benjamim, 1 Cr 7.10. // 3. Um dos que tinham mulher estrangeira, Ed 10.32.

BENO, hb. **Seu filho**: Levita, filho de Jaozias, 1 Cr 24.26.

BENONI, hb. **Filho de tribulação**: Nome que Raquel, quando morrendo, deu ao seu recém-nascido filho. Seu pai, Jacó, chamou-o Benjamim, Gn 35.18.

BENQUISTO: Bem aceito. // Saía Davi... era ele **b** de todo o povo, 1 Sm 18.5.

BENS: Riqueza, propriedades. // Levou Abraão... todos os **b** que haviam adquirido, Gn 12.5. Eram muito os seus **b**, Gn 13.6. Não meteu mãos nos **b** do próximo, Êx 22.8. Confiam nos seus **b**, Sl 49.6. Confiava na abundância dos seus próprios **b**, Sl 52.7. Farta de **b** a tua velhice, Sl 103.5. Honra ao Senhor com os teus **b**, Pv 3.9. Os **b** que facilmente se ganham, Pv 13.11. Ai daquele que ajunta... **b** mal adquiridos, Hc 2.9. Roubar-lhe os **b** sem primeiro, Mt 12.29. Que lhe confiará todos os seus **b**, Mt 24.47. E lhes confiou os seus **b**, Mt 25.14. Tens em depósito muitos **b**, Lc 12.19. Dá-me a parte que me cabe dos **b**, Lc 15.12. Estava a defraudar os seus **b**, Lc 16.1. Recebeste os teus **b** em tua vida, Lc 16.25. Dar aos pobres a metade dos meus **b**, Lc 19.8. Vendiam as suas propriedades e **b**, At 2.45. Distribua todos os meus **b** 1 Co 13.3. O espólio dos vossos **b**, Hb 10.34. Ver **Possessão**.

BEOR, hb. **Facho:** 1. Pai de Bela, o primeiro rei de Edom, Gn 36.32. // 2. Pai de Balaão, Nm 22.5; 2 Pe 2.15.

BEQUER, hb. **Primogênito**: 1. Um filho de Benjamim, Gn 46.21. // 2. Um filho de Efraim, Nm 26.35.

BERA, hb. **Dom**: Rei de Sodoma, Gn 14.2.

BERACA, hb. **Bênção**: Um dos que se ajuntaram a Davi em Ziclague, 1 Cr 12.3.

BERAIAS, hb. **Jeová criou**: Benjamita filho de Simei, 1 Cr 8.21.

BEREDE, hb. **Saraiva**: 1. Um filho de Sutela, da tribo de Efraim, 1 Cr 7.20. // 2. Um lugar no Neguebe, Gn 16.14. Ver mapa 2, B-6.

BERÉIA: Cidade da Macedônia, 80 km distante de Tessalônica e o centro mais populoso da província. Quando os inimigos alvoroçaram a cidade de Tessalônica, Paulo e Silas, na segunda viagem missionária de Paulo, fugiram a Beréia. Os judeus de Beréia eram mais nobres que os de Tessalônica, examinando as Escrituras todos os dias, At 17.11. Ver mapa 6, C-1.

BERENICE, gr. **Vitoriosa**: Mulher de grande influência política, filha mais velha de Herodes Agripa I, que matou Tiago (At 12) e irmã de Herodes Agripa II. Mesmo naqueles tempos de costumes depravados, era julgada mulher sem princípios de moralidade. Casou-se com seu tio, governador de Calcis. Depois ajuntou-se com seu irmão Agripa II, criando grande escândalo público. Ainda estava na companhia dele quando Paulo fez a sua defesa, At 25.13,23; 26.30. Era, sucessivamente, amante dos imperadores romanos, Vespasiano e Tito.

BEREQUIAS, hb. **Jeová abençoa**: 1. Pai do cantor, Asafe, 1 Cr 6.39. // 2. Porteiro da arca, 1 Cr 15.23. // 3. Filho de Zorobabel, 1 Cr 3.20. // 4. Filho de Asa, 1 Cr 9.16. // 5. Efraimita no reinado de Peca, 2 Cr 28.12. // 6. Pai do profeta Zacarias, Zc 1.1.

BERI: hb. **Homem de um poço**: Um descendente de Aser, 1 Cr 7.36.

BERIAS, hb. **Dom**: Um descendente de Efraim, 1 Cr 7.23.

BERILO: Pedra preciosa aparentada com a esmeralda, de cor azul, amarela, rósea ou incolor. // Engastada no peitoral do sumo sacerdote, Êx 28.20. Visão de rodas brilhantes como o berilo, Ez 1.16; 10.9. Uma das pedras preciosas do rei de Tiro, Ez 28.13. Visão do homem cujo corpo era como berilo, Dn 10.6. O oitavo fundamento da Nova Jerusalém, Ap 21.20. Turquesa (ARC).

BERODAQUE-BALADÃ: Ver **Merodaque-Baladã**.

BEROTAI, hb. **Poços**: Cidade de Hadadezer, rei de Zobá, 2 Sm 8.8. Ver mapa 1, H-2.

BERRAR: Soltar berros (diz-se do boi, da cabra, etc.). // As vacas se encaminharam... para Bete-Semes... berrando, 1 Sm 6.12.

BERSEBA, hb. **Poço de Juramento**: Antigamente, um lugar de certa importância, hoje é apenas lugar de ruínas, com dois imensos poços, cercados de bebedouros de pedra para uso dos animais. Considerado o limite meridional, originaram-se as freqüentes frases: "Desde Dã até Berseba", e, "Desde Geba até Berseba", 2 Sm 17.11; 2 Rs 23.8. Hagar andou errante pelo deserto de Berseba, Gn 21.14. Abraão fez aliança com Abimeleque, em Berseba, Gn 21.23-32. Deus apareceu a Isaque em Berseba, Gn 26.23,24. Partiu Jacó de Berseba, Gn 28.10. Jacó ofereceu sacrifício ao Deus de seu pai, em Berseba, Gn 46.1. Uma cidade de Judá, Js 15.28. No início, Berseba caiu à sorte de Simeão, Js 19.2. Desde Dã até Berseba, isto é, desde o norte até o sul da Palestina, Jz 20.1. Os dois filhos de Samuel eram juízes em Berseba, 1 Sm 8.2. Elias, para salvar a sua vida, foi a Berseba, 1 Rs 19.3. Ver mapa 2, B-6 e p. 100.

BETÂNIA, Jesus pernoitava em Betânia, Mt 21.17; Mc 11.11. A casa de Simão, o leproso em Betânia, Mt 26.6

BESAI: Chefe de uma família que voltou do exílio, Ed 2.49.

BESODIAS, hb. **Familiar com Jeová**: Pai de um homem que trabalhou na reedificação dos muros, Ne 3.6.

BESOR, RIBEIRO DE: Riacho que deságua no mar Mediterrâneo, ao sul de Gaza. Davi chegou nesse ribeiro, quando perseguia os amalequitas, 1 Sm 30.9.

BESTA: Animal irracional. Aplica-se geralmente aos grandes quadrúpedes. // A **b** que surge do abismo, Ap 11.7. Emergir do mar uma **b**, Ap 13.1. Outra **b** emergir, Ap 13.11. A marca, o nome da **b**, Ap 13.17; 19.20. O número da **b**, Ap 13.18. A **b**... e o falso profeta... lançados vivos dentro do lago do fogo, Ap 19.20; 20.10.

BESTIALIDADE: Perversão sexual que arrasta qualquer dos dois sexos para os animais. O castigo era a morte tanto do animal como da pessoa, Êx 22.19; Lv 18 23; 20.15,16.

BESUNTAR: Untar, esfregando; sujar com substância gordurosa. // Besuntais a verdade com mentiras, Jó 13.4.

BETÁBARA: Jo 1.28 (ARC). (A nota ao pé da página.) Ver **Betânia**.

BETÂNIA, gr. **Casa de tâmaras**: 1. Vila cerca de 15 estádios de Jerusalém, Jo 11.18. Jesus pernoitava em Betânia, Mt 21.17; Mc 11.11. A casa de Simão, o leproso em Betânia, Mt 26.6. Na estrada para Jericó, no Monte das Oliveiras, Mc 11.1; Lc 19.29. O lugar da ressurreição de Lázaro, Jo 11.1; da ascensão, Lc 24.50,51. // 2. Betânia, ou Betábara, referência Jo 1.28 (ARC), doutro lado do Jordão, onde João batizava, Jo 1.28.

BETE-ANATE, hb. **Templo de Anate**: Cidade da herança de Naftali, Js 19.38. Anate era uma deusa dos cananeus.

BETE-ANOTE, hb. **Templo de Anate**: Cidade de Judá, Js 15.59.

BETE-ARÃ, hb. **Lugar alto**: Cidade dos amorreus conquistada pelos gaditas, Js 13.27. Ver mapa 5, C-1.

BETE-ARABÁ, hb. **Casa do deserto**: 1. Cidade de Judá, Js 15.6. // 2. Cidade de Benjamim, Js 18.22. Ver mapa 5. C-1.

BETE-ÁVEN, hb. **Casa de vaidade**: Um lugar a leste de Betel e perto de Ai, Js 7.2.

BETE-AZMAVETE: Ne 7.28. Ver **Azmavete**.

BETE-BAAL-MEOM: Js 13.17. Ver **Baal-Meom**.

BETE-BARA, hb. **Casa do vau**: Um lugar à margem do Jordão, Jz 7.24.

BETE-DAGOM: hb. **Casa de Dagom**: 1. Uma cidade de Judá, Js 15.41. // 2. Uma cidade de Aser, Js 19.27. Ver mapa 2, C-3.

BETE-DIBLATAIM, hb. **Casa da pasta de figos**: Jr 48.22. Uma cidade de Moabe.

BETE-ÉDEN, hb. **Casa de prazer**: Que tem o cetro de Bete-Éden, Am 1.5.

BETE-EMEQUE, hb. **Casa do vale**: Cidade de Zebulom, Js 19.27. Ver mapa 3, A-2.

BETE-EZEL, hb. **Casa ao lado**: Cidade ao norte de Judá, Mq 1.11.

BETE-GADER, hb. **Casa do muro**: Um descendente de Judá, 1 Cr 2.51.

BETE-GAMUL, hb. **Casa de perfeição**: Cidade de Moabe, Jr 48.23. Ver mapa 2, D-5.

BETE-HAC-CHEREM, hb. **Casa da vinha**: Distrito entre Tecoa e Jerusalém, Ne 3.14; Jr 6.1.

BETE-HOGLA, hb. **Casa da perdiz**: Aldeia da tribo de Benjamim, Js 15.6. ver mapa 5, C-1.

BETE-HOROM, hb. **Casa da caverna**: Bete-Horom de baixo, Js 16.3. Bete-Horom de cima, Js 16.5. Duas cidades, que distavam 3 km uma da outra, na estrada de Gibeom e Aseca. Na descida de Bete-Horom o Senhor fez cair do céu grandes pedras sobre os amorreus fugindo de Josué, Js 10.11. Salomão as fortificou, 2 Cr 8.5. Ver mapa 2, C-5; mapa 5, B-1.

BETE-JESIMOTE, hb. **Casa das devastações**: Cidade moabita perto do mar Morto, Nm 33.49. Ver mapa 2, D-5; mapa 5, C-1.

BETEL, hb. **Casa de Deus**: Uma cidade que, depois de Jerusalém, é mais mencionada nas Escrituras que qualquer outra. Situada no centro da terra de Canaã, na estrada para Siquém, 30 km ao sul de Siló e 20 km ao norte de Jerusalém. Abraão armou a sua tenda e edificou o seu primeiro altar, depois de chegar na terra de Canaã, em Betel, Gn 12.8; 13.3. Lugar da visão de Jacó, da escada que atingia o céu, Gn 28.10-17. Jacó deu-lhe o nome de Betel, Gn 28.18,19. Eu sou o Deus de Betel, Gn 31.31. Disse Deus a Jacó: Levanta-te, sobe a Betel, Gn 35.1. Levantemo-nos e subamos a Betel, Gn 35.3. Débora sepultada em Betel, Gn 35.8. Josué vence o rei de Betel, Js 12.16. Cidade de Benjamim, Js 18.22. Chamava-se, dantes Luz, Jz 1.23; Gn 28.19. Consultava-se a Deus em Betel, Jz 20.18,26. A arca da aliança estava ali, Jz 20.27. Samuel julgava a Israel em Betel, Gilgal e Mispa, 1 Sm 7.16. Três homens subindo a Deus a Betel, 1 Sm 10.3. Jeroboão fez dois bezerros de ouro: pôs um em Betel, e o outro em Dã, 1 Rs 12.29. Por ordem do Senhor veio de Judá a Betel um homem de Deus, 1 Rs 13. Morava em Betel um profeta velho, 1 Rs 13.11. Hiel, que reedificou Jericó, era betelita, 1 Rs 16.34. Elias em Betel, 2 Rs 2.2. Os profetas que estavam em Betel, 2 Rs 2.3. Rapazinhos zombam de Eliseu, 2 Rs 2.23. Nem com as reformas de Jeú, foram removidos os bezerros de ouro, em Betel e Dã, 2 Rs 10.29. Habitou em Betel e lhes ensinava como deviam temer o Senhor, 2 Rs 17.28. As cinzas dos ídolos queimados fora de Jerusalém, levadas para Betel, 2 Rs 23.4. Josias destruiu o altar em Betel, feito por Jeroboão, 2 Rs 23.15. Betel passou para a tribo de Judá, 2 Cr 13.19. Um grupo de exilados volta a Betel, Ed 2.28. Como a casa de Israel se envergonhou de Betel, Jr 48.13. Ver mapa 2, C-5; mapa 5, B-1.

BETE-LEBAOTE, hb. **Casa de leoa**: Uma cidade na herança de Simeão, Js 19.6.

BETE-MAACA: 2 Sm 20.15. Ver **Abel-Bete-Maaca**.

BETE-MARCABOTE, hb. **Casa de carros**: Uma cidade dada como herança à tribo de Simeão, Js 19.5.

BETE-MILO, hb. **A casa de Milo**: 1. Um lugar, ou família, perto de Siquém, Jz 9.6. // 2. Um lugar de Jerusalém onde Joás foi morto, 2 Rs 12.20. Ver **Milo**.

BÉTEN, hb. **Vale**: Cidade de Aser, Js 19.25.

BETE-NIMRA, hb. **Casa do leopardo**: Cidade concedida a tribo de Gade, Js 13.27. Ver mapa 2, D-5; mapa 5, C-1.

BETE-PALETE, hb. **Casa da fuga**: Cidade concedida à tribo de Judá, Js 15.27.

BETE-PAZES, hb. **Casa de dispersão**: Cidade da herança de Issacar, Js 19.21.

BETE-PEOR, hb. **Casa de (Baal) Peor**: Cidade que caiu em sorte à tribo de Rúben, Js 13.20. Foi no vale defronte de Bete-Peor que Moisés proferiu os discursos registrados em Deuteronômio, Dt 3.29. Moisés sepultado defronte de Bete-Peor, Dt 34.6. Ver mapa 2, D-5.

BETE-REOBE, hb. **Casa de uma rua**: Pequeno reino da Síria, perto de Laís, Jz 18.28. Seus habitantes assalariados pelos amonitas para combater contra Israel, 2 Sm 10.6-8.

BETESDA, hb. **Casa de misericórdia**: Um tanque em Jerusalém, junto à porta das ovelhas, Jo 5.2.

BETE-SEÃ, hb. **Casa de sossego**: Cidade de Issacar, que caiu por sorte a Manassés, da qual os cananeus não foram expulsos, Js 17.11,16. Os corpos do rei Saul e seus filhos afixados no muro de Bete-Seã, 1 Sm 31.10; 2 Sm 21.12. A casa de Salomão abastecida por Bete-Seã, 1 Rs 4.12. Ver mapa 2, C-4.

BETE-SEMES, hb. **Casa do sol**: 1. Cidade de Judá, dada aos levitas, Js 21.16. A arca devolvida, pelos filisteus, ficou em Bete-Semes, 1 Sm 6.9-19. A casa de Salomão abastecida por Bete-Semes, 1 Rs 4.9. A batalha entre Jeoás, rei de Israel, e Amazias, rei de Judá, em Bete-Semes, 2 Rs 14.11. Tomada pelos filisteus, 2 Cr 28.18. Ver mapa 2, B-5; mapa 5, B-1 // 2. Cidade dos limites de Issacar, Js 19.22. // 3. Bete-Semes de Naftali, Js 19.38. // 4. Cidade do Egito, chamada **On** e **Heliópolis**, Jr 43.13.

BETE-SEMITA: Habitante de Bete-Semes, 1 Sm 6.14,18.

BETE-SITA, hb. **Casa da acácia**: Lugar na linha da fuga dos midianitas, quando Gideão os desbaratou, Jz 7.22.

BETE-TAPUA, hb. **Casa de maçãs**: Aldeia na parte montanhosa de Judá, Js 15.53. Ver mapa 5, B-1.

BETE-ZUR, hb. **Casa de pedra**: Uma cidade de Judá, fortificada por Reoboão, Js 15.58. Ver mapa 5, B-1.

BETFAGÉ, gr. **Casa de figos verdes**: Uma aldeia no caminho de Jerusalém a Jericó, perto do Monte das Oliveiras, Mt 21.1.

BETONIM, hb. **Nozes de pistácia**: Uma aldeia ao lado leste do Jordão, no território de Gade, Js 13.26.

BETSAIDA, gr. do hb. **Casa de pesca**: Uma cidade construída por Felipe, o tetrarca, à beira do mar da Galiléia, no vale do alto Jordão, no território da tribo de Zebulom. O povo de Betsaida ficou impenitente, não obstante os muitos milagres que Jesus operou ali, Mt 11.21. Jesus, ao saber do martírio de João Batista, retirou-se à parte, levando os apóstolos consigo, para Betsaida, Lc 9.10. Em Betsaida nasceram Pedro, André e Felipe, Jo 1.44. Ver mapa 3, B-2.

BETUEL, hb. **Homem de Deus**: 1. Filho de Naor e Milca, pai de Labão e Rebeca, Gn 22.23; 24.15; 25.20; 28.2,5; // 2. Uma cidade de Simeão, 1 Cr 4.30.

BETUME: Substância inflamável, líquida e amarelada ou sólida e negra. Encontra-se em grandes massas no seio da terra. Há grandes jazigos nas duas Américas e no mar Morto, também chamado, **Lago Asfaltite**, na Judéia. A arca calafetada com betume por dentro e por fora, Gn 6.14. Usado como argamassa na construção da torre de Babel, Gn 11.3. O cesto em que meteram o menino Moisés, calafetado de betume, Êx 2.3.

BEULA (ARC), hb. **Casado**: Is 62.4. À tua terra: Desposada (ARA).

BEZAI, hb. **Espada**: 1. Chefe de uma família que voltou do exílio, Ed 2.17. // 2. Um dos que assinaram a aliança com Neemias, Ne 10.18.

BEZALEL, hb. **Na sombra de Deus**: 1. Filho de Uri, filho de Hur, da tribo de Judá, cheio do Espírito de Deus, de habilidade, de inteligência, e de conhecimento, em todo artifício. Deus lhe deu por companheiro Aoliabe. Os dois, sob Moisés, eram os artífices da obra do tabernáculo, Êx 31.1-11. // 2. Um dos que tinham mulher estrangeira, Ed 10.30.

BEZEQUE, hb. **Relâmpago**: 1. Cidade de Judá, Jz 1.4. Ver mapa 4, B-1. // 2. Lugar onde Saul contou seus soldados antes de socorrer Jabes-Gileade, 1 Sm 11.8.

BEZER, hb. **Fortaleza**: 1. Uma cidade de refúgio, Js 20.8. Ver mapa 2, D-5. // 2. Filho de Zofa, da tribo de Aser, 1 Cr 7.37.

BEZERRO: Vitelo. // O bezerro de ouro, Êx 32. **B** para oferta pelo pecado, Lv 9.2. Jeroboão fez dois **b** de ouro, 1 Rs 12.28. O **b** e o leão novo andarão juntos, Is 11.6. Efraim era uma **b** domada, Os 10.11. Saltareis como **b**, Ml 4.2. Ver **Boi**, **Novilho**.

BÍBLIA, gr. **biblion**, livro, isto é, LIVRO POR EXCELÊNCIA: Chama-se: **As Escrituras**, Jo 5.39; At 17.11; 2 Tm 3.15; **Os Oráculos de Deus**, Rm 3.2; Hb 5.12; 1 Pe 4.11; **A Palavra de Deus**, Ef 6.17; 1 Pe 1.25; Hb 4.12. **Os Testamentos** ou **As Alianças**, Rm 9.4; Gl 4.24; **A Lei**, 1 Co 14.21; Gl 3.10. Mas crê-se que a palavra **bíblia** foi aplicada às Escrituras cerca do ano 400, por Crisóstomo. // As Sagradas Escrituras compõem-se de duas partes: o Antigo Testamento, escrito antes de Cristo e o Novo Testamento, depois da sua morte. O Antigo Testamento consiste em 39 livros, o Novo Testamento em 27. // Certo homem trabalhou três anos para completar a seguinte estatística, em 1718, acerca da Bíblia, outro, um inglês em Amsterdão, concluiu a mesma avaliação numérica, depois de três anos, em 1772: A divisão da Bíblia em capítulos atribui-se ao cardeal Hugo, falecido em 1263, ou a Stephen Langton, falecido em 1228. A divisão em versículos é obra de Robert Stevens, em 1551. // A Bíblia foi o primeiro livro impresso, em 1535. É o livro mais traduzido; aparece, inteira ou em parte, em mais de mil de duzentas línguas. A primeira tradução portuguesa é a do Novo Testamento por João Ferreira de Almeida, em 1681. É a obra de maior circulação; a primeira tiragem da **The New English Bible**, em 1961, foi de 1 275 000 exemplares. Todos os 66 livros da Bíblia juntos contém a revelação de Deus aos homens. Foram escritos por, ao menos, 36 homens, durante um período de 1500 anos. Entre esses homens havia reis, agricultores,

Ver p. 561

Antigo Testamento		Novo Testamento	A Bíblia Inteira
Número de livros	39	27	66
Número de capítulos	929	260	1 189
Número de versículos	23 214	7 959	31 173
Número de palavras	592 439+	181 253+	773 692*
Número de letras	2 728 100+	838 380+	3 566 480*
O livro do meio	Pv	2 Ts	Mq e Na
O capítulo do meio	Jó 29	Rm 13 e 14	Sl 117
O livro mínimo	Ob	3 Jo	3 Jo
O versículo mínimo	Êx 20.13 e Dt 5.17	Jo 11.35	Êx 20.13 e Dt 5.17

* O número em Português não pode ser o mesmo.

pastores, advogados, pescadores, um médico, um cobrador de impostos. Contudo esses livros perfazem um só livro, porque são a obra de um só Autor, sobre um só alvo e propósito divino, a redenção dos homens. O próprio livro é tão grande milagre como qualquer relato nas suas páginas. Disse certo estadista de renome:

"O mundo declara que a Bíblia não é nada mais que a obra de homens, que foi escrita sob as limitações do raciocínio humano. Segue, portanto, conforme esse modo de pensar, que os homens, se não degeneraram em habilidade e não decaíram em sabedoria, podem atualmente produzir um livro igual à Bíblia. Por que não o fazem? Por que não escolhem um grupo entre os melhores diplomados das suas universidades, para viajar em todo o mundo; para consultar as melhores bibliotecas; para respigar os campos da teologia, da botânica, da astronomia, da biologia e da zoologia; para fazer pesquisas em todos os ramos da ciência; para empregar os meios ao dispor da civilização moderna? E depois de esgotar toda a fonte, por que não engloba a melhor parte em um livro e o oferece ao mundo, como um substituto por nossa Bíblia?"

Não o fazem porque não podem. A Bíblia é o que ela mesma afirma centenas de vezes, A PALAVRA DE DEUS. Ao tomar a Bíblia na mão convém-nos lembrar que é o livro que tem Deus, que tem vida.

BIBLIOTECA: Coleção de livros, manuscritos, etc., guardados para estudar ou ler. Na realidade uma biblioteca pode consistir de um só livro. A Bíblia em si mesma é uma biblioteca. Na Idade Média ela se chamava: **A Biblioteca Divina**. Passou depois a chamar-se, simplesmente, **A Biblioteca**, como, atualmente, é conhecida como **O Livro**. No tempo em que Abraão saiu de Ur dos Caldeus, a maior parte das cidades tinham coleções de livros. As escavações dos arqueólogos têm descoberto várias bibliotecas, com grandes coleções, não de livros, mas de obras gravadas em tábuas de argila. Moisés foi educado em toda a ciência dos egípcios, At 7.22. Opina-se que ele guardava na arca do testemunho, junto com as tábuas da Aliança e um exemplar do livro da lei, todos os oráculos proferidos, e o registro das viagens, dia após dia. Depois da separação das tribos do norte das do sul, esses livros foram ou copiados ou separados e, por fim, nestes tempos angustiosos, ficaram, talvez, muito gastos, até o livro de Deuteronômio aparecer na biblioteca do templo, 2 Rs 22.8. Havia bibliotecas em toda a Síria e Palestina no tempo de Josué conquistar Canaã. Todas as nações circunvizinhas, os moabitas, os edumeus, os amorreus, etc. eram nações cultas, com arquivos públicos. Que havia bibliotecas em Israel no tempo de Samuel, Saul, Davi e Daniel vê-se em 1 Sm 10.25; 1 Cr 27.24; 29.29; etc. Sabemos que a biblioteca em Jerusalém forneceu cópias de seus livros para a biblioteca em Alexandria, nos tempos de fazer a tradução dos Setenta. Os crentes primitivos realizavam seus cultos nas sinagogas, e essas tinham suas bibliotecas. Não se sabe se os primeiros templos dos cristãos tinham bibliotecas, mas é certo que tinham quase desde o início. Não se sabe, também, se a rica biblioteca ao qual o historiador Josefo tinha acesso, era particular ou pública. Mas os romanos, dessa época, fundavam bibliotecas públicas em todas as suas províncias. No templo, onde Cristo ensinou o povo, havia quartos reservados para livros. Tanto o apóstolo Paulo, como muitos dos cristãos primitivos, eram homens cultos que tinham suas coleções de livros. Ver 2 Tm 4.13.

BICHINHO: Animal pequeno: tratamento familiar carinhoso. // Os **b** debaixo de ti estenderão, Is 14.11 (ARC). Não temas, ó **b** de Jacó, Is 41.14 (ARC).

BICHO: Ver **Verme**.

BICO: Extremidade córnea da boca das aves e de outros animais. // No **b** uma folha nova de oliveira, Gn 8.11.

BICRI, hb. **Jovem**: Um homem de Benjamim que se rebelou contra Davi, 2 Sm 20.1.

BIDCAR: Capitão no serviço de Jeú, 2 Rs 9.25.

BIGTÁ, hb. **Jardineiro**: Um dos sete camareiros de Assuero, Et 1.10.

BIGTÃ: Um dos dois camareiros que tramaram atentado contra Assuero, Et 2.21.

BIGVAI, hb. **Jardineiro**: 1. Chefe de uma família que voltou do exílio, Ed 2.2. // 2. Um dos que assinaram a aliança, Ne 10.16.

BILA, hb. **Modéstia**: 1. Escrava que Labão deu a Raquel, Gn 29.29. Raquel a deu a Jacó para ter filhos por intermédio dela, Gn 30.3,4. Mãe de Dã e de Naftali, Gn 30.6,8. Cometeu adultério com Rúben, Gn 35.22. // 2. Cidade de Simeão, 1 Cr 4.29.

BILÃ, hb. **Modéstia**: 1. Filho de Eser, príncipe dos hebreus, Gn 36.27. // 2. Um descendente de Benjamim, 1 Cr 7.10.

BILDADE, hb. **Bel amou**: Um dos amigos de Jó, Jó 2.11. Seus discursos, Jó 8; 18; 25.

BILEÃ: Uma cidade de Manassés que passou para os levitas, 1 Cr 6.70.

BILGA, hb. **Regozijo**: Um sacerdote que voltou do exílio, 1 Cr 24.14.

BILHA: 1 Sm 26.11. Vaso bojudo e de gargalo estreito.

BILSÃ: Chefe de uma família que voltou de Babilônia, Ed 2.2.

BIMAL: Descendente de Aser, 1 Cr 7.33.

BINEÁ: Descendente de Benjamim, 1 Cr 8.37.

BINUI, hb. **Edifício**: Um levita, Ed 8.33.

BIRSA, hb. **Filho de perversidade**: Um rei de Gomorra, Gn 14.2.

BIRZAVITE: Neto de Berias, filho de Aser, 1 Cr 7.31.

BISPADO: Ofício ou dignidade de bispo. // E tome outro o seu **b**, At 1.20 (ARC).

BISPO, lat. **episcopus**, gr. **episkopos**, **um vigilante**: Os presbíteros da igreja de Éfeso constituídos bispos, pelo Espírito Santo, para pastorearem a igreja, At 20.28. A todos santos, inclusive bispos e diáconos, Fp 1.1. Se alguém aspira ao episcopado, isto é, aspira servir de bispo, 1 Tm 3.1. Qualificações dum bispo, 1 Tm 3.2-7; Tt 1.7-9. Cristo, o Pastor e Bispo das vossas almas, 1 Pe 2.25. Ver **Diácono**, **Presbítero**.

BITÍNIA: Província romana da Ásia Menor. Paulo desejou ir lá na sua segunda viagem missionária, At 16.7. Acha-se nas províncias, às quais Pedro enviou a sua primeira epístola, 1 Pe 1.1. Ver mapa 6, E-1.

BIZIOTIÁ, hb. **Desprezo de Jeová**: Cidade de Judá, perto de Berseba, Js 15.28.

BIZTA: Um dos sete eunucos que serviam a Assuero, Et 1.10.

BLASFEMADOR: Aquele que blasfema. Os homens serão... arrogantes, **b**, 2 Tm 3.2.

BLASFEMAR: Proferir palavras insultando a divindade, Êx 22.28; Sl 74.18; Is 52.5; Rm 2.24; Ap 13.1,6; 16.9,11,21. Ultrajar, insultar, At 13.45; 1 Rs 21.10. Acusado, falsamente, de ter blasfemado, Nabote, 1 Rs 21.13; Estêvão, At 6.11,13; Jesus, Mt 9.3; 26.65; Jo 10.33. Exemplos: o rei da Assíria, 2 Rs 18.34; 19.6; os judeus, Lc 22.65; At 18.6; Paulo, 1 Tm 1.13. Ver **Ultrajar**.

BLASFÊMIA: Palavras que ofendem a divindade. // Blasfêmia contra o Espírito Santo, Mt 12.31,32; Lc 12.10; 1 Jo 5.16. A lei punia a blasfêmia com a morte, Lv 24.14,23. Ver **Ultraje**.

BLASFEMO: Que blasfema. // A mim que noutro tempo era **b** e perseguidor, 1 Tm 1.13.

BLASTO, gr. **Rebento**: Camarista do rei, Herodes Agripa I, At 12.20.

BOÃ, hb. **Polegar**: Filho de Rúben, Js 15.6.

BOANERGES, **Filhos do trovão**: Nome que Jesus deu a Tiago e João, por causa da sua impetuosidade, quando os designou para serem apóstolos, Mc 3.17.

BOA-NOVA: A levar as **b** à casa dos seus ídolos, 1 Sm 31.9. Este dia é dia de **b**, e nós nos calamos, 2 Rs 7.9. Ó Sião que anuncias **b**, Is 40.9. Os pés do que anuncia as **b**, Is 52.7. Para pregar **b** aos quebrantados, Is 61.1. Enviado para falar-te e trazer-te estas **b** novas, Lc 1.19. Eis que vos trago **b** nova de grande alegria, Lc 2.10. A nós foram anunciadas as **b** novas, Hb 4.2. Traduzido **evangelho**, Lc 8.1; At 13.32; etc.; **coisas boas**, Rm 10.15. Ver **Evangelho**.

BOA OBRA: Vejam as vossas **b o** e glorifiquem, Mt 5.16. Ela fez-me **b o**, Mc 14.6(ARC). Superabundeis em toda a **b o**, 2 Co 9.8. Criados em Cristo Jesus para **b o**, Ef 2.10. Frutificando em toda **b o**, Cl 1.10. As **b o** antecipadamente se evidenciam, 1 Tm 5.25. Sejam ricos de **b o**, 1 Tm 6.18. Preparado para toda **b o**, 2 Tm 2.21; Tt 3.1. Observando-vos em vossas **b o**, glorifiquem, 1 Pe 2.12.

BOAZ, hb. **Força**: 1. Homem de Belém, abastecido, parente de Noemi e esposo de Rute, Rt 2.1; 4.13. Seu nome na geneologia de Jesus Cristo, Mt 1.5; Lc 3.32. // 2. Uma das duas colunas de bronze, levantadas no pórtico do Templo de Salomão, 1 Rs 7.21.

BOCA: A terra cuja **b**, Gn 4.11. Sou pesado de **b**, Êx 4.10. Quem fez a **b** do homem? Êx 4.11. A sua **b** sobre a **b** dele, 2 Rs 4.34. Ponho a mão na minha **b**, Jó 40.4. A sua **b** era mais macia que a manteiga, Sl 55.21. Têm **b**, e não falam, Sl 115.5. Põe vigia, Senhor, à minha **b**, Sl 141.3. O que guarda a **b**, Pv 13.3; 21.23. A **b** do insensato, Pv 18.7. Com a sua **b** me honra, Is 29.13. A **b** fala do que está cheio o coração, Lc 6.45. Darei **b** e sabedoria, Lc 21.15. A **b**... cheia de maldição, Rm 3.14. Que se cale toda a **b**, Rm 3.19. A palavra está... na tua **b** e no teu coração, Rm 10.8. Não saia da vossa **b**, Ef 4.29. Fecharam **b** de leões, Hb 11.33. De uma só **b** procede bênção e, Tg 3.10. // Boca de Deus, Dt 8.3; Mt 4.4. // Boca do justo, Sl 37.30; Pv 10.31; Ec 10.12. // Boca de crianças, Sl 8.2; Mt 21.16. // Boca do ímpio, Sl 107.42; 109.2; 144.8; Pv 4.24; 6.12; 19.28; Rm 3.14; Ap 13.5. Ver **Lábio**, **Língua**.

BOCADO: Porção de alimento que se leva duma vez a boca. // Trarei um **b** de pão, Gn 18.5. Melhor é um **b** seco, e tranqüilidade, Pv 17.1. Após o **b**, imediatamente entrou nele Satanás, Jo 13.27.

BOCRU, hb. **Primogênito**: Um descendente de Saul, 1 Cr 8.38.

BODA: Celebração de casamento. // Se nos sete dias das **b** mo declarardes, Jz 14.12. Um rei que celebrou as **b** de seu filho, Mt 22.2. Chegou o noivo... entraram com ele para as **b**, Mt 25.10. Ceia das **b** do Cordeiro, Ap 19.7.

BODE: Macho da cabra. // Servia para os sacrifícios, Lv 4.24; Hb 9.12. O sangue de bodes e de touros, Hb 9.12,13,19; 10.4. Bode emissário, Lv 16.8. A visão sobre um carneiro e um **b**, Dn 8. É impossível que sangue de... **b** remova pecados, Hb 10.4.

BODE EMISSÁRIO: Lv 16.8. Ver **Azazel**.

BOFETADA: Pancada com a mão, no rosto. // Deu uma **b** em Micaías, 2 Cr 18.23. Os guardas o tomaram a **b**, Mc 14.65. Deu uma **b** em Jesus, dizendo, Jo 18.22. Salve, rei dos Judeus! e davam-lhe **b**, Jo 19.3.

BOI: Macho, da família dos bovídeos. A palavra, contudo pode significar qualquer um dos sexos, Êx 20.17. No plural significa, às vezes, **gado**, Gn 12.16; 21.27. Os antigos egípcios consideravam o Boi Ápis, como a expressão mais completa da divindade. Diziam que foi gerado por um raio do sol que caiu sobre uma vaca, este bezerro tinha uma malha na forma de um triângulo, na fronte, e outra malha na forma de crescente, no dorso. Tinha seus sacerdotes desde o ano 2700 a.C. A múmia deste boi ficou como objeto de culto. Os israelitas foram corrompidos pelos

Bolota

O Boi Ápis

mesmo culto, como se vê no episódio do bezerro de ouro, Ez 32.1-8. O povo de Deus alimentava-se da carne de boi, Dt 14.4; 1 Rs 1.25; Mt 22.4. O boi oferecido em sacrifício, Gn 15.9; 2 Cr 29.33; 1 Rs 8.63. Empregavam-se bois para lavrar a terra, Dt 22.10. Eliseu lavrou com 12 juntas de bois, 1 Rs 19.19. Usava-se para debulhar o trigo, Dt 25.4; Os 10.11. Animal de carga, 1 Cr 12.40. Para puxar o carro, Nm 7.3; 1 Sm 6.7; 2 Sm 6.6. Proibido lavrar com junta de boi e jumento, Dt 22.10. Proibido amordaçá-lo quando debulhava, 1 Co 9.9; 1 Tm 5.18. Ver **Bezerro**.

BOIEIRO: Guardador ou condutor de bois. // Sou **b** e colhedor de sicômoros, Am 7.14. Ver **Pastor**.

BOLO: Massa de farinha, talvez redonda e cozida. // Bolos asmos, Êx 12.39; Lv 2.4; Jz 6.19. E de sabor como **b** de mel, Êx 16.31. Faze dele para mim um **b** pequeno, 1 Rs 17.13.

BOLOTA: Fruto do carvalho e do azinheiro. // Mais propriamente **alfarrobas** em Lc 15.16 (ARA).

BOLSA: Saquinho de trazer dinheiro. // Na tua **b** não terás pesos diversos, Dt 25.13. Não leveis **b**, Lc 10.4. **B** que não desgastem, Lc 12.33. Quem tem **b**, tome-a, Lc 22.36. Judas era quem trazia a **b**, Jo 13.29. Ver **Alforje**, **Saco**, **Saquitel**.

BOM: De qualidade, adequada, satisfatória. Misericordioso, caritativo. // Viu Deus tudo... eis que era muito **b**, Gn 1.31. Nenhuma... falhou de todas as **b** palavras, Js 21.45; 23.14. Oh! provai, e vede que o Senhor é **b**, Sl 34.8. **B** é render graças, Sl 92.1. Como é **b**... unidos os irmãos, Sl 133.1. Perguntai... qual é o **b** caminho, Jr 6.16. Dará **b** coisas aos que lhe pedirem? Mt 7.11. Árvore **b** produz **b** frutos, Mt 7.17. Homem **b** tira do tesouro **b** coisas, Mt 12.35. Haverá **b** tempo, Mt 16.2. Acerca do que é **b**? **B**, só existe um, Mt 19.17. Servo **b** e fiel, Mt 25.21. Sou o **b** pastor, Jo 10.11. Homens de **b** reputação, At 6.3. Era homem **b**, cheio, At 11.24. Qual seja a **b**, agradável e perfeita vontade, Rm 12.2. Corrompem os **b** costumes, 1 Co 15.33. Combate o **b** combate,

1 Tm 6.12. Combati o **b** combate, 2 Tm 4.7. Toda **b** dádiva, Tg 1.17. Ver **Boa Obra**.

BONANÇA: Bom tempo no mar. // Repreendeu... e fez-se grande **b**, Mt 8.26.

BONDADE: Qualidade do que é bom. // Não serviste ao Senhor... com alegria e **b** de coração, Dt 28.47. Para que use eu de **b** para com ele, 2 Sm 9.1. Tardio em irar-te, e grande em **b**, Ne 9.17. Mostra as maravilhas da tua **b**, Sl 17.7. **B** e misericórdia certamente me seguirão, Sl 23.6. Creio que verei a **b** do Senhor na terra dos viventes, Sl 27.13. A terra está cheia da **b** do Senhor, Sl 33.5; 119.64. O que segue a justiça e a **b**, Pv 21.21. A **b** de Deus é que te conduz ao arrependimento, Rm 2.4. A **b** e a severidade de Deus, Rm 11.22. Estais possuídos de **b**, Rm 15.14. Na **b**, do Espírito Santo, 2 Co 6.6. O fruto do Espírito é... **b**, Gl 5.22. A suprema riqueza da sua graça, em **b**, Ef 2.7. O fruto da luz consiste em toda a **b**, Ef 5.9. Revesti-vos... de **b**, Cl 3.12. Ver **Benignidade**, **Misericórdia**.

BONDOSO: Que tem bondade. Benévolo. // O homem **b** faz bem a si mesmo, Pv 11.17. As palavras **b** lhe (a Deus) são aprazíveis, Pv 15.26. Tendes a experiência de que o Senhor é **b**, 1 Pe 2.3. Ver **Benigno**, **Clemente**, **Misericordioso**.

BONS PORTOS: Um porto de Creta, At 27.8. Ver mapa 6, D-3.

BOQUIM, hb. **Pranteadores**: Um lugar perto de Gilgal, onde o povo de Israel, ao ser repreendido pelo anjo, se arrependeu, chorou e sacrificou ao Senhor, Jz 2.1-5.

BORDÃO: Cajado grosso. // Põe o meu **b** sobre o rosto do menino, 2 Rs 4.29. Egito, esse **b** de cana esmagada, 2 Rs 18.21. Um **b** de cana para a casa de Israel, Ez 29.6. Nem de sandálias, nem de **b**, Mt 10.10. Jacó... apoiado sobre a extremidade do seu **b**, Hb 11.21. Ver **Bastão**, **Cajado**.

BORDEJAR: Navegar, mudando de rumo freqüentemente, quando o vento não favorece. // Desde, bordejando, chegamos a Régio, At 28.13.

BORLA: Nm 15.38,39; Dt 22.12. Ornamento de passamaneira, composto geralmente, de um pé ou botão donde pende um feixe de fios de seda, algodão, lã, ouro ou prata.

BORRACHEIRA: Palavras ou modos de bêbado; grosseria; disparate. // Tendo andado em... **b** 1 Pe 4.3.

BORRALHO: Lage em que se acende fogo. // Pão assado ao **b**, Gn 18.6. Como o carvão é para o **b**, Pv 26.21 (ARC).

BORRIFAR: Salpicar; molhar com pequeninas gotas. // Assim borrifará muitas nações, Is 52.15 (ARC).

BOSQUE: Grande arvoredo. Mata, floresta. // Um **b** onde havia mel no chão, 1 Sm 14.25. Davi saiu... para o **b** de Herete, 1 Sm 22.5. A batalha no **b** de Efraim, 2 Sm 18.6. Salomão... edificou a casa do **B** do Líbano, 1 Rs 7.2. Duas ursas saíram do **b**, 2 Rs 2.24. São meus todos os animais do **b**, Sl 50.10. Como o fogo devora um **b**. Sl 83.14. Retumbai com júbilo, vós montes, vós **b**, Is 44.23. Como o pau da videira entre as árvores do **b**, Ez 15.6. Vede quão grande **b** um pequeno fogo incendeia, Tg 3.5 (ARC).

BOSQUE: A palavra é traduzida **Aserá** na Versão Brasileira e **Poste-ídolo** na Edição Revista. Que não era um bosque é evidente em Jz 6.25 e 2 Rs 23.6. Era mais propriamente um tronco de árvore que servia como imagem da deusa Aserá. Ver **Aserá**.

BOTE: At 27.16,30. Ver **Barco**.

BOTIJA: Vasilha cilíndrica de barro, de boca estreita, gargalo curto e uma pequena asa. // **B** de mel, 1 Rs 14.3. **B** de água, 1 Rs 19.6. **B** de barro, Jr 19.1,10. Ver **Vaso**.

BOZCATE, hb. **Pedregoso**: Terra natal de Jedida, mãe do rei Josias, 2 Rs 22.1.

BOZEZ, hb. **Brilhante**: Penha íngreme no lado norte do desfiladeiro de Micmás, 1 Sm 14.4,5.

BOZRA, hb. **Aprisco**: 1. Cidade muito antiga, a capital de Edom, Gn 36.33. Notável pela abundância de seus rebanhos, Mq 2.12. Profecias contra, Jr 49.13; Am 1.12. Ver mapa 2, D-7. // 2. Cidade de Moabe, Jr 48.24. O mesmo, talvez como Bezer.

BRAÇA: Cerca de 2 metros, At 27.28. Ver **Medidas de comprimento**.

BRACELETE: Pulseira, argola de adorno, que ambos os sexos usavam no braço, 2 Sm 1.10; Is 3.19; Ez 16.11; 23.42.

BRAÇO: Cada um dos membros superiores ligados ao ombro no corpo humano. // Eles trarão os teus filhos nos **b**, Is 49.22. Tomando-as nos **b**, as abençoava, Mc 10.16. Significando poder, influência: A minha força e o poder do meu **b**, Dt 8.17. Cortarei o teu **b**, 1 Sm 2.31. Os **b** dos órfãos foram quebrados, Jó 22.9. Quebranta o **b** do perverso, Sl 10.15. Nem foi o seu **b** que lhes deu vitória, Sl 44.3. O PODER DE DEUS: **B** estendido, Êx 6.6; Dt 4.34. Pela grandeza do teu **b** emudecem como pedra, Êx 15.16. Descansará nos seus **b**, Dt 33.12. Por baixo de ti estende os **b** eternos, Dt 33.27. Tens **b**, como Deus? Jó 40.9. Com o teu **b** remiste o teu povo, Sl 77.15. O teu **b** é armado de poder, Sl 89.13. Sê tu o nosso **b** manhã após manhã, Is 33.2. O seu **b** dominará, Is 40.10. Os meus **b** dominarão o povo, Is 51.5. Desnudou o seu santo **b**, Is 52.10. A quem foi revelado o **b** do Senhor? Is 53.1; Jo 12.38.

BRADAR: Dizer em brados, gritar. // Do céu lhe bradou... Abraão! Gn 22.11. Do céu bradou pela segunda vez, Gn 22.15. Esaú... bradou com profundo amargor, Gn 27.34. Bradou em grande voz, como ruge um leão, Ap 10.3. Ver **Clamar**, **Gritar**.

BRADO: Grito. Reclamação em voz alta. // Vindo a arca... rompeu todo Israel em grandes **b**, 1 Sm 4.5. Ver **Clamor**, **Grito**.

BRAMAR: Berrar (diz-se dos veados e por extensão de outros animais). Gritar, vociferar. // Leão novo, bramando, lhe saiu, Jz 14.5. Os teus adversários bramam, Sl 74.4. Bramam contra eles naquele dia, Is 5.30. Que bramem as suas ondas, Is 51.15. Bramamos como ursos, Is 59.11. O Senhor... bramará como leão, Os 11.10. O Senhor brama de Sião, Jl 3.16. Ver **Rugir**, **Trovejar**.

BRAMIDO: Grande estrondo, rugido, grito de cólera. // Levantam os rios o seu **b**, Sl 93.3. O **b** do leão, Pv 19.12. O **b** do mar, Is 5.30; Lc 21.25. Ai do **b** dos grandes povos, Is 17.12. Ver **Rugido**.

BRAMIDOR: O que brama. // Como leão **b**, Pv 28.15 (ARC).

BRAMIR: Dar gritos de cólera, rugir (falando de feras); rugir, fazer grande estranho (falando do mar). // O Senhor desde o alto bramirá, Jr 25.30 (ARC). Bramirá o leão no bosque, Am 3.4 (ARC).

BRANCO: Que tem a cor da neve, da cal, etc. // A mão estava leprosa, **b** como a neve, Êx 4.6. Inchação **b**, é lepra, Lv 13.10. Miriã achou-se leprosa, **b** como a neve, Nm 12.10. Cavalgais jumentas **b**, Jz 5.10. Geazi saiu leproso, **b** como a neve, 2 Rs 5.27. Lava-me, e ficarei mais alvo que a neve, Sl 51.7. Pecados... se tornarão **b** como a neve, Is 1.18. Sua veste era **b** como a neve, Dn 7.9. Cavalos **b**, Zc 1.8; 6.3. Não podes tornar um cabelo **b**, Mt 5.36. Vestes tornaram-se **b** como a luz, Mt 17.2. Sua veste alva como a neve, Mt 28.3. Campos já branquejam para a ceifa, Jo 4.35. Dois varões vestidos de **b**, At 1.10. Cabelos eram **b** como alva lã, Ap 1.14. Uma pedrinha **b**, Ap 2.17. Andarão de **b** junto comigo, Ap 3.4. O vencedor será vestido de vestiduras **b**, Ap 3.5. Um cavalo **b**, Ap 6.2; 19.11. Vestiduras **b** com palmas, Ap 7.9. Um grande trono **b**, Ap 20.11.

BRANDAMENTE: De modo brando. // As águas de Siloé que correm **b**, Is 8.6.

BRANDIR: Agitar com a mão, antes de atirar ou descarregar. // Brandir lança, Jó 41.29; machado, Sl 74.5; espada, Ez 32.10.

BRANDO: Meigo, manso. // Suas palavras eram mais **b** que o azeite, Sl 55.21. A resposta **b** desvia o furor, Pv 15.1. A língua **b** esmaga ossos, Pv 25.15. Fomos **b** entre vós, como a ama, 1 Ts 2.7 (ARC). Deve ser **b** para com todos, 2 Tm 2.24. Ver **Suave**.

BRANDURA: Mansidão, moderação. // Tratai com **b** o jovem Absalão, 2 Sm 18.5. Corrigi-o, com o espírito da **b**, Gl 6.1.

BRANQUEADO: Tornado branco, caiado. // Deus há de ferir-te, parede **b**, At 23.3. Ver **Caiar**.

BRANQUEAR: Tornar branco, ou mais branco, // E os branquearam no sangue, Ap 7.14 (ARC).

BRASA: Carvão incandescente. // Chover sobre os perversos **b** de fogo, Sl 11.6. Sobre eles **b** vivas, Sl 140.10. Andará alguém sobre **b**, Pv 6.28. **B** vivas sobre a sua cabeça, Pv 25.22. Como o carvão é para a **b**, Pv 26.21. As suas **b** são **b** de fogo, Ct 8.6. Com **b** tocou a minha boca, Is 6.7. Umas **b** e em cima peixes, Jo 21.9. **B** vivas sobre a sua cabeça, Rm 12.20; Pv 25.22.

BRASEIRO: Vaso para brasas, fogareiro. // E diante dele estava um **b** aceso, Jr 36.22.

BRASUME: Grande ardor. // O **b** da ira do nosso Deus, Ed 10.14.

BRAVO: Silvestre. // Mas deu uvas **b**, Is 5.2. Tu sendo oliveira **b**, Rm 11.17. Por natureza, era oliveira **b**, Rm 11.24.

BRECHA: Rotura ou fenda larga feita em uma vedação qualquer. // **B** nas tribos de Israel, Jz 21.15. Tinha edificado o muro, e que nele já não havia **b** nenhuma, Ne 6.1. Serás chamado reparador de **b**, Is 58.12. Quando se fez a **b** na cidade, Jr 39.2. Um homem que... se colocasse na **b**, Ez 22.30. Repararei as suas **b**, Am 9.11.

BRENHA: Mata espessa e emaranhada. // A voz do Senhor... desnuda as **b**, Sl 29.9 (ARC).

BREVE: De pouca duração. // Nascido de mulher, vive **b** tempo, Jó 14.1. O júbilo dos perversos é **b**, Jó 20.5. Como é **b** a minha existência! Sl 89.47. Orfanados por **b** tempo, 1 Ts 2.17.

BRIGAR: Lutar, combater braço a braço. // Dois hebreus estavam brigando, Êx 2.13. Se dois brigarem, ferindo, Êx 21.18. Ver **Contenda**.

BRILHANTE: Que brilha. // Vestirei de preto todos os **b** luminares, Ez 32.8. Rio... **b** como cristal, Ap 22.1. A **b** estrela da manhã, Ap 22.16. Ver **Radiante**, **Resplandecente**.

BRLHAR:: Ter luz viva, luzir. // Tornaram a brilhar seus olhos, 1 Sm 14.27. Que vai brilhando mais e mais até ser perfeito, Pv 4.18. Brilhe também a vossa luz, Mt 5.16. A glória do Senhor brilhou ao redor, Lc 2.9. Luz do céu brilhou ao seu redor, At 9.3. A palavra profética... como a uma candeia que brilha em lugar tenebroso, 2 Pe 1.19. A verdadeira luz já brilha, 1 Jo 2.8. O seu rosto brilhava como o sol na sua força, Ap 1.16. Sua terça parte não brilhasse, Ap 8.12. O Senhor Deus brilhará sobre eles, Ap 22.5. Ver **Resplandecer**.

BRINCADEIRA: Divertimento, gracejo. // E diz: Fiz isso por **b**, Pv 26.19.

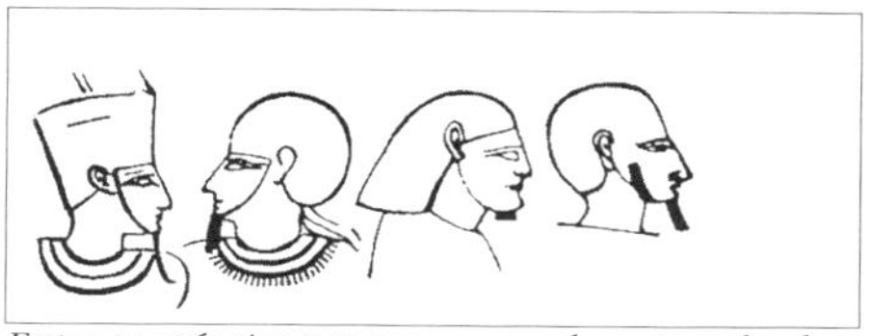

Entre os egípcios rapava-se, geralmente, a barba

Ao contrário, os judeus e outros deixavam crescer a barba como sinal de varonilidade.

O óleo de unção desceu da cabeça de Arão para a barba. Ver **Barba**, p. 83.

BRINCAR: Divertir-se infantilmente. // Brincarás com ele? Jó 41.5. A criança... brincará sobre a toca da áspide, Is 11.8. As praças... se encherão de meninos... nelas brincarão, Zc 8.5.

BRITÂNIA: Antigo nome da Inglaterra. Ver mapa 1, A-2.

BROCHA: Correia que liga a canga ao pescoço do boi. // Faze **b** e canzis, e põe-nos no teu pescoço, Jr 27.2.

BRONZE: Liga de cobre e estanho. Às vezes traduzido **latão**, isto é, **metal amarelo**. Os homens conheciam-no quase desde o início; Tubalcaim artífice de instrumentos cortantes de bronze e de ferro, Gn 4.22. Usado na construção do Tabernáculo, Êx 25.3; 26.11. Os utensílios do Tabernáculo feitos de bronze, Êz 38.3,8. Os utensílios do Templo, 1 Rs 7.45. A serpente de bronze, Nm 21.9. Aos que não dão ouvidos à voz de Deus, os céus serão de bronze e a terra de ferro, Dt 28.23. Sansão amarrado com cadeias de bronze, Jz 16.21. Armadura de Golias de bronze, 1 Sm 17.5. Hirão fez toda obra de bronze, 1 Rs 7.14. O sonho da grande estátua que tinha o ventre e os quadris de bronze, Dn 2.32,39. Montes de bronze, Zc 6.1. Como o bronze que soa, 1 Co 13.1. Seus pés semelhantes ao bronze polido, Ap 1.15. Uma das mercadorias da grande Babilônia, Ap 18.12. Ver **Cobre**.

BROTAR: Produzir, lançar, nascer, aparecer. // Nenhuma erva... havia brotado, Gn 2.5. Eis que a vara de Arão... brotara, Nm 17.8. Da terra brota a verdade, Sl 85.11. Os ímpios brotam como a erva, Sl 92 7. Com ela brote a justiça, Is 45.8. A tua cura brotará sem detença, Is 58.8. Farei brotar a Davi um Renovo, Jr 33.15. As folhas brotam, sabeis que está próximo, Mt 24.32. Raiz de amargura que, brotando, Hb 12.15 Ver **Germinar**.

BRUÇOS: Com o ventre e o rosto voltados para baixo, no chão. // Caíram de **b**, Mt 17.6.

BRUGO: Jl 1.4 (B). **Qualquer inseto** ou lagarta, prejudicial às plantações.

BRUNIDO: Brilhante, polido. // Nação de homens altos e de pele **b**, Is 18.2.

BRUTAL: Rude, grosseiro, selvagem. // O homem **b** nada sabe, Sl 92 6 (ARC). Atendei, ó **b** dentre o povo, Sl 94.8 (ARC).

BRUTO, O animal irracional: Como **b** irracionais, 2 Pe 2.12; Jd 10. Ver **Inepto**.

BUFÃO: Fanfarrão, truão, bobo. // Como vis **b** em festins, Sl 35.16.

BUFO: Sopro forte. // O **b** é como a tempestade, Is 25.4.
BUFO: Is 34.11. Corujão.
BUGIO: Mono, espécie de macaco. Não nativo da Palestina, mas importado para a corte de Salomão, 1 Rs 10.22.
BUL: O oitavo mês do ano, 1 Rs 6.38. Ver **Ano**.
BUNA, hb. **Prudência**: Um filho de Jerameel, 1 Cr 2.25.
BUNI, hb. **Edificado**: Um levita, Ne 11.15.
BUQUI, hb. **Jeová justifica**. 1. Um príncipe da tribo de Dã, Nm 34.22. // 2. Filho de Abisua da tribo de Levi, 1 Cr 6.5.
BUQUIAS, hb. **Provado por Jeová**: Um filho de Hemã, 1 Cr 25.4.
BURACO: Orifício; pequena abertura; cova. // Esconderam-se pelas cavernas, e pelos **b**, 1 Sm 13.6. Saindo dos **b** em que se tinham escondido, 1 Sm 14.11. Fez na tampa um **b**, e a pôs ao pé do altar, 2 Rs 12.9. Os homens se meterão... nos **b** da terra, Is 2.19. Havia um **b** na parede, Ez 8.7. Abre um **b** na parede, Ez 12.5. Ver **Barranco**.
BURIL: Instrumento de aço para gravar, para lavrar pedras. // Com **b**, e fez dele um bezerro, Êx 32.4.
BURRO: O mesmo que muar. Ver **Mulo**.
BUSCAR: Tratar de descobrir, de adquirir. // Todo aquele que buscava ao Senhor saía a tenda, Êx 33.7. De lá buscarás ao Senhor teu Deus, e o acharás, Dt 4.29. Senhor... sob cujas asas vieste buscar refúgio, Rt 2.12. Buscai o Senhor e o seu poder, 1 Cr 16.11. Orar e me buscar... eu ouvirei, 2 Cr 7.14. Começou a buscar o Deus de Davi, 2 Cr 34.3. Busquei o Senhor e ele me acolheu, Sl 34.4. Aos que buscam o Senhor bem nenhum lhes faltará, Sl 34.10. Buscai o Senhor enquanto se pode achar, Is 55.6. Buscai, pois, em primeiro lugar, o seu reino, Mt 6.33. Buscai, e achareis, Mt 7.7. O Filho do homem veio buscar e salvar, Lc 19.10. Buscai entre os mortos ao que vive? Lc 24.5. Para que os demais homens busquem o Senhor, At 15.17. Para buscarem a Deus... tateando, At 17.27. Não há quem busque a Deus, buscam o que é seu próprio, Fp 2.21. Jamais andamos buscando glória de homens, 1 Ts 2.6. Cidade permanente, mas buscamos a que há de vir, Hb 13.14. Busque a paz, 1 Pe 3.11. Buscarão a morte e não a acharão, Ap 9.6. Ver **Procurar**.
BUXO: Árvore semelhante à murta. Madeira, muito dura, de cor amarela, empregada em obras de torneiro, Is 60.13; 41.19.
BUZ, hb. **Desprezo**: 1. Um filho de Naor, Gn 22.21. // 2. Um descendente de Gade, 1 Cr 5.14.
BUZINA: Trombeta de corno ou de metal retorcido. // Quando soar longamente a **b**, **Êx 19.13.**

BERSEBA... onde ônibus e camelo se encontram... e o deserto começa.

Berseba, cinco quilômetros distante das ruínas da antiga cidade, é a capital atual do sul. Outrora um mero posto de comércio, cresceu agora até ficar uma cidade florescente de 60 mil habitantes. É uma cidade de cientistas e de construtores, de professores e de comerciantes, dedicados à obra sensacional de desbravar um novo mundo árido, o Neguebe. Ver ***Berseba***, ***Neguebe***.

CEGO LENDO A BÍBLIA. *"Eu era cego e agora vejo", Jo 9.25.*

C

CÁ: Neste lugar, aqui. // Vai, chama teu marido e vem cá, Jo 4.16.

CABALMENTE: Completamente, perfeitamente, rigorosamente. // Somos **c** conhecidos por Deus, 2 Co 5.11. Cumpre **c** o teu ministério, 2 Tm 4.5.

CABANA: Pequena casa rústica, choça. // Habitassem em **c**, durante a festa, Ne 8.14.

CABEÇA: Parte superior do corpo dos animais bípedes, e anterior dos outros animais, que contém os órgãos dos sentidos e a boca. // Este ferirá a **c**, Gn 3.15. Cortaram a cabeça a Orebe e a Zeebe, Jz 7.25; a Golias, 1 Sm 17.51; a Saul, 1 Sm 31.9; a Is-Bosete, 2 Sm 4.7; a Seba, 2 Sm 20.22; aos setenta filhos de Acabe, 2 Rs 10.7; a João Batista, Mt 14.8. Sobre cuja **c** não passará navalha, Jz 13.5. Ai! a minha **c**, 2 Rs 4.19. Unges-me a **c** com óleo, Sl 23.5. Levantai, ó portas, a vossa **c**, Sl 24.7. Do pé até a **c** não há nele coisa sã, Is 1.6. Tu és a **c** de ouro, Dn 2.38. Nem jures pela tua **c**, Mt 5.36. Não tem onde reclinar a **c**, Mt 8.20. Também as mãos e a **c**, Jo 13.9. Amontoarás brasas vivas sobre a sua **c**, Rm 12.20; Pv 25.22. Tendo a **c** coberta, 1 Co 11.4. Ele é a **c** do corpo, da igreja, Cl 1.18. Dragão com sete **c**, Ap 12.3. As sete **c** são sete montes, Ap 17.9.

CABEÇA: Chefe. // Homens capazes... constituiu por **c** sobre o povo, Êx 18.25. Os **c** do povo, Nm 25.4. Cristo é o **c** de todo o homem, 1 Co 11.3; da Igreja, Mt 21.42; 28.19; Ef 1.22; 4.15; 5.23; Cl 1.18; 2.10. O marido é o **c** da mulher, Ef 5.23. Ver **chefe, Guia**.

CABECEIRA: Almofada, lugar onde descansa a cabeça (na cama). // E a pôs por sua **c**, e deitou-se, Gn 28.11 (ARC).

CABELEIRA: Cabelos compridos que nascem na cabeça. // O nazireu... rapará a **c**, Nm 6.18. Não com **c** frisada, 1 Tm 2.9.

CABELO: Pelos que crescem na cabeça humana. // As sete tranças da minha cabeça, Jz 16.13. O **c**... começou a crescer, Jz 16.22. Atiravam com a funda uma pedra num **c**, Jz 20.16. Não há de cair... um só dos **c**, 2 Sm 14.11; 1 Rs 1.52; At 27.34. Quando cortava o **c**... peso era de 200 siclos, 2 Sm 14.26. E lhes arranquei os **c**, Ne 13.25. Arrepiar os **c** do meu corpo, Jó 4.15. Mais que os **c**, Sl 40.12; 69.4. Os teus **c** são como o rebanho, Ct 4.1. Em lugar de **c**, calvície, Is 3.24. Os **c** como as penas da águia, Dn 4.33. Tornar um **c** branco, Mt 5.36. Os **c** todos da cabeça estão contados, Mt 10.30. Enxugava com os próprios **c**, Lc 7.38; Jo 11.2; 12.3. Não se perderá um só fio de **c**, Lc 21.18. O homem usar **c** compridos, 1 Co 11.14. O **c** lhe foi dado em lugar de mantilha, 1 Co 11.15. Como frisado de **c**, 1 Pe 3.3. **C** eram brancos, Ap 1.14. Como **c** de mulheres, Ap 9.8. // Sabemos que era o costume dos egípcios raparem a cabeça, e que os assírios, ao contrário, deixavam os cabelos crescer até caírem sobre os ombros. Os israelitas cortavam os cabelos para impedir demasiado crescimento, Nm 6.5; 2 Sm 14.26. Havia barbeiros para esse serviço, Ez 5.1. Os homens entre os cristãos não usavam cabelo comprido, 1 Co 11.14. Mas as mulheres hebréias o usavam Ct 7.5; 1 Co 11.15; Ap 9.8. O cabelo preto era considerado o mais belo, Ct 5.11. Um dos sinais da lepra era uma mudança na cor do cabelo; por isso se mandava que fosse cortado como sendo a sede da doença, Lv 13.5,10. Rapar ou arrancar os cabelos da cabeça e da barba era manifestação de luto, de grande aflição, Ed 9.3; Jó 1.20; Is 15.2; Jr 7.29; 41.5; 48.37. Como se vê em Rt 3.3; Sl 23.5; Ec 9.8; Mt 6.17, usavam-se óleo e ungüentos perfumados. Os apóstolos, contudo, censuravam a excessiva atenção que era prestada ao adorno do cabelo pelas mulheres, 1 Tm 2.9; 1 Pe 3.3. Ver **Barba**, **Barbear**, **Rapar**, **Raspar**.

CABELUDO: Que tem muito cabelo. // Esaú... homem **c**, Gn 27.11.

CABER: Poder estar dentro, pertencer em particular. // Coube-lhe por sorte, Lc 1.8. Nem no mundo inteiro caberiam os livros, Jo 21.25. Que vos cabe da herança dos santos, Cl 1.12.

CABO: Extremidade por onde se pega num objeto; corda grossa de navio; término; fim. // Resolvi dar **c** de toda carne, Gn 6.13. O ferro saltar do **c**, Dt 19.5. Entrou também o **c** com a lâmina, Jz 3.22. Deus, desses **c** do perverso, Sl 139.19. Contou Deus o teu reino, e deu **c** dele, Dn 5.26. Cortaram os **c** do bote, At 27.32. Ver **Corda**, **Fim**.

CABO: 2 Rs 6.25 (ARC). Uma medida de 2 litros. Ver **Medidas de capacidade**.

CABOM, hb. **Atadura**: Uma vila de Judá, Js 15.40.

CABOUQUEIRO: Cavador; o que trabalha em minas ou pedreiras. // Aos pedreiros e aos **c**, 2 Rs 12.12.

CABRA: Mamífero ruminante, fêmea de bode. // Servia para os sacrifícios, Nm 15.27. A carne e o leite serviam de alimento, Dt 14.4; Pv 27.27. Tecidos feitos de pêlos de cabra, Êx 25.4; 26.7. A pele servia de vestimenta, Hb 11.37. Cabras monteses, 1 Sm 24.2. Jacó era rico em ovelhas e cabras, Gn 30.33,43; 31.1; 32.14. Nabal possuía mil cabras, 1 Sm 25.2. Os árabes pagaram a Josafá 7.700 bodes, 2 Cr 17.11.

Cabra Montês

CABRA MONTÊS: Mamífero de proporções medianas, da família dos veados. // Animal **limpo**, Dt 14.5. Foi esta caça, talvez, que Isaque mandou que seu filho lhe alcançasse por meio da aljava e do arco, Gn 27.3. Habita nas penhas, 1 Sm 24.2; Sl 104.18. Jó a mencionou, Jó 39.1. Tem pé firme, habitando os penhascos onde outros animais não se atrevem andar.

CABRESTO: Cabeçada, sem freio, de cavalo. // Com freios e **c** são dominados, Sl 32.9.

CABRITO: Pequeno bode. Servia para os sacrifícios, Êx 12.5. Sua carne era muito apreciada, Jz 6.19; 13.19; Lc 15.29. O pastor separa dos cabritos as ovelhas, Mt 25.32.

CABUL, hb. **Sujo**: 1. Uma cidade de Aser, Js 19.27. Ver mapa 2, C-3. // 2. Região de 20 cidades, dada por Salomão a Hirão, rei de Tiro, 1 Rs 9.13. Ver mapa 3, A-2.

O rei da Assíria, Ashurnasipal, cerca de 900 a.C., gabava-se de ter matado 450 grandes leões, e de ter tomado vivos mais de 20

CABZEEL, hb. **Deus traz junto**: Uma cidade da herança de Judá, Js 15.21.

CAÇA: Animais que se caçam; perseguição; investigação. // Isaque... saboreava de sua **c**, Gn 25.28. Apanha para mim alguma **c**, Gn 27.3. Andas a **c** da minha vida, 1 Sm 24.11. Andarás à **c** de palavras? Jó 18.2. O preguiçoso não assará a sua **c**, Pv 12.27. A caçada, além de constituir um passatempo favorito, tinha por fim particular exterminar as feras (Ver Êx 23.29; Jz 14.5; 1 Sm 17.34; 1 Rs 13.24) e prover meios de alimentação, Gn 27.3,4. Refere-se, talvez, à caça, na menção de veados, de gazelas, de corços e de aves para o provimento diário de Salomão, 1 Rs 4.23. A vida patriarcal era mais a do possuidor de rebanhos, do que a do caçador, mas Ninrode e Esaú são considerados caçadores de fama, Gn 10.9; 25.27. Os caçadores usavam arco e flecha, Gn 27.3; Is 7.24; a armadilha, Jó 18.10; Jr 5.26,27; as redes, Is 51.20; fossos ou cisternas, 2 Sm 23.20.

CAÇADOR: Que caça. // Ninrode, poderoso e diante do Senhor, Gn 10.9. Ver Gn 21.20. Esaú saiu perito **c**, Gn 25.27. Livra-te como a gazela da mão do **c**, Pv 6.5. Enviarei muitos **c**, Jr 16.16.

CAÇAR: Perseguir ou apanhar (aves ou outros animais). // Tu me caças como a um leão feroz, Jó 10.16. A adúltera anda a caça de vida preciosa, Pv 6.26. Os quais os caçarão de sobre todos os montes, Jr 16.16. Para caçarem almas! Ez 13.18.

CACETE: Pau curto e grosso. // Saístes com espadas e **c**? Mt 26.55.

CACHO: Conjunto de flores ou frutos, pedunculados e dispostos em roda de um pedúnculo comum. // **C** de uvas, o qual trouxeram numa vara, Nm 13.23. Acha vinho num **c** de uvas, Is 65.8. Ajunta os **c** da videira da terra, Ap 14.18.

CACHO: Anel ou canudo de cabelos. // E me tomou pelos **c** da cabeça; o Espírito, Ez 8.3. Isto é, tomou-o pelas madeixas de cabelo.

CACHORRINHO: Cachorro pequeno. // O pão dos filhos e lançá-lo aos **c**, Mt 15.26. Ver **Cão**.

CACHORRO: Cão novo e pequeno; cria de leão, onça, etc. // Entre os leõezinhos criou os seus **c**, Ez 19.2.

CACO: Pedaço de louça quebrada. // Jó sentado em cinza, tomou um **c**, Jó 2.8.

CAÇOAR: Escarnecer, zombar de. // O filho de Hagar... caçoava de Isaque, Gn 21.9. Ver **Escarnecer**, **Zombar**.

CADÁVER: O corpo inanimado de homem ou animal. // Seu **c** não permanecerá no madeiro, Dt 21.23. O jumento e o leão parados junto ao **c**, 1 Rs 13.24. Dos assírios a 185 mil **c**, 2 Rs 19.35. Deram os **c** de Jerusalém às aves, Sl 79.2. Os seus **c** são como monturo, Is 5.25. Verão os **c** dos homens que prevaricaram contra mim, Is 66.24. Os **c** deste povo servirão de pasto às aves, Jr 7.33. Onde estiver o **c**, Mt 24.28. Cujos **c** caíram no deserto, Hb 3.17. **C** ficarão estirados na praça, Ap 11.8.

CADEIA: Corrente de anéis de metal; algemas; cárcere. // De ouro, 1 Rs 6.21; Dn 5.7. De prata, Is 40.19. De bronze, Jz 16.21. E lhes despedaçou as **c**, Sl 107.14. Quebraste as minhas **c**, Sl 116.16. Nem com **c** podia prendê-lo, Mc 5.3. Acorrentado com duas **c**, At 12.6; 21.33. Que me esperam **c**, At 20.23. Qual eu sou exceto estas **c**, At 26.29. Estou preso com esta **c**, At 28.20. Sou embaixador em **c**, Ef 6.20. Minhas **c** em Cristo, Fp 1.13. Ver **Algema**, **Grilhão**.

CADEIRA: Assento com costas para uma pessoa; funções de professor. // Sobre a **c** de Deus me assento, Ez 28.2. Derribou... as **c** dos que vendiam pombas, Mt 21.12. As primeiras **c** nas sinagogas, Mt 23.6. Ver **Trono**.

CADES-BARNÉA, hb. **Consagrado**: Uma região no deserto ao sul da Palestina, onde Quedorlaomer derrotou os chefes dos amorreus, Gn 14.7. Onde o anjo se encontrou com Hagar, Gn 16.14. De onde Moisés enviou os doze espias, Nm 13.3. Onde morreu Miriã e onde foi sepultada, Nm 20.1. Onde o povo murmurou, Nm 20.3. Onde Moisés feriu a rocha, Nm 20.11. No limite meridional de Canaã, Js 15.3; Ez 47.19. Onde os israelitas acamparam muitos dias, Dt 1.46.

CADMIEL, hb. **Deus é desde todo o princípio**: Chefe de uma família que voltou de Babilônia, Ed 2.40.

CADMONEU, hb. **Orientais**: Gn 15.19. "Os filhos do Oriente", conhecidos por sua sabedoria, 1 Rs 4.30. Ver mapa 1, H-2.

CADO: Antigo vaso de barro para guardar bebidas. // Respondeu ele: Com **c** de azeite, Lc 16.6.

CADUCIDADE: Decrepitude, velhice. // E não na **c** da letra, Rm 7.6.

CADUCO: Que vai cair, que perdeu forças. // Ai da soberba coroa... da flor **c**, Is 28.1.

CAFARNAUM, **Aldeia de Naum** ou de **Consolação**: Cidade na praia noroeste do mar da Galiléia. Centro do ministério de Cristo, Mt 4.13; Jo 2.12. Chamada "a Sua própria cidade", Mt 9.1. Onde pregou, Mt 4.17; Mc 1.21. Onde operava milagres, Mt 8.5; 17.24; Jo 4.46; 6.17. Pedro e André eram de Cafarnaum, Mc 1.29. As parábolas proferidas lá, Mt 13. Repreendida severamente, Mt 11.23. Ver mapa 3, B-2.

CAFTOR: Uma ilha da costa do Mediterrâneo, onde originaram os filisteus, Jr 47.4; Am 9.7. Ver mapa 1, C-3.

CAFTORIM: Tribo descendente dos egípcios, Gn 10.14. Antigos habitantes de Caftor, Dt 2.23. Ver mapa 1, C-3.

CÁGADO: Espécie de tartaruga de água doce. Animal **imundo**, Lv 11.29 (ARC).

CAIADURA: Mão de cal. // Uns dedos... escreviam... na **c**, Dn 5.5.

CAIAR: Branquear com cal, diluída em água. // Edifica uma parede e os profetas a caiam, Ez 13.10-15. Semelhantes aos sepulcros caiados, Mt 23.27.

CÃIBRA: Contração espasmódica e dolorosa dos músculos. // Pois me sinto vencido de **c**, 2 Sm 1.9.

CAIFÁS: Sumo sacerdote no tempo de João Batista, Lc 3.2. Presidiu a sessão do sinédrio em que ficou resolvida a morte de Cristo, Mt 26.3,4. Interrogou Jesus e o acusou de blasfemar, Mt 26.57-65. Profetizou que Jesus devia morrer, Jo 11.49-53; 18.14.

CAIM: 1. Primogênito de Adão e Eva, Gn 4.1. Era lavrador, Gn 4.2. Pela fé Abel ofereceu a Deus mais excelente sacrifício do que Caim, Gn 4.2-5; Hb 11.4. O primeiro homicídio, Gn 4.8. O caminho de Caim, Jd 11. Caim era do maligno e assassinou seu irmão, 1 Jo 3.12. Retirou-se da presença do Senhor, e habitou na terra de Node, onde edificou uma cidade, a qual chamou Enoque, Gn 4.16,17. Descendentes de Caim, Gn 4.17-24. // 2. Uma cidade de Judá, Js 15.57.

As Ruínas de Cafarnaum

CAINÃ, hb. **Possuidor**: 1. Filho de Enos. Morreu tendo 910 anos, Gn 5.9-14. // 2. Filho de Arfaxade, Lc 3.36.

CAIR: Ir ao chão; ser lançado para baixo; sucumbir; decair, ser enganado. // Deus fez cair pesado sono sobre o homem, Gn 2.21. Nem uma só promessa caiu de todas, Js 23.14. Caiam mil ao teu lado, Sl 91.7. Sete vezes cairá o justo, Pv 24.16. Quando cair o teu inimigo, Pv 24.17. Como caíste do céu, ó estrela, Is 14.12. Não caiu, porque fora edificada, Mt 7.25. Cairão ambos no barranco, Mt 15.14. Cair sobre esta pedra ficará em pedaços, Mt 21.44. Caiu o Espírito Santo, At 10.44. Caiu do terceiro andar, At 20.9. Para o seu próprio senhor está em pé ou cai, Rm 14.4. Que pensa estar em pé, veja que não caia, 1 Co 10.12. Os que querem ficar ricos caem em tentação, 1 Tm 6.9. Ninguém caia, segundo o mesmo, Hb 4.11. E caíram, sim, é impossível outra vez, Hb 6.6. A erva seca, e a sua flor cai, Tg 1.11. Caí sobre nós, e escondei-nos, Ap 6.16. Caiu, caiu a grande Babilônia, Ap 14.8; 18.2. Caíram as cidades das nações, Ap 16.19. Ver **Ruir**.

CAIXA: Arca, móvel quadrilongo, para guardar ou transportar mercadorias, etc. // Joiada tomou uma **c** e lhe fez na tampa um buraco, 2 Rs 12.9.

CAIXÃO: Caixa para encerrar e conduzir defuntos. // Morreu José... e o puseram num **c** no Egito, Gn 50.26.

CAJADO: Bordão de pastor, com a extremidade superior arqueada. // Com apenas o meu **c** atravessei, Gn 32.10. Comereis... sandálias nos pés e **c** na mão, Êx 12.11. Tomou o seu **c**... cinco pedras lisas, 1 Sm 17.40. Matou um egípcio... o atacou com um **c**, 2 Sm 23.21. A tua vara e o teu **c** me consolam, Sl 23.4. Ver **Bastão**, **Bordão**.

CAL: Óxido de cálcio obtido pela calcinação de pedras calcáreas. // Os povos serão queimados como se queima a **c**, Is 33.12. Queimou os ossos do rei de Edom, até os reduzir a **c**, Am 2.1.

CALÁ, hb. **Firmeza**: Uma das mais antigas cidades da Assíria. Edificada por Ninrode, Gn 10.11,12. Os objetos assíricos, que se acham no Museu Britânico, são pela maior parte proveniente da antiga cidade de Calá.

CALABOUÇO: Prisão subterrânea. // Jeremias... e ali ficou muitos dias, Jr 37.16.

CALAFATE: Ez 27.9,27. Aquele que tapa com estopa, ou outra substância, as junturas ou buracos de uma embarcação.

CALAFETAR: Vedar com estopa alcatroada (as juntas dos navios). // E a calafetarás com betume, Gn 6.14. Tomou um cesto de junco, calafetou-o, Êx 2.3.

CALAFRIO: Contração rápida da pele e das fibras mulculares superficiais, com sensação de frio. // Um **c** se apodera de toda, Jó 21.6.

CALAMIDADE: Grande desgraça. // O dia da sua **c** está próximo, Dt 32.35. Os maus são poupados no dia da **c**? Jó 21.30. À sombra das tuas asas... passem as **c**, Sl 57.1. Os perversos são derrubados pela **c**, Pv 24.16. Grande como o mar é a tua **c**, Lm 2.13.

CÁLAMO AROMÁTICO: Especiaria usada na composição do óleo sagrado para a unção, Êx 30.23. A planta exala doce cheiro, Ct 4.14. Vinha de terras longínquas, Jr 6.20; da Arábia ou da Índia, Ez 27.19.

CALAR: Cessar de falar, impor silêncio. // Calebe fez calar o povo, Nm 13.30. Este é dia de boas novas, e nós nos calamos, 2 Rs 7.9. O homem prudente, este se cala, Pv 11.12. Até o estulto, quando se cala, Pv 17.28. Por amor de Sião me não calarei, Is 62.1. Fizera calar os saduceus, Mt 22.34. Se eles se calarem, as próprias pedras clamarão, Lc 19.40. Não temas... fala e não te cales, At 18.9. Para que se cale toda boca, Rm 3.19. Fique calado na igreja, 1 Co 14.28. Mulheres caladas nas igrejas, 1 Co 14.34. É preciso fazê-los calar, Tt 1.11. Ver **Emudecer**.

CALÇADO: Vestuário que serve para cobrir exteriormente os pés. // Confirmar qualquer negócio, tirava o **c**, Rt 4.7. Ver **Sandália**.

CALCANHAR: A parte posterior do pé. // E tu lhe ferirás o **c**, Gn 3.15. Segurava com a mão o **c** de Esaú, Gn 25.26; Os 12.3. Levantou contra mim seu **c**, Jo 13.18; Sl 41.9.

CALÇÃO: Calças curtas que descem até os joelhos. // O sacerdote vestirá... os **c**, Lv 6.10.

CALCAR: Pisar com os pés, desprezar. // Ele mesmo calca aos pés os nossos adversários, Sl 60.12. Calcarás aos pés o leãozinho, Sl 91.13. Boa medida, recalcada, Lc 6.38. Na tua ira calcas aos pés as nações, Hc 3.12. Que calcou aos pés o Filho de Deus, Hb 10.29. Calcarão aos pés a cidade santa, Ap 11.2. Ver **Pisar**.

CALÇAR: Introduzir (os pés) em botas, sapatos, chinelos ou meias. // Calçados de sandálias, Mc 6.9. Calçai os pés com, Ef 6.15.

CALCEDÔNIA: Pedra preciosa. Uma das variedades de ágata, de uma cor branca leitosa, levemente azulada. O terceiro fundamento da Nova Jerusalém, Ap 21.19.

CALCOL, hb. **Sustentáculo**: Um dos quatro sábios, a quem Salomão excedia em sabedoria, 1 Rs 4.31. Provavelmente é o mesmo que Calcol, filho de Zera, 1 Cr 2.6.

CALCULAR: Determinar por meio de cálculos, prever. // Calculareis quantos bastem para o cordeiro, Êx 12.4. Primeiro para calcular a despesa, Lc 14.28.

CALDÉIA: A princípio designava-se por este nome apenas o pequeno grupo das cidades caldaicas estabelecidas ao longo do curso inferior do Tigre e do Eufrates; em seguida, a série de reinos caldeus estabelecidos nas duas margens do rio, sendo o principal o de Babilônia; finalmente todo o vasto território compreendido entre o Tigre e o Eufrates. Heródoto, o **Pai da História**, declarou que os cereais produziam, na Caldéia, a duzentos e a trezentos por um. Mas esse território, outrora fertilíssimo, é atualmente um deserto. Ninguém mora hoje em toda essa região famosa por suas numerosas e populosas cidades. A terra do nascimento de Abraão, Gn 11.28. Os caldeus sitiaram a Jerusalém, 2 Rs 24.2; 25.4; Jr 37.9. Afligiram a Jó, Jó 1.17. Doutos em ciência, Dn 4.7; 5.7,11. Profecias acerca dos caldeus; Is 23.13; 43.14; 47.1; 48.14; Hc 1.6.

CALDEIRA, CALDEIRÃO: 1 Sm 2.14; Mq 3.3. Grande vaso metálico para aquecer água e cozer alimentos.

CALDEU: Um habitante da Caldéia.

CALDO: Água nutriente em que se cozeu carne ou outra substância alimentícia. // E o **c** numa panela, Jz 6.19. E **c** de coisas abomináveis, Is 65.4 (ARC).

CALEBE: 1. Filho de Jefone. Um dos doze enviados para espiar Canaã, Nm 13.6. Sua fé, Nm 13.30; 14.6. Permitindo-lhe entrar em Canaã, Nm 26.65; 32.12; Dt 1.36. Josué dá Hebrom a Calebe, Js 14.6-15. Conquista Hebrom, Js 15.13-19. // 2. Filho de Hezrom, 1 Cr 2.18.

CALEBE-EFRATA: Lugar onde Hezrom morreu, 1 Cr 2.24.

CALEDÔNIA: Antigo nome da Escócia. Ver mapa 1, A-2.

CALENDÁRIO: Ver **Ano**

CÁLICE: Copinho com pé. // O meu **c** transborda, Sl 23.5. Na mão do Senhor há um **c**, Sl 75.8. Tomarei o **c** da salvação, Sl 116.13. Da sua ira, Is 51.17; Jr 25.15. De atordoamento, Is 51.22. De espanto, Ez 23.33. De tontear, Zc 12.2. Beber o **c** que eu estou para beber, Mt 20.22. Tomou um **c**, Mt 26.27; 1 Co 11.25. Se possível, passe de mim este **c**, Mt 26.39. Não beberei o **c** que o Pai me deu, Jo 18.11. O **c** de bênção que abençoamos, 1 Co 10.16. O **c** do Senhor e o **c** dos demônios, 1 Co 10.21. O **c** do vinho do furor, Ap 16.19. No **c** em que ela misturou, Ap 18.6.

CALMA: Ausência de ventos. // Não terão fome... a **c** nem o sol os afligirá, Is 49.10.

CALNÉ: Uma das quatro cidades do reino de Ninrode, Gn 10.10.

CALNO: Is 10.9. O mesmo, talvez, que Calné.

CALOR: Elevação de temperatura, produzida pelo sol. // Sementeira e ceifa, frio e **c**, Gn 8.22. Assentado... tenda, no maior **c**. Gn 18.1. De dia consumido pelo **c**, Gn 31.40. Nada refoge ao seu **c**, Sl 19.6. A fadiga e o **c** do dia, Mt 20.12. Soprar o vento sul, dizeis que haverá **c**, Lc 12.55. O sol se levanta com seu ardente **c**, Tg 1.11. Os homens se queimaram com o intenso **c**, Ap 16.9.

CALÚNIA: Difamação por meio de acusações conscientemente falsas. // Às ocultas **c** o próximo, Sl 101.5. Todo amigo anda **c**, Jr 9.4. Orai pelos que vos **c**, Lc 6.28. Sendo difamadores, **c**, aborrecidos de Deus, Rm 1.30. Alguns **c** afirmam, Rm 3.8. Quando **c**, procuramos conciliação, 1 Co 4.13. Nos últimos dias... **c**, 2 Tm 3.3. Que sejam sérias em seu proceder, não **c**, Tt 2.3. Ver **Difamação.**

CALUNIADOR: Aquele que calunia. // **C**, aborrecidos de Deus, Rm 1.30. Implacáveis **c**, 2 Tm 3.3. Sejam sérias em seu proceder, não **c**, Tt 2.3. Ver **Difamador**, **Maldizente**.

CALUNIAR: Imputar o mal. // Não calunies o servo, Pv 30.10. Orai pelos que vos caluniam, Lc 6.28.

CALVA: Parte da cabeça donde caiu o cabelo. // Não farão **c**, Lv 21.5. Nem sobre a testa fareis **c**, Dt 14.1. Haverá vergonha e **c**, Ez 7.18. Porei pano de saco... e **c**, Am 8.10. Faze-te **c**... alarga a tua **c** como a águia, Mq 1.16.

CALVÁRIO: O lugar da crucificação de Cristo, Lc 23.33. A palavra deriva-se do latim, **calvaria**, que quer dizer caveira, correspondente ao grego **Gólgota**, Mt 27.33. Calvário era, evidentemente, apenas uma pequena elevação e não um monte. Não se sabe se adquiriu o nome **Calvário** pelas caveiras insepultas, ou por ter a rocha a aparência de uma caveira. Nem se sabe com certeza o local, mas era um ponto movimentado, Mc 15.40; Lc 23.49, à beira de uma estrada, Mt 27.39, "fora da porta", Hb 13.12, e onde "havia um jardim", Jo 19.41.

CALVÍCIE: Estado daquele que é calvo. // Entre o povo da terra os que pranteavam os mortos ou qualquer calamidade, faziam calvas suas cabeças, Is 15.2; 12.12; Am 8.10; Mq 1.16. Proibido pela lei de Deus, Lv 21.5; Dt 14.1. Isso é, talvez porque não deviam entristecer-se como os demais que não têm esperança, 1 Ts 4.13. Usado como epíteto injurioso, 2 Rs 2.23. Em lugar de encrespadura de cabelos, calvície, Is 3.24. Paulo raspou a cabeça, At 18.18. Quatro homens rasparam a cabeça, At 21.24.

CALVO: Que não tem cabelos na cabeça ou em parte dela. // Sobe **c**, 2 Rs 2.23. Todas as cabeças se tornam **c**, Is 15.2.

CAMA: Móvel onde a pessoa se deita para dormir ou descansar. // Os pobres e os viajantes dormiam no chão nos seus mantos, Gn 28.11; Dt 24.13. Dormiam também num tapete, numa esteira ou num colchão, enrolados para guardar durante o dia, Mt 9.6. Havia, também, cama de ferro, Dt 3.11; de marfim, Am 6.4; de ouro, Et 1.6. O quarto de dormir preparado para Eliseu, tinha uma cama, uma mesa, uma cadeira, e um candeeiro, 2 Rs 4.10. Israel inclinou-se sobre a cabeceira da **c**, Gn 47.31. Recolheu os pés na **c** e expirou, Gn 49.33. Não descerás da **c** a que subiste, 2 Rs 1.4,6. Faço nadar o meu leito, de minhas lágrimas, Sl 6.6. O Senhor o assiste no leito da enfermidade; na doença tu lhe afofas a **c**, Sl 41.3. Se faço a minha **c** no mais profundo abismo, Sl 139.8. A **c** será tão curta, Is 28.20. Sobes ao leito e o alargas para os adúlteros, Is 57.8. Levanta-te, toma o teu leito, Mt 9.6. Para ser posta debaixo da **c**? Mc 4.21. Dois estarão numa **c**, Lc 17.34. Oito anos jazia de **c**, At 9.33. Leito sem mácula, Hb 13.4. Ver **Leito**.

O camelo de duas corcovas é mais resistente do que o de uma só corcova, mas anda muito mais devagar

CAMALEÃO: Gênero de répteis sáurios. // Animal **imundo**, Lv 11.30.

CÂMARA: Compartimento duma casa. // José... entrou na **c** e chorou, Gn 43.30. **C** do templo, 1 Rs 6.5. Pelo conhecimento se encherão as **c**, Pv 24.4.

CAMARISTA: Fidalgo ao serviço de pessoas reais. // Blasto, **c** do rei, At 12.20.

CAMBALEAR: Oscilar andando. // Cambalear como ébrios, Jó 12.25; Sl 107.27; Is 24.20. O meu coração cambaleia, Is 21.4.

CAMBIADOR: Cambista. // E derribou as mesas dos **c**, Mc 11.15 (ARC).

CAMBISES: Rei da Pérsia, 529 a 522 a.D. Filho e sucessor de Ciro, o Grande. Não se menciona na Bíblia.

CAMBISTA: Indivíduo que troca, permuta. // Quando se fazia o recenseamento do povo, todo israelita rico ou pobre que havia chegado à idade de vinte anos devia contribuir com meio siclo para o tesouro do Senhor, como resgate de si próprio, Êx 30.12-16. Tanto a oferta do meio siclo como todas as contribuições deviam ser feitas em moeda do país. O câmbio foi necessário, mas não dentro do Templo, e duas vezes Jesus expulsou, os cambistas, Jo 2.15 e Mt 21.12.

CAMELO: Mamífero ruminante. Compreende duas espécies: a de duas corcovas e a do dromedário, de só uma corcova, conhecido na Terra Santa. Os árabes comiam sua carne, mas para os israelitas era animal **imundo**, Lv 11.4. Era animal cargueiro, 2 Rs 8.9; Is 21.7. O grande valor do camelo está em ele poder andar alguns dias sem beber nem comer. O primeiro estômago é guarnecido de uma série de bolsas que lhe servem como reservatórios de água. A sua corcova é composta de gordurosas células que lhe servem como reserva de alimento. Quando bem tratado, aumenta-se o volume da corcova; enruga-se quando tem trabalho pesado e má alimentação. Carregado com 200 kg pode percorrer cerca de 50 km por dia. Existem, como do cavalo, várias raças. Serviam, também, para viagens rápidas, 1 Sm 30.17. Seu leite é muito usado, Gn 32.15. João Batista e os profetas usavam vestes de pêlos de camelo, Mt 3.4; 2 Rs 1.8; Zc 13.4. Utilizavam a pele de camelo para fazer tendas, escudos e baús. Entre os que usavam camelo mencionam-se Abraão e Jacó, Gn 12.16; 30.43; os egípcios, Êx 9.3; os midianitas, Jz 6.5;

8.21,26; os árabes, Jr 49.29; Davi, 1 Cr 27.30; a rainha de Sabá, 1 Rs 10.2. Rebeca deu água aos camelos do servo de Abraão, Gn 24.19. Os midianitas e os amalequitas possuíam camelos em multidão inumerável, Jz 7.12. As tribos transjordânicas tomaram na guerra 50.000 camelos, carregados de tudo que era bom, 2 Rs 8.9. Cristo falou em parábola, duas vezes acerca do camelo: "É mais fácil passar um camelo pelo fundo de uma agulha", Mt 19.24. "Que coais o mosquito e engolis o camelo", Mt 23.24.

CAMINHADA: Grande extensão de caminho percorrido. // São estas as **c** dos filhos de Israel, Nm 33.1.

CAMINHANTE: Viajante. // Os **c**, até mesmo os loucos, não errarão, Is 35.8 (ARC).

CAMINHAR: Percorrer andando; percorrer andando a pé. // A fim de que caminhassem de dia e de noite, Êx 13.21. Caminhou quarenta dias e quarenta noites, 1 Rs 19.8. Caminham e não se fatigam, Is 40.31. Ensinando e caminhando, Lc 13.22. Ver **Andar**.

CAMINHO: Estrada, tribo, vereda. // Faze-lhes saber o **c** em que devem andar, Êx 18.20. O teu **c** é perverso diante de mim, Nm 22.32. Ensinarei o **c** bom e direito, 1 Sm 12.23. O **c** do Senhor é perfeito, 2 Sm 22.31; Sl 18.30. Seguirei o **c** de onde não tornarei, Jo 16.22. Ensina-me, Senhor, o teu **c**, Sl 27.11; 86.11. Entrega o teu **c** ao Senhor, Sl 37.5. Luz para os meus **c**, Sl 119.105. São **c** deliciosos, Pv 3.17. Afasta o teu **c** da mulher adúltera, Pv 5.8. Considera os seus **c** e sê sábio, Pv 6.6. O **c** do Senhor, Pv 10.29. O **c** dos pérfidos, Pv 13.15. Há **c** que ao homem parece direito, Pv 14.12; 16.25. O **c** do preguiçoso, Pv 15.19. **C** de morte, Pv 16.25. Ali haverá bom **c**, e que se chamará o **c** Santo, Is 35.8. Cada um se desviava pelo **c**, Is 53.6. Deixe o perverso o seu **c**, Is 55.7. Nem os vossos **c** os meus **c**, Is 55.8. Mais altos que os vossos **c**, Is 55.9. Desconhecem o **c** da paz, Is 59.8. Perguntai... qual é o bom **c**, Jr 6.16. Os **c** de Deus são eternos, Hc 3.6. Preparai o **c** do Senhor, Mt 3.3. Espaçoso o **c**, Mt 7.13. Ensinas o **c** de Deus, Mt 22.16. Sai pelos **c** e atalhos, Lc 14.23. Sabeis o **c** para onde eu vou, Jo 14.4. Eu sou o **c**, Jo 14.6. Achasse alguns que eram do **c**, At 9.2. Expuseram o **c** de Deus, At 18.26. Falando mal do **c**, At 19.9. Alvoroço acerca do **c**, At 19.23. Persegui este **c**, At 22.4. Desconheceram o **c** da paz, Rm 3.17. Quão inescrutáveis os seus **c**, Rm 11.33. Não conheceram os meus **c**, Hb 3.10. Pelo novo e vivo **c**, Hb 10.20. Fazei **c** retos para os vossos pés, Hb 12.13. Inconstante em todos os seus **c**, Tg 1.8. Pelo **c** de Caim, Jd 11. Verdadeiros são os teus **c**, Ap 15.3. Para que se preparasse o **c** dos reis, Ap 16.12. Ver **Vereda**.

CAMINHO DE UM DIA: Gn 30.36; Nm 10.33; 11.31; Lc 2.44. Aproximadamente 40 km, a distância que um animal de carga anda num dia.

CAMISA: Vestuário masculino, com mangas, que vai desde o pescoço até a altura dos quadris. // Dar-vos-ei trinta **c**, Jz 14.12. As **c** finíssimas, Is 3.23.

CAMOM, hb. **Lugar permanente**: Cidade de Gileade, onde o juiz Jair foi enterrado, Jz 10.5. Ver mapa 4, E-1.

CAMOS: O deus nacional dos moabitas, semelhante a Moloque e adorado com o sacrifício de crianças, Nm 21.29; Jr 48.46. Seu culto foi introduzido em Judá por Salomão, e abolido por Josias, 1 Rs 11.7; 2 Rs 23.13. Profecia a respeito de Camos, Jr 48.7. Ver **Abominação**.

CAMPAINHAS: Pequenas sinetas usadas na sobrepeliz do sumo sacerdote, Êx 28.33,34.

CAMPEÃO: Cavaleiro que combatia em campo fechado, em honra ou defesa de outrem. // Vendo... que o seu **c** era morto, fugiram, 1 Sm 17.51 (ARC).

CAMPINA: Campo extenso e sem árvore; planície. // Ló escolheu... a **c** do Jordão, Gn 13.11. E o alcançou nas **c** de Jericó, 2 Rs 25.5. Ver **Campo**.

CAMPO: Terreno sem mata. // Nenhuma erva do **c**, Gn 2.5. Sião será lavrada com um **c**, Mq 3.12. O **c** é o mundo, Mt 13.38. Um tesouro oculto no **c**, Mt 13.44. Não se importaram... um para o seu **c**, Mt 22.5. Estiver no **c** não volte atrás, Mt 24.18. Dois estarão no **c**, Mt 24.40. Aquele **c**... **C** de Sangue, Mt 27.8. Pastores que viviam nos **c**, Lc 2.8. Comprei um **c**, Lc 14.18. Vede os **c**, pois já branquejam, Jo 4.35. Como tivesse um **c**, vendeu-o, At 4.37. A fim de anunciar o evangelho... sem... realizadas em **c** alheio, 2 Co 10.16. Ver **Campina**.

CAMPO DO OLEIRO: Mt 27.7. Os principais sacerdotes usaram as 30 moedas de prata, rejeitadas por Judas, para comprar este terreno e convertê-lo em um cemitério para judeus que não pertenciam à cidade de Jerusalém. Ver **Aceldama**.

CANA: Caule de várias plantas. Qualquer objeto cilíndrico e alongado. // Uma **c** de medir, Ez 40.3. Não esmagará a **c** quebrada, Mt 12.20. Uma **c**... e mede o templo, Ap 11.1 (ARC). Ver **Caniço**.

CANA: 1. Uma cidade de Aser, perto de Tiro, à distância de 16 km do Mediterrâneo, Js 19.28. Ver mapa 2. C-2. // 2. Um rio que era o limite entre Efraim e Manasses, Js 16.8. Ver mapa 2, C-4.

CANÁ, hb. **Lugar de juncos**: 1. Povoação perto de Cafarnaum Chamada **Caná da**

Galiléia para distingui-la de outra Caná na Coelesísia, isto é, a parte da Síria entre o Líbano e o Anti-Líbano. Onde se operou o primeiro milagre de Cristo, Jo 2.1-11. Curou lá, também, o filho de um oficial do rei, Jo 4.46-54. A terra natal de Natanael, Jo 21.2. Ver mapa 3, A-2. // 2. Um ribeiro na fronteira entre Efraim e Manassés, Js 16.8. Ver mapa 3, A-1. // 3. Uma cidade da herança de Aser, Js 19.18. Ver mapa 3, A-1.

CANAÃ, hb. **Baixo**, **plano**: 1. A terra de, Êx 23.31; Js 1.4; Sf 2.5; Mt 15.22. Recebeu seu nome em honra do filho de Noé, Êx 15.15. Prometida a Abraão, Gn 12.5-7; 13.14,15; 17.8. A impiedade dos habitantes, Gn 13.12,13; 19. Israel admoestado a não fazer segundo as suas obras, Lv 18.3,24. As filhas de Canaã, Gn 28.1,6,8. A língua de Canaã, Is 19.18. Os reinos de Canaã, Sl 135.11. As guerras de Canaã, Jz 3.1. Habitavam em Canaã: Abraão, Gn 13.12; Isaque, Gn 28; Jacó, Gn 37.1; Esaú, Gn 36; Josué, Gn 37. Homens enviados para espiar Canaã, Nm 13.2. Canaã, a herança dos israelitas, Js 14. Moisés, do cume de Pisga, contempla esta terra, Nm 27.12; Dt 3.27; 34.1. Ver mapa 1, D-3. // O quarto filho de Cão e neto de Noé, Gn 10.6. Noé pronuncia maldição sobre Canaã, Gn 9.18,25.

Caná da Galiléia, onde Jesus tornou a água em vinho

CANAL: Escavação que leva águas. Leito ou curso de rio. // Sobre os rios, sobre os **c** e sobre as lagoas, Êx 8.5. Contra os Eufrates... dividi-lo-á em sete **c**, Is 11.15.

CANANEUS: Gn 13.7; Js 17.12; Jz 1.1,9,27. Os habitantes da terra de Canaã. Ver mapa 1, H-2.

CANANITA: Um membro de um partido patriótico da Judéia. Em grego, **Zelote**. O apóstolo Simão chamado Simão Cananita (ARC) para distingui-lo de Simão Pedro, Mt 10.4.

CANAVIAL: Lugar onde crescem canas. // No esconderijo dos **c**, Jó 40.21.

CANÇÃO: Composição poética, destinada geralmente a ser cantada. // Canção de motejo, Jó 30.9; de louvor durante a noite, Jó 35.10; de Sião, Sl 137.3; junto ao coração aflito, Pv 25.20; do insensato, Ec 7.5; de amor, Ez 33.32. Objeto da sua canção, Lm 3.14,63. Ver **Cântico**, **Canto**, **Hino**, **Salmo**.

CANCELAR: Inutilizar com traços em cruz (uma escrita). // Convertei-vos para serem cancelados os vossos pecados, At 3.19. Se os da lei... cancela-se a promessa, Rm 4,14, Tendo cancelado o escrito de dívida, Cl 2.14.

CÂNCER: Tumor que corrói as partes em que se desenvolve. // A linguagem deles corrói como **c**, 2 Tm 2.17 (ARA). **Gangrena** (ARC).

CANDACE: At 8.27. O título real que usavam as rainhas da Etiópia. **Faraó**, **César**, **Candace**, etc., não são nomes de indivíduos, mas sim títulos.

CANDEEIRO: Vaso destinado a dar luz, alimentada por óleo. O candeeiro do Tabernáculo, Hb 9.2. Os candeeiros do Templo levados à Babilônia, Jr 52.19. Sete candeeiros de ouro, Ap 1.12,13,20; 2.1. Removerei o teu candeeiro, Ap 2.5. Os dois candeeiros que se acham em pé diante do Senhor, Ap 11.4. Ver **Candeia**, **Candelabro**, **Lâmpada**. Ver p. 558.

CANDEIA:Vaso em que se deita óleo, que alimenta a luz na torcida, que sai por um bico do mesmo vaso. // Acende uma **c** para colocá-la debaixo, Mt 5.15; Mc 4.21; Lc 8.16. Acesas as vossas **c**, Lc 12.35. Acende a **c**, e varre a casa, Lc 15.8. A palavra profética, como a uma **c**, 2 Pe 1.19. Jamais em ti brilhará luz de **c**, Ap 18.23. Nem precisam de luz de **c**, Ap 22.5. Ver **Candeeiro**.

CANDELABRO: Grande castiçal, com ramificações, cada uma das quais corresponde a uma luz. // O candelabro de sete lâmpadas para o Tabernáculo, Êx 25.31-40. Eis um candelabro todo de ouro, Zc 4.2. Ver **Candeeiro**.

CÂNDIDO: Alvo, **(fig.)** sincero, puro. // O meu amado é **c**, Ct 5.10 (ARC).

CANE: Ez 27.23. O mesmo, talvez, que Calné.

CANELA: Ap 18.13. Ver **Cinamomo**.

CANELEIRA: Peça de armadura, que cobria a canela da perna. // **C** de bronze. 1 Sm 17.6.

CANHOTO: Que se serve, de preferência, da mão esquerda. Eúde, que libertou Israel da opressão dos moabitas, era homem canhoto, Jz 3.15. Setecentos homens escolhidos, canhotos, os quais atiravam com a funda uma pedra num cabelo, Jz 20.16. Valentes... usavam tanto da mão direita como da esquerda em arremeter pedras, 1 Cr 12.2.

CANIÇO: Cana delgada. // Um **c** agitado pelo vento? Mt 11.7. Na mão direita um **c**, Mt 27.29. Um **c**... e mede o santuário, Ap 11.1. Ver **Cana**.

CANIVETE: Navalhinha, para aguçar lápis, cortar unhas, etc. // Cortou-o o rei com um **c** de escrivão, Jr 36.23. Ver **Faca**.

CÂNON: Catálogo dos livros reconhecidos como inspirados. A palavra significa uma regra, ou medida, ou varinha direita. Assim, este catálogo de livros é nossa regra da fé, regra da Igreja, regra da verdade. (Ver Gl 6.16.) Os livros da Bíblia não se tornaram canônicos por decretos dum concílio; este apenas aprovou os livros como sendo realmente de autoridade divina. A palavra "Escritura" em 2 Tm 3.16 refere-se aos livros canônicos: "E que desde a infância sabes as sagradas letras que podem tornar-te sábio para a salvação pela fé em Cristo Jesus. Toda **Escritura** é inspirada por Deus e útil para o ensino, para repreensão, para a correção, para a educação na justiça; a fim de que o homem de Deus seja perfeito e perfeitamente habilitado para toda boa obra". Ver p. 561.

CANSADO: Fatigado, aborrecido. // Os trezentos homens... **c**, mas ainda perseguindo, Jz 8.4. Ali repousam os **c**, Jó 3.17. As vossas solenidades... estou **c** de as sofrer, Is 1.14. Não há entre eles **c**, Is 5.27. Vinde... todos os que estais **c**, Mt 11.28. **C** da viagem, assentara-se Jesus, Jo 4.6. Ver **Fatigado**.

CANSAR: Sentir fadiga ou cansaço. Empenhar-se. Esmerar-se. // Até lhe cansar a mão e ficar pegada à espada, 2 Sm 23.10. O Criador... nem se cansa nem se fatiga? Is 40.28. Os que esperam no Senhor... correm e não se cansam, Is 40.31. Mas de mim te cansaste, ó Israel, Is 43.22. Cansam-se de praticar a iniqüidade, Jr 9.5. Não nos cansemos de fazer bem, Gl 6.9. Não vos canseis de fazer o bem, 2 Ts 3.13. Ver **Afadigar**, **Fatigar**.

CANSEIRA: Fadiga geral causada por excesso de trabalho, exercício ou doença. // Não partilham das **c** dos mortais, Sl 73.5. A oitenta... o melhor deles é **c** e enfado, Sl 90.10. Todas as coisas são **c**, Ec 1.8. E dizeis ainda: Que **c**! Ml 1.13. Ver **Fadiga**.

CANTAR: Formar com a voz sons ritmados e musicais. // Cantai-lhe salmos, 1 Cr 16.9; Sl 105.2. Cantai ao Senhor, todas, 1 Cr 16.23. Cantavam alternadamente, Ed 3.11. Cantai de júbilo, Sl 81.1; 90.14. A língua dos mudos cantará, Is 35.6. Canta alegremente ó estéril, Is 54.1. Canta e exulta, Zc 2.10. Tendo cantado um hino, saíram, Mt 26.30. Antes... galo cante, Mt 26.34. Paulo e Silas oravam e cantavam, At 16.25. Cantarei com o espírito, 1 Co 14.15. Cantar-te-ei... no meio da congregação, Hb 2.12. Alguém alegre? Cante louvores, Tg 5.13. Compare Ef 5.19.

CANTAR DO GALO: Mt 26.34. Ver **Vigília**.

CANTARES DE SALOMÃO: Último dos cinco livros poéticos. Considerado, por aqueles versados na poesia hebraica, uma obra magnífica. Diz-se em 1 Rs 4.32 que Salomão compôs 1.005 cânticos; e este, em hebraico, é chamado **O Cântico dos Cânticos**, isto é, o melhor de todos eles. **A autoria**: Salomão, cap. 1.1. **A chave: Amado**, cap. 6.3. A glorificação do amor conjugal. O livro é uma alegoria do amor do Esposo. Cristo, para com a esposa, a Igreja. Ver Sl 45; Is 54.5,6; 62.5; Jr 2.2; Mt 9.15; 25.1-13; Jo 3.29; 2 Co 11.2; Ef 5.23-27; Ap 19.7-9; 21.2,9; 22.17. Que o amor do Esposo divino se harmonize com todas as analogias das relações conjugais parece mal somente aos ascetas que consideram o próprio matrimônio perverso. Os mais piedosos, homens e mulheres, através dos séculos, achavam neste livro uma fonte de delícia rara e pura. Os judeus liam este livro no oitavo dia da páscoa como alegoria, referindo-se ao êxodo e ilustrando o amor de um grande rei para com uma donzela humilde. **As divisões**: A transição repentina da pessoa que fala, a outra, e de um lugar a outro, torna o livro muito difícil a compreender para os leitores que não se servem de uma edição da Bíblia em que essas mudanças sejam indicadas.

CÂNTARO: Grande vaso de barro, bojudo e de gargalo. // Rebeca... um **c** ao ombro, Gn 24.15. **C** vazios com tochas neles, Jz 7.16. Enchei de água quatro **c**, 1 Rs 18.34. E se quebre o **c** junto à fonte, Ec 12.6. Voltam com os seus **c** vazios, Jr 14.3. Um homem trazendo um **c** de água, Mc 14.13. A mulher deixou o seu **c**, foi à cidade, Jo 4.28.

CÂNTICO: Canto religioso. Hino em ação de graças. // **C** ao poço, Nm 21.17; ao arco, 2 Sm 1.18. Foram os seus **c** mil e cinco, 1 Rs 4.32. Diante dele com **c**, Sl 100.2. Cantarei o **c** do meu amado, Is 5.1. Virão a Sião com **c**, Is 35.10. Com hinos e **c** espirituais, Ef 5.19; Cl 3.16. De Moisés, Êx 15; Dt 32; pela água, Nm 21.17; de Débora, Jz 5; de Ana, 1 Sm 2; de Davi, 2 Sm 22; de Maria, Lc 1.46; de Zacarias, Lc 1.68; dos anjos, Lc 2.13; de Simeão, Lc 2.29; dos redimidos, Ap 5.9; 19; de Moisés e o Cordeiro, Ap 15.3. Ver **Canção**, **Canto**, **Hino**, **Salmo**.

CÂNTICOS DOS TRÊS MANCEBOS: Acréscimo apócrifo ao capítulo 3 de Daniel.

CANTIGA: Poesia cantada em qualquer ária. História com aparência de verdade, contada com intuito de enganar. // Sou motivo para **c** de beberrões, Sl 69.12.

CANTO: Ângulo formado pelo encontro de duas linhas, de dois planos. Série de sons musicais, formados pela voz. // Os cantos da barba, Lv 19.27; do campo, Lv 23.22, do eirado, Pv 21.9; da terra, Ez 7.2; da rua, Mt 6.5; da terra, Ap 7.1; 20 8. Isto não foi feito a um canto, At 26.26 (ARC). O canto na casa do Senhor, 1 Cr 6.31; 25.6. Canto de louvores, 2 Cr 23.13; Ne 12.27; de livramento, Sl 32.7; novo, Sl 33.3; Ap 14.3; harmonioso, Sl

47.7; nupcial, Sl 78.63; com júbilo, Sl 105.43; 107.22. O canto do Senhor em terra estranha? Sl 137.4. Ver **Canção**, **Cântico**.

CANTOR: Aquele que canta. // Davi tinha sua companhia "de cantores e cantoras" em Jerusalém (2 Sm 19.35) e Salomão em número ainda maior, em 2 Cr 5.12-14. Asafe, Hemã e Etã eram três dos cantores-mores de Davi, mencionados na ocasião de subir a arca de Deus para Jerusalém, 1 Cr 15.16-19. Asafe, Hemã, Jedutum e os filhos e irmãos deles tocaram e cantaram na dedicação do Templo, 2 Cr 5.12,13. Mencionam-se os filhos de Asafe em Ed 2.41; Ne 7.44. Havia duas câmaras dos cantores, na visão do templo, Ez 40.44. O salmo magnífico de louvor e oração, de Habacuque, ficou ao cargo do cantor-mor, Hc 3.19 (ARC).

CANTORA: Aquela que canta. // Provi-me... de **c**, Ec 2.8.

CANZIL: Pau que segura a canga. // Faze... **c**, e põe-nos ao teu pescoço, Jr 27.2.

CÃO, hb. **Quente**: Um dos filhos de Noé, talvez o segundo, Gn 5.32; 6.10; 7.13; 9.18,22. Nome poético do Egito: "a terra de Cão"; Sl 105.23. Os povos da Arábia, de Canaã, do Egito e da Etiópia são em grande parte, descendentes de Cão. Ver Gn 10.6-14. A língua dos egípcios é uma das chamadas **camíticas**. Ver mapa 1, C-4.

CÃO: Mamífero carnívoro mencionado repetidamente na Bíblia. Usavam-no para guardar a casa, Is 56.10. Os cachorrinhos comiam das migalhas que caíam da mesa, Mt 15.26,27. Na guarda do rebanho, Jó 30.1. Bandos de cães uivavam nas ruas, comendo cadáveres e lixo, Sl 59.6; 1 Rs 14.11; 21.19,23. Reunidos em matilhas, atacavam viajantes, Sl 22.16,20. Lamberam o sangue de Nabote e de Acabe, 1 Rs 21.19; 22.38. Lambiam as úlceras de Lázaro, Lc 16.21. Devoraram o corpo de Jezabel, 2 Rs 9.35,36. Comparar uma pessoa a um cão era grande insulto, 1 Sm 17.43; 24.14; 2 Sm 9.8; 2 Rs 8.13. Símile dos que são incapazes de apreciar o que é santo e elevado, Mt 7.6; dos que introduzem falsas doutrinas, Fp 3.2; Ap 22.15. Como o cão volta ao seu próprio vômito, assim o pecador volta ao que antes renunciara, Pv 26.11; 2 Pe 2.22.

Os dois animais da Bíblia que desagradavam mais ao povo, eram o porco e o cachorro. Bramou Golias, encontrar-se com Davi? "Sou eu algum cão, para vires a mim com paus?"

CAOS: Confusão de todos os elementos antes de se formar o mundo. Grande desordem. // Que formou a terra... não a fez para ser um **c**, Is 45.18.

CAÓTICO: Confuso. // Demolida está a cidade **c**, Is 24.10.

CAPA: Vestuário largo e sem mangas, que se usa pendente dos ombros, sobre outra roupa. // Vi entre os despojos uma boa **c** babilônica, Js 7.21. Aías rasgou a **c** em doze pedaços, 1 Rs 11.30. Ao que tirar-te a túnica, deixa-lhe também a **c**, Mt 5.40. Não volte para buscar a sua **c**, Mc 13.16. Arrojando de si as suas **c**, At 22.23. Traze a **c** que deixei em Trôade, 2 Tm 4.13. Ver **Manto**.

CAPACETE: Armadura, de copa oval, para a cabeça. Usado geralmente pelos reis, generais, etc. Por Golias, 1 Sm 17.5. Todo o exército de Uzias, 2 Cr 26.14. Os soldados de Tiro, Ez 27.10. O **c** da salvação, Ef 6.17; Is 59.17. Como **c**, a esperança da salvação, 1 Ts 5.8.

CAPACIDADE: Aptidão, habilidade. // A cada um segundo a sua própria **c**, Mt 25.15. A outro, **c** para interpretá-las, 1 Co 12.10.

CAPADÓCIA: At 2.9; 1 Pe 1.1. A maior das províncias da Ásia Menor. Sua metrópole romana era Cesaréia. Ver mapa 6, F-2.

CAPATAZ: Chefe de um grupo de trabalhadores. // Os **c** dos filhos de Israel e clamaram, Êx 5.15.

CAPAZ: Que tem capacidade. // Haver entre eles homens **c**, Gn 47.6. Jeroboão era homem valente e **c**, 1 Rs 11.28. Quem seria **c** de lhe edificar a casa, 2 Cr 2.6. Sejamos **c** de pensar, 2 Co 3.5. Ver **Apto**, **Hábil**.

CAPIM: 2 Rs 19.26. Nome de várias plantas gramíneas, na maior parte forraginosas. Ver **Relva**.

CAPITÃO: Chefe. Chefe militar. // Levantemos a um para nosso **c**, Nm 14.4. **C** dos milhares e **c** das centenas, Nm 31.14. Os **c** dos carros, 2 Rs 8.21. Os principais sacerdotes e os **c**, Lc 22.4. O **c** do templo, At 4.1.

CAPITEL: Coroamento de uma pilastra, dum balaústre. // Fez dois **c** de fundição, 1 Rs 7.16. Fere os **c**, Am 9.1.

CARA: Rosto, semblante. // Vede que não minto na vossa **c**, Jó 6.28. De **c** impudente lhe diz, Pv 7.13. Ver **Rosto**, **Semblante**.

CARACOL: Molusco com concha em espiral. Escada em espiral. // E por **c** se subia ao segundo, e deste ao terceiro, 1 Rs 6.8.

CARÁTER: Índole, firmeza, feitio moral. // Conheceis o seu **c** provado, Fp 2.22.

CARAVANA: Multidão de pessoas que se juntam, para atravessar os desertos com segurança. // Uma **c** de ismaelitas, Gn 37.25. Cessaram as **c**, Jz 5.6.

CARBÚNCULO: Rubi grande, de bela água e de grande brilho. No peitoral do sumo sacerdote, Êx 28.17; Sião vai ter portas de carbúnculos, Is 54.12. Uma das pedras preciosas do rei de Tiro, Ez 28.13.

CARCA, hb. **Andar**: Um lugar no limite sul de Judá, Js 15.4.

CARCAS, pers. **Águia**: Um dos 7 camareiros que serviam na presença do rei Assuero, Et 1.10.

CÁRCERE: Lugar em que alguém está preso ou que é destinado à prisão. // O Senhor de José... o lançou no **c**, Gn 39.20. Virava um moinho no **c**, Jz 16.21. Asa... contra o vidente, e o lançou no **c**, 2 Cr 16.10. Metei este homem... **c**, e angustiai-o, 2 Cr 18.26. E atado a João, o metera no **c**, Mt 14.3. Entregando-vos às sinagogas e aos **c**, Lc 21.12. Saulo... encerrava-os no **c**, At 8.3. Pedro... no **c**, At 12.5. Levou-os para o **c**... no tronco, At 16.24. Ver **Calabouço**, **Masmorra**, **Prisão**, **Tronco**.

CARCEREIRO: Guarda do cárcere. // E lhe deu mercê perante o **c**, Gn 39.21. O **c**... prostrou-se diante de Paulo, At 16.29.

CARCOR, hb. **Fundamento**: Lugar onde Gideão surpreendeu e derrotou os chefes dos midianitas, Zeba e Salmuna, Jz 8.10.

CARDO: Planta espinhosa da família das compostas. // Produzirá também **c**, Gn 3.18. O **c** que está no Líbano, mandou, 2 Rs 14.9. Nos seus palácios crescerão... **c**, Is 34.13. Ver **Abrolho**, **Espinho**.

CAREÁ, hb. **Calvo**: O pai do capitão Joanã que foi ter com Gedalias, 2 Rs 25.23.

CARECER: Necessitar, precisar. // Todos pecaram e carecem da glória, Rm 3.23. Estiveram carecidos de roupas, Tg 2.15. Ver **Necessitar**, **Precisar**.

CARÊNCIA: Privação. // Para suprir a vossa **c** de socorro, Fp 2.30. Ver **Falta**.

CARGA: Aquilo que é ou pode ser transportado. // Levarão a **c** contigo, Êx 18.22. Puseste sobre mim a **c** de todo este povo, Nm 11.11. A areia é uma **c**; mas a ira, Pv 27.3. Os ídolos sobre as bestas; as **c**, Is 46.1. Lançavam ao mar a **c**, Jn 1.5. Levai as **c** uns dos outros, Gl 6.2. Outra, **c** não jogarei sobre vós, Ap 2.24. Ver **Fardo**, **Peso**.

CARGO: Responsabilidade. // O comandante da guarda pô-los a **c** de José, Gn 40.4. A seu **c** na tenda, Nm 3.25. Alguns dos **c** sacerdotais, 1 Sm 2.36. Ver **Encargo**.

CARIDADE: Traduzido **amor** na Edição Revista.

CÁRIO: Indivíduo natural de Cária, um país da Ásia Menor, 2 Rs 11.4,19.

CARMELITA: Um morador ou natural da cidade de Carmelo, na Judéia. Nabal, Abigail e Hezrai, um valente de Davi, eram carmelitas, 1 Sm 30.5; 1 Cr 3.1; 2 Sm 23.35.

CARMELO: Heb., **Jardim**: 1. Cidade na parte montanhosa de Judá, Js 15.55. Onde Saul levantou para si um monumento, para comemorar a vitória sobre os amalequitas, 1 Sm 15.12. A residência de Nabal, 1 Sm 25.2. Terra natal da esposa predileta de Davi, Abigail, 1 Sm 27.3; também, de um dos seus trinta valentes, 2 Sm 24.35. Ver mapa 2, C-6; mapa 5, B-2; // 2. Cordilheira que estende 21 km, de Samaria até o promontório no Mediterrâneo, com altura de 108 metros, junto ao porto moderno de Haifa, na baía de Acre. Ver Jeremias 46.18. O ponto mais elevado é de 518 metros em relação ao nível do mar. O Carmelo ainda se reveste de verdura; sua fertilidade então era proverbial, Ct 7.5; Is 33.9; 35.2; Jr 50.19; Am 1.2. Existia no Carmelo um altar antigo do Senhor, 1 Rs 18.30. O lugar da contenda entre Elias e os profetas de Baal, quando Elias fez descer fogo do céu, 1 Rs 18.17-40. No mesmo ponto Elias orou e Deus enviou chuva depois de uma seca que durara três anos e meio, 1 Rs 18.41-46. Existe lá, atualmente, um convento dos frades denominados **carmelitas**. Foi, talvez, no monte Carmelo, que Elias fez descer fogo do céu, que consumiu por duas vezes os cinqüenta soldados com o seu capitão, 2 Rs 1.9-16. Depois de Elias subir ao céu, Eliseu foi ao Carmelo, 2 Rs 4.25. Ver mapa 2, C-3; mapa 3, A-2.

CARMESIM: Cor vermelha muito viva. // Cortinas de estofo azul, púrpura e carmesim, Êx 26.1. O véu de estofo azul, púrpura e carmesim, Êx 26.1; 2 Cr 3.14. Estofo, carmesim e hissopo, Lv 14.4,49; 19.6. Ainda que são vermelhos como o **c**, Is 1.18. Ver **Escarlate.**

CARMI, hb. Vinhateiro: 1 Um filho de Rúben, Gn 46.9. // 2. Pai de Acã, Js 7.1. // 3. Um filho de Judá, 1 Cr 4.1.

CARNAL: Da carne, oposto ao **espiritual**. // A lei é espiritual; eu **c**, Rm 7.14. Não vos pude falar como a espirituais; e sim como a **c**, 1 Co 3.1. Não é assim que sois **c**, 1 Co 3.3. As armas de nossa milícia não são **c**, 2 Co 10.4. Enfatuada na sua mente **c**, Cl 2.18. Conforme a lei de mandamento **c**, Hb 7.16. Não passam de ordenanças da **c**, Hb 9.10. Absterdes das paixões **c** que fazem guerra contra a alma, 1 Pe 2.11.

CARNE: Tecido muscular dos animais. Natureza humana. // Carne da minha **c**, Gn 2.23; Mt 19.5; Ef 5.31; 1 Co 6.16. Uma só **c**, Gn 2.24. Corrompida toda a **c**, Gn 6.12. Quem nos dará **c** a comer, Nm 11.4. Com ele está o braço de **c**, mas conosco o Senhor,

2 Cr 32.8. Em minha **c** verei a Deus. Jó 19.26. Lembra-se de que eles são **c**, Sl 78.39. O meu coração e a minha **c** exultam pelo Deus vivo, Sl 84.2. Toda **c** louve o seu santo nome, Sl 145.21. Maldito o que faz da **c** mortal o seu braço, Jr 17.5. Tirarei da sua **c** o coração de pedra, Ez 11.19; 36.26. Não foi **c** e sangue, Mt 16.17. O espírito está pronto, mas a **c** é fraca, Mt 26.41. Um espírito não tem **c** nem ossos, Lc 24.39. O Verbo se fez **c**, Jo 1.14. O que é nascido da carne é **c**, Jo 3.6. A minha **c**, Jo 6.51-56. A **c** para nada aproveita, Jo 6.36. Na minha **c** não habita bem, Rm 7.18. Os que se inclinam para a **c**, Rm 8.5. O pendor da **c**, Rm 8.6,7. Não estás na **c**, mas no Espírito, Rm 8.9. Devedores, não à **c**, Rm 8.12. Uma é a **c** dos homens, 1 Co 15.39. **C** e sangue não podem herdar, 1 Co 15.50. Não consultei **c** e sangue, Gl 1.16. Estejais... vos aperfeiçoando na **c**, Gl 3.3. Para dar ocasião à **c**, Gl 5.13. A **c** milita contra o espírito, Gl 5.17. Crucificaram a **c** com as suas paixões, Gl 5.24. O que semeia para a sua própria **c**, Gl 6.8. Luta não é contra o sangue e a **c**, Ef 6.12. Toda a **c** é como erva, 1 Pe 1.24; Is 40.6. Seguindo a **c**, andam em imundas paixões, 2 Pe 2.10. Não só contaminam a **c**, como rejeitam, Jd 8. A roupa contaminada pela **c**, Jd 23. **C** de reis, **c** de comandantes, **c** de poderosos, Ap 19.18. // Pode-se comer carne: Gn 9.3. // A carne contra o espírito, Rm 2.28,19; 7.5,6; 8.1; Gl 3.3; 5.17-25; 1 Pe 3.18. // A concupiscência da carne: 2 Co 7.1; Gl 5.16; Cl 2.11; 1 Pe 4.2; 1 Jo 2.16. // Cristo veio em carne: Jo 1.14; Ef 2.15; Cl 1.22; 1 Tm 3.16; 1 Pe 4.1; 1 Jo 4.2,3; 2 Jo 7.

CARNEAR: Abater gado. // Carneou os seus animais, Pv 9.2.

CARNEIRO: Macho da ovelha. // Abraão ofereceu um carneiro em holocausto, Gn 22.13. Servia de alimento, Gn 31.38. A coberta do Tabernáculo feita de peles de carneiro tintas de vermelho, Êx 36.19. Trombeta de carneiro, Js 6.5. A visão sobre um carneiro, e um bode, Dn 8.

CARPIDEIRA: Jr 9.17. Mulher a quem se pagava, para ir prantear os mortos.

CARPINTEIRO: Artífice, que trabalha em construções de madeira ou que lavra e aparelha a madeira para qualquer obra. Usava-se madeira para construir a arca, Gn 6.14; fabricar móveis, Êx 25.10,23; Ap 18.12; fazer vasos, Êx 7.19; Lv 11.32; lavrar imagens, Dt 29.17; Is 37.19; fabricar carros, 1 Sm 6.14; Ct 3.9; utensílios, 2 Tm 2.20; instrumentos de trilhar, 2 Sm 24.22; construir navios, Ez 27.5; edificar o Templo, a casa de Davi e a casa de Salomão, 2 Sm 5.11; 1 Rs 5.18; 1 Rs 6.9,10,15,16. José, esposo de Maria era carpinteiro, e mesmo o próprio Jesus, Mt 13.55; Mc 6.3.

CARPO, gr. **Fruto ou pulso**: Um residente em Trôade, em cuja casa Paulo deixara a sua capa, os seus livros e os seus pergaminhos, 2 Tm 4.13.

CARQUEMIS: Antiga capital dos heteus, situada no rio Eufrates, no norte da Síria. Tomada por Sargom II, 717 a.C. Ver Is 10.9. Nabucodonosor derrotou Neco, rei do Egito, em Carquemis, em 605 a.C., 2 Cr 35.20; Jr 46.2.

CARREGADO: Acumulado. Carregado de grilhões, 2 Sm 3.34; de culpa, Pv 21.8; do sangue de outrem, Pv 28.17; de iniqüidade, Is 1.4. Ver **Sobrecarregado**.

CARREGAR: Pôr carga em; levar ou conduzir (carga). // Carregaram o cereal sobre os seus jumentos, Gn 42.26. Até às cãs eu vos carregarei, Is 46.4. Carregou com as nossas doenças, Mt 8.17. Simão... a carregar-lhe a cruz, Mt 27.32. Não te é lícito carregar o leito, Jo 5.10. Ele próprio carregando a sua cruz, Jo 19.17. Preciso que os soldados o carregassem, At 21.35.

CARREIRA: O decurso da vida. // Cada um corre a sua **c** como um cavalo, Jr 8.6. Ao completar João a sua **c**, At 13.25. Que complete a minha **c** e o ministério, At 20.24. Completei a **c**, 2 Tm 4.7. Corramos com perseverança a **c**, Hb 12.1.

CARRETA: Pequeno carro de duas rodas. // Estrondo... das **c**, Ez 26.10.

CARRIÇAL: Moita de cana brava. // Um cesto... largou-se no **c**, Êx 2.3.

CARRO: Veículo, puxado por bois. // José mandou carros a fim de conduzir seu pai e família, como os bens da casa, para o Egito, Gn 45.19. As ofertas dos príncipes, na dedicação do Tabernáculo, foram levadas em seis carros, Nm 7.3. A arca transportada em um carro, 1 Sm 6.11. Usavam-se para triturar os cereais, Is 28.27,28, para transportar feixes, Am 2.13.

CARRO DE GUERRA: Usados, também, como veículos cerimoniais e reais, Gn 41.43; 50.9; 2 Rs 5.9; At 8.28. Os carros dos Egípcios destruídos no mar Vermelho, Êx 14.17. Os cananeus tinham carros armados de ferro, Js 17.16; Jz 1.19. Jabim tinha 900 carros de ferro, Jz 4.3. Sísera convocou os seus 900 carros de ferro, Jz 4.13. Davi introduziu carros de guerra em Israel, os quais tomara nas suas conquistas, 2 Sm 8.4. Salomão tinha grande número de carros, 1 Rs 4.26; 9.19. Os carros do sol que induziram o povo a idolatria flagrante foram queimados pelo rei Josias, 2 Rs 23.11. Três homens andavam em cada carro; um para conduzir o carro, outro guerreava com espada e lança e o terceiro servia como escudeiro.

O carro símbolo de poder: Um carro de fogo, 2 Rs 2.11; o monte cheio de cavalos e carros de fogo, 2 Rs 6.17; carros de Israel, e seus cavaleiros, 2 Rs 13.14; confiam em carros, Sl 20.7; os carros de Deus são vinte mil, Sl 68.17; tomas as nuvens por teu carro, Sl 104.3; os seus carros como tempestade, Jr 4.13; nos teus carros de vitória, Hc 3.8. A visão dos quatro carros, Zc 6.1-8. Aproxima-se desse carro, At 8.29. O barulho de carros, quando correm à peleja, Ap 9.9.

CARSENA: Um dos sete príncipes mais chegados ao rei Assuero, Et 1.14.

CARTA: Manuscrito fechado, com endereço. Designação de diversos títulos ou documentos oficiais. // Davi escreveu uma **c**, 2 Sm 1.14. Tendo Ezequias recebido a **c**, 2 Rs 19.14. **C** de divórcio, Mc 10.4; Dt 24.1. **C** de recomendação, 2 Co 3.1. Vós sois a nossa **c**, 2 Co 3.2. **C**, escrita não com tinta, 2 Co 3.3. Contristado com a **c**, 2 Co 7.8. As **c** são graves e fortes, 2 Co 10.10. Ver **Epístola**.

CARTÃ, hb. **Duas cidades**: 1. Uma cidade de Zebulom, dada aos levitas, Js 21.34. // 2. Uma cidade de Naftali, dada aos levitas, Js 21.32.

CARVALHO: Gênero de dicotiledôneas cupulíferas. Há cerca de 300 espécies de carvalho. Ocupa primeiro lugar entre as árvores, pela sua longevidade, as suas grandes dimensões e as qualidades da sua madeira. Há na Palestina, carvalhos solitários, não cortados para fazer lenha, que atingem grandes medidas. O carvalho de More, Gn 12.6. Abraão habitava nos carvalhais de Manre, Gn 13.18. O carvalho de Siquém, Gn 35.4. Rebeca sepultada debaixo do carvalho que se chamava Alom-Bacute, Gn 35.8. Josué erigiu uma grande pedra debaixo de certo carvalho, Js 24.26. O Anjo do Senhor assentou-se debaixo do carvalho que estava em Ofra, Jz 6.11,19. Absalão ficou preso pela cabeça nos ramos dum carvalho, 2 Sm 18.9. Faziam, às vezes, ídolos de carvalho, Is 44.14. Queimava-se incenso debaixo do carvalho, Ez 6.13. Os amorreus altos como o cedro e forte como o carvalho, Am 2.9.

CARVÃO: Substância que resulta da combustão de vegetais, minerais ou animais. // Como o **c** é para a brasa, Pv 26.21.

CÃS: Cabelos brancos. // Fareis descer minhas **c** com tristeza à sepultura, Gn 42.38. Diante das **c** te levantarás, Lv 19.32. Já envelheci e estou cheio de **c**, 1 Sm 12.2. Coroa de honra são as **c**, Pv 16.31. A beleza dos velhos as suas **c**, Pv 20.29.

CASA: Edifício para habitação, moradia. Família. // Entra na arca, tu e toda a tua **c**, Gn 7.1. Ordene a seus filhos e a sua **c**, Gn 18.19. É a **c** de Deus, Gn 28.17. Eu e a minha **c** serviremos ao Senhor, Js 24.15. Põe em ordem a tua **c**, 2 Rs 20.1. Queimou a **c** do Senhor e a **c** do rei, 2 Rs 25.9. A glória encheu a **c** de Deus, 2 Cr 5.14; 7 1. Eu amo a habitação da tua **c**, Sl 26.8. É que as suas **c** serão perpétuas, Sl 49.11. Vamos à **c** do Senhor, Sl 122.1. Se o Senhor não edificar a **c**, Sl 127.1. A sua **c** inclina para a morte, Pv 2.18. A sabedoria edificou a sua **c**, Pv 9.1. A **c** e os bens vêm como herança, Pv 19.14. Freqüente na **c** do teu próximo, Pv 25.17. Ir à **c** onde há luto, Ec 7.2. Goteja a **c**, Ec 10.18. Vais a **c** eterna, Ec 12.5. Subamos à **c** do Deus de Jacó, Is 2.3. **C** de marfim perecerão, Am 3.15. **C** sobre a rocha, Mt 7.24. Os inimigos serão os da sua própria **c**, Mt 10 36. Toda a **c** dividida, Mt 12.25. Minha **c** será chamada **c** de oração, Mt 21.13. Devorais as **c** das viúvas, Mt 23.14. A vossa **c** vos ficará deserta, Mt 23.38. Cumpria estar na **c** de meu Pai? Lc 2.49. Fique cheia a minha **c**, Lc 14.23. Hoje houve salvação nesta **c**, Lc 19.9. A minha **c** será **c** de oração, Lc 19.46. O zelo da tua **c** me consumirá, Jo 2.17. Creu ele e toda a sua **c**, Jo 4.53. Na **c** de meu Pai, Jo 14.2 Partiram pão de **c** em **c**, At 2.46. De **c** em **c** não cessavam de ensinar, At 5.42. Não habita o Altíssimo em **c** feita, At 7.48. Temente a Deus com toda a sua **c**, At 10.2. Batizada, ela e a sua **c**, At 16.15. Serás salvo tu e a tua **c**, At 16.31. Crispo creu com toda a **c**, At 18.8. Publicamente e também de **c** em **c**, At 20.20. Igreja que se reúne na **c** deles, Rm 16.5. Tendes **c** onde comer? 1 Co 11.22. Ponha de parte, em **c** 1 Co 16.2. Governe bem a sua própria **c**, 1 Tm 3.4. Dos da sua própria **c**, tem negado a fé, 1 Tm 5.8. Pervertendo **c** inteiras, Tt 1.11. Cristo sobre sua **c**; a qual **c**, Hb 3.6. Arca para a salvação de sua **c**, Hb 11.7. Começar o juízo pela **c** de Deus, 1 Pe 4.17.

CASA DE INVERNO Am 3.15. Nesta época de luxo, os reis e os abastados tinham residências para o tempo de calor e outras para o tempo de frio. Compare Jz 3.20.

CASADO: Que está ligado por casamento. // Mais são os filhos da mulher solitária, do que... da **c**, Is 54.1. // Os **c** sejam como se o não fossem, 1 Co 7.29.

CASAMENTO: União legítima entre homem e mulher. // O casamento instituído, Gn 2.18,24; Mt 19.5. Casamentos com os pagãos, proibidos, Êx 34.16; Dt 7.3; Js 23.12; 1 Rs 11.2; Mc 10.30; 13.23-30. Casamento ilícitos, Lv 18.1-18. Digno de honra, Sl 128; 1 Tm 3.2; Hb 13.4. O dever do casamento, Mt 19.5; Rm 7.2; 1 Co 7.10; Ef 5.31. Não haverá casamento no mundo vindouro, Mt 22.30. Cristo assistiu a um casamento, Jo 2.1-11. O parecer de Paulo, 1 Co 7.7-9,25-29; 1 Tm 5.14. Ilustrativo, Is 54.5; 62.4,5; Jr 3.14; Os 2.19,20; Mt 22.2; 25.10; Ef 5.30-32; Ap 19.7. Exemplos de casamentos irreligiosos e idólatras: os filhos de Deus, Gn 6.2-5; Esaú, Gn 26.34; israelitas, Jz 3.6-8; Sansão, Jz 14.1-16; Salomão, 1 Rs 3.1; 11.1-4; Acabe, 1 Rs 16.31; judeus, Ed 9.1-12; 10. Ver **Boda**, **Matrimônio**.

CASAR: Unir por casamento. // Ló... que estavam para casar com suas filhas, Gn 19.14. E casou com uma descendente de Levi, Êx 2.1. Tomar uma mulher e se casar com ela, Dt 24.1. Judeus haviam casado com mulheres asdoditas, Ne 13.23. Aquele que casar com a repudiada, Mt 5.32. E casar com outra, comete adultério, Mt 19.9. Se essa é a condição... não convém casar, Mt 19.10. Na ressurreição nem casam, Mt 22.30. Comiam e bebiam, casavam, Mt 24.38. Casei-me... não posso ir, Lc 14.20. Não se dominem, que se casem, 1 Co 7.9. Melhor casar do que viver abrasado, 1 Co 7.9. Quem não é casado cuida, 1 Co 7.32. Não peca; que se casem, 1 Co 7.36. Quem não casa faz melhor, 1 Co 7.38. Livre para casar com quem quiser, 1 Co 7.39. Tornam levianas contra Cristo, querem casar-se, 1 Tm 5.11. Que as viúvas mais novas se casem, 1 Tm 5.14. Ver **Desposar**, **Esposar**.

Casar com quem quiser, mas somente NO SENHOR, 1 Co 7.39. Não vos ponhais em jugo desigual com os incrédulos, 2 Co 6.14

CASCA: Invólucro exterior de plantas, ovos, etc. // Tomou então Jacó varas... lhes removeu a c, em riscas, Gn 30.37. Que se faz da vinha, desde as sementes até às **c**, Nm 6.4.

CASCO: Unha de paquiderme. // Tem unhas fendidas, e o casco divide em dois, Lv 11.3.

CASLUIM, hb. **Fortificado**: Um povo, descendente de Mizraim, Gn 10.14. Ver mapa 1, D-3.

CASO: Acontecimento, fato, circunstância, importância. // Que vos enganaram no **c** de Peor, Nm 25.18. Este é o **c** tocante ao homicida, Dt 19.4. E dele não fizemos **c**, Is 53.3. Festo expôs ao rei o **c** de Paulo, At 25.14. Não fazendo **c** da ignomínia, Hb 12.2.

CÁSSIA: Casca aromática semelhante à canela, empregada em medicina. Um dos ingredientes do óleo sagrado para a unção, Êx 30.24. Vestes recendem a mirra, aloés e **c**, Sl 45.8. Vinha da Arábia ou da Índia, Ez 27.19.

CASTA: Raça, qualidade. // Esta **c** não se expele senão, Mt 17.21.

CASTANHEIRO (ARC): Gn 30.37; Ez 31.8. Deve ser traduzido **plátano**.

CASTELO: Residência real ou senhorial fortificada. // Zinri foi-se ao **c** e o queimou sobre si, 1 Rs 16.18. Abomino a soberba de Jacó, e odeio os seus **c**, Am 6.8. Ver **Baluarte**, **Fortaleza**.

CASTIÇAL: Utensílio em que se coloca uma vela para iluminar. // Os **c** de ouro finíssimo, cinco à direita e cinco à esquerda, no Templo, 1 Rs 7.49.

CASTIGAR: Punir, corrigir. // Castigar-vos sete vezes mais, Lv 26.18,28. Castigá-lo-ei com varas, 2 Sm 7.14. Eu vos castigarei com escorpiões, 1 Rs 12.11. Nem me castigues no teu furor, Sl 6.1; 38.1. Castiga a teu filho, Pv 19.18. Tua malícia te castigará, Jr 2.19. Castiga-lo-á... com os hipócritas, Mt 24.51. Castiga-lo-á, lançando-lhe a sorte com os infiéis, Lc 12.46. Após castigá-lo, soltá-lo-ei, Lc 23.16. Vingador, para castigar o que pratica o mal, Rm 13.4. Como castigados, porém não mortos, 2 Co 6.9. Ver **Fustigar**, **Punir**.

CASTIGO: Sofrimento aplicado a delinqüente. // Disse Caim: É tamanho o meu **c**, Gn 4.13. O Senhor me **c** severamente, Sl 118.18. O **c** que nos traz a paz, Is 53.5. Irão estes para o **c** eterno, Mt 25.46. Recebemos o **c** que os nossos atos merecem, Lc 23.41. Toda transgressão recebeu justo **c**, Hb 2.2. Quanto mais severo **c**... aquele que calcou aos pés, Hb 10.29. Autoridade... para **c** dos malfeitores, 1 Pe 2.14. Reservar, sob **c**, os injustos, 2 Pe 2.9. Ver **Punição**, **Tormento**.

CASTIGO ETERNO: Ver **Inferno**.

CASTO: Que se abstém de relações sexuais imorais; puro; inocente. // A serem **c**, Tt 2.5 (ARC). Considerando a vossa vida **c**, 1 Pe 3.2 (ARC). São **c**, Ap 14.4. Ver **Puro**.

CASTOR e **POLUX**: At 28.11 (ARC). Ver Dióscuros (ARA).

CASUAL: Acidental. // Saberemos que... foi **c**, 1 Sm 6.9.

CATACUMBAS: Ver Roma.

CATADUPA: Sl 42.7. Queda de grande porção de água corrente.

CATADURA: Expressão do semblante. // Um rei de feroz **c**, Dn 8.23.

CATAPLASMA: Is 38.21 (ARC). Papas medicamentos, que se aplicam sobre a pele diretamente ou entre dois panos. Ver **Emplastro**.

CATETE, hb. **Pequeno**: Uma cidade da herança de Zebulom, Js 19.15.

CATIVAR: Tornar cativo, seduzir. // Cativarão aqueles que os cativaram, Is 42.2. Cativar mulherinhas sobrecarregadas de pecados, 2 Tm 3.6. Ver **Prender**.

CATIVEIRO: Estado de quem é cativo. Lugar onde alguém está cativo. **O cativeiro do Reino do Norte**: A sujeição das dez tribos foi a obra da Assíria, grande nação cuja capital era Nínive, no rio Tigre. O rei de Israel, Menaém, pagou tributo a Pul, rei da Assíria, 2 Rs 15.19. Tiglate-Pilneser. Rei da Assíria, levou os rubenitas, os gaditas e a meia tribo de Manassés, 2 Rs 15.29. Salmaneser invadiu Israel duas vezes, no tempo do rei Oséias, e transportou a Israel para a Assíria, 2 Rs 17.3-6. "E nada mais ficou senão só a tribo de Judá", 2 Rs 17.18.

O cativeiro de Judá: Diz-se que Senaqueribe transportou de Judá para a Assíria 200 mil habitantes. Ver 2 Rs 18.13. Nabucodonosor invadiu a Judá repetidas vezes antes de transportar o povo para Babilônia, não como escravos, mas como colonos. Este cativeiro começou depois do sítio de Jerusalém e a destruição do Templo por Nebuzaradã (2 Rs 24; 2 Cr 36;), e findou 70 anos depois (Jr 25.12; Dn 9.2). com o decreto de Ciro (Ed 1) e a volta de uma parte do povo sob a direção de Sesbazar, Zorobabel, Esdras e Neemias.

As listas dos que voltaram do cativeiro em Babilônia, Ed 2; Ne 7. Levaste cativo o **c**, Sl 68.18; Ef 4.8. O que é para o **c**, Jr 15.2. Os teus amantes irão para o **c**, Jr 22.22. Livrar deste **c** em dia de sábado, Lc 13.16. A própria criação será redimida do **c** da corrupção, Rm 8.21. Se alguém leva para o **c**, para o **c** vai, Ap 13.10. Ver **escravidão**.

CATIVO: Prisioneiros de guerra, seduzido. // Todos os seus meninos e as suas mulheres, levaram **c**, Gn 34.29. O primogênito do **c** na enxovia, Êx 12.29. Da terra de Israel levaram **c** uma menina, 2 Rs 5.2. Levaste **c** o cativeiro, Sl 68.18; Ef 4.8. Aqueles que nos levaram **c** nos pediam canções, Sl 137.3. Ó **c** filha de Sião, Is 52.2. Proclamar libertação aos **c**, Is 61.1; Lc 4.18. Tendo sido feitos **c** pelo diabo, 2 Tm 2.26. **C** mulherinhas, 2 Tm 3.6. Ver **Preso**.

CAUDA: Apêndice posterior do corpo de alguns animais. // Pegou-lhe pela **c**... se tornou em vara, Êx 4.4. Do sacrifício... a **c** toda, Lv 3.9. A cauda dos carneiros da Síria pesava até 10 kg e era a parte mais gostosa da sua carne. O Senhor te porá por cabeça, e não por **c**, Dt 28.13. Virou **c** com **c**, e lhes atou um facho, Jz 15.4. Corta de Israel a cabeça e a **c**, Is 19.14. **C** como escorpiões, Ap 9.10. A sua **c** arrasta a terça parte, Ap 12.4.

CAUSA: Pleito judicial, princípio, origem, razão. // A **c** que vos for demasiadamente difícil, Dt 1.17. Ele defenderá a sua **c** em juízo, Sl 112.5. O Senhor manterá a **c** do oprimido, Sl 140.12. Nas algemas que carrego por **c** do evangelho, Fm 13. Ver **Motivo**.

CÁUSTICO: Uma substância corrosiva. E purifique as mãos com **c**, Jó 9.30. Ver **Potassa**, **Salitre**.

CAUTELOSO: Que procede com cautela; prudente. // O sábio é **c** e desvia-se do mal, Pv 14.16. Ver **Cuidadoso**.

CAUTERIZAR: Aplicar cautério ou cáustico a. // Têm cauterizado a própria consciência, 1 Tm 4.2.

CAVACO: Estilha ou lasca de madeira. // Apanhei dois **c**, e vou prepará-lo, 1 Rs 17.12.

CAVALARIA: Multidão de gente a cavalo. // Tende de prontidão... de **c**, At 23.23.

CAVALARIANO: Soldado de cavalaria. // Os cavalos e carros de Faraó, e os seus **c**, Êx 14.9.

CAVALEIRO: Homem montado a cavalo. // Faz cair o seu **c** por detrás, Gn 49.17. Serei glorificado em Faraó... e nos seus **c**, Êx 14.17. Lançou no mar... o seu **c**, Êx 15.1. Carros de Israel, e seus **c**, 2 Rs 2.12; 13.14.

CAVALGADURA: Besta cavalar, muar ou asinha que se pode cavalgar. // Sobre a sua **c**, levou-o para, Lc 10.34 (ARC).

CAVALGAR: Montar sobre; passar, saltar por cima de; montar a cavalo. // Toda sela, em que cavalgar, Lv 15.9. Ele o fez cavalgar sobre os altos, Dt 32.13. Cavalga sobre os céus para a tua ajuda, Dt 33.26. Os que cavalgais jumentas brancas, Jz 5.10. Nessa majestade cavalga prosperamente, Sl 45.4. Fizeste que os homens cavalgassem sobre, Sl 66.12. Exaltai ao que cavalga sobre as nuvens, Sl 68.4.

CAVALO: Quadrúpede doméstico, solípede. Por estranho que pareça, menciona-se o cavalo nas Escrituras somente para a guerra, a não ser, talvez, em Is 28.28. A descrição vívida de Jó 39.19-25 é unicamente de cavalo de guerra. Os cananeus tinham cavalos, Js 17.16; Jz 4.15; 5.22. O Egito era terra de muitos cavalos, Êx 14.9; 2 Cr 1.16. Mas os israelitas, sendo povo de gado, não necessitavam de cavalos. Viajavam de mulas ou de camelos. Foi-lhes proibido multiplicar cavalos, Dt 17.16. Ver Is 31.1. Contudo Davi tomou de Hadadezer, e reservou para si, grande número de cavalos, 2 Sm 8.4. Salomão os importava e exportava em grande escala, 2 Cr 1.16,17; 9.28. Foi tão bem sucedido na criação de cavalos que chegou a ter 40.000 cavalos e 12.000 cavaleiros, 1 Rs 4.26. Cavalos foram vistos, freqüentemente, em visão, 2 Rs 6.17; Zc 1.7,8; etc. Elias foi levado ao céu por um carro de fogo, com cavalos, 2 Rs 2.11. Uns confiam em carros, outros em cavalos... Sl 20.7. Ver Sl 33.17. O cavalo branco, fala de conquista, Ap 6.2; 19.11,14, comp. Zc 1.8; 6.36,6. O cavalo vermelho representa a guerra, Ap 6.4; comp. Zc 6.2. O cavalo preto, símbolo da fome, Ap 6.5,6; comp. Zc 6.2,6. O cavalo amarelo significa a morte, Ap 6.8. Ver **Garanhão**.

CAVAR: Revolver (a terra) com pá, enxada, etc. Fazer escavações. // Respondeu Abraão... eu cavei este poço, Gn 21.30. Cavou, abriu profunda vala, Lc 6.48. Ver **Escavar**, **Minar**.

CAVERNA: Cavidade subterrânea, gruta. // Ló habitou numa caverna, Gn 19.30. Sara, Abraão, Isaque, Rebeca, Lia e Jacó, sepultados na caverna de Macpela, Gn 23.19; 25.9; 49.29-32; 50.13. Davi se refugiou na caverna de Adulão, 1 Sm 22.1; 2 Sm 23.13. O Senhor te pôs em minhas mãos nesta caverna, 1 Sm 24.10. Elias entrou numa caverna, 1 Rs 19.9. Então os homens se meterão nas cavernas, Is 2.19. Errantes pelos desertos e cavernas da terra, Hb 11.38. Todo escravo e todo livre se esconderam nas cavernas, Ap 6.15. Ver **Covil**.

Os seus cavalos são mais ligeiros do que as águias, Jr 4.13

CAVIDADE: Cova, buraco. // Fendeu a **c** que estava em Lei, Jz 15.19. Ver **Cova**.

CEAR: Comer a ceia. // Depois de cear, tomou o cálice, Lc 22.19; 1 Co 11.25. Entrarei em sua casa e cearei com ele, Ap 3.20. Ver **jantar**.

CEBOLA: Planta bulbosa, hortense e cultivada desde tempos imemoriais. Os israelitas no deserto suspiravam pelos pepinos, melões, alhos, porros e cebolas do Egito, Nm 11.5.

CEDER: Deixar (a outrem). // Cedeu o corpo a José, Mc 15.45.

CEDO: Antes da ocasião propícia. De madrugada. // Por que viestes hoje mais **c**? Êx 2.18. Muito **c**, no primeiro dia da semana, Mc 16.2.

CEDRO: Árvore conífera. O cedro do Líbano atinge 40 metros de altura e um perímetro de 11 metros. Símbolo da força e majestade, Is 2.13; 14.8; Ez 17.22,23; 31.3-18; Am 2.9; Zc 11.1,2. Usado na confecção de cofres, imagens, instrumentos de música, mastros de navios, etc., Ez 27.24 (ARC); Is 44.14,15; Ez 27.5. O contrato do rei de Tiro fornecer cedro a Davi, e depois a Salomão, 2 Sm 5.11; 1 Rs 5.8. Os cedros cortados no Líbano, conduzidos em jangadas pelo Mediterrâneo até Jope, e transportados os 40 quilômetros até Jerusalém, 1 Rs 5.9. Salomão edificou seus palácios reais de cedro e de pedras de valor, 1 Rs 7.1-14. Dentro do Templo, tudo era cedro, pedra nenhuma se via, 1 Rs 6.18. O cedro tornou-se tão comum em Jerusalém como a inferior madeira de sicômoro, 1 Rs 10.27. Cedro do Líbano para a construção do Templo de Zorobabel, Ed 3.7. Os reis de outras terras edificavam palácios dessa preciosa madeira, Jr 22.14,15. O Líbano fornecia cedro para templos em Éfeso, Utica, etc., durante muitos séculos. A árvore é tipo do filho de Deus: sempre verde, um enfeite, aromático, largo, crescimento firme e contínuo, de longa vida e de diversas utilidades. Ver Sl 92.12.

CEDROM, hb. **Escuro**: Ribeiro entre o muro do leste da cidade de Jerusalém e o monte das Oliveiras. Davi o atravessou quando fugiu de Absalão, e Jesus o passou em caminho para Getsêmani, 2 Sm 15.23; Jo 18.1. O vale de Cedrom, desde o século IV a.D., chama-se **O vale de Jeosafá**. Nele se lançavam ídolos e outras impurezas, 2 Rs 23.4,6,12; 2 Cr 29.16; 30.14; Jr 31.40. Ver mapa 2, C-5.

CÉDULA: Confissão de dívida, escrita, mas não legalizada. // Riscado a **c** que era contra nós, Cl 2.14 (ARC).

CEFAS, aramaico, **Rocha** ou **Pedra**: O mesmo que Pedro, Jo 1.42; 1 Co 1.12; 9.5; 15.5; Gl 2.9. Ver **Pedro**.

CEFIRA, hb. **Vila**: Uma das cidades dos gibeonitas, Js 9.17. Pertencia à tribo de Benjamim, Js 18.26. Habitada depois da volta do cativeiro, Ed 2.25; Ne 7.29 (Quefira).

CEGAR: Tornar cego, tirar a vista a; fascinar, iludir, enganar. // O suborno cega até o perspicaz, Êx 23.8. O suborno cega os olhos dos sábios, Dt 16.19. O deus deste século cegou os entendimentos, 2 Co 4.4. Porque as trevas lhe cegaram os olhos, 1 Jo 2.11.

CEGO: Privado de vista; homem que não vê. // Nem porás tropeço diante do **c**, para o sacrificardes, Ml 1.8. São **c**, guias de **c**. Ora, se um **c**. Ora, se um **c**, guiar outro **c**, cairão ambos, Mt 15.14. Os coxos andavam e os **c**, viam, Mt 15.31. Restauração da vista aos **c**, Lc 4.18. Ao dares um banquete, convida... os **c**, Lc 14.13. Persuadido de que és guia dos **c**, Rm 2.19. Tu és... pobre, **c** e nu, Ap 3.17.

CEGONHA, hb. **Afetuoso**: Gênero de aves pernaltas de arribação. É proverbial o desvelo da cegonha pelos seus filhos e a afeição dos casais um ao outro. Daí talvez, seu nome. Do seu costume de construir seus ninhos em cima das casas e de cuidar dos filhos por longo tempo, surgiu, provavelmente, a tradição que a cegonha entrega as crianças recém-nascidas nos lares. Aninha-se, também, nos altos ciprestes, Sl 104.17. Proibido comer sua carne, Lv 11.19. Conhece as estações, Jr 8.7. Passam o tempo do frio na África; voltam à Europa no fim de março. Alguns casais demoram na Palestina para se alimentar. As penas das asas são de um preto brilhante em um belo contraste com a restante plumagem que é alvíssima. Atinge a altura de mais que um metro. As asas são grandes e fortes com envergadura de 2,30 m. É cena linda e impressionante ver a cegonha levantar vôo. A visão de duas mulheres com asas de cegonha, Zc 5.9.

CEGUEIRA: Não uma doença, como a oftalmia, a catarata, etc., mas o resultado de doenças dos olhos. // Tornava qualquer homem inábil para o sacerdócio, Lv 21.18. Forma cruel de vingança ou castigo, Jz 16.21; 1 Sm 11.2; 2 Rs 25.7. Feridos de cegueira: os homens de Sodoma, Gn 19.11; o exército dos siros, 2 Rs 6.18; Zedequias, Jr 39.7; Saulo de Tarso, At 9.8; Elimas, At 13.11. Curados da cegueira por Cristo: dois cegos, Mt 9.27; um cego e mudo, Mt 12.22; dois cegos de Jericó, Mt 20.30; o cego de Batsaida, Mc 8.22; muitos cegos, Lc 7.21; Mt 21.14; o cego de nascença, Jo 9. Cegueira espiritual; Is 6.9-11; 56.10; Jr 5.21; Mt 6.23; 23.16,24; 1 Co 2.9,14; 2 Co 4.4; 2 Pe 1.9; Ap 3.17. Cristo a tirará: Is 29.18; 35.5; Lc 4.18; 1 Pe 2.9.

Cegonha

CEIA: Refeição que se toma à noite. // Quando deres um jantar ou uma **c**, Lc 14.12. A parábola da grande **c**, Lc 14.15-24. Prepara-me a **c**, cinge-te, e serve-me, Lc 17.8. Deram-lhe uma **c**; Marta servia, Jo 12.3. Durante a **c**... o diabo posto no coração de Judas, Jo 13.2. A **c** do Senhor, 1 Co 11.20. A **c** das bodas do Cordeiro, Ap 19.9. A grande **c** de Deus, para que comais carnes de reis, Ap 19.17. Ver **Banquete**, **Festa**.

CEIA DO SENHOR: Ver **Senhor**.

CEIFA: O ato de cortar, segar, colher. // Não deixará de haver sementeira e **c**, Gn 8.22. Como a chuva na **c**, Pv 26.1. Como se alegram na **c**, Is 9.3. A **c** é a consumação do século, Mt 13.39. É chegada a **c**, Mc 4.29. Ainda há quatro meses até à **c**, Jo 4.35. A visão da **c**, Ap 14.14. Ver **Colheita**, **Messe**, **Sega**.

CEIFAR: Cortar, segar, colher. // Com júbilo ceifarão, Sl 126.5. O que lavra segue logo ao que ceifa, Am 9.13. Ceifas onde não semeaste, Mt 25.24. Corvos não ceifam, Lc 12.24. Ceifas o que não semeaste, Lc 19.21. Semeia pouco, pouco ceifarás, 2 Co 9.6. Isso também ceifará, Gl 6.7. A seu tempo ceifaremos, Gl 6.9. Os trabalhadores que ceifaram, Tg 5.4. Toma a tua foice e ceifa, Ap 14.15. Chegou a hora de ceifar, Ap 14.15. A terra foi ceifada, Ap 14.16. Ver **Colher**, **Segar**.

CEIFEIRO: Homem que ceifa. // Mas poucos os **c**, Mt 9.37 (ARC). Mande **c** para a sua seara, Mt 9.38 (ARC). Direi aos **c**: Mt 13.30. Os **c** são os anjos, Mt 13.39. O **c** recebe desde já, Jo 4.36. Ver **Segador**.

CEITIL: Mt 10.29 (ARC), Uma moeda que valia a décima parte de um denário. Ver **Dinheiro**.

CELEBRAR: Realizar com solenidade, comemorar, festejar. // Onde eu fizer celebrar a memória do meu nome, virei a ti, Êx 20.24. Celebraremos com júbilo a tua vitória, Sl 20.5. Celebrai o Senhor com harpa, Sl 33.2. Um rei que celebrou as bodas de seu filho, Mt 22.2. Celebremos a festa, não com o velho fermento, 1 Co 5.8. Pela fé celebrou a festa, Hb 11.28. Ver **Festejar**.

CELEIRO: Depósito de provisões. // Abriu José todos os **c**, Gn 41.56. Transbordem os nossos **c**, atulhados de toda a sorte de provisões, Sl 144.13. Encherão fartamente os teus **c**, Pv 3.10. Não havendo bois, o **c** fica limpo, Pv 14.4. Recolherá o seu trigo no **c**, Mt 3.12. As aves não ajuntam em **c**, Mt 6.26. O trigo, recolhei-o no meu **c**, Mt 13.30. Destruirei os meus **c**, Lc 12.18. Ver **Depósito**.

CELESTE: Do céu, relativo ao céu. // Vosso Pai **c** vos perdoará, Mt 6.14. Vosso Pai **c** as sustenta, Mt 6.26. Vosso Pai **c** sabe que necessitas, Mt 6.32.

CELESTIAL: Celeste. // Que meu Pai **c** não plantou, Mt 15.13. Multidão da milícia **c**, Lc 2.13. Não fui desobediente à visão **c**, At 26.19. Há corpos **c**, 1 Co 15.40. Bênção espiritual nas regiões **c**, Ef 1.3. Nos fez assentar nos lugares **c**, Ef 2.6. Potestades nos lugares **c**, Ef 3.10. Forças espirituais do mal nas regiões **c**, Ef 6.12. Que participais da vocação **c**, Hb 3.1. Provaram o dom espiritual, Hb 6.4. Coisas **c** com sacrifícios, Hb 9.23. Aspiram a uma pátria **c**, Hb 11.16. A Jerusalém **c**, Hb 12.22.

CEM: Dez vezes dez. // Tinha Abraão **c** anos, quando lhe nasceu Isaque, Gn 21.5; Rm 4.19. Chefes de **c**, Êx 18.21; Dt 1.15; 2 Cr 1.2. Obadias tomou **c** profetas, 1 Rs 18.4. **C** açoites no insensato, Pv 17.10. Morrer aos **c** anos é morrer ainda jovem, Is 65.20. Deu fruto: a **c**, Mt 13.8. **C** ovelhas, Mt 18.12; Lc 15.4. Em turmas de **c**, Mc 6.40.

CEMITÉRIO: Terreno em que se enterram ou guardam defuntos. // O campo do oleiro, para **c**, Mt 27.7.

CENÁCULO: Antiga designação da sala em que se comia a ceia ou o jantar. Refeitório. O cenáculo em que Cristo teve a última ceia com seus discípulos era espaçoso e mobilado, Mc 14.15; em cima, At 1.13. Depois da morte de Dorcas, em Jope, puseram-na no cenáculo, At 9.37. O cenáculo em Trôade, de onde caiu Êutico, estava no terceiro andar, At 20.8,9. Refere-se aos cenáculos do Templo em 1 Cr 28.11 e 2 Cr 3.9.

Ceifa

CENCRÉIA: At 18.18; Rm 16.1. O porto oriental de Corinto. Ver mapa 6, C-2.

CENSO: Alistamento geral da população. // Levantai o **c** de toda a, Nm 1.2; 26.2. Levante o **c** do povo, 2 Sm 24.2.

CENSURA: Repreensão. // Quem usa de **c** contenderá com o Todo-poderoso? Jó 40.2. Ver **Repreensão**.

CENSURAR: Repreender. Criticar. // O que censura o perverso, Pv 9.7. Censurou-lhes a incredulidade, Mc 16.14. Que o ministério não seja censurado, 2 Co 6.3. Ver **Repreender**, **Vituperar**.

CENTAVO: A moeda menor, de cobre, entre os judeus. Lc 12.59 (ARA). Ver **Dinheiro**.

CENTEIO: Planta gramínea e cerealífera. Precioso, porque substitui o trigo onde os climas rigorosos não permitem a cultura deste. Êx 9.32; Is 28.25 (ARC). Mais propriamente espelta.

CENTENA: Quantidade de cem. // Dos milhares e capitães das **c**, Nm 31.14. Chefes de **c**, 1 Sm 22.7.

CÊNTUPLO: Que vale cem vezes. // Receba... o **c** de casas, Mc 10.30.

CENTURIÃO: Chefe de cem homens na milícia romana. // A cura do criado de um **c**, Mt 8.5-13. O **c** e os que com ele guardavam a Jesus, Mt 27.54. Cornélio, **c** At 10.1. Disse Paulo ao **c**, At 22.25. Entregaram Paulo a um **c**, At 27.1. O **c** querendo salvar a Paulo, At 27.43.

CEPA: Parte inferior do tronco de árvore, que está dentro da terra, unida às raízes. // A cepa com as raízes deixai na terra, Dn 4.15,23.

CERA: Substância que as abelhas produzem e com que fazem os favos. Substância vegetal semelhante à cera das abelhas. // Meu coração fez-se como **c**, Sl 22.14. Como se derrete a **c**... assim à presença de Deus, Sl 68.2. Derretem-se como **c** os montes, Sl 97.5. Os montes... como a **c** diante do fogo, Mq 1.4.

CERAMISTA: Que se ocupa da arte de fabricar vasos e outros objetos de barro ou de outra substância congênere. Ver **Oleiro**.

CERCA: Obra com que circunda e fecha um terreno. // Derrubaste as **c**, de sorte que, Sl 80.12. Ver **Sebe**.

CERCADO: Que tem cerca. // O caminho do preguiçoso é como que **c** de espinhos, Pv 15.19.

CERCAR: Apertar, perseguir, rodear, sitiar. // Quando o seu inimigo o cercar em qualquer das suas cidades, 1 Rs 8.37. Acaso não o cercaste com sebe, Jó 1.10. A quem Deus cercou de todos os lados? Jó 3.23. Cercaram-me de todos os lados; mas em nome do Senhor, Sl 118.11. Contra Jerusalém, e a cercaram, Jr 39.1. Cercou-a de uma sebe, Mt 21.33. Cercar-se-ão de mestres, 2 Tm 4.3. Ver **Sitiar**.

CERCO: Operações militares em redor de um lugar fortificado. // Cada um comerá a carne do seu próximo, no **c**, Jr 19.9. O cerco simbólico de Jerusalém, Ez 4.

CEREAL: Nome genérico das gramíneas cujos grãos servem para alimento. // Ajuntou José muitíssimo **c**, Gn 41.49. Oferta de **c**, Êx 40.29. Ver **Trigo**, **Cevada**.

CERRAR: Fechar. // Insensíveis cerram o coração, Sl 17.10. O que cerra os lábios por entendido, Pv 17.28.

CERTAMENTE: Com certeza. // Subamos... porque **c** prevaleceremos, Nm 13.30. Se eu expulso... **c** é chegado o reino, Lc 11.20.

CERTEZA: Conhecimento exato, convicção. // Para que tenhas plena **c**, Lc 1.4. Deu **c** a todos, ressuscitando-o, At 17.31 (ARC), A mesma diligência para a plena **c**, Hb 6.11. Aproximemo-nos... em plena **c**, Hb 10.22. A fé é a **c** das coisas que se esperam, Hb 11.1. Ver **Segurança**. Compare Rm 8.16; Cl 2.1-10; 2 Tm 1.12; 1 Jo 2.5; 1 Jo 3.4; 1 Jo 5.13.

CERTIFICAR: Atestar, tornar ciente. // Por sua vez certifica que Deus é verdadeiro, Jo

3.3. Certificar-se dos motivos... acusado pelos judeus, At 22.30. Ver **Averiguar**, **Verificar**.

CERTO: Convencido, que tem convicção. // Esteja absolutamente **c**... que a este Jesus, At 2.36. Estou bem **c** de que nem morte, Rm 8.38. Estou... **c** de que aquele que começou, Fp 1.6. Estou **c** de que ele é poderoso para guardar, 2 Tm 1.12. Estamos **c** de que obtemos os pedidos, 1 Jo 5.15.

CERVIZ: A parte posterior do pescoço; nuca. // De dura cerviz: teimoso, obstinado. // Sacudirás o seu jugo da tua **c**, Gn 27.40. Tua mão estará sobre a **c** de teus inimigos, Gn 49.8. De dura **c**, Êx 32.9; 33.3; Dt 9.13; At 7.51. Repreendido endurece a **c**, Pv 29.1. A tua **c** é um tendão de ferro, Is 48.4. Pondo sobre a **c** dos discípulos um jugo, At 15.10.

CERVO: Veado. // Os coxos saltarão como cervos, Is 35.6. Ver **Corça**.

CÉSAR: Título de doze ditadores romanos, dos quais quatro são mencionados no Novo Testamento: Augusto, Lc 2.1; Tibério, Lc 3.1; Mc 12.14; Cláudio, At 11.28; Nero, At 25.11. // É lícito pagar tributo a César, Mt 22.17. Jesus acusado de proibir pagar tributo a César, Lc 23.2. Se soltas a este, não és amigo de César, Jo 19.12. Procedem contra os decretos de César, afirmando Jesus ser outro rei, At 17.7. Apelo para César, At 25.11; 28.19. Paulo, não temas; é preciso que compareças perante César, At 27.24. Os da casa de César, Fp 4.22.

CÉSAR, A CASA DE: Fp 4.22. Todo o pessoal, inclusive numerosos escravos e libertos, no palácio do imperador, situado no Palatino em Roma.

CÉSAR AUGUSTO: O primeiro imperador romano. Reinava quando Jesus Cristo nasceu, Lc 2.1 **Augusto** quer dizer venerado, majestoso.

CESARÉIA DE FILIPE: Uma cidade gentílica, situada no sopé do monte Hermom, no Anti-Líbano, na cabeceira principal do rio Jordão, 32 km ao norte do mar da Galiléia. Foi ampliada e embelezada pelo tetrarca Filipe, que lhe deu o nome de Cesaréia, em honra de Tibério César. Era chamada Cesaréia de Filipe, para distingui-la da Cesaréia da Palestina. Foi ali que o apóstolo Pedro fez a sua memorável confissão, Mt 16.13. Ver mapa 3, B-1.

CESARÉIA DA PALESTINA: Uma magnífica cidade romana, situada na costa do Mediterrâneo, 37 km ao sul do monte Carmelo e 100 km ao noroeste de Jerusalém, construída por Herodes, o Grande, e dada o nome de Cesaréia em honra de César Augusto. Ver mapa 4, A-1, mapa 6, F-3. Filipe, o evangelista, levou o evangelho a esta cidade, At 8.40. Paulo, recém-convertido, levado até lá a fim de escapar das mãos dos judeus, At 9.30. Onde morava o centurião, Cornélio, At 10.1-24; 11.11. Pedro, para escapar da mão de Herodes, fugiu para Cesaréia, At 12.19 Paulo, no fim da segunda viagem missionária, desembarcou lá, At 18.22. Paulo e seus companheiros hospedaram-se na casa de Filipe, o evangelista, em Cesaréia, At 21.8,16. Paulo, preso, enviado a Cesaréia, At 23.23,33. O apóstolo fez a sua defesa lá, perante Festo e Agripa, At 25.1,4,6,13. Lá passou dois anos encarcerado, ver At 24.27. De lá partiu, algemado, para Roma, ver At 27.1. Ver **Cesaréia de Felipe**.

CESSAR: Parar, deixar, desistir. // Cessar a praga, Nm 16.18; de clamar 1 Sm 7.8; a malícia dos ímpios, Sl 7.9; a tormenta, Sl 107.29; as demandas, Pv 22.10; a contenda, Pv 26.20; os teus moedores, Ec 12.3; a transgressão, Dn 9.24; o mar da sua fúria, Jn 1.15; o vento, Mt 14.32; de admoestar, At 20.31; línguas, 1 Co 13.8; de dar graças, Ef 1.16; de orar, Cl 1.9; Orai sem cessar, 1 Ts 5.17. Ver **Acabar**, **Encerrar**, **Findar**, **Terminar**.

CESTO: Cesta pequena sem asa. // Três **c** de pão alvo me estavam sobre a cabeça, Gn 40.16. Pães asmos em **c**, Êx 29.3. Bendito o teu **c** e a tua amassadeira, Dt 28.5. Tinha um **c** de figos muito bons, Jr 24.2. Um **c** de frutos de verão, Am 8.1 Recolheram doze **c**, Mt 14.20. Recolheram sete **c**, Mt 15.37. Colocando-o num **c**, desceram-no pela muralha, At 9.25; 2 Co 11.33.

CETRO: Bastão de comando que antigamente designava autoridade real, Gn 49.10; Nm 24.17; Is 9.4. Cetro de ouro, Et 4.11; de ferro (figurado), Sl 2.9; Ap 2.27; 12.5; 19.15.

CÉU: O espaço indefinido em que se movem todos os astros. O ar, a atmosfera. Região habitada por Deus e os anjos. // Criou Deus os **c**, Gn 1.1. Torre cujo tope chegue até aos **c**, Gn 11.4. É a casa de Deus, a porta dos **c**, Gn 28.17. Os **c** e os **c** dos **c**, Dt 10.14; 1 Rs 8.27; 2 Cr 2.6. Elias subiu ao **c**, 2 Rs 2.11. O exército dos **c**, 2 Rs 21.3; 2 Cr 33.3. Nos **c** tem o Senhor seu trono, Sl 11.4. Os **c** proclamam, Sl 19.1. Os **c** anunciam, Sl 50.6. Estendes os **c** como uma cortina, Sl 104.2; Is 40.22. Está firmada a tua palavra no **c**, Sl 119.89. Se subo aos **c**, lá estás, Sl 139.8. Caíste do **c**, ó estrela, Is 14.12. Os **c** se enrolarão, Is 34.4. Os **c** desaparecerão, Is 51.6. Como os **c** são mais altos, Is 55.9. Se fendesses os **c** e descesses, Is 64.1. Crio novos **c**, Is 65.17. O **c** é o meu trono, Is 66.1. **C** retêm o seu orvalho. Ag 1.10. Não vos abrir as janelas do **c**? Ml 3.10. Eis que se lhe abriram os **c**, Mt 3.16. É grande o vosso galardão nos **c**, Mt 5.12. Até que o **c** e a terra passem, Mt 5.18. Jurareis nem pelo **c**, Mt 5.34. Pai nosso que está no **c**, Mt 6.9. Ajuntai para vós tesouros no **c**, Mt

6.20. Elevar-te-ás... até o **c**, Mt 11.23. O **c** está avermelhado, Mt 16.2. Ligado no **c**, Mt 16.19; 18.18. Terás um tesouro no **c**, Mt 19.21. Poderes do **c** será abalados, Mt 24.29. No **c** o sinal do Filho, Mt 24.30. Passará o **c**, Mt 24.35. Autoridade me foi dada no **c**, Mt 28.18. Foi recebido no **c**, Mc 16.19. Nomes estão arrolados nos **c**, Lc 10.20. Haverá maior júbilo no **c**, Lc 15.7. Mais fácil passar o **c**, do que cair um til, Lc 16.17. Vereis os **c** abertos, Jo 1.51. Ninguém subiu ao **c**, senão, Jo 3.31. Luz do **c**, At 9.3. Casa não feita por mãos, eternas, nos **c**, 2 Co 5.1. Arrebatado até ao terceiro **c**, 2 Co 12.2. Toda família, tanto no **c**, Ef 3.15. Subiu acima de todos os **c**, Ef 4.10. Nossa pátria está nos **c**, Fp 3.20. O Senhor... descerá dos **c**, 1 Ts 4.16. Do **c** se manifestar o Senhor, 2 Ts 1.7. Igreja dos primogênitos arrolados nos **c**, Hb 12.23. Os **c** passarão, 2 Pe 3.10. Esperamos novos **c**, 2 Pe 3.13. Uma porta aberta nos **c**, Ap 4.1. O **c** recolheu-se como um pergaminho, Ap 6.14. Grande sinal no **c**, Ap 12.1 Vi novo **c**, Ap 21.1. // **Os céus**, **a obra de Deus**, Gn 1.1; Êx 20.11; Sl 8.3; 19.1; At 4.24; Hb 1.10; Ap 14.7. // **Passarão**, Sl 102.25,26; Is 51.6; Mt 24.35; 2 Pe 3.10-12; Ap 6.14. // **O novo céu**, Is 51.16; 66.22; 2 Pe 3.13; Ap 21.1. // **Habitação de Deus**, 1 Rs 8.27; Sl 2.4; 80.14; 115.3; 123.1; Is 6.1; 66.1; Mt 6.9; Hb 8.1; Ap 4. // **O reino dos céus**, Mt 18.1-4; 2 Pe 1.11. **Jesus veio dos céus**, Jo 3.13,31; 6.38; 8.23; 1 Co 15.47; Hb 12.25. // **Jesus voltou aos céus**, Lc 24.51; At 1.9; 3.21; Ef 4.10; 1 Ts 1.10; 4.16; 1 Tm 3.16; Hb 4.14; 1 Pe 3.22. // **Jesus voltará dos céus**, Mt 24.30; Jo 14.3; At 1.11; 1 Ts 1.10; 4.16. // **Felicidade dos homens nos céus**, Is 49.10; Dn 12.3; Mt 13.43; Jo 14.2; 1 Co 2.9; 13.12; Ef 5.27; 1 Pe 1.4; 5.10; 1 Jo 4.17; Ap 14.13; 22.3. // **Quem pode entrar no céu**, Mt 25.34; Jo 14.2,3; Rm 8.17; 1 Co 6.9,10; 2 Co 5.1; Hb 11.10; 12.23; Ap 7.9,14. // **Quem não entrará**, Mt 25.41; Lc 13.27; 1 Co 6.9; Gl 5.11-21; Ef 5.5; Ap 21.8; 22.15. Ver **Firmamento**.

Chacal

CEVA: O pai dos sete exorcistas que, na segunda visita de Paulo a Éfeso, tentaram expulsar espíritos malignos em nome de Jesus, At 19.13.

CEVADA: Planta gramínea e cerealífera. Os grãos dessa planta. Um dos produtos mais importantes do Egito, Êx 9.31; e da Palestina, Lv 27.16. Um dos cereais mais resistentes, e comida dos pobres. Os que moravam nas cidades preferiam pão de trigo. Seria uma das riquezas da Terra da Promissão, Dt 8.8. Um dos principais alimentos, 2 Sm 17.28; 2 Rs 7.1,16,18; 2 Cr 2.10,15. Sonho dum pão de cevada rodando contra os midianitas, Jz 7.13. Absalão mandou meter fogo no campo de cevada de Joabe, 2 Sm 14.30. A palha de cevada excelente alimento para o gado, 1 Rs 4.28. A sega das cevadas, Rt 1.22; 2.23; 2 Sm 21.9,10, realiza-se em março e abril. Sempre precede a sega do trigo oito a dez dias. Assim a cevada foi completamente destruída no Egito, na praga de saraiva, Êx 9.31. Vinte pães de cevada satisfazem a 100 homens, 2 Rs 4.42-44. Cinco pães e dois peixinhos satisfazem a 5 mil homens, Jo 6.9,13. Tempo de fome e carestia; três medidas de cevada por um denário, Ap 6.6. Ver **Cereal**, **Trigo**.

CEVADO: Gordo, bem nutrido. // O leão novo e o animal **c**, Is 11.6. Os meus bois e **c** já foram abatidos, Mt 22.4. Matei o novilho **c**, Lc 15.23.

CEVADOURO: Lugar em que se cevam animais. // Como os bezerros do **c**, Ml 4.2 (ARC).

CEVAR: Engordar. // Cevastes os vossos corações, Tg 5.5 (ARC).

CHACAL: Quadrúpede carniceiro do gênero cão. Tem o aspecto da raposa e do cão e a cabeça parecida com a do lobo. Os chacais são animais noturnos que andam em bandos nas proximidades de lugares habitados, alimentando-se de cadáveres, Jó 30.29; Sl 63.10; Jr 9.11; Mq 1.8.

CHAGA: Ferida aberta. // Conhecendo cada um a **c** do seu coração, 1 Rs 8.38. Infectas e purulentas as minhas **c**, Sl 38.5. Desde a planta do pé... **c** inflamadas, Is 1.6. É incurável, a tua **c** é dolorosa, Jr 30.12. Lázaro, coberto de **c**, Lc 16.20. Por suas **c** fostes sarados, 1 Pe 2.24. Ver **Ferida**, **Úlcera**.

CHAMA: Porção de luz que se eleva de matérias incendiadas. // Anjo do Senhor numa **c** de fogo do meio duma sarça, Êx 3.2. O Anjo do Senhor subiu na **c**, que saiu do altar, Jz 13.20. Da sua boca sai **c**, Jó 41.21. Sua repreensão em **c** de fogo, Is 66.15: As **c** do fogo mataram os homens, Dn 3.22. O seu trono era **c** de fogo, Dn 7.9. Atormentado nesta **c**, Lc 16.24. Em **c** de fogo, tomando vingança, 2 Ts 1.8. Seus ministros labareda de fogo, Hb 1.7. Olhos como **c** de fogo, Ap

1.14; 2.18; 19.12. Grande montanha ardendo em **c**, Ap 8.8. Ver **Fogo**, **Labareda**.

CHAMADO: Apontado, escolhido. // Judas... aos **c**, amados de Deus, Jd 1.

CHAMAMENTO: Ato de chamar. // A Noé, Gn 6.13; a Abraão, Gn 12.1-3; a Jacó, Gn 28.12; a Moisés, Êx 3.7-10; a Josué, Nm 27.18-23; a Gideão, Jz 6.11; a Samuel, 1 Sm 3; a Saul, 1 Sm 10.1; a Davi, 1 Sm 16.13; a Eliseu, 1 Rs 19.19; a Isaías, Is 6.8,9; a Jeremias, Jr 1.5; a Ezequiel, Ez 2.1-8; a Oséias, Os 1.2; a Amós, Am 7.15; a Jonas, Jn 1.2; aos apóstolos, Mt 4.18; a Paulo, At 9. // **A chamada do arrependimento**: Sl 49; Pv 1.20; Is 45.20; Jr 35.15; Mt 11.28; Jo 7.37; Rm 8.28; 2 Co 5.20; Ap 2.5; 22.17. // **Perigo de desprezar a chamada**, Sl 50.17; Pv 29.1; Is 66.4; Jr 26.4; Mt 22.3; Jo 12.48; At 28.24; Rm 11.8; Hb 2.1; 12.25; Ap 2.5; Ver **Vocação**.

CHAMAR: Dizer em alta voz o nome de (alguém) para que venha, invocar, apelidar, dar nome de. // Todos os animais... como este lhes chamaria, Gn 2.19. Chamou a Moisés para o cimo, Êx 19.20. E lhe chamará Emanuel, Is 7.14. Será chamado pelo nome de Emanuel, Mt 1.23. Ele chama pelos nomes, Jo 10.3. Quantos o Senhor nosso Deus chamar, At 2.39. Serão chamados filhos do Deus vivo, Rm 9.26. Fostes chamados à liberdade, Gl 5.13. Que vos chama para o seu reino, 1 Ts 2.12. Deus não nos chamou para a impureza, 1 Ts 4.7. Ele não se envergonha de lhes chamar irmãos, Hb 2.11. Que vos chamou das trevas, 1 Pe 2.9. Vos chamou à sua eterna glória, 1 Pe 5.10. Chamados filhos de Deus, 1 Jo 3.1. Chamados à ceia, Ap 19.9. **A chamada de Noé**, Gn 6.13; Abrão, Gn 12.1-3; Jacó, Gn 28.12; Moisés, Êx 3.7-10; Josué, Nm 27.18-23; Samuel, 1 Sm 3; Saul, 1 Sm 10.1; Davi, 1 Sm 16.13. Eliseu, 1 Rs 19.19; Isaías, Is 6.8,9; Jeremias, Jr 1.5; Ezequiel, Ez 2.1-8; Amós, Am 7.15; Jonas. Jn 1.2; os apóstolos, Mt 4.18; Paulo, At 9; Rm 1.1; Gl 1.11.

CHAPÉU: Cobertura para a cabeça do homem. // Suas túnicas e chapéus... e foram lançados na fornalha, Dn 3.21.

CHASQUEAR: Zombar, escarnecer. // De quem chasqueais? Is 57.4. Ver **Zombar**.

CHAVE: Uma peça de madeira fornecida de arames ou pregos, pequenos em número, para corresponder a pequenos orifícios dentro da fechadura. // Tomaram da **c** e a abriram; e eis seu senhor, Jz 3.25. Insígnia de posse ou de autoridade. Dar-te-ei as **c** do reino, Mt 16.19. As **c** da morte e do inferno, Ap 1.18. A **c** de Davi, Ap 3.7. A **c** do poço do abismo, Ap 9.1. A **c** do abismo, Ap 20.1. Aquilo que facilita ou explica. Tomastes a **c** da ciência, Lc 11.52.

CHEFE: O principal entre outros; o dirigente. // **C** de mil, Êx 18.21. Jefté... sê nosso **c**, Jz 11.6. Rebelião levantaram um **c**, Ne 9.17. Não tendo ela **c**, Pv 6.7. Um **c**... disse: Minha filha, Mt 9.18. Jairo... **c** da sinagoga, Lc 8.41. A este Moisés... enviou Deus como **c**, At 7.35. Ver **Cabeça**, **Guia**.

CHEGADA: Ato de chegar. // Deus... nos consolou com a **c** de Tito, 2 Co 7.6. Ver **Vinda**.

CHEGADO: Ligado, próximo. // Que tenha deuses tão **c** a si como o Senhor, Dt 4.7. Dos filhos de Israel, povo que lhe é **c**, Sl 148.14. Há amigo, mais **c** do que um irmão, Pv 18.24. Ver **Conchegado**, **Perto**.

CHEGAR: Vir; atingir certo lugar. // Cujo tope chegue até aos céus, Gn 11.4. Partiram para a terra de Canaã, e lá chegaram, Gn 12.5. Comeis mas não chega para fartar-vos, Ag 1.6. Vai alta a noite e vem chegando o dia, Rm 13.12. Até que todos cheguemos à unidade da fé, Ef 4.13. Aprendem sempre e jamais podem chegar ao conhecimento, 2 Tm 3.7. Esperança superior, pela qual nos chegamos a Deus, Hb 7.19. Os que por ele se chegam a Deus, Hb 7.25. Chegai-vos a Deus e ele se chegará a vós, Tg 4.8. Chegando-vos para ele, a pedra que vive, 1 Pe 2.4. Chegou o grande dia da ira, Ap 6.17; a hora do seu juízo, Ap 14.7; a hora de ceifar, Ap 14.15; as bodas do Cordeiro, Ap 19.7.

CHEIO: Que contém quanto pode caber, completo. // **C** as vasilhas, 2 Rs 4.6. Serão **c** de seiva e de verdor, Sl 92.14 A terra... está **c** da tua bondade, Sl 119.64. Fala de que está **c** o coração, Mt 12.34. Fique **c** a minha casa, Lc 14.23. **C** de graça e verdade, Jo 1.14. Cheios do Espírito Santo, todos, At 2.4; Pedro, 4.8; todos, 4.31; homens, 6.3; Estevão, 6.5; 7.55; Saulo, 9.17; Barnabé, 11.24; João Batista, Lc 1.15; Zacarias, 1.67; Jesus, 4.1. **C** de graça e poder, At 6.8; de todo o engano, At 13.10; de toda injustiça, Rm 1.29; de maldição, Rm 3.14; de todo o conhecimento, Rm 15.14; do fruto de justiça, Fp 1.11; de glória, 1 Pe 1.8; de adultério, 2 Pe 2.14; de olhos, Ap 4.6,8; de incenso, 5.8; da cólera de Deus, 15.7; dos últimos sete flagelos, 21.9.

CHEIRAR: Sentir o cheiro de; exalar cheiro. // O rio cheirou mal, Êx 7.21. A terra cheirou mal, Êx 8.14. Maná... deu bichos e cheirava mal, Êx 16.20. Nem comem, nem cheiram, Dt 4.28. Os teus vestidos cheiram a mirra, Sl 45.8 (ARC). Têm nariz, e não cheiram, Sl 115.6. Já cheira mal, Jo 11.39.

CHEIRO: Aroma, perfume. Impressão produzida no sentido de olfato pelas partículas odoríferas. // O Senhor aspirou o suave **c**, Gn 8.21. Aspirou o **c**, da roupa, Gn 27.27. O ungüento... exalar mau **c**, Ec 10.1 Mau **c** de vossos arraiais, Am 4.10. **C** de morte para morte, 2 Co 2.16. Ver **Aroma**, **Fragrância**, **Perfume**.

CHIBOLETE: Jz 12.56. Ver **Sibolete**.

CHIFRAR: Ferir com os chifres. // Se algum boi chifrar homem, Êx 21.28. Ver **Escornear**.

CHIFRE: Chavelho, corno. // Carneiro preso pelos **c**, Gn 22.13. **C** do altar, Êx 29.12; 1 Rs 1.50; 2.28; Sl 118.27. Sete trombetas de **c**, Js 6.4. Enche um **c** de azeite, 1 Sm 16.1. **C** de ferro, 1 Rs 22.11. Dez **c**, Dn 7.7; Ap 5.6; 13.1; 17.3,12. Dois **c**, Dn 8.3. **C** notável, Dn 8.5. Quatro **c**, Zc 1.18.

CHILREAR: Pipilar, gorgear, soltar vozes inarticuladas, Is 8.19; 38.14.

CHIPRE: Ilha do Mediterrâneo, ao sul da Ásia Menor. Mencionada em Is 23.1,12; Jr 2.10. Terra natal de Barnabé, At 4.36. Evangelizada pelos discípulos dispersos de Jerusalém, At 11.19. Mandou evangelistas, At 21.16. Visitada por Paulo e Barnabé na sua primeira viagem missionária, At 13.4-13. Barnabé visitou-a novamente, At 15.39. Paulo, na sua terceira viagem missionária, e quando ia a Roma, passou perto da ilha, At 21.3; 27.4. Atualmente a ilha tem uma população de aproximadamente 400.000 habitantes. Ver mapa 6, F-3.

CHOÇA: Casa rústica. // Sião... como **c** na vinha, Is 1.8. Removida como a **c**, Is 24.20 (ARC). Como **c** de pastor, Is 38.12 (ARC). Ver **Cabana**.

CHOCARRICE: Gracejo grosseiro e atrevido, escárnio. // Nem... **c**, coisas essas inconvenientes, Ef 5.4.

CHORAR: Derramar lágrimas. // Chorou: Hagar, Gn 21.16; Esaú, Gn 27.38; Jacó, Gn 37.35; José, Gn 43.30; 46.29; Benjamim, Gn 45.14, o menino Moisés, Êx 2.6; todos os filhos de Israel, Jz 2.4; Ana, 1 Sm 1.8; Saul, 1 Sm 24.16; Davi, 1 Sm 30.4; 2 Sm 15.30; 19.1; Eliseu, 2 Rs 8.11; Jeoás, 2 Rs 13.14; Ezequias, 2 Rs 20.3; o povo, Ne 8.9; quem sai andando, Sl 126.6; o povo às margens dos rios de Babilônia, Sl 137.1; Raquel, Jr 31.15; Mt 2.18; Pedro, Mt 26.75; mulher, pecadora, na casa de Simão, Lc 7.38; na casa de Jairo, Lc 8.52; Jesus, Lc 19.41; Jo 11.35; Maria, Jo 20.11; as viúvas, At 9.39; os companheiros de Paulo, At 21.13. Bem-aventurados os que choram, Mt 5.4. Entoamos lamentações e não chorastes, Lc 7.32. Chorai com os que choram, Rm 12.15. Os que choram, como se não chorassem, 1 Co 7.30. Eu venha a chorar por muitos, 2 Co 12.21. Afligi-vos, lamentai e chorai, Tg 4.9. Ricos, chorai lamentando, Tg 5.1. Eu chorava muito, Ap 5.4. Chorarão e lamentarão sobre ela, Ap 18.9. Chorando e pranteando, gritavam, Ap 18.19. Ver **Lamentar**, **Prantear**.

CHORO: Derramamento de lágrimas. // Não se podiam discernir as vozes de alegria das vozes do **c**, Ed 3.13. Ao anoitecer pode vir o **c**, Sl 30.5. Convertei-vos... com **c**, Jl 2.12. Ali haverá **c** e ranger de dentes, Mt 8.12; 13.42; 22.13. Ver **Pranto**.

CHOUPO (ARA), ÁLAMO (ARC): O choupo é gênero de árvores grandes de que se conhecem cerca de vinte espécies, Os 4.13.

CHOVER: Cair água em gotas da atmosfera. // Não fizera chover sobre a terra, Gn 2.5. Farei chover do céu pão, Êx 16.4. Chover sobre os perversos brasas de fogo, Sl 11.6. Fez chover maná, Sl 78.24. Nuvens chovam justiça, Is 45.8; Os 10.12. Fiz chover sobre uma cidade, e sobre a outra não, Am 4.7. Choveu do céu fogo, Lc 17.29. Que não chovesse... por três anos e seis meses não choveu, Tg 5.17. Que não chova, Ap 11.6.

CHUMBO: Metal azulado, flexível e muito pesado. Conhecido desde a mais alta Antigüidade. Faraó e seu exército afundaram-se como chumbo no mar Vermelho, Êx 15.10. Um dos metais do despojo tirado dos midianitas, Nm 31.22. Em Jó 19.24 refere-se, talvez, ao costume de encher as letras gravadas na pedra com chumbo derretido. Refinado no fogo, Jr 6.29; Ez 22.18,20. Empregava-se para fazer pesos, Zc 5.8. Vinha de Társis, Ez 27.12.

CHUPAR: Sugar. // Chupar mel da rocha, Dt 32.13. Chuparão a abundância, Dt 33.19.

CHUVA: Água que cai da atmosfera por efeito da condensação de vapores. // Darei as vossas **c**, Lv 26.4. Goteja a minha doutrina como **c**, Dt 32.2. Ele diz... à **c**... Sede fortes, Jó 37.6. De bênçãos o cobre a primeira **c**, Sl 84.6. O gotejar contínuo no dia de grande **c**, Pv 27.15. Vir **c** sobre justos e injustos, Mt 5.45. Caiu a **c**, transbordaram os rios, Mt 7.25. Do céu **c** e estações frutíferas, At 14.17. Acolheram-nos... por causa da **c**, At 28.2. Terra que absorve a **c**, Hb 6.7. // **Chuva**, no dilúvio: Gn 7; no Egito, Êx 9.34; na sega, 1 Sm 12.17. // **Chuvas temporãs, ou primeiras**; **chuvas serôdias, ou últimas**, Dt 11.14; Jr 5.24; Os 6.3; Jl 2.23. // **Chuva de pedras**: Água no estado sólido, que cai como chuva; granizo, saraiva. Êx 9.23 (ARA); Js 10.11 (ARA); Sl 78.47 (ARC), Ap 8.7. Ver **Saraiva**. // **Chuva Prometida**: Dt 11.11,14; 1 Rs 18.1; Ez 34.26; Jl 2.23; Zc 10.1 // **Chuva retida em julgamento**: Dt 11.17; 28.24; 1 Rs 8.35; 2 Cr 7.13; Am 4.7; Zc 14.17; Tg 5.17. // **Chuva enviada em compaixão**: Lv 26.4; Dt 28.12; 1 Rs 18.45; Sl 65.9,10; 147.8; At 14.17; Tg 5.18. // Ver **Aguaceiro**, **Chuvisco**.

CHUVEIRO: Chuva abundante mas passageira. // Como os **c** que umedecem a terra, Sl 72.6 (ARC). O Senhor... dará **c**, Zc 10.1 (ARC).

CHUVISCO: Chuva em gotas miúdas. // Como **c** sobre a relva, Dt 32.2; Mq 5.7. Tu a amoleces com **c**, Sl 65.10. Ver **Chuva**.

CIBO: Comida, alimento (em especial das aves), Sl 79.2.

CICIO: Rumor brando, como o da viração nos ramos das árvores. // Depois do fogo um **c** tranqüilo, 1 Rs 19.12 (ARA). Ver **Vento**.

CIDADÃO: Indivíduo no gozo dos direitos civis e políticos dum Estado. // E se agregou a um dos **c** daquela terra, Lc 15.15. Este título de **c**, At 22.28.

CIDADE: Povoação de categoria superior à da vila. // **C** da antigüidade, Gn 4.17; 10.10-12. **C** reais, Js 10.2; 1 Sm 27.5; 1 Cr 11.7. **C** armazéns, Gn 41.48; 1 Rs 9.19; 2 Cr 16.4. **C** para os carros de guerra, 2 Cr 1.14; 8.6; 9.25. **C** de mercadores, Ez 17.4; 27.3; Ap 18.3. **C** de refúgio, Nm 35.6-34; Dt 19.2-13; Js 20. Se o Senhor não guardar a **c**, Sl 127.1. Do que o que toma uma **c**, Pv 16.32. A **c** de Deus, Sl 46.4; 48.1; Hb 12.22. **C** santa, Is 52.1; Ap 21.2. A **c** edificada sobre um monte, Mt 5.14. A **c** que tem fundamentos, Hb 11.10. Porquanto lhes preparou uma **c**, Hb 11.16. Ver **Aldeia**.

CIDADELA: Castelo forte, que defende uma cidade. // A **c** de Susã, Ne 1.1; Et 1.2; Dn 8.2. A minha **c**, 2 Sm 22.2; Sl 18.2. Ver **Baluarte**, **Fortaleza**.

CIÊNCIA: Conhecimento, saber que se adquire pela leitura e pela meditação. // Encantadores... com as suas **c** ocultas, Êx 7.11. Palavra daquele que... sabe a **c** do Altíssimo, Nm 24.16. Hirão era cheio de... **c** para fazer toda obra, 1 Rs 7.14. Alguém ensinará **c** a Deus? Jó 21.22. Aumenta **c**, aumenta tristeza, Ec 1.18. Doutos em **c**, Dn 1.4. Tomastes a chave da **c**, Lc 11.52. Educado em toda a **c** dos egípcios, At 7.22. Conheça... toda a **c**, 1 Co 13.2. Havendo **c** passará, 1 Co 13.8. Ver **Conhecimento**. O vocábulo **ciência**, nas Escrituras, refere-se simplesmente a conhecimento, e não a conjunto dos conhecimentos coordenados e relativos a um objeto determinado ou aos fenômenos de uma ordem ou classe. Há em 1 Tm 6.20 (ARC), uma referência à especulação teosófica. Ver **Conhecimento**.

CIÊNCIAS OCULTAS: A nigromancia, a astrologia, a cabala, etc. Êx 7.11,22; 8.7. Ver **Adivinhação**, **Mágica**.

CIENTE: Que tem conhecimento de alguma coisa. // Estando **c** de teu amor, Fm 5.

CILADA: Traição, armadilha, embuste. // Até quando nos será por **c** este homem? Êx 10.7. Isso te será **c** , Êx 23.33; Dt 7.16. Armar **c**, Sl 64.5; Jr 9.8. Provações que pelas **c** dos judeus, At 20.19. Armando eles **c**, para o matarem, At 25.3. Firmes contra as **c** do diabo, Ef 6.11. Ficar ricos caem em... **c**, 1 Tm 6.9. Ensinava a Balaque a armar **c**, Ap 2.14. Ver **Armadilha**, **Escândalo**, **Laço**.

CILÍCIA: Uma das províncias romanas do sudoeste da Ásia Menor. Judeus da Cilícia discutiram com Estevão, At 6.9. A cidade principal era Tarso, pátria do apóstolo Paulo, At 21.39; 22.3; 23.34. O apóstolo, logo depois da sua conversão visitou a Cilícia, At 9.30; Gl 1.21. Dirigiu-se ali outra vez por ocasião da segunda viagem missionária, At 15.41. Na sua viagem a Roma atravessou o mar ao longo da Cilícia, At 27.5. Ver mapa, 6, F-2.

CILÍCIO: Estofo de pêlos de cabras da Cilícia. // Sol tornou-se negro como saco de **c**, Ap 6.12 (ARC). Ver **Pano de saco**.

CIMA: A parte mais elevada. // Eu sou lá de **c**, Jo 8.23. A Jerusalém lá de **c**, Gl 4.26.

CÍMBALO: Antigo instrumento, composto de dois meios globos de metal. // Louvai-o com **c** sonoros, Sl 150.5. Serei como... o **c** que retine, 1 Co 13.1. Ver **Música**.

CIMBROS: Antigo povo germânico. Ver mapa 1, B-2.

CIMO: Cume, cima. // Chamou a Moisés para o **c** do monte, Êx 19.20. Um título e o colocou no **c** da cruz, Jo 19.19.

CINAMOMO: Gênero de lauráceas aromáticas, que compreende a cânfora, a caneleira, etc. Substância aromática, que alguns supõem ter sido a canela, outras a mirra. Um dos ingredientes do óleo sagrado para a unção, Êx 30.23. Perfume para o leito, Pv 7.17. Uma árvore do jardim, Ct 4.14. Uma das mercadorias da grande Babilônia, Ap 18.13 (Canela de cheiro) (ARA).

CINCO: Três mais dois. // Cinco pães, Mt 14.19; néscias, Mt 25.2; talentos, Mt 25.15; meses, Lc 1.24; irmãos, Lc 16.28; minas, Lc 19.18; cidades, Lc 19.19; maridos, Jo 4.18. alpendres, Jo 5.2; palavras, 1 Co 14.19.

CINGIR: Pôr à cintura, apertar, ligar. // Punhal... e cingiu-o debaixo das suas vestes, Jz 3.16. Cadeias infernais me cingiram, Sl 18.5. De força me cingiste para o combate, 2 Sm 22.40. Não se gabe quem se cinge como aquele que vitorioso se descinge, 1 Rs 20.11. Cinge a espada no teu flanco, Sl 45.3. Cingidos estejam os vossos corpos, Lc 12.35. Ele há de cingir-se, dar-lhes lugar à mesa, Lc 12.37. Cinge-te e serve-me, Lc 17.8. Tomando uma toalha, cingiu-se com ela, Jo 13.4. Pedro... cingiu-se com sua veste, Jo 21.7. Outro te cingirá, Jo 21.18. Cingindo-vos com a verdade, Ef 6.14. Cingindo o vosso entendimento, 1 Pe 1.13. Cingi-vos todos de humildade, 1 Pe 5.5. Ver **Lombo**.

CINTA: Faixa para apertar na cintura. // Coseram folhas de figueira... **c** para si, Gn 3.7. Com **c** de ouro, Ap 15.6.

CINTO: Correia ou tira que cerca a cintura com uma só volta. // Uma túnica bordada, mitra e **c**, Êx 28.4. A justiça será o **c** dos seus lombos, Is 11.5. A noiva do seu **c**? Jr 2.32.

Um **c** de linho, Jr 13.1. Um **c** de couro, Mt 3.4. O **c** de Paulo, At 21.11.

CINZA: Pó, resíduos da combustão de certas substâncias. // Disse Abraão: Senhor, sou pó e **c**, Gn 18.27. **C** do forno se tornou em tumores, Êx 9.10. **C** de novilha, Nm 19.9; Hb 9.13. Tamar tomou **c** sobre a cabeça, 2 Sm 13.19. O altar se fendeu, e a **c** se derramou, 1 Rs 13.5. Josias queimou os utensílios de Baal e levou as **c** para Betel, 2 Rs 23.4. Tornei-me semelhante ao pó e à **c**, Jó 30.19. Arrependo-me no pó e na **c**, Jó 42.6. Cobriram-se de pano de saco, e de **c**: Mordecai, Et 4.1; muitos judeus, Et 4.3; o que aflige sua alma, Is 58.5; Daniel, Dn 9.3. O rei de Nínive, Jn 3.6; Corazim e Betsaida teriam, Mt 11.21. Jó sentado em **c**, Jó 2.8. Máximas como provérbios de **c**, Jó 13.12. Por pão tenho comido **c**, Sl 102.9. Apascenta-se de **c**, Is 44.20. Uma coroa em vez de **c**, Is 61.3. Revolver-se em **c**, Jr 6.26; 25.34; Ez 27.30. Cobriu-me de **c**, Lm 3.16. Os perversos se farão **c** debaixo das plantas de vossos pés, Ml 4.3. Reduzindo a **c** as cidades de Sodoma e Gomorra, 2 Pe 2.6.

CINZELAR: Lavrar a cinzel. // Cinzelando na rocha a tua própria morada? Is 22.16.

CIPRESTE: Árvore conífera, sempre verde e resinosa. A madeira usada na construção da arca, do templo e para fazer ídolos, Gn 6.14 (ARA); 1 Rs 5.10; Is 44.14.

CIRANDAR: Passar pela ciranda, peneirar. // Cirandei-os com a pá, Jr 15.7. Para vos cirandar como trigo, Lc 22.31 (ARC). Ver **Coar**, **Peneirar**.

CIRCUITO: Volta, rodeio. // O vento.... retorna aos seus **c**, Ec 1.6.

CIRCUNCISÃO: Cerimônia religiosa dos Judeus e muçulmanos, que consiste em cortar o prepúcio dos neófitos. Moisés vos deu a **c**, Jo 7.22. Cristo foi constituído ministro da **c** Rm 15.8. A **c** em si não é nada, 1 Co 7.19. Nem a **c** tem qualquer valor, Gl 5.6. Nós é que somos a **c**, Fp 3.3. **C** não por intermédio de mãos, Cl 2.11. **C** nem incircuncisão, Cl 3.11. // **A Aliança da Circuncisão**, Gn 17.10, 23-25; Jo 7.22; At 7.8. // **A maneira de executar a circuncisão**, Gn 17.12; 12.23; Êx 4.25; Js 5.3; Lc 1.58-61; Jo 7.22,23. // **A primeira vez que se praticou esta cerimônia**, Gn 17.24-27. // **Os siquemitas se submetem a este rito**, Gn 34.24. // **Renovada por Josué**, Js 5.2. // **A circuncisão** de Isaque, Gn 21.4; **de João**, Lc 1.59; **de Jesus**, Lc 2.21; **de Timóteo**, At 16.3; **de Paulo**, Fp 3.5. // **Posto de lado no Evangelho**, At 15; Gl 5.2. // **A circuncisão do coração**, Lv 26.41; Dt 10.16; Jr 4.4; Rm 2.29; Fp 3.3; Cl 2.11.

CIRCUNVALAR: Cercar de fossos ou barreiras. // Circunvalou-me, Lm 3.7 (ARC).

CIRENE: Uma cidade da Líbia, ao norte da África. // Simão, um cireneu, carregou a cruz, Mt 27.32. Das regiões da Líbia nas imediações de Cirene, At 2.10. Da sinagoga chamada dos Cireneus, At 6.9. Alguns, que eram de Chipre e de Cirene, At 11.20. Havia na igreja de Antioquia profetas e mestres: Barnabé, Lúcio de Cirene, At 13.1. Ver mapa 6, C-3.

CIRO: Filho de Cambises I e fundador do Império Persa. Venceu Creso de Lídia, tomou Babilônia e ficou senhor de toda a Ásia Ocidental. Respeitava a religião dos vencidos e, em lugar de procurar fundir numa única nação todas as raças heterogêneas que tinha subjugado, só lhes pedia obediência e tributo. O decreto de Ciro, no primeiro ano do seu reinado, Ed 1. Segundo a permissão que lhes tinha dado Ciro, Ed 3.7. Como nos ordenou Ciro, Ed 4.3. Porém Ciro, rei de Babilônia, no seu primeiro ano, Ed 5.13. Ciro baixou um decreto com respeito à casa em Jerusalém, Ed 6.3. Ciro, ele é meu pastor, Is 44.28. Assim diz o Senhor ao seu ungido, a Ciro, Is 45.1. Daniel continuou até ao primeiro ano de Ciro, Dn 1.21. Daniel prosperou no reinado de Dario, e no reinado de Ciro, Dn 6.28. No terceiro ano de Ciro, rei da Pérsia, Dn 10.1.

CISCO: Lixo. // Como **c** e refugo nos puseste, Lm 3.45.

CISNE: Gênero de aves palmípedes, migradoras ou domesticadas, de pescoço muito comprido, bico largo e grandes asas, cuja espécie comum tem a plumagem de uma alvura sem mácula. São grandes, voam bem, mas nadam melhor. Sustentam-se de animais aquáticos. Estão na lista das aves imundas, Lv 11.18 (ARC). Os cisnes migradores atravessam a Europa e vão passar o tempo do frio na África e na Índia. Os cisnes negros são originários da Austrália.

Cisne

CISTERNA: Reservatório, abaixo do nível da terra, para conservar águas pluviais. // José preso em uma **c**, Gn 37.22. Rabsaqué tentou o povo de Judá, prometendo-lhe uma **c** para cada homem, 2 Rs 18.31. Bebe a água da tua própria **c**, Pv 5.15. Deixaram o manancial de águas vivas, e cavaram **c**, e rotas, Jr 2.13. Jeremias preso na **c** de Malquias, Jr 38.6. Ver **Cova**, **Manancial**, **Poço**.

CITA: Um habitante da Cítia, país que se estendia desde o mar Negro através da Ásia Central. Mas o termo **cita** é usado para designar as tribos nômades não civilizadas, que erravam pelas vastas planícies limitadas pelo mar Cáspio e o mar Negro. O nome **cita** adquiriu a significação de povo rude e bárbaro, Cl 3.11. Ver **Citía**.

CITAR: Intimar para comparecer em juízo ou cumprir qualquer ordem judicial. // Se de justiça: Quem me citará? Jó 9.19.

CÍTARA: Instrumento de cordas, semelhante à lira. // Instrumentos inanimados, como a flauta, ou a **c**, 1 Co 14.7. Ver **Música**.

CÍTIA: Região da Europa, habitada outrora pelos citas, ao norte do mar Cáspio. Ver mapa 1, E-2.

CIÚME: Receio de perder alguma coisa: Temos ciúme do que é nosso, inveja do que o próximo possui. // O **c** de Raquel, Gn 30.1; dos irmãos de José, Gn 37.11. O espírito de **c**, Nm 5.14. Móisés lhe disse: Tens tu **c** por mim? Nm 11.29. O **c** excita o furor do marido, Pv 6.34. É duro como a sepultura, o **c**, Ct 8.6. A imagem dos **c** que provoca o **c**, Ez 8.3. Eu vos porei em **c**, Rm 10.19. A salvação aos gentios, para pô-los em **c**, Rm 11.11. Não em contendas e **c**, Rm 13.13. **C** e contendas, não é assim que sois carnais, 1 Co 3.3. O amor não arde em **c**, 1 Co 13.4. As obras da carne **c**, Gl 5.20. É com **c** que por nós anseia o Espírito, Tg 4.5. Ver **Inveja**.

CLAMAR, **CLAMOR**: Proferir, implorar em altas vozes, bradar. // O sangue de teu irmão clama, Gn 4.10. Clamor de Sodoma, Gn 18.20. Clamaram, e o seu clamor subiu a Deus, Êx 2.23. Clamarem a mim, eu lhes ouvirei o clamor, Êx 22.23. O leproso clamará: Imundo, Lv 13.45. Clamai em altas vozes, 1 Rs 18.27. Clamou este aflito, Sl 34.6. Estou cansado de clamar, Sl 69.3. Dia e noite clamo, Sl 88.1. Na sua angústia clamaram ao Senhor, Sl 107.6. Das profundezas clamo, Sl 130.1. Porque clamei e vos recusastes, Pv 1.24. Não clama a sabedoria, Pv 8.1. Tapa o ouvido ao clamor do pobre, Pv 21.13. Voz que clama no deserto, Is 40.3; Mt 3.3. Não clamará nem gritará, nem fará ouvir a sua voz, Is 42.2. Clama a plenos pulmões, Is 58.1. Antes que clamem eu responderei, Is 65.24. Clamarão, porém não os ouvirei, Jr 11.11. Um clamor em Ramá, Jr 31.15; Mt 2.18. Nínive, e clama contra ela, Jn 1.2. Clamarão fortemente a Deus, Jn 3.8. A pedra clamará da parede, Hc 2.11. Clamando: Hosana, Mt 21.15. Clamou Jesus: Eli, Mt 27.46. Jesus clamando com grande voz, entregou, Mt 27.50. Escolhidos que a ele clamam, Lc 18.7. As próprias pedras clamarão, Lc 19.40. E o seu clamor prevaleceu, Lc 23.23. Clamamos: Aba, Pai, Rm 8.15; Gl 4.6. Oferecido, com forte clamor e lágrimas, orações, Hb 5.7. O salário retido com fraude, está clamando; e os clamores dos ceifeiros, Tg 5.4. Clamavam em grande voz, Ap 7.10. Ver **Bradar**, **Gritar**.

CLANGOR: Som rijo (de trombeta). // Trovões... e mui forte **c** de trombeta, Êx 19.16.

CLARA: Albumina que envolve a gema do ovo. // Sabor na **c** do ovo? Jó 6.6.

CLARAMENTE: Com clareza. // Leram o Livro... **c**, dando explicações, Ne 8.8. Falarei **c** a respeito do Pai, Jo 16.25. Os atributos de Deus... **c** se reconhecem, Rm 1.20.

CLAREAR: Tornar claro. // Até que o dia clareie, 2 Pe 1.19. Ver **Aclarar**.

CLARIDADE: Brilho luminoso. // Parecia com o céu na sua **c**, Êx 24.10. A lua não dará a sua **c**, Mt 24.29. Nem da lua para lhe darem **c**, Ap 21.23.

CLARIM: Espécie de pequena trombeta, de som agudo e estridente, 2 Cr 15.14.

CLARO: Luminoso, límpido, que compreende bem. // A tua vida será mais **c** que o meio-dia, Jó 11.17.

CLASSE: Categoria, grupo. // Os homens de **c** baixa, Sl 62.9 (ARC).

CLAUDA: At 27.16. Uma pequena ilha a sudoeste de Creta. Ver mapa 6, C-3.

CLÁUDIA: Uma cristã que envia saudações a Timóteo, 2 Tm 4.21

CLAUDICANTE: Que claudica. // Entre eles cansado, nem **c**, Is 5.27 (ARC).

CLAUDICAR: Coxear. // Claudicareis para duas partes? 1 Rs 18.21 (B).

CLÁUDIO: O quarto imperador romano, governando desde o ano 41 a 54 a.D. Grande fome nos seus dias, At 11.28. Decretou que todos os judeus se retirassem de Roma, At 18.2. Ver **César**.

CLÁUDIO LÍSIAS: Um tribuno militar em Jerusalém, At 21.31,37; 23.26.

CLEMÊNCIA: Disposição para perdoar. // Tardio em irar-se, e de grande **c**, Sl 145.8. De conformidade com a tua **c**, nos atendas, At 24.4. Ver **Bondade**.

CLEMENTE: Bondoso. // Deus **c** e misericordioso, Ne 9.17, 31; Jn 4.2. Ver **Bondoso**.

CLEMENTE, **Benigno**: Um colaborador de Paulo em Filipos, Fp 4.3.

CLEÓPAS: Um dos dois discípulos a quem Jesus apareceu no caminho de Emaús, Lc 24.18. O nome é uma abreviação de Cleópatro e não o mesmo de Clopas, Jo 19.25.

CLOE: Uma mulher mencionada em 1 Co 1.11.

CLOPAS (ARA) CLEÓPAS (ARC). Esposo dumas das mulheres que estavam junto a cruz de Cristo, Jo 19.25. Segundo alguns eruditos, Clopas foi o mesmo que Alfeu, pai de Tiago, o menor, Mt 10.3; Mc 15.40. Segundo a tradição Clopas foi um irmão de José, esposo de Maria.

CNIDO, gr. **Urtiga**: Um porto da Ásia Menor, At 27.7. Ver mapa 6, D-2.

COA, hb. **Garanhão**: Lugar mencionado com Pecode e Soa em Ez 23.23.

COALHADA: Leite coalhado. // Tomou também **c** e leite, Gn 18.8. Mel, **c**... e os trouxeram a Davi, 2 Sm 17.29. Ver **Leite**.

Cobra

COALHAR: Coagular, solidificar. // Os vagalhões coalharam-se no coração do mar, Êx 15.8. Não me coalhaste como queijo? Jó 10.10.

COAR: Fazer passar (um líquido) através de filtro. // Que coais o mosquito, Mt 23.24. Ver **Peneirar**.

COATE, hb. **Assembléia**: O segundo filho de Levi, Gn 46.11. Avô de Aarão e Moisés, Êx 6.16-20.

COATITAS: Descendentes de Coate, que constituíram uma das três divisões do corpo levítico, Nm 3.27-32. Tinham ao seu cargo a arca, a mesa, o candelabro, os altares, etc., Nm 3.31. Os sacerdotes, entre os coatitas, receberam treze cidades, nas tribos de Judá, de Simeão e de Benjamim. Os não sacerdotes receberam terras na meia tribo de Manassés, em Efraim, e em Dã, Js 21.4,5. Mais tarde tomaram uma parte diretiva no serviço do templo, 2 Cr 20.19.

COBERTA: Objeto ou estofo que serve para cobrir. // De peles, uma **c** para a tenda, Êx 26.14. Faz para si **c**, Pv 31.22.

COBERTO: Tapado, resguardado, protegido. // Os montes foram **c**, Gn 7.20.

COBERTOR: Peça encorpada e felpuda com que se agasalha o corpo no leito. // Tomou um **c**, molhou-o... sobre o rosto do rei até que morreu, 2 Rs 8.15. O **c** tão estreito que ninguém, Is 28.20. Ver **Colcha**.

COBERTURA: Aquilo que cobre. // Saco por sua **c**, Is 50.3. Liberdade por **c** de malícia, 1 Pe 2.16 (ARC).

COBIÇA: Desejo imoderado ou ambição de honras ou riquezas. // Inclina-me o coração aos teus testemunhos, e não a **c**, Sl 119.36. Não terei eu conhecido a **c**, Rm 7.7. É tentado pela sua própria **c**, Tg 1.14. Ver **Avidez**, **Concupiscência**, **Ganância**.

COBIÇAR: Apetecer com veemência, ambicionar. // Não cobiçarás, Êx 20.17; Rm 7.7; 13.9. Quando vi... cobicei-os e tomei-os, Js 7.21. O rei cobiçará a tua formosura, Sl 45.11. O cobiçoso cobiça todo o dia, mas... Pv 21.26. Cobiçam campos e os arrebatam, Mq 2.2. De ninguém cobicei prata, At 20.33. Não cobicemos coisas más, como eles cobiçaram, 1 Co 10.6.

COBIÇOSO: Cheio de cobiça. // O **c** levanta contendas, Pv 28.25.

COBRA: Nome geral dos ofídios. O mesmo que **serpente**. // Ela virou **c**, Êx 4.3. O caminho de **c** na penha, Pv 30.19. Quem rompe um muro, mordê-lo-á uma **c**, Ec 10.8. Se a **c** morder antes de estar encantada, Ec 10.11. Lhe dará uma **c**, Mt 7.10. Ver **Serpente**.

COBRANÇA: Ação de cobrar ou receber quaisquer dívidas ou donativos. // E de toda e qualquer **c**, Ne 10.31.

COBRAR: Fazer ser pago. Refazer-se ou restaurar-se (de ânimo). // Asa... cobrou ânimo, 2 Cr 15.8. Os que cobravam o imposto das duas dracmas, Mt 17.24. Não cobreis mais do que o estipulado, Lc 3.13. Todos cobraram ânimo, At 27.36.

COBRE: O primeiro metal utilizado pelo homem. De cor avermelhado-escura. Existe na natureza em estado nativo. A liga de cobre e zinco chama-se **latão**; de cobre e estanho, **bronze**. Cavaram cobre dos montes, Dt 8.9. Da pedra se funde o cobre, Jó 28.2; Ez 22.20. Para o crocodilo o ferro é palha e o cobre pau podre, Jó 41.27. Usava-se cobre no fabrico de moedas, Mt 10.9. Ídolos de cobre, Ap 9.20. Ver **Bronze**.

COBRIR: Ocultar ou resguardar, pondo alguma coisa em cima, diante ou em redor. // Mas o amor cobre todas as transgressões, Pv 10.12. Como as águas cobrem o mar, Is 11.9. Porque me cobriu de vestes de salvação, Is 61.10. E aos outeiros: cobri-nos, Lc 23.30. E cujos pecados são cobertos, Rm 4.7. E cobrirá multidão de pecados, Tg 5.20. O amor cobre multidão de pecados, 1 Pe 4.8.

COCEIRA: Grande comichão; sensação na pele, que obriga a coçar. // Como que sentindo **c** nos ouvidos, 2 Tm 4.3.

COCHICHO: Voz baixa. // Como a de um fantasma, como um **c**, Is 29.4.

CODORNIZ: Gênero de aves galináceas. Ave imigradora na Palestina. Vivem em bandos inumeráveis. Mais fortes que perdizes. Atravessam o Mediterrâneo num só vôo. Israel pediu no deserto e Deus saciou-o com codornizes, Sl 105.40; Êx 16.13; Nm 11.31,32. "Cerca de dois côvados sobre a terra", quer dizer, talvez, que as codornizes voavam na altura de dois côvados. "Estenderam para si ao redor do arraial", para secar; como é costume tratar esta ave. Ver Sl 78.26-31.

COELHO: Mamífero roedor do gênero **Lepus**. Remói mas não tem a unha fendida, Dt 14.7 (ARC). Ver **Animais**.

COENTRO: Planta hortense e aromática. // O maná como semente de coentro, Êx 16.31.

COERENTE: Que tem nexo; lógico. // Os depoimentos não eram **c**, Mc 14.56.

COFRE: Caixa em que se guarda objetos de valor. // Metei num **c** as figuras de ouro, 1 Sm 6.8. Fizeram um **c** e o puseram de lado de fora, 2 Cr 24.8. Não é lícito deitá-las no **c**, Mt 27.6.

COGITAÇÃO: Pensar muito; reflexão. // Que não há Deus, são todas as suas **c**, Sl 10.4. Ver **Indagação**.

COGITAR: Pensar muito. // Cogito nos teus prodígios, Sl 77.12. Por que cogitais o mal? Mt 9.4. Porque não cogitas das coisas de Deus, Mt 16.23. Os que se inclinam para a carne cogitam das coisas da carne, Rm 8.5. Ver **Indagar**.

CO-HERDEIRO: O que herda com outro ou outros. // Co-herdeiros com Cristo, Rm 8.17. Gentios são co-herdeiros, Ef 3.6. Ver **Herdeiro**.

COICE: Pancada com o calcanhar, com o pé ou com a pata para trás. // Engordando-se o meu amado deu **c**, Dt 32.15.

COITO: Refúgio, asilo. // E **c** de todo o espírito imundo, Ap 18.2 (ARC).

COLAÍAS, hb. **Voz de Jeová**: 1. Um benjamita, filho de Maaséias, Ne 11.7. // 2. Pai de Aabe, que profetizou falsamente, Jr 29.21.

COLAR: Ornato para o pescoço. // Pôs ao pescoço um **c** de ouro, Gn 41.42. Uma oferta ao Senhor... arrecadadas e **c**, Nm 31.50. A soberba que os cinge como um **c**, Sl 73.6. O teu pescoço como os **c**, Ct 1.10.

COLCHA: Coberta enfeitada de cama. // Já cobri de **c** a minha cama, Pv 7.16.

CÓLERA: Impulso violento contra o que nos ofende. // Longe de vós toda a amargura e **c**, Ef 4.31. A **c** de Deus, Ap 14.10; 15.1; 16.1. Ver **Furor**, **Ira**.

COLÉRICO: Propenso ou acostumado a encolerizar-se. // Não te associes... com o homem **c**, Pv 22.24.

COLETA: Contribuição, oferta. // Levantar uma **c** em benefício dos pobres, Rm 15.26. Ver At 11.27-30. Quanto à **c**, 1 Co 16.1,2.

COLETORIA: Repartição pública onde se pagam os impostos. // Um homem, chamado Mateus, sentado na **c**, Mt 9.9.

COLHEDOR: O que colhe. // Mas boieiro e **c** de sicômoros, Am 7.14.

COLHEITA: O que se colhe. // Ajuntem toda a **c** dos bons anos que virão, Gn 41.35. A festa da **c**, Êx 23.16. Da **c** do ano sétimo, Ne 10.31. Tiveram fartas **c**, Sl 107.37. Deixai-os crescer junto até a ceifa, Mt 13.30. Tempo da ceifa enviou os seus servos, Mt 21.34. Ver **Ceifa**, **Sega**.

COLHEITA, FESTA DA: Êx 23.16. Ver **Tabernáculos**, **Festa dos**.

COLHER: Tirar da haste (flores, frutos, folhas). // Nem colherás os bagos caídos da tua vinha, Lv 19.10 Porém colherás pouco, Dt 28.38. Até entre as gavelas deixai-a colher, Rt 2.15. Colhestes a perversidade, Os 10.13. As aves... não colhem, Mt 6.26. Colhem-se, ... uvas dos espinheiros? Mt 7.16. Com fome entraram a colher espigas, Mt 12.1. O que muito colheu, não teve demais, e o que pouco, não teve falta, 2 Co 8.15; Êx 16.18. Ver **Ceifar**, **Segar**.

Cordoniz

Coelho

COL-HOSÉ: Pai de Salum, Ne 3.15.

COLINA: Pequeno monte; outeiro. // As **c** como cordeiros do rebanho, Sl 114.4,6. Como **c** de ervas aromáticas, Ct 5.13. Ver **Monte**, **Outeiro**.

COLÍRIO: Remédio que se aplica nos olhos. // E **c** para ungires os teus olhos, Ap 3.18.

COLISEU: O maior anfiteatro romano. // Ver **Roma**.

COLO: Regaço. // Leva-o ao teu **c**, como a ama, Nm 11.12.

COLOCAR: Empregar. Pôr. // Sobre o muito te colocarei, Mt 25.21,23

COLOCINTIDA: Espécie de pepino amargo e purgativo. // O cedro do Templo era lavrado de **c**, 1 Rs 6.18. Uma trepadeira silvestre... de **c**, 2 Rs 4.39.

COLÔNIA: Conjunto de romanos estabelecidos em países conquistados por Roma, At 16.12.

COLORIR: Dar cor ou cores a. // Coloriste os olhos, Ez 23.40.

COLOSSENSES, EPÍSTOLA DE PAULO AOS: Uma das epístolas escritas da prisão, talvez, em Roma. As outras três são: Filipenses, Filemom e Efésios. Paulo, aparentemente, nunca visitara Colossos, Cl 2.1. As três cidades Laodicéia, Hierapólis e Colossos distavam, uma da outra cerca de 20 km, formando um único campo de trabalho missionário para Epafras, habitante de Colossos, Cl 4.12,13. É muito notável a semelhança entre **Colossenses** e **Efésios**, as duas epístolas sendo escritas pelo mesmo tempo. As duas, lidas juntas, servem como comentário uma a outra. **O escritor**: O apóstolo Paulo, Cl 1.1. **A chave**: "Cristo é tudo em todos", 3.11. Epafras tinha informado Paulo do estado espiritual da igreja em Colossos, Cl 1.7,8. O propósito da epístola foi prevenir os Colossenses contra o espírito de uma mistura de judaísmo e filosofia pagã que se infiltrava na igreja. Como na **Epístola aos Efésios**, aparece aqui, também, o seu termo favorito, **riquezas**: "A riqueza da glória deste ministério", 1.27: "toda riqueza da forte convicção do entendimento", 2.2. **As divisões** I. Saudações e ações de graças, 1.1-8. II. Oração pelos Colossenses, 1.9-12. III. A excelência da pessoa e da obra de Cristo, 1.13-23. IV. Os próprios trabalhos e sofrimentos de Paulo. 1.24 a 2.7. V. Advertência contra falsos ensinos, 2.8 a 3.4. VI. Os vícios devem ser abandonados, 3.5-11. VII. As virtudes devem ser cultivadas, 3.12-17. VIII. Breves indicações para o cumprimento dos deveres domésticos, 3.18 a 4.6. IX. Conclusão: Saudações, 4.7-18.

Coliseu

COLOSSOS: Grande cidade da Frígia, na Ásia Menor, situada a 150 km ao leste de Éfeso, sobre o rio Licos, afluente do Meandro. Dominava a estrada de comércio entre Éfeso e o vale do Eufrates. Parece que a população poliglota de Colossos tornou o problema da convivência das raças em uma questão local e viva, Cl 3.11. Paulo dirigiu uma das suas epístolas à igreja em Colossos, Cl 1.2. Aí residia Filemon e o seu escravo Onésimo. Cl 4.9; Fm 10 a 12. Ver mapa 6, E-2.

COLUNA: Pilar cilíndrico. Consta, geralmente de base, fuste e capitel. // 1. Colunas comemorativas: de Jacó em Betel, Gn 28.18,22; 31.13; 35.14; de Jacó em Galeede, Gn 31.45; na sepultura de Raquel, Gn 35.20; de Absalão, 2 Sm 18.18; do Senhor na fronteira do Egito, Is 19.19. // 2. Colunas idólatras: Êx 23.24; Dt 7.5; 1 Rs 14.23. Uma **c** de nuvem, e **c** de fogo, Êx 13.21; Nm 14.14. A **c** de nuvem punha-se à porta, Êx 33.9. As **c** do templo... Jaquim... Boaz, 1 Rs 7.21. As **c** da terra, Jó 9.6; Sl 75.3. As **c** do céu, Jó 26.11. Tiago, Cefas e João... reputados **c**, Gl 2.9. Igrejas... **c** e baluarte, 1 Tm 3.15. Fá-lo-ei **c** no santuário, Ap 3.12. Pernas como **c** de fogo, Ap 10.1.

COMANDANTE: Que comanda. // Potifar... **c** da guarda, Gn 37.36. Meu coração se inclina para os **c** de Israel, Jz 5.9. Queijos leva-os ao **c**, 1 Sm 17.18. O **c** e os guardas... prenderam a Jesus, Jo 18.12.

COMBATE: Batalha; luta. // Ele adestrou as minhas mãos para o **c**, 2 Sm 22.35. Pois tendes o mesmo **c**, Fp 1.30. O bom **c**, 1 Tm 1.18; 6.12; 2 Tm 4.7. Ver **Batalha**, **Luta**, **Peleja**.

COMBATER: Bater-se com; sustentar combate contra; pelejar, lutar contra; atacar. // Talvez poderei combatê-lo e lançá-lo fora, Nm 22.11. Rei que, indo para combater outro rei? Lc 14.31. Ver **Batalhar**, **Lutar**, **Militar**, **Pelejar.**

COMBINAR: Ajustar, concordar. // Combinaram em lhe dar dinheiro, Lc 22.5.

COMEÇAR: Principiar. // Daí se começou a invocar, Gn 4.26. Ao começarem estas coisas a suceder, exultai, Lc 21.28. A todas as nações, começando de Jerusalém, Lc 24.47. Insensatos que, tendo começado no Espírito...? Gl 3.3. Aquele que começou boa obra em vós, Fp 1.6. Começar o juízo pela casa de Deus...? 1 Pe 4.17.

COMEDOR: O que come. // Do **c** saiu comida, Jz 14.14. Ver **Comilão**.

COMEMORAÇÃO: Ato de trazer à memória. // Faz **c** dos pecados, Hb 10.3 (ARC).

COMENTAR: Falar meditando sobre um fato... // Comentavam entre si, dizendo: Lc 4.36.

COMER: Tomar por alimento. // De toda árvore... comerás livremente, Gn 2.16. No dia em que dele comerdes, Gn 3.5. Nenhum estrangeiro comerá dela, Êx 12.43. Para que os pobres... achem que comer, Êx 23.11. Comeu, pois, Mefibosete, à mesa de Davi, 2 Sm 9.11. Dá teu filho para... o comamos, 2 Rs 6.28. Comeu cada qual o pão dos anjos,

Sl 78.25. Não coma eu das suas iguarias, Sl 141.4. Comerão do fruto do seu procedimento, Pv 1.31. Quanto ao que haveis de comer, Mt 6.25. Os cachorrinhos comem das migalhas, Mt 15.27. Tomai, comei; isto é o meu corpo, Mt 26.26. Descansa, come e bebe, Lc 12.19. Comiam, bebiam, casavam, Lc 17.27. Ele comeu na presença deles, Lc 24.43. Juramos... não comer coisa alguma, At 23.14. Inimigo tiver fome, dá-lhe de comer, Rm 12.20. Quem come não despreze ao que não come, Rm 14.3. Com esse tal nem ainda comais, 1 Co 5.11. Nunca mais comerei carne, 1 Co 8.13. Comeram de um só manjar, 1 Co 10.3. Quer comais, quer bebais, 1 Co 10.31. Tem fome, coma em casa, 1 Co 11.34. Comamos e bebamos, que amanhã, 1 Co 15.32. Não quer trabalhar, também, não coma, 2 Ts 3.10. Um altar do qual não têm direito de comer, Hb 13.10. Para que comais carnes de reis, Ap 19.18.

COMÉRCIO: Permutação de produtos. // No teu **c** aumentaste as tuas riquezas, Ez 28.5. Farão **c** de vós, com palavras fictícias, 2 Pe 2.3.

COMETER: Praticar; fazer. // Disse Moisés...: Vós cometestes grande pecado, Êx 32.30. Todo o que comete pecado é escravo, Jo 8.34. Se alguém vir seu irmão cometer um pecado, 1 Jo 5.16.

COMICHÃO: Sensação na pele, que obriga a coçar. // Tendo **c** nos ouvidos, 2 Tm 4.3 (ARC).

COMIDA: Aquilo que se come. // Enviou-lhe ele **c** a fartar, Sl 78.25. Reparta com quem não tem, e que tiver **c**, faça o mesmo, Lc 3.11. A minha **c** consiste em fazer, Jo 4.34. Não pela **c** que perece, Jo 6.27. A minha carne é verdadeira **c**, Jo 6.55. Por causa da tua **c** não faças perecer, Rm 14.15. O reino de Deus não é **c**, Rm 14.17. Tocante a **c** sacrificada, 1 Co 8.4. Se a **c** serve para escândalo, 1 Co 8.13. Ninguém, pois, vos julgue por causa de **c**, Cl 2.16. Roupagens **c** de traça, Tg 5.2. Ver **Alimento**.

COMIGO: Na minha companhia. // O Senhor está comigo: não temerei, Sl 118.6.

COMILÃO: Que come muito. // O beberrão e o **c** caem em pobreza, Pv 23.21.Ver **Comedor**, **Glutão**.

COMINHO: Planta umbelífera, de sementes muito empregadas como tempeiro. Cultivado na Palestina, Is 28.25,27. Os escribas e fariseus pagavam escrupulosamente o dízimo desta pequena erva, Mt 23.23.

COMITIVA: Gente que acompanha. // Chegou a Jerusalém com mui grande **c**, 1 Rs 10.2. Voltou ao homem de Deus, ele e toda a sua **c**, 2 Rs 5.15.

COMO: Da mesma forma que. // Quem é **c** tu entre os deuses? Êx 15.11. Quem é **c** tu? povo salvo, Dt 33.29. A rocha deles não é **c** nossa, Dt 32.31. Não há Deus **c** tu, 1 Rs 8.23.

COMOVER: Enternecer-se. // Toda a cidade se comoveu por causa delas, Rt 1.19. O rei. Profundamente comovido... chorou, 2 Sm 18.33. Quando... as entranhas se me comoveram, Sl 73.21.

COMPACTO: Denso, espesso. // Jerusalém... construída como cidade compacta, Sl 122.3.

COMPADECER: Ter compaixão de. // E me compadecerei de quem eu me compadecer, Êx 33.19. Compadece-te de mim, Sl 41.4; 51.1; 86.3. Assim o Senhor se compadece dos que o temem, Sl 103.13. Ditoso o homem que se compadece e empresta, Sl 112.5. Que se compadece dos pobres, Pv 14.21; 19.17. De sorte que não se compadeça do filho, Is 40.15. Vendo ele as multidões, compadeceu-se, Mt 9.36. Compadeceu-se dela e curou os seus enfermos, Mt 14.14. Compadecer-me-ei de quem me aprouver, Rm 9.15. Não temos sumo sacerdote que não possa compadecer-se, Hb 4.15. Compadecestes dos encarcerados; Hb 10.34. Compadecei-vos de alguns, Jd 22.

COMPADECIDO: Que tem compaixão. // Jesus, profundamente **c**, estendeu a mão, Mc 1.41. E, **c** dele, correndo, o abraçou, Lc 15.20. Sede todos... **c**, fraternalmente amigos, 1 Pe 3.8.

COMPAIXÃO: Sentimento de pesar que em nós desperta o mal de outrem. // O menino chorava. Teve **c**, Êx 2.6. Não terá **c** no dia da vingança, Pv 21.10. Não hei de ter **c**... de Nínive, Jn 4.11. Tem **c** de nós, Mt 9.27; 20.30. Tem **c** de mim, Mt 15.22. De quem me aprouver ter **c**, Rm 9.15. // **A compaixão de Cristo**: Mt 15.32; 20.34; Lc 7.13,21; Hb 2.17; 5.2. // **Exortação a ter compaixão**: Mt 18.24-35; Rm 12.15; Cl 3.12; Hb 13.3; Tg 1.27; 1 Pe 3.8. // **Exemplos de mostrar compaixão**: A filha de Faraó, Êx 2.6; Elias, 1 Rs 17.18-21; Neemias, Ne 1.4; os amigos de Jó, Jó 2.11; Davi, Sl 35.13,14; Ebede-meleque, Jr 38.7; Jesus, Mt 9.36; Jo 11.33; o bom samaritano, Lc 10.36; Paulo, 1 Co 9.22. Ver **Afeto**, **Amor**, **Misericórdia**.

COMPANHEIRO: Aquele que acompanha, colega. // **C** afastam-se da minha praga, Sl 38.11. Com o óleo de alegria como a nenhum dos teus **c**, Sl 45.7; Hb 1.9. Meu **c** e meu íntimo amigo, Sl 55.13. **C** sou de todos os que te temem, Sl 119.63. O **c** dos insensatos se tornará mau, Pv 13.20. O **c** de libertinos envergonha a seu pai, Pv 28.7. Porque se saírem, um levanta o **c**, Ec 4.10. Daniel e seus **c**, Dn 2.13. Ai daquele que dá de beber ao seu **c**, Hc 2.15. Gritam aos seus **c**, Mt 11.16. **C** de viagem, Lc 2.44; Ap 9.7. **C** de prisão,

Rm 16.7; Cl 4.10; Fm 23. Fiel **c** de jugo, Fp 4.3. **C** de lutas, Fm 2. **C** na tribulação, Ap 1.9. Compare **Companhias (B)**, **conversações (ARC)**, 1 Co 15.33.

COMPANHIA: Reunião de pessoas para um fim comum; convivência. // Em três **c**, Jz 7.16; 1 Sm 11.11. Dos que habitavam em Jope foram na sua **c**, At 10.23. Desfrutado um pouco a vossa **c**, Rm 15.24.

COMPARAR: Igualar. // Sabedoria... tudo o que se deseja nada se pode comparar, Pv 8.11. Com quem comparareis a Deus? Is 40.18. Será comparado a um homem prudente, Mt 7.24. A quem hei de comparar esta geração? Mt 11.16. Os sofrimentos... não são para comparar com a glória, Rm 8.18. Comparar-nos com alguns que... comparando-se consigo mesmos, 2 Co 10.12. Ver **Conferir**, **Igualar**.

COMPARAÇÃO: Confronto. // Quando não vos falarei por meio de **c**, Jo 16.25.

COMPARÁVEL: Semelhante. // Quem nos céus é **c** ao Senhor? Sl 89.6. Tudo o que podes desejar não é **c** a ela, Pv 3.15.

COMPARECER: Apresentar-se (em local determinado). // Comparecer à presença de governadores, Mc 13.9. Compareceremos perante o tribunal, Rm 14.10; 2 Co 5.10. Cristo... comparecer, por nós, diante de Deus, Hb 9.24. Onde vai comparecer o ímpio? 1 Pe 4.18. Ver **Aparecer**.

COMPARTILHAR: Participar de, quinhoar. // Compartilhai as necessidades dos santos, Rm 12.13.

COMPASSAR: Medir a compasso. // Quando compassava... a face do abismo, Pv 8.27 (ARC).

COMPASSIVO: Que tem ou revela compaixão. // Deus **c**, Êx 34.6; 2 Cr 30.9; Sl 86.5,15; 103.8; 116.5; Jl 2.13; Tg 5.11. Sede uns para com os outros **c**, Ef 4.32. Ver **Benigno**, **Bondoso**, **Misericordioso**.

COMPASSO: Instrumento de dois braços ou pernas para traçar circunferências ou tirar medidas. // O artífice em madeira... marca com o **c**, Is 44.13.

COMPELIR: Obrigar, constranger. // Compeliu Jesus os discípulos a embarcar, Mt 14.22.

COMPETENTE: Apto, idôneo. // Fossem **c** para assistirem no palácio, Dn 1.4. Contas àqueles que é **c** para julgar vivos, 1 Pe 4.5.

COMPETIR: Pretender uma coisa simultaneamente com outrem. // Disse Raquel. Com grandes lutas tenho competido com minha irmã, Gn 30.8. Como poderás competir com os que vão a cavalo? Jr 12.5.

COMPLETAR: Inteirar; concluir. // Até que os tempos dos gentios se completem, Lc 21.24. Contanto que complete a minha carreira, At 20.24. Começou boa obra... completá-la até ao dia de Cristo, Fp 1.6. Completai a minha alegria, Fp 2.2. Completei a carreira, 2 Tm 4.7. Até se completarem os mil anos, Ap 20.3.5,7.

COMPLETO: A que não falta nada do que pode ou deve ter. // E o vosso gozo seja **c**, Jo 15.11. Para que a vossa alegria seja **c**, Jo 16.24. A perseverança deve ter ação **c**, Tg 1.4. Pelo conhecimento e daquele que nos chamou, 2 Pe 1.3. Para que a nossa alegria seja **c**, 1 Jo 1.4. Ver **Inteiro**.

COMPOR: Produzir, inventar. // Tua língua compõe o engano, Sl 50.19 (ARC).

COMPOSTURA: Composição; contextura. // Nem da graça da sua **c**, Jó 41.12.

COMPRADOR: Aquele que compra. // Sairão do poder do **c** no jubileu, Lv 25.31. Nada vale, nada vale diz o **c**, Pv 20.14.

COMPRAR: Adquirir por dinheiro. // Escravos... todos comprados por seu dinheiro, Gn 17.23. O campo que Abraão comprara, Gn 25.10. Compra a verdade, e não a vendas, Pv 23.23. Vinde e comprai, sem dinheiro, Is 55.1. Vende tudo... e compra aquele campo, Mt 13.44. Achado uma pérola... e a comprou, Mt 13.46. Compraram com elas o campo, Mt 27.7. Comprei um campo, Lc 14.18. Nos dias de Ló... compravam, Lc 17.28. Igreja... comprou com o seu próprio sangue, At 20.28. Fostes comprados por preço, 1 Co 6.20. Com o teu sangue compraste, Ap 5.9. Porque já ninguém compra a sua mercadoria, Ap 18.11. Ver **Adquirir**, **Possuir**.

COMPRAZER: Fazer o gosto, a vontade; ser agradável; deleitar-se. // Eis que te comprazes na verdade no íntimo, Sl 51.6. Não te comprazes em sacrifício, Sl 51.16. Filho amado, em quem me comprazo, Mt 3.17; 17.5; 2 Pe 1.17. Amado, em quem a minha alma se compraz, Mt 12.18. Se retroceder, nele não se compraz a minha alma, Hb 10.38. Com tais sacrifícios Deus se compraz, Hb 13.16. Ver **Aprazer**.

COMPREENDER: Entender; abranger; incluir. // Deus... faz grandes coisas, que nós não compreendemos, Jó 37.5. São pastores que nada compreendem, Is 56.11. Ouvem a palavra... não a compreendem, Mt 13.19. Não compreendeis que tudo o que entra pela boca, Mt 15.17. Abriu o entendimento para compreenderem as Escrituras, Lc 24.45. És mestre... não compreendes...? Jo 3.10. Não o sabes agora, compreende-lo-ás depois, Jo 13.7. Não tinham compreendido a Escritura, Jo 10.9. Compreendes o que vens lendo? At 8.30. E compreendê-lo os que nada tinham ouvido, Rm 15.21. Quando lerdes, podeis compreender, Ef 3.4. A fim de poderdes compreender... qual é a largura, Ef 3.18. Procurai compreender qual a vontade do Senhor, Ef

5.17. Para compreenderem plenamente o mistério, Cl 2.2. Não compreendendo, contudo, nem o que dizem, 1 Tm 1.7. Tudo o que compreendem por instinto natural, Jd 10. Ver **Entender**.

COMPREENSÃO: Faculdade de perceber. // O Senhor te dará **c** em todas as coisas, 2 Tm 2.7.

COMPREENSÍVEL: Que se pode compreender. // Não disserdes palavra **c**, 1 Co 14.9.

COMPREENSIVO: Que tem a faculdade de entender. // Dá... coração **c** para julgar a teu povo, 1 Rs 3.9.

COMPRIMENTO: Extensão de um objeto, de uma a outra extremidade. // De trezentos côvados será o **c**, Gn 6.15. Poderdes compreender... qual é... o **c**, Ef 3.18. A cidade... de **c** e largura iguais, Ap 21.16.

COMPRIMIR: Sujeitar a compressão. / E comprimiu contra este o pé de Balaão, Nm 22.25. Um barquinho... a fim de não o comprimirem, Mc 3.9. Multidão o seguia, comprimindo-o, Mc 5.24.

COMPROMETER: Obrigar-se por palavra ou por escrito. // Que se comprometeu a desposá-la, Êx 21.8. O homem falto de entendimento compromete-se, Pv 17.18.

COMPUNGIDO: Pesaroso de haver cometido pecado ou ação má. // Coração **c** e contrito não o desprezarás, Sl 51.17. Ver **Contrito**.

COMPUNGIR: Pungir, picar moralmente; arrepender-se. // Compungiu-se-lhes o coração, At 2.37.

COMUM: De todos ou de muitos, habitual. // E o serviam de c acordo, Sf 3.9. Tinham tudo em **c**, At 2.44. Tudo... se lhes **c**, At 4.32. Jamais comi coisa alguma **c** e imunda, At 10.14. A nenhum homem considerar-se **c** ou imundo, At 10.28. Nossa **c** salvação, Jd 3.

COMUNHÃO: Participação em comum em crenças ou idéias. // Perseveravam na doutrina dos apóstolos e na **c**, At 2.42. Chamados à **c** de seu Filho, 1 Co 1.9. Cálice da bênção não é a **c** do sangue de Cristo, 1 Co 10.16. Ou que **c** da luz com as trevas, 2 Co 6.14. A **c** do Espírito Santo, 2 Co 13.13. As destras de **c**, Gl 2.9. Alguma **c** do Espírito, Fp 2.1. A **c** dos seus sofrimentos, Fp 3.10. A **c** da tua Fé, Fm 6. Mantenhais **c** conosco, 1 Jo 1.3. Nossa **c** é com o Pai, 1 Jo 1.3. Se dissermos que temos **c** com ele, 1 Jo 1.6. // **Exemplos de comunhão com Deus:** Enoque, Gn 5.24; Noé, Gn 6.9; Abraão, Gn 18.17-33; Jacó, Gn 32.24-29; Moisés, Êx 33.11-23; Calebe, Js 14.8; Davi, Sl 23.6; Ezequias, 2 Rs 18.6; Daniel, Dn 9.3; João, 1 Jo 1.3; Paulo, Fp 1.23; // **Exemplos de comunhão entre os santos:** Moisés e Jetro, Êx 18.8; Jônatas, 1 Sm 23.16; Davi, Sl 66.16; 119.63; Daniel, Dn 2.17,18; discípulos, Lc 24.14; Jesus e seus discípulos, Jo 18.2; Apóstolos, At 1.14; a Igreja primitiva, At 2.42; 4.23; 12.12; Paulo, At 20.36-38. // **Comunhão com demônios**, 1 Co 10.20; Lv 19.31; 1 Cr 10.13.

COMUNICAÇÃO: Ação, efeito ou meio de comunicar. // E a **c** de suas aflições, Fp 3.10 (ARC). E **c**, porque com tais sacrifícios, Hb 13.16 (ARC).

COMUNICAR: Participar; transmitir. // Para vos comunicar algum dom, Rm 1.11 (ARC). Comunicai com os santos, Rm 12.13 (ARC). Não comuniqueis com as obras infrutuosas, Ef 5.11 (ARC). Nenhuma igreja comunicou comigo, Fp 4.15 (ARC). Comunicar-vos, não somente o evangelho, 1 Ts 2.8 (ARC).

COMUNICÁVEL: Que se pode comunicar; franco. // E sejam **c**, 1 Tm 6.18 (ARC). Ver **Repartir**.

COMUNIDADE: Sociedade. // Os doze convocaram a **c** dos discípulos, At 6.2. Separados da **c** de Israel, Ef 2.12. Ver **Congregação**.

CONANIAS, hb. **Jeová estabeleceu**: // 1. Um levita do tempo de Ezequias, 2 Cr 31.12,13. // 2. Um levita no tempo de Josias, 2 Cr 35.9.

CONCAVIDADE: Depressão do terreno. // Os homens se meterão nas **c** das rochas, Is 2.19 (ARC).

CONCEBER: Gerar. // Sara concebeu, Gn 21.2. E Rebeca... concebeu, Gn 25.21. Concebi... todo este povo, Nm 11.12. Concebem a malícia, Jó 15.35. Em pecado me concebeu minha mãe, Sl 51.5. Eis que a virgem conceberá, Is 7.14; Mt 1.23. Concebestes palha, Is 33.11. Concebem o mal, Is 59.4. Isabel... concebeu, Lc 1.36. Bem-aventurada aquela que te concebeu, Lc 11.27. Cobiça... concebido, dá à luz, Tg 1.15. Ver **Concepção**.

CONCEDER: Dar; permitir. // Quanto me concederes... darei o dízimo Gn 28.22. Não me compete concedê-lo, Mt 20.23. Tudo quanto pedirdes... ele vo-lo conceda, Jo 15.16. E concede aos teus servos que anunciem, At 4.29. A sua graça, que me foi concedida, 1 Co 15.10. Que vos concede o Espírito, Gl 3.5. Graça, que ele nos concedeu gratuitamente, Ef 1.6. Vos conceda que sejais fortalecidos, Ef 3.16. Concedeu dons aos homens, Ef 4.8. Conceda o Senhor misericórdia, 2 Tm 1.18. Deus lhes conceda não só o arrependimento, 2 Tm 2.25.

CONCEITO: Boa reputação; consideração. // Namã... de muito **c**, 2 Rs 5.1.

CONCEPÇÃO: Ato de ser concebido, de ser gerado. // Desviam-se os ímpios desde a sua **c**, Sl 58.3. Ver **Conceber**, **Imaculada Conceição**.

CONCERNENTE: Relativo // Nas coisas **c** a Deus, Hb 5.1.

CONCERNIR: Dizer respeito; ter relação. //

O que a mim me concerne o Senhor levará, Sl 138.8.

CONCERTAR: Pactuar, ajustar. // concertastes para tentar o Espírito, At 5.9 (ARC).

CONCERTO: Pacto, ajuste, acordo. // Eis o meu **c** contigo, Gn 17.4 (ARC). Ver **Aliança**.

CONCESSÃO: Ação ou efeito de conceder; permissão. // Digo como **c** e não por mandamento, 1 Co 7.6.

CONCHA: Invólucro duro de certos moluscos; objeto de feitio análogo ao da concha. // Na **c** de sua mão mediu as águas, Is 40.12.

CONCHEGADO: Muito chegado; posto em contato; confortado. // Ali estava **c** a Jesus, um dos seus discípulos, Jo 13.23.

CONCIDADÃO: Indivíduo que, em relação a outro ou outros, é da mesma cidade ou do mesmo país. Mas os seus **c** o odiavam, Lc 14.14. Não sois estrangeiros... mas **c** dos santos, Ef 2.19.

CONCIÊNCIA: Rm 2.15; 1 Tm 1.5 (ARC). Ver **Consciência**.

CONCILIAÇÃO: Harmonização de litigantes ou pessoas divergentes. Caluniados, procuramos **c**, 1 Co 4.13. Ver **Reconciliação**.

CONCILIAR: Harmonizar; pôr de acordo. // O pai procurava conciliá-lo, Lc 15.28. Ver **Apaziguar**, **Reconciliar**.

CONCÍLIO: Assembléia magna para deliberar sobre aspectos de doutrina ou de costumes da vida cristã. // Porque vos entregarão aos **c**, Mc 13.9 (ARC).

CONCLUIR: Terminar; deduzir, inferir. // Verificar se tem os meios para a concluir, Lc 14.28. Concluindo que Deus nos havia chamado, At 16.10. Concluímos que o homem é justificado pela fé, Rm 3.28.

CONCORDAR: Ter a mesma opinião sobre. // Não concordarás com ele, Dt 13.8. Concordarem a respeito de qualquer coisa... ser-lhes-á concedida, Mt 18.19. Não tinha concordado... natural de Arimatéia, Lc 23.51. Não concorda com as sãs palavras, 1 Tm 6.3. Ver **Consentir**.

CONCORDEMENTE: De comum acordo. // Reunidos **c**, At 15.25 (ARC).

CONCÓRDIA: Harmonia de vontade. // Que **c** há entre Cristo e Belial? 2 Co 6.15 (ARC).

CONCORRÊNCIA: Afluência simultânea de várias pessoas. // Não podiam aproximar-se por causa da **c** do povo, Lc 8.19.

CONCORRER: Cooperar; ir com outrem. // Estranham que não concorrais com eles no mesmo excesso, 1 Pe 4.4. Ver **Competir**.

CONCRETIZAÇÃO: Ato de tornar real, material. // A **c** da promessa, Hb 11.39.

CONCUBINA: Mulher secundária na idade patriarcal. Era, em geral, uma escrava ou uma cativa. Ver Êx 21.7-11; Dt 21.10-14. A concubina de Betuel, Gn 22.24; de Abraão, Gn 25.6; de Jacó, Gn 29.24,29; 35.22; de Gideão, Jz 8.31; de certo levita, Jz 19.1; de Saul, 2 Sm 3.7; de Davi, 2 Sm 15.16; de Salomão, 1 Rs 11.3; de Assuero, Et 2.14; de Belsazar, Dn 5.2.

CONCUPISCÊNCIA: Apetite carnal desordenado. // Abrasais na **c**, Is 57.5. Despertou em mim toda sorte de **c**, Rm 7.8. Nada disponhais para a carne, no tocante às suas **c**, Rm 13.14. Andai no Espírito, e jamais satisfareis à **c**, Gl 5.16. Crucificaram a carne, com as suas **c**, Gl 5.24. Segundo as **c** do engano, Ef 4.22. Caem em muitas **c**, 1 Tm 6.9. Tudo que há no mundo, a **c** da carne, a **c** dos olhos, 1 Jo 2.16. O mundo passa, bem como a sua **c**, 1 Jo 2.17. Ver **Avidez**, **Cobiça**, **Ganância**.

CONDENAÇÃO: Sentença condenatória. // Como escaparei da **c** do inferno? Mt 23.33. A **c** destes é justa, Rm 3.8. Nenhuma **c** há, Rm 8.1. Trarão sobre si mesma a **c**, Rm 13.2. Se o ministério da **c** foi glória, 2 Co 3.9. Ver **Acusação**.

CONDENAR: Declarar culpado. Proferir sentença condenatória contra. // Condenam o sangue inocente, Sl 94.21. Quem há que me condene? Is 50.9. Pelas tuas palavras serás condenado, Mt 12.37. Se levantarão no juízo e a condenarão, Mt 12.41. Eles o condenarão à morte, Mt 20.18. Quem não crer será condenado, Mc 16.16. Pela tua própria boca te condenarei, Lc 19.22. Nem eu tão pouco te condeno, Jo 8.11. Condenou Deus, na carne, o pecado, Rm 8.3. Quem te condenará, Rm 8.34. Quem tem dúvida é condenado, Rm 14.23. Por si mesmo está condenado, Tt 3.11. Noé condenou o mundo, Hb 11.7. Se o nosso coração não nos condena, 1 Jo 3.21 (ARC). Ver **Acusar**, **Julgar**.

CONDENÁVEL: Reprovável. // **C** por anularem o seu primeiro compromisso, 1 Tm 5.12.

CONDESCENDER: Ceder voluntariamente. // Condescendei com o que é humilde, Rm 12.16.

CONDIÇÃO: Obrigação que se impõe ou que se aceita; estado. // Sob a **c** de vos serem vazados os olhos direitos, 1 Sm 11.2. Se essa é a **c** do homem relativamente à sua mulher, Mt 19.10. Uma embaixada, pedindo **c** de paz, Lc 14.32. De **c** humilde glorie-se na sua dignidade, Tg 1.9.

CONDIGNAMENTE: De modo condigno. // Desejando em todas as coisas viver **c**, Hb 13.18.

CONDIGNO: Devido, merecido. // Mostre em mansidão de sabedoria, mediante **c** proceder, Tg 3.13.

CONDIZER: Estar em proporção. // O remendo não condiz com o velho, Lc 5.36 (ARC).

CONDOER: Compadecer-se. // Combinaram ir juntamente condoer-se dele, Jó 2.11. Vieram a ele todos... e se condoeram dele, Jó 42.11. É capaz de condoer-se dos ignorantes, Hb 5.2.

CONDOÍDO: Que toma parte na dor de outrem. // **C** Jesus, tocou-lhe os olhos, Mt 20.34. Olhando-os... **c** com a dureza dos seus corações, Mc 3.5.

CONDUTORES: Aquele que conduz: guia. // Ai de vós, **c** cegos! Mt 23.16 (ARC).

CONDUZIR: Levar ou trazer, dirigindo. // Que te conduziu por aquele grande e terrível deserto, Dt 8.15. Davi... se conduzia com prudência, 1 Sm 18.5. Tu me conduzirás e me guiarás, Sl 31.3. Resplandecerão... os que a muitos conduzirem à justiça, Dn 12.3. O caminho que conduz para a perdição, Mt 7.13. Chama... e as conduz para fora, Jo 10.3. A bondade de Deus é que te conduz, Rm 2.4. O amor... não se conduz inconvenientemente, 1 Co 13.4,5. A lei... para nos conduzir a Cristo, Gl 3.24. O Senhor conduza os vossos corações ao amor, 2 Ts 3.5. Conduzidas de várias paixões, 2 Tm 3.6. Para conduzir-vos a Deus, 1 Pe 3.18.

CONFERIR: Comparar, confrontar: dar, conceder. // Nada lhe foi conferido, Et 6.3. Conferindo coisas espirituais com espirituais, 1 Co 2.13. Ver **Comparar**.

CONFESSAR: Declarar a verdade, a realidade de (ação, erro, culpa). // Mas se confessarem a sua iniqüidade, Lv 26.40. Confessei-te o meu pecado, Sl 32.25. Mas o que as confessa e deixa, alcançará misericórdia, Pv 28.13. Orei ao Senhor, confessei e disse, Dn 9.4. Batizados no rio Jordão, confessando, Mt 3.6. Que me confessar diante dos homens, Mt 10.32. Confessou: Eu não sou o Cristo, Jo 1.20. Que se alguém confessasse ser Jesus o Cristo, Jo 9.22. Não o confessavam, para não serem, Jo 12.42. Confessando e denunciando publicamente, At 19.18. Com a boca se confessa, Rm 10.10. Toda língua confesse que Jesus, Fp 2.11. Confessando que eram estrangeiros, Hb 11.13. Confessai os vossos pecados, Tg 5.16. Se confessarmos os nossos pecados, 1 Jo 1.9. Aquele que confessa o Filho, 1 Jo 2.23. Que confessa que Jesus, 1 Jo 4.2,15. Não confessam Jesus Cristo vindo em carne, 2 Jo 7. Confessarei o seu nome diante de meu Pai, Ap 3.5. // **Exemplos de confessar a Cristo**: Natanael, Jo 1.49; Pedro, Jo 6.68,69; o cego de nascença, Jo 9.25,38; Marta, Jo 11.27; Apóstolos, At 5.29-32; Estevão, At 7.52,59; Paulo, At 9.29; Timóteo, 1 Tm 6.12; João, Ap 1.9; // **Confissão**: Fazei confissão ao Senhor, Ed 10.11. Fizeste a boa confissão, 1 Tm 6.12. Sumo sacerdote da nossa confissão, Hb 3.1. Conservemos firmes a nossa confissão, Hb 4.14; 10.23. // **A confissão de pecado**: Lv 12.11; Saul, 1 Sm 15.24; Davi, 2 Sm 24.10; Esdras, Ed 9.6; Jó, Jó 7.20; Daniel, Dn 9.4,20; Pedro, Lc 5.8; o malfeitor na cruz Lc 23.41.

CONFIADAMENTE: Com confiança, sem medo. // Acheguemo-nos... **c**, junto ao trono, Hb 4.16.

CONFIADO: Que tem confiança; que se confiou. // Um povo em paz e **c**, Jz 18.27.

CONFIANÇA: Segurança íntima de procedimento. Crédito. // Jônatas... foi para Davi... e lhe fortaleceu a **c** em Deus, 1 Sm 23.16. Que **c** é essa em que te estribas? 2 Rs 18.19. Bem-aventurado o homem que põe no Senhor a sua **c**, Sl 40.4. Neste Deus ponho a minha **c** e nada temerei, Sl 56.4,11. Tu és... a minha **c** desde a minha mocidade Sl 71.5. É por intermédio de Cristo que temos tal **c**, 2 Co 3.4. Temos ousadia e acesso com **c**, Ef 3.12. Temos **c** em vós no Senhor, 2 Ts 3.4. Guardamos firme até ao fim a **c** que desde o princípio tivemos, Hb 3.14. Não abandoneis, portanto, a vossa **c**, Hb 10.35. Se ele se manifestar, tenhamos **c**, 1 Jo 2.28. Esta é a **c**... se pedirmos alguma coisa, 1 Jo 5.14. Ver **Fé**.

CONFIANTE: Que confia. // O seu coração é firme, **c** no Senhor, Sl 112.7.

CONFIANTEMENTE: Com confiança, sem medo. // Esperai **c** pelo Senhor, Sl 40.1. Afirmemos **c**: O Senhor, Hb 13.6.

CONFIAR: Ter confiança. Ter fé. // Viu Israel... e confiaram no Senhor e em Moisés, Êx 14.31. A rocha em quem confiavam? Dt 32.37. Uns confiam em carros, Sl 20.7. Deus meu, em ti confio, Sl 25 2. Não confio no meu arco, Sl 44.6. Ó Senhor dos Exércitos, feliz o homem que em ti confia, Sl 84.12. Não confieis em príncipes, Sl 146.3. Confia no Senhor de todo o teu coração, Pv 3.5. Quem confia nas suas riquezas cairá, Pv 11.28. O que confia no seu próprio coração é insensato, Pv 28.26. Mas o que confia no Senhor está seguro, Pv 29.25. Ai dos que... confiam em carros, Is 31.1. Chamou os seus servos e lhes confiou os seus bens, Mt 25.14. Confiou em Deus; pois venha livrá-lo, Mt 27.43. Vos confiará a verdadeira riqueza, Lc 16.11. Esta parábola a alguns que confiavam em si mesmos, Lc 18.9. Como meu pai me confiou um reino, eu vo-lo confio, Lc 22.29. Mas o próprio Jesus não se confiava a eles, Jo 2.24. Tende bom ânimo; pois eu confio em Deus, At 27.25. Aos judeus foram confiados os oráculos, Rm 3.2. A responsabilidade de despenseiro que me está confiada, 1 Co 9.17. Já em nós... de morte, para que não confiemos em nós, 2 Co 1.9. Se qualquer outro pensa que pode confiar na carne, eu ainda mais. Fp 3.4. Guarda o que te foi confiado, 2 Tm 6.20. Ver **Crer**, **Fiar**.

CONFINS: Fronteiras. // As suas palavras até aos **c** do mundo, Sl 19.4. Todos os **c** da terra o temerão, Sl 67.7. Dos **c** da terra para ouvir a sabedoria, Mt 12.42. Até os **c** da terra, At 1.8. Para salvação até aos **c** da terra, At 13.47. As suas palavras até aos **c** do mundo, Rm 10.18.

CONFIRMAR: Tornar firme, certificar, corroborar. // O coração, 1 Ts 3.13; 2 Ts 2.17; Hb 13.9. Os discípulos, At 18.23; Cl 2.7; 2 Pe 1.12. A fidelidade, Sl 89.2. As igrejas, At 15.41. O juramento, Gn 26.3; Sl 119.106; A lei, Rm 3.31. O negócio, Rt 4.7. Confirmar-nos, 2 Co 1.21. As obras, Sl 90.17. A palavra, 2 Sm 7.25; Is 44.26; Mc 16.20; At 14.3; 2 Pe 1.19. A promessa, Sl 119.38; Rm 15.8. O testamento, Hb 9.17. O trono, 1 Rs 9.5. Vocação, 2 Pe 1.10. Confirmar-vos, Rm 16.25; 1 Co 1.8; 1 Ts 3.2.

CONFISSÃO: Ato de confessar. // E faze e perante ele, Js 7.19 (ARC). Fazei **c** ao Senhor, Ed 10.11. Fizeram **c** dos seus pecados, Ne 9.2. Faz **c** para a salvação, Rm 10.10 (ARC). Fizeste a boa **c**, perante muitas. 1 Tm 6.12. Diante de Pôncio Pilatos, fez a boa **c**, 1 Tm 6.13. Sumo Sacerdote da nossa **c**, Hb 3.1. Conservemos firmes a nossa **c**, Hb 4.14. Guardemos firme a **c**, Hb 10.23. Ver **confessar**.

CONFORMAR: Tornar conforme, ajustar-se. // Não vos conformeis com este século, Rm 12.2. Confirmando-me com ele na sua morte, Fp 3.10.

CONFORME: Idêntico. // Mas os testemunhos não eram **c,** Mc 14.56 (ARC). Serem **c** à imagem de seu Filho, Rm 8.29. Sendo feito **c** a sua morte, Fp 3.10 (ARC). Para ser **c** o seu corpo, Fp 3.21 (ARC).

CONFORTADO: Fortalecido, animado. // Sinto-me grandemente **c,** 2 Co 7.4, 13. Ver **Consolar**.

CONFORTAR: dar forças a, consolar. // Confortar-me novamente, Sl 71.21. Um anjo do céu que o confortaram, At 16.40. É ele que nos conforta, 2 Co 7.6. Para que os seus corações sejam confortados, Cl 2.2. Ver **Consolar.**

CONFORTO: Consolação, agasalho. // No **c** do Espírito, At 9.31. Se alegraram, pelo **c** recebido, At 15.31. Tive grande alegria e **c** no teu amor, Fm 7. Ver **Consolação.**

CONFRONTAR: Comparar. // Que coisa semelhante confrontareis com ele? Is 40.18.

CONFUNDIR: Misturar desordenadamente, humilhar, abater. // Confundamos ali a sua linguagem, Gn 11.7. Enviarei o meu terror confundindo a todo o povo, Êx 23.27. No seu furor os confundirá, Sl 2.5. Sejam envergonhados e confundidos perpetuamente, Sl 83.17. Sejam confundidos todos os que servem imagens, Sl 97.7. Bel está confundido, Jr 50.2. Procurando confundi-lo a respeito de muitos assuntos, Lc 11.53. Saulo confundia os judeus, At 9.22. A esperança não confunde, Rm 5.5. Que nela crê não será confundido, Rm 9.33; 10.11. Ver **Envergonhar.**

CONFUSÃO: Falta de ordem ou de método. Tumulto, revolta, barulho. Falta de clareza, // Para virem atacar Jerusalém, e suscitar **c** ali. Ne 4.8. A cidade tomada de **c,** At 19.29. Gritavam... porque a assembléia caíra em **c,** At 19.32. Deus não é de **c,** 1 Co 14.33. Onde há inveja... aí há **c,** Tg 3.16. Ver **Tumulto.**

CONFUSO: Confundido. // Meu Deus! Estou **c,** Ed 9.6.

CONGRATULAR: Dirigir felicitações, parabéns. // Para saudar e congratular-se, 1 Cr 18.10.

CONGREGAÇÃO: Assembléia, reunião. // Mas se toda a **c** de Israel pecar, Lv 4.13. Até quando sofrerei esta má **c,** Nm 14.27. Concordou toda a **c** em celebrar outros sete dias, 2 Cr 30.23. Louvores no meio da **c,** Sl 22.22. A convocação das **c,** Is 1.13. Moisés quem esteve na **c** no deserto, At 7.38. Não abandonemos a nossa própria **c,** Hb 10.25. Ver **Assembléia, Igreja, Tenda da congregação.**

CONGREGAR: Juntar, reunir. // Congregou Salomão os anciãos, 1 Rs 8.1. Congregai os meus santos, Sl 50.5. Eis que eu os congregarei de todas as terras, Jr 32.37. E vos congregarei de todos os países, Ez 36.24. Ver **Agregar, Reunir.**

CONHECEDOR: Entendedor. // Tu, Senhor, **c** dos corações, At 1.24 (ARC).

CONHECER: Ter noção ou informação de. // José se deu a conhecer a seus irmãos, Gn 45.1. Conheço-te pelo teu nome, Êx 33.12. O Senhor conhece o caminho dos justos, Sl 1.6. Ele que conhece os segredos dos corações? Sl 44.21. Eu conheço as minhas transgressões, Sl 51.3. Ele conhece a nossa estrutura, Sl 103.14. Conheces todos os meus caminhos, Sl 139.3. Enganoso é o coração... quem o conhecerá? Jr 17.9. Pelos frutos os conhecereis, Mt 7.16. Nunca vos conheci, Mt 7.23. Oculto, que não venha a ser conhecido, Mt 10.26. Ninguém conhece o Filho senão o Pai, Mt 11.27. Dado conhecer os mistérios, Mt 13.11. Errais não conhecendo as Escrituras, Mt 22.29. Não vos conheço, Mt 25.12. Negou, dizendo: Não o conheço, Mc 14.68. Mas o mundo não o conheceu, Jo 1.10. Se conheceres o dom de Deus, Jo 4.10. Adorais o que não conheceis, Jo 4.22. Conhecereis a verdade, Jo 8.32. Conheço as minhas ovelhas, Jo 10.14. Conhecerão todos que sois meus discípulos, Jó 13.35. Vida eterna é esta: que te conheçam, Jo 17.3. Deus que conhece os corações, At 15.8. Não teria conhecido o pecado. Rm 7.7. De antemão conheceu, Rm 8.29; 11.2. O mundo não o conheceu por sua própria sabedoria, 1 Co 1.21. Nenhum dos poderosos... conheceu... se a tivesse conhecido, jamais teriam crucificado, 1 Co 2.8. Ninguém as conhece, senão o Espírito, 1 Co 2.11. O Senhor conhece os pensamentos dos sábios, 1 Co 3.20. Ainda que eu... conheça todos os mistérios, 1 Co 13.2. Em parte conhecemos, 1 Co 13.9. Conhecer o amor de Cristo, Ef 3.19. Conhece ao Senhor; porque todos me conhecerão, Hb 8.11. Melhor... nunca tivessem conhecido o caminho, 2 Pe 2.21. Sabemos que o temos conhecido por, 1 Jo 2.3. O mundo não nos conhece, porquanto não o conheceu, 1 Jo 3.1. Nisto conhecemos o amor, 1 Jo 3.16. Nisto conheceremos que somos da verdade. 1 Jo 3.19. Nisto conhecemos que ele permanece em nós, 1 Jo 3.24. Todo aquele que ama... conhece a Deus, 1 Jo 4.7. Conheço as tuas obras, Ap 2.2, 19; 3.1, 8, 15. Conheço a tua tribulação, Ap 2.9. Conheço o lugar em que habitas, Ap 2.13.

CONHECIDO: Que muitos conhecem; ilustre pelas suas obras. // Os meus **c** se esqueceram de mim, Jó 19.14. Tornei-me... horror para os meus **c**, Sl 31.11. Apartaste de mim os meus **c**, Sl 88.8. Fazei **c**, entre os povos, os seus feitos, Sl 105.1. Procurá-lo entre os... **c**, Lc 2.44. Todos os **c** de Jesus... a contemplar, Lc 23.49. Fazer **c** o mistério. Ef 6.19.

CONHECIMENTO: Ato ou efeito de conhecer. // Deus dá: Êx 31.3; 2 Cr 1.12; Sl 94.10; Pv 1.4; 2.6; Dn 1. 17; Mt 11.25; 13.11; 1 Co 1.5; 2.10-13; 1 Jo 2.20. O valor do: Pv 3.13; 10.14; 13.16; Tg 3.13; 2 Pe 2.20. Em resposta à oração: Ef 1.17; Cl 1.9; 2 Pe 1.2. Divino: At 1.24; 2 Tm 2.19; 1 Jo 3.20. A árvore do conhecimento do bem e do mal, Gn 2.9. O conhecimento será agradável à tua alma, Pv 2.10. O coração do entendido adquire o conhecimento, Pv 18.15. Ó profundidade... do conhecimento de Deus, Rm 11.33. A ciência passará, 1 Co 13.8. A iluminação do conhecimento, 2 Co 4.6. Uma das graças cristãs 2 Pe 1.5. Nem infrutuosos no pleno conhecimento de nosso Senhor Jesus Cristo, 2 Pe 1.8. Crescer na graça e no conhecimento, 2 Pe 3.18. Ver **Ciência, Dons do Espírito.**

CONJUGAL: Relativo ao casamento. // Da lei **c**, Rm 7.2.

CONJUNTURA: Encontro de acontecimentos; acontecimento, oportunidade. // Quem sabe se para tal **c** como esta é que foste elevada, Et 4.14.

CONJURAR: Jurar ou fazer prometer por juramento. // Saulo conjurou o povo, 1 Sm 14.24. Josué fez o povo jurar, Js 6.26. O sumo sacerdote queria fazer Jesus jurar, Mt 26.63. Acabe conjurou a Mecaías, parece no sentido de dar ordem imperativa, sem fazê-lo jurar, 1 Rs 22.16 Conjura-te perante Deus, 1 Tm 5.21; 2 Tm 4.1. Ver Ct 2.7; 5.8, 9; 1 Ts 5.27.

CONOSCO: Em nossa companhia. // Deus **c**, Mt 1.23. Fica **c**, Lc 24.29.

CONQUISTAR: Adquirir, subjugar pela força; vencer. // O irmão ofendido é mais difícil de conquistar, Pv 18.19 (ARC). Prossigo para conquistar aquilo para o que também fui conquistado, Fp 3.12. Ver **Tomar.**

CONSAGRAR: Dedicar ao serviço de Deus. // Aarão e a seus filhos, Êx 29.9. O altar. Êx 29.37; Nm 7.10; 2 Cr 7.9. Assembléia solene, 2 Rs 10.20. O caminho, Hb 10.20. O carneiro, Lv 8.22. A casa do Senhor, 1 Rs 8.63. O despojo, Js 6.19. O dia, Ne 8.10. O filho, Jz 17.5; 1 Sm 1.19-28. A imagem, Dn 3.2. Israel, Jr 2.3. Jeremias, Jr 1.5. Objetos, 2 Sm 8.11. O primogênito, Êx 13.2; Dt 15.19; Lc 2.23. Consagrar-se, Êx 32.29; Lv 8.33; 11.44; Nm 6.2; 2 Cr 29.31; At 6.4; 1 Co 7.35. O Tabernáculo, Lv 8.10. O Templo, 2 Cr 2.4; 7.6.

CONSCIÊNCIA: Voz secreta da alma, que aprova ou reprova os nossos atos. A palavra não se acha no Antigo Testamento, mas sim a idéia, logo no início. Adão e Eva, depois de pecarem, ouviram a voz do Senhor, que andava no jardim, Gn 3.8. No segundo acontecimento, na história dos homens, a voz do sangue de Abel clama da terra, Gn 4.10. A palavra aparece repetidamente no Novo Testamento. Acusados pela própria **c**, foram-se retirando, Jo 8.9. Tenho andado diante de Deus com toda boa **c**, At 23.1. Ter **c** pura diante de Deus, At 24.16. Testemunhando-lhes a **c**, Rm 2.15. Testemunhando comigo, no Espírito Santo, a minha própria **c**, Rm 9.1. Por dever de **c**, Rm 13.5. De nada me argüi a **c**, 1 Co 4.4. A **c** destes por ser fraca, 1 Co 8.7. Golpeando-lhes a **c**, 1 Co 8.12. Sem nada perguntardes por motivo de **c**, 1 Co 10.25. Julgada a minha liberdade pela **c** alheia, 1 Co 10.29. Amor que procede de **c** boa, 1 Tm 1.5. Mantendo fé e boa **c**, 1 Tm 1.19. Têm cauterizado a própria **c**, 1 Tm 4.2. Tanto a mente como a **c** deles estão corrompidas, Tt 1.15. No tocante a **c** sejam ineficazes, Hb 9.9. Purificará a nossa **c** de obras mortas, Hb 9.14. Sofrendo injustamente por motivo de sua **c**, 1 Pe 2.19. Indagação de uma boa **c**. 1 Pe 3.21.

CONSEGUIR: Obter, entrar na posse de. // Saber que negócio cada um teria conseguido, Lc 19.15. Saiba conseguir esposa, 1 Ts 4.4. Ver **Alcançar.**

CONSELHEIRO: Aquele que dá seu parecer, opinião sobre o que convém fazer. // Os teus testemunhos são... os meus **c**, Sl 119.24.

Na multidão de **c** há segurança, Pv 11.14. Restituir-te-ei... os teus **c**, como no princípio, Is 1.26. Seu nome será: Maravilhoso, **c**, Is 9.6. Quem guiou o Espírito... como seu **c** o ensinou? Is 40.13. Quem foi o seu **c**, Rm 11.34. Ver **Aconselhar.**

CONSELHO: Parecer sobre o que convém fazer. // Onde não há **c** fracassam os projetos, Pv 15.22. Repousará sobre ele o Espírito de **c**, Is 11.2. // Conselho (ARC), ver **Sinédrio.** // **Conselho bom:** Como maçãs de ouro... assim é a palavra dita a seu tempo, Pv 25.11. As palavras dos sábios são como aguilhões, Ec 12.11. A palavra da sabedoria, 1 Co 12.8. Se algum de vós precisa de sabedoria, Tg 1.5. // **Conselho mau:** Que não anda no **c** dos ímpios, Sl 1.1. Se os pecadores querem seduzir-te, não o consintas, Pv 1.10. Os **c** do perverso são engano, Pv 12.5. // Exemplos de conselho mau: Balaão, Nm 31.16; Aitofel, 2 Sm 17.1; os jovens, 1 Rs 12.10; Hamã. Et 3.8; contra Jeremias, cap. 38.4; contra Daniel cap. 6.7 dos principais sacerdotes, Mt 28.13.

CONSENSO: Consentimento. // Que **c** tem o templo de Deus com, 2 Co 6.16 (ARC).

CONSENTIMENTO: Acordo, permissão. // Salvo talvez por mútuo **c**, 1 Co 7.5. Nada, porém, quis fazer sem o teu **c,** Fm 14.

CONSENTIR: Permitir; concordar com. // Se os pecadores querem... não o consintas, Pv 1.10. Saulo consentia na sua morte, At 8.1. O sangue de Estêvão... consentia, At 22.20. Consinto com a lei, que é boa, Rm 7.16. Mulher incrédula... consente em morar, 1 Co 7.12. Ver **Concordar.**

CONSERTAR: Reparar, emendar. // Consertando as redes, Mt 4.21. Ver **Reparar.**

CONSERVAÇÃO: Ato ou efeito de conservar. // Para **c** da vida, Deus me enviou. Gn 45.5.

CONSERVADOR: Aquele que guarda com cuidado. // Deus, Autor é **C** de toda vida, Nm 16.22. Compare **Autor e Consumador da fé,** Hb 12.2.

CONSERVAR: Preservar; guardar com cuidado. // Na arca, para os conservares vivos, Gn 6.19. Ele conserva a sua integridade embora me incitasse, Jó 2.3. Ainda conservas a tua integridade? Jó 2.9. Nem conserva para sempre a sua ira, Sl 103.9. Conserva o caminho dos seus santos, Pv 2.8. Conservarás em perfeita paz aquele cujo propósito, Is 26.3. Para que vos conserveis perfeitos, Cl 4.12. Espírito, alma e corpo, sejam conservados íntegros, 1 Ts 5.23. Conservando o mistério da fé, 1 Tm 3.9. Conservemos firmes a nossa confissão, Hb 4.14. Conserva... para que ninguém tome a tua coroa, Ap 3.11. Ver **Manter, Preservar.**

CONSERVO: Aquele que é servo juntamente com outrem. // Encontrou um dos seus **c**, Mt 18.28. Epafras, nosso amado **c**, Cl 1.7. Sou **c** teu. Ap 19.10; 22.9. Ver **Servo.**

CONSIDERAÇÃO: Ato de considerar, importância que se dá a alguém. // Os vivos que o tomem em **c**, Ec 7.2. Que os tenhais com amor em máxima **c**, 1 Ts 5.13. Tendo **c** para com a vossa mulher, 1 Pe 3.7.

CONSIDERAR: Dar atenção a, reputar julgar. // Considerai... vós que vos esqueceis de Deus, Sl 50.22. Considere as misericórdias do Senhor, Sl 107.43. Considerar em todos os teus mandamentos, Sl 119.6. O reto considera o seu caminho, Pv 21.29. Considerai como crescem os lírios, Mt 6.28. Considerai-vos mortos para o pecado, Rm 6.11. Consideremo-nos também uns aos outros, Hb 10.24. Considerai aquele que suportou, Hb 12.3. Considerando atentamente o fim da sua vida, imitai, Hb 13.7. Ver **Contemplar, Meditar, Observar.**

CONSISTIR: Resumir-se; compor-se de. // A vida... não consiste na abundância, Lc 12.15. Reino de Deus consiste... em poder, 1 Co 4.20. O fruto da luz consiste em toda a bondade, Ef 5.9. Nisto consiste o amor... em que, 1 Jo 4.10.

CONSOLAÇÃO: Ato ou efeito de consolar. // Beber do copo de **c**, Jr 16.7. Oferecem **c** vazias, Zc 10.2. Esperava a **c** de Israel, Lc 2.25. Os ricos! porque tendes a vossa **c**, Lc 6.24. Pela **c** das Escrituras, Rm 15.4. O Deus de paciência e **c**, Rm 15.5. Deus de toda **c**, 2 Co 1.3. A nossa **c** transborda, 2 Co 1.5. Se há alguma **c** de amor, Fp 2.1. Que nos amou e nos deu eterna **c,** 2 Ts 2.16. Ver **conforto.**

CONSOLADOR: O que consola. // Davi te haver mandado **c**, 2 Sm 10.3. Sois **c** molestos, Jó 16.2. Esperei por **c** e não os achei, Sl 69.20. Ele vos dará outro **C**, Jo 14.6. O **C**, o Espírito Santo. . . esse vos ensinará, Jo 14.26. Quando vier o **C**, Jo 15.26. Se eu não for, o **C** não virá, Jo 16.7.

CONSOLAR: Aliviar (pena, dor). // Este nos consolará dos nossos trabalhos, Gn 5.29. Para o consolarem; ele recusou ser consolado, Gn 37.35. Três amigos de Jó... condoer-se dele, e consolá-lo, Jó 2.11. Como pois, me consolais em vão, Jó 21.34. A tua vara e o teu cajado me consolam. Sl 23.4. Consolai, consolai, o meu povo, Is 40.1. Como alguém a quem sua mãe consola, Is 66.13. Os que choram, porque serão consolados, Mt 5.4. Lázaro aqui está consolado, Lc 16.25. Ter com Marta e Maria para as consolar, Jo 11.19. Para todos aprenderem e serem consolados, 1 Co 14.31. Para podermos consolar aos que estiverem em qualquer angústia, 2 Co 1.4. Nos consolou com a chegada de Tito, 2 Co 7.6. Aperfeiçoai-vos, consolai-vos, 2 Co 13.11. Ele console os vossos corações, Ef 6.22. Exortamos, consolamos e admoestamos, 1 Ts 2.12. Consolai-vos, 1 Ts 4.18; 5.11. Consoleis os desanimados, 1 Ts 5.14. Console os vossos corações, 2 Ts 2.17.

CONSOLIDAR: Tornar sólido, seguro, estável. // Restauraram a casa de Deus... e a consolidaram, 2 Cr 24.13. Todo o corpo, bem ajustado e consolidado, Ef 4.16. Sê vigilante, e consolida o resto, Ap 3.2. Ver **Fundamentar.**

CONSPIRAÇÃO: Maquinação, trama. // Contra José, Gn 37.18; de Absalão, 2 Sm 15; contra o rei Joás, 2 Rs 12.20; contra o rei Amazias, 2 Rs 14.19; contra o rei Peca, 2 Rs 15.30; do rei Oséias. 2 Rs 17.4; contra o Senhor e contra o seu Ungido, Sl 2.2; contra Cristo, Jo 11.47-57; contra Paulo, At 23.12. Ver **Rebelião, Traição.**

CONSPIRAR: Ato de conspirar. // Conspiraram... para o matar, Gn 37.18. Todos tenhais conspirados contra mim, 1 Sm 22.8. Os fariseus conspiravam contra ele, Mt 12.14.

CONSPIRATA: O mesmo que conspiração. // A **c**... que tomava o partido de Absalão, 2 Sm 15.12. Mais de quarenta... nesta **c**, At 23.13.

CONSTÂNCIA: Perseverança, persistência, coragem. // Gloriamos... à vista da vossa **c** e fé, 2 Ts 1.4. Corações ao amor de Deus e à **c** de Cristo, 2 Ts 3.5. Segue... o amor, a **c**, 1 Tm 6.11. Sadios na fé, no amor e na **c,** Tt 2.2. Ver **Perseverança, Persistência.**

CONSTANTE: Inalterável, incessante. // Seja **c** o amor fraternal, Hb 13.1.

CONSTANTEMENTE: Com constância. // Para os meus louvores **c,** Sl 71.6.

CONSTITUIR: Organizar, estabelecer, nomear, eleger. // Modo o constituiu sobre toda a terra do Egito, Gn 41.43. Constituído por Deus Juiz de vivos, At 10.42. Espírito Santo vos constituiu bispos, At 20.28. Para que... constituísses presbíteros, Tt 1.5. A quem constituiu herdeiro de todas, Hb 1.2.

CONSTRANGER: Compelir, obrigar por força. // Eles o constrangeram... é tarde e o dia já declina, Lc 24.29. O amor de Cristo nos constrange, 2 Co 5.14. Tenho-me tornado insensato: a isto me constrangestes. 2 Co 12.11. Ver **Obrigar.**

CONSTRANGIDO: Forçado. // **C** em meu espírito, vou, At 20.22. De um e outro lado estou **c,** Fp 1.23. Pastoreai... não por **c**. 1 Pe 5.2. Ver **Obrigado.**

CONSTRUÇÃO: Edifício. Que pedras, que construções! Mc 13.1. // Ver **Edifício.**

CONSTRUIR: Edificar. Construiu nela um lagar, Mt 21.33. Destruirei este santuário... em três dias construirei outro, Mc 14.58. Começou a construir e não pôde acabar, Lc 14.30. Moisés... para construir o tabernáculo, Hb 8.5. Ver **Edificar**, **Erguer**.

CONSTRUTOR: Aquele que constrói. Os edificadores de Salomão, 1 Rs 5.18. A pedra que os construtores rejeitaram. Sl 118.22; Mt 21.42; At 4.11; 1 Pe 2.7. Lancei o fundamento como prudente construtor, 1 Co 3.10. Da qual Deus é o arquiteto e edificador. Hb 11.10

CONSULTAR: Pedir conselho, instrução, parecer a. // Consultou Davi ao Senhor. 1 Sm 23.2. Ide, e consultai a Baal-Zebube, 2 Rs 1.2. Consultou Davi os capitães, 1 Cr 13.1. Ide, e consultai o Senhor por mim, 2 Cr 34.21. Acaso viestes consultar-me?... não me consultarei, Ez 20.3. Os fariseus, consultaram entre si, Mt 22.15. Não consultei carne e sangue, Gl 1.16.

CONSUMAÇÃO: Ato de terminar. // A **c** do século. Mt 13.39; 24.3; 28.20.

CONSUMADOR: Aquele que acaba ou aperfeiçoa. // O Autor e **C** da fé, Hb 12.2. Compare **Deus, Autor e Conservador,** Nm 16.22.

CONSUMAR: Terminar; levar ao maior auge. // Quanto aos inimigos, estão consumados, Sl 9.6. Eu te glorifiquei na terra, consumando a obra, Jo 17.4. Vendo Jesus que tudo já estava consumado, Jo 19.28. Jesus... disse: Está consumado! Jo 19.30. Foi pelas obras que a fé se consumou, Tg 2.22. Ver **Acabar.**

CONSUMIDOR: Que consome. // Glória do Senhor era como um fogo **c**, Êx 24.17. Deus é fogo **c**, Hb 12.29. Compare **Deus é fogo que consome**, Dt 4.24

CONSUMIR: Gastar, devorar, destruir. // A sarça não se consumia, Êx 3.2. O meu furor, e eu os consuma, Êx 32.10. Saindo fogo... consumiu o holocausto. Lv 9.24. Saiu fogo... e os consumiu, Lv 10.2. Apartai-vos... e os consumirei num momento, Nm 16.21. Deus é fogo que consome, Dt 4.24. Consumirá a espada para sempre? 2 Sm 2.26. Desça fogo... te consuma ... desceu... e o consumiu, 2 Rs 1.10. Fogo de Deus... e os consumiu, Jó 1.16. Embora me incitasses... para o consumir, Jó 2.3. Consumidos pela tua ira, Sl 90.7. Mandemos descer fogo... para os consumir? Lc 9.54. Nem a traça consome, Lc 12.33. Consumido tudo sobreveio... grande fome, Lc 15.14. O zelo da tua casa me consumirá, Jo 2.17. Consumido por excessiva tristeza, 2 Co 2.7. Viúva não sou... será consumido no fogo, Ap 18.7,8. Fogo do céu e os consumiu, Ap 20.9.

CONTA: Ato ou efeito de contar; cálculo, operação aritmética; atribuições, justificação. // A mesma **c** de tijolos, Êx 5.8. Não têm **c** os males que me cercam, Sl 40.12. O mar... movem seres sem **c**, Sl 104.25. Darão **c** no dia de juízo, Mt 12.36. Ajustar **c** com os seus servos, Mt 18.23. E ajustou **c** com eles, Mt 25.19. Desta geração se peçam **c** do sangue, Lc 11.50. Presta **c** da tua administração, Lc 16.2.

Tua **c** assenta-te depressa, Lc 16.6. Dará **c** de si mesmo, Rm 14.12. Não lhes seja posto em **c**, 2 Tm 4.16. Lança tudo em minha **c**. Fm 18. Vossos guias... deve prestar **c,** Hb 13.17. Prestar **c** àquele que é competente, 1 Pe 4.5.

CONTADO: Enumerado. // Os **c** dos filhos de Israel, Nm 26.51. Estrelas, todas bem **c**. Is 40.26.

CONTAMINAR: Manchar, viciar, corromper. // As nações, Lv 18.24. A terra, Nm 35.34. O profeta, Jr 23.11. O sacerdote Jr 23.11; Ne 13.29. O Tabernáculo, Nm 19.13. O Templo, 2 Cr 36.14. O santuário, Ez 23.38. Com ídolos, Ez 22.3; At 15.20. A mulher do próximo, Ez 33.26. As mãos. Is 59.3. De sangue, Is 59.3. Com iguarias, Dn 1.8. O que sai da boca, Mt 15.11,17. Entrar no pretório, Jo 18.28. A consciência, 1 Co 8.7. A língua contamina o corpo, Tg 3.6. Por meio de alguma raiz de amargura, Hb 12.15. Do mundo, 2 Pe 2.20. A carne, Jd 8. As vestiduras, Ap 3.4. Com mulheres, Ap 14.4. Nela nunca jamais penetrará coisa alguma contaminada, Ap 21.27.

CONTAR: Determinar o número de; narrar. // Se alguém puder contar o pó, Gn 13.16. Conta as estrelas, se... podes, Gn 15.5. Até contarias os meus passos, Jó 14.16. Ensina-nos a contar os nossos dias, Sl 90.12. Contou Deus o teu reino, Dn 5.26. Até os cabelos todos... contados, Mt 10.30. Onde for pregado... contado o que ela fez, Mt 26.13. Com malfeitores foi contado, Mc 15.28. Contavam quantos sinais e prodígios, At 15.12. Contou minuciosamente o que Deus fizera, At 21.19. Ver **Narrar, Recensear.**

CONTEMPLAR: Considerar com admiração ou com amor. // Contempla com os teus próprios olhos, Dt 3.27. E contemplei os muros de Jerusalém... assolados, Ne 2.13. Quando contemplo os teus céus, Sl 8.3. Para contemplar a beleza do Senhor, Sl 27.4. Contemplai-o e sereis iluminados, Sl 34.5. Vinde, contemplai as obras do Senhor, Sl 46.8. Do que os tesouros do Egito, porque contemplava o galardão, Hb 11.26. Contempla num espelho, Tg 1.23. O que contemplamos e as nossas mãos, 1 Jo 1.1. Ver **Considerar, Meditar, Ver.**

CONTENCIOSO: Em que se demanda o direito; litigioso; sujeito a dúvidas e reclamações. // Assim é o homem **c,** Pv 26.21. Se alguém quer ser **c**, 1 Co 11.16. Não **c**, não avarento, 1 Tm 3.3 (ARC). Nem sejam **c**, Tt 3.2 (ARC).

CONTENDA: Debate, disputa, controvérsia, luta.. // Em havendo **c**, Dt 25.1. Anda semeando **c**, Pv 6.14. Semeia **c** entre irmãos, Pv 6.19. A casa farta de carne e **c**, Pv 17.1. Jejuais para **c**, Is 58.4. O Senhor tem **c**, Jr 25.31. Possuídos... de **c**, Rm 1.29. Fazei tudo sem murmurações nem **c,** Fp 2.14. **A causa das contendas:** Pv 10.12; 13.10; 15.18; 2 Tm 2.23; Tg 4.1.. **O fruto das contendas:** Lv 24.10, 11; Hc 1.3, 4; Gl 5.15; Tg 3.17. **Contendas reprovadas:** 1 Co 1.11, 12; 3.3; 11.17, 18. **Exemplos de contenda:** Pastores de gado, Gn 13.7. Labão e Jacó, Gn 31.36. Dois hebreus, Êx 2.13. Paulo e Barnabé, At 15.39. Fariseus e saduceus, At 23.7. Os Coríntios, 1 Co 1.11; 6.6. Miguel com o diabo, Jd 9. Ver **Rixa.**

CONTENDER: Disputar, altercai, litigiar. // Não contenderá o meu Espírito, Gn 6.3 (ARC). Não contendas com alguém sem razão, Pv 3.30 (ARC). Não contenderá, nem gritará, Mt 12.19. O servo do Senhor não viva a contender, 2 Tm 2.24.

CONTENTAMENTO: Satisfação, alegria. // A oração dos retos é o seu **c**, Pv 15.8. Grande fonte de lucro é a piedade com o **c,** 1 Tm 6.6. Ver **Satisfação.**

CONTENTAR: Contentai-vos com as coisas que tendes, Hb 13.5. // Ver **Satisfazer.**

CONTENTE: Satisfeito, alegre. // Viver **c** em toda e qualquer, Fp 4.11. E com que vestir, estejamos contentes, 1 Tm 6.8. Ver **Satisfeito.**

CONTER: Conservar-se, dominar-se; ter em si; compreender. // A terra é bastante espaçosa para contê-los, Gn 34.21. José não se podendo conter, Gn 45.1. O céu dos céus, não te podem conter, 1 Rs 8.27. Ao Senhor... e tudo o que nela se contém, Sl 24.1. Contê-la seria conter o vento, Pv 27.16.

CONTIGO: Resolvido por ti; na tua companhia. // Que nos importa? Isso é **c**, Mt 27.4. Pronto a ir **c**. tanto para a prisão, como, Lc 22.33.

CONTINUAMENTE: Sem interrupção. // Que haja lâmpada acesa **c,** Êx 27.20 O fogo arderá **c** sobre o altar, Lv 6.13. O Senhor te guiará **c,** Is 58.11. Dura a minha dor **c**, Jr 15.18. Deus, a quem tu **c** serves. Dn 6.20. Epafras... **c,** por vós, nas orações, Cl 4.12.

CONTINUAR: Prosseguir, prolongar, preservar. // Continua a tua benignidade, Sl 36. 10. Continua para sempre sacerdote. Hb 7.24.

CONTÍNUO: Em que não há interrupção. // Holocausto **c**. Êx 29.42; Nm 28.3,6. Observarei de **c** a tua lei, Sl 119.44. **C** sacrifício, Dn 8.11 (ARC). Ver **Perpétuo.**

CONTO: Narração falada ou escrita; historieta. // Como um **c** ligeiro, Sl 90.9 (ARC).

CONTORCER: Torcer, dobrar. // Contorcer em dores, Jr 4.19; 51.29.

CONTRA: Em oposição a. // Quem não é por mim, é contra, Mt 12.30. Quem não é contra nós, é por nós, Mc 9.40. Se Deus é por nós, quem será **c**, Rm 8.31. E **c** a natureza enxertado, Rm 11. 24. Nada podemos **c** a verdade, 2 Co 13.8. O Senhor, **c** todas estas coisas... é o vingador, I Ts 4.6. Naquilo em que falam **c**... fiquem envergonhados, 1 Pe 3.16.

CONTRADIÇÃO: Incoerência entre afirmações atuais e anteriores. // As **c** do saber, como falsamente lhe chamam, 1 Tm 6.20.

CONTRADITAR: Contestar, impugnar. // Não podendo isto ser contraditado, At 19.36 (ARC).

CONTRADIZENTE: Impugnativo, contra. // A um povo rebelde e **c**, Rm 10.21.

CONTRADIZER: Fazer oposição, contestar. // A que não poderão resistir nem contradizer, Lc 21.15. Contradiziam o que Paulo falava, At 13.45. Convencer os que contradizem, Tt 1.9.

CONTRAFAZER: Disfarçar. // Que se contrafez... fingia doido, 1 Sm 21.13.

CONTRARIAR: Causar descontentamento a. // Jamais seu pai o contrariou, 1 Rs 1.6. Ele... **c** com esta palavra. Mc 10.22. Ver **Contradizer, Opor.**

CONTRÁRIO: Oposto, desfavorável. // Sucedeu o **c**, pois os judeus é que se assenhorearam. Et 9.1. O vento era **c**. Mt 14.24. Adorar... **c** à lei, At 18.13. Ver **Oposto.**

CONTRATAR: Fazer contrato de, ajustar, assalariar. Contrataram pedreiros e carpinteiros, 2 Cr 24.12. Porque ninguém nos contratou, Mt 20.7.

CONTRATO: Acordo pelo qual uma ou mais pessoas se obrigam para com outras a dar, a fazer ou a não fazer alguma coisa. // Infiéis nos **c**, Rm 1.31 (ARC).

CONTRIBUIR: Concorrer com outrem nos meios para a realização de alguma coisa. Pagar como contribuinte. // O que contribui, com liberalidade, Rm 12.8. Contribua segundo tiver proposto no coração, 2 Co 9.7. Pela liberalidade com que contribuís, 2 Co 9.13.

CONTRISTADO: Penalizado. // Quando jejuardes, não vos mostreis **c,** Mt 6.16. Ver **Triste.**

CONTRISTAR: Entristecer, penalizar. // O povo se contristou muito, Nm 14.39. Foram rebeldes, e contristaram o seu Espírito Santo, Is 63.10. Muitíssimo **c**... perguntar-lhe: Porventura sou eu? Mt 26.22. Fostes **c** para arrependimento, 2 Co 7.9. Necessário, sejais **c** por várias provações, 1 Pe 1.6. Ver **Entristecer.**

CONTRITO: Pesaroso, arrependido. // Coração compungido e **c** não o desprezarás. Sl 51.17. Habito também com o **c** e abatido de espírito, Is 57.15. Ver **Arrependido, Compungido.**

CONTUMAZ: Teimoso, afincado ao seu parecer. // Um filho **c** e rebelde, Dt 21.18. Este povo é de coração rebelde e **c,** Jr 5.23. Ver **Obstinado.**

CONTURBAR: Perturbar; confundir; alterar, amotinar. O Senhor os conturbou diante de Israel, Js 10.10. Ver **Perturbar.**

CONTUSÃO: Pisadura; lesão produzida por pancada em tecidos vivos. // Desde a planta do pé... senão feridas, **c** e chagas, Is 1.6.

CONVENCER: Obrigar com razões a reconhecer alguma coisa, ficar persuadido de uma coisa de que se duvidava. // Dentre vós me convence de pecado? Jo 8.46. Convencerá o mundo de pecado, Jo 16.8. Com grande poder convencia, At 18.28. É ele por todos convencido, 1 Co 14.24. Convencer os que contradizem, Tt 1.9. Ver **Persuadir.**

CONVENIENTE: Vantajoso. Ser **c** morrer um homem pelo povo, Jo 18.14.

CONVERSAÇÃO: Troca de frases em prática íntima. // As más **c** corrompem os bons costumes, 1 Co 15.33. Nem **c** torpe, Ef 5.4.

CONVERSÃO: Mudança de forma ou de natureza; mudança de mau para bom procedimento. // Dos gentios, predita, Is 2.2; 11.10; 60.5; 66.12. Dos gentios, cumprida, At 8.37; 10.; 15.3; Rm 10; 11; Ef 2; 3; 1 Ts 1. Dos judeus, At 2.41; 4.32; 6.7. // **Exemplos de conversão:** no pentecoste, At 2; dos samaritanos, At 8.4-8; do eunuco, At 8.26-40; de Paulo, At 9.1-22; de Cornélio, At 10; de Lídia, At 16.13-15; do carcereiro, At 16.27-34. // **Conversão ordenada,** Is 1.16; Mt 3.2; 4.17; At 2.38; Tg 4.8.

CONVERSAR: Palestrar. // Enquanto conversavam... o próprio Jesus se aproximou, Lc 24.15. Que Paulo lhe desse dinheiro... conversava com ele, At 24.26.

CONVERTER: Mudar, transformar uma coisa em outra, mudar de partido, de sentimento, de opinião. // E se converter dos seus pecados, 1 Rs 8.35,47. Se vós vos converterdes, 2 Cr 30.9; Ne 1.9. A ele se converterão os confins da terra, Sl 22.27. Os pecadores se converterão, Sl 51.13. Converteu a rocha em lençol de água, Sl 114.8. Converterão as suas espadas, Is 2.4. Para que não... se converta **c** seja salvo, Is 6.10. Convertei-vos cada um do seu mau caminho, Jr 35.15. Convertei-vos e desviai-vos. Ez 18.30. Que o perverso se converta, Ez 33.11. Para não suceder que... se convertam, Mt 13.15; Jo 12.40; At 28.27. Se não vos converterdes, Mt 18.3. Converterá muitos dos filhos, Lc 1.16. Quando te converteres, Lc 22.32. Convertei-vos, At 3.19. Convertê-los das trevas, At 26.18. Aquele que converte o pecador, Tg 5.20. Convertestes ao Pastor, 1 Pe 2.25.

CONVICÇÃO: Certeza, obtida por fatos ou razões, que não deixam dúvida. Em plena **c**, 1 Ts 1.5. A **c** de fatos que se não vêem, Hb 11.1. **C** de pecado: Sl 31.10; Is 6.5; Lc 5.8; At 2.37; 16.29,30; Rm 2.15; Ap 1.17. Exemplos de: Adão e Eva, Gn 3 .8-10: Caim, Gn 4.13; os irmãos de José, Gn 44.16; 45.3; Davi,

2 Sm 6.9; Belsazar, Dn 5.6; Herodes, Mt 14.2; Judas, Mt 27.3; Félix, At 24.25.

CONVICTO: Convencido. // Plenamente **c** de que ele era poderoso para, Rm 4.21. Plenamente **c** em toda a vontade de Deus, Cl 4.12. Para fazer **c** todos os ímpios, Jd 15.

CONVIDADO: O que recebeu convite. // Estar tristes os **c** para o casamento? Mt 9.15. A sala... ficou repleta de **c**, Mt 22.10. Jejuar os **c**... enquanto o noivo está? Mc 2.19.

CONVIDAR: Solicitar (para algum ato). // Convidou-o um dos fariseus, Lc 7.36. Convidado... não procures o primeiro lugar, Lc 14.8. Convida os pobres, os aleijados, Lc 14.13. Deu uma grande ceia e convidou a muitos, Lc 14.16. Jesus... foi convidado, Jo 2.2. Incrédulos vos convidar... comei de tudo, 1 Co 10.27.

CONVIR: Servir, ser decoroso, conformar-se. // Convém a Israel, Sl 122.4. Ao insensato não convém a vida regalada, Pv 19.10. A honra não convém ao insensato, Pv 26.1. Assim nos convém cumprir toda a justiça, Mt 3.15. Convém que se perca um dos teus membros, Mt 5.29. Se... não convém casar, Mt 19.10. Convém que morra um só homem, Jo 11.50. Convém-vos que eu vá, Jo 16.7. Não convém que ele viva, At 22.22. Não pense de si mesmo, além do que convém, Rm 12.3. Mas nem todas convêm, 1 Co 6.12; 10.23. Submissas... como convém ao Senhor, Cl 3.18. Para te ordenar o que convém, Fm 8.

CONVITE: Ato de convidar. // Fizeres **c**, chama os pobres, Lc 14.13 (ARC).

CONVOCAÇÃO: Ato de convocar, convite. // Santa **c**, Lv 23.3; Nm 28.26.

CONVOCAR: Chamar, convidar para uma reunião. // Convocado toda a congregação, Êx 35.1. Tendo Jesus convocado os doze, Lc 9.1. Os doze convocaram a comunidade, At 6.2. Convocou os principais dos judeus, At 28.17.

CONVOSCO: Em vossa companhia. // Estou **c** todos os dias, Mt 28.20. Paz seja **c**, Jo 20.19.

COOPERAÇÃO: Ato de cooperar. // Pela vossa **c** no evangelho, Fp 1.5. A mútua **c**; pois com tais sacrifícios Deus se compraz, Hb 13.16.

COOPERADOR: O que coopera. // Priscila e Áquila, meus **c** em Cristo, Rm 16.3. De Deus somos **c**, 1 Co 3.9. Na qualidade de **c** com ele, 2 Co 6.1. Tito, é meu companheiro e **c**, 2 Co 8.23. Com Clemente e com os demais **c** meus, Fp 4.3. Tornarmos **c** da verdade, 3 Jo 8.

COOPERAR: Trabalhar em comum, colaborar. // Cooperando com eles o Senhor, Mc 16.20. Todas as coisas cooperam para o bem, Rm 8.28.

COORDENAR: Organizar, arranjar. // Deus coordenou o corpo, 1 Co 12.24.

COORTE: A décima parte de uma legião, entre os romanos; corpo de tropas que contava aproximadamente 600 homens. Coorte Imperial (ARA), Coorte Augusta (ARC): Coorte de soldados romanos, destacada, talvez, em Cesaréia. At 27.1. Coorte, chamada a italiana: Coorte constituída de romanos que nasceram na Itália e destacados em Cesaréia, At 10.1.

COPA: A parte superior e convexa da ramagem duma árvore. // Estrondo de marcha pelas **c** das amoreiras, 2 Sm 5.24.

CO-PARTICIPANTE: Que participa juntamente com outrem. // Os gentios são... **c** da promessa em Cristo, Ef 3.6. Tornando-vos **c** com aqueles, Hb 10.33. Alegrai-vos na medida em que sois **c** dos sofrimentos, 1 Pe 4.13. E ainda **c** da glória, 1 Pe 5.1. Para que por elas vos torneis **c** da natureza divina, 2 Pe 1.4.

COPEIRO: Aquele que prepara doces ou licores. Criado que serve a mesa. De Faraó, Gn 40.1; de Salomão, 1 Rs 10.5; de Artaxerxes, Ne 1.11.

CÓPIA: Reprodução gráfica, traslado. // Escreveu ali em pedras uma **c** da lei, Js 8.32. Ver **Traslado.**

COPIOSAMENTE: Abundantemente. // Derramarei **c**... o meu espírito, Pv 1.23.

COPIOSO: Abundante. // Houve **c** chuva, Gn 7.12. Pois no Senhor... **c** redenção, Sl 130.7.

COPO: Vaso para beber. // **C** de Faraó, Gn 40.11. **C** de prata, Gn 44.2. **C** por meio do qual faz adivinhações, Gn 44.5. Despedace o **c** de ouro, Ec 12.6. Der a beber ainda que seja um **c**, Mt 10.42. Limpais o exterior do **c**, Mt 23.25. Como a lavagem de **c**, jarros, Mc 7.4.

COR: Impressão que os diferentes raios luminosos, refletidos pelos corpos, produzem nos olhos. // Pedras de várias cores, 1 Cr 29.2. Colchas de várias cores, Pv 7.16. Ave de várias cores, Jr 12.9. Adornos de várias cores, Ez 16.16. Ver **Alvo, Amarelo, Azul, Branco, Carmesim, Escarlate, Negro, Preto, Púrpura, Verde, Vermelho.**

CORAÇÃO: Órgão principal da circulação do sangue. **(Fig.)** Sentimento moral; consciência, memória. Afeição, amor. // Acusar, 1 Jo 3.20. Aí estará o teu coração, Mt 6.21. Alegre, Pv 15.13; 17.22. Amai-vos de, 1 Pe 1.22. Amor derramado no coração, Rm 5.5. Arder, Lc 24.32. De carne, Ez 11.19; 36.26. Carta escrita em, 2 Co 3.2. Circuncisão do coração, Rm 2.29. Compungido, Sl 51.17; At 2.37. Contrito, Sl 51.17. Duro, Zc 7.12; Mt 19.8; Ef 4.18. Crê com o, Rm 10.10. Deus esquadrinha o, 1 Cr 28.9; Sl 44.21; Jr 20.12; Ap 2.23. Endurecer, Sl 95.8. Endurecido, Mt 13.15; At 28.27; Hb 3.8; 4.7. Enfermo, Is 1.5; Jr 17.9. Enfurecer, At 7.54. Espírito enviado ao, Gl 4.6. Fechar-lhe o, 1 Jo 3.17. Fogo ardente no, Jr 20.9. Guarda o teu, Pv 4.23. Guardado, Fp 4.7. Habite Cristo em, Ef 3.17. Homem interior do, 1 Pe 3.4. Impenitente, Rm 2.5. Insensato, Sl 53.1. Insensível, Is 6.10. Leis no, Hb 10.16. Limpai o, Tg 4.8. Limpo, Mt 5.8. Longe, Is 29.13; Mt 15.8. Mau, Gn 6.5; 8.21; Pv 19.21; Ec 8.11; Jr 17.9; Mt 12.34; Lc 6.45; Rm 2.5. Novo coração prometido: Dt 30.6; Jr 24.7; 31.33; 32.39; Ez 11.19; 36.26; 2 Co 3.3; Hb 8.10. Olhos do, Ef 1.18. Palavra no, Sl 119.11; Rm 10.8. De pedra, Ez 11.19. Puro, Sl 24.4; 51.10; 2 Tm 2.22; Hb 10.22. Quebrantado, Sl 34.18; 147.3; Is 61.1. Rasgai, Jl 2.13. Resplandeceu em, 2 Co 4.6. Sábio, Sl 90.12. Segredos dos, Sl 44.21. Singeleza de, At 2.46; Cl 3.22. Sincero. Ef 6.5; Hb 10.22. Sonda, Pv 21.2; Ap 2.23. Tesouro do, Lc 6.45. Todo o coração, Dt 4.29; 6.5; 11.13; Jr 29.13; Mt 22.37; At 8.37; Cl 3.23. Turbe, Jo 14.1. Um o coração, At 4.32. Véu sobre o, 2 Co 3.15. Ver **Alma, Mente.**

CORAGEM: Firmeza, energia diante do perigo. // O Senhor... disse: **C**! At 23.11.

CORAÍTAS: Êx 6.24. Descendentes de Coré, 1 Cr 2.43.

CORAJOSO: Em que há firmeza, energia diante do perigo. // Sede corajosos, Dt 31.6; Js 1.6; 10.25; Sl 31.24. Ver **Forte.**

CORAL: Produção calcária, ramosa e geralmente vermelha, formada pelos pólipos, em certos mares. Muito empregada em joalheria, Jó 28.18: Ez 27.16.

CORAZIM: Uma das cidades impenitentes, perto de Cafarnaum, Mt 11.21. Ver mapa 3, B-2.

CORBÃ: Qualquer coisa levada a Deus como oferenda, portanto, não para usar com outros fins, Lv 1.2; Ne 10.34; etc. Abuso dessa dedicação, Mc 7.11-13.

CORÇA: Espécie de antílope, menor que a cerva. Animal **limpo,** Dt 14.5. Veloz, 2 Sm 22.34. Sua carne na mesa de Salomão, 1 Rs 4.23. Suspira pelas correntes das águas, Sl 42.1. Corça de amores, Pv 5.19. Ver **Cervo.**

CORCEL: Cavalo que corre muito. // Ata os **c** ao carro, Mq 1.13.

CORCOVADO: Lv 21.20. O que se curva para a terra, fazendo arco nas costas.

CORDA: Peça de fios unidos e torcidos uns sobre os outros. // Descer por uma **c** pela janela, Js 2.15. Amarram-no com duas **c**, Jz 15.13; com **c** novas, Jz 16.11. Senhor cortou as **c** dos ímpios, Sl 129.4. Com as **c** do seu pecado, Pv 5.22. Alonga as tuas **c**, Is 54.2. Puxaram a Jeremias com as **c**, Jr 38.13. Atraí-os com **c** humanas, Os 11.4. Uma azorrague de **c,** Jo 2.15.

CORDÃO: Corda delgada. // Penhor... teu **c**, Gn 38.18. Este **c** de fio de escarlata à janela, Js 2.18. O **c** de três dobras não se rebenta, Ec 4.12.

CORDATO: Prudente. // Que tem bom senso. O bispo... **c**, inimigo de contendas, 1 Tm 3.2, 3. Nem sejam altercadores, mas **c**, Tt 3.2. Não somente aos bons e **c**, 1 Pe 2.18; Ver **Prudente, Sensato.**

CORDEIRO: Filho de ovelha, ainda novo e tenro. // Ofereciam, diariamente, sobre o altar dois **c**, Êx 29.38; designadamente era oferecido no sábado, Nm 28.9. Eram uma grande parte dos sacrifícios, Nm 28.11; 29.1,2; etc. Em vez do **c** pascal podia-se oferecer um cabrito, Êx 12.5. O pobre que não tinha coisa nenhuma, senão uma **c** que dormia em seus braços, 2 Sm 12.3. O **c** habitará com o lobo, Is 11.6; 65.25. Recolherá os **c**, Is 40.11. Como **c** para o meio de lobos, Lc 10.3. Apascenta os meus **c**, Jo 21.15. O cordeiro para o sacrifício devia ser sem defeito, Lv 22.19,20; porque simbolizava Cristo, que era como cordeiro sem defeito e sem mácula, 1 Pe 1.19. Jesus chamado o Cordeiro, Jo 1.29, 36; Ap 5.6; 6.1, 16; 7.9; 12.11; 13.8,11; 14.1; 15.3; 17.14; 19.7, 9; 21.14; 22.1, 3.

Cordeiro

CORDEL: Corda muito delgada. // Um **c** de medir, 2 Sm 8.2; Jr 31.39; Ez 40.3; 47.3; Am 7.17; Zc 1.16; 2.1.

CORDIALMENTE: Afetuosamente. // Amai-vos **c** uns aos outros, Rm 12.10.

CORÉ hb. **CALVÍCIE:** 1. Um príncipe edomita, o terceiro filho de Esaú, Gn 36.5. // 2. Outro príncipe, neto de Esaú, Gn 36.16. // 3. Um levita que se revoltou, com Datã e Abirã, contra Moisés e Arão, Nm 16; Jd 11. // 4. Um filho de Hebrom, 1 Cr 2.43. // 5. Pai de Meselemias, porteiro no tempo de Davi, 1 Cr 26.1. // 6. Um filho de Imna, um levita que administrava as ofertas, no tempo de Ezequias, 2 Cr 31.14.

COREÍTAS: Nm 26.58. Descendentes de Coré, bisneto de Levi, Nm 16.1.

CORÍNTIOS, PRIMEIRA EPÍSTOLA DE PAULO AOS: O sétimo livro do Novo Testamento. Embora esta epístola seja denominada a primeira aos Coríntios, evidentemente outra a precedeu, que não foi conservada, 1 Co 5.9. Corinto, a capital da província romana da Acaia, era notável não apenas por suas riquezas e luxo, pois era uma fortaleza de licenciosidade e depravação, alimentadas pelo culto à deusa Vênus. A igreja em Corinto foi fundada pelo próprio apóstolo Paulo, na sua segunda viagem missionária, 1 Co 3.6; At 18.1-11. **O autor:** Paulo, 1 Co 1.1. Foi escrita de Éfeso, não muito depois do apóstolo sair de Corinto, 1 Co 16.8, por causa de: 1) Notícias que lhe inspiravam cuidado, levadas aí pelos da casa de Cloe, 1 Co 1.11. 2) Uma carta de Corinto, 1 Co 7.1; 8.1-13. **A chave: O comportamento do crente.** Até mesmo as maravilhosas revelações do capítulo 15, quanto à ressurreição resumem nesse mesmo tema, 1 Co 15.58. **As divisões:** I. Paulo repreende a desordem social, caps. 1 a 8. 1) O prólogo, 1.1-9. 2) Partidos na igreja, 1.10-17.3) A sabedoria dos homens e a sabedoria de Deus, 1.18 a 2.16. 4) A responsabilidade dos que ensinam, 3.1 a 4.21. 5) Necessário corrigir a impureza na igreja de Corinto, cap. 5. 6) O litígio entre os crentes, 6.1-8. 7) A sensualidade é condenada, 6.9-20. 8) O matrimônio, cap. 7. 9) Coisas sacrificadas a ídolos, cap. 8. II. Paulo defende sua autoridade apostólica, cap. 9. III. Desordem nos cultos, caps. 10 a 14.1) O perigo de cair da graça, 10.1-13. 2) A liberdade cristã e a idolatria, 10.14-33. 3) A conduta das mulheres nas assembléias, 11.1-16. 4) Desordem durante a celebração da Ceia do Senhor, 11.17-34. 5) Os dons espirituais, cap. 12.6) O espírito que deve regular o uso desses dons, cap. 13.7) Desordens nos cultos, cap. 14. IV. A ressurreição, cap. 15. V. Conclusão: Sobre as coletas; saudações, cap. 16.

CORÍNTIOS, SEGUNDA EPÍSTOLA DE PAULO AOS: As duas epístolas de Paulo aos Coríntios nos revelam o coração, os sentimentos mais íntimos e os motivos mais profundos deste apóstolo. Revelam, também, a vida íntima de uma grande assembléia, no tempo dos apóstolos. **O escritor:** Não muito depois de Paulo escrever **1 Coríntios,** houve o grande tumulto em Éfeso no qual Paulo quase perdeu a sua vida, At 19.30. Logo após isso Paulo partiu para a Trôade, esperando encontrar Tito e saber do estado da Igreja em Corinto, 2 Co 2.12,13. Mas, não o achando ali, dirigiu-se para a Macedônia, At 20.1. Foi lá que se encontrou com Tito e soube que sua primeira epístola levara a maioria ao arrependimento. E de lá Paulo escreveu a sua segunda epístola aos Coríntios. **A chave:** A epístola foi escrita para: 1) Consolar os membros arrependidos, como resultado da primeira epístola. 2) Admoestar a maioria rebelde. 3) Prevenir contra os mestres falsos. 4) Defender a sua própria autoridade apostólica. **As divisões:** I. Introdução, 1.1-11. II. Paulo relata o caráter dos seus trabalhos 1.12 a 7.16. III. A oferta para os pobres da Judéia, caps. 8 e 9. IV. Paulo defende a sua autoridade apostólica, 10.1 a 13.10. V. Conclusão, 13.11-13.

Templo de Apolo em Corinto

CORINTO: As quatro cidades mais importantes do Império Romano foram: Roma, Corinto, Éfeso e Antioquia. A cidade de Corinto foi a maior, a mais opulenta e a mais importante cidade da Grécia. Situada no istmo deste país, orgulhava-se dos seus dois portos, pelos quais passava o comércio do mundo. Foi terra de grande luxo e licenciosidade, o lugar do culto à deusa Vênus, acompanhado de ritos vergonhosos. Paulo passou dezoito meses evangelizando em Corinto, no fim da sua segunda viagem missionária, At 18.1-18. Fundou aí a importante igreja, a qual escreveu as duas epístolas, uma de Éfeso, e a outra da Macedônia. Foi desta cidade que escreveu a sua Epístola aos Romanos e as duas aos Tessalonicenses. Ver mapa 6, C-2.

CORNÉLIO, lat. **Piedoso:** Um centurião romano, At 10.1. Sua oração respondida, At 10.3. Manda chamar Pedro, At 10.9. Batizado, At 10.48. A conversão da casa de Cornélio foi o início da obra do evangelho entre os gentios. Ver At 11.

CORO: Ez 45.14. Uma medida para líquidos, de 360 litros. Ver **Medidas de capacidade.**

COROA: Diadema, insígnia de soberania, recompensa, glória, honra. // Tomei-lhe a **c** e o bracelete e os trouxe aqui ao meu senhor, 2 Sm 1.10. Uma **c** de, glória te entregará, Pv 4.9. **C** de honra são as cãs, Pv 16.31.

C dos velhos são os filhos dos filhos, Pv 17.6. Ai da soberba **c** dos bêbados, Is 28.1. Serás uma **c** de glória na mão do Senhor, Is 62.3. Minha alegria e **c**, Fp 4.1. Quem é a nossa esperança, ou **c** em que exultamos? 1 Ts 2.19. Receberá a **c** da vida. Tg 1.12. Dar-te-ei a coroa da vida, Ap 2.10. Para que ninguém tome a tua **c**, Ap 3.11. A **c** sagrada na mitra do sacerdote, Êx 29.6. **C** real, 2 Sm 1.10; 2 Rs 11.12. **C** de rainha, Et 1.11; 2.17. **C** de espinhos, Mt 27.29; da vida. Tg 1.12; Ap 2.10; da justiça, 2 Tm 4.8; de glória, 1 Pe 5.4; incorruptível, 1 Co 9.25; Fp 4.1. Ver **Diadema.**

COROAR: Pôr coroa em, premiar, recompensar dando uma coroa. // De glória e de honra o coroaste, Sl 8.5. E te coroa de graça e misericórdia, Sl 103.4. Os prudentes se coroam de conhecimento, Pv 14.18. O atleta não é coroado, se, 2 Tm 2.5. De glória e de honra o coroaste, Hb 2.7. Jesus, por causa do sofrimento da morte, foi coroado de glória, Hb 2.9.

CORPO: Porção distinta de matéria. Substância conformada do homem e de cada animal. // Os olhos a lâmpada do **c**, Mt 6.22. Não andeis ansiosos pelo vosso **c**, Mt 6.25. Não temais os que matam o **c**, Mt 10.28. Isto é o meu **c**, Mt 26.26. Para desonrarem os seus **c**, Rm 1.24. Quem me livrará do **c** desta morte, Rm 7.24. Vivificará vossos **c** mortais, Rm 8.11. Aguardando a redenção de nossos **c**, Rm 8.23. Apresenteis os vossos **C** por sacrifício, Rm 12.1. Somos um só **c**, Rm 12.5. Vosso **c** é santuário, 1 Co 6.19. Glorificai a Deus no vosso **c**, 1 Co 6.20. Não tem poder sobre o seu **c**, 1 Co 7.4. Assim como o **c** é um, 1 Co 12.12. Vós sois **c** de Cristo, 1 Co 12.27. Entregue o meu **c** para ser queimado, 1 Co 13.3. Mortos, em que **c** vêm? 1 Co 15.35. Há **c** celestiais e **c** terrestres. 1 Co 15.40. Semeia-se o **c** na corrupção, 1 Co 15.42. No **c** ou fora do **c**, não sei, 2 Co 12.3. Reconciliasse ambos em um só **c**, Ef 2.16. Há somente um corpo, Ef 4.4. De quem todo o **c** bem ajustado, Ef 4.16. Somos membros do seu **c**, Ef 5.30. Cristo engrandecido no meu **c**, Fp 1.20. Transformará o nosso **c**, Fp 3.21. E **c** sejam conservados íntegros, 1 Ts 5.23. Lavado o **c** com água, Hb 10.22. O e sem espírito é morto, Tg 2.26. Refrear todo o seu **c,** Tg 3.2. O corpo deve ser puro, Rm 12.1; 1 Co 6.13. É santuário do Espírito Santo, 1 Co 3.16; 6.19; 2 Co 6.16. Será ressuscitado, Mt 22.30; 1 Co 15.12; Fp 3 21. O corpo de Cristo, Lc 2.35; Jo 19.34; Mt 27.60; Mc 15.46; Lc 23.53; Jo 19.42. Ver **Carne.**

CORPO ESPIRITUAL: Semeia-se corpo natural, ressuscita corpo espiritual 1 Co 15.44. Transformará o nosso corpo de humilhação, para ser igual ao corpo da sua glória, Fp 3.21. Compare 1 Jo 3.2. Depois da ressurreição de Cristo, Ele comeu, Lc 24.42,43; respirou, Jo 20.22; possuía carne e ossos Lc 24.39; portas trancadas e grandes distâncias não lhe eram barreiras, Jo 20.19-29; Lc 24.31-36.

CORPORAL: Do corpo. // O exercício **c** para pouco aproveita, 1 Tm 4.8 (ARC).

CORPORALMENTE: Em corpo. // Nele habita **c** toda a plenitude, Cl 2.9.

CORPÓREO: Que tem corpo; material. // O Espírito Santo... em forma **c**, Lc 3.22.

CORREÇÃO: Ato de corrigir. // Vindo sobre eles a tua **c**, derramam as suas orações, Is 26.16. Toda Escritura é útil para a repreensão, para a **c**, 2 Tm 3.16. Não menosprezes a **c** que vem do Senhor, Hb 12.5. Se estais sem **c**, sois bastardos, Hb 12.8. Ver **Disciplina, Instrução.**

CORREIA: Tira de couro. // Nada tomarei... nem uma **c** de sandália, Gn 14.23. Desatar-lhe as **c** das sandálias, Mc 1.7.

CORREIO: Pessoa, geralmente escolhida da guarda do rei (ver 1 Sm 22.17), expressamente encarregada de levar despachos, correspondência, etc., 2 Cr 30.6, 10; Et 3.13, 15; 8.10; Jr 51.31.

CORRENTE: Curso de água. Cadeia de metal. // As **c** paravam em montão, Êx 15.8. **C** de ouro, Êx 28.14. Junto a **c** de águas, Sl 1.3. Suspira a corça pelas **c** das águas, Sl 42.1. Um rio cujas **c** alegram a cidade, Sl 46.4. Uma grande **c,** Ap 20.1. Ver **Algema, Cadeia, Grilhão.**

CORRER: Caminhar em grande velocidade. Escoar-se, passar. // Cinqüenta homens que corressem, 2 Sm 15.1; 1 Rs 1.5. Elias correu adiante de Acabe, 1 Rs 18.46. Os seus pés correm para o mal, Pv 1.16; Is 59.7. Correr atrás do vento, Ec 1.14; 2.11,26; 6.9. Correm e não se cansam, Is 40.31. Rios d'água viva correrão do seu ventre, Jo 7.38 (ARC). Ambos corriam juntos, Jo 20.4. Não depende de quem corre, Rm 9.16. Os que correm no estádio, 1 Co 9.24. Correm, mas um só leva o prêmio, I Co 9.24. Correi de tal maneira que o alcanceis. 1 Co 9.24. Não correr em vão, Gl 2.2. Vós corríeis bem, Gl 5.7. Não corri em vão, Fp 2.16. Já corremos para o refúgio, Hb 6.18. Corramos com perseverança, Hb 12.1.

CORRESPONDER: Estar em relação mútua entre pessoas ou coisas. // Na água o rosto corresponde ao rosto Pv 27.19. E corresponde à Jerusalém, Gl 4.25.

CORRETAMENTE: De modo exato, digno, íntegro. // Respondeste **c**; faze isto, Lc 10.28. Não procediam **c** segundo a verdade, Gl 2.14.

CORRIGIR: Repreender, castigar. // Corrige o teu filho, e te dará descanso, Pv 29.17. Corrigirá muitas nações, Is 2.4. Corrigi-o com espírito de brandura, Gl 6.1. Corrige... com toda a longanimidade, 2 Tm 4.2. O Senhor corrige a quem ama, Hb 12.6. Pais... que nos corrigiam, Hb 12.9. Ver **Disciplinar, Emendar, Retificar.**

CORROBORAR: Confirmar, fortalecer. // Sejais corroborados com poder, Ef 3.16 (ARC). Corroborados em toda a fortaleza, Cl 1.11 (ARC).

CORROER: Consumir pouco a pouco; gastar. // Onde traça nem ferrugem corrói, Mt 6.20. A linguagem deles corrói como câncer, 2 Tm 2.17. Ver **Gastar.**

CORROMPER: Perverter física ou moralmente. // A terra estava corrompida, Gn 6.11. O povo se corrompeu, Êx 32.7; Dt 9.12. Para que não vos corrompais, Dt 4.16. Todos se extraviaram e juntamente se corromperam, Sl 14.3. Não havendo profecia o povo se corrompe, Pv 29.18. O suborno corrompe o coração, Ec 7.7. Más conversações corrompem os bons costumes, 1 Co 15.33. O nosso homem exterior se corrompa, 2 Co 4.16. A ninguém corrompemos, 2 Co 7.2. Corrompidas as vossas mentes, 2 Co 11.3. Velho homem, que se corrompe, Ef 4.22. Meretriz que corrompia a terra, Ap 19.2. Ver **Perverter.**

CORRUPÇÃO: Devassidão, depravação, desmoralização. // Pelas abominações com que, na sua **c**, a encheram, Ed 9.11. E a livraste da cova da **c**, Is 38.17. Nem permitirás que o teu Santo veja **c**, At 2.27; 13.35; Sl 16.10. Criação será redimida do cativeiro da **c**, Rm 8.21. Semeia-se o corpo na **c**, 1 Co 15.42. Da carne colherá **c**, Gl 6.8. Livrando-vos da **c** das paixões, 2 Pe 1.4. São escravos da **c**, 2 Pe 2.19.

Noé... soltou um corvo... depois uma pomba, Gn 8

CORRUPTÍVEL: Sujeito à putrefação, depravação, desmoralização. // Da imagem de homem **c**, Rm 1.23. Para alcançar uma coroa **c**, 1 Co 9.25. Quando este corpo **c** se revestir, 1 Co 15.54. Não foi mediante coisas **c**... que fostes resgatados, 1 Pe 1.18. Regenerados, não de semente **c**, 1 Pe 1.23.

CORRUPTO: Corrompido, podre, depravado, pervertido. // Como... manancial **c**, assim é o justo que cede, Pv 25.26. Enganoso é o coração... e desesperadamente **c**, Jr 17.9. No meio de uma geração pervertida e **c**, Fp 2.15. As vossas riquezas estão **c**, Tg 5.2.

CORRUPTOR: Que corrompe. // Ai desta nação... filhos **c**, Is 1.4. São todos **c**, Jr 6.28.

CORTANTE: Que tem gume. // Artífice de todo instrumento **c**, Gn 4.22. Farei de ti um trilho **c**, Is 41.15. Palavra... mais **c** que qualquer espada, Hb 4.12.

CORTAR: Dividir com instrumento de gume; separar de todo com instrumento cortante; fazer incisão ou golpe em derrubar pelo corte; fazer eliminação ou diminuição. // As águas do Jordão foram cortadas diante da arca, Js 4.7. Davi... cortou a orla do manto de Saul, 1 Sm 24.4. E lhes cortou metade das vestes, 1 Cr 19.4. Foi cortado da terra dos viventes, Is 53.8. Que não produz bom fruto, é cortada, Mt 3.10; 7.19. Mão direita... corta-a, Mt 5.30. O teu pé te faz tropeçar, corta-o, Mt 18.8; Cortou-lhe a orelha, Mt 26.51. Não der fruto, ele o corta, Jo 15.2. Cortaram os cabos do bote, At 27.32. Também tu serás cortado, Rm 11.22. Cortar ocasião àqueles que a buscam, 2 Co 11.12.

CORTE: Gume de instrumento cortante. // E não se lhe afia o **c**, é preciso redobrar, Ec 10.10.

CORTE: O soberano e seus ministros, e a nobreza que o acompanha. // Daniel... permaneceu na **c** do rei, Dn 2.49.

CORTEJO: Procissão, acompanhamento. Viu-se, ó Deus, o teu **c**, o **c** de meu Deus, Sl 68.24.

CORTESIA: Civilidade; maneiras delicadas. // De toda **c**, para com todos, Tt 3.2.

CORTINA: Peça de pano que, suspensa, resguarda, enfeita, ou encobre alguma coisa. // Tabernáculo terá dez **c**, Êx 26.1. Estendes o céu como uma **c**, Sl 104.2; Is 40.22. Ver **Véu.**

CORUJA: Ave de rapina noturna, que não é bufo nem mocho. Lv 11.16. Ver **Mocho.**

CORVO: Ave carnívora, de asas largas. De plumagem preta, Ct 5.11. A primeira ave mencionada, por seu nome, na Bíblia, Gn 8.7. Proibido comer sua carne, Lv 11.15. Propenso a arrancar os olhos, Pv 30.17. Aninha-se em lugares ermos, Is 34.11. Levaram alimento ao profeta Elias, 1 Rs 17.4,6. Citado para ilustrar a providência de Deus; apesar de viver nos lugares solitários, sempre tem seu sustento, Jó 38.41; Sl 147.9; Lc 12.24.

CORVO MARINHO: Ave mergulhadora, grande e voraz que se alimenta de peixe. Os chineses empregam-no, ensinado para a pesca. Lv 11.17.

CÓS: Uma ilha no mar Egeu, perto da costa da Ásia Menor, onde Paulo passou uma noite, na sua terceira viagem missionária, At 21.1. Ver mapa 6, D-2.

COSBI, Mentiroso, embusteiro: Mulher midianita que atraiu Zimri, um príncipe da tribo de Simeão, e foi morta por Finéias, Nm 25.15.

COSER: Unir por meio de pontos dados com linha ou fio enfiado em agulha. // Percebendo... coseram folhas de figueira, Gn 3.7. Cosi sobre a minha pele o cilício, Jó 16.15.

COSTA: Parte posterior do tronco humano; região à beira mar. // Farei que todos os teus inimigos te voltem as **c**, Êx 32.27. Tu me verás pelas **c**, Êx 33.23. Virão das **c** de Quitim em suas naus, Nm 24.24. A vara é para as **c** do, Pv 10.13; 26.3. Ofereci as **c** aos que me feriam, Is 50.6. Ver **Beira, Margem.**

COSTELA: Cada um dos ossos chatos, alongados e curvados, que formam a caixa torácica. // A **c**... transformou-a numa mulher, Gn 2.22. Na boca... trazia três **c**, Dn 7.5.

COSTUMADO: Habitual, usual. // O sacrifício **c**, Dn 8.11; 11.31; 12.11.

COSTUME: Uso; prática geralmente observada. // Não praticando nenhum dos **c** abomináveis, Lv 18.30. Segundo o **c** das nações, 2 Rs 17.33. Os **c** dos povos são vaidade, Jr 10.3. Segundo o **c** da festa, Lc 2.42. Segundo o seu **c**, e levantou-se, Lc 4.16. Paulo, segundo o seu **c**, At 17.2. És versado em todos os **c**. At 26.3. Não temos tal **c**, 1 Co 11.16. Corrompem os bons **c**, 1 Co 15.33. A nossa própria congregação, como é **c**, Hb 10.25.

COSTURA: União de duas peças de pano por meio de pontos. // A túnica... era sem **c**, Jo 19.23.

COSTURAR: O mesmo que coser. // Ninguém costura remendo de pano novo em veste velha, Mc 2.21.

COTIDIANO: De todos os dias. // O pão nosso **c** dá-nos, Lc 11.3. Necessitados do alimento **c,** Tg 2.15. Ver **Diário.**

COUDELARIA: Estabelecimento para criação de cavalos de sela. // Ginetes criados na **c** do rei, Et 8.10.

COURAÇA: Armadura de aço para as costas e o peito. // Vestia couraça: Golias, 1 Sm 17.5; Davi, 1 Sm 17.38; os soldados de Uzias, 2 Cr 26.14; os moços na construção dos muros de Jerusalém, Ne 4.16. A **c** da justiça, Is 59.17; Ef 6.14. A **c** da fé, 1 Ts 5.8. Tinham **c**, como **c** de ferro, Ap 9.9. **C**, cor de fogo, Ap 9.17.

COURO: Pele espessa e dura de certos animais. // Um cinto de **c**, 2 Rs 1.8; Mt 3.4.

COISA: Objeto inanimado; realidade, ato, negócio; pl. bens. // O Senhor prometeu boas **c** a Israel, Nm 10.29. Guardava todas estas **c** no coração, Lc 2.51. As **c** de Deus ninguém as conhece, 1 Co 2.11. Se alguém julga saber alguma **c**, 1 Co 8.2. Se alguém julga ser alguma **c**, Gl 6 3. A língua... se gaba de grandes **c**, Tg 3.5

COVA: Abertura na terra, escavação. // Deixar aberta uma **c**, Êx 21.33. Cinco reis... esconderam numa **c**, Is 10.16. Por causa dos midianitas, as **c**, Jz 6.2. Numa **c** e nela matou um leão, 2 Sm 23.20. Cinqüenta em cinqüenta e os escondeu numa **c,** 1 Rs 18.4. Fazei neste vale **c** e **c**, 2 Rs 3.16. Guardar a sua alma da **c**, Jó 33.18. Abre e profunda uma **c**, Sl 7.15. Vivos desçam à **c**, Sl 55.15. **C** profunda é a boca da mulher, Pv 22 14. **C** profunda é a prostituta, Pv 23.27. Quem abre uma **c**, nela cairá, Pv 26.27. A **c** aumentou o seu apetite, Is 5.14. Abriram uma **c** para a minha alma, Jr 18.20. Os que descem à **c**, Ez 32.18. Na **c** dos leões, Dn 6.16,24. Abriu uma **c** e escondeu o dinheiro, Mt 25.18. Pelos montes, pelas c, pelos antros. Hb 11.38. Ver **Caverna, Cavidade, Sepulcro, Túmulo.**

CÔVADO: Gn 6.15 44,4 centímetros. Ver **Medidas de comprimento.**

COVARDE: Medroso; traiçoeiro. // Aos **c**,... a parte que lhes cabe será no lago, Ap 21.8.

COVARDIA: Timidez. // Deus não nos tem dado espírito de **c**, 2 Tm 1.7.

COVIL: Cova de feras; refugo de salteadores. // As raposas têm seus **c**, Mt 8.20. A minha casa... em **c** de salteadores, Mt 21.13.

COXA: Parte superior da perna, desde o joelho até a virilha. // Pôs... a mão por baixo da **c** de Abraão... e jurou, Gn 24.9. Deslocou-se a junta da **c** de Jacó, Gn 32.25. Descair a **c** e inchar o ventre, Nm 5.21. Bater na **c**, sinal de arrependimento ou de terror Jr 31.19 (ARC); Ez 21.12. As suas **c** de cobre, Dn 2 32 (ARC). Na sua **c**, um nome inscrito, Ap 19.16. Ver **Perna.**

COXEAR: Andar inclinando-se para um dos lados, por defeito ou doença num pé ou numa perna. // Até quando coxeareis entre dois? 1 Rs 18.21. Congregarei os que coxeiam, Mq 4.6. Salvarei os que coxeiam, Sf 3.19. Ver **Manquejar.**

COXO: Que coxeia. // Inábil para o sacerdócio, Lv 21.18. Não se podia sacrificar ao Senhor animal **c**, Dt 15.21; Ml 1.8,13. Mefibosete aleijado, 2 Sm 4.4; 9.13. Muitos cegos e **c** na antiga Jerusalém, 2 Sm 5.6,8.

Jó fazia-se de olhos para o cego, e de pés para o **c**, Jó 29.15. As pernas do **c** pendem frouxas, Pv 26.7. Os **c** saltarão como cervos, Is 35.6. Os cegos vêem, os **c** andam, Mt 11.5; 15.30; 21.14. Convida os pobres, os aleijados, os **c** e os cegos, Lc 14.13, 21. Multidão de enfermos, cegos, **c**, paralíticos, em Betesda, Jo 5.3. **C** de nascença, curado, At 3.2. Muitos paralíticos e **c** em Samaria curados, At 8.7. Para que não se extravie o que é manco, Hb 12.13. Ver **Aleijado, Manco.**

COZ, hb. **ESPINHO:** Um descendente de Judá, 1 Cr 4.8.

COZER: Preparar (alimentos) pela ação do fogo. // E cozeram bolos asmos, Êx 12.39. Cozer no forno... cozei-o em água, Êx 16.23. Dez mulheres cozerão o vosso pão, Lv 26.26. Não cozerás o cabrito no leite, Dt 14.21. Cozeram seus próprios filhos, Lm 4.10.

COZINHADO: Comida preparada ao lume. // Tinha Jacó feito um **c**, Gn 25.29. Faze um **c** para os discípulos, 2 Rs 4.38.

COZINHEIRO: Quem cozinha. // Tomará as vossas filhas para... **c**, 1 Sm 8.13. Disse Samuel ao **c**, 1 Sm 9.23.

CRÂNIO: Caixa óssea que encerra e protege o cérebro, o cerebelo e a protuberância anular. // Sobre a cabeça de Abimeleque, e lhe quebrou o **c**, Jz 9.53.

CRAVAR: Fazer penetrar à força e profundamente. // Cravam-se em mim as tuas setas, Sl 38.2. Ver **Encravar.**

CRAVO: Prego com que se fixavam na cruz os pés e as mãos dos supliciados. // O sinal dos **c**, Jo 20.25.

CREDENCIAL: Ações ou títulos que abonam um indivíduo. // As **c** do apostolado foram apresentadas, 2 Co 12.12.

CRÉDITO: Confiança que inspira a veracidade de alguém. Boa reputação. // O simples dá **c** a toda palavra, Pv 14.15. Quando, porém, deram **c** a Filipe... a respeito do reino, At 8.12. A fim de serem julgados todos quantos não deram **c** a verdade, 2 Ts 2.12. Não deis **c** a qualquer espírito, 1 Jo 4.1. Ver **Confiança, Fé.**

CREDOR: Indivíduo a quem se deve dinheiro. // **C** que impõe juros, Êx 22.25. Todo **c** que emprestou, Dt 15.2. É chegado o **c** para levar, 2 Rs 4.1. Sucederá... ao **c** como ao devedor, Is 24.2. Certo **c** tinha dois devedores, Lc 7.41.

CREMAÇÃO: Ato de destruir pelo fogo, especialmente cadáveres humanos. Era costume entre os antigos gregos queimar os cadáveres dos que morressem. Há alusões a esse costume nas Escrituras (Js 7.15; 1 Co 13.3) mas não entre o povo de Deus nem no Antigo e nem no Novo Testamento.

CRENTE: Que acredita, convencido, persuadido. // Não seja incrédulo, mas **c**, Jo 20.27. Crescia mais e mais a multidão de **c**, At 5.14. Timóteo, filho de uma judia **c**, At 16.1. De esposa **c**, como fazem os demais, 1 Co 9.5. Que união do **c** com o incrédulo? 2 Co 6.15. Os da fé são abençoados com o **c** Abraão, Gl 3.9.

CREPÚSCULO: Claridade frouxa, que persiste algum tempo depois do ocaso do sol. // Feriu-os Davi, desde o **c**, 1 Sm 30.17. Aguardam o **c** os olhos do adúltero, Jó 24.15. À esquina da mulher... no **c**, Pv 7.8, 9.

CRER: Ter confiança, fé; dar crédito; fiar-se. // Mas eis que me não crerão, Êx 4.1. E o povo creu, Êx 4.31. Rebeldes fostes... e não o crestes, Dt 9.23. Pedirdes em oração, crendo, recebereis, Mt 21.22. Arrependei-vos e crede no evangelho, Mc 1.15. Não temas, crê somente, Mc 5.36; Lc 8.50. Tudo é possível ao que crê, Mc 9.23. Em oração pedirdes, crede que recebestes, e será, Mc 11.24. Quem crer e for batizado, Mc 16.16. Ó néscios... para crer tudo, Lc 24.25. Feitos filhos de Deus... aos que crêem, Jo 1.12. Todo o que nele crê não pereça, Jo 3.16. O que não crê já está julgado, Jo 3.18. Crê no Filho tem a vida eterna, Jo 3.36. Creu ele e toda a sua casa, Jo 4.53. O que crê em mim, jamais terá sede, Jo 6.35. Quem crer em mim, como diz a Escritura, Jo 7.38. Quem crê em mim, ainda que morra, viverá, Jo 11.25. Credes em Deus, crede também em mim, Jo 14.1. Aquele que crê em mim, fará também as obras, Jo 14.12. Todos os que creram estavam juntos, At 2.44. Crê no Senhor Jesus, e serás salvo, At 16.31. Para a salvação de todo aquele que crê, Rm 1.16. Abraão creu em Deus... imputado para justiça, Rm 4.3; Gl 3.6; Tg 2.23. O pai de todos os que crêem, Rm 4.11. Que nele crê não será confundido, Rm 10.11. Sei em quem tenho crido, 2 Tm 1.12. Que se aproxima de Deus creia, Hb 11.6. Crês... Até os demônios crêem, Tg 2.19. Não vendo... mas crendo exultais, 1 Pe 1.8. Que crê... é nascido de Deus, 1 Jo 5.1. Ver **Acreditar, Confiar.**

CRESCENTE: Que cresce. Um assistente de Paulo, 2 Tm 4.10. Conforme a tradição, era um dos setenta.

CRESCER: Aumentar em volume, extensão, altura, intensidade ou grandeza. // Cresceram as águas e levantaram a arca, Gn 7.17. O cabelo... começou a crescer de novo, Jz 16.22. Crescia Samuel, e o Senhor..., 1 Sm 3.19. Davi crescendo em poder, 1 Cr 11.9. Ouça o sábio e cresça em prudência, Pv 1.5. Deixai-os crescer juntos, Mt 13.30. Crescia Jesus em sabedoria, Lc 2.52. Que ele cresça e que eu diminua, Jo 3.30. Crescia a palavra, At 6.7; 12.24; 19.20. A igreja... crescia em número. At 9.31. Crescendo a vossa fé, 2 Co 10.15. Cresce para santuário dedicado, Ef 2.21. Cresçamos em tudo naquele que é, Ef 4.15. Crescendo em ações de graça, Cl 2.7. Cresce o crescimento que procede de Deus, Cl 2.19. Senhor vos faça crescer, 1 Ts 3.12. Crescei na graça e, 2 Pe 3.18. Ver **Brotar, Germinar.**

CRESCIMENTO: Aumento. // O **c** veio de Deus, 1 Co 3.6. Cresce o **c** que procede de Deus, Cl 2.19. Vos seja dado **c** para salvação, 1 Pe 2.2.

CRESTADO: Gn 41.6. Queimado pelo sol.

CRETA: At 27.12. Uma ilha do Mediterrâneo, 96 km ao sul da Grécia. Atualmente chamada **Cândia.** Ver mapa 6, D-3.

CRETENSES: At 2.11; Tt 1.12. Os habitantes de Creta.

CRIA: Animal de mama. // Trinta camelas... com suas **c**, Gn 32.15. Duas vacas com **c**, 1 Sm 6.7. A voz do Senhor faz dar **c** às corças, Sl 29.9. A vaca e a ursa... suas **c** juntas, Is 11.7. O teu Rei... **c** de animal de carga, Mt 21.5.

CRIAÇÃO: Ação de tirar do nada. Emprega-se a palavra **criar** três vezes no primeiro capítulo do Gênesis: 1) quanto a origem da matéria, v. 1; 2) acerca do começo da vida, v. 21; 3) sobre o início da alma do homem, v. 27. A sabedoria do mundo nunca conseguirá dar outra resposta satisfatória a esses três pontos. // Publicarei coisas ocultas desde a **c** do mundo, Mt 13.35. Desde o princípio da **c**. Deus os fez homem e mulher, Mc 10.6. A própria **c** será redimida, Rm 8.21. Toda a **c** geme, Rm 8.22. O primogênito de toda a **c**, Cl 1.15. Tabernáculo não desta **c**, Hb 9.11. Permanecem como desde a **c** do mundo, 2 Pe 3.4. Diz o Amém, o princípio da **c**, Ap 3.14. // A história, freqüentemente repetida, de Sir Isaac Newton, ilustre matemático, físico, astrônomo e filósofo, e seu amigo íntimo, igualmente cientista ilustre mas céptico, merece um lugar aqui nesta obra: Newton mandou um mecânico hábil e engenhoso, fazer-lhe uma reprodução exata do sistema solar, em miniatura. No centro havia uma bola dourada representando o sol. Em redor dessa havia outras bolas fixas nas pontas de braços de vários comprimentos, representando Mercúrio, Júpiter, Saturno, Urano e Netuno. Posto em movimento por uma manivela, essas bolas giravam em redor do "sol" em harmonia perfeita. Certo dia, quando Newton se achava assentado lendo na sua sala de trabalho, entrou seu amigo céptico. Grande cientista que era, reconheceu num relance o propósito da máquina colocada sobre uma mesa. Pondo o mecanismo em movimento, ficou deveras admirado, percebendo as bolas movendo e girando cada uma na sua própria órbita e na sua relativa velocidade. Afastando-se um pouco para a admirar, exclamou: "Mas, que maravilha! Quem a fez?" Newton, sem levantar os olhos do livro, respondeu: "Ninguém!" O céptico, virando-se para Newton, retrucou: "Você não entendeu. Perguntei quem a fez" Levantando os olhos, Newton assegurou-o solenemente que ninguém a fizera, que o conjunto da matéria, tão admirado, assumira por acaso a forma em que estava. O céptico, estupefato e visivelmente irritado, respondeu: "Tu achas que eu sou um doido? Por certo alguém a fez, alguém dotado de alto poder intelectual, e quero conhecê-lo". Newton, pondo o livro a um lado, levantou-se e, colocando a mão sobre o ombro de seu amigo, disse: "Essa máquina é uma fraca imitação de um sistema infinitamente superior, cujas leis tu conheces, e não consigo convencer-te de que esse brinquedo não tem inventor nem fabricante! Ora, dize-me pela qual sorte de raciocínio chegas a uma conclusão tão discordante". Não é necessário acrescentar que o céptico ficou convicto da verdade e tornou-se crente firme no Deus que criou os céus e a terra.

A Criação do Homem, por Michelangelo

CRIADO: Empregado. // Meu **c** jaz em casa, Mt 8.6. Pedro assentado... uma **c** lhe disse, Mt 26.69. Visto por outra **c**, Mt 26.71. Uma criada, chamada Rode, At 12.13. Ver **Servo.**

CRIADOR: O que cria, o que tira do nada. //
O homem puro diante do seu **C**? Jó 4.17. O Salmo de louvor ao **C**, Sl 104. Regozije-se Israel no seu **C**, Sl 149.2. Lembra-te do teu **C**, Ec 12.1. O eterno Deus, o Senhor, o **C**, Is 40.28. O **C** de Israel, Is 43.15. Adorando a criatura, em lugar do **C**, Rm 1.25. Encomendem as suas almas ao fiel **C,** 1 Pe 4.19.

CRIANÇA: Ser humano que se começa a criar. // Vivendo ainda a **c**, jejuei, 2 Sm 12.22. Não passo de uma **c**, 1 Rs 3.7. Da boca de pequeninos e **c** de peito, Sl 8.2; Mt 21.16. Ensina 2 Sm 12.22. Não passo °de uma **c**, está ligada ao coração da **c**, Pv 22.15. Não retires da **c** a disciplina, Pv 23.13. A **c** entregue a si mesmo, Pv 29.15. **C** governarão sobre eles,

Is 3.4. Não passo de uma **c**, Jr 1.6. Chamando uma **c**, colocou-a, Mt 18.2. Não vos tornardes como **c**, Mt 18.3. Humilhar como esta **c**, Mt 18.4. Encontrareis uma **c** envolta, Lc 2.12. Traziam-lhe as **c**, Lc 18.15. Receber o reino de Deus como uma **c**, Lc 18.17. Como a carnais, como a **c**, 1 Co 3.1. Na malícia sede **c**, 1 Co 14.20, Inexperiente na palavra da Justiça, porque é **c**, Hb 5.13. Desejai ardentemente, como **c**, 1 Pe 2.2. Ver **Menino.**

CRIANCINHA: Criança pequena. // A **c** saltou no seu ventre, Lc 1.41 (ARC). As revelaste à **c**, Lc 10.21 (ARC).

CRIAR: Dar existência a, tirar do nada. // Criou Deus os céus e a terra, Gn 1.1. Criou Deus todos os seres viventes, Gn 1.21. Criou Deus o homem à sua imagem, Gn 1.27. Que sirva de ama, e te crie a criança, Êx 2.7. Cria em mim, ó Deus um coração limpo, Sl 51.10. Um povo que há de ser criado, Sl 102.18; 104.30; 148.5. O que oprime o pobre insulta aquele que o criou, Pv 14.31. O Santo de Israel o criou, Is 41.20. Senhor que criou os céus, Is 42.5. Eu formo a luz, e crio as trevas, Is 45.7. O Senhor criou coisa nova, Jr 31.22. Não nos criou o mesmo Deus, Ml 2.10. Atributos invisíveis de Deus percebidos por meio das coisas que foram criadas, Rm 1.20. Homem não foi criado por causa da mulher, 1 Co 11.9. Somos feitura dele, criados em Cristo Jesus para boas obras, Ef 2.10. Para que dos dois criasse em si mesmo novo homem, Ef 2.15. O novo homem criado segundo Deus, Ef 4.24. Nele foram criadas todas as coisas, Cl 1.16. Tudo que Deus criou é bom, 1 Tm 4.4. Todas as coisas tu criaste, Ap 4.11. Que criou o céu, a terra e o mar, Ap 10.6.

CRIATURA: Cada um dos seres criados. // Pregai o Evangelho a toda **c**, Mc 16.15. Adorando... a **c** em lugar do Criador, Rm 1.25. Nem qualquer outra **c** poderá separar-nos do amor de Deus, Rm 8.39. Está em Cristo, é nova **c**, 2 Co 5.17. Mas o ser nova **c**, Gl 6.15. Evangelho... que foi pregado a toda **c**, Cl 1.23. Fôssemos como que primícias das suas **c**, Tg 1.18. Quatro **c** viventes (B), Ap 4.6; Ez 1.5. Toda **c** que há no céu e sobre a terra, Ap 5.13.

Crocodilo do Nilo

CRIME: Ato que a lei declara punível. // Qualquer violação muito grave da lei moral, religiosa ou civil, punida pelas leis. // Seria isso um **c** hediondo, Jó 31.11. Em cujas mãos há **c**, Sl 26.10. Livra-me dos **c** de sangue, Sl 51.14. A terra está cheia de **c** de sangue. Ez 7.23. Não vejo neste homem **c** algum, Lc 23.4; Jo 19.4. Não haver em mim nenhum **c** passível de morte, At 28.18. Ver **Adivinhação, Adultério, Assassínio, Bestialidade, Blasfêmia, Calúnia, Difamação, Dívida, Enganar, Falso, Fraude, Furto, Homicídio, Incesto, Mentira, Meretrício, Mexeriqueiro, Prostituição, Quebra de aliança, Quebra de ritual, Rapto, Roubo, Sedução, Sodomia, Suborno, Suicídio.**

CRINA: Pêlos compridos no pescoço e cauda de certos animais. // O sol é como saco de **c**, Ap 6 12.

CRISOL: Vaso de fundir metais. // O **c** prova a prata, e o forno o ouro, Pv 17.3; 27.21.

CRISÓLITO: Pedra preciosa de cor de ouro. // O sétimo fundamento da muralha da Nova Jerusalém, Ap 21.20.

CRISÓPRASO: Variedade de ágata verde-clara com veios amarelos. // O décimo fundamento da muralha da Nova Jerusalém, Ap 21.20.

CRISPO, lat.: Crespo no cabelo. // Principal da sinagoga em Corinto, At 18.8. Batizado por Paulo, 1 Co 1.14.

CRISTAL: Variedade de quartzo. // O ouro não se iguala a sabedoria, nem o **c**, Jó 28.17. Visão de algo como **c** brilhante, Ez 1.22. Mar de vidro, semelhante ao **c**, Ap 4.6. O rio da água da vida, brilhante como **c,** Ap 22.1.

CRISTALINO: Relativo a cristal. // As tuas janelas farei **c**. Is 54.12 (ARC).

CRISTÃO: Um seguidor de Cristo. // Em Antioquia foram os discípulos pela primeira vez chamados **c**, At 11.26. Por pouco me persuades a me fazer **c**, At 26.28. Mas se sofrer como **c**, não se envergonhe disso, 1 Pe 4.16. Os **c** chamados, também: **Os do caminho,** At 9.2; **irmãos,** At 15.1, 23; 1 Co 7.12; **discípulos,** At 9.26; 11.29; **crentes,** At 5.14; **Santos,** Rm 8.27; 15.25. Ver **Crente.**

CRISTO, gr. **Ungido,** hb. **Messias:** O Cristo, quer dizer, o **Ungido:** Tu és o Cristo, o Filho do Deus vivo, Mt 16.16; Que a ninguém disserem ser ele o Cristo, Mt 16.20; A respeito de João, se não seria ele o próprio Cristo, Lc 3.15; Crê que Jesus é o Cristo, 1 Jo 5.1;

Isto é, Crê que Jesus é o Ungido. Compare **Ungido:** Sl 2.2; Dn 9.25. Ver **Jesus.**

CRISTOS, FALSOS: Mt 24.4, 5, 24; Mc 13.21, 22; Lc 21.8; Jo 5.43. Ver 1 Tm 4.1-7; 2 Pe 2.; Jd 4-19. Entre inúmeros embusteiros e pseudo-cristos, que ofereciam libertação a Israel, as Escrituras mencionam Teudas, e Judas, o galileu, At 5.36,37.

CRITÉRIO: O que serve de norma para julgar. // Com o **c** com que julgardes, Mt 7.2. Isto é, que revela juízo claro e seguro, Tt 2.6 (ARA); 1 Pe 4.7 (ARA).

CROCODILO: Réptil hidrossauro. Os crocodilos, caimões e jacarés têm, muitas vezes, 6 a 8 m de comprimento. A palavra traduzida **leviatã** na Almeida, é traduzida, às vezes, **crocodilo,** na Versão Revista, Jó 41.1-34; Sl 74.14; Ez 29.3; 32.2.

CRÔNICAS, O PRIMEIRO E O SEGUNDO LIVRO DAS: No Cânon Judaico estes dois foram um só livro, intitulado: **"Os eventos de tempos passados".** Na Septuaginta este é dividido em dois livros, intitulados **Paraleipomena.** Na tradução de Figueiredo, conservam-se os títulos: **O Primeiro e o Segundo Livro dos Paralipômenos,** a palavra significando **coisas omitidas.** Assim Paralipômenos é considerado um **suplemento** aos livros dos Reis. Na Vulgata chama-se **O Primeiro e o Segundo Livro das Crônicas,** isto é, dos **Anais,** ou história ano por ano. Não se deve confundir a obra **O Primeiro e o Segundo Livro das Crônicas** com os registros públicos, chamados repetidamente **As Crônicas dos Reis de Judá,** e de **Israel,** nos livros **O Primeiro e o Segundo Livros dos Reis.** Os primeiros 9 capítulos de 1 Crônicas dão as genealogias, com o alvo de ajudar o povo em colonizar novamente a terra, cada família tendo direito às terras ocupadas anteriormente ao cativeiro. **A autoria:** As Crônicas são uma compilação de obras dos profetas. Muitas das suas passagens são idênticas a outras dos livros dos Reis. Conforme o Talmude, essa compilação foi feita por Esdras. **A chave:** Apesar da grande similaridade entre **As Crônicas** e **Os Reis,** há grande diferença. **Os Reis** destacam o trono dos reis terrestres; **As Crônicas,** o trono terrestre (o Templo) do Rei celestial. **Os Reis** relatam a história de Judá e de Israel; **As Crônicas** tratam de Judá, mencionando Israel apenas incidentalmente. **Os Reis** é um livro político e régio; **As Crônicas**, eclesiástico e sacerdotal. **As divisões:** I. As genealogias oficiais de Israel, 1 Cr 1 a 9. II. Da morte de Saul à elevação de Davi ao trono, 1 Cr 10 a 12. III. O reinado de Davi, 1 Cr 13 a 29. IV. O reinado de Salomão, 2 Cr 1 a 9. V. A história do reino de Judá até o cativeiro em Babilônia, 2 Cr 10 a 36. Fora das genealogias (1 Cr 1 a 9), os dois livros das Crônicas abrangem um período de quase 500 anos.

CRONOLOGIA: O tratado das datas históricas da Bíblia está envolvido na maior confusão. As nações da antigüidade não tinham um sistema uniforme de contar o tempo. Não tinham uma época que servisse de ponto fixo, de referência a que se ligassem os fatos posteriores. Costumavam datar os documentos em relação ao ano do domínio do monarca que reinava. Os hebreus, durante alguns anos, datavam os eventos começando com a sua saída do Egito, Êx 16.1; Nm 9.1. Os romanos datavam tudo, começando a contagem com a fundação da cidade de Roma. Mas iniciaram esse costume somente alguns séculos depois. Os gregos usavam o sistema das olimpíadas. Uma olimpíada correspondia a quatro anos. O ponto de partida desse sistema, que foi empregado até ao século IV de nossa era, foi o ano 776 a.C., marcado pela vitória do atleta Coroebus. Os maometanos começaram sua era com o Hégira, isto é, a fuga de Maomé de Meca, em 16 de julho de 622 a.C. Os judeus empregavam uma era datando da criação. As nações cristãs adotaram o sistema do nascimento de Cristo. Porém adotaram só no ano 526 a.D., baseando o sistema sobre o cálculo do abade romano, Dionysius Éxiguus. Mas agora sabemos que o abade errou cerca de quatro anos no seu cálculo. Assim, conforme o sistema que usamos, Jesus Cristo nasceu 4 anos a.C. // Algumas Bíblias começaram, em 1701, a trazer datas marginais, segundo os cálculos do arcebispo Ussher. Não se usa, atualmente, esse sistema, depois de 250 anos de serviço útil, porque foram descobertos alguns casos de inexatidão. Alguns dicionários bíblicos mais recentes não mais trazem tábuas cronológicas. Contudo, algumas datas são fixas e alguns períodos determinados com absoluta certeza cronológica. A maior parte das datas nas páginas de algumas versões da Bíblia está certa. São sempre muito úteis para determinar com exatidão a sucessão dos eventos.

CROSTA: Casca. // Minha carne está vestida... de **c** terrosas, Jó 7.5.

CRU: Ainda não cozido. // Não comereis dele nada **c**, Êx 12.9. Não aceitará de ti carne cozida, senão **c**, 1 Sm 2.15

CRUCIFICADO: Pessoa que padeceu o suplício da cruz. // Pregamos a Cristo **c**, 1 Co 1.23. Nada saber... senão a Jesus Cristo, e este **c**, 1 Co 2.2. Estou **c** com Cristo, Gl 2.19.

Foi Jesus Cristo exposto como **c**? Gl 3.1. O mundo está **c** para mim, Gl 6.14.

CRUCIFICAR: Pregar na cruz. // Entregarão aos gentios para ser... crucificado, Mt 20.19. A uns... crucificareis, Mt 23 .34. Clamavam: Crucifica-o! Mc 15.13. Ali o crucificaram, bem como aos malfeitores, Lc 23.33. A este Jesus que vós crucificastes, At 2.36; 4.10. Foi crucificado com ele o nosso velho homem, Rm 6.6. Foi Paulo crucificado, 1 Co 1.13. Se a tivesse conhecido, jamais teriam crucificado, 1 Co 2.8. Foi crucificado em fraqueza, contudo vive pelo poder, 2 Co 13.4. Crucificaram a carne, com as, Gl 5 .24. De novo estão crucificando para si, Hb 6.6. Onde também o seu Senhor foi crucificado, Ap. 11.8. Ver **Cruz.**

CRUEL: Desumano, despiedoso. // Tu foste **c** contra mim, Jó 30.21. E me abominam com ódio **c**, Sl 25.19. Os que respiram crueldade, Sl 27.12. Garras do homem injusto e **c**, Sl 71.4. Nem os teus anos a **c**, Pv 5.9. O **c** a si mesmo se fere, Pv 11.17. O coração do perverso é **c**, Pv 12.10. **C** é o furor, Pv 27.4. O dia do Senhor, dia **c**, Is 13.9. Nos últimos dias... **c**, 2 Tm 3.1-3. // Exemplos de crueldade: Simeão e Levi, Gn 34.25. Faraó, Êx 1.16. Abimeleque, Jz 9.5. Manassés, 2 Rs 21.16. Nabucodonosor, Dn 3.19. Herodes, Mt 2.16. Ver **Perverso**.

CRUELDADE: Desumanidade, ferocidade. // Os que respiram **c**, Sl 27.12. Ver **Perversidade.**

CRUZ: Instrumento de suplício usado pelos assírios, persas, fenícios, egípcios, gregos e romanos. Era formada, geralmente, de duas peças de madeira, atravessadas uma sobre a outra, e a qual se prendiam, ou em que se pregavam, os criminosos. Usavam-se para as execuções do primeiro século, duas ou três formas de cruzes: a cruz latina, a que tinha o ramo inferior mais comprido do que os outros; a cruz de S. Antônio era na forma da letra T, a cruz de S. André era na forma de um X. O fato de haver sua acusação por cima na cruz (Mc 15.26) indica que Cristo foi crucificado numa cruz latina. // Toma a sua **c**, Mt 10.38; 16.24. Simão, a quem obrigaram a carregar-lhe a **c**, Mt 27.32. Salva-te a ti mesmo, e desce da **c**, Mt 27.40. Não com sabedoria de palavra, para que se não anule a **c** de Cristo, 1 Co 1.17. A palavra da **c** é loucura para os que, 1 Co 1.18. Reconciliasse ambos em um só corpo, por intermédio da **c**, Ef 2.16. São inimigos da **c** de Cristo, Fp 3.18. Feito a paz pelo sangue da **c**, Cl 1.20. Removeu-o, encravando-o na **c**, Cl 2.14. Suportou a **c**, Hb 12.2. // A morte de Cristo na **c**, Mt 27.32-42; Fl 2.8; Hb 12.2. O poder da **c**, Jo 12.32; 1 Co 1.18, 24. Símbolo de abnegação, Mt 10.38; 16.24; Mc 10.21; Lc 9.23. Gloriar-se na **c**, Gl 3.1, 6, 12-14. O escândalo da **c**, Gl 5.11; Fp 3.18. A ignomínia da **c**, Hb 12.2. Perseguição por causa da **c**, Gl 6.12.

CRUZAR: Dispor em forma de cruz. // O tolo cruza os braços, e come, Ec 4.5.

CUCU: Ave trepadora e insetívora. // Lv 11.16 (ARC). Traduzido, com razão, **Gaivota**, na Versão Revista.

CUIDADO: Precaução, cautela, diligência, desvelo. // Confia os teus **c** ao Senhor, e ele te susterá, Sl 55.22. Os **c** sufocam a palavra, Mt 13.22. Não porque tivesse **c** dos pobres, Jo 12.6. Igual **c**, em favor uns dos outros, 1 Co 12.25. Renovaste a meu favor o vosso **c**, Fp 4.10. **C** que ninguém vos venha a enredar, Cl 2.8. Se alguém não tem **c** dos seus, 1 Tm 5.8. Porque ele tem **c** de vós, 1 Pe 5.7.

CUIDADOSO: Diligente, solícito, zeloso. // Mostrando-se mais **c**, 2 Co 8.17.

CUIDAR: Meditar, julgar, supor, interessar-se por. // Cuidarem do Tabernáculo, Nm 1.50. O Senhor cuida de mim, Sl 40.17. Não cuideis em como ou o que haveis de falar, Mt 10.19. À hora em que não cuidais, o Filho, Mt 24.44. Quem não é casado cuida das coisas, 1 Co 7.32. Que sinceramente cuide dos vossos interesses, Fp 2.20. Como cuidará da igreja de Deus? 1 Tm 3.5.

CULPA: Ato repreensível ou criminoso. Conseqüência de se ter feito o que se não devia fazer. // Oferta pela **c**, Lv 5.6. A nossa **c** já é grande, 2 Cr 28.13. A nossa **c** cresceu até o céu, Ed 9.6. Não puderam achá-la, nem **c** alguma, Dn 6.4. Violam o sábado e ficam sem **c**, Mt 12.5. Ver **Iniqüidade, Pecado.**

CULPADO: Que tem culpa ou culpas. // Somos **c**, no tocante a nosso irmão, Gn 42.21. Eram mais **c** que todos os outros, Lc 13.4. Será **c** do corpo... do Senhor. 1 Co 11.27 (ARC). Torna **c** de todos, Tg 2.10.

CULPAR: Lançar culpa sobre. Incriminar. // Somos culpados, no tocante a nosso irmão, Gn 42.21. Perdoa a iniquidade... ainda que não inocenta o culpado, Êx 34.7. Ainda que o não soubesse, contudo será culpado, Lv 5.17. O Senhor é tardio em irar-se, mas... jamais inocenta o culpado, Na 1.3. Eram mais culpados que todos...? Lc 13.4. Culpado do corpo e do sangue, 1 Co 11.27 (ARC). Mas tropeça em um só ponto, se torna culpado de todos, Tg 2.10. Ver **Acusar, Condenar, Julgar, Réu.**

CULTIVADOR: Aquele que cultiva. // Boieiro, e **c** de sicômoros, Am 7.14 (ARC).

CULTIVAR: Exercer a agricultura. Fazer que nasça e se desenvolva (as produções da terra). // Jardim do Éden para o cultivar, Gn 2.15. No sétimo ano... não a cultivarás, Êx 23.11. Cultivarás muitas vinhas, Dt 28.39. Ver **Arar**, **Lavrar**.

CULTO: Homenagem à divindade, adoração. // Nem lhes darás **c**, Êx 20.5. Rendiam **c** a seus deuses, Jz 3.6; Sl 106.36. Só a ele darás **c**, Mt 4.10. Julgará com isso tributar **c** a Deus, Jo 16.2. Ao **c** da milícia celestial, At 7.42. Observando os objetos de vosso **c**, At 17.23. Humildade e **c** dos anjos, Cl 2.18. Com **c** de si mesmo, Cl 2.23. Ver **Devoção.**

CUM: Uma das cidades de Hadarezer, rei da Síria, 1 Cr 18.8.

CUME: O ponto mais alto de um monte. // Apareceram os **c** dos montes, Gn 8.5. Será estabelecido no **c** dos montes, Is 2.2; Mq 4.1. E o levaram até ao **c** do monte, Lc 4.29. Ver **Topo.**

CÚMPLICE: Pessoa que tomou parte num delito ou crime. // Seus **c** no sangue dos profetas, Mt 23.30. Não sejais **c** nas obras infrutíferas, Ef 5.11. Não te tornes **c** de pecados de outrem, 1 Tm 5.22. Dá boas-vindas faz-se **c** das suas obras, 2 Jo 11. Não serdes **c** em seus pecados, Ap 18.4.

CUMPRIDOR: Executor. // Sede **c** da palavra, Tg 1.22 (ARC).

CUMPRIMENTO: Completa execução. O **c** da lei é o amor, Rm 13.10. Dar pleno **c** à palavra de Deus, Cl 1.25.

CUMPRIR: Satisfazer, executar, sujeitar-se. // Voto... não tardarás em cumpri-lo, Dt 23.21. Assim nos convém cumprir toda a justiça, Mt 3.15. Não vim para revogar, vim para cumprir, Mt 5.17. Não jurarás falso, mas cumprirás, Mt 5.33. Comerei, até que ela se cumpra no reino de Deus, Lc 22.16. Importava se cumprisse tudo, Lc 24.44. Incircunciso por natureza cumpre a lei, Rm 2.27. Poderoso para cumprir o que prometera, Rm 4.21. O preceito da lei se cumprisse, Rm 8.4. Quem ama ao próximo, tem cumprido a lei, Rm 13.8. A lei se cumpre em um só preceito, Gl 5.14. Assim cumprireis a lei de Cristo, Gl 6.2. Atenta para o ministério... para o cumprires, Cl 4.17. Orar... para que... cumpra com poder, 2 Ts 1.11. Cumprir-se-á o mistério de Deus, Ap 10.7. Ver **Obedecer.**

CUMULAR: Aumentar. O homem fiel será cumulado de bênçãos, Pv 28.20.

CUNHA: Uma **c** de ouro, Js 7.21 (ARC). Ver **Barra.**

CUNHADA: A mulher de teu irmão, Lv 18.16.

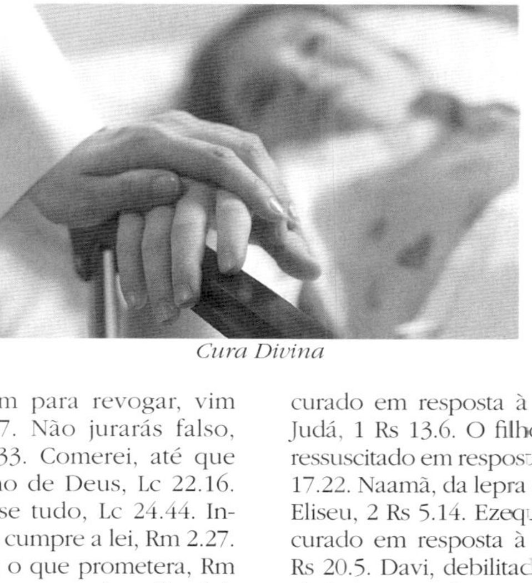
Cura Divina

CUNHADO: O marido, em relação à irmã ou irmão de sua esposa. O irmão de um dos cônjuges, em relação ao outro. // A obrigação de **c**, Dt 25.7. Tua **c** voltou, Rt 1.15.

CURA DIVINA: Deus livra da doença e restabelece a saúde, Êx 15.26. Afasta de seus filhos toda a enfermidade, Êx 23.25; Dt 7.15. Os que habitam no esconderijo do Altíssimo são seguros da peste, do terror, dos acidentes, das enfermidades, Sl 91. Tira do seu povo as suas iniqüidades e cura todas as suas enfermidades, Sl 103.3. Entre as suas tribos não houve um só enfermo, Sl 105.37. Envia a sua Palavra e os sara, Sl 107.20; Mt 8.16. Verdadeiramente Ele tomou sobre si as nossas enfermidades, Is 53.4. Estende sua mão para curar, At 4.30. Não cura seu povo quando endurecem o coração, fecham os olhos e não ouvem, At 28.27. Levantará o enfermo, Tg 5.15. Tudo foi feito na cruz, tanto a cura de nossas enfermidades, como a salvação de nossos pecados; pelas suas feridas fomos sarados, 1 Pe 2.24; Is 53.4, 5; Mt 8.16, 17. // Curados: Abimeleque, sua mulher e suas servas sarados em resposta à oração de Abraão, Gn 20.17. Miriã da lepra, em resposta à oração de Moisés, Nm 12.10-16. Os israelitas mordidos pelas serpentes abrasadoras curados em resposta à oração de Moisés, Nm 21.7. O rei Jeroboão, da mão ressequida, curado em resposta à oração do profeta de Judá, 1 Rs 13.6. O filho da viúva de Sarepta, ressuscitado em resposta à oração de Elias, 1 Rs 17.22. Naamã, da lepra consoante a palavra de Eliseu, 2 Rs 5.14. Ezequias, no leito de morte, curado em resposta à sua própria oração, 2 Rs 20.5. Davi, debilitado até sentir seus ossos abalados, curado em resposta à sua própria oração, Sl 6.2, 9. Jesus curou: Toda sorte de doenças e enfermidades, Mt 4.23, 24; 8.16 17; 15.30; 9.35; Mc 3.10; um leproso, Mt 8.1-4; o criado de um centurião, Mt 8.5-13; a sogra de Pedro, Mt 8.14, 15; dois endemoninhados, Mt 8.28-34; um paralítico em Cafarnaum, Mt 9.1-8; a mulher padecendo de hemorragia, Mt 9.19-22; a filha de Jairo, Mt 9.23-25; dois cegos, Mt 9.27-30; o mudo endemoninhado, Mt 9.32, 33; o homem da mão ressequida, Mt 12.10-13; o endemoninhado cego e mudo, Mt 12.22; um jovem possesso, Mt 17.13-21; um endemoninhado em Cafarnaum. Mc 1.21-28; um surdo e gago, Mc 7.32-35; o cego de Betsaida, Mc 8.22-25; ressuscitou o filho da viúva de Naim, Lc 7.11-17; a mulher encurvada, Lc 13.11-13; um hidrópico, Lc 14.2-4; os dez leprosos, Lc 17.12-19; a orelha de Malco, Lc 22.51; Jo 18.10; o filho de um oficial do rei, Jo 4.46-54; o paralítico de Betesda, Jo 5.; o cego de nascença, Jo 9.; ressuscitou a Lázaro. Jo 11.; cegos e coxos, a última vez no Templo, Mt 21.14. Pedro curou o coxo na porta do Templo, At 3.1-10; curou Enéias, o paralítico. At 9.32-35; ressuscitou a Dorcas, At 9.36-41. Os apóstolos curavam muitos, At 5.12-16. Felipe curou muitos endemoninhados, paralíticos e coxos, At 8.6,7. Ananias curou a Saulo, At 9.17. Paulo curou o homem, paralítico desde seu nascimento, At 14.8-10; o pai de Públio e os demais da ilha de Malta, At 28.8. // O ministério duplo de Jesus: ensinava e curava, Mt 4.23; 9.35; At 10.38. A última vez que ensinou no Templo curou, também, cegos e coxos, Mt 21.14. Enviou os doze a pregar o reino e curar os enfermos, Lc 9.2. Efetuaram curas por toda parte, Lc 9.6. Enviou os setenta a anunciar o reino e a curar os enfermos, Lc 10.9. Os próprios demônios se submeteram a eles, Lc 10.17. Ao despedir-se deste mundo, enviou seus discípulos a pregar o evangelho e a curar enfermos, Mc 16.15-18. Os discípulos tinham o mesmo ministério duplo, At 3.6, 7; 4.30; 5.12, 15, 16; 6.8; 8.6, 7; 9.17, 18; 9.34, 40; 19.11, 12; 28.8, 9; Rm 15.19; 1 Co 1.7; 12.28. Jesus Cristo. O mesmo ontem, hoje e eternamente, ainda se compadece dos enfermos, Hb 4.15; 13.8. A cura do corpo tanto uma parte do evangelho como a salvação da alma, Is 53.4; Mt 8.17. // A cura se efetua por meio de: Oração, Gn 20.17: Nm 12.10-15; 21.7; 1 Rs 13.6; 17.22; 2 Rs 20.5; 2 Cr 6.28, 29. Está alguém entre vós sofrendo? Faça oração, Tg 5.13. A oração da fé salvará o doente, Tg 5.15. Confessando os pecados uns aos outros e orando, Tg 5.16. Pela imposição de mãos, Mc 5.23; 6.5; 8.23, 25; 16.18; Lc 4.40; 13.13; At 28.8. Unção com óleo, Mc 6.13; Tg 5.14. Lenços e aventais, At 19.12. Os enfermos levados às ruas e às praças, sobre leitos e macas, Mc 6.55, 56; At 5.15. Chamando os presbíteros, Tg 5.14. Ver **Doença.**

CURADOR: Administrador dos bens de um menor. Gl 4.2.

CURIOSO: Indiscreto. // Mas também paroleiras e **c**, 1 Tm 5.13 (ARC).

CURRAL: Lugar onde se junta e recolhe o gado. // Edificaremos **c**, Nm 32.16. **C** para os rebanhos, Sf 2.6. Ver **Aprisco, Redil.**

CURSO: Carreira; movimento rápido; caminho. // O seu **c** até à outra extremidade, Sl 19.6 (ARC). A palavra do Senhor tenha livre **c**, 2 Ts 3.1 (ARC). E inflama o **c** da natureza, Tg 3.6 (ARC).

CURTIDOR: Operário que tem ofício de curtir peles ou couros. // Era ofício indesejável entre os judeus. Refere-se somente a um curtidor chamado Simão, At 9.43; 10.6,32. A coberta do Tabernáculo era de peles de carneiros e de peles de animais, Êx 26.14. Elias e João Batista usavam cintos de couro, 2 Rs 1.8; Mt 3.4.

CURTO: Que tem pouco comprimento; falta de compreensão. // Passamos por **c** de inteligência, Jó 18.3. A cama será tão **c**, Is 28.20.

CURVAR: Inclinar para diante ou para baixo. // Que se curva para ver, Sl 113.6 (ARC). Sobre os telhados se curvam ao, Sf 1.5 (ARC).

CUSAÍAS: Um levita, da família de Merari, 1 Cr 15.17.

CUSÃ-RISATAIM: Rei da Mesopotâmia, Jz 3.8.

CUSI: 1. Bisavô de Jeudi, Jr 36.14. // 2. Pai de Sofonias, o profeta, Sf 1.1.

CUSITA: Falaram Miriã e Arão contra Moisés, por causa da mulher cusita que tomara, Nm 12.1. Talvez uma mulher da Etiópia, ou do misto de gente (Êx 12.38), que Moisés tomara depois da morte de Zípora.

CUSPIR: Lançar da boca cuspe ou outra substância líquida. // Pai lhe cuspira no rosto, Nm 12.14. E lhe cuspirá no rosto, Dt 25.9. Que me afrontaram e me cuspiam, Is 50.6. Cuspiram-lhe no rosto, Mt 26.67. Cuspindo nele. Mt 27.30. Cuspiu... e, tendo feito lodo, Jo 9.6.

CUSTA: Despesa que se faz. // Comemos a **c** do rei, 2 Sm 19.42. Vai à guerra à sua própria **c**? 1 Co 9.7. Para não vivermos a **c** de nenhum, 1 Ts 2.9.

CUSTAR: Ser adquirido pelo preço de. // Holocaustos que não me custem nada, 2 Sm 24.24.

CUSTO: Quantia por que se adquiriu alguma coisa. // Não ofereça holocausto sem **c**, 1 Cr 21.24 (ARC).

CUSTÓDIA: Lugar onde se guarda alguém ou alguma coisa com segurança. // Paulo apelado para que ficasse em **c**, At 25.21.

CUTA: Uma das cidades de onde o rei da Assíria trouxe gente para habitar em Samaria, em lugar dos filhos de Israel, 2 Rs 17.24.

CUTELO: Instrumento cortante, semicircular, com o gume na parte convexa. // Tomou o **c** para imolar o filho, Gn 22.10. Tomou de um **c**, Jz 19.29. Ver **Faca, Canivete.**

CUXE: 1. Um filho de Cão e pai de Ninrode, Gn 10.6-8. Ver mapa 1, D-4. // 2. A terra circundada pelo rio Gion, Gn 2.13. // 3. Um benjamita, adversário de Davi, mencionado no título do Salmo 7.

CUZA: Procurador de Herodes Antipas. Sua esposa, Suzana, era uma daquelas que prestavam assistência a Jesus com os seus bens. Lc 8.3.

Dilúvio

D

DÃ: 1. O quinto filho de Jacó, e o primeiro de Bila, serva de Raquel, Gn 30.6. A palavra **dã** quer dizer **juiz**, Gn 30.6: Menciona-se, nas Escrituras, apenas um filho de Dã, Gn 46.23. // 2. Uma das doze tribos, Gn 49.16; Nm 1.38; 26.42; Dt 33.22; Js 19.40-46; Jz 5.17; 13.2; 18.1-30. No censo no deserto, havia apenas uma tribo mais numerosa do que a de Dã: a de Judá, Nm 26.42, 43; 26.22. No tempo de Davi, os danitas continuavam a ocupar seu lugar entre as tribos, 1 Cr 12.35. Menciona-se Dã em 1 Cr 27.22, mas não Aser. Desde então o nome, aplicado a tribo, quase desapareceu. Não é incluído na lista das tribos, em Ap 7.5-8. Ver mapa 2, b-5. // 3. Uma cidade no extremo norte da Palestina; daí a expressão "desde Dã até Berseba", Jz 20.1; 2 Sm 3.10; 17.11; 24.2; 1 Rs 4.25; 1 Cr 21.2; 2 Cr 30.5. Chamava-se, originalmente, Lesém, Js 19.47. Há neste lugar uma das maiores fontes de água do mundo, o início do rio Jordão. Jeroboão I colocou um dos bezerros de ouro em Dã, 1 Rs 12.29. Ver mapa 2, D-2; mapa 3, B-1.

DABERATE, hb. **Pasto:** Uma cidade de Issacar dada aos levitas, Js 21.28. Ver mapa 2, C-3.

DABESETE, hb. **Corcova de camelos:** Uma cidade de Issacar, Js 19.11.

Dádiva: Presente, donativo. // Dia de mandarem **d** aos pobres, Et 9.22. Que sois maus, sabeis dar boas **d**, Mt 7.11. Para levarem as vossas **d** a Jerusalém, 1 Co 16.3. Preparassem de antemão a vossa **d**, 2 Co 9.5. Toda boa **d** e todo dom perfeito, Tg 1.17. Ver **Donativo, Oferta, Presente.**

DAGOM: O deus nacional dos filisteus, representado com a cabeça e os braços de homem e a parte inferior do corpo por um peixe. Havia templos consagrados a Dagom em Gaza, Asdote e em todos os lugares onde este povo erguera cidades. Seu nome foi incorporado no nome do lugar, como em Bete-Dagom, Js 15.41. A morte de Sansão no templo de Dagom em Gaza, Jz 16.21-30. A arca de Deus no templo de Dagom em Asdote, 1 Sm 5.1-5. A cabeça de Saul afixada na casa de Dagom, 1 Cr 10.10.

DÃ-JAÃ: Combinação de preposição **de** com o advérbio **além.** // Quem passará por nós **d** do mar, Dt 30.13 (ARC).

DALFOM: Um dos dez filhos de Hamã Et 9.7.

DALILA, hb. **Delicada** Uma filistéia, mulher de Sansão, e que o levou a sua ruína, Jz 16.4-18.

DALMÁCIA: Uma região romana, na costa oriental do mar Adriático. Paulo escreveu do cárcere: Crescente foi para a Galácia, Tito para a Dalmácia, 2 Tm 4.10. Ver mapa 6, B-1.

DALMANUTA: Mc 8.10. Ver **Magadã**.

DAMA: Nome dado às senhoras em geral. // As mais sábias das suas **d**, Jz 5.29. Ver **Senhora**.

DÃMARIS, gr. **Esposa**: Uma mulher convertida em Atenas com a pregação de Paulo, At 17.34.

A Porta de Damasco em Jerusalém

DAMASCO: Capital da Síria. Situada no rio Barad, antigamente chamada Abana. Vista de Jerusalém 215 km, atualmente de 300 mil habitantes, é a mais antiga cidade do mundo, habitada continuamente. Foi fundada, segunda a tradição, por Uz, um neto de Sem e bisneto de Noé, Gn 6.10; 10.23. Mencionada, pela primeira vez nas Escrituras no tempo de Abraão, Gn 14.15. Terra natal do mordomo de Abraão, Gn 15.2. Conquistada por Davi, 2 Sm 8.5,6. Não são Abana e Farfar, rios de Damasco, melhores, 2 Rs 5.12. Veio Eliseu a Damasco, 2 Rs 8.7. Acaz ofereceu sacrifícios aos deuses de damasco, 2 Cr 28.23. Sentença contra Damasco, Is 17.1. Damasco, um centro comercial, Ez 27.18. Lugar da conversão do apóstolo Paulo, At 9. A expressão: **Estrada, Caminho de Damasco** é muitas vezes empregada para caracterizar uma transformação imprevista e rápida nas nossas idéias, sentimentos, opiniões, originada por súbita iluminação interior. Em Damasco. O governador preposto do rei Aretas, montou guarda, para me prender, 2 Co 11.32. Voltei outra vez para Damasco, Gl 1.17. Ver mapa 3 C-1.

DANÁ, hb. **Terra baixa:** Uma cidade na região montanhosa, de Judá, Js 15.49.

DANÁ, DANÇAR: Cadência de passos altos, ordinariamente ao som de música. // **Como divertimento social**, Ec 3.4; Jr 31.4, 13; Mt 11.17; 14.6; Lc 15.25. **De regozijo público:** Jz 11.34; 1 Sm 18.6; 21.11; 29.5. **Ato de adoração**: Êx 15.20; 32.19; Jz 21.21; 1 Rs 18.26; 2 Sm 6.14, 16; Sl 150.4.

DANIEL, hb. **Deus é meu juiz**: 1. Um filho de Davi, 1 Cr 3.1. // 2. Um levita, Ed 8.2. // 3. O último dos quatros profetas chamados "maiores". Levado a Babilônia, Dn 1.3-6. Contemporâneo de Jeremias, de Ezequiel (14.20), de Josué, sumo-sacerdote da restauração, de Esdras e de Zorobabel. Da linguagem real, Dn 1.4-7. Firme no seu coração, Dn 1.8-16. Entendido em visões e sonhos, Dn 1.17. Interpretou o sonho da grande estátua, Dn 2. Interpretou o sonho da grande árvore, Dn 4. Traduziu o escrito na parede, Dn 5.26-28. O primeiro dos três presidentes da Pérsia, Dn 6.1. Guardado dos leões, Dn 6.10-24. Suas visões, Dn 7; 8; 9; 10. Sua oração, Dn 9. Sua devoção, Ez 14.14,20; sabedoria, Ez 28.3. Servia fielmente aos três reis mundiais: Nabucodonosor, Ciro e Dario, morrendo com mais ou menos 88 anos de idade. Menciona-se em Mt 24.15; Mc 13.14; Hb 11.33.

DANIEL, O LIVRO DE: Os livros dos quatros "grandes" profetas são, em ordem, Isaías, Jeremias, Ezequiel e Daniel. **O autor**, Daniel. Quando muito jovem foi levado à Babilônia, no terceiro ano do rei Jeoaquim, Dn 1.1. Isso acontece oito anos antes de Ezequiel, que foi levado no tempo do rei Jeoaquim, 2 Rs 24.12-15. Daniel e Ezequiel eram profetas do cativeiro, ministrando em babilônia. **A chave:** Deus revela o profundo e o escondido, Dn 2.22. O livro de Daniel nos serve de introdução indispensável à profecia do Novo Testamento, especialmente à manifestação do Anticristo, à grande tribulação, à vinda do Senhor, à ressurreição e aos juízos. É "O Apocalipse do Antigo Testamento". **As divisões:** I. Histórica, caps. 1 a 6. 1) Educado no palácio do rei, cap. 1. 2) O sonho da estátua, cap. 2. 3) Os três hebreus na fornalha, cap. 3. 4) O sonho da árvore, cap. 4. 5) O banquete de Belsazar, cap. 5. 6) Na cova dos leões, cap. 6. //. Profético, caps. 7 a 12. 1) Os quatros animais, cap. 7. 2) Um carneiro e um bode, cap. 8. 3) As sete semanas, cap. 9. 4) Última visão, caps. 10 a 12. As profecias de Daniel abrangem um período de 73 anos — de todo o cativeiro.

DANIFICAR: Causar dano. // E não danifiques o azeite, Ap 6.6.

DANO: Prejuízo. // Sofri o **d**, Gn 31.39. Jura com **d** próprio, não se retrata, Sl 15.4. Homem de grande ira tem de sofrer o **d**, Pv 19.19. Não se fará... **d** algum em todo o meu santo monte, Is 11.9. Leões, para que não me fizessem **d**, Dn 6.22. Nada absolutamente vos causará **d**, Lc 10.19. A viagem vai ser... com **d**, At 27.10. Se a obra... se queimar, sofrerá ele antes o **d**? 1 Co 6.7. Contristados segundo Deus, para que... nenhum **d** sofrêsseis, 2 Co 7.9. Se algum **d** te fez, Fm 18. Fora dado fazer **d** à terra e ao mar, Ap 9.4. Se alguém pretender causar-lhes **d**, Ap 11.5. Ver **Prejuízo.**

DANOSO: Que causa dano. // Aquela cidade foi rebelde e **d** aos reis, Ed. 4.15.

DANTES: Antigamente, outrora. // O que **d** fora cego, Jo 9.13. Tudo que **d** foi escrito, Rm 15.a (ARC).

DAR: fazer doação de: ceder gratuitamente, fazer presente de. // Darei o dízimo, Gn 28.22. Dá-me força só esta vez, Jz 16.28. Um filho varão, ao Senhor o darei, 1 Sm 1.11. O Senhor o deu, e o Senhor o tirou, Jó 1.21. Tudo quanto o homem tem dará pela sua vida, Jó 2.4. Dá-me entendimento, Sl 119. 34. O Senhor dá a sabedoria, Pv 2.6. Duas filhas a saber: Dá, Dá, Pv 30.15. Dá a quem te pede, Mt 5. 42. Pedi, e dar-se-vos-á, Mt 7.7. Vosso Pai dará boas coisas, Mt 7.11. Recebestes, de graça dai, Mt 10.8. Vende... dá aos pobres, Mt 19.21. Para servir e dar a sua vida**,** Mt 20**.**28. Dai a César, Mt 22.21. Dais o dízimo da hortelã, Mt 23.23. Fome e me deste de comer, Mt 25.35. Dai, e dar-se-vos-á, Lc 6.38. Deus deu o seu filho unigênito, Jo 3.16. Dá-me de beber, Jo 4.7. O bom pastor dá a sua vida, Jo 10.11. Eu lhes dou a vida eterna, Jo 10.28. O que tenho isso te dou, At 3.6. Mais bem-aventurado é dar que receber, At 20.35. Não nos dará com ele todas, Rm 8.32. Deram-se a si mesmos primeiro ao senhor, 2 Co 8.5. Deus ama a quem dá com alegria, 2 Co 9.7. Distribuiu, deu aos pobres, 2 Co 9.9. No tocante a dar e receber, Fp 4.15. Sejam generosos em dar, 1 Tm 6.18. Necessita de sabedoria... Deus a todos dá liberalmente, Tg 1.5. Dá graça aos humildes, Tg 4.6. **Sobre o dar**: Lv 27.30; Nm 18.21; Pv 3.9; Ml 3.10; Mt 6.1; 10.8; Lc 6.38; Rm 12.8; 2 Co 8.12; 9.7; Gn 28.22; Dt 16.17. Ver **Oferecer.**

DAR À LUZ: Parir. // De dores darás à **l** filhos, Gn 3.16. Deu à **l** a Caim, Gn 4.1. Concebeu a malícia, dá à **l** a mentira, Sl 7.14. Não sabeis o que trará à **l**, Pv 27.1. A virgem conceberá e dará à **l**, Mt 1.23 Para dar à **l** tem tristeza, Jo 16.21. Ó estéril, que não dás à **l**, Gl 4.27. Como vem a dor... para à **l**, 1 Ts 5.3. Cobiça... dá à **l** o pecado, Tg 1.1. Somente tormentos para dar à **l**, Ap 12.2.

DARCOM, hb. **Espalhador**: Os filhos de Darcom achavam-se entre os servos de Salomão que voltaram do Exílio, Ed 2.56.

DARDA, hb. **Pérola de sabedoria**: Um dos sábios a quem se compara a Salomão, 1 Rs 4.32.

DARDO: Arma de arremessão. // Joabe transpassou, com três dardos, o coração de Absalão, 2 Sm 18.14. Trazem arco e **d**, Jr 6.23. Os **d** inflamados do inimigo, Ef 6.16.

DARICO: 1 Cr 29.7 Antiga moeda persa, que também teve curso entre os hebreus. Ver **Dinheiro**.

DARIO: Nome de três ou quatro reis do Antigo Testamento: 1) Dario, o Medo, Dn 5.31; 6.1; 11.1. Filho de Assuero, Dn 9.1. 2) Dario, rei da Pérsia depois de Ciro, Ed 4.5; Ag 1.1; Zc 1.1. 3) Um persa, talvez Dario II, Ne 12.22.

DATÃ: Rubenita, Nm 26.7-9. A rebelião de Coré, Datã e Abirã, Nm 16.

DAVI, hb. **Amado**: O segundo e o mais ilustre dos reis de Israel conhecido como o homem segundo o coração de Deus, At 13.22. O caçula, dos oito filhos de Jessé, o belemita, 1 Sm 16.1, 10,11,13. Não se menciona o nome de sua mãe. Sua genealogia, Rt 4.18-22; 1 Cr 2; Mt 1. Ungido por Samuel em Belém, 1 Sm 16.13. Escudeiro de Saul, 1 Sm 16.21. Tangia harpa perante Saul 1 Sm 1623. Era pastor valente de ovelhas, 1 Sm 17.34-37. Seu zelo e fé, 1 Sm 17.26,34, Matou Golias de Gate, 1 Sm 17.49. As mulheres cantavam; Saul feriu os seus milhares, Davi os dez milhares, 1 Sm 18.7. Saul, invejoso, procurava matá-lo, 1 Sm 18.1; 19.2; 20; 23.16; e por Mical, 1 Sm 18.28; 19.11. Matou duzentos filisteus, 1 Sm 18.27. Fugiu a Ramá, 1 Sm 19.18. Faz pacto com Jônatas, 1 Sm 20.42. Comeu os pães da proposição, 1 Sm 21; Sl 52; Mt 12.4 Fugiu a Gate e fingiu-se amalucado, 1 Sm 21.10,13. Morou na caverna de Adulão, 1 Sm 22; Sl 63; 142. Poupou, duas vezes, a vida de Saul, 1 Sm 24.4; 26.5. A história de Nabal e Abgail, 1 Sm 25. Morou em Ziclague, 1 Sm 27. Derrotou os amalequitas, 1 Sm 30.16. Seu lamento pela morte de Saul e Jônatas, 2 Sm 1.17. Rei sobre Judá, 2 Sm 2.1-7.

Fez aliança com Abner, 2 Sm 3.13. Lamentou a morte de Abner, 2 Sm 3.32. Ordenou a morte dos que assassinaram Is-Bosete, 2 Sm 4.13, Rei sobre todo Israel, 2 Sm 5.3. Tomou Sião dos jebuseus, 2 Sm 5.8. Derrotou os filisteus, 2 Sm 5.17. Trouxe a arca do Senhor para Jerusalém, 2 Sm 6. Seus salmos de ações de graças, 2 Sm 22; 1 Cr 16.7; Sl 18; 103; 105. Aliança de Deus com Davi, 2 Sm 7. Estendeu seu reino, 2 Sm 8. Sua bondade para com o filho de Jônatas, 2 Sm 9. Davi e Bate-Seba, 2 Sm11. Repreendido por Natã, 2 Sm 12. Seu arrependimento, 2 Sm 12.13; Sl 51. A revolta de Absalão, 2 Sm 15. Amaldiçoado por Simei, 2 Sm 16.5. A lealdade de Barzilai, 17.27-29. Chorou amargamente a morte de Absalão, 2 Sm 18.33; 19.1. Voltou a Jerusalém, 2 Sm 19.15. Perdoou Simei, 2 Sm 19.23. A sedição de Seba contra Davi, 2 Sm 20. Vingou os gibeonitas, 2 Sm 21. Seus valentes, 2 Sm 23. Tentado por Satanás, mandou levantar censo do povo, 2 Sm 24. Apontou Salomão para ser seu sucessor, 1 Rs 1. 30. Suas últimas palavras, 2 Sm 23. Sua morte, 1 Rs 2.10. Profecias acerca de Davi, Sl 89; 132; Is 9.7; 22.22; 55; Jr 30.9. Davi pelo Espírito, chama-se Senhor, Mt 22.43. O trono de Davi, Sl 89.3,4; Lc 1.32. A torre de Davi, Ct 4.4. O tabernáculo de Davi, At 15.16. De Sansão, de Jefté, de Davi, Hb 11.32. A chave de Davi, Ap 3.7. A Raiz de Davi, Ap 5.5. A raiz e a geração de Davi, Ap 22.6.

DEABITAS: Uma das tribos que Asnapar transportou a Samaria, Ed 4.9,10.

DEBAIXO: Em situação interior. // Só estarás em cima, e não **d**, Dt 28.13. Inimigos **d** dos teus pés, Sl 110.1. As frases **debaixo do sol** e **debaixo do céu,** aparecem 32 vezes em Eclesiastes.

DEBALDE: Inutilmente. // **D** se gastará a vossa força, Lv 26.20. Jó **d** teme a Deus? Jó 1.9. Acendêsseis **d** o fogo do meu altar, Mt 1.10.

DEBATE: Discussão. // Havendo grande **d**, Pedro tomou a palavra, At 15.7. Ver **Discussão.**

DÉBIL: Fraco, insignificante. // os **d** cingidos de força, 1 Sm 2.4. Acolhei ao que é **d** na fé, Rm 14.1. Ver **Fraco.**

DEBILIDADE: Enfraquecimento. // Devemos suportar as **d** dos fracos, Rm 15.1. Ver **Fraqueza.**

DEBILITADO: Enfraquecido. // Israel ficou muito **d**, Jz 6.6. Tem compaixão... eu me sinto **d**, Sl 6.2. Ver **Fraco.**

DEBILITAR: Tirar força a. // Como caíste... tu que debilitavas as nações! Is 14.12. Ver **Enfraquecer.**

DEBIR: 1. Um rei de Eglom, morto por Josué, Js 10.3,26. // 2. Cidade da parte montanhosa de Judá, Js 15.49. Ver mapa 2, B-6; mapa 5, B-2. // 3. Cidade nos limites de Judá, Js 15.7. // 4. Lugar perto de Maanaim, Js 13.26.

DÉBORA, hb. **Abelha:** 1. Ama de Rebeca, Gn 35.8. // 2. Profetisa e o quarto dos juízes, Jz 4.4. Seus dons proféticos, Jz 4.6, 14; 5.7. seu cântico, Jz 5. Não houve outra mulher, senão Atalia (2 Rs 11), que governasse o povo de Israel.

DEBULHA: Separação do grão da espiga. // A **d** se estenderá até à vindima, Lv 26.5. Povo meu! Debulhado e batido, Is 21.10.

DEBULHAR: Separar os grãos do competente invólucro. // Debulhou o que apanhara, Rt 2.17. Ornã estava debulhando trigo, 1 Cr 21.20. Debulhando-as com as mãos, Lc 6.1. A boca ao boi que debulha, 1 Co 9.9; 1 Tm 5.18 (ARC). O que debulha, na esperança de receber, 1 Co 9.10. Ver **Padejar, Trilhar.**

DECAIR: Cair a uma situação inferior. // Da graça decaístes, Gl 5.4.

DECÁLOGO: Os dez mandamentos da lei dada a Moisés no alto do Sinai, Êx 20. Ver **Dez Mandamentos.**

DECAPITADO: Degolado. // Vi ainda as almas dos **d**, Ap 20.4. Ver **Desnucado.**

DECAPITAR: Cortar a cabeça de. // E decapitou a João no cárcere, Mt 14.10.

DECÁPOLIS, gr. **Dez cidades:** Mt 4.25; Mc 5.20; 7.31. Confederação de 10 cidades gregas, de ambos os lados do Jordão e ao sul do mar da Galiléia.

DECÊNCIA: Decoro que se deve guardar na maneira de vestir, falar, escrever, ou proceder. // Seja feito com **d** e ordem, 1 Co 14.40.

DECENTE: Honesto, decoroso. // Em traje **d, 1** Tm 2.9.

DECENTEMENTE: Com decência. // Tudo **d** e com ordem, 1 Co 14.40 (ARC).

DECIDIR: Determinar, resolver. // Decidirem toda demanda, Dt 21.5. Decidirá com eqüidade, Is 11.4. Será decidida em Assembléia, At 19.39. Decidi nada saber... e este crucificado, 1 Co 2.2. Por boca de duas... toda questão será decidida, 2 Co 13.1. Ver **Resolver.**

DECIFRAR: Interpretar, compreender (o que é obscuro). // Um enigma a decifrar, Jz 14.12.

DÉCIMO: Que está entre o nono e o undécimo. // Se ainda ficar a **d** parte dela, Is 6.13. Ruiu a **d** parte da cidade, Ap 11.13.

DECISÃO: Resolução; sentença. // Nos lábios do rei se acham **d** autorizadas, Pv 16.10. Do Senhor procede toda **d**, Pv 16.33. Multidões no vale da **d**, Jl 3.14. Observassem as **d** tomadas pelos apóstolos, At 16.4. **D** para que se abstenham, Ap 21.25.

DECLARAÇÃO: Aquilo que se declara. // Tenho ouvido, ó Senhor, as tuas **d**, Hc 3.2. Ver **Pregação.**

DECLARAR: Publicar, anunciar solenemente. // Declaramos as tuas maravilhas, Sl 75.1. Davi declara bem-aventurado o homem a quem, Rm 4.6. A meus irmãos declararei o teu nome, Hb 2.12. Ver **Anunciar, Manifestar, Proclamar.**

DECLINANTE: Que declina. // Pelo sol **d** no relógio de Acaz, 2 Rs 20.11.

DECLINAR: Desviar-se. // Não declinem nem para a direita, Pv 4.27.

DECORO: Decência, dignidade. // Trata se decoro a sua filha, 1 Co 7.36.

DECOROSO: Digno decente. // Para o que é **d**, 1 Co 7.35. Não são **d**, revestimos de especial honra, 1 Co 12.23.

DECORRER: Passar o tempo; suceder. // Decorridos muitos dias... tirar-lhe a vida, At 9.23. Não decorreu da fé, e, ... das obras, Rm 9.32.

DECRETAR: Ordenar por escrito; determinar. // Por intermédio da sabedoria, os príncipes decretam justiça, Pv 8.15. Ai dos que decretam leis injustas, Is 10.1. Ver **Mandar.**

DECRETO: Determinação escrita de autoridade superior. // Proclamarei o **d** do Senhor, Sl 2.7. Confirmou a Jacó por **d**, Sl 105.10. Meditarei nos teus **d**, Sl 119.48. Saiu o **d**, Dn 2,13. Este é o **d** do Altíssimo, Dn 4.24. Um **d** de César, At 17.7. Ver **Lei.**

DEDÃ: Uma tribo árabe, descendente de Cuxe, Gn 10.7; relacionado com Abraão por Quetura, Gn 25.3; dado ao comércio, Ez 27.15,20; 38.13; suas caravanas, Is 21.13. Esse povo habitava uma região vizinha aos edomitas e perto de Temã. Ver mapa 1. E-4.

DEDICAÇÃO: Inauguração, consagração. // A dedicação de pessoa, 1 Sm 1.11; do Tabernáculo, Nm 7; de casa, Lv 27.14; dinheiro, Jz 17.3; prata, ouro e utensílios, 1 Rs 7.51; do Templo de Salomão, 1 Rs 8; do Segundo Templo, Ed 6.16,17; dos muros de Jerusalém, Ne 12.27. Para vos dedicarmos à oração, 1 Co 7.5. Santuário dedicado ao Senhor, Ef 2.21.

DEDICAÇÃO, A FESTA DA: Jo 10.22. Festa anual dos judeus, começava no dia 5 de chisleu (dezembro) e durava oito dias, em comemoração da purificação do Templo, três anos depois de profanado por Antíoco Epifanes.

DEDO: Cada um dos prolongamentos articulados que terminam os pés e as mãos. // Tábua de pedra escritas pelo **d** de Deus, Êx 31.18. Sacerdote molhando o **d** no sangue, Lv 4.6. Lhe cortaram os polegares, Jz 1.6. Em cada mão em cada pé, seis **d**, 2 Sm 21.20. Meu **d** mínimo é mais grosso, 1 Rs 12.10. **D**, em parte de barro, Dn 2.41. Apareceram um **d** de mão de homem, Dn 5.5. Nem com um **d** querem movê-los, Mt 23.4. Molhe em água a ponta do **d**, Lc 16.24. Jesus escrevia na terra com o seu **d**, Jo 8.6. Ali não puser o meu **d**, Jo 20.25. Sinônimo de poder e onipotência; Êx 8.19; Dt 9.10; Sl 8.3; Lc 11.20. Medida de cumprimento, aproximadamente 2,3 centímetros, Êx 12; 2 Cr 4.5; Jr 52.21.

DEFEITO: Imperfeição, deformidade, mancha. // Oferta sem defeito, Êx 12.5; Lv 1.10; 5.15; Dt 17.1. Sacerdotes sem defeito, Lv 21.17. Absalão... não havia nele defeito algum, 2 Sm 14.25, Jovens sem nenhum defeito, Dn 1.4. Igreja de Cristo sem defeito, Ef 5.27; 1 Pe 1.19.

DEFENDER: Proteger, preservar, resistir a um ataque. // O Senhor defenderá a causa deles, Pv 22.23. Embora pareça demorado em defendê-los? Lc 18.7. Paulo... passou a defender-se, At 26.1. Mutuamente acusando-se ou defendendo-se, Rm 2.15. Ver **Proteger.**

DEFENSOR: O que defende ou protege. // O **d** do órfão, Sl 10.14.

DEFERÊNCIA: Atenção, consideração. // Tratardes com **d** o que tem os trajes de luxo, Tg 2.3.

DEFESA: Sustentação do que é impugnado ou contestado. // Resistência a um ataque. // Tomou-lhe a **d** e vingou o oprimido, At 7.24. Ouvi agora a minha **d**, At 22.1. Seja na **d** e confirmação do evangelho, Fp 1.7. Estou incumbido da **d** do evangelho, Fp 1.16. Na minha primeira **d** ninguém, 2 Tm 4.16.

DEFINHAR: Enfraquecer-se gradualmente. // Definhar a vida; e semeareis debalde, Lv 26.16. Rilha os dentes e vai definhando, Mc 9.18.

DEFINIDO: Determinado, fixo. // Tenha opinião bem **d**, Rm 14.5.

DEFORMADO: Que tem forma irregular e desagradável. // É geração perversa e **d**, Dt 32.5.

DEFORMIDADE: Vício. // Quais nódoas e **d**, eles se regalam, 2 Pe 2.13.

DEFRAUDAR: Privar, iludindo ou usando de subterfúgio. // A quem defraudei? 1 Sm 12.3. Contra os que defraudam o salário do jornaleiro, Ml 3.5. Não defraudarás ninguém, Mc 10.19. Se nalguma coisa tenho defraudado, Lc 19.8. Ninguém ofenda nem defraude a seu irmão, 1 Ts 4.6.

DEFRONTAR: Pôr-se defronte de. // Levanta-te, Senhor, defronta-os, Sl 17.13.

DEFUNTO: Que faleceu. // Jesus, **d**, que Paulo afirmava viver, At 25 19 (ARC).

DEGENERADO: Que se alterou para o mal. // Planta **d**, como de vide brava, Jr 2.21.

DEGOLAR: Cortar o pescoço ou a cabeça a. // Mandou degolar João, Mt 14.10 (ARC). Foram degolados pelo testemunho, Ap 20.4 (ARC).

DEITADO: Estendido ao comprido. // Eis que Saul estava deitado, dormindo, 1 Sm 26.7. Filhos comigo também já estão deitados, Lc 11.7.

DEITAR: Pôr ou dispor mais ou menos horizontalmente. // Deitareis abaixo todos os seus altares, Nm 33.52. Deita por terra a casa dos soberbos, Pv 15.25. O leopardo se deitará junto ao cabrito, Is 11.6. Enfaixou-o e o deitou numa manjedoura, Lc 2.7.

DEIXAR: Largar, soltar, pôr de parte, omitir. // Então eles deixaram... as redes, Mt 4.20. Deixa perante o altar, Mt 5.24. Deixará o homem o pai e a mãe, Mt 19.5. Tudo deixamos e te seguimos, Mt 19.27. Que tiver deixado casas, Mt 19.29. Deixando-o, fugiram, Mt 26.56. Não deixa... as noventa e nove, Lc 15.4. Não vos deixarei órfãos, Jo 14.18. Jamais deixando de vos anunciar, At 20.20. Viver com ela, não deixe, 1 Co 7.13. Deixará o homem a seu pai e, Ef 5.31. De maneira alguma te deixarei, Hb 13.5. Ver **Abandonar.**

DELAÍAS, hb. **Deus planejou:** 1. Um descendente de Davi, 1 Cr 3.24. 2. Um sacerdote, 1 Cr 24.18.3. Chefe de uma filha que voltou do exílio, Ed 2.60.4. Pai de Semaías, Ne 6.10.5. Um dos príncipes que insistiram com o rei que não queimasse o rolo, Jr 36.25.

DELEITAR: Sentir grande prazer. // Os mansos... se deleitarão na abundância de paz, Sl 37.11. Não te deleitaste com holocaustos, Hb 10.6. Ver **Alegrar.**

DELEITE: Prazer íntimo, delícia. // Sufocados com os... **d** da vida, Lc 8.14. Ver **Gozo, Prazer.**

DELEITOSO: Que é muito agradável. // Se chamares ao sábado **d**, Is 58.13. Ver **Delicioso, Saboroso.**

DELIBERAÇÃO: Resolução; decisão. // Tomaram **d** para matar, Jo 12.10 (ARC).

DELIBERADAMENTE: Resolutamente. // Se vivermos **d** em pecado, Hb 10.26. Porque **d** esquecem que, de longo tempo, 2 Pe 3.5.

DELIBERAR: Tomar decisão, consultando consigo ou com outros. // Delibera agora, e vê que resposta, 2 Sm 24.13. Deliberaram prender Jesus, Mt 26.4. Tendo deliberado, compraram, Mt 27.7. Ver **Resolver.**

DELICADAMENTE: De modo elegante e fino. // Cria **d** e seu servo, Pv 29.21 (ARC).

DELICADO: Mimoso, esmerado; agradável a um paladar educado. // O mais **d** do teu meio, Dt 28.54,56. Os seus manjares, Pv 23.3. Para ti se extinguiu tudo o que é **d**, Ap 18.14.

DELÍCIA: Deleite, encanto. // Acabarão... seus anos em **d**, Jó 36.11. Na tua destra **d** perpetuamente, Sl 16.1. Corrige o teu filho... dará **d** a tua alma, Pv 29.17. Provi-me... das **d** dos filhos dos homens, Ec 2.8. Ver **Alegria, Gozo, Júbilo, Prazer.**

DELICIAR: Deleitar. // O Senhor se delicia em ti, Is 62.4.

DELICIOSAMENTE: Com delícia. // **D** vivestes sobre a terra, Tg 5.5 (ARC).

DELICIOSO: Que causa prazer intenso. // Os seus caminhos são caminhos **d**, Pv 3.17. Dirá o Senhor: Cantai a vinha **d**, Is 27.2. Ver **Deleitoso, Saboroso.**

DELINQUIR: Cometer delito. // Para delinqüir com a minha língua, Sl 39.1 (ARC).

DELIRAR: Ter delírio; tresvariar. **Fig.** Não caber em si de contente. // As muitas letras te fazem delirar, At 26.24.

DELÍRIO: Perturbação mental produzida por doença. **Fig.** Exaltação da alma, provocada pelas paixões. // Tais palavras lhes pareciam um como **d**, Lc 24.11. Ver **Exultar.**

DELITO: Infração de preceito ou regra estabelecida. // Mortos nos vossos **d** e pecados, Ef 2.1. Mortos em nossos **d**, Ef 2.5. Perdoando todos os nossos **d**, Cl 2.13. Ver **Falta, Iniqüidade, Pecado.**

DEMAIS: Em excesso. Os restantes. // Que os **d** homens busquem o Senhor, At 15.17. Filhos da ira, como também os **d**, Ef 2.3..

DEMANDA: Ação judicial por processo civil. Litígio. // Que tiveram a **d**, se apresentarão perante o Senhor, Dt 19.17. Decidirem toda **d** e todo caso de violência, Dt 21.5. Existir **d** já é completa derrota, 1 Co 6.7. Ver **Pleito.**

DEMANDAR: Reclamar, pedir, exigir. Intentar ação judicial contra (alguém) para obter alguma coisa. // O seu sangue demandarei as minhas ovelhas, Ez 34.10. Quer demandar contigo e tirar-te a túnica, Mt 5.40. Ver **Pleitear.**

DEMAS: A palavra é provavelmente uma abreviatura de Demétrio. Um companheiro de Paulo, Cl 4.14; Fm 24. Amando o presente século, abandonou Paulo, 2 Tm 4.10.

DEMASIADAMENTE: Excessivamente. // Para que eu não seja **d** áspero, 2 Co 2.5.

DEMÉTRIO, gr. **Que pertence à deusa Demeter:** 1. Um ourives. Fazia de prata nichos de Diana, At 19.24. Excita um grande tumulto, At 19.23-29. 2. Um cristão, 3 Jo 12.

DEMONÍACO: Diabólico; satânico. // É terrena, animal, e demoníaca, Tg 3.15. Ver **Endemoninhado.**

DEMÔNIO, gr. **Divindade:** As divindades das nações eram demônios, Dt 32.17; Sl 106.37; 1 Co 20; Ap 9.20. Os endemoninhados estão possessos de demônios, não apenas enfermos; os demônios, não apenas falam, Mc 1.23,24; 3.11; 5.7; e, no caso do geraseno, passaram do endemoninhado para a manada de porcos, Mc 5.13. Há muitos demônios, ou espíritos imundos, Mt 7.22; 9.34; 10.8; 12.24; Mc 9.38; 16.17. Jesus repreendeu o demônio, Mt 17.18. Maria da qual expelira sete demônios, gritando, Lc 4.41. Um homem possesso de demônios, Lc 8.27. Autoridade sobra todos os demônios, Lc 9.1. O demônio atirou no chão, Lc 9.42. Certo homem que em teu nome expelia demônios, Lc 9.49. Um demônio que era mudo, Lc 11.14. Expulso os demônios pelo dedo de Deus, Lc 11.20. És samaritano e tens demônio, Jo 8.48. É a demônios que os sacrificam, 1 Co 10.20. Ensinos de demônios, 1 Tm 4.1. Até os demônios crêem e tremem, Tg 2.19. Adorar os demônios e os ídolos, Ap 9.20. Espíritos de demônios, operadores de sinais, Ap 16.14. Babilônia se tornou morada de demônios, Ap 18.2. // **Dois exemplos** de pessoas dominadas por espíritos malignos, depois de pecarem: 1. O rei Saul, compare 1 Sm 16.14 com 13.8-14 e 15.10-31. 2. Judas Iscariotes Lc 22.3. Ver **Diabo, Satanás.**

DEMONSTRAÇÃO: Prova. // Em **d** do espírito, 1 Co 2.4.

DEMONSTRAR: Provar de modo evidente. // Demonstrando que Jesus é o Cristo, At 9.22. Demonstrando ter sido necessário que o Cristo, At 17.3. E foi poderosamente demonstrado que... estão debaixo do pecado, Rm 3.9. O dia a demonstrará, 1 Co 3.13. Ver **Mostrar.**

DEMORA: Detença. Paragem. // Entra em acordo sem **d** com o teu adversário, Mt 5.25. Jurou... já não haverá **d**, Ap 10.6. Certamente venho sem **d**, Ap 22.20.

DEMORAR: Permanecer, ficar. Tardar. // Como, porém, se demorasse, pegaram-no... pela mão, Gn 19.16. Não será demorado... prontamente lho retribuirá, Dt 7.10. Os que se demoram em beber vinho, Pv 23.30. Meu Senhor demora-se, Mt 24.48. Soube que Lázaro estava doente, ainda se demorou dois dias, Jo 11.6. E agora por que te demoras? At 22.16. Ver **Adiar.**

DEMOVER: Renunciar a uma pretensão; dissuadir-se. // Que não vos demovais, 2 Ts 2.2.

DENÁRIO: Moeda romana. O salário de um dia de trabalho, Mt 20.2. Ver **Dinheiro.**

DENEGRIR: Enegrecer. // O Senhor... para denegrir a soberba, Is 23.9.

DENSO: Espesso; cerrado. // Nas mais **d** trevas, Pv 20.20.

DENTE: Cada uma das concreções que guarnecem as maxilas do homem e dos animais. // Aos ímpios quebras os **d**, Sl 3.7. E os **d** dos filhos é que se embotaram, Jr 32.29; Ez 18.2. Cujos **d** eram de ferro, Dn 7.19. Seus **d** são **d** de Leão, Jl 1.6. Deixei de **d** limpos, Am 4.6. Olho por olho, **d** por **d**, Mt 5.38; Êx 21.24. Choro e ranger de **d**, Mt 8.12; 13.42; 24.51; 25.30. Seus **d**, como **d** de leões, Ap 9.8.

DENTRO: Do lado interior. // Escrito por **d** e por fora, Ez 2.10; Ap 5.1. Lutas por fora, temores por **d**, 2 Co 7.5.

DENÚNCIA: Acusação secreta. // Não deis **d** falsa, Lc 3.14. Não aceites **d** contra presbítero, 1 Tm 5.19.

DENUNCIAR: Acusar secretamente. Revelar-se (à justiça). // E te seja denunciado, Dt 17.4. Denunciais, e o denunciaremos! Jr 20.10. O teu modo de falar o denuncia, Mt 26.73. Este lhe foi denunciado como quem, Lc 16.1. Ver **Censurar, Culpar.**

DEPARAR: Fazer aparecer de repente. // A arca da aliança... ia adiante... para lhes deparar lugar de descanso, Nm 10.33. Ver **Achar, Encontrar.**

DEPENDER: Estar sujeito a. // De Deus depende a minha salvação, Sl 62.7. Dois mandamentos dependem toda a lei, Mt 22.40. Quando depender de vós, tende paz, Rm 12.18.

DEPENDURAR: O mesmo que **pendurar.** // Dependurem em forca os dez filhos de Hamã, Et 9.13.

DEPOIMENTO: As declarações de uma testemunha. // Mas os **d** não eram coerentes, Mc 14.56.

DEPOIS: Posteriormente, em seguida. // Compreendê-lo-ás **d**, Jo 13.7. **D** os que são de Cristo, 1 Co 15.23 (ARC). Ao **d**... produz fruto, Hb 12.11. Hão de acontecer **d** coisas, Ap 1.19.

DEPÓSITO: Aquilo que se depositou. // Nos **d** da neve, Jó 38.22. **D** de trigo, Jr 41.8. Tira do seu **d** coisas novas, Mt 13.52. Tens em **d** muitos bens, Lc 12.19. Poderoso para guardar o meu **d**, 2 Tm 1.12, Guarda o bom **d**, mediante o Espírito Santo, 2 Tm 1.14. Ver 1 Tm 6.20. Ver **Armazém, Celeiro.**

DEPRAVADO: Malvado, perverso. // O homem **d** cava o mal, Pv 16.27. Ver **Corrompido, Perverso.**

DEPRECAÇÃO: Súplica de perdão; rogativa. // Que se façam **d**, orações, 1 Tm 2.1 (ARC).

DEPRESSA: Sem demora, rapidamente. // Livra-me **d**, Sl 31.2. Assenta-te **d** e escreve, Lc 16.6. Ela... levantou-se **d**, Jo 11.29. O outro discípulo correu mais **d**, Jo 20.4.

DEPURAR: Tornar puro. // Depurada sete vezes, Sl 12.6.

DERBE: Uma cidade da província romana da Galácia. Evangelizada pelo apóstolo Paulo, na sua primeira viagem missionária, At 14.20. Na sua segunda viagem missionária, encontrou ali Timóteo, At 16.1. Gaio, um dos companheiros de Paulo, era natural de Derbe, At 20.4. Ver mapa 6, F-2.

DERRADEIRO: Último. // Muitos **d** serão os primeiros, Mt 19.30 (ARC). Quero dar a este **d**

tanto, Mt 20.14 (ARC). Os **d** serão primeiros, e os primeiros **d**, Mt 20.16 (ARC).

DERRAMAMENTO: O ato de derramar. // Sem **d** de sangue não há remissão, Hb 9.22. Pela fé celebrou a páscoa e o **d** do sangue, Hb 11.28.

DERRAMAR: Fazer correr (líquido); verter. // Água, 2 Sm 23.16; alma, 1 Sm 1.15; Jó 30.16; Is 53.12; amor, Rm 5.5; bálsamo, Mt 26.7; bênção, Ml 3.10; cólera, Na 1.6; coração, Sl 62.8; dinheiro, Jo 2.15; espírito, Pv 1.23; Is 32.15; 44.3; Ez 39.29; Jl 2.28; At 2.17; 10.45; Tt 3.6; espírito de graça, Zc 12.10; furor, Jr 7.20; Ez 7.8; 20.8; luz. 2 Sm 22.29; oração, Is 26.16; sangue, Gn 9.6; Mt 26.28; Rm 3.15; as sete taças, Ap 16. Ver **Despejar.**

DERRETER: Tornar-se líquido. Enternecer profundamente. // Em vindo o calor, se derreta, Êx 16.21. Fizeram com que se derretesse o nosso coração, Dt 1.28. Derretem-se como cera os montes, Sl 87.5. Manda a sua palavra e o derrete, Sl 147.18. O coração de todos os homens se derreterá, Is 13.7.

DERRIBAR: Deitar abaixo, demolir, aniquilar. // O Senhor derribou os egípcios no meio do mar, Êx 14.27. Derribas os que se levantam, Êx 15.7. Chamado Jerubaal... pois ele derribou o seu altar, Jr 6.32. Hoje te constituo... para arrancares e derribares, Jr 1.10. Ver **Derrubar.**

DERROTA: Fuga em desordem de tropas vencidas. Desgraça. // Grande **d** com a perda de vinte mil, 2 Sm 18.7. Entre vós demandas já é completa **d**, 1 Co 6.7.

DERROTAR: Destroçar, desbaratar. // O Senhor derrotou a Sísera, Jz 4.15. Os quais o derrotaram, ... em cativeiro, 2 Cr 28.5.

DERRUBAR: O mesmo que derribar. // Derrubareis os seus altares, Êx 34.13. Derrubaram os muros de Jerusalém, 2 Cr 36.19. Derrubou as mesas dos cambistas, Mt 21.12. Não ficará pedra... que não seja derrubada, Mt 24.2. Tendo derrubado a parede de separação, Ef 2.14. Ver **Derribar.**

DESABAR: Arruinar-se; desencader-se . // Pela muita preguiça desaba o teto, Ec 10.18. Arrojando-se o rio contra ela, logo desabou, Lc 6.49. Sobre os quais desabou a torre, Lc 13.4.

DESAFEIÇOADO: Que não é afeiçoado. Adverso, inimigo. // Os homens serão... **d**, implacáveis, 2 Tm 3.2,3.

DESAFIAR: Afrontar, provocar. // Hoje desafio as companhias de Israel, 1 Sm 17.10 (ARC). Desafiou o Todo-Poderoso, Jó 15.25.

DESAFOGAR: Tirar ou libertar do que afoga, sufoca ou oprime. // Que eu fale para desafogar-me, Jó 32.20.

DESAGRADAR: Descontentar, desgostar. // Estas palavras lhe desagradaram em extremo, 1 Sm 18.8. Tudo isto desagradou a Deus, 1 Cr 21.7.

DESAGRADÁVEL: Que desagrada. // A mão direita sobre... Efraim, foi-lhe isto **d**, Gn 48.17.

DESALENTADO: Cansado, desanimado. // Dizei aos **d** de coração: Sede fortes, Is 35.4.

DESAMPARADO: Abandonado, falto de auxílio ou de socorro. // A ti se entrega o **d**, Sl 10.14. Jamais vi o justo **d**, Sl 37.25. Atendeu à oração do **d**, Sl 102.17. Nunca mais te chamarão: **D**, Is 62.4.

DESAMPARAR: Deixar de amparar; faltar com o auxílio. // Porque te não desampararei, Gn 28.15. Não desampares o levita, Dt 12.19. Se meu pai e minha mãe me desampararem, Sl 27.10. Não desampara os seus santos, Sl 37.28. Não te desamparem a benignidade e a fidelidade, Pv 3.3. Por que me desamparaste? Mt 27.46. Perseguidos, porém não desamparados, e Co 4.9. Ver **Abandonar.**

DESAMPARO: Abandono. // Seja grande o **d**, Is 6.12 (ARC).

DESANIMAR: Perder o ânimo. Fazer perder o ânimo. // Pois, desanimais o coração dos filhos de Israel, Nm 32.7. Perplexos, porém não desanimados, 2 Co 4.8. Por isso não desanimamos, 2 Co 4.16. Ver **Abater.**

DESAPARECER: Deixar de ser visto. // Farei desaparecer da face da terra o homem, Gn 6.7. Desapareçam da terra os pecadores, Sl 104.35. Os céus desaparecerão como o fumo, Is 51.6. Os deuses... desaparecerão da terra, Jr 10.11. Ele desapareceu da presença deles, Lc 24.31.

DESAPERCEBIDO: Descautelado, desprovido. // E vos encontrem **d**, 2 Co 9.4. Ver **Apercebido.**

DESAPOSSAR: Privar da posse. // Desapossareis... todos os moradores, Nm 33.52. O Senhor desapossará todas estas nações, Dt 11.23. Desapossaste as nações, Sl 44.2. Ver **Deserdar, Despojar.**

DESAPROVAR: Reprovar. // Mas se o pai... o desaprovar, Nm 30.5. O Senhor... desaprovou o não haver justiça, Is 59.15.

DESARRAIGADO: Arrancado pela raiz ou com raízes. // Árvores... duplamente mortais, **d**, Jd 12.

DESARRAIGAR: Destruir radicalmente, extirpar, extinguir. // Os aleivosos serão dela desarraigados, Pv 2.22. Para nos desarraigar deste mundo, Gl 1.4. Ver **Arrancar, Tirar.**

DESASSOMBRO: Falta de assombro. Ousadia, desembaraço. // Ousam falar com mais **d** a palavra, Fp 1.14.

DESASTRE: Acidente funesto. // Não lhe suceda... algum **d**, Gn 42.4, 44.29. Ver **Calamidade, Desgraça.**

DESATAR: Desprender, desligar. // Não sou digno de... desatar-lhe as correias, Mc 1.7. Ordenou Jesus: Desatai-o, Jo 11.44. De abrir o livro e de lhe desatar os selos? Ap 5.2.

DESATINAR: Fazer perder o tino ou a razão a. // e os faz **d** como ébrios, Jó 12.25 (ARC).

DESATINO: Falta de tino; loucura. // Siquém praticaria um **d** em Israel, Gn 34.7.

DESAVENÇA: Quebra de boas relações. Contenda. // Tal **d** que vieram a separa-se, At 15.39. Ver **Contenda.**

DESBARATAR: Derrotar. // Josué desbaratou a Amaleque, Êx 17.13. Pois contigo desbarato exércitos, Sl 18.29. Arremessa as tuas flechas, e desbarata-os, Sl 144.6. Ver **Derrotar.**

DESBOCAR: Tomar o freio nos dentes. Usar de linguagem indecorosa, dissoluta. // Se desboca em mentiras, Pv 14.5,25.

DESCAIDO: Abatido. // Restabelecei as mãos **d**, Hb 12.12.

DESCAIR: Deixar cair, pender. // Caim, e descaiu-lhe o semblante, Gn 4.5. Fazendo-te o Senhor descair a coxa, Nm 5.21. Arrastados pelo erro desses insubordinados, descaiais, 2 Pe 3.17.

DESCALÇAR: Tirar (aquilo que vestia a perna, o pé ou a mão). // Descalça as sandálias, Js 5.15.

DESCALÇO: Que tem os pés nus. // Foi ordenado a Moisés, e a Josué, a descalçarem, quando pisavam "terra santa", Êx 3.5; Js 5.15. Davi, fugindo de Absalão, em sinal da sua tristeza, andou descalço, 2 Sm 15.30. Isaías andou descalço por sinal e prodígio contra o Egito, Is 20.3. Não se podia usar calçado quando andava na área de Templo. Atualmente muitos judeus andam descalços no dia da expiação e no dia nove do mês de Abibe.

DESCANSAR: Livrar de fadiga ou aflição: tranqüilizar. // Deus terminado no dia sétimo... descansou, Gn 2.2. No sétimo dia descansarás, Êx 23.12. Descansa no Senhor à sombra do Onipotente, Sl 91.1. Pois descansarás, e, ao fim dos dias, Dn 12.13. Dormis agora e descansais, Mc 14.41. Descansa, come e bebe, Lc 12.19. Descansou Deus no sétimo dia, Hb 4.4. Ele mesmo descansou de suas obras, Hb 4.10. Que descansem das suas fadigas, Ap 14.13.

DESCANSO: Repouso do movimento, do trabalho, da fadiga. // A minha presença irá contigo, e eu te darei **d**, Êx 33.14. E vos dará **d** de todos os vossos inimigos, Dt 12.10. Junto às águas de **d**, Sl 23.2. Não entrarão no meu **d**, Sl 95.11. Corrige o teu filho e te dará **d**, Pv 29.17. Este é o **d**, dai **d** ao cansado, Is 28.12. E achareis **d** para as vossas almas, Mt 11.29. Não entrarão no meu **d**, Hb 3.11. Nós... entramos no **d**, Hb 4.3. Esforcemo-nos por entrar naquele **d**, Hb 4.11. Não tem **d** nem de dia, Ap 4.8; 14.11. Ver **Consolo.**

DESCENDÊNCIA: Série de pessoas que procedem dum mesmo tronco. // Porei inimizade entre... a tua **d** e o seu descendente, Gn 3.15. Darei à tua **d** esta terra, Gn 12.7. Multiplicarei a tua **d**, Gn 22.17. Nem a sua **d** a mendigar o pão, Sl 37.25. Suscitará **d** ao falecido, Mt 22.24. Na tua **d** serão abençoadas todas, At 3.25. Mas socorre a **d** de Abraão, Hb 2.16. Em Isaque será chamada a tua **d**, Hb 11.18.

DESCENDENTE: Pessoas que descende de outra ou de uma raça. // Entre a tua descendência e o seu **d**, Gn 3.15. Derramarei o meu Espírito sobre... os teus **d**, Is 44.3. Não diz: E aos **d**... de um só: E ao teu **d**, Gl 3.16. Lembra-te de Jesus Cristo... **d** de Davi, 2 Tm 2.8. Ver **Filho.**

DESCER: Mover-se de cima para baixo. // Desceu o Senhor para ver a cidade, Gn 11.5. Os anjos de Deus subiam e desciam, Gn 28.12. Tendo o Senhor descido na nuvem, Êx 34.5. Um santo que descia do céu, Dn 4.13. O Espírito de Deus descia como pomba, Mt 3. 16. Um anjo do Senhor desceu do céu, Mt 28.2. Os anjos do Senhor subindo e descendo, Jo 1.51. Um anjo descia em certo tempo, Jo 5.4. Descendo um objeto como se fosse um grande lençol, At 10.11. Quem descerá ao abismo? Rm 10.7. Aquele que desceu é também o mesmo que subiu, Ef 4.10. O Senhor mesmo... descerá dos céus, 1 Ts 4.16. A nova Jerusalém, que descia do céu, Ap 21.2.

DESCINGIR: Tirar ou desapertar (coisa que cinge). // Aquele que vitorioso se descinge, 1 Rs 20.11.

DESCOBRIR; Tirar aquilo que cobria. Pôr à vista. Achar. // Descobrir a nudez, Lv 18.6-19. Nunca teríeis descoberto o meu enigma, Jz 14.18. Que bela figura fez... descobrindo-se hoje aos olhos das servas, 2 Sm 6.20. Não descubras o segredo de outrem, Pv 25.9. Descobertas... aos olhos daquele, Hb 4.13. Ver **Desnudar, Desvendar.**

DESCONHECER: Não conhecer, ignorar. // Desconhecer o caminho da paz, Is 59.8; Rm 3.17; a justiça de Deus, Rm 10.3. Ver **Ignorar.**

DESCONHECIDO: Que não é conhecido. // Ao Deus **d**, At 17.23. Como **d** e entretanto bem conhecidos, 2 Co 6.9.

DESCONJUNTADO: Separado, desunido. // E os joelhos **d**, Hb 12.12 (ARC).

DESCONJUNTAR: Tirar das junturas. // Todos os meus ossos se desconjuntaram, Sl 22.14.

DESCORAR: Empalidecer; perder a cor. // Nem agora se descorará a sua face, Is 29.11 (ARC).

DESCRENTE: Que perdeu a crença; incrédulo. // Há **d** entre vós, Jo 6.64. Tem negado a fé, e ,e pior do que o **d**, 1 Tm 5.8. Para... os que credes, é a preciosidade, mas para os **d**, 1 Pe 2.7.

DESCREVER: Expor, contar minuciosamente. // Quem lhe poderá descrever a geração? At 8.83.

DESCULPA: Motivo que atenua e destrói a culpa. // Pensais que nos estamos desculpando, 2 Co 12.19. Ver **Inocentar.**

DESDENHADO: Desprezado. // Sob a mulher **d** quando se casa, Pv 30.23. Ver **Desprezado:**

DESDENHAR: Desprezar como inferior ao próprio mérito. // Cujos pais eu teria desdenhado, Jó 30.1. Não lhe desdenhou as preces, Sl 102.17. Ver **Desprezar.**

DESEJAR: Ter vontade de. // Não desejarás a casa do teu próximo, Dt 5.21. Tudo o que podes desejar não é comparável à sabedoria, Pv 3.15. O preguiçoso deseja e nada tem, Pv 13.4. O preguiçoso morre desejando, Pv 21.25. Desejaram ver o que vedes, Mt 13.17. Tenho desejado ansiosamente comer dons espirituais, 1 Co 14.12. Desejai ardentemente... o genuíno leite, 1 Pe 2.2. Ver **Almejar, Anelar.**

DESEJÁVEL: Que é digno de se desejar. // Árvore **d** para dar entendimento, Gn 3.6. São mais **d** do que ouro, Sl 19.10. Ele é totalmente **d**, Ct 5.16. Suas coisas mais **d** são de nenhum, Is 44.9 (ARC). Manjar **d** não comi, Dn 10.3.

DESEJO: Vontade de possuir ou de gozar. // O teu **d** será para o teu marido, Gn 3.16. O **d** dos humildes, Sl 10.17. Satisfizeste-lhe ao **d** do coração, Sl 21.2. O **d** dos perversos perecerá, Sl 112.10. O **d** dos justos tende somente para o bem, Pv 11.23. O **d** cumprido é árvore de vida, Pv 13.12. **D** de partir e estar com Cristo, Fp 1.23. Fazei morrer a vossa natureza terrena, desejo maligno, Cl 3.5.

DESEMBARAÇADAMENTE: Com desembaraço. // E falava **d**, Mc 7.35.

DESEMBARAÇAR: Remover o embaraço. // Desembaraçando-nos de todo peso, Hb 12.1. Ver **Desimpedir.**

DESENCAMINHAR: Tirar do caminho. // Nascem e já se desencaminham, Sl 58.3. Ver **Enganar, Desviar.**

DESENFREAMENTO: Ato ou efeito de desenfrear. // Estranho... no mesmo **d** de dissolução, 1 Pe 4.4 (ARC).

DESENROLAR: Estender aquilo que estava enrolado. // estende os céus... e os desenrola como tenda, Is 40.22.

DESENVOLVER: Exercer, aplicar. // Desenvolvei a vossa salvação, Fp 2.12.

DESERDAR: Privar de bens concedidos a outros. // E o deserdarei: e farei de ti povo maior, Nm 14.12. Ver **Desapossar.**

DESERTO: A palavra indica um lugar ermo, vazio, Mt 3.1; Lc 15.4; planície inculta, às vezes, de pastagens, Êx 3.1; região árida, Is 35.1; 51.3; lugar vasto e desolado, Sl 78.40; lugar devastado, Sl 102.6. Murmurou contra Moisés no deserto, Êx 14.11; 16.2. Neste **d** cairão os cadáveres, Nm 14.29. Grande e terrível **d**, Dt 1.19. Quarenta anos vos conduzi pelo **d**, Dt 29.5. Fique **d** a sua morada, Sl 69.25. Como o dia de Massá no **d**, Sl 95.8. Converteu rios em **d**, Sl 107.33. Terra frutífera, em **d** salgado, Sl 107.34. O **d** e a terra se alegrarão, Is 35.1. Águas arrebentarão no **d**, Is 35.6. Fará o seu **d** como o Éden, Is 51.3. Voz do que clama no **d**, Mt 3.3; Is 40.3. Jesus levado... ao **d**, Mt 4.1. Que saístes a ver no **d**? Mt 11.7. Neste **d** tantos pães? Mt 15.33. Moisés levantou a serpente no **d**, Jo 3.14. Ficaram prostrados no **d**, 1 Co 10.5. Provocação no dia da tentação no **d**, Hb 3.8. Errantes pelos **d**, Hb 11.38. A um **d**, e vi uma mulher montada, Ap 17.3. // **Oração no deserto:** Moisés, Êx 33.7; Jesus, Lc 5.16; Lídia, At 16.13; Paulo (parece), Gl 1.17. // **O deserto** de Sinai, Êx 19.2; de Moabe, Dt 2.8; de Judá, Jz 1.16; de Zife, 1 Sm 23.15; de En-Gedi, 1 Sm 24.1; de Damasco, 1 Rs 19.15; de Gaza, At 8.26. // **No deserto:** Hagar, Gn 16.7; Ismael, Gn 21.20; Moisés. Êx 3.1; Israel, Êx 14; Davi, 1 Sm 23.14; Elias, 1 Rs 19.4; João Batista, Lc 1.80; Jesus, Mt 4.1; Igreja, At 7.38; A mulher, Ap 12.6. Ver **Arabá, Ermo.**

DESERTOR: Aquele que muda de partido. // Os **d** que se entregaram ao rei de Babilônia, Jr 52.15.

DESESPERADAMENTE: De modo desesperado. // Enganoso é o coração... e **d** corrupto, Jr 17.9.

DESESPERADO: Que perdeu a esperança. // Palavras, ditas por um **d** ao vento? Jó 6.26.

DESESPERAR: Desanimar. Deixar de esperar. // Mas meus irmãos... desesperaram, o povo, Js 14.8. A ponto de desesperarmos até da própria vida, 2 Co 1.8.

DESESPERO: Falta ou perda de esperança. // Então se rirá do **d** do inocente, Jó 9.23.

DESFALECENTE: Que desfalece. // Os joelhos fortificaste, Jó 4.4 (ARC).

DESFALECER: Perder pouco a pouco as forças; desmaiar. // Desfaleceu-lhes o coração, Gn 42.28. Desfalecerão de saudades, Dt 28.32. Davi disse a Saul: Não desfaleça o coração de ninguém, 1 Sm 17.32. Desfalece pelos átrios do Senhor, Sl 84.2. Para que não desfaleçam pelo caminho, Mt 15.32. Para que a tua fé não desfaleça, Lc 22.32. Tendo este ministério... não desfalecemos, 2 Co 4.1. Ceifaremos se não desfalecermos, Gl 6.9. Não desfaleçais nas minhas tribulações, Ef 3.13. Ver **Esmorecer, Desmaiar.**

DESFAZER: Converter-se ou transformar-se noutra. // Suas amarguras se desfizeram das suas mãos, Jz 15.14. Meus olhos se desfazem em lágrimas, Jó 16.20. Se a nossa casa terrestre... se desfizer, 2 Co 5.1. De forma que venha a desfazer a promessa, Gl 3.17. Está desfeito o escândalo da cruz, Gl 5.11. Os elementos se desfarão abrasados, 2 Pe 3.10. Visto que... ser assim desfeitas, 2 Pe 3.11.

DESFERIR: Soltar, brandir, atirar. // Deus desfere contra eles uma seta, Sl 64.7. Luto, não como desferindo golpes no ar, 1 Co 9.26.

DESFIGURAR: Alterar a figura ou o aspecto de. // O seu aspecto estava mui desfigurado, Is 52.14. Desfiguram o rosto, Mt 6.16.

DESFILADEIRO: Garganta ou passagem estreita entre montanhas. // **D** de Micmás, 1 Sm 13.23. Entre os **d** pelos quais Jônatas procurava passar, 1 Sm 14.4.

DESFILHAR: Tirar os filhos a. // Por que seria eu desfilhada... num mesmo dia? Gn 27.45 (ARC). As feras... vos desfilharão, Lv 26.22.

DESFRUTAR: Gozar, obter os frutos de. // Plantou uma vinha e ainda não a desfrutou? Dt 20.6. Os meus eleitos desfrutarão de todo, Is 65.22.

DESGARRADO: Extraviado, desencaminhado. // Como ovelha **d**, Sl 119.176; Is 53.6; Ez 34.6; 1 Pe 2.25. Cordeiro **d** é Israel, Jr 50.17. A **d** tornarei a trazer, Ez 34.16. Éramos néscios, desobedientes, **d**, Tt 3.3. Ver **Errante.**

DESGARRAR: Desviar-se do rumo. // Desgarrados pelo deserto, Sl 107.4,40 (ARC). Como ovelha desgarrada, Sl 119.176. Andávamos desgarrados como ovelhas, Is 53.6. As minhas ovelhas andam desgarradas, Ez 34.6.

DESGOSTADO: Descontente. // Quarenta anos estive **d** com essa geração, Sl 95.10.

DESGOSTAR: Causar desgosto. // Descontentar-se; desagradar-se. // Desgostou-se Davi, 2 Sm 6.8. Desgostou-se Jonas extremamente, Jn 4.1. A mim não me desgosta, Fp 3.1.

DESGOSTO: Ausência de gosto ou prazer. Pesar. // Senti **d**, porque não guardam, Sl 119.158. Bênção do Senhor... não traz **d**, Pv 10.22. Afasta... do teu coração o **d**, Ec 11.10. Contudo não me revelastes... **d**, Gl 4.14.

DESGOSTOSO: Penalizado, descontente. // Foi-se o rei de Israel... **d**, 1 Rs 20.43. Acabe veio **d** e indignado, 1 Rs 21.4.

DESGRAÇA: Infelicidade, calamidade. // Reter a sua compaixão por causa da **d** de Israel, Jz 10.16. Filho insensato é a **d** do pai, Pv 19.13.

DESGRAÇADO: Infeliz; desditoso. // Não sabes que és um **d**, Ap 17 (ARC).

DESIGNAR: Marcar, assinalar, nomear. // Designou doze, Mc 3.14. Designou outros setenta, Lc 10.1. Vos designei para que vades e deis, Jo 15.16. Cristo, que já vos foi designados e apóstolo, 1 Tm 2.7. Ver **Determinar, Nomear.**

DESÍGNIO: Plano, projeto, intenção, propósito. // Os **d** que hoje estão formulando, Dt 31.21. Penetra todos os **d** do pensamento, 1 Cr 28.9. O Senhor frustra os **d** das nações, Sl 33.10. O **d** do Senhor permanecerá, Pv 19.21. Do coração procedem maus **d**, Mt 15.19. Rejeitaram... o **d** de Deus, Lc 7.30. Este entregue pelo determinado **d**... de Deus, At 2.23. Anunciar todo o **d** de Deus, At 20.27. Manifestará os **d** dos corações, 1 Co 4.5. Satanás... pois não lhe ignoramos os **d**, 2 Co 2.11. Ver **Imaginação, Plano.**

DESIGUAL: Diferente, diverso. // Não vos ponhais em jugo **d**, 2 Co 6.14. Compare Lv 19.19.

DESIMPEDIR: Tirar o impedimento. // E se desimpedirão os ouvidos dos surdos, Is 35.5. Ver **Desembaraçar.**

DESLEAL: Pv 25.19; Ml 2.10. Pérfido, infiel.

DESPIOLHAR: Tirar piolhos de. // Despiolhará a terra do Egito como o pastor despiolha, Jr 43.12.

DESPIR: Tirar do corpo (o vestido, a roupa, as armas). // Despiram-no da túnica, Gn 37.23. Arão... despirá as vestes de linho, Lv 16.23. Despiu a sua túnica e profetizou, 1 Sm 19.24. Como quem se despe num dia de frio, Pv 25.20. Despi-vos e ponde-vos desnudas, Is 32.11. Não por querermos ser despidos, 2 Co 5.4. Que vos despistes do velho homem, Cl 3.9. Ver **Desnudar.**

DESPOJAR: Espoliar, desapossar. Privar, roubar, saquear. // E despojaram os egípcios, Êx 12.36. A despojar os mortos, acharam a Saul, 1 Sm 31.8. A fim de despojarem as viúvas, Is 10.2. Despojei outras igrejas, 2 Co 11.8. Vos despojeis do velho homem, Ef 4.22. Despojando os principados, Cl 2.15. Despojando-vos de toda impureza, Tg 1.21 Despojando-vos, portanto, de toda maldade, 1 Pe 2.1.

DESPOJO: Aquilo que se tomou ao inimigo. // Quando vi entre os **d** uma boa capa, Js 7.21. Três dias saquearam o **d**, 2 Cr 20.25. Pagou o dízimo, tirado dos melhores **d**, Hb 7.4. Ver **Espólio, Roubo.**

DESPOSAR: Ajustar casamento com alguém. // Desposar-te-ás com uma mulher, Dt 28.30. O contrato de casamento usado por Oséias como símbolo do penhor de Jeová do seu amor e favor a Israel penitente, Os 2.19,20. Chamará à tua terra: Desposada (ARA), Is 62.4. Maria... desposada com José, Mt 1.18. O segundo desposou a viúva, Mc 12.21. Uma virgem desposada com, Lc 1.27. Ver **Casar, Esposar.**

DESPOSÓRIO: Contrário de casamento. // No dia do seu **d**, Ct 3.11. Amor dos teus **d**, Jr 2.2 (ARC).

DESPRENDER: Soltar o que estava preso. // Desprendei-a e trazei-mos Mt 21.2.

DESPREOCUPADAMENTE: Sem preocupação. // Mulheres que viveis **d**, Is 32.9.

DESPREOCUPADO: Que não tem preocupação. // Morre... **d** e tranqüilo, Jó 21.23.

DESPREZADO: Desconsiderado. // Mas eu sou verme... **d** do povo, Sl 22.6. Pequeno sou e **d**, contudo, Sl 119.141. Deus escolheu as coisas... **d**, 1 Co 1.28. Ver **Desdenhado.**

DESPREZADOR: O que despreza. // Vede, ó **d**, At 13.41.

DESPREZAR: Ter, sentir, testemunhar desprezo por. Não fazer caso de. // Assim desprezou Esaú o seu direito, Gn 25.34. Mical... o desprezou no seu coração, 2 Sm 6.16. Os loucos desprezam a sabedoria, Pv 1.7. O insensato despreza a instrução, Pv 15.5. A virgem, filha de Sião, te despreza, Is 37.22. Era desprezado, e o mais rejeitado, Is 53.3. Ou se devotará a um e desprezará ao outro, Mt 6.24. Não desprezeis a qualquer destes pequeninos, Mt 18.10. Considerarem justos, e desprezavam os outros Lc 18.9. Desprezas a riqueza da sua bondade, Rm 2.4. Não despreze ao que não come, Rm 14.3. Não desprezeis profecias, 1 Ts 5.20. Ninguém despreze a tua mocidade, 1 Tm 4.12. Ninguém te despreze, Tt 2.15. Ver. **Desdenhar.**

DESPREZÍVEL: Digno de desprezo; vil. // Toda coisa vil e **d** destruíram, 1 Sm 15.9. Vós nobres e nós **d**, 1 Co 4.10. A presença... a palavra **d**, 2 Co 10.10.

DESPREZO: Sentimento pelo qual se julga uma pessoa ou uma coisa indigna de estima ou de atenção. // Tira de sobre mim o opróbrio e o **d**, Sl 119.22. Vindo a perversidade, vem também o **d**, Pv 18.3. A minha enfermidade... não me revelastes **d**, Gl 4.14.

DESPROVIDO: Privado de recursos ou de coisas necessárias. // Destes **d**, duplamente mortas, Jd 12.

DESQUALIFICAR: Declarar indigno por violação das leis de honra. // Não venha eu mesmo a ser desqualificado, 1 Co 9.27.

DESRESPEITO: Falta de respeito. // Não os tratem com **d**, 1 Tm 6.2. Ver **Desonra.**

DESSEDENTAR: Matar a sede. // Dessedentou a alma sequiosa, Sl 107.9. Quem dá a beber será dessedentado, Pv 11.25.

DESTERRADO: Exilado, que foi banido da pátria. // Ajuntará os **d** de Israel, Is 11.12. Esconde os **d**, Is 16.3. Habitem entre ti os **d**, Is 16.4. Ver **Exilado.**

DESTERRAR: Fazer sair ou expulsar da terra, de residência, ou da pátria, 2 Sm 15.19; Is 11.12; 16.3; Am 5.27; Mt 1.17. Ver **Cativeiro, Exilado, Exílio.**

DESTILAR: Condensar os vapores de (o líquido que se faz evaporar pelo calor). Cair ou sair em pequenas gotas. // Destile a minha palavra, Dt 32.2. Os seus céus destilarão orvalho, Dt 33.28. O destilar dos favos, Sl 19.10. Teus lábios... destilam mel! Ct 4.11. Destilai... nuvens chovam justiça, Is 45.8. Os montes destilarão mosto. Jl 3.18; Am 9.13.

DESTINAR: Escolher o destino. // Os que haviam sido destinados, At 13.48. Por meio de um verão que destinou, At 17.31. Deus não nos destinou para a ira, 1 Ts 5.9.

DESTINO: Lugar para onde se dirige alguém ou alguma coisa. // O **d** deles é a perdição, Fp 3.19.

DESTITUIR: Privar de autoridade, dignidade ou emprego. // O **d** deles estão da glória de Deus, Rm 3.23 (ARC).

DESTRA: A mão direita. // A tua **d**... e gloriosa em poder, Êx 15.6. A **d** do Senhor faz proezas, Sl 118.15. Tua mão e a tua **d** me susterá, Sl 139.10. Assentou-se à **d** de Deus, Mc 16.19; Hb 10.12. Exaltado, pois, à **d** Deus, At 2.33. Vejo... o Filho do homem em pé à **d** de Deus, At 7.56. Estenderam, a mim e a Barnabé, a **d** de comunhão, Gl 2.9. Está a **d** de Deus, ficando-lhe subordinados anjos, 1 Pe 3.22.

DESTREZA: Aptidão, habilidade, sagacidade. // Esqueça-se a minha destra da sua **d**, Sl 137.5 (ARC). Feito com sabedoria, ciência e **d**, Ec 2.21.

DESTROÇO: Restos de uma coisa que foi destroçada, destruída. // Outros em **d** do navio, At 27.44.

DESTRUIÇÃO: Ato ou efeito de arruinar, demolir, derribar. // Suas **d** virá repentinamente, Pv 6.15. A boca do insensato é a sua própria **d**, Pv 18.7. Com a vassoura da **d**, Is 14.23. Entregue a Satanás para a **d** da carne, 1 Co 5.5. Sobrevirá repentina **d**, 1 Ts 5.3; 2 Pe 2.1. Sofrerão penalidades de eterna **d**, 2 Ts 1.9. A sua **d** não dorme, 2 Pe 2.3. Na sua **d** hão de ser **d**, 2 Pe 2.12. A besta caminha para a **d**, Ap 17.8. Ver **Assolação.**

DESTRUIDOR: Aquele que destrói. Não permitirá ao **d** que entre, Êx 12.23. Disse ao anjo **d**, 1 Cr 21.15. O **d** anda destruindo, Is 21.2, com as suas armas **d**, Ez 9.1. O gafanhoto **d**, Jl 1.4. Pereceram pelo **d**, 1 Co 10.10. O **d** dos primogênitos, Hb 11.28. Ver **Assolador.**

DESTRUIR: Arruinar, demolir, derribar. // Foram destruídas todas as criaturas, Gn 7.23. Saí deste lugar porque o Senhor há de destruir a cidade, Gn 19.14. Não adorarás aos seus ídolos, antes os destruirás, Êx 23.24. Destruirás todas as suas pedras com figura, Nm 33.52. Destruirás por completo todos os lugares onde as nações serviram os seus deuses, Dt 12.2. O anjo a sua mão sobre Jerusalém, para a destruir, 2 Sm 24.16. Procurou Hamã destruir todos os judeus, Et 3.6. Os ídolos serão de todos destruídos, Is 2.18. Deus destruiu a Sodoma e a Gomorra, Jr 50.40. Reino que não será destruído, Dn 2.44. Veio o dilúvio e destruiu a todos, Lc 17.27. Destruí este santuário dos sábios, 1 Co 1.19. Se alguém destruir o santuário, 1 Co 3.17. Quando houver destruído todo o principado, 1 Co 15.24. Poderosas... para destruir fortalezas, 2 Co 10.4. Destruindo por ela a inimizade, Ef 2.16. Jesus o matará com o sopro de sua boca, e o destruirá, 2 Ts 2.8. Jesus não só destruiu a morte 2 Tm 1.10. Destruísse aquele que tem poder da morte, Hb 2.14. Na sua destruição hão de ser destruídos, 2 Pe 2.12. Para destruir as obras do diabo, 1 Jo 3.8. Destruiu os que não creram, Jd 2. Para destruíres os que destroem, Ap 11.18.

DESVAIRAR: Fazer enlouquecer, perder a cabeça. // E aos juízes faz desvairar. Jó 12.17.

DESVALIDO: Desprotegido, desamparado. // Ele acode... ad **d**, Sl 72.12. Ergue do pó o **d**, Sl 113.7.

DESVANECENTE: Que se vai passando. // Glória do seu rosto, ainda que **d**, 2 Co 3.7.

DESVARIO: Desacerto, desatino. // Nele há **d** enquanto vivem, Ec 9.3.

DESVENDADO: Descoberto. // Rosto **d**, contemplando... a glória, 2 Co 3.18.

DESVENDAR: Tirar a venda de, Revelar. // Desvenda os meus olhos... contemple as maravilhas, Sl 119.18. Ver **Descobrir, Revelar.**

DESVENTURA: Desgraça, infortúnio. // Eu me rirei na vossa **d**, Pv 1.26. Chorai... **d** que vos sobrevirão, Tg 3.1. Ver **Desgraça.**

DESVENTURADO: Infeliz. // **D** homem que sou! Rm 7.24.

DESVIAR: Mudar a direção. Desencaminhar. // O teu povo... se corrompeu, e depressa se desviou, Êx 32.7,8. Não te desviarás, nem para a direita, Dt 17.11. Resposta branda desvia o furor, Pv 15.1. Quando for velho não te desviará, Pv 22.6. Cada um se desviava pelo caminho, Is 53.6. Desviaram da fé, 1 Tm 6.10,21. Desviaram da verdade, asseverando que, 2 Tm 2.18. Para que delas jamais nos desviemos, Hb 2.1. Desviar da verdade, e alguém o converter, Tg 5.19. Ver **Desencaminhar, Desgarrar.**

DETER: Impedir de avançar. Parar. // O sol se deteve, Js 10.13. Não se detém no caminho, Sl 1.1. Respondeu-lhe Jesus: Não me detenhas, Jo 20.17. Sabeis o que detém, 2 Ts 2.6. Seja afastado aquele que agora o detém, 2 Ts 2.7.

DETERMINADO: Decidido, resolvido. // Tudo tem o seu tempo **d**, Ec 3.1. Ao tempo **d** do fim, Dn 8.19. Pelo **d** desígnio e presciência de Deus, At 2.23.

DETERMINAR: Marcar termo a: fixar; indicar com precisão. // Setenta semanas estão determinadas, Dn 9.24. Determinou-lhes que não se ausentassem, At 1.4. De novo determina certo dia. Hoje, Hb 4.7. Ver **Designar**.

DETESTAR: Ter aversão, odiar. // De todo a detestará, Dt 7.26. Pois não faço o que prefiro, e, sim o que detesto, Rm 7.15. Detestai o mal, Rm 12.9. Ver **Abominar, Aborrecer, Odiar.**

DETESTÁVEL: Que merece detestação; abominável. // Ídolos **d**, Jr 16.18; Ez 11.18. Esconderijo... ave imunda e **d**, Ap 18.2. Ver **vil.**

DETRAÇÃO: Maledicência, murmuração, depreciação, menosprezo. // Entre vós contendas... **d**, 2 Co 12.20.

DETRATOR: Aquele que detrai, aquele que difama. // Sendo murmuradores, **d**, Rm 1.30 (ARC).

DEPRIMENTO: Dano, perda, prejuízo. // Se a obra... se queimar, sofrerá **d**, 1 Co 3.15 (ARC).

DETURPAR: Manchar, desfigurar. // Que os ignorantes e instáveis deturpam, como também deturpam as, 2 Pe 3.16.

DEUS: Ser existente por si mesmo, infinito, supremo, criador e conservador do universo. // Seus nomes: **Elohim,** hb. plural de **Eloah,** Deus, Gn 1.1 etc. **Jehovah,** hb. Senhor Deus, Gn 2.4; etc. **El,** hb. Deus, Gn 16.13. **Eloahh,** hb. Deus, Dt 32.15. **Elahh,** caldaico, Deus, Ed 7.12. **Jah,** hb. **Senhor,** Sl 77.11. **Theos,** gr. Deus, Mt 1.23. **Kurios,** gr. Senhor, At 19.20. // **Deus Criador:** Gn 1; Jó 33.4; 38; Sl 8; 19.1; 33.6; 94.9; 104; 136; Ec 12.1; Is 40.28; 45.8; Jo 1.3; At 17.24; Rm 1.25; 1 Pe 4.19; Ap 4.11. // **Deus, Pai:** Mt 11.25; 28.19; Jo 1.14; At 1.4; 2.33; Rm 6.4; 1 Co 8.6; 15.24; 2 Co 1.3; 6.18; Ef 1.17; Fp 2.11; Hb 12.9; Tg 1.27; 1 Pe 1.17; 2 Jo 3. // **Deus, Filho:** Mt 11.27; Mc 13.32; Lc 1.32; Jo 1.18; At 8.37; Rm 1.4; 2 Co 1.19; Gl 2.20; Ef 4.13; Hb 4.14; 1 Jo 2.22; Ap 2.18. // **Deus, Espírito Santo:** Mt 28.19; Jo 15.26; At 1.2; 2 Co 3.17; 1 Tm 3.16; Ap 3.1. // **Deus, quanto aos seus atributos, é:** Amor, 1 Jo 4.8; Altíssimo, Sl 9.2; 21.7; Dn 5.18; Mc 5.7; At 7.48; Espírito, Jo 4.24; Rm 1.20; Cl 1.15; 3.17; 1 Tm 1.17; 6.6,15,16; Eterno, Gn 21.33; Êx 3.15; Dt 32.40; 33.27; Jó 36.26; Sl 90.2; 92.8; 102.12; 104.31; 145.13; 146.10; Is 40.28; 41.4; Jr 10.10; 2 Pe 3.8; Ap 1.8; 4.9; 22.13; Fogo consumidor, Hb 12.29; Imortal, 1 Tm 1.17; Imutável, Nm 23.19; 1 Sm 15.29; Sl 33.11; 119.89; At 4.28; Ef 1.4; Hb 1.12; 6.17; 13.8; Tg 1.17; Invisível, Êx 33.20; Jo 1.18; 4.24; 5.37; Ct 1.15; 1 Tm 1.17; 6.16; Hb 11.27; 1 Jo 4.12; Juíz, Gn 18.25; Jz 11.27; Sl 7.11; 9.7; 94.2; Is 2.4; At 10.42; Rm 2.16; 2 Tm 4.8; Hb

12.23; Ap 19.11; Libertador, Sl 18.2; 144.2; Rm 11.26; Onipotente, Gn 1.3; Êx 15.11,12; Dt 32.39; 1 Cr 29.11,12; Jó 42.2; Dn 4.35; Mt 19.26; Lc 1.37; Ap 19.6; Onipresente, 1 Rs 8.27; Jó 23.8,9; Sl 139.7-10; Pv 15.3; Is 66.1; At 17.27; Onisciente, 1 Sm 16.7; 2 Cr 16.9; Sl 139.1-16; Mt 10.29; At 1.24; Pastor, Sl 23.1; Perfeito, Jó 37.16; Mt 5.48; Refúgio, 2 Sm 22.2,3; Sl 40.17; Rei, Sl 24.8; Is 33.22; Rei dos reis, Ap 19.16; Salvador, Sl 106.21; Lc 1.47; Senhor dos senhores, Ap 17.14; Supremo, Dn 4.25; Rm 9.5; 11.36; 1 Tm 6.15; Ap 4.11; Todo-poderoso, Gn 17.1; Êx 6.3; Mt 26.64; Ap 1.8; 21.22; Único, Dt 6.4; Mc 12.29; Jd 25. // **Deus, quanto ao caráter, é:** Bom, Sl 25; 8; Lc 18.19; Compassivo, Sl 86.15; 116.5; Rm 9.15; Fiel, 1 Co 10.13; 1 Pe 4.19; Glorioso, Êx 15.11; Sl 145.5; Grande, 2 Cr 2.5; Sl 86.10; Justo, Dt 32.4; Is 45.21; Longânimo, Nm 14.18; 1 Pe 3.20; 2 Pe 3.9; Luz, Is 60.20; Jo 1.7; 1 Jo 1.5; Misericordioso, Sl 78.38; 117.2; Lc 6.36; Reto, Sl 25.8; 119.137; Santo, Is 6.3; 1 Pe 1.16; Sábio; Rm 16.27; Vivo, Jr 10.10; Mt 16.16; Zeloso, Êx 20.5; 34.14; Js 24.19; Sl 78.58; 1 Co 10.22.

DEUS: Pessoa ou coisa, a que se presa ou se venera acima de tudo: (O dinheiro é o deus dos avarentos). O deus deste século cegou os entendimentos, 2 Co 4.4. O deus deles é o ventre, Fp 3.19. // **Ídolo, divindade pagã:** Em mitologia havia doze grandes deuses: Júpiter, Netuno, Marte, Mercúrio, Vulcano, Apolo. Vesta, Junio, Ceres, Diana, Vênus e Minerva. Mencionam-se Júpiter e Mercúrio em At 14.12. Furtaste os meus deuses do Egito, Êx 12.12. Deuses que te tiraram da terra do Egito, Êx 32.4. Não farás deuses fundidos, Êx 34.17; Vamos após outros deuses, Dt 13.2. Pregador de estranhos deuses, At 17.18. Não serem deuses os que são feitos, At 19.26. Diziam ser ele um deus, At 28.6. Como há muitos deuses, 1 Co 8.5.

DEUSA: Cada uma das divindades femininas. Entre os gregos havia: Minerva, deusa da ciência; Aurora, deusa da manhã; Vênus, deusa do fogo; etc. Astarote era deusa dos sidônios, 1 Rs 11.5. Entrarem nos jardins após a deusa, Is 66.17. Diana era deusa dos Efésios, At 19.27,28. Ver **Rainha dos céus,** Jr 7.18.

DEUTERONÔMIO: O quinto livro da Bíblia e o último do Pentateuco. O título é do grego e quer dizer: **Segunda Lei,** ou melhor: **Repetição da Lei.** No Êxodo, Levítico e Números, as leis foram dadas conforme a necessidade da ocasião, a um povo encampado no deserto. No Deuteronômio essas leis foram repetidas a uma nova geração que ia, brevemente, morar em casas, vilas e cidades. Moisés cumprira sua missão. Conduzira Israel do Egito às fronteiras de Canaã. O Deuteronômio inteiro e como a última palavra de um pai à vigília de morte, cheio de fervor e amor, aos seus filhos indisciplinados, prestes a entrarem na Terra da Promissão. Estes discursos de Moisés a nação de Israel, são considerados como obras-primas que nem Demóstenes conseguiu atingir — discursos "culminando em cântico que nenhum outro orador jamais sobrepujou". "Tinha Moisés a idade de cento e vinte anos... não se lhe abateu o vigor", capítulo 34.7. E esses discursos mostram que a mente, tanto como o físico, retinha seu pleno vigor. **O autor:** Moisés. Ver **Pentateuco. A Chave:** Obediência. Capítulo 10.12-22. **A divisão:** I. O primeiro discurso de Moisés, Retrospecto da peregrinação no deserto, capítulos 1 a 4. // II. O segundo discurso de Moisés. Recapitulação das leis, capítulos 5 a 28. III. O terceiro discurso de Moisés. Profecia do futuro de Israel, capítulos 29 a 34. Os discursos de Deuteronômio foram proferidos por Moisés durante os dois meses que Israel passou acampado nas planícies de Moabe, em 1451 a.C. O retrospecto de Moisés encerra um período de mais ou menos 40 anos.

DEVASSIDÃO: Qualidade daquele ou daquilo que é devasso, desregrado, contrário a decência. // Poluíste a terra com as suas **d**, Jr 3.2. Ao mesmo excesso de **d**, 1 Pe 4.4. Ver **Lascívia, Libertinagem, Luxúria.**

DEVASSO: Homem libertino, licencioso. // Não erreis; nem os **d**, 1 Co 6.10 (ARC).

DEVASTAR: Assolar, danificar, destruir, tornar deserto. // Os montes e outeiros devastarei, Is 42.15. Eu a igreja de Deus e a devastada, Ap 18.17,19.

DEVEDOR: O que deve. // Como nós temos perdoado aos nossos **d**, Mt 6.12. Certo credor tinha dois **d**, Lc 7.41. Tendo chamado cada um dos **d**, Lc 16.5. Sou **d** tanto a gregos, Rm 1.14. Somos **d**, não à carne, Rm 8.12. E mesmo lhes são **d**, Rm 15.27.

DEVER: Obrigação resultante dos preceitos da honra. Ter que pagar. Ter de. // Isto é o dever de todo homem, Ec 12.13. Um que lhe devia dez mil talentos, Mt 18.24. Devemos ou não devemos pagar? Mc 12.14. Um que lhe devia quinhentos denários, Lc 7.41. Quanto deves ao meu patrão? Lc 16.5. Fizemos apenas o que devíamos, Lc 17.10. Deve alguma coisa, lança tudo em minha conta, Fm 18.

DEVIDO: Que se deve. // Pagai a todos o que lhes é **d**, Rm 13.7. Conceda à esposa o que lhe é **d**, 1 Co 7.3.

DEVOÇÃO: Afeição, dedicação. // Diminuis a **d** a ele devida, Jó 15.4. Ver **Culto, Dedicação.**

DEVOLVER: Mandar ou dar de volta. // Devolverá o fruto do seu trabalho, Jó 20.18.

DEVORADOR: Que devora. Insaciável. // Fogo **d** da sua boca, Sl 18.8. Amas todas as palavras **d**, Sl 52.4. O gafanhoto **d**, Jl 1.4. Repreenderei o **d**, Ml 3.11.

DEVORAR: Comer dilacerando com os dentes (falando-se de animais ferozes). Comer com sofreguidão. // Espigas mirradas devoravam, Gn 41.7. A vara de Arão devorou as varas, Êx 7.12. Devorados pela febre e peste, Dt 32.24. A espada devora, 2 Sm 11.25. Que devoram o meu povo, Sl 14.4; 53.4. Boca dos perversos devora, Pv 19.28. Devorais as casas das viúvas, Mt 23.14. Tolerais quem... vos devore, 2 Co 11.20. Mordeis e devorais uns aos outros, Gl 5.15. Há de devorar, como fogo, Tg 5.3. Ruge procurando alguém para devorar, 1 Pe 5.8. O livrinho... e o devorei, Ap 10.10.

DEVOTAR: Dedicar. // Ou se devotará a um e desprezará ao outro, Mt 6.24.

DEZ: Diz-se do número cardial formado de duas vezes cinco. // Não a destruirei por amor dos **d**, Gn 18.21. Chefes de **d**, Êx 18.21. Os **d** mandamentos, Dt 4.13. Retrocedeu o sol os **d** graus, Is 38.8. Os **d**, indignaram-se, Mt 20.24. Semelhante a **d** virgens, Mt 25.1. Mulher que, tendo **d** dracmas, Lc 15.8. Chamou **d** servos seus, confiou-lhes **d** minas, Lc 19.13. Os **d** chifres que viste são **d** reis, Ap 17.12. Ver **Número.**

DEZ MANDAMENTOS: Os Dez Mandamentos aparecem em duas formas: a forma original como em Êx 20; a citação livre de Moisés, em Dt 5.6-21. São chamados o Decálogo, isto é, as Dez Palavras, Êx 34.28; os Dez Mandamentos, Dt 4.13; 10.4; a Aliança, 2 Cr 6.11; o Testemunho, Êx 25.16,21; Os Mandamentos, Mt 19.17; Ef 6.2. O Decálogo é uma aliança ou liga de amor entre duas pessoas. Uma aliança entre o povo oriental é, e sempre foi, um acordo sagrado, ligando duas pessoas num entendimento de amor. Os Dez Mandamentos foram pronunciados por Deus e escritos por Ele em duas tábuas de Pedra, Êx 31.18. Foram escritos de ambas as bandas, Êx 32.15. Não se deve pensar que não existia nada destes mandamentos antes de Moisés. Foram escritos nas mentes e nas consciências dos homens desde o princípio. Não há pecado que não é condenado por um dos Dez Mandamentos. A súmula do Decálogo é dever para com Deus e o dever para com o próximo.

DIA: Entre os hebreus, o dia era do por do sol de um dia até o por do sol do dia após, Lv 23.32; Êx 12.18. Em vez de designar as horas do dia, como fizeram depois, dividiram o dia em manhã, meio dia e tarde, Sl 55.17. Era **manhã** até cerca das 10 horas; **o calor do dia** (Gn 18.1), até cerca das 2 horas da tarde; **a viração do dia** (Gn 3.8), até cerca das 6 horas da tarde. Nosso dia de 24 horas divididas em 60 segundos, e esses em 60 segundos, originou com o sistema sexagesimal dos sumerianos, que habitavam o vale do Eufrates, antes dos semitas amorreus. Mas encontra-se em Dn 3.6,15; 4.19; 5.5 (ARC), a primeira menção da divisão do dia em horas. Foi depois do exílio que os judeus dividiram o dia em doze horas, desde o nascer até o por do sol, Mt 20.1-12; Jo 11.9. A terceira hora era às 9 horas da manhã; a hora sexta, meio dia; a hora duodécima, às 6 horas da tarde. // **Os nomes dos dias da semana:** Os caudeus deram nomes aos dias da semana, em honra ao sol, à lua, e a vários dos planetas. Mas os hebreus designaram os dias da semana, por números, exceto o sétimo, a qual chamavam **sábado.** // **Dia** quer dizer, também, ocasião oportuna, própria. No dia da adversidade, Ec 7.14. Aquele dia, Mt 24.36; 2 Tm 1.12. O dia de Cristo, Fp 1.6. O dia, Ml 4.1; Hb 10.25. O dia da expiação, Lv 25.9. O dia da ira, Pv 11.4; Rm 2.5; Ap 6.17. O dia mau, Ef 5.16; 6.13. O dia da morte, Ec 7.1. Naquele dia, Is 19.16. No dia da prosperidade, Ec 7.14. O dia do Senhor, Is 2.12; Jr 46.10; Ez 30.3; Jl 1.15; 2.1,31; Am 5.18; Zc 14.1; At 2.20; 1 Ts 5.2; 2 Pe 3.10; Ap 1.10. O último dia, Jo 14; 2 Tm 3.1. O dia da vingança, Pv 6.34. Os meus dias são mais velozes, Jó 7.6. Um dia nos teus átrios, Sl 84.10. Ensina-nos a contar os nossos dias, Sl 90.12. No teu livro todos os meus dias, Sl 139.16. Não te glories no dia de amanhã, Pv 27.1. O Ancião de dias se assentou, Dn 7.9. Estabeleceu um dia em que há de julgar, At 17.31. Um faz diferença entre dia e dia, Rm 14.5. No primeiro dia da semana, 1 Co 16.2. Guardareis dias e meses, Gl 4.10. Até o dia clareie e a estrela, 2 Pe 1.19. Um dia é como mil anos, 2 Pe 3.8. Ver **Ano, Época, Mês, Tempo.**

DIA DA PREPARAÇÃO: A véspera do sábado, Mt 27.62; Mc 15.42. Lc 23.54; Jo 19.14,31, 42. Ver Êx 16.23.

DIA NATALÍCIO: Dia de aniversário do nascimento: de Faraó, Gn 40.20; dos filhos de Jó, capítulo 1.4; de Herodes, Mt 14.6. Nos dias antigos da Igreja Cristã eram celebrados, como se fossem aniversários natalícios, os dias que tinham sido martirizados os discípulos de Cristo, comemorando-se assim a sua entrada na vida eterna.

DIABO, gr. **Caluniador.** Convém observar a distinção, do original grego, entre um demônio, isto é um espírito imundo (Mt 12.43), e o diabo, o espírito supremo do mal e da injustiça, chamado, também, Abadom e Apoliom, Ap 9.11; Belzebu, Mt 12.24; Belial, 2 Co 6.15 (ARC); o Maligno, 2 Co 6.15 (ARA); Satanás, Lc 10.18; Ap 20.2. // O diabo é, o adversário, 1 Pe 5.8; Ap 12.7-17; 20.2; a antiga serpente, Ap 12.9; 20.2; o acusador dos filhos de Deus, Ap 12,10; o deus deste mundo (século), Jo 14.30; 2 Co 4.4; o enganador, Gn 3.4,13; 2 Co 11.3,13,14; 2 Tm 2.26; a fonte de todo mal, Mt 13.38; 1 Jo 3.8; 10; homicida desde o princípio, Jo 8.44; 1 Jo 3.12; o maioral dos demônios, Mt 12.24; o príncipe da potestade do ar, Ef 2.2; o pai da mentira, Jo 8.44; sagaz, astuto Gn 3.1; Jó 2.7; Mc 1.13; Jo 13.2; At 5.3; 1 Co 7.5; Ef 6.11; 1 Tm 3.6; 1 Jo 3.8; Ap 20.10. // **A obra do diabo,** autor da apostasia, 2 Ts 2.9; 1 Tm 4.1; os crentes devem resisti-lo, Rm 16.20; 2 Co 11.3; 2 Tm 2.26; 1 Pe 5.9; 1 Jo 2.13; Ap 12.11; Ef 6.16; impede o Evangelho, Ms 4.15; Jo 13.2; At 5.2,3; 1 Co 7.5; 2 Co 12.7; 1 Ts 2.18; 2 Tm 2.26; Ap 20.7; muda as Escrituras para o mal, Mt 4.6; Lc 4.10,11; opera grandes sinais e prodígios, Mt 24.24; 2 Ts 2.9; Ap 16.14; 19.20; subjugado por Cristo, Mt 4.11; 8.31; 10.1; 12.28; 29; Cl 2.15; 1 Jo 3.8; transforma-se em anjo de luz, 2 Co 11.14. // O **diabo comparado:** a um passarinheiro, Sl 91.3; às aves, Mt 13.4; a um semeador de joio, Mt 13.25; a um lobo, Jo 10.12; a um leão que ruge, 1 Pe 5.8; a uma serpente, Ap 12.9; 20.2; a um dragão, Ap 16.13. // O **diabo tentou:** Cristo, Mt 4.3; Eva, Gn 3.1; Davi, 1 Cr 21.1; Jó 2.7; Judas Iscariotes, Lc 22.3; Jo 13.2; Ananias, At 5.3. Ver **Satanás.**

DIABÓLICO: Próprio do diabo. // mas é terrena, animal e **d**, Tg 3.15 (ARC).

DIACONISA: Mulher que a Igreja investe em funções análogas às dos diáconos. // Rm 16.1, 2 indica que havia uma ordem de diaconisas na igreja primitiva, 1 Tm 3.11 indica, também, que o diaconato incluía tanto homens como mulheres. Ver Rm 16.3, 12,9,10.

DIÁCONO: A palavra no grego quer dizer servo, assistente, servente. // Traduzido **servo** em Mt 23.11; Mc 10.44; Jo 12.26; 1 Co 3.5; **ministro,** 1 Ts 3.2. // Os sete escolhidos **para servir às mesas** geralmente considerados diáconos, At 6.1-6. Diáconos que vivem em Filipos, Fp 1.1. O diaconato, 1 Tm 3.10. Diáconos apontados, At 6.3, 5.6. As qualificações de diáconos, At 6.3; 1 Tm 3.8-13. Ver **Bispo, Presbítero.**

DIADEMA: Pv 1.9; Is 28.5; 62.3; Ez 21.26; Ap 12.3; 13.1; 19.12. Faixa ornamental, de metal ou de estofo, com que os soberanos cingem a cabeça. Ver **Coroa.**

DIAMANTE: Pedra preciosa. Carbono puro cristalizado; o mais brilhante, o mais duro, o mais límpido dos minerais. Risca todos os corpos sólidos, não podendo ser por seu turno riscado por nenhum deles. Uma das doze pedras preciosas no peitoral do sumo sacerdote, Êx 28.18. Pecado gravado, com diamante, no coração, Jr 17.1. Como o diamante mais duro que a pederneira, Êx 3.9. Uma das pedras preciosas do rei de Tiro, Ez 28.13. Fizeram os seus corações duros como diamante, Zc 7.12.

DIANA: Diana é o nome latino da deusa grega, Artemis, cuja sede de culto era o templo em Éfeso, capital da província romana. Ásia. Seu grandioso templo era uma das sete maravilhas do mundo. A imagem de Diana, segundo a crença do povo, havia caído do céu, At 19.35.

DIANTE: Na frente. // Eram justos, **d** de Deus, Lc 1.6. Gabriel, que assisto **d** de Deus, Lc 1.19. Há júbilo **d** dos anjos, Lc 15.10. Agora, por nós, **d** de Deus, Hb 9.24. Para vos apresentar... **d** da sua glória, Jd 24. Ver **Perante.**

DIARIAMENTE: Todos os dias. // **D** perseverarem unânimes no templo, At 2.46. Discorrer **d** na escola de Tirano, At 19.9.

DIÁRIO: Que se faz todos os dias. // A ração **d**, Dn 1.5. Esquecidas na distribuição **d**, At 6.1. Ver **Cotidiano.**

DIBLAIM: Sogro de Oséias, Os 1.3.

DIBOM: 1. Uma cidade de Moabe, Nm 21.30. Ver mapa 2, **D**-6; mapa 5,C-1. // 2. Uma vila de Judá, Ne 11.25.

DIBRI: Uma mulher da tribo de Dã, cuja filha tinha casado com um egípcio, e cujo filho foi apedrejado por haver blasfemado, Lv 24.11.

DICLA, hb. **Palmeira:** Um dos filhos de Joctã, Gn 20.27.

DÍZIMO, gr. **Gêmeo: O sobrenome de Tomé, Jo 11.16; 20.24; 21.2.**

DIDRACMA: Dracma dupla. // O vosso Mestre não paga as **d**? Mt 17.24 (ARC). Ver **DRACMA.**

DIFAMAÇÃO: Ato ou defeito de difamar. // O que não difama com a sua língua, Sl 15.3. Difamas o filho de tua mãe, Sl 50.20. O que difama é insensato, Pv 10.18. O difamador separa os maiores amigos, Pv 16.28. Cheios de toda injustiça... sendo difamadores, Rm 1.29. Para que a palavra de Deus não seja difamada, Tt 2.5. Não difamem ninguém, Tt 3.2. Irmãos, não faleis mal uns dos outros, Tg 4.11. Fiquem envergonhados os que difamam o vosso bom entendimento, 1 Pe 3.16. Difamando-vos, estranham que não concorrais com eles, 1 Pe 4.4. Não temem difamar autoridade, Jd 8. Satanás o grande difamador, Jó 1.9-11; Zc 3.1; Ap 12.10. Ver **Calúnia.**

DIFAMADOR: Que, ou aquele que tira a boa fama ou crédito a. // O **d** separa os maiores amigos, Pv 16.28.

DIFAMAR: Desacreditar publicamente; caluniar. // O que não difama com sua lígua, Sl 15.3. O que difama é insensato, Pv 10.18.

DIFERENÇA: Falta de semelhança. **Fazer diferença,** quer dizer: fazer distinção. // Para fazerdes **d** entre o santo e o profano, Lv 10.10. Entre o santo e o profano, não fazem **d**, Ez 22.26. Vereis... a **d** entre o justo e o perverso, Ml 3.18. Um faz **d** entre dia e dia, Rm 14.5.

DIFERENÇAR: Fazer diferença ou distinção entre; distinguir. // Sabeis diferençar a face do céu, Mt 16.3 (ARC). Porque, quem te diferença? 1 Co 4.7 (ARC).

DIFERENTE: Que se distingue; que não é semelhante. // Era **d** de todos os animais, Dn 7.7. Porém, **d** dons segundo a graça, Rm 12.6. Espírito **d** que não tendes recebido, ou evangelho **d**, 2 Co 11.4.

DIFERIR: Ser diferente. // Uma estrela difere em glória, 1 Co 15.41 (ARC). Herdeiro é menor em nada difere de escravo, Gl 4.1.

DIFÍCIL: Que não é fácil. Laboriano, arriscado, perigoso. // Para Deus há coisa demasiadamente **d**? Gn 18.14. A causa que for demasiadamente **d**, Dt 1.17. Este mandamento... não é demasiado **d**, Dt 30.11. Prová-lo com perguntas **d**, 1 Rs 10.1. Alguma coisa **d** acaso não a farias? 2 Rs 5.13. A coisa que o rei exige, é **d**, Dn 2.11. Nenhum ministério te é **d**, Dn 4.9. Solução de casos **d**, Dn 5.12. Quão **d** é entrar no reino, Mc 10.24. Sobreviverão tempos **d**, 2 Tm 3.1. **D** de explicar, portanto vos tendes, Hb 5.11. Coisas **d** de entender, 2 Pe 3.16.

DIFICILMENTE: Com dificuldade. // Um rico **d** entrará no reino, Mt 19.23. **D** alguém morreria por um justo, Rm 5.7.

DIFICULDADE: Aperto, circunstâncias crítica. // Em **d** a remar, Mc 6.48. Com **d** que impediram... oferecer sacrifícios, At 14.18. É com **d** que o justo é salvo, 1 Pe 4.18. Ver **Impedimento, Obstáculo.**

DIFUNDIR: Irradiar. // Para onde se difunde a luz, Jó 38.24. A luz difunde-se para o justo, Sl 97.11, Rm 13.13.

DIGNAMENTE: Honradamente. // Andemos **d**, como em pleno dia, Rm 13.13.

DIGNIDADE: Modo de proceder, que se impõe ao respeito público. // A força e a **d** são os seus vestidos, Pv 31.25. Porteis com **d** para com os de fora, 1 Ts 4.12.

DIGNO: Merecedor. // Homens **d** de morte, 2 Sm 19.28. E muito **d** de ser louvado, Sl 96.4. Cujas sandálias não sou **d**, Mt 3.1. Não sou **d** de que entres em minha casa, Mt 8.8. Porque **d** é o trabalhador, Mt 10.10. Mais do que a mim, não é **d** de mim, Mt 10.37. Frutos **d** do arrependimento, Lc 3.8. Não sou **d** de ser chamado teu filho, Lc 15.19. Considerados a **d** de sofrer, At 5.41. Obras **d** de arrependimentos, At 26.20. Modo **d** de vocação, Ef 4.1. De modo **d** do , Cl 1.10. É **d** do seu salário, 1 Tm 5.18. Junto comigo, pois são **d**, Ap 3.4.

DILACERAR: Rasgar em pedaços; despedaçar com violência. // Carne dilacerada no campo, Êx 22.31. Dilaceraram-me sem tréguas, Sl 35.15. Voltando-se, vos dilacerem, Mt 7.6. Ver **Despedaçar.**

DILATAR: Aumentar o volume se (um corpo) pelo afastamento das moléculas. **Fig.** Estender, ampliar, divulgar. // O teu coração... se dilatará de júbilo, Is 60.5 Dilatai-vos também vós, 2 Co 6.13.

DILEÃ: Uma cidade de Judá, Js 15.38.

DILIGÊNCIA: Cuidado ativo ou urgência em fazer alguma coisa; zelo. Com **d** perguntarás, Dt 13.14. O que preside com **d**, Rm 12.8. A mesma **d** para a plena certeza, Hb 6.11. Toda vossa **d**, associai com vossa fé, 2 Pe 1.5. Com **d** cada vez maior, 2 Pe 1.10. Empregava toda **d**, em escrever-vos, Jd 3. Ver **Empenho.**

DILIGENCIAR: Esforçar-se. // Diligenciava para ouvir, At 13.7. Diligenciamos, com , com grande desejo, 1 Ts 2.17. Diligenciardes por viver tranqüilamente,1 Ts 4.11. Ver **Esforçar**.

DILIGENTE: Cuidadoso, zeloso. // A mão dos **d** vem a enriquecer-se, Pv 10.4. A mão **d** dominará, Pv 12.24. O bem precioso do homem é ser ele **d**, Pv 12.27. A alma dos **d** se farta, Pv 13.4; Os planos do **d** tendem à abundância Pv 21.5. Sê **d**, para que o teu progresso, 1 Tm 4.15.

DILIGENTEMENTE: Com diligência. // **D** guardarás os mandamentos, Dt 6.17. Esforçando-vos **d** por preservar, Ef 4.3. Batalhardes **d** pela fé, Jd 3.

DILÚVIO: Inundação extraordinária, Sl 29.10; Na 1.8; Mt 7.25. Figuradamente: Invasão tumultuosa de uma multidão, Dn 9.26. // Inundação universal segundo as Escrituras, conforme as tradições de vários povos, e à luz de descobrimentos geológicos. Dilúvio sobre a terra para consumir toda carne, Gn 6.17. Prevaleceram as águas excessivamente sobre a terra e cobriram todos os altos montes, Gn 7.19. Foram exterminadas todos os seres, ficou somente Noé, e os que com ele estavam na arca, Gn 7.23 Aparecer o arco, então lembrarei da minha aliança, e as águas não mais se tornarão em **d** para destruir toda carne, Gn 9.15. Como nos dias anteriores ao **d**, comiam... Mt 24.38. E veio o **d** e destruiu a todos, Lc 17.27. Preservou a Noé e mais sete pessoas, quando fez vir o **d**, 2 Pe 2.5.

DIMINUIÇÃO: Ato ou efeito de diminuir. // A sua **d** a riqueza dos gentios, Rm 11.2 (ARC).

DIMINUÍDO: Reduzido. || E não serão **d**, Jr 30.19 (ARC).

DIMINUIR: Tornar menor. // Nada acrescentareis à palavra... nem diminuireis, Dt 4.2. Ele cresça e que eu diminua, Jo 3.30. Ver **Reduzir.**

DIMNA: Uma cidade dos levitas, Js 21.35.

DINÁ, hb. **Julgada:** Filha de Jacó e Lia, Gn 30.21. Violada por Siquém, Gn 34.

DINABÁ: Cidade real de Bela, filho de Beor, rei de Edom, Gn 36.32.

DINHEIRO: Toda a espécie de moeda. // A primeira menção de riquezas é a de Abraão, que "era muito rico, possuía gado, prata e ouro", Gn 13.2. As mais antigas referências a dinheiro compreendem certos pesos de ouro e de prata, em forma de barras, argolas, etc. Ver 2 Sm 18.12; Is 33.18; Jr 32.9,10. Diz-se que as primeiras moedas foram feitas pelo rei Creso da Lídia, 550 a.C. Os 400 ciclos de prata que Abraão pagou pelo campo de Efrom, foram por peso, Gn 23.16. Pesavam-se jóias de ouro, às vezes, em vez de negociar-se com moedas. Ver Gn 24.22. Permutavam-se mercadorias no tempo de Salomão, 1 Rs 5.11. José ordenou restituir o dinheiro de seus irmãos nos seus sacos, Gn 42.25. Ele arrecadou todo o dinheiro do Egito, Gn 47.14. Dinheiro com juros, Lv 25.37; Dt 23.10; Ne 5.7; Sl 15.5. de resgate de si próprio, Nm 3.48. Saquitel de, Pv 7.20. Comprar sem dinheiro, Is 55.2. De tributo, Mt 17.24; 22.19. Escondeu-o de seu senhor, Mt 25.18; Lançado no gazofilácio, 2 Rs 12.9; Mc 12.41. Prometido a Judas, Mc 14.11. Depositado aos pés dos apóstolos, At 4.37. O amor do dinheiro á raiz de todos os males, 1 Tm 6.10; os fariseus, Lc 16.14; Ananias e Safira, At 5.1-11; Simeão o mago, At 8.20; Félix, At 24.26. **Tabela de valores entre os hebreus:** 20 geras = 1 siclo. 60 siclos = 1 arratel. 60 arratéis = talento. **Asse, Ceitil (ARC):** Refere-ce a uma moeda que valia a décima parte de um denário. Não se vendem dois pardais por um asse, Mt 10.29. **Ceitil:** Ver **Centavo,** e **Asse. Centavo, Ceitil (ARC):** A moeda menor, de cobre, entre os judeus. Não sairás dali, enquanto não pagares o último centavo. Lc 12.59. **Darico:** 1 Cr 29.7 (ARC). Antiga moeda persa, que também teve curso entre os hebreus. **Denário:** Moeda romana e a mais usada nos tempos do Novo Testamento, valia quase o mesmo da dracma, moeda grega. O salário de um dia de trabalho, Mt 20.2. Um dos seus conservos que lhe devia 100 denários, Mt 18.28. Moeda do tributo, Mt 22.19. O bom samaritano tirou 2 denários, Lc 10.35. Felipe calculou que seriam precisos 200 denários para comprar o pão necessários para comprar o pão necessário a 5000 Pessoas, Jo 6.7. Uma medida de trigo por um denário, Ap 6.6. **Dracma:** Um peso e uma unidade de valor da Pérsia. Ver Ed 8.27; Ne 7.72. Uma moeda grega, de prata, que pesava um dracma e do mesmo valor, aproximadamente, do denário, moeda romana. A dupla dracma, a didracma, foi a mesma coisa que a metade dum siclo, dois dos quais formavam o estáter, Mt 17.27. Imposto das duas dracmas, Mt 17.24. A parábola de dracma perdida, Lc 15.8. **Estáter:** Uma unidade monetária, tanto de ouro como de prata, na Grécia. A moeda tirada da boca dp peixe (Mt 17.27) pesava cerca de 15 gramas. **Mina:** Um peso e uma unidade monetária, igual a 50 siclos. A forte pesava 727 gramas; a fraca, 364 gramas. A parábola das 10 minas, Lc 19.13-27. A mina de ouro pesava, a forte 820 gramas, a fraca 410 gramas. **Quadrante:** O centavo de Lc 12.59 era a metade de um quadrante (Mc 12.42) e a moeda de menor valor em circulação. **Siclo:** Um peso e uma unidade monetária dos hebreus, babilônicos, fenícios, etc. O forte e comum, de prata, pesava 14,4 gramas: o fraco e padrão, 7,2 gramas. Abimaleque deu mil siclos de prata a Abraão, Gn 20.16. Abraão comprou o campo de Efrom por 400 siclos de prata, Gn 23.15,16. Acã furtou 200 siclos de prata, Js 7.21. A metade de um siclo foi a oferta ao Senhor, Êx 30.13. O siclo foi de 20 geras, Lv 27.25. O moço com Saul tinha um quarto de siclo de prata, 1 Sm 9.8. Um alqueire de flor de farinha por um siclo, 2 Rs 7.1. O siclo de ouro foi igual a 15 siclos de prata. O forte pesava 16 gramas; o fraco, 8 gramas. Oferta voluntária de 16.750 siclos de ouro, Nm 31.52. De ouro... 600 siclos... para cada pavez, 1 Rs 10.16. **Talento:** Um peso e uma unidade monetária, igual a 60 minas , de 60 ou 50 siclos cada. O forte talento de prata pesava 43.642 gramas; o fraco, 21.821 gramas. Pagarás um talento de prata, 1 Rs 20.39. Um que devia 10 mil talentos, Mt 18.24. A parábola dos talentos, Mt 25.14. O talento de ouro pesava o forte, 39.118 gramas; o fraco 24.559 gramas. Oferta de 29 talentos de ouro, Êx 38.24; de 5 mil talentos de ouro, 1 Cr 29.7.

DIONÍSIO, gr. Pertencente a Dionusus, Deus das vinhas: o areopagita, um dos convertidos em Atenas, At 17.34. Diz-se que veio a ser o primeiro bispo de Atenas.

DIÓSCUROS (ARA), **Castor e Polux** (ARC): O emblema do navio em que Paulo viajou da ilha de Malta até a Régio, At 28.11. Dóscuros, isto é, os filhos de Zeus, é o nome atribuído aos gêneros Castor e Polux. A constelação dos Gêmeos se compõe de duas estrelas denominadas Castor e Polux, em honra desses dois irmãos. Eram consideradas pelos marinheiros como seus protetores.

DIÓTREFES, gr. **Nutrido por Zeus:** Um discípulo que exercia primazia na igreja, 3 Jo 9.

DIREÇÃO: Governo. // Não havendo sábia **d** cai o povo, Pv 11.14.

DIREITA: A mão direita; o lado direito. // Caiam... dez mil à tua **d,** Sl 91.7. Assenta-te à minha **d,** Sl 110.1. Ignore a tua esquerda o que faz a tua **d,** Mt 6.3. O Filho Do homem assentado à **d** do Todo-poderoso, Mc 14.62. Dois ladrões, um à sua **d,** Mc 15.27. Assenta-te à minha **d,** Lc 20.42. Estará a minha **d** para que eu não seja abalado, At 2.25. Rua que se chama **D,** At 9.11. Fazendo-O sentar à sua **d** nos lugares celestiais, Ef 1.20. Cristo assentado à **d** de Deus, Cl 3.1. Assentou-se à **d** da Majestade, Hb 1.3. Assenta-te à minha **d**, Hb 1.13. Ver **Destra, Esquerda.**

DIREITO: Reto, justo. // O que é reto. // Diz-se do lado oposto ao esquerdo. // Conjunto de leis e de costumes que regem cada povo. // Privilégio. // Imposto. // O **d** da primogenitura, Dt 21.17. Não pagarão os **d**, os impostos, Ed 4.13. O **d** do necessitado, Sl 140.12. Há caminho que... parece **d**, Pv 14.12; 16.25. O caminho do Senhor não é **d**... Não é o meu caminho **d?** Ez 18.25. Que te ferir na face **d**, Mt 5.39. Oleiro **d** sobre a massa, Rm 9.21. O **d** à árvore da vida, Ap 22.14. Ver **Lei, Preceito, Tributo.**

DIRETAMENTE: Sem paragens nem desvios. // As vacas se encaminharam **d**, 1 Sm 6.12, Descem **d** para a cova, Sl 49.14. As tuas pálpebras **d** diante de ti, Pv 4.25.

DIRIGIR: Encaminhar, administrar. // Dos que dirigiam a obra, 2 Rs 12.11. Mas o Senhor lhe dirige os passos, Pv 16.9. Dirigir os nossos pés, Lc 1.79. Aquele que dirige seja como o que serve, Lc 22. 26. Dirijam-nos o caminho até vós, 1 Ts 3.11.

DISÃ, hb, **Gazela:** Um filho de Seir e um príncipe dos horeus, Gn 36.21.

DISCERNIR: Diferenciar, discriminar, distinguir. // Como um anjo, assim é o rei para discernir, 2 Sm 14.17. Não se podiam discernir, 2 Sm 14.17. Não se podiam discernir as vozes de alegria, Ed 3.13. Discernir as próprias faltas, Sl 19.12. Não sabem discernir entre a mão direita, Jn 4.11. Discernir os sinais dos tempos, Mt 16.3. Não sabeis discernir esta época? Lc 12.56. Não pode entendê-las porque elas se discernem espiritualmente, 1 Co 2.14. Come e bebe sem discernir, 1 Co 11.29. O meu discernimento no ministério de Cristo, Ef 3.4. Apta para discernir os pensamentos, Hb 4.12. Suas faculdades exercitadas para discernir, Hb 5.14.

DISCIPLINA: Conjunto de leis e regulamentos, por que se governam certas entidades coletivas. // Submissão voluntária ou imposta a um regulamento. // Este dia é de angústia, de **d**, 2 Rs 19.3. Não desprezes a **d** do Todo-poderoso, Jó 5.17. Não rejeites a **d** do Senhor, Pv 3.11. Quem ama a **d** ama o conhecimento, Pv 12.1. O que rejeita a **d** menospreza a sua alma, Pv 15.32. Não retires da criança a **d**, Pv 23.13. A vara e a **d** dão sabedoria, Pv 29.15. Criai-os na **d** do Senhor, Ef 6.4. Criando os filhos sob **d**, 1 Tm 3.4. Ver **Correção.**

DISCIPLINAR: Corrigir, castigar. // Como um homem disciplina a seu filho, assim te disciplina o Senhor, Dt 8.5. Disciplinados pelo Senhor, 1 Co 11.32. Disciplinando com mansidão, 2 Tm 2.25. Deus nos disciplina a fim de sermos, Hb 12.10. Ver **Corrigir.**

Discípulo: O que recebe disciplina ou instrução; que segue os conselhos, ou imita os exemplos, de outrem. // Uma designação aos doze apóstolos, Mt 10.1; 20.17; aos cristãos, At 9.26; 14.22; 21.4; aos seguidores de João, Mt 9.14. // **Os discípulos de Cristo;** a missão dos setenta, Lc 10.1-20; inspirados pelo Espírito Santo, Mt 10.19,20; não são do mundo, Jo 17.14-16; os privilégios dos discípulos, Mt 11.25; 13.11; Jo 14.26; 1 Co 2.10-14; 2 Co 1.21,22; 1 Jo 2.20,27; seus nomes escritos no céu, Lc 10.20; três mil acrescentados à igreja, At 2.41; chamados **cristãos** em Antioquia, At 11.26. // **Os discípulos de João:** jejuavam, Mt 9.14; em Éfeso, At 18.25; 19.3.

DISCÓRDIA: Desinteligência entre várias pessoas. // As obras da carne... **d**, Gl 5.20. Pregam a Cristo por **d**, Fp 1.17. Ver **Dissensão.**

DISCORRER: Pensar, raciocinar. // Por que discorreis... homens de pequena fé? Mt 16.8. Discorriam... Se dissermos na escola de Tirano, At 19.9. Ver **Dissertar.**

DISCRIÇÃO: Discernimento, sensatez, modéstia. // Rei Davi um filho sábio, dotado de **d**, 2 Cr 2.12. Para que conserves a **d**, Pv 5.2. Mulher formosa que não tem **d**, Pv 11.22. A **d** do homem o torna longânimo, Pv 19.11.

DISCURSAR: Expor metodicamente. // Um dia discursa a outro dia, Sl 19.2.

DISCURSO: Exposição de idéias, de viva voz ou por escrito. // Jó em seu **d**, Jó 27.1. Prolongou o **d** até à meia-noite, At 20.7.

DISCUSSÃO: Investigação da verdade pelo exame das razões e provas que se oferecem pró contra. // Entre... Rubem houve grande **d**, Jz 5.15. Uma **d** sobre qual deles seria o maior, Lc 9.46. Paulo e Barnabé... não pequena **d** com eles, At 15.2. Antes promovem **d** do que o serviço, 1 Tm 1.4. Evita **d** insensatas, Tt 3.9. Ver **Altercação, Debate.**

DISCUTIR: Defender ou impugnar (um assunto controvertido). // Discutiam com Estêvão, At 6.9. Discutia com os helenistas, At 9.29. Não me acharam no templo discutindo, At 24.12. Não... para discutir opiniões, Rm 14.1. Ver **Altercar, Argumentar.**

DISENTERIA: Doença infecciosa, com úlceras intestinais e diarréia dolorosa e sanguinolenta. A doença, aparentemente, de que morreu Jeorão, 2 Cr 21.15. O pai de Píblio, homem principal da ilha de Malta, enfermo de disenteria e ardendo em febre, curado pela imposição das mãos de Paulo, At 28.8.

DISFARÇADO: Fingido, simulado. // **D** com uma venda sobre os olhos, 1 Rs 20.38. **D** em ovelhas, Mt 7.15.

DISFARÇAR: Vestir de modo que não se conheça. // Saul disfarçou-se, 1 Sm 28.8. Disfarça-te... mulher de Jeroboão, 1 Rs 14.2. Disfarçarei, e entrarei na peleja, 2 Cr 35.22.

DISPARAR: Atirar, arremessar. // Às ocultas, dispararem contra os retos, Sl 11.2. O íntegro; contra ele disparam repentinamente, Sl 64.4.

DISPARATAR: Falar ou fazer insensatamente, inconsideradamente. // Nabal... disparatou com eles, 1 Sm 25.14.

DISPENSAÇÃO: Concessão. // Na **d** da plenitude dos tempos, Ef 1.10. A **d** da graça de Deus, Ef 3.9. A **d** da parte de Deus, Cl 1.25. // **Uma dispensação** é o período de tempo durante o qual os homens são provados a respeito da obediência a certa revelação da vontade de Deus. 1. **A dispensação edênica, da inocência;** desde a criação do homem até ser expulso do Éden, Gn 2.7; 3.24. O homem inocente, num âmbito perfeito, avisado do perigo da desobediência caiu e foi expulso do paraíso. 2. **A dispensação antediluviana, da consciência;** desde a queda até o dilúvio, cerca de 1656 anos. Os homens expulsos do Éden, conhecedores do bem e do mal, podiam seguir a direção do próprio coração. Mas corromperam-se a tal ponto (Gn 6.5,12,13) que a dispensação findou com o dilúvio. 3. **A dispensação pós-diluviana,** do governo humano; desde o dilúvio até depois da dispersão, Gn 11.9. 4. **A dispensação patriarcal, da família;** desde a chamada de Abraão (Gn 12.1) até ao êxodo do Egito, Êx 13. Satanás tinha feito fracassar quatro vezes o plano de Deus acerca dos homens: a) pela queda no Éden; b) pelo dilúvio; c) pela dispersão em Babel; d) pelo cativeiro no Egito. 5. **A dispensação, da lei:** desde Sinai até ao Calvário, Cl 2.14. 6. **A dispensação da Igreja, da graça;** Jo 1.17; desde a crucificação até a apostasia da Igreja, e a segunda vinda de Cristo, Mt 24.37-39. 7. **A dispensação do Reino, da plenitude dos tempos**, Ef 1.10. O Reino prometido a Davi, 2 Sm 7.8-17; Lc 1.31-33; 1 Co 15.24.

DISPERSÃO: Debandada. // Nas Escrituras a palavra se refere ao corpo de israelitas morando fora da Palestina. A dispersão foi um dos castigos da desobediência, Lv 26.22; Dt 4.27. Uma colônia israelita existia em Damasco, no tempo de Acabe, 1 Rs 20.34. Houve uma dispersão em grande escala, quando as dez tribos do Reino do Norte foram transportadas para a Assíria e as duas tribos do Reino do Sul, para Babilônia. Alguns israelitas das dez tribos voltaram e misturaram-se com os judeus, Lc 2.36; At 26.7; etc. Outros permaneceram em Samaria entre os samaritanos, Ed 6.21; Jo 4.12. Mas muitos ficaram na Assíria, formando uma parte da Dispersão. Ver At 2.9-11; 26.7. Muitas das famílias mais notáveis não voltaram do cativeiro em Babilônia, mas, sob Ezequiel e Esdras, estabeleceram as doutrinas de seus pais. A sua fé foi proclamada em toda parte até penetrar, por fim, todo o império romano. Os judeus perguntavam acerca de Jesus: "Irá, porventura, para a Dispersão entre os gregos?" Jo 7.35. Diz-se que, no primeiro século, havia mais judeus morando fora da Palestina do que morava dentro do país. Estabeleceram suas sinagogas em muitas cidades, pagavam o imposto de duas dracmas, para o Templo e faziam as peregrinações anuais para as festas em Jerusalém, Mt 17.24; At 2.9-11. Foi assim que o cristianismo se espalhou rapidamente. Tiago dirigia sua epístola "às doze tribos que se encontram na Dispersão", Tg 1.1. Pedro escreve "aos eleitos que são forasteiros da Dispersão, no Ponto, Galácia, Capadócia, Ásia e Bitínia", 1 Pe 1.1.

DISPERSAR: Espalhar por várias partes, afastar-se para longe. // Ó Deus... e nos dispersaste, Sl 60.1. Quando eu os dispersar entre as nações, Ez 12.15. Espalhar-te-ei entre as nações, e te dispersarei, Ez 22.15. Teudas... todos... se dispersaram, At 5.36. Dispersos iam por toda parte pregando, At 8.4. Ver **Dissipar, Espalhar.**

DISPERSO: Espalhado. // Vi todo o Israel **d**, 1 Rs 22.17. As ovelhas... ficarão **d**, Mt 26.31. Os filhos de Deus, que andam **d**, Jo 11.52. Sereis **d**, cada um para sua casa, Jo 16.32.

DISPOR: Preparar. // Dispõe-te, agora, e disfarça-te, 1 Rs 14.2. Dispõe-me o coração para só temer, Sl 86.11. E se dispôs a dar a própria vida, Fp 2.30.

DISPOSIÇÃO: Tendência, inclinação. // Entregou a uma **d** mental reprovável, Rm 1.28. Unidos, na mesma **d** mental, 1 Co 1.10.

DISPOSTO: Inclinado, determinado. // Está **d**, hoje, a trazer ofertas, 1 Cr 29.5.

DISPUTAR: Discutir, contender. // Disputavam, pois, os judeus, Jo 6.52. Miguel... disputava a respeito do corpo, Jd 9. Ver **Discutir.**

DISSEMINADO: Semeado ou espalhado por muitas partes. // Destes foram **d** as nações na terra, Gn 10.32.

DISSENSÃO: Divergência de opiniões, disputas, desavenças. // Houve **d** entre eles, Jo 9.16. Rompeu nova **d** entre os judeus, Jo 10.19. Grande **d** entre fariseus e saduceus, At 23.7. As obras da carne... **d**, Gl 5.19,20. Ver **Discórdia.**

DISSERTAR: Discursar, escrever ou falar a respeito. // Três semanas dissertou entre eles, At 17.2. Dissertava na sinagoga, At 17.17. Dissertando ele acerca da justiça, At 24.25. Ver **Discorrer.**

DISSIMULAÇÃO: Falsa aparência. // Barnabé ter-se deixado levar pela **d,** Gl 2.13. Certos indivíduos se introduziram com **d**, Jd 4.

DISSIMULADAMENTE: Fingidamente. // Introduzirão **d** heresias, 2 Pe 2.1.

DISSIMULAR: Obrar dissimuladamente; não dar a perceber. // Aquele que aborrece dissimula com os lábios, Pv 26.24. Judeus dissimularam com ele, Gl 2.13.

DISSIPAR: Fazer desaparecer. // E dissipados sejam os teus inimigos, Nm 10.35. Que fosse dissipado o bom conselho de Aitofel, 2 Sm 17.14. Como se dissipa a fumaça, assim to os dispersas, Sl 68.2. Lá dissipou todos os seus bens, Lc 15.13. Como neblina... logo se dissipa, Tg 4.14. As trevas se vão dissipando, 1 Jo 2.8. Ver **Dispersar, Esbanjar.**

DISSOLUÇÃO: Corrupção, depravação de costumes, devassidão. // Os quais... se entregaram à **d**, Ef 4.19. Vinho, no qual há **d** Ef 5.18. Tendo andado em **d**, 1 Pe 4.3. Ver **Devassidão.**

DISSOLUTAMENTE: De maneira licenciosa. // Todos os seus bens, vivendo **d**, Lc 15.13.

DISSOLUTO: Libertino, devasso. // Nosso filho... é **d** e beberrão, Dt 21.20. Ver **Lascivo, Libertino.**

DISSOLVER: Separar, dispersar. // Todo o exército dos céus se dissolverá, Is 34.4. Dissolveu a assembléia, At 19.40.

DISSUADIR: Fazer mudar de opinião. // Dissuadia, dizendo: Eu é que preciso, Mt 3.14.

DISTÂNCIA: Espaço entre duas coisas ou pessoas. // Raquel... pequena **d** para chegar a Efrata, Gn 48.7.

DISTANCIAR: Pôr distante, afastar. // Não te distancies de mim, Sl 22.11. Ver **Afastar.**

DISTANTE: Que está longe, remoto. // Partiu para uma terra **d**, Lc 15.13; 19.12. Ver **Longe, Remoto.**

DISTAR: Ser ou estar distante. // Quanto dista o Oriente do Ocidente, Sl 103.12. Dista daquela cidade tanto como a jornada, At 1.12.

DISTINÇÃO: Diferença. // O Senhor fez **d** entre os egípcios e, Êx 11.7. **D** alguma... purificando-lhes, At 15.9. Porque não há **d**, Rm 3.22. Não há **d** entre judeus e grego, 10.12. Não fizestes **d** entre vós mesmos, Tg 2.4. Ver **Diferença.**

DISTINGUIR: Discernir, diferenciar. Tornar-se notável. // O Senhor distingue para si o piedoso, Sl 4.3. O mais distinguido entre dez mil, Ct 5.10. Daniel se distinguiu destes presidentes, Dn 6.3. Os quais nos distinguiram com muitas honrarias, At 28.10. Distingue entre dia e dia, Rm 14.6.

DISTINTAMENTE: De um modo distinto. // Mui **d** as palavras todas desta lei, Dt 27.8. A língua dos gagos falará pronta e **d**, Is 32.4. Olhos **d** vêem o retorno do Senhor a Sião, Is 52.8.

DISTINTO: Claro, que se não confunde com outro. // Eminente, notável. Persuadidos... e muitas **d** mulheres, At 17.4. Sons, se não os derem bem **d**? 1 Co 14.7.

DISTRAÍDO: Entretido; ocupado. Maria... **d** em muitos serviços, Lc 10.40 (ARC).

DISTRIBUIÇÃO: Repartição. // Esquecidas na **d** diária, At 6.1. Por **d** do Espírito Santo, Hb 2.4.

DISTRIBUIR: Entregar a uns e a outros. // Com fidelidade distribuírem as porções, 2 Cr 31.15. Tendo dado graças, distribuiu-os, Jo 6.11. Vendiam.. distribuindo o produto entre todos, At 2.45. Distribuía... à medida que alguém tinha necessidade At 4.35. Segundo o Senhor lhe tem distribuído, 1 Co 7.17. Ainda que eu distribua todos os meus bens, 1 Co 13.3. Distribuiu, deu aos pobres, 2 Co 9.9.

DITADO: Anexim, provérbio, adágio. // Por **d** entre as nações, alvo de meneios de cabeça, Sl 44.14. Ver **Adágio, Dito, Provérbio.**

DITO: Expressão, frase, palavra. // Então se tornou corrente... o **d** de que aquele discípulo, não morreria, Jo 21.23 Ver **Ditado.**

DITOSO: Feliz. // Abraão morreu em **d** velhice, Gn 25.8. **D** eu parti... voltar pobre, Rt 1.21. **D** o homem que se compadece, Sl 112.5. Seus filhos e lhe chamam **d**, Pv 31.28. ver **Feliz, Bem-aventurado, Bendito.**

DIVERGÊNCIA: Discordância, desacordo. // Série **d** entre Herodes e, At 12.20.

DIVERSIDADE: Variedade, diferença. // **D** nos serviços... **d** nas realizações, 1 Co 12.5,6.

DIVERSO: Diferente. // Não terás pesos **d**, Dt 25.13. Os dons são **d** mas o Espírito, 1 Co 12.4.

DIVERTIMENTO: O que diverte ou distrai. // Para o insensato praticar a maldade é **d**, Pv 10.23. Ver **Folguedo.**

DIVERTIR: Distrair, recrear, alegrar. // Mandai vir Sansão, para que nos divirta, Jz 16.25. Enquanto Sansão os divertia, Jz 16.27. O povo... levantou-se para divertir-se, 1 Co 10.7. Ver **Folgar.**

DÍVIDA: Aquilo que se deve; obrigação, dever moral. // Vende o azeite e paga a tua **d**, 2 Rs 4.7. Ficam por fiadores de **d**, Pv 22.26. Perdoa-nos as nossas **d**, Mt 6.12. Compadecendo-se, ...perdoou-lhe a **d**, Mt 18.27. O salário não é considerado como favor, e sim, como **d**, Rm 4.4. Cancelado o escrito de **d**, Cl 2.14.

DIVIDIR: Partir ou distinguir em diversas partes; pôr em discórdia. // Dividi em duas partes o menino, 1 Rs 3.25. Água... se dividiram, 1 Rs 2.8,14. Dividiste o mar, Ne 9.11; Sl 74.13. Nunca mais... se dividirão em dois reinos Ez 37.20. Dividido foi o teu reino, Dt 5.28. Todo reino dividido contra si, Mt 12.25. Divididos numa casa; três contra dois, Lc 12.52. Mas dividiu-se o povo da cidade, At 14.4. Dissensão... e a multidão se dividiu, At 23.7. Acaso Cristo está dividido? 1 Co 1.13. Agradar a esposa, e assim está dividido, 1 Co 7.34. Dividir alma e espírito, Hb 4.12. Ver **Separar.**

DIVINDADE: Essência, natureza divina. Deus. Pl. Deuses e deusas do paganismo. // Não devemos pensar que a **d** é semelhante ao ouro, At 17.29. A sua própria **d**, claramente se reconhecem, Rm 1.20. Nele habita corporalmente toda a plenitude da **D**, Cl 2.9. Ver **Deus, Ídolo.**

DIVINO: Pertencente ou relativo a Deus. // Pelo seu **d** poder, 2 Pe 1.3. Co-participantes da natureza **d**, 2 Pe 1.4.

DIVISÃO: Ato ou efeito de dividir. // Vim causar **d**, Mt 10.35. Que provocam **d**, Rm 16.17; Jd 19. Que não haja entre vós **d**, 1 Co 1.10. Haver **d** entre vós quando vos reunis, 1 Co 11.18. Não haja **d** no corpo, 1 Co 12.25. Ver **Separação.**

DIVÓRCIO: Dissolução do casamento. // A lei sobre o divórcio no Antigo Testamento, Dt 24.1-4. No Novo Testamento: "Eu, porém, vos digo: Qualquer que repudiar sua mulher, exceto em caso de infelicidade (fornicação, Vers. Fig. Gr, **porneia**) a expõe a tornar-se adúltera; e aquele que casar com a repudiada, incide em adultério", Mt 5.32. O matrimônio não é uma conveniência social inventada pela humanidade para preencher uma necessidade ou condição temporárias, e, portanto, para ser revisado ou abandonado conforme os caprichos de qualquer homem, ou grupo de homens. O matrimônio foi instituído por Deus Altíssimo e a sua relação para com a raça humana é tal que não se pode modificar, nem a parte considerada mais insignificante, sem graves conseqüências. "Não tendes lido que o Criador desde o princípio os fez homem e mulher, e que disse: Por esta causa deixará o homem pai e mãe, e se unirá a sua mulher tornando-se os dois uma só carne? De modo que não são mais dois, porém uma só carne. Portanto, **o que Deus ajuntou não separe o homem**", Mt 19.3-6. Não se julgue a legislação humana pode dissolver uma união feita por Deus. Cristo disse mais: "Moisés, pela dureza de vossos corações, vos permitiu repudiar a vossas mulheres, mas ao princípio não foi assim. Eu vos declaro que todo aquele que repudiar sua mulher, se não é por causa de **fornicação**, e casar com outra, comete **adultério**", Mt 19.8,9. Vers. Fig. A versão de Figueiredo é mais precisa, usando a palavra "fornicação", desfazendo a suposição de muitos crentes, de que um dos cônjuges tem direito de repudiar o outro somente por causa de **infidelidade.** Para compreender isto devemos notar como as Escrituras distinguem entre a **fornicação** e o **Adultério.** "Porque do coração é que saem os maus pensamentos, os homicídios, os **adultérios** (gr moicheia), as **fornicações** (gr. porneia)", Mt 15.19, Fig. "Mas as obras da carne estão patentes; como são que **fornicação** (gr. Porneia), a impureza (**adultério**, gr. Moicheia)", Gl 5.10, Fig. "Nem os **fornicários** (gr. Pornos), Nem os idólatras, nem os **adúlteros** (gr. Moichos) ...hão de possuir o reino de Deus", 1 Co 6.9,10. "Porque Deus julgará aos **fornicários** (gr. Pornos) e aos adúlteros (gr. Moichos)", Hb 13.4, **Fig.** Cristo não disse que a lei de Moisés concedia o direito de divórcio, por causa de **Adultério** (gr. Moicheia). Ele disse: "Quem repudiar a sua mulher, não sendo por causa da fornicação (gr. Porneia) e casar com outra, comete adultério (gr. Moichao)", Mt 19.9. Se o homem, depois de casar-se, achasse que a mulher não era virgem, podia repudiá-la. Compare-se Mt 5.32; 19.9 com Dt 24.1. Mas se ela era virgem, não podia repudiá-la enquanto vivesse, Dt 22.19. A lei de Moisés concedia o direito de divórcio no caso de **fornicação** mas não de **Adultério;** os adúlteros morreram apedrejados Lv 20.10. Note-se: a fornicação é o pecado de pessoas não casadas, com pessoas casadas ou não. O adultério é o pecado de pessoas casadas com outras que não são seus próprios cônjuges. Se um pai maltratar um filho, a lei deve abolir a relação paternal, ou castigar o pai? Se ele abandonar seus filhos, a lei deve ajudá-lo em criar outros filhos, os quais ele pode, também, abandonar. Não deve, antes, puni-lo? O que a lei pode fazer no caso de pai e filho, pode, igualmente, fazer no caso de dois cônjuges. As leis civis, sobre o divórcio, nunca podem substituir ou invalidar os deveres dos crentes diante de seu Deus. Mesmo no caso de um dos dois cônjuges descobrir que o outro foi infiel, seria melhor perdoá-lo do que repudiá-lo, Mt 6.14,15; 18.15-20. O amor conjugal, entre os crentes sinceros, é um mandamento divino (Ef 5.22-33; 1 Pe 3.1-9), não um capricho como entre os mundanos. A questão do divórcio, quando um dos cônjuges não é crente, é ventilada em 1 Co 7.10-17. Se aquele que não é crente exigir a separação, o crente pode ceder: Mas a atitude do crente deve ser sempre a de ganhar seu companheiro para Cristo; nunca pode tomar a iniciativa na separação. No caso de se separarem, porém, a Palavra é clara, que o crente não tem direito de casar-se com outrem: Que não se case", 1 Co 7.11. Ver **Adultério, Fornicação.**

DIVULGAR: Tornar público. // Contra ela divulgar má fama, Dt 22.14. Esta versão divulgou-se entre os judeus, Mt 28.15. Divulgava-se a palavra do Senhor, At 13.49. Em todo o mundo é divulgada a vossa fé, Rm 1.8. Até ao Ilírico, tenho divulgado o evangelho, Rm 15.19. Por toda parte se divulgou a vossa fé, 1 Ts 1.8. Ver **Difundir.**

DI-ZAABE, hb. **Abundante em ouro:** Lugar na planície do Jordão, perto do local onde Moisés proferiu seu primeiro discurso de despedida a Israel, Dt 1.1.

DIZER: Exprimir por palavra. // O que vos digo às escuras, dizei-o a plena luz, Mt 10.27. Ide... dizei aos seus discípulos, Mt 28.7. O Espírito... dirá todo o que tiver ouvido, Jo 16.13. Dize estas coisas; exorta, Tt 2.15. Ver **Falar.**

DÍZIMA: Contribuição equivalente à décima parte de um rendimento. // Todas as dízimas da terra, Lv 27.30.

DIZIMAR: Lançar o imposto da dízima sobre. // As vossas vinhas dizimará... dizimará o vosso rebanho, 1 Sm 8.15-17.

DÍZIMO: A décima parte. Abraão deu o dízimo "de tudo" a Melquisedeque, Gn 14.20. Jacó, depois do Senhor lhe aparecer em Betel, fez voto de lhe dar o dízimo, Gn 28.13,22. A lei sobre as dizimas da terra, do gado e do rebanho, Lv 27.30-33. Os dízimos dos filhos de Israel foram dados por herança aos levitas, Nm 18.24. Os levitas davam ao Senhor o dízimo dos dízimos recebidos do povo, Lv 18.26. Deviam apresentar seus dízimos no lugar escolhido por Deus, Dt 12.11; Compare Am 4.4. No tempo dos reis, um dízimo adicional era cobrado com fins seculares, 1 Sm 8.15,17. Ezequias, e também Neemias, restabeleceram o sistema do dízimo caído em desuso, 2 Cr 31.5; Ne 12.44. Em que te roubamos? Nos **d** e nas ofertas, Mt 3.8. Trazei todos os **d** à casa do tesouro... e derramarei sobre vós bênção, Ml 3.10. Os escribas e fariseus davam dízimos até da hortelã, de endro e do cominho, negligenciando os preceitos mais importantes, Mt 23.23; davam dízimos de tudo quanto ganhavam, Lc 18.12. Abraão pagou o dízimo, tirando dos melhores despojos, Hb 7.4. O povo de Deus, no tempo do Novo Testamento, pagava dízimos, Hb 7.8.

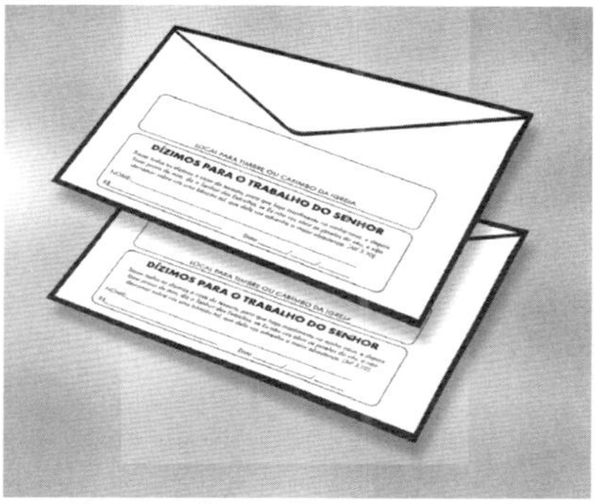

Trazei todos os dízimos à casa do tesouro, Ml 3.10

DOBRADIÇA: Peça formada de duas chapas, unidas por um eixo comum, e sobre a qual gira a porta ou janela. 1 Rs 7.50. Ver **Gonzo.**

DOBRADO: Multiplicado por dois. // Porção **d** do teu espírito, 2 Rs 2.9 Com **d** destruição, Jr 17.18. De **d** honra os presbíteros, 1 Tm 5.17. Ver **Duplo.**

DOBRAR: Vergar, curvar. // Resta... dobrar-vos entre os prisioneiros, Is 10.4. Sete mil... que não dobraram joelhos, Rm 11.4. Diante de mim se dobrará todo joelho, Rm 14.11. Ao nome de Jesus se dobre todo, Fp 2.10.

DOBRE: Fingido, traiçoeiro; que ilude as duas partes. // Língua **d** Pv 17.20. Ânimo **d**, Tg 1.8; 4.8.

DOBRO: O duplo. // Pagará o **d**, Êx 22.4. Quando este orava... deu-lhe o **d**, Jó 42.10. Recebeu em **d** da mão do Senhor, Is 40.2. Na vossa terra possuireis o **d**, Is 61.7. Pagarei em **g** a sua iniqüidade, Jr 16.18. Pagai-lhe em **d**, Ap 18.6.

DOCE: Que tem sabor semelhante ao de açúcar. // Diz-se das águas que não contém sal. Que exerce nos sentidos impressão agradável. // As águas amargas tornam-se **d**, Êx 15.23-15. Que coisa há mais **d** do que o mel?

Jz 14.18. O mal lhe seja **d** na boca, Jó 20.12. Mais **d** do que o mel e o destilar, Sl 19.10. Quão **d** são as tuas palavras, Sl 119.103. As águas roubadas são **d**, Pv 9.17. Mas à alma faminta todo amargo é **d**, Pv 27.7. **D** é o sono do trabalhador, Ec 5.12. Pões o amargo por **d**, e o **d** por amargo! Is 5.20. Fonte jorrar... **d** e o que é amargo? Tg 3.11. Na tua boca, **d** como mel, Ap 10.9.

DÓCIL: Que se submete ao ensino. // Tornamos **d** entre vós, 1 Ts 2.7.

DOÇURA: Qualidade do que é doce. Suavidade, brandura, ternura. // Do forte saiu **d**, Jz 14.14. A **d** no falar aumenta o saber, Pv 16.21. O amigo encontra **d** no conselho cordial, Pv 27.9.

DODANIM: Um bisneto de Noé, Gn 10.4. Ver mapa 2, C-3.

DODAVA, hb. **Amado por Jeová:** Pai de Eliezer, um profeta no tempo de Josafá, 2 Cr 20.37.

DODÓ, hb. **Amante:** 1. Avó de Tola, um dos juizes de Israel, Jz 10.1. // 2. Pai de Eleazar, um dos valentes de Davi, 2 Sm 23.9. // 3. Pai de El-Hanã, outro valente de Davi, 2 Sm 23.24.

DOEGUE, hb. **Tímido:** Idumeu e o maioral dos pastores de Saul, que destruiu os sacerdotes de Nobe, com suas famílias, em número de oitenta e cinco pessoas, e também todas as suas propriedades, 1 Sm 21.7; 22.9,18,22.

DOENÇA E ENFERMIDADE: Alteração na saúde. // Se ouvirdes atento a voz do Senhor, nenhuma enfermidade vira sobre ti, das que enviei sobre os egípcios, Êx 15.26; Dt 7.15. Ver **Praga.** // Caíram enfermos: Jacó Gn 48. 1; o filho de Davi e Bateseba, 2 Sm 12.15; Abias, filho de Jeroboão, 1 Rs 14.1-18; o filho da viúva de Zarefate, 1 Rs 17.17-24; Acazias caiu pelas grades e adoeceu, 2 Rs 1.2; o filho da Sunamita, 2 Rs 4.18-20; Bene-Hadade, rei da Síria, 2 Rs 8.7-15; Eliseu, de que havia de morrer, 2 Rs 13.14; Ezequias, de uma enfermidade mortal, 2 Rs 20.1; Asa dos pés, 2 Cr 16.12; Jeroboão, saíram-lhe as entranhas, 2 Cr 21.19; Joás, gravemente enfermo, 2 Cr 24.25; Daniel alguns dias, Dn 8.27; a sogra de Pedro, Mt 8.14-17; Lázaro de Betânia, Jo 11.1; Dorcas adoeceu e veio a morrer, At 9.36,37; o pai de Públio, At 28.8; Apafrodito adoeceu mortalmente, Fp 2.26,27; Trófimo doente em Mileto, 2 Tm 4.20. // Enfermidades mencionadas nas Escrituras: Alcoolismo, Pv 23.30-35. Atrofia muscular, Mt 12.10. Cegueira, Mt 9.27. Coxo, Lv 21.18; At 3.2. Demência, Mt 17.15. Disenteria, At 28.8. Epilepsia, Mt 17.15 (B). Febre, Lc 4.38. Gota ou doença dos pés, 2 Cr 16.12. Hemorragia, Mt 9.20. Hemorróidas, 1 Sm 5.6 (ARC). Hidropisia, Lc 14.2. Impigem, Lv 21.20. Insolação, 2 Rs 4.18-20. Lepra, Lc 17.12. Mudez, Mt 9.33. Paralisia, Mc 2.2; At 14.8. Sarna, Lv 21.20. Tuberculose pulmonar, tísica, Dt 18.22. Tumor, Êx 9.9. Úlcera, Ap 16.2. Vermes, At 12.23. Ver **Cura divina.**

DOENTE: Quem tem qualquer alteração na saúde. // Entre vós muitos fracos e **d**, 1 Co 11.30. Está alguém entre vós **d**? Tg 5.14.

DOER: Causar pena, dor, dó. // Nenhum... que se doa por mim, 1 Sm 22.8. A minha ferida me dói, Jr 15.18.

DOFKA: Um dos acampamentos dos Israelitas no deserto, Nm 33.12.

DOIDICE: Palavras ou atos próprios de doido. // Toda boca profere **d**, Is 9.17.

DOIDO: Que não tem juízo, que perdeu o uso da razão. // Davi fingia-se **d**, 1 Sm 21.13. Falas como qualquer **d**, Jó 2.10. Ver **Louco.**

DOIS: Diz-se do número cardinal, formado de um mais um. // **D** de cada espécie, Gn 6.19. Dividi em **d** partes o menino vivo, 1 Rs 3.25. Melhor é serem **d** do que um, Ec 4.9. Contra um, os **d** resistirão, Ec 4.12. Andarão **d** juntos se não houver entre eles acordo? Am 3.3. Então **d** estarão no campo, Mt 24.40. Depositou **d** pequenas moedas, Mc 12.42. Serão os **d** uma só carne, 1 Co 6.16. Ver **Número.**

DOLO: Fraude, artifício ou sugestão, para induzir em erro. // Responderam com **d**, Gn 34.13. Em cujo espírito não **d**, Sl 32.2. Os teus lábios de falarem **d**, Sl 34.13. **D** algum se achou em sua boca, Is 53.9; Do coração é que procedem maus desígnios, **d** , Mc 7.22. Verdadeiro israelitas em que não há **d**, Jo 1.47. Possuídos de contenda, **d**, Rm 1.29. Sendo astuto, vos prendi com **d**, 2 Co 12.16. Nossa exortação não baseia em **d**, 1 Ts 2.3. Despojando-vos de toda maldade e **d**, 1 Pe 2.1. Ver **Astúcia.**

DOLOROSO: Que produz dor. // a chaga é **d**, Jr 30.12.

DOLOROSAMENTE: Com dolo. // Nem jura **d**, Sl 24.2. Os teus lábios de falarem **d**, Sl 34.13; 1 Pe 3.10.

DOM: Presente, dádiva, donativo; faculdade, privilégio adquirido por um modo sobrenatural. // É **d** de Deus, Ec 3.13; 5.19; Ef 2.8. Se conheceres o **d** de Deus, Jo 4.10. Receberes o **d** do Espírito, At 2.38. Julgaste adquirir... o **d** de Deus, At 8.20. Derramado o **d** do Espírito, At 10.45. Se Deus lhes concedeu o mesmo **d**, At 11.17. Repartir convosco algum **d**, Rm 1.11. O **d** gratuito, Rm 5.15; 6.23. Os **d**... são irrevogáveis, Rm 11.29. Diferentes **d** segundo a graça, Rm 12.6. Não vos falte nenhum **d**, 1 Co 1.7. Cada um tem... seu próprio **d**, 1 Co 7.7. Os **d** são diversos, 1 Co 12.4. **D** de curar, 1 Co 12.9,30. Procurai... os melhores **d**, 1 Co 12.31. Eu tenha o **d** de profetizar, 1 Co 13.2. Procurai... os **d** espirituais, 1 Co 14.1. Desejais **d** espirituais, 1 Co 14.12. Pelo seu inefável, 2 Co 9.15. Concedeu **d** aos homens, Ef 4.8. Negligente para com o **d** que há em ti, 1 Tm 4.14. Reavives o **d** de Deus, que há em ti, 2 Tm 1.6. Provaram o **d** celestial, Hb 6.4. Oferecer assim **d** como sacrifícios, Hb 8.3. Conforme o **d** que recebeu, 1 Pe 4.10. Ver **Dádiva, Presente.**

DOM DO ESPÍRITO: Recebereis o Espírito Santo, At 2.38. Isto é o batismo no Espírito Santo, compare At 2.23; 10.45; 11.17. Os crentes primitivos sabiam quando, onde e como vinha o Espírito Santo: At 2.4; 8.17; 10.44; 19.6; Gl 3.2; Ef 1.13.

DOMAR: Amansar, domesticar. // Como novilho ainda não domado, Jr 31.18. A língua... é capaz de domar, Tg 3.8.

DOMÉSTICO: Diz-se do animal criado em casa. // Os animais **d**, conforme a sua espécie, Gn 1.25. Animais **d** que com ele estavam, Gn 8.1.

DOMICÍLIO: Habitação. // Abandonaram o seu próprio **d**, Jd 6.

DOMINAÇÃO: Autoridade exercida soberanamente. // Rejeitam a **d**, Jd 8 (ARC).

DOMINADOR: Que exerce autoridade ou poder sobre. // De Jacó sairá o **d**, Nm 24.19. Contra os **d** desde mundo, Ef 6.12. Aos presbíteros... nem como **d**, 1 Pe 5.1-3.

DOMINAR: Exercer autoridade; ter a primazia. // Dominarás sobre muitas nações, Dt 15.6. Não dominarei sobre vós, o Senhor vos dominará, Jz 8.23. Domina com justiça, domina no temor de Deus, 2 Sm 23.3. Dominava Salomão sobre todos os reinos desde o Eufrates até a terra dos filisteus, 1 Rs 4.21. Que a soberba não me domine, Sl 19.13. Domine ele de mar a mar, Sl 72.8. Dominas a fúria do mar, Sl 89.9. O seu reino dominará sobre tudo, Sl 103.19. Não me domine iniqüidade alguma, Sl 119.133. O rico domina sobre o pobre, Pv 22.7. Os governadores dos povos os dominam, Mt 20.25. Todo o povo ficava dominado por ele, Lc 19.48.

DOMÍNIO: Poder, autoridade. // **D** sobre os peixes, as aves, os animais, toda a terra, Gn 1.26-28; Sl 8.6. Compare 1 Co 15.27; Hb 2.8. A Deus pertence o **d**, Jó 25.2. O teu **d** subsiste por todas as gerações, Sl 145.13. O qual terá **d** sobre toda a terra, Dn 2.39. O seu **d** é de geração em geração, Dn 4.3. O Altíssimo tem **d** sobre o reino dos homens, Dn 4.25. Altíssimo, cujo **d** é sempiterno, Dn 4.34. O seu **d** não terá fim, Dn 6.26. Foi-lhe dado **d**, Dn 7.14. O **d** dos reinos debaixo de todo o céu, Dt 7.27. Seu **d** se estenderá de mar a mar, Zc 9.10. A morte já não tem **d** sobre ele, Rm 6.9. O pecado não terá **d** sobre vós, Rm 6.14. A lei tem **d** sobre o homem, Rm 7.1. Não que tenhamos **d** sobre a vossa fé, 2 Co 1.24. Acima de todo principado e **d**, Ef 1.21. A ele seja o **d** pelos séculos, 1 Pe 5.11.

DOMÍNIO PRÓPRIO: Temperança na Almeida. // Uma das graças cristãs, Pv 25.38; At 24.25; Gl 5.23. Tt 1.8; 2 Pe 1.6. Ver 1 Co 7.9; 9.25.

DONATIVO: Dádiva, presente. // A ti virá a filha de Tiro trazendo **d**, Sl 45.12. Não é que eu procure o **d**, Fp 4.17. Ver **Dádiva, Oferta, Presente.**

DONINHA: Pequeno mamífero carniceiro. // Animal **imundo,** Lv 11.29.

DONO: Chefe (de uma casa). // Não sabeis quando virá o **d**, Mc 13.35. Quando o **d** da casa... fechando a porta, Lc 13.25. Sejam boas **d** de casa, 1 Tm 5 14; Tt 2.5. Ver **Possuidor.**

DONS DE CURAR: 1 Co 12.9,28. Ver **Cura divina.**

DONS DO ESPÍRITO: São diversos, 1 Co 12.4. 1. **A palavra da sabedoria**, 1 Co 12.8; Lc 12.12; 21.15; Cl 2.3; 2. **A palavra do conhecimento**, 1 Co 12.8; 13.8; Ef 1.18. 3. **Fé**, 1 Co 12.9; Mt 17.20; At 3.16; 4. **Dons de curar**, 1 Co 12.9; At 8.7; 5. **Operações de milagres**, 1 Co 12.10; Jo 14.12. At 19.11; 6. **Profecia**, 1 Co 12.10; 13.2,8; 14.1,3,4,24,31,39; Rm 12.6; 1 Tm 4.14; 7. **Discernimentos de espíritos**, 1 Co 12.10; 13.2; 8. **Línguas**, 1 Co 12.10; 13.1,8; 14.2,4,14,21,22,26,27,39; 9. **Interpretação de línguas**, 1 Co 12.10; 14.13,16,27,28; 10. **Socorros**, 1 Co 12.28; 13.3; Rm 12.8; 11. **Governos**, 1 Co 12.28; 12. **Ministério**, Rm 12.7; 13. **Ensinar**, Rm 12.7; 14. **Exortar**, Rm 12.8. // A respeito dos dons espirituais, o Espírito Santo não quer que sejamos ignorantes, 1 Co 12.1. Exorta a procurá-las com zelo, 1 Co 12.31; 14.1,12,39. Paulo queria reparti-los aos romanos, Rm 1.11. São irrevogáveis, Rm 11.29; ver Hb 13.8. Acompanhavam os crentes primitivos, Mc 16.20; acompanhá-los-ão até ao fim do mundo, Mt 28.20. Cessarão quando vier o que é perfeito, 1 Co 13.8-12.

DONZELA: Mulher virgem. // **D** com adufes, Sl 68.25. O caminho do homem com uma **d**, Pv 30.19. Por isso as **d** te amam, Ct 1.3. Como a jovem esposa a **d**, Is 62.5. Ver **Moça, Virgem.**

DOR: Sofrimento físico ou moral. // Em meio de **d** darás à luz, Gn 3.16. Minha **d** está sempre perante mim, Sl 38.17. Homem de **d**, Is 52.3. As nossas **d** levou sobre si, Is 53.4. Antes que lhe viessem as dores, deu à luz, Is 66.8. Tua **d** é incurável, Jr 30.15. Se há, **d**, igual a minha, Lm 1.12. É o princípio das **d**, Mt 24.8. A criação... com **d** de parto, Rm 8.22 (ARC). Tenho... incessante **d** no coração, Rm 9.2. Meus filhos, por quem de novo sofro **d** de parto, Gl 4.19. Como vem as **d** de parto, 1 Ts 5.3. Nessa cobiça... se atormentaram com muitas **d**, 1 Tm 6.10. Grávida, grita com as **d** de parto, Ap 12.2. Remordiam as línguas por causa da **d**, Ap 16.10. Nem pranto nem **d**, Ap 21.4. Ver **Sofrimento.**

DOR, hb. **Habitações:** Cidade real de Canaã, 23 km para o sul do monte Carmelo. O rei Dor ajuntou-se, com outros reis, contra Israel, Js 11.2. Situada na tribo de Aser, veio a pertencer a Manassés, Js 17.11; 19.26. Onde Salomão instalou uma das repartições fiscais, 1 Rs 4.10. Ver mapa 4, A-1.

DORCAS: É uma palavra grega que significa **gazela**, em aramaico é **Tabita**, significando também, **gazela**, animal conhecido por sua beleza. Dorcas foi uma discípula muito amada em Jope, levantada dentre os mortos por Pedro, At 9.36-42.

DORIDO: Magoado. // O meu coração está **d**, Sl 55.4 (ARC).

DORMENTE: Que dorme. Que tens, **d**? Jn 1.6 (ARC).

DORMIR: Descansar no sono. // Pois já era sol posto... ali mesmo para dormir, Gn 28.11. Ele é deus; pode ser que esteja... a dormir, 1 Rs 18.27. Que não durma o sono da morte, Sl 13.3. Que dormem no pó da terra, Dn 12.2. Jonas... dormia profundamente, Jn 1.5. Não está morta... mas dorme, Mt 9.24. Enquanto... dormiam veio o inimigo, Mt 13.25. De santos, que dormiam, ressuscitaram, Mt 27.52. E o roubaram, enquanto dormíamos, Mt 28.13. E não poucos que dormem, 1 Co 11.30. As primícias dos que dormem, 1 Co 15.20. Nem todos dormiremos, 1 Co 15.51. Desperta, ó tu que dormes, Ef 5.14. Respeito aos que dormem, 1 Ts 4.14. Não durmamos como os demais, 1 Ts 5.6. Quer vigiemos, quer durmamos, 1 Ts 5.10. A sua destruição não dorme, 2 Pe 2.3. Ver **Dormitar.**

DORMITAR: Dormir levemente. Cabecear, cochilar. // Não dormitará aquele que te guarda, Sl 121.3. Não dormita nem dorme a guarda de Israel, Sl 121.4. Ver **Dormir.**

DOTÃ, hb. **Dois poços:** Cidade próxima a Siquém, onde venderam José aos israelitas, Gn 37.17. Ver mapa 2, C-4.

DOTAR: Dar dote. Dar em doação. // Faraó... com ela dotara a sua filha, 1 Rs 9.16. Para dotar de bens os que me amam, Pv 8.21.

DOTE: No tempo do Antigo Testamento, o chefe de família escolhia a noiva para seu filho. Ver Gn 24.38; 28.1. O noivo, ou seu pai, oferecia um dote, isto é, uma certa quantidade de dinheiro ao pai da noiva, não para comprá-la mas para remunerar o pai pela falta da filha. Visto como Jacó não tinha dinheiro para dar ao pai da noiva, teve de servir Labão por um determinado número de anos, Gn 29.18.

DOUTO: Muito instruído, sábio. // Dez vezes mais doutos, Dn 1.20.

DOUTOR: Homem douto, mestre distinto. // Assentado no meio dos **d**, Lc 2.46 (ARC). Gamaliel, **d** da lei, At 5.34 (ARC). Deu uns para pastores e **d**, Ef 4.11 (ARC). Amontoarão **d**, 2 Tm 4.3 (ARC). Ver **Mestre.**

DOUTRINA: Tudo o que é objeto de ensino; disciplina. // Goteje a minha **d** como a chuva, Dt 32.2. A minha **d** é pura, Jó 11.4. Maravilhadas da sua **d**, Mt 7.28. **D** que são preceitos, Mt 15.9. Acautelassem do fermento da **d** dos fariseus, Mt 16.12. Uma nova **d**, Mc 7.7. Perseveravam na **d** dos apóstolos, At 2.42. Enchestes Jerusalém de vossa **d**, At 5.28. Obedecer de coração a forma de **d**, Rm 6.17. Se vos falar por meio de revelação ou de **d**, 1 Co 14.26. Levados ao redor por todo vento de **d**, Ef 4.14. Segundo os preceitos e **d** dos homens, Cl 2.22. A fim de que não ensinem outra **d**, 1 Tm 1.3. A sã **d**, 1 Tm 1.10; 2 Tm 4.3; Tt 2.1. Alimentado da boa **d**, 1 Tm 4.6. Tem cuidado de ti mesmo e da **d**, 1 Tm 4.16. Se alguém ensina outra, 1 Tm 6.3. Ornarem a **d** de Deus, Tt 2.10. Pondo de parte os princípios elementares da **d**, hb 6.1. Envolver por **d** várias e estranhas, Hb 13.9. Ultrapassa a **d** de Cristo, 2 Jo 9.

DOXOLOGIA: Hino de louvor a Deus. // Vocábulo usado para designar as últimas palavras da Oração Dominical: "Teu é o reino, o poder e a gloria para sempre. Amém". Ver, também Sl 41.13; 72.18,19; 89.52; Rm 16.27; Ef 2.20; 1 Tm 1.17; Jd 25; Ap 5.13,14; 19.1-3. **A Maior Doxologia** é tirada de Lc 2.14.

DOZE: Diz-se do número cardinal formado do dez mais dois. // As pedras serão conforme os nomes... **d**, Êx 28.21. Os nomes dos **d** apóstolos, Mt 10.2. Em **d** tronos para julgar Assembléia de Deus tribos, Mt 19.28. Mais de **d** legiões de anjos, Mt 26.53. Quando ele atingiu os **d** anos, Lc 2.42. E desde os **d** patriarcas, At 7.8. E, depois, aos **d**, 1 Co 15.5. E junto às portas **d** anjos, Ap 21.12. As **d** portas são de pérolas, Ap 21.21. Que produz **d** frutos, Ap 22.2. Ver **Número.**

DRACMA: Uma moeda grega, de prata, que pesava um dracma, e do mesmo valor, aproximadamente, do denário, moeda romana. // A parábola de dracma perdida, Lc 15.8. Ver **Dinheiro.**

DRAGA: Qualquer instrumento, rede, arpão, para tirar algum objeto do fundo da água. // Queima incenso à sua **d**, Hc 1.16 (ARC).

DRAGÃO: Monstro fantástico que geralmente se representa com garras de leão, asas de águia ou de morcego, e cauda de serpente. // Veneno de dragões de serpentes. Dt 32.23 (ARC) Personificação de faraó, Ez 29.3 (ARC). de Satanás, Ap 12.9; 20.2. Em Is 51.9 e Ez 29.3 refere-se, talvez, ao crocodilo. A palavra traduzida **dragão** (F) é, muitas vezes **chacal** nas outras versões.

DROMEDÁRIO: Camelo de só uma corcova, Is 60.6; 66.20; Jr 2.23. Ver **Camelo.**

DRUSILA: Uma judia, a mais nova das três filhas de Herodes Agripa, que largou seu marido, Aziz, rei da Amesa, para casar-se com Cláudio Félix, governador da Judéia. Quando Paulo falava a Drusila e a Félix, sobre a justiça, o domínio próprio e o juízo vindouro, Félix ficou amedrontado, At 24.24,25.

DUMÁ, hb. **Silêncio:** 1. Um dos filhos de Ismael, Gn 25.14. // 2. Uma cidade de Judá, Js 15.52. Ver mapa 2, B-6; mapa 5, B-2. 151, B-6; 302, B-2. // 3. Nome simbólico designando Edom, Is 21.11.

DUPLAMENTE: Em dobro. // **D** mortas, desarraigadas, Jd 12.

DÚPLICE: Duplicado. // O sonho... **d**, porque a coisa é estabelecida, Gn 41.32.

DUPLICIDADE: Dobrez, má fé. // Aborreço a **d**, Sl 119.113. Ver **Falsidade.**

DUPLO: Dobrado. // Em lugar da vossa vergonha tereis **d** honra, Is 61.7. Ver **Dobrado.**

DURA, hb. **Círculo:** Um campo na província de Babilônia onde Nabucodonosor levantou uma imagem de ouro, Dn 3.1.

DURAÇÃO: Qualidade daquilo que dura. // Não tem raiz... de pouca **d**, Mc 4.17.

DURAR: Permanecer. Continuar a existir. Conservar-se no mesmo estado. // A sua misericórdia dura para sempre, 1 Cr 16.34; Ed 3.11; Sl 106.1; 107.1; 118.1; 136.1; 136.1-26; 138.8. O conselho do Senhor dura para sempre, Sl 33.11. As riquezas não duram para sempre, Pv 27.24.

DURÁVEL: Que dura muito. // Estão comigo, bens **d** e justiça, Pv 8.18. Possuirdes vós mesmos patrimônio superior e **d**, Hb 10.34.

DUREZA: Qualidade daquilo que é duro. Ação dura, cruel. // A **d** deste povo, Dt 9.26. Trata com **d** os seus filhos, Jó 39.16. **D** de coração, Jr 23.17; Mt 19.8; Mc 3.5; 16.14; Ef 4.18. Segundo a tua **d** e coração impenitente, Rm 2.5.

DURO: Insensível, duro, cruel. // A sua ira, pois era **d**, Gn 49.7. **D** cerviz, Dt 9.13; 31.27; 2 Rs 17.14; At 7.51. Nabal era **d** e maligno, 1 Sm 25.3. De te dizer **d** novas, 1 Rs 14.6. A palavra **d** suscita a ira Pv 15.1. **D** como a sepultura o ciúme, Ct 8.6. De **d** semblante, Ez 2.4. Fronte mais **d** do que a perdeneira, Ez 3.9. **D** coisa é recalcitrares, At 26.14. Ver **Penoso.**

DÚVIDA: Incerteza, vacilação, irresolução. // Tem **d**, é condenado, se comer, Rm 14.23. É fora de qualquer **d**, que o inferior, Hb 7.7. Compadecei-vos de alguns que estão na **d**, Jd 22.

DUVIDAR: Ter dúvida, não saber. // Homem de pequena fé por que duvidaste? Mt 14.31. Se tiverdes fé e não duvidardes, Mt 21.21. Adoraram; mas alguns duvidaram, Mt 28.17. E não duvidar no seu coração, Mc 11.23. Não duvidou da promessa, Rm 4.20. Com fé, em nada duvidando, Tg 1.6.

A RESSURREIÇÃO DO IDIOMA HEBRAICO

A ressurreição do idioma hebraico, que por mais de dezoito séculos não era falado como língua diária, é notável como reavivamento do próprio Israel. De fato, é importantíssimo fator aglutinador dos judeus como nação unida.

Há cem anos, o hebraico era considerado um idioma morto. Porém, os judeus nunca o consideraram como tal. Era o idioma bíblico e no qual proferiam suas orações; e embora não usassem em sua vida secular, sempre sentiram que algum dia voltariam a Sião e falariam o hebraico. Caberia a Eliezer Bem-Yhuda, um judeu europeu, demonstrar que chegara o momento de reviver o hebraico, não postergando essa ressurreição para algum futuro distante.

Assim, pois, Deus levantou esse homem, nascido perto de Vilna, em 1858, para devolver aos judeus seu idioma comum. O povo estava espalhado entre as nações; falavam os idiomas dos povos entre os quais habitavam. Muitos judeus da Europa falavam o iídiche, idioma com bases no alemão medieval. Outros falavam o ladino, alicerçado no espanhol medieval. Na primavera de 1879, Ben Yehuda (anteriormente de nome Perlman) publicou um artigo no qual propunha que fosse fundado um estado judaico na Palestina, e que o idioma desse estado fosse o hebraico. Os judeus mais piedosos ficaram chocados ante a sugestão: para eles era um sacrilégio usar o idioma da Bíblia na linguagem diária. Alguns deles falavam o hebraico, mas apenas aos sábados. Ben-Yehuda, porém, estava resolvido, convicto de que a idéia era boa.

Impelido por uma força sobrenatural (embora sem dúvida inconsciente do fato) o jovem abandonou seus estudos de medicina na Sorbonne, em Paris, e, para consternação de seus parentes e amigos, partiu com todos os seus pertences para Jerusalém. Em 1880, a caminho da Palestina, escreveu: "Hoje falamos idiomas estrangeiros, amanhã todos falaremos o hebraico".

Conseguiu estabelecer a primeira família de fala hebraica na Palestina, após um lapso de dezoito séculos. Em breve, outras famílias recém-chegadas seguiam o exemplo. Pouco a pouco o hebraico se foi tornando idioma da conversação diária em vários centros judaicos, até que seu uso se tornou generalizado. Por volta de 1918, cerca de quarenta por cento dos judeus da Palestina falava o hebraico. Em cerca de 1948, essa porcentagem havia aumentado para 80%. Atualmente calcula-se que 95% da população pode comunicar-se em hebraico em suas atividades diárias, embora muitos ainda falem outros idiomas em seus lares e possam ler publicações diárias em idiomas estrangeiros.

Eliezer Ben-Yehuda criou a primeira escola não-religiosa onde todas as matérias eram ensinadas em hebraico. Também fundou e operou quatro jornais em hebraico, e foi o instrumento que estabeleceu o conselho do idioma hebraico que, em 1954, tornou-se a academia oficial do governo do idioma hebraico. Sua principal obra, porém, foi a de coligir material para um dicionário hebraico em dezessete volumes, atualmente em extenso uso.

Para reviver o idioma hebraico foi mister criar muitas palavras novas para consumo moderno, particularmente nas áreas industrial, tecnológica e profissional. O vocabulário hebraico da Bíblia conta com apenas 7.704 vocábulos diferentes. Esse vocabulário se tem multiplicado por diversas vezes. A academia do Idioma Hebraico tem registrado o uso de cerca de trinta mil palavras.

A tarefa de ensinar o idioma aos imigrantes judeus tem sido gigantesca; os israelenses, porém, com vigor e recursos característicos, têm criado métodos rápidos de aprendizagem. Por meio desses métodos modernos, os imigrantes são capazes de aprender o idioma em cinco meses. Entre os dezessete jornais diários de Israel, publicados em hebraico, há um que usa hebraico simplificado, com vogais, para benefício dos imigrantes que ainda não podem ler o hebraico regular, em que a maioria das vogais é omitida. Também lições em hebraico e boletins de notícias, em hebraico simples são lançadas ao ar pela rádio nacional. Todo o judeu em Israel é exortado a aprender o hebraico sendo esse o idioma em que se ministram as aulas em todas as escolas judaicas ainda que o árabe seja usado por professores nas escolas onde se ensina o árabe. Os cidadãos árabes em Israel não são forçados a aprender o hebraico. Há plena liberdade para cada raça manter a sua própria tradição. Selos, moedas e papel-moeda exibem inscrições tanto em hebraico como em árabe.

ÉFESO: Em primeiro plano os restos do teatro onde "todos a uma voz gritaram por espaço de quase duas horas: Grande é a Diana dos efésios", At 19.34

E

EBAL: O monte Ebal está situado 52 km ao norte de Jerusalém e 10 km ao sudeste da cidade de Samaria. Israel levantou no monte Ebal o primeiro altar, depois de entrar na Terra da Promissão, Dt 27.2-8; Js 8.30-32. O monte Ebal, com uma altura de 915 metros, fica no lado norte e o monte Gerizim, com 855 metros de altura, no lado sul do vale fértil onde está situada **Nablus**, a antiga Siquém. Os dois montes, Ebal e Gerizim, estão tão pertos um do outro, que o povo pode ouvir, de um monte ao outro, a leitura da lei. Moisés ordenou que o povo de Israel ficasse, uma metade no monte Ebal e a outra no monte Gerizim. Os que estavam no monte Gerizim deviam proferir bênçãos sobre os que observassem fielmente a lei, enquanto os no monte Ebal anunciavam maldições contra os que a violassem, Dt 11.29; 27.11-26; Js 8.33-35. Ver mapa 2, C-4; mapa 4, B-1.

ÉBANO: Árvore da família das ebanáceas. A madeira é dura, preta e pesada, muito usada na marcenaria. Importada da índia, Ez 27.15, **Pau preto** (ARC). Ver p. 442.

EBEDE, hb. **Escravo:** 1. Pai de Gaal, que se revoltou contra Abimeleque, Jz 9.28. // 2. Um dos que voltaram com Esdras, Ne 8.6.

EBEDE-MELEQUE, hb. **Servo do rei:** O etíope que salvou Jeremias da cisterna, Jr 38.7.

EBENÉZER, hb. **Pedra de auxílio:** 1. Onde os filisteus venceram Israel, 1 Sm 4.1. Ver mapa 4, A-2. // 2. Tomou Samuel uma pedra, e lhe chamou Ebenézer, e disse: Até aqui nos ajudou o Senhor, 1 Sm 7.12.

ÉBER, hb. **Região além:** 1. Um bisneto de Sem, Gn 10.21. O vocábulo quer dizer o povo, ou tribo, que veio do outro lado do rio, o Eufrates. // 2. Um gadita, 1 Cr 5.13. // 3. Dois benjamitas, 1 Cr 8.12,22. // 4. Um sacerdote, cabeça de família que voltou de Babilônia, Ne 12.20.

EBES, hb. **Brancura:** Uma das cidades de Issacar, Js 19.20.

EBIASAFE, hb. **Pai de ajuntamento:** Um coatita, 1 Cr 6.37.

ÉBRIO: Transtornado pelas bebidas. // Cambalear como **é**, Jó 12.25. A comer e beber com **é**, Mt 24.49.

ECCE HOMO: Lat. "Eis o homem!" Jo 19.5. As palavras de Pilatos, ao apresentar Cristo, coroado de espinhos e vestido de púrpura.

ECLESIASTES, O LIVRO DO: Isto é, **O Livro do Pregador.** Em grego, **ekklesiastes**, aquele que fala à assembléia, o pregador, o grande orador. Intitulava-se este livro assim, talvez, porque Salomão, depois do tempo que passou afastado de Deus, ensinava publicamente as lições aprendidas de suas experiências. Eclesiastes, como **O Livro de Jó**, é uma coleção de pensamentos filosóficos. Jó era um homem que passou por sofrimentos terríveis para um triunfo glorioso, ao passo que Eclesiastes, o pregador (Salomão), passou de luxo e glória para as profundezas de tristeza e desespero. **A autoria:** É de Salomão, 1.1.16; 2.7,9; 12.9; Comp. 1 Rs 4.29-34. **A chave: Vaidade**, 2.11. A palavra aparece somente uma vez no capítulo 3 e no 5, mas repetidamente nos demais. Quer dizer coisas vãs, fúteis. Cantares pertence ao tempo da mocidade de Salomão, Provérbios representa a sabedoria da sua vida madura, e Eclesiastes registra os sentimentos da vida contemplada da sua velhice. Depois de se entregar ao egoísmo e à sensualidade e sofrer a penalidade em fastio e aborrecimento de vida, Salomão apresenta neste livro a lição que Deus o ensinou. **As divisões:** "Vaidade de vaidades! Tudo é vaidade" é a sua primeira lição; a última é: "De tudo o que se tem ouvido, a suma é: Teme a Deus e guarda os Seus mandamentos; porque isto é o dever de todo homem..." Caps. 1.2; 12.13,14.

ECLESIÁSTICO: Este livro apócrifo é uma coletânea de máximas extraídas da prática, das virtudes e da direção da vida. Foi declarado canônico pelo concílio de Trento.

ECROM, hb. **Extirpação:** A mais setentrional das cinco cidades pertencentes aos príncipes dos filisteus, Js 13.3. Destinada a Judá, Js 15.11, 45, 46. A arca de Deus enviada a Ecrom, 1 Sm 5.10. Os israelitas, depois de Davi matar a Golias, perseguiram os filisteus até Ecrom. 1 Sm 17.52. Lugar santo para culto de Baal-Zebube, 2 Rs 1.2. Sua destruição predita, Am 1.8; Sf 2.4. Ver mapa 2, B-5; mapa 5, A-1.

ÉDEN, hb. **Deleite:** 1. O primeiro habitat do homem; no **Setuaginto**, o **Paraíso**. Terra fértil e vicejante, Gn 2.9; onde a figueira era indígena, Gn 3.7; e onde havia toda sorte de animais e aves, Gn 2.19. Onde o Senhor Deus plantou um jardim, Gn 2.8. Da banda do Oriente, Gn 2.8. Do Éden saía um rio repartindo-se em quatro braços: o Pisom, o Giom, o Tigre e o Eufrates. Gn 2.10-14.

O lugar exato é desconhecido atualmente. O homem lançado fora do jardim do Éden, Gn 3.23. O Senhor fará o deserto de Sião como o Éden, Is 51.3. Esta terra desolada ficou como Jardim do Éden, Ez 36.35. A terra é como jardim do Éden, Jl 2.3. // 2. Um levita no tempo de Ezequias, 2 Cr 29.12. Ver **Jardim.**

EDER, hb. **Rebanho:** 1. Lugar entre Belém e Hebrom, Gn 35.19,21. // 2. Uma cidade no extremo sul de Judá, Js 15.21. // 3. Um benjamita, 1 Cr 8.15. // 4. Um levita, filho de Musi, 1 Cr 23.23.

EDIFICAÇÃO: Ato ou efeito de edificar, de construir. Palavra usada tanto literal como figuradamente. // Seguimos as coisas da paz e também da **e**, Rm 14.19. Agrade ao próximo no que é bom para **e**, Rm 15.2. Para a **e** da igreja, 1 Co 14.12. Seja tudo feito para **e**, 1 Co 14.26. Autoridade, a qual o Senhor nos conferiu para **e**, 2 Co 10.8; 13.10. Tudo, ó amados, para vossa **e**, 2 Co 12.19. Concedeu uns... para a **e** do corpo de Cristo, Ef 4.11,12. Unicamente a que for boa para **e**, Ef 4.29.

EDIFICADOR: Que edifica. // Os **e** de Salomão, 1 Rs 5.18. Os **e** do templo, Ed 3.10. Deus é o arquiteto e **e**, Hb 11.10. A pedra que os **e** reprovaram, 1 Pe 2.7 (ARC). Ver **Arquiteto, Construtor.**

EDIFICAR: Construir, instituir, instruir. // Edifiquemos para nós uma cidade, Gn 11.4. Edificar-lhe-ei uma casa estável. 1 Sm 2.35. Edificar-me-ás tua casa para minha habitação, 2 Sm 7.5. Assim edificávamos o muro, Ne 4.6. O Senhor edificou a Sião Sl 102.16. Se o Senhor não edificar a casa, Sl 127.1. Edifiquei para mim casas, Ec 2.4. Tempo de edificar, Ec 3.3. Edificou a sua casa sobre a rocha, Mt 7.24. Edificando uma casa, cavou, Lc 6.48. Começou a construir e não pôde acabar, Lc 14.30. Graça, que tem poder para vos edificar, At 20.32. Para não edificar sobre fundamento alheio, Rm 15.20. Se o que alguém edifica sobre fundamento, 1 Co 3.12. Lancei... outro edifica, 1 Co 3.10. Veja como edifica, 1. Co 3.10. O amor edifica, 1 Co 8.1. Fala aos homens edificando, 1 Co 14.3. Em outra língua, a si mesmo se edifica, 1 Co 14.4. O que profetiza edifica a igreja, 1 Co 14.4. Edificados sobre o fundamento dos apóstolos. Ef 2.20. Edificados para habitação de Deus, Ef 2.22. Nele radicados e edificados, Cl 2.7. Edificai-vos reciprocamente, 1 Ts 5.11. Sois edificados casa espiritual, 1 Pe 2.5. Edificando-vos na vossa fé santíssima, Jd 20. Ver **Construir, Erguer.**

EDIFÍCIO: Construção destinada à habitação, ao alojamento de repartições, etc. // **E** de Deus sois vós, 1 Co 3.9. Temos da parte de Deus um **e**, 2 Co 5.1. Todo **e** bem ajustado cresce. Ef 2.21.

EDOM, hb. **Vermelho:** 1. Nome dado a Esaú, Gn 25.30. // 2. Região com 160 km de comprimento por 30 km de largura. Estendia-se desde o mar Morto até ao mar Vermelho. Ver mapa 5, B-2. Ocupada pelos descendentes de Esaú, Gn 36.6-9. Primitivamente chamada **o monte de Seir**, e habitado pelos horeus, Gn 14.6; Dt 2.12. No Novo Testamento conhecido pelo nome de Iduméia, Mc 3.8. Recusou deixar Israel passar por seu território. Nm 20.18. Os edomitas subjugados por Davi, 2 Sm 8.14. Profecias contra Edom, Is 34; Jr 49.7-22; Ez 25.12-14; Am 1.11. Quem é este que vem de Edom? Is 63.1. Ver mapa 2, D-7.

EDREI, hb. **Fortaleza:** 1. Uma das cidades de Ogue, rei de Basã, perto de Astarote, Js 12.4. Ver mapa 3, C-2. // 2. Lugar não identificado, perto de Guedes, Js 19.37.

EDUCAÇÃO: Ato de educar. // Escritura... para **e** na justiça, 2 Tm 3.16. Ver **Instrução.**

EDUCAR: Desenvolver as faculdades físicas, intelectuais e morais. // Moisés foi educado em toda, At 7.22. Educando-nos para que... vivamos, Tt 2.12. Ver **Instruir.**

EFA: O efa (aproximadamente 35 litros) era a unidade das medidas para secos, e igual ao bato, a unidade das medidas para líquidos, Ez 45.11. Tereis balanças justas, efa justo e bato justo. Ez 45.10. A visão da mulher e o efa, Zc 5.5-11. Ver **Medidas de capacidade.**

EFÁ, hb. **Trevas:** 1. Um dos descendentes de Abraão e Quetura, Gn 25.4. Mencionado em Is 60.6. // 2. Uma concubina de Calebe, 1 Cr 2.46. // 3. Um dos descendentes de Judá, 1 Cr 2.47.

EFAI, hb. **Fatigado:** Um netofatita cujos filhos permaneceram com Gedalias e foram mortos por Ismael, Jr 40.8.

EFATÁ: Vocábulo aramaico, que quer dizer: Abre-te, Mc 7.34.

EFEITO: Realização, resultado. Com efeito, quer dizer, realmente. // O **e** da justiça será paz, Is 32.17. Conhecido, com **e**, antes da fundação, 1 Pe 1.20.

EFER, hb. **Uma corça nova:** 1. Um descendente de Abraão e Quetura, Gn 25.4. // 2. O terceiro filho de Ezra, 1 Cr 4.17. // 3. Um guerreiro, homem famoso e cabeça de sua família na tribo de Manassés, 1 Cr 5.23, 24. // 4. Um dos valentes de Davi, 1 Cr 11.36.

EFES-DAMIM: Um lugar entre Socó e Azeca, onde os filisteus se acampavam na ocasião de Davi matar Golias, 1 Sm 17.1.

EFÉSIO: Pessoa natural ou residente da cidade de Éfeso, At 19.28,34; 21.29.

EFÉSIOS, EPÍSTOLA DE PAULO AOS: Uma das três escritas da sua prisão em Roma, ver At 28.16; Ef 3.1; 4.1; 6.20. Há, registradas nas Escrituras, três mensagens dirigidas aos efésios: 1) De Paulo aos presbíteros da igreja de Éfeso, At 20.18-35. 2) A epístola do mesmo apóstolo. 3) A carta de Cristo, Ap 2.1-7. **O autor:** O apóstolo Paulo, Ef 1.1. Apesar de Paulo trabalhar mais de dois anos em Éfeso, não há nesta epístola qualquer saudação aos seus muitos amigos. Ainda mais as palavras "em Éfeso" aparecem em somente um dos três manuscritos mais antigos. Alguns comentadores acham que esta epístola servia como uma carta circular, escrita para todas as igrejas da Ásia. Éfeso, sendo a cidade principal, seu nome, por fim entrou permanentemente na sua saudação. Alguns opinam, também, que é a epístola aos de Laodicéia, Cl 4.16. **A chave:** Cinco vezes ocorre nesta epístola a frase **"As regiões celestiais",** 1.3,20; 2.6; 3.10; 6.12. Esta é chamada: "A epístola do terceiro céu de Paulo", "Os Alpes do Novo Testamento." A palavra "graça" aparece doze vezes; a epístola é realmente "O Evangelho da Graça de Deus." A palavra "riqueza" é igualmente repetida muitas vezes: "a riqueza da sua graça," 1.7; 2.7. "A riqueza da sua glória," 1.18; 3.16; "insondáveis riquezas de Cristo." 3.8. **As divisões:** I. Saudação, 1.1, 2. II. Doutrina: A posição do crente "em Cristo" e nas regiões celestiais" pela graça, 1.3 a 3.21. III. Prática: **O andar e o combate** do crente cheio de Espírito, 4.1 a 6.20. IV. Tíquico, o portador da epístola, 6.21,22. V. A conclusão, 6.23,24.

ÉFESO: Capital da província romana, Ásia, e com Antioquia da Síria e Alexandria do Egito, uma das três maiores cidades do litoral leste do mar Mediterrâneo. Seu teatro comportava 24 mil pessoas assentadas. Era a cidade da deusa Diana, cujo templo era uma das **sete maravilhas do mundo**. Seus cultos eram "impuros e vergonhosos.' Paulo visitou a Éfeso, At 18.19. Apolo em Éfeso, At 18.24. Paulo permaneceu lá dois anos, At 19.10. Diana deusa dos efésios. At 19.28. Demétrio excitou um grande tumulto em Éfeso, At 19.23. Discurso de Paulo aos presbíteros de Éfeso, At 20.18-35. Paulo lutou com feras em Éfeso, 1 Co 15.32. Trófimo o efésio, At 21.29. Paulo aproveitava as grandes multidões que afluíam de toda parte, para lhes proclamar a Cristo. Deus abençoou com milagres extraordinários; o prestígio de Diana começou a diminuir. Os que praticavam artes mágicas queimaram seus livros até os seus preços montarem a 50 mil denários. Éfeso se tornou mais e mais o centro do mundo cristão. A igreja em Éfeso era uma das sete da Ásia, Ap 1.11. A carta à igreja em Eféso, Ap 2.1-7. Ver mapa 6, D-2; também p. 532.

EFETUAR: Realizar. // Poder... para efetuarem curas, Lc 9.1. Não, porém, o efetuá-lo, Rm 7.18. Efetua em vós tanto o querer, Fp 2.13. Ver **Realizar.**

EFICÁCIA: Qualidade daquilo que é eficaz. // Segundo a **e** do poder que, Fp 3.21. A sua **e** que opera... em mim, Cl 1.29. Por sua **e**, a súplica do justo, Tg 5.16.

EFICAZ: Que produz muito. // O vosso conforto... se torna **e**, 2 Co 1.6.

EFICAZMENTE: De modo eficaz. // Aquele que operou **e** em Pedro, Gl 2.8.

EFÍGIE: Mt 22.20. A cabeça de uma grande personagem estampada numa moeda. Ver **Imagem.**

ÉFODE: O pai de Haniel, um príncipe de Manassés, Nm 34.23. // 2. Ver **Estola sacerdotal.**

EFRAIM, hb. **Fértil:** 1. O segundo filho de José e Azenate, filha de Potífera, sacerdote de Om, Gn 41.50-52. Efraim e seu irmão, Manassés, foram adotados por Jacó e considerados seus filhos, cada um se tornando cabeça de uma das tribos de Israel. Gn 48.5. Efraim e Manassés °abençoados por Jacó, Gn 48.13-20. // 2. A tribo de Efraim, Nm 2.18. O censo no deserto, Nm 1.33; 26.37. Abençoada por Moisés. Dt 33.17. A herança de Efraim, Js 16. Ver mapa 2, C-4. Depois da revolta das dez tribos os nomes **Israel** e **Efraim**

tornaram-se sinônimos, a tribo de Efraim fazendo parte preeminente das dez. Ver Is 7.2, 9, 17; Os 9.3-17. Entre as tribos restauradas, Ez 48.5. // 3. Uma cidade na vizinhança da herdade de Absalão, 2 Sm 13.23. É, talvez, a mesma cidade para onde Jesus se retirou no tempo de grande perseguição, Jo 11.54. // 4. Bosque de Efraim, 2 Sm 18.6. Uma floresta ao oriente do Jordão, perto de Jabes-Gileade. Tornou-se memorável pela batalha que se travou entre Davi e o rebelde exército de Absalão. // 5. Montanhas de Efraim, Js 17.15 (ARC). Montanha de Efraim, Js 19.50; 20.7 (ARC). A região montanhosa que se estende de norte a sul pelas terras de Efraim. Era fértil o solo tanto das rampas orientais como das ocidentais. Ver mapa 2, C-4.

EFRAIM, PORTA DE: Uma das portas de Jerusalém, 2 Rs 14.13; Ne 8.16. Ocupava, talvez, o mesmo lugar da atual Porta de Damasco.

EFRATA, hb. **Terra frutífera:** 1. O antigo nome de Belém de Judá, Rt 4.11. Onde faleceu Raquel, Gn 35.16, 19; 48.7. E tu, Belém Efrata, Mq 5.2; Mt 2.6. Ver mapa 1, H-3. // 2. Mulher de Calebe, 1 Cr 2.19.

EFRATEU: Habitante de Belém, Rt 1.2; 1 Sm 17.12.

EFROM, hb. **Pertencente ao corço:** 1. O heteu a quem Abraão comprou o campo e a caverna de Macpela para sepultar a Sara, Gn 23.17,18. // 2. Uma das cidades tomadas de Jeroboão rei de Israel por Abías, rei de Judá, 2 Cr 13.19.

EGÍPCIO: Indivíduo natural do Egito. // Uma serva **e**, por nome Hagar, Gn 16.1. As hebréias não são como as **e**, Êx 1.19. Certo **e** espancava um hebreu, Êx 2.11. Um **e** nos livrou, Êx 2.19. Nem aborrecerás o **e**, Dt 23.7. Não és tu o **e**, At 21.38. Os **e** foram tragados de todo, Hb 11.29.

EGITO, gr. **Aegyptus,** a terra do Nilo: Chamado em hebraico, **Mizraim** (ver 1 Cr 1.8); pelos próprios egípcios, **Kam-t;** pelos cananeus, **Misru** e, às vezes **a terra de Cão**, Sl 105.23,27; 106.22. O Egito é um país ao sudoeste da Palestina e da Síria. A divisa entre o Egito e a Palestina não é uma alta cordilheira nem um grande rio, mas apenas um arroio que se chama **o ribeiro (ou o rio) do Egito,** Nm 34.5; Js 15.4,47. O país é um vale relativamente estreito, dominado pelas cordilheiras arábicas e líbica e pelo meio do qual corre o Nilo, que o fecunda com as suas inundações regulares, depois de o ter formado com as suas aluviões. A sua civilização, uma das mais antigas, atingiu, nos tempos dos faraós, um alto grau de perfeição nas artes, nas ciências e nas letras. Algumas cidades e lugares do Egito, mencionados nas Escrituras, são: Alexandria, At 27.6. Áven, Ez 30.17. Baal-Zefom, Êx 14.2. Gósen, Gn 45.10. Mênfis, Os 9.6. Nô, ou Tebas, Na 3.8. Om, Gn 41.45. Patros, Is 11.11. Pitom, Êx 1.11. Ramessés, Êx 1.11. Sim, Ez 30.15. Sucote, Êx 12.37. Tafnes, Ez 30.18. Zoã, Nm 13.22. **Fauna:** chacais, hienas, raposas, hipopótamos, crocodilos, búfalos, camelos, dromedários, burros e cavalos. **Agricultura:** Cultivavam-se trigo, cevada, lentilhas, tâmaras, azeitonas, romãs, figos, cebolas, alhos, pepinos, melões, linho. // Abraão no Egito, Gn 12.10. José no Egito, Gn 37.28. Israel no Egito, Gn 47.27. A opressão dos filhos de Israel no Egito, Êx 1.11. As pragas, Êx 7 a 12. O Êxodo, Êx 12.37. Os filhos de Israel querem voltar ao Egito, Nm 14. Salomão aparentou-se com o rei do Egito, 1 Rs 3.1. Jeroboão fugiu para o Egito, 1 Rs 11.40. Sisaque, rei do Egito, subiu contra Jerusalém, 1 Rs 14.25. O rei do Egito matou o rei Josias, 2 Rs 23.29. Os cavalos de Salomão vinham do Egito, 2 Cr 1.16. Profecia contra o Egito, Is 19. Judeus moradores do Egito, Jr 44.1. Toma o menino e sua mãe, foge para o Egito, Mt 2.13. Do Egito chamei o meu Filho, Mt 2.15. Judeus de todas as nações... do Egito, At 2.10. Maiores riquezas do que os tesouros do Egito, Hb 11.26. Pela fé Moisés abandonou o Egito, Hb 11.27. Cidade que, espiritualmente, se chama Sodoma e Egito, Ap 11.8. Ver mapa 6, E-4.

EGLÁ, hb. **Novilha:** Mulher de Davi e mãe de Itreão, 2 Sm 3.5.

EGLAIM: Is 15.8. Uma cidade moabita.

EGLOM, hb. **Vitela:** 1. Rei dos moabitas que oprimiu Israel durante 18 anos. Foi morto por Eúde, Jz 3.12-30. // 2. Uma cidade real de Canaã, destruída por Josué, Js 10.3-35; 12.12. Ver mapa 2, B-5; mapa 5, A-l.

EGOÍSTA: Pessoa que trata exclusivamente de si e dos seus interesses. Os homens serão **e**, avarentos, 2 Tm 3.2. Ver **Interesseiro.**

EIA (ARC): Interj. Para estimular, excitar. Exprime também espanto irônico. // Jó 39.25 (ARC); Tg 5.1 (ARC).

EIRA: Porção de terreno liso e duro, ou lage, em que se secam, debulham e limpam cereais e legumes. // O pranto na **e** de Atade, Gn 50.11. Porei uma porção de lã na **e**, Jz 6.37. Esta noite limpará a cevada na **e**, Rt 3.2. Saqueiam as **e**, 1 Sm 23.1. Altar na **e** de Araúna, 2 Sm 24.18. Babilônia é como a **e**, Jr 51.33. Como a palha das **e**, Dn 2.35. Limpará completamente a sua **e,** Mt 3.12.

EIRADO: Espaço descoberto sobre uma casa. // Subir ao **e**, e os escondera, Js 2.6. Melhor é morar no canto do **e**, Pv 21.9. Proclamai-o dos **e**, Mt 10.27. Sobre o **e** não desça, Mt 24.17. Descobriram o **e**... baixaram o leito, Mc 2.4. Subiu Pedro ao **e**, At 10.9.

EIS: Aqui está; vede. // Eis-me aqui, Gn 22.11; 46.2; Êx 3.4; Is 6.8. Ei-lo aqui!... Não vades, Lc 17.23. Disse-lhes Pilatos: Eis o homem! Jo 19.5. Eis aqui o vosso rei, Jo 19.14. Eis aí o teu filho... Eis aí tua mãe, Jo 19.26,27.

EIXO: Peça sobre qual gira alguma coisa. // Lança era como o **e** do tecelão, 1 Sm 17.7.

EL: Ver **Deus, os nomes de.**

ELÁ, hb. **Carvalho:** 1. Um príncipe de Edom, Gn 36.41. // 2. Um oficial de Salomão, 1 Rs 4.18. // 3. Um filho de Calebe, 1 Cr 4.15. // 4. Um benjamita, 1 Cr 9.8. // 5. O pai de Oséias, último rei de Israel, 2 Rs 15.30. // 6. O quarto rei de Israel, 1 Rs 16.6-14.

ELÁ, O VALE DE: Um vale de Judá onde Davi matou Golias, 1 Sm 17.2. Ver mapa 2, B-5; mapa 5, B-1.

ELAMITAS: Ed 4.9; At 2.9. Habitantes de um país ao sul da Assíria e ao leste da Pérsia. Era um dos principais países antes de Babilônia. Gn 14.1,9; Is 11.11; 21.2. Ver **Elão.**

ELANÃ, hb. **Deus é clemente:** 1. Um valente de Davi, filho de Dodó, 1 Cr 11.26. // 2. Um soldado valente de Davi. que feriu o gigante Lami, irmão de Golias, 1 Cr 20.5.

ELÃO, hb. **Alto:** 1. O filho primogênito de Sem, Gn 10.22. O território ocupado por seus descendentes era conhecido como **Elão.** Ver **Elamitas.** // 2. Um Benjamita, l Cr 8.24. // 3. Um porteiro do Templo, 1 Cr 26.3. // 4. Chefes de famílias que voltaram de Babilônia, Ed 2.7,31. // 5. Um chefe do povo, Ne 10.14. // 6. Um sacerdote, Ne 12.42. Ver mapa 1, E-3.

ELASA, hb. **Deus fez:** 1. Um dos que tinham mulher estrangeira, Ed 10.22. // 2. Um filho de Safã, Jr 29.3.

ELASAR: Uma cidade nos domínios de Arioque e outros reis de Babilônia, Gn 14.1.

ELATE: Dt 2.8. Um porto de Edom, no mar Vermelho.

EL-BETEL, hb. **Deus de Betel:** O nome que Jacó deu ao lugar onde tivera a visão em Luz. Gn 35.7.

ELCANA, hb. **Possessão de Deus:** 1. Um filho de Corá, Êx 6.24. // 2. O pai de Samuel, 1 Sm 1.1. // 3. Um levita, 1 Cr 6.23. // 4. Outro levita, 1 Cr 6.26. // 5. Ainda outro levita, 1 Cr 9.16. // 6. Um dos valentes de Davi, 1 Cr 12.6. // 7. Outro levita, 1. Cr 15.23. // 8. Um valente «o segundo depois do rei» Acaz, 2 Cr 28.7.

ELCOSITA: Naum o elcosita, Na 1.1. Há, na Síria, uma cidade chamada Alkus, onde, conforme a tradição, nasceu e foi enterrado o profeta Naum.

ELDA, hb. **Deus chamou:** Um dos filhos de Midiã. Gn 25.4.

ELDADE, hb. **Deus ama:** Um dos setenta que, com Medade, profetizou no arraial, Nm 11.26.

ELEADA: Um descendente de Efraim, 1 Cr 7.20.

ELEADE: Um efraimita morto pelos homens de Gate, 1 Cr 7.21.

ELEAL: Uma cidade edificada pelos rubenitas, Nm 32.37. Ver mapa 2, D-5; mapa 5, C-l.

Elefante

ELEASÁ: 1. Um descendente de Jucá, 1 Cr 2.40. // 2. Um descendente de Saul 1 Cr 8.37.

ELEAZAR, hb. **Deus ajudou:** 1. Um filho de Arão e Eliseba, Êx 6.23. Pai de Finéias, Êx 6.25. Escolhido, com Arão e seus três irmãos, para oficiar como sacerdote, Êx 28.1. Sucessor de Arão, como sumo sacerdote, Nm 20.25. Ajudou Moisés em levantar o censo, Nm 26.1. Depois de Israel entrar na terra de Canaã, tomou parte na repartição das terras, Js 14.1. Sepultado em Gibeá, Js 24.33. // 2. Um filho de Abinadabe consagrado para guardar a arca do Senhor, enquanto permanecia na casa de seu pai, em Quiriate-Jearim, 1 Sm 7.1. // 3. Um filho de Dodó e um dos três valentes de Davi, 2 Sm 23.9. // 4. Um dos filhos de Merari, 1 Cr 23.21. // 5. Um sacerdote que acompanhou Esdras na volta de Babilônia, Ed 8.33. // 6. Um sacerdote que tomou parte na dedicação dos muros de Jerusalém, Ne 12.42. // 7. Antepassado na genealogia de Jesus Cristo, Mt 1.15.

ELEFANTE: Gênero de mamíferos proboscídeos, e herbívoros, com duas espécies, uma da África e a outra da Índia. A da África atinge cinco metros de altura. As defesas dos elefantes fornecem o marfim. Mas não se encontra a palavra **elefante** nas Escrituras. Ver **Marfim.**

ELEFE, hb. **Boi:** Uma cidade de Benjamim. Js 18.28.

ELEGANTE: Que tem graça, nobreza, distinção. // Há três que têm passo **e**, Pv 30.29.

ELEGER: Escolher, preferir. // Elegeste a Abrão, Ne 9.7. Elegera a Israel, Is 14.1. Jacó, a quem elegi, Is 41.8. Duas famílias, que o Senhor elegeu, Jr 33.24. Elegeram Estêvão, At 6.5. Tendo elegido homens dentre eles, At 15.22. Eleito pelas igrejas, 2 Co 8.19. Ver **Escolher, Predestinar.**

ELEIÇÃO: Escolha, preferência. // O propósito de Deus, quanto à **e**, Rm 9.11. Um remanescente segundo a **e** da graça, Rm 11.5. Mas a **e** o alcançou, Rm 11.7. Quanto à **e**, amados, Rm 11.28. Reconhecendo, amados de Deus, a nossa **e**, 1 Ts 1.4. Confirmar a vossa vocação e **e,** 2 Pe 1.10. Ver **Predestinação, Presciência.**

ELEITO: Escolhido. // Saul, o **e** do **Senhor**, 2 Sm 21.6. Enganar, se possível, os próprios **e**, Mt 24.24. Por causa dos **e** que ele escolheu, abreviou, Mc 13.20. Acusação contra os **e** de Deus, Rm 8.33. Revesti-vos como **e** de Deus, Cl 3.12. Os anjos **e**, 1 Tm 5.21. Tudo suporto por causa dos **e**, 2 Tm 2.10. A fé que é dos **e** de Deus, Tt 1.1. **E** segundo a presciência de Deus, 1 Pe 1.2. Pedra... para com Deus **e** e preciosa, 1 Pe 2.4,6. Sois raça **e**, 1 Pe 2.9. O presbítero à senhora **e**, 2 Jo 1. Filhos da tua irmã **e**, 2 Jo 13. Os chamados, **e** e fiéis que se acham com ele, Ap 17.14. Ver **Escolhido.**

EL-ELOHE-ISRAEL (B): Deus, o Deus de Israel (ARA). Nome que Jacó deu a um altar que levantara no campo que comprara dos filhos de Hamor, Gn 33.20.

ELEMENTO: Corpo simples, formado de uma única substância, considerada indecomponível, como o ouro, a prata, o cobre, o oxigênio etc. // Os **e** se desfarão abrasados, 2 Pe 3.10.

ELEVAÇÃO: Ação ou efeito de elevar. // Para queda e **e** de muitos, Lc 2.34 (ARC).

ELEVADO: Sublime, nobre. // O mais **e** entre os reis, Sl 89.27. Sobremodo **e** acima de todos os deuses, Sl 97.9. Tal conhecimento é... sobremodo **e**, Sl 139.6. Ver **Alto.**

ELEVAR: Fazer subir, levantar. // A ti, Senhor, elevo a minha alma, Sl 25.1. Elevo os olhos para os montes, Sl 121.1. O monte da casa do Senhor... se elevará sobre, Is 2.2. Cafarnaum, elevar-te-ás, Mt 11.23. Que é elevado entre os homens, é abominação, Lc 16.15. Sendo elevado para o céu, Lc 24.51. Elevado às alturas, At 1.9.

ELI, hb. **Meu Deus:** Eli, Eli, lemá sabactâni, que quer dizer: Deus meu, Deus meu, por que me desamparaste. Uma das sete expressões enunciadas na cruz, Mt 27.46. Compare Mc 15.34: Sl 22.1. Ver **Eloí.**

ELI: Sumo sacerdote, 1 Sm 1.9. Era, também, o décimo quarto juiz; julgou a Israel quarenta anos, 1 Sm 4.18. Abençoou Ana na casa do Senhor, 1 Sm 1.17. O menino, Samuel, com ele no Templo, 1 Sm 2.11; 3.1. Não repreendia seus filhos, 1 Sm 2.17; 3.13. A profecia contra sua casa, 1 Sm 2.31. Seus filhos, Hofni e Finéias, mortos, 1 Sm 4.11. Sua morte, 1 Sm 4.18.

ELIÃ, hb. **Deus é nosso parente:** 1. Pai de Bate-Seba. 2 Sm 11.3. // 2. Um dos 30 valentes de Davi, 2 Sm 23.34.

ELIABA, hb. **Deus escondeu:** Um dos 30 valentes de Davi, 2 Sm 23.32.

ELIABE, hb. **Deus é pai:** 1. Chefe da tribo de Zebulom no Êxodo, Nm 1.9. // 2. Um rubenita, pai de Datã e Abirã, Nm 16.12. // 3. O irmão mais velho de Davi, 1 Sm 16.6. // 4. Um levita, antepassado de Samuel, 1 Cr 6.27. // 5. Um valente, gadita, de Davi, 1 Cr 12.9. // 6. Um músico da tribo de Levi 1 Cr 15.18,20.

ELIADA, hb. **Deus conhece:** 1. Um filho de Davi. 2 Sm 5.16. // 2. O pai de Rezom, adversário de Salomão, 1 Rs 11.23. // 3. Um benjamita, capitão de 200 mil soldados, de Josafá, 2 Cr 17.17.

ELIAQUIM, hb. **Deus estabeleceu:** 1. Filho de Hilquis, mordomo de Ezequias, Is 22.20; 2 Rs 18.18, 26, 37. Enviado, coberto de pano de saco, ao profeta Isaías, 2 Rs 19.2. // 2. O nome original de Jeoaquim, rei de Judá, 2 Rs 23.34. // 3. Um dos sacerdotes que assistiram à dedicação dos muros de Jerusalém, Ne 12.41. // 4. Neto de Zorobabel, na genealogia de Jesus, Mt 1.13. 5. Filho de Meleá, na genealogia de Jesus, Lc 3.30.

ELIAS, hb. **Cujo Deus é Jeová:** 1. O profeta, tesbita, morador de Gileade, 1 Rs 17.1. Predisse ao rei Acabe, uma grande seca, 1 Rs 17.1. Escondeu-se junto à torrente de Querite, 1 Rs 17.5. Corvos o sustentaram milagrosamente, 1 Rs 17.6. Alimentado pela viúva de Sarepta, 1 Rs 17.9. Ressuscitou o filho dessa viúva, 1 Rs 17.21. Enfrentou os profetas de Baal no monte Carmelo, 1 Rs 18.20. Matou esses profetas, 1 Rs 18.40. Orou para que chovesse, 1 Rs 18.41-46; Tg 5.18. Ameaçado por Jezabel, fugiu a Horebe, 1 Rs 19.8. Ouviu um murmúrio tranqüilo e suave, 1 Rs 19.12. Ungiu Hazael, Jeú e Eliseu, 1 Rs 19.15-19. Repreendeu Acabe, 1 Rs 21.19. Vestia-se de pêlos, com os lombos cingidos dum cinto de couro, 2 Rs 1.8. Mandou que descesse fogo do céu para consumir os soldados do rei Acazias, 2 Rs 1.9-12. Dividiu as águas do Jordão, 2 Rs 2.8. Subiu ao céu, 2 Rs 2.11. Na transfiguração de Cristo, Mt 17.3. O espírito de Elias repousa sobre Eliseu, 2 Rs 2.15. Eu vos enviarei o profeta Elias, antes que venha o grande e terrível dia do Senhor, Ml 4.5. João é o mesmo Elias, que estava para vir, Mt 11.14. Uns dizem: Elias, Mt 16.14. Elias já veio, Mt 17.12. Diziam: Ele chama por Elias,

Mt 27.47. No espírito e poder de Elias, Lc 1.17. És tu Elias? Ele disse: Não sou, Jo 1.21. Elias, como insta perante Deus, Rm 11.2. Elias era homem semelhante a nós, Tg 5.17. // 2. Um benjamita, filho de Jeorão, 1 Cr 8.27.

ELIASAFE, hb. **Deus acrescentou:** 1. Chefe da tribo de Gade, Nm 1.14. 2. Chefe da casa dos gersonitas, Nm 3.24.

ELIASIBE, hb. **Deus restaura:** 1. Descendente de Salomão, 1 Cr 3.24. // 2. Chefe do undécimo turno de sacerdotes, 1 Cr 24.12. // 3. Um sumo sacerdote, Ne 3.1. // 4. Três outros homens com este nome, Ed 10.24 27, 36.

ELIATA, hb. Deus veio: Um músico do Templo, 1 Cr 25.4.

ELICA: Um dos trinta valentes de Davi, 2 Sm 23.25.

ELIEL, hb. **Meu Deus é Deus:** 1, 2 e 3. Valentes de Davi, 1 Cr 11.46, 47; 12.11. // 4. Um cabeça de família na tribo de Manassés, 1 Cr 5.24. // 5, 6. Dois descendentes de Benjamim, 1 Cr 8.20. 22. // 7. Um filho de Hebrom, 1 Cr 15.9. // 8. Um levita, I Cr 6.34.

ELIENAI: Chefe de uma família benjamita, 1 Cr 8.20.

ELIÉZER, hb. **Deus é auxílio:** 1. Um homem de Damasco, mordomo de Abraão, Gn 15.2. O mais antigo servo de Abraão, que governava tudo o que este possuía, era, talvez, Eliézer, Gn 24.2. // 2. O segundo filho de Moisés e Zípora, Êx 18.4. // 3. Um neto de Benjamim, 1 Cr 7.8. // 4. Um sacerdote que ajudou a levar a arca para Jerusalém, 1 Cr 15.24. // 5. Filho de Zicri. chefe sobre os rubenitas, 1 Cr 27.16. // 6. Filho de Dodava, que profetizou contra Josafá. 2 Cr 20.37. // 7. Um dos mensageiros que Esdras enviou a Ido, Ed 8.16. // 8, 9 e 10. Outros com o nome de Eliézer, Ed 10.18,23,31. // 11. Na genealogia de Jesus Cristo, Lc 3.29.

ELIFAL, hb. **Deus é o nosso juiz:** Um dos valentes de Davi, 1 Cr 11.35.

ELIFAZ, hb. **Deus é sua força:** 1. Um dos filhos de Esaú, Gn 36.4. // 2. O primeiro dos três amigos de Jó, que chegaram para consolá-lo, Jó 2.11.

ELIFELEU: Um dos músicos do Templo, 1 Cr 15.21.

ELIM, hb. **Terebintos:** O segundo acampamento dos israelitas, Êx 15.27.

ELIMAS, hb. **Sábio:** O mágico que procurou afastar o procônsul, em Chipre, da fé, At 13.8. Chamava-se, também, **Barjesus,** que significa **filho de Jesus,** At 13.6.

ELIEMELEQUE, hb. **Meu Deus é rei:** O marido de Noemi, sogra de Rute, no tempo dos Juízes, Rt 1.2, 3.

ELIMINAR: Excluir, suprimir, matar. // Sejais eliminados da boa terra, Dt 11.17. Eliminarei Jerusalém, como quem elimina a sujeira, 2 Rs 21.13. Perversos serão eliminados da terra, Pv 2.22. Procuravam eliminá-lo, Lc 19.47.

ELIOENAI, hb. **Meus olhos estão em Jeová:** 1. Um porteiro do Templo, 1 Cr 26.3. // 2. Um chefe de família que voltou de Babilônia, Ed 8.4.

ELIOREFE: Um cronista de Salomão, 1 Rs 4.3.

ELISÁ: 1. Um neto de Noé, Gn 10.4. // 2. Ilhas que exportavam azul e púrpura, perto, talvez, da Grécia, Ez 27.7.

ELISAFÃ, hb. **Deus nos protegeu:** 1. Um príncipe dos coatitas, Nm 3.30. // 2. Um príncipe da tribo de Zebulom, Nm 34.25.

ELISAFATE, hb. **Deus é juiz:** Um daqueles que figuravam na campanha para pôr Joás no trono usurpado por Atalia, 2 Cr 23.1.

ELISAMA, hb. **Deus ouviu:** 1. Avô de Josué e chefe da tribo de Efraim, no deserto, Nm 1.10; 7.48. // 2. Um filho de Davi, 2 Sm 5.16. // 3. Outro filho de Davi, que vem com o nome de Elisua noutras listas, 1 Cr 3.6. // 4. Um da família real, e avô de Ismael, que matou a Gedalias, 2 Rs 25.25. // 5. Um homem da tribo de Judá, 1 Cr 2.41. // 6. Um dos homens apontados por Josafá, para ensinarem a lei, 2 Cr 17.8. // 7. Um escrivão no reinado de Jeoaquim, Jr 36.12.

ELISEBA, hb. **Deus da promessa:** Esposa de Aarão e mãe de Nadabe, Abiú. Eleazar e Itamar. Êx 6.23.

ELISEU, hb. **Deus é Salvação:** Servo e sucessor de Elias, 2 Rs 2.15; 3.11. Sua chamada, 1 Rs 19.19. Dividiu as águas do Jordão, 2 Rs 2.14. Tornou saudáveis as águas de Jericó, 2 Rs 2.19. Duas ursas despedaçaram 42 meninos que zombavam de Eliseu, 2 Rs 2.24. Aumentou o azeite da viúva, 2 Rs 4.4. Reviveu o filho da sunamita, 2 Rs 4.34. Purificou o cozinhado, 2 Rs 4.38 Multiplicou os pães, 2 Rs 4.42. Curou Naamã da lepra, 2 Rs 5.10. Fez flutuar um machado, 2 Rs 6.6. Feriu o exército dos siros, de cegueira 2 Rs 6.18. Suas profecias, 2 Rs 7.1; 8.10; 13.17. Sua morte, 2 Rs 13.20. Um cadáver que tocou os ossos de Eliseu, reviveu, 2 Rs 13.21. Havia muitos leprosos nos dias de Eliseu, Lc 4.27.

ELIÚ, hb. **Ele é Deus:** 1. Bisavô de Samuel, 1 Sm 1.1. // 2. Um dos que se uniram a Davi em Ziclague, 1 Cr 12.20. // 3. Um porteiro, 1 Cr 26.7. // 4. Um dos irmãos de Davi, 1 Cr 27.18. // 5. Um dos amigos de Jó, Jó 32.2.

ELIÚDE, hb. **Deus meu louvor:** Na genealogia de Jesus Cristo, Mt 1.14.

ELIZUR, hb. **Deus é uma rocha:** Um príncipe da tribo de Rúben, Nm 1.5; 2.10.

ELMADÃ: Um homem na genealogia de Jesus Cristo, Lc 3.28.

ELMO: Espécie de capacete. // Apresentai-vos com **e**, Jr 46.4.

ELNAÃO, hb. **Deus é alegria:** O pai de dois valentes de Davi, l Cr 11.46.

ELNATÃ, hb. **Deus deu:** l. Avô materno de Joaquim, 2 Rs 24.8. // 2. Um dos príncipes que rogaram ao rei que não queimasse o rolo, Jr 36.25. Este é, talvez, o mesmo do nº 1. // Outros do mesmo nome, Ed 8.16.

ELOGIAR: Louvar. // Elogiou o senhor o administrador infiel, Lc 16.8.

ELOHIM: Ver, **Deus, os nomes de.**

ELOÍ: Mc 15.34. Eli em hebraico; Eloí em aramaico. Ver **Deus, os nomes de; Eli.**

ELOM, hb. **Terebinto:** 1. Um heteu e sogro de Esaú, Gn 26.34. // 2. Um dos filhos de Zebulom, Gn 46.14. // 3. O décimo primeiro Juiz de Israel, julgou dez anos, Jz 12.11. // 4. Uma cidade da tribo de Dã, Js 19.43.

ELONITAS: Descendentes de Elom, um dos filhos de Zebulom, Nm 26.26; Gn 46.14.

ELOQÜENTE: Que tem talento de convencer, exaltar ou comover. // Moisés disse: Eu nunca fui e, Êx 4.10. Apolo, homem **e**, At 18.24.

ELPAAL, hb. **Deus operando maravilhas:** Um descendente de Benjamim, 1 Cr 8.11.

ELPELETE: Um dos filhos de Davi, 1 Cr 14.5.

ELTECOM, hb. **Deus é firmeza:** Uma cidade de Judá, Js 15.59.

ELTEQUE, hb. **Deus é um terror:** Um lugar na herança de Dã, Js 19.44. Ver mapa 5, A-l.

ELTOLADE, hb. **Raça:** Uma cidade de Judá, Js 15.30.

ELUCIDAÇÃO: Esclarecimento, explicação. // Nenhuma profecia... de particular **e**, 2 Pe 1.20.

ELUL: Ne 6.15. O sexto mês do ano. Ver **Ano.**

ELUZAI, hb. **Deus é a minha força:** Um dos valentes de Davi, 1 Cr 12.5.

ELZABADE, hb. **Deus deu:** 1. O nono dos heróis gaditas de Davi, 1 Cr 12.12. // 2. Um dos porteiros do Templo, 1 Cr 26.7.

EMAGRECER: Tornar magro. // A minha carne emagrece, Sl 109.24 (ARC). Emagreço, emagreço, ai de mim! Is 24.16 (ARC).

EMANUEL, hb. **Deus conosco:** Is 7.14; 8.8; Mt 1.23.

EMARANHADO: Embaraçado. // Ela se ateará no **e** da floresta, Is 9.18 (ARC).

EMAÚS, hb. **Águas quentes:** Uma aldeia distante de Jerusalém 60 estádios, ou 12 km, Lc 24.13.

EMBAIXADA: Deputação a um soberano. // Envia-lhe uma e, pedindo condições de paz, Lc 14.32. Enviaram após ele uma **e**, dizendo: Não queremos que este reine sobre nós, Lc 19.14.

EMBAIXADOR: O título mais elevado de representante diplomático de um soberano ou de um estado junto a outro soberano ou estado. // Os gibeonitas, fingindo-se **e**, foram ter com Josué, Js 9.4. **E** de Babilônia enviados a Ezequias. 2 Cr 32.31. Neco enviou **e** (mensageiros) a Josias, 2 Cr 35.21. O **e** fiel é medicina, Pv 13.17. Que envia **e** por mar em navios de papiro, Is 18.2. Os **e** já chegaram a Hanes, Is 30.4. No Novo Testamento, figuradamente: Somos **e** em nome de Cristo, 2 Co 5.20. Sou **e** em cadeias, Ef 6.20.

EMBALSAMAR: Introduzir num cadáver substâncias balsâmicas, para que se não corrompa. // Jacó e José foram embalsamados, Gn 50.2,26. Compraram aromas para embalsamar o corpo de Cristo, Mc 16.1. Guardas isto para o dia em que me embalsamarem, Jo 12.7. Ver 2 Cr 16.14; Jo 19.40.

EMBARAÇAR: Estorvar, impedir, dificultar. // Os pequeninos, não os embaraceis, Mc 10.14.

EMBARAÇO: Impedimento. // Deixemos todo o **e**, Hb 12.1 (ARC).

EMBEBEDAR: Tornar-se bêbado. // Davi... o embebedou, 2 Sm 11.13. Que o embebeda para lhe contemplar, Hc 2.15. Que se embebedaram os que habitam, Ap 17.2. Ver **Embriagar.**

EMBEBER: Fazer penetrar por um líquido. // Uma esponja e, tendo-a embebido, Mt 27.48.

EMBOÇO: Ver **Argamassa.**

EMBOSCADA: Lugar em que alguém se esconde para assaltar outrem. // Josué usou este ardil na conquista de Ai, Js 8. Abimeleque os pôs de e, Jz 9.43. Israel pôs e em redor de Gibeá, Jz 20.29. Jeroboão ordenou aos que estavam de **e**, 2 Cr 13.13. Pôs o Senhor **e**, 2 Cr 20.22. Reforçai a guarda, colocai sentinelas, preparai **e**, Jr 51.12.

EMBOTAR: Tirar o gume a; perder o fio, o gume. // Comer uvas verdes os dentes se embotarão, Jr 31.30.

EMBRANQUECER: Tornar branco. // Para serem provados, purificados, e embranquecidos, Dn 11.35; 12.10.

EMBRAVECER: Enfurecer-se. // Contra o Todo-poderoso se embraveceu, Jó 15.25 (ARC).

EMBRIAGAR: Tornar ébrio. // A minha espada se embriagou, Is 34.5. Zombando, diziam: Estão embriagados, At 2.13. Não vos embriagueis com vinho, Ef 5.18. É de noite que se embriagam, 1 Ts 5.7. A mulher embriagada com o sangue, Ap 17.6.

EMBRIAGUEZ: Condenada, Pv 20.1; 23.21, 29-35; Is 5.11,22; 28.1-7; Jl 1.5; Am 6.6; Lc 21.34; Rm 13.13; 1 Co 5.11; Gl 5.21; Ef 5.18; 1 Pe 4.3. // **O que a bededice produz,** Pv 21.17; 23.21,29, 30; Is 28.7; Os 7.5; Rm 13.13. // **O castigo pela bebedice,** Dt 21.20, 21; Mt 24.40-51; Lc 12.45,46; 1 Co 6.10; Gl 5.21. // **Exemplos de embriaguez:** Noé, Gn 9.21;

Ló, Gn 19.33; Nabal, 1 Sm 25.36; Urias, 2 Sm 11.13; Elá, 1 Rs 16.9; Ben-Hadade, 1 Rs 20.16; Belsazar, Dn 5.4; os Coríntios, 1 Co 11.21. Ver **Bebedice.**

EMBRUTECIDO: Tornado bruto, brutal, estúpido. // Eu estava **e**... como um irracional, Sl 73.22.

EMBUSTE: Mentira artificiosa. Ardil. // Será o último **e** pior que o primeiro, Mt 27.64.

EMENDAR: Corrigir, reformar. // O servo não se emendará com palavras, Pv 29.19. Emendai os vossos caminhos, Jr 7.3; 26.13. Ver **Corrigir, Retificar.**

EMEQUE-QUEZIZ, hb. **Vale de Queziz:** Uma cidade da tribo de Benjamim, Js 18.21.

EMERGIR: Sair de onde estava mergulhado. // Besta... emergir do abismo, Ap 17.8.

EMINÊNCIA, Superioridade, excelência, elevação moral. // Por todos os que estão em **e,** 1 Tm 2.2 (ARC).

EMINS: Dt 2.9,10. Um povo de elevada estatura. Ver **Gigantes.** Ver também mapa 1, H-3.

EMISSÁRIO: Que serve de emissão ou escoamento. Mensageiro. // O bode **e,** Lv 16.8. Ver **Azazel.** Observando-o... subornaram **e**, Lc 20.20. Raabe, quando acolheu os **e,** Tg 2.25

EMOR, hb. **Jumento:** O sepulcro que Abraão comprara aos filhos de Emor, At 7.16. Ver **Hamor.**

EMPALIDECER: Tornar-se pálido. // Todos os rostos empalidecem, Jl 2.6.

EMPEDERNIDO: Endurecido. // Alguns deles se mostravam **e,** At 19.9.

EMPENHAR: Fazer toda a diligência. // Os meus ministros se empenhariam por mim, Jo 18.36. Empenhai-vos por ser achados... em paz, 2 Pe 3.14.

EMPENHO: Desejo. // Com grande **e** estou zelando por Jerusalém, Zc 1.14. Ver **Diligência.**

EMPERRAR: Endurecer, encravar. // Emperrou-lhes as rodas dos carros, Êx 14.25.

EMPLASTRO: Medicamento sólido e consistente que amolece com o calor e adere à parte doente. // Como **e** sobre a úlcera, Is 38.21.

EMPOBRECER: Tornar pobre. // Se teu irmão empobrecer, Lv 25.25. O Senhor empobrece e enriquece, 1 Sm 2.7. O que trabalha com mão remissa empobrece, Pv 10.4. Não ames o sono, para que não empobreças, Pv 20.13. Quem ama os prazeres empobrecerá, Pv 21.17.

EMPOBRECIDO: E, não venha a furtar, Pv 30.9. Ver **Pobre.**

EMPOLADO: Encapelado, enfurecido (o mar). // Quebrarão as tuas ondas **e,** Jó 38.11 (ARC).

EMPREGAR: Fazer uso de. // Todo o homem emprega força para entrar, Lc 16.16 (ARC).

EMPRESTAR: Confiar por certo tempo o uso de (alguma coisa) com a obrigação de ser restituído. // Se emprestares dinheiro... ao pobre... não impõe juros, Êx 22.25. Assim emprestarás a muitas nações, mas não tomarás empréstimos, Dt 15.6. Algum pobre... lhe abrirás de todo a tua mão e lhe emprestarás, Dt 15.8. Vai pede emprestadas vasilhas, 2 Rs 4.3. Ditoso o homem que se compadece e empresta, Sl 112.5. Quem se compadece do pobre ao Senhor empresta, Pv 19.17. O que toma emprestado é servo do que empresta, Pv 22.7. Não voltes as costas ao que deseja que lhe emprestes, Mt 5.42. Se emprestas àqueles de quem esperais receber, Lc 6.34. Amigo, empresta-me três pães, Lc 11.5.

EMPROADO: Altivo. // Andam de pescoço **e,** Is 3.16.

EMPURRÃO: Ato de empurrar. // Um **e** para aquele cujos pés, Jó 12.5.

EMPURRAR: Impelir com violência. // Empurrar a outrem com ódio, Nm 35.20. Empurram-me violentamente para me fazer cair Sl 118.13.

EMUDECER: Deixar de se fazer ouvir. // Pela grandeza do teu braço emudecem como pedra, Êx 15.16. Disse ao mar:... emudece! Mc 4.39. Seus companheiros... pararam emudecidos, At 9.7. Façais emudecer a ignorância, 1 Pe 2.15.

EMULAÇÃO: Sentimento que incita a imitar ou a exceder outrem. // Incitar à **e** os do meu povo, Rm 11.14.

ENÃ, hb. **Que tem olhos:** Um príncipe de Naftali, Nm 1.15.

ENAIM, hb. **Duas fontes:** Uma cidade entre Adulã e Timna, Gn 38.14.

ENAMORAR: Apaixonar-se. // Amnom... se enamorou dela, 2 Sm 13 1.

ENAQUE, hb. **O pescoço comprido:** O pai dos enaquins, Nm 13.33.

ENAQUINS: Nm 13.33; Dt 1.28. Ver **Gigantes.**

ENCALHAR: Fazer dar em seco (o navio). // Encalhar ali o navio, At 27.39.

ENCAMINHAR: Pôr a caminho; dirigir-se a algum lugar. // As nações se encaminham para a tua luz, Is 60.3. Encaminhai-o em paz, 1 Co 16.11.

ENCANECIDO: Que tem cãs; grisalho. // Há entre nós **e** e idosos, Jó 15.10.

ENCANTADOR: Que faz encantamentos. // Faraó mandou vir os sábios e **e**, Êx 7.11. Vossos adivinhos, aos vossos sonhadores, aos vossos agoureiros e aos vossos **e**, Jr 27.9. Mandou chamar os magos, os **e**, os feiticeiros, Dn 2.2. Ver **Adivinhação, Feiticeiro, Mágico, Necromante.**

ENCANTAMENTO: Ação de encantar, por artes mágicas. Levando consigo o preço dos **e**, Nm 22.7. Contra Jacó não vale **e**, Nm

23.23. Da abundância dos teus **e**, Is 47.9. Áspides contra quais não há **e**, Jr 8.17. Ver **Adivinhação.**

ENCARCERADO: Aquele que está preso, metido em cárcere. // O Senhor liberta os **e**, Sl 146.7. Nem do seu **e** que sou eu, 2 Tm 1.8. Compadecestes dos **e**, Hb 10.34. Lembrai-vos dos **e,** Hb 13.3. Ver **Preso.**

ENCARCERAR: Encerrar em cárcere; pôr em prisão. // João ainda não tinha sido encarcerado, Jo 3.24. Ver **Cativar, Prender.**

ENCARGO: Obrigação. // Tome outro o seu **e**, At 1.20. Maior **e** além destas coisas essenciais, At 15.28. Ver **Cargo.**

ENCARNAÇÃO: Ato em que Deus se fez homem, unindo a natureza divina à humana. // O Verbo era Deus... O Verbo se fez carne, Jo 1.1 e 14. Ele, subsistindo em forma de Deus... se esvaziou, Fp 2.5-9. Deus enviou seu Filho, nascido de mulher, Gl 4.4.

ENCARNADO: Vermelho, cor de carne viva. // Atou um fio **e**, Gn 38.28. Ver **Escarlate, Vermelho.**

ENCARQUILHADO: Rugoso, enrugado, ressequido. // Já me tornaste **e,** Jó 16.8.

ENCARREGAR: Dar (cargo, emprego ou ocupação). // O Senhor... me encarregou de lhe edificar, Ed 1.2. Aos quais encarregaremos deste serviço, At 6.3. O evangelho... do qual fui encarregado, 1 Tm 1.11.

ENCERRAR: Fechar dentro de alguma coisa. Pôr limite a. // Encerradas e seladas até o tempo do fim, Dn 12.9. Eu encerrava em prisão, At 22.19; 26.10. Deus a todos encerrou na desobediência, Rm 11.32. Encerrou tudo sob o pecado, Gl 3.22, Sob a tutela da lei, e nela encerrados, Gl 3.23. Ver **Findar, Terminar.**

ENCHENTE: Aumento considerável da massa de água de uma corrente fluvial. // Vindo a **e**, arrojou-se o rio contra aquela casa, Lc 6.48.

ENCHER: Tornar cheio. // A glória do Senhor encheu o tabernáculo, Êx 40.34. A glória do Senhor encheu a casa, 2 Cr 5.14. Não encho eu os céus e a terra? Jr 23.24. A glória do Senhor enchia o templo, Ez 43.5. A terra se encherá do conhecimento da glória do Senhor; Hc 2.14. Enchei vós... a medida de vossos pais, Mt 23.32. Estava de encher-se de água, Mc 4.37. Encheu de bens os famintos, Lc 1.53. Encheram-se de medo, Lc 9.34. Enchei d'água as talhas, Jo 2.7. Pedro cheio do Espírito, At 4.8. Enchestes Jerusalém de vossa doutrina At 5.28. Deus... vos encha de todo o gozo, Rm 15.13. A tudo enche em todas as coisas, Ef 1.23. Para encher todas as coisas, Ef 4.10. Enchei-vos do Espírito, Ef 5.18. Enchendo sempre a medida de seus pecados, 1 Ts 2.16.

ENCOBERTO: Que se não deixa ver. // As coisas **e** pertencem ao Senhor, Dt 29.29. Repreensão franca do que o amor **e** Pv, 27.5. Nada há **e**, que não venha, Mt 10.26. Evangelho... **e**, é para os que se perdem que está **e,** 2 Co 4.3.

ENCOBRIR: Esconder, ocultar. // Peço-te que mo não encubras, 1 Sm 3.17. Encobrir a transgressão adquire amor. Pv 17.9. O sentido... era-lhes encoberto, Lc 18.34.

ENCOLERIZAR: Zangar-se, encher-se de cólera. // O insensato encoleriza-se, Pv 14.16. Ver **Enfurecer, Irritar.**

ENCOLHER: Encurtar, diminuir. // Acaso se encolheu tanto a minha mão, Is 50.2. A mão do Senhor não está encolhida, Is 59.1.

ENCOMENDAR: Pedir proteção para. // Depois de orar com jejuns, os encomendaram ao Senhor, At 14.23. Partiu encomendado pelos irmãos à graça, At 15.40. Encomendo-vos ao Senhor, At 20.32. Encomendem as suas almas ao fiel Criador, 1 Pe 4.19.

ENCONTRAR: Topar com, ir de encontro a, deparar casualmente. // Um leão o encontrou no caminho, 1 Rs 13.24. Encontraram-se a graça e a verdade, Sl 85.10. Melhor é encontrar-se uma ursa roubada dos filhos, Pv 17.12. O rico e o pobre se encontram, Pv 22.2. Prepara-te, ó Israel, para te encontrares com o teu Deus, Am 4.12. Saíram a encontrar-se com o noivo, Mt 25.1. Encontrareis uma criança envolta, Lc 2.12. Seja encontrado fiel. 1 Co 4.2. Ver **Achar, Deparar, Obter.**

ENCONTRO: Ato de encontrar. // O **e** do Senhor nos ares, 1 Ts 4.17. Melquisedeque... que saiu ao **e** de Abraão, Hb 7.1.

ENCOSTAR: Apoiar, firmar. // As colunas... para que me encoste a elas, Jz 16.26. Encostando a mão à parede, fosse mordido, Am 5.19. Advinham... e ainda se encostam ao Senhor, Mq 3.11.

ENCRAVAR: Fazer penetrar à força e profundamente. Segurar com cravo ou prego. // A pedra encravou-se-lhe na testa, 1 Sm 17.49. Encravá-lo com a lança, ao chão, 1 Sm 26.8. Encravando-o na cruz, Cl 2.14.

ENCRUZAR: Pôr em forma de cruz. // Um pouco para encruzar os braços, Pv 6.10; 24.33.

ENCRUZILHADA: Ponto em que se cruzam caminhos. // Para as **e**... convidai, Mt 22.9.

ENCURTAR: Tornar curto. // Ter-se-ia encurtado a mão do Senhor? Nm 11.23.

ENCURVAR: Tornar curvo. **Fig.** Humilhar. // Debaixo dele se encurvam os auxiliadores, Jó 9.13.

ENDEMONINHADO: Uma pessoa possessa e dominada por um demônio. // Trouxeram-lhe **e**, Mt 4.24; 8.16; 9.32. Minha filha está horrivelmente **e**, Mt 15.22. Dois **e** gadarenos, Mt 8,28. Um mudo **e**, Mt 9.32. Um **e** cego, Mt 12.22. Um **e** em Cafarnaum, Mc 1.23.

ENDIREITAR: Tornar direito. // Reconhece-o... e ele endireitará as tuas veredas, Pv 3.6. Endireitai as suas veredas, Mt 3.3. Ela imediatamente se endireitou, Lc 13.13.

ENDIVIDADO: Que tem dívidas. // Ajuntaram-se a ele... todo homem **e,** 1 Sm 22.2.

EN-DOR, hb. **Fonte da dor:** Uma vila a 6 km ao sueste de Nazaré, na herança de Manassés, Js 17.11. Onde morava a médium que o rei Saul consultou, 1 Sm 28.7. Onde pereceram os soldados de Sísera, fugindo depois da derrota em Quisom, Sl 83.10. Ver mapa 2, C-3: mapa 4, B-l.

ENDRO: Os hipócritas pagavam escrupulosamente o dízimo desta planta de sementes aromáticas, Mt 23.23.

ENDURECER: Tornar duro. // O coração, Êx 4.21; 7.3; 10.1,27; 11.10; Sl 95.8; Pv 28.14; Mt 13.15; Jo 12.40; Hb 3.8. A cerviz, Pv 29.1; Jr 7.26. Os ouvidos, Is 6.10. Endurece a quem lhe apraz, Rm 9.18. Os demais foram endurecidos, Rm 11.7. Endurecido pelo engano do pecado, Hb 3.13.

ENDURECIMENTO: Ato ou efeito de endurecer. // Do Senhor vinha o **e** dos seus corações. Js 11.20. **E** em parte a Israel, Rm 11.25.

EN-EGLAIM, hb. **Fonte de bezerros:** Um lugar perto do mar Morto, não longe de En-Gedi, Ez 47.10.

ENEGRECER: Tornar negro. // Os céus, 1 Rs 18.45; Jr 4.28. O dia, Jó 3.5; Mq 3.6. Ver **Negridão, Negrume.**

ENÉIAS, lat. **Curado:** Paralítico curado em Lida, At 9.34.

ENFADAR: Produzir aborrecimento, nojo, enfado a. // Não sejas freqüente na casa do teu próximo, para que não se enfade, Pv 25.17. Enfadais o Senhor com vossas palavras, Ml 2.17.

ENFADO: Ato ou efeito de enfadar. Aborrecimento. // Nasce para o **e** como as faíscas, Jó 5.7. Na muita sabedoria há muito **e**, Ec 1.18. O muito estudar é **e**, Ec 12.12.

ENFAIXAR: Cingir ou envolver com tira. // Enfaixou-o e o deitou numa manjedoura, Lc 2.7.

ENFASTIAR: Aborrecer-se; enfadar-se. // A sua alma se enfastiou dos meus estatutos, Lv 26.43 (ARC).

ENFATUADO: Cheio de si, vaidoso. // **E** sem motivo algum na sua mente, Cl 2.18. É **e**, nada entende, 1 Tm 6.4. **E**, antes amigos dos prazeres, 2 Tm 3.4.

ENFEITAR: Adornar; encher de atavios. // Como noiva que se enfeita, Is 61.10.

ENFEITE: Ornamento. // **E** de ouro te faremos, Ct 1.11. Tirará o Senhor o **e** dos anéis, Is 3.18. Ver **Adereço, Adorno.**

ENFERMAR: Cair doente. // Ao Senhor agradou moê-lo. fazendo-o enfermar, Is 53.10. Ver **Adoecer.**

ENFERMIDADE: Ver **Doença.**

ENFERMO: Doente; débil. // Não houve um só **e**, Sl 105.37 (ARC). Quando ofereceis o coxo ou o **e**, Ml 1.8 (ARC). Está **e** aquele a quem amas. Jo 11.3. No que estava e pela carne, Rm 8.3. Que está **e** na fé, Rm 14.1 (ARC).

ENFERRUJAR: Encher-se de ferrugem; cair em desuso. // Ouro... e prata se enferrujaram, Tg 5.3 (ARC).

ENFIM: Finalmente. // Para que enfim não volte, Lc 18.5 (ARC).

ENFORCAR: Suspender pelo pescoço para estrangular. // Enforcou-se Aitofel, 2 Sm 17.23; Judas, Mt 27.5. Enforcado; O padeiro chefe, Gn 40.22; o rei de Ai, Js 8.29; os sete filhos de Saul, 2 Sm 21.9; Hamã, Et 7.10. É provável que a palavra traduzida **forca,** quer dizer pau agudo em que o condenado era espetado. A vítima era empalada no chão e levantada depois perante o povo que assistia.

ENFRAQUECER: Tornar-se fraco; perder a força. // Então me enfraquecerei, e serei como qualquer outro homem, Jz 16.7. O mundo enfraquece e se murcha, Is 24.4. Sem enfraquecer na fé... seu corpo amortecido, Rm 4.19. Quem enfraquece, que também eu não enfraqueça 2 Co 11.29. Ver **Debilitar.**

ENFREAR: Pôr freio a; domar; dominar. // Enfrearei a minha boca, Sl 39.1 (ARC).

ENFRENTAR: Encarar. Defrontar. // Eu não poderia enfrentar a sua majestade, Jó 31.23.

ENFURECER: Tornar furioso. // Por que se enfurecem os gentios, Sl 2.1; At 4.25. Enfureceram e queriam matá-los, At 5.33. Enfureciam-se nos seus corações, At 7.54. As nações se enfureceram, Ap 11.18. E, demasiadamente enfurecido contra eles, At 26.11. Ver **Encolerizar, Irritar.**

ENGANADOR: Que induz ao erro. // Língua **e**, Sl 120.2, 3. Guias **e**, Is 9.16. Balanças **e**, Am 8.5. Sonhos **e**, Zc 10.2. Como **e**, e sendo verdadeiros, 2 Co 6.8. Obedecerem espíritos **e**, 1 Tm 4.1. Existem muitos **e**, Tt 1.10. Assim é o **e** e o anticristo, 2 Jo 7.

ENGANAR. Induzir ao erro. // A serpente me enganou. Gn 3.13. Vos enganaram no caso de Peor, Nm 25.18. Não suceda que o vosso coração se engane, Dt 11.16. Por que nos enganastes, Js 9.22. Quem enganará a Acabe? 1 Rs 22.20. Se o meu coração se deixou enganar, Jó 31.27. Não vos engane Ezequias, Is 36.18. Enganando o meu povo, dizendo: Paz, Ez 13.10. Vede que ninguém vos engane, Mt 24.4. Eu sou o Cristo e enganarão muitos,

Mt 24.5. Para enganar, se for possível, os próprios eleitos, Mt 24.24. O pecado, pelo mesmo mandamento me enganou e me matou. Rm 7.11. Com suaves palavras enganam os incautos, Rm 16.18. Ninguém se engane a si mesmo, 1 Co 3.18. Não vos enganeis, nem impuros, 1 Co 6.9. Não vos enganeis: as más conversações corrompem, 1 Co 15.33. Como a serpente enganou a Eva, 2 Co 11.3. Não vos enganeis, de Deus não se zomba, Gl 6.7. Ninguém vos engane com palavras vãs, Ef 5.6, com raciocínios falazes, Cl 2.4. Não vos enganeis, meus amados, Tg 1.16. Não somente ouvintes, enganando-vos a vós mesmos, Tg 1.22. A nós mesmos nos enganamos, 1 Jo 1.8. Não vos deixais enganar, 1 Jo 3.7. Para que não mais enganasse as nações. Ap 20.3. Ver **Defraudar, Iludir.**

EN-GANIM, hb. **Fontes dos jardins:** 1. Uma cidade de Judá, Js 15.34. // 2. Uma cidade de Issacar, Js 19.21. Ver mapa 2, C-4; mapa 4, B-l.

ENGANO: Artifício empregado para induzir em erro. // Eles vos afligiram com os seus **e**, Nm 25.18. A boca cheia de maldição, **e**, Sl 10.7. Tramam **e**, Sl 35.20. Cheio de todo o **e**, At 13.10. Com a língua urdem **e**, Rm 3.13. O velho homem, que se corrompe segundo as concupiscências do **e**, Ef 4.22. Nossa exortação não procede de **e**, 1 Ts 2.3. Nenhum de vós seja endurecido pelo **e** do pecado, Hb 3.13. Ver **Erro, Fraude.**

ENGANOSAMENTE: Com engano, fraudulentamente. // Nem jura **e**, Sl 24.4 (ARC). E os teus lábios de falarem **e,** Sl 34.13 (ARC).

ENGANOSO: Em que há engano. // Balança **e**, Pv 11.1; Os 12.7. Beijos **e**, Pv 27.6. A graça, Pv 31.30. O coração, Jr 17.9. Língua, Sf 3.13. Ver **Fraudulento.**

ENGASTE: Guarnição de metal que segura pedras raras nas jóias. // **E** de ouro, Êx 28.13. Pedras de **e,** 1 Cr 29.2.

EN-GEDI, hb. **Fonte de cabrito:** Uma cidade de Judá, no lado ocidental do mar Morto, Js 15.62; Ez 47.10. O mesmo que Hazazom-Tamar, 2 Cr 20.2; Gn 14.7. Nesta região há inumeráveis cavernas, nas quais Davi e seus companheiros se refugiaram, 1 Sm 23.29; 24.1. As fontes de abundante água quente deram origem a um oásis notável por suas palmeiras e vinhas. Ver Ct 1.14. Ver mapa 2, C-6; Mapa 5, B-2.

ENGENDRAR: Produzir, inventar. // Engendram males contra mim, Sl 41.7.

ENGENHOSAMENTE: Com grande habilidade. // Fábulas e inventadas, 2 Pe 1.16.

ENGODAR: Atrair. // Engodando almas inconstantes, 2 Pe 2.14.

ENGOLIR: Fazer passar da boca para o estômago. // Engoliu riquezas, Jó 20.15. E nos teriam engolido vivos, Sl 124.3. Coais o mosquito e engolis o camelo, Mt 23.24. Ver **Tragar.**

ENGORDAR: Tornar gordo, enriquecer. // Tendes engordado os vossos corações, Tg 5.5.

ENGRANDECER: Tornar maior; fazer crescer em dignidade. // Engrandecei o nosso Deus, Dt 32.3. Disse o Senhor a Josué: Hoje começarei a engrandecer-te, Js 3.7. O Senhor engrandeceu sobremaneira a Salomão, 1 Cr 29.25. Engrandecei o Senhor comigo, Sl 34.3 O rei engrandeceu a Daniel, Dn 2.48. Engrandecerá sobre todo deus, Dn 11.36. A minha alma engrandece ao Senhor, Lc 1.46. Falando em línguas e engrandecendo a Deus, At 10.46. O nome do Senhor Jesus era engrandecido, At 19.17. Seremos sobremaneira engrandecidos entre vós, 2 Co 10.15. Cristo engrandecido no meu corpo, Fp 1.20. Ver **Enriquecer, Exaltar, Magnificar.**

ENGROSSAR: Tornar grosso, espesso. // Engordou-se, engrossou-se... abandonou a Deus, Dt 32.15.

EN-HACORÉ, hb. **Fonte do que clama:** Lugar em Leí, onde o Senhor fendeu a cavidade e dela saiu água para Sansão beber, Jz 15.19.

EN-HADÁ, hb. **Fonte de veemência:** Uma cidade de Issacar, Js 19.21. Ver mapa 4, B-l.

EN-HAZOR. hb. **Fonte do recinto:** Uma cidade de Naftali, Js 19.37.

ENIGMA: A palavra, na Escritura, significa uma expressão que se entende só a custa de muito esforço mental. // Com o meu servo Moisés, falo claramente, e não por **e**, Nm 12.8 Disse-lhes Sansão: Dar-vos-ei um **e**, Jz 14.12. Publicarei **e** de tempos antigos, Sl 78.2. Para entender provérbios e parábolas, as palavras e **e** dos sábios, Pv 1.6. Propõe um **e**, e usa duma parábola, Ez 17.2. Declaração de **e** e solução de casos difíceis, Dn 5.12. Vemos por espelho em **e**, 1 Co 13.12 (ARC). Ver 1 Rs 10.1.

ENJEITADO: Abandonado, exposto. // Pois te chamam a **e**, Jr 30.17 (ARC).

ENLAÇAR: Prender com laços. // As imagens... para que te não enlaces neles. Dt 7.25. Enlaçado está o ímpio nas obras de suas próprias mãos, Sl 9.16.

ENLANGUESCER: Tornar-se lânguido, debilitado; enfraquecer. // Enlanguescem os mais altos do povo, Is 24.4.

ENLEAR: Atar com liames, com laços. // Laços de perversos me enleiam, Sl 119.61.

ENLOUQUECER: Tornar louco. // E te enlouquecerás pelo que vires com os teus olhos, Dt 28.34. Diziam: Ele tem demônio e enlouqueceu, Jo 10.20. Se enlouquecemos, é para Deus, 2 Co 5.13.

ENLUTADO: Vestido de luto, consternado. // Cortada está... a oferta... os sacerdotes... estão **e,** Jl 1.9.

ENOJAR: Enfadar-se. // Nem te enojes da sua repreensão, Pv 3.11 (ARC).

ENOM, gr. **Fontes:** Lugar no lado ocidental do Jordão, onde João batizava, Jo 3.23. Sabemos que foi no lado ocidental do Jordão, porque antes João batizava no lado oriental. Ver Jo 1.28; 3.26; 10.40. Ver mapa 4, B-l.

ENOQUE, hb. **Iniciado:** 1. O filho mais velho de Caim, Gn 4.17. // 2. O pai de Metusalém, Gn 5.21. O sétimo depois de Adão, Jd 14. Na linha de Sete, Gn 5.1-24. Sete era o filho de Adão, que Deus lhe deu em lugar de Abel, Gn 4.25. Enoque andou com Deus, isto é, em íntima comunhão com Deus, Gn 5.24. Ver Gn 6.9. Enoque, pela fé, foi transladado, Hb 11.5. // 3. Cidade edificada por Caim e chamada Enoque, o nome de seu filho, Gn 4.17. // 4. Um neto de Abraão e Quetura, Gn 25.4. // 5. O primogênito de Rúben, Gn 46.9.

ENOS, hb. **Mortal:** Um filho de Sete e neto de Adão, Gn 4.26; Lc 3.38.

ENREDAR: Colher na rede; embaraçar. // Não que eu pretenda enredar-vos, 1 Co 7.35. A enredar com sua filosofia e vãs sutilezas, Cl 2.8. Se deixam enredar de novo... tornou-se o seu último estado, 2 Pe 2.20.

EN-RIMON: Ne 11.29. Ver **Rimon.** Ver mapa 5, A-2.

ENRIQUECER: Tornar rico. // O Senhor empobrece e enriquece, 1 Sm 2.7. Tu a enriqueces copiosamente, Sl 65.9. O que se apressa a enriquecer, Pv 28.20. Em tudo fostes enriquecidos nele, 1 Co 1.5. Entristecidos, mas sempre alegres, 2 Co 6.10. Enriquecendo-vos em tudo para toda a generosidade, 2 Co 9.11. Enriqueceram à custa da sua luxúria, Ap 18.3. Ver **Engrandecer.**

ENROLAR: Dobrar fazendo rolo ou espiral. // Os céus se enrolarão como um pergaminho, Is 34.4. O céu... pergaminho quando se enrola, Ap 6.14.

ENRUGAR: Fazer rugas em. // Já me fizeste enrugado, Jó 16.8 (ARC).

ENSEADA: Curvatura da costa marítima. // Avistaram uma **e**, At 27.39.

ENSEJO: Ocasião asada, oportuna. // Damo-vos **e** de vos gloriardes, 2 Co 5.12.

EN-SEMES, hb. **Fonte do sol:** Um marco divisório entre Judá e Benjamim, Js 15.7. É o que se chama atualmente "A fonte dos apóstolos", no caminho Jericó.

ENSINAR: Instruir, doutrinar. // Toda a Galiléia ensinando, Mt 4.23. E assim ensinar aos homens, Mt 5.19. Ensinando doutrinas que são preceitos, Mt 15.9. Ensinando-os a guardar, Mt 28.20. Ensina-nos a orar, Lc 11.1. O Espírito Santo vos ensinará Lc 12.12. O Consolador... ensinará todas, Jo 14.26. Não cessavam de ensinar, At 5.42. Ensinava com precisão, At 18.25. Ensinas a outrem não te ensinas a ti mesmo? Rm 2.21. Que ensina, esmere-se, Rm 12.7. Palavras ensinadas pela sabedoria humana, mas ensinadas pelo Espírito, 1 Co 2.13. As tradições que vos foram ensinadas, 2 Ts 2.15. Não permito que a mulher ensine, 1 Tm 2.12. O bispo seja... apto para ensinar, 1 Tm 3.2. Ensinando o que não devem, por torpe, Tt 1.11. Que vos ensine de novo... os princípios, Hb 5.12. Não ensinará jamais cada um ao seu próximo, Hb 8.11. Unção vos ensina, 1 Jo 2.27. Ver **Educar, Instruir.**

ENSINO: Instrução, ensinamento, educação. // Ouve o **e** de teu pai, Pv 1.8. Aplica o teu coração ao **e**, Pv 23.12. O meu **e** não é meu, Jo 7.16. Para o nosso **e** foi escrito, Rm 15.4. Nos últimos tempos .. **e** de demônios, 1 Tm 4.1. Aplica-te... à exortação, ao **e**, 1 Tm 4.13. Tens seguido de perto o meu **e**, 2 Tm 3.10. No **e** mostra integridade, Tt 2.7. O **e** de batismos, Hb 6.2. Ver **Doutrina, Instrução.**

ENSOBERBECER: Tornar soberbo, orgulhoso. // Alguns se ensoberbeceram, 1 Co 4.18. Andais vós ensoberbecidos, 1 Co 5.2. O saber ensoberbece, mas o amor edifica, 1 Co 8.1. Para não suceder que se ensoberbeça, 1 Tm 3.6.

ENTALHADO: Esculpido, cinzelado. // Obra e quebram com machados, Sl 74.6 (ARC).

EN-TAPUA, hb. **Fonte da maçã:** A terra de Tapua pertencia a Manassés. Js 17.7. Contudo Tapua era dos filhos de Efraim, Js 17.8.

ENTENDER: Compreender, saber perfeitamente, julgar, inferir. // Para que um não entenda a linguagem de outro.

Gn 11.7. Não vos deu coração para entender, Dt 29.4. De nenhum modo entendereis, Mt 13.14. Entendam com o coração, Mt 13.15. No lugar santo (quem lê, entenda), Mt 24.15. Não há quem entenda, Rm 3.11. Não pode entendê-las... elas se discernem espiritualmente, 1 Co 2.14. Como se entenderá o que dizeis? 1 Co 14.9. Pela fé entendemos que foi o universo, Hb 11.3. Suas epístolas, nas quais há certas coisas difíceis de entender. 2 Pe 3.16. Ver **Compreender, Perceber.**

ENTENDIDO: Entendedor, sabedor, inteligente. // Zacarias... **e** nas visões, 2 Cr 26.5. Nos lábios do **e** se acha a sabedoria, Pv 10.13. O coração **e** procura o conhecimento, Pv 15.14. Ocultaste... aos sábios e **e**, Mt 11.25. Aniquilarei a inteligência dos **e**, 1 Co 1.19. Quem entre vós é sábio e **e**? Tg 3.13.

ENTENDIMENTO: Compreensão, percepção. // Árvore desejável para dar **e**, Gn 3.6. Neles não há **e**, Dt 32.28. Como o cavalo ou a mula, sem **e**, Sl 32.9. Dá-me **e**, Sl 119.34,125,169. Inclinares o teu coração ao **e**, Pv 2.2. Não te estribes no teu próprio **e**, Pv 3.5. O longânimo é grande em **e**, Pv 14.29. O insensato não tem prazer no **e**, Pv 18.2. O que adquire **e** ama a sua alma, v 19.8. O vinho... tira o **e**, Os 4.11. De todo o teu **e**, Mt 22.37. Então lhes abriu o **e** para compreenderem as Escrituras, Lc 24.45. Zelo por Deus, porém não com **e**, Rm 10.2. Cinco palavras com o meu **e**, 1 Co 14.19. Deus deste século cegou os **e**, 2 Co 4.4. Amor de Cristo que excede todo **e**, Ef 3.19. Obscurescidos de **e**, Ef 4.18. Paz de Deus, que excede todo **e**, Fp 4.7. Toda a sabedoria e **e** espiritual, Cl 1.9. Toda riqueza da forte convicção do **e**, Cl 2.2. Cingindo o vosso **e**, 1 Pe 1.13. O Filho... nos deu **e**, 1 Jo 5.20. Ver **Compreensão, Mente.**

ENTENEBRECER: Cobrir de trevas. // Entenebrecerei a terra em dia claro, Am 8.9.

ENTERNECER: Abrandar, mover a compaixão. // O teu coração enterneceu, 2 Rs 22.19.

ENTERRAMENTO: Enterro; funeral. // Preparando-me para o meu **e**, Mt 26.12 (ARC).

ENTERRAR: Sepultar. // Rogo-te que me não enterres no Egito, Gn 47.29. Ver **Sepultar**.

ENTERRO: Funeral. Cortejo fúnebre. // Os costumes, Gn 23.4-15; 25.9; 49.31; Dt 34.6; 1 Rs 13.31; Mt 27.7; Mc 14.8; Lc 23.56; Jo 11.38; 12.7; At 8.2. // Sem enterro: Dt 28.26; Sl 79.2; Ec 6.3; Is 14.19; Jr 7.33; 16.4. // O enterro de Sara, Gn 23.19; de Abraão, Gn 25.9; de Isaque, Gn 35.29; de Jacó, Gn 50; de Abner, 2 Sm 3.31,32; de Cristo, Mt 27.57; Lc 23.50; de Estêvão, At 8.2. // Saía o enterro do filho único de uma viúva, Lc 7.12. Ver **Sepultamento.**

ENTESAR: Tornar teso ou tenso. // Entesou o seu arco, 2 Rs 9.24; 2 Cr 18.33.

ENTESOURAR: Guardar, ajuntar-se em tesouro, acumular. // Israel... entesoura nos seus castelos a violência, Am 3.10. Entesouras ira, Rm 2.5 (ARC). Entesoura para si mesmo e não, Lc 12.21. Estesourados para fogo, 2 Pe 3.7.

ENTOAR: Fazer ouvir, cantando. // Entoou Moisés... este cântico, Êx 15.1. Entoai-lhe cânticos! Nm 21.17. Entoai-nos... cânticos de Sião, Sl 137.3. Entoando e louvando de coração, Ef 5.19. Entoavam novo cântico, Ap 5.9; 14.3. Entoavam o cântico de Moisés, Ap 15.3.

ENTORNAR: Derramar, verter, desperdiçar. // Entornar-se-á o vinho e os odres, Lc 5.37.

ENTORPECIMENTO: Torpor, falta de ação. // Deus lhe deu espírito de **e**, Rm 11.8.

ENTRADA: Ato ou efeito de entrar; lugar por onde se entra. // Sodoma, a cuja **e** estava Ló, Gn 19.1. Senhor guardará a tua saída e a tua **e**, Sl 121.8. À **e** da cidade, à entrada das portas está gritando, Pv 8.3. Uma grande pedra para a **e**, Mt 27.60. Amplamente suprida a **e**, 2 Pe 1.11.

ENTRANHAS: O conjunto dos órgãos que estão contidos nas cavidades do corpo. // Toda a sua carne... as **e**, Lv 4.11. As suas **e** se derramaram, At 1.18.

ENTRANHÁVEL: Que penetra nas entranhas; íntimo. // O seu **e** afeto, 2 Co 7.15 (ARC).

ENTRAR: Introduzir-se; passar por entre. // Justiça não exceder... jamais entrareis, Mt 5.20. Quando orares, entra, Mt 6.6. Entrai pela porta estreita, Mt 7.13. Nem todo... entrará no reino, Mt 7.21. Se não vos converterdes... de modo algum entrareis, Mt 18.3. Se queres... entrar na vida, Mt 19.17. Entrar um rico no reino, Mt 19.24. Não entrais, nem deixais entrar, Mt 23.13. Não entra pela porta, Jo 10.1. Entrará e sairá e achará pastagem, Jo 10.9. Através de muitas tribulações... entrará no reino, At 14.22. Entrando a plenitude dos gentios, Rm 11.25. Não entrarão no meu descanso, Hb. 3.11. Esforcemo-nos, pois, por entrar, Hb 4.11. Abrir a porta, entrarei, Ap 3.20. Entrem na cidade pelas portas, Ap 22.14.

ENTREGAR: Passar às mãos de; dar; confiar. // Porque vos entregarão aos tribunais, Mt 10.17. Tudo me foi entregue por meu Pai, Mt 11.27. Clamando... entregou o espírito, Mt 27.50. Foi entregue por causa das nossas transgressões, Rm 4.25. Não poupou a seu próprio Filho, antes, por todos nós o entregou, Rm 8.32. Entregue a Satanás para a destruição, 1 Co 5.5. Ainda que entregue o meu próprio corpo, 1 Co 13.3. Somos sempre entregues à morte, 2 Co 4.11. Fé que uma vez por todas foi entregue, Jd 3.

ENTREMETER: Tomar parte; intervir. // Não vos entremetais com eles, Dt 2.5.

ENTRETECER: Tecer, entremeando; entrelaçar. // Fui formado, e entretecido como nas profundezas, Sl 139.15.

ENTRETER: Demorar, deter. // Juntos nos entretínhamos, e íamos com a multidão, Sl 55.14.

ENTRINCHEIRAR: Fortificar com trincheiras. // O meu caminho ele entrincheirou. Jó 19.8 (ARC).

ENTRISTECER: Tornar triste; afligir, penalizar. // Não vos entristeçais, porque a alegria, Ne 8.10. Pedro entristeceu-se por ele lhe ter dito, pela terceira vez, Jo 21.17. Se por causa de comida o teu irmão se entristece, Rm 14.15. Entristecidos, mas sempre alegres, 2 Co 6.10. Não entristeçais o Espírito, Ef 4.30.

ENUMERAR: Contar um a um. // Quem... enumerou a quarta parte de Israel? Nm 23.10.

ENVELHECER: Tornar-se velho. // Nunca envelheceu a tua veste, Dt 8.4. Todos eles envelhecerão qual vestido, Hb 1.11.

ENVERGONHAR: Causar vergonha a, Confundir. // Nus, e não se envergonharam, Gn 2.25. Não seria envergonhado por sete dias? Nm 12.14.

Estavam sobremaneira envergonhados, 1 Cr 19.5. Estou confuso e envergonhado, Ed 9.6. Não seja eu jamais envergonhado, Sl 71.1. Meus servos se alegrarão, mas vós vos envergonhareis, Is 65.13. O meu povo jamais será envergonhado, Jl 2.27. Qualquer que se envergonhar de mim, Mc 8.38. Todos os seus adversários se envergonharam, Lc 13.17. Irás, envergonhado, ocupar o último lugar, Lc 14.9. Não me envergonho do evangelho, Rm 1.16. Para envergonhar os sábios, 1 Co 1.27. Não vos escrevo... para vos envergonhar, 1 Co 4.14. Não fiquemos nós envergonhados, 2 Co 9.4. Esperança de que em nada serei envergonhado, Fp 1.20. Não te envergonhes do testemunho, 2 Tm 1.8. Não me envergonho... sei em quem tenho crido, 2 Tm 1.12. Obreiro que não tem de que se envergonhar, 2 Tm 2.15. Não se envergonha de lhes chamar irmãos, Hb 2.11. Deus não se envergonha deles, Hb. 11.16. Fiquem envergonhados os que difamam o vosso bom procedimento, 1 Pe 3.16. Sofrer como cristão, 1 Pe 4.16. Não nos afastemos envergonhados na sua vinda, 1 Jo 2.28. Ver **Confundir.**

ENVIADO: O que desempenha uma missão. // Como enviados de Cristo, exigir, 1 Ts 2.7 (ARA). Ver **Mensageiro.**

ENVIAR: Mandar alguém ou alguma coisa. // Quem me recebe, recebe aquele que me enviou, Mt 10.40. Assim como o Pai me enviou, eu também vos envio, Jo 20.21. Enviados pelo Espírito Santo, At 13.4. Como pregarão se não forem enviados, Rm 10.15. Plenitude do tempo, Deus enviou seu Filho, Gl 4.4. Enviou Deus aos nossos corações o Espírito, Gl 4.6. Ver **Mandar**.

ENVILECER: Tornar vil e desprezível. // Ainda mais do que isto me envilecerei, 2 Sm 6.22 (ARC). E envilecer os mais nobres, Is 23.9.

ENVIUVAR: Tornar viúvo. // Israel e Judá não enviuvaram. Jr 51.5.

ENVOLVEDOURO: Faixa em que se envolvem as crianças recém-nascidas. // A escuridão por **e**, Jó 38.9 (ARC).

ENVOLVER: Cobrir, enrolando; abranger. // Uma nuvem luminosa os envolveu, Mt 17.5. Não te envolvas com esse justo, Mt 27.19. José... envolveu-o num pano, Mt 27.59. O poder do Altíssimo te envolverá, Lc 1.35. Nenhum soldado em serviço se envolve em negócios, 2 Tm 2.4.

ENXAME: Grupo de abelhas que abandona um cortiço para formar nova colônia. // Um **e** de abelhas com mel, Jz 14.8.

ENXÁRCIA: O conjunto dos cabos que seguram os mastros do navio. // As tuas **e** estão frouxas, Is 33.23.

ENXERGAR: Ver distintamente, avistar. // O que formou os olhos... não enxerga? Sl 94.9. Ver **Fitar, Ver.**

ENXERTAR: Rm 11 17. Inserir numa planta uma parte de outra planta, a fim de que a primeira produza as flores e os frutos da segunda.

ENXOFRE: Corpo simples, sólido, amarelo, insípido e inodoro, que arde, produzindo um gás de cheiro especial e irritante. // Fez o Senhor chover **e** e fogo sobre Sodoma, Gn 19.24, Lc 17.29. Toda a sua terra abrasada com **e**... como foi a destruição de Sodoma, Dt 29.23. Fará chover sobre os perversos brasas de fogo e **e**, Sl 11 6. Será atormentado com fogo e **e**, Ap 14.10. Lançados vivos dentro do lago que arde com **e**. Ap 19.20.

ENXUGADOURO: Lugar onde se enxugam roupas ou outros objetos. // Virás a ser um **e** de redes, Ez 26.14.

ENXUGAR: Secar. // Enxugou os pés com os seus cabelos, Jo 11.2; 12.3. Enxugar-lhos com a toalha, Jo 13 5. Enxugar lágrimas: Is 25.8; Ap 7.17; 21.4.

ENXÚNDIA: Gordura. // Criou **e** nas ilhargas, Jó 15.27.

ENXUTO: Seco ou pouco úmido. // Eis que o solo estava **e**, Gn 8.13. A pé **e** pelo meio do mar, Êx 14.29. A pé **e**, atravessando o Jordão, Js 3.17.

EPAFRAS: Forma abreviada de **Epafrodito**. // Companheiro de Paulo e fiel ministro de Cristo. Cl 1.7. Esforçava-se pelos Colossenses e pelos laodicenses, Cl 4.12,13. Prisioneiro com o apóstolo Paulo em Roma, Fm 23.

EPAFRODITO, gr. **Amável:** Ministro e mensageiro da igreja de Filipos, enviado para levar socorros ao apóstolo Paulo, na prisão, Fp 2.25; 4.18. Chegou às portas da morte para suprir o que faltava de socorro para o apóstolo, Fp 2.30.

EPÊNETO, gr **Digno de louvor:** Um crente em Roma, um dos primeiros convertidos na província da Ásia, a quem o apóstolo envia saudações, Rm 16.5.

EPICUREUS: Uma seita filosófica grega, da qual alguns partidários, juntamente com os estóicos, discutiram com Paulo em Atenas, At 17.18. Ambas estas escolas mostraram-se tolerantes, levando Paulo ao Areópago para ouvi-lo e examinar as suas doutrinas. A seita dos epicureus tirava seu nome de Epicuro. Este filósofo, de poderosa mentalidade, escreveu numerosos livros e ensinou, na sua escola em Atenas, durante 36 anos, até a sua morte. Ensinava que o prazer é o sumo bem dos homens, que devemos buscar os prazeres e evitar os sofrimentos. Mas esses prazeres não incluem apenas a gratificação das paixões sensuais, mas também os derivados das faculdades morais. Ver **Estóicos.**

EPIDEMIA: Lc 21.11 (ARA). Doença que ataca ao mesmo tempo e no mesmo lugar um grande número de pessoas. Ver **Praga.**

EPÍGRAFE: Inscrição em lugar alto. // Sobre ele estava esta **e,** Lc 23.38. Ver **Título.**

EPILÉTICO (B): O acesso epilético começa bruscamente por um grito rouco, em seguida o doente empalidece, cai e perde o conhecimento. Sucedem-se contrações dos músculos da face e dos membros e os lábios cobrem-se de espuma. Jesus os curou, Mt 4.24; 17.15. Ver **Lunático.**

EPISCOPADO: Encargo de bispo. // Se alguém aspira ao episcopado, 1 Tm 3.1. Ver **Presbitério.**

EPÍSTOLA: Chamam-se epístolas, 21 dos 27 livros do Novo Testamento. São cartas escritas por apóstolos. Treze são **paulinas,** isto é, escritas pelo apóstolo Paulo: Romanos, 1 e 2 Coríntios, Gálatas, Efésios, Filipenses, Colossenses, 1 e 2 Tessalonicenses, 1 e 2 Timóteo, Tito e Filemon. Havendo ainda a Epístola aos Hebreus que muitos supõem ser também do apóstolo Paulo. As três **epístolas pastorais,** na ordem em que foram escritas, são: 1 Timóteo, Tito e 2 Timóteo. Não são dirigidas a uma igreja mas a pastores. Cinco das epístolas, Tiago, 1 e 2 Pedro, 1 João e Judas, são católicas, isto é, gerais ou universais, porque foram dirigidas à Igreja em geral. A Igreja Primitiva contava sete **epístolas católicas,** incluindo 2 e 3 João. Essas, contudo, são epístolas pessoais dirigidas a indivíduos. // Uma vez lida esta **e** perante vós... que seja lida na igreja dos laodicenses, Cl 4.16. Que esta **e** seja lida a todos os irmãos, 1 Ts 5.27. Seja por palavra, seja por e nossa, 2 Ts 2.15. Obediência à nossa palavra dada por esta **e**, 2 Ts 3.14. De próprio punho: Paulo. Este é o sinal em cada **e**, 2 Ts 3.17. Esta é a segunda **e**, 2 Pe 3.1. **E**, nas quais há certas coisas difíceis, 2 Pe 3.16. Ver **Carta.**

Relativamente aos tempos e às épocas, não há necessidade de que eu vos escreva, 1 Ts 5.1

EPÍSTOLAS PASTORAIS: Ver **Timóteo, Primeira Epístola de Paulo a.**

ÉPOCA: Período de tempo assinalado por um fato importante. // Conhecer **é**, At 1.7. Relativamente aos tempos e às **é**, 1 Ts 5.1. Ver **Dia, Tempo.**

EQUER: Um dos filhos de Rão, 1 Cr 2.27.

EQÜIDADE: Justiça igual por todos. // Como manto e turbante era a minha **e**, Jó 29.14. Cetro de **e** é o cetro do teu reino, Sl 45.6; Hb 1.8 Julgará... os povos com **e**, Sl 98.9. Tu firmas a **e**, Sl 99.4. A justiça, o juízo e a **e**, Pv 1.3; 2.9. **E** a favor dos mansos, Is 11.4. Tratai aos servos com justiça e com **e,** Cl 4.1. Ver **Retidão.**

EQUILÍBRIO: Estado de um corpo, solicitado por forças opostas, que se anulam sobre um ponto de resistência. // Notícia do **e** das nuvens, Jó 37.16.

ER, hb. **Vigia:** 1. Filho de Judá e Sua, uma cananéia, Gn 38.3. Era perverso perante o Senhor, pelo que o Senhor o fez morrer, Gn 38.7. // 2. Um filho de Selá e pai de Leca, 1 Cr 4.21. // 3. Antecessor de Jesus, na genealogia de Lucas, Lc 3.28.

ERÃ, hb. **Vigilante:** O chefe da família dos eranitas, Nm 26.36.

ERASTO, gr. **Amado:** Um que ministrou a Paulo, At 19.22. Pode ser o mesmo mencionado em Rm 16.23 e 2 Tm 4.20.

EREQUE: A segunda das quatro cidades fundadas por Ninrode, um bisneto de Noé, na terra de Sinear, Gn 10.10. Permanecem as ruínas muito ao sul de Babilônia, ao oriente do Eufrates, na planície de Sinear. Existem atualmente, entre as ruínas, partes da imponente torre de Eana, construída 2300 a.C.

ERETO: Direito, aprumado. // E vos fiz andar **e**, Lv 26.13. O galo que anda **e**, Pv 30.31.

ERGUER: Levantar. // Ele ergue do pó o desvalido, Sl 113.7. Ergue-te e lança-te no mar, Mt 21.21. Erguendo as mãos, os abençoou, Lc 24.50. Ver **Construir, Edificar.**

ERI, hb. **Vigilante:** O quinto dos sete filhos de Gade, Gn 46.16; Nm 26.16.

ERMO: Despovoado; lugar sem habitantes. // Andaram errantes... por **e** caminhos. Sl 107.4. O **e** exultará e florescerá, Is 35.1. Águas arrebentarão no deserto e ribeiros no **e**, Is 35.6.

ERÓTICO: Que revela tendências amorosas. **Fig.** Lascivo, sensual, lúbrico. // Pões os teus símbolos **e**, Is 57.8.

ERRANTE: Que anda sem destino certo. // Fugitivo e **e** pela terra, Gn 4.12. Deus me fez andar **e** da casa de meu pai, Gn 20.13. Fê-los andar **e** pelo deserto, Nm 32.13. Ando **e** como ovelha desgarrada, Sl 119.176. Gostam de andar **e**, Jr 14.10. Andarão **e** entre as nações, Os 9.17. Estrelas **e,** Jd 13. Ver **Desgarrado.**

ERRAR: Pecar, enganar-se. // Quando errardes, Nm 15.22. Manassés de tal modo os fez errar, que fizeram pior do que as nações, 2 Rs 21.9. Acaso não erram os que maquinam o mal, Pv 14.22. Por causa do vinho erram na visão, Is 28.7. Quem quer que por ele caminhe não errará, Is 35.8. Com as suas mentiras e leviandades fazem errar o meu povo, Jr 23.32. Profetas que fazem errar o meu povo, Mq 3.5. Errais não conhecendo as Escrituras, Mt 22.29. Estes sempre erram no coração, Hb 3.10. Condoer-se dos ignorantes e dos que erram, Hb 5.2. O pecador do seu caminho errado, Tg 5.20.

ERRO: Afastamento da justiça. Doutrina errada. // Quem pode discernir os seus **e**? Sl 19.12 (B). Não se achava nele nenhum **e** nem culpa, Dn 6.4. A merecida punição do seu **e**, Rm 1.27. Astúcia com que induzem ao **e**, Ef 4.14. Deus lhe manda a operação do **e**, 2 Ts 2.11. Arrastados pelo **e** desses insubordinados, 2 Pe 3.17. O espírito da verdade e o espírito do **e**, 1 Jo 4.6. O **e** de Balaão, Jd 11. Ver **Engano**, **Fraude.**

ERUDITO: Que revela muito saber. // Deus me deu língua de **e**, Is 50.4. Ver **Entendido, Sábio.**

ERVA: Planta mole, cujas partes aéreas, incluindo o caule, morrem todos os anos depois da frutificação. // Produza a terra **e**, Gn 1.11. Se Deus veste assim a **e**, Mt 6.30. Passará como a flor da **e**, Tg 1.10. Toda carne é como a **e**... seca-se a **e,** 1 Pe **1**.24. Ver **Relva.**

ERVILHACA (ARC): Is 28.25,27. Planta leguminosa que danifica as searas, mas que serve para forragens. Geralmente trepadeira.

ESÃ: Uma cidade de Judá, Js 15.52.

ESAR-HADOM, assírio, **Assur deu um irmão:** Um dos filhos de Senaqueribe. Quando seus dois irmãos, Adrameleque e Sarezer, assassinaram seu pai (2 Rs 19.37), Esar-Hadom derrotou as forças rebeldes e subiu ao trono da Assíria, no ano 680 a.C. Foi um dos mais célebres reis da Assíria. homem sábio e conciliador. Mencionado em Ed 4.2. Reedificou a cidade de Babilônia, fazendo-a uma capital do seu reino, e a segunda cidade de então, em importância, do mundo. Levou Manassés para Babilônia, 2 Cr 33.11.

ESAÚ, hb. **Peludo:** O filho primogênito de Isaque e Rebeca e o irmão gêmeo de Jacó. Gn 25.24-26. Era todo revestido de pêlo; por isso lhe chamaram Esaú, Gn 25.25. Vendeu sua primogenitura, Gn 25.31-34. Depois de desprezar o seu direito de primogenitura, não achou lugar de arrependimento, embora, com lágrimas, o tivesse buscado, Hb 12.17.Veio-lhe o nome de **Edom** (Vermelho), do cozinhado vermelho, preço da venda do seu direito de primogenitura, Gn 25.30. Casou-se com mulheres hetéias, Gn 26.34. Perdeu a bênção de Isaque, Gn 27.30-40. Passou a odiar a Jacó, Gn 27.41. Casou-se com Maalate, filha de Ismael, Gn 28.9. Reconciliou-se com Jacó. Gn 33.1-15. A reconciliação dos dois irmãos perdurou, os dois juntos sepultando seu pai, Gn 35.29. Habitava em Seir, Gn 33.16. Seus descendentes, Gn 36.1-30; chamados edomitas ou idumeus), Gn 36.43; Dt 23.7; 2 Cr 25.14. Aborreci a Esaú; e fiz dos seus montes, uma assolação, Mt 1.3. Amei a Jacó, porém me aborreci de Esaú, Rm 9.13. Nem haja algum impuro, ou profano, como foi Esaú, o qual, por um repasto, vendeu o seu direito de primogenitura, Hb 12.16.

ESBÃ, hb. **Razão:** Um príncipe dos horeus, Gn 36.26.

ESBAFORIDO: Que respira ofegando. // Ao mesmo tempo ofegarei e estarei **e.** Is 42.14.

ESBANJAR: Consumir à toa. // Para esbanjardes em vossos prazeres, Tg 4.3. Ver **Dissipar.**

ESBOFETEAR: Dar pancada no rosto com a mão aberta; insultar. // Com desprezo me esbofeteiam, Jó 16.10. E lhe davam murros e outros o esbofeteavam, Mt 26.67. Somos esbofeteados, 1 Co 4.11. Mensageiro de Satanás para me esbofetear, 2 Co 12.7. Que glória há, se pecando e sendo esbofeteados, 1 Pe 2.20.

ESBOM: 1. Um filho de Gade, Gn 46.16. // 2. Um neto de Benjamim, 1 Cr 7.7.

ESBORDOAR: Bater com bordão em. // O esbordoaram na cabeça, Mc 12.4.

ESBOROAR: Reduzir a pó; estorroar. // O monte que se esboroa, Jó 14.18.

ESBRASEAR: Afoguear, inflamar. // Esbraseou-se-me no peito o coração, Sl 39.3.

ESBRAVEJAR: Tornar-se bravo. // Ao seu redor esbraveja grande tormenta, Sl 50.3.

ESBULHAR: Despojar. // Do fruto do seu trabalho esbulham-no, Sl 109.11.

ESCABELO: Estradinho para descansar os pés. // Teus inimigos por **e**, Mt 22.44; At 2.35; Hb 1.13; 10.13 (ARC).

ESCABROSO: Áspero, pedregoso. // Caminhos... **e**, aplanados, Lc 3.5.

ESCADA: Série de degraus para subir e descer. // Uma **e**, cujo topo atingia o céu, Gn 28.12. Paulo, em pé na **e,** At 21.40.

ESCALAR: Assaltar, subindo por escada. // O sábio escala a cidade dos valentes, Pv 21.22. Ver **Galgar, Subir, Trepar.**

ESCAMA: Lâmina que cobre em grande número a pele de muitos peixes, de vários répteis e de alguns mamíferos. // Barbatanas e **e,** Lv 11.9. As fileiras de suas **e** Jó 41.15. Caíram dos olhos como **e,** At 9.18.

ESCANCARAR-SE: Abrir-se de par em par. // O arrogante, cuja gananciosa boca se escancara, Hc 2.5.

ESCANDALIZAR: Ofender-se, sentir-se, melindrar-se, // Chegando a angústia... logo se escandaliza, Mt 13.21. Escandalizavam-se nele, Mt 13.57. Muitos hão de se escandalizar, Mt 24.10. Esta noite todos vós vos escandalizareis, Mt 26.31. Isto vos escandaliza? Jó 6.61. Não venha a escandalizá-lo, 1 Co 8.13. Quem se escandaliza, que eu não me inflame, 2 Co 11.29. Ver **Tropeçar.**

ESCÂNDALO: Pessoa ou coisa que escandaliza. Ofensa, injúria. // Ajuntarão do seu reino todos os **e**, Mt 13.41. Ai do mundo por causa dos **e**, Mt 18.7. É inevitável que venham **e**, Mt 18.7. Rocha de **e**, Rm 9.33. É mau para o homem o comer com **e**, Rm 14.20. Que provocam divisões e **e**, Rm 16.17. Cristo crucificado, **e**, 1 Co 1.23. Se a comida serve de **e**, 1 Co 8.13. Não dando nós nenhum motivo de **e**, 2 Co 6.3. O **e** da cruz, Gl 5.11. Ver **Cilada, Laço.**

ESCANDINAVOS: Os suecos, noruegueses e dinamarqueses. Ver mapa 1, B-l.

ESCAPAR: Salvar-se, livrar-se de algum perigo. // Escaparás entre todos os judeus, Et 4.13. Só eu escapei, para trazer, Jó 1.15. Com o Senhor, está o escaparmos da morte, Sl 68.20. Como escapareis da condenação, Mt 23.33. Escapar de todas estas coisas e estar em pé, Lc 21.36. De nenhum modo escaparão, 1 Ts 5.3. Como escaparemos nós, Hb 2.3. Escaparam ao fio da espada, Hb 11.34. Não escaparam aqueles que recusaram, Hb 12.25. Depois de terem escapado das contaminações, 2 Pe 2.20. Ver **Fugir.**

ESCARLATE: Cor vermelha muito viva. Tecido daquela cor. // Cordão de fio de **e** à janela, Js 2.18, 21. Que vos vestia de rica **e**, 2 Sm 1.24. Vestidos de lã **e**, Pv 31.21. Lábios são como um fio de **e,** Ct 4.3. Ainda que os vossos pecados são como a **e**, Is 1.18. E te vestes de **e**, Jr 4.30. Cobriram-no com um manto **e**, Mt 27.28. Lã tinta de **e** e hissopo, Hb 9.19. Mulher montada numa besta **e**, Ap 17.3. A mulher vestida de púrpura e de **e**, Ap 17.4. Mercadoria de **e**, Ap 18.12. Cidade vestida de **e**, Ap 18.16. Ver **Carmesim, Encarnado, Vermelho.**

ESCARMENTO: Repreensão. // Objeto de opróbrio e ludíbrio, de **e** e espanto, Ez 5.15.

ESCARNECEDOR: O que escarnece. // Nem se assenta na roda dos **e**, Sl 1.2. Até quando... vós **e**, Pv 1.22. Não repreendas o **e**, Pv 9.8. Mas o **e** não atende, Pv 13.1. O **e** procura a sabedoria e não a encontra, Pv 14.6. O **e** não ama àquele que o repreende, Pv 15.12. O **e** é abominável aos homens, Pv 24.9. Os homens **e** alvoroçam a cidade, Pv 29.8. Virão **e** com os seus escárnios, 2 Pe 3.3. No último tempo haverá **e,** Jd 18. Ver **Zombador.**

ESCARNECER: Mofar, zombar. // Disse Saul... me traspassem e escarneçam de mim. 1 Sm 31.4. Ele escarnece dos escarnecedores, Pv 3.34. Escarnece do pobre insulta ao que o criou, Pv 17.5. Ser escarnecido, açoitado e crucificado, Mt 20.19. Escarneciam, dizendo: Salve, Mt 27.29 Os escribas e anciãos, escarnecendo, Mt 27.41. Falar de ressurreição... uns escarneciam, At 17.32. Ver **Caçoar, Zombar.**

ESCÁRNIO: Zombaria, mofa, desacato. // Tu nos fazes... **e** aos que nos rodeiam, Sl 44. 13. E me tornei objeto de **e**, Sl 69.11. Sirvo de **e** todo o dia, Jr 20.7. Objeto de **e** para todo o meu povo, Lm 3.14. Prova de **e** e açoites. Hb 11.36. Ver **Ludíbrio, Zombaria.**

ESCARVAR: Cavar superficialmente. // Escarva a terra, Jó 39.21 (ARC).

ESCASSEZ: Falta. // Angustiai-o, com **e** de pão, 2 Cr 18.26. Tanto sei estar... de abundância, como de **e,** Fp 4.12.

ESCASSO: Pouco, raro. // Os homens sejam mais **e** do que o ouro puro, Is 13.12.

ESCATOLOGIA: Doutrina das coisas que deverão acontecer no fim do mundo. Trata da vinda de Cristo, dos eventos que precederão a sua vinda, da conversão de Israel, da vinda do Anticristo, da morte, da ressurreição, do milênio, do juízo, do estado dos homens depois.

Escol

ESCAVAR: Cavar superficialmente. // Até que eu escave ao redor, Lc 13.8.

ESCLARECER: Tornar claro. // A revelação das tuas palavras esclarece, Sl 119.130.

ESCOAR: Fazer correr (um líquido) lentamente; esvaziar-se; fugir secretamente. // Como o povo... se escoa quando foge, 2 Sm 19.3 (ARC). Se os montes se escoassem, Is 64.1 (ARC).

ESCOL, hb. **Cacho de uvas:** 1. O irmão de Manre e Aner. Gn 14.13, 24. // 2. Um vale muito fértil, perto a Hebrom, Nm 13.23. Até hoje é lugar de vinhas, romãs e figos.

ESCOLA: Casa em que se ensina. // A discorrer diariamente na **e** de Tirano, At 19.9. Ver **Sinagoga.**

ESCOLHER: Proferir; fazer seleção de. // Ló escolheu para si toda a campina, Gn 13.11. A vara do homem que eu escolher, Nm 17.5. Escolhei hoje a quem sirvais, Js 24.15. Três coisas te ofereço; escolhe uma, 2 Sm 24.12. Quando saber desprezar o mal e escolher o bem, Is 7.15. Mas poucos escolhidos. Mt 22.14. Os eleitos que ele escolheu, Mc 13.20. Maria... escolheu a boa parte, Lc 10.42. Os convidados escolhiam os primeiros, Lc 14.7. Escolhei dentre vós sete homens, At 6.3. Deus escolheu as coisas fracas, 1 Co 1.27. Como nos escolheu nele antes da fundação. Ef 1.4. Já não sei o que hei de escolher, Fp 1.22. Deus nos escolheu desde o princípio, 2 Ts 2.13. Não escolheu Deus os... pobres, Tg 2.5. Ver **Eleger, Preferir.**

ESCOLHIDO: Que se escolheu. // Por causa dos **e** tais dias serão abreviados, Mt 24.22. Reunirão os seus **e**, dos quatro ventos, Mt 24.31. Não fará Deus justiça aos seus **e?** Lc **18.7.** Ver **Eleito.**

ESCOLTA: Força armada que acompanha para proteger. // Aí tendes uma **e**, ide, Mt 27.65. Judas recebido a **e**, Jo 18.3.

ESCONDER: Ocultar, encobrir, guardar. // Esconderam-se da presença do Senhor, Gn 3.8; Vendo que era formoso escondeu-o por três meses, Êx 2.2. Moisés escondeu o rosto, porque temeu, Êx 3.6. Esconde-te junto à torrente, 1 Rs 17.3. Cem profetas e os escondeu numa cova, 1 Rs 18.4. Escondi no meu íntimo as palavras, Jó 23.12. No recôndito da tua presença tu os esconderás, Sl 31.20. Esconda-me da conspiração dos malfeitores, Sl 64.2. O prudente vê o mal, e esconde-se, Pv 27.12. Escondo de vós os meus olhos. Is 1.15. Entra nas rochas e esconde-te no pó, Is 2.10. Esconde-te... até que passe a ira. Is 26.20. Não se pode esconder a cidade, Mt 5.14. Escondeu o dinheiro do seu senhor. Mt 25.18. Caí sobre nós, e escondei-nos, Ap 6.16. Ver **Ocultar.**

ESCONDERIJO: Lugar em que se esconde alguém ou alguma coisa. // As alimárias entram nos seus **e**, Jó 37.8. Num esconderijo os ocultarás, Sl 31.20. Tu és o meu **e**, Sl 32.7. No **e** das tuas asas, SI 61.4. O que habita no **e** do Altíssimo, Sl 91.1. **E** contra a tempestade. Is 32.2. **E** de todo gênero de ave imunda. Ap 18.2. Ver **Refúgio.**

ESCONDIDO: Que se escondeu, oculto. // Cinco reis **e** numa cova, Js 10.17. Se buscares a sabedoria como... a tesouros **e**, Pv 2.4. Deus há de trazer a juízo todas as obras... **e**, Ec 12.14. Nada se faz **e** serão para ser revelado, Mc 4.22. Ver **Oculto.**

ESCONJURAR: Fazer jurar. // Exorcistas... Esconjuro-vos por Jesus, At 19. 13. Ver **Conjurar.**

ESCORCHADO: Estropiado. // Assim **e**, pôs ele em frente do rebanho, Gn 30.38.

ESCÓRIA: Matéria que se separa dos metais durante a fusão, quando estes se purificam. Fig.: o que é vil e sem valor. // Sorvem-no até às **e**, Sl 75.8. Rejeitas, como **e**, todos os ímpios. Sl 119.119. Tira da prata a **e**, Pv 25.4. A tua prata se tornou em **e**, Is 1.22. Israel se tornou para mim em **e**, Ez 22.18. Considerados lixo do mundo, **e** de todos, 1 Co 4.13. Ver **Excremento, Fezes.**

ESCORNEAR: Ferir com os chifres. // Escornearás os siros, 1 Rs 22.11. Ver **Chifrar.**

Escorpião

ESCORPIÃO, Animal terrestre e noturno, que vive de insetos. Da classe das aranhas e dos ácaros. O mesmo que lacrau. Sua picada é dolorosa e pode ser mortal quando se trata das grandes espécies. Atinge o comprimento de 15 centímetros. Abundante no deserto de Sinai, Dt 8.15. É evidente que, às vezes, a palavra se refere a um instrumento de suplício, 1 Rs 12 11,14. Em sentido figurado, Ez 2.6. Autoridade para pisar serpentes e **e**, Lc 10.19. "Se lhe pedir um ovo lhe dará um **e**?" Lc 11.12. Gafanhotos com poder de **e**, Ap 9.3, 5, 10.

ESCORRAÇAR: Afugentar batendo. // Filhos de doidos... da terra são escorraçados, Jó 30.8.

ESCORREGADIO: Onde se escorrega facilmente. // Torne-se-lhes o caminho tenebroso e **e**, Sl 35.6. Tu certamente os pões em lugares **e,** Sl 73.18.

ESCRAVA: Rejeita essa **e**, Gn 21.10. Abraão teve... um da mulher **e**. Gl 4.22. O da **e** nasceu segundo a carne, Gl 4.23. Ver Lv 19.20; 25.44.

ESCRAVIDÃO: Estado, condição de escravo. // Tua posteridade será reduzida à **e**, Gn 15.13; At 7.6. Por causa da ânsia de espírito e da dura **e**, Êx 6.9. Algumas de nossas filhas já estão reduzidas à **e**, Ne 5.5. Não recebestes o espírito de **e**, Rm 8.15. Esmurro o meu corpo, e o reduzo a **e**, 1 Co 9.27. Estávamos servilmente sujeitos aos rudimentos do mundo, Gl 4.3. Sinai, que gera para **e**, Gl 4.24. Não vos submetais de novo a jugo de **e**, Gl 5.1. Livrasse a todos que estavam sujeitos à **e** por toda a vida, Hb 2.15. Ver **Cativeiro, Servidão.**

ESCRAVO: Cativo que está debaixo do poder absoluto do seu Senhor, por compra, herança ou guerra. A escravatura remonta aos primeiros tempos do governo humano. José, moço de 17 anos, foi vendido por 20 siclos de prata, Gn 37.28. Um escravo avaliado em 30 siclos de prata, Êx 21.32. O escravo hebreu, ao sétimo ano, sairia forro, de graça, Êx 21.2. Alguns escravos preferiam continuar a servir seus senhores, Dt 15.16. A lei da escravidão das filhas vendidas por seu pai, Êx 21.7-11. As leis a favor dos escravos, Lv 25.39-55. Os escravos que fugissem de terras estrangeiras tinham direito de habitar na terra, no lugar que mais lhes agradasse, Dt 23.15, 16. Os filhos de escravos permaneciam escravos; eram "nascidos em casa", Gn 14.14; 17.12; Ec 2.7. Não consta que houvesse mercado de escravos na terra de Israel. As medidas de Neemias contra a usura e a escravidão, Ne 5. O Novo Testamento não aconselha conflitos com as leis do país estabelecidas acerca da escravidão, 1 Co 7.21. Os romanos recrutavam os escravos entre os prisioneiros de guerra e os povos vencidos até o número em Roma exceder a cifra da população livre. Recomenda-se nas Escrituras que o escravo seja obediente a seu senhor. Ef 6.5-8; Cl 3.22-25; 1 Tm 6.1, 2; 1 Pe 2.18-21. O escravo fugido deve voltar ao seu senhor, Fm 10-16. Os senhores, entre os romanos, tinham direito de vida e de morte sobre os escravos. Mas os senhores crentes devem tratar aos escravos com justiça e equidade e não os ameaçar, Cl 4.1; Ef 6.9. Paulo não condenou a escravatura, mas o que ele ensinou foi um golpe mortal à raiz deste mal. A escravatura foi abolida na Rússia em 1861, na Índia inglesa em 1833. nas colônias francesas em 1848, nas colônias portuguesas em 1856, nos Estados Unidos em 1865 e no Brasil em 1888. // O **e** prudente dominará sobre o filho que causa vergonha, Pv 17.2. Jamais fomos **e** de alguém, Jo 8.33. Não vos torneis **e** de homens, 1 Co 7.23. Sendo livre de todos, fiz-me **e** de todos, 1 Co 9.19. Quer judeus, quer gregos, quer **e**, 1 Co 12.13. Não pode haver judeu nem grego; nem **e** nem liberto, Gl 3.28. O tempo em que o herdeiro é menor, em nada difere de **e**, Gl 4.1. Abraão teve dois filhos, um da mulher **e**, Gl 4.22,30. Prometendo-lhes liberdade, quando eles mesmos são **e**, 2 Pe 2.19. Todo **e** e todo livre se esconderam nas cavernas, Ap 6.15. De carros, de **e**, e até almas humanas, Ap 18.13.

ESCREVER: Representar graficamente por meio de letras as palavras. // Moisés escreveu todas as palavras do Senhor, Êx 24.4. Escreve-as na tábua do teu coração, Pv 3.3. O pecado... escrito com um ponteiro de ferro, Jr 17.1. Dedos... escreviam, defronte do candeeiro. Dn 5.5. Jesus... respondeu: Está escrito, Mt 4.4. Pilatos: O que escrevi, Jo 19.22. Escrita... pelo Espírito, 2 Co 3.3. No rolo do livro está escrito, Hb 10.7. Escreve, Ap 1.19; 14.13; 21.5.

ESCRIBAS: Os copistas e mestres das Escrituras. As várias passagens no Antigo Testamento, que se referem a um secretário do rei, emprega-se a palavra **escrivão,** na Edição Revista. // Esdras era escriba versado na lei de Deus, Ed 7.6. A falsa pena dos escribas, Jr 8.8. Chamados, também, **doutores da lei** (ARC), **intérpretes da lei** (ARA) em Mt 22.35; Lc 7.30; 10.25; 11.45, 46, 52; 14.3; Tt 3.13. Adversários de Cristo, Mt 21.15; Jo 8.3. Denunciados por Cristo, Mt 15.3; 23.2-29; Mc 2.16, 17; 3.22; Lc 11.15, 53; 20.1, 46. Perseguiram os discípulos, At 4.5; 6.12. Onde está o escriba. 1 Co 1.20.

ESCRITA: Aquilo que se escreveu. // Menciona-se a escrita, pela primeira vez nas Escrituras, em Êx 17.14. Mas os egípcios gravaram inscrições sobre pedras e escreviam em papiro, muito antes da peregrinação dos israelitas no Egito. A arte de escrever estava em uso entre os babilônios séculos antes da saída de Abraão de Ur dos caldeus. Os israelitas escreviam documentos históricos, Nm 33.2; escreviam as leis sobre pedras caiadas, Dt 27.8; e escreviam sobre pedras preciosas e sobre lâminas de metal, Êx 39.30.

ESCRITO: Bilhete, missiva. // Tendo cancelado o **e** de dívida, Cl 2.14.

ESCRITURA: Representação do pensamento em caracteres convencionais. Conjunto dos livros do Antigo e do Novo Testamento. // Assinei a **e**, Jr 32.10. A **e**... Mene, Mene, Tequel, Dn 5.25. Errais, não conhecendo as **E**, Mt 22.29. Quando nos expunha as **E**, Lc 24.32. Examinais as **E**, Jo 5.39. A **E** não pode falhar, Jo 10.35. Examinando as **E** todos os dias, At 17.11. Eloqüente e poderoso nas **E**, At 18.24. Provando por meio das **E**, At 18.28. Que diz a **E**? Rm 4.3. Toda **E**... é útil para o ensino, 2 Tm 3.16. Nenhuma profecia da **E** provem de particular elucidação, 2 Pe 1.20. // **As Escrituras dadas por** inspiração, At 1.16; 2 Tm 3.16; Hb 3.7; 10.15; 2 Pe 1.20, 21. // A exposição, por Cristo, das Escrituras, Mt 4.4; 21.42; 26.54; Lc 24.27, 32; Jo 7.42; 10.35; pelos apóstolos e discípulos At 2.16-31; 3.22-24; 8.28-35; 17.2; 26.22; 28.23; Rm 3.10-20; 1 Co 15.3,4; Gl 4.21-31. // **As Escrituras nos tornam sábios**, Jo 20.31; Rm 1.2; Tg 1.21; 2 Pe 1.19. // **Ordenado que examinemos as Escrituras**, Dt 17.19;

Js 1.8; Jo 5.39; At 17.11. // **É proibido alterar as Escrituras**, Dt 4.2; Pv 30.6; 2 Tm 1.13; Ap 22.18. // **As Escrituras dadas por intermédio dos profetas**, Lc 16.31; Rm 3.2. Hb 1.1; por Jesus Cristo, Hb 1.2.

ESCRIVÃO: Oficial público, encarregado de escrever os documentos legais. // O **e** da cidade, At 19.35.

ESCUDEIRO: Criado que acompanhava o cavaleiro, levando-lhe o escudo, até o momento do combate. Defendia, também, o guerreiro durante a batalha. // Escudeiro de Abimeleque, Jz 9.54; de Jônatas, 1 Sm 14.7; de Golias, 1 Sm 17.7; de Saul, 1 Sm 31.4.

ESCUDO: Peça oblonga ou quadrangular de armadura antiga, que resguardava o corpo do guerreiro, contra os golpes da lança ou da espada, 2 Sm 1.21; 1 Rs 10.17; Is 22.6; Ez 39.9; Na 2.3. // Figuradamente: O Senhor, **E** de Abraão, Gn 15.1; de Israel, Dt 33.29; Sl 115.9; nosso, Sl 33.20; é Sol e **E**, Sl 119.114; **E** para os que nEle confiam, Pv 30.5. // O **e** da fé, Ef 6.16.

ESCULPIR: Lavrar (figuras ou ornamentos) em pedra, madeira ou noutra matéria dura. // Para sempre fossem esculpidas na rocha! Jó 19.24. Envergonhado pela imagem que ele esculpiu, Jr 10.14.

ESCULTOR: Artista que lavra com escopro em pedra, madeira, ou noutra matéria dura. Havia dois querubins esculpidos de madeira de oliveira no Templo, 1 Rs 6.23. Contudo o povo judaico nunca se desenvolveu na arte da escultura por causa da proibição da lei, Êx 20.4.

Esfinge Assíria

ESCULTURA: Arte de esculpir. // Provocaram à ira com as suas imagens de **e**, Jr 8.19. Eliminarei as tuas imagens de **e**, Mq 5.13.

ESCURAS (ÀS): Sem luz, na escuridão. // Digo às escuras, dizei-o a plena luz, Mt 10.27.

ESCURECER: Tornar-se escuro. // Gafanhotos... de modo que a terra se escureceu, Êx 10.14.15. Escurecer-se o sol: Jl 3.15; Mt 24.29; Ap 9.2. Escureçam-se-lhes os olhos, Rm 11.10.

ESCURIDADE: Ausência de luz; trevas. // A nuvem era **e** para aqueles, Êx 14.20. Que fazem da **e** luz, e da luz **e**, Is 5.20.

ESCURIDÃO: Trevas; falta de luz. // O caminho dos perversos é como a **e**, Pv 4.19. Dia de **e** e densas trevas, Jl 2.2. Não tendes chegado... à **e**, e às trevas, Hb 12.18. Ver **Trevas.**

ESCURO: Obscuro, não claro, falta de luz. // À nuvem **e**, onde Deus estava, Êx 20.21. As próprias trevas não te serão **e**, Sl 139.12. No primeiro dia... ainda **e**, Jo 20.1. Ver **Tenebroso.**

ESCUSADO: Dispensado. // Que me tenhas por **e**, Lc 14.19.

ESCUSAR-SE: Desculpar-se; justificar-se. // Todos a uma começaram a escusar-se, Lc 14.18. Ver **Desculpar, Inocentar.**

ESCUTAR: Tornar-se atento para ouvir. // Clamam os justos, e o Senhor os escuta, Sl 34.17. Companheiros de prisão escutavam, At 16.25. Ver **Ouvir.**

ESDRAS, hb. **Auxílio:** 1. Sacerdote, escriba e o escritor do livro de seu nome. Era um dos cativos de Babilônia, onde, provavelmente, nasceu. Era um bisneto de Hilquias, sumo sacerdote e um dos grandes vultos no avivamento no tempo do bom rei Josias, 2 Rs 22.8; Ed 7.1. Ardente em seu zelo, Ed 7.10; 8.21-23. Os Judeus exilados prosperavam em negociar. Mas Esdras ajuntou uma companhia de 1.800 homens israelitas, com o apoio de Artaxerxes, rei da Pérsia, e os levou a Jerusalém para fortalecer as mãos do povo que já estava lá. Era homem de profunda humildade, Ed 9.10-15; "escriba versado na lei", Ed 7.6. Revisou e editou as Sagradas Escrituras, depois de voltar do cativeiro. A tradição dos judeus atribui-lhe cinco grandes obras: 1) A fundação da "Grande Sinagoga". 2) A determinação do Cânon das Escrituras, com a divisão em Lei, Profetas e Hagiógrafos. 3) A substituição dos quadros caracteres caldaicos pelos antigos hebraicos e samaritanos. 4) A compilação das Crônicas, sendo adicionados o livro de Neemias e o seu. 5) O estabelecimento das sinagogas, dando ênfase a leitura e exposição da Palavra de Deus. Conforme a tradição morreu com a idade de 120 anos. Os judeus dizem que, se a lei não tivesse sido dada por Moisés, Esdras mereceria a honra de ser o legislador dos hebreus. // 2. Um sacerdote que voltou de Babilônia, Ne 12.1. // 3. Um descendente de Judá, 1 Cr 4.17.

ESDRAS, O LIVRO DE: Era, primitivamente, com o livro de Neemias, um só livro no cânon dos judeus. Os quatro livros, **O primeiro das Crônicas, O segundo das Crônicas, Esdras** e **Neemias,** formam uma só narrativa. **Esdras** é uma narração contínua das **Crônicas**, os primeiros dois versículos sendo uma repetição dos últimos dois das Crônicas. Os profetas Ageu e Zacarias profetizaram no tempo de Esdras, cap. 5.1. **A autoria** é de Esdras.

Observe-se como escreve na primeira pessoa, caps. 7 e 9. **A chave**: Restauração, Ed 1.5. Narra-se nos livros dos **Reis** e das **Crônicas** a triste história da corrupção de Israel e da destruição do Templo. Mas em Esdras relata-se como o povo volta para Deus e reedifica o Templo. **As divisões**: I. A volta dos exilados e a reedificação do Templo, Ed 1 a 6. II. O ministério de Esdras, Ed 7 a 10. Os eventos narrados em **Esdras** abrangem um período de 79 anos, durante os reinados, na Pérsia, de Ciro, Cambises, Smerdes, Dario, Histaspis, Xerxes e Artaxerxes.

ESDRAS, LIVROS DE: Ver **Apócrifo.**

ESDRELOM: Este vocábulo grego não aparece nas Escrituras. Em hebraico é Jezreel. A linda e fertilíssima planície de Esdrelom estende-se desde o monte Tabor, perto de Nazaré, até ao monte Carmelo. Ver mapa 2, C-3. Maria e José, com Jesus, atravessaram esta planície, indo de Nazaré a Jerusalém. Esdrelom é conhecido, desde tempos remotos, como campo de batalha das nações. Muito antes de Israel enfrentar os reis de Canaã que, em Esdrelom, tinham carros de ferro (Js 17.16), foi o teatro de inúmeras guerras. Nos tempos dos israelitas, houve a peleja de: Débora e Baraque contra Jabim. rei de Canaã, Jz 4, 5; de Gideão contra os midianitas, Jz 7; de Saul contra os filisteus, 1 Sm caps. 28 a 31; de Elias contra os profetas de Baal, 1 Rs 18.40; de Ben-Hadade, rei da Síria contra Israel, 1 Rs 20; de Josias, rei de Judá, contra Faraó-Neco, 2 Rs 23.29, 30. Esdrelom foi o ponto estratégico da conquista do muçulmano, Saladino, em 1186; de Napoleão, em 1799 e do general Allenby, em 1917. Ver **Armagedom, Jezreel.**

Esmirna

ESEQUE, hb. **Luta:** Um poço que os servos de Isaque cavaram, e que foi causa de contenda entre os pastores de Gerar e os pastores de Isaque, Gn 26.20.

ESER: 1. Um príncipe dos horeus, Gn 36.21. // 2. Um descendente de Judá, 1 Cr 4.4. // 3. Um efraimita morto pelos homens de Gate, 1 Cr 7.21. // 4. Um dos que vieram a Davi, quando fugitivo de Saul, 1 Cr 12.9. // 5. Um dos que trabalharam na reedificação dos muros de Jerusalém, Ne 3.19. // 6. Um dos músicos que participaram da dedicação dos muros de Jerusalém, Ne 12.42.

ESFERA: Extensão de autoridade, de talento, etc. // O limite da **e** de ação que Deus, 2 Co 10.13.

ESFINGE: Monstro fabuloso, com corpo de cão ou de leão, e cabeça humana, que propunha enigmas ao viandante e devorava quem os não adivinhasse. // Estátua desse monstro. // A palavra não se encontra na Bíblia. Ver p. 372.

ESFORÇAR: Empregar esforços, fazer diligência por. // Esforçai-vos por entrar. Lc 13.24. Esforçai-vos por fazer o bem, Rm 12.17. Esforçando-me deste modo por pregar, Rm 15.20. Esforçando-vos diligentemente por preservar a unidade, Ef 4.3. Esforçando-me o mais possível, Cl 1.29. E nos esforçamos sobremodo, 1 Tm 4.10. Ver **Diligenciar.**

ESFORÇO: Ação enérgica do corpo ou do espírito. // O reino dos céus é tomado por **e**, Mt 11.12. Ver **Vigor.**

ESFREGAR: Friccionar. // Nem esfregada com sal, nem envolta em faixas, Ez 16.4.

ESFRIAR: Perder o calor. // O amor se esfriará de quase todos, Mt 24.12.

ESGOTAR: Tirar até a última gota de; vazar completamente. Farei quase esgote o seu manancial, Jr 51.36.

ESLI: Um antecessor de Jesus, Lc 3.25.

ESMAGADO: Calcado, machucado. // Grão **e**, Lv 2.16. Egito, esse bordão de cana **e**, 2 Rs 18.21.

ESMAGAR: Esmigalhar, pisando, machucando, comprimindo. Oprimir, vencer, abater. // Esmaguei-os, e como a lama... os amassei, 2 Sm 22.43. Que fosse do agrado de Deus esmagar-me, Jó 6.9. Esmagarei... os seus adversários, Sl 89.23. Teus filhos e esmagá-los contra a pedra, Sl 137.9. Não esmagará a cana quebrada, Mt 12.20. Ver **Esmiuçar.**

ESMERALDA: Pedra preciosa, de uma bela cor verde. Engastada no peitoral do sumo sacerdote, Êx 28.18. Tiro importava-a da Síria, Ez 27.16. Uma das pedras preciosas do rei de Tiro, Ez 28.13. Um arco-íris semelhante no aspecto de esmeralda, Ap 4.3. O terceiro fundamento da Nova Jerusalém, Ap 21.19.

ESMIRNA, lat. **Mirra:** Uma antiga e fluorescente cidade na costa ocidental da Ásia Menor, à entrada de uma bela baía, sendo agora, como era nos tempos do Novo Testamento, um centro de comércio dos países orientais. Era a sede de uma das sete cidades da Ásia, às quais foram dirigidas as cartas apocalípticas, Ap 1.11; 2.8. Policarpo, um dos seus primeiros bispos, sofreu o martírio pelo fogo, perto do **stadium** no ano 169 a.C. Atualmente,

Esmirna, a cidade principal da Turquia, com população de aproximadamente 630.000, chama-se Izmir. Ver mapa 6, D-2.

ESMIUÇAR: Fazer em partes muito pequenas; reduzir a pó. // O quarto reino... esmiuçará, Dn 2.40. Esmiuçarás a muitos povos, Mq 4.13. Ver **Esmagar.**

ESMOLA: O que se dá por caridade aos necessitados. A palavra não se encontra no Antigo Testamento. A lei, contudo, exigia que o povo abrisse a mão para o necessitado, para o pobre na terra, Dt 15.11. Jesus ordenou que se dessem esmolas, Lc 11.41; 12.33. Não se deve dar esmola com ostentação, Mt 6.2-4. O coxo, na porta do templo, pedia esmola, At 3.2. Cornélio, piedoso e temente a Deus, fazia muitas esmolas ao povo; suas orações e suas esmolas subiram para memória diante de Deus, At 10.2,4. Paulo deixou o exemplo de trabalhar e socorrer aos necessitados, At 20.35; Gl 2.10. Levou esmolas à sua nação, At 24.17. Compare At 11.29,30; Rm 15.25-27; 1 Co 16.1-4. Um dos deveres das viúvas foi o de distribuir esmolas, 1 Tm 5.10.

ESMORECER: Desanimar-se. // Esmorecido, veio do campo Esaú, Gn 25.29. Esmorecem todos os habitantes de Canaã, Êx 15.15. Dentro em mim me esmorece o espírito, Sl 142.3; 143.4. Orar sempre e nunca esmorecer, Lc 18.1. Ver **Desfalecer.**

ESMURRAR: Dar pancadas com a mão fechada. // Esmurro o meu corpo, 1 Co 9.27.

ESPAÇOSO: Amplo, largo. // Firmaste os meus pés em lugar **e**, Sl 31.8. Larga é a porta e **e** o caminho, Mt 7.13. Ver **Largo.**

ESPADA: Arma ofensiva, mais ou menos longa e pontiaguda, que ordinariamente se traz suspensa na esquerda da cintura. Usada tanto para traspassar como para cortar. Levada numa bainha, 1 Sm 17.51. Desembainhá-la era sinal de guerra, Ez 21.3. A espada significa guerra com toda a calamidade que a acompanha, Jr 50. 35-37; Ez 21.28. A espada consome, devora, 2 Sm 18.8; Jr 12.12. A espada se embriaga, está cheia de sangue, Is 34.5,6. A espada oprime, Jr 46.16. A espada executa os juízos de Deus. Jr 47.6; Ez 21.9, 10. A espada é flamejante, Na 3.3. Espada que se revolvia, para guardar o caminho da árvore da vida, Gn 3.24. Senhor... espada que te dá alteza, Dt 33.29. Eis um homem que trazia na mão uma espada nua, Js 5.13. Isso não com a tua **e**, Js 24.12: SI 44.3. E pelo Senhor e por Gideão! Jz 7.20. A **e** de Golias, 1 Sm 17.51; 21.9. As suas palavras... eram **e** desembainhadas, Sl 55.21. **E** afiada, a sua língua, Sl 57.4. Nas suas mãos **e** de dois gumes, Sl 149.6. Converterão suas **e** em relhas, Is 2.4. Minha boca como **e** aguda, Is 49.2. O que é para a **e**, Jr 15.2. Uma **e** afiada, como navalha, Ez 5.1. Fora está a **e**, dentro a peste, Ez 7.15. Forjai **e** das relhas, Jl 3.10. Converterão as suas **e** em relhas, Mq 4.3. Grande turba com **e**, Mt 26.47. Lançam mão da **e**, à **e** perecerão, Mt 26.52. Sacando da **e**, feriu o servo, Mc 14.47. Também uma **e** traspassará a tua própria alma, Lc 2.35. Eis aqui duas **e**, Lc 22.38. Ao fio da **e** a Tiago, At 12.2. Ou nudez, ou perigo, ou **e**, Rm 8.35. Tomai a **e** do Espírito, Ef 6.17. Mais cortante que qualquer **e**, Hb 4.12. Escaparam ao fio da **e**, Hb 11.34. Mortos ao fio da **e**, Hb 11.37. Da boca saia-lhe uma afiada **e**, Ap 1.16; 19.15. Se alguém matar a **e**, que seja morta à **e**, Ap 13.10. A **e** do Senhor: Dt 32.41; 1 Cr 21.12; Sl 17.13; Is 34.5,6; Jr 12.12; Ez 30.24; Sf 2.12; Zc 13.7.

ESPADANA: Planta vivaz da família das irídeas, cujas folhas se assemelham às de uma espada. // Ou cresce a **e** sem água? Jó 8.11 (ARC).

ESPALHAFATOSO: Que dá nas vistas pelo seu exagero. // Apelidarão a Faraó... de **E**, Jr 46.17.

ESPALHAR: Lançar para diferentes partes. // Espalhar-vos-ei por entre as nações. Lv 26.33. Quem comigo não ajunta, espalha, Mt 12.30. Ver **Dispersar.**

ESPANCADOR: Valentão; brigão. // Não dado ao vinho, não **e**, 1 Tm 3.3; Tt 1.7 (ARC).

ESPANCAR: Dar pancadas cm. // Certo egípcio espancava um hebreu, Êx 2.11. Que me espancaste três vezes? Nm 22.28. Passar a espancar os seus companheiros, Mt 24.49. Ver **Esbofetear.**

ESPANHA: Rm 15.24, 28. O país ao sudoeste da Europa, que permanece com o mesmo nome. Não há prova que Paulo realizou seu desejo de visitar a Espanha.

ESPANTAR: Fazer fugir com medo. Causar espanto ou admiração. // Não haverá quem vos espante, Lv 26.6. Não vos espanteis, Dt 1.29; 7.21. Ouvindo... palavras do filisteu, espantaram-se, 1 Sm 17.11. Os homens se meterão... quando ele se levantar para espantar a terra, Is 2.19. Não te espantes diante deles, Jr 1.17. Espantai-vos disto, ó céus, e horrorizai-vos! Jr 2.12. Nabucodonosor se espantou... não lançamos... ? Dn 3.24. Espantava-me com a visão, Dn 8.27. Não haverá quem os espante, Mq 4.4; Sf 3.13. Ver **Assombrar.**

ESPANTO: Susto, terror, medo excessivo. Admiração. Surpresa. // Sobre eles cai **e** e pavor, Êx 15.16. Houve grande e no arraial... e em todo o povo, 1 Sm 14.15. Seja ele o vosso **e**, Is 8.13. O **e** se apoderou de mim, Jr 8.21. Babilônia objeto de **e**, Jr 50.23. Samaria é copo de **e** e de desolação, Ez 23.33. Admirei-me com grande **e**, Ap 17.6. Ver **Assombro, Terror.**

ESPANTOSO: Que causa espanto; assombroso; maravilhoso. // Cousa **e** e horrenda se anda, Jr 5.30.

ESPARGIR: Espalhar em gotas, em borrifos. // Esparge a geada como cinza. Sl 147.16 (ARC). Ver **Aspergir.**

ESPAVORIDO: Cheio de pavor. Aterrado. // Os estrangeiros... saíram **e**, 2 Sm 22.46.

ESPECIAL: Peculiar, particular. // Um povo seu **e,** Tt 2.14 (ARC). **Exclusivamente seu,** na Edição Revista.

ESPECIARIA: Qualquer droga aromática com que se adubam iguarias. // Camelos carregados de **e**, 2 Cr 9.1.

ESPÉCIE: Sorte, qualidade. // Não semearás a tua vinha com duas **e**, Dt 22.9.

ESPECULAR: Fazer teoria pura; raciocinar. // E especularíeis com o vosso amigo? Jó 6.27.

ESPEDAÇAR: O mesmo que despedaçar. // Temendo... que fosse Paulo espedaçado, At 23.10.

ESPELHO: Superfície polida e especialmente vidro polido e estanhado, que reflete a imagem dos objetos. Os espelhos metálicos foram preferidos até ao século XIX, porque não se sabia ainda depor, com perfeição, uma camada brilhante sobre a face do espelho de vidro. // Dos **e** das mulheres, Êx 38.8. Como **e** fundido, Jó 37.18. Os **e**, as camisas finíssimas. Is 3.23. Vemos como em **e**, 1 Co 13.12. Como por **e**, a glória do Senhor, 2 Co 3.18. Contempla num **e** o seu rosto, Tg 1.23.

ESPELTA: Espécie de trigo de inferior qualidade, de grãos fortemente aderentes ao invólucro. Acomoda-se às terras magras e às regiões de invernos rigorosos, Êx 9.32 (B); Is 28.25.

ESPERANÇA: Expectação de um bem, que se deseja. // Tu és a minha **e**, Sl 39.7. Não permitas que a minha **e** me envergonhe, Sl 119.116. A **e** que se adia faz adoecer o coração, Pv 13.12. O justo, ainda morrendo, tem **e**, Pv 14.32. Maior **e** há no insensato, Pv 26.12; 29.20. Bendito o homem... cuja **e** é o Senhor, Jr 17.7. A minha... carne repousará em **e,** At 2.26. É pela **e** de Israel que estou. At 28.20. Na **e** fomos salvos, Rm 8.24. **E** que se vê não é **e**, Rm 8.24. Regozijai-vos na **e**, Rm 12.12. Permanecem a fé a **e**, 1 Co 13.13. Se a nossa **e** em Cristo se limita apenas a esta vida. 1 Co 15.19. Saberdes qual é a **e** do seu chamamento, Ef 1.18. Não tendo **e** e sem Deus, Ef 2.12. Cristo em vós, a **e** da glória, Cl 1.27. Como os demais que não têm **e**, 1 Ts 4.13. Como capacete, a **e** da salvação, 1 Ts 5.8. Nos deu eterna consolação e boa **e** 2 Ts 2.16. A nossa **e** no Deus vivo, l Tm 4.10. Herdeiros, segundo a **e**, Tt 3.7. Da **e**... qual temos como âncora, Hb 6.18. Guardamos firmes a confissão da **e**, Hb 10.23. Nos regenerou para uma viva **e**, 1 Pe 1.3. Preparados para responder... razão da **e**, 1 Pe 3.15. Purifica, que nele tem esta e, 1 Jó 3.3. // **Uma boa esperança:** Sl 16.9; 22.9; 31.24; At 24.15; 28.20; Rm 15.13. // **A esperança do ímpio perecerá,** Jó 8.13; 11.20; 27.8. // **A consolação da esperança:** Jó 11.18; Sl 146.5; Pv 10.28; 14.32; Jr 17.7; At 24.15; Rm 12.12; 15.4; 1 Co 13.13; Ef 1.18; 4.4; Cl 1.5; Hb 3.6. // **Dada por Deus:** Gl 5.5; 2 Ts 2.16; Tt 1.2; 1 Pe 1.3.

ESPERAR: Ter esperança em; contar com. // Vós todos que esperais no Senhor. Sl 31.24. Espera em Deus, Sl 42.5; 43.5. Quanto a mim, esperarei sempre, Sl 71.14. Se esperarmos o que não vemos, Rm 8.25. A fé é a certeza de coisas que se esperam, Hb 11.1. Esperai inteiramente na graça, 1 Pe 1.13. Esperamos novos céus. 2 Pe 3.13. Ver **Aguardar.**

ESPESSO: Cerrado, denso, grosso. // Houve trevas e sobre toda a terra. Êx 10.22. O Senhor... habitaria em trevas **e**, 1 Rs 8.12.

ESPETÁCULO: Tudo quanto atrai a atenção. // E te porei por **e**, Na 3.6. Tornamos **e** ao mundo. 1 Co 4.9. Lembrai-vos... expostos como **e**, Hb 10.33. De tal modo era horrível o **e**, que Moisés, Hb 12.21.

ESPEVITADEIRA: Êx 25.38. Tesoura para aparar o morrão de candeeiro.

ESPEZINHAR: Calcar com os pés. humilhar. // São espezinhados às portas, Jó 5.4. Espezinhe no chão a minha vida. Sl 7.5.

ESPIA: Pessoa que observa ou espreita as ações de alguém. // Enviou Josué... como **e**, Js 2.1. Os **e**, e tiraram Raabe. Js 6.23. Pela fé... acolheu com paz aos **e**, Hb 11.31.

ESPIÃO: Agente secreto que se mistura ao inimigo para espiá-lo. // José... disse: Vós sois **e,** Gn 42.9.

ESPIAR: Observar secretamente. // Envia homens que espiem a terra de Canaã, Nm 13.2. Espiaram a Ai, Js 7.2. A espiar Betel, Jz 1.23. Espiar... a região montanhosa de Efraim, Jz 18.2. Para reconhecerem a cidade, espia, 2 Sm 10.3. Entraram a espiar a nossa liberdade, Gl 2.4 (ARC).

ESPIGA: Parte das gramíneas que contém os grãos. // De uma só haste saíam sete espigas, Gn 41.5. Com a mão arrancarás as espigas. Dt 23.25. Deixa-me rebuscar espigas, Rt 2.7. Com fome... colher espigas, Mt 12.1.

ESPINHAL: Lugar onde crescem espinheiros. // Pior do que o **e,** Mq 7.4 (ARC).

ESPINHEIRO: Planta espinhosa. // Jz 9.14; Is 5.6; 55.13; Lc 6.44. Ver **Espinho.**

ESPINHO: Excrescência dura e aguda que nasce do lenho de certos vegetais. Há, conforme o prof. Post, que fez um estudo esmerado, durante muitos anos, da flora da Palestina, mais que 200 espécies e 50 gêneros de plantas desse país que têm espinhos. Há cerca de 20 palavras na Bíblia hebraica que indicam arbustos espinhosos. Essas palavras são traduzidas, às vezes **espinhos,** outras vezes **abrolhos,** outras vezes **cardos,** e ainda outras vezes **urtigas.** É impossível identificar, com certeza, as espécies mencionadas na Bíblia com as espécies atuais. **Cardos e abrolhos** foram uma parte da maldição de Adão, Gn 3.18. Empregavam-se espinhos e abrolhos como meio de castigo terrível, Jz 8.7-16. Os espinhos sufocavam a lavoura: Pv 24.31; Is 5.6; 7.19-25; 32. 13: 34.13: Jr 12.13; Mt 7.16; 13.22. Contudo espinhos e abrolhos foram de grande valor, a **sanguissorba espinhosa**, que crescia abundantemente nos montes escalvados de toda a Palestina, servia de pasto para camelos e caprinos. Usavam esses espinhos como combustível: Êx 22.6; Sl 58.9; 118.12; Ec 7.6; Is 9.18; 10.17; 27.4; 33.12. Plantavam-se espinhos para cercar campos, Pv 15.19; 22.5; Os 2.6. Espinhos foram símbolos de tormento: Nm 33.55; Js 23.13; Ez 2.6. Os que tomaram parte nas cruzadas achavam que a coroa de Cristo (Mt 27.29) foi tecida de espinhos da **spina-christi**, muito comum na Palestina. Outros pensam que foi da **calycotome villosa** ou da **rhamnus punctata**.

ESPIRITISMO: Doutrina dos que supõem estar ou poder estar em comunicação com os espíritos dos mortos. Ver **Adivinhação - 5. Necromancia.**

ESPÍRITO: Substância incorpórea. Alma. Ente imaginário. Aptidão para. Tendência, disposição. // Nele ouve outro **e**, Nm 14.24. Domina o seu **e**, Pv 16.32. O sereno de **e**, Pv 17.27. O **e**... está pronto. Mt 26.41. **E** imundo, Lc 4.36; 6.18; 9.42; 11. 24; At 8.7. Acreditavam estarem vendo um **e**, Lc 24.37. Em **e** e em verdade, Jo 4.23. Deus é **e**, Jo 4.24. Recebe o meu **e**, At 7.59. Saduceus declaram... nem **e**, At 23.8. Servimos em novidade de **e**, Rm 7.4. Mas presente no **e**, 1 Co 5.3. O **e** seja salvo, 1 Co 5.5. Discernimento de **e**, 1 Co 12.10. O **e** vivifica. 2 Co 3.6. Aceitais **e** diferente. 2 Co 11.4. **E** que agora atua, Ef 2.2. Vosso **e**... sejam conservados, 1 Ts 5.23. O corpo sem o **e** é morto. Tg 2.26. Aos **e** em prisão, 1 Pe 3.19. Crédito a qualquer **e**, 1 Jo 4.1. Provai os **e**, 1 Jo 4.1. O **e** da verdade. 1 Jo 4.6. Os sete **e**, Ap 4.5; 5.6; 16.13.

ESPÍRITO SANTO: A terceira Pessoa da Trindade. // Pôs nele o seu Espírito Santo, Is 63.11. Batizando-os em nome do Pai e do Filho e do Espírito Santo, Mt 28.19. Aquele que blasfemar contra o Espírito Santo, Mc 3.29. Quanto mais o Pai celestial dará o Espírito Santo, Lc 11.13. Sereis batizados com o Espírito Santo, At 1.5. Recebiam estes o Espírito Santo, At 8.17. Vós sempre resististis ao Espírito Santo, At 7.51. Em um só Espírito fomos batizados, 1 Co 12.13. Não apagueis o Espírito, 1 Ts 5.19. Outros nomes do Espírito Santo: Bom Espírito, Ne 9.20; Sl 143.10. Consolador, Jo 14.16; 16.7. O Espírito. Ef 5.18. O Santo, 1 Jo 2.20. Paráclito, Jo 14.16 (B); 16.7 (B). O Espírito de: adoção, Rm 8.15; amor, 2 Tm 1.7; conhecimento, Is 11.2; conselho. Is 11.2; Cristo, Rm 8.9: 1 Pe 1.11; Deus, Gn 1.2: Êx 31.3: Nm 24.2; 1 Sm 10.10; 2 Cr 15.1: Mt 3.16; 12.18; Rm 8.9; 1 Jo 4.2; entendimento, Is 11.2; fortaleza. Is 11.2; glória, 1 Pe 4.14: graça. Zc 12.10; Hb 10.29; justiça. Is 4.4; poder, 2 Tm 1.7; promessa. Ef 1.13; purificador. Is 4.4; sabedoria. Is 11.2; santidade, Rm 1.4; Senhor, Is 11.2; Lc 4.18; temor do Senhor, Is 11.2; verdade, Jo 14.17; 15.13; 1 Jo 4.6. Meu Espírito, Gn 6.3; Pv 1 23; Is 30.1; Ez 36.27; Zc 4.6. **Símbolos do Espírito Santo:** Água, purificadora, Ez 16.9; 36.25; Ef 5.26; Hb 10.22; de graça, Is 55.1; Ap 22.17; viva, Jo 4.11-14; Ap 22.17; fonte perene, Is 58.11; refrescante, Is 41.17; 44.3, 4; renovadora. Jo 3.5. Assopro (ou vento), Ez 37.5, 9, 10; Jo 20.22. Chuva (ou orvalho), refrescante, Sl 72.6; copiosa, Sl 68.9; serôdia, Os 6.3; de bênçãos, Ez 34.26; Ml 3.10; de justiça, Os 10.12. Fogo, iluminando, Êx 13.21; Sl 78.14; refinando, Ml 3.2, 3; purificando, Mt 3.11; línguas de, At 2.3, 6-11. Guia. Jo 16.13. Óleo, Êx 29.7; Ts 61.1, 3; Ez 16.9; 2 Co 1.21; 1 Jo 2.20. 27; Ap 3.18. Orvalho (ou chuva) Sl 133.3; Is 18.4; Os 14.5, (ver Pv 19.12); penhor, 2 Co 1.22; 5.5; Ef 1.14. Pomba, Mt 3.16; Jo 1.32; (Ver Mt 10.16; Gl 5.22; Tg 3.17). Rio, Sl 1.3; 46.4; Is 41.18; Jo 7.38. 39; Selo. Jo 6.27; 2 Co 1.22; Ef 1.13, 14; 4.30; Ap 7.2. Vento (ou sopro), misterioso, Jo 5.3; poderoso, At 2.2; refrescante, Ct 4.16; revivificante, Ez 37.9; soberano. Jo 20.22: forte, 1 Rs 19.11; opera como Deus apraz, 1 Co 12.11; Hb 2.4. Voz do Senhor, Is 6.8; a Palavra. Is 30.21; anunciando Cristo, Mt 10.20; Mc 1.11; 9.7; Lc 3.22; inspirando o salmista, Hb 3.7; 11.15. **Ofício e Obra do Espírito Santo:** Autor da vida, Jo 3.5-8. Abre-nos os céus, Mt 3.16. Consolador, Jo 14.16, 17; Rm 8.26. Convence, Jo 16.8; 1 Co 6.19; 1 Jo 2.1, 27. Dá acesso ao Pai. Ef 2.18. Dá fruto, Gl 5 .22. 23. Dá ousadia em testificar, At 4.31. Dá vida aos nossos corpos, Rm 8.11. Derrama o amor de Deus em nossos corações. Rm 5.5. Ensina, Jo 14.26; 1 Co 2.13. Flui de nosso coração. Jo 7.38, 39. Expulsa demônios. Mt 12.28. Guia. Lc 4.1; At 8.29; 16.7; Inspira, 2 Tm 3.16. Intercede. Rm 8.26, 27. Habita em nós, Jo 14.17; 1 Co 3.16; 6.19; 14.25. Justifica, 1 Co 6.11. Perscruta, 1 Co 2.10. Prediz, 1 Tm 4.1. Revela, Ef 3.5. Santifica. 2 Ts 2.13; 1 Pe 1.2. Testifica, Jo 15.26;

Rm 8.16. **A Pessoa do Espírito Santo e seus Atributos: Criador,** Gn 1.2. Dá justiça, paz e alegria, Rm 14.17. Entristece-se, Is 63.10; Ef 4.30. Habita conosco, Jo 14.17. Mantém comunhão com o povo de Deus, 2 Co 13.13. Opera milagres, 1 Co 12.9-11. Onipotente, Lc 1.35; Rm 8.11; 15.19. Onipresente, Sl 139.7. Onisciente, 1 Co 2.10,11. // **A vinda do Espírito Santo:** Enviado pelo Pai, Jo 14.16,17,26. Pela intercessão de Cristo, Jo 14.16; 14.26; 15.26; At 2.33. Para ensinar todas as coisas, Jo 14.26. Para dar testemunho de Cristo, Jo 14.26; 15.27. Conhecido pelo povo de Deus, Jo 14.17. // **Casos ilustrativos da sua vinda:** Bezalel, Êx 31.3. Moisés e os setenta anciãos, Nm 11.25. Josué, Dt 34.9. Otniel, Jz 3.9,10. Gideão, Jz 6.34. Jefté, Jz 11.29. Sansão, Jz 14.6,19; 15.14;16.28. Davi, 1 Sm 16.13; Sl 51.12,13. Elias e Eliseu, 2 Rs 2.15. Ezequiel, Ez 2.2. Miquéias, Mq 3.8. Jesus, Mt 3.16; At 10.38. João Batista, Lc 1.15. Maria, Lc 1.35. Isabel, Lc 1.41. Zacarias, Lc 1.67. Simeão, Lc 2.25. Paulo, Rm 15.19; 1 Co 2.4.

ESPIRITUAL: Incorpóreo; que é da natureza, do espírito. Dotado dos atributos de espírito. // Algum dom **e**, Rm 1.11. A lei é **e**, Rm 7.14. Participantes dos valores **e** dos judeus. Rm 15.27. Conferindo coisas **e** com **e**, 1 Co 2.13. O homem **e** julga todas as coisas, 1 Co 2.15. Não vos pude falar como a **e**, 1 Co 3.1. Semeamos as coisas **e** 1 Co 9.11. Um só manjar **e**, 1 Co 10.3. Dons **e**, 1 Co 12.1; 14.1,12. Se alguém se considera... **e**, 1 Co 14.37. Ressuscita corpo **e**, 1 Co 15.44. Não é primeiro o **e**... depois o **e**, 1 Co 15.46. Sois e, corrige-o, Gl 6.1. Que nos tem abençoado com toda sorte de bênção **e**, Ef 1.3. Cânticos **e**, Ef 5.19; Cl 3.16. Contra as forças **e** do mal. Ef 6.12. Em toda a sabedoria e entendimento **e**, Cl 1.9. O genuíno leite **e**, 1 Pe 2.2. Sois edificados casa **e**, l Pe 2.5. Sacrifícios **e,** 1 Pe 2.5.

ESPIRITUALMENTE: De modo espiritual. // Elas se discernem **e**, 1 Co 2.14. Cidade que se chama, **e**, Sodoma. Ap 11.8.

ESPIRRAR: Dar saída violenta e estrepitosa do ar pela boca e pelo nariz. // Espirrou sete vezes, e abriu os olhos, 2 Rs 4.35.

ESPIRRO: Expiração violenta e estrepitosa. // Cada um de seus **e** faz resplandecer luz, Jó 41.18.

ESPLENDIDAMENTE: Luxuosamente. // Todos os dias se regalava **e**, Lc 16.19.

ESPLÊNDIDO: Magnificente. suntuoso. // Extinguiu tudo o que é delicado e **e**, Ap 18.14.

ESPLENDOR: Brilho intenso, fama gloriosa. // De **e** e majestade o sobrevestiste, Sl 21.5.

ESPOLIAÇÃO: Ato de privar de alguma coisa por fraude ou violência. // Permitistes a **e** dos vossos bens, Hb 10.34 (ARC).

ESPÓLIO: O Ato de desapossar com violência ou fraude. // Com alegria o **e** dos vossos bens, Hb 10.34.

ESPONJA: Mt 27.48. Gênero de animais aquáticos. Substância porosa e leve, que constitui o esqueleto desses animais. As pescarias de esponjas do Mediterrâneo continuam as mais importantes do mundo. As esponjas são espalhadas para morrer e apodrecer; depois são levadas até restarem apenas os esqueletos.

ESPONTANEAMENTE: Voluntariamente. // Pastoreai... não por constrangidos, mas **e,** 1 Pe 5.2. Ver **Voluntariamente.**

ESPONTÂNEO: De livre vontade. // A **e** oferenda dos meus lábios Sl 119.108. Ver **Voluntário.**

ESPOSA: A mulher casada em relação ao marido. // **E**... como a videira frutífera, Sl 128.3. O que acha uma **e** acha o bem, Pv 18.22. Um gotejar contínuo as contendas da **e**, Pv 19.13. Do Senhor, a **e** prudente, Pv 19.14. Cada um tenha a sua própria **e**, 1 Co 7.2. Acompanhar de **e** crente, 1 Co 9.5. A **e** respeite a seu marido, Ef 5.33. **E**, sede submissas, Cl 3.18. Saiba conseguir **e**, 1 Ts 4.4. **E** de um só marido, 1 Tm 5.9. Cuja **e** a si mesma já se ataviou, Ap 19.7. Mostrar-te-ei a noiva a **e** do Cordeiro, Ap 21.9. // **Leis sobre esposas:** Êx 21.3, 22; 22.16; Nm 5.12; Mt 19.3. // **Boas esposas:** Pv 12.4; 18.22; 31.10. // **Deveres para com seus maridos:** Gn 3.16; Rm 7.2; 1 Co 7.3; Ef 5.22, 33; Tt 2.4; 1 Pe 3.1. Ver **Mulher.**

ESPOSAR: Tomar por esposo ou esposa. // Como o jovem esposa a donzela, assim teus filhos te esposarão a ti, Is 62.5. Ver **Desposar.**

ESPOSO: Marido. // Tu és para mim **e** sanguinário, Êx 4.25. Apresentar como virgem pura a um só **e**, que é Cristo, 2 Co 11.2. O bispo... **e** de uma só mulher, 1 Tm 3.2. Como noiva adornada para o seu **e,** Ap 21.2. Ver **Marido.**

ESPREGUIÇAR: Tirar a preguiça a. // Espreguiçais sobre os vossos leitos, Am 6.4.

ESPREITADOR: O que espreita. // Ó **E** dos homens? Jó 7.20.

ESPREITAR: Observar ocultamente (os atos de alguém, os movimentos de um animal, etc.) // Espreitam o desamparado, Sl 10.8. O leãozinho que espreita de emboscada, Sl 17.12. Ensinai-me... por causa dos que me espreitam, Sl 27.11. O perverso espreita ao justo, Sl 37.32, Espreitemos... o inocente, Pv 1.11. As suas próprias vidas espreitam. Pv 1.18. Como salteador, se põe a espreitar, Pv 23.28. Todos espreitam para derramarem sangue, Mq 7.2. Espreitar a nossa liberdade, Gl 2.4.

ESPREMER: Apertar para extrair o suco, ou líquido. // Do orvalho dela espremeu uma taça, Jz 6.38.

ESPUMAR: Fazer espuma; deitar espuma, Mc 9.18. Ondas do mar que espumam, Jd 13.

ESQUADRÃO: Seção dum regimento de cavalaria. // Contigo passo pelo meio dum **e**, 2 Sm 22.30 (ARC). Ajunta-te em **e**, ó filha de **e**, Mq 5.1 (ARC).

ESQUADRINHAÇÃO: Ato de esquadrinhar. // Não há **e** do seu entendimento, Is 40.28 (ARC).

ESQUADRINHAR: Examinar atenta e miudamente. // O Senhor esquadrinha todos os corações, 1 Cr 28.9. Esquadrinhas o meu andar, Sl 139.3. Senhor... esquadrinha todo o mais íntimo, Pv 20.27. Não se pode esquadrinhar o seu entendimento, Is 40.28. Esquadrinho o coração, Jr 17.10. Muitos o esquadrinharão, Dn 12.4. Esquadrinhei a Jerusalém, Sf 1.12. Ver **Estudar, Examinar, Provar, Sondar.**

ESQUECER: Perder a lembrança de. Não fazer caso de. // O copeiro-chefe... de José se esqueceu, Gn 40.23. Guarda-te, para que não esqueças o Senhor, Dt 6.12. Os perversos serão lançados no inferno, e todas as nações que se esquecem de Deus, Sl 9.17. Vós que vos esqueceis de Deus, Sl 50.22. Não te esqueças de nem um só de seus benefícios, Sl 103.2. Esqueceram-se de Deus, seu Salvador, Sl 106.21. Nunca me esquecerei dos teus preceitos, Sl 119.93. Se eu de ti me esquecer, ó Jerusalém, Sl 137.5. Filho meu, não te esqueças dos meus ensinos, Pv 3.1. Uma mulher esquecer-se do filho que ainda mama, Is 49.15. Que te esqueces do Senhor que te criou, que estendeu os céus, Is 51.13. Esquecendo-me das coisas que para trás ficam, Fp 3.13. Deus não é injusto para ficar esquecido do vosso trabalho, Hb 6.10. Estais esquecidos da exortação, Hb 12.5. Logo se esquece de como era a sua aparência, Tg 1.24. Esquecido da purificação dos seus pecados, 2 Pe 1.9. Deliberadamente esquecem que, de longo tempo, 2 Pe 3.5.

ESQUECIMENTO: Falta de memória, de lembrança. // A tua justiça na terra do **e**, Sl 88.12. Pardais... nenhum deles está em **e**, Lc 12.6.

ESQUENTAR: Causar calor a; enfurecer. // Até que o vinho os esquenta, Is 5.11.

ESQUERDA: O lado esquerdo de pessoa ou coisa. Se fores para a **e**, irei para a direita. Gn 13.9. Ou para a direita, ou para a **e**, Gn 24.49. Muro à sua direita e à sua **e**, Êx 14.22. Um a tua direita, e o outro à tua **e**, Mt 20.21. Ovelhas à sua direita, mas os cabritos à **e**, Mt 25.33. Armas da justiça, à direita e a **e**, 2 Co 6.7 (ARC). **À esquerda** em Gn 14.15; Js 19.27; Ez 16.46, At 21.3, quer dizer ao norte. Ver **Direita.**

ESQUIFE, FÉRETRO: Caixão funerário. // Davi ia seguindo o féretro de Abner, 2 Sm 3.31. Jesus tocou o esquife do filho da viúva de Naim. Lc 7.14. Ver **Caixão.**

ESQUINA: Canto exterior. // Pedra de **e**, Jó 38.6; Is 28.16; At 4.11; 1 Pe 2.6, 7 (ARC).

ESQUIVAR: Evitar, fugir de (pessoa ou coisa que nos ameaça ou desagrada). // Ocultamente, e te esquivaste de mim, Gn 31.27 (ARC).

ESROM: A forma grega de Hezrom, Mt 1.3; Lc 3.33.

ESSENCIAL: Absolutamente necessário, indispensável. // Não... encargo além destas coisas **e**, At 15.28. O **e** das coisas que temos dito, Hb 8.1.

ESSÊNIOS: Não mencionados nas Escrituras. Contudo, os fariseus, os saduceus e os essênios eram as três seitas principais entre os judeus. Suas doutrinas tinham grande analogia com as dos primeiros cristãos.

ESTABELECER: Tornar estável, firme; instituir. // Estabeleço a minha aliança, Gn 9.9. A casa de Davi... será estabelecida, 2 Sm 7.26. Monte da casa do Senhor será estabelecido, Is 2.2. Desconhecendo a justiça... procurando estabelecer a sua, Rm 10.3. Para estabelecer o segundo Hb 10.9.

ESTABELECIMENTO: Ato ou efeito de estabelecer. // Quanto... ao **e** da casa de Deus, 2 Cr 24.27 (ARC).

ESTABILIDADE: Firmeza, segurança. Para dar-nos **e** no seu santo lugar, Ed 9.8.

ESTACA: Pau aguçado que se crava na terra. // E lhe cravou a **e** na... terra, Jz 4.21. Fincá-lo-ei como **e** em lugar firme, Is 22.23. Jerusalém... cujas e nunca serão arrancadas, Is 33.20. Firma bem as tuas **e**, Is 54.2.

ESTAÇÃO: Cada uma das quatro partes do ano: primavera, verão, outono, inverno. Época de certa cultura ou colheita. // Haja luzeiros... para **e**, para dias e noites, Gn 1.14. Não deixará de haver, Gn 8.22. (Ver Dt 11.14). Dando-vos... **e** frutíferas, At 14.17. Ver **Inverno, Verão.**

ESTADO: Modo de ser ou estar. // A mim me fez tornar ao meu **e**, Gn 41.13 (ARC). O teu primeiro **e**, Jó 8.7. Abençoou o Senhor o último **e** de Jó, Jó 42.12. O último **e** daquele homem, Lc 11.26. O seu último **e** pior que o primeiro, 2 Pe 2.20.

ESTALAGEM: Pousada, albergaria. // Gn 42.27; Jr 9.2. Ver **Hospedaria.**

ESTAMPIDO: Grande estrondo. // Com grande **e** sobre os filisteus, 1 Sm 7.10.

ESTANCAR: Pôr fim a. // Logo lhe estancou a hemorragia, Mc 5.29.

ESTANDARTE: Insígnia ou bandeira distintiva de uma corporação ou comunidade religiosa. // Os filhos de Israel se acamparão... junto ao seu **e**, Nm 1.52. O seu **e** sobre mim é o amor, Ct 2.4. Ele arvorará o **e** para as nações, Is 5.26. À raiz de Jessé... **e** dos povos, Is 11.10. Levantará um **e** para as nações, Is 11.12. Alçai um **e** sobre o monte escalvado, Is 13.2. Ver **Bandeira, Pendão.**

ESTANHO: Metal branco, muito brilhante, dúctil e maleável, mas pouco tenaz. É mais duro que o chumbo e o mais fusível entre os metais. Um dos metais do despojo tirado dos midianitas, Nm 31.22. Conhecido, também, entre os hebreus que o ligavam com outros metais, Ez 22.18, 20. Ligavam, especialmente, estanho com cobre para fazer bronze. Estanho vinha de Társis, Ez 27.12.

ESTÁDIO: 1. Medida de 177.6 metros. Emaús, distante de Jerusalém sessenta **e**, Lc 24.13. Ver **Medidas de comprimento.** // 2. Campo de jogos desportivos, que comporta grande número de espectadores. Os que correm no **e**, 1 Co 9.24.

ESTAOL, hb. **Petição:** Uma cidade de Judá. Js 15.33. Perto do lugar onde o Espírito do Senhor passou a incitar Sansão, e onde foi sepultado. Jz 13.25; 16.31. Ver mapa 5, B-1.

ESTÁQUIS, gr. **Espiga**: Cristão residente em Roma, Rm 16.9.

ESTAR: Ser num dado momento. // Pensa estar em pé. 1 Co 10.12. O juiz está às portas, Tg 5.9. Eis que estou à porta, Ap 3.20.

ESTATELAR: Atirar ao chão; tornar atônito, imóvel. // Estatelai-vos, e ficai estatelados, Is 29.9.

ESTÁTER: Mt 17.27. Moeda que pesava cerca de 15 gramas. Ver **Dinheiro**.

ESTÁTUA: Figura inteira, em pleno relevo, representando um homem, uma mulher, uma divindade, um animal. // Converteu-se numa estátua de sal, Gn 19.26. Uma grande estátua, Dn 2.31. Ver **Coluna.**

ESTATURA: Altura ou grandeza de um ser animado. // Homens de grande **e**, Nm 13.32; Is 45.14. Um homem de grande **e**, 1 Cr 20.6. Acrescentar um côvado à sua **e**, Mt 6.27 (ARC). Crescia Jesus em sabedoria, **e**, Lc 2.52. Ver 1 Sm 2.26. A medida da **e** da plenitude de Cristo, Ef 4.13.

ESTATUTO: Regulamento, decreto, que determina a regra do que se deve fazer. // Celebrareis por **e** perpétuo, Êx 12.14. Desde... vos desviastes dos meus **e**, Ml 3.7.

ESTÁVEL: Firme, sólido. **E** são eles para todo o sempre. Sl 111.8. Ver **Firme.**

ESTE: Pronome e adjetivo que designa o indivíduo ou objeto próximo a pessoa que fala. // Outro Deus que possa livrar como **e**, Dn 3.29. **E** também estava com Jesus, Mt 26.71.

ESTÉFANAS, gr. **Coroado**: Um crente em Corinto. Um dos poucos que Paulo batizou em Corinto, 1 Co 1.16. Sua casa era a primeira ganha para Cristo na Acaia, 1 Co 16.15. Junto com Fortunato ministraram a Paulo e estavam com ele quando ele escreveu a Primeira Epístola aos Coríntios, 1 Co 16.17,18.

ESTEIO: Amparo, proteção. // O Senhor se fez o meu **e**, 2 Sm 22.19 (ARC).

ESTEMOA, hb. **Obediência**: Uma cidade dos levitas, a doze km ao sul de Hebrom, Js 15.50; 1 Sm 30.28. Ver mapa 2. C-6; mapa 5, B-2.

ESTENDER: Desdobrar, desenrolar; estirar. // Estende a tua mão, Mt 12.13. Estendeu as suas vestes pelo caminho, Mt 21.8.

ESTER, hb. **Estrela**: Seu nome persa, Hadassa (Et 2.7), quer dizer, **Murta**. Uma jovem judaica bela, de boa aparência e formosura, órfã, prima de Mardoqueu que a criou, Et 2.7. Escolhida como rainha, em vez da rainha Vasti, Et 2.17. Salva seu povo de extermínio total, evento comemorado anualmente, pelos judeus, na festa de purim. Et 4.14; 9.23-28.

ESTER, O LIVRO DE: Um dos cinco livros, escritos em cinco rolos e lidos solene e anualmente nas sinagogas, na festa de purim. Os outros quatro são: Rute, Eclesiastes, Cantares e Lamentações. A autoria: Não se sabe quem o escreveu mas devia ter sido uma pessoa na Pérsia que conhecia intimamente os eventos narrados. A história deste livro focaliza a origem da grande festa nacional de purim, observada anualmente até hoje. A chave: Providência, Et 4.14. Isto é, a sabedoria suprema, com que Deus cuida de seu povo. Uma peculiaridade que distingue o livro de **Ester** de qualquer outro livro da Bíblia é a ausência do nome de Deus. Isto é, provavelmente, porque foi transcrito de narrativa persa. Mas não existe história em que o nome de Deus seja mais evidente. Somente um remanescente do povo de Deus voltara a Jerusalém. A grande maioria preferia os confortos e a vida lucrativa dos persas. Mas Deus não tinha abandonado Seu povo. E sua providência de então não era mais certa do que é para nós hoje. **As divisões:** I. A festa real e Vasti divorciada. Et 1. II. Ester elevada ao trono da Pérsia. Et 2. III. Hamã conspira contra todos os judeus. Et 3. IV. Ester consegue o livramento de seu povo, Et 4 a 7. V. A vingança, Et 8.1 a 9.15. VI. A festa de purim. Et 9.16-32. VII. Mordecai exaltado, Et 10.

ESTERCAR: Estrumar. // Até que eu a escave e a esterque, Lc 13.8 (ARC).

ESTERCO: Excrementos de animais. // Dei-te **e** de vacas, em lugar de **e** humano, Ez 4.15. E as considero como **e**, Fp 3.8 (ARC).

ESTÉRIL: Que não dá fruto. Que não produz filhos. // Mulheres **e**: Sarai, Gn 11.30; Rebeca, Gn 25.21; Raquel, Gn 29.31; mulher de Manoá, Jz 13.2; Isabel, Lc 1.7. // Na tua terra não haverá mulher **e**, Êx 23.26. Não haverá entre ti nem homem nem mulher **e**, Dt 7.14. Até o **e** tem sete filhos, 1 Sm 2.5.

A terra é **e**, 2 Rs 2.19. Faz que a mulher **e**, viva em família, Sl 113.9. A madre **e** nunca diz basta, Pv 30.16. Canta alegremente, ó **e**, Is 54.1. Bem-aventuradas as **e**, Lc 23.29. Alegra-te, ó **e**, Gl 4.27. Nem infrutuosos no pleno conhecimento, 2 Pe 1.8.

ESTERROAR: Desfazer os torrões a. // Todo dia sulca a sua terra e a esterroa? Is 28.24.

ESTÊVÃO; gr. **Coroa**: O primeiro mártir cristão, At 6.5 a 7.59. Cheio de fé, do Espírito Santo, de graça e poder, fazia prodígios e grandes sinais, At 6.5. 8. Um dos sete diáconos, At 6.3-5. Sua defesa perante o sinédrio, At 7.2-53. Sua morte, At 7.54-60. A perseguição então principiada trouxe notáveis resultados para a Igreja, At 8.1,4; 11.19; 22.20.

ESTILO: Feição peculiar de um gênero, de uma época. // Escreve nele em **e** de homem, Is 8.1 (ARC).

ESTIMA: Apreço; afeição: avaliação. // Em **e** diante de minha mãe. Pv 4.3 (ARC). Aos que estavam em **e**, Gl 2.2 (ARC). Que os tenhais em grande **e** e amor, 1 Ts 5.13 (ARC).

ESTIMADO: Apreciado, querido. // Um homem de Deus, e é muito **e**, 1 Sm 9.6.

ESTIMAR: Calcular o valor de; ter estima, afeto, amizade, amor a. // Que é o homem... para o que estimes? Sl 144.3. Estima-a, e ela te exaltará, Pv 4.8. Preço em que foi estimado aquele, Mt 27.9. Ver **Avaliar, Calcular.**

ESTIMULAR: Excitar, incitar, pungir. // O vosso zelo tem estimulado a muitíssimos, 2 Co 9.2. Irmãos, estimulados no Senhor por minhas algemas, Fp 1.14. Para nos estimularmos ao amor **e** às boas obras, Hb 10.24. Ver **Acordar, Animar, Avivar, Despertar, Reavivar.**

ESTIO: O mesmo que verão. O meu vigor se tornou em sequidão de **e**, Sl 32.4. No **e** prepara o seu pão, Pv 6.8. Como a palha das eiras no **e,** Dn 2.35. Ver **Seca.**

ESTOFO: Tecido de lã, seda, algodão. estopa, etc. // Fizeram... de **e** azul... vestes finamente tecidas, Êx 39.1. Para Sísera **e** de várias cores, Jz 5.30.

ESTÓICOS: Os filósofos epicureus e estóicos contendiam com Paulo em Atenas, At 17.18. Os epicureus ensinavam que o prazer é o sumo bem dos homens. Os estóicos, ao contrário, ensinavam que o prazer nunca deve ser o motivo de nossos atos. Zenão, o fundador dessa seita, aconselhava os seus discípulos a dominarem os seus sentimentos, para resistirem o mais possível todas as influências externas. O estoicismo alcançava um grau de insensibilidade que se assemelhava muitas vezes à dureza. Os principais estóicos foram Cleanto e Crisipo, fundadores da escola com Zenão; Ariston de Cio; Hérilo de Cartago; Diógenes de Selêucia; Sêneca, Epícteto e Marco Aurélio. Ver **Epicureus.**

ESTOLA SACERDOTAL, ÉFODE (ARC): Uma das seis distintivas vestes do sacerdote oficiante, descritas em Êx 28.3-43. Enfeitada com duas pedras de ônix gravadas com os nomes dos filhos de Israel. Êx 25.7; 28.9-12. A estola sacerdotal de Gideão se tornou objeto de idolatria, Jz 8.27. Mica veio a ter uma casa de deuses e fez uma estola sacerdotal, Jz 17.5; 18.14-30. O menino Samuel vestia-se de uma estola sacerdotal, 1 Sm 2.18. A estola sacerdotal de Eli, 1 Sm 2.28. O sacerdote do Senhor em Silo, trazia a estola sacerdotal, com Saul, 1 Sm 14.3. A espada de Golias. envolta num pano, guardada detrás da estola sacerdotal em Nobe, 1 Sm 21.9. Oitenta e cinco homens que vestiam estola sacerdotal mortos por ordem de Saul, 1 Sm 22.18. Abiatar, fugindo para Davi, levava a estola sacerdotal na mão, 1 Sm 23.6. Davi usou, 1 Sm 23.9; 30.7; 2 Sm 6.14. Os filhos de Israel ficarão muitos dias sem estola sacerdotal, Os 3.4.

ESTOM, hb. **Excessivamente terno:** Um descendente de Calebe, 1 Cr 4.12.

ESTÔMAGO: Órgão principal da digestão. // Alimentos são para o **e**, 1 Co 6.13. Vinho, por causa do teu **e**, 1 Tm 5.23. Será amargo ao teu **e**, Ap 10.9.

ESTONTEAR: Tornar tonto; aturdir, perturbar, atordoar. // O Senhor derramou... um espírito estonteante, Ts 19.14.

ESTOPA: A parte grosseira do linho. // O forte se tornará em **e**, Is 1.31.

ESTORAQUE: Planta que fornece o benjoim e certas resinas odoríferas. Um ingrediente que entrava na composição do incenso sagrado, Êx 30.34.

ESTORVAR: Dificultar; impedir. // Não há quem possa estorvar a sua mão, Dn 4.35 (ARC).

ESTRADA: Caminho público. // Iremos pela **e** real, Nm 20.17. Haverá **e** do Egito até à Assíria, Is 19.23. Ver **Caminho, Rua.**

ESTRADO: Sobrado, um pouco levantado acima do chão ou de um pavimento. O estrado do trono de Salomão, 2 Cr 9.18. Assenta-te aqui abaixo do estrado dos meus pés, Tg 2.3. // **A palavra usada figuradamente:** A terra o estrado dos meus pés, Is 66.1; Mt 5.35; At 7.49. A arca... o estrado dos pés de nosso Deus, 1 Cr 28.2. O templo, Sl 99.5; 132.7; Lm 2.1; comp. Is 60.13. Os inimigos sujeitos ao Rei dos reis, Sl 110.1; Mt 22.44; At 2.35; Hb 1.13; 10.13.

ESTRAGAR: Arruinar, destruir. // Que o oleiro fazia de barro, se lhe estragou, Jr 18.4. E os odres se estragarão, Lc 5.37.

ESTRANGEIRICE: Cousa feita ou dita ao gosto ou costume de estrangeiros. // Limpei-os, pois, de toda **e**, Ne 13.30.

ESTRANGEIRO: Pessoa que não é natural do país onde está. // Só ele é **e**, veio morar entre nós, Gn 19.9. Sou **e** e morador entre vós, Gn 23.4. Deixá-los-ás ao pobre e ao **e**, Lv 19.10. Amai, pois, o **e**, porque fostes **e**, Dt 10.19. Separai-vos... das mulheres **e**, Ed 10.11. Matam a viúva e o **e**, Sl 94.6. Não oprimirás ao **e**, Jr 22.3. Serei **e** para aquele que fala, 1 Co 14.11. Já não sois **e** e peregrinos, Ef 2.19. Confessando que eram **e** e peregrinos. Hb 11.13. Puseram em fuga exércitos de **e**, Hb 11.34. Ver **Estranho, Forasteiro.**

ESTRANGULAÇÃO: Ato ou efeito de apertar o pescoço, dificultando a respiração. // A minha alma escolheria antes a **e**, Jó 7.15 (ARC).

ESTRANGULAR: Matar, apertando o pescoço a. // A minha alma escolheria antes ser estrangulada, Jó 7.15.

ESTRANHAR: Achar estranho, diferente daquilo a que se estava acostumado. // É de estranhar que vós não saibais, Jo 9.30. Estranham que não concorrais, 1 Pe 4.4. Não estranheis o fogo ardente, 1 Pe 4.12.

ESTRANHO: Desconhecido, fora do comum. // Incenso **e**, Êx 30.9. Fogo **e**, Lv 10.1. Povo de **e** falar, Ez 3.5. Jerusalém será santa; **e** não passarão, Jl 3.17. De modo nenhum seguirão **e**, Jo 10.5. E **e** às alianças da promessa, Ef 2.12. Doutrinas várias e **e**, Hb 13.9. Ver **Alheio, Estrangeiro.**

ESTRATAGEMA: Ardil empregado na guerra para enganar o inimigo; astúcia, ardil. // Usaram de **e**... fingiram embaixadores, Js 9.4.

ESTREBARIA: Lugar em que se recolhem bestas. // Salomão quatro mil cavalos em **e**, 2 Cr 9.25. Teve Ezequias... **e** para toda espécie de animais, 2 Cr 32.28. Como bezerros soltos da **e,** Ml 4.2.

ESTREITAR: Tornar estreito ou apertado. // Não estais estreitados em nós; mas, 2 Co 6.12 (ARC).

ESTREITO: Que tem pouca largura; apertado. // Lugar **e**, onde não havia lugar para se desviar, Nm 22.26. O lugar em que habitamos é **e** demais, 2 Rs 6.1. O coberto tão **e**, Is 28.20. Mui **e** é para mim este lugar, Is 49.20. Entrai pela porta **e,** Mt 7.13.

ESTRELA: Corpo celeste que é fixo e tem luz própria. Qualquer astro. // Fez também as **e**, Gn 1.16. Conta as **e**, Gn 15.5. Descendência como as **e**, Gn 22.17. Onze **e** se inclinavam, Gn 37.9. Pelejaram as **e** contra Sísera, Jz 5.20. As **e** da alva juntas, Jó 38.7. As **e**... não darão a sua luz, Is 13.10. Como caíste do céu, ó **e** da manhã, Is 14.12. Das **e** lançou por terra, Dn 8.10. Resplandecerão... como as **e** sempre e eternamente, Dn 12.3. Vimos a sua **e** no oriente, Mt 2.2. As **e** cairão do firmamento, Mt 24.29. A **e** do deus Renfã, At 7.43. Entre **e** e **e** há diferença, 1 Co 15.41. Posteridade... como as **e**, Hb 11.12. A **e** da alva nasça em vossos corações, 2 Pe 1.19. **E** errantes, Jd 13. Sete **e**, Ap 1.16. As **e** do céu caíram, Ap 6.13. Nome da **e** é Absinto, Ap 8.11. Uma **e** caída do céu, Ap 9.1. A terça parte das **e,** Ap 12.4. Ver **Astro, Astronomia, Exército dos céus.**

ESTRELA DA ALVA: O planeta Vênus, que aparece no horizonte do lado do nascente, pouco antes de amanhecer. Opinam alguns que 2 Pe 1.19 se refere aos sinais que hão de preceder a segunda vinda de Cristo. Outros julgam que representa a iluminação do Espírito Santo nos corações do povo de Deus.

Estrela dos magos

ESTRELA DA MANHÃ: Ap 2.28; 22.16. Julga-se, geralmente, que "A brilhante estrela da manhã", é uma designação a pessoa de Jesus Cristo, como o arauto de seu povo, no dia eterno.

ESTRELA DOS MAGOS: Mt 2.2. A teoria de que isto se refere à conjunção de Júpiter com Saturno, ou de quaisquer outros planetas, não tem base. Que foi um fenômeno puramente sobrenatural, se vê em Mt 2.9: "Eis que a estrela que viram no Oriente os precedia, até que, chegando, parou sobre onde estava o menino".

ESTREMECER: Causar tremor a, sacudir. // A terra estremeceu; os céus gotejaram, Jz 5.4. Todos os meus ossos estremeceram, Jó 4.14. Estremece, ó terra, na presença do Senhor, Sl 114.7. Farei estremecer os céus, Is 13.13. Ver **Abalar.**

ESTREMECIMENTO: Tremura repentina e passageira proveniente de medo, surpresa, etc. // Beberás com **e** e com receio, Ez 12.18 (ARC).

ESTREPITOSO: Que produz estrondo, agitação, tumulto. // Tu, cidade... cheia, de aclamações, cidade **e,** Is 22.2.

ESTRIBAR: Firmar, segurar, apoiar. // Que confiança é essa em que te estribas? 2 Rs 18.19. Não te estribes no teu próprio entendimento, Pv 3.5.

ESTRONDO: Grande ruído, estampido. // Um **e** de marcha pelas copas, 1 Cr 14.15. Vem o castigo com trovões... grande **e**, Is 29.6. Ao **e** das suas rodas, Jr 47.3. A voz... como o **e** de muita gente, Dn 10.6. Os céus passarão com estrepitoso **e**, 2 Pe 3.10. Ver **Alvoroço, Barulho, Estampido, Ruído, Som, Sonido.**

ESTRUTURA: Disposição especial das partes de um todo, consideradas nas suas relações recíprocas. // Conhece a nossa **e**, e sabe que somos pó, Sl 103.14.

ESTUCADO: Com parede e tetos cobertos com estuque, com reboco. // Tempo de habitardes nas vossas casas **e**? Ag 1.4 (ARC).

ESTUDAR: Aplicar a inteligência a, para aprender. // O muito estudar é enfado, Ec 12.12. Como sabe este letras, sem ter estudado? Jo 7.15. Ver **Examinar.**

ESTULTÍCIA: Qualidade daquele ou daquilo que é estulto. // Tal proceder é **e**, Sl 49.13. Ó Deus, bem conheces a minha **e**, Sl 69.5. Os simples herdam a **e**, Pv 14.18. A **e** é alegria para que o que carece de entendimento, Pv 15.21. Melhor é encontrar-se uma ursa, do que o insensato na sua **e**, Pv 17.12. Não respondas ao insensato segundo a sua **e,** Pv 26.4.

ESTULTO: Em que não há discernimento ou bom senso. // O **e** não percebe isto, Sl 92.6. Os **e**, por causa do seu caminho de transgressão, Sl 107.17. Até o **e**, quando se cala, é tido por sábio, Pv 17.28. O **e** multiplica as palavras, Ec 10.14. Faça-se **e** para se tornar sábio, 1 Co 3.18. Ver **Estúpido, Ignorante.**

ESTUPEFATO: Entorpecido; (fig.). Pasmado, atônito. // Espantai-vos disto ó céus... ficai **e**, Jr 2.12. Os sacerdotes ficarão pasmados e os profetas **e,** Jr 4.9.

ESTÚPIDO: Que tem inteligência escassa, ou pouco juízo. // Atendei, ó **e**, Sl 94.8. O que aborrece a repreensão é **e**, Pv 12.1. Todos se tornaram **e** e loucos, Jr 10.8. Ver **Estulto, Ignorante.**

ESVAECER: Desfazer, dissipar. // O espírito... se esvaecerá dentro neles, Is 19.3.

ESVAZIAR: Tornar vazio, despejar, esgotar. // Antes a si mesmo se esvaziou, Fp 2.7.

ETÃ: hb. **Firme, Fortaleza:** 1. A rocha de Etã, onde Sansão habitou, depois de ferir os filisteus, Jz 15.8, 11. // 2. Acampamento do povo de Israel, perto de Sucote, à entrada do deserto, Êx 13.20. // 3. Um sábio, a quem se comparava Salomão, 1 Rs 4.31. Chamado Etã, ezraíta, no título do Salmo 89. // 4. Uma aldeia da tribo de Simeão, 1 Cr 4.32. // 5. Um levita, descendente de Asafe, 1 Cr 6.42. // 6. Um Cantor levita, 1 Cr 6.44. // 7. Uma cidade fortificada de Roboão, 2 Cr 11.6. Ver mapa 5, B-l.

ETANIM: 1 Rs 8.2. O sétimo mês do ano judaico. Ver **Ano.**

ETBAAL, hb. **Com Baal:** Pai de Jezabel e rei dos sidônios, 1 Rs 16.31.

ETER: hb. **Abundância:** Uma cidade de Judá, Js 15.42. Transferida a Simeão, Js 19.7.

ETERNAMENTE: Para sempre. // És o Altíssimo **e**, Sl 92.8. Se alguém dele comer, viverá **e,** Jo 6.51.

ETERNIDADE: Duração sem princípio nem fim. // Bendito seja o Senhor desde a **e** até a **e**, 1 Cr 16.36; Ne 9.5; Sl 41.13; 106.48. De **e** a **e** tu és Deus, Sl 90.2; 93.2. A misericórdia do Senhor é de **e** a **e**. Sl 103.17. Deus Forte, Pai da **E**, Is 9.6. Sublime que habita a **e**, Is 57.15.

ETERNO: Que não tem princípio nem terá fim. // Alegria eterna, Is 35.10. Algemas Jd 6. Aliança, Jr 50.5; Hb 13.20. Amor, Jr 31.3. Braços, Dt 33.27. Caminho, Sl 139.24; Hc 3.6. Casa, 2 Co 5.1. Chamas, Is 33.14. Destruição, 2 Ts 1.9. Deus, Dt 33 .27; Is 40.28. Dia, 2 Pe 3.18. Evangelho, Ap 14.6. Fogo, Mt 18.8; 25.41; Jd 7. Glória, 1 Pe 5.10. Herança, Hb 9.15. Horror, Dn 12.2. Juízo, Hb 6.2. Justiça, Sl 119.142, Memorial, Is 55 .13. Misericórdia, Is 54.8. Nome, Is 63.12. Pecado, Mc 3.29. Peso, 2 Co 4.17. Poder, Rm 1.20. Portais, Sl 24.7. Propósito, Ef 3.11. Redenção, Hb 9.12. Rei, Jr 10.10; 1 Tm 1.17. Reino, Dn 7.27; 2 Pe 1.11. Rocha, Is 26.4. Salvação, Is 45.17; Hb 5.9. Vergonha, Jr 23.40; Dn 12.2. Vida, Dn 12.2; Mt 19.16; 25. 46; Mc 10.30; Jo 3.15, 16, 36; 4.14, 36; 5.24, 39; 6.27, 40, 47, 54, 68; 10.28; 12.25, 50; 17.2, 3; At 13.48; Rm 2. 7; 5.21; 6.22; Gl 6.8; 1 Tm 6.12; Tt 1.2; 1 Jo 1.2; 2.25; 3.15; 5.11, 13, 20; Jd 21.

ETÍOPE: Indivíduo natural da Etiópia. // Inumerável, líbios, suquitas e etíopes, 2 Cr 12.3. O Senhor feriu os etíopes diante de Asa, 2 Cr 14.12. Pode acaso o etíope mudar a sua pele, Jr 13.23. Ebede-Meleque, etíope, salvou Jeremias da cisterna, Jr 38.1-13. Os líbios e os etíopes o seguirão, Dn 11.43. Um etíope, eunuco, At 8.27.

ETIÓPIA, gr. **Sol abrasador:** País ao sul do Egito, atualmente chamado Abissínia. No hebraico chamava-se Cuxe, porque fundado por Cuxe, um dos filhos de Cão, Gn 10.6-8. Tiraca rei da Etiópia, 2 Rs 19.9. Assuero reinou desde a índia até à Etiópia, Et 1.1; 8.9. Profecia contra a Etiópia, Is 18; Sf 2.12.

ETNÃ, hb. **Dádiva:** Um descendente de Judá, 1 Cr 4.7.

ETNI, hb. **Liberal:** Um cantor levita, 1 Cr 6.41.

ÉUBULO, hb. **Prudente:** Um cristão da igreja da cidade de Roma, 2 Tm 4.21.

EUCARISTIA, gr. Ação de graça: O vocábulo não se encontra nas Escrituras. Ver **Ceia do Senhor.**

EÚDE, hb. **União, Forte:** 1. O segundo juiz ou libertador dos israelitas, Jz 3.15. Era canhoto, e foi com a mão esquerda que vibrou o fatal golpe contra Eglom, rei dos moabitas. // 2. Um descendente de Benjamim, 1 Cr 7.10.

EUFRATES: Um dos grandes rios da Ásia e do mundo, com curso de 2.165 km. Nasce nas montanhas da Armênia, formando dois ramos: o Eufrates do Leste e o Eufrates do Oeste. Os dois se reúnem ao Tigre para formar o Chatt-el-Arab. No vale do Eufrates estavam situadas as cidades antigas de Babilônia, Carquemis, Acade, Ereque, Ur e várias outras Um dos quatro rios do Éden, Gn 2.14. Chamado "o rio", Dt 11.24; "o grande rio", Gn 15.18; Dt 1.7; Js 1.4; Ap 9.14. Formava o limite oriental da terra prometida a descendência de Abraão, Gn 15.18; Servia de fronteira entre o Egito e a Babilônia, 2 Rs 24.7. Salomão dominava até o Eufrates, 1 Rs. 4.24. O sexto anjo derramou a sua taça sobre o rio Eufrates, Ap 16.12. Ver mapa 1, D-3.

EUNICE, gr. **Vencendo gloriosamente:** Uma judia crente, mãe de Timóteo, At 16.1; 2 Tm 1.5.

EUNUCO: Homem privado de sua virilidade. Compare Dt. 23.1. Empregavam-se tais homens no ofício de guardas dos aposentos íntimos e dos haréns. Assim o vocábulo passou a significar um camareiro. Dois ou três eunucos olharam para ele, 2 Rs 9.32. Os sete eunucos que serviam ao rei Assuero, Et 1.10. Nem diga o eunuco: Eis que eu sou uma árvore seca, Is 56.3. Ebede-Meleque, o etíope, eunuco, Jr 38.7. Aspenaz, chefe dos eunucos, Dn 1.3. Há eunucos de nascença Mt 19.12. A si fizeram eunucos (isto é, talvez, que vivem no celibato), Mt 19.12. Um etíope, eunuco, At 8.27.

EURO-AQUILÃO, gr. **Vento nordeste**: O nome do vento tempestuoso que impeliu o navio de Paulo ao naufrágio na ilha de Malta, At 27.14.

EUROPA: Ver mapa 1, C-2.

EU SOU: EU SOU o que SOU... me enviou, Êx 3.14. Conforme alguns exegetas, este termo, EU SOU, quer dizer: "Existente por Si Mesmo". Mas outros, com mais razão, opinam que o significado é "Eu serei o que serei", isto é, Eu serei tudo que for necessário, conforme a ocasião.

ÊUTICO, gr. **Afortunado:** Um jovem que adormeceu durante a pregação de Paulo e caiu do terceiro andar abaixo; foi levantado morto e foi-lhe restituída a vida pelo apóstolo, At 20.9.

EVA, hb. **Vida**: O nome que Adão deu à sua mulher, Gn 3.20. A mãe de todos os seres humanos, Gn 3.20. Teve três filhos Caim, Abel e Sete, Gn 4.1, 2, 25. Depois teve filhos e filhas, Gn 5.4. A serpente a enganou, 2 Co 11.3; 1 Tm 2.13; Gn 3.6.

EVANGELHO, gr. **Boas novas**, ou **Boa mensagem**: De Cristo, Mt 4.23; Mc 1.14; Lc 2.10; At 13.26; Rm 1.1, 9, 16; 1 Co 2.13; 2 Co 5.19; Ef 3.2; 6.15; Fp 2.16; Cl 3.16; 1 Ts 1.5; 1 Tm 6.3; Hb 4.2; 1 Pe 4.17. // Para ser proclamado a todo o mundo, Mt 24.14; Mc 16.15; Lc 24.47; At 2.39; Rm 10.18; Cl 1.23. // Proclamado aos pobres, Mt 11.5; Lc 4.18; 6.20; Tg 2.5. // Poder de Deus, Rm 1.16; 1 Co 1.18, 21; 4.20; 15.2. // Não se deve pregar outro, 2 Co 11.4; Gl 1.7, 8; Ap 22.18, 19. // Encoberto aos que se perdem, 2 Co 4.3. // O Evangelho da Graça, At 20.24; // do Reino, Mt 4.23; // da vossa salvação, Ef 1.13. // da glória de Cristo, 2 Co 4.4; // eterno, Ap 14.6.

EVANGELHOS, OS QUATRO: Mateus, Marcos, Lucas e João. Registram a existência eterna, a linhagem humana, o nascimento, certos acontecimentos da vida, a morte, a ressurreição e a ascensão de Jesus Cristo. São Quatro os Evangelhos para: 1) apresentar quatro testemunhas, independentes uma da outra, da verdade; 2) apresentar a vida do Senhor de quatro pontos de vista, perfazendo um retrato composto, de uma só Pessoa. Em Ap 4.7 na descrição dos quatro querubins, ou seres viventes, o primeiro era semelhante a leão (o rei dos animais); o segundo, o novilho (ou boi, que serve aos homens com grande paciência); o terceiro tinha o rosto como de homem; e o quarto era semelhante a águia quando voa. Os crentes primitivos comparavam, com razão, esses símbolos aos quatro Evangelhos. O livro de Mateus é **O Evangelho do Rei**. O livro de Marcos é **O Evangelho do grande Servo de Deus**. O livro de Lucas é **O Evangelho do Filho do homem**. O livro de João é **O Evangelho do Filho de Deus**. No livro de Mateus, **O Evangelho do Rei**, vê-se nos primeiros capítulos o Rei dos judeus e por fim o Rei soberano nos céus e na terra, enviando seus embaixadores às nações para exigir sua sujeição e homenagem. No livro de Marcos, **O Evangelho do grande Servo de Deus**, enfatizam-se os atos de Cristo, não as suas palavras. Enquanto Mateus relata os grandes discursos de Cristo, Marcos conta da lida incansável do Servo de Jeová. No livro de Lucas, **O Evangelho do Filho do homem**, mostra-se o coração de Jesus em uma série de manifestações de sua compaixão, ternura e amor. Primeiro revela-o como Criança de colo e, por fim, no passeio a Emaús, mostra que Seu coração humano não se mudara na morte e nem na ressurreição; Ele continua Filho do homem. No livro de João, **O Evangelho do Filho de Deus**, vê-se como Jesus assemelha-se à natureza da águia que voa e nos leva às alturas da Sua divindade eterna. É o livro que nos revela o mistério de Ele ser um com o Pai. Nenhum dos quatro Evangelistas, contudo, pretende dar uma biografia completa de Jesus Cristo. Ao contrário, vede, por exemplo, João 21.25. Os quatro Evangelhos juntos apresentam, não uma biografia, mas uma Personalidade.

EVANGELISTA, gr. **Mensageiro de boas novas**: O evangelista desempenha a obra de um missionário, levando o Evangelho a lugares, onde é ainda desconhecido. Filipe, um dos sete diáconos (At 6.5.), tornou-se evangelista At 21.8. Uma ordem de ministério distinto e bem caracterizado, se parada da dos apóstolos, profetas, pastores e mestres, Ef 4.11. O apóstolo Paulo exortou a Timóteo: Faze o trabalho de evangelista, 2 Tm 4.5. No evangelista a paixão pelas almas atinge, o ápice e consumação na forma dum ministério que domina e absorve toda a vida. // Chamam-se, atualmente, os escritores dos quatro Evangelhos, **evangelistas**. Ver **Evangelizar.**

Desenho da reconstrução do ***Homem Piltdown****, como aparece no Museu Americano da História Natural*

EVANGELIZAR: Proclamar o Evangelho. // O Espírito me ungiu para evangelizar, Lc 4.18. Evangelizavam muitas aldeias, At 8.25. Evangelizava todas as cidades, At 8.40. Evangelizou paz a vós outros que estáveis longe, Ef 2.17. Esta é a palavra que vos foi evangelizada, 1 Pe 1.25.

EVIDÊNCIA: Certeza manifesta. // **E** do primeiro sinal, talvez crerão na **e** do segundo, Êx 4.8.

EVIDENCIAR: Tornar evidente. // As boas obras antecipadamente se evidenciam, 1 Tm 5.25.

EVIDENTE: Que não oferece dúvidas, claro, manifesto. // É **e** que não ficará impune, Pv 16.5. Observai o que está **e**, 2 Co 10.7. É **e** que pela lei ninguém é justificado, Gl 3.11. Sinal **e** do reto juízo, 2 Ts 1.5. É ainda mais **e**, Hb 7.15.

EVIDENTEMENTE: Certamente. // **E**, grande é o mistério da piedade, 1 Tm 3.16.

EVIL-MERODAQUE, Homem do deus Merodaque: Filho e sucessor de Nabucodonosor, rei de Babilônia. Depois de um mau reinado de dois anos, foi morto por seu cunhado, Nergal-Sarezer, que se apossou do trono. Mencionado em 2 Rs 25.27-30.

EVITAR: Desviar-se de; fugir a. // Evitando os falatórios inúteis, 1 Tm 6.20; 2 Tm 2.16. Evitem contendas de palavras, 2 Tm 2.14. Evita o homem faccioso, Tt 3.9.

EVÓDIA, gr. **Viagem próspera:** Uma mulher crente de Filipos, em desacordo com Síntique, Fp 4.2. Essas duas se esforçaram com Paulo na evangelização, Fp 4.3.

EVOLUÇÃO: Uma teoria científica e filosófica designada para explicar a origem e progresso de tudo do universo. Darwin foi quem primeiro (em 1858) opinou o princípio da **seleção natural**, indicou a necessidade da **luta pela existência** (struggle for life), anunciou a lei da **persistência do mais apto** e a da **hereditariedade dos caracteres adquiridos**. Se este conhecimento especulativo, a evolução, tivesse fatos para substanciá-lo, então segue, como disse certo erudito, que "Se algo evolveu do nada, e se desse algo que evolvera do nada, evolveu um pedacinho de vida, uma ameba, e se dessa ameba evolveu uma larva, e dessa larva evolveu um peixe, e do peixe evolveu um anfíbio, e do anfíbio evolveu um réptil, e do réptil evolveu uma ave, e da ave evolveu um mamífero, e desse animal evolveu um homem... se do início da vacuidade e do vazio e do nada emergiu o homem, que é você, se é feito por evolução, então não há lugar para Deus, não, de forma alguma, e você habita um mundo material é mecânico." // NÃO HÁ GERAÇÃO ESPONTÂNEA. "Também disse Deus: Façamos o homem à nossa imagem, conforme a nossa semelhança; tenha ele domínio sobre os peixes do mar, sobre as aves dos céus. sobre os animais domésticos, sobre toda a terra e sobre todos os répteis que rastejam pela terra", Gn 1.26. Pasteur declarou: "Não se conhece, até hoje, uma circunstância que justifique a asserção de que organismos microscópicos entram no mundo sem germes ou sem pais semelhantes a si mesmos. Aqueles que mantêm o contrário têm sido vítimas de ilusões e de experimentos mal executados; contaminados de engano, que eles não sabiam evitar" NÃO APARECEU UMA ESPÉCIE NOVA DURANTE TODA A HISTÓRIA DO MUNDO. "Disse também Deus: Produza a terra seres viventes, conforme a sua espécie: animais domésticos, répteis e animais selváticos, segundo a sua espécie. E assim se fez". Deus fez o homem, os animais domésticos e todas as criaturas "segundo a sua espécie." Isto é, não fez uma espécie, e por processos evolucionários, outras espécies.

Conforme alguns cientistas Há 3 milhões de espécies no mundo, que evolveram durante um período de 60 milhões de anos. Então deviam aparecer 2 mil espécies novas durante o tempo da história do mundo. E quantas apareceram? Nenhuma! O próprio Darwin afirmou: "Apesar de todos os esforços de observadores preparados para descobrir tais, nenhum caso de uma espécie aparecer de outra, está registrado". HÁ, NÃO APENAS UM, MAS SIM MUITOS ABISMOS, dos quais os que querem passar, não podem. Entre eles estão os seguintes: 1. Entre a matéria morta e a vida. 2. Entre as plantas e a forma mais rudimentar da vida animal. 3. Entre os invertebrados e os vertebrados. 4. Entre a vida marinha e os anfíbios. 5. Entre os anfíbios e os répteis. 6. Entre os répteis e os mamíferos. 7. Entre os animais irracionais e os homens. Se a evolução é a verdade, então aconteceu que um casal de animais irracionais não tinha alma, mas seus filhos a tinham! Segue que a evolução acredita em milagres - não em milagres feitos por Deus, mas em milagres do acaso cego! A IMPOSSIBILIDADE MATEMÁTICA DA EVOLUÇÃO. Calcula-se que a população do mundo se dobra em número de habitantes uma vez em cada período de 168 anos. Segue, portanto, que se a raça humana já existisse há 100 mil anos, e o número de habitantes tivesse dobrado em cada período de 160 anos, o número de pessoas no mundo hoje seria de 450 quintilhões (450.000.000.000.000.000.000). No mundo inteiro não caberia tão grande número em pé. O aumento da população do mundo indica um período de muito menos do que 6 mil anos. Antes indica um período de cerca de 4.500 anos, justamente o tempo decorrido desde o dilúvio. O EMBUSTE DO "HOMEM PILTDOWN". Este enredo pelos inimigos da Bíblia, serve só para descreditar esses próprios embusteiros. O "Homem Piltdown" foi descoberto por certo fossilista, por nome de Charles Dawson. Afirmou que achou os restos de um "homem" em um areeiro perto de Piltdown, na Inglaterra. Os fósseis, agora no Museu Britânico, foram aclamados por paleontologistas, que afirmavam que os fósseis datavam da origem do homem, há meio milhão de anos. O Homem Piltdown foi honrado de publicidade extraordinária. Das relíquias sem valor de um embuste, foi reconstruído um ser monstruoso e sub-humano. Gravuras dele enfeitavam os livros escolares, e mesmo das escolas superiores. O "fóssil" Piltdown foi aceito pelos evolucionistas como autêntico, e ostentado diante dos que amam a Bíblia. Era a prova final, diziam eles, de que a raça humana originou-se por evolução. Mas, a história completa do GRANDE EMBUSTE DE PILTDOWN, apareceu em Reader's Digest, no número de outubro de 1956. Um certo Dr. Weiner, de Oxford, notou algumas circunstâncias estranhas acerca do Homem Piltdown. Os dentes deste ser humano pareciam gastos de uma maneira que não podia acontecer a um macaco. Podia ser que alguém deliberadamente tivesse tirado uma grande parte dos dentes com a lima. Com outro cientista foi ao Museu Britânico. Descobriram, por um microscópio, que, de fato alguém tirara grande parte dos dentes com a lima. Por meio de um Medidor Geiger e outros meios, não conhecidos no tempo de Charles Dawson "descobrir" o "fóssil", verificaram que os fósseis datavam de 50 anos em vez de 500 mil, e que eram de um macaco e não de um ser humano! Dawson, o embusteiro, então morto, colara astutamente o maxilar. Assim os evolucionistas se tornaram vítimas do mais infame embuste de todos os tempos. Se os evolucionistas calcularam a idade de um osso em 500 mil anos, enquanto tinha apenas 50 anos, como podemos confiar nos seus outros cálculos? Ver p. 565.

EXALAR: Lançar de si (cheiros, etc). // Faz o ungüento... exalar mau cheiro, Ec 10.1. As vides... exalam o seu aroma, Ct 2.13. As mandrágoras exalam o seu perfume, Ct 7.13.

EXALÇAR: O mesmo que exaltar. // Louvo, exalço e glorifico ao Rei do céu, Dn 4.37.

EXALTAÇÃO: Engrandecimento. // A nossa **e** na presença de Tito, 2 Co 7.14.

EXALTAR: Tornar alto. Levantar, engrandecer, glorificar. // É o Deus de meu pai, por isso o exaltarei, Êx 15.2. Te exaltar em louvor, renome e glória, sobre todas as nações, Dt 26.19. A minha força está exaltada no Senhor, 1 Sm 2.1. Adonias se exaltou, 1 Rs 1.5. A vileza é exaltada, Sl 12.8. Todos a uma exaltemos o nome, Sl 34.3. Sê exaltado, ó Deus, acima dos céus, Sl 57.5; 108.5. Exaltai ao Senhor nosso Deus. Sl 99.5. Exaltem-no também na assembléia, Sl 107.32. Estima a sabedoria e ela te exaltará, Pv 4.8. A justiça exalta as nações, Pv 14.34. O Senhor dos Exércitos é exaltado em juízo. Is 5.16. Exaltar-te-ei a ti, Is 25.1. O meu Servo será exaltado, Is 52.13. Quem a si mesmo se exaltar será humilhado, e quem a si mesmo se humilhar será exaltado, Mt 23.12. Derrubou os poderosos e exaltou os humildes, Lc 1.52. Deus o exaltou a Príncipe, At 5.31. Deus o exaltou sobremaneira, Fp 2.9. Humilhai-vos... e ele vos exaltará, Tg 4.10. Humilhai-vos sob a poderosa mão de Deus... vos exalte, 1 Pe 5.6. Ver **Engrandecer, Magnificar.**

EXAMINAR: Analisar atenta e minuciosamente. // As Escrituras, Ed 4.15, 19; Jo 5.39; 7.52; At 17.11; 1 Pe 1.11; o homem a si mesmo, 1 Co 11.28. Examina-me, Senhor, e prova-me, Sl 26.2. Ver **Esquadrinhar, Estudar, Provar, Sondar.**

EXASPERAR: Irritar muito. // Não se exaspera, não se ressente do mal, 1 Co 13.5. Ver **Irritar.**

EXATAMENTE: Sem diferença nem para mais nem para menos. // Segundo o mandado do Deus do céu, **e** se faça, Ed 7.23.

EXATIDÃO: Precisão. // Com mais **e**, lhe expuseram o caminho, At 18.26.

EXATO: Correto, certo, // Tal testemunho é **e**, Tt 1.13.

EXATOR: Superintendente de trabalhadores. // Seu clamor por causa dos seus **e**, Êx 3.7. Justiça os seus **e**, Is 60.17. Fará passar um **e** pela terra, Dn 11.20.

EXAUSTO: Esgotado. // As multidões... estavam aflitas e **e**, Mt 9.36.

EXCEDER: Ultrapassar, ser superior a. // Salomão excedeu a todos os reis, 1 Rs 10.23. Vossa justiça não exceder em muito, Mt 5.20. O amor de Cristo que excede todo entendimento, Ef 3.19. A paz de Deus, que excede todo entendimento, Fp 4.7. Ver **Sobrepujar.**

EXCELÊNCIA: Sumo grau de bondade ou perfeição. // Desde Sião, **e** de formosura, Sl 50.2. Para que a **e** do poder seja de Deus, 2 Co 4.7. Ver **Majestade.**

EXCELENTE: Que é de qualidade superior. // Espírito e, conhecimento... se acharam neste Daniel, Dn 5.12. Nele havia um espírito **e**, Dn 6.3. Um caminho sobremodo **e**, 1 Co 12.31. Para aprovardes as coisas **e**, Fp 1.10. Herdou mais **e** nome do que eles, Hb 1.4. Obteve Jesus ministério tanto mais **e**, Hb 8.6. Abel ofereceu a Deus mais **e** sacrifício, Hb 11.4. Ver **Esplêndido.**

EXCELSO: Sublime, maravilhoso. // O Senhor é **e**, Sl 138.6. Só o seu nome é **e**, Sl 148.13. Ver **Altíssimo.**

EXCEPCIONAL: Que é fora do usual. // Meu irmão Jônatas... **e** era o teu amor, 2 Sm 1.26.

EXCESSIVAMENTE: Com excesso. // O pecado se fizesse **e** maligno, Rm 7.13 (ARC).

EXCESSIVO: Demasiado. // Mas a pressa **e**, à pobreza, Pv 21.5.

EXCESSO: Grau elevado. // Ao mesmo **e** de devassidão, 1 Pe 4.4.

EXCETO: Salvo, menos, com exclusão de. // Qual eu sou, **e** estas cadeias, At 26.29.

EXCETUAR: Fazer exceção de. // Que se excetua aquele que lhe sujeitou, 1 Co 15.27 (ARC).

EXCITAÇÃO: Estado de exaltação, de irritação, de cólera. // Eu fui amargurado na **e** do meu espírito, Ez 3.14.

EXCITAR: Ativar a ação de. // O ódio excita contendas, Pv 10.12. Ver **Agitar, Estimular, Incitar.**

EXCLAMAR: Proferir em voz alta, em tom exclamativo. // Exclamaram: É um fantasma! Mt 14.26. Exclamou: Se alguém tem sede, Jo 7.37.

EXCLUIR: Pôr fora de. // Estou excluído da tua presença, Sl 31.22. Jactância? Foi de todo excluída, Rm 3.27.

EXCLUSIVAMENTE: Unicamente. // Povo **e** seu, Tt 2.14 (ARA) Ver **Exclusivo, Próprio.**

EXCLUSIVO: Que pertence por privilégio especial a alguém. // Povo de propriedade **e** de Deus, 1 Pe 2.9. Ver **Exclusivamente, Próprio.**

EXCOGITAR: Inventar, imaginar. // Projetam iniquidade... tudo o que se pode excogitar, Sl 64.6.

EXCOMUNGAR: Separar da comunhão dos fiéis. // Êx 12.19; Lv 13.46; 17.4; Nm 12.14; Mt 18.15-18; Jo 9.22; 12.42; 16.2; 1 Co 5.11; 2 Ts 3.14; Tt 3.10.

EXCREMENTO: Matéria evacuada do corpo pelas vias naturais. // Comam... seu próprio **e**, 2 Rs 18.27. Atirarei **e** aos vossos rostos, Ml 2.3. Ver **Fezes.**

EXECRAÇÃO: Grande aversão; ódio sem limites. // Sereis uma maldição... e uma **e**, Jr 42.18 (ARC). Serão uma **e**, e um espanto, Jr 44.12 (ARC).

EXECRÁVEL: Abominável detestável, sacrílego. // Seus filhos se fizeram **e**, 1 Sm 3.13.

EXECUTAR: Pôr em prática o que havia sido concebido, projetado ou resolvido. Supliciar, justiçar. // Executarei juízo sobre todos os deuses do Egito, Êx 12.12. Executou a justiça do Senhor, Dt 33.21. Faz-se conhecido o Senhor, pela justiça que executou, Sl 9.16. Não quiseram que eu reinasse, trazei-os e executai-os, Lc 19.27. Seu pensamento, o executem a uma, Ap 17.17.

EXECUTOR: Algoz, carrasco, verdugo. // Enviando o **e**... a cabeça de João, Mc 6.27.

EXEMPLAR: Modelo original que se deve imitar ou copiar. // Servem de **e** e sombra das coisas, Hb 8.5 (ARC).

EXEMPLO: Aquilo que pode servir de modelo. Pessoa, que se toma ou se pode tomar como modelo. // Estas coisas se tornaram **e** para nós, 1 Co 10.6. Segundo o mesmo **e** de desobediência, Hb 4.11. // O exemplo de Cristo, Mt 11.29; Jo 13.15; Rm 15.3; Fp 2.5; 1 Pe 2.21; dos pastores aos rebanhos, 2 Ts 3.9; 1 Tm 4.12; Tt 2.7; 1 Pe 5.3; dos profetas, Hb 6.12; Tg 5.10; dos apóstolos, 1 Co 4.16; 11.1; Fp 3.17; 1 Tm 1.6. Ver **Modelo, Padrão, Procedimento.**

EXERCER: Pôr em ação. // Seu poder... exerceu ele em Cristo, Ef 1.20. Exercer juízo contra todos, Jd 15. Exercer toda a autoridade, Ap 13.12.

EXERCÍCIO: Movimentos a que se submetem os músculos do corpo. // O **e** físico para pouco é proveitoso, 1 Tm 4.8.

EXERCITAR: Adestrar-se por meio de estudo ou de exercícios. // Exercita-te na piedade, 1 Tm 4.7. Exercitado hospitalidade, 1 Tm 5.10. Suas faculdades exercitadas para discernir, Hb 5.14.

EXÉRCITO: Conjunto das tropas regulares de uma nação. A primeira guerra registrada é a de quatro reis contra cinco, Gn 14. Depois de Israel sair do Egito, todo o homem, de idade de 20 anos para cima, era soldado, Nm 1.3. Isentos os sacerdotes e os levitas, Nm 2.33. Alguns dispensados em determinados casos, Dt 20.5-8. Cada tribo formava um regimento com a sua própria bandeira e o seu próprio chefe, Nm 2.2; 10.14. Depois o **e** era dividido em milhares e em centenas, sob o comando dos seus respectivos capitães, Nm 31.14; 1 Sm 8.12. Os combatentes chamados por trombetas, por mensageiros, por significativo sinal, ou por arvorar a bandeira, Jz 3.27; 6.35; 1 Sm 11.7; Is 18.3. Saul o primeiro rei de Israel organizou seu exército. Davi aumentou grandemente o exército, e Salomão aumentou-o ainda mais. O Anjo de Deus, que ia adiante do exército, Êx 14.19. Sou príncipe do **e** do Senhor, Js 5.14. Vou contra ti em nome do Senhor dos **E**, 1 Sm 17.45. Se prostrou diante de todo o **e** dos céus, 2 Rs 21.3. Porque o Senhor dos **e** era com Ele, 1 Cr 11.9. Um grande **e**, como **e** de Deus, 1 Cr 12.22. O Senhor dos **e** é o Deus de Israel, 1 Cr 17.24. Tive vergonha de pedir ao rei, **e**, Ed 8.22. Acaso tem número os seus **e**? Jó 25.3. Não saís com os nossos e, Sl 44.9. Bendizei ao Senhor todos os seus **e**, Sl 103.21. Santo é o Senhor dos **e**, Is 6.3. Porque eu sou convosco, diz o Senhor dos **E**, Ag 2.4. Jerusalém sitiada de **e**, Lc 21.20. Por meio da fé, puseram em fuga **e**, Hb 11.33, 34. Seguiam-no os **e** que há no céu, Ap 19.14. Ver **Arma, Batalha, Flecheiro, Fundibulário, Guerra, Lanceiro, Soldado.**

EXÉRCITO DOS CÉUS: 1. As estrelas, Dt 4.19; 17.3; 2 Rs 17.16; 21.3,5; Jr 8.2. // 2. Os anjos, 1 Rs 22.19; Ne 9.6.

EXIGIR: Intimar, ordenar. // Muito lhe será exigido, Lc 12.48. Exigem abstinência de alimentos, 1 Tm 4.3.

EXILADO: Expulso da pátria: Et 2.6; Is 20.4; 51.14; Jr 24.5; Ap 1.9.

EXÍLIO: Expatriação voluntária ou forçada. // Todo o Judá foi levado para o **e**, Jr 13.19. Tornarei a trazer-vos ao lugar donde vos mandei para o **e**, Jr 29.14. Judá foi levada a **e**, Lm 1.3. Fui a Tel-Abibe, aos do **e**, Ez 3.15. Com quem vai para o **e**, Ez 12. 4. Por causa da sua iniqüidade foram levados para o **e**, Ez 39.23. Ver **Cativeiro.**

EXISTÊNCIA: Vida. // Como é breve a minha **e**! Sl 89.47.

EXISTIR: Ser, viver. // E tudo passou a existir, Sl 33.9. O escarnecedor já não existe, Is 29.20. Nele vivemos... e existimos, At 17.28.

ÊXITO: Resultado feliz. // O Deus dos céus... dará bom **ê**, Ne 2.20. Mediante os conselhos têm bom **ê**, Pv 20.18.

ÊXODO, gr. **Saída:** O vocábulo quer dizer, a emigração de um povo inteiro. O livro do Êxodo relata a saída dos hebreus do Egito. Pela fé José, próximo do seu fim, fez menção do êxodo dos filhos de Israel, Hb 11.22. O Faraó que oprimia o povo de Deus foi Ramsés II. Os descendentes de Jacó de tal maneira se tinham multiplicado (Êx 1.7) que excitaram os receios de Faraó. Para evitar o aumento dos israelitas, sujeitou-os a uma dura e cruel escravidão, Êx 1.8-14. Esforçou-se, também, para exterminar todos os filhos que nascessem aos hebreus, Êx 1.22. Deus, para libertar Seu povo dessa dura servidão, levantou Moisés, no tempo de Meneptah, filho e sucessor de Ramsés II. A Dispensação Patriarcal findou, e a Dispensação da Lei começou com o Êxodo.

ÊXODO, O Livro do: O nome dado pelos Setenta ao segundo livro do Pentateuco. A palavra **êxodo** quer dizer a emigração de um povo inteiro. O Gênesis trata da escolha divina de uma família entre todas as famílias do mundo, para ficar separada de todas as nações. O Êxodo continua a narrativa de como Deus transformou essa família em uma nação. Os acontecimentos da grande emigração de Israel são os mais relembrados de toda a história desta nação, que jamais se esquece de sua libertação da dura escravidão, a travessia do mar Vermelho, os milagres do deserto, as maravilhas e as leis do monte Sinai. Nos 400 anos que Israel peregrinou no Egito, este se tornou um poder mundial. Com o êxodo de Israel, o Egito decaiu para nunca mais gozar desta glória. **Autor:** Moisés. Ver **Pentateuco. Chave:** "Redenção", Êx 3.7,8. Êxodo é a história de um povo salvo pelo sangue, amparado pelo sangue, e gozando acesso a Deus pelo sangue. Ver 12.12,13. Israel, oprimido no Egito, necessitava de libertação. Deus o libertou. A nação libertada, precisava de uma revelação divina para guiá-lo em conduto e adoração. O Senhor lhe deu a lei. À luz da lei sentiram a falta de purificação. Deus supriu sacrifícios. Depois de uma revelação divina, o povo reconheceu o valor de cultos. Deus lhes deu o tabernáculo e estabeleceu um sacerdócio. **Divisão:** I. A opressão: Israel 400 anos no Egito, 1.1 a 12.36. II. A libertação: a saída (o êxodo) do Egito, 12.37 a 19.2. III. A dádiva dá lei; a aliança de Deus com Israel 19.3 a 40.38. Os eventos narrados no livro de Êxodo encerram um período de 216 anos — da morte de José até a armação do tabernáculo no deserto.

EXORCISTA: Aquele que expele demônios ou espíritos pronunciando palavras rituais. // Judeus, e ambulantes, tentaram, At 19.13.

EXORTAÇÃO: Admoestação, advertência, conselho. // Com muitas outras e anunciava o evangelho, Lc 3.18. Se tendes alguma palavra de **e**, At 13.15. Fortalecendo-os com muitas **e**, At 20.2. Se há alguma **e** em Cristo Fp 2.1. Aplica-te à **e**, ao ensino, 1 Tm 4.13. **E** como a filhos, Hb 12.5. Suporteis a presente palavra de **e**, Hb 13.22. Ver **Admoestação.**

EXORTAR: Animar, incitar, advertir, aconselhar, persuadir. Animar por meio de palavras. // Povo meu quero exortar-te, Sl 81.8. Deu testemunho e exortava-os, At 2.40. Exortava a todos a que, com firmeza, At 11.23. Exortando-os a permanecer, At 14.22. O que exorta, faça-o com dedicação, Rm 12.8. Edificando, exortando e consolando, 1 Co 14.3. Como se Deus exortasse por nós, 2 Co 5.20. Exortamos a que não recebais em vão, 2 Co 6.1. Exortamos, consolamos e admoestamos, 1 Ts 2.12. Exortamos que comam o seu próprio pão, 2 Ts 3.12. Exorto que se use a prática de súplicas, 1 Tm 2.1. Exorta-o como a pai, 1 Tm 5.1. Exorta aos ricos, 1 Tm 6.17. Exorta com toda a longanimidade, 2 Tm 4.2. Exorta e repreende, Tt 2.15. Exorto-vos como peregrinos, 1 Pe 2.11. Exortando e testificando 1 Pe 5.12. Exortando-vos a batalhardes diligentemente pela fé, Jd 3. Ver **Admoestar.**

EXPANDIR: Alargar, estender. // O insensato expande toda a sua ira, Pv 29.11.

EXPECTAÇÃO: Esperança, baseada em supostos direitos, probabilidades ou promessas. // A **e** dos perversos, Pv 10.28; 11.23. E horrível de juízo, Hb 10.27.

EXPECTATIVA: Estado de quem espera observando. // Estando o povo na **e**, Lc 3.15. A ardente **e** da criação aguarda, Rm 8.19. Segundo a minha ardente **e**, Fp 1.20.

EXPELIR: Lançar fora com violência. // Expelir demônios: Mt 9.34; 10.1; 12.24; 17.21; Mc 9.38; 16.17. Ver **Expulsar.**

EXPERIÊNCIA: Conhecimento derivado da observação e prática. // A perseverança, **e**; a **e**, esperança, Rm 5.4. Já tenho **e**, tanto de fartura, como, Fp 4.12. A **e** de que o Senhor é bondoso, 1 Pe 2.3.

EXPERIMENTADO: Que foi submetido a prova. // Expomos sabedoria entre os **e**, 1 Co 2.6.

EXPERIMENTAR: Pôr à prova. // Alguns fariseus, e o experimentaram, Mt 19.3. Por que me experimentais, hipócritas? Mt 22.18. Intérprete da lei, experimentando-o, Mt 22.35. Para o experimentar; porque ele bem sabia, Jo 6.6. Experimenteis qual seja a boa, agradável, Rm 12.2, Sejam estes primeiramente experimentados, 1 Tm 3.10.

EXPIAÇÃO: Reconciliação, pela qual os homens voltam para gozarem plena comunhão com Deus. // Por intermédio de Jesus Cristo recebemos a reconciliação, Rm 5.11. Ver Rm 3.24; 2 Co 5.18; 1 Ts 1.10; 1 Tm 2.5, 6; Tt 2.14; Hb 2.9; 1 Pe 2.24. // **A expiação no Antigo Testamento**: Lv 1.9; Nm 16.46-48. // **A expiação predita:** Is 53.4-6, 8-12; Dn 9.24-27; Zc 13.1, 7; Jo 11.50, 51. // **Expiação, o dia da:** O mais solene de todas as festas, o grande dia de humilhação nacional, entre os filhos de Israel, Lv 16.1-10. Observado no dia dez do sétimo mês, Lv 23.27; Nm 29.7. Era somente no dia da expiação que o sumo-sacerdote podia entrar no Santo dos Santos, Êx 30.10; Hb 9.7. Os dois bodes: O bode que era para o Senhor era oferecido por oferta pelo pecado. O outro, o bode emissário, era enviado ao deserto, levando tipicamente, os pecados do povo. Releia Lv 16.8-10. Em At 27.9, refere-se a esta festa.

EXPIAR: Purificar-se de crimes ou pecados. Purificar (lugar ou templo profanado). // Jurei à casa de Eli que nunca jamais lhe será expiada, 1 Sm 3.14. Expiarão o altar, Ez 43.26. Expiareis o templo, Ez 45.20. Para expiar a iniqüidade, Dn 9.24.

EXPIRAR: Expelir (ar) dos pulmões. Soltar o último alento, morrer. // Expirou: Abraão, Gn 25.8; Jesus, Mc 15.37; Ananias e Safira, At 5.5, 10.

EXPLICAR: Desenvolver, para fazer compreender. // Moisés de explicar esta lei, dizendo: Dt 1.5. Explica-nos a parábola, Mt 13.36. Entender, se alguém não me explicar? At 8.31. E difíceis de explicar, Hb 5.11.

EXPLORAÇÃO: Ato ou efeito de explorar. // Com furor contra a **e** que praticaste, Ez 22.13.

EXPLORAR: Ir a descoberta de. Abusar a boa fé ou ignorância de alguém para mau fim. // Enviaram... a espiar e explorar, Jz 18.2. Porventura vos explorei? 2 Co 12.17. Tito vos explorou? 2 Co 12.18. Ver **Defraudar.**

EXPOR: Colocar em perigo; apresentar; explicar. // Quando nos expunha as Escrituras? Lc 24.32. Homens que têm exposto a vida, At 15.26. Expondo e demonstrando ter sido necessário, At 17.3. Cristo exposto como crucificado? Gl 3.1. Expondo estas coisas, 1 Tm 4.6.

EXPOSIÇÃO: Explicação. // Fazer-lhes uma **e** por ordem, At 11.4. Uma **e** em testemunho do reino de Deus, At 28.23.

EXPRESSAMENTE: Propositadamente. // Veio **e** a palavra do Senhor, Ez 1.3.

EXPRESSÃO: Manifestação. // A **e** exata do seu Ser, Hb 1.3.

EXPRESSAR: Enunciar por palavras ou gestos. // Expressava-se por acenos, Lc 1.22.

EXPRESSO: Claro; explícito; concludente. // E a **e** imagem da sua pessoa, Hb 1.3 (ARC).

EXPRIMIR: Enunciar. // Dizia Sibolete, não podendo exprimir bem a palavra, Jz 12.6.

EXPULSAR: Fazer sair, por castigo ou com violência. // E, expulso o homem, Gn 3.24. Expulsaste as nações, e a plantaste, Sl 80.8. Não pudemos nós expulsá-lo? Mt 17.19. Expulsou a todos do templo, Jo 2.15. Expulsai, pois, de entre vós o malfeitor, 1 Co 5.13. E foi expulso o grande dragão, Ap 12.9. Ver **Expelir.**

EXPULSO: Posto fora. // Do meio dos homens são **e**, Jó 30.5.

EXPURGAR: Purgar completamente; limpar; corrigir. // Expurga-me tu dos que me são ocultos, Sl 19.12 (ARC).

ÊXTASE: Arrebatamento da alma, que se acha como transportado fora do corpo. // Exemplos: Balaão, Nm 24.4, 16; Pedro, At 10.10; 11.5; Paulo, At 22.17; João, Ap 1.10.

EXTASIADO: Arrebatado, absorto, pasmado. // Observando **e** os sinais e grandes milagres, At 8.13.

EXTERIOR: O que se vê pela parte de fora. O que está por fora. // O homem vê o **e**, 1 Sm 16.7. Homem **e** se corrompa, 2 Co 4.16.

EXTERIORMENTE: Da parte de fora. Aparentemente. // Não é judeu quem o é apenas **e,** Rm 2.28.

EXTERMINAR: Destruir com mortandade. // Os que me odiaram eu os exterminei, 2 Sm 22.41. Jeú exterminou de Israel a Baal, 2 Rs 10.28. Os malfeitores serão exterminados, Sl 37.9. Os ímpios serão exterminados, Sl 145.20. Exterminou aqueles assassinos, Mt 22.7. Exterminará aqueles lavradores, Mc 12.9. Que não ouvir a esse profeta, será exterminada, At 3.23. Exterminava... aos que invocavam o nome de Jesus, At 9.21.

EXTINGUIR: Apagar (fogo, incêndio). // Não estinguais o Espírito, 1 Ts 5.19 (ARC). Extinguiram a violência do fogo, Hb 11.34. Ver **Apagar, Eliminar, Exterminar.**

EXTINTO: Que deixou de existir. // Estão **e**, como um pavio, Is 43.17 (ARC).

EXTORQUIDOR: O que tira à força. // Livras... o necessitado dos seus **e,** Sl 35.10.

EXTORQUIR: Obter por violência ou ameaças. // Não confieis naquilo que extorquis, Sl 62.10. Usura... tomaste, extorquindo-o, Ez 22.12.

EXTORSÃO: Ato de extorquir. // Usado de **e** para com o seu próximo, Lv 6.2.

EXTRAORDINÁRIO: Que não é ordinário. // Deus... fazia milagres **e**, At 19.11. Como se alguma coisa **e** vos estivesse acontecendo, 1 Pe 4.12.

EXTRAVIAR: Perder-se no caminho. // Extraviaram-se as jumentas, 1 Sm 9.3. Todos se extraviaram e juntamente, Sl 14.3. Uma delas se extraviar, Mt 18.12. Abandonando o reto caminho, se extraviaram, 2 Pe 2.15.

EXTREMIDADE: Fim, limite. // E as **e** da terra por tua possessão, Sl 2.8. Para seres a minha salvação até a **e** da terra, Is 49.6. Reunirá os seus escolhidos... da **e** da terra, Mc 13.27. Ver **Confins.**

EXTREMO: Que está no último grau. // No tempo da **e** maldade, Ez 21.25, 29 (ARC). No tempo da **e** iniqüidade, Ez 35.5 (ARC).

EXUBERÂNCIA: Superabundância. // Deus te dê... da **e** da terra, Gn 27.28.

EXULTAR: Sentir e demonstrar grande júbilo ou alvoroço. // Exultem as filhas de Judá, Sl 48.11. Exultem os ossos que esmagaste, Sl 51.8. O ermo exultará, Is 35.1. Exultai ó ruínas de Jerusalém, Is 52.9. Canta e exulta, Zc 2.10. Exultou Jesus no Espírito Santo, Lc 10.21. Exultai e erguei as vossas cabeças, Lc 21.28. A minha língua exultou, At 2.26. Nisso exultais, 1 Pe 1.6. Exultais com alegria indizível, 1 Pe 1.8. Na revelação de sua glória vos alegreis exultando, 1 Pe 4.13. Exultemos e demos-lhe a glória, Ap 19.7.

EZBAI, hb. **Brilhando:** Um valente de Davi, 1 Cr 11.37.

EZEL, hb. **Partida:** Uma pedra onde Davi se escondeu, 1 Sm 20.19.

EZÉM, hb. **Osso**: Uma cidade no extremo sul de Judá, designada a Simão, Js 15.29; 19.3.

EZEQUE, hb. **Violência:** Um descendente de Jônatas, filho de Saul, 1 Cr 8.39.

EZEQUIAS, hb. **Fortalecido por Deus:** 1. Um filho de Acaz e rei de Judá. Filho do rei Acaz, 2 Rs 18.1. Pai do rei Manassés, 2 Rs 20.21. Um dos maiores e mais virtuosos reis de Judá, 2 Rs 18.5. A maior celebração da páscoa desde os dias de Salomão, 2 Cr 30.26. Fez em pedaços a serpente de bronze que Moisés fizera, 2 Rs 18.4. Israel foi levado ao cativeiro no ano sexto do reinado de Ezequias, 2 Rs 18.10. No ano décimo quarto, Senaqueribe invadiu Judá, 2 Rs 18.13. A destruição do exército dos assírios; 185 mil feridos, durante a noite, pelo anjo do Senhor, 2 Rs 19.35. A enfermidade mortal de Ezequias e a sua cura, 2 Rs 20.1. Quinze anos acrescentados à sua vida, 2 Rs 20.6. Isaías clamou e o Senhor fez retroceder o sol, 2 Rs 20.11. Fez o açude e o aqueduto que trouxe água para dentro de Jerusalém, 2 Rs 20.20. Mostrou aos mensageiros do rei de Babilônia todos os seus tesouros, e foi reprovado por Isaías, 2 Rs 20.12-19. Reinou 29 anos em Jerusalém e foi sepultado na subida para os sepulcros dos filhos de Davi, 2 Rs 18.2; 2 Cr 32.33. Um dos antepassados na genealogia de Jesus Cristo, Mt 1.9. Ver **Reis.** // 2. Um dos descendentes de Salomão, 1 Cr 3.23. // 3. Um na lista dos exilados que voltaram de Babilônia, Ed 2.16. //. 4. Um antepassado de Sofonias, Sf 1.1.

EZEQUIEL, hb. **Deus fortalece:** Um dos quatro grandes profetas. Criou-se em Jerusalém,. sendo, provavelmente, um discípulo de Jeremias. Fez parte da grande leva de 10 mil cativos (2 Rs 24.11-16) que Nabucodonosor mandou para Babilônia, dez anos antes da destruição de Jerusalém. Daniel passara cerca de 9 anos em Babilônia antes de Ezequiel chegar lá. Os dois eram mais ou menos da mesma idade. Ezequiel era o profeta do cativeiro, profetizando em Babilônia todos os 22 anos do seu ministério. Como Jeremias ele, também, era sacerdote, Ez 1.3. Começou a profetizar no quinto ano do seu cativeiro, Ez 1.2. Vivia em uma colônia de exilados em Tel-Abib, no "rio Quebar". Talvez um canal de irrigação, das águas do Eufrates. Ez 3.15. Enviado por Deus aos filhos de Israel, Ez 2.3; 33.7. Tinha uma casa no exílio, Ez 3.24; 8.1. Feito mudo e curado, Ez 3.26; 24.27; 33.22. Tinha grande influência entre o povo, como se vê pelo fato dos anciãos irem ter com ele para o consultar, Ez 8.1; 14.1; 20.1; etc. Ora a Deus por Israel, Ez 9.8; 11.13. Suas parábolas, Ez 15; 16; 17; 19; 23; 24. Perde a esposa, Ez 24.18. A tradição diz que foi morto por um dos seus companheiros de exílio, que ele repreendera por sua idolatria.

EZEQUIEL, O LIVRO DE: O terceiro dos quatro profetas chamados "maiores". Ao contrário dos profetas antes do exílio que foram enviados a Judá em primeiro lugar, ou às dez tribos, Ezequiel foi enviado aos **filhos de Israel, a toda a casa de Israel**, Ez 2.3; 37.11; 39.25; 45.6. **Autor**: Ezequiel. **A chave**: Visões, Ez 1.1. É um livro de visões que lembram das quatro criaturas viventes, Gog e Magog, a Nova Jerusalém, o Rio da água da vida, etc, do Apocalipse: Ez 8; 9; 10; 11; 37; 40. As divisões: I. Ezequiel chamado ao ministério profético. 1.1. a 3.21. II. Predições da próxima destruição de Judá e Jerusalém, 3.22 a 7. III. Visões das abominações de Jerusalém, das brasas de fogo, de quatro rodas, 8 a 11. IV. Repreensões e avisos, 12 a 23. V. Predições proferidas no próprio dia que começou o cerco de Jerusalém, 24. VI. Profecias contra sete nações, 25 a 32. VII. A restauração de Jerusalém, 33 a 48.
A cidade, de que Ezequiel vira sair a glória de Deus e pousar sobre o monte das Oliveiras (11.22,23) e que foi destruída, tornará a ter novamente a glória de Deus, 43.2-5; 44.4.

EZIOM-GEBER, hb. **Espinha dorsal de gigante**: Um dos lugares onde os israelitas se acamparam, Nm 33.35; Dt 2.8. Onde o rei Salomão fez naus, 1 Rs 9.26. Onde os navios de Josafá se quebraram, 1 Rs 22.49.

EZRAÍTA: O nome da família de Etã e Hemã. Salomão era mais sábio do que Etã, ezraíta, 1 Rs 4.31. O Salmo 88 é de Hemã, ezraíta; o Salmo 89, de Etã, ezraíta. Ver os títulos desses Salmos.

EZRI, hb. Deus é meu auxílio: Um dos administradores de Davi, 1 Cr 27.26.

FAMÍLIA: 0*Eu e a minha casa serviremos ao Senhor*, Js 24.15

F

FABRICANTE DE TENDAS: A profissão do apóstolo Paulo, e também de Áquila e Priscila, era a de fabricar tendas, At 18.1-3. Em tempos remotos as tendas eram feitas de pêlos de cabras, ou de peles de animais, mas no tempo de Paulo eram feitas, talvez, de pano fabricado na Cilícia. Ver **Tendas.**

FÁBULA: Uma narração, na qual seres irracionais, e mesmo objetos inanimados, são representados como agindo e falando, para ensinar lições morais. Há apenas duas na Bíblia: 1) As árvores ungem um rei, Jz 9.7-15. 2) O cardo e o cedro, 2 Rs 14.9. As fábulas de falsos mestres, mencionadas em 1 Tm 1.4; 4.7; 2 Tm 4.4; Tt 1.14 e 2 Pe 1.16, parecem diferentes das que conhecemos como fábulas. Ver **Parábola.**

FACA: Instrumento cortante, formado de uma lâmina e de um cabo. // Fez ... **f** de pederneiras, e circuncidou, Js 5.3. Mete uma **f** à tua garganta, Pv 23.2. Cujos queixais são **f**, 1 Rs 18.28. Vinte e nove **f,** Ed 1.9. Ver **Canivete, Cutelo.**

FACÇÃO: Bando ou partido sedicioso ou divergente. // As obras da carne... dissenções, **f**, Gl 5.19,20.

FACCIOSO: Dominado pela paixão partidária. // Ira e indignação aos **f**, Rm 2.8. Evita o homem **f**, Tt 3.10. Sentimento **f**, nem vos glorieis disso, Tg 3.14. Ver **Parcial.**

FACE: Semblante, rosto; cada uma das partes laterais da cara. // Trevas sobre a **f** do abismo, Gn 1.2. Vi a Deus **f** a **f**, Gn 32.30. Falava o Senhor a Moisés **f** a **f**, Êx 33.11. Nenhum mortal verá a minha **f**, Êx 33.20. Que **f** a **f**, ó Senhor, lhes apareces, Nm 14.14. **F** a **f** falou o Senhor conosco, Dt 5.4. Profeta algum como Moisés, com quem o Senhor houvesse tratado **f** a **f**, Dt 34.10. Blasfema contra ti na tua **f**, Jó 1.11; 2.5. Contemplarei a tua **f**, Sl 17.15. Não me escondas, Senhor, a tua **f**, Sl 27.9; 69.17; 102.2; 143.7. Para onde fugirei da tua **f**? Sl 139.7. Formosas são as tuas **f**, Ct 1.10. Qualquer que te ferir na **f**, Mt 5.39. Anjos nos céus vêem a **f** de meu Pai, Mt 18.10. Então veremos **f** a **f**, 1 Co 13.12. Moisés punha véu sobre a **f**, 2 Co 3.13. Glória de Deus na **f** de Cristo 2 Co 4.6. Cefas veio, resisti-lhe **f** a **f**, Gl 2.11. Banidos da **f** do Senhor, 2 Ts 1.9. Contemplarão a sua **f**, Ap 22.4. Ver **Cara, Rosto, Semblante.**

FACHO: Archote. // E como um **f** entre gavelas, Zc 12.6 (ARC).

FÁCIL: Que se faz sem trabalho ou sem custo. // Qual é mais **f** dizer, Mt 9.5. É mais **f** passar um camelo, Mt 19.24.

FACILMENTE: De modo fácil. // Os bens que **f** se ganham, Pv 13.11.

FACULDADES: Poder físico ou moral, que torna um ente capaz de ação. // Têm as suas **f** exercitadas para discernir, Hb 5.14.

FADIGA: Cansaço resultante de trabalho intenso. // Este nos consolará... das **f** de nossas mãos, Gn 5.29. Bebam... e de suas **f** não se lembrem mais, Pv 31.7. Igualaste a nós que suportamos a **f**, Mt 20.12. Em trabalhos e **f**, 2 Co 11.27. Recordais... do nosso labor e **f**, 1 Ts 2.9. Em labor e **f**, de noite e de dia, trabalhamos, 2 Ts 3.8. Os mortos... descansem das suas **f**, Ap 14.13. Ver **Canseira.**

FAIA: Gênero de cupulíferas, que compreende grandes árvores de tronco direito e liso, de madeira branca, tenaz e flexível. Empregava-se pau de faia para fazer instrumentos de música, 2 Sm 6.5.

FAÍSCA: Partícula luminosa que resulta de um corpo incandescente. // Nasce para o enfado com as **f** das brasas, Jó 5.7. O forte se tornará em estopa, e a sua obra em **f**, Is 1.31.

FAIXA: Tira de tecido própria para cingir a cintura. // Envolto em **f**, Ez 16.4; Lc 2.12.

FALA: Voz articulada; a expressão de pensamento pela palavra. // Sem **f**, ouvem-se as suas vozes, Sl 19.3 (ARC). A tua **f** te denuncia, Mt 26.73 (ARC). Ver **Língua, Linguagem.**

FALADOR: Aquele que fala muito. // O homem **f** será justificado? Jó 11.2 (ARC). Há muitos desordenados, **f**, Tt 1.10 (ARC).

FALANGE: Multidão. // Grande é a **f** das mensageiras das boas novas, Sl 68.11.

FALAR: Exprimir por meio de palavras. // Em toda a terra... uma só maneira de falar, Gn 11.1. Falou o mudo, Mt 9.33. A boca fala do que está cheio o coração, Mt 12.34. Não podemos deixar de falar... que vimos, At 4.20. Não falassem em o nome de Jesus, At 5.40. Não temas; pelo contrário, fala, At 18.9. Falando entre vós com salmos, Ef 5.19. Depois de morto, ainda fala, Hb 11.4. Tardio para falar, Tg 1.19. Se alguém não tropeça no falar, Tg 3.2. Não faleis mal uns dos outros. Aquele que fala mal... fala mal da lei, Tg 4.11. Se alguém fala, fale de acordo com os oráculos, 1 Pe 4.11.

FALATÓRIO: Murmuração de muitas pessoas que falam ao mesmo tempo. // Os **f** inúteis e profanos, 1 Tm 6.20; 2 Tm 2.16.

Falcão

FALAZ: Ardiloso, fraudulento. // Engane com raciocínios **f**, Cl 2.4.

FALCÃO: Gênero de aves de rapina, de bico curto e adunco, que se adestravam outrora para a caça. São os mais velozes voadores e os mais perfeitos rapaces, Dt 14.13; Jó 39.26.

FALECER: Morrer, expirar. // Se falecer o marido, 1 Co 7.39. Ver **Expirar, Morrer.**

FALHAR: Não produzir o efeito desejado. // E não falhará; se tardar, espera-o, Hc 2.3. E a Escritura não pode falhar, Jo 10.35. Que a palavra de Deus haja falhado, Rm 9.6.

FALSAMENTE: Com falsidade. // E tiver testemunhado **f**, Dt 19.18. Profetizam **f**, Jr 5.31; 29.9. Testemunhavam **f** contra Jesus, Mc 14.56. Do saber, como **f** lhe chamam, 1 Tm 6.20.

FALSIDADE: Hipocrisia, fraude, alteração da verdade. // Desvia de ti a **f** da boca, Pv 4.24. Seguindo o vento de **f**, Mq 2.11. Ver **Duplicidade.**

FALSIFICADOR: O que falsifica. // **F** da palavra, 2 Co 2.17 (ARC).

FALSIFICAR: Imitar ou alterar com fraude. // Nem falsificando a palavra, 2 Co 4.2 (ARC).

FALSO: Oposto à verdade, ou à realidade. // Acusação, Êx 23.7. Apóstolos, 2 Co 11.13. Coração, Os 10.2. Cristos, Mt 24.24. Irmãos, 2 Co 11.26; Gl 2.4. Juramento, Lv 19.12; Zc 8.17. Língua, Pv 21.6. Mestres, 2 Pe 2 Notícia, Êx 23.1. Palavras, Jó 36.4. Profeta, Mt 7.15 24.11,24; 1 Jo 4.1; Ap 19.20. Testemunha, Sl 27.12; Pv 6.19; 12.17; 19.5; 21.28; At 6.13; 1 Co 15.15. Testemunho, Êx 20.16; Dt 5.20; 19.16; Pv 25.18; Mt 19.18; 26.59. Visão, Jr 14.14; Lm 2.14 Ez 12.24; 13.6.

FALTA: Pecado, culpa; ato ou efeito de faltar. // Quem há que possa discernir as próprias **f**, Sl 19.12. O que dá ao pobre não terá **f**, Pv 28.27. Pesado foste... e achado em **f**, Dn 5.27. Colheu pouco não teve **f**, 2 Co 8.15. Surpreendido nalguma **f**, Gl 6.1. Ver **Carência.**

FALTAR: Deixar de haver; não existir; haver carência de. // Nem faltava ao que colhera pouco, Êx 16.18. Nada te faltará Dt 8.9. O azeite da tua botija não faltará, 1 Rs 17.14. Nada me faltará, Sl 23.1. Nada falta aos que o temem, Sl 34.9. Bem nenhum lhes faltará, Sl 34.10. Que me falta ainda? Mt 19.20. Para que não falte, Mt 25.9. Na minha falta de fé, Mc 9 24. Só uma coisa te falta, Mc 10.21. Faltou-vos alguma coisa? Lc 22.35. Supriram o que me faltava, 2 Co 11.9.

FALTO: Que carece de alguma coisa. // Falto de conselhos, Dt 32.28; de senso, Pv 9.4; 11.12; de entendimento, Pv 24.30; de inteligência, Pv 28.16; no falar, 2 Co 11.6.

FALTOSO: Falto, falho. // Ninguém seja **f**, separando-se da graça, Hb 12.15.

FAMA: Reputação; opinião pública. // A **f** de Josué corria por toda a terra, Js 6.27. Correu a **f** de Salomão por todas as nações, 1 Rs 4.31. Tendo a rainha de Sabá ouvido a **f** de Salomão, 1 Rs 10.1. Ouvimos com os nossos ouvidos a sua **f**, Jó 28.22. Melhor é a boa **f** do que o ungüento precioso, Ec 7.1. Sua **f** correu por toda a Síria, Mt 4.24. A **f** deste acontecimento correu por toda aquela terra, Mt 9.26. Divulgaram-lhe a **f** por toda aquela terra, Mt 9.31. Ouviu Herodes a **f** de Jesus, Mt 14.1. Por infâmia e por boa **f**, 2 Co 6.8. Tudo o que é de boa **f**. Fp 4.8. Ver **Nome, Renome.**

FAMÍLIA: Pessoas do mesmo sangue. // Segundo as suas **f**, Gn 10.5. Em ti serão benditas todas as **f**, Gn 12.3; 28.14. Cordeiros segundo as vossas **f**, Êx 12.21. A minha **f** a menor de todas, 1 Sm 9.21. Qual é a **f** de meu pai, para vir a ser eu genro do rei, 1 Sm 18.18. Faz que o solitário more em **f**, Sl 68.6. Pranteará, cada **f** à parte, Zc 12.12. Principalmente aos da **f** de Deus, Gl 6.10. Sois da **f** de Deus, Ef 2.19. De quem toma o nome toda **f**, Ef 3.15. Ver **Casa, Geração, Tribo.**

FAMILIARIDADE: Intimidade, convivência. // Por efeito da **f** até agora com o ídolo, 1 Co 8.7.

FAMINTO: Que tem muita fome; ávido. // Fartou de bens a alma **f**, Sl 107.9. Mas à alma **f** todo amargo é doce, Pv 27.7. Como o **f** que sonha que está a comer, Is 29.8. Encheu de bens os **f**, Lc 1.53.

FAMOSO: Que tem grande reputação, boa ou má; muito conhecido. // Moisés era mui **f** na terra do Egito, Êx 11.3. Ver **Afamado, Notório, Memorável.**

FANTASIA: Coisa imaginária. // Do coração brotam-lhes **f**, Sl 73.7.

FANTASMA: Suposta aparição de defunto. // Exclamaram: É um **f**! Mt 14.26.

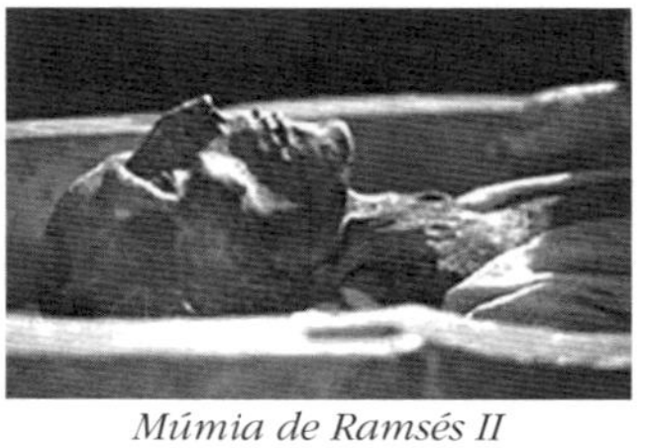

Múmia de Ramsés II

FANUEL, a face de Deus: Pai de Ana, profetisa, Lc 2.36.

FARAÓ, A grande casa: O título dos soberanos do Egito. Muitos Faraós foram sepultados nas pirâmides. Nenhum Faraó das Escrituras pode com certeza ser identificado, à exceção do Faraó-Neco e do Faraó-Hofra, 2 Rs 23.29; Jr 44.30. O Faraó da opressão era, talvez, Ramsés II; o do êxodo, Merneptá II. // Faraó tomou a mulher de Abraão, Gn 12.15. O patrão de José, Gn 40. Teve um sonho, Gn 41. Israel apresentado a Faraó, Gn 47. Afligiu os israelitas, Êx 1.10. Permitiu o Êxodo, cap. 12.31. Perseguiu Israel e morreu afogado, Êx 14. O sogro de Salomão, 1 Rs 3.1. Auxiliou Hadade, 1 Rs 11.10. Precipitou no mar Vermelho a Faraó, Rm 9.17. Recusou ser chamado filho da filha de Faraó, Hb 11.24.

FARDO: Coisa ou conjunto de coisas que se destinam a transportar. // O Senhor que, dia a dia, leva o nosso **f**, Sl 68.19. O meu **f** é leve, Mt 11.30. **F** pesados sobre os ombros dos homens com, Lc 11.46. Cada um levará o seu próprio **f**, Gl 6.5. Ver **Carga.**

FARFAR, heb. **rápido:** Um rio de Damasco, 2 Rs 5.12. Talvez o Awaj. Ver mapa 3, C-1.

FARINHA: Pó a que se reduzem os cereais moídos. // Oferta será de flor de **f**, Lv 2.1. Somente um punhado de **f**, 1 Rs 17.12. Um alqueire de flor de **f** por um siclo, 2 Rs 7.1.

FARISEUS: Uma das principais seitas dos judeus, muito mais numerosa do que a dos saduceus, e de mais influência entre o povo. Insistiam no cumprimento rigoroso da lei e das tradições. Chamados **fariseus,** isto é, **separados,** porque não somente se separavam dos outros povos, mas também dos outros israelitas. Observavam práticas minuciosas, mas se esqueciam do espírito da lei, como se vê na maneira em que se lavavam antes de comer, na lavagem de copos, jarros, etc. Mc 7.3,4; em pagar escrupulosamente o dízimo, Mt 23.23; na observância tão minuciosa do sábado que este dia, em vez de ser de descanso, se tornou um peso, Mt

12.1-14; Lc 13.10-17. A literatura talmúdica é unicamente obra dos fariseus. João Batista os denunciou como raça de víboras, Mt 3.7. Denunciados abertamente por Cristo, Mt 5.20; 15.7,8; 23.2-36. Acusaram a Jesus de expulsar demônios pelo maioral dos demônios, Mt 9.34. Ridiculizavam a Cristo, Lc 16.14. Experimentaram apanhar a Jesus em uma palavra, Mt 22.15,34. Hospedaram a Jesus, Lc 7.36; 11.37. Criam na ressurreição, At 23.8. Parábola do publicano e do fariseu, Lc 18.10. Cristãos fariseus, At 15.5. O nome **fariseu** já adquiriu o sentido de **hipócrita.** Não se deve, contudo, supor que os fariseus eram ricos vivendo em luxo, ou que tinham caído em muitos vícios. Josefo nos informa que viviam moderadamente, evitando todo o luxo. Havia entre eles muitos indivíduos piedosos e de grande influência entre o povo. Ver At 26.5. Alguns fariseus de renome: Simão, Lc 7.36. Nicodemos, Jo 3.1. Gamaliel, At 5.34. Saulo de Tarso, At 23.6; Fp 3.5.

FARMASTA: Um dos dez filhos de Hamã, Et 9.9.

FARTAMENTE: Com fartura. // Encherão **f** os teus celeiros, Pv 3.10.

FARTAR: Saciar a fome ou a sede de, encher, cansar. // Fartareis de pão, Êx 16.12. Comereis até vos fartar, Lv 25.19. Porém não vos fartareis, Lv 26.26. A minha alma se fartará, Sl 63.5. Farta de bens a tua velhice, Sl 103.5. De pão fartarei os seus pobres, Sl 132.15. Dos seus conselhos se fartarão, Pv 1.31. A alma dos diligentes se farta, Pv 13.4. Dos seus próprios caminhos se farta, Pv 14.14. O inferno nunca se farta, Pv 27.20. Três coisas que nunca se fartam, Pv 30.15. Comerão mas não se fartarão, Os 4.10. Porque serão fartos, Mt 5.6. Comestes dos pães e vos fartastes, Jo 6.26. Aquecei-vos e fartai-vos, Tg 2.16. Todas as aves se fartaram das suas carnes, Ap 19.21. Ver **Satisfazer.**

FARTO: Saciado, cheio, cansado. // O que lavra será **f** de pão, Pv 12.11. A alma **f** pisa o favo de mel, Pv 27.7. Para não suceder que, estando eu **f**, te negue, Pv 30.9. Estou **f** dos holocaustos, Is 1.11. Eis que vos envio o cereal, e o vinho, e o óleo, e deles sereis **f**, Jl 2.19. Já estais **f**, já estais ricos, 1 Co 4.8. Ver **Cheio, Satisfeito.**

FARTURA: Abundância. // Deus te dê **f** de trigo, Gn 27.28. Sete anos de **f**, Gn 41.24. As tuas pegadas destilam **f**, Sl 65.11. A **f** do rico não o deixa dormir, Ec 5.12. De meu pai têm **f**, Lc 15.17. Enchendo os vossos corações de **f**, At 14.17. O que semeia com **f**, 2 Co 9.6. Já tenho experiência, tanto da **f**, como de fome, Fp 4.12. Ver **Abastança.**

FASCINAÇÃO: Encanto; atração irresistível. // A **f** das riquezas sufocam a palavra, Mt 13.22.

FASCINAR: encantar, seduzir. // Quem vos fascinou, Gl 3.1.

FASQUIA: Tira de madeira. Janelas de **f** fixas, 1 Rs 6.4.

FASTIO: Falta de apetite. // Nossa alma tem **f** deste pão, Nm 21.5.

FATIGADO: Cansado. // Pelejaram contra os filisteus, ficando Davi mui **f**, 2 Sm 21.15.

FATIGAR: Causar fadiga, cansaço a. // Não te fatigues para seres rico, Pv 23.4. Não vos basta fatigardes os homens, mas ainda fatigais também ao meu Deus? Is 7.13. Os que esperam no Senhor... caminham e não se fatigam, Is 40.31. Para que não vos fatigueis, desmaiando em vossas almas, Hb 12.3. Ver **Cansar.**

FATO, DE: Realmente. // Não amemos de palavra... mas de **f** e de verdade, 1 Jo 3.18.

FAUCE: Grande abertura em forma de boca. // Procura tirar-te das **f** da angústia, Jó 36.16.

FAUNA: Ver **Animal, Ave, Inseto, Réptil.**

FAVA: Planta hortense da família das leguminosas. A vagem é a semente desta planta, 2 Sm 17.28; Ez 4.9.

Favo

FAVO: Conjunto de alvéolos (células) em que as abelhas depositam o mel. Sl 19.10; Pv 5.3. Ver **Mel.**

FAVOR: Graça, proteção, benevolência. // Por que não achei **f** aos teus olhos? Nm 11.11. Samuel crescia... no **f** do Senhor, 1 Sm 2.26. A moça... alcançou **f**, Et 2.9. Ester alcançou **f** de todos, 2.15. Alcançou ela **f** perante ele, Et 5.2. O seu **f** dura a vida inteira, Sl 30.5. Mostra-me um sinal do teu **f**, Sl 86.17. O que me acha (sabedoria)... alcança **f** do Senhor, Pv 8.35. Quem procura o bem alcança **f**, Pv 11.27. A boa inteligência consegue **f**, Pv 13.15. Ao que trabalha, o salário não é considerado como **f**, Rm 4.4. Procuro eu agora o **f** dos homens? Gl 1.10. Na minha primeira defesa ninguém foi a meu **f**, 2 Tm 4.16. **Benefício, Graça, Recompensa.**

FAVORÁVEL: Benévolo, propício. // Deus se tornou **f**, 2 Sm 21.14; 24.25. Um dia **f** em que Herodes, Mc 6.21. Ver **Propício.**

FAVORECER: Apoiar, proteger. // Nem favorecendo o pobre... com justiça julgarás, Lv 19.15. Como é que me favoreces, Rt 2.10 (ARA).

FAZENDA: Bens, haveres. // Engoliu **f**, mas vomitá-las-á, Jó 20.15 (ARC). Confiam na sua **f**, Sl 49.6 (ARC). E ali desperdiçou a sua **f**, Lc 15.13 (ARC).

FAZER: Dar existência ou forma a; realizar. // Façamos o homem, Gn 1.31. Em seis dias fez o Senhor, Êx 20.11. Ele falou e tudo se fez, Sl 3.9. Faze-me ouvir júbilo e alegria, Sl 51.8. Grandes coisas fez o Senhor, Sl 126.3. Quereis que os homens vos façam, Lc 6.31. Que farei para herdar a vida, Lc 18.18. Fazei tudo quanto ele vos disser, Jo 2.5. Sem mim nada podeis fazer, Jo 15.5. Que devo fazer para que seja salvo, At 16.30. Perseverando em fazer o bem, Rm 2.7. Fazei tudo para glória de Deus, 1 Co 10.31. Não cansemos de fazer o bem, Gl 6.9; 2 Ts 3.13.

FÉ: Confiança na lealdade, no saber, na veracidade de alguém. Nas palavras da Bíblia: "A certeza de coisas que se esperam, a convicção de fatos que se não vêem", Hb 11.1. // Ordenada, Mc 11.22; 1 Jo 3.23. Sem fé é impossível agradar a Deus, Hb 11.6. // Dada pelo Espírito, 1 Co 2.4,5; 12.9. // Produz amor, Gl 5.6; 1 Tm 1.5. // A unidade da fé, Ef 4.5,13; Jd 3. // Milagres mediante a fé, Mt 9.22; Lc 8.50; At 3.16. // O poder da fé, Mt 17.20; Mc 9.23; Lc 17.6. // A provação da nossa fé, Hb 11.17; Tg 1.3; 1 Pe 1.7. // Combate na fé, 1 Co 9.26; 1 Tm 1.18; 2 Tm 4.7. // Exortação a permanecer firme na fé, 1 Co 16.13; 2 Co 13.5; Ef 6.16; Cl 1.23; 1Tm 1.19; 6.11; Tt 1.13; Jd 3. // A fé é fonte: de alegria, 1 Pe 1.8; de esperança, 1 Pe 1.21; de pureza, At 15.9; de santidade, At 26.18. // Traz ao que crê: remissão de pecados, At 10.43; paz, Rm 15.13; descanso, Hb 4.3; esperança, Gl 5.5; confiança, Ef 3.12; filiação, Gl 3.26, vida eterna, Jo 3.36; 11.26; todas as coisas, Mt 21.22; Mc 9.23. // Habilita o que crê: a ficar firme, 2 Co 1.24; a viver, Rm 1.17; a andar, 2 Co 5.7; a combater, 1 Tm 6.12; a vencer, 1 Jo 5.4; a obter bom testemunho, Hb 11.39; a tornar-se filho de Deus, Jo 1.12. // Exemplos de fé: Calebe, Nm 13.30; Sadraque, Mesaque e Abede-Nego, Dn 3.17; Barnabé, At 11.24; Paulo, 2 Tm 4.7; Estevão, At 6.5; aqueles mencionados em Hb 11. // Pequena fé, Mt 6.30; Lc 12.28. // Tanta fé, Mt 8.10; Lc 7.9. Grande fé, Mt 15.28. // Vendo-lhes a fé, Mt 9.2. // A tua fé te salvou, Mt 9.22. // Conforme a vossa fé, Mt 9.29. // Fé como um grão de mostarda, Mt 17.20. // A justiça, a misericórdia e a fé, Mt 23.23. // Onde está a vossa fé, Lc 8.25. // Achará fé na terra? Lc 18.8. // Fé em o nome de Jesus, At 3.16. // Homem cheio de fé, At 6.5; 11.24. // Permanecer firmes na fé, At 14.22. // Abrira a porta da fé, At 14.27. // Purificando-lhes pela fé os corações, At 15.9. // Fortalecidas na fé, At 16.5. // Santificados pela fé, At 26.18. // Justificado pela fé, Rm 3.28; 5.1; Gl 2.16; 3.24. // Fé atribuída como justiça, Rm 4.5. // Provém da fé, para que seja segundo a graça, Rm 4.16. // Acesso pela fé, Rm 5.2. // A palavra da fé que pregamos, Rm 10.8. // A fé vem pela pregação, Rm 10.17. // Débil na fé, Rm 14.1. // O que não provém da fé é pecado, Rm 14.23. // Fé não se apoiasse em sabedoria, 1 Co 2.5. // Dada no Espírito, 1 Co 12.9. // Ainda que eu tenha tamanha fé, 1 Co 13.2. // Permanecem a fé... 1 Co 13.13. // Se Cristo não ressuscitou é vã a vossa fé, 1 Co 15.14. // Permanecei firmes na fé, 1 Co 16.13. // Domínio sobre a vossa fé, 2 Co 1.24. // Andamos por fé, 2 Co 5.7. // Vivo pela fé, Gl 2.20. // Pregação da fé, Gl 3.2. // Fruto do Espírito é fé (fidelidade), Gl 5.22. // A família da fé, Gl 6.10. // Sois salvos mediante a fé, Ef 3.12. // Habite Cristo nos corações pela fé, Ef 3.17. // Um só Senhor, uma só fé, Ef 4.5. // A unidade da fé, Ef 4.13. // Embraçando o escudo da fé, Ef 6.16. // Obra de fé, 1 Ts 1.3; 2 Ts 1.11. // Revestindo-nos da couraça da fé, 1 Ts 5.8. // A fé não é de todos, 2 Ts 3.2. // Filho na fé, 1 Tm 1.2. // Fé sem hipocrisia, 1 Tm 1.5; 2 Tm 1.5. // Vieram a naufragar na fé, 1 Tm 1.19. // Torna-se padrão... na fé, 1 Tm 4.12. // Tem negado a fé, 1 Tm 5.8. // Desviaram-se da fé, 1 Tm 6.10,21. // Combate o bom combate da fé, 1 Tm 6.12. // Guardei a fé, 2 Tm 4.7. // Palavra não acompanhada pela fé, Hb 4.2. // Não lançando de novo a base... da fé, Hb 6.1. // Aqueles que, pela fé, herdam, Hb 6.12. // Em plena certeza de fé, Hb 10.22. // A fé é a certeza de coisas que se esperam, Hb 11.1. // Pela fé Abel etc., Hb 11.4,5,7 etc. // Sem fé é impossível agradar a Deus, Hb 11.6. // O Autor e Consumador da fé, Hb 12.2. // A provação da vossa fé, Tg 1.3. // Peça-a, porém, com fé, Tg 1.6. // Pobres... ricos na fé, Tg 2.5. // Que tem fé, mas não tiver obras, Tg 2.14. // A fé sem as obras é inoperante, Tg 2.20. // A oração da fé salvará o enfermo, Tg 5.15. // Guardados mediante a fé, 1 Pe 1.5. // Resisti-lhe firmes na fé, 1 Pe 5.9. // Obtiveram fé igualmente preciosa, 2 Pe 1.1. // Associais com a vossa fé a virtude, 2 Pe 1.5. // A vitória que vence, a nossa fé, 1 Jo 5.4. // A fé uma vez por todas entregue, Jd 3. // Edificando-vos na vossa fé santíssima, Jd 20. // Não negaste a minha fé, Ap 2.13. // Conheço a tua fé, Ap 2.19. // Os que guardam a fé em Jesus, Ap 14.12. Ver **Confiança.**

FEBE, puro, brilhante: Paulo a descrevia como: 1 . "Nossa irmã". 2. "Que está servindo à igreja em Cencréia". 3. "Tem sido protetora de muitos", Rm 16.1,2. Esses versículos indicam que foi ela mesma que servia de portadora da **Epístola de Paulo aos Romanos.** Opina-se que era diaconisa da Igreja Primitiva.

FEBRE: Perturbação na economia animal caracterizada pela freqüência do pulso e aumento de calor. // O Senhor ferirá com a tísica e com a febre ardente, Dt 28.22 (ARC). Jesus curou a sogra de Simão de febre muito alta, Lc 4.38,39. Jesus curou o filho de um oficial do rei, que estava para morrer de uma febre, Jo 4.46-54. Paulo curou o pai de Públio, que enfermo de desinteria, ardia em febre, At 28.8.

FECHAR: Cerrar, tapar uma abertura. // Fecharam-se as fontes do abismo, Gn 8.2. Nem fecharás as tuas mãos a teu irmão pobre, Dt 15.7. E fecharam os seus olhos, Mt 13.15. Fechou-se a porta, Mt 25.10. Quando o céu se fechou por três anos, Lc 4.25. Num abrir e fechar de olhos, 1 Co 15.52. E fechar-lhe o seu coração, 1 Jo 3.17. Que abre e ninguém fechará, Ap 3.7. Lançou-se no abismo, fechou-o, Ap 20.3.

FECUNDO: Produtivo, fértil. // Sede **f**, multiplicai-vos, Gn 1.22; 9.1. Farte-ei **f** extraordinariamente, Gn 17.6. E vos farei **f** e vos multiplicarei, Lv 26.9. Ver **Fértil, Frutífero.**

FEDOR: Mau cheiro. // Em lugar de cheiro suave haverá **f**, Is 3.24 (ARC).

FEIRA: Mercado. // Ela era a **f** das nações, Is 23.3 (ARC).

FEITIÇARIA: Encantamento, sortilégio. // A rebelião é como o pecado de **f**, 1 Sm 15.23 Jezabel e as suas muitas **f**, 2 Rs 9.22. A multidão das tuas **f**, Is 47.9. Eliminarei as **f**, Mq 5.12. A mestra de **f**, Na 3.4. Idolatria, **f**, Gl 5.20. Nem das suas **f**, Ap 9.21. Seduzidas pela tua **f**, Ap 18.23. Ver **Adivinhação, Encantamento.**

FEITICEIRO: Aquele que faz feitiços; bruxo, mágico. // A **f** não deixarás viver, Êx 22.18. **F** serão mortos, Lv 20.27. Tratava com médiuns e **f**, 2 Rs 21.6. Então o rei mandou chamar os **f**, Dn 2.2. Os caldeus e os **f**, Dn 5.7. Testemunhas veloz contra os **f**, Ml 3.5. Quanto aos **f**, Ap 21.8. Fora ficam os cães, os **f**, Ap 22.15. Ver **Adivinhação.**

FEITO: Ato, fato, obra, sucesso. // O Senhor... pesa todos os **f** na balança, 1 Sm 2.3. Senhor... os seus **f**, 1 Cr 16.8; Sl 9.11; 77.11; 103.7; 105.1; 106.2; 143.5; 150.2. Mortificardes os **f** do corpo, Rm 8.13 Ver **Ato, Obra.**

FEITOR: Fabricante. // Repousam e não ouvem a voz do **f**, Jó 3.18.

FEITURA: Obra. // Somos **f** dele, Ef 2.10.

FEIXE: Braçado, molho. // Atávamos **f**... o meu **f** se levantou, Gn 37.7. Esqueceres um **f**... não voltarás a tomá-lo, Dt 24.19. Tua vida será atada no **f** dos que vivem com o Senhor, 1 Sm 25.29. Voltará com júbilo, trazendo os seus **f**, Sl 126.6. O joio, atai-o em **f** para ser queimado, Mt 13.30. Um **f** de gravetos, uma víbora, At 28.3. Ver **Gavela.**

FEL: Bílis; **fig.** ódio, rancor. // Deram a Jesus beber vinho com fel, Mt 27.34; Sl 69.21. Os romanos davam vinho misturado com "mirra" a fim de produzir estupefação nos supliciados. Em **f** de amargura e laço de iniqüidade, At 8.23.

FELICIDADE: Bem estar, contentamento. // Como nuvem passou a minha **f**, Jó 30.15.

FÉLIX, lat. **Feliz:** Antônio Félix e seu irmão, Palas, eram escravos na casa de Agripina, mãe de Cláudio, o imperador mencionado em At 18.2. Este enviou Félix para governar uma província. O historiador Tácito escreveu que o ex-escravo "dominava como rei com toda sorte de crueldade e lascívia e com o temperamento de um escravo". O processo e julgamento do apóstolo Paulo perante Félix, At 24.1-27. Ver **Drusila.**

FELIZ: Ditoso, afortunado próspero. // **F** és tu, ó Israel! Quem é como tu? Dt 33.29. **F** é a nação cujo Deus é o Senhor, Sl 33.12. **F** o homem que acha sabedoria, Pv 3.13. Ver **Bem-aventuranças.**

FENDA: Abertura longa e estreita. // Eu te porei numa **f** da penha, Êx 33.22. Meter-se-ão pelas **f** das rochas, Is 2.21.

FENDER: Fazer fendas em; abrir-se em fendas. // A terra debaixo deles se fendeu, Nm 16.31. Forte vento fendia os montes, 1 Rs 19.11. Oh! Se fendesse os céus, Is 64.1.

FENDIDO: Dividido. // Todo que tem unhas **f**, Lv 11.3; Dt 14.7.

FENECER: Findar, morrer. // Não fenecerá a sua folha, Ez 47.12.

FENICE, gr. **Terra das palmeiras:** Uma cidade e porto na costa sueste de Creta, At 27.12. Ver mapa 6, D-3.

FENÍCIA, gr. **Terra das tamareiras:** Mencionada em At 11.19; 15.3; 21.2. Esta terra é designada no Novo Testamento como "os lados de Tiro e Sidom", "as terras de Tiro", "o litoral de Tiro e de Sidom", Mt 15.21; Mc 7.24; Lc 6.17. No Antigo Testamento, é designada como "o limite dos cananeus desde Sidom", "o termo se estendia até Sidom", "à grande Sidom", "que pertencia a Sidom", Gn 10.19; 49.13; Js 11.8; 1 Rs 17.9. Era a faixa de terra da costa mediterrânea de 32 km de largura que se estendia por uns 192 km do monte Carmelo para o norte. Ver mapa 2, C-2.

FENÍCIOS: Eram comerciantes e haviam estabelecido uma colônia em Cartago, que veio a ser um sério obstáculo ao progresso de Roma nas suas conquistas. A sua língua era semítica, cognata do hebreu e aramaico, a língua vulgar da Palestina no tempo de Cristo. A invenção do alfabeto é atribuída aos fenícios. Concordam os escritores gregos e romanos que as letras foram primeiramente ensinadas aos gregos por eles. No tempo de Salomão os judeus e os fenícios negociavam juntos no exterior do país, 1 Rs 10.22. A religião dos fenícios era sistema politeísta, em que as forças da natureza e os princípios da reprodução (macho e fêmea) tinham o seu lugar. O sol, a lua e os planetas eram adorados como poderes inteligentes, fiscalizando os destinos humanos. Eram seus deuses, entre outros Baal, Astarote, e, talvez, Aserá. O culto a Baal, entre os fenícios, era acompanhado do horrível sacrifício dos filhos, que os pais faziam passar pelo fogo.

FENO: Erva que se ceifa e seca, para alimento do gado. // Comeu **f** como boi, Dt 4.33 (B).

FERA: Animal bravio e carniceiro. // As **f** do campo não se multipliquem, Êx 23.29. Sobre vós a fome e bestas-feras, Ez 5.17. Lutei em Éfeso com **f**, 1 Co 15.32. Cretenses... **f** terríveis, Tt 1.12. Toda espécie de **f**... se doma, Tg 3.7. Ver **Animal, Besta.**

FÉRETRO, ESQUIFE: Caixão funerário. // Davi ia seguindo o féretro de Abner, 2 Sm 3.32. Jesus tocou o esquife do filho da viúva de Naim, Lc 7.14.

FEREZEUS, hb. **Aldeões:** Uma das sete nações que habitavam Canaã, antes da conquista pelos israelitas, Gn 13.7; 34.30; 15.20; Êx 3.8; Dt 7.1; Js 9.1; Jz 1.4. Casaram-se com os filhos de Israel, Jz 3.5,6. Salomão os fez trabalhadores forçados, 1 Rs 9.20,21. Ver mapa 1, H-3.

FERIDA: Chaga; agravo, ofensa. // A minha **f** é incurável, Jó 34.6. Para as **f** sem causa? Pv 23.29. Leais são as **f** feitas pelo que ama, Pv 27.6. Desde a planta do pé... senão **f**, Is 1.6. Curam superficialmente a **f** do meu povo, Jr 6.14; 8.11. As suas **f** são incuráveis, Mq 1.9. Essa **f** mortal foi curada, Ap 13.3. Ver **Chaga.**

FERIDO: Que tem ferida; ofendido. // Gravemente **f**, 2 Cr 18.33. Desnudos e **f**, fugiram, At 19.16.

FERIMENTO: Ferida. // **F** por **f**, golpe por golpe, Êx 21.25. Pensou-lhe os **f**, aplicando-lhes óleo, Lc 10.34.

FERIR: Golpear, bater em, matar. // Este te ferirá a cabeça, e tu lhe ferirás o calcanhar, Gn 3.15. Ferir a outro de modo que este morra, Êx 21.12. Moisés... feriu a rocha duas fezes, Nm 20.11. Elias tomou o seu manto... feriu as águas, 2 Rs 2.8. E feriu no arraial dos assírios, 2 Rs 19.35. E nós o reputávamos... ferido de Deus, Is 53.4. Por causa da transgressão... foi ele ferido, Is 53.8. Feriu a estátua nos pés, Dt 2.34. Que te ferir na face direita, Mt 5.39. Ferirei o pastor, e as ovelhas, Mt 26.31. Feriu o servo do sumo sacerdote, Lc 22.50. Um anjo do Senhor o feriu, At 12.23. Ver **Matar.**

FERMENTO: O fermento dos hebreus constava de uma porção de massa velha em alto grau de fermentação, introduzida na massa fresca. // Tirareis o **f** das vossas casas, Êx 12.15. Nenhuma oferta de manjares... se fará com **f**, Lv 2.11. O reino... é semelhante ao **f**, Mt 13.33. O **f** dos feriseus e saduceus, Mt 16.6. **F** de Herodes, Mc 8.15. Pouco de **f** leveda a massa toda? 1 Co 5.6; Gl 5.9. Lançai fora o velho **f**, 1 Co 5.7. O **f** da maldade, 1 Co 5.8.

Tigre

FEROZ: Que tem natureza de fera. // Levantará contra ti... nação **f** de rosto, Dt 28.49,50. E um rei **f** os dominará, Is 19.4. Um rei de **f** catadura, Dt 8.23.

FERRAMENTA: Instrumento de um trabalhador; conjunto de instrumentos ou utensílios de uma arte ou ofício. // A ferramenta usada na Palestina, no tempo do Antigo Testamento, era a mesma de outros países. Nas escrituras mencionam-se a aguilhada, 1 Sm 13.21; o compasso, Is 44.13; a enxada, 1 Sm 13.20; a foice, 1 Sm 13.20; a lima, 1 Sm 13.21 (ARC); o machado, 1 Rs 6.7; o martelo, Is 44.12; a picareta, 2 Sm 12.31 (B); a plaina, Is 44.13; o prumo, Am 7.7; o sacho, 1 Sm 13.21 (ARC); a sereia, 1 Rs 7.9; a sovela, Êx 21.6.

FERRÃO: Orgão próprio do lacrau, abelha vespa etc. // Caudas como escorpiões, e **f**, Ap 9.10.

FERREIRO: Aquele que trabalha em obras de ferro. // Tubalcaim, artífice de todo instrumento cortante, de bronze e de ferro, Gn

4.22. Em toda a terra de Israel nem um **f** se achava, 1 Sm 13.19. O **f** faz o machado, Is 44.12; serra, picareta, 2 Sm 12.31; martelo, 1 Rs 6.7. O **f** que produz a arma, Is 54.16. Nabucodonosor levou os **f**, Jr 24.1; 29.2; 2 Rs 24.14,16. O Senhor me mostrou quatro **f**, Zc 1.20. Ver **Ferro.**

FERRO: Metal duro, cinzento azulado e maleável, mas privado de toda elasticidade. O trabalho com ferro data da mais alta Antigüidade. Tubalcaim era forjador de instrumentos cortantes de cobre e de ferro, Gn 4.22. Outros instrumentos de ferro, Nm 35.16; Dt 19.5; 27.5. Ogue, rei de Basã, tinha leito de ferro, Dt 4.20. Permanecem até hoje as minas velhas e ruínas de fundição de cobre e de ferro em toda a região do Arabá até o mar Vermelho. Ver Dt 8.9. O ferro conhecido por sua grande dureza, Lv 26.19; Dt 28.23,48. Entre os metais do despojo tirado dos midianitas, Nm 31.22. Vasos de ferro, Js 6.19,24; Ez 4.3. Carros armados com ferro, Js 17.16. Símbolo da força, Jó 40.18; de aflição, Sl 107.10. Armas de guerra, 1 Sm 17.7; Ap 9.9. Contribuídos para a casa de Deus 100 000 talentos de ferro, 1 Cr 29.7. Davi preparou ferro em abundância para o Templo, 1 Cr 22.3. Refinado no fogo, Ez 22.18,20. Porção de ferro, At 12.10. Ver **Aço.**

FERROLHO: Tranqueta de ferro corrediça. // Sejam de ferro e de bronze os teus **f**, Dt 33.25.

FERRUGEM: Doença parasitária, Dt 28.22; 1 Rs 8.37; 2 Cr 6.28; Am 4.9; Ag 2.17. // Óxido de ferro. Panela cheia de **f**, Ez 24.6. A traça e a **f** corroem, Mt 6.19. Sua **f** há de ser por testemunho contra vós, Tg 5.3.

FÉRTIL: Que produz muito. // Ao seu denso e **f** pomar, 2 Rs 19.23. Nos campos **f**... amigo da agricultura, 2 Cr 26.10. Tomaram... terra **f**, Ne 9.25. Introduzi numa terra **f**, Jr 2.7. Ver **Fecundo.**

FERTILÍSSIMO: Muito fértil. // Uma vinha num outeiro **f**, Is 5.1.

FERVER: Cozer com água ou outros líquidos em ebulição. // As profundezas faz ferver, como uma panela, Jó 41.31. Faze-a ferver bem... os ossos, Ez 24.5.

FERVOROSO: Que tem fervor, que é diligente, dedicado, zeloso. // Apolo... **f** de espírito, At 18.25. Sede **f** de espírito, Rm 12.11. Oramos com intenso fervor, 1 Ts 3.10 (B). Muito pode a súplica **f** do justo, Tg 5.16 (B). Pediu com fervor, Tg 5.17 (B). Ver **Ardente.**

FESTA: Solenidade em comemoração de um fato importante. // Para que me celebre uma **f** no deserto, Êx 5.1. Aborreço, desprezo as vossas **f**, Am 5.21. A **f** dos tabernáculos estava próxima, Jo 7.2. No último dia, o grande dia da **f**, Jo 7.37. Celebremos a **f**, não com o velho fermento, 1 Co 5.8. Ninguém vos julgue por causa de **f**, ou lua nova, Cl 2.16. Vossas **f** de fraternidade Jd 12. // Há três divisões na classificação das festas: 1) As do sábado: a) O próprio sábado, Lv 23.3. b) A lua nova, Nm 28.11-15. c) A sétima lua nova, a festa de trombetas, Lv 23.24. d) O ano sabático, Lv 25.3-7. e) O ano de Jubileu, Lv 25.8-18. 2) As três grandes festas: a) A páscoa, dos pães asmos, Lv 23.4-8. b) A festa das primícias, ou do pentecostes, Lv 23.15-25. c) A festa dos tabernáculos, Lv 23.9-14. 3) O dia de expiação, Lv 23.26-32. Depois do exílio se observava a festa de purim, Et 9.20-28; e da dedicação, Jo 10.22. A Ceia do Senhor também se chama **festa**, 1 Co 5.8. Ver **Banquetes, Ceias.**

FESTEJAR: Celebrar, aplaudir. // Festejai, ó céus, Ap 12.12.

FESTIVAL: Grande festa. // Dar-vos-ei trinta... vestes **f**, Jz 14.12.

FESTIVIDADE: Regozijo. // Alegria e **f** solenes, Zc 8.19.

FESTO, lat. **Festivo, alegre:** Pórcio Festo foi apontado, por Nero, para suceder Félix, como governador da Judéia, At 24.27. Quando Festo queria assegurar o apoio dos judeus, Paulo teve de apelar a César, At 25. Festo assistiu à memorável defesa de Paulo perante o rei Agripa, At 26 Festo morreu dois anos depois, em 62 d.C., enquanto desempenhava seu ofício de governador.

FEZES: Borra, sedimento. // Tem repousado nas **f** do seu vinho, Jr 48.11. Ver **Escória, Excremento.**

FIADOR: Pessoa que assegura o cumprimento dos deveres de outro. // Se ficasse por **f**... Estás enredado, Pv 6 1,2. Quem fica por **f**... sofrerá males, Pv 11.15. Jesus... **f** de superior aliança, Hb 7.22.

FIANÇA: Caução, penhor, garantia ou segurança dada por um indivíduo ao cumprimento da obrigação de outro. // O que aborrece a **f** estará seguro, Pv 11.15 (ARC).

FIAR: Confiar à fé de alguém. // Quando te falar suavemente, não te fieis nele, Pv 26.25. De irmão nenhum vos fieis, Jr 9.4. Não te fies deles, Jr 12.6. Ver **Confiar, Crer.**

FIAR: Reduzir a fio (matérias filamentosas). // Suas próprias mãos tinham fiado, Êx 35.25. Os lírios... nem fiam, Mt 6 28.

FICAR: Não sair; permanecer. // Não ficará pedra sobre pedra, Lc 21.6 Os que ficarmos até à vinda do Senhor 1 Ts 4.15. Tu, fica ali em pé, Tg 2.3. Ver **Permanecer.**

FICOL, hb. **grande:** Comandante do exército de Abimaleque, Gn 21.22.

FICTÍCIO: Imaginário, simulado. // Farão comércio de vós, com palavras **f**, 2 Pe 2.3.

FIDEDIGNO: Merecedor de crédito. // O homem **f** quem o achará? Pv 20.6 (ARA).

FIDELIDADE: Observância da fé devida. // Procediam com **f**, 2 Rs 12.15. Até às nuvens a tua **f**, Sl 36.5. Desfazer a **f** de Deus, Rm 3.3. Fruto do Espírito é amor, **f**, Gl 5.22. A perseverança e a **f** dos santos, Ap 13.10. // **Fidelidade a Deus**: 2 Rs 12.15; Dt 3.17,18; 6.10; Mt 24.45-47; 25.21; At 20.26,27; 2 Co 2.17; 4.2; 3 Jo 5. // **Fidelidade para com os homens:** Dt 1.16; Pv 11.13; 20.6; 28.20; Lc 16.10; Tt 2.10. // **Exemplos de fidelidade:** Abraão, Gn 22; Gl 3.9; José, Gn 39.4,22,23; Moisés, Nm 12.7; Hb 3.5; Davi, 1 Sm 22.14; Daniel, Dn 6.4; Paulo, At 20.20,27; Timóteo, 1 Co 4.17; Tíquito, Ef 6.21; Onésimo, Cl 4.9. Ver **Lealdade.**

FIEIRA: Aparelho para reduzir a fio os metais. // Correntes de ouro puro; obra de **f**, Êx 28.14.

FIEL: Que cumpre aquilo a que se obrigou. // Moisés, que é **f** em toda a minha casa, Nm 12.7. É Deus, o Deus **f**, Dt 7.9. Os meus olhos procurarão os **f** da terra, Sl 101.6. Mas o **f** de espírito o encobre, Pv 11.13. O homem **f** será cumulado de bênçãos, Pv 28.20. Servo **f** e prudente a quem o Senhor, Mt 24.45. Servo bom e **f**, Mt 25.21. Quem é **f** no pouco, Lc 16.10. Despenseiros é que cada... seja encontrado **f**, 1 Co 4.2. **F** é o que vos chama, 1 Ts 5.24. **F** é a palavra, 1 Tm 1.15. É necessário que sejam... **f** em tudo, 1 Tm 3.11. Se somos infiéis, ele permanece **f**, 2 Tm 2.13. Ele é **f** e justo para nos perdoar, 1 Jo 1.9. Sê **f** até a morte, Ap 2.10. Estas palavras são **f**, Ap 21.5. Ver **Honesto, Leal.**

Frontal ou Filactério

FIELMENTE: De modo fiel. // **F** procedeste e nós perversamente, Ne 9.33. Procedes **f** naquilo que praticas, 3 Jo 5.

FÍGADO: Víscera situada na parte superior do abdômem, à direita, que segrega bílis e é a mais volumosa de todas as glândulas. // O redenho sobre o **f**, Lv 3.4. Consultar os oráculos... examina o **f**, Ez 21.21.

FIGELO, gr. **Fugitivo:** Um dos da província da Ásia que abandonaram Paulo por ocasião da última prisão do apóstolo, 2 Tm 1.15.

FIGO: Fruto da figueira. // Uma pasta de **f**, 2 Rs 20.7. Vi dois cestos de **f**, Jr 24.1. Ou **f** de abrolhos? Mt 7.16.

FIGUEIRA: Árvore ou arbusto dos países quentes. Algumas espécies atingem a altura de nove metros. // Adão e Eva se vestiram de folhas de figueira**,** Gn 3.7. Abundante na Terra da Promissão, Dt 8.8; Nm 13.23. Cada um debaixo da sua videira e debaixo da sua figueira, símbolo da paz e prosperidade, 1 Rs 4.25; Mq 4.4; Zc 3.10. Outras vezes a figueira e a videira mencionadas juntas: Jz 9.10-13; Sl 105.33; Jr 5.17; Jl 1.12. Pasta de figos, 1 Sm 25.18; 30.12. Isaías manda Ezequiel pôr uma pasta de figos sobre a úlcera, 2 Rs 20.7. A figueira passa o tempo de frio sem folhas, brotando, na Palestina, em fevereiro ou março, Mt 24.32. O vento derruba a maior parte dos figos; os que amadurecem são "os figos temporãos", Mq 7.1; Na 3.12. A grande colheita vem depois, em agosto ou setembro, "os figos serôdios". A figueira sem fruto representava Israel infrutífero, Mc 11.12-14,20. Natanael orava, talvez, debaixo de uma figueira Jo 1.48. A **f** quando abalada por vento forte, Ap 6.13.

FIGURA: Forma exterior de um corpo. // Imagem de escultura... nem poreis pedra com **f**, Lv 26.1. **F** que fizestes para as adorar? At 7.43. Em **f** e sombra das coisas celestes, Hb 8.5. **F** das coisas que se acham nos céus, Hb 9.23. Santuário feito por mãos, **f** do verdadeiro, Hb 9.24. Ver **Imagem.**

FIGURADAMENTE: De modo figurado ou alegórico. // Apliquei-as **f** a mim mesmo e a Apolo, 1 Co 4.6.

FIGURAR: Representar alegoricamente. // A qual, figurando o batismo, 1 Pe 3.21.

FILACTÉRIO, Amuleto: Com o fim de serem vistos... alargam os seus **f**, Mt 23.5. O filactério era uma tira estreita de pele ou pergaminho, que tinha escrito uma passagem da Escritura e que os judeus traziam enrolada no braço ou na cabeça. O uso de tais distintivos vem desde o terceiro ou quarto século antes de Cristo. A explicação deste costume encontra-se, sem dúvida, em Dt 6.6-8.

FILADÉLFIA, gr. **Amor fraternal:** Uma cidade da Lídia, distante 45 km de Sardis. Chama-se atualmente **Alasehir,** um porto importante da Turquia. A carta à igreja em Filadélfia era a sexta em ordem das enviadas às sete Igrejas da Ásia, Ap 3.7-13. Ver mapa 6, E-2. // Metrópole e fortíssima fortaleza dos amonitas, situada 30 km para sueste de Ramote em Gileade. Chamava-se **Raba,** Js 13.25. Foi embelezada por Ptolomeu Filadelfo (285-247 a.C.) e recebeu o nome de Filadélfia. Atualmente se chama **Amã,** que é uma abreviatura de **Rabá Amom.**

FILEIRAS: Série em coisas, pessoas ou animais em linha reta. // Seis em cada **f** sobre a mesa, Lv 24.6. Eu sou o que saí das **f**, 1 Sm 4.16. Ver **Exército, Hoste, Milícia.**

FILEMOM, gr. **Amável:** Um convertido, provavelmente de Paulo, Fm 10. Residia em Colossos, em cuja casa se realizavam os cultos, Gl 4.9; Fm 2. Paulo escreveu a Filemom, Fm 1.

FILEMOM, EPÍSTOLA DE PAULO A: As quatro epístolas escritas da prisão em Roma, são, na ordem cronológica, Efésios, Colossenses, Filemom e Filipenses.

O autor: Paulo, prisioneiro de Cristo Jesus, 1.1.

A chave: O grande poder do Evangelho em resolver os problemas sociais: Filemom foi um crente abastado. Onésimo, um escravo que pertencia a Filemom, furtou, provavelmente dinheiro e fugiu para Roma. Aí encontrou-se com Paulo e se converteu. O apóstolo desejava que o seu recém-nascido e querido filho na fé ficasse consigo, v. 13. Foi, naturalmente, ainda mais difícil para o escravo voltar ao seu senhor. Mas o verdadeiro arrependimento é para com Deus, o qual constrange à restituição, At 20.21; 26.20. E o escravo Onésimo, voltou para o seu senhor, Filemom. Não há coisa mais repugnante do que a escravatura. Contudo a verdadeira reforma social é fruto do Espírito. Sem revolução, nem alvoroço, nem suscitar qualquer atrito entre o escravo e o seu Senhor, o cristianismo, em todo o lugar onde entra, acaba com a escravatura. O verdadeiro cristianismo rege o coração; o coração determina a conduta do homem. Onésimo não voltou com espírito amargurado, nem Filemom o recebeu de novo como escravo; receberam um ao outro como irmãos **caríssimos,** v. 16.

As divisões: I. Saudação, vv. 1 a 3. II. O amor e a abnegação de Filemom, vv. 4 a 7. III. Paulo intercede em favor de Onésimo, vv. 8 a 21. IV. As últimas saudações e a bênção, vv. 22 a 25.

FILETO, gr. **Amado:** Ensinava, juntamente com Himeneu, que a ressurreição já se realizou, 2 Tm 2.17.

FILHA: Pessoa do sexo feminino em relação aos seus pais. // As **f** dos homens, Gn 6.2. Aborrecida estou da vida por causa das **f** de Hete, Gn 27.46. A lei acerca dos direitos de herdeiras, Nm 27. Cordeirinha que tinha como **f**, 2 Sm 12.3. **F** de reis se encontram entre as tuas damas, Sl 45.9. Nossas **f** como pedras angulares, Sl 144.12. A sanguessuga tem duas **f**, Pv 30.15. Entre a **f** e sua mãe, Mt 10.35. Esta **f** de Abraão, a quem Satanás, Lc 13.16. Vossas **f** profetizarão, At 2.17. Tinha quatro **f** que profetizavam, At 21.9. Trata sem decoro a sua **f**, 1 Co 7.36. Da qual vós vos tornastes **f**, 1 Pe 3.6.

FILHINHA: Diminutivo de filha. // Minha **f** está à morte, Mc 5.23.

FILHINHO: **F**, ainda por um pouco estou convosco, Jo 13.33. **F** meus, estas coisas vos escrevo, 1 Jo 2.1. **F** não amemos de palavra, 1 Jo 3.18. **F** guardai-vos dos ídolos, 1 Jo 5.21.

FILHO: Indivíduo do sexo masculino em relação aos pais. // Os **f** de Deus que as filhas dos homens, Gn 6.2. Ordene a seus **f**, Gn 18.19. Israel é meu **f**, meu primogênito, Êx 4.22. Visito a iniqüidade dos pais nos **f** até, Êx 20.5. Tu as inculcarás a teus **f**, Dt 6.7. O **f** sábio alegra a seu pai, mas o **f** insensato é a tristeza, Pv 10.1. Coroa dos velhos são os **f** dos **f**, Pv 17.6. Eis que a virgem... dará a luz um **f**, Is 7.14. O coração dos pais aos **f**, Ml 4.6. Destas pedras Deus pode suscitar **f**, Mt 3.9. Dar boas dádivas aos vossos **f**, Mt 7.11. Quem ama seu **f** ou sua filha, Mt 10.37. **F** da luz, Jo 12.36; Ef 5.8; 1 Ts 5.5. Vossos **f** profetizarão, At 2.17. Adoção de **f**, Gl 4.5; Ef 1.5. Sois **f** da promessa, Gl 4.28. Por natureza **f** da ira, Ef 2.3. Não provoqueis vossos **f** à ira, Ef 6.4. Recusou ser chamado **f** da filha, Hb 11.24. Açoita a todos **f** a quem recebe, Hb 12.6. Manifestos os **f** de Deus e os **f** do diabo, 1 Jo 3.10. Que amamos os **f** de Deus, 1 Jo 5.2. Eu lhe serei Deus e ele me será **f**, Ap 21.7. Filhos de Deus, Gn 6.4; Jó 1.6; Jo 1.12; Rm 8.14; 2 Co 6.18; Hb 12.5; Tg 1.18; 1 Jo 3.1.

FILHO DO HOMEM: **F do h**, põe-te em pé, Ez 2.1. O **F do h** não tem onde reclinar, Mt 8.20. O **F do h** tem sobre a terra autoridade, Mt 9.6. Até que venha o **F do h**, Mt 10.23. O **F do h** é senhor do sábado, Mt 12.8. Alguma palavra contra o **F do h**, Mt 12.32. O **F do h** estará três dias, Mt 12.40. O que semeia... é o **F do h**, Mt 13.37. Quem diz o povo ser o **F do h**? Mt 16.13. Assim há de ser a vinda do **F do h**, Mt 24.27. Aparecerá no céu o sinal do **F do h**, Mt 24.30. Em que não cuidais, o **F do h** virá, Mt 24.44. Quando vier o **F do h**, Mt 25.31. Vejo o **F do h** em pé à destra, At 7.56.

FILHOTE: Cria de animais // Ninho... não tomarás a mãe com os **f**, Dt 22.6. A águia... voeja sobre os seus **f**, Dt 32.11. Andorinha... acolha os seus **f**, Sl 84.3. Coruja... abrigará os seus **f**, Is 34.15.

FILIPE, gr. **Amador de cavalos:** 1. Felipe, o apóstolo, Mt 10.3. De Betsaida, no mar da Galiléia, Jo 1.44. Torna-se discípulo de Cristo, Jo 1.43. Mencionado, também, em Jo 6.5; 12.21 e 14.8. Um dos fiéis que oravam no cenáculo depois da ascensão de Cristo, At 1.12-14. // 2. Filipe, um dos sete diáconos, At 6.5. Também evangelistas, At 21.8. Foge de Jerusalém e faz grande obra na cidade de Samaria, Atos 8. Batiza o eunuco, At 8.38. Em Azoto e Cesaréia hospeda Paulo, outrora seu grande perseguidor, At 21.8. Tinha quatro filhas que profetizavam, At 21.9. // 3. Filipe, pai de Alexandre o Grande e rei da Macedônia. // 4. Filipe, filho de Herodes o Grande e Cleópatra de Jerusalém. Tetrarca de Ituréia, Lc 3.1. // 5. Filipe, filho de Herodes o Grande e Mariane, cuja mulher, Herodias, se tornou mulher de Herodes Antipas, Mt 14.3.

FILIPE, CESARÉIA DE: Mc 8.27. Ver **Cesaréia de Felipe.**

FILIPE, O EVANGELHO DE: Uma obra apócrifa.

FILIPENSES, EPÍSTOLA DE PAULO AOS: A décima, na ordem cronológica, e a sexta, na ordem da Bíblia, das epístolas de Paulo. Paulo, muito distante de Filipos e em prisão, não foi esquecido pelos irmãos em Filipos. Enviaram uma oferta para o apóstolo; a epístola de Paulo é sua resposta aos filipenses, por mão de Epafrodito, 4.18. É uma carta simples e sincera, um derramamento afetuoso e espontâneo de um coração que podia exprimir-se sem reserva a uma igreja amadíssima.

É significativo que entre os santos em Roma que enviaram saudações aos santos de Filipos, menciona-se, especialmente, "os da casa de César", 4.22. A casa de César incluiu escravos, subordinados e mesmo altos funcionários a serviço do imperador Nero. As cadeias de Paulo contribuíram para o progresso do evangelho, até em toda a guarda pretoriana, 1.13. Este foi um corpo de 10 mil soldados do quartel general do imperador, alguns dos quais revezavam em guardar Paulo algemado.

Leia a história do começo da obra em Filipos, na segunda viagem missionária de Paulo, At 16.12-40.

O autor: O apóstolo Paulo, 1.1. Esperando uma sentença, ou de vida, ou de morte, desejava a sua libertação. Foi absolvido e visitou novamente os queridos irmãos em Filipos. Mais tarde foi preso novamente, levado a Roma e decapitado.

A chave: "Alegrai-vos sempre no Senhor", 4.4. Esta epístola, cheia de alegria e gratidão, das profundezas da prisão (1.7,13,14,17), e na sombra do cepo do decapitador, lembra os cânticos de louvor por volta de meia-noite no cárcere de Filipos, At 16.25.

As divisões: I. Saudação, ações de graça e súplicas em favor dos filipenses, 1.1-11. II. O que aconteceu a Paulo contribuiu para o progresso do Evangelho, 1.12-30. III. Aconselha os filipenses a serem fortes pela sua união, 2.1-18. IV. Promete mandar-lhes Timóteo, 2.19-30. V. Aviso contra falsos mestres, cap. 3. VI. Finda com várias exortações, saudações e uma bênção, cap.4.

FILIPOS: Capital da Macedônia, situada na importante estrada entre Roma e a Ásia. Ver mapa 6, D-1. Seu nome deriva-se de Filipe, rei da Macedônia, pai de Alexandre o Grande, que a reedificou e embelezou. Foi em Filipos que, pela primeira vez, se pregou o evangelho na Europa, por ocasião da segunda viagem missionária de Paulo. Ver At 16.9-40. A família de Lídia e a do carcereiro foram os primeiros convertidos. Aí Paulo estabeleceu uma das igrejas mais fiéis. Não sabemos de outra igreja que contribuiu com dinheiro para a obra missionária de Paulo. Ver Fp 4.15,16.

FILISTEUS: O povo incircunciso, que migrava de Caftor, isto é, a ilha de Creta (Am 9.7), e habitava a Filístia. Eram descendentes de Cão, Gn 10.14. Adoravam dois deuses dos babilônios: Dagom e Astarote, 1 Sm 5.2; 31.10. As cinco cidades principais foram governadas pelos "cinco príncipes dos filisteus", mencionados várias vezes, Js 13.3; Jz 3.3; 1 Sm 6.18; 7.7 etc. Dominavam os israelitas, Jz 13.1; 15.11; 1 Sm 13.19. Derrotados pelos israelitas, 1 Sm 14.1-17; 17. Mataram Saul e Jônatas, 1 Sm 31. Ezequias os subjugou, 2 Rs 18.8. Ver **Filístia.** Ver também, mapa 1, G-3.

FILÍSTIA: Sl 60.8; 87.4; Is 14.29. Um país a beira do mar Mediterrâneo, de 80 km de comprimento e 25 km de largura, que se estendia de Jope até o sul de Gaza. Chamava-se, também, **a terra dos filisteus,** Gn 21.32,34; **as regiões dos filisteus,** Js 13.2. Ver mapa 2, B-5. As cidades principais eram: Gaza, Asdode, Ascalom, Gate, Ecrom. Ver **Filisteus.**

FILÓLOGO, gr. **Amigo das letras:** Um cristão residente em Roma, Rm 16.15.

FILOSOFIA: Literalmente a palavra quer dizer **amor da ciência.** A filosofia é a ciência geral dos seres, dos princípios e das causas. A palavra refere-se, também, à doutrina ou sistema particular de um filósofo célebre, de uma escola ou uma época. É provável que a palavra em Cl 2.8 não se refira à filosofia grega, mas sim àquele especial sistema de pensamento e prática dos falsos mestres de Colossos, qualquer que ele fosse.

FILÓSOFO: Os filósofos epicureus e estóicos contendiam com Paulo, At 17.18. Eram pensadores gregos, representantes do que ainda se chamava **filosofia. Filosofar** é argumentar, discutir ou disputar usando de sutilezas.

FIM: Termo, conclusão, limite, remate; morte. // O meu **f** seja como o dele, Nm 23.10. Dá-me a conhecer, Senhor, o meu **f**, Sl 39.4. Entrei no santuário e atinei com os **f** deles, Sl 73.17.

O tempo do **f**, Dn 8.17. Que perseverar até o **f**, Mt 10.22. Ainda não é o **f**, Mt 24.6. Então virá o **f**, Mt 24.14. O seu reinado não terá **f**, Lc 1.33. Amou-os até ao **f**, Jo 13.1. Por **f** a vida eterna, Rm 6.22. O **f** da lei é Cristo, Rm 10.4. Os **f** dos séculos têm chegado, 1 Co 10.11. Então virá o **f**, 1 Co 15.24. Nem **f** de existência, Hb 7.3. Considerando atentamente o **f** da sua vida, Hb 13.7. O **f** da vossa fé, a salvação das vossas almas, 1 Pe 1.9. O **f** de todas as coisas está próximo, 1 Pe 4.7. Eu sou o princípio e o **f**, Ap 21.6; 22.13. Ver **Afinal.**

FINADO: Indivíduo que faleceu. // Os **f** levantarão para te louvar? Sl 88.10 (ARA).

FINAL: Último. // No tempo do seu castigo **f**, Ez 21.25.

FINCAR: Cravar, enraizar. // Fincá-lo-ei como estaca, Is 22.23.

FINDAR: Pôr fim a; terminar. // Passou a sega, findou o verão, Jr 8.20. No findar do sábado, Mt 28.1. Ver **Acabar, Cessar, Encerrar, Terminar.**

FINÉIAS: 1. Filho de Eleazar e neto de Arão, Êx 6.25. Mostrou grande zelo na supressão da licenciosa idolatria, em Baal-Peor, Nm 25.7. Chefe de uma deputação, enviada com o fim de admoestar as tribos de além do Jordão por causa do levantamento de um altar, Js 22.13. Ministrava perante a arca da aliança durante a batalha contra Gibeá, Jz 20.28. // 2. O filho mais novo de Eli, 1 Sm 1.3. // 3. Um levita e pai de certo Eleazar, Ed 8.33.

FINGIDO: Falso, imitativo. // Lábios bajuladores e coração **f**, Sl 12.2. A língua **f**, Pv 25.23. Amor não **f**, 2 Co 6.6; 1 Pe 1.22.

FINGIMENTO: Ato ou efeito de fingir. // Tua fé sem **f**, 2 Tm 1.5. De bons frutos, imparcial, sem **f**, Tg 3.17. Ver **Hipocrisia.**

FINGIR: Inventar, simular. Querer passar por (o que não é). // E se fingiram embaixadores, Js 9.4. Davi... se fingia de doido, 1 Sm 21.13. Mulher de Jeroboão, por que finges assim, 1 Rs 14.6. Emissários que se fingiam de justos, Lc 20.20.

FINO: Miúdo; precioso pela qualidade; excelente. // Coisa **f**... **f** como a geada, Êx 16.14. De **f** estirpe, Sl 62.9. Linho **f**, Pv 7.16; 31.22; Ez 27.7; Ap 19.8. **F** ouro, Dn 2.32. Homem vestido de roupas **f**? Mt 11.8.

FIO: Gume dos instrumentos cortantes; fibra comprida e delgada de matérias têxteis. // Antes que se rompa o **f** de prata, Ec 12.6. Cairão ao **f** da espada, Lc 21.24. Nem mesmo um **f** de cabelo, At 27.34. Escaparam ao **f** da espada, Hb 11.34. Mortos ao **f** da espada, Hb 11.37. Ver **Gume.**

FIRMADO: Fixo, sólido. // Combate, **f** nelas, 1 Tm 1.18.

FIRMAMENTO: A abóbada celeste; céu. // Haja **f** no meio das águas, Gn 1.6. Ou estendeste com ele o **f**? Jó 37.18. O **f** anuncia as obras, Sl 19.1. Louvai-o no **f**, Sl 150.1. As estrelas cairão do **f**, Mt 24.29.

FIRMAR: Tornar firme. // O Senhor firma os passos do homem, Sl 37.23. Firmou o mundo, Sl 93.1; 96.10. Firmai os joelhos vacilantes, Is 35.3. Firma bem as tuas estacas, Is 54.2. Pela fé já estais firmados, 2 Co 1.24. Se é que estais firmados no Senhor, 1 Ts 3.8.

FIRME: Fixo, estável. // **F** está o meu coração, Sl 57.7. Mediante a fé estás **f**, Rm 11.20. Sede **f**, inabaláveis, 1 Co 15.58. Permanecei **f** na fé, 1 Co 16.13. Estais **f** em um só espírito, Fp 1.27. Se guardamos **f** até ao fim, Hb 3.6. Âncora... segura e **f**, Hb 6.19. Resisti-lhe **f** na fé, 1 Pe 5.9. Nela estai **f**, 1 Pe 5.12. Ver **Estável, Seguro.**

FIRMEMENTE: De modo firme. // Olhassem **f** para o fim daquilo, 2 Co 3.13 (ARC). Se retivermos **f** o princípio, Hb 3.14 (ARC).

FIRMEZA: Segurança, constância. // A **f** da vossa fé, Cl 2.5. Da **f** da vossa esperança, 1 Ts 1.3. Descaiais da vossa própria **f**, 2 Pe 3.17. Ver **Estabilidade.**

FISGA: Arpão. // Vos levarão... com **f** de pesca, Am 4.2.

FÍSICO: Que é material. // Exercício **f** para pouco é proveitoso, 1 Tm 4.8.

FITAR: Pregar os olhos em. // Tanto lhe fitou os olhos que este... chorou, 2 Rs 8.11. Em ti estão fitos os meus olhos, Sl 141.8. Jesus fitando-o, o amou, Mc 10.21. Tinham os olhos fitos nele, Lc 4.20. Fitando a todos em redor, Lc 6.10. Fitando-o disse: Olha... At 3.4. Fitando os olhos em Estêvão, At 6.15. Estêvão fitou os olhos no céu, At 7.55. Fitando Paulo os olhos no Sinédrio, At 23.1. Não poderem fitar a face de Moisés, 2 Co 3.7. Ver **Contemplar, Enxergar, Olhar, Ver.**

FIXAR: Tornar fixo, segurar. // Fixou a medida das águas, Jó 28.25. Fixou os olhos em Pedro, Lc 22.61. Havendo fixado os tempos, At 17.26.

FIXO: Que não se move. // As festas **f**, Lv 23.2.

FLAGELO: Calamidade pública, castigo, tortura. // Sentiu no corpo estar curada do seu **f**, Mc 5.29. Ferir a terra com toda sorte de **f**, Ap 11.6. Os sete **f**, Ap 15. Retirai-vos... para não participardes dos seus **f**, Ap 18.4. Deus lhe acrescentará os **f**, Ap 22.18.

FLAUTA: Instrumento musical de sopro, sem palheta, cilíndrico, com buracos e chaves. // Louvai-o... com **f**, Sl 150.4. Ver **Música.**

FLAVO: Cor de ouro. // Penas maiores têm o brilho **f** de ouro, Sl 68.13.

FLECHA: Frecha, seta. // Atirarei três **f**, 1 Sm 20.20. **F** da vitória do Senhor, **f**, 2 Rs 13.17. espada e **f** aguda é o homem que levanta falso, Pv 25.18. Ver **Dardo, Seta.**

FLECHEIRO: Soldado ou caçador que atirava flechas. // A arte de usar arco e flecha, na guerra e na caça, data de tempos pré-históricos. Ismael, filho de Abraão e Hagar, habitou mo deserto e se tornou flecheiro, Gn 21.20. Esaú caçava com arco, Gn 27.3. Saul ferido pelos flecheiros, 1 Sm 31.3. Os filhos de Ulão foram homens valentes, flecheiros, 1 Cr 8.40. O rei Josias gravemente ferido por flecheiros, 2 Cr 35.23. Cercam-me as suas flechas, Jó 16.13. Fez-me como uma flecha polida, Is 49.2. O arco de guerra será destruído, Zc 9.10. Ver **Flecheiro.** Ver p. 508.

FLEGONTE, gr. **Ardente:** Um cristão em Roma, Rm 16.14.

FLOR: Parte de um vegetal que contém um dos órgãos reprodutores ou ambos. A parte de Aarão produzira **f**, Nm 17.8. As **f** do candelabro, Êx 25.31; a **f** do Líbano, Na 1.4l; de lírios, 1 Rs 7.26; do campo, Sl 103.15; da erva, Is 40.6; Tg 1.10; 1 Pe 1.24.

FLORA: Para uma lista das plantas mencionadas nas Escrituras, ver **Planta.**

FLORESCER: Produzir flores; prosperar; frutificar. // A vara de Arão floresce, Nm 17. Floresça em seus dias o justo, Sl 72.7. O justo florescerá como a palmeira, Sl 92.12. O ermo... florescerá como narciso, Is 35.1. Ainda que a figueira não floresça, Hc 3.17.

FLORESTA: Grande porção de terreno coberta de arvoredo silvestre e espesso. // Como a **f** que não tem água, Is 1.30. Ver **Bosque, Mato.**

FLUENTEMENTE: Espontaneamente. // Arão... fala **f**, Êx 4.14.

FLUIR: Correr em estado líquido. // Do seu interior fluirão rios, Jo 7.38.

FLUTUAR: Sustentar-se à superfície ou em equilíbrio em um gás. // Eliseu fez flutuar um machado, 2 Rs 6.1-7.

FLUXO: Escoamento passageiro de um líquido para fora. // Será imundo por causa do **f**, Lv 15.2.

FOGO: Desenvolvimento simultâneo de calor e luz produzido pela combustão. // Eis uma tocha de **f**, Gn 15.17. Abraão levava o **f** e o cutelo, Gn 22.6. A sarça ardia no **f**, Êx 3.2. Coluna de **f**, Êx 13.21; Ne 9.12. O Senhor descera em **f**, Êx 19.18. Não acendereis **f** no dia do sábado, Êx 35.3. Saiu **f** de diante do Senhor e consumiu a Nadabe e a Abiú, Lv 10.2. **F** devorador da sua boca, 2 Sm 22.9. O deus que responder por **f**, 1 Rs 18.24. Depois no terremoto um **f**, mas o Senhor não estava no **f**, 1 Rs 19.12. **F** desceu do céu e consumiu os capitães com os seus cinqüenta, 2 Rs 1.14. Um carro de **f**, com cavalos de **f**, 2 Rs 2.11. Enquanto eu meditava ateou-se o **f**, Sl 39.3. Passamos pelo **f** e pela água, Sl 66.12. **F** e saraiva, neve e vapor, Sl 148.8. Tomará alguém **f** no seu seio? Pv 6.27. Sem lenha o **f** se apaga, Pv 26.20. O **f** que nunca diz basta, Pv 30.16. Quando passares pelo **f**, Is 43.2. No coração como **f** ardente, Jr 20.9. Não é a minha palavra **f**? Jr 23.29. Quatro homens que andam dentro do **f**, Dn 3.25. Um rio de **f** manava, Dn 7.10. Um muro de **f** em redor, Zc 2.5. Batizará com **f**, Mt 3.11. Chamar: Tolo, ao inferno de **f**, Mt 5.22. Joio lançado ao **f**, Mt 13.40. **F** eterno, Mt 18.8; 25.41. Nem o **f** se apaga, Mc 9.44. Pedro aquentando-se ao **f**, Mc 14.54. Sodoma, choveu do céu **f**, Lc 17.29; Gn 19.24. Sangue, **f** e vapor de fumo, At 2.19; Jl 2.30. Manifesta se tornará a obra, revelada pelo **f**, 1 Co 3.13. Em chama de **f**, tomando vingança, 2 Ts 1.8. A seus ministros labareda de **f**, Hb 1.7; Sl 104.4. Juízo e **f** vingador prestes a consumir, Hb 10.27. Extinguiram a violência do **f**, Hb 11.34. Não tendes chegado ao **f** palpável, Hb 12.18. Deus é **f** consumidor, Hb 12.29. A língua é **f**, Tg 3.6. Ouro perecível, mesmo apurado por **f**, 1 Pe 1.7. Entesourados para **f**, 2 Pe 3.7. Sofrendo a pena do **f** eterno, Jd 7. Arrebatando-os do **f**, Jd 23. Compres ouro refinado pelo **f**, Ap 3.18. Lago do **f**, Ap 20.10,14; 21.8. Ver **Chama, Labareda.**

FOGUEIRA: Monte de combustível em chamas. // Há muito está preparada a **f**, Is 30.33. Acendendo uma **f**, acolheram-nos, At 28.2.

FOICE: Instrumento curvo para cortar erva. // Dt 16.9; Jl 3.13; Mc 4.29; Ap 14.14,17.

FÔLEGO: Movimento de aspiração e de expiração do ar. // Soprou nas narinas o **f** da vida, Gn 2.7. Consumir toda carne em que há **f** de vida, Gn 6.17; 7.22. Todos têm o mesmo **f** de vida, Ec 3.19. Que dá **f** de vida, Is 42.5. E lhe foi dado comunicar **f**, Ap 13.15. Ver Dn 5.23; At 9.1; 17.25. Ver **Hálito.**

FOLGAR: Ter prazer, alegrar-se. // Os animais do campo folgam, Jó 40.20. Folguem de júbilo para sempre, Sl 5.11. Os justos... folgam de alegria, Sl 68.3. Folgando perante ele, Pv 8.30. Folgareis e exultareis perpetuamente, Is 65.18. Ver **Divertir.**

FOLGUEDO: Ato de folgar. // Converteste o meu pranto em **f**, Sl 30.11. Farei cessar... a voz de **f**, Jr 7.34; 25.10. Ver **Divertimento.**

FOLHA: Órgão membranoso, chato e geralmente verde, que se desenvolve no caule e nos ramos das plantas; // batente de porta. // 1. **De árvore:** Coseram **f** de figueira, Gn 3.7. No bico uma **f**, Gn 8.11. O ruído de uma **f** movida os perseguirá, Lv 26.36. Uma **f** arrebatada pelo vento, Jó 13.25. Como cai a **f** da vide, Is 34.4. Quando as **f** brotam, Mt 24.32. // **Figuradamente,** de **bênção espiritual:** Sua **f** de remédio, Ez 47.12. **F** da árvore são para cura, Ap 22.2. // **De prosperidade:** Cujas **f** não caem, Sl 1.3. // **De corrupção moral:** Murchamos como a **f**, Is 64.6. // **De profissão vã:** Achado senão **f**, Mt 21.19. // 2. **Folhas de porta:** Sansão... pegou ambas as **f** da porta, Jz 16.3. Duas **f** eram de cipreste, 1 Rs 6.34. // 3. **Folhas de livro:** Lido três ou quatro **f** do livro, cortou-o, Jr 36.23.

FOLHAGEM: Folhas de uma planta. // Cuja **f** não murcha, Sl 1.3. Os justos reverdecerão como a **f**, Pv 11.28.

FOLHELHO: Película que reveste a espiga do milho, o bago da uva, legumes etc. // Como **f**, Is 41.15; Os 13.3 (ARC).

FOME: Grande apetite de comer; Falta, escassez de alimentos. // Matares de **f** toda esta multidão, Êx 16.3. Queres que sete anos de **f**? 2 Sm 24.13. Quando houver **f** na terra, 1 Rs 8.37. Saciarás a **f** dos leõezinhos, Jó 38.39. Se eu tivesse **f** não te diria, Sl 50.12. O Senhor não deixa ter **f** o justo, Pv 19.15. Se o que te aborrece tiver **f**, Pv 25.21. O que é para a **f**, para a **f**, Jr 15.2. Bem-aventurados os que têm **f**, Mt 5.6. Quando saíram de Betânia, teve **f**, Mc 11.12. Em vários lugares **f**, Mc 13.8. Grande **f** em toda a terra, Lc 4.25. Fartos! Porque vireis a ter **f**, Lc 6.25. Sobreveio uma grande **f**, Lc 15.14. Grandes terremotos, epidemias e **f**, Lc 21.11. O que vem a mim, jamais terá **f**, Jo 6.35. Estando com **f** quis comer, At 10.10. Será tribulação... ou **f**? Rm 8. 35. Se o teu inimigo tiver **f**, Rm 12.20. Sofremos **f**, 1 Co 4.11. A sua própria ceia; e há quem tenha **f**, 1 Co 11.21. Tem **f**, coma em casa, 1 Co 11.34. Muitas vezes em **f** e sede, 2 Co 11.27. Tenho experiência, tanto da fartura, como de **f**, Fp 4.12. Para matar à espada, pela **f**, Ap 6.8. Jamais terão **f**, Ap 7.16. // **F** no tempo de Abraão, Gn 12.10; de Isaque, Gn 26.1; de José Gn 41; dos Juízes, Rt 1; de Davi, 2 Sm 21.1; de Elias, 1 Rs 17; 1 Rs 28.2; de Eliseu, 2 Rs 4.38; no sítio de Samaria, 2 Rs 6.25; no cerco de Jerusalém, 2 Rs 25.3; de Cláudio, At 11.28; do quarto selo, Ap 6.8.

Formiga

FONTE: Nascente de água. As nascentes de água e os mananciais eram de muita importância nas terras secas da Judéia; causa de onde provém efeitos tanto físicos como morais; cada um dos lados da cabeça que formam a região temporal. // As **f** do grande abismo, Gn 7.11; 8.2. Doze **f** de água, Êx 15.27. Terra de **f**, Dt 8.7. **F** superiores e as **f** inferiores, Js 15.19; Jz 1.15. Cravou a estaca na **f**, Jz 4.21. As **f** das águas fora da cidade, 2 Cr 32.3. A porta da **f**, Ne 2.14. Rebentar **f** no vale, Sl 104.10. **F** da vida, Pv 4.23; 13.14; 14.27; 16.22. Quebre o cântaro junto à **f**, Ec 12.6. **F** da salvação, Is 12.3. Os meus olhos em **f** de lágrimas, Jr 9.1. O Senhor, **f** de águas, Jr 17.13. Sairá uma **f** da casa do Senhor, Jl 3.18. Uma **f** aberta para a casa de Davi, Zc 13.1. A **f** de Jacó, Jo 4.6. **F** a jorrar para a vida eterna, Jo 4.14. Beberam da mesma **f**, 1 Co 10.4. Supondo que a piedade é **f** de lucro, 1 Tm 6.5. Pode a **f** jorrar do mesmo lugar, Tg 3.11. Como **f** sem água, 2 Pe 2.17. Guiará para as **f** da água da vida, Ap 7.17. Darei de graça da **f** da água da vida, Ap 21.6. Ver **Manancial.**

FORA: **Lançar fora,** lançar a alguma distância, **fora de si,** desvairado, exaltado, com a cabeça perdida. // E tiver lançado **f** muitas nações, Dt 7.1. Parentes de Jesus... diziam: Está **f** de si, Mc 3.21. Falo como **f** de mim, 2 Co 11.23. Lança **f** a escrava, Gl 4.30.

FORASTEIRO: Pessoa estranha à terra onde se acha de passagem. // Não oprimirás o **f**, Êx 22.21; 23.9. Sou **f** à tua presença, Sl 39.12. Era **f** e me hospedastes, Mt 25.35. Cemitério de **f**, Mt 27.7. Exorto-vos como peregrinos e **f**. 1 Pe 2.11. Ver **Peregrino.**

FORCA: Aparelho que serve para o suplício da estrangulação. // **F** de cinqüenta côvados, Et 5.14.

FORÇA: Robustez, poder. // O Senhor é a minha **f**, Êx 15.2; Sl 28.7. Vai nessa tua **f**, Jz 6.14. Em que consiste a sua grande **f**, Jz 16.5. Dá-me **f** só esta vez, Jz 16.28. Ó Senhor, **f** da minha salvação, Sl 140.7. O ornato dos jovens é a sua **f**, Pv 20.29. Não se glorie... o forte na sua **f**, Jr 9.23. Não por **f** nem por poder, Zc 4.6. Nele operam **f** miraculosas, Mc 6.14. Amarás... de toda a tua **f**, Mc 12.30. Por **f** de sinais e prodígios, Rm 15.19. Que sejais tentados além das vossas **f**, 1 Co 10.13. A **f** do pecado é a lei, 1 Co 15.56. Tribulação... acima das nossas **f**, 2 Co 1.8. Segundo a eficácia da **f** do seu poder, Ef 1.19. Fortalecidos no Senhor e na **f** do seu poder, Ef 6.10. Contra as **f** espirituais do mal, Ef 6.12. Fortalecidos... segundo a **f** da sua glória. Cl 1.11. O Senhor me... revestiu de **f**, 2 Tm 4.17. Da fraqueza tiraram **f**, Hb 11.34. Faça-o na **f** que Deus supre, 1 Pe 4.11. Tens pouca **f**, entretanto guardaste, Ap 3.8. E o poder, e a **f** sejam ao nosso Deus, Ap 7.12.

FORÇADO: Obrigado, compelido. // Sujeitos a trabalhos **f**, Jz .1.30; 1 Rs 9.21; Pv 12.24; Lm 1.1.

FORÇAR: Obrigar pela força; violentar. // Forçaram a parar com a obra, Ed 4.23. Forçaram as mulheres em Sião, Lm 5.11.

FORÇOSO: Inevitável. // Era-lhe **f** soltar-lhes um detento, Lc 23.17.

FORJAR: Dar, por meio do fogo e do martelo, forma a. // Têm forjado mentiras contra mim, Sl 119.69. Forjemos projetos contra Jeremias, Jr 18.18. Forjai espadas das vossas relhas, Jl 3.10.

FORJE: Fossa, armadilha para apanhar caça grossa. // E andará na boca de **f**, Jó 18.8.

FORMA: Configuração exterior dos corpos; maneira como as coisas se manifestam. // A terra... sem **f** e vazia, Gn 1.2. Ele vê a **f** do Senhor, Nm 12.8. Manifestou-se em outra **f**, Mc 16.12. Em **f** corpórea como pomba, Lc 3.22. Nem visto a sua **f**, Jo 5.37. A **f** da sabedoria. Rm 2.20. Subsistindo em **f** de Deus, Fp 2.6. Assumindo a **f** de servo, Fp 2.7. Tendo **f** de piedade, negando-lhe... o poder, 2 Tm 3.5.

FORMAR: Dar forma a. // Formou Deus: ao homem, Gn 2.7; Jó, no ventre, Jó 31.15; do barro, Jó 33.6; a lua e as estrelas, Sl 8.3; o coração, Sl 33.15; a terra, Sl 90.2; os olhos, Sl 94.9; o meu interior, Sl 139.13; por modo assombrosamente maravilhoso, Sl 139.14; a luz, Is 45.7; a Jeremias, no ventre materno, Jr 1.5; os montes, Am 4.13; Adão, 1 Tm 11.3. Forma um ídolo a martelo, Is 44.12. Até ser Cristo formado em vós, Gl 4.19.

FORMIDÁVEL: Que produz terror. // **F** como um exército, Ct 6.4.

FORMIGA: As formigas são insetos que vivem em sociedade. O maior número é de fêmeas estéreis, as obreiras chamadas **neutras.** As outras são os machos e as fêmeas. Os machos vivem apenas o tempo necessário para reproduzir a espécie. As fêmeas depois de terem voado durante algumas horas voltam ao formigueiro onde se conservam para a postura. As obreiras constroem o ninho, cuidam das larvas, defendem e alimentam a colônia. Sua habilidade e sabedoria são proverbiais, Pv 6.6; 30.25.

FORMOSA: Nome de uma porta do Templo, At 3.2. Brilhava como ouro, sendo feita de metal. As outras portas eram cobertas de ouro e de prata. Chamada, também, **Porta de Nicanor,** porque foi dada por **Nicanor,** um judeu rico de Alexandria. Conhecida, igualmente, como **Porta Coríntia,** porque foi feita de metal de Corínto. Era a porta principal do Templo, medindo 50 côvados de altura e 40 de largura.

FORMOSO: Belo, muito bonito. // Eram formosos: as filhas dos homens, Gn 6.2; Sarai Gn 12.14; Raquel, Gn 29.17; José, Gn 39.6; Moisés, Êx 2.2; Abigail, 1 Sm 25.3; Bate-Seba, 2 Sm 11.2; Tamar, 2 Sm 13.1; Vasti, Et 1.11; Ester, Et 2.7; As filhas de Jó, Jó 42.15. O mais **f** entre as mulheres, Ct 1.8. Quão **f** são os pés dos que anunciam as boas novas, Is 52.7; Rm 10.15. Ver **Belo, Lindo.**

FORMOSURA: Qualidade daquele ou daquilo que é formoso. // Força e **f** no seu santuário, 1 Cr 16.27; Sl 96.6. Não cobices no teu coração a **f** da mulher alheia, Pv 6.25. É vã a **f**, Pv 31.30. Os teus olhos verão o rei na sua **f**, Is 33.17. Não tinha aparência nem **f**, Is 53.2. Desaparece a **f** do seu aspecto, Tg 1.11. Ver **Beleza.**

FORNALHA: Grande forno. // Sodoma e Gomorra... como a fumarada de uma **f**, Gn 19.28. Tirou da **f** de ferro do Egito, Dt 4.20. Tu os tornarás como em **f** ardente, Sl 21.9. Provei-te na **f** de aflição, Is 48.10. E os lançassem na **f** de fogo ardente, Dt 3.20. O dia arde como **f**, Ml 4.1. E os lançarão na **f** acesa, Mt 13.42. Como fumaça de grande **f**, Ap 9.2. Ver **Forno.**

FORNECER: Prestar o necessário a; ministrar; abastecer. // Liberalmente lhe fornecerás do teu rebanho, Dt 15.14. Forneciam mantimento ao rei e à sua casa, 1 Rs 4.7. Fornecer carne para o seu povo? Sl 78.20.

FORNICAÇÃO: Relação sexual de pessoa não casada, com pessoa casada ou não. O adultério é o pecado de pessoas casadas com outras que não são seus próprios cônjuges. Ver Êx 22.16; Nm 25 (B); Pv 2.16-19; 1 Co 6.9; Do coração procedem... adultérios, f, Mt 15.19 (B). As obras da carne são... a **f**, Gl 5.19 (B). Quando aos...**f** ...no lago que arde com fogo, Ap 21.8 (B). Ver **Adultério, Divórcio, Meretrício, Prostituição.**

FORNICÁRIO: O que comete fornicação. // Nenhum **f**... tem herança, Ef 5.5 (ARC). Para os **f**, para os sodomitas, 1 Tm 1.10 (ARC). E ninguém seja **f**, Hb 12.16 (ARC). E aos **f**... a sua parte será no lago, Ap 21.8 (ARC).

FORNO: Construção para cozer pão; louça, telha, fundir metais etc. // Rãs... nos teus **f**, Êx 8.3. Como o crisol prova a prata, e o **f** o ouro, Pv 27.21. Cobre, estanho, ferro e chumbo no meio do **f**, Ez 22.18. E amanhã é lançada no **f**, Mt 6.30. Ver **Fornalha.**

FORRAR: Cobrir de papel, estofo, lâminas etc. // Fez forrar... de cipreste a casa grande, 2 Cr 3.5. Forrada de roupa dobrada, Pv 31.21 (ARC). Forra-a de cedros, Jr 22.14.

FORRO: Liberto, livre. // Mas ao sétimo sairá **f**, Êx 21.2.

FORTALECER: Tornar forte. // Davi se ia fortalecendo, 2 Sm 3.1. Fortalece-me segundo a tua palavra, Sl 119.28. Fortalecei as mãos frouxas, Is 35.3. E me fortaleceu, Dn 10.18. Fortalece os teus irmãos, Lc 22.32. Um anjo do céu, que o fortalecia, Lc 22.43 (B). Nome fortaleceu a este homem, At 3.16. Fortalecendo as almas dos discípulos, At 14.22. Com muitos conselhos e os fortaleceram, At 15.32. As igrejas eram fortalecidas, At 16.5. Portai-vos varonilmente, fortalecei-vos, 1 Co 16.13. Sejais fortalecidos com poder, Ef 3.16. Sede fortalecidos no Senhor, Ef 6.10. Naquele que me fortalece, Fp 4.13. Sendo fortalecidos com todo o poder, Cl 1.11. Aquele que me fortaleceu, 1 Tm 1.12. Ver **Fortificar.**

FORTALEZA: Fortificação, forte. // Se em arraiais, se em f, Nm 13.19. Davi tomou a **f** de Sião, 1 Cr 11.5. O Senhor é a **f** da minha vida, Sl 27.1. Deus é nosso refúgio e **f**, Sl 46.1. O homem que não fazia de Deus a sua **f**, Sl 52.7. **F** minha, meu alto refúgio, Sl 144.2. O irmão ofendido resiste mais que uma **f**, Pv 18.19. O sábio derriba a **f**, Pv 21.22. A **f** do pobre, e a **f** do necessitado, Is 25.4. Reveste-se da tua **f**, Is 52.1. Força minha e **f** minha, Jr 16.19. Paulo fosse recolhido à **f**, At 21.34; 22.24. Ver **Baluarte, Castelo.**

FORTE: Que tem força ou robustez. // Um povo será mais **f** que o outro, Gn 25.23. Povo mais **f** do que nós, Nm 14.12. Do **f** saiu doçura, Jz 14.14. Deus a minha **f** rocha, Sl 62.7. Torre **f** é o Senhor, Pv 18.10. O leão o mais **f**, Pv 30.30. O amor é **f** como a morte, Ct 8.6. Nós que somos **f**, Rm 15.1. A fraqueza de Deus é mais **f**, 1 Co 1.25. Para envergonhar os **f**, 1 Co 1.27. Quando sou fraco, sou **f**, 2 Co 12.10. Um anjo **f**, Ap 5.2. Sê **f**, Js 1.6; Ed 9.12; Is 35.4; Ef 6.10. Ver **Corajoso, Poderoso, Robusto.**

FORTEMENTE: Esforçadamente. // Contenderam com ele **f**, Jz 8.1. Ver **Poderosamente.**

FORTIFICAÇÃO: Forte, fortaleza. // Das suas **f** saíram, espavoridos, Sl 18.45.

FORTIFICADO: Que tem fortificações. // Cidades eram **f** com altos muros, Dt 3.5. Quem me conduzirá à cidade **f**? Sl 60.9; 108.10.

FORTIFICAR: Fortalecer; guarnecer de fortes ou fortalezas. // O Senhor... fortificará os teus ossos, Is 58.11. Filho meu, fortifica-te na graça, 2 Tm 2.1. Aperfeiçoar, firmar, fortificar, 1 Pe 5.10. Ver **Fortalecer.**

FORTUNA: Para a deusa **F**, Is 65.11. Ver **Baal-Gade.**

FORTUNATO, lat. **Afortunado:** // Enviado com Estéfanas e Acaico, pela igreja em Corinto, reanimou o espírito do apóstolo Paulo, 1 Co 16.17.

FOSSO: Cova; barranco. // Assim me submergirás no **f**, Jó 9.31 (ARC).

FRACASSAR: Falhar. // Onde não há conselho fracassam os projetos, Pv 15.22.

FRACO: Sem vigor. // Diga o **f**: Eu sou forte, Jl 3.10. Mas a carne é **f**, Mc 14.38. Suportar as debilidades dos **f**, Rm 15.1. Escolheu as coisas **f** do mundo, 1 Co 1.27. Nós **f** e vós fortes, 1 Co 4.10; 2 Co 13 A consciência... **f**, vem a contaminar-se, 1 Co 8.7. Tropeço para os **f**, 1 Co 8.9. Fiz-me **f** para com os **f**, com o fim de ganhar os **f**, 1 Co 9.22. Entre vós muitos **f** e doentes, 1 Co 11.30. Os membros... que parecem ser mais **f**, 1 Co 12.22. Presença pessoal dele é **f**, 2 Co 10.10. Quando sou **f**, então é que sou forte, 2 Co 12.10. Voltando outra vez aos rudimentos **f**, Gl 4.9. Ver **Débil, Debilitado.**

FRÁGIL: Pouco resistente. // O reino... por outra será **f**, Dn 2.42. Mulher como parte mais **f**, 1 Pe 3.7.

FRAGILIDADE: Instabilidade. // Que eu reconheça a minha **f**, Sl 39.4.

FRAGOR: Estampido, ruído forte. // O **f** da tempestade, Jó 36.33. Ao **f** das tuas catadupas, Sl 42.7. Ver **Bramido, Ruído, Som.**

FRAGRÂNCIA: Aroma, perfume. // Manifesta em todo lugar a sua **f**, 2 Co 2.14. Ver **Perfume.**

FRANCAMENTE: De modo franco. // Se tu és o Cristo, dize-o **f**, Jo 10.24.

FRANJA: Tecido, de que pendem fios, torcidos ou não para guarnecer peças de vestuário, móveis estofados etc., Mt 23.5.

FRANQUEZA: Sinceridade, lealdade. // Grande é a minha **f** para convosco, 2 Co 7.4.

FRAQUEZA: Falta de força, de energia. // Espírito... nos assiste em nossa **f**, Rm 8.26. A **f** de Deus é mais forte, 1 Co 1.25. Foi em **f**... eu estive entre vós, 1 Co 2.3. semeia-se em **f**, 1 Co 15.43. Gloriar-me... minha **f**, 2 Co 11.30; 12.5. O poder se aperfeiçoa na **f**, 2 Co 12.9. Sinto prazer nas **f**, 2 Co 12.10. Foi crucificado em **f**, 2 Co 13.4. Sacerdote... compadecer-se das nossas **f**, Hb 4.15. Ele mesmo está rodeado de **f**, Hb 5.2. Da **f** tiraram força, Hb 11.34. Ver **Debilidade.**

FRAQUÍSSIMO: Muito fraco. // Quebrantaram o coração, e estou **f**, Sl 69.20 (ARC).

FRASE: Grupo de palavras que formam sentido completo. // Amontoando **f** de ignorante, Jó 35.16.

FRATERNAL: Afetuoso. // O amor **f**, Rm 12.10; 1 Ts 4.9; Hb 13.1.

FRATERNALMENTE: De modo fraternal. // Compadecidos, **f** amigos, 1 Pe 3.8.

FRATERNIDADE (ARA), AMOR FRATERNAL (ARC): União ou convivência como de irmãos, 2 Pe 1.7; Jd 12.

FRATURA: Ruptura violenta de um osso ou de uma cartilagem dura. // **F** por **f**, olho por olho, Lv 24.20.

FRAUDE: Dolo, engano. // Não defraudarás o jornaleiro, Dt 24.14. A quem defraude? 1 Sm 12.3. Lábios fraudulentos, Sl 17.1; 109.2. Não há de ficar em minha casa o que usa de **f**, Sl 101.7. Há **f** no coração dos que maquinam mal, Pv 12.20. Suave é ao homem o pão ganho por **f**, mas depois, Pv 20.17. Suas casas cheias de **f**, Jr 5.27. Defraudam o salário do jornaleiro, Ml 3.5. Não defraudarás, Mc 10.19. Se nalguma coisa tenho defraudado alguém, Lc 19.8. Obreiros fraudulentos, 2 Co 11.13. Ninguém ofenda nem defraude a seu irmão, 1 Ts 4.6. O salário... por vós recebido com **f**, Tg 5.4. Ver **Engano.**

FRAUDULENTO: Propenso a fraude. // O Senhor abomina... ao **f**, Sl 5.6.

FRAUDULOSO: Efetuado por meio de dolo ou má fé. // Em todo negócio **f**, Êx 22.9.

FRAUTEIRO: Flautista. // Não se ouvirá mais... e de **f**, Ap 18.22 (ARC).

FRECHA: O mesmo de flecha. // Corre a buscar as **f**, 1 Sm 20.36 (ARC). Ver **Dardo, Seta.**

FRECHAR: Ferir com flecha. // Será apedrejado ou flechado, Êx 19.13.

FRECHEIRO: O mesmo que flecheiro. // Os **f** lhe dão amargura, Gn 49.23.

FREIO: Peça de metal que se mete na boca das cavalgaduras para as governar. // Porei... o meu **f** na tua boca, 2 Rs 19.28. O **f** para o jumento, Pv 26.3. Pomos **f** na boca dos cavalos, Tg 3.3.

FRENTE: Vanguarda; **à frente,** na dianteira. // Urias na **f**... da peleja, 2 Sm 11.15. Deus está conosco, à nossa **f**, 2 Cr 13.12.

FREQÜENTE: Continuado, repetido. // Não sejais **f** na casa do teu próximo, Pv 25.17.

FRESCO: Verdejante, recente, que não está estragado. // Comerá uvas **f**, Nm 6.3. Se me amarrarem com sete tendões **f**, Jz 16.7.

FRIEZA: Qualidade daquele ou daquilo que é frio. // Como **f** de neve no tempo da sega, Pv 25.13 (ARC).

FRÍGIA: Região do centro da Ásia Menor, ao sul da Bitínia. Laodicéia, Hierápolis, Colossos e Antioquia (da Psídia) eram cidades da Frígia. Alguns judeus da Frígia se achavam em Jerusalém no dia de Pentecostes e assistiram a descida do Espírito Santo, At 2.10. O apóstolo Paulo percorreu a Frígia na segunda viagem missionária, At 16.6. Na sua terceira viagem atravessou-a novamente, At 18.23. Ver mapa 6, E-2.

FRIO: Ausência de calor. // Não deixará de haver **f** e calor, Gn 8.22. Quem se despe num dia de **f**, Pv 25.20. Como água **f** para o sedento, Pv 25.25. Ainda que seja um copo de água **f**, Mt 10.42. Acolheram-nos por causa do **f**, At 28.2. Em **f** e nudez, 2 Co 11.27. Nem és **f** nem quente, Ap 3.15.

FRISADO: Encrespado artificialmente. // Não com cabeleira **f**, 1 Tm 2.9. Como **f** de cabelos, 1 Pe 3.3. Cabelos entrançados, 1 Pe 3.3 (B).

FRÍVOLO: Leviano. // Perderam-se em loquacidade **f**, 1 Tm 1.6. Palradores **f**, Tt 1.10. Ver **Leviano.**

FRONTAL: Compare Êx 13.9. Faixa usada em volta da cabeça, Êx 13.16; Dt 6.8.

FRONTE: Parte superior do rosto humano. // Fiz... dura a tua **f** contra a sua **f**, Ez 3.8. Selarmos em suas **f** os servos, Ap 7.3. Selo de deus sobre as suas **f**, Ap 9.4. Cento e quarenta e quatro mil tendo nas **f** escrito, Ap 14.1. Sua marca na **f**, Ap 14.9. Sua **f**... Babilônia, Ap 17.5. Não receberam a marca na **f**, Ap 20.4. Nas suas **f** está o nome dele, Ap 22.4.

FROTA: Porção de navios de um país. // Uma **f** de Társis 1 Rs 10.22.

FROUXIDÃO: Falta de energia, de atividade. // Pela **f** das mãos goteja a casa, Ec 10.18.

Árvore boa produz bons frutos

FROUXO: Mole, sem energia, fraco. // Fortalecei as mãos **f**, Is 35.3.

FRUSTRAR: Fazer falhar. // Alugaram... para frustrarem o seu plano, Ed 4.5. O Senhor frustra os desígnios das nações, Sl 33.10.

FRUTÍFERO: Que dá frutos. // Terra **f** em deserto salgado, Sl 107.34. Do céu chuvas e estações **f** At 14.17.

FRUTIFICAR: Produzir frutos. // A terra por si mesma frutifica, Mc 4.28. Frutifiquemos para Deus, Rm 7.4. Frutificando em toda boa obra, Cl 1.10.

FRUTO: Produção dos vegetais, que sucede a flor e contém as sementes; produto da terra para sustento e benefício do homem. // Árvores frutíferas que dêem **f**, Gn 1.11. **F** digno do arrependimento, Mt 3.8. Pelos seus

f os conhecereis, Mt 7.16. Toda árvore boa produz bons **f**, Mt 7.17. Ou fazer a árvore boa e o seu **f**, Mt 12.33. Deu **f**: a cem, Mt 13.8. Deste **f** da videira, Mt 26.29. Bendito o **f** do teu ventre, Lc 1.42. Entesoura o seu **f** para vida eterna, Jo 4.36. Se morrer, produz muito **f**, Jo 12.24. Todo ramo... não der **f**, Jo 15.2. Esse dá muito **f**, Jo 15.5. Que deis muito **f**, Jo 15.8. Vades e deis **f**, Jo 15.16. Conseguir... entre vós algum **f**, Rm 1.13. Tendes o vosso **f** para a santificação, Rm 6.22. Multiplicará os **f** da vossa justiça, 2 Co 9.10. O **f** do Espírito é: Amor, Gl 5.22. Cheios do **f** da justiça, Fp 1.11. O **f** que aumente o vosso crédito, Fp 4.17. O lavrador... o primeiro a participar dos **f**, 2 Tm 2.6. Disciplina... produz **f** pacífico, Hb 12.11. O **f** de lábios que confessam, Hb 13.15. Que se semeia o **f** da justiça, Tg 3.18. O lavrador... o precioso **f** da terra, Tg 5.7. Que produz doze **f**, Ap 22.2.

FRUTO DO ESPÍRITO: O fruto do Espírito é o que resulta da vida de plena comunhão com Cristo. "Quem permanece em mim, e eu nele, esse dá muito fruto", Jo 15.5. "Cheios do fruto da justiça, o qual é mediante Cristo Jesus", Fp 1.11. Enquanto se encontram **nove dons,** que são concedidos pela generosidade do Espírito Santo, na lista de 1 Co 12.8-11, há **nove frutos,** que o Espírito Santo faz aparecer em nossa vida, na lista de Gl 5.22,23: 1) **Amor,** Gl 5.22; 1 Co 13; Mt 5.46,47. Ver Lc 23.34; At 7.60, Rm 5.7,8; 1 Ts 2.8; Cl 3.14. 2) **Alegria,** Gl 5.22. Não alegria natural, mas sobrenatural, do Espírito. Ver Mt 13.46; At 8.39; 16.34; Fp 4.4. Na presença de Deus há plenitude de alegria, Sl 16.11. Ela é eterna, Is 35.10. "Entristecidos mas sempre alegres", 2 Co 6.10. Alegria na sabedoria de Deus, Lc 10.20. Em achar "ovelhas perdidas", Lc 15.5. 3) **Paz,** Gl 5.22. O Deus de paz, Rm 16.20; 2 Co 13.11. A paz de Deus, Fp 4.7. Cristo nos deixou, Jo 14.27. O Senhor conserva em paz aquele cujo propósito é firme, porque confia nele, Is 26.3. Justificados, mediante a fé, temos paz com Deus, Rm 5.1. Paz da parte de Deus, Ef 1.2. 4) **Longanimidade,** Gl 5.22. Longanimidade é paciência para suportar ofensas. O amor é paciente, é longânimo, 1 Co 13.4. É de Deus, Rm 2.4; 1 Tm 1.16; 1 Pe 3.20. Prega a Palavra com toda a longanimidade, 2 Tm 4.2. 5) **Benignidade,** Gl 5.22. De Deus, Lc 6.35; 2 Co 10.1; Is 42.3; 1 Ts 2.7. 6) **Bondade,** Gl 5.22. A qualidade de quem é bom. A grande influência de um crente bom, Mt 5.13; 1 Pe 2.12. A bondade não é somente passiva, mas também é ativa. "O homem bom tira do tesouro bom coisas boas", Mt 12.35; 5.16; Cl 1.10; Tt 3.8. Possuídos de bondade, Rm 15.14. Barnabé era "homem bom, cheio do Espírito Santo", At 11.24. 7) **Fidelidade,** Gl 5.22. Não **fé,** como em algumas versões; fé é um dos dons do Espírito Santo, ao passo que a fidelidade é um de seus frutos, 1 Co 12.9. A fidelidade de Deus, Rm 3.3; 1 Co 1.9; 2 Tm 2.12,13. Exemplos de fidelidade: O sete mil, 1 Rs 19.18. O servo bom e fiel, na parábola dos talentos, Mt 25.21; o escravo Onésimo, Cl 4.9; Cristo, Hb 2.17; Moisés, Hb 3.2. Quem é fiel no pouco, também é fiel no muito, Lc 16.10; Requer-se de despenseiros que sejam encontrados fiéis, 1 Co 4.2. Sê fiel até a morte, Ap 2.10. Vencerão os chamados, eleitos e fiéis, Ap 17.14. O seu cavaleiro se chama Fiel, Ap 19.11. 8) **Mansidão,** Gl 5.23. A mansidão de Deus, Is 40.11. De Moisés, Nm 12.3. Os mansos herdarão a terra, Mt 5.5. Com amor e espírito de mansidão, 1 Co 4.21; Gl 6.1. Disciplinando com mansidão, 2 Tm 2.25. Acolhei com mansidão a Palavra, Tg 1.21. Mostre em mansidão de sabedoria, Tg 3.13. De grande valor diante de Deus, 1 Pe 3.4,9. **Domínio próprio** (temperança), Gl 5.23. Exemplificado em Daniel, Dn 1.8. Paulo perante Félix disserta do domínio próprio, At 24.25. Todo o atleta se domina, 1 Co 9.25. Uma das graças cristãs, 2 Pe 1.6.

FUGA: Ato ou efeito de fugir. // Puseste em **f** os meus inimigos, 2 Sm 22.41. Orai para que a vossa **f**, Mt 24.20. Puseram em **f** exércitos, Hb 11.34.

FUGIR: Desviar-se rapidamente para escapar. // Os reis de Sodoma e Gomorra fugiram, Gn 14.10. Cidade para a qual eu posso fugir, Gn 19.20. Moisés fugiu da presença de Faraó, Êx 2.15. Fugireis sem ninguém vos perseguir, Lv 26.17,36. A correr, e a gritar e a fugir, Jz 7.21. Então fugiu Davi, 1 Sm 19.10. Homem nascido de mulher... foge como a sombra, Jó 14.2. De sua presença fogem os que o aborrecem, Sl 68.1. O mar viu isso e fugiu, Sl 114.3. Para onde fugirei da tua presença, Sl 139.7. Fogem os perversos, sem que ninguém os persiga, Pv 28.1. Deles fugirão a dor e o gemido, Is 51.11. Fugi do meio de Babilônia, Jr 51.6. Jonas.. fugir da presença do Senhor, Jn 1.3. Fugireis como fugistes do terremoto, Zc 14.5 Toma o menino e sua mãe, foge para o Egito, Mt 2.13. A fugir da ira, Mt 3.7. Fugiram os porqueiros, Mt 8.33. Numa cidade, fugi para outra, Mt 10.23. Na Judéia fujam para os montes, Mt 24.16. Todos deixando-o, fugiram, Mt 26.56. Fugiram do sepulcro, Mc 16.8. Fugirão dele porque não conhecem, Jo 10.5. O mercenário foge, Jo 10.13. Desnudos e feridos, fugiram, At 19.16. Fugi da impureza, 1 Co 6.18. Fugi da idolatria, 1 Co 10.14. Foge destas coisas, 1 Tm 6.11. Foge das paixões, 2 Tm 2.22. Negando o poder. Foge destes, 2 Tm 3.5. Diabo, e este fugirá, Tg 4.7. A morte foge deles, Ap 9.6. A mulher fugiu para o deserto, Ap 12.6. Toda ilha fugiu, Ap 16.20. Fugiram o céu e a terra, Ap 20.11. Ver **Escapar.**

FUGITIVO: Que foge ou fugiu. // Serás **f** e errante pela, Gn 4.12. **F** sois de Efraim, Jz 12.4. Cujos **f** vão até Zoar, Is 15.5.

FUMAÇA: Grande porção de fumo. // Olhou para Sodoma... da terra subiu **f**, Gn 19.28. Sinai fumegava... sua **f** subiu como **f** de uma fornalha, Êx 19.18. Das suas narinas subiu **f**, 2 Sm 22.9. Os inimigos... se desfarão em **f**, Sl 37.20. Como se dissipa a **f**, Sl 68.2. Já me assemelho a odre na **f**, Sl 119.83. A casa se encheu de **f**, Is 6.4. Subirá para sempre a sua **f**, Is 34.10. Subiu **f** do poço, Ap 9.2. A **f** do seu tormento sobe pelos séculos, Ap 14.11. Ver **Fumo.**

Fumaça

FUMACEIRA: Grande fumaça. // Lamentarão... virem a **f**, Ap 18.9.

FUMARADA: O mesmo que fumaça. // Como a **f** de uma fornalha, Gn 19.28.

FUMEGANTE: Que fumega. // Eis um fogareiro **f**, Gn 15.17.

FUMEGAR: Lançar fumo. // Fumegará a ira, Dt 29.20. Toca as montanhas, e elas fumegam, Sl 104.31; 144.5. Torcida que fumega, Is 42.3; Mt 12.20.

FUMO: Mistura de gás, vapor de água e partículas tênues, que se eleva dos corpos em combustão. // Nuvem de **f**, Jz 20.38. Meus dias com **f** se desvanecem, Sl 102.3. Como... **f** para os olhos, Pv 10.26. Colunas de **f**, Ct 3.6; Jl 2.30. No meu nariz como **f**, Is 65.5. Sangue, fogo e vapor de **f**, At 2.19. O **f** do incenso, com as orações, Ap 8.4. Sentido figurado: de zelos divinos, Dt 29.20; e ira, Sl 74.1; simbólico da glória da santidade divina, Is 4.5; 6.4; Ap 15.8. Ver **fumaça.**

FUNÇÃO: Exercício, emprego, uso. // Nem todos os membros têm a mesma **f**, Rm 12.4.

FUNDA: Instrumento feito de um pedaço de couro e de duas cordas, com que lançam pedras ou balas. // Usada por Davi para matar Golias, 1 Sm 17.40,50. Os que atiravam com fundas pertenciam à infantaria tanto quanto os arqueiros, 2 Rs 3.25. Usavam tanto da mão direita como da esquerda em arremeter pedras com **f**, 1 Cr 12.2. Setecentos benjamitas que atiravam com a **f** num cabelo e não erravam, Jz 20.16. A vida de teus inimigos este se arrojará como se a atirasse da cavidade de uma **f**, 1 Sm 25.29. Compare Jr 10.18.

FUNDAÇÃO: Ação ou efeito de fundar. // Conhecido... antes da **f** do mundo, 1 Pe 1.20. Escritos... desde a **f** do mundo, Ap 13.8.

FUNDADO: Estabelecido. // **F** por ele sobre os montes santos, Sl 87.1.

FUNDAMENTAR: Aperfeiçoar, firmar, fortificar e fundamentar, 1 Pe 5.10. Ver **Consolidar.**

FUNDAMENTO: Alicerce ou base. // Com a perda do seu primogênito lhe porá os **f**, Js 6.26. Vacilaram os **f** dos céus, 2 Sm 22.8. E se descobriram os **f** do mundo, 2 Sm 22.16. **F** de pedras de valor, 1 Rs 7.10. Lançou os **f**, morreu-lhe seu primogênito, 1 Rs 16.34. Sesbazar lançou os **f** da casa de Deus, Ed 5.16. **F** da terra, Jó 38.4; Sl 82.5; 102.25; 104.5; Is 24.18; Mq 6.2; Hb 11.10. Arrasai-a, até os **f**, Sl 137.7. O justo tem perpétuo **f**, Pv 10.25. Como prudente construtor, 1 Co 3.10. Ninguém pode lançar outro **f**, 1 Co 3.11. Sobre o **f** dos apóstolos, Ef 2.20. Sólido **f** para o futuro, 1 Tm 6.19. O firme **f** de Deus permanece, 2 Tm 2.19. A cidade que tem **f**, Hb 11.10. Muralha da cidade tinha doze **f**, Ap 21.14. **F** da muralha da cidade, Ap 21.19. Ver **Alicerce, Base.**

FUNDAR: Assentar os alicerces; estabelecer, instituir. // Fundou-a ele sobre os mares, Sl 24.2.

FUNDEIRO ou **FUNDIBULÁRIO:** Aquele que combate com a funda. // Os que atiravam com fundas pertenciam à infantaria tanto quanto os flecheiros, 2 Rs 3.25 (ARC). Ver Jz 20.16; 2 Cr 26.14.

FUNDIR: Tornar líquido. // Como se funde a prata... assim sereis fundidos, Ez 22.22.

FUNDO: Parte sólida sobre a qual se acha grande massa de água, a extremidade da agulha oposta à ponta. // O que fez o caminho no **f** do mar, Is 51.10. Passar um camelo pelo **f** de uma agulha, Mt 19.24.

FURADO: Que tem aberto algum buraco ou furo. // Para pô-lo num saquitel **f**, Ag 1.6.

FURAR: Abrir furo em. // O seu senhor lhe furará a orelha, Êx 21.6. Furou e transpassou-lhe as fontes, Jz 5.26.

FÚRIA: Acesso violento de furor. // Contra a **f** dos meus adversários, Sl 7.6. Dominas a **f** do mar, Sl 89.9. Repreendeu... a **f** da água, Lc 8.24.

FURIOSAMENTE: De modo furioso. // Parece... Jeú... porque guia **f**, 2 Rs 9.20.

FURIOSO: Possuído de fúria. // Nabucodonosor, irado e **f**, mandou chamar, Dn 3.13; Contra ele com todo o seu **f** poder, Dn 8.6; A tal ponto **f**, que ninguém, Mt 8.28.

FUROR: Ira exaltada, fúria. // O Senhor os arrancou com grande **f**, Dt 29.28. Hamã encheu-se de **f**, Et 3.5. Nem me castigues no teu **f**, Sl 6.1; 38.1. A resposta branda desvia o **f**, Pv 15.1. Cruel é o **f** e impetuosa a ira, Pv 27.4. Pisei as uvas na minha ira; no meu **f**, Is 63.3. Aparta-se o teu **f** da tua cidade de Jerusalém, Dn 9.16. Eles se encheram de **f**, Lc 6.11; At 19.18. Vinho do **f** da sua ira, Ap 16.19; 19.15. Ver **Cólera, Ira.**

FURTADO: Escondido. // E negro entre as ovelhas, esse... será tido por **f**, Gn 30.33.

FURTAR: Apoderar-se de (coisa alheia) contra a vontade do dono. // Raquel furtou os ídolos, Gn 31.19. Não furtarás, Êx 20.15; Dt 5.19. Absalão furtava o coração, 2 Sm 15.6. Não furtarás, Mt 19.18; Mc 10.19; Rm 13.9. Que pregas que não deve furtar, furtas? Rm 2.21. Aquele que furtava, não furte mais, Ef 4.28. Ver **Esbulhar, Roubar.**

FURTO: Ato ou efeito de furtar. // Será vendido por seu **f**, Êx 22.3. Do coração procedem **f**, falsos testemunhos, Mt 15.19. Nem ainda se arrependeram de seus **f**, Ap 9.21. Ver **Roubo.**

FUSO: Instrumento roliço sobre que se forma a maçaroca ao fiar. // Estende as mãos ao **f**, Pv 31.19.

FUSTIGAR: Bater com vara. // Tu a fustigarás com a vara, Pv 23.14. Fui três vezes fustigado com varas, 2 Co 11.25. Ver **Castigar, Punir.**

FÚTIL: Vão; que não tem valor. // Resgatados do vosso **f** procedimento, 1 Pe 1.18. Ver **Vão.**

FUTURO: Tempo que há de vir; destino. // Sejam as coisas presentes, sejam as **f**, 1 Co 3.22. Sólido fundamento para o f, 1 Tm 6.19.

***GETSÊMANE,** onde Jesus foi preso. As oliveiras, atualmente, nesse bem tratado jardim, não existiam no tempo de Jesus, pois, na destruição de Jerusalém todas as árvores foram derrubadas. Mas as que estão aí hoje, têm muitos séculos de idade*

G

GAÃ: Um dos filhos de Naor, irmão de Abraão, Gn 22.24.

GAAL: Um filho de Ebede. Fracassou na sua revolta contra Abimaleque, filho de Gideão, Jz 9.26-45.

GAAR: Chefe de uma família que voltou do cativeiro, Ed 2.47.

GAÁS: Um outeiro de Efraim, ao sul do Timnate-Sera, Js 24.30.

GABAI: Um dos príncipes dos benjamitas de Jerusalém que voltou de Babilônia, Ne 11.8.

GABAR: Elogiar, lisonjear. // Não se gabe quem se cinge como aquele que vitorioso se descinge, 1 Rs 20.11. Antes da ruína gaba-se o coração, Pv 18.12. Assim é o homem que se gaba de dádivas que não fez, Pv 25.14. A língua se gaba de grandes coisas, Tg 3.5. Ver **Ufanar**.

GÁBATA, hb. **Pavimento:** Jo 19.13. Um espaço aberto, talvez fronteiro ao palácio de Herodes, e calçado com pedras, em obra de mosaico.

GABINETE: Escritório; camarim. // Falastes ao ouvido no **g**, Lc 12.3 (ARC).

GABRIEL, hb. **Homem de Deus:** Um anjo de alta categoria, mas não chamado arcanjo nas Escrituras. Enviado para explicar a visão de um carneiro e um bode a Daniel, Dn 8.16. Enviado para explicar a profecia das setenta semanas, Dn 9.21. Enviado a Zacarias e a Maria, Lc 1.19,26. Ver **Anjo**.

GADARA: Uma cidade a 10 km para o suleste do mar da Galiléia. Era a cidade principal da região chamada "a terra dos gadarenos", Mt 8.28. Era chamada "a terra dos gerasenos" (Mc 5.1) por causa, talvez, da cidade local e menor chamada Gerasa. Ver mapa 4, B-1.

GADARENOS: Habitantes de Gadara, cidade opulenta e rica de Decápolis. A cura de dois endemoninhados gadarenos, Mt 8.28-34. Em Mc 5.1-20, e em Lc 8.26-39, gerasenos.

GADE, hb. **Boa fortuna:** 1. O sétimo filho de Jacó e o primeiro de Zilpa, serva de Lia, Gn 30.9-11; 35.26. Teve Gade sete filhos Gn 46.16. Abençoado por Jacó, Gn 49.19. // 2. Uma das doze tribos de Israel, Nm 2.14. No censo no deserto, Nm 1.25; 26.18. Uma das tribos da Transjordânia, Nm 32; 34.14,15; Js 18.7. Ver mapa 2, D-4. Abençoada por Moisés, Dt 33.20. A herança dos gaditas, Js 13.24-28. Haverá lugar para os gaditas entre as tribos restauradas, Ez 48.27. da tribo de gade, doze mil selados, Ap 7.5. // 3. Profeta. Por intermédio de Gade, Deus falou a Davi mais que uma vez, 1 Sm 22.5; 2 Sm 24.11-14. Colaborou no arranjo coral do Templo, 2 Cr 29.25. Escreveu as crônicas do reinado de Davi, 1 Cr 29.29.

GADI, hb. **Afortunado:** 1. Um dos espias enviados para espiarem a terra de Canaã, Nm 13.11. // 2. Pai de Manaém, rei de Israel, 2 Rs 15.17.

GADIEL, hb. **Deus é a minha fortuna:** Um dos doze homens enviados para espiarem a terra de Canaã, Nm 13.10.

GADO: Animais criados para os trabalhos agrícolas, consumo doméstico ou para fins comerciais, tais como o cavalo, o macho, o boi, o porco, o carneiro, a cabra. Os **animais domésticos** (ARA)**, gado** (ARC), em contraste com os **animais selváticos** (ARA), Gn 2.20. Os primogênitos de todo gado pertenciam ao Senhor, Êx 34.19; Lv 1.2. Avaliava-se a grandeza dos patriarcas pela quantidade de gado que possuíam. Jó "possuía sete mil ovelhas. Três mil camelos, quinhentas juntas de bois, e quinhentas jumentas; era também muito numeroso o pessoal ao seu serviço, de maneira que este homem era o maior de todos os do Oriente", Jó 1.3. A terra não podia sustentar Abraão e Ló, por causa do gado que possuíam, Gn 13. 1-6. Isaque era riquíssimo; possuía ovelhas e bois, Gn 26.13,14. Os rubenitas e os gaditas possuíam gado em muitíssima quantidade, Nm 32.1. Os gados sobre milhares de outeiros, Sl 50.10 (B). Menciona-se **gado** duas vezes no Novo Testamento, Lc 17.7; Jo 4.12.

GAETÃ: Um príncipe dos edomitas, neto de Esaú, Gn 36.11,16.

GAFANHOTO: Inseto saltador. Alimenta-se exclusivamente de vegetais. Onde pousa uma nuvem de gafanhotos tudo é devastado em poucas horas. Não é proibido comê-los, Lv 11.22. Éramos aos nossos olhos como gafanhotos, Nm 13.33. Os midianitas como gafanhotos em tanta multidão, Jz 6.5; 7.12. A oitava praga no Egito: gafanhotos, Êx 10.1-19; Sl 105.34. Inseto muito destrutivo, 2 Cr 6.28; 7.13. Quando o gafanhoto te for um peso, Ec 12.5. Não têm rei, Pv 30.27. Os moradores da terra como gafanhotos, Is 40.22. O que deixou o gafanhoto... Jl 1.4; 2.25. A comida de João Batista, Mt 3.4. Dá fumaça saíram gafanhotos, Ap 9.3.

GAGO: Que fala pronunciando palavras repetindo sílabas com intervalos. // a língua dos **g** falará pronta, Is 32.4. Trouxeram um surdo e **g**, Mc 7.32.

GAGUEJANTE: Que gagueja. // Por lábios **g**... falará o Senhor, Is 28.11 (ARA).

GAIO: 1. Macedônio, companheiro de Paulo, At 19.29. // 2. Homem de Derbe e um dos companheiros de Paulo, At 20.4. // 3. Hospedeiro de Paulo em Corinto, Rm 16.23. // 4. Homem que Paulo batizou em Corinto, 1 Co 1.14. O mesmo, talvez, que o n.º 3. // 5. Aquele a quem a epístola de 3 João é dirigida, 3 Jo 1.

GAIOLA: Pequena clausura de cana, verga, junco ou arame, para encerro de aves. // Como a **g** cheia de pássaros, são as suas casas cheias de fraude, Jr 5.27.

GAITA: Instrumento musical. Ver **Música**.

GAIVOTA: Ave marinha. Nada, voa e anda em todas as costas. // Ave **imunda**, Lv 11.16.

GALÁCIA: Antiga região da Ásia Menor, ocupada pelos gaulezes em 270 a.C. e reduzida a província romana em 26 a.C. // Paulo percorreu a região da Galácia, At 16.1; 18.23. As igrejas da Galácia, 1 Co 16.1; Gl 1.2. Crescente foi para a galácia, 2 Tm 4.10. Forasteiros da Dispersão na Galácia, 1 Pe 1.1. Ver mapa 6, F-2.

GALAL: Dois levitas, 1 Cr 9.15,16.

GALARDÃO: Recompensa. // Sou o teu escudo, e teu **g**, Gn 15 1. O fruto do ventre seu **g**, Sl 127.3. O seu **g** está com ele, Is 40.10. Grande é o vosso **g** nos céus, Mt 5.12. Doutra sorte tereis **g**, Mt 6.1. Receberá o **g** de profeta... o **g** de justo, Mt 10.41. De modo algum perderá o seu **g**, Mt 10.42. Cada um receberá o seu **g**, 1 Co 3.8. Se permanecer a obra... receberá **g**, 1 Co 3.14. A vossa confiança... tem grande **g**, Hb 10.35. Porque contemplava o **g**, Hb 11.26. Para receberdes completo **g**, 2 Jo 8. Comigo está o **g**, Ap 22.12. Ver **Paga, Recompensa, Retribuição, Salário.**

GALARDOADOR: O que galardoa. // Que se torna **g** dos que o buscam, Hb 11.6.

GALARDOAR: Dar galardão a; premiar. // O que teme o mandamento será galardoado, Pv 13.13. Os justos serão galardoados, Pv 13.21. Ver **Recompensar.**

GÁLATAS, EPÍSTOLA DE PAULO AOS: Carta dirigida "às igrejas da Galácia", 1.2. Essas igrejas são, provavelmente, as de Antioquia, Icônio, Listra e Derbe. Narra-se o início dessas igrejas em At 13.13 a 14.24. **O autor:** O apóstolo Paulo, 1.1. **A chave:** A liberdade em Cristo Jesus, 2.4; 5.1. O apóstolo foi bem recebido, no início, pelos gálatas, estabelecendo uma igreja ali, 1.6; 4.14. Mas na sua ausência entraram crentes convertidos do judaísmo e ensinaram que era necessário entrarem pela porta do judaísmo para serem realmente salvos. O apóstolo escreve esta epístola para corrigir este erro e salvar a Igreja de ser apenas uma seita de judeus. **As divisões: I.** O apóstolo da liberdade em Cristo Jesus; Paulo afirma e prova a sua chamada divina, e a sua autoridade como apóstolo de Jesus Cristo, caps. 1 e 2. **II.** A doutrina dessa liberdade; a nossa justificação é inteiramente pela fé, e não pelas obras da lei, Capítulos 3 e 4. **III.** Cristo nos libertou para uma vida de liberdade; conclui com certos conselhos e direções práticas, Caps 5 e 6.

GÁLBANO: Resina extraída da planta do mesmo nome. Um ingrediente que entrava na composição do incenso sagrado, Êx 30.34.

GALEEDE, hb. **O montão do testemunho:** O montão de pedras levantado por Labão e Jacó para selar a sua aliança, Gn 31.47.

GALGAR: Transpor correndo. // Galgando os montes, Ct 2.8. Ver **Subir.**

GALHO: Ramo de árvore. // Como **g** de espinhos na mão do bêbado, Pv 26.9. Ver **Ramo.**

GÁLIA: País antigo, que constituía, mais ou menos, a região ocupada atualmente pela França. Ver mapa 1, B-2.

GALILÉIA, hb. **Circuito:** Uma província que compreendia toda a parte do norte da Palestina, repartida pelas tribos de Issacar, Zebulom, Aser e Naftali. Ver mapa 6, F-3. Originalmente o nome Galiléia era dado a

Garça

um pequeno "circuito" de território, no qual estavam as vinte cidades que o rei Hirão deu a Salomão, 1 Rs 9.11. Galiléia dos gentios (Is 9.1; Mt 4.15), região habitada em grande parte por elemento estrangeiro. José, com Cristo e Maria, retirou-se para as regiões da Galiléia, Mt 2.22. Percorria Jesus toda a Galiléia, Mt 4.23. Depois da minha ressurreição, irei adiante de vós para Galiléia, Mt 26.32; 28.7,16. Herodes, tetrarca da Galiléia, Lc 3.1. Jesus, no poder do Espírito, regressou para a Galiléia, Lc 4.14. Da Galiléia não se levanta profeta, Jo 7.52. A igreja tinha paz por toda a Judéia, Galiléia, At 9.31.

GALILEU: Um habitante da Galiléia. // Estavas com Jesus, o **g**, Mt 26.69. Esses **g** eram mais pecadores? Lc 13.2. Perguntou se era **g**, Lc 23.6. Os **g** o receberam, Jo 4.45. Varões **g** por que estais olhando, At 1.11. Não são **g** todos esses, At 2.7. Levantou-se Judas, o **g**, At 5.37.

GALIM, hb. **Fontes:** Uma cidade perto de Jerusalém, Is 10.30.

GALINHA: Fêmea do galo. // Menciona-se em Mt 23.37. O galo só é mencionado na ocasião em que Pedro negou a Cristo, Mt 26; Mc 14; Lc 22; Jo 18.

GÁLIO: Junius Annaeus Gallio, procônsul romano da Acaia, e irmão do filósofo Lucius Annaeus Sêneca. Atos 18.12-16 não dá a entender que Gálio era indiferente à religião, mas antes, que não queria meter-se nas questões religiosas dos judeus.

GALO: Ave do gênero dos galináceos. // Na ocasião em que Pedro negou a Cristo, Mt 26.34,74,75.

GAMALIEU, gr. **Recompensa de Deus:** 1. Um dos escolhidos para levantar o censo no deserto, Nm 1.10. // 2. Um fariseu, membro do Sinédrio e doutor da lei judaica, At 5.34. Mestre do apóstolo Paulo, At 22.3.

GAMO: Mamífero ruminante. Caracterizado pelos galhos achatados e a pele mosqueada. Animal **limpo**, Dt 14.5. Gracioso e ligeiro, Ct 2.9,17; 8.14. Os gamos, os antílopes, as cabras monteses, as corças e as gazelas são todos da mesma família dos cervos, ou veados.

GANA: Desejo de fazer mal a alguém. // Tendes **g** contra o necessário, Am 8.4.

GANÂNCIA: Ganho ilícito. // O que aumenta os seus bens com juros e **g**, Pv 28.8. Cada um se dá à **g**, Jr 6.13; 8.10. Não cobiçoso de torpe **g**, 1 Tm 3.8 (ARC). Bispo... cobiçoso de torpe **g**, Tt 1.7. Ensinando... por torpe **g**, Tt 1.11. Pastoreai... nem por sórdida **g**, 1 Pe 5.2. Movidos de **g**, se precipitaram no erro de Balaão, Jd 11.

GANANCIOSO: Que só tem em vista o lucro. // A sorte de todo **g**, Pv 1.19. Cuja **g** boca se escancara como o sepulcro, Hc 2.5. Nem de intuitos **g**, 1 Ts 2.5. Ver **Ávido.**

GANCHO: Peça curva, aguçada numa das suas extremidades; anzol. // Levado com **g** para o Egito, Ez 19.4. Ver **Anzol.**

GANGRENA: Destruição completa da vida orgânica em uma parte do corpo. // A palavra desses roerá como gangrena, 2 Tm 2.17 (ARC). Câncer (ARA).

GANHAR: Adquirir; recuperar. // O que ganha almas é sábio, Pv 11.30. Se ganhar o mundo inteiro e perder a sua alma? Mt 16.26. Se ele te ouvir, ganhaste a teu irmão, Mt 18.15. Receberá cinco... ganhou outros cinco, Mt 25.16. É na vossa perseverança que ganhareis as vossas almas, Lc 21.19. A fim de ganhar o maior número, 1 Co 9.19. A fim de ganhar os judeus, 1 Co 9.20. Considero como refugo, para ganhar a Cristo, Fp 3.8.

GANHO: Lucro. // Não receberás dele juros nem **g**, Lv 25.36. Percebe que o seu **g** é bom, Pv 31.18. O que despreza o **g** de opressão, Is 33.15. Seja **g**, sem palavra, 1 Pe 3.1. Ver **Lucro.**

GARANHÃO: Cavalo destinado à padreação, Jr 8.16.

GARANTIA: Aquilo que assegura a execução ou a posse. // O juramento, servindo de **g**, Hb 6.16.

GARANTIR: Responsabiliza-se por. // O cavalo não garante vitória, Sl 33.17.

GARÇA: Ave pernalta que atinge um metro de altura. Lv 11.19

GAREBE: Um dos valentes de Davi, 2 Sm 23.38.

GARFO: Utensílio usado no altar do holocausto. // Feito de bronze, Êx 27.3; de ouro, 1 Cr 28.17; de bronze purificado, 2 Cr 4.16; de três dentes, 1 Sm 2.13.

GARGANTA: Parte interior do pescoço, por onde os alimentos passam da boca ao estômago. // Secou-se-me a **g**, Sl 69.3. Mete uma faca à tua **g**, Pv 23.2. A **g** deles é sepulcro aberto, Rm 3.13.

GARGANTILHA: Afogador para ornamento de pescoço. // Como... **g** de ouro fino, Pv 25.12 (ARC).

GARRA: Unha aguçada de certos animais carnívoros, ou de ave de rapina. Livrou das **g** do leão, 1 Sm 17.37.

GARRAFA: Vaso de vidro, de cristal ou de louça, de gargalo estreito. // Desde as taças até as **g**, Is 22.24.

GASTAR: Diminuir pelo atrito o volume de; esgotar, despender. // Debalde se gastará a vossa força, Lv 26.20. Como as águas gastam as pedras, Jó 14.19. Gastais o dinheiro naquilo que não é pão, Is 55.2. Se alguma cousa gastares a mais, Lc 10.35. Deixarei gastar em prol das vossas almas, 2 Co 12.15. Foram gastos de ferrugem, Tg 5.3.

GASTO: Despesa. // Primeiro a fazer as contas dos **g**, Lc 14.28 (ARC). Os **g** para que rapem a cabeça, At 21.24 (ARC).

GATE, hb. **lagar:** Uma das cinco cidades principais dos filisteus, Js 13.3; 1 Sm 6.17. A arca levada até Gate, 1 Sm 5.8. Cidade natal de Golias, e de outros gigantes, 1 Sm 17.4; 21.10-15. Davi refugiou-se em Gate duas vezes, 1 Sm 21.10; 27.2. Conquistada por Davi, 1 Cr 18.1. Uzias quebrou o muro de Gate, 2 Cr 26.6. Destruída, Am 6.2. Não o anuncieis em Gate, Mq 1.10. Ver mapa 5, A-1.

GATE-HEFER, hb. **lagar da cova:** Uma cidade na divisa de Zebulom, Js 19.13. Terra natal do profeta Jonas, 2 Rs 14.25. Ver mapa 3, A-2.

GATE-RIMOM, hb. **lagar de Rimom:** 1. Uma cidade de Dã, perto de Jope, Js 19.45. // 2. Uma cidade de Manassés, Js 21.25.

GAVELA: Feixe de espigas. // Rebuscar espigas... entre as **g**, Rt 2.7. Ver **Feixe**.

GAVIÃO: Ave de rapina do gênero falcão. // Lv 11.16; Jó 39.26 (ARC). Ver **Falcão.**

GAZA, hb. **forte:** Uma das cinco cidades principais dos filisteus, Js 13.3; 1 Sm 6.17. Menciona-se em Gn 10.19. Um dos lugares dos enaquins, raça de gigantes, Js 11.22. Conquistada por Judá, Jz 1.18. Sansão levou as folhas da porta da cidade, Jz 16.3. Sansão virava um moinho no cárcere em Gaza, Jz 16.21. O caminho que desce de Jerusalém a Gaza, At 8.26. Ver mapa 5, A-1.

GAZÃO: Chefe de uma família que voltou do exílio, Ed 2.48.

GAZELA: Gênero de antílope, de olhos grandes. // Animal **limpo**, Dt 14.5. Muito ligeiro, Gn 49.21; 2 Sm 2.18; 1 Cr 12.8; Ct 8.14. Sua carne é muito apreciada, 1 Rs 4.23. Graciosa, Pv 5.19; Ct 4.5. Caçada nas matas, Pv 6.5.

GAZEZ: 1. Um filho de Calebe, 1 Cr 2.46. // 2. Um neto de Calebe, 1 Cr 2.46.

GAZOFILÁCIO: Lugar em que, no Templo, se guardavam os vasos sagrados e se recolhiam

Gavião

as oferendas. // Lançarem suas ofertas no **g**, Lc 21.1. Estas palavras no lugar do **g**, Jo 8.20.

GEADA: Orvalho congelado. // De noite pela **g**, Gn 31.40. Fina como a **g**, Êx 16.14. Quem dá à luz a **g** do céu? Jó 38.29. Espalha a **g** como cinza, Sl 147.16.

GEAZI, hb. **Vale da visão:** o servo confidente de Eliseu, 2 Rs 4.12,31; 5.20-27; 8.4,5.

GEBA: Uma cidade dada aos levitas, Js 21.17. Ver mapa 2, C-5.

GEBAL, hb. **confim:** Cidade na costa da Fenícia e que não foi conquistada pelos israelitas, Js 13.5. Os seus habitantes, os gibleus, eram afamados como pedreiros e construtores de navios, 1 Rs 5.18; Ez 27.9. Hoje chama-se Jebiel, e as suas ruínas ainda indicam a sua primitiva grandeza e magnificência. É duvidoso se este lugar de Gebal é aquele a que se refere o Salmo 83 (v.7), ou se é outro ao sul do mar Morto. Ver mapa 1, H-1.

GEBER: Um oficial de Salomão, 1 Rs 4.19.

GEBIM: Uma vila ao nordeste de Jerusalém, Is 10.31.

GECO: Réptil sáurio, de grande cabeça e de dedos aderentes que lhe permitem correr ao longo das paredes ou tetos. Na lista de "criaturas que povoam a terra" e consideradas imundas, Lv 11.30. O geco... contudo está nos palácios, Pv 30.28.

GEDALIAS, hb. **Deus é grande:** 1. Um filho de Aieão, nomeado por Nabucodonosor governador sobre Judá, 2 Rs 25.22-25. // 2. Um músico nomeado por Davi, 1 Cr 25.3. // 3. Um sacerdote que tinha mulher estrangeira, Ed 10.18. // 4. Filho de Fasur, Jr 38.1. // 5. Avô do profeta Sofonias, Sf 1.1.

GEDER: Uma cidade real conquistada por Josué, Js 12.13.

GEDERA: Uma cidade de Judá, Js 15.36.

GEDEROTAIM: Uma cidade de Judá, Js 15.36.

GEDEROTE: Uma cidade na parte baixa de Judá, Js 15.41.

GEDOR: 1. Uma cidade na parte serrana de Judá, Js 15.58. Ver mapa 2, C-5; mapa 5, B-1. // 2. Uma cidade no território de Simeão, 1 Cr 4.39. // 3. Um descendente de Judá, 1 Cr 4.4. // 4. Um antecessor de Saul, 1 Cr 8.31.

GEDRÓSIA: Região do Irão antigo, chamada atualmente **Mekran**. Ver mapa 1, F-4.

GEHENNA (B) INFERNO (ARA): Em hebraico **Gehinnom**, isto é, **o vale de Hinom**, onde se sacrificavam seus filhos em holocausto a Maloque, 2 Cr 28.3; 33.6. Este vale, depois de profanado pelo rei Josias, tornou-se símbolo de pecado e aflição, e por fim, designação do suplício eterno, Mt 18.8,9. Isso é devido, talvez, ao fogo que neste vale ardia continuamente para destruir o lixo da cidade de Jerusalém. **Vale de Hinom,** ou **Vale do filho de Hinom:** A divisa entre Judá e Benjamim, Js 15.8; 18.16. Ver **Inferno.**

GELILOTE: Lugar na divisa entre Judá e Benjamim, Js 18.17.

GELO: Água congelada. Gelo na Palestina existe somente nos montes mais altos. // De que ventre procede o **g**? Jó 38.29. Ele arroja o seu **g** em migalhas, Sl 147.17. Não haverá luz, mas frio e **g**, Zc 14.6.

GEMALI: Pai de um dos 12 escolhidos para espiarem a terra de Canaã, Nm 13.12.

GEMARIAS: 1. Embaixador do rei Jecomias ao rei Nabucodonosor, Jr 29.3. // 2. Um príncipe de Judá, em cuja câmara leu Baruque a assustadora profecia de Jeremias, Jr 36.10.

GÊMEO: Diz-se de dois ou mais irmãos, nascidos do mesmo parto. // Eram gêmeos: Esaú e Jacó, Gn 25.24; Rm 9.11; Perez e Zerá, Gn 38.27. Das quais todas produzem **g**, Ct 4.2.

GEMER: Soltar gemidos. // Os filhos de Israel gemiam sob a servidão, Êx 2.23. Estou cansado de tanto gemer, Sl 6.6. Gemas no fim da tua vida, Pv 5.11. A terra geme e desfalece, Is 33.9. Geme em silêncio, não faças lamentação, Ez 24.17. Faraó... gemerá como geme o traspassado, Ez 30.24. Como geme o gado! Jl 1.18. Toda a criação geme, Rm 8.22. Gememos em nosso íntimo, aguardando, Rm 8.23. Neste tabernáculo gememos, 2 Co 5.2,4. Façam isto com alegria e não gemendo, Hb 13.17. Ver **Lamentar.**

GEMIDO: Lamento doloroso, inarticulado. // Ouvindo Deus o seu **g**, Êx 2.24. O Senhor se compadecia deles ante os seus **g,** Jz 2.18. Acode ao meu **g**, Sl 5.1. O **g** dos necessitados, Sl 12.5. Gasta-se os meus anos em **g**, Sl 31.10. Pelos meus constantes **g** todos os dias, Sl 32.3. Chegue à tua presença o **g** do cativo, Sl 79.11. Para ouvir o **g** dos cativos, Sl 102.20. Os meus não muitos, Lm 1.22.

GENEALOGIA: Série de antepassados de alguém. Nenhuma nação foi mais cuidadosa em conservar as suas genealogias do que os judeus. Provavam pelas genealogias os direitos que tinham as diferentes famílias às respectivas heranças, e se fornecia a prova da descendência do Messias. Timóteo foi aconselhado a admoestar os que se ocupassem com fábulas e genealogias sem fim, 1 Tm 1.4. Melquizedeque era sem pai, sem mãe, sem genealogia, Hb 7.3. Aquele cuja genealogia não se inclui entre eles, Hb 7.6. // A genealogia de Adão, Gn 5; 1 Cr 1; Lc 3.23-38; de Noé, Gn 10; 1 Cr 1.1-4; de Sem, Gn 11.10-32; de Cão, 1 Cr 1.8-16; de Terá, Gn 11.27; de Abraão, Gn 25; 1 Cr 1.28; de Ismael, Gn 25.12-16; 1 Cr 1.29-31; de Esaú, Gn 36; 1 Cr 1.35-54; de Jacó, Gn 46; Êx 1.2; 6.14-25; Nm 26; 1 Cr 2; das tribos, 1 Cr 2; 4; 6 e 7; de Davi, 1 Cr 3; de Cristo, Mt 1; Lc 3.23-38.

Há somente duas genealogias no Novo Testamento (Mt 1 ; Lc 3); as duas são de uma só pessoa, de nosso Salvador. Não foram escritas para satisfazer a vanglória de qualquer pessoa, como a maior parte das tábuas genealógicas, mas para salientar o fato insigne de Jesus Cristo ser da linhagem de Abraão e de Davi. Mateus dá a linha ancestral de Jesus, começando por Abraão, por Davi, por Salomão, e pelos reis, em ordem, até Jeconias, o último rei. Depois dá os nomes dos herdeiros ao trono, até Jesus Cristo. Lucas, na sua genealogia, começa com Jesus Cristo, traçando a linha ancestral para trás, por Natã (irmão de Salomão) até Davi; e de Davi, por Abraão, até Adão. As duas tábuas são idênticas de Abraão a Davi, mas de Davi a José são diferentes. A explicação de grande divergência entre as duas tem sido um verdadeiro quebra-cabeça entre os comentadores da Bíblia. Antes de tudo, há uma coisa certíssima: as duas listas dos antepassados de Jesus nunca foram contestados apesar dos inumeráveis inimigos que se esforçavam para não conceder a Jesus o direito ao trono de Davi. O mundo tem de aceitar as tábuas de Mateus e de Lucas como autênticas. Mas como se explica a grande diferença entre as duas?

Algumas soluções sugeridas: 1. Uma das linhagens é do avô paterno de José, a outra do avô materno. Tal sugestão não passa de uma suposição; é somente conjectura, sem qualquer base. // 2. Foi sugerido, pela primeira vez no século XV, que Mateus dá a lista dos antepassados de Jesus como Filho adotivo de José, enquanto Lucas apresenta a sua lista dos antepassados de Maria, a mãe de Jesus. Notemos alguns pontos que dão grande valor a tal suposição: (a) É certo que

Maria foi da linhagem de Davi, Rm 1.3; At 2.30 etc. Era em ordem, portanto, que Lucas apresentasse a linhagem, mostrando que o Senhor foi realmente da descendência de Davi. (B) Lucas, para acentuar a humanidade de Cristo, relata detalhadamente muitos dos eventos na vida de sua mãe, do seu nascimento, de sua meninice. É natural, portanto, supor que Lucas, para cumprir seu propósito de acentuar a humanidade de Jesus, desse a sua genealogia segundo a carne. (c) O nome de Maria não aparece na genealogia de Lucas porque, conforme o costume dos judeus de não incluir os nomes de mulheres nas genealogias, foi necessário usar o nome de seu marido, em vez do nome dela. Apesar de Lucas dizer que José "foi o filho de Heli", (Lc 3.23), tal termo realmente significava que José foi o "genro de Heli". Todas essas idéias parecem muito plausíveis, contudo nenhuma está fora de dúvida. Não podemos ter a certeza de que em Lucas 3.23 "o filho de Heli" quer dizer "o genro de Heli". O que parece a verdadeira solução é que as duas genealogias são, como consta, realmente de José; a descendência de Jesus, tanto em Lucas, como em Mateus, é considerada segundo o seu estado legal na família de José. Pois a lei judaica não reconhecia Jesus como da carne e do sangue de Davi somente porque Maria o foi. De fato, os judeus nem admitiam que Jesus nascesse de virgem. A genealogia de Maria, portanto, não servia. O estado judicial de Jesus, como filho de Davi, perante o mundo, dependia da sua genealogia como "filho de José". Então por que há duas genealogias de José? A resposta é fácil. O único alvo de Mateus é o de demonstrar o direito legal de Jesus ao trono, enquanto o propósito de Lucas é o de citar a própria linha da qual José nascera. Inserimos o seguinte sobre o assunto, escrito por Lord Hervey, reconhecido como uma das maiores autoridades sobre genealogia: "Ao examinar a genealogia de Mateus, para ver quando se rompeu a linha real de Judá, é claro que foi em Jeconias. Note-se, também, como o Senhor, pela boca de Jeremias, ordenou que esse rei fosse privado de filhos e que ninguém de sua semente se assentasse no trono de Davi, nem reinasse mais em Judá (Jr 22.30). Os homens depois de Jeconias, desprovidos de filhos, são os herdeiros mais próximos, como também os são em 1 Cr 3.17. Olhando novamente para as listas em Mateus e Lucas ficamos certos desta conclusão. Os dois nomes que seguem o de Jeconias, Salatiel e Zorobabel estão realmente transferidos da outra genealogia (de Lucas), na qual consta que o pai de Salatiel foi realmente Neri, da família de Natã. Torna-se certo, portanto, que Salatiel, da família de Natã, irmão de Salomão, se tornou herdeiro ao trono de Davi quando falhou a linha de Salomão, na pessoa de Jeconias. Assim Salatiel e seus descendentes foram transferidos, como 'filhos de Jeconias' para a tábua genealógica real, segundo a lei judaica. Vede Nm 17.8-11. Depois as duas genealogias coincidem por duas, ou melhor, quatro gerações. Então aparecem seis nomes em Mateus, que não se encontram em Lucas. A seguir as duas listas concordam no nome de Matã (Mt 1.15; Lc 3.24), a quem são atribuídos dois filhos diferentes, Jacó e Heli; mas somente um e o mesmo neto e herdeiro, José marido de Maria, o reputado pai de 'Jesus', que se chama 'o Cristo'. A súmula do assunto, então, é que Lucas dá a tábua genealógica de Jesus Cristo, como filho legal de José, segundo seu nascimento. Mas Mateus dá a lista dos herdeiros ao trono".

GÊNERO: Conjunto de seres, que entre si têm semelhança importantes e constantes. // Na sua mão... o espírito de todo o **g** humano, Jó 12.10. Que **g** de morte Pedro havia, Jo 21.19.

GENEROSIDADE: Liberalidade, magnanimidade. // Salomão deu a rainha... afora tudo o que lhe deu por sua **g** real, 1 Rs 10.13. A profunda pobreza deles superabundou em grande riqueza da sua **g**, 2 Co 8.2. Enriquecendo-vos em tudo para toda a **g**, 2 Co 9.11. Ver **Liberalidade.**

GENEROSO: Que tem sentimentos magnânimos; franco, liberal. // Minha alma... o Senhor tem sido **g** para contigo, Sl 116.7. Sê generoso **g** para com o teu servo, Sl 119.17. A alma **g** prosperará, Pv 11.25. O **g** será abençoado porque dá do seu pão, Pv 22.9. Sejam ricos... **g** em dar, 1 Tm 6.18.

GENESARÉ: Nome derivado de Quinerete, o antigo nome de uma cidade (Js 19.35) e de uma planície fértil adjacente ao mar da Galiléia, Mt 14.34; Mc 6.53 do lado ocidental. O lago de Genesaré, o mar da Galiléia, Lc 5.1.

GÊNESE: A geração; sucessão dos seres. // A **g** dos céus e da terra, Gn 2.4.

GÊNESIS: O primeiro livro sagrado é o **Gênesis**, o primeiro livro do Pentateuco. Chama-se em hebraico **Bereshith**, que é a palavra inicial do livro, significando **no princípio**. Os Setenta deram-lhe o nome, em grego, de **Gênesis**, que significa **origem**. É, por excelência, o livro de introdução maravilhosa a toda a Bíblia. Trata do começo de todas as coisas — dos céus e da terra, das plantas e dos animais, do gênero humano e de todas as instituições e relações humanas. É, tipicamente, a "sementeira" de toda a Bíblia, pois encontra-se nele todos os "germes" de todas as grandes doutrinas referentes a Deus, ao homem, ao pecado e à salvação. Há mais que sessenta citações do Gênesis no Novo Testamento. Se queremos entender verdadeiramente a revelação de Deus, temos de iniciar nosso estudo no primeiro livro da Bíblia.

O autor: Moisés. Ver Js 1.7,8; 2 Cr 25.4; Mt 19.8; Jo 5.45,46; etc.

A chave: "Princípio", "origens". Pode dividir-se em duas partes: — I. A origem do mundo e do gênero humano, caps. 1 a 11. — II. Os patriarcas, caps. 12 a 50. O escritor inspirado dividiu a sua obra em dez seções, iniciando uma pelo título: "O Livro das Gerações", ou por palavras equivalentes:

I. A ORIGEM DO MUNDO E DO GÊNERO HUMANO, caps. 1 a 11. 1) **O livro das gerações dos céus e da terra** (2.4), que une as duas narrativas da criação. // 2) **O livro das gerações de Sete** (5.1) até a renovação em Noé. // 3) **O livro das gerações de Noé** (6.9): seus filhos são os progenitores da nova raça. // 4) **O livro dos filhos de Noé** (10): primitivas tribos e domínios. // 5) **O livro das gerações de Sem** (11.10): o primeiro passo na escolha dum povo. // 6) **O livro das gerações de Terá** (11.27): o segundo passo, o nascimento de Abraão.

II. OS PATRIARCAS, caps. 12 a 50. 7) **O livro das gerações de Ismael** (25.12): a linha rejeitada, os árabes. // 8) **O livro das gerações de Isaque** (25.19): a descendência escolhida. // 9) **O livro das gerações de Esaú** (36.1 e 9): a segunda linha rejeitada, os edomitas. // 10) **O livro das gerações de Jacó** (37.2), Israel: doravante **o povo de Deus.**

O livro de Gênesis narra eventos que abrangem um período de 2369 anos: da criação ao dilúvio, 1656 anos. Do dilúvio à chamada de Abraão, 428 anos. O resto da vida de Abraão, 100 anos. Da morte de Abraão à de Isaque, 105 anos. Da morte de Isaque à de Jacó, 27 anos. Da morte de Jacó à de José, 54 anos.

GENRO: Designação do marido, em relação aos pais de sua mulher. // Genro de Ló, Gn 19.14; do timnita (Sansão), Jz 15.6; do rei, 1 Sm 18.18; 22.14; da casa de Acabe, 2 Rs 8. 27; de Secanias, Ne 6.18; de Sambalá, Ne 13.28.

GENTE: Pessoas em geral; nação povo de um país. // Israel **g** única na terra? 2 Sm 7.23; 1 Cr 17.21. Tenho compaixão desta **g**, Mt 15.32. Muita **g** se uniu ao Senhor, At 11.24. Ver **Povo, Turba**.

GENTIOS: Nome dado pelos hebreus a todos os povos fora do grêmio de Israel. // Porque se enfurecem os **g** Sl 2.1; At 4.25. Luz para os **g**, Is 42.6; 49.6. Os **g** é que procuram todas estas coisas, Mt 6.32. Não tomeis o caminho dos **g**, Mt 10.5. Anunciará juízo aos **g**, Mt 12.18. No seu nome esperarão os **g**, Mt 12.21. Considera-o como **g** e publicano, Mt 18.17. E o entregarão aos **g**, Mt 20.19. Até que os tempos dos **g** se completem, Lc 21.24. Escolhido para levar o meu nome perante os **g**, At 9.15. Sobre os **g** foi derramado, At 10.45. Aos **g** foi concedido o arrependimento, At 11.18. Volvemos para os **g**, At 13.46. Abrirá aos **g** a porta da fé, At 14.27. Narrando a conversão dos **g**, At 15.3. Expôs como Deus primeiro visitou os **g**, At 15.14. Desde agora vou para os **g**, At 18.6. eu te enviarei para longe aos **g**, At 22.21. Obediência por fé, entre todos os **g**, Rm 1.5. Veio a salvação aos **g**, Rm 11.11. Sou apóstolo dos **g**, Rm 11.13. A plenitude dos **g**, Rm 11.25. Como nem mesmo entre os **g**, 1 Co 5.1. Outrora, quando éreis **g**, 1 Co 12.2. Em perigos entre **g**, 2 Co 11.26. Afim de que nós fôssemos para os **g** e eles para a circuncisão, Gl 3.8. A benção de Abraão chegasse aos **g**, Gl 3.14. Outrora vós, **g** na carne chamados incircuncisão, Ef 2.11. Os **g** são co-herdeiros, Ef 3.6. Foi dada esta graça de pregar aos **g**, Ef 3.8. Não mais andeis como os **g**, Ef 4.17. Fui designado pregador e apóstolo, mestre dos **g**, 1 Tm 2.7. O vosso procedimento no meio dos **g**, 1 Pe 2.12. O átrio exterior... foi ele dado aos **g**, Ap 11.2.

GENUBATE, hb. **Ladrão:** Filho de Hadade, edomeu. Foi educado como um dos filhos de Faraó, 1 Rs 11.19,20.

GENUÍNO: Puro, sem mistura nem alteração. // O **g** leite espiritual, 1 Pe 2.2.

GERA, hb. **Cereal:** 1. Um filho de Benjamim, Gn 46.21. // 2. Pai de Eúde, um dos juízes, Jz 3.15. // 3. Pai de Simei, que amaldiçoou a Davi, 2 Sm 16.5. // 4. A vigésima parte de um siclo, Êx 30.13. Ver **Pesos**.

GERAÇÃO: Função pela qual se reproduzem os seres organizados; linhagem, genealogia; os indivíduos de uma época; duração média da vida de um homem. // As **g** dos filhos de Noé, Gn 10.1. As **g** de Sem, Gn 11.10. Nas vossas **g** o celebrareis, Êx 12.14. Falar-se-á do Senhor à **g** vindoura, Sl 22.30. **G** obstinada e rebelde, Sl 78.8. Nosso refúgio de **g** em **g**, Sl 90.1. Uma **g** louvará a outra **g**, Sl 145.4. **G** vai e **g** vem, Ec 1.4. Domínio de **g** em **g**, Dn 4.3. A quem hei de comparar esta **g**, Mt 11.16. Uma **g** má e adúltera pode, Mt 12.39. Não passará esta **g** sem, Mt 24.34. Todas as **g** me considerarão bem-aventurada, Lc 1.48. Quem lhe poderá descrever a **g**, At 8.33. Dele somos **g**, At 17.28. Em outras **g** não foi dado a conhecer, Ef 3.5. A ele seja a glória, por todas as **g**, Ef 3.21. Inculpáveis no meio de uma **g** pervertida, Fp 2.15. Eu sou a raiz e a **g** de Davi, Ap 22.16. Ver **Casa, Família, Raça, Tempo, Tribo.**

GERAR: Dar o ser a. // Nela está gerado é do Espírito, Mt 1.20. Tu és meu Filho, eu hoje te gerei, At 13.33; Hb 1.5; 5.5. Pelo evangelho vos gerei, 1 Co 4.15. Segundo o seu querer ele nos gerou, Tg 1.18. Que ama ao que gerou, 1 Jo 5.1.

GERAR, hb. **Cântaro:** Uma cidade antiga ao sul de Gaza, Gn 10.19. Abraão morou em Gerar, Gn 20.1. Foi Isaque a Gerar, Gn 26.1. Destruída por Asa, 2 Cr 14.13,14. Ver mapa 1, G-3; mapa 2, A-6.

GERASA: Ver mapa 2, D-4. Ver, também, **Gadara.**

GERASENOS: Mc 5.1. Ver **Gadarenos.**

GERIZIM, hb. **Terra estéril:** O monte Gerizim e monte Ebal estavam situados um de um lado da cidade de Siquém e o do outro lado. O povo de Israel se ajuntou, uma parte no monte Gerizim, a outra no monte Ebal, enquanto os levitas, com a arca ficavam no vale entre os dois montes. Os no monte Gerizim respondiam as bênçãos, os no monte Ebal, as maldições enunciadas pelos levitas. De um ponto no cume de monte Gerizim, Jotão proferiu seu apólogo provocante ao povo de Siquém, Jz 9.7. Os samaritanos consideravam Gerizim seu monte sagrado, assim como os judeus olhavam para o monte Sião como seu santuário. Nesse mesmo monte estava o templo samaritano e ainda hoje é lugar de culto. Assim a mulher de Samaria perguntou a Jesus: "Nossos pais adoravam neste monte; vós, entretanto; dizeis que em Jerusalém é o lugar onde se deve adorar", Jo 4.20. Ver **Ebal.** Ver, também, mapa 2, C-4; mapa 4, B-2.

GERMÂNIA: Vasta região da Europa antiga, atualmente Alemanha. Ver mapa 1, B-2.

GERMINAR: Começar a desenvolver-se (sementes, bolbos etc). // A semente germinasse e crescesse, Mc 4.27. Ver **Brotar, Crescer.**

GÉRSON, hb. **Banimento:** 1. O filho primogênito de Moisés e Zípora, Êx 2.21,22. // 2. Um filho de Levi, Êx 6.16. // 3. Um filho do sacerdote Finéias, Ed 8.2.

GERSONITAS: Os descendentes de Gérson, que constituíram uma das três divisões do corpo levítico, Nm 3.17-26. Asafe foi um dos mais distintos dos gersonitas, 1 Cr 6.39-43. Tinham ao seu cuidado o tabernáculo, a tenda, etc., Nm 3.25,26. Foram-lhes dadas treze cidades, nas tribos do norte, Js 21.27.

GESÉM, hb. **Chuva:** Um árabe, aliado de Sambalá e Tobias, grandes adversários dos judeus, Ne 2.19; 6.1.

GESUR, hb. **Ponte:** Um pequeno reino arameu Dt 3.14; Js 13.11; 2 Sm 13.37 Ver mapa 2, D-2.

GESURITAS: Habitantes de Gezer, 1 Sm 27.8.

GETSÊMANE, gr. **Lagar de azeite:** Jardim situado ao nascente de Jerusalém, logo ao atravessar o Cedron, no sopé do Monte das Oliveiras. Lugar para onde Jesus tinha costume de se retirar, Lc 22.39; Jo 18.2. O jardim onde ocorreu a cena da sua agonia, Mt 26.36.

GEZER, hb. **Lugar separado:** Importante cidade dos cananeus, na estrada de Jope a Jerusalém, perto de Laquis, Js 10.33. Conquistada por Josué, Js 12.12. Seus habitantes não foram expulsos, Js 16.10. Davi travou várias batalhas perto de Gezer, 2 Sm 5.25. Faraó queimou-a a fogo, 1 Rs 9.16. Salomão a reedificou, 1 Rs 9.17. Ver mapa 2, B-5; mapa 5, B-1.

GIA, hb. **Fonte:** Uma aldeia entre Gibeão e um vau do Jordão, perto de Jaboque, 2 Sm 2.24.

GIBAR, hb. **Valente:** Um dos que vieram de Babilônia com Zorobabel, Ed 2.20.

GIBEÁ, hb. **Monte:** 1. Uma cidade de Judá, Js 15.57. // 2. Uma cidade de Benjamim, Js 18.28; 2 Sm 23.29. Sua destruição, Jz 20. Terra natal de Saul, 1 Sm 10.26; 11.4; Is 10.29. Ver mapa 2, C-4; mapa 5, B-1.

GIBEATE-ARALOTE: Lugar entre Jericó e o rio Jordão, onde Josué circuncidou os filhos de Israel, Js 5.3.

GIBEOM ou GIBEÃO, hb. **Que pertence a um monte:** Uma cidade de Benjamim, da aos levitas, Js 18.25; 21.17. Era cidade real dos hebreus, maior que Ai, Js 10.2; 9.17. Os gibeonitas feitos escravos, Js 9.23. Josué os socorre, Js 10.6-11. O Tabernáculo em Gibeom, 1 Cr 16.39. Em Gibeom apareceu o Senhor a Salomão, 1 Rs 3.5. Ver mapa 2, C-5; mapa 5, B-1.

GIBEONITAS: Os habitantes de Gibeom. Enganaram a Josué, Js 9. Enforcaram sete homens dos filhos de Saul, vingando-se dos seus patrícios que esse matara, 2 Sm 21.

GIBETOM, hb. **Altura:** Uma cidade de Dã, Js 19.44. Dada aos levitas da família de Coate, Js 21.23. Caiu nas mãos dos filisteus e Baasa feriu Nadabe ali, 1 Rs 15.27. Onri constituído rei sobre Israel em Gibetom, 1 Rs 16.15. Ver mapa 5, A-1.

GIBLEUS: Habitantes da cidade e do reino de Gedal, Js 13.5; 1 Rs 5.18. Ver **Gebal**.

GIDALTI, hb. **Eu engrandeci:** Um dos cantores do templo, 1 Cr 25.4.

GIDEÃO, hb. **Cortador:** O quinto dos juizes de Israel, Jz 6. O Senhor o chamou, Jz 6.11. Chamado Jerubaal porque derribou o altar de Baal, Jz 6.32. Provou a chamada de Deus por meio dum velo, ou uma porção de lã, Jz 6.37. Com trezentos homens venceu os midianitas, Jz 7.19. O pecado de Gideão, Jz 8.27. Sua morte, Jz 8.32.

GIDEL, hb. **Ele engrandeceu:** O nome de dois dos que vieram de Babilônia com Zorobabel, Ed 2.47.

GIDEONI, hb. **Cortador:** Pai de Abidã, um príncipe de Benjamim, Nm 1.11.

GIGANTE: Homem de estatura descomunal. Homens valentes, de renome, Gn 6.4. De grande estatura, Nm 13.33. O leito de Ogue, rei de Basã, um dos refains era de 9 côvados de comprimento, Dt 3.11. Golias era de altura de seis côvados e um palmo, 1 Sm 17.4. Um egípcio da estatura de 5 côvados, 1 Cr 11.23. O bronze da lança de Isbi-Benobe pesava 300 siclos, 2 Sm 21.16. Mencionam-se as seguintes raças de gigantes:

Anaque, Anaquins, Enaque, Enaquins (ARA): "Enaque" é o nome coletivo dos enaquins, e não um de indivíduo. Raça de gigantes, Dt 2.10,11. Descendentes, talvez, de Arba, Js 15.13. Habitavam a região montanhosa de Judá, no sul de Canaã, Js 21.11. Sua cidade principal, Hebrom, Js 15.13. Havia três famílias dos enaquins em Hebrom, os filhos de Sesai, de Aimã e de Talmai, Nm 13.22; Js 15.14. Infundiram terror em dez dos doze espias, Nm 13.28,33; Dt 9.2. Considerados refains, Dt 2.11. Josué, um dos doze espias, os eliminou, Js 11.21,22. Restaram alguns em Gaza, Gate e Asdode, cidades dos filisteus, Js 11.22. É provável que Golias de Gate (1 Sm 17.4-7) fosse um dos enaquins, Calebe, um outro dos espias, os expulsou de Hebrom, esta cidade tornando-se sua possessão, Js 15.14; Jz 1.20.

Emins: Raça de gigantes, Dt 2.9.10. Feridos por Quedorlaomer, Gn 14.5.

Nefilim: A palavra hebraica "nephilim" é traduzida "gigantes" em duas passagens das Escrituras: Em Nm 13.33, "Os filhos de Enaque são descendentes de nefilim". Em Gn 6.4, "Havia nefilim na terra".

Refaim: Quer dizer "um gigante", como em 1 Cr 20.4. Raça antiga de gigantes, ao oriente do Jordão, em Asterote-Carnaim, Gn 14.5. Ver mapa 1, H-2.

Zanzumins: Raça de gigantes, os refains, Dt 2.20. Ver mapa 1, H-3.

Zuzins: Raça aborígene, destruída por Quedorlaomer, Gn 14.5. Os mesmos, talvez, que os Zanzumins, ou refains, Dt 2.20. Ver mapa 1, H-3.

GILBOA, hb. **Fonte.** Cordilheira em Isaacar, elevando-se, ao lado da cidade de Jezreel, até a altura de 647 metros sobre o nível do mar. Menciona-se nas Escrituras somente acerca da derrota e morte de Saul e de Jônatas pelos filisteus, 1 Sm 28.4; 31.1; 2 Sm 1.6,21; 21.12. Ver mapa 1, H-2; mapa 2, C-4; mapa 4, B-1.

GILEADE, hb. **Escabroso:** 1. Um dos netos de Manassés, Nm 26.29. // 2. O pai de Jefté, um dos juízos, Jz 11.1. // 3. Um gadita, 1 Cr 5.14. // 4. Uma cidade iníquia, Os 6.8. // 5. Território montanhoso do oriente do Jordão, ocupado por Gade, Rubem, e a meia tribo de Manassés, Js 13.24-31. Era rico de florestas, com ricas pastagens (Nm 32.1) e produzia especiarias e gomas aromáticas, Gn 37.25; Jr 8.22. A despedida tocante de Jacó, em Gileade, de seu sogro Labão, Gn 31.45.55. Ismaelitas vindo de Gileade levaram José ao Egito, Gn 37.25. Is-Bosete reinou sobre Gileade, 2 Sm 2.9. Israel e Absalão, na revolta contra Davi, acamparam-se em Gileade, 2 Sm 17.26. Elias era de Gileade, 1 Rs 17.1. Ver mapa 4, B-1.

GILGAL, hb. **Círculo:** 1. O primeiro acampamento de Israel depois de passar o Jordão, Js 4.19. Onde Josué circuncidou a todos os homens que nasceram durante os 40 anos no deserto, Js 5.1-9. Onde Israel celebrou a páscoa e onde cessou o maná, Js 5.10-12. Onde a arca pernoitou todos os dias depois de rodear a cidade de Jericó, Js 6.11. O quartel general de Israel estave em Gilgal, depois da batalha com os amorreus, Js 10.15. Ainda permaneceu lá depois da grande batalha nas **águas de Merom**, Js 11.5; 14.6. Depois de terminar a conquista, o centro foi transferido a Silo, nos altos a oeste de Gildal, Js 18.1. Gildal era um dos três lugares onde Samuel julgava a Israel, 1 Sm 7.16. Um lugar para sacrificar **holocaustos**, 1 Sm 10.8; 13.8; 15.21. Onde Saul foi proclamado rei, 1 Sm 11.15. Onde Samuel despedaçou a Agague, 1 Sm 15.33. Aí se ajuntou o povo para receber Davi, quando voltou depois da rebelião de Absalão, 2 Sm 19.15. Tornou-se em centro de idolatria, Os 9.15; Am 4.4; 5.5. Ver mapa 2, C-5; mapa 5, B-1. // 2. Gilgal das nações, Js 12.23. Uma cidade real, distante de Antipatris 10 km. Ver mapa 2, B-4. 3. Uma aldeia situada num alto perto de Betel, talvez o centro da escola dos profetas no tempo de Elias e Eliseu, 2 Rs 2.1-4; 4.38. Ver mapa 2, C-4.

GILO, hb. **Exílio:** Uma cidade da região montanhosa de Judá, Js 15.51. Terra natal de Aitofel, 2 Sm 15.12; 23.34. Ver mapa 5, B-1.

GILONITA: Habitante de Gilo.

GINATE, hb. **Jardim:** O pai de Tibni, rival de Onri, rei de Israel, 1 Rs 16.21.

GINETE: Cavalo de boa raça. 1 Rs 4.28; Et 8.10; Ez 27.14.

GINETOI, hb. **Jardineiro:** Um dos sacerdotes que vieram de Babilônia com Zorobabel, Ne 12.4.

GINZO, hb. **Abundante em sicômoros:** Uma cidade de Judá na divisa da Filístia. Tomada pelos filisteus, 2 Cr 28.18.

GIOM, hb. **Rio, corrente:** Um dos quatros rios do Éden, Gn 2.13.

GIRGASEUS, hb. **Que ocupa terreno argiloso:** Uma das sete nações que habitavam Canaã antes da conquista pelos israelitas, Gn 10.16; 15.21; Dt 7.1; Js 3.10; 1 Cr 1.14; Ne 9.8. Ver mapa 1, H-2.

GISPA hb. **Carícia:** Um dos servidores do templo depois do exílio, Ne 11.21.

GITAIM, hb. **Dois lugares:** Aldeia de Benjamim onde se refugiaram os beerotitas, 2 Sm 4.3.

GLOBO: Corpo redondo ou quase esférico; qualquer astro, especialmente o planeta em que habitamos. // Está assentado sobre o **g** da terra, Is 40.22. (ARC).

GLÓRIA: Honra, fama adquirida por obras, virtudes etc. // Vereis a **g** do Senhor, Êx 16.7. Eis que a **g** do Senhor apareceu na nuvem, Êx 16.10. Rogo-te que me mostres a tua **g**, Êx 33.18. A **g** do Senhor encheu o tabernáculo, Êx 40.34. Icabode... Foi-se a **g** de Israel, 1 Sm 4.21. A **g** de Deus enchera a casa, 1 Rs 8.11. De **g** e de honra o coroaste, Sl 8.5. Os céus proclamam a **g** de Deus, Sl 19.1. Para que entre o Rei da **G**, Sl 24.7. A **g** dos filhos são os pais, Pv 17.6. Babilônia... **g** dos caldeus, Is 13.19. A **g** do Líbano, Is 35.2. A aparência da **g** do Senhor, Ez 1.28. Foi-lhe dado domínio e **g**, Dn 7.14. Mostrou-lhe... reinos... e a **g**, Mt 4.8. O Filho do homem há de vir na **g**, Mt 16.27. O Filho do homem se assentará no trono da sua **g**, Mt 19.28. Sobre as nuvens do céu com poder e muita **g**, Mt 24.30. **G** a Deus nas maiores alturas, Lc 2. 14. Quem voltasse para dar **g** a Deus, Lc 17.18. Cristo... entrasse na sua **g**, Lc 24.26. Vimos a sua **g**, **g** como do unigênito, Jo 1.14. Manifestou a sua **g**, Jo 2.11. Não aceito **g** que vem dos homens, Jo 5.41. Não procurais a **g** que vem do Deus, Jo 5.44. Procurando a sua própria **g**, Jo 7.18. Amaram mais a **g** dos homens, Jo 12.43. A **g** que eu tive junto de ti, Jo 17.5. Eu lhes tenho transmitido a **g**, Jo 17.22. Por ele não haver dado **g** a Deus, At 12.23. Mudaram a **g** do Deus incorruptível, Rm 1.23. Pecaram e carecem da **g** de Deus, Rm 3.23. Riqueza da sua **g** em vasos, Rm 9.23. Fazei tudo para a **g** de Deus, 1 Co 10.31. Por ser ele imagem e **g** de Deus, 1 Co 11.7. Uma é a **g** dos celestiais, 1 Co 15.40. Ressuscita em **g**, 1 Co 15.42. Por causa da **g** do seu rosto, 2 Co 3.7. Mais **g** tem o que é permanente, 2 Co 3.11. Contemplando... a **g** do Senhor 2 Co 3.18. Eterno peso de **g**, 2 Co 4.17. A ele seja a **g**, na igreja, Ef 3.21. A **g** deles está na sua infâmia, Fp 3.19. Igual ao corpo de sua **g**, Fp 3.21. Qual seja a riqueza da **g**, Cl 1.27. Sereis manifestados com ele, em **g**, Cl 3.4. Jamais andamos buscando **g** de homens, 1 Ts 2.6. Vós sois a nossa **g**, 1 Ts 2.20. Crido no mundo, recebido na **g**, 1 Tm 3.16. Aguardando a manifestação da **g** do nosso grande Deus e Salvador Cristo Jesus, Tt 2.13. Conduzindo muitos filhos à **g**, Hb 2.10. Jesus... maior **g** do que Moisés, Hb 3.3. Alegria indizível e cheia de **g**, 1 Pe 1.8. Toda a sua **g** como a flor, 1 Pe 1.24. Que **g** há, se, pecando, 1 Pe 2.20. Na revelação de sua **g**, 1 Pe 4.13. Co-participante da **g** que há, 1 Pe 5.1. Imarcescível coroa da **g**, 1 Pe 5.4. Para a sua própria **g** e virtude, 2 Pe 1.3. Ele recebeu honra e **g**, 2 Pe 1.17. Imaculados diante da sua **g**, Ap 4.11. O louvor, e a **g**, e a sabedoria, Ap 7.12. Temei a Deus e dai-lhe **g**, Ap 14.7. Demos-lhe a **g** porque são chegadas as bodas do Cordeiro, Ap 19.7. A **g** de Deus a iluminou, Ap 21. 23. Os reis da terra lhe trazem a sua **g**, Ap 21.24. Ver **Shekinak.**

GLORIAR: Cobrir-se de glória. // Gloriar-se-á no Senhor a minha alma, Sl 34.2. Por que te glorias na maldade? Sl 52.1. Não te glories do dia de amanhã, Pv 27.1. Gloriar-se-á o machado contra o que corta? Is 10.15. Tu que te glorias na lei, Rm 2.23. Gloriemo-nos na esperança, Rm 5.2. Também nos gloriemos nas próprias tribulações, Rm 5.3. Não te glories contra os ramos, Rm 11.18. Aquele que se gloria, glorie-se no Senhor, 1 Co 1.31; 2 Co 10.17. Ninguém se glorie nos homes, 1 Co 3.21. Mais me gloriarei nas fraquezas, 2 Co 12 9. Gloriar-me senão na cruz, Gl 6.14. Não de obras para que ninguém se glorie, Ef 2.9. De condição humilde glorie-se na sua dignidade, Tg 1.9.

GLORIFICAR: Honrar, dar glória. // Serei glorificado em Faraó, Êx 14.17. Glorificarei para sempre o teu nome, Sl 86.12. Porque este te glorificou, Is 55.5. Vejam as vossas boas obras e glorifiquem a vosso Pai, Mt 5.16. Possuídas de temor glorificaram a Deus, Mt 9.8. Sendo glorificado por todos, Lc 4.15. A fim de que o Filho de Deus seja por ela glorificado, Jo 11.4. Pai, glorifica o teu nome, Jo 12.28. A fim de que o Pai seja glorificado no Filho, Jo 14.13. Glorifica a teu filho, para que o filho te glorifique, Jo 17.1. Eu te glorifiquei na terra Jo 17.4. Não o glorificaram como Deus, Rm 1.21. Aos que justificou, a esses também glorificou, Rm 8.30. Concordemos e a uma voz glorifiqueis a Deus, Rm 15.6. Glorificai a Deus no vosso corpo, 1 Co 6.20. Quando vier para ser glorificado em vós, 2 Ts 1.12. Para que a palavra do Senhor seja glorificada, 2 Ts 3.1. Observando-vos em vossas boas obras, glorifiquem a Deus, 1 Pe 2.12. Para que em todas as coisas seja Deus glorificado, 1 Pe 4.11. Glorifique a Deus com esse nome, 1 Pe 4.16. Quem não temerá e glorificará o teu nome? Ap 15.4.

GLORIOSO: Cheio de glória. // Para temeres este nome **g** e terrível, Dt 28.58. Bendito para sempre o seu **g** nome, Sl 72.19. **G** coisas se têm dito de ti, Sl 87.3. Farei **g** o lugar dos meus pés, Is 60.13. O nosso templo santo e **g** foi queimado, Is 64.11. O povo se alegrava por todos os **g** feitos que Jesus realizava, Lc 13.17. Igreja **g**, sem mácula, Ef 5.27.

GLUTÃO: Que come muito e com avidez. // Se és homem **g**, Pv 23.2. Eis um **g** e bebedor, Mt 11.19.

GLUTONARIA: Qualidade ou vício de glutão. // Invejas, bebedices, **g**, Gl 5.21.

GOA, hb. **Mugido:** Lugar perto de Jerusalém, Jr 31.39

GOBE, hb. **Cisterna:** Teatro do conflito entre forças de Davi e as dos filisteus, 2 Sm 21.18,19.

GOFER: A arca construída da madeira de Gofer, Gn 6.14 (ARC). De cipreste, (ARA).

GOGUE: 1. Um rubenita, 1 Cr 5.4. // . Chefe de povos inimigos ao norte de Israel. Inimigo agressivo contra o reino de Deus, e aliado com Magogue, Ap 20.8. Magogue era um filho de Jafé, 2. Ez 38.2,14,16,18; 39.1, Gn 10.2.

GOLÃ, hb. **Exílio:** Cidade e região de Basã, território que foi cedido à meia tribo oriental de Manassés. Passou Golã para os gersonitas, e foi designada como cidade de refúgio, Dt 4.43; Js 20.8; 21.27. Ver mapa 2, D-3; mapa 3, B-2.

GOLFOPÉRSICO: Ver mapa 1, E-4.

GÓLGOTA: Nome grego do lugar da crucificação de Cristo, Mt 27.33. Em aramaico é **gulgulta**; em hebraico é **gulgoleth** e quer dizer, caveira. Ver **Calvário**.

GOLIAS, hb. **Exílio:** 1. Um gigante de Gate e campeão do exército dos filisteus, 1 Sm 17; 21.9; 22.10. Era, talvez, de uma raça de gigantes, os enaquins, morando entre os filisteus. Sua altura era de 6 côvados e um palmo. Se um côvado era de 46 cm, sua altura era de mais de 2,75 m. Se o cúbico era de 53 cm, sua altura era mais de 3,2m. É provável que se incluísse o capacete na medida de sua altura. Em qualquer caso, seria o mais alto de todos os homens, cujas estaturas estão mencionadas na história do mundo. // 2. Outro gigante de Gate, chamado Golias, ferido por Elanã, um valente de Davi, 2 Sm 21.19. Era, talvez, irmão do outro do mesmo nome.

GOLPE, **GOLPEAR:** Pancada, ferimento, corte, por instrumento cortante ou contundente. // Golpe por golpe, Êx 21.25; Sl 140.11; Jr 4.20. Não vos dareis golpes, Dt 14.1. Encravá-lo com a lança, ao chão, de um só golpe, 1 Sm 26.8. Golpeando o servo, cortou-lhe a orelha, Mt 26.51. Golpeando-lhes a consciência, 1 Co 8.12. Não como desferindo golpes ao ar, 1 Co 9.26. Uma de suas cabeças como golpeada de morte, Ap 13.3.

GÔMER, hb. **Completo:** 1. Um dos filhos de Jafé, Gn 10.2. Menciona-se seus descendentes, Gômer, uma nação ao norte, em Ez 38.6. Ver mapa 1, D-2. // 2. Mulher do profeta Oséias Os 1.3; 3.1-4.

GOMORRA: Sodoma e Gomorra eram duas das cinco cidades da planície cujos reis foram derrotados por Quedorlaomer, Gn 10.19; 14.2. Sodoma e Gomorra destruídas com enxofre e fogo, Gn 19.24. Era proverbial a sua maldade, Gn 18.20; Dt 32.32; Is 1.9,10; Jr 23.14; 49.18; Rm 9.29; Ap 11.8. A destruição dessas cidades foi um aviso contra o pecado, Dt 29.23; Mt 10.15; Lc 17.29; 2 Pe 2.6; Jd 7. Nela foi visto um precedente para a destruição de Babilônia, de Edom, de Moabe e de Israel, Is 13.19; Jr 50.40; Sf 2.9; Am 4.11. Opinava-se outrora que essas cinco cidades estavam situadas no vale do Jordão, perto da extremidade norte do mar Morto. Mas é mais provável que estavam na parte da planície coberta habitualmente pelas águas da parte sul do mar Morto. Todas as cinco foram envolvidas na terrível catástrofe, à exceção de Zoar. Foi tal a ruína que não se encontra qualquer vestígio delas.

GONZO: Pv 26.14. Ver **Dobradiça**.

GORDO: Que tem muita gordura. // Vacas magras... comiam as... **g**, Gn 41.20. Era Eglom homem gordo, Jz 3.17.

GORDURA: Substância untuosa que se encontra no corpo humano e dos animais. // Abel trouxe da **g** do seu rebanho, Gn 4.4. A lei de Moisés proibia que o povo comesse tanto a **g** que se encontra nas vísceras dos animais como o sangue. Devia ser oferecida em sacrifício sobre o altar, Lv 3.16,17; 7.23. O atender é melhor do que a **g** de carneiros, 1 Sm 15.22. Os olhos saltam-lhes da **g**, Sl 73.7. Estou farto da **g** de animais, Is 1.11.

GÓSEN: 1. Fértil território na parte oriental do BaixoEgito, onde Jacó e seus filhos habitaram no Egito, Gn 45.10; 47.11. Chamado, também o **campo** (planície pastoril) **de Zoã**, Sl 78.12,43. Fazia parte da terra de Ramassés, Gn 47.11. Os israelitas habitaram ali até o tempo de sua libertação, Êx 8.22. // 2. Terra ao sul de Judá, Js 10.41. // 3. Uma cidade da região montanhosa de Judá, Js 15.51.

GOSTAR: Sentir prazer em. // Gostam de orar em pé, Mt 6.5. Gostam de andar com vestes talares, Lc 20.46. Gosta de exercer a primazia, 3 Jo 9.

GOSTOSAMENTE: De bom grado. // Bebe **g** o teu vinho, Ec 9.7.

GOTA: Pequena parte esférica que se separa de um líquido. // Quem gera as **g** do orvalho, Jó 38.28. Das **g** da noite, Ct 5.2. Como a **g**

dum balde, Is 40.15 (ARC). Suor se tornou como **g** de sangue, Lc 22.44.

GOTEJAR: Cair em gotas. // Goteje a minha doutrina, Dt 32.2. As nuvens gotejaram águas, Jz 5.4. Os céus gotejaram à presença de Deus, Sl 68.8. Um gotejar contínuo as contenções da esposa, Pv 19.13; 27.15. Pela frouxidão das mãos goteja a casa, Ec 10.18.

GOVERNADOR: Indivíduo a quem se confia o governo de alguma praça, colônia, distrito etc. // José **g** do Egito, Gn 42.6; 45.26. Neemias nomeado **g**, Ne 5.14. Assentareis para comer com um **g**, Pv 23.1. Eu o dei por testemunho... e **g** dos povos, Is 55.4. O rei de Babilônia nomeara **g** a Gedalias, Jr 40.7. Nabucodonosor mandou ajuntar os **g**, Dn 3.2. Sereis levados à presença de **g**, Mt 10.18. Os **g** dos povos os dominam, Mt 20.25. Chegue ao conhecimento do **g**, Mt 28.14. Perguntou o **g** de que província ele era, At 23.34. Apresentaram ao **g** libelo contra Paulo, At 24.1. Ver **Chefe, Juiz, Magistrado, Príncipe, Rei, Sátrapa.**

GOVERNAR: Reger; regular a marcha, o andamento de. // Para governar o dia... governar a noite, Gn 1.16. O teu marido, e ele te governará, Gn 3.16. Um rei... que nos governe, 1 Sm 8.5. Para governar os gentios, Rm 15.12. Governe bem a sua própria casa, 1 Tm 3.4. Governe bem seus filhos, 1 Tm 3.12. Ver **Reinar.**

GOVERNO: Autoridade, dominação, administração superior. // O **g** está sobre os seus ombros, Is 9.6. Estabeleceu Deus na igreja... **g**, 1 Co 12.28. Menosprezam qualquer **g**, 2 Pe 2.10. Rejeitam **g**, Jd 8.

GOZÃ: Chamado hoje Tel Halaf, lugar para onde foram levados os israelitas de Samaria, 2 Rs 17.6. Mencionado por Senaqueribe na sua carta a Ezequias, 2 Rs 19.12.

GOZAR: Ter, possuir (cousa útil ou agradável). // As tendas dos tiramos gozam paz, Jó 12.6. Gozemos amores, Pv 7.18. Goza pois a felicidade, Ec 2.1. Que a sua alma goze o bem do seu trabalho, Ec 2.24. Gozar do seu trabalho, Ec 5.19. No dia da prosperidade goza do bem, Ec 7.14.

GOZO: Ato de gozar. // E o encheste de **g** com a tua presença, Sl 21.6. **G** e alegria alcançarão, Is 35.10. Entra no **g** do teu Senhor, Mt 25.21. Para que **g** esteja em vós, Jo 15.11. Que eles tenham o meu **g** completo, Jo 17.13. Deus... vos encha de todo **g** e paz no vosso crer, Rm 15.13. Ver **Deleite, Prazer.**

GRAÇA: Favor, que se dispensa ou se recebe. Favor que os homens não merecem, mas que Deus livremente lhes concede, elegância de forma. // Noé achou **g** diante do Senhor, Gn 6.8. Encontraram-se a **g** e a verdade, Sl 85.10. **G** e verdade te precedem, Sl 89.14. Senão diadema de **g**, Pv 1.9. Enganosa é a **g** e vã a formosura, Pv 31.30. Duas varas: a uma chamei **G**, Zc 11.7. Derramarei o espírito de **g** e de súplicas, Zc 12.10. De **g** recebeste, de **g** dai, Mt 10.8. O Verbo... cheio de **g**, Jo 1.14. Da sua plenitude, **g** sobre **g**, Jo 1.16. A **g** e a verdade vieram por meio de Jesus Cristo, Jo 1.17. Perseverar na **g** de Deus, At 13.43. Superabundou a **g**, Rm 5.20. Não debaixo da lei, e, sim da **g**, Rm 6.14. Se é pela **g**, já não é pelas obras, Rm 11.6. Dons segundo a **g**, Rm 12.6. Pela **g** de Deus, sou o que sou, 1 Co 15.10. A **g** de nosso Senhor Jesus seja, 1 Co 16.23; 2 Co 13.14. Para que a **g**, multiplicando-se, 2 Co 4.15. Não recebais em vão a **g**, 2 Co 6.1. A **g** de nosso Senhor Jesus Cristo, 2 Co 8.9. Fazer-vos abundar em **g**, 2 Co 9.8. A minha **g** te basta, 2 Co 12.9. Não anulo a **g**, Gl 2.21. Da **g** decaístes, Gl 5.4. Riqueza da sua **g**, Ef 2.7. Pela **g** sois salvos, Ef 2.8. A **g** foi dada a cada um, Ef 4.7. Todos sois participantes da **g**, Fp 1.7. A **g** de Deus se manifestou, Tt 2.11. Justificados por sua **g**, Tt 3.7. Ao trono da **g**, Hb 10.29. Mas dá **g** aos humildes, Tg 4.6. Esperai inteiramente na **g**, 1 Pe 1.13. Herdeiros da mesma **g**, 1 Pe 3.7. Da multiforme **g** de Deus, 1 Pe 4.10. A genuína **g** de Deus, 1 Pe 5.12. Crescei na **g** de Deus, 2 Pe 3.18. Transformam em libertinagem a **g** de nosso Deus, Jd 4. Quem quiser receba de **g** a água. Ap 22.17. // **a salvação pela graça:** At 15.11; Rm 3.24; Ef 2.5; 2 Ts 2.16; 2 Tm 1.9; Tt 2.11-14; 3.7; 1 Pe 1.10. **A graça oferecida gratuitamente a todos:** Is 55.1; Mt 10.8; Ef 6.24; Tg 4.6; Ap 21.6; 22.17. **Pedida em oração:** Rm 16.20; 1 Tm 1.2; Hb 4.16. Ver **ação de graças, Favor, Mercê.**

GRACEJAR: Exprimir por graça ou pilhéria. // Acharam que ele gracejava, Gn 19.14.

GRACIOSAMENTE: Gratuitamente; com graça, suavidade. // Dará **g** com ele todas as coisas? Rm 8.32.

GRACIOSO: Amável; elegante, gentil. // Seja Deus **g** para conosco, Sl 67.1. E gazela **g** , Pv 5.19. A mulher **g** alcança honra, Pv 11.16.

GRADAR: Aplanar ou esterroar com grade (terreno lavrado). // Gradará ele os vales após ti? Jó 39.10.

GRADE: Armação de peças encruzadas com intervalos destinadas a resguardar ou vedar um lugar. // Caiu Acazias pelas grades, 2 Rs 1.2. Por minhas **g** olhando eu, Pv 7.6.

GRADO: Vontade. // De bom **g** trabalha com as mãos, Pv 31.13.

GRÁFICO: Traçado ou registro. // Corram a terra e façam dela um **g**, Js 18.4.

GRAL: Vaso em que se pisa qualquer substância. // O maná... num **g** o pisava, Nm 11.8. Ainda que pises o insensato com mão de gral, Pv 27.22.

GRANDE: Que tem dimensões mais que ordinárias; excepcional pelo talento, pelo caráter, pelas virtudes. // De ti farei uma **g** nação, Gn 12.2. **G** pranto é este dos egípcios, Gn 50.11. O Deus **g**, Dt 10.17; Ne 9.32; Sl 48.1; 77.13. Quão **g**, Senhor, são as tuas obras, Sl 92.5. **G** é o Senhor, Sl 96.4; 48.1. **G** coisas fez o Senhor por nós, Sl 126.3. **G** é o dia Senhor, Jl 2.11; Sf 1.14. Será **g** no reino, Mt 5.19. A seara é **g**, Mt 9.37. Uma pérola de **g** valor, Mt 13.46. **G** é a tua fé, Mt 15.28. Quem quiser tornar-se **g**, Mt 20.26. O **g** mandamento, Mt 22.36. Ele será **g** diante do Senhor, Lc 1.15. **G** é Diana, At 19.28. Uma porta **g** e oportuna, 1 Co 16.9. **G** e admiráveis são as tuas obras, Ap 15.3.

GRANDE MAR: Js 9.1. Ver **mar Mediterrâneo.**

GRANDEMENTE: Muito. // Porque **g** te honrarei, Nm 22.17.

GRANDEZA: Magnificência, opulência, abundância, sublimidade. // Considerai a **g** do Senhor, Dt 11.2. Sua **g** é insondável, Sl 145.3. Contarei a tua **g**, Sl 145.6. A tua **g** cresceu, Dn 4.22. A mim se me ajuntou extraordinária **g**, Dn 4.36. Que não me ensoberbecesse com a **g** das revelações, 2 Co 12.7. A suprema **g** do seu poder, Ef 1.19.

GRANDIOSAMENTE: De modo grandioso. // Boca que falava **g**, Dt 7.8,20 (ARC).

GRANDIOSO: Imponente pela vastidão ou pela magnificência. // **G** és, ó Senhor, 2 Sm 7.22(A). Ele faz coisas tão **g**, Jó 5.9(A). Porque fez coisas **g**, Is 12.5.

GRANDÍSSIMO: Muito grande. // **G** és, ó Senhor, 2 Sm 7.22.

GRANJEAR: Adquirir, obter com muito trabalho e esforço. // O pão que penosamente granjeaste, Sl 127.2. Granjeai amigos com as riquezas, Lc 16.9 (ARC).

GRÃO: Semente de cereais. // Do mosto e do **grão**, as suas primícias, Nm 18.12. Um **g** de mostarda, Mt 13.31; 17.20. O **g** cheio de espiga, Mc 4.28. Se o **g** de trigo, caindo na terra, Jo 12.24. O simples **g**, como de trigo, 1 Co 15.37. Não amordaces o boi, quando pisa o **g**, 1 Tm 5.18.

GRATIDÃO: Agradecimento. // Cânticos espirituais, com **g**, em vossos corações, Cl 3.16.

GRATO: Agradável, agradecido. // Fazê-lo é **g** diante do Senhor, Cl 3.20. Sou **g** para com aquele que me fortaleceu, 1 Tm 1.12. E o suportais com paciência, isto é, **g** a Deus, 1 Pe 2.20.

GRATUITAMENTE: De graça. // Justificados **g**, por sua graça, Rm 3.24. O que por Deus nos foi dado **g**, 1 Co 2.12. **G** vos anunciei o Evangelho, 2 Co 11.7. Que ele nos concedeu **g**, Ef 1.6.

GRATUITO: Concedido ou feito de graça, espontaneamente. // Não é assim o dom **g** como a ofensa, Rm 5.15.

GRAU: Cada uma das divisões da escala de alguns instrumentos. // Fez retroceder dez **g** à sombra lançada pelo sol, 2 Rs 20.11.

GRAVAR: Esculpir, entalhar. // Pedras de ônix, e gravarás nelas, Êx 28.9. Uma lâmina de ouro, e nela gravarás, Êx 28.36. Nas palmas das minhas mãos te gravei, Is 49.16. Escreve a visão, grava-a sobre tábuas, Hc 2.2. Ministério da morte, gravado com letras em pedras, 2 Co 3.7.

GRAVE: Ponderoso, sério. // As cartas... são **g** e fortes, 2 Co 10.10.

GRAVEMENTE: Perigosamente. // Estou **g** ferido, 2 Cr 18.33.

GRAVETO: Lenha miúda. // À fogueira um feixe de **g**, At 28.3.

GRÁVIDA: Que se acha em estado de gravidez. // Ferirem mulher **g**, Êx 21.22. Como a mulher **g**, Is 26.17. Achou-se **g** pelo Espírito, Mt 1.18. Ai das que estiverem **g**, Mt 24.19. Achando-se **g**, Ap 12.2.

GRAVIDEZ: Estado da mulher durante a gestação. // Os sofrimentos da tua **g**, Gn 3.16.

GRAVÍSSIMO: Muito grave. // A fome persistia **g** na terra, Gn 41.31.

GRÉCIA: A Grécia é uma península montanhosa da Europa oriental que forma a extremidade meridional da península dos Bálcãs. É banhada ao leste pelo mar Egeu ou do Arquipélago, ao sul pelo Mediterrâneo e ao oeste pelo mar Jônio. Ver mapa 6. C-2. Chamada no Novo Testamento, geralmente, **Acaia**. A cultura grega tinha influência profunda sobre a Palestina na grande era helenística, da conquista de Alexandre à conquista romana, de 333 a 63 a.C. // O bode peludo é o rei da Grécia, Dn 8.21. Eis que virá o príncipe da Grécia, Dn 10.20. O quarto... empregará tudo contra o reino da Grécia, Zc 9.13. Foi o centro de trabalhos evangélicos realizados por apóstolos e evangelistas, At 20.2. Ver **Acaia, Atenas, Corinto.**

GREGO: Idioma falado pelos gregos, os judeus do Novo Testamento (At 21.37) e todo o mundo mediterrâneo. O Antigo Testamento foi traduzido para o grego pelos Setenta. O Novo Testamento foi escrito em grego. Esse idioma serviu como um grande veículo para a propagação do evangelho, por Paulo e os crentes primitivos. O grego permaneceu a língua da Igreja Cristã até os meados do segundo século.

GREGOS: Este termo no Novo Testamento denota, ou os naturais da Grécia, ou, mais geralmente, os gentios, os que não eram judeus, Rm 1.14,16; 1 Co 1.24 etc. Os helenistas (At 6.1) eram judeus que falavam grego. // Vendestes os filhos de Jerusalém aos filhos dos gregos,

Jl 3.6. Era grega de origem siro-fenícia, Mc 7.26. Irá à Dispersão entre os gregos? Jo 7.35. Durante a festa, havia alguns gregos, Jo 12.20. Falavam também aos gregos, At 11.20. Veio a crer... tanto de judeus como de gregos, At 14.1. Timóteo, filho de uma judia crente, mas de pai grego, At 17.4. Sou devedor tanto a gregos como a bárbaros, Rm 1.14. Ao judeu primeiro, e também ao grego, Rm 2.10; 1.16. Os gregos buscam sabedoria, 1 Co 1.22. Batizados em um corpo, quer judeus, quer gregos, 1 Co 12.13. Nem Tito... sendo grego, foi constrangido a circuncidar-se, Gl 2.3. Não pode haver judeu nem grego, Gl 3.28; Cl 3.11.

GRILHÃO: Cadeia grossa com que se prendiam as pernas dos condenados. // Os teus pés carregados de **g**, 2 Sm 3.34. Mulher cujas mãos são **g**, Ec 7.26. **G** de bronze, Lm 3.7. Preso com **g** e cadeias, Mc 5.4. Ver **Algema, Cadeia.**

GRINALDA: Festão de flores. // O sacerdote de Júpiter... trazendo touros e grinaldas, At 14.13.

GRITA: Gritaria. // Com grande **g**: o muro cairá, Js 6.5.

GRITAR: Pedir socorro bradando; // falar muito alto. // A voz do povo que gritava, Êx 32.17. Eu vos digo: Gritai. Então gritareis, Js 6.10. Grita na rua a sabedoria, Pv 1.20. Uivai e gritai, Jr 48.20. Meninos... nas praças, gritam, Mt 11.16. Não contentará, nem gritará, Mt 12.19. Ele cada vez gritava mais: Filho de Davi, Mc 10.48. Gritaram por espaço de quase duas horas, At 19.34. Gritavam de um modo, outros de outro, At 21.34. Grita com as dores do parto, Ap 12.2. Ver **Bradar, Clamar.**

GRITARIA: Muitos gritos. // Longe de vós toda a amargura... e **g**, Ef 4.31.

GRITO: Voz emitida com esforço, de modo que possa ouvir-se ao longe. // O povo rompeu em **g**, exclamando: Viva o rei! 1 Sm 10.24. Levantaram as vozes, com **g** de alegria, Ed 3.12. Não haja **g** de lamento em nossas praças, Sl 144.14. À meia-noite, ouviu-se um **g**, Mt 25.6. Ver **Brado, Clamor.**

GROSSEIRO: Ordinário, de má qualidade. // O pano **g** de profeta, Is 20.2.

GROSSO: Que tem grande grossura ou espessura. // Meu dedo mínimo é mais **g** do que os lombos, 1 Rs 12.10.

GROU: Ave pernalta, de bico forte e aguçado e de grandes patas. Tem envergadura de dois metros e meio e altura de mais de um metro. Sua voz é estridente, melancólica e rouquenha. Quando imigram assumem longas filas em forma de cunha, saindo da Palestina, para o Egito. Alimenta-se de sementes, insetos e pequenos quadrúpedes, Is 38.14; Jr 8.7.

GRUPO: Certo número de pessoas reunidas. // Encontrarás um **g** de profetas, 1 Sm 10.5. Assentassem em **g** sobre a relva, Mc 6.39.

GRUTA: Caverna natural ou artificial, // túmulo; era este uma **g**, Jo 11.38.

GUARDA: Conjunto de soldados que ocupam um posto, vigia. // O comandante da **g**, Gn 40.4. Pusemos **g** contra eles, de dia e de noite, Ne 4.9. Não dormita o **g** de Israel, Sl 121.4. Mais do que os **g** pelo romper do dia, Sl 130.6. **G**, a que hora estamos da noite? Is 21.11. Sobre os teus muros, ó Jerusalém, pus **g**, Is 62.6. Reforçai a **g**, Jr 51.12. Os **g** tremeram, Mt 28.4. Enviaram **g** para o prenderem, Jo 7.32. Aretas montou **g** para me prender, 2 Co 11.32. Ver **Atalaia, Sentinela, Vigia.**

GUARDADO: G em Jesus Cristo, Jd 24. Ver Jo 10.28.

GUARDADOR: Que guarda. // Sou eu **g** do meu irmão? Gn 4.9 (ARC).

GUARDAR: Vigiar, protegendo ou defendendo. // Guarda-me, Sl 16.1; 17.8; 25.20. Senhor te guarda, Sl 121.5,7. Tempo de guardar, Ec 3.6. Guardai-vos, Mc 8.15; 12.38; Lc 12.15; Jd 21. Sois guardados pelo poder, 1 Pe 1.5. Poderoso para vos guardar, Jd 24. // **Guardar** o amor, Os 12.6; anjos, Jd 6; aliança, Gn 17.9; Dt 7.9; 1 Rs 11.11; Sl 78.10; 121.7; alma, Sl 97.10; 121.7; Pv 21.23; boca, Pv 13.3; 21.23; caminho, Gn 18.19; 2 Sm 22.22; Sl 119.9; cidade, Sl 127.7; coisas, Mt 28.20; Mc 7.8; Lc 2.19; Ap 1.3; conselhos, 1 Tm 5.21; confissão, Hb 10.23; confiança, Hb 3.14; coração, Pv 4.23; Fp 4.7; coroa, 2 Tm 4.8; depósito, 2 Tm 1.12,14; dias, Gl 4.10; fé, 2 Tm 4.7; fidelidade, Is 26.2; dos ídolos, 1 Jo 5.21; jardim, Gn 2.15; lábios, Sl 141.3; lei, Pv 29.18; Tg 2.10; mandamentos, Êx 20.6; Dt 5.10; 6.17; Sl 119.11; Ec 12.13; Mt 19.17; Jo 14.15; 14.21; 15.10; 1 Jo 2.3; mina, Lc 19.20; da mulher alheia, Pv 7.5; obras, Ap 2.26; órfãos, Jr 49.11; palavra, Sl 119.11; Lc 2.19; 11.28; Jo 12.47; 17.6; Ap 3.10; 22.7; pés, 1 Sm 2.9; Ec 5.1; porcos, Lc 15.15; preceitos, Sl 105.45; sábados, Êx 31.13; sepulcro, Mt 27.64; testemunhos, Sl 119.146; tradições, Mc 7.8; veredas, Pv 2.8. Ver **Conservar, Reservar, Vigiar.**

GUARNIÇÃO: O conjunto das tropas necessárias para guarnecer uma praça. // A **g** dos filisteus, 1 Sm 10.5; 13.3; 14.1; 2 Sm 23.14. Davi pôs **g** na Síria de Damasco, 2 Sm 8.6.

GUDGODÁ: Lugar de acampamento dos israelitas no deserto, Dt 10.7. O mesmo, talvez, que Hor-Gidgade, Nm 33.32.

GÜEL: Um dos doze espias, da tribo de Gade, Nm 13.15.

GUERRA, GUERREAR: Luta com armas entre nações ou partidos. // O Senhor é homem de guerra, Êx 15.3. Alarido de guerra, Êx 32.17. Homem recém-casado não sairá a guerra, Dt 24.5. A terra repousou da guerra, Js 11.23. Não com espada, nem com lança, porque do Senhor é a

Conquistada pelo Rei Davi há cerca de 3.000 anos e localizada numa região de passagem entre os continentes europeu, asiático e africano, Jerusalém viu passar muitos povos e guardou uma rica história. Hoje, a cidade atrai inúmeros turistas do mundo inteiro

guerra 1 Sm 17.47. Guerreia as guerras do Senhor, 1 Sm 18.17. Quando o teu povo sair à guerra; e orarem voltados para esta casa, 1 Rs 8.44. Fizeste grandes guerras, não edificarás casa ao meu nome, 1 Cr 22.8. Ele põe termo à guerra até os confins do mundo do mundo, Sl 46.9. Porém no coração havia guerra, Sl 55.21. Dispersa os povos que se comprazem na guerra, Sl 68.30. Melhor é o longânimo do que o herói da guerra, Pv 16.32. Nem aprenderão mais a guerra, Is 2.4; Mq 4.3. Guerra contra os santos, Dn 7.21. Ouvireis falar de guerras e rumores, Mt 24.6. Guerreando contra a lei da minha mente, Rm 7.23. Não militamos segundo a carne, 2 Co 10.3. Combate... o bom combate, 1 Tm 1.18. Fizeram-se poderosos em guerra, Hb 11.34. De onde procedem as guerras? Tg 4.1. Paixões carnais que fazem guerra contra a alma, 1 Pe 2.11. Houve peleja no céu, Ap 12.7. Peleja do grande dia do Deus Todo-Poderoso, Ap 16.14. Pelejarão contra o Cordeiro e o Cordeiro os vencerá, Ap 17.14. Ver **Exército, Batalha.**

GUERREIRO: Aquele que tem entrado em guerra, portando-se com valentia. // Homem **g**, cujo nome era Golias, 1 Sm 17.4.

GUIA: Indivíduo que guia outros. // No deserto; e nos servirás de **g**, Nm 10.31. Deus... será nosso **g** até a morte, Sl 48.14. O justo serve de **g**, Pv 12.26. Belém... de ti sairá o **G**, Mt 2.6. Cegos, **g** de cegos, Mt 15.14. Um só é vosso **G**, Mt 23.10. Ai de vós **g** cegos, Mt 23.16. **G** cegos! Que coais, Mt 23.24. Persuadido de que és **g** de cegos, Rm 2.19. Lembrai-vos dos vossos **g**, Hb 13.7. Obedecei aos vossos **g**, Hb 13.17. Ver **Cabeça, Chefe.**

GUIAR: Dirigir, orientar, aconselhar. // O Senhor me guiou, Gn 24.27. Coluna de nuvem, para os guiar, Êx 13.21. Teu Deus te guiou no deserto, Dt 8.2. Jeú... guia furiosamente, 2 Rs 9.20. Guia-me na tua justiça, Sl 5.8. Guia-me na tua verdade, Sl 25.5. Guia os humildes na justiça, Sl 25.9. Lá me haverá de guiar a tua mão, Sl 139.24. A integridade dos retos os guiará, Pv 11.3. Um pequenino os guiará, Is 11.6. O Senhor te guiará continuamente, Is 58.11. Cego guiar outro cego, Mt 15.14. Guiado pelo Espírito, Lc 4.1. Guiará a toda a verdade, Jo 16.13. Guiando-o pela mão, At 9.8. Guiados pelos mesmo Espírito, Rm 8.14; Gl 5.18. O Cordeiro... os guiará, Ap 7.17.

GUISADO: Iguaria com refogado. // Faze-me um **g** saboroso, Gn 27.4 (ARC).

GULOSO: Que gosta muito de qualquer coisa. // Tais cães são **g**, nunca se fartam, Is 56.11.

GUME: O lado afiado de instrumentos de corte. // De dois **g**, Sl 149.6; Pv 5.4; Hb 4.12; Ap 1.16. Ver **Corte.**

GUNI, hb. **Pintado de várias cores:** Um filho de Naftali, Gn 46.24. Fundador de uma família tribal, Nm 26.48.

GUR, hb. **Residência:** Uma subida junto a Jibleão, onde Jeú feriu Acazias, rei de Judá, 2 Rs 9.27.

GUR-BAAL: Um lugar habitado pelos árabes atacados por Uzias, 2 Cr 26.7.

GUSANO: Gênero de vermes que se criam nas substâncias em decomposição, Jó 25.6; Is 14.11. Ver **Verme**.

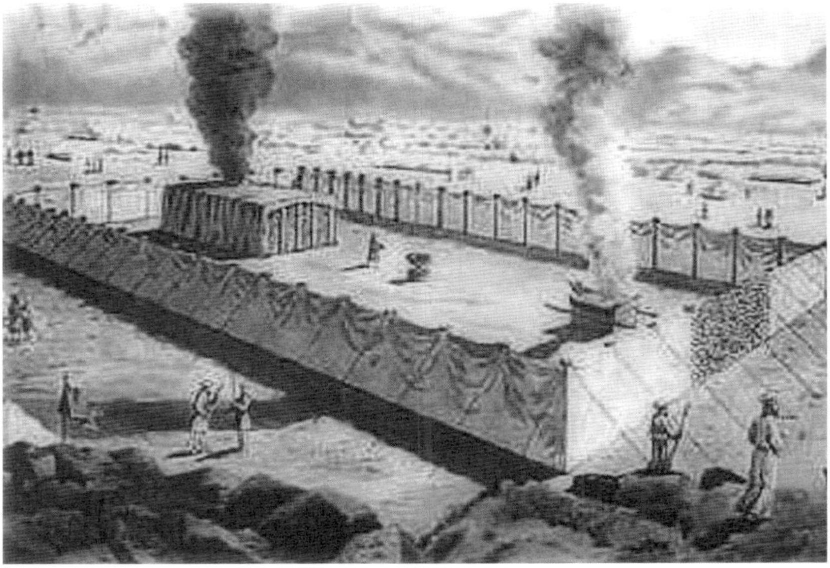

O Tabernáculo

H

HÃ: Uma cidade, no lado leste do Jordão, cujos habitantes, os zuzins, foram feridos por Quedorlaomer, no tempo de Abraão, Gn 14.5. Ver mapa 4, C-1.

HABACUQUE, hb. **O que abraça:** Profeta, Hc 1.1. Provavelmente um levita e cantor no Templo, Hc 3.1,19. Viveu, provavelmente, durante os reinados de Josias, Jeocaz e Jeoaquim, reis de Judá. Assim, era contemporâneo de Jeremias.

HABACUQUE, LIVRO DE: O oitavo dos profetas menores.

O autor: Habacuque, Hc 1.1; 3.1.

A chave: "O justo viverá pela sua fé", Hc 2.4. O livro apresenta o problema de prosperidade dos iníquos. Quando Deus responde e os castiga surge outro problema: por que Deus se utiliza dos caldeus, um povo mais iníquo do que os judeus, para os castigar. A resposta divina resolve em uma só declaração: "o justo viverá pela sua fé". Isto é, seja qual for o desespero, ou seja qual for o triunfo, o filho de Deus não deve julgar pelo que parece, mas pela Palavra de Deus.

As divisões: I. Prediz a invasão pelos caldeus, cap. 1. II. Prediz a sentença dos caldeus, cap. 2. III. Um salmo magnífico de louvor e oração; cap 3.

HABAÍAS, hb. **Jeová ocultou:** Uma família sacerdotal que perdeu seu registro genealógico, Ed 2.61.

HABAZINIAS: Avô de Jazanias, chefe dos recabitas, Jr 35.3.

HÁBIL: Destro. // Homens, **h** a quem enchi do espírito, Êx 28.3. O **h** entre os artífices, Is 3.3. Deste mundo são **h**, Lc 16.8. Ver **Apto, Capaz.**

HABILIDADE: Capacidade, inteligência. // O entendido adquire **h**, Pv 1.5. Ver **Capacidade.**

HABILITADO: Apto, competente. // Perfeitamente **h** para toda a boa obra, 2 Tm 3.17.

HABILITAR: Tornar hábil. // Habilitar para o Senhor um povo, Lc 1 17. Nos habilitou para sermos ministros, 2 Co 3.6. Ver **Adestrar.**

HABITAÇÃO: Lugar, casa em que se habita. // Olha desde a tua santa **h**, Dt 26.15. O Deus eterno é a tua **h**, Dt 33.27. O monte que Deus escolheu para sua **h**, Sl 68.16. Olha da tua santa e gloriosa **h**, Is 63.15. Revestidos da nossa **h** celestial, 2 Co 5.2. Edificados para **h** de Deus, Ef 2.22. Ver **Morada.**

HABITANTE: Que reside habitualmente num lugar. // Até que... fiquem sem **h**, Is 6.11. Jubila, ó **h** de Sião, Is 12.6. Ver **Morador, População.**

HABITAR: Ocupar como morada. // Habita nela, e serei contigo, Gn 26.3. Para habitar nesta terra, Gn 47.4. Habitará Deus com os homens na terra, 2 Cr 6.18. Quem habitará no teu tabernáculo? Sl 15.1. Habitarei na casa do Senhor, Sl 23.6. O Senhor Deus habite no meio deles, Sl 68.18. Bem-aventurados... os que habitam em tua casa, Sl 84.4. O que habita no esconderijo, Sl 91.1. Eu, a sabedoria, habito com a prudência, Pv 8.12. Jerusalém será habitada, Zc 2.4;12.6. Sete espíritos... entrando, habitam ali, Mt 12.45; Lc 11.26. O Verbo habitou entre nós, Jo 1.14. O Espírito... habita convosco, Jo 14.17. Não habita o Altíssimo em casas, At 7.48. O pecado que habita em mim, Rm 7.17. O Espírito de Deus habita em vós, Rm 8.9; 1 Co 3.16. Deixar o corpo e habitar com o Senhor, 2 Co 5.8. Habitarei e andarei entre eles, 2 Co 6.16. Habite Cristo nos vossos corações, Ef 3.17. Nele habita toda a plenitude, Cl 2.9. Habite ricamente em vós a palavra, Cl 3.16. Habita em luz inacessível, 1 Tm 6.16. Os que habitam sobre a terra, Ap 11.10; 13.8; 17.2. Deus habitará com eles, Ap 21.3. Ver **Morar, Residir, Viver.**

HABITÁVEL: Que pode ser habitado. // Sê tu para mim uma rocha **h**, Sl 71.3.

HABOR: Um rio na Mesopotânia, que banhava o território para onde os israelitas foram levados pelos assírios, 2 Rs 17.6; 18.11.

HACALIAS, hb. **Esperar por Jeová:** Pai de Neemias, Ne 1.1.

HADADE, hb. **Inclemência:** 1. Um dos doze filhos de Ismael, Gn 25.15. // 2. Um rei de Edom, Gn 36.35. // 3. Outro rei de Edom, 1 Cr 1.50. Hadar em Gn 36.39. // 4. Idumeu, adversário que o Senhor levantou contra Salomão, 1 Rs 11.14. // 5. O deus supremo da Síria, cujo nome entra na formação de nomes próprios, tais como: Ben-Hadade, Hadadezer etc.

HADADEZER, HADAREZER, hb. **Hadade é auxílio:** Rei de Zobá, 2 Sm 8.3.

HADADRIMOM: Hadade e Rimom, duas divindades assírias. // Lugar de grande pranto, no vale do Megido, Zc 12.11.

HADAR: Ver **Hadade.**

HADASSA: O mesmo que **Ester,** Et 2.7.

HADES: Lugar dos mortos, At 2.27,31 (ARC). Traduzido **inferno** em Mt 11.23; 16.18; Lc 10.15; Lc 16.23; Ap 1.18; 6.8; 20.13,14. Ver **Inferno.**

HADLAI, hb. **Descansado:** Pai de Amassa, chefe de uma das famílias de Efraim, no tempo de Peca, 2 Cr 28.12.

HADORÃO: 1. Um filho de Joctã, o sexto na genealogia de Noé, Gn 10.27. // 2. Filho de Toú, rei de Hamate, 1 Cr 18.10. // 3. Superintendente do trabalho forçado, apedrejado pelo povo das dez tribos, no tempo da revolta, 2 Cr 10.18. **Adorão** é a forma abreviada de **Hadorão.**

HADRAQUE: Cidade na fronteira norte da Síria, Zc 9.1.

HAFARAIM, hb. **Lugar de dois poços:** Uma cidade de Issacar, Js 19.19. Ver mapa 4, B-1.

HAGABA, hb. **Gafanhoto:** Chefe de uma família que voltou do exílio, Ed 2.45.

HAGAR, hb. **Fuga:** Agar, Gl 4.24. Ver **Agar.**

HAGARENOS, HAGARITAS: Ismaelitas, descendentes de Hagar. // Derrotados pelos rubenitas no tempo de Saul, 1 Cr 5.10,20. Eram nômades, morando em tendas, Sl 83.6. Jaziz, o hagarita, era administrador da fazenda do rei Davi, 1 Cr 27.31.

HAGI, hb. **Festivo:** Um neto de Jacó, Gn 46.16.

HAGIAS, hb. **Festa de Jeová:** Um descendente de Levi, 1 Cr 6.30.

HAGIÓGRAFO, gr. **Escritos sagrados:** Título da parte do Antigo Testamento que se compõe dos livros: Salmos, Provérbios, Jó, Cantares, Rute, Lamentações, Eclesiastes, Ester, Daniel, Esdras, Neemias, I e II Crônicas. Foram designados "Escritos Sagrados" porque não foram dados de viva voz como foi a lei de Moisés. Mas os judeus aceitavam estes livros como dados pela inspiração divina.

HAGITE, hb. **festivo:** Mulher de Davi e mãe de Adonias, 2 Sm 3.4.

HAIFA: Cidade atual de Israel, junto do monte Carmelo e na baía de Acre. População: 125.000. O seu porto é o melhor da costa. Planícies férteis nos arredores. Ver mapa 3, A-2.

HALA: Um dos lugares para onde o rei da Assíria transportou os israelitas exilados, 2 Rs 17.6.

HALAQUE, hb. **Monte calvo:** Um monte que marcou o limite sul das conquistas de Josué, Js 11.17.

HALI, hb. **Colar:** Uma cidade da herança de Aser, Js 19.25.

HÁLITO: Ar que sai dos pulmões durante a expiração. // O seu **h** faz incender os carvões, Jó 41.21. Seca-se a erva... o **h** do Senhor, Is 40.7. Ver **Fôlego.**

HALUL, hb. **Abertura:** Uma cidade na região montanhosa de Judá, Js 15.58.

HAMÃ: Um agagita, inimigo de Mordecai, exaltado por Xerxes, ou Assuero, acima de todos os príncipes, Et 3.1. Mordecai, sendo judeu, não podia prostrar-se nem se inclinar perante Hamã, incitando assim a inimizade deste. Hamã era agagita, isto é, de Agague, um território junto ao da Média. A suposição

***Cidade de Haifa**, uma cidade limpa e de muito verde. Por estar junto do monte Carmelo, possui uma vista espetacular do mar. Tem também o principal porto onde os povos e os bens entram no país*

de que era descendente de Agague, rei dos amalequitas, não tem razão. Dá a entender em 1 Sm 15.33, que Agague foi o último desta linhagem. Se houvesse descendentes de Agague, seriam amalequitas e não agagitas.

HAMATE, hb. **Fortaleza:** 1. Cidade da Síria, no vale de Orontes. Os hamateus eram filhos de Canaã, Gn 10.18. Mencionada em Nm 34.8. Js 13.5; Ez 47.16. Toí, rei de Hamate mandou saudar a Davi, 2 Sm 8.9,10. Salomão edificou cidades-armazéns na terra de Hamate, 2 Cr 8.4. Jeroboão a reconquistou, 2 Rs 14.28. Senaqueribe a conquistou, 2 Rs 18.34; 19.13. // 2. Cidade fortificada de Naftali, Js 19.35. // 3. Pai da casa de Recabe, 1 Cr 2.55.

HAMATE-DOR: Cidade destinada aos levitas, Js 21.32.

HAMATE-ZOBÁ, hb. **Fortaleza de Zoba:** Um lugar tomado por Salomão, 2 Cr 8.3.

HAMEDATA, hb. **Dobrado:** O pai de Hamã, Et 3.1.

HAMELEQUE, hb. **O rei:** Jr 36.26. A mesma palavra é traduzida "o rei" em Jr 38.6.

HAMOLEQUETE, hb. **Rainha:** Uma irmã de Gileade, de quem descenderam diversas famílias tribais de Manassés, 1 Cr 7.18.

HAMOM, hb. **Banho quente:** 1. Lugar perto de Tiro, Js 19.28. Ver mapa 2, C-2; mapa 3, A-1. // 2. Uma cidade de Naftali, 1 Cr 6.76.

HAMOR , hb. **Asno:** Um heveu e príncipe da cidade de Siquém, Gn 34.2; Jz 9.28. Jacó comprou um campo dos filhos de Hamor, Gn 33.19. Simeão e Levi mataram Hamor e Siquém à espada por ter Hamor seduzido sua irmã, Diná, Gn 34.26. Os ossos de José foram enterrados no campo comprado aos filhos de Hamor, Js 24.32. No Novo Testamento, **Emor**.

HAMUL: Um neto de Judá e chefe da família dos hamulitas, Gn 46.12; Nm 26.21.

HAMUTAL, hb. **Da natureza de orvalho:** Uma filha de Jeremias, de Libna, mulher do rei Josias e mãe dos reis Jeocaz e Zedequias, 2 Rs 23.31.

HANÃ, hb. **Gracioso:** 1. Chefe de uma família dos benjamitas, 1 Cr 8.23 // 2. Um descendente do rei Saul, 1 Cr 8.38. // 3. Um dos valentes de Davi, 1 Cr 11.43. // 4. Um dos chefes de famílias de netinins que voltaram do exílio, Ed 2.46. // 5. Um dos que ajudaram Esdras em ensinar o povo na lei, Ne 8.7. // 6. e 7. Dois dos que selaram a aliança, Ne 10.22,26. // 8. Um dos tesoureiros que Neemias apontou para guardar os dízimos recebidos do povo, Ne 13.13. // 9. Filho de Jigdalias, Jr 35.4.

HANAMEEL, hb. **Deus se apiedou:** Filho do tio de Jeremias, Jr 32.7.

HANANEL, A TORRE DE: Ne 3.1; 12.39; Zc 14.10. Uma torre, sobre a muralha de Jerusalém, entre a porta do gado e a porta do peixe. Recebeu o nome do homem que a edificou.

HANANI, hb. **gracioso:** 1. O pai de Jeú, 1 Rs 16.1. // 2. Um dos cantores encarregados deste ministério no templo, 1 Cr 25.4. // 3. Um dos que tinham mulher estrangeira, Ed 10.20. // 4. Um parente de Neemias, apontado guarda em Jerusalém, Ne 1.2; 7.2. // 5. Um dos sacerdotes encarregados da música na dedicação dos muros de Jerusalém, Ne 12.36.

HANANIAS, hb. **Jeová é clemente:** 1. Um filho de Zorobabel, 1 Cr 3.19. // 2. Um descendente de Benjamim, 1 Cr 8.24. // 3. Um dos chefes dos cantores no templo, 1 Cr 25.4. // 4. Um capitão no exército de Uzias, 2 Cr 26.11. // 5. Um dos que casaram com mulheres estrangeiras, Ed 10.28. // 6. Um dos que trabalharam na reedificação dos muros de Jerusalém, Ne 3.8. // 7. Um outro que trabalhou nos muros de Jerusalém, Ne 3.30. // 8. Um guarda estabelecido por Neemias, sobre toda a Jerusalém, Ne 7.2. // 9. Um dos que assinaram a aliança com Neemias, Ne 10.23. // 10. Um sacerdote que assistiu a dedicação dos muros, Ne 12.12. // 11. Um falso profeta, Jr 28. // 12. Pai de um dos príncipes no reinado de Jeoaquim, Jr 36.12. // 13. Avô do capitão que prendeu Jeremias, Jr 37.13. // 14. Um dos companheiros de Daniel, Dn 1.7.

HANATOM, hb. **Benigno:** Uma cidade na fronteira norte de Zebulom, Js 19.14. Ver mapa 2, C-3.

HANES: Um lugar, talvez, no Egito, Is 30.4.

HANIEL, hb. **Graça de Deus:** 1. Um príncipe de Manassés, Nm 34.23. // 2. Um príncipe de Aser, 1 Cr 7.39.

HANUM, hb. **Favorecido:** 1. Filho e sucessor do rei de Amom, 2 Sm 10.1. // 2. Um dos que trabalharam em reedificar os muros de Jerusalém, Ne 3.13. // 3. Um dos filhos de Zalafe que trabalhou em reparar os muros de Jerusalém, Ne 3.30.

HAPIZEZ: Um sacerdote a quem saiu a décima oitava sorte de serviço no templo, 1 Cr 24.15.

HAQUILÁ, hb. **Escuro:** Um outeiro no deserto de Judá, 1 Sm 23.19.

HARA, hb. **Região montanhosa:** Um dos lugares para onde Tilgate-Pilneser transportou os rubenitas, os gaditas e a meia tribo de Manassés, 1 Cr 5.26.

HARÃ: 1. Um irmão de Abraão e pai de Ló, Gn 11.27. // 2. Cidade onde Terá habitou depois de sair de Ur dos caldeus (Gn 11.31), e de onde Abraão partiu, pela fé, para a terra de Canaã, Gn 12.5. Ver mapa 1, D-3. // 3. Um levita, filho de Simei, 1 Cr 23.9.

HARADA, hb. **Terror:** Um dos acampamentos dos israelitas no deserto, Nm 33.24.

HARADE: Cidade real dos cananeus, Js 12.14.

HARAÍAS: Um ourives, cujo filho trabalhou na reedificação dos muros de Jerusalém, Ne 3.8.

HARARITA, hb. **Serrano:** Habitante da região montanhosa de Judá. // Samá, filho de Agé, o hararita, um dos valentes de Davi, 2 Sm 23.11. // Aião, filho de Sarar, ararita, 2 Sm 23.33.

HARÁS: Avô de Salum, marido da profetiza Hulda, 2 Rs 22.14.

HARBONA, hb. **O que guia um jumento:** O terceiro dos sete eunucos a serviço de Assuero, Et 1.10. Sugeriu que Hamã fosse enforcado na mesma forca que preparou para Mordecai, Et 7.9.

Harpa

HAREFE: Um filho de Calebe, 1 Cr 2.51.

HARIFE: Um dos que voltaram do exílio, Ne 7.24.

HARIM, hb. **Consagrado:** 1. Um dos que vieram de babilônia com Zorobabel, Ed 2.32. // 2. Outro dos que vieram de Babilônia com Zorobabel, Ed 2.39.

HARMONIA: Acordo perfeito entre as partes de um todo; simetria; entre pessoas. // Que **h** entre Cristo e o Maligno? 2 Co 6.15.

HARODE, FONTE DE: Onde Gideão e seu exército acamparam antes de atacarem os midianitas, Jz 7.1. Ver mapa 4, B-1.

HARODITA: 2 Sm 23.25. Um habitante de Harode.

HAROSETE, hb. **Escultor:** Lugar para onde Sísera se retirou depois de ser derrotado por Baraque, Jz 4.16. Ver mapa 2, C-3.

HARPA: Gn 4.21. Ver **Música.**

HARPISTA: Pessoa que toca ou ensina a tocar harpa. // Como de **h** quando tangem, Ap 14.2. E voz de **h**, Ap 18.22.

HARSA, hb. **Encantador:** Chefe de uma das famílias de netinins, Ed 2.52.

HARUR, hb. **Febre:** Um dos que voltaram de Babilônia com Zorobabel, Ed 2.51.

HARUZ: Um avô de Amom, rei de Judá, 2 Rs 21.19.

HASABIAS, hb. **O Senhor o estimou:** Há dez, ou mais, homens deste nome, 1 Cr 6.45; 9.14; 25.3; 26.30; 27.17; 2 Cr 35.9; Ed 8.19,24; Ne 3.17; 11.15,22; 12.21.

HASADIAS: Um filho de Zorobabel, 1 Cr 3.20.

HASMONA, hb. **Lugar fértil:** Um dos acampamentos dos israelitas no deserto, Nm 33.29.

HASSUBE, hb. **Atencioso:** O nome de quatro pessoas diferentes, Ne 3.11,23; 10.23; 11.15.

HASTE: Pau ou ferro direito, delgado e comprido, em que se encrava qualquer coisa; parte do vegetal que serve de suporte aos ramos. // Uma só **h** saíam sete espigas, Gn 41.5. Serpente abrasadora... sobre uma **h**, Nm 21.8. Lança tinha a **h** como eixo de tecelão, 1 Cr 20.5.

HASUFA, hb. **Despido:** Um chefe de família que voltou de Babilônia com Zorobabel, Ed 2.43.

HASUM, hb. **Opulento:** 1. Um dos que vieram de babilônia com Zorobabel, Ed 2.19. // 2. Um dos que estavam em pé ao lado de Esdras, enquanto lia do livro da lei, Ne 8.4.

HATAQUE (ARC), HATÃ (ARA), hb. **Verdade:** Um camarista da rainha Ester, Et 4.5.

HATATE, hb. **Terror:** Filho de Otniel, 1 Cr 4.13.

HATIFA, hb. **Cativo:** Chefe de uma família que voltou de babilônia, Ed 2.54.

HATIL, hb. **Vacilante:** Chefe de uma família que voltou do exílio em Babilônia, Ed 2.57.

HATITA, hb. **Gravador:** Chefe de uma família que voltou de babilônia, Ed 2.42.

HATUS, hb. **Congregado:** 1. Descendente de Zorobabel, 1 Cr 3.22. Voltou do exílio, Ed 8.2. // 2. Filho de Hasabnéias, trabalhou na reedificação dos muros de Jerusalém, Ne 3.10.

HAURÃ, hb. **Terra de cavernas:** Ez 47.16,18; Uma região ao sul de Damasco, nos limites de Gileade. Ver mapa 2, E-3; mapa 3, C-2.

HAVER: Ter; possuir; existir; suceder. // Havidos por dignos de alcançar, Lc 20.35.

HAVILÁ, hb. **Arenoso:** 1. Um neto de Noé, Gn 10.7. // 2. Um filho de Joctã, descendente de Sem, Gn 10.29. // 3. Território rico em ouro, bdélio e pedra de ônix, e banhado pelo rio Pisom, Gn 2.11. Um dos limites do território dos ismaelitas, Gn 25.18; e do território dos amalequitas, 1 Sm 15.7. Havilá de Cuxe, ver mapa 1, D-5; da Arábia, mapa 1, D-4.

HAVOTE-JAIR, hb. **Aldeias de Jair:** Nm 32.41; Dt 3.14; Js 13.30; Jz 10.4. Ver mapa 2, E-3.

HAZAEL, hb. **Deus vê:** Alto funcionário no serviço de Ben-Hadade, rei da Síria, 2 Rs 8.8. Matou a Ben-Hadade e reinou em seu lugar, 2 Rs 8.15. Pelejou contra Jorão, filho de Acabe, 2 Rs 8.28. Assolou a terra de Gileade, os gaditas, os rubenitas e os manassitas, 2 Rs 10.32. Por isso meterei fogo à casa de Hazael, Am 1.3,4.

HAZAR-ADAR, hb. **Aldeia de Adar:** Lugar na divisa sul de Judá, Nm 34.4.

HAZAR-ENÃ, hb. **Aldeia de fontes:** Aldeia na fronteira norte da Palestina, Nm 34.9.

HAZAR-GADA, hb. **Aldeia da fortuna:** Aldeia no extremo sul de Judá, Js 15.27.

HAZARMAVÉ: Um filho de Joctã, Gn 10.26.

HAZAR-SUAL, hb. **Aldeia da raposa:** Uma cidade do estremo sul de Judá, Js 15.28.

HAZAR-SUSA, hb. **Aldeia do cavalo:** Um lugar no território de Simeão, Js 19.5.

HAZAZOM-TAMAR: Gn 14.7. O mesmo que En-Gedi, 2 Cr 20.2.

HAZER-HATICOM, hb. **Aldeia do meio:** Aldeia junto ao termo de Haurã, Ez 47.16.

HAZEROTE: Um dos acampamentos dos israelitas no deserto, Nm 33.17.

HAZIEL, hb. **Deus vê:** Um levita no tempo de Davi, 1 Cr 23.9.

HAZO: Um dos filhos de Naor, irmão de Abraão, Gn 22.22.

HAZOR, hb. **Cerca:** 1. Cidade real de Jabim, Js 11.1. Destruída por Josué, Js 11.11. Restaurada, Jz 4.2. Conquistada por Débora e Baraque, Jz 4.23. Na herança de Naftali, Js 19.36. Ver mapa 2, C-2; mapa 3, B-2 // 2. Uma cidade de Judá, Js 15.23. // 3. Uma outra cidade de Benjamim, Ne 11.33. // 4. Uma cidade da Arábia, ferida por Nabucodonosor, Jr 49.28,33.

HEBER, hb. **União, sociedade:** 1. Um neto de Aser, Gn 46.17. // 2. O esposo de Jael, que matou Sísera, cravando-lhe uma estaca na fronte, Jz 4.17. // 3. O fundador de Socó, 1 Cr 4.18. // 4. Um benjamita, 1 Cr 8.17. Não confunda **Heber** com **Eber.**

HEBRAICO: A língua que os hebreus, os israelitas, falavam durante o tempo da sua independência. Chamado o judaico em 2 Rs 18.26,28; Ne 13.24. É uma das línguas semíticas, isto é, dos descendentes de Sem, o primogênito de Noé. O Antigo Testamento, a não ser Dn 2.4 a 7.28; Ed 4.8 a 6.18, Ed 7.12-26 e Jr 10.11, foi escrito em hebraico. É uma das mais antigas línguas; alguns eruditos acham que é o idioma original dos homens. // Este título... estava escrito em hebraico, Js 19.20. Paulo... falou em língua hebraica, At 21.40. Uma voz que me falava em língua hebraica, At 26.14.

O hebraico é novamente língua vernácula da Terra Santa proclamando o poder de Deus e Sua fidelidade em cumprir Suas promessas. No processo de aprender uma língua comum a toda a nação de Israel, o judeu experimentou uma mudança revolucionária. Pondo ao lado o manto de dois mil anos de exílio, apoderou-se de outro aspecto e de outro ponto de vista. Fala-se de novo o hebraico, a língua de Abrão, Isaque e Jacó nos montes e nas cidades da pátria antiga, que estendeu os braços para receber seus filhos de volta, dos quatro cantos da terra.

Ver **A Ressurreição do Idioma Hebraico,** p. 179.

Caverna de Macpela, Hebrom, lugar tradicional do túmulo de Abraão

HEBREU: O nome pelo qual as nações designavam os filhos de Israel. O próprio nome deriva-se, provavelmente, de **Éber,** isto é, **homens vindo do outro lado.** "Abrão, o heteu" (Gn 14.13), assim chamado porque atravessou o rio, vindo da outra banda, o que aconteceu quando emigrou da Mesopotânia. Ver Js 24.2.

Há distinção entre **hebreu, israelita** e **judeu.** Os israelitas eram apenas uma parte do grupo maior, chamado **hebreus,** descendentes de Éber, Gn 10.24. O nome **Israel** usa-se para enfatizar o aspecto religioso do povo. Os **judeus** eram os habitantes de Judá.

Os judeus que falavam aramaico são chamados **hebreus,** para distingui-los dos que falavam grego. Estes são designados como **helenistas**, At 6.1. "Hebreu de hebreus", inteiramente judeus, Fp 3.5. Ver 2 Co 11.22.

HEBREUS, EPÍSTOLA AOS: Assim chamada porque se dirigia aos judeus que abraçaram o Evangelho. É uma das cinco epístolas cristão-judaicas; as outras são: Tiago, 1 Pedro, 2 Pedro e Judas. É certo que Hebreus foi escrita antes da destruição do Templo, 70 d.C., porque não cessaram, ainda, os sacrifícios. Ver Hb 10.11.

Esta epístola liga o Antigo e o Novo Testamento em uma maneira que convence e ilumina mais que qualquer outra epístola.

O autor: O título em muitas versões é: **Epístola de Paulo aos Hebreus.** O livro é anônimo, contudo muitos comentadores baseiam-se na idéia de que Paulo foi o escritor, sobre 2 Pe 3.15 e Hb 13.23. Outros atribuíam sua autoria a Barnabé, ainda outros, a Lucas, e ainda outros, a Apolo.

A chave: A superioridade de Cristo, 1.4; 6.9; 7.7,19,22; 8.6; 9.23; 10.34; 11.16,35,40; 12.24.

Os crentes judaicos, um grupo insignificante em contraste ao grande número de seus patrícios e que sofriam grandes perseguições, estavam tentados a abandonar sua fé e voltar aos ritos da lei de Moisés. Para fortalecer a sua fé, a epístola chama atenção à superioridade da Nova Aliança sobre a Antiga, à preeminência do sacerdócio de Cristo sobre o de Arão, à superioridade do tabernáculo.

As divisões: I. A primazia de Jesus Cristo; superior aos anjos, a Moisés, a Josué, ao sumo sacerdote levítico; o Autor da salvação eterna; da ordem de Melquizedeque, 1.1 a 8.6. II. A superioridade da Nova Aliança sobre a Antiga, 8.7 a 10.39. III. A fé exemplificada pelos heróis antigos, cap. 11. IV. Outras exortações práticas, caps. 12 e 13.

HEBROM, hb. **União:** 1. Uma das mais antigas cidades, primeiramente chamada Quiriate-Arba, na região montanhosa de Judá, Js 15.54. Edificada sete anos antes de Zoã no Egito, Nm 13.22. Onde habitaram Abraão, Isaque e Jacó, Gn 13.18; 35.27; 37.14. Onde morreu Sara, e onde estava a sepultura da família, Gn 23.2; 25.9; 49.29-31. Conquistada por Josué, Js 10.3,23,39. Uma das cidades de refúgio, Js 20.7. Davi aclamado rei em Hebrom, 2 Sm 2.1; onde lhe nasceram vários filhos, 2 Sm

3.2-5; e onde reinou sobre Judá sete anos e seis meses, 2 Sm 5.5. Abser foi sepultado lá, 2 Sm 3.32. O centro da revolta de Absalão, 2 Sm 15.7. Os judeus, quando voltaram do cativeiro, reedificaram e ocuparam a cidade, Ne 11.25. Ver mapa 2, C-5; mapa 5, B-1. // 2. Chefe de uma família levita, Êx 6.18. // 3. Um descendente de Calebe, 1 Cr 2.42.

HEFER, hb. **Poço:** 1. Um cabeça de família de Manassés, Nm 26.32. // 2. Uma cidade de Canaã, Js 12.17.// 3. Um distrito junto a Socó, 1 Rs 4.10. // 4. Um descendente de Judá, 1 Cr 4.6.

HEFZIBÁ, hb. **O meu prazer está nela:** 1. A mãe de Manassés, 2 Rs 21.1. // 2. Novo nome de Sião, Is 62.4 (ARC).

HEGAI: Um guarda das mulheres, Et 2.3.

HELA, hb. **Escuma:** Uma das duas mulheres de Asur, 1 Cr 4.5.

HELÃ: Lugar ao oriente do Jordão, onde Davi derrotou Hadadezer, 2 Sm 10.16.

HELBA, hb. **Fartura:** 1. Lugar no território de Aser, Jz 1.31.

HELBOM, hb. **Fértil:** Uma cidade da Síria, da qual Tiro recebia vinho, pelo mercado de Damasco, Ez 27.18.

HELCAL, hb. **A minha porção é o Senhor:** Chefe de uma família de sacerdotes que veio para Jerusalém, Ne 12.15.

HELCATE, hb. **Possessão:** Lugar do território de Aser, Js 19.25.

HELDAI, hb. **Sonho durável:** 1. Um capitão do turno de serviço no Templo, para o duodécimo mês, 1 Cr 27.15. // 2. Um capitão de um grupo de judeus que trouxe ofertas de ouro e de prata, de Babilônia, para os exilados, Zc 6.10.

HELEFE, hb. **Permuta:** Um lugar na fronteira sul de Naftali, Js 19.33.

HELÉM, hb. **Força:** Um bisneto de Aser, 1 Cr 7.35.

HELENISTAS: Judeus que falavam a língua grega, At 6.1; 9.29.

HELEQUE, hb. **Porção:** Um filho de Gileade, Nm 26.30.

HELEZ, hb. **Forte:** 1. Um dos valentes de Davi, 2 Sm 23.26. // 2. Um homem de Judá, 1 Cr 2.39.

HELI, forma grega de **Eli, elevação:** Nome na genealogia de Jesus Cristo, Lc 3.23.

HELIÓPOLIS: Ver **Om.**

HELOM, hb. **Forte:** Pai de Eliabe, príncipe da tribo de Zebulom, Nm 1.9.

HEMÃ, hb. **Fiel:** 1. Um cantor levita, neto do profeta Samuel, 1 Cr 6.33. Era de grande influência espiritual, vidente do rei, 1 Cr 25.5. // 2. Um dos três célebres sábios do tempo de Salomão, 1 Rs 4.31.

HEMORRAGIA: Perda de sangue. // Mulher... padecendo de uma **h**, Mt 9.20.

HEMORRÓIDA (ARC), TUMOR (ARA): 1 Sm 5.6; 6.4.

HENA: Planta originária da Arábia, cujas folhas secas e pulverizadas, fornecem um pó. Utilizado para tingir de vermelho ou de amarelo os cabelos, os lábios, as pálpebras e os dedos. De flores odoríferas, Ct 1.14; 4.13.

HENADADE, hb. **Favor de Hadade:** Um dos que trabalharam na reedificação dos muros de Jerusalém, Ne 3.18.

HENDÃ, hb. **Desejável:** Um dos descendentes de Seir, Gn 36.26.

HEPATOSCOPIA: Ver **Adivinhação.**

HERANÇA: Legado; aquilo que se herda. // Para dar-te por **h** esta terra, Gn 15.7. Há ainda... **h** na casa de nosso pai? Gn 31.14. Até que te... possuas a terra por **h**, Êx 23.30. Eu sou a tua porção e a tua **h**, Nm 18.20. A **h** não passará duma tribo, Nm 36.9. São eles o teu povo e a tua **h**, Dt 9.29. O Senhor é a porção da minha **h**, Sl 16.5. Deus é a minha **h**, Sl 73.26. **H** do Senhor são os filhos, Sl 127.3. O homem de bem deixa **h** aos filhos, Pv 13.22. Matemo-lo e a **h** será nossa, Mc 12.7. Que reparta comigo a **h**, Lc 12.13. **H** entre os que são santificados, At 20.32; 26.18. Se a **h** provém da lei, Gl 3.18. No qual fomos feitos **h**, Ef 1.11. O penhor da nossa **h**, Ef 1.14. A riqueza da glória da sua **h**, Ef 1.18. Nenhum idólatra tem **h** no reino, Ef 5.5. A parte que vos cabe da **h** dos santos, Cl 1.12. Recebereis do Senhor a recompensa da **h**, Cl 3.24. A promessa da eterna **h**, Hb 9.15. Abraão... para um lugar que devia receber por **h**, Hb 11.8. Para uma **h** incorruptível, 1 Pe 1.4. A fim de receberdes bênção por **h**, 1 Pe 3.9. Nem como tendo domínio sobre a **h** de Deus, 1 Pe 5.3 (ARC).

HERDADE: Propriedade; herança. // A **h** de Nabote, 2 Rs 9.25. Como esterco sobre o campo da **h** de Jezreel 2 Rs 9.37. E lhe repartires as **h** assoladas, Is 49.8. Os da casa de Jacó possuirão as suas **h**, Ob 17.

HERDAR: Receber como herança. // Repartir-se-á a herança deles entre as tribos, Nm 26.56. Herdarás a terra por sortes, Nm 33.54. Os sábios herdarão honra, Pv 3.35. Os simples herdam a estultícia, Pv 14.18. Herdarão a terra, Mt 5.5; Sl 37.11,29; Is 57.13; 60.21; 65.9. Farei para herdar a vida, Mc 10.17. Carne e sangue não podem herdar o reino de Deus, 1 Co 15.50. Não herdarão o reino de Deus, Gl 5.21. Hão de herdar a salvação, Hb 1.14. O vencedor herdará estas coisas, Ap 21.7. Ver **Co-herdeiro.**

HERDEIRO: O que recebe uma herança. // Um servo... será o meu **h**, Gn 15.3. O filho dessa escrava não será **h**, Gn 21.10. Destruamos também ao **h**, 2 Sm 14.7. Este é o

h... matemo-lo, Mt 21.38. Promessa de ser **h** do mundo, Rm 4.13. Somos **h**, **h** de Deus, Rm 8.17. Sois descendentes e **h**, Gl 3.29. O tempo em que o **h** é menor em nada difere de escravo, Gl 4.1. Sendo filho também, **h** por Deus, Gl 4.7. De modo algum o filho da escrava será **h**, Gl 4.30. Tornemos seus **h**, Tt 3.7. **H** da promessa, Hb 6.17. Noé se tornou **h** da justiça, Hb 11.7. Ricos em fé e **h** do reino, Tg 2.5. **H** da mesma graça, 1 Pe 3.7. Ver **Co-herdeiro.**

HEREDITÁRIO: Que se transmite por herança. // Sejais por povo **h**, Dt 4.20 (ARC).

HEREGE (ARC): Tt 3.10. Aquele que professa doutrina contrária aos ensinamentos divinos.

HERES, hb. **Sol;** em grego, **Heliópolis.** As montanhas de Heres estavam perto de Aijalom, nos confins de Judá e Dã, Jz 1.35. A subida de Heres, Jz 8.13. Nome, também, de um levita, 1 Cr 9.15.

HERESIA: Doutrina oposta aos ensinamentos divinos e que tende a promover facções. // A palavra equivalente a **heresia** é traduzida **seita** em At 5.17; 15.5; 24.5,14; 26.5; 28.22. Heresias se qualificam de partidos (ARA), heresias propriamente ditas (ARC), de facções, 1 Co 11.19; Gl 5.20; 2 Pe 2.1.

HERMAS: Um cristão em Roma, Rm 16.14.

HERMES, gr. **Mercúrio:** Outro cristão residente em Roma, Rm 16.14.

HERMÓGENES, gr. **Gerado por Hermes:** Um dos que se apartaram do apóstolo Paulo, 2 Tm 1.15.

HERMON, hb. **Montanha sagrada:** A majestosa montanha que está no término sul da cordilheira Anti-Líbano, na fronteira norte da Palestina, Dt 3.8; Js 12.1; ao lado do planalto de Basã, 1 Cr 5.23. É a mais destacada e a mais linda montanha da Palestina, ou da Síria. Com altura de três mil metros acima do nível do mar, seu cume está coberto de neve, enquanto a terra em redor fica queimada pelo sol do verão. Nas águas do mar da Galiléia vê-se o reflexo do cume toucado de neve. Chamava-se, também, **Baal-Hermon**, Jz 3.3; 1 Cr 5.23. Seu nome aparece na poesia hebraica, Sl 89.12; 133.3; Ct 4.8. É, talvez, o "alto monte" de Mt 17.1; Mc 9.2; Lc 9.28, o monte da transfiguração. Ver mapa 2, D-2; mapa, 3, B-1.

HERODES AGRIPA I: Neto de **Herodes Magno.** Reinou de 37 a 44 d.C. Matou Tiago, irmão de João, à espada, At 12.2. Morreu comido de vermes, At 12.23.

HERODES AGRIPA II: Filho de Herodes Agripa I e bisneto de Herodes Magno. Julgou o apóstolo Paulo, At 26. Assistiu, do lado dos romanos, à tomada de Jerusalém por Tito, 70 d.C. Foi o último dos Herodes. Acerca de outros membros da família herodiana, ver **Arquelau, Berenice, Drusila, Herodias, Herodes Agripa I, Salomé.**

HERODES ANTIPAS: Filho de Herodes o Grande. Tetrarca da Galiléia, Mt 14.1; Lc 3.1. Uniu-se a Herodias, mulher de seu irmão, Mt 14.3. Degolou a João Batista, Mt 14.10. Julgou Cristo, que Pilatos lhe mandara para esse fim, Lc 23.8. Foi tetrarca da Galiléia de 4 a.C. a 39 d.C.

HERODES ARQUELAU: Mt 2.22. Filho primogênito de Herodes Magno.

HERODES MAGNO: Rei da Judéia de 39 a 4 a.C. Ver Lc 1.5. Reconstruiu o Templo de Jerusalém. Foi o pai de Herodes Antipas, que degolou João Batista, e avô de Herodes Agripa I, que matou Tiago à espada. Além de degolar todos os meninos de Belém, de dois anos para baixo (Mt 2.16), matou, num ataque de ciúme, a Mariane, sua mulher predileta, e três de seus filhos. Depois de matar seu filho Antipar, morreu comido de vermes, em maneira semelhante a seu neto, Herodes Agripa I. Ver At 12.23.

HERODIANOS: Não eram uma seita religiosa, como os saduceus, nem uma ordem social, como os fariseus, mas um partido político, apoiando a dinastia de Herodes, que reedificara o Templo. Favoreciam um império judaico independente, governado por Herodes, sob o governo romano. Eram judeus de nascimento e de crença pagã. Juntaram-se com os fariseus para que apanhassem a Jesus em uma palavra, Mt 22.16; Mc 12.13. Outra vez, juntamente com os fariseus, conspiraram contra a vida de Jesus, Mc 3.6. Ver Mc 8.15.

HERODIÃO, gr. **de Herodes:** Cristão, parente de Paulo e residente em Roma, Rm 16.11.

HERODIAS: Uma neta de Herodes Magno. Casou-se com seu tio, Filipe, havendo deste casamento uma filha, Salomé. Abandonando seu marido, Filipe, casou-se com seu cunhado Herodes Antipas, tetrarca da Galiléia. Pelo fato de João Batista ter censurado este incestuoso casamento, ordenou Antipas que ele fosse preso, e mais tarde mandou degolá-lo, Mt 14.3,4.

HERÓI: Aquele que se distingue pelo valor ou magnanimidade. // Em socorro do Senhor e seus **h**, Jz 5.23. Vendo os filisteus que era morto o seu **h**, 1 Sm 17.51. Todo Israel sabe que teu pai é **h**, 2 Sm 17.10. Regozija como **h**, Sl 19.5. Cinge a espada no teu flanco, **h**, Sl 45.3. Melhor é o longânimo do que o **h**, Pv 16.32. Os seus **h** pranteiam, Is 33.7. Ver **Valente.**

HESBOM, hb. **Razão:** A cidade real de Seom, rei dos amorreus, Nm 21.26. Na fronteira sul de Gade, Js 13.26. Uma das cidades que couberam aos levitas, Js 21.39. Depois pertenceu a Moabe, Jr 48.2. Ver mapa 2, D-5; mapa 5, C-1.

HESITAR: Estar incerto ou perplexo sobre o que há de fazer. // Que eu fosse com eles, sem hesitar, At 11.12.

HESMOM, hb. **Solo fértil:** Uma cidade na extremidade sul de Judá, Js 15.27.

HETE, hb. **Medo:** Neto de Cão, bisneto de Noé, Gn 10.15. Ver **Heteus.**

HETEUS: Descendentes de Hete, neto de Cão, um dos três filhos de Noé, Gn 10.15. Uma das principais nações que habitavam Canaã, Êx 3.8,17; Dt 7.1; Js 3.10; 2 Cr 8.7; Ne 9.8. Ver mapa 1, H-2. Sua terra prometida a Abraão, Gn 15.18-21. Abraão compra a caverna de Macpela dos filhos de Hete, Gn 23. As duas mulheres de Esaú, heteias, se tornaram amargura de espírito para Isaque e Rebeca, Gn 26.34,35. Os espias encontraram os heteus habitando na montanha, Nm 13.29. O homem que traiu a cidade de Luz, edificou uma segunda Luz na terra dos heteus, Jz 1.26. Aimeleque, um dos fiéis companheiros de Davi, era heteu, 1 Sm 26.6. Urias, marido de Bate-Seba, era heteu, 2 Sm 11.3. Os heteus não eram uma pequena raça de pouca importância, 2 Rs 7.6. Teu pai era amorreu, e tua mãe heteia, Ez 16.3.

HETLOM, hb. **Esconderijo:** Um lugar ao norte da Palestina, Ez 47.15.

HEVEUS: Descendentes de cananeus, Gn 10.17. Uma das sete nações que habitavam Canaã, antes da conquista pelos israelitas, Dt 7.1; Êx 3.8,17. Vespas diante de Israel que lançassem fora os heveus, Êx 23.28. Uma das nações na costa do Grande Mar, defronte do Líbano, Js 9.1. Os heveus, moradores de Gibeom, Js 9.7; 1.19. Ao pé de Hermom, Js 11.3. Salomão os fez trabalhadores forçados, 1 Rs 9.20,21. Ver mapa 1, H-2.

HEXATEUCO, gr. **Seis volumes:** O nome dado por alguns exegetas modernos aos seis primeiros livros da Bíblia.

HEZROM, hb. **Preso, sitiado:** 1. Um dos filhos de Rúben, Gn 46.9. Chefe dos hezronitas, Nm 26.6. // 2. Um neto de Judá, Gn 46.12. // 3. Lugar entre Cades-Barneia e Adar, Js 15.4. Ver mapa 2, B-7.

HIBÉRNIOS: Antigos habitantes da Irlanda. Ver mapa 1, A-2.

HIDEQUEL (ARC e B): Gn 2.14. Ver **Tigre.**

HIDROMANCIA: Ver **Adivinhação.**

HIDROPISIA: Acumulação de líquidos no tecido celular ou numa cavidade do corpo. A cura de um hidrópico, Lc 14.1-4.

HIEL, hb. **Deus vive:** O betelita que reedificou Jericó, e, em cumprimento da maldição pronunciada por Josué, perdeu seus dois filhos, Js 6.26; 1 Rs 16.34.

HIENA: Mamífero carnívoro, de garras poderosas, mas de natureza medrosa. Vive principalmente da carne putrefata dos cadáveres que desenterra. Ronda em torno dos lugares habitados e passa o dia nas cavernas. É entre os animais o que o abutre é entre as aves — o limpador do deserto, das matas e das praias. A hiena rajada, senão o chacal, é mais comum na Palestina que qualquer outro animal. O vale de Zeboim, 1 Sm 13.18, quer dizer o vale das hienas.

Hiena

HIERÁPOLIS, gr. **Cidade sagrada:** Cl 4.13. Cidade que distava 100 km de Laodiceia, na estrada de Sardis a Apameia.

HIERÓGLIFO: Espécie de caracteres ou letras usadas pelos antigos egípcios, e que imitavam objetos. Usava-se a águia como um dos de seus símbolos. Usava-se esse duas vezes para escrever a palavra **Cleópatra.**

HIGAIOM: Vocábulo musical de significado incerto, Sl 9.16. A mesma palavra é traduzida "som solene" em Sl 92.3 e "meditação" em Sl 19.14. Ver **Selá.**

HILEIL, hb. **Louvou a Deus:** Pai de Abdom, um dos juízes de Israel, Jz 12.13.

HILQUIAS, hb. **Jeová é a minha porção:** 1. Pai de Eliaquim, mordomo de Ezequias, 2 Rs 18.18. // 2. Sumo sacerdote no reinado de Josias, rei de Judá, 2 Rs 22.4. Achou o Livro da Lei, 2 Rs 22.8. // 3. Um levita, 1 Cr 6.45. // 4. Outro levita, 1 Cr 26.11. // 5. Um sacerdote contemporâneo de Esdras, Ne 8.4. // 6. Pai de Jeremias, Jr 1.1. // 7. Pai de Gemarias, Jr 29.3.

HIM: Medida para líquidos, de 6 litros, Êx 29.40. Ver **Medidas de capacidade.**

HIMENEU, gr. **Cântico nupcial:** Um crente que naufragou na fé, 1 Tm 1.20. "Entreguei a Satanás", 1 Tm 1.20. Comp. 1 Co 5.5; At 13.11. Ensinou que a ressurreição já se realizara, 2 Tm 2.18.

HINO: Cântico em honra da Divindade. Os Salmos eram a grande coleção dos hinos

nos tempos do Antigo Testamento. Este livro servia como o hinário do povo depois do exílio. // Celebrarem com **h** o Senhor, 1 Cr 16.7. Um **h** de louvor, Sl 40.3. Cantando um **h**, saíram, Mt 26.30. **H** e cânticos espirituais, Ef 5.19; Cl 3.16. Ver **Canção, Cântico, Canto, Salmo.**

HINOM: Vale de 2,5 km ao ocidente e ao sul de Jerusalém, Js 15.8; 18.16. Teatro do culto idólatra, que compreendia o sacrifício de crianças, conforme os ritos de Moloque, 1 Rs 11.7; 2 Rs 16.3. Finalmente foi o lugar para queimar o lixo da cidade, tornando-se símbolo do lugar reservado para o castigo eterno.

HIPOCRISIA: Falsidade, fingimento. // Estais cheios de **h**, Mt 23.28. Jesus, percebendo-lhes a **h**, Mc 12.15. Fermento dos fariseus, que é **h**, Lc 12.1. O amor seja sem **h**, Rm 12.9. Fé sem **h**, 1 Tm 1.5. **H** dos que falam mentiras, 1 Tm 4.2. Despojando-vos... de **h** e invejas, 1 Pe 2.1. Ver **Fingimento.**

HIPÓCRITA: Pessoa que finge qualidades ou sentimentos bons, que realmente não tem. // Como fazem os **h**, Mt 6.2,5,16. **H** tira primeiro, Mt 7.5. **H**! bem profetizou Isaías, Mt 15.7. Por que me experimentais, **h**, Mt 22.18. Ai de vós escribas... **h**, Mt 23.13,23,25,27,29. **H** sabeis interpretar, Lc 12.56. **H** cada um de vós não desprende, Lc 13.15.

HIPOPÓTAMO, gr. **hippos, cavalo, e potamos, rio:** Mamífero pesado, que atinge 4 m de comprimento, de cabeça enorme, de couro espesso e sem pêlo. Menciona-se só em Jó 40.15. Traduzido **behomoth (B), beemote (ARC)**.

HIPOTECAR: Penhorar. // As nossas casas hipotecamos, Ne 5.3.

HIPÓTESE: Suposição que se faz de uma coisa possível ou impossível e da qual se tira uma conseqüência. // Na **h** de faltarem cinco, Gn 18.28.

HIRA, hb. **Nobreza:** Um adulamita, amigo de Judá, Gn 38.1.

HIRÃO, hb. **Consagração:** 1. Rei de Tiro, amigo tanto de Salomão como de Davi. Mandou trabalhadores e materiais a Davi para lhe construírem um palácio, 2 Sm 5.11. Salomão fez aliança com ele para construir o Templo, 2 Cr 2.3. Salomão lhe deu vinte cidades, 1 Rs 9.11. Salomão e Hirão possuíam juntos uma frota comercial no Mediterrâneo, 1 Rs 9.26-28. // 2. Um artífice, filho duma mulher viúva, da tribo de Naftali, e fora seu pai um homem de Tiro. Enviado para executar obras em bronze, na construção do Templo, 1 Rs 7.13.

HISPÂNIA: Nome antigo da península formada pela Espanha e Portugal. Ver mapa 1, A-3.

Hipopótamo

HISSOPO: Planta aromática. // Um molho de **h** molhado no sangue do cordeiro, Êx 12.22. O **h** que brota do muro, 2 Rs 4.3. Purifica-me com **h**, Sl 51.7. Com **h** aspergiu não só o próprio livro como, também, todo o povo, Hb 9.19. Ver Lv 14.4,6,49,51,52; Nm 19.6,18. Usaram um caniço de **h** para chegar à de Jesus na cruz uma esponja embebida de vinagre, Jo 19.29.

HIZQUI, hb. **Deus é minha força:** Um benjamita, filho de Elpaal, 1 Cr 8.17.

HOBÁ, hb. **Esconderijo:** Cidade ao norte de Damasco. O ponto extremo até onde Abraão perseguiu Quedorlaomer e seus aliados, por ele derrotados, Gn 14.15.

HOBABE, hb. **Querido:** Não é certo em Nm 10.29, se o sogro de Moisés era Hobabe ou se era Reuel. Jz 4.11 diz que seu sogro era Hobabe; Êx 2.18, Reuel.

HODAVIAS, hb. **Louvai a Jeová:** 1. Um descendente da casa real de Davi, 1 Cr 3.24. // 2. Um cabeça de uma família da tribo de Manassés, 1 Cr 5.24. // 3. Um benjamita, 1 Cr 9.7. // 4. Chefe de uma família que voltou de Babilônia, Ed 2.40.

HODE, hb. **Esplendor:** Um filho de Zofa, descendente de Aser, 1 Cr 7.37.

HODES, hb. **Lua nova:** Uma das mulheres de Saaraim, 1 Cr 8.9.

HODIAS, hb. **Esplendor de Jeová:** 1. Um cunhado de Naã, 1 Cr 4.19. // 2. Um dos levitas que ensinavam o povo na lei, Ne 8.7. // 3. Um chefe do povo que assinou a aliança com Neemias, Ne 10.18.

HOFNI, hb. **Pugilista:** Filho de Eli, o sumo sacerdote, 1 Sm 1.3. Ele e seu irmão Finéias, chamados **filhos de Belial,** 1 Sm 2.12. Mortos em uma batalha com os filisteus, 1 Sm 4.17.

HOGLA, hb. **Perdiz:** A terceira das cinco filhas de Zelofeade, Nm 26.33; 27.1; 36.11; Js 17.3.

HOJE: No dia em que se está. // Oxalá ouvísseis **h** a sua voz! Sl 95.7. O pão... dá-nos **h**, Mt 6.11. **H** estarás comigo no paraíso, Lc 23.43. **H** se ouvirdes a sua voz, Hb 3.7; 4.7. Exortai-vos... durante o tempo que se chama **H**, Hb 3.13. Jesus Cristo ontem e **h** é o mesmo, Hb 13.8. Dizeis: **H**, ou amanhã, iremos, Tg 4.13.

HOLOCAUSTO: Sacrifício em que se queimavam inteiramente as vítimas. // Esta é a lei do **h**, Lv 6.9. Tem o Senhor... prazer em **h**? 1 Sm 15.22. Amar... excede todos os **h**, Mc 12.33. Não te deleitaste com **h**, Hb 10.6. // **Exemplos de oferecer holocaustos:** Noé, Gn 8.20; Abraão, Gn 22.13; Jetro, Êx 18.12; Balaão, Nm 23.2; Josué, Js 8.31; Gideão, Jz 6.26-28; Samuel, 1 Sm 7.9; Saul, 1 Sm 13.9,10; Davi, 2 Sm 24.25; Salomão, 1 Rs 3.15; Elias, 1 Rs 18.33-38; Jó, Jó 1.5. Ver **Libação, Oferta, Sacrifício.**

HOLOM, hb. **Arenoso:** 1. Uma cidade na região montanhosa de Judá, Js 15.51. Ver mapa 5, B-1. // 2. Uma cidade de Moabe, Jr 48.21.

HOMÃ, hb. **Destruição:** Um descendente de Esaú, 1 Cr 1.39.

HOMEM: Ser humano do sexo masculino; em geral a humanidade. // Façamos o **h**, Gn 1.26. Criou Deus o **h**, Gn 1.27. **H** do pó da terra, Gn 2.7. Tu és o **h**, 2 Sm 12.7. Coragem, pois, e sê **h**, 1 Rs 2.2. O **h** nasce para o enfado, Jó 5.7. Como pode o **h** ser justo, Jó 9.2. O **h** é como um sopro, Sl 144.4. Deus fez o **h** reto, Ec 7.29. Maldito o **h** que confia no **h**, Jr 17.5. Não só de pão viverá o **h**, Dt 8.3; Mt 4.4. Pescadores de **h**, Mt 4.19. Quanto mais vale um **h**, Mt 12.12. É impossível aos **h**. Mt 19.26. Os **h** amaram mais as trevas, Jo 3.19. Eis o **h**, Jo 19.5. Obra vem de **h**, perecerá, At 5.38. **H**, segundo o meu coração, At 14.11. Torpeza, **h** com **h**, Rm 1.27. Por um só **h** entrou o pecado, Rm 5.12. Crucificado com Ele o nosso velho **h** interior, Rm 7.22. A loucura de Deus é mais sábia do que os **h**, 1 Co 1.25. Qual dos **h** sabe as coisas dos **h**? 1 Co 2.11. O **h** natural não aceita as coisas do Espírito, 1 Co 2.14. O **h** espiritual julga, 1 Co 2.15. Carnais e andais segundo o **h**, 1 Co 3.3. Ninguém se glorie nos **h**, 1 Co 3.21. **H** o cabeça da mulher, 1 Co 11.3. O **h** não foi feito da mulher, 1 Co 11.8. Quando cheguei a ser **h**, desisti das coisas próprias de menino, 1 Co 13.11. A morte veio por um **h**, 1 Co 15.21. O primeiro **h**, Adão, 1 Co 15.45. O nosso **h** exterior se corrompa, 2 Co 4.16. Agradar a **h**, Gl 1.10; Cl 3.22; 1 Ts 2.4. Não pode haver... **h** nem mulher, Gl 3.28. Dos dois criasse em si mesmo novo **h**, Ef 2.15. O seu Espírito no **h** interior, Ef 3.16. Despojeis do velho **h**, criado segundo Deus, Ef 4.24. Tornando-se em semelhança dos **h**, Fp 2.7. Um só Mediador entre Deus e os **h**, 1 Tm 2.5. Os **h** perversos irão de mal a pior, 2 Tm 3.13. O **h** de Deus seja perfeito, 2 Tm 3.17. Aos **h** está ordenado morrerem, Hb 9.27. O Senhor é o meu... que me pode fazer o **h**? Hb 13.6. Eis o tabernáculo de Deus com os **h**, Ap 21.3. Ver **Adão.**

HOMICIDA: Que causa a morte de outra pessoa. // A retidão, mas agora **h**, Is 1.21. Foi **h** desde o princípio, Jo 8.44. Pedistes que vos concedessem um **h**, At 3.14. Padeça como **h**, 1 Pe 4.15 (ARC). Que aborrece a seu irmão é **h**, 1 Jo 3.15 (ARC). Nenhum **h** tem... vida eterna, 1 Jo 3.15 (ARC). Ficarão de fora... os **h**, Ap 22.15 (ARC). Ver **Assassino.**

HOMICÍDIO: Ação de matar um ser humano. // O homicídio voluntário toma o nome de assassínio. O homicídio proibido: Êx 20.13; Lv 24.17; Dt 21.9; Jr 2.34; Ez 16.38; Mt 19.18; Rm 1.2; Gl 5.21; 1 Tm 1.9; 1 Pe 4.15. A penalidade do homicídio: Gn 4.12; 9.6; Êx 21.14; Nm 35.30; Gl 5.21; Ap 22.15. Eram assassinos: Caim, Gn 4.8; Abimaleque, Jz 9.5; Joabe, 2 Sm 3.27; Davi, 2 Sm 12.9; Absalão, 2 Sm 13.29; Zinri, 1 Rs 16.10; Jezabel 1 Rs 21.10; Acabe, 1 Rs 21.19; os Herodes, Mt 2.16; 14.10; At 12.2; Judas, Mt 27.4; Barrabás, Mc 15.7. Ver **Assassínio.**

HONESTAMENTE: De modo honesto. // Andemos **h**, Rm 13.13 (ARC). Que andeis **h**, 1 Ts 4.12 (ARC). Em tudo querem portar-se **h**, Hb 13.18 (ARC).

HONESTIDADE: Qualidade daquele ou daquilo que é honesto // Em toda a piedade e **h**, 1 Tm 2.2 (ARC).

HONESTO: Casto, pudico; probo; honrado; conveniente, próprio. // Somos homens **h**, Gn 42.11. Reto o proceder do **h**, Pv 21.8. Sensatas, **h**, boas donas de casa, Tt 2.5. Observarem o vosso **h** comportamento, 1 Pe 3.2. Ver **Sincero.**

HONRA: Glória, estima, apreço pelas virtudes, atos ou talento de alguém. // Eu dissera que te cumularia de **h**, Nm 24.11. Todas as mulheres darão **h** a seus maridos, Et 1.20. De glória e de **h** o coroaste, Sl 8.5. Riquezas e **h**, Pv 3.16; 8.18; 22.4. Coroa de **h** são as cãs, Pv 16.31. Se eu sou pai, onde está a minha **h**, Ml 1.6. Não há profeta sem **h** senão, Mt 13.57. Aos que procuram glória, **h** e incorruptibilidade, Rm 2.7. Um vaso para **h**, Rm 9.21. Preferindo-os em **h** uns aos outros, Rm 12.10. A quem **h**, **h**, Rm 13.7. A estes damos muito maior **h**, 1 Co 12.23. Por **h** e por desonra, 2 Co 6.8. Utensílio para **h**, 2 Tm 2.21. Ninguém toma esta **h** para se, Hb 5.4. Tratai a todos com **h**, 1 Pe 2.17. E lhe trarão a glória e a **h**

Horas

das nações, Ap 21.26. // **Honra a Deus:** Sl 19.2; 145.5; Pv 3.9; Ml 1.6; 1 Tm 1.17; 6.16; Ap 4.11. // **Dádiva de Deus:** 2 Cr 1.11; Pv 3.16; Dn 5.18; Jo 2.26. // **Honra aos pais:** Êx 20.12; Mt 15.4. // **Honra aos idosos:** Lv 19.32; 1 Tm 5.1. // **Honra ao rei:** 1 Pe 2.17. // **Honra aos presbíteros:** 1 Tm 5.17.

HONRAR: Venerar, respeitar, conferir honras. // Aos que me honram, honrarei, 1 Sm 2.30. Honra aos que temem o Senhor, Sl 15.4. Se a abraçares, ele te honrará, Pv 4.8. Este povo honra-me com os seus lábios, Mt 15.8; Is 29.13. Honra a teu pai e a tua mãe, Mc 7.10; Êx 20.12; Ef 6.2. Tanto sei estar humilhado, como também ser honrado, Fp 4.12. Honra as viúvas, 1 Tm 5.3.

HONROSO: Que enobrece; digno. **H** é para o homem o desviar-se, Pv 20.3.

HOR, hb. **A montanha:** Situado "na fronteira da terra de Edom", Nm 20.22; 33.37. Onde Arão morreu, Nm 20.28; 33.39; Dt 32.50.

HORA: Vigésima quarta parte do dia; ocasião, oportunidade. // O homem não sabe a sua **h**, Ec 9.12. Naquela **h** vos será concedido, Mt 10.19. A que **h** virá o ladrão, Mt 24.43. A **h** em não que cuidais, o Filho do homem virá, Mt 24.44. Não sabeis o dia nem a **h**, Mt 25.13. Nem uma **h** pudeste vigiar? Mt 26.40. Esta é a vossa **h**, Lc 22.53. Não é chegada a minha **h**, Jo 2.4. Pai salva-me desta **h**, Jo 12.27. Já é **h** de vos despertardes, Rm 13.11. É a última **h**, 1 Jo 2.18. Guardarei da **h** da provação, Ap 3.10. Chegou a **h** de ceifar, Ap 14.15. // **Terceira hora, do dia:** Mt 20.3; Mc 15.25; At 2.15; 23.23. // **Hora sexta, do dia:** Mt 27.45; Jo 4.6; At 10.9. **Hora nona:** At 3.1; 10.3,30. // **É chegada, vem a hora:** Mt 26.45; Jo 4.21; 5.25; 12.23; 13.1; 16.21; 17.1. // **Naquela mesma hora:** Mt 8.13; 9.22; 10.19; 15.28; 17.18; Lc 12.12; Jo 4.53; At 16.18,33; 22.13; 1 Co 4.11. // **Hora ninguém sabe,** Mt 24.36,42; 25.13. Ver **Ano, Dia, Época, Tempo.**

HORÃO, hb. **Elevação: 1.** Rei de Hebrom e um dos cinco reis dos amorreus que sitiaram Gibeom, e foram derrotados por Josué, Js 10.3. // 2. Rei de Gezer, Js 10.33.

HOREBE, heb. **Seco:** O mesmo que Sinai, Êx 3.1; 17.6.

HORÉM, hb. **Consagrado:** Uma das cidades fortificadas da herança de Naftali, Js 19.38. Ver mapa 2, C-2.

HOREUS: Os habitantes de Edom, antes dos edomitas desapossarem-nos, Dt 2.12. Derrotados por Quedorlaomer, Gn 14.6. Seir, o horeu, Gn 36.20.

HOR-GIDGADE, hb. **Montanha de Galaade:** Lugar de um dos acampamentos de Israel no deserto, Nm 33.32.

HORI, hb. **Habitante de caverna:** 1. Um filho de Lotão, um horeu, Gn 36.22. // 2. Pai de Safate, um dos doze espias, Nm 13.5.

HORMA, hb. **Lugar devastado:** Cidade real dos cananeus, conquistada por Josué, Nm 21.3.

HORONAIM, hb. **Cidade de duas cavernas:** Um lugar ao sul de Moabe, Is 15.5.

HORONITA: Sambalá, o horonita, Ne 2.10. Um moabita, da cidade de Horonaim. Ver Is 15.5.

HORRENDO: Que causa horror. // Coisa horrenda: Os 6.10; Jr 5.30; 18.13; 23.14. Ver **Horrível, Tremendo.**

HORRÍVEL: Que causa horror. // Enlouqueceram por estas coisas **h**, Jr 50.38. **H** coisa é cair nas mãos do Deus vivo, Hb 10.31. **H** o espetáculo, que Moisés disse, Hb 12.21. Ver **Horrendo.**

HORROR: Sentimento de terror e repulsão. // O sonido dos **h** está nos seus ouvidos, Jó 15.21. O **h** se apodera de mim, Sl 55.5. Outros para vergonha e **h** eterno, Dn 12.2. Ver **Medo, Pavor.**

HORRORIZAR: Encher de horror, de pavor. // E horrorizai-vos! Jr 2.12.

HORTA: Terreno plantado de legumes e hortaliças. // Regáveis como a uma **h**, Dt 11.10. Fiz para mim **h** e jardins, Ec 2.5 (ARC). Grão de mostarda... na sua **h**, Lc 13.19.

HORTALIÇA: Nome genérico das plantas leguminosas comestíveis. // Melhor é um prato de **h**, onde há amor, Pv 15.17. É maior do que as **h**, Mt 13.32. Dais o dízimo... de todas as **h**, Lc 11.42. Ver **Legume.**

HORTELÃ: Planta da família das labiadas odoríferas, usada como tempeiro culinário. A escrupulosidade hipócrita dos escribas e fariseus em pagar o dízimo das pequenas plantas dos seus jardins, Mt 23.23.

HORTO: Pequena horta; jardim. // Onde havia um **h**, Jo 18.1 (ARC). Havia um **h** naquele lugar, Jo 19.41 (ARC).

HOSA, hb. **Salva agora:** Uma cidade na fronteira de Aser, perto de Tiro, Js 19.29.

HOSAÍAS, hb. **Deus ajuda:** Um príncipe de Judá que tomou parte na cerimônia da dedicação dos muros de Jerusalém, Ne 12.32.

HOSAMA, hb. **Deus ouve:** Um dos filhos de Jeconias, rei de Judá, 1 Cr 3.18.

HOSANA: Quer dizer: "Salva-nos, te pedimos", Mt 21.9.15; Mc 11.9,10; Jo 12.13. Aclamação de louvor, tirada de Salmos 118.25.

HOSPEDAR: Acolher em casa particular ou em hospedaria. // Indo às aldeias e campos ... se hospedem. Lc 9.12. Marta hospedou-o, Lc 10.38. Hospedara com um homem pecador, Lc 19.9. Hospedado com Simão, o curtidor, At 10.6. Com quem nos deveríamos hospedar, At 21.16. Públio... nos recebeu e hospedou, At 28.7. Não o sabendo, hospedaram anjos, Hb 13.2 (ARC). Ver **Acolher.**

HOSPEDARIA: Casa em que se admitem hóspedes, mediante retribuição. // Não havia lugar para eles na **h**, Lc 2.7. Levou-o para uma **h**, Lc 10.34.

HÓSPEDE: Aquele que se aloja temporariamente em casa alheia. // Para ser **h** de um homem pecador, Lc 19.7 (ARC).

HOSPEDEIRO: Que hospeda. // Tirou dois denários e os entregou ao **h**, Lc 10.35. Gaio, meu **h**, Rm 16.23. Ver **Hospitaleiro.**

HOSPITALEIRO: Que acolhe com satisfação (os hóspedes). // O bispo seja... **h**, 1 Tm 3.2; Tt 1.8. Sede mutuamente **h**, 1 Pe 4.9. Ver **Hospedeiro.**

HOSPITALIDADE: Qualidade de hospitaleiro. // Praticai a **h**, Rm 12.13. Viúva... exercitado **h**, 1 Tm 5.10. Não negligencieis a **h**, Hb 13.2. Exemplos de hospitalidade: Abraão, Gn 18. Ló, Gn 19. Samuel, 1 Sm 9.22. Davi, 2 Sm 6.19. A sunamita, 2 Rs 4.8. Mateus, Lc 5.29. Zaqueu, Lc 19.6. Lídia, At 16.15.

HOSTE: Tropa, exército. // E farei sair as minhas **h**, Êx 7.4. Contra as **h** espirituais, Ef 6.12 (ARC). Incontáveis **h** de anjos, Hb 12.22. Ver **Exército, Legião, Milícia, Tropa.**

HOSTILIZAR: Combater. // E furiosamente me hostilizam, Sl 55.3.

HOTÃ, hb. **Selo:** Descendente de Aser, e filho de Heber, 1 Cr 7.32.

HOTÃO: O pai de dois dos valentes de Davi, 1 Cr 11.44.

HOTIR: Um dos cantores apontado por Davi, 1 Cr 25.4.

HOZAI, hb. **Vidente:** Um historiador dos feitos do rei Manassés, 2 Cr 33.19.

HUCOQUE: Cidade de Naftali, Js 19.34. Ver mapa 2, C-3.

HUFÃ: Um filho de Benjamim e fundador de uma família tribal, Nm 26 39.

HUL, hb. **Círculo:** Um dos descendentes de Noé, Gn 10.23.

HULDA, hb. **Doninha:** Mulher de Salum e profetiza em Jerusalém, 2 Rs 22.14. O rei, o sumo sacerdote, etc consultaram-na em vez de irem a Jeremias.

HUMANAMENTE: De modo humano. // Tratando Paulo **h**, At 27.3 (ARC).

HUMANIDADE: Bondade. // Júlio tratando Paulo com **h**, At 27.3. Tratando-nos com singular **h**, At 28.2.

HUMANO: Relativo ou pertencente ao homem. // De um só fez toda raça **h**, At 17.26. Ensinadas pela sabedoria **h**, 1 Co 2.13. Julgado por vós, ou por tribunal **h**, 1 Co 4.3. Não vos sobreveio tentação que não fosse **h**, 1 Co 10.13. tem sido domada pelo gênero **h**, Tg 3.7. Sujeitai-vos a toda instituição **h**, 1 Pe 2.13.

HUMILDADE: Virtude com que manifestamos o sentimento da nossa fraqueza ou de nosso pouco ou nenhum mérito. // A **h** precede a honra, Pv 15.33; 18.12. Servindo ao Senhor com toda a **h**, At 20.19. Toda **h** e mansidão, Ef 4.2. Por **h**, considerando cada um os superiores a si mesmo, Fp 2.3. **H** e culto dos anjos, Cl 2.18. Falsa **h**, Cl 2.23. Cingi-vos todos de **h**, 1 Pe 5.5. **A humildade ordenada:** Rm 12.3; Mt 20.25; Lc 22.24; Ef 4.2. **Deus atenta para os humildes:** Sl 138.6; Pv 3.34; Lc 1.52; Lc 18.14; Tg 4.6; 1 Pe 5.5. **Exemplos de humildade:** Jacó, Gn 32.10; Moisés, Êx 3.11; 4.10; Josué, Js 7.6; Davi, 1 Cr 29.14; Josias, 2 Cr 34.27; Isaías, Is 6.5; Jeremias, Jr 1.6; A mulher cananéia, Mt 15.27; Isabel, Lc 1.43; Paulo, At 20.19. Ver **Modéstia.**

HUMILDE: Que tem ou aparenta humildade. // Davi... homem **h**, 1 Sm 18.23. O desejo dos **h**, Sl 10.17. Guia os **h** na justiça, Sl 25.9. Os **h** e ouvirão, Sl 34.2. De salvação adorna os **h**, Sl 149.4. Com os **h** está a sabedoria, Pv 11.2. O **h** de espírito obterá honra, Pv 29.23. Bem-aventurados os **h**, Mt 5.3. Sou manso e **h**, Mt 11.29. Aquele que se humilhar como esta criança, Mt 18.4. Vem o teu Rei, **h**, Mt 21.5. Deus escolheu as coisas **h**, 1 Co 1.28. O irmão de condição **h**, Tg 1.9. Dá graça aos **h**, Tg 4.6. Misericordiosos, **h**, 1 Pe 3.8. Aos **h** concede a sua graça, Pe 5.5. Ver **Manso, Modesto.**

HUMILDEMENTE: Com humildade. // O Senhor pede de ti, senão que... andes **h**, Mq 6.8. Viver **h**, para que fosseis vós exaltados, 2 Co 11.7.

HUMILHAÇÃO: Ato ou efeito de humilharse. // Da minha **h**, com as vestes e o manto já rasgados, Ed 9.5. Na sua **h** lhe negaram justiça, At 8.33. Transformará o nosso corpo de **h**, Fp 3.21.

HUMILHAR: Tornar humilde. // Se o meu povo... se humilhar, orar, 2 Cr 7.14. E te humilhaste... eu te ouvi, 2 Cr 34.27. Um jejum... para nos humilharmos, Ed 8.21. Humilhado, mas não abriu a boca, Is 53.7. A si mesmo se exaltar, será humilhado, Mt 23.12. Deus me humilhe... eu venha a chorar, 2 Co 12.21. A si mesmo se humilhou, tornando-se obediente, Fp 2.8. Sei estar humilhado... ser honrado, Fp 4.12. Humilhai-vos, Tg 4.10; 1 Pe 5.6.

HUMOR: Umidade. // O meu **h** se tornou em sequidão, Sl 32.4 (ARC).

HUNTA, hb. **Lugar dos lagartos:** Uma cidade de Judá, Js 15.54.

HUPA, hb. **Coberta:** O sacerdote sobre o décimo terceiro turno no tempo de Davi, 1 Cr 24.13.

HUR, hb. **Esplendor:** 1. Um homem da casa de Calebe, 1 Cr 2.19. Sustentou, juntamente com Arão, os braços de Moisés durante a batalha contra os amalequitas, Êx 17.12. Encarregado, juntamente com Arão, da direção do povo, enquanto Moisés se conservava no monte Sinai, Êx 24.14. Segundo a tradição judaica, era ele o marido de Miriã. // 2. Avô de Bezalel, chefe dos artífices na construção do Tabernáculo, Êx 31.2. Ele é o mesmo, talvez, no número 1. // 3. Um dos cinco reis dos midianitas mortos, junto com Balaão, Nm 31.8. // 4. Pai de um dos doze intendentes, que forneciam mantimentos ao rei Salomão, 1 Rs 4.8. // 5. Pai de Refaías, um que trabalhou na reedificação dos muros de Jerusalém, Ne 3.9.

HURAI, hb. **Tecelão:** Um dos valentes de Davi, 1 Cr 11.32.

HURÃO, hb. **Nobre:** Um neto de Benjamim, 1 Cr 8.5.

HURI, hb. **Tecelão:** Um gadita, 1 Cr 5.14.

HUSAI, hb. **Apressando-se:** Um dos amigos de Davi contra os conselhos de Aitofel, 2 Sm 17.7.

HUSÃO, hb. **Colérico:** Um rei de Edom, Gn 36.34.

HUSIM, hb. **Rico de filhos:** 1. Um dos filhos de Dã, Gn 46.23. // 2. Um filho de Aer, 1 Cr 7.12. // 3. Uma das mulheres de Saaraim, 1 Cr 8.8.

Israel era, antes da primeira Guerra Mundial, uma parte do império Otomano; de 1923 a 1948 um mandato britânico; desde 1948, até hoje, uma república

I

I: Nona letra do alfabeto português. // Nem um **i** ou til jamais passará, Mt 5.18.

IBAR, hb. **Ele (Deus) escolha:** Um dos filhos de Davi, 1 Cr 3.6.

ÍBIS: Ave pernalta da família dos longirrostros. // Na lista das aves imundas, Lv 11.17 (ARA). Ver **Ave.**

IBLEÃ, hb. **O povo falha:** Uma cidade de Manassés, Js 17.11. Essa tribo não conseguiu expulsar os habitantes de Ibleã, Jz 1.27. Ver mapa 4, B-1.

IBNÉIAS, hb. **Jeová edifica:** Um filho de Jeroão, 1 Cr 9.8.

IBNIJAS, hb. **Jeová edifica:** Pai de Reuel, 1 Cr 9.8.

IBRI, hb. **Hebreu:** Um filho de Merari, 1 Cr 24.27.

IBSÃ, hb. **Ilustre:** O décimo Juiz de Israel. Tinha 30 filhos e 30 filhas, Jz 12.8. Nasceu e foi sepultado em Belém, Jz 12.10. Julgou a Israel sete anos, Jz 12.9.

IBSÃO, hb. **Flagrante:** Um filho de Tola, 1 Cr 7.2.

ICABODE, hb. **Foi-se a glória:** Filho de Finéias, neto de Eli, o sumo sacerdote. Sua mãe, na ocasião do seu nascimento, deu-lhe este nome, ao saber da perda da arca, da morte de seu sogro, e também da morte de seu marido, no combate com os filisteus, 1 Sm 4.19-22. Mencionado depois em 1 Sm 14.3.

ICÔNIO: Capital da Licaônia, um distrito da Ásia Menor. Visitada pelo apóstolo Paulo na sua primeira e segunda viagens missionárias, At 14.1; 16.2. Seus sofrimentos lá, 2 Tm 3.11. Ver mapa 6, F-2.

IDADE: Tempo decorrido desde o nascimento. // Abraão e Sara... avançados em **i**, Gn 18.11. Perguntai a ele, **i** tem, Jo 9.21. Avantajava-me a muitos da minha **i**, Gl 1.14.

IDALA: Uma cidade de Zebulom, Js 19.15.

IDBAS, hb. **Mel:** Um descendente de Judá, 1 Cr 4.3.

IDÉIA: Maneira de ver. // Tens **i** nítida da largura da terra? Jó 38.18.

IDO: 1. Pai de Ainadade, um oficial de Salomão, 1 Rs 4.14. // 2. Filho de Joá, 1 Cr 6.21. // 3. Filho de Zacarias e chefe sobre a meia tribo de Manassés, 1 Cr 27.21. // 4. Um vidente e profeta, 2 Cr 9.29. 13.22. // 5. Chefe em Cassifia, Ed 8.17. // 6. Um dos sacerdotes que vieram a Jerusalém de Babilônia, Ne 12.4. // 7. Avô de Zacarias, Zc 1.1.

IDÓLATRA: Que adora os ídolos. // O sacerdote **i** escolhe madeira, Is 40.20. Nem **i**... herdarão o reino de Deus, 1 Co 6.9,10. Não vos façais **i**. 1 Co 10.7. Avarento, que é **i**, tem herança, Ef 5.5. Quanto,... aos **i** a parte que lhe cabe será no lago, Ap 21.8.

IDOLATRIA: Adoração dos ídolos. // A obstinação é como a **i** e culto a ídolos, 1 Sm 15.23. Revoltava, e, face da **i** dominante, At 17.16. Fugi da **i**, 1 Co 10.14. Obras da carne... **i**, Gl 5.20. A avareza, que é **i**, Cl 3.5. Tendo andado... em detestável **i**, 1 Pe 4.3.

ÍDOLO: Figura que representa uma divindade ou qualquer ser ou coisa e é objetivo de culto. // Raquel furtou os **í**, Gn 31.19. Não vos vivareis para os **í**, Lv 19.4. Mical tomou um **í**, 1 Sm 19.13. Mica... fez... **í** do lar, Jz 17.5. Os deuses dos povos são **í**, 1 Cr 16.26; Sl 96.5. Prata e ouro são os **í** deles, Sl 115.4; 135.15. Contaminação a **í**, At 15.20. Coisas sacrificadas a **í**, At 21.25. Deixando os **í**, vos convertestes, 1 Ts 1.9. Guardai-vos dos **í**, 1 Jo 5.21. // **Comida sacrificada aos ídolos:** At 15.20; Rm 14.15-21; 1 Co 8.; 10.25,33. // **A vaidade dos ídolos:** Sl 96.5; 135.15-18; Is 2.8; 1 Co 10.19. Ver **Deus, Divindade, Imagem.**

IDÔNEO: Apto, capaz. // Uma auxiliadora que lhe seja **i**, Gn 2.18. Ao Pai que voz fez **i**, Cl 1.12.

IDOSO: Que tem muita idade. // Não repreendas ao homem **i**, 1 Tm 5.1. Quanto aos homens **i**, que sejam temperantes, Tt 2.2.

IDUMÉIA: Mc 3.8. A forma grega de Edom, país que se estendia desde o mar Morto até ao mar Vermelho. Ver mapa 5, B-2; mapa 6, F-4.

IFDÉIAS, hb. **Jeová livra:** Um descendente de Benjamim, 1 Cr 8.25.

IFTÁ, hb. **Ele abre, liberta:** Cidade de Judá, Js 15.43.

IFTÁ-EL, hb. **Deus abre ou liberta:** Vale da fronteira norte de Zebulom, Js 19.14.

IGAL, hb. **Ele vingará:** 1. Um dos valentes de Davi, 2 Sm 23.36. // 2. Descendente de Zorobabel, 1 Cr 3.22.

IGNOMÍNIA: Grande desonra. // A minha **i** está sempre diante de mim, Sl 44.15. Os loucos tomam sobre si a **i**, Pv 3.35. E expondo-o à **i**, Hb 6.6. Suportou a cruz, não fazendo caso a **i**, Hb 12.2.

IGNORÂNCIA: Falta de saber. // Pecar por **i**, Lv 4.2,22; Lc 23.34; At 3.17; 1 Tm 1.13. Não levou Deus em conta os tempos da **i**, At 17.30. Alheios à vida de Deus por causa da **i** em que vivem, Ef 4.18. Paixões que tínheis na vossa **i**, 1 Pe 1.14. Façais emudecer a **i** dos insensatos, 1 Pe 2.15.

IGNORANTE: Que tem pouco ou nenhuma instrução. // Eu estava embrutecido e **i**, Sl 73.22. Devedor tanto a sábios como a **i**, Rm 1.14. A respeito dos dons espirituais, não... sejais **i**, 1 Co 12.1. **I** com respeito aos que dormem, 1 Ts 4.13. Condoer-se dos **i** e dos que erram, Hb 5.2. Falando mal daquilo em que são **i**, 2 Pe 2.12. Que os **i** e instáveis deturpam, 2 Pe 3.16. Ver **Estulto, Estúpido, Iletrado.**

IGNORANTEMENTE: Com ignorância. // Porque o fiz **i**, 1 Tm 1.13 (RC).

IGNORAR: Não saber. // Ignorando que a bondade de Deus é que te conduz, Rm 2.4. Ignorais que todos os que fomos, Rm 6.3. Ignorais, pois falo aos que conhecem a lei, Rm 7.1. Não quero que ignores este mistério, Rm 11.25. Não quero que ignores que nossos pais, 1 Co 10.1. Se alguém o ignorar, será ignorado, 1 Co 14.38. Satanás... pois não lhe ignoramos os desígnios, 2 Co 2.11. Ver **Desconhecer.**

IGREJA: A comunidade, nas Escrituras, que reconhece o Senhor Jesus Cristo como Supremo Legislador.// Conjunto dos fiéis ligados pela mesma fé e sujeitos aos mesmos chefes espirituais. // Edificarei a minha **i**, Mt 16.18. Se ele não os atender, dize-o à **i**, Mt 18.17. Sobreveio... temor a toda a **i**, At 5.11. Assolava a **i**, At 8.3. Oração... por parte da **i**, At 12.5. As **i** eram fortalecidas, At 16.5. Pastoreardes a **i**, At 20.28. Ordeno em todas as **i**, 1 Co 7.17. As mulheres caladas nas **i**, 1 Co 14.34. A **i** está sujeita a Cristo, Ef 5.24. Ele é a cabeça do corpo, da **i**, Cl 1.18. As sete **i**, Ap 1.4,11,20; 2.1,8,12,18; 3.1,7,14. Ver **Assembléia, Congregação.**

O princípio da Igreja, Mt 16.18; At 2.37-41; Cl 1.18.

A organização geral da Igreja, Mt 18.17; At 14.23; 1 Co 4.17; 5.4; 12.28; 1 Tm 2; 5.1-21; Tt 2.1-10.

Perseguição à Igreja, At 8.3; 12.1; 26.10,11; Gl 1.13; Fp 3.6.

A Igreja classificada como: adoradores, Hb 10.2; amigos de Deus, Tg 2.23; aprisco, Jo 10.16; assembléia dos santos, Sl 149.1; Hb 10.25; coluna e baluarte da verdade, 1 Tm 3.15; candeeiro, Ap 1.20; casa de Deus, 1 Tm 3.15; cidade de Deus, Hb 12.22; concidadãos, Ef 2.19; corpo de Cristo, Ef 1.23; cristãos, 1 Pe 4.16; crentes, At 5.14; edifício de Deus, 1 Co 3.9; exclusiva de Deus, 1 Pe 2.9; família de Deus, Ef 3.15; habitação de Deus, Ef 2.22; habitação de Sião, Is 12.6; imagem de Seu Filho, Rm 8,29; irmãos, Rm 8.29; Israel de Deus, Gl 6.16; Jerusalém já de cima, Gl 4.26; lavoura de Deus, 1 Co 3.9; membros de Cristo, Ef 5.30; monte Sião, Hb 12.22; nação santa, 1 Pe 2.9; noiva, Ap 21.2; particular tesouro, Ml 3.17; povo de propriedade exclusiva de Deus, 1 Pe 2.9; primícias, Tg 1.18; primogênitos, Hb 12.23; ramos, Jo 15.5; raça eleita, 1 Pe 2.9; rebanho, Jo 10.16; At 20.28; reino dos céus, Mt 13.38;

santa cidade Jerusalém, Ap 21.10; santuário de Deus, 1 Co 3.16; Sião, Sl 69.35.

IGUAL: Que é da mesma condição. // Mas és tu, homem meu **i**, Sl 55.13. São **i** aos anjos, Lc 20.36. Fazendo-se **i** a Deus, Jo 5.18. Julga **i** todos os dias, Rm 14.5. Como usurpação o ser **i** a Deus, Fp 2.6. Ver **Semelhante.**

IGUALAR: Tornar ou fazer igual. // Ninguém há que se possa igualar contigo, Sl 40.5. Igualaste a nós que suportamos, Mt 20.12. Ver **Comparar.**

IGUALDADE: Uniformidade. // Haja **i**, 2 Co 8.13,14.

IGUALMENTE: Com igualdade. // Tudo sucede **i** a todos, Ec 9.2.

IGUARIA: Manjar delicado, apetitoso. // As **i** da tua mesa, Jó 36.16. Não coma eu das **i**, Sl 141.4. Contaminar-se com as finas **i** do rei, Dn 1.8. Ver **Manjar.**

IIM, hb. **Ruínas:** Uma cidade de Judá, Js 15.29.

IJE-ABARIM, hb. **Ruínas de Abarim:** Um lugar no termo de Moabe, Nm 33.44. Ver mapa 5, C-2.

IJOM, hb. **Ruína:** Uma cidade de Naftali. Conquistada por Ben-Hadade, rei da Síria, 1 Rs 15.20. Tiglate-Pileser levou os seus habitantes. Ver mapa 2, D-2.

ILAI, hb. **Supremo:** Um dos valentes de Davi, 1 Cr 11.29.

ILETRADO: Ignorante em literatura. // Sabendo que eram homens **i** e incultos, At 4.13. Quer dizer, talvez, que não eram instruídos nas tradições dos rabis Compare Jo 7.15; 2 Tm 2.23. Ver **Indouto.**

ILHA: Espaço de terra, cercado de água por todos os lados. // As **i**, das nações, Gn 10.5. Alegram-se as muitas **i**, Sl 97.1. As **i** são como pó fino, Is 40.15. Atravessando toda **i**, At 13.6. **I** chamada Malta, At 28.1. **I** chamada Patmos, Ap 1.9. Montes e **i** foram movidos, Ap 6.14. Toda **i** fugiu, Ap 16.20. A ilha de: Chipre, At 13.4; Creta, At 27 7; Salmos, At 20.15.

ILHOTA: Pequena ilha. // Uma **i** chamada Clauda, At 27.16.

ILIMITADO: Que não tem limites. // O teu mendamento é **i**, Sl 119.96.

ILÍRICO: Rm 15.19. Província romana, situada na costa oriental do mar Adriático, separando a Grécia da Itália. Ver mapa 6, C-1.

ILUDIR: Enganar, lograr. // Vendo-se iludido pelos magos, Mt 2.16. Praticava a mágica, iludido, 1 Tm 2.14. Ver **Enganar, Seduzir.**

ILUMINAR: Derramar luz sobre. Esclarecer, tornar claro. // E o iluminar com a luz dos valentes, Jó 33.30. Ilumina-me os olhos, Sl 13.3; 19.8; Ef 1.18. Contemplai-o e sereis iluminados, Sl 34 5. Cristo te iluminará, Ef 5.14. Foram iluminados e provaram, Hb 6.4.

Ilha

Dos dias anteriores em que, depois de iluminados, Hb 10.32. Glória de Deus a iluminou, Ap 21.23. Ver **Alumiar.**

ILUSÃO: Erro dos sentidos ou da inteligência que faz tomar a aparência pela realidade. // Profetizai-nos **i**, Is 30.10. Os outeiros não passam de **i**, Jr 3.23.

ILUSTRE: Famoso, nobre. // Jabez mais **i** do que seus irmãos, 1 Cr 4.9. Trataste como se eu fosse homem **i**, 1 Cr 17.17. De Arimatéia, **i** membro do Sinédrio, Mc 15.43.

IMACULADA CONCEIÇÃO: Não se refere ao nascimento de Cristo da Virgem, mas da concepção da Virgem Maria, isenta de pecado original. O dogma da Imaculada Conceição de Maria foi promulgado pelo papa, Pio IX, em 1854. Essa doutrina não tem base nas Escrituras e é contra a tradição dos primeiros 13 séculos da Igreja Católica Romana — a tradição que somente Cristo foi concebido sem pecado.

IMACULADO: Que não tem mancha os mácula. // Pomba minha, **i** minha, Ct 5.2; 6.9. Guardes o mandato **i**, irrepreensível, 1 Tm 6.14. Ver **Mácula.**

IMAGEM: Representação de alguma coisa por desenho, pintura, escultura, etc. // O homem à **i** de Deus, Gn 1.26; 9.6; 1 Co 11.7; 15.49; 2 Co 3.18; Cl 3.10; Tg 3.9. **I** de escultura, Êx 20.4; Jz 17.3; Sl 97.7; Jr 8.19. **I** fundida, Dt 4.16; Is 48.5. **I** esculpida, Dt 4.16. A **i** em casa de Mica, Jz 17.4. O incitaram com suas **i**, Sl 78.58. Os artífices de **i**, Is 44.9. A **i** dos ciúmes, Ez 8.3. Nabucodonozor fez uma **i** de ouro, Dn 3.1. **I** que caiu de Júpiter, At 19.35. Glória de Deus incorruptível em... **i** do homem, Rm 1.23. Conformes à **i** de seu filho, Rm 8.29. Cristo à **i** de Deus, 2 Co 4.4; Cl 1.15; Hb 1.3. **I** da besta, Ap 13.14; 13.15; 14.9; 15.2; 16.2; 19.20; 20.4. Ver **Deus, Efígie, Figura, Ídolo.**

IMAGEM DO BOSQUE (ARC): Ver **Poste-Ídolo.**

IMAGINAÇÃO: Faculdade de inventar, de criar. // Toda a **i** dos pensamentos de seu coração, Gn 6.5(A); 8.21 (ARC). Divindade... trabalhados pela arte e **i** do homem, At 17.29. Ver **Desígnio.**

IMAGINAR: Representar alguma coisa no espírito. // Os bens do rico... segundo imagina, uma alta muralha, Pv 18.11. Como imagina em sua alma, assim ele é, Pv 23.7. Nos seus leitos imaginam a iniqüidade. Mq 2.1. Os povos imaginam coisas vãs, At 4.25; Sl 2.1.

IMARCESCÍVEL: Que não pode extinguir-se. // Herança **i**, 1 Pe 1.4. Recebereis a **i** coroa da glória, 1 Pe 5.4.

IMEDIATAMENTE: Em seguida, logo. // Parecer que o reino... manifestar-se **i**, Lc 19.11.

IMENSO: Que é quase sem limites. // Estátua... **i** e de extraordinário esplendor, Dn 2.31.

IMER, hb. **Loquaz:** 1. Um sacerdote no tempo de Davi, 1 Cr 24.14. 2. Um sacerdote no tempo de Jeremias, Jr 20.1. // 3. Um dos que vieram de Babilônia com Zorobabel, Ed 2.37.

IMITADOR: Que é inclinado a imitar. // Que sejais meus **i**, 1 Co 4.16. Sede meus **i**, 1 Co 11.1. Sede, pois, **i** de Deus, Ef 5.1. Sede **i** meus, Fp 3.17. Tornastes **i** nossos, 1 Ts 1.6. Tornastes **i** das igrejas, 1 Ts 2.14. Mas **i** daqueles que, pela fé, Hb 6.12.

IMITAR: Tomar como modelo. // Não os imiteis nas suas obras, Mt 23.3. Imitai a fé que tiveram, Hb 13.7.

IMNA, hb. **Felicidade:** 1. Filho primogênito de Aser, Gn 46.17. // 2. Descendente de Aser, 1 Cr 7.35. // 3. Um levita, pai de Coré, 2 Cr 31.14.

IMNAÍTAS: Descendentes de Imna, Nm 26.44.

IMOLAR: Sacrificar matando. // Cutelo para imolar seu filho, Gn 22.10. Imolaram seus filhos, Sl 106.37. Nosso Cordeiro pascal foi imolado, 1 Co 5.7. Ver **Sacrificar.**

IMORALIDADE: Prática de atos imorais. // Ouve que há entre vós **i**, 1 Co 5.1. Ver **Devassidão.**

IMORTAL: 1 Tm 1.17. Que não está sujeito à morte.

IMORTALIDADE: Vida perpétua. // 1 Co 15.53,54; 1 Tm 6.16; 2 Tm 1.10. Ver **Vida.**

IMÓVEL: Firme. // A proa encravou-se e ficou **i**, At 27.41. Ver **Estável, Firme.**

IMPACIÊNCIA: Sentimento de inquietação. // Apoderou-se da alma dele uma **i** de matar, Jz 16.16.

IMPACIENTAR: Perder a paciência. // Não te impacientes, Sl 37.8.

IMPACIENTE: Que deseja com inquietação. // O povo se tornou **i** no caminho, Nm 21.4.

IMPARCIAL: Que não sacrifica a verdade e a justiça a considerações particulares. // A sabedoria... **i**, sem fingimento, Tg 3.17.

IMPEDIMENTO: Obstáculo. // Para o Senhor nenhum **i** há, 1 Sm 14.6. Pregando... sem **i** algum, At 28.31. Ver **Dificuldade.**

IMPEDIR: Opor-se a. // Não entrastes e impedistes os que estavam, Lc 11.52. Impedidos pelo Espírito Santo de pregar, At 16.6. De nos impedirem de falar aos gentios, 1 Ts 2.16.

IMPELIR: Dirigir com força para algum lugar. // Com força me impeliste, Sl 118.13 (ARC). Aqueles que a isso são impelidos, Pv 21.6 (ARC).

IMPENITENTE: Que persevera no erro ou no crime. // Segundo a tua dureza e coração **i**, Rm 2.5. Ver **Incrédulo.**

IMPERADOR: Soberano de um império. // Tendo ele apelado para o **i**, At 25.25.

IMPERFEIÇÃO: Defeito. // Não sacrificará... em que haja **i**, Dt 17.1.

IMPÉRIO: Mando, autoridade. Poder soberano. Estado que tem por soberano um imperador. // Toda a população do **i** para recensear-se, Lc 2.1. Libertou do **i** das trevas, Cl 1.13. Ao único Deus... majestade, **i** e soberania, Jd 25.

ÍMPETO: Impulso violento e rápido. // Demos com **i** contra a banda do sul, 1 Sm 30.14. Deram com **i** contra aquela casa, Mt 7.25. Assim, com **i**, será arrojada Babilônia, Ap 18.21.

IMPETUOSO: Que se move com movimento rápido e violento. // **I** como a água, Gn 49.4. Cruel é o furor e **i** a ira, Pv 27.4. Senhor... virá como torrente **i**, Is 59.19.

IMPIAMENTE: De modo ímpio. // Obras ímpias que **i** praticaram, Jd 15.

IMPIEDADE: Desprezo pelas coisas sagradas. // A ira... do céu contra toda **i**, Rm 1.18. Apartará de Jacó as **i**, Rm 11.26. Passarão à **i** ainda maior, 2 Tm 2.16. Renegadas a **i** e as paixões, Tt 2.12.

IMPIGEM: Erupção cutânea, Lv 21.20.

ÍMPIO: Que não tem religião. // Destruirás o justo com o **í**? Gn 18.23. Que não anda no conselho dos **í**, Sl 1.1. Os **í** não são assim, Sl 1.4. O caminho dos **í** perecerá, Sl 1.6. Os **í** brotam como a erva, e florescem, Sl 92.7. Crê naquele que justifica ao **í**, Rm 4.5. Cristo... morreu... pelos **í**, Rm 5.6. Onde vai comparecer o **í**, 1 Pe 4.18. Destruição dos homens **í**, 2 Pe 3.7. Homens **í**, que transformam... Jd 4. Fazer convictos todos os **í**, Jd 15. Acerca de todas as obras **í**, Jd 15. Ver **Perverso.**

IMPLACÁVEL: Cuja violência se não abranda. // Desafeiçoados, **i**, caluniadores, 2 Tm 3.3.

IMPLANTAR: Introduzir, fixar. // A palavra em vós implantada, Tg 1.21.

IMPLORAR: Pedir humildemente. // Implorei graça ao Senhor, Dt 3.23. Com lágrimas lhe implorou, Et 8.3. A ti é que imploro, Sl 5.2. Imploro de todo o coração a tua graça, Sl 119.58. Não temos implorado o favor do Senhor, Dt 9.13. Um centurião implorando, Mt 8.5. Ver **Invocar, Orar, Pedir, Rogar, Suplicar.**

IMPORTANTE: Que merece consideração. // Os preceitos mais **i** da lei, Mt 23.23.

IMPORTAR: Ligar importância, fazer caso. // Eles, porém, não se importaram, Mt 22.5. Não te importa que pereçamos! Mc 4.38. Senhor, não te importas de que minha irmã, Lc 10.40. Que te importa? Quanto a ti, segue-me, Jo 21.22.

IMPORTUNAÇÃO: Ato de importunar. // Todavia o fará por causa da **i**, Lc 11.8.

IMPORTUNAR: Enfadar com súplicas repetidas. // Importunando-o ela (Dalila) todos os dias, Jz 16.16. Prostra-te e importuna o teu companheiro, Pv 6.3. Nem me importunes, porque eu não te ouvirei, Jr 7.16. Não me importunes: aporta já está fechada, Lc 11.7. Esta viúva me importuna, Lc 18.5.

IMPOSIÇÃO DE MÃOS: Nm 8.10; Mt 19.13; Mc 6.5; 16.18; At 6.6; 8.18; 9.17; 13.3; 19.6; 1 Tm 4.14; 2 Tm 1.6; Hb 6.2.

IMPOSSÍVEL: Que se não pode realizar. // Nada vos será **i**, Mt 17.20. Isto é **i** aos homens, Mt 19.26. Para Deus não haverá **i** em todas as suas promessas, Lc 1.37. É **i** outra vez renová-los, Hb 6.6. É **i** que Deus minta, Hb 6.18. É **i** que sangue de touros, Hb 10.4. Sem fé é **i** agradar a Deus, Hb 11.6.

IMPOSTO: Tributo, contribuição. // Cada israelita, de vinte anos para cima, tinha de pagar um imposto de "um siclo, segundo o siclo do santuário", Êx 30.11-16. Ver "o imposto das duas dracmas", Mt 17.24. Sustentavam-se os sacerdotes e o tabernáculo, no tempo dos juízes, de dízimos, de ofertas, e de terras à disposição permanente dos levitas. Depois do estabelecimento do reino, os exércitos, a manutenção da corte, etc , mantinham-se das rendas públicas, na forma de impostos sobre os produtos dos campos e dos rebanhos, 1 Rs 4.7-28; na forma de ofertas, 1 Sm 10.27; 16.20; de tributos que pagavam os povos vencidos, 2 Sm 8.6,14; de serviços manuais dos cananeus que permaneciam no meio de Israel, 1 Rs 9.20,21. O povo sentia-se oprimido pelos impostos, durante o reinado de Salomão, até o ponto de causar a divisão do reino, 1 Rs 12.4-20. Os cristãos pagam "o que lhes é devido: a quem tributo, tributo; a quem imposto, imposto", Rm 13.7. Ver **Dinheiro, Tributo.**

IMPOSTOR: Embusteiro. // Perversos e **i** irão de mal a pior, 2 Tm 3.13. Ver **Enganador.**

IMPRECAÇÃO: Maldição. // Que tendo ouvido a vos da **i**, Lv 5.1. Pedindo com **i** sua morte, Jó 31.30.

IMPRESSÃO: Idéia recebida. // Aos loucos a sua **i** de bem-estar os leva à perdição, Pv 1.32.

IMPRIMIR: Fixar (marca, sinal) por meio de pressão. // Nas suas mentes imprimirei as minhas leis, Hb 8.10.

IMPROPERAR: Lançar em rosto; censurar. // Deus... nada lhes impropera, Tg 1.5.

IMPROVISO: Repentino, súbito. // Vindo de **i**, não vos ache dormindo, Mc 13.36 (ARC).

IMPRUDENTEMENTE: De modo imprudente. // Falou **i** com seus lábios, Sl 106.33 (ARC).

IMPUDENTE: Descarado. // De cara **i** lhe diz, Pv 7.13. As filhas de Sião... de olhares **i**, Is 3.16.

IMPUDICÍCIA: Vício contrário à castidade. // Mas a **i** e toda sorte de impurezas, Ef 5.3.

IMPULSIONAR: Estimular, incitar. // Paulo impulsionado pela palavra, At 18.5 (ARC).

IMPUNE: Que ficou sem castigo. // É evidente que não ficará **i**, Pv 16.5. O que se alegra da calamidade não ficará **i**, Pv 17.5. E ficarás... **i**? Não, não ficarás **i**, Jr 25.29.

IMPUREZA: Mácula moral. // Separareis os filhos de Israel das suas **i**, Lv 15.31. Fonte... para remover o pecado e a **i**, Zc 13.1. Fugi da impureza! 1 Co 6.18. As obras da carne... **i**, lascívia, Gl 5.19. Toda sorte de **i**, Ef 5.3. Fazei, pois, morrer... prostituição, **i**, Cl 3.5. Deus não nos chamou para a **i**, 1 Ts 4.7. Despojando-vos de toda **i**, Tg 1.21. Ver **imundícia.**

IMPURO: Sujo, sórdido, imundo; imoral, obsceno. // Sou homem de lábios **i**, Is 6.5. Comiam o pão com as mãos **i**, Mc 7.2. Nenhuma coisa é de si mesma **i**, Rm 14.14. Não vos associásseis com os **i**, 1 Co 5.9. Nem **i**... herdarão o reino, 1 Co 6.9. Nenhum... **i**... tem herança, Ef 5.5. **I**, sodomitas, raptores, 1 Tm 1.10. Para os **i**... nada é puro, Tt 1.15. Nem haja algum **i**, ou profano, Hb 12.16. Deus julgará os **i**, Hb 13.4. Aos **i**, aos feiticeiros... no lago, Ap 21.8. Fora ficam... os **i**, Ap 22.15. Ver **Imundo.**

IMPUTAR: Declarar como pertencente a alguém a responsabilidade de (qualquer ato). // A quem o Senhor jamais imputará pecado, Rm 4.8. Imputado para justiça, Rm 4.22; Tg 2.23. Não imputando aos homens as suas transgressões, 2 Co 5.19. Ver Lv 7.18; Sl 32.2.

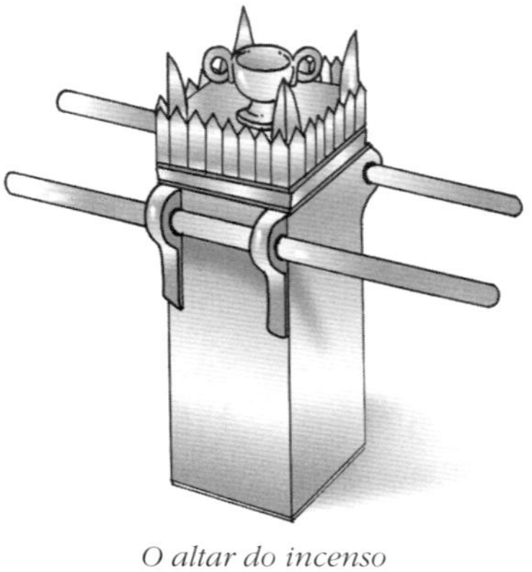
O altar do incenso

IMUNDÍCIA: Lixo, Impureza. // Terra imunda pela **i** dos seus povos, pelas abominações, Ed 9.11. Lavar a **i**... e limpar Jerusalém, Is 4.4. Todas as nossas justiças como trapo da **i**, Is 64.6. De todas as vossas **i**, Ez 36.25. Sepulcros... cheios de toda **i**, Mt 23.27. Deus entregou à **i**, Rm 1.14. Não sendo a remoção da **i** da carne, 1 Pe 3.21. Com as **i** da sua prostituição, Ap 17.4. Ver **Impureza.**

IMUNDO: Na Antiga Aliança certos atos e condições acarretavam uma determinada impureza, tornando-se depois necessária uma purificação cerimonial ou sacrifício próprio. O estar imundo podia provir do parto, Lv 12.; da lepra, Lv 13. E 14.; de certas emissões, Lv 15.; de contato com os mortos, Nm 19.11-22; ou com o corpo de um animal limpo, que morresse de alguma doença, Lv 11.39,40; e de certos atos no sacrifício da novilha vermelha, Nm 19.1-10. Ver **Impuro.** // **Espírito imundo:** Mt 10.1; 12.43; At 5.16; Ap 16.13.

IMUTABILIDADE: Hb 6.17. Qualidade do que não está sujeito a mudar.

IMUTÁVEL: Imutável, Hb 6.18; 7.24. Ver Ml 3.6; Hb 13.8.

INABALÁVEL: Que não pode ser abalado. // Renova... um espírito **i**, Sl 51.10. Sede firmes e **i**, 1 Co 15.58. Depois... permanecer **i**, Ef 6.13. Recebendo nós um reino **i**, Hb 12.28. Ver **Firme.**

INACESSÍVEL: Que não oferece condições de lá se chegar ou entrar. // Que habita em luz **i**, 1 Tm 6.16.

INADVERTÊNCIA: Ato cometido por falta de atenção. // Nem digas... que foi **i**, Ec 5.6.

INATIVO: Que não está em atividade. // Fazem com que não sejais nem **i**, 2 Pe 1.8. Ver **Ocioso.**

INAUDITO: Tão extraordinário que nunca se ouviu falar de coisa semelhante. // Se o Senhor criar alguma coisa **i**, Nm 16.30. Para executar... o seu ato **i**, Is 28.21.

INCAUTO: Desprevenido. // Enganam os corações dos **i**, Rm 16.18.

INCENDIADO: Que está ardendo. // Os céus **i** serão desfeitos, 2 Pe 3.12.

INCÊNDIO: Fogo que lavra com intensidade. // Um tição arrebatado do **i**, Am 4.11 (ARC).

INCENSÁRIO: Vaso destinado a queimar incenso, Nm 16.6. Os incensários de Nadabe e Abiú, Lv 10.1. Os 250 incensários na rebelião de Coré, Datã e Abirã, Nm 16.17,37. Os incensários do Tabernáculo, de bronze, Êx 27.3. Os do Templo, de ouro, 2 Cr 4.22. Incensário de ouro, Ap 8.3.

INCENSO: Resina aromática que se queimava na antiga dispensação. // O altar do incenso, Êx 30.1-10. Proibido oferecer incenso estranho, Êx 30.9. Usado em cultos idólatras, 2 Cr 34.25; Jr 11.12; 48.35. Queimado em incensários, Lv 2.1,2; 16.12,13. Posto sobre os pães na mesa do Senhor, Lv 24.7,8. Os ingredientes do incenso sagrado: estoraque, onicha e gálbano, Êx 30.34. Importado de Sabá, Is 60.6; Jr 6.20. Oferecido ao menino Jesus, pelos sábios, Mt 2.11. Competia somente aos sacerdotes queimar incenso perante o Senhor, 2 Cr 26.18. Josias derrubou todos os altares de incenso, 2 Cr 34.7. Oração sobe como incenso, Sl 141.2. Perfumado de mirra e incenso, Ct 3.6. Incenso torna-se abominação, Is 1.13. Zacarias queimava incenso, Lc 1.9. Taças de ouro cheias de incenso, Ap 5.8.

Muito incenso oferecido sobre o altar diante do trono de Deus, Ap 8.3,4.

INCERTO: Que não está fixado, determinado. // Se a trombeta der som **i**, 1 Co 14.8.

INCESSANTE: Contínuo. // Oração **i** a Deus, At 12.5. Tristeza e **i** dor no coração, Rm 9.2.

INCESSANTEMENTE: Sem cessar. // Como **i** faço menção de vós, Rm 1.9.

INCESTO: União ilícita entre parentes próximos. // Ver Gn 19.33; 35.22; Lv 18.17; 20.14; 2 Sm 13.14; 16.22; Mt 14.3; 1 Co 5.1.

INCHAR: Dilatar, aumentar o volume de. **Fig.** Tornar vaidoso. // O ventre, Nm 5.21; os pés, Dt 8.4; Ne 9.21. A inchar, ou a cair morto, At 28.6. A ciência incha, mas o amor edifica, 1 Co 8.1 (ARC). Ver **Ensoberbecer.**

INCIRCUNCISÃO: Que não é da fé dos judeus. // Tua circuncisão já se tornou **i**, Rm 2.25. Se a **i** observa os preceitos, Rm 2.26. A **i** também nada é, 1 Co 7.19. O evangelho da **i** me fora confiado, Gl 2.7. Nem a **i**, tem qualquer valor, Gl 5.6; 6.15. Vós... chamados **i**, Ef 2.11. Mortos... pela **i** da vossa carne, Cl 2.13. Não pode haver grego... circuncisão nem **i**, Cl 3.11.

INCIRCUNCISO: Que não foi circuncidado. Que não é judeu. // Nenhum **i** comerá dela, Êx 12.48. Filisteus, daqueles **i**, Jz 14.3. De dor: cerviz e **i** de coração, At 7.51. Entraste em casa de homem **i**, At 11.3. Justificará... mediante a fé, o **i**, Rm 3.30. Vem esta bem-aventurança... sobre os **i**? Rm 4.9. Sinal... quando ainda **i**, Rm 4.11.

INCITAR: Instigar, mover, impelir. // Se... te incitar em segredo, dizendo: Dt 13.6. O Espírito... passou a incitá-lo, Jz 13.25. Se é o Senhor que te incita contra mim, 1 Sm 26.19. Estes incitaram a multidão, Mc 15.11. Judeus incrédulos incitaram, At 14.2. Ver **Estimular, Excitar.**

INCLINAÇÃO: Tendência, propensão natural para alguma coisa. // Segundo as **i** da nossa carne, Ef 2.3.

INCLINAR: Baixar, fazer pender. // Então se inclinou o homem e adorou, Gn 24.26. Feixes se inclinavam, Gn 37.7. Inclinar-nos perante ti, Gn 37.10. Inclinar-se diante dele para obter uma moeda, 1 Sm 2.36. Chegava para inclinar-se diante dele, 2 Sm 15.5. Disse: Ziba: Eu me inclino, 2 Sm 16.4. Inclina-lhe o coração, 1 Cr 29.18. Ele se inclinou para mim e me ouviu, Sl 40.1. Deus... que se inclina para ver, Sl 113.6. Inclinou para mim os seus ouvidos, Sl 116.2. Inclina-me o coração, Sl 119.36. Jesus, Inclinando-se escrevia no chão, Jo 8.6. Paulo inclinou-se sobre êle, At 20.10. Ver **Prostrar.**

INCOMODAR: Molestar. // Senhor, não te incomodes, porque não sou digno, Lc 7.6. Já está morta, não incomodes mais o Mestre, Lc 8.49.

INCONSOLÁVEL: Que não pode ser consolada. // Raquel chorando por seus filhos e **i**, Mt 2.18.

INCONSTANTE: Instável, incerto, variável. // Geração de coração **i**, Sl 78.8. Homem... **i** em todos os seus caminhos, Tg 1.8.

INCONTAMINADO: Puro. // Guardar-se **i** do mundo, Tg 1.27.

INCONTAMINÁVEL: Que se não pode contaminar. // Uma herança incorruptível, **i**, 1 Pe 1.4 (ARC).

INCONTÁVEL: Que se não pode contar. // Tornarei **i** a descendência de Davi, Jr 33.22.

INCONTESTÁVEL: Indiscutível. // Com muitas provas **i**, At 1.3.

INCONTIDO: Que não é refreado nem reprimido. // A língua... é mal **i**, Tg 3.8.

INCONTINÊNCIA: Falta de castidade. // Ver At 15.20; 1 Co 7.5; 2 Tm 3.3 (ARC). Ver **Devassidão, Lascívia, Luxúria.**

INCONTINENTE: Que não é casto. // Nenhum incontinente tem herança no reino, Ef 5.5.

INCONVENIENTE: Impróprio. // Praticarem coisas **i**, Rm 1.28. Ou chocarrices, coisas essas **i**, Ef 5.4.

INCONVENIENTEMENTE: Com incivilidade. // Não se conduz **i**, 1 Co 13.5.

INCORRUPÇÃO: Qualidade ou estado incorruptível, de que se não pode deteriorar, 1 Co 15.42,50.

INCORRUPTIBILIDADE: Qualidade daquilo que se não pode corromper. // Rm 2.7; 1 Co 15.53,54.

INCORRUPTÍVEL: Que não é corruptível. // Deus **i**, Rm 1.23. Coroa **i**, 1 Co 9.25. Os mortos ressuscitarão **i**, 1 Co 15.52. Herança **i**, 1 Pe 1.4. De semente **i**, 1 Pe 1.23. Vestuário **i**, 1 Pe 3.4.

INCREDULIDADE: Falta de fé. // Não... muitos milagres, por causa da **i** deles, Mt 13.58. Censurou-lhes a **i**, Mc 6.14. A **i** deles virá desfazer a fidelidade de Deus, Rm 3.3. Não duvidou... por **i**; mas pela fé, Rm 4.20. Pela sua **i** foram quebrados, Rm 11.20. Pois o fiz na ignorância, na **i**, 1 Tm 1.13. Perverso coração de **i** que vos afaste do Deus vivo, Hb 3.12.

INCRÉDULO: Que não tem fé. // Ó geração **i**, Mt 17.17; Mc 9.19; Lc 9.41. Não sejas **i**, mas crente, Jo 20.27. Judeus **i**, At 14.2. E isto perante **i**, 1 Co 6.6. Se algum entre os **i**, 1 Co 10.27. Entrarem indoutos ou **i**, 1 Co 14.23,24. Cegou os entendimentos dos **i**, 2 Co 4.4. Jugo desigual com os **i**, 2 Co 6.14. Quanto aos covardes, aos **i**, Ap 21.8. Ver **Descrente, Impenitente.**

INCREMENTO: Aumento. // Do **i** deste principado, Is 9.7 (ARC).

INCREPAR: Repreender asperamente. // Increpaste os soberbos, Sl 119.21. Passou... a increpar as cidades, Mt 11.20. Ver **Censurar, Repreender.**

INCRÍVEL: Que se não pode acreditar. // Julga **i**... que Deus ressuscite os mortos, At 26.8.

INCULCAR: Fazer penetrar (uma coisa) no espírito. // Tu as inculcarás a teus filhos, Dt 6.7. Inculcando-se por sábios, tornando-se loucos, Rm 1.22.

INCULPÁVEL: Que se não pode culpar; inocente. // Fui **i** para com ele, 2 Sm 22.24. Sinceros e **i** para o dia de Cristo, Fp 1.10. Filhos de Deus **i**, Fp 2.15. Apresentar-vos perante ele santos, **i** e irrepreensíveis, Cl 1.22. Convinha um sumo sacerdote... santo **i**, Hb 7.26, Ver **Irrepreensível.**

INCULTO: Que não tem cultura moral ou intelectual. // Homens iletrados e **i**, At 4.13. Ver **Indouto.**

INCURÁVEL: Que se não pode curar. // Com enfermidade **i**, 2 Cr 21.18. A minha ferida é **i**, Jó 34.6. Teu mal é **i**, Jr 30.12. As suas feridas são **i**, Mq 1.9. A tua chaga é **i**, Na 3.19.

INDAGAÇÃO: Pesquisa, investigação. // A **i** de uma boa consciência, 1 Pe 3.21.

INDAGAR: Procurar saber. // Não indagues acerca dos seus deuses, Dt 12.30. Os juízes indagarão bem, Dt 19.18. De noite indaga o meu íntimo, Sl 77.6. Indagava deles onde o Cristo, Mt 2.4. Começaram a indagar entre si, Lc 22.23. Desta salvação que os profetas indagaram, 1 Pe 1.10. Ver **Interrogar, Perguntar.**

INDENIZAR: Dar compensação ou reparação a, por perda ou dano sofridos. // Será obrigado a indenizar, Êx 21.22. Eu to indenizarei quando voltar, Lc 10.35.

INDESCULPÁVEL: Que não merece desculpa. // São por isso **i**, Rm 1.20. É **i** quando julgas, Rm 2.1.

ÍNDIA: A terra mencionada como marcado a fronteira oriental do rei Assuero, Et 1.1; 8.9. Não se refere a toda a Índia, como é conhecida hoje, mas apenas ao vale do rio Indo. Fornecia, para a Palestina, marfim, ébano, cássia, cálamo, etc., Ez 27.15,19. Ver mapa 1, G-4.

INDICAR: Dar a conhecer. // Circunstâncias oportunas, indicadas pelo Espírito, 1 Pe 1.11.

INDÍCIO: Sinal. // É **i** de perdição, Fp 1.28 (ARC).

INDIGENTE: Muito pobre. // Salva a alma aos **i**, Sl 72.13. Ver **Mendigo, Necessitado, Pobre.**

INDIGNAÇÃO: Sentimento de cólera ou de desprezo provocado por um ultraje ou por uma injustiça. // A **i** de Deus, Nm 16.46; Sl 69.24; Is 34.2. É dia de **i**, Sf 1.15. Ira e **i** aos facciosos, Rm 2.8. Que defesa, que **i**, 2 Co 7.11. Ver **Furor, Ira, Ódio.**

INDIGNAMENTE: De modo indigno. // Beber o cálice do Senhor, **i**, será réu, 1 Co 11.27.

INDIGNAR: Excitar a indignação. // Moisés se indignou, Êx 16.20. O Senhor indignou-se muito, Dt 3.26. Naamã muito de indignou, 2 Rs 5.11. Não te indignes por causa, Sl 37.1. Jesus indignou-se, Mc 10.14. Por isso me indignei contra essa geração, Hb 3.10.

INDIGNIDADE: Afronta, ultraje. // Por causa da **i** da sua cobiça eu me indignei, Is 57.17. Ver **Injúria, Ofensa.**

INDIGNO: Que não merece. Inábil, incompetente. // Sou **i** de todas as misericórdias, Gn 32.10. Sois acaso **i** de julgar as coisas mínimas, 1 Co 6.2.

INDISPENSÁVEL: Absolutamente necessário. // É **i** que o bispo seja irrepreensível,Tt 1.7.

INDIZÍVEL: Que não pode exprimir por palavras. // Exultais com alegria **i** e cheia de glória, 1 Pe 1.8. Ver **Inefável.**

INDO: Rio da Índia. // Ver mapa 1, F-4.

INDOLENTE: Negligente, desleixado. // Não vos torneis **i** mas imitadores, Hb 6.12. Ver **Indolente, Ocioso, Preguiçoso, Remisso.**

INDOUTO: Que tem pouco saber. // Como dirá o **i** o amém, 1 Co 14.16. No caso de entrarem **i**, 1 Co 14.23. Ver **Iletrado.**

INDULGÊNCIA: Clemência, brandura, bondade. // Paulo detido, tratando-o com **i**, At 24.23.

INDÚSTRIA: Ofício. // Na sepultura... nem **i**, Ec 9.10 (ARC).

INDUZIR: Arrastar, fazer cair em. Causar. // Raça de víboras, quem vos induziu a fugir, Mt 3.7. A consciência do que é fraco induzido a participar, 1 Co 8.10.

INEFÁVEL: Que se não pode exprimir por meio de palavras. // Graças a Deus pelo dom **i**, 2 Co 9.15. Arrebatado... e ouviu palavras **i**, 2 Co 12.4. Ver **Indizível.**

INEFICAZ: Que não produz efeito. // Sacrifícios... **i** para aperfeiçoar, Hb 9.9.

INEPTO, BRUTAL (ARC): Incapaz, semelhante ao animal irracional. // Parecer assim o estulto como o **i**, Sl 49.10. O **i** não compreende, Sl 92.6. Ver **Bruto.**

INESCRUTÁVEL: Que não pode ser pesquisado ou investigado. // Ele faz coisas grandes e **i**, Jó 5.9. Ver **Insondável.**

INESCUSÁVEL: Indesculpável. // Para que eles fiquem **i**, Rm 1.20 (ARC). És **i** quando julgas, Rm 2.1 (ARC).

INEVITÁVEL: Que se não pode evitar. // É **i** que venham escândalos, Lc 17.1.

INEXPERIENTE: Que não tem prática bastante. // Que se alimenta de leite, é **i** na palavra, Hb 5.13.

INEXPRIMÍVEL: Que não se pode exprimir. // Intercede... com gemidos **i**, Rm 8.26.

INEXTINGUÍVEL: Que se não pode extinguir

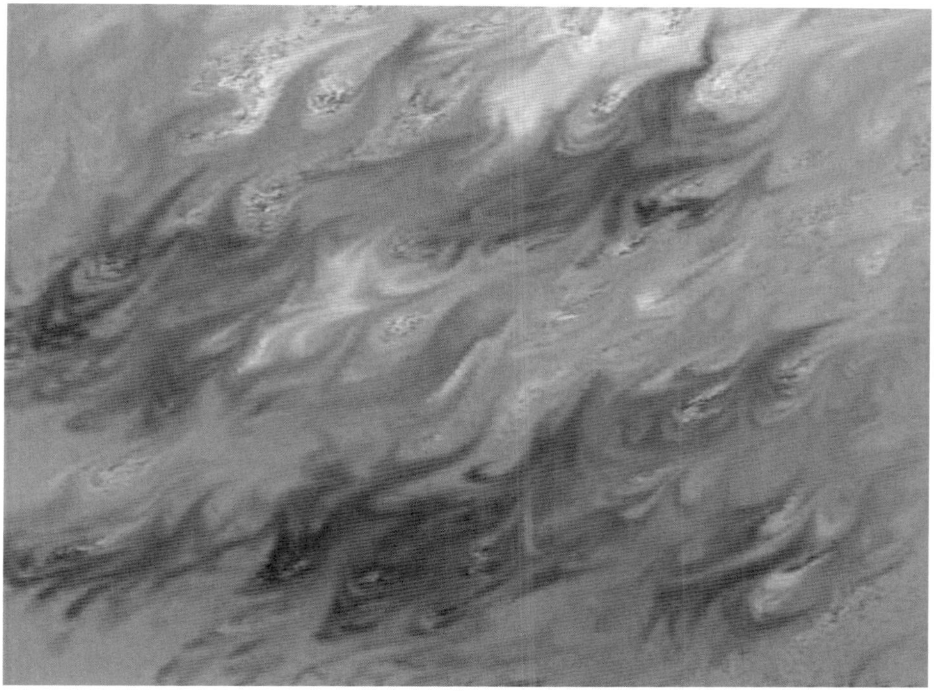

Inferno

ou apagar. // Queimará a palha em fogo **i**, Mt 3.12. Ver Mt 5.22; 13.40,42,50; 25.41; 2 Ts 1.8; 2 Pe 3.7; Jd 7; 21.8. Ver também: Is 1.31; 34.10; 66.24; Jr 4.4; Ez 20.47,48.

INFALÍVEL: Que não falha. // Com muitas e **i** provas, At 1.3 (ARC).

INFAMAR: Tornar infame; desonrar. // Infamaram a terra, que haviam espiado, Nm 13.32. José... não a querendo infamar, Mt 1.19.

INFAMATÓRIO: Que infama. // Não se atreveu a proferir juízo **i**, Jd 9.

INFAME: Abjeto, vil. // São... raça **i**, Jó 30.8. Disso os entregou Deus a paixões **i**, Rm 1.26.

INFÂMIA: Ação infame, vergonhosa, indígna. // Por **i** e por boa fama, 2 Co 6.8. A glória deles está na sua **i**, Fp 3.19.

INFÂNCIA: O primeiro período da vida humana, até aos sete anos mais ou menos. // Desde a **i** sabes as sagradas letras, 2 Tm 3.15.

INFECTO: Que exala cheiro pestilencial. // Tornam-se **i** e purulentas as minhas chagas, Sl 38.5.

INFELIZ: Desditoso, desgraçado. // Se... somos os mais **i** de todos, 1 Co 15.19. Nem sabes que tu és **i**, Ap 3.17.

INFERIOR: Que está abaixo. Que tem categoria subordinada a outra. // Vinho... **i**, Jo 2.10. Em que... **i** às demais igrejas? 2 Co 12.13. Descido até às regiões **i** da terra? Ef 4.9. O **i** é abençoado pelo superior, Hb 7.7.

INFERNO: Lugar destinado ao suplício das almas dos perdidos. Há quatro palvras traduzidas **infermo,** na Edição Revista e Atualizada: **Sheol, Hades, Gehenna e Tartaroo.**

1. **Sheol,** hb. O mundo dos mortos. // Arderá até o mais profundo do **i**, Dt 22. cadeias infernais me cingiram, 2 Sm 22.6; Sl 18.5. Osperversos serão lançados no **i**, Sl 9.17. Angústias do **i** se apoderaram de mim, Sl 116.3. Os seus passos conduzem-na ao **i**, Pv 5.5. Os seus convidados estão nas profundezas do **i**, Pv 9.18. Livrarás a sua alma do **i**, Pv 23.14. O **i** e o abismo nunca se fartam, Pv 27.20. Eu os remirei do poder do **i**, Os 13.14.

2. **Hades,** gr. Corresponde a **Sheol,** hb. O lugar das almas que partiram deste mundo. // Descerás até ao **i**, Mt 11.23; Lc 15. As portas do **i** não prevalecerão contra ela, Mt 16.18. No **i**, estando em tormentos, Lc 16.23. Tenho as chaves da morte e do **i**, Ap 1.18. O **i** e estava seguindo Ap 6.8. A morte e o **i** foram lançados, Ap 20.14.

3. **Ghenna,** gr. Vale de Hinom, um vale de Jerusalém, termo usadopara designar um lugar de suplício eterno. Inferno. // Estará sujeito ao **i** de fogo, Mt 5.22. Todo o seu corpo lançado no **i**, Mt 5.29,30. Perecer no **i** tanto a alma como o corpo, Mt 10.28. Seres lançado no **i** de fogo, Mt 18 9. Uma vez feito

o tornais filho do **i**, Mt 23.15. Como escapareis da condenação do **i**? Mt 23.33. Tem autoridade para lançar no **i**, Lc 12.5. Posta ela em chamas pelo **i**, Tg 3.6.

4. **Tartaroo,** gr. Derivado de **tartaros,** o mais profundo abismo do hades. **Tartaroo** quer dizer, encarcerar no suplício eterno; precipitar ao inferno. // Pricipitando-os no **i**, 2 Pe 2.4. Ver, **também, vergonha e horror eterno,** Dt 12.2; **fornalha acesa,** Mt 13.42; o fogo eterno, Mt 25.41; **o castigo eterno,** Mt 25.46; **eterna destruição,** 2 Ts 1.9; **o juízo eterno,** Hb 6.2; **o seu fim é ser queimado,** Hb 6.8; **em algemas eternas,** Jd 6; **fogo eteno,** Jd 7; **fofo e enxofre,** Ap 14.10; 20.10; 21.8; **a fumaça do seu tormento sobe pelos séculos dos séculos,** Ap 14.11; **lago de fogo,** Ap 19.20; 20.14,15; **a segunda morte,** Ap 20.14.

INFIDELIDADE: Ação infiel, desleal. // **I** que cometeram contra mim, Lv 26.40. Que **i** é esta que cometestes, Js 22.16. Ver **Adultério.**

INFIEL: Que comete abusos de confiança. // O **i** de coração, Pv 14.14. A sorte com os **i**, Lc 12.46. Elogiou o administrador **i**, Lc 16.8. Se somos **i**, ele permanece fiel, 2 Tm 2.13. **I** não compreendeis, Tg 4.4. Ver **Desleal.**

INFINITAMENTE: De modo infinito. // Poderoso para fazer **i**, Ef 3.20.

INFINITO: Que não tem limites. // Ver Sl 147.5; Na 3.9. Ver Hb 4.13.

INFLAMADO: Aceso em chama. // Apagar todos os dardos **i** do maligno, Ef 6.16.

INFLAMAR: Fazer arder. // Os homens... se inflamaram mutuamente, Rm 1.27. Quem se escandaliza, que eu não me inflame? 2 Co 11.29.

INFLEXÍVEL: Que não cede. // Te mostras; com o perverso, inflexível, Sl 18.26.

INFLUÊNCIA: Autoridade moral. // Pareciam de maior **i**, Gl 2.2,6.

INFORMAR: Noticiar; tomar conhecimento de alguma coisa. // Ide informar-vos cuidadosamente, Mt 2.8. Estou informado haver divisões, 1 Co 11.18.

INFORME: Sem forma ou feitio. // Viram a substância ainda **i**, Sl 139.16.

INFORTÚNIO: Acontecimento funesto. // O **i** para os que praticam a maldade? Jó 31.3. O **i** matará o ímpio, Sl 34.21.

INFRUTÍFERO: Que não dá fruto. // Sufocam a palavra, e fica **i**, Mt 13.22. Minha mente fica **i**, 1 Co 14.14. Címplices nas obras **i**, Ef 5.11. Para não se tornarem **i**, Tt 3.14. Ver **Estéril.**

INFRUTUOSO: Infrutífero, inútil. // Nem **i** no pleno conheciemnto, 2 Pe 1.8.

INGRATO: Que não corresponde aos benefícios recebidos. // Ele é benigno até para com os **i**, Lc 6.35. Os homens serão... **i**, irreverentes, 2 Tm 3.2.

ÍNGREME: Que tem grande declive. // Uma penha **í**, 1 Sm 14.4.

INIMIGO: Que lhe deseja mal. // Serei o dos teus **i**, Êx 23.22. Os vossos **i** cairão à espada, Lv 26.8. Dissipados sejam os teus **i**, Nm 10.35. Os próprios **i** o atestam, Dt 32.31. Por três meses fujas diante de teus **i**, 2 Sm 24.13. Os **i** do homem são os da sua própria casa, Mq 7.6; Mt 10.36. Amai os vossos **i**, Mt 5.44. Enquanto dormiam veio o **i**, Mt 13.25. Os teus **i** debaixo dos teus pés, Mt 22.44; At 2.35; 1 Co 15.25; Hb 1.13. **I** de toda a justiça, At 13.10. Se nós, quando **i** fomos reconciliados, Rm 5.10. Quando ao evangelho, são eles **i**, Rm 11.28. O último **i** a ser destruído, 1 Co 15.26. Tornei-me, porventura, vosso **i**, Gl 4.16. São **i** da cruz, Fp 3.18. Outrora eras **i** no entendimento, Cl 1.21. Não o considereis por **i**, mas adverti-o, 2 Ts 3.15. **I** de contendas, 1 Tm 3.3. Cruéis, **i** do bem, 2 Tm 3.3. A amizade do mundo é **i** de Deus, Tg 4.4. Os seus **i** as contemplaram, Ap 11.12. // **Dever para com os nossos i:** Êx 23.4; 1 Sm 24.10; Jó 31.29,30; Sl 35.13-15; Pv 24.17; 25.21,22; Mt 5.44; Lc 6.27,35; Rm 12.20. // **Deus liberta-nos de nossos i,** 1 Sm 12.11; Ed 8.31; Sl 18.48; 61.3. // **Amizade fingida de i,** 2 Sm 20.9,10; Pv 26.26; 17.6; Mt 26.48,49. // **Punição aos i de Deus,** Êx 15.6; Jz 5.31; Sl 68.1; Is 1.24; 2 Ts 1.8; Ap 21.8. // **O exemplo de Davi e Saul,** 1 Sm 24.10; 26.9. Ver **Adversário.**

INIMIZADE: Aversão, malquerença. // Porei **i** entre ti e a mulher, Gn 3.15. Por **i** o ferir, Nm 35.21. Carne é **i** contra Deus, Rm 8.7. Obras da carne... **i**, porfias, Gl 5.20. A parede da separação a **i**, Ef 2.14. A amizade do mundo, Tg 4.4.

INIMIZADO: Andando em inimizade um com o outro. // Herodes e Pilatos viviam **i**, Lc 23.12.

INIQÜIDADE: Perversidade. Ato que não observa a egüidade. // Não se encheu ainda a medida da **i** dos amorreus, Gn 15.16. Visto a **i** dos pais e filhos, Êx 20.5. Aquele levará sobre si todas as **i**, Lv 16.22. Não viu **i** em Jacó, Nm 23.21. Que bebe a **i** como a água, Jó 15.16. Perdoa a minha **i**, Sl 25.11. Cuja **i** é perdoada; Sl 32.1. A quem o Senhor não atribui **i**, Sl 32.2. Amas a justiça e odeias a **i**, Sl 45.7. Lava-me completamente da minha **i**, Sl 51.2. Eu nasci na **i**, Sl 51.5. Apaga todas as minhas **i**, Sl 51.9. Não recordes contra nós as **i**, Sl 79.8. Perdoa todas as tuas **i**, Sl 103.3. Não praticam **i**, Sl 119.3. A tua **i** foi tirada, e perdoada, Is 6.7. E me cansaste com as tuas **i**, Is 43.24.

Moído pelas nossas **i**, Is 53.5. Fez cair sobre ele as **i**, Is 53.6. As **i** deles levará sobre si, Is 53.11. Vossas **i** fazem separação, Is 59.2. Cada um será morto pela sua **i**, Jr 31.30. Morrerá na sua **i**, mas o seu sangue, Ez 3.18. Nos seus leitos imaginam **i**, Mq 2.1. Aparta-vos... que praticais a **i**, Mt 7.23. Por se multiplicar a **i**, Mt 24.12. Adquiriu um campo com o preço da **i**, At 1.18. Fel de amargura e laço de **i**, At 8.23. Cujas **i** são perdoadas, Rm 4.7. Membros... Como instrumentos de **i**, Rm 6.13. Que sociedade... entre a justiça e a **i**? 2 Co 6.14. Revelado o homem da **i**, 2 Ts 2.3. O mistério da **i**, 2 Ts 2.7. Remir-nos de toda **i**, Tt 2.14. Amaste a justiça e odiaste a **i**, Hb 1.9. Para com as suas **i** usarei de misericórdia, Hb 8.12. Mundo de **i**, a língua, Tg 3.6. Ver **Culpa, Pecado, Transgressão.**

INÍQUO: Que não observa a eqüidade, a justiça natural. // À presença de Deus perecem os **i**, Sl 68.2. Deixe o **i** os seus pensamentos, Is 55.7. A parábola do juiz **i**, Lc 18.6. Crucificando-o por mãos de **i**, At 2.23. Será revelado o **i**, 2 Ts 2.8. Deus se lembrou dos atos **i**, Ap 18.5.

INJÚRIA: Ofensa, insulto. // As **i** dos que te ultrajam caem sobre mim, Sl 69.9. Glória é perdoar as **i**, Pv 19.11. Sinto prazer nas fraquezas, nas **i**, 2 Co 12.10. Não pagando... **i** por **i**, 1 Pe 3.9. Ver **Acusação, Indignidade, Ofensa.**

INJURIAR: Difamar, desonrar. // O que censura o perverso, a si mesmo se injuria, Pv 9.7. Bem-aventurados sois quando... vos injuriaram, Mt 5.11. O injuriaram e lhe disseram. Jo 9.28. Quando somos injuriados, bendizemos, 1 Co 4.12. Se pelo nome de Cristo, sois injuriados, 1 Pe 4.14. Ver **Acusar, Insultar, Ofender.**

INJUSTAMENTE: De modo injusto. // Até quando julgareis **i**, Sl 82.2.

INJUSTIÇA: Ato contrário à justiça ou ao direito. // O que semeia a **i** segará males, Pv 22.8. Que nunca fez **i**, nem dolo, Is 53.9. Que **i** acharam vossos pais, Jr 2.5. Por que não sofreis antes a **i**? 1 Co 6.7. Não se agrega com a **i**, 1 Co 13.6. Quem faz **i**, receberá em troco a **i** feita, Cl 3.25. deleitaram-se com a **i**, 2 Ts 2.12. Aparte-se da **i** todo aquele que professa, 2 Tm 2.19. Recebendo **i** por salário da **i**, 2 Pe 2.13. E nos purificar de toda **i**, 1 Jo 1.9. Toda **i** é pecado, 1 Jo 5.17. Continue o injusto fazendo **i**, Ap 22.11.

INJUSTO: Que não observa a justiça. // E vir chuvas sobre justos e **i**, Mt 5.45. Quem é **i** no pouco, também é **i** no muito, Lc 16.10. Não sou como os demais... **i** e adúlteros, Lc 18.11. Ressurreição, tanto de justos como de **i**, At 24.15. A juízo perante o **i**, 1 Co 6.1. Os **i** não herdarão o reino, 1 Co 6.9. Deus não é **i** para ficar esquecido do vosso, Hb 6.10. Cristo morreu... o justo pelos **i**, 1 Pe 3.18. Reservar, sob castigo, os **i**, 2 Pe 2.9.

INLÁ, hb. **Deus encheu:** Pai do profeta Micaías, 1 Rs 22.8.

INOCÊNCIA: Carência de culpabilidade. // na minha **i** foi que eu fiz isso, Gn 20.5. Lavo as mãos na **i**, Sl 26.6. Fechou a boca aos leões... porque foi achada em mim **i**, Dn 6.22.

INOCENTAR: Considerar inocente. // Não inocenta o culpado, Êx 34.7. De todo não te inocentarei, Jr 30.11. Poderei eu inocentar balanças falsas? Mq 6.11. O Senhor... jamais inocenta o culpado, Na 1.3. Ver **Desculpar, Escusar-se.**

INOCENTE: Que não é culpado. // O Senhor não terá por **i** o que tomar o seu nome em vão, Êx 20.7; Dt 5.11. Sangue **i**, Sl 106.38; Pv 6.17; Jr 2.34; Mt 27.4,24. **I** sou eu... do sangue de Abner, 2 Sm 3.28. Já pereceu algum **i**? Jó 4.7. Não teríeis condenado a **i**, Mt 12.7. Em tudo destes provas de estardes **i** neste assunto, 2 Co 7.11.

INOPERANTE: Que não opera. // A fé sem as obras é **i**, Tg 2.20.

INQUÉRITO: Interrogatório de testemunhas. // Submetendo as sentinelas a **i**, At 12.19.

INQUIETAR: Pôr em agitação. Tirar o sossego a. // Por que me inquietaste, fazendo-me subir? 1 Sm 28.15. Desanimaram... inquietando-o no edificar, Ed 4.4. o homem como uma sombra; em vão se inquieta, Sl 39.6. A fim de que ninguém se inquiete, 1 Ts 3.3. Ver **Perturbar.**

INQUIETO: Que não está quieto. // É apaixonada e **i**, cujos pés não param em casa, Pv 7.11. Bois estão sobremodo **i**, porque não têm pasto, Jl 1.18. Marta! Andas **i**, Lc 10.41. ver **Agitado.**

INQUIRIÇÃO: Inquérito; averiguação. // Feita **i** aos guardas, At 12.19 (ARC).

INQUIRIR: Procurar informações sobre. // Secretamente os magos, inquiriu deles, Mt 2.7. Os profetas indagaram e inquiriram, 1 Pe 1.10.

INRA, hb. **Teimoso:** Um descendente de Aser, 1 Cr 7.36.

INRI, hb. **Eloqüente:** Um habitante de Jerusalém depois do cativeiro, 1 Cr 9.4.

INSACIÁVEL: Que se não farta. // Porquanto eras **i**, Ez 16.28. E **i** no pecado, 2 Pe 2.14. Ver Pv 30.15,16.

INSCREVER: Escrever, esculpir, entalhar, gravar. // No coração lhas inscreverei, Jr 31.33. Inscrito: AO DEUS DESCONHECIDO, At 17.23. Sobre as suas mentes as inscreverei, Hb 10.16.

INSCRIÇÃO: Letras ou palavras gravadas numa lápide, numa placa, etc. // De quem é esta efígie e **i**? Mt 22.20. Na cruz, Mt 27.37. Num altar Atenas, At 17.23.

INSENSATEZ: Loucura. // Que jamais caiam em **i**, Sl 85.8. Conhecer que a perversidade é **i**, Ec 7.25. Comparando-se consigo mesmos, revelam **i**, 2 Co 10.12. Não irão avante: porque a sua **i**, 2 Tm 3.9. Um mudo animal... refreou a **i** do profeta, 2 Pe 2.16. Ver **Loucura.**

INSENSATO: Que perdeu o senso ou o juízo. // Diz o **i**: Não há Deus, Sl 14.1; 53.1. Filho **i** é a tristeza de sua mãe, Pv 10.1. O caminho do **i** aos seus próprios olhos, Pv 14.16. O **i** despreza a instrução de seu pai, Pv 15.5. O filho **i** é tristeza para o pai, Pv 17.25. O filho **i** é a desgraça do pai, Pv 19.13. Todo o **i** se mete em rixas, Pv 24.7. Não respondas ao **i** segundo a sua estultícia, Pv 26.4. Pises o **i** com mão de gral, Pv 27.22. Confia no seu próprio coração é **i**, Pv 28.26. **I**, que edificou a sua casa, Mt 7.26. **I** e cegos! Mt 23.17. Obscurecendo-se-lhes o coração **i**, Rm 1.21. **I**, pérfidos, Rm 1.31. Com gente **i** eu vos provocarei, Rm 10.19. Ó gálatas **i**! Gl 3.1. Não vos torneis **i**, Ef 5.17. Ricos caem em muitas concupiscências, 1 Tm 6.9. Questões **i** e absurdas, 2 Tm 2.3. Discussões **i**, Tt 3.9. Façais emudecer a ignorância dos **i**, 1 Pe 2.15. Ver **Ignorante, Louco, Néscio.**

Gafanhoto

INSENSÍVEL: Que não tem faculdade de experimentar sensações. // Tornou-se-lhes o coração **i**, Sl 119.70. Torna **i** o coração deste povo, Is 6.10. Tendo-se tornado **i**, se entregaram, Ef 4.19.

INSETO: Pequeno animal articulado, de seis patas, que respira por traquéias, passa por metamorfoses. Nomeiam-se nas Escrituras, entre outros, os seguintes: A formiga, Pv 6.6. O gafanhoto, Jl 1.4. A mosca, Ec 10.1. A mutuca (ARA), Jr 46.20. O mosquito, Mt 23.24. O piolho, Êx 8.16. Pulga, 1 Sm 24.14. A traça, Mt 6.19. O vespão, Js 24.12. A aranha (Is 59.5) e o escorpião (Lc 11.12) não são propriamente insetos.

INSÍGNIA: Emblema. // Israel se acamparão... segundo as **i**, Nm 2.2. Por **i** Castor e Polux, At 28.11 (ARC).

INSIGNIFICÂNCIA: Bagatela, ninharia, coisa de pouco valor. // E o rico na sua **i**, Tg 1.10.

INSIGNIFICANTE: Sem importância. // Cidade não **i** da Cilícia, At 21.39.

INSINCERAMENTE: De modo insincero. // Pregam a Cristo... **i**, Fp 1.17. Ver **Sinceramente.**

INSINUAR: Introduzir sutilmente, destramente. // Teudas, insinuando ser ele alguma coisa, At 5.36.

INSÍPIDO: Que não tem sabor. // Comer-se-á sem sal o que é **i**, Jó 6.6. se o sal vier a ser **i**, Mt 5.13.

INSIPIÊNCIA: Qualidade de insipiente. // Bem conhece a minha **i**, Sl 69.5 (ARC).

INSISTIR: Perseverar no que se pergunta ou diz. // Insistiam, porém, cada vez mais, lc 23.5. Como insistissem na pergunta, Jesus, Jo 8.7.

INSOLAÇÃO: Doença provocada pela exposição direta da cabeça a um sol ardente. // 2 Rs 4.19. Jonas (cap. 4.8) caiu em síncope, perdeu momentânea a sensibilidade, por causa do calor do sol. Deus protege seus filhos do calor do sol, Sl 121.6; Is 49.10. Julgava-se, antigamente, que o lunatismo foi causada pela influência da lua; assim originou o nome "lunático". Ver Sl 121.6; Mt 4.24.

INSOLÊNCIA: Desaforo, atrevimento ofensivo. // Nem faleis com **i** contra a Rocha, Sl 75.5.

INSOLENTE: Desaforado, atrevido. // Contra mim se levantam os **i**, Sl 54.3. Era... perseguidor e **i**, 1 Tm 1.13. Palavras **i** que ímpios pecadores, Jd 15. Ver **Atrevido.**

INSOLENTEMENTE: De modo insolente. // Que falam **i** contra o justo, Sl 31.18.

INSONDÁVEL: Inexplicável. // A Sua grandeza é **i**, Sl 145.3. Assim o coração dos reis é **i**, Pv 25.3. Quão **i** são os seus juízos, Rm 11.33. Das **i** riquezas de Cristo, Ef 3.8. Ver **Inescrutável.**

INSPETOR: O que exerce inspeção sobre alguma coisa. // Farei paz os teus **i**, Is 60.17.

INSPIRAÇÃO DIVINA DAS ESCRITURAS: Lc 1.70; 2 Tm 3.16; 2 Pe 1.21. O testemunho da própria Bíblia: 1. Os escritores afirmam, quando tocam no ponto, que falam por direta autoridade divina, Êx 20.1; 24.3; etc. 2. Testificam que as palavras, e não meramente as idéias, são inspiradas, Êx 4.15; Êx 19.6; Dt 29.29; Is 59.21; 1 Co 2.7-15; etc. 3. As palavras de Cristo, confirmam a verdade e a origem divina do Antigo Testamento, Mt 4.4; 5.18; Lc 24.25; atc. 4. O Senhor prometeu mais revelações depois da descida do Espírito Santo, Jo 16.13; At 1.8; etc. 5. Os escritores do Novo Testamento aceitavam o Antigo Testamento como autorizado e inspirado, 1 Co 2.12-14; 2 Pe 1.19; etc. 6. A admoestação é tanto a não acrescentar às Escrituras como a não tirar delas, Dt 4.2; 12.32; Ap 22.18,19. Ver **Fidelidade na cópia**, p. 562.

INSPIRADO: Que manifesta inspiração. // Escritura é **i**, 2 Tm 3.16. Falaram **i** pelo Espírito, 2 Pe 1.21 (ARC).

INSPIRAR: Fazer penetrar no ânimo. // O terror que inspirava caiu sobre todos, Et 9.2. Inspira canções de louvor, Jó 35.10. Toda Escritura é inspirada por Deus, 2 Tm 3.16.

INSTABILIDADE: Falta de permanência. // Esperança na **i** da riqueza, 1 Tm 6.17.

INSTÂNCIA: Solicitação urgente e reiterada. // Orou com **i**, Tg 5.17.

INSTANTE: Momento muito breve. // De repente, num **i**, Is 29.5. No mesmo **i** lhe desapareceu a lepra, Mc 1.42. No mesmo **i**, tomando o leito, Mc 2.12. No mesmo **i** um anjo do Senhor o feriu, At 12.23. No mesmo **i** caiu sobre ele névoa, At 13.11. Ver **Momento.**

INSTAR: Solicitar com instância. // Instou com ele, até que o aceitou, Gn 33.11. Não me instes para que te deixe, Rt 1.16. Elias, como insta perante Deus, Rm 11.2. Prega a palavra, insta, quer seja, 2 Tm 4.2.

INSTÁVEL: Que não é estável; que não está firme. // Que os ignorantes e **i** deturpam, 2 Pe 3.16.

INSTIGAR: Incitar, animar, estimular. // Meu filho contra mim instigou a meu servo, 1 Sm 22.8. Quem é... o instigou a fazer assim? Et 7.5. Ela, instigada por sua mãe, Mt 14.8. Os judeus instigaram as mulheres piedosas, At 13.50.

INSTITUIÇÃO: (ARA). As leis fundamentais de uma nação. // Sujeitai-vos a toda **i** humana, 1 Pe 2.13.

INSTITUIR: Fundar, estabelecer, criar. // E instituiu uma lei em Israel, Sl 78.5. As autoridades... foram por ele instituídas, Rm 13.1.

INSTRUÇÃO: Lição preceito instrutivo. // Não deixes a **i** de tua mãe, Pv 1.8; 6.20. Ouvi, filhos, a **i** do pai, Pv 4.1. Dá **i** ao sábio, e ele se fará, Pv 9.9. Ver **Educação, Ensino.**

INSTRUIDOR: Instrutor. // **I** dos néscios, Rm 2.10 (ARC).

INSTRUIR: Ensinar; transmitir conhecimentos a. // Quando o sábio é instruído, Pv 21.11. Foi instruído por um santo anjo, At 10.22. Instruído no caminho... conhecendo apenas o batismo, At 18.25. Fui instruído aos pés de Gamaliel, At 22.2. Sendo instruído na lei, Rm 2.18. Quem conheceu a mente do Senhor, que o possa instruir? 1 Co 2.16. Com o meu entendimento, para instruir outros, 1 Co 14.19. Sendo instruído na palavra, Gl 6.6. E nele fostes instruídos, Ef 4.21. Instruí-vos... em toda a sabedoria, Ct 3.16. Estais por Deus instruídos que, 1 Ts 4.9. Idôneos para instruir a outros, 2 Tm 2.2. O servo do Senhor... apto para instruir, 2 Tm 2.24. A fim de instruírem as jovens, Tt 2.4. Foi Moisés divinamente instruído, Hb 8.5. Noé, divinamente instruído, Hb 11.7.

INSTRUMENTO: Qualquer utensílio. Ferramenta, máquina que serve para produzir um certo trabalho. // Artífice de todo **i** cortante, Gn 4.22. Suas espadas são **i** de violência, Gn 49.5. **I** de morte, Sl 7.13. O Senhor é os **i** da sua indignação, Is 13.5. Como Davi **i** músicos, Am 6.5. É para mim um **i** escolhido, At 9.15. É para mim um **i** escolhido, At 9.15. Vossos membros a Deus como **i**, Rm 6.13.

INSTRUTOR: Que tem a seu cargo instruir, alguém. // **I** de ignorantes, Rm 2.20. Ver **Rabi, Mestre.**

INSUBMISSO: Não disposto à obediência. // Que admoesteis os **i**, 1 Ts 5.14.

INSUBORDINADO: Que recusa estar sob as ordens ou dependências de outrem. // Nem são **i**, Tt 1.6. Existem muitos **i**, Tt 1.10. Ló, afligido pelo... daqueles **i**, 2 Pe 2.7. Arrastados pelo erro desses **i**, 2 Pe 3.17.

INSULSO: Que não tem sal; insosso; insípido. // Sal se tornar **i**, Mc 9.50 (ARC)

INSULTAR: Ofender, ultrajar, por atos ou palavras. // O que oprime ao pobre insulta aquele que o criou, Pv 14.31; 17.5. Eles o esbordoaram... e o insultaram, Mc 12.4. Com ele foram crucificados o insultavam, Mc 15.32. Ver **Injuriar, Ofender.**

INSULTO: Ofensa por atos ou palavras. // Quem proferir um **i** a seu irmão, Mt 5.22. Ver **Injúria, Ofensa.**

INSURGIR: Levantar, sublevar, revolucionar. // E insurge-se contra a verdadeira sabedoria, Pv 18.1. ver **Rebelar.**

INTEGRAL: Inteiro, completo. // Terás peso **i** e justo, efa **i**, Dt 25.15. Ver **Inteiro.**

INTEGRIDADE: Virtude, estado de uma pessoa íntegra. // Servi-o com **i**, Js 24.14. Cmo andou Davi teu pai, com **i**, 1 Rs 9.4. A **i** de Jó, Jó 2.3,9; 27.5; 31.6. Segundo a **i** que há em mim, Sl 7.8. Tenho andado na minha **i**, Sl 26.1,11. Quem anda em **i** anda seguro, Pv 10.9. A **i** dos retos os guia, Pv 11.3. Mas os que andam em **i** são o seu prazer, Pv 11.20. O pobre que anda na sua **i**, Pv 19.1; 28.18. No ensino, mostra **i**, Tt 2.7. Ver **Retidão.**

ÍNTEGRO: Reto, incorrupto. // Noé era um homem justo e **í**, Gn 6.9. Serve-o de coração **í**, 1 Cr 28.9. Homem **í** e reto, Jó 1.1. Com o **í**, também **í**, Sl 18.25. O Senhor conhece os dias dos **í**, Sl 37.18. Com o **í**, herdarão o bem, Pv 28.10. Sejam conservados **í**, 1 Ts 5.23. Não tenho achado **í** as tuas obras, Ap 3.2. Ver **Irrepreensível, Reto.**

INTEIRAMENTE: Completamente. // Sejais **i** unidos, 1 Co 1.10.

INTEIRAR: Tornar inteiro ou completo. // Permanece naquilo... de que foste inteirado, 2 Tm 3.14.

INTEIRO: Completo. // Andam pervertendo casas **i**, Tt 1.11. Ver **Completo, Integral.**

INTELIGÊNCIA: Faculdade de conhecer, de compreender. // Deu Deus a Salomão... larga **i**, 1 Rs 4.29. Dá-me a **i** deles, Sl 119.144. Se clamares por **i**, Pv 2.3. A **i** te conservará, Pv 2.11. O sereno de espírito é homem de **i**, Pv 17.27. A estes quatro jovens Deus deu... a **i**, Dn 1.17. Muito se admiravam da sua **i**, Lc 2.47. Aniquilarei a **i** dos entendidos, 1 Co 1.19. Ver **Razão.**

INTELIGENTE: Que compreende facilmente. // Sérgio Paulo, que era homem **i**, At 13.7.

INTELIGÍVEL: Que se compreende bem. // Escreve nela de maneira **i**, Is 8.1.

INTEMPERANÇA: Excesso de qualquer natureza. // Dentro estão cheios de rapina e **i**, Mt 23.25.

INTENÇÃO: Propósito deliberado de executar alguma coisa. Pensamento secreto e reservado. // Oferecendo-o com **i** maligna! Pv 21.27. Para uma mulher com **i** impura, Mt 5.28.

INTENSAMENTE: Com intensidade. // Orava mais **i**, Lc 22.44.

INTENSO: Forte, vivo. // Oramos com **i** fervor, 1 Ts 3.10 (B). Tende amor **i**, 1 Pe 4.8. Ver **Ardente.**

INTENTAR: Tentar, planear, projetar, tencionar. // Intentastes o mal contra mim, Gn 50.20. Quem intentará acusação contra os eleitos, Rm 8.33.

INTENTO: Tenção. // O Senhor... anula os **i** dos povos, Sl 33.10.

INTERCEDER: Intervir a favor de alguém. // Intercederá por ti, e viverás, Gn 20.7. Pecando contra o Senhor, quem intercederá por ele, 1 Sm 2.25. pelos transgressores intercedeu, Is 53.12. Não intercedas por este povo, Jr 7.16. O mesmo Espírito intercede por nós, Rm 8.26. Cristo... intercede por nós, Rm 8.34. Vivendo sempre para interceder por eles, Hb 7.25. Ver **Orar, Suplicar.**

INTERCESSÃO: Ato de interceder. // **I** em favor de todos, os homens, 1 Tm 2.1. // **Intercessão de Cristo:** Lc 23.34; Jo 17.20; Rm 8.34; Hb 7.25. // **Intercessão do Espírito Santo:** Rm 8.26,27. // **Intercessão do povo de Deus:** Ne 1.4-11; Sl 122.6,7; Jr 14.7-9; Ef 1.16,17; 1 Ts 1.2; Tg 5.16. // **Intercessão por todos os homens:** Ef 6.18; 1 Tm 2.1. // **Intercessão por reis:** 1 Tm 2.2. // **Intercessão por aqueles que estão acima de nós:** Ed 6.10; 2 Co 1.11; Fp 1.19; Cl 4.3. // **Intercessão solicitada:** Dn 2.18; Rm 15.30; 1 Tm 5.25; 2 Ts 3.1; Hb 13.18. // **Exemplos de intercessão:** Gn 18.23-33; Êx 17.11; Nm 14.13-19; Dt 9.18-20; 2 Sm 12.16-22; 2 Rs 19.14-19; 2 Cr 6. 19-42; Jó 42.8; Is 37.14-36. Ver **Oração, Súplica.**

Oração intercessória

INTERCESSOR: O que intercede. // Maravilhou-se de que não houvesse **i**, Is 59.16.

INTERDITO: Proibição. // Ó rei, sanciona o **i**, e assina, Dn 6.8.

INTERESSAR: Tomar interesse por. // O que realmente me interessa é o fruto, Fp 4.17.

INTERESSE: Lucro, proveito, vantagem. // Digo isto em favor dos vossos próprios **i**, 1 Co 7.35. Seu próprio **i** e, sim, o de outrem, 1 Co 10.24. Não buscando o meu próprio **i**, mas o de muitos, 1 Co 10.33. Não procura os seus **i**, 1 Co 13.5.

INTERESSEIRO: Que atende só ao próprio interesse. // Aduladores... por motivos **i**, Jd 16. Ver **Egoísta.**

INTERIOR: A parte de dentro. O ânimo, a índole, a disposição da alma. // Pôs os querubins no mais **i**, 1 Rs 6.27. No santuário mais **i**, 2 Cr 5.7. Formaste o meu **i**, Sl 139.13. No tocante ao homem **i**, tenho prazer na lei, Rm 7.22. Homem **i** de renova, 2 Co 4.16. Fortalecidos... no homem **i**, Ef 3.16. Seja o homem **i** do coração, 1 Pe 3.4. Ver **Íntimo.**

INTERIORMENTE: No interior. // **I** estão cheios de ossos, Mt 23.27. Judeu é aquele que o é **i**, Rm 2.29.

INTERMINÁVEL: Que não pode terminar. // A genealogia **i**, 1 Tm 1.4 (ARC).

INTERPOR: Pôr entre. // Se Moisés... não se houvesse interposto, Sl 106.23.

INTERPRETAÇÃO: Ato, efeito ou modo de interpretar. // **I** de sonhos, Gn 40.9-23; Dn 2.; 4.18; das cousas, Ec 8.1; da escritura na parede, Dn 5.; de línguas, 1 Co 12.10; 14.26.

INTERPRETAR: Traduzir de uma língua para outra. Explicar o sentido. // Como José havia interpretado, Gn 40.22. Capacidade para interpretá-las, 1 Co 12.10. Interpretam-nas todos, 1 Co 12.30. Ore para que a possa interpretar, 1 Co 14.13. primeiramente se interpreta rei de Justiça, Hb 7.2.

INTÉRPRETE: Pessoa que explica o sentido mais ou menos claro de. // **I** da lei experimentou-o, Mt 22.35. Os fariseus e os **i** da lei rejeitaram, Lc 7.30. Ai de vós, **i** da lei, Lc 11.46,52. Jesus dirigindo-se aos **i** da lei, Lc 14.3.

INTERROGAR: Fazer perguntas a. // Acaso permitirei que eles me interroguem? Ez 21.21. No templo... interrogando-os, Lc 2.46. Sob açoite, fosse interrogado, At 22.24. Interroguem, em casa, a seus próprios maridos, 1 Co 14.35. Ver **Indagar, Perguntar.**

INTERROMPER: Romper a continuidade de alguma coisa. // Para que não se interrompam as vossas orações, 1 Pe 3.7.

INTERVIR: Interpor a sua autoridade. // Já é tempo, Senhor, para intervires, Sl 119.126.

INTIMAR: Notificar com autoridade. // Intima os céus lá em cima, Sl 50.4.

INTIMIDADE: Relações íntimas. // A **i** do Senhor é para os que o temem, Sl 25.14.

INTIMIDAR: Causar temor, apreensão, timidez a. // Intimidar-vos por meio de cartas, 2 Co 10.9. Em nada estais intimidados pelos adversários, Fp 1.28. Ver **Ameaçar, Assustar.**

ÍNTIMO: Interior e profundo. // José... procurou onde chorar... porque se movera no seu **í**, Gn 43.30. De noite indago o meu **í**, Sl 77.6. Esquadrinha todo o mais **i** do corpo, Pv 20.27. A ira se abriga no **í** dos insensatos, Pv 7.9. Se do **í** não perdoares, Mt 18.35. Ver **Interior.**

INTRANSITÁVEL: Por onde dificilmente se passa. // Mas o caminho dos pérfidos é **i**, Pv 13.15.

INTREPIDEZ: Falta de temor; coragem, ousadia. // Ao verem a **i** de Pedro, At 4.13. Anunciam com toda a **i** a tua palavra, At 4.29. Com **i** anunciavam a palavra, At 4.31. Com toda a **i** ensinava, At 28.31. Muita **i** na fé, 1 Tm 3.13. **I** para entrar no Santo dos Santos, Hb 10.19. // **Exortação à intrepidez:** Js 1.7; 2 Cr 19.11; Jr 1.8; Ez 3.9. // **Exemplos:** Moisés, Êx 10.9-26; José, Mc 15.43; Pedro e João, At 4.13; 5.29; Estevão, At 7.51; Paulo, At 9.27; 16.37; 20.24; 25.10; Gl 2.11; Apolo, At 18.26. Ver **Coragem, Ousadia.**

INTRÉPIDO: Que não receia o perigo. // O justo é **i** como leão, Pv 28.1. Ver **Ousado.**

INTRIGA: Enredo oculto para chegar a um certo fim. // Mestre de **i**, Pv 24.8. Maquina **i** para arruinar, Is 32.7. Tomará o reino com **i**, Dn 11.21. ver **Conspiração, Traição.**

INTRIGANTE: Enredador. // O **i** abocanha os seus bens, Jó 5.5. Tagarelas e **i**, 1 Tm 5.13.

INTRODUZIR: Entrar, penetrar. // Certos indivíduos se introduziram com, Jd 4.

INTROMETER: Tomar parte. // Antes se intrometem na vida alheia, 2 Ts 3.11. Quem se intromete em negócio de outrem, 1 Pe 4.15.

INTUITO: Intento, plano. // Vir com o **i** de arrebatá-lo, Jo 6.15. Nem de **i** gananciosos, 1 Ts 2.5.

INUMERÁVEL: Que se não pode numerar ou contar. // E **i** como a areia, Hb 11.12.

INÚTIL: Que não te proveito ou préstimo. // **I** vos será levantar de madrugada, Sl 127.2. E o servo **i** lançai-o para fora, Mt 25.30. Dizei: Somos servos **i**, Lc 17.10. Á uma fizeram **i**, Rm 3.12. Os falatório **i**, 1 Tm 6.20; 2 Tm 2.16. Ele, antes te foi **i**, Fm 11.

INUTILIDADE: Falta de utilidade. // Ordenança... sua fraqueza e **i**, Hb 7.18.

INUTILMENTE: Sem utilidade. // Eu me glorie de que... nem me esforcei **i**, Fp 2.16.

INVADIR: Entrar violentamente em. // Apressa-te... os filisteus invadiram, 1 Sm 23.27. Moabitas costumavam invadir, 2 Rs 13.20.

INVALIDAR: Tornar nulo. // Poder-se-á também invalidar a minha aliança com Davi, Jr 33.21. Invalidastes a palavra... por causa da vossa tradição, Mt 15.6. Ver **Anular.**

INVÁLIDO: Aquele que se acha inutilizado para o trabalho. // Entre as suas tribos não havia um só **i**, Sl 105.37.

INVEJA: Misto de desgosto e ódio provocado pela prosperidade ou a alegria de outrem. Temos ciúme do que é nosso, inveja do que o próximo possui. // Nem tenhas **i** dos que praticam a iniqüidade, Sl 37.1. Não tenhas **i** do homem violento, Pv 3.31. A **i** é a podridão dos ossos, Pv 14.30. Não tenha o teu coração **i** dos pecadores, Pv 23.17; dos homens malignos, Pv

24.1; dos perversos, Pv 27.4. Toda destreza em obras provém da **i**, Ec 4.4. Sabia que por **i** o tinham entregado, Mt 27.18. A **i** dos saduceus, At 5.17. Possuídos de **i**, homicídio, Rm 1.29. Entre vós contendas, **i**, 2 Co 12.20. As obras da carne **i**, Gl 5.21. Tendo **i** uns dos outros, Gl 5.26. Proclamam a Cristo por **i**, Fp 1.15. De que nascem **i**, 1 Tm 6.4. **I** amargurada e sentimento faccioso, Tg 3.14. Despojando-vos de... hipocrisias e **i**, 1 Pe 2.1. // Exemplos de inveja: Caim, Gn 4.5; os filisteus, Gn 26.14; os irmãos de José, Gn 37.11; Josué, Nm 11.28,29; Coré, Nm 16.3; Sl 106.16; Saul, 1 Sm 18.8; principais sacerdotes, Mc 15.10; os judeus, At 13.45; 17.5. Ver **Ciúme.**

INVEJAR: Ter inveja de. // Eu invejava os arrogantes, Sl 73.3. Matais e invejais, Tg 4.2.

INVEJOSO: Que tem inveja de. // Aquele que tem olhos **i**, Pv 28.22. Os patriarcas **i** de José, At 7.9. A caridade não é **i**, 1 Co 13.4 (ARC).

INVENÇÃO: Coisa inventada. // Mas eles buscaram muitas **i**, Ec 7.29 (ARC).

INSVERTIGAÇÃO: Indagação minuciosa. // A i da próprio glória, Pv 25,27 (ARC)

INVENTAR: Imaginar; criar no pensamento. // Do teu coração é que o inventas, Ne 6.8. Inventais como Davi instrumentos musicais, Am 6.5.

INVERNAR: Passar o inverno. // Porto próprio para invernar, At 27.12.

INVERTIGA: Indagar minanciosa. // A **i** da propria groria, Pv 25.27 (ARC).

INVERNO: A mais fria das quatro estações do ano. // Não deixará de haver... verão e **i**, Gn 8.22. Não lavra por causa do **i**, Pv 20.4. Passou o **i**... aparecem as flores, Ct 2.11. Que a vossa fuga não se dê no **i**, Mt 24.20. Era **i**, Jesus passeava no templo, Jo 10.23. Que convosco... passe o **i**, 1 Co 16.6. Apressa-te a vir antes do **i**, 2 Tm 4.21. Resolvido passar o **i** ali, Tt 3.12. Ver **Estação.**

INVESTIGAÇÃO: Indagação minuciosa. // A **i** da própria glória, Pv 25.27 (ARC).

INVESTIGAR: Indagar, inquirir, pesquisar. // Para investigar mais acuradamente, At 23.15.

INVISÍVEL: Que não pode ser visto. // Os atributos **i** de Deus... sendo percebidos por, Rm 1.20. Ele é a imagem do Deus **i**, Cl 1.15. Criadas todas as coisas... as visíveis e as **i**, Cl 1.16. Ao Rei eterno, imortal, **i**, 1 Tm 1.17. Como quem vê aquele que é **i**, Hb 11.27.

INVOCAR: Chamar em auxílio, pedir a proteção de. // Daí se começou a invocar o nome do Senhor, Gn 4.26. Invoco o Senhor, digno de ser louvado, 2 Sm 22.4. Invocaram o nome de Baal, 1 Rs 18.26. Rendei graças ao Senhor, invocai o seu nome, 1 Cr 16.8. Eu te invoco, ó Deus, pois tu me respondes, Sl 17.6. Invoco o Senhor, digno de ser louvado, Sl 18.3. Na minha angústia invoquei o Senhor, Sl 18.6. Invoca-me no dia da angústia, Sl 50.15. Eu invocarei a Deus e o Senhor me salvará, Sl 55.16, Invocá-lo-ei enquanto eu viver, Sl 116.2. De todo o coração eu te invoco, Sl 119.145. Perto está o Senhor de todos os que o invocam, Sl 145.18. Então me invocarão, mas eu não responderei, Pv 1.28. Invocai-o enquanto está perto, Is 55.6. Ninguém há que invoque o teu nome, Is 64.7 Os 7.7. Todo aquele que invocar o nome do Senhor, Jl 2.32; At 2.21; Rm 10.13. Todos os que invocam o teu nome, At 9.14. Ver **Implorar.**

INVOLUNTARIAMENTE: Contra a vontade. // Que matar alguém **i**, Nm 35.11.

IQUES, hb. **Perverso:** Pai de um dos trinta valentes de Davi, 2 Sm 23.26.

IR, hb. **Uma cidade:** Descendente de Benjamim, 1 Cr 7.12.

IRA: Cólera furor. // Justa: Êx 11.8; 32.19; Lv 10.16; Nm 16.15; Ne 5.6; Mc 3.5; At 17.16. // **É pecado:** Gn 4.5,6; Nm 20.11; 22.27; 1 Sm 20.30; 1 Rs 21.4; 2 Rs 5.11; 2 Cr 16.10; 26.19; Et 3.5; Dn 3.13; Jn 4.4; Mt 2.16; Lc 4.28; At 7.54. // **Resultado da ira:** Pv 14.17; 30.33. // **Proibida:** Sl 37.8; Pv 15.18; 19.11; 22.24; Mt 5.22; Rm 12.19; Ef 4.26,31; Tt 1.7; Tg 1.19,20. // **Exemplos da ira:** Caim, Gn 4.5; Moisés, Nm 20.10; Saul, 1 Sm 20.30; Nabal, 1 Sm 25.17; Sambalá, Ne 4.1; Nabucodonosor, Dn 2.12; Herodes, Mt 2.16. // **Ira de Deus:** Dt 29.20; Js 23.16; 2Rs 22.17; Mc 3.5; Rm 2.5; Cl 3.6; Hb 3.18,19; 1 Ts 1.10; Ap 21.8,22.18. // **A ira de Deus** contra o mundo antigo, Gn 7.21-23; contra os edificadores de Babel, Gn 11.8; contra Sodoma e Gomorra, Gn 19.24,25; contra os egípcios, Êx 9.3; contra os israelitas, Êx 32.35; contra Miriã e Arão, Nm 12.9,10; contra os que não crêem, Jo 3.36; os filhos da desobediência, Ef 5.6. // A ira do Cordeiro, Ap 6.16. // O vinho do furor da ira de Deus, Ap 19.15. Ver **Cólera, Furor.**

IRA, hb. **Vigilante:** 1. Um oficial de Davi, 2 Sm 20.26. // 2. Um dos valentes de davi, 2 Sm 23.38. // 3. Outro valente de Davi, 2 Sm 23.26.

IRÃ, hb. **Cidadão:** Um príncipe de Edom, Gn 36.43.

IRACUNDO: Que tem tendência para ira. // O homem **i** suscita contendas, Pv 15.18. Com a mulher rixosa e **i**, Pv 21.19. Não te associes com o **i**, Pv 22.24. O **i** levanta contendas, Pv 29.22.

IRADE: Neto de Caim e filho de Enoque, Gn 4.18.

IRADO: Movido ou tomado de ira. // O rei ficou **i** e, enviando as suas tropas, Mt 22.7.

IRAR: Encolerizar-se: // Irou-se, pois, sobremaneira Caim, Gn 4.5. Que se irar contra seu irmão sujeito, Mt 5.22. Irai-vos, e não pequeis, Ef 4.26. Tardio para falar, tardio para se irar, Tg 1.19. Ver **Irritar.**

IRASCÍVEL: Que se irrita facilmente. // Não arrogante, não **i**, Tt 1.7.

Mesquita de Omar em Jerusalém. Célebre lugar de peregrinação para os maometanos. No interior desta mesquita encontra-se a Rocha Sagrada, sobre a qual se diz que Abraão ofereceu seu filho Isaque. Ver Abraão, p. 15

IRMÃ: Aquela que, em relação a outrem, é filha do mesmo pai ou da mesma mãe. // Minha **i**, Gn12.13; 20.2; 26.7. Dize a sabedoria: Tu és minha **i**, Pv 7.4. **I** de Paulo, At 23.16. Às moças, como a **i**, com toda a pureza, 1 Tm 5.2.

IRMANDADE: Fraternidade. // Que possa julgar no meio da **i**? 1 Co 6.5. Sofrimentos... na vossa **i** espalhada pelo mundo, 1 Pe 5.9.

IRMÃOS: Homens, descendentes do mesmo pai. Correligionários. // **Os seus deveres:** Gn 13.8; 42.21,22; Lv 19.17; 25.35; Dt 15.7; Sl 133.1; Pv 6.19; Mt 5.22; 25.40; Jo 13.34; Rm 12.10; Hb 13.1; 1 Pe 1.22; 1 Jo 1.9,10; 3.17; 4.20. // **De Jesus:** Mt 13.55; 12.46-50; Mc 3.31; 1 Co 9.5; Gl 1.19. // **Exemplos do amor fraterno:** Jacó e Esaú, Gn 33.15; Rúbem e José, Gn 37.22-29; José e Benjamim, Gn 43.34; Moisés e Arão, Êx 4.27; Judá e Simeão, Jz 1.3; André e Simão, Jo 1.41. Ver **Irmã, Próximo.**

IROM, hb. **Reverência:** Cidade fortificada de Naftali, Js 19.38. Ver mapa 3, A-2.

IRPEEL, hb. **Deus cura:** Cidade de Benjamim, Js 28.27.

IRRACIONAL: Que não possui a faculdade de raciocinar. // Embrutecido e ignorante; era como um **i**, Sl 73.22. Como brutos **i**... para presa e destruição, 2 Pe 2.12.

IRRECONCILIÁVEL: Que se não pode reconciliar. // **I**, sem misericórdia, Rm 1.31 (ARC). Sem afeto natural, **i**, 2 Tm 3.3 (ARC).

IRRELIGIOSO: Ímpio, ateu. // Mas para... os profanos e **i**, 1 Tm 1.9 (ARC).

IRREPREENSÍVEL: Que não dá lugar a repreensão ou censura. // Então serei **i**, Sl 19.13. Bem-aventurados os **i**, Sl 119.1. Seja o meu coração **i**, Sl 119.80. Vivendo **i**, Lc 1.6. **I** no dia de nosso Senhor Jesus Cristo, 1 Co 1.8. Para sermos santos e **i**, Ef 1.4. Para que vos torneis **i**, Fp 2.15. Quanto a justiça que há na lei, **i**, Fp 3.6. Para apresentar-vos perante ele santos, inculpáveis e **i**, Cl 1.22. **I** na vinda de nosso Senhor Jesus Cristo, 1 Ts 5.23. O bispo seja **i**, 1 Tm 3.2; Tt 1.6,7. Se mostrarem **i**, exerçam o diaconato, 1 Tm 3.10. Para que sejam **i**, 1 Tm 5.7. **I** até a manifestação de nosso Senhor Jesus Cristo, 1 Tm 6.14. Empenhai-vos por serdes achados por ele **i**, 2 Pe 3.14. Ver **Íntegro.**

IRREPREENSIVELMENTE: De modo correto. // Vivendo **i** em todos os preceitos, Lc 1.6. Justa e procedemos, 1 Ts 2.10.

IRREVERÊNCIA: Ato irreverente. // Contra Uzá... por esta **i**, 2 Sm, 6.7.

IRREVERENTE: Falta de reverência respeito às coisas sagradas. // Mas para transgressores e rebeldes, **i** e pecadores, 1 Tm 1.9. Serão egoístas... **i**, 2 Tm 3.2.

IRREVOGÁVEL: Que não pode ser revogado. // Os dons e vocação de Deus são **i**, Rm 11.29.

IRRISÃO: Objeto de escárnio. // Eu sou **i** para os meus amigos, Jó 12.4.

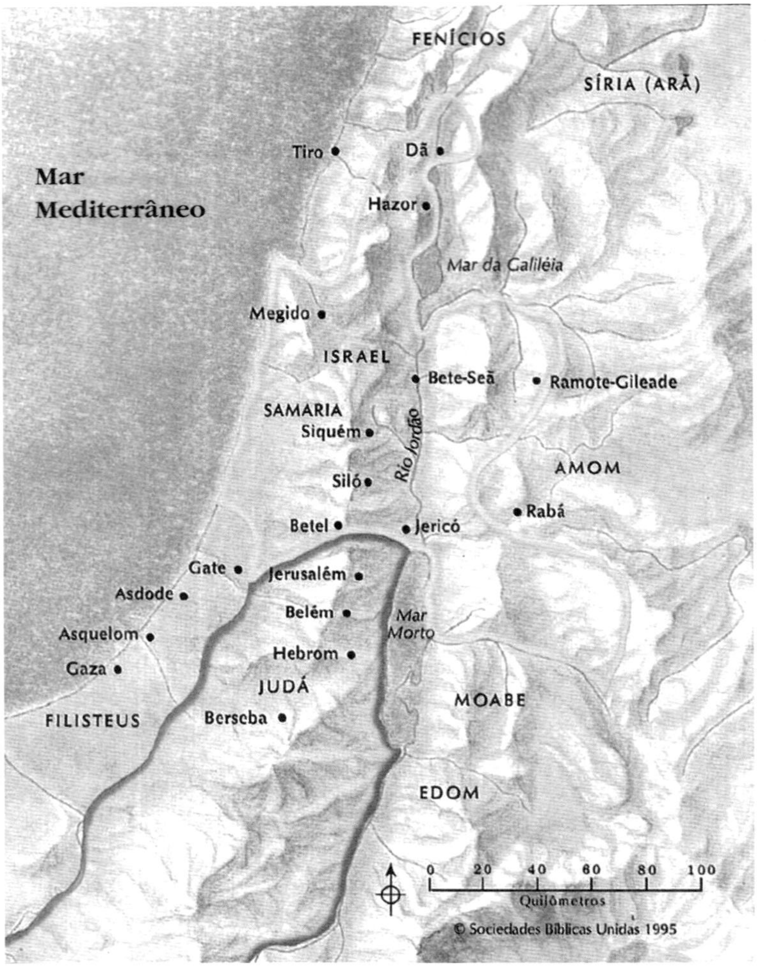

Reinos Israel e Judá

IRRITAR: Encolerizar, exasperar, enfadar. // E me irritado e anulado a minha aliança, Dt 31.20. Provocava excessivamente para a irritar, 1 Sm 1.6. Por que me irritais com as obras de vossas mãos, Jr 44.8. Ver **Encolerizar, Enfurecer, Exasperar, Irar.**

IRU, hb. **Cidadão:** Filho primogênito de Calebe, 1 Cr 4.15.

ISABEL, Deus que faz pacto: Mulher do sacerdote Zacarias e mãe de João Batista, Lc 1.5-46. Descendia de Arão, cuja mulher de chamava, também, Isabel, em hebraico, Eliseba, Êx 6.23.

ISAÍAS, O LIVRO DE: O primeiro dos profetas do Antigo Testamento. Durante os 150 anos antes de Isaías, a Assíria desenvolvia e anexava nação após nação ao seu território. Quando Isaías, nasceu, fazia meio século que Israel pagava tributo a essa nação. Quando ainda jovem, ela levou as dez tribos para o cativeiro. Alguns anos depois os assírios invadiram Judá, destruíram 46 cidades muralhadas de Judá e levaram 200 mil cativos. Foi pela oração de Isaías, já velho, e por seu concelho ao rei Ezequias, que Senaqueribe foi vencido, e o anjo do Senhor feriu 185 mil assírios em uma só noite. Assim Isaías vivia e profetizava, durante toda a sua vida, sob a nuvem negra e ameaçadora da Assíria.

A autoria: Isaías, Is 1.1. Este, o mais ilustre dos profetas, era, conforme a tradição, de sangue real, seu pai Amós sendo um irmão do rei Amazias, e assim ele primo legítimo do rei Uzias, e neto do rei Joás.

A chave: Salvação, Is 53.5. Seu nome, que significa **Salvação de Deus,** compreende

bem o seu ministério e mensagem. Chama-se Isaías o **profeta messiânico,** porque sua vida estava saturada de esperança da vinda do messias. Vivia tomado pelo pensamento da grandeza e glória da obra que seria feita entre nações no advento do Cristo.
As divisões: I. Olhando para os cativeiros, Is 1 a 39. Os versículos-chave, 1.1,2. 1) Repreensões pelos pecados de Israel, Is 1 a 35. 2) Seção histórica, Is 36 a 39. Esta parte teria outra cunha para o leitor, se os trechos poéticos fossem impressos na forma de poesias. **II. Olhando além dos cativeiros,** Is 40 a 66. Os versículos-chave, 40.1,2. Uma coleção de poesias, impressas em forma poética, em algumas versões, O capítulo 53 de Isaías e o Salmo 23 são, provavelmente os dois capítulos, do Antigo Testamento, mais prezados pelo povo de Deus. As profecias são escritas, geralmente, para o tempo futuro. Mas Isaías escreve algumas de suas poesias proféticas, como se tivesse sido transladado para o futuro, e fala no tempo passado como uma testemunha ocular do que tinha visto.
O profeta Isaías ministrou durante um período de mais ou menos 50 anos.

ISAQUE, hb. **Riso:** Patriarca filho de Abraão e de Sara. Filho de promessa, Gn 18.1-15. Seu nascimento, Gn 21.1-7. Nasceu quando Abraão tinha 100 anos e Sara 90, Gn 17.17; 21.5. Tanto Abraão como Sara riram-se, quando lhes foi anunciado o seu nascimento, Gn 17.17; 18.12; 21.6. Deus ordenou a seu pai que lhe oferecesse em holocausto, Gn 22. Seu pai mandou seu servo buscar uma mulher para ele, dentro da sua parentela, Gn 24. Casou-se com ela, Rebeca, com quarenta anos de idade, Gn 25.20. Nasceram-lhes gêmeos, Esaú e Jacó, Gn 25.24. Habitou em Gerar, Gn 26.6. Isaque e o rei dos filisteus, Abimeleque, Gn 26.7-33. Abençoou a Jacó, Gn 27.27; 28.1. Filhos da promessa, como Isaque, Gl 4.28. Habitando em tendas com Isaque e Jacó, Hb 11.9. Pela fé Isaque abençoou a Jacó e a Esaú, Hb 11.20.

ISBÁ, hb. **Ele louva:** Um descendente de Judá, 1 Cr 4.17.

ISBI-BENOBE, hb. **Habitante de Nobe:** Gigante que tentou matar a Davi, 2 Sm 21.16.

IS-BOSETE, hb. **Homem de vergonha:** Um dos filhos de saul, 2 Sm 2.8. Reinou dois anos sobre Israel, 2 Sm 2.10. Vitória de Davi sobre Is-Bosete, 2 Sm 2.17. A morte de Is-Bosete, 2 Sm 4.7.

ISCÁ, hb. **Discernimento:** Filha de Harã e irmã de Milca e de Ló, Gn 11.29.

ISCARIOTES: Mt 10.4. Homem natural de Queriote. Ver **Judas Iscariotes.**

IS-HODE, hb. **Homem de esplendor:** Um descendente de Manassés, 1 Cr 7.18.

ISI, hb. **Salutar:** 1 Cr 2.31; 4.20; 4.42; 5.24.

ISMA, hb. **Distinção:** Um descendente de Judá, 1 Cr 4.3.

ISMAEL, hb. **Quem Deus ouve:** 1. Filho de Abraão e Hagar, Gn 16.15. Ismael nasceu segundo a carne, Gl 4.23. Isto é, Sara, não confiando na promessa de Deus de dar à luz um filho, deu sua escrava Hagar, por mulher, a Abraão, Gn 16.1. Quatorze anos depois do nascimento de Ismael nasceu Isaque, Gn 16.16; 21.5. Ismael criou-se no deserto de Parã e casou-se com uma egípcia, Gn 21.21. Geraria doze príncipes e dele Deus faria uma grande nação, Gn 17.20. Isaque e Ismael juntos sepultaram seu pai, Abraão, Gn 25.9. Os nomes dos seus doze filhos, Gn 25.13-15. Teve, também, uma filha que se casou com Esaú, Gn 28.9. faleceu quando rinha 137 anos de idade, Gn 25.17. // 2. Um descendente de Saul, 1 Cr 8.38. // 3. O pai de Zebadias, 2 Cr 19.11. // 4. Um filho de Jaanã, que ajudou Joiada a colocar Joás no trono, 2 Cr 23.1. // 5. Um sacerdote do tempo de Esdras, Ed 10.22. // 6. Filho de Netanias, Jr 41.1. Matou a Gedalias, 2 Rs 25.23.

ISMAELITAS: Descendentes de Ismael, filho de Abraão e Hagar, a escrava egípcia. Como houve doze tribos de israelitas, houve também doze tribos de ismaelitas, Gn 17.20; 25.12-16. Todos os árabes, seguindo o exemplo de Maomé, dizem-se descender de Ismael. José vendido aos ismaelitas, que o levaram ao Egito, Gn 37.28. Mencionados em Sl 83.6.

ISMAÍA, hb. **Jeová ouve:** 1. Cabeça dos 30 valentes de Davi, 1 Cr 12.4. // 2. Chefe da tribo de Zebulom, 1 Cr 27.19.

ISMAQUIAS, Jeová sustenta: Um levita que administrava as ofertas, 2 Cr 31.13.

ISMERAI, hb. **Jeová nos guarda:** Um descendente de Benjamim, 1 Cr 8.18.

ISPA, hb. **Calvo:** Um descendente de Benjamim, 1 Cr 8.22.

ISRAEL, hb. **Que luta com Deus:** 1. O nome dado a Jacó, depois de ter lutado com Deus, Gn 32.28; 35.10; Os 12.3. // 2. Todos os descendentes de Jacó, Gn 34.7; Dt 4.1. // 3. Nome das dez tribos, 2 Sm 2.9. // 4. As tribos depois do cativeiro, Ed 1.3. Ouve ó Israel, o Senhor nosso Deus é o único Senhor, Mc 12.29. Nem todos os de Israel são de fato israelitas, Rm 9.6. Assim todo Israel será salvo, Rm 11.26. Paz e misericórdia sejam sobre... o Israel de Deus, Gl 6.16. Da linhagem de Israel, Fp 3.5. // 5. O país atual, compreendendo a maior parte da Palestina. O reino antigo, a Palestina, compreendia as terras ocupadas pelo povo hebraico; estabelecido cerca de 1025 a.C.; dividido cerca de 933 a.C. no norte do sul, a Judéia e o reino do norte, Israel. Era, antes da primeira Guerra Mundial, uma parte do império Otomano; de 1923 a 1948 um mandato britânico; desde 1948, até hoje, uma república. Jerusalém é sua capital; Telavive e Jafa, duas das cidades principais. Ver **Jacó, Palestina.**

ISRAELITAS: Descendentes de Israel. Isto é, de Jacó, Êx 9.7. Desceram ao Egito, Gn 46.6. Partiram do Egito, Êx 12.31. Suas peregrinações no deserto, Êx 14 a 40. Entraram em Canaã, Js 1 a 13. Seus Juízes, Jz 2. Seus reis, 1 Sm 10. O reino dividido, 1 Rs 12.16. O cativeiro, 2 Rs 17. Eis um verdadeiro israelita, Jo 1.47. São israelitas. Pertence-lhes a adoção, Rm 9.4. Nem todos os de Israel são de fato israelitas, Rm 9.6. Sou israelita da descendência de Abraão, Rm 11.1. São israelitas? Também eu, 2 Co 11.22.

*A **torre de Pisa** com 58,5 metros de altura é um dos mais famosos cartões-postais da Itália, uma das atrações turísticas mais conhecidas*

ISSACAR, hb. **Salário:** 1. O nono filho de Jacó e o quinto de Lia, Gn 30.18. Nasceram-lhe quatro filhos, antes de mudar-se para o Egito, Gn 46.13. Abençoado por Jacó, Gn 49.14. // 2. Uma das doze tribos de Israel, Nm 2.5. No censo no deserto, Nm 1.28; 26.25. Abençoada por Moisés, Dt 33.18. Sua herança, Js 19.17. Ver mapa 2, C-3. Três reis da tribo de Issacar governaram a Israel: Baasa, 1 Rs 15.27; Ela, 1 Rs 16.6 e Zinri, 1 Rs 16.9. Issacar, doze mil selados, Ap 7.7. // 3. O sétimo filho de Obede-Edom, 1 Cr 26.5.

ISSIAS, hb. **Jeová abandona:** 1. Um neto de Tola, 1 Cr 7.3. // 2. Um dos que vieram a Davi em Ziclague, 1 Cr 12.6. // 3. Um levita da casa de Uziel, 1 Cr 23.20. // 4. Outro levita, da casa de Reabitas, 1 Cr 24.21.

ISSO: Essa coisa, estas coisas, estes objetos. // Para **i** nasci e para **i** vim ao mundo, Jo 18.37.

ISTO: Esta coisa, estas coisas, este objeto, estes objetos. // Para **i** vim a esta hora. Jo 12.27 (ARC).

ISVI, hb. **Igual:** 1. O terceiro filho de Aser, Gn 46.17. // 2. Um filho de Saul, 1 Sm 14.49.

ITAI, hb. **Arador:** 1. Um geteu, isto é, habitante de Gate, e amigo de Davi, 2 Sm 15.19. // 2. Um dos valentes de Davi, 2 Sm 23.29.

ITÁLIA: At 18.2; 27.1,6; Hb 13.24. Originalmente um pequeno distrito do extremo sul da península italiana. Sua capital, Roma, governava o mundo nos tempos de Jesus e dos apóstolos. Mencionam-se, nas Escrituras, cinco cidades da Itália: Roma, Régio, Potéoli, Ápio e Três Vendas, At 28.13,15. Ver mapa 6, A-1.

ITALIANO: A Coorte Italiana (At 10.1) compunha-se de naturais da Itália. O nome distinguia-se do resto das tropas romanas, que se recrutavam das diversas províncias do Império.

ITAMAR, hb. **Terra de Palmeiras:** O quarto filho de Arão, Êx 6.23; 28.1. Tesoureiro das ofertas para o tabernáculo, Êx 38.21. Diretor dos gersonitas e dos filhos de Marari no serviço do tabernáculo, Nm 4.28,33.

ITIEL, hb. **Deus está comigo:** 1. Um dos habitantes de Jerusalém, no tempo de Neemias, Ne 11.7. // 2. Um dos dois homens a quem Agur dirigiu suas palavras, Pv 30.1 (ARC).

ITLA, hb. **Lugar alto:** Uma cidade da herança de Dã, Js 19.42.

ITMA, hb. **Privação:** Um dos valentes de Davi, 1 Cr 11.46.

ITNÃ, hb. **Perene:** Uma cidade de Judá, Js 15.23.

ITRA, hb. **Abundância:** Pai de Amasa, general do exército de Absalão, 2 Sm 17.25.

ITRÃ, hb. **Excelente:** 1. Um descendente de Seir, Gn 36.26. // 2. Um descendente de Aser, 1 Cr 7.37.

ITREÃO, hb. **Fartura de gente:** O sexto filho de Davi, 2 Sm 3.5.

ITRITA: Uma família de Quiriate-Jearim, 1 Cr 2.53. Dois dos valentes de Davi pertenciam a esta família, 2 Sm 23.38; 1 Cr 11.40.

ITURÉIA, hb. **Terra de Jeter:** Lc 3.1. Uma pequena província ao nordeste da Palestina.

IVA: 2 Rs 18.34. Uma cidade, talvez, da Síria.

IZAR, hb. **Brilho:** Um descendente de Judá, 1 Cr 4.7.

IZRAÍAS, hb. **Jeová se eleva:** Um descendente de Issacar, 1 Cr 7.3.

IZRI, hb. **Criativo:** Um dos cantores no templo, 1 Cr 25.11.

A parte antiga de Jerusalém, o Jardim de Getsêmane está em segundo plano

J

JÁ: Desde logo, então. // Não que eu o tenha **j** recebido, ou tenha **j** obtido, Fp 3.12. O mistério da iniqüidade **j** opera, 2 Ts 2.7. Que a ressurreição **j** se realizou, 2 Tm 2.18.

JAACOBÁ, hb. **Suplantador:** Um príncipe da tribo de Simeão, 1 Cr 4.36.

JAALA, hb. **Corça:** Um dos que voltaram de Babilônia, Ed 2.56.

JAARÉ-OREGIM, hb. **Tecelões da floresta:** O pai de Elanã que feriu Golias ou o irmão de Golias, 2 Sm 21.19.

JAARESIAS, hb. **Jeová nutre:** Um filho de Jeorão, da tribo de Benjamim, 1 Cr 8.27.

JAASAI, hb. **Jeová faz:** Um dos que tinham mulher estrangeira, Ed 10.37.

JAASIEL, hb. **Deus faz:** Um dos valentes de Davi, 1 Cr 11.47.

JAATE, hb. **Ávido:** Um neto de Judá, 1 Cr 4.2. Outros do mesmo nome: 1 Cr 6.20; 23.10; 24.22; 34.12.

JAAZ: Teatro de uma batalha decisiva, na qual os israelitas puseram os amorreus em debanda, Nm 21.23.

JAAZIAS, hb. **Jeová consola:** Um levita, filho de Mearei, 1 Cr 24.26.

JAAZIEL, hb. **Deus vê:** 1. Um dos soldados de Davi, 1 Cr 12.4. // 2. Um dos dois sacerdotes chamados para tocarem trombetas perante a arca da aliança, 1 Cr 16.6. // 3. Um levita, 1 Cr 23.19. // 4. Filho de Zacarias, 2 Cr 20.14. // 5. O pai de Secanias, Ed 8.5.

JABAL, hb. **Rio:** Filho de Lameque e Ada, e o pai dos que habitam em tendas, Gn 4.20.

JABES-GILEADE: A primeira cidade de Gileade de Manassés. Todos os seus habitantes foram mortos na guerra de Israel contra Benjamim, por terem mostrado indiferença a um pecado nacional, Jz 21.10. Saul, no início do seu reinado, venceu os amonitas e libertou Jabes-Gileade, quando aqueles ameaçaram vazar-lhe os olhos direitos, 1 Sm 11.1-11. Os moradores de Jabes-Gileade, com gratas recordações do seu libertador, caminharam toda a noite, tiraram os corpos de Saul e seus filhos do muro de Bete-Seã, e os sepultaram em Jabes, 1 Sm 31.12. Davi mandou agradecer aos homens de Jabes esse ato, 2 Sm 2.5. Davi, depois, tomou os ossos de Saul, e os ossos de seus filhos, dos moradores de Jabes e os transportou para o jazigo de Quis, o pai de Saul, 2 Sm 21.12-14. Ver mapa 2, D-4.

JABEZ, hb. **Que causou dor:** 1. Um homem de Judá, mais ilustre do que seus irmãos. Orava pedindo que Deus alargasse suas fronteiras, que fosse consigo a sua mão e que o preservasse do mal, 1 Cr 4.9,10. // 2. Um lugar, talvez, em Judá, onde habitavam as famílias dos escribas, 1 Cr 2.55.

JABIM, hb. **Inteligente:** 1. Rei de Hazor, cidade principal do norte da Palestina, morto por Josué na conquista de Canaã, Js 11.1-9. // 2. Rei de Canaã, que reinava em Hazor, oprimindo os israelitas durante vinte anos, até que Baraque o exterminou, Jz 4.2-24.

JABNEEL, hb. **Deus difica:** 1. Uma cidade na fronteira setentrional de Judá, Js 15.11. Ver mapa 2, B-5; mapa 5, A-1. // 2. Uma cidade da fronteira de Naftali, Js 19.33.

JABOQUE, hb. **Efusão:** O mais importante rio de Gileade e um tributário do Jordão. Onde Jacó lutou com um anjo e se reconciliou com Esaú, Gn 32.22. Formava um dos limites da terra dos amorreus, Jz 11.22. Ver mapa 2, D-4; mapa 4, C-2.

JACÃ, hb. **Turbulento:** Chefe de uma família descendente de Gade, 1 Cr 5.13.

JACINTO: Pedra preciosa, ordinariamente de cor alaranjada. No peitoral do sumo sacerdote, Êx 28.19. Couraças cor de fogo, de jacinto e de enxofre, Ap 9.17. O undécimo fundamento da muralha da Nova Jerusalém, Ap 21.20.

JACÓ, hb. **Suplantador:** 1. O pai do marido de Maria, Mt 1.15. // 2. Patriarca, filho de Isaque e Rebeca, Gn 25.56. Comprou de Esaú o direito de primogenitura, Gn 25.33. Enganou a Isaque para receber a bênção, Gn 27.23. Tinha de fugir para escapar da ira de Esaú, Gn 27.41-44. Sua visão da escada, Gn 28.12. Encontra-se com Raquel, Gn 29.10. Casou-se com Lia e Raquel, Gn 29.21-30. História de sua família, Gn 29.30. Fugiu de Labão, Gn 31. Anjos encontraram-se com ele, Gn 32.1. Lutou com um anjo em Peniel, Gn 32.24-32. Reconciliou-se com Esaú, Gn 33. Abençoado por Deus em Betel, Gn 35. Deus deu-lhe o nome de Israel, Gn 35.10. Seu grande amor para com José, Gn 37.3. Desceu ao Egito, Gn 46. Abençoou os filhos de José, Gn 48. Abençoou todos os seus filhos, Gn 49. Morreu e foi sepultado em Canaã, Gn 50.13. // Amei a Jacó, porém aborreci a Esaú, Ml 1.2; Rm 9.13. Com Abraão, Isaque e Jacó, no reino, Mt 8.11. A fonte de Jacó, Jo 4.6. És maior do que o nosso pai Jacó? Jo 4.12. Pela fé Jacó, quando estava para morrer, Hb 11.21. // 3. A palavra **Jacó,** significando os **israelitas:** Is 10.21; 14.1; Jr 10.16.

JACTÂNCIA: Alarde de méritos ou de proezas. // Onde a **J**? Foi... excluída, Rm 3.27. Não é boa a vossa **j**, 1 Co 5.6. Toda **j** semelhante... é maligna, Tg 4.16. Ver **Orgulho, Vaidade.**

JACTANCIOSO: Que tem jactância. // Palavras **j** de vaidade, engodam, 2 Pe 2.18. Ver **Orgulhoso.**

JACTAR: Vangloriar-se. // Jactais das vossas arrogantes pretensões, Tg 4.16.

JADA, hb. **Sábio:** Um filho de Onã, 1 Cr 2.28.

JADAI, hb. **Diretivo:** 1. Um descendente de Calebe, 1 Cr 2.47. // 2. Um dos que tinham mulher estrangeira, Ed 10.43.

JADIEL, hb. **Deus alegra:** Um guerreiro valente da meia tribo de Manassés, 1 Cr 5.24.

JADO, hb. **União:** Um descendente de Gade, 1 Cr 5.14.

JADOM, hb. **Governa:** Um dos que trabalharam na reedificação dos muros, Ne 3.7.

JADUA, hb. **Conhecido:** 1. Um chefe do povo que assinou a aliança com Neemias, Ne 10.21. // 2. Um bisneto de Eliasibe no tempo de Neemias, Ne 12.11.

JAEL, hb. **Cabra montesa:** Mulher de Heber, que matou Sísera, cravando-lhe uma estaca na fonte enquanto este dormia, Jz 4.17-22.

JAERÁ, hb. **Mel:** Um descendente do Rei Saul, 1 Cr 9.42.

JAFÉ, hb. **Beleza:** Um filho de Noé, Gn 5.32.

JAFIA, hb. **Brilhando:** 1. Um dos cinco reis de amorreus que sitiaram a Gibeom, Js 10.3-5. Josué prendeu os cinco, matou-os e mandou que lançassem seus cadáveres na cova onde se tinham escondido, Js 10.16-27. // 2. Um dos filhos de Davi, 2 Sm 5.15. // 3. Uma cidade da herança de Zebulom, Js 19.12. Ver mapa 4, B-1.

JAFLETE, hb. **Que o livre:** Um descendente de Aser, 1 Cr 7.32.

JAFLERI: Um povo, descendentes de Jaflete, que habitava uma região na fronteira do território de José, Js 16.3.

JAFO: Is 19.46. O mesmo que Jope. Ver mapa 1, H-3.

JAGUR, hb. **Hospedaria:** Uma cidade de Judá, Js 15.21.

JAIR, hb. **Ele ilumina:** 1. Descendente tanto de Judá como de Manassés, Dt 3.14; 1 Cr 2.22. Suas aldeias, Js 13.30. // 2. O oitavo Juiz de Israel, Jz 10.3. Tinha trinta filhos que cavalgavam 30 jumentos e tinham trinta cidades, Jz 10.4. // 3. O pai de Elanã, que matou o gigante Lami, irmão de Golias, 1 Cr 20.5. // 4. O pai de Mordecai, Et 2.5.

JAIRO, forma grega da palavra Jair: O chefe da sinagoga de Cafarnaum, cuja filha Jesus ressuscitou, Mc 5.22.

JALÃO, hb. **Escondido:** Um descendente de Esaú, Gn 36.5.

JALEEL, hb. **Deus aflige:** Um filho de Zebulom, Gn 46.14.

JALOM, hb. **Obstinado:** Um descendente de Judá, 1 Cr 4.17.

JAMAI, hb. **Robusto:** Um neto de Issacar, 1 Cr 7.2.

JAMAIS: Nunca. // Ninguém **j** viu a Deus, Jo 1.18.

JAMBRES, hb. **Oponente:** Janes e Jambres resistiram a Moisés, 2 Tm 3.8. Ver **Janes.**

JAMIM, hb. **Mão direita:** 1. Um filho de Simeão, Gn 46.10. // 2. Um filho de Rão, da tribo de Judá, 1 Cr 2.27. // 3. Um dos que ensinavam o povo na lei, Ne 8.7.

JANAI, hb. **Voraz:** 1. Chefe de uma família gadita, 1 Cr 5.12. // 2. Pai de Melqui, na genealogia de Cristo, Lc 3.24.

JANELA: Abertura feita num muro para dar ar e luz. // Farás na arca uma **j**, Gn 6.16 (ARC). Mical... olhando pela **j**... vendo Davi, 2 Sm 6.16. Ainda que o Senhor fizesse **j** no céu, 2 Rs 7.2. Da **j** da minha casa, Pv 7.6. Havia **j** abertas da banda de Jerusalém, Dn 6.10. Estava sentado numa **j**, At 20.9. Grande cesto, me desceram por uma **j**, 2 Co 11.33.

JANES: Janes e Jambres foram dois mágicos que resistiram Moisés no Egito, 2 Tm 3.8. Ver Êx 7.11,22.

JANIM, hb. Uma cidade da herança de Judá, Js 15. 53.

JANLEQUE, hb. **Que Eleja rei:** Príncipe de uma família simeonita, 1 Cr 4.34.

JANOA, hb. **Descanso:** 1. Lugar na fronteira leste de Efraim, Js 16.6. Ver mapa 4, B-2. // 2. Uma cidade de Naftali, tomada por Tiglate-Pileser, rei da Assíria, 2 Rs 15.29.

JANTAR: Refeição principal do dia; tomar a refeição principal. // Convidou-o um dos fariseus para que fosse jantar, Lc 7.36. Quando deres um jantar ou uma ceia, Lc 14.12. Ver **Cear.**

JAQUE, hb. **Piedoso:** O pai de Agur, Pv 30.1.

JAQUIM, hb. **Ele estabelece:** 1. O quarto filho de Simeão, Gn 46.10. Seus filhos, os jaquinitas, Nm 26.12. // 2. Um benjamita, filho de Simei, 1 Cr 8.19. // 3. Chefe do duodécimo turno de sacerdotes no tempo de Davi, 1 Cr 24.12. // 4. Chefe do vigésimo primeiro turno dos sacerdotes no tempo de Davi, 1 Cr 14.17. // 5. Nome da coluna que ficava ao lado direito, no Templo de Jerusalém, 1 Rs 7.21.

JARÁ: Um servo egípcio que se casou com a filha de seu senhor, 1 Cr 2.34.

JARDIM: Lugar onde se cultivam flores e plantas de ornato. // Plantou Deus um **j** no Éden, Gn 2.8. Árvore que está no meio do **j**, Gn 3.3. Andava no **j** pela viração do dia, Gn 3.8. Deus o lançou fora do **j** do Éden, Gn 3.23. A campina do Jordão... como o **j** do Senhor, Gn 13.10. Como **j** à beira dos rios, Nm 24.6. Ó tu que habitas nos **j**, Ct 8.13. Serás como um **j**, regado Is 58.11; Jr 31.12. O outro lado do ribeiro Cedrom, onde havia um **j**, Jo 18.1. Não te vi eu no **j** com ele, Jo 18.26. Onde Jesus foi crucificado havia um **j**, Jo 10.41. Ver **Éden.**

JARDINEIRO: Que trata de jardim. // Suponho ser ele o **j**, Jo 20.15. Refere-se, talvez, não ao indivíduo que tratava do jardim, mas a um vigia, como é costume até hoje, pago para velar o jardim, durante a estação das frutas.

JARIBE, hb. **Ele luta:** 1. Um filho de Simeão, 1 Cr 4.24. // 2. Um homem de posição, que acompanhou Esdras desde Babilônia até Jerusalém, Ed 8.16. // 3. Um sacerdote que se casou com uma mulher estrangeira, Ed 10.18.

JARMUTE, hb. **Altura:** 1. Uma cidade da herança de Judá, Js 15.35. Ver mapa 5, B-1. // 2. Uma cidade dos levitas, Js 21.29.

JAROA: Um chefe da tribo de Gade, 1 Cr 5.14.

JARRETAR: Inutilizar; cortar os nervos ou tendões das pernas. // Gn 49.6; Js 11.6; 2 Sm 8.4.

JARRO: Vaso mais ou menos bojudo e alto, com asa, que serve para conter água. // A lavagem de copos, **j** Mc 7.4.

JESEÍAS, hb. **Jeová vê:** Um sacerdote que se estabeleceu em Jerusalém, Ed 10.15.

JASHAR, hb. **Reto:** O livro de Jashar, 2 Sm 1.18 (B). O Livro dos Justos, 2 Sm 1.18 (ARA).

JASOBEÃO: O principal dos valentes de Davi, 1 Cr 11.11; 12.6.

JASOM: Um nome grego adotado pelos judeus que tinham o nome hebraico Josué. O apóstolo Paulo se hospedou na casa de Jasom em Tessalônica, At 17.5. Junto com Paulo e outros enviou saudações aos crentes em Roma, Rm 16.21.

JASPE: Pedra preciosa da natureza de ágata, com veios ou manchas coloridas. A última em ordem das doze jóias que brilhavam no peitoral do sumo sacerdote e a primeira das doze formando os alicerces da Nova Jerusalém, Êx 28.20; Ap 21.19. Na lista de pedras preciosas do rei de Tiro, Ez 28.13. Brilhante e transparente, Ap 4.3. Preciosíssima e afamada por seu fulgor, Ap 21.11.

JASUBE, hb. **Ele volta:** 1. Um filho de Issacar, Nm 26.24 // 2. Um dos que tinham mulheres estrangeiras, Ed 10.29.

JATIR, hb. **Excelência:** Uma cidade da herança de Judá, Js 15.48. Ver mapa 2, B-6; mapa 5, B-2.

JATNIEL, hb. **Deus concede:** Um porteiro, 1 Cr 26.2.

JAVÃ: Um filho de Jafé e pai de um povo, Gn 10.2. Ver mapa 1, C-3.

JAVALI: O porco bravo, Sl 80.13

JAZANIAS, hb. **Jeová ouve:** 1. Filho do maacatita e um dos capitães do exército que se uniu a Gedalias, o governador apontado por Nabucodonosor, 2 Rs 25.23. // 2. Um filho de Jeremias (não o profeta), e dos principais recabitas, Jr 35.3. // 3. Um filho de Satã e um dos 70 anciãos que Ezequiel viu em visão oferecendo incenso a ídolos, Ez 8.11. // 4. Um filho de Asur, e um dos príncipes de Jerusalém que Ezequiel viu em visão, Ez 11.1.

JAZER: Estar deitado. // Enéias... oito anos jazia de cama, At 9.33.

JAZER, hb. **Serviçal:** Uma terra fértil, Nm 32.1. Dada aos levitas, Js 21.39.

JAZERA, hb. **Ele pode reconduzir:** Um habitante de Jerusalém depois do cativeiro, 1 Cr 9.12.

JAZIEL, hb. **Deus distribui:** 1. Um dos músicos do templo, 1 Cr 15.18.

JAZIGO: Sepultura. // Onde o sepultaram no seu **j**, 2 Rs 23.30. Ver **Túmulo, Sepulcro.**

JAZIZ: O administrador sobre o gado de Davi, 1 Cr 27.31.

JEALELEL, hb. **Ele louva a Deus:** 1. Um descendente de Judá, 1 Cr 4.16. // 2. Um levita, da família de Merari, 2 Cr 29.12.

JEARIM, hb. **Florestas:** Um monte no limite setentrional de Judá, Js 15.10.

JEATARAI: Um levita da família de Gérson, 1 Cr 6.21.

JEBEREQUIAS, hb. **Feová abençoa:** O pai de Zacarias, Is 8.2.

JEBUS, hb. **Lugar que é pisado:** O nome de Jerusalém, quando ainda no poder dos Jebuseus, Js 18.28. Uma cidade da herança de Benjamim, Jz 19.10.

JEBUSEUS, hb. **Habitantes de Jebus:** Jebus era Jerusalém, Jz 19.10. Os jebuseus eram uma das sete nações que habitavam Canaã antes da conquista pelos israelitas, Gn 10.16; 15.21; Êx 3.8; Dt 7.1. Na região montanhosa, Nm 13.29; Js 11.3. Habitavam com os filhos de Benjamim, Jz 1.21. Na região de Jerusalém, 2 Sm 5.6. Davi levanta um altar na eira de Araún
a, o jebuseu, 2 Sm 24.18. Salomão os fez trabalhadores forçados, 1 Rs 9.20,21. Ver mapa 1, H-3.

JECABZEEL: Uma cidade de Judá, Ne 11.25.

JECAMIAS, hb. **Jeová estabeleça:** 1. Um descendente de Judá, 1 Cr 2.41. // 2. Um filho do rei Jeconias, 1 Cr 3.18.

JECOLIAS, hb. **Jeová prevaleceu:** A mãe do rei Uzias, 1 Cr 26.3.

JECONIAS, hb. **Jeová é firme:** Uma alterada forma de Joaquim, o penúltimo rei de Judá, 1 Cr 3.16.

JECUTIEL, hb. **Reverência a Deus:** Um descendente de Judá, 1 Cr 4.18.

JEDIAEL, hb. **Conhecido de Deus:** 1. Um descendente de Benjamim, 1 Cr 7.6. // 2. Um dos valentes do exército de Davi, 1 Cr 11.45. // 3. Um porteiro, 1 Cr 26.2.

JEDIAS, hb. **Deus fortalece:** 1. Um levita da família de Coate, 1 Cr 24.20. // 2. O administrador de Davi, sobre as suas jumentas, 1 Cr 27.30.

JEDIDA, hb. **Amado:** A mãe do rei Josias, de Judá, 2 Rs 22.1.

JEDIDIAS, hb. **Querido de Jeová:** Nome dado por Deus ao recém-nascido filho de Davi, Salomão, 2 Sm 12.25: **Jedíd** e **Davíd** são palavras hebraicas com a mesma raiz. Foi uma prova para Davi de ser ele novamente favorecido de Deus, o fato de vir o profeta dizer-lhe que o nome de seu filho devia ser uma combinação do seu nome com o de Jeová.

JEFONÉ, hb. **Será preparado:** 1. O pai de Calebe, Nm 13.6. // 2. Um filho de Jeter, 1 Cr 7.38.

JEFTÉ, hb. **Deus abre:** O nono juiz dos israelitas. Chefiou um grupo de homens foragidos, Jz 11.3. Derrotou completamente os amonitas, Jz 11.33. Ofereceu sua filha em holocausto, Jz 11.39. Feriu os efraimitas, Jz 12.4. Julgou a Israel seis anos, Jz 12.7. Um dos grandes exemplos de Fé em Deus, Hb 11.32.

JEGAR-SAADUTA: Em aramaico, **monte do Testemunho.** Nome que Labão deu a um montão de pedras, elevado como testemunho do pacto entre Jacó e ele próprio, Gn 31.47.

JÉIAS, hb. **Jeová vive:** Um dos porteiros da arca, 1 Cr 15.24.

JEIEL, hb. **Deus consola:** 1. Um rubenita, 1 Cr 5.7. // 2. Um antepassado do rei Saul, 1 Cr 9.35. // 3. Um dos valentes de Davi, 1 Cr 11.44. // 4. Um dos músicos do Templo, 1 Cr 15.18. // 5. Um levita, 1 Cr 16.5. // 6. Um escrivão no tempo do rei Uzias, 2 Cr 26.11. // 7. Um dos levitas da páscoa, 2 Cr 35.9. // 8. Um dos que tinham mulher estrangeira, Ed 10.43. // 9. Alguns outros que tinham este nome, 1 Cr 23.8; 27.32; 2 Cr 21.2; 29.14; 31.13; 35.8; Ed 8.9; 10.2; 10.21.

JEIZQUIAS, hb. **Jeová fortalece:** Filho de Saum. Mostrou grande coragem em evitar, com outros, que fosse levado para Samaria considerável número de cativos, 2 Cr 28.12.

JEJUAR, JEJUM: Abstinência parcial ou total de alimentos. // Em Mispa, jejuaram aquele dia, 1 Sm 7.6. Jejuou Davi e passou a noite prostrado em terra, 2 Sm 12.16. Apregoai um jejum, 1 Rs 21.9. E se pôs a buscar o Senhor; e apregoou jejum em todo Israel, 2 Cr 20.3. Apregoai ali um jejum junto ao rio Aava, Ed 8.21. Ajuntaram-se os filhos de Israel com jejum e pano de saco, Ne 9.1. Ajunta a todos e jejuai por mim, Et 4.16. Eu afligia a minha alma com jejum, Sl 35.13. Chorei, em jejum está a minha alma, me vacilam, Sl 109.24. Por que jejuamos nós e tu não atentas, Is 58.4. Quando jejuarem, não ouvirei, Jr 14.12. Na casa do Senhor, no dia de jejum, Jr 36.6. Dario passou a noite em jejum, Dt 6.18. Buscar com oração e súplicas, com Jejum, Dn 9.3. Promulgai um santo jejum, Jl 1.14; 2.15. Convertei-vos com jejuns, com choro, Jl 2.12. Os ninivitas proclamaram um jeum, Jn 3.5. Quando jejuastes e panteastes, acaso foi para mim que jejuastes, Zc 7.5. O jejum será com regozijo e alegria, Zc 8.19. Depois de jejuar quarenta dias, teve fome, Mt 4.2. Quando jejuardes, não vos mostreis contristados, Mt 6.16. Dias virão em que lhes serão tirado o noivo, e nesses dias hão de jejuar, Mt 9.15. Esta casta não se expele senão por meio de oração e jejum, Mt 17.21. Os discípulos de João e os fariseus estavam jejuando, Mc 2.18. Adorava noite e dia em jejuns e orações, Lc 2.37. Jejuo duas vezes por semana, Lc 18.12. Servindo eles ao Senhor, e jejuando, At 13.2. Jejuando e orando, e impondo sobre eles as mãos, At 13.3. Depois de orar com jejuns, os encomendaram, At 14.23. Passado o tempo de jejum, At 27.9. Nas vigílias, nos jejuns, 2 Co 6.5. Em jejuns muitas vezes, 2 Co 11.27.

JEMIMA, hb. **Pombo:** A filha mais velha de Jó, Jó 42.14.

JEMUEL, hb. **Luz de Deus:** Um filho de Simeão, Gn 46.10.

JEOACAZ, hb. **Jeová assegura:** 1. Um filho de Jeú e rei de Israel, 2 Rs 10.35. // 2. Um filho de Josias e rei de Judá. Seu mau reinado, 2 Rs 23.31. Chamado **Salum,** Jr 22.11. Ver **Reis.**

JEOAQUIM, hb. **Jeová estabeleceu:** Nome dado por Faraó-Neco a Eliaquim, filho de Josias e rei de Judá, 2 Rs 23.34. Seu mau reinado, 2 Rs 23.36 a 24.17. Ver **Reis.**

JEOÁS, hb. **Jeová é forte:** Um filho de Jeoacaz e rei de Israel, 2 Rs 13.10. Visita Eliseu, 2 Rs 13.14. Derrota os assírios, 2 Rs 13.25. Castiga a Amazias, rei de Judá, 2 Rs 14.8. Ver **Reis.**

JEOIARIBE, hb. **Jeová roga:** Levita pertencente ao primeiro curso dos sacerdotes, 1 Cr 24.7.

JEORÃO, hb. **Jeová é exaltado:** A sua forma abreviada é Jorão. // 1. Filho e sucessor de Josafá, rei de Judá, 1 Rs 22.51. Sua crueldade e morte, 2 Cr 21.4,18. Ver **Reis.** // 2. Filho de Acabe e rei de Israel, 2 Rs 1.17. // 3. Um sacerdote, que por ordem de Josafá, foi ensinar nas cidades de Judá, 2 Cr 17.8.

JEOSEBA, hb. **Jeová é juramento:** Filha do rei Jorão. Escondeu Joás da presença de Atalia até que pudesse ser proclamado rei, 2 Rs 11.2.

JEOVÁ: Pronúncia comum do tetragrama **YHVH,** um dos nomes hebraicos de Deus. **Elohim** encerra as idéias de criação, preservação e real governo das coisas finitas; **Jeová** tem na sua significação, a idéia de vida, e da progressiva comunicação com os homens. Os judeus, depois do cativeiro, tinham tão grande respeito a este nome, **YHVH** que somente era usado pelo sumo sacerdote, uma vez no ano, no dia da expiação. Todavia, **YHVH** ocorre muito freqüentemente na Sagrada Escritura. Assim, outra palavra, **Adonai** (Senhor), a substituiu na leitura em alta voz. Desta maneira se perdeu a verdadeira pronúncia de **YHVH.** Quando, porém, foram acrescentadas às consoantes hebraicas (cerca do oitavo século d.C.) as letras vogais, as de **Adonai** foram dadas a **YHVH** em vez das suas próprias. Assim originou a palavra **Jehoweh,** isto é, **Jeová.** Há outras explicações acerca da origem do nome **Jeová.** Mas seja qual for, a palavra era tão expressiva, tão cheia de promessas para um homem que principia a sua vida, e para uma nação que estava a ponto de abandonar os enfaixamentos infantis, a fim de entrar em uma carreira de proveito para todo o mundo, que a sua escolha não somente revelava a natureza de Deus, mas também assegurava o bom resultado do seu povo. Era o nome do pacto com Deus, e estava revestido de poder. Ver **Deus.**

JEOVÁ-JIRE, hb. **O Senhor proverá:** O nome que Abraão deu ao lugar onde o Senhor providenciou a respeito do carneiro para o holocausto, Gn 22.8. Deriva-se deste fato o provérbio: "No monte do Senhor se proverá", Gn 22.14.

JEOVÁ-NISSI, hb. **Jeová é a minha bandeira:** Nome dado por Moisés ao altar que ele edificou depois da derrota de Amaleque, Êx 17.15. Exprime a necessidade do povo afluir a Deus como o exército se reúne em redor da bandeira. É Ele que nos leva à vitória.

JEOVÁ-SHALOM, hb. **Jeová é paz:** Nome dado por Gideão ao altar que edificou em Ofra, referente à palavra proferida-lhe pelo Senhor: "Paz seja contigo", Jz 6.24.

JEOVÁ-SAMÁ, hb. **Jeová está ali:** O nome para ser dado à Nova Jerusalém, restaurada e glorificada, como revelada na visão de Ezequiel. O Senhor tinha abandonado Jerusalém, Ez 11.22,23. Ali tinha entrado novamente, Ez 43.2,4,7. E o nome da cidade desde aquele dia será: "O Senhor está ali", Ez 48.35. Compare Ap 21.3,11,22.

JEOVÁ-TSIDKENU, hb. **Jeová é a nossa justiça:** É o título do rei que vai reinar sobre Israel restaurado, Jr 23.6. Será, também, o nome simbólico do estado ou da capital, Jr 33.16.

JEOZABATE: Um dos que assassinaram o rei Joás, 2 Cr 24.26.

JEOZADAQUE, hb. **Jeová é justo:** Um sacerdote levado ao cativeiro, 1 Cr 6.15.

JERÁ, hb. **Lua, mês:** Um descendente de Noé, Gn 10.26.

JERAMEEL, hb. **Deus tenha compaixão:** 1. Um bisneto de Judá, 1 Cr 2.9. // 2. Um levita da família de Merari, 1 Cr 24.29.

JEREDE, hb. **Descendente:** 1. Pai de Enoque, Gn 5.18. // 2. Um descendente de Judá, 1 Cr 4.18.

JEREMAI, hb. **Alto:** Um dos que casaram com mulher estrangeira, Ed 10.33.

JEREMIAS, hb. **Jeová estabelece:** Um dos quatro grandes profetas. Escreveu o livro de Jeremias, Jr 1.1. Filho do sacerdote Hilquias, Jr 1.1. Constituído profeta antes de nascer, Jr 1.5. Constituído sobre nações para arrancar e derribar, para destruir e arruinar, para edificar e plantar, Jr 1.10. Ameaçado pela morte, Jr 11.21; 26.8; 38.4. Amaldiçoa o dia do seu nascimento, Jr 20.14. Lamenta a morte de Josias, 2 Cr 35.25. Prediz o cativeiro de setenta anos, Jr 25.11; Dn 9.2. Preso, julgado e absolvido, Jr 26. Sua vitória sobre o falso profeta Hananias, Jr 28. Escreve aos cativos de Babilônia, Jr 29. Encarcerado, Jr 32.2. Seu rolo lido no Templo, queimado pelo rei Joaquim, Jr 36. Prediz a destruição de Jerusalém, Jr 37.8. Preso pelos príncipes, Jr 37.15. Ebede-Meleque o salva da cisterna, Jr 38.11. Aconselha a Zedequias Jr 21.3; 34.2; Jr 38.14. Favorecido por Nabucodonosor, Jr 39.11. Solto pelos caldeus, Jr 40.4. Habita no meio do povo em Mispa, Jr 40.6. Levado ao Egito, Jr 43.7. Prediz a conquista do Egito, Jr 43.8. Outras profecias de Jeremias, Jr 46 e 51. Menciona-se no Novo Testamento, Mt 2.17; 16.14; 27.9.

Outros do nome de **Jeremias:** 1) Um homem de Libna, 2 Rs 23.31.2) Um indivíduo de Manassés, 1 Cr 5.24. 3) Um benjamita, 1 Cr 12.4. 4) Um gadita, 1 Cr 12.10. 5) Outro homem de Gade, 1 Cr 12.13. 6) Um sacerdote, Ne 12.1. 7) Outro sacerdote, Ne 10.2. 8) Um recabita, Jr 35.3.

JEREMIAS, O LIVRO DE: O segundo dos quatro grandes profetas do Antigo Testamento. Jeremias, chamado a exercer o cargo profético cerca de setenta anos depois da morte de Isaías, profetizou durante os reinados de Josias, Joaquim e Zedequias, Jr 1.2,3. Sofonias e Habacuque eram seus contemporâneos na primeira parte de seu ministério; Daniel, na última parte. Jeremias profetizou antes e durante o exílio; Ezequiel e Daniel durante este período. As três grandes nações, Assíria, Babilônia e Egito aspiravam, cada uma, o domínio mundial. A Assíria dominava durante dois séculos, mas já enfraquecia. Babilônia aumentava em poder. O Egito, antes disso, o poder mundial, readquiria o que perdera. Mas Babilônia venceu a Assíria e dois anos depois esmagou o Egito. Isaías salvou Jerusalém da Assíria; Jeremias esforçou-se para salvá-la de Babilônia, mas falhou. Para compreender melhor o **Livro de Jeremias,** leia primeiro 2 Rs 22 a 25.

A autoria: Escrito por Jeremias, Jr 1.1. Conforme a tradição, o rolo destruído por Jeoaquim (cap. 36) foi imediatamente reescrito, e o resto acrescentado para completar o livro que temos agora.

A Cheve: Avisos, Jr 7.28. Jeremias avisou o povo de Deus que o resultado da sua apostasia seria o cativeiro que se aproximava. Avisou, também, as nações do castigo que lhes sobrevinha. Isaías, nas suas representações a Israel, escreveu com pena de fogo; Jeremias escreveu com lágrimas. Isaías, depois de repreender a iniqüidade de Israel, rompeu em êxtase de alegria ao contemplar a restauração que vinha; Jeremias contemplou o mesmo glorioso evento, mas não foi suficiente para dissipar a tristeza do que sentiu pelo pecado de Israel. Por isso, ele se chama "o profeta das lágrimas".

As divisões: Jeremias avisava que Judá ia ser destruída por Babilônia. Mas se se arrependesse, Deus a salvaria desta inimiga. Depois proclamava que se Judá cedesse a Babilônia não seria destruída. E, por fim, que Judá destruída seria restaurada e Babilônia desapareceria por completo. As profecias não estão registradas em ordem cronológica, mas sugerimos o esboço seguinte: I. A chamada e comissão de Jeremias, cap. 1. II. Mensagens de repreensão, juízo e restauração, caps. 2 a 39. III. Mensagens depois do cativeiro, caps 40 a 45. IV. Profecias acerca das nações caps 46 a 51. V. O cativeiro de Judá, cap. 52. Jeremias profetizou durante um período de mais de quarenta anos.

JEREMOTE, hb. **Alto:** 1. Um dos que tinham casado com mulheres estrangeiras, Ed 10.29. // 2. Um benjamita, 1 Cr 8.14.

JERIAS, hb. **Jeová vê:** 1. Chefe de uma família dos levitas, 1 Cr 23.19. // 2. O capitão da guarda que prendeu Jeremias, Jr 37.13.

JERIBAI, hb. **Contencioso:** Um dos valentes do exército de Davi, 1 Cr 11.46.

JERICÓ, hb. **Lugar de Fragrância:** Cidade real de alta antigüidade, a principal do vale do Jordão, no lado ocidental, perto do mar Morto e 30 Km ao nordeste de Jerusalém. Chamava-se a cidade das palmeiras, Dt 34.3. Josué enviou dois homens a espiá-la, Js 2. A conquista e destruição milagrosa da cidade, Js 6. Pela fé ruíram as muralhas de Jericó, Hb 11.30. A maldição sobre quem tentasse reedificá-la, Js 6.26. Reedificada quinhentos anos mais tarde por Hiel, o betelita, 1 Rs 16.34. Havia ali uma escola dos profetas no tempo de Elias e Eliseu, 2 Rs 2.5. A cidade foi tomada pelos caldeus e repovoada depois do cativeiro, 2 Rs 25.5; Ed 2.34. No tempo de Cristo era a segunda cidade da Judéia. Descia certo homem de Jerusalém para Jericó, quando caiu em mãos de salteadores, Lc 10.30. Ali Cristo curou o cego Bartimeu, e salvou Zaqueu, o publicano, Lc 18.35; 19.1. Foi destruída pelos romanos, cerca do ano 230 d.C. Os fundamentos da antiga cidade foram escavados em 1908. Ver mapa 5, B-1.

JERIEL, achado por Deus: Um neto de Issacar, 1 Cr 7.2.

JERIMOTE, hb. **Elevações:** 1. Um descendente de Benjamim, 1 Cr 7.7. // 2. Um dos que vieram a Davi em Ziclague, quando este fugia de Saul, 1 Cr 12.5. // 3. Um dos que profetizaram com harpas e címbalos no Templo, 1 Cr 25.4. // 4. Um filho de Davi, 2 Cr 11.18. // 5. Um superintendente dos levitas, 2 Cr 31.13.

JERIOTE, hb. **Cortinas:** Uma das mulheres de Calebe, 1 Cr 2.18.

JEROÃO, hb. **Alcançou misericórdia:** 1. Avô de Samuel, 1 Sm 1.1. // 2. Pai de Joela, um dos que vieram a Davi em Ziclague, quando fugitivo de Saul, 1 Cr 12.7. // 3. Pai de Azarel, chefe da tribo de Dã no tempo de Davi, 1 Cr 27.22. // 4. Um dos capitães que apoiaram Joiada em depor Atalia, 2 Cr 23.1.

JEROBOÃO, hb. **O povo tornou-se numeroso:** 1. Jeroboão I, filho de Nebate, efrateu. 1 Rs 11.26. Servo de Salomão sobre todo o trabalho forçoso, 1 Rs 11.28. O profeta Aías rasgou a capa nova de Jeroboão em doze pedaços e lhe deu dez, profetizando que Deus iria rasgar o reino de Salomão, dandolhe 10 das tribos, 1 Rs 11.30. Foi o primeiro rei sobre Israel, 1 Rs 12.20. Pôs um bezerro de ouro em Dã e outro em Betel, 1 Rs 12.29. Sua mão secou e foi restabelecida, quando reprovado pelo profeta de Judá, 1 Rs 13. A profecia de Aías contra Jeroboão, 1 Rs 14. Houve guerra contínua entre Jeroboão e Roboão, rei de Judá, 1 Rs 15.6. Reinou 22 anos, 1 Rs 14.20. Ver **Reis.** // 2. Jeroboão II, filho de Jeoás, 2 Rs 14.23. Rei de Israel, o quarto da dinastia de Jeú. Reinou 41 anos em Samaria, 2 Rs 14.23. Jamais se apartou de nenhum dos pecados de Jeroboão I, 2 Rs 14.24. Ver **Reis.**

JERUBAAL, hb. **Que Baal por si mesmo contenda:** Nome dado a Gideão pelo pai e pelo povo depois de ele destruir o altar de Baal em Ofra, Jz 6.32.

JERUBESETE, hb. **Que a vergonha combata:** Outro nome dado a Gideão da parte daqueles que não desejavam proferir a palavra **Baal** em **Jerubaal,** 2 Sm 11.21.

JERUEL, hb. **Fundado por Deus:** Parte do deserto de Judá, que foi teatro de uma batalha entre o rei Josafá e os amonitas, moabitas e edomitas, 2 Cr 20.16.

JERUSA, hb. **Possuída:** A mãe do rei Jotão de Judá, 2 Rs 15.33.

JERUSALÉM, hb. **Habitação da paz:** Cidade do sul da Palestina, capital de Israel e Judá, e, em termos mais recentes, capital da Palestina. Desde 1948 dividida entre Árabes (a parte da cidade antiga) e a república de Israel (a parte nova). É mencionada pela primeira vez, nas Escrituras, em Is 10.1. Chamava-se também, **Jebus:** Jz 10.10; **Sião,** Sl 87.2; **Ariel,** Is 29.1 (ARC); **Lareira de Deus,** Is 29.1; a **Cidade de Justiça,** Is 1.26; a **Santa Cidade,** Is 48.2; Mt 4.5; 27.53; a **Cidade do grande Rei,** Mt 5.35; a **Cidade de Davi,** 2 Sm 5.7. Conforme esta citação, a cidade de Davi era a **Fortaleza de Sião,** a fortaleza da cidade de Jerusalém dos jebuzeus. Belém chamava-se, também, a **Cidade de Davi,** Lc 2.11. Jerusalém é a cidade principal da Palestina, a cidade santa dos cristãos, dos judeus e dos maometanos. Qual é o segredo da sua grandeza? Não tinha um porto marítimo, como Alexandria e Roma. Nem estava situada num rio, como Mênfis e Babilônia. E nem tinha a grande vantagem de uma das grandes vias comerciais entre o mar Mediterrâneo e o vale do Jordão, nem das entre a Ásia Menor e o Egito. Contudo, enquanto Roma era o centro político, e Atenas o centro intelectual, Jerusalém era o centro espiritual do mundo, a cidade da maior influência sobre a esperança e o destino do gênero humano Era a cidade escolhida do único e verdadeiro Deus, o centro dos seus cultos, leis e revelação, com a missão de proclamá-lo a todo mundo.

Cantavam-se: “Como em redor de Jerusalém estão os montes”, Sl 125.2. A cidade está cercada de um triângulo de montes mais altos do que o tabuleiro no cume da cordilheira sobre o qual está edificada. Enquanto a própria cidade tem a altitude de oitocentos metros acima do nível do mar, o monte das Oliveiras tem oitocentos e metros. Assim a vista está dominada em todos os lados, a não ser o lado que dá para o deserto e os montes de Moabe. A cidade, circundada, na maior parte, de profundas ravinas, era uma fortaleza natural. Ao mesmo tempo, muito dificilmente podia abastecer-se de água um grande exército que cercasse a cidade. Ver 2 Cr 32.4,5,30. Nos grandes cercos, quando os sitiados sofriam grande fome, não consta que sofriam de sede.

Jerusalém, população de 706.400

a água em baixo conduzida de fora. Esta proeza foi repetida por alguns oficiais em 1910, que assim, sem escadas, entraram no centro da cidade. Sião tornou-se "a cidade de Davi", 2 Sm 5.8. A arca foi levada a Jerusalém, 2 Sm 6. Davi edificou um altar na eira de Araúna, onde Salomão, depois, edificou o Templo, no monte Moriá, 2 Sm 24.25; 2 Cr 3.1. Jerusalém se tornou a capital de Judá, 1 Rs 12. Guerras contra elas: 1 Rs 14.25; 2 Rs 14; 18; 24. Sitiada e destruída por Nabucodonosor, 2 Rs 25. Os cativos voltaram e a reconstrução do templo foi iniciada por Ciro, Ed 1 a 3. Foi continuada por Artaxerxes, Ne 2. Os muros foram reconstruídos e dedicados por Neemias, Ne 12. De Sião sairá a lei, e a Palavra de Deus de Jerusalém, Is 2.3. As abominações de Jerusalém, Ez 16.2. A apresentação de Jesus em Jerusalém, Lc 2.22. O menino Jesus permaneceu lá, Lc 2.43. Cristo entrou na cidade montado em jumento Mt 21. Ele lamentou sobre a cidade, Mt 23.37. Predisse a sua destruição, Mt 24. Até que o tempo dos gentios se completem, Jerusalém será pisada por eles, Lc 21.24. Os discípulos foram cheios do Espírito Santo em Jerusalém At 2.4. Foi o lugar do martírio de Estevão, At 7. Paulo assaltado lá e salvo da morte, At 21.

As fontes de águas eram suplementadas por cisternas, Grandes reservatórios recolhiam as águas das chuvas. Além disso, aquedutos subterrâneos traziam águas de grandes distâncias. Mencionam-se, o canal subterrâneo, 2 Sm 5.8; o aqueduto do açude superior, Is 7.3. Havia, também, o açude do rei Salomão, Ne 2.14; Ec 2.6; a fonte do Dragão, Ne 2.13; o tanque de Betesda, Jo 5.2; o tanque de Siloé, Jo 9.7. Muitas portas de Jerusalém se acham mencionadas: a porta das Águas, Ne 3.26; de Benjamim, Jr 37.13; dos Cavalos, Jr 31.40; de Efraim, 2 Rs 14.13; da Esquina, Jr 31.38; da Fonte, Ne 2.14; do Gado, Ne 12.39; da Guarda, Ne 3.31; do Monturo, Ne 2.13; Oriental, Ne 3.29; das Ovelhas, Ne 3.1; do Peixe, 2 Cr 33.14; do Vale, 2 Cr 26.9; Velha, Ne 3.6. Os limites de Jerusalém, Js 15.8. A cidade tomada pelos filhos de Judá, Jz 1.8. Davi levou a cabeça de Golias a Jerusalém, 1 Sm 17.54. Davi expulsou os jebuseus de lá, 2 Sm 5.7. Joabe e seus soldados subiram "pelo canal subterrâneo" e tomaram a cidade, 2 Sm 5.8; 1 Cr 11.6. Isto é, eles passaram por este canal até a escavação vertical, pela qual os habitantes da cidade alcançavam

Sinopse Histórica. Há provas do próprio sítio da cidade de Jerusalém ter sido habitada, muitos séculos antes de Davi, por grande número de homem pré-históricos. A tradição de que Jerusalém era a cidade de Salém, do reino de Melquisedeque (Gn 14.18), parece confirmada em Sl 76.2. O primeiro registro certo da cidade de Jerusalém aparece nas inscrições em caracteres cuneiformes, descobertos em Tell-Amarna (Alto-Egito). No tempo desse registro, o nome da cidade era Urusalem e seu rei era Abd Khiba. No tempo da conquista de Canaã, por Josué, o rei de Jerusalém era Adoni-Zedeque, Js 10.3. Davi, cerca de 1.000 a.C., tomou a cidade e, depois de ter reinado sete anos em Hebrom, reinou lá trinta e três anos, 2 Sm 5.5; 1 Rs 2.11. Fez de Jerusalém a capital do seu reino e o centro religioso do país. Salomão alargou os muros da cidade e construiu o Templo com grande magnificência. Edificou, também, um palácio real, de um esplendor que rivalizava com o Templo. Roboão, filho de Salomão, continuou a reinar em Jerusalém sobre as duas tribos, depois de o reino dividir-se. No quinto ano do seu reinado a cidade foi tomada por Sisaque, rei do Egito, 1 Rs 14.25. No reinado de Jeorão, foi tomada novamente pelos filisteus e arábios, 2 Cr 21.16. No tempo do rei Amazias, o rei de Israel, Jeoás, rompeu uma grande parte do muro, e levou muito despojo, 2 Cr 25.23. Rezim, rei da Síria, e Peca, rei de Israel, fracassaram na tentativa de tomar Jerusalém, no reinado de Acaz, 2 Rs 16.5. Semelhantemente, fracassou a tentativa de Senaqueribe, no reinado de Ezequias, 2 Rs caps. 18 e 19. Os pecados de Manassés foram a causa da sua prisão e da sua deportação para Babilônia, 2 Cr 33.9. Josias, neto de Manassés, realizou em Jerusalém uma grande reforma moral e religiosa, 2 Cr 34.3. No reinado de Joaquim a cidade foi cercada e tomada por Nabucodonosor, que deportou para Babilônia a maior parte do povo, 2 Rs 24.12-16. No nono ano do reinado de Zedequias, a cidade foi sitiada, ele foi preso, seus olhos vazados e ele levado à Babilônia. Todas as casas foram queimadas, inclusive o templo, 2 Rs 25. No tempo de Ciro, como se acha marcado em Esdras, o povo voltou do cativeiro e reedificou o Templo. As muralhas foram levantadas por Neemias, Ne 3. Alexandre Magno visitou a cidade quando Jadua (Ne 12.11,22) exercia o sumo sacerdócio. Ptolomeu Soter tomou a cidade pelo ano 320 a.C. Antìoco, o Grande, conquistou-a em 203 a.C. Scopas, o general alexandrino, retomou-a em 199 a.C. Foi tomada, e o Templo profanado, por Antíoco Epifanes, Dn 11.31. Foi reconquistada por Judas Macabeu, em 165 a.C. Pompeu apoderou-se dela em 65 a.C. Foi saqueada pelos partos em 40 a.C. Herodes Magno retomou-a em 37 a.C. Foi ele que restaurou, novamente, o Templo. No ano 70, o exército romano, de 100.000 homens comandados por Tito, depois de um cerco de cinco meses, tomou e destruiu a cidade. Os sitiados defenderam-se com desesperado valor, e uma vez rompidos os muros, os conquistadores cavaram e viraram as próprias pedras dos alicerces. Ver Mt 24.2. O historiador Tácito calculou em um milhão a perda de vidas. Os judeus, sob Bar Coceba, retomaram a cidade em 131. O imperador romano Adriano conquistou-a e devastou-a em 132. Cosróes II, rei da Pérsia, conquistou-a e saqueou-a em 614. Heráclio retomou-a em 628. Omar, sucessor de Maomé, ocupou-a em 637. Revolucionários muçulmanos conquistaram-na em 842. Os edifícios dos cristãos foram destruídos em 937. A dinastia fatimita ocupou-a em 969. Calif Hakim destruiu-a em 1010. Os turcos seljuk ocuparam-na em 1096. Godofredo, chefe da primeira cruzada, sitiou-a, conquistou-a e massacrou os habitantes em 1099. Saladino, chefe da terceira cruzada, ocupou-a em 1187. Os muros foram destruídos em 1219. O Emir de Kerak conquistou-a em 1229. Entregou-se a Frederico II na sexta cruzada, em 1239. Os kharesmians conquistaram-na e os arábes saquearam-na em 1240. Foi ocupada pelos turcos em 1547. Ibrahim Pachá, do Egito, ocupou-a em 1831. Os turcos bombardearam-na em 1835. Foi ocupada novamente pelos turcos em 1841. General Allenby libertou-a em 1917. Em 14 de maio de 1948, renasceu a nação de Israel com sua capital em Tel Aviv. Atualmente a cidade de Jerusalém tem uma população de 470.000 judeus, na parte judaica. Hoje, uma mesquita muçulmana ocupa o local no templo. "Até que os tempos dos gentios se completem, Jerusalém será pisada por eles", Lc 21.24. O passado de Jerusalém é assunto mui impressionante. O futuro é ainda mais comovente. Suas ruínas não permanecerão para sempre. O futuro templo e Israel restaurado, quando Jerusalém vai vestir-se das suas roupagens formosas (Is 52.1), devem ser a nossa meditação diária; o dia quando os pés de Cristo estarão sobre o monte das Oliveiras (Zc 14.4), deve ser o nosso maior anelo. Ver mapa 2, C-5; mapa 4, B-2; 6, F-4.

JERUSALÉM CELESTIAL: A Jerusalém lá de cima, Gl 4.26. A cidade que tem fundamentos, da qual Deus é o Arquiteto e Fundador, Hb 11.10. À cidade do Deus vivo, a Jerusalém celestial, Hb 12.22. A cidade santa, a Nova Jerusalém, Ap 21.2.

JESAÍAS, hb. **Salvação de Jeová:** 1. Um neto de Zorobabel, 1 Cr 3.21. // 2. Um dos cantores no templo, 1 Cr 25.3. // 3. Um dos guardas dos tesouros de Davi, 1 Cr 26.25. // 4. Um dos que voltaram de Babilônia com Esdras, Ed. 8.7. // 5. Outro contemporâneo de Esdras, Ed 8.19. // 6. Um benjamita, Ne 11.7.

JESANA, hb. **Velho:** Uma cidade tomada de Jeroboão por Abias, 2 Cr 13.19. Ver mapa 5, B-1.

JESARELA, hb. **Íntegro:** Um dos cantores no Templo, 1 Cr 25.14.

JESEBEABE, hb. **Habitação paternal:** O chefe do décimo quarto turno de sacerdotes, 1 Cr 24.13.

JESER, hb. **Justiça:** Um filho de Calebe, 1 Cr 2.18.

JESIMIEL, hb. **Deus estabelece:** Um príncipe de uma família simeonita, 1 Cr 4.36.

JESIMON, hb. **Deserto:** A despovoada região ao sul da Palestina, 1 Sm 23.19. Ver mapa 2, C-5.

JESISAI, hb. **Pertencente a um velho:** Um chefe de Gade, 1 Cr 5.14.

JESOAÍAS, hb. **Jeová humilha:** Príncipe de uma família simeonita, 1 Cr 4.36.

JESSÉ, hb. **Dádiva:** Um belemita, pai de Davi, 1 Sm 16.1; 17.12. Do tronco de Jessé sairá um rebento, Is 11.1.

JESUA, hb. **Jeová é salvação:** 1. Chefe de uma turma de sacerdotes, 1 Cr 24.11. // 2. Um levita no reinado de Ezequias, 2 Cr 31.15. // 3. Um sumo sacerdote, Ed 2.2. // 4. Um dos que vieram de Babilônia com Zorobabel, Ed 2.6. // 5. Chefe de uma família levítica, Ed 2.36. // 6. Um levita filho de Azanias, Ne 10.9. // 7. Outro levita, filho de Cadmiel, Ne 12.24. // 8. O pai de Ezer, um dos que trabalharam no muro, Ne 3.19. // 9. Um lugar onde habitaram alguns dos filhos de Judá depois de voltarem do cativeiro, Ne 11.26.

JESURUM (ARC): A palavra significa um amado, é assim traduzida em Dt 32.15 (ARA); 33.5 (ARA); Is 44.2 (ARA). Refere-se à Israel.

JESUS, gr. **Salvador,** hb. **Josué:** 1. Jesus, um companheiro de Paulo apelidado **Justo**, Cl 4.11. // 2. Jesus Cristo. É tanto o centro da história do mundo como da história e da doutrina da Bíblia.

Jesus Cristo, seus nomes, títulos e ofícios: Adão, o último, 1 Co 15.45. Advogado, o, 1 Jo 2.1. Alfa e Ômega, Ap 1.8. Amado, Mt 12.18; Ef 1.6. Amém, Ap 3.14. Amigo de publicanos, Mt 11.19. Apóstolo, Hb 3.1. Autor e consumador da fé, Hb 12.2. Autor da salvação, Hb 2.10; 5.9. Autor da vida, At 3.15. Bispo das vossas almas, 1 Pe 2.25. Cabeça do corpo da igreja, Cl 1.18. Cabeça de todo homem, 1 Co 11.3. Caminho, Jo 14.6. Carpinteiro, Mc 6.3. Cetro, Nm 24.17. Companheiro, Zc 13.7. Conselheiro, Is 9.6. Consolação de Israel, Lc 2.25. Cordeiro, Ap 5.6,8. Cordeiro de Deus, Jo 1.29,36. Cordeiro pascal, 1 Co 5.7. Cordeiro que foi morto, Ap 5.12. Cristo, Mt 16.16. Cristo de Deus, Lc 9.20, Cristo, o Filho do Deus bendito, Mc 14.61. Cristo Jesus nosso Senhor, 1 Tm 1.12. Cristo, Rei, Lc 23.2. Cristo, o Senhor, Lc 2.11. Cristo do Senhor, Lc 2.26. Davi, Ez 34.23; 37.24. Davi, seu Rei, Jr 30.9. Deus conosco, Mt 1.23. Deus forte, Is 9.6. Deus unigênito, o, Jo 1.18. Emanuel, Is 7.14; Mt 1.23. Ente santo, o, Lc 1.35. Escolhido, o meu, Is 42.1. Esperança, nossa, 1 Tm 1.1. Estandarte, Is 11.10. Estrela, uma, Nm 24.17. Estrela da alva, 2 Pe 1.19. Estrela da manhã, Ap 22.16. Eu Sou, Êx 3.14; Jo 8.58. Expressão exata de seu ser, a, Hb 1.3. Fiador de superior aliança, Hb 7.22. Fiel e verdadeiro, Ap 19.11. Filho, Hb 3.6. Filho amado, o meu, Mt 3.17. Filho do seu amor, o, Cl 1.13. Filho do carpinteiro, o, Mt 13.35. Filho de Davi, Mt 9.27. Filho de Deus, Mt 8.29; Lc 4.41. Filho do Deus Altíssimo, o, Mc 5.7; Lc 1.32. Filho do Deus Bendito, o, Mc 14.61. Filho do Deus vivo, o, Mt 16.16. Filho do homem, Mt 16.28. Filho de Maria, Mc 6.3. Filho do Pai, o, 2 Jo 3. Filho unigênito, o seu, Jo 3.16. Fonte, Zc 13.1. Fundamento, 1 Co 3.11. Governador dos povos, Is 55.4. Guia, o, Mt 2.6. Herdeiro de todas as coisas, Hb 1.2. Homem de dores, Is 53.3. Homem, o segundo, 1 Co 15.47. Imagem de Deus, a, 2 Co 4.4. Jesus, Mt 1.21; 1 Ts 1.10. Jesus Cristo nosso Salvador, Tt 3.6. Jesus, o Filho de Deus, Hb 4.14. Jesus Nazareno, Jo 19.19. Jesus, o Rei dos Judeus, Mt 27.37. Juiz reto, 2 Tm 4.8. Juiz de vivos e de mortos, At 10.42. Justiça, 1 Co 1.30. Justo, o, At 3.14. Legislador, Is 33.22. Libertador, o, Rm 11.26. Luz, a, Jo 12.35. Luz do mundo, a, Jo 8.12; 9.5. Luz, a verdadeira, Jo 1.9. Maravilhoso, Is 9.6. Mediador 1 Tm 2.5. Mediador da aliança, Is 42.6. Mediador da nova aliança, Hb 12.24. Menino, o, Mt 2.8. Menino Jesus, o, Lc 2.27. Mesmo, ontem e hoje é o, Hb 13.8. Messias, Jo 1.41. Mestre, Mt 19.16; Jo 3.2. Nazareno, Mt 2.23. Pai da Eternidade, Is 9.6. Pão de Deus, Jo 6.33. Pão, Eu sou o, Jo 6.41. Pão da vida, Jo, 6.35. Pão vivo, Jo 6.51. Pastor e Bispo das vossas almas, 1 Pe 2.25. Pastor, o bom, Jo 10.14. Pastor das ovelhas, grande, Hb 13.20. Pastor, o supremo, 1 Pe 5.4. Pedra, a, Mt 21.42. 1 Co 10.4. Pedra angular, Is 28.16. Ef 2.20; 1 Pe 2.6. Pedra já provada, Is 28.16. Pedra de tropeço, 1 Pe 2.8. Pedra que vive, a, 1 Pe 2.4. Poder de Deus, 1 Co 1.24. Poderoso de Jacó, o, Is 49.26. Poderoso para salvar, Is 63.1. Porta das ovelhas, a, Jo 10.7. Primeiro e o último, o, Ap 1.17; 22.13. Primícias dos que dormem, as, 1 Co 15.20. Primogênito, o, Hb 1.6. Primogênito dos mortos, o, Ap 1.5. Primogênito entre muitos irmãos, o, Rm 8.29. Primogênito da criação, o, Cl 1.15. Príncipe, At 5.31. Princípio da criação, Ap 3.14. Príncipe da Paz, Is 9.6. Profeta, o, Dt 18.15; Jo 6.14. Propiciação, Rm 3.25; 1 Jo 4.10. Rabi, Jo 1.38; 3.2. Rabôni, Jo 20.16. Raiz de Davi, a, Ap 5.5. Raiz e a geração de Davi, a, Ap

22.16. Raiz de Jessé, a, Rm 15.12. Redenção, 1 Co 1.30. Rei, Mt 21.5. Rei de Israel, Jo 1.49. Rei dos Judeus, Mt 2.2. Rei dos reis, 1 Tm 6.15; Ap 19.16. Rei sobre toda a terra, Zc 14.9. Renovo, o, Zc 3.8. Renovo de Justiça, Jr 33.15. Renovo Justo, Jr 23.5. Resplendor de Glória, o, Hb 1.3. Ressurreição, a, Jo 11.25. Sabedoria, 1 Co 1.30. Sabedoria de Deus, 1 Co 1.24. Sacerdote para sempre, Hb 5.6. Salvador, o, Lc 2.11. Salvador do corpo, Ef 5.23. Salvador do mundo, 1 Jo 4.14. Santificação, 1 Co 1.30. Santo, o, Ap 3.7. Santo de Deus, o, Lc 4.34. Santo e Justo, o, At 3.14. Santo dos Santos, o, Dn 9.24. Santo Servo Jesus, At 4.30. Senhor, o, Mt 3.3. Senhor do céu e da terra, At 17.24. Senhor da glória, o, 1 Co 2.8. Senhor Jesus, o, At 1.21. Senhor Jesus Cristo, o, Rm 1.7; Ef 6.24. Senhor justiça nossa, Jr 23.6. Senhor e Salvador Jesus Cristo, 2 Pe 2.20. Senhor dos Senhores, o, 1 Tm 6.15; Ap 17.14. Senhor também do Sábado, Mc 2.28. Senhor de todos, At 10.36; Rm 10.12. Senhor tanto de mortos como de vivos, Rm 14.9. Servo, o meu, Is 52.13; Mt 12.18. Servo Jesus, o teu santo, At 4.27. Siló, Gn 49.10. Soberano, o bendito e único, 1 Tm 6.15. Soberano dos reis da terra, o, Ap 1.5. Sol da justiça, o, Ml 4.2. Sol nascente, o, Lc 1.78. Sumo Sacerdote, Hb 3.1; 4,14; 5.10. Sumo sacerdote dos bens já realizados, Hb 9.11. Testemunha fiel e verdadeira, a, Ap 3.14. Todo-poderoso, Ap 1.8. Ungido, o, Dn 9.25. Verbo, o, Jo 1.1. Verbo de Deus, o, Ap 19.13. Verbo da vida, o, 1 Jo 1.1. Verdade, a, Jo 14.6. Verdadeiro, Fiel e, Ap 19.11. Vida, a, Jo 14.6. Vida, a nossa, Cl 3.4. Videira verdadeira, Jo 15.1.

As mulheres encontraram o sepulcro vazio, Mt 28.1-8

Jesus Cristo, sua vida e obra: Predito o nascimento, Lc 1.26-38. Nasce em Belém, Lc 2.1-7. Nascimento anunciado aos pastores, Lc 2.8-20. Circuncidado, Lc 2.21. Apresentado no Templo, Lc 2.22-38. A visita dos magos, Mt 2.1-12. A fuga para o Egito e a volta para Nazaré, Mt 2.13-23. Com a idade de 12 anos no meio dos doutores em Jerusalém, Lc 2.40-50. Trabalha como carpinteiro durante cerca de 18 anos, Mc 6.3; Lc 2.51. // **Seu ministério público, primeiro ano:** Batizado por João, Mt 3.13-17; Tentado no deserto, Mt 4.1-11. Seu primeiro milagre, em Caná da Galiléia, Jo 2.1,2. Purifica o Templo, Jo 2.13-25. Palestra com a mulher de Samaria no poço de Jacó, Jo 4.1-12. // **Seu mistério público, segundo ano:** Prega em Cafarnaum, Mt 4.13-17. A vocação de Simão, André, Tiago e João, Mt 4.18-22 Chamada de Mateus, Mt 9.1-9. Escolhe os doze apóstolos, Mc 3.13-19. Prega o sermão no monte, Mt 5; 6; 7. A oração dominical, Mt 6.9-13. Uma mulher unge os pés de Jesus, Lc 7.36-50. Prega de aldeia em aldeia na Galiléia, Lc 8.1-3. Atravessa o mar da Galiléia e acalma uma tempestade, Mt 8.18-27. // **Seu ministério público, terceiro ano:** Envia os apóstolos, Mt 10.1-42. Alimenta os cinco mil, Mt 14.13-21. Anda por sobre o mar da Galiléia, Mt 12.22-36. Pedro confessa que Ele é o Filho do Deus vivo, Mt 16.13-20. Prediz sua morte e ressurreição, Mt 16.21-28. Sua transfiguração, Mt 17.1-13. // **Seu ministério público, quarto ano:** Prega na festa dos tabernáculos, Jo 7.10-53. Envia os setenta, Lc 10.1-24. Ressuscita a Lázaro de Betânia, Jo 11.17-46. Sua última viagem a Jerusalém, Mt 19.1. Abençoa as crianças, Mt 19.13-15. Prediz, novamente, sua morte e ressurreição, Mt 20.17-19. // **Sua morte e ressurreição:** Sua entrada pública em Jerusalém, Mt 21.1-17. Interroga os fariseus, Mt 22.41. Louva a oferta da viúva pobre, Mc 12.41-44. A última ceia, Mt 26.17-20. Lava os pés aos discípulos, Jo 13.1-17. Instituição da Ceia do Senhor, Mt 26.26-29. A agonia no Getsêmane, Mt 26.36-46. Traído por Judas, Mt 26.47-56. Negado por Pedro três vezes, Mt 26.57-75. Perante Pilatos, Mt 27.3-26. Crucificado, Mt 27.33-56. As mulheres encontram o sepulcro vazio, Mt 28.1-8. Aparece depois da ressurreição: 1) A Maria Madalena, Mc 16.9. 2) Às mulheres, Mt 28.9. 3) A dois discípulos em caminho a Emaús, Lc 24.13-31. 4) A Simão Pedro, Lc 24. 34; 1 Co 15.5. 5) Aos discípulos fechadas as portas, Lc 24.36; Jo 20.19. 6) Aos onze com Tomé, Mc 16.14; Jo 20.26; 1 Co 15.5. 7) A mais de 500 irmãos de uma só vez, Mt 28.16; 1 Co 15.6. 8) A alguns discípulos na praia do mar da Galiléia, Jo 21.1. 9) Tiago, 1 Co 15.7. 10) Aos apóstolos, At 1.4. Sua ascensão, Mc 16.19; Lc 24.50-52; At 1.9.

Jesus Cristo, sua humilhação: At 8.33; Is 53.7. Açoitado, Mt 27.26. Aflito, Is 53.4; Cl 1.24. Agitou-se no espírito, Jo 11.33. Amaldiçoado, Gl 3.13. Amarrado, Mt 27.2. Amou, Ef 5.2. Aprendeu a obediência, Hb 5.8. Batizado, Mt 3.16. Blasfemado, Mc 15.29. Calcado aos pés, Hb 10.29. Cansou-se, Jo 4.6. Castigado, Lc 23.16; Is 53.4. Chorou, Jo 11.35. Comeu com publicanos, Mc 2.16. Comoveu-se, Jo 11.33. Condenado, Lc 24.20. Condoeu-se, Mc 3.5. Consumou a obra, Jo 17.4. Contado com os transgressores, Is 53.12. Coroado de espinhos, Mt 27.29. Cortado da terra, Is 53.8. Cuspiram nele, Mc 14.65. Crucificado, Mt 27.35; 1 Co 2.2. Derramou a sua alma, Is 53.12. Deitado numa manjedoura, Lc 2.7. Deu a sua vida, 1 Jo 3.16. Desfigurado, Is 52.14. Despojado das vestes, Mt 27.28. Desprezado, Is 53.3. Dormiu, Mc 4.38. Ensinou, Mc 4.2. Entregue, At 2.23. Entregou o espírito, Mt 27.50. Entregou-se, Ef 5.2. Enviado, Mt 10.40. Escarnecido, Lc 23.11. Evangelizou, Lc 4.18. Expulsaram-no, Lc 4.29. Fazendo-se ele próprio maldição, Gl 3.13. Ferido, Is 53.4. Fez-se carne, Jo 1.14. Humilhou-se, Fp 2.8. Imolado, 1 Co 5.7. Inclinou-se, Jo 8.6. Inculpável, Hb 7.26. Inocente, Mt 4.2. Justo, 1 Pe 3.18. Lavou pés, Jo 13.5. Levou nossas dores, Is 53.4. Levou o pecado de muitos, Is 53.12. Levantado, Jo 3.14. Manifestou-se, 1 Jo 3.8. Manso, Mt 11.29; 2 Co 10.1. Moído, Is 53.5. Misericordioso, Tg 5.11. Morreu, 1 Ts 5.10. Morto, Jo 19.33. Movido de compaixão, Mt 9.36. Não agradou a si mesmo, Rm 15.3. Não tinha onde reclinar a cabeça, Mt 8.20. Nascido de mulher, Gl 4.4. Negado, At 3.14. Obediente até a morte, Fp 2.8. Odiado, Jo 15.25. Oferecido, Hb 9.28. Oprimido, Is 53.7. Orou, Mt 26.39. Padeceu, Is 53.3. Partido, 1 Co 11.24. Perseguido, Jo 15.20. Pobre, 2 Co 8.9. Proclamou libertação, Lc 4.18. Puro, 1 Jo 3.3. Rejeitado, Is 53.3; 1 Pe 2.4. Repousou, Mc 6.31. Ridiculizado, Lc 16.14. Rodeado de fraquezas, Hb 5.2. Sem defeito, 1 Pe 1.19. Sem mácula, Hb 7.26. Sepultado, 1 Co 15.4. Sofreu, 1 Pe 2.21. Sozinho, Lc 9.18; Is 63.3. Suspirou, Mc 7.34. Suportou a cruz, Hb 12.2. Tentado, Mt 4.1. Teve fome, Mc 11.12. Teve sede, Jo 19.28. Tornou-se obediente, Fp 2.8. Traído, Mt 27.4. Traspassado, Jo 19.37; Ap 1.7. Triste, Mt 26.38. Vestiram-no de púrpura, Mc 15.17.

Jesus Cristo, sua exaltação: At 5.31. Apascentará, Ap 7.17. Aperfeiçoado, Hb 2.10; 5.9. Assentou-se à destra, Hb 8.1; Ap 3.21. Bendito, Rm 9.5. Coroado, Hb 2.9. Descerá, 1 Ts 4.16. Elevado às alturas, At 1.2. Exaltou, Deus o, Fp 2.9. Fiel, Hb 2.17; Ap 1.5. Formado em vós, Gl 4.19. Glorificado, Jo 12.23. Glorificado, quando vier para ser, 2 Ts 1.10. Igual a Deus, Fp 2.6. Imortal, 1 Tm 6.16. Interceder por eles, Hb 7.25. Invisível, 1 Tm 1.17; Hb 11.27. Julgará, Rm 14.10; 2 Co 5.10; 2 Tm 4.1. Longanimidade, sua, 1 Tm 1.16; 2 Pe 3.15. Mais alto do que os céus, Hb 7.26. Manifestar-se-á, 2 Ts 1.7. Misericordioso, Hb 2.17. Pelejará, Ap 2.16. Poder, qual a suprema grandeza do seu, Ef 1.19. Reinará, 1 Co 15.25-27; Ap 11.15; 20.6. Ressuscitou, Lc 24.34; Rm 6.4; 1 Co 15.15. Revestido de majestade, Sl 93.1; 2 Pe 1.16. Satisfeito, Is 53.11. Selado, Go 6.27. Sustentando todas as coisas, Hb 1.3. Todos os dias convosco, Mt 28.20. Tonado sumo sacerdote, Hb 6.20. Ungido, At 10.38. Venceu, Ap 3.21. Vive, Ap 1.18; 2.8. Vivendo sempre, Hb 7.25. Vivificará, 1 Co 15.22. Vivo caminho, Hb 10.20. Voltará, Jo 14.3; At 1.11.

Jesus Cristo, sua missão: Enviado pelo Pai, Jo 6.57. Veio no nome do Pai, Jo 5.43. Para pregar, Mc 1.38; aos pobres, Lc 4.18; pregar arrependimento, Mt 4.17; 9.13; Mc 6.12; Lc 24.47; remissão dos pecados, Lc 1.77; 24.47; libertação, Lc 4.18; o ano aceitável, Lc 4.19;o reino de Deus, Mt 10.7; Lc 4.43; 8.1; 16.16; para cumprir roda a justiça, Mt 3.15; chamar pecadores, Mt 9.13; Lc 5.32; para que os que não vêem vejam, e os que vêem se tornem cegos; Jo 9.39; dar salvação, Is 49.6; Mt 1.21; Lc 1.77; Jo 3.17; salvar os perdidos, Lc 9.56; 19.10; fazer os cegos verem, os coxos andarem, os mortos ressuscitarem, Mt 11.5; fazer a vontade do Pai, Jo 4.34; 6.38,39; para servir, Mt 20.28; dar testemunho da verdade, Jo 18.28; dar testemunho da verdade, Jo 18.37; ser uma luz do mundo, Mt 4.16; Lc 1.79; dar paz, Lc 1.70; 12.51; Jo 14.27; dar vida, Jo 6.33; 10.20-28; dar vida eterna, Jo 3.16; 6.47; 10.28; dar sua vida, Jo 10.15; 15.13; para julgamento, Jo 9.39.

Jesus Cristo, seus milagres: Ver **Milagres.**

Jesus Cristo, sua doutrina e seus discursos: Administrador infiel, Lc 16.1. Adultério, Mt 5.27. Água viva, Jo 4.1-42; 7.37,38. Amigo importuno, Lc 11.1-13. Amor ao próximo, Mt 5.43. Apóstolos, aos, Mt 10.1-42. Autoridade, sua, Mt 21.23-46. Arrependimento, Mt 4.13-17. Avareza, Lc 12.13-50. Bem-aventuranças, Mt 5.3. Bodas, Mt 22.1-14. Bom Pastor, Jo 10.1-21. Bom samaritano, Lc 10.25-37. Candeia, Mt 5.15. Ceia grande, Lc 14.16. Ceia do Senhor, Mt 26.26-29. Conforta os discípulos, Jo 14.1-31. Consolador, Jo 14.16; 16.7. Divórcio, Mt 19.1-12. Dois senhores, Mt 6.24. Dracma perdida, Lc 15.8. Esmola, Mt 6.2. Falsos profetas, Mt 7.15. Fariseu e publicano, Lc

18.9-14. Fariseus e hipocrisia, Mt 23.1-39. Fermento, Mt 16.5-12. Filho pródigo, Lc 15.11. Fundamentos, dois, Mt 7.24. Grande ceia, Lc 14.16. Homicídio, Mt 5.21. Humildade, Mt 5.3; Mc 9.35; Lc 14; 22.24-36. Jejuar, Mt 6.16. juiz iníquo, Lc 18. 1-8. Juízo temerário, Mt 7.1. Julgamento das nações, Mt 25.31-46. Juramentos, Mt 5.33. Luz do mundo, Mt 5.14. Minas, Lc 19.11-27. monte das Oliveiras, sermão do, Mt 24; Mc 13; Lc 21. Monte, sermão do. Mt 5; 6; 7. Nascimento, novo, Jo 3.1-21. Nazaré, em, Lc 4.16. Novo mandamento, Jo 13.34. Novo nascimento, Jo 3.1-21. Oração, Mt 6.5. Oração dominical, Mt 6.9. Oração sacerdotal, sua, Jo 17. Ovelha perdida, Lc 15.3. Pão da vida, Jo 6.22-31. Parábolas, Mt 13. Pedi e dar-se-vos-á, Mt 7.7. Pérolas ante os porcos, Mt 7.6. Perdão, Mt 6.12-15; 18.21. Planura, sermão da, Lc 6.17, (ARA) lugar plano. Porta estreita, Mt 7.12. Pureza de coração, Mt 15.1-20. Reino de Deus, Lc 17.20-37. Rico e lázaro, Lc 16.19. Riquezas, perigo das, Mt 19.16-30. Sábado, Mt 12.9-14; Mc 2.23-28; Lc 6.1-11; 13.10-17; 14.1-6. Sal da terra, Mt 5.13. Segunda vinda e destruição de Jerusalém, Mt 24.1-57; Mc 13.1-37; Lc 21.5-38. Setenta, aos, Lc 10.1-24. Talentos, Mt 25.14-30. Tesouros, Mt 6.19. Trabalhadores na vinha, Mt 20.1-16. Tributo, ressurreição, grande mandamento, Mt 22.15-33. Vida além-túmulo, Jo 5.25,28,29; 6.47; 11.1-53; 14.2. Vida eterna, Mt 19.16-30; Mc 10.17-31. Videira verdadeira, Jo 15.1-12. Virgens, as dez, Mt 25.1-13. Vingança, Mt 5.38. Viúva pobre, oferta da, Lc 21.1-4.

Jesus Cristo, suas parábolas: Ver Parábolas.

Jesus Cristo, sua natureza e ofícios divinos: Cabeça da Igreja, Mt 21.42; Ef 1.22,23; 2.20; 5.23; Cl 1.18; Ap 21.22. // Criador, Sl 33.6. Jo 1.3; 5.19; Ef 3.9; Cl 1.16; Hb 1.2,10. // Igual ao Pai, Mt 28.18; Jo 5.23; 16.15; 17.10; Fp 2.6; Cl 2.9; 2 Ts 2.16. // Deus eterno, Is 9.6; Mq 5.2; Jo 1.1-3; 8.58; Rm 9.5; Cl 1.17; Tt 2.13; Hb 13.8; Ap 17.14; 19.16. // Objeto de fé e culto, Jo 6.69; 8.28; 14.1; Fp 2.9; Cl 1.4-27; 1 Ts 1.3; 1 Pe 1.3; Hb 1.6. // Onipotente, Mt 28.18; Fp 3.21; Cl 2.9. // Onipresente, Mt 18.20; 28.19,20; Jo 3.13. // Onisciente, Jo 2.25; 6.64; 16.30; 21.17; Cl 2.3; Ap 2.13. // Profeta, Dt 18.15-18; Is 49.5,6; Lc 7.16; 24.19; Jo 3.2; At 3.22,23. // Rei, Gn 49.10; Sl 2.6; Is 2.4; 9.6; Dn 7.13; Mt 2.2; Jo 1.49; Hb 1.2-4; 1 Pe 3.22; Ap 11.15; 19.16. // Sacerdote, Sl 110.4; Is 53.12; Jo 14.6; Rm 8.34; 1 Tm 2.5; Hb 2.17; 3.1; 4.14; 5.5-10; 7.1-28; 8.1-6; 9.11-27; 10.1-21; 1 Jo 2.1.

Jesus Cristo, os que são tipos de: Abel, Hb 12.24; Gn 4.8; Adão, 1 Co 15.22,45-47. Arca, 1 Pe 3.20,21; Hb 11.7; Gn 7.7. Bode emissário, Lv 16.10,20; Is 53.6; Rm 5.11. Cidades de refúgio, Nm 35.6-8; Hb 6.18. Cordeiro, Jo 1.29-36; At 8.32; 1 Pe 1.19; Êx 29.38; Lv 4.32; Nm 6.12. Davi, Jo 7.42; Ez 37.24. Isaque, Hb 11.18; Tg 2.21; Gn 22.9. Holocausto, Hb 10.8-10; Gn 8.20. Jacó, Hb 11.9; Gn 32.28. Jonas, Mt 12.40; Jn 1.17. José, Gn 50.19-21; Mt 5.44. Josué, Hb 4.8; Js 1. Maná, Jo 6.31,50,58; Êx 16.35; Dt 8.3. Melquidezeque, Gn 14.18-20; Hb 6.20; 7.1-17. Moisés, Jo 3.14; 9.29; Êx 24.2. Noé, Lc 17.26; Gn 5.29. Oferta pelo pecado, 1 Jo 4.10; Êx 29.36. Páscoa, 1 Co 5.7; Êx 12.26,43. Rocha no deserto, Êx 17.6; 1 Co 10.4. Sacrifício pacífico, Ef 2.13; Cl 1.20; Êx 29.28. Salomão, Mt 12 42; Lc 11.31; 1 Cr 29.23. Sansão, Jz 13.5,7; Mt 2.23. Serpente de bronze, Nm 21.9; Jo 3.14. Tabernáculo, Êx 25.9; Hb 9.2-11; Templo, 1 Rs 6; 8.12-21; Jo 2.19,21; Mc 14.58.

JETER, hb. **Abundância:** 1. O filho primogênito de Gideão. Temeu de matar Zeba e Salmuna, Jz 8.20. // 2. Pai de Amasa, 1 Rs 2.5. // 3. Descendente de Jerameel, 1 Cr 2.32. // 4. Um descendente de Calebe, 1 Cr 4.17. // 5. Um príncipe de uma família de Aser, 1 Cr 7.38.

JETETE: Um príncipe de Esaú, Gn 36.40.

JETRO, hb. **Excelência:** Um sacerdote de Midiã e sogro de Moisés, Êx 3.1. Descendia de Midiã, filho de Abraão e de Quetura, e perece que fosse sacerdote do verdadeiro Deus, Êx 18.12. Moisés, fugido de Faraó, prestou serviços a Jetro, vindo afinal a casar-se com Zípora, uma das suas sete filhas, Êx 2.21. Trouxe a Moisés no deserto sua mulher e seus filhos, Êx 18.2. Aconselhou a Moisés que nomeasse auxiliares para julgarem o povo, Êx 18.19. Chamava-se, também, Reuel, e talvez, Hobabe, Êx 2.18: Nm 10.29. Ver **Hobabe.**

JETUR, hb. **Nômade:** Um filho de Ismael, Gn 25.15.

JEÚ, hb. **Jeová, ele o é:** 1. Descendente de Judá, 1 Cr 2.38. // 2. Descendente de Simeão, 1 Cr 4.35. // 3. Valente de Davi, 1 Cr 12.3. // 4. Um profeta, filho de Hanani, 2 Cr 19.2. // 5. Fundador da quarta dinastia de Israel, filho de Josafá (não o rei de Judá), filho de Ninsi, 2 Rs 9.2. Suscitado para exterminar a casa idólatra de Acabe e a adoração a Baal entre o povo de Deus, 1 Rs 19.16,17. Ungido por Eliseu por procuração em Ramote-Gileade, 2 Rs 9.1,6. Era habilitado para sua obra, sendo muito enérgico, ousado, astuto, sem escrúpulo, cruel, zeloso. Sua impetuosidade evidencia-se na sua maneira de guiar furiosamente, 2 Rs 9.20. Mata Jorão, rei de Israel, e lança seu corpo no campo da herdade de Nabote, 2 Rs 9.24-26; 1 Rs 21. Mata Acazias, rei de Judá, 2 Rs 9.27. Mata Jezabel, 2 Rs 9.30-37. Extermina a casa de Acabe, inclusive os setenta filhos deste, 2 Rs 10.1-11. Mata o resto da casa de Acazias, 2 Rs 10.12-14. Mata, astutamente, todos os sacerdotes e adoradores reunidos em uma assembléia solene a Baal, exterminando de Israel o culto a esse deus, 2 Rs 10.18-28. Sua ambição carnal e sua vida de derramar sangue tiveram grande repercussão na última parte de seu reinado. Foi condenado, especialmente, por tolerar a adoração aos bezerros de ouro, 2 Rs 10.29. Contudo, o Senhor, por sua fidelidade, segurou seu trono até a quarta geração, 2 Rs 10.30; 15.12. Enquanto Eliseu parece dar apoio ao reinado de Jeú, Oséias o lamenta, Os 1.4.

Possuía ... três mil camelos (Jó 1.3)

JEUBÁ, hb. **Escondido:** Um descendente de Aser, 1 Cr 7.34.

JEÚDE, hb. **louvor:** Uma cidade da herança de Dã, Js 19.45. Ver mapa 2, B-4.

JEDI, hb. **judeu:** Um oficial do rei Jeoaquim, Jr 36.14.

JEÚS, hb. **Apressado:** 1. Um descendente de Esaú, Gn 36.5. // 2. Um descendente de Benjamim, 1 Cr 7.10. // 3. Um descendente do rei Saul, 1 Cr 8.39. // 4. Um filho do rei, Roboão, 2 Cr 11.19.

JEUZ, hb. **Ele aconselha:** Um descendente de Benjamim, 1 Cr 8.10.

JEZABEL, hb. **Casta:** Filha de Etbaal, rei dos sidônios, e mulher de Acabe, rei de Israel, 1 Rs 16.31. Em volta da sua mesa reunia ela quatrocentos e cinquenta profetas de Baal, e quatrocentos sacerdotes de Asterote, 1 Rs 18.19. Exterminava os profetas do Senhor, 1 Rs 18.4. Planejou a morte de Elias, Rs 19.12. Ocasionou a morte de Nabote, 1 Rs 21.14. Elias predisse que os cães a comeriam, 1 Rs 21.23. Sua morte dramática, sendo Jeú o seu implacável executor, 2 Rs 9.30-37. Era a mais perversa das rainhas de Israel, sendo, também, a mais inteligente e notável. Havia, na igreja em Tiatira, uma profetiza, a quem o Senhor fez menção, usando o nefando nome da sedutora rainha de Israel, Jezabel, Ap 2.20.

JEZER, hb. **Formação:** 1. Um filho de Naftali, Gn 46.24. // 2. Uma família de Gileade, Nm 26.30.

JEZIEL, hb. **Assembléia de Deus:** Um dos que vieram a Davi em Ziclaque, quando este fugia de Saul, 1 Cr 12.3.

JEZREEL, hb. **Deus semeia:** 1. Uma cidade situada na planície do mesmo nome. Da tribo de Issacar, Js 19.18. Onde os israelitas se acamparam antes da batalha de Gilboa, 1 Sm 29.1-11; 2 Sm 4.4. Governado por Is-Bosete, 2 Sm 2.9. Onde Acabe residia, tinha seu palácio, 1 Rs 21.1, e onde, talvez, construiu sua casa de marfim, 1 Rs 22.39. Foi, provavelmente, nesta cidade, ou perto, que havia um templo de Asterote, onde Jezabel sustentava quatrocentos profetas. Ver 1 Rs 18.19; 2 Rs 10.11. Nabote possuía uma vinha em Jezreel e foi apedrajado fora da cidade, 1 Rs 21.1,13. Dentro da cidade Jezabel sofreu morte violenta, 1 Rs 21.23. Voltou o rei Jorão para lá para curar-se, 2 Rs 8.29. Os setenta filhos de Acabe foram mortos e suas cabeças enviadas, em cestos para Jezreel, 2 Rs 10.7. Com o extermínio da casa de Acabe, passou a glória de Jezreel. O vale de Jezreel (Js 17.6; Jz 6.33) é regado pelo rio Quisom. A planície de Jezreel, é conhecida, atualmente, pelo nome de **Planície de Esdrelom.** Estende-se dos montes de Nazaré, ao norte, até os montes de Samaria, ao sul. Ver **Esdrelom.** Ver, também, mapa 2, C-3; mapa 4, B-1. // 2. Uma cidade de Judá, Js 15.56. Cidade natal de Ainoã, mulher de Davi, 1 Sm 27.3. // 3. Um descendente de Judá, 1 Cr 4.3. // 4. Um dos filhos do profeta Oséias, Os 1.4.

JEZREELITA: Habitantes de Jezreel. Nabote, o jesreelita, 1 Rs 21.1. Ainoã, a jezreelita, uma das mulheres de Davi, 1 Sm 27.3.

JIDLAFE, hb. **Ele chora:** Um filho de Naor, Gn 22.22.

JIGEAL: Um dos espias, da tribo de Issacar, Nm 13.7.

JISBAQUE, hb. **Abandonado:** Um dos filhos de Abraão e Quetura, Gn 25.2.

JIZAR: O pai de Coré, Nm 16.1.

JÓ, hb. **Voltando sempre para Deus:** 1. Um filho de Issacar, Gn 46.13. // 2. Um patriarca da terra de Uz, íntegro, reto e temente a Deus, Jó 1.1; 2.3. De imensas possessões e grande influência; maior que todos do Oriente, Jó 1.3. Destruição dos seus rebanhos e da sua família, Jó 1.13-19. Mantém-se íntegro durante provações, Jó 1.20-22; 2.10. Seus três amigos solidários, Jó 2.11. Deus repreende esses amigos, Jó 42.7. Deus responde a oração de Jó por eles, Jó 42.8-10. Deus dá o dobro a Jó, Jó 42.10-15. Morre com 140 anos de idade, Jó 42.16,17. Exemplo de integridade, Ez 14.14,20. De paciência, Tg 5.11.

JÓ, O LIVRO DE: É provavelmente o mais antigo dos livros da Bíblia. Revela a cultura da época dos patriarcas. Não é uma alegoria; Jó é uma pessoa tão real como Noé e Daniel, sendo citado ao lado deles, Ez 14.14, É citado, também como um exemplo de paciência que não seria provável se fosse uma pessoa fictícia, Tg 5.11. Ainda mais, todas as pessoas e lugares são mencionados de uma maneira que não se encontra em alegorias. Os primeiros dois capítulos e os últimos onze versículos são prosa; o resto permanece como "o maior poema na grande literatura do mundo". O caráter literário do Livro de Jó inspirou o grande literato, Tomás Carlyle, a escrever: "Este livro, seja qual for o juízo dos críticos sobre ele, é uma das mais grandiosas obras que se têm escrito". Vitor Hugo declarou: "O Livro de Jó é, provavelmente, a obra-prima da mente humana".

A autoria: Não se sabe quem o escreveu, se Eliú, se Moisés, ou se o próprio Jó.

A chave: Provação, Jó 1.9-12.

As divisões: I. Satanás prova a Jó, cap. 1.1 a 2.10. II. Jó e seus três amigos, caps. 2.11 a 31.40. III. A mensagem de Eliú, caps. 32 a 37. IV. O Senhor responde a Jó, caps. 38 a 42.6. V. Epílogo, caps. 42.7-17.

JOA: 1. Um descendente de Benjamim, 1 Cr 8.16. // 2. Um dos valentes de Davi, 1 Cr11.45.

JOÁ, hb. **Jeová é irmão:** 1. Um filho de Asafe, cronista do rei Ezequias, 1 Rs 18.18. // 2. Um descendente de Levi, 1 Cr 6.21. // 3. Um filho de Obede-Edom, 1 Cr 26.4. // 4. Um filho de Joacaz, cronista do rei Josias, 2 Cr 34.8.

JOABE, hb. **Jeová é pai:** 1. Sobrinho de Davi e comandante-em-chefe de seu exército, 1 Sm 26.6; 1 Rs 11.15. Matou Abner, 2 Sm 3.27. Matou, também, Absalão, 2 Sm 18.14. E matou, também, Amasa, 2 Sm 20.9.10. // 2. Neto de Otniel e fundador do Vale dos artífices, 1 Cr 4.14. // 3. Uma família que voltou do cativeiro, Ne 7.11.

JOACAZ, hb. **Jeová apoderou-se:** O pai de Joá, 2 Cr 34.8.

JOADÃ: A mãe do rei Amazias, 2 Cr 25.1.

JOANA: A mulher de Cuza, procurador de Herodes. Era uma das mulheres curadas, que prestavam assistência com os seus bens a Cristo, Lc 8.2,3. Uma das mulheres que acompanharam Jesus na sua última viagem a Jerusalém, que assistiram a seu sepultamento, que encontraram o sepulcro vazio e anunciaram estas coisas aos onze, Lc 23.55 a 24.10.

JOANÃ, hb. **Jeová tem sido gracioso:** 1. O filho primogênito do rei Josias, 1 Cr 3.15. // 2. Um descendente de Salomão, 1 Cr 3.24. // 3. Pai de Azarias, um sacerdote no tempo de Salomão, 1 Cr 6.10. // 4. Um dos que vieram a Davi em Ziclague, quando fugitivo de Saul, 1 Cr 12.4. // 5. Um dos gaditas que se passaram para Davi à fortaleza no deserto, quando fugitivo de Saul, 1 Cr 12.12. // 6. Um dos capitães que se ajuntaram a Gedalias, governador de Judá, depois da queda de Jerusalém, 2 Rs 25.23. // Outras pessoas com o mesmo nome mencionados em 1 Cr 26.3; 2 Cr 23.1; Ed 10.6,28; Ne 6.18; 12.13,42.

JOÃO, hb. **Graça ou favor, de Deus:** 1. João Batista: predito seu nascimento, Is 40.3; Mt 4.5. Nasce em resposta à oração, Lc 1.13. Seu nascimento, Lc 1.57. Circuncidado, Lc 1.59. Cheio do Espírito Santo, desde o ventre materno, Lc 1.15. Seus discípulos, Jo 3.25. Precursor de Cristo, Mt 3.11. Batiza a Cristo, Mt 3.15. Seu batismo, At 1.5; 11.16; 18.25. Seu testemunho acerca de Jesus, Jo 3.25-36. Encarcerado por Herodes, Mt 14.3. Decapitado e sepultado, Mt 14.6-12. Testemunho de Cristo acerca dele, Mt 11.7. // 2. O apóstolo João, irmão de Tiago e filho de Zebedeu, Mt 4.21. É pescador, Mt 4.21 Parece ter sido de família próspera, pois seu pai tinha empregados, Mc 1.20. Torna-se um discípulo, Mc 1.19,20. Um dos apóstolos, Mt 10.2. A ele e a seu irmão deu Jesus o nome de Boanerges, que quer dizer filhos do trovão, Mc 3.17. Pede que Jesus proíba certo homem de os seguir, Mc 9.38. Quer que desça fogo do céu para consumir os samaritanos, Lc 9.54. O discípulo a quem Jesus ama, Jo 13.23; 19.26; 21.20; e que se reclina sobre o peito de Jesus, Jo 13.25. Assiste o julgamento de Cristo, Jo 18.16. Assiste à crucificação, Jo 19.26. Maria entregue à sua proteção, Jo 19.27. O primeiro a chegar ao sepulcro de Cristo, Jo 20.4. Colega de Pedro depois do Pentecoste, At 3.1; 4.13; 8.14. Pastoreava a igreja em Éfeso, de onde foi desterrado para a ilha de Patmos, no mar Egeu. Depois, libertado, voltou a Éfeso. Conta-se que quando já estava velho e não podia pregar levavam-no para os cultos, onde se contentava em exortar a igreja dizendo: "Filhinhos, amai-vos uns aos outros". Com Pedro e Tiago, goza de favores extraordinários de Cristo, Mt 17.1; Mc 5.37; Mt 26.37. Seu irmão, Tiago, morto por Herodes, At 12.2. Policarpo, Papias e Inácio foram seus discípulos. Escreveu o Apocalipse talvez no ano 95 d.C. Nasceu, talvez entre os anos 1 a 5 d.C. e faleceu cerca do ano 95. Assim viveu durante quase todo o primeiro século da era cristã. Autor do Evangelho segundo João, da Primeira Epístola de João, da Segunda Epístola de João, da Terceira Epístola de João e do Apocalipse de João. // 3. O evangelista João, apelidado Marcos, At 12.12,25; 13.5,13; 15.37. // 4. João, o pai do apóstolo Pedro, Jo 1.42; 21.15. // 5. João, homem eminente entre os judeus, At 4.6.

JOÃO, O EVANGELHO SEGUNDO: O quarto livro do Novo Testamento; o quarto evangelho. O contraste entre João e os outros três evangelhos, os sinóticos, é evidente, mesmo numa leitura superficial. Foi escrito originalmente em grego, língua conhecida em todo o mundo. O quarto evangelho não registra qualquer parábola; menciona somente oito milagres, dos quais apenas dois são relatados nos Evangelhos.

"Descobriu-se na biblioteca John Rayland, em Manchester, entre papiros adquiridos em 1920, no Egito, pelo falecido professor Bernard Geenfall, uma folha tendo de um lado os versículos 31-33 do capítulo XVIII do Evangelho segundo São João, e no verso os versículos 37-38. Esse fragmento de códex proviria de Osyrhyncus (Benhesa), no Alto Egito.
A importância do achado está em que o fragmento data da primeira metade do segundo século, portanto, anterior a tudo quanto se havia identificado até aqui, e demonstra que o Evangelho segundo São João se achava em circulação nessa data, o que destrói a opinião de que ele era muito posterior aos sinóticos. (Transcrito da revista *A Bíblia no Brasil*, jul.-dez., 1964.)"

O autor: O apóstolo João, Jo 21.24

A chave: O Evangelho segundo João foi escrito para que o leitor creia que Jesus é Cristo, o Filho de Deus, e crendo tenha vida em seu nome, Jo 20.31. E não somente tenha vida, mas que a tenha em abundância, Jo 10.10. O Evangelho segundo João é o Evangelho do Filho de Deus.

As divisões: I. O prefácio: Jesus Cristo é o Verbo eterno feito carne, 1.1-14. II. O testemunho de João Batista, 1.15-34. III. O ministério público de Cristo, 1.35 a 12.50. IV. O seu ministério oculto entre os discípulos, 13.1 a 17.26. V. O sacrifício de Cristo, 18.1 a 19.42. VI. Cristo se manifesta ressuscitado, 20.1-31. VII. O epílogo do livro: Cristo se manifesta como o Mestre da vida e do serviço, 21.1-25.

JOÃO, PRIMEIRA EPÍSTOLA DE: Não tem saudações ou quaisquer alusões pessoais. Tem mais a natureza de uma dissertação sobre a crença e deveres dos crentes do que a de uma certa igreja. O livro é uma carta íntima do Pai aos seus "filhinhos". É o livro mais íntimo da Bíblia, talvez, a não ser **Lamentações.**

O autor: O apóstolo João. A fraseologia característica do Evangelho segundo João é a mesma da Primeira Epístola de João.

A chave: Foi escrita "a fim de saberdes que tendes a vida eterna", 5.13. As palavras "saber", ou, "conhecer" ou "certo" aparecem 25 vezes nesta epístola, 2.3-5,18,20,21,29; 3.2,5,14,15,19,24; 4.2,6,13; 5.2,13,15,18-20. Outro ponto principal é que manteremos comunhão uns com os outros se mantivermos comunhão com o Pai, 1.6,7.

As divisões: I. Prólogo: a encarnação de Cristo, 1.1,2. II. Os filhinhos e a comunhão, 1.3 a 2.14. III. Os filhinhos e o mundo, 2.15-28. IV. Como os filhinhos podem conhecer um ao outro, 2.29 a 3.10. V. Como os filhinhos devem viver juntos, 3.11-24. VI. Como os filhinhos podem reconhecer os mestres falsos, 4.1-6. VII. Os filhinhos assegurados e avisados, 4.7 a 5.21.

JOÃO, SEGUNDA EPÍSTOLA DE: É dirigida a uma senhora cristã e aos seus filhos, talvez à senhora eleita. Alguns comentadores, desde a Antiguidade, acham que quer dizer a uma certa igreja, ou à Igreja em geral e aos seus membros. É modelo do amor e esforços que os pastores devem prestar aos seus filhos na fé.

O autor: João, o apóstolo. Dos 13 versículos desta epístola, oito se acham, substancialmente, na primeira.

A chave: Quanto à atitude para com os falsos ensinadores, não se deve dar-lhes hospedagem, vv. 10 e 11.

As divisões: I. O caminho da verdade e do amor, 1-6. II. Os falsos ensinadores e como tratá-los, 7-11. III. Saudações, vv. 12,13.

JOÃO, TERCEIRA EPÍSTOLA DE: Um belíssimo exemplo da correspondência íntima do venerado presbítero. As epístolas de João, as de Pedro e as de Tiago denominam-se epístolas "católicas" ou "gerais", por não serem dirigidas a igrejas particulares. A Segunda e a Terceira Epístolas de João não são propriamente católicas, por serem dirigidas a pessoas particulares.

O autor: O apóstolo João.

A chave: A verdade, vv. 1,3,4,8,12.

As divisões: I. Saudações, 1-4. II. O bom exemplo de Gaio, vv. 5-8. III. Diótrefes, o ambicioso; Demétrio, fiel cristão, 9-15.

JOAQUIM, hb. **Jeová estabeleceu:** Rei de Judá, seu mau reinado e cativeiro, 2 Rs 24.8-16. Ver **Reis**.

JOÁS, hb. **Jeová é forte:** 1. Pai de Gideão, Jz 6.11. // 2. Um filho de Acazias e rei de Judá, 2 Rs 11.2. Reparou o Templo, 2 Rs 12. Matou Zacarias, filho do profeta Joiada, 2 Cr 24.17-22. Morto por seus servos, 2 Rs 12.20. Ver **Reis**. // Outros do mesmo nome: 1 Rs 22.26; 1 Cr 4.22; 7.8; 12.3; 27.28.

JOBABE, hb. **Aclamar:** 1. Um descendente de Noé, Gna 10.29. // 2. Um rei de Edom, 1 Cr 36.33. // Um rei de Madom, Js 11.1. // 4. Um descendente de Benjamim, 1 Cr 8.9. // 5. Outro benjamita, 1 Cr 8.18.

JOCDEÃO, hb. **Possuído pelo povo:** Uma cidade da herança de Judá, Is 15.56.

JOCMEÃO, hb. **O povo vem junto:** Uma cidade de Efraim dada aos levitas da família de Coate, 1 Cr 6.68.

JOCNEÃO: Uma cidade real dos cananeus, tomada por Josué da herança de Zebulom e dada aos levitas, Js 12.22. ver mapa 2, C-3; mapa 4, A-1.

JOCSÃ, hb. **Caçador:** Um dos filhos de Abraão e Quetura, Gn 25.2.

JOCTÃ, hb. **Pequeno:** O mesmo, talvez, que Jacsã. Um descendente de Noé, Gn 10.26. Foi, pelos seus 13 filhos (Gn 10.26-29), fundador de muitas tribos árabes existentes na Arábia do Sul. Ver mapa 1, D-4.

JOCTEEL, hb. **Sujeito a Deus:** 1. Uma cidade da herança de Judá, Js 15.38. // 2. Uma cidade de Edom, chamada anteriormente Sela, 2 Rs 14.7.

JOEDE, hb. **Jeová é testemunha:** Um benjamita, Ne 11.7.

JOEIRAR: Passar (o trigo) pela joeira, escolher, separando o bom do mau. // O rei sábio joeira os perversos, Pv 20.26. Ver **Peneirar**.

JOEL, hb. **Jeová é Deus:** Há, ao menos, 13 homens com esse nome: o primogênito de Samuel, 1 Sm 8.2; da tribo de Simeão, 1 Cr 4.35; de Rúben, 1 Cr 5.4; de Gade, 1 Cr 5.12; de Levi, 1 Cr 6.36; de Issacar, 1 Cr 7.3; um dos valentes de Davi, 1 Cr 11.38; um dos guardas dos tesouros, 1 Cr 26.21,22; da tribo de Manassés, 1 Cr 27.20; de Levi, 2 Cr 29.12; um filho de Nebo, Ed 10.43; da tribo de Benjamim, Ne 11.9; um profeta, filho de Petuel, Jl 1.1.

JOEL, O LIVRO DE: O segundo dos profetas menores, assim apelidados por serem seus livros de tamanho bem reduzido, em comparação dos quatro grandes.

O autor, Joel: Jl 1.1. O profeta Joel, quando jovem, conhecia o profeta Eliseu e provavelmente, o profeta Elias. Era de Judá e ministrou, talvez, no reinado de Joás, 2 Cr 24. Predisse a era do Evangelho e o derramamento do Espírito Santo.

A chave: O dia do Senhor: Jl 1.15; 2.1. Os grandes exércitos de gafanhotos deixavam o país ermo, como um deserto. Esta praga devastadora, anunciada como uma disciplina que a nação sofria por causa da sua iniqüidade, serviu ao profeta para simbolizar a vinda do **dia do Senhor.** Ver Is 2.10-22; Ob 15; Sf 1.14,15; At 2.16-21.

As divisões: I. A invasão assoladora dos gafanhotos simbolizava o dia do Senhor, cap. 1. II. A invasão iminente dos assírios simbolizava a vinda iminente do dia do Senhor, cap. 2. III. A invasão final simbolizava o dia do Senhor, que há de vir, cap. 3.

JOELA, hb. **Ajude-se:** Um dos que vieram a Davi em Ziclague, quando este fugia de Saul, 1 Cr 12.7.

JOELHO: Parte do corpo onde a perna se articula com a coxa. // Salomão... estando de **j** e com as mãos estendidas, 1 Rs 8.54. Elias... encurvado para a terra, meteu o rosto entre os **j**, 1 Rs 18.42. Sete mil... todos os **j** que não se dobraram a Baal, 1 Rs 19.18. E me pus de **j**, estendi as mãos para o Senhor, Ed 9.5. Três vezes no dia se punha de **j**, e orava, Dn 6.10. E, de **j**, orava, Lc 22.41. Pedro... pondo-se de **j**, orou, At 9.40. Diante de mim se dobrará todo **j**, Rm 14.11. Ao nome de Jesus se dobre todo **j**, Fp 2.10. Por esta causa me ponho de **j**, Ef 3.14. Restabelecei... os joelhos trôpegos, Hb 12.12. Ver **Ajoelhar, Prostrar.**

JOEZER, hb. **Jeová é auxílio:** Um dos que vieram a Davi em Ziclague, quando este fugia de Saul, 1 Cr 12.6.

JOGBEÁ, hb. **Elevado:** Uma das cidades edificadas em Gade, Nm 32.25. Ver mapa 2, D-4.

JOGLI, hb. **Levado para o exílio:** Pai de Buqui, um príncipe da tribo de Dã, Nm 34.22.

JÓIA: Pequeno artefato de matéria ou lavor precioso, que serve para adorno. // **J** de ouro e de prata... e os deu a Rebeca, Gn 24.53. Pedirá... **j** de ouro, Êx 3.22. Como **j** de ouro em focinho de porco, Pv 11.22. Lábios instruídos são **j** preciosa, Pv 20.15. **J** de ouro puro, assim é o sábio repreensor, Pv 25.12. Mulher virtuosa... muito excede o de finas **j**, Pv 31.10. As **j** pendentes do nariz, Is 3.21. Babilônia, a **j** dos reinos, Is 13.19. Como noiva que se enfeita com as suas **j**, Is 61.10.

JOIADA, hb. **Jeová conhece:** 1. Pai de Benaia e principal dos 3.700 sacerdotes que se ajuntaram a Davi para proclamá-lo rei, 2 Sm 8.18. // 2. Um dos principais conselheiros de Davi, 1 Cr 27.34. // 3. Um sumo sacerdote no tempo em Atalia usurpou o trono, 2 Cr 22.11. // 4. Um dos que repararam uma das portas do templo, Ne 3.6.

JOIAQUIM, hb. **Jeová estabelece:** Filho de Jesua e pai de Eliasibe, o sumo sacerdote, Ne 12.10.

JOIO: Gênero de gramíneas, de que uma espécie se mistura aos cereais produzindo neles grandes estragos. É difícil de extirpar, suas sementes conservando muito tempo na terra o seu poder germinativo. A parábola do **j**, Mt 13.24-30.

JONÃ: Um antepassado na linhagem de Jesus, Lc 3.30.

JONADABE, hb. **Jeová é generoso:** 1. Homem mui sagaz, filho de Siméia, irmão de Davi, 2 Sm 13.3. // 2. Um filho de Recabe, Jr 35.6.

JONAS, hb. **Pombal:** 1. Jonas, o pai de Simão Pedro, Mt 15.17. **Barjonas** quer dizer filho de Jonas, ou de João, Jo 21.15. 2. Jonas, o profeta, Jn 1.1. Filho de Amitai, Jn 1.1. Nasce em Gate-Hefer, que distava de Nazaré três quilômetros, 2 Rs 14.25. Prediz o restabelecimento dos termos de Israel, estabelecidos no tempo da prosperidade de Salomão, 2 Rs 14.25. Enviado para clamar contra Nínive, Jn 1.2. Desobedece fugindo a Társis, Jn 1.3. Dorme na tempestade, Jn 1.6. Lançado ao mar, Jn 1.15. Ora no ventre do peixe, Jn 2.1-9. Três dias e três noites no ventre do peixe, Jn 1.17. Vomitado na terra, Jn 2.10. Prega em Nínive, Jn 3.1-4. Desfalece quando a planta ferida por um verme se seca, deixando o sol bater-lhe na cabeça, Jn 4.6-11. As palavras de Cristo (Mt 12.40,41) provam a autenticidade da narrativa.

JONAS, O LIVRO DE: Este, o quinto em ordem, é diferente que todos os outros onze dos profetas menores, em que narra as experiências de um profeta, em vez de registrar suas mensagens proféticas.

O autor: Jonas, Jn 1.1. O ministério de Jonas começou ao findar o de Eliseu. Serviu às dez tribos durante o reinado de Jeroboã II. É de supor que o aspecto de Jonas, depois de passar três dias pelos sucos gástricos no ventre do grande peixe, desse para despertar a atenção de toda a grande população da capital do mundo. Certo é que atenderam ao seu ardente apelo ao arrependimento.

A chave: Condenação ao exclusivismo, Jn 4. 6-11. O livro de Jonas é o livro missionário do Antigo Testamento. O exclusivismo é o contrário do espírito missionário. A mensagem de Jonas é que Deus é o Deus, não apenas dos judeus, mas também dos gentios. Nínive era mais que uma cidade gentílica; era, também, a capital da Assíria, poder mundial e o país mais temido e odiado pelo povo de Deus. Vê-se demonstrado em Jonas o grande amor de Deus para com os gentios, enviando-lhes um profeta para chamá-los ao arrependimento.

As divisões: I. A primeira comissão de Jonas; tragado pelo grande peixe, Jn 1. II. A oração de Jonas; a resposta de Deus, Jn 2. III. A segunda comissão de Jonas; o arrependimento dos ninivitas, Jn 3. IV. A queixa de Jonas; a resposta de Deus, Jn 4.

JÔNATAS, hb. **Jeová nos deu:** O filho mais velho de Saul, 1 Sm 14.49. Derrotou a guarnição dos filisteus, 1 Sm 13.3; 14.1. Transgrediu o juramento de Saul, 1 Sm 14.24. Era forte e ligeiro, 2 Sm 1.23. Amigo íntimo de Davi, 1 Sm 18.1. Sua aliança com a casa de Davi, 1 Sm 20.16. Morto na batalha de Gilboa, 1 Sm 31.2. Pranteado por Davi, 2 Sm 1.17. Outras pessoas com o nome de Jônatas, Jz 18.30; 2 Sm 15.27 etc.

JOPE, hb. **Beleza:** Uma cidade da herança de Dã chamada Jafo, Js 19.46. Ver mapa 2, B-4. Madeira para o Templo levada em jangadas pelo mar, do Líbano até Jope, 2 Cr 2.16. Jonas embarcou em um navio de Jope para ir a Társis, Jn 1.3. O rei Ciro deu permissão para levar madeira do Líbano pelo mar até Jope, para as construções em Jerusalém, Ed 3.7. Onde residia Dorcas, que Pedro ressuscitou da morte, At 9.36. Foi em Jope que Pedro teve a visão do grande lençol baixado à terra e contendo toda sorte de quadrúpedes, At 11.5. A cidade de Jope é chamada, atualmente, Jafa, situada no mar Mediterrâneo, 50 km ao noroeste de Jerusalém. Ver mapa 4, A-2; mapa 6 F-4.

JOQUEBEDE, hb. **Jeová é glória:** Filha de Levi, mulher de Anrão e mãe de Moisés, Êx 6.20; Nm 26.59.

JOQUIM: Um descendente de Judá, 1 Cr 4.22.

JORA, hb. **A primeira chuva:** Um dos que vieram de Babilônia com Zorobabel, Ed 2.18.

JORÃO, hb. **Jeová é exaltado:** Forma abreviada de **Jeorão.** 1. Filho de Josafá, 2 Rs 8.16. // 2. Filho de Acabe, e rei de Israel, 2 Rs 8.16. Ver **Reis.** // 3. Filho de Toí, rei de Hamate, 2 Sm 8.10. // 4. Um levita no tempo de Davi, 1 Cr 26.25.

JORDÂNICO: Relativo ao rio Jordão. // Leãozinho da floresta **j** contra o rebanho, Jr 49.19.

JORDÃO, hb. A **que desce:** Rio da Palestina e o mais famoso do mundo. A sua fama não é devida ao seu comprimento, nem de ser uma rica via comercial; tem um curso de apenas 260 km, e nunca levou nas suas águas uma embarcação comercial. Não é notável, como o Nilo, pelas inundações que regam e fertilizam uma região que de outra forma seria um deserto; nunca se utilizaram as águas do Jordão para irrigação. Nem é conhecido, como outros rios, pelas grandes cidades situadas nas suas margens; nunca foi construída cidade, nem vila, e nem casa nas ribanceiras, por causa da grande força das águas e o costume de transbordar. A fama do Jordão é devida: a) A seus característicos físicos. b) Aos eventos históricos que ocorreram neste rio. c) O lugar que o rio Jordão ocupa na mente do povo de Deus.

1) Todos os outros rios desaguam no mar. O Jordão nasce no Anti-Líbano, apenas alguns metros acima do nível do mar, entra nas "águas de Merom" (atualmente o lago Hulé), Js 11.5. Depois, quando chega ao mar da Galiléia, já está 225 metros inferior ao nível do mar. Por fim deságua no mar Morto, 425 metros abaixo do Mediterrâneo. O Jordão é o único rio que se acha abaixo do nível do mar.

2) Mas o Jordão é conhecido, especialmente, pelos eventos que ocorreram lá: a escolha de Ló; "a campina do Jordão" era "como o jardim do Senhor", Gn 13.10,11. As águas do Jordão têm profundidade de dois a quatro metros e descem mais que 425 metros no seu curso sinuoso de 260 km. Por conseqüência, a correnteza é muito grande somente e se pode atravessar o rio em sítios que dão passagem a pé ou a cavalo, Js 2.7; Jz 3.28; 12.5,6. Jacó o atravessou quando possuía apenas "um cajado". Na volta o atravessou com toda a sua casa, que consistia de "dois bandos", Gn 32.10. Gideão o passou com os trezentos homens, Jz 8.4. Os filhos de Amom passaram-no para pelejar contra Judá, Jz 10.9. Abner e seus homens, perseguido por Joabe, passaram o Jordão, 2 Sm 2.29. Davi, perseguido por Absalão, o passou, 2 Sm 10.17; 17.22; Absalão, também, o passou, 2 Sm 17.24. Mas a passagem mais espetacular foi da nação de Israel, no tempo da sega, quando as águas transbordavam todas a ribanceiras, Js 3.15; Sl 114.3. As águas fora do leito sinuoso do rio tomavam um curso direto com força incalculável. Mas, com a ordem divina, o povo avançou e quando os pés dos sacerdotes se molharam, as águas que vinham em cima levantaram-se num montão até a cidade de Adã, Js 3.16. Elias dividiu, milagrosamente, as águas deste rio, e passou em seco, 2 Rs 2.8. Eliseu as dividiu novamente, 2 Rs 2.14. Naamã foi curado da lepra quando mergulhou sete vezes nas águas do Jordão, 2 Rs 5.14. João Batista batizou no Jordão "Jerusalém, toda a Judéia e toda a circunvizinhança do Jordão", Mt 3.5. Mas o evento que mais se destaca de todos foi o batismo de Jesus no rio Jordão, Mt 3.13.

3) O rio Jordão ocupa lugar importantíssimo na mente do povo de Deus. O Egito é tipo do mundo com seus vícios e escravidão. O mar Vermelho prefigurada a nossa libertação. O deserto é tipo de nossa peregrinação neste mundo. Como Israel atravessou o rio Jordão, quando parecia impossível, para a terra de Canaã, assim atravessam os crentes o Jordão da morte para a Canaã celestial. Ver mapa 2. D; mapa 5, B.

JORIM: Um dos antepassados na genealogia de Jesus, Lc 3.29.

JORNADA: Viagem por terra. // Suas **j**... até Betel, Gn 13.3. Em todas as suas **j**, Êx 40.36,38. Em **j** muitas vezes, 2 Co 11.26. Ver **Marcha.**

JORNADA DE UM SÁBADO: Ver **Sábado, Jornada de um.**

JORNAL: A paga de cada dia de trabalho. // Paga-lhes o **j**, começando Mt 20.8 (ARC). O **j** dos trabalhadores que ceifaram, Tg 5.4 (ARC).

JORNALEIRO: Trabalhador pago de cada dia de trabalho. // A paga do **j,** Lv 19.13. Como **j** e peregrino. . até ao ano do jubileu, Lv 25.40. Não oprimirás o **j** pobre, Dt 24.14. Quantos **j** de meu pai têm, Lc 15.17 (ARC). Ver **Ceifeiro, Trabalhador.**

JORQUEÃO, hb. **Expansão:** Um descendente de Hebrom de Judá, 1 Cr 2.44.

JORRAR: Brotar, sair com ímpeto. // Fonte a jorrar para a vida eterna, Jo 4.14.

JOSA, hb. **Retidão:** Um príncipe de uma família simeonita, 1 Cr 4.34.

JOSABE-BASSEBETE: Um dos valentes de Davi, 2 Sm 23.8.

JOSAFÁ, hb. **Jeová julga:** Um filho de Asa e rei de Judá, 1 Rs 15.24. Seu bom reinado, 2 Cr 17; 20.31. A aliança entre Josafá e Acabe, 2 Cr 18. Josafá repreendido por Jeú, Cr 19. Sua vitória sobre Moabe, 2 Cr 20. Sua aliança com Acazias, rei de Israel, 2 Cr 20.35. // 2. Outros com o nome **Josafá:** 2 Sm 8.16; 1 Rs 4.17; 2 Rs 9.2; 1 Cr 15.24.

JOSAFÁ, VALE DE: Geralmente considerado como nome simbólico que o profeta aplicou ao lugar onde havia de realizar-se o juízo, Jl 3.2,12. É a suposição de muitos cristãos e judeus que esta passagem se refere ao vale de Cedrom, entre a cidade de Jerusalém e o monte das Oliveiras. Ver, também, Zc 14. Por causa dessa conjectura, e querendo estar perto do lugar do "grande dia", acham-se milhares de túmulos de cristãos, de judeus e de maometanos nos dois lados do vale de Cedrom.

JOSAVIAS, hb. **Jeová faz justiça:** Um dos valentes do exército de Davi, 1 Cr 11.46.

JOSBECASA, hb. **Lugar de firmeza:** Um dos cantores no Templo, 1 Cr 25.4.

JOSÉ, hb. **Ele (Jeová) acrescenta:** 1. O filho do patriarca Jacó e de Raquel. Nasceu em Padã-Arã, Gn 28.2; 30.22-24. Filho dileto de seu pai, odiado por seus irmãos, Gn 37.3,4.

Seus sonhos, Gn 37.5-11. Vendido por vinte siclos de prata, Gn 37.28. Levado do Egito e vendido a Potifar, Gn 37.36. Fiel em resistir a esposa de Potifar, Gn 39.7-12. Em prisão, Gn 39.19-23. Interpretou os dois sonhos de Faraó, Gn 41.25-32. Feito governador do Egito, Gn 41.43. Seus irmãos o visitaram, Gn 42.6. Deu-se a conhecer a eles, Gn 45.1-28. Chamou seu pai e seus irmãos para o Egito, Gn 46.5. Morreu e foi embalsamado no Egito, Gn 50.22-26. Seus ossos foram levados do Egito pelos filhos de Israel e enterrados em Siquém, Js 24.32. O nome José se emprega para designar as duas meias tribos, a de Manassés e a de Efraim, Js 16.1-4. // 2. Pai de Jigeal, que foi um dos espias, Nm 13.7. // 3. Filho de Asafe, no tempo de Davi, 1 Cr 25.2. // 4. Um dos que tinham mulher estrangeira, Ed 10.42. // 5. Um sacerdote, Ne 12.14. // 6. Pai de Janai, da genealogia de Cristo, Lc 3.24. // 7. Filho de Jonã, Lc 3.30. // 8. O marido de Maria, a mãe de Jesus Cristo. José da casa de Davi em Belém, Mt 1.20. Era carpinteiro, Mt 13.55. A tradição de ele ser viúvo, com filhos da primeira mulher, baseia-se, talvez, no dogma da virgindade perpétua de Maria. Era benévolo e justo, Mt 1. 19. Observava fielmente as ordenanças do povo de Deus e as festas, Lc 2.21-24,41,42. Cumpriu os deveres de um bom pai na visita dos pastores (Lc 2.16), fugindo com a família para o Egito (Mt 2.13), assumindo sua parte da responsabilidade em criar Jesus (Lc 2.48,51), como se vê, também, na opinião do povo, Jo 1.45; 6.42. Opina-se, geralmente, que José morrera antes do ministério público de Jesus, pelo fato de só o nome de Maria aparecer em toda a narrativa deste período. // 9. Um dos irmãos de Jesus Cristo, Mt 13.55. // 10. José de Arimatéia, um homem rico (Mt 27.57), bom e justo (Lc 23.50). Ilustre membro do Sinédrio, que também esperava o Reino de Deus (Mc 15.43) discípulo de Jesus, ainda que ocultamente (Jo 19.38) não deu a sua aprovação à sentença de morte de Jesus (Lc 23.50,51). Desprendeu da cruz o corpo de Cristo e, com Nicodemos (Jo 19.38,39), depositou-o no túmulo, Jo 19.42. Há muitas lendas em conexão com o nome de José de Arimatéia, mas nada se sabe dele além do que se acha escrito nos Evangelhos, Mt 27.57-60; Mc 15.43-46; Lc 23.50-53; Jo 19.38-42. Ver **Arimatéia.** // 11. O irmão de Tiago, o menor, cuja mãe estava junto da cruz com Maria, do Senhor, Mc 15.40. // 12. José, cognominado Justo, candidato para preencher a vaga no apostolado depois da morte trágica de Judas, At 1.23. Conforme a tradição ele era um dos setenta, Lc 10.1. // 13. Nome próprio de Barnabé, At 4.36.

JOSEFO (Flávio), Historiador judeu, nasceu em Jerusalém, 37 ou 38 d.C., e morreu em Roma. Suas obras, **Guerra Judaica** e **Antiguidades Judaicas,** são de grande importância para os estudantes dos tempos do Novo Testamento.

JOSIAS, hb. **Curado por Jeová:** 1. Um filho de Amom e rei de Judá, 2 Rs 21.24. Seu bom reinado, 2 Rs 22. A profecia acerca de Josias e seu cumprimento, 1 Rs 13.2; 2 Rs 23.15. Reparou o Templo, 2 Rs 22.3. O Livro da Lei é achado, 2 Rs 22.8. A mensagem de Deus, por meio da profetiza Hulda, 2 Rs 22.15. Ordenou a leitura do Livro, 2 Rs 23.1. Celebrou extraordinária páscoa, 2 Rs 23.21. Morto em Megido por Faraó-Neco, 2 Rs 23.29. Ver **Reis.** // 2. Um filho de Sofonias, Zc 6.10.

JOSIBIAS, hb. **Jeová concede abrigo:** Um príncipe de uma família simeonita, 1 Cr 4.35.

JOSIFIAS, hb. **Jeová dará aumento:** Pai de Selomite que voltou de Babilônia com Esdras, Ed 8.10.

JOSUÉ, hb. **Jeová é salvação;** gr. **Jesus:** 1. Josué, líder dos hebreus depois de Moisés. Chamado, também, **Oséias,** Nm 13.8. Filho de Num, Êx 33.11. Da tribo de Efraim, 1 Cr 7.27. Desbarata os amalequitas, Êx 33.11. Servo fiel e companheiro de Moisés, Êx 24.13; 32.17. Com este no monte Sinai, Êx 24.13; 32.17. Um dos dois espias fiéis, Nm 13.16; 14.38. Designado por Deus como sucessor de Moisés, Dt 31.14,23. Revestido como seu sucessor, Dt 34.9. Assume o comando, Js 1.1. Envia espias, Js 2.1. Atravessa o Jordão, Js 3.1. Destrói Jericó, Js 6; e Ai, Js 8. Salva Gibeom, Js 10.6-27. Manda o sol deter-se, Js 10.12. Sorteia Canaã entre as tribos, Js 14 a 21. Despede-se do povo e morre, com a idade de 110 anos, Js 23 e 24. // 2. Josué, bate-semita em cujo campo parou o carro com a arca, 1 Sm 6.14. //3. Josué, um governador de uma cidade no reinado de Josias, 2 Rs 23.8. // 4. Josué, ou Jesua, um sumo sacerdote no governo de Zorobabel, Ed 2.2; 3.2; 8; Ag 1.1,12,14.

JOSUÉ, LIVRO DE: Este, o sexto livro da Bíblia, é uma continuação do estilo e história dos primeiros cinco. Narra a consumação da redenção de Israel do Egito; a redenção consiste não somente de tirar mas também de dar, Dt 6.23. Israel, antes rebelde, está disciplinado e preparado para subjugar nações mais numerosas e mais poderosas. Como Josué disse depois: "O Senhor vosso Deus é o que pelejou por vós", Js 23.3.

O autor: Conforme o Talmude, Josué, a não ser os últimos cinco versículos. As Escrituras dizem: "Josué escreveu estas palavras no livro da lei de Deus", Js 24.26.

A chave: Conquista e possessão, Js 1.2,3. Em Josué a nação de Israel está pronta a possuir Canaã e cumprir a missão que Deus dá de testificar a todas as nações. No fim "deu o Senhor a Israel toda a terra que jurara dar aos seus pais; e a possuíram e habitaram nela", Js 21.43-45.

As divisões: I. A Conquista de Canaã, caps 1 a 12. II. A distribuição pelas tribos da terra conquistada, caps 13 a 22. III. O discurso de despedida de Josué, caps 23 e 24. A narrativa abrange os eventos desde a morte de Moisés até a morte de Josué; um período de 24 anos.

JOTA: É uma forma da letra grega, **iota,** e da hebraica **iod** ou **jod.** É a letra menor de cada um destes alfabetos. Nem um **j** ou um til se omitirá da lei, Mt 5.18.

JOTÃO, hb. **Jeová é perfeito:** 1. O filho mais novo de Gideão. Escapou quando Abimaleque matou seus setenta irmãos sbre uma pedra, Jz 9.5. Proferiu a parábola das árvores, Jz 9.8. // 2. O duodécimo rei de Judá e filho de Uzias e de Jerusa, filha de Zadoque, 2 Rs 15.31-38. Governou, como regente, por causa da doença de seu pai, que era leproso, 2 Rs 15.5. Depois da morte de seu pai, começou a reinar, com 25 anos de idade e reinou 16 anos em Jerusalém, 2 Rs 15.33. Fez o que era reto diante do Senhor, 2 Rs 15.34. // 3. Um descendente de Calebe, 1 Cr 2.47.

...tocando trombeta de carneiro...

JOTBÁ, hb. **Agrade:** A terra natal de Mesulemete, mulher de Manassés, 2 Rs 21.19. Uma terra de ribeiros de águas, Dt 10.7.

JOVEM: Aquele que está na juventude. // Tomou conselho com os **j**, 1 Rs 12.8. Ester... **j** bela, Et 2.7. Como o orvalho... serão os teus **j**, Sl 110.3. O ornato dos jovens é a sua força, Pv 20.29. **j** sem nenhum defeito, Dn 1.4. Seguia-o um **j**, Mc 14.51. Vossos **j** terão visões, At 2.17. Uma **j** possessa de espírito, At 16.16. Instruírem as **j** recém-casadas, Tt 2.4. Rogo igualmente aos **j**, 1 Pe 5.5. Ver **Moça, Moço, Mocidade, Rapaz.**

JOZABADE, hb. **Jeová concedeu:** 1. Um dos que vieram a Davi em Ziclague, quando este fugia de Saul, 1 Cr 12.4. // 2 e 3. Dois chefes de milhares da tribo de Manassés, que se ajuntaram a Davi em Ziclague, 1 Cr 12.20. // 4. Um superintendente dos levitas, 2 Cr 31.13. // 5. Um levita, Ed 8.33. // 6. Um sacerdote que tinha mulher estrangeira, Ed 10.22.

JOZACAR, hb. **O Senhor se lembrou:** Um dos dois servos que mataram Joás, rei de Judá, 2 Rs 12.21.

JUBAL, hb. **Torrente, música:** Filho mais novo de Lameque e Ada; inventor dos instrumentos musicais, Gn 4.21.

JUBILAR: Encher-se de alegria excessiva. // Povo jubilou com altas vozes, Ed 3.11. Sobre a Filístia jubilarei, Sl 108.9. Exulta e jubila, ó habitante de Sião, Is 12.6. Ver **Alegrar, Regozijar.**

JUBILEU, hb. **Sonido de trombeta:** O ano do jubileu vinha depois de sete anos sabáticos, Lv 25.8-34. Este ano qüinquagésimo era anunciado, tocando trombeta de carneiro, aos dez do mês de tisri, que corresponde ao mês de setembro. A terra, como nos anos sabáticos, ficava sem cultura. As terras hipotecadas eram libertas. Todos os servos ou escravos se tornavam livres, Lv 25.39-41. O jubileu é um tipo de emancipação alegre e gloriosa, pelo Evangelho, do domínio e da escravidão de Satanás, Is 16.2; Lc 4.19.

JÚBILO: Alegria excessiva. // Celebraram a festa... com grande **j**, 2 Cr 30.21. O **j** dos perversos é breve, Jó 20.5. Celebrai a Deus com vozes de **j**, Sl 47.1. Bem-aventurado o povo que conhece os vivas de **j**, Sl 89.15. Cantemos ao Senhor com **j**, Sl 95.1. Celebrai com **j**, Sl 98.4. Com lágrimas semeiam, com **j** ceifarão, Sl 126.5. Voltará com **j**, Sl 126.6. Virão a Sião com cânticos de **j**, Is 35.10; 51.11. Tornarei o seu pranto em **j**, Jr 31.13. Põe sobre os ombros, cheio de **j**, Lc 15.5. Maior **j** no céu por um pecador, Lc 15.7. Há **j** diante dos anjos, Lc 15.10. Seguindo o seu caminho, cheio de **j**, At 8.39. Grandemente conformado e transbordante de **j**, 2 Co 7.4. Ver **Alegria, Gozo, Prazer.**

JUBILOSO: Muito alegre. // Eu canto **j**, Sl 63.7. Conduziu... com **j** canto, Sl 103.43. Toda a multidão dos discípulos passou **j**, Lc 19.37.

JUCAL, hb. **Capaz:** Um príncipe de Judá que o rei Zequedias enviou, juntamente com outros, a pedir a orações de Jeremias quando os babilônicos sitiavam Jerusalém, Jr 37.3. Logo depois rogou so rei que mandasse matar a Jeremias, Jr 38.1.

JUDÁ, hb. **Louvor:** 1. O quarto filho de Jacó e Lia, Gn 29.35. Salvou a vida de José, Gn 37.26-28. Judá e Tamar, Gn 38. Tornou-se fiador por Benjamim, Gn 43.9. Advoga o caso de Benjamim, Gn 44.18. Seus descendentes, Gn 46.12; Nm 1.26; 26.19; Abençoado por Jacó, Gn 49.8-12. // 2. Judá foi pai da tribo que teve seu nome. O censo no deserto, Nm 1.26; 26.22. Abençoada por Moisés, Dt 33.7. Sua herança, Js 15. Ver mapa 5, B-1. Davi, seu rei em Hebrom, 2 Sm 2.4. Permaneceu fiel em seguir a casa de Davi, 1 Rs 12. O reino dividido sob Roboão, 1 Rs 12.23. Levada ao cativeiro, 2 Rs 25.8. // 3. Um levita que voltou do cativeiro, Ne 12.8. // 4. Um levita que despediu sua mulher estrangeira, Ed 10.23. // 5. Um benjamita, Ne 11.9. // 6. Um que assistiu à dedicação dos muros de Jerusalém, Ne 12.34. // 7. Na genealogia de Jesus Cristo, Lc 3.30. Ver **Judéia, Judeu.**

JUDAICO: Relativo aos judeus. // Clamou em alta voz em **j**, 2 Rs 18.28. Meio asdodita, e não sabiam falar **j**, Ne 13.24.

JUDAÍSMO: Religião judaica; os judeus. // Meu proceder outrora no **j**, Gl 1.13.

JUDAS, forma graga da palavra hebraica **Judá:** 1. Judas Iscariotes, isto é, de Queriote. O traidor, Mt 26.14. Filho de Simão, Jo 6.71. Um dos doze apóstolos, Mt 10.4. Tinha ao seu encargo "a bolsa" entre os doze, Jo 12.6. Jesus sabia o caráter de Judas desde o princípio, Jo 6.64. Mas os apóstolos não suspeitavam, Jo 13.26. Censurou a liberalidade de Maria. Jo 12.4,5. Satanás entrou nele, Lc 22.3. Traiu a Jesus por trinta moedas de prata, o preço de um escravo, Mt 26.15. Suas palavras mais brandas que o azeite, Sl 55.21. Beijou a Jesus no Getsêmane, Mc 14.45. Suicidou-se, Mt 27.5; At 1.18. // 2. Judas, o apóstolo e filho de Tiago, Lc 6.16. Chamava-se Tadeu, Mt 10.3. // 3. Um discípulo de Jesus e irmão de Tiago, Jd 1. Era irmão do Senhor, Gl 1.19; 2.9,12; Mt 13.55. Não era um dos apóstolos, não crendo em Jesus como o Cristo, antes da crucificação, Jo 7.5. Escreveu a Epístola de Judas, Jd 1. // 4. Judas, o galileu, embusteiro, At 5.37. // 5. Judas de Damasco, At 9.11. // 6. Judas, chamado Barsabás, acompanhou Paulo e Silas, At 15.22.

Rabinado, em Jerusalém, da religião judaica

JUDAS, EPÍSTOLA DE: A última das sete epístolas gerais, isto é, não dirigidas a uma certa igreja. As outras seis são: Tiago, 1 e 2 Pedro, 1,2 e 3 João.
A autoria: Escrita por "Judas... irmão de Tiago", talvez o Tiago, irmão de Jesus, Jd 1; Mt 13.55; Gl 1.19. Não era um dos Doze Apóstolos, v. 17.
A chave: É dever cristão pelejar pela fé, "a batalhar diligentemente pela fé que uma vez por todas foi entregue aos santos", v.3. Uma grande parte desta epístola, vv. 3-16, assemelha-se com uma parte de **2 Pedro.** As divisões: I. Prefácio, vv. 1 e 2. II. É dever pelejar pela fé, vv. 3 e 4. III. A punição dos falsos mestres, vv 5-7. IV. O caráter, em geral, dos falsos mestres, vv 8-23. Ver Doxologia, vv. 24 e 25.

JUDÉIA: O nome quer dizer **terra dos judeus**. Das três divisões da Palestina ocidental, no tempo de Jesus Cristo, aquela mais para o sul chamava-se a **Judéia.** Tinha 88 km de comprimento e cerca do mesmo de largura. A extensão do território que coube a Judá acha-se descrita em Js 15. // Tendo Jeus nascido em Belém da Judéia, Mt 2.1. João Batista pregando no deserto da Judéia, Mt 3.1. Saiam a ter com ele toda a Judéia, Mt 3.5. Os que estiverem na Judéia fujam para os montes, Mt 24.16. Nos dias de Herodes, rei da Judéia, Lc 1.5. Toda a região montanhosa da Judéia, Lc 1.5. Toda a região montanhosa da Judéia, Lc 1.65. Pôncio Pilatos governador da Judéia, Lc 3.1. Foi Jesus para a terra da Judéia, Jo 3.22. Vamos outra vez para a Judéia, Jo 11.7. Testemunhas tanto em Jerusalém como em toda a Judéia, At 1.8. Dispersos pelas regiões da Judéia, Gl 1.22. Ver mapa 6, F-4.

JUDEU: Nome dado, origialmente, a uma pessoa natural da Judéia. Aparece a primeira vez em 2 Rs 16.6. Depois da volta do cativeiro, em Babilônia, todos os conhecidos como **hebreus** ou **israelitas**, adquiriam esse nome. São também conhecidos como judeus aqueles que seguem a religião judaica. // Feriram a Gedalias, como também aos judeus, 2 Rs 25.25. Os judeus que subiram de ti vieram a nós a Jerusalém, Ed 4.12. Judeus que escaparam e que não foram levados para o exílio, Ne 1.2. Procurou Hamã destruir todos os judeus, Et 3.6. O judeu Mordecai foi o segundo depois do rei Assuero, Et 10.3. Nabucodonosor levou para o exílio... judeus,

Jr 52.28. Acusaram os judeus, Dn 3.8. Pegarão na orla da veste de um judeu, Zc 8.23. Rei dos judeus, Mt 2.2; 27.11,29,37. Sendo tu judeu, pedes de beber, Jo 4.9. Judeus não se dão com os samaritanos, Jo. 4.22. habitando em Jerusalém judeus, At 2.5. Anunciando a ninguém a palavra, senão aos judeus, At 11.19. Todos os judeus se retirassem de Roma, At 18.2. Salvação primeiro do judeu, Rm 1.16. Tribulação... sobre... judeu primeiro, Rm 2.9. Tens por sobrenome judeu, Rm 2.1. Não é judeu quem o é exteriormente, Rm 2.28. Qual a vantagem do judeu?, Rm 3.1. Não há distinção entre judeu e grego, Rm 10.12. Cristo crucificado, escândalo para os judeus, 1 Co 1.23. Procedi para com os judeus, como judeu, 1 Co 9.20. Não pode haver judeu, nem grego, Gl 3.28; Cl 3.11. Que se declaram judeus e não são, Ap 2.9; 3.9. Ver **Hebreu**, **Israelitas**.

JUDIA: Flexão feminina de **judeu**. // Timóteo, filho de uma **j** crente, At 16.1.

JUDICIOSO: Que tem bom juízo. // Meu coração terá pensamentos **j**, Sl 49.3.

JUDITE, hb. **Uma judia:** 1. Uma das mulheres de Esaú, Gn 26.34. // 2. Heroína do livro de Judite. Ver **Apócrifo.**

JUGO: Canga com que se jungem os bois para puxarem o arado ou o carro. Quer dizer, figuradamente, dominação, sujeição. Os antigos romanos colocavam horizontalmente uma lança sobre duas outras cravadas no solo, e por baixo faziam passar os seus inimigos vencidos. // Sacudirás o teu **j** da tua cerviz, Gn 27.40. Que vos tirei do Egito... quebrei os timões do vosso **j**, Lv 26.13. Novilha vermelha... que não tenha ainda levado **j**, Nm 19.2. Sobre o teu pescoço porá um **j** de ferro, Dt 28.48. Teu pai fez pesado o nosso **j**, 1 Rs 12.4. Quebraste o **j**, que pesava, Is 9.4. Tomai sobre vós o meu **j**, Mt 11.29. Um **j** que nem nossos pais puderam suportar, At 15.10. Não vos submetais de novo a **j** de escravidão, Gl 5.1. Fiel companheiro de **j**, Fp 4.3. Todos os servos que estão debaixo do **j**, 1 Tm 6.1.

JUIZ: Magistrado, encarregado de administrar a justiça. // Não fará justiça o **j** de toda a terra?, Gn 18.25. Quem te pôs por príncipe e **j** sobre nós?, Êx 2.14. Suscitou o Senhor **j**, Jz 2.16. O Senhor que é **j**, julgue, Jz 11.17. Pai dos órfãos e **j** das viúvas, Sl 68.5. Deus é o **j**, Sl 75.7. Ó Senhor dos Exércitos, justo **J**, Jr 11.20. Para que o adversário não te entregue ao **j**, Mt 5.25. Eles mesmos serão os vossos **j**, Mt 12.27. Quem me constituiu **j** ou partidor, Lc 12.14. Não suceda que ele te arraste ao **j**, Lc 12.58. Um **j** que não temia a Deus, Lc 18.2. **J** de vivos e de mortos, At 10.42. Depois lhes deu **j** até o profeta Samuel, At 13.20. O Senhor, reto **j**, 2 Tm 4.8. Deus, o **J** de todos, Hb 12.23. Não vos tornastes **j**, Tg 2.4. Um só é Legislador e **J**, Tg 4.12. O **J** está às portas, Tg 5.9. Ver **Árbitro**, **Juízes, livro dos**.

JUÍZES, LIVRO DOS: Sétimo livro da Bíblia, a história do povo de Deus durante os primeiros trezentos anos habitando a Terra da Promissão. Recebeu seu nome dos 13 juízes que o Senhor suscitou para libertar o povo durante a decadência e desunião depois da morte de Josué. A ira de Deus se acendia contra Israel por causa da apostasia e da imoralidade. No seu aperto clamava a Deus. Ele suscitava juízes, que os livravam de seus opressores. Sucedia, porém, que falecendo o juiz, transgrediam novamente a aliança com Deus. O livro narra sete apostasias, sete opressões pagãs e sete livramentos.

	O opressor	**O juiz**	
1.	Mesopotâmia	Otniel	Jz 3.7-11
2.	Moabe	Eúde	Jz 3.12-30
3.	Filístia	Sangar	Jz 3.31
4.	Jabim	Débora	Jz 4—5
5.	Midiã	Gideão	Jz 6.1—8.32
6.	(Contendas internas)	Abimeleque	Jz 9
7.	(Paz?)	Tola	Jz 10.1,2
8.	(Paz?)	Jair	Jz 10.3,5
9.	Amom	Jefté	Jz 10.6—12.7
10.	(Paz?)	Ibsã	Jz 12.8-10
11.	(Paz?)	Elom	Jz 12.11,12
12.	(Paz?)	Abdom	Jz 12.13-15
13.	Filístia	Sansão	Jz 13—16
14.	Filístia	Eli	1 Sm 1—4
15.	Filístia	Samuel	1 Sm 7—12

A chave: Decadência: "Naqueles dias não havia rei em Israel: cada qual fazia o que achava mais reto", Jz 21.25.
A divisão: I. A conquista, por tribos particulares de certas regiões de Canaã, 1.1 a 2.5. II. Proezas sob os juízes, 2.6 a 16.31. III. A emigração dos danitas e a cruzada contra os benjamitas, 17 a 21. Os eventos narrados abrangem um período de tempo de cerca de trezentos anos, desde a morte de Josué até a magistratura de Samuel. // **Juízes:** Magistrados civis, Êx 21.22. Os israelitas, mesmo no Egito, tinham os seus anciãos, ou cabeças, das tribos, Êx 3.16 etc. No deserto havia "príncipe das tribos", Nm 7.2; Dt 16.18. E na Terra da Promissão "suscitou o Senhor juízes que os livraram da mão dos que os pilharam", Jz 2.16. O Senhor deu ao seu povo juízes até o profeta Samuel, At 13.20. O que se vê na página anterior é uma tabela dos principais desses juízes.

JUÍZO: Ato de julgamento solene, que Deus pronunciará no fim do mundo; siso, tino. // Os perversos não prevalecerão no **j**, Sl 1.5. Deus há de trazer a **j** todas as obras, Ec 12.14. Menos rigor... no dia do **j**, Mt 10.15. Sofrereis **j** muito mais severo, Mt 23.14. Vestido, em perfeito **j**, Mc 5.12. Ninivitas se levantarão no **j**, Lc 11.32. Não entra em **j**, Jo 5.24. Para a ressurreição do **j**, Jo 5.29. Vim a este mundo para **j**, Jo 9.39. Convencerá o mundo... do **j**, Jo 16.8. Dissertando ele acerca... do **j** vindouro, At 24.25. O **j** de Deus é... contra, Rm 11.33. Submetê-la a **j** perante os injustos?, 1 Co 6.1. Irá um irmão a **j**?, 1 Co 6.6. Come e bebe **j** para si, 1 Co 11.29. A fim de não vos reunirdes para **j**, 1 Co 11.34. Não sejais meninos no **j**, 1 Co 14.20. Se conservamos o **j**, é para vós, 2 Co 5.13. O reto **j** de Deus, 2 Ts 1.5. O ensino de... e do **j** eterno, Hb 6.2. Morrerem uma só vez e, depois disto, o **j**, Hb 9.27. Expectação horrível de **j**, Hb 10.27. A misericórdia triunfa sobre o **j**, Tg 2.13. Receber maior **j**, Tg 3.1. Começar o **j** pela casa de Deus, 1 Pe 4.17. O **j** lavrado a longo tempo, 2 Pe 2.3. Reservando-os para o **j**, 2 Pe 2.4. Não proferem contra ela **j** infamante, 2 Pe 2.11. Reservados para o dia do **j**, 2 Pe 3.7. No dia do **j** mantenhamos a confiança, 1 Jo 4.17. Em algemas eternas, para o **j**, Jd 9. Para exercer **j** contra todos, Jd 15. É chegada a hora do seu **j**, Ap 14.7. Verdadeiros e justos são os teus **j**, Ap 16.7. // **O juízo final predito:** 1 Cr 16.33; Sl 9.7; 96.13; 98.9; Ec 11.9; 12.14; At 17.31; Rm 2.16; 2 Co 5.10; Hb 9.27; 2 Pe 3.7. **O juízo final descrito:** Sl 50; Dn 7.9; Mt 25.31; 2 Ts 1.8; Ap 6.12; 20.11. **A esperança dos fihos de Deus quanto ao juízo final:** Rm 8.33; 1 Co 4.5; 2 Tm 4.8; 1 Jo 2.28; 4.17. O que segue destaca o fato de que o juízo de Mt 25.31-46 não é o mesmo de Ap 20.11-15:

Mateus 25
Não há ressurreição
Nações vivas
Na terra
Não há livros
Três classes: "ovelhas", "bodes" e "irmãos"
Na vinda de Cristo, antes do Milênio

Apocalipse 20
Há ressurreição
Os mortos
Fogem céus e terra
Abrem-se os livros
Uma só classe: os mortos
Depois de terminados os mil anos

Scofield faz a seguinte lista de julgamentos mencionados nas Escrituras: (1) Jo 12.31 — O julgamento dos pecados dos crentes na cruz. (2) 1 Co 11.31 — O autojulgamento dos crentes de si mesmos. (3) 2 Co 5.10 — O julgamento das obras dos crentes. (4) Mt 25.31-46 — O julgamento das nações na vinda de Cristo. (5) Ez 20.37 — O julgamento de Israel na vinda de Cristo. (6) Jd 6 — O julgamento dos anjos depois dos mil anos. (7) Ap 20.12 — O julgamento dos iníquos mortos. Ver **Arbítrio**, **Razão**.

JULGAMENTO: Ato ou efeito de julgar. // Deus... estabelece o seu **j**, Sl 82.1. Estará sujeito ao **j**, Mt 5.21; 5.22. O **j** é este: que a luz veio, Jo 3.19. Ao Filho confiou todo o **j**, Jo 5.22. O **j** derivou de uma só ofensa, Rm 5.16. O **j** da grande meretriz, Ap 17.1. Ver **Sentença**.

JULGAR: Decidir como juiz ou como ábitro. Sentenciar; avaliar. // Eu julgarei a gente a quem têm de sujeitar-se, Gn 15.14. O Senhor julga os povos, Sl 7.8. Julga o mundo com justiça, Sl 9.8. Há um Deus que julga na terra, Sl 58.11. Não julgueis... não sejais julgados, Mt 7.1. Tronos para julgar as doze tribos, Mt 19.28; Lc 22.30. Julgaste bem, Lc 7.43. Julga a minha causa contra o meu adversário, Lc 18.3. Não para que julgasse o mundo, Jo 3.17. O Pai a ninguém julga, Jo 5.22. Não julgueis segundo a aparência, Jo 7.24. Vós julgais segundo a carne, Jo 8.15. Não vim para julgar o mundo, Jo 12.47. O príncipe deste mundo já está julgado, Jo 16.11. Um dia em que há de julgar o mundo, At 17.31. És indesculpável quando julgas, Rm 2.1. Mediante lei serão julgados, Rm 2.12. Cristo Jesus, julgar os segredos dos homens, Rm 2.16. Venhas a vencer quando fores julgado, Rm 3.4. Como julgará Deus o mundo?, Rm 3.6. O que não come não julgue o que come, Rm 14.3. Nem eu tampouco julgo a mim mesmo, 1 Co 4.3. Quem me julga é o Senhor, 1 Co 4.4.

Os santos hão de julgar o mundo, 1 Co 6.2. Quando tendes de julgar negócios terrenos, 1 Co 6.4. Falem apenas dois ou três e os outros julguem, 1 Co 14.29. Jesus há de julgar vivos e mortos, 2 Tm 4.1. Quem és que julgas ao próximo, Tg 4.12. Julga segundo as obras de cada um, 1 Pe 1.17. Entregava-se àquele que julga retamente, 1 Pe 2.23. Àquele que é competente para julgar vivos e mortos, 1 Pe 4.5. Julgados na carne... vivem no espírito, 1 Pe 4.6. Até quando... não julgas, Ap 6.10. Para serem julgados os mortos, Ap 11.18. Deus contra ela julgou a vossa causa, Ap 18.20. Tronos... aos quais foi dada autoridade para julgar, Ap 20.4. Os mortos foram julgados segundo as suas obras, Ap 20.12. Ver **Acusar**, **Censurar**, **Condenar**, **Culpar**.

JÚLIA: Uma cristã de Roma, Rm 16.15.

JÚLIO: O centurião a quem foi confiado Paulo para ser levado a Roma, At 27.1,3.

JUMENTINHO: Jumento pequeno. // Jesus, tendo conseguido um **j**, Jo 12.14.

JUMENTO: Mamífero solípede doméstico, menor que o cavalo, e de orelhas compridas. É pai do macho ou mulo. Era animal de carga, Gn 45.23; 1 Sm 25.18. Cavalgavam jumentos, Jz 5.10. Mulheres também montavam em jumentos, Jz 1.14; 1 Sm 25.20; 2 Rs 4.24. Pessoas de distinção montavam em jumentas brancas, Jz 5.10. Usavam-se jumentos para cultivar os campos, Is 32.20. Jó possuía mil jumentas, Jó 42.12. Os trinta filhos de Jair, homens de influência, cavalgavam trinta jumentos, Jz 10.4. A lei proibia que se lavrasse com junta de boi e jumento, Dt 22.10. Comia-se carne de jumento em tempo de fome, 2 Rs 6.25. O jumento de Balaão falou com voz humana, Nm 22.28; 2 Pe 2.16. "Como sepulta um jumento", isto é, arrastá-lo para fora da cidade, Jr 22.19. Mencionam-se os jumentos selvagens ou monteses em Jó 39.5; Sl 104.11; Dn 5.21. São velozes corredores e vagueiam sobre largas áreas a procura de pastagens. O jumento era o animal da paz, assim como o cavalo era da guerra. Foi por isso que Cristo entrou em Jerusalém montado em um jumento, Zc 9.9; Mt 21.5,7. Ver **Mula**.

Jumento

JUMENTO SELVAGEM. O *Asinus hemippus* era um belo animal do deserto, tão veloz como a gazela. Suas orelhas eram mais curtas do que as do seu primo, o asno doméstico.

JUNCO: Gênero de juncáceas, de hastes direitas e flexíveis, que cresce nos lugares úmidos ou nas areias, Êx 2.3; Jó 8.11; Is 35.7. Ver **Papiro**.

JÚNIAS: O nome pode ser masculino — uma abreviação de Juniano — ou feminino — Júnia. É mais provável que seja masculino, Júnio. Parente e companheiro de prisão de Paulo, junto com Andrônico, Rm 16.7. Ver **Andrônico**.

JUNÍPERO (B): 1 Rs 19.4,5. Ver **Zimbro**.

JUNTA: O conjunto das superfícies e dos ligamentos, que articulam dois ligamentos entre si; articulação. // Deslocou-se a **j** da coxa de Jacó, Gn 32.25. Todo o corpo... com o auxílio de toda **j**, Ef 4.16. O corpo... bem vinculado por suas **j**, Cl 2 19. Dividir alma e espírito, **j** e medulas, Hb 4.12.

JUNTAMENTE: Ligadamente. // **J** jazem no pó, Jó 21.26.

JUNTAR: Acumular, unir. // Procurou juntar-se com os discípulos, At 9.26. Vá juntando, para que se não façam coletas, 1 Co 16.2.

JUNTO: Unido. // **J** andávamos, **j** nos entretínhamos, Sl 54.14. Bom é estar **j** a Deus, Sl 73.28. Sátrapas foram **j** ao rei, Dn 6.6.

JÚPITER: O deus supremo da mitologia romana. **Zeus**, em grego. // Em Listra, a Barnabé chamavam Júpiter, At 14.12. A cidade de Éfeso era a guardiã da imagem que se alegava ter caído de Júpiter, isto é, do céu limpo, At 19.35.

JURAMENTO: Ação de jurar. // Confirmarei o **j** que fiz a Abraão, Gn 26.3. Ou **j** para obrigar-se, Nm 30 2. O **j** que fizera a vossos pais, Dt 7.8. Do **j** que fez a Isaque, Sl 105.9. O **j** que fiz a vossos pais, Jr 11.5 Cumprirás rigorosamente... teus **j**, Mt 5.33. Mas por causa do **j**, Mt 14.9. Negou outra vez, com **j**, Mt 26.72. Do **j** que fez ao... Abraão, Lc 1.73.

JURAR: Afirmar, tomando a Deus por testemunha, Gn 21.23; Dn 12.7; Cl 1.20; declarar invocando o nome de coisa que se reputa sagrada ou superior, Mt 23.16,18,20,21; Hb 6.16. Deus jurou por si mesmo, Gn 22.16; Lc 1.73; Hb 6.13. O juramento pronunciado com a mão levantada ao céu, Gn 14.22; Ez 20.5,6; Dn 12.7; Ap 10.5. Às vezes colocando a mão debaixo da coxa da pessoa a quem se fazia a promessa, Gn 24.2; 47.29. Prestava-se juramento diante do altar, 1 Rs 8.31. O que jurava não era desobrigado do juramento, mesmo que tivesse de sofrer dano para cumprir o que prometera, Sl 15.4. Deus aborrece o juramento falso, Êx 20.7; Lv 19.12; Zc 8.17. Exemplos de juramento precipitado, Mt 14.9; At 23.21. Pedro praguejou e jurou, Mc 14.71. Cristo respondeu sob juramento pelo Deus vivo que era o Filho de Deus, Mt 26.63,64. Ordenou que os discípulos de modo algum jurassem, Mt 5.34. O que passar de "sim, sim; não, não" é do maligno, Mt 5.37. Acima de tudo, não jureis, Tg 5.12.

JURISDIÇÃO: Extensão de território em que um juiz exerce poder de julgar. // A **j** de Herodes, Lc 23.7.

JUROS: Interesse de dinheiro emprestado. // Se teu irmão empobrecer... não receberás dele **j**, Lv 25.36. Ao estrangeiro emprestarás com **j**, Dt 23.20. O que aumenta os seus bens com **j**, Pv 28.8. Receberia com **j** o que é meu, Mt 25.27. E... o receberia com **j**, Lc 19.23. Ver **Usura**.

JUSABE-HESEBE, hb. **Voltou a misericórdia:** Um filho de Zorobabel, 1 Cr 3.20.

JUSTAMENTE: De modo justo. // Julgai **j** entre o homem e seu irmão, Dt 1.16.

JUSTIÇA: Virtude moral que inspira o respeito aos direitos de outrem e que faz dar a cada um o que lhe pertence. // Creu... foi imputado para **j**, Gn 15.6. A fim de que... pratiquem a **j**, Gn 18.19. Não fará **j** o Juiz de toda a terra?, Gn 18.25. Com **j** julgarás o teu próximo, Lv 19.15. Não é por causa da tua **j**, Dt 9.5. Não torcerás a **j**, Dt 16.19. Eu me cobri de **j**, e esta me servia de veste, Jó 29.14. Julga o mundo com **j**, Sl 9.8; 98.9. **J** ao órfão e ao oprimido, Sl 10.18; 82.3. Guia-me pelas veredas da **j**, Sl 23.3. Faze-me **j**, Sl 26.1; 43.1. A **j** e a paz se beijaram, Sl 85.10. **J** e juízo são a base do seu trono, Sl 97.2. O que semeia **j** terá recompensa, Pv11.18. A **j** será o cinto dos seus lombos, Is 11.5. Todas as nossas **j** como trapo de imundície, Is 64.6. A **j** do justo não o livrará, Ez 33.12. Põe termo em teus pecados pela **j**, Dn 4.27. Os que a muitos conduzirem à **j**, Dn 12.3. Corra... a justiça como ribeiro perene, Am 5.24. Cumprir toda a **j**, Mt 3.15. Fome e sede de **j**, Mt 5.6. Se a vossa **j** não exceder, Mt 5.20. Guardai-vos de exercer a vossa **j**, Mt 6.1. Em primeiro lugar... a sua **j**, Mt 6.33. Negligenciado... a **j**, Mt 23.23. Não fará Deus **j** aos seus escolhidos, Lc 18.7. Não julgueis segundo a aparência, e, sim, pela reta **j**, Jo 7.24. Convencerá o mundo... da **j**, Jo 16.8. Na sua humilhação lhe negaram **j**, At 8.33. Julgar o mundo com **j**, At 17.31. Despertando ele acerca da **j**, At 24.25. A **j** de Deus se revela no evangelho, Rm 1.17. A nossa injustiça traz a lume a **j** de Deus, Rm 3.5. Sem lei, se manifestou a **j** de Deus, Rm 3.21. Foi imputado para **j**, Rm 4.3,22; Gl 3.6; Gn 15.6. O homem a quem Deus atribui **j**, Rm 4.6. Com selo da **j**, Rm 4.11. Por um só ato de **j** veio a graça, Rm 5.18. Membros... como instrumentos de **j**, Rm 6.13. Desconhecendo a **j** de Deus, Rm 10.3. O Reino de Deus não é... mas **j**, e paz, Rm 14.17. O qual se tornou... **j** e santificação, 1 Co 1.30. Glorioso o ministério da **j**, 2 Co 3.9. Nele fôssemos feitos **j** de Deus, 2 Co 5.21. Sociedade pode haver entre a **j** e a iniqüidade? 2 Co 6.14. A sua **j** permanece para sempre, 2 Co 9.9. Se a **j** é mediante a lei, Gl 2.21. Novo homem, criado... em **j**, Ef 4.24. A couraça da **j**, Ef 6.14. Cheios do fruto da **j**, Fp 1.11. Quanto à **j** que há na lei, Fp 3.6. **J** própria que procede da lei... a **j** que procede e Deus, Fp 3.9. Tratai aos servos com **j**, Cl 4.1. Segue a **j**, 1 Tm 6.11; 2 Tm 2.22. Não por obras da **j**, Tt 3.5. Amaste a **j**, Hb 1.9. Noé... se tornou herdeiro da **j**, Hb 11.7. Por meio da fé... praticaram a **j**, Hb 11.33. A ira do homem não produz a **j** de Deus, Tg 1.20. Isso lhe foi imputado para **j**, Tg 2.23. É em paz que se semeia o fruto da **j**, Tg 3.18. Mortos aos pecados, vivamos para a **j**, 1 Pe 2.24. Venha a sofrer por causa da **j**, 1 Pe 3.14. Novos céus e nova terra, nos quais habita **j**, 2 Pe 3.13. Todo aquele que pratica a **j** é nascido dele, 1 Jo 2.29. Todo aquele que não pratica a **j**, 1 Jo 3.10. O linho finíssimo são os atos de **j**, Ap 19.8. O seu cavaleiro... peleja com **j**, Ap 19.11. O justo continue na prática da **j**, Ap 22.11. Ver **Justificação**, **Justificado**, **Justificar**.

JUSTIFICAÇÃO: Ato pelo qual o homem, passando do pecado ao estado de graça, torna-se digno da vida eterna. // Ressuscitou por causa da nossa **j**, Rm 4.25. A graça transcorre de muitas ofensas para a **j**, Rm 5.16. Para a **j** que dá vida, Rm 5.18. Os gentios que não buscavam a **j** vieram a alcançá-la, Rm 9.30. // **Como pode o homem ser justo para com Deus?** Jó 4.17; 9.2; 25.4. **Pela fé:** Gn 1.6; Hc 2.4; At 13.39. A justiça de Deus se revela no evangelho, Rm 1.17; 5.1; Gl 3.11; Hb 10.38. // **Pela graça:** Rm 3.24; Tt 3.5-7. // **Por obras:** Tg 2.14-26; Hb 11. // **Impossível, cumprindo a lei:** Is 64.6; At 13.39; Rm 3.20; 1 Co 4.4; Gl 2.16-21; 3.11. Ver **Justiça**, **Justificado**, **Justificar**.

JUSTIFICADO: Reconhecido por inocente. // A sabedoria é **j** por suas obras, Mt 11.19. Este desceu justificado para sua casa, Lc 18.14. Todo o que crê é **j**, At 13.39. Não pudestes ser **j** pela lei, At 13.39. **J** pois, mediante a fé, Rm 5.1. **J** por graça, Tt 3.7.

JUSTIFICADOR: O que justifica. // O **j** daquele que tem fé, Rm 3.26.

O Muro das Lamentações, o mais sagrado dos santuários dos judeus. No ano 70, Roma subjugou os judeus e destruiu o Segundo Templo. Tudo que restou do Templo foi o muro ocidental que tornou-se uma meta de peregrinação. Nesse muro ajuntam-se os judeus, há quase dois milênios, para lamentar e orar

JUSTIFICAR: Provar a inocência de tornar justo. // Disse Judá: Como nos justificaremos?, Gn 44.16. Justificando ao justo, Dt 25.1; 1 Rs 8.32. O que justifica o perverso, Pv 17.15. No Senhor será justificada toda a descendência de Israel, Is 45.25. Pelas tuas palavras serás justificado, Mt 12.37. Devorais... e, para o justificar, fazeis longas orações, Mt 23.14. Até os publicanos justificaram a Deus, Lc 7.29. A sabedoria é justificada por todos os seus filhos, Lc 7.35. Os que praticam a lei hão de ser justificados Rm 2.13. Ninguém será justificado... por obras, Rm 3.20. Justificados gratuitamente, por sua graça, Rm 3.24. Justificado pela fé, Rm 3.28; Gl 3.8,24. Se Abraão foi justificado por obras, Rm 4.2. Justificados pelo seu sangue, Rm 5.9. Quem morreu justificado está do pecado, Rm 6.7. Aos que chamou... justificou, Rm 8.30. Mas fostes justificados, em nome do Senhor, 1 Co

6.11. O homem não é justificado por obras, Gl 2.16. Justificado em espírito, 1 Tm 3.16. Não foi por obras que... Abraão foi justificado? Tg 2.21. Uma pessoa é justificada por obras, Tg 2.24. Ver **Justiça**, **Justificação**, **Justificado**, **Justo**.

JUSTO, lat. **Reto:** 1. O apelido de Barsabás, um dos dois nomeados para ocupar o lugar de Judas no apostolado, At 1.23. // 2. Um prosélito que acolheu Paulo em casa, quando os judeus o rejeitaram em Corinto, At 18.7. // 3. Um judeu que, com Aristarco e Marcos, se uniram co Paulo, enviando saudações à igreja em Roma, Cl 4.11.

JUSTO: Que é conforme a justiça. // Noé era homem **j**, Gn 6.9. Balanças, pesos, efa **j**, Lv 19.36; Dt 25.15; Pv 11.1; 16.11. Que eu morra a morte dos **j**, Nm 23.10. Pode o homem ser **j** para com Deus, Jó 9.2. Os pecadores na congregação dos **j**, Sl 1.5. O caminho dos **j**, Sl 1.6. O Senhor põe à prova ao **j**, Sl 11.5. Mais vale o pouco do **j**, que a abundância de muitos ímpios, Sl 37.16. O **j** se compadece e dá, Sl 37.21. Jamais vi o **j** desamparado, Sl 37.25. Os **j** herdarão a terra, Sl 37.29. A vereda dos **j** é como a luz, Pv 4.18. A boca do **j** é manancial de vida, Pv 10.11. Os **j** reverdecerão como a folhagem, Pv 11.28. O **j** aborrece a palavra de mentira, Pv 13.5. O **j** é intrépido como o leão, Pv 28.1. Desviando-se o **j** da sua justiça, Ez 33.18. Vir chuva sobre **j** e injustos, Mt 5.45. Não vim chamar **j**, Mt 9.13. Os **j** resplandecerão como o sol, Mt 13.43. Separarão os maus dentre os **j**, Mt 13.49. Herodes temia a João, sabendo que era homem **j** e santo, Mc 6.20. Ambos eram **j** diante de Deus, Lc 1.6. Noventa e nove **j**, Lc 15.7. Haverá ressurreição, tanto de **j**, At 24.15. O **j** viverá por fé, Rm 1.17; Gl 3.11; Hb 10.38; Hc 2.4. Ouvidores da lei não são **j** diante de Deus, Rm 2.13. Não há **j**, nem sequer um, Rm 3.10. Alguém morreria por um **j**?, Rm 5.7. De um só muitos se tornarão **j**, Rm 5.19. Tudo o que é **j**... seja isso que ocupe o vosso pensamento, Fp 4.8. Vivamos... sensata, **j** e piedosamente, Tt 2.12. Espíritos de **j** aperfeiçoados, Hb 12.23. Condenado e matado o **j**, Tg 5.6. Muito pode a súplica do **j**, Tg 5.16. É com dificuldade que o **j** é salvo, 1 Pe 4.18. Livrou o **j** Ló, 2 Pe 2.7. Atormentava a sua alma **j**, 2 Pe 2.8. Ele é fiel e **j** para nos perdoar, 1 Jo 1.9. Aquele que pratica a justiça é **j**, 1 Jo 3.7. As suas obras eram más, e as de seu irmão **j**, 1 Jo 3.12. O **j** continue na prática da justiça, Ap 22.11. // **O justo, Jesus Cristo:** Não te envolvas com esse **j**, Mt 27.19. Negaste o Santo e o **J**, At 3.14. Anunciavam a vinda do **J**, At 7.52. Ver o **J** e ouvir uma voz de sua própria boca, At 22.14. Cristo morreu... o **j** pelos injustos, 1 Pe 3.18. Advogado junto ao Pai, Jesus Cristo o **j**, 1 Jo 2.1. Ver **Justiça**, **Justificação**, **Justificado**, **Justificar**, **Íntegro**, **Reto**.

JUSTOS, O LIVRO DOS: Um livro de cânticos bem conhecido, cujos assuntos eram, talvez, as grandiosas proezas dos heróis judaicos, 2 Sm 1.18.

JUTÁ, hb. **Estendido:** Uma cidade da herança de Judá, Js 15.55.

JUVENTUDE: Gente moça. // Alegra-te, jovem, na tua **j**, Ec 11.9. Tudo isso tenho observado desde a minha **j**, Mc 10.20.

L

LÃ: Pêlo espesso, macio e frisado de certos animais, mas especialmente do carneiro. // A **l** de cem carneiros, 2 Rs 3.4. Dá a neve como **l**, Sl 147.16. Mulher virtuosa... busca **l** e linho, Pv 31.13. Vermelhos como o carmesim, se tornarão como a **l**, Is 1.18. Cabelos eram brancos como a alva **l**, Ap 1.14. // A lã era um dos principais produtos que se usava para fazer roupas, como se pode inferir das freqüências referências à tosquia das ovelhas, Gn 31.19; 38.12; 2 Sm 13.23. // A lã é mencionada entre as ofertas das primícias, Dt 18.4.

LAADE, hb. **Opressão:** Um descendente de Judá, 1 Cr 4.2.

LAAI-ROI, hb. **Poço do que vive:** Gn 24.62; 25.11. Ver **Beer-Laai-Roi.**

LAAMÁS: Uma cidade da herança de Judá, Js 15.40.

LABÃO, hb. **Branco:** Um filho de Betuel e irmão de Rebeca, Gn 24.29. Resídia em Harã, Gn 27.43. Jacó, fugindo de Esaú, foi a sua casa, Gn 28.5. Possuía grandes rebanhos, Gn 29.9; 30.30. Pai de Raquel e Lia, Gn 29.16. Jacó, com sua família e seus bens fugiu de Labão, Gn 31.20,21. A aliança entre Labão e Jacó, Gn 31.43. Labão adorava o Deus de seus pais, e ao mesmo tempo adorava ídolos, Gn 24.50; 30.27; 31.53; 31.30.

LABAREDA: Língua de fogo, grande chama. // O seu Santo como **l**, Is 10.17. Seus ministros **l** de fogo, Hb 1.7. Ver **Chama, Fogo.**

LÁBIO: Parte exterior da boca, que cobre os dentes. // Ana só no coração falava; seus **l** se moviam, 1 Sm 1.13. Refreia... os teus **l** de falarem dolosamente, Sl 34.13. Vigia a porta dos meus **l**, Sl 141.3. Os **l** da mulher adúltera destilam favos de mel, Pv 5.3. Sou homem de **l** impuros, Is 6.5. Brasa... tocou os teus **l**, Is 6.7. Com os seus i me honra, Is 29.13; Mt 15.8. Veneno de víboras está nos seus **l**, Rm 3.13. Por **l** de outros povos, 1 Co 14.21. Sacrifício de louvor, que é o fruto de **l**, Hb 13.15. Evite que os seus **l** falem dolosamente, 1 Pe 3.10. Ver **Boca, Língua.**

LABOR: Trabalho penoso e continuado. // Moisés... viu os seus **l** penosos, Êx 2.11. Prova cada um o seu **l**, Gl 6.4. Recordais no nosso **l** e fadiga, 1 Ts 2.9. E se tornasse inútil o nosso **l**, 1 Ts 3.5. Em **l** e fadiga, de noite e de dia, 2 Ts 3.8. Ver **Trabalho.**

LIVROS: Havia, desde tempos muito remotos abundância de livros. Disse Salomão: "Não há limites para fazer livros" Ec 12,12. Moisés e Paulo não somente eram literatos, escrevendo ao menos 18 dos 66 livros mais famosos de todos os tempos, eram também, entusiastas pelos livros, At 7.22; 2 Tm 4.13.

LABORIOSO: Que trabalha muito. // Jeroboão era... valente e capaz... **l**, 1 Rs 11.28.

LABUTAR: Trabalhar penosamente e com perseverança. Esforça-se. // As nações labutem para o fogo e os povos se fatiguem em vão, Hc 2.13. Labutando para não vivermos à custa de nenhum, 1 Ts 2.9. Labutamos e nos esforçamos sobremodo, 1 Tm 4.10. E quantos labutam no mar, Ap 18.17. Ver **Trabalhar.**

LAÇO: Armadilha ou rede, para apanhar caça; união, vínculo. // Nações... vos serão por **l**, Js 23.13. Os seus deuses vos serão **l**, Jz 2.3. Veio a ser um **l** a Gideão, Jz 8.27. Para que ela lhe sirva de **l**, 1 Sm 18.21. Rompamos os seus **l**, Sl 2.3. **L** de morte me cercaram, Sl 18.4. Ídolos... se lhe converteram em **l**, Sl 106.36. **L** de morte me cercaram, Sl 116.3. Como um pássaro do **l** dos passarinheiros, Sl 124.7. Guarda-me dos **l**, Sl 141.9. A ave que se apressa para o **l**, Pv 7.23. Os **l** da morte, Pv 13.14; 14.27. Seus lábios um **L** para a sua alma, Pv 18.7. Atraí-os... com **l** de amor, Os 11.4. Estás em fel de amargura e **l** de iniqüidade, At 8.23. Torne-se-lhes a mesa em **l**, Rm 11.9. De não cair no... **l** do diabo, 1 Tm 3.7. Livrando-se eles dos **l** do diabo, 2 Tm 2.26. Ver **Armadilha, Cilada.**

LACUM, hb. **Obstrução:** Uma cidade na fronteira de Naftali, Js 19.33.

LADA, hb. **ordem:** Um descendente de Judá, 1 Cr 4.21.

LADÃ, hb. **Bem ordenado:** 1. Um antepassado de Josué, 1 Cr 7.26. //2. Um levita da família de Gérson, 1 Cr 23.7.

LADO: A parte direita ou esquerda do corpo dos animais desde a axila até a nádega. Partido, opinião. // Caiam mil ao teu **l**, Sl 91.7. O Senhor, que esteve ao nosso **l**, Sl 124.11. E não puser a minha mão no seu **l**, Jo 20.25.

LADRÃO: Aquele que roubou ou rouba habitualmente. // **L** achado arrombando, Êx 22.2. Esse **l** morrerá, Dt 24.7. Onde **l** escavam e roubam, Mt 6.19. Soubesses a que hora viria o **l**, Mt 24.43. Crucificados com Ele dois **l**, Mt 27.38. Antes de mim, são **l**, Jo 10.8. Porque era **l** e tendo a bolsa, Jo 12.6. Nem **l** herdarão o reino de Deus, 1 Co 6.10. Dia do Senhor vem como **l** de noite, 1 Ts 5.2; 2 Pe 3.10. Não sofra nenhum de vós como **l**, 1 Pe 4.15. Virei como **l**, Ap 3.3; 16.15. Ver **Roubador.**

LADRAR: Dar latidos (o cão). //Atalaias... todos são cães mudos, não podem ladrar, Is 56.10.

LADRILHO: Peça retangular de barro cozido que serve para pavimentos; tijolo. // No leito, por entre os **l**, Lc 5.19.

LAEL, hb. **Consagrado a Deus:** Pai de Eliasafe, Príncipe da casa paterna dos gersonitas, Nm 3.24.

LAGAR: Oficina com os aparelhos necessários para espremer uvas, maçãs uvas, maçãs, frutos oleaginosos, etc. Cada vinha tinha, nos tempos antigos, o seu próprio lagar, que em geral era uma cisterna feita na rocha, com cerca de 2 metros de comprimento por um e meio metros de largura. Tinha embaixo uma abertura, donde corria o mosto para uma cuba que ficava mais baixa. As uvas foram pisadas pelos operários de corpo nu. // Pisavam **l** ao sábado, Ne 13.15. O **l** eu o pisei sozinho, Is 63.3. Construiu nela um **l**, Mt 21.33. Grande **l** de cólera de Deus, Ap 14.19. O **l** do vinho do furor de Deus, Ap 14.19. O **l** do vinho do furor de Deus, Ap 19.15.

Lagarta e Borboleta

LAGARTA: A larva dos insetos lepidópteros; primeira fase da vida das borboletas. // Entregou às **l** as novidades, Sl 78.46 (B).

LAGARTIXA: Pequeno lagarto. // Animal imundo, Lv 11.30.

LAGARTO: Gênero de répteis sáurios, das regiões frias e temperadas. // Animal **imundo,** Lv 11.29.

LAGO: Grande extensão de água cercada de terra. // Tempestade de vento no **l**, Lc 8.23. Para dentro do **l**, e se afogou, Lc 8.33. Ver **Mar.**

LAGO DE FOGO: O lago que arde com fogo e enxofre, Ap 21.8. É um lugar de punição eterna, não onde a besta, o falso profeta e os perdidos serão aniquilados, isto é, reduzidos a nada, Ap 19.20; 20.10,14,15.

LAGO DE GENEZARÉ: Lc 5.1. Ver **mar da Galiléia.**

LÁGRIMA: Humor segregado pelos diversas glândulas do olho. // Dize a Ezequias... vi as tuas **l**, 2 Rs 20.5. Ester... com **l** lhe implorou, Et 8.3. Os meus olhos se desfazem em **l**, Jó 16.20. Faço nadar o meu leito, de minhas **l**, Sl 6.6. As minhas **l** têm sido o meu alimento,

Sl 42.3. Recolheste as minhas **l** no teu odre, Sl 56.8. A comer pão de **l**, Sl 80.5. Misturado com **l** a minha bebida, Sl 102.9. Os que com i semeiam, Sl 126.5. Os meus olhos em fonte de **l**, Jr 9.1. Corram as tuas **l** como um ribeiro, Lm 2.18. Regava-os com suas **l**, Lc 7.38. Servindo o Senhor com **l**, At 20.19. Não cessei de admoestar com **l**, At 20.31. Vos escrevi com muitas **l**, 2 Co 2.4. Lembrado das tuas **l**, 2 Tm 1.4. Com forte clamor e **l**, orações, Hb 5.7. Enxugará dos olhos toda **l**, Ap 7.17; 21.4.

LAÍS, hb. **Leão:** 1. Uma cidade dos sidônios na extremidade norte da Palestina, Jz 18.7. Ver mapa 1, H-2; 3, B-1. Chamada, também. **Lesem,** Js 19.47, e **Dã,** Jz 18.29. Ali esteve a imagem de Mica, Jz 18, e depois um dos dois bezerros de Jeroboão, 1 Rs 12.29. // 2. Um benjamita cuja filho veio a ser marido de Mical, mulher de Davi, 1 Sm 25.44. // 3. Uma vila de Benjamim, entre Galim e Anatote, Is 10.30.

LAMA: Mistura de terra e água. // Como a **l** das ruas, Sl 18.42; Is 10.6, Mq 7.10; Zc 9.3. Tirou-me... de um tremedal de **l**, Sl 40.2. Ver **Lodo.**

LAMAÇAL: Lugar em que há muita lama. // Atolado em profundo **l**, Sl 69.2. A resolver-se no **l**, 2 Pe 2.22.

LAMBER: Passar a língua sobre (alguma coisa). // Como o boi lambe a erva, Nm 22.4. Todo que lamber as águas, Jz 7.5. Os cães lamberam o sangue de Nabote, 1 Rs 21.19. Cães vinham lamber-lhe as úlceras, Lc 16.21.

LAMENTAÇÃO: Canto fúnebre. Elegia. // Jeremias compôs uma **l** sobre Josias, 2 Cr 35.25. Nele estavam escritas **l**, suspiros e ais, Ez 2.10. Entoamos **l** e não chorastes, Lc 7.32. Ver **Lamento.**

LAMENTAÇÕES DE JEREMIAS: Este livro é um apêndice ao de Jeremias. Antes de estudá-lo, deve-se ler a narrativa do último capítulo de Jeremias, sobre a assolacão de Jerusalém e o início do cativeiro de Babilônia. Este canto triste, composto 600 anos a.C., se lê em alta voz, no dia 9 do mês de abe (Julho), em todas as sinagogas do mundo. A igreja católica canta-a na "semana santa". // **A autoria:** É de Jeremias. A introdução, é: "Depois que Israel foi levado para o cativeiro, e que Jerusalém foi devastada, Jeremias se assentou a chorar e lamentar sobre Jerusalém, e disse": // **A chave: Calamidade, assolação, destruição,** Lm 2.11; 3.47,48; 4.10. O livro descobre o amor e o pesar do Senhor pelo próprio povo que está disciplinando — pesar introduzido, pelo Espírito Santo, no coração de Jeremias. Ver Jr 13.17. Compare Mt 23.36,38; Rm 9.1-5. // **As divisões:** Cada um, dos cinco capítulos, é um lamento poético: I. Jerusalém como uma viúva chorando, Lm 1. Uma elegia poética, acróstica, cada versículo começando com uma das 22 letras do alfabeto hebraico. II. Jerusalém como uma mulher velada em luto, chorando no meio das ruínas, Lm 2. Um poema fúnebre, como o primeiro e também acróstico. III. Jerusalém como e pelo profeta em luto chorando ante, Jeová o Juiz, Lm 3. Outro poema elegíaco como os primeiros dois, mas repete-se três vezes a mesma letra, havendo 66 versículos. IV. Jerusalém como ouro embaçado, mudado e degradado, Lm 4. Outro canto fúnebre e acróstico como os primeiros dois. V. Jerusalém como suplicante rogando ao Senhor, Lm 5. Outro poema fúnebre, de 22 versículos, mas não alfabético.

LAMENTAR: Prantear com gemidos ou gritos. // Lamentem o incêndio que o Senhor suscitou, Lv 10.6. Cingi-vos de cilício, lamentai, Jr 4.8. Lamente com a virgem, Jl 1.8. Lamentarão e verão o Filho do homem vindo, Mt 24.30. Haveis de lamentar e chorar, Lc 6.25. Batiam no peito e o lamentavam, Lc 23.27. Chorareis e vos lamentareis, e o mundo se alegrará, Jo 16.20. Afligi-vos lamentai, Tg 4.9. Chorai lamentando, Tg 5.1. Tribos da terra se lamentarão sobre ele, Ap 1.7. Chorarão e se lamentarão sobre ela, Ap 18.9. Ver **Chorar, Prantear.**

LAMENTO: Pranto, choro. // Meus **l** se derramam como água, Jó 3.24. O Senhor ouviu a voz do meu **l**, Sl 6.8. Pranto e grande **l**; era Raquel chorando por seus filhos, Jr 31.15; Mt 2.18. Ver **Lamentação, Pranto.**

LAMEQUE, hb. **Moço forte:** 1. Filho de Metusael e o primeiro polígamo. Teve duas mulheres Ada e Zilá, Gn 4.19. // 2. Filho de Matusalém e pai de Noé, Gn 5.28; Lc 3.37.

LAMI: Irmão de Golias, 1 Cr 20.5.

LÂMINA: Chapa de metal delgada; folha de instrumento cortante. // Uma **l** de ouro puro, Êx 28.36. Converteram em **l** para cobertura do altar, Nm 16.39. Entrou o cabo com a **l**, Jz 3.22.

LÂMPADA: Vaso destinado a conter azeite e uma torcida. // As sete **l** do candelabro, Êx 25.37. No templo... antes que a **l** de Deus se apagasse, 1 Sm 3.3. Tu, Senhor, és a minha **l**, 2 Sm 22.29. Para que Davi tenha sempre uma **l** diante de mim, 1 Rs 11.36; 15.4. Sucede que se apaga a **l** dos perversos, Jó 21.17. Fazes resplandecer a minha **l**, Sl 18.28. **L** para os meus pés, Sl 119.105. Preparei uma **l** para o meu ungido, Sl 132.17. O mandamento é **l**, Pv 6.23. A **l** dos perversos se apagará, Pv 13.9; 24.20. A sua **l** não se apaga de noite,

As prudentes, além das lâmpadas, levaram azeite nas vasilhas, Mt 25.4

Pv 31.18. Candelabro com sete **l**, Zc 4.2. São os olhos a **l** do corpo, Mt 6.22. Virgens, que tomando as suas **l**, Mt 25.1. Muitas **l** no cenáculo, At 20.8. O Cordeiro é a sua **l**, Ap 21.23. Ver **Candeeiro, Candeia, Candelabro.**

LANÇA: Arma formada de uma comprida haste, que tem na ponta uma lâmina ponteaguda de ferro ou de aço. // Finéias, pegando uma **l**, os atravessou, Nm 25.7,8. Estende a **l** para Ai, Js 8.18. No dia da peleja não se achou nem espada, nem **l**, 1 Sm 13.22. A **l** de Golias era como o eixo de tecelão, 1 Sm 17.7. Saul tentou com uma lança, encravar Davi na parede, 1 Sm 18.10,11; 19.10. Perseguia a Davi, com **l** na mão, 1 Sm 22.6. Saul dormia, sua **l** fincada na terra, 1 Sm 26.7. O crocodilo ri-se do brandir da **l**, Jó 41.29. **L** e flechas são os seus dentes, Sl 57.4. Converterão suas **l** em podadeiras, Is 2.4; Mq 4.3. Forjai **l** das vossas podadeiras, Jl 3.10. O relampejar das **l**, Na 3.3; Hc 3.11. Um dos soldados lhe abriu o lado com uma **l**, Jo 19.34. Ver **Dardo.**

LANÇADEIRA: Peça de tear, em que passa o fio de tecelagem. // Dias são mais velozes do que a **l**, Jó 7.6.

LANÇAR: Atirar com força. // Lançaste para trás de ti todos os meus pecados, Is 38.17. Lançado na fornalha de fogo, Dn 3.6. Cortada e lançada ao fogo, Mt 3.10. Lançados para fora, nas trevas, Mt 8.12. E os lançará na fornalha, Mc 13.42. Lançado os alicerces e não a podendo acabar, Lc 14.29. De modo nenhum o lançarei fora, Jo 6.37. Sobre a minha túnica lançaram sortes, Jo 19.24. Pode lançar outro fundamento, 1 Co 3.11. Lançai fora o velho fermento, 1 Co 5.7. Lança fora a escrava, Gl 4.30. Lançar mão da esperança proposta, Hb 6.18. Lançando sobre ele toda a vossa ansiedade, 1 Pe 5.7. Amor lança fora o medo, 1 Jo 4.18. Lançados vivos dentro do lago, Ap 19.20. Lançado para dentro do lago, Ap 20.10. Ver **Atirar.**

LANCEIRO: Soldado armado de lança. // Tende de prontidão... duzentos **l**, At 23.23.

LANTERNA: Caixa guarnecida de vidro pelos lados, dentro da qual se coloca uma luz ao abrigo do vento. // Esquadrinharei a Jerusalém com **l**, Sf 1.12. Com **l**, tochas e armas, Jo 18.3. Ver **Lâmpada.**

LAODICÉIA, Que pertence a Laodice: Uma cidade sobre o rio Lico, famosa pelos amplos muros e, como Roma, edificada sobre sete montes. // Chamava-se, antes, Dióspolis, cidade de Zeus. Foi ampliada e melhorada por Antíoco II, que lhes pôs o nome de Laodicéia em honra de sua mulher, Laodice. Parece que o apóstolo Paulo se esforçou para introduzir o Evangelho em Laodicéia, de onde escreveu uma epístola, acerca da qual se refere em Cl 4.16. A cidade foi destruída por um terremoto em 62 a.C. e reconstruída por seu próprio povo, o qual se orgulhava de o fazer sem pedir auxílio do estado. As riquezas da cidade, provenientes da excelência de suas lãs, produziu um ambiente que se refletia em apatia espiritual na igreja. A mensagem à igreja em Laodicéia é a última às sete igrejas da Ásia. Das sete epístolas, é a mais triste, sendo o contrário da carta a Filadélfia, Ap 3.14-22. Enquanto Filadélfia não tem coisa alguma de censura, aquela não tem qualquer coisa de aprovação. Ver mapa 6, E-2, pág. 532.

LAPIDOTE, hb. **Tochas:** O esposo da profetisa Débora, Jz 4.4.

LÁPIS: Is 44.13.

LAQUIS, hb. **Tenaz:** Uma fortaleza dos amorreus, tomada por Josué, e que coube depois a herança de Judá, Js 10.5,23; 15.39. Fortificado por Roboão, 2 Cr 11.9. Amazias, rei de Judá, fugiu para lá, onde foi morto, 2 Rs 14.19. Sitiada por Senaqueribe, 2 Rs 18.13,14. Cercada, também, por Nabucodonosor, Jr 34.7. Os judeus tornaram a ocupá-la, quando voltaram do cativeiro, Ne 11.30. Ver mapa 2, B-5; mapa 5, A-1.

LAREIRA: Lage em que se acende o fogo; lar. //Na **l** do altar, Lv 6.9.

LAREIRA (ARA), **ARIEL** (ARC), hb. **leão de Deus:** Nome dada a Jerusalém, Is 29.1,2,7.

LARGAR: Soltar (o que se tem na mão). // Mas ele, largando o lençol, Mc 14.52.

LARGO: Que tem grande extensão transversal. **Ao largo,** distância, longe de. // Faze-te ao **l**, e lançai, Lc 5.4.

LARGUEZA: Maneira elevada. // Andarei com **l**, pois me empenho, Sl 119.45.

LARGURA: Extensão no sentido oposto ao cumprimento. // Compreender com todos os santos, qual é a **l**, Ef 3.18. Quadrangular, de comprimento e **l** iguais, Ap 21.16.

LARVA: Primeiro estado dos insetos, depois de saírem dos ovos. // Entregou às **l** as suas colheitas, Sl 78.46.

LASA, hb. **Fenda:** Um lugar mencionado com Gomorra, situado ao sul de Canaã, Gn 10.19.

LASAROM: Uma cidade real de Canaã, tomada por Josué, Js 12.18.

LASCA: Fragmento de madeira, pedra ou metal. // Rei... como **l** de madeira, Os 10.7.

LASCÍVIA: Luxúria. // Advertência, contra a lascívia, Pv 5. Entregaste à **l** Ez 16.15. Ter exagerado a tua **l**, Ez 16.36. O dolo, a **l**... contaminam o homem, Mc 7.22. Obras da carne... **l**, Gl 5.19. Não com o desejo de **l**, 1 Ts 4.5. Ver **Devassidão, Incontinência, Infidelidade, Luxúria.**

LASCIVO: Sensual. // Morrer a vossa natureza terrena... paixão **l**, Cl 3.5.

LASÉIA: At 27.8. Uma cidade do litoral sul da ilha de Creta, 8 km distante de Bons Portos.

LASTIMAR: Deplorar, lamentar. // Não choreis o morto, nem o lastimeis, Jr 22.10.

LATÃO: Liga formada por cobre e zinco. // Pés, semelhantes a **l** reluzente, Ap 1.15 (ARC).

LATIM: A língua dos romanos e a língua oficial dos países dominados por eles. Pilatos serviu-se desta língua, e também do hebraico e do grego, para escrever o título no cimo da cruz, Jo 19.19,20. Ver **Versões.**

LATOEIRO: Aquele que trabalha em lata. // Alexandre, o **l**, 2 Tm 4.14.

LATRINA: Lugar para dejeções; privada. // Casa de Baal, e a transformaram em **l**, 2 Rs 10.27.

LAVADO: Banhado. // A porca **l** voltou, 2 Pe 2.22.

LAVAGEM: Ato de lavar. // Purificado por meio da **l** de água, Ef 5.26. Pela **l** da regeneração, Tt 3.5 (ARC). Ver **Banho.**

LAVANDEIRO: Pessoa que lava roupa, Ml 3.2; Mc 9.3. Ver **Tintureiro.**

LAVAPÉS: Um dos primeiros atos ao chegar de uma viagem, foi o de lavar os pés, Gn 18.4; 19.2; 24.32; 43.24; Jz 19.21; 1 Sm 25.41; 2 Sm 11.8. Um serviço muito humilde, de lavar pés de outrem, 1 Sm 25.41. Menciona-se no Novo Testamento, Lc 7.44; Jn 13.1-16; 1 Tm 5.10. Praticado como rito religioso por várias denominações. Ver **Banho, Ablução.**

LAVAR: Limpar, banhando. // E os lavarás com água, Êx 29.4. Lava-te sete vezes, 2 Rs 5.10. Lava-me completamente da minha iniqüidade, Sl 51.2. Lava-me, e ficarei mais alvo, Sl 51.7. Lavai-vos, purificai-vos, Is 1.16. Lava o teu coração da malícia, Jr 4.14. Jejueis, unge... e lava o rosto, Mt 6.17. Mãos impuras, isto é, por lavar, Mc 7.2. Lava-te no tanque de Siloé, Jo 9.7. Deveis lavar os pés uns, Jo 13.14. Batismo e lava os teus pecados, At 22.16. Mas vós lavastes, 1 Co 6.11. Lavado os pés aos santos, 1 Tm 5.10. Salvou mediante o lavar regenerador, Tt 3.5. Lavaram suas vestiduras, Ap 7.14; 22.14. Ver **Banhar.**

LAVOR: Ornato em relevo. // **L** de sinete gravarás as duas pedras, Êx 28.11.

LAVOURA: Preparação da terra para a sementeira ou plantação; agricultura. // De todas as cidades onde há **l**, Ne 10.37. Um servo ocupado no **l**, Lc 17.7. Somos... **l** de Deus, edifício de Deus, 1 Co 3.9. Ver **Agricultura.**

LAVRADOR: O que lavra ou cultiva terras. // Abel foi pastor... Caim, **l**, Gn 4.2. Sendo Noé **l**, Gn 9.20. Sobre os **l** do campo, 1 Cr 27.26. Arrendou-a a **l**, Lc 20.9. O **l**... deve ser o primeiro, 2 Tm 2.6 O **l** aguarda com paciência, Tg 5.7. Ver **Agricultor.**

LAVRAR: Remexer a terra com arado; cinzelar; aplainar; escrever; corroer; gastar; sulcar. // Não havia homem para lavrar o solo, Gn 2.5. A fim de lavrar a terra de que fora tomado, Gn 3.23. Quando lavrares o solo não te dará, Gn 4.12. Lavra duas tábuas de pedra, Êx 34.1. Não lavrarás com junta de boi e jumento, Dt 22.10. Se vós não lavrásseis com a minha novilha, Jz 14.18. Lavravam-nas os edificadores, 1 Rs 5.18. E as lavrou de querubins 1 Rs 6.35. Andava lavrando com doze juntas, 1 Rs 19.19. Lavram a iniqüidade... isso mesmo eles segam, Jó 4.8. Sobre o meu dorso lavraram os aradores, Sl 129.3. A sabedoria... lavrou as suas sete colunas, Pv 9.1. O que lavra a sua terra será farto, Pv 12 11. O preguiçoso não lavra por causa do inverno, Pv 20.4. Lavrai... campo novo, Jr 4.3. Sião será lavrada como um campo, Jr 26.18 Mq 3.12. Lavrar-se ela com bois? Am 6.12. O que lavra segue logo ao que ceifa, Am 9.13. O que lavra, cumpre fazê-lo na esperança de, 1 Co 9.10. O juízo lavrado há longo tempo, 2 Pe 2.3. Ver **Arar, Cultivar.** Pág.: 333.

LÁZARO, forma grega de Eleazar. **Deus ajudou:** 1. Um mendigo, Lc 16.20. // 2. Irmão de Maria e Marta, em Betânia, Jo 11.1-3. Ressuscitado da morte, Jo 11. A ceia em honra da sua ressurreição, Jo 12.1,2. O plano de tirar-lhe a vida, Jo 12.10. Este não é o mesmo que o mendigo na história do rico e Lázaro. O nome **Lázaro** era muito comum entre os judeus.

LEABIM: Descendentes de Mizraim, Gn 10.13. Ver mapa 1, B-3.

LEAL: Fiel. // **L** são as feridas feitas pelo que ama, Pv 27.6. Ver **Fiel, Sincero.**

Como leão que ruge procurando alguém para devorar, 1 Pe 5.8

LEALDADE: Ação leal. // Filhos em quem não há **l**, Dt 32.20.

LEÃO: O mais forte dos quadrúpedes carniceiros, do gênero gato. Espalhado por toda a África e pela Ásia Ocidental até à Índia central, apresenta diversas variedades, segundo o pêlo e a juba mais ou menos amarelada. Numeroso na Terra Santa nos tempos medievos, lá não existe mais. Menciona-se mais nas Escrituras que qualquer outro animal, menos a ovelha. Matava o povo, 2 Rs 17.25; Pv 22.13. Um leão matou o profeta enviado a Betel, 1 Rs 13.24; o homem, que não obedeceu a voz de Deus, foi morto por leões, 1 Rs 20.36. Quebrava os ossos, Is 38.13. Despedaçava, Sl 7.2. Seu bramido infundia terror, Sl 22.13; Pv 20.2; Os 11.10; Am 3.8; Ap 10.3. Depredava os rebanhos, 1 Sm 17.34; Is 31.4; Jr 49.19; Am 3.12. Sansão rasgou um leão, Jz 14.5,6; Davi agarrou um leão pela barba e o matou, 1 Sm 17.35,36; Benaia desceu numa cova e nela matou um leão, 2 Sm 23.20. Daniel lançado na cova dos leões, Dn 6.16. Paulo libertado da boca do leão, 2 Tm 4.17. Seu rugido, símbolo da voz de Deus, Jr 25.30. Símbolo de Babilônia, Dn 7.4. Símbolo de Judá, Gn 49.9; de Cristo, Ap 5.5. Tipifica a ira do rei, Pv 19.12; a intrepidez do justo, Pv 28.1; o homem valente, 2 Sm 17.10. Os rostos dos gaditas eram como de leões, 1 Cr 12.8. Os leõezinhos sofrem necessidade, Sl 34.10. Junto com bezerro, símbolo da paz, Is 11.6. Cada um dos quatro seres viventes vistos por Ezequiel tinha rosto de leão, Ez 1.10. O primeiro dos quatro seres viventes vistos por João era semelhante a um leão, Ap 4.7. No Milênio, não será carnívoro, Is 11.7; 65.25. No "Caminho Santo" não andará **l**, Is 35.9. Satanás comparado a um leão quando ruge procurando alguém para devorar, 1 Pe 5.8.

LEÃOZINHO: Pequeno leão. // Os **l** sofrem necessidade, Sl 34.10. Calcarás aos pés o **l**, Sl 91.13. A ser **l** e aprendeu a apanhar a presa, Ez 19.3.

LEBANA, hb. **Branca:** Nome poético da Lua. Chefe de uma família que voltou ao exílio, Ed 2.45.

LEBAOTE, hb. **Leoa:** Uma cidade da herança de Judá, Js 15.32.

LEBEU: O nome dado ao apóstolo Tadeu em alguns manuscritos, Mt 10.3 (ARC).

LEBONA, hb. **Incenso:** Um lugar situado na estrada de Silo a Siquém, Jz 21.19. Ver mapa 4, B-2.

LEBRE: Mamífero roedor, maior que o coelho e extremamente veloz. Caça-se com o galgo. Menciona-se somente na lista dos animais **imundos**, Lv 11.6; Dt 14.7.

LECA, hb. **Jornada:** Um descendente de Judá, 1 Cr 4.21.

LEGIÃO: Entre os romanos, corpo de tropa que contava aproximadamente 6.000 homens. // As suas **l** celestes, Sl 148.2. Mais de doze **l** de anjos, Mt 26.53. **L** é o meu nome, porque somos muitos, Mc 5.9. Ver **Exército**, **Hoste Milícia**, **Tropa**.

LEGISLADOR: Aquele que dá leis a um povo. // O Senhor é nosso **l**, Is 33.22. Um só é **l** e Juiz, Tg 4.12.

LEGÍTIMO: Que tem caráter ou força de lei. // A lei... se utiliza de modo **l**, 1 Tm 1.8.

LEGÍVEL: Que se pode ler. // Torna-a bem **l** sobre tábuas, Hc 2.2 (ARC).

LEGUME: Produto de horticultura. // **L** a comer e água, Dn 1.2. Mas o débil come **l**, Rm 14.2. Ver **Hortaliça**.

LEI: Preceito que deriva do poder legislativo. // Cair um til sequer da **l**, Lc 16.17. Pela **l** vem o pleno conhecimento, Rm 3.20. Por que **l**?... pela **l** da fé, Rm 3.27. A **l** suscitou a ira, Rm 4.15. Onde não há **l** não há transgressão, Rm 4.15. Não estais debaixo da **l**, Rm 6.14. Livrou da **l** do pecado, Rm 8.2. O cumprimento da **l** é o amor, Rm 13.10. A força do pecado é a lei, 1 Co 15.56. Nos resgatou da maldição da **l**, Gl 3.13. A **l** nos serviu de aio, Gl 3.24. Contra estas coisas não há **l**, Gl 5.23. Observais a **l** régia, Tg 2.8. Qualquer guarda toda a **l** mas, Tg 2.10. Fala mal da **l** e julga a **l**, Tg 4.11. Pecado é a transgressão da **l**, 1 Jo 3.4. Ver **Decreto, Direito, Mandamento, Preceito.** // **A lei de Deus:** Dada a Adão, Gn 2.16,17; a Noé, Gn 9.6; a Israel, Êx 20; por intermédio de Moisés, Êx 31.18; Jo 7.19; pelo ministério de anjos, At 7.53; Gl 3.19; Hb 2.2. // **A lei é:** Sl 19.7,8; 119.96,142; Rm 7.12,14; 12.2; 1 Jo 5.3. // **A lei exige obediência:** Dt 27.26; Sl 51.6; Mt 5.18; 22.37; Gl 3.10; Tg 2.10. // **A lei lida ao povo no sétimo ano:** Dt 31.9; lida por Josué, Js 8.24; por Esdras, Ne 8. // **A lei conservada em tábuas de pedra:** Dt 27.1; Js 8.32; guardada na arca, Dt 31.24. // **O livro da lei descoberto por Hilquias:** 2 Rs 22.8; lido por Josias, 2 Rs 23.2. // **A lei cumprida por Cristo:** Mt 5.17; Rm 5.18. // **A lei posta fora por Cristo:** At 15.24; Rm 6.14; 2 Co 3.7-14; Gl 2.19; 5.3; Ef 2.15; Cl 2.14; Hb 7.12,18,28. **A relação dos cristãos para com a lei:** Rm 7.1-6; Gl 2.19; 4.5-11.

LEIS AGRÁRIAS: Os israelitas deviam deixar a terra descansar de sete em sete anos, "para que os pobres achassem o que comer, e do sobejo comessem os animais", Êx 23.10,11. Depois de sete semanas de anos, sete vezes sete anos, no ano qüinquagésimo, foi observado o ano do jubileu. "Proclamando liberdade na terra a todos os seus moradores... tornareis cada um à sua possessão, e cada um à sua família... não semeareis nem segareis o que nele nascer de si mesmo, nem nele colhereis as uvas das vinhas não podadas", Lv 25.10-12. Todas as terras vendidas eram revertidas ao dono original: "A terra não se venderá em perpetuidade, porque a terra é minha; pois vós sois para mim estrangeiros e peregrinos", Lv 25.23. A lei de resgate da terra, Lv 25.24-34.

LEITE: Líquido branco, opaco, segregado pelas glândulas mamárias das fêmeas dos animais mamíferos. // Usava-se leite de vacas, 2 Sm 17.29; de ovelhas, Dt 32.14; de cabras, Pv 27.27; de camelas, Gn 32.15; de rebanhos, 1 Co 9.7. Abraão pôs coalhada e leite diante das três visitas, Gn 18.8. Proibido cozer o cabrito no leite de sua própria mãe, Êx 23.19. Jael abriu um odre e deu leite a Sísera, Jz 4.19. O bater de leite produz manteiga, Pv 30.33. Bebo o mau vinho com leite, Ct 5.1. Usada figuradamente. A palavra significativa abundância: os dentes brancos de leite, Gn 49.12; os outeiros manarão leite, Jl 3.18; lavar os pés em leite, Jó 29.6. A Palestina manava leite e mel, Êx 3.8,17; Nm 13.27; Dt 6.3; Js 5.6; Jr 11.5; Ez 20.6. Mamar o leite de uma nação significa a sua completa sujeição, Is 60.16; Ez 25.4. O leite espiritual, 1 Co 3.2; Hb 5.12,13; 1 Pe 2.2. Comprar, sem dinheiro e sem preço; vinho e leite, Is 55.1. Ver **Alimento, Coalhada.**

LEITO: Ver **Cama.**

LEITURA: Ação ou efeito de ler. // Depois da **l** da lei, At 13.15. Aplica-te à **l**, 1 Tm 4.13.

LEIVA: Elevação de terra, entre dois sulcos. // Aplanando-lhes as **l**, Sl 65.10.

LEMBRANÇA: Recordação. // Perante... Deus haverá **l** de vós, Nm 10.9. Sempre guardais grata **l**, de nós, 1 Ts 3.6. Despertar com **l** a vossa mente, 2 Pe 3.1. Ver **Recordação.**

LEMBRAR: Trazer à memória. // Lembrou-se Deus de Noé, Gn 8.1. O arco... me lembrarei da minha aliança, Gn 9.15. Lembro-me hoje das minhas ofensas, Gn 41.9. Lembra-te do sábado, Êx 20.8. Lembrai-vos das maravilhas, 1 Cr 16.12. Lembrado da sua santa palavra, Sl 105.42. Lembra-se de que há dias de trevas, Ec 11.8. Lembra-te do teu Criador, Ec 12.1. Não vos lembreis das coisas passadas, Is 43.18. Pedro se lembrou da palavra que Jesus, Mt 26.75. Filho, lembra-te de que recebeste, Lc 16.25. Lembrai-vos da mulher de Ló, Lc 17.32. Jesus lembra-te de mim quando entrares, Lc 23.42. O Consolador... vos fará lembrar, Jo 14.26. Que nos lembrássemos dos pobres, Gl 2.10. Lembrai-vos de que outrora vós, gentios, Ef 2.11. Lembrado das tuas lágrimas, 2 Tm 1.4. Dos seus pecados jamais me lembrarei, Hb 8.12. Lembrai-vos dos encarcerados, Hb 13.3. Lembrai-vos dos vossos guias, Hb 13.7. Lembra-te de onde caíste, Ap 2.5. Lembra-te de como tens recebido, Ap 3.3. Lembrou-se Deus da grande

Babilônia, Ap 16.19. Deus se lembrou dos atos iníquos, Ap 18.5. Ver **Recordar.**

LEME: Aparelho que serve para dirigir uma embarcação. // As amarras do **l**, At 27.40. Por um pequeníssimo **l**, Tg 3.4.

LEMUEL, hb. **Dedicado a Deus:** Rei de Massá. Escreveu o capítulo 31 de Provérbios, Pv 31.1,4.

LENÇO: Pedaço de tecido que serve para diversos usos. // Mina guardada num **l**, Lc 19.20. Rosto envolto num **l**, Jo 11.44. **L** sobre a cabeça, Jo 20.7. Levarem aos enfermos **l**, At 19.12.

LENÇOL: Cada uma das duas peças de tecido, que se coloca na cama. E entre as quais se deita a gente. // **L** de linho, Lc 23.53; 24.12. Como se fosse um grande **l**, At 10.11.

LENHA: Madeira para queimar. // A **l** do holocausto, Gn 22.6; Lv 1.7; 2 Sm 24.22; 1 Rs 18.38. Apanhado **l** no dia de sábado, Nm 15.32. Uma mulher viúva apanhando **l**, 1 Rs 17.10. Sem **l**, o fogo se apaga, Pv 26.20. Ver **Árvore.**

LENHO: A madeira das árvores. // Se em **l** verde fazem isto, Lc 23.31.

LENTILHAS: Plantas, de várias espécies, são rasteiras ou trepadeiras. Cultivadas desde a mais remota antigüidade. As sementes são muito nutritivas. // Esaú vendeu seu direito de primogenitura por um prato de lentilhas, Gn 25.34. Samá pôs-se no meio de um terreno cheio de lentilhas e feriu os filisteus, 2 Sm 23.11,12. Ezequiel ordenado a fazer pão de trigo e cevada, favas e lentilhas, Ez 4.9.

LEOA: A fêmea do leão. // Deita-se como **l**, Gn 49.9; Nm 24.9. Ver **Leão.**

LEOPARDO: Mamífero carnívoro, de pelame sarapintada, Jr 13.23. Seu solar, os montes, Ct 4.8. Seu alimento favorito é a cabra, contudo, no milênio, se deitará junto ao cabrito, Is 11.6. Fica de emboscada para saltar sobre a presa, Jr 5.6; Os 13.7. Muito ágil, Hc 1.8. Visto em visão, Dn 7.6; Ap 13.2.

LEPRA: O mesmo que morféia. Infecção crônica do organismo produzida por um bacilo específico, chamado **bacilo de Hansen.** // A mão de Moisés leprosa, Êx 4.6. As leis acerca da lepra, Lv 13 e 14. Pela "praga de lepra" (Lv 13.47-59) queria dizer, talvez, manchas de mofo ou bolor. Os quatro leprosos à entrada da porta de samaria, 2 Rs 7.3. Purificai leprosos, Mt 10.8. Simão, o leproso, Mc 14.3. Havia muitos leprosos em Israel, Lc 4.27. Castigados com lepra: Miriã, irmã de Moisés, Nm 12.10. Geazi, o moço de Eliseu, 2 Rs 5.27. O rei Uzias, 2 Cr 26.20. Curados, ou purificados da lepra: Miriã, Nm 12.13,14. Naamã, 2 Rs 5.8-14. "Um homem coberto de lepra", Lc 5.13. Os leprosos purificados, Lc 7.22. Dez leprosos, Lc 17.17.

LEPROSO: Que tem lepra. // A mão estava **l**, branca, Êx 4.6. Lancem para fora do arraial todo **l**, Nm 5.2. Eis que Miriã achou-se **l**, Nm 12.10. Naamã porém **l**, 2 Rs 5.1. Geazi... **l**, branco como a neve, 2 Rs 5.27. Quatro homens **l** estavam à entrada, 2 Rs 7.3. Eis que estava **l** na testa, 2 Co 26.20. Um **l**... se quiseres, podes, Mt 8.2. Purificai **l**, Mt 10.8. Os **l** são purificados, Mt 11.5. Casa de Simão, o **l**, Mt 26.6. Muitos **l** em Israel nos dias do profeta Eliseu, Lc 4.27. Dez **l**, Lc 17.12.

LER: Percorrer com a vista e conhecer (letras), resumindo estas em palavras. // Tomou o livro... e o leu ao povo, Êx 24.7. Nele lerá todos os dias, Dt 17.19. Lerás esta lei diante de todo o Israel, Dt 31.11. Que Josué não lesse para toda a congregação, Js 8.35. Leu diante deles todas as palavras, 2 Rs 23.2. Leram no livro... dando explicações, Ne 8.8. Buscai no livro do Senhor, e lede, Is 34.16. Para que a possa ler... correndo, Hc 2.2. Quem lê, entenda, Mt 24.15. Vinha lendo o profeta Isaías, At 8.28. Conhecia e lida por todos, 2 Co 3.2. Seja lida na igreja dos laodicenses, Cl 4.16. Que esta epístola seja lida a todos, 1 Ts 5.27. Bem-aventurados aqueles que lêem, Ap 1.3.

LESMA: Molusco gasterópode da família dos limacídios. // Como a **l** que passa diluindo-se, Sl 58.8.

LETRA: Cada um dos caracteres do alfabeto. Sentido literal e expresso pelo texto. // Como sabe este **l**, Jo 7.15. As muitas **l** te fazem delirar, At 26.24. Do coração, no espírito, não segundo a **l**, Rm 2.29. Em novidade de espírito e não na caducidade da **l**, Rm 7.6. Não da **l**, mas do espírito, 2 Co 3.6. Com que **l** grandes vos escrevi, Gl 6.11. Desde a infância sabes as sagradas **l**, 2 Tm 3.15.

LETUSIM: Uma tribo dos descendentes de Abraão e quetura, Gn 25.3.

LÉU: Vagar, ensejo // Arriaram os aparelhos e foram ao **l**, At 27.17.

LEUMIM, hb. **Povos e nações:** Uma tribo, descendente de Abraão e Quetura, Gn 25.3.

LEVA: Recrutamento. // Salomão uma **l** de trabalhadores, 1 Rs 5.13.

LEVANTAMENTO: Elevação. // Tanto para ruína como para **l** de muitos, Lc 2.34.

LEVANTAR: Pôr alto; erguer; hastear; pôr de pé. // Moisés dizia: "Levanta-te, Senhor", Nm 10.35. Levanta o pobre do pó, 1 Sm 2.8. Levantai, ó portas, as vossas cabeças, Sl 24.7. Inútil vos será levantar de madrugada, Sl 127.2. Sete vezes cairá o justo, e se levantará, Pv 24.16. O cobiçoso levanta contendas, Pv 28.25. Pois, caindo, não haverá quem o levante, Ec 4.10. Levanta-te, toma o teu leito, Mt 9.6. Tomou a menina pela mão, e ele se levantou, Mt 9.25. Ninivitas se levantarão no juízo, Mt 12.41. Levantar-se-ão falsos profetas, Mt 24.11. Jovem, eu te mando: Levanta-te , Lc 7.14. Moisés levantou a serpente, Jo 3.14. Levantaram-se os reis da terra, At 4.26. Levanta-te e entra na cidade, At 9.6. Tabita, levanta-te, At 9.40. Tu que dormes, levanta-te, Ef 5.14. Levantando mãos santas, 1 Tm 2.8. O Senhor o levantará, Tg 5.15. O anjo... levantou a mão direita, Ap 10.5.

LEVAR: Transportar, conduzir. // Em morrendo, nada levará consigo, Sl 49.17. As nossas dores levou, Is 53.4. As iniqüidades deles levará sobre si, Is 53.11. Levou sobre si o pecado de muitos, Is 53.12. Outro te cingirá e te levará, Jo 21.18. Levai as cargas uns dos outros, Gl 6.2. Levados... por todo vento de doutrina, Ef 4.14. Levando o seu vitupério, Hb 13.13. Ver **Conduzir.**

LEVE: Que tem pouco peso. // O meu fardo é **l**, Mt 11.30. Nossa **l** e momentânea tribulação, 2 Co 4.17.

LEVEDAR: Fazer fermentar. // Comer coisa levedada... será eliminada, Êx 12.15. Pouco de fermento leveda a massa, 1 Co 5.6; Gl 5.9.

LEVI, hb. **Associado:** 1. O terceiro filho de Jacó e Lia, Gn 29.34. Com Simeão, vingou-se dos siquemitas, Gn 34.; 49.5-7. Com seu pai, Jacó, e seus filhos, Gérson, Coate e Mearei, desceu ao Egito, Gn 46.11. Trisavô de Aarão e Moisés, Êx 6.20. Ver **Levitas.** // 2. O bisavô de José, marido da Virgem Maria, Lc 3.24. // 3. Outro antepassado na genealogia de Jesus Cristo, Lc 3.29. // 4. Outro nome do apóstolo Mateus, Mc 2.14; Lc 5.27,29.

LEVIANAMENTE: De modo leviano. // Curam a ferida... **l**, dizendo: Paz, Jr 6.14; 8.11 (ARC).

LEVIANDADE: Ato leviano; imprudência. // Terei.. agido com **l**? 2 Co 1.17.

LEVIANO: Que não tem seriedade ou que procede repreensivelmente. // Seus profetas são **l**, Sf 3.4. Tornam **l** contra Cristo, 1 Tm 5.11. Ver **Frívolo.**

LEVIATÃ, hb. **Ferida em espiral:** Ver **Crocodilo.**

LEVIRATO: Obrigação, que a lei de Moisés impunha ao irmão de um defunto, de casar com a viúva deste. // A lei do levirato, Dt 25.5-10. Ver Gn 38.8; Lv 18.6; 20.21; Rt 4; Mt 22.23-30.

LEVITAS: Os descendentes de Levi, Êx 6.25; 32.26. Mata os idólatras no monte Sinai, Êx 32.28. Seu serviço no tabernáculo, Êx 38.21. Cuidavam do tabernáculo, Nm 1.47-53. As três divisões dos levitas: os gersonitas, os coatitas e os meraritas, Nm 3. Seus deveres e número, Nm 4. A consagração dos levitas, Nm 8.5-14. Sua herança, Nm 35; Dt 18; Js 21. Seu serviço no templo, 1 Cr 23.27. Davi aponta 24 turnos, 1 Cr 23.6. Repararam o templo, 2 Cr 24.5; 29.3. Voltaram do cativeiro, Ed 2.40. Esdras restabeleceu os sacerdotes nos seus turnos, Ed 6.18. Um levita descia por aquele lugar, Lc 10.32. Da tribo de Levi, doze mil, Ap 7.7. Ver **Sacerdote.**

LEVÍTICO: O terceiro livro do Pentateuco. // Assim chamado por contar os regulamentos e as observações que dizem a respeito do sacerdócio levítico. As ordenanças do Levítico foram encravadas na cruz, Cl 2.14. E depois da destruição de Jerusalém, no ano 70 d.C., muitos destes ritos prescritos nesse livro tornaram-se inteiramente obsoletos. Contudo essas ordenanças são-nos de grande valor, não somente pela informação que nos fornecem acerca dos judeus, mas das coisas espirituais. Pois esses sacerdotes ministravam "em figura e sombra das coisas celestes", Hb 8.5. **Autor:** Moisés. Ver **Pentateuco. Chave:** Santidade, cap 19.2. O Êxodo trata da redenção de um povo em servidão. O Levítico destaca a maneira de um povo redimido aproximar-se a Deus pela adoração, isto é, somente por meio de sangue. O povo, os sacerdotes, o tabernáculo, os vasos, os sacrifícios, as vestes sacerdotais, tudo é descrito como santo, isto é, separado, não só do uso **pecaminoso** mas do uso **comum.** Ver 2.3,10; 6.18,27; 7.16,21; 10.3,10,12,17; 11.3 a 45; 14.13; 16.4; etc. Divisões: I. As Ofertas, caps 1 a 6.7. II. As Leis das Ofertas, caps 6.8 a 7.38. III. A consagração dos sacerdotes, caps 8 a 10. IV. Um Deus Santo Requer um Povo Purificado, caps 11 a 15. V. O Dia da Expiação, cap 16. VI. As Leis Morais, caps 17 a 22. VII. As Festas do Senhor, cap 23. VIII. Instruções e Admoestações, caps 24 a 27. // O Levítico abrange menos de um ano do tempo que Israel passou no Sinai. // O Levítico tem a mesma relação para com o Êxodo que as Epístolas tem para com os quatro Evangelhos. O Êxodo conta da redenção e lança os alicerces para a purificação, a adoração e o serviço de um povo redimido. O Levítico apresenta os detalhes da vida, culto e serviço desse povo.

LIA, hb. **Vaca Brava:** A filha mais velha de Labão e a irmã de Raquel, Gn 29.16. Por um ardil, Lia foi dada a Jacó para sua mulher em vez de sua irmã Raquel, que era mais nova e mais atraente, e por quem ele tinha servido o pai dela pelo espaço de sete anos, Gn 29.25. Apesar de Jacó preferir a Raquel, Lia lhe deu sete filhos: Ruben, Simeão, Levi, Judá, Isaacar, Zebulom e Diná, Gn 29.32-35; 30.17-21. Até esta altura Raquel não teve qualquer filho. Parece que a feia (Gn 29.17) e humilde mulher de Jacó era uma pessoa que conhecia a Deus intimamente e assim mais capaz de cumprir os planos de Deus, Gn 29.31. Tanto Lia como Raquel concordaram no propósito de voltarem à terra de seus pais, Gn 31.14. No encontro de Esaú e jacó, este pôs Lia e seus filhos em primeiro lugar e Raquel por último, Gn 33.2. Lia foi sepultada em Macpela o lugar da sepultura de Abraão, Sara, Isaque, rebeca e jacó, Gn 49.31; 50.13. Revela-se em Rt 4.11, como era honrada entre o povo de Israel.

LIBAÇÃO: Derramamento de vinho, sangue ou um licor em honra de qualquer nome ou divindade. //Jacó... derramou sobre ele um **l**, Gn 35.14. Taças em que se hão de oferecer **l**, Êx 25.29. Para **l** um him de vinho, Êx 29.40. Não oferecerei as suas **l** de sangue, Sl 16.4. Eu oferecido por **l** sobre o sacrifício, Fp 2.17. Ver **Oferta, Sacrifício.**

LÍBANO, hb. **Branco:** Série de montanhas que recebem seu nome ou porque os picos permanecem cobertos de neve ou porque são de rocha calcária e branca. Ver Jr 18.14. Ao norte da Terra da Promissão, Dt 1.7; 11.24; Js 1.4. Ver mapa 2, D-2. Seus picos mais elevados medem mais de 3 000 metros. Há duas cordilheiras paralelas uma a outra e paralelas ao Mediterrâneo; o Líbano e o Anti-Líbano. Entre as duas "o vale do Líbano", com largura de 12 km, mencionado em Js 11.17. O vale do Jordão é uma continuação desse vale. Os heveus e os gibleus habitaram, originalmente, o Líbano, Js 13.5,6; Jz 3.3. O Líbano é famoso pelos seus magníficos cedros, 1 Rs 5.6; 2 Rs 19.23; Ed 3.7; Ez 27.5; Os 14.5; Zc 11.1. Lugar de vinhedos Os 14.7; de muitas feras, 2 Rs 14.9; Ct 4.8; Hc 2.17. A estupenda grandeza das montanhas coroadas de neve, revestidas de cedros, de olivais, de vinhas, regadas de fontes de água cristalina; os seus ribeiros de água fresca; a fertilidade dos vales; o agradável cheiro dos arbustos — tudo se combina para formar, na linguagem da Escritura, "a glória do Líbano", Is 35.2. Ver mapa 3, B-1.

LIBELO: Exposição articulada do que se pretende provar contra um réu. // Apresentaram... **l** contra Paulo, At 24.1.

LIBERAL: Amigo de dar; generoso. // É **l**, dá aos necessitados, Sl 112.9 (ARC). O **l** projeta coisas **l**, Is 32.8 (ARC).

LIBERALIDADE: Disposição a praticar o bem sem esperança de recompensa. Ato de dar com generosidade. Menciona-se em Dt 15.14; Pv 11.25; Is 32.8; 2 Co 9.13. // **A Liberalidade dos:** israelitas, Êx 35.21; crentes primitivos, At 2.45; 4.34; igrejas da Macedônia, 2 Co 8.1-5; Fp 4.10-18; igreja de Corinto, 2 Co 9.2. // **Exortações a Liberalidade:** Lc 3.11; 6.38; 11.41; At 20.35; 1 Co 16.1; 1 Tm 6.17,18. // **Exemplos:** Os príncipes de Israel, Nm 7.2; Boaz, Rt 2.16; Davi, 2 Sm 9.7,10; a sunamita, 2 Rs 4.8-10; Neemias, cap. 7.70; Jó, cap. 29.15,16; Zaqueu, Lc 19.8; Barnabé, At 4.36,37; Dorcas, At 9.36; Lídia, At 16.15; Paulo, At 20.34. Ver **Generosidade.**

LIBERALMENTE: Com generosidade. // A quem dá **l** ainda se lhe acrescenta mais e mais, Pv 11.24. Necessita de sabedoria... Deus, a todos dá **l**, Tg 1.5.

LIBERDADE: Poder de fazer ou de deixar de fazer, de escolher. // Santificareis o ano qüinquagésimo, e proclamareis **l**... a todos, Lv 25.10. Pôr em **l** os algemados, Is 61.1; Lc 4.18. A **l** da glória dos filhos de Deus, Rm 8.21. Julgada a minha liberdade pela consciência alheia? 1 Co 10.29. Onde está o Espírito do Senhor aí há **l**, 2 Co 3.17. O fim de espreitar a nossa **l**, Gl 2.4. Para a **l** foi que Cristo nos libertou, Gl 5.1. Timóteo foi posto em **l**, Hb 13.23. Lei da **l**, Tg 1.25; 2.12. Prometendo-lhes **l**, 2 Pe 2.19. // **Liberdade pelo Evangelho:** Rm8.21; 2 Co 3.17; Gl 5.1; Tg 1.25. // **Não deve abusar da liberdade:** 1 Co 8.9; Gl 5.13; 1 Pe 2.16; 2 Pe 2.19. // **Mestres falsos da liberdade:** Gl 2.4; 2 Pe 2.19; Jd 4; Ap 2.2.

LIBERTAÇÃO: Ato de libertar ou de libertar-se. // Proclamar **l** aos cativos, Is 61.1; Lc 4.18. Me reduntará em **l**, Fp 1.19.

LIBERTADOR: Aquele que livra alguém de um perigo, um povo de servidão, ou do domínio estrangeiro. // Clamaram... o Senhor lhes suscitou **l**, Jz 3.9. A minha cidadela, o meu **l**, Sl 18.2. Meu amparo e o meu **l**, Sl 40.17; 70.5. Meu alto refúgio e meu **l**, Sl 144.2. Virá de Sião o **l**, Rm 11.26. Ver **Salvador.**

LIBERTAR: Tirar da prisão, da sujeição, da escravidão. // O Senhor liberta os encarcerados, Sl 146.7. O Filho vos libertar... sereis livres, Jo 8.36. Libertados do pecado... servos da justiça, Ro 6.18. Libertados da lei, Rm 7.6. Para a liberdade foi que Cristo nos libertou das trevas, Cl 1.13. Libertado um povo... do Egito, Jd 5. Pelo seu sangue nos libertou, Ap 1.5. Ver **Livrar**, **Salvar**.

LIBERTINAGEM: Devassidão, corrupção. // Transformam em **l** a graça, Jd 4. Ver **Devassidão:**

LIBERTINO: Devasso, dissoluto. // Companheiro de **l** envergonha a seu pai, Pv 28.7. Muitos seguirão as suas práticas, **l**, 2 Pe 2.2. Ló, afligido pelo procedimento **l**, 2 Pe 2.7. Ver **Lascivo.**

LIBERTO: Dizia-se do escravo que foi libertado. //Sinagoga, chamada do **l**, At 6.9. Sendo escravo, é **l** no Senhor, 1 Co 7.22. Não pode haver... nem escravo nem **l**, Gl 3.28.

LIBERTOS (ARA) LIBERTINOS (ARC): Membros da sinagoga, em Jerusalém, dos libertos, que resistiram a Estêvão, At 6.9. Eram, talvez, descendentes, de judeus libertos, expulsos de Roma durante o reinado de Tibério.

LÍBIA: Na 3.9; At 2.10. Ver mapa 1, B-4. Ver **Líbios.**

LÍBIOS: 2 Cr 12.3; 16.8; Dn 11.43. Os habitantes da costa setentrional da África, território que se estendia desde o ocidente do Egito até, talvez, às Colunas de Hércules. Ver **Líbia.**

LIBNA, hb. **Alvura:** 1. Lugar de um dos acampamentos de Israelitas, Nm 33.21. // 2. Uma cidade da herança de Judá, Js 15.42. Conquistada por Josué, Js 10.29. Uma das cidades dadas aos levitas, Js 21.13. Rebelou contra o rei de Judá, 2 Rs 8.22. Sitiada por Senaqueribe, 2 Rs 19.8. Ver mapa 5, A-1.

LIBNI, hb. **Branco puro:** 1. Um filho de Gérson e neto de Levi, 1 Cr 6.17. // 2. Um filho de Mearei e neto de Levi, 1 Cr 6.29.

LIBRA: Jo 12.3; 19.39. Ver **Pesos.**

LICAÔNIA, Que pertence ao rei Licaom: At 13.51; 14.1,19; 6.2; 2 Tm 3.11. Um distrito da Ásia Menor, ao noroeste da Cilícia. Teatro dos trabalhos de Paulo durante a sua primeira viagem missionária. Icônio era a sua capital. Ver mapa 6, F-2.

LÍCIA: Um pequeno território ao sul da Ásia Menor. Visitado pelo apóstolo Paulo, quando voltava da sua segunda viagem missionária, passando em Pátara, At 21.1; e quando se dirigia à Itália, desembarcando em Mirra, At 27.5. Ver mapa 6, E-2.

LÍCITO: Que é permitido pela lei. // Animais de que vos é **l** comer, Lv 11.39. Não é **l** fazer em dia de sábado, Mt 12.2. É **l** curar no sábado? Mt 12.10. Não te é **l** possuí-la, Mt 14.4. É **l** ao marido repudiar a sua mulher? Mt 19.3. É **l** pagar tributo a César? Mt 22.17. A nós não nos é **l** matar ninguém, Jo 18.31. **L** açoitar um cidadão romano? At 22.25. Todas as coisas me são **l**, 1 Co 6.12. Todas as coisas são **l**, 1 Co 10.23. Palavras... as quais não é **l** ao homem referir, 2 Co 12.4.

LICOR: Bebida espirituosa. // **Poét.** Qualquer líquido. O **l** dos favos, Sl 19.10 (ARC). O teu **l** se misturou com água, Is 1.22.

LIDA: Povoação perto de Jope, onde Pedro curou o paralítico, Enéias, At 8.32. Chama-se Lode no Antigo Testamento. Semede, um benjamita edificou a Ono e Lode, 1 Cr 8.12. Alguns de seus "filhos" voltaram para lá, com Zorobabel, de Babilônia, Ed 2.33. Ver mapa 4, A-2.

LÍDIA, Palavra derivada de Lydos, seu fundador: 1. Um reino muito antigo e poderoso, da costa ocidental da Ásia Menor. Sardes era sua capital. Duas das suas cidades, Esmirna e Éfeso, eram entre as mais importantes da Ásia Menor. Esmirna, atualmente, é a cidade mais rica e maior dessa região da Turquia. Várias igrejas foram fundadas da Lídia (Éfeso, Esmirna, etc.), At 19.; Ap 1.11. // 2. Uma vendedora de púrpura, a primeira convertida na Europa, pela pregação de Paulo, At 16.14,15,40.

LIGAÇÃO: União ou junção entre duas ou mais coisas. //Que **l** há entre o santuário de Deus e os ídolos? 2 Co 6.16.

LIGADURA: Atilho, atadura, faixa. // Que soltes as **l** da impiedade, Is 58.6.

LIGAMENTO: Feixe fibroso que liga os ossos uns aos outros. // O corpo, suprido e bem vinculado por suas juntas e **l**, Cl 2.19.

LIGAR: Atar, prender com laço. Unir-se por vínculos morais. // Sua alma estar ligada com a alma dele, Gn 44.30. A alma de Jônatas se ligou com a de Davi, 1 Sm 18.1. A quebrada ligarei, Ez 34.16. Misturar-se-ão.. mas não ligarão um ao outro, Dn 2.43. O que ligares na terra, terá sido ligado no céu, Mt 16.19; 18.18. Os pés e as mãos ligados, Jo 11.44. Ligando com ele seus próprios pés, At 21.11. ver **Unir.**

LIGEIRO: Ágil, veloz, corredor. // Asael era **l**... como gazela, 2 Sm 2.18. Não é dos **l** o prêmio, Ec 9.11. Ver **Rápido.**

LIMITAR: Reduzir a determinada proporções. // Estais limitados em vossos próprios afetos, 2 Co 6.12.

LIMITE: Linha que marca o fim de uma extensão. // Não há **l** para, fazer livros, Ec 12.12. Havendo fixado... os **l** da sua habitação, At 17.26. Não tendes **l** em nós, mas 2 Co 6.12.

LIMPAR: Tirara as sujidades a. // Limpar Jerusalém da culpa, Is 4.4. Limpais o exterior do copo, Mt 23.25. Limpa primeiro o interior, Mt 23.26. Ver **Purificar.**

LIMPEZA: Qualidade do que está limpo. // Dei **l** de dentes, Am 4.6 (ARC).

LÍMPIDO: Claro, transparente. // O temor do Senhor é **l**, Sl 19.9. Ouro puro, semelhante a vidro **l**, Ap 21.18.

LIMPO: Que não tem sujidades; lavado; puro cerimonialmente. // Animais **l** e imundos, Lv 11. Sua carne se tornou como a carne de uma criança, e ficou **l**, 2 Rs 5.14. **L** de mãos e puro de coração, Sl 24.4. Purifica-me e ficarei **l**, Sl 51.7. para os de coração **l**, Sl 73.1. bem-aventurados os **l** de coração, Mt 5.8. Ficou **l** da sua lepra, Mt 8.3. Vós estais **l**, mas não todos, Jo 13.10. Estou **l** do sangue de todos, At 20.26. // Todas as coisas são **l**, Rm 14.20.

LINDO: Formoso, elegante. // É mui **l** a minha herança, Sl 16.6.

LÍNGUA: Órgão muscular situado na cavidade bucal, e que serve para a fala. Idioma. // Açoite da **l**, Jó 5.21. Refreia a tua **l** do mal, Sl 34.13.

Para não pecar co a **l**, Sl 39.1. A minha **l** é como a pena, Sl 45.1. A tua **l** urde planos, Sl 52.2. **L** mentirosa, Pv 6.17. A **l** dos sábios é medicina, Pv 12.18. A **l** branda esmaga ossos, Pv 25.15. Por **l** estranha, Is 28.11. A **l** dos mudos cantará, Js 35.6. Deus me deu **l** de eruditos, Is 50.4. Flecha mortífera é a **l** deles, Jr 9.8. Homens de todas as **l** o servissem, Dn 7.14. Falarão novas **l**, Mc 16.17. Falar em outras **l**, At 2.4. Os ouvia falar na sua própria **l**, At 2.6. Toda **l** dará louvores a Deus, Rm 14.11. A um variedade de **l**, 1 Co 12.10. Fale as **l**... dos anjos, se não tiver amor, 1 Co 13.1. **L** cessarão, 1 Co 13.8. Quem falar em outra **l**, 1 Co 14.2,4. Todos falásseis outras **l**, 1 Co 14.5. O que fala em outra **l**, ore, 1 Co 14.13. Orar em outra **l**, 1 Co 14.14. Falo em outras **l** mais, 1 Co 14.18. Por homens se outras **l**, 1 Co 14.21. Toda **l** confesse que Jesus Cristo é o Senhor, Fp 2.11. Deixando de refrear a sua **l**, Tg 1.26. Al, pequeno órgão, Tg 3.5. A **l** é fogo, Tg 3.6. a **l**, nenhum dos homens é capaz de domar, Tg 3.8. refreie a sua **l**, 1 Pe 3.10. Não amemos... de **l**, mas de fato, 1 Jo 3.8. Ver **Boca**, **Fala**, **Lábio**.

LINGUAGEM: Fala, idioma. // Em toda a terra... uma **l**, Gn 11.1. Não há **l**... nem há palavras, Sl 19.3. Ostentação de **l**, 1 Co 2.1. Não consistiram em **l** persuasiva de sabedoria, 1 Co 2.4. **L** obscena, Cl 3.8. A **l** deles corrói como câncer, 2 Tm 2.17. **L** sadia e irrepreensível, Tt 2.8. Ver **Fala**, **Língua**.

LINGUAREIRO: Falador, maldizente. // Palavras do **l** são como doces, Pv 18.8 (ARC).

LÍNGUAS: Ver **Dons do Espírito**.

LÍNGUAS DA BÍBLIA: Ver **Aramaico**, **Grego**, **Hebraico**, **Latim**.

LINHA: Fila, fileira. // Formando-vos em **l** de batalha, 1 Sm 17.8.

LINHAGEM: Genealogia, estirpe. // Todos... da **l** do sumo sacerdote, At 4.6. Da **l** de Israel, Fp 3.5.

LINHO: Planta têxtil de que se fabrica o pano, linho. Anual, com cerca de 50 centímetros e flores de um azul vivo. Extrai-se das sementes da linhaça em grão o óleo que se emprega na preparação de tintas e vernizes. Linho cultivado em grande escala no Egito, Êx 9.31. Um dos mais importantes produtos da Palestina, Os 2.5,9. Proibido o vestir-se com roupas feitas de **l** misturado com lã, Dt 22.11. Raabe secava **l** no eirado, Js 2.6. Samuel e Davi usavam éfode de **l**, 1 Sm 2.18; 2 Sm 2.18; 6.14. Visão de um homem vestido de **l**, Ez 9.2; Dn 10.5; 12.6,7. José de Arimatéia envolveu Jesus num pano de **l**, Mt 27.59. Os sete anjos vestidos de **l** puro resplandecente, Ap 15.6.

LINHO FINO: Pano fabricado de um linho cultivado nas margens do rio Nilo. Notável por sua macieza extraordinária e alvura deslumbrante. Ao tato parecia seda. Sua textura era igual à mais fina cambraia. José vestido de linho fino, Gn 41.42. Usado no tabernáculo, Êx 25.4. Os sacerdotes usavam túnicas de linho fino, Êx 39.27. O Senhor vestiu Jerusalém de linho fino, Ez 16.13. Mordecai vestido de linho fino, Et 8.15. O rico vestia-se de linho fino, Lc 16.19. Mercadoria da grande Babilônia, Ap 18.12. Babilônia vestida de linho finíssimo, Ap 18.16. A esposa do Cordeiro vestir-se-á de linho finíssimo, Ap 19.8. O linho finíssimo são os atos dos santos, Ap 19.8. Os exércitos no céu vestidos de linho finíssimo, Ap 19.14.

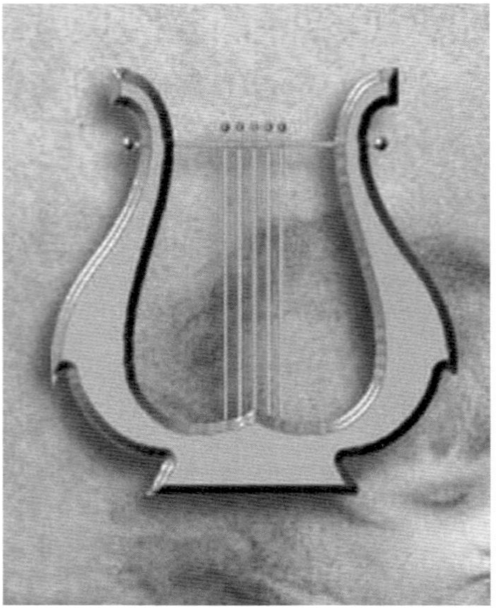

Lira

LINO: Um cristão romano, conhecido de Paulo e Timóteo, 2 Tm 4.21. Foi, segundo a tradição, o primeiro bispo da igreja em Roma.

LIQUI, hb. **Erudito:** Um descendente de Manassés, 1 Cr 7.19.

LIRA: Am 6.5. Ver **Música**.

LÍRIO: Não é certa qual espécie de flor se refere a palavra traduzida por "lírio". Deve ter sido uma flor que vicejava nos largos vales da Palestina (Ct 2.1), que crescia entre os espinhos (Ct 2.2), nos pastos (Ct 2.16; 4.5; 6.3), que foi cultivada nos jardins (Ct 6.2) e que tinha perfume semelhante a mirra (Ct 5.13). A sua formosura é indicada quando o Senhor promete à Israel penitente que "florescerá como **l**", Os 14.5; Mt 6.28,29 dá a entender que foi uma flor de cor viva, comparando-a às suntuosas vestes de Salomão. Há muita razão também para concluir que a palavra traduzida por "lírio" se refere não a certa espécie, mas a uma grande classe de flores da Palestina, parecidas ao lírio, por exemplo a tulipa, a íris, a palma-de-santa-rita, o jacinto. É provável que o loto, *Nymphae lotus*, foi o modelo para a "obra de **l**" no templo, 1 Rs 7.19; 22.26.

LISÂNIAS, Tristeza que termina: Tetrarca, isto é, um dos quatro imperadores que governavam Abilene, no décimo quinto ano do reinado de Tibério César, Lc 3.1.

LÍSIAS: O principal oficial da guarnição romana em Jerusalém, que salvou Paulo das mãos dos judeus, At 24.7.

LISO: Que tem superfície unida e sem aspereza. // Cabeludo, e eu homem **l**, Gn 27.11. Cinco pedras **l** do ribeiro, 1 Sm 17.40.

LISONJAS: Louvor interesseiro, adulação. // Nem usarei **l** com o homem, Jó 32.21. Com **l** perverterá, mas o povo que conhece ao seu Deus, Dn 11.32. Com suaves palavras e **l** enganam, Rm 16.18. Ver **Adular**.

LISONJEAR: Elogiar interesseiramente. // Com a língua lisonjeiam, Sl 5.9. A transgressão o lisonjeia a seus olhos, Sl 36.2. Lisonjeavam-no, porém de boca, Sl 78.36. Adúltera... que lisonjeia, Pv 2.16. O que repreende... do que aquele que lisonjeia, Pv 28.23. Que lisonjeia... arma-lhe uma rede, Pv 29.5. Ver **Adular**.

LISONJEIRO: Que lisonjeia, adulador. // A boca **l** é causa de ruína, Pv 26.28. Ver **Agradável**, **Bajulador**.

LISTRA: Uma cidade da Licaônia, At 14.16. Paulo e Barnabé em Listra, At 14.12. Homem paralítico desde o seu nascimento curado, At 14.8. Paulo e Barnabé tomados por deuses, At 14.11. Paulo apedrejado e dado por morto, At 14.19. Cidade natal, provavelmente, de Timóteo, At 16.1; 2 Tm 3.10,11. O apóstolo Paulo visitou Listra quatro vezes, At 14.6,21; 16.1; 18.23. Ver mapa 6, F-2.

LISTRADO: Que tem listras. //Crias **l**, salpicadas e malhadas, Gn 30.39.

LITEIRA: Cadeirinha portátil e coberta, sustentada por dois varais e conduzida por dois animais, um atrás e outro adiante. A **l** de Salomão, Ct 3.7. Trarão todos os vossos irmãos... sobre cavalos, em **l**, Is 66.20. Em Nm 7.3, carros cobertos.

LITIGAR: Pleitear, questionar em juízo. // Não te apresses a litigar, Pv 25.8. Ver **Demandar, Pleitear.**

LITÍGIO: Contestação judicial, demanda. // Há contendas, e o **l** se suscita, Hc 1.3. O litígio entre os irmãos, 1 Co 6. Ver **Demanda.**

LIVRAMENTO: Ato ou efeito de livrar. // Aquietai-vos e vede o **l** do Senhor, Êx 14.13. Efetuou o Senhor grande **l**, 1 Sm 19.5; 2 Sm 23.10. E me cercas de alegres cantos de **l**, Sl 32.7. No monte de Sião haverá **l**, Ob 17. Proverá **l**, de sorte que a possais suportar, 1 Co 10.13. Ver **Salvação.**

LIVRAR: Dar liberdade, a tornar livre, libertar. //Livra-te, salva a tua vida, Gn 19.17. Livroume de todos os meus temores, Sl 34.4. Mas livra-nos do mal, Mt 6.13. Quem me livrará do corpo desta morte? Rm 7.24. Livrou da lei do pecado, Rm 8.2. Num grande cesto... me livrei, 2 Co 11.33. Que variadas perseguições... me livrou o Senhor, 2 Tm 3.11. Senhor me livrará também de toda obra, 2 Tm 4.18. Livrasse a todos que, pelo pavor da morte, Hb 2.15. Livrando-vos da corrupção das paixões, 2 Pe 1.4. E livrou o justo Ló, 2 Pe 2.7. Senhor sabe livrar da provação, 2 Pe 2.9. Ver **Libertar, Salvar.**

LIVRE: Que não está sujeito a algum senhor. Isento, desembaraçado. // Ficarei **l** de grande transgressão, Sl 19.13. Estás **l** da tua enfermidade, Lc 13.12. Filho vos libertar, verdadeiramente sereis **l**, Jo 8.36. Fomos batizados... quer escravos, quer **l**, 1 Co 12.13. Uma da mulher escrava, e outro da **l**, Gl 4.22. Jerusalém lá de cima é **l**, Gl 4.26. Como **l**... todavia, a liberdade por pretexto, 1 Pe 2.16.

LIVREMENTE: Sem impedimento. // De toda árvore... comerás **l**, Gn 2.16.

LIVRINHO: Livro pequeno. // Na mão um **l** aberto, Ap 10.2. Que me desse o **l**, Ap 10.9. Tomei o **l**, Ap 10.10.

LIVRO: Folhas impressas e reunidas em um volume. Os antigos documentos se registravam em pedras. Empregavam-se, também, peles e pergaminhos. A primeira menção de livros, Êx 17.14. Quem me dera fossem gravadas em **l**, Jó 19.23. No teu **l** foram escritos todos os meus dias, Sl 139.16. Não há limite para fazer **l**, Ec 12.12. Um **l** selado, Is 29.11. Escreve-o num **l**, para que fique registrado, Is 30.8. Toma o **l** e escreve nele, Jr 36.2. Escreveu num **l** todo o mal que havia de vir sobre Babilônia, Jr 51.60. Entendi pelos **l**, Dn 9.2. Que não estão escritos neste **l**, Jo 20.30. Nem no mundo inteiro caberiam os **l**, Jo 21.25. Escrevi o primeiro **l**, ó Teófilo, At 1.1. Reunindo seus **l**, os queimaram, At 19.19. Traze os **l**, 2 Tm 4.13. Aspergiu o próprio **l**, Hb 9.19. No rolo do **l**, Sl 40.7; Hb 10.7. Escreve em **l**, Ap 1.11. Na mão direita um **l**, Ap 5.1,2. Na mão um **l** aberto, Ap 10.2. // O **l** da aliança, Êx 24.7; 2 Es 23.2; 2 Cr 34.30; da genealogia, Ne 7.5; Mt 1.1; das guerras, Nm 21.14; dos justos (ARA) Reto (ARC), Js 10 13; da lei, Dt 31.26; Js 8.31; 2 Rs 22.8; 2 Cr 34.15; Ne 8.1; Gl 3.10; de Samuel, 1 Sm 10.25; do Senhor, Is 34.16; da vida, Êx 32.32; Sl 40.7; 69.28; 139.16; Is 34.16; Dn 7.10; 12.1;

Lobo

Ml 3.16; Fp 4.3; Ap 3.5; 13.8; 20.12; 22.19. Ver **Rolo.**

LIXO: Tudo o que não presta e se deixa fora. //Considerados **l** do mundo, 1 Co 4.13. Ver **Refugo**.

LÓ, hb. **Mirra:** Sobrinho de Abraão, Gn 11.27. Acompanhou a Abraão para Canaã, Gn 12.5. Abraão e Ló separaram-se, Gn 13.1-3. Ló levado cativo pelos quatro reis, foi salvo por Abraão, Gn 14.12-16. Hospedou dois anjos, Gn 19.1. Liberto milagrosamente de Sodoma, Gn 19.16. Fugiu para Zoar, Gn 19.15-23. O pecado e o castigo de sua mulher, Gn 19.26. Suas duas filhas, a origem dos moabitas e dos amonitas, Gn 19.30-38. Nos dias de Ló: Comiam, bebiam, Lc 17.28. Lembrai-vos da mulher de Ló, Lc 17.32. Livrou o justo Ló, afligido pelo procedimento, 2 Pe 2.7.

LO-AMI (ARC), hb. **não meu povo:** O terceiro filho de Gômer, mulher do profeta Oséias, Os 1.9.

LOBO: Mamífero carnívoro, o mais feroz da família dos canídeos, semelhante a um cão grande e forte. Na Terra Santa, não se reúnem em alcatéias, como nos países frios. Como símile da ferocidade, Gn 49.27; Ez 22.27; Hc 1.8; Mt 7.15. Esconde-se de dia e vagueia de noite em busca de presa, Jr 5.6; Sf 3.3; Hc 1.8. Ataca os rebanhos, Mt 10.16; Lc 10.3; Jo 10.12. Cruéis perseguidores, Mt 10.16; At 20.29. O lobo e o cordeiro pastarão juntos, Is Is 11.6; 65.25.

LOCUSTA: Nome científico do gafanhoto. // Comereis... a **l** segundo a sua espécie, Lv 11.22.

LODE: A mesma Lida do Novo Testamento. // Uma cidade na planície de Sarom, edificada por Semede, um benjamita, 1 Cr 8.12. Recuperada depois da volta do cativeiro, Ed 2.33. Ali se realizou a cura de Enéias, At 9.32. Ver mapa 2, B-5.

LO-DEBAR, hb. **Sem pasto:** Cidade de Gileade, ao oriente do Jordão e terra natal de Maquir, o protetor de Mefibosete, e o hospitaleiro ajudante de Davi, 2 Sm 9.4.

LODO: Lama que se deposita no fundo das águas. // Cujas águas lançam de si lama e **l**, Is 57.20. Tendo feito **l** com a saliva, Jo 9.6. Ver **Lama**.

LOGRAR: Gozar, obter, usufruir. // Davi lograva mais êxito do que todos, 1 Sm 18.30.

LOGUE (ARC): Lv 14.10. Ver **Medidas de capacidade**.

LÓIDE: Avó de Timóteo, 2 Tm 1.5.

LOMBO: Região situada atrás do abdômen, de cada lado da coluna vertebral. // Desta maneira o comereis: **l** cingidos, sandálias nos pés, Êx 12.11. Ardem-me os **l**, e não há parte sã, Sl 38.7. Cinge os seus **l** de força, Pv 31.17. A justiça será o cinto dos seus **l**, Is 11.5. Ver **Cingir**.

LONGANIMIDADE: Paciência para suportar ofensas. // A **l** de Deus, Rm 2.4; 9.22; 1 Pe 3.20; 2 Pe 3.15. Ministros de Deus... na **l**, 2 Co 6.6. Fruto do Espírito, Gl 5.22. Com **l**, suportando, Ef 4.2. em toda a perseverança e **l**, Cl 1.11. Revesti-vos, como eleitos de Deus... de **l**, Cl 3.12. Em mim... evidenciasse Jesus Cristo a sua completa **l**, 1 Tm 1.16. Exorta com toda a **l**, 2 Tm 4.2. Pela fé, e pela **l**, herdam as promessas, Hb 6.12. Ver **Paciência.**

LONGÂNIMO: Paciente. // Deus é **l**, Êx 34.6; Nm 14.18; Sl 103.8; 2 Pe 3.9. O **l** é grande em entendimento, Pv 14.29. O **l** apazigua a luta, Pv 15.18. Melhor é o **l** do que o herói da guerra, Pv 16.32. Sejais **l** para com todos, 1 Ts 5.14. Ver **Paciente**.

LONGE: A uma grande distância. // Viu o lugar de **l**, Gn 22.4. Os soberbos ele os conhece de **l**, Sl 138.6. O Senhor está **l** dos perversos, Pv 15.29. Trazei meus filhos de **l**, Is 43.6. Paz para os que estão **l**, Is 7.19. Sou Deus também de **l**, Jr 23.23. O seu coração está **l**, Mt 15.8. Pedro o seguia de **l**, Mt 26.58. Não está **l** do Reino de Deus, Mc 12.34. Para

Locusta

todos os que ainda estão **l**, At 2.39. Não está **l** de cada um, At 17.27. A vós que estáveis **l**, Ef 2.17. Vendo as promessas de **l**, Hb 11.13. Nada vendo ao **l**, 2 Pe 1.9 (ARC).

LONGEVIDADE: Longa duração da vida. // Disto depende a tua vida e a tua **l**, Dt 30.20. Não pediste **l**, 1 Rs 3.11. Saciá-lo-ei com **l**, Sl 91.16. **A quem é prometida a longevidade:** Êx 20.12; Dt 5.16,33; 6.2; Sl 91.16; Pv 3.2; 9.11; 10.27; Ef 6.3.

LONGO: Comprido, duradouro, demorado. // Habitarei na casa do Senhor por longos dias, Sl 23.6 (ARC). Fazeis **l** orações, Mt 23.14. E sejas de **l** vida sobre a terra, Ef 6.3.

LONGURA: Qualidade daquilo que é longo. // Ele é... a **l** dos teus dias, Dt 30.20 (ARC). Deste, mesmo **l** de dias, Sl 21.4 (ARC).

LOQUACIDADE: Superfluidade de palavras. // Perderam-se em **l** frívola, 1 Tm 1.6.

LO-RUAMA (ARC), hb. **Desfavorecida:** Uma filha do profeta Oséias, Os 1.6.

LOTÃ, hb. **cobertura:** Um filho de Seir e um dos príncipes dos horeus, Gn 36.20.

LOUCAMENTE: De modo muito louco. // Procedi **l**, 2 Sm 24.10. Procedeste **l**, 2 Cr 16.9.

LOUCO: Que perdeu a razão, doido, alienado. // Disse Saul:... tenho procedido como **l**, 1 Sm 26.21. Os **l** desprezam a sabedoria, Pv 1.7. Vós, **l**, aborreceis o conhecimento, Pv 1.22. Os **l** zombam do pecado, Pv 14.9. Por ele caminho não errará, nem mesmo o **l**, Is 35.8. **l**, esta noite te pedirão a tua alma, Lc 12.20. Estás **l**. ela, porém, insistia, At 12.15. Sábios, tornaram-se **l**, Rm 1.22. Tornou Deus **l** a sabedoria do mundo, 1 Co 1.20. Somos **l** por causa de Cristo, 1 Co 4.10. Não dirão que estás **l**, 1 Co 14.23. Ver **Doido**, **Insensato**, **Néscio**.

LOUCURA: Alienação de espírito, demência. **Fig.** Imprudência. // Fez **l** em Israel, Dt 22.21; Js 7.15; Jz 20.6. O Senhor te ferirá com **l**, Dt 28.28. Nabal... e a **l** está com ele, 1 Sm 25.25. Transtorne em **l** o conselho de Aitofel, 2 Sm 15.31. A **l** é mulher apaixonada, Pv 9.13. O insensato espraia a sua **l**, Pv 13.16. O de ânimo precipitado exalta a **l**, Pv 14.29. Passar a considerar a sabedoria e a **l**, Ec 2.12. cujo saber converto em **l**, Is 44.25. Do coração... procedem... a soberba, a **l**, Mc 7.22. A palavra da cruz é **l** para os que se perdem, 1 Co 1.18. Pela **l** da pregação 1 Co 1.21. A **l** de Deus é mais sábia, 1 Co 1.25. O homem natural não aceita, porque lhe são **l**, 1 Co 2.14. A sabedoria de Deus é **l**, 1 Co 3.19. Na minha **l** suportai-me, 2 Co 11.1. Ver **Estultícia**, **Insensatez**.

LOUVAR: Elogiar. // O Senhor é a minha força... eu o louvarei, Êx 15.2. Louvar-te-ei, Senhor, de todo o meu coração, Sl 9.1. Sete vezes no dia eu te louvo, Sl 119.164. Uma geração louvará a outra geração as tuas obras, Sl 145.4. Louva, ó minha alma, Sl 146.1. Louvarei ao Senhor durante a minha vida, Sl 146.2. Louvai-o todos os anjos, Sl 148.2. Todo ser que respira louve ao Senhor, Sl 150.6. Seja outro o que te louve, Pv 27.2. Tomou-o nos braços e louvou a Deus, Lc 2.28. Quando todos vos louvam, Lc 6.26. Sempre no templo louvando, Lc 24.53. Louvai ao Senhor, vós todos, Rm 15.11. Alguns que se luvam a si mesmos, 2 Co 10.12. Aquele a quem o Senhor louva, 2 Co 10.18. Louvando de coração ao Senhor, com hinos, Ef 5.19. Ver **Elogiar**, **Glorificar**.

LOUVOR: Elogio. // Quando oferecerdes sacrifício de **l**, Lv 22.29. O chefe que dirigia os **l** nas orações, Ne 11.17. Na dedicação dos muros... com alegria, **l**, canto, Ne 12.27. Cantar-te-ei **l** no meio da congregação, Sl 22.22. Que o meu espírito te cante **l** e não se cale, Sl 30.12. O seu **l** estará sempre nos meus lábios, Sl 34.1. Salmodiai a Deus, cantai **l**, Sl 47.6. O teu **l** se estende até os confins da terra, Sl 48.10. Nos teus lábios estejam os altos **l** Sl 149.6. Aos teus muros chamarás Salvação, e às tuas portas **l**, Is 60.18. Vestes de **l** em vez de espírito de angústia, Is 61.3. Toda língua dará **l**, Rm 14.11. Ofereçamos a Deus, sempre, sacrifício de **l**, Hb 13.15; ver Lv 22.29; Am 4.5. // **Deus digno de louvor:** Dt 10.21; Jz 5.2; 2 sm 22.4; 1 Cr 29.10-13; Sl 18.3; 96.4; Is 12.406; Dn 2.20-23. Lc 1.46,68; Ef 1.6; Ap 4.11; 5.12,13;19.5. // **O louvor do homens é vaidade:** Pv 27.2; Mt 6.1; At 12.23. // **Exemplos de louvor:** Os israelitas, 1 Cr 16.36; Davi, 1 Cr 29.10-13; Sl 119.164; Esdras, Ne 8.6; Josafá, 2 Cr 20.26; Ezequias, Is 38.19; Maria, Lc 1.46; os pastores, Lc 2.20; Simeão, Lc 2.28; Ana, Lc 2.38; os discípulos, Lc 19.37,38; os apóstolos, Lc 24.53; os primeiros convertidos, At 2.47; o coxo, At 3.8; Paulo e Silas, At 16.25; numerosa multidão, Ap 19.1.

LUA: Planeta, satélite da terra. // A **l** e onze estrelas se inclinavam, Gn 37.9. O sol se deteve, e a **l** parou, Js 10.13. Estabelecidos para sempre, como a **l**, Sl 89.37. Fez a **l** para marcar o tempo, Sl 104.19. Não te molestará... de noite a **l**, Sl 121.6. A **l** e as estrelas para presidirem a noite, Cl 136.9. Formosa como a **l**, Ct 6.10. Ornamento em forma de meia-**l**, Is 3.18. A **l** não fará resplandecer, Is 13.10. converterá a **l** em sangue, Jl 2.31; At 2.20. A **l** não dará a sua claridade, Mt 24.29. Outra a glória da **l**, 1 Co 15.41. A **l** toda como sangue, Ap 6.12. Com a **l** debaixo dos pés, Ap 12.1. A cidade não precisa... nem da **l**, Ap 21.23.

// **Deus criou a lua:** Gn 1.14-16; Sl 8.3. // **Objeto de adoração pagã:** Dt 4.19; 17.3; Jr 44.17. // **Festa da lua nova:** 1 Sm 20.5; 1 Cr 23.31; Sl 81.3; Is 1.13.

LUA NOVA, AS FESTAS NA: A lua nova marcava o início do mês lunar do calendário dos hebreus. As festas nas luas novas: Nm 10.10; 28.11-15; 1 Sm 20.5; 1 Cr 23.31; Sl 81.3; Is 1.13; Os 2.11; Cl 2.16.

LUCAS: O médico amado, Cl 4.14. Cooperador de Paulo, Fm 24. Acompanha Paulo, At 16.10; ver 2 Tm 4.11. A tradição diz que ele evangelizou o sul da Europa e morreu como mártir na Grécia.

LUCAS, O EVANGELHO SEGUNDO: O último dos três **Evangelhos Sinóticos**. Este, junto com **Atos dos Apóstolos**, no princípio, formavam uma obra de dois volumes sobre a origem do cristianismo e sua disseminação de Jerusalém a Roma.

O autor: Lucas, compare 1.1-3 com At 1.1,2. Um característico do Evangelho Segundo Lucas é que registra mais parábolas do que os outros evangelhos. Ao descrever o maior avivamento que o mundo jamais viu, registra cinco cânticos: A *Beatitude* de Isabel, o *Magnificat* de Maria, O *Benedictus* de Zacarias e o *Gloria excelsis* dos anjos.

A chave: João trata da divindade daquele que é homem. Mas Lucas representa para nosso íntimo a humanidade daquele que é divino. A frase-chave é "o Filho do homem", 5.24; 6.5,22; 7.34; 9.22,26,44,56,58 etc. O versículo-chave é: "O filho do homem veio para procurar e salvar o que se perdera", 19.10. É com esse intento de destacar Jesus como o Filho do homem que Lucas narra os eventos salientando a humanidade de Jesus. Sua genealogia é traçada até Adão. É esse evangelho que registra mais detalhadamente os eventos na vida de sua mãe, do seu nascimento, da sua infância e da sua mocidade. São as parábolas de Lucas que têm mais cor humana. Contudo, Lucas não se esquece de forma alguma da superabundante glória da divindade e da majestade de Cristo. (Vede, por exemplo, 1.32-35.)

As divisões: I. A introdução do evangelista, 1.1-4. II. O parentesco humano de Jesus, 1.5—2.52. III. O batismo, genealogia e a provação de Jesus, 3.1—4.13. IV. O ministério do filho do homem na Galiléia, 4.14—9.50. V. A viagem do Filho do homem, da Galiléia a Jerusalém, 9.51—19.44. VI. O Filho do homem é rejeitado como Rei e crucificado, 19.45—23.56. VII. A ressurreição, o ministério depois da ressurreição e a ascensão do filho do homem, 24.1-53.

LÚCIO: 1. Um dos profetas e mestres na igreja em Antioquia, At 13.1. Era natural de Cirene, capital de uma grande colônia ao norte da África, notável pelo número de seus habitantes israelitas. // 2. Um "parente" do apóstolo Paulo, Rm 16.21. (Acerca dos parentes de Paulo, compare Rm 9.3; 16.11.)

LUCRO: Ganho, benefício. // Melhor é o **l** que a sabedoria dá, Pv 3.14. A qual, adivinhando, dava grande lucro aos seus senhores, At 16.16. O morrer é Cristo, e o morrer é **l**, Fp 1.21. Para mim era **l**, isto considerei perda, Fp 3.7. Supondo que a piedade é fonte de **l**, 1 Tm 6.5. Negociaremos e teremos **l**, Tg 4.13. Ver **Ganho**.

LUDE: O quarto filho de Sem, Gn 10.22. Ludim era o primogênito de Mizraim, Gn 10.13. Esses nomes, portanto, designam duas nacionalidades; nacionalidades não fáceis de, nas Escrituras, se distinguirem uma da outra. Ver mapa 1, C-3.

LUDÍBRIO: Desprezo. // Serás objeto de opróbrio e **l**, Ez 5.15. Ver **Escárnio**, **Zombaria**.

LUDIM: Descendentes de Mizraim, Gn 10.13. Ver mapa 1, C-3.

LUGAR: Espaço; localidade; ocasião; ensejo. //amam o primeiro **l** nos banquetes, Mt 23.6. Não havia **l** para eles na hospedaria, Lc 2.7. Convidados escolhiam os primeiros **l**, Lc 14.7. Ainda há **l**, Lc 14.22. Vou preparar-vos **l**, Jo 14.2. Pôs a nós, os apóstolos, em último **l**, 1 Co 4.9. Nem deis **l** ao diabo, Ef 4.27.

LUÍTE, hb. **Feito de pranchões:** Uma cidade de Moabe, Is 15.5.

LUMINAR: Astro. // Vestirei de preto todos os brilhantes **l** do céu, Ez 32.8.

LUMINOSO: Que tem ou dá luz. // Nuvem **l** os envolveu, Mt 17.5.

LUNÁTICO: O que sofre de alienação mental. Traduz-se a palavra original, em algumas versões, pela palavra "epiléptico". Jesus os curou, Mt 4.24; 17.15; Mc 9.18. Ver 1 Sm 21.13; At 26.24.

LUTA, LUTAR: Combater, pelejar. // Os filhos lutavam no ventre, Gn 25.22. Lutava com ele um homem, Gn 32.24. Lutaste com Deus e com os homens, e prevaleceste, Gn 32.28. Sejais achados lutando contra Deus, At 5.39. Luteis juntamente comigo nas orações, Rm 15.30. Assim luto, não como desferindo golpes no ar, 1 Co 9.26. Lutei em Éfeso com feras, 1 Co 15.32. Lutas por fora, temores por dentro, 2 Co 7.5. A nossa luta não é contra o sangue e a carne, Ef 6.12. Lutando juntos pela fé, Fp 1.27. Que saibais quão grande luta, Cl 2.1. Anunciar o evangelho em meio de muita luta, 1 Ts 2.2. Não é coroado se não lutar segundo as normas, 2 Tm 2.5. Sustentastes grandes lutas e sofrimentos, Hb 10.32. Na vossa luta contra o pecado, Hb 12.41. Viveis a lutar e a fazer guerras, Tg 4.2. Ver **Combate**, **Peleja**.

LUTO: Tristeza profunda pela perda de pessoa que nos era cara. // Por Sara, Gn 23.2. Por Isaque, Gn 27.41. Por José, Gn 37.34. Por Jacó, gn 50.11. Por Aarão, Nm 20.29. Por Moisés, Dt 34.8. Por Samuel, 1 Sm 25.1. Por Urias, 2 Sm 11.27. Por Absalão, 2 Sm 19.2. Pelos judeus, Et 4.3. Pela filha de Jairo, Mc 5.38. Por Lázaro, Jo 11. Por Estêvão, At 8.2. Melhor é ir à casa onde há **l**, Ec 7.2. O coração sábio está na casa do **l**, Ec 7.4. Não haverá **l**, nem pranto, Ap 21.4. Ver **Pranto**, **Tristeza**.

LUXO: Suntuosidade, magnificência excessiva no vestuário, na mesa etc. // Vivem no **l**, assistem nos palácios, Lc 7.25. Em trajes de **l**, Tg 2.2. Ver **Aparato**, **Pompa**.

LUXÚRIA: Abandono aos prazeres carnais; incontinência, lascívia, sensualidade. // A **l**, da tua prostituição, Jr 13.27. A **l** da tua mocidade, Ez 23.21. A sua **l** carnal, 2 Pe 2.13. A **l** de Babilônia, ap 18.3,7,9. Ver **Lascívia**, **Sensualidade**.

LUXURIANTE: Que cresce com extraordinário viço e seiva. // Israel é vide **l**, Os 10.1.

LUZ, hb. **Amendoeira:** 1. O nome antigo de Betel, Gn 28.19; 35.6; 48.3; Jz 1.23. Distingue-se em Js 16.2. // 2. Uma cidade dos heteus, Jz 1.26.

LUZ: Aquilo que ilumina. // Haja **l**, Gn 1.3. A **l** do teu rosto, Sl 4.6. O Senhor é a minha **l**, Sl 27.1. a **l** da tua presença, Sl 89.15. A vereda dos justos é como a aurora, Pv 4.18. Vós sois a **l** do mundo, Mt 5.14. Revistamo-nos das armas da **l**, Rm 13.12. Resplandeça a **l** do evangelho, 2 Co 4.4. Das trevas resplandecerá **l**, 2 Co 4.6. Satanás se transforma em anjo de **l**, 2 Co 11.14. Reprovadas pela **l**, se tornam manifestas, Ef 5.13. em **l** inacessível, 1 Tm 6.16. Trouxe à **l** a vida, 2 Tm 1.10. Descendo do Pai das **L**, Tg 1.17. Andamos na **l** como ele está na **l**, 1 Jo 1.7. **L** de candeia nem da **l** do sol, Ap 22.5. // **Luz natural:** Gn 1.3; 2 Co 4.6. // **Espiritual:** Sl 27.1; 43.3; 97.11; 118.27; Pv 6.23; Is 2.5; Jo 1.4; 8.12; 12.35.36; Rm 13.12; 2 Co 4.4,6; Ef 5.13; Jo 1.7; 2.9,10. // **Tipo do favor de Deus:** Êx 10.23; Sl 271; 97.11; Is 9.2; 60.19. // **A palavra de Deus é luz:** Sl 19.8; 119.105,130; Pv 6.23. // **Luz sobrenatural:** Mt 17.2; At 9.3. // **Cristo, a luz do mundo:** Lc 2.32; Jo 1.4; 3.19; 12.35; Ap 21.23. // **Filhos da luz:** Jo 12.36; Ef 5.8. 1 Ts 5.5; 1 Pe 2.9. // **Deus é luz:** 1 Tm 6.16; 1 Jo 1.5. // **O Cordeiro:** Ap 21.23.

LUZEIRO: Coisa que luze; astro. // Sejam para **l** no firmamento, Gn 1.15. Resplandeceis como **l** no mundo. Fp 2.15. Ver **Astro.**

Lavrador (ver Lavrar)

O Túmulo dos Patriarcas. Ver Macpela

O monte das Oliveiras, onde, segundo Zc 14.4, o Senhor Jesus Cristo descerá na sua segunda vinda

M

MAACA, hb. **Compressão:** 1. Uma filha de Naor, Gn 22.24. // 2. Mulher de Davi e mãe de Absalão, 2 Sm 3.3. // 3. Pai de Aquis, rei de Gate, 1 Rs 2.39. // 4. Mulher de Roboão e filha de Absalão, 1 Rs 15.2. // 5. Concubina de Calebe, 1 Cr 2.48. // 6. Mulher de Maquir, 1 Cr 7.15. // 7. Mulher do pai de Gibeom, 1 Cr 8.29. // 8. Pai de Hanã, um dos valentes do exército de Davi, 1 Cr 11.43. // 9. Pai de Sefatias, chefe da tribo de Simeão, 1 Cr 27.16. // 10. Um pequeno reino, nas faldas do Hermom, próximo de Basã, que coube a Manassés, Dt 3.14; Js 12.5; 13.11,13.

MAACATEUS: Habitantes de Maaca, 2 Sm 23.34; 2 Rs 25.23.

MAADAI, hb. **Inconstante:** Um dos que tinha mulher estrangeira, Ed 10.34.

MAADIAS, hb. **Ornamento de Jeová:** Um dos sacerdotes que voltaram a Jerusalém com Zorobabel, Ne 12.5.

MAAI: Um dos sacerdotes que tomaram parte de Zelofeade, à qual foi permitido possuir uma porção da terra, porque seu pai não tinha deixado descendentes do sexo masculino, Nm 26.33. // 2. Uma neta de Manassés, 1 Cr 7.18.

MAALATE, hb. **Doença, ansiedade:** 1. Uma das mulheres de Esaú, Gn 28.9. // 2. Uma neta de Davi e esposa de Roboão, 2 Cr 11.18. // 3. Esta palavra, nos títulos dos Salmos 53 e 88, na Almeida, refere-se, talvez, a certo cântico ou instrumento de música.

MAALELEL: 1. Filho de Cainã, Gn 5.12. // 2. Um dos antepassados de Ataías, que morava em Jerusalém depois do exílio, Ne 11.4.

MAANAIM, hb. **Dois acampamentos** ou **Dois exércitos:** O nome dado por Jacó a um lugar ao oriente do Jordão e ao sul do Jaboque, onde ele encontrou os anjos de Deus que lhe saíram ao encontro, Gn 32.1,2. Situado na fronteira de Gade e Manassés, coube a Gade e foi dado aos meraritas, Js 13.26,30; 21.38.39. Ali foi coroado Is-Bosete, 2 Sm 2.8,12,29. Ali também se refugiou Davi na rebelião de Absalão, 2 Sm 17.27; 19.32. Maanaim era o centro de um dos 12 intendentes que forneciam mantimento a Salomão e à sua casa, 1 Rs 4.14. Ver mapa 1, H-3; mapa 2, D-4.

MAANE-DÃ, hb. **Acampamento de Dã:** Lugar onde o espírito do Senhor passou a incitar o menino Sansão, Jz 13.25. Foi neste lugar que os seiscentos danitas armados se acamparam na conquista de Laís, Jz 18.12.

MAARAI, hb. **Impetuoso:** Um dos valentes de Davi, 2 Sm 23.28.

MAARATE, hb. **Lugar sem árvores:** Uma cidade da herança de Judá, Js 15.59.

MAASÉIAS, hb. Obra de Deus: Nome muito comum durante os tempos dos reis e do exílio, 1 Cr 15.18,20; 2 Cr 23.1; Ed 10.18,21,22,30 etc.

MAATE: 1. Um levita descendente de Coate, o filho de Levi, 1 Cr 6.35. // 2. Um levita que administrava as ofertas, 2 Cr 31.13. // Um antecessor de Cristo, Lc 3.26.

MAAZ, hb. **Ira:** um descendente de Judá, 1 Cr 2.27.

MAAZIAS, hb. **Consolação de Deus:** 1. O chefe do vigésimo quarto turno de sacerdotes, 1 Cr 24.18. // 2. Um dos que selaram o pacto com Neemias, Ne 10.8.

MAAZIOTE: Um dos cantores no templo, 1 Cr 25.4.

MACA: aparelho com varais, para transporte de enfermos. // Sobre leitos e **m**, At 5.15.

MAÇÃ: Fruto da macieira. // **M** de ouro em salvas de prata, Pv 25.11. Confortai-me com **m**, Ct 2.5. Ver **Macieira.**

MACABEUS: 1. Uma família levítica que governou a Judéia desde o ano 166 até 37 a.C. // 2. Há quatro livros apócrifos com este título que se encontram em alguns manuscritos do Septuaginto. Dois deles foram incluídos na Vulgata.

MAÇANETA: Puxador ou ornato de forma globular. // Enfeite no candelabro de ouro, Êx 25.31.

MACAZ, hb. **Fim:** Uma das cidades que forneciam mantimento ao rei Salomão, 1 Rs 4.9.

MACBANAI, hb. **Coberto com capote:** Um dos gaditas que se passaram para Davi à fortaleza no deserto, quando fugitivo de Saul, 1 Cr 12.13.

MACBENA, hb. **Capote:** Um descendente de Judá, 1 Cr 2.49.

MACEDÔNIA: Uma província romana ao norte da Grécia. O trabalho de Paulo nessa região foi "no início do evangelho", Fp 4.15. O apóstolo, solicitado em uma visão por um macedônio, passou à Macedônia, At 16.9 — 17.14. Silas e Timóteo continuaram a obra, At 17.14,15. Paulo tornou a visitar as igrejas da Macedônia, At 19.21; 20.1-3; 1 Co 16.5; 2 Co 1.16. Foram notáveis auxiliares de Paulo os macedônios Gaio e Aristarco, At 19.29; Segundo e Sópatro, At 20.4; Epafrodito, Fp 2.25. Os crentes da Macedônia foram conhecidos por sua fé, seu amor, sua alegria, sua generosidade, 1 e 2 Ts; 2 Co 8.1-8. Mulheres ocuparam uma parte notável nas igrejas da Macedônia. O evangelho foi pregado primeiramente às mulheres na Macedônia, e a primeira conversão ali foi de uma mulher, At 16.14,15. Uma pobre escrava foi liberta de Satanás, At 16.18. Duas mulheres auxiliaram Paulo, Fp 4.2,3. "Muitas distintas mulheres" e "muitas mulheres gregas" estavam entre os primeiros convertidos, At 17.4,12. Ver mapa 1, C-3; mapa 6, C-1.

MACHADO: Há várias palavras traduzidas por **machado**. Uma espécie consistia de uma cunha de ferro presa com correias a um cabo de madeira. // Manejando com impulso o **m**, o ferro saltar do cabo, Dt 19.5. Tinha de descer aos filisteus para amolar o seu **m**, 1 Sm 13.20. Edificava-se o templo de maneira que nem martelo, nem **m**, se ouviu na casa quando a edificavam, 1 Rs 6.7. O **m** caiu na água, 2 Rs 6.5. Gloriar-se-á o **m** contra o que corta com ele?, Is 10.15. Já está posto o **m** à raiz das árvores, Mt 3.10.

MACHO: Qualquer animal do sexo masculino. || **M** e fêmea os criou, Gn 1.27 (ARC). O **m** e sua fêmea, Gn 7.2. Todo **m** entre vós será circuncidado, Gn 17.10. Não há **m** nem fêmea, Gl 3.28 (ARC).

MACHO: Filho de cavalo com jumenta, 1 Rs 18.5 (B). Ver **Mulo.**

MACHUCAR: Esmagar (um corpo) com o peso ou dureza de outro; triturar; esmigalhar. // São machucados como a traça, Jó 4.19 (ARC).

MACIEIRA: Árvore que produz a maçã. A macieira que cresce nas florestas da Europa e da América dá frutos muito ácidos. Mas a cultura conseguiu obter numerosas variedades de grande valor. A maçã é da família do marmelo e da pêra. Mencionada em Pv 25.11; Ct 2.3,5; 7.8; 8.5; Jl 1.12.

MACIO: Suave ao tato; sem aspereza. // É mais **m** que azeite, Pv 5.3 (ARC).

MACNADBAI: um dos que tinham mulher estrangeira, Ed 10.40.

MACPELA, hb. Caverna **dupla:** O campo de Macpela, Gn 23.19; 49.30; 50.13. A caverna, nesse campo, Gn 23.9; 25.9. Abraão comprou o campo de Efrom, o heteu, Gn 23.8-16. Na caverna foram sepultados: Abraão, Gn 25.9; Sara, Gn 23.19; Isaque, Rebeca e Lia, Gn 49.30,31; Jacó, Gn 50.13. Sobre essa caverna está atualmente uma mesquita, que é um dos quatro santuários do mundo maometano. Ver p. 334.

MACTÉS, hb. **Selha, cavidade:** Um bairro de Jerusalém, Sf 1.11.

MÁCULA: Nódoa, mancha; fig. Defeito. // Sem mácula: A Igreja, Ef 5.27. O Sumo Sacerdote (Cristo), Hb 7.26; 9.14. Leito, Hb 13.4. Religião, Tg 1.27. Crentes, 2 Pe 3.14. Os 144 mil, Ap 14.5. Ver **Mancha.**

MACULAR: Por manchas em; fig. difamar. // Tu te maculaste com muitos amantes, Jr 3.1 (ARC).

MADAI: Um povo descendente de Jafé, neto de Noé, Gn 10.2. Habitou, sem dúvida, na Média. Ver mapa 1, E-3.

MADALENA: Lc 8.2. Ver **Maria Madalena.**

MADEIRA: Parte lenhosa das plantas. // Povo consulta a sua **m**, Os 4.12 (ARC). Alguém edifica... **m**, feno, 1 Co 3.12.

MADEIRO: Peça ou tronco grosso de madeira. // Pendurando-o num **m**, At 5.30. Ver Gl 3.13; 1 Pe 2.24.

MADMANA, hb. **Monturo:** Uma cidade da herança de Judá, Js 15.31.

MADMÉM, hb. **Monturo:** Uma cidade de Moabe, Jr 48.2.

MADMENA, hb. **Monturo:** Uma cidade de Benjamim, Is 10.31.

MADOM, hb. **Contenda:** Uma cidade real de Canaã, conquistada por Josué, Js 12.19. Ver mapa 3, B-2.

MADRASTA: A mulher de teu pai, Lv 18.8.

MADRE: Órgão em que se gera o feto dos animais superiores. // Todo primogênito; todo que abre a **m**, Êx 13.2. Não dizem: Basta... a **m** estéril, te consagrei, Jr 1.5. Ver **Ventre**.

MADRUGADA: Alvorecer, alva aurora. // Levantar-vos-eis de **m**, Gn 19.2. Levantado Abraão de **m**, Gn 19.27. Levantou-se Josué de **m**, Js 3.1; 6.12; 7.16; 8.10. Gideão se levantou de **m**, Jz 7.1. Davi de **m** se levantou, 1 Sm 29.11. De **m** viceja e floresce, Sl 127.2. Saiu de **m** para assalariar, Mt 20.1. Alta **m**, saiu... orava, Mc 1.35. De **m** voltou para o templo, Jo 8.2. Alta **m**, foram elas ao túmulo, Lc 24.1.

MADRUGAR: Levantar-se cedo. // Todo o povo madrugava para ir ter com ele no templo, Lc 21.38.

MADURO: Chegado ao seu pleno desenvolvimento. // Porque está **m** a seara, Jl 3.13.

MÃE: Mulher que teve um ou mais filhos. // a **m** de todos, Gn 3.20. **M** em Israel, 2 Sm 20.19. Em pecado me concebeu minha **m**, Sl 51.5. Não deixes a instrução de tua **m**, Pv 6.20. O filho insensato é a tristeza de sua **m**, Pv 10.1. O homem insensato despreza sua **m**, Pv 15.20. Não desprezes a tua **m**, quando vier a envelhecer, Pv 23.22. Como alguém a quem sua mãe consola, Is 66.13. Tal **m**, tal filha, Ez 16.44. A filha se levanta contra a **m**, Mq 7.6. Divisão entre a filha e... **m**, Mt 10.35. Deixará o homem pai e **m**, Mt 19.5. Quem é minha **m**?, Mc 3.33. Eis aí a tua **m**, Jo 19.27. Jerusalém... é nossa **m**, Gl 4.26. Deixará... sua **m**, Ef 5.31. Honra a teu pai e a tua **m**, Ef 6.2; Êx 20.12; Mt 15.4; 19.19. As mulheres idosas, como a **m**, 1 Tm 5.2. Em tua **m** Eunice, 2 Tm 1.5. Recebeu poder para ser **m**, Hb 11.11.

MAER-SALAL-HAS-BAZ: Is 8.1,3 (ARC). Ver **Rápido-despojo-presa-segura.**

MAGADÃ: Cidade que fica 5 quilômetros ao norte de Tiberíades, no lado ocidental do mar da Galiléia, Mt 15.39. Opina-se que Magadã, em algumas versões Magdala, era a cidade natal de Maria Madalena. Ver mapa 3, B-2.

MAGBIS, hb. **Congregação:** Antepassado de 156 homens que voltaram, com Zorobabel, da Babilônia, Ed 2.30.

MAGDALA: Ver **Magadã**

MAGDIEL, hb. **Honra divina:** Um príncipe de Esaú, Gn 36.43.

MÁGICA: Os magos, sacerdotes da religião de Zoroastro, cultivavam a astronomia, a astrologia e outras ciências ocultas, de onde veio o atribuir-se-lhes poder sobrenatural. Essa suposta arte, com a qual se invocavam os espíritos, produziam-se encantamentos, faziam-se curas repentinas etc., foi aceita na Grécia e difundiu-se entre todos os povos incultos. Simão praticava a **m**, At 8.9. Muitos dos que haviam praticado artes **m**, reunindo os seus livros, os queimaram, At 19.19. Ver **Adivinhação.**

Os Reis Magos

MÁGICO: Encantador, feiticeiro, necromante. // Dn 1.20 (B); 2.2 (B); 5.11 (B). Elimas, o mago, At 13.8. Ver **Adivinhação**, **Encantador**, **Feiticeiro**, **Necromante**.

MAGISTRADO: Funcionário civil, revestido de autoridade judicial ou administrativa. Ne 2.16; Dn 3.2; Lc 12.58; Rm 13.3.

MAGNIFICAR: Engrandecer, glorificar. // O Senhor seja magnificado, Sl 40.16; 70.4. Magnificaste acima de tudo o teu nome e a tua palavra, Sl 138.2.

MAGNIFICAT, lat. **Engrandece:** O cântico de Maria, em casa de Isabel, Lc 1.46-55. É cantado na Igreja Católica Romana e na Igreja Anglicana, às vésperas.

MAGNIFICÊNCIA: Qualidade de magnificente. // Tua é, Senhor, a **m**, 1 Cr 2.11 (ARC). A glória da **m** do teu reino, Sl 145.12 (ARC).

MAGNIFICENTE: Grandioso, suntuoso. // Casa... para o Senhor... sobremodo **m**, 1 Cr 22.5.

MAGNIFICENTÍSSIMO: Muito grandioso. // Tu és **m**, Sl 104.1 (ARC).

MAGNÍFICO: Ótimo, grandioso. // Quão **m** em toda terra, Sl 8.1,9. Grande em conselho e **m** em obras, Jr 32.19.

MAGO: Os **m** do Egito, Gn 41.8,24; Êx 7.22; 8.7; 9.11. O rei mandou chamar os **m**, Dn 2.2. Chefe dos **m**, Dn 5.11. Vieram uns **m** do oriente, Mt 2.1. Bar-Jesus, **m**, At 13.8 (B). // Os magos eram da casta sacerdotal, entre os medos e persas, em tempos muito remotos, que adoravam a Deus sob a forma de fogo. // Há tanta fantasia acerca dos magos do oriente (Mt 2.1) que é difícil distinguir entre fábula e fato. Imagina-se que eram sábios, que eram três em número, que se chamavam Gaspar, Melquior e Baltazar, que vieram um da Grécia, outro da Índia e ainda outro do Egito. Tudo isto pertence tanto à ficção: as descrições de sua viagem, seu batismo depois de Tomé, a descoberta de seus ossos no século IV, os ossos transferidos para a Igreja de Santa Sofia, em Constantinopla, depois levados para Milão e, por fim, transportados por Frederico Barbarossa para colônia, onde os três crânios dos magos (?) estão guardados em um santuário de ouro!

MÁGOA: Tristeza, desgosto. // Melhor é a **m** do que o riso, Ec 7.3.

MAGOAR: Afligir, contristar, penalizar. // Chorando e magoando-me o coração?, At 21.13 (ARC).

MAGOGUE: Um filho de Jafé e neto de Noé, Gn 10.2. Um povo do qual Gogue era o príncipe, Ez 39.1,6. Ver **Gogue.**

MAGOR-MISSABIBE (ARC), Terror-por-todos-os-lados (ARA): Jr 20.3. A mesma expressão encontra-se, mas não como nome próprio, em Sl 31.13; Jr 6.25 etc.

MAGREZA: Qualidade ou estado de magro. // A minha **m** já se levanta contra, Jó 16.8. Mas enviou-lhes **m** às suas almas, Sl 106.15 (B). Enviará **m** entre os gordos, Is 10.16 (B).

MAGRO: Em que há pouca ou nenhuma gordura. // As sete vacas **m**... serão sete anos de fome, Gn 41.27. Julgarei entre ovelhas gordas e ovelhas **m**, Ez 34.20. Ver **Mirrado.**

MAIOR: Que excede outro em tamanho, espaço, intensidade ou número. // Maior: que Abraão, Jo 8.52; aquele em nós, 1 Jo 4.4; alegria, 3 Jo 4; alturas, Lc 2.14; amor, Jo 15.13; 1 Co 13.13; celeiros, Lc 12.18; Deus, 1 Jo 3.20; que as hortaliças, Mt 13.32; influência, Gl 2.6; que João, Mt 11.11; juízo, Tg 3.1; obras, Jo 5.20; 14.12; do oriente, Jó 1.3; o ouro?, Mt 23.17; rotura, Mt 9.16; que Salomão, Mt 12.42; tabernáculo, Hb 9.11; que o templo, Mt 12.6. O **m** entre os homens, Mt 18.1; 23.11; Lc 9.46; 22.24,26.

MAIORAL: O chefe. // **M** de demônios, Mt 9.34; 12.24. Zaqueu, **m** dos publicanos, Lc 19.2. Os **m** do povo procuravam eliminá-lo, Lc 19.47.

MAIORIA: A maior parte. // A **m** sobrevive até agora, 1 Co 15.6. Basta-lhe a punição pela **m**, 2 Co 2.6.

MAIS: Em maior quantidade, em grau superior. Exprime idéia de limite. // Receba no presente muitas vezes **m**, Lc 18.30. Trabalhei muito **m** do que todos, 1 Co 15.10. Poderoso para fazer infinitamente **m**, Ef 3.20.

MAJESTADE: Grandeza própria de reis; tratamento dado a reis, príncipes etc. // Glória e **m** estão diante dele, 1 Cr 16.27; Sl 96.6. Tua, Senhor, é a **m**, 1 Cr 29.11. a sua **m** está sobre Israel, Sl 68.34. Sobrevestido de glória e **m**, Sl 104.1. Sua **m** é acima da terra e do céu, Sl 148.3. O reino, e o domínio, e a **m**... serão dados aos povos dos santos, Dn 7.27. Ficaram maravilhados ante a **m** de Deus, Lc 9.43. Destruída a **m** daquela que toda a Ásia adora, At 19.27. Assentou-se à destra do trono da **m**, Hb 8.1. Testemunhas oculares da sua **m**, 2 Pe 1.16. Ao único Deus... **m**, império, Jd 25.

MAJESTOSO: Augusto, suntuoso, grandioso. // Dizendo... Ai, **M**!, Jr 22.18 (ARC).

MAL: Aquilo que se opõe ao bem. // Árvore do conhecimento do bem e do **m**, Gn 2.9. Como Deus, sereis conhecedores do bem e do **m**, Gn 3.5. O povo é propenso para o **m**, Êx 32.22. Pagam-me o **m** pelo bem, Sl 35.12. Livram-nos do **m**, Mt 6.13. Basta o dia o seu próprio **m**, Mt 6.34. Os que tiverem praticado o **m**, Jo 5.29. O **m** que não quero, Rm 7.19. Detestai o **m**, Rm 12.17; 1 Ts 5.15; 1 Pe 3.9. Vence o **m** com o bem, Rm 12.21. Se fizeres o **m**, teme, Rm 13.4. O amor não pratica o **m**, 1 Co 13.5. Receba segundo o bem ou o **m**, 2 Co 5.10. Abstende-vos de toda forma de **m**, 1 Ts 5.22. Dinheiro é a raiz de todos os **m**, 1 Tm 6.10. Irão de **m** a pior, 2 Tm 3.13. Não faleis **m** uns dos outros, Tg 4.11. Refreie a sua língua do **m**, 1 Pe 3.10. Aparte-se do **m**, pratique o, 1 Pe 3.11. Está contra aqueles que praticam **m**, 1 Pe 3.12. Aquele que pratica o **m**, 3 Jo 11.

MALANDRAGEM: Preguiça, ociosidade. Vagabundos. // Homens maus entre a **m**... alvoroçam, At 17.5.

MALAQUIAS, hb. **Mensageiro de Deus:** Um profeta, Ml 1.1. Não se sabe muita coisa acerca de Malaquias, senão o que se encontra no seu livro.

MALAQUIAS, LIVRO DE: O último dos 12 profetas menores. Escreveu seu livro em cerca de 450 a.C.

O autor: Malaquias, Ml 1.1. Profetizava um século depois dos profetas Ageu e Zacarias, no tempo de Esdras e Neemias. Malaquias encerrou a profecia do Antigo Testamento, enquanto Neemias encerrou a história. Não se ouvia a voz de profecia mais até o precursor do Messias, conforme a profecia de Malaquias, abrir o segundo tomo de revelação.

A chave: A mensagem final a uma nação desobediente, a um remanescente fiel, e do Messias, que julgaria e purificaria a nação.

As divisões: I. Irreverência nos cultos, Ml 1. II. Infidelidade dos sacerdotes, Ml 2.1-9. III. Infidelidade conjugal, Ml 2.10-17. IV. A vinda do Senhor, precedida pelo seu mensageiro, Ml 3.1-6. V. O roubo no tocante aos dízimos, Ml 3.7-18. VI. O sol da justiça e o seu precursor, Ml 4.

MALCÃ, hb. **Reinante:** 1. Um chefe dos benjamitas, 1 Cr 8.9. // A divindade principal dos amonitas, Jr 49.1,3. Chamava-se também **Milcom** e **Moloque,** 1 Rs 11.5,6.

MALCO, hb. Conselheiro: O servo do sumo sacerdote Caifás, a quem Pedro cortou a orelha direita, Jo 18.10.

MALDADE: Perversidade, iniqüidade. // A **m** do homem se havia multiplicado, Gn 6.5. Pela **m** dessas gerações é que o Senhor as lança, Dt 9.4. Por que te glorias na **m**, Sl 52.1. E diz: Não cometi **m**, Pv 30.20. A **m** lavra como um fogo, Is 9.18. Arrepende-te da tua **m**, At 8.22. Cheios de toda... e **m**, Rm 1.29. Oferecestes os vossos membros para a escravidão... da **m** para a **m**, Rm 6.19. O fermento da **m**, 1 Co 5.8. Despojai-vos de tudo isto: ira, **m**, Cl 3.8. Despojando-vos de toda... **m**, Tg 1.21; 1 Pe 2.1. Ver **Iniqüidade**, **Malícia**, **Perversidade**.

MALDIÇÃO: Ato ou efeito de amaldiçoar. Palavras com que se amaldiçoa. // Ponho diante de vós a bênção e a **m**, Dt 11.26. Com **m** sois amaldiçoados, Ml 3.9. A boca eles têm cheia de **m**, Rm 3.14. Das obras... debaixo de **m**, Gl 3.10. Resgatou da **m** da lei, fazendo-se... **m**, Gl 3.13. Perto está da **m**, Hb 6.8. Boca procede bênção e **m**, Tg 3.10. Nunca mais haverá qualquer **m**, Ap 22.3. Ver **Anátema**.

MALDITO: Amaldiçoado, perverso, réprobo. // **M** és entre todos os animais, Gn 3.14. És... **m**... sangue de teu irmão, Gn 4.11. **M** seja Canaã, Gn 9.25. Pendurado no madeiro é **m**, Dt 21.23. **M** o homem que fizer imagem, Dt 27.15. **M** o homem que confia no homem, Jr 17.5. Apartai-vos de mim, **m**, Mt 25.41. Obras... estão debaixo da **m**, Gl 3.10. Resgatou da **m** da lei, Gl 3.13. Na avareza, filhos **m**, 2 Pe 2.14.

MALDIZENTE: Pessoa que costuma dizer mal dos outros. // As palavras do **m** são doces bocados, Pv 18.8. Não havendo **m**, cessa a contenda, Pv 26.20. Não vos associeis com... **m**, 1 Co 5.11. Respeitáveis, não **m**, 1 Tm 3.11. Ver **Caluniador**.

MALDIZER: Dirigir imprecações a. // O avarento maldiz o seu Senhor, Sl 10.3. De boca bendizem... no interior maldizem, Sl 62.4. Quem maldisser a seu pai, Mt 15.4. Bendizei aos que vos maldizem, Lc 6.28. Ver **Amaldiçoar**.

MALDOSO: Travesso, malicioso. // Testemunha **m**, Êx 23.1.

MALEDICÊNCIA: Ato de dizer mal. // É condenada, 1 Tm 5.14; Tg 4.11; 1 Pe 2.1.

MALFAZEJO: Que gosta de fazer mal. // O **m** atenta para o lábio iníquo, Pv 17.4. São ímpios e **m**, Is 9.17.

MALFEITOR: Aquele que comete crimes. // Os **m** serão exterminados, Sl 37.9. Ele foi contado com os **m**, Lc 22.37. Um dos **m** crucificados blasfemava, Lc 23.39. Expulsai, pois, de entre vós o **m**, 1 Co 5.13. Não sofra nenhum de vós como... **m**, 1 Pe 4.15.

MALHA: Enredo. // Apanhado nas minhas **m**, Ez 12.13.

MALHADA: Rebanho de ovelhas. // Tomei-te da **m**, de trás das ovelhas, 2 Sm 7.8.

MALHADO: Que tem manchas ou malhas. // Separando deles os salpicados e **m**, Gn 30.32.

MALHAR: Bater com o malho, martelo ou mangual; debulhar na eira (cereais). // Malhando o trigo no lagar, Jz 6.11. Ver **Debulhar, Trilhar.**

MALI, hb. **Fraco:** 1. Neto de Levi e chefe dos malitas, Êx 6.19; Nm 26.58 // 2. Filho de Musi e um dos principais entre os levitas, 1 Cr 24.30.

MALÍCIA: Tendência para fazer mal. // Concebem a **m**, e dão à luz a iniqüidade, Jó 15.35. A **m** subverte o pecador, Pv 13.6. Nínive... a sua **m** subiu té mim, Jn 1.2. Jesus, conhecendo-lhes a **m**, Mt 22.18. Do coração... procedem... as **m**, Mc 7.22. Cheio de toda a **m**, At 13.10. Cheios de toda a... **m**, Rm 1.29. Nem com o fermento da **m**, 1 Co 5.8. Na **m**, sim, sede crianças, 1 Co 14.20. Bem assim toda a **m**, Ef 4.31. vivendo em **m**, Tt 3.3. Ver **Maldade.**

MALICIOSAMENTE: Com malícia. // Se alguém vier **m**, Êx 21.14. Motejam e falam **m**, Sl 73.8

MALICIOSO: Que tem malícia. // Proferindo contra nós palavras **m**, 3 jo 10. Ver **Maldoso.**

MALIGNIDADE: Qualidade do que é mau ou maligno. // Estão cheios de... **m**, Rm 1.29 (ARC).

MALIGNO: Que tem inclinação para o mal. Espírito maligno, demônio. // Um espírito **m** o atormentava, 1 Sm 16.14. Homens **m**, 1 Rs 21.10. Feriu a Jó de tumores **m**, Jó 2.7. A língua **m**, Pv 17.4. Vem do **m**, Mt 5.37. Vem o **m** e arrebata, Mt 13.19. O joio são os filhos do **m**, Mt 13.38. O pecado... se mostrasse sobremaneira **m**, Rm 7.13. Dardos inflamados do **m**, Ef 6.16. Tendes vencido o **m**, 1 Jo 2.13. Caim, que era do **m**, 1 Jo 3.12. Aquele... o guarda, e o **m** não lhe toca, 1 Jo 5.18. Ver **Diabo, Vil.**

MALOGRAR: Frustrar. // E se malograram os meus propósitos, Jó 17.11.

MALOM, hb. **Doença:** O filho primogênito de Elimeleque e Noemi, com quem se casou Rute a primeira vez, Rt 1.2; 4.10.

MALOTE: Um dos cantores no templo, 1 Cr 25.4.

MALQUIAS, hb. **Jeová é rei:** 1. Levita designado para dirigir o canto na casa do Senhor, 1 Cr 6.40. // 2. Levita pertencente ao quinto curso dos sacerdotes, 1 Cr 24.9. // 3, 4 e 5. Três homens diferentes, mas de mesmo nome, que tinham mulheres estrangeiras, Ed 10.25,31. // 6, 7 e 8. Três outros que trabalharam na reedificação dos muros, Ne 3.11,14, 31. // 9. Um sacerdote à esquerda de Esdras, quando este lia a lei ao povo, Ne 8.4. // 10. Um sacerdote que selou o pacto, Ne 10.3. // 11. O pai de Pasur, Ne 11.12. // 12. Um dos que tocavam trombeta na dedicação dos muros, Ne 12.42.

MALQUIEL, hb. **Deus é rei:** Um neto de Aser, Gn 46.17.

MALQUIRÃO, hb. **O rei é exaltado:** Um filho do rei Jeconias, 1 Cr 3.18.

MALQUISUA, hb. **Meu rei salva:** Um dos filhos de Saul, 1 Cr 8.33. Morto, com seus irmãos, na batalha de Gilboa, 1 Sm 31.2.

MALTA: Uma ilha do Mediterrâneo, ao sul da Sicília, onde se deu o naufrágio de Paulo, At 28.1. A baía de São Paulo, a nordeste da ilha, é segundo a tradição o lugar do naufrágio. Os habitantes de Malta não eram gregos nem romanos e, por isso, eram denominados bárbaros. Ver mapa 6, A-3.

MALTRATAR: Tratar com dureza, com violência. // Agarrando os servos, os maltrataram, Mt 22.6. A ninguém maltrateis, Lc 3.14. Apesar de maltratados e ultrajados em Filipos, 1 Ts 2.2. Preferindo ser maltratado... com o povo, Hb 11.25. Necessitados, afligidos, maltratados, Hb 11.37. Há de maltratar, se fordes zelosos, 1 Pe 3.13.

MALUQUE, hb. **Conselheiro:** 1. Um levita da família de Mearei, 1 Cr 6.44. // 2. Um dos que tinham mulher estrangeira, Ed 10.29. // 3. Outro que tinha mulher estrangeira, Ed 10.32. // 4 e 5. Dois israelitas que assinaram a aliança com Neemias, Ne 10.4,27.

MALVA: Planta que servia de alimento à gente mais pobre, Jó 30.4.

MALVADO: Capaz de grandes crimes. Servo **m**, perdoei-te, Mt 18.32. Fará parecer... a estes **m**, Mt 21.41. Ver **Mau, Réprobo.**

MAMAR: Sugar (o leite da mãe ou da ama). // Mamarás o leite das nações, Is 60.16. Reuni os filhinhos e os que mamam, Jl 2.16.

MAMOM: Em aramaico, riqueza. // Servir a Deus e a **M**, Mt 6.14 (ARC); Lc 16.13.

MANÁ: Opina-se que esta palavra se deriva do hebraico **Manhu,** que significa: "O que é isto?", Êx 16.15. O pão que o Senhor vos dá para vosso alimento, Êx 16.15. uma coisa fina e semelhante a escamas, fina como a geada, Êx 16.14. Como semente de coentro, e a sua aparência semelhante à de bdélio, Nm 11.7. Branco e de sabor como bolos de mel, Êx 16.31. E o colhia, e em moinhos o moía, ou num gral o pisava, e em panelas o cozia e dele fazia bolos: o seu sabor era como o de bolos amassados com azeite, Nm 11.8. Quando de noite descia o orvalho, sobre este também caía o **m**, Nm 11.19. Depois que comeram do produto da terra (de Canaã) cessou o **m**, Js 5.12. Ele... te sustentou com o **m**, Dt 8.3. Fez chover **m** sobre eles, Sl 78.24. Nossos pais comeram o **m**, Jo 6.31. Uma urna de ouro contendo o **m** se encontrava no Santo dos Santos do tabernáculo, Hb 9.4; Êx 16.32-34. Ao vencedor dar-lhe-ei do **m** escondido, Ap 2.17. O maná tem sido identificado com a transudação de uma árvore que se encontra na península do Sinai, e com outras substâncias, incluindo o bichen. Mas nenhum produto em particular preenche totalmente as condições da narrativa bíblica. Ver **Pão**.

MAANATE, hb. **Descanso:** 1. Um descendente de Seir, o horeu, Gn 36.23. // 2. Uma cidade de Benjamim, 1 Cr 8.6.

MANADA: Rebanho de gado grosso. // Comeis... bezerros do meio da **m**, Am 6.4 (ARC).

MANAÉM, hb. Consolador: Um irmão de leite de Herodes Antipas, mencionado em At 13.1 como um dos cinco mestres da igreja em Antioquia.

MANANCIAL: Nascente de água, fonte abundante. // Em ti está o **m** da vida, Sl 36.9. O homem cuja força está em ti, passando pelo vale árido, faz dele um **m**, Sl 84.6. Converteu **m** em terra seca, Sl 107.33. O seixo em **m** de vida, Pv 10.11. A terra sedenta em **m** de águas, Is 35.7. A mim deixaram, o **m** de águas vivas, Jr 2.13. Ver **Fonte**.

MANAR: Correr em abundância, perenemente. // Terra que mana leite e mel, Êx 3.8; Dt 31.20. E dela manaram águas, transbordaram, Sl 78.20. Um rio de fogo manava, Dn 7.10. Os outeiros manarão leite, Jl 3.18. Do seu interior manarão rios, Jo 7.3 (B). Ver **Correr, Fluir.**

MANASSÉS, hb. **Quem faz esquecer:** 1. Filho primogênito de José e Azenate, filha de Potífera, sacerdote de Obra missionária, Gn 41.51. Manassés e Efraim, seu irmão, foram adotados por Jacó e considerados seus filhos, cada um se tornando cabeça de uma das tribos de Israel, Gn 48.5. Abençoado por Jacó, Gn 48.13-20. // 2. A tribo de Manassés, Nm 2.20. O censo no deserto, Nm 1.35; 26.34. Abençoada por Moisés, Dt 33.17. A herança de Manassés, Js 17. Esta tribo dividiu-se na Terra Prometida. Meia tribo de Manassés estabeleceu-se ao oriente do Jordão, possuindo o país de Basã, desde o ribeiro de Jaboque para o norte, e a outra meia tribo de Manassés ficou ao oriente do Jordão, e tinha as terras que ficavam entre Efraim ao sul e Issacar ao norte, Js 17.10. Ver mapa 2, C-4 e E-3. Manassés era entre as tribos restauradas, Ez 48.5. Doze mil selados, da tribo de Manassés, Ap 7.6. // 3. O décimo quinto rei de Judá. Filho e sucessor de Ezequias, 2 Rs 20.21; 21.1. Levantou altares aos Baalins; fez postes-ídolos; edificou altares, no templo, a todo o exército dos céus; queimou a seus filhos como oferta; praticava feitiçaria; pôs imagem de escultura no Templo; encheu Jerusalém de sangue inocente, 2 Rs 21; 2 Cr 33. Ver 2 Rs 24.3. Prenderam-no com ganchos, amarraram-no e o levaram a Babilônia, 2 Cr 33.12. Deus atendeu-lhe a súplica e fê-lo voltar a Jerusalém, 2 Cr 33.13. Tirou do Templo o ídolo e todos os altares, 2 Cr 33.15. // 4. Outros com o nome Manassés, Jz 18.30; Ed 10.30; 10.33; Mt 1.10.

MANCEBO: Jovem, moço. // Era **m**, ruivo, 1 Sm 17.42 (ARC). O **m** morrerá de cem anos, Is 65.20 (ARC). Aos **m** como a irmãos, 1 Tm 5.1 (ARC). Vós, **m**, sede sujeitos, 1 Pe 5.5 (ARC).

MANCHA: Nódoa, malha, defeito. // Ou **m** lustrosa, Lv 13.2. Se às minhas mãos se apegou qualquer **m**, Jó 31.7. Ou o leopardo as suas **m**? Jr 13.23. Ver **Mácula, Nódoa.**

MANCHAR: Pôr mancha em, sujar. // Sangue... me manchou o traje, Is 63.3.

MANCO: Que não pode servir-se de algum braço ou perna. // Entrares na vida **m**, Mt 18.8. Não se extravie o que é **m**, Hb 12.13.

MANDADO: Ato de mandar. // O **m** de Deus, Ed 6.14. O **m** de Ester, Et 9.32. Por **m** do rei, Jn 3.7. Ver **Ordem.**

Moisés e as Tábuas de pedra, escritas pelo dedo de Deus, Êx 31.18

MANDAMENTO: Os dez mandamentos, Êx 20.2-17; Dt 4.13; 5.6-22. // Falados por Deus e escritos por Ele em duas tábuas de pedra, Êx 31.18. // Chamados os **dez mandamentos**, Dt 4.13; 10.4; as **dez palavras**, Êx 34.28; **as palavras da aliança**, Êx 34.28; Dt 4.13; o **Testemunho**, Êx 25.16,21; 31.18. // **O grande e primeiro mandamento**, Mt 22.36-39. // **O segundo mandamento,** Mt 22.39. // **O novo mandamento**, Jo 13.34; 15.12,17; 1 Jo 2.7,8; 3.23; 4.21. Ver **Decreto, Lei, Preceito.**

MANDAR: Ordenar, enviar, decretar. // Manda que estas pedras se transformem em pães, Mt 4.3. Que mande trabalhadores para a sua seara, Mt 9.38. Manda-nos para os porcos, Mc 5.12. Mandemos descer fogo, Lc 9.54. Sois meus amigos, se fazeis o que eu vos mando, Jo 15.14 Em nome de Jesus Cristo eu te mando, At 16.18. Deus manda a operação do erro, 2 Ts 2.11. Ver **Decretar, Ordenar.**

MANDATO: Autorização que alguém confere a outrem para, em seu nome praticar certos atos; procurarão. // Que guardes o **m** imaculado, 1 Tm 6.14. Que me foi confiada por **m** de Deus, Tt 1.3.

MANDRÁGORA: Gn 30 14,15,16; Ct 7.13. Planta da família das solanáceas, de grande raiz carnuda, geralmente bifurcada, que lembra um corpo humano. Antigamente empregada na feitiçaria. Ver página 371.

MANEIRA: Modo. Desta **m**... vos será amplamente, 2 Pe 1.11. Ver **Modo.**

MANEJAR: Trabalhar com. // Que maneja bem a palavra, 2 Tm 2.15.

MANETA: Estropiado ou privado de uma das mãos ou de um dos braços. // É melhor entrares **m** na vida. Mc 9 43.

MANHÃ: Primeiras horas do dia. // Como **m** sem nuvens, 2 Sm 23.4. De **m**, Senhor, ouves, Sl 5.3. Mas a alegria vem pela **m**, Sl 30.5. Mais do que os guardas pelo romper da **m**, Sl 130.6. Quando virá... se pela **m**, Mc 13.35. Estrela da manhã, Ap 2.28; 22.16.

MANIATAR: Atar as mãos de. // Se primeiro não maniatar o valente, Mt 12.29 (ARC). Trazer maniatados para Jerusalém, At 22.5 (ARC).

MANIFESTAÇÃO: Ato de patentear, revelar. // A **m** de sua justiça, Rm 3.26. A **m** do Espírito, 1 Cr 12.7. E o destruirá, pela **m** de sua vinda, 2 Ts 2.8. Até a **m** de nosso Senhor, 1 Tm 6.14. Julgar vivos e mortos, pela sua **m**, 2 Tm 4.1. Aguardando a bendita esperança e a **m** da glória, Tt 2.13. Ver **Aparecimento.**

MANIFESTAR: Anunciar, declarar, tornar público. // Não lhe tinha sido manifestada a palavra do Senhor, 1 Sm 3.7. Nada está oculto, senão para ser manifesto, Mc 4.22. Para que se manifestem os pensamentos secretos de muitos corações, Lc 2 35. Dia em que o Filho do Homem se manifestar, Lc17.30. O reino de Deus havia de manifestar-se, Lc 19.11. A fim de que ele fosse manifestado a Israel, Jo 1.31. Jesus... manifestou sua glória, Jo 2.11. A fim de que as suas obras sejam manifestas,

Jo 3.21. Tornou Jesus a manifestar-se, Jo 21.1. Deus lhes manifestou, Rm 1.19. Sem lei, se manifestou a justiça, Rm 3.21. Para manifestar a sua justiça, Rm 3.25. Tudo que se manifesta é luz, Ef 5.13. O mistério... agora se manifestou aos santos, Cl 1.26. Quando Cristo... se manifestar, Cl 3.4. Quando do céu se manifestar o Senhor Jesus, 2 Ts 1.7. Aquele que foi manifestado na carne, 1 Tm 3.16. Graça... manifestada agora pelo aparecimento de nosso Salvador, 2 Tm 1.10. A graça de Deus se manifestou, Tt 2.11. Não há criatura que não seja manifesta, Hb 4.13. Antes da fundação... manifestado no fim dos tempos, 1 Pe 1.20. A vida se manifestou 1 Jo 1.2. Se ele se manifestar, tenhamos confiança, 1 Jo 2.28. Ainda não se manifestou o que havemos de ser, 1 Jo 3.2. Quando ele se manifestar seremos semelhantes, 1 Jo 3.2. Ele se manifestou para tirar os pecados, 1 Jo 3.5. Nisto se manifestou o amor em nós, 1 Jo 4.9. Ver **Anunciar, Declarar, Proclamar**.

MANILHA: Argola que se usa por adorno nos braços ou na parte mais delgada das pernas. // Os pendentes, e as **m**, Is 3.19 (ARC).

MANJAR: Qualquer substância alimentícia. // Havia de todos os **m** de Faraó, Gn 40.17. Oferta de **m**, Lv 2.1; 6.14. Não cobices os seus delicados **m**, Pv 23.3. Deleitareis com finos **m**, Is 55.2. Comeram de um só **m** espiritual, 1 Co 10.3. Ver **Iguaria**.

MANJEDOURA: Tabuleiro em que se dá comida aos animais nas estrebarias. // O boi selvagem passará a noite junto da tua **m**?, Jó 39.9. O jumento conhece o dono da sua **m**, Is 1.3. Enfaixou-o e deitou numa **m**, Lc 2.7. Desprende da **m** no sábado o seu boi, Lc 13.15.

MANOÁ, hb. **Descanso:** O pai de Sansão, Jz 13.2-23. Procurou, com sua mulher, dissuadir Sansão de casar com uma mulher filistéia, Jz 14.2-4. Sansão sepultado no sepulcro de Manoá, seu pai, Jz 16.31.

MANQUEJAR: Coxear. // E manquejava de uma coxa, Gn 32.31.

MANRE, hb. **Força:** 1. Amorreu, aliado de Abraão e irmão de Escol e Aner, Gn 14.13,24. // 2. Lugar onde Abraão habitou, Gn 13.18; 18.1. Abraão, Sara, Isaque, Rebeca e Lia foram sepultados em Macpela, fronteira a Manre, Gn 23.17; 25.9; 49.30; 50.13. Parece que Manre adquiriu seu nome do príncipe desse nome, Gn 14.13. Ver mapa 2, C-5.

MANSAMENTE: Com mansidão, com brandura. // As que amamentam, ele guiará **m**, Is 40.11.

MANSIDÃO: Brandura de gênio ou índole. // Com amor e espírito de **m**, 1 Co 4.21. Rogo, pela **m** e benignidade de Cristo, 2 Co 10.1. O fruto do Espírito é... **m**, Gl 5.23. Com toda humildade e **m**... suportando-vos, Ef 4.2. Revesti-vos... de **m**, Cl 3.12. Segue... a constância, a **m**, 1 Tm 6.11. Disciplinando com **m**, 2 Tm 2.25. Acolhei com **m** a palavra, Tg 1.21. Mostre em **m** de sabedoria... as suas obras, Tg 3.13. Fazendo-o com **m** e temor, 1 Pe 3.16.

MANSO: Brando de genio, sossegado, plácido. // Era o varão Moisés mui **m**, Nm 12.3. Ensina aos **m** o seu caminho, Sl 25.9. Os **m** herdarão a terra, Sl 37.11; Mt 5.5. Sou **m** e humilde de coração, Mt 11.29. Para que vivamos a vida tranqüila e **m**, 2 Tm 2.2. Seja o homem interior... de um espírito **m** e tranqüilo, 1 Pe 3.4.

MANTEIGA: Substância gordurosa que se extrai do leite. // Sua boca era mais macia que a **m**, Sl 55.21. O bater do leite produz **m**, Pv 30.33. Ele comprou **m** e mel, Is 7.15. Ver **Leite**, **Nata.**

MANTER: Sustentar; permanecer, conservar-se. // Mantendo fé e boa consciência, 1 Tm 1.19. Mantém o padrão das sãs palavras, 2 Tm 1.13. No dia do juízo mantenhamos confiança, 1 Jo 4.17.

MANTIMENTO: Alimento. // Semente; isso vos será para **m**, Gn 1.29. Lhes será para **m**, Gn 1.30. Que é vivente, será para vosso **m**, Gn 9.3 (ARC). Cereal... para **m** nas cidades, Gn 41.35. Abençoarei com abundância o seu **m**, Sl 132.15. Na sega ajunta o seu **m**, Pv 6.8. Para que haja **m** na minha casa, Ml 3.10. Ver **Alimento**, **Manutenção**.

MANTO: Vestidura larga e sem mangas. // Durma no seu **m**, Dt 24.13. Boaz encheu o **m** de Rute com cevada, Rt 3.15. Davi cortou a orla do **m** de Saul, 1 Sm 24.4. O **m** de Elias, 1 Rs 19.19; 2 Rs 2.13. E se cobriu de zelo, como de um **m** de justiça, Is 61.10. Cobriram-no com um **m** escarlate, Mt 27.28. Com um **m** de púrpura, Jo 19.2. Qual **m**, os enrolarás, Hb 1.12. Vestido com um **m** tinto de sangue, Ap 19.1. Ver **Capa**.

MANUSCRITOS: Obra escrita à mão. // Não há obra clássica que tenha chegado às nossas mãos com tantos manuscritos antigos como o texto no Novo Testamento. Os manuscritos mais antigos chamam-se unciais, porque foram escitos em letras parecidas com maiúsculas modernas. Foram escritos em velino, ou couro de vitela. Depois apareceram os manuscritos cursivos, isto é, lavrados em letras miúdas e ligeiras. dos manuscritos unciais, os mais importantes são: — 1) O Sinaiticus. Descoberto por Tischendorf, no convento de santa Catarina, no monte Sinai, em 1859. Falta-lhe uma grande parte do Antigo Testamento, mas o Novo Testamento está completo. — 2) O Alexandrinus, atualmente no Museu Britânico. Contém o Antigo Testamento e o Novo, desde Mt 25.6. —

***O CÓDIGO YONAN**, um dos mais antigos exemplares do Novo Testamento. Crê-se que é o mais velho manuscrito do Novo Testamento em aramaico, a língua que Jesus falava*

3) O Vaticanus. Está no Vaticano, em Roma, desde o século XV. Falta-lhe 1 e 2 Timóteo, Tito, Filemom. — 4) O Ephraemi. Contém fragmentos do Septuaginto e de quase todos os livros do Novo Testamento. — 5) O Bezae. Foi descoberto por Beza no mosteiro de Santo Irineu, em Lião. Contém os evangelhos e Atos. Ver **Arqueologia Bíblica**; manuscritos, pp. 561-564.

MANUSEAR: Mexer com a mão, manejar. // Não manuseies isto, Cl 2.21.

MANUTENÇÃO: Ato ou efeito de manter. // Exigir... nossa **m**, 1 Ts 2.7.

MÃO: Parte do corpo humano, desde o pulso até à extremidade dos dedos. // Que é isso que tens na **m?** Êx 4.2. As **m** de Moisés eram pesadas, Êx 17.12. **M** por **m**, Êx 21.24. A minha própria **m** me livrou, Jz 7.2. A **m** do Senhor, Jz 2.15; 1 Sm 5.6; 2 Sm 24.14; 1 Rs 18.46; Ed 8.22; Jó 12.9; Sl 19.1; 31.15; 75.8; 139.10; Ec 9.1; Is 40.2; 45.12; 59.1; 64.8; Ez 3.14; 37.1; At 11.21; 13.11; Rm 10.21. Abre a **m** ao aflito, Pv 31.20. **M** estão cheias de sangue, Is 1.15. **M** ressequida, Mt 12.10; Mc 3.1. Lavar as **m**, Mt 15.20; 27.24; Dt 21.6; Sl 26.6. **M** te fazer tropeçar, Mt 18.8. **M** impuras, Mc 7.2. **M** no arado, Lc 9.62. Vede as minhas **m**, Lc 24.39. Ninguém as arrebatará da minha **m**, Jo 10.28. Se eu não vir nas **m** o sinal Jo 20.25. Disser o pé: Porque não sou **m**, 1 Co 12.15. Casa não feita por **m**, 2 Co 5.1. Levantando **m** santas, 1 Tm 2.8; Sl 28.2; 141.2. Tabernáculo não feito por **m**, Hb 9.11. Purificai as **m**, Tg 4.8. A **m** poderosa de Deus, 1 Pe 5.6; Dt 3.24; **Impor as Mãos**, Nm 8.10; 27.18; Mt 9.18. Ver **Imposição de Mãos**.

MAOL, hb. **Dança:** O pai dos três sábios, inferiores em sabedoria somente a Salomão, 1 Rs 4.31.

MAOM, **Habitação:** 1. Uma cidade da herança de Judá, Js 15.55. Onde morou Nabal, 1 Sm 25.2. Ver mapa 2, C-6; mapa 5, B-2. // 2. Um povo que oprimiu Israel, Jz 10.12.

MAQUEDÁ, hb. **Lugar de pastores:** Uma cidade da herança de Judá, Js 15.41; Conquistada por Josué, Js 10.28.

MAQUELOTE, hb. **Assembléia:** Lugar de um dos acampamentos de Israel, no deserto, Nm 33.25.

MAQUI: O pai de Güel, um dos doze espias, Nm 13.15.

MÁQUINA: Fabricou em Jerusalém **m**... para atirarem flechas e grandes pedras, 2 Cr 26.15. As catapultas eram acionadas por cordas torcidas e serviam para arremessar pedras e virotes ou setas. Ver **Aríete.**

MAQUINAÇÃO: Intriga, conluio. // As **m** dos astutos, Jó 5.12. Não ignoramos as suas **m**, 2 Co 2.11 (B). Ver **Desígnio, Projeto.**

MAQUINALMENTE: Como de máquina, de movimentos executados sem consciência ou intervenção da vontade. // Is 29.13.

MAQUINAR: Tramar, planear. // Saul maquinava o mal contra ele, 1 Sm 23.9. No seu leito maquina a perversidade, Sl 36.4. O seu coração maquina violência, Pv 24.2. Ver **Projetar, Urdir.**

MAQUIR, hb. **Vendido:** 1. O filho primogênito de Manassés, e portanto neto de José, Gn 50.23. // 2. Filho de Amiel, residindo em Lo-Debar, 2 Sm 9.4. Levou provisões a Davi quando fugido de Absalão, 2 Sm 17.27.

MAR: Entre os hebreus o termo **mar** compreendia qualquer grande massa de água. O oceano, Gn 1.10; Jó 38.8. O mar (lago) da Galiléia, Mt 4.18. Chamava-se, também, **Quinerete**, Nm 34.11; **lago de Generesé**, Lc 5.1; **mar de Tiberíades**, Jo 6.1; **o lago**,

Lc 5.2; **o mar** Jo 6.16. O mar mediterrâneo chamava-se **o mar**, Nm 13.20; **o Grande Mar**, Js 9.1; **o mar dos filisteus**, Êx 23.31; **o mar ocidental**, Dt 11.24. O mar Morto (Ez 47.8) (ARA) chamava-se **o mar Salgado**, Gn 14.3; **o mar da Arabá**, ou **da campina,** Dt 3.17; **o mar oriental**, Jl 2.20. **O mar Vermelho**, Êx 14.22. A bacia muito grande no Templo, o mar de bronze, 2 Rs 25.13. Domine Ele de mar a mar, Sl 72.8; Zc 9.10. Todos os rios correm para o mar, Ec 1.7. Como as águas cobrem o mar, Is 11.9. O mar símbolo das nações, Dn 7.2; Is 17.12,13; Ap 17.15. Os perversos são como o mar, Is 57.20. Os ventos e o mar Lhe obedecem, Mt 8.27. Jesus andou por sobre o mar, Jo 6.19. Todos passaram pelo mar, 1 Co 10.1. A visão de um como que mar de vidro, Ap 4.6; 15.2. Deu o mar dos mortos, Ap 20.13. Não haverá mais mar, Ap 21.1.

MAR CÁSPIO: Ver mapa 1, E-3.

MAR DA ARABÁ: Ver **mar Salgado.**

MAR DA CAMPINA: Ver **mar Salgado.**

MAR DA GALILÉIA: Mt 4.18; 15.29; Mc 1.16; 7.31; Jo 6.1. Lago da Palestina atravessado pelo Jordão, a 210 metros abaixo do nível do mar. Tem 20 quilômetros de comprimento; profundidade máxima de 50 metros. Recebeu seu nome da terra ocidental, a província da Galiléia. Chamava-se, também, **Quinerete**, Nm 34.11; Dt 3.17; Js 13.27; 19.35; **lago de Genesaré**, Lc 5.1; mar de **Tiberíades**, Jo 6.1; 21.1; **o lago**, Lc 5.2; 8.22,23,33; **o mar**, Jo 6.16-25. Cercado de dez a doze cidades: Cafarnaum, Mt 4.13; Magadã, Mt 15.39; Betsaida, Mc 6.45; Corazim, Lc 10.13; Gadara, Mc 5.1. No lado oriental as montanhas se elevam à altura de mais de 600 metros. Este lago é sujeito a grandes e repentinas tormentas causadas pela diferença entre a temperatura da superfície do lago e a dessas montanhas. Ver Mt 8.24. Jesus passou a maior parte do seu ministério público na circunvizinhança deste lindo lago. Ver mapa 3, B-2.

MAR DE BRONZE, MAR DE FUNDIÇÃO: Uma bacia muito grande no Templo, que ocupava o lugar da bacia de bronze no Tabernáculo, destinada à lavagem das mãos e dos pés dos sacerdotes, no templo, 1 Rs 7.23-26. Tinha altura de mais de 2 metros e diâmetro de $13^{1/2}$ metros. Reduzido a pedaços por Nabucodonosor, 2 Rs 25.13. O peso do bronze deste utensílio incalculável, 2 Rs 25.16.

MAR DE QUINERETE: Js 12.3. O mesmo que mar da Galiléia. Ver **Quinerete.**

MAR DE TIBERÍADES: Ver **mar da Galiléia, Tiberíades.**

MAR DOS FILISTEUS: Ver **mar Mediterrâneo.**

MAR MEDITERRÂNEO: Mar situado entre a Europa e a África. Comunica com o Oceano Atlântico pelo estreito de Gibraltar e com o mar Vermelho pelo canal de Suez. A profundidade atinge 3.960 m. Tem comprimento de 3.700 quilômetros e uma superfície de cerca de 3 milhões de km². Formava o limite ocidental da Terra da Promissão. Assim o povo chamava-o simplesmente **o mar**, Nm 13.29; Jz 5.17; At 10.6; **o Grande Mar**, Js 9.1; 15.12; Ez 48.28; **o mar dos filisteus**, Êx 23.31; **o mar ocidental**, Dt 11.24; Jl 2.20. (**O mar oriental** refere-se ao mar Morto). Jesus andou até o mar, ou perto, ao menos uma vez, Mc 7.24. Refere-se ao Mediterrâneo várias vezes no relato das viagens do apóstolo Paulo. Cesaréia (At 9.30), Selêucia (At 13.4), Trôade (At 16.8), Cencréia (At 18.18), Ptolemaida (At 21.7), Tiro (At 21.3), Sidon (At 27.3), Siracusa (At 28.12), Poteoli (At 28.13), eram todos portos do Mediterrâneo. Ver mapa 1, C-3.

MAR MORTO: Ez 47.8 (ARA). Chama-se **mar Salgado, mar de Arabá,** nas Escrituras. Adquiriu o nome **mar Morto**, talvez, no século II a.D. Ver **mar Salgado.**

MAR NEGRO: Ver mapa 1, D-3.

MAR OCIDENTAL: Ver **mar Mediterrâneo.**

MAR ORIENTAL: O mar Morto. Ver **mar Salgado.**

MAR SALGADO: Gn 14.3; Nm 34.3,12; Dt 3.17; Js 3.16; 12.3; 15.2,5; 18.19. Chamava-se, também, **o mar da Arabá**, ou **da campina**, Dt 3.17; Js 3.16, **o mar oriental**, Jl 2.20. Chama-se, atualmente, **o mar Morto**. Lago da Palestina. Tem 76 quilômetros de comprimento por 17 de largura, 392 metros abaixo do nível do Mediterrâneo. Não há outra massa de água que ocupe lugar tão profundo na superfície do globo. Tem profundidade máxima de 914 metros. Não tem saída, desaparecendo as suas águas, na quantidade, calcula-se, de 6 milhões de toneladas por dia. Esta evaporação espantosa é devida ao ar quente do deserto. É difícil mergulhar no mar Morto e quase impossível afogar-se em virtude da densidade das suas águas que são excessivamente salgadas. Quase não existe vida orgânica no Mar Morto. A purificação das águas do Mar Morto símbolo da vida no novo reino de Deus, Ez 47.8. Ver mapa 2, C-6.

MAR VERMELHO: O golfo Arábico, ou mar Eritreu, entre a Arábia e a África; forma ao norte os golfos de Suez e da Acaba, em volta da península de Sinai. Não se sabe como originou o nome **mar Vermelho**; a cor das águas não é vermelha mas verde-azul. Os gafanhotos da praga no Egito lançados no mar Vermelho,

Mar Morto. As águas, alimentadas pelo rio Jordão mas sem saída, são 26% sal. O corpo humano não pode afundar-se nessas águas

Êx 10.19. Israel arregimentado saiu do Egito pelo caminho perto do mar Vermelho, Êx 13.18. A passagem de Israel pelo mar, Êx 14.22; Sl 106.8; 136.13,14; At 7.36. Faraó e todo o seu exército pereceram nas águas do mar, Êx 14.28; Dt 11.4; Sl 106.11; 136.15. Israel viu os egípcios mortos na praia, Êx 14.30. Todos os moradores da terra tomados de pavor, Js 2.9,10. O Senhor fez secar o Jordão como fez ao mar Vermelho, Js 4.23. Salomão fez naus em Eziom-Geber, no mar Vermelho, 1 Rs 9.26. Josafá, rei de Judá, fez, também, navios em Eziom-Geber, mas se quebraram, 2 Cr 20.36,37. Foi pela fé que os israelitas passaram o mar Vermelho, Hb 11.29. Ver mapa 1, D-4.

MARA, hb. **Amargoso:** 1. O nome que Naomi tomou para si, depois da perda de seu marido e de seus filhos, em lugar do seu primeiro nome, que significa **agradável**, Rt 1.20. // 2. O primeiro acampamento dos israelitas depois de partirem do mar Vermelho, Êx 15.23. O nome é derivado de um poço de água salobra no deserto de Sur. As águas se tornaram potáveis, quando Moisés lançou nelas uma certa árvore, Êx 15.22-25.

MARALÁ, hb. **Tremor:** Uma aldeia nos limites de Zebulom, Js 19.11.

MARANATA: 1 Co 16.22. Uma expressão aramaica querendo dizer: **Vem, nosso Senhor**. Compare Ap 22.20. Opina-se que foi usada na primitiva senha cristã. Sua forma grega aparece em Fp 4.5; "Perto está o Senhor".

MARAVILHA: Causa extraordinária que excita a admiração. // Essa grande **m**, porque a sarça não se queima, Êx 3.3. Farei **m** que nunca se fizeram, Êx 34.10. As **m** da tua lei, Sl 119.18. Único que opera grandes **m**, Sl 136.4. As **m** que Jesus fazia, Mt 21.15. Ver **Milagre, Prodígio, Sinal**.

MARAVILHAR: Causar admiração. // Os homens se maravilharam diante dele, Mt 22.33. Maravilharam-se da sua doutrina, Mc 1.22. Por que vos maravilhais disto, At 3.12. Vede, ó desprezadores, maravilhai-vos, At 13.41. Não vos maravilheis, se o mundo vos odeia, 1 Jo 3.13. Toda a terra se maravilhou, Ap 13.3. Ver **Assombrar, Admirar.**

MARAVILHOSAMENTE: Admiravelmente, estupendamente. // O Anjo do Senhor se houve **m**, Jz 13.19. Que se houve **m** convosco, Jl 2.26.

MARAVILHOSÍSSIMA: Que causa muita admiração. // Coisas que para mim eram **m**, Jó 42.3 (ARC).

MARAVILHOSO: Admirável. // Por que perguntas... meu nome, que é **m**, Jz 13.18. Procede do Senhor e é **m** aos nossos olhos, Sl 118.23; Mt 21.42. Tal conhecimento é **m** demais, Sl 139.6. Assombrosamente **m** me formaste, Sl 139.14. Seu nome será: **M**, Conselheiro, Is 9.6. Das trevas para a sua **m** luz, 1 Pe 2.9.

MARCA: Sinal. // Não fareis **m** nenhum sobre vós, Lv 19.28. Trago no corpo as **m** de Jesus, Gl 6.17. Certa **m** sobre a mão direita ou sobre a fronte, Ap 13.16.

MARCAR: Pôr marca ou sinal em. // Lua para marcar o tempo, Sl 104.19. Marca com um sinal a testa, Ez 9.4.

MARCHA: Andamento regular. // A nuvem se erguia... se punham em **m**, Nm 9.17. Após sete dias de **m** não havia água, 2 Rs 3.9. Um estrondo de **m** pelas copas, 1 Cr 14.15. Ver **Caminho, Jornada.**

MARCHAR: Andar, caminhar (diz-se principalmente de tropas). // Dize aos filhos de Israel que marchem, Êx 14.15. E estes marcharão primeiro, Nm 2.9. Na tua indignação marchas pela terra, Hc 3.12.

MARCHESVÃ: O oitavo mês do ano judaico. Ver **Ano.**

MARCO: Sinal demarcação. // Não mudes os **m** de teu próximo, Dt 19.14. Não removas os **m** antigos, Pv 22.28; 23.10.

MARCOS, latim, **Martelo grande:** João Marcos, filho de Maria, At 12.12,25; 15.37. Primo de Barnabé, Cl 4.10. Acompanha Paulo na obra missionária, At 12.25. Volta da Perge, At 13.13. Paulo recusa levá-lo na segunda viagem missionária, At 15.38. Acompanha Barnabé a Chipre, At 15.39. reconciliação entre ele e Paulo 2 Tm 4.11. Batizado talvez por Pedro, que em vista disso o chama de filho, 1 Pe 5.13. Com Pedro em Babilônia, 1 Pe 5.13. Segundo a tradição, fundou a igreja em Alexandria, sofrendo no Egito o martírio.

MARCOS, O EVANGELHO SEGUNDO: O segundo livro em ordem do Novo Testamento, e o mais resumido e simples dos quatro Evangelhos. Há comentadores que querem repudiar os versículos 9 a 20 do último capítulo deste livro; porque não se encontram em dois dos três manuscritos mais antigos, isto é, no Sináitico e no Vaticano. Contudo não pode haver dúvida que no original havia toda essa passagem; (1) Um dos três mais antigos manuscritos, o Alexandrino, os inclui. (2) Nas obras de Ireneu e Hipólito encontram-se citações desses versículos. Escreveram eles no terceiro século, enquanto os dois manuscritos, o Sináitico e o Vaticano, datam do quarto. (3) Com uma leitura do capítulo, começando com o primeiro versículo, é evidente que Marcos não findou a sua narração com o versículo 8: "E, saindo elas apressadamente, fugiram do sepulcro... porque temiam". Se o Evangelho de Marcos findasse com o versículo 8, seria não somente incompleta a sua narração, mas também, estaria contra o espírito da instrução de Cristo: "Não temais". (4) Temos de concluir que, aos manuscritos Sináitico e Vaticano, gastos pelo uso, faltava a última parte — justamente a parte que incluía, no início, esses versículos. **O Autor:** Marcos. O mesmo de 1 Pe 5.13 e talvez o mesmo chamado João Marcos. **Marcos** foi seu nome latino; João, seu nome judaico. **A chave:** "O próprio Filho do homem não veio para ser servido, mas para **servir e dar a sua vida**", 10.45. A fase do caráter de Cristo, Enfatizada no Evangelho de Marcos, é a mesma declarada em Fp 2.6-8: "Pois ele, subsistindo em forma de Deus, não julgou como usurpação o ser igual a Deus; antes a si mesmo se esvaziou, assumindo a forma de servo, tornando-se em semelhança de homens; e, reconhecido em figura humana, a si mesmo se humilhou, tornando-se obediente até à morte, e morte de cruz". Fato de ainda maior relevância: Marcos inicia sua obra declarando que esse humilde e obediente Servo do Senhor é igualmente o "Deus forte". Vede Is 9.6. Lede o primeiro versículo do livro de Marcos: "Princípio do evangelho de Jesus Cristo, Filho de Deus". **As divisões: I.** O Servo do Senhor prepara-se para servir, cap. 1.1-13. **II.** O Servo do Senhor trabalha: 1) Seu labor na Galiléia, cap. 1.14 a 9.50. 2) Sua lida na Peréia, cap. 10.1-34. 3) Seu zelo em Jerusalém, cap. 10.35 a 13.37. **III.** O Servo do Senhor "obediente até a morte", cap. 14.1 a 15.47. **IV.** O Servo do Senhor ressuscitado e recebido no céu, cap. 16.

MARDOQUEU (ARC): Ver **Mordecai (ARA).**

MARESSA, hb. Na frente: Uma cidade da herança de Judá, Js 15.44. Roboão a fortificou, 2 Cr 11.8. Ver mapa 2, B-5; 5, B-1.

MARFIM: Substância óssea, que constitui os dentes dos elefantes. Dos rinocerontes, e dos hipopótamos, das focas e de outros animais. Em geral, o marfim provém dos dentes ou defesas do elefante, as quais variam entre 30 centímetros e 2 metros de comprimento. Salomão fez um grande trono de **m**, 1 Rs 10.18. Acabe construiu uma casa **m**, 1 Rs 22.39. De palácios de **m**, Sl 45.8. Como alvo **m**, Ct 5.14. Torre de **m**, Ct 7.4. Bancos de **m**, Ez 27.6. Dentes de **m** e pau de ébano, Ez 27.15. As casas de **m** perecerão, Am 3.15. Camas de **m**, Am 6.4. Todo gênero de objeto de **m**, Ap 18.12.

MARGEM: Terreno que ladeia um rio ou corrente de água. // Na **m** do Nilo, Gn 41.17. À **m** do rio havia... árvores, Ez 47.7. Homem de entre as **m** do Ulai, Dn 8.16. De uma e outra **m** do rio, está a árvore, Ap 22.2. Ver **Beira, Costa, Ribanceira.**

MARIA, hb. **Miriã:** O nome aparece 54 vezes no Novo Testamento e se refere, ao menos, a seis pessoas: 1. Maria mãe do Senhor Jesus. Desposou-se com José, Mt 1.18; Lc 1.27. O anjo Gabriel lhe anunciou o nascimento de Jesus, Lc 1.26-38. Visitou a Isabel, Lc 1.39-45. Seu cântico, "O Magnificat", Lc 1.46-55. Deu à luz o seu filho primogênito em Belém, Lc 2.4-7. Os pastores a visitaram, Lc 2.16. Os magos, Mt 2.11. Foi ao Egito e voltou, Mt 2.14-21. Assistiu a um casamento em Caná,

Jo 2.3. Preocupado com ministério de Jesus, Mc 3.31. Jesus, na cruz, entregou-a aos cuidados de João, Jo 19.25-27. A última menção dela, em oração com os discípulos, no cenáculo, At 1.14. // 2. Maria Madalena. O substantivo **Magdalena**, de que se deriva o adjetivo **Madalena**, não se encontra na Bíblia. A palavra em Mt 15.39 (ARC) é propriamente **Magadã**. Jesus livrou-a de sete demônios, Lc 8.2. Prestava, com outras crentes, assistência a Jesus, com os seus bens, Lc 8.3. Ao pé da cruz, Jo 19.25. A primeira pessoa a ver Jesus ressuscitado, Jo 20.14. // 3. Maria de Betânia, irmã de Lázaro e de Maria, Lc 10.39; Jo 11.2. Aos pés de Jesus, Lc 10.39; Jo 11.32; 12.3. // 4. Maria, mãe de Tiago o Menor e de José. Assistia a crucificação, Mt 27.55,56. Presenciou o sepultamento, Mt 27.61. Visitou o sepulcro na manhã da ressurreição, Mt 28.1. Era a mulher de Clopas, isto é de Alfeu, Jo 19.25; Mt 10.3. // 5. Maria, mãe de Marcos, At 12.12. Uma tia, talvez, de Barnabé. Ver Cl 4.10 (ARC). // 6. Maria, uma crente de Roma, Rm 16.6. Alguns opinam que esta Maria era a mãe de Marcos.

MARIDO: Aquele que está unido a uma mulher pelo laço conjugal. // Comeu, e deu também ao **m**, Gn 3.6. O teu desejo será para o teu **m**, Gn 3.16. Desprezarão a seus **m**, Et 1.17. A mulher... é a coroa do seu **m**, Pv 12.4. Seu **m** é estimulado entre os juizes, Pv 31.23. O teu Criador é o teu **m**, Is 54.5. A mulher casada está ligada pela lei ao **m**, Rm 7.2. Cada ama o seu próprio **m**, 1 Co 7.2. Como sabes... se salvarás teu **m**, 1 Co 7.16. De como agradar ao **m**, 1 Co 7.34. Interroguem... a seus **m**, 1 Co 14.35. Submissas a seus próprios **m**, Ef 5.22; Cl 3.18; 1 Pe 3.1. **M** amai vossas mulheres, Ef 5.25. A esposa respeite a seu **m**, Ef 5.33. **M** de uma só mulher, Tt 1.6. Recém-casadas a amarem a seus **m**, Tt 2.4. Sujeitas a seus próprios **m**, Tt 2.5. **M**, vós igualmente, vivei a vida comum do lar, 1 Pe 3.7. Ver **Esposo.**

MARINHEIRO: Indivíduo empregado na manobra de navio, Ez 27.9; Jn 1.5; At 27.27; Ap 18.17.

MARINHO: Que vive no mar. // Os grandes animais **m**, Gn 1.21. Peles de animais **m**, Êx 35.7. O corvo **m**, Lv 11.17. Monstro **m**, Jó 7.12; Sl 104.26; 148.7.

MÁRMORE: Pedra calcária, muito dura, e suscetível de polimento. O Líbano fornecia mármore vermelho, branco e amarelo. Usado na construção de templos (1 Cr 29.2), palácios (Et 1.6) e outros edifícios públicos. Uma das mercadorias "preciosas" ou de luxo, Ap 18.12.

MARSENA: Um dos sete príncipes da Média e Pérsia aos que foi permitido ver a face do rei, Et 1.14.

MARTA, gr. **Senhora:** A irmã de Maria e Lázaro de Betânia, em cuja casa Jesus se hospedava, Lc 10.38; Jo 11.1 a 12.2.

MARTELO: Instrumento de ferro destinado a bater, a cravar pregos, etc. // Simbolizava uma força esmagadora, Jr 50.23. // Tomou uma estaca, lançou mão de um **m**, Jz 4.21. Nem **m...** se ouviu... quando a edificavam, 1 Rs 6.7. O alisa com o **m**, Is 41.7. Não é a minha palavra... **m**, Jr 23.29. Tu, Babilônia, eras meu **m**, Jr 51.20.

MÁRTIR, gr. **Testemunha:** Pessoa que sofreu tormentos ou a morte, por sustentar a fé cristã. // Vi a mulher embriagada com o sangue... dos **m**, Ap 17.6 (B). Algumas versões traduzem: "o sangue de Estêvão, teu **m**", At 22.20.

MÁS: Um filho de Arã e bisneto de Noé, Gn 10.23.

MASAI, hb. **Obra de Jeová:** Um sacerdote filho de Adiel, 1 Cr 9.12.

MASMORRA: Prisão subterrânea. // Chamar a José... da **m**, Gn 41.14. Ver **Calabouço, Cárcere, Prisão.**

MASRECA, hb. **Vinha:** Uma cidade dos edomeus, Gn 36.36.

MASSA: Mistura de farinha de trigo com um líquido, formando pasta; substância mole. // Sua **m**, antes que levedasse, Êx 12.34. Oleiro direito sobre a **m**, Rm 9.21. As primícias da **m**, Rm 11.16; Nm 15.20 (ARC); Ez 44.30. Pouco de fermento leveda a **m**, 1 Co 5.5; Gl 5.9. Sejais nova **m**, 1 Co 5.7.

MASSÁ, hb. **Provação:** 1. Um filho de Ismael, Gn 25.14. // 2. Um lugar do deserto, perto de Refidim, onde o povo murmurou por falta d'água, Êx 17.7. Este lugar também se chama Meribá. **Massa** quer dizer **tentação.** Meribá significa **contenda.**

MASTRO: Peça comprida de madeira, que sustenta bandeiras e as velas das embarcações. // Como o que se deita no alto do **m**, Pv 23.34.

MATÃ, hb. **Dádiva:** 1. Um sacerdote de Baal, 2 Rs 11.18. // 2. Pai de Sefatias, um dos que perseguiam a Jeremias, Jr 38.1. // 3. Filho de Eleazar da genealogia de Cristo, Mt 1.15. // 4. Filho de Levi da genealogia de Cristo, Lc 3.24.

MATADOURO: Lugar onde se abatem as reses para consumo público, Sl 44.22; Pv 7.22; Is 53.7; At 8.32; Rm 8.36.

MATANÁ, hb. **Donativo:** O lugar de um dos acampamentos de Israel, a sueste do mar Morto, Nm 21.18.

MATANAI: Um dos que tinham mulher estrangeira, Ed 10.33.

MATANÇA: Carnificina. // Abraão quando voltava da **m** dos reis, Hb 7.1. Ver **Vale da Matança.**

MATANIAS, hb. **Dom de Jeová:** O nome de Zedequias, antes de Nabucodonosor constituí-lo rei sobre Judá, em vez de seu sobrinho, Joaquim, 2 Rs 24.17. Outras pessoas com este nome são mencionadas em 1 Cr 9.15; 25.4; 2 Cr 20.14; 29.13; Ed 10.26,27,30,37; Ne 13.13.

MATAR: Causar a morte a. // Caim se levantou contra Abel e o matou, Gn 4.8. Não matarás, Êx 20.13; Mt 5.21; 19.18; Rm 13.9; Tg 2.11. Davi matou, assim o leão como o urso, 1 Sm 17.36. Desceu numa cova e nela matou um leão, 1 Cr 11.22. Herodes mandou matar todos os meninos, Mt 2.16. Não temais os que matam o corpo, Lc 12.4. A letra mata, 2 Co 3.6. Se alguém matar à espada, Ap 13.10. Ver **Assassinar, Ferir.**

MATATÁ, hb. **Donativo:** Pai de Mená, da genealogia de Cristo, Lc 3.31.

MATATIAS, gr. **Dom de Jeová:** 1. Pai de José, da genealogia de Cristo, Lc 3.25. // 2. Filho de Semei, da genealogia de Cristo, Lc 3.26.

MATERIAL: Não espiritual. // Valores espirituais... bens **m**, Rm 15.27. Coisas espirituais... bens **m**, 1 Co 9.11.

MATEUS, hb. **Dom de Deus:** Forma abreviada de **Matatias**, Lc 3.25. Tornou-se discípulo de Cristo, Mt 9.9. Publicano, isto é, cobrador de impostos, Mt 10.3. Odoado pelos fariseus, Mt 9.11. Chamava-se, antes, **Levi**, Mc 2.14; Lc 5.27. Filho de Alfeu, Mc 2.14. Ofereceu grande banquete, Lc 5.29. Enviado como um apóstolo, Lc 6.15. Seu nome nas quatro listas dos apóstolos, Mt 10; Mc 3; Lc 6 e At 1. A tradição diz que, depois de pragar aos seus conterrâneos, foi para outras nações, e que Etiópia foi o centro dos seus trabalhos. A maior parte dos primitivos escritores que ele teve a morte de um mártir.

MATEUS, O EVANGELHO SEGUNDO: O primeiro livro do Novo Testamento, embora escrito depois de **Marcos.** O único livro do Novo Testamento escrito, originalmente, em hebraico. Este Evangelho, mais do que qualquer dos outros, faz ver a ligação entre o Antigo Testamento e o Novo Testamento. Há, neste livro, cerca de 65 citações do Antigo Testamento. **O autor:** Mateus. **A chave:** "Arrependei-vos, porque está próximo o reino dos céus", 4.17. O propósito do livro se descobre no primeiro versículo; Mateus é o "livro da genealogia de Jesus Cristo, filho de Davi, filho de Abraão". Isto O liga a duas das mais importantes alianças do Antigo testamento: a com Davi acerca do trono, e a com Abraão quanto a terra, 2 Sm 7.8-16; Gn 15.18. Jesus de Nazaré é o grande Messias, o verdadeiro Rei, prometido de Deus e esperado durante longo tempo por seus patrícios, os judeus. Para esse fim, Mateus cita cerca de 40 passagens do Antigo Testamento. O único lugar na Bíblia onde aparece o termo, "reino dos céus" é no livro de Mateus; aí aparece 33 vezes! No primeiro capítulo da sua obra, Mateus prova que Jesus nascera da linhagem real. No terceiro capítulo descreve-se o percursor do Rei, proclamando que o Reino está próximo. O Sermão do Monte é realmente o manifesto desse Rei. Seus milagres são suas credenciais (caps. 8 e 9); Suas parábolas são intituladas "os mistérios do Reino". Até fora do país ele foi chamado "o Filho de Davi"; declarou-se livre da obrigação de pagar tributo, sendo Filho do Rei. Entrou, por fim, em Jerusalém como Rei; na sombra da cruz predisse a Sua volta em glória para reinar sobre tudo. Na ocasião da Sua morte, fenderam-se as rochas, a terra tremeu a mortos saíram dos túmulos. A sua ressurreição foi com poder majestoso, acentuado por terremoto e grande terror entre os guardas. Nas suas últimas palavras proclamou seu direito de Rei e deu a sua ordem real: "Toda a autoridade me foi dada no céu e na terra. Ide portanto..." **As divisões:** A matéria do livro de Mateus, na maior parte, não foi escrita em ordem cronológica. Note-se como quase todos os relatos dos milagres estão agrupados nos capítulos 8 e 9, enquanto uma grande parte das lições de Cristo estão ajuntadas como nos capítulos 5 a 7, e 23 a 25. Contudo pode-se dividir o livro em três grandes partes: I. A genealogia, o nascimento e a infância do Senhor, Mt 1 e 2. II. O ministério de Jesus na Galiléia, Mt 3 a 18. III. O seu mistério na Judéia, Mt 19 a 28.

MATIAS, gr. **Mateus:** Um discípulo que acompanhou Cristo, desde seu batismo até sua ressurreição, e escolhido para preencher a vaga no apostolado, desde o suicídio de Judas, At 1.15-26.

MATITIAS, hb. **Dom de Deus:** 1. Um dos que confeccionavam as especiarias, 1 Cr 9.31. // 2. Um dos designados por Davi para ministrar perante a arca, com instrumentos músicos, 1 Cr 15.18. // 3. Outro que ministrava perante a arca, 1 Cr 16.5.

MATO: Conjunto de pequenas plantas agrestes. // O monte do templo... coberta de **m**, Jr 26.18. Ver **Bosque, Floresta.**

MATREDE, hb. **Puxar para diante:** Mãe de Meetabel, mulher de Hadar, rei de Edom, Gn 36.39.

MATRI, hb. **Chuvoso:** Uma família da tribo de Benjamim a qual pertencia o rei Saul, 1 Sm 10.21.

MATRICIDA: Pessoa que matou a própria mãe. // Mas para... patricidas e **m**, 1 Tm 1.9.

MATRIMÔNIO: Casamento. // Nem contrairás **m** com os filhos, Dt 7.3. Digno de honra... o **m**, Hb 13.4. Ver **Boda, Casamento.**

MATUSALÉM, hb. **Homem armado:** Filho de Enoque e avô de Noé, Gn 5.21. Viveu 969 anos, Gn 5.27.

MAU: Propenso ao mal; nocivo; perverso; indivíduo de má índole. // Continuamente **m** todo desígnio, Gn 6.5. Homens de Sodoma eram **m**. Gn 13.13. Antes que venham os **m** dias, Ec 12.1. O seu sol sobre **m** e bons, Mt 5.45. Os teus olhos forem **m**, Mt 6.23. Que sois **m**, sabeis dar, Mt 7.11. Árvore **m** produz frutos **m**, Mt 7.17. Falar coisas boas, sendo **m**? Mt 12.34. O homem **m** do **m** tesouro, Mt 12.35. Separarão os **m** dentre os justos, Mt 13.49. Do coração procedem **m** desígnios, Mt 15.19. Geração **m** e adúltera, Mt 16.4. Servo **m** e negligente, Mt 25.26. Amaram mais as trevas... suas obras eram **m**, Jo 3.19. As **m** conversações corrompem, 1 Co 15.33. Remindo o tempo... dias são **m**, Ef 5.16. Possais resistir no dia **m**, Ef 6.13. Livres dos homens perversos e **m**, 2 Ts 3.2. Porque as suas obras eram **m**, Jo 3.12. Faz-se cúmplice das suas obras **m**, 2 Jo 11. Ver **Maldoso, Perverso.**

MAURITÂNIA: País antigo da África do norte, incluindo o território ocupado atualmente por Marrocos e uma parte da Argélia. Ver mapa 1, A-3.

MAVIOSO: Afetuoso, terno, harmonioso. // Davi... **m** salmista de Israel, 2 Sm 23.1.

MÁXIMA: Sentença ou doutrina que nos serve de regra de conduta nos nossos pensamentos e nas nossas ações. // As vossas **m** são como provérbios de cinza, Jó 13.12.

MÁXIMO: Maior que todos, excelso. // Com amor em **m** consideração, 1 Ts 5.13.

MEÁ (ARC), TORRE DOS CEM (ARA): Ponto principal nos muros de Jerusalém, Ne 3.1.

MEARA, hb. **Caverna:** Um lugar que pertencia aos sidônios, Js 13.4.

MEBUNAI, hb. **Construído:** Um dos valentes de Davi, 2 Sm 23.27.

MECONÁ, hb. **Fundação:** Cidade perto de Ziclague, Ne 11.28.

MEDÃ: Um dos filhos de Abraão e Quetura, Gn 25.2.

MEDADE, hb. **Amor:** Um dos setenta que, com Eldade, profetizou no arraial, Nm 11.26.

MEDEBA, hb. **Água tranqüila:** Uma cidade no planalto de Moabe, Js 13.9. Tomada por Joabe, 1 Cr 19.7. Ver mapa 2, D-5, mapa 5, C-1.

MÉDIA: Um antigo país da Ásia. Ver **Medos**. Ver, também, mapa 1, E-3.

MEDIADOR: Aquele que intervém para estabelecer um acordo entre duas ou mais pessoas. // Ora o **m** não é de um, Gl 3.20. Há um só Deus e um só **m**, 1 Tm 2.5. **M** de superior aliança, Hb 8.6. **M** de Nova Aliança, Hb 9.15; 12.24.

MEDIANEIRO: O mesmo que mediador. // Na mão de um **m**, Gl 3.19 (ARC). O **m** não é de um só, Gl 3.20 (ARC).

MEDICINA: Medicamento. // A língua dos sábios é medicina, Pv 12.18. O embaixador fiel é **m**, Pv 13.17. Palavras agradáveis são **m** para o corpo, Pv 16.24. O coração alegre é bom remédio, Pv 17.22. Para a tua ferida não tens remédio, Jr 30.13; Na 3.19. Debalde multiplicas remédios, Jr 46.11. Sua folha servirá de remédio, Ez 47.12. Ver Ap 22.2.

MÉDICO: Aquele que exerce a medicina. // Os médicos egípcios embalsamaram a Jacó, Gn 50.2. Deus o grande **m**, Dt 32.39. Asa, na sua doença em extremo grave, não recorreu ao Senhor, mas confiou nos médicos, 2 Cr 16.12. Jó diz que seus amigos são "médicos que não valem nada", Jó 13.4. Acaso não há bálsamo em Gileade? ou não há lá **m**?, Jr 8.22. Os sãos não precisam de **m**, Mt 9.12. A mulher enferma muito padecera na mão de vários **m**, Mc 5.26. **M** cura-te a ti mesmo, Lc 4.23. Lucas, o **m** amado, Cl 4.14.

MEDIDA: Grandeza conhecida e determinada que se toma por base para a avaliação de outras grandezas do mesmo gênero; grau; bitola. // A **m** da iniqüidade dos amorreus, Gn 15.16. Dois pesos e duas **m** são abomináveis, Pv 20.10. Bênção sem **m**, Ml 3.10. A **m** com que tiverdes medido, Mt 7.2. A **m** de vossos pais, Mt 23.32. Dar-se-vos-á; boa **m**, Lc 6.38. A **m** com que tiverdes medido, Lc 6.38. Deus não dá o Espírito por **m**, Jo 3.34. Segundo a **m** da fé que Deus repartiu, Rm 12.3. Os sofrimentos de Cristo se manifestam em grande **m**, 2 Co 1.5. À **m** da estatura da plenitude de Cristo, Ef 4.13. Uma **m** de trigo por um denário, Ap 6.6.

MEDIDAS DE CAPACIDADE: (Aproximadamente.) O bato, de igual capacidade do efa (Ez 45.11), era a unidade das medidas para LÍQUIDOS: 1 logue (sextário, A), 0,5 litro. 1 cabo, 2 litros. 1 him, 6 litros, Êx 29.40; Ez 4.11; 46.5. 1 bato, 36 litros, 1 Rs 7.26,38; 2 Cr 2.10; 4.5; Ed 7.22; Ez 45.14. 1 ômer, 360 litros. Ez 45.14. 1 coro, 10 batos, Ez 45.14. 1 metreta (almude, A), 1 bato, Jo 2.6. O efa, de igual capacidade do bato, era a unidade das medidas para SECOS: 1 logue (sextário, A), Lv 14.10,12,15,21,24. 1 cabo, 2 litros, 2 Rs 6.25 (ARC). 1 ômer, 3,5 litros, Êx 16.16,22,36; Lv 27.16; Is 5.10; Os 3.2. 1 seá, 13 litros. Seá é **medida**, Gn 18.6; 1 Sm 25.18; **alqueire**, 2 Rs 7.1. 1 efa, 35 litros, Êx 29.40; Lv 19.36; Nm 15.4; 28.5; Jz 6.19; Rt 2.17; Ez 46.5; Am 8.5; Zc 5.6. 1 ômer, 350 litros, Ez 45.11. 1 alqueire (rom. **modius)**, quase 9 litros, Mt 5.15.

MEDIDAS DE COMPRIMENTO: (Aproximadamente.) Dedo, 2, 3 centímetros, Êx 37.12;

2 Cr 4.5; Jr 52.21. Palmo, 22 centímetros, Êx 28.16; 39.9; 1 Sm 17.4. Braça, cerca de 2 metros, At 27.28. Côvado, 44,4 centímetros, Gn 6.15; 7.20; Êx 25.10; Dt 3.11; 1 Sm 17.4; 1 Cr 11.23; Et 5.14; Ez 40.5; Dn 3.1; Mt 6.27; Jo 21.8; Ap 21.17. Cana, 2,664 metros, Ez 40.5; 42.16. Passo, 1,48 metro, 1 Sm 20.3; 2 Sm 6.13. Estádio, 177,6 metros, Lc 24.13; Jo 6.19; 11.18; Ap 14.20; 21.16. Milha, 1.480 metros, Mt 5.41. Jornada de um sábado, 1.480 metros, At 1.12. Jornada de um dia, cerca de 35 quilômetros, Gn 30.36; 31.23; Nm 10.33; Lc 2.44.

MEDIDAS DE SUPERFÍCIE: Parece que os hebreus não usavam qualquer sistema de medidas quadradas, designando a superfície simplesmente pelo número de côvados de comprimento e o número de largura. Menciona-se somente uma medida de superfície, a **jeira**, 1 Sm 14.14; Is 5.10; mas não se conhecem suas exatas dimensões.

MEDIR: Determinar ou verificar a extensão medida ou grandeza de. // **Medir armas** com alguém, pelejar. // Vem, meçamos armas, 2 Rs 14.8. Na concha de sua mão mediu as águas, Is 40.12. Medir Jerusalém, Zc 2.2. Medindo-se consigo, 2 Co 10.12. Mede o santuário, Ap 11.1. Vara de ouro para medir, Ap 21.15.

MEDITAÇÃO: Ato ou efeito de meditar. // Sejam agradáveis... a **m** do meu coração, Sl 19.14 (ARC). Seja-lhe agradável a minha **m**, Sl 104.34. É a minha meditação todo dia, Sl 119.97.

MEDITAR: Ponderar, estudar, considerar, pensar sobre. // A meditar no campo, Gn 24.63. Medita nele (este livro) dia e noite, Js 1.8. Ele é deus; pode ser que esteja meditando, 1 Rs 18,27. Na sua lei medita de dia e de noite, Sl 1.2. O meditar do meu coração, Sl 19.14. Meditar no seu templo, Sl 27.4. Enquanto eu meditava, ateou-se o fogo, Sl 39.3. Em ti medito durante a vigília da noite, Sl 77.3. Meditarei nos teus preceitos... nas tuas maravilhas... nos teus decretos... nos teus preceitos... nos teus testemunhos... nas tuas palavras, Sl 119.15,27,48,78,99,148. Maria... meditando-as no coração, Lc 2.19. Ver Lc 21.14: "Assentai em vossos corações". Seja isso o que ocupe o vosso pensamento, Fp 4.8. Medita estas coisas... para que o teu progresso a todos seja manifesto, 1 Tm 4.15. Ver **Considerar**, **Contemplar**, **Observar**.

MEDITERRÂNEO: Ver **mar Mediterrâneo**.

MÉDIUM: Suposto intermediário entre os vivos e as almas dos mortos. // Saul havia desterrado os **m**, 1 Sm 28.7. Apontai-me uma mulher que seja **m**, 1 Sm 28.7. E tratava com **m**, 2 Rs 21.6. Ver **Adivinhação**.

MEDO: Terror, receio. // Tive **m** e me escondi, Gn 3.10. Pavor e **m** de vós virão sobre todos os animais, Gn 9.2. Respondeu-lhe Jacó: Porque tive **m**, Gn 31.31. Jacó teve **m**, Gn 32.7. O terror e o **m** de ti aos povos, Dt 2.25. Não tenho **m** de milhares do povo, Sl 3.6. Tomados de **m**, gritaram, Mt 14.26. Tive **m** de ti, que és rigoroso, Lc 19.21. Por ter **m** dos judeus, Jo 20.19. No amor não existe **m**, 1 Jo 4.18. O perfeito amor lança fora o **m**, 1 Jo 4.18. O **m** produz tormento, 1 Jo 4.18. Ver **Horror**, **Receio**, **Terror**.

MEDOS: Povo que habitava a Média, antiga região da Ásia, ocupada, no período que vai do século X ao século VII a.C., por tribos iranianas. Os medos eram uma raça valente e guerreira, excelentes cavaleiros e hábeis no manejo do arco. A principal característica da religião original desse povo era a crença em dois grandes espíritos, o Bem e o Mal, chamados Orinaz e Ahriman. Estes faziam guerra um ao outro. Os medos também adoravam o sol e a lua e os elementos do fogo, da água, do ar e da terra. A Média foi destruída em 556 a.C. Por Ciro, que a reuniu ao reino da Pérsia. Os israelitas, na destruição da cidade de Samaria, foram levados para as cidades dos medos, 2 Rs 17.6. Os medos participaram da tomada de Babilônia, Is 13.17,18; Jr 51.11,28. Dario, o medo, tomou o reino de Babilônia, Dn 5.28,31. Medo-Persa é o segundo reino a que se refere, Dn 2.39; 7.5; 8.3-7,20.

MEDROSO: Quem tem medo; covarde; receoso. // **M**... torne-se para sua casa, Dt 20.8. **M**... retire-se, Jz 7.3.

MEDULA: Tecido que enche as cavidades dos ossos. // Fresca a **m** dos seus ossos, Jó 21.24. Dividir alma e espírito, juntas e **m**, Hb 4.12.

MEETABEL, hb. **Deus abençoa:** 1. Mulher de Hadar, um rei de Edom, Gn 36.39. // 2. Avô de Semaías, que foi assalariado por Tobias e Sambalá para intimidar Neemias, Ne 6.10.

MEFAATE, hb. **Beleza:** Cidade da herança de Rúben, Js 13.18. Dada aos levitas da família de Mearei, 1 Cr 6.79.

MEFIBOSETE, hb. **Vergonha destruidora:** 1. Filho de Saul e Rispa, executado pelos gibeonitas com o consentimento de Davi, 2 Sm 21.8. // 2. Filho de Jônatas, neto de Saul e sobrinho de Mefibosete (1), 2 Sm 4.4. Aleijado de ambos os pés, 2 Sm 4.4; 9.3. Davi, pelo amor de Jônatas, seu pai, restituiu-lhe todos os campos de Saul e deu-lhe lugar à sua mesa, 2 Sm 9.1-13. Durante a revolta de Absalão, Ziba, servo de Saul, acusou Mefibosete de ser desleal para com Davi, 2 Sm 16.1-4. Mas o rei, reconhecendo o espírito deste aleijado, contrito e humilde filho de uma família arrogante, aceitou a sua explicação, 2 Sm 19.24-30. Depois, Davi poupou a Mefibosete da vingança dos gibeonitas, 2 Sm 21.7.

MEGIDO, hb. **Lugar de tropas:** Uma antiga cidade de Canaã dentro do território de Issacar, mas cedida a Manassés, que não expulsou os cananeus, Js 12.21; 17.11-13; Jz 1.27,28; 1 Cr 7.29. Foi teatro da derrota de Sísera, Jz 5.19. Aí foi morto Josias pelo Faraó Neco, 2 Rs 23.29,30. Por essa razão é nome sugestivo de terrível conflito, Zc 12.11; Ap 16.16. Foi uma das cidades que forneciam mantimento a Salomão e à sua casa, 1 Rs 4.12. Para ali fugiu Acazias e morreu, 2 Rs 9.27. Megido é atualmente a povoação de al-Lejjun. Ver **Esdrelom**. Ver, também, mapa 2, C-3; mapa 4, B-1.

MEIA-NOITE: Hora ou momento que divide a noite em duas partes iguais. // Cerca da **m** passarei pelo... Egito, Êx 11.4. Sansão... deitado até à **m**, Jz 16.3. Levanto-me à **m** para te dar graças, Sl 119.62. À **m** ouviu-se um grito, Mt 25.6. Quando virá... à **m**, Mc 11.35. À **m**... empresta-me três pães, Lc 11.5. **M**, Paulo e Silas oravam, At 16.25. O discurso até à **m**, At 20.7.

MEÍDA, hb, **União:** Chefe de uma família que voltou do exílio, Ed 2.52.

MEIO: Esfera moral ou social. // **Meios:** haveres, recursos pecuniários. // Deus no meio de Seu povo, Sl 46.5; Is 12.6; Os 11.9; Jl 2.27; Mt 18.20. Os **m** para a concluir, Lc 14.28. Jesus apareceu no **m**, Lc 24.36. Jesus, pôs-se no **m**, Jo 20.19. Usaram de todos os **m**, At 27.17. Fogo... no **m** de vós, 1 Pe 4.12.

MEIO-DIA: Momento que divide o dia em duas partes iguais. // Apalparás ao **m**, Dt 28.29. Tua vida será mais clara que o **m**, Jó 11.17. O teu direito como o sol ao **m**, Sl 37.6. Tua escuridão será como **m**, Is 58.10. Tropeçamos ao **m** como nas trevas, Is 59.10. Que o sol se ponha ao **m**, Am 8.9.

MEIR, hb. **Preço:** Um descendente de Judá, 1 Cr 4.11.

MEIRINHO: Antigo empregado oficial, correspondente ao moderno oficial de diligências. // O juiz te entregue ao **m** e o **m**, Lc 12.58.

MEL: Substância doce formada pelas abelhas do suco das flores. // O mais precioso desta terra... um pouco de **m**, Gn 43.11. Terra que mana leite e **m**, Êx 3.8; Lv 20.24; Nm 13.27. Maná... de sabor como bolos de **m**, Êx 16.31. Terra de azeite e **m**, Dt 8.8. Chupar **m** da rocha, Dt 32.13. Leão morto... um enxame de abelhas com **m**, Jz 14.8. Que coisa há mais doce de que o **m**, Jz 14.18. Um bosque onde havia **m** no chão, 1 Sm 14.25. Uma botija de **m**, 1 Rs 14.3. Os juízos do Senhor são... mais doces do que o **m**, Sl 19.10. E o saciaria com o **m** que escorre da rocha, Sl 81.16. As tuas palavras... mais que o **m** à minha boca, Sl 119.103. Os lábios da mulher adúltera destilam favos de **m**, Pv 5.3. Saboreia o **m**, porque é saudável, Pv 24.13. Comer muito **m** não é bom, Pv 25.27,16. Ele comerá manteiga e **m**, Is 7.15,22. Na boca que era doce como o **m**, Ez 3.3; Ap 10.9. Gafanhotos e **m** silvestre, Mt 3.4.

MELÃO: Da família das cucurbitáceas. Os israelitas no deserto suspiravam pelos pepinos, melões, alhos, porros e cebolas do Egito, Nm 11.5.

MELATIAS, hb. **Jeová libertou:** Um gibeonita que trabalhou na reedificação dos muros de Jerusalém, Ne 3.7.

MELEÁ: Pai de Eliaquim da genealogia de Cristo, Lc 3.31.

MELEQUE, hb. **Rei:** Um bisneto de Jônatas e neto de Mefibosete, 1 Cr 8.35.

MELHOR: Superior em qualidades. // Obedecer é **m** do que o sacrificar, 1 Sm 15.22. **M** é buscar refúgio no Senhor, Sl 118.9. **M** é a sabedoria do que jóias, Pv 8.11. **M** é o pouco havendo, Pv 15.16. **M** lhe fora que se lhe pendurasse, Mt 18.6. **M** lhe fora não haver nascido! Mt 26.24. A **m** roupa, Lc 15.22. Os **m** dons, 1 Co 12.31. Com Cristo... é incomparavelmente **m**, Fp 1.23. **M** lhes fora nunca tivessem conhecido, 2 Pe 2.21.

MELHORAR: Tornar melhor ou mais próspero. // Melhorai os vossos caminhos, Jr 7.3; 26.13 (ARC). Se deveras melhorardes os vossos, Jr 7.5 (ARC).

MELODIA: Am 5.23. Série de sons agradáveis ao ouvido. Ver **Hino, Música.**

MELQUI, hb. **Jeová é rei:** 1. Pai de Levi na genealogia de Cristo, Lc 3.24. // 2. Filho de Adi, na genealogia de Cristo, Lc 3.28.

MELQUISEDEQUE, hb. **Rei de justiça:** Era rei de Salém e sacerdote do Deus Altíssimo, Gn 14.18. **Salém** era o nome antigo de Jerusalém. Abençoou Abraão e recebeu dele o dízimo, após voltar este de ferir Quedorlaomer, Gn 14.19,20. Jesus é sacerdote para sempre, segundo a ordem de Melquidesequ̧e, Sl 110.4. Salienta-se em Hb 5.10; 6.20; 17.1-17, a relação entre Melquisedeque e Cristo, como tipo e antitipo: cada um deles é sacerdote. (1) não segundo a ordem levítica; (2) tem superioridade sobre Abraão; (3) não se conhecendo o seu princípio nem o seu fim; (4) e não só é sacerdote, mas também rei de paz e de justiça.

MEMBRO: Apêndice do corpo do homem e do animal, com que se exercem movimentos. // Que se perca um dos teus **m**, e não seja todo o teu corpo, Mt 5.29. José, **m** do Sinédrio, Lc 23.50. Nem ofereçais... os **m** do seu corpo ao pecado, Rm 6.13. Oferecei agora os vossos **m** para servirem a justiça, Rm 6.19. Vejo nos meus **m** outra lei, Rm 7.23. Num só corpo temos muitos **m**, mas nem todos os **m** têm a mesma função, Rm 12.4. Somos... **m** um dos outros, Rm 12.5; Ef 4.25. Vossos corpos são **m** de Cristo?... tomaria os **m** de Cristo e os faria **m** de meretriz? 1 Co 6.15. Tem muitos **m** e todos os **m**, sendo muitos, constituem um só corpo, 1 Co 12.12. Individualmente, **m** desse corpo, 1 Co 12.27. Os gentios são co-herdeiros, **m** do mesmo corpo, Ef 3.6. Somos **m** do seu corpo, Ef 5.30. A língua é um pequeno **m**, Tg 3.5 (ARC). Deleites, que nos vossos **m** guerreiam? Tg 4.1 (ARC).

MEMORÁVEL: Digno de ficar na memória; célebre. // Ele fez **m** as suas maravilhas, Sl 111.4. Ver **Famoso.**

MEMÓRIA: Lembrança, reminiscência. // Riscar totalmente a **m** de Amaleque, Êx 17.14. Pedras de **m**, Êx 28.12. A **m** do teu nome, Sl 102.12. A tua **m** passará de geração em geração, Sl 135.13. A **m** do justo é abençoada, Pv 10.7. A **m** não durará para sempre, Ec 2.16. Na tua **m** está o desejo da nossa alma, Is 26.8. Será contado o que ela fez, para **m** sua, Mt 26.13. Fazei isto em **m** de mim, Lc 22.19; 1 Co 11.24. Orações e esmolas subiram para **m** diante de Deus, At 10.4.

MEMORIAL: Lembrança. // Este dia vos será por **m**, Êx 12.14. Por **m** entre teus olhos, Êx 13.9. Porção **m** sobre o altar, Lv 2.2. Estas pedras... por **m**, Js 4.7.

MEMUCÃ: Um dos sete príncipes dos persas e dos medos, Et 1.14.

MENÁ: Um bisneto de Davi, da geração de Cristo, Lc 3.31.

MENAÉM, hb. **Consolador:** O décimo-sexto rei de Israel. Filho de Gadi. Reinou dez anos em Samaria. Não se apartou dos pecados de Jeroboão, filho de Nebate, 2 Rs 15.14-22. Ver **Reis.**

MENÇÃO: Referência, citação, lembrança incidental. // Faças **m** de mim a Faraó, Gn 40.14. Fazendo **m**... nas minhas orações, Ef 1.16.

MENCIONAR: Referir, expor, narrar. // Sem mencionar... as acusações, At 25.27. Ver **Citar.**

MENDIGAR, MENDIGO: Pedir por esmola. // Os pobres podiam rebuscar as vinhas e os campos, Lv 10.10; 25.5; Dt 24.19; Rt 2.2. As terras revertiam aos pobres no ano do jubileu, Lv 25. Havia contudo mendigos. Disse Davi: Jamais vi o justo desamparado, nem a sua descendência a mendigar o pão, Sl 37.25. Andem errantes os seus filhos, e mendiguem, Sl 109.10. Bartimeu, cego mendigo, Mc 10.46. certo mendigo, chamado Lázaro, Lc 16.20. De mendigar tenho vergonha, Lc 16.3. Mendigo cego de nascença, Jo 9.8. Mendigo, coxo na porta do templo, At 3.2. Ver **Esmola.**

MENE, MENE, TEQUEL e PARSIM: Palavras aramaicas, escritas por dedos misteriosos, na parede durante o banquete do rei Belsazar, e interpretadas por Daniel, cap. 5.24-28.

MENEAR: Mover de um lado para outro. // Quando me vêem meneiam a cabeça, Sl 109.25. Assobiam e meneiam as cabeças, Lm 2.15. Blasfemavam dele, meneando a cabeça, Mt 27.39.

MÊNFIS: Capital antiga do Egito. Fundada por Menés, seu primeiro rei, no rio Nilo 15 quilômetros ao sul da cidade atual de Cairo. Chamada, também, Nofe, Is 19.13 (ARC). Depois do assassinato de Gedalias, os judeus fugiram para o Egito e se estabeleceram em Mênfis, Jr 44.1. Profecias contra ela: Jr 46.19; Ez 30.13,16; Os 9.6. É o lugar do grande colosso de Ramsés **II** e a imensa esfinge de alabastro.

MENINA: Mulher solteira e muito nova. // Cativa uma **m** que ficou ao serviço da mulher de Naamã, 2 Rs 5.2. Venderam **m** por vinho, Jl 3.3. Não está morta a **m**, mas dorme, Mt 9.24.

MENINA DO OLHO: A pupila do olho. // Seu grande valor e a defesa constante pela pálpebra, a tornou um símbolo de aquilo que é mais precioso e guardado mais zelosamente. Deus guardou Israel como a menina dos Seus olhos, Dt 32.10. Davi orou: Guarda-me como a menina dos olhos, Sl 17.8. Filho meu... guarda... a minha lei, como a menina dos teus olhos, Pv 7.2. Aquele que tocar em vós na menina do seu olho, Zc 2.8.

MENINICE: Modos, palavras ou atos próprios de menino. // Desde a tua **m** sabes, 2 Tm 3.15 (ARC).

MENINO: Criança do sexo masculino. // Por que deixastes viver os **m**, Êx 1.18. Eis que o **m** chorava, Êx 2.6. O **m** será nazireu, Jz 13.5. Por este **m** orava eu, 1 Sm 1.27. Dividi em duas partes o **m**, 1 Rs 3.25. Que faças a alma deste **m** voltar, 1 Rs 17.21. Despedaçaram quarenta e dois **m**, 2 Rs 2.24. Antes que lhe viessem as dores, nasceu-lhe um **m**, Is 66.7. Quando Israel era **m** eu o amei, Os 11.1. Matar todos os **m** de Belém, Mt 2.16. Semelhante a **m** sentados, Mt 11.16. O **m** João Batista, Lc 1.66,76,80. O **m** Jesus, Is 9.6; Mt 2.8,11,13,20; Lc 2.27,38,40,43. Quando eu era **m**, falava como **m**, 1 Co 13.11. Não sejais **m** no juízo, 1 Co 14.20. Não mais sejamos como **m**, Ef 4.14. Ver **Criança, Menina.**

MENOR: Mais pequeno em dimensões em quantidade, em intensidade. // O **m** para governar a noite, Gn 1.16. Éreis o **m** de todos os povos, Dt 7.7, Eu o **m** na casa de meu pai, Jz 6.15. Sou... da **m** das tribos, 1 Sm 9.21. O **m** no reino dos céus é maior,

Mt 11.11. A **m** de todas as sementes, Mt 13.32. Eu sou o **m** dos apóstolos, 1 Co 15.9. O **m** de todos os santos, Ef 3.8. Um pouco, **m** que os anjos, Hb 2.7. Todos me conhecerão, desde o **m**, Hb 8.11.

MENOS: Em menor número, em menor quantidade, em menor intensidade. // Se mais vos amo, serei **m** amado? 2 Co 12.15.

MENOSPREZAR: Ter em menos conta, ou em pouco apreço. // Rejeita a disciplina menospreza a sua alma, Pv 15.32. Ou menosprezais a correção que vem do Senhor, Hb 12.5. Menosprezastes o pobre, Tg 2.6. Menosprezam qualquer governo, 2 Pe 2.10.

MENSAGEIRO: O que leva uma mensagem. // Jacó enviou **m** diante de si a Esaú, Gn 32.3. Zombavam dos **m**, 2 Cr 36.16. O **m** fiel para com os que o enviam, Pv 25.13. Nem digas diante do **m** de Deus, Ec 5.6. Ide, **m** velozes, a uma nação, Is 18.2. Os **m** de paz estão chorando, Is 33.7. Quem é surdo como o meu **m**, Is 42.19. Às nações foi enviado um **m**, Ob 1. Ele é **m** do Senhor dos Exércitos, Ml 2.7. Envio o meu **m** que preparará, Ml 3.1; Mt 11.10; Mc 1.2. Enviou **m** que o antecedessem, Lc 9.51. São **m** das igrejas, 2 Co 8.23. **M** de Satanás, 2 Co 12.7. Epafrodito... vosso **m**, Fp 2.25. Ver **Enviado.**

MENSAGEM: Comunicação verbal; recado; discurso escrito. // A **m**... é esta: Que Deus é luz, 1 Jo 1.5. A **m**... é esta, que nos amemos, 1 Jo 3.11. Ver **Nova.**

MENTE: Entendimento. // Tenho no coração e na **m**, 1 Sm 2.35. Pois sondas a **m** e o coração, Sl 7.9. Guerreando contra a lei da minha **m**, Rm 7.23. Quem conheceu a **m**, do Senhor, Rm 11.34; 1 Co 2.16. Renovação da vossa **m**, Rm 12.2. Opinião bem definida em sua própria **m**, Rm 14.5. Orarei com a **m**, 1 Co 14.15. Corrompidas as vossas **m**, 2 Co 11.3; 2 Tm 3.8. A paz... guardará... as vossas **m**, Fp 4.7. Não vos demovais da vossa **m**, 2 Ts 2.2. A **m**... estão corrompidas, Tt 1.15. Nas suas **m** imprimirei as minhas leis, Hb 8.10. Despertar... a vossa **m** esclarecida, 2 Pe 3.1. Ver **Coração, Entendimento, Sentimento.**

MENTIR: Enganar. Contar mentiras a. // Nem mentireis, nem usareis de falsidade, Lv 19.11. Porém mentiu-lhe, 1 Rs 13.18. A testemunha verdadeira não mente, Pv 14.5. Mentisses ao Espírito Santo, At 5.3. Não mintas uns aos outros, Cl 3.9. Deus não pode mentir, Tt 1.2; Hb 6.18. Nem mintais contra a verdade, Tg 3.14. Mentimos e não praticamos a verdade, 1 Jo 1.6.

MENTIRA: Dolo, engano. // Besuntais a verdade com **m**, Jó 13.4. O justo aborrece a palavra de **m**, Pv 13.5. As suas imagens são **m**, Jr 10.14; 51.17. Profetizam **m**, Jr 14.14; 27.10. Mudaram a verdade de Deus em **m**, Rm 1.25. Deixando a **m**, fale cada um a verdade, Ef 4.25. Para darem crédito à **m**, 2 Ts 2.11. **M** alguma jamais procede da verdade, 1 Jo 2.21. Não se achou **m** na sua boca, Ap 14.5. Fora fica todo aquele que ama e pratica **m**, Ap 22.15.

MENTIROSO: Que mente. // Espírito **m**, 2 Cr 18.21. Lábios **m**, Sl 31.18; Pv 12.22. Língua **m**, Pv 6.17; 12.19. Sonhos **m**, Jr 23.32. É **m** e pai da mentira, Jo 8.44. Seja Deus verdadeiro e **m** todo homem, Rm 3.4. Cretenses sempre **m**, Tt 1.12. Fazemo-lo **m**, 1 Jo 1.10. Aquele que diz: eu o conheço, e não guarda os seus mandamentos, é **m**, 1 Jo 2.4. Quem é o **m** senão aquele que nega que Jesus é Cristo, 1 Jo 2.22. E odiar a seu irmão, é **m**, 1 Jo 4.20. Aquele que não dá crédito a Deus, o faz **m**, 1 Jo 5.10. Todos os **m**, a parte que lhes cabe será no lago que arde, Ap 21.8.

MEONOTAI, hb. **Minhas moradas:** Filho de Otniel, e sobrinho de Calebe, 1 Cr 4.14.

MERABE, hb. **Aumento:** A filha mais velha de Saul, prometida a Davi, mas dada a Adriel, 1 Sm 14.49. Seus cinco filhos entregues aos gibeonitas que os mataram por causa do pecado de Saul, 2 Sm 21.8.

MERAÍAS, hb. **Contumácia:** Sacerdote e cabeça de uma família sacerdotal, Ne 12.12.

MERAIOTE: 1. Um descendente de Aarão, 1 Cr 6.6. // 2. Outro sacerdote da mesma linha, 1 Cr 9.11. // 3. Outro sacerdote, no fim do exílio, Ne 12.15.

MERARI, hb. **Amargoso, infeliz:** O terceiro filho de Levi, Gn 46.11; Êx 6.16.

MERARITAS: Nm 26.57. Descendentes de Mearei, que constituíram uma das três grandes divisões do corpo levítico, Nm 3.33-37. Tinham a seu cargo as tábuas do tabernáculo, as suas travessas, as suas colunas, as suas bases, etc., Nm 3.36. Concederam-lhe quatro carros e oito bois devido ao peso do que tinham de levar, Nm 7.8. Receberam doze cidades no território de Gade, de Ruben e de Zebulom, Js 21.34-40. As funções dos meraritas no tempo de Davi, 1 Cr 26.10-19. Participaram na purificação do templo de Ezequias, e no tempo de Josias, 2 Cr 29.12; 34.12.

MERCADEJAR: Comerciar. // Mercadejando a palavra de Deus, 2 Co 2.17. ver **Negociar.**

MERCADO: O Comércio. Lugar público onde se vendem mercadorias. // O **m** das nações, Is 23.3 (B). Comei de tudo o que se vende no **m**, 1 Co 10.25.

MERCADOR: Aquele que compra mercadorias, para as vender a retalho. // Moeda corrente entre os **m**, Gn 23.16. Passando os **m** midianitas, Gn 37.28. Tiro... cujos **m** são príncipes, Is 23.8. Tubal e Meseque eram os teus **m**, Ez 27.13. Efraim, **m**, tem balança enganosa, Os 12.7. Os **m** da terra se enriqueceram, Ap 18.3. Teus **m** foram os grandes, Ap 18.23. Ver **Negociante.**

MERCADORIA: Aquilo que se comprou e se expõe a venda. // Trazendo... no dia de sábado qualquer **m**, Ne 10.31. Saquearão as tuas **m**, Ez 26.12. Em troca das tuas **m** davam **m**, Ez 27.13. Porque já ninguém compra a sua **m**, Ap 18.11.

MERCANTE: Relativo ao comércio ou ao movimento comercial. // É como o navio **m**, Pv 31.14 (ARC).

MERCAR: Comprar para vender. // Efraim mercou amores, Os 8.9.

MERCÊ: Benefício, favor. // Se acho **m** em tua presença, Gn 18.3. Ver **Favor, Graça.**

MERCENÁRIO: Que trabalha ou serve, mediante soldada ou estipêndio. // O **m**, que não é pastor, Jo 10.12.

MERCÚRIO: O deus da eloqüência, da mitologia romana, em grego **Hermes**. Em Listra a Paulo chamavam **Mercúrio**, porque era este o principal portador da palavra, At 14.12.

MEREDE, hb. **Rebelião:** Um descendente de Judá, 1 Cr 4.17.

MEREMOTE, hb. **Alturas:** 1. Sacerdote, filho de Urias, nomeado para pesar e registrar os vasos de ouro e de prata, Ed 8.33. Trabalhou na reedificação dos muros de Jerusalém, Ne 3.4. // 2. Um dos que tinham mulher estrangeira, Ed 10.36. // 3. Um chefe do povo que assinou a aliança com Neemias, cap. 10.5.

MERETRÍCIO: Relativo a meretriz. Profissão de mulher de má vida. // Judá teve-a por meretriz, Gn 38.15. Farei cessar o teu meretrício, Ez 16.41. Publicanos e meretrizes vos procedem, Mt 21.31. Desperdiçou teus bens com meretrizes, Lc 15.30. Os faria membros de meretriz, 1 Co 6.15. Raabe a meretriz, Hb 11.31; Tg 2.25. O julgamento da grande meretriz, Ap 17.1; 19.2. A mãe das meretrizes, Ap 17.5. Ver **Adultério, Divórcio, Fornicação, Prostituição.**

MERETRIZ: Prostituta. // Cessar de ser **m**, Ez 16.41 (ARC). E **m** vos precedem no reino, Mt 21.31. A **m**, faz-se um corpo com ela? 1 Co 6.16 (ARC). Pela fé Raabe, a **m** Hb 11.31. A **m** Raabe, Tg 2.25.

MERGULHAR: Entrar na água a ponto de ficar coberto por ela. // Mergulhou no Jordão sete vezes, 2 Rs 5.14.

MERIBÁ, hb. **Contenda:** As águas de Meribá... os filhos de Israel contenderam, Nm 20.13. Arão será recolhido... fostes rebeldes... nas águas de Meribá, Nm 20.24.

MERIBE-BAAL, hb. **Baal contenda:** O filho de Jônatas e neto do rei Saul, ao qual mais tarde se chamou Mefibosete, 1 Cr 8.34.

MERO: Simples. // **M** palavras, porém, levam à penúria, Pv 14.23.

MERODAQUE, hb. **Morte:** Divindade padroeiro de Babilônia, Jr 50.2; o Ninrode de Gn 10.8. Ver **Bel.**

MERODAQUE-BALADÃ: Filho de Baladã, rei de Babilônia, envia uma embaixada a Ezequias, e Rs 20.12. Era grande e inveterado inimigo de Sargão e de seu filho Senaqueribe, reis da Assíria.

MEROM, hb. **Altura:** Josué derrotou os reis do norte de Canaã junto as águas de Merom, Js 11.7. Refere-se, talvez, a um lago 20 quilômetros ao norte do mar da Galiléia. Ver mapa 2, D-2.

MERONOTITA: 1 Cr 27.30; Ne 3.7. Natural de Meronote, uma cidade não identificada.

MEROZ, hb. **Lugar de refúgio:** Uma cidade amaldiçoada porque não veio ao socorro de Israel no dia de batalha, Js 5.23.

MÊS: Guardais dias e **m**, Gl 4.10. Ver **Ano, Dia, Hora, Tempo.**

MESA, hb. **Retiro:** 1. Um descendente Escrituras Benjamim, 1 Cr 8.9. 2. Um rei de Moabe, contemporâneo a Acabe, a Acazias e a Jordão, 2 Rs 3. Ofereceu seu filho primogênito em holocausto sobre o muro de Quir-Haresete, 2 Rs 3.27.

MESA: Móvel sustentado por um ou mais pés. // A **m** dos pães da proposição, Êx 25.23; Lv 24.6. Uma **m** na presença dos meus adversários, Sl 23.5. Pode, acaso, Deus preparar-nos **m** no deserto, Sl 78.19. Teus filhos... à roda da tua mesa, Sl 128.3. Carneou os seus animais... arrumou a sua **m**, Pv 9.2. As **m** estão cheias de vômitos, Is 28.8. A **m** do Senhor, Ml 1.12. As **m** dos cambistas, Mt 21.12. A mão do traidor está comigo à **m**, Lc 22.21. Qual é maior: quem está à **m**? Lc 22.27. Comais e bebais à minha **m**, Lc 22.30. Abandonemos... para servir às mesas, At 6.2. Torna-se-lhes a **m** em laço, Rm 11.9. Da **m** do Senhor e da **m** dos demônios, 1 Co 10.21.

MESA DOS PÃES DA PROPOSIÇÃO: Êx 25.23-30. Ver **Pães da proposição.**

MESAQUE: O nome babilônico de Misael, um dos três companheiros de Daniel, Dn 1.7.

MESELEMIAS, hb. **Jeová Recompensa:** Pai de Zacarias, porteiro da entrada da congregação, 1 Cr 9.21.

MESEQUE: Um filho de Jafé e neto de Noé, Gn 10.2. Ver mapa 1, D-3.

MESEZABEL, hb. **Deus liberta:** 1. Um dos antecedentes de Mesulão, Ne 3.4. // 2. Um chefe do povo, que assinou a aliança com Neemias, cap. 10.21. // 3. O pai de Petaías, Ne 11.24.

MESILEMITE, hb. **Recompensa:** Um sacerdote filho de Imer, 1 Cr 9.12.

MESILEMOTE, hb. **Recompensa:** 1. Pai de Berequias, e Cr 28.12. // 2. Um filho de Imer, Ne 11.13.

MESMO: Exatamente igual; idêntico. A mesma coisa. // Tendo o **m** sentimento, Rm 12.16. Dons são diversos, mas o Espírito é o **m**, 1 Co 12.4. Tu, porém, és o **m**, Hb 1.12. Cristo ontem e hoje é o **m**, Hb 13.8.

MESOBABE, hb. **Restaurado:** Um príncipe de uma família simeonita, 1 Cr 4.34.

MESOPOTÂNIA, gr. **País entre rios:** A região entre o Eufrates e o Tigre. Ver mapa 1, D-3. Foi o país de Naor e Abraão antes de emigrarem para a Terra da Promissão, Gn 11.31; 24.10; At 7.2; e também o foi de Balaão e de certos indivíduos que estavam em Jerusalém no dia de pentecostes, Dt 23.4; At 2.9.

MESSA: Localidade mencionada como sendo o limite ocidental ou setentrional do povo descendente de Joctã, Gn 10.30. Ver mapa 1, D-4.

MESSE: Seara, em estado de se ceifar. // Quando segares a **m**, Lv 19.9; 23.10. A terra dará a sua **m**, Lv 26. A sua **m** o faminto a devora, Jó 5.5. Ver **Ceifa**, **Colheita**, **Sega**.

MESSIAS, hb. **Ungido:** Corresponde a palavra grega, **Christos**. Achamos o **M**, Jo 1.41. Que há de vir o **m**, Jo 5.25. // **Profecias acerca do Messias:** Seu advento, Gn 3.15; Dt 18.15; Is 32.1; 55.4; Dn 2.44; Zc 3.8; Ml 3.1; Sua linhagem, Gn 3.15; Is 7.14; 11.1; Jr 23.5; 33.15; Seu nascimento, Is 7.14; Mq 5.3; Is 9.6; Seu caráter: Deus forte, Is 9.6; Homem de dores, Is 53.3; humilde, Is 11., 53., justo, Is 11.4. // **Suas funções:** Conselheiro, Is 9.6; Juiz, Sl 72.2-4; 110.6; Is 11.3,4; Legislador, Is 33.22; Mediador, Is 49.8; Pedra angular, Is 28.16; Sl 118.22; Príncipe da paz, Is 9.6; Profeta, Dt 18.15; Sl 110.4; Redentor, Is 59.20; Rei, Sl 2.6; Mq 5.2; Zc 14.9; Sacerdote, Sl 110.4; Servo, Is 42.1; 49.6; 53.11. Ver **Cristo.**

MESTRE: Homem que ensina. // Por que come o vosso **M**, Mt 9.11. O discípulo não está acima do seu **m**, Mt 10.24. Serem chamados **m** pelos homens, Mt 23.7. Assentado no meio dos **m**, Lc 2.46. Fariseus e **m** na lei, Lc 5.17. Sabemos que és **M** vindo da parte de Deus, Jo 3.2. Tu és **m** em Israel, e não compreendes? Jo 3.10. Vós me chamais o **M** e o Senhor, Jo 13.13. Gamaliel, **m** da lei, At 5.34. São todos **m**? 1 Co 12.29. Concedeu uns para pastores e **m**, Ef 4.11. Pretendendo passar por **m** da lei, 1 Tm 1.7. Fui designado **m** dos gentios, 1 Tm 2.7. Cercar-se-ão de **m**, segundo as suas próprias cobiças, 2 Tm 4.3. Quando devíeis ser **m**, tendes novamente necessidade de alguém que vos ensine, Hb 5.12. Não vos torneis, muitos de vós, **m**, Tg 3.1. Haverá entre vós falsos **m**, 2 Pe 2.1. Ver **Instrutor, Rabi.**

MESTRE-SALA: Empregado de casa real que dirigia o cerimonial nas recepções. // Levai ao mestre-sala, Jo 2.8.

MESULÃO, hb. **Amigo:** 1. O avô de Safã, 2 Rs 22.3. // 2. Um filho de Zorobabel, 1 Cr 3.19. // Chefe de uma família de Gade, 1 Cr 5.13. // 4. Um benjamita, 1 Cr 8.17. // 5. Um filho de Salu, benjamita, 1 Cr 9.7. // 6. Outro benjamita, filho de Sefatias, 1 Cr 9.8. // 7. Um levita, filho de Zadoque, 1 Cr 9.11. // 8. Um filho de Mesilemite, 1 Cr 9.12. // 9. Um levita da família dos coatitas, 2 Cr 34.12. // 10. Um chefe que voltou do exílio, Ed 8.16. // 11. Um dos chefes que apoiaram Esdras na anulação dos casamentos com mulheres estrangeiras, Ed 10.15. // 12. Um dos que se casaram com mulheres estrangeiras, Ed 10.29. // 13. Um que trabalhou na reedificação dos muros, Ne 3.4. // 14. Outro que trabalhou nos muros, Ne 3.6. // 15. Um que estava à esquerda de Esdras, quando ele lia ao povo, Ne 8.4. // 16. Um dos que assinaram a aliança, Ne 10.7. // 17. Outro que assinou a aliança, Ne 10.20. // 18. Um sacerdote da família de Esdras, que prestou o seu auxílio na dedicação dos muros, Ne 12.13. // 19. Um sacerdote, Ne 12.16. // 20. Um porteiro do templo, Ne 12.25. // 21. Um príncipe que subiu sobre o muro e participou da dedicação dos muros, Ne 12.33.

MESULEMETE: Mulher do rei Manassés e mãe do rei Amom, 2 Rs 21.19

META: Alvo, mira. // Corro... não sem **m**, 1 Co 9.26. Ver **Rumo.**

METADE: Cada uma das duas partes iguais em que se divide um todo. // Dai **m** a uma, e **m** a outra, 1 Rs 3.25. Dar aos pobres **m** dos meus bens, Lc 19.8.

METÁFORA: Ver **Parábola.**

METAL: Corpo simples, dotado de brilho próprio, bom condutor do calor e da eletricidade. // Pesquisas recentes descobrem que as minas da antiguidade, na Palestina, ainda estão ricas de ferro e de cobre. Ver Dt 8.9. Não há menção de zinco nas Escrituras, mas encontramos menções dos seguintes metais: Aço (ARC), Jó 20.24. Aço (B), Na 2.3. Bronze (uma liga), Gn 4.22. Chumbo, Nm 31.22. Cobre, Dt 8.9. Estanho, Nm 31.22. Ferro, Gn 4.22. Ouro, Gn 2.11. Prata, Gn 23.16

METALURGIA: O homem, desde a alta antiguidade conhecia a metalurgia, a arte de extrair metais da terra, de os purificar e de os manipular industrialmente. Tubacaim era artífice de instrumentos cortantes, de bronze e de ferro, Gn 4.22. Refinavam-se os metais, Is 1.25. Refere-se ao ouro refinado, 1 cr 28.18; Sl 19.10; à prata purificada, 1 Cr 29.4; Zc 13.9; Ml 3.3. Faziam-se combinações de metais por meio de fusão o bronze é uma liga de estanho com cobre. Ver Ez 22.18,22. Quanto ao manipulá-los industrialmente, há muitos exemplos. O total de utensílios, de bacias, facas e taças levado do Templo por Nabucodonosor e devolvido por Ciro, foi 5.400, Ed 1.9-11. Ver **Mina**.

METER: Fazer entrar. // Preguiçoso mete a mão no prato, Pv 19.24. Todo insensato se mete em rixas, Pv 20.3. Mete comigo a mão no prato, Mt 26.23.

METUSAEL, hb. **Homem de Deus:** um descendente de Caim, Gn 4.18.

MEUJAEL: Um neto de Enoque Gn 4.18.

MEUMÃ: um dos sete eunucos de Assuero, Et 1.10.

MEXERICO: Enredo, intriga. // De alguma maneira haja... **m**, orgulhos, 2 Co 12.20 (ARC).

MEXERIQUEIRO: Intriguista. // Não andarás como **m**, Lv 9.16. O **m** encobre o segredo, mas o fiel de espírito o encobre, Pv 11.13.

ME-ZAABE, hb. **Águas de ouro:** O avô de Meetabel, que foi mulher de Hadar, o último mencionado rei de Edom, Gn 36.39.

MIAMIM, hb. **A mão direita:** 1. O chefe do sexto turno de sacerdotes, 1 Cr 24.9. // 2. Um dos que tinham mulher estrangeira, Ed 10.25. // 3. Um dos que selaram o pacto, Ne 10.7.

MIBAR, hb. **Escolha:** Um dos valentes do exército de Davi, 1 Cr 11.38.

MIBSÃO, hb. **Um doce aroma:** 1. Um filho de Ismael, 1 Cr 1.29. // 2. Um príncipe de uma família simeonita, 1 Cr 4.25.

MIBZAR, hb. **Uma fortaleza:** Um príncipe de Esaú, Gn 36.42.

MICA, hb. **Quem é semelhante a Jeová?** Abreviatura de **Miquéias:** Um homem de Efraim que, segundo nos parece, era muito sincero em servir a Deus, mas tão ignorante da sua lei que fez uma imagem de escultura, encheu sua casa de ídolos e consagrou um de seus filhos para que fosse por sacerdote, Jz 17—18. // Outros com o nome de **Mica**: 2 Sm 9.12; 1 Cr 5.5: 8.34; 23.20; 2 Cr 34.20; Ne 10.11; 11.17.

MICAEL, hb. **Quem é como o nosso Deus?** 1. O pai de um dos 12 espias, Nm 13.13. // 2. Um gadita que se estabeleceu em Basã, 1 Cr 5.13. // 3. Outro descendente de Gade, 1 Cr 5.14. // 4. Um antepassado de Asafe, 1 Cr 6.40. // 5. Um homem de posição da tribo de Issacar, 1 Cr 7.3. // 6. Um benjamita, 1 Cr 8.16. // 7. Um que se ajuntou a Davi em Ziclague, 1 Cr 12.20. // 8. O pai de Onri, 1 Cr 27.18. // 9. Um filho de Josafá, que foi assassinado por seu irmão Jorão, 2 Cr 21.2. // 10. Um antepassado de Zebadias, Ed 8.8.

MICAÍAS, hb. **Quem é semelhante a Jeová?** Filho de Inlá, profeta de Samaria. Profetizou a morte de Acabe, 2 Rs 22.1-35. // Outros com este nome: 2 Rs 22.12; 2 Cr 17.7; Ne 12.35; Jr 36.11.

MICAL, hb. **Quem é como Deus?** A mais nova das duas filhas de Saul, 1 Sm 14.49. Enganou a seu pai e salvou a Davi, 1 Sm 19.12. Separada de Davi, casou-se com Palti, 1 Sm 25.44. Vendo Davi dançar e saltar diante do Senhor, desprezou-o no seu coração, 2 Sm 6.16. A repreensão de Davi, 2 Sm 6.21. Não teve filhos até o dia da sua morte, 2 Sm 6.23.

MICLOTE, hb. **Varas:** 1. Um benjamita, 1 Cr 8.32. // 2. Chefe dos capitães dos exércitos para o segundo mês, 1 Cr 27.4.

MICMÁS, hb. **Escondido longe:** Uma cidade de Benjamim ao oriente de Betel e 11 quilômetros ao norte de Jerusalém, onde se reuniram os filisteus com trinta mil carros e seis mil cavaleiros para pelejar contra Israel, 1 Sm 13.5. Um grupo de homens de Micmás voltou da Babilônia com Zorobabel, Ed 2.27. Mencionada por Isaías, Is 10.28. Ver mapa 2, C-5, B-1.

MICMETÁ: Uma cidade fronteira de Efraim, Js 16.6.

MICNÉIAS, hb. **Possessão de Jeová:** Um músico no templo, 1 Cr 15.18.

MIDIÃ: 1. Um dos filhos de Abraão e Quetura, Gn 25.2. // 2. Os descendentes de Midiã, Gn 36.35. // 3. A terra de Midiã, Êx 2.15; 4.19.

MIDIANITAS: Os descendentes de Midiã. // Reuel, o midianita, sogro de Moisés, Nm 10.29. Maldição contra os midianitas, Nm 25.17; 31.2. Os midianitas oprimiam a Israel, Jz 6. Gideão com trezentos homens venceu os midianitas, Jz 7; Sl 83.9; Is 9.4.

MIDIM, hb. **Extensão:** Uma cidade da herança de Judá, Js 15.61.

MIGALHA: Pequeno fragmento de alimento farinhoso. // Cachorrinhos comem das **m**, Mt 15.27. Desejava alimentar-se das **m**, Lc 16.21.

MIGDAL-EL, hb. **Torre de Deus:** uma cidade fortificada de Judá, Js 19.38.

MIGDAL-GADE, hb. **Torre da fortuna:** Uma cidade da herança de Judá, Js 15.37.

MIGDOL, hb. **Torre:** 1. Um lugar de acampamento de Israel antes de atravessar o mar Vermelho, Êx 14.2. // 2. Uma cidade ao nordeste do Egito, Jr 44.1.

MIGRADOR: Que faz viagens periódicas e irregulares. // Comeu-o o gafanhoto **m**, Jl 1.4.

MIGROM, hb. **Precipício:** Uma cidade de Gibeá, onde Saul reuniu os seus seiscentos homens e por onde passou Senaqueribe no seu caminho para Jerusalém, 1 Sm 14.2; Is 10.28.

MIGUEL, hb. **Quem é como Deus?:** Nas tradições judaicas e cristãs, Miguel é considerado chefe dos sete arcanjos. Fora dele, porém, há somente um outro anjo cujo nome conhecemos, Gabriel, Dn 8.16; 9.21; Lc 1.19,26. E as Escrituras falam somente de um arcanjo: "Miguel, o arcanjo", Jd 9. "Miguel, um dos primeiros príncipes", Dn 10.13. "Miguel, vosso príncipe", isto é, o anjo da guarda de Israel, Dn 10.21. Houve peleja no céu, Miguel e os seus anjos pelejaram contra o dragão, Ap 12.7.

MIL: Dez vezes cem; muito. // E cem... perseguirão a dez **m**, Lv 26.8. Como poderia um só perseguir **m**, Dt 32.30. Um dia é como **m** anos, Ap 20.2. Reinaram... durante **m** anos, Ap 20.4.

MILAGRE: Sucesso que se não explica por causas naturais. É propriamente obra de Deus, Êx 7.3,4; At 10.38. Contudo os milagres são feitos, às vezes, por poderes maus: Mt 24.24; 2 Ts 2.9; Ap 13.14; 16.14. // Empregam-se vários outros vocábulos para exprimir a idéia de milagres: **prodígios**, **maravilhas**, **sinais**, **poderes miraculosos**. Alguns têm caráter profético e pressagioso, predizendo grande juízos: as pragas sobre o Egito, Êx 3.20; prodígios no céu, At 2.19. Outros são grandes e poderosos, Mt 13.54; Mc 6.14; At 6.8; 8.6,13; 2 Co 12.12. Milagres extraordinários, At 19.11. Ainda outros tinham significação teológica, servindo como "sinais", Jo 2.11; 4.54. // Não todos os grandes servos de Deus faziam milagres, Jo 10.41; 1 Co 12.10,29. As curas eram milagrosas, At 4.22. // Havia quatro períodos quando Deus operava maior número de milagres: 1) Quando formava a nação de Israel, sob Moisés e Josué. 2) Sob Elias e Eliseu, quando o culto a Baal ameaçava destruir toda a adoração a Deus. 3) No tempo de Daniel. 4) Ao estabelecer a igreja, no tempo de Cristo e os apóstolos. Mas não foi porque Deus não quisesse que os milagres continuassem ininterruptamente. Antes foi porque o povo não mais atentava para a voz do Senhor. Ver 1 Sm 3 etc. As Escrituras não ensinam que os milagres cessariam com os apóstolos, mas sim que permaneceriam até que viesse o que é perfeito, 1 Co 13.10. Tanto os sinais quanto a salvação pertencem à promessa de Mc 16.16,17. Milagres, prodígios e sinais são para a confirmação da Palavra, At 2.22; Hb 2.4. E nunca houve maior necessidade de confirmação do que há atualmente. Cristo operava milagres movido de compaixão, Mt 9.36. Ele, portanto, atende aos necessitados hoje, porque Ele é o mesmo, Hb 13.8. // Jesus curava toda sorte de doenças e enfermidades, em toda parte, e fazia muitos outros sinais que não estão registrados nas Escrituras, Mt 4.23,24; 8.16; 9.35; 10.8; 14.14; 15.30; 21.14; Jo 20.30. Portanto a seguinte lista de milagres, na página seguinte, é resumida.

Milhano

MILAGROSO: Fato sobrenatural, oposto às leis da natureza. // Operara essa cura **m**, At 4.22. Ver **Maravilhoso**, **Miraculoso**.

MILALAI, hb. **Eloqüente:** Um músico levítico, Ne 12.36.

MILCA, hb. **Conselho:** 1. Filha de Harã, muher de Naor, e avó de Rebeca, Gn 11.29; 22.20-23; 24.15,24,47. // 2. Filha de Zelofeade, Nm 26.33.

MILCÃ: Ver **Moloque**.

MILÊNIO: Espaço de mil anos. O milênio das Escrituras iniciar-se-á com a prisão de Satanás, Ap 20.2. Durante estes mil anos ele não terá oportunidade para enganar as nações, Ap 20.3. Todos os que não adoraram a besta viverão e reinarão com Cristo durante esse espaço de tempo, Ap 20.4. Os restantes dos mortos não reviverão até se completarem os mil anos, Ap 20.5. Ao completarem os mil anos Satanás será solto, Ap 20.7. Os da primeira ressurreição serão sacerdotes de Deus e de Cristo e reinarão com Ele os mil anos, Ap 20.6.

MILETO: Antiga cidade da Ásia Menor, porto do mar Egeu e 66 quilômetros ao sul de Éfeso. Possuía belo templo consagrado a Apolo. Visitada duas vezes pelo apóstolo Paulo, At 20.15—21.1; 2 Tm 4.20. Ver mapa 6, D-2.

MILHA: Distância de 1.480 metros, Mt 5.41. Ver **Medidas de comprimento**.

MILHANO: Ave de rapina que atinge 1,50 metro de envergadura. É uma das aves mais cruéis e sanguinárias, Dt 14.13.

MILHÃO: Mil vezes mil. // Um **m** e... que puxavam da espada, 1 Cr 21.5. Para a casa do Senhor... um **m** de talentos de prata, 1 Cr 22.14. Muitos anjos... **m** de **m**, Ap 5.11.

MILHAR: Mil unidades; grande número. // Sê tu a mãe de **m** e **m**, Gn 24.60. Saul feriu os seus **m**, 1 Sm 18.7. **M** e **m** o serviam, Dn 7.10. Agradar-se-á o Senhor de **m** de carneiros?, Mq 6.7. Milhões de milhões e **m** de **m**, Ap 5.11. Ver **Miríade**.

MILÍCIA: Vida ou disciplina militar. **Milícia celestial**: os anjos, os bem-aventurados. // Todos os dias da minha **m**, Jó 14.14. Multidão da **m** celestial, Lc 2.13. Culto da **m** celestial, At 7.42. As armas da nossa **m**, 2 Co 10.4. Ver **Exército**, **Hoste**, **Legião**, **Tropa**.

OS MILAGRES DE CRISTO

1. Narrados em um só Evangelho:	Mateus	Marcos	Lucas	João
A cura de dois cegos	9.29			
A cura de um mudo endemoninhado	9.33			
O estáter na boca de um peixe	17.27			
A cura de um surdo e gago		7.35		
A cura de um cego em Betsaida		8.25		
Cristo passa por entre os inimigos irados			4.30	
A pesca maravilhosa			5.6	
A ressurreição do filho da viúva de Naim			7.15	
A cura de uma mulher curvada			13.13	
A cura de um hidrópico			14.4	
A cura de dez leprosos			17.14	
A cura da orelha de Malco			22.51	
Água transformada em vinho				2.9
Sinais feitos durante a festa da páscoa				2.23
A cura do filho de um oficial do rei				4.46
A cura de um paralítico de Betesda				5.9
A cura de um cego de nascença				9.7
A ressurreição de Lázaro				11.44
A pesca maravilhosa				21.6

2. Narrados em dois Evangelhos	Mateus	Marcos	Lucas	João
A cura de um endemoninhado em Cafarnaum		1.26	4.35	
A cura do criado de um centurião	8.13		7.10	
A cura de um endemoninhado cego e mudo	12.22		11.14	
A cura da filha de uma cananéia	15.28	7.29		
Quatro mil homens alimentados	15.37	8.8		
Seca a figueira sem fruto	21.19	11.14		

3. Narrados em três Evangelhos	Mateus	Marcos	Lucas	João
A cura de um leproso	8.3	1.42	5.13	
A cura da sogra de Pedro	8.15	1.31	4.39	
Uma tempestade acalmada	8.26	4.39	8.24	
A cura de dois endemoninhados gadarenos	8.32	5.13	8.33	
A cura de um paralítico em Cafarnaum	9.7	2.12	5.25	
A cura de uma mulher hemorrágica	9.22	5.29	8.48	
A ressurreição da filha de Jairo	9.25	5.42	8.55	
A cura de um homem da mão ressequida	12.13	3.5	6.10	
Anda por sobre o mar	14.25	6.48		6.19
A cura de um jovem possesso	17.18	9.25	9.42	
A cura do cego Bartimeu (dois cegos, Mt 20)	20.34	10.52	18.43	

4. Narrados nos quatro Evangelhos	Mateus	Marcos	Lucas	João
Cinco mil homens alimentados	14.20	6.42	9.17	6.12

OS MILAGRES NA IGREJA PRIMITIVA

A palavra confirmada por meio de sinais	Mc 16.20
Línguas do pentecoste	At 2.1,8
Muitos prodígios, pelos apóstolos	At 2.43
A cura de um coxo na porta Formosa	At 3.1
A morte de Ananias e Safira	At 5.1-10
Muitos prodígios pelas mãos dos apóstolos	At 5.12-16

OS MILAGRES NA IGREJA PRIMITIVA

Abrem-se as portas do cárcere	At 5.19
Estêvão faz prodígios e grandes sinais	At 6.8
Filipe opera sinais	At 8.6,7,13
A cura de Enéias	At 9.34
A ressurreição de Dorcas	At 9.40
Pedro livrado da prisão	At 12.7
Elimas ferido de cegueira	At 13.11
Sinais e prodígios em Icônio	At 14.3
A cura de um coxo em Listra	At 14.10
Prodígios feitos por Barnabé e Paulo	At 15.12
A libertação de uma jovem adivinhadora	At 16.18
Milagres extraordinários pelas mãos de Paulo	At 19.11
Êutico ressuscitado da morte	At 20.12
Públio curado de disenteria	At 28.8
Os enfermos da ilha de Patmos curados	At 28.9
O Evangelho divulgado por prodígios	Rm 15.19
A operação de milagres	1 Co 12.10
Operadores de milagres	1 Co 12.28
As credenciais dos apóstolos por poderes miraculosos	2 Co 12.12
O que opera milagre entre vós	Gl 3.5
Vários milagres	Hb 2.4

OS MILAGRES DO ANTIGO TESTAMENTO

A trasladação de Enoque	Gn 5.24
A confusão das línguas	Gn 11.9
Sodomitas feridos de cegueira	Gn 19.11
A destruição de Sodoma e Gomorra	Gn 19.24
A mulher de Ló convertida numa estátua de sal	Gn 19.26
Nascimento de Isaque	Gn 21.2
A sarça ardente	Êx 3.2
A mão de Moisés feita leprosa	Êx 4.6
A vara de Arão torna-se em serpente	Êx 7.10

As dez pragas do Egito:

As águas tornam-se em sangue	Êx 7.20
Rãs	Êx 8.6
Piolhos	Êx 8.17
Moscas	Êx 8.24
Peste nos animais	Êx 9.6
Úlceras	Êx 9.10
Trovões e chuvas de pedras	Êx 9.23
Gafanhotos	Êx 10.13
Trevas	Êx 10.22
A morte dos primogênitos	Êx 12.29

Uma coluna de nuvem e uma coluna de fogo	Êx 13.21
As águas do mar Vermelho divididas	Êx 14.21
As águas de Mara tornam-se doces	Êx 15.15
Deus manda cordonizes e maná	Êx 16.13, 14
Água da rocha em Refidim	Êx 17.6
A morte de Nadabe e Abiú	Lv 10.1,2
Fogo arde entre os israelitas	Nm 11.1
Miriã curada de lepra	Nm 12.13
A morte de Coré, Datã e Abirã	Nm 16.32
A praga que matou 14.700	Nm 16.49
A vara de Arão brota	Nm 17.8
Água da rocha em Meribá	Nm 20.11
Serpentes abrasadoras	Nm 21.6

A jumenta de Balaão fala	Nm 22.28
A roupa dos israelitas não envelhece	Dt 8.4
As águas do Jordão partidas	Js 3.16
As muralhas de Jericó demolidas	Js 6.20
O sol e a lua detidos	Js 10.13
A lã de Gideão e a vitória sobre Midiã	Jz 6 e 7
As proezas de Sansão	Jz 14 a 16
Os filisteus feridos e a queda de Dagom	1 Sm 5.3-12
A morte de Uzá	2 Sm 6.7
Seca-se a mão de Jeroboão	1 Rs 13.4
Corvos sustentam a Elias	1 Rs 17.6
A seca de Elias	Tg 5.17
A farinha e o azeite da viúva de Sarepta	1 Rs 17.16
Elias ressuscita o filho da viúva	1 Rs 17.22
Elias faz fogo descer sobre o Carmelo	1 Rs 18.38
A chuva de Elias	1 Rs 18.45
Elias faz fogo descer sobre os capitães	2 Rs 1.10
Elias divide as águas do Jordão	2 Rs 2.8
Elias trasladado	2 Rs 2.11
Eliseu divide as águas do Jordão	2 Rs 2.14
Eliseu torna saudáveis as águas de Jericó	2 Rs 2.22
Duas ursas despedaçam 42 meninos	2 Rs 2.24
Eliseu supre água para o exército	2 Rs 3.20
Eliseu aumenta o azeite da viúva	2 Rs 4.6
Eliseu ressuscita o filho da sunamita	2 Rs 4.35
A morte tirada da panela	2 Rs 4.41
Cem homens alimentados	2 Rs 4.43
Naamã curado e Geazi atacado de lepra	2 Rs 5
Eliseu faz flutuar um machado	2 Rs 6.6
Um exército ferido de cegueira e curado	2 Rs 6.18
Um morto ressuscitado ao tocar os ossos de Eliseu	2 Rs 13.21
Destruição do exército de Senaqueribe	2 Rs 19.35
Retroce o sol dez graus	2 Rs 20.11
O holocausto de Salomão consumido	2 Cr 7.1
Uzias atacado de lepra	2 Cr 26.20
Os três hebreus livrados da fornalha de fogo	Dn 3.26
Daniel livrado da cova dos leões	Dn 6.22
Jonas livrado do peixe	Jn 2.10

Ver **Maravilha**, **Prodígio**, **Sinal**.

MILITAR: Combater, pugnar. // Não militamos segundo a carne, 2 Co 10.3. A carne milita contra o Espírito, Cl 5.17. Prazeres que militam na vossa carne?, Tg 4.1.

MILO, hb. **Terrapleno:** Certas partes das fortificações de Jerusalém, 2 Sm 5.9. Obras posteriores foram efetuadas por Salomão e por Ezequias, 1 Rs 9.15,24; 11.27; 2 Cr 32.5.

MIMOSO: Delicado, carinhoso. // O mais **m** dos homens, Dt 28.54. A mais **m** das mulheres, Dt 28.56. Nunca mais te chamarás a **m**, Is 47.1.

MINA: Cavidade aberta no solo para extrair metais. // Foi dito aos israelitas que Canaã era uma "terra cujas pedras são ferro e de cujos montes cavarás o cobre", Dt 8.9. Contudo as Escrituras se referem às minas somente em Jó 28.1-11. Ver **Metalurgia**.

MINA: A parábola das sete minas, Lc 19.13-27, Ver **Dinheiro** e **Pesos.**

MINAR: Invadir ocultamente. // Nas trevas minam as casas, Jó 24.16. Onde os ladrões minam e roubam, Mt 6.19 (ARC).

MINGUAR: Tornar-se menor. // As águas... minguaram, Gn 8.3.

MINI: Um povo da Armênia. Ver mapa 1, E-3. Os reinos de Ararate, Mini e Asquenaz, uniram-se para destruir Babilônia, Jr 51.27.

MINIAMIM, hb. **À mão direita:** 1. Um levita que tinha a seu cuidado as ofertas voluntárias, 2 Cr 31.15. // 2. Um dos sacerdotes que tocavam trombetas na dedicação dos muros de Jerusalém, Ne 12.41.

MÍNIMO: Que é o mais pequeno. // Meu dedo **m** é mais grosso, 2 Cr 10.10. Considerado **m** do reino, Mt 5.19. Indignos de julgar as coisas **m**?, 1 Co 6.2.

MINISTÉRIO: Mister, ofício, cargo, função. // **M** no santuário, Êx 35.19; 1 Cr 9.13; 2 Cr 24.14. **M** dos profetas, Os 12.10. **M** da palavra, At 6.4.

Uma multidão de miríades de pessoas se aglomeraram, ao ponto de uns aos outros se atropelarem, Lc 12.1

O **m** que recebi do Senhor, At 20.24. Entre os judeus por seu **m**, At 21.19. Glorifico o meu **m**, Rm 11.13. Se **m**, dediquemo-nos ao **m**, Rm 12.7. O **m** da morte, 2 Co 3.7. O **m** do Espírito, 2 Co 3.8. Tendo este **m**, segundo a misericórdia, 2 Co 4.1. E nos deu o **m** da reconciliação, 2 Co 5.18. Para que o **m** não seja censurado, 2 Co 6.3. Atenta para o **m** que recebeste, Cl 4.17. Designando-me para o **m**, 1 Tm 1.12. Cumpre cabalmente o teu **m**, 2 Tm 4.5. Marcos... me é muito útil para o **m**, 2 Tm 4.11. Obteve Jesus **m** tanto mais excelente, Hb 8.6.

MINISTRAÇÃO: Ato ou efeito de fornecer, de administrar. // Desta **m**, glorificam a Deus pela obediência, 2 Co 9.13.

MINISTRANTE: Aquele que ministra. // Purificados uma vez os **m**, Hb 10.2 (ARC).

MINISTRAR: Administrar, conferir. // Para **m** no santuário, Êx 28.43. Que lhe ministravam, Timóteo e Erasto, At 19.22. Ver **Servir**.

MINISTRO: Aquele que está incumbido de uma função. // Os filhos de Davi eram seus **m**, 2 Sm 8.18. Bendizei ao Senhor todos... vós, **m** seus, Sl 103.21. A teus **m**, labareda de fogo, Sl 104.4. E vos chamarão **m** de nosso Deus, Is 61.6. Uivai, **m** do altar; vinde **m** do meu Deus, Jl 1.13. Para servir (ser **m**) e dar a sua vida, Mt 20.28. Testemunhas oculares e **m** da palavra, Lc 1.2. Para te constituir **m** e testemunha, At 26.16. A autoridade e **m** de Deus, Rm 13.4. **M** de Cristo, Rm 15.16; 1 Co 4.1; 2 Co 11.15; 1 Tm 4.6. **M** de uma nova aliança, 2 Co 3.6. **M** de Deus, 2 Co 6.4. Os seus próprios **m** se transformem em **m** de justiça, 2 Co 11.15. Cristo **m** do pecado?, Gl 2.17. Fui constituído **m**, Ef 3.7. Tíquico... fiel **m**, Ef 6.21. Eu, Paulo, me tornei **m**, Cl 1.23. **M** do santuário, Hb 8.2. // **A obra dos ministros,** Is 62.6,7; Ez 33.7,8; Mt 9.37; Jo 1.41,45; At 6.4; 1 Co 3.5-11; 2 Co 5.17-20. // **Os ministros dignos de honra e apoio,** 1 Ts 5.12,13; 1 Tm 5.17; Hb 13.17. // **O galardão dos ministros,** Jo 4.36; 1 Co 3.8,14; 1 Tm 4.16; Tg 5.20. // **A alegria dos ministros,** 2 Co 2.3; Fp 2.2; 4.1; 1 Ts 2.19,20; 2 Tm 1.4. // **Exemplos de fiéis ministros:** Os 11 apóstolos, Mt 28.16-19; os setenta, Lc 10.1,17; Filipe, At 8.5; Barnabé, At 11.23; Paulo, At 28.31; Tíquico, Ef 6.21; Epafrodito, Fp 2.25. Ver **Apóstolo**, **Discípulo**, **Servidor**, **Servo**.

MIOLEIRA: Cabeça. // Sobre a própria **m** desce a sua, Sl 7.16.

MIQUÉIAS, hb. **Quem é semelhante a Jeová?:** Profeta contemporâneo de Isaías. Compare Mq 4.1-4 com Is 2.2-4. Nasceu em Moresete-Gate, Mq 1.1,14; aldeia situada cerca de 35 quilômetros ao sudoeste de Jerusalém, Jr 15.44. Enquanto Isaías era profeta da cidade, Miquéias era profeta do campo.

MIQUÉIAS, O LIVRO DE: O sexto dos 11 livros dos profetas menores. **O autor:** Miquéias, Mq 1.1. Profetizou durante os reinados de Jotão, Acaz e Ezequias, acerca de Samaria e Jerusalém, Mq 1.1.

A chave: Miquéias pertencia a Judá, mas tinha uma mensagem tanto para Israel quanto para Judá, predizendo o cativeiro desses reinos. Profetizou o nascimento do Messias em Belém, Mt 2.6; Mq 5.2.

As divisões: I. Denuncia, 1—3. II. Consola, 4—7. Antes de falecer, o profeta viu muito se cumprir do que predissera. Não muitos anos depois de ele começar a profetizar, as dez tribos foram levadas ao cativeiro. Treze anos depois, Samaria caiu e se tornou "um montão de pedras", 1.6. Laquis, perto do profeta, foi assolada por Senaqueribe, 1.13. Viu, também, o livramento de Jerusalém.

MIRACULOSO: O mesmo que milagroso. // Poderes **m**, Mt 13.54; 2 Co 12.12. Forças **m**, Mt 14.2. Ver **Maravilhoso**, **Milagroso**.

MIRAR: Fitar a vista em. // Todo mordido que a mirar, Nm 21.8. Ver **Contemplar**.

MIRIÃ, gr. **Maria:** 1. Filha de Anrão e Joquebede e irmã de Arão e Moisés, Nm 26.59. Era ela, talvez, quem vigiava o berço do menino Moisés em uma das margens do Nilo, Êx 2.4. Chamava-se **profetisa**, Êx 15.20. Dirigiu o cântico triunfal depois da passagem do mar Vermelho, Êx 15.20,21. Ferida de lepra, mas pela intercessão de seus irmãos, foi curada, Nm 12.10. Morreu e foi sepultada em Cades, antes de Israel entrar em Canaã, Nm 20.1. // Um descendente de Calebe, 1 Cr 4.17.

MIRÍADE: Número de dez mil. Grande número, indeterminado. // Multidão de **m** de pessoas se aglomeraram, Lc 12.1. Veio o Senhor entre as suas santas **m**, Jd 14.

MIRMA, hb. **Engano:** Um descendente de Benjamim, 1 Cr 8.10.

MIRRA: Goma, resina odorifera, medicinal, produzida pelo balsamodendro. Um dos ingredientes do óleo da unção, Êx 30.23. Usada para a purificação das damas da Pérsia, Et 2.12. Como perfume, Sl 45.8; Pv 7.17; Ct 3.6. Os magos ofereciam-na ao menino Jesus, Mt 2.11. Jesus, na cruz, não tomou o vinho com mirra, que lhe fora oferecido para aliviar as dores, Mc 15.23. Usada para embalsamar, Jo 19.39. Mas o original em Gn 37.25 e 43.11 indica a resina odorífera produzida por plantas da família das cistáceas, e mais propriamente, chamada ládano ou labdano.

MIRRA: Uma das principais cidades da Lícia, onde o apóstolo Paulo mudou de navio, At 27.5 Ver mapa 6, E-2.

MIRRADO: Seco, ressequido, magro. // Sete espigas **m**, Gn 41.6. Uma das mãos **m**, Mt 12.10 (ARC). Ver 1 Rs 13.4. **Magro**, **Murcho**, **Ressequido**, **Seco**.

MIRRAR: Secar, ressequir. // A semente mirrou debaixo dos seus torrões, Jl 1.17.

MISÃ, hb. **Prontidão:** um descendente de Benjamim, 1 Cr 8.12.

MISAEL, hb. **Quem é igual a Deus?:** 1. Bisneto de Levi, Êx 6.22. Auxiliou a remover do santuário os corpos de Nadabe e Abiú, Lv 10.4. // 2. Um dos que estavam ao lado de Esdras quando ele doutrinava o povo, Ne 8.4. // 3. O nome hebraico de um dos três companheiros de Daniel, Dn 1.6,11,19.

MISAL: Uma cidade da herança de Aser, Js 19.26.

MISERÁVEL: Desgraçado, digno de dó. // Nem sabes que tu és... **m**, Ap 3.17.

MISÉRIA: Estado digno de compaixão, por infortúnio ou pobreza. // E não me deixes ver a minha **m** , Nm 11.15. a **m** em que estamos, Jerusalém assolada, Ne 2.17. Numa balança, se pusesse a minha **m**, Jó 6.2. Nos seus caminhos há destruição e **m**, Rm 3.16. Ver **Penúria**, **Pobreza**.

MISERICÓRDIA: Sentimento doloroso causado pela miséria de outrem. // **M** até mil gerações, Êx 20.6; 34.7; Dt 5.10; 7.9. A sua **m** dura para sempre, 1 Cr 16.34; Sl 100.5; 118.1; 136.1. Bondade e **m** certamente me seguirão, Sl 23.6. A tua **m** se eleva até os céus, Sl 57.10. E te coroa de graça e **m**, Sl 103.4. A **m** do Senhor é de eternidade a eternidade, Sl 103.17. Muitas são as tuas **m**, Sl 119.156. A **m** de Deus, título do Salmo 136 (ARA). Minha **m** e fortaleza minha, Sl 144.2. As suas ternas **m** permeiam todas as suas obras, Sl 145.9. Pela **m** e pela verdade se expia a culpa, Pv 16.6. Deus concedeu a Daniel **m**, Dn 1.9. Ao Senhor... pertence a **m**, Dn 9.9. Por ti o órfão alcançará **m**, Os 14.3. Que pratiques a justiça e ames a **m** e andes humildemente, Mq 6.8. Mostrai bondade e **m** cada um a seu irmão, Zc 7.9. **M** quero, e não sacrifício, Mt 9.13 (ARC); 12.7 (ARC); Os 6.6. Tendes negligenciado... a **m**, Mt 23.23. A sua **m** vai de geração em geração, Lc 1.50. O que usou de **m** para ele, Lc 10.37. Terei **m** de que me aprouver ter **m**, Rm 9.15. Exerce **m**, com alegria, Rm 12.8. O pai de **m**, 2 Co 1.3. Deus, sendo rico em **m**, Ef 2.4. Se há entranhados afetos de **m**, Fp 2.1. Ternos afetos de **m**, Cl 3.12. Mas obtive **m**, 1 Tm 1.13. Segundo sua **m**, ele nos salvou, Tt 3.5. A fim de recebermos **m**, Tg 2.13. O Senhor é cheio de terna **m**, Tg 5.11.Segundo a sua muita **m**, nos regenerou, 1 Pe 1.3. Não tínheis alcançado **m**, mas agora alcançastes **m**, 1 Pe 2.10. Esperando a **m** de nosso Senhor, Jd 21. Ver **Benignidade**, **Bondade**, **Compaixão**.

MISERICORDIOSO: Propenso à misericórdia. // Eu o ouvirei porque sou **m**, Êx 22.27. Deus é **m** e compassivo, 2 Cr 30.9. Clemente e **m**, Ne 9.17; Jn 4.2. O Senhor é **m** e compassivo, Sl 103.8; Jl 2.13. Benigno e **m** é o Senhor, Sl 111.4. Bem-aventurados os **m**, Mt 5.7. Sede **m**, como também é **m**, Lc 6.36. Para ser **m** e fiel sumo sacerdote, Hb 2.17. Ver **Benigno**, **Bondoso**, **Compassivo**.

MÍSIA: Uma província no extremo noroeste da Ásia Menor, por onde passou o apóstolo Paulo na sua segunda viagem missionária, At 16.7,8. Ver mapa 6, D-2.

MISMA, hb. **Audição:** 1. Filho de Ismael, Gn 25.14. // Um descendente de Simeão, 1 Cr 4.25.

MISMANA, hb. **Gordura:** Um dos gaditas que se passaram para Davi à fortaleza no deserto, quando este fugia de Saul, 1 Cr 12.10.

MISPA, hb. **Torre de vigia:** 1. Um montão de pedras ajuntadas por Jacó e Labão, no monte de Gileade, Gn 31.48,49. // 2. Um lugar nas raízes do monte Hermom, Js 11.3. // 3. Uma cidade de Judá, Js 15.38. // 4. Uma cidade de Benjamim, onde Samuel julgou o povo, reuniu as tribos e elegeu Saul para rei de Israel, Js 18.26; 1 Sm 7.5—12.16; 10.17—25. Ver mapa 5, B-1. // 5. Uma cidade de Moabe, 1 Sm 22.3.

MISPAR, hb. **Narrativa:** Chefe de uma família que voltou do exílio, Ed 2.2.

MISREFOTE-MAIM: Lugar até Josué perseguiu os reis de Canaã que derrotara nas águas de Merom, Js 11.8. Ver mapa 3, A-1.

MISSÃO: Incumbência, encargo. // Se não denunciardes esta nossa **m**, Js 2.14. Cumprida a sua **m**, voltaram, At 12.25. Através da sua **m**, de mãe, 1 Tm 2.15.

MISTER: Urgência, necessidade. Direis que o Senhor os há de **m**, Mt 21.3 (ARC). Segundo cada um havia de **m**, At 2.45 (ARC).

MISTÉRIO: Este vocábulo, nas Escrituras, nunca significa somente coisa estranha e inexplicável, mas um segredo revelado ou não revelado, conforme o caso. Pedissem misericórdia... sobre este **m**, Dn 2.18. Deus... revela os **m**, Dn 2.28. É dado conhecer os **m**, Mt 13.11. Não quero que ignoreis este **m**, Rm 11.25. **M**, guardado em silêncio nos tempos eternos, Rm 16.25. Falamos a sabedoria de Deus em **m**, 1 Co 2.7. Despenseiro dos **m** de Deus, 1 Co 4.1. Ainda que eu... conheça todos os **m**, 1 Co 13.2. Em espírito fala **m**, 1 Co 14.2. Eis que vos digo um **m**, 1 Co 15.51. Desvendando-nos o **m** da sua vontade, Ef 3.3. Manifestar qual seja a dispensação do **m**, Ef 3.9. Grande é este **m**, Ef 5.32. Fazer conhecido o **m** do evangelho, Ef 6.19. O **m** que estivera oculto dos séculos, Cl 1.26. Compreenderam plenamente o **m**, Cl 2.2. A fim de falarmos do **m** de Cristo, Cl 4.3. O **m** da iniqüidade já opera, 2 Ts 2.7. Conservando o **m** da fé, 1 Tm 3.9. Grande é o **m** da verdade, 1 Tm 3.16. O **m** das sete estrelas, Ap 1.20. Cumprir-se-á, então, o **m** de Deus, Ap 10.7. Um nome, **m**: Babilônia, Ap 17.5. O **m** da mulher e da besta, Ap 17.7.

MISTERIOSO: Em que há mistério, segredo, ou qualquer coisa oculta. // Tu és Deus **m**, Is 45.15.

MISTIFICAÇÃO: Coisa vã, enganadora. // Regalam nas suas próprias mistificações, 2 Pe 2.13.

MISTURA: Composto de coisas misturadas. // Cujo vinho espuma, cheio de **m**, Sl 75.8.

MISTURAR: Juntar (coisas diferentes). // Fogo misturado com a chuva de pedras, Êx 9.24. Ferro misturado com barro, Dn 2.41. Cujo sangue Pilatos misturara com, Lc 13.1. Em que ela misturou bebidas, misturai dobrado, Ap 18.6.

MITCA, hb. **Doçura:** Lugar de um dos acampamentos de Israel no deserto, Nm 33.28.

MITILENE: Era a capital da ilha de Lesbos, no mar Egeu, onde o apóstolo aportou, na volta da sua terceira viagem missionária, At 20.14. A cidade ainda conserva o mesmo nome. Ver mapa 6, D-2.

MITRA: Espécie de barrete, ou cobertura para a cabeça, usada pelo sumo sacerdote. Era de linho fino e adornada de uma chapa de ouro, com a inscrição: Santidade ao Senhor, Êx 28.4,36-39.

MITREDATE, hb. **Dado por mitra** (isto é, o sol): 1. Um tesoureiro de Ciro, rei dos persas, Ed 1.8. // 2. Um dos que se queixaram da reconstrução dos muros de Jerusalém, Ed 4.7.

MIZÁ, hb. **Temor:** Um neto de Esaú, Gn 36.13. Era um dos príncipes de Edom, Gn 36.17.

MIZAR: Um outeiro perto do monte Hermom, Sl 42.6.

MIZRAIM: um filho de Cão e neto de Noé, Gn 10.6. o nome hebraico do país, o Egito, habitado pelos seus descendentes. Ver mapa 1, C-4.

MNASOM: Um discípulo natural da ilha de Chipre, em cuja casa Paulo se hospedou na sua última visita a Jerusalém, At 21.16.

MÓ: Corpo sólido, redondo e chato, que serve para triturar, para afiar. // A serva que está junto à mó, Êx 11.5. Não se tomarão em penhor as mós ambas, Dt 24.6. Os jovens levaram a mó, Lm 5.13.

MOABE, hb. **Família de um pai:** O filho da união incestuosa de Ló com sua filha primogênita. Tornou-se o pai dos moabitas, Gn 19.37. Sua terra compreendia a região fértil e bem regada dos planaltos que se estendem a leste do mar Morto, região atualmente chamada **Transjordânia**. Habitada anteriormente pelos emins e zuzins, Gn 14.5; Dt 2.10. Os israelitas acamparam-se nas campinas de Moabe, na altura de Jericó, Nm 22.1. Os moabitas tiveram grande medo deste povo, Nm 22.3. Deus proibiu que molestassem aos moabitas, Dt 2.9. Eles não deixaram Israel passar pela sua terra, Jz 11.17. Seduziram os israelitas para as práticas idólatras e licenciosas do paganismo, Nm 25.1. O Senhor proibiu que deixassem um moabita entrar na sua assembléia, Dt 23.3; Ne 13.1. Moisés morreu na terra de Moabe, Dt 34.5. Moabe subjugada sob o poder de Israel, Jz 3.30. Rute, a moabita, era bisavó de Davi e da linhagem de Jesus Cristo, Rt 4.5,17; Mt 1.5. Os pais de Davi moraram com o rei de Moabe, 1 Sm 22.3. Os moabitas foram derrotados por Saul, por Davi, por Jorão e Josafá, 1 Sm 14.47; 2 Sm 8.2;

2 Rs 3.21-27. O deus dos moabitas era Camos, 1 Rs 11.33. Salomão casou-se com mulheres moabitas e introduziu em Judá o culto a Camos, 1 Rs 11.1,7. Moabe é a minha bacia de lavar, Sl 108.9. Profecias contra Moabe, Is 15; Jr 9.26; Am 2.1; Sf 2.8. Ver **Pedra Moabita**. Ver, também, mapa 2, D-6; mapa 5, C-2.

MOÇA: Mulher jovem. // A **m** era mui formosa, Gn 24.16. De quem é esta **m**? Rt 2.5. Ver **Donzela**, **Jovem**, **Virgem**.

MOCHO (ARA): Ave de rapina noturna. // Caracteriza-se pelo círculo de penas que lhe cercam os olhos, Lv 11.17.

MOCIDADE: Estado de quem é moço. // É mau o desígnio íntimo do homem desde a sua **m**, Gn 8.21. Maior mal... desde a tua **m**, 2 Sm 19.7. Temo ao Senhor desde a minha **m**, 1 Rs 18.12. Não te lembres dos meus pecados da **m**, Sl 25.7. Tu és... a minha confiança desde a minha **m**, Sl 71.5. A tua **m** se renova como a da águia, Sl 103.5. Deixa o amigo da sua **m**, Pv 2.17. Alegra-te com a mulher da tua **m**, Pv 5.18. Lembra-te do teu Criador nos dias da tua **m**, Ec 12.2. Ninguém despreze a tua **m**, 1 Tm 4.12.

MOÇO: Jovem. // Fui **m**, e já, agora, sou velho, Sl 37.25. Quando eras mais **m**, Jo 21.18. As que são **m**, 1 Tm 5.14 (ARC).

MODELO: Objeto que se reproduz, imitando-o. aquele a quem se procura imitar nas ações, nas maneiras. // O **m** do tabernáculo, Êx 25.9,40; Hb 8.5. Ver Hb 9.23. O **m** que tendes em nós, Fp 3.17. Tornastes o **m** para todos, 1 Ts 1.7. Servisse eu de **m**, 1 Tm 1.16. Tomai por **m** de sofrimento, Tg 5.10. Tornando-vos **m** do rebanho, 1 Pe 5.3. Ver **Exemplo**, **Padrão**.

MODERAÇÃO: Virtude que consiste em evitar qualquer excesso. // Pense com **m** segundo a, Rm 12.3. Seja a vossa **m** conhecida, Fp 4.5. Mas de poder... de **m**, 2 Tm 1.7.

MODERADO: Que ocupa o meio-termo entre opiniões extremas, Tt 2.6 (ARC).

MODERAR: Pôr no meio-termo, entre os extremos. // O que modera os seus lábios é prudente, Pv 10.19.

MODÉSTIA: Virtude que nos afasta de pensarmos e falarmos de nós mesmos com orgulho; ausência de luxo; pudor tímido. // Que as mulheres... se ataviem com **m**, 1 Tm 2.9. Ver 1 Pe 3.3. Ver **Humildade**.

MODESTO: Que pensa ou fala de si sem orgulho. // Um povo **m** e humilde, Sf 3.12. O bispo seja sóbrio, **m**, 1 Tm 3.2. Ver **Humilde**.

MODIFICAR: Mudar a forma, a qualidade de. // Nem modificarei o que os meus lábios proferiram, Sl 89.34.

MODO: Forma, método. // Para todo propósito há um tempo e **m**, Ec 8.6. Ver **Maneira**.

MOEDA: Trinta **m** de prata, Zc 11.12; Mt 27.9. A **m** do tributo, Mt 22.19. Duas pequenas **m**, Lc 21.2. Ver **Dinheiro**, **Ouro**, **Prata**.

MOEDOR: O que mói. // Cessaram os teus **m** da boca, Ec 12.3.

MOER: Triturar, reduzir a pó. // Moeis a face dos pobres, Is 3.15. Moídos pelas nossas iniqüidades, Is 53.5. O Senhor agradou moê-lo, Is 53.10. Duas juntas moendo, Lc 17.35.

MOINHA: Fragmentos de palha que ficam na eira quando se debulham os cereais. // São como a **m** que o vento, Sl 1.4 (ARC).

MOINHO: Máquina para moer grãos, para esmagar certos materiais. // Em **m** o moía, Nm 11.8. Lançou uma pedra de **m**, Jz 9.53. Virava um **m** no cárcere, Jz 16.21. Pendurasse ao pescoço uma grande pedra de **m**, Mt 18.6. Duas estarão trabalhando num **m**, Mt 24.41.

MOISÉS, hb. **Tirado:** Libertador, estadista, historiador, poeta, moralista e legislador hebreu — o maior vulto do Antigo Testamento. Deus o usou para formar, de uma raça de escravos egípcios e sob as maiores dificuldades, uma nação agressiva e poderosa que completamente alterou o curso da humanidade. A história de Moisés ocupa os livros de Êxodo, Levítico, Números e Deuteronômio — a sétima parte da Bíblia. Ele merece a fama de ter sido um dos maiores homens de todas as épocas. Da tribo de Levi, Êx 2.1. Filho de Anrão e Joquebede, Nm 26.59. Os pais, pela fé, não temem o decreto do rei, ocultando o filho, Hb 11.23. Salvo das águs do Nilo e criado como filho da filha de Faraó, Êx 2.10. Educado em toda a ciência dos egípcios, At 7.22. Pela fé, quando homem feito, rejeita a glória do Egito, recusando ser chamado filho da filha de Faraó, Hb 11.24. Mata um opressor egípcio, Êx 2.12. Pela fé abandona o Egito, fugindo para a terra de Midiã, Êx 2.15; Hb 11.27. Casa-se com Zípora, filha de Jetro, Êx 2.21; 18.12. Peregrina quarenta anos em Midiã, At 7.30. Nascem-lhe Gérson e Eliézer, Êx 2.22; 18.3,4. Deus lhe aparece no meio da sarça ardente, Êx 3. A circuncisão de Gérson, Êx 4.25. Encontra-se com Arão e os anciãos, Êx 4.27-31. Entrevista com Faraó, Êx 5.1. Pela fé celebra a páscoa, Hb 11.28; Êx 12. Israel parte do Egito, Êx 13.17. Pela fé atravessam, em terra seca, o mar Vermelho, Êx 14; Hb 11.29. Seu cântico de triunfo, Êx 15. Murmuram contra ele em Mara, Êx 15.24; em Sim, Êx 16.2; em Refidim, Êx 17.2. A água da rocha, Êx 17.1; Nm 20.8. Traz codornizes, Êx 16.13; Nm 11.31. Traz maná, Êx 16.14; Nm 11.6. Fala com Deus no monte Sinai, Êx 19.3; 34.2. Volta com as tábuas da lei, Êx 31.18. Ora prostrado quarenta dias e quarenta noites,

Êx 32.11; Dt 9.25. Apesar de se criar em um foco de idolatria e cercado em toda a vida de adoração a ídolos, edifica a nação de Israel na rocha firme e a ensina a fazer culto ao único Deus, Jeová. Queima a fogo o bezerro de ouro e o reduz a pó, que espalha sobre a água e obriga o povo a bebê-la, Êx 32.20. Resplandece-lhe o rosto, Êx 34.29. Instruído para construir o Tabernáculo, Êx 25.9. Fala com Deus na tenda, Êx 33.9. Levanta o Tabernáculo, Êx 40.17. Envia espias, Nm 13. Coré, Datã e Abirã rebelam-se contra ele, Nm 16. Deus não lhe permite entrar em Canaã, Nm 20.12. Levanta a serpente de bronze, Nm 21.9. Contempla a Terra da Promissão do cume de Pisga, Dt 34.1. Nomeia Josué como seu sucessor, Nm 27.22. Passou quarenta anos no Egito, At 7.23. Passou mais quarenta anos no deserto, At 7.30. E passou outros quarenta anos à frente de Israel no deserto, morrendo com 120 anos de idade, Dt 34.7. A sua morte e sepultamento, Dt 34.5. Sua mansidão, Nm 12.3. Sua grandeza, Dt 34.10. O povo estima-o ao lado de Cristo, Jo 5.46. Um profeta semelhante a Cristo, At 3.22. Ao lado de Cristo na fidelidade na casa de Deus, Hb 3.2. Aparece na transfiguração de Cristo, Mt 17.3.

Seus milagres: Qual outro homem cujas obras foram acompanhadas de tantas e tão estupendas maravilhas? Falava "boca a boca" com Deus, Nm 12.8. "Nunca mais se levantou em Israel profeta algum como Moisés, com quem o Senhor houvesse tratado face a face, no tocante a todos os sinais e maravilhas, que, por mando do Senhor, fez na terra do Egito a Faraó, a todos os seus oficiais, e a toda a sua terra, e no tocante a todas as obras de sua poderosa mão, e aos grandes e terríveis feitos que operou Moisés à vista de todo o Israel", Dt 34.10-12. As dez pragas do Egito, Êx 7—12. Guiados por uma coluna de nuvem e uma coluna de fogo, Êx 13.21. Secam-se as águas do mar Vermelho, Êx 14. Ao estender a mão sobre o mar, voltaram as águas, destruindo o exército de Faraó, Êx 14.27. Tornam-se doces as águas de Mara, Êx 15.25. Codornizes enviadas ao deserto, Êx 16.13. Supre-se maná durante quarenta anos, Êx 16.35. Água da rocha em Refidim, Êx 17.6; em Meribá, Nm 20.13. O monte Sinai fumega e treme porque o Senhor desce sobre ele, Êx 19.18. As tábuas de pedra, escritas pelo dedo de Deus, Êx 31.18. O rosto de Moisés resplandece, Êx 34.29. O fogo do Senhor consome as extremidades do arraial, Nm 11.1. Miriã torna-se leprosa e fica curada em resposta à oração de Moisés, Nm 12. Morrem os espias que infamaram a terra, Nm 14.36. A terra se fende e traga todos os homens que pertencem a Coré, Nm 16.32. A vara de Arão floresce, Nm 17. Vinte e quatro mil mortos em Baal-Peor, Nm 25.9. Não envelhece a roupa, nem incham os pés durante os quarenta anos, Dt 8.4.

Sua família: Os pais, da tribo de Levi, infundiram indelevelmente nos três filhos o amor ao único e verdadeiro Deus. Miriã não somente tomou a frente em salvar o irmãozinho do Nilo (Êx 2) como também o auxiliava depois em servir ao povo de Deus. Arão, irmão mais velho, tornou-se seu ajudante principal. Os três faleceram no mesmo ano: Miriã com cerca de 130 anos de idade; Arão com 123 e Moisés com 120 anos.

Poeta: o primeiro cântico escrito por Moisés e conservado para nós é o hino de ações de graças entoado por ele e pelos filhos de Israel na margem do mar Vermelho, Êx 15. Tendo acabado de "escrever integralmente as palavras", do Pentateuco (Dt 31.24) compôs um cântico para o povo, Dt 32. Existem ainda dois outros hinos, Dt 33 e o Salmo 90. Ver Ap 15.3.

Historiador: Escrevia, diariamente, relações do que Deus fazia por intermédio dele. Esses escritos foram entregues aos sacerdotes para guardá-los na arca e para serem lidos ao povo, Êx 17.14; 24.4-7; Nm 33.2; Dt 31.9-12,24,26. Assim foi produzido o Pentateuco, os cinco livros de Moisés.

MOLADÁ: Uma cidade da herança de Judá, Js 15.26. Ver mapa 5, B-2.

MOLESTAR: Maltratar, enfadar, incomodar. // De dia não te molestará o sol, Sl 121.6. Por que molestais esta mulher?, Mt 26.10. Viúva... venha a molestar-me, Lc 18.5. Ninguém me moleste; porque eu trago, Gl 6.17. Ver **Magoar**.

MOLÉSTIA: Estado penoso; incômodo físico ou moral. // Voltar contra ti todas as **m** do Egito, Dt 28.60. Os que tinham enfermos de diferentes **m**, Lc 4.40. Curou Jesus a muitos de **m**, Lc 7.21. Ver **Enfermidade**.

MOLESTO: Que incomoda; que enfada. // Sois consoladores **m**, Jó 16.2.

MOLHAR: Umedecer levemente. // Pés se molharam na borda das águas, Js 3.15. Molha de vinho o teu bocado, Rt 2.14. Que molhe em água a ponta do dedo, Lc 16.24.

MOLHO: Feixe. // Um **m** de hissopo, Êx 12.22. Trareis um **m** das primícias, Lv 23.10. Dos **m** algumas espigas, e deixai-as, Rt 2.16. Ver **Feixe**.

MOLIDE: Um descendente de Judá, 1 Cr 2.29.

MOLOQUE: A divindade nacional dos amonitas. // Chamava-se, também, Milcom e Malcã, 1 Rs 11.5.; Jr 49.3. Adoravam-no com sacrifícios humanos e provas de fogo. Os israelitas foram avisados contra este culto com ameaças de terríveis castigos, Lv 18.21; 20.2-5. Sendo já velho o rei Salomão, foram consagrados lugares altos a Moloque, 1 Rs 11.7. O rei Acaz queimou a seus próprios filhos no fogo, 2 Cr 28.3. O rei Manassés queimou a seu filho como sacrifício, 2 Rs 21.6. As dez tribos participaram desse crime hediondo, 2 Rs 17.17. O rei Josias destruiu os altos que Salomão levantara para que ninguém queimasse a seu filho como sacrifício a Moloque, 2 Rs 23.10. Ver **Abominação**.

MOMENTÂNEO: Que só dura um momento. // leve e **m** tribulação, 2 Co 4.17.

MOMENTO: Curtíssimo espaço de tempo; instante. // Se por um **m**... no meio de ti, Êx 33.5. E os consumirei num **m**, Nm 16.21. Não passa de um **m** a sua ira, Sl 30.5. A língua mentirosa [permanece], apenas um **m**, Pv 12.19. Por breve **m** te deixei, Is 54.7. Num **m**, num abrir e fechar de olhos, 1 Co 15.52. Disciplina, no **m** não parece, Hb 12.11. Ver **Instante**.

MONSTRO: Animal de grandeza desmedida. // Monstros marinhos, Jó 7.12; Sl 74.13; 104.26; 148.7; Is 27.1; 51.9. Ver **Baleia**, **Peixe**.

MONTADO: Posto sobre um animal. // Rei humilde, montado em jumento, Mt 21.5.

MONTÃO: Acumulação desordenada; conjunto de coisas empilhadas. // Reduzisse a **m** de ruínas as cidades, 2 Rs 19.25. De Jerusalém **m** de ruínas, Jr 9.11; 26.18; Mq 3.12. Samaria um **m** de pedras, Mq 1.6.

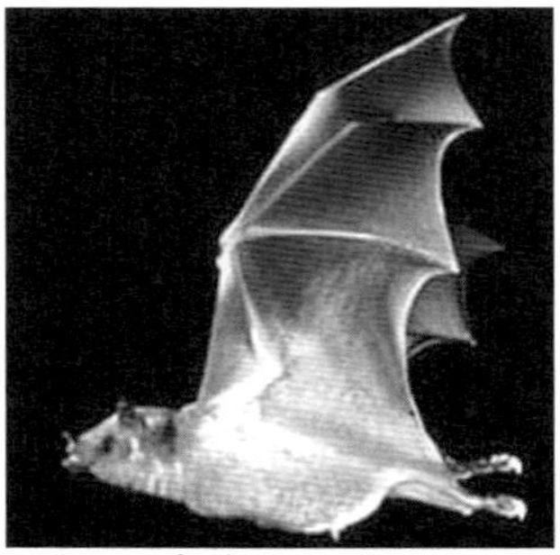

Lançarão às toupeiras e aos morcegos os seus ídolos, Is 2.20

MONTAR: Colocar-se sobre (uma cavalgadura). // Jumentinho, no qual ainda ninguém montou, Mc 11.2. Fazer Paulo montar, At 23.24. Ver **Cavalgar**.

MONTE, MONTANHA: A palavra no original aplica-se para designar não somente uma elevação de terra isolada, mas às vezes uma cordilheira. // Os montes de Abarim, Nm 33.47; as montanhas de Ararate, Gn 8.4; o monte de Basã, Sl 68.15; o Carmelo, Js 19.26; o monte Ebal, Js 8.30; o monte Gerizim, Dt 11.29; o monte Gilboa, 1 Sm 31.1; o monte hermom, Js 12.1; o monte de Hor, Nm 20.22; Horebe, o monte de Deus, Êx 3.1; o Líbano, Jr 18.14; o monte de Moriá, 2 Cr 3.1; o monte Nebo, Dt 32.49; o monte das Oliveiras, Mt 24.3; o cume de Pisga, Dt 34.1; o monte Seir, Js 15.10; o monte Sinai, Êx 19.2; o monte Tabor, Jr 46.18; o monte Siom, Dt 4.48. // Os montes, lugar de atalaias, Is 18.3; de refúgio, Gn 19.19; Mt 24.16; de oração, Mt 14.23; Lc 6.12; 9.28; de adoração, Jn 4.20; de Jesus ensinar e curar, Mt 5.1; 15.29; 24.3; da transfiguração, Mt 17.1. // Os montes se derreteram na presença do Senhor, Jz 5.5; Sl 97.5; saltaram em louvor como carneiros, Sl 114.4; testemunharam as suas obras, Mq 6.2. // O monte do Senhor, Gn 22.14; Is 2.3.; Mq 4.2; de Deus, Êx 4.27; santo 2 Pe 1.18.

MONTE DAS OLIVEIRAS: Monte ao leste de Jerusalém, com comprimento de mais de um quilômetro e cerca de cem metros mais alto que o monte do templo, separado da cidade pelo estreito vale do Cedrom. Dista de Jerusalém tanto como a jornada de um sábado, At 1.12. Davi, fugindo de seu filho Absalão, subiu chorando a encosta do monte das Oliveiras, 2 Sm 15.30; costumava-se adorar a Deus no cume do monte, 2 Sm 15.32. Salomão edificou um templo a Camos, ídolo dos moabitas, "sobre o monte fronteiro a Jerusalém", 1 Rs 11.7. Os judeus buscavam ramos no monte para celebrar a festa dos Tabernáculos, Ne 8.15. Ezequiel, em visão viu a glória do Senhor subir do meio da cidade e se pôr sobre o monte que está ao oriente da cidade, Ez 11.23. Naquele dia estarão os pés do Senhor sobre o monte das Oliveiras, Zc 14.4. O monte das Oliveiras será fendido pelo meio, Zc 14.4. Enquanto outros foram para suas casas, Jesus foi para o monte das Oliveiras, Jo 7.53; 8.1. Jesus mandou, perto de Betfagé e Betânia, no monte das Oliveiras, buscar um jumentinho, Lc 19.29,30. Na descida do monte das Oliveiras a multidão louvou a Deus em alta voz, Lc 19.37. Jesus se assentou no monte das Oliveiras, com a vista panorâmica diante de Jerusalém dos olhos deles, e proferiu as palavras do seu sermão profético, Mt 24.3. Depois da Ceia no cenáculo, Jesus e seus discípulos saíram para o monte das Oliveiras, Mt 26.30. Aí, entre as oliveiras, sofreu a angústia do Getsêmani, a traição e sua prisão, Mt 26.47-56. Jesus, do monte chamado Olival, foi levado ao céu, At 1.12. Ver mapa 2, C-5; mapa 5, B-1.

MONTURO: Lugar onde se depositam dejeções ou imundícias. // Desde o **m** exalta o necessitado, 1 Sm 2.8; Sl 113.7. Da sua casa se faça um **m**, Ed 6.11. A porta do **M**, uma das portas de Jerusalém, Ne 2.13. As vossas casas serão feitas **m**, Dn 2.5; 3.29. Nem mesmo para o **m**, Lc 14.35.

MORADA: Lugar onde se mora. // Em todas a vossa **m**, Lv 23.3. Fique desperta a sua **m**, Sl 69.25; At 1.20. Fizeste do Altíssimo a tua **m**, Sl 91.9. **M** para o Poderoso de Jacó, Sl 132.5. Entremos na sua **m**, adoremos, Sl 132.7. Na casa de meu Pai há muitas **m**, Jo 14.2. Faremos nele **m**, Jo 14.23. Não temos

m certa, 1 Co 4.11. Tornou **m** de demônios, Ap 18.2. Ver **Habitação**.

MORADOR: Que mora. // Todos os **m** do mundo, Sl 33.8; 49.1; Is 26.9 (ARC). Todos os **m** da terra, Sl 33.14 (ARC).

MORAR: Habitar, residir. // Quem há de morar no seu santo monte?, Sl 15.1. Que eu possa morar na casa do Senhor, Sl 27.4. Melhor é morar no canto, Pv 21.9; 25.24. Passei a morar onde eles habitavam, Ez 3.15. Passou a morar com eles, At 18.3. Ver **Assistir**, **Habitar**, **Residir**, **Viver**.

MORCEGO: Mamífero que tem asas membranosas e se assemelha ao rato. Não põe ovos; amamenta as crias. Habitam as cavernas e outros lugares para evitar a luz, Is 2.20. É um mamífero, mas termina a lista das aves imundas, talvez porque tenha asas, Lv 11.19. Há cerca de vinte espécies de morcego na Terra Santa.

MORDAÇA: Objeto com que se tapa a boca de alguém para que não fale nem grite. // Porei **m** à minha boca, Sl 39.1.

MORDECAI: Um benjamita, filho de Jair, Et 2.5. Revelou uma trama contra o rei, Et 2.22. Recusou inclinar-se diante de Hamã, Et 3.5. Honrado pelo rei, Et 6.10. Passou a ocupar o segundo lugar no império, Et 10.3.

MORDER: Ferir com os dentes. // Serpentes abrasadoras, que mordiam o povo, Nm 21.6. Quem rompe um muro, mordê-lo-á uma cobra, Ec 10.8. Darei ordem à serpente, e ela os morderá, Am 9.3. Se... vos mordeis e devorais, Gl 5.15.

MORDOMIA: Ofício de mordomo. // Dá contas da tua **m**, Lc 16.2 (ARC).

MORDOMO: Administrador dos bens de uma casa ou de um estabelecimento alheio. // José... por **m** de sua casa, Gn 39.4. O **m** fiel e prudente, Lc 12.42. Ver **Administrador**, **Despenseiro**.

MORÉ: 1. Lugar nas imediações do monte Gerizim e do monte Ebal, perto de Siquém, Dt 11.30, onde Abraão acampou ao chegar na Terra da Promissão, Gn 12.6. // Lugar onde os midianitas acamparam, antes do ataque de Gideão, Jz 7.1. Ver mapa 2, C-3.

MORENA: Mulher trigueira; que tem a cor de trigo maduro. // Estou **m**, porém formosa, Ct 1.5.

MORESETE-GATE, hb. **Possessão de Gate:** Cidade das terras baixas de Judá, Mq 1.14. Terra natal do profeta Miquéias, Mq 1.1. Ver mapa 5, B-1.

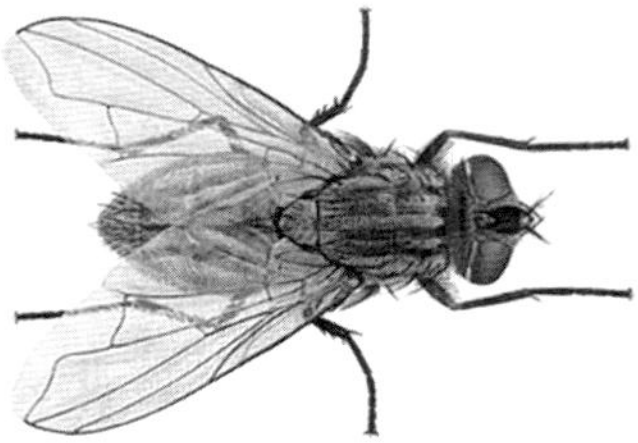

Enxame de moscas que os devorassem, Sl 78.45

MORIÁ: 1. A região para onde foi Abraão para oferecer Isaque em holocausto, Gn 22.2. // 2. Monte onde estava a eira de Ornã, comprada por Davi e onde foi construído o templo de Salomão, 2 Sm 24.18-25; 2 Cr 3.1.

MORNO: Pouco quente; tépido. // És **m**, e nem és quente, Ap 3.16.

MORRÃO: Extremidade carbonizada dos candeeiros. // Não apagarás o **m**, Mt 12.20 (ARC).

MORRER: Ver **Morte**.

MORTAL: Sujeito à morte; que produz morte. // Fere de golpe **m**, Dt 19.11. O **m** justo diante de Deus?, Jó 4.17. Saibam... que não passam de **m**, Sl 9.20. Não reine o pecado em vosso corpo **m**, Rm 6.12. Vivificará os vossos corpos **m**, Rm 8.11. // O corpo **m** se revista, 1 Co 15.53. O **m** será absorvido pela vida, 2 Co 5.4. Homens **m** os que recebem dízimos, Hb 7.8. Ferida **m**, foi curada, Ap 13.3.

MORTANDADE: Matança, carnificina. // Nem da **m** que assola, Sl 91.6.

MORTE, MORRER: Cessar de viver. // Que eu morra a morte dos justos, Nm 23.10. Que te produz a vida e a morte, Dt 30.19. Há um passo entre mim e a morte, 1 Sm 20.3. Ondas de morte me cercaram, 2 Sm 22.5. Sombra da morte, Jó 24.17; Sl 23.4. Pv 2.18; Is 9.2. Dormir o sono da morte, Sl 13.3. Somos entregues à morte continuamente, Sl 44.22. O dia da morte melhor que o dia do nascimento, Ec 7.1. Fizemos aliança com a morte, Is 28.15. Derramou a sua alma na morte, Is 53.12. Não tenho prazer na morte de ninguém, Ez 18.32. O salário do pecado é a morte, Rm 6.23. Quem me livrará do corpo desta morte?, Rm 7.24. O último inimigo é a morte, 1 Co 15.26. Onde está, ó morte, a tua vitória, 1 Co 15.55. Cheiro de morte para morte, 2 Co 2.16. Obediente até a morte, e morte de cruz, Fp 2.8. O pecado gera a morte, Tg 1.15. Salva da morte a alma dele, Tg 5.20. Há pecado para a morte, Ap 2.10. A segunda morte, Ap 2.11; 20.6. Sendo este chamado Morte, Ap 6.8. Bem-aventurados os mortos, Ap 14.13. // **A morte é:** reunir-se ao seu povo, Gn 49.33; dormir com seus pais, 1 Rs 11.21; fugir como a sombra, Jó 14.2; voltar ao pó, Sl 104.29; dormir, Jo 11.11; 1 Ts 4.13; expirar, At 5.10; desfazer-se a nossa casa terrestre, 2 Co 5.1; incomparavelmente melhor, Fp 1.23; deixar meu tabernáculo, 2 Pe 1.14. // **A morte é resultado do pecado de Adão:** No dia em que dela comeres, certamente morrerás, Gn 2.17. Por um só homem entrou o pecado...

e a morte, Rm 5.12. A morte veio por um homem, 1 Co 15.21. // **Todos morrem:** És pó e ao pó tornarás, Gn 3.19; Ec 3.20. Todos os homens morrem, Nm 16.29. O homem, nascido de mulher, nasce como a flor, e murcha, Jó 14.1. Os sábios como o estulto, Sl 49.10. O seu pensamento íntimo é que as suas casas serão perpétuas, Sl 49.10. Que homem há, que viva e não veja a morte?, Sl 89.48. Aos homens está ordenado morrerem, Hb 9.27. // **Dispensados da morte:** Enoque, Gn 5.25; Hb 11.5. Elias, 2 Rs 2.11. Nós, os vivos, os que ficarmos, 1 Ts 4.17. // **Da morte não se volta:** Jó 10.21; 2 Sm 12.23; Lc 16.31. // **A morte conquistada por Cristo:** Cristo ressuscitado, a morte não tem domínio, Rm 6.9. Cristo destruiu a morte, 2 Tm 1.10. Por sua morte destruiu aquele que tem o poder da morte, Hb 2.15. Cristo tem as chaves da morte, Ap 1.18. // **O livramento da morte é por Cristo:** Passou da morte para a vida, Jo 5.24. Os que a ouvirem, viverão, Jo 5.25. Mortos, nos deu a vida juntamente com Cristo, Ef 2.5. Destruiu a morte, 2 Tm 1.10. Aquele que tem o Filho tem a vida, 1 Jo 5.12. // **A morte desconhecida no céu:** Não podem mais morrer, porque são iguais aos anjos, Lc 20.36. A morte já não existirá, Ap 21.4. // **A morte espiritual:** Deixa aos mortos sepultar os seus próprios mortos, Mt 8.22. Se não comerdes a carne do filho, não tendes vida, Jo 6.53. Mortos em delitos e pecados, Ef 2.1. Mortos pelas vossas transgressões, Cl 2.13. Obras mortas, Hb 6.1; 9.14. Aquele que não ama, permanece na morte, 1 Jo 3.14. Tens nome de que vives, e estás morto, Ap 3.1. // **A morte eterna:** O castigo eterno, Mt 25.46. A ressurreição da vida, Jo 5.29. Vasos de ira preparados para a perdição, Rm 9.22. A ira vindoura, 1 Ts 1.10. Como brutos irracionais feitos para presa e destruição, 2 Pe 2.12. // **A morte eterna é:** trevas, Mt 25.30; fogo eterno, Mt 25.41; onde não lhes morre o verme, nem o fogo se apaga, Mt 9.44; a ira e indignação, Rm 2.8,9; eterna destruição, banidos da face do Senhor, 2 Ts 1.9; negridão das trevas, 2 Pe 2.17; lago de fogo que arde com enxofre, Ap 19.20; lago que arde com fogo e enxofre, a saber, a segunda morte, Ap 21.8. // **Morreram:** Abraão, em ditosa velhice, e foi reunido ao seu povo, Gn 25.8; Isaque, sendo recolhido ao seu povo, Gn 3.29; Jacó, recolheu os pés na cama, e foi reunido ao seu povo, Gn 49.33; Arão, recolhido ao seu povo, Nm 20.23-28; Moisés, segundo a palavra do Senhor, Dt 34.5; Josué, servo do Senhor, Js 24.29; Davi, descansou com seus pais, 1 Rs 2.10; Eliseu, de enfermidade, 2 Rs 13.14; Lázaro, levado pelos anjos, Lc 16.22; Estêvão, clamando em alta voz, dizendo: Senhor, não lhes imputes este pecado, At 7.60; Jesus, entregou o espírito, Mt 27.50; Jo 10.17,18. // **Suicidaram-se:** Aitofel, 2 Sm 17.23; Judas, Mt 27.7; At 1.18. // **Foram mortos:** Nadabe e Abiú, Lv 10.1,2; Coré, Datã e Abirã, Nm 16.32; Hofni e Finéias, 1 Sm 4.11; Absalão, 2 Sm 18.9,14; Acabe, 1 Rs 22.34; Jezabel, 2 Rs 9.33.; Hamã, Et 7.10; Baltazar, Dn 5.30; Tiago, At 12.2; Herodes, At 12.23.

MORTÍFERO: Que produz a morte. // Flecha **m** é a língua deles, Jr 9.8. Se alguma coisa **m** beberem, Mc 16.18. Língua... é mal... carregado de veneno **m**, Tg 3.8.

MORTIFICAÇÃO: Aflição, tormento. // a **m** do Senhor Jesus no nosso corpo, 2 Co 4.10 (ARC).

MORTIFICAR: Entorpecer, suprimir, ou extinguir a vitalidade, o vigor de. // Pelo Espírito mortificardes os feitos do corpo, Rm 8.13. Mortificai os vossos membros, Cl 3.5 (ARC).

MORTO: Que deixou de viver. // Os mortos, Sl 88.10; 115.17; Ec 9.5; 12.7; Is 38.18. Mortos honrados, Gn 50.7; 1 Sm 25.1; Mt 14.12; Mc 6.29; At 8.2. Ressurreição dos mortos, Jó 19.26; Is 26.19; Dn 12.2,13; Jo 5.25; 1 Co 15.12-23. Restaurou a vida a um morto: Elias, 1 Rs 17.17; Eliseu, 2 Rs 4.32; 13.21; Cristo, Mt 9.24; Jo 11.44; Pedro, At 9.40; Paulo At 20.10. Dormem em Cristo, 1 Ts 4.13,14. Ver **Morte**, **Semimorto**.

MOSCA: Gênero de insetos dípteros da família dos muscídeos. // A quarta praga no Egito: **m**, Êx 8.20-31; Sl 78.45; 105.31. **M** no ungüento, Ec 10.1.

MOSERÁ: Lugar onde Arão morreu e foi sepultado, Dt 10.6.

MOSEROTE: Lugar de um dos acampamentos de Israel no deserto, Nm 33.30.

MOSQUITO: Qualquer inseto díptero (isto é, que tem duas asas) pequeno. // Que coais o **m** e engolis o camelo, Mt 23.24.

MOSTARDA: Planta crucífera que produz o condimento de mesmo nome. // "Como um grão de mostarda", expressão para representar uma coisa pequena, Mt 17.20; Lc 17.6. O aumento do Reino dos Céus comparado ao crescimento de um grão de mostarda, Mt 13.31. É fenomenal o seu crescimento, de semente tão miúda para uma altura que os passarinhos pousam a sua sombra.

MOSTO: Sumo de uvas, antes de acabar a fermentação. // Fartura de trigo e de **m**, Gn 27.28. Os montes destilarão **m**, Jl 3.18. Estão cheios de **m**, At 2.13 (ARC).

MOSTRAR: Fazer ver. // Subiu Moisés... o Senhor lhe mostrou toda, Dt 34.1. Que lhes mostrasse um sinal, Mt 16.1. Mostrarei o que deve acontecer, Ap 4.1. Mostrar-te-ei a noiva, Ap 21.9. Mostrou o rio da água da vida, Ap 22.1. Ver **Demonstrar**.

MOTE: Motejo; zombaria. // Israel será por ditado e **m**, 1 Rs 9.7 (ARC).

MOTEJAR: Escarnecer, censurar. // Motejam e falam maliciosamente, Sl 73.8. Ver **Zombar**.

MOTEJO: Zombaria, gracejo; dito picante. // Virás a ser pasmo, provérbio e **m**, Dt 28.37; 1 Rs 9.7; 2 Cr 7.20. Ver Sl 44.14. Ver **Escárnio**, **Zombaria**.

MOTIVO: Causa, razão. // Odiaram-me sem **m**, Jo 15.25. Por **m** de toda a alefria o passardes, Tg 1.2. Ver **Causa**.

MOVER: Dar ou comunicar movimento a; incitar. // Cujo coração o moveu, Êx 35.21. E o moveu por oferta movida, Lv 8.27. Com o dedo querem movê-los, Mt 23.4. Nele vivemos, e nos movemos, At 17.28. Movidos pelo Espírito, 2 Pe 1.21. Montes e ilhas foram movidos, Ap 6.14.

MOVIMENTO: Maneira como alguém move o corpo. // Por **m** de cabeça entre os povos, Sl 44.14 (ARC).

MOZA: 1. Uma cidade da herança de Benjamim. // 2. Um filho de Calebe, 1 Cr 2.46. // 3. Um descendente de Saul, 1 Cr 8.36.

MUAR: Mulo ou mula. Ver **Mulo**.

MUDANÇA: Ato ou efeito de mudar. // Não há neles **m** nenhuma, Sl 55.19. Necessariamente há também **m** de lei, Hb 7.12. Não pode existir sombra de **m**, Tg 1.17.

MUDAR: Pôr em outro lugar; desviar; alterar. // O etíope mudar a sua pele, Jr 13.23. Eu, o Senhor, não mudo, Ml 3.6. Mudaram a verdade de Deus em mentira, Rm 1.25.Como vestidos serão igualmente mudados, Hb 1.12. Quando se muda o sacerdócio, Hb 7.12.

MUDO: O que por defeito orgânico é incapaz de pronunciar palavras, Êx 4.11. // **M** por causa dos julgamentos de Deus, Sl 39.2-9; Dn 10.15,16. A língua dos **m** cantará, Is 35.6. Submisso: como ovelha muda perante os seus tosquiadores, Is 53.7; At 8.32. Ver Sl 38.13. // Os profetas de Israel, destituídos do Espírito, como cães mudos, que não podem ladrar, Is 56.10. Ezequiel, ao ficar mudo perante o povo rebelde, tinha a promessa de Deus dar fala à sua boca, Ez 3.26, 27; 24.27; 33.22. Ídolos mudos, Hc 2.18,19; 1 Co 12.2. Cristo deu fala aos mudos, Mt 9.33; 12.22; 15.30,31; Mc 7.37; 9.25. Mudo porque ficava sem desculpa, Mt 22.12. Zacarias ficou mudo por causa de incredulidade, Lc 1.20. Os companheiros de Saulo ficaram mudos de assombro, At 9.7. Um mudo animal de carga falou com voz humana, 2 Pe 2.16.

Mulo

MUGIDO: Voz dos bovídeos. // E o **m** de bois que ouço?, 1 Sm 15.14 Ver **Balido**.

MUGIR: Dar mugidos. // Ou mugirá o boi, Jó 6.5.

MUI: O mesmo que muito, mas só se emprega antes de adjetivos e advérbios que começam por consoante. // Suas preciosas e **m** grandes promessas, 2 Pe 1.4.

MUITO: Que é em grande número ou em abundância; excessivamente, profundamente. // A quem **m** foi dado, **m** lhe será exigido, Lc 12.48. Fiel no pouco... fiel no **m**, Lc 16.10. O que **m** colheu, não teve de mais, 2 Co 8.15. Em trabalho, **m** mais, 2 Co 11.23.

MULHER: Pessoa do sexo feminino; esposa. // Homem e **m** os criou, Gn 1.27. E se une à sua **m**, Gn 2.24; Mt 19.5; Ef 5.31. Homem nascido de **m**, Jó 14.1; Lc 7.28. A mulher da tua mocidade, Pv 5 18. A **m** sábia edifica a sua casa, Pv 14.1. Olhar para uma **m** com intento impuro, Mt 5.28. Repudiar sua **m**, Mt 5.31; 19.3. Lembrai-vos da **m** de Ló, Lc 17.32. Duas **m** estarão juntas, Lc 17.35. É bom que o homem não toque **m**, 1 Co 7.1. A **m** está ligada enquanto vive, 1 Co 7.39. Conservarem-se as **m** casadas, 1 Co 14.34. Nem homem nem **m**, Gl 3.28. Filho, nascido de **m**, Gl 4.4 As **m** sejam submissas, Ef 5.22; 1 Pe 3.1. Amar as suas **m**, Ef 5.28. A **m** aprenda em silêncio, 1 Tm 2.11. Esposo de uma só **m**, 1 Tm 3.2. Quanto às **m** idosas, Tt 2.3. Uma **m** vestida de sol, Ap 12.1. Uma **m** montada numa besta, Ap 17.3. Ver **Esposa**.

MULHERINHA: Mexeriqueira. // Cativar **m** sobrecarregadas de pecados, 2 Tm 3.6 (ARA).

MULO: Animal filho de cavalo e jumenta. Resisitente, paciente, inflexível e de passo firme. Vive o dobro de anos do cavalo. // Animal de carga, 1 Cr 12.40; Ne 7.68. Os que voltaram de Babilônia trouxeram 245 mulos, Ed 2.66. Vendido nas feiras, Ez 27.14. Popular como presente, 2 Cr 9.24. Cavalgadura real, 1 Rs 1.33,38,44; 2 Sm 13.29.

MULTAR: Impor ou aplicar pena pecuniária ou outra qualquer a. // Vinho dos que tinham multado, Am 2.8 (ARC).

MULTIDÃO: Grande ajuntamento de pessoas ou coisas. // Jesus e as multidões, Mt 5.1; 8.1; 13.2; 14.14; 15.10; 19.2; 20.29. Uma **m** da milícia celestial, Lc 2.13. Uma **m** de miríades de pessoas se aglomeraram, ao ponto de uns aos outros se atropelarem, Lc 12.1. Cobrirá **m** de pecados, Tg 5.20. O amor cobre **m** de pecados, 1 Pe 4.8. Grande **m**,

O paganismo não tem hinário. O budismo, o hinduísmo e o confucionismo não se rompem em cânticos de alegria

que ninguém podia enumerar, Ap 7.9. Ver **Plebe**, **Povo**, **Turba**.

MULTIFORME: Que tem muitas formas. // Verdadeira sabedoria, que é **m**, Jó 11.6. A **m** sabedoria de Deus, Ef 3.10. Despenseiros da **m** graça de Deus, 1 Pe 4.10.

MULTIPLICAR: Aumentar uma quantidade, um número. // Sede fecundos, multiplicai-vos, Gn 1.28. E te multiplicarei extraordinariamente, Gn 17,2. Aumentaram muito e se multiplicaram, Êx 1.7. Deus vos tem multiplicado... como as estrelas, Dt 1.10. O saber se multiplicará, Dn 12.4. Por se multiplicar a iniqüidade, o amor, Mt 24.12. Multiplicando-se o número dos discípulos, At 6.1. Para que a graça, multiplicando-se, torne, 2 Co 4.15. Abençoarei, e te multiplicarei, Hb 6.14.

MULTÍPLICE: Variado, complexo. // Sabedoria, que é **m**, Jó 11.6 (ARC).

MUNDANO: Que é dado aos prazeres do mundo. // Como se andássemos em disposições de **m** proceder, 2 Co 10.2. Renegando a impiedade e as paixões **m**, Tt 2.12.

MUNDO: O universo inteiro; o gênero humano; classe social, a vida mundana. // O **m** é meu, Sl 50.12. Firmou o **m**, que não vacila, Sl 93.1. Vós sois a luz do **m**, Mt 5.14. O campo é o **m**, Mt 13.38. Aproveitará o homem se ganhar o **m** inteiro?, Mt 16.26. Estava no **m**, o **m** foi feito por ele, Jo 1.10. Deus amou o **m**, Jo 3.16. Eu sou a luz do **m**, Jo 8.12. Não vim para julgar o **m**, Jo 12.47. Se o **m** vos odeia, Jo 15.18. O meu reino não é deste **m**, Jo 18.36. Têm transtornado o **m**, At 17.6. Dia em que há de julgar o **m**, At 17.31. Reconciliando consigo o **m**, 2 Co 5.19. O **m** está crucificado para mim, e eu para o **m**, Gl 6.14. Homens dos quais o **m** não era digno, Hb 11.38. Guarda-se incontaminada do **m**, Tg 1.27. A amizade do **m** é inimiga de Deus, Tg 4.4. Não poupou o **m** antigo, 2 Pe 2.5. Não ameis o **m** nem as coisas que há no **m**, 1 Jo 2.15. O **m** não nos conhece, 1 Jo 3.1. O **m** inteiro jaz no maligno, 1 Jo 5.19. Hora de provação que há de vir sobre o **m**, Ap 3.10. O reino do **m** se tornou de nosso Senhor, Ap 11.15.

MURALHA: Muro ou parede de grande espessura ou altura. // Ruíram as **m**, e o povo subiu, Js 6.20. Cesto, me desceram... **m** abaixo, 2 Co 11.33. Pela fé ruíram as **m**, Hb 11.30. A **m** da cidade tinha doze, Ap 21.14.

MURCHAR: Perder o viço ou a frescura. // Nasce como a flor, e murcha, Jó 14.2. Os que praticam a iniqüidade murcharão como a erva verde, Sl 37.2. À tarde murcha e seca, Sl 90.6. A terra pranteia e se murcha, Is 24.4. Todos nós murchamos como a folha, Is 64.6. Cuja folha não murchará, Ez 47.12 (B). A flor do Líbano se murcha, Na 1.4. Murchará o rico, Tg 1.11. Herança que não pode murchar, 1 Pe 1.4 (ARC).

MURCHO: Que perdeu a frescura, o viço, a cor ou a beleza. // Os campos de Hesbom estão **m**, Is 16.8.

MURMURAÇÃO: Ato de murmurar. // As **m** dos filhos de Israel, Êx 16.12. Farei cessar... as **m**, Nm 17.5. Tenho ouvido a **m** de muitos, Sl 31.13. Havia grande **m** a seu respeito, Jo 7.12. Houve **m** dos helenistas, At 16.1. Fazei tudo sem **m**, Fp 2.14. Sede hospitaleiros sem **m**, 1 Pe 4.9.

MURMURADOR: Que diz mal do próximo. // Os **m** hão de aceitar instrução, Is 29.24. Os tais são **m**, Jd 16.

MURMURAR: Queixar-se em voz baixa; falar mal de alguém ou de alguma coisa. // Murmurou contra Moisés, Êx 15.24; 16.2; Nm 14.2; 16.41. Arão, que é ele, para que murmureis contra ele?, Nm 16.11. Murmurastes nas vossas tendas, Dt 1.27. Murmuraram em suas tendas, Sl 106.25. Murmuraram contra ela, Mc 14.5. Murmuravam os fariseus, Lc 15.2. Murmuravam dizendo que ele hospedara, Lc 19.7. Murmuravam dele os judeus, Jo 6.41. A multidão murmurar estas coisas a respeito dele, Jo 7.32. Nem murmureis como alguns deles murmuraram, 1 Co 10.10. Ver **Rosnar**.

MURO: Parede forte que cerca um recinto ou separa um lugar de outro. // As águas lhes foram qual **m**, Êx 14.22. Contemplei os **m** de Jerusalém, Ne 2.13. Dedicação dos **m** de Jerusalém, Ne 12.27. Quem rompe um **m**, mordê-lo-á uma cobra, Ec 10.8. À minha vinha... derribarei o seu **m**, Is 5.5. Deus lhe põe a salvação por **m**, Is 26.1. Os teus **m** estão continuamente perante mim, Is 49.16. Aos teus **m** chamarás Salvação, Is 60.18. Sobre os teus **m**... guardas... jamais se calarão, Is 62.6. Ver **Muro das Lamentações**, p. 315.

MURRO: Pancada com a mão fechada. // Cuspiram-lhe no rosto e lhe davam **m**, Mt 26.67.

MURTA: Planta de folhagem sempre verde que produz florzinhas brancas de cheiro "mais encantador que o da rosa". O fruto é vermelho e comestível. // Em terra boa é árvore, Zc 1.8,10. Ramos de murtas usados na festa dos Tabernáculos, Ne 8.15. Nomeada com o cedro, a acácia e a oliveira, Is 41.19. No quadro profético da bênção de Deus, "em lugar da sarça crescerá a murta", Is 55.13. Ester foi conhecida pelo nome **Hadassa**, em hebraico, **Murta**, Et 2.7.

MURTEIRA: O mesmo que murta. // Homem montado... entre as **m**, Zc 1.8.

MÚSCULO: Órgão carnudo, formado pela reunião de muitas fibras e que serve para operar movimentos. // Seu poder nos **m** do seu ventre, Jó 40.16. Nem se compraz nos **m** dos guerreiros, Sl 147.10.

MUSI: Um neto de Levi, Êx 6.19.

MÚSICA: Arte de combinar os sons de maneira agradável ao ouvido. // Jabal, o sexto descendente de Caim, foi o inventor da música instrumental, Gn 4.21. Refere-se à música em Gn 31.27. O cântico de Miriã e das mulheres de Israel, à beira do mar Vermelho, foi acompanhado de tamborins, Êx 15.20. // **O efeito da música:** 1 Sm 10.6; 16.16,23; 2 Rs 3.15. // **Música nos cultos:** 2 Sm 6.5; 1 Cr 15.28; 2 Cr 7.6; Sl 33; 81; 92; 108; Dn 3.5. // **Música nas festas:** Is 5.12; 14.11; Lm 5.14; Am 6.5; Lc 15.25; 1 Co 14.7. // **Música no céu:** Ap 5.8; 14.2. // **Instrumentos de música:** 1. Alaúde, 1 Cr 16.5. Antigo instrumento de cordas. 2. Cítara, Dn 3.5; 1 Co 14.7. Antigo instrumento de cordas, semelhante à lira. 3. Címbalo, 1 Cr 16.5; Sl 150.5; 1 Co 13.1. Antigo instrumento musical composto de dois meios-globos de metal, que se percutiam. 4. Clarim, 2 Cr 15.14. Espécie de pequena trombeta, de som agudo e estridente. 5. Flauta, Gn 4.21; 1 Sm 10.5; Sl 150.4; Lc 7.32; 1 Co 14.7. Instrumento de sopro formado de um tubo oco com vários orifícios e chaves. 6. Gaita, 1 Rs 1.40; Dn 3.5. Instrumento de sopro formado por um canudo com vários buracos. 7. Harpa, Gn 4.21; 1 Sm 16.16; 2 Sm 6.5; Sl 33.2; 137.2; Is 5.12; Ap 5.8; 14.2; 15.2. Instrumento de música triangular, de cordas desiguais que se tocam com os dedos. 8. Lira, Sl 57.8; Is 5.12. Instrumento músico de cordas usado pelos antigos. 9. Pandeiro, 2 Sm 6.5. Pequeno tambor com uma só pele e munido de guizos. 10. Pífaro, Dn 3.5. Pequena flauta de madeira que produz som agudo. 11. Saltério, 1 Sm 10.5; Sl 33.2; 108.2; 144.9; Dn 3.5. Instrumento musical de cordas que se dedilhava ou se tocava com o plectro. 12. Tambor, 1 Sm 10.5. Caixa cilíndrica com as bases de pele tensa, sobre uma das quais se bate com duas baquetas. 13. Tamborim, Êx 15.20. Tambor mais comprido e mais estreito que o tambor ordinário. 14. Trombeta, Êx 19.16; Lv 23.24; Nm 10.2; Js 6.4; Jz 7.16; Sl 81.3; Ez 33.5; Mt 6.2; Mt 24.31; 1 Co 14.8; 15.22; 1 Ts 4.16; Ap 8.2. Instrumento de sopro. Ver **Cântico**, **Hino**, **Melodia**, **Salmo**.

MÚSICO: O mesmo que musical; pessoa que sabe música. // Instrumentos músicos, 1 Cr 15.16; Am 6.5. Os músicos para templo, 1 Cr 15.16. A voz... de **m**, Ap 18.22.

MUTILAR: Privar de algum membro. // O cego, ou mutilado... não os oferecereis ao Senhor, Lv 22.22. Oxalá se mutilassem os que vos incitam, Gl 5.12.

MUTUCA (ARA): Espécie de moscardo grande, da família dos tabanídeos, que persegue os gados e cuja mordedura é muito dolorosa, Jr 46.20.

MÚTUO: Que corresponde de parte a parte; recíproco. // Intermédio da fé **m**, vossa e minha, Rm 1.12. Não negligencieis... a **m** cooperação, Hb 13.16.

Mandrágora:
Eu te aluguei pelas mandrágoras de meu filho, Gn 30.16

A GRANDE ESFINGE DE GIZÉ

Esfinge é o nome de tipo de antigas estátuas vulgares no Egito, e que representam um corpo de leão, ou de cão, com peito e cabeça de homem ou de mulher. Os egípcios consideravam a Esfinge uma encarnação de Harmáquis, uma manifestação do seu deus-sol. A grande Esfinge nas margens do Nilo e perto das pirâmides era talhada da rocha viva. Essa gigantesca figura agachada na areia tem um corpo de leão com 72 metros de comprimento e vinte de altura e um rosto humano de mais de quatro metros de largura

Nazaré, onde Jesus se criou. Quando, durante seu ministério público pregou aí, foi expulso e levado até o cume do monte sobre o qual estava edificada a cidade para de lá o precipitarem abaixo. Atualmente Nazaré é uma cidade de 25.000 habitantes, dos quais uma parte são árabes cristãos

N

NAÃ, hb. **Consolação, doçura:** 1. Um filho de Calebe, 1 Cr 4.15. // 2. Um descendente de Judá, 1 Cr 4.19.

NAALAL, hb. **Pastagem:** Uma cidade da herança de Zebulom, Js 19.15.

NAALIEL, hb. **Vale e ribeiro de Deus:** Lugar de um dos acampamentos de Israel, no deserto, Nm 21.19.

NAAMÁ, hb. **Doce:** 1. Uma cidade da herança de Judá, Js 15.41. // 2. Uma amonita, mulher de Salomão e mãe de Roboão, 1 Rs 14.21.

NAAMÃ, hb. **Agradável:** 1. Um neto de Benjamim, Nm 26.40. // 2. Comandante do exército de Ben-Hadade, rei da Síria. Foi curado da lepra, banhando-se sete vezes no rio Jordão, em obediência à palavra do profeta Eliseu, 2 Rs 5. Grande foi a recepção do "homem de Deus", ao chegar depois em Damasco, a cidade do rei Ben-Hadade, 2 Rs 8.7-9. Cristo citou a cura de Naamã como exemplo de se estender a misericórdia a quem não era israelita, Lc 4.27.

NAAMANI, hb. **Compassivo:** Um dos que voltaram a Jerusalém com Zorobabel, Ne 7.7.

NAAMATITA: Natural ou habitante de Naamá, lugar onde morava Zofar, um dos amigos de Jó, Jó 2.11. É provavelmente um lugar da Arábia.

NAARÁ, hb. **Donzela:** Uma das duas mulheres de Asur, 1 Cr 4.5.

NAARÃ: Uma cidade da tribo de Efraim, 1 Cr 7.28. Ver mapa 5, B-1.

NAARAI, hb. **Bronquidão:** 1. Um dos valentes do exército de Davi, 1 Cr 11.37. // 2. Outro valente de Davi, 1 Cr 11.39.

NAARATE: Uma cidade da herança de Efraim, Js 16.7.

NAÁS, hb. **Serpente:** 1. Os rabinos afirmam que Naás é um outro nome de Jessé, pai de Davi, 2 Sm 17.25. // 2. Um rei amonita que sitiou Jabes-Gileade no início do reinado de Saul, 1 Sm 11.1. // 3. Um residente de Rabá, capital de Amom, 2 Sm 17.27.

NAASOM, hb. **Encantador:** 1. Um descendente de Judá e cunhado de Arão, 1 Cr 2.11. // 2. Pai de Salmom, da genealogia de Cristo, Mt 1.4.

NAATE, hb. **Repouso:** 1. Um neto de Esaú, Gn 36.13. // 2. Um descendente de Levi e antepassado de Samuel, 1 Cr 6.26. Chamado, também, Toú e Toá, 1 Sm 1.1; 1 Cr 6.34. // 3. Um levita que administrava as ofertas, 2 Cr 31.13.

NABAL, hb. **Sem juízo:** Homem abastado em Maom, que possuía grandes manadas de ovelhas e de cabras no Carmelo. Homem duro e maligno em todo o seu trato, recusou assistência a Davi e aos seus homens, 1 Sm 25.10. Abigail, sua mulher, suplicou que perdoasse seu marido, 1 Sm 25.18. Sua miserável morte, 1 Sm 25.37.

NABI, hb. **Escondido:** Um dos 12 espias, da tribo de Naftali, Nm 1.14.

NABOTE: Um israelita da cidade de Jezreel, no tempo do rei Acabe. Recusou, em conformidade com a lei, Lv 25.23,24, vender sua bela vinha ao rei. À instância de Jezabel, Nabote foi morto e Acabe entrou de posse da vinha. O crime provocou o juízo de Deus sobre o rei e sua mulher, 1 Rs 21.1-29.

NABUCODONOSOR, Nebo protege o seu limite: A forma do vocábulo **Nebucadnezar**, na Vulgata. Flho e sucessor de Nabopolassar, o fundador do império babilônico. Era o mais poderosos dos reis da Babilônia, Ez 26.7.

Conquistou a Palestina, Dn 1.1; Jr 21.7. O rei Joaquim se rebelou contra ele, 2 Rs 24.1. Seus sonhos, Dn 2; 4. Sua demência, Dn 4.33.

NAÇÃO: Conjunto de habitantes de um território, subordinados a um poder político central que mantém a unidade do grupo. // De ti farei uma grande **n**, Gn 12.2; 46.3. Pai de **n**, Gn 17.5. Ser uma grande e poderosa **n**, Gn 18.18. Nele serão benditas todas as **n**, Gn 18.18; 22.18. Eu te darei as **n**, Sl 2.8. Feliz a **n** cujo Deus é o Senhor, Sl 33.12. A justiça exalta a **n**, Pv 14.34. Uma **n** não levantará a espada, Is 2.4. As **n** se encaminham para a tua luz, Is 60.3. Povos, **n**... o servissem, Dn 7.14. Congregarei todas as **n**... ao vale, Jl 3.2. Levantará **n** contra **n**, Mt 24.7. Odiados de todas as **n**, Mt 24.9. Testemunho a todas as **n**, Mt 24.14. todas as **n** serão reunidas em sua presença, Mt 25.32. Discípulos de todas as **n**, Mt 28.19. Casa de oração para todas as **n**, Mc 11.17. Pregasse arrependimento... a todas as **n**, Lc 24.47. De todas as **n**, At 2.5. Pai de uma **n** te constituí, Rm 4.17. **N** santa, 1 Pe 2.9; Êx 19.6. Multidão... de todas as **n**, Ap 7.9. Todas as **n** virão e adorarão diante de ti, Ap 15.4. As **n** andarão mediante a sua luz, Ap 21.24. Ver **Povo**, **Terra**.

Foi perto deste lugar, no rio Jordão, que Naamã ficou limpo da lepra, ao lavar-se sete vezes

NACOM, hb. **Pronto:** A eira onde Uzá estendeu a mão para segurar a arca e Deus o feriu, 2 Sm 6.6.

NACOR: A forma grega de Naor, nome do avô de Abraão, Lc 3.34.

NADA: O que não existe; coisa nenhuma. // Porções aos que não têm **n**, Ne 8.10. Em morrendo, **n** levará, Sl 49.17. O preguiçoso deseja e **n** tem, Pv 13.4. Todas as nações são... **n**, Is 40.17. Sois menos do que **n**, Is 41.24. Para **n** mais presta, Mt 5.13. **N** há encoberto, que não venha a ser conhecido, Mt 10.26. **N** vos será impossível, Mt 17.20. Sem mim **n** podeis, Jo 15.5. Para reduzir a **n**, 1 Co 1.28. **N** tendo, mas possuindo tudo, 2 Co 6.10.

NADABE, hb. **Liberal:** 1. Filho primogênito de Arão, Êx 6.23. Ofereceu fogo estranho, Lv 10.1. // 2. Filho de Samai, 1 Cr 2.28. // 3. Filho de Jeroboão I e rei de Israel, 1 Rs 14.20. Seu mau reinado, 1 Rs 15.26. Morto por Baasa, 1 Rs 15.28. Ver **Reis**.

NADADOR: Aquele que nada. // Como as estende o **n**, Is 25.11.

NADAR: Sustentar-se e mover-se sobre a água; boiar. // Faço nadar o meu leito, Sl 6.6. Nenhum deles, nadando, fugisse, At 27.42.

NADO: Ato de nadar. // Que se deviam passar a **n**, Ez 47.5.

NAFIS, hb. **Respiração:** Um filho de Ismael, Gn 25.15.

NAFTALI, hb. **A minha luta:** 1. O quinto filho de Jacó e o segundo de Bila, serva de Raquel. Era irmão de Dã, tanto da parte da mãe como da do pai, Gn 30.5-7. Tinha quatro filhos quando desceu para o Egito, Gn 46.24. Abençoado por Jacó, Gn 49.21. // 2. Uma das 12 tribos de Israel, Nm 2.29. No censo do deserto, Nm 1.42; 26.48. Abençoada por Moisés, Dt 33.23. Sua herança, Js 19.32-39. Haverá lugar entre as tribos restauradas, Ez 48.3,4,34. Jesus e seus discípulos freqüentes vezes pregaram no território de Naftali, Mt 4.13,15. Doze mil selados da tribo de Naftali, Ap 7.6. Ver mapa 2, C-3.

NAFTUIM: Um filho de Mizraim e bisneto de Noé, Gn 10.13. Ver mapa 1, C-4.

NAGAÍ: A forma grega de Nogá, um dos filhos de Davi, Lc 3.25; 1 Cr 3.7.

NAIM: Chama-se hoje Nein. Uma cidade a noroeste do Pequeno Hermom e nove quilômetros a sudeste de Nazaré. Lugar onde Jesus ressuscitou o filho de uma viúva, Lc 7.11. Ver mapa 4, B-1.

NAIOTE (ARC): Lugar perto de Ramá onde Samuel e Davi se refugiaram, fugindo de Saul, 1 Sm 19.18-23; 20.1. Era o lugar de uma escola de profetas, sob a direção de Samuel.

NÃO: Exprime negação. // Em mim simultaneamente o sim e não **n**?, 2 Co 1.17. Seja o vosso sim, sim, e o vosso **n**, **n**, Tg 5.12.

NAOR, hb. **Soprador:** 1. Um filho de Serugue e avô de Abraão, Gn 11.22. // 2. Um filho de Terá e irmão de Abraão, Gn 11.26. "Nacor" em Lc 3.34.

NARCISO: 1. Um romano a cuja família Paulo saudou na sua Epístola aos Romanos (16.11). Opina-se que Narciso foi morto antes de Paulo escrever a sua epístola e que seus escravos, ainda identificados por seu nome, tinham sido presos por Nero. Compare **os da casa de César**, Fp 4.22. // 2. O nome de um gênero de plantas da família das amarilídeas, de flores brancas ou amarelas. Ver Is 35.1.

NARDO: Uma planta odorífera, Ct 1.12; 4.13,14. Perfume penetrante extraído das raízes dessa planta, da família das valerianáceas. Jesus ungido com preciosíssimo perfume de nardo, Mc 14.3. O perfume de nardo usado nessa ocasião valia trezentos denários, isto é, trezentos dias de serviço de um trabalhador, Mc 14.5; Mt 20.2.

NARINA: Cada uma das duas aberturas do nariz. // Soprou nas **n** o fôlego, Gn 2.7. Com o resfolgar das tuas **n**, Êx 15.8. Das duas **n** subiu fumaça, 2 Sm 22.9.

NARIZ: Parte saliente do rosto e o órgão do **olfato**. // Pendente no **n**, Gn 24.47. Têm **n**, e não cheiram, Sl 115.6. O torcer do **n** produz sangue, Pv 30.33. Jóias pendentes do **n**, Is 3.21.

NARRAR: Contar, relatar. // Narrai todas as suas maravilhas, 1 Cr 16.9; Sl 105.2. Para narrardes às gerações vindouras, Sl 48.13. Ver **Referir**, **Relatar**.

NASCENTE: Em Êx 27.13; Nm 3.3.8 etc., quer dizer o oriente. Em 2 Cr 32.3 (B); Os 13.15, quer dizer **Fonte**, **Manancial**.

NASCER: Vir ao mundo, à luz; ter a sua origem. // Eis que um filho nascerá à casa de Davi, 1 Rs 13.2. O homem nasce para o enfado como as faíscas das brasas voam para cima, Jó 5.7. O homem nascido de mulher vive breve tempo, Jó 14.1. Eu nasci na iniqüidade, Sl 51.5. Há tempo de nascer, e tempo de morrer, Ec 3.2. Um menino nos nasceu, Is 9.6. A tua luz nascerá nas trevas, Is 58.10. A glória do Senhor nasce sobre ti, Is 60.1. Nascer uma terra num só dia?, Is 66.8. Ele faz nascer o seu sol, Mt 5.45. Entre os nascidos de mulher, Mt 11.11. Melhor fora não ter nascido, Mt 26.24. Hoje vos nasceu na cidade de Davi, Lc 2.11. Os quais não nasceram do sangue, Jo 1.13. Se alguém não nascer de novo, Jo 3.3. Como por um nascido fora de tempo, 1 Co 15.8. Que me separou antes de eu nascer, Gl 1.15. Seu filho nascido de mulher, nascido sob a lei, Gl 4.4. O que nascera segundo a carne perseguia o que nasceu segundo o Espírito, Gl 4.29. Aquele nascido de Deus não vive na prática do pecado, 1 Jo 3.9. Aquele que ama é nascido de Deus, 1 Jo 4.7. Aquele que crê que Jesus é o Cristo é nascido de Deus, 1 Jo 5.1. Ama ao que dele é nascido, 1 Jo 5.1. O que é nascido de Deus vence, 1 Jo 5.4. Todo aquele que é nascido de Deus, 1 Jo 5.18. Nasceu-lhe um filho varão, Ap 12.5.

NASCIMENTO: Ato de nascer. // Melhor é do que o dia do seu **n**, Ec 7.1. Muitos se regozijarão com o seu **n**, Lc 1.14. Eu o tenho por direito de **n**, At 22.28. Nem muitos de nobre **n**, 1 Co 1.26. **Nascimentos preditos:** de Ismael, Gn 16.11; de Isaque, Gn 18.10; de Sansão, Jz 13.3; de Samuel, 1 Sm 1.11; de Josias, 1 Rs 13.2; do filho da sunamita, 2 Rs 4.16; de Ciro, Is 44.28; de João Batista, Lc 1.13; do Messias, Gn 3.15; Is 7.14; Lc 1.31.

NATA: Matéria gorda e untuosa do leite. // Em taça... ofereceu **n**, Jz 5.25. Ver **Leite**, **Manteiga**.

NATÃ, hb. **Ele deu:** 1. Profeta nos reinados de Davi e Salomão. Dissuadiu o rei Davi de edificar o templo, 2 Sm 7.1-17. Repreendeu a Davi por causa do seu pecado com Bate-Seba, proferindo a famosa parábola do rico e a cordeira do pobre, 2 Sm 12.1-15. Pela sua influência e intercessão, assegurou a sucessão de Salomão ao trono, 1 Rs 1.8-45. // 2. Filho de Davi e Bete-Seba e, portanto, irmão de Salomão, 1 Cr 3.5. // 3. Outros do mesmo nome: 2 Sm 23.36; 1 Cr 2.36; 11.38; Ed 8.16; 10.39; Zc 12.12.

NATAL: A festa anual observada pela maioria dos protestantes e pelos católicos romanos, em 25 de dezembro, em memória do nascimento de Cristo. A Igreja Ortodoxa observa-a em 6 de janeiro e a Igreja Armênia em 16 de janeiro. A primeira vez que se celebrou o Natal em 25 de dezembro foi em Roma, no ano 325.

NATALÍCIO: Ver **Dia natalício**.

NATANAEL, hb. **Dom de Deus:** 1. Cabeça de uma família de Issacar, Nm 1.8. // 2. Um discípulo de Cristo. Sua conversão, Jo 1.45-51. Um dos poucos discípulos a quem Jesus apareceu no mar de Tiberíades depois da sua ressurreição, Jo 21.2. Provavelmente é o mesmo que o apóstolo Bartolomeu.

NATURAL: Pertencente ou referente à natureza; aquele que pertence a uma certa localidade. // A mesma lei haja para o **n** e para o forasteiro, Êx 12.49. Barnabé... **n** de Chipre, At 4.36. Mulheres mudaram o modo **n**, Rm 1.26. Sem afeição **n**, Rm 1.31. Deus não poupou os ramos **n**, Rm 11.21. O homem não aceita as coisas do Espírito, 1 Co 15.44. Num espelho seu rosto **n**, Tg 1.23.

NATURALMENTE: Por uma impulsão natural. // Que não têm lei, fazem **n**, Rm 2.14 (ARC).

NATUREZA: O curso comum e regular das coisas; a ordem natural; caráter, índole. // Por outro contrário à **n**, Rm 1.26. Por **n** de conformidade com a lei, Rm 2.14. Incircunciso por **n**, Rm 2.27. Contra a **n** enxertado, Rm 11.24. Ignoreis a **n** da tribulação, 2 Co 1.8. Por **n** filhos da ira, Ef 2.3. Fazei morrer a vossa **n** terrena, Cl 3.5. Participantes da **n** divina, 2 Pe 1.4.

NAU: Navio de vela. // Fez... Salomão também **n**, 1 Rs 9.26. Ver **Barco**, **Navio**.

NAUFRAGAR: Sofrer naufrágio. // A naufragar na fé, 1 Tm 1.19.

NAUFRÁGIO: Perda de um navio, que se afunda no mar ou que se despedaça nas costas. // Em **n** três vezes, 2 Co 11.25.

NAUM, hb. **Consolação:** 1. Um profeta, Na 1.1. Nasceu em Elcos, provavelmente, Cafarnaum, que significa **A aldeia de Naum**. Profetizou durante o reinado de Ezequias. // O pai de Amós, na genealogia de Cristo, Lc 3.25.

NAUM, LIVRO DE: O sétimo na lista de 12 profetas menores. Este livro é uma obra-prima na literatura hebraica. Seu estilo é claro e simples, apesar de significativo e enérgico.

O autor: Naum, 1.1. É natural supor que o povo de Judá, depois de os assírios levarem as dez tribos cativas, andava muito preocupado por causa das ameaças desse povo. Foi no tempo em que Ezequias tirou todo o ouro e prata do templo e o enviou ao rei da Assíria, na esperança vã de aplacar a sua fúria, 2 Rs 18.16. Chegavam, também, notícias das conquistas no Egito, que aumentavam o terror do povo. Nesse tempo de desespero e desânimo em Judá, Deus chamou Naum para predizer a destruição de Nínive e animar o seu povo.

A chave: Naum tinha um só assunto: **A sentença contra Nínive**, 1.1. Nínive era a capital da Assíria, que durante três séculos dominou o mundo e que ameaçava a Judá. Fazia 150 anos que os ninivitas se haviam arrependido com a pregação de Jonas. Mas já tinham esquecido e voltado para a sua vida de outrora.

As divisões: O Livro de Naum divide-se em três capítulos. Mas consiste de um só poema: I. Iniciando com uma descrição solene da ira e da misericórdia de Deus, cap. 1. II. O cerco e a tomada de Nínive, cap. 2. III. A ruína completa da cidade, cap. 3. Introduz-se o segredo de Nô-Amom (Tebas), Grande e fortificada cidade do Egito, que caiu pela sentença de Deus, para ilustrar os castigos semelhantes que sobrevinham aos assírios, Na 3.8-10. Nínive foi destruída quase um século depois, justamente como **n** predissera.

Navio

NAVALHA: Instrumento bem afiado para rapar a barba ou os cabelos. Empregavam-se navalhas de pederneira antes de haver instrumentos de metal. Menciona-se a navalha em Nm 6.5; Jz 16.17; 1 Sm 1.11; Sl 52.2; Is 7.20; Ez 5.1.

NAVEGAR: Viajar por mar, pelos grandes rios. // Enquanto navegavam, ele adormeceu, Lc 8.23. Navegar para Chipre, At 13.4; para Antioquia, At 14.26; para a Síria, At 18.18; para a Itália, At 27.1.

NAVIO: Embarcação de grande porte. // Zebulom... servirá de porto de **n**, Gn 49.13. Por ele transitam os **n**, Sl 104.26. O caminho dos **n** no meio do mar, Pv 30.19. Os **n** de Társis, Is 60.9. Um **n** que ia para Társis, Jn 1.3. Embarcando num **n**, At 27.2. Os **n**... por um pequeníssimo leme, Tg 3.4. Enriqueceram todos os que possuíam **n**, Ap 18.19. Ver **Barco**, **Bote**, **Nau**.

NAZARÉ, hb. **Verdejante:** Uma cidade da Galiléia, onde moravam José e Maria e onde Jesus passou os primeiros trinta anos de sua vida, Mt 2.23; Mc 1.9; Lc 2.39,51; 4.16. Depois que iniciou sua carreira pública, Jesus foi rejeitado duas vezes pelos seus conterrâneos, Lc 4.29; Mt 13.57. Natanael perguntou: "De Nazaré pode sair alguma cousa boa?", Jo 1.46. Cristo chamava-se **Jesus de Nazaré**, apesar de ter nascido em Belém. Seus discípulos foram chamados **nazarenos**, nome usado até hoje pelos muçulmanos para designar os cristãos. Nazaré atualmente é uma cidade de 25.000 habitantes. Chama-se, pelo nome árabe, **En-Nasira**. Ver mapa 4, B-1.

NAZARENO: Natural de Nazaré. Ele será chamado **N**, Mt 2.23. Estava com Jesus, o **N**, Mt 26.71. Jesus, o **N**, varão aprovado, At 2.22. Nome de Jesus Cristo, o **N**, destruirá este lugar, At 6.14. eu sou Jesus, o **N**, At 22.8.

NAZIREADO: Voto de nazireu. O **n** do seu Deus está sobre a sua cabeça, Nm 6.7.

NAZIREU, hb. **Consagrado:** Não se deve confundir **nazireu** com **nazareno**. O homem ou a mulher, para cumprir o voto de nazireu, tinha de (1) abster-se de bebida forte e de todo o produto da vinha, (2) não rapar a cabeça, mas deixar crescer livremente a cabeleira, (3) não se aproximar de um cadáver, nem quando morresse parente mais chegado. A lei do nazireado, Nm 6.1-21. O voto de nazireu era, geralmente, por certo período de tempo, ou, como do caso de Sansão, por toda a vida, Jz 13.5,7; 16.17. Os nazireados não eram eremitas, mas viviam em contato com a sociedade humana. A mãe que dedicava seu filho, antes de ele nascer, para ser nazireu, cumpria a lei dos nazireados, Jz 13.5,7; 1 Sm 1.11,28; Lc 1.15. Mas Samuel não continuou nazireu e, talvez, nem João Batista. Os nazireus eram muito mais numerosos do que o que geralmente parece. Gente profana no tempo de Amós tentou induzir os nazireus a violarem seus votos, Am 2.11,12. Parece que tanto Paulo com os quatro homens em Jerusalém fizeram votos de nazireu, At 18.18; 21.23-26.

NEÁ, hb. **Emoção:** Uma cidade da herança de Zebulom, Js 19.13.

NEÁPOLIS, gr. **Cidade nova:** Uma cidade da Macedônia onde Paulo pela primeira vez desembarcou na Europa, At 16.11. Esse porto chama-se, atualmente, Kavalla. Tem população de 45.000. Ver mapa 6, D-1.

NEBAI: Um chefe do povo, que assinou a aliança com Neemias, Ne 10.19.

NEBAIOTE, hb. **Lugares altos:** O filho mais velho de Ismael, Gn 36.3. Ver mapa 1 D-4.

NEBALATE: Uma das cidades onde os benjamitas se estabeleceram depois do exílio, Ne 11.34.

NEBATE, hb. **Aspecto:** Pai do rei Jeroboão, 1 Rs 11.26.

NEBLINA: Névoa densa e rasteira. // Uma **n** subia da terra, Gn 2.6. Sois apenas como **n**, Tg 4.14. Ver **Névoa**, **Orvalho**, **Vapor**.

NEBO: 1. Um deus da Babilônia, Is 46.1. Supunha-se presidir as ciências e a literatura. Era o padroeiro dos mais importantes reis da Babilônia, cujos nomes incluíam o nome de **Nabu** ou **Nebo**. // 2. Um monte de Moabe, Dt 32.49. O mais alto cume da serra de Pisga, de onde Moisés viu a Terra da Promissão. Daí vê-se o monte Hermom no extremo norte, a região montanhosa de Efraim, o Carmelo, o mar Morto, o vale do Jordão etc. O monte Nebo tem altura de 793 metros acima do nível do mar. Ver mapa 2, D-5. // Uma cidade de Moabe, perto do monte Nebo, Nm 32.3. Ver mapa 5, C-1.

NEBUCADNEZAR: Ver **Nabucodonosor**.

NEBUCADREZAR: Jr 21.2 (B), o mesmo que **Nebucadnezar**.

NEBUSAZBÃ, hb. **Nebo me liberta:** Um dos oficiais de Nabucodonosor, no tempo da tomada de Jerusalém, Jr 39.13.

NEBUZARADÃ, hb. **Nebo deu geração:** O chefe da guarda a quem Nabucodonosor encarregou de completar a destruição de Jerusalém e a pacificação da Judéia. Mostrou grande simpatia para com Jeremias, 2 Rs 25.8-11,18-21; Jr 39.9-14; 40.1-5. Depois de cinco anos, passou outra vez pelo país e levou 745 judeus, Jr 52.30.

NECEDADE: Ignorância crassa. // Amareis a **n**?, Pv 1.22.

NECESSÁRIO: Indispensável. // O povo traz muito mais do que é **n**, Êx 36.5. Que for **n** para a casa de teu Deus, Ed 7.20. Estas mãos serviram para o que me era **n**, At 20.34. Membros... mais fracos são **n**, 1 Co 12.22. É mais **n** permanecer na carne, Fp 1.24. É **n** que intervenha a morte, Hb 9.16. Sem lhe dardes o **n** para o corpo, Tg 2.16.

NECESSIDADE: Qualidade ou caráter de necessário. // Abrirás... tua mão... quanto baste para a sua **n**, Dt 15.8. Sobrevirá... tua necessidade como um homem armado, Pv 6.11; 24.34. Deus.. sabe o que tendes **n**, Mt 6.8. Lhe dará tudo o de que tiver **n**, Lc 11.8. Começou a passar **n**, Lc 15.14. Distribuindo... à medida que alguém tinha **n**, At 2.45; 4.35. Compartilhai as **n** dos santos, Rm 12.13. Temos **n**... de carta de recomendação?, 2 Co 3.1. Contribua... não com tristeza ou por **n**, 2 Co 9.7. Não só supre a **n** dos santos, mas redunda, 2 Co 9.12. Sinto prazer... nas **n**, 2 Co 2.10. Vosso auxiliar nas minhas **n**, Fp 2.25. Mandastes... o bastante para as minhas **n**, Fp 4.16. Deus... há de suprir... cada uma das vossas **n**, Fp 4.19. Tendes novamente **n**... os princípios elementares, Hb 5.12. Vir a seu irmão padecer **n** e fechar-lhe o coração, 1 Jo 3.17. Ver **Aperto**.

NECESSITADO: Indivíduo pobre. // Não oprimirás o jornaleiro pobre e **n**, Dt 24.14. Desde o monturo exalta o **n**, 1 Sm 2.8; Sl 113.7. Salva o **n** da mão do poderoso, Jó 5.15. eu sou pobre e **n**, Sl 40.17; 70.5. O Senhor responde aos **n**, Sl 69.33. Tem piedade do fraco e do **n**, Sl 72.13. Mas levanta da opressão o **n**, Sl 107.41. Ele ergue.. do monturo, o **n**, Sl 113.7. Os **n** se deitarão seguros, Is 14.30. Fortaleza do **n** na sua angústia, Is 25.4. nenhum **n** havia entre eles, At 4.34. É mister socorrer aos **n**, At 20 35. Para que tenha com que acudir aos **n**, Ef 4.28. Boas obras, a favor dos **n**, Tt 3.14. Ver **Mendigo**, **Pobre**.

NECESSITAR: Tornar necessário. // Pai.. sabe que necessitais, Mt 6.32. Andaram peregrinos... necessitados, Hb 11 37. Necessita de sabedoria, Tg 1.5. Necessitados de alimento, Tg 2.15. Ver **Carecer**, **Precisar**.

NECO: 2 Cr 35.22. Ver **Faraó-Neco**.

NECODA, hb. **Pastor:** 1. Chefe de uma família que voltou do exílio, Ed 2.48. // 2. Chefe de uma família que não podia provar que a sua linhagem era de Israel, Ed 2.60.

NECROMANCIA: Ver **Adivinhação**.

NECROMANTE: Pessoa que pretende evocar os mortos, para deles obter o conhecimento do futuro. // Para os **n** e feiticeiros, Lv 20.6. Sejam **n**, ou sejam feiticeiros, serão mortos, Lv 20.27. Tratava com **n**, 2 Cr 33.6. Os **n** e os adivinhos chilreiam, Is 8.9. Ver **Adivinhação**, **Encantador**, **Feiticeiro**, **Mágico**.

NEBADIAS, hb. **Jeová é liberal:** Um filho do rei Jeconias, o cativo, 1 Cr 3.18.

NÉDIO: Que tem a pele lustrosa por efeito de gordura. // Holocaustos de animais **n**, Sl 66.15 (ARC). Leão e a **n** ovelha, Is 11.6 (A).

NEEMIAS, hb. **Jeová conforta:** 1. Um dos que voltaram do cativeiro com Zorobabel, Ed 2.2. // 2. Filho de Azbuque, que trabalhou na reparação dos muros, Ne 3.16. // 3. Filho de Hacalias e autor do **Livro de Neemias**. Copeiro do rei da Pérsia, Artaxerxes Longimanus, cuja madrasta era Ester, Ne 2.1. Sacrificou a vida sossegada do palácio para servir ao seu povo aflito, como governador da Judéia, Ne 2. Os judeus, depois de passarem cem anos novamente na sua terra, não conseguiram avançar em coisa alguma, senão na reconstrução do templo, por causa dos povos inimigos em redor. A obra precípua de Neemias era a de reconstruir as muralhas e fortificar a cidade. Esdras chegou na cidade 13 anos antes de Neemias. Mas Esdras era somente um sacerdote, enquanto Neemias era um governador civil com autoridade do rei. O intrépido Neemias não se conformou com os inimigos fora nem com o pecado dentro. Os dois, Esdras e Neemias, trabalhavam unidos para os cultos ao verdadeiro Deus, em Jerusalém. O historiador Josefo nos informa que Neemias continuou a governar a Judéia até atingir uma idade muito avançada.

NEEMIAS, LIVRO DE: Acha-se no cânon hebraico unido ao de Esdras. O templo tinha sido reedificado durante o governo de Esdras, mas as portas e as muralhas da cidade ainda ficavam em ruínas. Com o **Livro de Neemias** finda a história do Antigo Testamento. **A autoria:** Neemias mostra ser o escritor, escrevendo na primeira pessoa do singular. **A chave: Restauração,** Ne 2.5. O cativeiro foi no tempo da Assíria e de Babilônia, mas a restauração foi no tempo do império da Pérsia. **As divisões:** I. A reconstrução das muralhas de Jerusalém, Ne 1 a 6. II. O grande avivamento e a restauração do culto, Ne 7 a 12. III. A Correção dos abusos, Ne 13. // Os eventos de **Neemias** abrangem um período de 11 anos.

NEFEGUE, hb. **Renovo:** 1. Um levita, da família de Coate, Êx 6.21. // 2. Um filho de Davi, 1 Cr 3.7.

NEFILIM: Nm 13.33 (ARC). Ver **Gigantes.**

NEFTOA , hb. **Abertura:** Uma fonte nas fronteiras de Judá, Js 15.9.

NEGAR: Recusar, proibir, vedar, repudiar. // Sei que temes a Deus, porque não me negaste o filho, Gn 22.12. Negar ao seu próximo o que este lhe deu em depósito, Lv 6.2. Negaria eu ao Deus lá de cima, Jó 31.28. Eu farto, te negue e diga: Quem é o Senhor?, Pv 30.9. Aquele que me negar... eu o negarei, Mt 10.33; 2 Tm 2.12. A si mesmo se negue, tome a sua cruz, Mt 16.24. Antes que o galo cante, tu me negarás, Mt 26.34,75. Jesus a quem vós traístes e negastes, At 3.13. Tem negado a fé, e é pior do que o descrente, 1 Tm 5.8. Se o negarmos, ele por sua vez nos negará, 2 Tm 2.12. Tendo forma de piedade, negando-lhe, entretanto, o poder, 2 Tm 3.5. Entretanto o negam por suas obras, Tt 1.16. que nega que Jesus é Cristo? Este é o anticristo, 1 Jo 2.22. Negam o nosso único soberano, Jd 4. Não negaste a minha fé, Ap 2.13. Não negaste o meu nome, Ap 3.8.

NEGLIGENCIAR: Descuidar, desleixar. // De hortelã... negligenciado os preceitos mais importantes, Mt 23.23. Negligenciando o mandamento de Deus, Mc 7.8. Se negligenciarmos tão grande, Hb 2.3. Não negligencieis a hospitalidade, Hb 13.2.

NEGLIGENTE: Descuidado, indolente. // Quem é **n** na sua obra já é, Pv 18.9. Servo mau e **n**, Mt 25.26. Não te faças **n** para com o dom, 1 Tm 4.14.

NEGOCIANTE: Comerciante. // Trazia a Salomão... do tráfego dos **n**, 1 Rs 10.14,15. Os **n**... pernoitaram fora, Ne 13.20. Tiro... cujos **n** são mais nobres, Is 23.8. Os teus **n** mais numerosos do que as estrelas, Na 3.16. Ver **Mercador.**

NEGOCIAR: Comerciar. // Habitai e negociai nela, Gn 34.10. Negociareis na terra, Gn 42.34. Negocia e procura boas pérolas, Mt 13.45. A negociar... ganhou outros cinco, Mt 25.16. Negociai até que eu volte, Lc 19.13. Negociaremos e teremos lucros, Tg 4.13. Ver **Mercadejar**.

NEGÓCIO: Tráfico, comércio, contrato ajuste. //Para atender aos **n**, Gn 39.11. O **n** do rei é urgente, 1 Sm 21.8. Constitui... sobre os **n** da província, Dn 2.49. Outro para o seu **n**, Mt 22.5. Saber que **n** cada um teria conseguido, Lc 19.15. Não façais da casa de meu pai casa de **n**, Jo 2.16. Envolve em negócios desta vida, 2 Tm 2.4. Intromete em **n** de outrem, 1 Pe 4.15.

NEGRIDÃO: Escuridão, as trevas. // Dia de nuvens e **n**, Jl 2.2. Reservada a **n** das trevas, 2 Pe 2.17; Jd 13. Ver **Negrume**.

NEGRO: Preto. // os **n** entre os cordeiros, Gn 30.32. O sol se tornou **n**, Ap 6.12. Ver **Etíope**.

NEGRUME: Cerração de nuvens caliginosas; as trevas. // Dia de escuridade e **n**, Sf 1.15. Ver Jl 2.2. Ver **Negridão**.

NEGRURA: Escuridade. // Reservada a **n** das trevas, Jd 13 (ARC).

NEGUEBE, hb. **Seco:** Terra do sul (ARC), isto é, ao sul da judéia, Dt 1.7; Js 10.40; 11.16; 12.8; Jz 1.9; Ob 19. Ver mapa 2, B-6.

NEIEL: Uma cidade da herança de Aser, Js 19.27.

NEMUEL: 1. Um irmão de Datã e Abirã, Nm 26.9. // 2. Um filho de Simeão, 1 Cr 4.24.

NENHUM: Nem um. // Emprestai, sem esperar **n** paga, Lc 6.35.

NEÓFITO: Pessoa que há pouco se converteu a uma religião. // Não seja **n**, 1 Tm 3.6.

NER, hb. **Lâmpada:** Avô do rei Saul e pai de Abner, sendo este por isso tio de Saul e também seu general, 1 Sm 14.50; 2 Sm 2.8; 1 Rs 2.5.

NEREU: Um cristão de Roma, saudado por Paulo, Rm 16.15.

NERGAL: O deus da guerra, da doença e da morte, na mitologia da Assíria e da Babilônia, 2 Rs 17.30.

NERGAL-SAREZER: Um príncipe da Babilônia, que tomou o nome de Rabe-Mague, isto é, chefe dos adivinhos. Assassinou Evil-Merodaque, o filho de Nabucodonosor e apossou-se da coroa. Mencionado em Jr 39.3,13.

NERI: O pai de Salatiel, na genealogia de Cristo, Lc 3.27.

NERIAS, hb. **Jeová é luz:** Pai de Baruque, o escrivão e mensageiro de Jeremias, Jr 32.12.

NERO CÉSAR AUGUSTO GERMÂNICO: Imperador romano de 54 a 58 d.C. O nome **Nero** não aparece nas Escrituras, mas foi a esse César que o apóstolo Paulo apelou, At 25.11. Era um monstro de crueldade. Envenenou a Britânico; mandou matar à espada a sua própria mãe, Agripina; sua mulher, Otávia, suicidou-se, abrindo as veias por ordem do marido; ele próprio matou com um pontapé sua segunda mulher, Popéia. Atribui-se-lhe o incêndio de Roma, a que assistiu declamando versos que compusera. Fez morrer nos suplícios milhares de cristãos, a quem acusou desse incêndio. Por fim o Senado declarou-o inimigo público. Vendo-se perdido, suicidou-se. Foi durante o incêndio de Roma, em 64, que Paulo foi sentenciado e morto. Os santos da casa de César (Fp 4.22) eram da casa de Nero.

NERVO: Cada um dos filamentos que servem de condutores à sensibilidade e ao movimento do corpo dos animais. // Da coxa de Jacó no **n** do quadril, Gn 32.32. Ver **Tendão**.

NÉSCIO: Ignorante, inepto, estúpido. // A boca do **n** é uma ruína iminente, Pv 10.14. Do muito falar, palavras **n**, Ec 5.3. Cinco **n**, e cinco prudentes, Mt 25.2. Ó **n**, e tardos de coração, Lc 24.25. Vier a gloriar-me não serei **n**, 2 Co 2.16. Andais não como **n**, e, sim, como sábios, Ef 5.15. Outrora, éramos **n**, Tt 3.3. Ver **Estulto**, **Estúpido**, **Ignorante**.

NETA: A filha de seu filho, Lv 18.17.

NETANEL, hb. **Deus deu:** 1. Designado cabeça da tribo de Issacar, Nm 1.8 (ARC). // 2. O quarto filho de Jessé, 1 Cr 2.14. // 3. Um dos que tocavam trombetas perante a arca, 1 Cr 15.24. // 4. Um levita, 1 Cr 24.6. // 5. Um filho de Obede-Edom e porteiro da arca, 1 Cr 26.4. // 6. Um dos príncipes que Josafá mandou ensinar nas cidades de Judá, 2 Cr 17.7. // 7. Um levita que deu gado para a páscoa, no reinado de Josias, 2 Cr 35.9. // 8. Um sacerdote que se casara com mulher estrangeira, Ed 10.22. // 9. Um sacerdote, Ne 12.21. // 10. Um levita músico que participou da dedicação dos muros de Jerusalém, Ne 12.36.

NETANIAS: hb. Jeová deu: 1. Um dos que profetizavam com harpas no templo, 1 Cr 25.2. // 2. Um dos levitas enviados para ensinarem, 2 Cr 17.8. // 3. O pai de Jeudi, Jr 36.14. // 4. O pai de Ismael, que matou Gedalias, 2 Rs 25.25.

NETININS (ARC): Servidores do templo (ARA): Serviam no templo, 1 Cr 9.2. Talvez escravos rachadores de lenha e tiradores de água par a casa de Deus, como os midianitas e os gibeonitas, Nm 31.30,47; Js 9.23,27. Davi deu os netinins para o ministério dos levitas, Ed 8.20. Compare os que serviam a Salomão para a construção do templo, 1 Rs 5.15; 9.20,21. Os netinins eram numerosos, havia 392 entre os primeiros exilados que voltaram para Jerusalém e 220 entre aqueles que voltaram oitenta anos depois, Ed 1.58; 8.20.

NETO: Filho do filho ou da filha em relação ao avô ou à avó. // Trinta **n** que cavalgavam, Jz 12.14. Os filhos dos filhos, Pv 7.6. Se alguma viúva tem filhos, ou **n**, 1 Tm 5.4.

NETOFA, hb. **Gotejante:** Uma cidade de Judá, perto de Belém. Cidade natal de dois valentes de Davi, 2 Sm 23.28,29. Cinquenta e seis homens deste lugar voltaram do cativeiro, Ed 2.22

NEUM: hb. **Consolação:** Um dos que voltaram a Jerusalém depois do exílio com Zorobabel, Ne 7.7.

NEUSTA, hb. **Bronze:** Mãe do rei Joaquim, 2 Rs 24.8.

NEUSTÃ, hb. **Pedaço de bronze:** O desdenhoso epíteto que Ezequias aplicou à serpente de bronze que Moisés levantara no deserto e a qual o povo tinha caído no costume de queimar incenso, 2 Rs 18.4.

NEVE: Água congelada que cai da atmosfera em flocos brancos e leves. // Matou um leão no tempo da **n**, 2 Sm 23.20. Desfazem as águas da **n**, Jó 24.19. Ele diz à **n**, Jó 37.6. Nos depósitos da **n**, Jó 38.22. Alvo que a **n**, Sl 51.7; Is 1.18; Dn 7.9; Mt 28.3; Ap 1.14. Dá **n** como lã, Sl 147.16. fogo e saraiva, **n** e vapor, Sl 148.8. O frescor de **n**, no tempo da ceifa, Pv 25.13. Como a **n** no verão, Pv 26.1. Cai neve ocasionalmente em Jerusalém. A cordilheira do Líbano é branca de neve a maior parte do ano.

NÉVOA: Vapor aquoso, denso e frio, que obscurece a atmosfera. // Desfaço as tuas transgressões como a **n**, Is 44.22. No mesmo instante caiu sobre ele **n** e escuridade, At 13.11. Como **n** impelidas por temporal, 2 Pe 2.17. Ver **Neblina**, **Orvalho**, **Vapor**.

NEZIÁ, hb. **Puro:** Chefe de uma família que voltou do exílio, Ed 2.54.

NEZIBE, hb. **Estátua:** Uma cidade da herança de Judá, Js 15.43. Ver mapa 5, B-1.

NIBAZ: Um ídolo dos aveus, 2 Rs 17.31.

NIBSÃ, hb. **Brando:** Uma cidade da herança de Judá, Js 15.62.

NICANOR, hb. **Conquistador:** Um dos sete escolhidos para "servir as mesas", At 6.5.

NICHOS DE DIANA: Templos em miniatura ou grutas contendo a imagem da deusa, At 19.24.

NICODEMOS, hb. **Vitorioso sobre o povo:** Um fariseu e membro do sinédrio. Visitou Jesus em Jerusalém, Jo 3.1-15. Defendeu Jesus contra os principais sacerdotes, Jo 7.50-52. Ajudou José de Arimatéia a retirar o corpo de Jesus da cruz e sepultá-lo, Jo 19.39,40.

NICOLAÍTAS: Uma seita da Igreja de Eféso e de Pérgamo, Ap 2.6,14,15. São reprovados ao lado dos que sustentavam a doutrina de Balaão. Opina-se que estas seitas eram praticamente idênticas. Ver **Balaão.**

NICOLAU, Vitorioso sobre o povo: Um prosélito de Antioquia, e um dos sete escolhidos para "servirem as mesas" em Jerusalém, At 6.5.

NICÓPOLIS: Cidade da vitória: Uma cidade onde Paulo tencionava invernar, Tt 3.12. Havia uma cidade com o mesmo nome na Trácia, outra na Cilícia e ainda outra no Espiro. É provável que fosse a Nicópolis do Espiro, uma cidade que Augusto edificou, em memória da batalha de Actium.

NIGER, lat. **Preto:** Sobrenome de Simeão, um mestre e profeta da igreja de Antioquia, At 13.1.

NILO: Grande rio da África oriental. Com curso de 6.500 quilômetros, é o mais comprido rio do mundo. Navios sobem pelo Nilo mais de 4.500 quilômetros. O Nilo propriamente dito, forma-se da confluência do Nilo Branco e do Nilo Azul, assim chamados por causa da cor do barro que tinge suas águas. Os dois rios têm suas nascentes na África equatorial. As águas, descendo para o mar, atravessam uma vasta região árida e estéril. São as grandes enchentes periódicas que regam o Egito e deixam uma camada de limo escuro que fertiliza a terra. Essas enchentes em tempo de seca causavam espanto aos antigos. A sementeira se faz logo após a última enchente. Perto da cidade do Cairo o Nilo se divide, formando dois rios que depois deságuam no Mediterrâneo. Ver mapa 1. Os reinos dos faraós, por causa da grandeza desse rio, adquiriu o nome de "O Império do Nilo". As ruínas das grandes cidades de heliópolis, de Mênfis, de Amarna, de Tebas, no vale do Nilo, são uma das maravilhas da arquitetura do mundo. Chamava-se o Nilo "o rio do Egito", Gn 15.18, isto é, o Nilo com seus canais, Is 7.18. Atualmente, o povo o chama "o mar", por causa das suas águas que cobrem muito terreno durante as enchentes. Compare Na 3.8. A terra de Gósen foi a parte do delta do Nilo mais próxima da terra de Canaã. Para lá fugiu Abraão para evitar a fome, Gn 12.10; e lá as 12 tribos se estabeleceram durante o tempo em que permaneceram no Egito, Gn 47.6. Foi à beira desse rio que a mãe de Moisés deixou seu preciosíssimo filhinho em cesto betumado, Êx 2.3. Foi esse rio que se tornou em sangue antes de Israel sair do Egito, Êx 7.20. Isaías profetizou contra o Nilo, Is 19.7; falou da ceifa do Nilo, Is 23.3. Jeremias mencionou o Nilo, Jr 46.7. Ver mapa 1, D-4.

NIMRA, hb. **Água límpida:** Uma cidade murada de Gade, Js 13.27.

NINFA: Uma crente fervorosa de Laodicéia, cuja casa era usada como lugar de reuniões para a igreja, Cl 4.15.

NINGUÉM: Nenhuma pessoa. // A ninguém fiqueis devendo cousa alguma, Rm 13.8.

NINHADA: Ovos ou avezinhas contidos num ninho. // A águia desperta a sua **n**, Dt 32.11.

Ninho

NINHO: Habitação feita pelas aves, por certos insetos e por certos peixes para a postura dos ovos e criação dos filhinhos. // Puseste o teu **n** na penha, Nm 24.21. Se... encontrares... **n** de ave, Dt 22.6. Andorinha **n** para si, Sl 84.3. Qual a ave que vagueia longe do seu **n**, Pv 27.8. Fazes o teu **n** nos cedros, Jr 22.23. Eleves o teu **n** como a águia, Jr 49.16. Se... puseres o teu **n** entre as estrelas, Ob 4. Ai... pôr em lugar alto o seu **n**, Hc 2.9. As aves do céu, **n**, Mt 8.20.

NÍNIVE: A capital do império da Assíria, à beira do Tigre. Edificada por Ninrode, Gn 10.11. Onde residia Senaqueribe, 2 Rs 19.36. A biblioteca de tijolos, que Assurbanipal ali formou, tem sido a grande fonte dos nossos conhecimentos com respeito aos assuntos da Assíria e Babilônia. Nos dias do profeta Jonas era "cidade mui importante de... três dias para percorrê-la", Jn 1.2; 3.3. A cidade continha grandes parques, extensos campos, como em Babilônia. A ameaça de ser destruída a cidade de Nínive, dentro de três dias, foi suspensa em virtude do arrependimento e humilhação dos habitantes. Era uma cidade sangüinária (Na 3.1), guerreando as nações vizinhas durante alguns séculos e praticando as maiores atrocidades. Cortavam as mãos e os pés, os narizes e as orelhas, vazavam os olhos aos cativos e faziam pirâmides com as cabeças dos cativos. Sua destruição anunciada pelo profeta Naum, (capítulos 2 e 3), foram literalmente cumpridas 200 anos depois. O inimigo destruiu e saqueou a cidade, quando uma repentina inundação do rio derrubou vinte estádios da muralha. As abandonadas salas dos seus palácios são agora habitadas pelas feras e outros animais, como a hiena, o lobo e o chacal. Ver mapa 1, D-3.

NINIVITA: Um habitante da cidade de Nínive, Mt 12.41; Lc 11.32.

NINRIM: Um ribeiro de Moabe, Is 15.6.

NINRODE: Valente caçador, filho de Cuxe e bisneto de Noé, Gn 10.8,9. Edificou Nínive, Rebote-Ir, Calá e Resém, Gn 10.11,12.

NINSI, hb. **Vivaz:** O avô de Jeú, 2 Rs 9.2.

NISÃ, O primeiro mês do ano. Ver **Ano.**

NISROQUE: Um deus de Nínive, 2 Rs 19.37.

NOA, hb. **Movimento:** Uma filha de Zelofeade, Js 17.3.

NOÁ, hb. **Descanso:** O quarto filho de Benjamim, 1 Cr 8.2.

NOADIAS, hb. **Encontro com Jeová:** 1. Um dos levitas a quem Esdras emtregou a prata, o ouro e os objetos pertencentes ao templo que trouxera de Babilônia, Ed 8.33. // 2. Uma profetisa, com Tobias, Ne 6.14.

NÕ-AMOM, Cidade de (deus) Amom: Jr 46.25; Ez 30.14-16. Nome da antiga Tebas, capital de nove dinastias do Egito, algumas das quais foram das mais gloriosas deste país. Foi saqueada e destruída por Assurbanipal em 664 a.C.

NOBÁ, hb. **Uivando:** 1. Um guerreiro de Manassés, que tomou a Quenate, dando-lhe o seu próprio nome, Nm 32.42. Ver mapa 3, C-2. // 2. Um lugar que marcava o caminho de Gideão quando perseguia os midianitas, Jz 8.11.

NOBE, hb. **Altura:** Uma cidade dos sacerdotes, para onde Davi de dirigiu, fugindo de Saul, 1 Sm 21.1. Seus habitantes massacrados por ordem de Saul, 1 Sm 22.19. Lugar onde acampou o exército da Assíria, Is 10.32. Reocupada depois da volta do cativeiro, Ne 11.32.

NOBRE, Alto, suntuoso, valente. // O **n** do povo, Nm 21.18. A vos dos **n** emudecia, Jó 29.10. Os **n** e todos os juízes, Pv 8.16. Certo homem **n** partiu para uma terra, Lc 19.12. De Beréia eram mais **n**, At 17.11. Não foram chamados... muito de **n** nascimento, 1 Co 1.26. Vós **n**, e nós desprezíveis, 1 Co 4.10. Ver **Ilustre, Valente.**

NOBREZA: A classe dos nobres; generosidade de sentimentos. // E na sua **n** perseverará, Is 32.8.

NODADE, hb. **Nobre:** Uma tribo árabe, 1 Cr 5.19.

NOBE, hb. **Exílio:** Terra ao oriente do Éden, para onde Caim fugiu, depois do assassinato de seu irmão, Gn 4.16. Não se acha de forma alguma identificada.

NÓDOA: Sinal de um corpo ou substância suja; mancha. // Quais **n** e deformidades, 2 Pe 2.13. Ver **Mácula, Mancha.**

NOÉ, hb. **Repouso:** Sua história ocupa 5 capítulos do Gênesis, 6 a 10. Neto de Metusalém e o décimo descendente. Em ordem, de Adão, da genealogia de Sete, Gn 5.1-29. Seus três filhos, Gn 5.32. Achou graça diante de Deus, Gn 6.8. Sua retidão de caráter, Ez 14.14. Construiu uma arca para sua salvação e de sua família, Gn 6.14-22. Ele, seus filhos e noras entraram na arca que flutuou sobre as águas pelo espaço de 150 dias antes de pousar no monte Ararate, Gn 7 e 8. A aliança de Deus com Noé Gn 9.1. Fez vinho e se embebedou, Gn 9.20,21. Morreu com 950 de idade, Gn 9.29. Refere-se a Noé em Mt 24.37; Lc 17.26; Hb 11.7; 1 Pe 3 20; 2 Pe 2.5.

NOEMA, hb. **Agradável:** Uma filha de Lameque e Zilá, Gn 4.22.

NOEMI, hb. **Amável:** Mulher de Elimeleque e sogra de Rute, Rt 1.2,22.

NOFE: Is 19.13 (ARC) Ver não **Mênfis.**

NOGÁ, hb. **Esplendor:** Um filho de Davi, 1 Cr 3.7.

NOGUEIRA: Ct 6.11. Árvore cultivada pelos seus frutos (nozes) e sua madeira muito apreciada em marcenaria.

NOITE: Espaço de tempo em que o sol está abaixo do horizonte. // Não deixará de haver... dia e **n**, Gn 8.22. A nuvem. . de **n** ... fogo, Nm 9.16. temendo... não o fez de dia, mas de **n**, Jz 6.27. Não revela conhecimento a outra **n**, Sl 19.2. Molestará... nem de **n**, a lua, Sl 121.6. Guarda, a que hora estamos da **n**? Is 21.11. Rebanho durante as vigílias da **n,** Lc 2.8. Toda a **n,** nada apanhamos, Lc 5.5. Passou a **n** orando, Lc 6.12. Esta **n** te pedirão a tua alma, Lc 12.20. Naquela **n** dois estarão numa cama, Lc 17.34. De **n** foi ter com Jesus, Jo 3.2. A **n** vem, Jo 9.4. Se andar de **n**, tropeça, Jo 11.10. vai alta a **n**, Rm 13.12. Na **n** em que foi traído, 1 Co 11.23. Vem como ladrão de **n**, 1 Ts 5.2. Não somos da **n**, 1 Ts 5.5. Não haverá **n**, Ap 21.25; 22.5. Ver **Vigília.** // O nome **noite** dado por Deus, Gn 1.5. // O nome de Deus para ser louvado a **n**, Jó 35.10; Sl 16.7; 63 6. 77.6; 119.55,62,148; Is 26.9; 30.29; At 16.25. // de sentido figurado, Jo 9.4; Rm 13.12; 1 Ts 5.5. // Findará, Is 60.19,20; Zc 14.7; Ap 21.25; 22.5.

NOIVO: Indivíduo que vai se casar ou que se casou há pouco. // Como **n** que sai dos seus aposentos, Sl 19 5. **N** minha, Ct 4.9; 5.1.

Com o manto de justiça, Como **n**, Is 61.10. Como **n** que se enfeita, Is 61.10. Como o **n** se alegra da **n**, Is 62.5. Triste... enquanto o **n** está, Mt 9.15. Virgens... saíram a encontrar-se com o **n**, Mt 25.1. O que tem a **n** é o **n**, Jo 3.29. Jerusalém... como **n** adornada, Ap 21.2. Mostrar-te-ei a **n**, a esposa do Cordeiro, Ap 21.9. O Espírito e a **n** dizem: Vem, Ap 22.17. Ver **Esposo**.

NOJO: Náusea, repulsão, luto. // Terão **n** de si mesmos, Ez 6.9; 20.43. Ver **Aversão**.

NOME: Palavra que designa pessoa, coisa ou animal. // Deu **n**... a todos os animais, Gn 2.20. Invocar o **n** do Senhor, Gn 4.26; 16.13; Sl 105.1; Jl 2.32; At 2.21; 15.17; Rm 10.13. Não tomarás o **n**... Deus em vão, Êx 20.7. Por amor do seu **n**, Sl 23.3. Bendiga ao seu santo **n**, Sl 103.1. torre forte é o **n** do Senhor, Pv 18.10. Mais vale o bom **n**, Pv 22.1. O seu **n** será: Maravilhoso, Is 9.6. Santificado seja o seu **n**, Mt 6.9. Profetizado em seu **n**, Mt 7.22. Reunidos em meu **n**, Mt 18.20. Bendito o que vem em **n** do Senhor, Mt 21.9. Batizando-os em **n** do Pai, Mt 28.19. em teu **n** expelia demônios, Lc 9.49. **N** existe nenhum outro **n**, At 4.12. Batizados em **n** do Senhor, At 8.16. **N** de Deus é blasfemado, Rm 2.24. Batizados em **n** de Paulo, 1 Co 1.13. De quem toma o **n** toda a família, Ef 3.15. O **n** que está acima de todo **n**, Fp 2.9. **N** se encontram no livro da vida, Fp 4.3. Fazei-o em **n** do Senhor, Cl 3.17. Se, pelo **n** de Cristo, sois injuriados, 1 Pe 4.14. Credes em o **n** do Filho, 1 Jo 5.13. Pedrinha escrito um **n** novo, Ap 2.17. Nas fontes escrito o seu **n** e o **n** de seu Pai, Ap 14.1. Nas suas frontes está o **n** dele, Ap 22.4. // O nome de Deus, Êx 3.13-15; 34.14; que seja honrado, Êx 20.7; Sl 34.3; 72.17; 103.1; 111.9; Mt 6.9; Lc 1.49; 1 Tm 6.1. // O nome de Cristo; que as orações sejam feitas em seu nome, Jo 14.13,14; 16.23-26; Rm 1.8; Ef 5.20; Cl 3.17; Hb 13.15; que os milagres sejam feitos em seu nome, Mt 7.22; Lc 10.17; At 3.6; 4.10; 16.18; 19.13-16; seu nome está acima de todo nome, Fp 2.9; os que professam o seu nome, 2 Tm 2.19. //Nomes mudados por Deus, Gn 17.5,15; 32.28; 2 Sm 12.25; Ap 2.17; mudados por homens, Gn 41.45; Dn 1.7; por Cristo, Mc 3.16,17; pelos apóstolos, At 4.36.

NOMEAR: Designar pelo nome. // Ou cobiça, nem sequer se nomeie entre vós, Ef 5.3. Ver **Designar**.

NORA: A mulher do filho em relação aos pais dele. // A nudez de tua **n**, Lv 18.15. Ela com as suas **n**, Rt 1.6. Entre a **n** e sua sogra, Mt 10.35.

NORMA: Regra, modelo, preceito. // Atleta... se não lutar segundo as **n**, 2 Tm 2.5.

NORTE: O ponto do horizonte diretamente oposto ao sul e que nos fica à esquerda quando estamos voltados de frente para o nascente. // Ele estendeu o **n** sobre o vazio, Jó 26.7. Um povo vem da terra do **N**, Jr 6.22. Vento tempestuoso vinha do **n**, Ez 1.4. O rei do **N**, Lc 13.29. Três portas ao **n**, Ap 21.13.

NÓS: Pronome pessoal da primeira pessoa do plural. // Não é contra **n**, é por **n**, Mc 9.40. Se Deus é por **n**, quem será contra **n**?, Rm 8.31. Saíram de **n**, mas não eram de **n**, 1 Jo 2.19 (ARC).

NOSSO: Que nos pertence. // Senhor deles e **n**, 1 Co 1.2. Saíram do nosso meio... não eram dos **n**, 1 Jo 2.19.

NOTAR: Pôr sinal, marca em; observar. // Que noteis bem aqueles que provocam, Rm 16.17. Caso alguém não... notai-o, 2 Ts 3.14.

NOTÁVEL: Digno de ser notado; muito grande; ilustre. // Bode tinha um chifre **n**, Dn 8.5. Quatro chifres **n**, Dn 8.8. São **n** entre os apóstolos, Rm 16.7.

NOTÍCIA: Informação. // José... trazia más **n** deles, Gn 37.2. Correr e dar **n** ao rei, 2 Sm 18.19. Não se atemoriza de más **n**, Sl 112.7.Trazendo-nos boas **n** da vossa fé, 1 Ts 3.6. Ver **Nova**, **Novidade**.

NOTICIAR: Comunicar, anunciar. // Não o noticieis em Gate, 2 Sm 1.20.

NOTIFICAR: Dar conhecimento de. // Notifica aos homens que... se arrependam, At 17.30

NOTÓRIO: Geralmente conhecido. // Tens feito **n** o teu, Sl 77.14. O Senhor fez **n** a sua salvação, Sl 98.2. Os pecados de alguns homens são **n** e levam a juízo, 1 Tm 5.24. Ver **Afamado**, **Famoso**.

NOTURNO: Que se faz de noite. // Não te assustarás do terror **n**, Sl 91.5.

NOVA: Notícia. // Estou encarregado de te dizer duras **n**, 1 Rs 14.6. Este dia é dia de boas **n**, e nós nos calamos, 2 Rs 7.9. As boas **n** fortalecem até os ossos, Pv 15.30. As boas **n** vindas de um país remoto, Pv 25.25. Ó Sião, que anuncias boas **n**, Is 52.7. A nós foram anunciadas as boas **n**, Hb 4.2.

NOVE: Oito mais um. // Não eram dez... onde estão os **n**?, Lc 17.17.

NOVENTA E NOVE: Deixará ele nos montes as **n** e **n**, Mt 18.12. Pelas **n** e **n**, que não se extraviaram, Mt 18.13. Não deixa no deserto as **n** e **n** e vai em busca, Lc 15.4. Por **n** e **n** justos que não necessitam, Lc 15.7.

NOVIDADE: Qualidade de novo; notícia. // Dizer ou ouvir as últimas **n**, At 17.21. Andemos em **n** de vida, Rm 6.4. Servimos em **n** de espírito, Rm 7.6. Ver **Notícia**, **Nova**.

NOVILHA: Vaca nova. // Toma-me uma **n**, Gn 15.9. Uma **n** vermelha, Nm 19.2. Tomarão uma **n**, Dt 21.3. Não lavrásseis com a minha **n**, Jz 14.18. cinza de uma **n**, Hb 9.13.

OS 27 LIVROS DO NOVO TESTAMENTO SE DIVIDEM EM QUATRO CLASSES

4 evangelhos	Atos	21 epístolas	Profecia
Mateus Marcos Lucas João	Atos	Romanos 1 e 2 Coríntios Gálatas Efésios Filipenses Colossenses 1 e 2 Tessalonicenses 1 e 2 Timóteo Tito Filemom Hebreus Tiago 1 e 2 Pedro 1, 2 e 3 João	Apocalipse

NOVILHO: Touro ou boi de pouca idade. // Servia em alguns sacrifícios um novilho, Êx 29.1; Lv 1.5; em outros, uma novilha, Dt 21.3; Hb 9.13. Uma vez foi indicada uma novilha vermelha, Nm 19. Abraão tomou um novilho tenro e bom, Gn 18.7. Matai o **n** cevado, Lc 15.23. O segundo semelhante a **n**, Ap 4.7. Ver **Bezerro**.

NOVO: Moço, de pouco tempo, moderno. // Um sepulcro **n**, Jo 19.41. Este cálice é a **n** aliança, 1 Co 11.25. Está em Cristo, é **n** criatura, 2 Co 5.17. Revestistes do **n** homem, Cl 3.10. Mediador da **n** aliança, Hb 9.15. Pelo **n** e vivo caminho, Hb 10.20. Esperamos **n** céus e **n** terra, 2 Pe 3.13. Escrevo **n** mandamento, 1 Jo 2.8. O meu **n** nome, Ap 3.12. Vi **n** céu e **n** terra, Ap 21.1. A **n** Jerusalém, Ap 21.2; 21.9—22.5. Eis que faço **n** todas as cousas, Ap 21.5.

NOVO TESTAMENTO: A segunda das duas partes em que a Bíblia se divide. Foi escrito em grego, a não ser, talvez, **Mateus**, que alguns teólogos acham ter sido escrito em hebraico. O Antigo Testamento encerra as leis, a história, as condições da antiga aliança entre Deus e os homens. O Novo Testamento expõe as condições e a história da nova aliança entre Deus e os homens.

NU: Despido, descoberto. // O homem e sua mulher, estavam **n**, Gn 2.25. Percebendo que estavam **n**, Gn 3.7. Embriagou-se, e se pôs **n**, Gn 9.21. Na mão uma espada **n**, Js 5.13. **N** saí do ventre da minha mãe, Jó 1.21; Ec 5.15. Estavas **n** e me vestistes, Mt 25.36. Encontrados vestidos e não **n**, 2 Co 5.3. Pobre, cego e **n**, Ap 3.17. Guarda as suas vestes, para não andar **n**, Ap 16.15. Ver **Desnudo**, **Despido**.

NUDEZ: Falta de vestuário. // Vendo a **n** do pai, Gn 9.22. Tua **n** seja ali exposta, Êx 20.26. Parenta.. lhe descobrir a **n**, Lv 18.6. Miras a **n**, Is 57.8. Cobri a tua **n**, Ez 16.8. Ou fome, ou **n**, ou perigo, Rm 8.35. Sofremos fome, e sede, e **n**, 1 Co 4.11. Em frio e **n**, 2 Co 11.27. A vergonha da tua **n**, Ap 3.18. Às vezes a palavra no original não quer dizer **sem roupa**, mas **sem roupa suficiente** ou **sem a roupa de fora**, Jo 21.7; Mt 25.36; Rm 8.35 etc.

NULIDADE: Falta de validade. // Indo após a **n** dos ídolos, Jr 2.5.

NULO: Sem valor ou sem efeito. // Antes se tornaram **n** em seus próprios raciocínios, Rm 1.21. Ver **Inválido**.

NUM, hb. **Fecundidade:** O pai de Josué, Êx 33.11. Um descendente de Efraim, 1 Cr 7.27.

NUMERAR: Pôr números em; contar. // Vai numerar a Israel, 2 Sm 24.1 (ARC). Sacrificando ovelhas... que se não podiam contar nem numerar, 1 Rs 8.5 (ARC). Quem pode numerar... as nuvens?, Jó 38.37.

NÚMERO: Expressão de quantidade; unidade. // Conta o **n** das estrelas, Sl 147.4. Multiplicando-se o **n** dos discípulos, At 6.1. A igreja... crescia em **n**, At 9.31. Ainda que o **n** dos filhos de Israel, Rm 9.27. Ganhar o maior **n** possível, 1 Co 9 19. O **n** dos que foram selados, Ap 7.4. O **n** dos exércitos da cavalaria, Ap 9.16. O **n** da besta, Ap 13.18; 15.2. O **n** desses é como a areia, Ap 20.8. // Não há prova de que os hebreus, antes do exílio, usassem algarismos para designar números. Desde os tempos dos Macabeus, empregavam as letras do alfabeto para representar os números. Álefe era o número 1; Bete, o número 2 etc. // **Os números simbólicos: Três:** não era simbólico; servia para dar ênfase, repetindo-se a expressão três vezes, como se vê em Is 6.3; Jr 7.4; 22.29; Ez 21.27; Nm 6.24-26; Mt 28.19; 2 Co 13.13. **Quatro:** um quadrado, símbolo do completo; havia quatro letras em YHWH (**Yahweh**, Jeová); quatro braços do rio do Éden, Gn 2.10; os quatro ventos, Ez 37.9; os quatro reinos mundiais, Dn 7.17; os quatro evangelhos; os quatro cantos da terra, Ap 7.1. **Sete:** era um número considerado sagrado. Isso se vê em inumeráveis exemplos, como **sete vezes**, isto é, **completamente**, Gn 4.15; Lv 26.24; Sl 12.6; **sete caminhos**, Dt 28.25; **o sétimo dia**, **o sábado**, sobre o que se baseavam o ano sabático e o jubileu; as sete estrelas, os sete candeeiros, as sete igrejas, os sete espíritos, os sete anjos, os sete selos, as sete taças e as sete trombetas do Apocalipse. **Dez:** a base do sistema decimal e do dízimo, Dt 14.22. Tinha um significado sagrado. Por exemplo: os dez mandamentos, a parábola das dez virgens e as dez minas [sic]. **Doze:** o número dos patriarcas hebreus, das tribos de Israel, das pedras preciosas no peitoral do sumo sacerdote, dos apóstolos, dos fundamentos e das portas da nova Jerusalém. **Quarenta:** o número de anos que Moisés passou no Egito, que passou pastoreando em Midiã e que passou com Israel no deserto; o número de dias que ele orou prostrado no monte Sinai; os quarenta dias de Elias e de Cristo no deserto. **Setenta:** os números dos anciãos de Israel, Êx 24.1, da duração do exílio na Babilônia, Jr 25.11, e dos auxiliares escolhidos por Cristo, Lc 10.1. **Setenta vezes**, Gn 4.24; Mt 18.22.

NÚMEROS: O quarto livro do Pentateuco. // O título vem da Versão dos Setenta, adotado em virtude de o livro narrar dois recenseamentos, o primeiro quando Israel chegou no Sinai, no segundo ano da saída do Egito, e o segundo à beira do Jordão, no final dos quarenta anos no deserto. // O número dos capazes de sair à guerra, de vinte anos para cima, exclusive os levitas, foi 603.550. Na segunda numeração, 38 anos depois da primeira, foi 601.730. Esse número indica que havia um total de três milhões de homens, mulheres e crianças. Da primeira numeração, somente Josué e Calebe sobreviveram para a segunda numeração. // O povo foi numerado conforme as tribos e famílias. A cada tribo foi assinalado um lugar no arraial, sendo a marcha e o acampamento regulados com precisão militar. No transporte do tabernáculo, cada levita tinha a sua tarefa particular. O Êxodo é o livro de redenção; o Levítico, de adoração; Números, o de serviço e ordem. Não nos convém fazer o serviço do Senhor de uma maneira remissa e relaxada. Ninguém entre os israelitas ficou livre para seguir a sua própria vontade. Cada pessoa foi enumerada, reconheceu seu próprio lugar na família, e foi-lhe assinalado o seu serviço definitivo. O paralelo no Novo Testamento é 1 Co 12.
Autor: Moisés. Ver **Pentateuco**.
Chave: Peregrinação, 10.29. Israel, entre a primeira e a segunda numeração, andou 37 anos errante no deserto. Números narra alguns dos eventos entre esses dois censos: a história dos espias e a sentença de peregrinação durante quarenta anos; uma tentativa de entrar pela força em Canaã, ao que parece, querendo anular a sentença; a rebelião de Datã, Coré e Abirã; a vara de Arão, que floresce; a morte de Miriã; a rocha em Meribá, ferida por Moisés; a morte de Arão; a serpente de bronze; Balaque chama Balaão para amaldiçoar Israel; morte de 24.000 israelitas em Baal-Peor.
Divisões: I. Israel no Sinai, 1—9. II. Israel errante de Sinai a Cades, 10—19. III. De Cades ao acampamento em Moabe, 20—36.
Os eventos narrados em Números abrangem um período de 39 anos.

NUMEROSO: Em grande número. // Não vos teve o Senhor afeição... porque fôsseis mais **n**, Dt 7.7. Mui **n** o pessoal ao seu serviço, Jó 1.3. Ver **Abundar**.

NUMÍDIA: Região da África antiga, entre Cartago e a Mauritânia. Ver mapa 1, B-3.

NUNCA: Em tempo nenhum. // **N** mais terá sede, Jo 4.14. **N** jamais te abandonarei, Hb 13.5.

NUPCIAL: Relativo a casamento. // Canto **n**, Sl 78.63. Homem que não trazia veste **n**, Mt 22.11.

NÚPCIAS: Casamento; esponsais. //Não será adúltera se contrair novas **n**, Rm 7.3.

NUVEM: Agregado de vapores mais ou menos espessos, suspensos na atmosfera. // Porei nas **n** o meu arco, Gn 9.13. A coluna de **n**, Êx 13.21; 14.24; Ne 9.19. Moisés, entrando no meio da **n**, subiu, Êx 24.18. A **n** cobriu a tenda, Êx 40.34; o tabernáculo, Nm 9.15. Levantar da cidade uma grande **n** de fumo, Jz 20.38. Uma **n** pequena como a palma da mão, 1 Rs 18.44. O Senhor habitaria em **n** espessa, 2 Cr 6.1. Adivinhava pelas **n**, 2 Cr 33.6. A tua benignidade chega até os céus, Sl 36.5. Exaltai ao que cavalga sobre as **n**, Sl 68.4. O que olha para as **n** nunca segará, Ec 11.4. As **n** chovem justiça, Is 45.8. Vinha com as **n** do céu, Dn 7.13. Uma **n** luminosa os envolveu, Mt 17.5. Filho do homem vindo sobre as **n**, Mt 24.30; 26.64; Mc 13.26; 14.62; Lc 21.27; Ap 1.7; 14.14. Batizados na **n**, 1 Co 10.2. Seremos arrebatados, entre **n**, 1 Ts 4.17. As duas testemunhas subiram ao céu na **n**, Ap 11.2. Ver **Shekinah**.

O

Não tem o oleiro direito sobre a massa?, Rm 9.21

OADE: Um filho de Simeão, Gn 46.10.

OBADIAS, hb. **Que adora a Jeová:** 1. Um profeta. Ver **Obadias, O Livro de**. // 2. Mordomo do rei Acabe, 1 Rs 18.3. Esconde 100 profetas e os sustenta com pão e água, 1 Rs 18.4. Elias envia-o a Acabe, 1 Rs 18.8. // 3. Outros com este nome: 1 Cr 3.21; 7.3; 8.38; 12.9; 27.19; 2 Cr 17.7; 34.12; Ed 8.9; Ne 10.5; 12.25.

OBADIAS, O LIVRO DE: O quarto dos profetas menores. É o livro mais reduzido do Antigo Testamento. Não é dividido em capítulos; consiste de apenas 21 versículos. // **O autor:** Obadias, Ob 1. Contemporâneo de Jeremias. A profecia de Obadias é a mesma de Jeremias 49. // **A chave: Edom**, o maior inimigo do povo de Deus. A luta entre Israel e Edom (Esaú) datava do início, antes de seu nascimento: "Os filhos lutavam no ventre dela", Gn 25.22. Esaú, depois de vender a Jacó, o seu direito à primogenitura, desprezava não somente esse direito, mas houve grande inimizade entre os dois irmãos, até Jacó fugir pela sua vida. Os idumeus continuavam soberbos, confiando na segurança falsa das fendas das rochas da sua alta moradia, Ob 3. Deus mandara que Israel não aborrecesse seu irmão, o idumeu, Dt 23.7. Mas quando Nabucodonosor conquistou Jerusalém, os idumeus participaram, cruelmente, no despojo e massacre, Sl 137.7; Ob 11. Assim o seu cálice de iniqüidade transbordava e Deus, por intermédio de Obadias, sentenciou a nação a ser exterminada. Depois da restauração de Israel, Ciro massacrou milhares deles. Foram esmagados pelos judeus nos tempos dos Macabeus. Herodes, no tempo de Cristo, era idumeu. Depois da destruição de Jerusalém, 70 a.C., os idumeus desapareceram da história do mundo. // **As divisões:** I. A predição da destruição de Edom, Ob 1 a 9. II. O pecado culminante de Edom, Ob 10 a 14. III. A restauração de Israel, Ob 15 a 21.

OBAL, hb. **Corpulência:** Um descendente de Noé, Gn 10.28.

OBEDE, hb. **Adorador:** 1. Filho de Rute, Rt 4.21. // 2. Outros do mesmo nome, 1 Cr 2.37; 11.47; 26.7; 2 Cr 23.1.

OBEDE-EDOM, hb. **Servo de Edom:** Um geteu (habitante de Gate), em cuja casa a arca do Senhor ficou três meses, 2 Sm 6.11. O levita, chefe dos músicos e o levita, porteiro da arca, eram talvez o mesmo homem, 1 Cr 15.18,24.

OBEDECER: Submeter-se à vontade de outrem e executá-la. // Tudo o que falou o Senhor, obedeceremos, Êx 24.7. Obedeceremos à sua voz, Js 24.24. O obedecer é melhor que o sacrificar, 1 Sm 15.22. Até os ventos lhe obedecem, Mt 8.27. Os espíritos imundos... lhe obedecem, Mc 1.27. Esta amoreira... vos obedecerá, Lc 17.6. Obedecer a Deus do que aos homens, At 5.29. Espírito... aos que lhe obedecem, At 5.32. Muitíssimo sacerdotes obedeceram à fé, At 6.7. Obedecem a injustiça, Rm 2.8. Desse mesmo a quem obedeceis sois servos, Rm 6.16. Nem todos obedecem ao evangelho, Rm 10.16. Filhos, obedecei a vossos pais, Ef 6.1. Servos, obedecei a vossos senhores, Ef 6.5. Tomando vingança contra os que não obedecem, 2 Ts 1.8. Obedecerem a espíritos enganadores, 1 Tm 4.1. O Autor da salvação... para todos que lhe obedecem, Hb 5.9. Abraão, quando chamado, obedeceu, Hb 11.8. Obedecei aos vossos guias, Hb 13.17. Freios... para nos obedecerem, Tg 3.3. Sara, obedeceu a Abraão, 1 Pe 3.6. O fim daqueles que não obedecem, 1 Pe 4.17. Ver **Cumprir**.

OBEDIÊNCIA: Ato de obedecer. // De Cristo: Rm 5.19; Hb 5.8. A Deus: Êx 19.5; Mc 7.8; At 5.29; Tg 1.25. Exortação a: Dt 13.4; Lc 6.46. Melhor que sacrifício, 1 Sm 15.22; Sl 50.8-15; Pv 15.8; 28.9; Is 1.12-17; Jr 6.20; Mt 9.13; 21.19; Mc 12.33. À fé: Rm 1.5; 2 Co 7.15; 1 Pe 1.2. Aos senhores: Ef 6.5; Cl 3.22; Tt 2.9. De esposas aos maridos: Tt 2.5. De filhos aos pais, Ef 6.1; Cl 3.20.

OBEDIENTE: Que obedece; submisso. // Prova de que em tudo sois **o**, 2 Co 2.9. **O** Até à morte, e morte de cruz, Fp 2.8. Servos, em tudo **o**, Tt 2.9. Às autoridades sejam **o**, Tt 3.1.

OBIL, hb. **Guarda dos camelos:** Um ismaelita administrador sobre os camelos no reinado de Davi, 1 Cr 27.30.

OBJETO: Coisa material. // Um **o** como se fosse um grande lençol, At 10.11. O **o** perguntar a quem o fez, Rm 9.20.

OBLAÇÃO: Objeto que se oferece à divindade. // Com uma só **o** aperfeiçoou, Hb 10.14 (ARC). Não há mais **o** pelo pecado, Hb 10.18 (ARC).

OBOTE, hb. **Odres:** Lugar de um dos acampamentos de Israel no deserto, Nm 21.10.

OBRA: Trabalho; resultado do trabalho; aquilo que um artífice produz. // Terminado no dia sétimo a sua **o**, Gn 2.2. Seis dias... farás a tua **o**, Êx 20.9. Todas as grandes **o** que fez o Senhor, Dt 11.7. **O** de mãos de homens, madeira e pedra, 2 Rs 19.18. Não interrompais a **o** desta casa, Ed 6.7. De nosso Deus é que fizemos esta **o**, Ne 6.16. A **o** de suas mãos abençoaste, Jó 1.10. Retribuirá ao homem segundo as suas **o**, Jó 34.11. Os teus céus **o** dos teus dedos, Sl 8.3. O firmamento anuncia as **o** das suas mãos, Sl 78.11. Confirma sobre nós as **o** das nossas mãos, Sl 90.17. A **o** do justo conduz à vida, Pv 10.16. Confia ao Senhor as tuas **o**, Pv 16.3. Pagará ele ao homem segundo as suas **o**? Pv 24.12. De público a louvarão as suas **o**, Pv 31.31. Penosa a **o** que se faz debaixo do sol, Ec 2.17. Deus há de trazer o juízo todas as **o**, Ec 12.14. Para que vejam as vossas boas **o**, Mt 5.16. Retribuirá a cada um conforme as suas **o**, Mt 16.27. Suas **o** com o fim de serem vistos, Mt 23.5. As **o** que eu faço... testificam, Jo 10.25. Crede nas **o**, Jo 10.38. **O** que eu faço, e outras maiores, Jo 14.12. Consumando a **o** que me confiaste, Jo 17.4. Se... esta **o** vem de homens, perecerá, At 5.38. Poderoso em palavra e **o**, At 7.22. Realizo **o** tal que não crereis, At 13.41. Ninguém será justificado... para **o**, Rm 3.20. Por que lei? Das **o**? Rm 3.27. Deus atribui justiça, independentemente de **o**, Rm 4.6. Prevalecesse, não por **o**, Rm 9.11. Se é pela graça, já não é pelas **o**, Rm 11.6. Deixemos... as **o** das trevas, Rm 13.12. Destruas a **o** de Deus por causa da comida, Rm 14.20. Manifesta se tornará a **o**... revelada pelo fogo, 1 Co 3.13. Se permanecer a **o** de alguém, 1 Co 3.14. Sempre abundantes na **o** do Senhor, 1 Co 15.58. Não é justificado por **o**, Gl 2.16. As **o** da carne, Gl 5.19. Não de **o**, para que ninguém se glorie, Ef 2.9. Criados... para boas **o**, Ef 2.10. Confirme em toda boa **o**, 2 Ts 2.17. Não segundo as nossas **o**, 2 Tm 1.9. Entretanto o negam por suas **o**, Tt 1.16. Arrependimento de **o** mortas, Hb 6.1. Fé, mas não tiver **o**? Tg 2.14,17. A fé operava juntamente com as suas **o**, Tg 2.22. Desfarão abrasados... a terra e as **o**, 2 Pe 3.10. Destruir as **o** do diabo, 1 Jo 3.8. Todas as **o** ímpias, Jd 15. Conheço as tuas **o**, Ap 3.1. Não tenho achado íntegras as tuas **o**, Ap 3.2. As suas **o** os acompanham, Ap 14.13. Retribuir... segundo as suas **o**, Ap 22.12. Ver **Ato**, **Feito**, **Trabalho**.

OBRAR: Realizar, executar. Fazer. // Quem é como tu... obrando maravilhas? Êx 15.11 (ARC). Jônatas, que obrou tão grande salvação, 1 Sm 14.45 (ARC). E obra o que é justo, At 10.35 (ARC).

OBREIA: Bolo fino. // **O** asmas untadas, Êx 29.2; Lv 2.4.

OBREIRO: Aquele que coopera no desenvolvimento de uma empresa ou de uma idéia. // **O** fraudulentos, 2 Co 11.13. Como **o** que não tem ,2 Tm 2.15.

OBRIGAÇÃO: Dever imposto pela lei, pela religião, pela moral. // Sobre mim pesa essa **o**, 1 Co 9.16. Por **o**, mas de livre vontade, Fm 14. Ver **Dívida**.

OBRIGADO: Forçado. // Que me senti obrigado a corresponder-me, Jd 3.

OBRIGAR: Sujeitar, dominar. // Alguém te obrigar a andar, Mt 5.41. Fica obrigado pelo que jurou, Mt 23.18. Quem obrigaram a carregar-lhe a cruz, Mt 27.32. E atalhos e obriga a todos, Lc 14.23. Obrigando-os até a blasfemar, At 26.11. Está obrigado a guardar toda a lei, Gl 5.3. Ver **Constranger**.

OBSCENO: Que ofende o pudor. // Linguagem **o**, Cl 3.8. Ver **Torpe**.

OBSCURADAMENTE: Pouco inteligível. // Vemos como em espelho, **o**, 1 Co 13.12.

OBSCURECER: Tornar obscuro. // Obscureçam-se-lhes os olhos, Sl 69.23. Obscurecendo-se-lhes o coração, Rm 1.21. Obscurecidos de entendimento, Ef 4.18. Ver **Escurecer**.

OBSCURIDADE: Ausência de luz. // Não continuará a **o**, Is 9.1. Ver **Escuridão**.

OBSCURO: Que não tem claridade ou que a tem pouca. // Povo de fala **o**, Is 33.19.

OBSEQUIAR: Tratar agradavelmente. // Os que vos obsequiam, Gl 4.17.

OBSEQUIOSO: Amável, benévolo. // Serei **o**, diz o Senhor, **o** aos céus, Os 2.21.

OBSERVAR: Cumprir, praticar o que é prescrito. Olhar com atenção. // Para que lhe... observassem as leis, Sl 105.45. Observando-o segundo a tua palavra, Sl 119.9. Tudo isso tenho observado desde a minha juventude, Mc 10.20. Observai os corvos, Lc 12.24. Observai os lírios, Lc 12.27. Observai os que andam segundo o modelo, Fp 3.17. Se vós observais a lei régia, Tg 2.8. Ao observarem o vosso honesto comportamento, 1 Pe 3.2. Ver **Contemplar**, **Enxergar**, **Fitar**, **Ver**.

OBSTÁCULO: Embaraço, dificuldade, barreira. // Para não criarmos qualquer **o**, 1 Co 9.12.

OBSTINAÇÃO: Teimosia, tenacidade. // A **o** é como a idolatria, 1 Sm 15.23.

OBSTINADO: Teimoso, firme. // Coração, Dt 2.30; Faraó, Êx 9.7 (B); fronte, Ez 2.4; Israel, Is 48.4.

OBSTINAR: Manter-se na teima, no erro. // Nem te obstines em coisa má, Ec 8.3.

OBSTRUIR: Fechar, embaraçar. // Lança e obstrui o caminho, Sl 35.3 (ARC).

OBTER: Alcançar, conseguir, adquirir. // O humilde de espírito obterá honra, Pv 29.23. Obtiveram bom testemunho por sua fé, não obtiveram, contudo, a concretização, Hb 11.39. Ver **Achar**, **Encontrar**.

OCASIÃO: Oportunidade favorável para executar ou realizar alguma coisa. // Procuravam **o** para acusar a Daniel, Dn 6.4. Cortar **o** àqueles que buscam, 2 Co 11.12. Seja revelado somente em **o** própria, 2 Ts 2.6. Não dêem ao adversário, 1 Tm 5.14. Para socorro em **o** oportuno, Hb 4.16. Ver **Oportunidade**.

OCASO: O desaparecimento do sol ou de qualquer astro no horizonte; fim, final. // O sol conhece a hora do seu **o**, Sl 104.19

OCIDENTE: Oeste, poente. // Quanto dista o Oriente do **O**, Sl 103.12. Muitos virão do Oriente e do **O**, Mt 8.11. Como o relâmpago... até o **o**, Mt 24.27.

OCIOSO: Que não faz nada. // Nada diminuireis dela; estão **o**, Êx 5.8. O **o** vem a padecer fome, Pv 19.15. Aprendem a viver **o**, 1 Tm 5.13. Não vos deixarão **o**, 2 Pe 1.8 (ARC). Ver **Indolente**, **Preguiçoso**, **Remisso**.

OCORRER: Vir à memória. // Ao pobre não ocorre ameaça, Pv 13.8.

OCRÃ, hb. **Perturbado:** O pai de Pagiel, cabeça de uma família da tribo de Aser, Nm 1.13.

OCULAR: Relativo ao olho ou à vista. // **Testemunha ocular**, a que viu com os seus próprios olhos o fato sobre que depõe, Lc 1.2; 2 Pe 1.16. Ver 1 Jo 1.1.

OCULTAR: Esconder. // Ocultarei a Abraão...? Gn 18.17; Até quando ocultarás de mim o teu rosto, Sl 13.1. A minha iniqüidade não mais ocultarei, Sl 32.5. O prudente oculta a afronta, Pv 12.16. Ocultaste estas coisas aos sábios, Mt 11.25. Nada está oculto, senão para ser manifesto, Mc 4.22. Rejeitamos as coisas que por vergonhosas, se ocultam, 2 Co 4.2. Moisés foi ocultado, Hb 11.23. Ver **Esconder**.

OCULTO: Escondido. // Ciências **o**, Êx 7.11. Absolve-me dos que me são **o**, Sl 19.12. As minhas culpas não te são **o**, Sl 69.5. Sob a luz do teu rosto os nossos pecados **o**, Sl 90.8. **O**, que não venha a ser conhecido, Mt 10.26. Publicarei coisas **o**, Mt 13.35. Sabedoria de Deus, outrora **o**, 1 Co 2.7. Trará à luz, as coisas **o**, 1 Co 4.5. Mistério, desde os séculos, **o**, Ef 3.9. O que eles fazem em **o**, o só referir é vergonha, Ef 5.12. Mistério que estivera **o** dos séculos, Cl 1.26. Vossa vida está **o** juntamente com Cristo, Cl 3.3. Ver **Escondido**.

OCUPAÇÃO: Emprego, ofício. // Que **o** é a tua? Jn 1.8. Ver **Profissão**.

OCUPAR: Tomar posse de; estar na posse de. Aplicar a sua atenção (em alguma coisa). // Ela ainda ocupando inutilmente a terra? Lc 13.7. Não se ocupem com fábulas, Tt 1.14.

ODIAR: Aborrecer, detestar. // Esaú odiou a Jacó, Gn 27.41. Absalão odiava a Amnom, 2 Sm 13.22. Odeiam o justo, Sl 34.21. Odeias a iniqüidade, Sl 45.7. Sem razão me odeiam, Sl 69.4. O que odeia a repreensão, Pv 15.10. Sereis odiados de todos, Mt 10.22; 24.9. Odiar uns aos outros, Mt 24.10. Sereis odiados de todos, Mc 13.13. Fazei o bem aos que vos odeiam, Lc 6.27. Não pode o mundo odiar-vos, mas a mim me odeia, Jo 7.7. Aquele que odeia a sua vida, Jo 12.25. Se o mundo vos odeia, Jo 15.18. Odiaram-me sem motivo, Jo 15.25. Jamais odiou a sua própria carne, Ef 5.29. Amaste a justiça e odiaste a iniqüidade, Hb 1.9. Odeia a seu irmão, 1 Jo 2.9. Não vos maravilheis, se o mundo vos odeia, 1 Jo 3.13. Aquele que odeia a seu irmão, 1 Jo 3.15; 4.20. Ver **Aborrecer**, **Detestar**.

ÓDIO: Paixão, que impele a causar ou querer mal a alguém. // Muitos me abominam com **ó** cruel, Sl 25.19. O **ó** excita contendas, Pv 10.12. O boi cevado e com ele o **ó**, Pv 15.17. Eles te tratarão com **ó**, Ez 23.29.

ODOSO: Que excita o ódio, a indignação. // Me fizestes **o** entre os moradores, Gn 34.30. Nos fizestes **o** aos olhos de Faraó,

Êx 5.21. Israel se fez **o** aos filisteus, 1 Sm 13.4. Que se haviam tornado **o** a Davi, 1 Cr 19.6. Odiando-nos uns aos outros, Tt 3.3.

ODOR: Cheiro, perfume. // O seu **o** como o do Líbano, Os 14.6 (ARC).

ODRE: Vasilha, geralmente de pele de animais caprídeos, destinada a transportar líquidos. // **O** para água: Gn 21.14; para leite, Jz 4.19; para vinho Js 9.4; 1 Sm 16.20; Mt 9.17. As minhas lágrimas no teu **o**, Sl 56.8. Um **o** na fumaça, Sl 119.83. Ver p. 558.

OEL, hb. **Tenda:** Um filho de Zorobabel, 1 Cr 3.20.

OEL, hb. **Elevação**, **Outeiro:** Uma parte da muralha oriental de Jerusalém, 2 Cr 27.3; Ne 3.26.

OFENDER: Desgostar, escandalizar. // Mestre... também nos ofendes, Lc 11.45. Em nada me ofendestes, Gl 4.12. Ver **Acusar**, **Injuriar**, **Insultar**.

OFENDIDO: Pessoa que recebeu uma ofensa. // O irmão **o** resiste mais que uma fortaleza, Pv 18.19.

OFENSA: Afronta, de fato ou de palavra. // Lembro-me hoje das minhas **o**, Gn 41.9. Quando alguém cometer **o**, Lv 5.15. Rocha de **o**, Is 8.14. Perdoardes aos homens as suas **o**, Mt 6.14. Não é assim o dom gratuito como a **o**, Rm 5.15. Pela **o** de um só, morreram muitos, Rm 5.15. Rocha de **o**, 1 Pe 2.8. Ver **Acusação**, **Injúria**.

OFENSOR: O que ofende. // O ânimo sereno acalma grandes **o**, Ec 10.4.

OFERECER: Apresentar para ser aceito. // Cada um oferecerá na proporção, Dt 16.17. Oferecer-te-ei sacrifícios de ações de graças, Sl 116.17. Isto é o meu corpo oferecido pos vós, Lc 22.19. Oferecei os vossos membros para servirem a justiça, Rm 6.19. Seja eu oferecido por libação, Fp 2.17. Estou sendo já oferecido, 2 Tm 4.6. Uma vez a si mesmo se ofereceu, Hb 7.27. A si mesmo se ofereceu sem mácula, Hb 9.14. Para se oferecer a si mesmo muitas vezes, Hb 9.25. Cristo... oferecido uma vez para sempre, Hb 11.4. Pela fé Abraão ofereceu Isaque, Hb 11.17. Ofereçamos a Deus sacrifício de louvor, Hb 13.15. Abraão foi justificado quando ofereceu sobre o altar, Tg 2.21. A fim de oferecerdes sacrifícios, 1 Pe 2.5. Incenso para oferecê-lo, Ap 8.3. Ver **Dar**, **sacrificar**.

OFERENDA: O mesmo que oferta. // Trazei **o**, e entrai nos seus átrios, Sl 96.8. E também fazer **o**, At 24.17.

OFERTA: Aquilo que se oferece. // Em que roubamos? Nos dízimos e **o**, Ml 3.8. Ao trazeres ao altar a tua **o**, Mt 5.23. A **o** que Moisés mandou, Mt 8.4. É **o** ao Senhor, Mt 15.5. Jurar pela **o**, Mt 23.18. Corbã, isto é, uma **o** para o Senhor, Mc 7.11. Cristo se entregou a si mesmo como **o**, Ef 5.2. Sacrifício e **o** não quiseste, Hb 10.5. Mediante a **o** do corpo de Jesus Cristo, Hb 10.10. Onde há remissão, já não há **o** pelo pecado, Hb 10.18. // **A oferta:** de Abel, Gn 4.4; da viúva pobre, Lc 21.2; de Cristo, Ef 5.2. // **Ofertas:** das ceitas, Êx 22.29; de gado, Lv 1.2; justas, Ml 3.3; de manjares, Is 66.20; Sl 20.3; Dn 2.46; 9.27; de ouro, incenso e mirra, Mt 2.11; de ouro, prata, bronze, Êx 25.3; Nm 31.50; pacífica, 1 Rs 3.15; pelo pecado, Lv 7.37; Is 53.10; queimada, Lv 7.30; siclo, a metade de um, Êx 30.15; vãs, Is 1.13; voluntários, Êx 35.29; 36.3; 2 Cr 35.8; Ed 2.68. Ver **Dádiva**, **Holocausto**, **Presente**, **Sacrifício**.

OFERTANTE: O que oferece. // Jamais pode tornar perfeitos os **o**, Hb 10.1.

OFERTAR: Dar ou apresentar como oferta. // Ofertaram dádivas: ouro, Mt 2.11 (ARC).

OFICIAL: Empregado inferior judicial ou administrativo que faz citações, intimações, etc. // Não te entregue ao juiz, o juiz ao **o**, Mt 5.25. Um **o** do rei, cujo filho, Jo 4.46. Alto **o** de Candace, At 8.27.

OFICIAR: Celebrar o ofício divino. // Para me oficiarem como sacerdotes, Êx 28.1.

OFÍCIO: Profissão, cargo, função. // Eram do mesmo **o**, At 18.3. Deste **o** vem a nossa prosperidade, At 19.25.

OFIR: 1. Um descendente de Noé, Gn 10.29. // 2. Um país, ou cidade, ao sul, talvez, da Palestina, de onde trouxeram ouro a Salomão, 1 Rs 9.28.

OFNI: Uma cidade da herança de Benjamim, Js 18.24.

OFRA: 1. Uma cidade da herança de Benjamim, Js 18.23. Ver mapa 2, C-5; 4, B-2. // 2. Uma cidade de Manassés, Jz 6.11. Fez Gideão uma estola... em **O**; e todo o Israel se prostituiu, Jz 8.27. // 3. O filho de Meonotai, 1 Cr 4.14.

OFUSCAR: Deslumbrar, turvar a vista a. Os olhos... não se ofuscarão, Is 32.3.

OGUE: Rei de Basã, Nm 21.33. Seu território, que compreendia 60 cidades com altos muros, conquistado por Moisés, Dt 3.1-11; Sl 135.11.

OITENTA: Oito vezes dez. // Era Moisés de oitenta anos, Êx 7.7. Nossa vida... a oitenta, Sl 90.10.

OITO: Sete mais um. // **O** pessoas, foram salvas, 1 Pe 3.20.

OLEIRO: Aquele que trabalha em louça de barro. // Estes era, **o**, 1 Cr 4.23. Despedaçarás como um vaso do **o**, Sl 2.9. Como se o **o** fosse igual ao barro, Is 29.16. O Senhor o quebrará como se quebra o vaso do **o**, Is 30.14. Como o **o** pisa o barro, Is 41.25. Nós somos o barro, e tu o nosso **o**, Is 64.8. Desce à casa do **o**, Jr 18.2. A sua obra sobre as rodas, Jr 18.3. Como o barro na mão do **o**, assim sois vós na minha mão, Jr 18.6. Uma botija de **o**, Jr 19.1. Quebrarei eu este povo, como se quebra o vaso do **o**, Jr 19.11. Pés e dedos, em parte de barro de **o**, Dn 2.41. O campo do **o**, Mt 27.7. Ver **Tijoleiro**.

ÓLEO: Líquido gorduroso e untoso. // O **ó** da unção, Êx 29.7; Lv 8.12. O **ó** sagrado, Êx 30.25. Unges-me a cabeça com **ó**, Sl 23.5. Com o meu santo **ó** o ungi, Sl 89.20. O **ó** precioso sobre a cabeça, Sl 133.2. Como o **ó** e o perfume alegram, Pv 27.9. Jamais falte o **ó** sobre a tua cabeça, Ec 9.8. Ungis com mais excelente **ó**, Am 6.6. Enfermos, ungindo-os com **ó**, Mc 6.13. Ferimentos, aplicando-lhes **ó** e vinho, Lc 10.34. Ungiu com o **ó** de alegria, Hb 1.9. Ungindo-o com **ó**, Tg 5.14. // A fonte principal de óleo entre os judeus era a azeitona, o fruto da oliveira. A colheita fazia-se sacudindo as árvores ou batendo os galhos com varas, Dt 24.20; Is 24.13. Extraia-se o óleo pisando as azeitonas com os pés ou num gral, Êx 27.20; Mq 6.15. Espremia-se, também, o bagaço das frutas por meio de uma prensa. **Getsêmani** quer dizer, **Prensa para azeite**. Azeite era um produto de grande importância no comércio, Ed 3.7; Ez 27.17; Os 12.1; Ap 18.13. Salomão deu a Hirão, anualmente, 20.000 coros (720.000 litros) de azeite batido, 1 Rs 5.11. // Usava-se azeite como: 1. Comida, 1 Rs 17.14. Trigo cozido com manteiga ou azeite é um prato comum na Síria, até hoje, Êx 29.2. 2. Cosmético, 2 Sm 14.2. 3. Medicina, Is 1.6; Mc 6.13; Lc 10.34; Tg 5.14. 4. Luz, Êx 25.6; Mt 25.3. 5. Ritos religiosos, Êx 29.7; Lv 2.1,4-7. 6. Ofertas, Nm 18.12; Dt 12.17. Ver **Azeite**.

OLFATO: O sentido do cheiro. // Fosse ouvido, onde o **o**? 1 Co 12.17.

OLHAR: Fitar os olhos em. // Não olhes para trás, Gn 19.17. Se olhava para a de bronze, sarava, Nm 21.9. Olhai para mim, e sede salvos, Is 45.22. Porque não olhas a aparência, Mt 22.16. Olha para trás, é apto, Lc 9.62. Olharam uns para os outros, Jo 13.22. Por que estais olhando para as alturas? At 1.11. Olha para nós, At 3.4. Olhando firmemente para o Autor, Hb 12.2. Ver **Enxergar**, **Fitar**, **Ver**.

OLHO: Órgão da vista. // **O** por **o**, Êx 21.24; Dt 19.21; Mt 5.38. Lhe vazara os **o**, Jz 16.21. O Senhor abriu os **o** do moço, 2 Rs 6.17. E a ele vazaram os **o**, 2 Rs 25.7. O que formou os **o** não enxerga? Sl 94.9. Têm **o** e não vêem, Sl 115.5; 135.16. Como fumo para os **o**, Pv 10.26. Os meus **o** viram o Senhor, Is 6.5. O direito te faz tropeçar, Mt 5.29. São os **o** a lâmpada do corpo, Mt 6.22. O argueiro no **o**, Mt 7.3. Que se nos abram os **o**, Mt 20.33. Tinham os **o** fitos nele, Lc 4.20. Nem **o** viram, 1 Co 2.9. Porque não sou **o**, não sou do corpo, 1 Co 12.16. Num abrir e fechar de **o**, 1 Co 15.52. Arrancado os **o** para nos dar, Gl 4.15. Os **o** chamas de fogo, Ap 1.14. Quatro seres viventes cheios de **o**, Ap 4.6. // **Figuradamente:** Abrirão os **o**, Gn 3.5. Saul não via a Davi com bons **o**, 1 Sm 18.9. Nos alumiar os **o**, Ed 9.8. O mandamento do Senhor é puro, e ilumina os **o**, Sl 19.8. Desvenda os meus **o**, Sl 119.18. Elevo os **o**, Sl 121.1; 123.1. Sábio aos teus próprios **o**, Pv 3.7. O fumo para os **o**, Pv 10.26. Aos seus próprios **o**, Pv 16.2; 21.2; 26.5,16; 28.11; 30.12. Fecharam os seus **o** para não ver, Mt 13.15; At 28.27. São maus os teus **o** porque eu sou bom? Mt 20.15. Sejais sábios aos vossos **o**, Rm 12.16. Iluminados os **o** do vosso coração, Ef 1.18. Tendo **o** cheios de adultério, 2 Pe 2.14. A concupiscência dos **o**, 1 Jo 2.16. Todo **o** o verá, Ap 1.7. Para ungires os teus **o**, Ap 3.18. Sete **o**, Ap 5.6. Enxugará dos **o** toda lágrima, Ap 7.17; 21.4. // **Os olhos de Deus:** Dt 11.12; 1 Rs 8.29; 2 Cr 16.9; Jó 34.21; Sl 33.18; Pv 15.3; Hb 4.13; 1 Pe 3.12 // **A menina dos olhos:** a pupila ocular: Dt 32.10; Sl 17.8; Zc 2.8. // **Olhos adúlteros:** Pv 6.25; Ez 6.9; 2 Pe 2.14; altivos, Sl 18.27. Pv 6.17; bons, Mt 6.22; maus, Mt 6.23; pesados, Mt 26.43. // **Os olhos** escurecem-se de mágoa, Jó 17.7; consomem-se de tristeza, Sl 31.9; desfalecem de aflição, Sl 35.19; derramam torrentes de águas, Lm 3.48.

OLIMPAS: Um cristão em Roma, Rm 16.15.

OLIVAL: At 1.12. Ver **monte das Oliveiras**.

OLIVEIRA: Gênero de oleáceas, que produz azeitonas. // Olivais, campos de lavoura e vinhas entravam na paisagem em toda parte, Js 24.13; Jz 15.5; 1 Sm 8.14; Ne 5.11; Dt 8.8; 28.40. Davi tinha grandes olivais, 1 Cr 27.28. Salomão deu 20 mil batos de azeite a Hirão, 2 Cr 2.10. A oliveira chamada para reinar sobre as árvores, Jz 9.8. Quase todas as aldeias, até hoje, têm seus olivedos. No sétimo ano deixaram as azeitonas para os pobres ceifarem, Êx 23.11. As azeitonas colhidas batendo ou sacudindo a árvore, Dt 24.20. O óleo extraído esmagando ou pisando o fruto, Êx 27.20; Jl 2.24; Mq 6.15. Usava-se azeite de oliveira para o candelabro do tabernáculo, Êx 27.20; Lv 24.2. Azeite de oliveira um dos ingredientes do óleo da unção, Êx 30.24. Os dois querubins no Templo, feitos de madeira de oliveira, 1 Rs 6.23. também a porta do Santo dos santos, 1 Rs 6.31-33. A madeira de oliveira, dura e suscetível de um belo polido, é utilizada por marceneiros, torneiros, etc. É amarelo-esverdeado, raiada de castanho. Ramos de oliveira usados para fazer tendas na festa dos tabernáculos, Ne 8.15. // A pomba voltou à arca com uma folha de oliveira no bico, Gn 8.11. O ramo de oliveira se tornou emblema de paz. A oliveira significa a abundância, as bênçãos divinas, a formosura, o esplendor, a força, Dt 28.40; Sl 52.8; Jr 11.16; Os 14.6. O Senhor plantará no deserto o cedro, a acácia, a murta e a oliveira, Is 41.19. // A oliveira começa a produzir no quarto ano e continua a carregar durante séculos. No jardim do Getsêmani encontraram-se oliveiras que, dizem, são descendentes das árvores em cuja sombra Jesus orava, Mt 26.36. A oliveira tem um lugar quase sagrado no coração do crente. Ver Mt 24.3; 26.30; At 1.12 // Os frutos da oliveira brava são pequenos e sem valor. Mas tornam-se bons e abundantes se enxertar na oliveira brava um ramo de boa árvore. Na alegoria do apóstolo Paulo, os gentios, como oliveira brava, ao contrário, foram enxertados na boa árvore, Rm 11.16-25. Pode a figueira produzir azeitonas? Tg 3.12. As visões de duas oliveiras, Zc 4.1-14; Ap 11.4.

OLIVEIRAS: Ver **monte das Oliveiras**.

OLMEIRO: Os 4.13 (ARC); Is 44.14 (ARC); 60.13 (ARA). Gênero de ulmaceas, que compreende grandes árvores frondosas.

OVILDAR: Deixar cair no esquecimento. // Olvidade a Rocha, Dt 32.18. Por que te olvidaste de mim? Sl 42.

OM, hb. **Fortaleza:** 1. Rubenita que, com Datã e Abirão, participou da rebelião de Coré, Nm 16.1. // 2. A capital, talvez, do Egito; certamente a sede religiosa do país. Ainda existem 10 quilômetros quadrados de ruínas dessa cidade idólatra, que distam 10 quilômetros de Cairo. Os gregos chamavam-na **Heliópolis**. Na verdade dos Setenta, acrescentava-se o nome Heliópolis aos outros dois nomes, **Pitom** e **Ramassés**, cidades que os israelitas edificaram, Êx 1.11. O sogro de José era sacerdote de Om, Gn 41.45,50; 46.20.

OMAR: Um neto de Esaú, Gn 36.11.

OMBREIRA: Cada peça lateral de uma porta ou janela. // Sangue e o porão em ambas as **o**, Êx 12.7.

OMBRO: A parte onde o úmero se articula com o omoplata; espádua. // Trazendo um cântaro ao **o**, Gn 24.15. Desde os **o** para cima, 1 Sm 9.2; 10.23. O governo está sobre os seus **o**, Is 9.6. Fardos pesados e os põem sobre os **o**, cheio de júbilo, Lc 15.5.

ÔMEGA: Última letra do alfabeto grego, Ver **Alfa e Ômega**.

ÔMER: Ez 45.14. Aproximadamente, 360 litros. Ver **Medidas de capacidade**.

OMITIR: Deixar de fazer. // Fazer estas coisas sem omitir aquelas, Mt 23.23. Ver Tg 4.17.

OMOPLATA: Osso largo, delgado, triangular situado na parte posterior do ombro. // Então caia a **o** do meu ombro, Jó 31.22.

ONÃ, hb. **Forte:** 1. Um descendente de Seir, o horeu, Gn 36.23. // 2. Um filho de Judá, Gn 46.12. // 3. Um filho de Jeramael, 1 Cr 2.26.

ONDA: Porção de água de mar, lago ou rio, que se eleva. // Tuas **o** e vagas passaram sobre mim, Sl 42.7. Fez... as **o** se acalmaram, Sl 107.29. E a tua justiça como as **o** do mar, Is 48.18. Tuas **o**... passaram por cima de mim, Jn 2.3. Barco era varrido pelas **o**, Mt 8.24. Dúvida é semelhante à **o** do mar, Tg 1.6. **O** bravias do mar, Jd 13.

ONDE: Em que lugar. // **O** estás? Gn 3.9. Expira o homem, e **o** está? Jó 14.10. O teu Deus, **o** está? Sl 42.3,10; ver 79.10. **O** eu estou estejais vós também, Jo 14.3; ver 17.24.

ONESÍFORO: gr. **Portador de Vantagem**. A casa de Onesíforo é mencionada duas vezes na Segunda Epístola de Paulo a Timóteo, cap. 1.16; 4.19.

ONËSIMO: gr. **útil:** Um escravo que fugiu da casa do seu senhor, Filemom um discípulo em Colossos. Converteu-se em Roma pelo ministério do apóstolo Paulo. Depois da sua conversão voltou a seu senhor. Ver Cl 4.9. e a Epístola a Filemom.

ONICHA: Um ingrediente que entrava na composição do incenso sagrado, Êx 30.34.

ONIPOTENTE: Cujo poder não tem limites. // O que... descansa à sombra do **O**, Sl 91.1. A palavra quer dizer; cujo poder não tem limites. Ver **Todo-poderoso**.

ONIPRESENTE: As Escrituras ensinam que Deus está em toda parte, Dt 4.39; Sl 139.6-16; 1 Rs 8.27; Pv 15.3; Jr 23.23,24; At 17.28; etc. Ver **Presença**.

ONISCIENTE: A palavra não se encontra nas Escrituras, mas elas ensinam o fato de Deus saber tudo, 1 Sm 16.7; 1 Rs 8.39; 2 Cr 16.9; Sl 139.12; At 1.24; Hb 4.13; etc.

ÔNIX: Pedra preciosa. **Ônix** (gr.) significa **unha**; sua cor branca é levemente vermelha, semelhante à que cerca as unhas. Variedade de ágata cujas riscas são ou poligonais ou circulares e concêntricas. Havia na terra de Havilá, Gn 2.12. Uma das ofertas para o tabernáculo, Êx 25.7. Duas pedras de **ô** gravadas com os nomes dos filhos de Israel, Êx 28.9. No peitoral do sumo sacerdote, Êx 28.20. Davi ajuntou pedras de **ô** para o Templo, 1 Cr 29.2. O precioso **ô**, Jó 28.16. Na lista de pedras preciosas do rei de Tiro, Ez 28.13.

ONO, hb. **Forte:** Uma cidade edificada por Semede, um benjamita, 1 Cr 8.12. Ocupada por benjamitas depois do exílio, Ed 2.33. Sambalá e Gesém queriam um encontro com

Neemias no vale de Ono, Ne 6.2. Ver mapa 4, A-2.

ONRI, hb. **Impetuoso:** 1. Pai de Acabe e rei de Israel, 1 Rs 16.23,28. Seu mau reinado, 1 Rs 16.25. // 2. Outros: 1 Cr 7.8; 9.4; 27.18. Ver **Reis**.

ONTEM: No dia anterior ao de hoje; no tempo passado. // Nós somos de **o**, Jó 8.9. Mil anos... como o dia de **o**, Sl 90.4. Jesus Cristo **o** e hoje é o mesmo, Hb 13.8.

ONZE: Dez mais um. // Seus **o** filhos, e transpôs o vau do Jaboque, Gn 32.22. Sonhei que o sol, a lua e **o** estrelas, Gn 37.9. Os **o** apóstolos, Mc 16.14; Lc 24.9,33; At 1.26.

ONZENA: Juro excessivo. // fazenda com usura e **o**, Pv 28.8 (ARC).

OOLÁ, hb. **Sua tenda:** Nome de uma mulher de má nota, usado alegoricamente de Samaria e o reino de Israel, para tipificar sua infidelidade ao senhor, seduzidos pelos deuses da Assíria e Babilônia, Ez 23.4.

OOLIBÁ, hb. **A minha tenda está nela:** Nome de uma mulher de má nota, usado alegoricamente de Jerusalém e o reino de Judá, para tipificar sua infidelidade ao Senhor, seduzidos pelos deuses da Assíria e Babilônia, Ez 23.4.

OOLIBAMA: 1. Uma das mulheres de Esaú, Gn 36.2. // 2. Um príncipe de Edom, Gn 36.41.

OPERAÇÃO: Ato ou efeito de operar. // Deus lhes manda a **o** do erro, 2 Ts 2.11.

OPERAR: Obrar, executar. // Sabes tu como Deus os opera, Jó 37.15. Falsos profetas operando grandes, Mt 24.24. O mesmo Deus é quem opera tudo, 1 Co 12.6. Em nós opera a morte; mas, 2 Co 4.12. O ministério da iniqüidade já opera, 2 Ts 2.7. Sua vontade, operando em vós, Hb 13.21.

OPERÁRIO: O que trabalha em uma arte ou ofício. // Digno é o **o** do seu alimento, Mt 10.10 (ARC).

OPINIÃO: Modo de ver, parecer. // Dou minha **o**, 1 Co 7.25; 2 Co 8.10. Ver **Conceito**.

OPOR: Objetar, impugnar. Satanás estava... para se lhe opor, Zc 3.1. Não poderão resistir... se vos opuserem, Lc 21.15. Opunha-se-lhes Elimas, At 13.8. Opondo-se eles e blasfemando, sacudiu Paulo as, At 18.6. Que se opõe à autoridade, At 13.2. O qual se opõe... contra tudo, 2 Ts 2.4. Para tudo quanto se opõe a sã doutrina, 1 Tm 1.10.

Oração

Com mansidão os que se opõem, 2 Tm 2.25. Ver **Contrariar**.

OPORTUNIDADE: Ocasião própria, ensejo. Eu te ouvi no tempo da **o**, 2 Co 6.2. Enquanto tivermos **o**, façamos o bem, Gl 6.10. Mas vos faltava **o**, Fp 4.10. Aproveitai as **o**, Cl 4.5. Ver **Ensejo**, **Ocasião**.

OPORTUNO: Favorável, próprio, conveniente. Uma porta grande e **o**, 1 Co 16.9. Eis agora o tempo sobremodo **o**, 2 Co 6.2. Insta, quer seja **o**, 2 Tm 4.2.

OPOSIÇÃO: Impedimento, obstáculo. Suportou tamanha **o** dos pecadores, Hb 12.3.

OPOSTO: Contrário, adverso. Espírito contra a carne... **o** entre si, Gl 5.17.

OPRESSÃO: Ato ou efeito de oprimir. A **o** de Israel pelos egípcios, Êx 3.9; Dt 26.7; pelos sírios, 2 Rs 13.4. A **o** do estrangeiro, Lv 19.33; do forasteiro, Êx 23.9; do jornaleiro, Dt 24.14; Tg 5.4; do pobre, Sl 12.5; Pv 14.31; 22.16; Tg 2.6; do próximo, Lv 19.13; da viúva e do órfão, Zc 7.10. Ver **Aflição**, **Perseguição**.

OPRESSOR: O que oprime. Esmague ao **o**, Sl 72.4. Não me entregues aos meus **o**, Sl 119.121. Dantes fui blasfemo... e **o**, 1 Tm 1.13 (ARC).

OPRIMIDO: O que sofre opressão. O Senhor é alto refúgio para o **o**, Sl 9.9. Justiça ao órfão e ao oprimido, Sl 10.18. Salve os de espírito **o**, Sl 34.18. O Senhor manterá a causa do **o**, Sl 140.12. Ferido de Deus e **o**, Is 53.4. Foi **o** e humilhado, mas não abriu a boca, Is 53.7. Pôr em liberdade os **o**, Lc 4.18. Curando a todos os **o** do diabo, At 10.38. Ver **Aflito**.

OPRIMIR: Apertar, molestar, afligir, tiranizar. Não oprimireis o estrangeiro, Lv 19.33; forasteiro, Êx 23.9; jornaleiro, Dt 24.14; órfão, Zc 7.10; próximo, Lv 19.13; viúva, Zc 7.10. O que oprime ao pobre insulta aquele que o criou, Pv 14.31. Ferido de Deus, e oprimido, Is 53.4. Foi oprimido... mas não abriu a boca, Is 53.7. Não são os ricos que vos oprimem, Tg 2.6.

OPRÓBRIO: Desonra, injúria. Sou verme... **o** dos homens, Sl 22.6. O pecado é o **o** dos povos, Pv 14.34. Como em espetáculo, tanto de **o**, Hb 10.33. Considerou o **o** de Cristo por maiores riquezas, Hb 11.26. Ver **Injúria**.

ORA: Mas. **O** Já me aquentei, Is 44.16 (ARC).

ORAÇÃO: Prece ou súplica dirigida a Deus. Ó tu que escutas a **o** Sl 65.2. Suba à tua presença a minha **o**, Sl 141.2. O Senhor atende à **o** dos justos, Pv 15.29. Até a sua **o** será abominável, Pv 28.9. Quando multiplicais as vossas **o**, Is 1.15. Para o buscar com **o** e súplicas, Dn 9.3. Esta casta... por meio de **o** e jejum, Mt 17.21. Minha casa será... casa de **o**, Mt 21.13. Pedirdes em **o**, crendo recebereis, Mt 21.22. fazeis longas **o**, Mt 23.14. Adorava noite e dia em jejuns e **o**, Lc 2.37. Freqüentemente jejum e fazem **o**, Lc 5.33. Perseveravam em **o**, At 1.14; 2.42. Nos consagraremos à **o**, At 6.4. Tuas **o** e tuas esmolas, At 10.4. Havia o incessante a Deus, At 12.5. Sede na **o** perseverantes, Rm 12.12. Luteis juntamente comigo nas **o**, Rm 15.30. Dedicardes à **o**, 1 Co 7.5. Ajudando-nos com as vossas **o**, 2 Co 1.11. Com toda **o** e súplica, Ef 6.18. Vossas petições, pela **o** e pela súplica, Fp 4.6. Perseverai na **o**, Cl 4.2. Esforça sobremaneira... nas **o**, Cl 4.12. Que se use a prática de súplicas, **o**, 1 Tm 2.1. Oferecido, com forte clamor e lágrimas, **o** e súplicas, Hb 5.7. Sofrendo? Faça **o**, Tg 5.13. Façam **o** sobre ele, Tg 5.14. A **o** da fé salvará o enfermo, Tg 5.15. Não se interrompam as vossas **o**, 1 Pe 3.7. As **o** dos santos, Ap 5.8; 8.3. **A oração deve ser sincera**, Hb 10.22; **Deve ser com fé**, Mt 7.7,8; 21.22; Mc 11.24; Jo 14.13,14; e **No nome de Cristo**, Jo 16.23,24; Ef 2.18; 5.20; Cl 3.17; 1 Pe 2.5. **Oração Secreta**, Mt 6.5-7. **Oração em Oculto**, Sl 88.1; Dn 6.10; 1 Ts 5.17. **Oração Pública**, Êx 20.24; Is 56.7; Mt 12.9; 18.19; Lc 4.16; 11.2; Sl 55.17. **Oração Intercessora**, Nm 6.23; Jó 42.8; Is 62.6; Sl 122.6; 1 Tm 2.1; Tg 5.14. **Exemplos de resposta à Oração Intercessora**, Abraão, Gn 17.18,20; 18.23-32; 20.7,17,18; Moisés por Faraó, Êx 8.12,13,30,31; 9.33; pelos israelitas, Êx 17.11,13; 32.11-14,31-34; Nm 21.7,8; Dt 9.18,25; por Miriã, Nm 12.13; por Arão, Dt 9.20; Samuel, 1 Sm 7.5-12; Salomão, 1 Rs 8; 2 Cr 6; Elias, 1 Rs 17.20-23; Eliseu, 2 Rs 4.33,36; Isaías, 2 Rs 19; Jeremias, Jr 42.2-10; Pedro, At 9.40; a igreja, At 12.5-12; Paulo, At 28.8. **Orando de Joelhos**, 1 Rs 8.54; 2 Cr 6.13; Sl 95.6; Is 45.23; Lc 22.41; At 7.60; 9.40; Ef 3.14. **Orando Inclinado ou Prostrado**, Gn 24.26,52; Êx 4.31; 12.27; Mt 26.39; Mc 14.35; **Orando com as mãos estendidas para os céus**, 1 Rs 8.22,38,54; Sl 28.2; 63.4; 88.9; 1 Tm 2.8. **Orando em pé**, 1 Rs 8.14,55; 2 Cr 20.9; Mc 11.25; Lc 18.11,13. **Oração Ordenada**, Êx 22.23,27; 1 Rs 3.5; 2 Cr 7.14; Sl 37.4; Is 55.6; Jl 2.32; Ez 36.37; Mt 26.41; Lc 18.1; Ef 6.18; Fp 4.6; 1 Ts 5.17,25; 1 Tm 2.1,8. **Exemplos de resposta à oração**, Ló Gn 19.19-21; o servo de Abraão, Gn 24.15-27; Jacó, Gn 32.24-30; Moisés, Êx 17.4-6; 32.11-14; Sansão, Jz 15.18,19; Ana, 1 Sm 1.27; Salomão, 1 Rs 3.9,12; Elias, 1 Rs 18.36-38; Ezequias, 2 Rs 19.20; Asa, 2 Cr 14.11,12; Neemias, Ne 4.9,15; Jó, Jó 42.10; Davi, Sl 18.6; Daniel, Dn 9.20-23; Zacarias, Lc 1.13; ladrão na cruz, Lc 23.42,43; Cornélio, At 10.4,31; Paulo e Silas, At 16.25,26. **A oração que Deus não aceita**, Sl 18.41; Pv 1.24-31; 15.29; Is 1.15; Jr 7.16; 14.11-14; 15.1; Mt 15.8; Mc 7.6; Jo 9.31; Tg 4.3. Ver Saul, 1 Sm 28.15; os anciãos de Israel, Ez 20.3; os fariseus, Mt 23.14. **Orações no Antigo Testamento:** De Abraão, Gn 15.2; 17.17,18; 18.23-32; de Asa, 2 Cr 14.11; de Daniel, Dn 9.4-19; de Davi, 2 Sm 7.18-29; Sl 51.; 1 Cr 29.10-19; Elias, 1 Rs 17.20; 18.36,37; 19.4; Eliseu, 2 Rs 6.17; 6.18; Ezequiel, Ez 9.8; Ana, 1 Sm 1.11; Ezequias, 2 Rs 19.15-19; 20.3; Jabez, 1 Cr 4.10; Jacó, Gn 32.9-12; Josafá, 2 Cr 20.6-13; Jeremias, Jr 14.7-9; 15.15-18; Jonas, Jn 2.2-9; 4.2; Josué, Js 7.7-9; Manoá, Jz 13.8,9; Moisés, Êx 32.11-13; 33.12-16; Nm 12.13; Nm 14.13; 27.15-17; Neemias, Ne 1.5-11; 4.4,5; Sansão, Jz 16.28; Salomão, 1 Rs 3.5-9; 1 Rs 8.23-61. **Oração de Cristo**, Mt 14.23; 26.36; 27.46; Mc 1.35; 6.46; 14.32; 15.34; Lc 6.12; 9.28; 22.32; 23.34,46; Jo 12.28; 17.9.
Ver **Intercessão**, **Súplica**.

ORÁCULO: Vontade de Deus, anunciada aos homens. Ver 2 Sm 16.23. Rei de Babilônia... para consultar os **o**, Ez 21.21. Aos judeus foram confiados os **o**, Rm 3.2. Os princípios elementares dos **o** de Deus, Hb 5.12. fale de acordo com os **o** de Deus, 1 Pe 4.11.

ORADOR: Homem eloqüente. Certo o chamado Tértulo, At 24.1.

ORAR: Pedir, rogar a Deus. Deixando de orar por vós, 1 Sm 12.23. Orar e suplicar a ti nesta casa, 1 Rs 8.33. Esdras orava, e fazia confissão, Ed 10.1. Estive jejuando e orando perante o Deus dos céus, Ne 1.4. Nós oramos ao nosso Deus, Ne 4.9. Eu, porém, orava, Sl 109.4. Orai pela paz de Jerusalém, Sl 122.6. Entra no santuário a orar e nada alcança,

Is 16.12. Ezequias orou ao Senhor, Is 38.2. Não ores por este povo... porque não os ouvirei, Jr 11.14. Jonas do ventre do peixe orou, Jn 2.1. Orai pelos que vos perseguem, Mt 5.44. Quando orardes, não sereis como os hipócritas, Mt 6.5. Quando orares, entra no teu quarto, Mt 6.6. Orareis assim, Mt 6.9. Subiu a um monte a fim de orar, Mt 14.23. Para lhes impusesse as mãos, e orasse, Mt 19.13. Orai para que a vossa fuga, Mt 24.20. Enquanto eu vou ali orar, Mt 26.36. Vigiai e orai, Mt 26.41. Estando ele a orar, o céu se abriu, Lc 3.21. Passou a noite orando a Deus, Lc 6.12. Orai pelos que vos caluniam, Lc 6.28. Enquanto ele orava, a aparência do seu rosto, Lc 9.29. Senhor, ensina-nos a orar, Lc 11.1. Parábola sobre o dever de orar sempre, Lc 18.1. O fariseu orava, Lc 18.11. Orai, para que não entreis, Lc 22.40. Orando, disseram: Tu, Senhor, que conheceis o coração, At 1.24. Tendo eles orado, tremeu o lugar, At 4.31. Orando, lhes impuseram as mãos, At 6.6. Oraram por eles para que recebesse o Espírito, At 8.15. Saulo... está orando, At 9.11. Pondo-se de joelhos, orou, At 9.40. Cornélio de contínuo orava, At 10.2. Subiu Pedro... a fim de orar, At 10.9. Estavam congregados e oravam, At 12.12. Orando e impondo sobre eles as mãos, At 13.3. Depois de orar com jejuns, At 14.23. Paulo e Silas oravam e cantavam, At 16.25. Ajoelhando-se, orou, At 20.36. Ajoelhados na praia, oramos, At 21.5. Enquanto orava no templo, At 22.17. Paulo foi visitá-lo e, orando, At 28.8. Não sabemos orar como convém, Rm 8.26. Orarei com o espírito, 1 Co 14.15. Não cessamos de orar por vós, Cl 1.9. Orando noite e dia, 1 Ts 3.10. Orai sem cessar, 1 Ts 5.17, Varões orem em todo lugar, 1 Tm 2.8. Orai uns pelos outros, para serdes curados, Tg 5.16. Orou com instância para que não chovesse, Tg 5.17. Orando no Espírito Santo, Jd 20. Ver **Interceder**, **Suplicar**.

ORDEM: Arranjo, método, boa disposição. Tudo... com decência e **o**, 1 Co 14.40. verificando a vossa boa **o**, Cl 2.5. Para que pusesses em **o** as coisas, Tt 1.5. Segundo a **o** de Melquisedeque, Hb 5.6,10; 6.20; 7.11,17.

ORDENAÇÃO: Ato ou efeito de ordenar. Resiste a **o** de Deus, Rm 13.2.

ORDENANÇA: Ordem, lei. // Aboliu... **o**, Ef 2.15. Cancelado o escrito... de **o**, Cl 2.14. Por que... vos sujeitais a **o**? Cl 2.20. **O** da carne, baseadas somente em comidas, Hb 9.10.

ORDENAR: Dar ordens, mandar, Deus ordena a Adão, Gn 2.16; a Moisés, Êx 3.14; a Josué, Js 1.9; aos anjos, Lc 4.10; ao Filho, Jo 14.31. Moisés ordena aos filhos de Levi, Dt 31.10. Cristo aos doze, Mt 10.5; a Pedro, Jo 21.15. Que ordene a seus filhos e a sua casa, Gn 18.19. Ele ordena aos espíritos imundos, Mc 1.27. Ordena e ensina estas coisas, 1 Tm 4.11. Sinto plena liberdade em Cristo para te ordenar, Fm 8. Aos homens está ordenado morrerem uma só vez, Hb 9.27. Ver **Mandar**.

OREBE e **ZEEBE:** Jz 7.25; 8.3; Sl 83.11. Dois príncipes dos midianitas.

ORELHA: Órgão da audição; concha do ouvido. Argolas que lhes pendiam das **o**, Gn 35.4. Seu Senhor lhe furará a **o**, Êx 21.6; Dt 15.17. Toma pelas **o** um cão, Pv 26.17. Golpeando o servo do sumo sacerdote, cortou-lhe a **o**, Mt 26.51.

OREM: O primogênito de Hezrom, 1 Cr 2.25.

ORFA, hb. **Pescoço:** As duas moabitas, Rute e Orfa casaram com os dois filhos de Noemi. Depois da morte de seus maridos, Orfa ficou em Moabe, ao passo que Rute ficou com sua sogra indo a terra de Judá, Rt 1.4,14.

ÓRFÃO: Diz-se daquele que perdeu os pais ou um deles. A nenhuma viúva nem **ó** afligireis, Êx 22.22. O defensor do **ó**, Sl 10.14. Pai dos **ó** e juiz das viúvas, Sl 68.5. O Senhor ampara o **ó** e a viúva, Sl 146.9. Não vos deixarei **ó**, Jo 14.18. Visitar os **ó** e as viúvas, Tg 1.27. Alguns **ó** da Bíblia: Ló, Gn 11.27,28; Jotão, Jz 9.16-21; Mefibosete, 2 Sm 9.3; Joás, 2 Rs 11.2; Ester, Et 2.7.

ÓRGÃO: Instrumento musical, de vento e teclado, Gn 4.21 (ARC).

ORGIA: Festim ou banquete licencioso. Acautelai-vos... da **o**, Lc 21.34. Não em **o** e bebedices, Rm 13.13. Borracheiras, **o**, bebedices, 1 Pe 4.3.

ORGULHO: Conceito elevado que alguém faz de si próprio. Não multipliqueis palavras de **o**, 1 Sm 2.3. Será humilhado o **o**, Ez 30.6; 33.28. Ver **Arrogância**, **Jactância**, **Vaidade**.

ORGULHOSO: Que é inspirado pelo orgulho. Olhar altivo e coração **o**, Pv 21.4. Em lugar de serdes **o**, condescendei , Rm 12.16. Exorta aos ricos... que não sejam **o**, 1 Tm 6.17. Ver **Arrogante**, **Jactancioso**

ORIENTE: Nascente, Levante. // Ló escolheu... partiu para o **o**, Gn 13.11. As frases, "o povo do Oriente" e "a terra oriental" (Gn 29.1; Jz 6.3; 7.12; 1 Rs 4.30; Is 11.14; Jr 49.28; Ez 25.4) referem-se as tribos da Arábia. Quanto dista o **O** do Ocidente, Sl 103.12. Vimos a sua estrela no **o**, Mt 2.2. Muitos virão do **o**, Mt 8.11.

ORIGEM: Procedência. A tua **o** e o teu nascimento procedem da terra, Ez 16.3. Cujas **o** são desde os tempos antigos, Mq 5.2. Riquezas de **o** iníqua, Lc 16.9,11. Ver **Princípio**.

ORIGINAL: Nativo, primitivo. Anjos... não guardaram o seu pricipado mas, Jd 6.

ÓRION: Jó 9.9; 38.31. Uma grande e brilhante constelação, visível em todas as latitudes. Ver **Estrela**.

ORLA: Borda, beira, margem. Na **o** da cortina, Êx 26.4. Saul o segurou pela **o** do manto, 1 Sm 15.27. Davi cortou a **o** do manto de Saul, 1 Sm 24.4. Dez homens pegarão na **o** do vestido de um judeu, Zc 8.23. Tocou na **o** da veste, Mt 9.20. Rogavam que os menos pudessem tocar na **o** da sua veste, Mt 14.36.

ORNÃ: 1 Cr 21.15. Ver **Araúna**.

ORNAMENTO: Ver **Adorno**.

ORNAR: Ornamentar, adornar, enfeitar. Pelo seu Espírito ornou os céus, Jó 26.13 (ARC). Para ornarem o lugar do meu santuário, Is 60.13 (ARC).

ORNATO: O mesmo que ornamento. O **o** dos jovens é a sua força, Pv 20.29. Ver **Adorno**, **Enfeite**.

ORVALHO: Vapor atmosférico que se condensa e dispõe em gotinhas durante a noite. O **o**, sobre este caía o maná, Nm 11.9. Se o **o** estiver somente nela... e na terra ao redor haja **o**, Jz 6.37-39. Nem **o** nem chuva haverá, 1 Rs 17.1. Quem gera as gotas do **o**, Jó 38.28. É como o **o** do Hermon, Sl 133.3. Os céus sobre vós retêm o seu **o**, Ag 1.10. Como símbolo: Gn 27.28; Dt 32.2; 2 Sm 17.12; Sl 110.3; Pv 19.12; Ct 5.2; Is 18.4; Os 6.4; 14.5; Mq 5.7.

OSCILAR: Passar e repassar alternadamente pelas mesmas posições. Farei oscilar a terra... como oscila um carro, Am 2.13.

ÓSCULO: O mesmo que beijo. Com **ó** santo, Rm 16.16; Ts 5.26. Ver **Beijo**.

OSÉIAS, hb. **Salvação:** 1. Oséias, filho de Num, a quem Moisés mudou o nome para Josué, Nm 13.16. // 2. Oséias, chefe sobre os filhos de Efraim, 1 Cr 27.20. // 3. Oséias, o décimo nono e último rei das dez tribos. Fez o que era mau perante o Senhor. Depois de reinar nove anos, o rei da Assíria levou Israel para o cativeiro na Assíria, 2 Rs 17.6. // 4. Oséias, um dos que assinaram o pacto com Neemias, Ne 10.23. // 5. Oséias, o primeiro dos doze profetas chamados "menores"; o último dos grandes profetas das dez tribos; e escritor do livro do seu próprio nome. Os 1.1.

OSÉIAS, LIVRO DE: Oséias era filho de Beri, ministrando nos dias de Uzias, Jotão, Acaz e Ezequias, reis de Judá, e nos dias de Jeroboão II de Israel — até, provavelmente, o tempo de Menaém, rei de Israel. Profetizou no mesmo tempo que Amós em Israel, que Isaías e Miquéias em Judá. Quando Oséias iniciou seu ministério, Israel estava gozando o zênite da sua prosperidade e poder sob o reinado de Jeroboão II. Para entender melhor o livro de Oséias, leia 2 Rs 14.23 a 15.31. Oséias distinguia as dez tribos pelo nome de **Israel**, ou de **Samaria**, sua capital, ou de **Efraim**, a tribo principal. Oséias não morreu antes de ver o cumprimento de suas profecias. // **O autor:** Oséias, 1.1. // **A chave: Adultério espiritual**, 4.12. A idolatria com toda a espécie de vício, permeava todas as classes sociais. Oséias por mais ou menos 60 anos condenava do modo mais veemente o procedimento do povo, qualificando-o de adultério. Continuava seus avisos sem resultados, o que é um tocante exemplo de perseverança no meio dos maiores desânimos. // **As divisões:** I. Israel, a esposa infiel de Deus, caps. 1 a 3. II. Israel pecaminoso, 4.1. a 13.8. // III. Israel restaurado, 13.9 a 14.9.

OSSADA: Grande quantidade de ossos. A sua **o** é como barras, Jó 40.18 (ARC).

OSSO: Qualquer parte do esqueleto dos vertebrados. É o dos meus **o**, Gn 2.23, Os **o** de José, Gn 50.25; Êx 13.19; Js 24.32; Hb 11.22. O cordeiro... nem lhe quebrar um **o**, Êx 12.46. Altar... **o** humanos se queimarão sobre ti, 1 Rs 13.2. Os meus **o** se apegam à minha pele, Jó 19.20. O estejam cheios do vigor da sua juventude, Jó 20.11. Posso contar todos os meus **o**, Sl 22.17. Preserva-lhe todos os **o**, Sl 34.20. Para que exultem os **o** que esmagaste, Sl 51.8. Deus dispersa os **o** daquele que te sitia, Sl 53.5. Os meus **o** não te foram encobertos, Sl 139.15. Ainda que sejam espalhados os meus **o** à boca da sepultura, Sl 141.7. Um vale cheio de **o**, Ez 37.1. Sepulcros... cheios de **o**, Mt 23.27. Um espírito não tem carne nem **o**, Lc 24.39. Nenhum de seus **o** será quebrado, Jo 19.36; Êx 12.46.

OSTENTAÇÃO: Alarde, aparato, pompa, vanglória. O homem não permanece em sua **o**, Sl 49.12. Com **o** de linguagem, 1 Co 2.1.

OSTENTAR: Exibir aparatosamente, pompear. Que querem ostentar-se na carne, Gl 6.12.

Ouriço

OTNI, hb. **Leão de Deus:** Um filho de Semaías, levita da família de Coré, 1 Cr 26.7.

OTNIEL, hb. **Deus é força:** Um filho de Quenaz, o irmão de Calebe, mais novo do que ele, Jz 1.13. Calebe, em recompensa por haver Otniel tomado Quiriate-Sefer, deu-lhe sua filha Ocsa por mulher, Jz 1.13. O primeiro juiz de Israel depois de Josué, Jz 3.9,10. Julgou a Israel 40 anos, Jz 3.11.

OURELA: Orla, margem. Sobre ti a **o** do meu manto, Ez 16.8 (ARC).

OURIÇO: Mamífero que tem o corpo coberto de espinhos. Is 14.23; 34.11; Sf 2.14.

OURIVES: Fabricante ou vendedor de objetos de ouro, Demétrio era **o** de prata, At 19.24. O Espírito encheu de habilidade, Bezalel e Aoliabe para trabalharem em ouro, em prata, em bronze, etc., para o Tabernáculo, Êx 31.1-4; 35.30-35. Uziel, um dos **o** que trabalhava na reedificação dos muros de Jerusalém, Ne 3.8,32. **O** envergonhados pelas imagens que esculpiram, Jr 10.14. Ver **Ouro**.

OURO: Metal precioso, amarelo e brilhante. É o mais maleável e o mais dúctil dos metais. Conhecido desde a mais alta antigüidade, Gn 2.11. Abraão rico em **o**, Gn 13.2. Jóias de **o**, Gn 24.53; Êx 3.22; 1 Pe 3.3; 1 Tm 2.9. Colar de **o**, Gn 41.42. Ídolos de **o**, Êx 20.23; Sl 115.4; Is 2.20; 40.19; Dn 5.4; At 17.29; Ap 9.20. O **o** do Tabernáculo, Êx 25; do Templo, 1 Rs 6.20-35. Entre o despojo tirado dos midianitas, Nm 31.22. Acã tomou uma barra de **o**, Js 7.21. Abundante em **o**: Havilá, Gn 2.11; Ofir, 1 Rs 9.28; Sl 72.15; Sabá, 1 Rs 10.2; Társis, 1 Rs 10.22; Jerusalém, 1 Rs 10-25; a grande Babilônia, Ap 18.12. Fez o rei Salomão 200 pavezes de **o**, 2 Cr 9.15. Os juízos do Senhor mais desejáveis do que muito **o** depurado, Sl 19.10. Coroa de **o**, Sl 21.3; Ap 4.4; 9.7. Moedas de **o**, Ed 2.69. Ofertas de **o**, incenso e mirra ao menino Jesus, Mt 2.11. Os doze na primeira comissão não levavam **o**, Mt 10.9. Pedro não sempre o tinha, At 3.6. Cobiçar **o**, At 20.33. Edificar **o** sobre o fundamento, 1 Co 3.12. Anel de **o**, Tg 2.2. **O** gasto de ferrugens, Tg 5.3. Precioso, 1 Pe 1.7. Perecível, 1 Pe 1.7. Corruptível, 1 Pe 1.18. Compres de Mim **o** refinado, Ap 3.18. A Nova Jerusalém de **o** puro, Ap 21.18. A praça da cidade de **o** puro, Ap 21.21.

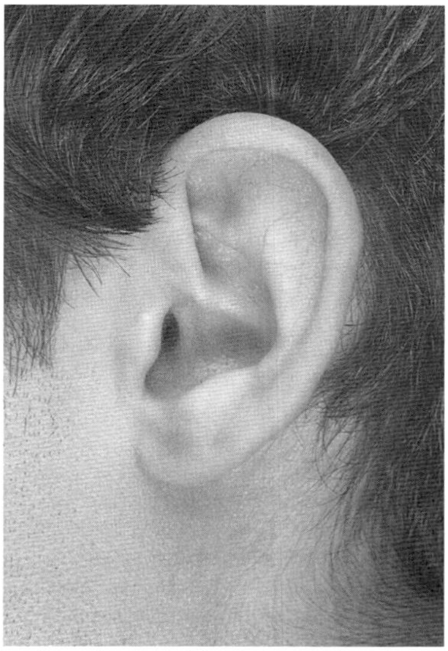

Quem tem ouvidos para ouvir, ouça, Mt 11.15; Ap 2.7,11,17,29; 3.6,13,22 (ARC)

OUSADAMENTE: De modo ousado. Pregar ousadamente, At 9.27. Falar ousadamente, At 13.46; 14.3; 19.8. Escrever ousadamente, Rm 15.15. Ver **Atrevidamente**.

OUSADIA: Coragem, audácia. // Muita **o** no falar, 2 Co 3.12. Tem **o**... eu o tenho, 2 Co 11.21. Temos **o** e acesso com confiança, Ef 3.12. Ver **Coragem**, **Intrepidez**.

OUSADO: Corajoso, atrevido. Quando ausente, **o**, 2 Co 10.1. Para que em Cristo eu seja **o** para falar, Ef 6.20. Ultrajados... tivemos **o** confiança, 1 Ts 2.2. Ver **Intrépido**.

OUSAR: Ter ousadia, a coragem de. Não ousaram mais interrogá-lo, Lc 20.40. Ousa... ir a juízo, 1 Co 6.1(A). Não ousamos classificar-nos, 2 Co 10.12. Ousamos falar com mais desassombro, Fp 1.14. Ver **Atrever**.

OUTEIRO: Pequeno monte. Todos os **o** se derreterão, Am 9.13. Nivelados todos os montes e **o**, Lc 3.5. Aos **o:** cobri-nos, Lc 23.30. Ver **Colina**.

OUTORGAR: Aprovar, conceder. Outorgando-nos o penhor do Espírito, 2 Co 5.5.

OUTREM: Outra, ou outras pessoas. O seu próprio interesse; e, sim, o de **o**, 1 Co 10.24.

OUTRO: Diverso do primeiro, diferente, Seja **o** o que te louve, Pv 27.2. Veja nos meus membros **o** lei, Rm 7.23. Vindo alguém prega **o** Jesus, 2 Co 11.4. Passando... para **o** evangelho, Gl 1.6. Considerando cada um os **o** superiores a si mesmo Fp 2.3.

OUTRORA: Em outro tempo. Nos quais andastes **o**, segundo, Ef 2.2. Havendo Deus, **o**, falado, Hb 1.1.

OUVIDO: Aquele dos cinco sentidos pelo qual se percebem os sons; a orelha. Não dando **o** ao sacerdote, Dt 1712. Dar **o** à voz do Senhor, Dt 28.62; 30.2,10. Lhe tinirão ambos os **o**, 1 Sm 3.11. Os seus **o** estão abertos ao seu clamor, Sl 34.15. O que fêz o **o**, acaso não ouvirá? Sl 94.9. Têm **o** e não ouvem, Sl 115.6; 135.17. O sábio dá **o** aos conselhos, Pv 12.15. Tapa o **o** ao clamor do pobre, Pv 21.13. Desperta-me o **o** para que eu ouça, Is 50.4. Nem surdo o seu **o** para não ouvir,

Is 59.1. O que se vos diz ao **o**, proclamai-os dos eirados, Mt 10.27. Quem tem **o** ouça, Mt 11.15; 13.9,43. Nem olhos viram, nem **o** ouviram, 1 Co 2.9. Se o **o** disser, 1 Co 12.16. Se todo fosse **o**, onde estaria o olfato, 1 Co 12.17. Coceira nos **o**, 2 Tm 4.3. Os clamores dos ceifeiros penetraram até aos **o** do Senhor, Tg 5.4. Os seus **o** estão abertos às suas súplicas, 1 Pe 3.12.

Eu vos envio como ovelhas para o meio de lobos, Mt 10.16

OUVIDOR: O que ouve. Os simples **o** da lei não são justos, Rm 2.13. Ver **Ouvinte**.

OUVINTE: Pessoa que assiste a um discurso, prelação, etc. Salvarás tanto a to mesmo como aos teus **o**, 1 Tm 4.16. Praticantes da palavra, e não somente **o**, Tg 1.22. Ver **Ouvidor**.

OUVIR: Entender, perceber (os sons) pelo sentido do ouvido. Fala, Senhor, porque o teu servo ouve, 1 Sm 3.9. O que fez o ouvido, acaso não ouvirá? Sl 94.9. Têm ouvidos, e não ouvem, Sl 115.6. Quem tem ouvidos ouça, Mt 13.9,43; Ap 2.7,11,17,29; 3.6,13,22. Se... não te ouvir, toma, Mt 18.16. Em que os mortos ouvirão a voz, Jo 5.25. As ovelhas ouvem a sua voz, Jo 10.3. Graças te dou porque me ouviste, Jo 11.41. O que... ouvistes, vistes em mim, Fp 4.9. Ouviste... transmite a homens fiéis, 2 Tm 2.2. Pronto para ouvir, tardio para falar, Tg 1.19. O que temos ouvido... com respeito, 1 Jo 1.1. Aquele que não é da parte de Deus não nos ouve, 1 Jo 4.6. Segundo a sua vontade, ele nos ouve, 1 Jo 5.14. Bem-aventurados... que ouvem as palavras, Ap 1.3. Se alguém ouvir a minha voz, Ap 3.20. Ver **Escutar**.

OVELHA: Fêmea do carneiro. Os quatro animais de maior utilidade na Palestina: a ovelha (junta com a cabra), o boi, o jumento, e o camelo. Logo no início, Abel foi pastor de ovelhas, Gn 4.2. A ovelha era de grande importância como alimento, Dt 32.14; 2 Sm 17.29; 1 Rs 4.23; Ne 5.18. Ofereciam-na em holocausto, Êx 20.24. Tosquiavam-na, Gn 38.12; 1 Sm 25.2; 2 Sm 13.24,25; Is 53.7. Lã de ovelha usada para fazer roupa, Lv 13.47; Dt 22.11. Vestiam-se de peles de ovelhas, Hb 11.37; Pv 31.21; Ez 34.3. Nabal tinha 3. 000 ovelhas, 1 Sm 25.2. Asa ofereceu 7.000, 2 Cr 15.11. Ezequias 7.000 e os príncipes 10.000, 2 Cr 30.24. Jó tinha 14.000, Jó 42.12. O rei de Moabe pagava o seu tributo com 10.000 ovelhas e a lã de 100.000 carneiros, 2 Rs 3.4. Salomão sacrificou 120.000 ovelhas, 1 Rs 8.63. As tribos transjordânicas tomaram em guerra 250.000, 1 Cr 5.21. A ovelha é mansa e submissa, Is 53.7; Jr 11.19. Incapaz de defender-se do leão, do lobo, Mq 5.8; Mt 10.16; Jo 10.12. Propensa a cair em covas, Mt 12.11. Sofre do pastor infiel, Ez 34.5-8; Mt 9.36; Mc 6.34; do mercenário, Jo 10.13; dos falsos profetas disfarçados como ovelhas, Mt 7.15. Conhece a voz do pastor, características que falta ao camelo, Jo 10. 2-5. Ovelhas sem pastor, 1 Rs 22.17; Mt 9.36. Como ovelhas para o matadouro, Rm 8.36; At 8.32. A parábola da ovelha perdida, Mt 18.10-14; Lc 15.3-7. Todos nós andávamos desgarrados como ovelhas, Is 53.6. Deus nos fez ovelhas de seu pasto, Sl 100.3; 79.13. Como o pastor separa dos cabritos as ovelhas, Mt 25.32.

OVO: Corpo orgânico que se forma na fêmea de muitas classes de animais e que contém o germe de um animal da mesma espécie. // A mãe sobre os passarinhos ou sobre os **o**, Dt 22.6. Deixa os seus **o** na terra, Jó 39.14. Chocam **o** de áspide, Is 59.5. Choca **o** que não pôs, Jr 17.11. Se lhe pedir um **o**, Lc 11.12.

OZÉM: 1. O sexto filho de Jessé, 1 Cr 2.15. // 2. Um filho de Jerameel, 1 Cr 2.25.

OZNI, hb. **Atento:** Um filho de Gade, Nm 26.16. Chama-se **Esbom** em Gn 46.16.

P

PÁ: Instrumento largo e chato, com um cabo mais ou menos longo. // **P**, e bacias, e garfos, Êx 27.3. Alimpada com **p** e forquilha, Is 30.24. Cirandei-o com a **p**, Jr 15.7. A sua **p** ele a tem na mão, Mt 3.12.

PAARAI: Um dos valentes de Davi, 2 Sm 23.35.

PAATE-MOABE, hb. **Governador de Moabe:** Um dos que vieram à Babilônia com Zorobabel, Ed 2.6.

PACATO: Que ou aquele que é amigo da paz. Jacó, porém, homem **p**, habitava em tendas, Gn 25.27. Ver **Pacífico**.

PACIÊNCIA: Virtude que faz suportar os males com resignação; qualidade daquele que espera com tranqüilidade. // Se esperamos... com **p** o aguardamos, Rm 8.25. Pela **p**... tenhamos esperança, Rm 15.4. Suportando com **p**, 2 Co 1.6. Na muita **p**, 2 Co 6.4. A **p** de Jó, Tg 5.11. Esbofeteados... o suporteis com **p**, 1 Pe 2.20. Exemplos de paciência: Jó, Jó 1.21; Simeão, Lc 2.25; Paulo, 2 Tm 3.10; Abraão, Hb 6.15; os profetas, Tg 5.10; João, Ap 1.9. Ver **Longanimidade**, **Perseverança**.

PACIENTE: Pessoa que tem paciência; pacífico, resignado. // Melhor é o **p** do que o arrogante, Ec 7.8. Sê **p** comigo e tudo te pagarei, Mt 18.26. Sede **p** na tribulação, Rm 12.12. O amor é **p**, 1 Co 13.4. O servo do Senhor... deve ser... **p**, 2 Tm 2.24. Sede vós também **p**, Tg 5.8. Ver **Longânimo**.

PACIFICADOR: O que pacifica. // Bem-aventurados os **p**, Mt 5.9. Ver Tg 3.18.

PACIFICAMENTE: Tranqüilamente. // Se vós vindes a mim **p** e para me ajudar, 1 Cr 12.17.

PACIFICAR: Restituir a paz a. // Quem pacifica os teus termos, Sl 147.14 (ARC).

PACÍFICO: Que tende para a paz. // Sacrifício **p**, Lv 3.1. Ofertas, **p**, Lv 7.11. Disciplina... produz fruto **p**, Hb 12.11. A sabedoria... depois **p**, Tg 3.17. Ver **Pacato**.

Eis o pergaminho de Isaías. Opina-se que foi escrito há mais de dois mil anos. A parte escura, no avesso, indica que foi usado em tempos remotos. Tem sido sugerido que foi este mesmo livro do profeta Isaías que Jesus leu na sinagoga de Nazaré, Lc 4.16-22

PAÇO: Palácio real. // Uma ruína, e do paço dos estranhos, Is 25.2 (ARC).

PADÃ, hb. **Planície:** Gn 48.7. Ver **Padã-Arã**.

PADÃ-ARÃ, hb. **Planície de Arã** ou **Síria:** O planalto cultivado ao norte da Mesopotâmia, que confinava com o rio Eufrates, como distinto da região montanhosa que se vê em volta. Era nessa região que Naor e Abraão habitavam antes da viagem para a terra de Canaã, Gn 25.20; 31.18; 33.18; 35.9,26; 46.15. Ver **Mesopotâmia**. Ver, também, mapa 1 D-3.

PADECER: Sofrer, ser atormentado por. // Asa... padeceu dos pés, 1 Rs 15.23. Homem... que sabe o que é padecer, Is 53.3. Doze anos vinha padecendo de uma hemorragia, Mt 9.20. O Filho do homem há de padecer, Mt 17.12. Importa que primeiro ele padeça, Lc 17.25. Convinha que o Cristo padecesse, Lc 24.26,46. Depois de ter padecido, se apresentou vivo, At 1.3. Que o seu Cristo havia de padecer, At 3.18. Necessário que o Cristo padecesse, At 17.3. O Cristo devia padecer, At 26.23. Vir a seu irmão padecer necessidade, 1 Jo 3.17. Ver **Sofrer**.

PADEIRO: Fabricante ou vendedor de pão. // e o **p** ofenderam o seu senhor, Gn 40.1. Para perfumistas, cozinheiras e **p**, 1 Sm 8.13.

PADEJAR: Revolver com a pá. // Enviarei padejadores contra Babilônia, que a padejarão, Jr 51.2. Ver **Debulhar**.

PADOM, hb. **Liberdade:** O cabeça de uma das famílias que voltaram do cativeiro, Ed 2.44.

PADRÃO: Modelo, tipo. // Torna-te **p** dos fiéis, 1 Tm 4.12. Torna-te **p** de boas obras, Tt 2.7. Ver **Exemplo**, **Modelo**.

PÃES ASMOS, A FESTA DOS: A páscoa, Êx 12.17; 23.15; Lv 23.6; 2 Cr 30.13; Mt 26.17; At 12.3.

PÃES DA PROPOSIÇÃO, Os pães da Presença: Expostos diante do Senhor perpetuamente, Êx 25.30. Chamados **O pão sagrado**, 1 Sm 21.6. Conhecidos, também, como **O pão contínuo**, isto é, o pão sempre sobre a mesa, Nm 4.7; 2 Cr 2.4. Expostos em duas fileiras, seis em cada fileira, sobre a mesa de ouro puro perante o Senhor, Lv 24.6. Os 12 pães representavam as 12 tribos de Israel (compare Lv 24.7 com Êx 28.10-12,21) e significavam a comunhão constante de seu povo com Deus. Eram feitos de flor de farinha, Lv 24.5. Apresentados quentes em cada sábado, Lv 24.8; 1 Cr 9.32. Os sacerdotes comiam-nos no Santo Lugar, Lv 24.9. Davi, com fome, quando fugia de Saul, comeu os pães da proposição, o que não lhe era lícito, por serem exclusivos do sacerdote, 1 Sm 21.6; Mt 12.4.

PAFOS: Era a capital da província romana de Chipre, At 13.6,13. Ver mapa 6, F-3.

PAGA: Pagamento. // A **p** do jornaleiro não ficará contigo até pela manhã, Lv 9.13. Vingança do Senhor: ele lhe dará a sua **p**, Jr 51.6. Que ele dê em **p** tribulação, 2 Ts 1.6. O Senhor lhe dará a **p**, 2 Tm 4.14. Ver **Galardão**, **Recompensa**, **Retribuição**, **Salário**.

PAGADOR: O que paga. // Onde está o **p**?, Is 33.18 (ARC).

PAGAR: Satisfazer (uma dívida, um encargo). O devido, Rm 13.7; dívida, 2 Rs 4.7; dízimos, Hb 7.9; o dobro, Êx 22.7; dracmas, Mt 17.24; o mal pelo bem, Gn 44.4; Sl 35.12; 109.5; Pv 17.13; passagem, Jn 1.3; tempo, Êx 21.19; tributo, Mt 22.17; trinta moedas, Mt 26.15; voto, Sl 65.1. // O ímpio pede emprestado e não paga, Sl 37.21. Sê paciente comigo e tudo te pagarei, Mt 18.26.

PAGIEL, hb. **Encontro com Deus:** O cabeça de uma família de Aser, escolhido para fazer a numeração do povo, Nm 1.13.

PAGO: O mesmo que paga. // Dá o **p** diretamente aos que o odeiam, Dt 7.10. Juiz da terra, dá o **p** aos soberbos, Sl 94.2. Senhor dá **p** aos inimigos, Is 66.6.

PAI: Homem que tem um ou mais filhos. // Deixa o homem **p** e mãe, Gn 2.24; Mc 10.7. Será **p** de numerosas nações, Gn 17.4; Rm 4.17. A iniqüidade dos **p**, Êx 20.5; Nm 14.18. Honra a teu **p**, Êx 20.12. Ferir a seu **p**, Êx 20.15. Amaldiçoar a seu **p**, Êx 20.9. Eliseu clamou: Meu **p**, meu **p**, 2 Rs 2.12. Acaso a chuva tem **p**?, Jó 38.28. Se meu **p** e minha mãe me desampararem, Sl 27.10. **P** dos órfãos, Sl 68.5. Como um **p** se compadece, Sl 103.13. Ouvi, filhos, a instrução do **p**, Pv 4.1. O filho sábio alegra a seu **p**, Pv 10.1; 15.20. Seu nome... **P** da Eternidade, Is 9.6. Se eu sou **p**, onde... minha honra?, Ml 1.6. Não temos nós todos o mesmo **p**?, Ml 2.10. Temos por **p**, a Abraão, Mt 3.9. Perfeitos como vosso **P**, Mt 5.48. O vosso **p** sabe o de que necessitais, Mt 6.8,32. **P** nosso que estás, Mt 6.9. Faz a vontade de meu **P**, Mt 7.21; 12.50. Sepultar meu **p**, Mt 8.21; Lc 9.59. Entregará à morte... o **p** ao filho, Mt 10.21. Confessarei diante de meu **P**, Mt 10.32. Quem ama seu **p**... mais, Mt 10.37. Vêem a face de meu **P**, Mt 18.10. A ninguém chameis vosso **p**, Mt 23.9. Batizando-os em nome do **P**, Mt 28.19. **P**, perdoa-lhes, Lc 23.34. A promessa de meu **P**, Lc 24.49. Glória como do unigênito do **P**, Jo 1.14. O **P** ama ao Filho, Jo 3.35; 5.20. Adorarão ao **P**, Jo 4.23. Aquele que o **P** me dá, Jo 6.37. Eu e meu **P** somos um, Jo 14.2. Ninguém vem ao **P**, Jo 14.6. Vê a mim vê o **P**, Jo 14.9. Meu **P** é o agricultor, Jo 15.1. Quanto pedirdes ao meu **p**, Jo 15.6. O **p** de todos os que crêem, Rm 4.11. **P** de muitas nações, Rm 4.17. Serei vosso **P**, 2 Co 6.18. Aba, **P**, Gl 4.6; Mc 14.36. Acesso ao **p** em um Espírito, Ef 2.18. Um só Deus e **P**, Ef 4.6. Deixará o homem a seu **p**, Ef 5.31; Gn 2.24; Mt 19.5. Obedecei a vossos **p**, Ef 6.2; Êx 20.12; Mt 15.4. **P**, não irriteis a vossos filhos, Cl 3.21. Exorta-os como a **p**, 1 Tm 5.1. Eu lhe serei **P**, e ele me será Filho, Hb 1.5. Sem **p**, sem mãe, Hb 7.3. A quem o **p** não corrigir, Hb 12.7. Nossos **p** que nos corrigiam, Hb 12.9. Descendo do **P** das luzes, Tg 1.17. Nossa comunhão é com o **P**, 1 Jo 1.3. **P**, eu vos escrevo, 1 Jo 2.13. O amor do **P** não está nele, 1 Jo 2.15. Esse tem assim o **P**, como o Filho, 2 Jo 9. Confessarei... diante de meu **P**, Ap 3.5. Nas frontes escrito o seu nome e o nome de seu **P**, Ap 14.1. **Deveres dos pais:** Dt 21.18-21; Ef 6.4; Cl 3.12; Hb 12.9. **Obediência devida aos pais:** Êx 20.12; Pv 6.20; Ef 6.1; Cl 3.20. Ver **Deus**, **Progenitor**.

PAÍ: 1 Cr 1.50, o mesmo que **Pau** em Gn 36.39.

PAÍS: Região, terra, pátria. // Arrendou-se a... se ausentou do **p**, Mt 21.33. Ver **Nação**, **Terra**.

PAIXÃO: Sofrimento, série de tormentos; agitação que a alma sente, como o amor, o ódio etc.; inclinação de um sexo pelo outro. // Oolibá corrompeu a sua **p** mais do que ela, Ez 23.11. Antes da minha **p**, Lc 22.15 (B). Disso os entregou a **p** infames, Rm 1.26. Que obedeçais às suas **p**, Rm 6.12. As **p** pecaminosas postas em realce pela lei, Rm 7.5. Crucificaram a carne, com as suas **p**, Gl 5.24. Vossa natureza terrena... **p** lasciva, Cl 3.5. Foge... das **p** da mocidade, 2 Tm 2.22. Escravos de toda sorte de **p**, Tt 3.3. Não vos amoldeis às **p**, 1 Pe 1.14. **P** carnais que fazem guerra, 1 Pe 2.11. Não vivais de acordo com as **p** dos homens, 1 Pe 4.2. Livrando-vos da corrupção das **p**, 2 Pe 1.4. Engodam campo missionário **p** carnais, 2 Pe 2.18. Andando segundo as suas **p**, Jd 16,18. Ver **Ambição**, **Cobiça**, **Concupiscência**.

PALÁCIO: Casa de reis ou de família nobre. // Eunucos no **p**, do rei de Babilônia, 2 Rs 20.18; De **p**, de marfim ressoam, Sl 45.8. Observai os seus **p**, Sl 48,13. No **p** do sumo sacerdote, Mt 26.3. Do **p**, que é o pretório, Mc 15.16. Chamava-se o templo **p**, 1 Cr 29.1; Sl 48.3; 122.7.

PALADAR: Parte superior da cavidade da boca. Sentido do gosto. // O meu **p** discernir coisas perniciosas, Jó 6.30. Quão doces são as tuas palavras ao meu **p**, Sl 119.103. Compare Sl 34.8 (B); 1 Pe 2.3. Ver **Sabor**.

PALAL, hb. **juiz:** Um dos que trabalharam na reconstrução dos muros de Jerusalém, Ne 3.25.

PALANQUIM: Espécie de liteira em que as pessoas mais ricas se fazem transportar, conduzidos por servos, Ct 3.9.

PALAVRA: Fala, declaração; som articulado, com uma significação. // A **p** do Senhor era mui rara, 1 Sm 3.1. As **p** do Senhor são puras, Sl 12.6. As **p** dos meus lábios sejam, Sl 19.14. Enviou-lhes a sua **p** e os sarou, Sl 107.20. Lâmpada para os meus pés é a tua **p**, Sl 119.105. Puríssima é a tua **p**, Sl 119.140. A **p** dita a seu tempo, Pv 25.11. Não só de pão... mas de toda **p**, Mt 4.4. Toda **p** frívola, Mt 12.36. Minhas **p** não passarão, Mt 24.35. O semeador semeia a **p**, Mc 14.4. Poderoso em obras e **p**, Lc 24.19. Não... abandonemos a **p**, At 6.2. Crescia a **p** de Deus, At 6.7. A **p** está perto de ti, Rm 10.8. A pregação pela **p** de Cristo, Rm 10.17. Mercadejando a **p**, 2 Co 2.17. Nem adulterando a **p**, 2 Co 4.2. Nenhuma **p** torpe, Ef 4.29. Espada do Espírito que é a **p**, Ef 6.17. Habite ricamente em vós a **p**, Cl 3.16. As sãs **p**, 1 Tm 6.3. A **p** de Deus não está algemada, 2 Tm 2.9. A **p** de Deus é viva e eficaz, Hb 4.12. Praticantes da **p**, Tg 1.22. Regenerados... mediante a **p**, 1 Pe 1.23. E a sua **p** não está em vós, 1 Jo 1.10. Não amemos de **p**, 1 Jo 3.18. De todas as **p** insolentes, Jd 15. Decapitados... por causa da **p**, Ap 20.4. Tirar... das **p** do livro, Ap 22.19. Ver **Verbo**. // **As Escrituras** chamadas a **Palavra**, Lc 5.1; At 4.31; 8.14; 13.7; Ef 6.17.

PALAVRÓRIO: Reunião de palavras sem muito nexo ou importância. // Dará resposta a esse **p**?, Jó 11.2.

PALESTINA: Região da Ásia entre a Fenícia ao norte, o mar Morto ao sul, o Mediterrâneo ao ocidente e o deserto da Síria ao oriente. Ver mapa 6. A palavra **Palestina** quer dizer **A terra dos filisteus**. Chamava-se, também, **A terra de Canaã**, **A terra de Israel**, **A Terra da Promissão**, **A Terra Santa**. Em todo o mundo, considera-se a Palestina a pátria dos israelitas e dos judeus. Apesar de ser um dos países mais pequenos do mundo, não maior do que o estado de Sergipe, tem influenciado o mundo mais que qualquer outro. Ver **Israel**.

PALHA: Haste das gramíneas, despojadas dos grãos. // **P** ao povo, para fazer tijolos, Êx 5.7. Como a **p** diante do vento, Jó 21.18; Sl 1.4. A **p** ao léu do vento, Sl 35.5; 83.13. O leão comerá **p** como o boi, Is 11.7; 65.25. A **p** dos montes diante do vento, Is 17.13. Concebestes **p**, Is 33.11. Que tem a **p** com o trigo?, Jr 23.28. Fizeram como a **p** das eiras, Dn 2.35. Queimará a **p** em fogo inextinguível, Mt 3.12. Se o que alguém edifica sobre o fundamento é ouro, prata, pedras preciosas, madeira, feno, **p**, 1 Co 3.12. Ver **Erva**.

PALHOÇA: Casa coberta de palha. // Jacó... fez **p** para o seu gado, Gn 33.17. Como **p** no pepinal, Is 1.8.

PALMA: A parte côncava da mão; ramo de palmeira. // Batei **p**, todos os povos, Sl 147.1. Nas **p** das minhas mãos te gravei, Is 49.16. Sobre os meus joelhos e as **p** das minhas mãos, Dn 10.10. Vestidos de vestiduras brancas, com **p** nas mãos, Ap 7.9. Ver **Mão**.

PALMA-CRISTI (B): Jn 4.9. Ver **Aboboreira**.

PALMEIRA: Há cerca de mil espécies de palmeiras, mas a das Escrituras é a tamareira (*Phoenix dactylifera*), cujo fruto é a tâmara. Atinge de 15 a trinta metros de altura. Produz fruto durante cem a duzentos anos. Tem porte real, Ct 7.7. O justo florescerá como a palmeira, Sl 92.12. Milhões de pessoas comem diariamente o fruto da tamareira. Faz-se vinho do fruto e da seiva da palmeira. Alimentam-se os camelos das sementes moídas das tâmaras. Usa-se o tronco na construção de casas. Das folhas fabricam-se escovas, cordas, esteiras, sacos e cestos. Supre a maior parte das necessidades diárias do mundo árabe e egípcio.

Prospera em oásis, como se diz: "A raiz na água e a copa no fogo". Em Elim havia 12 fontes de água e setenta palmeiras, Êx 15.27; Nm 33.9. Jericó, a cidade das palmeiras, Dt 34.3; Jz 1.16; 3.13; 2 Cr 28.15. A palmeira de Débora, Jz 4.5. Lavrados no templo, entalhes de querubins, palmeiras e flores, 1 Rs 6.29,32; 7.36. Na visão de Ezequiel, nos pilares palmeiras esculpidas, Ez 40.16,37; 41.18. Ramos de palmeiras para fazer tendas durante a festa dos tabernáculos, Lv 23.40; Ne 8.15. A palmeira secou, Jl 1.12. Tomaram ramos de palmeiras e saíram ao encontro de Jesus, Jo 12.13. No mundo inteiro a palma é símbolo de vitória. A grande multidão, que ninguém podia enumerar, tinha palmas nas mãos, Ap 7.9.

PALMO: Aproximadamente 22 centímetros. Ver **Medidas de comprimento**.

PALPÁVEL: Que se pode palpar. // não tendes chegado ao fogo **p**, Hb 12.18.

PÁLPEBRA: Membrana móvel que recobre o globo ocular. // As **p** dos olhos da alva, Jó 3.9. Nem repouso às minhas **p**, Sl 132.4; Pv 6.4. Levantadas as suas **p**, Pv 30.13. **P** destilem água, Jr 9.18.

PALPITAR: Bate, pulsar. O coração lhe ficou como sem palpitar, Gn 45.26.

PALRADOR: Aquele que palra; tagarela. // O louco **p** será transtornado, Pv 10.8 (ARC).

PALTI, hb. **Libertado por Deus:** 1. Um dos 12 espias, da tribo de Benjamim, Nm 13.9. // 2. O homem quem Saul deu sua filha Mical, 1 Sm 25.44.

PALTIEL, hb. **Salvação por Deus:** um príncipe de Issacar, Nm 34.26.

PALU, hb. **notável:** Um filho de Rúben, Gn 46.9.

PANCADA: Bordoada. // As **p** que penetram, Pv 20.30 (ARC).

PÂNDEGA: Vadiagem alegre e ruidosa. // Ireis em cativeiro... e cessarão as **p**, Am 6.7.

PANDEIRO: Espécie de tambor pequeno circundado de guizos e com uma só pele, que se tange ou vibra com a mão, ou batendo com ele nos joelhos e nos cotovelos. // Alegravam-se perante o Senhor... com **p**, 2 Sm 6.5 (ARC).

PANELA: Vasilha para cozer alimentos. // A farinha da tua **p** não se acabará, 1 Rs 17.14. Exclamaram: Morte na **p**, 2 Rs 4.40. Vejo uma **p**... se declina do norte, Jr 1.13. A parábola da **p**, Ez 24.3-14.

PANFÍLIA: At 2.10;13.13; 14.24; 15.38; 27.5. Uma província romana ao sul da Ásia Menor, ficando a Cilícia ao oriente, a Lícia a sudoeste, a Pisídia ao norte e o mar Mediterrâneo ao sul. Perge era a sua cidade principal. Ver mapa 6, E-2.

PANO: Tecido de linho, algodão etc. // Remendo de **p** novo, Mt 9.16. Envolveu-o num **p**, Mt 27.59.

PANO DE SACO: Tecido grosseiro fabricado de pêlo de bode, para fazer sacos. Usado pelos que pranteavam: Jacó, Gn 37.34; Davi 2 Sm 3.31; Acabe, 1 Rs 21.27; o rei no sítio de Jerusalém, 2 Rs 6.30; Ezequias, 2 Rs 19.1; os filhos de Israel com jejum e pano de saco, Ne 9.1; Mordecai, Et 4.1-4; os ninivitas, Jn 3.6. // As minhas vestes eram panos de saco, Sl 35.13. Elas se teriam arrependido, assentadas em saco e cinza, Lc 1013. O sol tornou-se negro como saco de crina, cilício (ARC), Ap 6.12.

PÃO: Alimento feito de farinha (especialmente de trigo) amassada e cozida. O sustento em geral. // No suor do rosto comerás o teu **p**, Gn 3.19. Faze **p** assado ao borralho, Gn 18.6. Três cestos de **p** alvo me estavam sobre a cabeça, Gn 40.16. Farei chover do céu **p**, Êx 16.4; Ne 9.15; Sl 105.40. Neste deserto, onde não há **p**, Nm 21.5. Não só do **p** viverá o homem, Dt 8.3. Eis que um **p** de cevada rodava, Jz 7.13. O Senhor se lembrara do seu povo, dando-lhe **p**, Rt 1.6. **P** comum... **p** sagrado, 1 Sm 21.4. Os corvos lhe traziam **p**, 1 Rs 17.6. Vinte **p** satisfazem cem homens, 2 Rs 4.42-44. Ao faminto retiveste o **p**, Jó 22.7. Devoram o meu povo, como quem come **p**, Sl 14.4. Amigo que comia do meu **p**, Sl 41.9. Comeu cada qual o **p** dos anjos, Sl 78.25. De sorte que da terra tire o seu **p**, Sl 104.14. Comer o **p** que penosamente granjeastes, Sl 127.2. De **p** fartarei os seu pobres, Sl 132.15. Dá **p** aos que têm fome, Sl 146.7. Lança o teu **p** sobre as águas, Ec 11.1. Gastais naquilo que não é **p**, Is 55.2. Semente ao semeador e **p** ao que come, Is 55.10. Estas pedras se transformem em **p**, Mt 4.13. O **p** nosso de cada dia, Mt 6.11. Se porventura o filho lhe pedir **p**, Mt 7.9. Cinco **p** e dois peixes, Mt 14.17. Não é bom tomar o **p** dos filhos, Mt 15.34. Esqueceu-lhes levar **p**, Mt 16.5. **P** da ceia do Senhor, Lc 22.19; At 2.42; 20.7; 1 Co 10.16; 11.23. Davi comeu os **p** da proposição, Mc 2.26. Empresta-me três **p**, Lc 11.5. Comer **p** no reino de Deus, Lc 14.15. quantos trabalhadores de meu pai têm **p** com fartura, Lc 15.17. O **p** que perece, Jo 6.27. O verdadeiro **p** do céu, Jo 6.31. Eu sou o **p** da vida, Jo 6.35. a quem eu der o pedaço de **p** molhado, Jo 13.26. Jesus tomou o **p** e lhes deu, Jo 21.13. Jamais comemos **p** à custa de outrem, 2 Ts 3.8. Comam o seu próprio **p**, 2 Ts 3.12. Ver **Maná**.

PÃO CONTÍNUO: Ver **Pães da proposição**.

PAPIRO: Planta aquática, de dois a quatro metros de altura. Abundante, antigamente, nas margens do Nilo e na Palestina. Da casca dessa planta se faziam as folhas para os manuscritos, Jó 8.11 (ARA). O papiro deu o nome ao papel. Os egípcios fabricavam de papiro canoas para a caça e a pesca nos pântanos. A arca de Moisés, Êx 2.3, foi feita, provavelmente, de papiro. Ver Is 18.2 (ARA).

PARÁ , hb. **Vitela:** Uma cidade da herança de Benjamim, Js 18.23. Ver mapa 5, B-1.

PARÃ, hb. **Região das cavernas:** A região montanhosa e despovoada, que atravessa a península do Sinai. Ver mapa 1, D-4. A pátria de Ismael, Gn 21.21. O teatro das jornadas errantes dos israelitas, Nm 10.12; 12.16; Dt 1.1. Davi residiu no deserto de Parã depois da morte de Samuel, 1 Sm 25.1.

PARÁBOLA, gr. **Parabole:** Uma comparação, um paralelo: Uma narração curta para ensinar uma verdade moral ou espiritual. A **fábula** é uma narração em que seres irracionais, e mesmo objetos inanimados, são apresentados como falando com paixões e sentimentos humanos, para ensinar lições espirituais. A **parábola** relata o que realmente aconteceu, ao passo que a **fábula** narra o que é imaginário. A **parábola** ensina verdades celestiais; a **fábula**, idéias terrestres. "Foram certa vez as árvores a ungir para si um rei, e disseram a oliveira: ...é uma fábula". A **alegoria** é uma narração simbólica em que todos os detalhes têm significação. "**O Peregrino**" é uma alegoria. O **símile** é uma comparação de coisas semelhantes. A **metáfora** é uma figura de retórica pela qual se transporta a significação própria de um vocábulo para outra significação. O **símile** e a **metáfora** são breves ao passo que a **parábola** é mais extensa. "São lobos roubadores" é uma **metáfora**. "Como ovelhas para o meio de lobos" é um **símile**. "O reino dos céus é semelhante a uma rede que, lançada ao mar, recolhe peixes de toda espécie..." é uma parábola.

Papiro

PARACLETO (B): Palavra do grego, não traduzida, que quer dizer **intercessor**, **consolador**, **advogado**. É traduzida **Consolador** em Jo 14.16,26; 15.26; 16.7; e se refere ao Espírito Santo. É traduzida **Advogado** em 1 Jo 2.1; onde é aplicado a Jesus Cristo.

PARAÍSO: A palavra significa **lugar de delícias**. **O jardim do Éden** significa o **jardim de delícias**, isto é, **paraíso**, Gn 2.8. O nome do lugar de felicidade e descanso depois da morte, Lc 23.43; 2 Co 12.4; Ap 2.7.

PARALIPÔMENOS, gr. **As coisas omitidas:** Os dois livros, **I** e **II**. Paralipômenos, constituem uma espécie de suplemento aos livros de **I** e **II** Samuel e de **I** e **II** Reis. Ver **Crônicas**.

PARALISIA: Privação completa ou parcial da sensibilidade, do movimento voluntário do corpo. Paralíticos curados: Todos que trouxeram, Mt 4.24. O criado centurião, Mt 8.6. O paralítico levado por quatro homens, Mc 2.3. Em Betesda, Jo 5.3. Muitos paralíticos em Samaria, At 8.7. Enéias, oito anos paralítico, At 9.33. O paralítico, desde o seu nascimento, em Listra, At 14.8.

PARAPEITO: Parede, resguardo, etc, que se leva à altura do peito ou pouco menos. Um **p**... se alguém de algum modo cair, Dt 22.8.

PARAR: Cessar de andar, de falar, de funcionar. As correntes pararam em montão, Êx 15.8. Pararam-se as águas, Js 3.16. E a lua parou Js 10.13. Ficai parados, e vede o salvamento, 2 Cr 20.17. O sol e a lua param, Hc 3.11.

PARASCEVE: Ver **Preparação**

PARASCEVE PASCAL (ARA) PREPARAÇÃO DA PÁSCOA (ARC): Jo 19.14. Sexta-feira.

PARCEIRO: Sócio, comparte, companheiro. E o dava a seu **p**; assim se confirmava negócio, Rt 4.7.

PARCIAL: Que favorece uma pessoa, uma opinião, em detrimento de outra. Não sereis **p** no juízo, Dt 1.17. Não é bom ser **p** com o perverso, Pv 18.5. E vos mostrastes parciais no aplicardes a lei, Mt 2.9.

PARCIALIDADE: Preferência injusta. **P** no julgar não é bom, Pv 24.23. **P** não é bom, Pv 28.21. Nada fazendo com **p**, 1 Tm 5.21.

PARDAL: Gênero de pássaros conirrostros, isto é, de bico curto e cônico. Encontram-se muito espalhados em todos os países. O Salmista fala do pardal que aninhava perto do altar, no Templo, Sl 84.3. Eram abundantes; vendiam-se dois por um asse, cinco por dois asses, Mt 10.29; Lc 12.6,7.

PARECER; (s. m.): Aparência, aspecto. O seu **p** estava tão desfigurado, Is 52.14 (ARC). Não tinha **p** nem formosura, Is 53.2 (ARC). Nem vistes o seu **p**, Jo 5.37 (ARC). Sede do mesmo **p**, 2 Co 13.11.

As parábolas do Antigo Testamento:

A cordeirinha	2 Sm 12.1-4.
Os dois irmãos e os vingadores	2 Sm 14.1-11.
O prisioneiro que escapou	1 Rs 20.35-40.
A vinha e as uvas	Is 5.1-7.
As duas águias e a videira	Ez 17.3-10.
O leão engaiolado	Ez 19.2-9.
A panela fervendo	Ez 24.3-14.

As fábulas parabólicas:

As árvores ungem um rei	Jz 9.7-15.
O cardo e o cedro	2 Rs 14.9.

As parábolas que se encontram em um só Evangelho:	**Mateus**	**Marcos**	**Lucas**
O joio	13.24		
O tesouro escondido	13.44		
A pérola de grande preço	13.45		
A rede de pescar	13.47		
O servo incompassivo	18.23		
Os trabalhadores na vinha	20.1		
Os dois filhos	21.28		
As bodas do filho do rei	22.2		
As dez virgens	25.1		
Os talentos	25.14		
Os cabritos e as ovelhas	25.31		
A semente crescente ocultamente	....	4.26	
O dono de casa	....	13.34	
Os dois devedores	....	....	7.41
O bom samaritano	....	....	10.30
O amigo importuno	....	....	11.5
O rico insensato	....	....	12.16
Os servos vigilantes	....	....	12.35
O mordomo prudente	....	....	12.42
A figueira estéril	....	....	13.6
A grande ceia	....	....	14.16
A torre; o rei indo guerrear	....	....	14.28
A dracma perdida	....	....	15.8
O filho pródigo	....	....	15.11
A administrador infiel	....	....	16.1
O rico e Lázaro	....	....	16.19
Servos inúteis	....	....	17.7
O juiz iníquo	....	....	18.2
O fariseu e o republicano	....	....	18.10
As dez minas	....	....	19.12

As parábolas que se encontram em dois Evangelhos:	**Mateus**	**Marcos**	**Lucas**
Os dois fundamentos	7.24	....	6.47
O fermento	13.33	....	13.20
A ovelha perdida	18.12	....	15.4

As parábolas que se encontram em três Evangelhos:	**Mateus**	**Marcos**	**Lucas**
A candeia debaixo do alqueire	5.15	4.21	8.16
Remendo de pano novo	9.16	2.21	5.36
Vinho novo em odres velhos	9.17	2.22	5.37

As parábolas que se encontram em três Evangelhos:	Mateus	Marcos	Lucas
O Semeador	13.3	4.3	8.5
O grão de mostarda	13.31	4,30	13.18
Os lavradores maus	21.33	12.1	20.9
A figueira e todas as árvores	24.32	13.28	21.29

PARECER: Ter semelhança com; ter a aparência de. Há caminho que ao homem parece direito, Pv 14.12. Parecia-lhe antes uma visão, At 12.9. Pareceu bem... enviá-los, At 15.22. Àqueles que pareciam ser de maior influência, Gl 2.6.

PAREDE: Muro, especialmente de edifício. Eis que havia um buraco na **p**, Ez 8.7. Deus há de ferir-te, **p** branqueada, At 23.3. Derramado a **p** da separação, Ef 2.14. Ver **Muro**.

PAREDE DE SEPARAÇÃO: Ef 2.14. O apóstolo Paulo, neste versículo, referia-se a uma parede no templo em Jerusalém, além da qual ninguém, senão os judeus, podia passar. Foi justamente isto que acusaram a Paulo de ter feito, julgando que ele introduzira Trófimo, o Efésio, no templo, At 21.29. Ou, como diz em At 24.6, que ele tentou profanar o templo. **A parede da separação** feita de mármore e ricamente enfeitada, foi derrubada, na destruição do templo pelo exército romano. É bem provável que essa parede ainda existia quando Paulo escreveu ousadamente que Cristo a tinha derrubado, acabando para sempre com a separação entre os judeus e os gentios. Faz poucos anos que, ao escavar as ruínas de Jerusalém, foi encontrada uma parte de um aviso gravado nesta parede ameaçando matar ao gentio que ousasse entrar.

Não se vendem dois pardais por um asse? E nenhum deles cairá em terra sem o consentimento de vosso Pai, Mt 10.29

PARENTE: Indivíduo que, em relação a outro ou outros, pertence à mesma família. // Chegará a qualquer **p**, Lv 18.6. O seu resgator, seu **p**, Lv 25.15. **P** chegado, Nm 5.8; 27.11; Rt 2.20. **P** me desampararam, Jó 19.14. Os **p** de Jesus, Mc 3.21. Senão na sua terra, entre os seus **p**, Mc 6.4. Isabel, tua **p**, Lc 1.36. Procurá-lo entre os **p**, Lc 2.44. Sereis entregues até por vossos... **p**, Lc 21.16. **P** daquele a quem Pedro tinha decepado a orelha, Jo 18.26. Tendo reunido seus **p**, At 10.24. Saudai... meus **p**, Rm 16.7,11,21.

PARENTELA: Os parentes, considerados em conjunto. Sai da tua terra, da tua **p**, Gn 12.1; At 7.3. À minha **p** e daí tomarás esposa, Gn 24.4. Disse o Senhor: Torna... à tua **p**, Gn 31.3. Perguntou... pela nossa **p**, Gn 43.7.

PARIR: Dar a luz. Pare a sua vaca, Jó 21.10 (ARC). Faz parir as cervas, Sl 29.9 (ARC). A cervas no campo parem, Jr 14.5 (ARC).

PÁRMENAS, gr. **Firme:** Um dos sete escolhidos para "servir mesas" em Jerusalém, At 6.5. Diz-se que foi martirizado em Filipos, no reinado de Trajano.

PARNA: Um príncipe de Zebulom, Nm 34.25.

PAROLA: Palavras ocas. Tuas **p** fazerem calar, Jó 11.3.

PAROLEIRO (ARC): Aquele que diz parolas, palavras ocas. A mais alta filosofia considerava ocas as palavras do ardente apóstolo Paulo. Diziam entre si que era um **tagarela (ARA)**, At 17.18.

PARÓS, hb. **Pulga:** Um dos que vieram de Babilônia com Zorobabel, Ed 2.3.

PARRA: Ver **Videira**.

PARRICIDA: Pessoa que matou pai, mãe ou qualquer dos ascendentes. Lei para... **p**, matricidas, 1 Tm 1.9.

PARSANDATA: Um dos dez filhos de Hamã, Et 9.7.

PARSIM: Dn 5.25. Ver **Mene**.

PARTE: Porção de um todo. Que **p** temos nós com Davi? 1 Rs 12.16. Uma **p** caiu a beira do caminho, Mt 13.4. Maria, pois, escolheu a boa **p**, Lc 10.42. Se eu não te lavar, não tens **p**, Jo 13.8. Não tens **p** nem sorte, At 8.21. Em **p** conhecemos, 1 Co 13.9. Aquele que tem **p** na primeira ressurreição, Ap 20.6. Tirará a sua **p** da árvore, Ap 22.19.

PARTEIRA: Mulher, cuja profissão é assistir a partos e auxiliá-los, Gn 34.17; 38.28; Êx 1.15-22.

PÁRTIA: Ver **Partos** e mapa 1, E-3.

PARTICIPAÇÃO: Que, ou pessoa que participa. Participantes de Cristo, Hb 3.14; do Espírito Santo, Hb 6.4; da graça comigo, Fp 1.7; da mesa do Senhor, 1 Co 10.21; dos sofrimentos, assim da consolação, 2 Co 1.7; da sua santidade, Hb 12.10; de todas as coisas boas, Gl 6.6; dos valores espirituais, Rm 15.27. Ver **Co-participante**.

PARTICIPAR: Fazer saber, anunciar, comunicar, ter ou tomar parte de. Participar dos sofrimentos, 2 Tm 1.8; 2.3; do único pão, 1 Co 10.17; da vocação, Hb 3.1.

PARTICULAR: Que pertence propriamente a certa pessoa, a certas coisas. // Aproximaram dele os discípulos, em **p**, Mt 24.3. Explicava em **p** aos seus próprios discípulos, Mc 4.34. Expus o evangelho... em **p**, Gl 2.2. Nenhuma profecia... de **p** elucidação, 2 Pe 1.20. Ver **Exclusivo**, **Peculiar**, **Próprio**.

PARTIDA: Saída. Depois da minha **p**,... lobos vorazes, At 20.29. O tempo da minha **p** é chegado, 2 Tm 4.6. Depois da minha **p**, conserveis, 2 Pe 1.15.

PARTIDARISMO: Paixão sectária, facciosismo. Nada façais por **p**, Fp 2.3.

PARTISO: Facção. Importa que haja **p** entre vós, 1 Co 11.19.

PARTIDOR: O funcionário judicial que faz o cálculo das partilhas. Quem me constituiu juiz ou **p**, Lc 12.14.

PARTIR: Dividir em partes. Pôr-se a caminho. // Partiram pão de casa em casa, At 2.46. Reunidos com o fim de partir o pão, At 20.7. Tendo dado graças, o partiu, 1 Co 11.24. O desejo de partir e estar com Cristo, Fp 1.23. Abraão... partiu sem saber aonde ia, Hb 11.8. Ver **Deixar**, **Sair**.

PARTO: Ato de dar a luz. Os filhos chegaram ao **p**, e não há força para o ter, 2 Rs 19.3 (ARC). Sofro as dores de **p**, até ser Cristo formado, Gl 4.19. Exulta e clama, tu que não estás de **p**, Gl 4.27. Com as dores do **p**, Ap 12.2. Ver Mt 24.8. Exemplos: Rebeca, Gn 25.22; Raquel, Gn 35.16; Tamar, Gn 38.27; a mãe de Icabode, 1 Sm 4.19.

PARTOS: At 2.9. Habitantes da Pátria, grande império a noroeste da Pérsia. Ver mapa 1, E-3. Era uma nação de guerreiros. A sua habilidade de domar os cavalos, e em usar o arco era tal que eles se tornavam temidos, sendo proverbial "o golpe dos partos", isto é, o seu método de mortalmente ferir, enquanto simulavam a retirada. Despendiam flechas por cima do ombro com rara destreza contra os que os perseguiam.

PARTURIENTE: A fêmea que está para parir ou pariu há pouco. E se angustiarão, como a mulher **p**, Is 13.8 (ARC).

PARUA, hb. **Florescente:** Um dos intendentes que forneciam mantimento ao rei Salomão, 1 Rs 4.17.

PARVAIM: Um desconhecido lugar, de onde veio ouro para a terra de Salomão, 2 Cr 3.6.

PARVOICE: Ato ou dito de parvo, de tolo. Nem torpezas, nem **p**, Ef 5.4 (ARC).

PASAQUE, hb. **Partidor:** Um descendente de Aser, 1 Cr 7.33.

PASCAL: Relativo à pessoa. Cristo, nosso Cordeiro **p**, foi imolado, 1 Co 5.7.

PÁSCOA, hb. **Passagem:** Uma das três grandes festas, em comemoração do êxodo e da libertação dos israelitas do Egito, Êx 12.; Lv 23.5-8; Nm 28.16-25. O povo de Deus reuniu-se, anualmente, em Jerusalém para esta festa que começava "no mês primeiro, aos 14 do mês, no crepúsculo da tarde". Iniciou-se com uma refeição sacrificial, que consistia de um cordeiro assado, ou um cabrito, pães asmos e ervas amargas. O cordeiro servia para recordação do sacrifício: o pão sem fermento, da pureza; e as ervas amargas, da servidão amarga do Egito. A **p** observada no tempo de Moisés, no Egito, Êx 12.12; no Sinai, Nm 9.5; no tempo de Josué, em Canaã, Js 5.10; no tempo de Ezequias, 2 Cr 30.13; no tempo de Josias, 2 Cr 35.18; no tempo de Esdras, Ed 6.19. Cristo a observou, Mt 26.19; Jo 2.23; 13.1-30. O costume de soltar alguém por ocasião da **p**, Jo 18.39. Cristo, nosso Cordeiro pascal, Jo 19.36; 1 Co 5.7. Moisés, pela fé, celebrou a **p**, Hb 11.28.

PASÉIA: Um descendente de Judá, 1 Cr 4.12. Outros do mesmo nome, Ed 2.49; Ne 3.6.

PASMAR: Causar pasmo ou admiração, ficar estupefato. Pasmará e assobiará e dirá: Por que procedeu o Senhor, 1 Rs 9.8. Olhai para mim, e pasmai, Jó 21.3. Ver **Admirar**, **Maravilhar**.

PASMO: Assombro, espanto, desmaio. Virás a ser **p**, provérbio... entre todos os povos, Dt 28.37.

PASMOSAMENTE: Espantosamente, extraordinariamente. Foi **p** abatida, Lm 1.9 (ARC).

PASSA: Fruta seca, especialmente uvas, 2 Sm 6.19; Ct 2.5; Os 3.1.

PASSADO: Decorrido, findo. Dera ser como fui nos meses **p**, Jó 29.2. Nas gerações **p** permitiu que todos, At 14.16.

PASSAGEM: Direito que se paga como passageiro; trecho de uma obra literária; ato de passar. Jonas pagou a sua **p**, Jn 1.3. A **p** da Escritura que estava lendo, At 8.32. Ver-nos apenas de **p**, 1 Co 16.7.

PASSAR: Transpor, atravessar. Consumir, empregar (falando do tempo). // Israel passou a pé enxuto, Js 3.17. Tudo passa rapidamente, e nós voamos, Sl 90.10. Quando passares pelas águas... quando passares pelo fogo, Is 43.2. Passou a sega, findou o verão, Jr 8.20. Passará o céu e a terra, Mt 24.35. Jesus... passando por entre eles, Lc 4.30. Mas passou da morte para a vida, Jo 5.24. Passa a Macedônia, At 16.9. A aparência deste mundo passa, 1 Co 7.31. Havendo ciência, passará, 1 Co 13.8. As coisas antigas já passaram, 2 Co 5.17. Rico... passará como a flor, Tg 1.10. Ora, o mundo passa, 1 Jo 2.17. Sabemos que já passamos da morte, 1 Jo 3.14. As primeiras coisas passaram, Ap 21.4.

PASSARINHEIRO: Caçador de pássaros. Livrará do laço do **p**, Sl 91.3; 124.7; Pv 6.5. Como espreitam os **p**, Jr 5.26.

PASSARINHO: Pequeno pássaro. Sou como **p** solitário, Sl 102.7. Ver **Pardal**, **Pássaro**.

PÁSSARO: Qualquer pequena ave, Ver **Ave**.

PASSAS: Fruta seca ao sol, principalmente uva, Nm 6.3; 1 Sm 25.18; 2 Sm 6.19; 2 Sm 16.1; Ct 2.5.

PASSATEMPO: Ocupação ligeira e agradável. De quem fazeis o vosso **p**? Is 57.4 (ARC).

PASSEAR: Conduzir a diversos lugares para dar ar, exercício. Donzelas passeavam pela beira do rio, Êx 2.5. Quatro homens... passeando dentro do fogo, Dn 3.25. Passeando sobre o palácio real, Dn 4.29.

PASSO: Aproximadamente 1,48 metros. Ver **Medidas de comprimento**. Ato de avançar ou recuar um pé, para andar; espaço entre um e outro pé, quando se anda. // Apenas há um **p** entre mim e a morte, 1 Sm 20.3. O Senhor firma os **p** do homem bom, Sl 37.23. Os seus **p** não vacilarão, Sl 37.31. Os **p** do homem são dirigidos pelo Senhor, Pv 20.24. Há três que têm **p** elegante, Pv 30.29. Exemplo para seguirdes os seus **p**, 1 Pe 2.21.

PASTA: Porção chata de massa. Tome-se uma **p** de figos, Is 38.21.

PASTAGEM: Erva própria para o gado pastar. Entrará e sairá e achará **p**, Jo 10.9. Ver **Pasto**.

PASTAR: Comer a erva não ceifada (o gado). **Fig**. Deliciar-se. // Sete vacas... pastavam no carriçal, Gn 41.2. Fizer pastar o seu animal, Êx 22.5. A vaca e a ursa pastarão juntas, Is 11.7. O lobo e o cordeiro pastarão juntos, Is 65.25. Israel... pastará no Carmelo, Jr 50.19.

PASTO: Erva para alimento de gado. Não há **p**... na terra de Canaã, Gn 47.4. Repousar em **p** verdejantes, Sl 23.2. E nós povo do seu **p**, Sl 95.7. Dispersam as ovelhas do meu **p**! Jr 23.1. Ó ovelhas minhas, ovelhas do meu **p**, Ez 34.31. Bois... inquietas, porque não têm **p**, Jl 1.18. Ver **Pastagem**.

PASTOR: Homem que apascenta as ovelhas. Ovelhas que não têm **p**, Nm 27.17; 1 Rs 22.17; 2 Cr 18.16; Mt 9.36. O Senhor é o meu **p**, Sl 23.1. Ciro: Ele é meu **p**, Is 44.28. Dar-vos-ei **p** segundo o meu coração, Jr 3.15. Ai dos **p** que destroem, Jr 23.1. Guardará... como o **p** ao seu rebanho, Jr 31.10. Profetiza contra os **p** de Israel, Ez 34.2. Suscitarei para elas um só **p**, Ez 34.23. O **p** separa dos cabritos, Mt 25.32. Ferirei o **p**, Mt 26.31. Havia naquela mesma região **p**, Lc 2.8. Esse é **p** das ovelhas, Jo 10.2. Eu sou o bom **p**, Jo 10.11. O bom **p** dá a vida, Jo 10.11. haverá um rebanho e um **p**, Jo 10.16. Concedeu outros **p**, Ef 4.11.

BELÉM, avistado do campo, onde o anjo apareceu aos pastores cantando: *Não temais: eis aqui vos trago boa nova de grande alegria, que será para todo o povo: é que hoje vos nasceu na cidade de Davi o Salvador, Lc 2.10,11*

Jesus, grande **p**, Hb 13.20. Convertestes ao **p** e Bispo, 1 Pe 2.25. O Supremo **P** se manifestar, 1 Pe 5.4. **P** que a si mesmos se apascentavam, Jd 12. **ERAM PASTORES:** Abel, Gn 4.2. Abraão, Isaque, Jacó e os doze patriarcas, Gn 47.3. Moisés, Êx 3.1. Davi, 1 Sm 16.11. O Senhor, Sl 23.1. Amós, Am 1.1. Cristo, Jo 10.11; Hb 13.20. Ver **Ovelha**.

PASTOREAR: Guardar (o gado) no pasto. Este pastoreava entre lírios, Ct 6.3. Pastoreia as minhas ovelhas, Jo 21.16. Para pastoreardes a igreja de Deus, At 20.28. Pastoreai o rebanho de Deus, 1 Pe 5.2. Ver **Apascentar**.

PASTOREIRO: Indústria pastoril. E rebanho do seu **p**, Sl 100.3.

PASUR: 1. Um dos que vieram de Babilônia com Zorobabel, Ed 2.38. // 2. "Presidente na casa do Senhor", que meteu Jeremias no tronco, Jr 20.1,2. // 3. Filho de Malquias, enviado pelo rei a consultar Jeremias, Jr 21.1. // 4. Pai de Gedalias, Jr 38.1.

PÁTARA: Uma cidade da costa da Lícia. Existia ali o famoso oráculo de Apolo. É hoje apenas um lugar de ruínas que conservam o mesmo nome antigo. Paulo partiu deste porto em

PRISÃO MAMERTINA, em Roma, onde o apóstolo Paulo foi encarcerado. Esta masmorra tinha cinco metros de largura. A abertura no teto arqueado, deste sepulcro de vivos, era o único meio de entrada e saída

navio, quando se dirigia a Jerusalém nos fins da sua terceira viagem missionária, At 21.1,2. Ver mapa 6, E-2.

PATEAR: Bater com os pés no chão, em sinal de desagrado ou reprovação. Visto como bateste as palmas e pateaste, Ez 25.6.

PATENTE: Aberto, claro, evidente. Descobertos e **p** aos olhos daquele, Hb 4.13.

PÁTIO: Recinto descoberto no interior de um edifício ou rodeado por edifícios. Pedro o seguia de longe até ao **p**, Mt 26.58.

PATMOS: Uma pequena ilha rochosa no mar Egeu, a sudeste de Éfeso. Por causa do seu aspecto triste serviu de lugar de detenção para criminosos. Foi para esta ilha que foi desterrado o apóstolo João, por ordem do imperador Domiciano, Ap 1.9. Ver mapa 6, D-2.

PÁTRIA: País de que somos cidadãos. Nossa **p** está nos céus, Fp 3.20. Manifestam estar procurando uma **p**, Hb 11.14. Aspiram uma **p** superior, Hb 11.16.

PATRIARCA: Nome dado aos primeiros chefes de família, no Antigo Testamento. Por exemplo a lista de Gn 5. O **p** Davi, At 2.29. Os doze **p**, At 7.8,9. Abraão, o **p**, Hb 7.4. A dispensação patriarcal era o período de tempo antes de Moisés receber a lei no Sinai, quando cada **p** servia como sacerdote à sua própria casa.

PATRIARCAS ANTEDILUVIANOS: Ver **Antediluviano**.

PATRÍCIO: Conterrâneo. Em perigos entre **p**, 2 Co 11.26.

PATRIMÔNIO: Herança paterna. Das vendas do seu **p**, Dt 18.8. Possuirdes... **p** superior e durável, Hb 10.34.

PÁTROBAS: Um cristão residente em Roma, Rm 16.14.

PATROS: O nome hebraico do Alto Egito, entre o Egito e Cus, Is 11.11; Jr 44.1; Ez 29.14.

PATRUSIM: Descendentes de Mizraim, neto de Noé, Gn 10.14. O ramo dos egípcios de Patros. Ver mapa 1, C-4.

PAU: Qualquer pedaço de madeira, cacete. Para vires a mim com **p**? 1 Sm 17.43. Dizem ao **p:** Tu és meu pai, Jr 2.27.

PAU, hb. **Balido:** Cidade real de Hadar, rei de Edom, Gn 36.39. O nome é Pai em 1 Cr 1.50.

PAULO, hb. **Pequeno:** 1. Sérgio Paulo, um procônsul, At 13.7. // 2. Paulo, o grande apóstolo: Nasceu em Tarso, At 9.11; cerca do primeiro ano a.C. — jovem no tempo de Estêvão, At 7.58. Da tribo de Benjamim, Fp 3.5. Sua irmã e sobrinho, At 23.16. Seus parentes, Andrônico e Júnias, Rm 16.7. Discípulo de Gamaliel, At 22.3. Fariseu, At 23.6; Fp 3.5. Persegue os cristãos, At 8.1; 9.1; 22.4; 1 Co 15.9; Gl 1.13; Fp 3.6; 1 Tm 1.13. Consente no apedrejamento de Estêvão, At 7.58. Converteu-se, At 9.4. Constituído apóstolo aos gentios, At 9.15; 22.21; Rm 11.13. Foi à Arábia, onde passou muito tempo em comunhão com Deus, Gl 1.17. Voltou a Damasco, At 9.27. Fugiu de Damasco, descendo num cesto, por uma janela de muralha, 2 Co 11.32. Separado, com Barnabé, para a obra missionária, At 13.2. <u>Sua primeira viagem missionária</u>, At 13 e 14. Esforça-se para não evangelizar onde outros evangelizam, Rm 15.20. Converteu-se Sérgio Paulo e o nome de Saulo muda-se para Paulo, At 13.12. Em Icônio, At 14.1. Trabalha no poder do Espírito Santo, At 14.1; Rm 15.19; 1 Co 2.4; 1 Ts 1.5. Perseguido em Listra, At 14.8. Apedrejado, At 14.19. Contendeu com Barnabé, At 15.36. Preso em Filipos, At 16. <u>Sua segunda viagem missionária,</u> At 15.40. Converteu Lídia, At 16.14. Converteu o carcereiro em Filipos, At 16.34. Em Tessalônica, At 17.1. Em Beréia, At 17.10. Em Atenas, At 17.15. Em Corinto, At 18.1. <u>Sua terceira viagem missionária,</u> At 18.23. Fez milagres extraordinários, At 19.11. Demétrio excitou grande tumulto em Éfeso, At 19.24. Cinco vezes recebeu uma quarentena de açoites, menos um; três vezes fustigado com varas, em naufrágio três vezes, etc., 2 Co 11.23-26. Ressuscitou Êutico, At 20.9,10. Falou aos presbíteros de Éfeso, At 20.17. Visitou Jerusalém, At 21.17. Preso, At 21.27. Falava grego, At 21.37. Sua defesa diante do povo de Jerusalém, At 22 e 23. Julgado por Félix, At 24; por Festo, At 25; por Agripa, Ap 26. Apelou a César, At 25.11. Enviado a Roma, At 27. Sofreu naufrágio em Mileto, At 28.1. Chegou a Roma, At 28.16. Falou aos judeus, At 28.17. Prisioneiro de Jesus Cristo, Ef 3.1; 2 Tm 1.8; Fm 1. Sua última epístola, 2 Timóteo, 2 Tm 4.6-8. Sofreu de frio na prisão, e não quer passar outro inverno lá, 2 Tm 4.13,21. Parece que Timóteo não chegou, por ter sido preso, Hb 13.23. Era crime ser cristão, no tempo de Nero, e ele sentiu profundamente ficar abandonado pelos amigos, 2 Tm 1.15-18. Escapara à boca do leão (2 Tm 4.17) mas agora sabe que vai morrer, 2 Tm 4.18. Mas o Senhor o assistiu, talvez em presença visível, 2 Tm 4.17. Segundo o testemunho dos padres antigos foi decapitado em Roma, por Nero, nas grandes perseguições, 67 ou 68 a.C. Fazia tempo que desejava partir e estar com Cristo, Fp 1.23. Não há inscrição que sirva melhor para o seu túmulo do que as suas próprias palavras em 2 Tm 4.6-8.

PAULO, AS EPÍSTOLAS DE: As treze epístolas paulinas podem ser cronologicamente agrupadas como se segue:

I. As duas epístolas da sua segunda viagem missionária, At 15.36 a 18.22: 1 Tessalonicenses, escrita de Corinto, a.C. 52. 2 Tessalonicenses, escrita de Corinto, a.C. 53.

II. As quatro epístolas da sua terceira viagem missionária, At 18.23 a 21.20:1 Coríntios, escrita de Éfeso, a.C. 57. 2 Coríntios, escrita da Macedônia, a.C. 57. Romanos, escrita de Corinto, a.C. 58.

III. As quatro epístolas da sua prisão em Roma, At 28.14-31: Efésios, escrita de Roma, a.C. 62. Colossenses, escrita de Roma, a.C. 62. Filemom, escrita de Roma, a.C. 62. Filipenses, escritas de Roma, a.C. 63.

A três epístolas pastorais, isto é, dirigidas a dois pastores — Quando Timóteo e Tito receberam estas epístolas, Timóteo servia como pastor da igreja de Éfeso, este tinha o cargo da obra em Creta. 1 Timóteo, escrita de Macedônia, a.C. 64. Tito, escrita da Macedônia, a.C. 64. 2 Timóteo, escrita de Roma, a.C. 67 ou 68.

Pavão

PAVÃO: Ave galinácea de magnífica plumagem. De três em três anos a frota de Társis trazia ouro e prata, marfim, bugios e **p**, 1 Rs 10.22.

PAVÊS: Escudo grande, 2 Cr 23.9; Jó 15.26; Ct 4.4; Ez 38.4; 39.9. Ver **Escudo**.

PAVILHÃO: Estandarte, bandeira. Por **p**, pôs, ao redor de si, trevas, 2 Sm 22.12. Espessas nuvens... eram o seu **p**, Sl 18.11. Ele me ocultará no seu **p**, Sl 27 5. Sobre toda a glória... um **p**, Is 4.5. Um tanque... tem cinco **p**, Jo 5.2.

PAVIMENTO: Chão. Um **p** de pedra, 2 Rs 16.17. Um **p** de pórfiro, Et 1.6. O pavimento mencionado em Jo 19.13, era um espaço lageado no palácio de Pilatos, sobre o qual se estabelecia, às vezes, o tribunal.

PAVIO: Torcida. Nem apagará o **p** que fumega, Is 42.3 (ARC). Como um **p** se apagaram, Is 43.17 (ARC).

PAVOR: Grande terror. Caiu... sobre Abraão, e grande **p**, Gn 15.12. Espanto e **p;** pela grandeza do teu braço, Êx 15.16. Terás **p** de noite e de dia, Dt 28.66. Fora devastará à espada, em casa, o **p** Dt 32.25. **P** se apoderam dele como inundação, Jó 27.20. Tomar-se-ão de grande **p**, Sl 14.5. Não temas o **p** repentino, Pv 3.25. Tomado de **p** e de angústia, Mc 14.33. Pelo **p** da morte, Hb 2.15. Ver **Horror**, **Medo**, **Temor**.

PAZ: Tranqüilidade de alma. Estabelecerei **p** na terra, Lv 26.6. Em **p** me deito e logo pego no sono, Sl 4.8. Procura a **p**, e empenha-se por alcançá-la, Sl 34.14. Deleitarão na abundância de **p**, Sl 37.11. O homem de **p** terá posteridade, Sl 37.37. A justiça e a **p** se beijaram, Sl 85.10. Grande **p** têm os que amam a tua lei, Sl 119.165. Orai pela **p** de Jerusalém! Sl 122.6. Acrescentarão anos de vida e **p**, Pv 3.2. Tempo de guerra, e tempo de **p**, Ec 3.8. O seu nome será... Príncipe da **P**, Is 9.6. Conservarás em perfeita **p** aquele, Is 26.3. O efeito da justiça será **p**, Is 32.17. Seria a tua **p** como um rio, Is 48.18. Para os perversos não há **p**, Is 48.22; 57.21. Que formosos... que faz ouvir a **p**, Is 52.7. Criei a **p**, para os que estão longe e, Is 57.19. Desconhecem o caminho da **p**, Is 59.8; Rm 3.17. Estenderei sobre ela a **p** como um rio, Is 66.12. **P**, **p**; quando não há **p**, Jr 6.14; 8.11. Casa for digna, venha sobre ela a vossa **p**, Mt 10.13. Não penseis que vim trazer **p**, Mt 10.34. Tende... **p** uns com os outros, Mc 9.50. Para... dirigir os nossos pés pelo caminho da **p**, Lc 1.79. **P** na terra entre os homens, Lc 2.14. Pedindo-lhe condições de

p, Lc 14.32. **P** no céu e glória nas maiores alturas! Lc 19.38. **P** seja convosco, Lc 24.36; Jo 20.19. Deixo-vos a **p**, a minha **p** vos dou, Jo 14.27. A igreja tinha **p** por toda a Judéia, At 9.31. Anunciando-lhes o evangelho da **p**, At 10.36. Justificados... tenhamos **p**, com Deus, Rm 5.1. O do Espírito, para vida e **p**, Rm 8.6. Tende **p** com todos os homens, Rm 12.18. O reino de Deus não é... mas justiça e **p**, Rm 14.17. Encha de todo o gozo e **p**, Rm 15.13. Não é de confusão, e, sim, de **p**, 1 Co 14.33. Vivei em **p**, e o Deus de amor e de **p**, 2 Co 13.11. Fruto do Espírito... **p**, Gl 5.22. Ele é a nossa **p**, Ef 2.14. Evangelizou **p**, Ef 2.17. Unidade do Espírito no vínculo da **p**, Ef 4.3. A **p** de Deus que excede, Fp 4.7. Feito a **p** pelo sangue, Cl 1.20. Seja a **p** de Cristo o árbitro em vossos corações, Cl 3.15. Andarem dizendo: **P** e segurança, 1 Ts 5.3. Vivei em **p** uns com os outros, 1 Ts 5.13. Senhor da **p**... vos dê continuidade a **p**, 2 Ts 3.16. Segue... a **p** com os que de coração puro, 2 Tm 2.22. Rei de **p**, Hb 7.2. Segui a **p** com todos, Hb 12.14. É em **p** que se semeia o fruto, Tg 3.18. Busque a **p** e empenhe-se por alcançá-la, 1 Pe 3.11. **P** a todos vós que vos achais em Cristo, 1 Pe 5.14. Dado tirar a **p** da terra, Ap 6.4. Ver **Tranqüilidade**.

A paz é uma dádiva de Deus: Lv 26.6; Sl 29.11; 147.14; Rm 14.17; 2 Ts 3.16; Ap 1.4.

A paz vem de Cristo: Lc 2.14. 12.51; Jo 14.27; At 10.36; Rm 10.15; Ef 2.14-17; 6.15,23.

Exortação a ter paz: Sl 34.14; Mt 5.9; Mc 9.50; Rm 12.18; 14.19; 1 Co 7.15; Ef 4.3; 1 Ts 5.13; 2 Tm 2.22; Hb 12.14; Tg 3.17,18; 1 Pe 3.11; 2 Pe 3.14.

A paz é resultado da fé: Is 26.3; Rm 5.1; **da obediência**, Is 48.18; Gl 6.16; **da justiça**, Is 32.17; Tg 3.18.

A quem é prometida a paz: Sl 29.11; 122.6; 128.6; 147.14; Jo 14.27; Ef 6.23.

A paz é fruto do Espírito: Jo 14.27; Gl 5.22.

A paz é vedada aos ímpios: Dt 29.19; 2 Rs 9.31; Is 59.8; Ez 7.25; Rm 3.17.

Paz na terra: Lc 2.14; no céu, Lc 19.38.

PÉ: Parte inferior da perna, e que se assenta no chão. Aleijado dos **p**, 2 Sm 4.4. Aos **p** dos apóstolos, At 4.35. "Arranhar com os **p**", gesto injurioso ou obsceno, Pv 6.13. Assentado aos **p** de alguém: ocupar o lugar de quem aprende, Dt 33.3; Lc 10.29; At 22.3. Brilhavam, Dn 10.6. De bronze, Ap 1.15. Calçai os **p**, Ef 6.15. Descalço: não se usava calçado dentro de casa, especialmente na casa de Deus: Êx 3.5; Js 5.15; At 7.33; comp. Hb 4.16. Descalço, sinal de luto: 2 Sm 15.30; Ez 24.17. Doente dos **p**, 2 Cr 16.12. Estrado dos **p**, Tg 2.3. Em **p** na presença do Filho, Lc 21.36. Em **p**, pensa estar, 1 Co 10.12. De ferro, Dn 2.33. Formosos, Is 52.7; Rm 10.15. Guarda os **p**, 1 Sm 2.9. Dos ídolos, Sl 115.7. Inchar, Dt 8.4; 29.5. Lâmpada para os meus **p**, Sl 119.105. Lavar os **p**: as estradas eram poeirentas e o povo não usava meias. Lavar os pés era um ato de hospitalidade, Gn 18.4; 1 Sm 25.41; Lc 7.44; Jo 13.4-15; 1 Tm 5.10. Ligeireza dos **p**, 2 Sm 22.34; Sl 18.33; Hc 3.19. Prostrar-se aos **p**, Ap 3.9; 19.10; 22.8. Resvalaram, Sl 17.5; 66.9. Sacudir o pó dos **p**: rejeição e separação, Mt 10.14; At 13.51. Sujeição: pôs o **p** sobre o pescoço dos vencidos: Js 10.24; Sl 8.6; 110.1; Mt 22.44. Comp. Is 49.23; 1 Co 15.25. Tropeçar, se te faz, Mt 18.8. Vacilem, Sl 121.3. Velozes para derramar sangue, Rm 3.15.

PECA, hb. **Olhos abertos:** Rei de Israel, 2 Rs 15.25. Sua vitória sobre Judá, 2 Cr 28.6. Morto por Oséias, 2 Rs 15.30. Ver **Reis**.

PECADO: Transgressão da lei divina. O **p** jazz à porta, Gn 4.7. Cada qual será morto pelo seu **p**, Dt 24.16; 2 Rs 14.6. Aquele cujo **p** é coberto, Sl 32.1. Tristeza por causa de meu **p**, Sl 38.18. O meu **p** está sempre diante de mim, Sl 51.3. Em **p** me concebeu minha mãe, Sl 51.5. Não nos trata segundo os **p**, Sl 103.10. Os loucos zombam do **p**, Pv 14.9. Ainda que os vossos **p** são como escarlata, Is 1.18. **P** sobre **p,** Is 30.1. Lançaste para trás de ti todos os meus **p**, Is 38.17. A sua alma como oferta pelo **p**, Is 53.10. Levou sobre si o **p** de muitos, Is 53.12. Vossos **p** encobrem seu rosto, Is 59.2. O **p** de Jacó está escrito com um ponteiro de ferro, Jr 17.1. Fonte aberta para... remover o **p**, Zc 13.1. Salvará o povo dos **p** deles, Mt 1.21. Filho estão perdoados os teus **p**, Mt 9.2. Para remissão de **p**, Mt 26.28; Mc 1.4; Lc 3.3; At 2.38. **P** eterno, Mc 3.29. Aquele que estiver sem **p**, Jo 8.7. O que cometeu **p** é escravo do **p**, Jo 8.34. Lava os teus **p**, At 22.16. Todos... estão debaixo do **p**, Rm 3.9. A quem o Senhor jamais imputará **p**, Rm 4.8. Por um só homem entrou o **p**, Rm 5.12. Onde abundou o **p**, superabundou, Rm 5.20. Considerai-vos mortos para o **p**, Rm 6.11. O **p** não terá domínio sobre vós, Rm 6.14. Salário do pecado Rm 6.23. O **p** que habita em mim, Rm 7.17. Cristo morreu pelos nossos **p**, 1 Co 15.3. O aguilhão da morte é o **p**, 1 Co 15.56. Não conheceu **p**, ele o fez **p**, 2 Co 5.21. Escritura encerrou tudo sob o **p**, Gl 3.22. Endurecido pelo engano do **p**, Hb 3.13. Ele tentado... mas sem **p**, Hb 4.15. Prazeres do **p**, Hb 11.25. Dá a luz o **p**, Tg 1.15. Confessai os vossos **p** uns aos outros, Tg 5.16. O qual não cometeu **p**, 1 Pe 2.22. Mortos aos **p**, vivamos para a justiça, 1 Pe 2.24. O amor cobre multidão de **p**, 1 Pe 4.8.

Se dissermos que não temos **p** nenhum, 1 Jo 1.8. Se confessarmos os nossos **p**, 1 Jo 1.9. O **p** é transgressão da lei, 1 Jo 3.4. Nele não existe **p**, 1 Jo 3.5. Quem pratica o **p** procede do diabo, 1 Jo 3.8. **P** não para a morte, 1 Jo 5.16. Aquele que é nascido de Deus não vive em **p**, 1 Jo 5.18. Pelo seu sangue nos libertou dos nossos **p**, Ap 1.5. Ver **Culpa**, **Delito**, **Iniqüidade**, **Perversidade**, **Transgressão**.

PECADOR: Aquele que peca, Homens de Sodoma... grandes **p**, Gn 13.13. Não se detém no caminho dos **p**, Sl 1.1. Nem os **p** na Congregação, Sl 1.5. E os pecadores se converterão a ti, Sl 51.13. Não vim chamar justos, e, sim **p**, Mt 9.13. Filho... entregue nas mãos de **p**, Mt 26.45. Esses galileus eram mais **p**? Lc 13.2. Maior júbilo no céu por um **p**? Lc 15.7. Ó Deus, sê propício a mim **p**, Lc 18.13. Um homem **p** fazer tamanhos sinais? Jo 9.16. Deus não atende a **p**, Jo 9.31. Veio ao mundo para salvar **p**, 1 Tm 1.15. Sumo sacerdote... separado dos **p**, Hb 7.26. Aquele que converte o **p**, Tg 5.20. Ver **Transgressor**.

PECADORA: Mulher que pecou. Mulher da cidade, **p**... alabastro com ungüento, Lc 7.37.

PECAÍAS, hb. **Jeová abriu (os olhos):** Filho de Menaém e rei de Israel, 2 Rs 15.22. Ver **Reis**.

PECAMINOSO: Em que há pecado. Ai desta nação **p**, Is 1.4. Seu próprio Filho em semelhança de carne **p**, Rm 8.3.

°PECODE: Lugar mencionado com Soa e Coa, Ez 23.23.

PEÇONHA: Secreção venenosa de alguns animais. Ardente **p** de serpentes, Dt 32.24. E **p** terrível de víboras, Dt 32.33. Têm **p** semelhante à **p** da serpente, Sl 58.4. **P** de áspides está debaixo de seus lábios, Rm 3.13 (ARC). Ver **Veneno**.

PECULIAR: Privativo de uma pessoa ou coisa. Sereis a minha propriedade **p**, Êx 19.5. Ver **Exclusivo**, **Particular**, **Próprio**.

PEDAÇO: Porção, fragmento. Pegou na capa nova... rasgou-a em doze **p**, 1 Rs 11.30. Dos **p** que sobejaram, Mt 14.20. Cair sobre esta pedra ficará em **p**, Mt 21.44.

PEDAEL, hb. **Deus Salvou:** Um príncipe da tribo de Naftali, Nm 34.28.

PEDÁGIO: Tributo de passagem por uma ponte. Impor-lhes... nem impostos, nem **p**, Ed 7.24.

PEDAGOGO: Gl 3.25 (B). Professor. Ver **Aio**.

PEDAÍAS, hb. **Jeová remiu:** 1. O avô materno do rei Jeoaquim, 2 Rs 23.36. // 2. Filho do rei Jaconias, 1 Cr 3.18. // 3. O pai de Joel, chefe sobre a meia tribo de Manassés, 1 Cr 27.20. // 4. Outros com este nome: ne 3.25; 13.13; 11.7.

PEDAZUR, hb. **Rocha:** Pai de Gamaliel no tempo do êxodo, Nm 1.10.

PEDERNEIRA: Pedra duríssima que percutida por um corpo duro, produz faíscas. Fez sair água da **p**, Dt 8.15. Azeite da dura **p**, Dt 32.13. Faze facas de **p**, Js 5.2. Fiz tua fronte mais dura do que a **p**, Ez 3.9. Ver **Seixo**.

PÉ-DE-VENTO: Furacão, tufão. De suas recâmaras sai **p**, Jó 37.9.

PEDIDO: Petição, súplica. A **p** de Daniel, constituiu o rei, Dn 2.49. Obtemos os **p** que lhe temos feito, 1 Jo 5.15. Ver **Petição**, **Súplica**.

PEDIR: Rogar, implorar, suplicar, solicitar. A que chamou Samuel, pois dizia: Do Senhor o pedi, 1 Sm 1.20. Disse-lhe Deus: Pede-me o que queres, 1 Rs 3.5. Judá se congregou para pedir socorro ao Senhor, 2 Cr 20.4. Pede-me, e eu te darei as nações, Sl 2.8. Uma coisa peço ao Senhor, Sl 27.4. Que é que o Senhor pede de ti, senão, Mq 6.8. Dá a quem te pede, Mt 5.42. Sabe... antes que lho pecais, Mt 6.8. Pedi, e dar-se-vos-á, Mt 7.7. Geração má ... pede um sinal, Mt 16.4. Tudo quanto pedirdes em oração, Mt 21.22; Mc 11.24. Pedes de beber a mim, Jo 4.9. Quanto pedirdes em meu nome, Jo 14.13. Pedirdes o que quiserdes, Jo 15.7. Tudo quanto pedirdes ao Pai, Jo 15.16. Até agora nada tendes pedido em meu nome; pedi, e recebereis, Jo 16.24. Mais do que tudo quanto pedimos, Ef 3.20. Necessita de sabedoria, peça-a, Tg 1.5. Nada tendes porque não pedis, Tg 4.2. Responder a todo aquele que vos pedir razão, 1 Pe 3.15. Aquilo que pedimos, dele receberemos, 1 Jo 3.22. Se pedirmos alguma coisa, 1 Jo 5.14. Ver **Implorar**, **Orar**, **Rogar**, **Suplicar**.

PEDRA: Corpo duro e sólido, da natureza das rochas. Tijolos serviram-lhes de **p**, Gn 11.3. A **p** que havia posto por travesseiro, Gn 28.18. Zípora tomou uma **p** aguda, Êx 4.25. Chuva de **p**, Êx 9.18. Ferir a outrem com **p**, Nm 35.17. Tábuas de **p**, Êx 31.18. Terra cujas **p** são ferro, Dt 8.9. Que vos significam estas **p**? Js 4.6. Certa mulher lançou uma **p** superior, Jz 9.53. Cinco **p** lisas do ribeiro, 1 Sm 17.40. O fundamento era de **p** de valor, 1 Rs 7.10. Águas gastam as **p**, Jó 14.19. Da **p** fez brotar torrentes, Sl 78.16. Tropeçares nalguma **p**, Sl 91.12. A **p** que os construtores rejeitaram, Sl 118.22. Assentei em Sião uma **p** já provada, preciosa, Is 28.16. Dizem à **p**: Tu me geraste, Jr 2.27. Tirarei da sua carne o coração de **p**, Ez 11.19; 36.26. Uma **p** cortada sem auxílio de mãos, Dn 2.34. A **p** clamará da parede, Hc 2.11. Destas **p** Deus pode suscitar filhos, Mt 3.9. Que estas **p** se transformem em pães, Mt 4.3. Para não tropeçares nalguma **p**, Mt 4.6. O filho que lhe pedir pão, lhe dará **p**? Mt 7.9. Sobre esta **p** edificarei, Mt 16.18.

Penduraste ao pescoço uma **p**, Mt 18.6. **P** que os construtores rejeitaram, Mt 21.42. O que cair sobre esta **p**, Mt 21.44. Não ficará pedra sobre **p**, Mt 24.1. As próprias **p** clamarão, Lc 19.40. O primeiro que lhe atire **p**, Jo 8.7. Ordenou Jesus: Tirai a **p**, Jo 11.39. Uma **p** de tropeço, Rm 9.33; 1 Pe 2.8; Ap 2.14. Bebiam de uma **p** espiritual, 1 Co 10.4. Tábuas de **p**, 2 Co 3.3; Êx 31.18; Dt 10.1. Cristo Jesus a **p** angular, Ef 2.20; Sl 118.22; Mt 21.42; 1 Pe 2.6,7. Como **p** que vivem, 1 Pe 2.5. Como grande **p** de moinho, Ap 18.21. O ruído de **p**, Ap 18.22. Ver **Penha**, **Rocha**, **Seixo**.

PEDRA ANGULAR: Pedra fundamental de um edifício. Quem lhe assentou a **p a**, Jó 38.6. Veio a ser a principal **p a**, Sl 118.22; Mt 21.42; Mc 12.10; Lc 20.17; At 4.11; 1 Pe 2.7. Assentei em Sião uma pedra... preciosa, angular, Is 28.16; 1 Pe 2.6. Jesus Cristo, a **p a**, Ef 2.20.

Pedra Moabita

PEDRA MOABITA: Uma pedra de basalto negro, encontrada no ano 1868, nas ruínas de Dibom, antiga cidade moabita. É o documento maior encontrado até agora, fora da Bíblia, que trata da Palestina, antes de Cristo. Sua inscrição difere muito pouco do hebraico. Esta pedra dá um relatório da guerra de Mesa rei de Moabe, contra Onri, Acabe e outros reis de Israel.

PEDRAS PRECIOSAS: Diamante, rubi, esmeralda, etc. Coroa... nela **p p**, e foi posta na cabeça de Davi, 2 Sm 12.30. Para a casa de Deus... toda a sorte de **p p**, 1 Cr 29.2. Teve Ezequias riquezas e glória... **p p**, 2 Cr 32.27. Toda a tua muralha de **p p**, Is 54.12. Os mercadores de Sabá e Raamá... **p p**, Ez 28.13. Se o que alguém edifica... **p p**, 1 Co 3.12. Mercadoria... **p p**, Ap 18.12. Adornada de ouro e **p p**, Ap 18.16. Os fundamentos... de toda espécie de **p**, Ap 21.19. // Encontram-se os nomes de quase todas as pedras preciosas mencionadas nas Escrituras, nas três grandes listas: 1) Das doze jóias no peitoral do sumo sacerdote, Êx 28.17; 39.10-13. 2) Das jóias do rei Tiro, Ez 28.13. 3) Dos doze fundamentos da muralha da Nova Jerusalém, Ap 21.19,20. Nomeiam-se as seguintes: Ágata, Êx 28.19. Âmbar, Ez 1.4 (ARC). Ametista, Êx 28.19; Calcedônia, Ap 21.20. Berilo, Êx 28.20; Ez 28.13; Ap 21.20. Carbúnculo, Êx 28.17; Ez 28.13. Crisólito, Ap 21.20. Crisópraso, Ap 21.20. Cristal, Jó 28.17. Diamante, Êx 28.18; Ez 28.13. Esmeralda, Êx 28.18; Ez 28.13; Ap 21.19. Jacinto, Êx 28.19; Ap 21.20. Jaspe, Êx 28.20; Ez 28.13; Pérola, Ap 21.21. Rubi, Is 54.12. Safira, Êx 28.18; Ez 28.13; Ônix, Êx 28.20; Ap 21.19; Sárdio, Êx 28.17; Ez 28.13; Ap 21.20. Sardônica, Ap 21.20. Topázio, Êx 28.18; Ez 28.13; Ap 21.20.

PEDREGAL: Lugar onde há muitas pedras. Outra parte caiu em **p**, Mt 13.5 (ARC).

PEDREIRO: Operário que faz todo o gênero de construções de pedra, de tijolos, etc. Os **p** empregados por Davi e Salomão, a menos os chefes entre eles, eram fenícios, 2 Sm 5.11; 1 Rs 5.18; 1 Cr 22.2. **P** e caboqueiros repararam os estragos da casa do Senhor, 2 Rs 12.12. **P** salariados para a reconstrução do Templo, Ed 3.7. Ver **Argamassa**, **Caiar**,

PEDRINHA: Até que lá não se ache nem uma só **p**, 2 Sm 17.13. Sua boca se encherá de **p**, 2 Sm Pv 20.17. Como lhe darei uma **p** branca, Ap 2.17.

PEDRO, gr. **Pedra** ou **Rocha:** O equivalente em aramaico é **Cefas**. Cristo dá o nome **Pedro**, ou **Cefas**, a Simão (para designar firmeza), Jo 1.42. Quando Pedro se mostrava fraco ou vacilante, Jesus dirigia-se a ele pelo nome original, **Simão**, antes do nome que significa **rocha**, Lc 22.31; Mc 14.37; Jo 21.15. Filho de Jonas, ou João, Mt 16.17; Jo 1.42; 21.15. Seu irmão, André, leva-o a Jesus, Jo 1.40. É pescador, Mt 4.18. Um dos doze apóstolos; Mt 10.2. Sua sogra curada, Mt 8.14. Tem casa em Cafarnaum, Mc 1.21,29. Anda por sobre o mar, Mt 14.29. Confessa que Jesus é o Cristo, Mt 16.16; Jo 6.68. Reprova a Jesus, Mt 16.22. "Arreda! Satanás", Mt 16.23. Assiste a ressurreição da filha de Jairo, Lc 8.51. Assiste a transfiguração, Mt 17.1. Fisga o peixe com a moeda na boca, Mt 17.27. Quer saber de Jesus a respeito da prática do perdão, Mt 18.21. Jesus lava-lhe os pés, Jo 13.6-10. Assiste em Getsêmane, Mt 26.37. Corta a orelha de Malco, Jo 18.10-11; Lc 22.50. Nega a Cristo, Mc 14.68. Entra no túmulo de Jesus, Jo 20.6. Jesus ressuscitado lhe aparece, 1 Co 15.5. "Apascenta as minhas ovelhas", Jo 21.15. Assiste a ascensão, At 1.15. Fala a Igreja infantil, At 1.16. Prega no dia de Pentecostes, At 2.14. Cura o coxo, At 3.7. Ameaçado pelo Sinédrio, At 4.17. Repreende a Ananias, e Safira, At 5.3. Deitam-se enfermos nas ruas, para que quando Pedro passar, sua sombra se projete neles, At 5.15. Liberto do cárcere por um anjo, At 5.19. Sua defesa perante o Sinédrio, At 5.29. Enviado a Samaria, At 8.14. Denuncia a Simão, o mágico, At 8.14-24. Cura Enéias, paralítico, At 9.34. Ressuscita Dorcas, At 9.40. Visita Cornélio, At 10. Sua visão do grande lençol cheio de toda sorte de quadrúpedes, At 10.9-16. Sua defesa em Jerusalém, At 11.5. Preso por Herodes, At 12.4. Liberto por um anjo, At 12.9. No concílio em Jerusalém, At 15.7. Sua esposa o acompanha nas suas viagens, 1 Co 9.5. Apóstolo à circuncisão, Gl 2.8. Uma das "colunas" na Igreja primitiva, Gl 2.9. Paulo o resiste, Gl 2.11. Escreve duas epístolas, 1 Pe 1.1; 2 Pe 1.1. Trabalha em Babilônia, 1 Pe 5.13. Seu martírio predito, Jo 21.18. Os escritores antigos testificam que sofreu martírio mais ou menos no tempo que Paulo, nas perseguições de Nero. Orígenes diz que Pedro se sentiu indigno de sofrer como seu Mestre e, por seu próprio pedido, foi crucificado de cabeça para baixo. Principal dos doze: No tempo de dúvida e confusão, declara abertamente que Jesus é o Cristo, Mt 16.16. Quando muitos abandonam o Mestre, é o primeiro a dar apoio enfático ao Único que tem "as palavras da vida eterna", Jo 6.68. É o primeiro a entrar no sepulcro e tornar-se testemunha ocular do fato de estar vazio, Jo 20.6. A história de Pedro na praia do mar da Galiléia (Jo 21.1-23) reflete a estima da Igreja primitiva para com ele, quando esta epístola foi escrita. Toma a frente em apontar um sucessor a Judas, At 1.15. Abre as portas aos judeus, no pentecostes, e aos gentios, na casa de Cornélio, At 2 e 10. Ver Mt 16.19. Paulo, apesar de opô-lo em certas ocasiões, reconhece seu direito de dirigir, Gl 2.7-9,11. Contudo, enganam-se os que se baseiam na doutrina da primazia papal sobre Mt 16.17-19; Lc 22.32; Jo 21.15-17; etc. Há outras passagens que refutam esta interpretação, Mt 20.20-28; Mc 9.35; 10.35-45; Lc 9.48; 22.26; etc.

PEDRO, PRIMEIRA EPÍSTOLA DE: O estilo literário da Epístola prova que Pedro, embora não possuísse a cultura (At 4.13) de Paulo, era homem prático que sabia produzir em poucas palavras uma obra-prima de sabedoria e de edificação. // **A autoria:** Foi escrita pelo apóstolo Pedro (cap. 1.1), de Babilônia, cap. 5.13. // **A chave:** O autor dirigia-se aos cristãos dispersos pelas províncias da Ásia Menor. Que é para a edificação dos convertidos não somente entre os judeus mas, também, entre os gentios, se vê no cap. 2.10. Fazia mais ou menos 34 anos que foi fundada a Igreja de Cristo. Os fiéis já sofreram perseguições em muitos lugares, mas agora, depois do grande incêndio de Roma, a Igreja passa a sua primeira grande provação mundial — um **fogo ardente que surge no meio deles**, Cap. 4.12. O propósito da epístola é firmar os crentes na fé, dirigir a vida e confortá-los no sofrimento. // **As divisões:** I. O sofrimento e o comportamento do crente à luz da salvação, 1.1 a 2.8. // II. A vida do crente à luz do sacrifício de Cristo, 2.9 a 4.19. // III. O serviço do crente à luz da vinda do Supremo Pastor, 5.1-14.

PEDRO, SEGUNDA EPÍSTOLA DE: O escritor de 2 **Pedro**, tanto como o de 2 **Timóteo**, reconhece que se aproxima o dia do seu martírio, 2 Pe 1.14 e Jo 21.18,19; 2 Tm 4.6. Tanto um como o outro são fortalecidos e alegres e ambos prevêem a apostasia na última etapa da Igreja. Mas nem um e nem outro se mostra desanimado nem triste. // **O escritor: Simão Pedro, servo e apóstolo de Jesus Cristo**, que estava com Jesus no monte da transfiguração, 2 Pe 1.1,17. // **A chave:** Pedro, na sua Primeira Epístola, escreveu para tratar das perseguições, fora da Igreja, e animar os crentes. Na sua Segunda Epístola escreve da falsa doutrina que ia entrar na Igreja, e adverte os irmãos. // **As divisões:** I. Exortação a crescer na graça e no conhecimento de nosso Senhor Jesus Cristo, Cap. 1. // II. Advertência contra falsos mestres, Cap. 2. // III. Certeza da vinda de Cristo e do dia do Senhor, Cap.3.

PEGA: Pássaro de plumagem preta e branca, Dt 14.13 (ARC).

PEGADA: Vestígio que o pé deixa no solo, Seguiu a Baraque, em cujas **p**, Jz 5.15. As tuas **p** destilam fartura, Sl 65.11. Cujas **p** ela transforma em caminhos, Sl 85.13.

PEGAR: Prender, ficar aderente. Pega-lhe pela cauda, Êx 4.4. A mão e ficar pegada à espada, 2 Sm 23.10. A lepra de Naamã se pegará a ti, 2 Rs 5.27. Seria pegar o óleo na mão, Pv 27.16. Pegaram em pedras... mas Jesus se ocultou, Jo 8.59.

PEITA: Dádiva, com o fim de subornar. Nem tomarás **p**, Dt 16.19 (ARC). A **p** cega os olhos, Dt 16.19 (ARC). Nem recebe **p** contra o inocente, Sl 15.5 (ARC). O amigo de **p** a transtorna, Pv 29.4 (ARC). A **p** corrompe o coração, Ec 7.7 (ARC). Ama as **p**, e corre após salários, Is 1.23 (ARC).

PEITO: Parte do tronco que contém os pulmões. A tua mão no **p**, Êx 4.6. Mameis e vos farteis dos **p**, Is 66.11. Batia no **p**, dizendo, Lc 18.13. Retiraram-se batendo no **p**, Lc 23.48. Reclinando-se sobre o **p** de Jesus, Jo 13.25. Ver **Seio**.

PEITORAL: Uma peça bordada, uma obra esmerada, que o sumo sacerdote usava sobre o éfode, Êx 28.15-30. Enfeitado de doze pedras preciosas, cada uma gravada com o nome de uma tribo; de quatro ordens e três pedras em cada ordem:

Assim o sumo sacerdote levava os nomes dos filhos de Israel sobre o seu coração, quando entrava no santuário, para memória diante do Senhor continuamente, Êx 28.29.

3	2	1
Carbúnculo Simeão	Topázio Rúbem	SárdioJudá
6	5	4
Diamante Gade	Safira Naftali	Esmeralda Dã
9	8	7
Ametista Zebulom	Ágata Issacar	Jacinto Aser
12	11	10
Berilo Benjamim	Manassés Ônix	Jaspe Efraim

(Lê-se no hebraico, da direita para a esquerda.)

PEIXE: Animal vertebrado que vive na água e respira por guelras. Criado no quinto dia, Gn 1.21-23. Dado ao homem dominá-lo, Gn 1.26. Alimento para ele, Gn 9.2,3. Proibido comer os que não tinham escamas e barbatanas, Lv 11.9-12. Os **p** no Nilo morreram, Êx 7.21. **P** abundantes no Egito Nm 11.5. Há vários ídolos, representando deuses, uma parte homem outra parte **p**. Um exemplo é Dagom, 1 Sm 5.4. O culto prestado aos **p**, que ainda se observa no Oriente, proibido, Dt 4.18. Parece que o negócio de **p** em Jerusalém era considerável; uma das portas da cidade chamava-se a **Porta do Peixe**, 2 Cr 33.14; Sf 1.10. O mar da Galiléia abundava em **p**, Mas aqueles levados por suas águas ao mar Morto morreram. Pescava-se com anzóis, Mt 17.27; arpões, Jó 41.7; redes, Jo 21.11. Jonas tragado por um grande **p**, Jn 1.17; Mt 12.40. Alimento muito apreciado; Jesus ilustra a devoção de um pai em cuidar do seu filho, em termos de lhe dar um **p**, Mt 7.10. Jesus multiplicou os pães e os **p**, Mt 14.19; 15.36. A moeda na boca de um **p**, Mt 17.27. Jesus ressuscitado comeu **p**, Lc 24.42; ver Jo 21.13. Pesca milagrosa, Lc 5.1-11; Jo 21.5-14. Ver **Baleia**, **Monstro**.

PEIXINHO: Peixe pequeno. Responderam: Sete, e alguns **p**, Mt 15.34.

PEJADA: Fêmea no estado de gravidez. Após as ovelhas **p**, Sl 78.71 (ARC).

PELAÍAS, hb. **Jeová ilustre:** Um filho de Elioenai, da família real de Judá, 1 Cr 3.24.

PELALIAS, hb. **Jeová julgou:** Sacerdote que habitava em Jerusalém, depois do exílio, Ne 11.12.

PELATIAS, hb. **Jeová libertou:** Um chefe do povo, que assinou a aliança com Neemias, Ne 10.22.

PELE: Membrana que reveste exteriormente o corpo humano e de muitos animais. Vestimentas de **p** para Adão, Gn 3.21. Com a **p** dos cabritos cobriu-lhe as mãos, Gn 27.16. Moisés que a **p** do seu rosto, Êx 34.29. **P** por **p**, e tudo quanto, Jó 2.4. Ossos se apegam à minha **p**, Jó 19.20; Sl 102.5. O etíope mudar a sua **p**, Jr 13.23. Nossa **p** se esbraseia como um forno, Lm 5.10. Andaram peregrinos, vestidos de **p** de ovelhas, Hb 11.37.

PELEGUE, hb. **Divisão:** Um descendente de Noé, Gn 10.25.

PELEJA, PELEJAR: Batalhar, combater, pugnar. O Senhor pelejará por vós, Êx 14.14. Porque pelejas as batalhas do Senhor, 1 Sm 25.28. A peleja tornou-se renhida, 2 Cr 18.34. Peleja contra os que contra mim pelejam, Sl 35.1. Se o meu reino fosse deste mundo, pelejariam os meus, Jo 18.36. Contra eles pelejarei com a espada da minha boca, Ap 2.16. Barulho de carros de muitos cavalos, quando correm à peleja, Ap 9.9. Houve peleja no céu, Ap 12.7. A peleja do grande dia, Ap 16.14. Pelejarão contra o Cordeiro, Ap 17.14. Reuni-los para a peleja, Ap 20.8. Ver **Batalhar**, **Combater**, **Guerrear**.

Cabra Ângora. *As cortinas do tabernáculo (Êx 36.14) foram feitas de pêlos lanosos desta espécie de cabra. Cada animal produz mais de dois Kg de pêlos por ano*

PELETE, hb. **Libertação:** 1. Pai de Om, um dos que se rebelaram contra Moisés e Arão, Nm 16.1. // 2. Um jeramelita, 1 Cr 2.33. // 3. Um filho de Jadai, 1 Cr 2.47. // 4. Um dos que vieram a Davi em Ziclague, quando fugitivo de Saul, 1 Cr 12.3.

PELICANO: Ave aquática palmípede, de um bico grande, Lv 11.18; Sl 102.6; Is 34.11; Sf 2.14.

PÊLO: Produção filiforme que cresce na pele dos animais. Esaú todo revestido de pêlo, Gn 25.25; 27.11. João Batista, e talvez Elias e os profetas, usavam vestes de pêlo de camelo, 2 Rs 1.8; Zc 13.4; Mt 3.4.

PENA: Tubo, guarnecido de barbas e de penugem, que cobre o corpo das aves. A avestruz tem asas e **p** de bondade, Jó 39.13. Cobrir-se-á com as suas **p**, Sl 91.4. Águia farta de **p** de várias cores, Ez 17.3. Os cabelos como as **p** da águia, Dn 4.33.

PENA: Punição, castigo. // Estes sofrerão penalidade de eterna destruição, 2 Ts 1.9. Sofrendo punição do fogo eterno, Jd 7. A pena da morte: pelo apedrejamento: Lv 20.2,17; 24.14; Nm 15.35,36; Dt 13.10; Js 7.25; 1 Rs 21.10; Jo 8.5,59; At 7.58; 14.19; 2 Co 11.25; Hb 11.37. Pela forca: Gn 40.22; 41.13; Dt 21.22,23; 2 Sm 21.9; Et 2.23; 7.9,10; 9.14; Ed 6.11. Por fogo: Gn 38.24; Lv 20.14; 21.9; Dn 3.6. Pelas feras: Dn 6.16,24; 1 Co 15.32. Por decapitação: 2 Rs 6.31; 10.7; Mt 14.10. Por crucificação: Mt 20.19; 23.34; 27.31. Por açoites: Lv 19.20; Dt 25.1-3; Mt 20.19; 23.34; 27.26; At 22.24; 2 Co 11.24; Hb 11.36. Por truncamento e tortura: Jz 1.5-7; 16.21; 1 Sm 31.10; 2 Sm 4.12; Is 50.6; Lm 5.12; Ez 23.25; Hb 11.35. Ver **Castigo**, **Penalidade**, **Punição**.

PENA: Para escrever com tinta sobre papiro ou pergaminho os hebreus usavam uma pena de cana. O bico era afiado com "um canivete de escrivão". Ver Jr 36.23. A língua do Salmista era "como a pena de habilidoso escritor", Sl 45.1. Escrevia-se. Originalmente, em argila, cera ou tábuas de pedra, com instrumento pontiagudo de bronze, de ferro, de osso ou de marfim. Ver Jó 19.24; Is 8.1; Jr 17.1.

PENA: Desgosto, tristeza. Até quando terás **p** de Saul, 1 Sm 16.1. Muitas serão as **p** dos que trocam o Senhor por outros deuses, Sl 16.4. Os simples sofrem a **p**, Pv 22.3; 27.12.

PENALIDADE: Sistema das penas, que a lei impõe. Sofrerão **p** de eterna destruição, 2 Ts 1.9. Ver **Castigo**, **Pena**.

PENALIZAR: Sentir grande pena, desgosto. O rei... ficou muito penalizado, Dn 6.14.

PENDÃO: Espécie de grande bandeira, armada em verga. Em nome do nosso Deus hastearemos **p**, Sl 20.5. Ver **Estandarte**, **bandeira**.

PENDENTE: Jóia suspensa de uma corrente ou grilhão, Pv 25.12; Is 3.19; Ez 16.12.

Pelicano

PENDER: Estar pendurado ou suspenso. Pernas do coxo pendem bambas, Pv 26.7. Dele penderá toda a glória, Is 22.24 (ARC). Todo o povo pendia para ele, Lc 19.48 (ARC).

PENDOR: Inclinação. O **p** da carne dá para a morte, Rm 8.6.

PENDURAR: Suspender em algum lugar elevado (algum corpo), atando-o ou segurando por gancho ou aro. O que for pendurado no madeiro é maldito de Deus, Dt 21.23. Absalão... ficou pendurado, 2 Sm 18.9. Que alterar este decreto... e pendurado nela, Ed 6.11. Nos salgueiros... pendurávamos as nossas harpas, Sl 137.2. Que se lhe pendurasse ao pescoço, Mt 18.6. Pendurando-o num madeiro, At 5.20; 10.39. Maldito todo aquele que for pendurado em madeiro, Gl 3.13. Ver **Dependurar**.

PENEIRAR: Passar pela peneira. Para peneirar as nações, Is 30.28. Para vos peneirar como trigo, Lc 22.31. Ver **Coar**, **Cirandar**.

PENETRAR: Passar para dentro de. Entre vós penetrarão lobos, At 20.29. Nem jamais penetrou em coração, 1 Co 2.9. Penetra até ao ponto de dividir alma, Hb 4.12. E que penetra além do véu, Hb 6.19. Ninguém mais podia penetrar no santuário, Ap 15.8. Penetrará coisa alguma contaminada, Ap 21.27.

PENHA: Rocha, penhasco. E tu estarás sobre a **p**, Êx 33.21. Uma **p** se chamava Borez; a outra, Sené, 1 Sm 14.4. Pelas cavernas das **p**, ante o terror do Senhor, Is 2.21. Martelo que esmiuça a **p**, Jr 23.29. Ver **Penhasco**, **Pedra**, **Pedrinha**, **Rocha**, **Rochedo**.

PENHASCO: Penha alta. A águia habita no **p**, Jó 39.28.

PENHOR: Contrato, pelo qual um credor recebe, para garantir o seu crédito, um objeto qualquer; o próprio objeto, que é dado como garantia. Fig. Testemunho, segurança. // Se do teu próximo tomares em **p** a sua veste, Êx 22.26. Não se tomarão em **p** as mós ambas, Dt 24.6. Restituir esse perverso o **p**, Ez 33.15. Ai daquele que a si mesmo se carrega de **p**, Hc 2.6. Nos deu o **p** do Espírito, 2 Co 1.22. Outorgando-nos o **p** do Espírito, 2 Co 5.5. O qual é o **p** da nossa herança, Ef 1.14.

PENHORAR: Dar em garantia. Pois se penhoraria assim a vida, Dt 24.6.

PENIEL, hb. **A face de Deus:** O nome dado por Jacó ao lugar, entre Jaboque e Sucote, onde lutara com Deus, Gn 32.30. No tempo dos juizes havia ali uma cidade e uma torre que Gideão derrubou, Jz 8.8. Foi fortificado por Jeroboão, 1 Rs 12.25. Ver mapa 1, H-3; 2, D-4.

PENINA, hb. **Coral:** Uma das mulheres de Elcana, pai de Samuel, 1 Sm 1.2.

PENOSO: Que causa pena, que aflige. **P** aos olhos de Abraão, por causa de seu filho, Gn 21.11. Cujo nascimento lhe foi a ela **p**, Gn 35.16. Os seus mandamentos não são **p**, 1 Jo 5.3. Ver **Duro**.

PENSAMENTO: Ato ou efeito de pensar; idéia, mente. Até quando coxeareis entre dois **p**, 1 Rs 18.21. Que preciosos... são os teus **p**, Sl 139.17. Prova-me e conhece os meus **p**, Sl 139.23. Conhecendo-lhes os **p**, Lc 5.22. O Senhor conhece os **p**... que são **p** vãos, 1 Co 3.20. Levando cativo todo **p**, 2 Co 10.5. Seja isso que ocupe o vosso **p**, Fp 4.8. A palavra de Deus é... apta para discernir os **p**, Hb 4.12. Têm estes um só **p**, Ap 17.13.

PENSÃO: Fornecimento regular de comida. Subsistência vitalícia, uma **p** diária, 2 Rs 25.30.

PENSAR: Formar ou combinar idéias. Não penseis que vim trazer paz, Mt 10.34. Que pensais vós de Cristo, Mt 22.42. Pensaram tratar-se de um fantasma, Mc 6.49. Pensando, porém, estar entre os companheiros, Lc 2.44. Não devemos pensar que a divindade, At 17.29. Não pense de si mesmo, além do que convém, Rm 12.3. Que pensa estar em pé, 1 Co 10.12. Pensava como menino, 1 Co 13.11. Pensem concordemente no Senhor, Fp 4.2. Pensai nas coisas lá do alto, Cl 3.2. Ver **Meditar**, **Ponderar**, **Refletir**.

PENTATEUCO, gr. **Cinco livros:** O Pentateuco compõe-se de Gênesis, Êxodo, Levítico, Números e Deuteronômio. Chama-se, **Os cinco livros de Moisés**, **A lei de Moisés** (Ed 7.6), **O livro da lei de Moisés** (Ne 8.1), **O livro de Moisés** (Ed 6.18). **O livro da lei do Senhor**, dado por intermédio de Moisés (2 Cr 34.14). **A Tora**. Nos manuscritos hebraicos, estes cinco livros formam um só pergaminho contínuo, sem divisão. Na tradução dos Setenta, o Pentateuco aparece dividido em cinco livros, com os títulos, que se conhecem atualmente.

PENTATEUCO SAMARITANO: Uma tradução do Pentateuco para o dialeto samaritano. Ver **Versões**.

PENTECOSTE, gr. **qüinquagésimo:** A segunda das três grandes festas anuais a que devia comparecer todo o povo de Deus. Chamada **pentecoste** porque era observada no qüinquagésimo dia depois do segundo dia de páscoa. Conhecida, também, como **a festa das semanas**, porque observada sete semanas depois da páscoa, Dt 16.9. Também se denomina **a festa das primícias**, Êx 23.16; Nm 28.26. Na festa do pentecoste toda a colheita foi dedicada a Deus, quem a dera. Durou somente um dia e foi observada no dia 6 do mês de Sivã, na última parte de maio. Menciona-se em At 2.1; 20.16; 1 Co 16.8.

PENEAL: Jr 8.8. O mesmo que **Peniel**.

PENÚRIA: Miséria, pobreza. Meras palavras levam à **p**, Pv 14.23. Ver **Miséria**, **Pobreza**.

PEOR, hb. **Fenda:** Um monte de Moabe, uma sumidade da cordilheira de Abarim, Nm 23.28. Este nome refere-se a uma divindade, Baal-Peor em Nm 25.18; 31.16; Js 22.17. Ver mapa 5, C-1.

PEPINAL: Campo de pepinos. Como palhoça no **p**, Is 1.8.

PEPINO: Gênero de cucurbitáceas. Uma das boas coisas do Egito, pela qual os israelitas suspiravam no deserto, Nm 11.5. Cultivado na Palestina, Is 1.8.

PEQUENEZ: Extensão diminuta, volume diminuto. Por causa da **p** da vossa fé, Mt 17.20.

PEQUENINO: Criancinha. E um **p** os guiará, Is 11.6. Fizer tropeçar um destes **p**, Mt 18.6. Deixai os **p**, Mt 19.14. Da boca de **p** e crianças de peito, Mt 21.16. Que o fizestes a um destes meus **p** irmãos, Mt 25.40.

PEQUENÍSSIMO: Muito pequeno. Por um **p** leme são dirigidos, Tg 3.4.

PEQUENO: Limitado; menino. De **p** fé, Mt 6.30; 8.26; 14.31; Lc 12.28. Viúva pobre depositou duas **p** moedas, Mc 12.42. Por ser ele de **p** estatura, Lc 19.3. A língua, **p** órgão, se gaba, Tg 3.5.

PERANTE: Na presença de. A juízo **p** os injustos, 1 Co 6.1. **P** ele, tranqüilizaremos o nosso coração, 1 Jo 3.19.

PERAZIM, hb. **Brechas:** Um monte, Is 28.21. O mesmo, talvez, que Baal-Perazim, 2 Sm 5.20.

PERCEBER: Conhecer, entender. Vede, mas não percebais, Is 6.9. Vereis com os olhos e de nenhum modo percebereis, Mt 13.14. Jesus, percebendo-lhes o ardil, Mt 20.23. Vendo vereis, e não percebereis, At 28.26. Ver **Compreender**, **Entender**.

PERCEPÇÃO: Ato, efeito ou faculdade de perceber. Amor aumente... e toda a **p**, Fp 1.9.

PERCORRER: Visitar em toda a extensão ou todos os sentidos. Percorrei a Sião... contai-lhe as torres, Sl 48.12. Percorrerei o caminho dos teus mandamentos, Sl 119.32. Percorria Jesus todas as cidades, Mt 9.35.

PERDA: Ato de perder. Ao que retém... ser-lhe-á em pura **p**, Pv 11.24. Considerei **p** por causa de Cristo, Fp 3.7. Sim deveras considero tudo como **p**, por causa sa sublimidade, Fp 3.8.

PERDÃO: Remissão de uma falta, ofensa ou dívida. Remissão de pena. Contigo, porém, está o **p**, Sl 130.4. Ao Senhor... pertence... o **p**, Dn 9.9. A blasfêmia contra o Espírito não será perdoada, Mt 12.31,32. Ver Hb 6.4-6; 1 Jo 5.16. **O Perdão do Pecado Prometido:** Lv 4.20; 2 Cr 7.14; Jr 3.12; Ez 36.35; Lc 24.47; At 5.31; Ef 1.7; Tg 5.15; 1 Jo 1.9. **Pedido em Oração:** 1 Rs 8.30; Sl 25.18; 79.9; Dn 9.19; Mt 6.12. **Perdão aos Inimigos:** Mt 5.44; Rm 12.14,19. **Exemplos:** José, Gn 50.20,21; Davi, 1 Sm 24.7; 2 Sm 18.5; 19.23; Salomão, 1 Rs 1.53; Cristo, Lc 23.34; Estêvão, At 7.60; Paulo, 2 Tm 4.16. Ver **Absolvição**, **Remissão**.

Perdiz

PERDER: Deixar de ter, de gozar. Quem acha a sua vida, perdê-la-á, Mt 10.39. O mundo inteiro e perder a sua alma? Mt 16.26. Vieste para perder-nos? Mc 1.24. Cem ovelhas e perdendo uma, Lc 15.4. Nenhum deles se perdeu, exceto, Jo 17.12. Não perdi nenhum, Jo 18.9. Por amor do qual, perdi todas, Fp 3.8. Acautelai-vos para não perderdes aquilo, 2 Jo 8. Ver **Perda**.

PERDIÇÃO: Perda, naufrágio, ruína, desastre. A vossa **p** como o redemoinho, Pv 1.27. Que conduz para a **p**, Mt 7.13. O filho da **p**, Jo 17.12; 2 Ts 2.3. Teu dinheiro seja contigo para **p**, At 8.20. Vasos de ira preparados para a **p**, Rm 9.22. Prova evidente de **p**, Fp 1.28. O destino deles é a **p**, Fp 3.19. Afogam os homens na ruína e **p**, 1 Tm 6.9. Retrocedem para a **p**, Hb 10.39.

PERDIDO: Extraviado, desaparecido. De qualquer coisa **p**, Êx 22.9. Ai de mim! Estou **p**! Is 6.5. Procurai as ovelhas **p**, Mt 10.6. Veio buscar e salvar o **p**, Lc 19.10.

PERDIZ: 1 Sm 26.20; Jr 17.11. Ave da ordem das galináceas, que tem o tamanho de um pombo aproximadamente. Vivem nos lugares descobertos e não se empoleiram. A fêmea põe, nos campos, de nove a vinte ovos, de que nascem os filhos que imediatamente procuram o alimento (ovos de formigas, larvas, insetos, etc).

PERDOADOR: Que, ou aquele que perdoa facilmente. Deus perdoador, Ne 9.17; Sl 99.8.

PERDOAR: Conceder perdão a. Perdoa-lhe o pecado; ou, se não, risca-me, Êx 32.32. Que guarda a misericórcia em mil gerações, que perdoa, Êx 34.7. Assim como nós temos perdoado, Mt 6.12. Autoridade para perdoar, Mt 9.6. Até quantas vezes... eu lhe perdoe? Mt 18.21. Servo malvado, perdoei-te aquela dívida toda, Mt 18.32. Se do íntimo não perdoardes, Mt 18.35. Pai, perdoa-lhes, porque não sabem, Lc 23.34. Compassivos, perdoando-vos uns aos outros, Ef 4.32. Se houver cometido pecados, ser-lhe-ão perdoados, Tg 5.15. Ver **Absolver**.

PERECER: Findar, morrer, ser assolado. Pereceu toda carne, Gn 7.21. O caminho dos ímpios perecerá, Sl 1.6. Que pode fazer perecer no inferno, Mt 10.28. Não... vontade de vosso Pai celeste que pereça um só, Mt 18.14. Mestre, estamos perecendo! Lc 8.24. Arrependerdes, todos igualmente perecereis, Lc 13.3. Não pela comida que perece, Jo 6.27. Jamais perecerão, Jo 10.28. Perece o irmão fraco, pelo qual Cristo morreu, 1 Co 8.11. E pereceram pelas mordeduras, 1 Co 10.9. Que dormiram em Cristo, pereceram, 1 Co 15.18. Eles perecerão; tu, porém, permaneces, Hb 1.11. Que pode salvar e fazer perecer, Tg 4.12. Não querendo que nenhum pereça, 2 Pe 3.9. E pereceram na revolta de Coré, Jd 11.

PEREGRINAÇÃO: Viagem em países longínquos. Dar-te-ei a terra das tuas **p**, Gn 17.8; 28.4. Habitou Jacó na terra das **p** de seu pai, Gn 37.1. Os anos das minhas **p** são cento e trinta, Gn 47.9. As **p** para Sião, Sl 84.5. Na casa da minha **p**, Sl 119.54. Durante o tempo da vossa **p**, 1 Pe 1.17.

PEREGRINAR: Andar em peregrinação por. Jacó peregrinou na terra de Cão, Sl 105.23. Peregrino em Meseque, Sl 120.5. Pela fé peregrinou na terra da promessa, Hb 11.9.

PEREGRINO: Pessoa que viaja por longas terras. A tua posteridade será **p** em terra alheia, Gn 15.13; At 7.6. Como jornaleiro e **p**, até o ano do jubileu, Lv 25.40. Habitaram como **p**, Êx 6.4. Sou **p** na terra, Sl 119.19. O Senhor guarda o **p**, Sl 146.9. Já não sois estrangeiros e **p**, Ef 2.19. Eram estrangeiros e **p**, Hb 11.13. Exorto-vos como **p**, 1 Pe 2.11. Ver **Forasteiro**.

PERÉIA, Terra de além: Um vocábulo que não se encontra nas Escrituras, mas usado por Josefo para designar a região, a qual os rabis se referiam como "a terra além do Jordão". Ver "além do Jordão", Mt 4.15; 19.1; etc. Este território estendia de Pela no norte até o vale de Arnom no sul, do Jordão no oeste até o deserto no leste. Ver mapa 6, G-3.

PERES: Dn 5.28. É o singular de **Parsim** (V. 25).

PEREZ, hb. **Separação:** Um filho de Judá, Gn 46.12; Mt 1.3.

PEREZ-UZÁ, hb. **Brecha em Uzá:** Nome dado por Davi à eira onde Uzá foi morto, 1 Cr 13.11. Ver **Uzá**.

PERFEIÇÃO: Execução completa; bondade ou excelência no maior grau. Toda **p** tem seu limite, Sl 119.96. Ou tenha já obtida a **p**, Fp 3.13. O amor, que é o vínculo da **p**, Cl 3.14. A **p** houvera sido mediante, Hb 7.11.

PERFEITO: Sem defeito. Eu sou o Deus... sê **p**, Gn 17.1. **P** serás para com o Senhor, Dt 18.13. Rocha! Suas obras são **p**, Dt 32.4. O coração de Asa **p**, 2 Cr 15.17. O caminho de Deus é **p**, Sl 18.30. A lei do Senhor é **p**, Sl 19.7. Sede vós **p**, como **p** é, Mt 5.48. Se queres ser **p**, Mt 19.21. Tiraste **p**, louvor, Mt 21.16. A boa, agradável e **p**, vontade de Deus, Rm 12.2. Quando vier o que é **p**, 1 Co 13.10. Cheguemos... à **p** varonilidade, Ef 4.13. Todo homem **p**, em Cristo, Cl 1.28. Que vos conserveis **p**, Cl 4.12. A fim de que o homem de Deus seja **p**, 2 Tm 3.16. Deixe-monos levar para o que é **p**, Hb 6.1. O Filho **p** para sempre, Hb 7.28. Maior e mais **p** tabernáculo, Hb 9.11. Jamais pode tornar **p** os ofertantes, Hb 10.1. Para que sejas **p** e íntegros, Tg 1.4. Todo o dom **p** é lá do alto, Tg 1.17. Considera atentamente na lei, **p**, Tg 1.25. Se alguém não tropeça no falar é **p**, Tg 3.2. O **p** amor lança fora o medo, 1 Jo 4.18.

PERFUME, *segundo a arte dos perfumistas –Êx 30.35*

PERFIDAMENTE: Traiçoeiramente. O pérfido procede **p**, Is 21.2. Os pérfidos tratam **p**, Is 24.16. Ver **Traiçoeiramente**.

PERFÍDIA: Deslealdade, traição. Que procedes perfidamente e não foste tratado com **p**, Is 33.1. Como a mulher se aparta perfidamente... assim com **p** te houveste comigo, Jr 3.20. Ver **Traição**.

PÉRFIDO: Traidor, desleal, infiel. Que falta à sua fé, à sua palavra; que atraiçoa. O caminho dos **p** é intransitável, Pv 13.15. O **p** procede perfidamente, Is 21.2.

PERFUMAR: Tornar odorífero, aromatizar. Já perfumei o meu leito, Pv 7.17. Perfumado de mirra, Ct 3.6. Ver **Perfume**.

PERFUME: Cheiro agradável; composição industrial que exala esse cheiro. **P** segundo a arte do perfumista, Êx 30.35. Leito que se encheu de **p**, 2 Cr 16.14. Seis meses... com os **p**, Et 2.12. Queima de **p**, 2 Cr 16.14; Jr 34.5. Como o óleo e o **p**, alegram, Pv 27.9. Mandrágoras exalam o seu **p**, Ct 7.13. Alabastro com **p**, Mc 14.3. Encheu toda a casa com o **p**, Jo 12.3. Somos para com Deus um bom **p**, 2 Co 2.15. Ver **Aroma**, **Cheiro**, **Fragrância**.

PERFUMISTA: Aquele que vende ou fabrica perfumes. A arte do **p**, Êx 30.25,35; 37.29.

PERGAMINHO, lat. **Pergamina**, de Pérgamo, onde se criou: Pele de animal preparada para nela se escrever. Céus se enrolarão como um **p**, Is 34.4. Traze... especialmente os **p**, 2 Tm 4.13. Céu recolheu-se como um **p**, Ap 6.14. Ver **Livro**.

PÉRGAMO, gr. **Cidadela:** A mais importante cidade da Mísia, à beira do Caíco e 30 km distante do mar. Ver mapa 6, D-2. É célebre pelo fato de ser ali que o pergaminho foi primeiramente preparado. Teve também uma biblioteca, com 200.000 volumes, que depois foram levados para Alexandria. Segundo uma lenda era Pérgamo terra sagrada por ter aí nascido o deus Júpiter. Quando dominavam os reis atálicos, tornou-se Pérgamo uma cidade de templos, colégios e palácios reais, e era considerada como a primeira cidade da Ásia. Um dos seus principais monumentos era um templo dedicado a Esculápio, sendo este deus representado pela figura de uma serpente, visto como a medicina desse tempo compreendia entre os seus agentes curativos os encantos e os encantamentos. Estava ali "o trono de Satanás", Ap 2.13. Antipas morreu como mártir em Pérgamo, antes do apóstolo João escrever o Apocalipse, cap. 2.13. A cidade tornou-se um centro importante da obra de

Cristo; a carta à igreja em Pérgamo era a terceira em ordem das enviadas as sete igrejas da Ásia, Ap 2.12-17. Ver página 532.

PERGE: A cidade principal da Panfília, situada no rio Questros, 20 km distante do golfo de Panfília. Perge era a sede da deusa local, que correspondia a Artemis, ou Diana, dos efésios. Era conhecida pelo nome **Leto**, ou **A rainha de Perge**. Seu templo estava sobre um monte, fora da cidade. As ruínas de Perga chamam-se, atualmente, **Muratana**, na Turquia. Perge foi o primeiro lugar que o apóstolo Paulo visitou na sua primeira viagem missionária, At 13.13. No seu regresso pregou ali, At 14.25. Ver mapa 6, E-2.

PERGUNTA: Palavra ou frase interrogativa. Rainha... veio prová-lo com **p** difíceis, 1 Rs 10.1. Sobre o que o rei lhes fez **p**, os achou dez vezes mais doutos, Dn 1.20. Ousou alguém... fazer-lhe **p**, Mt 22.46. Ver **Questão**.

PERGUNTAR: Interrogar, procurar saber. Pergunta aos tempos passados... se sucedeu, Dt 4.32. Pergunta a teu pai, Dt 32.7. Perguntaram ao Senhor, Jz 20.27. O Senhor... respondeu:... eu te perguntarei, Jó 38.3. Perguntai pelas veredas antigas, Jr 6.16. Revelei-me aos que não perguntavam por mim, Rm 10.20. Nada perguntardes por motivo de consciência, 1 Co 10.25. Ver **Indagar**, **Interrogar**.

PERIGO: Situação, conjuntura, que ameaça a existência ou de interesses de uma pessoa ou coisa. Quem nos separará... ou **p**, ou espada? Rm 8.35. Expomos a **p** toda hora? 1 Co 15.30. Em **p** de rios, em **p** de salteadores, em 2 Co 11.26.

PERITO: Experimentado, hábil, douto. Esaú saiu **p** caçador, Gn 25.27. E **p** em toda sorte de obra, 1 Cr 22.15. Vês a um homem **p** na sua obra? Pv 22.29.

PERJURAR: Quebrar o juramento, jurar falso. Prevalece é perjurar, mentir, matar, Os 4.2.

PERJURO: Que jura falso. O que falta à fé jurada. **P**, e para tudo quanto se opõe, 1 Tm 1.10.

PERMANECER: Continuar a ser ou ficar. Envio... a promessa de meu Pai; permanecei, Lc 24.49. Quem comer... permanece em mim, Jo 6.56. Se vós permanecerdes na minha palavra, Jo 8.31. Permanecei em mim, e eu permanecerei em vós, Jo 15.4. Se permanecerdes em mim e as minhas palavras permanecerem , Jo 15.7. Permanecei no meu amor, Jo 15.9. Permaneceremos no pecado, Rm 6.1. Permanecem a fé, a esperança, 1 Co 13.13. Permanecei firmes, 1 Co 16.13; Gl 5.1; 2 Ts 2.15; Hb 11.27. Vencido tudo, permanecer inabaláveis, Ef 6.13. Se é que permaneceis na fé, alicerçados, Cl 1.23. Permanece naquilo que aprendeste, 2 Tm 3.14. Todas as coisas permanecem como, 2 Pe 3.4. Que diz que permanece nele, 1 Jo 2.6. A palavra de Deus permanece em vós, 1 Jo 2.14. Que permanece nele não vive pecando, 1 Jo 3.6. Como pode permanecer nele o amor, 1 Jo 3.17. Se amarmos... Deus permanece em nós, 1 Jo 4.12. Aquele que permanece no amor permanece com Deus, 1 Jo 4.16. Da verdade que permanece em nós, 2 Jo 2. Ver **Ficar**.

PERMANENTE: Contínuo, duradouro, ininterrupto. Não temos aqui cidade **p**, Hb 13.14.

PERMITIR: Dar liberdade... não lhes é permitido falar, 1 Co 14.34. Se o Senhor o permitir, 1 Co 16.7. Se Deus permitir, Hb 6.3.

PERNA: Cada um dos membros locomotores do corpo humano, de aves, etc. As **p** do coxo pendem bambas, Pv 26.7. As suas **p** de ferro, Dn 2.33. A Jesus... não lhe quebraram as **p**, Jo 19.33.

PERNICIOSO: Perigoso, nocivo: Coisa **p**, Jó 6.30. Da peste **p**, Sl 91.3. Concupiscências insensatas e **p**, 1 Tm 6.9.

PERNOITAR: Passar a noite, tomar pousada. Vinde para casa... pernoitar, Gn 19.2. Fê-lo pernoitar ali, Jz 19.7. Ver **Pousar**.

PÉROLA: Uma das jóias mais preciosas. Corpo redondo, duro, de cor branca levemente prateada, que se forma no interior das conchas de alguns moluscos. A aquisição da sabedoria é melhor que a das **p**, Jó 28.18; Pv 3.15 (ARA). Lançar **p** ante os porcos, Mt 13.46, Não com **p**, 1 Tm 2.9. A grande meretriz vestida de **p**, Ap 17.4. Mercadoria de **p** na Babilônia, Ap 18.12. Babilônia adornada de **p**, Ap 18.16. As doze portas da Nova Jerusalém, cada uma de uma só **p**, Ap 21.21

PERPETUAMENTE: Constantemente, sempre. Santifiquei esta casa... para que nela esteja o meu nome **p**, 2 Cr 7.16. Permanece sacerdote **p**, Hb 7.3.

PERPÉTUO: Contínuo, que não cessa nunca. Minha aliança... para **p** gerações, Gn 9.12. Toda a terra de Canaã, em possessão **p**, Gn 17.8; 48.4. Lâmpada acesa continuamente... estatuto **p**, Êx 27.21. O campo... lhes é possessão **p**, Lv 25.34. Aliança do sacerdócio **p**, Nm 25.13. O justo tem **p** fundamento, Pv 10.25. Virão a Sião com júbilo, e **p** alegria, Is 51.11. O Senhor será a tua luz **p**, Is 60.19. tereis **p** alegria, Is 61.7. Ver **Contínuo**.

PERPLEXIDADE: Indecisão. Nações em **p** por causa do bramido do mar, Lc 21.25. De **p**,... na sua própria língua, At 2.6.

PERPLEXO: Irresoluto, indeciso. A cidade de Susã estava **p**, Et 3.15. Herodes... ficou **p**, Lc 9.7. Atônitos e **p**... Que quer isto dizer? At 2.12. **P**, porém não desanimados, 2 Co 4.8. Porque me vejo **p** a vosso respeito, Gl 4.20.

PERSA: Natural ou habitante da Pérsia. Inscreva nas leis dos **p**... que Vasti, Et 1.19. O teu reino, é dado... aos **p**, Dn 5.28. Daniel... no reinado de Ciro, o **p**, Dn 6.28.

PERSCRUTAR: Investigar minuciosamente. O meu espírito perscruta, Sl 77.6. O Espírito a todas as coisas perscruta, 1 Co 2.10. Que os anjos anelam perscrutar, 1 Pe 1.12.

PERSEGUIÇÃO: Ato ou efeito de perseguir. Contaste os meus passos quando sofri **p**, Sl 56.8. Ou a **p** por causa da palavra, logo se escandaliza, Mt 13.21. Receba, já no presente, o cêntuplo de casa... com **p**, Mc 10.30. Grande **p** contra a igreja, At 8.1. Uma **p**, contra Paulo, At 13.50. Quem nos separará... será... **p**, Rm 8.35. Pelo que sinto prazer nas... **p**, 2 Co 12.1. Constância e fé, em todas as vossas **p**, 2 Ts 1.4. As minhas **p** e os meus sofrimentos, 2 Tm 3.11. // **A perseguição predita:** Êx 3.25; Dn 7.21,25; Mt 10.16-18,21,22; Lc 12.49; Jo 15.20,21; 16.2; At 14.22; 2 Tm 3.12; Ap 2.10; 6.11; 17.6. // **Nosso dever na perseguição:** Sl 119.51; Dn 3.16; Mc 13.11; Lc 6.22,23; At 11.25-27; 1 Pe 4.12-14. // **A bem-aventurança da perseguição:** Mt 5.10,11; At 5.41; Rm 8.18; 2 Co 1.7; 12.10; Fp 1.28,29; 1 Pe 3.14. // **Exemplos de Perseguição:** a Moisés, Êx 2.15; 17.4; a Elias, 1 Rs 18.10; 19.2; 2 Rs 1.9; a Eliseu, 2 Rs 6.31; a Jeremias, cap. 37.15; a Neemias, cap. 4; aos discípulos, Jo 9.22; aos apóstolos, At 4.3-18; 5.18-42; 12.2-19; a Estêvão, At 6.9-15; 7; a Timóteo, Hb 13.23; a Paulo, At 9.23-26,29; 13.45-51; 16.19-39; 17.5-9; 18.6-17; 19.14-41; 23.11; 28.16-30. Ver **Opressão**.

PERSEGUIDOR: O que persegue. Dividiste o mar... Lançaste os seus **p** nas profundezas, Ne 9.11. São muitos os meus **p**, Sl 119.157. Livra-me dos meus **p**, Sl 142.6. Os nossos **p** estão sobre os nossos pescoços, Lm 5.5. Quanto ao zelo, **p** da igreja, Fp 3.6. A mim que... era blasfemador e **p**, 1 Tm 1.13.

PERSEGUIR: Atormentar, fazer, violência a. Um só... perseguirá mil, Js 23.10. Como quem persegue uma perdiz, 1 Sm 26.20. Persegui os meus inimigos, 2 Sm 22.38. Salva-me de todos os que me perseguem, Sl 7.1. Ímpios perseguem o pobre, Sl 10.2. O anjo do Senhor os persiga, Sl 34.6. Bem-aventurados os perseguidos, Mt 5.10. Assim perseguiram os profetas, Mt 5.12. Orai pelos que vos perseguem, Mt 5.44. Quando vos perseguirem numa cidade, Mt 10.23. E perseguireis de cidade em cidade, Mt 23.34. Se me perseguiram a mim, Jo 15.20. Qual dos profetas... não perseguiram, At 7.52. Saulo, por que me persegues? At 9.4. Persegui este caminho, At 22.4. Abençoai os que vos perseguem, Rm 12.14. Quando perseguidos, suportamos, 1 Co 4.12. Persegui a igreja, 1 Co 15.9. Perseguidos, porém não desamparados, 2 Co 4.9. Sobremaneira persegui eu a igreja, Gl 1.13. Aquele que antes nos perseguia, Gl 1.23. Por que continuo sendo perseguido, Gl 5.11. Perseguidos por causa da cruz, Gl 6.12. Não somente mataram o Senhor Jesus... como também nos perseguiram, 1 Ts 2.15. Viver piedosamente em Cristo Jesus serão perseguidos, 2 Tm 3.12. Ver **Oprimir**, **Seguir**.

PERSEVERANÇA: Firmeza, constância na fé, nas virtudes. Estes frutificam com **p**, Lc 8.15. É na vossa **p** que ganhareis as vossas almas, Lc 21.19. A tribulação produz **p**, Rm 5.3. Com toda **p** e súplica, Ef 6.18. Toda a **p** e longanimidade, Cl 1.11. Tendes necessidade de **p**, Hb 10.36. Corramos com **p**, Hb 12.1. A provação da vossa fé... produz **p**, Tg 1.3. O domínio próprio, a **p**; com a **p**, 2 Pe 1.6. Conheço... a tua **p**, Ap 3.10. Aqui está a **p**, Ap 13.10; 14.12. Ver **Constância**, **Persistência**.

PERSEVERANTE: Que persevera. Na oração **p**, Rm 12.12. Ver **Constante**.

PERSEVERAR: Persistir; conservar-se firme e constante. Não verão a terra... porquanto não perseveraram, Nm 32.11. Perseverei em seguir o Senhor, Js 14.8. Perseverar até o fim, esse será salvo, Mt 10.22. Perseveraram unânimes em oração, At 1.14. Perseveraram na doutrina, At 2.42. Persuadiam a perseverar na graça de Deus, At 13.43. Vida eterna aos que, perseverando em fazer o bem, Rm 2.7. Perseverai na oração, Cl 4.2. Se perseveramos, também com ele reinaremos, 2 Tm 2.12. É para disciplina que perseverais, Hb 12.7. Lei da liberdade, e nela persevera, Tg 1.25. Temos por felizes aos que perseveraram firmes, Tg 5.11.

PÉRSIA: 2 Cr 36.20,22,23; Ed 1.1,8; Et 1.3,14,18; 10.2; Ez 27.10; 38.5; Dn 8.20; 10.1; 11.2. Nas Escrituras, o nome Pérsia compreende um território que corresponde, mais ou menos, à província atual da Pérsia chamada Fars, ou Farsistã, modificação do nome antigo Parsa. A Pérsia chama-se, atualmente, **Irão**. Os persas pertenciam à raça ariana, e falavam a língua ariana, ou indo-européia. // Os persas conservavam uma antiga crença num Deus Supremo, mas eles também prestavam culto ao sol, à lua e às estrelas. Os seus sacerdotes eram os magos, que sob o domínio dos assírios e medos tinham procurado alcançar poder sobre reis e povos. // Os reis da Pérsia: Ciro, que uniu a Média e a Pérsia (549 a.C.),e conquistou Lídia (546 a.C.) e Babilônia (539); Cambises (530-522); Smerdis (522); Dario I (522-486); Xerxes I (talvez o mesmo que Assuero) (486-465); Artaxerxes (465-424); Xerxes II (424-423); Dario II (423-404); Artaxarxes II (404-358); Artaxerxes III (358-338); Arses (338-336); e Dario III (336-331). Ver mapa 1, E-3.

PÉRSIDE: Uma cristã residente em Roma a quem Paulo enviou uma saudação, Rm 16.12.

PERSISTÊNCIA: Perseverança, constância. Com toda a **p**, por sinais, 2 Co 12.12. Ver **Perseverança.**

PERSISTIR: Ser constante. Nem persistas em alguma coisa má, Ec 8.3 (ARC). Persiste em ler, 1 Tm 4.13 (ARC).

PERSPICAZ: Que tem agudeza de espírito. O suborno cega até o **p**, Êx 23.8.

PERSUADIR: Levar a crer ou a aceitar. Aconselhar. Persuade-o e vê em que consiste a sua grande força, Jz 16.5. E o persuadiu a subir com ele, 2 Cr 18.2. Os principais sacerdotes persuadiram o povo, Mt 27.20. Chegue ao conhecimento do governador, nós o persuadiremos, Mt 28.14. Tão pouco se deixarão persuadir, ainda que ressuscite alguém, Lc 16.31. Persuadiram-nos a perseverar, At 13.43. Alguns foram persuadidos, At 17.4. Persuade os homens a adorar, At 18.13. Dissertando e persuadindo, At 19.8,26. Por pouco me persuades, At 26.28. Persuadi-los a respeito de Jesus, At 28.23. Persuadido de que és guia, Rm 2.19. Persuadimos aos homens, 2 Co 5.11. Ver **Convencer**.

PERSUASÃO: Convicção. Esta **p** não vem daquele, Gl 5.8.

PERSUASIVO: Habilidade de persuadir. Linguagem **p** de sabedoria, 1 Co 2.4. Ninguém vos engane com palavras **p**, Cl 2.4 (ARC).

PERTENCENTE: Relativo, concernente. As coisas **p** ao Senhor Jesus, At 28.31 (ARC).

PERTENCER: Caber, ser propriedade de. Morreste... para pertencerdes a outro, Rm 7.4. A mim me pertence a vingança, Rm 12.19.

PERTO: Próximo de. Tu estás **p**, Senhor, Sl 119.151. Invocai-o enquanto está **p**, Is 55.6. Está **p** o grande dia... esta **p** e muito se apressa, Sf 1.14. A palavra está **p** de ti, Rm 10.8. Nossa salvação está agora mais **p**, Rm 13.11. E paz também aos que estavam **p**, Ef 2.17. **P** está o Senhor, Sl 34.18; 145.18; Fp 4.5. Ver **Próximo**.

PERTURBAÇÃO: Confusão. Desordem. Te fará com loucura... e com **p** do espírito, Dt 28.28. Sofram **p** por causa da sua ignomínia, Sl 40.15. Eu disse na minha **p**: Todo homem é mentiroso, Sl 116.11. E não temendo **p** alguma, 1 Pe 3.6. Ver **Confusão**.

PERTURBADO: Transtornado, comovido. Envergonhado. Por que estás **p**? Lc 24.38.

PERTURBADOR: O que perturba. És tu, ó **p** de Israel? 1 Rs 18.17. Acar, o **p** de Israel, 1 Cr 2.7.

PERTURBAR: Causas turbação ou agitação em. Perder a serenidade de espírito. Então Jacó teve medo e se perturbou, Gn 32.7. Se não desapossardes... e vos perturbarão, Nm 33.55. Eu não tenho perturbado a Israel, mas tu, 1 Rs 18.18. A minha alma está profundamente perturbada, Sl 6.3. Por que te perturbas dentro em mim? Sl 42.5. Não devemos perturbar aqueles que... se convertem, At 15.19. Têm perturbado com palavras, transtornando as vossas almas, At 15.24. Que vos perturbam e querem perverter, Gl 1.7. Aquele que vos perturbe... sofrerá, Gl 5.10. Amargura que, brotando, vos perturbe, Hb 12.15. Ver **Conturbar**.

PERUDA: Uma família dos servos de Salomão, que voltou do cativeiro, Ed 2.55.

PERVERSAMENTE: De modo perverso. Pecamos, e **p** procedemos, 2 Cr 6.37.

PERVERSÃO: Corrupção. Contra toda impiedade e **p**, Rm 1.18.

PERVERSIDADE: Corrupção, depravação. A permanecer nas tendas da **p**, Sl 84.10. A língua da **p** será desarraigada, Pv 10.31. Não se estabelece pela **p**, Pv 12.3. Convertendo-se o perverso da **p**, Ez 18.27. Os que cometem **p** serão como restolho, Ml 4.1. O vosso interior está cheio de rapina e **p**, Lc 11.39. Cada um se aparte das suas **p**, At 3.26. Ver **Crueldade**, **Maldade**.

PERVERSO: Malvado, ruim. Aquele que é perverso. O teu caminho é **p** diante de mim, Nm 22.32. Te mostras com o **p** inflexível, Sl 18.26. O desejo do **p** perecerá, Sl 112.10. O caminho dos **p** é como escuridão, Pv 4.19. Os **p** não habitarão a terra, Pv 10.30. O homem **p** espalha contendas, Pv 16.28. Para os **p**... não há paz, Is 57.21. Se o **p** se converter, Ez 18.21. Não tenho prazer na morte do **p**, Ez 33.11. Os **p** procederão perversamente, Dn 12.10. Ó geração incrédula e **p**! Mt 17.17. Para nos desarraigar deste mundo **p**, Gl 1.4. No meio de uma geração **p**, Fp 2.15. Sejamos livres de homens **p**, 2 Ts 3.2. Os homens **p**... irão de mal a pior, 2 Tm 3.13. Servos sede submissos... também aos **p**, 1 Pe 2.18. Ver **Depravado**, **Ímpio**, **Maligno**.

PERVERTER: Fazer passar moralmente do bem para o mal. Suborno perverte as palavras, Êx 23.8. Perverte os meus caminhos, Pv 10.9. Pervertendo a nossa nação, Lc 23.2. Não cessaras de perverter os retos caminhos, At 13.10. Querem perverter o evangelho, Gl 1.7. Cuja mente é pervertida, 1 Tm 6.5. Pervertendo a fé a alguns, 2 Tm 2.18. Pervertendo casas inteiras, Tt 1.11. Tal pessoa está pervertida e vive pecando, Tt 3.11. Ver **Corromper**.

PESADAMENTE: Vagarosamente. Ouviram **p**, At 28.27 (ARC).

PESADO: Que tem grande peso. Difícil, penoso. Sou **p** de boca, Êx 4.10. As mãos de Moisés eram **p**, Êx 17.12. Teu pai fez pesado o nosso jugo, 1 Rs 12.4. As minhas iniqüidades, como fardos pesados, Sl 38.4. A ira do insensato é mais **p** do que, Pv 27.3. **P** foste na balança, Dn 5.27. Não me fiz **p** de ninguém, 2 Co 11.9. Ver 1 Co 9.15-19; 12.13-16; Fp 4.15; 2 Ts 3.8.

PESAR: Determinar, avaliar o peso de. Compadecer-se, afligir-se. Ter feito o homem... e isso lhe pesou no coração, Gn 6.6. Pese-me Deus em balanças fiéis, Jó 31.6. O Senhor pesa o espírito, Pv 16.2. Aquele que pesa os corações? Pv 24.12. Pesou os montes em romana, Is 40.12. Pesaram... trinta moedas, Zc 11.12.

PESCA: Ato ou arte de pescar; aquilo que se pescou. À vista da **p** que fizeram, Lc 5.9.

PESCADOR: Aquele que pesca. Mandarei muitos **p**... muitos caçadores, Jr 16.16. Eu vos farei **p** de homens, Mt 4.19.

PESCAR: Apanhar na água (peixe). Muitos pescadores... os pescarão, Jr 16.16. Lançai as vossas redes para pescar, Lc 5.4. Vou pescar, Jo 21.3.

PESCOÇO: Parte do corpo que une a cabeça ao tronco. Pôs ao **p** um colar de ouro, Gn 41.42. Sobre o teu **p** porá um jugo, Dt 28.48. Ponde o vosso pé sobre o **p** destes reis, Js 10.24. Eli... e quebrou-se-lhe o **p**, 1 Sm 4.18. Serão... colares para o teu **p**, Pv 1.9. Ata-as ao teu **p**, Pv 3.3. Teu **p** é como a torre, Ct 4.4. Andam de **p** emproado, Is 3.16. Pendurasse ao **p** uma grande pedra, Mt 18.6.

PESITO: Versão siríaca da Bíblia, em circulação no segundo século. A Pesito, isto é, simples, comum, vulgata, denomina-se a rainha das versões.

PESO: Qualidade de um corpo pesado. Corpo de peso determinado, que serve para pesar outros corpos. Quando regulou o **p** do vento, Jó 28.25. Produz para nós eterno **p** de glória, 2 Co 4.17. Desembaraçando-nos de todo **p**, Hb 12.1. Pesos enganosos, Dt 25.13; Pv 11.1; 16.11; 20.10; Mq 6.11. Peso de profecias, Is 13 (ARC); 15 (ARC); 17 (ARC); 19 (ARC); 21 (ARC); 22 (ARC); 23 (ARC); Na 1.1 (ARC). Ver **Carga**, **Sentença**.

PESOS: Os hebreus, antes da fabricação da moeda, pesavam o ouro e a prata para os pagamentos, Gn 23.15,16. Ver **Dinheiro**. Usavam balanças simples e pesos de pedra, tanto para os metais preciosos como para as mercadorias. // O siclo era padrão: Gn 23.15; 24.22; Êx 30.13; 1 Sm 9.8; 2 Rs 7.1; Ne 10.32; Am 8.5. Para o peso ver **Dinheiro**. // O gera, a vigésima parte de um siclo, Êx 30.13; Lv 27.25; Nm 3.47; 18.16; Ez 45.12. // O beca, meio siclo. O imposto do templo, pago por cabeça, Êx 38.26. // O siclo segundo o peso real, 2 Sm 14.26. Havia, parece, como em outros países, um siclo de mais alto peso, nos pagamentos ao tesouro real. // O arratel, 60 siclos — 50 siclos na tabela para ouro e prata. Salomão fez 30 escudos, cada um de três arratéis de ouro, 1 Rs 10.17. Alguns dos que voltaram de Babilônia, vindo à Casa do Senhor, deram uma oferta voluntária de cinco mil arratéis de prata, Ed 2.69. O arratel do Antigo Testamento, Jo 12.3; 19.39. // A libra romana era, aproximadamente, de 300 gramas. Maria, tomando uma libra (arratel, Alm.) de bálsamo mui precioso, ungiu, os pés de Jesus, Jo 12.3. Nicodemos levou cerca de cem libras (arratéis, Alm.) para preparar o corpo de Cristo, Jo 19.39. // A mina, 60 siclos. A parábola das dez minas, Lc 19.11-27. O talento, 60 arratéis. O candelabro feito de um talento de ouro, Êx 25.39. Todo o ouro da oferta para a construção do tabernáculo foi vinte e nove talentos, e setecentos e trinta siclos, Êx 38.24. Gedazi pediu um talento de prata de Naamã, 2 Rs 5.22. Coroa de um talento de ouro posto na cabeça de Davi, 2 Sm 12.30. Salomão recebeu 120 talentos de ouro de Hirão, 420 talentos de Ofir, 120 da rainha de Sabá, 666 talentos anualmente, 1 Rs 9.14,28; 10.10,14. A parábola dos talentos, Mt 25.14-30. Pedras que pesavam cerca de um talento, Ap 16.21.

PESSOA: **Acepção de pessoas**, preferência de pessoa ou pessoas, em atenção à classe, qualidade, títulos ou privilégios. **Em pessoa**, pessoalmente. Acepção de **p**, Dt 10.17; 16.19; At 10.34; Rm 2.11; Ef 6.9; Cl 3.25; Tg 2.1; 1 Pe 1.17. Tu em **p** vás no meio, 2 Sm 17.11. Eu... ausente em **p**, 1 Co 5.3.

PESSOAL: Da pessoa. A presença **p** dele é fraca, 2 Co 10.10.

PESSOALMENTE: Por si próprio. Cooperam **p** comigo pelo reino, Cl 4.11.

PESTE: Doença febril, epidêmica que causa uma grande mortandade. **Fig**. Pessoa, doutrina perniciosa. Este homem é uma peste, At 24.5. Ver **Praga**.

PESTILÊNCIA: Peste, doença contagiosa. Sobre o teu rebanho... com **p** gravíssima, Êx 9.3. Fará que a **p** te pegue, Dt 28.21. Ver **Epidemia**, **Peste**, **Praga**.

PETAÍAS. hb. **Jeová abre:** 1. O chefe do vigésimo curso de sacerdotes, 1 Cr 24.16. // 2. Um que tinha mulher estrangeira, Ed 10.23. // 3. Filho de Mesezabeel, e oficial do rei, Ne 11.24.

PETIÇÃO: Ato de pedir. O Senhor me concedeu a **p**, 1 Sm 1.27. Qual é a tua **p**, Et 5.3,6. Chegue a minha **p** à tua presença, Sl 119.170. **P** a qual quer Deus, Dn 6.7. Sejam conhecidas diante de Deus as vossas **p**, Fp 4.6. Ver **Pedido**, **Súplica**.

PETOR, hb. **Interpretação de sonhos:** Uma cidade da Mesopotâmia, na margem oriental de Eufrates superior, onde morava Balaão, Nm 22.5.

PETUEL, hb. **Nobre disposição de Deus:** O pai do profeta Joel, cap 1.1.

PEULATAI, hb. **Laborioso:** Um dos porteiros do templo, 1 Cr 26.5.

PIAR: Dar pios, Is 10.14 (ARA).

PI-BESETE, egípcio, **Casa da deusa Basht**, deusa em cabeça de gato: Uma cidade egípcia, Ez 30.17. É a moderna Tel Basta, que está cerca de 50 km ao nordeste do Cairo.

PICADA: Dor aguda e rápida. Sinto **p** nos meus rins, Sl 73.21 (ARC).

PICAR: Ferir ou furar com objeto pontiagudo. Picará como basilisco, Pv 23.32. Não haverá espinho que pique, Ez 28.24.

PICARETA: Instrumento de duas pontas, para escavar terra, arrancar pedras, etc. Fê-lo passar a serras, e a **p**, 2 Sm 12.31.

PIEDADE: Amor e respeito pelas coisas da religião. Compaixão pelos sofrimentos alheios. Não o olharás com **p**, Dt 13.8. Ele tem **p** do fraco e do necessitado, Sl 72.13. O Senhor tem **p** de Sião, Is 51.3. Eu os tratarei com furor, nem terei **p**, Ez 8.18. Pelo nosso próprio poder ou **p** o tivéssemos feito, At 3.12. Vivamos com toda **p** e respeito, 1 Tm 2.2. Grande é o mistério da **p**, 1 Tm 3.16. Exercita-te pessoalmente na **p**, 1 Tm 4.7. Aprendam a exercer **p** para com sua própria casa, 1 Tm 5.4. O ensino segundo a **p**, 1 Tm 6.3. Suponho que a **p** é fonte de lucro, 1 Tm 6.5. Grande fonte de lucro é a **p**, 1 Tm 6.6. Segue a justiça, a **p**, a fé, 1 Tm 6.11. Forma de **p**, negando, entretanto, o poder, 2 Tm 3.5. Que conduzem à vida e à **p**, 2 Pe 1.3. Com a perseverança, a **p**, 2 Pe 1.6. Deveis ser tais como os que vivem em santo procedimento e **p**, 2 Pe 3.11.

PIEDOSO: Que tem amor e respeito pelas coisas da religião. O Senhor distingue para si o **p**, Sl 4.3. Socorro! Não há homens **p**, Sl 12.1. Todo homem **p** te fará súplicas, Sl 32.6. Simeão, justo e **p**, Lc 2.25. Homens **p**, de todas as nações, At 2.5. Homens **p** sepultaram a Estêvão, At 8.2. Cornélio, **p** e temente a Deus, At 10.2. Um soldado **p**, At 10.7. Instigaram as mulheres **p**, At 13.50. Multidão de gregos **p**, At 17.4. Judeus e gentios **p**, At 17.17. Ananias, **p** conforme a lei, At 22.12. **P** justa e irrepreensivelmente procedemos, 1 Ts 2.10. O Senhor sabe livrar os **p**, 2 Pe 2.9.

PÍFANO: O mesmo que pífaro. **P**, e vinho há nos seus banquetes, Is 5.12 (ARC).

PÍFARO: Dn 3.5. Pequena flauta de madeira que produz som agudo. Ver **Música**.

PI-HAIROTE, egípcio, **Lugar de Juncos:** Lugar de um acampamento de Israel, entre Migdol e o mar, Êx 14.2,9.

PILÃO: Ver **Gral**.

PILATOS, latim, **Armado com um dardo:** Governador romano da Judéia (26 a 36 a.C.), durante o reinado de Tibério César, Mt 27.2; Lc 3.1. Assassinou galileus, Lc 13.1. Jesus perante Pilatos, Jo 18.29. Declarou Jesus inocente, Lc 23.4. Remeteu Jesus a Herodes, Lc 23.7. Propôs soltar Jesus, Lc 23.16. Para apaziguar os judeus, mandou açoitar Jesus, Jo 19.1. Entregou Jesus para ser crucificado, Jo 19.16. Escreveu um título e o colocou no cimo da cruz, Jo 19.19. Conhece-se Pilatos pelos dez anos que governou. Era um cruel vice-rei romano, irritando o povo por sua dureza. Era do tipo de governantes dos tempos de Napoleão, os quais sempre olhavam para o imperador, querendo ganhar seu favor. Para tais, como Pilatos, a vontade do imperador lhes serve como lei. Se Tibério o queria, havia uma só resposta: "Sim", se Tibério não o queria então a única resposta era: "Não". Contudo, tal consciência, por fim, resulta na sua derrota. Foi assim com Pilatos. Tibério o chamou para comparecer em Roma. Mas Tibério faleceu antes de dar audiência a Pilatos. Então, ignorado por todos, aborrecido por aqueles que o conheciam melhor, este homem, sem Tibério e sem consciência, suicidou-se. Sem dúvida, no desespero de ver falharem seus planos, tão perto do cumprimento, havia a lembrança de certo rosto, de certo Prisioneiro, de certo Sentenciado, de certa execução por crucificação. Como pode esquecer-se do dia em que experimentara, em vão, limpar as mãos, lavando-as com água?! Como pode esquecer-se do dia em que o céu se escureceu e os homens viram a natureza testemunhar contra o seu ato da mais baixa injustiça?!

PILDAS: Um sobrinho de Abraão, Gn 22.22.

PILHA, hb. **Fatia:** Um chefe do povo, que assinou a aliança com Neemias, cap.10.24.

PILHAR: Saquear. Espoliadores, que os pilharam, Jz 2.14.

PILOTO: O que dirige uma embarcação à entrada do porto; imediato do capitão em navios mercantes. Os teus **p**, Ez 27.8,27,28. Ver **Timoneiro**.

PILTAI: Chefe da casa sacerdotal de Moadias, Ne 12.17.

PINÁCULO: A parte mais elevada de um edifício, de um monte, etc. O diabo colocou Jesus sobre o pináculo do templo, Mt 4.5. Opina-se que foi sobre o grande pórtico que subia 400 côvados acima do vale de Cedrom.

PINGO: Gota. As nações... como um **p** que cai de um balde, Is 40.15.

PINHEIRO (ARC): Is 60.13. Gênero de coníferos de folhas que se assemelham a agulhas.

PINOM, hb. **Escuridão:** Um príncipe de Esaú, Gn 36.41.

PINTAINHO: Pequeno pinto, ainda implume ou quase implume. Seus **p** gritam a Deus, Jó 38.41.

PINTAR: Aplicar tintas no rosto. Jezabel... se pintou em volta dos olhos, 2 Rs 9.30.

PINTINHO: Pinto pequeno. Como a galinha ajunta os seus **p**, Mt 23.37.

PINTURA: Obra feita por pintor; quadro. Contra todas as **p** desejáveis, Is 2.16 (ARC).

PIOLHO: Inseto parasito. A terceira praga no Egito: piolhos, Êx 8.16-19; Sl 105.31. Os sacerdotes egípcios consideravam-se incompetentes para exercer as suas funções, se não estivessem escrupulosamente limpos. Por isso essa praga se tornou muito repugnante para eles.

PIOR: Mais mau. Sete espírito, **p**... torna-se **p** que o primeiro, Mt 12.45. À mão de vários médicos... indo a **p**, Mc 5.26. Para que não te suceda coisa **p**, Jo 5.14. Ajuntais, não para melhor; e, sim, para **p**, 1 Co 11.17. Negado a fé, e é **p** do que o descrente, 1 Tm 5.8. Impostores irão de mal a **p**, 2 Tm 3.13. Seu último estado **p** que o primeiro, 2 Pe 2.20.

PIRA: Is 30.33; (comp. Ez 24.9,10). Fogueira, na qual os antigos reduziam os cadáveres a cinza.

PIRÂMIDES: Monumentos do Antigo Egito, alguns dos quais serviam de sepultura real. Contam-se no Egito perto de oitenta pirâmides e na Núbia cerca de cem. A altura da Grande Pirâmide é de 138 metros, da base ao vértice.

Pintinho

PIRÃO, hb. **Asno montês:** Um dos cinco reis dos amorreus que sitiaram a Gibeom, Js 10.3-5. Josué prendeu os cinco, matou-os e mandou que lançassem seus cadáveres na cova onde se tinham escondido, Js 10.16-27.

PIRRO: Pai de Sópatro, At 20.4.

PISADA: Pegada, rastro. Os meus pés seguiram as suas **p**, Jó 23.11. Nas **p** da fé que teve nosso pai Abraão, Rm 4.12. Não seguimos nas mesmas **p**? 2 Co 12.18.

PISADURA: Contusão. Pelas suas **p** fomos sarados, Is 53.5.

PISAR: Pôr o pé ou os pés sobre; andar por cima de; moer; contundir. Todo lugar que pisar a planta do, Dt 11.24. Pisarás o leão e a áspide, Sl 91.13. Ainda que pises o insensato com mão de gral, Pv 27.22. O lagar eu o pisei sozinho, Is 63.3. Pisei as uvas na minha ira, Is 63.3. Pisareis os perversos, Ml 4.3. Lançado fora, ser pisado pelos homens, Mt 5.13. Para que não as pisem com os pés, Mt 7.6. Autoridade para pisardes serpentes, Lc 10.19. Jerusalém será pisada por eles, Lc 21.24. O boi, quando pisa o grão, 1 Tm 5.18. Pisa o lagar do vinho do furor, Ap 19.15. Ver **Calcar**.

PISCAR: Fechar e abrir rapidamente (os olhos); dar sinal piscando os olhos. Não pisquem os olhos que... me odeiam, Sl 35.19. Ver Pv 6.12,13; 10.10.

PISGA, hb. **Divisão:** Uma cordilheira, que é a mesma, ou uma parte, da cordilheira de Abarim e cujo pico mais alto é o monte Nebo, Dt 32.49. Defronte de Jericó, Dt 34.1. Onde Balaque edificou sete altares, Nm 23.14. De Pisga o Senhor mostrou a Moisés a Terra da Promissão, Dt 3.27; 34.1-4. Ver mapa 2, D-5; 5, C-1.

PISÍDIA: Um território montanhoso da Ásia Menor. No tempo de Paulo fazia parte da província da Galácia, onde o apóstolo pregou, At 13.14; 14.24. Antioquia era a cidade principal. Ver mapa 6, E-2.

PISOM: Um dos quatro rios do Éden, Gn 2.11.

PISPA: Um descendente de Aser, 1 Cr 7.38.

PISTÁCIA (ARA): Gn 43.11. Árvore da família das terebintáceas. O fruto empregado em confeitaria e de que se extrai óleo.

PITOM: 1. Um neto de Meribe-Baal, ou Mefibosete, 1 Cr 8.35. // 2. Êx 1.11. Uma das duas cidades-celeiros edificadas pelos israelitas escravizados, no tempo de Ramsés II, rei do Egito.

PLANEJAR: Fazer o plano de. Não ouviste... já desde os dias remotos o tinha planejado? 2 Rs 19.25.

PLANÍCIE: 1 Rs 20.23. Grande porção de terreno plano. Há várias palavras traduzidas **planície**. Ver **Arabá**, **Sefelá**.

PLANO: Liso, sem desigualdade. Projeto, intento. Guia-me por vereda **p**, Sl 27.11. O coração... pode fazer **p**, mas a resposta, Pv 16.1. Os **p** mediante os conselhos têm bom êxito, Pv 20.18. Executam **p** que não procedem, Is 30.1. Os caminhos escabrosos, **p**, Is 42.16. Ver **Desígnio**.

PLANTA: Denominação genérica de qualquer vegetal. Cantares tem a maior lista de referências (74) às plantas das Escrituras; Ezequiel, a maior lista de pedras preciosas, e Jó a maior lista de animais. Mencionam-se nas Escrituras as seguintes plantas: Aboboreira (ARC), Jn 4.6. Abrolhos, Gn 3.18. Absinto, Ap 8.11. Açafrão, Ct 4.14. Alga, Jn 2.5. Alho, Nm 11.5. Aloés, Jo 19.39. Arruda, Lc 11.42. Aveleira, Gn 30.37. Cálamo, Êx 30.23. Canela, Ap 18.13. Capim, 2 Rs 19.26. Cardos, 2 Rs 14.9. Cássia, Sl 45.8.

As pirâmides antigas vistas da grande rodovia moderna para Cairo

Cebola, Nm 11.5. Centeio, Êx 9.32. Cevada, Rt 1.22. Cinamomo, Ap 18.13 (ARC). Coentro, Êx 16.31. Colocíntida, 2 Rs 4.39. Cominho, Mt 23.23. Endro, Mt 23.23. Ervilhaca (ARC), Is 28.25. Espelta, Is 28.25. Espinhos, Mt 13.22. Estoraque, Êx 30.34. Fava, 2 Sm 17.28. Gálbano, Êx 30.34. Hena (ARA), Ct 1.14. Hissopo, Hb 9.19. Hortelã, Mt 23.23. Joio, Mt 13.25. Junco, Êx 2.3. Junipero (B), 1 Rs 19.4. Lentilhas, Gn 25.34. Linho, Êx 9.31. Lírio, Mt 6.28. Malva, Jó 30.4. Mandrágora, Gn 30.14. Melão, Nm 11.5. Mostarda, Mt 17.20. Murta, Is 55.13. Narciso (ARA), Is 35.1. Nardo, Ct 1.12. Papiro, Jó 8.11 (ARC). Pepino, Nm 11.5. Porro, Nm 11.5. Rosa, Ct 2.1. Trigo, Gn 30.14. Urtiga, Pv 24.31. Videira, Jo 15.1. Zimbro, 1 Rs 19.4.

PLANTAÇÃO: Conjunto de vegetais plantados. **P** do Senhor, Is 61.3 (ARC). Levantarei uma **p** de renome, Ez 34.29 (ARC).

PLANTAR: Meter na terra para aí criar raízes (vegetal). Plantou o Senhor Deus um jardim, Gn 2.8. Que meu Pai celestial, não plantou, Mt 15.13. Eu plantei, Apolo regou, 1 Co 3.6. Quem planta a vinha e não come, 1 Co 9.7.

PLASMAR: Modelar em gesso, barro, etc. As tuas mãos me plasmaram, Jó 10.8.

PLÁTANO (ARA): Ez 31.8. Árvore ornamental. Atinge 30 metros de altura. O tronco é coberto de uma casca esverdeada que se destaca em placas, que pode explicar o estratagema de Jacó, Gn 30.37.

PLEBE: Classe inferior do povo. Não entre a **p**, Pv 22.29. Nas sepulturas da **p**, Jr 26.23. Comp. Mc 12.37. Ver **Multidão**, **Populacho**.

PLEBEU: Que não faz parte da nobreza. O **p** se abaterá, Is 5.15 (ARC).

PLEITEAR: Demandar em juízo. Pleiteai a causa das viúvas, Is 1.17. Quiser pleitear contigo, e tirar-te, Mt 5.40 (ARC). Se alguma outra coisa pleiteais, At 19.39. Ver **Demandar**, **Litigar**.

PLEITO: Questão em juízo. O que começa o **p** parece justo, Pv 18.17. Ver **Demanda**.

PLENITUDE: Estado completo. Temos recebido da sua **p**, Jo 1.16. Quanto mais a sua **p**, Rm 11.12. Irei na **p** da bênção de Cristo, Rm 15.29. Do Senhor é a terra e a sua **p**, 1 Co 10.26. A **p** do tempo, Gl 4.4; Ef 1.10. A **p** daquele que a tudo enche, Ef 1.23. Sejais tomados de toda a **p** de Deus, Ef 3.19. À medida da estatura da **p** de Cristo, Ef 4.13. Que nele residisse toda a **p**, Cl 1.19. Nele habita corporalmente toda a **p**, Cl 2.9. Ver **Abundância**.

PLENO: Completo, inteiro. Nos suscitou **p** e poderosa salvação, Lc 1.69. Ainda que eu sinto **p** liberdade, Fm 8.

PÓ: Substância pulverizada, poeira. O homem feito do **p** da terra, Gn 2.7; 3.19; Sl 103.14; 104.29; 146.4; Ec 3.20; 12.7; 1 Co 15.47; 2 Co 4.7; 5.1. O sepulcro, Dn 12.2. Deitar-se no **p**, lançar **p** sobre a cabeça, etc. Símbolo de pranto ou profunda humilhação, Jó 2.12; 42.6; Sl 72.9; Is 2.10; 47.1; 49.23; Ez 27.30; Mq 7.17; Ap 18.19. Manifestação de ira, atirar **p** para os ares, 2 Sm 16.13; At 22.23. Sacudir o **p** dos pés, Mt 10.14; Lc 10.11; At 13.51. **P** como símbolo de multidão inumerável, Gn 13.16; 28.14; Jó 27.16; Sl 78.27. Como símbolo de insignificância; as nações como um grão de **p** na balança, Is 40.15. Aquele sobre quem ela cair, ficará reduzido a **p**, Lc 20.18. Ver **Poeira**, **Terra**.

POBRE: Desprovido ou mal provido do necessário. Pessoa que não tem recursos para viver. Se emprestares... ao **p**, Êx 22.25. Nem com o **p** serás parcial, Êx 23.3. Não perverterás o julgamento do teu **p**, Êx 23.6. Para que os **p**... achem que comer, Êx 23.11. Para que entre ti não haja **p**, Dt 15.4. Nunca deixará de haver **p**, Dt 15.11. Dois homens, um rico e outro **p**, 2 Sm 12.1. Com arrogância os ímpios perseguem o **p**, Sl 10.2. Eu sou **p** e necessitado, Sl 40.17; 70.5. Distribui, dá aos **p**, Sl 112.9. O que se compadece dos **p** é feliz, Pv 14.21. O que escarnece do **p** insulta ao que o criou, Pv 17.5. Melhor é o jovem **p** e sábio, Ec 4.13. Julgará com justiça os **p**, Is 11.4. Usando de misericórdia para com os **p**, Dn 4.27. Comprarmos os **p** por dinheiro, Am 8.6. Aos **p** está sendo pregado o evangelho, Mt 11.5. Vende os teus bens, dá aos **p**, Mt 19.21. Perfume... por muito dinheiro, dar-se aos **p**, Mt 26.9. Os **p** sempre os tendes convosco, Mt 26.11. Para evangelizar os **p**, Lc 4.18. Bem-aventurados vós os **p**, Lc 6.20. Um banquete, convida os **p**, Lc 14.13. Sai depressa... e traze para aqui os **p**, Lv 14.21. Resolvo dar aos **p** a metade dos meus bens, Lc 19.8. Coleta em benefício dos **p**, Rm 15.26. Distribua todos os meus bens entre os **p**, 1 Co 13.3. **P**, mas enriquecendo a muitos, 2 Co 6.10. Cristo, sendo rico, se fez **p**, 2 Co 8.9. Distribuiu, deu aos **p**, 2 Co 9.9. Que nos lembrássemos dos **p**, Gl 2.10. Rudimentos fracos e **p**, Gl 4.9. Entrar algum **p** andrajoso, Tg 2.2. Os que para o mundo são **p**, Tg 2.5. Nem sabes que tu és... miserável, **p**, Ap 3.17. Ver **Empobrecido**, **Indigente**, **Mendigo**, **Necessitado**.

POBREZA: Estado daquele ou daquilo que é pobre. Sobrevirá a tua **p** como ladrão, Pv 6.11; 24.34. **P** e afronta sobrevêm ao que rejeita a instrução, Pv 13.18. O beberrão e o comilão caem em **p**, Pv 23.21. O que se ajunta a vadios se fartará de **p**, Pv 28.19. Não me dês nem **p** nem a riqueza, Pv 30.8. Da sua **p** deu tudo, Lc 21.4. A profunda **p** deles superabundou, 2 Co 8.2. Para que pela sua **p**, vos, 2 Co 8.9. Digo isto, Não põe causa da **p**, Fp 4.11. Conheço a tua tribulação, a tua **p**, Ap 2.9. Ver **Penúria**, **Miséria**, **Pobre**.

POÇA: Cova natural e pouco funda, com água. Tirar água da **p**, Is 30.14.

POÇO: cavidade funda, aberta na terra e contendo água; clarabóia de mina. **P** de betume, Gn 14.10. Abrindo-lhe Deus os olhos, viu ela um **p** de água, Gn 21.19. Repreendeu a Abimaleque por causa de um **p**, Gn 21.25. Os camelos junto a um **p**, Gn 24.11. Cavaram os servos de Isaque... um **p**, Gn 26.19. Chamou o **p** de Eseque... de Sitna... Reobote, Gn 26.20,21,22. Havia grande pedra que tapava a boca do **p**, Gn 29.2. Cântico: Brota, ó **P**! Nm 21.17. Um **p** no seu pátio, ao qual desceram, 2 Sm 17.18. Água do **p** junto a porta de Belém, 2 Sm 23.16. Uma cova, e cai nesse mesmo **p**, Sl 7.15. Bebe... das correntes do teu **p**, Pv 5.15. **P** das águas vivas, Ct 4.15. O boi cair num **p** Lc 14.5. A chave do **p** do abismo, Ap 9.1. Ver **Cisterna**, **Fonte**, **Manancial**.

PODADEIRA: Instrumento com que se poda. Suas lanças em **p**, Is 2.4; Mq 4.3. E lanças das vossas **p**, Jl 3.10.

PODAR: Cortar a rama ou os braços inúteis de (videiras, árvores, etc.) Não será podada nem sachada, Is 5.6.

PODER: (Substantivo). Vigor, potência, autoridade.

Poder de Deus: O **p** do meu braço, Dt 8.17; buscai o Senhor e o seu **p**, 1 Cr 16.11; Sl 105.4; tua é a grandeza e o **p**, 2 Cr 29.11; louvaremos o teu **p**, Sl 21.13; o **p** pertence a Deus, Sl 62.11; o **p** da tua ira, Sl 90.11; teu é o reino, o **p**, Mt 6.13; errais não conhecendo o **p**, Mt 22.29; o **p** do Altíssimo te envolverá, Lc 1.35; **p** de Deus chamado o Grande, At 8.10; para a salvação, Rm 1.16; o seu eterno **p**, Rm 1.20; mostrar em ti o meu **p**, Rm 9.17; Cristo, **p** de Deus, 1 Co 1.24; fé apoiasse no **p** de Deus, 1 Co 2.5; ressuscitará a nós pelo seu **p**, 1 Co 6.14; a excelência do **p** seja de Deus, 2 Co 4.7; ministros... no **p** de Deus, 2 Co 6.7; qual a suprema grandeza de seu **p**, Ef 1.19; o seu **p** que opera em nós, Ef 3.20; na força de seu **p**, Ef 6.10; o **p** da sua ressurreição, Fp 3.10; mediante a fé no **p** de Deus, Cl 2.12; pela palavra de seu **p**, Hb 1.3; sois guardados pelo **p** de Deus, 1 Pe 1.5.

Poder de Cristo: sobre as nuvens com **p**, Mt 24.30; dele saíra **p**, Mc 5.30; o **p** do Senhor estava com ele, Lc 5.17; Deus ungiu a Jesus com o Espírito Santo e **p**, At 10.38; sobre mim repouse o **p** de Cristo, 2 Co 12.9; pelo seu divino poder, 2 Pe 1.3.

Poder do Espírito Santo: estou cheio do **p** do Espírito, Mq 3.8; recebereis **p** ao... Espírito Santo, At 1.8; ricos de esperança no **p** do Espírito Santo, Rm 15.13; por força de sinais e prodígios, pelo **p** do Espírito Santo, Rm 15.19; demonstração do Espírito e de **p**, 1 Co 2.4; evangelho... em **p**, no Espírito Santo, 1 Ts 1.5.

Poder do Evangelho: evangelho é o **p** de Deus, Rm 1.16; palavra da cruz é **p** de Deus, 1 Co 1.18.

Poder carnal: Falar-se-á do **p** dos seus feitos, Sl 145.6; disse: Com o **p** da minha mão, Is 10.13; como se pelo nosso próprio **p**, At 3.12.

Poder de Satanás: Satanás com todo **p**, e sinais, 2 Ts 2.9; aquele que tem o **p** da morte, Hb 2.14.

Poder da morte: Remirá a alma do **p** da morte, Sl 49.15; aquele que tem o **p** da morte, Hb 2.14. Nem por **p**, mas por meu Espírito, Zc 4.6. Os **p** dos céus serão abalados, Mt 24.30. Deu-lhes **p** sobre todos os demônios, Lc 9.1. É a vossa hora e o **p** das trevas, Lc 22.53. Do alto sejais revestidos de **p**, Lc 24.49. Deu-lhes o **p**

de serem feitos filhos, Jo 1.12. Com grande **p** davam testemunho, At 4.33. Estêvão cheio de graça e **p**, At 6.8. Concedei-me este **p**, At 8.19. Nem morte, nem vida, nem **p**, Rm 8.38. Reino de Deus consiste em **p**, 1 Co 4.20. O **p** se aperfeiçoa na fraqueza, 2 Co 12.9. Fortalecidos com todo o **p**, Cl 1.11. Não nos tem dado espírito de covardia, mas de **p**, 2 Tm 1.17. Tendo forma de piedade, negando-lhe o **p**, 2 Tm 3.5. Proveram os **p** do mundo vindouro, Hb 6.5. Subordinados anjos e **p**, 1 Pe 3.22. Agora veio a salvação, o **p**, Ap 12.10. Ver **Autoridade**, **Braço**, **Força**.

PODER: (verbo) Ter força para. // Já desfaleço e não posso mais, Jr 20.9. Destas pedras Deus pode suscitar, Mt 3.9. Procurarão entrar e não poderão, Lc 13.24. Do Pai ninguém pode arrebatar, Jo 10.29. Tudo posso naquele que me fortalece, Fp 4.13. Pode salvar totalmente, Hb 7.25. Pode salvar e fazer perecer, Tg 4.12. Ninguém podia abrir o livro, Ap 5.3.

PODEROSAMENTE: De modo poderoso. // Palavra... crescia e prevalecia **p**, At 19.20. Foi **p** demonstrado Filho de Deus, Rm 1.4. A sua eficácia, que obra em mim **p**, Cl 1.29 (ARC). Ver **Fortemente**.

PODEROSO: Que tem poder, que exerce poderio. // Ninrode, Gn 10.8. Abraão virá a ser uma **p** nação, Gn 18.18. Os **p** adquirem riqueza, Pv 11.16. É mais **p** do que eu, Mt 3.11. Moisés, em palavras e obras, At 7.22. Apolo, eloqüente e **p**, At 18.24. Não foram chamados muitos **p**, 1 Co 1.26. Sabedoria que nenhum dos **p**, 1 Co 2.8. As armas de nossa milícia são **p**, 2 Co 10.14. Cristo é **p** em vós, 2 Co 13.3. Deus é **p** para fazer infinitamente mais, Ef 3.20; para guardar o meu depósito, 2 Tm 1.12; para socorrer, Hb 2.18; salvar vossas almas, Tg 1.21; vos guardar, Jd 24; para julgar, Ap 18.8. Ver **Forte**.

PODRE: Que está em decomposição, corrupto. // Eu... uma coisa, **p**, Jó 13.28. O cobre, pau **p**, Jó 41.27.

PODRIDÃO: Estado de um corpo em decomposição. // O nome dos perversos cai em **p**, Pv 10.7. É como **p** nos seus ossos, Pv 12.4. A inveja é a **p** dos ossos, Pv 14.30. Em lugar de perfume haverá **p**, Is 3.25. A sua raiz como **p**, Is 5.24.

POEIRA: Terra seca. // Atirando **p** para os ares, At 22.23. Ver **Pó**, **Terra**.

POESIA: A arte de exprimir oralmente, ou por escrito, em forma métrica, pensamentos sublimes e encantadores, carregados de emoção, exaltação e imaginação. A antiga poesia não tinha rimas. Consistia de paralelismos. Isto é, em vez de os versos rimarem, repetia-se em uma linha. Em outras palavras, o que já foi escrito na linha anterior. Na repetição, o pensamento chegava ao auge formando uma copla de versos ou sinônimos ou antônimos. As coplas podiam ser duplas, tríplices ou quadruplicadas, isto é, de duas, de quatro, de seis ou de oito linhas. Um exemplo de exprimir uma idéia em linhas sucessivas e sinônimas: "Examina-me, Senhor, e prova-me, sonda-me o coração e os pensamentos", Sl 26.2. Um exemplo de repetir uma idéia em forma antônima: "Muito sofrimento terá de curtir o ímpio, mas o que confia no Senhor a misericórdia o assistirá", Sl 32.10. É somente no original e em poucas traduções recentes que a poesia aparece com tal aspecto. Isso nos presta grande auxílio em compreendermos os sentimentos do poder e do espírito. Quase a terça parte do Antigo Testamento é poesia. O primeiro exemplo é Gn 4.23,24. Três grandes obras-primas de poesia do Antigo Testamento são Jz 5; 2 Sm 1.19-27; e Na 1.10 — 3.19. Os livros de Jó, Salmos, Provérbios, Cantares, Lamentações e uma grande parte de Isaías, Jeremias e dos profetas menores é poesia. Na poesia do Novo Testamento encontram-se a **Magnificat**, Lc 1.46-55; o **Beneducitus**, Lc 1.68-79; e o **Nunc Dimittis**, Lc 2.29-32. Parece que Paulo citava hinos em Ef 5.14 e 1 Tm 3.16.

POETA: Aquele que escreve em verso. // Como alguns de vossos **p** têm dito, At 17.28.

POLEGAR: O dedo mais curto e grosso da mão; o primeiro e mais grosso do pé. // O sacerdote... sobre o **p** da sua mão direita e sobre o **p** do seu pé, Lv 14.17. Cortados os **p** das mãos e dos pés, Jz 1.7.

POLIGAMIA: O estado de ter mais de um cônjuge ao mesmo tempo. // O criador desde o princípio os fez homem e mulher, Mt 19.4. O matrimônio é a escolha de um homem e de uma mulher para juntos formarem uma família. O Senhor Deus criou a mulher para ser uma auxiliadora (Gn 2.20) ao homem, não uma escrava, como acontece com uma pluralidade de esposas. Na poligamia, as mulheres não são ossos dos ossos do homem nem carne de sua carne, Gn 2.23. o homem não deixa seu pai e sua mãe e se une a sua mulher, tornando-se os dois uma só carne, Gn 2.24. Os homens, na sua sensualidade, não percebem, geralmente, as complicações e as tristezas que resultam da poligamia. Notem-se os exemplos de Abraão e Sara, Gn 21.8-21; de Jacó, Lia, Zilpa, Raquel e Bila; de Davi e de Salmão. O fato de o número de homens no mundo ser igual ao de mulheres é prova que o homem não tem direito, moralmente, de ter mais de uma esposa. O homem não pode unir-se a mais de uma mulher sem privar outro homem de uma mulher que é justo receber como sua. Para a nossa dispensação, deixará o homem pai e mãe, e se unirá a sua mulher, tornando-se os dois uma só carne, Mt 19.5. Cada um tenha a sua própria esposa e cada uma o seu próprio marido, 1 Co 7.2. Paulo tinha o direito de ter, como os apóstolos tinham, 1 Co 9.5. Cada um e vós, saiba conseguir esposa, não com o desejo de lascívia, como os gentios, 1 Ts 4.4. O bispo seja esposo de uma só mulher, 1 Tm 3.2. O diácono seja marido de uma só mulher, 1 Tm 3.12. Tenha sido esposa de um só marido, 1 Tm 5.9.

POLUIR: Corromper, profanar, deslustrar. Não se poluiria... toda aquela terra?, Jr 3.1.

POMAR: Lugar plantado de fruteiras. // Os teus renovos são um **p**, Ct 4.13. Converterá o Líbano em **p**, Is 29.7. O deserto se tornará em **p**, Is 32.15. Plantai **p**, Jr 29.5. Farão **p**, Am 9.14.

POMBINHO: Diminutivo de pombo. // Uma rola e um **p**, Gn 15.9. Um par de rolas e dois **p**, Lc 2.24. Ver **Rolas**.

POMBO: Ave granívora. Há 62 espécies espalhadas em todo o globo. Vivem acasalados ou em bandos. Pomba enviada da arca, Gn 8.8. Veloz, Sl 68.13. Sua voz gemente, Is 38.14; 59.11; Na 2.7. Símplice, Mt 10.16; Os 7.11. Amorosa, Ct 1.15; 2.14. Usadas nos sacrifícios, Lc 2.24. Vendiam-se pombas no templo, Mt 21.12. Símbolo do Espírito Santo, Mt 3.16; Mc 1.10; Lc 3.22; Jo 1.32.

POMPA: Aparato solene e suntuoso. // Berenice com grande **p**, At 25.23. Ver **Aparato**, **Luxo**.

PONDERAR: Pesar no espírito. // ponderai nisso, Jz 19.30. Pondera a vereda de teus pés, Pv 4.26. Ele não pondera a vereda da vida, Pv 5.6. Pondera o que acabo de dizer, 2 Tm 2.7. Ver **Pensar**, **Refletir**.

PONTA: Extremidade aguçada, estreita, delgada. // Pegou das **p** do altar, 1 Rs 1.50. Tagarelice é como **p** de espada, Pv 12.18. Grande águia... levou a **p** dum cedro, Ez 17.3. Grande lençol... pelas quatro **p**, At 10.11.

PONTEIRO: Instrumento de canteiro, para desbastar pedras. // Escrito com um **p** de ferro, Jr 17.1.

PONTIAGUDO: Que termina em ponta aguçada. // Escamas **p**, Jó 41.30. com diamante **p**, Jr 17.1.

PONTO: Assunto. // Mas tropeça em um só **p**, Tg 2.10.

PONTO, gr. **O mar:** Uma província da Ásia Menor. Era a residência de certo número de judeus que estavam em Jerusalém no grande dia de Pentecostes, At 2.9; 1 Pe 1.1. Áquila era natural do Ponto, At 18.2. Ver mapa 6, F-1.

PONTUALMENTE: De modo pontual. // Fizeram **p**, segundo decretara o rei, Ed 6.13.

POPA: Parte posterior do navio. Jesus estava na popa, dormindo, Mc 4.38.

POPULAÇÃO: Habitantes. // Convocando toda a **p** do império, Lc 2.1. Ver **Habitante**.

POPULACHO: Nm 11.1-4. O povo das classes baixas. Subiu com Israel um misto de gente, Êx 12.38. Ver Ed 9.2; Ne 13.3; Sl 106.35; Jr 25.20; 50.37. Ver **Plebe**.

POQUERETE-HAZEBAIM, hb. **caçando gazelas:** Um servo de Salomão. Os seus descendentes voltaram com Zorobabel, Ed 2.57.

PÔR: Colocar (em algum lugar). // Não vos ponhais em jugo desigual, 2 Co 6.14. Pôs todas as coisas debaixo, Ef 1.22. Pondo de lado os princípios elementares, Hb 6.1. Ponho em Sião uma pedra angular, 1 Pe 2.6.

PORATA, hb. **Que tem muitos carros:** Um dos dez filhos de Hamã, Et 9.8.

PORÇÃO: Parte de um todo. // A **p** de Benjamim era cinco vezes, Gn 43.34. Comê-las-ei... é a tua **p**, e a **p** de teus filhos, Lv 10.13. No meio deles **p** nenhuma terás, eu sou a tua **p**, Nm 18.20. A **p** do Senhor é o seu povo, Dt 32.9. O Senhor é a **p** da minha herança, Sl 16.5. O Senhor é a minha **p**, Sl 119.57. A sua **p** seja... a erva da terra, Dn 4.15. Ver **Quinhão**.

Porco

PORCO: Gênero de mamíferos paquidermes, domésticos, comestíveis. // De nenhum outro animal se fala na Bíblia com tanta aversão. O **p** servia de emblema de sujeira e falta de cultura, Pv 11.22; Mt 7.6; 2 Pe 2.22. Refere-se à comida da carne de **p** como se fosse a maior abominação, Is 65.4; 66.3,17. O filho pródigo não poderia cair em maior desespero do que alimentar porcos e desejar comer da comida que eles comiam, Lc 15.15. Os **p** mencionados em Mt 8.30-32; Mc 5.11-16 e Lc 8.32,33 eram, talvez, propriedade de gentios. A antiga lei proibiu que se comesse carne de **p**, Lv 11.7. Na nova, "tudo que Deus criou é bom... porque pela Palavra de Deus, e pela oração, é santificado", At 10.9-16; 1 Tm 4.1-5.

PORFIA: Contenda de palavras. // Entre vós contendas... **p**, 2 Co 12.20. Obras da carne... inimizades, **p**, Gl 5.19,20. Proclamam a Cristo por inveja e **p**, Fp 1.15.

PORFIAR: Discutir, questionar obstinadamente. // O porfiar é como iniqüidade, 1 Sm 15.23 (ARC). Quem porfiou com ele, e teve paz?, Jó

9.4. Porfiai por entrar pela porta estreita, Lc 13.24 (ARC). Ver **Brigar**, **Contender**.

PÓRFIRO: Espécie de mármore, muito duro, vermelho ou verde e salpicado de manchas de várias cores, Et 1.6.

PORQUEIRO: Guardador de porcos, Mt 8.33.

PORRO: Planta hortense do gênero alho. Os israelitas no deserto suspiravam pelos pepinos, melões, alhos porros e cebolas do Egito, Nm 11.5 (ARC).

PORTA: Abertura para entrar e sair. Aquilo que serve para tapar essa abertura. O pecado jaz à **p**, Gn 4.7. É a casa de Deus; a **p** dos céus, Gn 28.17. O sangue na verga da **p**, passará o Senhor aquela **p**, Êx 12.23. Estas palavras escreverás nas tuas **p**, Dt 6.9. Sansão pegou ambas as folhas da **p**, Jz 16.3. Levantai, ó **p**, as vossas cabeças, Sl 24.7. Entrai por suas **p** com ações de graça, Sl 100.4. Vigia a **p** dos meus lábios, Sl 141.3. À entrada das **p** está gritando, Pv 8.3. Como a **p** se revolve, nos seus gonzos, assim o preguiçoso, Pv 26.14. Quando orares, entre e fechada a **p**, Mt 6.6. Entrai pela **p** estreita, Mt 7.13. As **p** do inferno não prevalecerão, Mt 16.18. Entraram e fechou-se a **p**, e vós do lado de fora, Lc 13.25. **P** do aprisco, Jo 10.9. Trancadas as **p**, Jo 20.19. A **p** do templo, chamada Formosa, At 3.2. Ver **Formosa**. Um anjo abriu as **p** do cárcere, At 5.19. Abrira aos gentios a **p** da fé, At 14.27. Abriram-se todas as **p**, At 16.26. **P** grande e oportuna se me abriu, 1 Co 16.9. Uma **p** se me abriu no Senhor, 2 Co 2.12. Que Deus nos abra **p** à palavra, Cl 4.3. Jesus sofreu fora da **p**, Hb 13.12. Eis que o juiz está às **p**, Tg 5.9. Tenho posto diante de ti uma **p**, Ap 3.8. Estou à **p** e bato, Ap 3.20. Uma **p** aberta no céu, Ap 4.1. Doze **p**, Ap 21.12,21. Entrem na cidade pelas **p**, Ap 22.14. Ver **Porta-Bandeira**, **Casa**, **Estrada**, **Portal**, **Portão**, **Portar**, **Porte**, **Porteiro**, **Portento, Portentoso**, **Pórtico**, **Porto**, **Posição**, **Possante**, **Posse**,

POSSESSÃO: Posse, domínio. // A terra de Canaã, em **p** perpétua, Gn 17.8; 48.4. Porque lhes é **p** perpétua, Lv 25.34. As terras por tua **p**, Sl 2.8. Escolheu Israel por sua **p**, Sl 135.4. Ver **Bens**.

POSSESSOR: Que possui. // Nem havia **p** algum do reino, Jr 18.7 (ARC).

POSSÍVEL: Que pode ser, acontecer ou praticar-se. // Para Deus, tudo é **p**, Mt 19.26. Enganar, se **p**, os próprios eleitos, Mt 24.24. Se **p**, passe de mim este cálice!, Mt 26.39. Tudo é **p** ao que crê, Mc 9.23. Se **p**... tende paz, Rm 12.18.

POSSUIDOR: O que possui. // O boi conhece o seu **p**, Is 1.3. Será utensílio... útil ao seu **p**, 2 Tm 2.21. Ver **Dono**.

POSSUIR: Ter em seu poder. // A tua descendência possuirá a cidade dos seus inimigos, Gn 22.17. Subamos e possuamos a terra, Nm 13.30. O meu servo Calebe... a possuirá, Nm 14.24. Entrai e possuí a terra, Dt 1.8. Ainda muitíssima terra ficou para possuir, Js 13.1. Os que esperam no Senhor possuirão a terra, Sl 37.9. Os santos... o possuirão para todo sempre, Dn 7.28. No monte de Sião... possuirão as suas heranças, Ob 17. A vida... não consiste na abundância... que ele possui, Lc 12.15. Exclusivamente sua nenhuma das coisas que possuía, At 4.32. Os que possuíam terras, At 4.34. Estais possuídos de bondade, Rm 15.14. Como se nada possuíssem, 1 Co 7.30. Nada tendo, mas possuindo, 2 Co 6.10. Não nos deixemos possuir da vanglória, Gl 5.15. Ver **Ter**.

POSTE-ÍDOLO, Imagem do bosque (ARC): Tronco de uma árvore, ou um poste, representando a deusa Aserá, Êx 34.13; 1 Rs 15.13; 2 Rs 21.7; 23.4.

POSTERIDADE: Série de indivíduos procedentes da mesma origem. // Será assim a tua **p**, Gn 15.5. Para sempre estabelecerei a tua **p**, Sl 89.4. Verá a sua **p** e prolongará, Is 53.10.

POSTIGO: Pequena porta. // Eúde, saindo por um **p**, Jz 3.22. Bateu ao **p** do portão, At 12.13.

POTASSA: Substância composta de oxigênio e potássio, formando sais com os ácidos, sabão com os óleos e vidro com a sílica. // Ainda que te laves com a salitre e amontoes **p**, Jr 2.22. Com a **p** dos lavandeiros, Ml 3.2. É provável que a palavra no original se refere a carbonato de soda, um álcali mineral, que se encontra em estado natural no Egito. Servia, dissolvido, para lavar as roupas.

POTÊNCIA: Poder, força. // a tua destra... em **p**, Êx 15.6 (ARC).

POTÉOLI, gr. **Poços pequenos:** Um porto da Itália, onde Paulo permaneceu sete dias, quando ia a Roma, At 28.13. Ver mapa 6, A-1.

POTESTADE: Aquele que tem grande poder ou autoridade. // Convertê-los... da **p** de Satanás para Deus, At 26.18. Andastes... segundo o príncipe da **p** do ar, Ef 2.2. Ficando-lhe subordinados anjos e **p**, 1 Pe 3.22. Ver **Principado**.

POTIFAR, Que pertence ao sol: O capitão da guarda de Faraó, o oficial que comprou José aos mercadores ismaelitas, Gn 37.36; 39.1. As mulheres egípcias de todas as classes gozavam absoluta liberdade, havendo portanto completa oportunidade para a tentação de José. O fato de Potifar não ter logo matado o seu servo nos dá a conhecer que ele tinha José em grande consideração, duvidando, certamente, que ele tivesse praticado o ato de que o acusavam, Gn 39.1-20.

POTÍFERA, Que pertence ao sol: Um sacerdote de Obra missionária e pai de Azenate, mulher de José, Gn 41.45,50; 46.20.

POUCO: Aquilo que é em pequena quantidade. // Mais vale o **p** do justo, Sl 37.16. Um **p** para dormir, um **p** para toscanejar, um **p** para encruzar, Pv 6.10. Melhor é o **p** havendo justiça, Pv 16.8. São **p** os que acertam, Mt 7.14. Os trabalhadores são **p**, Mt 9.37. Mas **p** escolhidos, Mt 22.14. Foste fiel no **p**, Mt 25.21. São **p** os que são salvos?, Lc 13.23. O que **p**, não teve falta, 2 Co 8.15. Aquele que semeia, **p** também ceifará, 2 Co 9.6. Na qual **p**, a saber oito, 1 Pe 3.20. Umas **p** pessoas que não contaminaram, Ap 3.4.

POUPA: Pássaro cuja cabeça é ornada com um penhacho, Lv 11.19.

POUPAR: Economizar. // Não pouparás o lugar por amor, Gn 18.24. Poupá-los-ei como um homem poupa seu filho, Ml 3.17. Que não pouparão o rebanho, At 20.29. Não poupou a seu próprio filho, Rm 8.32. Se Deus não poupou os ramos... não te poupará, Rm 11.21. Eu quisera poupar-vos, 1 Co 7.28. Se Deus não poupou a anjos, 2 Pe 2.4.

POUQUÍSSIMO: Muito pouco. // Em pequeno número, pouquíssimos e forasteiros, 1 Cr 16.19.

POUSADA: Hospedagem. // Não temos **p** certa, 1 Co 4.11 (ARC). Prepara-me também **p**, Fm 22.

POUSAR: Hospedar-se, empoleirar-se. // Onde quer que pousares, ali pousarei eu, Rt 1.16. Hoje me convém pousar em tua casa, Lc 19.5. Como pomba e pousar sobre ele, Jo 1.32.

POVO: Habitantes de um país, de uma localidade; multidão de gente. // Eis que o **p** é um, Gn 11.6. Tomar-vos-ei por meu **p**, Êx 6.7. Vos escolheu de todos os **p**, Dt 14.2. O teu **p** é o meu **p**, Rt 1.16. Louvem-te os **p**... os **p** todos, Sl 67.3. Teu **p** e ovelhas do teu pasto, Sl 79.13; 100.3. E nós **p** do seu pasto, Sl 95.7. Bem-aventurado é o **p** cujo Deus, Sl 144.15. O meu **p** não entende, Is 1.3. O **p**, que jazia nas trevas, Mt 4.16. Este honra-me com os lábios, Mt 15.8. Habilitar para o Senhor um **p**, Lc 1.17. Tenho muito **p**, nesta cidade, At 18.10. Chamarei **p** meu ao que não era meu **p**, Rm 9.25. Estendi as minhas mãos a um **p** rebelde, Rm 10.21. Em ti serão abençoados todos os **p**, Gl 3.8. Um **p** exclusivamente seu, zeloso, Tt 2.14. Um repouso para o **p** de Deus, Hb 4.9. Maltratado junto com o **p** de Deus, Hb 11.25. Sois... **p** de propriedade exclusiva, 1 Pe 2.9. Antes não **p**, mas agora sois **p**, 1 Pe 2.10. De toda tribo, língua, **p**, Ap 5.9; 7.9. Retirai-vos dela, **p** meu, Ap 18.4. Eles serão **p** de Deus, Ap 21.3. As folhas... para a cura dos **p**, Ap 22.2. Ver **Gente**, **Nação**, **Turba**.

POVOAÇÃO: Lugar povoado. // Vamos a outros lugares, às **p**, Mc 1.38.

POVOAR: Tornar habitado. // Povoem-se as águas, Gn 1.20. Deles se povoou toda a terra, Gn 9.19.

PRAÇA: Lugar público, cercado de edifícios. Pelas suas **p**... se há um homem que pratique justiça, Jr 5.1. Orar... nos cantos das **p**, Mt 6.5. Semelhante a meninos... sentados nas **p**, Mt 11.16. Viu na **p**, outros... desocupados, Mt 20.3. As saudações nas **p**, Mt 23.7. Punham os enfermos nas **p**, Mc 6.56. Dissertava... na **p** todos os dias, At 17.17. A **p** da cidade é de ouro, Ap 21.21. No meio da sua **p**, Ap 22.2. Ver **Rua**.

PRAGA: Moléstia que ataca os homens e os animais. Deus puniu Faraó e a sua casa com grandes **p**, por causa de Sarai, Gn 12.17. As dez **p** do Egito, Êx 7.14 a 12.36. Os israelitas sofreram terrível **p** por haver feito o bezerro de ouro, Êx 32.35. A **p** da lepra, Lv 13.25; Dt 24.8. A **p** muito grande no tempo de Deus mandar codornizes, Nm 11.33. Os homens que infamaram a Terra da Promissão, Nm 14.37. Morreram 14.600 da **p** por causa de Coré, Nm 16.49. Morreram 24 mil pela **p** por causa de Baal-Peor, Nm 25.9; Dt 4.3. A **p** de ratos e de tumores sobre os filisteus, 1 Sm 6.4. Morreram 70 mil homens depois do recenseamento do povo por Davi, 2 Sm 24.15. Oração em tempo de **p**, 1 Rs 8.37. **P** nenhuma chegará a tua tenda, Sl 91.10. A **p** com que o Senhor ferirá todos os povos que guerrearam contra Jerusalém, Zc 14.12. Curada do seu flagelo, Mc 5.29. Curou Jesus muitos de flagelos, Lc 7.21. Haverá pestilências, Lc 21.11. **P** ou flagelos no Apocalipse, 9.20; 11.6; 18.4,8; 22.18. As sete últimas **p**, Ap 15.1 a 16.21. Ver **Doença**, **Epidemia**, **Peste**, **Pestilência**.

PRAGANAS: Barba de espiga de cereais. A **p** arrebatada pelo remoínho? Jó 21.18. Os quais se fizeram como a **p** das eiras, Dn 2.35.

PRAGUEJAR: Proferir imprecações. Começou ele a praguejar, Mt 26.74. Ver **Amaldiçoar**.

PRAIA: Orla da terra confinando com o mar. **Fig**. País banhado pelo mar. Zebulom habitará na **p** dos mares, Gn 49.13. Israel viu os egípcios mortos na **p**, Êx 14.30. A areia que está na **p** do mar, Js 11.4; Jz 7.12. Fez Salomão naus na **p** do mar Vermelho, 1 Rs 9.26. Toda a multidão estava em pé na **p**, Mt 13.2. Arrastaram-na para a **p**, Mt 13.48. Estava Jesus na **p**, Jo 21.4. Ajoelhados na **p**, At 21.5. Ver **Beira**.

PRANTEADOR: O que pranteia. Os **p** andarão rodeando pela praça, Ec 12.5. Como pão de **p**, Os 9.4.

PRANTEAR: Lamentar, Lastimar, chorar. Ali prantearam sete das, Gn 50.10. Pranteou Davi a Saul, 2 Sm 1.17. Tempo de prantear, Ec 3.4. A terra pranteia, Is 24.4. Eu, Daniel, pranteei durante três semanas, Dn 10.2. Pranteá-lo-ão como quem pranteia por um unigênito, Zc 12.10. Entoamos e não pranteastes, Mt 11.17.

Pelo medo do seu tormento, chorando e pranteando, Ap 18.15. Ver **Chorar**, **Lamentar**.

PRANTO: Choro, lágrimas. Grande **p** é este dos egípcios, Gn 50.11. Converteste o meu **p** em folguedos, Sl 30.11. Em vez de **p**, veste de louvor, Is 61.3. O vosso **p**, o vosso zelo por mim, 2 Co 7.7. Converta-se o vosso riso em **p**, Tg 4.9. Não haverá; luto, nem **p**, Ap 21.4. Ver **Choro**, **Tristeza**.

PRATA: Metal precioso, branco, brilhante e sonoro. O mais dúctil e o mais maleável dos metais, excluindo o ouro. Encontra-se a **p** quase sempre no estado de sulfureto ou de cloreto. Mas se encontra, às vezes, pura no seio da terra. Jó falou das minas de **p**, 28.1. Derrete-se para purificá-la, Sl 12.6; Pv 17.3; 25.4; Ez 22.20; Ml 3.3. Vinha, também, da Arábia 2 Cr 9.14; de Társis Jr 10.9; Ez 27.12. Desde o tempo dos povos antigos usa-se dinheiro, jóias e utensílios de **p**, Gn 13.2; 24.53; 44.2. Ídolos e nichos de **p**, Êx 20.23; Dn 5.4; Os 13.2; Hc 2.19; At 19.24; Ap 9.20. Instrumentos de música feitos de **p**, Nm 10.2. Davi ajuntou grande quantidade de **p** para o Templo, 1 Cr 29.2-7. No tempo de Salomão houve **p** como pedras em abundância, 1 Rs 10.27. Havia mil bacias de **p** entre os utensílios do Templo levados por Nabucodonosor e devolvidos por Ciro, Ez 1.6,9. A prata servia, especialmente, para fazer as transações, calculando-se o seu valor pelo peso. Abraão pesou quatrocentos ciclos de prata, o preço da compra da caverna de Macpela, Gn 23.16. Acã tomou duzentos siclos de prata, Js 7.21. Geazi, servo de Eliseu, aceitou dois talentos de prata da mão de Naamã, 2 Rs 5.23. Usava-se a prata amoedada somente depois do cativeiro. A moeda do tributo, o denário, Mt 22.19. Jesus traído por trinta moedas de prata, Mt 26.15. Pedro, às vezes, andava sem ouro nem prata, At 3.6. Numa grande casa, há utensílios de ouro e prata, 2 Tm 2.20. A prata corruptível, 1 Pe 1.18; gata de ferrugem, Tg 5.3. Não se compra o favor de Deus com prata, 1 Pe 1.18. Mercadoria da grande Babilônia, Ap 18.12. Ver **Dinheiro**, **Ouro**.

PRÁTICA: Uso, exercício, discurso breve. // Herodes... fez uma **p**, At 12.21 (ARC). Pela **p**, tem as suas faculdades, Hb 5.14. A **p** do bem, Hb 13.16; 1 Pe 2.15; 4.19. Seguirão as suas **p** libertinas, 2 Pe 2.2.

PRATICANTE: Que ou pessoa que pratica, que se vai exercitando em alguma profissão. // Se alguém é ouvinte da palavra e não **p**, Tg 1.23.

PRATICAR: Exercer, levar a efeito. // Aparta-te do mal, e pratica o que é bom, Sl 34.14. Ouve as minhas palavras e as pratica, Lc 6.47. Meus irmãos são aqueles que... praticam, Lc 8.21. Os que tais coisas praticam, Rm 1.32. Os que praticam a Lei, Rm 2.13. Por meio da fé... praticaram a justiça, Hb 11.33. Praticando-as, sem o saber acolheram, Hb 13.2. Pratique o bem, 1 Pe 3.11. Que sofrais por praticardes, 1 Pe 3.17. Aquele que pratica o pecado, 1 Jo 3.8. E praticamos os seus mandamentos, 1 Jo 5.2.

PRATO: Vaso de louça ou metal em que se serve a comida. Cada uma das iguarias que entram numa refeição. Para incenso, Êx 25.29. // Sua oferta foi um **p** de prata, Nm 7.13,84. Eliminarei Jerusalém como quem elimina a sujeira de um **p**, 2 Rs 21.13. Melhor é um **p** de hortaliça, Pv 15.17. O preguiçoso mete a mão no **p**, Pv 19.24. Num **p**, a cabeça de João Batista, Mt 14.8. Limpais o exterior do copo e do **p**, Mt 23.25. O que mete comigo a mão no **p**, Mt 26.23.

PRAZER: Alegria, satisfação, divertimento. // Tem o Senhor tanto prazer em holocaustos?, 1 Sm 15.22. O seu **p** está na lei do Senhor, Sl 1.2. Teus testemunhos são o meu **p**, Sl 119.24. Na tua lei está o meu **p**, Sl 119.77. O insensato não tem **p** no entendimento, Pv 18.2. Quem ama os **p** empobrecerá, Pv 21.17. Tenho eu **p** na morte do perverso? Ez 18.23; 33.11. Eu não tenho **p** em vós, diz o Senhor, Ml 1.10. Mais **p** sentirá... do que pelas noventa e nove, Mt 18.13. A grande multidão o ouviu com **p**, Mc 12.37. Tenho **p** na lei de Deus, Rm 7.22. Sinto **p** nas fraquezas, 2 Co 12.10. Entrega aos **p**, mesmo viva, está morta, 1 Tm 5.6. Antes amigos dos **p** que amigos de Deus, 2 Tm 3.4. Escravos de toda sorte de paixões e **p**, Tt 3.3. Usufruir **p** transitórios do pecado, Hb 11.25. **P** que militam na vossa carne, Tg 4.1. Tendes vivido nos **p**, Tg 5.5. Considerando como **p** a sua luxúria carnal, 2 Pe 2.13. Ver **Alegria**, **Deleite**, **Delícia**, **Gozo**.

PREANUNCIAR: Anunciar previamente. // Preanunciou o evangelho a Abraão, Gl 3.8. Ver **Profetizar**.

PRECAVIDO: Que tem cautela; prevenido. // E os dirigiu com mãos **p**, Sl 78.72.

PRECEDENTE: Que está antes de outro. // Pelo ministério dos profetas **p**, Zc 7.7 (ARC).

PRECEDER: Ir ou estar adiante de. // Graças e verdade te precedem, Sl 89.14. De modo algum precederemos os que dormem, 1 Ts 4.15.

PRECEITO: Mandamento, regra. // **P**, estatutos e lei, por intermédio, Ne 9.14. Fiéis todos os seus **p**, Sl 111.7. Os **p** do Senhor são retos, Sl 19.8. Para que eu observe os teus **p**, Sl 119.5. É **p** sobre **p**, **p** e mais **p**, Is 28.10. Doutrinas que são **p** de homens, Mt 15.9. Lei se cumpre em um só **p**, Gl 5.14. A fim de que o **p** da lei se cumprisse em nós, Rm 8.4. Ver **Direito**, **Lei**, **Mandamento**.

PRECEPTOR: O que dá preceitos ou instruções; aio. // Milhares de **p** em Cristo, 1 Co 4.15. Ver **Mestre**.

PRECIÊNCIA: Previsão; conhecimento do futuro. // Desígnio e **p** de Deus, At 2.23.

PRECIOSIDADE: Objeto de grande estimação. // Para... os que credes, é a **p**, 1 Pe 2.7.

PRECIOSO: Que é de grande apreço. // Foi hoje **p** a minha vida aos teus olhos, 1 Sm 26.21. Como é **p**, ó Deus, a tua benignidade, Sl 36.7. **P** é aos olhos do Senhor a morte, Sl 116.15. **P** são os teus pensamentos, Sl 139.17. Mais **p** é do que pérolas, Pv 3.15. Melhor é a fama do que o ungüento **p**, Ec 7.1. Cheio de **p** bálsamo, Mt 26.7. Em nada considero a vida **p** para mim, At 20.24. O **p** fruto da terra, Tg 5.7. Vossa fé muito mais **p** que o ouro, 1 Pe 1.7. Pelo **p** sangue, 1 Pe 1.19. Pedra... eleita e **p**, 1 Pe 2.4,6. Fé igualmente **p**, 2 Pe 1.1. Suas **p** e mui grandes promessas, 2 Pe 1.4.

PRECIPÍCIO: Lugar de onde se pode precipitar alguém ou alguma coisa. // Os **p** se desfarão, Ez 38.20.

PRECIPITAÇÃO: Demasiada pressa. // Eu dizia na minha **p**, Sl 116.11 (ARC).

PRECIPITADAMENTE: Apressadamente com imprudência. // Dizer **p**: É santo, Pv 20.25. Nada façais **p**, At 19.36. A ninguém imponhas **p** as mãos, 1 Tm 5.22.

PRECIPITADO: Que não reflete. // As minhas palavras foram **p**, Jó 6.3. O de ânimo **p** exalta a loucura, Pv 14.29. Peca quem é **p**, Pv 19.2. Homem **p** nas suas palavras?, Pv 29.20.

PRECIPITAR: Lançar (de lugar elevado); proceder com demasiada precipitação. // Não te precipites com a tua boca, Ec 5.2. Manada se precipitou, despenhadeiro abaixo, Mt 8.32. Para de lá o precipitarem abaixo, Lc 4.29. Precipitando-se, rompeu-se pelo meio, At 1.18. Precipitando-os no inferno, 2 Pe 2.4.

PRECISAR: Ter necessidade de. // Os sãos não precisam de médico, Mt 9.12. Dizer à mão: Não precisamos de ti, 1 Co 12.21. E de nada venhais a precisar, 1 Ts 4.12. Estou rico... não preciso de coisa alguma, Ap 3.17. Cidade não precisa nem do sol, Ap 21.23. Ver **Carecer**, **Necessitar**.

PREÇO: Valor estimativo de uma coisa. // Macpela... pelo devido **p**, Gn 23.9. Aos anos restantes, o **p** do seu resgate, Lv 25.52. Comprai, sem dinheiro e sem **p**, Is 55.1. Não... porque é **p** de sangue, Mt 27.6. Adquiriu... com o **p** da iniqüidade, At 1.18. O **p** e o depositou ao pé dos apóstolos, At 4.37. Reteve parte do **p**, At 5.2. Fostes comprados por **p**, 1 Co 6.20; 7.23.

PRECURSOR: Que vem antes e anuncia. Que vem adiante de alguém anunciar a sua chegada, Gn 41.43.; 1 Sm 8.11.; 2 Sm 15.1.; 1 Rs 1.5.; Et 6.9. João Batista era o precursor de Jesus. Ver Lc 1.76; 3.4. Além do véu, aonde Jesus, como **p**, entrou por nós, Hb 6.20.

PREDESTINAÇÃO: Ato ou efeito de predestinar. Podemos enganar-nos acerca de algumas das doutrinas mais simples, se não incluirmos todas as passagens que tratam do assunto. Um exemplo é a predestinação. Não devemos concluir de Rm 8.29.; Ef 1.5,11.; 3.11; 1 Pe 1.2,20, que a salvação é inteiramente de Deus e que o homem absolutamente nada tem a ver com sua salvação. As escrituras não nos declaram o que foi na presciência de Deus que determinou a eleição e predestinação divinas. Aqueles conhecidos antes da fundação do mundo são eleitos, e os eleitos são predestinação, e essa eleição é certa a todos os crentes pelo simples fato de eles crerem, 1 Ts 1.45. Ver **Eleição**, **Presciência**.

PREDESTINAR: Destinar desde toda a eternidade para a bem-aventurança eterna ou para a realização de grandes coisas. Destinar desde toda a eternidade. Aos que de antemão conheceu, também os predestinou para serem conformes à imagem de seu Filho, Rm 8.29. E aos que predestinou, Rm 8.30. Em amor nos predestinou para ele, Ef 1.5. Predestinados segundo o propósito, Ef 1.11 Compare Ef 3.11. Ver **Eleger**, **Escolher**.

PREDETERMINAR: Determinar com antecipação. Fazerem tudo o que... te propósito determinarem, At 4.28. Ver Ef 3.11.

PREDILETO: O que é estimado ou querido com preferências. A minha **p** da força do cão, Sl 22.20 (ARC). A minha **p** dos leões, Sl 35.17 (ARC).

PREDIZER: Dizer antecipadamente. Vede que vo-lo tenho predito, Mt 24. 25. Ver **Profetizar**.

PREEMINÊNCIA: Primazia. Para que em tudo tenha **p**, Cl 1.18 (ARC). Justa **p** e muita intrepidez na fé, 1 Tm 3.13.

PREENCHER: Encher completamente. Preencho o que resta das aflições. Cl 1.24.

PREFERIR: Escolher. Prefiro estar à porta da casa do meu Deus, Sl 84.10. Se não preferir eu Jerusalém, Sl 137.6. Preferindo deixar o corpo, 2 Co 5.8. Prefiro... em nome do amor, Fm 9. Preferindo ser maltratado junto, Hb 11.25. Ver **Escolher**.

PREFERÍVEL: Que pode ou deve ser preferido. O pobre é preferível ao mentiroso, Pv 19.22.

PREFIGURAR: Figurar ou representar antecipadamente. Adão... prefigurava aquele que havia de vir, Rm 5.14.

PREGAÇÃO: Ato de pregar; sermão. Porque se arrependeram com a **p**, Mt 12.41. Quem creu em nossa **p**? Jo 12.38; Rm 10.16; Is 53.1. A fé vem pela **p**, Rm 10.17. A **p** de Jesus Cristo, Rm 16.25. Pela loucura da **p**, 1 Co 1.21. A minha palavra e a minha **p**, 1 Co 2.4. É vã a nossa **p**, 1 Co 15.14. A **p** fosse plenamente cumprida, 2 Tm 4.17. Manifestou a sua palavra mediante a **p**, Tt 1.3. Ver **Declaração**, **Pregão**.

PREGADOR: O que prega. Palavra do **P**, filho de Davi, Ec 1.1; ver 1.12; 12.9. Fui designado **p**, 1 Tm 2.7; 2 Tm 1.11. Noé **p** da justiça, 2 Pe 2.5.

PREGÃO: Palavras proferidas em voz alta para anunciar publicamente alguma coisa. Fizesse **p** por todo o Israel, 2 Cr 30.5. Ciro... fez passar **p** por todo o seu reino, Ed 1.1. Passar **p** por Judá, Ed 10.7. Ver **Pregação**.

PREGAR: Anunciar, ensinar sob forma de doutrina. Pregar o arrependimento, Mt 3.1; 4.17; Lc 24.47; o batismo, Mc 1.4; as boas novas, Is 61.1; Cristo, 1 Co 1.23; Fp 1.17; o Evangelho, Mt 4.23; 24.14; Mc 16.15; Rm 15.20; 1 Co 9.14,16; 1 Pe 1.12; 4.6; o Evangelho eterno, Ap 14.6; Jesus, At 5.42; 9.20; 17.18; 2 Co 11.4; nós mesmos, 2 Cr 4.5; a Palavra, At 8.4; 2 Co 4.2; a rebeldia, Jr 28.16; o Reino, Lc 9.2,60; At 28.31; a ressurreição, At 17.18. Ver **Anunciar**, **Declarar**, **Evangelizar**.

Prega a Palavra, insta, quer seja oportuno, quer não
2 Tm 4.2

PREGO: Haste de metal, pontiaguda de um lado, com cabeça de outro. // Ferro... para os **p**, 1 Cr 22.3. **P**... de ouro, 2 Co 3.9. Palavras... como **p**, Ec 12.11. Com **p** fixa o ídolo, Is 41.7.

PREGOEIRO: Aquele que proclama publicamente. Noé, **p** da justiça, 2 Pe 2.5 (ARC).

PREGUIÇA: Aversão ao trabalho. A **p** faz cair em profundo sono, Pv 19.15. Não come pão da **p**, Pv 31.27. Pela muita **p** desaba o teto, Ec 10.18.

PREGUIÇOSO: Que tem preguiça. Vai ter com a formiga, ó **p**, Pv 6.6. Assim é o **p** para aqueles que o mandam, Pv 10.26. O **p** deseja e nada tem, Pv 13.4. O **p** mete a mão no prato, Pv 19.24; 26.15. O **p** não lavra por causa do inverno, Pv 20.4. O **p** morre desejando, Pv 21.25. Assim o **p** no seu leito, Pv 26.14. Mais sábio é o **p** a seus próprios olhos, Pv 26.16. Cretenses... ventres **p**, Tt 1.12. Ver **Indolente**, **Ocioso**, **Remisso**.

PREJUDICAR: Fazer dano a. Para que não prejudique a minha: redime tu, Rt 4.6.

PREJUDICIAL: Que prejudica. Constava de ordenanças, o qual nos era **p**, Cl 2.14. Ver **Danoso**.

PREJUÍZO: Dano. Se aquela cidade se reedificar... causarão **p** ao rei, Ed 4.13. A viagem vai ser com grande **p**, At 27.10. Ver **Dano**.

PRÊMIO: Recompensa. Distinção conferida a quem sobressai por trabalhos ou méritos. Não é dos ligeiros o **p**, Ec 9.11. Dá os teus **p** a outrem, Dn 5.17. Mas um só leva o **p**, 1 Co 9.24. Para o **p** da soberana vocação, Fp 3.14. Balaão... que amou o **p** da injustiça, 2 Pe 2.15.

PRENDER: Privar da liberdade; capturar; encarcerar. Prende as águas em densas nuvens, Jó 26.8. Que João fora preso, Mt 4.12. Preso e fostes ver-me, Mt 25.36. Eu beijar é esse; prendei-o, Mt 26.48. No templo... e não me prendestes, Mt 26.55. Herodes prender alguns, At 12.1. Prendendo e metendo em cárceres, At 22.4. Damascenos, para me prender, 2 Co 11.32. E o prendeu por mil anos, Ap 20.2. Ver **Cativar**, **Encarcerar**.

PREOCUPAÇÃO: Idéia antecipada; inquietação resultante dessa idéia. Quanto ao dia de amanhã, não tem **p**, Pv 31.25. Sobrecarregados... das **p** deste mundo, Lc 21.34. A **p** com todas as igrejas, 2 Co 11.28.

PREOCUPAR: Dar cuidado a; tornar apreensivo. Não vos preocupeis com o que haveis de dizer, Mc 13.11. Marta... te preocupas com muitas coisas, Lc 10.41. Escravo? Não te preocupes com isso, 1 Co 7.21. Só se preocupam com as coisas terrenas, Fp 3.19.

PREORDENAR: Ordenar com antecipação. Deus preordenou desde a eternidade, 1 Co 2.7.

PREPARAÇÃO: Ato, efeito ou maneira de preparar. // Calçai os pés com a **p** do evangelho, Ef 6.15. **O dia da preparação** é o dia antes do sábado, Mt 27.62; Mc 15.42; Lc 23.54; Jo 19.31,42. **A preparação da páscoa (parasceve)** Jo 19.14 (ARA), era aquele dia antes de sábado, que ocorria durante a festa pascoal de oito dias. Passou depois a significar **sexta-feira**.

PREPARADO: Instruído; aprontado. Habitar para o Senhor um povo preparado, Lc 1.17.

PREPARAR: Aprontar, arranjar. Assim o preparou Davi em abundância, 1 Cr 22.5. Mensageiro... preparará o teu caminho, Mc 1.2. Preparei o caminho, Mc 1.3. Tudo já está preparado, Lc 14.17. Vou preparar-vos lugar, Jo 14.2. Conhecer as riquezas... preparou de antemão, Rm 9.23; 1 Co 2.9. Deus tem preparado para aqueles, preparará para a batalha? 1 Co 14.8. Deus de antemão preparou, Ef 2.10. Preparado para toda boa obra, 2 Tm 2.21. Portanto lhes preparou uma cidade, Hb 11.16. Salvação preparada para revelar-se, 1 Pe 1.5.

Preparados para responder a todo, 1 Pe 3.15. Ver **Aprontar**.

PREPARATIVO: Preparação. Tendo feito os **p**, subimos, At 21.15.

PREPOTENTE: Muito poderoso ou influente. Vi um ímpio **p**, Sl 37.35.

PREPÚCIO: Pele que cobre a glande do pênis, Gn 17.11; Êx 4.25; 1 Sm 18.25. Ver **Circuncisão**.

PRESA: Aquilo do que o animal carniceiro se apodera para comer. **Fig**. Aquilo de que o homem se apodera com violência. Dente canino. Vossos filhos, de que dizeis: Por **p** serão, farei entrar, Nm 14.31. Livra... das **p** do cão a minha vida, Sl 22.20. Os Leõezinhos rugem pela **p**, Sl 104.21. Tirar-se-ia a **p** ao valente? Is 49.24. Israel... veio a ser **p**? Jr 2.14.

PRESBITÉRIO: 1 Tm 4.14. Era a coletividade dos presbíteros. Ver **Episcopado**.

PRESBÍTERO: Ancião. // Socorro... enviando aos **p**, At 11.30. Cada igreja a eleição de **p**, At 14.23. Bem recebidos... e pelos **p**, At 15.4. Tanto os apóstolos como os **p**, aos irmãos, At 15.23. Mandou a Éfeso chamar os **p**, At 20.17. De dobrada honra os **p**, 1 Tm 5.17. Em cada cidade constituísse **p**, Tt 1.5. Chame os **p**, Tg 5.14. Rogo aos **p**, 1 Pe 5.1. O **p** à senhora eleita, 2 Jo 1. O **p** ao amado Gaio, 3 Jo 1. Ver **Bispo**, **Diácono**.

PRESCIÊNCIA: Conhecimento do futuro. Entregue pelo determinado desígnio e **p** de Deus, At 2.23. Eleitos, segundo a **p** de Deus, 1 Pe 1.2. Ver também, Rm 8.29; 11.2; 1 Pe 1.20. Ver **Eleição**, **Predestinação**.

PRESCREVER: Determinar; ordenar do modo explícito e previamente. O Pai... me tem prescrito o que dizer, Jo 12.49. Prescreve, pois, estas coisas, 1 Tm 5.7. O sangue... Deus prescreveu para vós, Hb 9.20.

PRESCRIÇÃO: Ordem expressa. É **p** do Deus de Jacó, Sl 81.4. Bem-aventurados os que guardam as suas **p**, Sl 119.2.

PRESENÇA: Existência de uma coisa ou pessoa num lugar determinado. Aspecto da fisionomia. Esconderam-se da **p** do Senhor, Gn 3.8. Se a tua **p** não vai comigo, Êx 33.15. Buscai perpetuamente a sua **p**, 1 Cr 16.11; Sl 105.4. Regozijem-se as árvores... na **p** do Senhor, 1 Cr 16.33. Satanás saiu da **p**, Jó 1.12. Na tua **p** há plenitude de alegria, Sl 16.11. No recôndito da tua **p** tu os esconderás, Sl 31.20. Não me repulses da tua **p**, Sl 51.11. Derretem-se como cera os montes na **p** do Senhor, Sl 97.5. Os retos habitarão na tua **p**, Sl 140.13. O anjo da sua **p** os salvou, Is 63.9. E vos arrojarei da minha **p**, Jr 23.39. Jonas... fugir da **p** do Senhor, Jn 1.3. Bebíamos na tua **p**, Lc 13.26. Estamos todos aqui, na **p** de Deus, At 10.33. Ninguém se vanglorie na **p**, 1 Co 1.29. A **p** pessoal dele é fraca, 2 Co 10.10. // **Impossível esconder-se da presença de Deus:** Gn 3.8; Sl 139.7-12; Jr 23.24; Am 9.2; Jn 1.3,7. // **É pavorosa a presença do Senhor:** Êx 19.16-18; Dt 33.2; Jz 5.4; Sl 18.7-16; 114.7; Is 64.1-3; Mq 1.3-4; Hc 3.3-6; Hb 12.21. // **A presença do Senhor acompanhou a Israel**, Êx 33.14,15; Is 63.9. // **Anjos e anciãos permanecem na presença do Senhor:** Lc 1.19; Ap 5.8,11; 7.11.

PRESENCIAR: Assistir a. Os presenciaram desde o princípio, Lc 1.2 (ARC).

PRESENTE: Dádiva, brinde. De Jacó para Esaú, Gn 32.13. De Jacó para "esse homem" no Egito, Gn 43.11. De todo mundo para Salomão, 1 Rs 10.25. De Acaz para o rei da Assíria, 2 Rs 16.8. Os reis te oferecerão **p**, Sl 68.29. Os reis de Sabá e de Sebá lhe ofereçam **p**, Sl 72.10. Enviarão **p** uns aos outros, Ap 11.10. Ver **Dádiva**, **Donativo**, **Oferta**.

PRESERVAR: Manter livre de corrupção, perigo ou dano. Quiser preservar sua vida, Lc 17.33. Preservar a unidade do Espírito, Ef 4.3. Preservando a palavra da vida, Fp 2.16. Preservada através da sua missão de mãe, 1 Tm 2.15. Preservou a Noé, 2 Pe 2.5. Ver **Conservar**.

PRESIDENTE: Aquele que é chefe de uma assembléia, de uma corporação política, etc. Era **p** na casa do Senhor, Jr 20.1. Três **p**, dos quais Daniel, Dn 6.2. Sereis apresentados ante **p** e reis, Mc 13.9.

PRESIDIR: Superintender. O que preside, com diligência, Rm 12.8. Presbíteros que presidem bem, 1 Tm 5.17.

PRESO: Metido em prisão; seguro por corda, correia ou corrente; que não tem liberdade e ação. Abrão que seu sobrinho estava **p**, Gn 14.14. Absalão, **p** nele pela cabeça, 2 Sm 18.9. Um **p** muito conhecido ... Barrabás, Mt 27.16. Satanás trazia **p** há dezoito anos? Lc 13.16. Um **p**, sem mencionar ... as acusações, At 25.27. Matassem os **p**, para que At 27.42. Lembrai-vos... como se estivesse **p** com eles, Hb 13.3. Ver **Cativo**, **Prisioneiro**.

PRESSA: Ligeireza, urgência. Comê-lo-eis à **p**: é a páscoa, Êx 12.11. Os siros na sua **p** tinham lançado fora, 2 Rs 7.15. Eu disse na minha **p**, Sl 31.32. Dá-te **p** Senhor, Sl 40.13; 70.1; 151.1; 143.7. Ver **Presteza**.

PRESTEZA: Prontidão, ligeireza. Bem reconheço a vossa **p**, 2 Co 9.2. Ver **Pressa**, **Prontidão**.

PRÉSTIMO: Qualidade do que presta ou é proveitoso. Artífices de imagem... de nenhum **p**, Is 44.9.

PRESTO: Ligeiro, rápido. Eis que **p** venho, Ap 22.7 (ARC).

PRESUMIR: Conjeturar, imaginar. Que presumir de falar... que eu lhe não mandei, Dt 18.20. Não presumas do dia de amanhã, Pv 27.1 (ARC). Presumem que pelo seu muito falar, Mt 6.7. Para que não sejais presumidos, Rm 11.25.

PRESUNÇÃO: Ato ou efeito de presumir. Contra Davi, e disse: ...conheço a tua **p**, 1 Sm 17.28. Ainda que a sua **p** remonte aos céus, Jó 20.6. Ver **Orgulho**.

PRESUÇOSO: Que tem presunção ou vaidade. Soberbos, **p**, Rm 1.30. Haverá homens ... **p**, soberbos, 2 Tm 3.2 (ARC). Ver **Orgulhoso**.

PRETENDER: Reclamar como um direito. Pretendendo passar por mestres, 1 Tm 1.7.

PRETENSÃO: Suposto direito. Jactais das vossas arrogantes **p**, Tg 4.16.

PRETERIDO: Omitido, desprezado. Soube o Senhor que era **p**, e me deu, Gn 29.33.

PRETEXTAR: Dar ou tomar como pretexto. Pretextando humildade e culto dos anjos, Cl 2.18.

PRETEXTO: Desculpa. Sob **p** de prolongadas orações, Mt 23.14. Cristo... pregado, quer por **p**, Fp 1.18. A liberdade por **p** da malícia, 1 Pe 2.16.

PRETO: Diz-se da cor que é a mais sombria. Pêlo preto, Lv 13.31. Cabelos pretos como o corvo, Ct 5.11. Cavalos pretos, Zc 6.2; Ap 6.5. Ver **Enegrecer**, **Negro**, **Negridão**, **Negrume**.

PRETOR: Magistrado que distribuía a justiça na Roma antiga, At 16.22.

PRETORIANO: Relativo ao pretor, ao magistrado encarregado da justiça, em Roma. As minhas cadeias, em Cristo, se tornaram conhecidas de toda a guarda **p**, Fp 1.13. O apóstolo Paulo passava dia e noite acorrentado pelo pulso a um desses soldados. Ver At 28.16. Assim todos eles reconheciam que ele não era um malfeitor mas que sofria injustamente pelo amor a Jesus Cristo. O resultado foi que o evangelho espalhou-se, também, entre todos da guarda pessoal do imperador, aquartelados em um dos edifícios ao lado do palácio em Roma.

PRETÓRIO: Levando Jesus para o pretório, Mt 27.27; Mc 15.16; Jo 18.28. O pretório era o palácio em que residia o governador de uma província romana. Em Jerusalém era o palácio suntuoso, que Herodes o Grande edificara e em que morava o governador romano.

PREVALECER: Ter, levar vantagem. Prevaleceram as águas excessivamente, Gn 7.19. Lutaste com Deus e prevaleceste, Gn 7.19. Lutaste com Deus e prevaleceste, Gn 32.28. Quando Moisés levantava a mão, Israel prevalecia, Êx 17.11. Certamente prevaleceremos contra ela, Nm 13.30. Israel prevalecia contra Jabim, Jz 4.24. O homem não prevalece pela força, 1 Sm 2.9. Perversos não prevalecerão no juízo, Sl 1.5. As portas do inferno não prevalecerão contra ela, Mt 16.18. As trevas não prevaleceram contra ela, Jo 1.5. A palavra do Senhor crescia e prevalecia poderosamente, At 19.20.

PREVARICAÇÃO: Ato ou efeito de prevaricar. Nossas **p** e os nossos pecados, Ez 33.10.

PREVARICADOR: Aquele que prevarica. O caminho dos **p** é áspero, Pv 13.15 (ARC). Eras **p** desde o ventre, Is 48.8 (ARC).

PREVARICAR: Faltar ao dever. Os pastores prevaricaram contra mim, Jr 2.8.

PREVENÇÃO: Aviso prévio. Que guardas estes conselhos, sem **p** 1 Tm 5.21.

PREVENIR: Dispor de modo a evitar (dano, mal). Prevenidos em sonho, Mt 2.12. Lembrai-vos de como vos preveniu, Lc 24.6.

PREVER: Ver antecipadamente. Tendo a Escritura previsto que, Gl 3.8.

PRIMADO: O mesmo que primazia. Procura ter entre eles o **p**, 3 Jo 9 (ARC).

PRIMAVERA: Estação do ano que começa no equinócio depois do inverno. Juventude. A juventude e a **p** da vida são vaidade, Ec 11.10.

PRIMAZIA: Prioridade, superioridade. Em todas as coisas a **p**, Cl 1.18. Diótrefes, que gosta de exercer a **p**, 3 Jo 9.

PRIMEIRAMENTE: Em primeiro lugar. Enviou-o **p**... para vos abençoar, At 3.26.

PRIMEIRO: Que precede outros, quanto ao tempo, lugar ou categoria. // Deram-se a si mesmos **p** ao Senhor, 2 Co 8.5. Ele nos amou **p**, 1 Jo 4.19. Sou o **p** e o último, Ap 1.17; 22.13. As **p** coisas passaram, Ap 21.4. // O primeiro: aliança, Hb 8.7; 9.1,18; amor, Ap 2.4; cadeiras, Lc 20.46; céu, Ap 21.1; compromisso, 1 Tm 5.12; dia, Gn 1.5; dia da semana, Mt 28.1; At 20.7; estado, 2 Pe 2.20; fundamento, Ap 21.19; homem, 1 Co 15.45,47; mandamento, Mt 22.38; mandamento com promessa, Ef 6.2; obras, Ap 2.5; ressurreição, Ap 20.5,6; rosto, Ez 10.14; ser vivente, Ap 4.7; tabernáculo, Hb 9.6; taça, Ap 16.2; terra, Ap 21.1; trombeta, Ap 4.7.

PRIMÍCIAS: Os primeiros produtos da terra, ou do gado. Todas as **p** foram oferecidas ao Senhor em reconhecimento do fato que a terra e todos os seus produtos pertenciam a Ele. Abel trouxe das **p** do seu rebanho, Gn 4.4. Rúben, as **p** do seu vigor, Gn 49.3. **A festa das primícias**, Êx 23.16; Nm 28.26. As **p** do teu cereal, Dt 18.4; 2 Cr 31.5. As **p** de toda a tua renda, Pv 3.9. Israel era as **p**, Jr 2.3. As **p** do Espírito, Rm 8.23. As **p** da massa, Rm 11.16. **P** da Ásia para Cristo, Rm 16.5 As **p** dos que dormem, 1 Co 15.20. Cristo as **p**, 1 Co 15.23. As **p** da Acaia, 1 Co 16.15. **P** das suas criaturas, Tg 1.18. Os 144 mil, **p** para Deus, Ap 14.4.

PRIMÍCIAS, FESTA DAS: Ver **Pentecoste**.

PRIMÍPARA: Designativo da fêmea que tem o primeiro parto, Jr 4.31.

PRIMO: Indivíduo em relação aos filhos de tias ou tios. Seu tio, ou **p**, o resgatará, Lv 25.49. Marcos, **p** de Barnabé, Cl 4.10.

PRIMOGÊNITO: O filho mais velho. Fá-lo-ei... meu **p**, Sl 89.27. Efraim é o meu **p**, Jr 31.9. Seja o **p** entre muitos, Rm 8.29. Ao introduzir o **p** no mundo, Hb 1.6. Cristo... o **p** dos mortos, Ap 1.5.

PRIMOGENITURA: Prioridade de idade entre irmãos e irmãs. O primogênito era consagrado ao Senhor, Êx 22.29. Herdava uma porção dobrada de tudo quanto o pai possuía, mesmo quando ele era filho da mulher aborrecida, Dt 21.17. O primogênito era, por via de regra, o sucessor do rei, no trono, 2 Cr 21.3. Esaú desprezou e perdeu a sua primogenitura, Gn 25.29-34; Hb 12.16. Jacó deu a primogenitura a Efraim em vez de a Manassés, Gn 48.22; 49.3,4; 1 Cr 5.1,2. Israel é meu primogênito, Êx 4.22. A décima praga: a morte dos primogênitos, Êx 12.29; Sl 78.51; 105.36. Consagra-me todo primogênito, Êx 13.2. Remirás todos os primogênitos, Êx 34.20. Conta todo primogênito varão, Nm 3.40. O primogênito for da aborrecida, Dt 21.15. Com a perda do seu primogênito lhe porá os fundamentos, Js 6.26; 1 Rs 16.34. Jesus Cristo, o primogênito, Lc 2.7; Rm 8.29; Cl 1.15,18; Ap 1.5. Igreja dos primogênitos, Hb 12.23.

PRINCESA: Filha de rei. Salomão tinha 700 mulheres, **p**, e 300 cuncubinas, 1 Rs 11.3. As **p** da Pérsia e da Média, Et 1.18. Jerusalém era "**p** entre as províncias", Lm 1.1.

PRINCIPADO: Território ou estado, cujo soberano é um príncipe (ver "nas regiões celestiais", Ef 3.10). Estou bem certo de que... nem p... poderá separar-nos, Rm 8.38. Houver destruído todo **p**, 1 Co 15.24. Acima de todo **p** e potestade, Ef 1.21. A multiforme sabedoria de Deus se torne conhecida agora dos **p** e potestades, Ef 6.12. Nele foram criadas... quer **p**, quer potestades, Cl 1.16. Ele é o cabeça de todo **p** e potestade, Cl 2.10. Despojando os **p** e potestades, Cl 2.15. Ver **Potestade**.

PRINCIPAL: Que está em primeiro lugar. Os **p** da congregação contaram-no a Moisés, Êx 16.22. Convocando todos os **p** sacerdotes, indagava, Mt 2.4. Sofrer muitas coisas dos **p** sacerdotes, Mt 16.21. Acercaram-se dele os sacerdotes, Mt 21.23. Veio a ser a **p** pedra, Mt 21.42; 1 Pe 2.7. Os **p** sacerdotes procuravam algum testemunho falso, Mt 26.59. Os **p** sacerdotes entraram em conselho, Mt 27.1. Os **p** sacerdotes escarnecendo, Mt 27.41. Um dos **p** na sinagoga, chamado Jairo, Mc 5.22. Os **p** sacerdotes enviaram guardas, Jo 7.32. Autorização dos **p** sacerdotes para prender, At 9.14. Pecadores, dos quais eu sou o **p**, 1 Tm 1.15.

PRINCIPALMENTE: Sobretudo. **P** aos da família da fé, Gl 6.10.

PRÍNCIPE: Esta palavra nunca se usa nas Escrituras para designar uma pessoa que pertence a uma família soberana. Ver 1 Cr 29.24. Contudo se usa como título de soberania. É usada freqüentemente a respeito do chefe ou pessoa principal da família ou da tribo. É usada, também, para designar os primeiros sacerdotes. Os **p** de Ismael, Gn 25.16; de Esaú, Gn 36.15; das tribos, Nm 1.16; 34.18; da Congregação, Nm 16.2; cabeças de famílias, 2 Cr 1.2; de Jerusalém, Is 22.3; de Judá, Jr 26.10. Nem amaldiçoará o **p** de teu povo, Êx 22.28. Sou **p** do exército do Senhor, Js 5.14. Hoje caiu em Israel um p, 2 Sm 3.38. Não confieis em **p**, Sl 146.3. **P** da Paz, Is 9.6. O **p** dos **p**, Dt 8.25. Até ao Ungido, o **P**, Dn 9.25. Miguel, vosso **p**, Dn 10.21. **P** dos demônios, Mt 9.34. O seu **p** será expulso, Jo 12.31. Aí vem o **p** do mundo, Jo 14.30. O **p** deste mundo já está julgado, Jo 16.11. O exaltou a **P** e Salvador, At 5.31. O **p** da potestade do ar, Ef 2.2.

PRINCÍPIO: Começo, origem. No **p** criou Deus, Gn 1.1. O temor do Senhor é o **p** da sabedoria, Sl 111.10; Pv 1.7; 9.10. Sabedoria... desde o **p**, antes do começo da terra, Pv 8.23. Melhor é o fim... do que o seu **p**, Ec 7.8. Não foi assim desde o **p**, Mt 19.8. É o **p** das dores, Mt 24.8. **P** do evangelho, Mc 1.1. No **p** era o Verbo, Jo 1.1. Desde o **p** do mundo, Rm 1.20. Ele é o **p**, o primogênito, Cl 1.18. Deus nos escolheu desde o **p**, 2 Ts 2.13. Os **p** elementares, Hb 5.12; 6.1. Não teve **p** de dias, Hb 7.3. O que era desde o **p**, 1 Jo 1.1. O **p** da criação, Ap 3.14. Eu sou... o **p** e o fim, Ap 21.6; 22.13. Ver **Origem**.

PRISÃO: Cárcere, cadeia. E sejas recolhido à **p**, Mt 5.25. Lançou na **p**, até que saldasse, Mt 18.30. Muitos dos santos nas **p**, At 26.10. Nos açoites, nas **p**, 2 Co 6.5. Muito mais em **p**, 2 Co 11.23. Passaram... até de algemas e **p**, Hb 11.36. Pregou aos espíritos em **p**, 1 Pe 3.19. Diabo está para lançar em **p**, Ap 2.10. Satanás será solto da sua **p**, Ap 20.7. Ver **Cárcere**, **Masmorra**.

PRISCILA, hb. **Velha:** A mulher de Áquila, At 18.2,26; Rm 16.3,4; 1 Co 16.19; 2 Tm 4.19. O fato de seu nome preceder o de seu marido indica que ela era mais ativa do que ele, e um exemplo do que uma crente casada e fervorosa pode fazer na obra de Deus. Compare o exemplo de Febe, talvez não casada e que servia a igreja em Cencréia. Ver **Áquila**.

PRISIONEIRO: Indivíduo privado da liberdade. E não despreza os seus **p**, Sl 69.33. Faz **p** da lei do pecado, Rm 7.23. Paulo, o **p** de Cristo, Ef 3.1; Fm 1. O **p** no Senhor, Ef 4.1. Ver **Cativo**, **Preso**.

PRIVAÇÕES: Falta do necessário à vida. Nas **p**, nas angústias, 2 Co 6.4. Ao passar **p**, não me fiz pesado, 2 Co 11.9. Apesar de todas as nossas **p**, 1 Ts 3.7.

PRIVADO: Desprovido. E **p** da verdade, 1 Tm 6.5.

PRIVAR: Tirar a si próprio o gozo (de alguma coisa). Não vos priveis um ao outro, 1 Co 7.5.

PROCEDER, (verbo): Originar-se; comportar-se. Isto procede do Senhor, Mc 12.11. Como se deve proceder na casa de Deus, 1 Tm 3.15. Procedendo assim, não tropeçareis, 2 Pe 1.10.

PROCEDER, (substantivo): Procedimento; ações. O meu **p** outrora, Gl 1.13. Sejam sérias em seu **p**, Tt 2.3.

PROCEDIMENTO: Comportamento. Que retribuirá a cada um segundo o seu **p**, Rm 2.6. Torna-te padrão dos fiéis, na palavra, no **p**, 1 Tm 4.12. Tens seguido... o meu ensino, **p**, 2 Tm 3.10. Tornai-vos santos... em todo vosso **p**, 1 Pe 1.15. Resgatados do vosso fútil **p**, 1 Pe 1.18. Por meio do **p** de suas esposas, 1 Pe 3.1. Afligido pelo **p** libertino, 2 Pe 2.7. Vivem em santo **p**, 2 Pe 3.11.

PROCLAMAR: Anunciar em público e em voz alta. Proclamar assembléia solene, Jl 2.15; as boas novas, Sl 40.9; Cristo, Fp 1.15; o evangelho, 1 Ts 2.9; a estultícia, Pv 12.23; a glória de Deus, Sl 19.1; a liberdade, Lv 25.10; a mensagem, Jn 3.2; o nome do Senhor, Êx 33.19; o reino, Mt 10.7; a salvação, 1 Cr 16.23; a sua própria benignidade, Pv 20.6. Ver **Anunciar**, **Declarar**, **Pregar**.

PROCÔNSUL: Magistrado da antiga Roma, que governava uma província. Procurando afastar da fé o **p**, At 13.8. Gálio era **p** da Acaia, At 18.12. Há audiências e **p**, At 19.38.

PRÓCORO, gr. **Mestre do coro:** Um dos sete escolhidos para "servirem as mesas" em Jerusalém, At 6.5.

PROCURA: Ato de procurar. Não ando à **p** de grandes coisas, Sl 131.1.

PROCURADOR: Administrador. Cuza, **p** de Herodes, Lc 8.3.

PROCURAR: Esforça-se por achar. Procurar-me-ão, porém não me hão de achar, Pv 1.28. Quem procura o bem alcança favor, Pv 11.27. Há três anos venho procurar fruto, Lc 13.7. Varre a casa e a procura, Lc 15.8. O Pai procura para seus adoradores, Jo 4.23. Não procuro a minha própria vontade, Jo 5.30. Não procuro a minha própria glória, Jo 8.50. Procuram glória, honra e incorruptibilidade, Rm 2.7. Procurai... os melhores dons, 1 Co 12.31. Não procura os seus interesses, 1 Co 13.5. Procurai com zelo os dons, 1 Co 14.1. Procurai... o dom de profetizar, 1 Co 14.39. Procurai compreender qual a vontade, Ef 5.17. Procura apresentar-te, 2 Tm 2.15. Procurando uma pátria, Hb 11.14. Ver **Buscar**.

PRODÍGIO: Coisa sobrenatural. Ferirei o Egito com todos os meus **p**, Êx 3.20. Hoje vimos **p**, Lc 5.26. Mostrarei **p** em cima, At 2.19. Demônios que fazem **p**, Ap 16.14. Ver **Maravilha**, **Milagre**, **Sinal**.

PRÓDIGO: Que, ou aquele que despende com excesso. A parábola do filho pródigo, Lc 15.11-32.

PRODUÇÃO: Coisa produzida. As **p** do ímpio ao pecado, Pv 10.16 (ARC).

PRODUTO: Coisa produzida. O **p** da oliveira, Hc 3.17 (ARC).

PRODUZIR: Gerar, criar, dar nascimento ou origem a. Carta... produzida pelo nosso ministério, 2 Co 3.3. Tribulação produz... eterno, 2 Co 4.17. Produz arrependimento... produz morte, 2 Co 7.10. Não produz a justiça de Deus, Tg 1.20. Árvore da vida, que produz doze, Ap 22.2.

PROEZA: Ato de valor; façanha. Mas Israel fará **p**, Nm 24.18. Em Deus faremos **p**, Sl 60.12; 108.13. A destra do Senhor faz **p**, Sl 118.15,16.

PROFANAR: Violar a santidade de uma coisa. Em que te havemos profanado? Mt 1.7. Profanar: A aliança. Ml 2.10; os olhos, 2 Rs 23.8; a coroa, Sl 89.39; o leito, Dt 22.30; o nome de Deus, Lv 18.21; Pv 30.9; o sábado, Ne 13.17; o sangue, Hb 10.29; o santuário, Ez 5.11; Dn 11.31; Sf 3.4; Ml 2.11; o templo, Sl 79.1; At 24.6; a terra, Nm 35.33. Ver **Desonrar**.

PROFANO: Que não pertence à classe eclesiástica; secular. Entre o santo e o **p**, Lv 10.10; Ez 44.23. Mas para... ímpios e **p**, 1 Tm 1.9. As fábulas **p**, 1 Tm 4.7. Evitando os falatórios inúteis e **p**, 1 Tm 6.20; 2 Tm 2.16. Nem haja algum impuro ou **p**, Hb 12.16.

PROFECIA: Ver **Profeta**. Não havendo **p** o povo se corrompe, Pv 29.18. Diferentes dons... se **p**, Rm 12.6. A outro **p**, 1 Co 12.10. Havendo **p**, desaparecerão, 1 Co 13.8. A **p** não é para os incrédulos, 1 Co 14.22. Não desprezeis **p**, 1 Ts 5.20. Segundo as **p** de que... foste objeto, 1 Tm 1.18. Dom... te foi concedido mediante **p**, 1 Tm 4.14. Nenhuma **p**... vêm de particular elucidação, 2 Pe 1.20. Ouvem as palavras da **p**, Ap 1.3; 22.18. O testemunho de Jesus é o espírito da **p**, Ap 19.10. Que guarda as palavras da **p**, Ap 22.7. Ver **Dons do Espírito**.

PROFERIR: Pronunciar em voz alta e clara. Proferem impiedades, Sl 94.4. Proferindo... palavras maliciosas, 3 Jo 10.

PROFESSAR: Reconhecer publicamente, confessar. Com a boca professam muito amor, Ez 33.31. Mulheres que professam ser piedosas, 1 Tm 2.10. Professando-o, se desviaram da fé, 1 Tm 6.21. Que professa o nome do Senhor, 2 Tm 2.19. Professam conhecê-lo, entretanto o negam, Tt 1.16.

PROFETA: Porta-voz de Deus cuja mensagem é ou admoestação ou predição. Em um sentido os primeiros profetas foram os patriarcas, desde Adão até Moisés. Ver Gn 20.7. No sentido restrito, é em Samuel que começa o ministério profético. Entre esses profetas encontram-se Elias, Eliseu, Davi. A partir dessa época, começa outra ordem de profetas, divididos em duas classes: 1) **Os grandes profetas:** Isaías, Jeremias, Ezequiel, Daniel. 2) **Os profetas menores**, isto é, que deixaram escritos menos importantes, são, em número de doze: Oséias, Joel, Amós, Obadias, Jonas, Miquéias, Naum, Habacuque, Sofonias, Ageu, Zacarias e Malaquias. // Lista cronológica dos profetas: Enoque, Gn 5.21-24; Noé, Gn 9.25-27; Abraão, Gn 20.7; Jacó, Gn 49.1; Arão, Êx 7.1; Moisés, Dt 18.18; Balaão, Nm 23.5; Samuel, 1 Sm 3.20; Davi, Sl 16.8-11; Natã, 2 Sm 7.2; Zadoque, 2 Sm 15.27; Gade, 2 Sm 24.11; Aías, 1 Rs 11.29; Ido, 2 Cr 9.29; Semaías, 2 Cr 12.7; Azarias, 2 Cr 15.2-7; Hanani, 2 Cr 16.7; Jeú, 1 Rs 16.1; Elias, 1 Rs 17.1; Eliseu, 1 Rs 14.25; Isaías, 2 Rs 19.2; Oséias, Os 1.1; Amós, Am 1.1; Miquéias, Mq 1.1; Obede, 2 Cr 28.9; Naum, Na 1.1; Joel, Jl 1.1; Sofonias, Sf 1.1; Jedutum, 2 Cr 35.15; Jeremias, 2 Cr 36.12; Habacuque, Hb 1.1; Obadias, Ob 1; Ezequiel, Ez 1.3; Daniel, Dn 12.11; Ageu, Ag 1.1; Zacarias, Zc 1.1; Malaquias, Ml 1.1.; Zacarias, Lc 1.67; João Batista, Lc 7.28; Caifás, Jo 11.51; Ágabo, At 11.28; Paulo, 1 Tm 4.1; Cristo, de quem testificavam todos os profetas (Lc 24.27,44), é **O Profeta** da sua Igreja em todas as épocas, Dt 18.15; At 3.22,23. Ver **Apóstolo**, **Evangelista**, **Ministro**, **Vidente**.

PROFETAS, FALSOS: Dt 18.20; Is 9.15; Jr 14.13; Ez 13.3; Mt 7.15; 2 Pe 2.1; 1 Jo 4.1. Zedequias, 1 Rs 22.11; Jr 29.21. Barjesus, At 13.6.

PROFETIZA: Mulher que faz profecias. Miriã, Êx 15.20; Débora, Jz 4.4; Hulda, 2 Rs 22.14; Ana, Lc 2.36; As quatro filhas de Felipe, At 21.9. Ver Is 8.3; At 2.18; 1 Co 11.5.

PROFETIZAR: Predizer como profeta. Ver **Profeta**. Setenta anciãos... profetizaram, Nm 11.25. A palavra dele se não cumprir... como profetizou, Dt 18.22 (ver 13.1-5). Saul, e ele profetizou, 1 Sm 10.10. Um grupo de profetas profetizando... também eles profetizaram, 1 Sm 19.20. Também estes profetizaram... também profetizaram, 1 Sm 19.21. Profetizou diante de Samuel, 1 Sm 19.24. Nunca profetiza de mim o que é bom, 1 Rs 22.8. Profetizaram o profeta Ageu e Zacarias, Ed 6.14. Não profetizeis para nós o que é reto, Is 30.10. Os profetas profetizam falsamente, Jr 5.31. Profetizado em teu nome, Mt 7.22. Todos os profetas... profetizaram até João, Mt 11.13. Profetiza-nos... quem é que bateu! Mt 26.68. Zacarias... profetizou, Lc 1.68. Em parte profetizamos, 1 Co 13.9. Procurai com zelo... de profetizar, 1 Co 14.39. Profetizou Enoque, Jd 14. Ver **Pronunciar**, **Predizer**.

PROFISSÃO: Ofício, emprego. A **p** deles era fazer tendas, At 18.3. Convocando-os... da mesma **p**, At 19.25. Nossa **p** cair em descrédito, At 19.27. Ver **Artífice**.

PROFUNDAMENTE: Muito do íntimo. A minha alma está **p** triste, Mc 14.34.

PROFUNDEZA: Aquilo que é profundo; (fig.) o inferno, o mar. // Das **p** clamo a ti, Sl 130.1. Nossos pecados nas **p** do mar, Mq 7.19. Perscruta, até mesmo as **p** de Deus, 1 Co 2.10. Ver **Profundidade**.

PROFUNDIDADE: O mesmo que profundeza; grandeza ou intensidade extraordinária. Nem **p**... pode separar-nos, Rm 8.39. Ó **p** da riqueza, tanto da sabedoria, Rm 11.33. Compreender, com todos os santos, qual... a **p**, Ef 3.18. Ver **Profundeza**.

PROFUNDÍSSIMO: Mui profundo. Longe está o que foi, e **p**, Ec 7.24 (ARC).

PROFUNDO: Muito fundo; que vem do íntimo; que penetra muito. Os teus pensamentos, que **p**! Sl 92.5. Águas **p** são as palavras, Pv 18.4. Ele revela o **p**, Dn 2.22. Abriu **p** vala, Lc 6.48. Como eles dizem, as coisas **p** de Satanás, Ap 2.24.

PROGENITOR: Procriador, pai. Contra os **p**, e os matarão, Mt 10.21; Mc 13.12. E a recompensar a seus **p**, 1 Tm 5.4. Ver **Pai**, **Mãe**.

PROGREDIR: Avançar. Progredir, para a edificação, 1 Co 14.12. Exortamos... progredirdes cada vez mais, 1 Ts 4.10.

PROGRESSO: Movimento ou marcha para a frente. Para o **p** do evangelho, Fp 1.12. O vossos **p** e gozo da fé, Fp 1.25. O teu **p** a todos seja manifesto, 1 Tm 4.15.

PROIBIR: Ordenar que não se faça. Povo foi proibido de trazer mais, Êx 36.6. Moisés, meu senhor, proibe-lho, Nm 11.28. Proibimos, porque não seguia conosco, Mc 9.38. É proibido a um judeu ajuntar-se, At 10.28. Não proibais o falar em outras línguas, 1 Co 14.39. Que proibem o casamento, 1 Tm 4.3.

PROJETAR: Planear. Delinear-se. Projetam iniqüidade, Sl 64.6. Sua sombra se projetasse nalguns deles, At 5.15. Ver **Maquinar**, **Urdir**.

PROJETO: Desígnio, plano. Trama **p** iníquios, Pv 6.18. Onde não há conselho fracassam os **p**, Pv 15.22. Forjai **p**, Is 8.10. Tramavam **p** contra mim, Jr 11.19. Ver **Maquinação**.

PROLE: Filho ou filhos. Sua **p** não se fartará, Jó 27.14. Encontrou casa... para a sua **p**, Sl 84.3 (ARC). Ver **Família**, **Descendência**.

PROLONGAR: Aumentar o comprimento ou a duração de. Para que se prolonguem os teus dias, Êx 20.13. Se andares... prolongarei os teus dias, 1 Rs 3.14. O temor do Senhor prolonga os dias, Pv 10.27. E prolongará os seus dias, Is 53.10. Talvez se prolongue a tua tranqüilidade, Dn 4.27. Paulo prolongou o discurso, At 20.7.

PROMESSA: Afirmativa feita de cumprir alguma coisa. Nenhuma **p** falhou, Js 21.45. Alegro-me nas tuas **p**, Sl 119.162. Envio sobre vós a **p** de meu Pai, At 1.4. Recebido do Pai a **p** do Espírito, At 2.33. Para vós é a **p**, At 2.39. O tempo da **p** que Deus jurou a Abraão, At 7.17. O evangelho da **p** feita a nossos pais, At 13.32. Julgado... da **p**... feita a nossos pais, At 26.6. A **p** de ser herdeiro do mundo, Rm 4.13. Seja firme a **p** para toda a descendência, Rm 4.16. Os filhos da **p**, Rm 9.8. Para confirmar as **p** feitas aos nossos pais, Rm 15.8. Quantas são as **p** de Deus tantas, 2 Co 1.20. Tendo... tais **p**, purifiquemo-nos, 2 Co 7.1. A lei contrária as **p** de Deus? Gl 3.21. Herdeiros segundo a **p**, Gl 3.29. Sois filhos da promessa, como Isaque, Gl 4.28. Selados com o Santo Espírito da **p**, Ef 1.13. Estranhos às alianças da **p**, Ef 2.12. Co-participantes da **p**, Ef 6.2. Superiores **p**, Hb 8.6. A **p** da eterna herança, Hb 9.15. Na terra da **p** como em terra alheia, Hb 11.9. Teve por fiel aquele... feito a **p**, Hb 11.11. Sem ter obtido a **p**, Hb 11.13. Por meio da fé... obtiveram **p**, Hb 11.33. A concretização da **p**, Hb 11.39. Preciosas e mui grandes **p**, 2 Pe 1.4. Onde está a **p** da sua vinda? 2 Pe 3.4. Não retardará o Senhor a sua **p**, 2 Pe 3.9. A **p** que ele mesmo nos fez, a vida eterna; 1 Jo 2.26. Ver **Voto**. **As promessas de Deus:** promessa feita a Adão, Gn 3.15; a Noé, Gn 8.21; 9.9; a Abraão, Gn 12.7,13,14; 15 ; 17.1-21; 18.10; 22.15; a Hagar, Gn 26.2-5; a Jacó, Gn 28.13; 31.3; 32.12; 35.11; 46.3; a Israel, Êx 23.23-31; Lv 26.3-13; Dt 11.22-26; a Davi, 2 Sm 7.11; 1 Cr 17.10; a Salomão, 1 Rs 3.12; 9.1-5; 2 Cr 1.7-12; 7.17,18. **As promessas de Cristo:** aos seus discípulos, Mt 6.4,33; 7.7; 11.28; 12.50; 17.20; 19.28; 28.20; Lc 12.32; 22.29; Jo 14; 15; 16; 20.21; aos seus servos, Mt 16.25; 24.46,47; Lc 1.77; 2.14; At 1.4; 2.33,39; 2 Co 6.17 a 7.1; Gl 3.14; Ef 3.6; 1 Tm 4.8; 2 Tm 1.1; Tt 1.2; Hb 9.15. **As promessas aos penitentes:** Êx 34.7; Sl 65.3; 130.4; Is 1.18; 43.25; Jr 33.8; Rm 4.; 5.; 2 Co 6.18; Ef 2.13. **Aos pobres, aflitos, etc.;** Dt 10.18; Sl 9.8,9; 12.5; 69.33; 72.12; 102.17; 109.31; 146.9; Pv 15.25; Is 54.11-13; Jr 49.11; Os 14.3. **Promessas a segurar e aperfeiçoar:** Sl 37.17; 73.26; 94.14; 103.13; Is 25.8; 40.29; 46.3; 63.9; Jr 31.3; Os 14.4; Sf 3.17; Rm 16.20; 1 Co 10.13; 2 Co 6.18; Ef 1.3; 1 Pe 5.7. **Promessas de bênçãos temporais:** Lv 26.6; Sl 34.9; 102.28; 121.3; 128; Pv 3.10; Is 32.18; 33.16; Mt 6.25; Fp 4.19; 1 Tm 4.8. **Deus**

Nossos pecados nas profundezas do mar, Mq 7.19

cumpre as suas promessas: Js 21.43-45; 1 Rs 2.24; 8.20; 24.56; 2 Cr 6.10; Sl 77.8; 105.8,42; Lc 1.54; 21.33; Rm 15.8; 1 Ts 5.24; Tt 1.2; Hb 10.23. **Reclamemos as bênçãos prometidas:** Gn 32.9-12; Dt 9.26-29; 2 Sm 7.28,29; 2 Cr 1.9; Ne 1.8-11; Sl 74.2; 119.49; Is 63.7; Jr 14.21; Dn 9.19.

PROMETER: Obrigar-se a fazer. O Espírito prometido, Gl 3.14. Promete... farei abalar não só a terra, Hb 12.26. Coroa... a qual o Senhor prometeu, Tg 1.12. Reino que ele prometeu, Tg 2.5. Prometendo-lhes liberdade, 2 Pe 2.19. Ver **Votar**.

PROMOTOR: Aquele que promove. E **p** de sedições, At 24.5 (ARC).

PROMOVER: Dar impulso a. Promovendo-lhes em cada igreja a eleição de presbíteros, At 14.23. Para os que promovem a paz, Tg 3.18.

PROMULGAR: Transmitir ao vulgo; tornar público. Promulgai um santo jejum, Jl 1.14. Promulgada por meio de anjos, Gl 3.19. Ver **Publicar**.

PRONTAMENTE: Logo. A seu tempo o farei **p**, Is 60.22 (ARC).

PRONTIDÃO: Presteza. Ponde-vos de **p**, 1 Rs 20.12. Como revelastes **p** no querer, assim a leveis a termo, 2 Co 8 11. Ver **Pressa**, **Presteza**.

PRONTO: Preparado; disposto. És bom, e **p** a perdoar, Sl 86.5 (ARC). Tudo está **p**, vinde, Mt 22.4. O espírito... está **p**, Mt 26.41. Estou **p** a ir contigo... para a morte, Lc 22.33 (ARC). Estou **p**... a morrer em Jerusalém, At 21.13

(ARC). Estejam **p** para toda boa obra, Tt 3.1. Seja **p** para ouvir, tardio, Tg 1.19.

PRONUNCIAR: Exprimir verbalmente. Teu coração se apresse a pronunciar palavra, Ec 5.2.

PROPAGAR: Aumentar; espalhar; difundir. Que a palavra do Senhor se propague, 2 Ts 3.1.

PROPALAR: Tornar público. Entrou a propalar muitas coisas, Mc 1.45.

PROPICIAÇÃO: Aquilo que propicia, isto é, que faz tornar favorável; sacrifício de expiação. O sacrifício de Jesus, de si mesmo e a sua morte, para cumprir a justiça divina e obter a reconciliação entre Deus e os homens. // No seu sangue, como **p**, mediante a fé, Rm 3.25. Para fazer **p** pelos pecados, Hb 2.17. Ele é a **p** pelos nossos pecados, 1 Jo 2.2. Enviou o seu Filho como **p**, 1 Jo 4.10. Ver também, Êx 32.30.

PROPICIATÓRIO: A lâmina de ouro puríssimo, sobre a arca do concerto, Êx 25.17. Sobre esta "Sede de Misericórdia", nome que Tyndale adotou da tradução de Lutero, pairavam dois querubins de ouro, Êx 37.6; Hb 9.5. Seu nome lembrava o ato e a fonte da expiação. Uma vez por ano, no grande dia da expiação, o sumo sacerdote entrava no Santo dos Santos e aspergia o propiciatório com o sangue das vítimas oferecidas pelo pecado, Lv 16.14,15. "De cima do propiciatório, do meio dos dois querubins que estão sobre a arca do testemunho, falarei contigo acerca de tudo o que eu te ordenar para os filhos de Israel," Êx 25.22.

PROPÍCIO: Que presta auxílio ou proteção. Sê **p** ao teu povo, Dt 21.8. Orará a Deus, que lhe será **p**, Jó 33.26. Acaso não torna a ser **p**, Sl 77.7. Eu vos serei **p**, Jr 42.12. Sê **p** a mim pecador, Lc 18.13. Ver **Benigno**, **Favorável**.

PROPOR: Sugerir, intentar, prometer. Propuseram dois: José, At 1.23. Segundo tiver proposto no coração, 2 Co 9.7.

PROPORÇÃO: Extensão, intensidade. Profecia, seja segundo a **p** da fé, Rm 12.6. Segundo a **p** do dom de Cristo, Ef 4.7.

PROPORCIONAR: Pôr em proporção, adaptar, harmonizar. Deus que tudo nos proporciona ricamente, 1 Tm 6.17. Ver **Oferecer**.

PROPOSIÇÃO: Ação de propor, de submeter a exame ou deliberação. Tomou e comeu os pães da **p**, Lc 6.4. Ver **Pães da proposição**.

PROPÓSITO: Intenção. Muitos **p** há no coração, Pv 19.21. Conforme o **p** daquele que faz todas, Ef 1.11. Segundo o eterno **p**, Ef 3.11.

PROPRIEDADE: Prédio, fazenda, herdade. Triste, por ser dono de muitas **p**, Mt 19.22. Vendiam as suas **p**, At 2.45. Ananias... vendeu uma **p**, At 5.1. Povo de **p** exclusiva de Deus, 1 Pe 2.9.

PRÓPRIO: Que pertence exclusivamente a. O seu povo **p**, Dt 7.6; 14.2. Domínio **p**, Pv 25.28; Gl 5.23; 2 Pe 1.6. O seu **p** dom, 1 Co 7.7. O seu **p** interesse, 1 Co 10.24. Ver **Exclusivo**, **Particular**, **Peculiar**.

PROSÉLITO: Pagão convertido à doutrina dos judeus. Os rabinos reconheciam duas ordens: **Os prosélitos da justiça**, aceitavam a circuncisão com todas as regras de Moisés. **Os prosélitos da porta** (título derivado de Êx 20.10; etc.), ficavam incircuncisos, mas se submetiam aos princípios do decálogo e assistiam aos ofícios na parte do Templo chamado **O vestíbulo do gentio**. A lei para o estrangeiro (prosélito) que morava entre os israelitas, Nm 15.14-21. Os escribas e fariseus rodeavam o mar e a terra para fazer um prosélito, Mt 23.15. Até centuriões romanos abraçaram a fé dos judeus, edificaram sinagogas para eles, jejuavam, oravam a Deus, davam esmolas, Lc 7.5; At 10.2,30. Havia prosélitos das muitas nações representadas no dia de pentecoste, At 2.10 (ARC); 2.11 (ARA). Nicolau, um dos sete escolhidos para "servirem às mesas", era prosélito de Antioquia, At 6.5. O eunuco, etíope; batizado por Felipe era prosélito, At 8.26-39. Os gentios "tementes a Deus" eram prosélitos, At 10.22; 13.16,43; 16.14.

PROSPERAR: Dar bons resultados. Não prosperarás, Dt 28.29. Prosperareis em tudo, Dt 29.9. Deus o fez prosperar, 2 Cr 26.5. Não te irriteis por causa do homem que prospera, Sl 37.7. Alma generosa prosperará, Pv 11.25. O que encobre... jamais prosperará, Pv 28.13. O que confia no Senhor prosperará, Pv 28.25. A vontade do Senhor prosperará nas suas mãos, Is 53.10. Toda arma forjada contra ti não prosperará, Is 54.17. A palavra que sair da minha boca.. prosperará, Is 55.11. Por que prospera o caminho dos perversos? Jr 12.1. Daniel prosperou no reinado de, Dn 6.28.

PROSPERIDADE: Felicidade. Na **p** lhe sobrevem o assolador, Jó 15.21. Dizia eu na minha **p**: Jamais serei abalado, Sl 73.3. Na sua casa há **p** e riqueza, Sl 112.3 Deste ofício vem a nossa **p**, At 19.25. Ponha de parte... conforme a sua **p**, 1 Co 16.2. Faço votos por tua **p** e saúde, 3 Jo 2.

PRÓSPERO: Propício, feliz. José que veio a ser **p**, Gn 39.2. Deus me fez **p** na terra da minha aflição, Gn 41.52. Sejam **p** os que te amam, Sl 122.6. Fartura de pão e **p** tranqüilidade... mas nunca, Ez 16.49.

PROSSEGUIR: Continuar. Prossigo para conquistar, Fp 3.12. Prossigo para o alvo, Fp 3.14.

PROSTÍBULO: Lugar de prostituição, Ez 16.39.

PROSTITUIÇÃO: Meretrício. Nossa irmã, como se fosse **p**, Gn 34.31. **P** cultual, Gn 38.21. Começou o povo a **p** com as filhas dos moabitas, Nm 25.1. Das filhas de Israel não haverá quem se **p**, Dt 23.17. Raabe, a

p, Js 6.17. Vieram duas **p** ao rei, 1 Rs 3.16. **P** cultual, 1 Rs 14.24; 15.12; Jó 36.14. Com vestes de **p**, e astuta de coração, Pv 7.10. Cova profunda é a **p**, Pv 23.27. Como se fez **p** a cidade fiel! Is 1.21. Debaixo de toda árvore frondosa te deitava e te **p**, Jr 2.20. **P** com muitos amantes, Jr 3.1. Acaso é pequena a tua **p**? Ez 16.20. Também te **p** com os filhos da Assíria, Ez 16.28. Do coração procedem adultérios, **p**, Mt 15.19. O homem que se une à **p**, forma um só corpo com ela, 1 Co 6.16. Não se arrependeram da impureza, **p**, 2 Co 12.21. As obras da carne: **p**, impureza, Gl 5.19. Fazei morrer a vossa natureza terrena; **p**, Cl 3.5. Que vos abstenhais da **p**, 1 Ts 4.3. Havendo-se entregues à **p**, Jd 7. Vinho da fúria da sua **p**, Ap 14.8; 18.3. As imundícias da sua **p**, Ap 17.4. Corrompida a terra com a sua **p**, Ap 19.2. Ver **Adultério**, **Divórcio**, **Fornicação**, **Meretrício**.

PROSTITUIR: Tornar devasso; corromper; desmoralizar. Prostituíste, Ez 16.16,28. Sua mãe se prostituiu, Os 2.5. Prostituído, ó Efraim, Os 5.3. Os que se prostituem, Ap 22.15 (ARC).

PROSTITUTA: Mulher pública; meretriz. Onde está a **p**, Gn 38.21. As **p** banharam-se nestas águas, 1 Rs 22.38. Cova profunda é a **p**, Pv 23.27. Grande **p**... assentada sobre muitas, Ap 17.1 (ARC). Julgou a grande **p**, Ap 19.2 (ARC). Ver **Meretriz**.

PROSTRAR: Deitar por terra. José e Raquel, e se prostraram, Gn 33.7. E se prostrou diante de todo o exército dos céus, 2 Rs 21.3. Mordecai... nem se prostrava, Et 3.2. Todas as nações... prostrar-se-ão, Sl 86.9. Vinde, adoremos e prostremo-nos, Sl 95.6. Faz um deus e se prostra, Is 44.15. Pedro prostrou-se aos pés de Jesus, Lc 5.8. Mulher... prostrando-se, Lc 8.47. Ficaram prostrados no deserto, 1 Co 10.5. Farei vir e prostrar-se aos teus pés, Ap 3.9. Ver **Inclinar**.

PROTEÇÃO: Apoio, socorro, amparo, abrigo. E **p** no dia da minha, Sl 59.16. Sobre toda a glória haverá **p**, Is 4.5 (ARC).

PROTEGER: Tomar a defesa de alguém. O Senhor o protege e lhe preserva, Sl 41.2. Ama-a, e ela te protegerá, Pv 4.6. Ver **Abrigar**, **Defender**, **Refugiar**.

PROTEGIDO: Indivíduo que recebe proteção especial de alguém; favorito. Conspiram contra os teus **p**, Sl 83.3.

PROTESTAR: Insurgir-se, levantar-se contra uma injustiça ou ilegalidade. Eu vos protesto... que estou limpo, At 20.26.

PROTETOR: Que, aquele ou aquilo que protege. Tem sido **p** de muitos, Rm 16.2.

PROVA: Demonstração. Pôs Deus Abraão à **p**, Gn 22.1. Eu ponha à **p** se anda, Êx 16.4. Grandes **p** que viram os teus olhos, Dt 7.19. O Senhor põe à **p** o justo, Sl 11.5. Com muitas **p** incontestáveis, At 1.3. Não ponhamos o Senhor a **p**, 1 Co 10.9. No meio de muitas **p** de tribulações, 2 Co 8.2. Manifestai... a **p** de vosso amor, 2 Co 8.24. Buscais **p** de que em mim Cristo fala, 2 Co 13.3. Vossos pais me tentaram pondo-me à **p**, Hb 3.9. Passaram pela **p** de escárnios, declaram apóstolos, Ap 2.2. Postos à **p**, Ap 2.10.

PROVAÇÃO: Ato ou efeito de provar; situação aflitiva. Davi.. todas as suas **p**, Sl 132.1. Na hora da **p** se desviam, Lv 8.13. Servindo ao Senhor com... lágrimas e **p**, At 20.19. Passardes por várias **p**, Tg 1.2. Suporta com perseverança **p**, Tg 1.12. Contristados por várias **p**, 1 Pe 1.6. O Senhor sabe livrar da **p**, 2 Pe 2.9. Eu te guardarei da hora da **p**, Ap 3.10.

PROVADO: Demonstrado experimentado. Eis que eu assentei em Sião uma pedra... já **p**, Is 28.16. O seu caráter **p**, Fp 2.22.

PROVAR: Estabelecer a verdade, a realidade de. Para te provar, para saber, Dt 8.2. A palavra do Senhor é provada, 2 Sm 22.31; Sl 18.30. Veio prová-lo com perguntas, 1 Rs 10.1. Provasme no fogo, Sl 17.3. Examina-me, Senhor, e prova-me, Sl 26.2. Provai e vede que o Senhor é bom, Sl 34.8. Prova-me e conhece os meus pensamentos, Sl 139.23. Eu os acrisolarei e os provarei, Jr 9.7. Provarei, como se prova o ouro, Zc 13.9. Provai-me nisto, diz o Senhor, Ml 3.10. Vinho com fel... provando-o, não o quis, Mt 27.34. Deus prova o seu amor, Rm 5.8. A obra de cada... fogo o provará, 1 Co 3.13. Realmente estais na fé; provai-vos, 2 Co 13.5. Prove cada um o seu labor, Gl 6.4. Não proves aquilo, Cl 2.21. Deus que prova os nossos corações, 1 Ts 2.4. Jesus... provasse a morte por todo homem, Hb 2.9. Aqueles que... provaram o dom celestial, Hb 6.4. Foram apedrejados, provados, Hb 11.37. Provai os espíritos, 1 Jo 4.1. Ver **Acrisolar**, **Embranquecer**, **Purificar**, **Refinar**.

PROVEITO: Utilidade, vantagem, benefício. Que **p** tem o homem de todo o seu trabalho, Ec 1.3. Atrás de coisas de nenhum **p**, Jr 2.8. Qual é o **p**... disser que tem fé, Tg 2.14.

PROVEITOSO: Que dá proveito. Exercício físico para pouco é **p**, mas a piedade para tudo é **p**, 1 Tm 4.8. Estas coisas são excelentes e **p**, Tt 3.8. Ver **Útil**.

PROVER: Abastecer, munir. Deus proverá... o cordeiro, Gn 22.8. Por nome àquele lugar — o Senhor proverá, Gn 22.14. Não nos proveis de ouro, Mt 10.9; Com a tentação, vos proverá livramento, 1 Co 10.13. Deus provido coisa superior a nosso respeito, Hb 11.40. Ver **Abastecer**.

PROVÉRBIO: Máxima, expressa em poucas palavras e que se tornou popular. O primeiro **p** citado: "Também Saul está entre os profetas", 1 Sm 10.12; 19.24. O **p** dos antigos,

1 Sm 24.13. Opróbrio e **p**, Dt 28.37; 1 Rs 9.7; Jr 24.9; Salomão compôs 3.000 **p**, 1 Rs 4.32. Ver **Adágio**, **Ditado**, **Provérbio**, **Livro dos**.

PROVÉRBIOS, LIVRO DOS: Um dos cinco livros poéticos, que se chamam sapienciais, isto é, de sabedoria. Intitula-se, também. **Provérbios de Salomão**, porque são, em maior parte de Salomão. Consiste de 375 máximas; não são ligadas de maneira alguma em sentido e são expressas em poucas palavras. São adágios de sabedoria divina aplicados praticamente às condições do povo de Deus. **A autoria:** São "provérbios de Salomão", 1.1. Abrasava-se a alma de Salomão quando jovem para ter um "coração compreensivo", 1 Rs 3.4-15. "Foram os seus cânticos mil e cinco" e "compôs três mil provérbios" dos quais escolheu, talvez os melhores para o seu livro dos **Provérbios**, 1 Rs 4.32-34. Ver **Salomão**. // **A Chave:** Sabedoria: "O temor do Senhor é o princípio da Sabedoria", 1.7; 9.10. **As divisões:** I. O valor e o alcance da verdadeira sabedoria, caps 1 a 9. // II. Provérbios de Salomão, 10.1 a 22.16. // III. Palavras dos sábios, 22.17 a 24.34. // IV. "Provérbios de Salomão, os quais transcreveram os homens de Ezequias", 25.1 a 29.27. // V. "Palavras de Agur", 30.1-33. // VI. "Palavras do rei Lemuel", 31.1-9. // VII, Louvor a uma mulher boa e hábil, 31.10.31.

PROVIDÊNCIA: A suprema sabedoria com que Deus conduz todas as coisas. A tua **p** tem conservado o meu espírito, Jó 10.12 (B). Pela tua **p** têm-se feito reformas, At 24.2 (B). **A providência de Deus:** A suprema sabedoria de Deus, com que Ele governa todas as coisas. Ver Gn 8.22; Js 7.14; 1 Sm 6.7; Sl 36.6; 145; 147; Pv 16.19,20,33; Mt 6.33; 10.29,30; At 1.26; 17.26; Fp 4.19.

PROVIDENCIAR: Divisão territorial de um país, colocada debaixo da autoridade de um delegado do poder central. E se acham na **p**, Ne 1.3. Assuero... sobre cento e vinte **p**, Et 1.1. Dura, na **p** de Babilônia, Dn 3.1. Perguntou... de que **p** ele era, At 23.34.

PROVISÃO: Fornecimento. Pela **p** do Espírito, Fp 1.19.

PROVOCAÇÃO: Ato ou efeito de provocar. Todas as **p** com que Manassés o tinha irritado, 2 Rs 23.26. Olhos... contemplar a **p**, Jó 17.2. Na **p** no dia da tentação no deserto, Hb 3.8.

PROVOCAR: Incitar, excitar. Até quando me provocará? Nm 14.11. A zelos me provocaram com aquilo que não é Deus, Dt 32.21. A sua rival a provocava excessivamente, 1 Sm 1.6. Na solidão o provocaram, Sl 78.40. Provocando uns aos outros, Gl 5.26. Não provoqueis vossos filhos à ira, Ef 6.4.

PRÓXIMO: Que está perto, falando-se do lugar, do tempo. Cada pessoa, o conjunto de todos os homens. Amarás a teu **p**, Lv 19.18; Mt 5.43; 19.19; 22.39; Rm 13.9; Gl 5.14; Tg 2.8. Não maquines o mal contra o **p**, Pv 3.29. O dia do Senhor... está **p**, Jl 2.1. Está **p** o verão, Mt 24.32. Quem é o meu **p**? Lc 10.29. Está **p** o reino de Deus, Lc 21.31. Cada um de nós agrade ao **p**, Rm 15.2. Vinda do Senhor está **p**, Tg 5.8. O fim de todas as coisas está **p**, 1 Pe 4.7. Ver **Perto**.

PRUDÊNCIA: Virtude que faz prever e evitar as faltas e os perigos. // Davi... com **p**, 1 Sm 18.5. Bendita seja a tua **p**, 1 Sm 25.33. O temor do Senhor... **p**, Sl 111.10. Para dar aos simples **p**, Pv 1.4. Ouça o sábio e cresça em **p**, Pv 1.5. Eu, a sabedoria, habito com a **p**, Pv 18.12. Mais excelente adquirir a **p**, Pv 16.16. Meu servo procederá com **p**, Is 52.13. Converter desobedientes à **p**, Is 52.13. Converter desobedientes à **p**, Lc 1.17. Sobre nós, em toda a sabedoria e **p**, Ef 1.8.

PRUDENTE: Dotado de prudência. // Ó reis, sede **p**, Sl 2.10. O que modera os seus lábios é **p**, Pv 10.19. O homem **p**, este se cala, Pv 11.12. O **p** oculta a afronta, Pv 12.6. Homem **p**, que edificou sua casa, Mt 7.24. **P** como as serpentes, Mt 10.16. Servo fiel e **p**, Mt 24.45. Cinco **p**, Mt 25.2. Como **p** construtor, 1 Co 3.10.

PRUDENTE: Um dos cristãos de Roma, que enviaram saudações a Timóteo, 2 Tm 4.21.

PRUDENTEMENTE: Com prudência, com discrição. // O injusto mordomo, por haver procedido com **p**, Lc 16.8 (ARC). Vede **p** como andais, Ef 5.15.

PRUMO: Instrumento para verificar a verticalidade. O **p** da casa de Acabe, 2 Rs 21.13. Farei juízo a regra, e justiça o **p**, Is 28.17. Que vê tu, Amós? Um **p**, Am 7.8. Esse alegrar-se-á vendo o **p** na mão, Zc 4.10. Lançando o **p**, acharam vinte braças, At 27.28.

PTOLEMAIDA, Cidade de Ptolomeu: Uma cidade da costa do mar, entre o Carmelo e Tiro. Foi primitivamente chamada Aco (Jz 1.31) e recebeu o nome de Ptoleimada nos tempos gregos e romanos. Paulo passou por esta cidade, quando na sua terceira viagem missionária se dirigia à sua pátria, At 21.7. Chama-se atualmente Acre. Ver mapa 3, A-2.

PTOLOMEU: O nome de 16 reis do Egito. "O rei do sul" (Dn 11.5), isto é, do Egito, refere-se talvez a Ptolomeu II. Menciona-se Ptolomeu III em 1 Macabeus 11.8.

PUA: O pai de Tola, um dos juízes de Israel, Jz 10.1.

PUÁ: Uma das duas parteiras hebréias no Egito, Êx 1.15.

PUBLICAMENTE: De modo público. // Com grande poder convencia **p**, At 18.28. Jamais deixado... de vo-la ensinar **p**, At 20.20.

PUBLICANO: Cobrador de rendimentos públicos entre os antigos romanos. Os judeus consideravam os publicanos traidores e apóstatas, porque cobravam os impostos para a nação que os oprimia. Julgavam-nos pessoas do mais vil caráter porque também extorquiam grandes somas de dinheiro do povo, Lc 3.12,13; 19.8. Diz-se que Teócrito, quando alguém lhe perguntou qual era a mais cruel das feras, respondeu: "Entre os animais do deserto, é o urso e o leão; entre os animais da cidade, é o publicano e o parasita". Revela-se a opinião pública quanto aos publicanos nas palavras de Cristo: "Não fazem os publicanos também o mesmo?", Mt 5.46. Classificados com os pecadores, Mt 9.10,11; com os pagãos, Mt 18.7; com as meretrizes, Mt 21.31. O povo murmurava porque Jesus comia com publicanos, Mt 9.11; 11.19; Lc 5.29; 15.1,2; 19.7. João batizava publicanos, Lc 3.12; 7.29. Mateus, publicano convertido, tornou-se um dos 12 apóstolos, Mt 10.13. Zaqueu, maioral dos publicanos e rico, em Jericó, converteu-se com alegria, Lc 19.1-10. A parábola do orgulhoso fariseu e o penitente publicano, Lc 18.9-14. Ver **Pecador**.

PUBLICAR: Levar ao conhecimento do público. // Não o noticieis em Gate, nem o publiqueis, 2 Sm 1.20. E publicarão os louvores do Senhor, Is 60.6. Publicarei coisas ocultas desde a criação, Mt 13.35.

PUBLICIDADE: Qualidade do que é público. // Que o não expusessem à **p**, Mc 3.12.

PÚBLICO: O povo em geral. // Conhecido em **p**, e contudo... em oculto, Jo 7.4.

PÚBLIO: O governador de Malta, quando Paulo aí naufragou, At 28.7. Diz-se que ele foi o primeiro bispo maltês, sofrendo o martírio pela sua fé cristã.

PUDOR: Sentimento de pejo ou timidez produzido pelo que pode ferir a decência, a honestidade ou a modéstia; vergonha. // Com **p** e modéstia, 1 Tm 2.9 (ARC).

PUL: 1. O nome babilônico de Tiglath-Pileser III, rei da Assíria, 2 Rs 15.19. // 2. Um país e povo da África, Is 66.19. Ver **Pute**.

PULAR: Saltar. Pulando sobre os outeiros, Ct 2.8. Ver **Saltar**.

PULGA: Inseto parasito. Davi compara-se a uma pulga, 1 Sm 24.14; 26.20.

PULGÃO: Insetos homópteros, parasitos, que vivem nos vegetais. Deu também ao **p**, Sl 78.46 (ARC). Vieram gafanhotos, e **p** Sl 105.34 (ARC). Como se apanha o **p**, Is 33.4 (ARC). Ficou da locusta o comeu o **p**, Jl 1.4 (ARC).

PÚLPITO: Tribuna donde pregam nos templos. Esdras, o escriba, estava num **p** de madeira, Ne 8.4.

PULSEIRA: Ornato circular para os pulsos, Gn 24.30; Nm 31.50. Ver **Bracelete**.

PUNHADA: Pancada com punho; murro. Para dardes **p** impiamente, Is 58.4 (ARC). E a dar-lhe **p**, Mc 14.65 (ARC). Ver **Murro**.

PUNHADO: Mão-cheia. Há somente um **p** de farinha, 1 Rs 17.12. Melhor é um **p** de descanso, Ec 4.6.

PUNHAL: Arma curta, perfurante e cortante. Eúde fez para si um **p** de dois gumes, Jz 3.16. Alm. **Espada**.

PUNHO: De próprio **p**, 1 Co 16.21; Gl 6.11; Cl 4.18; 2 Ts 3.17. De própria mão.

PUNIÇÃO: Castigo, pena. Recebendo a merecida **p** do seu erro, Rm 1.27. Torna-se-lhes a mesa em tropeço e **p**, Rm 11.9. Não somente por causa do temor da **p**, Rm 13.5. Basta-lhe a **p** pela maioria, 2 Co 2.6. Ver **Castigo**, **Pena**.

PUNIÇÃO ETERNA: Ver **Inferno**.

PUNIR: Infligir pena a; dar castigo a. Se o justo é punido na terra, Pv 11.31. Não é bom punir o justo, Pv 17.26. Prontos para punir toda desobediência, 2 Co 10.6. Ver **Castigar**, **Fustigar**.

PUNOM: hb. **Neblina:** Um lugar dos acampamentos de Israel no deserto, Nm 33.42.

PUR: Et 3.7. Ver **Purim**.

PURA, hb. **Ramo:** O escudeiro de Gideão, Jz 7.10.

PUREZA: Qualidade de puro. Retribuir-me... conforme a **p** das minhas mãos, Sl 18.24. Na **p**, no saber, na longanimidade, 2 Co 6.6. E **p** devidas a Cristo, 2 Co 11.3 Torne-te padrão... na fé, da **p**, 1 Tm 4.12. Como a irmãs, com toda a **p**, 1 Tm 5.2.

PURIFICAÇÃO: Ato ou efeito de purificar. Os dias da sua **p**, Pv 12.4 Lc 2.22; At 21.26. Oferece pela tua **p**, Lc 5.14. Seis talhas... para as **p**, Jo 2.6. Feito a **p** dos pecados, assentou-se à direita, Hb 1.3. Os santifica, quanto à **p** da carne, Hb 9.13. Esquecido da **p** dos seus pecados, 2 Pe 1.9.

PURIFICADOR: Que, ou aquilo que purifica. Para a água **p**, Nm 19.9. E limpar... com o Espírito **p**, Is 4.4. Assentar-se-á como derretedor e **p** de prata, Ml 3.3. Ver **Acrisolador**.

PURIFICAR: Tornar puro. Purificai-vos, e mudai as vossas vestes, Gn 35.2. Purificar-vos: e sereis purificados de todos os vossos pecados, Lv 16.30. Purifica-me do meu pecado, Sl 51.2. Lavai-vos, purificai-vos, Is 1.16. Muitos serão purificados, Dn 12.10. Se quiseres, podes purificar-me, Mt 8.2. Purificai leprosos, Mt 10.8. Leprosos são purificados, Mt 11.5. Ao que Deus purificou não consideres comum, At 10.15. Purifiquemo-nos de toda impureza, 2 Co 7.1. Tendo-a purificado por meio da lavagem, Ef 5.26. Purificará a nossa consciência, Hb 9.14. Corações purificados de má consci-

BÁLSAMO DE GILEAD *(Amyris Gileadensis). Acaso não há bálsamo em Gileade...* Jr 8.22

ência, Hb 10.22. Purificai as mãos, pecadores, Tg 4.8. Purificado as vossas almas, pela vossa obediência, 1 Pe 1.22. O sangue... nos purifica de todo pecado, 1 Jo 1.7. E nos purificar de toda injustiça, 1 Jo 1.9. A si mesmo se purifica... como ele é puro, 1 Jo 3.3. Ver **Acrisolar**, **Embranquecer**, **Limpar**, **Refinar**.

PURIM: Do nome pur, isto é, sortes, Et 3.7; 9.24,26. Festa em comemoração do livramento dos judeus de uma destruição total, decretada pelo rei Assuero e instigada por Hamã, Et 9.23-28. Observada um pouco antes da páscoa, nos dias 14 e 15 do mês de **adar**, fevereiro — março, Et 9.21. Segundo o costume moderno, depois de escurecer, acendem-se as velas e inicia-se a leitura do livro de **Ester**, escrito em um rolo. Na leitura ao chegar a palavra **Hamã**, o povo clama: "Seja apagado seu nome"! "Pereça o nome dos perversos"! Ao acabar a leitura, o povo exclama: "Maldito seja Hamã; bendito seja Mordecai; Maldita seja Zeres (mulher de Hamã); bendita seja Ester; malditos sejam todos os idólatras; benditos sejam todos os israelitas, e bendito seja Harbona que enforcou a Hamã". Ao findar este culto na sinagoga o povo se entrega a folgar. Há provérbio que diz: "O Templo pode cair, mas nunca a festa de purim".

PURÍSSIMO: Muito puro. **P** é a tua palavra, Sl 119.140.

PURO: Sem mistura, sem alteração, genuíno, casto, inocente. Sobre a mesa de ouro **p**, Lv 24.6. Seria... **p**, diante do seu Criador, Jó 4.17. As palavras do Senhor são **p**, Sl 12.6. Com o **p**, **p** te mostres, Sl 18.26. O mandamento do Senhor é **p**, Sl 19.8. Limpo de mãos e **p** de coração, Sl 24.4. E **p** no teu julgar, Sl 51.4. Cria em mim.. um coração **p**, Sl 51.10. O jovem guardar **p** o seu caminho, Sl 119.9. Ao que retém... ser-lhe-á em **p** perda, Pv 11.24. Os caminhos... são **p** aos seus olhos, Pv 16.2. Aspergirei água **p** sobre vós, Ez 36.25. Ter sempre consciência **p** diante de Deus e os homens, At 24.16. Como virgem **p**, 2 Co 11.2. Tudo o que é **p**, Fp 4.8. Conserva-te a ti mesmo **p**, 1 Tm 5.22. Todas as coisas são **p** para os **p**, Tt 1.15. A religião **p**, Tg 1.27. A sabedoria... é primeiramente **p**, Tg 3.17. Linho **p**, Ap 15.6; 19.14. De ouro **p**, Ap 21.18,21. Ver **Casto**.

PÚRPURA: Cor vermelha que os antigos extraíam de um molusco. Véu do Tabernáculo e do Templo, Êx 26.31; 2 Cr 3.14. Vestes reais de **p**, Jz 8.26; Et 1.6; 8.15; Dn 5.29; Mc 15.17. Traje suntuoso, Pv 31.22; Jr 10.9; Ez 27.7,16; Lc 16.19; At 16.14; Ap 17.4; 18.12,16.

PUTE: Um filho de Cão e neto de Noé, Gn 10.6. Os seus descendentes serviam como soldados mercenários na defesa do Tiro, Ez 27.10. Ver mapa 1, A-3.

PUTIEL, hb. **Afligido por Deus:** Avô de Finéias, Êx 6.25.

PUVA: Um filho de Issacar, Gn 46.13.

PUXAR: Atrair, mover para si. Ai dos que puxam para si a iniqüidade, Is 5.18. Pedro puxou da espada, Jo 18.10. Não podiam puxar a rede, Jo 21.6.

ÉBANO *(Diospyros ebenum)*
Traziam dentes de marfim e pau de ébano, Ez 27.15

Quinerete quer dizer harpa, o nome do lago, em forma de harpa, conhecido depois como Genesaré ou Galiléia, Js 12.3

Q

QUADRADO: Diz-se do polígono que tem lados iguais e os ângulos retos. O altar do holocausto, Êx 27.1. O altar do incenso, Êx 30.2. A região sagrada, Ez 48.20.

QUADRANGULAR: Que tem quatro ângulos. A cidade é **q**, Ap 21.16.

QUADRANTE: O centavo de Lc 12.59 era a metade de um quadrante (Mc 12.42) e a moeda de menor valor em circulação.

QUADRIL: Região lateral do corpo humano, entre a cintura e a articulação superior da coxa, Dn 2.32.

QUADRÚPEDE: Que tem quatro pés. Todo animal que, Lv 11.27. Contendo toda sorte de que, At 10.12. Semelhança da imagem... de aves, e de **q**, Rm 1.23.

QUALQUER: Designativo de coisa, lugar ou indivíduo indeterminado. A **q** que tiver ser-lhe-á dado, Lc 19.26 (ARC).

QUANDO: Em que tempo, em que ocasião. Até **q**? Sl 6.3; 74.9; Is 6.11; Mt 17.17; Jo 10.24; Ap 6.10.

QUARENTA: Dez vezes quatro. Comeram maná **q** anos, Êx 16.35. Serão pastores neste deserto **q** anos, Nm 14.33. **Q** açoites lhe fará dar, Dt 25.3. **Quarenta dias:** no dilúvio, Gn 7.17; ao cabo de **q** dias Noé soltou um corvo, Gn 8.6; **q** dias para embalsamar, Gn 50.3; Moisés permaneceu **q** dias no monte Sinai, Êx 24.18; **q** dias para espiar a terra de Canaã, Nm 13.25; 14.34; Golias apresentou-se **q** dias desafiando o povo de Israel, 1 Sm 17.16; o jejum de Elias durou **q** dias, 1 Rs 19.8; o Senhor deu a Nínive **q** dias para se arrepender, Jn 3.4; Cristo jejuou **q** dias, Mt 4.2. Ele apareceu aos discípulos durante **q** dias, At 1.3. Ver **Número.**

QUARTO: Compartimento de dormir. De dormir, Êx 8.3; 2 Sm 4.7; de Elias, 1 Rs 17.19; de Eliseu, 2 Rs 4.10; de Daniel, Dn 6.10. Quando orares, entra no teu **q**, Mt 6.6. Ver **Aposento, Câmara.**

QUARTO: Um cristão de Corinto, de quem Paulo manda saudações para os irmãos em Roma, Rm 16.23.

QUARTO: Ordinal correspondente a quatro. // O quarto: fundamento, Ap 21.19; geração, Gn 15.16; Êx 20.5; reino, Dn 2.40; rosto, Ez 10.14; selo, Ap 6.7; ser vivente, Ap 4.7; taça, Ap 16.8; trombeta, Ap 8.12; vigília, Mt 14.25.

QUASE: Proximamente. Doente, e **q** à morte, Fp 2.27 (ARC).

QUATERNO: At 12.4. Escolta de quatro soldados.

QUATRO: Três mais um. Os **q** rios do Éden, Gn 2.10. Restituir **q** vezes, Êx 22.1; 2 Sm 12.6; Lc 19.8. Os **q** ventos, Ez 37.9; Dn 7.2; 8.8; 11.4; Zc 6.5; Mt 24.31. Os **q** cantos da terra, Is 11.12; Ap 7.1; 20.8. **Q** animais, Dn 7.3. **Q** chifres, Dn 8.8; Zc 1.18. **Q** carros, Zc 6.1. **Q** seres viventes, Ez 1.5; Ap 4.6. Ver **Número.**

QUEBAR: Foi entre os exilados, junto ao rio Quebar, na terra dos caldeus, que Ezequiel teve algumas das suas visões, Ez 1.1; 3.15,23; 10.15,22; 43.3.

QUEBRA DE ALIANÇAS: Não se circuncidar, Gn 17.14. Compuser, sem autorização, o óleo santo, Êx 30.33. Trabalhar e se não afligir no dia da expiação, Lv 23.28,29. Deixar de celebrar a páscoa, Nm 9.13. O castigo: seria eliminado de seu povo.

QUEBRA DE RITUAL: Comer levedada durante a páscoa, Êx 12.15. Comer sangue, Lv 7.27. Comer, quando a pessoa estiver imunda. A carne do sacrifício, Lv 7.20. Comer a gordura do animal sacrificado, Lv 7.25. Imolar animal, sem o apresentar ao Senhor à porta da congregação, Lv 17.4,9. O castigo: a pessoa ser eliminada do seu povo.

QUEBRADO: Fendido, rachado; que tem ruptura. Como dente **q...** assim é confiança no desleal, Pv 25.19. A **q** ligarei e a enferma fortalecerei, Ez 34.16. Não esmagará a cana **q**, Mt 12.20.

QUEBRADURA: Quebra. **Q** por **q**, olho por olho, Lv 24.20 (ARC). Senhor ligar a **q** do seu povo, Is 30.26 (ARC). Será ferida a casa grande de **q**, Am 6.11 (ARC). Ver **Fratura.**

QUEBRANTADO: Debilitado, abatido, extenuado. Dos que têm o coração **q**, Sl 34.18. Sacrifícios agradáveis a Deus são o espírito **q**, Sl 51.17. Sara os de coração **q**, Sl 147.3. Pregar boas-novas aos **q...** curar os **q** de coração, Is 61.1. Estou **q** pela ferida da filha do meu povo, Jr 8.21. Coração está **q** dentro de mim, Jr 23.9. Ver **Aflito.**

QUEBRANTAMENTO: Infração. Que exercessem juízo, e eis aí **q**, Is 5.7.

QUEBRANTAR: Tirar a energia ou diminuir o vigor de. Mas a perversa quebranta o espírito, Pv 15.4. Chorando e quebrantando-me o coração? At 21.13.

QUEBRANTO: Doença. **Q** sobre **q**, Jó 16.14 (ARC); Jr 4.20 (ARC).

QUEBRANTOSSO: Lv 11.13. Espécie de águia que atinge 1 metro e 90 de altura e quase 3 metros de envergadura. Depois de outras águias menores tirarem toda a carne de um animal morto, o quebrantosso leva o esqueleto até grande altura, deixando-o cair em cima de rocha, para comer o tutano dos ossos quebrados. Daí o seu nome.

QUEBRAR: Reduzir a pedaços; fragmentar; por termo a; destruir; acabar com; partir. Quebrou a minha aliança, Gn 17.14. Nem lhe quebrareis osso nenhum, Êx 32.19. Nas primeiras tábuas, que quebraste, Êx 34.1. Os cem homens... quebraram os cântaros, Jz 7.19. Quebraste as minhas cadeias, Sl 116.16. E se quebre o cântaro junto à fonte, Ec 12.6. Nenhum dos seus ossos será quebrado, Jo 19.36. Ver **Arrebentar.**

QUEDA: Ato ou efeito de cair. Ruína, pecado. Livraste da **q** os meus pés, Sl 56.13; 116.8. A altivez do espírito, a **q**, Pv 16.18. O que faz alta a sua porta facilita-lhe a **q**, Pv 17.19. Cuja **q** vem de repente, Is 30.13. O estrondo da sua **q**, Jr 49.21; Ez 26.15; 31.16.

QUEDA DO HOMEM, A: A narrativa, Gn 3.1-24. O resultado da queda e a previsão de Deus, Rm 5.12-21; 1 Co 15.45-49.

QUEDAR, hb. **Poderoso:** Um dos filhos de Ismael, Gn 25.13. Uma tribo descendente de Ismael, mencionada em Ct 1.5; Is 42.11; 60.7. Eram tribos árabes, Is 21.13,16; Ez 27.21. Deste povo procedeu o profeta Maomé.

QUEDEMÁ, hb. **Para o Oriente:** Um filho de Ismael, Gn 25.15.

QUEDEMOTE, hb. **Princípios:** Cidade da herança de Ruben, Js 13.18. Dada aos levitas da família de Mearei, 1 Cr 6.79. Moisés mandou mensageiros do deserto de Quedemote ao rei Seom, Dt 2.26.

QUEDES, hb. **Santuários:** 1. Uma cidade da herança de Judá, Js 15.23. // 2. Uma cidade de Issacar, dada aos levitas, 1 Cr 6.72. // 3. Uma das cidades de refúgio, na região montanhosa da Naftali, Js 20.7; Jz 4.6; 1 Cr 6.76. Ver mapa 2, C-2; 3, B-1.

QUEDORLAOMER: Rei de Elão, um país ao leste de Babilônia. Subjugou, com o auxílio de 3 reis, os 5 reis da planície no vale de Sidim, levou consigo grande despojo e aos mesmo tempo Ló e sua família, Gn 14.

QUEELATA, hb. **Assembléia:** Lugar de um dos acampamentos dos israelitas no deserto, Nm 33.22.

QUEFAR-AMONAI: Uma cidade de Benjamim, Js 18.24.

QUEIJO: Alimento que se obtém pela fermentação da caseína, depois de coalhado o leite. Estes dez **q** leva-os ao comandante, 1 Sm 17.18. Ovelhas e **q...** a Davi, 2 Sm 17.29.

QUEILA: Uma cidade da herança de Judá, Js 15.44. Davi livra Queila, 1 Sm 23. Hasabias era maioral da metade de Queila, no tempo de Neemias, Ne 3.17. Ver mapa 5, B-1.

QUEIMADURA: Ferimento ou lesão produzido pela ação do fogo. **Q** por **q,** ferimento por ferimento, Êx 21.25.

QUEIMAR: Destruir pelo fogo; crestar; aquecer a ponto de causar dor. Queimou a casa do Senhor, 2 Rs 25.9. Queimará a palha, Mt 3.12. O sol a queimou, Mt 13.6. Em feixes para ser queimado, Mt 13.30. Reunindo os seus livros, os queimaram, At 19.19. Obra de alguém se queimar, 1 Co 3.15. Entregue... corpo para ser queimado, 1 Co 13.3. O seu fim é ser queimada, Hb 6.8. Animais... queimados fora do acampamento, Hb 13.11. Queimada a terça parte da terra, Ap 8.7. Queimar os homens, Ap 16.8. Ver **Arder.**

QUEIXA: Ato ou efeito de se queixar. Se a minha **q** de fato se pesasse, Jó 6.2. Farei as minhas **q** e lamentarei, Sl 55.17. Para quem as **q**? Pv 23.29.

QUEIXADA: Cada uma das peças ósseas em que estão inseridos os dentes dos animais vertebrados. Com uma **q** de jumento feri mil homens, Jz 15.16.

QUEIXAL: Dente molar. Quebrava os **q** do perverso, Jó 29.17 (ARC). Arranca, Senhor, os **q** aos leõezinhos, Sl 58.6.

QUEIXAR: Lastimar-se; mostrar-se ofendido; fazer censura. Queixou-se o povo de sua sorte, Nm 11.1. Não vos queixeis uns dos outros, Tg 5.9. Ver **Lamentar.**

QUEIXO: A maxila inferior. Feres nos **q** a todos os meus inimigos, Sl 3.7.

QUEIXOSO: Aquele que se queixa. Murmuradores, **q**, Jd 16 (ARC).

QUELAÍAS, hb. **Anão:** Um dos que tinham mulher estrangeira, Ed 10.23. Chamava-se também, Quelita.

QUELAL, hb. **Consumação:** Um dos que tinham mulher estrangeira, Ed 10.30.

QUELITA, hb. **Anão:** Ver **Quelaías.**

QUELUBAI: 1 Cr 2.9. O mesmo que Calebe. Ver 1 Cr 2. 18,42.

QUELUBE, hb. **Gaiola:** 1. Pai de Meir, 1 Cr 4.11. // 2. Pai de Ezri, 1 Cr 27.26.

QUEM: Que pessoa ou pessoas. **Q** é o Rei da glória? Sl 24.8,10. **Q** diz o povo ser o Filho do Homem? Mt 16.13. **Q** intentará acusação contra os eleitos de Deus? Rm 8.33.

QUENAANÁ: 1. Um benjamita, filho de Jediael, 1 Cr 7.10. // 2. Pai do falso profeta, Zedequias, 1 Rs 22.11.

QUENANI: Um dos oito levitas que clamaram ao Senhor, Ne 9.4.

QUENANIAS, hb. **Jeová é firme:** Um chefe dos levitas músicos, 1 Cr 15.22.

QUENATE, hb. **Possessão:** Cidade com as suas aldeias, de Manassés tomada por Noba, Nm 32.42. Recuperada por Gesur e Arã, 1 Cr 2.23. Ver mapa 3, C-2.

QUENAZ, hb. **Caçada:** 1. Um neto de Esaú, Gn 36.11. // 2. Pai de Otniel, Js 15.17.

QUENEUS: Os descendentes de Queneu. Sua terra, com a das outras tribos de Canaã, prometida a Abraão, Gn 15.19. Jetro, sogro de Moisés, era queneu, Jz 1.16. Heber, queneu, era o esposo de Jael que matou Sísera, Jz 4.17. Havia queneus entre os amalequitas no tempo de Saul, 1 Sm 15.6. Mencionam-se, também, em 1 Cr 2.55.

QUENEZEUS: Os descendentes de Quenaz. Sua terra, juntamente, com a de outras tribos cananéias, prometida a Abraão, Gn 15.19. Jefoné, pai de Calebe, era desta tribo, Nm 32.12.

QUENTE: De elevada temperatura. Nem és frio nem **q,** Ap 3.15.

QUERÃ, hb. **Citara:** Um horeu, Gn 36.26.

QUÉREN-HAPUQUE, hb. **Vaso de antimônio** (substância usada para dar cor às pestanas): A mais nova das filhas de Jó, a qual nasceu depois das provações deste patriarca, Jó 42.14. Assim se chamava, provavelmente, pela sua grande beleza.

QUERER: Ter a intenção ou vontade de. Quero, fica limpo! Mt 8.3. Misericórdia quero, e não, Mt 9.13. Não Quero; depois, arrependido, foi, Mt 21.30. Não seja como eu quero, e, sim, como tu queres, Mt 26.39. A quem ele quer bem, Lc 2.14. Quiser fazer a vontade dele, conhecerá, Jo 7.17. O querer o bem está em mim, Rm 7.18. Deus é quem efetua... o querer como o realizar, Fp 2.13. Se o Senhor quiser, 1 Co 4.19; Tg 4.15. Não querendo que nenhum pereça, 2 Pe 3.9. E quem quiser receba de graça, Ap 22.17. Ver **Desejar.**

QUERETITAS: Um povo habitando a terra dos filisteus, 1 Sm 30.14; Ez 25.16; Sf 2.5,6.

QUERIDO: O que se quer em extremo. Saul e Jônatas, **q** e amáveis 2 Sm 1.23. És formosa, ó **q** minha, Ct 1.15; 4.1. Ver **Amado, Benquisto.**

QUERITE: Ribeiro que deságua, talvez, no Jordão. Onde Elias se escondeu e os corvos o alimentavam, 1 Rs 17.3.

QUEROGRILO: Lv 11.5 (B). Traduzido **arganaz** (ARA).

QUEROS, hb. **Braço de tear:** Chefe de uma família que voltou do exílio, Ed 2.44.

QUERUBE: Um lugar em Babilônia de onde subiram alguns do cativeiro que não podiam provar sua identidade, Ed 2.59; Ne 7.61.

QUERUBIM: Uma das categorias de anjos. Querubins ao oriente do jardim do Éden, Gn 3.24. Dois querubins de ouro no propiciatório, Êx 25.18. As cortinas do Tabernáculo eram bordadas com figuras de querubins, Êx 26.1. Senhor dos Exércitos, entronizado entre os querubins, 1 Sm 4.4. Cavalgava um querubim, 2 Sm 22.11; Sl 18.10. Dois querubins de madeira de oliveira, 1 Rs 6.23. Os querubins estendiam as asas sobre o lugar da arca, 1 Rs 8.7. Os querubins estavam ao lado, Ez 10.3. Os querubins de glória, Hb 9.5.

QUESALOM, hb. **Esperança:** Uma cidade de Judá situada no monte Jearim, Js 15.10.

QUÉSEDE: Um dos filhos de Naor, Gn 22.22.

QUESIL, hb. **Tolo:** Uma cidade de Judá, Js 15.30.

QUESTÃO: Pergunta, contenda, discussão. Quando tem alguma **q**, Êx 18.16. Outras **q** de litígio, Dt 17.8. Tendo **q**... submetê-la a juízo, 1 Co 6.1. Mania por **q** e contendas, 1 Tm 6.4. Repele as **q** insensatas, 2 Tm 2.23. Ver **Pergunta.**

QUESULOTE, hb. **Confiança:** Uma cidade da herança de Issacar, Js 10.18. Ver mapa 2, C-3.

QUETURA, hb. **Incenso:** Uma das mulheres de Abraão. Teve Abraão seis filhos dela: Zinri, Joctã, Medã, Midiã, Jisbaque e Suá, Gn 25.2. Todos se tornaram chefes de tribos árabes.

QUEZIA, hb. **Cássia:** A segunda filha de Jó, a qual nasceu depois das suas provações, Jó 42.14.

QUIBROTE-ATAAVÁ, hb. **sepulcros da concupiscência:** Um lugar de acampamento dos israelitas, no deserto, Nm 11.34. Onde foi enterrado o povo que morreu por causa do seu desejo das comidas do Egito.

QUIDOM, hb. **Dardo:** Lugar onde Uzá estendeu a mão à arca e foi morto, 1 Cr 13.9.

QUIETO: Tranqüilo, sossegado. Isento de cuidados. Procureis viver **q**, 1 Ts 4.11 (ARC). Tenhamos uma vida **q** e sossegada, 1 Tm 2.2 (ARC). De um espírito manso e **q**, 1 Pe 3.4 (ARC). Ver **Tranqüilo.**

QUILEABE: Um filho de Davi e Abigail, 2 Sm 3.3.

QUILIOM, hb. **Definhamento:** Um filho de Noemi, Rt 1.2.

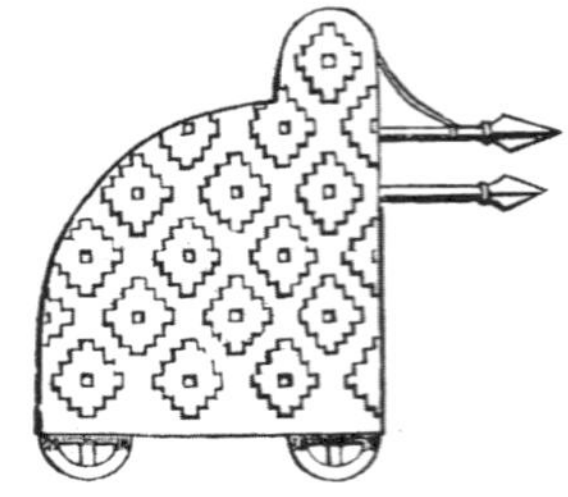

Ver Ariete e Máquina

QUILMADE: Cidade ou distrito que negociava com Tiro, Ez 27.23.

QUIMÃ, hb. **Chuelo:** Um filho de Barzilai, 2 Sm 19.37.

QUINÁ, hb. **Canção matinal:** Uma cidade da herança de Judá, Js 15.22.

QUINERETE, hb. **Harpa:** 1. Cidade fortificada na tribo de Naftali, Js 19.35. // 2. **O mar de Quinerete** é o nome que no Antigo Testamento tem o mar da Galiléia, Js 12.3. Ver **mar da Galiléia** e, também, mapa 2, D-3; 3, B-2.

QUINHÃO: A parte de um todo que toca a cada obra missionária dos indivíduos por quem se divide. Canaã, como **q** da vossa herança, 1 Cr 16.18. Cujo **q** é desta vida, Sl 17.14. O meu **q** na terra dos viventes, Sl 142.5. E o **q** daqueles que nos despojam, Is 17.14. Ver **Porção.**

QUIOS: At 20.15. Uma ilha perto de Esmirna no arquipélago grego. Ver mapa 6, D-2.

QUIR, hb. **Cidade forte:** Lugar de Moabe de onde os siros emigraram para Damasco, Am 9.7, e para onde Tiglate-Pileser os levou depois, 2 Rs 16.9; Am 1.5.

QUIR DE MOABE: Uma das duas fortalezas principais de Moabe. **Quir-Heres**, Is 16.11, é a forma no plural.

QUIRIATAIM, hb. **Cidade dupla:** 1. Cidade de Moabe, tomada e reedificada pelos rubenitas, Nm 32.27. Ver mapa 2, D-5; 5, C-1. Profecia contra depois de recuperada por Moabe, Jr 48.1. // 2. Cidade de Naftali dada aos levitas, 1 Cr 6.76.

QUIRIATE, hb. **Cidade:** Uma cidade de Benjamim, Js 18.28.

QUIRIATE-ARBA, hb. **Cidade de Arba:** Que é Hebrom. Uma cidade da herança de Judá, Js 15.54. Ver mapa 1, G-3.

QUIRIATE-BAAL: Uma cidade da herança de Judá, Js 15.60.

QUIRIATE-HUZOTE, hb. **Cidade de ruas:** Nm 22.39. O mesmo, talvez, que Quir de Moabe.

QUIRIATE-JEARIM, hb. **Cidade dos bosques:** Uma das quatro cidades principais dos gibeonitas, Js 9.17. Pertencia a Judá, Js 15.60; Jz 18.12. O lugar onde a arca se conservou por vinte anos, 1 Sm 7.2. Recuperada depois do cativeiro, Ne 7.29. A residência do profeta Urias, Jr 26.20. Ver mapa 2, C-5; 5, B-1.

QUIRIATE-SANA: Uma cidade da herança de Judá, Js 15.49. Idêntica a Quiriate-Sefer.

QUIRIATE-SEFER: O mesmo que Debir, Js 15.15.

QUIRINO: Governador da Cilícia, que no tempo de Cristo se achava anexada à Síria, Lc 2.2.

QUIRIOTE, hb. **Cidades:** 1. Uma cidade de Judá, Js 15.25. // 2. Uma cidade de Moabe, Jr 48.24.

QUIRIOTE-HEZROM: Uma cidade da herança de Judá, Js 15.25.

QUIS, hb. **Poder:** 1. Um benjamita, o pai de Saul, o primeiro rei de Israel, 1 Sm 9.1. // 2. Outro benjamita, 1 Cr 8.30. // 3. Um levita, da família de Merari, 1 Cr 23.21. // 4. Outro levita, da família de Mearei, no tempo de Ezequias, 2 Cr 29.12. // 5. Um benjamita, bisavô de Mordecai, Et 2.5.

QUISI: Um levita da família de Mearei, 1 Cr 6.44.

QUISIOM, hb. **Dureza:** Uma cidade da herança de Issacar, Js 19.20.

QUISLEU: Ne 1.1; Zc 7.1. O nono mês do ano. Ver **Ano.**

QUISLOM, hb. **Esperança:** Pai de Eldade, Nm 34.21.

QUISOM, hb. **Sinuoso:** O maior rio da Palestina depois do Jordão. Nasce ao monte Gilboa, desliza pela planície de Jezreel, corre ao fundo do monte Carmelo por um estreitíssimo desfiladeiro para a planície de Aço, e deságua no mar Mediterrâneo. Foi no ribeiro Quisom que Baraque derrotou Sísera e as águas arrastaram os cadáveres de seus soldados, Jz 4.7, 13; 5.21; Sl 83.9. Onde Elias, depois da sua vitória no Carmelo, matou os profetas de Baal, 1 Rs 18.40. Ver mapa 2, C-3; 3, A-2.

Catapulta

QUITIM: Os descendentes de Javã, Gn 10.4. Habitavam Chipre e outras ilhas do Mediterrâneo, Nm 24.24; Ez 27.6; Dn 11.30. Ver mapa 1, D-3.

QUITLIS: Uma cidade da herança de Judá, Js 15.40.

QUITROM: Uma cidade de Zebulom, de onde não foram expulsos os cananeus, Jz 1.30.

QUIUM: Am 5.26. Talvez o planeta Saturno.

SEPULTURA DE RAQUEL. *Assim morreu Raquel, e foi sepultada no caminho de Efrata, que é Belém, Gn 35.19. A sepultura como aparece hoje, cerca de 2 km ao sul de Jerusalém e 1 km ao norte de Belém*

R

RÃ: Batráquio sem cauda que vive na água e nos lugares pantanosos. Menciona-se no Antigo Testamento somente nas passagens acerca da praga no Egito, Êx 8.2-7; Sl 78.45; 105.30. No Novo Testamento a palavra aparece em Ap 16.13.

RAABE, hb. **Insolência, Larga:** 1. Mulher prostituta, ou estalageira, que residia em uma casa sobre o muro de Jericó. Ocultou os espias, enviados por Josué. Como recompensa, sua vida foi poupada, na conquista da cidade, Js 2. Ela, somente, com a sua casa, de todos os habitantes de Jericó, escaparam com sua vida, Js 6.17,25. Casou-se com Salmom, um príncipe de Judá e dela descendeu Davi e Jesus, Mt 1.5. É mencionada, em Hb 11.31, como um exemplo de salvação pela fé; em Tg 2.25, como um exemplo daquela fé que produz boas obras. // 2. Um nome poético do Egito (Sl 87.4; 89.10; Is 51.9), baseado, segundo parece, num antigo conto mitológico, em que Raabe aparece como monstro marinho.

RAAMÁ, hb. **Tremor:** Filho de Cuxe, filho de Cão, Gn 10.7. Os homens da tribo de Raamá tornaram-se notáveis como negociantes, Ez 27.22.

RAAMIAS: Um dos chefes que voltaram com Zorobabel, Ne 7.7.

RAÃO, hb. **Compaixão:** O pai de Jorqueão, 1 Cr 2.44.

RABÁ, hb. **Capital:** 1. Uma cidade da herança de Judá, Js 15.60. // 2. Cidade principal dos amonitas, Js 13.25. Conquistada por Davi, 2 Sm 11.1. Profecias contra, Jr 49.2,3; Ez 21.20. Ver mapa 2, D-5; 5, C-1.

RABDOMANCIA: Ver **Adivinhação.**

RABE-MAGUE: Jr 39.3. Ver **Nergal-Sarezer.**

RABE-SARIS, hb. **Principal eunuco:** Um oficial enviado por Senaqueribe contra Jerusalém no reinado de Ezequias, 2 Rs 18.17.

RABI, hb. **mestre:** Mt 23.7,8 (ARC); Jo 1.38. Ver **Instrutor, Mestre.**

RABISCO: O mesmo que rebusco. Ainda ficarão alguns **r**, Is 17.6. Os **r**, quando está acabada a vindima, Is 24.13 (ARC).

RABITE, hb. **Multidão:** Uma cidade da herança de Issacar, Js 19.20.

RABÔNI, hb. **meu mestre:** Jo 20.16.

RABSAQUÊ, hb. **Chefe dos príncipes,** ou **General:** Na expedição de Senaqueribe contra Jerusalém, 2 Rs 18 17. Dirigiu a conferência com os oficiais de Ezequias, 2 Rs 18.19,26,27,37.

RACA: Que disser a seu irmão: Raca, Mt 5.22 (ARC). Um termo popular de exprobação, significando **vil, desprezível.** Ver **Tolo.**

RAÇA: Espécie, variedade, casta, classe. **R** de víboras, Mt 3.7. De um só fez toda **r** humana, At 17.26. Sois **r** eleita, 1 Pe 2.9.

RACAL, hb. **Negociante:** Um dos retiros de Davi, quando fugia de Saul, 1 Sm 30.29.

RAÇÃO: Porção de alimento preciso para a refeição de uma pessoa. A **r** diária, das finas iguarias, Dn 1.5.

RECATE, hb. **Praia:** Cidade fortificada de Naftali, Js 19.35. O Talmude de Jerusalém diz que é a mesma Tiberíades.

RACHADOR: Aquele que racha. Tornaram **r** de lenha e tiradores de água, Js 9.21.

RACIONAL: Conforme a razão. O vosso culto **r**, Rm 12.1. O leite **r**, 1 Pe 2.2 (ARC).

RACIMO: Fruto ou flor em forma de cacho. Como um **r** de flores, Ct 1.14.

RACOM, hb. **Escassos, praia.** Uma aldeia da tribo de Dã, Js 19.46. Ver mapa 2, B-4; 4, A-2.

RADAL, hb. **Subjugando:** O quinto filho de Jessé, 1 CR 2.14.

RADIANTE: Que radia, que brilha. Então o verás, e sereis **r** de alegria, Is 60.5. Ver **Brilhante, Resplandescente.**

RADICAR: Enraizar. Nele **r** e edificados, Cl 2.7.

RAFA: 1. O quinto filho de Benjamim, 1 Cr 8.2. // 2. Um descendente de Saul, 1 Cr 8.37.

RAFAEL, hb. **Deus curou:** Um porteiro do tabernáculo, 1 Cr 26.7.

RAFU, hb. **Curado:** O pai de Palti, um dos doze espias, Nm 13.9.

RAGAÚ, hb. **Amigo:** Um dos antepassados de Jesus, Lc 3.35.

RAINHA: A principal mulher de um rei, 1 Rs 11.19; Et 1.9; 2.4; Ne 2.6; Sl 45.9; Jr 29.2; Dn 5.10. **R** mãe, Jr 13.18; 1 Rs 2.19; 2 Rs 24.15; Jr 29.2. Três **r**, mencionadas na Bíblia, que ocuparam tronos: a **r** de Sabá, ou do Sul, 1 Rs 10; Mt 12.42; Atalia que usurpou o trono de Judá, 2 Rs 11; e Candace, **r** dos Etíopes, At 8.27. A **r** dos céus, Jr 7.18; 44.17-19,25. Estou sentada como **r**, Ap 18.7.

RAINHA DE SABÁ: Visita a Salomão, 1 Rs 10.1-13. Ver **Sabá.**

RAINHA DOS CÉUS: A deusa que as mulheres hebraicas adoravam, oferecendo-lhes bolos, fazendo libações e queimando incenso em sua honra, Jr 7.18; 44.17. Era uma parte da adoração ao sol, à lua e às estrelas — a "todo o exército do céu", 2 Rs 17.16; Dt 4.19.

RAIO: Descarga elétrica entre uma nuvem e o solo. Multiplicou os seus **r**, Sl 18.14. Via Satanás, como **r**, cair do céu, Lc 10.18.

RAIVA: Acesso violento de ira, acompanhado de furor e desespero. Matastes com tamanha **r**, 2 Cr 28.9.

RAIZ: Parte da planta onde ela se fixa ao solo e tira dele a nutrição. Origem, princípio. Não haja... **r** que produza erva venenosa, Dt 29.18. Vi eu o louco lançar **r**, Jó 5.3. Por baixo secarão as suas **r**, Jó 18.16. Subindo... como **r** duma terra seca, Is 53.2. Posto o machado à **r**, Mt 3.10. Não tinha **r** secou-se, Mt 13.6. Se for santa a **r**, Rm 11.16. Não és tu que sustentas a **r**, mas a **r** a ti, Rm 11.18. O amor do dinheiro é **r**, 1 Tm 6.10. Haja alguma **r** de amargura, Hb 12.15. O Leão de Judá, a **R** de Davi, Ap 5.5. A **r** e a geração de Davi, Ap 22.16.

RAMA: Os ramos ou a folhagem das plantas. Os justos reverdecerão como a **r**, Pv 11.28 (ARC).

RAMÁ, hb. **Lugar alto:** O nome de vários lugares, todos altos. 1. Uma cidade de Benjamim, perto de Betel, Js 18.25; Jz 4.5; 1 Rs 15.17; Ed 2.26. Ver mapa 5, B-1. // 2. Terra natal e lugar da sepultara de Samuel, 1 Sm 1.19; 7.17; 28.3. // 3. Uma cidade murada ao sul de Naftali, Js 19.36. Ver mapa 3, A-2. // 4. Cidade da fronteira de Aser, Js 19.29. Ver mapa 3, A-1. // 5. O mesmo que Ramote-Gileade, 2 Rs 8.29. Ver mapa 4, C-1.

RAMAGEM: Ramos de arvoredo ou de uma árvore. Sua **r** até ao mar, Sl 80.11 (ARC).

RAMALHETE: Pequeno ramo de flores. // É para mim um **r** de mirra, Ct 1.13 (ARC).

RAMATE-LEI, hb. **Lugar alto da queixada:** Nome dado por Sansão ao lugar onde matou mil filisteus com uma queixada de jumento, Jz 15.17.

RAMATE-MISPA, hb. **Monte da torre de vigia:** Um lugar de Gade, Js 13.26.

RAMASSÉS, hb. **Filho de Ra** (o deus sol): Uma cidade do Egito, ocupada pelos irmãos de José, Gn 47.11. Uma das cidades edificadas, ou reedificadas para a Faraó (talvez Ramsés II) pelos israelitas oprimidos no Egito, Êx 1.11. O Êxodo de Israel começou nesta cidade, Êx 12.37; Nm 33.3. Estava situada na parte ocidental da terra de Gósen, não longe de Pitom.

RAMIAS, hb. **Jeová é exaltado:** Um dos que tinham mulher estrangeira, Ed 10.25.

RAMO: Divisão ou subdivisão de um caule. Na videira, três **r**, Gn 40.10. Cortavam **r** de árvores, espalhando-os pela estrada, Mt 21.8. Vós os **r**, Jo 15.5. Se Deus não poupou os **r** naturais, Rm 11.21. Ver **Galho.**

RAMOTE: 1. Uma cidade de Issacar, dada aos levitas da família de Gérson, 1 Cr 6.73. // 2. Uma cidade de Gade, e cidade de refúgio, dada aos levitas da família de Mearei, Dt 4.43; Js 20.8; 21.38. Um dos comissariados de Salomão, 1 Rs 4.13. Querendo Acabe recuperá-la da mão do rei da Assíria, perdeu a sua vida, 1 Rs 22. Jorão, filho de Acabe, ao tentar recuperá-la, gravemente ferido, 2 Rs 8.28. Jeú ungido rei sobre Israel, por Eliseu, em Ramote-Gileade, 2 Rs 9.1.

RANCOR: Ódio oculto e profundo; grande aversão não manifestada. E cesse o seu **r** contra ti, Gn 27.45. Ver **Animosidade, Ódio.**

RANGER: Ranger os dentes, roçá-los com ruído uns sobre os outros, por efeito de dor, cólera, etc. Jó 16.9; Sl 112.10; Lm 2.16; Mt 24.51; Mc 9.18; At 7.54.

RÃO, hb. **Exaltado:** 1. Um antepassado de Davi, Rt 4.19. // 2. Um antecessor de Eliú, Jó 32.2.

RAPADURA: O ato de rapar. Ao pranto, e à **r** da cabeça, Is 22.12 (ARC).

RAPAR: Cortar cerce. A praga... o homem será rapado, Lv 13.33. Nazireado não passará navalha pela cabeça, Nm 6.5. Rapará a cabeleira de seu nazireado, Nm 6.18. Ele rapará a cabeça, Dt 21.12. Se vier a ser rapado, ir-se-á de mim a minha força, Jz 16.17. Quando cortava o cabelo (e isto se fazia no fim de cada ano), 2 Sm 14.26. Rapou-os, e lhes cortou metade das vestes, 1 Cr 19.4. Rapar-te-á o Senhor com uma navalha alugada, Is 7.20. Prantear, rapar a cabeça, Is 22.12. Não raparão a cabeça, Ez 44.20. É como se a tivesse rapada, 1 Co 11.5. Nesse caso que rape o cabelo, 1 Co 11.6. Ver **Cabelo, Raspar.**

RAPAZ: Homem adolescente. O Anjo... abençoe estes **r**, Gn 48.16. Ver **Jovem, Menino, Moço**.

RAPIDAMENTE: Com rapidez. Tudo passa **r**, e nós voamos, Sl 09.10.

RÁPIDO-DESPOJO-PRESA-SEGURA: Nome simbólico dado ao filho de Isaías, significando que Damasco e Samaria seriam brevemente destruídos pelo rei da Assíria, Is 8.1,3 (ARA).

RAPINA: Aves de rapina, ordem de aves carnívoras, Gn 15.11; Jó 28.7; Is 18.6; Ez 39.4. Extorsão, usura: Nem vos vanglorieis na **r**, Sl 62.10. Por dentro estão cheios de **r**, Mt 23.25.

A raposa síria era inimiga inveterada das vinhas. As raposinhas, que devastam os vinhedos, Ct 2.15

RAPOSA: Mamífero carnívoro do gênero cão, de cauda longa e felpuda, de focinho comprido e pontiagudo. É notável pela sua astúcia, Ez 13.4; Lc 13.32. Habita em tocas e nas ruínas, Mt 8.20; Lm 5.18. Devasta os vinhedos, Ct 2.15. Tobias zombando, disse do muro de Jerusalém: "Uma **r** derrubará o seu muro", Ne 4.3. Alguns comentadores acham que em Jz 15.4 é mais propriamente **chacais**; raposas são solitárias mas chacais vivem em bandos e era fácil apanhar 300 de uma vez.

RAPOSINHA: Pequena raposa. As **r**, que devastam os vinhedos, Ct 2.15.

RAPTO: Ato de arrebatar do domicílio habitual, por violência, qualquer pessoa. O castigo era a morte, Êx 21.16. Sodomitas, raptores de homens, mentirosos, 1 Tm 1.10. Ver **Furto.**

RAQUEL, hb. **Ovelha:** A filha mais nova de Labão, a esposa de Jacó e a mãe de José e Benjamim, Gn caps. 29 a 33 e 35. Existe, perto de Belém o célebre túmulo de Raquel, Jeremias representou Raquel chorando por seus filhos, os descendentes de seu filho José, Jr 31.15; Mt 2.18.

RARO: De que há pouco. A palavra do Senhor era mui **r**, 1 Sm 3.1.

RASGAR: Romper, lacrar, abrir rasgões em. Sansão rasgou o leão, Jz 14.6. O manto de Samuel se rasgou, quando Saul o segurou, 1 Sm 15.27. O Senhor rasgou de ti o reino, 1 Sm 15.28. As nuvens não se rasgam, Jó 26.8. Rasgai o vosso coração, Jl 2.13. Os céus rasgaram-se, Mc 1.10. O véu do santuário rasgou-se, Mc 15.38. Rasgará a nova e o remendo, Lc 5.36. Não a rasguemos, mas lancemos sortes, Jo 19.24. Rasgar as vestes, sinal de tristeza. Ver **Vestimenta.**

RASPAR: Rapar. Paulo... ter raspado a cabeça, At 18.18. Purifica-te com eles — raspem a cabeça, At 21.24. Ver **Cabelo.**

RASTEJAR: Arrastar-se sobre o ventre pelo chão; andar de rojo. Répteis que rastejam sobre a terra, Gn 7.14. Ver **Arrastar.**

RATIFICAR: Confirmar autenticamente (o que foi feito ou prometido). Aliança... uma vez ratificada, Gl 3.15. Ver **Confirmar.**

RATO: Mamífero roedor, de cauda comprida. Na lista de animais imundos, Lv 11.29. Os cinco tumores de ouro e os cinco ratos de ouro, símbolos de praga de tumores e de ratos enviadas sobre os filisteus, 1 Sm 6.4-18. Os israelitas, abandonando a lei de Deus, comiam ratos, Is 66 17. Abundam várias espécies de camundongos e ratos na Terra Santa.

RAZÃO: Causa, motivo, prova por argumento. Eis a **r** por que há entre vós muitos fracos, 1 Co 11.30. Por esta **r** importa, Hb 2.1. Que vos pedir **r** da esperança, 1 Pe 3.15. Ver **Inteligência, Juízo.**

RAZOÁVEL: Conforme a razão. É **r** essa tua ira? Jn 4.4. Não me parece **r** remeter um preso, At 25.27.

REABIAS, hb. **Jeová é compreensivo:** Um neto de Moisés, 1 Cr 23.27.

REAÍAS, hb. **Jeová tem visto:** 1. Um neto de Judá, 1 Cr 4.2. // 2. Um rubenita, 1 Cr 5.5. // 3. Um chefe de família que voltou do exílio, Ed 2.47.

REAL: Pertencente ou relativo ao rei. Casa **r**, 2 Sm 11.8. Cidade **r**, Js 10.2 Coroa **r**, Et 2.17. Domínio **r**, Lc 22.29. Edito **r**, Et 1.19. Estirpe **r**, 1 Rs 11.14. Estrada **r** Nm 20.17. Iguarias **r**, Dn 1.5. Lei **r**, Tg 2.8. Linhagem **r**, Dn 1.3. Mesa (pensão) **r**, 2 Rs 25.29. Palácio **r**, 2 Sm 11.2;

Dn 5.5. Peso **r**, 2 Sm 14.26. Sacerdócio **r**, 1 Pe 2.9. Sangue **r**, 2 Rs 25.25. Traje **r**, 1 Rs 22.10; At 12.21. Vinho **r**, Et 1.7. Ver **Régio.**

REALIZAÇÃO: Ato ou efeito de realizar. Diversidade nas **r**, 1 Co 12.5.

REALIZAR: Tornar real, efetivo. Fatos que entre nós se realizaram, Lc 1.1. A minha comida consiste em... realizar a sua obra, Jo 4.34. As obras que o Pai me confiou para que eu as realizasse, Jo 5.36. Que faremos para realizar as obras de Deus? Jo 6.28. Realizo, em vossos dias, obra tal, At 13.41. Em máxima consideração, por causa do trabalho que realizam, 1 Ts 5.13. Para não perderdes aquilo que temos realizado com esforço, 2 Jo 8. Ver **Acontecer, Efetuar, Sobrevir, Suceder.**

REANIMAR: Dar novo ânimo a. Porém Davi se reanimou no Senhor, 1 Sm 30.6. Coração... tem sido reanimado por teu intermédio, Fm 7.

REASSUMIR: Assumir de novo; tomar novamente a posse de. Dou a minha vida para a reassumir, Jo 10.17.

REAVER: Recuperar. Suas posses não lhe permitirem reavê-la, Lv 25.28.

REAVIVAR: Avivar muito, tornar bem lembrado. Que reavives o dom de Deus, que há em ti, 2 Tm 1.6. Ver **Acordar, Animar, Avivar, Despertar, Estimular.**

REBA, hb. **Quarta parte:** Um dos cinco príncipes, mortos na guerra de Moisés contra midianitas, Js 13.21.

REBANHO: Porção de animais guardados por pastor. Os campos cobrem-se de **r**, Sl 65.13. E **r** do seu pastoreio, Sl 100.3. O seu **r** durante as vigílias, Lc 2.8. Não temais, ó pequenino **r**, Lc 12.32. Pastoreai o **r** de Deus, 1 Pe 5.2. Ver **Congregação, Ovelha.**

REBATE: Ataque imprevisto. Tocardes a **r**, partirão os arraiais, Nm 10.5. Dai voz de **r** no meu santo nome, Jl 2.1. Dia de trombeta e de **r**, Sf 1.16.

REBECA, hb. **Corda com laço**, isto é, **donzela cuja beleza prende os homens:** Filha de Betuel, da cidade de Naor da Mesopotâmia, trazida a Palestina pelo servo de Abraão, a fim de ser a mulher de Isaque, Gn 24. Depois de viver estéril, pelo espaço de dezenove anos, veio a ser mãe de Esaú e Jacó, Gn 25.20-26. Ajudou a Jacó seu filho predileto, a enganar Isaque e receber a primogenitura, Gn 27. Morreu, parece, enquanto Jacó ainda vivia na Mesopotâmia, e foi sepultada na cova de Macpela, Gn 49.31. Era conhecedora dos desígnios de Deus, a respeito dos seus filhos, antes de eles terem nascido, Rm 9.10-13.

REBELAR: Revoltar. Não te rebeles contra ele, Êx 23.21. Se rebelaram no deserto, Sl 78.40. Como vaca rebelde se rebelou Israel, Os 4.16. Quais os que tendo ouvido se rebelaram, Hb 3.16. Ver **Conspirar.**

REBELDE: Que se revolta. Sinal para os filhos **r**, Nm 17.10. Fostes **r** à minha palavra, Nm 20.24. **R** fostes, Dt 9.7,24. Um filho contumaz e **r**, Dt 21.18. A um povo **r**, Is 65.2. De coração **r** e contumaz, Jr 5.23. Fomos **r**, Dn 9.5. Mãos a um povo **r**, Rm 10.21. Lei para quem é justo, mas para transgressores e **r**, 1 Tm 1.9.

REBELDIA: Ato de rebelde. Conheço a tua **r**, Dt 31.27. Vê que não há em mim nem mal nem **r**, 1 Sm 24.11. Continuas em **r**, Is 1.5. As nossas **r** se multiplicaram, Jr 14.7. Pregaste **r** contra o Senhor, Jr 28.16; 29.32. Ver **Conspiração, Rebelião, Revolta, Revolução.**

REBELIÃO: Insurreição, revolta. A **r** é como o pecado de feitiçaria, 1 Sm 15.23. Aquela cidade... nela têm havido **r**, Ed 4.15. Na sua **r** levantaram um chefe, Ne 9.17. Eu curarei as vossas **r**, Jr 3.22. Ver **Rebeldia.**

REBENTAR: Arrebentar, estourar. Precipitando-se, rebentou pelo meio, At 1.18 (ARC).

REBENTO: Os seus **r** até o rio, Sl 80.11. Jurou a Davi... um **r** da sua carne, Sl 132.11. De Jessé sairá um **r**, Is 11.1. Ver **Renovo.**

REBOCO: Ver **Renovo.**

REBOLAR: Fazer mover como uma bola. Farei rebolar as suas pedras, Mq 1.6. Ver **Rolar.**

REBOLIÇO: Grande ruído. Que se fez um **r**, e os ossos, Ez 37.7 (ARC).

REBUSCAR: Apanhar as espigas que ficaram no campo depois da ceifa: Lv 19.10; Dt 24.21; Rt 2.7; Jr 6.9.

RECA: Lugar desconhecido de Judá, 1 Cr 4.12.

RECABITAS: Jr 35.2-19. Uma seita ou ordem religiosa, que teve o seu princípio em Jonadade, filho de Recabe, Jr 35.6. Os princípios dos recabitas consistiam numa reação e protesto contra o luxo e a licenciosidade que, no reinado de Acabe e Jezabel, ameaçavam destruir inteiramente a simplicidade da antiga vida nômade de Israel. Em conformidade com as suas idéias os recabitas não bebiam vinho, nem edificavam casas, nem semeavam grão, nem plantavam vinhas nem possuíam coisa alguma. Habitavam em tendas, em memória de terem sido estrangeiros na terra. Pelo espaço de dois séculos e meio eles cumpriram fielmente as suas regras; mas quando Nabucodonosor invadiu Judá, no ano 607 (a.C.), tiveram então que abandonar as suas tendas. Há indícios de terem os recabitas existido como corpo organizado, até a destruição de Jerusalém. Até o meado do século passado existiu uma tribo perto de Maca, que pretendia ser descendente de

Jonadabe, afirmando que neles se realizavam as palavras proféticas de Jeremias (35.19): "Nunca faltará homem a Jonadabe, filho de Recabe, que esteja na minha presença".

RECAIR: Tornar a cair. Fará recair a culpa de sangue de Joabe sobre a sua cabeça, 1 Rs 2.32. A tua mão recai sobre mim, Sl 38.2. E recaíram, sejam outra vez renovados, Hb 6.6 (ARC).

RECALCITRAR: Resistir com obstinação. Dura coisa é recalcitrar contra os aguilhões, At 26.14. Um provérbio comum, que se referia do boi resistindo, com coices, o aguilhão usado para dirigi-lo ou para fazê-lo puxar. As palavras do Senhor indicam que a perseguição de Saulo era não somente inúteis, mas também, como aguilhões ferindo sua consciência.

RECÂMARA: Câmara interior. O rei me introduziu nas suas **r**, Ct 1.4. Saia o noivo da sua **r**, Jl 2.16.

RECANTO: Lugar retirado ou oculto. Nada se passou aí, nalgum **r**, At 26.26.

RECATO: Prudência; honestidade. Banqueteando-se juntos sem qualquer **r**, Jd 12.

RECEAR: Temer; ter receio de. O que receio me acontece, Jó 3.25. Receio... tenha trabalhado em vão, Gl 4.11.

RECEBEDORIA: Repartição onde se recebe impostos. Levi, assentado na **r**, Lc 5.27 (ARC).

RECEBER: Tomar, aceitar, acolher, hospedar. Temos recebido o bem de Deus, Jó 2.10. E depois me recebes na glória, Sl 73.24. Todo o que pede recebe, Mt 7.8. De graça recebestes, de graça dai, Mt 10.8. Se alguém não vos receber, Mt 10.14. Quem vos recebe, a mim me recebe, Mt 10.40. Quem recebe uma profeta, Mt 10.41. Quem receber uma criança, Mt 18.5. Crede que recebestes, e será, Mc 11.24. Nenhum profeta é bem recebido, Lc 4.24. Este recebe pecadores, Lc 15.2. E os seus não o receberam, Jo 1.11. Ao Espírito que haviam de receber, Jo 7.39. Quem recebe aquele que enviar, a mim me recebe, Jo 13.20. E vos receberei para mim mesmo, Jo 14.3. Que o mundo não pode receber, Jo 14.17. Pedi, e recebereis, Jo 16.24. Senhor Jesus, recebe o meu espírito, At 7.59. Receberam a palavra com toda a avidez, At 17.11. Mais bem-aventurado é dar que receber, At 20.35. Recebestes o Espírito pelas obras, Gl 3.2. Recebêssemos pela fé o Espírito prometido, Gl 3.14. Criado no mundo, recebido na glória, 1 Tm 3.16. Pedis e não recebeis, Tg 4.3. Recebereis a imarcescível coroa, 1 Pe 5.4. Receberemos, porque guardamos, 1 Jo 3.22. Não o recebais em casa, 2 Jo 10. Quem quiser receba de graça, A 22.17. Ver **Aceitar.**

RECEIO: Incerteza acompanhada de temor. Os que vivem sem **r** no monte de Samaria, Am 6.1. Ocultamente pelo **r** que tinha dos judeus, Jo 19.38. Ver **Horror, Medo, Temor.**

RECÉM-CASADO: Aquele que se casou há pouco. Homem recém-casado não sairá à guerra, Dt 24.5.

RECÉM-NASCIDO: Que, ou aquele que nasceu há pouco O recém-nascido rei dos judeus, Mt 2.2 Como crianças recém-nascidas, 1 Pe 2.2.

RECENDER: Exalar (cheiro ou aroma forte). // Tuas vestes recendem a mirra, Sl 45.8.

RECENSEAMENTO: Arrolamento de pessoas ou de animais. Quando fizeres **r**, Êx 30.12. O primeiro **r**... quando Quirino era governador, Lc 2.2 (ARA). Nos dias do **r**, e levou muitos consigo, At 5.37.

RECENSEAR: Enumerar, arrolar. Toda a população... recensear-se, Lc 2.1.

RECEOSO: Tímido, acanhado. Sara, **r**, o negou, Gn 18.15.

RECESSO: Recanto, retiro. Profanarão o meu **r**, Ez 7.22.

RECLAMAR: Pedir, solicitar. Expiação pelo pecado não reclamaste, Sl 40.6 (ARA).

RECLINAR: Deitar, descansar. Não tem onde reclinar a cabeça, Mt 8.20. Reclinando no seio de Jesus, Jo 13.23 (ARA).

RECOLHER: Guardar; pôr ao abrigo; fazer a colheita de; retrair. A mão... secou, e não a podia recolher, 1 Rs 13.4. Rede... recolhe peixes, Mt 13.47. Onde recolher os meus frutos, Lc 12.17. Recolhei os pedaços que sobraram, Jo 6.12. O céu recolheu-se como um pergaminho, Ap 6.14.

RECOMENDAÇÃO: Ato ou efeito de recomendar. Temos necessidade de cartas de **r**, 2 Co 3.1.

RECOMENDAR: Aconselhar; lembrar. Recomendo-vos a nossa irmã Febe, Rm 16.1. A recomendar-nos a nós mesmos? 2 Co 3.1. Antes, nos recomendamos à consciência de todo homem, 2 Co 4.2. A recomendar a Tito, 2 Co 8.6. Recomenda estas coisas, 1 Tm 6.2; 2 Tm 2.14.

RECOMPENSA: Ato ou efeito de recompensar; prêmio; galardão. A vossa obra terá **r**, 2 Cr 15.7. Em os guardar há grande **r**, Sl 19.1. Na verdade há **r** para o justo, Sl 58.11. E isso era a **r** de todas elas, Ec 2.10. Nem tão pouco terão eles **r**, Ec 9.5. Vem o teu Salvador; vem com ele a sua **r**, Is 62.11. Se amardes... que **r** tendes, Mt 5.46. Já receberam a **r**, Mt 6.2. A tua **r** receberás na ressurreição, Lc 14.14. O ceifeiro recebe desde já a **r**, Jo 4.36. Recebereis do Senhor a **r** da herança, Cl 3.24. Ver **Favor, Galardão, Retribuição.**

RECOMPENSAR: Retribuir, pagar. Para não suceder que... sejas recompensado, Lc 14.12. Aprendam... a recompensar a seus progenitores, 1 Tm 5.4. Ver **Galardoar.**

RECONCILIAÇÃO: Ato ou efeito de reconciliar. Acabamos agora de receber a **r**, Rm 5.1. Se o fato... trouxe **r** ao mundo, Rm 11.15. E nos deu o ministério da **r**... e nos confiou a palavra da **r**, 2 Co 5.18,19. Ver **Conciliação.**

RECONCILIAR: Resistir à paz ou as boas relações perdidas. Algumas vezes a palavra é traduzida para reconciliar, quando em outras versões é traduzida para expiar. A idéia é de transformar a inimizade em efeito, é uma mudança espiritual. De que outro modo se reconciliaria com o seu Senhor? 1 Sm 29.4. Vai primeiro reconciliar-te com teu irmão, Mt 5.24. **Reconciliação com Deus:** O castigo que nos traz a paz estava sobre, Is 53.5. Nós, quando inimigos, fomos reconciliados com Deus mediante a morte de seu Filho, Rm 5.10,11. Se o fato de terem sido eles rejeitados trouxe reconciliação ao mundo, Rm 11.15. Deus que nos reconciliou consigo mesmo por meio de Cristo, 2 Co 5.18. Deus estava em Cristo, reconciliando consigo o mundo, 2 Co 5.19. Rogamos que vos reconcilieis com Deus, 2 Co 5.20. Reconciliasse ambos em um só corpo com Deus, Ef 2.16. Por meio dele reconciliasse consigo mesmo todas as coisas, Cl 1.20. Agora vos reconciliou no corpo da sua carne, Cl 1.22. Ver **Apaziguar, Concluir.**

RECÔNDITO: Esconderijo, lugar oculto. No **r** me fazes conhecer a sabedoria, Sl 51.6.

RECONDUZIR: Devolver. Para reconduzir da cova a sua alma, Jó 33.30.

RECONHECER: Admitir como verdadeiro, como exato. Reconheço que tens sido justo, Gn 7.1. Reconheço que em toda a terra não há Deus senão, 2 Rs 5.15. Reconheço-o em todos os teus caminhos, Pv 3.6. Tão-somente reconhece a tua iniqüidade, Jr 3.13. Reconhece-o que Deus não faz acepção de pessoas, At 10.34. Reconheça ser mandamento do Senhor, 1 Co 14.37.

RECONSTRUIR: Construir de novo. Reconstruí-los-ei maiores, Lc 12.18. Em três dias o reconstruirei, Jo 2.19.

RECORDAÇÃO: Lembrança. Na morte não há **r**, Sl 6.5. Nesses sacrifícios faz-se **r** de pecados, Hb 10.3. Ver **Lembrança.**

RECORDAR: Lembrar; fazer vir à memória. Recordar as palavras do próprio Senhor Jesus, At 20.35. Recordando-nos, diante do nosso Deus e Pai, da operosidade, 1 Ts 1.3. Recordeis das palavras... pelos santos profetas, 2 Pe 3.2.

RECORRER: Dirigir-se (a alguém) pedindo socorro. Habitação forte, à qual possa recorrer continuamente, Sl 71.3 (ARC). Não recorrerá um povo ao seu Deus? Is 8.19 (ARC). Não recorreu ao Senhor, mas... médicos, 2 Cr 16.12.

RECOSTAR: Pôr-se meio deitado. Na ceia se recostara também sobre o seu peito, Jo 21.20 (ARC).

RECREAÇÃO: Aquilo que recreia, que entretém agradavelmente o espírito. Se a tua lei não fora toda a minha **r**, Sl 119.92 (ARC).

RECREADOR: Que recreia. Ele te será **r** da alma, Rt 4.15 (ARC).

RECREAR: Divertir, alegrar. Porque recreia a alma, Pv 25.13. Possa recrear-se convosco, Rm 15.32. Cujo espírito foi recreado por todos vós, 2 Co 7.13.

RECUAR: Andar para trás. Fez recuar a golpes, Sl 78.66. Recuaram e caíram por terra, Jo 18.6. Se ele recuar... não tem prazer nele, Hb 10.38 (ARC). Ver **Refugiar, Retroceder.**

RECUPERAR: Adquirir novamente. Porque o recuperou com saúde, Lc 15.27. Recupere a tua vista, Lc 18.42.

RECURSOS: Haveres, posses. Segundo os seus **r** deram, Ed 2.69. Aquele que possuir **r** deste mundo, 1 Jo 3.17.

RECUSAR: Não aceitar (coisa oferecida); rejeitar. Vasti recusou vir, Et 1.12. Porque clamei, e vós recusastes, Pv 1.24. Se recusar ouvir a igreja, Mt 18.17. Recusou ser chamado filho da filha de Faraó, Hb 11.24. Não recuseis ao que fala. Pois, se não escaparam aqueles que recusaram, Hb 12.25.

RECUSÁVEL: Que pode ser recusado. // Recebido com ações de graça, nada é **r**, 1 Tm 4.4.

REDARGÜIR: Replicar. // Proveitosa para redargüir, 2 Tm 3.16 (ARC). Redarguas, repreendas, 2 Tm 4.2 (ARC).

REDE: Tecido de malhas largas para apanhar peixes, etc. As duas **r...** alto das colônias, 1 Rs 7.41. Deus... com a sua **r** me cercou, Jó 19.6. Na sua **r**, o enleia, Sl 10.9. Armaram **r** aos meus passos, Sl 57.6. Estenderam-me uma **r**, Sl 140.5. Caiam os ímpios nas suas próprias **r**, Sl 141.10. Debalde se estende a **r** a vista, Pv 1.17. Que lisonjeia... arma-lhe uma **r**, Pv 29.5. Mulher cujo coração são **r** e laços, Ec 7.26. Peixes que se apanham com a **r**, Ec 9.12. Enxugadouro de **r**, Ez 26.5. Caça seu irmão com **r**, Mq 7.2. Oferece sacrifício à sua **r**, Hc 1.16. Lançavam a **r**, Mt 4.18. Uma **r...** recolhe peixes de toda espécie, Mt 13.47. Sobre a tua palavra lançarei as **r**, Lc 5.5. Lançai a **r** à direita, Jo 21.6. Arrastou a **r...** cheia, Jo 21.11. Ver **Armadilha, Laço.**

REDEMOINHO: Massa de água ou de ar que gira rapidamente. Elias subiu ao céu num **r**,

2 Rs 2.11. Do meio de um **r**, respondeu a Jó, Capítulo 38.1. Serão arrebatados como um **r**, Sl 58.9. Eis a tempestade do Senhor... um **r** tempestuoso, Jr 23.19.

REDENÇÃO: Ato ou efeito de remir ou redimir. A **r** da alma é caríssima, Sl 49.8. Enviou ao seu povo a **r**, Sl 111.9. No Senhor... há copiosa **r**, Sl 130.7. A vossa **r** se aproxima, Lc 21.28. Mediante a **r** que há em Cristo, Rm 3.24. Cristo... se nos tornou... santificação e **r**, 1 Co 1.30. No qual temos a **r**, Ef 1.7; Cl 1.14. Selados para o dia da **r**, Ef 4.30. Tendo obtido eterna **r**, Hb 9.12. **Redenção da Terra**, etc.: Êx 13.13; Lv 25.25; Nm 3.12; 18.15-17; Ne 5.8. **Redenção pelo sangue de Cristo:** At 20.28; 1 Co 6.19,20; Gl 3.13; 4.4,5; Ef 1.7; Cl 1.14; 1 Tm 2.5,6; Tt 2.14; Hb 9.12; 1 Pe 1.18,19. **A Redenção Tipificada:** Israel, Êx 6.6; primogênitos, Êx 13.11-15; Nm 18.15. Ver **Resgate, Salvação.**

REDENHO: Grande prega do peritôneo que flutua sobre a superfície dos intestinos, Lv 1.8.

REDENTOR: Aquele que redime. O meu **R** vive, Jó 19.25. Rocha minha e **r** meu, Sl 19.14. O Deus Altíssimo o seu **r**, Sl 78.35. O teu **R** é o Santo de Israel, Is 41.14. Nosso **R**, o Senhor dos Exércitos, Is 47.4; Jr 50.34.

REDIL: Curral. Ezequias... **r** para os rebanhos, 2 Cr 32.28. Escolheu a Davi... e tomou dos **r**, Sl 78.70. Esqueceram-se do seu **r**, Jr 50.6. Ver **Aprisco, Curral.**

REDIMIR: O mesmo que remir. Redimir a minha alma, Jó 33.28; Sl 69.18. Redime a tua vida, Sl 103.4. Visitou e redimiu o seu povo, Lc 1.68. Esperávamos que fosse ele quem havia de redimir Israel, Lc 24.21. Criação será redimida do cativeiro, Rm 8.21. Ver **Remir, Resgatar.**

REDONDEZA: Esfera. Assentado sobre a **r** da terra, Is 40.22.

REDUNDAR: Transbordar, sobejar. A expectação dos perversos redunda em mira, Pv 11.23. Mas redunda em muitas graças, 2 Co 9.12.

REDUZIR: Desagregar de uma combinação, de um composto. Tu reduzes o homem ao pó, Sl 90.3. Ruína! As ruínas a reduzirei, Ez 21.27. Sobre quem ela cair ficará reduzido a pó, Mt 21.44. Para reduzir a nada as que são, 1 Co 1.28. Ver **Diminuir.**

REEDIFICAR: Reconstruir. Decreta... que reedifiquem esta casa, Ed 6.8. Reedifiquemos os muros de Jerusalém, Ne 2.17. E reedificá-lo em três dias, Mt 26.61. E reedificarei o tabernáculo caído, At 15.16. Ver **Reconstruir.**

REELAÍAS, hb. **Temor de Deus:** Chefe de uma família que voltou do exílio, Ed 2.2.

REFA, hb. **Riqueza:** Um antepassado de Josué, 1 Cr 7.25.

REFAÍAS: 1. Um descendente de Davi, 1 Cr 3.21. // 2. Um simeonita que dirigiu uma expedição de 500 homens contra os amalequitas, 1 Cr 4.42. // 3. Um neto de Issacar, 1 Cr 7.2. // 4. Um descendente de Saul, 1 Cr 9.43. // 5. Um dos que trabalharam na reedificação dos muros de Jerusalém, Ne 3.9.

REFAIM: Dt 2.20. Ver **Gigantes.**

REFAZER: Reformar; dar nova vida a. Tu me refazes a vida, Sl 138.7. Refeitos com a comida, At 27.38. Revestes do novo homem que se refaz, Ct 3.10.

REFERIR: Citar, trazer à baila. Coisas referidas pelos pastores, Lc 2.18. Referiu-se à ressurreição de Cristo, At 2.31. As quais não é lícito ao homem referir, 2 Co 12.4. Acima... de todo nome que se possa referir, Ef 1.21. Ver **Constar, Narrar.**

REFINADO: Separado de uma substância (as matérias estranhas que lhe alteram a pureza). A palavra do Senhor **r**, 2 Sm 22.31 (ARC). Sido **r** numa fornalha, Ap 1.15 (ARC). Compres ouro **r**, Ap 3.18.

REFINAR: Apurar; tornar mais delicado, mais puro, Sl 66.10; Is 48.10; Jr 6.29,30; Ez 22.20; Ml 3.2,3.

REFLETIR: Pensar maduramente, espelhar. Refletirás no teu coração, Dt 4.39. Refletindo como um espelho a glória, 2 Co 3.18. Ver **Cogitar, Meditar, Pensar, Ponderar.**

REFORMAR: Mudança, operada com intuito de melhoramento. Até ao tempo oportuno de **r**, Hb 9.10.

REFREAR: Reprimir, conter, dominar com o freio. Deixando de refrear sua língua, Tg 1.26. Capaz de refrear... todo o seu corpo, Tg 3.2. Refreie a sua língua, 1 Pe 3.10. Um mudo animal... refreou a insensatez do profeta, 2 Pe 2.16.

REFRESCAR: Fazer menos quente. Antes que refresque o dia, Ct 2.17. E me refresque a língua, Lc 16.24. Ver **Refrigerar.**

REFRIGERAR: Refrescar. Refrigera a alma, Sl 19.7 (ARC); 23.3; Pv 25.13. Ver **Refrescar.**

REFRIGÉRIO: Ato ou efeito de refrescar. **R** para os seus ossos, Pv 3.8. Do Senhor venham tempos de **r**, At 3.20. Trouxeram **r** ao meu espírito, 1 Co 16.18. Ver **Alívio, Consolo.**

REFUGIAR: Acolher-se; procurar abrigo. Rochedo em que me refugio, 2 Sm 22.3. Nele se refugiam, 2 Sm 22.31; Sl 18.30; Na 1.7. Em ti me refugio, Sl 7.1; 16.1; 31.1; 143.9. Ver **Recusar.**

REFÚGIO: Abrigo. As seis cidades de **r**, Nm 35.9-15; Js 20. Sob cujas asas vieste buscar **r**, Rt 2.12. Deus é o nosso **r**, 2 Sm 22.3; Sl 11.1; 14.6; 17.8; 18.2; 36.7; 48.3; 59.16; Jr 16.19. Ver **Esconderijo.**

REFUGO: Aquilo posto de lado como inútil ou sem valor. Prata de **r** lhes chamarão, Jr 6.30. Como cisco e **r**, Lm 3.45. E as considero como **r**, Fp 3.8. Ver **Lixo.**

REFULGIR: Resplandecer, brilhar intensamente. O refulgir de uma espada que se revolvia, Gn 3.24. Ensinam a justiça refulgirão como as estrelas, Dn 12.3 (ARC).

REFUTAR: Dizer em contrário. Houve que refutasse a Jó 32.12. Ver **Reprovar.**

REGAÇO: A superfície ou concavidade formada pela roupa, entre os joelhos e a cintura, da mulher sentada; lugar onde se descansa. A sorte se lança no **r**, Pv 16.33. E os levará no seu **r**, Is 40.11 (ARC). Transbordando, vos deitará no vosso **r**, Lc 6.38.

REGALADAMENTE: Com delícia vivia todos os dias **r** e esplendidamente, Lc 16.19 (ARC). Tendes vivido **r** sobre a terra, Tg 5.5.

REGALADO: Farto, abundante, deleitoso. Ao insensato não convém a vida **r**, Pv 19.10.

REGALAR: Ter grande prazer. Come e bebe, e regala-te, Lc 12.19. Rico... que todos os dias se regalava, Lc 16.19.

REGAR: Molhar, umedecer. A campina do Jordão... bem regada, Gn 13.10. Tu visitas a terra e a regas, Sl 65.9. Regas os montes, Sl 104.13. Eu plantei, Apolo regou, 1 Co 3.6.

REGENERAÇÃO: A palavra quer dizer restabelecimento do que estava destruído. A humanidade está morta em seus delitos e pecados, Ef 2.1; Cl 2.13; 1 Tm 5.6. Deus, no seu amor, quer salvar os homens, não pelas obras da justiça, mas "pela lavagem de regeneração e da renovação do Espírito Santo", Tt 3.4,5. A alma lavada completamente das imundícias do mundo, recebe novidade de vida, experiência simbolicamente expressa no ato do batismo, At 22.16. "A regeneração", Mt 19.28, refere-se à restauração do mundo, à "restauração de todas as coisas", At 3.21. Ver Ap 21.1.

REGENERADOR: Que, ou aquele que regenera. Salvou mediante o lavar **r**, Tt 3.5.

REGENERAR: Restaurar. Regenerou para uma viva esperança, 1 Pe 1.3. Fostes regenerados, não de semente, 1 Pe 1.23.

REGER: Ter o supremo poder sobre. Com vara de ferro as regerás, Sl 2.9. Filho varão, que há de reger todas as nações, Ap 12.5. Ele mesmo as regerá com cetro, Ap 19.15. Ver **Governar, Reinar.**

REGIÃO: Grande extensão de terreno; território que pelos seus caracteres (clima, produções, etc.) se distingue de outros. Divulgava-se... por toda aquela **r**, Ef 1.3. Até às **r** inferiores da terra? Ef 4.9.

RÉGIO: Cidade de Itália, pela qual passou Paulo na sua viagem para Roma, At 28.13. Ver mapa 6, A-2.

RÉGIO: Próprio do rei. A lei **r**, Tg 2.8.

REGISTRO: Livro público ou particular, onde se inscrevem certos fatos ou documentos. Procuraram o seu **r** nos livros, Ed 2.62; Ne 7.64.

REGISTRAR: Escrever ou lançar em livro especial. Foram registrados para que creiais, Jo 20.31.

REGO: Sulco para conduzir água. A água corria ao redor do altar; ele encheu também d'água o **r**, 1 Rs 18.35. Quem abriu **r** para o aguaceiro, Jó 38.25. Ver **Sulco.**

REGOZIJAR: Alegrar muito. Orou Ana... O meu coração se regozija no Senhor, 1 Sm 2.1. E me regozije da tua salvação, Sl 9.14. Os justos se regozijam, exultam na presença de Deus, Sl 68.3. Regozijemo-nos e alegremo-nos nele, Sl 118.24. Regozijai-vos e exultai, Mt 5.12. Muitos se regozijarão com o seu nascimento, Lc 1.14. Comamos e regozijemo-nos, porque este meu filho, Lc 15.23. Muito se regozija por causa da voz do noivo, Jo 3.29. Por ver o meu dia, viu-o e regozijou-se, Jo 8.56. Regozijando-se por terem sido considerados dignos de sofrer, At 5.41. regozijai-vos na esperança, Rm 12.12. Com ele todos se regozijam, 1 Co 12.26. Regozija-se com a verdade, 1 Co 13.6. Regozijamos quando nós estamos fracos, 2 Co 13.9. Com isto me regozijo, sim, sempre me regozijarei, Fp 1.18. Agora me regozijo nos meus sofrimentos, Cl 1.24. Regozijai-vos sempre, 1 Ts 5.16. Ver **Alegrar, Jubilar, Rejubilar.**

REGOZIJO: Grande gozo. Comeram... perante o Senhor com grande **r**, 1 Cr 29.22. Celebraram com **r** a dedicação, Ed 6.16. Os mansos terão **r** sobre **r** no Senhor, Is 29.19. **R** e alegria se acharão nela, Is 51.3. **R** de geração em geração, Is 60.15. Transformarei em **r** a sua tristeza, Jr 31.13. Ver **Júbilo.**

REGRA: Aquilo que a lei ou o uso determina. **R** sobre **r**, **r** e mais **r**, Is 28.10,13. Farei juízo a regra, e justiça o prumo, Is 28.17. Conformidade com esta **r**, Gl 6.16. Andemos segundo a mesma **r**, Fp 3.16 (ARC). Ver **Norma.**

REGRESSAR: Tornar (ao sítio donde se partiu). Regressaram os setenta, Lc 10.17. Ver **Voltar.**

REGULAR: Conforme as regras. Será decidida em assembléia **r**, At 19.39.

REÍ: Um dos que não apoiavam Adonias na tentativa de usurpar o trono de Davi, 1 Rs 1.8.

REI: Chefe soberano de um reino. O Senhor se tornou **r** ao seu povo, Dt 33.5. Naqueles dias não havia **r** em Israel, Jz 17.6; 21.25. Constitui-nos um **r** sobre nós, 1 Sm 8.5. Vosso Deus era o vosso **r**, 1 Sm 12.12. É **r** sobre todos os animais, Jó 41.34. Os **r** da terra se levantam, Sl 2.2; At 4.26. O **R** da Glória, Sl 24.7. Olhos verão o **r** na sua formosura, Is 33.17. Quatro **r** que se levantarão, Dn 7.17. Dez **r** que se levantarão, Dn 7.24. O recém-nascido **R**, Mt 2.2. Cidade do grande **R**, Mt 5.35. Sereis levados à presença de **r**, Mt 10.18.

És tu o **r** dos judeus? Mt 27.11. Salve **r** dos judeus, Mt 27.29. Este é o **R** dos judeus, Mt 27.37. Ao **R** eterno, imortal, 1 Tm 1.17. O **R** dos **r**, 1 Tm 6.15; Ap 17.14; 19.16. **R** da justiça... **r** de Salém... **r** de paz, Hb 7.2. **R** das nações, Ap 15.3. **Reis escolhidos por Deus:** Dt 17.14; 1 Sm 9.17; 16.12; 2 Sm 7.8; 1 Rs 11.35; 19.15; 1 Cr 28.4-7; Dn 2.21; 4.17. **A honra devida ao Rei:** 1 Sm 15.30,31; Pv 16.14; 24.21; Mt 22.21; Rm 13.1-7; 1 Pe 2.13,17. Ver **Governador.**

REINAR: Governar um estado como rei. Reinará Saul sobre nós? 1 Sm 11.12. Deus reina sobre as nações, Sl 47.8. Reina o Senhor. Regozije-se, Sl 97.1. O Senhor reina para sempre, Sl 145.10. Reinará para sempre sobre a casa de Jacó, Lc 1.33. Não queremos que este reine, Lc 19.14. Pela ofensa... reinou a morte, Rm 5.17. Como o pecado reinou pela morte, assim também reinasse a graça pela, Rm 5.21. Não reine... o pecado em vosso corpo, Rm 6.12. Chegastes a reinar sem nós, 1 Co 4.8. Reine até que haja posto todos os inimigos, 1 Co 15.25. Com ele reinaremos, 2 Tm 2.12. Reinarão sobre a terra, At 5.10. Ele reinará pelos séculos, Ap 11.15. Aleluia! Pois reina o Senhor, Ap 19.6. Viveram e reinaram com Cristo, Ap 20.4. Reinarão pelos séculos, Ap 22.5.

REINO: Estado governado por rei. Vós me sereis reino de sacerdotes, Êx 19.6. Teu, Senhor, é o reino, 1 Cr 29.11; Mt 6.13. Pois do Senhor é o reino, Sl 22.28. O seu reino domina sobre tudo, Sl 103.19. O teu reino é o de todos os séculos, Sl 145.13. Fazia estremecer a terra, e tremer os reinos? Is 14.16. O seu reino é reino sempiterno, Dn 4.3. Os santos receberão o reino, Dn 7.18. Evangelho do reino, Mt 4.23; 9.35; 24.14. Os filhos do reino serão lançados fora, Mt 8.12. Todo reino dividido contra si mesmo, Mt 12.25. A boa semente são os filhos do reino, Mt 13.38. Levantará reino contra reino, Mt 24.7. Pai se agradou em dar-vos o reino, Lc 12.32. O meu reino não é deste mundo, Jo 18.36. Restaures o reino a Israel, At 1.6. O reino de Deus não é comida, Rm 14.17. O reino de Deus consiste não em palavras, mas em poder, 1 Co 4.20. Não herdarão o reino, 1 Co 6.9; 15.50; Gl 5.21; Ef 5.5. Quando ele entregar o reino, 1 Co 15.24. Nos transportou para o reino, Cl 1.13. Digamos do reino de Deus, 2 Ts 1.5. Subjugaram reinos, Hb 11.33. Recebendo nós um reino inabalável, Hb 12.28. Ricos em fé e herdeiros do reino, Tg 2.5. Amplamente suprida a entrada do reino eterno, 2 Pe 1.11. E nos constituiu reino, sacerdotes, Ap 1.6. O reino do mundo se tornou, Ap 11.15. Agora veio a salvação... o reino do nosso Deus, Ap 12.10. Besta, cujo trono se tornou em trevas, Ap 16.10. Dêem a besta o reino que possuem, Ap 17.17.

REINO DE DEUS: Soberania, 1 Cr 29.11; Sl 45.6; 145.11; Is 24.23; Dn 2.44; Mt 6.33; Mc 1.14,15. **As boas novas do reino de Deus,** Lc 4.43. **Deve-se buscar,** Mt 6.9,10,33; Lc 12.31. **A natureza do reino de Deus,** Lc 17.21; 18.29,30; Jo 18.36; Rm 14.17; 1 Co 4.20. **O reino de Deus se aproxima,** Mt 21.31; 24.14; 26.29; Mc 14.25; Lc 17.20; 19.11; 22.16,18. **O reino de Deus comparado a coisas semelhantes,** Mt 13; 18; 20; 22; 24. **Reino de Deus e de Cristo,** Mt 13.41; 20.21. **Reino de Cristo e de Deus,** Ef 5.5. **Reino de Davi,** Mc 11.10. **Reino dos céus,** Mt 3.2; 4.17; 13.41. **Quem entrará no reino dos céus,** Mt 5.3; 7.21; Lc 9.62; Jo 3.3; At 14.22; Rm 14.17; 1 Co 6.9; 3 Ts 1.5.

REIS, O PRIMEIRO E O SEGUNDO LIVRO DOS: Originalmente, no hebraico, um só livro. Na Vulgata estes dois livros chamam-se **O Terceiro Livro dos Reis**, e **O Quarto Livro dos Reis**; sendo 1 e 2 Rs compostos de 1 e 2 Sm. Na realidade todos os livros de Js a 2 Rs, parecem uma só obra, dando uma história contínua de Israel, do tempo de Josué até a morte do rei Joaquim. Os livros de 1 Rs e 2 Rs se iniciam com relatos de maior glória de Israel e se encerram com a nação no cativeiro. **A autoria:** Não se sabe quem escreveu os dois Livros dos Reis, mas havia uma série de anais, como registros dos eventos de cada dia, tanto para o reino de Judá como para o das dez tribos. Faz-se menção de três: 1) **O livro da história de Salomão,** 1 Rs 11.41. 2) **O livro da história dos reis de Israel**, mencionado 15 vezes. 3) **O livro da história dos de Judá,** mencionado 17 vezes. // **A chave:** Realeza, 1 Rs 2.12. O Egito decaíra. Babilônia e a Assíria enfraqueceram. Israel se tornava o reino mais poderoso do mundo. Os dois livros dos Reis são a história dos reinados dos reis de Judá e de Israel, desde a coroação de Salomão até o cativeiro assírio para Israel e o cativeiro na Babilônia, para Judá. // **A divisão:** I. A rebelião de Adonias, 1 Rs 1. // II. O reinado de Salomão, 1 Rs 2 a 11. // III. A história do reino dividido, 1 Rs 12 a 2 Rs 17. // IV. A história do reino de Judá, depois do cativeiro das dez tribos, 2 Rs 18 a 25. // A história de 1 e 2 Rs abrange um período de mais de 400 anos, da morte de Davi até a destruição do reino de Judá.

REITERAR: Repetir. O insensato que reitera a sua astúcia, Pv 26.11.

REJEIÇÃO: Ato ou efeito de rejeitar. Se a sua **r** é a reconciliação, Rm 11.15 (ARC).

REJEITAMENTO: Ato ou efeito de rejeitar. Como cisco e **r** nos puseste, Lm 3.45 (ARC).

LISTA **PARALELA** DOS REIS DEPOIS DA DIVISÃO DO REINO

Os Reis de Judá	**Os Profetas de Judá**	**Os Reis de Israel**	**Os Profetas de Israel**
Roboão		Jeroboão	
Alilão			
Asa		Nadabe	
		Baasa	
		Elá	
		Zinri	
		Onri	
Josafá		Acabe	
Jeorão		Acazias	
Acazias		Jorão	Elias
Atalia		Jeú	
Joás			Jonas
Amazias		Jeocaz	
Azarias (Urias)	Isaías	Jeoás	Eliseu
	Amós	Jeroboão II	
	Oséias	Zacarias	
		Salum	
		Menaém	
		Pecaías	
Jotão		Peca	
Acaz	Miquéias	Oséias	
Ezequias	Naum		
Manassés			
Amom			
Josias	Sofonias		
Jeocaz	Jeremias		
Jeoaquim	Habacuque		
Joaquim			
Zedequias			

REJEITAR: Lançar fora, largar. Se rejeitares os meus estatutos, Lv 26.15. Saul, havendo-o eu rejeitado, 1 Sm 16.1. Rejeita o Senhor para sempre? Sl 77.7. Não rejeites a disciplina do Senhor, Pv 3.11. O que rejeita a disciplina menospreza a sua alma, Pv 15.32. A pedra que os construtores rejeitaram, Mt 21.42; At 4.11; 1 Pe 2.7; Sl 118.22. Quem vos rejeitar, a mim me rejeita, Lc 10.16. Rejeitais o preceito de Deus, Mc 7.9. Quem me rejeita e não recebe, Jo 12.48. Deus... rejeitado o seu povo? Rm 11.1. Rejeitamos as coisas que, por vergonhosas, 2 Co 4.2. Quem rejeita... não rejeita ao homem, e, sim, a Deus, 1 Ts 4.8. Rejeita as fábulas, 1 Tm 4.7. Morre... quem tiver rejeitado a lei de Moisés, Hb 10.28. Esaú... querendo herdar a bênção, foi rejeitado, Hb 12.17. Rejeitam governo, e difamam autoridades, Jd 8. Ver **Recusar.**

REJUBILAR: Sentir grande alegria. Fazia rejubilar-se o coração da viúva, Jó 29.13. Folguem e em ti rejubilem todos os que te buscam, Sl 40.16; 70.4. Rejubila, ó Israel; regozija-te, Sf 3.14. Ver **Regozijar**.

RELAÇÃO: Ato de referir. Foi concedido, em **r** a Cristo, Fp 1.29 (ARC).

RELÂMPAGO: Clarão súbito e rápido, proveniente de descarga elétrica entre duas nuvens, ou entre uma nuvem e o solo. Houve trovões e **r**, Êx 19.16. Despede **r**, dispersa os meus inimigos, Sl 144.6. O seu rosto como **r**, Dn 10.6. Como o **r** sai do Oriente, Mt 24.27. Seu aspecto era como um **r**, Mt 28.3. Satanás caindo do céu como um **r**, Lc 10.18. Como o **r**, fuzilando, brilha, Lc 17.24. // Menciona-se relâmpago em 2 Sm 22.15; Jó 28.26; 37.3; Sl 18.14; 77.18; 135.7; Zc 9.14. // Relâmpago em redor do trono de Deus, Ez 1.13; Ap 4.5; 8.5; 16.18.

RELATAR: Narrar. Se todas fossem relatadas uma por uma, Jo 21.25. Relataram... fizera Deus, At 14.27; 15.4. Ver **Narrar**.

RELAXADAMENTE: Dissolutamente. Maldito aquele que fizer a obra do senhor **r**, Jr 48.10.

RELEVO: Distinção; realce. Fica em **r** a verdade de Deus, Rm 3.7.

RELHA: Ferro largo e pontiagudo, que faz parte do arado e serve para abrir a terra e virar a leiva. Converterão... espadas em **r**, Is 2.4; Mq 4.3. Forjai espadas das vossas **r**, Jl 3.10.

Como o relâmpago, fuzilando, Lc 17.2

RELIGIÃO: Doutrina religiosa. Questões referentes à sua própria **r**, At 25.19. A seita mais severa da nossa **r**, At 26.5. A sua **r** é vã, Tg 1.26. A **r** pura e sem mácula, Tg 1.27. Ver **Culto**.

RELIGIOSO: Referente ou conforme à religião. Em tudo vos vejo acentuadamente **r**, At 17.22. Supõe ser **r**, deixando, Tg 1.26.

RELÍQUIA: Resto, ruína. As **r** dos ímpios todas perecerão, Sl 37.38 (ARC).

RELÍQUIA: Instrumento para marcar as horas. Sombra no **r** de Acaz, 2 Rs 20.11.

RELUZENTE: Que reluz. Que resplandece ou cintila; que tem um brilho vivo. Se eu afiar a minha espada **r**, Dt 32.41.

RELUZIR: Luzir muito. A sabedoria do homem faz **r** o seu rosto, Ec 8.1. Polida para **r** como relâmpago, Ez 21.10,28.

RELVA, ERVA: Três divisões do reino vegetal: relva, erva e árvores, Gn 1.11 (ARA). Os malfeitores em breve definharão como a relva, Sl 37.2. Os ímpios brotam como a erva, Sl 92.7. Os dias do homem são como a relva, Sl 37.2. Os ímpios brotam como a erva, Sl 92.7. Os dias do homem são como a relva, Sl 103.15. O favor do rei é como orvalho sobre a relva, Pv 19.12. Os olhos dos jumentos desfalecem, porque não há erva, Jr 14.6. Saltais como bezerros na relva, Jr 50.11. Nabucodonosor comeu erva como boi, Dn 4.33. Gafanhotos comeram toda a erva, Am 7.2. Se Deus assim veste a erva do campo, Mt 6.30. Sentados sobre a relva verde, Mc 6.39. O rico passará como a flor da erva, Tg 1.10. Toda a carne é como a erva, 1 Pe 1.24; Is 40.6. Que não causassem dano à erva, Ap 9.4.

Fez retroceder dez graus a sombra lançada pelo sol declinante no relógio de Acaz, 2 Reis 20.11. A clepsidra, relógio de água, foi usada, também, pelos antigos

REMALIAS, hb. Jeová adornou: Pai de Peca, rei de Israel, 2 Rs 15.25.

REMANESCENTE: O vocábulo no original quer dizer, uma semente santa, a âmago espiritual da nação que sobreviveria um julgamento iminente e se tornaria em germe do povo de Deus. Perdoarei as **r** que eu deixar, Jr 50.20. O **r** é que será salvo, Rm 9.27. Agora... sobrevive um **r**, Rm 11.5.

REMAR: Pôr em movimento com o auxílio de remos. Dificuldade a remar, porque o vento, Mc 6.48.

REMÉDIO: Medicamento para curar. O coração alegre é bom **r**, Pv 17.22. Para a tua ferida não tens **r**, Jr 30.13; Na 3.19. Debalde multiplicas **r**, Jr 46.11. A sua folha de **r**, Ez 47.12. Ver **Medicina**.

REMEIRO: Remador. De Sidom... foram os teus **r**, Ez 27.8.

REMEMORAR: Tornar a lembrar; recordar. E rememoro a tua justiça, a tua somente, Sl 71.16. Ver **Lembrar**.

REMENDADO: Que tem remendos. Sandálias velhas e **r**, Js 9.5.

REMENDO: Pedaço de pano com que se conserta uma parte do vestuário. Ninguém põe **r** de pano novo, Mt 9.16.

REMETE, hb. **Lugar alto:** Uma cidade da herança de Issacar, Js 19.21.

REMIDO: Libertado do cativeiro. Digam-no os **r** do Senhor, Sl 107.2. Mas os **r** andarão por ele, Is 35.9. Para que passassem os **r**? Is 51.10. Chamar-vos-ão: Povo santo, **r**, Is 62.12.

REMIR: Adquirir de novo. Remirás todos os primogênitos, Êx 34.20. Remiu a minha alma, 2 Sm 4.9; 1 Rs 1.29; Sl 49.15. Remindo o tempo, Ef 5.16. A fim de remir-nos de toda iniqüidade, Tt 2.14. Ver **Expiar, Redimir, Resgatar.**

REMISSÃO: Perdão. O ano da remissão, Dt 15.1-6. Isto é o meu sangue... para **r**, Mt 26.28. Arrependimento para **r**, At 2.38. A

r dos pecados, segundo a riqueza da sua graça, Ef 1.7. Sem derramamento de sangue não há **r**, Hb 9.22. Onde há **r**, destes, já não há oferta pelo pecado, Hb 10.18. Ver **Absolvição, Perdão, Resgate.**

REMISSO: Indolente, descuidado. **R** em passardes para possuir a terra, Js 18.3. A **r** está sujeita a trabalhos forçados, Pv 12.24. No zelo não sejais **r**, Rm 12.11. Ver **Preguiçoso, Ocioso.**

REMITIR: Ter como perdoado; quitar. Remitirá o que havia emprestado, Dt 15.2.

REMOÇÃO: Ato ou efeito de remover. A **r** dessas coisas abaladas, Hb 12.27.

REMOINHO: Rajada de vento. Como folhas impelidas por um **r**, Sl 83.13. Ver **Redemoinho, Tufão.**

REMONTAR: Elevar-se muito. Se te remontares como águia, Ob 4.

REMORDER: Morder muitas vezes. Os homens remordiam as línguas, Ap 16.10.

REMORSO: Inquietação de consciência por culpa ou crime que se cometeu. Judas... tocado de **r**, Mt 27.3. Ver **Arrependimento.**

REMOTO: Que aconteceu há muito tempo. Desde os dias **r** o tinha planejado? 2 Rs 19.25.

REMOVER: Mover novamente; mudar de um lugar para outro. Não removas os marcos antigos, Pv 22.28. Anjo do Senhor... removeu a pedra, Mt 28.2.

RENASCER: Nascer novamente. Renascerão, acaso, dos montões, Ne 4.2. Ver Jo 3.3,7.

RENDA: Rendimento, produto. Melhor a sua **r** do que o ouro, Pv 3.14. Na **r** dos perversos há perturbação, Pv 15.6.

RENDER: Ofertar, prestar. Rendiam culto a seus deuses, Jz 3.6. Bom é render graças, Sl 92.1. Rendei-lhe graças, Sl 100.4.

RENDIMENTO: Juro, produção, renda. O **r** do perverso ao pecado, Pv 10.16. Do que grandes **r** com injustiça, Pv 16.8.

RENEGAR: Rejeitar por outra idéia (opinião ou partido). Renegando a impiedade e as paixões, Tt 2.12. Até ao ponto de renegarem o Soberano Senhor, 2 Pe 2.1. Ver **Apostatar.**

RENFÃ: At 7.43. O mesmo que **Quium**, o planeta Saturno, Am 5.26.

RENOME: Fama. Valentes, varões de **r**, na antigüidade, Gn 6.4. Ver **Fama, Nome.**

RENOVAÇÃO: Ato ou efeito de renovar. Transformai-vos pela **r** da vossa mente, Rm 12.2. Nos salvou pela... **r** do Espírito Santo, Tt 3.5 (ARC).

RENOVADOR: Que, ou o que renova. O lavar... renovador do Espírito Santo, Tt 3.5.

RENOVAR: Tornar novo; recomeçar, restaurar. A árvore... cortada se renovará, Jó 14.7. Renova dentro em mim um espírito inabalável, Sl 51.10. A tua mocidade se renova como a da águia, Sl 103.5. Envias o teu Espírito... renovas a face da terra, Sl 104.30. Os que esperam no Senhor renovam as suas forças, Is 40.31. Renova nossos dias como dantes, Lm 5.21. Homem interior se renova de dia em dia, 2 Co 4.16. Renoveis no espírito do vosso entendimento, Ef 4.23. Renová-los para arrependimento, Hb 6.6. Ver **Restaurar.**

RENOVO: Rebento. O reinado do **r** do Senhor, Is 4.2-6. Das suas raízes um **r**, Is 11.1. Foi subindo como **r**, Is 53.2. Levantarei a Davi um **r** justo, Jr 23.5. Farei brotar a Davi um **r**, Jr 33.15. O meu servo, o **r**, Zc 3.8. Um homem cujo nome é **r**, Zc 6.12. Ver **Rebento.**

RENUNCIAR: Deixar voluntariamente a posse de. Não renuncia tudo quanto tem, Lc 14.33. **Largar, Recusar.**

REOBE, hb. **Espaço aberto:** 1. O lugar mais afastado ao norte visitado pelos espias, Nm 13.21. // 2. Uma cidade da herança de Aser, Js 19.28. // 3. Outra cidade de Aser, Js 19.30. // 4. O pai de Hadadezer, rei de Zobá, 2 Sm 8.3.

REOBOTE, hb. **espaços largos:** 1. Uma cidade junto ao Eufrates, residência de Saul, um dos reis de Edom, Gn 36.37. // 2. O nome dado a um poço, cavado por Isaque, Gn 26.22. Existe agora perto das ruínas de Ruheibe. Ver mapa 2, B-6; 5, A-2.

REOBOTE-IR, **Espaços largos da cidade:** Uma cidade edificada por Ninrode, Gn 10.11. Foi talvez, um subúrbio de Nínive.

REPARADOR: Que, ou aquele que repara, que melhora ou fortifica. Serás chamado **r** de brechas, Is 58.12.

REPARAR: Consertar, restaurar; tomar cautela, olhar. Para repararem a casa do Senhor, 2 Cr 34.8. Não reparas na trave, Mt 7.3. E reparar as deficiências da vossa fé? 1 Ts 3.10. Ver **Restaurar.**

REPARTIDOR: Aquele que reparte. Quem me pôs... ou **r**, Lc 12.14 (ARC).

REPARTIR: Dividir por grupos; distribuir. As heranças que Moisés repartiu, Js 13.32. Repartir a terra em herança, Js 19.49. Repartissem as porções para seus irmãos, Ne 13.13. Repartem entre si as minhas vestes, Sl 22.18; Mt 27.35. Repartir o despojo com os soberbos, Pv 16.19. Reparte com sete, Ec 11.2. Com os poderosos repartirá ele o despojo, Is 53.12. Repartas o teu pão com o faminto, Is 58.7. Duas túnicas, reparta com quem, Lc 3.11. Ordena a meu irmão que reparta, Lc 15.12. Cálice... recebei e reparti entre vós, Lc 22.17. Repartir convosco algum dom, **r**, Rm 1.11. A medida da fé que Deus repartiu a cada um, Rm 12.3.

REPASTAR: Apascentar novamente. Nela se repastam os animais, Sl 80.13. Ver **Apascentar.**

REPASTO: Banquete, refeição. Esaú, o qual, por um **r**, vendeu, Hb 12.16.

REPELENTE: Repugnante, nojento. Fizestes o nosso cheiro **r** diante de Faraó, Êx 5.21 (ARC).

REPENTINAMENTE: De improviso, subitamente. Aquele dia não venha sobre vós **r**, Lc 21.34.

REPENTINO: Súbito, imprevisto. Não temas o pavor **r**, Pv 3.25.

REPERCUTIR: Refletir-se; repetir-se; reproduzir-se (um som, a luz, etc). De vós repercutiu a palavra, 1 Ts 1.8.

REPETIÇÃO: Ato ou efeito de repetir. Não useis de vãs **r**, Mt 6.7.

REPETIR: Tornar a dizer ou fazer. Foi orar... repetindo as mesmas palavras, Mt 26.44. Repetidas vezes eu vos dizia, Fp 3.18.

REPLICAR: Responder às objeções ou respostas de outrem. Que a Deus replicas? Rm 9.20 (ARC).

RESPOSTEIRO: Cortina que pende das portas interiores da casa. O **r**... à entrada do tabernáculo, Êx 35.15.

REPOUSAR: Descansar; dormir. Espírito **r** sobre eles, profetizaram, Nm 11.25. Repousou sobre eles o Espírito, Nm 11.26. Espírito de Elias repousa sobre Eliseu, 2 Rs 2.15. Só tu me fazes repousar seguro, Sl 4.8. Repousar em pastos verdejantes, Sl 23.2. Levantar de madrugada, repousar tarde, Sl 127.2. Repousará sobre ele o Espírito, Is 11.2. Repousar um pouco, à parte, Mc 6.31. Vi o Espírito... repousar na lei, Rm 2.17. Sobre vós repousa o Espírito, 1 Pe 4.14. Que repousassem ainda por pouco tempo, Ap 6.11. Ver **Descansar.**

REPOUSO: Ato ou efeito de repousar. O Senhor lhes deu **r**, Js 21.44. O Senhor lhe dera **r**, 2 Cr 14.6. Nem **r** às minhas pálpebras, Sl 132.4. Encruzar os braços em **r**, Pv 6.10. Fruto da justiça **r** e segurança, Is 32.17. Qual é o lugar do meu **r**, Is 66.1; ver Sl 132.8. Espírito imundo... procurando **r**, Mt 12.43. Resta um **r** para o povo, Hb 4.9. Ver **Descanso.**

REPREENDER: Admoestar energicamente. Repreenderás o teu próximo, Lv 19.17. Seus filhos... não repreenda, 1 Cr 12.17. Não me repreendas, Senhor, na tua ira, Sl 38.1. Repreendeu o mar Vermelho, Sl 106.9. Repreenda-me, será como óleo, Sl 141.5. O Senhor repreende a quem ama, Pv 3.12. Não repreendas o escarnecedor, Pv 9.8. Repreende o sábio, Pv 9.8. Repreendido endurece a cerviz, Pv 29.1. repreenderei o devorador, Ml 3.11. Repreendeu o vento, Mt 8. 26. Repreendeu o demônio, Mt 17.18. Trouxeram... mas os discípulos os repreendiam, Mt 19.13. Repreendeu a febre, Lc 4.39. Se teu irmão... repreende-o, Lc 17.3. Mestre, repreende os teus discípulos, Lc 19.39. Repreendeu-o, dizendo: Nem ao menos temes a Deus, Lc 23.40. Não repreendas ao homem idoso, 1 Tm 5.1. Repreende-os na presença de todos, 1 Tm 5.20. Repreende, exorta com toda longanimidade, 2 Tm 4.2. Repreende-os severamente, Tt 1.13. Repreende com toda a autoridade, Tt 3.15. O Senhor te repreenda, Jd 9. Eu repreendo... a quantos amo, Ap 3.19. Ver **Censurar, Increpar.**

REPREENSÃO: Ato ou efeito de repreender. À tua **r** fugiram, Sl 104.7. Atentai para a minha **r**, Pv 1.23. Nem te enfades da tua **r**, Pv 3.11. Mais fundo entra a **r** no prudente, Pv 17.10. Melhor é a **r** franca, Pv 27.5. Melhor é ouvir a **r** do sábio, Ec 7.5. Pela minha **r** faço secar o mar, Is 50.2. Toda Escritura é... para a **r**, 2 Tm 3.16. Ver **Censura.**

REPREENSÍVEL: Que é digno de repreensão. Cefas... se tornara **r**, Gl 2.11.

REPREENSOR: Que, ou o que repreende. Assim é o sábio **r**, Pv 25.12.

REPRESA: Açude. Como abrir-se da **r**, Pv 17.14.

REPRESENTAR: Patentear, revelar, mostrar claramente. Cristo foi já representado como crucificado? Gl 3.1 (ARC).

REPRIMIR: Conter; reter; moderar. Não reprimirei a minha boca, Jó 7.11.

RÉPROBO: Malvado, condenado. Resistem a verdade... **r**, quanto a fé 2 Tm 3.8. Ver **Mau, Malvado, Reprovado.**

REPROVAÇÃO: Ato ou efeito de reprovar. Em cuja boca não há **r**, Sl 38.14 (ARC).

REPROVADO: Inabilitado por exame, 2 Co 13.5,6,7; Tt 1.16.

REPROVAR: Censurar severamente. Pedro... começou a reprová-lo, Mt 16.22. É que já estais reprovados, 2 Co 13.5. Não sejais cúmplices... porém, reprovai-as, Ef 5.11. Nem desmaies quando por ele és reprovado, Hb 12.5. Ver **Refutar.**

REPROVÁVEL: Que é digno de repreensão. Disposição mental **r**, para praticarem coisas inconvenientes, Rm 1.28

RÉPTIL: Animal de sangue frio que ordinariamente anda de rastos ou rojando o ventre pelo chão, Gn 1.24; Lv 11.41,42; Mq 7.17; At 10.12; 11.6; Tg 3.7. Entre os répteis mencionados nas Escrituras encontramos os seguintes: Áspide, Is 11.8. Basilisco, Is 11.8. Cágado, Lv 11.29 (ARC). Camaleão, Lv 11.30. Cobra, Êx 4.3. Crocodilo, Jó 41.1-34. Geco, Lv 11.30. Lagartixa, 11.30. Lagarto, Lv 11.29. Rã, Êx 8.2-7. Serpente, Gn 3.1. Víbora, Mt 3.7. Ver **Animal, Ave.**

REPUDIADA: Mulher que, legal ou ilegalmente, foi banida do domicílio conjugal pelo marido, Jr 30.17; Mt 5.32.

REPÚDIO: Ato de rejeitar (a esposa) legalmente. Escrito de **r**, Dt 24.1,3 (ARC).

REPUGNANTE: Que causa aversão; nojento. É agora a minha comida **r**, Jó 6.7.

REPULSAR: Rejeitar; não acolher. Não me repulses da tua presença, Sl 51.11. Ver **Expulsar.**

REPUTAÇÃO: Fama. Sete homens de boa **r**, At 6.3.

REPUTAR: Considerar; julgar. Nós o reputávamos por aflito, Is 53.4.

REQUÉM, hb. **Variejado:** 1. Uma cidade de Benjamim, Js 18.27. // 2. Um dos cinco príncipes mortos na guerra de Moisés contra os midianitas, Js 13.21. // 3. Outros do mesmo nome, 1 Cr 2.43; 7.16.

REQUERER: Demandar, precisar. Certamente requererei o vosso sangue, Gn 9.5. Que é que o Senhor requer de ti? Dt 10.12. Voto... Deus certamente o requererá, Dt 23.21. Quem vos requereu o só pisardes... átrios? Is 1.12. O seu sangue da tua mão o requererei, Ez 3.18. Que se requer dos despenseiros, 1 Co 4.2. Ver **Reqüestar.**

REQÜESTAR: Solicitar; namorar. Mulher infiel virá a reqüestar um homem, Jr 31.22.

RÉS: Qualquer quadrúpede que serve para alimento do homem. **R** que com ele estava na arca, Gn 8.1 (ARC).

RESÃ: Pai de Joanã, da genealogia de Cristo, Lc 3.27.

RESEFE, hb. **Flama:** Um descendente de Efraim, 1 Cr 7.25.

RESERVAR: Pôr de parte. Reservei para mim sete mil homens, Rm 11.4. Reservando-os para juízo, 2 Pe 2.4. Reservados para o dia do juízo, 2 Pe 3.7. Ver **Conservar, Guardar.**

RESERVATÓRIO: Lugar onde se acumula ou ajunta qualquer matéria. Sair o vento dos seus **r**, Sl 135.7.

RESFOLGAR: Tomar fôlego; respirar. Pelo iroso resfolgar das suas narinas, 2 Sm 22.16. Ver **Respirar.**

RESGATADO: remido. Os **r** do Senhor, Is 35.10; 51.11. Não foi mediante... ouro, que fostes **r** do vosso fútil, 1 Pe 1.18. Ver **Remir.**

RESGATADOR: O que resgata. O seu **r...** resgatará o que seu irmão vendeu, Lv 25.25. Esse homem é... um dentro os nossos **r**, Rt 2.20; 3.13; 4.8.

RESGATAR: Remir do cativeiro a troco de dinheiro ou presentes. Todo primogênito do homem entre teus filhos resgatarás, Êx 13.13. Depois de haver-se vendido... um de seus irmãos poderá resgatá-lo, Lv 25.48. Resgatou da casa da servidão, Dt 7.8. Se não lhe apraz resgatar-te, eu o farei, Rt 3.13. Resgatar para ser teu povo, 2 Sm 7.23. Resgatamos os nossos irmãos... vendidos, Ne 5.8. O Senhor resgata a alma, Sl 34.22. Resgatar o restante do seu povo, Is 11.11. Sem dinheiro sereis resgatados, Is 52.3. Cristo nos resgatou, Gl 3.13. Resgatar os que estavam sob a lei, Gl 4.5. Renegarem o Soberano Senhor que os resgatou, 2 Pe 2.1. Ver **Expiar, Remir.**

RESGATE: Ato ou efeito de resgatar. Dará como **r** de sua vida tudo, Êx 21.30. O costume em Israel, quanto a **r**, Rt 4.7. Para servir e dar a sua vida por em **r**, Mt 20.28. A si mesmo se deu em **r**, 1 Tm 2.6. Torturados, não aceitando seu **r**, Hb 11.35. Ver **Redenção, Remissão.**

RESGUARDAR: Guardar com cuidado. Resguarda o testemunho, Is 8.16.

RESIDÊNCIA: Morada habitual em lugar certo. Paulo na sua própria **r**, At 28.23. Ver **Casa, Morada.**

RESIDIR: Existir, ser, estar (em). Encontro a lei de que o mal reside em mim, Rm 7.21. Que nele residisse toda a plenitude, Cl 1.19. Ver **Habitar, Morar.**

RESÍDUO: Que resta; remanescente. Os **r** se converterão, Is 10.21 (ARC).

RESISTIR: Não ceder; opor-se, fazer face a. Da Pérsia me resistiu por vinte e um dias, Dn 10.13. Não resistais ao perverso, Mt 5.39. Darei boca... a que não poderão resistir, Lc 21.15. Sempre resistis ao Espírito, At 7.51. Opõe à autoridade, resiste à ordenação, Rm 13.2. Cefas... resisti-lhe face a face, Gl 2.11. Para que possais resistir no dia mau, Ef 6.13. Resistiram a Moisés... resistem à verdade, 2 Tm 3.8. Resistiu fortemente às nossas palavras, 2 Tm 4.15. Deus resiste aos soberbos, Tg 4.6; 1 Pe 5.5. Resisti-lhe firmes na fé, 1 Pe 5.9.

RESOLUÇÃO: Tenção; propósito. Minha **r** é ajuntar as nações, Sf 3.8.

RESOLVER: Decidir, determinar. Resolveu Salomão edificar a casa, 2 Cr 2.1. Resolveu Daniel firmemente, Dn 1.8. Resolveram que esses dois... subissem, At 15.2. Ver **Decidir.**

RESOLVIDO: Combinado. De todo estava resolvida a ir, Rt 1.18.

RESPEITAR: Tratar com reverência ou acatamento. A meu filho respeitarão, Mt 21.37. Nem respeito a homem algum, Lc 18.4. E a esposa respeite a seu marido, Ef 5.33. Nossos pais... nos corrigiam, e os respeitávamos, Hb 12.9.

RESPEITÁVEL: Digno de respeito. Tudo o que é **r**, Fp 4.8. É necessário que sejam **r**, 1 Tm 3.8,11. Homens idosos... sejam... **r**, Tt 2.2.

RESPEITO: Ato ou efeito de respeitar. **Respeito humano:** Receio da opinião pública. Não terá **r** aos deuses, Dn 11.37. Mestre... não te deixes levar de **r** humanos, Lc 20.21. A quem **r**, **r**, a quem honra, honra, Rm 13.7. Vivamos... com toda piedade e **r**, 1 Tm 2.2. Filhos sob disciplina, e **r**, 1 Tm 3.4.

RESPIGAR: Jr 6.9 (ARC). Ver **Rebuscar.**

RESPIRAÇÃO: Função pela qual os organismos vivos absorvem oxigênio e expelem gás carbônico. Se lhes cortas a **r**, morrem, Sl 104.29. É quem a todos dá vida, **r**, At 17.25. Ver **Resfolgar.**

RESPIRAR: Absorver e expelir (o ar). Os que só respiram crueldade, Sl 27.12. Todo ser que respira louve, Sl 150.6. Saulo, respirando ainda ameaças, At 9.1.

RESPLANDECÊNCIA: Ato ou efeito de resplandecer. O átrio encheu-se da **r** da glória do Senhor, Ez 10.4. Ver **Resplendor.**

RESPLANDECENTE: Que brilho com grande fulgor. As suas vestes tornaram-se **r**, Mc 9.3. Uma luz no céu, mais **r** que o sol, At 26.13.

RESPLANDECER: Brilha com grande fulgor. A pele do rosto de Moisés resplandecia, Êx 34.29. O Senhor faça resplandecer o seu rosto sobre ti, Nm 6.25. Desde Sião... resplandece Deus, Sl 50.2. Faça resplandecer sobre nós o seu rosto, Sl 67.1. Faze resplandecer o teu rosto, Sl 80.3; 119.135; Dn 9.17. Ó Deus das vinganças, resplandece, Sl 94.1. Sombra da morte resplandeceu-lhes a luz, Is 9.2. Resplandece, porque vem a tua luz, Is 60.1. Justos resplandecerão como o sol, Mt 13.43. Seu rosto resplandecia como o sol, Mt 17.2. Suas vestes resplandeceram de brancura, Lc 9.29. A luz resplandece nas trevas, Jo 1.5. Para que lhes não resplandeça a luz do evangelho, 2 Co 4.4. Ele mesmo resplandeceu em nossos corações, 2 Co 4.6. De trevas resplandecerá luz, 2 Co 4.6. Resplandeceis como luzeiros no mundo, Fp 2.15. Ver **Brilhar.**

RESPLENDOR: O mesmo que resplandecência: Do **r** que diante dele havia, brasas de fogo se acenderam, 2 Sm 22.13; Sl 18.12. Esperamos... pelo **r**, mas andamos na escuridão, Is 59.9. As nações se encaminham para... o **r** que te nasceu, Is 60.3. Nem com o seu **r** a lua te alumiará, Is 60.19. Até que saia a sua justiça como um **r**, Is 62.1. Ele que é o **r** da glória, Hb 1.3.

RESPONDÃO: O que costuma responder grosseiramente a qualquer observação. Não sejam **r**, Tt 2.9.

RESPONDER: Dizer ou escrever em resposta. O deus que responder por fogo, 1 Rs 18.24. O Senhor te responda no dia, Sl 20.1. Não respondas ao insensato, Pv 26.4. Antes que clamem, eu responderei, Is 65.24. Ninguém lhe podia responder palavra, Mt 22.46. Jesus, porém, nada lhe respondia, Lc 23.9. Responder aos que se gloriam na aparência, 2 Co 5.12. Para saberdes como deveis responder a todo, 1 Pe 3.15.

RESPONSABILIDADE: Obrigação de responder pelos próprios atos ou pelos de outros. A **r** de despenseiro que me está confiada, 1 Co 9.17.

RESPONSÁVEL: Que responde pelos seus atos ou pelos de outrem. Eu serei **r** por ele, Gn 43.9.

RESPOSTA: O que diz ou escreve àquele que fez uma pergunta. Deus dará **r**, Gn 41.16. Não houve voz, nem **r**, 1 Rs 18.29. A **r** branda desvia o furor, Pv 15.1. A **r** certa dos lábios vem do Senhor, Pv 16.1. Jesus não lhe deu **r**, Jo 19.9.

RESSECAR: Secar muito. Que se resseque a minha mão direita, Sl 137.5.

RESSENTIMENTO: Ato ou efeito de ressentir. É razoável esse teu **r**? Jn 4.4 (ARC).

RESSENTIR: magoar-se profundamente com. Ressentidos por ensinarem eles, At 4.2. Não se ressente do mal, 1 Co 13.5.

RESSEQUIDO: Mirrado; desprovido de umidade. Uma das mãos **r**, Mt 12.10. Ver **Mirrado.**

RESSURGIR: Voltar a vida. Teu irmão há de ressurgir, Jo 11.23. Que o Cristo padecesse e ressurgisse, At 17.3. Para esse fim que Cristo morreu e ressurgiu, At 17.3. Ver **Ressuscitar, Reviver.**

RESSURRECTO: Que ressurgiu; que ressuscitou. Oferecei-vos a Deus como **r**, Rm 6.13.

RESSURREIÇÃO: Ato de ressurgir; regresso da morte à vida. Saduceus... não haver **r**, Mt 22.23. Na **r** da vida, Jo 5.29. A **r** do juízo, Jo 5.29. Eu sou a **r** e a vida, Jo 11.25. Quando ouviram falar da **r**, At 17.32. O poder da sua **r**, Fp 3.10. Alcançar a **r** dos mortos, Fp 3.11. A **r** já se realizou, 2 Tm 2.18. O ensino... da **r**, Hb 6.2. Receberam, pela **r**, os seus mortos, Hb 11.35. A primeira **r**, Ap 20.5 // **Referências a ressurreição no Antigo Testamento**, Jó 14.13-15; Sl 49.15; 73.24; Is 26.14,19; Ez 37.1-14; Dn 12.2. // **A Ressurreição:** ou a restauração da vida; há 8 narrativas: do filho da viúva de Sarepta, 1 Rs 17.17-23; do filho de Sunamita, 2 Rs 4.18-36; do homem lançado no sepulcro de Eliseu, 2 Rs 13.20,21; da filha de Jairo, Mc 5.35-42; do filho da viúva de Naim, Lc 7.11-15; de Lázaro, Jo 11.1-44; de Tabita, At 9.36-42; de Êutico, At 20.9-12. // **A importância da crença na ressurreição de Cristo**, At 1.22; 4.2,33; 17.18; Rm 6.5; 1 Co 15.13-19; Ef 2.6; Cl 2.12; 3.1. // **A vida depois da ressurreição**, Mt 22.30; Jo 14.2. // **O corpo depois da ressurreição**, 1 Co 15.42-54; 2 Co 5.1-4; Fp 3.21; 1 Jo 3.2.

RESSUSCITAR: Tornar a viver; chamar outra vez a vida. // Os vossos mortos... ressuscitarão, Is 26.19. Dormem no pó da terra ressuscitarão, Dn 12.2. Curai enfermos, ressuscitai mortos, Mt 10.8. Os mortos são ressuscitados, Mt 11.5. É João Batista, ele ressuscitou, Mt 14.2. Que dormiam, ressuscitaram, Mt 27.52.

Ele não está aqui: ressuscitou, Mt 28.6. Eu os ressuscitarei no último dia, Jo 6.40. Foi sepultado, e ressuscitou ao terceiro dia, 1 Co 15.4. Ressuscita na incorrupção, 1 Co 15.42. Juntamente com ele nos ressuscitou, Ef 2.6. No qual igualmente fostes ressuscitados, Cl 2.12. Se fostes ressuscitados juntamente com Cristo, Cl 3.1. Os mortos em Cristo ressuscitarão primeiro, 1 Ts 4.16. Considerou que Deus era poderoso até para ressuscitá-lo, Hb 11.19. Ver **Ressurgir, Reviver.**

RESTABELECER: Repor no antigo estado ou condição. // Restabelece-nos, Sl 60.1; 85.4. Ficou restabelecido; e tudo distiguia, Mc 8.25. Restabelecerei as mãos decaídas, Hb 12.12.

RESTANTE: O que resta. // O restante de Jacó, de Israel, Is 10.21,22; 11.11; Jr 23.3; Mq 2.12; Sf 3.13. Pedaços **r** recolheram sete cestos, Mc 8.8. Os **r** foram mortos com a espada, Ap 19.21. Ver **Remanescente, Sobejar, Sobrar.**

RESTAR: Ficar. // Resta um repouso para o povo de Deus, Hb 4.9. Já não resta sacrifício pelos pecados, Hb 10.26.

RESTAURAÇÃO: Ato ou efeito de restaurar; restabelecimento. // E **r** da vista aos cegos, Lc 4.18. Até aos tempos da **r**, At 3.21.

RESTAURADOR: Que ou aquele que restaura. // Chamado reparador de brechas, e **r** de veredas, Is 58.12. Ver **Renovador.**

RESTAURAR: Recuperar; reconquistar, renovar. // Ele o restauraria da sua lepra, 2 Rs 5.3. Para restaurar as ruínas, Ed 9.9. O Senhor restaura a sorte do seu povo, Sl 14.7. A lei do Senhor... restaura a alma, Sl 19.7. Restaura-nos, ó Deus, Sl 80.3. Ordem para restaurar a... Jerusalém, Dn 9.25. Elias virá e restaurará, Mt 17.11. A mão lhe foi restaurada, Mc 3.5. O tempo em que restaures o reino? At 1.6. Ver **Renovar.**

RESTITUIÇÃO: Ato ou efeito de restituir. // O ladrão fará **r** total, Êx 22.3.

RESTITUIR: Entregar (o que se possuía indevidamente). // Restituirá o que ele tirou, Lv 5.16. Restituirá aquilo que roubou, Lv 6.4. Restitui-me a alegria da tua salvação, Sl 51.12. Restituir-te-ei os teus juízes, Is 1.28. Restituir-vos-ei os anos que, Jl 2.25. Restituo quatro vezes mais, Lc 19.8. Quem primeiro lhe deu a ele... a ser restituído? Rm 11.35.

RESTO: O que fica. // Do **r** faz um deus, Is 44.17. Mas deixarei um **r**, Ez 6.8. Havendo-se eles matado, e ficando eu de **r**, Ez 9.8. Consolida o **r** que estava para morrer, Ap 3.2.

RESTOLHO: Parte inferior das gramíneas que ficou enraizada depois da ceifa. // Ajuntar **r** em lugar de palha, Êx 5.12. Como **r**, o fogo os queimará, Is 47.14. Os que cometem perversidade, serão como o **r**, Ml 4.1.

RESTRIÇÃO: Ato ou efeito de limitar, de reduzir. // Não haverá **r** para tudo que intentam, Gn 11.6.

RESTRINGIR: Marcar ou impor restrição. // O restante da cólera tu o restringirás, Sl 76.10 (ARC).

RESUMIR: Fazer resumo de. // Tudo nesta palavra se resume: Amarás ao teu próximo, Rm 13.9. Ver **Abreviar.**

RESVALAR: Fazer escorregar. // Quando resvalar o seu pé, Dt 32.35. Os meus pés não resvalaram, Sl 17.5. Quando eu digo: Resvala-me o pé, Sl 94.18.

RESGUARDA: Última fila ou último esquadrão dum corpo do exército; a parte posterior. // Formando a **r**, Nm 10.25. Davi... com Aquis na **r**, Sm 29.2. O Deus de Israel será a vossa **r**, Is 52.12. A glória do Senhor será a tua **r**, Is 58.8. A sua vanguarda... a sua **r**, Jl 2.20.

RETALHAR: Golpear. // Clamavam em altas vozes, e se retalhavam, 1 Rs 18.28.

RETAMENTE: De modo reto. // No trono te assentas e julgas **r**, Sl 9.4. Entregava-se àquele que julga **r**, 1 Pe 2.23.

RETARDAR: Tornar tardio; demorar. // Não retarda o Senhor a sua promessa, 2 Pe 3.9.

RETER: Segurar; guardar em seu poder. // Ao que retém... ser-lhe-á em pura perda, Pv 11.24. Retém a vara aborrece a seu filho, Pv 13.24. Os céus... retém o seu orvalho, Ag 1.10. Se lhos retiverdes, são retidos, Jo 20.23. E retendes as tradições, 1 Co 11.2. Julgai... retende o que é bom, 1 Ts 5.21. Ver **Conter.**

RETIDÃO: Conformidade com os verdadeiros princípios. // Julgais com **r** os filhos dos homens, Sl 58.1. Bem-aventurados os que guardam a **r**, Sl 106.3. O que anda na **r** teme ao Senhor, Pv 14.2. Novo homem, criado... em justiça e **r**, Ef 4.24. Ver **Eqüidade, Integridade.**

RETIFICAR: Corrigir; emendar. // Caminhos tortuosos serão retificados, Lc 3.5. Ver **Corrigir, Emendar, Endireitar.**

RETINIR: Tinir muito ou por muito tempo; ressoar. Zunir (falando-se dos ouvidos). // Retinir-lhe-ão os ouvidos, Jr 19.3. Como o címbalo que retine 1 Co 13.1.

RETIRAR: Tirar para traz ou para si. // Tendo-se retirado de Saul o Espírito, 1 Sm 16.14. Nem me retires o teu Espírito, Sl 51.11. Retira o teu pé do mal, Pv 4.27. Retirai-vos, saí de lá, Is 52.11. Rogaram que se retirasse da terra deles, Mt 8.34. Os... dentro da cidade, retirem-se, Lc 21.21. retirai-vos do meio deles, 2 Co 6.17.

RETIRO: Lugar solitário. // Ato **r**, 2 Sm 22.3 (ARC); Sl 94.22 (ARC); 107.41; 144.2 (ARC); Pv 29.25 (ARC).

RETO: Direito; vertical. **Fig.** Íntegro; imparcial; conforme a justiça. // Tendo ouvido de bom e **r** coração, Lc 8.15. Não julgueis segundo a aparência... pela **r** justiça, Jo 7.24. Coração não é **r**, At 8.21. Fazei caminhos **r** para os vossos pés, Hb 12.13. Abandonando o **r** caminho, 2 Pe 2.15. Ver **Íntegro, Justo.**

RETORNO: Ato ou efeito de retornar, de regressar. // Expectativa de que Deus lhes conceda... o **r** à sensatez, 2 Tm 2.25,26.

RETRAIR: Puxar a si. // Por que retrais a tua mão, Sl 74.11.

RETRATAR: Retirar o que disse. // Jura com dano próprio, e não se retrata, Sl 15.4.

RETRIBUIÇÃO: Ato de retribuir. // Me pertence a vingança, a **r**, Dt 32.35. A **r** segundo a sua iniqüidade, Sl 56.7. A vingança vem, a **r** de Deus Is 35.4. Chegaram os dias da **r**, Os 9.7. Dai-lhe em **r** como também ela retribuiu, Ap 18.6. Ver **Galardão, Paga, Recompensa, Salário.**

RETRIBUIR: Recompensar. // Retribuirá a cada um segundo, Rm 2.6. Vingança, eu retribuirei, diz o Senhor, Rm 12.19; Hb 10.30. Evitai que alguém retribua a outrem mal por mal, Ts 5.15. Para retribuir a cada um segundo, Ap 22.12.

RETROCEDER: Voltar para trás. // A sombra dez graus, ou os retrocederá? 2 Rs 20.9. Se retroceder, nele não se compraz, Hb 10.38. Ver **Recuar.**

REÚ: Um filho de Pelegue e descendente de Sem, Gn 11.18.

RÉU: Culpado. // É **r** de morte, Mt 26.66. Contra o Espírito Santo... é **r** de pecado eterno, Mc 3.29. Será **r** do corpo e do sangue, 1 Co 11.27. Ver **Culpado.**

REUEL, hb. **Amigo de Deus:** 1. Um descendente de Esaú, Gn 36.4. // 2. O sogro de Moisés, Êx 2.18. // 3. Um benjamita, 1 Cr 9.8.

REUM, hb. **Amador:** 1. Chefe de uma família que voltou do exílio, Ed 2.2. // 2. Um oficial persa, que escreveu ao rei Artaxerxes, pedindo-lhe com instância que mandasse parar a reedificação do templo, Ed 4.8. // 3. Um levita que trabalhou na reedificação dos muros de Jerusalém, Ne 3.17. // 4. Um chefe do povo que assinou a aliança com Neemias, Ne 10.25. // 5. Chefe de um corpo sacerdotal, que foi com Zorobabel, Ne 12.3.

REUNIÃO: Ajuntamento de pessoas. // É **r** solene, Lv 23.36. Diz respeito à vinda de nosso Senhor Jesus Cristo e à nossa **r** com ele, 2 Ts 2.1. Ver **Assembléia, Congregação.**

REUNIR: Juntar (o que estava disperso). Convocar. // Reunir Josué... as tribos, Js 24.1. Reunir os teus filhos, como a galinha ajunta, Mt 23.37. Reunirão os seus escolhidos, dos quatro ventos, Mt 24.31. Reunir em um só corpo os filhos de Deus, Jo 11.52. Todos reunidos ao mesmo lugar, At 2.1. Os judeus se reuniram e, sob anátema, At 23.12. Ver **Agregar, Congregar.**

REVELAÇÃO: Ato ou efeito de revelar; inspiração divina para se conhecerem certas coisas. // As coisas... reveladas nos pertencem, Dt 29.29. A revelação das tuas palavras esclarece, Sl 119.130. Deus revela os mistérios, Dn 2.28,47. Nada há encoberto que não venha a ser revelado, Mt 10.26. E as revelaste aos pequeninos, Mt 11.25. A quem o Filho o quiser revelar, Mt 11.27. Luz para revelação, Lc 2.32. A quem foi revelado o braço do Senhor? Jo 12.38. A justiça de Deus se revela no evangelho, Rm 1.17. A criação aguarda a revelação dos filhos de Deus, Rm 8.19. A revelação do mistério guardado, Rm 16.25. A revelação de nosso Senhor Jesus Cristo, 1 Co 1.7; 1 Pe 1.7; 1.13; 4.13; Ap 1.1. Deus no-lo revelou pelo Espírito, 1 Co 2.10. Falar por meio de revelação, 1 Co 14.6. Outra doutrina, este traz revelação, 1 Co 14.26. Passarei às visões e revelações do Senhor, 2 Co 12.1. Não me ensoberbesse com a grandeza das revelações, 2 Co 12.7. Recebi... mediante revelação de Jesus, Gl 1.12. Revelar seu filho em mim, Gl 1.16. Subi em obediência a uma revelação, Gl 2.2. Essa fé que de futuro haveria de revelar-se, Gl 3.23. Conceda espírito... de revelação, Ef 1.17. Segundo uma revelação me foi dado conhecer, Ef 3.3. Agora foi revelado aos filhos dos homens, Ef 3.5. Revelado o homem da iniqüidade, 1 Ts 2.3. Ver **Manifestação.**

REVELADO: Feito conhecido. // As coisas encobertas... porém as **r**, Dt 29.29.

REVELADOR: Que, ou aquele que revela. // O vosso Deus... **r** de mistérios, Dn 2.47.

REVERDECER: Cobrir de verdura; avigorar. // Mas os justos reverdecerão como a folhagem, Pv 11.28. Os pastos do deserto reverdecerão, Jl 2.22.

REVERÊNCIA: Respeito pelas coisas sagradas. // No ensino, mostra integridade, **r**, Tt 2.7. Sirvamos a Deus... com **r** e santo temor, Hb 12.28.

REVERENCIAR: Venerar. // Reverenciareis o meu santuário, Lv 26.2. Nossos pais... e nós os reverenciamos, Hb 12.9 (ARC).

REVÉS: Alternativa, vicissitude, acidente que muda uma boa situação para mal. // Fizeste o teu povo experimentar reveses, Sl 60.3.

REVESTIR: Vestir de novo; cobrir; tomar; atribuir a si (atributos ou caracteres de outrem). // De força, Sl 18.32; de majestade, Sl 93.1; de poder, Sl 93.1; Lc 24.49; da tua fortaleza, ó Sião, Is 52.1; do Senhor Jesus, Rm 13.14; de glória, 2 Co 3.7; de nossa habitação celestial, 2 Co 5.2; de Cristo, Gl 3.27; de toda armadura, Ef 6.11; do novo homem, Cl 3.10; de ternos afetos de misericórdia, de bondade Cl 3.12; da couraça, 1 Ts 5.8; de forças, 2 Tm 4.17.

REVIGORAR: Dar novo vigor a. // Depois de dois dias nos revigorará, Os 6.2.

REVIVER: Voltar à vida; renovar. // Reviveu-se-lhe o espírito, Gn 45.27. Recolheu alento, e reviveu, Jz 15.19. A alma do menino tornou a entrar nele, e reviveu, 1 Rs 17.22. Tocou os ossos de Eliseu, reviveu o homem, 2 Rs 13.21. Que o vosso coração reviva, Sl 69.32. Reviver estes ossos? Ez 37.3. Meu filho estava morto e reviveu, Lc 15.24. Reviveu o pecado, e eu morri, Rm 7.9. Ver **Renascer, Renovar, Ressurgir.**

REVIVIFICAR: Dar nova vida ou vigor a. // Tu me revivificarás, Sl 138.7 (ARC).

REVOGAR: Tornar nulo, sem efeito. // Dos medos... não se pode revogar, Dn 6.8. Que vim revogar a lei, Mt 5.17. Uma vez retificada, ninguém a revoga, Gl 3.15. Revoga a anterior ordenança, Hb 7.18. Ver **Anular, Invalidar.**

REVOLTA: Ato ou efeito de revoltar. // Na **r** de Coré, Jd 11. Ver **Revolução.**

REVOLTAR: Tornar insubordinado; perturbar moralmente; repugnar; indignar. // Intentais revoltar-vos, Ne 6.6. E se revoltaram contra ti, Ne 9.26. Criei filhos... mas eles estão revoltados, Is 1.2. O seu espírito se revoltava, At 17.16.

REVOLUÇÃO: Mudança violenta de forma dum governo. // Quando ouvirdes falar de guerras, e **r**, Lc 21.9. Ver **Rebelião, Revolta.**

REVOLVER: Volver muito, agitar, remexer. // Revolvi de sobre vós o opróbrio, Js 5.9. Amasa se revolvia no seu sangue, 2 Sm 20.12. Farto-me de me revolver na cama, Jó 30.14. Revolve-te na cinza, Jr 6.26. Revolvia-se espumando, Mc 9.20. A porca lavada voltou a revolver-se no lamaçal, 2 Pe 2.22.

REZEFE, hb. **Pavimento:** Uma cidade subjugada pelos assírios, 2 Rs 9.12.

REZIM: 1. O último dos reis da Síria que reinaram em Damasco, 2 Rs 15.37; 16.5-10; Is 8.4-7. // 2. Uma das famílias que voltaram do exílio, Ed 2.48.

REZOM, hb**. Importância:** Capitão de um bando de salteadores, que se estabeleceu em Damasco, inquietando o reino de Salomão durante todo o seu reinado, 1 Rs 11.23.

RIBAI, hb. **Contencioso:** Pai de Hitai, um dos trinta valentes de Davi, 2 Sm 23.29.

RIBANCEIRA: Margem elevada de um rio. // Jordão transbordava... suas **r**, Js 3.15.

RIBEIRO: Rio pequeno, regato. // Fê-los passar o **r**, Gn 32.23. Terra de **r** de águas, Dt 8.7. Quisom, o **r** das batalhas, Jz 5.21. Cinco pedras lisas do **r**, 1 Sm 17.40. Elias escondeu-se junto ao **r** de Querite, 1 Rs 17.3. Os **r** de Deus são abundantes, Sl 65.9. Jabim na **r** de Quisom, Sl 83.9. Águas arrebentarão no deserto e **r** no ermo, Is 35.6. Corra o juízo como as águas, e a justiça como **r** perene, Am 5.24.

RIBEIRO (ou Rio) DO EGITO: Nm 34.5; Js 15.4,47; 1 Rs 8.65; Is 27.12. Não era um curso de água no Egito, mas apenas um arroio perto da fronteira deste país; talvez divisa entre Canaã e o Egito.

RIBLA, hb. **Fertilidade:** 1. Uma cidade de Hamate, onde Faraó-Neco prendeu o rei Jeoacaz, 2 Rs 23.33. // 2. Uma cidade da fronteira setentrional de Israel, Nm 34.11.

RIBOMBAR: Estrondear (o trovão). // O **r** do teu trovão ecoou, Sl 77.18.

RICAMENTE: De modo rico. // Deus... nos proporciona **r**, 1 Tm 6.17. Ele derramou sobre nós **r**, Tt 3.6. Ver **Abundar, Copioso.**

RICO: Que possui muitos bens; cheio; farto; precioso; homem que produz muitos haveres. // Dois homens, um **r** e outro pobre, 2 Sm 12.1. Uns se dizem pobres, sendo mui ricos, Pv 13.7. Mas o **r** tem muitos amigos, Pv 14.20. O **r** e o pobre se encontram, Pv 22.2. O homem **r** é sábio aos seus próprios olhos, Pv 28.11. A fartura do **r** não o deixa dormir, Ec 5.12. Com o **r** esteve na sua morte, Is 53.9. Um **r** dificilmente entrará no reino, Mt 19.23. Um homem **r** de Arimatéia, Mt 27.57. Despediu vazios os **r**, Lc 1.53. Ai de vós, os **r**! Lc 6.24. O campo de um homem **r**, produziu, Lc 12.16. E não é **r** para com Deus, Lc 12.21. Homem **r**, que se vestia de púrpura, Lc 16.19. Os **r** lançaram suas ofertas, Lc 21.1. Senhor... **r** para com todos os que, Rm 10.12. Sejais **r** de esperança no poder, Rm 15.13. Já estais fartos, já estais **r**, 1 Co 4.8. Cristo, que, sendo **r**, se fez pobre, 2 Co 8.9. Deus, sendo **r** em misericórdia, Ef 2.4. Querem ficar **r** caem, 1 Tm 6.9. Sejam **r** em boas obras, 1 Tm 6.18. E o **r** na sua insignificância, Tg 1.10. Murchará o **r**, Tg 1.11. Serem **r** em fé, Tg 2.5. Atendei... **r**, chorai lamentando, Tg 5.1. A tua pobreza, mas tu és **r**, Ap 2.9. Dizes; Estou **r** e abastado, Ap 3.17. Ver **Abastado, Farto.**

RIDICULARIZAR: Tornar ridículo; escarnecer de. // Os fariseus... o ridicularizavam, Lc 16.14.

RIDÍCULO: Que desperta riso ou escárnio. // Meteis a **r** o conselho dos humildes, Sl 14.6.

RIFÁ: Um filho de Gômer e bisneto de Noé, Gn 10.3.

RIGOR: Dureza, severidade. // Menos **r** haverá para Sodoma, Mt 10.15. Falsa humildade, e **r** ascético, Cl 2.23. Ver **Severidade.**

RIGOROSO: Muito exigente, severo, cruel. // Que és homem **r**, Lc 19.21. Ver **Severo.**

RILHAR: Ranger (os dentes). // Mc 9.18; At 7.54. Ver **Ranger, Roer.**

RIMOM, hb. **Trovejador:** 1. Uma cidade do Neguebe, da herança de Judá, Js 15.32. Dada a Simeão, Js 19.7. A mesma cidade chamada En-Rimom, habitada novamente, depois do exílio, Ne 11.29. Ver mapa 2, B-6. // 2. Uma cidade na divisa de Zebulom, Js 19.13. // 3. A penha de Rimom. Lugar onde os benjamitas, sobreviventes da batalha de Gibeá, refugiaram-se e ficaram 4 meses, Jz 20.45,47. // 4. O pai de Baaná e Recabe, os dois que se assassinaram Is-Bosete, um dos filhos de Saul, 2 Sm 4.2,5,9. // 5. Uma divindade da Síria, adorada por Naamã, 2 Rs 5.18. Ver mapa 2, C-3; 3, A-2.

RIMOM-PEREZ, hb. **Romã de fenda:** Um dos lugares onde os israelitas acamparam no deserto, Nm 33.19.

RINA, hb. **Grito selvagem:** Um descendente de Judá, 1 Cr 4.20.

RINS: A sede das emoções, localizada, antigamente, na parte inferior da região lombar. // Deus prova os corações e os **r**, Sl 7.9 (ARC). Que sonda os **r** e os corações, Ap 2.23 (ARC).

RIO: Curso de água natural, mais ou menos caudaloso. // Nomeiam-se, entre os rios e ribeiros, os seguintes: Abana, 2 Rs 5.12; Arnom, Is 16.2; Cedrom, Jo 18.1; Eufrates, Ap 16.12; Farfar, 2 Rs 5.12; Giom, Gn 2.13; Jaboque, Gn 32.22; Jordão, Mt 3.13; Nilo, Gn 41.1 (ARA); Pisom, Gn 2.11; Quebar, Ez 1.1; Queribe, 1 Rs 17.3; Tigre, Dn 10.4. Hidequel (A e B). "O rio", significa o Eufrates, Gn 31.21; Êx 23.31; 2 Sm 10.16; etc. "O rio do Egito", Gn 15.18, refere-se, talvez, ao Nilo. "Os ribeiros de Deus" (ARA). "O rio de Deus" (ARC), Sl 65.9. "Corrente de águas", Sl 1.3; 42.1. "Rios de mel e de leite", Jó 20.17. "Ribeiros de azeite", Jó 29.6. "Rios de água viva", Jo 7.38. "O rio da água da vida", Ap 22.1.

RIQUEZA: Qualidade do que é rico; fartura, abundância. // Sairão com grandes **r**, Gn 15.14. A minha força e... me adquiriram estas, **r**, Dt 8.17. Não pediste longevidade, nem **r**, 1 Rs 3.11. Salomão excedeu a todos os reis... tanto em **r** como em sabedoria, 1 Rs 10.23. R e glória vêm de ti, 1 Cr 29.12. Teve Ezequias **r** e glória, 2 Cr 32.27. Engulir **r**, mas vomitá-las-á, Jó 20.15. Cheia está a terra das tuas **r**, Sl 104.24. R e honra estão comigo (sabedoria), Pv 8.18. As **r** de nada aproveitam no dia da ira, Pv 11.4. As **r** multiplicam os amigos, Pv 19.4. As **r** não duram para sempre, Pv 27.24. Não me dês nem a pobreza nem a **r**, Pv 30.8. Não podeis servir a Deus e as **r**, Mt 6.24. das **r** sufocam a palavra, Mt 13.22. Quão dificilmente entrarão... os que tem **r**, Mc 10.23. Das **r** de origem iníqua fazei, Lc 16.9. Vos confiará a verdadeira **r**? Lc 16.11. Não podeis servir a Deus e às **r**, Lc 16.13. Desprezas a **r** da sua bondade? Rm 2.4. As **r** de sua glória em vaso de misericórdia, Rm 9.23. Ó profundidade da **r**, Rm 11.33. A profunda pobreza deles superabundou em grande **r**, 2 Co 8.2 A **r** da sua graça, Ef 1.7; 2.7. A **r** da glória, Ef 1.18; 3.16; Fp 4.19; Cl 1.27. Evangelho das insondáveis **r** de Cristo, Ef 3.8. Toda **r** da forte convicção, Cl 2.2. Sua esperança na instabilidade da **r**, 1 Tm 6.17. Opróbrio de Cristo por maiores **r**, Hb 11.26. As vossas **r** estão corruptas, Tg 5.2. Digno é o Cordeiro... para receber o poder, e **r**, Ap 5.12. Em uma só hora ficou devastada tamanha **r**, Ap 18.17.

RIQUÍSSIMO: Muito rico. // Ficou muito triste, porque era **r**, Lc 18.23.

RIR: Manifestar ou emitir o riso. // Prostrou-se Abraão, rosto em terra, e se riu, Gn 17.17. Riu-se Sara no seu íntimo, Gn 18.12. Sara... Não me ri, Gn 18.15. Todo aquele que ouvir isso, vai rir-se, Gn 21.6. Riram-se e zombaram deles, 2 Cr 30.10. Ri-se aquele que habita nos céus, Sl 2.4. Rir-se-á dele o Senhor, Sl 37.13. Senhor, te rirás deles, Sl 59.8. Eu me rirei na vossa desventura, Pv 1.26. Tempo de rir, Ec 3.4. Não está morta... E riam-se dele, Mt 9.24. Bem-aventurados .. porque haveis de rir, Lc 6.21. Ai de vós os que agora rides, Lc 6.25. Ver **Riso.**

RISADA: Riso, gargalhada. // Qual o crepitar dos espinhos... tal é a **r** do insensato, Ec 7.6. Ver **Riso.**

RISCA: À risca, rigorosamente. // Mandamentos, para que os cumpramos à **r**, Sl 119.4.

RISCAR: Anular, por meio de riscos. Se não, risca-me... do livro, Êx 32.32. Sejam riscados do livro dos vivos, Sl 69.28.

RISO: Ato ou efeito de rir; alegria. // Nossa boca se encheu de **r**, Sl 126.2. Até no **r** tem dor o coração, Pv 14.13. Do **r** disse: É loucura, Ec 2.2. Melhor é a mágoa do que o **r**, Ec 7.3. Converta-se o vosso **r** em pranto, Tg 4.9. Ver **Risada.**

RITO: Cerimônia ou conjunto de cerimônias duma religião. // Perguntarem: Que **r** é este? Êx 12.26. Segundo todos os seus **r**, a celebrareis, Nm 9.3.

RIVAL: Que aspira às mesmas vantagens que outrem. // A sua **r** a provocava, 1 Sm 1.6.

RIXA: Contenda, briga, discórdia. // Antes que haja **r**, Pv 17.14. Todo insensato se mete em **r**, Pv 20.3. Contencioso para acender **r**, Pv 26.21. Jejuais para contendas e **r**, Is 58.4. Ver **Contenda.**

RIXOSO: Desordeiro, brigão. // A mulher **r**, Pv 21.9,19; 25.24; 27.15.

RIZIA, hb. **deleite:** Um descendente de Aser, 1 Cr 7.39.

ROBOÃO, hb. **Ele faz o povo aumentar:** Um filho de Salomão e Naamá, amonita, 1 Rs 14.31. Era o último rei sobre as doze tribos unidas, continuando a reinar sobre Judá, depois da divisão. Sua dura resposta ao povo, resultou na separação das 10 tribos, das de Judá e Benjamim, 1 Rs 12. Deus proibiu que pelejasse contra as 10 tribos, 1 Rs 12.24. Houve guerra entre Roboão e Jeroboão todos os seus dias, 1 Rs 14.30. Tinha 18 mulheres, 60 concubinas e gerou 88 filhos, 2 Cr 11.21. Sua morte e sepultamento, 1 Rs 14.31. Ver **Reis.**

REBUSTECER: Fortalecer-se. // Robustecerá com vigor da sua infância, Jó 33.25.

ROBUSTO: Vigoroso, valente. // O homem de conhecimento mais do que o **r**, Pv 24.5. Entre os **r** somos como mortos, Is 59.10. Chifre... parecia mais **r** do que os seus companheiros, Dn 7.20. Ver **Forte.**

ROCA: Cana ou vara com um bojo, em que se põe o copo ou se enrola a estriga para se fiar. // Mãos ao fuso... na **r**, Pv 31.19.

ROCHA: Grande massa de pedra muito dura. // Ferir a **r**, Êx 17.6; Nm 20.11; Sl 105.41. A **r** deles não é como a nossa **R**, Dt 32.31; 1 Sm 2.2. Leva-me para a **r** que é alta, Sl 61.2. O mel que escorre da **r**, Sl 81.16. Meter-se-ão pelas fendas das **r**, Is 2.21. A sua casa sobre a **r**, Mt 27.51. Ponho em Sião **r** de escândalo, Rm 9.33; 1 Pe 2.8. A **r** símbolo de Deus, 1 Sm 2.2; 2 Sm 22.3; Is 17.10; Sl 18.2; 28.1; 31.2,3; 89.26; 95.1; Mt 16.18; Rm 9.33; 1 Co 10.4.

ROCHA ETERNA: O Senhor Deus, Is 26.4.

ROCHEDO: Rocha alta. // Quem é **r** senão o nosso Deus, 2 Sm 22.32; Sl 18.31. O **r** de nossa salvação, Sl 95.1. Disseram aos montes e aos **r**, Ap 6.16. Ver **Pedra.**

ROCHOSO: Coberta de rochas. // Caiu em solo **r**, Mt 13.5. Receosos... atirados contra lugares **r**, At 27.29.

RODA: Peça simples de forma circular e própria para o movimento em torno de um eixo, círculo. // A **r** dos carros, e fê-los andar dificultosamente, Êx 14.25. **R** dos escarnecedores, Sl 1.1. Uma **r** dentro da outra, Ez 1.16. Entre as **r**, até debaixo dos querubins, Ez 10.2.

RODAR: Fazer girar em volta. // Eis que um pão de cevada torrado rodava, Jz 7.13.

RODE, gr. **Rosa:** A criada que anunciou a chegada de Paulo à porta da casa de Maria, mãe de Marcos, At 12.13.

RODEAR: Andar em roda de; circuncidar. // Rodeado bastante esta montanha, Dt 2.3. Homens de guerra, rodeareis a cidade, Js 6.3. Os levitas rodearão o rei, 2 Cr 23.7. Os justos me rodearão, Sl 142.7. Rodeais o mar e... para fazer um presélito, Mt 23.15. A rodear-nos tão grande nuvem de testemunhas, Hb 12.1.

RODES: Uma ilha ao sudoeste da Ásia menor, por onde Paulo passou, quando voltou da sua terceira viagem missionária, At 21.1. Ver mapa 6, D-2.

ROER: Corroer, gastar. // A traça os roerá como a um vestido, Is 51.8. Ver **Rilhar.**

ROGA, hb. **Clamor:** Descendente de Aser, 1 Cr 7.34.

ROGAR: Pedir instância. // A angústia da alma, quando nos rogava, Gn 42.21. Rogai ao senhor que tires as rãs, Êx 8.8. Rogo-te que me mostres a tua glória, Êx 33.18. Rogo pelos teus servos ao Senhor, 1 Sm 12.19. Não rogues por este povo, Jr 14.11. Os demônios lhe rogavam, Mt 8.31. Rogai ao Senhor da seara, Mt 9.38. Leproso rogando-lhe, Mt 1.40. Rogou-lhe que não os mandasse, Mc 5.10. Eu roguei por ti, Lc 22.32. Eu rogarei ao Pai, Jo 14.16. É por eles que eu rogo, Jo 17.9. Rogarei a Pilatos, Jo 19.31. Rogai vós por mim, At 8.24. Rogo-vos pelas misericórdias, Rm 12.1. Rogamos que vos reconcilieis com Deus, 2 Co 5.20. Rogo pela mansidão e benignidade de Cristo, 2 Co 10.1. Rogo-vos eu, o prisioneiro, Ef 4.1. Rogo a Evódia, Fp 4.2. Rogo-vos com muito empenho, Hb 13.19. Por esse não digo que rogue, 1 Jo 5.16. Ver **Orar, Pedir, Suplicar.**

ROGEL: A fonte de Rogel era um notável marco divisório entre Judá e Benjamim, perto de Jerusalém, Js 15.7 Onde os espiões de Davi se esconderam, 2 Sm 17.17. Onde Adonias, quando usurpava o trono, imolou ovelhas e bois e animais cevados, 1 Rs 1.9.

ROGELIM, hb. **Pisoeiros:** A residência de Barzilai, o gileadita, 2 Sm 17.27.

ROGO: Prece, súplica. // Os **r** diante de Deus, Jó 15.4 (ARC).

ROJAR: Rastejar-se. // Todo o réptil que se roja, Gn 7.14 (ARC). Ver **Rastejar.**

ROLA: Ave semelhante à pomba. // Mencionada pela primeira vez, Gn 15.9. Servia para os holocaustos, Lv 1.14; 5.7,11; 12.6; 14.22,30; Lc 2.24. Ave de arribação, Jr 8.7; Ct 2.11,12. Vem do sul para à Palestina em grandes bandos, no princípio da primavera, em março e desaparece à entrada do tempo de frio. Davi se compara a si mesmo a uma rola por causa, talvez, da sua voz gemente, Sl 74.19.

ROLAR: Fazer girar; fazer avançar (alguma cousa), obrigando-a a dar voltas sobre si mesma. // E te fará rolar como uma bola, Is 22.18. Rolando uma grande pedra para a entrada do sepulcro, Mt 27.60. Ver **Rebolar.**

ROLO: Um livro nos tempos antigos constava de uma simples tira de papiro ou de pergaminho, que usualmente se conservava enrolado em duas varas e se desenrolava a fim de lê-lo. Compare Is 34.4: Os céus se enrolarão como um pergaminho. Toma o **r**, o livro, e escreve nele, Jr 36.2,32. A visão do **r**, Ez 2.8-10. O **r** voltante, Zc 5.1-4. No **r** do livro está escrito a meu respeito, Hb 107; Sl 40.7. Ver **Livro, Pergaminho.**

ROMA, lat. **Força:** A cidade de Roma, fundada 753 a.C., sobre sete montes, 25 Km distante da foz do rio Tigre, atualmente

*No **rolo** do livro está escrito a meu respeito, Hb 10.7*

está construída em uma planície ao norte dos sete montes. Ver mapa 6, A-1. A cidade, durante muito tempo, senhora do mundo, é hoje a capital da Itália. As ruínas do Coliseu ainda existem lá, como monumento comemorativo de grande número de mártires cristãos que eram lançados às feras. Era um magnífico anfiteatro, comportando 80.000 pessoas, onde se faziam os combates de gladiadores. As catacumbas de Roma, galerias subterrâneas de 3 metros de altura, de 2 metros de largura e de comprimento de alguns quilômetros, serviam de refúgio, de lugar para os cultos e de sepultamento dos crentes primitivos. A história romana começa por um período mais ou menos lendário, durante o qual, segundo a tradição, reinavam sete reis sucessivos, de 754 até 510 a.C., quando foi proclamada a República. A fundação, depois, do império Romano era uma das maiores façanhas políticas de todos os tempos. As conquistas de Alexandre magno e de Carlos Magno, em comparação à obra durável de Júlio César e Augusto parecem muito mesquinhas. Durante o reinado de Augusto, nasceu Jesus Cristo; deu-se a sua crucificação no reinado de Tibério. Júlio, e também Tibério, estiveram em boa disposição para com os judeus. Cláudio, porém, decretou que todos os judeus se retirassem de Roma (At 18.2) por causa dos tumultos relacionados com a pregação do cristianismo. Todavia havia muitos judeus em Roma por ocasião da visita de Paulo, At 28.17. O apóstolo aí estava preso pelo espaço de dois anos, habitando na sua própria casa alugada, com um soldado a guardá-lo, At 28.16,30. A esse soldado estava ele ligado com cadeias, segundo o costume romano, At 28.20; Ef 6.20; Fp 1.13. No reinado de Cláudio, deu-se o martírio de Tiago, irmão de João, At 12.1,2. Nero governava, quando Paulo apelou para César, At 25.11. Cinco das epístolas de Paulo foram escritas de Roma, uma não muito antes da sua morte. Nesse tempo a população da cidade era de 1.200.000 habitantes, a metade sendo escravos e uma grande parte das pessoas livres vivendo de esmolas. Não há palavras para descrever o luxo, a devassidão e os crimes desta época. Tito, general do exército da destruição de Jerusalém, profetizada em Mateus 24, e que aconteceu no ano 70, era depois imperador. Constantino, em 303 d.C. findou com a cruel perseguição dos cristãos, permitindo o livre exercício do seu culto.

ROMANA: Espécie de balança. // Quem pesou os montes em romana, Is 40.12.

ROMANO: Indivíduo natural de Roma. // Virão os **r** e tomarão, Jo 11.48. **R** que aqui residem, At 2.10. Paulo um cidadão **r**, At 16.37; 22.25. Não é costume dos **r** condenar... sem... os seus acusadores, At 25.16.

ROMANOS, EPÍSTOLA DE PAULO AOS: Dirigida aos cristãos da metrópole no grande império, cujo domínio se estendia por quase todo o mundo conhecido, Rm 1.7. É o sexto livro do Novo Testamento **r** a sexta das epístolas de Paulo, na ordem cronológica. O apóstolo, desejando visitar Roma, a fim de repartir-lhes algum dom espiritual, para que fossem confirmados, mas sendo impedido, aproveitou a oportunidade de escrever a epístola e a enviar pela mão de Febe, diaconisa na igreja vizinha, Cencréia, Rm 1.11-15; 16.1,2. // A igreja em Roma era grande e importantíssima, Rm 1.8. Tácito descreve-a no tempo das perseguições de Nero, 64 d.C. como "uma multidão imensa". É provável que alguns dos romanos, "tanto judeus como prosélitos", que assistiram o derramamento do Espírito, no pentecostes (At 2.10,11) fossem os primeiros a levar o evangelho a Roma. É possível que alguns dos numerosos crentes da Judéia, da Ásia Menor e da Grécia fossem da capital do império mundial. A tradição diz que o apóstolo Pedro foi o fundador dessa igreja, mas não há qualquer prova. Parece inteiramente inconsistente que esse apóstolo estivesse em Jerusalém ao mesmo tempo em que, segundo dizem, ele trabalhava em Roma. Além do mais, Paulo em toda a sua epístola, não faz menção de Pedro. Seu nome não foi incluído na lista das pessoas a quem enviou saudações. **O autor:** O apóstolo Paulo, 1.1. **A chave:** "A justiça de Deus se revela Evangelho", Rm 1.17. Achava-se, no livro de **Romanos**, verdadeira resposta à pergunta dos séculos e proferida por Jó: "Como pode o homem ser justo para com Deus?" A doutrina da **Justificação pela fé** se encontra em vários lugares na Bíblia. Mas foi o apóstolo Paulo que juntou tudo, acrescentando algumas revelações especiais, para formar sua epístola, considerada uma das mais importantes obras dos Séculos. É "alimento sólido e não apenas leite". Os crentes robustos na fé não desprezam o novilho cevado da casa paterna, não querem ficar inexperientes na palavra da justiça, porque não são crianças, Hb 5.13,14. Crisóstomo lia toda a Epístola de Paulo aos Romanos uma vez por semana. Melanctona transcreveu duas vezes, à mão, para conhecê-la melhor. Lutero chamava-a o livro principal do Novo Testamento e o Evangelho Perfeito. Coleridge a considerava a obra mais profunda que existe. Sir William Ramsay referia-se a ela como a filosofia da história. Godet dizia que ela é a catedral da fé. Dr. Davi Bacon afirmava que a fé da cristandade deve mais a essa epístola do que a qualquer outra porção dos Oráculos Vivos. Dr W. H. Griffith asseverava que um estudo esmerado de Romanos é em si mesmo um curso de teologia. Dizia, também, que à vida cristã, nutrida pela Epístola aos Romanos, nunca lhe faltam três elementos essenciais: "nítida percepção, forte convicção e verdadeira utilidade em servir". **As divisões:** I. A condenação é causada pelo pecado, 1.1 a 3.20. // II. A justificação é o método da salvação, 3.21 a 5.21. // III. A santificação envolve e produz a separação, caps. 6,7 e 8. // IV. A dispensação é a expressão da soberania divina, caps. 9, 10 e 11. // V. A glorificação é o objeto do serviço, 12.1 a 16.27.

ROMANTI-EZER, hb. **Prestei alto auxílio:** Um dos cantores no templo, 1 Cr 25.4.

ROMEIRA: Árvore de quatro a cinco metros de altura, da família das punicáceas. A romã contém numerosas sementes, de sabor ligeiramente ácido, cercada de uma polpa transparente que é alimentar. // Uma das frutas mais apreciadas pelos israelitas no Egito, Nm 20.5. A Terra da Promissão seria lugar de vides, figueiras e romeiras, Dt 8.8. Uma das frutas trazidas pelos espias, do Vale de Escol, como amostra da fertilidade da terra, Nm 13.33. Saul debaixo da romeira em Migrom, 1 Sm 14.2. Fruta bonita Ct 4.13. A túnica do sumo sacerdote ornamentada de figuras de romãs, Êx 28.33,34. O Templo ornamentado com duzentas romãs, 1 Rs 7.20. Bom refrigerante, Nm 20.5; Ct 8.2. Uma das árvores que secarem, Jl 1.12; Ag 2.19.

ROMPER: Partir; fazer em pedaços; abrir à força; atroar; disparar. // Vindo arca... rompeu todo o Israel, 1 Sm 4.5. Rompamos os seus laços, Sl 2.3. Antes que se rompa o fio de prata, Ec 12.6. Rompei em júbilo, Is 2.13. Rompem-se os odres, Mt 9.17. Rompiam-se-lhes as redes, Lc 5.6. Ver **Arrebentar.**

RÔS, hb. **Príncipe:** Um filho de Benjamim, Gn 46.21.

ROSA: Muitos acham que Ct 2.1 e Is 35.1 não tratam da nossa rosa. A revisão diz: "O ermo exultará e florescerá como o narciso", Is 35.1. Mas a *The International Standard Bible Encyclopedia* diz: "Não há razão para dizer que não se referem a rosa, da qual diversas variedades abundam na Palestina".

ROSADO: Que tem a cor da rosa. // O meu amado é alvo e **r**, Ct 5.10.

ROSNAR: Dizer por entre dentes em voz baixa; murmurar. // De mim rosnem... todos os que me odeiam, Sl 41.7.

ROSTO: Parte anterior da cabeça; cara. //

A pele do seu **r** resplandecia, Êx 34.29. O Senhor faça resplandecer o seu **r**, Nm 6.25. O Senhor sobre ti levante o seu **r**, Nm 6.26. E deles esconderei o meu **r**, Dt 31.17. Não desviará de vós o seu **r**, 2 Cr 30.9. Por que está triste o teu **r**, Ne 2.2. Adoraram ao Senhor, com o **r** em terra, Ne 8.6. Faze resplandecer o teu **r** sobre o teu servo, Sl 31.16. O **r** do Senhor está contra os que praticam o mal, Sl 34.16. Faze resplandecer o teu **r**, Sl 80.3; 119.135. Na água o rosto responde ao **r**, Pv 27.19. A sabedoria faz reluzir o seu **r**, Ec 8.1. Como um de quem os homens escondem o **r**, Is 53.3. Os vossos pecados encobrem o seu **r** de vós, Is 59.2. O seu **r** como um relâmpago, Dt 10.6. Desfiguram o **r** com o fim de parecer aos homens que jejuam, Mt 6.16. O seu **r** resplandecia como o sol, Mt 17.2. O seu **r** como se fosse de anjo, At 6.15. Não vereis mais o meu **r**, At 20.25. Não poderem fitar a face de Moisés, por causa da glória do seu **r**, 2 Co 3.7. Com o **r** desvendado, contemplando, 2 Co 3.18. Contemple num espelho o seu **r**, Tg 1.23. O **r** do Senhor está contra, 1 Pe 3.12. O seu **r** brilhava como o sol, Ap 1.16. Seus **r** eram como **r** de homens, Ap 9.7. Ver **Cara, Face, Semblante.**

ROTA: Rumo, direção. // Queres seguir a **r** antiga, Jó 22.15.

ROTO: Que se rompeu. // Cisternas **r**, que não retêm, Jr 2.13.

ROTURA: Abertura, buraco. // Remendo novo... e fica maior a **r**, Mc 2.21.

ROUBADO: Fui **r** da terra dos hebreus, Gn 40.15. Ursa **r** dos seus cachorros, 2 Sm 17.8; Pv 12; Os 13.8. As águas **r** são doces, Pv 9.17. **R** estou do resto dos meus anos, Is 38.10.

ROUBADOR: O que rouba. // Ou **r**; como esse tal nem ainda comais, 1 Co 5.11. Nem **r** herdarão o reino de Deus, 1 Co 6.10. Ver **Salteador.**

ROUBAR: Despojar de dinheiro ou valores. // Restituirá aquilo que roubou, Lv 6.4. Nem roubarás, Lv 19.13. Não roubes ao pobre, Pv 22.22. Roubará o homem a Deus, Ml 3.8. Onde ladrões escavam e roubam, Mt 6.19. Entrar na casa do valente e roubar-lhe os bens? Mt 12.29. E o roubaram enquanto dormíamos, Mt 28.13. Salteadores, os quais, depois de tudo lhe roubaram, Lc 10.30. Ver **Furtar.**

ROUBO: Ato ou efeito de roubar; aquilo que se rouba. // Lv 19.13. Roubo com arrombamento, Êx 22.2. Roubo de homens, rapto, Êx 21.16; 1 Tm 1.10. Ver **Despojo, Furto.**

ROUPA: Nome genérico das peças do vestuário. // Nem usarás **r** de dois estofos, Lv 19.19. Nem tomarás em penhor a **r** da viúva, Dt 24.17. Como **r** os mudarás, Sl 102.26. Vestido de **r** finas? Mt 11.8. Trazei depressa a melhor **r**, Lc 15.22. Estiverem carecidos de **r**, Tg 2.15. Detestando até a **r** contaminada, Jd 23. Ver **Veste, Vestido, Vestuário.**

ROUPAGEM: Conjunto de roupas. // Ó Sião; veste-te das tuas **r** formosas, Is 52.1. As vossas **r** comidas de traça, Tg 5.2.

RUA: Caminho orlado de casas, muros ou árvores, numa povoação. // As **r** e becos... e traze, Lc 14.21. A **r** que se chama Direita, At 9.11. Ver **Caminho, Estrada.**

RÚBEN, hb. **Eis um filho!:** O primogênito de Jacó e Lia, Gn 29.32. Achou mandrágoras, Gn 30.14. Perdeu seu direito de primogenitura por causa do crime de incesto, Gn 35.22; 49.3,4. Preservou a vida de José, Gn 37.21,22,29. Responsabilizou-se pela segurança de Benjamim, Gn 42.37. Seus quatro filhos, Gn 46.9. O censo da tribo no deserto, Nm 1.20,21; 2.11; 26.7. Uma das tribos da Transjordânia, Nm 32; 34.14,15; Js 18.7. A herança dos rubenitas, Js 13.15-23. Ver mapa 2, D-5. Os rubenitas reprovados por não auxiliares no conflito contra Sísera, Jz 5.15,16. Pul e Tiglate Pileser levaram os rubenitas para o cativeiro, 1 Cr 5.25,26. Haverá lugar para os rubenitas entre as tribos restauradas, Ez 48.6,7. Entre os 144 mil selados de Israel, Ap 7.5.

RUBI: Pedra preciosa, transparente e de um vermelho vivo. Só o diamante é de maior valor. // A sabedoria mais preciosa do que os **r**, Pv 3.15 (ARC); 8.11 (ARC). Abundância de **r**, Pv 20.15 (ARC). O valor da mulher virtuosa muito excede o de **r**, Pv 31.10 (ARC). Sião terá baluarte de **r**, Is 54.12.

RUBICUNDO: O mesmo que vermelho. // O meu amado é cândido e **r**, Ct 5.10 (ARC).

RUBRO: Vermelho vivo. // Porque o céu está **r**, Mt 16.2 (ARC).

RUDIMENTO: Elemento inicial; primeiras noções. // Sujeitos aos **r**, Gl 4.3. Voltando... aos **r**, Gl 4.9. Os **r** do mundo, Cl 2.8. Morrestes com Cristo para os **r**, Cl 2.20.

RUFO, **Vermelho:** Um dos filhos de Simão Cirineu, que foi obrigado a levar a cruz no caminho do Gólgota, Mc 15.21. Ver também, Rm 16.13.

RUGA: Prega, dobra. // Igreja gloriosa sem **r**, Ef 5.27.

RUGIDO: Voz do leão; som cavernoso. // Do **r** das nações, Is 17.12. Como **r** de muitas águas, Ez 1.24. Ver **Bramido.**

RUGIR: Soltar rugido; bramir. // Ruja o mar, 1 Cr 16.32; Sl 96.11; 98.7. Leão que despedaça e ruge, Sl 22.13. Leõezinhos rugem, Sl 104.21. Rugirão as nações, Is 17.13. O Senhor... Rugirá, Jr 25.30. O Senhor rugirá de Sião, Am 1.2. Rugirá, o leão, Am 3.4. Como leão que ruge, 1 Pe 5.8. Como ruge o leão, Ap 10.3. Ver **Bramar, Trovejar.**

RUÍDO: Rumor produzido pela queda dum corpo; qualquer estrondo. // O **r** duma folha movida os perseguirá, Lv 26.36. **R** da cidade alvoraçada, 1 Rs 1.41. Ouve **r** de abundante chuva, 1 Rs 18.41. Fizera ouvir no arraial dos siros **r** de carros, 2 Rs 7.6. Houve um **r**, um barulho de ossos, Ez 37.7. Voz era como o **r** de muitas águas, Ez 43.2. Jamais o **r** de pedra de moinho, Ap 18.22.

RUIM: Mau, inútil. // Figos muito bons... mas o outro **r**, Jr 24.2. E os **r** deixam fora, Mt 13.48.

RUÍNA: Ato ou efeito de ruir; destruição; resto de edifício desmoronado. // Sereis a sua **r**, Nm 32.15. Pôs fogo a Ai... a **r** até ao dia de hoje, Js 8.28. Foram a sua **r**, 2 Cr 28.23. Restaurar as suas **r**... e, Jerusalém, Ed 9.9. Jerusalém a um montão de **r**, Sl 79.1; Jr 9.11;

Fragmento de pedra de um monumento monolítico, descoberto em 1799 em Roseta, cidade do Baixo Egito, coberto de inscrições do mesmo texto, em caracteres hieroglíficos, demóticos e gregos, em honra de Ptolomeu V, rei do Egito. Essas inscrições, decifradas por Champollion em 1831, serviram de chave para decifrar os hieroglíficos e os idiomas antigos do Egito

26.18. A boca do néscio é uma **r** iminente, Pv 10.14. A soberba procede a **r**, Pv 16.18. Babilônia se tornará em **r**, Jr 51.37. Sendo grande a sua **r**, Mt 7.27. Este menino está destinado tanto para **r** como para levantamento, Lc 2.34. O tabernáculo... de suas **r**, restaurá-lo-ei, At 15.16. Afogam os homens na **r** e perdição, 1 Tm 6.9. Condenou-as à **r** completa, 2 Pe 2.6. Ver **Destruição.**

RUIR: Cair com ímpeto e depressa. // Levantando grande grito, ruíram as muralhas, Js 6.20. Os tijolos ruíram... edificar com pedras, Is 9.10. Pela fé ruíram as muralhas de Jericó, Hb 11.30. Ver **Cair.**

RUIVO: Louro avermelhado. // Esaú, Gn 25.25. Davi, 1 Sm 16.12.

RUMA, hb. **alto:** Residência de Pedaías, avô materno do rei Joaquim, 2 Rs 23.36.

RUMINAR: Lv 11.3; Dt 14.6. Tornar a mastigar, remoer os alimentos que voltam do estômago à boca.

RUMO: Caminho. // Que **r** tomou o teu amado? Ct 6.1.

RUMOR: Ruído produzido por cousas que se deslocam; boato. // Não admirarás falso **r**, Êx 23.1 (ARC). Ao ouvir mais o **r...** virá num ano um **r**, noutro ano outro **r**, Jr 51.46. E se levantará **r** sobre **r**, Ez 7.26. Guerras e **r** de guerras, Mt 24.6.

RUTE, O LIVRO DE: A primeiras palavras indicam que este livro é um suplemento aos juízes. A última palavra dá a entender que um dos seus alvos é destacar a genealogia do Messias. O livro dos Juízes é um dos mais tristes da Bíblia. Ao passo que o livro de Rute é uma das mais lindas histórias, narrando como Rute se tornou uma bisavó de Davi, um dos progenitores do Messias. Desse modo não somente Raabe a prostituta, mas, também, Rute a moabita entraram na genealogia de Cristo, Js 2.1; Mt 1.5; Rt 2.1. Ver Dt 23.3. Quão grande é a graça e amor divino! **A autoria:** A tradição judaica a atribui a Samuel. **A chave**: Redentor, Rt 4.14. Tipicamente Rute representa a Igreja, como a noiva gentia de Cristo, o Belemita que a pode resgatar. **A divisão:** I. Noemi vai a Moabe, com seu marido e dois filhos; como viúva, volta com sua nora Rute, para Belém, Rt 1. // II. Rute respiga no campo de Boaz; os dois casam-se, Rt 2 a 4.12. // III. Rute dá a luz Obede; da genealogia de Davi, Rt 4.13-22. // O eventos narrados em Rute encerram um período de 10 anos.

యోహాను సువార్త

1-వ అధ్యాయము

1 ఉపోద్ఘాతము 19 బాప్తిస్మమిచ్చు యోహాను సాక్ష్యము. 35. యోహాను శిష్యులు
—యేసుశిష్యులు.

ఆదియందు వాక్యముండెను, వాక్యము దేవునియొద్ద ఉండెను, వాక్యము
దేవుడై యుండెను । 2 ఆయన ఆదియందు దేవునియొద్ద ఉండెను.
సమస్తమును ఆయన మూలముగా కలిగెను । 3 కలిగియున్నదేదియు ఆయన
లేకుండ కలుగలేదు. । 4 ఆయనలో జీవముండెను; ఆ జీవము మనుష్యులకు
వెలుగై యుండెను. । 5 ఆ వెలుగు చీకటిలో ప్రకాశించుచున్నది గాని చీకటి
దాని గ్రహింపకుండెను.

6 దేవునియొద్దనుండి పంపబడిన యొక మనుష్యుడుండెను; అతని పేరు
యోహాను. । 7 అతని మూలముగా అందరు విశ్వసించునట్లు అతడు ఆ వెలు
గును గూర్చి సాక్ష్యమిచ్చుటకు సాక్షిగా వచ్చెను. । 8 అతడు ఆ వెలుగై
యుండలేదు గాని ఆ వెలుగునుగూర్చి సాక్ష్యమిచ్చుటకు అతడు వచ్చెను. ।
9 నిజమైన వెలుగుండెను; అది లోకములోనికి వచ్చుచు ప్రతి మనుష్యుని
వెలిగించుచున్నది. । 10 ఆయన లోకములో ఉండెను; లోకమాయన మూల
ముగా కలిగెను గాని లోకమాయనను తెలిసికొనలేదు. । 11 ఆయన తన
స్వకీయులయొద్దకు వచ్చెను; ఆయన స్వకీయులు ఆయనను అంగీకరింపలేదు. ।
12 తన్ను ఎందరంగీకరించిరో వారికందరికి, అనగా తన నామమునందు విశ్వాస
ముంచినవారికి, దేవుని పిల్లలగుటకు ఆయన అధికారము అనుగ్రహించెను. ।
13 వారు దేవునివలన పుట్టినవారే గాని, రక్తమువలననైనను శరీరేచ్ఛవలననైనను
మానుషేచ్ఛవలననైనను పుట్టినవారు కారు. । 14 ఆ వాక్యము శరీరధారియై,
కృపాసత్య సంపూర్ణుడుగా మనమధ్య నివసించెను, తండ్రివలన అద్వితీయ
కుమారునికి[1] కలిగిన మహిమవలె మనము ఆయన మహిమను కనుగొంటిమి. ।

João 1.1-14, em télugo, uma das línguas da Índia

Mas a serpente, mais sagaz que todos os animais – Gn 3.1

S

SAAFE: 1. Um filho de Jadai, 1 Cr 2.47. // Um filho de Calebe, 1 Cr 2.49.

SAALBIM, hb. **Raposas:** Uma cidade de Dã; um dos comissariados de Salomão, Jz 1.35; 1 Rs 4.9.

SAALBONITA: Um habitante de Saalbim, 2 Sm 23.32.

SAANIM: Jz 4.11. Ver **Zaananim.**

SAARAIM, hb. **Dupla nascente:** 1. Uma cidade da herança de Judá, Js 15.36. // 2. Uma cidade da tribo de Simeão, 1 Cr 4.31.

SAASGAZ: Um eunuco de Assuero, Et 2.14.

SAAZIMA, hb. **Lugares altos:** Uma cidade da herança de Issacar, entre o monte Tabor e o Jordão, Js 19.22.

SABÁ, hb. **Juramento:** 1. Um povo descendente de Sem, Gn 10.28. Ver mapa 1, E-4. // 2. Rainha de Sabá, 1 Rs 10.1-13. Ver **Sabeus**, **Sebá**.

SÁBADO, hb. **Descansar:** Dia de descanso semanal. // Havendo Deus terminado... descansou nesse dia, Gn 2.2. Abençoou Deus o dia sétimo, e o santificou, Gn 2.3. Amanhã é repouso, o santo **s** do Senhor... o **s** é do Senhor; hoje não o achareis no campo, Êx 16.23-25. Lembra-te do dia de **s**... o último dia é o **s**... abençoou o dia de **s**, e o santificou, Êx 31.13; Lv 19.30; 26.2. **S** de repouso solene, Êx 35.2; Lv 16.31. Apanhando lenha no dia de **s**, Nm 15.32. Trazendo.. no dia de **s** qualquer mercadoria, Nm 10.31. O incenso é para mim abominação, e também... os **s**, Is 1.13. Em dia de **s**, passou Jesus pelas searas, Mt 12.1. O Filho do homem é Senhor do **s**, Mt 12.8. É lícito curar no **s**, Mt 12.10. Num **s** esta cair numa cova, Mt 12.11. O **s** foi estabelecido por causa do homem, Mc 2.27. Passado o **s**... compraram aromas, Mc 16.1. Entrou, ele na sinagoga, Lc 6.6. Ensinava Jesus no **s**, Lc 13.10. Jesus curava no **s**, Lc 13.14. No **s** descansaram, Lc 23.56. Nos circuncidais um homem, Jo 7.22 A jornada de um **s**, At 1.12. Indo num **s** à sinagoga, At 13.14. No **s** seguinte, afluiu quase toda a cidade, At 13.44. Ou lua nova, ou **s**, Cl 2.16.

SÁBADO, JORNADA DE UM: A lei proibia que alguém saísse de seu lugar no **s**, Êx 16.29. Os escribas fixaram o limite de 2.000 côvados a distância que se podia viajar no **s**, baseando isso sobre Js 3.4. Assumiram que a distância entre o povo e o tabernáculo, no acampamento, era a mesma de 2.000 côvados e que foi permitido ao povo a andar a distância necessária para assistir aos ritos no tabernáculo no **s**. O monte das Oliveiras dista de Jerusalém tanto como a jornada de um **s**, At 1.12. Mas não sabemos de qual ponto do monte. Tudo indica que a distância de uma jornada de sábado foi de 1.200 a 1.480 metros.

SABÃO: Mistura de corpos gordurosos como sebo, gordura, óleos vegetais, com potassa, ou com soda. // Ainda que te laves com salitre, e amontoes sabão, Jr 2.22 (ARC). Ele será como o fogo do ourives e como o sabão dos lavandeiros, Ml 3.2 (ARC). // Nos tempos do Antigo Testamento é provável que não existisse sabão. Há, atualmente, regiões da Síria onde se usa cinzas em vez de sabão. A palavra em Ml 3.2. Refere-se a uma coisa que lava, espécie de álcali e é traduzido **potassa** na revisão.

SABÁTICO, ANO: Celebrava-se, também, o ano sétimo, o ano sabático, isto, é, o ano de descanso. A terra depois de seis anos de sementeira descansava, nesse ano não havia sementeira nem colheitas. O que a terra produzia pertencia a todos. Êx 23.10,11; Lv 25.1-7; Dt 15.1; Ne 10.31.

SABEDORIA: A capacidade de julgar corretamente e agir prudentemente. // Deus dá: 1 Rs 3.12; Pv 2.6; Dn 2.20; At 7.10; 2 Pe 3.15. O valor de: Jó 28.18; Pv 3.13-18; 4.7-9. Deve-se procurá-la: Sl 90.12; Rm 16.19; Ef 5.15; Tg 3.13. Recebe-se em resposta a oração: 2 Cr

1.10; Pv 2.3; Tg 1.5. A vaidade da **s** terrena, Jó 5.13; Jr 8.9; Mt 11.25; 1 Co 2.6-8; Tg 3.15. O temor do Senhor é o princípio do saber, Pv 1.7. A **s** é justificada por suas obras, Mt 11.19. Pregar, não com **s** de palavra, 1 Co 1.17. Tornou Deus louca a **s** do mundo, 1 Co 1.20. O mundo não conheceu Deus por sua própria **s**, 1 Co 1.21. Não com ostentação de linguagem, ou de **s**, 1 Co 2.1. Não com **s** humana, 2 Co 1.12. A **s** do alto é principalmente pura, Tg 3.17. Aqui está a **s**, Ap 13.18. Ver **Conhecimento, Dons do Espírito**.

SABEDORIA DE JESUS: Outro título de Eclesiástico, um dos livros apócrifos.

SABEDORIA DE SALOMÃO: Um livro apócrifo.

SABER: Conhecer, ser informado de; estar convencido de: prever, ter a certeza de (coisa futura). // Sei que o meu Redentor vive, Jó 19.25. O temor é o princípio do saber, Pv 1.7. Dia e hora ninguém sabe, Mt 24.36. Em hora que não sabe, Mt 24.50. Uma coisa sei: Eu era cego, Jo 9.25. Vós sabeis o caminho, Jo 14.4. Somos senhores do saber. O saber ensoberbece, 1 Co 8.1. Se alguém julga saber alguma, 1 Co 8.2. Sabemos... se guardamos, 1 Jo 2.3. Sabemos... porque amamos, 1 Jo 3.14. A fim de saberdes que tendes a vida, 1 Jo 5.13. Se sabemos que ele nos ouve, 1 Jo 5.15. Sabemos que somos de Deus, 1 Jo 5.19. Ver **Conhecer**.

SABEUS: Um povo de Sabá; descendente de Sebá, neto de Cão e bisneto de Noé, Gn 10.7; ou de Sabá, descendente de Sem e neto de Éber, Gn 10.25,28. Notáveis por suas mercadorias, Is 45.14; Jr 6.20; Ez 27.22. Levaram o gado de Jó, Jó 2.15. Os sabeus eram governados por reis sacerdotais, Sl 72.10; as ruínas da sua capital, Merebe, testificam da sua grandeza. Notável entre seus monarcas era a Rainha de Sabá. Ver mapa 1, D-4. Narra-se a sua visita a Salomão em 2 Cr 9.1-12. Fez a viagem de 2.000 Km com grande comitiva de camelos carregados de especiarias, de ouro em abundância e pedras preciosas. Cristo se referiu a longa e árdua viagem para ouvir a sabedoria de Salomão, Mt 12.42. Ao ver as deslumbrantes riquezas do rei dos Hebreus, essa rainha acostumada com toda a forma de esplendor, "ficou como fora de si". Depois de gozar da hospitalidade, voltou para a Arábia. Conforme a tradição, ela depois se tornou uma esposa de Salomão e lhe deu um filho, Meneleque. A família real da Abissínia afirma que é descendente de Salomão e a Rainha de Sabá.

SABIAMENTE: Com sabedoria; discretamente. // Atentarei **s** ao caminho da perfeição, Sl 101.2. Havia respondido **s**, Mc 12.34.

SÁBIO: Que sabe muito; erudito; homem prudente. // Escolha Faraó um homem ajuizado e **s**, e o ponha sobre... Egito, Gn 41.33. Perante os olhos dos povos... este povo é gente **s**, Dt 4.6. Fossem eles **s**! então entenderiam, Dt 32.29. Dou-te coração **s**, 1 Rs 3.12. Era mais **s** do que todos, 1 Rs 4.31. O homem estúpido se tornará **s**, quando, Jó 11.12. Para que alcancemos coração **s**, Sl 90.12. Ouça o **s** e cresça em prudência, Pv 1.5. Dá instrução ao **s**, e ele se fará mais **s**, Pv 9.9. O que ganha almas é **s**, Pv 11.30. O filho **s** ouve a instrução, Pv 13.1. Um homem que é **s** aos seus próprios olhos, Pv 26.12. Os que forem **s**... resplandecerão, Dn 12.3. Ocultaste estas coisas aos **s**, Mt 11.25. Sou devedor tanto a... **s** como a ignorantes, Rm 1.14. Não sejais **s** aos vossos próprios olhos, Rm 12.16; Pv 3.7. Sejais **s** para o bem e símplices para o mal, Rm 16.19. Ao Deus único e **s**, Rm 16.27. Onde está o **s**? 1 Co 1.20. A loucura de Deus é mais **s**, 1 Co 1.25. Deus escolheu as coisas loucas... para envergonhar os **s**, 1 Co 1.27. Se alguém... se tem por **s**... para se tornar **s**, 1 Co 3.18. Ele apanha os **s** na própria astúcia, 1 Co 3.19. O Senhor conhece os pensamentos dos **s**, 1 Co 3.20. Somos loucos... vós **s**, 1 Co 4.10. Não como néscios, e, sim, como **s**, Ef 5.15. Sagradas letras... **s** para a salvação, 2 Tm 3.15. Quem entre vós é **s**? Tg 3.13. Ver **Entendido**, **Erudito**, // **Sábios**, isto é, habilitados na magia, adivinhação, etc., Gn 41.8; Êx 7.11; Et 1.13; Dn 2.27; 5.15. Ver **Magos**.

SABOR: Gosto; impressão produzida na língua pelas substâncias sápidas. // O seu **s** ... bolos amassados com azeite, Nm 11.8. **S** na clara de ovo? Jó 6.6. O sal... como lhe restaurar o **s**? Mt 5.13. Ver **Paladar**.

SABOREAR: Apreciar o sabor de. // Isaque amava a Esaú, porque se saboreava de sua caça, Gn 25.28. Saboreia o mel, porque é saudável, Pv 24.13.

SABOROSO: Que tem bom sabor; gostoso. // Fez-me uma comida **s**, Gn 27.4. Ver **Delicioso.**

SABTÁ: Um filho de Cuxe e bisneto de Noé, Gn 10.7.

SABTECÁ: Um filho de Cuxe e bisneto de Noé, Gn 10.7.

SACAR: Tirar com violência; puxar por. // Sacou da espada... cortou-lhe a orelha, Mt 26.51.

SACAR, hb. **Mercadoria:** Pai de Aião, um dos valentes do exército de Davi, 1 Cr 11.35.

SACERDÓCIO: Ministério ou funções de sacerdote. // Por **s** perpétuo durante as suas gerações, Êx 40.15. Os levitas não têm parte entre vós, pois o **s** do Senhor é a sua parte, Js 18.7. Os que... recebem o **s**, têm mandamento de, Hb 7.5. Nunca atribuiu

s, Hb 7.14. Tem o seu **s** imutável, Hb 7.24. Para serdes **s** santo, 1 Pe 2.5. Raça eleita, **s** real, 1 Pe 2.9. // **O sacerdócio:** de Cristo, Rm 8.34; Hb 2.17; 1 Jo 2.1; de Arão, Hb 3; 5; 7; de Melquizedeque, Gn 14.18; Sl 110.4; Hb 5.6-10; 6.20; 7.1-28. // **Exige-se santidade:** Lv 22.2; Is 52.11. // **É um sacerdócio de leigos:** Êx 19.5,6; Is 61.1; 1 Pe 2.5,9; Ap 1.6; 5.10; 20.6.

SACERDOTE, lat. **Sacerdos, sacerdotem:** Sacrificador; o que tinha o poder de oferecer vítimas a divindade. // Melquidezeque... **s** do Deus Altíssimo, Gn 14.18. Vós me sereis reino de **s**, Êx 19.6. Suscitarei para mim um **s** fiel, 1 Sm 2.35. Vestirei de salvação os seus **s**, Sl 132.16. Sereis chamados **s** do Senhor, Is 61.6. Vai mostrar-te ao **s**, Mt 8.4. E nos constituiu reino, **s**, Ap 1.6. // **Os sacerdotes levíticos:** Êx 28.1; Lv 8. **Suas funções:** Êx 27.20,21; Lv 6.12; 10.11; 24.8; Dt 17.8-13. **Mau procedimento dos sacerdotes:** 1 Sm 2.12-17; Is 56.9-12; Jr 5.31; 10.21; 21.1,2; Ez 34.1-10; Ml 1.6-8; 2.1-10. **O vocábulo "sacerdote" aplicado aos crentes:** 1 Pe 2.5,9; Ap 1.6; 5.10; 20.6. // **Sacerdote de Om:** Gn 41.45. **Sacerdotes de Baal:** 1 Sm 22.17,18; 1 Rs 18.40; 2 Rs 10.19; 11.18. // **A idéia fundamental de sacerdote é** a de um mediador entre o homem e Deus. O sacerdote apresenta-se entre o **homem e Deus,** como na verdade aparece o profeta entre **Deus e o homem.** O sacerdócio atestava a vida pecadora do homem, a santidade de Deus; e por conseqüência a necessidade de certas condições, para que o pecador pudesse aproximar-se da Divindade. O homem devia ir a Deus por meio de um sacrifício, e estar perto de Deus pela intercessão. // Aqueles que conhecem Jesus Cristo como Salvador têm um conhecimento elementar do mesmo Jesus como Redentor; mas os que o conhecem como Sacerdote são considerados como possuidores de maior conhecimento e experiência. A Redenção é em grande parte negativa, implicando livramento do pecado; mas o sacerdócio é inteiramente positivo, envolvendo o acesso a Deus. Os cristãos hebreus (da Epístola aos Hebreus) conheciam Cristo como Redentor, mas deviam também conhecê-lo como Sacerdote, oferecendo-se então a oportunidade de um livre e corajoso acesso a Deus em todos os tempos. O cristianismo é a "religião do acesso"; e revela-se isso na exortação — "aproximai-vos". // Em Cristo todos os crentes são considerados como sacerdotes; mas o ministro do Evangelho, distinto na verdade do leigo, nunca no Novo Testamento é mencionado como sacerdote. Ele é o presbítero ou o ancião, palavras que têm uma idéia inteiramente diferente. Mesmo o sacerdócio, na referência aos crentes, nunca está associado com os cristãos individuais, mas tem-se em vista a sua capacidade de corporação: "um sacerdócio santo". 1 Pe 2.5. A verdade fundamental a respeito do sacerdócio no Novo Testamento é esta: o cristianismo é um sacerdócio, mas não tem sacerdócio. Ver **Levita.**

SACHAR: Cavar com o sacho. // Sachou-a, limpou-a das pedras, Is 5.2.

SACIAR: Extinguir (a fome ou a sede), comendo ou bebendo. // E o saciaria com mel que, Sl 81.16. Sacia-nos... com a tua benignidade, Sl 90.14. Saciá-lo-ei com longevidade, Sl 91.16. Saciem-te os seus seios, Pv 5.19. Saciarei de gordura a alma, Jr 31.14. Bebeis, mas não dá para saciar-vos, Ag 1.6. Primeiro saciar os filhos, Mc 7.27 (ARC). Ver **Fartar, Satisfazer.**

SACO: Ordenou José que lhe enchessem os **s**, Gn 42.25. Dois talentos de prata em dois **s**, 2 Rs 5.23. Pô-lo num **s**, Ag 1.6 (ARC). Ver **Alforge, Bolsa, Pano de saco, Saquitel.**

SACRAMENTO: Rito religioso. // Ver **Batismo, Ceia do Senhor.**

SACRIFICADO: Oferecido em sacrifício ou holocausto. // Comida **s** a ídolos, 1 Co 8.4.

SACRIFICAR: Oferecer em sacrifício. // Eu sacrifico ao Senhor todos os machos, Êx 13.;15. Quem sacrificar aos deuses, Gn 22.20. Sacrificará sobre ti os sacerdotes, 1 Rs 13.2. O sacerdote de Júpiter... queria sacrificar, At 14.13. É a demônios que as sacrificam, 1 Co 10.20. Coisa sacrificada a ídolo, 1 Co 10.28. Abraão... sacrificar o seu unigênito, Hb 11.17. Ver **Imolar.**

SACRIFÍCIO: Oferta solene à divindade em vítimas ou donativos. // Tirou o **s** costumado, Dn 8.11. Fará cessar o **s**, Dn 9.27. Misericórdia quero e não **s**, Os 6.6; Mt 9.13; 12.7. Entregou a si mesmo... como... **s**, Ef 5.2. Como **s** aceitável e aprazível a Deus, Fp 4.18. Oferecer... **s** pelos pecados, Hb 5.1. Não tem necessidade... todos os dias **s**, Hb 7.27. Os mesmos **s**... ano após, Hb 10.1. **S** e oferta não quiseste, Hb 10.5. Jesus... um único **s**, Hb 10.12. Não resta **s** pelos pecados, Hb 10.26. Abel... mais excelente **s**, Hb 11.4. Com tais **s** Deus se compraz, Hb 13.16. Oferecerdes **s** espirituais, 1 Pe 2.5. // Sacrifícios em abundância, 1 Cr 29.12; de ações de graça, 2 Cr 29.31; anuais, 1 Sm 1.21; a Baal, 2 Rs 10.19; aos bezerros, 1 Rs 12.32; do corpo, Rm 12.1; aos demônios, Dt 32.17; grande, 2 Rs 10.19; 1 Cr 29.21; 2 Cr 7.5; Ne 12.43; Ez 39.17; espirituais, Sl 27.6; 51.19; 107.22; 119.108; 141.2; Ef 5.2; Fp 2.17; Hb 13.15,16; 1 Pe 2.5; inaceitáveis, Gn 4.5; Pv 15.8; Jr 6.20; Os 8.13; Am 5.21,22; Ml 1.10; 2,13; de júbilo, Sl 27.6; dos lábios, Os 14.2; da páscoa, Êx 1.27; de louvor, Hb 13.15; dos perversos, Pv 15.8; de tolos, Ec 5.1. Ver **Holocausto, Libação, Oferta.**

SACRIFÍCIOS HUMANOS: Em tempos de grande calamidade, angústia e perigo, os pais sacrificavam seus filhos como a maior e mais preciosa oferta possível. Ver Mq 6.7. Esse costume foi adotado dos cananeus, 2 Rs 16.3; 23.10. Proibido: Lv 18.21; 20.2-5; Dt 18.10. Os altos de Tofete, edificados especialmente para queimar no fogo seus filhos (Jr 7.31; 32.35), foram profanados pelo bom rei Josias, para que ninguém queimasse a seu filho como sacrifício, 2 Rs 23.10.

SACRILÉGIO: Profanação. // Cometes **s**? Rm 2.22 (ARC).

SACRÍLEGO: Que profanou coisas sagradas. // Estes homens... não são **s**, At 19.37.

SACUDIR: Agitar forte e repetidamente. // Sacudirás o seu jugo, Gn 27.40. Sacudamos de nós as suas algemas, Sl 2.3. Sacode-te do pó... ó Jerusalém, Is 52.2. Sacudirei a casa de Israel... como se sacode trigo, Am 9.9. Sacudi o pó dos vossos pés, Mt 10.14.

SADIO: Que dá saúde. // Sejam **s** na fé, Tt 1.13. Sensatos, **s** na fé, Tt 2.2. Linguagem **s**, Tt 2.8. Ver **São.**

SADRAQUE: O nome babilônico dado a Hananias, um dos três príncipes judaicos, que foram levados cativos para a corte de Nabucodonosor, Dn 1.7. Com seus companheiros constituído sobre os negócios da província de Babilônia, Dn 2.49. Lançado na fornalha ardente, Dn 3.23.

SADUCEUS: Seita pequena de sacerdotes ricos e de influência, que antes de Cristo ganhou o domínio sobre o sacerdócio. Os saduceus não eram propriamente uma seita, nem um partido político e nem uma escola de filosofia; mas tinham características de todos os três. Eram racionalistas e mundanos com muito pouco interesse na religião. Adversários dos fariseus, repudiavam as tradições. Desejavam, sobretudo, gozo pacífico da sua riqueza. A palavra saduceus menciona-se apenas 14 vezes, em Mateus, Marcos, Lucas e Atos. João Batista os denunciou, juntos com os fariseus, como raça de víboras, Mt 3.7. Juntaram-se com os fariseus para pedir um sinal no céu, Mt 16.1. Jesus os denunciou, juntos com os fariseus, Mt 16.6,11,12. Perguntaram a Jesus acerca da ressurreição, Mt 22.23. Jesus os fez calar, Mt 22.34. Prenderam os apóstolos, At 4.1; 5.17. Uma parte do Sinédrio era de saduceus, no tempo de Paulo, a outra de fariseus, At 23.6,7,8. Não acreditavam na ressurreição, nem em anjos, nem em espírito, Mt 22.23; At 23.8.

SAFÃ, hb. **Texugo:** 1. Um chefe de Gade, 1 Cr 5.12. // 2. Um dos mais fiéis aderentes ao rei Josias na sua reforma, 2 Rs 22.3-10. Era pai de Aição que amparou e protegeu o profeta Jeremias, 2 Rs 22.12; Jr 26.24.

SAFATE, hb. **Ele julgou:** 1. Um dos doze espias, da tribo de Simeão, Nm 13.5. // 2. O pai do profeta Eliseu, 1 Rs 19.16. // 3. Na linhagem real de Judá, 1 Cr 3.22. // 4. Um Gadita, 1 Cr 5.12. // 5. Um pastor de Davi, 1 Cr 27.29.

SAFE, hb. **Limiar:** Um gigante filisteu, morto por Sibecai, 2 Sm 21.18. Em 1 Cr 20.4 tem o nome de Sipai.

SAFIR, hb. **Bela:** Uma cidade de Judá, Mq 1.11.

SAFIRA, hb. **Formosa:** A mulher de Ananias, At 5.1.

SAFIRA: Pedra preciosa azul. // Sob os pés de Deus um pavimento como de safira, Êx 24.10. Encontra-se entre as pedras, Jó 28.6. Muito preciosa, Jó 28.16. Formosa, Lm 4.7. Por cima do firmamento, como uma safira, Ez 1.26; 10.1. Na lista das pedras preciosas do rei de Tiro, Ez 28.13. Na segunda ordem das doze pedras preciosas do peitoral do sumo sacerdote, e o segundo fundamento da muralha da Nova Jerusalém, Êx 28.18; Ap 21.19.

SAFRA: Bigorna de ferreiro, com uma só ponta. // Ao que bate na **s**, Is 41.7 (ARC).

SAGAZ: Que tem agudeza de espírito; astuto. // A serpente, mais **s** que todos os animais, Gn 3.1. Jonadabe era homem mui **s**, 2 Sm 13.3. Ver **Astuto.**

SAGE, hb. **Errante:** Pai de Jônatas, um dos valentes de Davi, 1 Cr 11.34.

SAGRADO: Dedicado a Deus. // Pão **s**, 1 Sm 21.4. O Santuário de Deus, que sois vós, é **s**, 1 Co 3.17. Que prestam serviços **s**, 1 Co 9.13. Sabes as **s** letras, 2 Tm 3.15. Preceitos de serviço **s**, Hb 9.1. Ver **Santificado, Santo.**

SAÍDA: Ato ou efeito de sair. // O Senhor guardará a tua **s**, Sl 121.8.

SAIR: Passar (do interior para o exterior); partir. // Tu não sais... com os nossos exércitos! Sl 60.10; 108.11. Que saístes a ver no deserto? Mt 1.7. O espírito imundo sai do homem, Mt 12.43. Sai da tua terra, At 7.3. Sai do meio deles, e apartai-vos, 2 Co 6.17 (ARC). Eles saíram de nosso meio, 1 Jo 2.19. No santuário... daí jamais sairá, Ap 3.12.

SAL: Cloreto de sódio; graça, finura de espírito. // Converteu-se numa estátua de **s**, Gn 19.26. Vós sois o **s** da terra, Mt 5.13. O **s** é certamente bom, Lc 14.34. Vossa palavra... temperada com **s**, Cl 4.6. Sal como tempero, Jó 6.6; nas ofertas, Mc 9.49; purifica, Mt 5.13; aliança de, Nm 18.19.

SAL: Uma cidade de Judá, Js 15.62. Ver mapa 2, C-6.

SAL: Nome do vale, não identificado, onde Davi, ao voltar de ferir os sírios, matou dezoito mil homens, 2 Sm 8.13.

SALA: Compartimento, mais ou menos amplo,

de um edifício. // Eúde entrou numa **s** de verão, Jz 3.20.

SALÁ, hb. **Arremesso:** Um descendente de Noé, Gn 10.24.

SALAMINA: Uma cidade na costa Oriental de Chipre, onde Paulo, na sua primeira viagem missionária, pregou nas sinagogas judaicas, At 13.5. Ver mapa 6, F-3.

SALÃO: Grande sala. // Depois fez o **S** das Colunas, 1 Rs 7.6.

SALÁRIO: Retribuição de serviço feito aos dias ou às horas. // Por dez vezes mudou o meu **s**, Gn 31.7. Te serviu por metade do **s** do jornaleiro, Dt 15.18. Darás o seu **s**, antes do pôr do sol, Dt 24.15. O que recebe **s**... num saquitel furado, Ag 1.6. Pesaram, pois, para o meu **s** trinta moedas, Zc 11.12. Digno é o trabalhador do seu **s**, Lc 10.7. Ao que trabalha, o **s** não é considerado como favor, Rm 4.4. O **s** do pecado é a morte, Rm 6.23. Recebendo **s** para vos poder servir, 2 Co 11.8. O trabalhador é digno do seu **s**, 1 Tm 5.18. Eis que o **s** dos trabalhadores, Tg 5.4. Recebendo injustiça por **s** da injustiça, 2 Pe 2.13. Ver **Paga, Soldo.**

SALCÁ, hb. **Estrada:** Cidade de Basã, perto de Edrei, Dt 3.10.

SALEFE, hb. **Extração:** Um descendente de Noé, Gn 10.26.

SALÉM, hb. **Paz:** Gn 14.18; Sl 76.2; Hb 7.1,2. A cidade de que Melquisedeque era rei. Segundo a tradição judaica, é a mesma que Jerusalém. Mas, conforme os samaritanos, era uma cidade perto de Siquém. Ver mapa 1, H-3.

SALEQUETE, hb. **Lançar fora:** Uma porta ocidental do Templo de Salomão, 1 Cr 26.16.

SALGADO: Que tem muito sal. // Deserto de **s**, Sl 107.34. Fonte de água **s**, Tg 3.12. O mar Salgado (mar Morto), Gn 14.3. Ver mapa 5, B-2.

SALGAR: Temperar com sal; impregnar de sal. // Terra frutífera, em deserto salgado, Sl 107.34. Com que se há de salgar? Mt 5.13 (ARC). Será salgado com fogo, Mc 9.49.

SALGUEIRO: Gênero de árvores de numerosas espécies que crescem, geralmente, à beira da água ou em terrenos frescos. Usavam-se ramos de salgueiros e de outras árvores para fazer tendas durante a festa dos tabernáculos, Lv 23.40. O hipopótamo achava abrigo entre os salgueiros, Jó 40.22. Os exilados na Babilônia penduravam suas harpas nos salgueiros, Sl 137.2. Crescem à beira das torrentes, Is 15.7; 44.4; Ez 17.5.

SALIM, Pacífico: Lugar perto de Enom, onde havia muitas águas, Jo 3.23. Ver mapa 4, B-2.

SALISA, hb. **A terça parte:** Um distrito da região montanhosa, que Saul atravessou procurando as jumentas de seu pai, 1 Sm 9.4.

SALITRE: Como vinagre sobre **s**, Pv 25.20 (ARC). Ainda que te laves com **s**, Jr 2.22. // Salitre é designação vulgar de nitrato de potassa ou nitro. Mas a palavra aqui se refere a carbonato de soda, um álcali mineral, que se encontra em estado natural no Egito. Servia, dissolvido, para lavar as roupas.

SALIVA: Humor segregado pelas glândulas salivares e que atua na digestão dos alimentos; cuspo. // Tempo de engolir a minha **s**, Jó 7.19. E lhe tocou a língua com **s**, Mc 7.33. Aplicando-lhes **s** aos olhos, Jo 9.6.

Salmista

SALMA: Um descendente de Judá, 1 Cr 2.11.

SALMANESER: Foi o quarto rei da Assíria com este nome, que sucedeu Tiglate-Pileser, reinando desde 727 a 722 a.C. Por duas vezes invadiu o reino de Israel. Na segunda vez levou cativo a Oséias, que se tinha revoltado contra a sua autoridade, 2 Rs 17.3. Cercou Samaria que resistiu mais de dois anos, sendo finalmente tomado por Sargom, depois da morte de Salmaneser, 2 Rs 18.9.

SALMISTA: Pessoa que faz salmos. // Davi... mavioso **s** de Israel 2 Sm 23.1.

SALMO, gr. **SALMOS:** Cântico de louvor a Deus: Vitoriemo-lo com salmos, Sl 95.2. Cantai-lhe salmos, Sl 105.2. Salmos, hinos e cânticos espirituais, Ef 5.19; Cl 3.16. Está alguém alegre? Canta louvores, Tg 5.13. O cântico de Moisés, Êx 15; de Débora, Jz 5; de Ana, 1 Sm 2.1-10; de Davi, 2 Sm 22 e 1 Cr 16; de Israel, Is 12; 25; de Judá, 26; de Maria, Lc 1.46,56; de Zacarias, Lc 1.67-79; de Simeão, Lc 2.29-32; da criação, Ap 4.6-11; de redenção, Ap 5.8-14; de Moisés, e o Cordeiro, Ap 15.2-4. **O Livro dos Salmos** mencionado no Novo Testamento: Lc 20.42; 24.44; At 1.20; 13.33,35. Ver **Salmos, O Livro dos.**

SALMODIAR: Cantar salmos, sem inflexão de voz. // Sl 30.4; 47.6; 61.8; 66.2; 81.2.

SALMOM, hb. **Lugar de sombra:** O monte,

aonde Abimeleque foi buscar ramos para lançar fogo à torre de Siquém, Jz 9.48.

SALMONA: O promontório oriental de Creta, por onde Paulo passou na sua viagem a Roma, At 27.7. Ver mapa 6, D-3.

SALMOS, O LIVRO DOS: O hinário nacional de Israel. Em hebraico, **O Livro de Louvores.** Em grego, **Psalmos**, isto é, "Poemas adaptados à música". É o primeiro e o mais comprido dos livros do Hagiógrafo, a terceira divisão da Bíblia hebraica. Os salmos de Davi: 3 a 9; 11 a 32; 34 a 41; 51 a 65; 68 a 70; 86, 101; 108 a 110; 122; 124; 132; 132; 133; 138 a 145. O "mavioso salmista de Israel", 2 Sm 23.1. Os salmos de **Salomão:** 72 e 127. Os salmos dos **filhos de Coré:** 42; 44 a 49; 84; 85; 87 e 88. Os filhos de Coré formavam uma família de sacerdotes e poetas no tempo de Davi. Os salmos de **Asafe:** 50; 73 a 83. Asafe era um dos principais músicos de Davi. A família de Asafe era encarregada da música de geração em geração. O salmo de **Etã**, ezraita: 89. Os salmos, **"Mictão** (isto é, áureos) **de Davi":** 16; 56 a 60. Os salmo de **Moisés:** 90. Os salmos de **hallel** (hb, louvor): 113 a 118. Cantados na páscoa. Os salmos **teocráticos**: 95 a 100. **Os cânticos de degraus,** ou de **romagem:** 120 a 134. Cantados, provavelmente, pelos peregrinos subindo às festas anuais em Jerusalém. Os salmos de **aleluia:** 146 a 150. O salmos **acrósticos:** 9, 10, 25, 34, 37, 111, 112, 119 e 145. No hebraico, a primeira letra de cada linha, ou de cada estrofe, em ordem, segue a ordem do alfabeto hebraico. No Salmo 119, cada estrofe tem 8 linhas e cada linha começa com a mesma letra hebraica da sua estrofe. Esse salmo tem 176 versículos e em todos esses versículos, a não ser 3. Menciona-se a Palavra de Deus. Referem-se a Palavra de Deus como a Lei, Prescrições, Caminhos, Mandamentos, Preceitos, Juízos, Decretos, A Palavra, Testemunhos. Os salmos **messiânicos:** os hinos da vinda do Rei, do Messias: 2, 8, 16, 22, 45, 72, 89, 110, 118, 132 e outros. **A autoria:** Intitulam-se os Salmos, **Os Salmos de Davi,** porque ele escreveu ou compilou a maior parte para o uso no culto público. A este hinário acrescentaram-se mais e mais salmos, de geração em geração, até Esdras o completar na forma que o conhecemos. Nos títulos atribuem-se 73 Salmos de Davi, 12 a Asafe, 11 aos filhos de Coré, 2 a Salomão, 1 a Moisés e 1 a Etã; 50 são anônimos. **A chave:** Adoração, Sl 29.2. **As divisões:** No hebraico e no grego. **Os Salmos** acham-se divididos em 5 livros: **Livro I**: Salmos 1 a 41. **Livro II**: Salmos 42 a 72. **Livro III**: Salmos 73 a 89. **Livro IV**: Salmos 90 a 106. **Livro V**: Salmos 107 a 150.

SALMUNA, hb. **Abrigo negado:** Jz 8.5. Ver **Zeba e Salmuna.**

SALOMÃO, hb. **Pacífico** (1 Cr 22.9): O terceiro Rei de Israel. Sua história narrada em 1 Rs 1 a 11; 2 Cr 1 a 9. Filho de Davi e Bate-Seba, 2 Sm 12.24. Nasce em Jerusalém e Deus lhe chama, **Jedidias,** hb. **Amado de Jeová,** 2 Sm 12.25. Davi aponta-o para ser rei, 1 Rs 1.30. Assenta-se no trono de Davi, 1 Rs 2.12. Casa com uma filha de Faraó, 1 Rs 3.1. Pede e recebe de Deus sabedoria, 1 Rs 3.9,12. Julga a causa de duas mulheres, 1 Rs 3.16-28. Seus provérbios e cânticos, 1 Rs 4.32. Faz aliança com Hirão, 1 Rs 5. Edifica o Templo, 1 Rs 5 e 6; 2 Cr 2. Inaugura o Templo, 1 Rs 8. Sua visão em Gibeom, 1 Rs 9.2. A rainha de Sabá lhe visita, 1 Rs 10.1-13. Sua receita anual de 666 talentos, 1 Rs 10.14. Seu trono de marfim e ouro puríssimo, 1 Rs 11. Possui 1.400 carros e 12.000 cavaleiros, 1 Rs 10.26. Aías profetiza contra ele, 1 Rs 11.30-39. Sua frota de Társis traz ouro, prata, marfim, bugios e pavões, 1 Rs 10.22. Procura matar Jeroboão, 1 Rs 11.40. Reinou 40 anos, 1 Rs 11.42. Sua morte e sepultamento, 1 Rs 11.42; 2 Cr 9.31. Escreveu dois dos Salmos, 72 e 127. Autor de três livros da Bíblia: Provérbios, 1.1. Eclesiastes, 1.1. Cantares, 1.1. Cristo refere-se à sua glória; Mt 6.29; a sua fama, Mt 12.42.

SALOMÃO, HISTÓRIA DE: 1 Rs 11.41. Talvez uma história baseada no registro oficial. Compare 1 Rs 14.19; 15.23; 22.39.

SALOMÉ, hb. **Perfeito:** 1. Uma das mulheres que observou a crucificação, Mc 15.40; 16.1. Era a mulher de Zebedeu e a mãe de Tiago e João, compare Mt 27.56 com Mc 15.40; 16.1. // 2. Uma filha de Herodias, conforme alguns comentadores, mencionada em Mt 14.6.

SALPICADO: Levemente polvilhado de sal; (fig.) manchado com pingos ou salpicos. // Separando dele os **s** e malhados, Gn 30.32.

SALPICAR: Manchar com pingos ou salpicos. // Salpicados com o seu sangue, 2 Rs 9.33. O seu sangue me salpicou as vestes, Is 63.3.

SALTAR: Dar pulo ou pulos; galgar, dando saltos; passar em claro. // Davi saltava com todas as suas forças, 2 Sm 6.14 (ARC). Com o meu Deus salto muralhas, 2 Sm 22.30. Ele os fez saltar como um bezerro, Sl 29.6. Os ímpios saltarão de prazer, Sl 94.3 (ARC). Os montes saltaram como carneiros, Sl 114.4. Tempo de saltar de alegria, Ec 3.4. Fonte de água que salte para a vida, Jo 4.14 (ARC). No templo, saltando, At 3.8. Ele saltou e andava, At 14.10. Ver **Pular.**

SALTEADOR: Bandido, ladrão de estrada que ataca de improviso os viajantes para roubar. // Um covil de **s**, Jr 7.11; Mt 21.13. Prender-me como a um **s**, Mt 26.55. Veio a cair em mãos de **s**, Lc 10.30. Sobe por outra parte, esse é ladrão e **s**, Jo 10.1. Barrabás era **s**, Jo 18.40. Em perigos de **s**, 2 Co 11.26. Ver **Roubador.**

SALTÉRIO: Sl 33.2. Ver **Música.**

SALTO: Pulo. // De um **s** se pôs em pé, At 3.8.

SALUM, hb. **Retribuição:** É o nome de, ao menos 15 indivíduos do Antigo Testamento. Alguns dos principais são: 1. O 15º rei de Israel. Matou seu predecessor, Zacarias, e reinou em seu lugar, 2 Rs 15.10. Depois de reinar durante um mês, foi morto por Manaém, 2 Rs 15.14. // 2. O 17º rei de Judá e filho de Josias, Jr 22.11; 1 Cr 3.15. Conhecido, também, pelo nome de **Jeoacaz**, 2 Cr 36.1. // 3. Levita, um porteiro do santuário no tempo de Davi, 1 Cr 9.17,19. // 4. Um sumo sacerdote e antepassado de Esdras, o escriba, 1 Cr 6.12. // 5. Esposo da profetiza hulda, guarda das vestiduras sagradas, 2 Rs 22.14 e talvez tio do profeta Jeremias, Jr 32.7; 35.4.

SALVA: Espécie de bandeja. // Maçãs de ouro em **s** de prata, Pv 25.11.

SALVAÇÃO: Ato ou efeito de salvar. // A tua **s** espero Senhor, Gn 49.18. O Senhor... me foi por **s**, Êx 15.2. Proclamai a sua **s**, dia após dia, 1 Cr 16.23. Do Senhor é a **s**, Sl 3.8. Dar-lhe-ei que veja a **s** de Deus, Sl 50.23. Tomarei o cálice da **s**, Sl 116.13. Desfalece-me a alma, aguardando a tua **s**, Sl 119.81,123. A **s**, está longe dos ímpios, Sl 119.155. De **s** adorna os humildes, Sl 149.4. Deus lhe põe a **s** por muros, Is 26.1. Sê tu... nossa **s**, Is 33.2. Todos... verão a **s** do nosso Deus, Is 52.10. Pôs o capacete da **s** na cabeça, Is 59.17. No Senhor... está a **s**, Jr 3.23. Ao Senhor pertence a **s**, Jn 2.9. O sol da justiça, trazendo **s**, Ml 4.2. Suscitou plena e poderosa **s**, Lc 1.69. Os meus olhos já viram a tua **s**, Lc 2.30. Hoje houve **s** nesta casa, Lc 19.9. A **s** vem dos judeus, Jo 4.22. Não há **s** em nenhum outro, At 4.12. O poder de Deus para a **s**, Rm 1.16. A nossa **s** está agora mais perto, Rm 13.11. E te socorri no dia da **s**, 2 Co 6.2. O capacete da **s**, Ef 6.17. Desenvolvei a vossa **s**, Fp 2.12. Como capacete, a esperança da **s**, 1 Ts 5.8. Deus nos escolheu... para a **s**, 2 Ts 2.13. Tudo suporto... para que... obtenham a **s**, 2 Tm 2.10. Tornar-te sábio para a **s**, 2 Tm 3.15. Negligenciarmos tão grande **s**, Hb 2.3. O Autor da **s**, Hb 2.10; 5.9. Arca para **s**, Hb 11.7. Para **s** preparada para revelar-se no último tempo, 1 Pe 1.5. O fim da vossa fé, a **s**, 1 Pe 1.9. Tende por **s** a longanimidade de nosso Senhor, 2 Pe 3.15. Acerca de nossa comum **s**, Jd 3. Ao Cordeiro pertence a **s**, Ap 7.10. A **s**, e a glória e o poder, Ap 19.1. A salvação é o fruto da fé, 1 Pe 1.9. **A bem-aventurança dos que publicam a salvação**, Is 52.7; Rm 10.15. **O evangelho é o poder de Deus para a salvação**, Rm 1.16; 1 Co 1.18,24; 2 Co 10.4; 1 Ts 1.5. **A salvação comparada a uma rocha**, Dt 32.15; 2 Sm 22.47; Sl 95.1; a um capacete, Is 59.17; Ef 6.17; a um escudo, 2 Sm 22.36; Sl 18.2; a um cálice, Sl 116 13; a uma tocha, Is 62.1; a vestes, 2 Cr 6.41; Sl 132.16; 149.4; Is 61.10; a fontes, Is 12.3; a muros e baluartes, Is 26.1; 60.18. Ver **Livramento, Redenção.**

SALVADOR: Que, ou aquele que salva. // O Senhor deu um **s** a Israel, 2 Rs 13.5. Esqueceram-se de Deus, seu **S**, Sl 106.21. Ele lhes enviará um **s**, Is 19.20. Deus justo e **S** não há além de mim, Is 45.21. O **S**, que é Cristo, o Senhor, Lc 2.11. Sabemos que este é verdadeiramente o **S** do mundo, Jo 4.42. O exaltou a Príncipe e **S**, At 5.31. Trouxe Deus a Israel o **S**, que é Jesus, At 13.23. Sendo este mesmo o **s** do corpo, Ef 5.23. De onde também aguardamos o **S**, Fp 3.20. **S** de todos os homens, 1 Tm 4.10, Graça... manifestada agora pelo aparecimento de nosso **S**, 2 Tm 1.10. Graça... **s** a todos, Tt 2.11. Nosso grande Deus e **s** Jesus Cristo, Tt 2.13. Enviou o seu Filho como **S**, 1 Jo 4.14. Ao único Deus, nosso **S**, Jd 25. Ver **Cristo, Jesus, Messias.**

SALVAR: Tirar, livrar do perigo. // Deus salvará o humilde, Jó 22.29. O Senhor salva o seu ungido, Sl 20.6. Salva-me, ó Deus, porque as águas, Sl 69.1. Salve os filhos dos necessitados, Sl 72.4. Ele os salvou por amor do seu nome, Sl 106.8. O que anda em integridade será salvo, Pv 28.18. Deus; ele vem e vos salvará, Is 35.4. Olhai para mim, e sede salvos, Is 45.22. Sou eu... poderoso para salvar, Is 63.1. Eu sou contigo para te salvar, Jr 15.20. Salva-me, e serei salvo, Jr 17.14. Ele salvará seu povo, Mt 1.21. Até o fim, esse será salvo, Mt 10.22. Quem quiser salvar a sua vida, Mt 16.25. O Filho do homem veio salvar, Mt 18.11. Sendo assim, quem pode ser salvo, Mt 19.25. Salva-te a ti mesmo... desce da cruz, Mt 27.40. São poucos os que são salvos? Lc 13.23. Quem a perder... a salvará, Lc 17.33. A tua fé te salvou, Lc 18.42. Veio buscar e salvar, Lc 19.10. Para que o mundo fosse salvo por ele, Jo 3.17. Pai, salva-me desta hora, Jo 12.27. Invocar o nome do Senhor será salvo, At 2.21. Salvai-vos desta geração, At 2.40. Dado entre os homens, pelo qual importa que sejamos salvos, At 4.12. Fazer para que seja salvo? At 16.30. Na esperança fomos salvos, Rm 8.24. Israel será salvo, Rm 11.26. Para nós, que somos salvos, poder de Deus, 1 Co 1.18. Salvar aos que crêem, 1 Co 1.21. Salvarás a tua mulher, 1 Co 7.16. Pela graça sois salvos, Ef 2.8. Veio ao mundo para salvar, 1 Tm 1.15. Que todos os homens sejam salvos, 1 Tm 2.4. Nos salvou mediante o lavar, Tt 3.5. Pode salvar totalmente, Hb 7.25. É poderosa para salvar, Tg 1.21. Pode semelhante fé salvá-lo, Tg 2.14. Juiz, aquele que pode salvar, Tg 4.12. Oração da fé salvará o enfermo, Tg 5.15. Aquele... salvará da morte a alma dele, e cobrirá, Tg 5.20. Oito pessoas foram salvas, 1 Pe 3.20. É com dificuldade que o justo é salvo, 1 Pe 4.18. Salvai-os, arrebatando-os, Jd 23. Ver **Salvo.**

SALVE: Designativa de saudação, equivale a **Deus te,** ou **vos**, **salve.** Mt 26.49; 28.9; Mc 15.18; Lc 1.28; Jo 19.3.

SALVO: Livre de perigo, morte, doença, etc. // Se dorme, estará **s**, Jo 11.12. Salvo do mar, a Justiça não o deixa viver, At 28.4. O Senhor... me levará salvo para o seu reino celestial, 2 Tm 4.18. Ver **Salvar.**

SAMA, hb. **Desolação:** O terceiro filho de Jessé e irmão de Davi, 1 Sm 17.13.

SAMÁ, hb. **Desolação:** 1. Um descendente de Esaú, Gn 36.13. // 2. Um valente de Davi, um harodita, 2 Sm 23.25.

SAMAI, hb. **Devastado:** 1. Um filho de Onã, 1 Cr 2.28. // 2. Um filho de Requém, 1 Cr 2.44. // 3. Um filho de Merede, 1 Cr 4.17.

SAMARIA, Torre de Vigia: 1. A província entre a Judéia e a Galiléia. Compreendia, primeiramente, todo o território ocupado pelas dez tribos revoltadas, 1 Rs 18.2; 21.1; 2 Rs 1.3. Visitada por Cristo, Lc 17.11; Jo 4.4. // 2. A cidade de Samaria, capital das Dez Tribos, era uma praça forte, semelhante à de Jerusalém. Foi edificada por Onri, rei de Israel, sobre o monte de Samaria, "nome oriundo de Semer, dono do monte", e 1 Rs 16.24. Esta elevação, oblonga e cerca de 400 m mais alta do que o vale fertilíssimo (Is 28.1) em redor, é situada 50 Km ao norte de Jerusalém. Continuou a ser capital das dez tribos e o lugar do sepultamento de seus reis, até o cativeiro, 1 Rs 16.28,29; 20.43; 22.37. Desde o princípio esta cidade era conhecida pela sua idolatria, Acabe edificando lá um templo a Baal, 1 Rs 16.32. Foi sitiada duas vezes por Ben-Hadade, rei da Síria, 1 Rs 20; 2 Rs 6.24. Salamaneser, rei da Assíria a conquistou e o reino das Dez Tribos findou, 2 Rs 18.9,10. Alexandre Magno a tomou no ano 332 a.C. Depois Herodes, o Grande, reconstruiu-a, fortificou-a e deu-lhe o nome de Sebaste. O evangelista, Felipe, desempenhou um grande ministério lá, At 8. O lugar está ocupado, atualmente, pela vila de Sebastye e as ruínas de dois templos. Segunda a tradição, João Batista foi encarcerado nesta cidade e Eliseu e Obadias sepultados lá. Ver mapa 2, C-4; 4, B-1; 6, F-3.

SAMARIAS hb. **Jeová tem conservado:** 1. Um dos que vieram a Davi em Ziclague, quando fugitivo de Saul, 1 Cr 12.5. // 2. Um filho de Roboão, 2 Cr 11.19.

SAMARITANO: Uma seita antiga, e ainda hoje existe, entre os judeus. Originou-se da seguinte maneira: Propriamente **samaritano** quer dizer um habitante da cidade de Samaria, capital do reino de Israel, as dez tribos. Mas se chamavam samaritanos todo o povo desta nação, 2 Rs 17.29. Quando as dez tribos foram transportadas para o cativeiro da Assíria, milhares dos pobres ficaram na terra. Sargom II, rei da Assíria, trouxe gente de Babilônia, de Cuta, de Ava, de Hamate e de Sefarvaim, para colonizar o país, 2 Rs 17.24. Isso resultou numa raça mestiça, Ed 4.2 com vv. 9,10. Assim houve grande conflito entre este povo e os judeus ortodoxos, que tinham sua capital em Jerusalém. Ver Ne 6. Os samaritanos baseavam sua religião somente no Pentateuco, rejeitando o resto do Antigo Testamento. Observavam o sábado, as festas, a circuncisão. Sustentavam a crença que o monte Gerizim era o lugar onde Abraão foi para oferecer Isaque em holocausto (Gn 22), o lugar da visão de Jacó (Gn 31.13), onde enterraram os ossos de José (Js 24.32), e **O Monte da Bênção**, Dt 11.29. Seu templo, construído nesse monte, foi destruído em 128 a.C., mas nunca reconstruído. Esperavam a vinda de um Messias, para converter todas as nações ao samaritanismo. Jesus mandou que os doze não entrassem em cidade de samaritanos, Mt 10.5. Tiago e João queriam permissão de Jesus para mandar descer fogo para consumir certa aldeia de samaritanos, Lc 9.52-55. A parábola do bom samaritano, Lc 10.25-37. O leproso, dos dez curados, que voltou para agradecer, era samaritano, Lc 17.16. Os judeus não se davam com os samaritanos, Jo 4.9. A conversão da mulher samaritana, Jo 4.1-42. Diziam que Jesus era samaritano e que tinha demônio, Jo 8.48. Muitos samaritanos creram em Jesus, Jo 4.39-42; na pregação de Felipe, At 8.5-25.

SAMBALÁ: Um horonita, aliado de Tobias e Gesém, grandes adversários dos judeus, Ne 2.19; 6.1.

SAMIR, hb. **Espinho:** 1. Uma cidade da herança de Judá, Is 15.48. // 2. Um lugar na região montanhosa de Efraim, Jz 10.1.

SAMILÁ, hb. **Vestimenta:** Um antigo rei de Edom, que sucedeu a Hadade, Gn 36.36.

SAMOS, hb. **Altura sobre a costa:** Uma ilha perto da costa ocidental da Ásia Menor, um pouco ao sul de Éfeso. Onde o navio tocou, na terceira viagem missionária de Paulo, At 20.15. Ver mapa 6, D-2.

SAMOTRÁCIA: Uma pequena ilha situada a nordeste do mar Egeu, onde passou o navio de Paulo, durante a primeira viagem missionária, At 16.11.

SAMUA, hb. **Fama:** 1. Um dos 12 espias, da tribo de Rúben, Nm 13.4. // 2. Um dos filhos de Davi, 2 Sm 5.14. // 3. Um levita, Ne 11.17. // 4. Um sacerdote, Ne 12.18.

SAMUEL, hb. **Ouvir de Deus**, ou **Nome de Deus:** Profeta (2 Cr 35.18; Jr 15.1), o último dos juízes (At 13.20), o fundador da monarquia, o elo entre a teocracia e a monarquia. Como juiz, julgava em Betel, Gilgal e Mizpá, 1 Sm 7.16. Como profeta fundou uma escola (um seminário) em Ramá, 1 Sm 19.18,19. Como governador purgou a nação de Baal e Astarote (1 Sm 7.4) e abateu os filisteus, 1 Sm 7. Seu nascimento, 1 Sm 1.1-20. É consagrado ao Senhor, 1 Sm 1.28. Ministra perante o Senhor, 1 Sm 2.18. Deus fala com ele, 1 Sm 3.1-14. Julga a Israel depois da morte de Eli, 1 Sm 7 e 8. Unge a Saul como rei, 1 Sm 10.1. Repreende o povo, 1 Sm 12.6-25. Reprova a Saul, 1 Sm 13.13; 15.16-23. Despedaça a Agague, 1 Sm 15.33. Unge a Davi para substituir a Saul, 1 Sm 16. Ramá, o lugar do seu nascimento (1 Sm 1.19,20) e da sua residência (1 Sm 7.17), é o lugar de seu sepultamento, 1 Sm 25.1. Uma médium invoca o seu espírito, 1 Sm 28.12. Ver p. 551.

SAMUEL, O PRIMEIRO E O SEGUNDO LIVRO DE: Formavam, primitivamente, um só livro. Na Septuaginta consideravam-se os livros de Samuel e dos Reis como constituindo uma só história. Passaram a ser intitulados 1 Reis, 2 Reis, 3 Reis e 4 Reis. Assim nosso livro de 1 Samuel chamava-se 1 Reis; 2 Samuel era 2 Reis; a 1 Reis foi dado o nome de 3 Reis; e a 2 Reis, o de 4 Reis. **A autoria:** Os dois livros de Samuel são, talvez, uma compilação de várias fontes inclusive os seus próprios escritos, (1 Sm 10.25), do profeta Natã, do vidente Gade, ou Ido (1 Cr 29.29; 2 Cr 9.29) e da antologia nacional conhecida como o Livro dos Justos, 2 Samuel 1.18. Estes dois livros têm o título de Samuel, não porque ele foi o autor, mas porque ele era o principal vulto na época da transição do domínio dos juízes para o dos reis. **A chave: Reino**, 1 Sm 10.25; 16.1. A história acerca de Samuel trata da transição do governo dirigido por juízes para a direção de reis. O reino foi organizado com o reino de Saul. Antes Israel era uma teocracia; consistia de 12 Estados, ou 12 tribos, com uma só força, a da presença de Deus, para ligá-los. **As divisões:** I. A história acerca de Samuel, 1 Sm 1 a 7. // II. A história acerca de Saul, 1 Sm 16 a 31. // III. De Davi: da unção para rei até a morte de Saul, 1 Sm 8 a 15. // IV. Davi aumenta, 2 Sm 1 a 10. // V. Davi diminui, 2 Sm 11 a 20. // VI. Davi: os últimos anos da sua vida, 2 Sm 12 a 24. Os eventos de 1 Samuel abrangem um período de 115 anos; os de 2 Samuel, um período de 38 anos.

SANCIONAR: Aprovar, ratificar. // Nem a primeira aliança foi sancionada sem sangue, Hb 9.18.

SANDÁLIA: Chinela antiga. // Tira as **s**, Êx 3.5; Dt 25.9; Js 5.15; Rt 4.7; Comereis... **s** nos pés, Êx 12.11. Cujas **s** não sou digno, Mt 3.11. Nem de **s**, Mt 10.10. E **s** nos pés, Lc 15.22. Ver **Calçado.**

SÂNDALO: 1 Rs 10.11. Madeira muito preciosa. Ver **Almugue.**

SANGAR: O terceiro juiz de Israel. Por causa da opressão dos filisteus, cessaram as caravanas e os viajantes tomavam desvios tortuosos, Jz 5.6. Feriu 600 filisteus com uma aguilhada de bois, Jz 3.31.

SANGAR-NEBO: Um dos príncipes do rei de Babilônia, que se assentaram na Porta do Meio de Jerusalém, depois da tomada da cidade, Jr 39.3.

SANGUE: Líquido espesso que enche veias e artérias. // Proibido comer carne com sangue, Gn 9.4; Lv 17.10-14; 1 Sm 14.34; At 15.29. A voz do **s** de teu irmão clama da terra, Gn 4.10,11. A vida está no **s**, Lv 17.11,14. Proibido derramar o **s** do homem, Gn 9.6; Êx 20.13; Dt 21.1-9; Pv 6.16,17; Is 59.3. Águas tornam-se em **s**, Êx 7.19; Ap 6.6; 30.10; Lv 4.5-7; Hb 9.13,19.22; 10.4. O **s** da aliança, Êx 24.8; Mt 26.28; Hb 9.19,20; 10.29; 13.20. O **s** de Cristo, 1 Co 10.16; Hb 9.14; 1 Jo 1.7. O **s** da salvação e redenção, Mt 26.28; 1 Co 11.25; Ef 1.7; Cl 1.20; Hb 9.12; 1 Pe 1.2,19; Ap 1.5. Tipo: Êx 12..13; Lv 1.4,5; Hb 9.3-22. Livra-me dos crimes de **s**, Sl 51.14. Precioso lhe é o **s** deles, Sl 72.14. Carne e **s**, Mt 16.17; 1 Co 15.50; Ef 6.12. Pequei, traindo **s** inocente, Mt 27.4. Caia sobre nós o seu **s**, Mt 27.4. Gotas de **s** caindo sobre a terra, Lc 22.44. Não nasceram do **s**, Jo 1.13. Campo de **s**, At 1.19. Ele comprou com o seu próprio **s**, At 20.28. Propiciação pela fé no seu **s** (ARC), Rm 3.25. Aproximados pelo **s** de Cristo, Ef 2.13. Santificar o povo pelo seu próprio **s**, Hb 13.12. Aquele que veio por meio de água e **s**, 1 Jo 5.6. Com o teu **s** compraste, Ap 5.9. Alvejaram no **s** do Cordeiro, Ap 7.14. Embriagada com o **s** dos santos, Ap 17.6.

SANGUESSUGA: Animal aquático, empregado, outrora, pela medicina para as sangrias locais. Usado em sentido figurado: "A sanguessuga tem duas filhas, a saber: Dá, Dá", Pv 30.15.

SANGUINÁRIO: Que se compraz em derramar sangue. // És para mim esposo **s**, Êx 4.25. O Senhor abomina ao **s**, Sl 5.6.

SANLAI: Chefe de uma família que voltou do exílio, Ed 2.46.

SANSANA, hb. **Folha de palmeira:** Uma cidade da herança de Judá, Js 15.31.

SANSÃO, hb. **Pequeno sol:** O décimo terceiro Juiz de Israel. // Filho de Manoá, um danita, Jz 13.2. Nazireu consagrado a Deus desde o ventre de sua mãe, Jz 13.5. Casou-se com uma filistéia de Timna, Jz 14.1. O enigma de Sansão, Jz 14.10. Põe fogo às searas dos filisteus, Jz 15.5. Feriu mil filisteus com uma queixada de jumento, Jz 15.15. Leva as portas de gaza, Jz 16.3. É traído por Dalila, Jz 16. Sua morte e sepultamento, Jz 16.30,31. Julgou a Israel 20 anos, Jz 16.31. Um dos heróis da fé, Hb 11.32.

SANSERAI: Um benjamita, 1 Cr 8.26.

SANTIDADE: Qualidade ou estado daquele ou daquilo que é santo. // Quem é como tu glorificado em **s**, Êx 15.11. **S** ao Senhor, Êx 28.36. Na beleza da sua **s**, 1 Cr 16.29; Sl 29.2; 96.9. Falou Deus na sua **s**, Sl 60.6; 108.7. Vindicarei a **s** do meu nome, Ez 36.23. Em **s** e justiça perante ele, Lc 1.75. Com **s** e sinceridade de Deus, 2 Co 1.12. Aperfeiçoando a nossa **s**, 2 Co 7.1. Que sejam os vossos corações confirmados em **s**, 1 Ts 3.13. A fim de sermos participantes da sua **s**, Hb 12.10. **A Santidade pertence a Deus:** Is 6.3; Ap 15.4; **Pertence aos crentes:** Rm 6.19; Ef 1.4; Tt 1.8; Hb 3.1; 1 Pe 1.15; 2.5; **Ordenada:** Êx 19.22; Lv 11.44; Dt 7.6; Lc 1.75; Rm 12.1; 2 Co 7.1; Cl 3.12; 1 Ts 2.12; Hb 12.14; Ap 22.11. **Exemplos de Santidade:** Davi, Sl 86.2; Israel, Jr 2.3; João Batista, Mc 6.20; os profetas, Lc 1.70; Paulo, 1 Ts 2.10. Ver **Majestade.**

SANTIFICAÇÃO: Ato ou efeito de santificar. // Oferecei agora os vossos membros para... a **s**, Rm 6.19. Tendes o vosso fruto para a **s**, Rm 6.22. Cristo Jesus, o qual se nos tornou... justiça e **s**, 1 Co 1.30. A vontade de Deus, a vossa **s**, 1 Ts 4.3. Deus não nos chama para a impureza, e, sim, em **s**, 1 Ts 4.7. Deus nos escolheu desde o princípio para a salvação, pela **s** do Espírito, 2 Ts 2.13. Se elas permanecerem em fé e amor e **s**, 1 Tm 2.15. Segui a paz com todos e a **s**, sem a qual ninguém, Hb 12.14. Em **s** do Espírito, 1 Pe 1.2. **A santificação consumada por Deus:** Ez 37.28; 1 Ts 5.23; **Por Cristo:** Jo 17.19; 1 Co 1.2,30; Ef 5.26; Hb 2.11; 13.12; **Pelo Espírito:** Rm 15.16; 1 Co 5.11; 2 Ts 2.13; 1 Pe 1.2; **Pela verdade:** Jo 17.17; 1 Pe 1.22. **Deus quer nossa santificação**, Rm 12.1; 1 Ts 4.3. **Tipificada:** Êx 13.2; 19.14; 40.9-15; Lv 27.14-16. Ver **Justificação.**

SANTIFICAR: Tornar sagrado, separar, consagrar, fazer santo. // Santificar o ano quinqüagésimo, Lv 25.10; casa, 1 Rs 9.3; 2 Cr 7.16; comida, 1 Tm 4.5; Cristo como Senhor, 1 Pe 3.15; Igreja, Ef 5.26; marido incrédulo, 1 Co 7.14; nome, Mt 6.9; povo, Js 7.13; Hb 13.12; oferta, Mt 23.19; ouro, Mt 23.17; sábado, Gn 2.3; Êx 20.8; Ne 12.22; Jr 17.22; Ez 20.20; sangue, santificado com, Hb 10.29; santificados, os, At 20.32; 26.18; 1 Co 1.2; 6.11; 7.14; Hb 2.11; 10.10; santificai-vos, Lv 20.7; Nm 11.18; Js 3.5; santificar-se, Ap 22.11; o senhor santifica, Êx 31.13; Lv 20.7; Jo 17.17; 1 Ts 5.23; Hb 2.11; 13.12; serei santificado, Lv 22.32; utensílio (ARA) 2 Tm 2.21; vaso (ARC), 2 Tm 2.21.

SANTÍSSIMO: Muito santo. // **S** é ao Senhor, Êx 30.10. O altar se tornará **s**, Êx 40.10. Edificando-vos na vossa fé **s**, Jd 20.

SANTO: Sagrado; que vive na lei divina; puro. // Acampamento **s**, Dt 23.14; anjos, Jó 5.1; caminho, Is 35.8; cidade, Mt 4.5; Ap 21.2,10; dízimo, Lv 27.32; habitação, Is 63.15; Igreja, Ef 5.27; jejum, Jl 1.14; 2.15; lei, Rm 7.12; lugar, Js 5.15; Is 57.15; Mt 24.15; Hb 9.8; miríades, Jd 14; monte, Sl 48.2; 2 Pe 1.18; nação, Êx 19.6; 1 Pe 2.9; povo, Dt 7.6; primícias, Rm 11.16; procedimento, 2 Pe 3.11; sacerdócio, 1 Pe 2.5; sacrifício, Rm 12.1; o **S**, Ap 3.7; 6.10; 16.5; **S** de Israel, 2 Rs 19.22; Sl 89.18; Is 37.23; **s**, **s**, **s**, Is 6.3; Ap 4.8; **S** dos **S**, Êx 26.34; 1 Rs 6.16; Hb 9.3,12; 10.19; **s**, 2 Cr 6.41; Ed 8.28; Sl 30.4; 116.15; Dn 7.21; Mt 27.52; At 9.13; Rm 1.7; 8.27; 15.25; 1 Co 1.2; 6.2; 16.1; Ef 1.4; 2.19; Hb 6.10; Jd 3; Ap 5.8; 13.7; 14.12; 17.6; sereis **s**, Lv 11.44; servo, At 4.30; terra, Êx 3.5; vocação, 2 Tm 1.9. Perante ele **s**, Cl 1.22. Com todos os seus **s**, 1 Ts 3.13. Glorificado nos seus **s**, 2 Ts 1.10. Lavado os pés aos **s**, 1 Tm 5.10. Tornai-vos **s**, 1 Pe 1.15. Sede **s**, porque eu sou **s**, 1 Pe 1.16; Lv 11.44.

SANTO DOS SANTOS: O Santo dos Santos do tabernáculo, era um cubo de 10 côvados (5 metros) nos três sentidos. Separava-se do Santo Lugar por meio do véu, Êx 26.33. Continha apenas a arca da aliança. O Senhor aparecia na nuvem sobre o propiciatório, em cima da arca. Ninguém, senão o sumo sacerdote, entrava dentro do véu, e ele apenas uma vez por ano, para oferecer incenso e sangue diante do propiciatório, Lc 16; Hb 9.7. O Santo dos Santos do Templo de Salomão era de 20 côvados, 1 Rs 6.16. Na descrição do templo de Ezequiel, não se faz menção da arca da aliança no Santo dos Santos, Ez 41.4. O maior está nos céus, Hb 9.11-14; 10.19,20.

SANTO LUGAR: Havia duas divisões do tabernáculo, o Santo Lugar e o Santo dos Santos, Êx 26.33. Chamados o **primeiro e segundo tabernáculo,** Hb 9.6,7. O Santo Lugar do tabernáculo media 20 côvados de comprimento, 10 de largura, e 10 de altura. O Santo Lugar do templo de Salomão era de 40 côvados de comprimento e 20 de largura, 1 Rs 6.17.

SANTUÁRIO: Lugar consagrado. // Reverenciareis o meu **s**, Lv 19.30. Jurar pelo **s**, Mt 23.16. O véu do **s**, Mt 27.51. Uma visão no

s, Lc 1.22. Deus... não habita em **s** feitos, At 17.24. Que ligação há entre o **s**... e os ídolos? 2 Co 6.16. Cresce para **s** dedicado ao Senhor, Ef 2.21. Majestade dos céus, como ministro do **s**, Hb 8.2. A primeira aliança... o seu **s** terrestre, Hb 9.1. Fá-lo-ei coluna no **s**, Ap 3.12. De dia e de noite no seu **s**, Ap 7.15. Mede o **s**, Ap 11.1. Abriu-se o **s** de Deus, Ap 11.19. O **s** se encheu de fumo, Ap 15.8. Nela não vi **s**, porque o seu **s** é o Senhor, Ap 21.22. // O termo, **santuário,** refere-se a um lugar consagrado a Deus, e emprega-se a respeito da Terra da Promissão, Êx 15.17; Sl 78.54; de Judá, Sl 114.2, do Tabernáculo, Êx 25.8; 36.1; do Lugar Santo, Lv 4.6; do Templo, 1 Cr 22.19; da habitação de Deus, Sl 102.19; o corpo de Jesus, Jo 2.19; Os 6.16; o Deus todo-poderoso e o Cordeiro, Ap 21.22. Ver **Altar, Templo.**

SÃO: Com saúde; curado; verdadeiro; ortodoxo. // Não há parte **s** na minha carne, Sl 38.3. Até à cabeça não há nele coisa **s**, Is 1.6. Os **s** não precisam de médico, Mt 12.13. Tocaram, ficaram **s** Mt 14.36. Quanto se opõe à **s** doutrina, 1 Tm 1.10. Não concorda com as **s** palavras, 1 Tm 6.3. O padrão das **s** palavras, 2 Tm 1.13. **S** na fé, Tt 2.2 (ARC). Ver **Sadio.**

SAPATO: Calçado destinado a cobrir só o pé. // Descalçava o **s** e o dava, Rt 4.7 (ARC). Atravessará com **s**, Is 11.15 (ARC). Ver **Calçado, Sandália.**

SAPIENCIAIS, OS LIVROS: Chamam-se **sapienciais**, isto é, de sabedoria, os cinco livros: **Jó, Salmos, Provérbios, Eclesiastes** e **Cantares.** Na maior parte, todos os cinco são da época áurea de Israel, do tempo de Davi e Salomão. Ao passo que os livros dos profetas são da era do declínio da nação. // Os livros sapienciais contém a sabedoria dos hebreus. Distingue-se da filosofia das nações, porquanto o erudito hebraico não se esforçava para descobrir a Deus, a quem já conhecia. Assim a sabedoria se tornou preeminentemente doutrina da providência, do trato de Deus para com os homens.

SAQUE: Ato ou efeito de saquear. // Que nos odeiam nos tomam com **s**, Sl 44.10 (ARC). Entregarei ao **s** todos os que te saqueiam, Jr 30.16.

SAQUEADOR: Que, ou aquele que saqueia. // Ó **s** da minha herança, Jr 50.11.

SAQUEAR: Despojar, violentamente. // Saqueou o arraial dos siros, 2 Rs 7.16. Saqueadores os saquearam, Na 2.2. Amarrá-lo? E então lhe saqueará a casa, Mt 12.29. Ver **Despojar.**

SAQUIAS: Um descendente de Benjamim, 1 Cr 8.10.

SAQUITEL: Saquinho. // É para mim um **s**, ramalhete (ARC), de mirra, Ct 1.13. Para pô-lo num **s**, furado, Ag 1.6.

SARA, hb. **Princesa:** Esposa de Abraão, Gn 11.29. Casou-se em Ur dos Caldeus, Gn 11.28. Era estéril, Gn 11.30. Apresentada como irmã de Abraão, Gn 12.10-20 20.1-18. Deu sua escrava, Agar, a Abraão para que tivesse filhos por meio dela, e nasceu Ismael, Gn 16. Deus mudou seu nome, Sarai, em Sara, Gn 17.15. Riu-se da promessa de dar à luz um filho, Gn 18.12. Deu à luz a Isaque, Gn 21.2. Invejosa de Ismael, Gn 21.10. Morreu na idade de 127 anos e foi sepultada na caverna de Macpela, Gn 23.1,19. Mencionada em Rm 4.19; 9.9. É ela tipo da Jerusalém lá de cima, Gl 4.22-31. Foi pela fé que recebeu poder para ser mãe, Hb 11.11. Chamou Abraão, **senhor**, 1 Pe 3.6. As mulheres cristãs, praticando o bem tornam-se filhas de Sara, 1 Pe 3.6.

SARAFE, hb. **Ardente:** Um descendente de Judá, 1 Cr 4.22.

SARAI: 1. A palavra quer dizer, talvez, **contenciosa**. Seu nome mudado para Sara, Gn 17.15. // 2. Um dos que tinham mulher estrangeira, Ed 10.40.

SARAIVA: Chuva congelada, que cai em grãos; chuva de pedra, granizo, pedrisco. // A sétima, das dez pragas do Egito, Êx 9.23 (ARC). Na batalha de Josué contra os cinco reis dos amorreus, Js 10.11 (ARC). Os tesouros da **s**, Jó 38.22. Por chuva deu-lhes **s**, Sl 105.32. Fogo e **s**, Sl 148.8. Uma queda de **s**, uma tormenta de destruição, Is 28.2. A **s** varrerá o refúgio da mentira, Is 28.17. Tempestades e pedra de **s**, Is 30.30. Pedras de **s** na minha indignação, Ez 13.13. Grandes pedras de **s**, Ez 38.22. Eu vos feri... com **s**, Ag 2.17. Houve **s** e fogo, Ap 8.7. Terremoto de grande **s**, Ap 11.19. Grande **s**, com pedras que pesavam cerca de um talento, Ap 16.21.

SARAR: Dar, restituir saúde a (quem está doente); curar. // Sarou Deus Abimaleque, Gn 20.17. Eu sou o Senhor que te sara, Êx 15.26. Olhava para a... de bronze, sarava, Nm 21.9. Eu firo, e eu saro, Dt 32.39. Sararei a sua terra, 2 Cr 7.14. Sarou a alma do povo, 2 Cr 30.20. Sara a minha alma, Sl 41.1. Quem sara todas as tuas enfermidades, Sl 103.3. A sua palavra e os curou, Sl 107.20. Sara os de coração quebrantado, Sl 147.3. Pelas suas pisaduras fomos sarados, Is 53.5. Agitada a água, sarava, Jo 5.4. Confessai... para que sareis, Tg 5.16 (ARC). Por suas chagas fostes sarados, 1 Pe 2.24. Ver **Cura.**

SARÇA: Apareceu a Moisés o Anjo do Senhor numa chama de fogo do meio duma **s**, isto é, duma moita, Êx 3.2; Dt 33.16; Mc 12.26; Lc 20.37; At 7.30. Em lugar da **s**, urtiga (B), crescerá a murta, Is 55.13. Ver **Arbusto.**

SARÇAL: Lugar onde crescem sarças. // Fogo de um **s**, At 7.30 (ARC).

SARDES: A antiga capital da Lídia, o império do célebre rico Creso. A cidade situada no sopé da montanha Tmolo, à beira do Pactolo, era famosa pelas suas riquezas e luxo. Conforme a tradição, Sardes foi a primeira cidade dessa região a receber o evangelho, sob a pregação do apóstolo João, a primeira a desviar-se da fé e uma das primeiras a cair em ruínas. O lugar é hoje uma admirável aldeia no meio das ruínas de passadas grandezas, possuindo um caravançará, útil, às caravanas que se dirigem da Pérsia a Esmirna. Foi a sede duma das sete Igrejas da Ásia, Ap 1.11. A carta à igreja em Sardes era a quinta em ordem das enviadas as sete igrejas, Ap 3.1-16. Ver mapa 6, E-2; página 532.

SÁRDIO: Pedra preciosa do rei. // Na lista das pedras preciosas do rei de Tiro, Ez 28.13. Na primeira ordem das doze pedras preciosas do peitoral do sumo sacerdote, e o sexto dos doze fundamentos da Nova Jerusalém, Êx 28.17; Ap 21.20.

SARDÔNICA, SARDÔNIO: Pedra preciosa. Variedade de ágata de cor escura alaranjada. // aquele que se acha assentado semelhante no aspecto à pedra de sardônio, Ap 4.3. O quinto dos doze fundamentos da muralha da Nova Jerusalém, Ap 21.20.

SAREPTA, hb. **Lugar de fundição:** Uma cidade fenícia, entre Tiro e Sidom. // Residência temporária de Elias, 1 Rs 17.9. Elias enviado, senão a uma viúva de Serepta, Lc 4.26. Ver mapa 2, C-2; 3, A-1.

SEREZER, hb. **Protege o rei:** 1. Um filho de Senaqueribe, rei da Pérsia, que com seu irmão Adrameleque, assassinaram seu pai, 2 Rs 19.37. // 2. Um contemporâneo do profeta Zacarias, Cap.7.2.

SARGOM: Rei da Assíria, Is 20.1. Era um general assírio que usurpou o trono, quando morreu Salmanasar IV. Há uma referência a esse imperador, embora não seja nomeado, em 2 Rs 17.6. Sucedeu-lhe seu filho Senaqueribe.

SARIDE, hb. **Sobrevivente:** Um lugar da herança de Zebulom, Js 19.10. Ver mapa 4, B-1.

SARMÁCIA: Vasta região da Europa Oriental, ocupada por um antigo povo nômade da Rússia meridional. Ver mapa 1, D-2.

SARMENTO: Vide; rebento de videira. // Com os seus **s** os cedros, Sl 80.10. O **s** que para ti fortaleceste, Sl 80.15. O **s** que está entre as árvores, Ez 15.2.

SARNA: Lv 21.20; Dt 28.27. Uma doença contagiosa da pele produzida por um araquídeo microscópio.

SAROM, hb. **Planície:** O território entre as montanhas de Efraim e o mar Mediterrâneo e entre o Carmelo ao norte e Jope ao sul. Ver mapa 2, B-4; 4, A-1. // Os gados que pasciam em Sarom, 1 Cr 27.29. A rosa de Sarom, Ct 2.1. Sarom se torna como um deserto, Is 33.9. O esplendor do Carmelo e de Sarom, Is 35.2. Sarom servirá de campo de pasto, Is 6510. É este o Sarom a que se refere em At 9.35.

SARONA: At 9.35. Ver **Sarom.**

SARSEQUIM: Um dos príncipes do rei de Babilônia, que se assentaram na Porta do Meio de Jerusalém, depois da tomada da cidade, Jr 39.3.

SARUÉM: Uma cidade da herança de Simeão, Js 19.6. Ver mapa 2, B-6.

SASAI, hb. **Pálido:** Um dos que tinham mulher estrangeira, Ed 10.40.

SASAQUE: Um benjamita, 1 Cr 8.14.

SATANÁS, hb. **Adversário:** Veio também **S** entre eles, Jó 1.6; **S** estava à mão direita, Zc 3.1. Se **S** expele a **S**, Mt 12.26. Arreda! **S**, Mt 16.23. Eu via a **S** caindo, Lc 10.18. A quem **S** trazia presa há dezoito anos? Lc 13.16. Eis que **S** vos reclamou, Lc 22.31. Esmagará debaixo dos vossos pés a **S**, Rm 16.20. Entregue a **S** para a destruição da carne, 1 Co 5.5. **S** se transforma em anjo de Luz, 2 Co 11.14. Espinho... mensageiro de **S**, 2 Co 12.7. Segundo a eficácia de **S**, 2 Ts 2.9. Sinagoga de **S**, Ap 2.9. **S** será solto da sua prisão, Ap 20.7. Ver **Diabo.**

SÁTIRO: 2 Cr 11.15. Semideus, que, segundo os pagãos, tinha pés e pernas de bode e habitava na floresta.

SATISFAÇÃO: Saciar; contentar; agradar. // Quando acordar eu me satisfazer com a tua semelhança, Sl 17.15. Satisfaça o Senhor a todos os teus votos, Sl 20.5. Os olhos do homem nunca se satisfazem, Pv 27.20. E o vosso suor naquilo que não satisfaz? Is 5.2. Satisfiz à alma cansada, Jr 31.25. Ver **Contentar, Fartar, Saciar.**

SATISFEITO: Saciado; contente. // Ficaremos **s** com a bondade de tua casa, Sl 65.4. Que o tem ficará **s**, Pv 19.23. Ver **Contente, Farto.**

SÁTRAPA: Ed 8.36; Et 3.12; Dn 3.2,3,27; 6.1. Governador de uma província, entre os antigos persas, chamada satrapia.

SATURAR: Encher; dissolver em (um líquido ou gás) a maior quantidade possível de uma substância; fartar, encher. // E se saturam de vinho como bêbado, Na 1.10.

SAUDAÇÃO: Ato ou efeito de saudar; cumprimentos. // Gostam das **s** nas praças, Mt 23.7; Mc 12.38; Lc 11.43; 20.46. Pôs-se a pensar no que significaria esta **s**, Lc 1.29. A **s** escrevo-a eu,

Paulo, 1 Co 16.21; Cl 4.18. **Palavras de saudação:** Meu Senhor, Gn 19.18. Bendito do Senhor Gn 24.31. Vai-te em paz, Êx 4.18. Paz seja contigo, Jz 19.20; 1 Sm 25.6. O Senhor seja convosco, Rt 2.4. Bendito sejas tu do Senhor, 1 Sm 15.13. Contigo sejam misericórdia e fidelidade, 2 Sm 15.20. Vai tudo bem, 2 Rs 9.11. Bendito o que vem em nome do Senhor, Sl 118.26. Salve! Mt 26.49; 28.9. Paz seja nesta casa, Lc 10.5. Paz seja convosco, Jo 20.21. **Saudações pessoais:** Rm 16.3-16. **Atos que acompanhavam as saudações:** O ósculo, Gn 33.4; 45.15; Lc 7.45; 15.20; At 20.37; 2 Co 13.12. Prostrar-se, 1 Rs 1.53; Et 8.3. Ajoelhar-se, At 10.25. Curvar-se, Gn 23.7; 42.6; 1 Sm 24.8. **Saudações epistolares:** Ed 4.17; 5.7; Dn 4.1; 6.25; At 15.23; 1 Co 16.21; Cl 4.18; Tg 1.1; Jd 2; Ap 1.4.

SAUDADE: Lembrança triste e suave de pessoas ou coisas ausentes. // Referindo-nos a vossa **s**, o vosso pranto, 2 Co 7.7. Que temor, que **s**, que zelo, 2 Co 7.11. Da **s** que tenho de todos vós, Fp 1.8. Ele tinha **s**... estava angustiado, Fp 2.26.

SAUDAR: Cumprimentar, felicitar. // Se alguém te saudar, não lhe respondas, 2 Rs 4.29. Se saudardes somente os vossos irmãos, Mt 5.47. Ao entrardes na casa, saudai-a, Mt 10.12. Ninguém saudeis pelo caminho, Lc 10.4. Saudamos os irmãos, At 21.7. Saudai-vos uns aos outros com ósculo, Rm 16.16. Todos os santos vos saúdam, 2 Co 13.12. saudai a cada um dos santos, Fp 4.21. Saudai a todos, Hb 13.24. Saúda aos amigos, nome por nome, 3 Jo 15.

SAUDÁVEL: Conveniente para a saúde. // Ficaram, pois, **s** aquelas águas, 2 Rs 2.22. Uma língua **s** é árvore de vida, Pv 15.4 (ARC). Mar Morto, cujas águas ficarão **s**, Ez 47.8.

SAÚDE: Estado daquele cujas funções não são perturbadas por doença alguma. // Não há **s** nos meus ossos, Sl 38.3. **S** para o teu corpo, Pv 3.8; 4.22. Porque o recuperou com **s**, Lc 15.27. A fé... deu a este **s**, At 3.16. Faço votos por tua prosperidade e **s**, 3 Jo 2.

SAUL, hb. **Pedido:** 1. Um rei de Edom, Gn 36.37. // 2. Um dos filhos de Simeão, Gn 46.10. // 3. O primeiro rei de Israel. Filho de Quis, 1 Sm 9.1. Enviado a procurar as jumentas de seu pai, 1 Sm 9.3. Encontrou-se com Samuel, que o ungiu rei, 1 Sm 10.1. "Também Saul entre os profetas"? 1 Sm 10.12. Eleito rei em Mispa, 1 Sm 10.20-24. Libertou a Jabes de Naàs, amonita, 1 Sm 11.11. Reprovado por causa do holocausto, 1 Sm 13.8-15. Ameaçou matar Jônatas, 1 Sm 14.44. Sua desobediência e sua rejeição, 1 Sm 15. Mandou a Belém chamar Davi, 1 Sm 16.22. Invejoso de Davi depois da morte de Golias, 1 Sm 18.11. Eliminou os sacerdotes de Nobe, 1 Sm 22.18. Poupado duas vezes por Davi, 1 Sm 24.4; 26.11. Consultou a médium de En-Dor, 1 Sm 28.8. Sua morte no monte Gilboa, 1 Sm 31.6. Seus ossos transportados de Jabes a Zela, para a sepultura de seu pai, Quis, 2 Sm 21.14. // 4. Um antepassado de Samuel, 1 Cr 6.24.

SAULO: Ver **Paulo.**

SAVÉ-QUIRIATAIM, hb. **Planície de Quiriataim:** Planície próxima a Quiriataim, habitada pelos emins, Gn 14.5.

SAZONADO: Maduro. // Fruto **s**, que a tua alma tanto apeteceu, Ap 18.14.

SEÁ: Traduzido **medida** em Gn 18.8; 1 Sm 25.18. Ver **Medidas de capacidade.**

SEAL, hb. **Súplica:** Um dos que tinham mulher estrangeira, Ed 10.29.

SEALTIEL: 1. O filho primogênito de Jeconias, 1 Cr 3.17. // 2. O pai de Zorobabel, Ed 3.2.

SEARA: Campo de cereais. // Foice... está madura a **s**, Jl 3.13. A **s** na verdade é grande, Mt 9.37. Rogai, ao Senhor da **s**, Mt 9.38. Passou Jesus pelas **s**, Mt 12.1. A **s** da terra já secou, Ap 14.15.

SEARIAS, hb. **Jeová brotou como a alva:** Um benjamita, 1 Cr 8.26.

SEBA, hb. **Juramento:** 1. Um filho de Abraão e Quetura, Gn 25.3. // 2. Uma cidade da herança de Simeão, Js 19.2. // 3. O nome original do poço de Berseba, Gn 26.33. // 4. Filho de Bicri, homem de Benjamim. Cortaram-lhe a cabeça, na sedição que ele levantou contra Davi, 2 Sm 20.1-11.

SEBÁ: Sebá e Dedã eram os dois filhos de Raamá, filho de Cuxe, Gn 10.7. Sebá e Dedã eram os dois filhos de Jocsã, filho de Abraão e Quetura, Gn 25.3. Sabá era filho de Joctã, filho de Eber, Gn 10.28. Opina-se, portanto, que Sebá, ou Sabá, era o nome de uma tribo árabe, e portanto da descendência de Sem. Sendo que Sebá e Dedã eram da descendência de Cuxe (Gn 10.7), conclui-se que uma parte dessas tribos emigraram para a Etiópia, e ao mesmo tempo, sendo da descendência de Abraão (Gn 25.3) indica que algumas famílias ficaram na Síria. Certo é que Sabá era uma tribo do sul da Arábia, ou de Joctsã. Ver mapa 1, E-4.

SEBATE: O décimo primeiro mês do ano, Zc 1.7. Ver **Ano.**

SEBE: Vedação feita de ramos ou de varas entretecidas. // Não o cercaste com **s**, Jó 1.10. Tirarei a sua **s**, Is 5.5. Cercou-a de uma **s**, Mt 21.33.

SEBER, hb. **Fratura:** Um filho de aclebe, 1 Cr 2.48.

SEBNA, hb. **Ternura:** Escrivão de Ezequias, 2 Rs 18.18-26,37.

SEBUEL, hb. **Prisioneiro de Deus:** 1. Filho de Gérson, neto de Moisés, e "oficial encarregado dos tesouros", 1 Cr 23.16; 26.24. // 2. Filho de Hemã, o vidente do rei, 1 Cr 25.4.

SECA: Falta de chuva; estiagem. // A respeito da grande **s**, Jr 14.1. Fiz vir a **s** sobre a terra, Ag 1.11. Ver **Estilo.**

SECACÁ, hb. **Cerca:** Uma cidade da herança de Judá, Js 15.61.

SECANIAS, hb. **Jeová habita:** Um descendente de Zerobabel, 1 Cr 3.21. Outros do mesmo nome, 1 Cr 24.11; 2 Cr 31.15; Ed 8.3; 10.2; Ne 3.29; 6.18; 12.3.

SECAR: Tirar a umidade a; esgotar; estancar. // As águas se secaram, Gn 8.13. A mão que estendera contra o homem de Deus, secou, 1 Rs 13.4. Secou-se o meu coração, Sl 102.4. O espírito abatido faz secar os ossos, Pv 17.22. Seca-se a erva, e caem as flores, Is 40.7. A vide se secou, a figueira se murchou, Jl 1.12. Porque não tinha raiz, secou-se, Mt 13.6. A figueira secou imediatamente, Mt 21.19. Será lançado fora... e secará, Jo 15.6. A erva seca e a sua flor cai, Tg 1.11; 1 Pe 1.24. A seara da terra já secou, Ap 14.15. Eufrates, cujas águas secaram, Ap 16.12. Ver **Murchar.**

SECO: Sem umidade; enxuto. // O mar... se tornou terra **s**, Êx 14.21. Israel passou a **s** este Jordão, Js 4.22. Se o orvalho estiver somente nela, e **s** a terra, Js 6.37. Mananciais em terra **s**, Sl 107.33. Torrentes de águas em lugares **s**, Is 32.2. Como raiz duma terra **s**, Is 53.2. O eunuco... sou uma árvore **s**, Is 56.3. Ossos **s** ouvi, Ez 37.4. Que será no lenho **s**? Lc 23.31. Ver **Árido, Enxuto, Ressequido.**

SECRETAMENTE: Em segredo; às escondidas. // Zequedias jurou **s** a Jeremias, Jr 38.16. José... resolveu deixá-la **s**, Mt 1.19. Herodes... **s** os magos, Mt 2.7. Pai, que vê **s**, te recompensará, Mt 6.6 (ARC).

SECRETO: Que está em segredo; escondido. // Uma palavra **s** a dizer-te, Jz 3.19. Tu os esconderá, no **s** da tua presença, Sl 31.20 (ARC). Tua esmola fique em **s**, Mt 6.4. Orarás a teu Pai... em **s**, Mt 6.6.

SECU, hb. **Torre de vigia:** Um lugar entre Gibeá e Ramá, 1 Sm 19.22.

SÉCULO: Espaço de cem anos; longo tempo; época. // Bendirei o teu nome pelos **s** dos **s**, Sl 145.1 (ARC). O teu reino é o de todos os **s**, Sl 145.13. O joio... na consumação do **s**, Mt 13.40. Receba cem vezes... e no **s** futuro a, Mc 10.30 (ARC). Não vos conformeis com este **s**, Rm 12.2. Não, porém, a sabedoria deste **s** 1 Co 2.6. Dentre vós se tem por sábio neste **s**, 1 Co 3.18. Não só no presente **s**, Ef 1.21, Para mostrar nos **s** vindouros, Ef 2.7. Damas, tendo amado o presente **s**, 2 Tm 4.10. O teu trono subsiste pelos **s** dos **s**, Hb 1.8 (ARC). Provaram... as virtudes do **s** futuro, Hb 6.5 (ARC). Ele reinará pelos **s** dos **s**, Ap 11.15.

SEGUNDO: Um cristão de Tessalônica que acompanhou Paulo em parte da sua terceira viagem missionária, At 20.4.

SECURA: Qualidade do que é seco ou enxuto. // Orvalho... no velo, e **s**, Jz 6.37 (ARC). No velo haja **s**, Jz 6.39 (ARC).

SEDA: Tecido feito da substância filamentosa produzida pela larva vulgarmente chamada **bicho da seda.** // Et 8.15 (Fig.); Ez 16.10,13; Ap 18.12. A seda era bem conhecida na Palestina e países circunvizinhos, sendo importada do Oriente. Era muito cara, valendo às vezes o seu peso em ouro.

SEDE: Sensação da necessidade de beber. // Tendo o povo **s** de água, murmurou, Êx 17.3. Com fome, com **s**... servirás os teus inimigos, Dt 28.48. Acrescentar à **s** a bebedice, Dt 29.19. Dá-me... porque tendo **s**, Jz 4.19. Sentindo grande **s**, clamou, Jz 15.18. Alma tem **s** de Deus, Sl 42.2; 63.1. Na minha **s** me deram vinagre, Sl 69.21. Os que tendes **s**, vinde, Is 55.1. Os que têm fome e **s** de justiça, Mt 5.6. Tive **s** e me destes, Mt 25.35. Nunca mais terá **s**, Jo 4.14. O que crê em mim, jamais terá **s**, Jo 6.35. Alguém tem **s**, venha, Jo 7.37. Tenho **s**! Jo 19.28. Se tiver **s**, dá-lhe de beber, Rm 12.20. Muitas vezes em fome e **s**, 2 Co 11.27. Nunca mais terão **s**, Ap 7.16. A quem tem **s** dará de graça, Ap 21.6. Aquele que tem **s**, Ap 22.17.

SEDENTO: Que tem sede; sequioso. // Famintos e **s**, desfalecia neles a alma, Sl 107.5. Como água fria para o **s**, Pv 25.25. A terra **s** em mananciais, Is 35.7. Derramarei água sobre o **s**, Is 44.3. Ver **Sequioso.**

SEDEUR, hb. **Luz:** O pai de Elizuz, chefe de Ruben, Nm 1.5.

SEDIÇÃO: Sublevação, revolta, motim. // Barrabás... por causa de uma **s**, Lc 23.19. Sejamos acusados de **s**, At 19.40. Promove **s** entre os judeus, At 24.5.

SEDUÇÃO: Ação ou efeito de fazer cair em erro ou culpa. Diz-se particularmente dos meios empregados para seduzir as mulheres. // Se alguém seduzir qualquer virgem, Êx 22.16. Manassés de tal modo os fez errar, que fizeram pior do que as nações, 2 Rs 21.9. Se o meu coração se deixou seduzir por causa de mulher, Jó 31.9. Se os pecadores querem seduzir-te, Pv 1.10. Seduziu-o com as suas muitas palavras, Pv 7.21. Operando sinais e prodígios, para enganar, se possível, os próprios eleitos, Mc 13.22. Enganando e sendo enganados, 2 Tm 3.13. Sua própria cobiça, quando esta o atrai e seduz, Tg 1.14. Seduza os meus servos a praticarem a prostituição, Ap 2.20. Todas as nações foram seduzidas pela tua feitiçaria, Ap 18.23. Falso profeta seduziu aqueles que receberam a marca da besta, Ap 19.20.

SEDUTOR: Que, ou aquele que seduz, que atrai. // Muitos enganadores têm saído, (2 Jo 7). Satanás, o **s** de todo mundo, Ap 12.9. O diabo, o **s** deles, Ap 20.10.

SEDUZIR: Enganar ardilosamente; desonrar, valendo-se de promessas, encantos ou amavios. // Seduzir qualquer virgem, Êx 22.16. Seduziu-o com as suas muitas palavras, Pv 7.21. Quando esta o atrai e seduz, Tg 1.14. Jezabel... ainda seduza, Ap 2.20. Todas as nações foram seduzidas pela, Ap 18.23. Seduziu aqueles que receberam a marca, Ap 19.20. Ver **Enganar, Iludir.**

SEERÁ, hb. **Parente:** Uma filha de Efraim, que edificou duas cidades, 1 Cr 7.24.

SEFAR, hb. **Contagem:** Um lugar na Arábia, mencionado como um dos limites da tribo de Joctã, Gn 10.30. Ver mapa 1, E-4.

SEFARVAIM, hb. **Siparas gêmeas:** Uma cidade da Assíria, de onde o rei assírio trouxe muitos cativos para reprovarem as cidades de Samaria, 2 Rs 17.24.

SEFARVITAS: Habitantes de Sefarvaim. // Queimavam seus filhos a Adrameleque, 2 Rs 17.31.

SEFATIAS, hb. **Jeová tem julgado:** 1. O quinto filho de Davi, 2 Sm 3.4. // 2. Um benjamita, 1 Cr 9.8. // 3. Um dos valentes de Davi, 1 Cr 12.5. 4. Um príncipe no tempo de Davi, 1 Cr 27.16. // 5. Um filho de Josafá, 2 Cr 21.2. // 6. Um dos que vieram de Babilônia com Zorobabel, Ed 2.3. // 7. Outro voltou de Babilônia, Ed 2.57. // 8. Um descendente de Peres, Ne 11.4. // 9. Um príncipe de Judá, Jr 38.1.

SEFELÁ, hb. **Terras baixas:** Região que originalmente caiu a sorte de Dã a mais uma grande parte do território do oeste e do sudoeste de Judá. // A palavra é traduzida, **baixada** (**vale,** vers. A) em Dt 1.7; **campinas,** em Js 9.1; 10.40; 1 Cr 27.28; 2 Cr 28.18; Zc 7.7; **planícies**, em Js 11.1,16; 15.33; 12.8; Jz 1.9; 1 Rs 10.27; 2 Cr 1.15; 2 Cr 9.27; Jr 32.44; 33.13; Ob 19. Mas a palavra **Sefelá** aparece somente em 1 Macabeus, 12.38.

SEFI: Um descendente de Seir, 1 Cr 1.40.

SEFUFÁ: Um descendente de Benjamim, 1 Cr 8.5.

SEGA: Ceifa. // A festa da **s**, Êx 23.16; 34.22. O Jordão transbordava, todos os dias da **s**, Js 3.15. Chegaram... no princípio da **s** das cevadas, Rt 1.22. Fazendo a **s**, viram a arca, 1 Sm 6.13. Não é agora o tempo da **s** dos trigos, 1 Sm 12.17. Na **s** ajunta o seu mantimento, Pv 6.8. O que dorme na **s**, Pv 10.5. Na **s** procura e nada encontra, Pv 20.4. Passou a **s**, findou o verão, Jr 8.20. Ver **Ceifa, Colheita, Messe.**

SEGADOR: Ceifeiro. // Apanhava após os **s**, Rt 2.3. Com seu pai, que estava com os **s**, 2 Rs 4.18. Ver **Ceifeiro.**

SEGAR: Ceifar. // Quando segares a messe, Lv 19.9; 23.22. O que semeia a injustiça segará males, Pv 22.8. Olha para as nuvens nunca segará, Ec 11.4. Semearam trigo, e segaram espinhos, Jr 12.13. Semeiam ventos, e segarão tormentas, Os 8.7. Semearás, contudo não segarás, Mq 6.15. Ver **Ceifar, Colher.**

SEGREDO: Aquilo que não está divulgado. // O mexeriqueiro descobre o **s**, Pv 11.13. Não descubras o **s** de outrem, Pv 25.9. Deus... o qual revela os **s**, Dn 8.28 (ARC). Deus... o revelador dos **s**, Dn 2.47 (ARC). Jesus, julgar os **s** dos homens, Rm 2.16. Que ignoreis este **s**, Rm 11.25 (ARC). Tornam-se-lhe manifestos os **s** do coração, 1 Co 14.25. Cumprirá o **s** de Deus, Ap 10.7 (ARC). Ver **Mistério.**

SEGUBE, hb. **Exaltado:** 1. Filho mais novo de Hiel, que reedificou Jericó no reinado de Acabe, 1 Rs 16.34. // 2. Filho de Hezrom, 1 Cr 2.21.

SEGUIDOR: Que, ou aquele que segue. // Os **s** do Cordeiro, Ap 14.4.

SEGUINTE: Que segue. // No dia **s** João estava, Jo 1.35 (ARC). Oficiais... com a **s** ordem, At 16.35.

SEGUIR: Ir atrás de; aderir a; tomar como modelo. // Se o Senhor é Deus, segui-o, 1 Rs 18.21. Mestre, seguir-te-ei para onde, Mt 8.19. Segue-me, e deixa aos mortos, Mt 8.22. Tome a sua cruz e siga-me, Mt 16.24. Tudo deixamos e te seguimos, Mt 19.27. Pedro o seguia de longe, Mt 26.58. Quem me segue não andará nas trevas, Jo 8.12. De modo nenhum seguirão o estranho, Jo 10.5. As minhas ovelhas... me seguem, Jo 10.27. Segui o amor, 1 Co 14.1. Seguindo a verdade em amor, Ef 4.15. Segue a justiça, 1 Tm 6.11; 2 Tm 2.22. Segui a paz com todos, Hb 12.14. Seguindo fábulas engenhosamente inventadas, 2 Pe 1.16. Seguindo pelo caminho de Balaão, 2 Pe 2.15. Os que seguem o Cordeiro, Ap 14.4 (ARC). As suas obras os sigam, Ap 14.13 (ARC). Ver **Perseguir.**

SEGUNDA MORTE: A penalidade dos iníquos, Ap 2.11; 20.6,14; 21.8.

SEGUNDO: Imediato ao primeiro; conforme. // A tristeza **s** Deus produz, 2 Co 7.10; ai, Ap 11.14; animal, Dn 7.5; benefício, 2 Co 1.15; fundamento, Mt 22.39; mandamento, Mt 22.39; morte, Ap 2.11; 20.6,14; 21.8; rosto, Ez 10.14; selo, Ap 6.3; ser vivente, Ap 4.7; sinal, Jo 4.54; taça, Ap 16.3; trombeta, Ap 8.8; véu, Hb 9.3; vigília, Lc 12.38.

SEGURAMENTE: De modo seguro. // Naqueles dias... Jerusalém habitará **s**, Jr 33.16.

SEGURANÇA: Certeza, confiança, afirmação, firmeza. // Livrou da mão de vossos inimigos... e habitastes em **s**, 1 Sm 12.11. O Senhor será a tua **s**, Pv 3.26. Na multidão de conselheiros há **s**, Pv 11.14. O fruto da justiça repouso e **s**, Is 32.17. Porque disto depende a vossa **s**, At 27.34. É **s**... que eu escreva, Fp 3.1. Quando andarem dizendo: Paz e **s**, 1 Ts 5.3. Ver **Certeza.**

SEGURAR: Firmar, amparar para que não caia. // Estendeu Uzá a mão à arca... e a segurou, 2 Sm 6.6. O Senhor o segura pela mão, Sl 37.24. Tu me seguras pela minha mão, Sl 73.23. Ver **Pegar.**

SEGURO: Livre de perigo ou de receio, firme. // Observai... assim habitareis **s**, Lv 25.18,19. O amado do Senhor habitará **s**, Dt 33.12. Sob suas asas estarás **s**, Sl 91.4. O que confia no Senhor está **s**, Pv 29.25. Âncora da alma, **s** e firme, Hb 6.19. Ver **Firme.**

SEIO: A parte do corpo humano em que existem as glândulas mamais. Cada um dos peitos da mulher. O colo. A sede da concepção; o útero. // Tu me teceste no **s** de minha mãe, Sl 139.13. Tomará alguém fogo no **s**, Pv 6.27. Os cordeirinhos levará no **s**, Is 40.11. Os **s**, que te amamentaram, Lc 11.27. O **s** de Abraão, Lc 16.22. Deus unigênito, que está no **s** do Pai, Jo 1.18. Ver **Peito.**

SEIR, hb. **Áspero** ou **Cabeludo:** 1. Região montanhosa de Edom, Gn 32.3; 36.30. O monte Seir, Gn 14.6. Deus deu Seir a Esaú, rival das tribos de Jacó, Js 24.4. Ver mapa 5, D-1. Esaú habitava Seir; Esaú é Edom, Gn 36.8. Israel, na jornada do Egito para Canaã, passou, pelo caminho de Seir, Dt 1.2; 2.1; 2 Cr 20.10. // 2. O monte Seir, no termo norte da tribo de Judá, Js 15.10.

SEITA: Os que se separaram de uma comunhão principal. "A seita dos fariseus", At 15.5. "A seita dos saduceus", At 5.17. Os discípulos chamados a "Seita dos nazarenos", At 24.5; "esta seita", At 28.22. //As principais seitas, partidos, grupos, etc. entre os judeus:

Principalmente religiosos:

1. Fariseus, Mt 23.2.
2. Saduceus, At 23.8.
3. Essênios

Principalmente políticos:

4. Herodianos, Mc 3.6.
5. Zelotes, Mt 10.4.
6. Sicários, At 21.38.

Grupos, etc.

7. Escribas, At 6.12.
8. Intérpretes da lei, Mt 22.35.
9. Nazireus, Nm 6.
10. Prosélitos, At 2.11 (R).
11. Publicanos.
12. Samaritanos, Jo 4.9.
13. Sinédrio, Mt 26.59.
14. Sinagoga, Jo 12.42.

SEIVA: Líquido nutritivo que circula em todas as partes da planta. // Na velhice... serão cheios de **s**, Sl 92.14. Da raiz e da **s** da oliveira, Rm 11.17.

SEIXAL: Lugar onde há muitos seixos. // Tirou água... do **s**, Dt 8.15 (ARC).

SEIXO: Pedra dura. // Converteu o **s** em manancial, Sl 114.8. Fiz o meu rosto como um **s**, Is 50.7. Ver **Pedra, Pederneira.**

SELA: Arreio acolchoado de cavalgadura, constituindo assento sobre que monta o cavaleiro. // Ídolos... na **s** de um camelo, Gn 31.34.

SELÁ: Palavra isolada, usada 71 vezes nos Salmos e no salmo de Habacuque, cap. 3.3,9,13. É de significação incerta. Não se sabe se serve de sinal para uma pausa, ou uma mudança de piano para forte, ou para uma exclama dos adoradores, como "amém" ou "aleluia". Ver **Higaiom.**

SELÁ, hb. **Elevação:** O filho caçula de Judá, Gn 46.12.

SELA-HAMALECOTE (ARC): Pedra de Escape, 1 Sm 23.28 (ARA).

SELAR: Aplicar um sinete em; fechar; tornar válido. // Selai-o com o anel do rei, Et 8.8. Sela o livro, Dn 12.4. Estas palavras estão encerradas e seladas, Dn 12.9. Sepulcro, selando a pedra, Mt 27.66. A este o Pai, Deus, o selou, Jo 6.27 (ARC). Nos selou e nos deu o penhor, 2 Co 1.22. Fostes selado com o Santo Espírito, Ef 1.13. No qual fostes selados, Ef 4.30. De tudo selado com sete selos, Ap 5.1 Até selarmos em suas frontes, Ap 7.3. Não seles as palavras, Ap 22.10.

SELEDE: Um descendente de Judá, 1 Cr 2.30.

SELEMIAS, hb. **Jeová recompensa:** Um porteiro no Templo, 1 Cr 26.14. Outros do mesmo nome, Ed 10.39; Ne 3.30; 13.3; Jr 37.3.

SELES, hb. **trio:** Um descendente de Aser, 1 Cr 7.35.

SELÊUCIA, hb. **Concernente a Seleuco:** O porto marítimo da cidade de Antioquia, onde Barnabé e Saulo embarcaram, na sua primeira viagem missionária, At 13.4. Ver mapa 6, F-2.

SELO: Sinete, cunho, chancela, para tornar um documento autêntico. // Que penhor te darei?... teu **s**, Gn 38.18. O anel do **s** da minha mão, Jr 22.24. O Pai o confirmou com o seu **s**, Jo 6.27. Como **s** da justiça da fé, Rm 4.11. Dois o **s** do meu apostolado, 1 Co 9.2. Permanece, tende este **s**, 2 Tm 2.19. Selado com sete **s**, Ap 5.1. O Cordeiro abre os selos, Ap 6.9; 8.1. Tendo o **s** do Deus vivo, Ap 7.2. Que não têm o **s** de Deus, Ap 9.4. Fechou-o, e pôs **s** sobre, Ap 20.3.

SELOFADE: 1 Cr 7.15. Ver **Zelofeade.**

SELOMI, hb. **Pacífico:** Um homem da tribo

de Aser, escolhido para repartir a terra, Nm 34.27.

SELOMITE, hb. **Pacífico:** A mãe do israelita que foi apedrejado por ter blasfemado o nome do Senhor, Lv 24.11.

SELOMOTE: Um izarita, 1 Cr 24.22.

SELUMIEL, hb. **Amigo de Deus:** Um chefe da tribo de Simeão no tempo do Êxodo, Nm 1.6.

SELVA: Lugar arborizado pela natureza. // Meu é todo o animal da **s**, Sl 50.10 (ARC). Põe em brasas tão grande **s**! Tg 3.5. Ver **Bosque, Floresta.**

SELVAGEM: das selvas, ou própria delas. // Como um jumento **s**, Gn 16.12. Como o do boi **s**, Sl 92.10.

SELVÁTICO: Que nasce ou se cria nas selvas. // Animais **s**, Gn 1.24; 3.14.

SEM, hb. **Rocha:** O filho primogênito de Noé, Gn 5.32. A sua posteridade habitou as melhores terras da Ásia.

SEMA, hb. **Rumos:** 1. Uma cidade da herança de Judá, Js 15.26. // 2. Um descendente de Rúben, 1 Cr 5.8. // 3. Um morador de Aijalom, 1 Cr 8.13. // 4. Um que ficou à direita de Neemias quando lia a lei diante do povo, Ne 8.4.

SEMAA, hb. **Fama:** Pai de Aiezer e Joás, que vieram a Davi em Ziclague, quando este fugia de Saul, 1 Cr 12.3.

SEMAÍAS, hb. **Jeová tem ouvido:** Profeta enviado a protestar a Roboão contra a tentativa deste rei de conquistar as dez tribos revoltadas, 2 Cr 11.2.

SEMANA: Espaço de sete dias, desde o domingo ao sábado. // A festa da **s**, Êx 34.22. Setenta **s** estão determinadas, Dn 9.24. Sete **s**; e em sessenta e duas **s**, Dn 9.25. Aliança com muitos por uma **s**; na metade da **s**, Dn 9.27. Ver **Ano, Dia.**

SEMANAS, FESTA DAS: Os judeus chamam a festa do Pentecoste, a festa das semanas, visto que se observava sete semanas depois da páscoa.

Eis que o semeador saiu a semear
Mt 13.3

SEMAQUIAS, hb. **Jeová sustenta:** Um dos porteiros da família de Coré, 1 Cr 26.7.

SEMBLANTE: O mesmo que **rosto**. **Fig.** Aspecto. // Irou-se Caim, e descaiu-lhe o **s**, Gn 4.5. Os filhos são de duro **s**, e obstinados, Ez 2.4. Ver **Cara, Face, Rosto.**

SEMEAR: Deitar ou espalhar sementes de, para germinarem. // Semeou Isaque... recolheu cento por um, Gn 26.12. Com lágrimas semeiam, Sl 126.5. Chorando enquanto semeia, Sl 126.6. Anda semeando contendas, Pv 6.14. O que semeia justiça, Pv 11.18. Observa o vento, nunca semeará, Ec 11.4. Semeia pela manhã, Ec 11.6. Não semeeis entre espinhos, Jr 4.3. Semearam trigo, e segaram espinhos, Jr 12.13. Semearás, contudo não segarás, Mq 6.15. Semeando muito e recolhendo pouco, Ag 1.6. Aves do céu não semeiam, Mt 6.26. O semeador saiu a semear, Mt 13.3. Não semeaste boa semente, Mt 13.27. Ceifo onde não semeei, Mt 25.26. Para ceifar o que não semeaste, Jo 4.38. Semeamos as coisas espirituais, 1 Co 9.11. Semeia-se o corpo na corrupção, 1 Co 15.42. Aquele que semeia pouco... o que semeia com fartura, 2 Co 9.6. Que dá semente ao que semeia, 2 Co 9.10. Aquilo que o homem semear, isso, Gl 6.7.

SEMEBER: Rei de Zeboim, Gn 14.2.

SEMEDE, hb. **Destruição:** Um benjamita, 1 Cr 8.12.

SEMEI: Pai de Matatias, da genealogia de Cristo, Lc 3.26.

SEMELHANÇA: Conformidade física ou moral entre as pessoas ou entre as coisas. O homem à nossa **s**, Gn 1.26; 5.1. Gerou um filho à sua **s**, Gn 5.3. Não farás imagem, nem **s**, Êx 20.4; Dt 4.16,17,18,25. Eu me satisfarei com a tua **s**, Sl 17.17. O artífice faz à **s** de um homem, Is 44.13. A **s** de quatro seres viventes, Ez 1.5. Unidos com ele na **s** da sua morte... da sua ressurreição, Rm 6.5. Seu próprio Filho em **s** de carne, Rm 8.3. Tornando-se em **s** de homens, Fp 2.7. À **s** de Melquisedeque, Hb 7.15. Feitos a **s** de Deus, Tg 3.9.

SEMELHANTE: Parecido. // Não façais **s** mal, Jz 19.23. Quem é **s** ao Senhor? Sl 89.6. Comparareis a Deus? Ou que coisa **s**, Is 40.18. É **s** à onda do mar, Tg 1.6. Elias era homem **s** a nós, Tg 17. **S** a vidro límpido, Ap 21.18. Ver **Igual.**

SEMENTE: Grão, ou parte do fruto, próprio para a reprodução. // Ervas que deêm **s**, Gn 1.11. Semeareis de balde a vossa **s**, Lv 26.16. Não semearás... com duas espécies de **s**, Dt 22.9. Semeia pela manhã a tua **s**, Ec 11.6. Dá **s** ao que semeia, 2 Co 9.10. A semente da mulher, Gn 3.15 (ARC); Ap 12.17 (ARC). **Parábolas acerca de semente**, Mt 13; Lc 8.5.

SEMENTEIRA: Época em que se semeia. // Não deixará de haver **s**, Gn 8.22. E a vindima até à **s**, Lv 26.5. Haverá **s** de paz, Zc 8.12. E aumentará a vossa **s**, 2 Co 9.10.

SEMER, hb. **Borra de vinho:** 1. O dono do monte que o rei Onri comprou e sobre o qual edificou a cidade de Samaria, 1 Rs 16.24. // 2. Um levita da família de Merari, 1 Cr 6.46.

SEMIDA, hb. **Fama de sabedoria:** Um descendente de Manassés, 1 Cr 7.19.

SEMIMORTO: Meio morto. // Deixando-o **s**, Lc 10.30. Ver **Morto.**

SEMITAS: O termo não se encontra nas Escrituras mas se refere aos filhos de Sem, o filho primogênito de Noé, Gn 5.32; 6.10. Compreendem vários povos que falam ou falaram o arameano, o sírio, o caldeu, o assírio, o hebreu, o árabe, o himyrita. Os semitas têm pele trigueira, cabelo preto e estatura elevada.

SEMPITERNO: Que não teve princípio nem há de ter fim. // É reino **s**, Dn 4.3. Cujo domínio é **s**, Dn 4.34.

SEMPRE: Em todo o tempo; todo tempo passado ou futuro. // Na casa do Senhor para todo **s**, Sl 23.6. Sua misericórdia dura para **s**, Sl 136.1-26. O Senhor reina para **s**, Sl 146.10. As riquezas não duram para **s**, Pv 27.24. O poder e a glória para sempre. Amém, Mt 6.13. Alegrai-vos **s** no Senhor, Fp 4.4. Estaremos para **s** com o Senhor, 1 Ts 4.17. Trono... é para todo o **s**, Hb 1.8. Sacerdote para **s**, Hb 7.17. Cristo... mesmo, e o será para **s**, Hb 13.8.

SEMUEL: 1. Um simeonita designado para repartir a terra, Nm 34.20. // 2. Um neto de Issacar, 1 Cr 7.2.

SENAÁ, hb. **Espinhoso:** Uma cidade perto, talvez de Jericó, Ed 2.35.

SENAQUERIBE, hb. O deus-lua (sin) tem multiplicado os seus irmãos: O filho e sucessor de Sargom, rei da Assíria, que subiu ao trono em 705 a.C. Era um dos maiores estadistas do antigo oriente. Durante o reinado de Ezequias invadiu Judá, 2 Rs 18.13-16. Um anjo do Senhor saiu de noite e destruiu seu exército, 2 Rs 19.35. Foi assassinado, no ano 681 a.C., pelos seus dois filhos Adramaleque e Sarezer, enquanto em adoração ao seu deus, 2 Rs 19.37.

SENAZAR, hb. **Ó deus-lua, valei-me:** Um filho de Jeconias e tio de Zorobabel, 1 Cr 3.18.

SENÉ, hb. **Moita de espinhos:** Penha no lado sul do desfiladeiro de Micmás, 1 Sm 14.4,5.

SENHA: Sinal, gesto, combinado entre duas ou mais pessoas. // O traidor tinha-lhes dado esta **s**, Mc 14.44.

SENHOR: Esta palavra quando impressa com maiúsculas, representa a palavra hebraica, YHVH, isto é, Jeová, o nome mais sagrado de Deus. Ver Gn 2.4; 4.26; etc. Refere-se, também, a Cristo, Lc 2.11; Rm 10.9; 2 Co 4.5; etc. Os senhores dos altos de Arnom (Nm 21.28) eram, talvez, dirigentes dos cultos idólatras. O Senhor da vinha (Mt 20.8; 21.40) era o proprietário que podia arrendá-la a outrem. O Senhor da seara (Mt 9.38) refere-se, talvez, ao chefe de uma turma de ceifeiros. A palavra é, também, tratamento de criados para os seus amos. Ver Mt 10.24; Jo 15.20; Ef 6.5; Tt 2.9. Ver **Deus, Cristo, Jeová, Jesus Pai.**

Dia do Senhor: O dia do Senhor em Am 5.18-20; Sf 1.14-18; 2 Pe 3.10, refere-se a segunda vinda de Cristo. Opina-se geralmente, que a mesma expressão em Ap 1.10, se refere ao primeiro dia da semana, o dia em que Jesus ressuscitou da morte (Jo 20.1,19), oito dias depois. Ele visitou os discípulos em Jerusalém (v. 26) e o dia em que se reuniam para observar a sua ceia, At 20.7.

Oração do Senhor: Mais propriamente a **oração dominical,** encontra-se em Mt 6.9-15 e Lc 11.2-4. **A oração sacerdotal de Cristo** aparece em Jo 17.

Ceia do Senhor: A história da sua instituição se encontra em Mt 26.26-29; Mc 14.22-25; Lc 22.19,20 e 1 Co 11.23-26. Chama-se "o partir do pão" (At 2.42; 20.7,11), "comunhão" (1 Co 10.16), "eucaristia", gr. Eucharistesas "deu graças"; "a ceia do Senhor" (1 Co 11.20). Foi instituída na noite em que Jesus e seus discípulos se reuniram para comer a páscoa, Mt 26.19. É uma comunhão do corpo e do sangue de Cristo, Jo 6.54; At 2.42; 20.7,11; 1 Co 16; 11.23-26. É uma ordenação perpétua: "Fazei isto em memória de mim", 1 Co 11.24. "Fazei" quer dizer **praticai**. Desde que Cristo disse isto o povo de Deus tem observado a ceia, não anualmente, porque o Mestre disse: "Todas as vezes que o beberdes... todas as vezes que comerdes..." 1 Co 11.25,26. A ceia original foi observada em uma sala, do andar superior de uma residência particular, à noite, todos reclinados em redor de uma mesa, as mulheres excluídas, somente os apóstolos presentes. Não existe uma seita atual que observe todas estas condições. Mas podemos guardar a ceia com o mesmo espírito e o mesmo propósito dos crentes primitivos. O termo "testamento", traz à memória fatos e promessas do Antigo Testamento, especialmente o novo pacto, Jr 31.31; Hb 8.7-13. "Em memória de mim" (Lc 22.19) quer dizer que a ceia deve ser, para nós, uma recordação, e não uma repetição, do sacrifício de Cristo. O cálice é uma recordação do sangue de Cristo, sangue que nos purifica de todo o pecado; o pão uma recordação do corpo de Cristo. A razão por que há entre nós muitos fracos e doentes (1 Co 11.30), é porque, na ceia, não discernem o corpo, v. 29. Cristo não somente nos lavou no seu sangue, levou, também, as nossas dores e as nossas enfermidades no seu corpo, Is 53.4,5; 1 Pe 2.24. A ceia de Cristo é uma das ordenanças mais santas da sua Igreja. Mas somente quando se observa em verdadeira comunhão com o Mestre. Se o próprio Filho de Deus não se atreveu a fazer o sacrifício do Calvário sem o Espírito eterno (Hb 9.14), quanto mais devemos nós pedir e reconhecer a presença do mesmo Espírito, antes de comer o pão e beber o cálice.

SENHOR DOS EXÉRCITOS: Isto é, Jeová dos exércitos, tanto dos corpos celestiais (Dt 4.19) como os seres angélicos (1 Rs 22.19) e o exército terrestre, 1 Sm 17.45. Ver Gn 2.1; Is 45.12. É um título usado mais de duzentas vezes no Antigo Testamento para exprimir o grande poder de Deus.

SENHORA: Dama, dona. // O Presbítero à **s** eleita, 2 Jo 1.

SENIR, hb. **Cota de malha:** O nome amorreu do monte Hermom, Dt 3.9. Refere-se, talvez, em Ct 4.8, a toda a cordilheira. Os ciprestes de Senir, Ez 27.5.

SENSATO: Sendo vós **s**... tolerais os insensatos, 2 Co 11.19. Homens idosos, que sejam... **s**, sadios na fé, Tt 2.2. As jovens... **s**, honestas, Tt 2.5. Vivamos no presente século, **s**, Tt 2.12. Ver **Cordato, Prudente.**

SENSO: Juízo claro; ato de raciocinar. // Falto de **s**, Pv 9.4; 11.12. Digo palavras de verdade e de bom **s**, At 26.25. Ataviem com modéstia e bom **s**, 1 Tm 2.9. Santificação, com bom **s**, 1 Tm 2.15.

SENSUAL: Dado aos prazeres dos sentidos. // **S**, que não têm o Espírito, Jd 19. Ver **Carnal.**

SENSUALIDADE: Inclinação para os prazeres dos sentidos. // A **s**... tiram entendimento, Os 4.11. Não têm valor algum contra a **s**, Cl 2.23. Ver **Lascívia, Luxúria.**

SENTAR: Tomar assento; o mesmo que assentar. // Sentou-se o que estivera morto, Lc 7.15. E, vendo a Pedro, sentou-se, At 9.40. Sentar à sua direita nos lugares, Ef 1.20. Dar-lhe-ei sentar-se comigo, Ap 3.21. Ver **Assentar.**

SENTENÇA: Anunciarão a **s** do juízo, Dt 17.9. **S**, peso (ARC), isto é, a profecia contra a Babilônia, Is 13.1; contra Moabe, Is 15.1; contra Damasco, Is 17.1; contra Egito, Is 19.1; contra o deserto do mar, Is 21.1; contra a Arábia, Is 21.13; contra o Vale da Visão, Is 22.1; contra Tiro, Is 23.1; contra os moradores, Jr 1.16; contra Nínive, Na 1.1, contra Judá, Hc 1.1; contra Israel, Zc 12.1. Estando sob igual **s**, Lc 23.40. Conhecendo eles a **s** de Deus, Rm 1.32. Tivemos a **s** da morte, 2 Co 1.9. Ver **Julgamento.**

SENTENCIAR: Pronunciar sentença. // Presente em espírito já sentenciei, 1 Co 5.3.

SENTIDO: Cada uma das formas de receber sensações, segundo os órgãos destas (há cinco sentidos: a visão, a audição, o olfato, o paladar e o tato); faculdade de sentir; significação. // Cai sem **s**, rosto em terra, Dn 8.18; 10.9. Vozes no mundo, nenhum... sem **s**, 1 Co 14.10. Mas os **s** deles se embotaram, 2 Co 3.14. Aqui está o **s**, Ap 17.9.

SENTIDOS (ARC) Ver **Faculdade.**

SENTIMENTO: Compreensão, percepção. // Tende o mesmo **s** uns para com os outros, Rm 12.16. Tendo o mesmo **s**, Fp 2.2. O mesmo **s** que houve em Cristo, Fp 2.5. Tenhamos este **s**, Fp 3.15. Em vosso coração... **s** faccioso, Tg 3.14. Elias... sujeito aos mesmos **s**, Tg 5.17. Ver **Mente.**

SENTINELA: Soldado que se coloca armado num posto para guardá-lo. // Disse mais a **s**: Vejo o correr do primeiro, 2 Sm 18.27. Em vão vigia a **s**, Sl 127.1. As **s** nos seus postos, At 5.23. **S** à porta guardavam o cárcere, At 12.6. Submetendo as **s** a inquérito, At 12.19. Ver **Guarda, Atalaia, Vigia.**

SENTIR: Perceber por qualquer órgão dos sentidos; experimentar (sensação física ou moral). // O mesmo sentir uns para com os outros, Rm 15.5. Sentia como menino, 1 Co 13.11. Sinto prazer nas fraquezas, 2 Co 12.10. Foi que me senti obrigado a, Jd 3.

SENUA: Um benjamita, que foi a segunda autoridade de Jerusalém depois da volta de Babilônia, Ne 11.9.

SEOM: Rei dos amorreus que atacou os israelitas quando estes se aproximavam da Terra da Promissão, Nm 21.21.

SEORIM, hb. **Cevada:** Levita cuja família fez parte da quarta divisão de sacerdotes, 1 Cr 24.8.

SEPARAÇÃO: Ato ou efeito de separar. // **S** entre a luz e as trevas, águas e águas, o dia e a noite, Gn 1.4,6,14. O véu vos fará **s** entre o Santo, Êx 26.23. Iniqüidades fazem **s** entre vós e o vosso Deus, Is 59.2. Para fazer **s** entre o santo e o profano, Ez 42.20. Derrubado a parede da **s**, Ef 2.14. Ver **Divisão.**

SEPARADO: Isolado. // Paulo... **s** para o evangelho, Rm 1.1. Sem Cristo, **s** da comunidade, Ef 2.12. Um sumo sacerdote... **s** dos pecadores, Hb 7.26.

SEPARAR: Desunir; dividir // Separei-vos dos povos, Lv 20.26. Senhor separou a tribo de Levi, Dt 10.8. Separar todos os dízimos, Dt 26.12. Não seja a morte me separar de ti, Rt 1.17. Não se separaram dos povos, Ed 9.1. O difamador separa os maiores amigos, Pv

16.28. Ao separar o joio, Mt 13.29. Separarão os maus dentre os justos, Mt 13.49. Deus ajuntou não o separe, Mt 19.6. Separará uns dos outros, Mt 25.32. Separei-me agora Barnabé e a Saulo, At 13.2. Tal desavença que vieram a separar-se, At 15.39. Quem nos separará do amor, Rm 8.35. Anátema, separado de Cristo, Rm 9.3. Não se separe do marido, 1 Co 7.10. Não procureis separar-te, 1 Co 7.27. Que me separou antes de eu nascer, Gl 1.15. Abraão o dízimo, Hb 7.2. Faltoso, separando-se da graça de Deus, Hb 12.15. Ver **Apartar, Consagrar.**

SEPTUAGINTA: A Versão dos Setenta, a versão grega do antigo Testamento, preparada por um grupo de setenta e dois eruditos, em Alexandria, no terceiro século antes de Cristo. Era a Bíblia no tempo de Cristo e dos apóstolos.

SEPTUPLICADAMENTE: Sete vezes tanto. // Deita-lhes no regaço, **s**, Sl 79.12 (ARC).

SEPULCRO: Túmulo. // No meu **s**... ali me sepultarás, Gn 50.5. Não haver **s** no Egito? Êx 14.11. No **s** quem te dará louvor? Sl 6.5. Endemoninhados, saindo dentre os **s**, Mt 8.28. Sois semelhantes aos **s** caiados, Mt 23.27. Edificais os **s** dos profetas, Mt 23.29. Abriram-se os **s** e muitos corpos, Mt 27.52. Pedra para a entrada do **s**, Mt 27.60. Pedro... correu ao **s**, Mt 24.12. Um **s** novo, no qual ninguém, Jo 19.41. A garganta deles é um **s**, Rm 3.13; Sl 5.9. Ver **Cova, Túmulo.**

SEPULTAMENTO: Ato de sepultar. // Ela o fez para o meu **s**, Mt 26.12.

SEPULTAR: Enterrar. // Como se sepulta um jumento assim o sepultarão, Jr 22.19. Permita-me ir primeiro sepultar meu pai, Mt 8.21. Os seus discípulos... o sepultaram, Mt 14.12. O rico, e foi sepultado, Lc 16.22. Lázaro já sepultado, At 8.2. Fomos pois sepultados com ele, Rm 6.4. Foi sepultado e ressuscitou, 1 Co 15.4. Sepultado juntamente com ele, Cl 2.12. Ver **Enterrar.**

SEPULTURA: Cova funerária; sepulcro; ato de sepultar. // Ninguém sabe... o lugar da sua **s**, Dt 34.6. Quatro que não dizem: Basta: A **s**, Pv 30.15,16. Para o dia da minha **s** guardou isto, Jo 12.7. Ver **Embalsamar.**

SEQUIDÃO: Falta de umidade. // Vigor se tornou em **s** de estio, Sl 32.4. E no ano de **s** não se perturba, Jr 17.8.

SEQUIOSO: Que tem sede ou grande desejo de beber. // Dessendentou a alma **s**, Sl 107.9. O **s** que sonha, que está a beber, Is 29.8. Ver **Ávido, Sedento.**

SER (s.m.): Ente. // **S** vivente, Gn 1.20,21,24; 2.19. Quatro **s** viventes, Ez 1.5; Ap 4.6; 19.4. Adão, foi feito **s** vivente, 1 Co 15.45.

SER (v.): Estar; ficar; tornar-se: existir. // Eu sou o que sou, Êx 3.14. Sê forte, Is 1.6. Antes que Abraão existisse, eu sou, Jo 8.58. O amor seja sem hipocrisia, Rm 12.9. Não sejais remissos, Rm 12.11. Que não são, para reduzir... as que são, 1 Co 1.28. Graça de Deus, sou o que sou, 1 Co 15.10. Sede pacientes, Tg 5.7. Sê fiel até a morte, Ap 2.10.

SERA, hb. **Abundância:** Uma filha de Aser, Gn 46.17.

SERAFIM: Uma ordem de anjos, somente mencionada na visão de Isaías, Is 6.2-6. Os serafins de seis asas estavam por cima do Senhor. Clamavam proclamando os atributos da santidade de Deus. Louvaram a santidade e a glória do Senhor dos Exércitos com tanto vigor que as bases no limiar se moveram e o santo lugar se encheu de fumaça, enquanto desempenhavam seu ministério de expiação. Ver **Anjo, Querubim.**

SERAÍAS, hb. **Soldado de Jeová:** 1. Secretário de Davi, 2 Sm 8.17. // 2. Sumo sacerdote no reinado de Zedequias, morto pela ordem de Nabucodonosor, 1 Cr 6.14; 2 Rs 25.18,21. // 3. Filho de Tanumete, 2 Rs 25.23. // 4. Irmão de Otniel, 1 Cr 4.13. // 5. Avô de Jeú, 1 Cr 4.35. // 6. Um sacerdote que voltou com Zorobabel, Ed 2.2. // 7. Um sacerdote, depois do exílio, chamado "príncipe da casa de Deus", Ne 11.11,12. // 8. Filho de Nerias. Jeremias mandou-o a Babilônia com a sentença escrita daquela cidade, Jr 51.59.

SEREDE, hb. **Temor:** Um filho de Zebulom, Gn 46.14.

SERENO: Limpo de nuvens, puro e calmo. **Fig.** Isento de agitações, de cuidados. // O ânimo **s** é a vida do corpo, Pv 14.30. A língua **s** é árvore de vida, Pv 15.4. O **s** de espírito é homem de inteligência, Pv 17.27.

SERES, hb. **Raiz:** Um descendente de Manassés, 1 Cr 7.16.

SÉRIO: Grave, sensato, positivo. // Que sejam **s** em seu proceder, Tt 2.3. Ver **Sisudo.**

SERMÃO DA PLANÍCIE: Ver **Sermão do Monte.**

SERMÃO DO MONTE: O título popular da coleção de ensinamentos de Cristo, registrados em Mt 5 a 7 e em Lc 12.22-59. Estes últimos se chamam, às vezes, o Sermão da Planície. Há diversas razões para duvidar que seja mesmo **Sermão do Monte**. // 1. Julga-se que é o mesmo sermão porque a maior parte das lições são as mesmas. Mas todas as lições não são as mesmas e não há razão em pensar que o Senhor não repetisse inumeráveis vezes os seus preciosos ensinamentos. // 2. **O Sermão do Monte** foi antes de escolher os doze: **O Sermão da planície**, imediatamente após. // 3. **O Sermão do Monte** foi logo após o primeiro itinerário do Senhor na Galiléia; **O Sermão da planície**, muito tempo depois. // 4. Em o **Sermão do Monte** Jesus estava assentado e prolongou seu discurso. Em o **Sermão da Planície** ficava de pé e o discurso era muito mais abreviado. // 5. Jesus "subiu a um monte" e pregou o **Sermão do Monte,** Mt 5.1. Mas para pregar **O Sermão da Planície**, "descendo com eles, parou num lugar plano", Lc 6.17. Não há fundamento para a opinião que o "lugar plano" (v. 17) era sobre o mesmo monte onde proferiu o famoso sermão de Mateus caps. 5 a 7.

SERÓDIO: Que vem tarde ou a desoras; tardio, Dt 11.14; Jr 5.24; Os 6.3; Jl 2.23; Tg 5.7 (ARC).

SERPENTE: Réptil sem patas. // Era mais sagaz que todos os animais, Gn 3.1. Satanás entrou na serpente, como entrou em Judas, Saul e outros e, por meio da astúcia dela, enganou a Eva, Lc 33.3; 1 Sm 16.14; 2 Co 11.3. A serpente amaldiçoada, Gn 3.14. A Semente da mulher há de ferir a cabeça da serpente, Gn 3.15. A vara de Moisés torna-se em serpente, Êx 4.3. Chamavam-se as serpentes **abrasadoras** porque suas mordeduras causavam ardente inflamação, Nm 21.6. A serpente de bronze, Nm 21.4-9; 2 Rs 18.4; Jo 3.14,15; 1 Co 10.9. A serpente tem ardente peçonha, Dt 32.24. Um dos terrores do deserto, Dt 8.15; Is 30.6. Encontra-se com a serpente inesperadamente, Gn 49.17; Ec 10.8; Am 5.19. Os ímpios (Sl 58.4), os perseguidores (Sl 140.3), os inimigos (Jr 8.17) comparados a serpentes. A promessa ao que permanece no Senhor: "Pisarás o leão e a áspide, calçarás aos pés o leãozinho e a serpente", Sl 91.13. Pode-se hipnotizar as serpentes, Sl 58.5; Ec 10.11; Jr 8.17; Tg 3.7. Os efeitos do vinho comparados às mordeduras das serpentes, Pv 23.32. De quatro maravilhas, uma é o caminho da cobra na penha, Pv 30.19. No milênio, "a criança de peito brincará sobre a toca da áspide, e o já desmamado meterá a mão na cova do basilisco", Is 11.8. Os fariseus e saduceus intitulados raça de víboras, Mt 3.7; 12.34; 23.33; Lc 3.7. Um dos sinais que hão de acompanhar os que crêem, pegarão em serpente, Mc 16.18; At 28.5. Satanás chamado serpente, Gn 3; Ap 12.9; 20.2.

SERRA: Instrumento cortante, cuja peça principal é uma lâmina dentada de aço; **fig**. Montanha prolongada, cujo cume tem muitos acidentes. // Fê-lo passar a **s**, 2 Sm 12.31. **S** de elevações é o monte de Basã, Sl 68.15.

SERRADO: Cortado com serra. // Foram apedrejados... **s** pelo meio, Hb 11.37.

SERTÃ: 1 Cr 9.31; Ez 4.3. Espécie de frigideira de metal.

SERUGUE: Um filho de Reú e descendente de Sem, Gn 11.20.

SERVA: Escrava. // Hagar egípcia, **s** de Sara, Gn 25.12. **S** de Lia... Zilpa, Gn 29.24. **S** de Raquel... Bila, Gn 29.29. Aqui está a **s** do Senhor, Lc 1.38. Contemplou na humildade da sua **s**, Lc 1.48. Sobre as minhas **s** derramarei, At 2.18; Jl 2.29. Ver **Criado, Escrava.**

SERVIÇAL: Criado. // Fazer-se grande seja vosso **s**, Mt 20.26 (ARC).

SERVIÇO: Ato ou efeito de servir. // Agrava-se o **s** sobre esses homens, Êx 5.9. Ao **s** da tenda, Êx 30.16. Marta... ocupada em muitos **s**, Lc 10.40. Encarregaremos deste **s**, At 6.3. Para Jerusalém a **s** dos santos, Rm 15.25. Prestam **s** sagrados, 1 Co 9.13. O **s** desta assistência, 2 Co 9.12. O sacrifício e **s** da vossa fé, Fp 2.17. Espíritos... enviados para **s**, a favor dos que, Hb 1.14. Primeira aliança... **s** sagrado, Hb 9.1.

SERVIDÃO: Condição de servo ou escravo. Estado daquele que é servo, escravo. // Os egípcios fizeram amargar a vida com dura **s**, Êx 1.14. Os filhos de Israel gemiam sob a **s**, Êx 2.23. O Senhor com mão forte nos tirou da **s**, Êx 13.14. Que te tirei da casa de **s**, Êx 20.2. Alivia tu a dura **s**, 2 Cr 10.4. Desfaças as ataduras da **s**, Is 58.6. A **s** de Israel no Egito, Êx 1.12; At 7.6; em Babilônia, 2 Rs 25; Ne 1; Dn 1; aos filisteus, Jz 13.1; 15.11; 1 Sm 13.19-22; 14.11. Espiritual; Jo 8.34; At 8.23; Rm 6.16; 7.23; Gl 4.3; 1 Tm 3.7; 2 Tm 2.26; Hb 2.14,15; 2 Pe 2.19. Libertação da **s**, Lc 4.18; Jo 8.36; Rm 6.18,22; 7.24,25. Ver **Cativeiro, Escravidão.**

SERVIDOR: Que, ou aquele que serve. // Moisés com Josué seu **s**, Êx 24.13. Josué, **s** de Moisés, Js 1.1.

SERVIL: Relativo a servo ou próprio dele. // Nenhuma obra **s** fareis, Nm 28.18.

SERVILMENTE: De modo estritamente exato. // Estávamos **s** sujeitos aos rudimentos, Gl 4.3.

SERVIR: Viver ou trabalhar como servo. // Eu e a minha casa serviremos ao Senhor, Js 24.15. O menino ficou servindo ao Senhor, 1 Sm 2.11. Alivia... e nós te serviremos, 1 Rs 12.4. Milhares de milhares o serviam, Dn 7.10. Ninguém pode servir a dois, Mt 6.24. Grande... será esse o que vos sirva, Mt 20.26. Não para ser servido, Mc 10.45. Sou como quem serve, Lc 22.27. Servindo eles ao Senhor, At 13.2. Não mais sirvamos o pecado, Rm 6.6. Servimos em novidade de espírito, Rm 7.6. Fervorosos... servindo ao Senhor, Rm 12.11. Servindo a igreja de, Rm 16.1. Quem serve ao altar, 1 Co 9.13. Não servindo à vista, Ef 6.6. Servindo de boa vontade, Ef 6.7. Serviu ao evangelho, Fp 2.22. Servi uns aos outros, 1 Pe 4.10. E o servem de dia e de noite, Ap 7.15. Os seus servos o servirão, Ap 22.3. Ver **Ministrar.**

SERVO: Pessoa serva que não tinha a livre disposição da sua personalidade e bens. // Canaã, seja **s** dos **s**, Gn 9.25. Moisés seu **s**, Êx 14.31. Os filhos de Israel me são **s**, Lv 25.55. Meu **s** Calebe, Nm 14.24. Fala, Senhor, teu **s** ouve, 1 Sm 3.9. Davi, meu **s**, 2 Sm 3.18. A meu **s** Jó, Jó 1.8. Abraão, seu **s**, Sl 105.6. Louvai, **s** do Senhor, Sl 113.1. Sou teu **s**: dá-me entendimento, Sl 119.125. O insensato é **s** do entendido, Pv 11.29. O que toma emprestado é **s** do que empresta, Pv 22.7. O **s** do Senhor, Is 42. Daniel, **s** do Deus vivo, Dn 6.20. Nem o **s** acima do seu Senhor, Mt 10.24. Eis aqui o meu **s**, Mt 12.18. O maior entre vós será vosso **s**, Mt 23.11. O **s** fiel e prudente, Mt 24.45. **S** bom e fiel, Mt 25.21. Somos **s** inúteis, Lc 17.10. Já não vos chamo **s**, Jo 15.15. Sobre os meus **s**... derramarei, At 2.18. Glorificou a seu **s** Jesus, At 3.13. Paulo, **s** de Jesus Cristo, Rm 1.1. A quem obedeceis sois **s**, Rm 6.16. Fostes feitos **s** da justiça, Rm 6.18. Transformados em **s** de Deus, Rm 6.22. Quem é Paulo, **s**, 1 Co 3.5. **S** uns dos outros, Gl 5.13. **S**, obedecei a vossos, Ef 6.5. Assumindo a forma de **s**, Fp 2.7. Tratai aos **s** com justiça, Cl 4.1. Aos **s** que sejam obedientes, Tt 2.9. Moisés... como **s**, Hb 3.5. Tiago, **s** de Deus, Tg 1.1. Vivendo como **s** de Deus, 1 Pe 2.16. Simão Pedro, **s**, 2 Pe 1.1. Judas, **s**, Jd 1. Sejamos... os **s** do nosso Deus, Ap 7.3. Os seus **s** o servirão, Ap 22.3. Ver **Conservo, Criado, escravo, Jornaleiro, Servidor.**

SESÃ: Um jeramelita, cuja filha se casou com seu servo egípcio, Jará, 1 Cr 2.34.

SESAI, hb. **Alvacento:** Um gigante, filho de Enaque, residente em Hebrom, expulso por Calebe, Nm 13.22,23; Js 15.14.

SESBAZAR: O príncipe de Judá a quem Ciro entregou os utensílios sagrados que Nabucodonosor tirara do Templo em Jerusalém, Ed 1.8. Ciro o fez governador e ele iniciou a reedificação do Templo, Ed 5.14,15. É considerado o mesmo que Zerobabel, **Sesbazar** sendo seu nome babilônico, como **Baltazar** era o nome de Daniel. É, contudo, mais provável que Sesbazar não era o mesmo que Zorobabel, e que Sesbazar era governador no tempo de Ciro e Zorobabel, no tempo de Dario.

SETA: Flecha. // As minhas **s** esgotarei contra eles, Dt 32.23. Despediu as suas **s** e espalhou... inimigos, Sl 18.14. Cravam-se em mim as tuas **s**, Sl 38.2. Nem da **s** que voa de dia, Sl 91.5. Ver **Flecha.**

SETAR: Um dos sete príncipes persas que tinha entrada livre para ir a presença do rei, Et 1.14.

SETAR-BOZENAI: Um oficial ao serviço de Dario, rei da Pérsia, que procurou impedir a reedificação do Templo, Ed 5.3.

SETE: Seis mais um. Ver **Número.**

SETE, hb. **Designado:** 1. Um filho que nasceu a Adão e Eva depois da morte de Abel, Gn 5.3. // 2. Uma raça desconhecida, "os filhos de Sete", mencionada em Nm 24.17.

SETE-ESTRELO: Jó 9.9; 38.31. Constelação, o mesmo que Pléiades, uma pequena constelação do hemisfério boreal. Ver **Estrela.**

SETENTA: Sete vezes dez. Ver **Número.**

SETENTA (A VERSÃO DOS): Ver **Septuaginto.**

SETIM: Êx 25.10 (ARC). Ver **Acácia.**

SETUR, hb. **Escondido:** Um dos 12 espias, da tribo de Aser, Nm 13.13.

SEU: O que pertence à pessoa de quem se fala. // Veio para o que era **s**, e os **s** não o receberam, Jo 1.11. Buscam o que é **s** próprio, Fp 2.21. Se alguém não tem cuidado dos **s**, 1 Tm 5.8.

SEVA, hb. **Vaidade:** 1. Um escrivão no reinado de Davi, 2 Sm 20.25. // 2. Um filho de Calebe, 1 Cr 2.49.

SEVENO: Uma cidade no limite do Egito, talvez a moderna Assouã ao pé da primeira catarata, Ez 29.10.

SEVERAMENTE: Com aspereza. // Repreende-os, Tt 1.13.

SEVERIDADE: Ato severo, rigoroso. // A bondade e a **s** de Deus, Rm 11.22.

SEVERO: Austero, veemente, áspero. // Sofrereis juízo muito mais **s**, Mt 23.14. Sabendo que és homem **s**, Mt 25.24. Quanto mais **s** castigo, Hb 10.29. Ver **Rigoroso.**

SEXTÁRIO: Lv 14.10. Ver **Medidas de capacidade.**

SHEKINAH: Este termo (da raiz hb. Shkn, "habitar"), usado pelos targumitas e rabis, e adotado pelos cristãos, refere-se à glória visível de Deus "habitando" no meio de seu povo. Usa-se este vocábulo para designar a presença radiante de Deus, como vista na coluna de fogo, no monte Sinai, no propiciatório entre os querubins, no Tabernáculo, no Templo, etc. A palavra **Shekinah**, não se encontra na Bíblia, mas há alusões em tais passagens como Is 60.2; Mt 17.5; Lc 2.9; Jo 1.14; Rm 9.4. Ver **Glória, Nuvem, Teofania.**

SHEOL: Esta palavra hebraica quer dizer o mundo dos mortos, como se fosse um retiro subterrâneo, com seus acessórios e moradores. É traduzida **sepultura** (Gn 37.35; 1 Sm 2.6; Sl 6.5; etc.), **Cova** (Is 14.11 etc.) e **inferno** (ver **Inferno**).

SIAÁ: Chefe de uma família que voltou do exílio, Ed 2.44.

SIÃO: Uma das colinas de Jerusalém, muitas vezes tomada como sinônimo de Jerusalém, 2 Rs 19.21; Sl 126.1; Is 1.8; 10.24. Depois de Davi tomar Sião dos jebuseus, tornou-se a cidade de Davi, 2 Sm 5.6,7. Para ali fez subir a arca de Deus e ficou monte sagrado, 2 Sm 6.12. Onde Davi construiu a sua casa, Ne 12.37; ali foi enterrado, 1 Rs 2.10. Ali Salomão construiu o templo, 2 Sm 24.18; 2 Cr 3.1. Sião é o monte santo, Sl 2.6; onde habita o Senhor, Sl 9.11; 76.2; Is 8.18. Os babilônios pediram que os cativos hebreus cantassem algum dos cânticos de Sião, Sl 137.3. O cântico: A cidade de Deus, Sl 48. Os últimos dias... de Sião sairá a lei, Is 2.2,3. Dizei a filha de Sião: Eis aí te vem o teu Rei, Mt 21.5; Jo 12.15. Eis que ponho em Sião uma pedra de tropeço, Rm 9.33. Virá de Sião Libertador, Rm 11.26. A Jerusalém celestial, Hb 12.22. Ponho em Sião uma pedra angular, 1 Pe 2.6. O Cordeiro em pé sobre o monte Sião, Ap 14.1. Ver **Jerusalém.**

SIBECAI: Um valente do exército de Davi, 2 Sm 21.18.

SIBOLETE, CHIBOLETE, hb. **Rio:** Jz 12.5,6. A prova feita pelos gileaditas aos eframitas, quando fugiam e queriam atravessar os vaus do Jordão, depois da sua derrota, foi que pronunciassem a palavra hebraica, **shibboleth**. Como estes tinham dificuldade em pronunciar o hebraico **sh**, os gileaditas lhe diziam que pronunciassem **shibboleth;** se eles se traíram, proferindo **siboleth**, eram mortos sem mais cerimônia. A palavra quer dizer **rio** ou **enchente.**

SICAR: Uma cidade de Samaria, Jo 4.5. É a moderna aldeia Ascar, um pouco ao norte do poço de Jacó. Ver mapa 2, C-4; 4, B-2.

SICÁRIOS, SALTEADORES (ARC): Partido judaico que saqueava vilas e aterrorizava a Judéia durante os anos de 50 a 70 d.C. Não reconheciam outra autoridade senão a divina. Implacáveis no seu ódio contra os romanos, introduziram-se no meio das multidões assistindo às festas e aniquilavam todos que suspeitassem dar apoio aos romanos, matando-os com punhal que levavam escondido na túnica. Josefo conta que o primeiro que assassinaram assim foi Jônatas, o sumo sacerdote. Depois muitos foram mortos diariamente. Lísias, enganando-se, pensava que Paulo era o egípcio que sublevara e conduzira ao deserto 4 mil sicários, At 21.38.

SICÍLIA: Não se menciona nas Escrituras. Grande ilha triangular do Mediterrâneo, a sudoeste da Itália. É o lugar do célebre vulcão Etna. Siracusa (At 28.12) é uma das suas cidades principais. Ver mapa 6, A-2.

SICLO: Ver **Dinheiro, Pesos.**

SICÔMORO: Gênero de árvores da família das artacárpeas, espécie de figueira, de oito a quinze metros de altura. Abundante na Palestina, 1 Rs 10.27. Davi o cultivava, 1 Cr 27.28. A destruição dos sicômoros do Egito um dos maiores prejuízos da saraiva, Sl 78.47. Madeira inferior ao cedro, Is 9.10. Amós colhedor de seus frutos, Am 7.14. Zaqueu subiu a um sicômoro, Lc 19.4.

SICROM, hb. **Embriaguez:** Cidade da fronteira, ao noroeste de Judá, Js 15.11.

SIDERAL: Relativo aos astros, celeste. // A sua fortaleza nos espaços **s**, Sl 68.34.

SIDIM, hb. **Lados:** Um vale na extremidade noroeste do mar Morto. O teatro do combate dos reis, em que Ló foi levado cativo, Gn 14.3.

SIDOM: 1. Um filho de Canaã e neto de Noé, Gn 10.15. // 2. Uma cidade ao norte de Tiro, no Mediterrâneo. O limite dos cananeus, Gn 10.19. Aser não conseguiu subjugá-la, Jz 1.31. Tiro chamada a "virgem filha de Sidom", Is 23.12. Se em Tiro e em Sidom, Mt 11.21. Entre os habitantes de Tiro e de Sidom, At 12.20. Num navio... chegamos a Sidom, At 27.2,3. Ver mapa 1, H-2; 2, C-1 6, F-3.

SIDÔNIOS: Os habitantes de Sidom, 1 Rs 5.6. Oprimiam Israel, Jz 10.12.

SIFI, hb. **Abundante:** Um príncipe de uma família simeonita, 1 Cr 4.37.

SIFMOTE: Cidade ao sul de Judá, para onde Davi fugiu de Saul, 1 Sm 30.28. Situação desconhecida.

SIFRÁ, hb. **Esplendor:** Parteira egípcia, Êx 1.15.

SIFTÃ, hb. **Judicial:** Um príncipe efraimita, Nm 34.24.

SIGILO: Segredo. // E a dádiva em **s**, Pv 21.14.

SIGNIFICAÇÃO: Aquilo que as coisas querem dizer. // Ignorar a **s** da voz, 1 Co 14.11. Ver **Significado.**

SIGNIFICADO: Significação. // Ouvido Gideão contar este sonho e o seu **s**, Jz 7.15. Ver **Sentido, Significação.**

SIGNIFICAR: Querer dizer. // Significam estas pedras? Js 4.6,21. O que significa: Misericórdia, Mt 9.13; 12.7. Significa a remoção dessas coisas, Hb 12.27.

SILA, hb. **Cesto:** Lugar ignorado ou em Jerusalém ou perto desta cidade, 2 Rs 12.20.

SILAS: Um notável membro da primitiva Igreja Cristã, e cidadão romano, At 15.22. Enviado pelos apóstolos a Antioquia, juntamente com Paulo e Barnabé, At 15.22,27,34. Cooperador de Paulo na segunda viagem missionária, At 15.40; 16.19; 17.4; 1 Ts 1.1; 2 Ts 1.1. Preso, com Paulo, em Filipos, At 16.19-40; opina-se que o Silvano de 2 Co 1.19; 1 Ts 1.1 e 2 Ts 1.1 é a mesma pessoa, sendo **Silas** uma contração de **Silvano.**

SILÉM, hb. **Retribuição:** Um filho de Naftali, Gn 46.24.

SILÊNCIO: Privação de falar; interrupção de ruído. // Houve **s** e ouvi uma voz, Jó 4.16. Emudeci em **s**, Sl 39.2. Os que descem à região do **s**, Sl 115.17. Fez-se grande **s**, At 21.40. Ainda maior **s**, At 22.2. Mistério guardado em **s** nos tempos eternos, Rm 16.25. A mulher aprenda em **s**, 1 Tm 2.11. Houve **s** no céu, Ap 8.1.

SILENCIOSO: Que guarda silêncio. // Assenta-te **s**, Is 47.5 (ARC).

SILI, hb. **Armado com dardo:** Avô materno do rei Josafá, 1 Rs 22.42.

SILIM, hb. **Arma de arremesso:** Uma cidade da herança de Judá, Js 15.32.

SILO: Uma cidade ao norte de Betel, Jz 21.19. Onde os filhos de Israel, sob o comando de Josué, armaram a tenda da congregação, Js 18.1. Durante os primeiros anos de Samuel, o Tabernáculo estava ali, 1 Sm 1.24. Onde morava o profeta Aías, 1 Rs 14.2. Há menção de Silo até o tempo de Jeremias, Jr 41.5. Ver mapa 2, C-4.

SILÓ: Esta palavra se encontra apenas uma vez na Bíblia: ´O cetro não se arredará de Judá... até que venha Siló", Gn 49.10. Há, através dos séculos, várias explicações desta passagem, mas nenhuma inteiramente sem dificuldade. Uma das primeiras interpretações é que o vocábulo Siló se refere mesmo ao Messias, contudo há várias objeções, uma das mais importantes é que não se encontra qualquer referência a tal título nem no Antigo Testamento e nem no Novo. Alguns preferem a tradução, "até que venha a Silo". Neste caso a alusão seria à primazia de Judá na guerra, Jz 1.1,2; 20.18, a qual continuaria até a conquista completa de Canaã e a arca do concerto estar colocada solenemente em Silo. Mas entre as objeções, há o fato de Judá não ter ligação à cidade de Silo. Uma terceira versão, a dos Setenta, é: "até que venha aquilo que é seu". A palavra **shiloh** não é considerada nem o nome de uma pessoa nem de um lugar. Esta referência, não tão direta a esperança Messiânica, pode ser certa. Por uma coisa, tem a aprovação dos Setenta. Há ainda uma outra versão, a dos padres antigos: "até que venha aquele de quem ele é". Ver a Versão Brasileira: "Não se apartará de Judá o cetro, nem a vara do comando dentre seus pés, até que venha aquele de quem ela é, e a esse obedecerão os povos".

SILOÉ, hb. **Enviado:** O nome do tanque em Jerusalém onde o cego de nascença se lavou e recebeu a vista, Jo 9.11. O nome, também, da torre, situada perto, que desabou e matou dezoito pessoas, Lc 13.4. A outra menção de Siloé é em Is 8.6: "As águas de Siloé que correm brandamente". Tanto o seu nome (enviado), como a frase "correm brandamente", parecem referirem-se ao fato de que o tanque era abastecido por um aqueduto que trazia as águas da Fonte da Virgem, uma nascente no vale de Cedrom. Neste cano, cavado na rocha, foi descoberta em 1880, uma inscrição que descrevia como trabalharam os mineiros, partindo das extremidades e encontrando-se no meio. Com todas as probabilidades, tanto o tanque como o cano devem atribuir-se a Ezequias, 2 Rs 20.20. O tanque de Siloé é um reservatório de 18 metros de comprimento por 6 de largura e 6 de profundidade. O lado ocidental se acha quase destruído.

SILONITA: Um habitante de Silo, 1 Rs 11.29; Ne 11.5.

SILSA, hb. **Trio:** Um descendente de Aser, 1 Cr 7.37.

SILVANO: 2 Co 1.19; 1 Ts 1.1; 2 Ts 1.1; 1 Pe 5.12. Ver **Silas.**

SIM: Designativo de afirmação. // Seja a tua palavra: **S**, **s**, Mt 5.37. Respondeu: **S**, Senhor; porém não foi, Mt 21.29. Que haja em mim simultamente o **s** e o não? 2 Co 1.17. Seja o vosso **s**, **s**, e o não, não, Tg 5.12.

SIM, hb. **Pântano:** 1. O deserto de Sim, região inculta entre Elim e o Sinai, atravessado pelos israelitas, Êx 16.1. Foi aqui que ao povo foram dados o maná e as codornizes. // 2. Uma cidade do Egito, Ez 30.15. Não se podia invadir o Egito pelo lado do nordeste sem primeiro tomar esta fortaleza.

SIMÃO, forma abreviada de **Simeão:** 1. Simão Pedro, o apóstolo, Mt 4.18. // 2. Simão, pai de Judas Iscariotes, que traiu a Jesus, Jo 6.71. // 3. Simão, irmão do Senhor, Mt 13.55. // 4. Simão, o fariseu que convidou Jesus a jantar, Lc 7.36. // 5. Simão, o leproso em Betânia, Mt 26.6. // 6. Simão, curtidor em Jope, At 9.43. // 7. Simão, cireneu que levou a cruz, Mt 27.32. // 8. Simão Zelote, um dos doze apóstolos, Mt 10.4. // 9. Simão, o mágico, batizado por Felipe, At 8.9.

SIMEÃO, hb. **Famoso:** 1. Um dos doze patriarcas, filho de Jacó, Gn 29.33. Com Levi, vingam-se de Diná, Gn 34.25. Guardado como refém por José, Gn 42.24. Seus descendentes, Nm 1.23; Js 19.1-9. A sua herança, Js 19.1. Ver mapa 2, B-7. Nas profecias de Ezequiel, Ez 48.24. Selados 12 mil simeonitas, Ap 7.7. // 2. Um velho que profetizou sobre Cristo na sua apresentação no Templo, Lc 2.29-35. // 3. Um dos antepassados na linhagem de José, Lc 3.30. // 4. Um dos profetas e mestres na igreja em Antioquia, At 13.1.

SIMEATE, hb. **Rumor:** Uma mulher de Amom, cujo filho matou o rei Joás, 2 Rs 12.21.

SIMEI, hb. **Famoso:** Um irmão de Davi, 1 Cr 20.7.

SIMÉIA, hb. **Afamado:** 1. Um filho de Davi, 1 Cr 3.5. // 2. Um levita, da família de Merari, 1 Cr 6.30. // 3. Um levita, da família de Gérson, 1 Cr 6.39. // 4. Um benjamita, 1 Cr 8.32.

SIMÉIS: Um irmão de Davi, 1 Cr 2.13.

SÍMILE: Analogia; comparação de coisas semelhantes. // Propus **s**, Os 12.10.

SIMPATIA: Inclinação instintiva que fez atrair uma pessoa para outra. // Contando com a **s** de todo o povo, At 2.47.

SIMPLES: Que não é duplo ou múltiplo; sem ornato; ordinário; ingênuo. // Dá sabedoria aos **s**, Sl 19.7 (B). O Senhor vela pelos **s**, Sl 116.6. Dá entendimento aos **s**, Sl 119.130. Dar aos **s** prudência, Pv 1.4. Entendei, ó **s**, a prudência, Pv 8.5. E **s** como as pombas, Mt 10.16 (B). Sábios para o bem, e **s** para o mal, Rm 16.19 (B).

SÍMPLICE: Simples. // Dá sabedoria aos **s**, Sl 19.7. O Senhor vela pelos **s**, Sl 116.6 (ARC). Dá entendimento aos **s**, Sl 119.130 (ARC). Enganam os corações dos **s**, Sl 16.18 (ARC). Mas **s** no mal, Rm 16.19 (ARC). Ver **Simples.**

SIMPLICIDADE: Ingenuidade, sinceridade. // Com Absalão... na sua **s**, 2 Sm 15.11. E se apartem da **s** e pureza devidas a Cristo, 2 Co 11.3. Ver **Sinceridade, Singeleza.**

SINABE: Rei de Admá; um dos cinco reis a quem Quedolaomer atacou, Gn 14.2.

SINAGOGA: Igreja judaica. A palavra, que significa **assembléia**, ou **congregação**, aparece mais que 60 vezes no Novo Testamento, mas no Antigo somente em Salmos 74.8; em algumas versões. Originou, parece, entre os judeus exilados da Babilônia, pela necessidade que sentiam, longe do Templo, de orar e se edificarem em comum. Precisavam-se de, ao mesmo, dez homens para fundar uma sinagoga. A ordem do culto nas **s** assemelhava-se à que se acha descrita em Ne 8.1-8 e Lc 4.16-22; At 13.15; 15.21. A sinagoga servia, também, como um centro social, como o lar espiritual do judeu, e o lugar de educar os seus filhos. Jesus ensinava e orava nas sinagogas, Mt 12.9; Mc 3.1; Lc 6.6; 13.10; Jo 6.59; 18.20; em toda a Galiléia, Mt 4.23; Lc 4.15; em todas as cidades e povoados, Mt 9.35; em Nazaré, Mt 13.54; Lc 4.16; em Cafarnaum, Mc 1.21; da Judéia, Lc 4.44. Hipócritas oravam e davam esmolas nas sinagogas, Mt 6.2,5. Lugar de julgamento e de açoitar, Mt 10.17; 23.34; Mc 13.9; At 22.19; 26.11. Procuravam-se as primeiras cadeiras nas sinagogas, Mt 23.6. O chefe da sinagoga, Mc 5.35; Lc 8.41; 13.14. Principais da sinagoga, Mc 5.22; At 18.8,17. Centurião edificou uma sinagoga, Jo 9.22; 12.42; 16.2. A sinagoga chamada dos Libertos, dos Cireneus, dos Alexandrinos, At 6.9. Paulo pregava, At 9.20; 13.5; 14.1; 17.1; 18.4; 24.12. Apolo pregava nas sinagogas, At 18.26. A sinagoga de Satanás, Ap 2.9; 3.9.

SINAI: 1. Península montanhosa da Arábia (ver mapa 1, D-4), entre os golfos de Suez e de Akabah. O deserto de Sinai onde Deus apareceu a Moisés nas chamas de uma sarça, At 7.30. Onde os israelitas ficaram acampados quase um ano em frente do monte Sinai, Êx 19.1,2. Onde foi levantado o censo de toda a congregação de Israel, Nm 1.1,2. // 2. O monte Sinai. Onde Deus deu a lei, Êx 19 a Nm 10. Chamava-se, também, Horebe, Êx 3.1. Onde Elias, fugindo de Jezabel, escondeu-se numa caverna, 1 Rs 19 8,9. Contraste entre o monte Sinai e o monte Sião "Jerusalém lá de cima", Gl 4.21-31; Hb 12.18-29.

SINAL: Indício, marca, gesto. // Da aliança, Gn 17.10; do apostolado, 2 Co 12.12; aprovado com **s**, At 2.22; arco íris por sinal, Gn 9.13; circuncisão, Gn 17.10; Rm 4.11; em Caim, Gn 4.15; dos céus, Jr 10.2; descalço por sinal, Is 20.3; falsos, Dt 13.1-3; Mt 24.24; 2 Ts 2.9; Ap 16.14; 19.20; Filho do homem, Mt 24.30; grande no céu, Ap 12.1; grandes, At 6.8; Ap 13.13; de Jonas, Mt 12.39; Lã, Jz 6.37; línguas, 1 Co 14.22; luzeiros, Gn 1.14; nas mãos, Jo 20.25; de Moisés, Êx 3.12; notório, At 4.16; **s** pedido, Mt 12.38; 1 Co 1.22. Sábado, Êx 31.13; sangue, Êx 12.13; no sol, Lc 21.25; tempos, Mt 16.3; velo, Jz 6.37; vinda de Cristo, Mt 24.3,15,30. Ver **Maravilha, Milagre, Prodígio.**

SINCERAMENTE: De modo sincero. // Se deveras e **s** procedestes, Jz 9.16. Abominais o que fala **s**, Am 5.10. Os que vos obsequiam não o fazem **s**, Gl 4.17. Os que amam **s** a nosso Senhor, Ef 6.24. Ninguém... que **s** cuide dos vossos interesses, Fp 2.20. Ver **Insinceramente.**

SINCERIDADE: Qualidade do que é sincero. // Com **s** de coração e na inocência, Gn 20.5. Na **s** de meu coração dei, 1 Cr 29.17. Não têm eles **s** nos lábios, Sl 5.9. Preservem-me a **s** e a retidão, Sl 25.21. É escudo para os que caminham na **s**, Pv 2.7. Asmos da **s** e da verdade, 1 Co 5.8. Com santidade e **s** de Deus... temos vivido, 2 Co 1.12. Mercadejando a palavra de Deus; antes... com **s**, 2 Co 2.17. Para provar... a **s** de vosso amor, 2 Co 8.8. Obedecei... na **s** do vosso coração, como a Cristo, Ef 6.5. Ver **Simplicidade.**

SINCERO: Que se exprime sem artifício, sem intenção de enganar, de disfarçar o seu procedimento. // Serdes **s** e inculpáveis para o dia de Cristo, Fp 1.10. Irrepreensíveis e **s**, filhos de Deus, Fp 2.15. Aproximemo-nos, com **s** coração, Hb 10.22. Ver **Leal, Singeleza.**

SINEAR: O nome antigo do país, que depois se chamou Babilônia, Gn 10.10; 11.2; 14.1,9; Dn 1.2; Zc 5.11. Ver mapa 1, D-3.

SINÉDRIO, CONSELHO OU CONCÍLIO: Supremo tribunal dos antigos judeus, até a destruição de Jerusalém em 70 d.C. Consistia de 71 membros, inclusive o presidente. Não há prova de que se originou com a escolha dos 70 anciãos no tempo de Moisés, Nm 11.16,17. É mais provável que iniciou no tempo do rei Josafá, 2 Cr 19.8. É atribuída a Josefo a primeira menção do Sinédrio; escreveu da divisão da Palestina em cinco **synedria** (57 a.C.). O Sinédrio julgava os casos criminosos ou administrativos que diziam respeito a uma tribo ou a uma cidade. Era especialmente um tribunal de apelação, Tinha a competência de poder aplicar a pena capital. O Sinédrio se reunia em uma câmara imponente de pedra lavrada. Seus ilustres membros assentavam-se formando um semicírculo, com o acusado na sua frente. A polícia executava as ordens deste tribunal, Mt 26.47; Jo 18.12. O Sinédrio tem a responsabilidade da maior tragédia de toda a história, Mt 26.59; Mc 14.55; 15.1; Lc 22.66; Jo 11.47. Devemos notar, contudo, que entre os membros deste Sinédrio, estava Nicodemos, Jo 3.1-21; 7.50-52; 19.39; e José de Arimatéia, Jo 19.38. Pedro, João e os outros apóstolos perante o mesmo tribunal, At 4.5; 6.15; 5.21,27,34. Estevão levado ao Sinédrio, At 6.12. Paulo, At 20.30; 23.1,15; 24.20.

SINETE: Utensílio com assinatura ou divisa gravada, e que serve para imprimir no papel. // Pedras... esculpidas como **s**, Êx 39.14. Os **s**, e as jóias pendentes, Is 3.21.

SINEUS: Gn 10.17. Uma tribo de cananeus que, segundo S. Jerônimo, habitava a cidade de Sim, cujas ruínas se encontram no monte Líbano. Ver mapa 1, H-1.

SINGELEZA: Simplicidade. // Com alegria e **s** de coração, At 2.46. Em **s** de coração, temendo ao Senhor, Cl 3.22.

SINIM: Is 49.12. Um país no longínquo oriente, o qual dizem alguns ser a China, e outros a Pérsia.

SINO: Instrumento próprio para colocar nas torres e campanários, e que, percutido por uma peça interior, chamado badalo, ou por um martelo exterior produz sons fortes. // Ou com o **s** que tine, 1 Co 13.1 (ARC).

SINÓPTICO: Que tem forma de sinopse; resumido. Os **Sinópticos:** os Evangelhos de Mateus, Marcos e Lucas. **O Evangelho Segundo João** é obra de um teólogo, que apresenta Jesus como "o Cristo, o Filho de Deus", ao passo que os três primeiros Evangelhos narram os eventos na vida de Cristo, apresentando grandes semelhanças na narração dos fatos.

SINRATE, hb. **Vigilância:** O último dos nove de Simei, 1 Cr 8.21.

SINRI, hb. **Vigilante:** 1. Um filho de Semaías da tribo de Simeão, 1 Cr 4.37. // 2. O pai de Jediael, um dos valentes do exército de Davi, 1 Cr 11.45. // 3. Um merarita, 1 Cr 26.10. // 4. Um levita, 2 Cr 29.13.

SINRITE: Uma mulher de Moabe, mãe de um dos assassinos de Joás, 2 Cr 24.26.

SINROM, hb. **Guardião:** 1. Um filho de Issacar, Gn 46.13. // 2. Uma cidade da herança de Zebulom, Js 19.15.

SINROM-MEROM: Uma cidade real de Canaã, conquistada por Josué, Js 12.20.

SINSAI, hb. **Brilhante:** Escrivão que redigiu ao rei da Pérsia, fazendo objeções à reedificação de Jerusalém, Ed 4.8.

SÍNTIQUE, gr. **Afortunada:** Uma mulher da igreja de Filipos e companheira de Evódia, Fp 4.2. Paulo as exortou para que servissem juntas harmoniosamente.

SIOM, hb. **Elevado:** 1. O mesmo que monte Hermom, Dt 4.48. // 2. Uma cidade da herança de Issacar, Js 19.19.

SIOR-LIBNATE, hb. **Torrente de Libnate:** Uma cidade da herança de Aser, Js 19.26. Ver mapa 4, A-1.

SIPAI: Ver **Safe.**

SIQUÉM, hb. **Espádua:** 1. Um descendente de Manassés, 1 Cr 7.19. // 2. At 7.16. Uma cidade entre Ebal e Gerezim. Distava 65 Km de Jerusalém, no caminho para Nazaré, Gn 33.18.

SIQUÉM, hb. **Ombro:** 1. Abraão, ao chegar em Canaã armou a tenda junto a Siquém, Gn 12.6. Ali edificou seu primeiro altar na terra, Gn 12.7. Uma cidade muralhada, Gn 34.20. O carvalho de Moré em Siquém, Gn 12.6; 25.4. Siquém na região montanhosa de Efraim, Js 20.7. Josué reuniu todas as tribos em Siquém, para despedir-se delas, Js 24.1. Os ossos de José enterrados em Siquém, Js 24.32. Abimaleque destruiu a cidade e a semeou de sal, Jz 9.45. As dez tribos, em Siquém, rejeitaram Roboão, 1 Rs 12.1. Jeroboão, edificou Siquém e passou a residir ali, 1 Rs 12.25. Habitavam israelitas em Siquém depois do cativeiro, Jr 41.5. Mencionada por Estêvão, At 7.16. Ver mapa 1, H-3; 4, B-2. // 2. Filho de Hamor, Gn 33.19.

SIQUEMITAS: Descendentes de Siquém, Nm 26.31.

SIRÁ, hb. **Efervescência:** Um poço, um quilômetro distante de Hebrom, onde Abner foi morto por Joabe, 2 Sm 3.26.

SIRAC, SABEDORIA DE: Um dos livros apócrifos. O mesmo que Eclesiástico.

SIRACUSA: Uma cidade na costa oriental da Silícia, onde Paulo permaneceu três dias na sua viagem para Roma, At 28.12. Ver mapa 6, A-2.

SÍRIA: O Arã de Nm 23.7. País ao norte da Galiléia, entre o Eufrates, a Arábia e o Mediterrâneo. Ver mapa 6, G-3. É país maior e mais fértil que a Palestina. Sua região montanhosa é atravessada pelo Líbano e pelo Anti-Líbano. É regada pelos rios Orontes, Farfar, Abana e Eufrates. Entre as cidades famosas da Síria estavam Damasco, Antioquia, Selêucia, Palmira e Laodicéia, Atos 9.2; 11.19; 13.4; Ap 3.14. A capital da república, da Síria atual, é Damasco — A capital da Síria será Damasco, Is 7.8. Israel tornou a servir aos deuses da Síria, Jz 10.6. Os siros ficaram servos de Davi, 2 Sm 8.6. Importavam-se do Egito carros e cavalos para a Síria, 1 Rs 10.29. Asa fez aliança com Ben-Hadade, rei da Síria, 1 Rs 15.18. Elias enviado a ungir Hazael rei sobre a Síria, 1 Rs 19.15. Naamã, o siro, 2 Rs 5.20; Lc 4.27. O exército da Síria ferido de cegueira e levado a Samaria, 2 Rs 6.18-20. O Senhor fez ouvir ruídos de carros, no arraial dos siros, 2 Rs 7.6. Rezim rei da Síria enviado conta Judá, 2 Rs 15.37. O povo da Síria será levado em cativeiro, Am 1.5. A fama de Jesus correu por toda a Síria, Mt 4.24. Quirino governador da Síria, Lc 2.2. Os irmãos em Antioquia, Síria e Celécia, At 15.23,41. Paulo nas regiões da Síria, At 18.18; 20.3; Gl 1.21. Ver **Versões das Escrituras.**

SERÍACO: Relativo aos sírios; o idioma aramaico. // Pedimo-te que fales em **s**, Is 36.11.

SIRIOM, hb. **Couraça:** O nome, entre os sidônios, do monte Hermom, Dt 3.9. Ver mapa 3, B-1.

SIRO: O mesmo que sírio; natural da Síria. // Os **s** fugiram, 2 Sm 10.18; 1 Rs 20.20. Porque os **s** estão descendo para ali, 2 Rs 6.9. Do oriente vêm os **s**, Is 9.12.

SIRO-FENÍCIA: Mulher grega de origem siro-fenícia, Mc 7.26. Uma mulher cananéia, Mt 15.22. Trata-se de uma mulher fenícia, habitando a Síria, a qual assim se distinguia da de Cartago ou da de outras colônias do Mediterrâneo. Os três termos, **grega, siro-fenícia** e **cananéia**, mostram de um modo claro, quão estranho era que ela recorresse a Jesus.

SIRTE: At 27.17. Nome da costa africana entre Cartago e Cirene. Seus ventos, marés e areias movediças infundiam terror aos antigos marinheiros. Ver mapa 6, B-4.

SISA: O pai de dois secretários de Salomão, 1 Rs 4.3.

SISAQUE: Rei do Egito, 952 a 930 a.C. Acolheu Jeroboão, quando fugiu de Salomão, 1 Rs 11.40. Durante o reinado de Roboão invadiu a Judá, levando os tesouros do Templo, 1 Rs 14.25. No muro do sul do grande templo de Carnaque, pode ver-se uma lista das cidades da Palestina, conquistadas por este Faraó.

Disporá os seus aríetes contra os teus muros e, com os seus ferros, deitará abaixo as tuas torres, Ez 26.9

SÍSERA, hb. **Ordem de combate:** 1. Comandante do exército de Jabim, rei de Canaã, Jz 4.2. Quando fugia, derrotado por Débora e Baraque, foi morto por Jael, cravando-lhe esta mulher uma estaca em uma das fontes, enquanto dormia, Jz 5.17-22. // 2. Antepassado de uma família que voltou para Jerusalém, com Zorobabel, Ed 2.53.

SISMAI: Um jerameelita, 1 Cr 2.40. **SISO:** Bom senso. // O bom **s** te guardará, Pv 2.11. Ver **Sensatez.**

SISUDO: Que tem siso. // Filho de Jessé... **s** em palavras, 1 Sm 16.18. Ver **Prudente, Sério.**

SITIAR, SÍTIO: O exército sitiado levanta primeiramente, trincheiras em redor da cidade, 2 Rs 25.1; Is 29.3; Ez 4.2. Essas serviam não somente como base para as operações mas para isolar a cidade. Em seguida levanta um ou mais montões em direção às muralhas da cidade, 2 Sm 20.15; Ez 4.2. Da altura dos montes mais facilidade e os arqueiros e os fundibulários atiram com maior vantagem. Deus ordenou que sitiassem as cidades que não fizessem paz, mas fizessem guerra, Dt 20.12. Cidades sitiadas: Tebes, Jz 9.50. Rabá, 2 Sm 11.1. Abel de Bete-Maaca, 2 Sm 20.15. Gibetom, Rs 15.27. Tirza, 1 Rs 16.17. Samaria, 1 Rs 20.1; 2 Rs 6.24. Subiu a Samaria, e a sitiou por três anos, 2 Rs 17.5; 18.9.

Jerusalém, 2 Rs 24.10; 25.1,2; Dn 1.1. Deus dispersa os ossos daquele que te sitia, Sl 53.5. Um grande rei sitiou-a e levantou contra ela grandes baluartes, Ec 9.14. A filha de Sião é deixada como palhoça no pepinal, como cidade sitiada, Is 1.8.

SITIM, hb. **Acácias:** Lugar do último acampamento dos filhos de Israel, antes da passagem do Jordão. Foi durante o tempo deste acampamento que Balaão tentou amaldiçoar a Israel, Nm 25.1 Ali se realizou o segundo recenseamento, Nm 26. Em Sitim Moisés designou Josué para substituí-lo na direção do povo, Nm 27.18. De lá Josué enviou os dois espias, Js 2. Ver mapa 2, D-5; 5, C-1.

SITNA, hb. **Luta:** Poço de Isaque, o qual os pastores de Gerar procuraram obter, Gn 26.21.

SITRAI: Um pastor de Sarom, encarregado de guardar os rebanhos de Davi, 1 Cr 27.29.

SITRI, hb. **Oculto:** Um neto de Coate, Êx 6.22.

SITUAÇÃO: Posição; condição de uma pessoa em relação às suas aspirações, interesses ou paixões. // Por causa da angustiosa **s** presente, 1 Co 7.26. Viver contente em... qualquer **s**, Fp 4.11.

SIVÃ: O terceiro mês do ano judaico, Et 8.9. Ver **Ano.**

SIZA, hb. **Amor veemente:** 1. Um príncipe de uma família simeonita, 1 Cr 4.37. // 2. Pai de Adina, um dos valentes do exército de Davi, 1 Cr 11.42.

SÓ: Desacompanhado; único; consigo mesmo. // Tornando-se os dois uma **s** carne, Gn 2.24. Ai, porém, do que estiver **s**, Ec 4.10. Não **s** de Pão viverá, Mt 4.4. A tarde, lá estava ele, **s**, Mt 14.23. A fé... por si **s** está morta, Tg 2.17.

SÔ: Um dos reis do Egito, talvez o **Shabaka** que fundou a dinastia da **Etiópia**. Osérias, que desejou livrar-se do jugo da Assíria, procurou para esse fim o auxílio e a aliança de Sô. A conseqüência desta aliança foi desastrosa; o rei da Assíria encerrou Oséias em grilhões num cárcere e transformou Israel para a Assíria, 2 Rs 17.4-6.

SOA: O povo de Soa mencionado com os babilônios, os caldeus e os assírios, Ez 23.23.

SOÃO, hb. **Berilo:** Um dos filhos de Merari, 1 Cr 24.27.

SOAR: Dar ou produzir som. // Serei como o bronze que soa, 1 Co 13.1. A trombeta soará, os mortos ressuscitarão, 1 Co 15.52. Por vós soou a palavra, 1 Ts 1.8 (ARC).

SOBABE, hb. **Restaurado:** 1. Um dos filhos de Davi, 1 Cr 3.5. // 2. Um descendente de Calebe, 1 Cr 2.18.

SOBAI: Chefe de uma família que voltou do exílio, Ed 2.42.

SOBAL, hb. **Transbordante:** 1. Um filho de Seir, o horeu, Gn 36.20. // 2. Um descendente de Calebe, 1 Cr 2.50. // 3. Um filho de Judá, 1 Cr 4.1.

SOBEJAR: Sobrar. // medindo-o... não sobejava, Êx 16.18. Do que sobejou recolheram, Mt 15.37. Ver **Restar.**

SOBEJO: Que sobra. // Dão os seus **s** às suas crianças, Sl 17.14 (ARC).

SOBEQUE, hb. **Esquecido:** Um dos que selaram o pacto com Neemias, Nm 10.24.

SOBERANIA: Autoridade suprema. // Sejam **s**... Tudo foi criado por, Cl 1.16.

SOBERANO: Nada tenho de positivo que escreva ao **s**, At 25.26. Único **S**, o Rei dos reis, 1 Tm 6.15. Quer seja o rei, como **s**, 1 Pe 2.13. Jesus Cristo... o **s** dos reis, Ap 1.5. Ver **Supremo.**

SOBERBA: Orgulho, arrogância. // Da **s** guarda o teu servo, Sl 19.13. A **s**... eu os aborreço, Pv 8.13. Em vindo a **s**, sobrevém a desonra, Pv 11.2. Dá **s** só resulta a contenda, Pv 13.10. A **s** precede a ruína, Pv 16.18. Humilhar aos que andam na **s** , Dn 4.37. Do coração... procedem... a **s**, Mc 7.21,22. Tudo que há no mundo... a **s**, 1 Jo 2.16.

SOBERBAMENTE: Orgulhosamente. // Corte o Senhor... a língua que fala **s**, Sl 12.3.

SOBERBO: Orgulhoso, altivo. // Dá o pago aos **s**, Sl 94.2. Coração **s**, não o suportarei, Sl 101.5. O dia do Senhor... contra todo **s**, Is 2.12. Ai da **s** coroa dos bêbados, Is 28.1. Para praticarem coisas inconvenientes... **s**, Rm 1.28-30. Deus resiste aos **s**, Tg 4.6; 1 Pe 5.5. Ver **Arrogante, Orgulhoso.**

SOBI, hb. **Condutor de escravos:** Um dos que levou mantimento a Davi quando este fugia de Absalão, 2 Sm 17.27.

SOBOQUE: Chefe do exército de Hadadezer, rei de Bobá na Assíria, 2 Sm 10.16.

SOBRAR: Ter, haver em excesso. // Ofertaram do que lhes sobrava, Mc 12.44. Ver **Restar, Sobejar.**

SOBRE: Em cima ou para cima de. // O qual é **s** todos, Ef 4.6.

SOBREAVISO: Precaução, prevenção. // Estai de **s**, vigiai, Mc 13.33.

SOBRECARGA: Carga demasiada. // Outros tenham alívio, e vós, **s**, 2 Co 8.13.

SOBRECARREGAR: Carregar em demasia; oprimir. // Vinde a mim... cansados e sobrecarregados, Mt 11.28. Sobrecarregais os homens com fardos, Lc 11.46. Vossos corações fiquem sobrecarregados, Lc 21.34. Socorra-as e não fique sobrecarregada a igreja, 1 Tm 5.16. Mulherinhas sobrecarregadas de pecados, 2 Tm 3.6. Ver **Carregado.**

SOBREEDIFICADO: Edificado com firmeza. // Arraigados e **s** nele, Cl 2.7 (ARC).

SOBREEXCELENTE: Sublime. // Diante da atual **s** glória, 2 Co 3.10. Qual a **s** grandeza do seu poder, Ef 1.19 (ARC).

SOBREMANEIRA: Excessivamente. Sobremodo. // O Senhor engrandeceu **s** a Salomão, 1 Cr 29.25. Louvarem... em voz alta **s**, 2 Cr 20.19. Pelo mandamento se mostrasse **s** maligno, Rm 7.13.

SOBREMODO: O mesmo que sobremaneira. // Eis agora o tempo **s** oportuno, 2 Co 6.2.

SOBREPELIZ: Mantelete. // A **s** da estola sacerdotal, Êx 39.22.

SOBREPOR: Acrescentar. // Não podiam sobrepor-se à sabedoria, At 6.10

SOPREPUJAR: Avantajar-se, tornar-se superior. // Sobrepujas em sabedoria... que ouvi, 1 Rs 10.7. Mas tu a todas sobrepujas, Pv 31.29. E sobrepujei em sabedoria a todos, Ec 1.16. Ver **Exceder.**

SOBRESSAIR: Sair fora de uma linha dada; realçar; distinguir-se. // Ombros para cima sobressaia a todo, 1 Sm 9.2. Quem é que te faz sobressair? 1 Co 4.7.

SOBRESSALTAR: Assustar, atemorizar. // Os seus grandes estavam sobressaltados, Dn 5.9.

SOBREVESTIR: Vestir por cima de outras vestes. // Sobrevestido de glória e majestade, Sl 104.1.

SOBREVIR: Acontecer, suceder imprevistamente. // Por que nos sobreveio tudo isso? Jz 6.13. Revelar-lhes as coisas que lhe deviam sobrevir, Mc 10.32. Há de sobrevir a todos os que vivem, Lc 21.35. Estas coisas lhes sobrevieram como exemplos, 1 Co 10.11. Não vos sobreveio tentação que não fosse humana, 1 Co 10.13. A natureza da tribulação que nos sobreveio, 2 Co 1.8. Eis que lhes sobrevirá repentina destruição, 1 Ts 5.3. Ver **Acontecer, Suceder.**

SOBREVIVENTE: Pessoa que sobrevive. // Não nos tivesse deixado alguns **s**, Is 1.9. Entre os **s** aqueles que o Senhor, Jl 2.32.

SOBREVIVER: Continuar a viver, a ser, a existir, depois de outra pessoa ou de outra coisa. // Sobreviveram... depois de Josué, Jz 2.7. A maioria sobrevive até agora, 1 Co 15.6.

SOBRIEDADE: Temperança, moderação. // Tornai-vos a **s**, 1 Co 15.34. Ver **Moderação.**

SOBRINHO: Indivíduo em relação aos irmãos de seus pais. // Ló, filho de seu irmão, Gn 12.5. Jacó, filho de sua irmã, Gn 29.13. O filho da irmã de Paulo, At 23.16.

SÓBRIO: Que se caracteriza pela exclusão de luxo, dos excessos ornamentais, etc. // Sejamos **s**, 1 Ts 5.6,8. O bispo seja... **s**, 1 Tm 3.2. Sê **s** em todas as coisas, 2 Tm 4.5. Amigo do bem, **s**, Tt 1.8. Sede **s** e esperai inteiramente na graça, 1 Pe 1.13. Criteriosos e **s** a bem de vossas orações, 1 Pe 4.7. Sê **s** e vigilantes. O diabo... anda, 1 Pe 5.8.

SOCAR: Dar sova em; dar socos em; pisar. // As unhas dos cavalos socavam pelo galopar, Jz 5.22.

SOCIEDADE: Comunicação, relações. // Que **s** pode haver entre, 2 Co 6.14.

SOCÓ, hb. **Espinho:** 1. Uma cidade da herança de Judá, Js 15.35. Os filisteus acamparam-

A nova vila industrial de Sodoma, na costa sul do mar Morto

se entre Socó e Azeca, 1 Sm 17.1. Ver mapa 5, B-1. // 2. Outra cidade da herança de Judá, Js 15.48. Ver mapa 5, B-2.

SOCORRER: Defender, predizer, prestar socorro. // Senhor, escudo que te socorre, Dt 33.29. Além de ti não há quem possa socorrer, 2 Cr 14.11. Apressa-te em socorrer-me, Sl 38.22. Socorrei o fraco e o necessitado, Sl 82.4. Senhor, socorre-me, Mt 15.25. Socorrer aos necessitados, At 20.35. Socorri no dia da salvação, 2 Co 6.2. Tenha... socorrido atribulados, 1 Tm 5.1. Socorrer as que são verdadeiramente viúvas, 1 Tm 5.16. É poderoso para socorrer, Hb 2.18. Ver **Ajudar, Amparar, Auxiliar.**

SOCORRO: Auxílio, amparo, proteção. // Não vieram em **s** do Senhor, Jz 5.23. Judá se congregou para pedir **s** ao Senhor, 2 Cr 20.4. **S**, Senhor, Sl 12.1. Do seu santuário te envie **s**, Sl 20.1. **S** bem presente, Sl 46.1. Vão é o **s** do homem, Sl 108.12. Montes, de onde me virá o **s**? Sl 121.1. O meu **s** vem do Senhor, Sl 121.1. O nossos **s** está em o nome do Senhor, Sl 124.8. Ao Egito em busca de **s**, Is 31.1. Resolveram mandar **s** aos irmãos, At 11.29. Mas, alcançando **s** de Deus, permaneço, At 26.22. Na igreja... **s**, 1 Co 12.28. Graça para **s** em ocasião oportuna, Hb 4.16. Ver **Ajuda, Amparo, Auxílio.**

SODI: Um dos doze espias, Nm 13.10.

SODOMA: A residência de Ló, Gn 13.12. Vieram os dois anjos a Sodoma, Gn 19.1. Ver **Gomorra.**

SODOMIA: O vício de Sodoma, Gn 19.5. Compare 2 Pe 2.6-8. Condenada na lei de Moisés, Dt 23.17,18. Sodomitas (B), prostitutos culturais (ARA): 1.24; 15.12; 27.47; 2 Rs 23.7; Jó 36.14. Prostitutos culturais, homens e mulheres dedicados a idolatria licenciosa. Nem sodomitas herdarão o reino de Deus, 1 Co 6.9,10. Impuros, sodomitas, 1 Tm 1.10.

SOFERETE, hb. **Secretariado:** Nome na lista dos que voltaram de Babilônia com Zorobabel, Ed 2.55.

SOFISMA: Argumento falso intencionalmente feito para induzir outrem em erro. // Armas da nossa milícia... anulando **s**, 2 Co 10.4.

SOFONIAS, hb. **Deus escondeu-se:** Profeta, de nobre estirpe, Sf 1.1. // Outros com o nome **Sofonias:** 1) Jr 21.1 (ARC); 2 Rs 25.18. // 2) 1 Cr 6.36. // 3) Zc 6.10,14.

SOFONIAS LIVRO DE : O nono dos profetas menores. **O autor:** Sofonias, Sf 1.1. Profetizava no tempo do reinado do rei Josias, Sf 1.1; antes da queda de Nínive, Sf 2.13. Parece um dos pioneiros no avivamento, no reinado de Josias, narrado em 2 Rs 22. Era contemporâneo de Jeremias. **A chave:** A noite de juízo sobre Israel e as nações, seguida pelo raiar do dia de restauração de um e a conversão de outro. **As divisões:** I. Aproxima-se a invasão de Nabucodonosor símbolo do grande dia da ira do Senhor, Sf 1. // II. As nações vizinhas serão castigadas, Sf 2. // III. Jerusalém repreendida, sua restauração futura, Sf 3.

SOFRER: Suportar, tolerar, padecer. // Desfaleço do sofrer, e não posso mais, Jr 20.9. Seguir para Jerusalém e sofrer muitas coisas, Mt 16.21. É lunático e sofre muito, Mt 17.15. Hoje, em sonho, muito sofri por seu respeito, Mt 27.19. Até quando vos sofrerei? Mc 9.19. Se com ele sofrermos, Rm 8.17. Por que não sofreis antes, 1 Co 6.7. Um membro sofre, todos sofrem, 1 Co 12.26. Tudo sofre, tudo crê, 1 Co 13.7. De novo sofro as dores de parto, Gl 4.19. Sofrerão penalidade de eterna destruição, 2 Ts 1.9. Naquilo que ele mesmo sofreu, Hb 2.18. Aprendeu a obediência pelas coisas que sofrem, Hb 5.8. Jesus... sofreu fora da porta, Hb 13.12. Está alguém... sofrendo? Tg 5.13. Cristo sofreu em vosso lugar, 1 Pe 2.21. Ainda que venhais a sofrer por causa da justiça, 1 Pe 3.14. É melhor que sofrais por praticardes o bem, 1 Pe 3.17. Tendo Cristo sofrido na carne, 1 Pe 4.1. Aquele que sofreu na carne deixou o pecado, 1 Pe 4.15. Não sofra, porém, nenhum de vós como assassino, 1 Pe 4.15. Depois de terdes sofrido por um pouco, 1 Pe 5.10. Não temas as coisas que tens de sofrer, Ap 2.10. De nenhum modo, sofrerá dano da segunda morte, Ap 2.11. Ver **Padecer.**

SOFRIMENTO: Padecimento, dor, amargura. // Os **s** da tua gravidez, Gn 3.16. // Disse o Senhor... conheço-lhe os **s**, Êx 3.7. Muito **s** terá de curtir o ímpio, Sl 32.10. Foram humilhados... pelos **s**, Sl 107.39. Os **s** do tempo presente, Rm 8.18. Como os **s** de Cristo... a nosso favor, 2 Co 1.5. Suportando com paciência os mesmos **s**, 2 Co 1.6. No meio de muitos **s**... vos escrevi, 2 Co 2.4. A comunhão dos seus **s**, Fp 3.10. Regozijo nos meus **s** por vós, Cl 1.24. Participa dos meus **s**, 2 Tm 2.3. Os meus **s**, 2 Tm 3.11. Aperfeiçoasse por meio de **s**, Hb 2.10. Sustentastes grande luta e **s**, Hb 10.32. Tomai por modelo no **s**... os profetas, Tg 5.10. Sois co-participantes dos **s** de Cristo, 1 Pe 4.13. Eu... testemunha dos **s** de Cristo, 1 Pe 5.1. **S** iguais aos vossos estão se cumprindo, 1 Pe 5.9. Ver **Aflição, Dor.**

SOGRA: Mãe do marido, em relação a mulher, mãe da mulher, em relação ao marido. // Que se deitar com sua **s**, Dt 27.23. Orfa... se despediu de sua **s**, Rt 1.14. Noemi sua **s**, Rt 3.1. A **s** de Simão achava-se acamada, Mc 1.30. **S** contra nora, Lc 12.53.

SOGRO: Pai do marido, em relação à mulher; pai da mulher, em relação ao marido. // **S**

de Moisés, Êx 18.1; Nm 10.29. Anás... **s** de Caifás, Jo 18.13.

SOL: O grande "luzeiro", "para governar o dia", de Gn 1.16. O nome ocorre pela primeira vez em Gn 15.12. Aí pôs uma tenda para **s**, Sl 19.4. Deus é **s** e escudo, Sl 84.11. Não te molestará o **s**, Sl 121.6. Nada há novo debaixo do **s**, Ec 1.9. O **s** se converterá em trevas, Jl 2.31; Mt 24.29; At 2.20; Ap 6.12. O **s** da justiça, Ml 4.2. Faz nascer o seu **s** sobre maus e bons, Mt 5.45. Os justos resplandecerão como o **s**, Mt 13.43. O seu rosto resplandecia como o **s**, Mt 17.2. Não se ponha o **s** sobre a vossa ira, Ef 4.26. Uma mulher vestida de **s**, Ap 12.1. A cidade não precisa nem do **s**, Ap 21.23. Proibido prestar culto ao sol, Dt 4.19; 2 Rs 23.5; Jó 31.26; Ez 8.16. Josué mandou parar o sol, Js 10.12-14; Isaías o fez retroceder dez graus, 2 Rs 20.11; escureceu-se na crucificação, Lc 23.44. O sol como ilustração e símbolo, Sl 84.11; Is 30.26; 60.19,20; Jr 15.9; Ap 1.16; 12.1.

SOLDADO: Homem alistado nas fileiras do exército. // Tenho **s** às minhas ordens, Mt 8.9. Soldados lhe perguntaram, Lc 3.14. Os **s**, pois, quando crucificaram, Jo 19.23. Chamou... a um **s** piedoso, At 10.7. Pedro dormia entre dois **s**, At 12.6. Como bom **s** de Cristo, 2 Tm 2.3. Nenhum **s** em serviço, 2 Tm 2.4. Ver **Guerreiro.**

SOLDO: Paga dos soldados. // Tomou de Israel a **s** cem mil homens, 2 Cr 25.6. Contentai-vos com o vosso **s**, Lc 3.14. Ver **Paga, Salário.**

SOLENE: Acompanhado de atos e de formalidades, que dão uma importância considerável. // Descanso **s**, Lv 16.31. Reunião **s**, Nm 29.35. Assembléia **s** a Baal, 2 Rs 10.20. Assembléia **s**, Ne 8.18; Jl 2.15.

SOLENIDADE: Qualidade do que é solene. // O celebrareis com **s**, Êx 12.14. Com a **s** da harpa, Sl 92.3. As vossas **s**, a minha alma a aborrece, Is 1.14. Sião, a cidade das nossas **s**, Is 33.20.

SOLICITAR: Pedir com instância. // Solicitar em nome do amor, Fm 9. Ver **Pedir, Rogar.**

SOLÍCITO: Diligente, altivo; inquieto. Não estejais **s** de antemão, Mc 13.11. Sejam **s** na prática de boas obras, Tt 3.8.

SOLICITUDE: Cuidado, diligência. // Vossa **s** a nosso favor fosse manifestada, 2 Co 7.12. Que pôs no coração de Tito a mesma **s**, 2 Co 8.16.

SOLIDÃO: Lugar ermo. // Tentaram a Deus na **s**, Sl 106.14. E a sua **s** como o jardim do Senhor, Is 51.3. Ver **Ermo.**

SÓLIDO: Íntegro, maciço, firme, duro. // Não vos dei alimento **s**, 1 Co 3.2. Para si mesmos tesouros, **s** fundamento, 1 Tm 6.19.

SOLITÁRIO: relativo ao ermo; abandonado. // Num ermo **s** povoado de uivos, Dt 32.10. Faz que o **s** more em família, Sl 68.6. Como jaz **s** a cidade, Lm 1 1. Para lugares **s**, e orava, Lc 5.16. Ver **Só.**

SOLO: Terra considerada nas suas qualidades produtivas. // Não havia homem para lavrar o **s**, Gn 2.5. O **s** não te dará ele a sua força, Gn 4.12.

SOLTAR: Desatar; tornar livre. // Soltou uma pomba, Gn 8.8. Costume soltar ao povo um, Mc 15.6. Soltai, e soltar-vos-ão, Lc 6.37 (ARC). Solta os quatro anjos, Ap 9.14. Que ele seja solto pouco tempo, Ap 20.3.

SOLTEIRO: Que ainda não casou. // Aos **s** e viúvos digo, 1 Co 7.8.

SOLTO: Que está livre; desprendido. // Vejo quatro homens **s**, Dn 3.25. Ver **Livre**.

SOLUCIONAR: Dar solução de. // Dar interpretações e solucionar casos difíceis, Dn 5.16.

SOM: Aquilo que impressiona o ouvido; ruído. // O **s** da trombeta, Dn 3.5. Veio do céu um **s**, At 2.2. Ou a cítara, quando emitem **s**, 1 Co 14.7. Trombeta der **s** incerto, 1 Co 14.8. Ver **Barulho**, **Bramido**, **Estrondo**, **Fragor**, **Ruído**, **Sonido**.

SOMA: Resultado da adição. // E qual a **s** dos meus dias, Sl 39.4. Teus pensamentos! E... a **s** deles, Sl 139.17. Custou grande **s** de dinheiro, At 22.28.

SOMBRA: Espaço privado de luz ou tornado menos claro pela interposição de um corpo. // Adiantar-se-á a **s** dez graus, 2 Rs 20.9. Como a **s** são os nossos dias, 1 Cr 29.15. Nasce... foge como a **s**, Jó 14.2. À **s** das tuas asas, Sl 17.8. Vale da **s**, Sl 23.4. Passa o homem como uma **s**, Sl 39.6. À **s** do Onipotente, Sl 91.1. Como a **s** que declina, Sl 102.11; 109.23. O Senhor é a tua **s**, Sl 121.5. Os poucos dias... os quais gasta como **s**? Ec 6.12. Para **s**, contra o calor, Is 4.6; 25.4. Jonas... à **s**, até ver, Jn 4.5. A sua **s** se projetasse nalguns deles, At 5.15. **S** das coisas que haviam de vir, Cl 2.17. Ministram em figuras e **s** das coisas celestes, Hb 8.5. A lei tem **s** dos bens vindouros, Hb 10.1. Em quem não pode existir... **s** de mudança, Tg 1.17.

SOMENOS: De menos valor que outro. // Parece-vos coisa de **s** ser genro do rei, 1 Sm 18.23.

SOMENTE: Unicamente, exclusivamente. // Não rogo **s** por estes, Jo 17.20. Não **s** por causa dele está isso escrito, Rm 4.23.

SOMER, hb. **Vigilante:** 1. Pai de um dos conspiradores que mataram o rei Joás, 2 Rs 21.21. // 2. Um descendente de Aser, 1 Cr 7.32.

SONDAR: Fazer a sondagem de; inquirir cautelosamente. // Sondas a mente e o coração, Sl 17.3. Tu me sondas e me conheces,

Sl 139.1. Sonda-me, ó Deus, e conhece, Sl 139.23. O Senhor sonda os corações, Pv 21.2. Eu sou aquele que sonda mente e corações, Ap 2.23. Ver **Esquadrinhar**, **Examinar**.

SONHADOR: Que ou aquele que sonha. // Vem lá o tal **s**, Gn 37.19. Esse **s** será morto, Dt 13.5. Os seus atalaias são... **s** preguiçosos, Is 56.10. Não deis ouvidos... aos vossos **s**, Jr 27.9. Quais **s** alucinados, Jd 8.

SONHAR: Dormir sonhando; fazer castelos no ar. // Ficamos como quem sonha, Sl 126.1. O faminto que sonha que está, Is 29.8.

SONHO: Conjunto de idéias e imagens que se apresentam ao espírito durante o sono. // **Como um sonho**, Jo 20.8; Sl 126.1; Is 29.7,8; Jr 23.28; Zc 10.2. **O Senhor falou por sonhos**, Nm 12.6; 1 Sm 28.6; Jó 33.15; Jl 2.28. **Falsos profetas pretendiam receber revelações por sonhos**, Dt 13.1,5; Jr 27.9; 29.8. Ver **Adivinhação**. **A interpretação de Deus**, Gn 40.8; 41.16; Dn 2.18-23, 28-30. O sonho de Abimeleque, Gn 20.3-7; de Jacó, Gn 28.12; 31.11; de Labão, Gn 31.24; de José, Gn 37.5-9; do copeiro e do padeiro de Faraó, Gn 40.5-19; de Faraó, 41.1-7; do midianita, Jz 7.13-15; de Nabucodonosor, Dn 2.1-31; 4.5-8; de Daniel, Dn 7; de José, Mt 2.13; da mulher de Pilatos, Mt 27.19.

SONIDO: Qualquer som; estrondo. // Trombeta... **s** dela, Js 6.5. **S** das trombetas, 1 Rs 1.41. Ver **Som**.

SONO: Repouso causado pelo adormecimento dos sentidos. Desejo, necessidade de dormir. // Pesado **s**... uma das suas costelas, Gn 2.21. Caiu profundo **s** sobre Abrão, Gn 15.12. Estaca na fonte... em profundo **s**, Jz 4.21. Deito-me e pego no **s**, Sl 3.5. Em paz me deito e logo pego no **s**, Sl 4.8. Para que eu não durma o **s** da morte, Sl 13.3. Não darei **s** aos meus olhos, Pv 6.4. Não ames o **s**, Pv 20.13. Doce é o **s** do trabalhador, Ec 5.12. Dormirão **s** eterno, Jr 51.57. Fugiu dele o **s**, Dn 6.18. Agarrado no **s**? Levanta-te, Jn 1.6. Já é hora de vos despertardes do **s**, Rm 13.11. Ver **Adormecer**, **Dormir**.

SONOLÊNCIA: Disposição para dormir. // A **s** vestirá de trapos o homem, Pv 23.21.

SÓPATRO: At 20.4. Ver **Sosípatro**.

SOPRAR: Dirigir o sopro sobre ou para. // Soprou nas narinas o fôlego da vida, Gn 2.7. Sopraste com o teu vento, o mar os cobriu, Êx 15.10. Seca-se a erva, e caem as flores soprando nelas o hálito do Senhor, Is 40.7. O vento sopra onde quer, Jo 3.8. Soprou sobre eles, e lhes disse, Jo 20.22. Que nenhum vento soprasse sobre a terra, Ap 7.1.

SOPRO: Corrente de ar; vento; vento que se produz impelindo ou agitando o ar com o auxílio da boca. //A minha vida é um **s**, Jó 7.7. Os meus dias são um **s**, Jó 7.16. O **s** do Todo-poderoso, Jó 32.8; 33.4. Os seus dias se dissipassem num **s**, Sl 78.33. O homem é como um **s**, Sl 144.4.

SÓRDIDO: Imundo, repugnante. // Pobre com **s** vestido, Tg 2.2. Nem por **s** ganância, 1 Pe 5.2.

SOREQUE, hb. **Vinha escolhida:** Um vale em que estava a casa de Dalila, Jz 16.4. É possível que seja o moderno uádi Surak. Ver mapa 2, B-5.

SORTE: Quinhão que tocou em partilha; destino; modo de decidir alguma coisa pelo acaso; classe, casta, qualidade. // Lançará **s** sobre os dois bodes, Lv 16.18. A terra se repartirá por **s**, Nm 26.55. Não terás duas **s** de efa, Dt 25.14. Lançai a **s** entre mim e Jônatas, 1 Sm 14.42. Mudou o Senhor a **s** de Jó, Jó 42.10. Sobre a minha túnica deitam **s**, Sl 22.18. Senhor restaurou a **s** de Sião, Sl 126.1. A **s** se lança no regaço, Pv 16.33. Lançaram **s**, e a **s** caiu sobre Jonas, Jn 1.7. Sobre a minha túnica tiraram **s**, Mt 27.35. Vindo a **s** a recair sobre Matias, At 1.26. Não tens parte nem **s**, At 8.21. Ver **Adivinhação**.

SORTILÉGIO: Ver **Adivinhação**.

SORVER: Haurir ou beber, aspirando. // Sorvem-no até às escorias, Sl 75.8. Jumentos... ofegantes sorvem o ar, Jr 14.6.

SOSÍPATRO, hb. **Salvador de um pai:** Um parente de Paulo, isto é, um judeu (Rm 9.3; 16.11), de quem ele manda saudações para os irmãos em Roma, Rm 16.21. Talvez o mesmo que Sópatro, At 20.4.

SOSSEGAR: Dar descanso a; tranqüilizar. // Fiz calar e sossegar a minha alma, Sl 131.2. Em vos converterdes e em sossegardes, Is 30.15.

SOSSEGO: Tranqüilidade, calma. // Deus te houver dado **s**, Dt 25.19. Tiveram **s** dos seus inimigos, Et 9.22. Volta, minha alma, ao teu **s**, Sl 116.7. Trabalhando com **s** comam, 2 Ts 3.12 (ARC). Ver **Tranqüilidade**, **Repouso**.

SÓSTENES, hb. **inquebrantável:** O principal da sinagoga de Corinto, o qual foi espancado quando Gálio recusou aceitar as acusações dos judeus contra Paulo, At 18.17. Opina-se que o Sóstenes mencionado em 1 Co 1.1 é o mesmo, o qual se tornou cristão depois dos acontecimentos registrados em At 18.17.

SOTAI, hb. **Desviado:** Chefe de uma família que voltou do exílio, Ed 2.55.

SOVELA: Instrumento formado de uma espécie de agulha encabada. // Furará a orelha com uma **s**, Êx 21.6.

SOZINHO: Absolutamente só. // Volta-te... porque estou **s** e aflito, Sl 25.16. O barco no meio do mar, e ele **s** em terra, Mc 6.47. O sumo sacerdote, ele **s**, uma vez por ano, Hb 9.7.

SUA: O pai da mulher de Judá, Gn 38.2.
SUÁ, hb. **Depressão:** 1. Um dos filhos de Abraão e Quetura, Gn 25.2 (ARC). // 2. Uma filha de Heber, 1 Cr 7.32. // Irmão de Quelube, 1 Cr 4.11.
SUAL, hb. **Raposa:** Um descendente de Aser, 1 Cr 7.36.
SUAVE: Agradável, doce, brando, delicado. // Um cicio tranqüilo e **s**, 1 Rs 19.12. Quão **s** é que os irmãos vivam em união! Sl 133.1 (ARC). Suas palavras são mais **s** que o azeite, Pv 5.3. Quão **s** sobre os montes os pés, Is 52.7 (ARC). Meu jugo é **s**, Mt 11.30. Como aroma **s**, como sacrifício aceitável, Fp 4.18. Ver **Brando**.
SUAVEMENTE: Harmoniosamente. // Quando te falar **s**, não te fies, Pv 26.25.
SUAVIDADE: Qualidade do que é suave. // Duas varas: a uma chamei **S**, Zc 11.7 (ARC). A minha vara **S**, Zc 11.10 (ARC).
SUBAEL: Um dos cantores no templo, 1 Cr 25.20.
SUBIR: Ir para cima. // Anjos de Deus subiam e desciam, Gn 28.12. Subamos ao monte do Senhor, Is 2.3. Subiu a um sicômoro, Lc 19.4. Vereis... anjos de Deus subindo e descendo, Jo 1.51. Ninguém subiu ao céu, senão, Jo 3.13. Ainda não subi para meu Pai, Jo 20.17. Quem subirá ao céu? Rm 10.6. Subiu às alturas, levou cativo, Ef 4.8. Fumaça sobe pelos séculos, Ap 19.3. Ver **Escalar**, **Galgar**, **Trepar**.
SUBJUGAR: Submeter pela força das armas; dominar, vencer. // Ninguém podia subjugá-lo, Mc 5.4. Espírito maligno... subjugando a todos, At 19.16. Por meio da fé, subjugaram reinos, Hb 11.33. Ver **Sujeitar**, **Submeter**.
SUBLEVAR: Amotinar. // Sublevaram ao povo, At 6.12.
SUBLIME: Excelso; muito alto; o mais alto grau de perfeição. // O Senhor é **s**, pois habita nas alturas, Is 33.5. O **S**, que habita a eternidade, Is 57.15. Feito mais **s** do que os céus, Hb 7.26 (ARC). Ver **Magnífico**.
SUBLIMIDADE: A maior grandeza. // Não fui com **s** de palavras, 1 Co 2.1 (ARC). Por causa da **s** do conhecimento de Cristo, Fp 3.8. Ver **Excelência**.
SUBMERGIR: Inundar, cobrir de água. // O mar submergiu os seus inimigos, Sl 78.53. Águas nos teriam submergido, Sl 124.4. Pelos rios, eles não te submergirão, Is 43.2. começando a submergir, gritou, Mt 14.30. Que submergem os homens na perdição, 1 Tm 6.9 (ARC). Ver **Afogar**.
SUBMERSO: Que está coberto de água. // Como rochas **s**, em vossas festas, Jd 12.
SUBMETER: Reduzir à obediência; dominar; sujeitar-se. // Nazaré; e era-lhes submisso, Lc 2.51. Demônios se nos submetem pelo teu nome, Lc 10.17. Não vos submetais de novo a jugo, Gl 5.1. As mulheres sejam submissas, Ef 5.22. Esposas, sede submissas, Cl 3.18. Obedeceis aos vossos guias, e sede submissos, 1 Pe 2.18. Mulheres, sede vós, igualmente, submissas, 1 Pe 3.1. Jovens: Sede submissos, 1 Pe 5.5. Ver **Subjugar**, **Sujeitar**.
SUBMISSÃO: Adesão espontânea da vontade de alguém a outrem. // A mulher... com toda a **s**, 1 Tm 2.11. Maior **s** ao Pai, Hb 12.9.
SUBORDINAR: Sujeitar. // Até subordinar a si todas a coisas, Fp 3.21.
SUBORNAR: Dar dinheiro ou outros valores a, para conseguir coisa oposta à justiça, ao dever ou à moral. // Então subornaram homens, At 6.11. Ver 1 Rs 21.10,13; Mt 26.59,60.
SUBORNO: Ato de peitar, de corromper com dádivas. // Condenado: Êx 23.8; Dt 16.19; Jó 15.34; Sl 26.10; Pv 17.23. Exemplos: Balaque, Nm 22.17. Dalila, Jz 16.5. Os filhos de Samuel, 1 Sm 8.3; 1 Rs 13.7. Judas, Mt 26.15. Os soldados, Mt 28.12. Félix, At 24.26.
SUBSISTIR: Existir na sua substância; viver; manter-se. // O teu nome, Senhor, subsiste, Sl 135.13. Dividida contra si mesma, não subsistirá, Mt 12.25. Que perece... que subsiste para a vida eterna, Jo 6.27. Nele tudo subsiste, Cl 1.17.
SUBTILEZA: Dito ou argumento de alguém, para embaraçar outrem, ou que embaraça outrem. // Enredar com sua filosofia e vãs **s**, Cl 2.8.
SUBVERSÃO: Revolta, insubordinação. // Exceto para a **s** dos ouvintes, 2 Tm 2.14.
SUBVERTER: Voltar de baixo para cima; destruir (o que está assente). // Para não subverter a cidade, Gn 19.21. E subverteu aquelas cidades, Gn 19.25. A malícia subverte o pecador, Pv 13.6. Nínive será subvertida, Jn 3.4. Ver **Arruinar**.
SUCEDER: Vir depois, acontecer. // Nenhum mal te sucederá, Sl 91.10. O que há de suceder... nos últimos dias, Dn 10.14. Neófito, para não suceder que se ensoberbeça, 1 Tm 3.6. Não sabeis o que sucederá amanhã, Tg 4.14. Ver **Acontecer**, **Realizar**, **Sobrevir**.
SUCEDIDO: Que ou aquilo que sucedeu. // Tudo quanto ele faz será bem **s**, Sl 1.3. A respeito de todas as coisas **s**, Lc 24.14.
SUCESSÃO: Descendência. // Para conservar vossa **s** na terra, Gn 45.7.
SUCESSIVAMENTE: Sem interrupção; um após outro. // Ou quando muito três, e isto **s**, 1 Co 14.27.
SUCOTE, hb. **Cabana:** 1. Um lugar ao oriente do Jordão, onde Jacó fez palhoças para o seu gado, Gn 33.17. Coube, depois, a Gade, Js 27. Os homens de Sucote castigados por Gideão, porque recusaram dar pão a seu exército, Jz

8.5-16. Os vasos para o serviço do Templo, fundidos perto de Sucote, 1 Rs 7.46. Ver mapa 2. D-4, 4, B-2. // 2. O lugar do primeiro acampamento dos israelitas depois de saírem do Egito e antes de atravessarem o mar Vermelho, Êx 12.37. Opina-se que era estação para as caravanas que iam do Egito para o norte.

SUCOTE-BENOTE, hb. **Cabanas das filhas:** Nome de deuses que os colonos de Babilônia trouxeram para Samaria, 2 Rs 17.30.

SUFE, hb. **Favo de mel:** Dt 1.1. Trata-se, provavelmente, do mar Vermelho.

SUFICIÊNCIA: Qualidade do que é suficiente; aptidão suficiente; habilidade. // A nossa **s** vem de Deus, 2 Co 3.5; Tendo sempre, em tudo, ampla **s**, 2 Co 9.8.

SUFICIENTE: Que basta ou é bastante; que satisfaz. // Quem é **s** para estas coisas? 2 Co 2.16.

SUFOCADO: Que foi morto por asfixia, por estrangulação. // Abstenham... de animais **s**, At 21.25.

SUFOCAR: Dificultar a respiração de; reprimir. // Espinhos... sufocaram, Mt 13.7. Riquezas sufocam, Mt 13.22. Agarrando-o, o sufocava, Mt 18.28. Da carne de animais sufocados, At 15.20.

SUICÍDIO: Ato ou efeito de matar-se a si mesmo. // A lei contra o homicídio incluía, também, a contra o suicídio. Na Nova Aliança, ver 1 Co 3.16,17. Nada menos que o remorso dos perdidos eternamente podia levar uma pessoa, entre o povo de Deus, a matar-se, como vê no caso de Saul e seu escudeiro, 1 Sm 31.4,5 e no de Judas, Mt 27.5. Terá ele acaso a intenção de suicidar-se? Jo 8.22. O cercereiro ia suicidar-se, At 16.27.

SUJEITAR: Dominar, subjugar, submeter. // Enchei a terra e sujeitai-a, Gn 1.28. Foi para Nazaré, e era-lhes sujeito, Lc 2.51 (ARC). Criação está sujeita à vaidade, Rm 8.20. Não se sujeitaram à justiça de Deus, Rm 10.3. Sujeitando-vos uns aos outros, Ef 5.21. Vos sujeitais a ordenanças, Cl 2.20. Que se sujeitem aos que governam, Tt 3.1. Sujeitai-vos, portanto, a Deus, Tg 4.7. Sujeitai-vos a toda instituição humana, 1 Pe 2.13. Ver **Subjugar, Submeter.**

SUJEITO: Dependente, submetido, comprometido a obediência. // Matar estará **s** a julgamento, Mt 5.21. Esteja **s** às autoridades, Rm 13.1. Estão **s** aos próprios profetas, 1 Co 14.32. Servilmente **s** aos rudimentos do mundo, Gl 4.3. A igreja está **s** a Cristo, assim, Ef 5.24. **S** a seus próprios maridos, Tt 2.5. Estavam **s** à escravidão, Hb 2.15.

SUJIDADE: Imundície, cisco. // Espumam as suas próprias **s**, Jd 13.

SUJO: Que não é limpo; imundo. // Trajado de vestes **s**, Zc 3.3. Quem está **s**, suje-se ainda, Ap 22.11 (ARC). Ver **Imundo, Sórdido.**

SUL: Ponto cardeal oposto ao Norte. // Para o **S** e derrama as tuas palavras, Ez 20.46. O rei do **S** será forte, Dn 11.5. A rainha do **S** se levantará, Mt 12.42. Soprar o vento **s**, Lc 12.55.

SULCAR: Abrir regos pelo arado. // Quando se lavra e sulca a terra, Sl 141.7. Todo dia sulca a sua terra, Is 28.24.

SULCO: Rego que a relha do arado abre na terra. // Regando-lhes os **s**, Sl 65.10. Nele abriram longos **s**, Sl 129.3. Ver **Rego.**

SUMA: Resumo. // A **s** é: Teme a Deus, e, Ec 12.13. A **s**... é que temos um sumo sacerdote tal, Hb 8.1.

SUMIR: Esconder, ocultar, desaparecer. // Sumiram-se os estrangeiros, 2 Sm 22.46. Sumam-se como águas, Sl 58.7 (ARC). A verdade sumiu, Is 59.15.

SUMO PASTOR: Supremo pastor. // Quando o **S P** se manifestar, 1 Pe 5.4 (ARC).

SUMO-REI: O supremo rei, Is 36.13.

SUMO SACERDOTE: O principal dos sacerdotes judaicos. // Arão e os seus filhos foram solenemente separados para exercerem o cargo sacerdotal, Êx 28.1; 40.12-15. Arão ocupava o primeiro lugar, sendo hereditária essa preeminência, Êx 29.29,30. Este encargo era exercido por toda a vida, mas Salomão expulsou Abiatar do alto lugar sacerdotal, por causa da sua traição, 1 Rs 2.27. Por causa da infidelidade dos filhos de Eli, o Sumo sacerdócio passou para os descendentes de Itamar, o segundo filho de Arão, 1 Sm 2.35,36. Mas voltou para a família de Eleazar, durante o reinado de Salomão, 1 Rs 2.35. Depois do cativeiro, o primeiro sumo sacerdote foi Jesus, filho de Jozadaque, Ed 3.2. Havia um tempo em que o sumo sacerdote era substituído cada ano, o que explica haver diversos ao mesmo tempo. No tempo do Novo Testamento o sumo sacerdote era o principal dignatário civil e eclesiástico entre os judeus sendo presidente do Sinédrio e chefe das relações políticas com o governo romano. No tempo de Cristo, Anás e Caifás eram sumo sacerdotes, Lc 3.2. Ver **Levita, Sacerdote.**

SUNAMITA: Habitante de Suném. // Abisague, 1 Rs 1.3. A mulher cujo filho Eliseu ressuscitou da morte, 2 Rs 4.8.

SUNÉM, hb. **Lugar de repouso:** Uma cidade da herança de Issacar, Js 19.18. Onde Eliseu ressuscitou o filho da sunamita, 2 Rs 4.8. Ver mapa 2, C-3; 4, B-1.

SUNI, hb. **Calmo:** Um filho de Gade, Gn 46.16.

SUOR: Humor aquoso que vem à superfície da pele, por efeito de calor, e que se condensa em gotas. // No **s** do rosto comerás, Gn 3.19. O vosso **s** naquilo que não satisfaz,

Is 55.2. O seu **s** se tornou como gotas de sangue, Lc 22.44.

SUPERABUNDAR: Existir em abundância, em excesso. // Superabundam as imaginações, Sl 73.7 (ARC). Superabundou a graça, Rm 5.20. Superabundou em grande riqueza, 2 Co 8.2.

SUPERFICIALMENTE: De modo superficial; ligeiramente. // Curam **s** a ferida, Jr 6.14; 8.11.

SUPERFLUIDADE: Qualidade do que é supérfluo. // Rejeitando toda ... **s** de malícia, Tg 1.21 (ARC).

SUPERINTENDENTE: Que dirige como chefe. // Faraó aos **s** do povo, Êx 5.6.

SUPERIOR: Mais elevado; de excelente qualidade. // Esteja às autoridades **s**, Rm 13.1. Considerando... outros **s** a si mesmo, Fp 2.3. **S** aos anjos, Hb 1.4. Inferior é abençoado pelo **s**, Hb 7.7. Esperança **s**, Hb 7.19. **S** aliança, Hb 7.22. Mediador de **s** aliança, Hb 8.6. Sacrifícios... **s**, Hb 9.23. Patrimônio **s**, Hb 10.34. Pátria **s**, Hb 11.16. **S** ressurreição, Hb 11.35. Coisa **s** a nosso respeito, Hb 11.40. Sangue da aspersão que fala coisas **s**, Hb 12.24. Difamar autoridades **s**, 2 Pe 2.10; Jd 8.

SUPERSTIÇÃO: Sentimento religioso, que se funda no temor ou na ignorância e que leva ao conhecimento de falsos deveres, ao receio de coisas fantásticas e a confiança em coisas ineficazes. // Questões acerca da sua **s**, At 25.19 (ARC).

SUPIM: Um descendente de Benjamim, 1 Cr 7.12.

SÚPLICA: Oração instante e humilde. // Ouve a **s** do teu servo e do teu povo, 1 Rs 8.30. Fez **s** diante do Senhor, e o Senhor ouviu, 2 Rs 13.4. Não lhe negaste as **s**, Sl 21.2. Não te escondas da minha **s**, Sl 55.1 Amo o Senhor, porque ele ouve... as minhas **s**, Sl 116.1. Acode, Senhor, à voz das minhas **s**, Sl 140.6. Não lançamos as nossas **s**... fiados em nossas justiças, Dn 9.18. Derramarei o espírito de graça e de **s**, Zc 12.10. Minha **s** a Deus... que sejam salvos, Rm 10.1. Toda oração e **s**, Ef 6.18. Pela vossa **s** e pela provisão do Espírito, Fp 1.19. Pela oração e pela **s**, Fp 4.6. Que se use a prática de **s**, orações, intercessões, ações de graça, 1 Tm 2.1. Persevera em **s** e orações noite e dia, 1 Tm 5.5. Lágrimas, orações e **s**, Hb 5.7. Muito pode... a **s** do justo, Tg 5.16. Os seus ouvidos estão abertos às suas **s**, 1 Pe 3.12. Ver **Intercessão, Oração, Pedido.**

SUPLICAR: Pedir com instância e humildade. // Moisés suplicou ao Senhor, Êx 32.11. Supliquei perante o Senhor, 1 Rs 8.59. De joelhos diante de Elias, e suplicou-lhe, 2 Rs 1.13. Prosta-se a seus pés, e insistentemente lhe suplica, Mc 5.22,23. Suplicaram que impusesse a mão, Mc 7.32. Suplico-te que vejas meu filho, Lc 9.38. Irmãos, assim vos suplico, Gl 4.3. Suplicaram que não se lhes falasse mais, Hb 12.19. Ver **Implorar, Orar, Pedir, Rogar.**

SÚPLICE: Suplicante; que se prostra, pedindo. // As vozes **s**, Sl 28.2,6.

SUPOR: Presumir; imaginar; trazer à idéia. // Suponho que os presos tivessem fugido, At 16.27. Não supunha esse homem que alcançará, Tg 1.7. Se alguém supõe ser religioso, Tg 1.26.

SUPORTAR: Sustentar, tolerar, agüentar. // Se o fosse, eu o suportaria, Sl 55.12. Quem pode suportar o dia, Ml 3.2. Que suportamos a fadiga, Mt 20.12. Não o podeis suportar agora, Jo 16.12. Toda a criação... suporta angústias, Rm 8.22. Suportou com muita longanimidade os vasos, Rm 9.22. Fortes, devemos suportar as debilidades, Rm 15.1. Quando perseguidos, suportamos, 1 Co 4.12. Provará livramento... possais suportar, 1 Co 10.13. Tudo espera, tudo suporta, 1 Co 13.7. Suportando-vos uns aos outros, Ef 4.2. Suportai-vos uns aos outros, Cl 3.13. Não suportarão a sã doutrina 2 Tm 4.3. Suporta a cruz, não fazendo caso, Hb 12.2. Que suporta com perseverança a provação, Tg 1.12. Pecado... o suportais... praticais o bem... o suportais, 1 Pe 2.20.

SUPREMO: Que está acima de tudo. // O Senhor é o Deus **s**, Sl 95.3. Qual a **s** grandeza de seu poder, Ef 1.19. A **s** riqueza da sua graça, Ef 2.7. Ver **Altíssimo, Soberano.**

SUPRIR: Completar, remediar. // Ordenou José que... os suprissem de comida, Gn 42.25. Supriram o que da vossa parte faltava, 1 Co 16.17. Suprirá e aumentará a vossa sementeira, 2 Co 9.10. Não só supre a necessidade dos santos, 2 Co 9.12. Supriram o que me faltava, 2 Co 11.9. Dar a própria vida, para suprir, Fp 2.30. Estou suprido, desde que Espafrodito, Fp 4.18. Meu Deus... há de suprir em Cristo, Fp 4.19. Da qual todo o corpo, suprido e bem vinculado, Cl 2.19. Deus supre; entrada no reino, 2 Pe 1.11; força, 1 Pe 4.11; necessidades dos santos, 2 Co 9.12; Fp 4.19; sementeira, 2 Co 9.10.

SUPURAR: Lançar (pus). // A minha pele... de novo supura, Jó 7.5.

SUR, hb. **Muralha:** Gn 16.7; Êx 15.22. O deserto entre a Palestina e o Egito.

SURDO: Que não ouve ou que ouve pouco. // Quem faz o mudo ou o **s**, Êx 4.11. Não amaldiçoarás ao **s**, Lv 19.14. Eu, como **s**, não ouço, Sl 38.13. Como a víbora **s**, Sl 58.4. Nem **s** o seu ouvido, para não poder ouvir, Is 59.1. Os **s** ouvem, Mt 11.5. Um **s**

Tropa de flecheiros disciplinados

e gago, Mc 7.32. Faz ouvir os **s**, como falar os mudos, Mc 7.37. Espírito mudo e **s**, eu te ordeno, Mc 9.25.

SURGIR: Aparecer elevando-se. // Sobre ti o Senhor virá surgindo, Is 60.2 (ARC).

SURPREENDER: Apanhar de improviso; causar surpresa. // O inimigo jamais o surpreenderá, Sl 89.22. Como o surpreenderiam em alguma palavra, Mt 22.15. Se alguém for surpreendido nalguma falta, Gl 6.1. Aquele dia vos surpreenda como um ladrão, 1 Ts 5.4 (ARC).

SURPRESO: Perplexo, admirado. // Eles, porém, **s**... vendo um espírito, Lc 24.37.

SURRÃO: Bolsa ou saco de couro, destinada especialmente a farnel de pastores. // No **s**, e, lançado mão da sua funda, 1 Sm 17.40.

SUSÃ: Ne 1.1; Et 1.1; Dn 8.2. Cidade real e residência dos soberans da Pérsia (ver mapa 1, E-3), na província de Elã, sobre o rio Utai.

SUSANQUITAS: Colonos em Samaria, anteriormente habitantes de Susã, Ed 4.9.

SUSCITAR: Fazer aparecer. // Deus te suscitará um profeta, Dt 18.15; At 3.22; 7.37. Suscitou o Senhor juízes, Jz 2.16. A palavra dura suscita a ira, Pv 15.1. Iracundo suscita contendas, Pv 15.18. Suscitará descendência ao falecido, Mt 22.24. Deus pode suscitar filhos a Abraão, Lc 3.8. Suscitar tribulação as minhas cadeias, Fp 1.17.

SUSI, hb. **Cavaleiro:** O pai de Gadi, um dos doze espias, Nm 13.11.

SUSPEITA: Crença desfavorável, acompanhada de desconfiança. // De que nascem... **s** malignas, 1 Tm 6.4.

SUSPEITAR: Julgar, supor ou imaginar com certos dados mais ou menos seguros. // Não suspeita mal, 1 Co 13.5 (ARC).

SUSPENDER: Fixar em cima e deixar pendente. // Suspendendo-o no madeiro, At 5.30 (ARC).

SUSPENSO: Pendento, pendurado. // A tua vida estará **s** como por um fio, Dt 28.66.

SUSPIRAR: Ter saudades de; desejar com veemência; exprimir com tristeza. // Como suspira a corça... assim... suspira a minha alma, Sl 42.1. A minha alma suspira... pelos átrios, Sl 84.2. Suspiro, Senhor, por tua salvação, Sl 119.174. Homens que suspiram e gemem por causa, Ez 9.4.

SUSPIRO: Gemido, ai, lamento. // Antes do meu pão vem o meu **s**, Jó 3.24 (ARC).

SUSSURRO: Som confuso; murmúrio. // Perceberam um **s** dela, Jó 4.12.

SUSTAR: Fazer parar. // Não sustarei o castigo, Am 1.3.

SUSTENTAR: Ter ou segurar por baixo; alimentar física ou moralmente. // A terra não podia sustentá-los, Gn 13.6. E te sustentou com o maná, Dt 8.3. Corvos que ali mesmo te sustentem, 1 Rs 17.4. Sustentaste quarenta anos no deserto, Ne 9.21. Sustenta-me com um espírito voluntário, Sl 51.12. As aves... Pai celeste as sustenta, Mt 6.26. Sustentando todas as coisas pelas palavras, Hb 1.3. Sustentastes grande luta, Hb 10.32. Onde é sustentada, Ap 12.14.

SUSTENTO: Alimento, // Não deixavam em Israel **s** algum, Jz 6.4. Tira de Jerusalém e de Judá o **s**, Is 3.1. De tudo... todo o seu **s**, Lc 21.4. Do altar tira o seu **s**, 1 Co 9.13. Tendo **s**... estejamos contentes, 1 Tm 6.8.

SUSTER: Segurar para que não caia; sustentar; defender. // Cuidados ao Senhor, e ele susterá, Sl 55.22. E a tua destra me susterá, Sl 139.10. Eles te susterão nas suas mãos, Mt 4.6. E quem pode suster-se? Ap 6.17.

SUTELA: Um filho de Efraim, 1 Cr 7.20.

SUZANA, A HISTÓRIA DE: Suplemento apócrifo ao livro de Daniel.

TORRE DE BABEL
Edifiquemos para nós uma cidade, e uma torre cujo topo chegue até os céus, Gn 11.4

T

TAÃ, hb. **Inclinação:** 1. Chefe de uma família da tribo de Efraim, Nm 26.35. // 2. Um descendente de Efraim, 1 Cr 7.25.

TANAQUE: Uma cidade real dos cananeus, cujo rei Josué matou, Js 12.21. Da herança de Manassés, 1 Cr 7.29. Ver mapa 2, C-3; 4 B-1.

TAANATE-SILÓ, hb. **Próximo a Siló:** Cidade Fronteira de Efraim, entre Siquém e o Jordão, Js 16.6. É a moderna povoação de Tana. Ver mapa 4, B-2.

TAÁS, hb. **Porco marinho:** 1. Um filho de Naor, e por isso sobrinho de Abraão, Gn 22.24.

TAATE, hb. **Que está debaixo:** 1. Um levita da família de Coate, 1 Cr 6.24. // 2. Um descendente de Efraim 2 Cr 7.20 // 3. Um lugar dos acampamentos de Israel no deserto, Nm 33.26.

TABAOTE, hb. **Anéis:** Chefe de uma família que voltou do exílio, Ed 2.43.

TABATE, hb. **Famoso:** Lugar perto de Abel-Meloá e teatro da fuga dos midianitas, depois do ataque de Gideão, Jz 7.22.

TABEAL, Deus é bom: O pai do homem que o rei de Israel e o rei de Damasco procuravam colocar no trono de Judá, Is 7.6.

TABEEL: Um dos que se queixaram da reconstrução dos muros de Jerusalém, Ed 4.7

TABERÁ, hb. **Ardente:** Lugar de um dos acampamentos israelitas no deserto, onde o fogo consumiu os murmuradores, Nm 11.3.

TABERNÁCULO, Tenda ou **Pavilhão:** A glória do senhor encheu o **t,** Êx 40.34. Em casa nenhuma habitei... de **t** em **t,** 1 Cr 17.5. Quem, Senhor, habitará no teu **t?** Sl 15.1. E me levem ... aos teus **t,** Sl 43.3. Assista eu no teu **t** para sempre, Sl 61.4. Por isso abandonou o **t** de Siló, Sl 78.60. Quão amáveis são os teus **t,** Sl 84.1. O meu **t** estará com eles, Ez 37.27. O **t** de Moloque, At 7.43. Reedificarei o **t** caído de Davi, At 15.16. Nossa casa terrestre deste **t,** 2 Co 5.1. Neste **t** gememos, 2 Co 5.1. Verdadeiro **t** que o senhor erigiu, Hb 8.2. Maior e mais perfeito **t,** Hb 9.11. Abriu-se no céu o santuário do **t,** Ap 15.5. Eis o **t** de Deus com os homens, Ap 21.3. Ver **Templo, Santuário**. // Entre os israelitas o Tabernáculo era o santuário portátil, onde se realizavam o culto público, durante sua peregrinação no deserto e até o reinado de Salomão. Era não só o templo de Deus, mas também sua habitação, o lugar marcado para encontro com seu povo. // A construção do Tabernáculo, Êx 25 a 27; 40. a sua consagração, Lv 8.10. A sua custódia e mudança, Nm 1.50, 53; 3; 4; 9.18; 1 Cr 6.48. Erigido por Moisés no monte Sinai, Êx 40.18,19. Compare Nm 10.11, 12; em Gilgal, Js 5.10,11; em Nobe, 1 Sm 21.1-6; em Gibeom, 1 Cr 21.29. // O tabernáculo do testemunho, Êx 38.21; At 7.44. // O corpo humano comparado a um tabernáculo do testemunho, Êx 38.21; At 7.44 // O corpo humano comparado a um tabernáculo, 2 Co 5.1; 2 Pe 1.13.

Tabernáculo

TABERNÁCULOS, FESTA DOS: A última das três grandes festas anuais, a que todos de sexo masculino tinham de comparecer, Dt 16.16. Deu-se-lhe o nome **da festa dos tabernáculos** porque o povo, durante os sete dias da festa, habitava em tendas de ramos, em memória da sua peregrinação no deserto,Lv 23.42,43. Adquiriu, também, o nome **da festa da colheita,** realizando-se depois da colheita de trigo e de se recolherem os frutos, Lv 23.34-43;

Monte Tabor, perto de Nazaré, chamado, às vezes, o monte da Transfiguração

Ne 8.16; Mt 21.8; Jo 7.2,14,37,38. Era uma grande festa, de ações de graças a Deus, pela colheita do ano.

TABITA: É uma palavra aramaica que significa **gazela**, em grego **Dorcas**, significando também, **gazela**, animal conhecido por sua beleza. Dorcas foi uma discípula muito amada em Jope, levantada dentre os mortos por Pedro, At 9.36-42.

TABOR, hb. **Altura:** 1. Monte notável (Jr 46.18; Sl 89.12), isolado e em forma de cúpula, que abruptamente se ergue da planície, com a altura de 560 metros. Dista 8 quilômetros a leste de Nazaré e 19 quilômetros a oeste do mar da Galiléia. Situado entre as tribos de Issacar e Zebulom, Js 19.22. Onde Baraque e Débora recrutaram o exército para vencer Sísera, Jz 4.6,14. Ver mapa 2 C-3; 4, B-1. // 2. Uma cidade da tribo de Zebulom, cedida aos filhos de Merari, 1 Cr 6.77.

TABRIMOM, hb. **Rimom** (o deus da Síria) **é bom:** O pai de Ben-Hadade, rei da Síria, 1 Rs 15.18.

TÁBUA: Lâmina ou placa de qualquer matéria e de forma plana. // De pedra, Êx 24.12; 32.19; 34.1; Hb 9.4. De madeira, Êx 27.8. Do coração, Pv 3.3; Jr 17.1; 2 Co 3.3. Se salvassem uns em **t**, At 27.44.

TABUINHA: Tábua pequena e delgada. // Uma **t**, escreveu: João, Lc 1.63.

TAÇA: Vaso largo e pouco fundo, para beber. // Bebeis vinho em **t**, Am 6.6. E **t** de ouro cheias de incenso, Ap 5.8. Deu aos sete anjos sete **t**, Ap 15.7. Derramai pela terra as sete **t**, Ap 16.1.

TADEU: Um dos doze apóstolos, Mt 10.3. Chamava-se, também, Judas, filho de Tiago, Lc 6.16.

TADMOR: Uma cidade 190 quilômetros ao nordeste de Damasco, em um oásis rico de água e de frutas, a meio caminho entre o Eufrates e o Orontes. Foi edificada por Salomão, 2 Cr 8.4. Estava vantajosamente colocada para o seu negócio com a Babilônia. Hoje chama-se Palmira. As suas ruínas são majestosas.

TAFATE, hb. **Gota:** Uma filha de Salomão que se casou com Ben-abinadabe, um dos doze comissários do rei, 1 Rs 4.11.

TAFNES: 1. Uma rainha egípcia, a mulher do Faraó que recebeu Hadade, o edumeu, e lhe deu a sua irmã em casamento, 1 Rs 11.19,20. // 2. Uma cidade importante do limite oriental do Baixo Egito, chamada Taínes em Jr 2.16. Para onde fugiu Jeremias, Jr 43.7; 44.1. Mencionada também em Ez 30.18.

TAGARELA: Falador, linguareiro. // Acaso tem razão o **t**? Jó 11.2. Que quer dizer esse **t**? At 17.18. Não somente ociosas, mas ainda **t**, 1 Tm 5.13. Ver Pv 20.3; 26.17; 1 Ts 4.11; 2 Ts 3.11; 1 Pe 4.15.

TAL: Igual, semelhante, exatamente o mesmo. // Nunca **t** vimos, Mc 2.12 (ARC).

TÁLAMO (ARC), APOSENTO (ARA): Sl 19.5; Jl 2.16.

TALANTE: Vontade. Arbítrio. // Para, a seu **t**, sujeitar os seus príncipes, Sl 105.22.

TALAR: Que desce até aos calcanhares. // Israel... fez-lhe uma túnica **t**, Gn 37.3. Gostam de andar com vestes **t**, Mc 12.38.

TALENTO: A parábola dos talentos, Mt 25.14. Ver **Dinheiro** e **Pesos**.

TALHA: Vaso de barro com grande bojo. // Estavam ali seis **t** de pedra, Jo 2.6. Ver **Cântaro**.

TALHAR: Cortar, preparar. // Para talharem pedras nas montanhas, 2 Cr 2.2.

TALITA CUMI: Mc 5.41. Esta expressão aramaica, dirigida por Jesus Cristo à filha de Jairo, quer dizer: "Filhinha, levanta-te!" Não há base para atribuir qualquer significado sobrenatural ao uso das palavras aramaicas neste milagre.

TALMAI, hb. **Sulco:** 1. Um gigante, filho de Anaque, residente em Hebrom e expulso por Calebe, Nm 13.22,33; Js 15.14. // Rei de Gesur, pai de Maaca, que foi mulher de Davi, 2 Sm 3.3; 13.37.

TALMOM, hb. **Oprimido:** Um dos que vieram de Babilônia com Zorobabel, Ed 2.42.

TALMUDE, hb. **Erudição:** Uma compilação das tradições dos judeus. A parte primeira apareceu em 450 d.C., e a segunda, em 500 d.C.

TAMANHO (adj.)**:** Tão grande. // Cometeria eu **t** maldade, Gn 39.9.

TAMAR, hb. **Palmeira:** 1. Mulher sucessivamente de Er e de Onã. Depois de enviuvar, teve dois filhos gêmeos, Perez e Uzá, cujo pai era o próprio sogro, Gn 38. Seu nome entrou na genealogia de Jesus Cristo, Mt 1.3. // 2. Filha de Davi, a qual foi ultrajada pelo seu irmão Amnom e vingada pelo seu irmão Absalão, 2 Sm 13. // 3. Uma filha de Absalão, que herdou a beleza de sua tia do mesmo nome, 2 Sm 14.27. // 4. Uma cidade do deserto, 1 Rs 9.18. Ver **Tadmor**. // 5. Um lugar no extremo oriental da Palestina, Ez 47.19.

TAMARGUEIRA (ARC): Arbusto de casca adstringente, da família das tamarináceas, Gn 21.33. É mais provável que o original se refira a uma espécie de junípero anão e chocho que cresce nas partes mais estéreis do deserto. // O homem que confia no homem será como a **t**, Jr 17.6. Arbusto solitário (ARA).

TAMBOR: Caixa cilíndrica com as bases de pele tensa, numa das quais se toca com baquetas, 1 Sm 10.5. Ver **Música**.

TAMBORIM: Tambor mais comprido e mais estreito que o tambor ordinário, Êx 15.20. Ver **Música**.

TAMUZ: Uma divindade adorada em toda a Babilônia, na Assíria, na Fenícia e na Palestina, Ez 8.14. Deu seu nome ao quarto mês babilônico, que corresponde ao mês de julho e ao quarto mês (junho-julho) dos judeus, depois da época da Bíblia. Ver **Ano**.

TANGEDOR: O que tange ou toca qualquer instrumento. // Quando o **t** tocava, veio o poder de Deus, 2 Rs 3.15. Ver 1 Sm 16.23. Ver **Tocador**.

TANGER: Tocar (instrumentos). // Voz como de harpistas, quando tangem, Ap 14.2. vet **Tocar**.

TANQUE: Reservatório para conter água. // Um **t**, chamado em hebraico Betesda, Jo 5.2. Vai, lava-te no **t** de Siloé, Jo 9.7.

TANUMETE, hb. **Consolação:** Pai de Seraías, um capitão que depois da queda de Jerusalém se submeteu a Gedalias, 2 Rs 25.23.

TAPAR: Fechar, entupir. // Tapar as fontes das águas, 2 Cr 32.3. Tapará a boca dos que proferem mentira, Sl 63.11. O que tapa o ouvido ao clamor do pobre, Pv 21.13. Ver **Fechar**.

TAPUA, hb. **Maçã:** Uma cidade da herança de Judá, Js 15.34.

TAQUEMONI: O chefe dos valentes de Davi, 2 Sm 23.8.

TARA: Lugar de um acampamento israelita, Nm 33.27.

TARALA, hb. **Cambalear:** Uma cidade da herança de Benjamim, Js 18.27.

TARDAR: Adiar. Demorar-se. Fazer-se esperar. // Moisés tardava em descer do monte, Êx 32.1. Não tardarás em cumpri-lo, Dt 23.21. A visão... se tardar, espera-o, porque certamente virá, não tardará, Hc 2.3. E, tardando o noivo, foram todas tomadas de sono, Mt 25.5. Meu Senhor tarda em vir, Lc 12.45. Que vem virá, e não tardará, Hb 10.37. O juízo lavrado a longo tempo não tarda, 2 Pe 2.3. Ver **Adiar**, **Demorar**.

TARDE: Tempo entre o meio-dia e a noite. // Houve **t** e manhã, Gn 1.5. À **t**, pela manhã e ao meio-dia, Sl 55.17. De madrugada viceja... à **t** murcha, Sl 90.6. À **t** do dia, no crepúsculo, Pv 7.9. Dia singular... haverá luz à **t**, Zc 4.17. Caindo a **t**, lá estava ele, só, Mt 14.23. À **t**, dizeis:... porque o céu está avermelhado, Mt 16.12. Fica conosco, porque é **t** e o dia declina, Lc 24.29. Ao cair da **t**... trancadas as portas, Jo 20.19. Ver **Noite**.

TARDIAMENTE: De modo tardio. // Endurecido... ouviram **t**, At 28.27.

TARDIO: Que não é apressado, vagaroso. // Deus... **t** em irar-se, Ne 9.17; Na 1.3. Tornando **t** em ouvir, Hb 5.11. Pronto para ouvir, **t** para falar, **t** para se irar, Tg 1.19.

TARDO: Vagaroso. // Ó néscios, e **t** de coração, Lc 24.25.

TAREÁ, hb. **habilidade:** Um bisneto de Jônatas e neto de Mefibosete, 1 Cr 8.35.

TAREFA: Obra ou porção de trabalho que se deve acabar num determinado prazo. // Dá... a **t** às suas servas, Pv 31.15.

TARGUM: Uma tradução das Escrituras do Antigo Testamento para o aramaico. Ver **Versões**.

TÁRSIS: 1. Um filho de Javã, Gn 10.4. Társis (Jn 1.3) era talvez o lugar habitado pelos descendentes de Társis. Ver mapa 1, A-3. // 2. Um bisneto de Benjamim, 1 Cr 7.10.

TARSO: A principal cidade da Cilícia, na parte oriental da Ásia Menor. Tarso era a terra natal e primitiva residência de Paulo, At 9.11; 11.25; 21.39. Era afamada pelo fato de ser um centro de educação sob o governo dos primeiros imperadores romanos, rivalizando a sua universidade com as de Atenas e Alexandria. Ver mapa 6, F-2.

TARTÃ: 1. Um dos três sobre o grande exército que Senaqueribe, rei da Assíria, enviou contra Jerusalém, 2 Rs 18.17. // 2. O comandante-chefe do exército assírio, enviado por Sargom contra Asdode, Is 20.1. Opina-se também que o nome não é realmente um nome próprio, mas um título assírio com a significação de comandante em chefe, posto imediato ao do rei.

TARTAQUE: Um ídolo dos aveus que foram enviados às cidades de Samaria depois da transportação das tribos para a Assíria, 2 Rs 17.31.

TATALAR: Produzir ruído como o do ar vibrado por asas. // O **t** das suas asas, Ez 1.24; 3.13; 10.5.

TATEAR: Tocar nas coisas (com as mãos, com os pés, com uma bengala etc.), para se guiar. // Tateando o possam achar, At 17.27.

TATENAI: Um oficial ao serviço de Dario, rei da Pérsia, que procurou impedir a reedificação do Templo, Ed 5.3.

TEAR: Aparelho para tecer. // As sete tranças... e firmá-las com pino de **t**, Jz 16.13.

TEATRO: At 19.31. As ruínas deste imenso auditório têm 66 carreiras de assentos com lugares para 24.500 ouvintes. Ver p. 181.

TEBÁ, hb. **Matança:** Um filho de Naor e por isso sobrinho de Abraão, Gn 22.24.

TEBALIAS, hb. **Jeová purificou:** Um porteiro da linha de Merari, no tempo de Davi, 1 Cr 26.11.

TEBES, hb. **Brilho, esplendor:** Uma cidade de Manassés conquistada por Abimeleque, que encontrou ali a sua morte, nas mãos de uma certa mulher que lançou uma pedra superior de moinho sobre a sua cabeça, Jz 9.50-53; 2 Sm 11.21. Ver mapa 2, C-4; 4, B-1.

TEBETE: Et 2.16. O décimo mês do ano. Ver **Ano**.

TECELÃO: Aquele que tece panos ou trabalha em teares. // O Espírito de Deus encheu Bezalel e Aoliabe de habilidade, para fazerem toda obra de mestre... a de **t**, Êx 35.30-35. A haste da lança de Golias era como o eixo do **t**, 1 Sm 17.7. Os meus dias são mais velozes que a lançadeira do **t**, Jó 7.6. Tu, como **t**, me cortarás a vida da urdidura, Is 38.12.

TECER: Entrelaçar regularmente os fios de; fazer (teias); urdir; tramar. // Se teceres as sete tranças, Jz 16.13. Tu me teceste no seio de minha mãe, Sl 139.13. Tecem teias de aranha, Is 59.5. Tecendo uma coroa de espinhos, Mt 27.29. Lírios... não fiam nem tecem, Lc 12.27.

TECOA: 1. Uma cidade oito quilômetros ao sul de Belém. Ver 2 Sm 14.2; 2 Cr 11.6; 20.20. Ver mapa 2, C-5; 5, B-1. // 2. Um filho de Asur, 1 Cr 2.24.

TÉDIO: Fastio, aborrecimento. // A minha alma tem tédio à minha vida, Jó 10.1.

TEIA: Tecido de algodão, de linho etc.; rede das aranhas. // Com a urdidura da **t**, Jz 16.13. **T** de aranha, Jó 8.14; Is 59.5.

TEIMAR: Insistir, obstinar-se. // Teimam no mau propósito, Sl 64.5.

TEIMOSIA: Teima excessiva, obstinação. // Na **t** do seu coração, Sl 81.12.

TEÍNA, hb. **Súplica:** Um descendente de Judá, 1 Cr 4.12.

TELA, hb. **Fratura:** Um descendente de Efraim, 1 Cr 7.25

TEL-ABIBE, hb. **Monte de trigo verde:** Cidade da Babilônia, junto ao rio Quebar, Ez 3.15.

TELAIM, hb. **Cordeirinho:** O ponto de reunião das forças de Saul, antes de atacar Amamaleque, 1 Sm 15.4.

TELASSAR, hb. **Monte de Assur:** Uma cidade dos filhos de Éden, que tinha sido conquistada e era habitada no tempo de Senaqueribe pelos assírios, 2 Rs 19.12.

TELAVIVE: Cidade de Israel, na costa, junta com Jafa (Jope). As duas cidades têm população de 315 mil. Ver **Israel**.

TELÉM, hb. **Opressão:** 1. Uma cidade da herança de Judá, Js 15.24. // 2. Um dos que tinham mulher estrangeira, Ed 10.24.

TELHA: Peça de barro cozida no forno, que serve principalmente para cobrir os tetos das casas. // Um pedaço de **t** para raspar, Jó 2.8 (ARC).

TELHADO: Cobertura de um edifício. // A erva dos **t** que seca, Sl 129.6. Todo o teu povo sobe aos **t**? Is 22.1.

TEL-HARSA: Uma cidade ou aldeia da Babilônia, de onde voltaram judeus do exílio, Ed 2.59.

TEL-MELÁ, hb. **Monte de Sal:** Uma cidade de Babilônia, de onde voltaram judeus do exílio, Ed 2.59.

TEMA: Um filho de Ismael, Gn 25.15. Seus descendentes, uma tribo, Jr 25.23. O lugar onde eles habitavam, Jó 6.19. Ver mapa 1, D-4.

TEMÁ, hb. **Riso:** Chefe de uma família de netineus que voltou do cativeiro, Ed 2.53.

TEMÃ, hb. **Meridional:** 1. Um neto de Esaú, e chefe de Edom, Gn 36.11,15,42. // 2. Distrito e cidade na terra de Edom, ocupados pelos descendentes de Temã, neto de Esaú, Jr 49.7; Ez 25.13.

TEMANITA: Elifaz, um dos três amigos de Jó, era de Temã, Jó 2.11.

TEMENI: Um descendente de Judá, 1 Cr 4.6.

TEMENTE: Que teme. // Temente a Deus: chefes, Êx 18.21; Hananias, Ne 7.2; Jó 1.1; Simeão, Lc 2.25; Cornélio, At 10.2; Lídia, At 16.14.

TEMER: Ter medo de. // Não temas, Abraão, Gn 15.1. Agora sei que temes a Deus, Gn 22.12. Não temais; aquietai-vos e vede, Êx 14.13. O Senhor está conosco; não os temais, Nm 14.9. Para temeres este nome glorioso, Dt 28.58. temente a Deus, Jó 1.1. Porventura Jó debalde teme a Deus, Jó 1.9. Não temerei mal nenhum, Sl 23.4. Ouvi, todos vós que temeis a Deus, Sl 66.16. Coração para só temer o... nome, Sl 86.11. Confiam no Senhor os que temem, Sl 115.11. O Senhor está comigo: não temerei, Sl 118.6. Teme ao Senhor e aparta-te do mal, Pv 3.7. Para que os homens temam diante, Ec 3.14. Teme a Deus, e guarda os seus mandamentos, Ec 12.3. Sede fortes, não temais, Is 35.4. Não temas, sou o teu Deus, Is 41.10. Os homens temam perante o Deus, Dn 6.26. José, não temas receber Maria, Mt 1.20. Temei antes aquele que pode, Mt 10.28. Dos homens, é para temer o povo, Mt 21.26. Não temais; eis aqui vos trago, Lc 2.10. Não temais, ó pequenino rebanho, Lc 12.32. Nem ao menos temes a Deus, Lc 23.40. Cornélio, homem... temente a Deus, At 10.22. Aquele que o teme e faz o que é, At 10.35. Não te ensoberbeças, mas teme, Rm 11.20. Temei a Deus e dai-lhe glória, Ap 14.7.

TEMERARIAMENTE: Com temeridade; de modo arriscado. // Quando alguém jurar **t**, Lv 5.4. E nada façais **t**, At 19.36 (ARC).

TEMERÁRIO: Audacioso, com imprudência. // E vos mostrastes **t** em subindo, Dt 1.41. O coração dos **t** saberá compreender, Is 32.4.

TEMEROSA: Que infunde temor. // Fazendo-te nome com coisas grandes e **t**, 1 Cr 17.21 (ARC).

TEMÍVEL: Que se pode ou deve temer. // Quão **t** é este lugar! É a casa de Deus, Gn 28.17. Deus é... **T** sobre todos, Sl 89.7. O Senhor... **t** mais que todos os deuses, Sl 96.4. Deus grande e **t**, Dn 9.4. Ver **Horrível, Terrível.**

TEMOR: Medo, susto. // A Deus: Jó 6.14; 9.34; Sl 2.11; 19.19; Pv 1.7; 8.13; 14.27; 15.33; Êx 23.27; Ordenado: Lv 19.14; Dt 4.10; 10.12; Js 4.24; 1 Sm 12.14; Sl 2.11; 103.11; 145.19; Pv 3.7; 23.17; 24.21; Ec 5.7; 8.12; Is 8.13; Jr 10.7; Mt 10.28; Lc 12.5; Rm 11.20; Ef 6.5; Cl 3.22; 1 Pe 2.17; Ap 14.7; 15.4. As bênçãos que vêm por temer a Deus: Dt 5.29; Sl 15.5; 31.19; 33.18; 85.9; 111.5; 147.11; Pv 10.27; 14.26; 22.4; Ec 8.12; Ml 4.2; Lc 1.50; Ap 11.18.

TEMPERADO: Em que se deitou tempero. // A vossa palavra seja... **t** com sal, Cl 4.6.

TEMPERANÇA: Qualidade ou virtude de quem é moderado ou de quem modera apetites ou paixões, Gl 5.22 (ARC). Ver **Domínio próprio.**

TEMPERANTE: Que tem temperança. // Bispo seja... **t,** 1 Tm 3.2. Mulheres... sejam... **t**, 1 Tm 3.11. Homens idosos que sejam **t,** Tt 2.2.

TEMPERAR: Deitar tempero em. // Oferta dos teus manjares temperarás com sal, Lv 2.13.

TEMPESTADE: Violenta agitação da atmosfera. // Persegue-os com a tua **t,** Sl 83.15. Como passa a **t**, assim desaparece o perverso, Pv 10.25. Esconderijo contra a **t**, Is 4.6. Haverá **t**, porque o céu, Mt 16.3. Não tendes chegado... e à **t**, Hb 12.18. // Tempestades mencionadas

O funil da morte. O furacão é uma tempestade causada por ventos opostos que formam turbilhões. Isto é, ventos terríveis que sopram girando. Parece que foi um furacão que matou os filhos de Jó, o grande vento"batendo em forma de funil nos quatro cantos da casa, a qual caiu sobre eles

na Bíblia: 1. A chuva que durou 40 dias e 40 noites no tempo do dilúvio, Gn 7.4. 2. A mui grave chuva de pedras no Egito, Êx 9.18. 3. A grande chuva depois da seca de três anos e seis meses e o conflito no monte Carmelo, 1 Rs 18.45. 4. O grande vento que matou os filhos de Jó, Jó 1.19. 5. A grande tempestade na história de Jonas, Jn 1.4. 6. A tempestade que Jesus acalmou no mar da Galiléia, Mt 8.24. 7. A tempestade durante a viagem de Paulo para Roma, At 27 18. Ver **Cicio, Temporal, Tormenta, Vendaval, Vento.**

TEMPESTUOSO: Violento; muito agitado. // Um vento **t** vinha do norte, Ez 1.4. O mar se ia tornando... mais **t**, Jn 1.11.

TEMPLO: Edifício público destinado ao culto religioso. // Eli... junto a um pilar do **t**, 1 Sm 1.9. Deus... do seu **t** ouviu a minha voz, 2 Sm 22.7. Prostrarei diante do teu santo **t**, Sl 5.7. O Senhor está no seu santo **t**, Sl 11.4; Hc 2.20. O Senhor assentado... vestes enchiam o **t**, Is 6.1. Dizendo: **T** do Senhor, **t** do Senhor, Jr 7.4. De repente virá ao seu **t** o Senhor, Ml 3.1. O pináculo do **t**, Mt 4.5. Quem é maior que o **t**, Mt 12.6. As construções do **t**, Mt 24.1. Movido pelo Espírito foi ao **t**, Lc 2.27. Se alguém te vir... em **t** de ídolo, 1 Co 8.10. Ver **Altar, Santuário, Tabernáculo**. // O vocábulo **templo** significa um edifício público consagrado à divindade e ao culto religioso. A torre de Babel (Gn 11. 1-9) é a primeira construção mencionada na Bíblia que servisse de templo. Na Mesopotâmia, onde morava Abraão antes de sair em demanda da terra de Canaã, cada cidade tinha o seu tempo dedicado a uma divindade padroeira. Ver At 7.2 e Js 24.2. As Nações de Canaã tinham igualmente, seus templos dedicados a seus deuses, 1 Sm 5.5; 31.10. Havia, também, templos suntuosos e famosos, como o de Carnac no Egito, dedicado a Amom; o de Éfeso, dedicado a Diana (At 19.27); o Panteão em Atenas dedicado a Minerva; o Panteão em Roma, consagrado ao culto de todos os deuses; o de Balbec, 80 Km distante de Damasco, dedicado ao culto do Sol. Mas a palavra **templo**, nas Escrituras, quase sempre se refere ao Templo em Jerusalém. Não há edifício do mundo antigo, que tem mais interesse para o povo de Deus, do que o Templo. Era "Formoso de sítio, e alegria de toda a terra", Sl 48.2 (ARC). Situado no monte Moriá em Jerusalém, olhava para um ponto do monte das Oliveiras, onde nascia o sol. Os discípulos ao contemplarem o edifício deste ponto, exclamaram: "Mestre! Que pedras que construções!" Mc 13.1. Cantavam os adoradores, do Salmo do Templo (84): "Quão amáveis são os teus tabernáculos, Senhor dos Exércitos! A minha alma suspira e desfalece pelos átrios do Senhor; o meu coração e a minha carne exultam pelo Deus vivo!... Pois um dia nos teus átrios vale mais que mil, prefiro estar à porta da casa do meu Deus, a permanecer nas tendas da perversidade". // O Templo em Jerusalém era o símbolo da presença de Deus entre o povo, o ponto de aproximação de uma nação a Deus. Contudo, com todo este simbolismo, não se adorava a Deus por qualquer forma visível ou material. O Templo era a sede religiosa, a capital, sua influência permeando e unificando a nação inteira. // **O Tabernáculo** servia, desde o êxodo dos israelitas do Egito até o reinado de Salomão como um templo portátil. É chamado **templo** em 1 Sm 1.9; 3.3; 2 Sm 22.7. Mas geralmente a palavra templo se refere aos Templos sucessivamente construídos em Jerusalém e dedicados a Jeová. // **O Templo de Salomão**. Construído no monte Moriá, 1 Cr 21.28-30, com 1 Cr 22.1; 2 Cr 3.1. Davi anelava construir o Templo, 2 Sm 7.2,3. Mas isso não lhe foi permitido, 2 Sm 7.5-9. Revelado a Davi que Salomão o edificasse, 1 Cr 22.6,7,11. Salomão o construiu, 1 Rs 6. Nem martelo, nem machado, nem instrumento algum de ferro se ouviu quando o edificavam, 1 Rs 6.7. A planta geral era a do Tabernáculo, mas as medidas eram em dobro e as ornamentações mais ricas, 2 Cr 3 e 4. Dedicado, solenemente a Deus, por Salomão, 1 Rs 8.12-66. Cheio da glória de Deus, 2 Cr 5.13,14. Saqueado por Sisaque, rei do Egito, 1 Rs 14.25,26. Os estragos reparados por Joás, 2 Rs 12.5,12. Purificado por Ezequias, 2 Cr 29.3-35. Profanado por Manassés, 2 Rs 21.4,7. Reparado por Josias, 2 Rs 22.3-7. Os babilônicos saquearam e reduziram a cinzas este templo, 2 Rs 25.9,13-17. // **O Templo de Zorobabel**, assim se chama atualmente, porque foi construído por Zorobabel, com o auxílio de Zacarias e Ageu. Construído no sítio do primeiro Templo, pelos decretos de Ciro e de Dario para a reconstrução, Ed 6.3,12. Completado e dedicado (516 a.C., 20 anos depois da volta do cativeiro em Babilônia), Ez 6.15-18. Uma grande parte dos primitivos vasos do Templo foi restaurada. Mas não havia arca; opina-se que ela desaparecera na destruição do primeiro Templo. O Santo dos Santos estava vazio de tudo visível, ocupado somente pela presença do Deus invisível. O Templo de Zorobabel permaneceu durante quase 500 anos, durou mais tempo do que o Templo de Salomão, e mais do que o de Herodes. Dois séculos antes do nascimento de Cristo. Antíoco Epifanes, com um exército saqueou a cidade de Jerusalém e o Templo. Foram suspensos os sacrifícios diários e o próprio Templo dedicado a Júpiter Olimpo, cuja imagem foi levantada sobre o altar dos holocaustos. Todavia, Judas Macabeu dirigiu uma revolta contra Antíoco, e foi bem sucedido. O seu primeiro cuidado foi reparar e purificar o Templo. Esta nova dedicação do Santuário (165 a.C.) e o restabelecimento do culto foram depois sempre comemorados com uma festa anual de oito dias, chamada a Festa da Dedicação, João 10.22. No ano 67 a.C., Roma conquistou a Jerusalém, profanou o Templo e tornou o país tributário dos romanos. // **O Templo de Herodes**, Herodes, o Grande, de tal modo ganhou a afeição dos romanos que foi **construído** rei da Judéia, em lugar de Antígono Macabeu. Com o fim de ganhar popularidade entre os seus novos súditos, reedificou o Templo, fazendo extraordinárias despesas. O que é evidente é que, em certos casos, foi este Templo mais grandioso do que o de Salomão. No trigésimo-sexto ano do reinado de Herodes, nasceu em Belém de Judá, o Salvador do mundo. Foi, pois, o Templo de Herodes que Jesus e seus discípulos conheceram. Ver Jo 2.20. Cristo foi apresentado no Templo, Lc 2.22; desde a meninice conhecia o templo, Lc 2.41,42; todos os dias ensinava no templo, Mt 26.55; Lc 21.37; e curava, Mt 21.14; expulsou a todos os que ali vendiam e compravam, Mt 21.12; profetizou a sua destruição, Mt 24.2. Os apóstolos ensinavam e curavam no Templo, At 3.1; 5.12-16; Paulo foi assaltado lá, At 21.30. O suntuoso Templo de Herodes, completado em 64 d.C. foi reduzido a cinzas em 70 d.C., pelos exércitos do general Tito e seus tesouros levados triunfalmente a Roma. Ainda se vêem as pedras existentes deste Templo, que têm 5 metros de comprimento e mais que um metro de espessura. Atualmente a mesquita de Omar ocupa este lugar. Foi construído, no século VII, sobre a rocha sagrada de Moriá, onde, segundo opinam muitos eruditos, se queimavam os animais sobre o altar dos holocaustos. Os Maometanos crêem que o juízo final de Deus se realizará sobre esta Rocha. // **O Templo de Ezequiel**. A visão do Novo Templo, de Ezequiel, Ez 40 a 48.

TEMPO: Período; época; estação ou ocasião própria; estado atmosférico. // Bendirei o Senhor em todo o **t**, Sl 34.1. Há **t** para todo propósito, Ec 3.1; 3.17. No **t** aceitável, Is 49.8. Haverá bom **t**, Mt 16.2. Os sinais dos **t**, Mt 16.3. Os **t** dos gentios, Lc 21.24. Felipe, há tanto **t**, Jo 14.9. O **t** em que restauras, At 1.6. Havendo fixado os **t**, At 17.26. O **t**, que já é hora, Rm 13.11. O **t** se abrevia, 1 Co 7.29. Eis agora o **t** sobremodo oportuno, 2 Co 6.2. A plenitude do **t**, Deus enviou, Gl 4.4. Guardais dias, e meses, e **t**, Gl 4.10. Na dispensação da plenitude dos **t**, Ef 1.10. Remindo o **t**, Ef 5.16. Relativamente aos **t** e às épocas, 1 Ts 5.1. Nos últimos **t**, 1 Tm 4.1. Sobrevirão **t** difíceis, 2 Tm 3.1. Haverá **t** em que não suportarão,

2 Tm 4.3. Repousassem ainda por pouco **t**, Ap 6.11. Sabendo que pouco **t** lhe resta, Ap 12.12. Um **t**, **t** e metade de um **t**, Ap 12.14; Dn 7.25; 9.27; 12.7. O **t** está próximo, Ap 22.10; Mt 26.18; Ap 1.3. Devemos dar grande valor ao tempo, Sl 39.4; 90.12; Is 55.6; Lc 19.42; Jo 9.4; 12.35; Gl 6.9; Ef 5.16; Cl 4.5. Ver **Ano, Dia, Época, Hora, Mês.**

TEMPORAL: Grande tempestade. // Grande **t** de vento, Mc 4.37. // Temporário, por oposição e eterno. As Coisas que se vêem... são **t**, 2 Co 4.18. Ver **Tempestade, Tormenta.**

TEMPORÃO: Que vem ou sucede antes do tempo apropriado; que amadurece primeiro que outros (falando de frutos). // Chuva temporã: Jr 5.24 (ARC); Jl 2.23 (ARC); Tg 5.7 (ARC). Figos temporãos, Jr 24.2; Mq 7.1; Na 3.12.

TENAZ: Instrumento semelhante a uma tesoura com cabos longos, que serve para segurar ferro em brasa viva... com uma **t**, Is 6.6.

TENDA: Barraca. // Jabal era pai dos que habitavam em tendas, Gn 4.20. Abraão, Sara, Jacó e seus descendentes habitavam em tendas, Gn 12.8; 13.3; 18.6; 31.25,33; Hb 11.9. Esta forma de habitação tem sido conservada entre os árabes errantes desde os tempos primitivos do antigo Israel até nossos dias. As tendas eram originalmente feitas de peles, e mais tarde de lã ou de pêlo de cabra. A profissão de Paulo, Áquila e Priscila era fazer tendas, At 18.3 // A **t** da congregação, Êx 29.44; 33.7; Que boas são as tuas **t**, ó Jacó, Nm 24.5. Aí pôs uma **t** para o sol, Sl 19.4. Alarga o espaço da tua **t**, Is 54.2. Farei aqui três **t**, Mt 17.4

TENDA DA CONGREGAÇÃO: Tenda aonde ia "todo aquele que buscava ao Senhor", Êx 33.7. Lá Moisés se assentava para julgar o povo, Êx 18.13. Tornou-se, também, o lugar do sumo tribunal, e, sem dúvida, onde se guardava o livro dos "estatutos de Deus e das suas leis", Êx 18.16,21-26.

Tenda

TENDA DE RAMOS: Habitavam, durante a festa dos tabernáculos, em tendas de ramos em lembrança do tempo em que habitavam em tendas quando Deus os tirou da terra do Egito, Lv 23.42.

TENDÃO: Extremidade de um músculo. // Se me amarrarem com sete **t** frescos, Jz 16.7. De ossos e **t** me entreteceste, Jó 10.11. O **t** das suas coxas estão entretecidos, Jó 40.17. Tua cerviz é um **t** de ferro, Is 48.4. ...Porei **t** sobre vós, Ez 37.6.

TENEBROSO: Cheio ou coberto de trevas; terrível; criminoso; medonho; difícil de compreender. // Os lugares **t**... de violência, Sl 74.20. O teu corpo será **t**, Mt 6.23 (ARC). Contra os dominadores deste mundo **t**, Ef 6.12. Como a uma cadeia... em lugar **t**, 2 Pe 1.19. Ver **Escuro.**

TENRO: Brando, mole. // Ainda sou **t**, 2 Sm 3.39 (ARC). Era filho. .**t**, e único, Pv 4.3. Nunca
Mais serás chamada a **t**, Is 47.1 (ARC).

TENTAÇÃO: Indução para o mal por sugestões do diabo ou da sensualidade. // Não nos deixes cair em **t**, Mt 6.13. Orai, para que não entreis em **t**, Mt 26.40. Comigo nas minhas **t**, Lc 22.40. Não vos sobreveio **t**, que não fosse humana, 1 Co 10.13. A minha enfermidade... vos foi uma **t**, Gl 4.14. Os que querem ficar ricos caem em **t**, 1 Tm 6.9. No dia da **t** no deserto, Hb 3.8. Ver **Provação. // A Tentação de Adão,** Gn 3.1-9, **de Cristo**, Mt 4.1-11.

TENTADOR: Que solicita para o mal. // Temendo que o **t** vos provasse, 1 Ts 3.5.

TENTAR: Procurar corromper (a fé. A fidelidade). // Por que tentais ao Senhor? Êx 17.2. Não tentarás o Senhor, Dt 6.16; Mt 4.7. Tentaram o Deus Altíssimo, Sl 78.56. Ao deserto para ser tentado, Mt 4.1. Tentando-o, pediram... um sinal, Mt 16.1. Para tentar o Espírito, At 5.9. Tentais a Deus, pondo sobre a cerviz, At 15.10. Para que Satanás não vos tente, 1 Co 7.5. Tentados além das vossas forças, 1 Co 10.13. Guarda-te para que não sejas também tentado, Gl 6.1. Sofreu... tentado... para socorrer os que são tentados, Hb 4.15. Ninguém... tentado, diga: Sou tentado por Deus, Tg 1.13. Ver **Provar.**

TEOCRACIA: Este vocábulo, que não aparece na Bíblia, originou-se, parece, com o historiador Josefo, quando escreveu: "O nosso Legislador deu-nos um governo que podemos denominar uma teocracia, atribuindo o poder e a autoridade a Deus". Que isso é a relação de Deus para com seu povo vê-se em Êx 25.22; Jz 8.23; 1 Sm 12.12; 2 Cr 13.8; 2 Sm 7.1-17; Sl 89.27; Dt 17.14-20.

TEOFANIA: O ato de Deus aparecer aos homens. Ele não aparecia na sua própria pessoa (Jo 1.18; 1 Tm 6.16), mas na pessoa do "anjo do Senhor" (Gn 16.7) do "Anjo" da sua presença (Êx 32.34; 33.14), do "Anjo da aliança" (Ml 3.1), de Cristo. As teofanias do Antigo Testamento eram manifestações transitórias e localizações permanentes — aparecimentos ocasionais que se tornaram permanentes na **Shekinah**, isto é, na glória do Senhor, como visto na coluna de nuvem de fogo, na espessa nuvem sobre o monte Sinai e na glória do Senhor que pousou sobre o monte Sinai seis dias, Êx 13.21,22; 19.16,18; 24.16,17. A glória do Senhor encheu tanto o tabernáculo como o templo e parece, continuava a se manifestar entre os querubins sobre a arca, Êx 40.34,35; 1 Rs 8.10,11. E, por fim, o "Verbo se fez carne, e habitou entre nós, cheio de graça e de verdade, e vimos a sua glória como do unigênito do Pai", Jo 1.14. Ver **Glória, Shekinah.**

TEÓFILO, gr. **Amigo de Deus:** Um Cristão a quem Lucas dirigiu o seu evangelho e os Atos dos Apóstolos, Lc 1.3; At 1.1.

TEOLOGIA: Ciência de Deus e das coisas divinas. // A teologia abrange vários ramos: 1. **A teologia exegética** procura descobrir o verdadeiro significado das Escrituras. // 2. **A teologia histórica** traça a história do desenvolvimento da interpretação doutrinária, e envolve o estudo da história da igreja. // 3. **A teologia dogmática** é o estudo das verdades fundamentais da fé como se nos apresentam nos credos da igreja. // 4. **A teologia bíblica** traça o progresso da verdade através dos diversos livros da Bíblia, e descreve a maneira de cada escritor em apresentar as doutrinas importantes. // 5. **A teologia sistemática**. Neste ramo de estudo os ensinos bíblicos concernentes a Deus e ao homem são agrupados em tópicos.

TER: Possuir. // Que tem se lhe dará... ao que não tem, Mt 13.12; 25.29. Que tens tu que não tenhas recebido? 1 Co 4.7. Quem tem o Filho tem a vida, 1 Jo 5.12.

TERÁ: Um filho de Naor e pai de Abraão, Gn 11.24. Era idólatra, Js 24.2.

TERAFIM: Zc 10.2 (ARC). Ver **Adivinhação.**

TERCEIRO: Que está imediatamente depois do segundo. // Passaria a ser o **t**, no governo, Dn 5.29. // O terceiro ai, Ap 11.14; andar, At 20.9; céu, 2 Co 12.2; dia, Mt 16.21; Lc 24.46; At 10.40; 1 Co 15.4; fundamento, Ap 21.19; geração, Gn 50.23; Êx 30.5; hora, Mc 15.25; At 2.15; pavimento, Gn 6.16; reino, Dn 2.39; rosto, Ez 10.14; selo, Ap 6.5; ser vivente, Ap 4.7; taça, Ap 16.4; trombeta, Ap 8.10; vigília, Lc 12.38.

TÉRCIO: Amanuense de Paulo, escrevendo por ditado a Epístola aos romanos, Rm 16.22.

TERÇO: O mesmo que terceiro. // Um **t** sob o comando de Joabe, 2 Sm 18.2

TEREBINTO (ARC): Gn 42.11; Is 6.13; Os 4.13. Espécie de pistácia resinosa e sempre verde.

TERES, hb. **Austero:** Um dos guardas da porta que conspiraram para matar o rei Assuero; sendo a trama descoberta por Mordecai, Et 2.21.

TERMINAR: Concluir, pôr termo a. // Curo enfermos, e no terceiro dia terminarei, Lc 13.32. Ver **Acabar, Cessar, Findar.**

TERMO: Limite, em relação ao tempo e ao espaço; fim; prazo; declaração exarada em processo. // Um **t** de divórcio, Dt 24.1. Os **t** pegados ao Jordão, Js 22.10. Ele põe **t** à guerra, Sl 46.9. O Senhor levará a bom **t**, Sl 138.8. Sêde salvos, vós todos os **t** da terra, Is 45.22. Assim a leveis a **t**, 2 Co 8.11.

TERNO: Meigo, afetuoso. // O Senhor é cheio de **t** misericórdia, Tg 5.11.

TERNURA: Carinho. // A **t** do teu coração, Is 63.15.

TERRA: O planeta que habitamos; os habitantes de nosso planeta. // A criação da terra, Gn 1.1; Jó 38.4-11; Sl 104.5; Is 48.13. A terra corrompida, Gn 6.11; Sl 14.1-3; 53.1-3. A terra cheia da bondade do Senhor, Sl 33.5; 119.64. Cheia das riquezas, Sl 104.24; cheia da sua glória, Is 6.3; Ez 43.2. A terra é do Senhor, Êx 9.29; Dt 10.14, Jó 41.11; Sl 24.1; 89.11; 1 Co 10.26; Ap 4.11; o estrado dos seus pés, Is 66.1. A terra se desfará, Sl 102.25,26; Is 51.6; 2 Pe 3.7,10. A terra feita nova, Is 65.17; 2 Pe 3.13; Ap 21.1. Os santos herdarão a terra, Sl 25.13; Mt 5.5.

TERRAÇO: Cobertura plana de um edifício. // Davi... no **t** da casa real, 2 Sm 11.2. Sobre cujos **t** queimaram, Jr 19.13. Ver **Eirado.**

TERREMOTO: Os **t**, tremores da terra, os sismos são uma das conseqüências da contração progressiva da crosta terrestre, sob a influência do resfriamento. // Havia terremotos sobrenaturais quando o senhor descia sobre o monte Sinai, Êx 19.18; quando a terra se fendeu e tragou Coré, seus companheiros e a todos os seus bens, Nm 16.31,32; na vitória de Jônatas sobre os filisteus, 1 Sm 4.15; quando o Senhor falava com Elias numa caverna no monte Horebe, 1 Rs 19.11; a terra cambaleia como um bêbado, Is 24.19,20; do Senhor vem o castigo com **t**, Is 29.6; na morte de Cristo, Mt 27.51; na sua ressurreição, Mt 28.2; na conversão do carcereiro, At 16.26. Profecia de Amós dois anos antes do **t**, Am 1.1. O **t** nos dias de Uzias, Zc 14.5. Haverá grandes **t**, Lc 21.11. Abriu o sexto selo, e sobreveio grande **t**, Ap 6.12. Trovões vozes, relâmpagos e **t**, Ap 8.5. Grande **t** e ruiu a décima parte da cidade, Ap 11.13. Grande **t** como nunca houve, Ap 16.18.

TERRENO: Terrestre, mundano. // Tratando das coisas **t**, Jo 3.12. Quem vem da terra é **t** e fala da terra. Jo 3.31. Primeiro homem, o **t**... os demais homens **t**, 1 Co 15.48. Só se preocupam com as coisas **t**, Fp 3.19. É **t**, animal e demoníaca, Tg 3.15. Ver **Terrestre.**

TERRESTRE: Que provém da terra ou nasce nela. // Falei de coisas **t**, Jo 3.12 (ARC). Corpos celestiais e corpos **t**, 2 Co 5.1. Primeira aliança... seu santuário **t**, Hb 9.1. Ver **Terreno.**

TERRIBILIDADE: Cousa terrível; grande ameaça. // Quanto a tua **t**, a arrogância, Jr 49.16 (ARC).

TERRIBILÍSSIMA: Muito terrível. // Cuja vista era...**t**, Jz 13.6 (ARC).

TERRITÓRIO: Extensão considerável de terra. // Alargarei o teu **t**, Êx 34.24. Deus alargar o teu **t** como te prometeu, Dt 12.20. Expulsando-os do seu **t**, At 13.50. Ver **Terra.**

TERRÍVEL: Que infunde ou causa terror. // O Senhor... **t** em feitos gloriosos, Êx 15.11. Aquele grande e **t** deserto, Dt 1.19. Este nome glorioso e **t**, Dt 28.58. Tu és **t**; se te iras, Sl 76.7. Fizeste Coisas **t**, que não esperávamos, Is 64.3. O quarto animal, **t**, Dn 7.7. Grande é o Senhor, e muito terrível, Jl 2.11. O grande e **t** dia, Ml 4.5. Ver **Horrível, Temível.**

TERRIVELMENTE: De modo terrível. // As lanças se sacudirão **t**, Na 2.3 (ARC).

TERROR: Grande medo. // O **t** de Deus invadiu as cidades, Gn 35.5. Porei sobre vós **t**, Lv 25.16. Havia **t** da morte em toda cidade, 1 Sm 5.11. Os **t** da noite, Jó 24.17. **T** de morte me salteiam, Sl 55.4. Totalmente aniquilados de **t**, Sl 73.19. Não te assustarás do **t** noturno, Sl 91.5. Vindo o vosso **t**, eu zombarei, Pv 1.26. Vindo o vosso **t** como a tempestade, Pv 1.27. Desmaiarão de **t**, Lc 21.23. Ver **Assombro, Espanto, Horror, Medo, Pavor.**

TÉRTULO: Um advogado romano que os judeus chamaram para acusar Paulo em Cesaréia diante do procurador romano, Antônio Felix, At 24.1.

TESOURARIA: Casa ou lugar onde se guarda e administra o tesouro público. // Planta... as suas **t**, 1 Cr 28.11. Por debaixo da **t**, Jr 38.11.

TESOUREIRO: Guarda de tesouro. // Por **t**, dos depósitos, Ne 13.13. Mandou juntar... os **t**, Dn 3.2. Erasto, **t** da cidade, Rm 16.23.

TESOURO: Grande porção de dinheiro ou de objetos preciosos. // O vosso Deus... vos deu **t**, Gn 43.23. O Senhor te abrirá o seu bom **t**, Dt 28.12. Toda prata... irão para o **t**, Js 6.19. O **t** da saraiva, Jó 38.22. Amontoa **t** e não sabe quem os levará, Sl 39.6. Os **t** da impiedade de nada aproveitam, Pv 10.2. Todos os dízimos à casa do **t**, Ml 3.10. Abrindo os seus **t**, entregaram-lhe, Mt 2.11. Não acumuleis para vós... **t**, Mt 6.19. Onde está o teu **t**, aí estará, Mt 6.21. Um **t** oculto no campo, Mt 13.44. E terás um **t** no céu, Mt 19.21. Do bom **t** do coração tira, Lc 6.45. Temos este **t** em vasos, 2 Co 4.7. Em quem todos os **t** da sabedoria, Cl 2.3. Acumulem para si mesmos um **t**, 1 Tm 6.19. Maiores riquezas do que os **t** do Egito, Hb 11.26. **T** acumulastes nos últimos dias, Tg 5.3. Ver **Riqueza.**

TESSALÔNICA, Conquista da Tessália. Isto é, da antiga Grécia Capital da Macedônia, situada na via Egnatia que ligava Roma a toda a região ao Norte do mar Egeu. // Paulo e Silas pregam lá, At 17 1. Não examinavam as Escrituras, At 17.11. Aristarco e Segundo de Tessalônica, At 20.4; 27.2. Os filipenses enviam ofertas para Paulo em Tessalônica, Fp 4.16. Paulo dirige duas epístolas à igreja em Tessalônica, 1 Ts 1.1; 2 Ts 1.1. Demas abandona Paulo, indo a Tessalônica, 2 Tm 4.10. Durante alguns séculos depois de Cristo, é conhecida como a "Cidade Ortodoxa", sendo um grande centro do Cristianismo Oriental. Chama-se, atualmente, **Salonica**; cidade importante da Grécia, situada no golfo do mesmo nome. Ver mapa 6, C-1

TESSALONICENSES, PRIMEIRA EPÍSTOLA DE PAULO AOS: A primeira, cronologicamente, das epístolas de Paulo. Escrita de Corinto, d.C. 52, não muito depois da sua partida de Tessalônica, na sua segunda viagem missionária. As duas epístolas foram dirigidas à igreja em Tessalônica em conjunção com Silvano (Silas) e Timóteo, 1 Ts 1.1; 2 Ts 1.1; At 17.14. Três missionários chegaram em Tessalônica. Dois deles, seus corpos marcados dos terríveis açoites que levaram, tinham saído da masmorra mais segura em Filipos. Seus aspectos revelavam sua pobreza objeta, seus sofrimentos excessivos, sua insignificância terrestre. Mas eles proclamavam o evangelho, "não somente em palavra, mas sobretudo em poder, no Espírito Santo", 1 Ts 1.5. E no espaço curto de três semanas (At 17.2) fundaram uma igreja que se tornou o modelo não somente para os crentes na Macedônia e na Acaia, mas por toda parte, 1 Ts 1.6-9.

O autor: O apóstolo Paulo, 1.1. Forçado a sair de Tessalônica, pela violência dos judeus, deixou a recém fundada igreja sofrendo dificuldades. Em Atenas e sem poder voltar a Tessalônica (1 Ts 2.18) enviou-lhes Timóteo, 1 Ts 3.1,2. Quando Timóteo voltou para Paulo, em Corinto (At 18.1-5; 1 Ts 3.6), o apóstolo escreveu a primeira epístola.

A chave: A segunda vinda de Cristo. Cada capítulo finda com esse assunto, 1.10; 2.19,20; 3.13; 4.13-18; 5.23. Um dos motivos dos Tessalonicenses converterem-se foi o de aguardar dos céus, o Filho do verdadeiro Deus, 1 Ts 1.9,10.

A divisões: A esperança da vinda do Senhor. // I. Inspira os recém-convertidos, cap. 1. // II. Estimula os irmãos, cap. 2 // III. Purifica os crentes, 3.1 a 4.12. // IV. Conforta os que choram por aqueles que dormem em Cristo, 4.13-18. // V. Desperta os crentes sonolentos, cap.5.

TESSALONICENSES, SEGUNDA ESPÍSTOLA DE PAULO AOS: A segunda, cronologicamente, das epístolas de Paulo; e uma continuação da primeira.

O autor: O apóstolo Paulo, 1.1. Escrita de Corinto, não muito depois da primeira: Silas e Timóteo estão ainda com ele, 2 Ts 1.1.

A chave: A segunda vinda de Cristo. O apóstolo escreveu a segunda epístola, não para contradizer o que escrevera na primeira epístola, que o dia do Senhor estava próximo, mas para corrigir o engano de que o dia do Senhor já tinha chegado. Alguns creram, por causa das graves perseguições que sofriam, que a grande tribulação já começara. As traduções da Versão Brasileira, e de Almeida, de 2 Ts 2.2, são erradas: "Que não vos movais facilmente do vosso entendimento... **como se o dia de Cristo estivesse já perto".** A edição Revista de Almeida dá corretamente: "supondo que tenha chegado o dia do Senhor". Com isto concordam as duas principais traduções em alemão, a de Martinho Lutero e a **Elberfelder Bibel**, e as seguintes em inglês: **English Revised Version, Baptist Translation, Twentieth Century New Testament, Weymouth, Rotherdam, Moffatt, Conybeare e The Amphlified New Testament.**

As divisões: I. Saudação, 1.1,2. // II. Ações de graça pela fé manifesta pelos Tessalonicenses, 1.3-12. // III. Instrução sobre a vinda do Senhor e a natureza do homem da iniqüidade, 2.1-12. // IV. Exortações à firmeza na fé e à prática, 2.13-3.16. // V. A saudação final e a bênção, 3.17,18.

TESTA: Parte superior do rosto, desde a raiz dos cabelos até as sobrancelhas. // O sumo sacerdote levava na testa a lâmina de ouro, com as palavras "Santidade ao Senhor", Êx 28.36,38. Davi feriu o filisteu na testa, 1 Sm 17.49. A lepra saiu na testa de Uzias, 2 Cr 26.19. Tens a testa de bronze, Is 48.4. Marca com um sinal a testa dos homens que suspiram, Ez 9.4. Os servos de Deus selados em suas testas, Ap 7.3; 9.4; 14.1; 22.4. A marca da besta na testa dos homens, Ap 13.16; 14.9; 20.4. Na sua testa... Mistério, a grande Babilônia... Ap 17.5.

TESTADOR: O que testa ou faz testamento. // Que intervenha a morte do **t**, Hb 9.16. Enquanto vive o **t**, Hb 9.17.

TESTAMENTO: Ato pelo qual alguém dispõe, para depois da sua morte, de seus bens. // O sangue do Novo **T**, Mt 26.28 (ARC). Onde há **t**, Hb 9.16. Um **t**, só é confirmado, Hb 9.17.

TESTEMUNHA: Aquele que presenciou qualquer cousa. // Sereis minhas **t** tanto em Jerusalém, At 1.8. Do que todos nós somos **t**, At 2.32. Estêvão, tua **t**, At 22.20. Para te constituir ministro e **t**, At 26.16. Somos tidos por falsas **t**, 1 Co 15.15. Rodear-nos grande número de **t**, Hb 12.1. Fomos **t** oculares, 2 Pe 1.16. Jesus Cristo, a fiel **T**, Ap 1.5. Às minhas duas **t**, Ap 11.3. Embriagada... com o sangue das **t** de Jesus, Ap 17.6. Testemunho se confirmava por um objeto inanimado, como um montão de pedras, Gn 31.46; por pessoas dignas de testificar, Gn 23.10-18; por um termo lavrado, uma escritura, Dt 24.1; Jr 32.10. Na lei requeria-se o testemunho de duas ou mais testemunhas dignas de fé com o fim de se sustentar a afirmação de um fato, Nm 35.30. Ver Mt 18.16; 2 Co 13.1; 1 Tm 5.19; Hb 10.28. Falso testemunho, Êx 20.16; Lv 10.11; Dt 5.20; Pv 12.17; 21.28; Jr 7.9; Lc 3.14; contra Cristo, Mt 26.60; contra Estêvão, At 6.13**.**

TESTEMUNHAR: Testificar, confirmar. // E tiver testemunhado falsamente, Dt 19.18. Eis-me aqui, testemunhai contra mim, 1 Sm 12.3. Escuta... e eu testemunharei contra ti, Sl 50.7. Testemunhareis porque estais comigo desde o princípio, Jo 15.27. Testemunhando aos judeus que o Cristo é Jesus, At 18.5. Para testemunhar o evangelho, At 20.24. Testemunhando... a consciência, Rm 2.15; 9.1. Testemunhando que Deus está de fato no meio de vós, 1 Co 14.25. Temos visto e testemunhamos que o Pai, 1 Jo 4.14. Ver **Testificar.**

TESTEMUNHO: Declaração, depoimento de uma ou mais testemunhas. // As sete cordeiras... **t** de que eu cavei este poço, Gn 21.30. Este montão por **t**, Gn 31.48. A arca do **t**, Êx 16.34; 40.3. A duas tábuas do **t**, Êx 31.18. A tenda do **t**, Nm 9.15. Os teus **t**, são o meu prazer, Sl 119.24. O pó de vossos pés em **t**, Mc 6.11. Em virtude do **t** da mulher, Jo 4.39. O Espírito... esse dará testemunho, Jo 15.26. Com muitas outras palavras deu **t**, At 2.40. Nisto nos dá **t** também o Espírito, Hb 10.15. Obtiveram bom **t**, Hb 11.2,39. A sua ferrugem há de ser por **t**, contra vós, Tg 5.3. A vida... e dela damos **t**, 1 Jo 1.2. Há três que dão **t**, 1 Jo 5.7. O **t** dos homens... o **t** de Deus é maior, 1 Jo 5.9. O **t** de Jesus Cristo, Ap 1.2. Mortos por causa... do **t** que sustentavam, Ap 6.9. Venceram... por causa da palavra do **t**, que deram, Ap 12.11. O **t** de Jesus, Ap 19.10. O **t** de Jesus é o espírito da profecia, Ap 19.10. Aquele que dá **t** destas coisas, Ap 22.20.

TESTIFICAR: Assegurar, declarar, comprovar. // Testificamos o que temos visto, Jo 3.11. As Escrituras... que testificam de mim, Jo 5.39. Espírito testifica com o nosso espírito, Rm 8.16. Exortando e testificando... que esta é, 1 Pe 5.12. Anjo para testificar... às igrejas, Ap 22.16.

TETO: A face superior interna de uma casa ou aposento. // Sob a proteção do meu **t**, Gn 19.8. Pela muita preguiça desaba o **t**, Ec 10.18.

TETRARCA: Mt 14.1; Lc 3.1. O governador da quarta parte de um reinado ou de uma província.

TEU: Que te pertence. // Tudo o que é meu é **t**, Lc 15.31. Todas as minhas coisas são **t**, Jo 17.10.

TEUDAS: Talvez o nome seja uma contração de **Teodoro**, o dom de Deus. Mencionado em At 5.36; um insurgente que apareceu a frente de 400 homens, procurando desencaminhar o povo com as suas falsas doutrinas. Josefo refere-se a um homem com o mesmo nome, que se revoltou, mas foi isso dez anos depois de Gamaliel.

TEXUGO: Mamífero onívoro. Tem 75 centímetros de comprimento e escava tocas profundas. Sua pele serviu para cobrir exteriormente o tabernáculo, Êx 25.5 (ARC). Traduzido na Revisão, **animais marinhos.**

THESSALIA: Região da antiga Grécia. Ver mapa 6, C-2.

TIA: A irmã de tua mãe, Lv 18.13. Ela é tua **t**, Lv 18.14.

TIAGO: O nome Tiago aparece muitas vezes nos **Evangelhos** e em **Atos**. É impossível identificar todos estes homens. Enumeraremos aqueles dos quais ficamos mais certos: Tiago, filho de Zebedeu um pescador, um dos primeiros discípulos, Mt 4.21. Chama-se às vezes, Tiago, o Maior. Seu pai era homem de recursos, tinha empregados, Mc 1.20. Um dos apóstolos mais íntimos de Jesus: na transfiguração, Mt 17.1; na casa de Jairo, Mc 5.37; em Getsêmani, Mt 26.37. Apelidado, com João, **Boanerges**, ou filhos de trovão, Mc 3.17. Jesus o repreende, juntamente com João, porque queriam chamar fogo do céu sobre os samaritanos, Lc 9.54. Sua Mãe chama-se Salomé, uma irmã da mãe de Jesus. Compare Mc 15.40; 16.1 com Jo 19.25. Tiago, portanto, é primo de Jesus. Ora com os outros em Jerusalém, At 1.13. Participa da pesca milagrosa, Lc 5.10. Juntamente com João, pede o favor de Jesus, para assentar-se ao seu lado no reino, Mt 20.20. Pesca com outros, depois da ressurreição, Jo 21.2. Morre à espada por ordem de Herodes Agripa I, At 12.2. Segundo o testemunho de Jerônimo, teria evangelizado na Espanha.

2) Tiago, o menor, Mc 15.40. Filho de Alfeu e um dos doze apóstolos, Mt 10.3. Filho da Maria mencionada em Mc 16.1.

3) Tiago, irmão do Senhor, Mt 13.55. Com os outros irmãos, não creram em Jesus, Jo 7.5. Jesus, depois da ressurreição lhe aparece, 1 Co 15.7. Parece um dos dirigentes da igreja em Jerusalém, Gl 1.18,19; 2.9; At 15.13-34; 21.18,19. Diz-se que foi apelidado "o justo", porque era nazireu desde o seu nascimento e orava até os joelhos se tornarem duros como os de um camelo. O historiador Josefo diz que o sumo-sacerdote, os escribas e os fariseus se aproveitaram do motim dos judeus, no intervalo entre a morte de Festo e a nomeação de seu sucessor, para matá-lo, lançando-o do teto do Templo para o chão, onde o apedrejaram.

4) Tiago, o pai de Judas, Lc 6.16; At 1.13.

TIAGO EPÍSTOLA DE: A primeira das Epístolas Católicas, isto é, gerais, não dirigidas a uma determinada igreja. São sete: Tiago, 1 e 2 Pedro, 1, 2 e 3 João e Judas. 2 e 3 João, contudo, foram escritas a indivíduos. **O autor:** Tiago, 1.1. A tradição da Igreja primitiva identifica este Tiago como "o irmão do Senhor".

A chave: A fé que nos justifica é acompanhada de obras— "a fé sem obras é morta", 2.26. Tiago escreveu aos crentes judaicos da Dispersão, Tg 1.1. Compare At 2.5-11. Escreveu para preveni-los dos pecados que os judeus tinham de resistir. O livro consiste de preceitos morais, ajuntados uns aos outros sem qualquer plano, adquirindo o título de **"O Livro de Provérbios do Cristão".**

As divisões — I. A provação da fé, 1.1 a 2.26. // II. A verdadeira fé domina a língua, 3.1-12. // III. A sabedoria do alto, 3.13 a 4.17. // IV. Riquezas mal adquiridas e mal empregadas, 5.1-6. // V. Pacientes até a vinda do Senhor, 5. 7-11. // VI. A oração da fé, 5.12-20.

TIARA: Ornato para a cabeça. // E lhes atarás as **t**, Êx 29.9.

TIATIARA: A rica cidade de Tiatira era conhecida como um centro comercial, no fértil vale do rio Lico. Ficava na estrada que, de Pérgamo vai a Sardes. Era a cidade de Lídia, a qual, talvez tratando de seu ofício de vender púrpura (Atos 16), ouviu a pregação do apóstolo Paulo e foi salva. Não sabemos se foi ela quem levou o Evangelho a Tiatira; certo é que o Evangelho chegou até lá, e que havia uma próspera igreja na cidade, Ap 1.11. A carta à igreja em Tiatira era a quarta em ordem das enviadas as sete Igrejas da Ásia, Ap 2.18-29. Ver mapa 6, D-2; p. 532.

TIBATE, hb. **Matança:** Uma cidade que Davi tomou de Hadarezer, rei de Zobá, 1 Cr 18.8.

TIBERÍADES: Jo 6.23 Uma cidade edificada por Herodes Antipas, que lhe deu o nome em honra do imperador Tibério. Ainda conserva vestígios da sua antiga grandeza. Situada na praia ocidental do mar da Galiléia, deu o seu nome ao mar, Jo 6.1,23; 21.1.

TIBÉRIO CÉSAR: O segundo imperador de Roma, governador desde o ano 11 a 37 d.C. Herodes Antipas edificou a cidade de Tiberíades, dando-lhe esse nome em honra ao imperador Tibério. Este César é mencionado em Mt 22.17; Jo 19.12. João Batista começou seu ministério no décimo quinto ano do reinado de Tibério César, Lc 3.1.

TIBNI: Um filho de Ginate, candidato ao trono de Israel, para suceder a Zinri. Foi derrotado e assassinado por Onri, 1 Rs 16.22.

TIÇÃO: Pedaço de lenha ou de carvão aceso ou meio queimado. // Aos **t,** largou-os na seara, Jz 15.5. Nem se desanime... tocos de **t** fumegantes, Is 7.4. Como um **t** arrebatado da fogueira, Am 4.11. Não é este um **t** tirado do fogo? Zc 3.2.

Tiberíades e o mar da Galiléia

TÍCIO JUSTO: At 18.7. Opina-se que Paulo pregava na casa deste romano durante os 18 meses (18.11) que permaneceu // em Corinto. Durante este período morava e trabalhava com Áqüila e Priscila, At 18.3.

TICVÁ, hb. **Esperança:** — 1. O sogro da profetiza Hulda, 2 Rs 22.14. // 2. O pai de Jaséias, Ed 10.15.

TIDAL: Rei de Goim. Um dos quatro reis aliados que invadiram Sodoma e Gomorra, quando Ló foi levado cativo, Gn 14.1.

TIFSA, hb. **Vau:** — 1. Uma cidade no Eufrates, o limite do império de Salomão, 1 Rs 4.24. // 2. Uma cidade de Efraim, ferida por Menaém, 2 Rs 15.16.

TIGLATE-PILESER: Um rei da Assíria, 745 a 727 a.C., cujo nome babilônico era Pul. Recebeu tributo de Manaém, rei de Israel, 2 Rs 16.7. Levou os rubenitas, os gaditas e a meia tribo de Manassés para o cativeiro na Mesopotâmia, 1 Cr 5.26.

TIGRE: Rio que nasce no Tauro armênio, banha Diarbedekir, Mossul, Bagdad, as ruínas de Nínive e se reúne ao Eufrates. Tem curso de 2.000 km. O Tigre passa pelo centro do país moderno, Iraque. Um dos quatro rios do Éden, Gn 2.14. Onde um anjo apareceu a Daniel, Dn 10.4. Hidequel (A e B). Ver mapa 11, D-3.

TIJOLEIRO: Fabricante de tijolos. // A torre de Babel foi construída de tijolos e betume, Gn 11.3. Os filhos de Israel fabricavam muitos tijolos para os egípcios, Êx 1.11-14; 5.7-19.

TIJOLO: Peça de barro cosido geralmente, em forma de paralelepípedo e destinado a construções. // Os **t** serviram-lhe de pedra, e o betume, Gn 11.3. Dura servidão, em barro e em **t,** Êx 5.7. Fê-lo passar as serras... e em fornos de **t,** 2 Sm 12.31. Toma um **t,** Ez 4.1.

TIL: Em Mt 5.18, refere-se a um ponto ou outro sinal muito pequeno, usado para distinguir uma letra hebraica de outra.

TILOM: Um descendente de Judá, 1Cr 4.20.

TIMÃO, gr. **Aquele que honra (a Deus):** Um dos sete escolhidos para "servirem as mesas" em Jerusalém, At 6.5.

TIMEU, hb. **Muito estimado:** O pai de Bartimeu, Mc 10.46.

TÍMIDO: Receoso, acanhado, covarde. // Quem for **t**... volte, Jz 7.3. Por que sois **t**, homem de pequena, Mt 8.26. Quanto aos **t**, Ap 21.8 (ARC). Ver **Medroso**.

TIMNA, hb. **Porção destinada:** 1. Uma cidade da herança de Judá, Js 15.57. // 2. Uma cidade entre Bete-Semes e Ecrom, Js 15.10. Desceu Sansão a Timna, Jz 14.1. Ver mapa 2, B-5.

TIMNATE-HERES, hb. **Porção de sol:** Nome da herança de Josué, o lugar onde foi sepultado, Jz 2.9. Ver mapa 2, C-4.

TIMNATE-SERA: Js 19.50. Ver **Timnate-Heres.**

TIMONEIRO: Aquele que governa o timão das embarcações. // Queira o impulso do **t**, Tg 3.4. Ver **Piloto.**

TIMÓTEO, que adora a Deus: Filho de uma judia crente de pai grego, At 16.1. Sua avó Lóide, e sua mãe Eunice, crentes fervorosas, 2 Tm 1.5; 3.14,15. "filho amado" de Paulo, e seu "cooperador no Evangelho", 1 Co 4.17; 1 Tm 1.2,18; 2 Tm 1.2. Separado para a obra de evangelista, 1 Tm 4.14; 2 Tm 1.6; 4.5. Paulo o circuncida por causa dos judeus, At 16.3. Depois da separação entre Paulo e Barnabé na segunda viagem missionária, At 16.3; 17.14,15; Rm 16.21. Quando Paulo fugiu de Beréia, Timóteo e Silas permaneceram lá, At 17.14. Chamado, a Atenas (At 17.15), acham Paulo em Corinto, At 18.1,5. Enviado a Macedônia, At 19.22; a Corinto, 1 Co 16.11. Com Paulo na terceira viagem, At 20.4. Com Paulo na prisão em Roma, Cl 1.1; Fp 1.1; Fm 1. Posto em liberdade, Hb 13.23. Junto com Paulo na segunda epístola aos Corintos, 2 Co 1.1. Junto com Paulo e Silas nas cartas aos Tessalonicenses, 1 Ts 1.1; 2 Ts 1.1. Duas epístolas de Paulo dirigidas a Timóteo, 1 Tm 1.2; 2 Tm 1.2. Encarregado de cuidar da igreja em Éfeso, 1 Tm 1.3. Conforme a tradição foi o primeiro bispo de Éfeso e morreu ali martirizado, quando João estava exilado na ilha de Patmos.

TIMÓTEO, PRIMEIRA EPÍSTOLA DE PAULO A: As três epístolas pastorais são, na ordem cronológica: 1 Timóteo, Tito e 2 Timóteo. Chamam-se pastorais porque não são dirigidas a uma igreja, mas a pastores, para instruí-los a fim de bem governarem suas igrejas. Nestas três epístolas temos a mais clara revelação do caráter, da capacidade e dos deveres do ministro do Evangelho.

O autor: O apóstolo Paulo, 1 Tm 1.1. Escrita de Macedônia, d.C. 67, a Timóteo.

A chave: A igreja em Éfeso era grande e ameaçada por doutrinas falsas. Paulo deixou Timóteo lá e depois escreveu esta carta para animá-lo e instruí-lo em pastorear a igreja, 1.3.

As divisões: I. Advertências sobre falsas doutrinas, Cap. 1. // II. Instruções sobre os cultos, Cap. 2. // III. Sobre as qualificações dos bispos e dos diáconos, Cap. 3. // IV. Sobre um "bom ministro de Cristo Jesus", Cap. 4. // V. Os deveres de um "bom ministro de Cristo Jesus", Cap. 5 e 6.

TIMÓTEO, SEGUNDA EPÍSTOLA DE PAULO A: A última, na ordem cronológica, das treze epístolas de Paulo — e a última de suas três epístolas pastorais.

O autor: O apóstolo Paulo, 1.1. O "prisioneiro do Senhor". 1.8,16; 2.9; 4.6.

A chave: Esta carta foi escrita a seu "amado filho" (1.2) não muito antes do seu próprio martírio (4.6-8) e contém as suas últimas palavras inspiradas pelo Espírito Santo, as quais permanecem para nós. As palavras **"todos os da Ásia me abandonaram"** (1.15), revelam algo das profundezas dos seus sofrimentos na escura prisão, e dão grande ênfase a admoestação: **"Participa dos meus sofrimentos, como bom soldado de Cristo Jesus",** 2.3.

As divisões: I. Saudação e ações de graça, 1.1-5. // II. Exortação na expectativa das tribulações que encaravam, 1.6. a 2.13. // III. Sua obrigação de corrigir as falsas doutrinas e os falsos crentes, 2.14-26. // IV. Prediz um tempo de declínio moral, 3.1 a 4.5. // V. O apóstolo despede-se, 4.6-22.

TINHA: Nome de várias doenças cutâneas da cabeça. // Examinado a praga da **t**, Lv 13.31.

TINHOSO: Que tem tinha. // Fará **t** a cabeça, Is 3.17.

TINIR: Zunir (os ouvidos); soar aguda ou vibrantemente. // Ouvir lhe tinirão ambos os ouvidos, 1 Sm 3.11. Fazendo tinir os ornamentos, Is 3.17.

TINO: Juízo, prudência, facilidade de andar às escuras. // Como ébrios, e perderam todo **t**, Sl 107.27.

TINTA: Líquido para escrever, Jr 36.18; 2 Co 3.3; 2 Jo 12; 3 Jo 13.

TINTEIRO: Pequeno vaso, para conter tinta de escrever, Ez 9.2,3,11 (ARC).

TINTUREIRO: O que exerce a arte de tingir panos. É uma das artes mais antigas. Mencionam-se: Estofo azul e púrpura e carmesim, peles tintas de vermelho, Êx 25.4,5; Linho de púrpura e de escarlate, Ap 18.16. Os lavandeiros tingiam o pano, parece, sendo necessário limpá-lo, primeiramente de todas as substâncias oleosas e gomosas que se encontram, naturalmente, na fibra crua. Ver 2 Rs 18.17; Is 7.3; 36.2; Ml 3.2; Mc 9.3.

TIO: O irmão de teu pai, Lv 18.14. Seu **t**... o resgatará, Lv 25.49. Jônatas, **t** de Davi, 1 Cr 27.32. Ester, filha de seu **t**, Et 2.7.

TIPO: Símbolo. Fato ou personagem do Antigo Testamento considerado como símbolo dos fatos ou personagens do Novo. Ver Rm 5.14; 1 Co 10.6,11; Hb 1; etc.

TÍQUICO, hb. **Fortuito:** Um cristão, companheiro e cooperador do apóstolo Paulo, At 20.4; Ef 6.21; Cl 4.7. 2 Tm 4.12; Tt 3.12. Acompanhava o Apóstolo em alguns mais críticos episódios de sua vida. Deve ter sido um homem de energia e simpatia.

TIRACA: O rei da Etiópia que avançou contra Senaqueribe, enquanto este ameaçava destruir a Judá, Is 37.9.

TIRADOR: Que, ou aquele que tira. // Rachadores de lenha e **t** de água, Js 9.21.

TIRANÁ: Um filho de Calebe, 1 Cr 2.48.

TIRANIA: Governo injusto e cruel. // Não te assenhorearás dele com **t**, Lv 25.43. Este motejo... Como acabou a **t**! Is 14.4. A tirania de Saul, 1 Sm 22.11-19. de Roboão, 1 Rs 12.3-11; de Nabucodonosor, Dn 2.9-13; de Herodes, o Grande, Mt 2.16; de Herodes Agripa I, At 12.1-4. Ver **Violência.**

TIRANO: O Apóstolo Paulo, durante dois anos em Éfeso, discursava diariamente na escola de Tirano, At 19.9. Supõe-se que ele era gentio e mestre em filosofia. Pode também ter sido um cristão, ou pelo menos inclinado para novas doutrinas.

TIRANO: Soberano injusto, cruel ou opressor. // As tendas dos **t** gozam paz, Jó 12.6. A presa do **t** fugirá, Is 49.25. Onde está o furor do **t**, Is 51.13. Ver **Opressor.**

TIRANTE: Cada uma das correias que prendem o veículo às cavalgaduras que o puxam. // Como com **t** de carro, Is 5.18.

TIRAR: Fazer sair de algum ponto ou lugar; privar de. // E tirar-te a túnica, Mt 5.40. Que tira o pecado do mundo, Jo 1.29. Que a tirar, e o poço, Jo 4.11. Se alguém tirar... Deus tirará a sua parte, Ap 22.19. Ver **Arrancar.**

TIRAS: Um filho de Jafé e neto de Noé, Gn 10.2. Ver mapa 1, C-3.

TIRIA: Um descendente de Judá, 1 Cr 4.16.

TIRO: Antigo posto marítimo da antiga Fenícia, no Mediterrâneo entre Beirute e o monte Carmelo. // Hirão, rei de Tiro, era um aliado de Davi e de Salomão, 2 Sm 5.11 Os materiais para a construção do Templo vieram de lá, 1 Rs 5. A profecia contra Tiro, Is 23 Ez 26. Cristo pregou nas terras de Tiro, onde foi bem recebido, Mc 7.24-31. Se em Tiro e em Sidom se tivessem feitos os milagres, Mt 11.21. Paulo desembarcou e permaneceu lá sete dias, At 21.3. A cidade de Tiro foi fundada pelos sidônios e célebre por seu comércio. Foi tomada por Nabucodonosor II, após um cerco de treze anos, e, depois, por Alexandre em 332, pelos cruzados em 1123, a quem os maometanos a conquistaram em 1291. Ver mapa 1, H-2; 2, C-2; 6, F-3.

TIRZA, hb. **Prazer, beleza:** 1. Uma cidade real de Canaã, conquistada por Josué, Js 12.24. Lugar da residência de alguns reis de Israel: Jeroboão Baasa, Elá, Zinri e Onri, e da sepultura de Baasa e Zinri, 1 Rs 14.17; 15.21,33; 16.6-23. Afamada pela sua beleza, Ct 6.4. Ver mapa 2, C-4. // 2. A mais nova das cinco filhas de Zelofeade, Js 17.3.

TÍSICA: Lv 26.16; Dt 28.22; Is 10.16. Tuberculose pulmonar.

TISNADURA: Substância preparada para enegrecer qualquer cousa. // Todos os rostos são como a **t**, Jl 2.6 (ARC).

TISRI: O sétimo mês do ano. Ver **Ano.**

TITO, lat. **Louvável:** Um evangelista. Converteu-se, talvez, com a pregação de Paulo, Tt 1.4. Fiel companheiro do apóstolo, 2 Co 8.23. Seu nome não aparece em Atos, mas repete-se muitas vezes nas epístolas. Um delegado no concílio em Jerusalém, Gl 2.1; At 15. Não foi constrangido a circuncidar-se, Gl 2.3. Enviado a Corinto, 2 Co 2.13; 7.6; 8.16. Enviado a Creta, para organizar as igrejas, Tt 1.5. Paulo escreve a Tito, 2 Tt 1.1-4. A última menção de Tito, Tt 4.10. Diz-se que continuava desempenhando o serviço de bispo na ilha de Creta até de idade avançada.

TITO, EPÍSTOLA DE PAULO A: As epístolas pastorais (escritas a pastores), na ordem cronológica, são: 1 Timóteo, Tito e 2 Timóteo. A epístola a Tito assemelha-se com a primeira a Timóteo; Tito estava em Creta e Timóteo em Éfeso e as condições nos dois lugares eram semelhantes. Além disto a epístola a Tito foi escrita mais ou menos no mesmo tempo que a primeira a Timóteo. // **O escritor:** Paulo, 1.1. // **A chave:** O apóstolo deixava Tito na ilha de Creta para organizar as igrejas e encaminhá-las na sã doutrina, 1.5. Como as epístolas a Timóteo, é esta uma carta particular de um homem de muita prática, grande autoridade e influência, a um jovem pastor, o qual, apesar de talentoso e dedicado a Deus, veria o valor do conselho de um homem como Paulo. // **As divisões:** I. As qualificações e funções dos presbíteros, Cap. 1. II. A obra pastoral de um verdadeiro presbítero. Caps. 2 e 3.

TITUBEAR: Cambalear. // Andam titubeando, mas não de bebida, Is 29.9 (ARC).

TÍTULO: Um **t**... no cimo da cruz, Jo 19.19. // Os romanos pintavam, em uma tábua levada na frente do prisioneiro, seu nome e o crime de que era acusado. Na crucificação, essa tábua foi afixada no cimo da cruz. O título de Jesus Nazareno estava escrito em hebraico, o vernáculo do povo; em latim, língua oficial; em grego, o idioma universal dos povos na região do Mediterrâneo.

TOÁ, hb. **Baixo:** Um antepassado de Samuel, 1 Cr 6.34. Chamado, também, Naate e Toú, 1 Cr 6.26; 1 Sm 1.1.

TOALHA: Pano próprio para enxugar qualquer parte do corpo. // Uma **t** cingiu-se com ela, Jo 13.4.

TOEE, hb. **Bom:** Uma região ao oriente do Jordão, onde Jefté se refugiou, quando foi expulso de casa pelos seus meio-irmãos, Jz 11.3. Ver mapa 2, D-3.

TOBE-ADONIAS: Um dos levitas que o rei Josafá mandou ensinar a lei nas cidades de Judá, 2 Cr 17.8.

TOBIAS, hb. **Jeová é Deus:** Um livro apócrifo.

TOBIAS, hb. **Jeová é Deus:** 1. Um amonita, aliado de Sambalá e Gesém, grandes adversários dos judeus, Ne 2.19; 6.1. // 2. Um levita que Josafá enviou para ensinar a lei nas cidades de Judá, 2 Cr 17.8. // 3. Um dos que vieram de Babilônia, de quem Zacarias recebeu ouro e prata para as coroas destinadas à cabeça de Josué, sumo sacerdote, Zc 6.10,11.

TOCA: Buraco onde se abrigam coelhos ou outros animais. // Brincará sobre a **t** da áspide, Is 11.8.

TOCADOR: Que, ou aquele que toca. // Atrás os **t** de instrumentos, Sl 68.25. Vendo os **t** de flauta, Mt 9.23. Ver **Tangedor.**

TOCAR: Pôr a mão em; fazer soar, tirar sons de. // Dele não comereis, nem tocareis, Gn 3.3. Imundo por ter tocado em algum morto, Nm 5.2. Quando tocarem, toda a congregação se ajuntará, Nm 10.3. Rodearás a cidade sete vezes, e os sacerdotes tocarão, Js 6.4. Cujos corações Deus tocará, 1 Sm 10.26. Tanto que o cadáver tocou os ossos de Eliseu, reviveu o homem, 2 Rs 13.21. Não toqueis nos meus ungidos, 1 Cr 16.22. Com a brasa tocou a minha boca, Is 6.7. Tocou-me na boca, Jr 1.9. Aquele que tocar em vós toca na menina do seu olho, Zc 2.8. Jesus estendendo a mão, tocou-lhe, Mt 8.3. Se eu apenas lhe tocar, Mt 9.21. Então lhes tocou os olhos, Mt 9.29. Todos os que tocaram, ficaram sãos, Mt 14.36. Jesus, tocou-lhes os olhos, Mt 20.34. Crianças para que as tocasse, Mc 10.13. Vos tocamos flauta, Lc 7.32. Tocando-lhe a orelha, o curou, Lc 22.51. Não toqueis em coisas impuras, 2 Co 6.17. Não toqueis aquilo, Cl 2.21. E o maligno não lhe toca, 1 Jo 5.18. Ver **Tanger, Apalpar.**

TOCHA: Facho. // Uma **t** de fogo que passou, Gn 15.17. Cântaros vazios, com **t** neles, Jz 7.16. Da sua boca saem **t**, Jó 41.19. Salvação como uma **t** acesa, Is 62.1. Seres viventes... à semelhança de **t**, Ez 1.13. Olhos como **t** de fogo, Dn 10.6. Os carros... perecem **t**, Na 2.4. Os chefes de Judá como... uma **t**, Zc 12.6. Com lanternas, **t** e armas, Jo 18.3. Diante do trono ardem sete **t**, Ap 4.5. Estrela ardendo como **t**, Ap 8.10.

TOCO: Pedaço de vela ou tocha; coto. // Não temas... dois **t** de lições, Is 7.4.

TODO: Completo; que não deixa nada de fora. // Bem-aventurados... o buscam de **t** o coração, Sl 119.2. Evangelho a **t** criatura, Mc 16.15. Para **t** e sobre **t** os que crêem, Rm 3.22. Toda a criatura geme, Rm 8.22. Dobrará **t** joelho, e **t** língua, Rm 14.11. Guardar toda a lei, Gl 5.9. Orando em **t** tempo... **t** perseverança... **t** os santos, Ef 6.18. Tentado em **t** as coisas, Hb 4.15.

TODO-PODEROSO: Onipotente. // O Deus **T**, Gn 17.1; Êx 6.3; Ap 4.8; 11.17; 15.3; 16.7; 19.15; 21.22. Grande amargura me tem dado o **T**, Rt 1.20. A disciplina do **T**, Jó 5.17. A perfeição do **T**, Jó 11.7. Então o **T** será o teu ouro, Jó 22.25. Quando o **T** ainda estava comigo, Jó 29.5. O sopro do **T** faz entendido, Jó 32.8. Ao **T** não o podemos alcançar, Jó 37.23. O Filho do homem assentado à direita do **T**, Mt 26.64. Sereis para mim filhos e filhas, diz o Senhor **T**, 2 Co 6.18.

TOFEL: Um dos lugares onde se acamparam os israelitas no deserto, Dt 1.1. Ver mapa 2, D-7.

TOFETE, hb. **Lugar da chama:** No vale de Hinom, talvez na sua junção com o vale de Cedrom. Onde o povo de Jerusalém, nos tempos de Isaías e de Jeremias, sacrificava seus filhos em holocausto a Moloque, Jr 7.31; 2 Rs 23.10. O rei Josias o profanou, derrubando seus altares e convertendo-o em um receptáculo para toda a imundícia de Jerusalém, 2 Rs 23.10. Jeremias profetizou que o nome de Tofete seria mudado para o **Vale da Matança;** Jr 7.32; 19.6. Ali correu o sangue dos romanos, dos persas, dos judeus, dos gregos, dos cruzados e dos Maometanos.

TOGARMA: Um filho de Gômer e bisneto de Noé, Gn 10.3. Os da casa de Togarma, Ez 27.14; 38.6.

TOLA, hb. **Verme:** 1. Primogênito de Issacar, Gn 46.13. // 2. Um dos juízes de Israel, Jz 10.1.

TOLDO: Obra de lona própria para colocar sobre porta, barco, etc., a fim de abrigar-se da chuva ou do sol. // Uma nuvem que lhe servisse de **t**, Sl 105.39. Estenda-se o **t** da tua habitação, Is 54.2.

TOLERAR: Consentir tacitamente; suportar; permitir. // Tolerais quem vos escravize, 2 Co 11.20. Tolerares que... Jezabel, Ap 2.20.

TOLO: Sem inteligência nem juízo. // O zelo do **t** o mata, Jó 5.2. Por falta de senso, morrem os **t**, Pv 10.21. Chamar: **T**, estará sujeito ao inferno, Mt 5.22. Ver **Insensato, Louco, Néscio.**

TOM: Grau de abaixamento ou elevação da voz. // Falar-vos em outro **t** de voz, Gl 4.20.

TOMAR: Apoderar-se de; tirar. // Tomou as nossas enfermidades, Mt 8.17. Quem não toma a sua cruz, Mt 10.38. Tomai sobre vós o meu jugo, Mt 11.29. Tome a sua cruz, Mt 16.24. Um será tomado, e deixado o outro, Mt 24.40. Sejais tomados de toda a plenitude, Ef 3.10. Ninguém tome a tua coroa, Ap 3.11. Ver **Conquistar.**

TOMÉ. hb. **Gêmeo:** Um dos doze apóstolos, Mt 10.3. Chamado Dídimo, Jo 11.16. A lealdade para com o seu Mestre, e ao mesmo tempo uma certa incredulidade, Jo 11.16; 14.5; 20.25. "Respondeu-lhe Tomé: Senhor meu e Deus meu", Jo 20.28. Viu a Jesus no mar de Tiberíades, Jo 21.2. Com os demais discípulos no cenáculo, At 1.13.

TOPÁZIO: Pedra preciosa, amarela e transparente. // O topázio não se igualará à sabedoria, Jó 28.19. Uma das pedras preciosas na lista do rei de Tiro, Ez 28.13. Na primeira ordem das doze pedras preciosas do peitoral do sumo sacerdote, e o nono dos doze fundamentos da muralha da Nova Jerusalém, Êx 28.17; Ap 21.20.

TOPE: Sumidade, cume, topo. // Torre cujo **t** chegue até aos céus, Gn 11.4. Ver **Topo.**

TOPO: A parte mais elevada; tope. // Escada, cujo **t** atingiu o céu, Gn 28.12. Ver **Cume, Tope.**

TOQUÉM, hb. **Medida:** Uma cidade da herança de Simeão, 1 Cr 4.32.

TORA, hb. **Lançar sorte, instrução, lei**: 1. Os cinco livros de Moisés. O Pentateuco. // 2. Todo o corpo da literatura religiosa do judaísmo. A leitura da Tora nos cultos dos judeus, segue um plano, pelo qual se lê todo o seu conteúdo em um período de tempo determinado.

TORCER: Entortar; fazer girar sobre si mesmo ou em espiral; corromper, perverter, alterar. // Torcer; o direito, Êx 23.2; Pv 18.5; Escrituras, 2 Pe 3.16 (ARC); o juízo, Dt 16.19; a justiça, Dt 16.19; o nariz, Pv 30.33; palavras, Sl 56.5; Jr 23.36; pontos difíceis de entender, 2 Pe 3.16 (ARC).

TORCIDA: Mecha de candeeiro ou de vela; pavio. // Apagados como uma **t**, Is 43.17. Nem apagará a **t** que fumega, Mt 12.20.

TORMENTA: Tempestade violenta. // Vem o nosso Deus... esbraveja grande **t**, Sl 50.3. Fez cessar a **t**, Sl 107.29. Semeiam ventos e segarão **t**, Os 8.7. Açoitados severamente pela **t**, At 27.18. Ver **Tempestade, Temporal.**

TORMENTO: Tortura, aflição. // No inferno, estando em **t**, Lc 16.23. O medo produz **t**, 1 Jo 4.18. Seu **t** era como **t** de escorpião, Ap 9.5. A fumaça de seu **t**, Ap 14.11. Em igual medida **t** e pranto, Ap 18.7. Pelo medo de seu **t**, Ap 18.15. Ver **Aflição, Castigo, Punição.**

TORNAR: Voltar, regressar. // Dizes: Tornai, filhos, Sl 90.3. Tornai-vos para mim, e eu me tornarei, Ml 3.7. Não tornai-vos à sobriedade, 1 Co 15.34.

TORPE: Vergonhoso, obsceno, indecente. // Torpe: conversação, Ef 5.4; ganância, 1 Tm 3.3 (ARC), 8 (ARC); Tt 1.7,11; 1 Pe 5.2 (ARC); palavra, Ef 4.29; Cl 3.8 (ARC). Ver **Obsceno.**

TORPEMENTE: De modo torpe. // Sua mãe... houve-se, Os 2.5.

TORPEZA: Desvergonha. // Cometendo **t**, Rm 1.27.

TORRADA: Produto de panificação dessecado e torrado. // Tomaram camas e... lentilhas, também **t**, 2 Sm 17.28 (ARC).

TORRÃO: Pedaço de terra endurecida. // Os **t** do vale lhe são leves, Jó 21.33. Jacó lhe desfará os **t**, Os 10.11.

TORRE: Espécie de edifício muito elevado. // Torre: de Babel, Gn 11.1-9; dos Cem, Ne 3.1; de Eder, Gn 35.21; dos Fornos, Ne 3.11; forte, Jz 9.51; Sl 61.3; Pv 18.10; de Hananel, Ne 3.1; de prata, Ct 8.9; do rebanho, Mq 4.8; de Siloé, Lc 13.4; de Sequém, Jz 9.46; de vigia, Is 21.8; Hc 2.1. Edificou-lhe uma **t** e arrendou-a, Mt 21.33. Pretendendo construir uma **t**, Lc 14.28.

TORRENTE: Corrente de água, muito rápida e impetuosa. // Torrente: água, águas, Sl 119.136; Is 32.1; de enxofre, Is 30.33; impetuosa, Is 59.19; de impiedade, 2 Sm 22.5; Sl 18.4; da tua ira, Jó 40.11; Querite, 1 Rs 17.5; que transborda, Is 66.12. Derramarei... **t** sobre a terra seca, Is 44.3.

TORTO: Torcido; não direito. // Não há nelas nenhuma cousa **t**, Pv 8.8. É **t** não se pode endireitar, Ec 1.15. Endireitarei os caminhos **t**, Is 45.2 (ARC).

TORTUOSIDADE: Ardil. // Desvia de ti a **t**, Pv 4.24 (ARC).

TORTUOSO: Torto, sinuoso. // Que se desviam para sendas **t**, Sl 125.5. Seguem veredas **t**, Pv 2.15. **T** é o caminho do homem... de culpa, Pv 21.8. Para si veredas **t**, Is 59.8. Caminhos **t** serão retificados, Lc 3.5.

TORTURAR: Afligir muito; angustiar. // Foram torturados, Hb 11.35.

Torre nos muros de Hebrom

TORVELINHO: O mesmo que redemoinho. // O Senhor virá... como um **t**, IS 66.15. Ver **Redemoinho.**

TOSCANEJAR: Cabecear com sono, abrindo e fechando os olhos muitas vezes. // Um pouco para toscanejar, Pv 6.10; 24.33. Ninguém tosqueneja nem dorme, Is 5.27. Tosquenejaram todas, Mt 25.5 (ARC).

TOSQUIA: Ato ou efeito de tosquiar. // Labão fazer a **t** das ovelhas, Gn 31.19. Absalão... faz a **t**, 2 Sm 13.24.

TOSQUIADOR: Que, ou o que tosquia. // Muda perante o seu **t**, Is 53.7; At 8.32.

TOSQUIAR: Cortar rente (pêlo, lã ou cabelo). // Sogro... para tosquiar as ovelhas, Gn 38.13. Nem tosquiarás o primogênito das tuas ovelhas, Dt 15.19. Nabal tosquiava, 1 Sm 25.4.

TOTALIDADE: Soma; conjunto das partes que constituem um todo. // Igualmente o será a sua **t**, Rm 11.16.

TOTALMENTE: Inteiramente. // O coração de Asa foi... **t** do Senhor, 1 Rs 15.14. Cujo coração é **t** dele, 2 Cr 16.9. Pode salvar **t**, Hb 7.25.

TOÚ, hb. **Baixo:** 1. Um antepassado de Samuel, 1 Sm 1.1. Chamado, também, Naate e Toá, 1 Cr 6.26; 1 Cr 6.34. // 2. Rei de Hamate, mandou saudar e congratular-se com Davi, 1 Cr 18.9.

TOUCA: Adorno de fazenda que mulheres e crianças usam na cabeça. // Tirará o Senhor... as **t**, Is 3.18.

TOUPEIRA: Mamífero insetívoro que tem olhos pouco desenvolvidos e que vive em tocas debaixo da terra, Lv 11.30 (camaleão — ARA, Is 2.20). Mas não há torpeiras na Terra Santa. A palavra no original talvez não signifique o camaleão, mas o **spalax typhlus**, espécie de rato. É parecido a toupeira, tem olhos rudimentares, e como a toupeira, escava nos solos movediços longas galerias. É muito comum na Palestina.

TOURO: O macho da vaca. // Jacó enviou, entre outros animais, 10 touros a Esaú, Gn 32.15. Os touros das ricas pastagens de Basã eram fortes, Sl 22.12. O sangue de touros não pode remover pecado, Hb 9.13; 10.4.

TRABALHADOR: Que, ou aquele que trabalha. // **T** forçados, 2 Cr 8.8. Doce é o sono do **t**, Ec 5.12. Os **t** são poucos, Mt 9.37. Assalariar **t** para a sua vinha, Mt 20.1. Digno é o **t** do seu salário, Lc 10.7; 1 Tm 5.18. Trata-me como um dos teus **t**, Lc 15.19. Eis que o salário dos **t**, Tg 5.4. Ver **Ceifeiro, Jornaleiro.**

TRABALHAR: Esmerar-se, aplicar-se na execução de. // Seis dias trabalharás, Êx 20.9. Dei-vos a terra em que não trabalhastes, Js 24.13. O povo tinha ânimo para trabalhar, Ne 4.6. Em vão trabalham os que a edificam, Sl 127.1. Os lírios não trabalham, Mt 6.28. Meu Pai trabalha até agora, Jo 5.17. Trabalhai, não pela comida, Jo 6.27. Trabalhando assim é mister socorrer os necessitados, At 20.35. Ao que trabalha, o salário não é considerado como favor, Rm 4.4. Não temos direito de deixar de trabalhar, 1 Co 9.6. Trabalhei muito mais do que todos, 1 Co 15.10. Trabalhe, fazendo com as próprias mãos, Ef 4.28. Trabalhar com as próprias mãos, 1 Ts 4.11. Aceiteis com apreço os que trabalham entre vós, 1 Ts 5.13. Se alguém não quer trabalhar, 2 Ts 3.10. O trabalhador que trabalha deve ser, 2 Tm 2.6. Ver **Labutar.**

TRABALHO: Serviço, esforço. // Qual é o vosso **t**? Gn 46.33. **T** forçados, Dt 20.11; Jz 1.30; 1 Rs 9.15; 11.29; Pv 12.24. Do **t** das tuas mãos, Sl 128.2. Em todo **t** há proveito, Pv 14.23. Que proveito tem seu **t**? Ec 1.3. Todo **t**... provém da inveja do homem, Ec 4.4. Ele verá o fruto do penoso **t** de sua alma, Is 53.11. Receberá o seu galardão, segundo o seu próprio **t**, 1 Co 3.8. No Senhor, o vosso **t** não é vão, 1 Co 15.58. Uma porta grande... para o **t** se me abriu, 1 Co 16.9. Nos tumultos, nos **t**, nas vigílias, 2 Co 6.5. Gloriando fora de medida nos **t**, 2 Co 10.15. Em **t**, muito mais, 2 Co 11.23. Em **t** e fadigas, 2 Co 11.27. Traz fruto para o meu **t**, Fp 1.22. Deus não é injusto para ficar esquecido do vosso **t**, Hb 6.10. **Labor, Obra.**

TRABALHOSO: Que dá trabalho ou fadiga. // Sobrevirão tempos **t**, 2 Tm 3.1 (ARC).

TRAÇA: Inseto que se alimenta de pêlos e de lã. // Símbolo da fraqueza dos homens, Jó 4.19; Os 5.12. Faz casulo em que vive, Jó 27.18. Traça a roupa, Jó 13.28; Is 50.9; 51.8; Mt 6.19; Tg 5.2. Os bens, outrora, consistiam mais de roupas custosas do que atualmente. Davam-se presentes de mudas de roupas. Para preservá-las da traça, era necessário o maior cuidado.

TRAÇAR: Representar ou fazer por meio de traços. // O coração do homem traça o seu caminho, Pv 16.9. Mão que traçou esta escritura, Dn 5.24.

TRÁCIA: Antiga região da Grécia habitada por populações de raça palásgica, que forma hoje uma parte da Bulgária. Ver mapa 6, D-1.

TRACONITES, gr. **Lugar Pedregoso:** Uma pequena província romana governada, junto com a província da Ituréia, pelo tetrarca Filipe, irmão de Herodes, Lc 3.1.

TRADIÇÃO: Notícia de fatos puramente históricos, de doutrinas religiosas, de acontecimentos de qualquer ordem que nos é transmitida de idade em idade e que sem alguma prova autêntica, se tem conservado passando de boca em boca, sendo todavia uma das bases da História e da religião. // Transgridem... a **t** dos anciãos? Mt 15.2. Invalidastes... por causa da vossa **t**, Mt 15.6. As **t** assim como vo-las entreguei, 1 Co 11.2. Extremamente zeloso das **t** de meus pais, Gl 1.14. Conforme a **t** que vos foram ensinadas, 2 Ts 2.15. Não segundo a **t** que de nós recebestes, 2 Ts 3.6.

TRADUÇÕES: Ver **Versões.**

TRÁFICO: Comércio, negócio. // Outro para o seu **t**, Mt 22.5 (ARC).

TRAGAR: Beber, engolir dum trago. // Tragou a vara deles, Êx 7.12 (ARC). E os tragou com as suas casas, Nm 16.32 Tragará a morte para sempre, Is 25.8. Para que tragasse a Jonas, Jn 1.17. Tragada foi a morte, 1 Co 15.54. Os egípcios, foram tragados de todo, Hb 11.29. Como leão, buscando a quem possa tragar, 1 Pe 5.8 (ARC). Ver **Devorar, Engolir**.

TRAIÇÃO: Ato ou efeito de trair; deslealdade. // Se alguém... matando-o à **t**, Êx 21.14. Há **t**, Acazias, 2 Rs 9 23. Atalia... clamou: **T**! **T**! 2 Rs 11.14. // Exemplos: a traição de Eúde, Jz 3.16-23; de Jael, Jz 4.18-21, de Joabe, 2 Sm 20.9; do amigo íntimo de Davi, Sl 41.9; de Ismael contra os judeus com Gedalias, Jr 41.1; de Judas contra Cristo, Mt 26.49. Ver **Conspiração, Intriga, Perfídia, Rebeldia, Rebelião.**

TRAIÇOEIRAMENTE: Com traição; covardemente. // Envergonhados serão os que procedem **t**, Sl 25.3

TRAIDOR: Que, ou aquele que atraiçoa. // São um bando de **t**, Jr 9.2. O **t** lhes havia dado sinal, Mt 26.48. Iscariotes, que se tornou **t**, Lc 6.16. **T**, atrevidos, enfatuados, 2 Tm 3.4.

TRAIR: Enganar por traição. // Trair e odiar uns aos outros, Mt 24.10. Um dentre vós me trairá, Mt 26.21. Pequei, traindo sangue inocente, Mt 27.4. Na noite em que foi traído, 1 Co 11.23.

TRAJAR: Usar como vestuário, vestir. // Os que trajam ricamente, Mt 11.8 (ARC). Um homem trajado de vestidos, Lc 7.25 (ARC).

TRAJE: Vestuário habitual. // O seu sangue me... manchou o **t** todo, Is 63.3. Em **t** de luxo... e tratardes com deferência o que tem os **t**, Tg 2.2,3. Ver **Vestimenta.**

TRAMA: Fio que conduz com a lançadeira através do urdume da teia; (fig.) intriga; procedimento ardiloso. // **T** de morte, 2 Sm 22.6. Sejam presas dos **t**, Sl 10.2. Tu os esconderas dos **t**, Sl 31.20. Ver **Urdidura.**

TRAMAR: Conspirar. // Tramam tirar-me a vida, Sl 31.13. Sem causa me tramaram laços, Sl 35.7. Trama o ímpio contra o justo, Sl 37.12. Ver **Maquinar, Urdir.**

TRANCA: Barra, que transversalmente posta sobre a porta, serve para segurá-la por dentro. // Porta da cidade... com a **t** as tomou, Jz 16.3. E quebrou as **t** de ferro, Sl 107.16. Reforçou as **t** das tuas portas, Sl 147.13. Despedaçarei as **t** de ferro, Is 45.2.

TRANÇA: Conjunto de fios ou de cabelos entrelaçados. // Se teceres as sete **t**, Jz 16.13. Não com **t**, ou com ouro, 1 Tm 2.9 (ARC). Ver **Frisado.**

TRANCADO: Fechado com tranca. // Portas da sala... **t**, Jz 3.24. **T** as portas... com medo, Jo 20.19. Portas **t**, veio Jesus, Jo 20.26.

TRANQUEIRA: Estacada, para cercar ou fortificar. Trincheira. // Nabucodonosor e seu exército levantaram contra Jerusalém **t** em redor, 2 Rs 25.1. Levantarei **t** contra ti, Is 29.3. Ver **Fortaleza.**

TRANQÜILAMENTE: Pacificamente; com sossego. // Diligenciardes por viver **t**, 1 Ts 4.11.

TRANQÜILIDADE: Paz, sossego. // Melhor é um bocado seco, e **t**, Pv 17.1. Na **t** e na confiança a vossa força, Is 30.15. E talvez se prolongue a tua **t**, Dn 4.27. Não tive... **t** no meu espírito, 2 Co 2.13. Ver **Paz.**

TRANQÜILIZAR: Tornar tranqüilo; acalmar. // Tranqüilizaremos o nosso coração, 1 Jo 3.19. Ver **Aplacar.**

TRANQÜILO: Quieto, calmo, sossegado. // Um cicio **t**, 1 Rs 19.12. Sempre **t**, aumentam suas riquezas, Sl 73.12. O que me der ouvidos habitará... **t**, Pv 1.33. Para que vivamos vida **t**, 1 Tm 2.2. De um espírito manso e **t**, 1 Pe 3.4.

TRANSBORDAR: O mesmo que transbordar. // O Jordão transbordava sobre todas, Js 3.15. Ver Js 4.18. Jordão... transbordava, 1 Cr 12.15. O meu cálice transborda, Sl 23.5. De boas palavras transborda o meu coração, Sl 45.1. Transbordaram caudais, Sl 78.20. Que Transbordarem os nossos celeiros, Sl 144.13. A boca dos perversos transborda maldades, Pv 15.28. Como uma torrente que transborda, Is 66.12. Os lagares transbordarão, Jl 2.24. Nossa consolação transborda por, 2 Co 1.5. Que transbordeis de pleno conhecimento, Cl 1.9. Transbordou, porém, a graça, 1 Tm 1.14.

TRANSCREVER: Copiar textualmente. // Estes provérbios... transcreveram os homens de Ezequias, Pv 25.1.

TRANSE: Momento crítico. // Se Moisés... naquele **t**, Sl 106.23 (ARC).

TRANSFERIR: Mudar de um lugar para outro. // Transferindo... e estabelecendo o trono de Davi, 2 Sm 3.10.

TRANSFIGURAÇÃO: Mudança de uma figura em outra. Estado glorioso, no qual Cristo apareceu a três dos seus discípulos, Mt 17.2-8. Isto aconteceu, talvez, não conforme a tradição, no monte Tabor, na Galiléia, porém, mais provavelmente no monte Hermom, perto de Cesaréia de Filipe. Opina-se que aconteceu na escuridão de noite; Jesus costumava subir a um monte para orar de noite, Mt 14.23,24; Lc 6.12; 21.37. E os três achavam-se premidos de sono, Lc 9.32. A transfiguração, chamada também a **Glorificação,** foi a manifestação visível da glória íntima da pessoa de Jesus, acompanhada por uma voz do céu. Foi uma revelação e antecipação da sua glória, então vedada pela carne da sua humilhação. Entre os comentadores, alguns acham que a presença de Moisés e de Elias indicava o cumprimento do Antigo Testamento; a voz de Deus, a inauguração da Nova Aliança: "Este é o meu Filho amado... a Ele ouvi", Mt 17.5. Que a Transfiguração, revelando a verdadeira glória e poder de Jesus, confirmou a fé dos três discípulos prediletos de Jesus e os preparou para a grande provação, que tinham de passar na crucificação, vê-se em 2 Pe 1.16-19.

TRANSFIGURAR: Mudar a figura, feição ou caráter de. // E foi transfigurado diante deles, Mt 17.2. Transfigurando-se em apóstolos de Cristo, 2 Co 11.13 (ARC). Ver **Transformar.**

TRANSFORMAR: Dar nova forma a. Pegadas ela transforma em caminhos, Sl 85.13. Transformará em lagos, e a terra sedenta em mananciais, Is 35.7. Transformai-vos pela renovação da vossa mente, Rm 12.2. Mas transformados seremos todos, 1 Co 15.51. Somos transformados de glória em glória, 2 Co 3.18. Transformando-se em apóstolos de Cristo, 2 Co 11.13. Satanás se transforma em anjo, 2 Co 11.14. Ministros se transformem em ministros de justiça, 2 Co 11.15. O qual transformará o nosso corpo, Fp 3.21. Transformam em libertinagem a graça, Jd 4.

TRANSGREDIR: Ir além de violar. // Transgredindo a sua aliança, Dt 17.2. Transgredi o mandamento, 1 Sm 15.24. Temos transgredido, Ed 10.2. A minha boca não transgride, Sl 17.3. Todo Israel transgrediu, Dn 9.11. Por que transgridem os teus discípulos, Mt 15.2. Jamais transgredir uma ordem tua, Lc 15.29. Que pratica o pecado, também transgride a lei, 1 Jo 3.4. Ver **Pecar.**

TRANSGRESSÃO: Ato de transgredir (ir além de). Infração. // Não perdoará a vossa **t**, Êx 23.21. Morreu Saul por causa da sua **t**, 1 Cr 10.13. Ficarei livre de grande **t**, Sl 19.13. Pois eu conheço as minhas **t**, Sl 51.3. O amor cobre todas as **t**, Pv 10.12. Foi transpassado pelas nossas **t**, Is 53.5. Para fazer cessar a **t**, Dn 9.24. Onde não há lei, também não há **t**, Rm 4.15. Não imputado... as suas **t**, 2 Co 5.19. A mulher, sendo enganada, caiu, em **t**, 1 Tm 2.14. Toda **t**... recebeu justo castigo, Hb 2.2. O pecado é a **t** da lei, 1 Jo 3.4. Ver **Culpa, Iniqüidade, Pecado.**

TRANSGRESSOR: O que transgride. Infrator. // Ensinarei aos **t** os teus caminhos, Sl 51.13. Foi contado com os **t**, Is 53.12. Não obstante a letra e a circuncisão, és **t**, Rm 2.27. Vens a ser **t** da lei, Tg 2.11. Ver **Pecador.**

TRANSITAR: Andar, passar. Viajar. // Terra em que ninguém transitava, Jr 2.6.

TRANSITÓRIO: De pouca duração; mortal. // O fim daquilo que era **t**, 2 Co 3.13. Prazeres **t** do pecado, Hb 11.25.

TRANSMITIR: Fazer passar de um ponto ou de um possuidor para outro. // Tradição que vós mesmos transmitistes, Mc 7.13. Nos transmitiram os que desde o princípio, Lc 1.2. Transmite graças aos que ouvem, Ef 4.29.

TRANSPARENTE: Que deixa distinguir os objetos através de sua espessura. // Como vidro **t**, Ap 21.21.

TRANSPORTAR: Levar de um lugar para outro. // Fareis transportar os meus ossos, Gn 50.25. Transportou a Israel para Assíria, 2 Rs 17.6. Povos... Asnapar transportou, Ed 4.10. Fé a ponto de transportar montes, 1 Co 13.2. E nos transportou para o reino, Cl 1.13.

TRANSTORNAR: Pôr em desordem; fazer mudar de opinião. // Que transtornes em loucura o conselho de Aitofel, 2 Sm 15.31. Ele na sua ira os transtorna, Jó 9.5. O Senhor... transtorna o caminhos dos ímpios, Sl 146.9. Desonesto, transtorna a sua casa, Pv 15.27. As palavras do iníquo ele transtornará, Pv 22.12. Como Sodoma e... quando Deus as transtornou, Is 13.19. Transtornando as vossas almas, At 15.24. Que têm transtornado o mundo, At 17.6. Querem transtornar o evangelho, Gl 1.7. Transtornam casas inteiras, Tt 1.11.

TRANSVIADO: Desviado do caminho moral ou da justiça. // Povo de coração **t**, Sl 95.10.

TRAPO: Pedaço de pano velho ou usado; farrapo. // A sonolência vestirá de **t** o homem, Pv 23.21. Todas as nossas justiças como **t** de imundícia, Is 64.6. Põe... estes **t** nas axilas, Jr 38.12. Ver **Andrajo.**

TRÁS: O mesmo que atrás. // Mulher de Ló olhou para **t**, Gn 19.26. Se torno para **t**, Jó 23.8. Olha para **t**, é apto para, Lc 9.62. Esquecendo-me das coisas que para **t** ficam, Fp 3.13.

TRANSBORDANTE: Que transborda. // A fonte da sabedoria ribeiros **t**, Pv 18.4 (ARC).

TRANSBORDAR Deitar fora das bordas de: derramar; sobejar. Ver **Transbordar.**

TRASFEGAR: Passar de uma vasilha para outra; transvasar; lidar; azafamar-se. // Enviarei trasfegadores que o trasfegarão, Jr 48.12.

TRASLADAÇÃO: Ato de mudar de um lugar para outro. // De Enoque, Gn 5.24; Hb 11.5; de Elias, 2 Rs 2.11.

TRASLADAR: Transportar; mudar de um lugar para outro. // Enoque foi trasladado, Hb 11.5.

TRASLADO: Cópia de escrita. // Um **t** desta lei, Dt 17.18.

TRASPASSAR: Passar além de; furar de lado a lado. // Traspassar o mandato do Senhor, Nm 22.18. Furou e traspassou-lhe as fontes, Jz 5.26. Traspassaram-me as mãos e os pés, Sl 22.16. Foi traspassado pelas nossas, Is 53.5. Espada traspassará a tua própria alma, Lc 2.35. Verão aquele a quem traspassaram, Jo 19.37. Traspassaram-se a si mesmos com muitas dores, 1 Tm 6.10. Até quantos o traspassaram, Ap 1.7.

TRATADO: Obra em que se trata de uma arte, de uma ciência, de qualquer matéria particular. // Fiz o primeiro **t**, At 1.1 (ARC).

TRATAR: Combinar; ajustar; medicar; cuidar de. // Não nos trata segundo os nossos pecados, Sl 103.10. A ninguém trateis mal, Lc 3.14. Para uma hospedaria e tratou dele, Lc 10.34. Tratai aos servos com justiça, Cl 4.1. Deus vos trata como os filhos, Hb 12.7.

TRATÁVEL: Que se pode tratar. // A sabedoria... lá do alto, é... **T**, Tg 3.17.

TRATO: Tratamento; modo de ser ou de proceder nas relações com outros. // Mostre pelo seu bom **t**, Tg 3.13 (ARC).

TRAVE: Grande tronco de árvore, empregado para sustentar uma construção; viga. // A **t** responderá do madeiramento, Hc 2.11. Não reparas na **t** que está no olho, Mt 7.3.

TRAVESSA: Peça de madeira atravessada sobre outras. // Farás **t** de madeira, Êx 26.26.

TRAVESSEIRO: Almofada larga que serve para apoio da cabeça de quem dorme. // Uma pedra serviu a Jacó, como travesseiro, quando dormia em campo aberto, Gn 28.11,18. Consulta no travesseiro o vosso coração, Sl 4.4. "Ai das que cosem almofadas para todos os sovacos", Ez 13.18 (ARC). Mais propriamente, para os cotovelos e pulsos, quando descançavam, nos seus ritos, para simbolizar a tranqüilidade perfeita. "Eis aí vou eu contra as vossas almofadas"; contra esses ritos que usam para enganar o povo, Ez 13.20 (ARC). O travesseiro que Jesus dormia (Mc 4.38) foi, provavelmente, uma almofada de couro que os remadores usavam. Ver **Almofada.**

TRAZER: Conduzir ou transportar para cá. // Trazei todos os dízimos, Ml 3.10. Que vim trazer paz, Mt 10.34. Trago boa nova de grande, Lc 2.10. Se a nossa injustiça traz a lume, Rm 3.5. Para trazer do alto a Cristo, Rm 10.6. Trago no corpo as marcas, Gl 6.17. Jesus, trará... os que dormem, 1 Ts 4.14. Nada temos trazido para o mundo, 1 Tm 6.7.

TREMEDAL: Pântano, lameiro, lodaçal. // Tirou-me... dum **t** de lama, Sl 40.2 Livra-me do **t**, Sl 69.14.

TREMENDO: Que faz tremer. // Tremendos feitos: Sl 65.5; 66.2,5; 106.22. O Senhor é tremendo: Sl 47.2; 68.35; 89.7. Teu nome é tremendo: Sl 99.3; 111.9.

TREMER: Ter medo de; estremecer. // Todo o monte tremia grandemente, Êx 19.18. Eli... estava tremendo pela arca, 1 Sm 4.13. Tremendo por... e por causa das... chuvas, Ed 10.9. A terra se abalou e tremeu, 2 Sm 22.8; Sl 77.18. Tremeu a terra, fenderam-se as rochas, Mt 27.51. Guardas tremeram espavoridos, Mt 28.4. A mulher atemorizada e tremendo, Mc 5.33. Tremeu o lugar onde estavam reunidos, At 4.31. Moisés, tremendo de medo, At 7.32. Demônios crêem e tremem, Tg 2.19.

TREMOR: Agitação convulsiva. // Sobrevieram-me o espanto e o **t**, Jó 4.14. Alegrai-vos nele com **t**, Sl 2.11. O **t** se apodera dos ímpios, Is 33.14. Temor e tremor, Jr 30.5; 1 Co 2.3; Ef 6.5; Fp 2.12.

TRÊMULO: Que estremece. // A mulher... **t** e, prostrando-se, Lc 8.47. Carcereiro... **t**, prostrou-se, At 16.29. Moisés... Sinto-me aterrado e **t**, Hb 12.21.

TREPAR: Subir a sítio íngreme ou de difícil acesso. // Trepou Jônatas de gatinhas, 1 Sm 14.13. Treparam pelos penhascos, Jr 4.29. Ver **Escalar, Subir.**

TRÊS: Que consta de dois e mais um. Ver **Número.**

TRÊS VENDAS: Um lugar 40 Km a sudeste de Roma, onde Paulo na sua viagem a cidade imperial encontrou alguns cristãos, At 28.15.

TREVAS: Privação ou ausência da luz; escuridão. // Separação entre a luz e as **t**, Gn 1.18; Is 45.7. **T** sobrenaturais, Gn 15.12; Êx 10.21; 14.20; Js 24.7; Mt 27.45; Ap 8.12; 9.2; 16.10. Da coluna de nuvem, Êx 14.20; Js 24.7. Na crucificação, Mt 27.45. Suplício, Mt 8.12; 2 Pe 2.4; Jd 6; 2 Pe 2.17. **T** espirituais, Sl 112.4; Pv 4.19; Is 5.20; Mt 6.23; Jo 3.19; At 26.18; Rm 2.19; Ef 5.8,11; 1 Ts 5.5; 1 Pe 2.9. **T** da mente, Jó 37.19; Ec 2.14; Is 42.7; Jo 1.5; 8.12; Rm 13.12; 1 Co 4.5; Ef 5.8; 1 Jo 1.5. O poder das **t**, Lc 22.53; Ef 6.12; Cl 1.13. As **t** fora, Mt 8.12; 22.13; 25.30.

TRIBO: Aglomeração de famílias ou povos, sob a autoridade de um chefe, que vivem na mesma região e que provém de um tronco comum. // A herança não passará duma **t** a outra, Nm 36.9. Entre as suas **t** não havia um só inválido, Sl 105.37. Para onde sobem as **t**, as **t** do Senhor, Sl 122.4. Para julgar as doze **t** de Israel, Mt 19.28. Todas as **t** da terra se lamentarão, Mt 24.30 (ARC). Às doze **t**... na dispersão, Tg 1.1. De todas as nações **t**,... diante do trono, Ap 7.9. // **As tribos de Israel:** seus nomes, Gn 35.23-26; com suas famílias, Gn 46.8-27; Êx 1.2-5; 6.14-25; 1 Cr 2; sua ordem de acampamento e levantamento de censo, Nm 1; 2; 10.14; 26; 2 Sm 24; abençoadas por Jacó, Gn 49; por Balaão, Nm 23; por Moisés, Dt 23.33; território e cidades de cada tribo, Js 13.7-33; 18.10-28; o número selado de cada tribo, Ap 7.4-8.

TRIBULAÇÃO: Aflição, adversidade moral. // Ele me livre de toda **t**, 1 Sm 26.24. O Senhor é... refúgio nas horas de **t**, Sl 9.9. O Senhor te responda no dia da **t**, Sl 20.1. Redime a Israel de todas as suas **t**, Sl 25.22. Clamou este aflito... e o livrou de todas as suas **t**, Sl 34.6. Ele é a sua fortaleza no dia da **t**, Sl 37.39. Socorro bem presente nas **t**, Sl 46.1. Ele os livrou das suas **t**, Sl 107.6. Haverá grande **t**, Mt 24.21. Logo em seguida à **t** daqueles dias, Mt 24.29. Por causa da **t** que sobreveio a Estêvão, At 11.19. Através de muitas **t**, At 14.22. Me esperam cadeias e **t**, At 20.23. Mas... nos gloriemos nas próprias **t**, sabendo que a **t** produz perseverança, Rm 5.3. Quem nos separará... será a **t**? Rm 8.35. Sede pacientes na **t**, Rm 12.12. É ele que nos conforta em toda a **t**, 2 Co 1.4. Transbordante de júbilo em toda a nossa **t**, 2 Co 7.4. No meio de muita prova de **t**, 2 Co 8.2. Não desfaleçais nas minhas **t**, Ef 3.13. Julgando **t** suscitar às minhas cadeias, Fp 1.17. Associando-vos na minha **t**, Fp 4.14. Recebido a palavra... em meio de muita **t**, 1 Ts 1.6. Ninguém se inquiete com estas **t**, 1 Ts 3.3. Visitar... as viúvas nas suas **t**, Tg 1.27. Companheiro na **t**, Ap 1.9. Conheço a tua **t**, Ap 2.9. Em grande **t** os que com ela adulteram, Ap 2.22. Os que vêm da grande **t**, Ap 7.14. ver **Aflição.**

TRIBUNAL: Sede do magistrado, do juiz. Jurisdição de um magistrado ou de vários, que julgam conjuntamente, // Assentou-se o **t**, Dn 7.10. Porque vos entregarão aos **t**, Mt 10.17. Geralmente a palavra se refere ao **t** do governador romano, como em Mt 27.19; Mc 13.9; Jo 19.13. Um **t** daqueles que não têm nenhuma aceitação, 1 Co 6.4. O **t** do imperador, At 25.10; de Deus, Rm 14.10; de Cristo, 2 Co 5.10. Não são eles que vos arrastam para **t**? Tg 2.6; Mt 5.22; 10.17; Mc 13.9; tribunais inferiores ao Sinédrio.

TRIBUTAR: Prestar, render, dedicar. // Tributai ao Senhor glória e força, 1 Cr 16.28. Tributai glória a Deus, Sl 68.34.

TRIBUTO: O que um Estado paga a outro em sinal de dependência. Imposto lançado ao povo pelos governos. // Da presa que foi tomada... para o Senhor tomarás **t**, Nm 31.28,39. Os filhos de Israel **t** a Eglom, Jz 3.15. Os moabitas... lhe pagavam **t**, 2 Sm 8.2. Os siros... lhe pagavam **t**, 2 Sm 8.6. Paguem-lhe **t** os reis de Társis, Sl 72.10. É lícito pagar **t** a César, Mt 22.17. A moeda do **t**, Mt 22.19. Vedando pagar **t** a César, Lc 23.2. Por esse motivo também pagais **t**, Rm 13.6. Pagai... a quem **t**, Rm 13.7. Ver **Direito, Imposto.**

TRIFENA E TRIFOSA, gr. **Delicado:** Mulheres que "trabalhavam no Senhor" em Roma e as quais Paulo enviou saudações, Rm 16.12. Eram provavelmente duas irmãs, e talvez fossem membros da família do Imperador, visto como os seus nomes apareceram num cemitério, usado para enterro dessas pessoas.

TRIGO: Gênero de gramíneas, que, produz o grão de que se faz o pão. // Cultivado na Mesopotâmia, Gn 30.14. O Egito afamado pela produção de trigo, Êx 9.32; At 27.6,38. Seria um dos grandes recursos da Terra da Promissão, Dt 8.8. Tornou-se produtor de trigo da primeira qualidade, Sl 81.16; 147.14. Havia variedades que produziam cem grãos em uma só espiga, Mt 13.8. As primícias dadas ao Senhor, Nm 18.12; Ed 6.8. No tempo dos juízes, Rute colhia trigo, Rt 2.23; Gideão malhava trigo, Jz 6.11; o povo de Bete-Semes segava o trigo, 1 Sm 6.13. No tempo dos reis a produção aumentou grandemente; Salomão pagou a Hirão vinte mil coros de trigo, 2 Cr 2.10. Os filhos de Amom pagavam tributo de dez mil coros de trigo, 2 Cr 27.5. Artaxerxes mandou que entregassem cem coros de trigo a Esdras, Ed 7.22. Cem coros de trigo, Lc 16.7. Recolher o trigo no seu celeiro, Lc 3.17. Satanás queria peneirar Pedro como trigo, Lc 22.31. O joio, a praga do trigo, Mt 13.25. O grão de trigo na terra, Jo 12.24; 1 Co 15.37. Uma medida de trigo por um denário, Ap 6.6. Mercadoria da Babilônia, Ap 18.13.

Deus te dê... fartura de trigo Gn 27.28

TRILHAR: Debulhar na eira (cereais) pisando. Pisar, calcar. // Trilharei a vossa carne com os espinhos, Jz 8.7. Moabe será trilhado no seu lugar, Is 25.10. O endro não se trilha com instrumento de trilhar, Is 28.27. Ver **Debulhar, Malhar.**

TRILHO: Utensílio próprio para debulhar cereais. Pequenas quantidades de cereal eram malhadas com uma vara, ou mangual. Este consistia de dois paus ligados por uma correia, sendo um curto e grosso, e o outro comprido e delgado. // Os bois... e os **t**, 2 Sm 24.22. Farei de ti um **t** cortante, Is 41.15. Trilharam a Gileade com **t** de ferro, Am 1.3.

TRINCHEIRA: Escavação longitudinal a céu aberto. // Rei da Assíria... nem há de levantar **t**, 2 Rs 19.32. Inimigos te cercarão de **t**, Lc 19.43.

TRINDADE: A união de três pessoas, o Pai, o Filho e o Espírito Santo, em uma só Divindade. As três são distintas, iguais e, por conseqüência, coeternos e consubstanciais em uma só e individual natureza. Cada uma dessas pessoas é Deus e no entanto, só há um Deus. O vocabulário não se encontra nas Escrituras. Mas ver Mt 28.19; 1 Co 12.4-6; 2 Co 13.13; Ef 2.18; 3.14-17; 4.4-6; 2 Ts 2.13-15; Hb 6.4,5; 1 Jo 3.23,24; Ap 1.4,5.

TRISTE: Que tem mágoa ou aflição. // Por que está **t** o teu rosto, Ne 2.2. **T**... enquanto o noivo está, Mt 9.15. Jovem... retirou-se **t**, Mt 19.22. Alma profundamente **t** até à morte, Mt 26.38. **T**... mas a vossa tristeza se converterá, Jo 16.20. Ver **Amargurado, Contristado.**

TRISTEZA: Falta de alegria. // Descer minhas cãs com **t** à sepultura, Gn 42.38. O filho estulto é **t** para o pai, Pv 17.21,25. Aumenta ciência, aumenta **t**, Ec 1.18. Deles fugirá a **t** e o gemido, Is 35.10. E os achou dormindo de **t**, Lc 22.45. A vossa **t** se converterá, em alegria, Jo 16.20. Tenho grande **t** e incessante dor no coração, Rm 9.2. A **t** segundo Deus produz arrependimento, 2 Co 7.10. Contribua... não com **t** ou por necessidade, 2 Co 9.7. Eu não tivesse tristeza sobre **t**, Fp 2.27. Disciplina não parece ser motivo de alegria, mas de **t**, Hb 12.11. Converta-se a vossa alegria em **t**, Tg 4.9 Suporte **t**, sofrendo injustamente, 1 Pe 2.19. Ver **Luto.**

TRIUNFAR: Alcançar vitória. // Triunfou gloriosamente, Êx 15.1,21. Em não triunfar contra mim o meu inimigo, Sl 41.11. Quando triunfam os justos há grande festividade, Pv 28.12. Os seus adversários triunfam, Lm 1.5. Triunfando deles na cruz, Cl 2.15. A misericórdia triunfa sobre o juízo, Tg 2.13.

TRIUNFO: Entrada solene e pomposa, em Roma, de um general dos exércitos romanos, que tinha alcançado uma grande vitória. À frente do cortejo marchava todo o Senado: em seguida iam trombetas, coros que precediam uma fila de carros carregados com os despojos do inimigo. Em seguida marchava um grupo de tocadores de flauta à frente de um touro branco, destinado ao sacrifício; viam-se depois as armas, estandartes e outros troféus tomados dos vencidos, os generais e os príncipes que tinham ficado prisioneiros, e, finalmente todos os cativos carregados de ferros. Seguiam-se então os lictores, atrás dos quais avançava o general vitorioso, de pé, em um carro circular, puxado por quatro cavalos brancos. // Cristo sempre nos conduz em **t**, 2 Co 2.14.

TRÔADE: Um porto marítimo da Ásia Menor, um pouco ao sul do lugar da Antiga Tróia.

Onde o apóstolo Paulo teve a visão do homem macedônio rogando-lhe que passasse à Macedônia, At 16.8. Onde o apóstolo demorou uma semana e levantou da morte a Êutico, At 20.5-12; 2 Co 2.12. Ali, também, passados muitos anos, ele deixou a capa, os livros e os pergaminhos, 2 Tm 4.13. As grandes ruínas de Trôade têm hoje o nome de Eski Stambul, na Turquia. Ver mapa 6, D-2.

TROAS: At 20.5 (ARC). Ver **Trôade.**

TROCA: Permutação de uma cousa por outra aceita como equivalente. // José lhes deu pão em **t** de cavalos, Gn 47.17. Em **t** da sua alma? Mt 16.26.

TROCAR: Permutação, dar (uma cousa por outra). // Trocam o Senhor por outros deuses, Sl 16.4. Nação que trocasse os seus deuses, Jr 2.11. Em troca de sua alma? Mc 8.37.

TRÓFIMO, gr. **Filho adotivo:** Um dos companheiros de Paulo na sua terceira viagem missionária, At 20.4. Os judeus julgavam que Paulo o tinha introduzido no Templo, At 21.29. Paulo o deixou doente em Mileto, 2 Tm 4.20.

TROGILIO: At 20.15 (ARC). Um promontório da Ásia Menor, em frente da ilha de Samos. Não é certo que a palavra trogilio é uma parte do texto original, mas certo é que Paulo passou por lá, quando voltava para Jerusalém por ocasião da sua terceira viagem missionária. Ver mapa 6, D-2.

TROMBETA: Instrumento de sopro, espécie de corneta sem voltas. // Forte clangor de **t,** Êx 19.16. Sonidos de **t**, santa convocação, Lv 23.24. Faze duas **t** de prata, Nm 10.2. Sacerdotes levarão sete **t**, Js 6.4. Sonida da **t**... ruíram as muralhas, Js 6.20. Tocaram as **t**, e quebraram os cântaros, Jz 7.19. Som da **t** para ali acorrei, Ne 4.20. Com **t** e ao som de buzinas, exultai, Sl 98.6. No momento em que ouvirdes o som da **t**, Dn 3.5. Deres esmola, não toques **t**, Mt 6.2. Seus anjos, com grande clangor de **t**, Mt 24.31. Se a **t** der som incerto, 1 Co 14.8. Ao ressoar da última **t**. A **t** soará, os mortos, 1 Co 15.52. Ressoada a **t** de Deus, descerá, 1 Ts 4.16. Foram dadas sete **t**, Ap 8.2.

TROMBETAS, FESTA DAS: Festa anual observada "no mês sétimo ao primeiro do mês", Lv 23.23-25. Isto é, na lua nova, ou ano novo, do mês, de tisri, no calendário antigo dos israelitas. Foi tempo de descanso solene e de santa convocação. Não se tocavam as trombetas somente durante o ato de oferecer os sacrifícios; foi um dia de "memorial, com sonido de trombetas". Ou como diz em Nm 29.1-6, "dia do sonido de trombetas". Disso a festa adquiriu seu nome.

TRONCO: Parte do corpo humano excluída a cabeça e os membros; instrumento de tortura, o qual consistia num cepo com olhais onde se metia o pé ou o pescoço do paciente; caule das árvores. // De Dagom... ficara apenas o **t**, 1 Sm 5.4. Pões os meus pés no **t**, Jó 13.27. Do **t** de Jessé, Is 11.1. Feriu Pasur ao profeta Jeremias e o meteu no **t**, Jr 20.2. O **t** com as suas raízes deixei, Dn 4.23 (ARC). E lhes prendeu os pés no **t**, At 16.24. Ver **Cepa.**

TRONO: Assento de cerimônia dos reis, dos imperadores: poder soberano. // Para o fazer herdar o **t** de glória, 1 Sm 2.8. Nos céus tem o Senhor seu **t**, Sl 11.4. O teu **t** é para todo sempre, Sl 45.6. Acima das estrelas de Deus exaltarei o meu **t**, Is 14.13. O Filho do homem se assentar no **t**... também vos assentareis em doze **t**, Mt 19.28. Dará o **t** de Davi, Lc 1.32. Nele foram criadas... sejam tronos, Cl 1.16. Acheguemo-nos... ao **t** da graça, Hb 4.16. A destra do **t**, Hb 8.1; 12.2. Sentar-se comigo no meu **t**, Ap 3.21. Um grande **t** branco, Ap 20.11. // A cadeira nos países, em que usualmente as pessoas se sentavam no chão ou reclinavam, era considerada um símbolo de dignidade, 2 Rs 4.10; Pv 9.14. Quando se quer significar especialmente um trono real, e expressão geralmente é "o trono do reino", Dt 17.18; 1 Rs 1.46. Para subir até o trono de Salomão havia seis degraus, 1 Rs 10.19. Era uma cadeira de braços marchetada de figuras de marfim, e guarnecida de ouro nos lugares em que o marfim não se via.

TROPA: Multidão de pessoas reunidas; conjunto de soldados. // Uma **t**... cujos corações Deus tocara, 1 Sm 10.26. Aquela **t**... eram homens valentes, 1 Cr 12.21. Traziam em **t** por certo preço, 2 Cr 1.16. Uma **t** de cavaleiros... **t** de jumentos e uma **t** de camelos, Is 21.7. Enviando as suas **t**, exterminou, Mt 22.7. Ver **Exército, Hoste, Legião, Milícia.**

TROPEÇAR: Dar com o pé involuntariamente; cair em erro. // Os bois tropeçaram, 2 Sm 6.6. Malfeitores... eles é que tropeçam, Sl 27.2. Quando... tropecei, eles se alegraram, Sl 35.15. Estou prestes a tropeçar, Sl 38.17. Então andarás seguro... e não tropeçará, Pv 3.23. Nem sabem eles que tropeçam, Pv 4.19. Não se regozije o teu coração quando ele tropeçar, Pv 24.17. Para não tropeçares nalguma pedra, Mt 4.6. Olho direito te faz tropeçar, Mt 5.29. Fizer tropeçar a um destes pequeninos, Mt 18.6. Pé te faz tropeçar, Mt 18.8. Se alguém andar de dia, não tropeça, Jo 11.9. Tropeçaram na pedra de tropeço, Rm 9.32. Tropeçaram para que caíssem, Rm 11.11. Fazer... que teu irmão venha a tropeçar, Rm 14.21. Guarda toda a lei, mas tropeça, Tg 2.10. Todos tropeçamos em muitas, Tg 3.2. Não tropeça no falar é perfeito, Tg 3.2. Procedendo assim, não tropeçareis, 2 Pe 1.10. Ver **Escandalizar.**

TROPEÇO: Cousa em que se tropeça; obstáculo. // Nem porás **t** diante do cego, Lv 19.14. Tirai os **t** do caminho do meu povo, Is 57.14. Aquele que não achar em mim motivo de **t**, Mt 11.6. Arreda! Satanás; tu és para mim pedra de **t**, Mt 16.23. Em Sião uma pedra de **t**, Rm 9.33. Torne-se-lhes a mesa... em **t**, Rm 11.9. Não pordes **t**... ao vosso irmão, Rm 14.13. Vossa liberdade... a ser **t** para os fracos, 1 Co 8.9. Não vos torneis causa de **t**, 1 Co 10.32. Pedra de **t** e rocha de ofensa, 1 Pe 2.8. Aquele que ama... nele não há nenhum **t**, 1 Jo 2.10. Poderoso para vos guardar de **t**, Jd 24. Ver **Armadilha, Cilada, Escândalo, Laço.**

TRÔPEGO: Que mal pode andar. // Restabelecerei... os joelhos **t**, Hb 12.12.

TROUXINHA: Pacotinho. // Tinha a sua **t** de dinheiro, Gn 42.35.

TROVÃO: Ribombo produzido por descarga de eletricidade atmosférica. // É muito raro o trovão na Palestina durante os meses de abril a setembro. O trovão indica a voz de Deus, Jó 37.4; Sl 18.13; 29.3; 104.7; Is 30.30; Jo 12.29; Sua vingança, 1 Sm 2.10; Ap 8.5; 16.18; Filhos do trovão, Mc 3.17. Os sete trovões, Ap 10.3. Voz como de fortes trovões, Ap 19.6.

TROVEJAR: Retumbar o trovão; falar com indignação ou veemência. // Trovejou o Senhor, 1 Sm 7.10; 2 Sm 22.14; Jó 37.5; Sl 18.13. Ver **Bramar, Rugir.**

TRUCIDAR: Sl 10.8. Matar barbaramente.

TUBAL: Um filho de Jafé e neto de Noé, Gn 10.2. // Tribo, descendente de Tubal, Is 66.19; Ez 27.13. Ver mapa 1, D-3.

TUBALCAIM, hb. **Produto de forjas:** Filho de Lameque e Zilá; artífice de todo instrumento cortante, de bronze e de ferro, Gn 4.22.

TUBO: Canal mais ou menos cilíndrico por onde passam ou saem líquidos. // Sete **t**, um para cada... lâmpadas, Zc 4.2.

TUDO: Qualquer cousa, considerada na sua totalidade. // Anuncia-lhes **t**, Mc 5.19. Deu **t** o que possuía, Lc 21.4. Para que Deus seja **t** em todos, 1 Co 15.28. Deus... vos santifique em **t**, 1 Ts 5.23.

TUFÃO: Vento muito forte e tempestuoso. // Vem o castigo ... **t** de vento, Is 29.6. Um **t** de vento, chamado Euro-aquilão, At 27.14. Ver **Redemoinho, Remoinho.**

TUMIM: Êx 28.30; Ne 7.65. Ver **Urim.**

TUMOR: Dt 28.27. Saliência circunscrita, desenvolvida em qualquer parte do corpo. // **T** que se arrebentavam em úlceras, a sexta praga no Egito, Êx 9.9. O povo de Asdode ferido de **t**, 1 Sm 5.6; 6.4. Jó sofreu de **t** malignos, desde a planta do pé até ao alto da cabeça, Jó 2.7.

TÚMULO: Sepulcro. // Esconderam-se... pelos penhascos, e pelos **t**, 1 Sm 13.6. Depositou no seu **t** novo, Mt 27.60. Discípulos de João... o depositaram no **t**, Mc 6.29. Edificais os **t** dos profetas, Lc 11.47. Todos os... nos **t** ouvirão, Jo 5.28. Ia ao **t** para chorar, Jo 11.31. Ver **Sepulcro.**

TUMULTO: Movimento desordenado; motim. // Do **t** dos que praticam a iniqüidade, Sl 64.2. Sempre crescente **t** dos teus adversários, Sl 74.23. Não durante a festa... não haja **t**, Mt 26.5. Vendo Pilatos... aumentava o **t**, Mt 27.24. Em um **t** haviam cometido homicídio, Mc 15.7. Como surgisse um **t** dos gentios, At 14.5. Cessado o **t**, Paulo, At 20.1. Por causa do **t**, ordenou que Paulo, At 21.34. Sem ajuntamento e sem **t**, At 24.18. Nas prisões, nos **t**, 2 Co 6.5. Entre vós contendas... e **t**, 2 Co 12.20. Ver **Som.**

TÚNICA: Vestuário antigo, comprido e ajustado ao corpo. // Israel fez para José uma **t** talar, isto é, que descia até aos calcanhares, Gn 37.3. A mãe do menino Samuel fazia-lhe uma **t** pequena, 1 Sm 2.19. Saul despiu a sua **t** e profetizou, 1 Sm 19.24. Ao que tirar-te a **t**, deixa-lhe também a capa, Mt 5.40. Para o caminho, nem de duas **t**, Mt 10.10. Sobre a minha **t** tiraram sorte, Mt 27.35; Sl 22.18. Quem tiver duas **t** reparta, Lc 3.11. A **t** de Jesus, Mt 27.35; Sl 22.18; Jo 19.23,24.

TURBA: Multidão em desordem. // Judas... com ele grande **t**, Mt 26.47.

TURBAÇÃO: Desassossego. // Eis aqui **t**, Jr 14.19 (ARC).

TURBADO: Perturbado, inquieto. // José... viu-os, e eis que estavam **t**, Gn 40.6. O coração se vê **t**, Sl 143.4.

TURBANTE: Cobertura ou ornato para a cabeça, usado pelos povos do Oriente, Is 3.20; 61.10.

TURBAR: Inquietar. // As visões... me turbaram, Dn 4.5. Não se turbe o vosso coração, Jo 14.1,27.

TURBULENTO: Propenso a causar desordem. // Cidade **t**, Is 22.2 (ARC).

TURÍBULO (B): Ver **Incensário.**

TURNO: Cada um dos grupos de pessoas que se revezam em certos atos. // Estabeleceu Ezequias os **t** dos sacerdotes, 2 Cr 31.2.

TURQUEZA: Êx 28.2 (ARC). Pedra preciosa de cor azul, não transparente. Ver **Berilo.**

TUTANO: Ver **Medula.** A minha alma se fartará, como de **t**, Sl 63.5 (ARC).

TUTELA: Encargo ou autorização legal para velar pela pessoa e bens de um menor ou de um interdito; defesa, proteção. // Antes... estávamos sob a **t** da lei, Gl 3.23.

TUTOR: Pessoa encarregada da tutela de menor ou de interditado. // Acaso sou eu **t** de meu irmão, Gn 4.9. Aos **t** dos filhos de Acabe, 2 Rs 10.1. Está sob **t** e curadores até ao tempo pré-determinado pelo pai, Gn 4.2. Ver **Aio.**

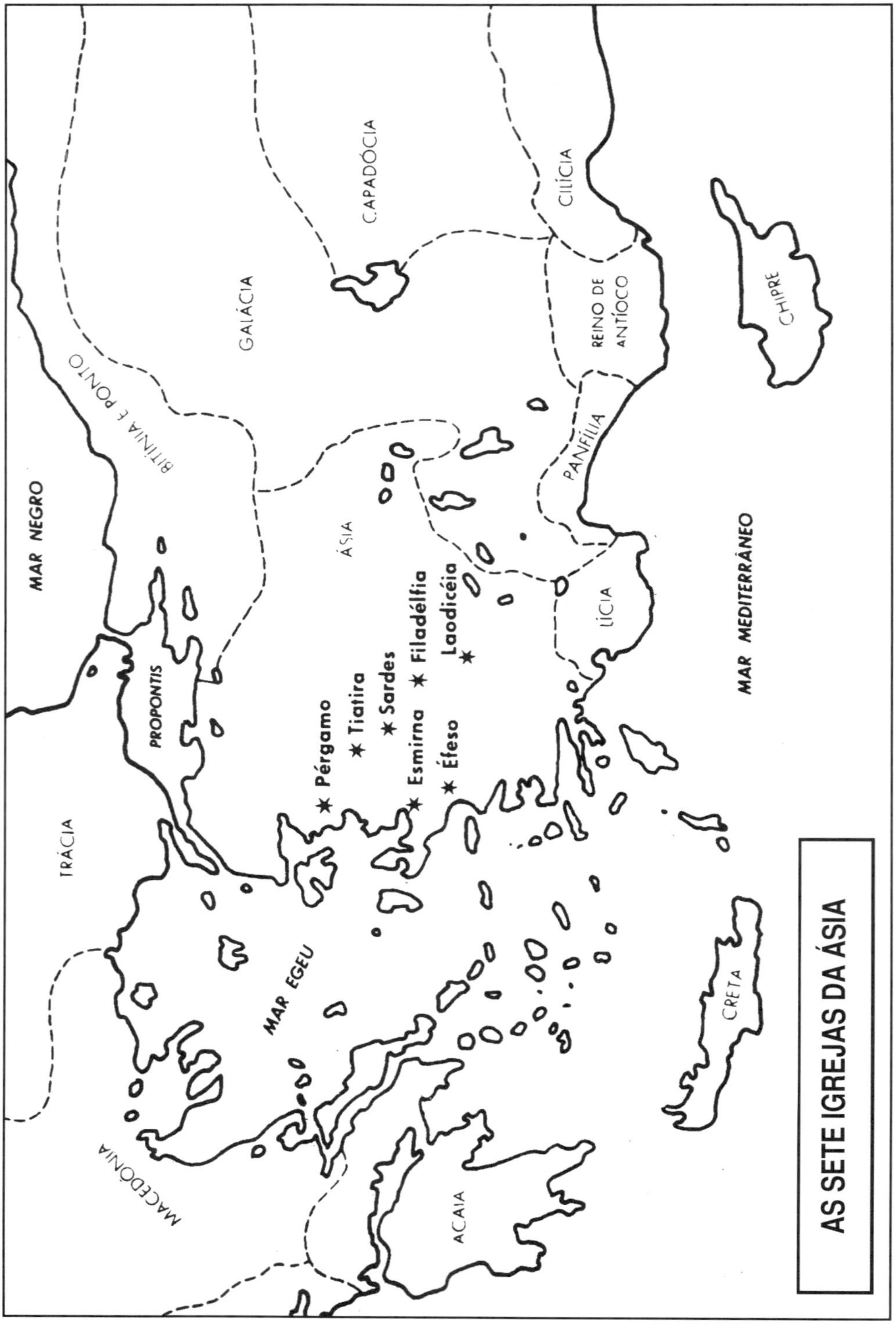

AS SETE IGREJAS DA ÁSIA

"Ele esperava que desse uvas boas, mas deu uvas bravas", Is 5.2.

U

UCAL, hb. **Eu sou forte:** Um dos dois homens a quem Agur se dirigiu, Pv 30.1 (ARC).

UEI, hb. **Vontade de Deus:** Um dos que tinham mulher estrangeira, Ed 10.34.

UFANAR: Vangloriar-se; jactar-se. // O amor... não se ufana, 1 Co 13.4. Ver **Gabar.**

UFAZ: Jr 10.9; Dn 10.5. Um lugar onde se ia buscar ouro, talvez o mesmo que Ofir. Ver esta palavra.

UIVAR: Dar (o cão) grito prolongado e lamentoso. // Uivam como cães, Sl 59.6. Uivai, pois está perto o dia, Is 13.6. Uivai, pastores, Jr 25.34. Uivai todos os que bebeis, Jl 1.5. Uivai, ministros do altar, Jl 1.13.

ULA, hb. **Jugo:** Um descendente de Aser, 1 Cr 7.39.

ULAI: Um rio perto de Susã, capital de Elão, província da Pérsia. Era teatro de algumas das visões de Daniel, Dn 8.2.

ULÃO, hb. **Frente:** 1. Um descendente de Manassés, 1 Cr 7.16. // 2. Pai de homens valentes da tribo de Benjamim, 1 Cr 8.40.

ÚLCERA: Chaga que vai supurando provocada ou mantida por uma causa interna ou defeito local. Nos homens e nos animais: a sexta praga no Egito, Êx 13.18; Dt 28.27,35. Ezequias curado de uma úlcera, 2 Rs 20.7. Úlceras malignas e perniciosas, Ap 16.2 (ARA).

ÚLTIMO: Que é o mais moderno ou recente, derradeiro. // Abençoou o Senhor o **ú** estado de Jó, Jó 42.12. O **ú** estado daquele homem, Mt 12.45. Os **ú** serão os primeiros, Mt 19.30; 20.16. Irás... ocupar o **ú** lugar, Lc 14.9. No **ú** dia, Jo 6.39; 11.24; 12.48. Nós os apóstolos em **ú** lugar, 1 Co 4.9. Nos **ú** tempos, 1 Tm 4.1; 1 Pe 1.5. Nos **ú** dias, 2 Tm 3.1; Hb 1.2; 2 Pe 3.3; Is 2.2. Tornou-se o seu **ú** estado pior, 2 Pe 2.20. No **ú** tempo, Jd 18. Já é a **ú** hora, 1 Jo 2.18. Eu sou o primeiro e o **ú**, Ap 1.17; Is 41.4; 44.6.

ULTRAJAR: Ofender a dignidade de. Insultar. Imitar. // As injúrias dos que te ultrajam caem sobre mim, Sl 69.9 Será... escarnecido, ultrajado, Lc 18.32. Depois de o ultrajarem, o despacharam vazio, Lc 20.11. Um tumulto... para os ultrajar e apedrejar, At 14.5. Ultrajou o Espírito da graça? Hb 10.29. Maltratados e ultrajados em Filipos, 1 Ts 2.2.

ULTRAJE: Afronta, ofensa. // Quando ultrajado, não revidava com **u**, 1 Pe 2.23.

ULTRAPASSAR: Passar além de. // Ultrapassando o amor de mulheres, 2 Sm 1.26. Tua glória... ultrapassa todo bendizer, Ne 9.5. Não ultrapasseis o que está escrito, 1 Co 4.6. Não ultrapassamos os nossos limites, 2 Co 10.14. Que ultrapassa a doutrina de Cristo, 2 Jo 9.

UM: O primeiro de todos os números inteiros. // **U** mesma linguagem, Gn 11.5. **U** única bênção, Gn 27.38. **U** cousa peço ao Senhor, Sl 27.4. Melhor...dois do que **u**, Ec 4.9. Nem **u** i ou **u** til, Mt 5.18. **U** cousa sei: Eu era cego, Jo 9.25. Eu e o Pai somos **u**, Jo 10.30. Que... sejam **u**, Jo 17.11,21. Era **u** o coração e a alma, At 4.32. De **u** só fez toda raça, At 17.26. Somos **u** só corpo, Rm 12.5. Há **u** só Deus... e **u** só Senhor, 1 Co 8.6. Sois **u** em Cristo Jesus, Gl 3.28. Há somente **u** Espírito... **u** só Senhor, **u** só fé, **u** só batismo; **u** só Deus, Ef 4.4-6. **U** só carne, Ef 5.31. **U** vez por todas, Hb 7.27; 9.26; 10.10.

UMÁ, hb. **Conjunção:** Uma cidade da herança de Aser, Js 19.30.

UMBIGO: Cicatrizes resultante do corte do cordão umbilical, Ct 7.2; Ez 16.4.

UMBRAL: Porta, entrada, limiar. // E as escreverás nos **u** de tua casa, Dt 6.9. Os **u** das portas se moveram, Is 6.4 (ARC). E estremecerão os **u**, Am 9.1.

UNÂNIME: Que é do mesmo ânimo ou sentimento que outrem. // Perseveraram **u** em oração, At 1.14. Perseveravam **u** no templo, At 2.46. **U** levantaram a voz a Deus, At 4.24. Sede **u** entre vós, Rm 12.16 (ARC). Os três são **u**, 1 Jo 5.8.

UNANIMEMENTE: De modo unânime. // Todos **u** levantaram a voz, At 19.34 (ARC).

UNÇÃO, UNGIR: A aplicação de azeite ao corpo ou à cabeça era costume comum, Dt 28.40; Rt 3.3; 2 Sm 12.20; Dn 10.3; Mq 6.15. Ungir a cabeça com óleo ou com ungüento era uma prova de consideração, Sl 23.5; Mt 26.7; Lc 7.46; Jo 11.2; 12.3. A unção oficial era conferida aos profetas, aos sacerdotes e aos reis: ao profeta Eliseu, 1 Rs 19.16; chamados "ungidos", 1 Cr 16.22; Sl 105.15; aos sacerdotes, êx 40.15; Nm 3.3; ao sumo sacerdote, Êx 29.29; Lv 4.3; 16.32; ao rei Saul, 1 Sm 9.16; ao rei Davi, 1 Sm 16.1; 2 Sm 2.4; 5.3; ao rei Salomão, 1 Rs 1.34,39. Jacó ungiu uma coluna em Betel, Gn 31.13. A tenda da congregação e a arca do testemunho, etc., foram ungidas, Êx 30.26-28. Ungiam-se os mortos, Mt 26.12; Mc 16.1. Os apóstolos e os presbíteros ungiram os doentes, Mc 6.13; Tg 5.14. O Libertador, isto é, o Cristo, o Messias, o Ungido: Sl 2.2; Dn 9.25,26; Jo 1.41; At 9.22; ungido com o Espírito Santo, Is 61.1; Lc 4.18; Jo 1.32,33; At 4.27; 10.38. Cristo foi ungido profeta, sacerdote e rei. Deus nos unge, 2 Co 1.21; 1 Jo 2.20,27; Hb 1.9; somos sacerdotes e reis para com Deus. Cristo nos concede "colírio" para ungirmos os olhos, para que vejamos, Ap 3.18.

Unção

UNGIDO: A que se aplicou a cerimônia da sagração. // O seu **u**, 1 Sm 16.6; 2 Sm 22.51; Sl 2.2; 20.6. O **u** do Senhor, 1 Sm 24.6; 26.9,16; 2 Sm 1.14; 19.21. Os meus **u**, 1 Cr 16.22; Sl 105.15. O teu **u**, Sl 84.9; 132.10.

UNGIR: Ver **Unção.**

UNGÜENTO: Designação antiga de certas drogas ou essências com que se perfumava o corpo. // Caldeira de **u**, Jó 41.31. Melhor é a boa fama do que o **u** precioso, Ec 7.1. A mosca morta faz o **u**... exalar, Ec 10.1. O aroma dos teus **u**, Ct 1.3; 4.10. Um vaso de alabastro com **u**, Lc 7.37.

UNHA: Lâmina córnea, semitransparente que reveste a extremidade dorsal dos dedos; casco de paquidermes e ruminantes. // Tudo que tem **u** fendidas, Lv 11.3. Suas **u** como as das aves, Dn 4.33. Farei... de bronze as tuas **u**, Mq 4.13.

UNI, hb. **Aflito:** 1. Um músico levita nomeado para serviços do Tabernáculo, 1 Cr 15.18. // 2. Outro levita que ajudava na música do Templo, Ne 12.9.

UNIÃO: Concórdia, harmonia. // Duas varas: a uma chamei Graça, e à outra **u**, Zc 17.7. Que **u** do crente com o incrédulo? 2 Co 6.15. Ver **Unidade.**

ÚNICO: Que é só no seu gênero ou espécie, que não tem outro igual a si. // Deus é o **ú** Senhor, Dt 6.4; Mc 12.29. És o **ú**... que ignoras as ocorrências, Lc 24.18.

UNICÓRNIO: Boi selvagem (ARA), Nm 23.22; 24.8; Dt 33.17; etc.

UNIDADE: Ação coletiva, tendente a um fim único. // Preservar a **u** do Espírito no vínculo, Ef 4.3. Cheguemos à **u** da fé, Ef 4.13. // **A bem-aventurança da unidade:** Sl 133; At 2.42. // A **u** do Espírito: Rm 12.16; 1 Co 1.10; 3.4; 2 Co 13.11; Fp 1.27; 1 Pe 3.8. // **Unidade em Cristo:** Jo 17.11,21-23; Rm 12.5; 1 Co 6.15-17; Ef 5.30. // **Unidade em oração:** Mt 18.19; Rm 15.13; 2 Co 1.11.

UNIDO: Junto, ligado. // Israel, **u** como um só homem, Jz 20.11. Viverem **u** os irmãos, Sl 133.1. Se fomos **u** com ele na semelhança da sua morte, 1 Co 1.10. Ver **Unidade.**

UNIGÊNITO: Único gerado por seus pais. // Glória como do **u** do Pai; Jo 1.14. Deu o seu Filho **u,** Jo 3.16. Não crê no nome do **u** Filho de Deus, Jo 3.18. Abraão para sacrificar o seu **u**, Hb 11.17. Haver Deus enviado o seu Filho **u**, 1 Jo 4.9.

UNIR: Tornar um só; ligar. // E se une à sua mulher, Gn 2.24; Mt 19.5; Ef 5.31. Muita gente se uniu ao Senhor, At 11.24. O homem que se une à prostituta, 1 Co 6.16. Que se une ao Senhor é um espírito com Ele, 1 Co 6.17. Sejais **u** de alma, Fp 2.2. Ver **Ligar.**

UNIVERSO: O conjunto das cousas criadas; o conjunto de todos os planetas, cometas, satélites e sóis existentes no espaço. // O **u** formado pela palavra de Deus, Hb 11.3. Ver **Mundo.**

UNTAR: Friccionar com unto. // Príncipes, untai o escudo, Is 21.5. E untou com o lodo os olhos, Jo 9.6 (ARC).

UR: Um dos valentes de Davi, 1 Cr 11.35.

UR DOS CALDEUS: A terra de que saíram Terá e Abrão para ir a Harã, Gb 11.28,31; 15.7; Ne 9.7. A identificação, mais geralmente aceita, é que Ur era a atual Tell el-Muqayyar no rio Eufrates. Escavações recentes das suas ruínas forneceram muitas informações sobre a marcha da civilização desde o início. A cultura de Ur antecipava a do Egito, da Assíria, da Fenícia e a da Grécia. Ver mapa 1, E-3.

URBANO, hb. **Polido:** Um cristão em Roma a quem Paulo enviou saudações, Rm 16.9.

URDIDURA: Lv 13.48,49. Conjunto dos fios, que se dispõem paralelamente no comprimento do tear e por entre os quais passa depois a trama ou fio. Ver **Trama.**

URDIR: Pôr em ordem (os fios da teia) para fazer o tecido; enredar, tramar. // Sejam presas das tramas que urdiram, Sl 10.2. Se contra ti... urdirem intrigas, Sl 21.11. Juntamente urdem a trama, Mq 7.3. Ver **Maquinar, Projetar, Tramar.**

URGENTE: Que é preciso fazer-se com rapidez. // A ordem do rei era **u**, 1 Sm 21.8. A palavra do rei era **u**, Dn 3.22. Ver **Pressa, Presteza.**

URI, hb. **Ardente:** 1. Um neto de Calebe e pai de Bezalel, Êx 31.2; 1 Cr 2.20. // 2. Pai de Geber, um ministro de Salomão, 1 Rs 4.19. // 3. Um porteiro que se casara com mulher estrangeira, Ed 10.24.

URIAS, hb. **Jeová é luz:** 1. Um dos capitães de Davi e marido de Bate-Seba, 2 Sm 11.3-26; 12.9-15; Mt 1.6. // 2. Um sacerdote, que edificou um altar idólatra para Acaz, segundo o modelo fornecido por este rei, 2 Rs 16.10-16. // 3. Um sacerdote do tempo de Neemias, Ne 3.4. // 4. Um sacerdote, que se colocou à direita de Esdras, quando lia o livro da Lei, Ne 8.4. // 5. Um profeta, Jr 26.20.

URIEL, hb. **Deus é luz:** 1. Um chefe coatita designado para levar a arca, desde a casa de Obede-Odom, 1 Cr 15.5-11. // 2. Um gibeonita, pai de uma das mulheres de Roboão, 2 Cr 13.2.

URIM E TUMIM: Pedras ou objetos que o sumo sacerdote empregava para conhecer a vontade de Deus. O que sabemos com certeza sobre Urim e Tumim é o que as Escrituras nos informam. Lavados no peitoral do juízo, para que estivessem sobre o coração do sumo sacerdote, quando entrava perante o Senhor, Êx 28.30; Lv 8.8. Eleazar, o sacerdote, consultou, segundo o juízo de Urim, perante o Senhor, Nm 27.21. Na **Bênção de Moisés**, o privilégio de possuir Tumim e Urim, dado a Levi, Dt 33.8. O Senhor não respondia mais a Saul nem por sonhos, nem por Urim, nem por profetas, 1 Sm 28.6. Na volta do cativeiro havia falta de sacerdote com Urim e Tumim, Ed 2.63; Ne 7.65. Urim e Tumim eram levados no peitoral e o sacerdote podia usá-los a maneira de dados, para conhecer a sorte. Mas o que é mais provável, o sacerdote levava Urim e Tumim não para as manifestações exteriores, mas para receber **luz e verdade** — como as palavras indicam — uma iluminação interior, à maneira dos profetas receberem revelações.

URINA: Líquido excrementício, segregado pelos rins. // E bebam sua própria **u**? 2 Rs 18.27.

URNA: Vaso, de forma variável, que servia aos antigos para guardar as cinzas dos mortos, para recolher água das fontes. Na arca da aliança se guardava uma urna de ouro contendo maná, Hb 9.4. É chamada um **vaso** em Êx 16.33.

URSA: Jó 9.9. Duas constelações vizinhas do pólo ártico, que se distinguem por Ursa Maior e Ursa Menor. Ver **estrela.**

URSO: Mamífero principalmente carnívoro, de grande estatura e forma pesada, de pêlos densos e patas plantígradas. Vive em cavernas profundas das regiões montanhosas. Possui notável força e unhas e dentes temíveis. // A ursa roubada de seus cachorros como símile a ferocidade, 2 Sm 17.8; Pv 17.12; Os 13. 8. Atacava os homens, Pv 28.15; Am 5.19. Depredava os rebanhos, 1 Sm 17.34. Davi matou um urso 1 Sm 17.35. Duas ursas despedaçaram 42 meninos, 2 Rs 2.24. O segundo na visão dos quatro animais, Dn 7.5. A besta semelhante a leopardo, com pés de urso, Ap 13.2. A vaca e o urso pastarão juntos, Is 11.7.

URTIGAS: Pv 24.31. Planta coberta de pêlos, cuja base contém um líquido irritante que penetra na pele pelo mero contato das pontas. Ver **Espinhos.**

USAL, hb. **Viandante:** Um descendente de Noé, Gn 10.27.

USAR: Fazer uso de. // A mulher não usará roupa de homem, Dt 22.5. Força divina que usaste a nosso favor, Sl 68.28. Os que se utilizam do mundo, como se dele não usassem, 1 Co 7.31. Não usamos desse direito, 1 Co 9.12.

USO: Emprego freqüente de alguma cousa. // Com **u,** se destroem, Cl 2.22.

USUFRUIR: Gozar de. // Preferindo ser maltratado ... a usufruir prazeres, Hb 11. 25. Ver **Desfrutar.**

USURA: Juro de um capital. Juro de dinheiro, que se emprestou. Entre os israelitas empréstimos comerciais eram quase desconhecidos. Devia-se emprestar aos seus irmãos sem juros, mas não ao estrangeiro, Êx 22.25; Dt 23.20. Um bom israelita não emprestava o seu dinheiro com juros, Sl 15.5. Um que era culpado de receber juros caía na pobreza, Pv 28.8. Era comum, no tempo de Cristo, emprestar com juros. Ver Mt 25.27; Lc 19.23. Ver **Juros**.

USURÁRIO: Que empresta com juros excessivos. // Sois **u**, Ne 5.7. De tudo o que tem lance mão o **u**, Sl 109.11.

USURPAÇÃO: Apoderar-se por violência ou por artifício. // Não julgou como **u** o ser igual a Deus, Fp 2.6.

UTAI, hb. **Proveitoso:** 1. Um descendente de Judá, 1 Cr 9.4. // 2. Um dos que voltaram de Babilônia com Esdras, Ed 8.14.

O TÚMULO DE ABSALÃO. *Absalão quando ainda vivia, levantara para si uma coluna, que está no vale do rei, 2 Sm 18.18. Atualmente não se sabe exatamente o local e também a coluna não mais existe. O assim chamado* Túmulo de Absalão, *fora da cidade de Jerusalém, se é de qualquer forma, um túmulo, ainda é de um estilo de arquitetura de uma era muito mais recente*

UTENSÍLIO: Qualquer instrumento de trabalho, de que se sirva artista ou industrial. // Ouro puro se fará... todos estes **u**, Êx 25.39. Todos esses **u** farás de bronze, Êx 27.3. Todos os **u** do Santo Lugar, 1 Rs 7.48. **U** da casa do Senhor levou Nabucodonosor, 2 Cr 36.7. Os que levais os **u** do Senhor, Is 52.11. Mandou trazer os **u**... do templo, Dn 5.2. Conduzisse qualquer **u** pelo templo, Mc 11.16. Será **u** para honra, 2 Tm 2.21.

ÚTIL: Que pode ter algum uso. // Será utensílio... **ú** ao seu possuidor, 2 Tm 2.21. Toda Escritura é... **ú** para o ensino, 2 Tm 3.16. Marcos... me é **ú** para o ministério, 2 Tm 4.11. Ele, antes te foi inútil; atualmente, porém, é **ú**, Fm 11.

UTILIDADE: Qualidade do que é útil. // Qual **u** da circuncisão? Rm 3.1. debates... porque não têm **u**, Tt 3.9.

UTILIZAR: Tornar útil; aproveitar. // Os que se utilizam do mundo, 1 Co 7.31. A lei é boa... se utiliza de modo legítimo, 1 Tm 1.8.

UVA: O fruto da videira. // Cacho de **u**, o qual trouxeram dois homens, Nm 13.23. Na vinha do teu próximo, comerás **u**, Dt 23.24. Esperava que desse u boas, mas deu **u** e os dentes dos filhos, Jr 31.29. Achei a Israel como **u** no deserto. Os 9.10. Colhem-se... **u** dos espinheiros? Mt 7.16. Suas **u** estão amadurecidas, Ap 14.18. Ver **Videira.**

UZ: 1. Um filho de Arã e bisneto de Noé, Gn 10.23. // 2. Um filho de Naor e sobrinho de Abraão, Gn 22.21. // 3. Um filho de Disã, descendente de Seir, Gn 36.28. // 4. A terra natal de Jó, Jó 1.1. Ver mapa 1, D-4.

UZÁ, hb. **Força:** 1. Foi morto quando estendeu a mão à arca de Deus, 2 Sm 6. 3-8. // 2. Chefe de uma família que voltou do exílio, Ed 2.49. // 3. Manassés foi sepultado no jardim de Uzá, 2 Rs 21.18. // 4. Um levita da família de Merari, 1 Cr 6.29. // 5. Um benjamita, 1 Cr 8.7.

UZAI, hb. **Robusto:** Pai de Palal, que ajudou a reconstruir o muro de Jerusalém, Ne 3.25.

UZÉM-SEERÁ: Uma das duas cidades edificadas por Seerá, filha de Efraim, 1 Cr. 7.24.

UZI, hb. **Minha força:** 1. Um descendente de Arão, 1 Cr 6.5; Ed 7.4. // 2. Um neto de Issacar, 1 Cr 7.2. // 3. Um benjamita, 1 cr 7.7. // 4. O pai de Elá, 1 Cr 9.8. // 5. Filho de Bani e superintendente dos levitas, Ne 11.2. // 6. Um sacerdote nos dias de Joiaquim, Ne 12.19.

UZIA, hb. **Força de Jeová:** Um valente de Davi, 1 Cr 11.44.

UZIAS, hb. **Jeová é a minha força:** Um filho de Amazias e rei de Judá, conhecido também, pelo nome de Azarias, 2 Rs 15.1-13. Seu bom reinado de 52 anos, 2 Cr 26. Entrou no templo para queimar incenso e foi atacado de lepra, 2 Cr 26.16. Nos seus dias profetizaram Isaías, Oséias e Amós, Is 1.1; Os 1.1; Am 1.1. O terremoto nos dias de Uzias, Am 1.1; Zc 14.5. Ver **Reis.**

UZIEL, hb. **Deus é a minha força:** 1. Um filho do Coate, 1 Cr 6.2. // 2. Um príncipe de uma família, simeonita, 1 Cr 4.42. // 3. Cabeça de uma família benjamita, 1 Cr 7.7. // 4. Um dos cantores no templo, 1 Cr 25.4. // 5. Um levita, filho de Jedutum, 2 Cr 29.14. // 6. Um ourives que trabalhou em reparar os muros de Jerusalém, Ne 3.8.

As riquezas de sua glória em vaso de misericórdia, Rm 9.23

V

VACA: Fêmea do touro. // As sete **v** gordas e as sete magras, Gn 41.1-36. Deus abençoa a cria das **v**, Dt 7.13. Duas **v** puxavam o carro, quando os filisteus devolveram a arca, 1 Sm 6.7. Leite de **v**, 2 Sm 17.29. Nos sacrifícios, Lv 3.1; Nm 19.2; 1 Sm 6.14; Hb 9.13. A **v** e a ursa pastarão juntas, Is 11.7. As **v** das ricas pastagens de Basã eram bem nutridas, Am 4.1.

VACILANTE: Perplexo, instável, mutável. // Os joelhos **v**, Jó 4.4; Is 35.3.

VACILAR: Não estar firme; estar ou ficar duvidoso, inserto, irresoluto. Vacilar: fundamentos dos montes, Sl 18.7; fundamentos da terra, Sl 82.5; joelhos, Sl 109.24; montes, Jz 5.5; passos, Sl 37.31; pés, Sl 18.36; 121.3; terra e todos os seus moradores, Sl 75.3. Pela misericórdia do Altíssimo jamais vacilará, Sl 21.7. Confio no Senhor sem vacilar, Sl 26.1. O Senhor sustém os que vacilam, Sl 145.14. Confissão da esperança, sem vacilar, Hb 10.23. Ver **Duvidar.**

VÁCUO: Que não contém nada. // Sobem ao **v**, e perecem, Jó 6.18 (ARC). Suas imagens de fundição, vento e **v**, Is 41.29.

VADIO: Que ou aquele que não tem ocupação ou que não faz nada. // O que se ajunta a **v** se fartará de pobreza, Pv 28.19. Os **v**... alvoroçaram a cidade, At 17.5 (ARC).

VAEBE: Um nome que aparece na citação do livro das Guerras do Senhor, Nm 21.14. Um lugar, talvez, no território dos amorreus.

VAGA: Água do mar agitada e elevada pelos ventos. // As ondas e as **v** do mar passaram por cima de Jonas, Jn 2.3. // Figuradamente, querendo dizer **perturbação, tribulação**; todas as tuas ondas e **v** passaram sobre mim, Sl 42.7.

VAGABUNDO: Errante, que vagueia. // Fugitivo e **v** serás na terra, Gn 4.12 (ARC). Sejam **v** e mendigos os seus filhos, Sl 109.10 (ARC). E **v** andarão entre as nações, Os 9.17 (ARC). Ver **Errante.**

VAGALHÃO: Grande vaga. // Os **v** coalharam-se, Êx 15.8. Ver **Onda, Vaga.**

VAGAROSO: Lento, não apressado. // Não sejais **v** no cuidado, Rm 12.11 (ARC).

VAGUEAÇÃO: Ato ou efeito de vaguear. // Contaste as minhas **v**, Sl 56.8 (ARC).

VAGUEAR: Andar no acaso; passear ociosamente. // E os faz vaguear pelos desertos, Jó 12.24. Por pão anda vagueando, Jó 15.23. Vagueiam em trevas, Sl 82.5. Vagueia longe do seu ninho... vagueando longe do seu lar, Pv 27.8.

VAIDADE: Qualidade de ser vão. Inútil, sem solidez, sem duração. // Até quando... amareis a **v**, Sl 4.2. Todo homem... é pura **v**, Sl 39.5. No coração contemplara a **v**, Sl 66.18. **V** de **v**... Tudo é **v**, Ec 1.2; 12.8. Tudo era **v**, Ec

1.14; 2.11. A criação está sujeita a **v**, Rm 8.20. Não mais andeis... na **v** dos seus próprios pensamentos, Ef 4.17. Palavras jactanciosas de **v**, 2 Pe 2.18. Ver **Jactância, Orgulho**. // **A vaidade de coisas terrestres:** Sl 90; Ec 1; Sl 39.5,11; Is 40.17,23.

VAISATA, hb. **forte como o vento:** O décimo filho de Hamã, que foi morto com seus irmãos pelos judeus, Et 9.9.

VALA: Escavação extensa de largura limitada. // Abriu profunda **v**, Lc 6.48.

VALE: Planície ou depressão entre montes. // E a trarão a um **v** de águas, Dt 21.4. Deus dos montes e não dos **v**, 1 Rs 20.28. Que eu ande pelo **v** da sombra, Sl 23.4. Todo **v** será aterrado, Is 40.4; Lc 3.5. O vale de Acor, Js 7.24; dos Artífices, 1 Cr 4.14; da decisão, Jl 3.14; de Ela, 1 Sm 17.2; das Forças de Gogue, Ez 39.11; de Gibeão, Is 28.21; de Hebrom, Gn 37.14; de Hinom, Js 15.8; de Iftá-El, Js 19.14; de Josafá, Jl 3.2; da Matança, Jr 7.32; de Mispa, Js 11.8; dos montes, Zc 14.5; de ossos, Ez 37.1; dos refains, Js 15.8; do Rei, Gn 14.17; do Sal, 2 Sm 8.13; de Savé, Gn 14.17; de Sidim, Gn 14.3; de Sucote, Sl 60.6; dos Viajantes, Ez 39.11; da Visão, Is 22.1; de Zeboim, 1 Sm 13.18; de Zefatá, 2 Cr 14.10.

VALENTE: Que tem força; intrépido; enérgico. // **V**, varões de renome, Gn 6.4. O Senhor é contigo, homem **v**, Jz 6.12. Homem **v**, porém filho duma prostituta, Jz 11.1. Filho de Jessé... é forte e **v**, 2 Sm 1.19. Os nomes dos **v** de Davi, 2 Sm 23.8. Nem por sua muita força se livra o **v**, Sl 33.16. Entrar na casa do **v** e roubar-lhe? Mt 12.29. Ver **Herói.**

VALENTIA: Qualidade do que é valente. // Qual o homem, tal a sua **v**, Jz 8.21.

VALER: Ter o valor de. // Tu vales por dez mil de nós, 2 Sm 18.3. Sois médicos que não valem nada, Jó 13.4. Mais vale o pouco do justo, Sl 37.16. Dia nos teus átrios vale mais que mil, Sl 84.10. Nada vale, nada vale, diz o comprador, Pv 20.14. Mais valeis vós do que muitos pardais, Mt 10.31. Quanto mais vale um homem que, Mt 12.12. Não me valer do direito, 1 Co 9.18.

VALIA: Merecimento, valor, préstimo. // A palavra do Senhor era de muita **v**, 1 Sm 3.1 (ARC).

VALOR: Preço, mérito. // Pelo seu inteiro **v** a quero, 1 Cr 21.24. Seu **v** muito excede o de finas, Pv 31.10. Pérola de grande **v**, Mt 13.46. Circuncisão... tem **v** algum contra a sensualidade, Cl 2.23. O **v** da vossa fé; uma vez confirmado, 1 Pe 1.7. Espírito manso... de grande **v**, 1 Pe 3.4.

VALOROSAMENTE: Com coragem. // Agiu com o seu braço **v**, Lc 1.51.

VALOROSO: Forte, ativo, enérgico, destemido. // Sê-me somente filho **v**, 1 Sm 18.17 (ARC).

VANGLÓRIA: Presunção infundada; ostentação; vaidade. // Não nos deixemos possuir de **v**, Gl 5.26. Nada façais por... **v**, Fp 2.3.

VANGLORIAR: Tornar vaidoso; orgulhar-se. // Não se vanglorie quem veste as armas, 1 Rs 20.11 (B). Vangloriam-se os que praticam a iniqüidade, Sl 94.4. A fim de que ninguém se vanglorie na presença de Deus, 1 Co 1.29.

VANGLORIOSO: Vaidoso; jactancioso. // O **v** que tem falta de pão, Pv 12.9.

VANGUARDA: Dianteira do exército, Jl 2.20. Ver **Retaguarda.**

VANTAGEM: Lucro, proveito. // Que **v**... de todo o seu trabalho, Ec 1.3 (ARC). Nenhuma **v** tem o homem sobre, Ec 3.19. A **v** do judeu? Rm 3.1. Temos nós qualquer **v**? Rm 3.9. Satanás não alcance **v** sobre nós, 2 Co 2.11.

VÃO: Vazio; sem valor; fútil; ineficaz; vanglorioso. // Não tomarás o nome... Deus em **v**, Êx 20.7. Pois **v** é o socorro do homem, Sl 60.11. Em **v** trabalham os que a edificam, Sl 127.1. Em **v** vigia a sentinela, Sl 127.1. E **v** a formosura, Pv 31.30. Trazer ofertas **v**, Is 1.13. Não useis de **v** repetições, Mt 6.7. Em **v** me adoram, Mt 15.9. Os povos imaginam cousas **v**, At 4.25. Destas cousas **v** vos convertais, At 14.15. Os pensamentos dos sábios, que são... **v**, 1 Co 3.20. A menos que tenhais crido em **v**, 1 Co 15.2. O vosso trabalho não é **v**, 1 Co 15.58. Que não recebais em **v** a graça, 2 Co 6.1. Não correr... em **v**, Gl 2.2. Se a justiça é mediante a lei... morreu Cristo em **v**, Gl 2.21. Nem conversação torpe, nem palavras **v**, Ef 5.4. Engane com palavras **v**, Ef 5.6. Glorie de que não corri em **v**, Fp 2.16. A sua religião é **v**, Tg 1.26. Ver **Fútil.** // **Os ídolos são vãos:** Dt 32.21; 2 Rs 17.15; Sl 31.6; Is 44.9; Jn 2.8; Zc 10.2; At 14.15.

VAPOR: Forma gasosa que tomam os líquidos. // De seu **v** distilam em chuva, Jó 36.27. Louvai ao Senhor, fogo e saraiva, neve e **v**, Sl 148.7,8. Que é a vossa vida? É um **v**, Tg 4.14 (ARC). Ver **Neblina, Névoa, Orvalho.**

VARA: Pau, tranca, viga, bordão, cajado. // De Arão, Êx 7.9-12; Nm 17.3-10; de comando, Jz 5.14; de correção, Pv 10.13; 13.24; 1 Co 4.21; 2 Co 11.25; de Deus, Sl 23.4; Is 10. 5; de ferro, Sl 2.9; Ap 2.27; 12.5; de Jacó, Gn 30.37; de medir, Ez 40.3; Ap 11.1; 21.15; de Moisés, Êx 4.2-4,17,20; 7.20; 14.16; 17.9; Nm 20.8-11. Passar debaixo da **v**, Lv 27.32; Ez 20.37. Vós as **v**, Jo 15.5.

VARÃO: Indivíduo de sexo masculino. // Do **v** foi tomada, Gn 2.23. Valentes, **v** de renome, Gn 6.4. Dois **v** vestidos de branco, At 1.10. Julgar o mundo... por meio de um **v**, At 17.31. **V** com **v** cometendo, Rm 1.27 (ARC). Mas a mulher do **v**, 1 Co 11.8 (ARC). Filho **v**, que há de reger, Ap 12.5.

VARIAÇÃO: Ato ou efeito de variar. // Existir **v**, ou sombra de mudança, Tg 1.7.
VARIADO: Vário, diverso, diferente. // Quão **v** são as tuas obras! Sl 104.24 (ARC).
VARIEDADE: Diversidade, variação. // Que **v**, Senhor, nas tuas obras, Sl 104.24. **V** de línguas, 1 Co 12.28.
VÁRIO: Diferente. // Por doutrinas **v** e estranhas, Hb 13.9. Contristados por **v** provações, 1 Pe 1.6.
VAROA: Fêmea do varão. // Chamar-se-á **v**, Gn 2.23. Ver **Mulher.**
VARONILMENTE: Esforçadamente, energicamente. // Portai-vos **v**, 1 Sm 4.9; 1 Co 16.13. Pelejemos **v**, 1 Cr 19.13.
VARRER: Limpar com vassoura. // O vento... varre-o com ímpeto, Jó 27.21. A saraiva varrerá o refúgio, Is 28.17. Vazia, varrida e ornamentada, Mt 12.44. Acende a candeia, varre, Lc 15.8.
VASILHA: Vaso para líquidos. // Pede emprestadas **v**, 2 Rs 4.3. Levaram azeite nas **v**, Mt 25.4.
VASO: Qualquer objeto côncavo que pode conter, sólidos ou líquidos. // Sou como **v** quebrado, Sl 31.12. O **v**, que o eleiro fazia, Jr 18.4. Como se quebra o **v** do oleiro, Jr 19.11. Um **v** de alabastro, Lc 7.37. Um **v** como um grande lençol, At 11.5 (ARC). O oleiro direito... fazer um **v** para honra, Rm 9.21. Deus... suportou... os **v** de ira, Rm 9.22. As riquezas da sua glória em **v** de misericórdia, Rm 9.23. Este tesouro em **v** de barro, 2 Co 4.7. Ver **Botija, Vasilha**. // **Os vasos do Templo:** 1 Rs 7.40; profanados, Dn 5.2-4; devolvidos a Jerusalém, Ed 1.7-11.
VASSOURA: Utensílio que serve para varrer. // A **v** da destruição, Is 14.23.
VASTI, palavra persa, **A mais excelente:** A rainha que o rei Assuero (Xerxes) depôs, elevando, em seguida, Ester à alta posição de sua esposa, Et 1.9-19; 2.1-17. O ato de Vasti recusar a comparecer ao banquete, tinha de ser punido por um castigo bastante severo, para restabelecer a supremacia do rei, que o ato ameaçava destruir.
VAU : Sítio de um curso de água, onde se pode passar sem nadar. // O vau do Jaboque, Gn 32.22; de Arnom, Is 16.2. O Jordão tinha uma largura de 30 metros e profundidade de 2 a 4 metros. Não havia pentes e os poucos lugares que davam passagem eram importantes. Mencionam-se freqüentemente os vaus do Jordão, Js 2.7; Jz 3.28. Alguns do que passaram o Jordão: Jacó, Gn 32.10; Gideão, Jz 8.4; os filhos de Amom, Jz 10.9; Abner, 2 Sm 2.29; Davi, 2 Sm 10.17; 17.22; Absalão, 2 Sm 17.24; Jesus, Mt 19.1. João batizava no rio Jordão, Mt 3.6, talvez em um vau perto de Jericó.

Veado

VAZAR: Tornar vazio; furar. // E lhe vazaram os olhos, Jz 16.21; 2 Rs 25.7. Não me vazaste como leite, Jó 10.10.
VAZIO: Que não contém nada ou só contém ar. // Terra... era sem forma e **v**, Gn 1.2. De mãos **v** perante o Senhor, Dt 16.16. Pede... vasilhas **v**, não poucas, 2 Rs 4.3. Palavra... não voltará **v**, varrida, Mt 12.44. E o despacharam **v**, Mc 12.3. Despediu **v** os ricos, Lc 1.53.
VEADAR: Mês intercalar. Ver **Ano.**
VEADO: Mamífero ruminante de cornos ramificados, muito ligeiro e tímido. Sua carne é apreciada, Dt 14.5 1 Rs 4.23. Os antílopes, as cabras monteses, as corças, os gamos, e as gazelas, são da mesma família.
VEDÃ: Uma cidade que negociava com Tiro, Ez 27.19. Situada, talvez, a meio caminho entre Meca e Medina.
VEDAR: Impedir, proibir. // Ser-vos-á vedado o seu fruto, Lv 19.23. Vedando pagar tributo, Lc 23.2.
VEEMÊNCIA: Impulso rápido na alma ou nas paixões. // Fariseus a argüi com **v**, Lc 11.53. Insistia com mais **v**, Mc 14.31.
VEEMENTE: Impetuoso, violento, intenso. // Como de um vento **v**, At 2.2 (ARC).
VEIO: Tira de terra ou de rocha, que se distingue da que ladeia pela natureza ou pela cor. // Há **v** donde se extrai a prata, Jó 28.1 (ARC).
VELA: Pano largo que se desfralda o longo dos mastros para receber a ação do vento. // Nem estender a **v**, Is 33.23. De linho fino... a tua **v**, Ez 27.7.

VELADOR: Suporte onde se coloca um candeeiro ou uma vela. // No **v**, e alumia a todos, Mt 5.15.

VELAR: Vigiar. // O Senhor vela pelos simples, Sl 116.6. Meu coração velava, Ct 5.2. Velo sobre a minha palavra, Jr 1.12. Nem uma hora pudeste velar comigo? Mt 26.40 (ARC). Em oração, velando nela, Cl 4.2. Guias... velam por vossas almas, Hb 13.17. Ver **Vigiar.**

VELEIRO: Embarcação de velas. // Passam como navios **v**, Jó 9.26 (ARC).

VELHICE: Idade avançada. // Abraão: morreu em ditosa **v**, Gn 25.8. José... era filho da sua **v**, Gn 37.3. Em robusta **v** entrarás, Jó 5.26. Não me rejeites na minha **v**, Sl 71.9. Não me desampares... até à minha **v**, Sl 71.18. Na **v** darão ainda frutos, Sl 92.14. Farta de bens a tua **v**, Sl 103.5. Não na **v** da letra, Rm 7.6 (ARC).

VELHO: Que não é novo; gasto pelo uso. // E já, agora, sou **v**, Sl 37.25. A beleza dos **v** as suas cãs, Pv 20.29. O filho mais **v**, Lc 15.25. Nascer, sendo **v**? Jo 3.4. Quando, porém, fores **v**, Jo 21.18. Sonharão vossos **v**, At 2.17. O mais **v** será servo do, Rm 9.12. Sou, Paulo, o **v**, Fm 9. Aos que são mais **v**, 1 Pe 5.5. Velhos: sacos, Js 9.4; veste, Mt 9.16; homem, Rm 6.6; Cl 3.9; fermento, 1 Co 5.7. Ver **Antigo.**

VELHO HOMEM: Rm 6.6; Ef 4.22; Cl 3.9. O homem natural, isto é, a natureza humana antes da conversão e regeneração.

VELOZ: Rápido, ligeiro. // Dias são mais **v** do que a lançadeira, Jó 7.6. Dias foram mais **v** do que um corredor, Jó 9.25. Pés **v** para derramar sangue, Rm 3.15.

VELOZMENTE: Rapidamente. // E sua palavra sobre. // Aquele que pela bebida forte é vencido não é sábio, Pv 20.1. Até que faça vencedor o juízo, Mt 12.20. Mais valente do que ele, vence-o, Lc 11.22. Somos mais que vencedores, Rm 8.37. Não te deixes vencer do mal, Rm 12.21. Aquele que é vencido fica escravo do vencedor, 2 Pe 2.19. Tendes vencido o maligno, 1 Jo 2.13. Tendes vencido os falsos profetas, 1 Jo 4.4. O que é nascido de Deus vence o mundo, 1 Jo 5.4. A vitória que vence o mundo, 1 Jo 5.4. O vencedor, Ap 2.7.11,17,26; 3.5,12,21. A raiz de Davi, venceu, Ap 5.5. Saiu vencendo e para vencer, Ap 6.2. Venceram por causa do sangue, Ap 12.11. Os vencedores da besta, Ap 15.2. O Cordeiro os vencerá, Ap 17.14. O vencedor herdará estas cousas, Ap 21.7.

VENDA: Faixa com que se cobrem os olhos. // Disfarçado com uma **v** sobre os olhos, 1 Rs 20.38.

VENDAR: Cobrir com venda. // Vedando-lhe os olhos, Lc 22.64.

VENDAVAL: Vento tempestuoso. // Em abrigar-me do **v**, Sl 55.8. Ver **Temporal, Vento.**

VENDEDOR: Que, ou aquele que vende. // Sobre a cabeça do seu **v**, Pv 11.26. Lídia... **v** de púrpura, At 16.14.

VENDER: Trocar por dinheiro; praticar por interesse atos indignos. // Um de teus irmãos... te for vendido, Dt 15.12. Se a sua Rocha lhos não vendera, Dt 32.30. Vende o azeite, e paga, 2 Rs 4.7. Compra a verdade, e não vendas, Pv 23.23. Por nada fostes vendidos, Is 52.3. Venderam meninas por vinho, Jl 3.3. Vai, vende tudo, Mt 13.44. Vendeu tudo... e a comprou, Mt 13.46. Fosse vendido ele, a mulher, Mt 18.25. Vai, vende os teus bens, Mt 19.21. Expulsou a todos os que ali vendiam, Mt 21.12. Nos dias de Ló... vendiam, Lc 17.28. Vendiam as suas propriedades, At 2.45. Vendendo-as, traziam os valores, At 4.34. Vendendo-o. Trouxe o preço, At 4.37. Ananias... vendeu uma propriedade, At 5.1. Invejosos de José, venderam-no, At 7.9. Comei de tudo o que se vende, 1 Co 10.25. Esaú... vendeu o seu direito, Hb 12.16.

VENENO: Substância que perturba ou destrói as funções vitais. // A suas uvas são uvas de **v**, Dt 32.32. Sob os lábios têm **v** de áspide, Sl 140.3. Haveis tornado o juízo em **v**, Am 6.12. **V** de víbora está nos seus lábios, Rm 3.13. A língua... carregado de **v** mortífero, Tg 3.8.

VENENOSO: Que tem veneno; tóxico. // Haja entre vós raiz que produza erva **v**, Dt 29.18. E nos deu a beber água **v**, Jr 8.14. Darei a beber água **v**, Jr 9.15.

VENERAR: Tratar com grande respeito. // Gamaliel... **v** por todo, At 5.34 (ARC). **V** seja entre todos o matrimônio, Hb 13.4 (ARC).

VENTA: Cada uma das fossas nasais. // Fogoso respirar das suas **v**, Jó 39.20.

VENTO: Ar atmosférico que se desloca. // Forte **v** fendia os montes... o Senhor não estava no **v**, 1 Rs 19.11. Grande **v** da banda do deserto, Jó 1.19. Essas palavras de **v**, Jó 16.3. Quando regulou o peso do **v**, Jó 28.25. O que perturba a sua casa herda o **v**, Pv 11.29. Quem encerrou os **v** nos seus punhos? Pv 30.4. Quem somente observa o vento, nunca semeará, Ec 11.4. Um **v** tempestuoso vinha do norte, Ez 1.4. Vem dos quatro **v**, ó espírito, Ez 37.9. Semeiam **v**, e segarão tormentas, Os 8.7. Efraim apascenta o **v**, Os 12.1. Sopraram os **v**, Mt 7.25. O **v** sopra onde quer, Jo 3.8. Som, como de um **v** impetuoso, At 2.2. Levados... por todo **v** de doutrina, Ef 4.14. A seus anjos faz **v**, Hb 1.7. // **Efeitos maravilhosos de vento**, Gn 8.1; Êx 15.10; Nm 11.31; Jn 1.4. // **Jesus repreendeu os ventos**, Mt 8.26.

VENTRE: Cavidade abdominal; barriga; útero. // Duas nações há no teu **v**, Gn 25.23. Punhal... e lho cravou no **v**, Jz 3.21. Nu saí do **v** de minha mãe, Jó 1.21. Entrelaçaste-me no **v**, Sl 139.13 (ARC). Chamou-me desde o **v** da minha mãe, Is 49.1. Antes que eu te formasse no **v** materno, Jr 1.5. No **v** do peixe, Jn 1.17; Mt 12.40. Entra pela boca, desce para o **v**, Mt 15.17. Bendito o fruto do **v**, Lc 1.42. Servem a seu próprio **v**, Rm 16.18. O deus deles é o **v**, Fp 3.19.

VENTUROSO: Ditoso; em que há ventura. // Porque... me terão por **v**, Gn 30.13.

VER: Conhecer ou perceber pelo sentido da vista; saber. // Tu és Deus que vê, Gn 16.13. O Senhor não vê como vê o homem, 1 Sm 16.7. Em minha carne verei a Deus, Jó 19.26. Provai, e vede que o Senhor é bom, Sl 34.8. Vinde e vede as obras de Deus, Sl 66.5. O povo que jazia nas trevas viu, Mt 4.16. Verão a Deus, Mt 5.8. Os cegos vêem, Mt 11.5. Meus olhos já viram a tua salvação, Lc 2.30. Minha palavra, não verá a morte, Jo 8.51. Eu era cego, e agora vejo, Jo 9.25. Os que vêem se tornem cegos, Jo 9.39. Queremos ver a Jesus, Jo 12.21. Quem vê a mim, vê aquele que me enviou, Jo 12.45. O mundo não me verá mais, Jo 14.19. Vendo vereis, e não percebereis, At 28.26. Esperança que se vê não é esperança, Rm 8.24. Hão de vê-lo aqueles que não tiveram notícias, Rm 15.21. Nem olhos viram, 1 Co 2.9. Vemos como em espelho, 1 Co 13.12. Andamos por fé, e não pelo que vemos, 2 Co 5.7. Homem algum jamais viu, nem é capaz de ver, 1 Tm 6.16. A santificação, sem a qual ninguém verá o Senhor, Hb 12.14. Não vendo agora, mas crendo exultais, 1 Pe 1.8. O que temos visto com os nossos olhos, 1 Jo 1.1. Havemos de vê-lo como ele é, 1 Jo 3.2. Ninguém jamais viu a Deus, 1 Jo 4.12. Todo olho o verá, Ap 1.7. Ver **Enxergar, Fitar, Olhar.**

VERÃO: Tempo quente. // Entrou numa sala de **v**, Jz 3.20. **V** e inverno tu os fizeste, Sl 74.17. O que ajunta no **v** é filho entendido, Pv 10.5. Como neve no **v**, Pv 26.1. Passou sega, findou o **v**, Jr 8.20. Está próximo o **v**, Mt 24.32. Ver **Estação.**

VERAZ: Que diz a verdade. // O lábio **v** permanece, Pv 12.19.

VERAZMENTE: De modo veraz. // Fala **v**, Sl 15.2 (ARC).

VERBO: Palavra. // Jesus Cristo chamado o Verbo, Jo 1.1,14; 1 Jo 1.1; Ap 19.13.

VERDADE: Conformidade com a realidade. // De coração fala **v**, Sl 15.2. Guia-me na tua **v**, Sl 25.5. Envia a tua luz e a tua **v**, Sl 43.3. Comprazes na **v** no íntimo, Sl 51.6. Encontraram-se a graça e a **v**, Sl 85.10. A sua **v** é pavês e escudo, Sl 91.4. A tua lei é a **v**, Sl 119.142. Os que o invocam em **v**, Sl 145.18. Compra a **v**, e não a vendas, Pv 23.23. Cheio de graça e de **v**, Jo 1.14. A graça e a **v** vieram por meio de Jesus, Jo 1.17. Adoram em espírito e em **v**, Jo 4.24. Conhecereis a **v** e a **v** vos libertará, Jo 8.32. Eu sou o caminho, e a **v**, Jo 14.6. O Espírito da **v**, Jo 14.17; 15.26; 16.13. Santifica-os na **v**; a tua palavra é a **v**, Jo 17.17. Que é a **v**? Jo 18.38. Mudaram a **v** de Deus em mentira, Rm 1.25. O juízo de Deus é segundo a **v**, Rm 2.2. Com os asmos da sinceridade e da **v**, 1 Co 5.8. Regozija-se com a **v**, 1 Co 13.6. Na palavra da **v**, no poder de Deus, 2 Co 6.7. Nada podemos contra a **v**, 2 Co 13.8. Seguindo a **v** em amor, Ef 4.15. Instruídos, segundo é a **v**, Ef 4.21. Fale cada um a **v**, Ef 4.24. Cingindo-vos com a **v**, Ef 6.14. Coluna e baluarte da **v**, 1 Tm 3.15. Maneja bem a palavra da **v**, 2 Tm 2.15. Conhecerem plenamente a **v**, 2 Tm 2.25. Estes resistem a **v**, 2 Tm 3.8. Recusarão dar ouvidos a **v**, 2 Tm 4.4. Ele nos gerou pela palavra da **v**, Tg 1.18. Desviar da **v**, Tg 5.19. Pela vossa obediência a **v**, 1 Pe 1.22. Mentimos e não praticamos a **v**, 1 Jo 1.6. Enganamo-nos e a **v** não está em nós, 1 Jo 1.8. Mentira alguma jamais procede da **v**, 1 Jo 2.21. Amemos... de fato e de **v**, 1 Jo 3.18 Reconhecemos o espírito da **v**, 1 Jo 4 6. Ouvir que meus filhos andam na **v**, 3 Jo 4.

VERDADEIRAMENTE: Realmente. // O Senhor é **v** Deus, Jr 10.10.

VERDADEIRO: Que tem verdade; que é conforme a verdade; em que há verdade. // Muito tempo sem o **v** Deus, 2 Cr 15.3. Os juízos do Senhor são **v**, Sl 19.9. São **v** todos os teus mandamentos, Sl 119.86. Todas as suas obras são **v**, Dn 4.37. A **v** riqueza, Lc 16.11. Os **v** adoradores, Jo 4.23. O único Deus **v**, Jo 17.3. Seja Deus **v**, e mentiroso todo, Rm 3.4. Como enganadores, e sendo **v**, 2 Co 6.8. Tudo o que é **v**, Fp 4 8. Ministro... do **v** tabernáculo, Hb 8.2. A **v** luz já brilha, 1 Jo 2.8. Diz o santo, o **v**, Ap 3.7. Justos e **v** são os teus caminhos, Ap 15.3. **V** e justos sãos teus juízos, Ap 16.7. Se chama Fiel e **V**, Ap 19.11. Estas palavras são fiéis e **v**, Ap 21.5.

VERDE: Que ainda tem seiva (planta): que não está ainda madura (fruta). // Erva **v**, Gn 1.30. Uvas **v**, Jr 31.29; Ez 18.2. Se em lenho **v**, Lc 23.31. Os seus figos **v**, Ap 6.13.

VERDEJANTE: Que verdeja; que se faz verde. // Repousar em pastos **v**, Sl 23.2.

VERDUGO: Algoz, carrasco. // Entregou aos **v**, Mt 18.34.

VERDURA: Viço, vigor. // Estando ainda na sua **v**, Jó 8.12 (ARC).

VEREDA: Caminho estreito; rumo; direção. // Guias-me pela **v** da justiça, Sl 23.3. Ensina-me as tuas **v**, Sl 25.4. Ele endireitará as tuas **v**,

Pv 3.6. A **v** dos justos é como a luz, Pv 4.18. Perguntai pelas **v** antigas, Jr 6.16. Endireitai as suas **v**, Mt 3.3. Ver **Caminho.**

VERGA: Peça que se coloca horizontalmente sobre ombreiras de porta ou de janela. // No sangue... marcai a **v** da porta, Êx 12.22.

VERGÃO: Vinco na pele, produzido por pancada ou por outras cousas. // Os **v** das feridas purificam, Pv 20.30.

VERGONHA: Pudor; receio de desonra. // Para **v** no meio dos seus inimigos, Êx 32.25. Elejeste o filho de Jessé, para **v** tua e para **v** do recato de tua mãe? 1 Sm 20.30. Aonde iria eu com a minha **v**? 2 Sm 13.13. Cobriste de **v** os que nos odeiam, Sl 44.7. Esquecerás da **v** da tua mocidade, Is 54.4. Outros para **v** e horror eterno, Dn 12.2. De mendigar tenho **v**, Lc 16.3. Isto digo para **v** vossa, 1 Co 15.34. O que eles fazem em oculto, o só referir é **v**, Ef 5.12. Manifesta a **v** da tua nudez, Ap 3.18.

VERGONHOSAMENTE: Com desonra; com infâmia. // Mulher... que procede **v** é como podridão, Pv 12.4.

VERGONHOSO: Que causa vergonha: indecoroso, indigno, obsceno. // E lhe atribuir atos **v**, Dt 22.14. A palavra do Senhor é para eles cousa **v**, Jr 6.10. **V** o tosquiar-se, 1 Co 11.6. Para a mulher é **v** falar na igreja, 1 Co 14.35. As cousas que, por **v**, se ocultam, 2 Co 4.2.

VERGÔNTEA: Vara tenra de árvore. // Estender-se-ão as suas **v**, Os 14.6 (ARC).

VERIFICAR: Provar a verdade de. // Apalpai-me e verificai, Lc 24.39. Ver **Averiguar, Certificar, Reconhecer.**

VERME: Invertebrado de corpo mole. Larva. // O maná deu bichos, Êx 16.20. Verme devorará as vinhas, Dt 28.39. Vermes se alimentam de cadáveres, Jó 21.26; 24.20. Bicho comerá os iníquos como lã, Is 51.8. O homem fraco comparado a gusano, verme, bichinho, Jó 25.6; Is 41.14. Um verme matou a planta que dava sombra a Jonas, 4.7. Herodes Agripa I, comido de vermes, morreu, At 12.23.

VERRUMAR: Furar com verruma, instrumento cuja extremidade é lavrada em espiral e termina em ponta, o qual serve para fazer furos em madeira. // A noite me verruma os ossos, Jó 30.17.

VERSADO: Perito, prático, experimentado. // Jovem... **v** no conhecimento, Dn 1.4. Todos escriba **v** no reino, Mt 13.52. És **v** em todos os costumes, At 26.3.

VERSÃO: Cada uma das diferentes interpretações do mesmo ponto; boato. // Esta **v** divulgou-se, Mt 28.15.

VERSÕES DAS ESCRITURAS: O texto da Bíblia compõe-se das palavras originais dos seus escritores. As versões, ou traduções são necessárias para o uso das pessoas que ignoram as línguas originais. Eis algumas das versões principais. // 1. **A Versão Samaritana.** O Pentateuco Samaritano foi escrito em um dialeto da mesma língua hebraica, e com os caracteres do antigo hebreu. Uma revisão foi levada para o reino de Israel por ocasião da separação das dez Tribos. O Antigo Pentateuco Samaritano não se deve confundir com a versão samaritana mais moderna. // 2. **As versões gregas:** A Septuaginta é a tradução do Antigo Testamento do hebraico, em 270 a.C., pelos "Setenta", para a grande população de judeus em Alexandria, que falava grego. Cristo e os seus discípulos serviam-se desta versão. As três versões gregas de menor importância, dos livros canônicos do Antigo Testamento, feitas depois da destruição de Jerusalém no ano 70 d.C., são a de Aquilo, a de Teodócio e a de Símaco. // 3. **As versões latinas:** A Africana circulava no norte da África pelo fim do século II. Tertuliano, Cipriano e Agostinho serviam-se desta versão. A Ítala ou Italiana foi uma revisão da Africana. A Vulgata, isto é, "a versão corrente", foi feita por Jerônimo (331 a 420). // 4. **As versões siríacas:** A versão Pesito procedeu do original hebraico, julga-se, pelos judeus cristãos, para o povo da Síria, no tempo da Igreja primitiva. O Novo Testamento da versão Pesito apareceu no segundo século. A versão de Paulo de Tela foi feita do grego no século VII. // 5. **As versões caldaicas:** Os Targuns são traduções ou paráfrases do Antigo Testamento, feitas para os judeus que voltaram do cativeiro de Babilônia e que já não entendiam o idioma de seus antepassados. O Targum de Onkelos, sobre o Pentateuco, foi reduzido à escrita no segundo século d.C. O Targum de Jônatas ben Uziel, sobre os profetas no quarto século. Os Targuns sobre o Hagiógrafo datam, talvez, do décimo século. // 6. **As versões cópticas ou egípcias:** São em dois dialetos: o Memfítico e o Tebaico. Foram feitas no terceiro ou no quarto século. // 7. **A versão etíope:** O Cristianismo entrou na Etiópia, pelos esforços de dois escravos, Frumentio e Edésio de Tiro, enviados ao rei, no quarto século. Atribui-se a versão etíope aos primeiros missionários. // 8. **As versões árabes:** Foram feitas por vários escravos entre os séculos VII e XII. // 9. **A versão gótica:** Feita da Septuaginta por Ul-filas, um bispo dos Ostrogodos, cerca de 360 a.C. // 10. **A versão eslavônica.** Feita pelos irmãos Cirilo e Metódio, missionários da Bulgária e Morávia, no século IX. // 11. **As versões armênias:** As três principais são as de Miesrob, no século V, a Georgiana, no

Vespeiro

século seguinte, e a de Zohrab, em 1805. // 12. **As versões em inglês:** A Bíblia de Wyccliffe apareceu em 1382; de Tyndale em 1525; a de Coverdale (a primeira versão impressa da Bíblia) em 1535; a de Mathews em 1537; a de Crammer em 1539; a de Reims e Douay em 1610; a Versão Autorizada, no reinado de Tiago I, em 1611; a Versão Revista (da Inglaterra) em 1885; a Versão Revista Americana em 1901; a Versão Revista Clássica em 1952; a Nova Bíblia Inglesa em 1961. // 13. **As versões alemãs:** A primeira tradução da Bíblia em alemão foi feita da Vulgata, no século XIV. Teve uma pequena circulação. A tradução de Martinho Lutero, feita das línguas originais, apareceu em 1532. Essa tradução tornou-se a base fundamental para a tradução da Bíblia em sueco (1541), em dinamarquês (1550), em islandês (1584), em holandês (1560) e em finlandês (1642). A versão de Wette apareceu em 1839. // 14. **As versões em francês:** Existiam antes da Reforma muitas versões de partes das Escrituras. A primeira Bíblia em francês, traduzida por Guiars de Moulins, foi impressa em Paris, em 1487. // 15. **As versões em português:** A primeira tradução de uma parte das Escrituras em português foi feita em 1495, por influência da rainha Leonor, de Portugal. O primeiro Novo Testamento em português foi impresso em Amsterdã, em 1602. A tradução da Bíblia inteira, por João Ferreira de Almeida, apareceu em 1753. Um século depois foi publicada a tradução da Bíblia inteira por Antônio Pereira de Figueiredo. A Versão Brasileira, de toda a Bíblia, foi editada em 1917; o Novo Testamento de Humberto Rohden em 1935; a Bíblia inteira por Matos Soares em 1933; a tradução por João Ferreira de Almeida, Revista e Atualizada, em 1958. // 16. **As versões em italiano:** A versão de Antônio Braccioli apareceu em 1530; a de Giovanni em 1607. // 17. **As versões em espanhol:** A de Casiodoro de Reyna foi feita em 1569; a de Cipriano de Valera em 1602. // 18. **As versões chinesas:** Entre os grandes tradutores da Bíblia está Robert Morrison (1782-1834) na China. // 19. **As versões da Índia:** O missionário William Carey (1761-1834) traduziu as Sagradas Escrituras em mais de trinta línguas. Calcula-se que ele traduziu a Bíblia para a terça parte dos habitantes do mundo.

VERTER: Fazer transbordar; derramar. // Alma de tristeza verte lágrimas Sl 119.28.

VESPA: Gênero de insetos himenópteros cujas fêmeas são munidas de um ferrão. São primas das abelhas e das formigas. Chamam-se, também, todas as centenas de espécies, **maribondas.** Os vespões, grandes vespas, atingem três centímetros de comprimento. As vespas são muito inteligentes, algumas espécies sabendo fazer papel. Diz-se que os chineses, há dezoito séculos, inventaram papel, observando o método das vespas fazê-lo, na construção de seus ninhos. Estes insetos tornam-se temíveis por causa das picadas, mas só atacam quando lhes ameaçam os ninhos (vespeiros). O Senhor utilizou-se de vespões para expulsar os cananeus, Êx 23.28; Dt 7.20; Js 24.12.

VESTE: Vestuário. // Nunca envelheceu a tua **v**, Dt 8.4. Nem o homem **v** peculiar à mulher, Dt 22.5. Usava João **v** de pêlos, Mt 3.4. Corpo mais do que as **v**? Mt 6.25. Não trazia **v** nupcial, Mt 22.11. Repartiam entre si as suas **v**, Mt 27.35. Que vigia e guarda as suas **v**, Ap 16.15. Ver **Roupa, Vestuário.**

VESTIDO: Peça de vestuário. // Envelhecerão como um **v**, Sl 102.26. Túnicas e **v** que Dorcas fizera, At 9.39. Envelhecerão qual **v**, Hb 1.11. Ver **Roupa, Veste, Vestuário.**

VESTIDURA: Tudo que se pode vestir; fato. // A sua **v** é recamada de ouro, Sl 45.13. Que não contaminaram as suas **v**, Ap 3.4. Será vestido de **v** brancas, Ap 3.5. **V** brancas para te vestires, Ap 3.18. Grande multidão... vestidos de **v** brancas, Ap 7.9. Ver **Roupa.**

VESTÍGIO: Indício ou sinal de cousa que sucedeu, de pessoa que passou; rastro. // Não se descobrem os teus **v**, Sl 77.19.

VESTIMENTA: Tudo o que se pode vestir. // Adão e Eva, no princípio, andavam nus, Gn 3.7. Depois coseram folhas de figueira, Gn 3.7. Então Deus os vestiu de peles, Gn 3.21. Elias e João Batista se vestiam de pêlos, 2 Rs 1.8; Mt 3.4. O pano grosseiro de profeta, Is 20.2. Anjos vestidos de branco, com vestes resplandescentes, At 1.10; Lc 24.4. O linho finíssimo são os atos de justiça dos santos, Ap 19.8. Os principais sacerdotes e as classes ricas usavam linho fino, Êx 28.5; Pv 31.22; Lc 16.19. Os ricos se vestiam, também, de seda, Ez 16.10; Ap 18.12. E de rica escarlata, 2 Sm 1.24. Trajes de luxo, Tg 2.2. Vestes reais, Jz 8.26; Et 6.8; At 12.21. Quem é este que vem de Edom... com vestes de vivas cores, Is 63.1 Escribas gostavam de vestes talares, Lc 20.46. Alongavam as suas franjas, Mt 23.5. Filhas de reis se vestiam de túnica talar, 2 Sm 13.18. Vestidos de luto, 2 Sm 14.2. Exprimia-se profunda tristeza, indignação, etc., rasgando as vestes, Gn 37.29,34; Jz 11.25; Rs 5.7; 2 Sm 13.31; Jó 1.20; Et 4.1; Mc 14.63; At 14.14. Estender-se as vestes pelo caminho era sinal de lealdade e recepção alegre, 2 Rs 9.13; Mt 21.8. Necessário artigo de vestuário era aquele que se assemelha à nossa camisa. Quando alguém aparecia somente com essa roupa em si, dizia-se que estava nu, 1 Sm 19.24; Is 20.2; Jo 21.7; Tg 2.15. A veste exterior se utilizava como roupa de cama, e por isso o credor não podia conservar em seu poder depois do sol posto, Êx 22.26. As mulheres da casa faziam a roupa, Pv 31.22; At 9.39. As mulheres devem usar traje decente, 1 Tm 2.9. Ver **Ornamento, Sandália, Touca, Túnica.**

VESTIR: Cobrir com roupa ou veste. Vestir de: branco, Mc 16.5; couraça de escamas, 1 Sm 17.5; couraça da justiça, Ef 6.14; escarlate, Jr 4.30; lã escarlate, Pv 31.21; linho fino, finíssimo, Pv 31.22; Lc 16.19; Ap 19.8; majestade, Jó 40.10; manto tinto de sangue, Ap 19.13; Novo homem, Cl 3.10; pano de saco, Ap 11.3; pele e carne, Jó 10.11; púrpura, Pv 31.22; Mc 15.17; Lc 16.19; Ap 17.4; sol, Ap 12.1; trapos, Pv 23.21; traje real, At 12.21; vestiduras brancas, Ap 3.18; 7.13. Nem Salomão... se vestiu como, Mt 6.29. Deus veste assim a erva, Mt 6.30. Estava nu e me vestistes, Mt 25.36. Com que nos vestir, estejamos contentes, 1 Tm 6.8.

VESTUÁRIO: Conjunto de peças de roupa que se vestem; traje. // Ansiosos quanto ao **v**? Mt 6.28. Ver **Roupa, Veste, Vestido.**

VÉU: Tecido com que se cobre qualquer cousa. Tecido transparente com que as senhoras cobrem o rosto. Aquilo que é comparável a um véu. // Tomou ela o **v** e se cobriu, Gn 24.65. Com um **v**, se disfarçou, Gn 38.14. O **v** entre o Santo Lugar e o Santo dos Santos, Êx 26.31; Lv 16.2,15; Mt 27.51; Hb 9.3. Com a cabeça sem **v**, desonra a sua própria cabeça, 1 Co 11.5. Se a mulher não usa **v**, 1 Co 11.6. Moisés punha **v** sobre a face, 2 Co 3.13. O mesmo **v** permanece, 2 Co 3.14. O **v** está posto sobre o coração deles, 2 Co 3.15. Âncora... que penetra além do **v**, Hb 6.19. Consagrou pelo **v**, isto é, pela sua carne, Hb 10.20. Ver **Cortina.**

VEXAÇÃO: Ato ou efeito de oprimir, afligir, atormentar. // A **v** não podes contemplar, Hc 1.13 (ARC).

VEXAME: Ato ou efeito de vexar, de humilhar, de afligir. // Deus me tirou o meu **v**, Gn 30.23. Vossos rostos jamais sofrerão **v**, Sl 34.5. Cobrirei de **v** os seus inimigos, Sl 132.18. Ver **Vergonha.**

VEZ: Ensejo, turno. // Até setenta **v** sete, Mt 18.22. Receba no presente muitas **v** mais, Lc 18.30. Todas as **v** que comerdes, 1 Co 11.26. Ordenado morrerem uma só **v**, Hb 9.27. Tendo-se oferecido uma **v** para sempre, Hb 9.28.

VIAGEM: Ato de ir de um a outro lugar, mais ou menos afastados. // Pode ser que esteja... de **v**, 1 Rs 18.27. O marido... saiu de **v**, Pv 7.19. Amigo, chegando de **v**, Lc 11.6. Cansado de **v**, assentara-se Jesus, Jo 4.6. Em **v** muitas vezes, 2 Co 11.26. Ver **Jornada.**

VIAJANTE: Diz-se da pessoa que vianda ou viaja, especialmente a pé. // Os **v** de Sabá por ela suspiraram, Jó 6.19. As minhas portas abria ao **v**, Jó 31.32. Como **v** que se desvia para passar a noite? Jr 14.8.

VÍBORA: Réptil ofídio; serpente muito venenosa, Dt 32.22; Jó 20.16; Sl 58.4; Mt 3.7; At 28.3; Rm 3.13. Ver **Serpente.**

VIBRANTE: Que vibra. // Passar a trombeta **v**, Lv 25.9.

VICE-REI: Aquele que governa um Estado subordinado a um reino. // Não havia rei... porém um **v-r,** 1 Rs 22.48 (ARC).

VIÇOSO: Cheio de vigor, de força, de mocidade. // Na velhice... serão **v**, Sl 92.14 (ARC).

VIDA: O estado de atividade da substância organizada, comum aos animais e aos vegetais; diz-se particularmente da existência humana ou duração ordinária do homem; modo de existir; existência de além-túmulo. // Darás **v** por **v**, Êx 21.23. O sangue é a **v**, Dt 12.23. Tudo quanto o homem tem dará pela sua **v**, Jó 2.4. O sopro do Todo-Poderoso me dá **v**, Jó 33.4. Quem é o homem que ama a **v**? Sl 34.12. O que me acha, acha a **v**, Pv 8.35. O Temor do Senhor conduz à **v**, Pv 19.23. Ressuscitarão, uns para a **v**, Dn 12.2. Ansiosos pela vossa **v**, Mt 6.25. Caminho que conduz para a **v**, Mt 7.14. Acha a sua **v**, perdê-la-á, Mt 10.39. Quem quiser salvar a sua **v**, Mt 16.25. Entrares na **v** manco, Mt 18.8. A **v** de um homem não consiste, Lc 12.15. Passou da morte para a **v**, Jo 5.24. Não tendes **v** em vós mesmos, Jo 6.53. Para que tenham **v**, Jo 10.10. Sou a **v**, Jo 11.25; 14.6. Tenhais **v** em seu nome, Jo 20.31. Arrependimento para **v**, At 11.18. Seremos salvos pela sua **v**, Rm 5.10. Reinarão em **v** por... Cristo, Rm 5.17. O espírito é **v**, Rm 8.10. O mortal seja absorvido pela **v**, 2 Co 5.4. A vossa **v** está oculta, Cl 3.3. Que é a vossa **v**? Sois apenas, Tg 4.14. Quem quer amar a **v**, 1 Pe 3.10. Passamos da morte para a **v**, 1 Jo 3.14. Devemos dar nossa **v**, 1 Jo 3.16. Aquele que tem o Filho tem a **v**, 1 Jo 5.12. Pedirá e Deus lhe dará **v**, 1 Jo 5.16. Não amaram a própria **v**, Ap 12.11. // Água da vida, Ap 7.17; 21.6; 22.1,17. Aroma de vida, 2 Co 2.16. Árvore da vida, Gn 2.9; Pv 3.18; Ap 2.7; 22.2. Caminho da vida, Sl 16.11; Pv 6.23. Coroa da vida, Tg 1.12. Dias da vida, Sl 90.10; Ec 6.12. Fôlego da vida, Gn 2.7; 7.22. Fonte da vida, Pv 4.23; 14.27; 16.22. Livro da vida, Fp 4.3; Ap 3.5; 20.12. Luz da vida, Jó 8.12. Manancial da vida, Sl 36.9. Novidade de vida, Rm 6.9. Graça da vida, 1 Pe 3.7. Palavra de vida, Jo 6.68; Fp 2.16. Pão da vida, Jo 6.35. Promessa da vida, 2 Tm 1.1. // **Vida eterna**, Mt 19.29; 25.46; Lc 18.30; Jo 3.16; 4.14; 5.24,39; 6.47; 10.28; 12.25; 17.3; Rm 6.22,33; Gl 6.8; 1 Jo 5.11. Vida indissolúvel, Hb 7.16. Vida preciosa, At 20.24. Vida tranqüila, 1 Tm 2.2. // **A vida concedida por Deus**, Gn 2.7; Nm 16.22; Sl 36.6; 66.9; Ez 37.10; Dn 5.23; At 17.25,28; Hb 12.9. // **A longa duração da vida, a quem prometida**, Êx 20.12; Dt 5.16,33; 6.2; Sl 91.16; Pv 3.2; 9.11; 10.27; Ef 6.3. // **A vaidade e incerteza da vida**, Jó 9.25; 14.1; Sl 73.19; 90.5,9; Ec 6.12; Tg 4.14; 1 Pe 1.24. **Como se deve passar a vida**, Lc 1.75; Rm 14.8; Fp 1.21; 1 Pe 1.17. // **A vida é como:** Água que lança sobre a presa, Jó 9.26. Barco de junco, Jó 9.26. Corredor, Jó 9.25. Erva, 1 Pe 1.24. Neblina (ARA), Tg 4.14. Peregrinação, Gn 47.9. Sombra, Jó 14.2; Ec 6.12. Sono, Sl 90.5. Vapor (ARC), Tg 4.14. **Vida espiritual,** Rm 6.4; 8; Gl 2.20; Ef 2.1; Cl 3.3. **Vida eterna se encontra em Cristo**, Jo 3.15,16,36; 5.24; 6.27,47,54; 10.28; 17.2,3; Rm 2.7; 5.10; 6.23; 1 Jo 1.2; 5.11,20; Ap 2.7; 21.6. **A quem a vida é prometida**, Jo 3.16; 5.24; 1 Tm 1.16. **O alvo da nossa esperança**, Mt 19.29; Lc 18.30; Rm 6.22; Gl 6.8; Tt 1.2; 1 Jo 2.25; Jd 21. **Como se alcança a vida**, Mt 19.16; Lc 10.25; 18.18. **A vida é presente atual**, Jo 3.15,36; 10.28; 11.25,26; Rm 6.11,23; Ef 2.6; 1 Tm 6.12,19; 1 Jo 5.11,13. Ver **Longevidade.**

VIDE: Braço ou vara de videira; bacelo; videira. // Terra de trigo... de **v**, Dt 8.8. Comei, cada um da sua própria **v**, 2 Rs 18.31. E a plantou de **v** escolhidas, Is 5.2. Eu mesmo te plantei como **v** excelente, Jr 2.21. Paulo ajuntado uma quantidade de **v**, At 28.3 (ARC). Ver **Videira.**

Videira

VIDEIRA: A bem conhecida **vitis vinífera,** arbusto sarmentoso que produz as uvas. São numerosíssimas as espécies de videiras. A primeira menção indica, talvez, o seu primeiro habitat, na terra de Ararate: Noé plantou uma vinha, Gn 9.20. Largamente cultivada no Egito, Gn 40.9,10; Sl 78.47. Canaã lugar de vides, figueiras e romeiros, Dt 8.8. Em linguagem figurada, toda a nação de Israel, uma videira trazida do Egito, Sl 80.8; Is 5.7. As vinhas de Davi, 1 Cr 27.27; de Acabe, 1 Rs 21; de Uzias, 2 Cr 26.10; de Hesbom, de Sibma, de Eleale, Is 16.8,9,10; Jr 48.32; de En-Gedi, Ct 1.14; de Samaria, Jr 31.5; da Assíria, 2 Rs 18.32; de Timna, Jz 14.5; dos filisteus, Jz 15.5. O cacho de uvas do vale de Escol, Nm 13.23. Passas, 1 Sm 25.18; 30.12; 1 Cr 16.3. O tempo da vindima, como da ceifa de trigo, ocasiões de grande regozijo, Jz 9.27, Is 16.10; Jr 25.30; 48.33. Não deviam rebuscar as vinhas, Lv 19.10. A vindima do sétimo ano deixada aos pobres, Êx 23.11. A vinha geralmente num outeiro, Is 5.1; Jr 31.5; Am 9.13. Cercada de muro ou de sebe para evitar o javali, a raposa e outros animais, Nm 22.24; Sl 80.13; Ct 2.15; Mt 21.33. O viticultor morava em choça ou torre na vinha, Is 1.8; 5.2; Mt 21.33. Lagar para espremer o suco das uvas, Is 5.2; Mt 21.33. A parábola da vinha, Is 5.1-7; dos trabalhadores na vinha, Mt 20.1-16; dos dois filhos enviados à vinha, Mt 21.28-32; dos lavradores maus na vinha, Mt 21.33-41. Quem planta a vinha e não come do seu fruto? 1 Co 9.7. Não são os rabiscos de Efraim melhores do que a vindima de Abiezer? Jz 8.2. Pode a videira produzir figos? Tg 3.12.

Cada um debaixo da sua videira e debaixo da sua figueira, expressão proverbial de paz e segurança, 1 Rs 4.25; Is 36.16; Mq 4.4; Zc 3.10. O vinho emblemático das bênçãos do Evangelho, Is 55.1; do sangue de Cristo, Mt 26.27-29. Jesus, a videira verdadeira, Jo 15.1. O ato de pisar uvas no lagar, tipo dos juízos divinos, Is 63.2; Lm 1.15; Ap 14.19,20.

VIDENTE: Pessoa que tem a faculdade de visão sobrenatural. // Ao profeta... se chamava **v**, 1 Sm 9.9. Gade, **v** de Davi, 2 Sm 24.11. Dizem aos **v**: Não tenhas visões, Is 30.10. Os **v** se envergonharam, Mq 3.7. Ver **Profeta.**

VIDRO: Corpo sólido transparente, duro e quebradiço, obtido pela fusão da areia com soda ou potassa. // Plínio atribui a invenção do vidro aos fenícios. É certo que era conhecido antes do êxodo dos israelitas do Egito. Parece que o **cristal**, em Jó 28.17, se refere ao vidro. Menciona-se vidro três vezes. No Novo Testamento, Ap 4.6; 15.2; 21.18.

VIGAMENTO: Conjunto das vigas de uma construção. // Pões nas águas o **v** da tua morada, Sl 104.3.

VIGIA: Sentinela // Por-me-ei na minha torre de **v,** Hc 2.1.

VIGIAR: Estar atento a; velar por. // Vigie o Senhor entre mim e ti, Gn 31.49. Seus olhos vigiam as nações, Sl 66.7. Em vão vigia a sentinela, Sl 127.1. Vigia a porta dos meus lábios, Sl 141.3. Vigiai comigo, Mt 26.38. Vigiai e orai, Mt 26.41. Estai de sobreaviso, vigiai, Mc 13.33. Digo a todos: Vigiai! Mc 13.37. Vigiai, pois, a todo tempo, Lc 21.36. Vigiai, lembrando-vos, At 20.31. Vigiando com toda perseverança, Ef 6.18. Perseverai... vigiando com ações de graça, Cl 4.2. Vigiemos e sejamos sóbrios, 1 Ts 5.6. Quer vigiemos, quer durmamos, 1 Ts 5.10. Bem-aventurado aquele que vigia, Ap 16.15. Ver **Guardar.**

VIGILÂNCIA: Precaução, diligência. // Servindo apenas sob **v**, Cl 3.22.

VIGILANTE: Diligente, cauteloso; pessoa vigilante. // No meu sonho... vi um **v**, Dn 4.13. Por decreto dos **v**, Dn 4.17.

VIGÍLIA: Estado daquele que se conserva acordado de noite. // Mil anos... como a **v** da noite, Sl 90.4. Os meus olhos antecipam as **v** noturnas, Sl 119.148. Na quarta **v** da noite, Mt 14.25. Rebanho durante as **v** da noite, Lc 2.8. Ele venha na segunda **v**, Lc 12.38. Nas **v**, nos jejuns, 2 Co 6.5. Em **v** muitas vezes, 2 Co 11.27. // Dividia-se a noite em três ou quatro vigílias: vigília média, Jz 7.19; **v** da manhã, Êx 14.24; 1 Sm 11.11; segunda e terceira **v**, Lc 12.38. Os romanos tinham quatro vigílias militares: a tarde, a meia-noite, o cantar do galo (da meia-noite às 3 horas da madrugada), e a manhã. Ver Mc 13.35; Mt 14.25.

VIGOR: Força, robusteza. // Tinha Moisés... nem se lhe abateu o **v**, Dt 34.7. Cheios do **v** da sua juventude, Jó 20.11. Forças ao que não tem nenhum **v**, Is 40.29. Ver **Esforço.**

VIGOROSO: Que tem vigor. // As mulheres hebréias... são **v**, Êx 1.19.

VIL: Miserável, desprezível. Infame. // Que não haja pensamento **v** no teu coração, Dt 15.9. O homem de Belial, o homem **v**, Pv 6.12. Ver **Maligno.**

VILEZA: Qualidade daquele que é vil. // Quando... a **v** é exaltada, Sl 12.8.

VILIPÊNDIO: Grande desprezo. // Achará castigo e **v**, Pv 6.33 (ARC).

VINAGRE: Produto da fermentação acética do vinho, Nm 6.3. Usava-se o vinagre de vinho às refeições, Rt 2.14. O vinagre é ácido que embota os dentes, e faz doerem as feridas, Pv 10.26; 25.20. O nazireu não devia beber **vinagre de vinho**, Nm 6.3. Ver Lc 1.15. O Salvador na cruz aceitou o vinagre que lhe ofereceram, Jo 19.28-30. Mas recusou a estupefaciente mistura de vinho com fel, Mt 27.34.

VINCULAR: Ligar, prender com vínculos. // Hão de vincular cada um à herança, Nm 36.7. Vinculados juntamente em amor, Cl 2.2. Todo o corpo, suprido e bem vinculado, Cl 2.19.

VÍNCULO: Tudo o que ata, liga ou aperta. // A unidade do Espírito no **v** da paz, Ef 4.3. O amor, que é o **v** da perfeição, Cl 3.14.

VINDA: Chegada, aparecimento. // Que sinal haverá da tua **v**, Mt 24.3. Assim... a **v** do Filho, Mt 24.27,37,39. Cristo, na sua **v**, 1 Co 15.23. Jesus em sua **v**, 1 Ts 2.19. Na **v**... com todos os seus santos, 1 Ts 3.13. Irrepreensível na **v**, 1 Ts 5.23. Respeito à **v**, 2 Ts 2.1. Todos quantos amam a sua **v**, 2 Tm 4.8. Pacientes, até a **v** do Senhor, Tg 5.7. A **v** do nosso Senhor, 2 Pe 1.16. Onde está a promessa da sua **v**? 2 Pe 3.4. Apressando a **v** do dia de Deus, 2 Pe 3.12.

VINDA DE CRISTO, A SEGUNDA: Paulo passou apenas três sábados em Tessalônica, mas a mensagem da volta de Jesus Cristo, resultou na conversão de grande multidão e a fundação da igreja ali, 1 Ts 1.9,10; At 17.1-4. O apóstolo amava a vinda do Senhor, 2 Tm 4.8. // **1. Jesus Cristo mesmo voltará a terra:** Dn 7.13,14; Zc 12.10; Jo 14.3; At 1.11; Ap 22.20. // **2. O modo de que há de voltar:** Haverá duas fases da vinda de Cristo. 1. O arrebatamento, quando Cristo vier nos ares para levar os seus que o estão aguardando. Naquela ocasião serão ressuscitados os corpos dos santos que morreram em Cristo. Tudo isto será sem o conhecimento do mundo incrédulo e dos crentes que não estão vigiando e orando para escapar das coisas que sobrevêm ao mundo, Lc 21.34-36. Aqueles que ficarem no mundo entrarão na grande tribulação, Ap 7.14; Mt 24.21; Dn 12.1; Jr 30.7. 2. Ao terminar esta, acontecerá a segunda fase da vinda de Cristo, o apocalipse, a manifestação, quando será visto por todos na terra, quando se assentará no seu trono, para reinar mil anos. A) **O arrebatamento:** Mt 24.37-39; 1 Co 15.51,52; 1 Ts 4.16,17. B) **O apocalipse:** Mt 24.30; Ap 1.7. // 3. **Quando Cristo voltará:** Vigiai, porque não sabeis o dia nem a hora, Mt 25.13. Mas a respeito daquele dia e hora ninguém sabe, nem os anjos dos céus, nem o Filho, senão somente o Pai, Mt 24.36. Assim como foi nos dias de Noé, será também nos dias do Filho do homem; comiam, bebiam, casavam-se e davam-se em casamento... no dia em que Ló saiu de Sodoma, choveu do céu fogo e enxofre, e destruiu a todos. Assim será no dia em que o Filho do homem se manifestar, Lc 17.26-30.

VINDIMA: Colheita de uvas. // A debulha se estenderá até à **v**, e a **v** até, Lv 26.5. Ver **Ceifa, Colheita.**

VINDIMAR: Colher as uvas de. // Quando vindimares a tua vinha, Dt 24.21. Nem dos abrolhos se vindimam uvas, Lc 6.44. O anjo... vindimou da terra, Ap 14.19. Ver **Ceifar, Colher.**

VINDITA: Punição legal; vingança. // Que zelo, que **v**! 2 Co 7.11.

VINGADOR: O que vinga ou serve para vingar. // O **v** do sangue, Nm 35.19; Js 20.5. **V**, para castigar, Rm 13.4. O Senhor... é o **v**, 1 Ts 4.6.

VINGADOR DO SANGUE: Aquele que, por suas próprias mãos, castigava o assassino dum parente. // Da mão do próximo de cada um requererei a vida do homem, Gn 9.5; Nm 35.19. Seis cidades de refúgio do vingador de sangue, Nm 35.9-15; Dt 19.6. O Senhor é Deus zeloso e vingador, Na 1.2. É ministro de Deus, vingador, Rm 13.4. O Senhor Jesus, tomando vingança, 2 Ts 1.7,8. A mim pertence a vingança, eu retribuirei, diz o Senhor, Rm 12.19. Pelo contrário, se o teu inimigo tiver fome, dá-lhe de comer... Rm 12.20. O Senhor, contra todas estas coisas é o vingador, 1 Ts 4.6.

VINGANÇA: Ato de punir uma ofensa. // Não te **v** nem guardarás ira, Lv 19.18. A mim me pertence a **v**, Dt 32.35; Rm 12.19; Hb 10.30. O dia da **v** do Senhor, Is 34.8. A **v** vem, a retribuição de Deus, Is 34.4. Pôs sobre si a vestidura da **v**, Is 59.17. O dia da **v** me estava no coração, Is 63.4. Estes dias são de **v**, Lc 21.22. Não vos vingueis a vós mesmos, Rm 12.19. Em chama de fogo, tomando **v**, 2 Ts 1.8. Até quando... não julgas nem **v** o nosso sangue, Ap 6.10. Vingou o sangue dos seus servos, Ap 19.2.

VINGAR: Inflingir punição a alguém, para satisfação pessoal de (uma pessoa ofendida). // Não te vingarás, Lv 19.18. O Senhor vingará o sangue, Dt 32.43. É Deus que me vinga, Sl 18.47 (ARC). Vingar-me-ei do mal, Pv 20.22. Vingar-me-ei dos meus inimigos, Is 1.24. Não vos vingueis, Rm 12.19. Até quando... nem vingas o nosso sangue Ap 6.10. Vingou o sangue dos seus servos Ap 19.2.

VINGATIVO: Que gosta de vingança. // Para fazeres calar o inimigo e **v**, Sl 8.2 (ARC).

VINHA: Terreno onde crescem videiras. // Noé... passou a plantar uma **v**, Gn 9.20. Não rebuscarás a tua **v**, Lv 19.10. **V** do teu próximo, comerás uvas, Dt 23.24. Acabe a Nabote: Dá-me a tua **v**, 1 Rs 21.2. A parábola dos trabalhadores na vinha, Mt 20.1-16. Filho, vai hoje trabalhar na **v**, Mt 21.28. Que plantou uma **v**, Mt 21.33. Quem planta a **v** e não come, 1 Co 9.7.

VINHATEIRO: Que cultiva vinhas. // Estrangeiros serão... os vossos **v**, Is 61.5.

VINHEDO: Grande extensão de vinhas. // As rapozinhas, que devastam os **v**, Ct 2.15.

VINHO: Líquido geralmente alcoólico, proveniente de fermentação do sumo das uvas. // **V**... não bebereis, Lv 10.9 Na mão do Senhor há um cálice, cujo **v** espuma, Sl 75.8. O **v** é escarnecedor, Pv 20.1. E **v** aos amargurados, Pv 31.6. Não contaminar-se... com o **v**, Dn 1.8. Nem se põe **v** novo em odres velhos, Mt 9.17. Deram-lhe a beber **v**, Mt 27.34. Um glutão e bebedor de **v**, Lc 7.34. Aplicando-lhes óleo e **v**, Lc 10.34. Tendo acabado o **v**, Jo 2.3. Não dado ao **v**, 1 Tm 3.3. Usa um pouco de **v**, 1 Tm 5.23. O cálice do **v** do furor da sua ira, Ap 16.19. // **V,** pela primeira vez mencionado em, Gn 9.21; nas ofertas, Êx 29.40; Nm 15.5; proibido na lei do nazireado, Nm 6.3; Jz 13.14; proibido entre os recabitas, Jr 35; Cristo transformou água em vinho, Jo 2; o amor ao vinho, Pv 21.17; Os 4.11; Ef 5.18; o uso de vinho, Jz 9.13; Sl 104.15; Pv 31.6; Ec 10.19; 1 Tm 5.23; advertência contra o abuso do vinho, Pv 21.17; 23.20,29-32; Os 4.11; Ef 5.18; 1 Ts 5.7,8.

VINTE: Dezenove mais um. // Se, porventura, houver ali **v**? Gn 18.31. E o venderam por **v** siclos, Gn 37.28. Avaliação do homem será de **v** siclos, Lv 27.5. Lançando o prumo, acharam **v** braças, At 27.28.

VIOLADOR: O que viola ou violou. // Aos **v** da aliança, Dn 11.32.

VIOLAR: Inflingir, transgredir, forçar. // Fizer voto... não violará a sua palavra, Nm 30.2.

Eles violaram a tua lei, Sl 119.126. E suas mulheres violadas, Is 13.16. Quem violar um destes mandamentos, Mt 5.19. Violam o sábado e ficam sem culpa? Mt 12.5. Ver **Pecar, Transgredir.**

VIOLÊNCIA: Força que abusivamente se emprega contra o direito. // Terra... cheia de **v**, Gn 6.11. Ao que ama a **v**, Sl 11.5. Cheios de moradas de **v**, Sl 74.20. Bebem o vinho das **v,** Pv 4.17. Na boca dos perversos mora a **v**, Pv 10.6. Os ricos... estão cheios de **v**, Mq 6.12. Os guardas, os trouxeram sem **v**, At 5.26. Extinguirem a **v** do fogo, Hb 11.34. Ver **Tirania.**

VIOLENTAR: Exercer violência sobre. // Violenta a sua própria alma, Pv 8.36.

VIOLENTO: Que procede com ímpeto; irascível. // Devorados pela febre e peste **v**, Dt 32.24. Que me livraste do homem **v**, Sl 18.48. Os **v** procuram tirar-me a vida, Sl 54.3. Não tenhas inveja do homem **v**, Pv 3.31. O bispo... não **v**, 1 Tm 3.3; Tt 1.7.

VIR: Transportar-se de um lugar (para aquele em que estamos). // Ali virei a ti, Êx 25.22. Sede, vinde às águas, Is 55.1. Eis que vinha com as nuvens, Dn 7.13. Dia do Senhor está prestes a vir, Ob 15. Vem o teu Rei, justo, Zc 9.9. Venha o grande e terrível dia, Ml 4.5. Vinde após mim, Mt 4.19. Venha o teu reino, Mt 6.10. Digo...: Vem, e ele vem, Mt 8.9. Muitos virão do Oriente, Mt 8.11. Vinde a mim todos, Mt 11.28. Se alguém quer vir após mim, Mt 16.24. Eis aí vem o teu Rei, Mt 21.5. Bendito o que vem em nome do Senhor, Mt 21.9; 23.39. Filho do homem vindo sobre as nuvens, Mt 24.30; 26.64. Deixai vir a mim os pequeninos, Mc 10.14. Vinde, porque tudo já está preparado, Lc 14.17. Vier o Filho do homem, achará fé na terra? Lc 18.8. O Filho do homem veio buscar e salvar, Lc 19.10. Veio para o que era seu, Jo 1.11. Vinde e vede, Jo 1.29. O que vem a mim de modo nenhum o lançarei fora, Jo 6.37. Ninguém pode vir a mim se o Pai não o trouxer, Jo 6.44. Ninguém vem ao Pai senão por mim, Jo 14.6. Anunciais... até que ele venha, 1 Co 11.26. O dia do Senhor vem como ladrão, 1 Ts 5.2. Jesus veio ao mundo para salvar os pecadores, 1 Ts 1.15. Pouco tempo aquele que vem virá, Hb 10.37. Virá, entretanto, como ladrão, o dia 2 Pe 3.10. Eis que veio o Senhor entre suas santas miríades, Jd 14. Venho sem demora, Ap 3.11; 22.7,12,20. O Espírito e a noiva dizem: Vem, Ap 22.17. Amém. Vem, Senhor Jesus, Ap 22.20.

VIRAÇÃO: O vento brando e fresco. // Andava no jardim pela **v**, Gn 3.8.

VIRAR: Volver; voltar para trás ou para o lado. // Israel virou as costas diante dos seus inimigos! Js 7.8. Tenda... se virou de cima para baixo, Jz 7.13. Amarraram-no... e virava um moinho no cárcere, Jz 16.21. Virou Ezequias o rosto para a parede, 2 Rs 20.2. Efraim... é um pão que não foi virado, Os 7.8. Feito um azorrague... virou as mesas, Jo 2.15.

VIRGEM: Diz-se da mulher que ainda não teve cópula carnal. // Para o rei, **v** e de boa aparência, Et 2.2. Caiu a **v** de Israel, Am 5.2. Eis que a **v** conceberá, Mt 1.23. Semelhante a dez **v**, Mt 25.1. A uma **v** desposada, Lc 1.27. Para vos apresentar como **v** pura, 2 Co 11.2. Ver **Donzela, Moça.** // A virgem era, por determinação da lei, propriedade de seu pai, a quem um dote se devia dar quando ela se casasse, Êx 22.16; ver Gn 29.15-18. A honra da virgem era protegida contra a maledicência, mas o seu desvio da virtude era severamente castigado, Dt 22.13-21. O casamento da virgem, 1 Co 7.25-38. A palavra **virgem** é empregada a respeito do homem em Ap 14.4 (ARC), "castos" (ARA). // A encarnação miraculosa de Jesus, Mt 1.22,23; Is 7.14; Lc 1.35; Jo 1.14; Gl 4.4. Há exemplos na natureza da fêmea reproduzir a sua espécie sem ser fecundada por um macho, por exemplo, os rotíferos e as abelhas. O nascimento de Jesus, contudo, foi miraculoso, Mt 1.18; Lc 1.35. Ver **Imaculada Conceição.**

VIRGINDADE: Estado ou qualidade de pessoa virgem. // As provas da **v**, Dt 22.15. Chorou a sua **v** pelos montes, Jz 11.38. Desde a sua **v**, Lc 2.36 (ARC).

VIRTUDE: Excelência moral; probidade, retidão. // Se alguma **v** há, Fp 4.8. Que nos chamou para a sua própria glória e **v**, 2 Pe 1.3. Associai com a vossa fé a **v**, com a **v**, o conhecimento, 2 Pe 1.5.

VIRTUOSAMENTE: De modo virtuoso. // Procedem **v**, mas tu a todas sobrepujas, Pv 31.29.

VIRTUOSO: Casto, honesto. // Mulher **v**, Rt 3.11; Pv 12.4; 31.10.

VISÃO: Eu, o Senhor, em **v** a ele me faço conhecer, Nm 12.6. Contra o Vale da Visão, Is 22.1. Nem lhes falei: **v** falsa, Jr 14.14. Falam as **v** do seu coração, Jr 23.16. Não tivestes **v** falsas? Ez 13.7. A ninguém conteis a **v**, Mt 17.9. Uma **v** de anjos, Lc 24.23. Não fui desobediente à **v** celestial, At 26.19. Ver **Sonho**. // **Visões de**, Abraão, Gn 12.7; Jacó, Gn 28.10; Faraó, Gn 41; Moisés, Êx 33.11; 34.29-35; Balaão, Nm 24.4; Micaías, 1 Rs 22.19; Isaías, Is 6.1-8; Jeremias, Jr 1.11-13; 24.1-8; Ezequiel, Ez 1.4-28; 10; 11; 37; 40; Nabucodonosor, Dn 4.; Belsazar, Dn 5.5; Daniel, Dn 7-12; Zacarias, Zc 1; Estêvão, At 7.55; Pedro, At 10.9-16; Cornélio, At 10.3,30; João, Ap 1; 4-22.

VISITAÇÃO: Ato ou efeito de visitar. // No dia da minha **v** vingarei, Êx 32.34. Não reconheceste a oportunidade da tua **v**, Lc 19.44. Glorifiquem a Deus no dia da **v**, 1 Pe 2.12.

VISITAR: Ir ver por cortesia, dever, curiosidade ou caridade. // Visitou o Senhor a Sara, Gn 21.1. Que visito a iniqüidade dos pais nos filhos, Êx 20.5. Tu visitas a terra e a regas, Sl 65.9. Estava... enfermo e me visitastes, Mt 25.36. Visitou e redimiu o seu povo, Lc 1.68. Pela qual nos visitará o sol nascente, Lc 1.78. Deus visitou o seu povo, Lc 7.16. Ou o filho do homem, que o visites, Hb 2.6. Visitar os órfãos e as viúvas, Tg 1.27.

VISÍVEL: Que se pode ver. // Reino de Deus com **v** aparência, Lc 17.20. Foram criadas... **v** e invisíveis, Cl 1.13. O **v** veio a existir, Hb 11.3.

VISTA: Sentido da visão; ato ou efeito de ver; os olhos. **À vista:** Ante os olhos. // Árvores agradáveis à **v**, Gn 2.9. Desde os céus, baixou **v** à terra, Sl 102.19. Imediatamente recuperavam a **v**, Mt 20.34. Restauração da **v** aos cegos, Lc 4.18. Recupera a tua **v**, Lc 18.42. Às alturas, à **v** deles, At 1.9. Para que recuperes a **v**, At 9.17. Que diremos, pois, à **v** destas cousas? Rm 8.31. Não servindo à **v**, Ef 6.6. Não tenha... em **v** o que é propriamente seu, Fp 2.4.

VÍTIMA: Indivíduo da espécie humana ou animal irracional imolado e oferecido em holocausto a alguma divindade. // Já sacrificou as suas **v**, Pv 9.2 (ARC). Do que a casa cheia de **v**, Pv 17.1 (ARC).

VITÓRIA: Ato ou efeito de vencer o inimigo numa batalha; triunfo. // O Senhor dava **v** a Davi por onde, 2 Sm 8.6. A **v** se tornou... em luto, 2 Sm 19.2. Flecha da **v** contra os Siros, 2 Rs 13.17. Tua, Senhor, é a grandeza... a **v**, 1 Cr 29.11. É ele quem dá grandes **v**, Sl 18.50. Celebraremos com júbilo a tua **v**, Sl 20.5. Cavalo não garante **v**, Sl 33.17. Nem foi o seu braço que lhes deu **v**, Sl 44.3. Mas a **v** vem do Senhor, Pv 21.31. Na multidão de conselheiros está a **v**, Pv 24.6. Tragada foi a morte pela **v**, 1 Co 15.55. Graças a Deus que nos dá a **v**, 1 Co 15.57. Esta é a **v** que vence o mundo, 1 Jo 5.4.

VITORIOSO: Triunfante. // Não se gabe... como aquele que **v** se descinge, 1 Rs 20.11.

VITUPERAÇÃO: Ato ou efeito de vituperar. // Este dia é dia de... **v**, 2 Rs 19.3 (ARC).

VITUPERAR: Injuriar, afrontar, aviltar. // Subornaram para... me vituperassem, Ne 6.13. Já dez vezes me vituperastes, Jó 19.3. Retribui... com que te vituperaram, Sl 79.12. Não seja, pois, vituperado o vosso bem, Rm 14.16. Se, pelo nome de Cristo, sois vituperados, 1 Pe 4.14. Ver **Repreender.**

VITUPÉRIO: Insulto, injúria. // Levando o seu **v**, Hb 13.13.

VIÚVA: Mulher a quem morreu o marido e que ainda não contraiu novas núpcias. // A nenhuma **v** nem órfão afligireis, Êx 22.22; Dt 10.18; Zc 7.10. Ordenei a uma mulher **v** que te sustente, 1 Rs 17.9. Pai dos órfãos e juiz das **v**, Sl 68.5. Devorais as casas das **v**, Mt 23.14. **V** pobre depositou duas, Mc 12.42. **V** de oitenta e quatro anos, Lc 2.37. O enterro do filho único de uma **v**, Lc 7.12. A parábola da **v** e o juiz iníquo, Lc 18.1. **V**... esquecidas na distribuição, At 6.1. Honra as **v** verdadeiramente **v**, 1 Tm 5.3. As **v** mais novas se casem, 1 Tm 5.14. Visitar os órfãos e **v**, Tg 1.27. **V** não sou, Ap 18.7.

VIUVEZ: Estado de quem é viúvo. // Virão sobre ti... perda de filhos e **v**, Is 47.9. O opróbrio da tua **v**, Is 54.4.

VIÚVO: Homem a quem morreu a mulher e que ainda não tornou a casar. // Aos solteiros e **v** digo, 1 Co 7.8.

VIVA: Exclamação de aplauso ou felicitação. // Bem-aventurado o povo que conhece os **v** de júbilo, Sl 89.15.

VIVENTE: Que, ou aquele que vive. // Seres **v**, Gn 1.20,21,24; 1 Co 15.45. Alma **v**, Gn 2.7. Na terra dos **v**, Sl 27.13; 116.9. Não há justo nenhum **v**, Sl 143.2. Foi cortado da terra dos **v**, Is 53.8. Quatro seres **v**, Ez 1.5; Ap 4.6-9; 5.6,14; 6.1; 14.3; 15.7; 19.4. Espírito do Deus **v**, 2 Co 3.3.

VIVER: Estar com vida. // Viva eternamente, Gn 3.22. Não só de pão viverá o homem, Dt 8.3; Mt 4.4. Escolhe a vida, para que vivas, Dt 30.19. Tornará a viver, Jó 14.14. Sei que o meu redentor vive, Jó 19.25. Guarda os mandamentos e vive, Pv 4.4. Ouvi, e a vossa alma viverá, Is 55.3. Faze isto e viverás, Lv 10.28. Se alguém dele comer, viverá, Jo 6.51. Ainda que morra, viverá, Jo 11.25. Porque eu vivo, vós também vivereis, Jo 14.19. Nele vivemos, e nos movemos, At 17.28. O justo viverá pela fé, Rm 1.27; Gl 3.11; Hb 10.38; Hc 2.4. Com ele viveremos, Rm 6.8. Quanto a viver, vive para Deus, Rm 6.10. Se pelo Espírito mortificardes... vivereis, Rm 8.13. Nenhum de nós vive para si, Rm 14.7. Aos que pregam o evangelho, que vivam do evangelho, 1 Co 9.14. Os que vivem não vivam mais para si, 2 Co 5.15. Mas Cristo vive em mim, Gl 2.20. Se vivemos no Espírito, Gl 5.25. Para mim o viver é Cristo, Fp 1.21. Se já morremos com ele, viveremos com ele, 2 Tm 2.11. Viver piedosamente, 2 Tm 3.12. Vivamos no presente século, sensato, Tt 2.12. Vivamos para a justiça, 1 Pe 2.24. Aquele que vive, estive morto, Ap 1.18. tens nome de que vives, Ap 3.1. Viveram e reinaram com Cristo, Ap 20.4. Ver **Andar, Caminhar, Habitar, Morar.**

VIVIFICANTE: Que vivifica. // É espírito **v**, 1 Co 15.45.

VIVIFICAR: Dar vida ou existência a; reanimar; tornar vívido. // Tornarás a vivificar-nos, Sl 85.6. Vivifica-me, Sl 19.25, 37, 40, 50, 88, 107, 149, 154, 156; 143.11. Para vivificar o espírito dos abatidos, Is 57.15. Ressuscita e vivifica os mortos... Filho vivifica aqueles, Jo 5.21. Que vivifica os mortos, Rm 4.17. Vivificará também os vossos corpos, Rm 8.11. Todos serão vivificados em Cristo, 1 Co 15.22. Mas o espírito vivifica, 2 Co 3.6. Nos vivificou juntamente com Cristo, Ef 2.5 (ARC); Cl 2.13 (ARC). Mas vivificado no espírito, 1 Pe 3.18. Ver **Ressuscitar.**

VIVO: Que vive; animado, ativo, intenso. // Desceram **v** ao abismo, Nm 16.33. Entre os mortos e os **v**, Nm 16.48. Vós, que permanecestes fiéis... hoje estais **v**, Dt 4.4. Deus fala com o homem, e este permanece **v**, Dt 5.24. O Deus **v**, Js 3.10; Sl 42.2; Jr 10.10; Dn 6.20; At 14.15; 1 Ts 1.9; 1 Tm 4.10; Hb 10.31. O livro dos **v**, Sl 69.28. Os **v** sabem, Ec 9.5. Os **v**, somente os **v**, esses te louvam, Is 38.19. Água **v**, Jr 2.13; Zc 4.8; Jo 4.10; 7.38. Não é Deus de mortos, e, sim, de **v**, Mt 22.32. Pão **v**, Jo 6.51. Depois de ter padecido, se apresentou **v**, At 1.3. Palavras **v**, At 7.38. Paulo afirmava estar **v**, At 25.19. **V** para Deus, Rm 6.11. Sacrifício **v**, Rm 12.1. Brasas **v,** Rm 12.20; Pv 25.22. Senhor tanto de mortos como de **v**, Rm 14.9. Os **v**... seremos arrebatados, 1 Ts 4.17. Mesmo **v** está morta, 1 Tm 5.6. Julgar **v** e mortos, 2 Tm 4.1; 1 Pe 4.5. Palavra de Deus é **v**, Hb 4.12. **V** caminho, Hb 10.20. **V** esperança, 1 Pe 1.3. Pedra **v**, 1 Pe 2.4 (ARC). Estou **v** pelos séculos, Ap 1.18. Lançados **v** dentro do lago, Ap 19.20.

VIZINHO: Que mora próximo. // Todo homem peça ao seu **v**, Êx 11.2. Ouviram que eram seus **v**, Js 9.16. Mais vale o **v** perto, Pv 27.10. E **v**, dizendo-lhes: Alegrai-vos, Lc 15.6. Os **v** e os que dantes o conheciam, Jo 9.8.

VOAR: Sustentar-se ou mover-se no ar por meio de asas. // Voam as aves, Gn 1.20. Tudo passa rapidamente, e nós voamos, Sl 90.10. Águia que voa, Pv 23.5. Um dos serafins voou, Is 6.6. Vêm voando como nuvens, Is 60.8. Gabriel... veio rapidamente voando, Dn 9.21. Águia que, voando pelo meio do céu, Ap 9.13.

VOCAÇÃO: Chamamento, escolha, eleição. // Os dons e a **v** de Deus são irrevogáveis, Rm 11.29. Permaneça na **v** em que foi chamado, 1 Co 7.20. Qual é a esperança do seu chamamento, Ef 1.18. Numa só esperança da vossa **v**, Ef 4.4. O prêmio da soberana **v**, Fp 3.14. Deus vos torne dignos da sua **v**, 2 Ts 1.11. Nos chamou com santa **v**, 2 Tm 1.9. Participais da **v** celestial, Hb 3.1. Confirmar a vossa **v**, 2 Pe 1.10.

VOEJAR: Bater as asas com força. // Águia... voeja sobre os seus filhotes, Dt 32.11.

VOFSI: O pai de Nabi, um dos doze espias, Nm 13.14.

VOLANTE: Que voa ou pode voar. // A visão do rolo volante, Zc 5.1-4.

VOLÁTIL: Mudável, volúvel, inconstante. Animal que pode voar. // Semelhança de algum **v** que voa pelos céus, Dt 4.17. E **v** como areia dos mares, Sl 78.27.

VOLTA: Circuito. // De ano em ano Samuel fazia uma **v**, 1 Sm 7.16. Dai **v** às ruas de Jerusalém, Jr 5.1.

VOLTAR: Regressar (ao ponto donde partira). // E voltemos para o Egito, Nm 14.4. Porém ela não voltará para mim, 2 Sm 12.23. Para o lugar de que não voltarei, Jó 10.21. O pó volte à terra... o espírito volte a Deus, Ec 12.7. Não volte atrás para buscar, Mt 24.18. Voltarei e vos receberei, Jo 14.3. Não vos deixarei órfãos, voltarei, Jo 14.18. Ver **Regressar.**

VOLUNTARIAMENTE: Espontaneamente. // De coração disposto, **v**, Êx 35.5. O povo se ofereceu **v**, Jz 5.2. Oferecer-te-ei **v** sacrifícios, Sl 54.6. Sujeita à vaidade, não **v**, Rm 8.20. Se pecarmos **v**, Hb 10.26 (ARC). Apascentai... mas **v**, 1 Pe 5.2 (ARC). Ver **Espontaneamente.**

VOLUNTÁRIO: Em que não há coação; espontâneo. // Ofertas voluntárias, Lv 7.16; Dt 16.10; 2 Cr 35.8; Ed 2.68; Am 4.5. Serve-o de coração íntegro e de alma **v**, 1 Cr 28.9. Na medida de suas posses... se mostraram **v**, 2 Co 8.3. Ver **Espontâneo.**

VOLVER: Voltar. // Volvei, filhos dos homens, Sl 90.3 (ARC). Que nos volvemos para os gentios, At 13.46.

VOMITAR: Expelir pela boca (substâncias que já estavam no estômago). // Vomitou os seus moradores, Lv 18.25. A terra vos vomite, Lv 18.28, Engoliu riquezas, mas vomitá-las-á, Jó 20.15. Vomitará o bocado que comeste, Pv 23.8. Fartes... e venhas a vomitá-lo, Pv 25.16. Vomitou a Jonas na terra, Jn 2.10. Vomitar-te da minha boca, Ap 3.16.

VÔMITO: O vomitado. // Como o cão que torna ao seu **v**, Pv 26.11. Mesas estão cheias de **v**, Is 28.8. O cão voltou ao seu próprio **v**, 2 Pe 2.22.

VONTADE: Desejo, desígnio, resolução, desvelo. // Fazer a tua **v**, ó Deus, Sl 40.8. Ensina-me a fazer a tua **v**, Sl 143.10. Ele acode à **v** dos que o temem, Sl 145.19. Faça-se a tua **v**, Mt 6.10. Mas aquele que faz a **v**, Mt 7.21. Fizer a **v** de meu Pai celeste, esse é meu irmão, Mt 12.50. Não é da **v**, de vosso Pai celeste que pereça, Mt 18.14. Qual dos dois fez a **v** do pai, Mt 21.31. Não se faça a minha **v**, e, sim, Lc 22.42. Nem da **v** da carne, nem da **v** do homem, mas de Deus, Jo 1.13. A minha comida consiste em fazer a **v** daquele, Jo 4.34. Não procuro a minha **v**, Jo 5.30. Não para fazer a minha própria **v**, Jo 6.38. Se alguém quiser fazer a **v** dele, conhecerá, Jo 7.17. Pai, a minha **v** é que onde eu estou, Jo 17.24. Homem... que fará toda a minha **v**, At 13.22. A boa **v** do meu coração, Rm 10.1. Para que... perfeita **v** de Deus, Rm 12.2. Se há boa **v**, será aceita, 2 Co 8.12. Fazendo a **v** da carne, Ef 2.3. Procurai compreender qual a **v** do Senhor, Ef 5.17. Fazendo de coração a **v** de Deus, Ef 6.6. Esta é a **v** de Deus, a vossa santificação, 1 Ts 4.3. Para fazer, ó Deus, a tua **v**, Hb 10.9. Sofrem segundo a **v** de Deus, 1 Pe 4.19. Aquele que faz a **v** de Deus permanece, 1 Jo 2.17. Segundo a sua **v**, ele nos ouve, 1 Jo 5.14.

VORAGEM: Redemoinho no mar. // Nem me tragueee a **v**, Sl 69.15. Um dia passei na **v** do mar, 2 Co 11.25.

VOSSO: Que vos pertence; relativo a vós. // Todo lugar que pisar... será **v**, Dt 11.24. A peleja não é **v**, 2 Cr 20.15. **V** é o reino de Deus, Lc 6.20. Tudo é **v**, 1 Co 3.21,22.

VOTAR: Prometer solenemente. // O que votei pagarei, Jn 2.9.

VOTO: Promessa solene com que nos obrigamos para com a Divindade. // Fez Jacó um **v**, Gn 30.2. Cumpre os teus **v** para com o Altíssimo, Sl 50.14. Os **v** que fiz, eu os manterei, ó Deus, Sl 56.12. A ti se pagará o **v**, Sl 65.1. Quando a Deus fizeres algum **v**, Ec 5.4. // **Os regulamentos acerca de votos:** Lv 27; Nm 6.2; 30; Dt 23.21; Ml 1.14. // **As obrigações em fazer um voto:** Js 9.18-20; 1 Sm 14.24,37-39; Sl 66.13,14; 76.11; 132.2-5. // **Exemplos:** Jacó, Gn 28.20; 31.13; os israelitas, Nm 21.2; Jefté, Jz 11.31-39; Ana, 1 Sm 1.11; Paulo, At 18.18; os quatro homens, em Jerusalém, At 21.23. Ver **Promessa.**

VOZ: Som produzido na laringe. // A **v** do sangue de teu irmão clama, Gn 4.10. Se ouvirdes atento a **v** do Senhor, Êx 15.26. Todo o povo respondeu a uma **v**, Êx 24.3. O Senhor assim atendido à **v** dum homem, Js 10.14. Uma **v** mansa e delicada, 1 Rs 19.12. Todo o povo jubilou com altas **v**, Ed 3.11. Discernir as **v** de alegria das **v** do choro, Ed 3.13. Com a sua **v** troveja Deus, Jó 37.5. A sabedoria nas praças levanta a sua **v**, Pv 1.20. O entendimento não faz ouvir a sua **v**, Pv 8.1. Ouvi a **v** do Senhor, Is 6.8. A **v** de folguedo, Jr 7.34; 25.10; de regozijo, Jr 16.9; de alegria, Jr 16.9; do noivo, Jr 25.10. **V** do que clama no deserto, Is 40.3; Mt 3.3. Nem fará ouvir a sua **v** na praça, Is 42.2; Ouves a sua **v**, mas não sabes donde vem, Jo 3.8. Muito se regozija por causa da **v** do noivo, Jo 3.29. Unânimes levantaram a **v** a Deus, At 4.24. É **v** de um deus, At 12.22. Muitos tipos de **v** no mundo, 1 Co 14.10. Falar-vos em outro tom de **v**, Gl 4.20. A **v** do arcanjo, 1 Ts 4.16. Um animal de carga falando com **v** humana, 2 Pe 2.16. Por detrás de mim grande **v**, Ap 1.10. No céu grandes **v**, Ap 11.15; 12.10. **V** do céu como **v** de muitas águas, Ap 14.2. Falou em grande **v** ao que tem a foice, Ap 14.18. Como grande **v** de numerosa multidão, Ap 19.1. Grande **v** vinda do trono, Ap 21.3. // **A voz de Deus:** No Éden, Gn 3.8. Do meio da sarça, Êx 3.4. De cima do propiciatório, Nm 7.89. Do meio do fogo, Dt 4.33. Desde os céus, 2 Sm 22.14; Sl 18.13; 68.33. Uma **v** mansa e delicada, 1 Rs 19.12 (ARC). Por toda a terra faz ouvir a sua **v**, Sl 19.4. Oxalá ouvísseis hoje a sua **v**, Sl 95.7. Não acudiram à **v** do Senhor, Sl 106.25. Ouço a **v** do meu amado, Ct 2.8. Faze-me ouvir a tua **v**, Ct 2.14. A tua **v** é doce, Ct 2.14. Eis a **v** do meu amado, Ct 5.2. Isaías ouviu, Is 6.8. Fará ouvir a sua **v** majestosa, Is 30.30. Ouvi a **v** do Senhor, Jr 26.13. Dirigida a Nabucodonosor, Dn 4.31. Não obedecemos a **v** do Senhor, Dn 9.10. No batismo de Jesus, Mt 3.17. Na transfiguração, Mt 17.5. Os mortos ouvirão a **v**, Jo 5.25. jamais tendes ouvido a sua **v**, Jo 5.37. As ovelhas ouvem a sua **v**, Jo 10.3,16,27. Antes da paixão de Cristo, Jo 12.28,30. Todo aquele que é da verdade ouve a minha **v**, Jo 18.37. Na conversão de Saulo, At 9.4. Na visão de Pedro, At 10.13,15. Hoje se ouvirdes a sua **v**, Hb 3.7; 4.7. A **v** como **v** de muitas águas, Ap 1.15. Alguém ouvir a minha **v**, Ap 3.20.

VULGATA: A versão da Bíblia em latim, preparada por Jerônimo, cerca de 400 d.C. Foi revisada por Clemente VIII, em 1592.

VULTO: Pessoa de grande importância. // Insinuando ser ele grande **v**, At 8.9.

SAUL E A MÉDIUM DE EN-DOR, 1 Sm 28

Há três interpretações: 1) Samuel não foi chamado da morte, Saul não falou com ele. 2) Deus permitiu um milagre, consentindo que Saul conversasse com Samuel. Mas ver 1 Cr 10.13,15, Deus não consentiria que Saul conversasse com Samuel para depois o destruir porque o tinha feito. 3) havia necromantes que podiam invocar os mortos, Lv 20.27. A médium de En-Dor não reconhecia Saul, mas quando o espírito mau lhe sobreveio, ela gritou: "Tu mesmo és Saul!" E, no dia seguinte, Saul morreu e foi para o Hades. Mas depois de Jesus morrer e pregar aos espíritos em prisão (1 Pe 3.19). Ele subiu e levou (Ef 4.8) os salvos para o recém-estabelecido paraíso (2 Co 12.2), onde ninguém pode inquietá-los.

إِنْجِيلُ مَرْقُسَ

الأَصْحَاحُ الأَوَّلُ

١ بَدْءُ إِنْجِيلِ يَسُوعَ الْمَسِيحِ ابْنِ اللهِ
٢ كَمَا هُوَ مَكْتُوبٌ فِي الأَنْبِيَاءِ. هَا أَنَا أُرْسِلُ أَمَامَ
وَجْهِكَ مَلاَكِي الَّذِي يُهَيِّئُ طَرِيقَكَ قُدَّامَكَ. ٣ صَوْتُ
صَارِخٍ فِي الْبَرِّيَّةِ أَعِدُّوا طَرِيقَ الرَّبِّ اصْنَعُوا سُبُلَهُ
مُسْتَقِيمَةً ۞ ٤ كَانَ يُوحَنَّا يُعَمِّدُ فِي الْبَرِّيَّةِ وَيَكْرِزُ
بِمَعْمُودِيَّةِ التَّوْبَةِ لِمَغْفِرَةِ الْخَطَايَا ۞ ٥ وَخَرَجَ إِلَيْهِ جَمِيعُ
كُورَةِ الْيَهُودِيَّةِ وَأَهْلُ أُورُشَلِيمَ وَاعْتَمَدُوا جَمِيعُهُمْ مِنْهُ
فِي نَهْرِ الأُرْدُنِّ مُعْتَرِفِينَ بِخَطَايَاهُمْ ۞ ٦ وَكَانَ يُوحَنَّا

Princípio do Evangelho de Marcos, em árabe

Xofrango

X

XALE: Cobertura que as mulheres usam como adorno e agasalho dos ombros e do tronco. // Os vestidos de festa... e os mantos, Is 3.22.

XERXES: Rei da Pérsia de 485 a 465 a.C. Era filho de Dario I. Ver **Assuero.**

XOFRANGO: Águia pesqueira quando nova, Lv 11.13 (ARC).

XÔ: Interjeição para enxotar galinhas e outras aves, Is 27.8 (ARA).

O assim chamado:
TÚMULO DE ZACARIAS

Nº 1

CAPO 1

NEL principio la Parola era, e la Parola era appo Dio, e la Parola era Dio.
2 Essa era nel principio appo Dio.
3 Ogni cosa è stata fatta per essa, e senz' essa niuna cosa fatta è stata fatta
4 In lei era la vita. e la vita era la luce degli uomini.
5 E la luce riluce nelle tenebre, e le tenebre non l' han compresa.

Nº 2

1 Au commencement était la Parole, et la Parole
était avec Dieu, et la Parole était Dieu. 2 Elle
était au commencement avec Dieu. 3 Toutes
choses ont été faites par elle, et rien de ce qui a
été fait n'a été fait sans elle. 4 En elle était la Vie,
et la Vie était la lumière des hommes. 5 La lumière
brille dans les ténèbres, et les ténèbres ne l'ont point
accueillie.

Nº 3

1 Въ начало бѣ Словото. и Словото бѣше у Бога,
и Словото бѣ Богъ. 2 То въ начало беше у
Бога 3 Всичко това чрезъ Него стана; и безъ
Него не е станало нищо отъ това, което е станало.
4 Въ Него бѣ животътъ и животътъ бѣ свѣтлина
на човѣцитѣ 5 И свѣтлината свѣти въ тъмнината;
а тъмнината я не схвана.

Nº 4

1 Սկիզբէն էր Բանը, ու Բանը Աստուծոյ քով էր, և
2 Բանը Աստուած էր։ Անիկա սկիզբէն Աստուծոյ քով
3 էր։ Ամէն բան անով եղաւ, և առանց անոր բան
4 մը չեղաւ՝ ինչ որ եղաւ։ Կեանքը անով էր, ու կեանք-
5 քը մարդոց լոյսն էր։ Եւ լոյսը խաւարին մէջ կը լու-
սաւորէր, ու խաւարը զանիկա չըմբռնեց։

Nº 5

ঈশ্বরের বাক্য, যীশুর মহত্ত্ব ও অবতার।

১ আদিতে বাক্য ছিলেন, এবং বাক্য ঈশ্বরের কাছে ছিলেন, এবং ১
বাক্য ঈশ্বর ছিলেন।
তিনি আদিতে ঈশ্বরের কাছে ছিলেন। সকলই তাঁহার দ্বারা ২,৩
হইয়াছিল, যাহা হইয়াছে, তাহার কিছুই তাঁহা ব্যতিরেকে হয় নাই। ৪
তাঁহার মধ্যে জীবন ছিল, এবং সেই জীবন মনুষ্যগণের জ্যোতি ছিল।

João 1.1-5, em 5 das 1232 línguas em que circulam a Bíblia, ou porções:
1) Italiano; 2) Francês; 3) Búlgaro; 4) Armênio; 5) Bengali

De todo animal limpo levarás contigo sete pares: o macho e sua fêmea; mas dos animais imundos, um par: o macho e sua fêmea, Gn 7.3. Ver p. 567

Z

ZAÃ, hb. **Desgosto:** Um dos filhos de Roboão, 2 Cr 11.19.

ZAANÃ, hb. **Lugar das manadas:** Uma cidade ao ocidente de Judá, Mq 1.11.

ZAANANIM, hb. **Partidas:** Um lugar no limite sul de Naftali, Js 19.33. O mesmo que Saanim, Jz 4.11.

ZAAVÃ, hb. **Inquieto:** Neto de Seir, o horeu, Gn 36.27.

ZABADE, hb. **Doador:** 1. Um dos valentes do exército de Davi, 1 Cr 11.41. // 2. Um efraimita, 1 Cr 7.21. // 3. Um cúmplice de Jozabade no assassinato do rei Joás, 2 Cr 24.26. // 4, 5 e 6. Israelitas que tinham mulheres estrangeiras, Ed 10.27,33,43.

ZABAI, hb. **Zumbido:** Um dos que tinham mulher estrangeira, Ed 10.28.

ZABDI, hb. **Dom de Jeová:** Um neto de Judá, e avô de Acã, Js 7.1. Outros do mesmo nome, 1 Cr 8.19; 27.27; Ne 11.17.

ZABDIEL, hb. **Dom de Deus:** 1. Pai de Jesobeão, 1 Cr 27.2. // 2. Um superintendente sobre 128 valentes, Ne 11.14.

ZABUDE, hb. **Doado:** 1. Um filho de Natã, secretário privado do rei Salomão, 1 Rs 4.5. // 2. Um dos que voltaram de Babilônia com Esdras, Ed 8.14.

ZACAL, hb. **Puro:** Um dos que vieram de Babilônia com Zorobabel, Ed 2.9.

ZACARIAS, hb. **Jeová se lembra:** 1. Um dos doze profetas menores, Ed 5.1; Zc 1.1; 7.1. Ver **Zacarias, Livro de.** // 2. Filho de Jeroboão, rei de Israel, 2 Rs 15.8. // 3. Avô de Ezequias, rei de Judá, 2 Rs 18.2. // 4. Filho do sacerdote Joiada, 2 Cr 24.20. Apedrejado, 2 Cr 24.21. // 5. Um profeta no reinado de Uzias, 2 Cr 26.5. // 6. Um cabeça de família, Ed 8.16. // 7. Pai de João Batista, Lc 1.5. // 8. Filho de Baraquias, Mt 23.35. // 9. Outros de nome de Zacarias: 1 Cr 5.7; 9.21; 9.37; 15.20; 24.25; 2 Cr 17.7; 21.2; Ne 8.4; 11.12; Is 8.2.

ZACARIAS, O LIVRO DE: O penúltimo dos doze profetas menores. Zacarias, bem como Ageu, foi um profeta aos restantes que voltaram do exílio, depois dos 70 anos.

A autoria: Zacarias nasceu talvez em Babilônia, era filho de Baraquias e neto de Ido, Zc 1.1,7; da tribo sacerdotal, Ne 12.4; veio de Babilônia, sendo ainda jovem, com Zorobabel e Josué; principiou a sua missão de Profeta cerca de dois meses depois de Ageu, Ed 5.1; 6.14; continuou a profetizar durante dois anos, Zc 7.1; ao seu zelo, junto com Ageu, se deve em grande parte a reedificação do Templo, Ed 5.1; 6.14.

A chave: A missão de Zacarias, como a de Ageu, era de despertar os poucos que voltaram do cativeiro, para completarem a reconstrução do Templo.

As divisões: // I. Oito visões de esperança. // 1. Exortação ao arrependimento, 1.1-6. // 2. Visão dos cavalos; os batedores de Deus, que dão informações das condições na terra, 1.7-17. // 3. A visão dos quatro chifres e quatro ferreiros: a destruição das nações que oprimiam Israel, 1.18-21. // 4. A visão de um homem com cordel de medir, Jerusalém seria reconstruída sem muros, por causa da numerosa multidão de habitantes, o Senhor sendo um muro de fogo em redor, 2. // 5. Visão do sumo-sacerdote trajado de vestes sujas; A eliminação do pecado no tempo do Renovo, 3. // 6. Visão do candelabro entre duas oliveiras; pelo Espírito operando em Zorobabel e Josué (as duas oliveiras), o Templo (o candelabro) seria reconstruído e a nação restaurada — não por força humana, 4. // 7. Visão do rolo volante; a maldição de Deus sobre os perversos, 5.1-4. // 8. Visão de uma mulher sentada dentro de um efa; outra representação da eliminação do pecado, 5.5-11. // 9. Visão dos quatro carros: a celeridade e a plenitude dos julgamentos contra os que oprimiram, Israel, 6.1-8. // 10. A coroação do sumo-sacerdote, Josué, simbolizando a coroação do Messias como Rei e Sacerdote, 6.9-15. // II. Exortação à obediência e a santidade, Zc 7 e 8. // III. Profecias de glória através de tribulação, Zc 9-14.

ZACUR, hb. **Atento:** 1. Um dos doze espias, Nm 13.4. // 2. Um descendente de Simeão, 1 Cr 4.26. // 3. Um merarita, 1 Cr 24.27. // 4. Um que trabalhou na reedificação dos muros, Ne 3.2.

ZADOQUE, hb. **Reto:** — 1. Um dos principais sacerdotes, no tempo de Davi, 2 Sm 8.17. Juntou-se com Davi em Hebrom, 1 Cr 12.28. Na revolta de Absalão, ficou fiel a Davi, 2 Sm 15.24. Quando Adonias usurpou o trono, pôs-se ao lado de Salomão, 1 Rs 1.8,26. Salomão retirou do alto sacerdócio a Abiatar e deu toda a autoridade a Zadoque, 1 Rs 2.35. Seus descendentes foram louvados por sua fidelidade, Ez 44.15,16. // 2. O avô materno do rei Jotão, 2 Rs 15.33. // 3. Filho de Aitube e antepassado de Esdras, Ed 7.1,2. // 4. Um que trabalhou na reedificação dos muros de Jerusalém, Ne 3.4. // 5. Outro que trabalhou na mesma obra, Ne 3.29.

ZAFENATE-PANÉIA, termo egípcio. **Salvador do mundo:** O nome dado por Faraó a José, Gn 41.45.

ZAFOM, hb. **O norte:** Uma cidade de Gade, Js 13.27.

ZAIR, hb. **Pequeno:** O lugar do acampamento de Jeorão, na expedição contra os edomitas, 2 Rs 8.21.

ZALAFE, hb. **Fratura:** Pai de Hanum, um dos que trabalhavam nos muros de Jerusalém, Ne 3.30.

ZALMON, hb. **Sombrio:** Um dos valentes de Davi, 2 Sm 23.28.

ZALMONA, hb. **Sombrio:** Um lugar dos acampamentos de Israel no deserto, Nm 33.41.

ZAMBUJEIRO: Ne 8.15; Rm 11.17 (ARC). Espécie de oliveira brava. Ver **Oliveira.**

ZANOA, hb. **Água suja:** Uma cidade da herança de Judá, Js 15.56.

ZANZUMINS: O nome amonita dos refains, um povo grande, numeroso e alto, Dt 2.20. Ver **Gigantes.**

ZAQUEU, hb. **Puro:** Homem rico de Jericó, judeu e coletor das rendas do governo romano. Foi mais do que curiosidade que o levou a subir um sicômoro a fim de ver Jesus. Converteu-se tornando-se discípulo, Lc 19.1-10.

ZARETÃ: O lugar onde foram fundidos os vasos de bronze para o Templo de Salomão, 1 Rs 7.46.

ZATU: Um dos que vieram de Babilônia com Zorobabel, Ed 2.8.

ZAZA, hb. **Abundância:** Um jeramelita, 1 Cr 2.33.

ZEBA E SALMUNA: Dois reis dos midianitas, mortos por Gideão, Jz 8.5.21; Sl 83.11.

ZEBADIAS, hb. **Jeová deu:** — 1. Um dos que vieram a Davi Ziclague, quando fugitivo de Saul, 1 Cr 12.7. // 2. Um dos que voltaram com Esdras, Ed 8.8. // 3. Um que tinha mulher estrangeira, Ed 10.20. // 4. Um levita enviado a ensinar a Lei, nas cidades de Judá, 2 Cr 17.8. // 5. Um oficial do rei Josafá, 2 Cr 19.11.

ZEBEDEU, a forma grega de **Zebadias:** Pescador da Galiléia, pai de Tiago e João, e marido de Salomé. A família tinha bens suficientes para ter criados ao seu serviço. As relações entre João e o sumo-sacerdote também nos sugerem a sua posição social, Mc 1.19,20; Mt 27.56; Mc 15.40; Jo 18.15.

ZEBIDA, hb. **Dotada:** A mãe do rei Joaquim, 2 Rs 23.36.

ZEBINA, hb. **Adquirido:** Um dos que tinham mulher estrangeira, depois da volta de Babilônia, Ed 10.43.

ZEBOIM, hb. **Hienas:** — 1. Uma das cidades da planície, que foi destruída com Sodoma e Gomorra, Gn 10.19; 14.2; Dt 29.23; Os 11.8. // 2. Um vale no território de Benjamim, perto de Micmás, 1 Sm 13.18.

ZEBUL, hb. **Habitação:** Nomeado governador de Siquém por Abimeleque, durante a sua ausência, Jz 9.28.

ZEBULOM, hb. **Morada:** — 1. O décimo filho de Jacó e o sexto, com sua mulher Lia, Gn 30.19,20. Desceu ao Egito com seu pai, Êx 1.3. Seus descendentes, Gn 46.14; Nm 1.30; 26.26; Abençoado por Jacó, Gn 49.13. // 2. A tribo de Zebulom. O censo no deserto, Nm 1.31; 26.27. Abençoada por Moisés, Dt 33.18,19. Sua herança, Js 19.10-16. Ver mapa 2, C-3. Convocada por Gideão, na guerra contra os midianitas, Jz 6.35. Tomou parte em proclamar Davi rei em Hebrom, 1 Cr 12.33-40. Levada cativa junto com Naftali, para a Assíria, 2 Rs 15.29. As aldeias de Nazaré e Caná pertenciam a Zebulom. Jesus se criou e uma grande parte de seu ministério se realizou dentro dos limites desta tribo, Is 9.1; Mt 4.13,15. Doze mil da tribo de Zebulom selados, Ap 7.8.

ZEDADE: Uma cidade na fronteira setentrional da Palestina, Nm 34.8.

ZEDEQUIAS, hb. **Jeová é a minha justiça:** — 1. Um falso profeta, 1 Rs 22.11. // 2. Outro falso profeta, Jr 29.22. // 3. Um dos príncipes diante dos quais o rolo de Jeremias foi lido, Jr 36.12. // 4. Um dos que assinaram a aliança com Neemias, Ne 10.1. // 5. Nome dado a Matanias pelo rei de Babilônia. O último rei de Judá, 2 Rs 24.17. Seu mau reinado, 2 Rs 24.18. Aos filhos dele mataram à sua própria vista, a ele vasaram os olhos, ataram-no com duas cadeias de bronze e o levaram para Babilônia, 2 Rs 25.7. Ver **Reis.**

ZEEBE, hb. **Lobo:** Ver **Orebe.**

ZEFATÁ, hb. **Torre de Vigia:** Um vale, perto de Maressa, o lugar da batalha de Maressa, 2 Cr 14.10.

ZEFATE, hb. **Torre de Vigia:** Uma cidade dos cananeus, Jr 1.17. Ver mapa 2, C-7.

ZEFI, ZEFÔ, hb. **Vigia:** Um neto de Esaú, e chefe de Edom, Gn 36.11; 1 Cr 1.36.

ZEFOM, hb. **Vigilância:** Um filho de Gade e fundador de uma família tribal, Nm 26.15.

ZELA, hb. **Riba:** Uma cidade da herança de Benjamim, Js 18.28. Lugar do sepulcro da família de Saul, 2 Sm 21.14.

ZELADOR: O que zela. // Todos são **z** da lei, At 21.20 (ARC). **Z** de Deus, como todos nós, At 22.3 (ARC).

ZELAR: Administrar diligentemente; vigiar com o máximo cuidado de interesse. // Com grande empenho estou zelando por Jerusalém, Zc 1.14. Zelo por vós com zelo de Deus, 2 Co 11.2.

ZELEQUE, hb. **Fenda:** Um dos valentes do exército de Davi, 1 Cr 11.39.

ZELO: Dedicação ardente. Desvelo, cuidado. // Finéias estava animado com o meu **z**, Nm 25.11. O **z** de Jeú para com o Senhor, 2 Rs 10.16. O **z** do Senhor fará isto, 2 Rs 19.31; Is 9.7. O meu **z** me consome, Sl 119.139. E se cobriu de **z**, como de um manto, Is 59.17. O **z** da tua casa me consumirá, Jo 2.17; Sl 69.9. No **z** não sejais remissos, Rm 12.11. Procurai com **z**, 1 Co 14.39. Que saudades, que **z**, 2 Co 7.11. O seu **z** tem estimulado a muitíssimo, 2 Co 9.2. **Z** por vós com **z** de Deus, 2 Co 11.2. Quanto ao **z** perseguidor, Fp 3.6. O **z** em sentido bom: Nm 25.11; 2 Rs 10.16; Rm 10.2; 2 Co 11.2. Em sentido mau: Rm 13.13; 1 Co 3.3. A deslealdade do povo de Deus é representada como adultério, e como provocação a Deus e a **z** ou ciúmes: Dt 32.16,21; 1 Rs 14.22; Sl 78.58; Ez 8.3; 16.38; 36.5; 1 Co 10.22. Ver **Ardor.**

ZELOFEADE, SELOFADE: Cabeça de uma família da tribo de Manassés, Nm 26.33. Morreu sem herdeiros de sexo masculino, e foi promulgada uma lei, para que herdeiros em tais condições, não pudessem contrair casamentos fora da sua própria tribo, Nm 27.1-11; Js 17.3; 1 Cr 7.15.

ZELOSO: Cuidadoso; pontual e diligente. // Sou Deus **z**, Êx 20.5; 34.14. Tenho sido **z** pelo Senhor, 1 Rs 19.10. Judeus **z** , At 21.20. Paulo **z** para com Deus, At 22.3. Extremamente **z** das tradições, Gl 1.14. Prática **z** de toda boa obra, 1 Tm 5.10. **Z** de boas obras, Tt 2.14. **Z** do que é bom, 1 Pe 3.13. Sê **z**, Ap 3.19.

ZELOTES: Um grupo de patriotas anti-romanos, o quarto grupo do judaísmo — em ordem: os fariseus: os saduceus, os essênios e os zelotes. Queriam retorno à observação das leis de Moisés e a conquista da independência nacional pela expulsão dos romanos. **Zelote**, epíteto usado para distinguir entre os dois apóstolos que tinham nome **Simão:** Simão Pedro, Simão Zelote, Mt 10.4.

ZELZA: Cidade na fronteira de Benjamim, perto do sepulcro de Raquel, 1 Sm 10.2.

ZEMARAIM, hb. **Dois cortes:** Uma cidade da herança de Benjamim, Js 18.22.

ZEMAREUS: A tribo a que se refere em Gn 10.18. Eram habitantes de Zemar, cidade da Fenícia.

ZEMIRA, hb. **Melodia:** Um descendente de Benjamim, 1 Cr 7.8.

ZENÃ, hb. **Lugar de rebanhos:** Uma cidade da herança de Judá, Js 15.37.

ZENAS: Um intérprete da lei judaica, Tt 3.13. Antes da sua conversão, ara "doutor da lei", Ver Lc 7.30; 10.25 (ARC).

ZEQUER: Um benjamita, 1 Cr 8.31.

ZER, hb. **Pederneira:** Uma cidade fortificada de Naftali, Js 19.35

ZERÁ, hb. **Crepúsculo:** 1. Um filho de Judá, Gn 46.12. Chefe da família dos zeraítas, Nm 26.20. // 2. Edomitas, Gn 36.13,33. // 3. Levitas, 1 Cr 6.21,41. // 4. O etíope, 2 Cr 14.9.

ZERAÍAS, hb. **O Senhor ressuscitou:** Um antepassado de Esdras, o escriba, 1 Cr 6.6; Ed 7.4.

ZERAÍTAS: Descendentes de Zerá, filho de Judá, Nm 26.13. Acã pertencia a esta família, Js 7.17.

ZEREDA, hb. **Refrigerante:** Terra natal de Jeroboão, 1 Rs 11.26.

ZEREDE: Um ribeiro, junto ao qual acamparam os israelitas, antes de passarem para a terra dos amorreus, Nm 21.12. Ver mapa 2, D-6.

ZERERÁ: Um território pelo qual fugiram os midianitas, perseguidos por Gideão, Jz 7.22.

ZERES hb. **Ouro:** A mulher de Hamã, Et 5.10.

ZERETE, hb. **Brilho da tarde:** Um descendente de Judá, 1 Cr 4.7.

ZERI: Um dos cantores no Templo, 1 Cr 25.3.

ZEROR, hb. **Feixe:** Um bisavô do rei Saul, 1 Sm 9.1.

ZERUA, hb. **Leproso:** Mãe do rei Jeroboão, 1 Rs 11.26.

ZERUIA, hb. **Separação:** Uma irmã de Davi e mãe de Abisai, Joabe e Asael, 1 Cr 2.16; 2 Sm 16.10.

ZETÃ, hb. **Olival:** 1. Um descendente de Benjamim, 1 Cr 7.10. // 2. Um levita, da família de Gérson, 1 Cr 23.8.

ZETAR: Um dos sete eunucos de Assuero, Et 1.10.

ZIA, hb. **Temor:** Um descendente de Gade, 1 Cr 5.13.

ZIA, hb. **Sombrio:** Um dos que vieram de Babilônia com Zorobabel, Ed 2.43.

ZIBA: Um escravo do rei Saul, que, depois de conseguir a sua liberdade, fundou uma família constituída por quinze filhos e vinte escravos, 2 Sm 9.2-11; 19.17. Davi ordenou que Ziba, seus filhos e criados cultivassem as terras de Mefibosete, filho de Saul, 2 Sm 9.9,10. Acusando falsamente a Mefibosete de traição para com Davi, por ocasião da revolta de Absalão, alcançou Ziba metade da herança, 2 Sm 16.1-4; 16.17-29.

ZIBEÃO, hb. **Tinto:** Um heveu e pai de Aná, Gn 36.2.

ZIBIA, hb. **Gazela:** — 1. Um descendente de Benjamim, 1 Cr 8.9. // 2. A mãe do rei Joás, 2 Rs 12.1.

ZICLAGUE: Uma cidade da herança de Judá, Js 15.31. Cedida a Simeão, Js 19.5. Nas mãos dos filisteus; Davi habitou nela, 1 Sm 27.6. Saqueada pelos amalequitas, 1 Sm 30. Ocupada depois do cativeiro, Ne 11.28. Ver mapa 2, B-6.

O candeeiro de ouro (Do arco de Tito). Ver p. 108

ZICRI, hb. **Famoso:** Guerreiro valente do exército de Peca, 2 Cr 28.7. Outras pessoas com este nome são mencionadas em Êx 6.21; 1 Cr 8.10; 26.25; 27.16; 2 Cr 17.16; 23.1; Ne 11.9; 12.17.

ZIDIM: Uma cidade de Naftali, Js 19.35.

Odres – Ver p. 388

ZIFA: Um descendente de Judá, 1 Cr 4.16.

ZIFE: — 1. Uma cidade ao sul de Judá, Js 15.24. // 2. Uma cidade da região montanhosa de Judá, Js 15.55. Davi deteve-se no deserto de Zife, 1 Am 23.15. // 3. Um neto de Calebe, 1 Cr 2.42. // 4. Um filho de Jealelel, 1 Cr 4.16.

ZIFIOM: Um filho de Gade, Gn 46.16.

ZIFROM, hb. **Fragrância:** Um lugar no limite setentrional na Terra Prometida, Nm 34.9.

ZILÁ, hb. **Sombra:** Uma esposa de Lameque, Gn 4.19.

ZILETAI: — 1. Um benjamita, 1 Cr 8.20. // 2. Um dos que se ajuntaram a Davi em Ziclague, 1 Cr 12.20.

ZIM, hb. **Palmeira baixa:** — 1. Uma cidade ao extremo sul da Judéia, Nm 34.4. // 2. Um deserto ao sul da Palestina, Nm 34.3; Js 15.1. Ver mapa 2, C-7.

ZIMA, hb. **Artifício:** Um levita da família de Gérson, 1 Cr 6.20.

ZIMBRO: A árvore conífera conhecida por este nome, não existe na Terra Santa. A palavra se refere a um arbusto leguminoso, uma espécie de giesteira muito comum nos desertos do sul da Palestina e até o Egito. Por falta de sombra melhor, os viajantes apreciavam muito a oportunidade de se abrigarem debaixo dos seus ramos. Elias se assentou debaixo de um zimbro, e pediu para si a morte, 1 Rs 19.4. Ver Jó 30.4; Sl 120.4.

ZINRÃ: Um dos filhos de Abraão e Quetura, Gn 25.2.

ZINRI: — 1. Filho de Salu, morto com a midianita, Cosbi, por Finéias, Nm 25. // 2. Rei de Israel, 1 Rs 16.10. Reinou apenas sete dias, 1 Rs 16.15. Ver **Reis.** // 3. Filho de Zerã, 1 Cr 26. // 4. Um descendente de Saul, 1 Cr 8.36.

ZIOR, hb. **Pequenez:** Uma cidade nas montanhas de Judá, Js 15.54.

ZIPOR, hb. **Passarinho:** O pao de Balaque, rei dos moabitas, Nm 22.2.

ZÍPORA, hb. **Passarinho:** A filha de Reuel ou Jetro, o sacerdote de Midiã. Casou com Moisés e foi mãe de Gérson e Eliézer, Êx 2.21; 18.2-4.

ZIVE: 1 Rs 6.1. O segundo mês do ano. Ver **Ano.**

ZIZ, hb. **Uma flor:** Uma ladeira acima de En-gedi, por onde foram os moabitas para pelejar contra Josafá, 2 Cr 20.16.

ZIZÃ, hb. **Fertilidade:** Um filho do rei Roboão, 2 Cr 11.20.

ZOÃ: Uma antiqüíssima cidade do baixo Egito e uma das principais residências dos faraós. Foi edificada sete anos antes de Hebrom, que já existia no tempo de Abraão, Nm 13.22. A cidade onde Moisés se encontrou com Faraó, Sl 78.12,43. Era ainda importante no tempo dos profetas Isaías e Ezequiel, Is 19.11,13; Ez 30.14. A ruínas do templo a Sete, o Baal egípcio em Zoã, testificam da sua primitiva grandeza.

ZOAR, hb. **Pequeno:** — 1. Uma das cidades da planície, Gn 13.10; 14.2. Poupada na destruição de Sodoma e Gomorra, Gn 19.22. Mencionada pelos profetas, Is 15.5; Jr 48.34. // Ver mapa 2, D-5 // 2. Pai de Efrom o heteu, Gn 23.8. // 3. Um filho de Simeão, Gn 46.10.

ZOBA: Um pequeno reino da Síria, que se estendia ao norte de Damasco e para o oriente de Hamate, até o Eufrates. Foi hostil a Saul, a Davi e a Salomão; era a pátria de um dos valentes de Davi, 1 Sm 14.47.

ZOBERA, hb. **Movimento brando:** Um descendente de Judá, 1 Cr 4.8.
ZOELETE, hb. **Réptil:** Uma pedra, junto da fonte de Rogel, 1 Rs 1.9.
ZOETE: Um descendente de Judá, 1 Cr 4.20.
ZOFA, hb. **Expansão:** Um descendente de Aser, 1 Cr 7.35.
ZOFAI: Um antepassado de Samuel, 1 Cr 6.26.
ZOFAR, hb. **Gorjeador:** Um dos três amigos de Jó, Jó 2.11.
ZOFIM, hb. **Vigiar:** Um lugar em cima do monte Pisga, de onde Balaão pela segunda vez observou o acampamento de Israel, Nm 23.14.
ZOMBADOR, o que zomba. // Passarei a seus olhos por **z**, Gn 27.12. Estou de fato cercado de **z**, Jó 17.2. Quanto ao soberbo... **z** é seu nome, Pv 21.24. Ver **Escarnecedor.**
ZOMBAR: Escarnecer, mofar, gracejar, não fazer caso. // Zombaste de mim, Nm 22.29; Jz 16.10. Elias zombava deles, 1 Rs 18.27. Zombavam dele... sobe, calvo, 2 Rs 2.23. Zombavam dos mensageiros... de Deus, 2 Cr 36.16. O Senhor zomba deles, Sl 2.4. Em vindo o vosso terror, eu zombarei, Pv 1.26. Os loucos zombam do pecado, Pv 14.9. Não podendo acabar, todos... zombem dele, Lc 14.29. As autoridades zombavam, Lc 23.35. Outros, porém, zombando, diziam, At 2.13. De Deus não se zomba, Gl 6.7. Ver **Caçoar, Chasquear, Escarnecer, Gracejar.**
ZOMBARIA: Mofa, escárnio. // Bebe a **z** como água, Jó 34.7. Tornamo-nos... a **z** dos que nos rodeiam, Sl 79.4. Ver **Escárnio, Lubíbrio, Motejo.**
ZOOLOGIA: A parte da história natural que estuda e descreve os animais. // O seguinte é uma lista sistemática dos animais da Bíblia, incluindo representantes das ordens principais de mamíferos, aves, répteis, atc.:

MAMÍFEROS:
- **Primates:** Bugio
- **Insetívoros:** Ouriço, toupeira (não se encontra na Palestina).
- **Quirópteros:** Morcego
- **Carnívoros:**
  - a) **Felinos:** Gato, leão, leopardo
  - b) **Hiênidas:** Hiena
  - c) **Canídeos:** Cão, chacal, raposa, lobo
  - d) **Mustelídeos:** Texugo
  - e) **Ursídeos:** Urso
- **Ungulados**:
  - a) **Não ruminantes:** Cavalo, hipopótamo, jumento, mulo, porco
  - b) **Ruminantes**
    - (1) **Bovídeos:** Boi, cabra, gazela, gamo
    - (2) **Cervídeos:** Veado
    - (3) **Camelídeos:** Camelo
- **Proboscídeos:** Elefante
- **Cetáceos:** Baleia
- **Roedores:** Lebre, ouriço, rato

AVES:
- **Pásseres:** Andorinha, corvo, gaivota, pardal
- **Rapina:** Abutre, águia, águia marinha, bufo, coruja, falcão, gavião, xofrango
- **Columbídeos:** Pombo, rola
- **Galináceas:** Codorniz, galo pavão, perdiz
- **Pernaltas:** Cegonha, garça, grou
- **Palmípedes:** Cisne, corvo marinho, pelicano
- **Ratites:** Avestruz

RÉPTEIS:
- **Crocodilianos:** Crocodilo
- **Quelônios:** Cágado
- **Ofídios:** Áspide, basilisco, cobra, serpente, víbora
- **Lacertílios:** Camaleão geco, lagarto

BETRÁQUIO: Rã
PEIXES: (Em geral)
MOLUSCOS: Caracol: Lesma
INSETOS:
- **Himenópteros:** Abelhas, formiga, vespa
- **Lepidópteros:** Traça, larva
- **Afanípteros:** Pulga
- **Dípteros:** Mosca
- **Ápteros:** Piolho

ARACNÍDEOS: Aranha, escorpião
ALCIÔNIOS: Coral
PORÍFERO: Esponja
Ver **Animal, Ave, Inseto, Réptil.**

ZORÁ, hb. **Lugar de vespões:** Uma cidade de Judá, Js 15.33. Terra e lugar da sepultura de Manoá e de Sansão, Jz 13.2; 16.31. Fortificada pelo rei Roboão, 2 Cr 11.10. Ver mapa 2, B-5.
ZOROBABEL, hb. **Nascido em Babilônia:** Filho de Selatiel, Ed 3.8. Neto do rei cativo, de Judá, Jeconias, 1 Cr 3.19. Restaurou o culto verdadeiro em Jerusalém, Ed 3. A sua grandiosa obra foi a reedificação do Templo, chamado pelos historiadores, **O Templo de Zorobabel.** Seu nome aparece na genealogia de Cristo, Lc 3.27.
ZUAR, hb. **Pequeno:** O pai de Natanael, Nm 1.8.
ZUFE: — 1. Um antepassado de Samuel, 1 Cr 6.35. // 2. Um território contíguo a Benjamim, 1 Sm 9.5.
ZUR, hb. **Rocha:** — 1. Cabeça de uma família midianita e pai da mulher. Cosbi, morto por Finéias, Nm 25.15. Na vitória sobre os midianitas, foi morto junto com Balaão, filho de Beor, Nm 31.8. // 2. Um habitante de Gibeom, 1 Cr 8.30.
ZURIEL, hb. **A minha rocha é Jeová:** Um levita, chefe dos meraritas, Nm 3.35.
ZURISADAI, hb. **A minha rocha é o Todo-poderoso:** O pai de Selumiel, um simeonita, Nm 1.6.
ZURRAR: Emitir zurros (voz do burro). // Zurrará o jumento montês junto à relva? Jó 6.5.
ZUZINS: Gn 14.5. Ver **Gigantes.**

הַבְּשׂוֹרָה אֲשֶׁר לְיוֹחָנָן

א בְּרֵאשִׁית הָיָה הַדָּבָר וְהַדָּבָר הָיָה אֶת־הָאֱלֹהִים וְהוּא
2 הַדָּבָר הָיָה אֱלֹהִים: הוּא הָיָה מֵרֹאשׁ אֶת־הָאֱלֹהִים:
3 כָּל־הַמַּעֲשִׂים נִהְיוּ עַל־יָדוֹ וְאֵין דָּבָר אֲשֶׁר נַעֲשָׂה
4 מִבַּלְעָדָיו: בּוֹ נִמְצָא חַיִּים וְהַחַיִּים הֵם אוֹר הָאָדָם:
5 6 וְהָאוֹר זֹרֵחַ בַּחשֶׁךְ וְהַחשֶׁךְ לֹא יְכִילֶנּוּ: אִישׁ הָיָה
7 בָּאָרֶץ יוֹחָנָן שְׁמוֹ אֲשֶׁר שְׁלָחוֹ אֱלֹהִים: הוּא בָא
לְעֵדוּת לְהָעִיד עַל־הָאוֹר לְמַעַן יַאֲמִינוּ כֻלָּם עַל־יָדוֹ:
8 וְלֹא הוּא הָיָה הָאוֹר כִּי אִם־בָּא לְהָעִיד עַל־הָאוֹר
9 הַהוּא: הוּא אוֹר אֱמֶת אֲשֶׁר בָּא לָעוֹלָם לְהָאִיר לְכָל־
10 אָדָם: הוּא הָיָה בָעוֹלָם וְהָעוֹלָם נִהְיָה עַל־יָדוֹ
11 וְהָעוֹלָם אֹתוֹ לֹא יָדָע: הוּא בָא אֶל־עַמּוֹ שֶׁלּוֹ וְעַמּוֹ
12 שֶׁלּוֹ לֹא הֶחֱזִיקוּ־בוֹ: וְאֵלֶּה אֲשֶׁר הֶחֱזִיקוּ־בוֹ נָתַן־כֹּחַ
בְּיָדָם לִהְיוֹת בָּנִים לֵאלֹהִים הֲלֹא הֵם הַמַּאֲמִינִים בִּשְׁמוֹ:
13 אֲשֶׁר לֻדְּתָם לֹא מִדָּם וְלֹא מִתַּאֲוַת בָּשָׂר וְלֹא מֵרוּחַ
14 גָּבֶר כִּי אִם־מֵאֱלֹהִים: וְהַדָּבָר לָבַשׁ בָּשָׂר וַיִּשְׁכֹּן
בְּתוֹכֵנוּ וְאֶת־כְּבוֹדוֹ רָאִינוּ כִּכְבוֹד בֵּן יָחִיד לְאָבִיו
15 מָלֵא חֶסֶד וֶאֱמֶת: וְיוֹחָנָן הֵעִיד עָלָיו וַיִּקְרָא לֵאמֹר
זֶה הוּא אֲשֶׁר אָמַרְתִּי עָלָיו כִּי הוּא בָא אַחֲרַי וְהִנֵּה
הוּא

João 1.1-15, em hebraico

NOSSA BÍBLIA

A Bíblia considerada mesmo como uma composição literária, é ainda assim o mais notável livro que o mundo tem visto. Livro antiqüíssimo, contém uma série de acontecimentos do mais vivo interesse. A história da sua influência é a história da civilização. As melhores instituições e os melhores homens têm testemunho o poder das Escrituras, como sendo um instrumento de luz e santidade; e, tendo sido as Escrituras preparadas por homens que "falaram da parte de Deus, movidos pelo Espírito Santo", para revelarem "o único Deus verdadeiro e a Jesus Cristo, a quem Ele enviou", tem a Bíblia por este motivo os mais fortes direitos ao nosso atento e reverencial respeito.

O uso duma obra de estudo bíblico requer *uma* ou *duas precauções,* que tanto o autor como os leitores precisam tomar.

A primeira é que não devemos contemplar este majestoso edifício da Verdade divina como espectadores somente. O nosso fim não deve ser admirar de fora tão bela obra, mas estar dentro para que possamos crer e obedecer. Nesta íntima comunhão e obediência gozaremos a beleza dos seus tesouros, privilégio apenas concedido aos humildes e aos de alma caridosa. Deve de haver uma verdadeira união com aquilo que queremos conhecer, se desejamos ter um conhecimento especial.

Em segundo lugar, o estudo dum *auxiliar* das Escrituras não deve confundir-se com o estudo das *próprias* Escrituras. Os livros auxiliares podem ensinar-nos a olhar para a verdade, como para ver a sua posição e proporções, mas somente a entrada no edifício da Verdade nos dá luz. Essa entrada é que nos conduz aos mananciais da salvação. Supor alguém que a simples vista da água corrente, ou mesmo a do lugar onde ela nasce, nos poderá apagar a sede, é enganar tristemente a si mesmo, ou revelar a mais profunda ignorância.

O fim pois dos nossos labores é tornar mais claro e impressionável o Livro de Deus, o livro por excelência, que se chama a Bíblia.

O CÂNON NOS TEMPOS CRISTÃOS

A literatura judaica do século II d.C. claramente mostra que o Cânon estava completo, embora estivesse sujeito à crítica e canonização de certos livros.

O mais antigo e decisivo testemunho é o do historiador judeu Flávio Josefo, que cerca do ano 90 escreve o seguinte: "Porque nós não temos (como têm os gregos) miríades de livros discordantes e contraditórios entre si, mas apenas vinte e dois... em que justamente se acredita. Cinco destes são os livros de Moisés, que compreendem as leis e as tradições da origem da humanidade até à sua morte. Os profetas que foram depois de Moisés escreveram em treze livros o que sucedera no tempo em que viveram. Os restantes quatro livros encerram hinos a Deus e preceitos, para conduta do homem". No contexto mostra bem Josefo a reverência que os seus conterrâneos votavam às coleções de livros santos, não ousando pessoa alguma "acrescentar, ou remover, ou alterar alguma sílaba". Por este tempo, pois, estava virtualmente formado o Cânon. O testemunho de Josefo é o mais notável, porque ele escreve em grego para os gregos. Estes e ele conheciam muito bem a versão dos Setenta.

Que o Cânon estava completo muito antes do ano 90 (d.C.), torna-se isso evidente pela leitura do Evangelho. Não é preciso falar neste lugar da reverência que Cristo e os seus apóstolos davam às Escrituras do Antigo Testamento, nem dizer até que ponto, ou por citações ou por alusões, as mesmas Escrituras são achadas no Novo Testamento.

A TRANSMISSÃO DO TEXTO DO ANTIGO TESTAMENTO

No ano de 1477 (d.C.), vinte e sete anos depois da descoberta da imprensa, apareceu publicada uma porção da Bíblia Hebraica, o Livro dos Salmos. Em 1488 achava-se completa a impressão da Bíblia Hebraica. Para o fim da nossa investigação devemos certamente passar do texto impresso para os manuscritos que o precederam, e formar retrospectivamente até onde pudermos a história do sagrado texto, que de séculos a séculos foi transmitido pelo trabalho dos copistas.

Encontramos logo dois fatos importantes: 1) O primeiro manuscrito que foi preservado é o dos últimos profetas, datado de 916 d.C., ao passo que o mais antigo de todo o Antigo Testamento é de 100 anos mais novo, de 1010 d.C. Ambos se acham na Livraria Imperial de

S. Petersburgo. 2) Os manuscritos existentes não mostram divergência alguma no texto. Possuímos então do século X para cá, um texto fixo do Antigo Testamento.

A diferença entre a história textual do Antigo e do Novo Testamentos é notável. Os mais antigos manuscritos do Testamento grego podem ser datados do ano 350, isto é, quase 300 anos depois que os livros foram escritos.

Ora, esta inalterabilidade do Antigo Testamento nos revela a fidelidade com que os copistas fizeram os seus trabalhos, guardando o tesouro, que lhes havia sido confiado, daqueles perigos de corrupção, que são inevitáveis na cópia e transmitindo através dos tempos o texto, letra por letra, como o tinham recebido. Até o estranho desaparecimento dos mais antigos manuscritos tem sido atribuído à mesma fidelidade: diz-se que, quando demasiadamente gastos pelo uso, eram destruídos com receio de que sofressem alguma profanação.

FIDELIDADE NA CÓPIA

Há nos manuscritos hebraicos e nas nossas Bíblias curiosas indicações sobre a exata fidelidade com que era reproduzido o manuscrito original. Algumas palavras têm sobre si estranhos sinais, que não se compreendem, talvez originados numa acidental agitação da pena, mas fielmente repetidos em cada cópia.

Algumas vezes achamos uma letra, que é quase duas vezes maior do que as ordinárias, e outras vezes é uma letra desusadamente pequena, certamente uma perpetuação de mera casualidade. Acontece também aparecer uma letra sobre a linha. Os livros têm apenas notas, assentando o número de palavras e a palavra do meio. Em adição ao que há nas nossas Bíblias, existem enormes coleções de notas massoréticas tratando de assuntos como este: Quantas vezes cada letra do alfabeto hebraico ocorre no Antigo Testamento, e quantos versículos encerram todas as letras do alfabeto. Tudo isto nos enche de espanto, e reclama a nossa gratidão pelo grande cuidado com que estes homens realizaram a obra de preservar o sagrado texto. Em parte, posto que pequena, também nos transmitiram autorizada crítica do texto. Fazem-nos saber que o texto perpetuado não é sem defeito; aqui e ali uma palavra deve ser introduzida ou mudada, ou posta de parte. Mas todo esse criticismo tradicional, e pouca causa é, está na margem: o texto é tratado com tanta veneração que não se lhe toca, ainda mesmo quando haja a declaração de não estar bem.

MANUSCRITOS

Os mais antigos manuscritos dos livros do Novo Testamento foram, sem dúvida, escritos em papiro, matéria frágil, que depressa se estraga com o manuseio, e que somente se conserva em excepcionais condições num clima seco como o do Egito.

Recentes escavações no Egito têm sido extraordinariamente frutíferas na descoberta de fragmentos de papiros. O professor Weissmann, de Heidelberg, diz: "Os escritos não literários (isto é, arrendamentos, contratos, cartas, exercícios escolares, etc.) são tantos e tão variados como a própria vida. Os escritos em grego, contando-se por milhares, abrangem um período de quase mil anos. Os mais antigos vão até aos primeiros Ptolomeus, isto é, até ao século III (a.C.); e há outros dos primeiros tempos do império Bizantino. Toda a variável cena da história grega e romana do Egito, durante tão longo período, passa nestas folhas diante dos nossos olhos".

Nenhuma produção literária da antiguidade é enriquecida de tão grande número de manuscritos como o Novo Testamento. Os que estudam os clássicos ficariam muito contentes se pudessem ser tão felizes como Homero ou Sófocles, como Platão ou Aristóteles, como Cícero ou Tácito, como são os estudantes da Bíblia com o seu Novo Testamento. Os mais antigos e completos manuscritos de Homero que possuímos, são do século XIII (d.C.), e somente separados fragmentos de papiro pertencem aos tempos de Alexandre. Tudo o que possuímos de Sófocles devemo-lo a um único manuscrito do oitavo ou nono século, existentes em Florença, na Livraria Laurenciana. Mas a respeito do Novo Testamento são 3.829 manuscritos catalogados até aos nossos dias.

No século IV o uso do pergaminho em vez de papiro para manuscritos importantes, deu a estes pela primeira vez uma forma permanente; e ao mesmo tempo a conversão de Constantino Magno fez que houvesse uma cuidadosa e mesmo brilhante produção de escritos cristãos. O codex, em vez de forma rolo, foi também adotado, e assim já as Escrituras do Novo Testamento

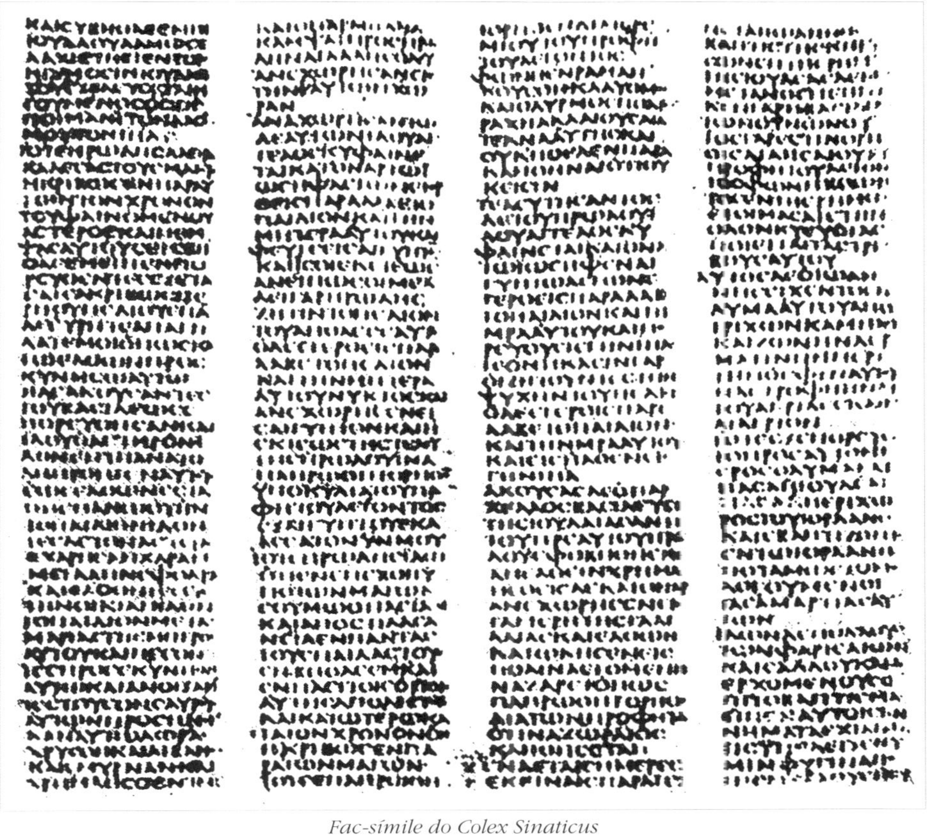

Fac-símile do Colex Sinaticus

podiam, pela primeira vez, ser convenientemente ajuntadas num único volume. Eusébio afirma, no seu livro Vida de Constantino, que o Imperador mandou fazer cinqüenta exemplares das Escrituras em pergaminho para as igrejas da sua nova capital.

Os manuscritos do Novo Testamento acham-se divididos em duas classes, a *uncial*, ou escrita em letras maiúsculas, e a *cursiva*, ou escrita em letras minúsculas. Geralmente falando, a primeira classe de manuscrito é mais antiga, embora se possa dizer que, sendo alguns unciais do século X, e alguns cursivos do século IX, se aproximam na data das duas classes.

É questão de grande interesse saber como determinar a idade dum manuscrito. Para isso pode tomar-se nota especial do que vai dizer-se.

MAIS NOTAS SOBRE DATAS

No ano 459, Eutálio, diácono de Alexandria, publicou uma edição das epístolas de S. Paulo, divididas em capítulos, com o sumário do seu conteúdo. Do mesmo modo no ano 490 dividiu ele os Atos e as Epístolas católicas. Ele próprio afirma que pôs sinais nos manuscritos, copiados sob a sua vigilância, costume que não se generalizou até ao século VIII. Ajuntou também às Epístolas Paulinas as assinaturas, que ainda se acham na versão inglesa.

Para tornar os manuscritos mais legíveis, Eutálio dividiu-os em linhas, constando alguns casos de tantas letras quantas podiam ser colocadas em toda a largura duma página, e noutros de tantas palavras quantas podiam ser lidas sem interrupção.

Este modo de escrever tornou-se bem depressa geral. Todavia no século VIII as linhas deixaram de ser escritas em separado, e eram indicadas somente por pontos. No mesmo século foram introduzidos outros sinais de pontuação, e mais tarde foram omitidos os pontos sticométricos.

Pelo mesmo tempo as letras principiaram a ser apertadas, e levemente inclinadas. No século X foram bastante notadas estas alterações; no século IX foram introduzidos o ponto de interrogação e a vírgula; e no século X o modo uncial de escrever quase foi substituído pelo cursivo. Pode acrescentar-se que a nossa moderna divisão em capítulos é atribuída a Estêvão Langton (falecido em 1228), e que os versículos são devidos a Roberto Stephens, 1551.

Destes fatos várias regras se deduzem:

Um manuscrito em caracteres cursivos não é mais antigo do que o século X, ou, em alguns raros casos, o século IX.

Um manuscrito de unciais apertados ou inclinados, com pontos de interrogação ou vírgula, não é mais antigo do que o século IX.

Um manuscrito de letras unciais, dividido em linhas ou acentuado, ou com as divisões ou títulos ou assinantes eutalianas, não é mais antigo do que o século V.

Um manuscrito com cânones de Eusébio não é mais antigo do que o século IV.

OS PRINCIPAIS MANUSCRITOS UNCIAIS DO SÉCULO IV ao X

Sinaiticus. Descoberto por Tischendorf no Convento de Santa Catarina, no Monte Sinai, em 1859, Século IV. Contém o Antigo Testamento (grego) e todo o Novo Testamento; e também as Epístolas de Barnabé, e uma parte do Pastor de Hermas. Existe agora em S. Petersburgo. Foi publicado em 1862 em quatro volumes, em tipo fac-símile; e também em Leipsic, em quarto, em 1863, em 8º em 1864, tipo comum.

Alexandrinus. Oferecido ao rei Carlos I da Inglaterra por Círilo Lucar, Patriarca de Constantinopla, em 1627. É do meado ou do fim do século IV. Contém o Antigo Testamento (grego), e o Novo desde Mateus 25.6, havendo ainda algumas omissões (Jo 6.50 — 8.52, 2 Co 4.13 — 12.6); e também a primeira Epístola de Clemente de Roma com uma pequena parte da segunda (uma homilia). Existe no Museu Britânico. Publicado por Woide, 1786; pelos administradores do Museu Britânico, fac-símile fotográfico, 1879; e em tipo comum, 1860 (Cowper), e em 1864 (Hansell).

Vaticanus. Colocado na Livraria do Vaticano, em Roma, pelo Papa Nicolau (1477 – 1455). século IV. Contém o Antigo Testamento em grego (com omissões), e o Novo Testamento até Hebreus 9.14; encerra as Epístolas Gerais, mas faltam-lhe as Pastorais e Filemom, e o Apocalipse. Foi publicado pelo Cardeal Maí, cinco vol., em fólio, em 1857; em tipo fac-símile por ordem de Pio IX, em 1872; e fotografado em 1889. Foi publicada uma edição em tipo comum por Tischendorf (1867), a qual segue o manuscrito, linha por linha.

Ephraemi. Um palimpsesto, resultante de terem sido diversas obras de Enfraim da Síria copiadas sobre o texto original no décimo segundo século. Felizmente a tinta do último copista era de menos duração que a do primeiro. Foi escrito no século IV, provavelmente no Egito. Contém fragmentos do Antigo Testamento, e todos os livros do Novo (com grandes omissões), à exceção da 2ª Epístola aos Tessalonicenses e da 2ª de João existe na Biblioteca Nacional de Paris. Foi publicado, tanto quanto se podia decifrar, por Tischendorf, em 1843.

Bazae. Grego e latim, em colunas paralelas. Foi descoberto no Mosteiro de S. Irineu, em Lião, e oferecido à Universidade de Cambridge, em 1581, por Teodoro Beza. Escrito provavelmente pelos princípios do século VI. Contém (com omissões) os Evangelhos e os Atos. É notável pelos seus desvios do texto comum, e pelas edições. Existe na Biblioteca da Universidade de Cambridge. Publicado em tipo fac-símile por Kipling, em 1793; e em fac-símile fotográfico, em 1899; e também o Dr. Scrivner publicou uma edição, em tipo comum, em 1864.

Claromontanus. Descoberto em Clermont, perto de Beauvais, donde lhe vem o nome. Foi escrito no século VI. Está em grego e latim, como o Codex Bezae, e é um suplemento àquele manuscrito por compreender as Epístolas Paulinas (com omissões) e a Epístola aos Hebreus. E são estes os únicos livros do Novo Testamento que inclui. O trabalho de vários copistas posteriores se percebe no manuscrito. Existe na Biblioteca Nacional de Paris. Publicado por Tischendorf, em 1852.

Os PRINCIPAIS MANUSCRITOS CURSIVOS

Como era cada vez maior a procura de manuscritos do Novo Testamento, tornava-se necessário empregar outra forma de escrita, com letra menor e fácil. Esta necessidade foi remediada introduzindo a letra corrente ou "cursiva", que já se empregava na correspondência comercial e doutra espécie. E assim aparecem as formas minúsculas em contraste com as maiúsculas, ou capitais, dos mais antigos manuscritos. Rigorosamente falando, o termo "minúsculo" aplica-se à forma menor das letras, e o "cursivo" à junção das mesmas no ato de escrever, mas, como estes dois modos concorrem na prática, aquelas palavras são muitas vezes empregadas indistintamente. Durante quase dois séculos se usaram uncial e o cursivo, mas pouco a pouco foi prevalecendo a última forma. E foi nesta letra que chegou até nós a grande maioria dos manuscritos do Novo Testamento, os quais principiaram a escrever-se assim no século IX, terminando pelo tempo da descoberta da imprensa.

A TEORIA DA EVOLUÇÃO

Um capítulo do livro, "No Man Can Make A Seed", da autoria do evangelista C. M. Ward, de "Revivaltime" (Tempo de Avivamento).

A verdadeira ciência não entra em choque e contradição com a Palavra de Deus. Mas a Bíblia se refere às "...contradições do saber, como falsamente lhe chamam..." (1 Tm 6.20). Os cientistas jamais descobrirão qualquer coisa que contradiga a infalível e inerrante Palavra de Deus.

A evolução nunca foi confirmada pela ciência como um fato.

A ciência lança mão de três classificações de idéias. Essas são a hipótese, a teoria e a lei.

Uma hipótese não passa de uma opinião aprimorada.

Quando uma hipótese é submetida a intensas investigações, a testes completos e contínuos, e quando permanece crível depois de tal exame, então se torna uma teoria.

Quando uma teoria suporta testes constantes e universais, tornando-se confirmada acima de qualquer dúvida como um fato, então passa a ser reputada uma lei.

A evolução não é uma lei e nem mesmo uma teoria. Não passa de uma hipótese. Refiro-me aqui à evolução segundo foi definida por Le Conte: "Uma mutação contínua e progressiva, de conformidade com certas leis, por meio de forças residentes". A verdade é que nenhum cientista de nomeada pode asseverar que a evolução já foi confirmada como um fato científico.

Lady Hope conta que de certa feita visitou Darwin, criador da hipótese da evolução, pouco antes do falecimento dele. Encontrou-o a ler o livro bíblico "Aos Hebreus", que ele declarava ser o maior livro que jamais se escreveu. E acrescentou que havia escrito a obra "Origem das Espécies" a todo tempo pondo em dúvida suas opiniões arbitrárias, mas que, para sua grande surpresa, os homens fizeram delas uma religião.

Por mais de oitocentas vezes, no seu livro famoso, "Origem das Espécies", Charles Darwin escreveu: "Portanto... daí... suponhamos... pode ser... seja-nos permitido concluir... etc."

O Dr. R. A. Millikan, eminente físico, discursando ante a Sociedade Química Norte-Americana, fez a seguinte declaração: "O que é mais patético, em torno dessa questão, é que muitos cientistas estão procurando provar que a evolução é uma verdade, o que nenhum homem de ciência pode fazer".

São cinco os argumentos principais, apresentados pelos evolucionistas, como bases de sua crença. Esses cinco argumentos são: (1) A hipótese da recapitulação embrionária; (2) os fósseis; (3) a anatomia comparada; (4) a distribuição geográfica e (5) variações e mutações.

A idéia da recapitulação embrionária já caiu inteiramente por terra. Essa noção foi exposta por Enrst Heinrich Haeckel. Trata-se da suposição que o embrião de um mamífero qualquer passa através de diversos estágios que se assemelham, em sucessão, às formas mais inferiores de vida, das quais os mamíferos teriam evoluído. Por exemplo, de conformidade com essa hipótese, o feto humano se assemelharia gradativamente a um peixe, a um anfíbio, a um réptil e a um quadrúpede mamífero.

O professor W. R. Breneman, da Universidade de Indiana, nos EUA, observou: "Se estivesse correta a teoria de Haeckel, então ser-nos-ia possível responder a todas as questões referentes à ascendência animal e à evolução, estudando o desenvolvimento embrionário de determinadas formas. Hoje, entretanto, o pêndulo da opinião dos biólogos se tem inclinado para o outro extremo".

O professor A. F. Huettner, do Queen's College, de Nova Iorque, asseverou: "Como lei, esse princípio tem sido posto em dúvida. Tem sido sujeitado a um cauteloso escrutínio, e temo-lo encontrado em falta. Está sujeito a exceções em número demasiado".

O Dr. Jane Oppenheimer, do Bryn Mawr College, diz: "Há certo número de embriologistas que atualmente põe em dúvida se os ataques contra a teoria da recapitulação embrionária são realmente necessários. Pois certamente há certo número de compêndios recentes que, apesar de continuarem descrevendo essa doutrina, ao mesmo tempo a refutam, e vai diminuindo sensivelmente o número daqueles que a consideram viável".

Os evolucionistas adoram os fósseis. Aceitam-nos como uma evidência "prima facie". Mas esquecem-se do que Deus fez com a mulher de Ló. Deus a transformou em um fóssil num único momento. O tempo é servo de Deus.

Diferentemente do que vínhamos sendo ensinados há algumas décadas, os fósseis não são encontrados arranjados em uma ordem cronológica definida. As mais remotas eras geológicas exibem remanescentes fósseis das formas mais inferiores e mais superiores de vida, lado a lado.

O professor Le Conte, da Universidade de Califórnia, nos EUA, opinou: "A evidência que hoje possuímos, com base na geologia, é que as espécies animais vieram à existência subitamente, e completamente perfeitas".

O professor W. Branco, do Instituto de Paleontologia de Berlim, na Alemanha, disse: "A paleontologia nada nos desvenda sobre o assunto. Desconhece quaisquer ancestrais do homem. Todas as provas, colhidas até o momento, mostram que o homem apareceu de imediato, como homem verdadeiro e completo".

Joachim Barrude, geólogo suiço, declarou: "A composição da fauna verdadeira parece ter tido o propósito específico de contradizer tudo quanto as teorias evolucionárias nos tentam fazer acreditar, no tocante à primeira aparição e primitiva evolução das formas de vida à face da terra".

O professor Dana emitiu o seguinte parecer: "O ensino atual da geologia é que o homem não é uma feitura da natureza. Toda a evidência fornece-nos a mais ampla segurança de que o homem deve a sua existência a um ato especial do Ser Infinito cuja imagem o homem reflete".

Sir Roderick Murchinson, partidário da teoria da evolução, disse: "Conheço tanto sobre a natureza, em suas eras geológicas, como qualquer outro homem vivo, e declaro sem o menor receio de errar que os nossos registros geológicos não nos armam com uma sílaba sequer de evidência em apoio à teoria de Darwin".

Os evolucionistas supõem que em face do fato do homem ter, em comum com outros animais, muitos ossos e músculos e órgãos, os quais são um tanto parecidos entre si, que isso prova que o homem descende dos animais irracionais.

Porém, esse mesmo argumento provaria que o carrinho de mão se desenvolveu na bicicleta, em seguida na motocicleta, que a motocicleta evoluiu para o automóvel, o automóvel para a locomotiva, e esta, por sua vez, para o avião a jato, porque todos esses veículos possuem rodas.

Por qual motivo o homem não poderia ter sido criado um tanto semelhante, quanto ao físico, aos animais inferiores? É mister que ele ande, trabalhe, coma e se propague da mesma maneira. O mesmo todo-sábio Arquiteto que concebeu o modelo dos animais irracionais, também traçou os planos para o homem e o criou. "Tudo foi criado por meio dele e para ele. Ele é antes de todas as coisas. Nele tudo subsiste" (Cl 1.16,17).

O Dr. Austin H. Clark declarou: "No que tange aos grupos superiores de animais, os criacionistas parecem estar com o argumento certo. Porquanto não há a mais leve evidência de que qualquer dos grupos principais de animais se tenha originado de outro. Cada um é um complexo animal todo especial, mais ou menos intimamente relacionado com todo o resto, e destacando-se, portanto, como uma criação distinta e especial".

No que diz respeito às variações, isso ocorre por desígnio, e não denota mutação de uma espécie para outra.

O professor Etheridge, do Museu Britânico, de Londres, Inglaterra, disse: "Em todo este grande museu, não existe uma partícula sequer de evidência sobre a transmutação das espécies. Este museu está repleto de provas quanto à falsidade desse ponto de vista".

O Dr. N. S. Sholer, professor de geologia, na Universidade de Harvard, nos EUA, declarou: "Ainda não se pôde provar que uma única das espécies se firmou por motivo de seleção natural".

O Dr. Warren, da Universidade de Califórnia, nos EUA, afirmou sobre a teoria da evolução: "Se esta fosse autêntica, certamente contaríamos ao menos com alguns poucos exemplos da evolução de uma espécie para outra — porém, nunca se encontrou um único caso assim".

Lembre-se, pois, que existem muitos cientistas de nomeada que aceitam a teoria da evolução, mas não por motivo de bases científicas.

Sir Arthur Keith expressou essa posição: "A evolução nunca foi e nem poderá ser comprovada. Cremos nela porque é a única alternativa a uma criação especial, e esta é inaceitável".

O grande perigo que reside na teoria da evolução depende da aceitação dessa falsa hipótese e de sua aplicação à estrutura social. Sistemas inteiros de educação e de teologia têm sido fundamentados sobre essa filosofia errônea, que nem ao menos chega a ser uma ciência. Deus pôs todas as coisas terrenas sob os pés do homem; mas o homem não está satisfeito, por ser meramente um despenseiro na criação de Deus. O homem deseja ocupar o trono de Deus.

O resultado dessa atitude se evidencia facilmente. Os homens "... se tornaram nulos em seus próprios raciocínios, obscurecendo-se-lhes o coração insensato" (Rm 1.21).

Essa falta filosofia da evolução, com sua doutrina da sobrevivência dos mais aptos, já lançou este mundo em duas guerras globais sanguinárias, e agora ameaça, com sua doutrina de ateísmo e de humanismo sem Deus, engolfar o mundo no comunismo ateu.

A ARCA DE NOÉ

Há errôneo conceito, quase universal, que labora em torno da arca de Noé. Em certa cidade mediana, onde a Bíblia está sendo ensinada como currículo do ginásio, uma professora devotou três dias consecutivos ao estudo e reconstrução imaginária da arca de Noé, e então fez uma série de perguntas sobre o assunto inteiro. As perguntas, em número de vinte, tinham por intuito destacar somente aqueles pontos da narrativa que usualmente são críveis. No fim do teste, de cada aluno se indagou quantas das perguntas poderia ter respondido um mês antes. Mais de cinqüenta por cento deles respondeu: "Nenhuma". Sessenta e sete por cento respondeu de "Nenhuma" para "Três". Apenas três alunos, dentro de um total de sessenta e dois, no começo desse estudo, foram capazes de encontrar qualquer falta nas absurdas figuras da arca de Noé que se encontram em quase qualquer livro ilustrado na Bíblia ou de histórias bíblicas (ver p. 555) e até mesmo esses três tinham idéias muito inadequadas sobre a arca.

Para quase todos aqueles jovens, mesmo depois de ter-lhes sido permitido que relessem a narrativa do dilúvio, no livro de Gênesis, aquela casa flutuante, divinamente planejada, que incluía quatro famílias humanas, com pelo menos mil e setecentos pares de mamíferos, talvez dez mil pássaros, além de répteis, insetos e alimentação para todas essas criaturas, pelo espaço de um ano e dez dias, parecia como pouco mais que uma das armadilhas mais mal pensadas, imundas e sem conforto que se possa imaginar. As originais descrições desses alunos apresentavam a arca como um barco das dimensões de um celeiro comum de fazenda, de tamanho moderado; dentro do qual haveria um ambiente quase hermeticamente fechado, não fora uma minúscula janela posta em algum lugar no telhado; absolutamente escuro e apertado, excetuando aquela mesma minúscula janela, que dava alívio para o conglomerado de homens e animais, que encheria os três andares da arca praticamente até o teto.

O barco teria ficado tão densamente ocupado que não podia haver lugar disponível para currais, gaiolas e ninhos, porque parece que o espaço por baixo dos animais de maior porte deveria ter sido utilizado pelos menores, ao passo que os insetos e os pássaros zumbiam pelo ar; e os maus odores devem ter sido indescritíveis.

Qualquer jovem capaz de refletir, e que tenha conhecimento das condições necessárias de higiene, ventilação e medidas sanitárias, ou que já ouviu falar no Buraco Negro de Calcutá, deve saber que exceto tivesse havido um grande milagre, nenhuma vida poderia ter subsistido nem mesmo por três semanas em tal lugar, conforme a maioria das pessoas compreende que a arca de Noé teria sido. Assim sendo, como poderíamos acreditar que milhares de vidas foram sustentadas em tal lugar pelo espaço de trezentos e setenta e cinco dias?

Nas próprias Escrituras não aparece o menor indício, quanto à narrativa da arca de Noé, que teria sido operado um milagre divino para manter condições saudáveis e de sobrevivência na mesma. Tratava-se de um maior vaso do que a maioria das embarcações que geralmente cruzam os oceanos hoje em dia. Dentre trezentos e quarenta e sete grandes navios a vapor, registrados com tonelagem de dez mil toneladas ou mais, há menos de vinte e cinco deles cuja profundidade e largura sejam maiores do que o da embarcação que Noé construiu; e foi somente nestes últimos poucos anos que o comprimento dos navios transatlânticos foi aumentado, em proporção à sua profundidade e largura, acima das proporções da arca que sobreviveu ao dilúvio.

Antes do ano de 1609, quando Peter Jansen, da Holanda, construiu o primeiro grande navio que seguia o modelo da arca de Noé, os vasos transatlânticos eram geringonças desajeitadas, e as perdas no mar eram constantes. Porém, o "novo" padrão revolucionou a ciência da construção de navios; pois descobriu-se que uma embarcação construída segundo aquele antigo modelo dado por Deus, podia transportar nada menos de um terço a mais de carga que os navios então em utilização. Por volta de 1890 dificilmente se poderia encontrar um navio de alto mar que não tivesse sido construído de acordo com as proporções quase exatas da arca de Noé. Desde esse tempo, a tendência tem sido aumentar o comprimento dos barcos, em proporção à altura e à largura, para aumentar a velocidade de deslocamento — uma questão com a qual Noé, não se preocupava. Por exemplo, o "Leviathan", o maior de todos os navios a vapor do mundo se compara com a arca de Noé dentro das seguintes proporções:

"Leviathan" — 290 metros de comprimento; 30,5 metros de largura; e 32 metros de altura.

"Arca de Noé" — 171 metros de comprimento; 28,5 metros de largura; e 17 metros de altura.

Todavia, Noé não precisava de nenhum "Leviathan", pois a embarcação que ele construíra era suficientemente cômoda. Se ele tivesse reservado metade do espaço que se dispensa aos modernos transatlânticos, para cada mamífero, como um cavalo — e diz-se que o mamífero médio não é maior do que um gato caseiro — então haveria espaço disponível para todos eles no primeiro andar. No segundo andar certamente havia espaço suficiente para os répteis, os insetos e os suprimentos de alimento, sem que houvesse qualquer perigo de uns interferirem com os outros, porquanto Noé fez "compartimentos" dentro da arca, a fim de proteger e restringir os animais, segundo a necessidade.

No terceiro andar havia acomodações abundantes para as quatro famílias viverem em separado, com talvez os dez mil pássaros, em gaiolas, a cantar para elas. Deus não haveria de exigir de Noé e de seus filhos que todos vivessem juntos, porque a ordem divina, anteriormente baixada, é que um filho deixasse pai e mãe e se ajuntasse à sua esposa. De fato, dentro daquele único andar poder-se-iam ter construído trinta e dois modernos "bangalows" de cinco dependências, deixando ainda amplo espaço, entre eles, para calçadas, varais de secar roupas e latas de lixo.

Certos alunos ginasianos que reconstituíram uma arca de Noé imaginária, nas ruas de sua cidade, descobriram que a arca tinha um quarteirão e meio de comprimento; que a largura ia da entrada das portas das casas de um lado de uma rua larga, à entrada das portas das casas do outro lado da mesma, e que era tão alta como o Palácio de Justiça da cidade. Na arca havia "compartimentos" — apartamentos, currais, gaiolas, abrigos, segundo era requerido pela natureza de seus ocupantes. Noé teve à sua disposição nada menos de cento e vinte anos para construir essa estrutura, e uma semana para enchê-la de seus ocupantes — dois de cada dos animais imundos, e sete de cada dos animais limpos.

Mas talvez nenhuma idéia ilusória a respeito da arca de Noé é tão errônea e tão prejudicial como a que diz respeito às suas janelas, porquanto sem luz e sem ar, a narrativa continuaria incompatível para com as escrupulosas exigências de higiene que o livro de Levítico nos mostra ser uma das características de Deus. Havia apenas "uma janela" na arca de Noé, e esta tinha apenas "um côvado", ou seja, cerca de quarenta e cinco centímetros. O autor sagrado não precisou dar-nos, em números, qual o comprimento da janela, porquanto o comprimento fica subentendido, dentro da frase: "Farás ao seu redor uma abertura de um côvado de alto..." (Gn 6.16 ARA). Em outras palavras, a janela tinha um côvado de altura, e se estendia ao redor da arca, em cada andar, imediatamente abaixo do nível do teto, dando a cada andar uma janela de cerca de quatrocentos e oitenta metros quadrados; e havia três andares ao todo na arca. Também havia uma porta para cada andar, posta ao lado da arca. Os arquitetos e construtores modernos não poderiam melhorar essa estrutura, quer no ponto de vista de admissão de luz, quer no ponto de remoção dos odores, ou de circulação de ar.

Essa é a arca de Noé, cômoda, adequada, sanitária, divinamente planejada. Após quarenta séculos as excelências da grandiosa arca de Noé só foram equiparadas pelos modernos navios construídos pelos melhores estaleiros do mundo quando estes foram modelados segundo o plano da arca de Noé.

CONHEÇA A GEOGRAFIA DOS CRISTÃOS PRIMITIVOS

EXEMPLO DE CITAÇÕES DOS MAPAS:

Para achar a cidade de ÉFESO no mapa, procure o verbete "Éfeso" (p. 183), onde se encontra a legenda, "mapa 6, D-2". A letra "D" e o número "2" se acham às margens dc mapa 6 e designam o local de Éfeso no mapa.

1

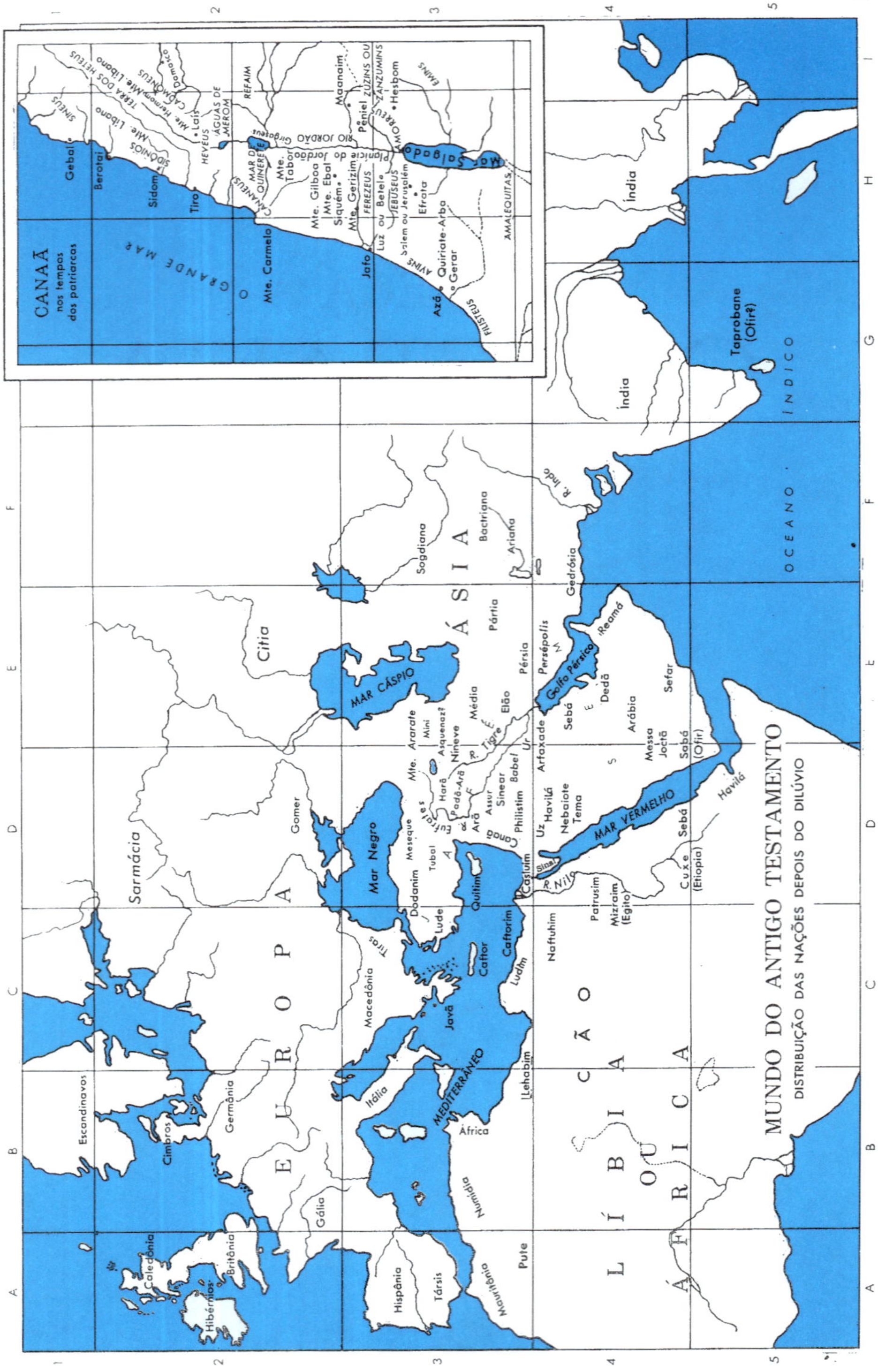

MUNDO DO ANTIGO TESTAMENTO
DISTRIBUIÇÃO DAS NAÇÕES DEPOIS DO DILÚVIO
CANAÃ
nos tempos dos patriarcas
EUROPA
ÁSIA
LÍBIA OU ÁFRICA
OCEANO ÍNDICO
MAR NEGRO
MAR CÁSPIO
MEDITERRÂNEO
MAR VERMELHO
Golfo Pérsico
GRANDE MAR
Mar Salgado
Escandinavos
Caledônia
Britânia
Hibérnios
Cimbros
Germânia
Sarmácia
Gália
Hispânia
Társis
Mauritânia
Numídia
Pute
Itália
Macedônia
Javã
Tiras
Gomer
Citia
Dodanim
Lude
Tubal
Meseque
Quitim
Caftor
Caftorim
Ludim
Lehabim
Africa
Naftuhim
Patrusim
Mizraim (Egito)
Cuxe (Etiópia)
Casluim
Sinai
R. Nilo
Canaã
Philistim
Arã
Padã-Arã
Harã
Eufrates
Assur
Sinear
Babel
Ur
Arfaxade
Nínive
Asquenaz?
Mini
Ararate
Média
Elão
Pérsia
Persépolis
Pártia
Ariana
Bactriana
Sogdiana
Gedrósia
Reamá
Dedã
Sebá
Sefar
Arábia
Messa
Joctã
Sabá (Ofir)
Havilá
Uz
Nebaiote
Tema
Índia
R. Indo
Taprobane (Ofir?)
Gebal
Berotai
Sidom
Tiro
SIDÔNIOS
Mte. Líbano
HEVEUS
Laís
ÁGUAS DE MEROM
MAR DE QUINERETE
Mte. Carmelo
Mte. Tabor
Mte. Gilboa
Mte. Ebal
Siquém
Mte. Gerizim
Planície do Jordão
RIO JORDÃO
FEREZEUS
JEBUSEUS
CANANEUS
Luz ou Betel
Salem ou Jerusalém
Efrata
Quiriate-Arba
Gerar
Jafo
Azã
AVINS
FILISTEUS
AMALEQUITAS
Peniel
Maanaim
Hesbom
ZUZINS OU ZANZUMINS
EMINS
REFAIM
Damasco
TERRA DOS HETEUS
SINEUS

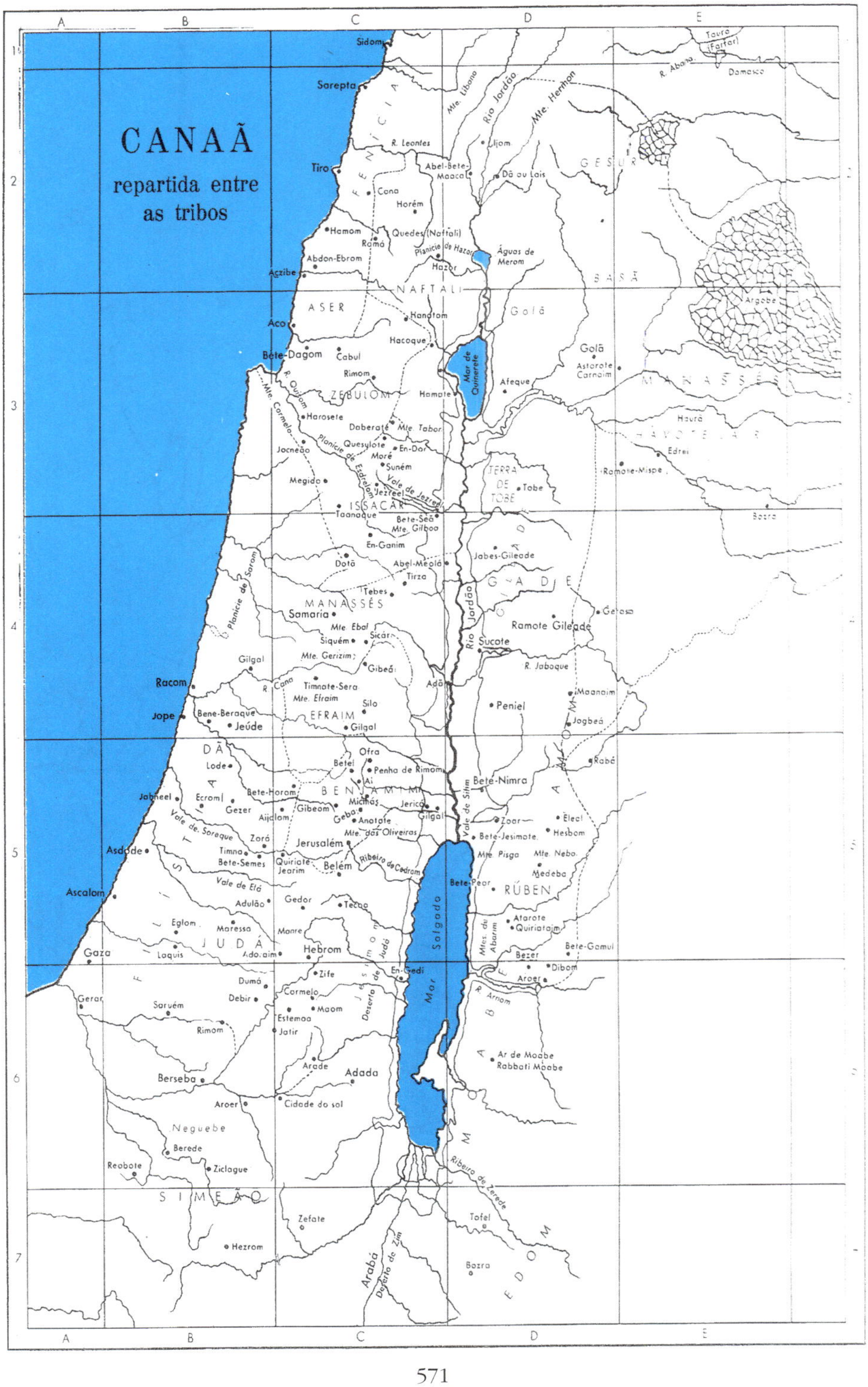
CANAÃ
repartida entre
as tribos
Sidom
Sarepta
Tiro
Aczibe
Aco
Bete-Dagom
Racom
Jope
Asdode
Ascalom
Gaza
FENÍCIA
R. Leontes
Cona
Horém
Hamom
Ramá
Quedes (Naftali)
Abdon-Ebrom
Planície de Hazor
Hazor
NAFTALI
ASER
Hanotom
Hacoque
Cabul
Rimom
ZEBULOM
Hamate
R. Quisom
Mte. Carmelo
Harosete
Daberate
Mte. Tabor
Quesulote
Moré
En-Dor
Suném
Jocneão
Planície de Esdrelom
Megido
Vale de Jezreel
Jezreel
ISSACAR
Taanaque
Bete-Seã
Mte. Gilboa
En-Ganim
Dotã
Abel-Meolá
Tirza
Tebes
MANASSÉS
Samaria
Mte. Ebal
Siquém
Sicár
Mte. Gerizim
Gibeá
Gilgal
Planície de Sarom
R. Caná
Timnate-Sera
Mte. Efraim
Silo
EFRAIM
Adã
Bene-Beraque
Jeúde
DÃ
Lode
Ofra
Betel
Penha de Rimom
Ai
BENJAMIM
Bete-Horom
Jabneel
Ecrom
Gezer
Gibeom
Micmás
Jericó
Aijalom
Geba
Anatote
Vale de Soreque
Zorá
Jerusalém
Mte. das Oliveiras
Timna
Bete-Semes
Quiriate-Jearim
Belém
Ribeiro de Cedrom
Vale de Elá
Adulão
Gedor
Tecoa
Eglom
Maressa
Manre
JUDÁ
Laquis
Adoraim
Hebrom
Zife
En-Gedi
Deserto de Judá
FILISTIA
Dumá
Debir
Cormelo
Maom
Gerar
Saruém
Estemoa
Jatir
Rimom
Arade
Adada
Berseba
Aroer
Cidade do sol
Neguebe
Berede
Reobote
Ziclague
SIMEÃO
Zefate
Hezrom
Arabá
Deserto de Zim
Mar Salgado
Mar de Quinerete
Águas de Merom
Rio Jordão
Mte. Líbano
Mte. Hermon
Ijom
Abel-Bete-Maaca
Dã ou Lais
GESUR
BASÃ
Argobe
Golã
Astarote Carnaim
Afeque
MANASSÉS
Haurã
HAVOTE-JAIR
Edrei
Ramote-Mispe
TERRA DE TOBE
Tobe
Bosra
Jabes-Gileade
GILEADE
Gerasa
Ramote Gileade
Sucote
R. Jaboque
Peniel
Maanaim
Jogbeá
Rabá
AMOM
Bete-Nimra
Vale de Sitim
Zoar
Eleal
Hesbom
Bete-Jesimote
Mte. Pisga
Mte. Nebo
Medeba
Bete-Peor
RÚBEN
Atarote
Quiriataim
Mtes. de Abarim
Bete-Gamul
Bezer
Dibom
Aroer
R. Arnom
MOABE
Ar de Moabe
Rabbati Moabe
Ribeiro de Zerede
Tofel
Bozra
EDOM
Damasco
R. Abana
Tauro (Farfar)

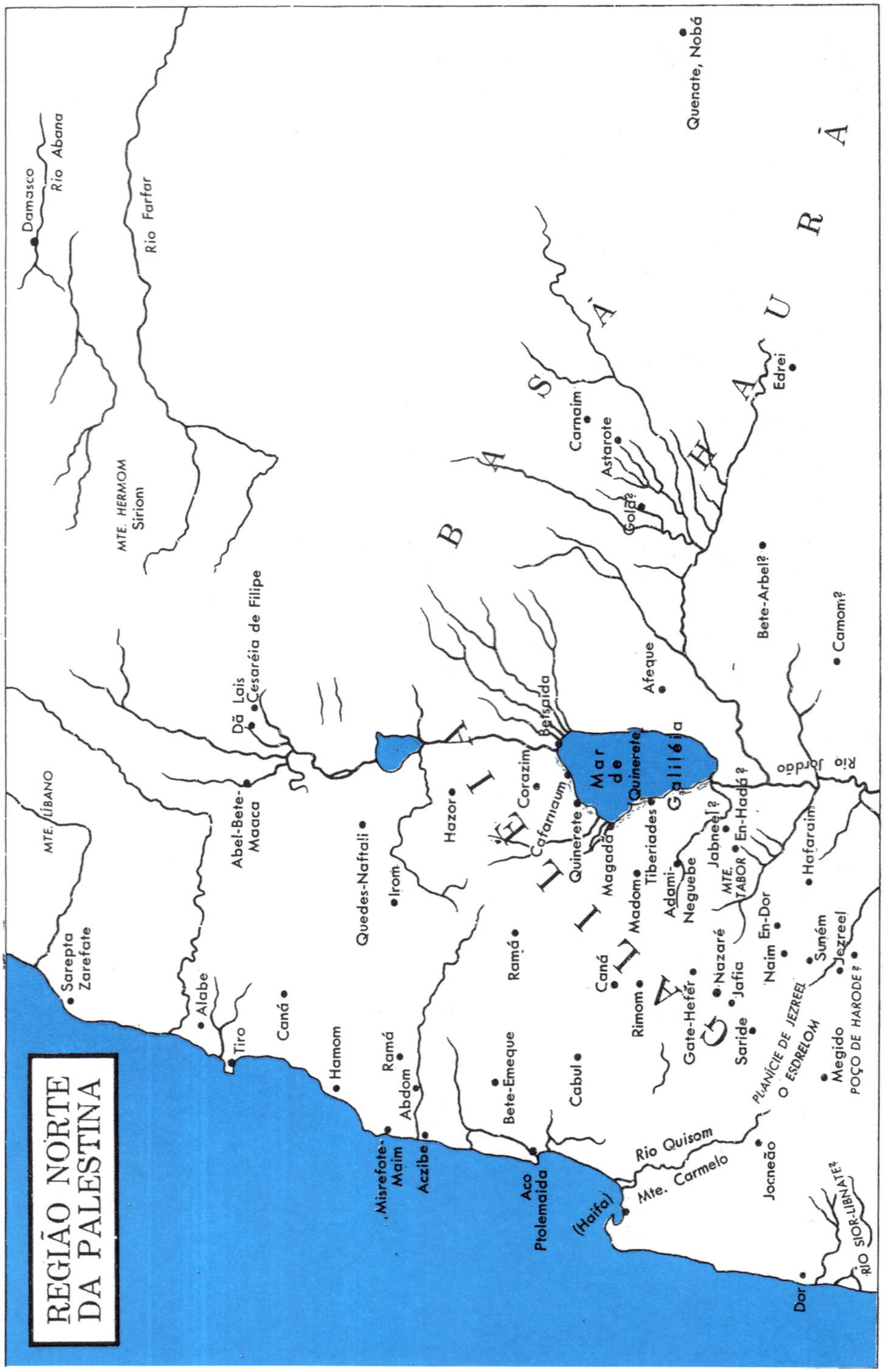

REGIÃO NORTE DA PALESTINA

4

REGIÃO CENTRAL DA PALESTINA
SAMARIA
GILEADE
AMOM
SAROM
PLANÍCIE
PLANÍCIE DE JEZREEL O ESDRELOM
Rio Jordão
Rio Jaboque
Rio Caná
RIO SIOR-LIBNATE?
MTE. TABOR
MTE. GILBOA
MTE. EBAL
MTE. GERIZIM
MTE. SEIR
MTE. NEBO PISGA
POÇO DE HARODE?
Vale de Refaim
Dor
Cesaréia
Jope (Jafa)
Racom
(Tel-Abibe)
Bene-Beraque
Ono
Lida
Jabné Jabneel
Asdode, Azôto
Ecrom?
Gibetom?
Elteque?
Timnate
Bete-Semes
Zorá
Estaol
Gezer
Aijalom
Quiriate-Jearim
Bete-Horom
Gibeom
Mispa?
Gibeá
Jerusalém
Beter
Ramá
Betel
Ai
Micmás
Geba
Pará
Anatote
Baurim
Adumim
Jericó
Naarã
Gilgal
Bete-Hogla
Bete-Arabá?
Bete-Nimra
Abel-Sitim
Bete-Arã
Bete-Jesimote
Nebo
Peor?
Hesbom
Eleale
Minite?
Jogbeá
Rabá (Amã)
Penuel?
Sucote
Adã
Afeque
Antipátride
Ebenézer?
Ramá
Arimatéia?
Timnate-Sera
Piratom?
Samaria
Soco
Jocneão
Jafia
Saride
Nazaré
Naim
En-Dor
Suném
Jezreel
Megido
Taanaque
En-Ganim
ibleã
Dotã
Tebes
Tirza?
Bezeque
Enom?
Abel-Meolá
Bete-Sã (Citópolis)
Hafaraim
En-Hadá?
Jabneel?
Gadara
Bete-Arbel?
Camom?
Hã
Ramote-Gileade
Reobe
Edrei
(Nablo)
Siquém
Sicar?
Salim?
Taanate-Siló
Janoa
Silo
Lebona
Jesana
Ofra
Atarote?
Rimom
penha
Mispa?

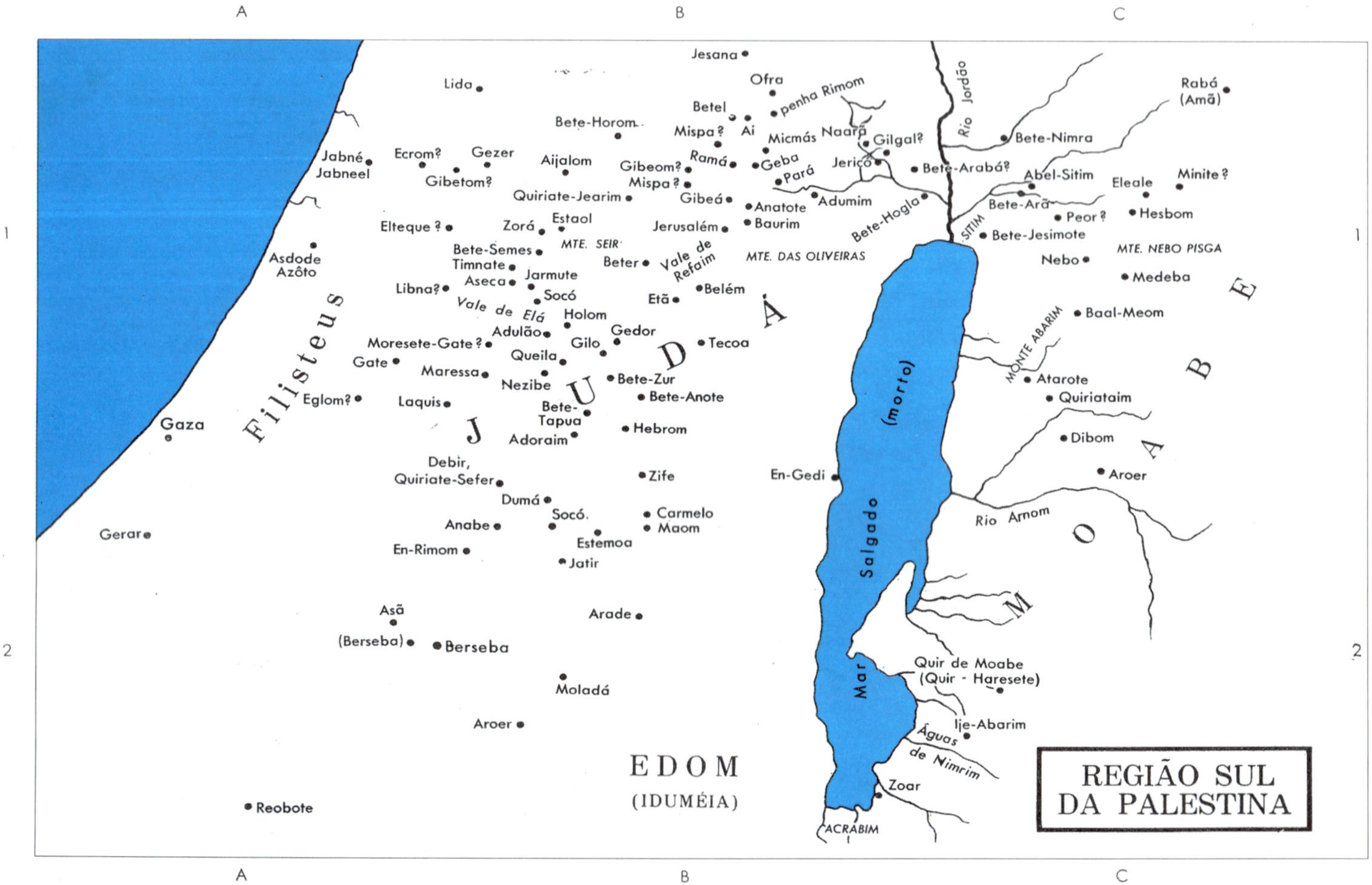
REGIÃO SUL
DA PALESTINA
A
B
C
1
2
Jesana
Lida
Ofra
penha Rimom
Betel
Ai
Bete-Horom
Mispa ?
Micmás
Naarã
Gilgal?
Jabné
Jabneel
Ecrom?
Gezer
Aijalom
Gibeom?
Ramá
Geba
Jericó
Bete-Arabá?
Gibetom?
Mispa ?
Pará
Quiriate-Jearim
Gibeá
Anatote
Adumim
Elteque ?
Zorá
Estaol
Jerusalém
Baurim
Bete-Hogla
Asdode
Azôto
Bete-Semes
MTE. SEIR
Beter
Vale de Refaim
MTE. DAS OLIVEIRAS
Timnate
Jarmute
Aseca
Libna?
Socó
Etã
Belém
Vale de Elá
Holom
Adulão
Gedor
Moresete-Gate ?
Gilo
Tecoa
Gate
Queila
Maressa
Nezibe
Bete-Zur
Bete-Anote
Eglom?
Laquis
Bete-
Tapua
Gaza
Adoraim
Hebrom
Filisteus
J U D Á
Debir,
Quiriate-Sefer
Zife
En-Gedi
Dumá
Socó
Carmelo
Maom
Anabe
Estemoa
Gerar
En-Rimom
Jatir
Asã
Arade
(Berseba)
Berseba
Moladá
Aroer
EDOM
(IDUMÉIA)
Reobote
Rio Jordão
Bete-Nimra
Rabá
(Amã)
Abel-Sitim
Eleale
Minite ?
Bete-Arã
Hesbom
Peor ?
SITIM
Bete-Jesimote
MTE. NEBO PISGA
Nebo
Medeba
Baal-Meom
MONTE ABARIM
Atarote
Quiriataim
Dibom
Aroer
Rio Arnom
Mar Salgado (morto)
M O A B E
Quir de Moabe
(Quir - Haresete)
Ije-Abarim
Águas de Nimrim
Zoar
ACRABIM

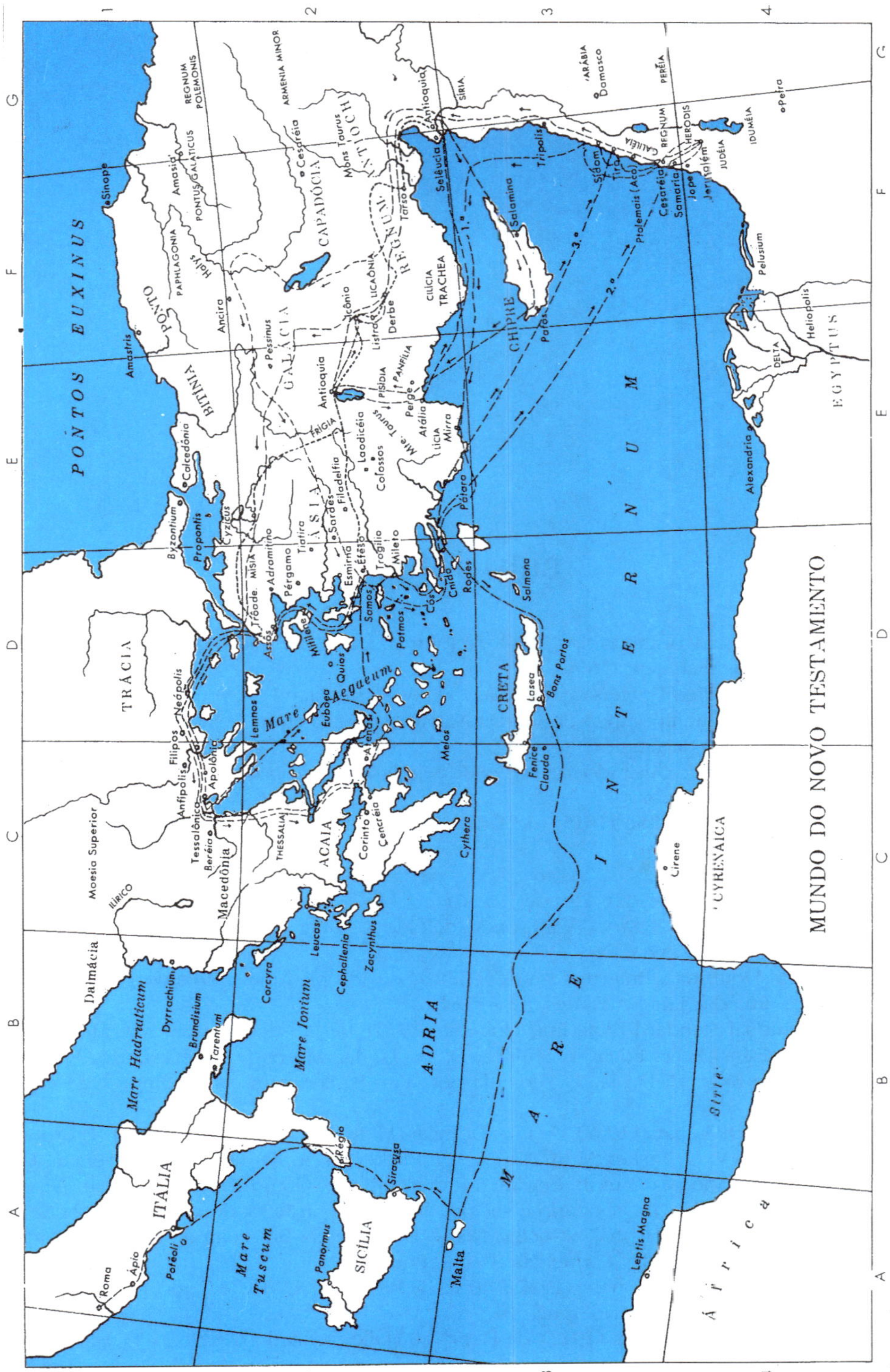
MUNDO DO NOVO TESTAMENTO
PONTOS EUXINUS
MARE INTERNUM
Mare Aegaeum
Mare Ionium
Mare Hadriaticum
Mare Tuscum
ADRIA
Sirte
Propontis
PONTO
BITÍNIA
GALÁCIA
CAPADÓCIA
ÁSIA
MÍSIA
FRÍGIA
PISÍDIA
PANFÍLIA
LICAÔNIA
LÍCIA
CILÍCIA TRACHEA
REGNUM ANTIOCHI
SÍRIA
ARÁBIA
GALILÉIA
SAMARIA
JUDÉIA
IDUMÉIA
PERÉIA
REGNUM HERODIS
EGYPTUS
DELTA
CYRENAICA
CHIPRE
CRETA
TRÁCIA
Macedônia
ACAIA
THESSALIA
ILÍRICO
Moesia Superior
Dalmácia
ITÁLIA
SICÍLIA
África
PAPHLAGONIA
REGNUM POLEMONIS
ARMENIA MINOR
PONTUS GALATICUS
Sinope
Amasia
Amastris
Ancira
Pessinus
Cesaréia
Icônio
Listra
Derbe
Antioquia
Perge
Atália
Mirra
Pátara
Tarso
Selêucia
Salamina
Pafos
Laodicéia
Colossos
Filadelfia
Sardes
Tiatira
Pérgamo
Adramitino
Esmirna
Éfeso
Trogílio
Mileto
Samos
Patmos
Cós
Cnido
Rodes
Quios
Mitilene
Assôs
Trôade
Cyzicus
Calcedônia
Byzontium
Lemnos
Euboea
Atenas
Melos
Salmona
Lasea
Bons Portos
Fenice
Clauda
Cythera
Corinto
Cencréia
Neápolis
Filipos
Anfípolis
Apolônia
Tessalônica
Beréia
Dyrrachium
Brundisium
Tarentum
Corcyra
Leucas
Cephallenia
Zacynthus
Régio
Siracusa
Panormus
Malta
Roma
Ápio
Potéoli
Leptis Magna
Cirene
Alexandria
Pelusium
Heliopolis
Damasco
Petra
Tripolis
Sidom
Tiro
Ptolemais (Aco)
Cesaréia
Jope
Jerusalém
Mons Taurus
Mte. Taurus
Halys
1.ª
2.ª
3.ª

BIBLIOGRAFIA

Davis Dictionary of the Bible (1954), de John D. Davis, editado por Baker Book Store, Grand Rapids 6, Michigan, U.S.A.

Dicionário Bíblico Universal (sem data), de A. R. Buckland, M. A. 2ª Edição em 1957.

Dicionário Contemporâneo de Caldas Aulete (1964), Editora Delta S. A., Travessa do Ouvidor, 22 — Rio de Janeiro.

Dicionário Prático Ilustrado, de Jayme de Seguier, editado por Lello & Irmãos, Rua das Carmelitas, 144 — Porto.

Dictionary of the Bible (1915), de Dr. William Smith, editado por The S. S. Scranton Company, Hartford, Conn.

Grande e Novíssimo Dicionário (1954), de Laudelino Freire, Livraria José Olympio Editora, Rua do Ouvidor, 110, Rio de Janeiro.

Harper's Bible Dictionary (1952), de Madeleine S. Miller e J. Lane Miller, editado por Harper & Brothers, New York.

História, Doutrina e Interpretação da Bíblia, de Joseph Angus, editado pela Livraria Evangélica, Rua das Janelas Verdes, 32 — Lisboa.

International Standard Bible Encyclopedia (1939), de James Orr, D. D., M. M., D. D., John L. Nuelsen, D. D., Edgar Y. Mullins, D. D., LL. D., Morris O. Evans, D. D., Ph. D., Melvin Grove Kyle, D. D., LL. D., editada por Wm. B. Eerdmans Publishing Co., Grand Rapids Mich.

New Bible Dictionary (1962), de J. D. Douglas, M. A., B. D., S. T. M., Ph. D., F. F. Bruce, M. A., D. D., R. V. G. Tasker, M. A., D. D., J. I. Packer, M. A., D. Phil., D. J. Wiseman, O. B. E., M. A., editado por Wm. B. Eerdman Publishing Co., Grand Rapids, Michigan.

Lello Universal, Novo Dicionário Enciclopédico Luso-brasileiro, de João Grave (da Academia das Ciências de Lisboa) e Coelho Neto (da Academia Brasileira de Letras), editado por Lello & Irmão, Rua das Carmelitas, 144 — Porto.

Peloubet's Bible Dictionary (1925), de F. N. Peloubet, D. D., editado por Universal Book and Bible House, Philadelphia, Pa.

Pocket Bible Hand Book (1942), de Henry H. Halley, editado por Henry H. Halley, 10 West Elm Street, Chicago, Illinois.